TUTTE LE LINGUE DEL MONDO

Albanese
Arabo
Catalano
Ceco
Cinese
Danese
Ebraico

Finlandese
Francese
Giapponese
Greco antico
Greco moderno
Hindi
Indonesiano

Inglese
Italiano
Latino
Lituano
Malese
Norvegese
Olandese

Polacco
Portoghese
Romeno
Russo
Sanscrito
Serbocroato

D1722669

Slovacco
Spagnolo
Svedese
Swahili
Tedesco
Thailandese
Turco
Ungherese

**formato
7,5 x 10,5 cm**

TASCABILI • A.VALLARDI
36 lingue antiche e moderne

DIZIONARIO

TEDESCO

TEDESCO - ITALIANO
ITALIANO - TEDESCO

BERTELSMANN
TASCHENWÖRTERBUCH

A.VALLARDI

Prima edizione: settembre 1995

Titolo originale dell'opera:
«Bertelsmann Taschenwörterbuch: Italienisch»

© Bertelsmann Lexikon Verlag, Guetersloh 1993

© Garzanti Editore s.p.a., 1995
Printed in Italy

ISBN 88-11-93106-1

Sommario

Istruzioni per la consultazione

Questo dizionario offre necessariamente una selezione del vasto patrimonio lessicale della lingua italiana e tedesca. Esso, comunque, non si limita a presentare un elenco di vocaboli con la loro rispettiva traduzione, ma offre anche innumerevoli informazioni sulle forme irregolari, sulla costruzione della frase, sul significato del vocabolo e sulle molteplici locuzioni e frasi fatte.

Il dizionario contiene circa 200000 unità di informazioni riguardo ai settori più diversi. Le seguenti indicazioni saranno d'aiuto per poterle utilizzare appieno.

1. Impostazione delle voci

Le voci sono ordinate alfabeticamente. Nella sezione tedesco-italiano le forme con vocale raddolcita sono considerate come quelle con vocale semplice; la ß è equiparata alla ss.

Le parti di un lemma poste tra parentesi quadre sono facoltative: il vocabolo può, cioè, essere utilizzato con o senza di esse: per esempio wack[e]lig = wackelig o wacklig.

Nomi propri, abbreviazioni e sigle sono inseriti sempre secondo l'ordine alfabetico.

Parole derivate e composte sono, laddove l'ordine alfabetico lo consenta, riunite sotto il lemma principale.

Gli omografi sono contrassegnati da un esponente.

2. Struttura dei lemmi

Le informazioni essenziali, che offrono una serie di indicazioni sulla declinazione o coniugazione, sulla costruzione della frase, sul significato del lemma ecc., variano da voce a voce. Tuttavia, esiste una impostazione comune: al primo posto sta, infatti, il lemma con le sue varianti ortografiche, seguono le indicazioni relative alla morfologia e quelle riguardanti il significato, poi la traduzione o le traduzioni e, infine, informazioni sulla costruzione della frase. Ecco un esempio approssimativo della struttura di ogni singola voce:

– lemma
– indicazioni grammaticali
– indicazioni di significato
– traduzione
– informazioni sulla costruzione

Abdruck ¹ *m* ⟨-s, -e⟩ **1** ↑ *das Abdrucken (von Buch)* stampa *f;* ↑ *Veröffentlichung* pubblicazione *f* **2** ↑ *Kopie* copia *f*

Abdruck ² *m* ⟨-s, Abdrücke⟩ ⟨*das Abdrücken, Stempel-*⟩ stampo *m; (Finger-)* impronta [digitale] *f; (Gips-)* calco *m*

abdrucken *vt* → *Artikel* pubblicare

abdrücken I. *vt* **1** ↑ *schießen* → *Revolver* premere il grilletto **2** → *Blutgefäß* comprimere; *FAM* ◇ **jd-m die Luft** - togliere l'aria a qu, soffocare qu **3** *FAM* ↑ *umarmen* → *Freundin*

accusa *f* **1** *(di omicidio)* Beschuldigung *f* **2** DIR Anklage *f;* **accusare** *vt* **1** ◇ **- qu di qc** jd-n einer Sache beschuldigen **2** DIR anklagen, Anklage erheben gegen *akk* **3** → *male, sconfitta* klagen über *akk* **4** COMM ◇ **- ricevuta di una lettera** den Empfang eines Briefes bestätigen

2.1 Indicazioni riguardanti forma e sintassi

Ogni lemma presenta una serie di informazioni grammaticali diverse a seconda della sua categoria.

Queste informazioni sono essenzialmente di due tipi: da una parte vi è l'appartenenza ad una certa classe di parole indicata da un'abbreviazione in corsivo, dall'altra vi sono indicazioni sulla declinazione o coniugazione. Per i sostantivi, p. es., oltre al genere, viene data l'indicazione della desinenza di genitivo singolare e del plurale e dell'eventuale formazione del femminile; per gli aggettivi e avverbi compaiono le forme irregolari di comparativo e/o superlativo; per i verbi forti e irregolari fondamentali è indicato il paradigma.

Inoltre, nella sezione italiano-tedesco, i verbi presentano un numero di riferimento che rimanda alla tabella di coniugazione. Tutto questo genere di informazioni è in tondo e posto tra parentesi.

L'appartenenza di un lemma a categorie grammaticali diverse è segnalata da numeri romani in progressione:

> **accanto** I. *avv* daneben; ↑ *a fianco* nebenan II. *prep* ◇ **- a** neben *dat;* **accantonare** *vt* beiseite legen; *FIG* COMM zurückstellen

Sono inoltre presenti indicazioni riguardanti la reggenza di una preposizione o caso:

> **abkommen** *unreg vi* **1** ↑ *sich verirren (vom Weg)* allontanarsi da **2** *(vom Thema)* deviare da **3** ↑ *verwerfen (von Idee)* rinunciare *(von a)*, desistere *(von da)*

2.2 Indicazioni su significato e traduzione

Nel dizionario i vocaboli sono sempre inseriti nel loro relativo contesto linguistico. Questo può essere d'aiuto non solo nella comprensione del significato, ma anche nella creazione e costruzione di un testo in lingua straniera, dato che, per
esempio, si potranno riconoscere i tipici soggetti o oggetti e li si potranno tra-
sporre direttamente nella frase.

A questo scopo, oltre alle unità di significato più ampie (segnalate da numeri
arabi in progressione) sono state indicate anche le associazioni di parole necessarie a determinare il contenuto semantico di un lemma.
Così, le locuzioni tipiche che si accompagnano a un sostantivo, un aggettivo o un
avverbio sono segnate da ▷, quelle legate a un verbo sono segnalate da frecce:
un soggetto tipico da ←, un oggetto da →.
I sinonimi sono indicati con una freccia verso l'alto ↑.

> **abdrehen** I. *vt* ① ↑ *zudrehen* → *Wasserhahn*
> chiudere; → *Licht* spegnere ② ↑ *herunterdrehen*
> → *Schraube* svitare ③ ↑ *zu Ende drehen* → *Film*
> finire di girare II. *vi* ← *Wind* cambiare;
> ← *Flugzeug* cambiare rotta, virare; ◇ **nach links/**
> **rechts** - virare a sinistra/destra

Se non si tratta di elementi di questo genere, la differenziazione di significato è
posta tra parentesi rotonde ed è in corsivo:

> **Maschine** *f* ① ▷*hydraulische* macchina *f* ②
> (*Motorrad*) moto *f* ③ (*Flugzeug*) macchina *f* ④
> (*Schreib-*) macchina *f* ⑤ (*Wasch-*) lavatrice *f*;

Sono presenti anche ulteriori indicazioni sia di carattere retorico e stilistico, che
possono meglio chiarire l'ambito semantico, sia di carattere regionale o sull'uso in
un campo specifico.

Le traduzioni sinonimiche sono separate da una virgola e sono interscambiabili.
Le traduzioni non interscambiabili di un lemma sono, invece, divise da un punto
e virgola.

Alla traduzione seguono le indicazioni sull'uso regionale o sulla costruzione (cioè
indicazioni riguardanti il caso, le preposizioni).

2.3 Frasi d'uso e modi di dire

Le frasi d'uso e i modi di dire sono stati selezionati per rendere più comprensibi-
li lemmi complessi. Essi sono ordinati, laddove è possibile, secondo le relative
unità di significato:

> **aber** I. *cj* ↑ *jedoch* ma, però, tuttavia; ◇ **zwar ... -**
> è vero che ... ma; ◇ **er ist reich, - nicht glück-**
> **lich** [lui/egli] è ricco ma non è felice II. *adv*
> (*wiederholt*): ◇ **- und -mals** mille volte; ◇ **ich**
> **habe es dir tausend und -mals gesagt,**
> **daß...** te l'ho detto mille volte che ... III. *adv*
> (*verstärkend*): ◇ **das ist nett!** ma che carino!;
> ◇ **- ja!** ma sì!, certo!; **Aber** *n* ⟨-s, -⟩ (*Einschrän-*

3. Abbreviazioni e simboli

3.1 Simboli

Il tilde sostituisce il lemma		~
Sinonimo		↑
Locuzioni	legate a sostantivo/aggettivo/avverbio	▷
	tipici soggetti	←
	tipici oggetti	→
	modi di dire	◇
Cifre romane (categorie grammaticali)		I, II, ecc.
Cifre arabe (unità di significato)		① ② ecc.

3.2 Abbreviazioni utilizzate

ADMIN/AMM	Verwaltung	amministrazione
AERO	Luftfahrt	aeronautica
AGR	Landwirtschaft	agricoltura
ANAT	Anatomie	anatomia
ARCHIT	Architektur	architettura
ASTROL	Astrologie	arte
ASTRON	Astronomie	astronomia
AUTO	Automobil/Verkehr	automobile
BAHN/FERR	Bahn	ferrovia
BIO	Biologie	biologia
CHEM/CHIM	Chemie	chimica
COMM	Handel	commercio
ELECTR/ELETTR	Elektrotechnik	elettricità
FAUNA	Tierreich	fauna/regno animale
FILM	Film, Kino	cinema/Film
FIN	Finanzen	finanza
FLORA	Pflanzenreich	flora/regno vegetale
FOTO	Fotografie	fotografia
GASTRON	Gastronomie	gastronomia
GEO	Geographie/Geologie	geografia/geologia
GRAM/LING	Grammatik/Linguistik	grammatica
HIST/STO	Geschichte	storia
JURA/DIR	Rechtsordnung	diritto
KARTEN/CARTA	Kartenspiel	carta
KUNST/ARTE	Kunst	arte
MATH/MATE	Mathematik	matematica
MED	Medizin	medicina
MEDIA	Medien	media
METEO	Meteorologie	meteorologia
MIL	Militär	arte militare
MIN	Bergbau	mineralogia
MUS	Musik	musica
MYTH/MITO	Mythologie	mitologia

NAUT	Seefahrt	nautica
PC/INFORM	Computer	informatica
PHARM/FARMA	Pharmazie	farmacologia
PHIL/FILOS	Philosophie	filosofia
PHYS/FIS	Physik	fisica
POL	Politik	politica
PSYCH/PSIC	Psychologie	psicologia
REL	Religion	religione
SCH[ULE]/SCUOLA	Schule	scuola
SPORT	Sport	sport
TECH/TEC	Technik	tecnico
TELEC	Fernmeldewesen	telecomunicazioni
THEAT/TEATRO	Theater	teatro
TYP/TIP	Buchdruck	tipografia
Abk./abbr	Abkürzung	abbreviazione
adj/agg	Adjektiv	aggettivo
adv/avv	Adverb	avverbio
akk/acc	Akkusativ	accusativo
allg/in gen	allgemein	in generale
attr	attributiv	attributivo
auch/anche	auch	anche
bes/part	besonders	particolare
CH	Schweiz	Svizzera
cj/congiunz	Konjunktion	congiunzione
dat	Dativ	dativo
etc/ecc	et cetera	eccetera
etw/qe	etwas	qualcosa
f	feminin	femminile
FAM	umgangssprachlich	familiare
FAM!	umgangssprachlich!	familiare!
FIG	übertragen	figurato
fm	sostantivi tedeschi che vengono declinati come aggettivi, p. es. **Fremde(r)** fm der Fremde, ein Fremder die Fremde, eine Fremde	
Hilfsverb/Aus	Hilfsverb	ausiliare
gen	Genitiv	genitivo
gerund/p pres	Partizip Präsens	participio presente
ggs/contr	gegensätzlich	contrario
impf	Imperfekt	imperfetto
inf	Infinitiv	infinito
intj/inter	Interjektion	interiezione
interrog	interrogativ	interrogativo
inv	unveränderlich	invariabile
IRON	ironisch	ironico
jd/qu	jemand	qualcuno

jd-m/a qu	jemandem	a qualcuno
jd-n/qu	jemanden	qualcuno
jd-s/di qu	jemandes	di qualcuno
kompar/comp	Komparativ	comparativo
LIT/lit	gehoben	letterario
m	maskulin	maschile
meist/in gen	meistens	in generale
n	Neutrum	neutro
nom	Nominativ	nominativo
o	oder	o
ÖST/AUSTRIA	Österreich	Austria
PEJ/PEG	abwertend	peggiorativo
pers	persönlich	personale
pl	Plural	plurale
poss/poses	besitzanzeigend	possessivo
pp/pass	Partizip Perfekt	participio passato
präd/pred	prädikativ	predicativo
prä/prep	Präposition	preposizione
präs/pres	Präsens	presente
pron	Pronomen	pronome/pronominale
refl/rifl	reflexiv	riflessivo
rel	Relativ-	relativo
s/vedi	siehe	vedi
sg/sing	Singular	singolare
u/e	und	e
unpers/impers	unpersönlich	impersonale
unreg/irr	unregelmäßig	irregolare
v	Verb	verbo
VULG	vulgär	volgare
vi	intransitives Verb	verbo intransitivo
vr/vr	reflexives Verb	verbo riflessivo
vt	transitives Veb	vebo transitivo
vti	transitives oder intransitives Verb	verbo transitivo/intransitivo
vtr	transitives oder reflexives Verb	verbo transitivo/riflessivo
nr/num	Numerale	numerale

4. Fonetica e pronuncia

4.1 Simboli fonetici

a	*Bach* [bax]		au	*aus* [aus]
a:	*Bahn* [ba:n]		b	*geben* ['ge:bᵊn]
ɐ	*heiter* ['haitɐ], *Natur* [na'tuɐ:]		ç	*ich* [ɪç], *dreißig* ['draisiç]
ã	*Restaurant* [resto'rã]		d	*dein* [dain]
ai	*Mai* [mai], *bei* [bai]		dʒ	*Job* [dʒɔp]

e	*Pedal* [pe'da:l]	ø	*Ökonomie* [ʔøkono'mi:]
e:	*sehen* ['ze:ən]	ø:	*hören* ['hø:rən]
ɛ	*präsent* [prɛ'zɛnt], *Bett* [bɛt]	œ	*Kölner* ['kœlnɐ]
ɛ:	*Mädchen* ['mɛ:tçən]	œ̃	*Parfum* [paɐ'fœ̃]
ɛ̃	*Cousin* [ku'zɛ̃]	ɔi	*heute* ['hɔitə], *Käufer* ['kɔifɐ]
ɛɪ	*Aids* [ɛɪts]	p	*Preis* [prais]
ə	*Nase* ['na:zɛ]	pf	*Pfeffer* ['pfɛfɐ]
ᵊ	*Regen* ['re:gᵊn], *Zettel* ['tsɛtᵊl]	r	*Reise* ['raizə]
f	*frai* [frai]	s	*etwas* ['ɛtvas], *Fuß* [fu:s]
g	*gleich* [glaiç]	ʃ	*schön* [ʃø:n], *Stein* [tʃain]
h	*hier* [hi:ɐ]	t	*Tag* [ta:k], *und* [ʊnt]
i	*pikant* [pi'kant]	ts	*Zeit* [tsait], *cis* [tsɪs]
i:	*viel* [fi:l]	tʃ	*Deutsch* [dɔitʃ]
ɪ	*bitte* ['bɪtə]	u	*zufrieden* [tsu'fri:dᵊn]
j	*Jahr* [ja:ɐ], *Italien* [i'ta:ljən]	u:	*gut* [gu:t]
k	*kalt* [kalt], *Tag* [ta:k]	ʊ	*Butter* ['bʊtɐ]
l	*Liebe* ['li:bə]	ui	*pfui* [pfui]
m	*morgen* ['mɔɐgᵊn]	v	*Wein* [vain]
n	*nicht* [nɪçt]	w	*Toilette* [twa'lɛtə], *sexuell* [zɛ'kswɛl]
ŋ	*singen* ['zɪŋən]	x	*Buch* [bu:x]
o	*Roman* [ro'ma:n]	y	*Büro* [by'ro:], *dynamisch* [dy'na:mɪʃ]
o:	*Rose* ['ro:zə]	y:	*Tür* [ty:ɐ], *Psyche* ['psy:çə]
oʊ	*Know-How* [,noʊ'hau]	y	*küssen* ['kysᵊn], *Mystik* ['mystɪk]
ɔ	*kochen* ['kɔxᵊn]	z	*Sonne* ['zɔnə]
ɔ̃	*Bronze* ['brɔ̃sə]	ʒ	*Journalist* [ʒʊɐna'lɪst]

4.2 Pronuncia

Vocali

Sono lunghe:
– le vocali seguite da **h** muta: *nehmen* ['ne:mən]
– la **i** seguita da **e** muta: *Ziel* [tsi:l]
– le vocali doppie: *Saal* [za:l]
– la **a** e la **u** nei suffissi non accentati **bar**, **sal**, **sam**, **tum**: Schicksal ['ʃɪkza:l]
– le vocali accentate in fine di parola: *Tabu* [tabu:]
Ie si pronuncia come due vocali distinte nelle parole di origine straniera quando la **ie** non è accentata o non è in fine di parola: *Familie* [fa'mi:ljə]; *Patient* [pa'tsjɛnt]

Consonanti

La **b** finale si pronuncia [p]: *lieb* [li:p]

La **c** seguita da vocali si trova solo in parole straniere; seguita dalle vocali **e**, **i**, **ä**, **ö**, si pronuncia spesso [ts]: *Cäsar* ['tɛ:zaɐ]

La *ch*:
- preceduta da *a, o, u, au* ha un suono gutturale duro [x]: *Dach* [dax]
- preceduta da *e, i, ä, ö, ü, eu äu* ha un suono palatale [ç]: *Rechnung* ['rɛçnʊŋ]
- seguita da *a, o, u*, oppure da *l, r* si pronuncia [k]: *Chaos* [ka:ɔs]
- nelle parole di origine francese conserva la pronuncia originaria: *Chef* [ʃɛf]

La *d* finale si pronuncia [t]: *Wand* [vant]

La *g* si pronuncia dura, mentre nelle parole di origine italiana o francese conserva la pronuncia originaria: *geben* ['ge:bᵊn]; *Girokonto* ['ʒi:rokɔnto]

L'*h* iniziale si aspira, interna o finale è muta e indica che la vocale precedente è lunga: *haben* ['habᵊn]; *zahlen* ['tsa:'lᵊn]

La *qu* si pronuncia [kv]: *Quelle* ['kvɛlə]

La *s*:
- all'inizio di parola o sillaba è sempre sonora: *sollen* ['zɔlən]
- in fine di parola è sorda: *Maus* [maus]

Sp e *st* all'inizio di parola o dopo prefisso si pronunciano [ʃp] e [ʃt]: *sparen* ['ʃpa:rən]; *verstehen* [fɛɐ'ʃte:'ən]

La *sch* si pronuncia sempre [ʃ], *schenken* [ʃɛŋkᵊn]

La *v* si pronuncia [f]; mentre nelle parole straniere mantiene la pronuncia originaria: *Vater* ['fa:tɐ]; *Vase* ['va:zə]

La *w* si pronuncia [v]: *wollen* ['vɔlən]

TEDESCO-ITALIANO

A

A, a n ① (*Buchstabe*) A, a f ② MUS la m
Aal m ⟨-[e]s, -e⟩ anguilla f
Aas n ⟨-es, -e⟩ ↑ *Tierleiche*, FAM *auch* FIG carogna f; **Aasgeier** m (*Vogel*), FAM *auch* FIG avvoltoio m
ab I. *präp dat* ① (*zeitlich*) ↑ *von ... an* da, a partire da, da ... in poi; ◇ - **Juli** a partire da Luglio; ◇ - **morgen** da domani ② (*räumlich*) ↑ *von ... an* da; ◇ - **München** da Monaco II. *adv* ① (*räumlich*, *zeitlich*) ◇ **von da** - da, a partire da, da ... in poi ② (*räumlich*) ◇ **auf und - gehen** andare su e giù ③ (*zeitlich*) ◇ - **und zu** qualche volta, ogni tanto ④ ↑ *weg*, *fort* ◇ **der Griff ist** - la maniglia non c'è; ◇ - **mit dir!** lontano [via] da me!
abändern *vt* modificare; **Abänderung** f modificazione f; (POL *von Gesetz*) aggiornamento m; **Abänderungsantrag** m POL emendamento m
abarbeiten I. *vt* ① → *Schuld* estinguere con il lavoro ② → *Pensum* sbrigare II. *vr* ◇ **sich** - ↑ *sich verausgaben* affaticarsi [con il lavoro]
Abart f ① ↑ *Abweichung* varietà f ② BIO sottospecie f; **abartig** *adj* ① ↑ *anormal* anormale; (*sexuell*) perverso ② ↑ *sehr unangenehm* ▷*Geruch* nauseabondo
Abbau m ⟨-[e]s, -ten⟩ ① ↑ *Demontage* (*von Maschinen*) smontaggio m; (*von Fabrik*) smantellamento m; (*von Häusern*) demolizione f ② (MIN *von Rohstoffen*) estrazione f ③ ↑ *Reduzierung* (*von Truppen*, *Personal*) riduzione f ④ ↑ *Verfall* ▷*körperlich*, *geistig* perdita f, declino m; **abbauen** I. *vt* ① ↑ *demontieren* → *Maschine* smontare; → *Fabrik* smantellare; → *Haus* demolire ② → *Rohstoffe* estrarre ③ ↑ *reduzieren* → *Arbeitskräfte*, *Truppen* ridurre II. *vi* ↑ *verfallen* ▷*körperlich* deperire; ▷*geistig* perdere le capacità mentali
abbeißen *unreg vt* → *Stück Brot etc.* dare un morso a
abberufen *unreg vt* → *Diplomaten* richiamare dal servizio; **Abberufung** f revoca f
abbestellen *vt* ① → *Zeitung*, *Telefon* disdire, annullare ② → *Handwerker* dire di non venire a
abbezahlen *vt* (*in Raten*) pagare a rate
abbiegen *unreg* I. *vi* (*in Straße*) svoltare (*in* in); ◇ **rechts/links** - girare/svoltare a destra/sinistra II. *vt* ① ↑ *krümmen* → *Stab* curvare ② FAM ↑ *verhindern* → *Gespräch* sviare
Abbild n ① (*naturgetreues* -) copia f ② ↑ *Spiegelbild* immagine f ③ (*bildliche Wiedergabe*, *von Gegenstand*) riproduzione f ④ (*große Ähnlichkeit*) ◇ **sie ist das** - **ihrer Mutter** [lei] è il

ritratto di sua madre; **abbilden** *vt* ① ↑ *darstellen* illustrare, descrivere ② ↑ *abzeichnen*, *kopieren* ritrarre; **Abbildung** f ① (*in Zeitschrift*) illustrazione f ② (*von Fotos*) riproduzione f
abbinden *unreg vt* → *Bein*, *Arm* fasciare
abblasen *unreg vt* FAM → *Feier* revocare, annullare
abblättern *vi* ← *Putz* staccarsi
abblenden I. *vt* ① AUTO → *Scheinwerfer* abbassare i fari ② → *Fenster* oscurare; → *Licht* velare II. *vi* ① (AUTO *Ggs von aufblenden*) abbassare i fari ② FOTO diaframmare ③ (*bei Film*) chiudere in dissolvenza; **Abblendlicht** n AUTO anabbagliante m
abblitzen *vi* FAM rispondere picche (*bei* a)
abbrechen *unreg* I. *vt* ① → *Ast* spezzare, rompere ② ↑ *abreißen* → *Haus* demolire ③ ↑ *beenden* → *Tätigkeit* cessare; → *Gespräch* interrompere ④ FIG ◇ **Zelte** - levare le tende II. *vi* ↑ *entzweigehen* ← *Griff* rompersi; ← *Ast* spezzarsi
abbrennen *unreg* I. *vt* ① ↑ *in Brand stecken* incendiare, dar fuoco a ② → *Feuerwerk* sparare II. *vi* ① ↑ *brennen* bruciare ② FAM ◇ **abgebrannt sein** essere al verde
abbringen *unreg vt* ① FAM ↑ *entfernen können* togliere ② ↑ *abhalten* ◇ **jd-n vom rechten Weg** - sviare qu dalla retta via; ◇ **jd-n von einer Sache** - dissuadere qu da qc
abbröckeln I. *vi* ① ↑ *sich ablösen* ← *Putz* staccarsi ② FIG ↑ *weniger werden* ← *Preise* essere in ribasso, calare II. *vt* ↑ *stückweise entfernen* staccare a pezzi
Abbruch m ① (*von Haus*) demolizione f ② (*von Gespräch*) interruzione f; (*von Beziehungen*) rottura f ③ ◇ **einer Sache** - **tun** recare danno a, danneggiare; **abbruchreif** *adj* ▷*Haus* ↑ *kaputt* da demolire
abbuchen *vt* (COMM → *Geld*, *vom Konto*) detrarre
Abc n ① ↑ *Alphabet* abbiccì m ② ↑ *Grundlagen* rudimenti *m/pl*; **ABC-Schütze** m scolaro m della prima elementare; **ABCWaffen** *f/pl* armi *f/pl* atomiche, biologiche e chimiche
abdanken *vi* ← *Präsident* dimettersi; ← *König* abdicare; **Abdankung** f (*von König*, *Politiker*) dimissioni *m/pl*
abdecken *vt* ① ↑ *Ziegel entfernen* → *Dach* scoperchiare; ↑ *abräumen* → *Tisch* sparecchiare ② ↑ *zudecken* → *Loch* coprire
abdichten *vt* ↑ *verstopfen* → *Leck* turare; → *Ritze*, *Fuge* stuccare
abdrängen *vt* (*zur Seite schieben*) spingere da parte

abdrehen I. vt ① ↑ *zudrehen* → *Wasserhahn* chiudere; → *Licht* spegnere ② ↑ *herunterdrehen* → *Schraube* svitare ③ ↑ *zu Ende drehen* → *Film* finire di girare **II.** vi ← *Wind* cambiare; ◇ **nach links/rechts** ~ virare a sinistra/destra

Abdruck ¹ m ⟨-s, -e⟩ ① ↑ *das Abdrucken* (*von Buch*) stampa f; ↑ *Veröffentlichung* pubblicazione f ② ↑ *Kopie* copia f

Abdruck ² m ⟨-s, Abdrücke⟩ (*das Abdrücken*, *Stempel-*) stampo m; (*Finger-*) impronta [digitale] f; (*Gips-*) calco m

abdrucken vt → *Artikel* pubblicare

abdrücken I. vt ① ↑ *schießen* → *Revolver* premere il grilletto ② → *Blutgefäß* comprimere; *FAM* ◇ **jd-m die Luft** ~ togliere l'aria a qu, soffocare qu ③ *FAM* ↑ *umarmen* → *Freundin* abbracciare **II.** vi ↑ *schießen* tirare, premere il grilletto **III.** vr ◇ **sich** - ① ↑ *Abdruck hinterlassen* lasciare le impronte ② ↑ *sich abstoßen* spingersi via

abebben vi ↑ *nachlassen* ← *Wasser* abbassarsi; ← *Lärm*, *Schmerz* diminuire; ← *Wind* calmarsi; ← *Nachfrage* calare

abend adv: ◇ **gestern/morgen** ~ ieri/domani sera; ◇ **heute** ~ stasera; **Abend** m ⟨-s, -e⟩ ① (*Tageszeit*) sera f; ◇ **guten** -! buona sera!; ◇ **jeden** ~ ogni sera ② ◇ **unterhaltsamer** ~ serata f; **Abenddämmerung** f crepuscolo m; **Abendessen** n cena f; **abendfüllend** adj: ◇ **-es Programm** programma che occupa tutta la serata; **Abendgymnasium** n liceo m serale; **Abendkleid** n vestito m da sera; **Abendkurs** m corso m serale; **Abendland** n ↑ *Westen* occidente m; **abendlich** adj ▷*Stimmung* serale; **Abendmahl** n ① (REL *Abschiedsmahl*) [l'ultima] cena f ② (REL *Sakrament*) comunione f; **abends** adv ↑ *am Abend* di sera; **Abendschule** f scuola serale f

Abenteuer n ⟨-s, -⟩ avventura f; **Abenteuerin** f ≈avventuriera f; **abenteuerlich** adj ① ↑ *gewagt* ▷*Unternehmen* rischioso ② ▷*Geschichte* avventuroso ③ ↑ *ungewöhnlich*, *seltsam* strano, fantastico; **Abenteuerroman** m romanzo m d'avventura; **Abenteurer** m ⟨-s, -⟩ avventuriero m

aber I. cj ↑ *jedoch* ma, però, tuttavia; ◇ **zwar** ... è vero che ... ma; ◇ **er ist reich,** ~ **nicht glücklich** [lui/egli] è ricco ma non è felice **II.** adv (*wiederholt*): ◇ ~ **und -mals** mille volte; ◇ **ich habe es dir tausend und -tausend Mal gesagt, daß...** te l'ho detto mille volte che ... **III.** adv (*verstärkend*): ◇ **das ist** ~ **nett!** ma che carino!; ◇ ~ **ja!** ma sì!, certo!; **Aber** n ⟨-s, -⟩ (*Einschrän-*

kung) ma m; ◇ **ohne Wenn und** ~ senza tanti ma e perchè

Aberglaube m superstizione f; **abergläubisch** adj superstizioso

aberkennen unreg vt ① ↑ *entziehen* → *Titel* privare qu di qc ② ↑ *absprechen* → *Fähigkeit* contestare

abermalig adj ↑ *wiederholt* ripetuto; **abermals** adv ↑ *noch einmal* di nuovo, ancora

abfahren unreg **I.** vi ① ↑ *starten* ← *Zug* partire ② *FAM* ◇ **auf jd-n** ~ essere perso/fuso per qu **II.** vt ① ↑ *entlangfahren* → *Route* percorrere ② ↑ *abnutzen* → *Reifen* consumare ③ ↑ *wegbringen* → *Müll* rimuovere, portare via; **Abfahrt** f ① (*Autobahn-*) uscita f ② (*von Zug*) partenza f ③ (*Ski-*) discesa f; **abfahrtsbereit** adj in partenza; **Abfahrtslauf** m SPORT discesa f; **Abfahrtstafel** f tabella f delle partenze; **Abfahrt[s]tag** m giorno m della partenza; **Abfahrtszeit** f ora[rio] f della partenza

Abfall m ① ↑ *Müll* immondizie f/pl, rifiuti m/pl ② ↑ *Leistungs-* (*Leistungs-*) calo m; **Abfallbeseitigung** f eliminazione f dei rifiuti; **Abfalleimer** m bidone m delle immondizie, pattumiera f

abfallen unreg vi ① ↑ *weniger werden* ← *Temperatur* calare, diminuire; ← *Leistung* calare ② ↑ *sich lösen* ← *Blatt* (*vom Baum*) cadere; (*von Glauben*) rinnegare qc ③ *FIG* ↑ *übrigbleiben* ◇ **etw fällt für jd-n ab** qc rimane per qu

abfällig I. adj ↑ *geringschätzig* ▷*Bemerkung* sprezzante, dispregiativo **II.** adv in modo sprezzante/dispregiativo

Abfallprodukt n (*bei Herstellung*) prodotto m residuo

abfangen unreg vt ① ↑ *aufhalten* → *Person*, *Brief* trattenere ② → *Stoß* parare ③ ↑ *fangen* prendere; → *Ball* prendere, intercettare ④ → *Wagen* riprendere il controllo di; → *Flugzeug* riprendere quota

abfärben vi (*sich übertragen*) ← *Farbe* lasciare il colore (*auf akk* su qc); (*verlieren*) scolorire; *FIG* ← *Gewohnheit* influenzare (*auf jd-n* qu)

abfassen vt → *Text* redigere

abfertigen vt ① → *Kunden* servire in fretta; *FIG* ◇ **jd-n kurz** ~ trattare qu sbrigativamente ② ↑ *versandfertig machen* → *Pakete* preparare per la spedizione ③ ↑ *abfahrtbereit machen* → *Schiff* armare; → *Zug etc.* preparare per la partenza ④ ↑ *kontrollieren* (*am Zoll*) ispezionare, controllare; **Abfertigung** f ① (*von Kunden*) il servire in fretta ② (*von Paketen*) spedizione f ③ (*von Schiff*) armamento m; (*von Zug etc.*) preparazione f ④ (*am Zoll*) controllo m, ispezione f

abfinden unreg **I.** vt (mit Geldsumme) indennizzare, risarcire **II.** vr ◇ **sich -** ↑ sich zufriedengeben rassegnarsi (mit a); **Abfindung** f risarcimento m, rimborso m; (von Erben) tacitazione f

abflauen vi abnehmen ← Wind calmarsi; ← Wut scemare; ← Nachfrage calare

abfliegen unreg **I.** vi ↑ starten ← Flugzeug decollare; ← Passagier partire **II.** vt ↑ kontrollieren → Gebiet sorvolare

abfließen unreg vi ← Wasser scorrere

Abflug m (von Flugzeug) decollo m, partenza f; (von Passagier) partenza f

Abfluß m ① (von Wasser) scolo m ② ↑ -rohr canale m ③ FIG (von Kapital) fuga f

abfragen vt SCHULE → Vokabeln interrogare

Abfuhr f ⟨-, -en⟩ ① (Müll- etc.) rimozione f ② FAM ↑ Zurückweisung rimprovero m; → jd-m eine - erteilen fare una ramanzina a qu; **abführen** **I.** vt ① ↑ wegführen condurre via; ▸ Verbrecher arrestare ② ▸ Steuern versare, pagare **II.** vi ① ↑ abzweigen ← Straße deviare ② FIG ↑ ablenken (vom Thema) divagare (von da) ③ MED ↑ Stuhlgang anregen purgare; **Abführmittel** n MED lassativo m, purgante m

abfüllen vt ① → Flüssigkeit travasare; (in Flasche) imbottigliare ② FAM ↑ betrunken machen → jd-n ubriacare qu; **Abfüllung** f (in Flaschen) imbottigliamento m

Abgabe f ① (von Waren, von Gepäck) consegna f ② ↑ Abstrahlung (von Wärme) emissione f ③ ↑ Rückgabe (Bücher-) restituzione f ④ (Steuer-) imposta f, tassa f ⑤ (von Erklärung) rilascio m; **abgabenfrei** adj esente da tasse; **abgabenpflichtig** adj imponibile, tassabile

Abgang m ① ↑ Verlassen (Schul-) abbandono m ② (THEAT von Bühne) uscita f ③ ↑ Absenden (von Waren, Post) spedizione f, invio m ④ MED ↑ Fehlgeburt aborto m spontaneo

Abgas n AUTO gas m di scarico

abgeben unreg **I.** vt ① ↑ abliefern ← Ware, Brief consegnare; → Gepäck depositare ② → Posten, Amt cedere ③ → Wärme emanare ④ ↑ abfeuern → Schuß sparare ⑤ → Erklärung, Urteil esternare, esprimere ⑥ ↑ darstellen, sein ◇ sie gibt eine gute Lehrerin ab [lei] è una brava insegnante **II.** vr ◇ **sich -** ↑ sich beschäftigen occuparsi (mit di)

abgebrüht adj ① FIG ↑ gefühllos insensibile ② FIG ↑ gerissen, verschlagen scaltro

abgedroschen adj ↑ banal, witzlos ▷Redensart insulso, vuoto

abgegriffen adj ① ↑ abgenutzt ▷Buch consumato, logoro ② FIG ▷Redensart banale

abgehen unreg **I.** vi ① (von Schule) abbandonare qc ② (THEAT von Bühne) uscire [di scena] ③

↑ sich lösen ← Knopf staccarsi ④ MED ← Embryo venire espulso; ← Sekret emettere ⑤ FAM ◇ da geht die Post ab là c'è movimento **II.** vt ① ↑ kontrollieren → Strecke ispezionare ② ↑ fehlen ◇ das geht mir ab questo mi manca

abgelegen adj ▷Haus isolato, fuori mano

abgemacht adj concordato; ◇ -! d'accordo!

abgeneigt adj: ◇ einer Sache nicht - sein essere ben disposto verso qc

abgenutzt adj usato

Abgeordnete(r) fm deputato/a

abgerissen adj FAM ↑ schäbig malmesso

abgerundet adj rotondo

Abgesandte(r) fm inviato/a; (Diplomat(in), Botschafter(in)) ambascia|tore(-trice f) m

abgesehen adv: ◇ - von a prescindere da

abgespannt adj ↑ müde spossato

abgestanden adj ▷Bier che sa di stantio

abgestorben adj ① ▷Baum morto, secco ② MED ▷Gliedmaßen insensibile

abgetragen adj ▷Kleidung usato

abgewinnen unreg vt ① ↑ Gefallen finden an ◇ einer Sache etw/nichts - können [non] trovarci gusto in qc ② ↑ abnötigen ◇ jd-m ein Lächeln - strappare un sorriso a qu

abgewöhnen vt: ◇ sich dat etw - disabituarsi a qc, togliersi l'abitudine di

abgezehrt adj emaciato

abgießen unreg vt versare

abgleiten unreg vi ① ↑ abrutschen scivolare ② FIG ↑ in anderes Thema allontanarsi (in da), deviare (in da)

Abgott m idolo m

abgrasen vt ① → Wiese pascolare ② FAM ↑ absuchen → Gebiet esplorare

abgrenzen vt ① → Grundstück delimitare ② FIG → Thema, Aufgaben definire, delineare

Abgrund m ① (tiefer Einschnitt) abisso m; ↑ Schlucht gola f ② FIG ↑ Untergang precipizio m; **abgründig** adj ▷Haß profondo, smisurato

Abguß m scolo m

abhaken vt ① → Namen spuntare; ◇ das ist abgehakt è a posto ② (FAM vergessen) ◇ das kannst du - te lo puoi dimenticare

abhalten unreg vt ① → Konferenz tenere ② ↑ hindern trattenere (von da), distogliere (von da) ③ ↑ fernhalten → Lärm, Kälte tenere lontano (von da)

abhandeln vt ① → Thema trattare ② ◇ er hat ihm diese Ware billig abgehandelt ha comprato da lui questa merce a prezzo ridotto

abhanden adj: ◇ - kommen andare perso

Abhandlung f ① ↑ Aufsatz trattato m (über akk su) ② (von Thema) trattazione f, relazione f

Abhang *m* pendio *m*

abhängen ¹ *vt* ① (*vom Haken*) togliere ② → *Anhänger* sganciare, staccare ③ ↑ *entkommen* → *Verfolger* distaccare, lasciarsi indietro

abhängen ² *unreg vi* ① ← *Schinken* frollare ② FIG ↑ *bedingt sein* ◇ **von jd-m/etw** - dipendere da qu/qc

abhängig *adj* ① ↑ *angewiesen sein auf* dipendente (*von da*) ② ↑ *süchtig* dipendente (*von da*); (*von Droge*) tossicomane; **Abhängigkeit** *f* ① ▷*finanziell, psychisch* dipendenza *f* (*von da*) ② (*Drogen-*) tossicomania *f*, dipendenza *f* (*von da*)

abhärten *vr* ◇ **sich** - ↑ *widerstandsfähig machen* irrobustire

abhauen *unreg* I. *vt* → *Ast* recidere, tagliare, potare II. *vi* FAM ↑ *weglaufen* tagliare la corda

abheben *unreg* I. *vt* ① (→ *Geld, von Konto*) prelevare ② → *Telefonhörer* alzare ③ → *Karten* alzare II. *vi* ① ← *Flugzeug* decollare ② FAM (*vor Freude*) saltare dalla gioia ③ FIG ↑ *hinweisen* ◇ **auf eine Sache** - richiamare l'attenzione su qc III. *vr* ◇ **sich** - ↑ *sich unterscheiden* distinguersi (*von da*)

abhelfen *unreg vi* → (*einem Mangel*) rimediare a

abhetzen *vr* ◇ **sich** - strapazzarsi, affannarsi

Abhilfe *f:* ◇ **- schaffen** mettere rimedio a qc

abhobeln *vt* → *Brett* piallare

abholen *vt* ① → *jd-n* andare/venire a prendere ② → *Paket* ritirare

abholzen *vt* → *Regenwald* disboscare; **Abholzung** *f* disboscamento *m*

abhorchen *vt* MED → *Lunge* auscultare

abhören *vt* ① SCHULE → *Vokabeln* interrogare qu su, far dire ② ↑ *belauschen* → *Gespräch* ascoltare di nascosto ③ MED → *Lunge* auscultare; **Abhörgerät** *n* ↑ *Wanze* apparecchio *m* per intercettazioni [telefoniche]

Abitur *n* ⟨-s, -e⟩ maturità *f*; **Abiturient(in** *f*) *m* candidato/a all'esame di maturità

abkanzeln *vt* FAM ↑ *schroff zurechtweisen* dare una lavata di capo a

abkapseln *vr* ◇ **sich** - ↑ *isolieren* segregarsi, isolarsi

abkaufen *vt* ① → *Ware* acquistare, comprare ② (*FIG glauben*) ◇ **jd-m etw** - bersi qc da qu

abkehren *vr* ◇ **sich** - ↑ *sich abwenden* (*vom Fenster*) girarsi (*von da*); (*mit dem Blick*) voltare; (*von der Welt*) isolarsi da

abklappern *vt* → *Geschäfte* fare un giro per

Abklatsch *m* ⟨-es, -e⟩ FIG imitazione *f*, copia *f*

abklingen *unreg vi* ← *Lärm* diminuire; ← *Krankheit* migliorare

abknöpfen *vt* (*FAM wegnehmen*): ◇ **jd-m etw** - spillare qc a qu

abkochen *vt* → *Wasser* far bollire

abkommen *unreg vi* ① ↑ *sich verirren* (*vom Weg*) allontanarsi da ② (*vom Thema*) deviare da ③ ↑ *verwerfen* (*von Idee*) rinunciare (*von a*), desistere (*von da*)

Abkommen *n* ⟨-s, -⟩ ↑ *Vereinbarung* accordo *m*; ◇ **ein - treffen über** trovare un accordo per/su

abkömmlich *adj* ↑ *entbehrlich* disponibile

abkratzen I. *vt* → *Eis* grattare, raschiare II. *vi* FAM! ↑ *sterben* tirare le cuoia

abkühlen I. *vt* ↑ *kühler machen* → *Suppe* far raffreddare II. *vi* ↑ *kühler werden* ← *Wetter, Luft* raffreddarsi III. *vr* ◇ **sich** - ① ← *Mensch* rinfrescarsi ② FIG ↑ *abnehmen* ← *Freundschaft* raffreddarsi

abkürzen *vt* ① → *Weg* abbreviare ② → *Wort, Verfahren* accorciare; **Abkürzung** *f* ① (*Wort-*) sigla *f*, abbreviazione *f* ② (*Weg-*) scorciatoia *f*

abladen *unreg vt* ① → *Lastwagen* scaricare ② FIG ↑ *sich aussprechen* → *Sorgen* sfogare

Ablage *f* ① (*Papier-*) deposito *m*, magazzino *m* ② (*Kleider-*) guardaroba *m*

ablagern I. *vt* ↑ *deponieren* → *Müll* scaricare, depositare II. *vr* ◇ **sich** - ↑ *festsetzen* ← *Staub* depositarsi

ablassen *unreg* I. *vt* ① → *Öl, Wasser* fare uscire, far defluire; → *Luft, Dampf* emettere ② FAM ◇ **Dampf** - sbottare dalla rabbia II. *vi* ↑ *aufhören* smettere (*von di*)

Ablauf *m* ① ↑ *Abfluß* (*Wasser-*) scarico *m* ② ↑ *Ende* (*von Frist*) scadenza *f* ③ ↑ *Verlauf* (*Handlungs-*) corso *m*, svolgimento *m*; **ablaufen** *unreg* I. *vi* ① ↑ *abfließen* defluire, scolare ② ← *Ereignisse* svolgersi ③ ↑ *verfallen* scadere II. *vt* ① → *Route* percorrere ② → *Schuhe* consumare ③ ◇ **jd-m den Rang** - superare di livello

ablegen *vt* ① ↑ *hinlegen* posare, porre ② ↑ *ausziehen* → *Kleider* togliersi ③ ↑ *absolvieren* → *Examen* dare, fare ④ ↑ *sich abgewöhnen* perdere l'abitudine di; **Ableger** *m* ⟨-s, -⟩ ① ↑ *Filiale* filiale *f*, succursale *f* ② (*von Blumen*) propaggine *f*

ablehnen *vt* ① → *Angebot* rifiutare ② → *Antrag* respingere ③ → *Person* rifiutare ④ → *Zahlung* rifiutare; **Ablehnung** *f* ① (*von Angebot*) rifiuto *m* ② (*von Antrag*) bocciatura *f* ③ (*von Person*) rifiuto *m*

ableiten *vt* ① → *Bach* deviare ② → *Wort* derivare ③ ↑ *folgern* dedurre, trarre; **Ableitung** *f* ① ↑ *das Ableiten* deviazione *f* ② (*SPRACHW Wort-*) derivazione *f*

ablenken I. *vt* ① (*von Fährte*) sviare, allontanare ② (*von Arbeit*) distogliere ③ ↑ *unterhalten, zerstreuen* distrarre II. *vi* ↑ *ausweichen* allontanarsi da; **Ablenkung** f ① ↑ *das Ablenken* deviazione f ② ↑ *Zerstreuung* distrazione f, svago m

ablesen *unreg vt* ① ↑ *lesen* → *Text* leggere ② → *Zähler* rilevare, leggere ③ ↑ *erkennen* ◇ **jd-m etw** *akk* **an der Miene** ~ leggere qc dall' espressione di qu

abliefern *vt* ① → *Ware, Brief* consegnare, recapitare ② *FAM* ◇ **jd-n zu Hause** ~ portare a casa qu; **Ablieferung** f consegna f

ablösen I. *vt* ① → *Klebeband* staccare ② → *Kollegen* succedere a ③ (*bei Wache, Schicht*) dare il cambio a ④ → *Schuld* estinguere **II.** *vr* ◇ **sich** ~ ① ← *Farbe* staccarsi ② ◇ **einander** ~ darsi il cambio; **Ablösung** f ① (*Schuld-*) ammortizzazione f ② (*Wach-*) cambio m ③ (*von Farbe*) lo staccarsi

abmachen *vt* ① *entfernen* → *Etikett* togliere; → *Schnur* snodare ② ↑ *vereinbaren* → *Treffpunkt* concordare, stabilire; ◇ **abgemacht!** d'accordo! ③ ↑ *besprechen* ◇ **etw** *akk* **mit sich** ~ vedersi qc da solo, risolvere qc da solo; **Abmachung** f ↑ *Vereinbarung* accordo f

abmagern *vi* dimagrire; **Abmagerungskur** f ↑ *Diät* cura f dimagrante, dieta f

Abmarsch m (*MIL von Truppen*) ritiro m; **abmarschbereit** *adj* pronto per la partenza; **abmarschieren** *vi* ↑ *weggehen* ritirarsi; ← *Soldaten* mettersi in marcia

abmelden I. *vt* ① → *Auto* disimmatricolare ② → *Zeitung, Telefon* disdire **II.** *vr* ◇ **sich** ~ ① ▷*polizeilich* denunciare il cambiamento di residenza ② (*im Hotel*) comunicare il giorno della partenza

abmessen *unreg vt* ① → *Distanz* misurare ② *FIG* ↑ *abschätzen* → *Tragweite* valutare; **Abmessung** f misurazione f

abmontieren *vt* smontare

abmühen *vr* ◇ **sich** ~ ↑ *anstrengen* affaticarsi

abnabeln *vr* ◇ **sich** ~ *FIG* liberarsi da

Abnahme f ⟨-, -n⟩ ① (*Gewichts-*) perdita f ② ↑ *Wegnehmen* rimozione f ③ *COMM* (*Waren-*) ritiro m ④ (*TÜV--*) revisione f, controllo m; **abnehmen** *unreg* **I.** *vt* ① ↑ *wegnehmen* togliere; (*Führerschein*) ritirare ② *FIG* → *Last, Problem* prendere su di sè ③ ↑ *sich verringern* → *Gewicht* dimagrire ④ → *Hörer* alzare ⑤ → *Prüfung* esaminare ⑥ *FAM* ↑ *glauben* ◇ **jd-m e-e Geschichte** ~ credere alle parole/alla storia **II.** *vi* ① ↑ *weniger werden* diminuire ② ↑ *dünner werden* dimagrire; **Abnehmer(in** f) m ⟨-s, -⟩ *COMM* ↑ *Käufer* acquirente m/f

Abneigung f ① (*gegen Suchen*) avversione f ② (*gegen Personen*) antipatia f, avversione f

abnutzen I. *vt* → *Kleider* consumare, logorare **II.**

vr ◇ **sich** ~ → *Möbel, Schuhe* consumarsi; **Abnutzung** f ↑ *Verschleiß* consumo m, usura f

Abonnement n ⟨-s, -s⟩ (*Zeitungs-*, THEAT, *Bahn- etc.*) abbonamento m; **Abonnent(in** f) m (*Zeitungs-*, THEAT, *Bahn- etc.*) abbonato/a) m; **abonnieren** *vt* → *Zeitschrift*, THEAT, *Bahn* abbonarsi a, fare l'abbonamento per/a

Abort m ⟨-[e]s, -e⟩ ① *FAM* ↑ *WC* gabinetto m ② ↑ *Fehlgeburt, Abgang* aborto m spontaneo

abpacken *vt* ↑ *einpacken* impacchettare

abpassen *vt* ① ↑ *aufhalten* → *Person* trattenere, fermare ② ↑ *abwarten* → *Gelegenheit* attendere, aspettare

abpfeifen *unreg vt, vi* SPORT ↑ *beenden* fischiare la fine di

abprallen *vi* ① ← *Geschoß* rimbalzare (*an dat* contro) ② ← *Ball* rimbalzare (*an/von dat* contro/da)

abputzen *vt* → *Schuhe* pulire

abqualifizieren *vt* → *Person, Sache* screditare

abqualen *vr* ◇ **sich** ~ ↑ *abmühen* tormentarsi, affannarsi

abraten *unreg vi* (*raten, etwas nicht zu tun*) sconsigliare; ◇ **jd-m von etw** ~ dissuadere qu da qc

abräumen *vt* → *Tisch* apparecchiare

abreagieren I. *vt* → *Wut* sfogare (*an dat* su) **II.** *vr* ◇ **sich** ~ sfogarsi

abrechnen I. *vt* → *Betrag* detrarre **II.** *vi* ① (*Rechnung aufstellen*) compilare/fare il conto ② (*FIG zur Rechenschaft ziehen*) regolare i conti (*mit* con); **Abrechnung** f ① (*Tages-*) regolamento m ② *FIG* ↑ *Rache* resa f dei conti

abregen *vr* ◇ **sich** ~ *FAM* ↑ *beruhigen* calmarsi

abreiben *unreg* *vt* ① → *Schmutz* togliere sfregando ② ↑ *frottieren* frizionare; **Abreibung** f *FAM* ▷*Prügel* ▷*verpassen* strigliata f

Abreise f partenza f; **abreisen** *vi* partire

abreißen *unreg* **I.** *vt* ① → *Haus* demolire, abbattere ② → *Papier* strappare **II.** *vi* ← *Kontakt, Serie* interrompere, cessare

abriegeln *vt* ① → *Gebiet* sbarrare, bloccare ② → *Zimmer* chiudere a chiave

Abriß m ⟨-sses, -sse⟩ ① (*von Haus*) demolizione f ② (*von Buch*) abbozzo m

Abruf m (*von Waren*) ordine m [di spedizione/consegna]; **abrufen** *unreg vt* ① PC → *Datei* richiamare ② → *Ware* ordinare

abrüsten *vi* MIL disarmare; **Abrüstung** f ▷*militärisch* disarmo m

Abs. *Abk v.* **Absender** mitt.

Absage f risposta f negativa; **absagen I.** *vt* → *Besuch, Termin* disdire **II.** *vi* ↑ *nicht kommen* declinare

absägen vt ① → *Ast* segare ② *FAM* → *Politiker* licenziare

Absatz m ① (*Schuh-*) tacco m ② ↑ *Verkauf* (*Waren-*) vendita f, smercio m ③ (*Treppen-*) sporgenza f ④ ↑ *Abschnitt* (*Text-*) paragrafo m

abschaben vt (*Putz*) raschiare; → *Möhren* pelare

abschaffen vt *beseitigen* → *Steuer, Gesetz* abolire; → *Übel* sbarazzarsi di; **Abschaffung** f abolizione f

abschalten I. vt → *Radio, Fernseher, Licht* spegnere; (*Strom*) staccare **II.** vi ① *FAM* ↑ *sich entspannen* rilassarsi ② *FAM* distrarsi

abschätzen vt → *Lage* valutare; (*Person*) stimare; **abschätzig** adj sprezzante, dispregiativo

Abschaum m *PEJ* feccia f

Abscheu m ‹-[e]s› ↑ *Ekel* ribrezzo m

abscheulich adj schifoso, disgustoso

abschicken vt → *Brief* spedire, inviare

abschieben unreg vt ① → *Schuld* dare ② → *Asylanten* espellere ③ *FAM* ◇ **schieb ab!** sparisci!

Abschied m ‹-[e]s, -e› ↑ *Trennung* addio m, separazione f; ◇ - **nehmen** accomiatarsi, prendere commiato (*von dat* da)

abschießen unreg vt ① → *Flugzeug, Vogel* abbattere ② → *Pistole* sparare ③ *FIG* → *scharfe Bemerkung* esprimere, sparare ④ *FAM* ↑ *entlassen* (*Politiker*) licenziare

abschirmen I. vt → *Augen, Person* proteggere **II.** vr ◇ **sich** - isolarsi

abschlagen unreg vt ① ↑ *abhacken* staccare ② *COMM* → *Ware* vendere ③ → *Bitte* rifiutare, respingere

abschlägig I. adj ▷*Antwort* negativo **II.** adv negativamente

Abschlagszahlung f rata f

abschleifen unreg **I.** vt → *Unebenheit* levigare **II.** vr ◇ **sich** - ← *Unebenheit* lisciare levigando; *FIG* ← *Angewohnheit* perdere

Abschleppdienst m autosoccorso m, carro m attrezzi; **abschleppen** vt ① → *Auto* rimorchiare, trainare ② *FAM* → *Mann/Frau* rimorchiare; **Abschleppseil** n cavo m da rimorchio

abschließen unreg **I.** vt ① → *Tür* chiudere a chiave ② → *Vertrag* stipulare ③ ↑ *beenden* finire, terminare **II.** vr ◇ **sich** - ↑ *isolieren* segregarsi, isolarsi; **Abschluß** m ① (*Vertrags-*) stipulazione f; (*Geschäfts-*) conclusione m ② (*Jahres-*) fine f ③ *SCHULE* fine f, conclusione f ④ ◇ **zum** - alla fine; **Abschlußrechnung** f conto m finale

abschmieren vt *TECH* ↑ *einfetten* → *Lager* lubrificare

abschminken vr ◇ **sich** - ① togliersi il trucco, struccarsi ② *FAM* ◇ **sich etw** *akk* - togliersi qc dalla testa

abschneiden unreg **I.** vt ① → *Stoff, Faden* tagliare ② → *Weg* accorciare ③ *FIG* ◇ **jd-m das Wort** - interrompere qu mentre parla **II.** vi (*Ergebnis haben*) cavarsela (*bei dat* in); **Abschnitt** m ① ↑ *Teilstück* parte f, sezione f, capitolo m ② ↑ *Bezirk* settore m, zona f ③ (*Zeit-*) periodo m ④ *MATH* segmento m ⑤ (*Kontroll-*) tagliando m

abschrauben vt svitare

abschrecken vt ① → *Ei* raffreddare ② ↑ *drohen* intimidire, intimorire, impaurire; **abschreckend** adj ① ↑ *warnend* ◇ **-es Beispiel** esempio ammonitore ② (*abstoßend*) ripugnante; **Abschreckung** f intimidazione f, l'impaurire m

abschreiben unreg vt ① → *Text* trascrivere ② (*COMM von Steuer*) scaricare, scalare ③ *SCHULE* ↑ *spicken* copiare ④ *FAM* ◇ **den Ring kann er sich** - l'anello se lo può dimenticare; **Abschreibung** f ① (*COMM von Steuer*) ammortamento m fiscale ② *COMM* ↑ *Wertverminderung* ammortamento m

Abschrift f ↑ *Kopie* copia f, duplicato m

abschürfen vt → *Haut* escoriare

Abschuß m ① (*von Waffe*) sparo m ② (*von Flugzeug, Vogel*) abbattimento m

abschüssig adj ▷*Gelände, Straße* ripido, scosceso

abschwächen vt ① → *Aussage* mitigare, addolcire ② → *Farbe* attenuare; → *Stoß* smorzare

abschweifen vi ↑ *abkommen:* ◇ **vom Thema** - allontanarsi dall'argomento; **Abschweifung** f digressione f

abschwellen unreg vi ① ← *Beule* sgonfiarsi ② ← *Geräusch* diminuire

abschwören unreg vi (*dem Glauben*) rinnegare (*dat* qc); (*dem Alkohol*) smettere (*dat* di)

absehbar adj ① → *Zeit* prossimamente ② ◇ **der Schaden ist** - il danno è valutabile/prevedibile; **absehen** unreg **I.** vt ① → *Folgen* calcolare, valutare ② → *Gewohnheit* imparare osservando **II.** vi ① (*von Besuch*) desistere, rinunciare (*von da, a*) ② ↑ *nicht berücksichtigen* trascurare, non considerare (*von qc*) ③ ◇ **es auf jd-n/etw abgesehen haben** prendere di mira qu/qc

abseits I. adv in disparte; ◇ **- stehen** stare in disparte **II.** präp gen ↑ *entfernt* lontano (*von da*)

Abseits n ‹-› *SPORT* fuorigioco m; ◇ **im** - in fuorigioco

absenden unreg vt spedire, inviare; **Absender** (**in** f) m ‹-s, -› mittente m/f

absetzbar adj ① (*von Steuer*) scaricabile, deducibile **2** (▷*Person, von Posten*) destituibile **3** ▷*Ware* vendibile, smerciabile; **absetzen I.** *vt* **1** → *Last* deporre, mettere giù **2** → *Hut* togliere **3** → *Waren* vendere, smerciare **4** (*von Steuer*) scaricare, dedurre **5** (*vom Amt*) destituire **6** THEAT → *Stück* cancellare, togliere **II.** *vr* ◇ **sich** - **1** ← *Staub* depositarsi **2** (*ins Ausland*) andarsene

absichern *vt* (*gegen Diebstahl etc.*) assicurare, rendere sicuro

Absicht *f* **1** ↑ *Vorhaben* intenzione *f* **2** ◇ **mit -** apposta, intenzionalmente; **absichtlich I.** *adj* ↑ *vorsätzlich* intenzionale **II.** *adv* apposta, di proposito, intenzionalmente

absitzen *unreg* **I.** *vi* (*von Pferd*) scendere; (*Motorrad*) smontare **II.** *vt* FAM → *Haftstrafe* scontare

absolut I. *adj* **1** ↑ *völlig* assoluto, totale **2** (*Ggs relativ*) assoluto; ◇ **die -e Mehrheit** la maggioranza assoluta **II.** *adv* assolutamente, totalmente; **Absolutismus** *m* (*Regierungsform*) assolutismo *m*

absolvieren *vt* **1** → *Studium* terminare **2** → *Prüfung* superare **3** (*hinter sich bringen*) sbrigare

absondern I. *vt* **1** → *Flüssigkeit* emettere, espellere **2** ↑ *isolieren* isolare, segregare **II.** *vr* ◇ **sich - (von Gruppe)** segregarsi, isolarsi

abspecken *vi* FAM ↑ *Diät machen* dimagrire

abspeichern *vt* PC memorizzare

abspeisen *vt* FIG ↑ *vertrösten*; ◇ **jd-n mit leeren Worten -** liquidare qu con vane parole

abspenstig *adj*: ◇ **jd-m/etw - machen** (*wegnehmen, ausspannen*) togliere/straniare qc a qu

absperren *vt* → *Tür* chiudere a chiave; **Absperrung** *f* (*Straßen-*) blocco *m*

abspielen I. *vt* **1** → *Platte* far suonare **2** SPORT → *Ball* passare **II.** *vr* ◇ **sich -** ↑ *passieren* avere luogo, svolgergiso

Absprache *f* accordo *m*; **absprechen** *unreg* *vt* **1** ↑ *vereinbaren* concordare, mettersi d'accordo su **2** ↑ *aberkennen* non riconoscere; ◇ **jd-m etw -** contestare qc a qu

abspringen *unreg* *vi* **1** saltar giù **2** ↑ *abgehen* staccarsi, scrostarsi **3** (FAM *von Partei etc.*) staccarsi; **Absprung** *m* **1** (*Fallschirm-*) lancio *m* **2** FIG ↑ *Austritt* abbandono *m*

abspülen *vt* sciacquare

abstammen *vi* discendere (*von* da); **Abstammung** *f* ↑ *Herkunft* discendenza *f*

Abstand *m* **1** (*räumlich*) distanza *f*; ◇ **- halten** mantenere la distanza **2** (*zeitlich*) intervallo *m* **2** ◇ **mit - der Schönste** di gran lunga il più bello

abstatten *vt* **1** → **jd-m e-n Besuch -** fare una

visita a qu **2** ◇ **jd-m Dank -** rendere grazie a qu

abstauben *vt* **1** → *Möbel* spolverare **2** FAM → *Zigarette* fregare

Abstecher *m* ‹-s, -› ↑ *kurze Reise* scappata *f*, scappatina *f*

abstehen *unreg* *vi* **1** (*entfernt sein*) essere distante **2** ← *Ohren* essere a sventola **3** ← *Bier* diventare stantio

absteigen *unreg* *vi* **1** (*in Hotel*) prendere alloggio **2** (*vom Pferd, Rad etc.*) scendere **3** ↑ *sinken* (*im Wert*) calare, diminuire

abstellen *vt* **1** → *Auto, Motorrad* parcheggiare; → *Fahrrad* appoggiare **2** ↑ *hinstellen* posare, mettere giù **3** ↑ *ausmachen* → *Motor* spegnere **4** → *Übel* togliere **5** → *Gas* spegnere; → *Wasser* chiudere

abstempeln *vt* **1** → *Briefmarke* timbrare **2** FIG ↑ *bezeichnen als* bollare; ◇ **jd-n zum Gauner -** bollare qu come imbroglione

absterben *unreg* *vi* **1** ← *Baum* morire, seccare **2** ↑ *gefühllos werden* ← *Fuß* addormentarsi, diventare insensibile

Abstieg *m* ‹-[e]s, -e› **1** discesa *f* **2** FIG ▷*sozial, finanziell* declino *m* **3** (SPORT *Verein*) retrocessione *f*

abstimmen I. *vi* ↑ *Stimme abgeben* votare (*über akk* qu/ac) **II.** *vt* **1** (*aufeinander -*) conciliare, armonizzare, sintonizzare **2** MUS accordare **3** → *Termine* accordare (*auf akk* per); **Abstimmung** *f* **1** ↑ *Wahl* votazione *f* **2** ↑ *Abstimmen* voto *m*

abstinent *adj* astinente; (*von Alkohol*) astemio; **Abstinenz** *f* astinenza *f*

abstoßen *unreg* *vt* **1** ↑ *anwidern* ripugnare, disgustare **2** ↑ *billig verkaufen* svendere **3** (*wegstoßen*) allontanare, scostare; **abstoßend** *adj* disgustoso, ripugnante

abstrakt *adj* **1** astratto **2** ▷*Kunst* astratto; **Abstraktion** *f* astrazione *f*

abstreiten *unreg* *vt* → *Tat* negare

Abstrich *m* **1** ↑ *Kürzung* taglio *m* **2** MED striscio *m* **3** FIG ◇ **-e machen** accontentarsi di poco

abstufen *vt* **1** (*in Terrassen*) terrazzare **2** → *Farbtöne* graduare **3** → *Gehälter* differenziare

abstumpfen I. *vi* **1** (*Glanz verlieren*) perdere la lucentezza **2** (*stumpf werden*) smussarsi **3** (FIG *unempfindlich werden*) diventare insensibile **II.** *vt* **1** (*stumpf machen*) smussare **2** (FIG *teilnahmslos machen*) rendere insensibile

Absturz *m* (*Flugzeug-*) caduta *f*; **abstürzen** *vi* cadere; ← *Flugzeug* precipitare

absuchen *vt* → *Taschen* frugare, rovistare (*nach dat* per); → *Gebiet* perlustrare

absurd *adj* assurdo

abtauen I. *vt* → *Kühlschrank* sbrinare II. *vi* ← *Fensterscheibe* sciogliersi; ← *Kühlschrank* sbrinarsi

Abtei *f* ⟨-, -en⟩ abbazia *f*

Abteil *n* ⟨-[e]s, -e⟩ (*Zug-*) scompartimento *m*; **abteilen** *vt* dividere, suddividere; **Abteilung** *f* ① ↑ *Abtrennung* divisione *f*, suddivisione *f* ② (*in Betrieb, Schule*) sezione *f* ③ (*in Kaufhaus, Krankenhaus*) reparto *m*; **Abteilungsleiter(in** *f*) *m* caporeparto *m*/*f*

abträglich *adj* ↑ *schädlich* nocivo (*dat* per/a)

abtreiben *unreg* I. *vt* → *Kind* abortire II. *vi* ← *Boot* andare alla deriva; **Abtreibung** *f* aborto [intenzionale] *m*

abtrennen *vt* ① → *Blatt* strappare ② → *Körperteil* amputare ③ → *Land* separare

abtreten *unreg* I. *vt* → *Amt* cedere, lasciare (*jd-m* a qu) II. *vi* ← *Minister* dimettersi

abtrocknen *vt* asciugare

abtrünnig *adj* ↑ *untreu* infedele; ◇ **e-r Sache** - **werden** rinnegare qc

abwägen ⟨wägte ab, abgewogen⟩ *vt* → *Entscheidung* ponderare, valutare

abwählen *vt* → *Regierung* non rieleggere

abwarten I. *vt* → *Ereignis* aspettare II. *vi* ↑ *warten* aspettare

abwärts *adv* giù, in giù, verso il basso

abwaschen *unreg vt* ① → *Gesicht* lavarsi ② → *Geschirr* lavare

Abwasser *n* ⟨-s, Abwässer⟩ scarico *m*

abwechseln *vr* ◇ **sich** - (*beim Fahren*) darsi il cambio

abwegig *adj* strano

Abwehr *f* ⟨-⟩ ① ↑ *Verteidigung* difesa *f* ② ↑ *Widerstand* resistenza *f*; **abwehren** I. *vt* ① → *Angriff* respingere ② → *Ball* parare II. *vi* ① SPORT parare ② ↑ *ablehnen* respingere; **Abwehrstoff** *m* MED anticorpo *m*

abweichen *unreg vi* ① (*vom Weg*) deviare ② (*von Meinung*) differire, essere differente; **abweichend** *adj* divergente

abweisen *unreg vt* ① ↑ *abwehren* respingere ② ← *ablehnen* respingere

abwenden *unreg* I. *vt* ① → *Unglück* impedire ② → *Blick* distogliere II. *vr* ◇ **sich** - FIG girare/ voltare le spalle (*von dat* a)

abwerben *unreg vt* (*weglocken*) accaparrarsi

abwerfen *unreg vt* ① → *Ballast* gettare giù, buttare giù ② → *Gewinn* fruttare ③ → *Karte* scartare, mettere giù

abwerten *vt* (COMM *Währung*) svalutare

abwesend *adj* ① (*nicht da*) assente ② ↑ *zerstreut* distratto; **Abwesenheit** *f* assenza *f*

abwiegen *unreg vt* pesare

abwimmeln *vt* FAM → *Vertreter* togliersi di torno, levarsi dai piedi

abwischen *vt* → *Schmutz* togliere; (*reinigen*) pulire

Abwurf *m* ① (*von Bombe*) lancio *m* ② (*Ball-*) lancio;

abwürgen *vt* ① → *Gespräch* soffocare ② → *Motor* spegnere, bloccare

abzahlen *vt* (*in Raten bezahlen*) pagare a rate; → *Kredit* saldare

abzählen *vt* → *Geld, Personen* contare

Abzahlung *f* pagamento *m* rateale

Abzeichen *n* ① (*Partei-, Ansteckmadel*) distintivo *m* ② (*Orden*) onorificenza *f*

abzeichnen I. *vt* ① → *Bild* disegnare ② → *Vertrag* sottoscrivere, firmare II. *vr* ◇ **sich** - (*FIG sich andeuten*) delinearsi, accennarsi

abziehen *unreg* I. *vt* ① sottrarre ② → *Ring, Schlüssel* sfilare, togliere ③ FOTO [ri]stampare ④ → *Tier* ↑ *häuten* togliere la pelle, scuoiare ⑤ → *Bettwäsche* cambiare le lenzuola II. *vi* → *Truppen* ritirarsi

abzielen *vi* mirare (*auf akk* a)

Abzug *m* ① ↑ *Subtraktion* sottrazione *f* ② (*Kamin, Schlot*) sfiato *m*, cappa *f* ③ (*Revolver-*) grilletto *m* ④ (*Truppen-*) ritiro *m* ⑤ (*Kopie*) copia *f* ⑥ ◇ **Abzüge** *m/pl* tasse *fpl*; **abzüglich** *präp gen* detratto da, dedotto da

abzweigen I. *vi* ← *Straße* deviare II. *vt* (→ *Geld, beiseite legen*) mettere da parte; **Abzweigung** *f* (*Weg-*) diramazione *f*

Accessoires *pl* (*Mode-*) accessori *m/pl*

ach *intj* (*Erstaunen*) ah; (*Bedauern*) ahi, ahimè; ◇ - **so!** ah !

Achse *f* ⟨-, -n⟩ ① (*Rad-*) asse *m* ② (*Erd-*) asse *m* ③ ◇ **auf** - **sein** (*unterwegs*) essere in giro

Achsel *f* ⟨-, -n⟩ ANAT (*Schulter*) spalla *f* **Achselhöhle** *f* ANAT ascella *f*

Achsenbruch *m* rottura *f* dell'asse

acht *adj, nr* otto; ◇ - **Leute** otto persone

Acht[1] *f* ⟨-⟩: ◇ **die** - (*Zahl*) otto *m*; ◇ **halb** - le sette e mezza

Acht[2] *f* ⟨-⟩ (*Aufmerksamkeit*) attenzione *f*; ◇ **etw außer a- lassen** non prendere in considerazione qc, tralasciare qc ◇ **sich in a- nehmen** (*aufpassen*) guardarsi (*vor dat* da)

achtbar *adj* → *Mensch* rispettabile

achte(r, s) *adj* (*Ordnungszahl*) ottavo; ◇ **der** - **Februar** l'otto [di] febbraio; ◇ **München, den 8. Februar** Monaco, 8 febbraio; **Achte(r)** *fm* (*in Wettkampf*) ottavo/a *m*; **Achtel** *n* ⟨-s, -⟩ (*Bruchteil*) ottavo *m*

achten I. *vt* ①→ *Person, Vorschrift* rispettare ②
◇ **hoch - stimare II.** *vi* ① ↑ *aufpassen* fare attenzione, badare, stare attento (*auf akk* a)

achtens *adv* (*an achter Stelle*) in ottavo luogo

ächten *vt* bandire

Achterbahn *f* montagne *fpl* russe; **achtfach I.**
adj (*Vielfaches*) ottuplo **II.** *adv* ↑ *achtmal* otto
volte

achtgeben *unreg* *vi* fare attenzione, badare, stare attento (*auf akk* a); **achtlos I.** *adj*
↑ *unachtsam* sbadato; ↑ *gleichgültig* noncurante
II. *adv* sbadatamente, senza fare attenzione

achthundert *adj, nr* ottocento; **achtjährig** *adj*
① di otto anni ② (*8 Jahre lang*) che dura otto
anni; **achtmal** *adv* (*Vielfaches*) otto volte

achtsam *adj* attento; **Achtung I.** *f* ↑ *Respekt*
rispetto *m*, stima *f* **II.** *intj* attenzione!; ◇ **alle -!**
bravo!

achtzehn *adj, nr* diciotto; **achtzig** *adj, nr* ottanta

ächzen *vi* ↑ *stöhnen* gemere (*vor dat* da)

Acker *m* ⟨-s, Äcker⟩ campo *m*, terreno *m*

ADAC *m* ⟨-⟩ *Abk v.* Allgemeiner Deutscher Automobil-Club ≈ A.C.I.

Adapter *m* ⟨-s, -⟩ (*Stecker*) adattatore *m*

addieren *vt* addizionare, sommare; **Addition** *f*
addizione *f*

ade *intj* (*FAM auf Wiedersehen*) addio

Adel *m* ⟨-s⟩ nobiltà *f*, aristocrazia *f*

Ader *f* ⟨-, -n⟩ ① (*Puls-*) vena *f*; ◇ **sich** *dat* **die -n**
öffnen tagliarsi le vene ② (*Erz-*) vena *f*, filone *m*
③ *FIG* ↑ *Talent* talento *m*

Adjektiv *n* GRAM aggettivo *m*

Adler *m* ⟨-s, -⟩ FAUNA aquila *f*

adlig *adj* nobile, aristocratico

Admiral(in *f*) *m* ⟨-s, -e⟩ (*Offizier*) ammiraglio
m/f

adoptieren *vt* → *Kind* adottare; **Adoption** *f*
adozione *f*; **Adoptivkind** *n* figlio/a adottivo/-a
m

Adrenalin *n* ⟨-s⟩ (*Hormon*) adrenalina *f*

Adresse *f* ⟨-, -n⟩ indirizzo *m*; **adressieren** *vt*
① → *Brief* indirizzare (*an akk* a) ② → *Rede* indirizzare (*an akk* a)

Advent *m* ⟨-[e]s, -e⟩ avvento *m*

Adverb *n* GRAM avverbio *m*; **adverbial** *adj*
GRAM avverbiale

Aerobic *n* ⟨-s⟩ (*Gymnastik*) aerobica *f*

Affäre *f* ⟨-, -n⟩ ① (*Liebes-*) relazione *f* [amorosa]
② ▷ *politisch* affare *m*, faccenda *f*

Affe *m* ⟨-n, -n⟩ ① FAUNA scimmia *f* ② (*PEJ
FAM Schimpfwort*) scemo/a *m*, scimunito/a *m*

affektiert *adj* affettato, ricercato

affenartig *adj* (*sehr schnell*) incredibile, molto
veloce; **Affenhitze** *f* (*FAM große Hitze*) caldo
m infernale; **affig** *adj* FAM sciocco

Afghanistan *n* Afganistan *m*

Afrika *n* Africa *f*; **Afrikaner(in** *f*) *m* ⟨-s, -⟩ africano/a *m*; **afrikanisch** *adj* africano

After *m* ⟨-s, -⟩ ANAT ano *m*

AG *f* ⟨-, -s⟩ *Abk v.* Aktiengesellschaft S.p.A.

Agent(in *f*) *m* ① (*Spion*) agente *m/f* segreto ②
(*Vertreter*) rappresentante *m/f*

Agentur *f* (*Geschäftsstelle*) agenzia *f*

Aggregat *n* ⟨-[e]s, -e⟩ aggregato *m*

Aggression *f* ① aggressione *f*; **aggressiv** *adj*
aggressivo; **Aggressivität** *f* aggressività *f*

agieren *vi* (*handeln*) agire (*als* come)

Agitation *f* ↑ *Propaganda* agitazione *f*

Agrarstaat *m* stato *m* agrario

Ägypten *n* Egitto *m*

aha *intj* (*ich verstehe!*) ah; **Aha-Erlebnis** *n* illuminazione *f*

Ahn *m* ⟨-en, -en⟩ (*Vorfahre*) avo *m*, antenato *m*

ähneln I. *vi* (*ähnlich sehen*) assomigliare (*dat* a)
II. *vr* ◇ **sich -** assomigliarsi

ahnen *vt* ① (*Vorgefühl*) presagire ② ↑ *vermuten*
sospettare, immaginare ② *FIG* ◇ **du ahnst es**
nicht! non puoi immaginartelo!

ähnlich *adj* ① simile ② *FIG* ◇ **das sieht ihm -**
questa è una delle sue; **Ähnlichkeit** *f* somiglianza *f*

Ahnung *f* ① (*Vorgefühl*) presentimento *m* ②
(*Wissen*) idea *f*; **ahnungslos** *adj* ignaro

Ahorn *m* ⟨-s, -e⟩ FLORA acero *m*

Aids *n* ⟨-⟩ *Abk v. s.* Acquired Immune Deficiency Syndrom Aids *m*; **Aids-Hilfe** *f* (*Stiftung*)
centro *m* di assistenza per l'aids; **Aids-positiv**
adj sieropositivo

Airbus *m* (*Flugzeug*) aerobus *m*

Akademie *f* ⟨-, -n⟩ accademia *f*; **Akademiker**
(in *f*) *m* ⟨-s, -⟩ ≈ laureato/a *m*; **akademisch** *adj*
accademico

akklimatisieren *vr* ◇ **sich -** (*eingewöhnen*)
acclimarsi, abituarsi

Akkord *m* ⟨-[e]s, -e⟩ ① MUS accordo *m* ② ◇ **im -**
arbeiten lavorare a cottimo *m*

Akkordeon *n* ⟨-s, -s⟩ MUS fisarmonica *f*

Akkusativ *m* GRAM accusativo *m*

Akrobat(in *f*) *m* ⟨-en, -en⟩ (*Zirkus-*) acrobata
m/f

Akt *m* ⟨-[e]s, -e⟩ ① (*Handlung*) azione *f*, atto *m* ②
(*Theater*) atto *m* ③ (*Bild*) nudo *m*

Akte *f* ⟨-, -n⟩ ① (*Unterlage*) pratica *f*, atto *m* ②
FIG ◇ **etw zu den -n legen** archiviare qc; **aktenkundig** *adj* (*in Akten belegt*) attestabile attraverso gli atti; **Aktentasche** *f* cartella *f*

Aktie *f* ⟨-, -n⟩ COMM azione *f*; **Aktiengesell-**

schaft f (*Handelsgesellschaft*) società f per azioni; **Aktienkurs** m andamento m della borsa/delle azioni

Aktion f ① ↑ *Handlung* azione f ② ↑ *Kampagne* campagna f ③ ◇ **in - treten** entrare in azione/ funzione

Aktionär(in f) m ‹-s, -e› (*Teilhaber*) azionista m/f

aktiv adj ① ▷*Person* attivo, operoso ② GRAM attivo

Aktiv n ‹-s› GRAM attivo m

Aktiva pl (*Guthaben*) attivo m

aktivieren vt attivare; **Aktivität** f (*Unternehmung, aktives Verhalten etc.*) attività f

aktualisieren vt PC aggiornare; **Aktualität** f attualità f; **aktuell** adj ① ▷*Thema* attuale, di attualità ② ▷*Mode* moderno

Akupunktur f (*Heilverfahren*) agopuntura f

Akustik f ① (*Lehre vom Schall*) acustica f ② (*Saal-*) acustica f

akut adj ▷*Schmerz* acuto, forte

AKW n ‹-s, -s› *Abk v.* **Atomkraftwerk** centrale f nucleare/atomica

Akzent m ‹-[e]s, -e› ① ▷ *fremdländisch* cadenza f, accento m ② (*Betonung*) accento m ③ *FIG* ◇ **-e setzen** mettere un accento su

akzeptieren vt accettare

Alarm m ‹-[e]s, -e› ▷ *schlagen* allarme m; **alarmieren** vt → *Feuerwehr* dare l'allarme

Albanien n Albania f

albern adj sciocco, stupido

Album n ‹-s, Alben› (*Foto-*) album m

Alge f ‹-, -n› FLORA alga f

Algebra f ‹-› MATH algebra f

Algerien n Algeria f

Alibi n ‹-s, -s› alibi m; **Alibifunktion** f (*als Ausrede dienen*) scopo m diversivo

Alimente pl alimenti m/pl

Alkohol m ‹-s, -e› alcool m; **alkoholfrei** adj analcolico; **Alkoholiker(in** f) m ‹-s, -› alcolizzato/a m; **alkoholisch** adj ▷*Getränk* alcolico

All n ‹-s› (*Welt-*) cosmo m, universo m

allabendlich adj (*jeden Abend*) serale

alle(r, s) I. adj ① ◇ **- zusammen** tutti; **vor allem** soprattutto; ◇ **trotz allem** malgrado tutto ② ◇ **- zwei Monate** ogni due mesi **II.** adv ① tutti, tutte ② (*FAM verbraucht*) finito

Allee f ‹-, -n› viale m alberato

allein I. adv ① solo; ◇ **- sein** essere [da] solo ② ◇ **etw - schaffen** fare da solo **II.** adv (*bloß, nur*) solo, solamente, soltanto; ◇ **- die Vorstellung** soltanto l'idea **III.** cj: ◇ **nicht -** non solo; **alleinerziehend** adj ≈ che educa senza l'altro genitore; **Alleingang** m: ◇ **im -** (*ohne Hilfe*) da solo; **alleinstehend** adj solo, senza famiglia

allerbeste(r, s) adj migliore di tutti

allerdings adv ① (*zwar*) tuttavia, però, ma ② (*gewiß, natürlich*) certamente, senza dubbio

Allergie f allergia f; **allergisch** adj ① allergico (*gegen* a) ② (*FIG gereizt*) allergico

allerhand adj ‹inv› ① ↑ *allerlei* ogni specie di, ogni sorta di ② *FAM* ◇ **das ist doch -!** questo è troppo!

Allerheiligen n REL Ognissanti m

allerhöchste(r, s) adj più alto, supremo; ▷ *Preis* massimo; ▷ *Ehre* più grande; **allerlei** adj ‹inv› ogni specie di, di ogni sorta; **allerletzte(r, s)** adj ultimo di tutti; **allerseits** adv (*an alle gerichtet*) a tutti; **allerwenigste(r, s)** adj minimo

alles pron (*Gesamtheit*) tutto

allgemein I. adj ① (*überall, bei allen*) generale; (*Wahlrecht*) universale; ◇ **im -en** in genere, di solito ② (*verbreitet*) comune ③ (*Aufbruch, von allen*) di tutti, generale **II.** adv generalmente, in generale; **allgemeingültig** adj generalmente valido; **Allgemeinheit** f comunità f

Alliierte(r) fm ‹s› (*Verbündete(r)*) alleato m ② (*nach II. Weltkrieg*) alleati m/pl

alljährlich adj (*jedes Jahr*) annuale, di ogni anno

allmählich I. adj (*Entwicklung*) lento, graduale **II.** adv lentamente, gradualmente

Alltag m ① (*Werktag*) giorno m feriale/lavorativo ② (*Routine*) vita f quotidiana; **alltäglich I.** adj ① (*täglich*) giornaliero, quotidiano ② (*gewöhnlich*) comune, usuale **II.** adv ① giornalmente, quotidianamente ② comune

allwissend adj onnisciente

allzu adv troppo

Almosen n ‹-s, -› elemosina f, carità f

Alpen pl Alpi fpl

Alphabet n ‹-[e]s, -e› alfabeto m; **alphabetisch** adj alfabetico

Alptraum m ① incubo m ② (*FIG schlimmes Erlebnis*) incubo m

als cj ① (*nachdem*) dopo che ② (*während*) quando ③ (*mit komp*) che, di ④ ◇ **nichts -** solo, niente tranne, niente salvo ⑤ ◇ **- ob** come se +congiuntivo

also cj ① dunque, perciò, quindi; ◇ **- hat sie verstanden** allora ha capito ② ◇ **- schön!** bene! ③ ◇ **na -!** [e] allora!

alt ‹älter, ältest› ① ▷*Mensch* vecchio, anziano ② ▷*Sache* vecchio ③ ◇ **wie - bist du?** quanti anni hai? ④ *PEJ* ◇ **- Gauner** imprigione incallito ⑤ *FAM* ◇ **- aussehen** sembrare invecchiato

Alt m ‹-s, -e› MUS contralto m

Altar m ‹-[e]s, Altäre› altare m

Altbau m ⟨-ten⟩ vecchia f costruzione; **Alteisen** n ferro m vecchio

Alter n ⟨-s, -⟩ ① (*Person*) età f; (*Lebens-*) età f, anni m/pl; ◇ **im - von** all'età di ② (*Sachen*) anni m/pl; **älter** adj s. **alt altern** vi (*alt werden*) invecchiare

alternativ adj ① (*Vorschlag*) alternativo ② (*Lebensweise*) alternativo ③ (POL *umweltbewußt*) ≈ ecologico; **Alternative** f ↑ *Wahlmöglichkeit* alternativa f; **Alternative(r)** f/m (POL *Umweltschützer(in)*) ≈ praticante m/f di modelli di vita alternativi

Altersgrenze f limite m di età; **Altersheim** n ↑ *Seniorenheim* casa f di riposo; **Altersversorgung** f (*Rente*) pensione f per la vecchiaia; **Altertum** n antichità f

ältest adj s. **alt**

Altglascontainer m contenitore m per la raccolta del vetro; **altmodisch** adj ⊳*Ansichten* fuori moda; **Altpapier** n carta f vecchia; **Altstadt** f centro m storico

Aluminium n ⟨-s⟩ CHEM alluminio m

am = an dem ① ◇ - **See** al mare ② ◇ **sie ist - schönsten** [lei] è la più bella di tutti; ◇ **er kann das - besten** [lui]lo sa fare meglio di tutti ③ ◇ - **Ende der Ferien** alla fine delle vacanze ④ FAM ◇ **ich bin - Arbeiten** sto lavorando

Amalgam n ⟨-s, -e⟩ (*Zahnfüllung*) amalgama m

Amateur(in f) m ① SPORT dilettante m/f ② PEJ dilettante m/f

ambivalent adj ambivalente

ambulant adj ⊳*Behandlung* ambulante, mobile

Ameise f ⟨-, -n⟩ FAUNA formica f

Amerika n America f; **Amerikaner(in** f) m ⟨-s, -⟩ americano/a m; **amerikanisch** adj americano

Ampel f ⟨-, -n⟩ ① (*Verkehrs-*) semaforo m ② (*Blumen-*) vaso m di/da fiori sospeso

amputieren vt amputare

Amsel f ⟨-, -n⟩ FAUNA merlo m

Amt n ⟨-[e]s, Ämter⟩ ① (*Behörde etc.*) ufficio m ② (*Posten*) ufficio m, posto m, carica f ③ (*Aufgabe*) compito m; **amtieren** vi (*Amt innehaben*) fungere da; **amtlich** adj ufficiale

amüsant adj divertente, piacevole; **amüsieren** I. vt divertire II. vr ◇ **sich** - divertirsi

an I. präp dat ① (*räumlich, wo?, nahe bei*) ◇ - **der Mauer** [vicino] al muro; (*bei*) ◇ **Köln am Rhein** Colonia sul Reno; ◇ - **e-r Schule** in una scuola ② (*zeitlich, wann?*) ◇ - **Ostern** a Pasqua; ◇ **am Donnerstag** Giovedì ③ ◇ - **Tür** - **Tür** porta a porta II. präp akk (*räumlich, wohin?*) ◇ - **den Tisch** [vicino] al tavolo; ◇ - **die Tafel schreiben** scrivere alla lavagna III. adv ① (*ungefähr*) ◇ -

die 3 Monate circa tre mesi ② (*eingeschaltet*) ◇ **der Radio ist** - la radio è accesa ③ (*ab*) ◇ **von ...** - **da ...in poi**

analog adj ① analogo ② PC analogico; **Analogrechner** m computer m/calcolatore m analogico

Analyse f ⟨-, -n⟩ ↑ *Untersuchung* analisi f; **analysieren** vt analizzare

Ananas f ⟨-, -o. -se⟩ FLORA ananas m

Anarchie f ① (*Gesellschaftsordnung*) anarchia f ② (*PEJ Chaos*) anarchia f; **Anarcho** m ⟨-s, -s⟩ (FAM *Person*) anarchico/a m

Anatomie f ① (*Lehre*) anatomia f ② (*Körperbau*) corporatura f

anbahnen I. vt ← *Möglichkeiten* avviare II. vr ◇ **sich** - profilarsi

anbändeln vi (FAM *flirten*) tentare degli approcci, provarci

Anbau I. m AGR coltivazione f II. m, pl ⟨-ten⟩ (*Gebäude*) edificio m aggiunto/annesso; **anbauen** vt ① → *Getreide* coltivare ② → *Gebäudeteil* aggiungere

anbehalten unreg vt → *Mantel* tenere addosso

anbei adv [qui] accluso/allegato

anbeißen unreg I. vt ① → *Apfel* dare un morso a ② FAM ◇ **sie ist zum** - è da mangiare con gli occhi II. vi ← *Fisch* abboccare

anbelangen vt (*betreffen*) riguardare, concernere

anbeten vt ① → *Gott* adorare ② FIG ↑ *vergöttern* adorare

Anbetracht m: ◇ **in** - **des/von ...** tenuto conto di ..., considerando che ...

anbiedern vr ◇ **sich** - ingraziarsi qu (*bei dat qu*)

anbieten unreg I. vt ① → *Zigarette, Platz* offrire II. vr ◇ **sich** - ① offrirsi ② ◇ **es bietet sich die Möglichkeit an, ...** ci sarebbe la possibilità di ...

anbinden unreg vt ① → *Pferd* legare ② FIG ◇ **kurz angebunden** (*wortkarg*) di poche parole

Anblick m vista f; **anblicken** vt guardare, osservare

anbrechen unreg I. vt (→ *Packung, anreißen*) aprire II. vi ← *Tag* cominciare

anbrennen unreg I. vt (*anzünden*) accendere II. vi ← *Suppe* attaccarsi

anbringen unreg vt ① → *Plakat* attaccare ② → *Ware* vendere, smerciare ③ (→ *Kritik, vorbringen*) presentare ④ (FAM *anschleppen*) trascinare

Anbruch m (*Tages-*) inizio m

anbrüllen vt urlare a

Andacht f ‹-, -en› ① (*religiös*) preghiera f ② (*Stimmung*) raccoglimento m; **andächtig** adj devoto, raccolto

andauern vi continuare, durare; **andauernd** I. adj ① (*immerzu*) continuo, durevole, ininterrotto ② ▷*Regen* persistente II. adv ininterrottamente, continuamente

Andenken n ‹-s, -› ricordo m

andere(r, s) pron (*indefinit*) ① (*verschieden*) altro ② (*folgend*) altro, seguente, dopo ③ ◇ **ein -s Mal** un'altra volta; **andererseits** adv d'altra parte; ◇ **einerseits und -** da una parte e dall'altra

ändern I. vt ① → *Meinung* cambiare, modificare ③ → *Kleid* modificare II. vr ◇ **sich -** (*Wetter, Charakter*) cambiare

anders adv diversamente, in altro modo/ maniera (*als che*) ② ◇ **wo -?** dove sennò?; ◇ **nirgendwo -** da nessun'altra parte; ◇ **irgendwo -** da qualche altra parte; **andersartig** adj differente, diverso; **anderswo** adv altrove, da un'altra parte

anderthalb adj, nr (*eineinhalb*) uno e mezzo

Änderung f ① cambiamento m, modificazione f ② (*-sschneiderei*) ≈ sartoria f

anderweitig adv ① in altro modo ② (*anderswo*) da un'altra parte

andeuten I. vt † *erwähnen* accennare II. vr † *abzeichnen* profilarsi; **Andeutung** f ① (*Anspielung*) allusione f ② (*Anflug*) accenno m

Andorra f Andorra f

Andrang m affollamento m, ressa f

andrehen vt ① → *Radio* accendere ② FAM ◇ **jd-m etw -** affibbiare qc a qu

androhen vt minacciare; ◇ **jd-m etw -** minacciare qu di qc

aneignen vt: ◇ **sich** dat **etw -** impadronirsi di

aneinander adv l'un con l'altro; **aneinandergeraten** unreg vi (*in Konflikt geraten*) litigare

anekeln vt disgustare, fare schifo, nauseare

anerkannt adj ▷*Künstler* riconosciuto; **anerkennen** unreg vt ① → *Anspruch* riconoscere ② → *Verdienste* apprezzare; **anerkennend** adj di approvazione, di lode; **Anerkennung** f ① ▷*offiziell* riconoscimento m ② † *Lob* apprezzamento m

anfahren unreg I. vt ① → *Auto* tamponare; → *Person* investire ② → *Hafen* dirigersi verso ③ (FIG *schimpfen*) sgridare II. vi † *starten* avviarsi; **Anfahrt** f tragitto m

Anfall m ① (MED *Fieber~*) attacco m ② (*Wut~*) accesso m; **anfallen** unreg I. vt assalire, aggredire II. vi ① ← *Arbeit* esserci ② ← *Nebenprodukt* risultare; **anfällig** adj soggetto, incline (*für* a)

Anfang m ‹-[e]s, Anfänge› inizio m; ◇ **von - an** dall'inizio; ◇ **- Juli** ai primi di luglio; **anfangen** unreg I. vt ① iniziare, cominciare ② † *handhaben* maneggiare, fare II. vi ① iniziare, cominciare ② ◇ **etw - können mit** essere capace di ...; **Anfänger(in** f) m ‹-s, -› principiante m/f; **anfangs** adv all'inizio; **Anfangsbuchstabe** m iniziale f; **Anfangsstadium** n primo stadio m

anfassen I. vt ① † *ergreifen* prendere, afferrare; † *berühren* toccare ② (FIG *Sache*) trattare II. vi † *helfen* dare una mano

anfechten unreg vt → *Urteil* contestare

anfertigen vt † *produzieren* fabbricare; → *Kleider* confezionare

anfeuern vt (FIG *Mannschaft*) incitare

anfliegen unreg I. vt → *Flughafen* puntare su II. vi: ◇ **angeflogen kommen** (*Ball*) arrivare al/in volo; **Anflug** m ① (*von Flugzeug*) avvicinamento m ② (FIG *Spur*) ombra f (*von* di)

anfordern vt richiedere; **Anforderung** f ① (*Bestellung*) richiesta f (*gen* di) ② pretese fpl (*an akk* a)

Anfrage f ① (*Erkundigung*) domanda f ② POL interpellanza f; **anfragen** vi † *sich erkundigen* chiedere, domandare

anfreunden vr ◇ **sich -** ① fare amicizia con ② (*mit Gedanken*) abituarsi (*mit dat* a)

anfügen vt aggiungere

anführen vt ① → *Gruppe* guidare ② → *Zitat* citare; **Anführer(in** f) m guida f

Anführungszeichen pl ① virgolette fpl ② FIG ◇ **in -** tra virgolette/parentesi

Angabe f ① (*Information*) indicazione f, informazione f ② (*Angeberei*) vanteria f ③ (SPORT *Aufschlag*) battuta f; **angeben** unreg I. vt ① (→ *Adresse, mitteilen*) dare ② → *Tempo, Arbeit* fissare, stabilire II. vi ① FAM † *prahlen* vantarsi ② SPORT † *aufschlagen* battere; **Angeber(in** f) m ‹-s, -› FAM spaccone m

angeblich adj presunto, supposto

angeboren adj ▷*Instinkte* innato; ▷*Krankheit* congenito

Angebot n ① (*Vorschlag*) offerta f ② COMM offerta f ③ (*Auswahl*) scelta f, assortimento m

angebracht adj appropriato, opportuno

angeheitert adj brillo

angehen unreg I. vi ① ← *Film* iniziare ② ← *Feuer* accendersi II. vt ① ◇ **das geht dich nichts an** questo non ti riguarda ② † *bitten* pregare (*um* di); **angehend** adj (*künftig*) futuro

angehören vi appartenere (*dat* a); **Angehörige(r)** fm ① (*Familien-*) parente m/f ② (*Zugehöriger*) appartenente m/f

Angeklagte(r) *fm* imputato/a *m*

Angel *f* ‹-, -n› 1 (*zum Fischen*) canna *f* da pesca 2 (*Tür-*) cardine *m*

Angelegenheit *f* questione *f*, faccenda *f*

angeln I. *vt* → *Fisch* pescare II. *vi* ↑ *fischen* pescare

angemessen *adj* adeguato

angenehm *adj* 1 ▷*Klima* gradevole 2 ▷*Person* piacevole, simpatico 3 ◇ -! piacere!

angenommen *adj* 1 (*adoptiert*) adottato 2 (*vorausgesetzt*) supposto, presupposto

angeregt *adj* ▷ *Gespräch* vivace

angesehen *adj* ▷*Wissenschaftler* stimato, apprezzato

angesichts *präp gen* (*im Hinblick auf*) in considerazione di, considerando che

Angestellte(r) *fm* impiegato/a *m*

angetan *adj*: ◇ **von jd-m/etw - sein** essere affascinato da qu/qc

angewiesen *adj*: ◇ **auf jd-n/etw - sein** dipendere da qu/qc

angewöhnen *vt* 1 (*anerziehen*) abituare (*jd-m etw* qu a qc) 2 (*sich*) abituarsi a; **Angewohnheit** *f* abitudine *f*

Angler(in *f*) *m* ‹-s, -› pesca|tore(-trice *f*) *m*

angreifen *unreg vt* 1 → *Person* assalire, aggredire 2 ← *Säure* intaccare 3 MIL assalire; **Angreifer(in** *f*) *m* ‹-s, -› aggre|ssore(-ditrice *f*) *m*; **Angriff** *m* 1 attacco *m* 2 ◇ **etw in - nehmen** porre mano a qc

angst *adj*: ◇ **mir ist -** ho paura; **Angst** *f* ‹-, Ängste› 1 paura (*vor dat* di) 2 ◇ **- um jd-n/etw haben** stare/essere in pensiero per qu/qc; **Angsthase** *m* FAM ↑ *Feigling* coniglio *m*, fifone *m*; **ängstigen** I. *vt* (*Angst machen*) spaventare II. *vr* ◇ **sich** - 1 (*Angst haben*) aver paura (*vor dat* di) 2 ↑ *sorgen* preoccuparsi (*um dat* per); **ängstlich** *adj* 1 (*furchtsam*) pauroso 2 (*besorgt*) preoccupato

angurten *vr* ◇ **sich** - allacciarsi le cinture

anhaben *unreg vt* 1 → *Kleidung* indossare 2 ◇ **jd-m etw** - können nuocere a qu

anhalten *unreg vt* I. *vt* 1 → *Auto* fermare 2 (*ermahnen*) esortare, incitare II. *vi* 1 ↑ *stoppen* fermarsi 2 ↑ *andauern* continuare, durare; **anhaltend** I. *adj* ▷*Regen* persistente II. *adv* incessantemente, continuamente; **Anhalter(in** *f*) *m* ‹-s, -› (*Tramper*) autostoppista *m*/*f*; **Anhaltspunkt** *m* (*Hinweis*) punto *m* d'appoggio

anhand *präp gen* in base a

Anhang *m* 1 (*Buch*) appendice *f* 2 (*Freunde*) sostenitori *m*/*pl* 3 (*Familie*) famiglia *f*; **anhängen** *vt* 1 → *Anhänger* agganciare 2 → *Zettel* appendere 3 FAM ◇ **jd-m etw** - addossare qu a qu

Anhänger [1] *m* ‹-s, -› 1 (*Schmuck*) ciondolo *m* 2 (*Zug*) rimorchio *m* 3 (*Schildchen*) etichetta *f*

Anhänger [2] (**in** *f*) *m* ‹-s, -› (*Fan*) sosteni|tore (-trice *f*) *m*

anhänglich *adj* (*treu*) fedele

anhäufen I. *vt* → *Vorräte* accumulare II. *vr* ◇ **sich** - accumularsi; **Anhäufung** *f* 1 (*Sammlung*) accumulo *m* 2 (*Haufen*) mucchio *m*

anheben *unreg vt* 1 → *Gewicht* sollevare 2 → *Preise* alzare

Anhieb *m*: ◇ **auf** - (*sofort*) subito

anhören I. *vt* 1 → *Musik* ascoltare 2 → *jd-n* prestare ascolto a II. *vr* ◇ **sich** - 1 ◇ **sich etwas** - ascoltare qc 2 FIG ◇ **das hört sich gut an** suona bene

animieren *vt* ← *Alkohol* animare; ◇ **jd-n zum Kauf** - stimolare qu a comprare

Anis *m* ‹-es, -e› anice *m*

ankämpfen *vi*: ◇ **gegen etw** - lottare contro qc

Anker *m* ‹-s, -› (*Schiffs-*) ancora. ◇ **vor - gehen** gettare l'ancora

Anklage *f* 1 JURA imputazione *f*, accusa *f* (*gegen* contro) 2 ↑ *Vorwurf* accusa; **anklagen** *vt* 1 (JURA *des Mordes*) accusare, imputare (*gen* di *gen* di) 2 ↑ *beschuldigen* accusare

Anklang *m*: ◇ **bei jd-m** - finden incontrare consenso *m* presso qu

Ankleidekabine *f* spogliatoio *m*

anklopfen *vi* (*an Tür*) bussare

anknüpfen I. *vt* 1 → *Seil* attaccare con un nodo (*an akk* a) 2 FIG attaccare; ◇ **ein Gespräch mit jd-m** - attaccar discorso con qu II. *vi* (FIG *an Thema*) riallacciarsi (*an akk* a)

ankommen *unreg vi* 1 ← *Brief* arrivare 2 ↑ *näherkommen* accostarsi 3 ↑ *gefallen* ← *Produkt* aver successo; ◇ **beim Publikum gut** - essere accolto favorevolmente dal pubblico 4 ◇ **gegen jd-n/etw** - farcela contro qu/qc 5 ◇ **es darauf - lassen** rischiarlo 6 ◇ **es kommt darauf an** dipende [dalle circostanze]

ankündigen I. *vt* 1 MEDIA annunciare, presentare 2 → *Besuch (von König)* annunciare II. *vr* ◇ **sich** - ← *Winter, Besuch* annunciarsi; **Ankündigung** *f* annuncio *m*

Ankunft *f* ‹-, Ankünfte› 1 arrivo *m*; ◇ **bei - des Zuges** all'arrivo *m* del treno

ankurbeln *vt* 1 → *Maschine* avviare, mettere in moto 2 FIG → *Gespräch, Wirtschaft* avviare

Anlage *f* 1 (*Park-*) giardino *m* pubblico 2 (*Geld-*) investimento *m* 3 (*Stereo-*) stereo *m* 4 (*Produktions-*) impianto *m*; ◇ **Klima-** condizionatore *m* d'aria 5 FIG ↑ *Neigung* predisposizione (*zu a*) 6 ↑ *Anhang* allegato *m*

Anlaß *m* ‹-sses, Anlässe› 1 ↑ *Gelegenheit* occa-

sione *f* (*zu* per); ▷*feierlich, freudig* evento *m* **2**
↑ *Motiv, Veranlassung* motivo *m;* ◇ **ohne jeden**
~ senza alcun motivo; ◇ **zu etw - geben** dar luogo
a qc

anlassen *unreg* I. *vt* **1** ↑ *starten* → *Motor* avviare **2** → *Licht, Motor* lasciare acceso **3** *FAM*
→ *Mantel etc.* tenere addosso II. *vr* ◇ **sich** ~
FAM: ◇ **das läßt sich gut an** inizia promettente;
Anlasser *m* ‹-s, -› AUTO motorino *m* di avviamento

Anlauf *m* **1** SPORT (*zum Sprung*) slancio *m* **2**
(*der Produktion*) avviamento *m* **3** ◇ **erster** ~
primo tentativo *m;* FIG ◇ **e-n neuen - nehmen**
fare un altro tentativo *m;* **anlaufen** *unreg* I. *vi*
1 (*von Motor*) avviarsi **2** ← *Film* essere di prima visione **3** ← *Fenster* appannarsi; ← *Silber*
diventare opaco **4** ◇ **rot** - diventare rosso II. *vt*
→ *Hafen* fare scalo a; **Anlaufstelle** *f* centro *m*
informazione

anlegen I. *vt* **1** ↑ *gestalten* → *Garten* progettare
2 → *Akte, Archiv* aprire **3** ↑ *investieren*
→ *Kapital* investire; *FAM* ◇ **was wollen Sie
denn** -? quanto vuole spendere? **4** ↑ *anziehen*
→ *Kleid* addossare **5** → *Gewehr* puntare (*auf akk*
su) II. *vi* **1** (*im Hafen*) approdare **2** *FAM* ◇ **sich
mit jd-m** - attaccare briga con qu

anlehnen I. *vt* **1** (*an Wand*) appoggiare (*an akk*
o dat a) **2** → *Tür* accostare II. *vr* ◇ **sich** ~ **2**
↑ *Halt suchen* appoggiarsi (*an akk* a) **2** (*FIG sich
beziehen auf*) ispirarsi (*an akk* a)

anleiern *vt FAM:* ◇ **wer hat die ganze Sache
angeleiert?** chi ha avviato questo imbroglio?

anleiten *vt* → *jd-n* addestrare; **Anleitung** *f* **1**
↑ *Handbuch* istruzioni *fpl,* manuale *m* **2** (*des
Lehrers*) guida, *f*

anlernen *vt:* ◇ **jd-n zu etwas** - istruire qu a fare
qc

Anliegen *n* ‹-s, -› richiesta *f,* domanda *f;* **Anlieger(in** *f*) *m* ‹-s, -› proprietario/a confinante *m;*
◇ **-verkehr** (*Straßenschild*) *passaggio ammesso
solo per gli abitanti adiacenti alla strada*

anlügen *unreg* *vt* → *jd-n* mentire a

anmachen *vt* **1** → *Radio, Licht* accendere **2**
↑ *mischen* → *Salat* condire; → *Mörtel* mescolare
3 *FAM* ◇ **jd-n dumm** - dare dei fastidi a qu;
(*stärker*) insultare **4** *FAM* ↑ *flirten*
→ *Mädchen* abbordare; ↑ *reizen* invogliare

anmalen I. *vt* **1** → *Wand* dipingere **2**
↑ *schminken* truccare II. *vr* ◇ **sich** - *FAM* truccarsi

anmaßen *vt:* ◇ **sich** *dat* **etw** - arrogarsi qc,
pretendere qc; **anmaßend** *adj* presuntuoso;
Anmaßung *f* presunzione *f*

Anmeldeformular *n* modulo *m* di denuncia;

anmelden I. *vt* **1** AUTO dichiarare; SCHULE
iscrivere; → *ansteckende Krankheit* denunciare
2 → *Anspruch* far valere **3** → *Besuch* annunciare II. *vr* ◇ **sich** ~ **1** (*in Schule*) iscriversi **2**
▷*polizeilich* notificare la residenza **3** (*beim Arzt*)
prendere un appuntamento; **Anmeldung** *f* **1**
↑ *das Anmelden* denuncia *f;* (*in Kurs*) iscrizione *f*
2 (*von Zimmer*) ufficio *m* di recezione

anmerken *vt* **1** ↑ *hinzufügen* annotare **2**
↑ *markieren* contrassegnare **3** ◇ **jd-m seine
Nervosität** - accorgersi della nervosità di qu;
Anmerkung *f* **1** ↑ *Fußnote* annotazione *f* **2**
↑ *Kommentar* osservazione *f*

anmotzen *vt FAM* insultare

Anmut *f* ↑ *Schönheit* leggiadria *f;* (*von Bewegung*) grazia *f;* **anmutig** *adj* ↑ *graziös* grazioso

annähen *vt* → *Knopf* attaccare cucendo

annähernd I. *adj* ↑ *ungefähr* approssimativo II.
adv ↑ *etwa* all'incirca; **Annäherung** *f* **1** avvicinamento *m* (*an akk* a) **2** *FIG* ↑ *Angleichung*
ravvicinamento (*an akk* a); **Annäherungsversuch** *m* tentativo *m* di approccio

Annahme *f* ‹-, -n› **1** (*von Geschenk*) accettazione *f;* (*von Namen*) adozione *f* **2** ↑ *Vermutung*
supposizione *f;* ↑ *Voraussetzung* premessa *f;*
◇ **gehe ich recht in der** - ... non sbaglio se
suppongo ... **3** (*von Gesetz*) approvazione *f;*
annehmbar *adj* accettabile; **annehmen** *unreg* I. *vt* **1** ↑ *entgegennehmen* → *Geschenk, Auftrag, Wette* accettare **2** → *Verhalten, Sprechweise* adottare **3** → *Kind* adottare **4** ↑ *vermuten*
supporre II. *vr* ◇ **sich** - (*sich kümmern*) prendersi
cura (*gen* di); **Annehmlichkeit** *f* comodità, *f*

annektieren *vt* annettere

Annonce *f* ‹-, -n› (*Zeitungs-*) inserzione *f;* **annoncieren** *vti* (*in Zeitung*) fare un'inserzione

annullieren *vt* → *Vertrag* annullare

anöden *vt FAM* ↑ *langweilen* stuccare, annoiare

anomal *adj* MED anomalo

anonym *adj* anonimo; **Anonymität** *f* anonimia
f

Anorak *m* ‹-s, -s› piumino *m,* giacca *f* a vento

anordnen *vt* **1** ↑ *bestimmen, festsetzen* ordinare
2 ↑ *ordnen* ◇ **nach dem Alphabet** - sistemare
per alfabeto; **Anordnung** *f* **1** ↑ *Weisung, Befehl* ordine *m,* disposizione *f* **2** ↑ *Reihenfolge*
▷*systematisch* disposizione, *f*

anorganisch *adj* CHEM inorganico

anormal *adj* anormale

anpacken I. *vt* **1** ↑ *anfassen* afferrare **2**
↑ *beginnen* → *Arbeit* intraprendere **3** *FIG*
◇ **jd-n hart** - trattare qu duramente II. *vi:* ◇ **mit** -
dare una mano

anpassen *vt* **1** ↑ *passend machen* → *Kleid*

adattare (*an akk* a) ② *FIG* ↑ *in Einklang bringen* adattare (*dat* a), adeguare (*dat* a) **II.** *vr* ◇ **sich ~** ↑ *einfügen* adeguarsi (*dat* a); **Anpassung** *f auch FIG* adattamento *m* (*an akk* a); **anpassungsfähig** *adj* adattabile

anpeilen *vt* ① localizzare ② *FAM* ◇ **etw ~** mirare a qc

anpfeifen *unreg vti* SPORT fischiare l'inizio di; **Anpfiff** *m* ① SPORT fischio *m* d'inizio ② *FAM* ◇ **e-n ~ kriegen** essere sgridato

anpflanzen *vt* → *Blumen etc.* piantare; ↑ *anbauen* → *Getreide* coltivare

anpirschen *vr* ◇ **sich ~** avvicinarsi di soppiatto (*an akk* a)

anpöbeln *vt FAM* ↑ *belästigen* seccare, insultare

anprangern *vt* stigmatizzare

anpreisen *unreg vt* → *Ware* vantare

Anprobe *f* (*beim Schneider*) prova *f;* **anprobieren** *vt* ▸ *Hose* provare

anpumpen *vt FAM:* ◇ **jd-n ~** farsi prestare denaro da qu

anrechnen *vt* ① ↑ *debitieren* addebitare ② ↑ *gutschreiben* accreditare; *FIG* ◇ **jd-m etwas hoch ~** fare gran merito a qu di qc

Anrecht *n* ↑ *Anspruch* diritto (*auf akk* su)

Anrede *f* titolo *m;* **anreden** *vt:* ◇ **jd-n mit "Sie" ~** dare del Lei a qu

anregen *vt* ① → *Neuerung* incitare, proporre ② ↑ *beleben* → *Durchblutung* stimolare ③ ◇ **jd-n zu etwas ~ anregen** dare l'impulso di qc a qu; **anregend** *adj* stimolante; **Anregung** *f* ▷*geben* impulso *m,* iniziativa *f*

Anreise *f* arrivo *m*

Anreiz *m* stimolo *m,* incentivo *m*

anrempeln *vt* urtare; (*mit Absicht*) dare uno spintone

anrichten *vt* ① ↑ *zubereiten* → *Essen* preparare, servire ② ↑ *verüben* → *Unheil* causare; → *Verwirrung* produrre

anrüchig *adj* ▷*Kneipe* malfamato

Anruf *m* ① (*Telefon-*) telefonata *f* ② ↑ *Zuruf* chiamata *f;* **Anrufbeantworter** *m* ‹-s, -› segreteria *f* telefonica; **anrufen** *unreg* **I.** *vt* ① ↑ *telefonieren* chiamare, telefonare a ② ↑ *zurufen* chiamare ③ ↑ *bitten* implorare **II.** *vi* ① ↑ *telefonieren* telefonare (*bei* a)

anrühren *vt* ① → *Teig, Mörtel* mescolare ② ↑ *berühren, anfassen* toccare

ans = **an das**

Ansage *f* ① (*Fernseh-*) annuncio *m* ② (*beim Kartenspiel*) dichiarazione *f;* **ansagen** **I.** *vt* ① → *Film, Besuch* annunciare ② ◇ **die Firma hat Bankrott angesagt** la ditta ha dichiarato falli-

mento ③ ◇ **schnelles Handeln ist angesagt** occorre reagire prontamente **II.** *vr* ◇ **sich ~** ↑ *ankündigen* annunciarsi

ansammeln **I.** *vt* → *Kapital* accumulare **II.** *vr* ◇ **sich ~** ← *Müll* accumularsi; ← *Menschen* radunarsi; **Ansammlung** *f* (*von Menschen*) adunata *f;* (*von Dingen*) accumulo *m*

ansässig *adj:* ◇ **~ sein** essere residente;

Ansatz *m* ① ↑ *Beginn* inizio *m;* (*Haar-*) attaccatura *f;* (*Fett-*) strato *m;* (*Rohr-*) tronchetto *m* ② (*MUS e-s Sängers*) impostatura *f* ③ MATH impostazione *f*

anschaffen *vt* ① aquistare; ◇ **sich dat ein Auto ~** comprarsi una macchina ② *FAM* ◇ **sich dat Kinder ~** avere bambini ③ *FAM* ◇ **~ gehen** (*sich prostituieren*) battere la strada; **Anschaffung** *f* ① ↑ *Kauf* acquisto *m* ② ↑ *das Gekaufte* compera *f,* acquisto *m*

anschalten *vt* accendere; → *Maschine* inserire

anschauen *vt* guardare; ▸ *Person* osservare; ◇ **sich dat ein Bild ~** guardare un'immagine; **anschaulich** *adj* chiaro, evidente; ◇ **etw ~ darstellen** descrivere qc plasticamente; **Anschauung** *f* ↑ *Überzeugung, Ansicht* opinione *f,* punto *m* di vista; ↑ *Vorstellung* (*Welt-*) posizione *f*

Anschein *m* apparenza *f;* ◇ **allem ~ nach** a quanto pare; **anscheinend** *adj* apparente

anschießen *vt FAM!* ① ↑ *grob anfahren* sgridare ② ↑ *betrügen* fregare

Anschlag *m* ① ↑ *Überfall* attentato *m* ② (*am schwarzen Brett*) affisso *m* ③ TECH battuta *f;* ◇ **bis zum ~ drehen** girare fino all'arresto *m* ④ (*ein Tastendruck*) battuta *f;* **anschlagen** *unreg* **I.** *vt* ① → *Knie* battere (*an dat* contro) ② → *Porzellan* ammaccare ③ → *Werbeplakat* affiggere; ◇ **ein Rockkonzert ~** affiggere cartelloni per un concerto di rock ④ (*für Steuer*) valutare **II.** *vi* ① MED ← *Behandlung* avere effetto; ◇ **gut bei jd-m ~** aver buon effetto a qu ② ← *Hund* abbaiare ③ ◇ **die Wellen schlugen am Ufer an** le onde si infransero sulla sponda

anschleppen *vt* ① → *Möbel* trascinare ② → *Auto* rimorchiare per avviare ③ *FAM* ◇ **e-n Haufen Freunde ~** portare tanti amici con se

anschließen *unreg* **I.** *vt* ① → *Fahrrad* fermare con lucchetto ② ELECTR, TELEC collegare ③ (*Sender*) collegare **II.** *vr* ① ↑ *folgen auf* ◇ **e-e Diskussion schloß sich an den Vortrag an** la conferenza seguì un dibattito; ◇ **der See schließt sich an die Berge an** il lago confina con la montagna ② ↑ *folgen* ◇ **sich der Mehrheit ~** seguire la maggioranza; **anschließend** **I.** *adj* ① (*Film*) seguente ② (*Sportanlage*) adiacente **II.**

adv: ◇ **- an** etw *akk* (*nach*) in seguito a qc; **Anschluß** *m* ① (*Strom-*) contatto *m* ② (*Wasser-*) allacciamento *m* ③ (*Zug-*) coincidenza *f* ④ FIG ↑ *Kontakt* conoscenza *f;* ◇ **leicht - finden** fare facilmente delle conoscenze *fpl* ⑤ ◇ **im - an** *akk* (*nach*) in seguito a

anschmiegsam *adj* ① ▷*Katze* chi ama stringersi a qu ② ▷*Kleid* aderente ③ FIG ▷*Person* affettuoso

anschnallen I. *vt* allacciare II. *vr* ◇ **sich -** ↑ *angurten* (*im Auto*) allacciarsi la cintura

anschnauzen *vt* FAM sgridare, rimbrottare

anschneiden *unreg vt* ① → *Kuchen, Brot* tagliare ② FIG → *Thema* affrontare

anschreiben *unreg vt* ① (*an Tafel*) scrivere sulla lavagna (*an akk* su) ② ↑ *benachrichtigen* notificare per l'iscritto ③ (*notieren*) annotare; ◇ **etw - lassen** far mettere in conto

anschreien *unreg vt* rivolgersi a qu gridando

Anschrift *f* indirizzo *m*

anschwellen *unreg vi* ① ↑ *dicker werden* ← *Beule* gonfiarsi ② ↑ *lauter werden* ← *Lärm* crescere; **Anschwellung** *f* MED gonfiore *m*

anschwindeln *vt* dire bugie a qu; FAM abbindolare

ansehen *unreg vt* ① → *Bild* guardare; ▷*genau* esaminare; ◇ **sich** *dat* **die Stadt -** girare per la città ② (*FIG beurteilen, betrachten*) ritenere (*als* come); ◇ **etw als seine Pflicht -** considerare qc come suo dovere ③ ↑ *anmerken* ◇ **jd-m etw -** vedere in faccia a qu; **Ansehen** *n* ‹-s› ① ↑ *Ruf* reputazione *f;* ◇ **hohes - genießen** godere di alta considerazione *f;* **ansehnlich** *adj* ① ↑ *gutaussehend* bello ② ▷*Vermögen* considerevole

ansetzen I. *vt* ① ↑ *annähen* → *Stück Stoff* attaccare ② → *Blasinstrument* applicare ③ → *Bowle* preparare ④ ◇ **Fett -** ingrassare ⑤ ↑ *festlegen* → *Preis, Termin* fissare II. *vi* ① (*zum Sprung*) apprestarsi ② ↑ *beginnen* iniziare III. *vr* ◇ **sich -** ← *Rost etc.* formaarsi

Ansicht *f* ① (*Stadt-*) panorama *m* ② ↑ *Betrachten, Ansehen* visione *f;* ◇ **zur - schicken** mandare in visione ③ ↑ *Meinung* parere *m;* ◇ **meiner - nach** a mio avviso; **Ansichtskarte** *f* cartolina *f;* **Ansichtssache** *f:* ◇ **das ist -** è una questione *f* di opinioni

ansiedeln *vtr* ◇ **sich -** stabilirsi; **Ansiedlung** *f* ↑ *Ort, Kolonie* insediamento *m*

ansonsten *adv* ↑ *andernfalls* altrimenti

anspannen *vt* ① → *Pferd* attaccare ② → *Muskeln* tendere ③ ↑ *beanspruchen* → *Nerven* mettere alla prova; **Anspannung** *f* ▷*körperlich, geistig* sforzo *m*

Anspiel *n* SPORT inizio *m* del gioco; **anspielen** I. *vt* ① SPORT → *Mitspieler* passare la palla a ② → *Melodie* iniziare II. *vi:* ◇ **auf etw** *akk* **-** alludere a qc; **Anspielung** *f* allusione *f* (*auf akk* a)

Ansporn *m* ‹-[e]s› stimolo *m*, sprone *m*

Ansprache *f* discorso *m;* **ansprechbar** *adj* ① ▷*Vorgesetzter* accessibile ② ▷*Patient* in coscienza; **ansprechen** *unreg* I. *vt* ① → *Gesprächspartner* rivolgere la parola a ② ↑ *diskutieren* → *Problem* affrontare II. *vi:* ↑ *gefallen* ← *Ware* piacere ◇ **die Bremse spricht nur langsam an** il freno reagisce solo lentamente; **ansprechend** *adj* ▷*Erscheinung* gradevole; **Ansprechpartner(in** *f*) *m* interlocutore(-trice *f*) competente *m*

anspringen *unreg* I. *vi* ↑ *starten* ← *Auto* avviarsi II. *vt* ← *Tiger* saltare addosso a

Anspruch *m* ① ↑ *Anrecht* diritto *m* (*auf akk* a); ◇ **auf etw** *akk* **- erheben** rivendicare un diritto *m* ② ↑ *Forderung, Erwartung* pretesa *f*, esigenza *f;* ◇ **hohe Ansprüche stellen** avere delle esigenze alte ③ ◇ **die Arbeit nimmt mich sehr in -** il lavoro mi occupa molto; **anspruchslos** *adj* ① ▷*Buch etc.* semplice ② ▷*Mensch* modesto ③ ▷*Arbeit, Aufgabe* semplice; **anspruchsvoll** *adj* ① ▷*Buch, Film etc.* pretenzioso; ▷*Mensch* esigente; ▷*Aufgabe* difficile

anstacheln *vt* stimolare

Anstalt *f* ‹-, -en› ① ↑ *Institut* istituto *m* ② (*Bade-*) stabilimento *m;* (*Erziehungs-*) istituto *m* ③ ◇ **-en machen, etw zu tun** prepararsi a fare qc

Anstand *m* ↑ *gutes Benehmen* educazione *f;* **anständig** *adj* ① (*ehrlich*) ▷*Person* onesto ② conveniente; ◇ **sich - benehmen** comportarsi convenientemente ③ FAM ↑ *groß, reichlich* ▷*Trinkgeld* lauto; **anstandslos** *adv* prontamente, senza problemi; ◇ **- bezahlen** pagare senza far storie

anstarren *vt* fissare

anstatt I. *präp gen* ↑ *an Stelle von* invece di II. *cj* ↑ *statt* invece di; ◇ **- etw zu tun** invece di fare qc

anstaunen *vt* guardare stupefatto

anstechen *unreg vt* → *Faß* spillare; → *Fleisch* pungere

anstecken I. *vt* ① ↑ *befestigen* → *Nadel* appuntare ② ↑ *infizieren* (*mit Krankheit*) infettare ③ ↑ *anzünden* → *Pfeife* accendere II. *vr* ◇ **sich -** ↑ *sich infizieren* infettarsi (*mit* con) III. *vi* FIG ↑ *sich übertragen* ← *Gähnen, Krankheit* essere contagioso; **ansteckend** *adj* MED ▷*Krankheit* infettivo; FIG ▷*Lachen* contagioso; **Ansteckung** *f* infezione *f*

anstehen unreg vi ① (an Haltestelle) fare la fila ② ← Arbeit essere in sospeso

ansteigen unreg vi ① ↑ steiler werden ← Straße salire ② ↑ höher werden, steigen ← Preise, Temperatur salire

anstelle präp gen ↑ anstatt invece di

anstellen I. vt ① ↑ anlehnen → Leiter appoggiare (an akk a) ② ↑ beschäftigen → Mitarbeiter assumere ③ ↑ einschalten → Gerät accendere ④ ↑ machen, bewerkstelligen eseguire, fare; ◇ **wie hat sie das angestellt?** come lo ha fatto ?; FIG ◇ etw - fare una sciocchezza II. vr ◇ sich - ① (in Warteschlange) fare la fila ② FAM ↑ sich zieren fare tante storie; ◇ **stell dich nicht so dumm an!** non fare il finto tonto !; **Anstellung** f ▷feste posto m

Anstieg m ‹-[e]s, -e› ① ↑ Steigung (von Berg) salita f ② FIG (von Temperatur, Preis) aumento m

anstiften vt ① ↑ anzetteln → Unheil causare ② ↑ verleiten spingere; ◇ **jd-n zu etw -** spingere qu a qc

anstimmen vt ① → Melodie, Lied iniziare a cantare ② FIG → Geschrei, Gelächter prorompere in

Anstoß m ① ↑ Ärger irritazione f; ◇ - **nehmen an** dat scandalizzarsi per qc ② (SPORT Ball-) calcio m d'inizio ③ FIG ↑ Anregung (Denk-) stimolo m; **anstoßen** unreg I. vt ↑ anschlagen → Kopf, Knie sbattere, urtare (an dat contro) II. vi ① (mit Gläsern) brindare (auf akk a) ② (SPORT beim Fußball) dare il calcio d'inizio ③ ↑ angrenzen ← Feld, Acker confinare (an dat con) ④ (mit Zunge) essere bleso; **anstößig** adj ▷Verhalten sconveniente

anstrahlen vt ① (mit Scheinwerfer) illuminare ② ↑ ansehen → jd-n guardare con occhi raggianti

anstreben vt → Erfolg inseguire

anstreichen unreg vt ① ↑ bemalen → Wand tinteggiare ② ↑ markieren → Fehler sottolineare; → Stelle im Buch segnare; **Anstreicher(in** f) m ‹-s, -› imbianchino/a m

anstrengen I. vr ◇ sich - ↑ sich bemühen ▷geistig, körperlich sforzarsi; ◇ **sich sehr -** sforzarsi molto II. vt ① ↑ beanspruchen → jd-n affaticare; → Augen, Gehirn affaticare ② JURA ↑ initiieren → Prozeß intentare; **anstrengend** adj ↑ mühsam ▷geistig impegnativo; ▷körperlich faticoso; **Anstrengung** f ① ↑ Mühe fatica f ② ↑ Strapaze strapazzo m

Anstrich m ① (Farb-) colore m ② FIG ↑ Anschein aria f

Ansturm m affluenza f (auf akk a)

Antagonismus m ↑ Gegensätzlichkeit antagonismo m; **antagonistisch** adj antagonistico

antasten vt ① ↑ berühren toccare ② ↑ angreifen, verletzen → Freiheit attentare a; → Vorräte intaccare

Anteil m ① ↑ Beteiligung ▷fordern parte f, quota f (an dat a) ② ↑ Mitgefühl interessamento m; ◇ - **nehmen an** dat interessarsi a; **Anteilnahme** f ↑ Mitgefühl partecipazione f (an dat a)

Antenne f ‹-, -n› MEDIA antenna f

Anthrazit m ‹es, -e› antracite f

Antialkoholiker(in f) m antialcolista m/f; **antiautoritär** adj antiautoritario; **Antibabypille** f pillola f anticoncezionale; **Antibiotikum** n ‹-s, -ka› MED antibiotico m; **Antiblockiersystem** n (AUTO ABS) sistema m antibloccaggio; **Antihistamin** n ‹-s, -e› MED antistamina f

antik adj ① ↑ alt u. wertvoll ▷Möbel antico ② ▷Philosophie antico; **Antike** f ‹-, -n› antichità f

Antikörper m anticorpo m (gegen contro)

Antilope f ‹-, -n› FAUNA antilope f

Antipathie f (Ggs Sympathie) antipatia f

Antiquariat n antiquariato m; **Antiquitäten** pl ▷sammeln oggetti m/pl d'antiquariato

Antrag m ‹-[e]s, Anträge› ① ↑ Gesuch ▷stellen domanda f; ◇ **e-n - stellen auf etw** akk fare domanda per qc ② POL (Gesetzes-) mozione f ③ JURA ↑ Petition petizione f (auf akk a)

antreffen unreg vt ↑ vorfinden → jd-n incontrare; → Verhältnisse scoprire

antreiben unreg I. vt ① → Pferd spronare ② (- → jd-n, zu Leistung) spronare a ③ → Maschine, Motor avviare ④ ↑ anschwemmen → Strandgut spingere a/verso II. vi ↑ anschwemmen (ans Ufer) essere spinto a/verso

antreten unreg I. vt ① ↑ übernehmen → Amt assumere ② ↑ beginnen → Reise iniziare ③ → Motorrad mettere in moto ④ → Erbschaft adire ⑤ ↑ liefern → Beweis fornire II. vi ① ↑ sich aufstellen mettersi ② SPORT ◇ **gegen jd-n -** mettersi contro qu

Antrieb m ① TECH (Dampf-) forza f motrice ② FIG ↑ Motivation motivo m; ◇ **aus eigenem -** spontaneamente

antrinken unreg vt ① ◇ **sich** dat Mut - bere per farsi coraggio; ◇ **angetrunken sein** essere un pò ubriaco ② → Flasche iniziare a bere

Antritt m ‹-[e]s, -e› ① ↑ Beginn (e-s Reise) inizio m ② (Amts-) assunzione f

antun unreg vt ① ↑ anziehen → Kleid indossare ② ◇ **jd-m etw -** recar danno a qu; ◇ **sich** dat **etw -** [tentare di] suicidarsi ③ ◇ **es jd-m angetan haben** affascinare qu

Antwort f ⟨-, -en⟩ ① (*Ggs zu Frage*) risposta f (*auf akk* a) ② ↑ *Auskunft, Bescheid* informazione f ③ *FIG* ↑ *Reaktion* reazione f; ◇ **das ist die - auf dein Verhalten** questa è la conseguenza del tuo comportamento; **antworten** vi ① ↑ *erwidern* (*auf Frage, Brief*) rispondere a ② *FIG* reagire (*auf akk* a)

anvertrauen I. vt ① → *Kind* affidare ② → *Geheimnis* confidare; ◇ **jd-m etw** - confidare qc a qu II. vr: ◇ **sich jd-m** - confidarsi con qu

anwachsen unreg vi ① ← *Zahl, Lärm* aumentare ② ↑ *festwachsen* ← *Pflanze* attaccarsi

Anwalt m ⟨-[e]s, Anwälte⟩, **Anwältin** f ① avvocato(-essa f) m ② *FIG* ↑ *Fürsprecher* difensore; ◇ **sich zum - für etw machen** fare le difese di qc

Anwandlung f (*von Gefühl*) impulso m

Anwärter(in f) m aspirante m/f; ◇ **- auf ein Amt** aspirante ad un incarico

anweisen unreg vt ① ↑ *instruieren* → *Arbeiter, Schüler* istruire ② ↑ *anordnen* ordinare a; ◇ **jd-m** - **etw zu tun** ordinare a qu di fare qc ③ ↑ *zeigen* → *Platz* assegnare ④ ↑ *schicken* → *Geld* dare ordine di pagare; **Anweisung** f ① ↑ *Anleitung* istruzione f; ◇ **klare -en geben** dare chiare disposizioni ② *FIN* ◇ **Geld-** ordine m di pagamento; ◇ **Post-** vaglia m telegrafico

anwendbar adj ▷*Methode* applicabile (*auf akk* a, su); **anwenden** vt ① → *Verfahren, Regel, Heilmittel* applicare (*auf akk* a, su) ② ↑ *übertragen* → *Gesetz, Theorie* ricorrere (*auf akk* a); **Anwender(in** f) m ⟨-s, -⟩ operatore(-trice f) m; **Anwenderprogramm** n PC programma m applicativo; **Anwendung** f ① ↑ *Gebrauch* impiego m (*auf akk* su) ② ↑ *Übertragung* applicazione f (*auf akk* su) ③ *MED* ↑ *Heilbehandlung* applicazione f

anwerben unreg vt ① → *jd-n* assumere (*für* per) ② *MIL* reclutare; ◇ **sich - lassen** farsi reclutare

anwerfen unreg vt ① ↑ *bewerfen* intonacare ② *TECH* ↑ *anmachen* → *Motor* mettere in moto

Anwesen n ⟨-s, -⟩ podere m

anwesend adj ↑ *da* ▷*körperlich, geistig* presente; **Anwesenheit** f presenza f; ◇ **in - von** in presenza di

anwidern vt → *jd-n* disgustare

Anwohner(in f) m ⟨-s, -⟩ abitante m/f

Anzahl f ⟨-⟩ numero m (*an dat* di)

anzahlen vt → *Ware* dare in acconto; **Anzahlung** f acconto m (*für/auf akk* per)

anzapfen vt ① → *Faß* spillare ② → *Stromleitung* fare una presa intermedia ③ → *Telefonleitung* collegarsi a ④ *FAM* ↑ *borgen* → *jd-n* spillare denaro a qu

Anzeichen n ↑ *Hinweis, Symptom* segno m (*für* di)

Anzeige f ⟨-, -n⟩ ① ↑ *Annonce* ▷*aufgeben* annuncio m ② ↑ *Reklame* pubblicità f ③ ↑ *Meldung* comunicazione f; ◇ **- wegen Diebstahls erstatten** sporgere denuncia per rapina ④ ↑ *-instrument* (*Benzin-*) spia f della benzina; **anzeigen** vt ① ↑ *melden* (*Diebstahl, jd-n*) denunciare ② → *Geschwindigkeit* segnalare ③ ↑ *bekanntgeben* → *Verlobung* annunciare; **Anzeigenteil** m pagina f degli annunci economici

Anzeiger m ⟨-s, -⟩ ① *TECH* ↑ *Instrument* indicatore m ② denunciatore(-trice f) m

anziehen unreg I. vt ① → *Kleidung* indossare ② ↑ *festziehen* → *Schraube* stringere; ↑ *anspannen* → *Seil* tirare ③ ← *Magnet* ↑ *Metall* attrarre ④ *FIG* ↑ *anlocken* → *Käufer* attrarre II. vi ① ← *Pferdewagen* cominciare a tirare ② *FIN* ↑ *steigen* ← *Preise, Kurse* salire III. vr ◇ **sich -** ① ↑ *ankleiden* vestirsi ② *FIG* ◇ **sich gegenseitig -** sentirsi attratti l'uno dall'altra; **anziehend** adj ① ↑ *attraktiv* attraente ② ↑ *nett* simpatico; **Anziehung** f ↑ *Reiz* attrazione f; **Anziehungskraft** f ① (*PHYS der Erde*) forza f di gravità ② *FIG* ↑ *Attraktivität* forza f d'attrazione

Anzug m ① (*Herren-*) abito m [da uomo]; (*Jogging-, Schlaf-*) tenuta f ② ↑ *Heranziehen* (*von Krankheit, Truppen*) avanzamento m; (*von Unwetter*) approssimarsi m; ◇ **im - sein** avvicinarsi ③ *AUTO* ↑ *Beschleunigung* accelerazione f

anzüglich adj ▷*Bemerkung* insinuante; **Anzüglichkeit** f insinuazione f

anzünden vt → *Feuer, Zigarette* accendere

anzweifeln vt mettere in dubbio

apart adj ↑ *ungewöhnlich* ▷*Erscheinung, Person* fuori dal comune

Apartheid f ⟨-⟩ segregazione f razziale

Apathie f apatia f; **apathisch** adj apatico

Apfel m ⟨-s, Äpfel⟩ mela f; **Apfelschimmel** m *FAUNA* leardo m pomellato; **Apfelsine** f → *Orange* arancia f; **Apfelwein** m sidro m

Apostel m ⟨-s, -⟩ ① apostolo m ② (*Moral-*) apostolo m

Apostroph m ⟨-s, -e⟩ *TYP* apostrofo m

Apotheke f ⟨-, -n⟩ ① farmacia f ② (*Haus-, Reise-*) cassetta f di pronto soccorso; **Apotheker(in** f) m ⟨-s, -⟩ farmacista m/f

Apparat m ⟨-[e]s, -e⟩ ① ↑ *Gerät* (*Foto-, Telefon-*) apparato m; ◇ **am - bleiben** restare in linea ② *FIG* ↑ *Organisation* (*Verwaltungs-*) apparato m

Appartement n ⟨-s, -s⟩ appartamento m

Appell m ⟨-s, -e⟩ ① ↑ *Aufruf* appello m; ◇ **e-n - richten an** akk rivolgere un appello a qu ② *MIL*

↑ Antreten (*Wach-*) appello *m;* **appellieren** *vi* appellarsi; ◇ **an** *akk* jd-s Vernunft - appellarsi alla ragione di qu

Appetit *m* ⟨-[e]s, -e⟩ *auch FIG* appetito *m;* ◇ **guten -!** buon appetito !; **appetitlich** *adj* ①
(*aussehend*) attraente ② ↑ *lecker* appetitoso

applaudieren *vi* (*jd-m/e-r Sache*) applaudire qu/ qc; **Applaus** *m* ⟨-es, -e⟩ applauso *m*

Aprikose *f* ⟨-, -n⟩ albicocca *f*

April *m* ⟨-[s], -e⟩ (*Monat*) aprile *m;* ◇ **13. - 1976** il 13 Aprile 1976; **Aprilscherz** *m* pesce *m* d'aprile; **Aprilwetter** *n* tempo *m* instabile

Aquaplaning *n* ⟨-[s]⟩ aquaplaning *m;* **Aquarell** *n* ⟨-s, -e⟩ acquarello *m;* **Aquarium** *n* acquario *m*

Äquator *m* ⟨-s⟩ equatore *m*

Araber(in *f*) *m* ⟨-s, -⟩ Arabo/a *m;* **Arabien** *n* Arabia *f;* **arabisch** *adj* ① arabo ② ▷*Ziffer* arabo

Arbeit *f* ⟨-, -en⟩ ① ↑ *Tätigkeit* ▷*schwer, leicht* lavoro, ◇ e-e - erledigen terminare un lavoro ②
↑ *Beruf* professione *m;* ◇ **e-r geregelten - nachgehen** lavorare regolarmente ③ ↑ *Anstrengung* fatica *f;* ◇ **das war e-e Heiden-** è stato un lavoro molto pesante ④ (*Doktor-*) tesi *f;* **arbeiten I.** *vi*
① ↑ *beschäftigt sein* essere occupato (*bei* a); ◇ **als Gärtner -** lavorare come giardiniere ②
↑ *sich bemühen, anstrengen* sforzarsi; ◇ **schwer - lavorare** sodo; *FIG* ◇ **sich nach oben -** fare carriera ③← *Maschine* funzionare **II.** *vt* (*in Holz*) lavorare, **Arbeiter(in** *f*) *m* ⟨-s, -⟩ ① (*Metall-, Fach-*) operaio/a *m* ② (*Hilfs-*) apprendista *m/f;* **Arbeiterschaft** *f* lavoratori *m/pl,* manodopera *f;* **Arbeitgeber(in** *f*) *m* ⟨-s, -⟩ datore/(-trice *f*) di lavoro *m;* **Arbeitnehmer(in** *f*) *m* ⟨-s, -⟩ lavoratore/(-trice *f*) *m;* **Arbeitsamt** *n* ufficio *m* collocamento; **arbeitsfähig** *adj* abile al lavoro; **Arbeitsgang** *m* fase *f* di lavoro; **Arbeitsgemeinschaft** *f* gruppo *m* di lavoro; ◇ **e-e - bilden** formare un gruppo di lavoro; **Arbeitskräfte** *pl* forze *fpl* lavoratrici, manodopera *fsg;* **arbeitslos** *adj* disoccupato; ◇ **sich - melden** iscriversi come disoccupato; **Arbeitslosengeld** *n* sussidio *m* per disoccupati; **Arbeitslosigkeit** *f* disoccupazione *f;* **Arbeitsplatz** *m*
↑ *Stelle* posto *m;* ◇ **gesicherter -** posto *m* fisso; **Arbeitsspeicher** *m* PC memoria *f* di lavoro; **Arbeitssuche** *f* ricerca *f* del lavoro; ◇ **auf -** alla ricerca di un lavoro; **Arbeitstag** *m* giorno *m* feriale; ◇ **harter -** giornata *f* pesante; **Arbeitsteilung** *f* suddivisione *f* del lavoro; **Arbeitstier** *n* *FAM* sgobbone *m;* **arbeitsunfähig** *adj* inabile al lavoro; **Arbeitszeit** *f* orario *m* lavorativo; ◇ **gleitende -** orario di lavoro flessibile

Archäologe *m* ⟨-n, -n⟩, **Archäologin** *f* archeologo/a, *m*

Architekt(in *f*) *m* ⟨-en, -en⟩ architetto/a *m;* **Architektur** *f* architettura *f*

Archiv *n* ⟨-s, -e⟩ archivio *m*

arg I. *adj* ① ↑ *schlimm* brutto ② ↑ *gemein* ▷*Mensch* maligno **II.** *adv;* ◇ **jd-m - mitspielen** giocare un brutto tiro a qu

Argentinien *n* Argentina *f*

Ärger *m* ⟨-s⟩ ① ↑ *Verstimmung* irritazione *f* (*über akk* per), rabbia *f* ② ↑ *Unannehmlichkeit* seccatura *f;* ◇ **- haben wegen/mit** avere noie per/con; **ärgerlich** *adj* ① ↑ *verstimmt* irritato, arrabbiato ② ↑ *unerfreulich* spiacevole; **ärgern I.** *vt* ①
↑ *belästigen, nerven* → jd-n irritare ② ↑ *wütend machen* far arrabbiare **II.** *vr* ◇ **sich -** ↑ *sich aufregen, ärgerlich werden/sein* arrabbiarsi; **Ärgernis** *n* ① ↑ *Unannehmlichkeit* seccatura *f* ②
↑ *Skandal* ◇ **öffentliches - erregen** suscitare uno scandalo pubblico

Argument *n* argomento *m*

Argwohn *m* ⟨-[e]s⟩ sospetto *m;* ◇ **- hegen gegen jd-n** sollevare sospetti contro qu; **argwöhnisch** *adj* sospettoso

Arie *f* ⟨-, -n⟩ aria *f*

Aristokrat(in *f*) *m* ⟨-en, -en⟩ aristocratico/a *m;* **Aristokratie** *f* aristocrazia *f;* **aristokratisch** *adj* aristocratico

arithmetisch *adj MATH* aritmetico

arm *adj* ① ↑ *mittellos* povero ② ↑ *bedauernswert* misero ③ ↑ *spärlich* ▷*Vegetation* scarso; ◇ **- an etw** *dat* **sein** essere povero/scarso di qc

Arm *m* ⟨-[e]s, -e⟩ ① braccio *m* ② ↑ *Abzweigung* (*Fluß-*) braccio *m* ③ (TECH *Hebel-*) leva, *f* ④
↑ *Ärmel* maniche *fpl*

Armatur *f* (TECH *zur Anzeige*) apparecchi *m/pl* indicatori; (*für Wasser*) rubinetteria *f;* **Armaturenbrett** *n* AUTO cruscotto *m,* pannello *m* portastrumenti

Armband *n, pl* ⟨-bänder⟩ bracciale *m;* **Armbanduhr** *f* orologio *m* da polso

Arme(r) *fm* ① ↑ *Mittellose* ◇ **die -n** *pl* i poveri *m/pl* ② ↑ *Bedauernswerte(r)* persona *f* da compassionare, poveraccio/a *m*

Armee *f* ⟨-, -n⟩ MIL esercito *m*

Ärmel *n* ⟨-s, -⟩ maniche *fpl*

ärmlich *adj* povero

armselig *adj* ① ↑ *elend* ▷*Behausung* povero ②
↑ *unzureichend* ▷*Leistung* insufficiente; **Armut** *f* ⟨-⟩ ▷*materiell, geistig* povertà *f*

Aroma *n* ⟨-s, Aromen⟩ ① ↑ *Duft* aroma *m* ②
(*Würzmittel*) spezie *fpl;* **aromatisch** *adj* aromatico

arrangieren *vt* ↑ *organisieren* → *Feier* organizzare

Arrest m ⟨-[e]s, -e⟩ arresto m

arrogant adj arrogante; **Arroganz** f arroganza f

Arsch m ⟨-es, Ärsche⟩ ① FAM! ↑ Hintern deretano m; ◇ **jd-m in den - kriechen** leccare il culo a qu ② Person, FAM! faccia f da culo

Art f ⟨-, -en⟩ ① ↑ Gattung (Tier-) specie f ② ↑ Sorte tipo m ③ ↑ Wesen (Eigen-) indole f ④ ↑ Methode modo m; ◇ **auf diese - u. Weise** in questo modo ⑤ stile m; ◇ **nach - des Hauses** secondo lo stile della casa

Arterie f MED arteria f

artig adj docile

Artikel m ⟨-s, -⟩ ① (Zeitungs-) articolo m ② (Gesetzes-) articolo m ③ SPRACHW ↑ Geschlechtswort ▷ weiblich articolo m

artikulieren I. vt ① ↑ aussprechen → Laute articolare ② ↑ formulieren → Gedanken formulare **II.** vr ◇ sich - (FIG sich ausdrücken) esprimersi

Arznei f medicina f

Arzt m ⟨-es, Ärzte⟩ medico m; **Ärztin** f dottoressa f; **ärztlich** adj medico

As n ⟨-ses, -se⟩ (Spielkarte) asso m; FIG ↑ Spezialist asso m

Asbest m ⟨-[e]s, -e⟩ amianto m

Asche f ⟨-, -n⟩ (Holz-, Zigaretten-) cenere f; **Aschenbahn** f SPORT pista f; **Aschenbecher** m portacenere m; **Aschermittwoch** m mercoledì m delle Ceneri

Asiat(in f) m ⟨-en, -en⟩ asiatico/a m; **asiatisch** adj asiatico; **Asien** n Asia f

asozial adj ↑ unsozial ▷ Verhalten asociale

Aspekt m ⟨-[e]s, -e⟩ aspetto m; ◇ **unter diesem -** sotto questo aspetto

Asphalt m ⟨-[e]s, -e⟩ asfalto m; **asphaltieren** vt → Straße asfaltare

aß impf v. essen

Assoziation f ① ↑ Zusammenschluß associazione f ② ↑ Gedankenverknüpfung associazione f; **assoziieren** vt ① ↑ verbinden (zu Handelsgesellschaft, auch FIG) → Gedanken associare

Ast m ⟨-[e]s, Äste⟩ ramo m

ästhetisch adj ▷ Ideal estetico

Asthma n ⟨-s⟩ MED asma f; **Asthmatiker(in** f) m ⟨-s, -⟩ asmatico/a m

Astrologe m ⟨-n, -n⟩, **Astrologin** f astrologo/a f; **Astrologie** f astrologia f

Astronaut(in f) m ⟨-en, -en⟩ astronauta m/f

Astronomie f astronomia f; **astronomisch** adj auch FIG ↑ riesig ▷ Preis astronomico

Asyl n ⟨-s, -e⟩ ① ↑ Zufluchtsort ▷ politisch asilo m ② ↑ Unterschlupf, Heim (Obdachlosen-) asilo m; **Asylant(in** f) m ↑ Asylbewerber asilante m/f; **Asylrecht** n diritto m all'asilo politico

Atelier n ⟨-s, -s⟩ (Maler-, Foto-) studio m; (Film-) teatro m di posa

Atem m ⟨-s⟩ respiro m; ◇ **- holen** prendere fiato; ◇ **außer -** senza fiato; **atemberaubend** adj ▷ Spannung, Schönheit che mozza il fiato; **atemlos** adj senza fiato; **Atempause** f intervallo m nella respirazione; FIG intervallo m

Atheismus m ateismo m; **Atheist(in** f) m ateista m/f

Äther m ⟨-s, -⟩ ① etere m ② MEDIA etere m; ◇ **durch den - schicken** trasmettere via etere

Äthiopien n Etiopia f

Athlet(in f) m ⟨-en, -en⟩ atleta m/f

Atlantik m ⟨-s⟩ Atlantico m

Atlas m ⟨- o. -ses, -sse o. Atlanten⟩ (Welt-) atlante m

atmen vt/vi (ein-, aus-) respirare

Atmosphäre f ⟨-, -n⟩ ① (PHYS Erd-) atmosfera f ② FIG ↑ Stimmung atmosfera f

Atmung f respirazione f

Atom n ⟨-s, -e⟩ atomo m; **atomar** adj ① nucleare ② ▷ Sprengkopf, Rüstung atomico; **Atombombe** f bomba f atomica; **Atomenergie** f energia f atomica; **Atomkern** m nucleo m atomico; **Atomkraft** f energia f atomica; **Atomkraftwerk** n centrale f atomica; **Atomkrieg** m guerra f atomica; **Atommacht** f potenza f atomica; **Atommüll** m scorie fpl atomiche; **Atompilz** m fungo m atomico; **Atomversuch** m esperimento m atomico; **atomwaffenfrei** adj; ◇ **-e Zone** zona denuclearizzata; **Atomzeitalter** n era f atomica

Attentat n ⟨-[e]s, -e⟩ attentato m (auf akk a); **Attentäter(in** f) m attentatore(-trice f) m

Attest n ⟨-[e]s, -e⟩ attestato m; **attestieren** vt attestare; ◇ **jd-m etw -** attestare qc a qu

Attraktion f attrazione f; **attraktiv** adj ① ↑ anziehend ▷ Person attraente ② ▷ Angebot interessante

Attrappe f ⟨-, -n⟩ imitazione f

Attribut n ⟨-[e]s, -e⟩ ① attributo m ② SPRACHW attributo m

ätzen vi ① ← Säure corrodere ② MED cauterizzare; **ätzend** adj ① ↑ beißend ▷ Flüssigkeit corrosivo; ▷ Geruch pungente ② FAM ◇ **ein -er Typ** un tipo acido

auch cj ① ↑ gleichermaßen, ebenso anche; ◇ **sowohl...als -** non solo...ma anche ② ↑ außerdem inoltre, anche; ◇ **das hat er - gemacht** ha fatto anche questo ③ ↑ sogar addirittura, persino; ◇ **- der Reichste hat Probleme** persino la persona più ricca ha problemi ④ ↑ wirklich proprio; ◇ **ist das - wahr?** è proprio vero ?

audiovisuell *adj* audiovisivo; ◇ **-er Unterricht** lezione audiovisiva

auf I. *präp* ① (*wohin? mit akk*) su, sopra; ◇ **- e-n Berg steigen** salire su una montagna; ↑ *zu* a; ◇ **- die Post gehen** andare alla posta ② (*wo? mit dat*) su, sopra; ◇ **- dem Berg stehen** stare su un monte; ↑ *in* in, a; ◇ **- der Bank** in/alla banca; ◇ **- der Hochzeit** al matrimonio ③ (*wie lange? mit akk*) ↑ *für* per; ◇ **- 6 Monate** per sei mesi ④ (*zeitlich: mit akk*) ↑ *nach* dopo; ◇ **- Sonntag folgt Montag** dopo Domenica viene il Lunedì; ◇ **Schlag - Schlag** colpo dopo colpo ⑤ ↑ *bis* fino; ◇ **A- Wiedersehen** arrivederci ⑥ (*Art u. Weise*) in; ◇ **etw - deutsch sagen** dire qc in tedesco; ◇ **- einmal** improvvisamente **II.** *adv* ① ↑ *offen* aperto; ◇ **die Tür ist** - la porta è aperta ② ◇ **- u. ab gehen** su e giù ③ ↑ *los* ◇ **-!** avanti!

aufarbeiten *vt* ① sbrigare ② ↑ *bewältigen* → *Vergangenheit* superare

aufatmen *vi* trarre un respiro di sollievo

Aufbau ¹ *m* ① (*Wieder-*) costruzione *f* ② ↑ *Gliederung, Struktur* (*Satz-*) costruzione *f*, struttura *f*

Aufbau ² *m, pl* ⟨-ten⟩ (*auf Haus*) sovrastruttura *f*; (*auf Auto*) carrozzeria *f*

aufbauen I. *vt* ① ↑ *errichten* → *Zelt* montare ② ↑ *gründen* → *Existenz* fondare ③ ↑ *strukturieren* → *Text* strutturare ④ ↑ *trösten* ▷*moralisch, seelisch* confortare **II.** *vr* ◇ **sich** - ① ↑ *sich aufstellen* mettersi ② ↑ *basieren, sich gründen* fondarsi (*auf dat* su)

aufbäumen *vr* ◇ **sich** - ① ← *Pferd* impennarsi ② *FIG* ↑ *Widerstand leisten* ribellarsi (*gegen* contro)

aufbauschen *vt FIG* esagerare

aufbehalten *unreg vt* tenere in capo

aufbekommen *unreg vt* ① → *Tür* riuscire ad aprire ② → *Hausaufgaben* ricevere

aufbereiten *vt* ① → *Rohstoffe* preparare ② → *Daten, Texte* editare

aufbessern *vt* ↑ *erhöhen* → *Gehalt* aumentare; → *Wissen* accrescere

aufbewahren *vt* ① mantenere ② → *Gepäck* custodire; **Aufbewahrung** *f* ① mantenimento *m*; ◇ **jd-m etw zur - geben** dare in custodia qc a qu ② (*Gepäck-*) deposito *m*

aufbieten *unreg vt* ① ↑ *einsetzen* → *Kraft* impiegare ② ↑ *aufstellen* → *Truppen* mobilitare

aufblasen *unreg* **I.** *vt* → *Luftballon, Reifen* gonfiare **II.** *vr* ◇ **sich** - *FAM* ↑ *sich wichtig machen* gonfiarsi

aufbleiben *unreg vi* ① ← *Geschäft* restare aperto ③ ← *Mensch* restare alzato

aufblenden *vti* ① *FOTO* aprire il diaframma ② *AUTO* abbagliare

aufblicken *vi auch FIG* levare gli occhi (*zu* su)

aufbrausen *vi FIG* arrabbiarsi

aufbrechen *unreg* **I.** *vt* ↑ *gewaltsam öffnen* → *Schloß, Auto, Safe* forzare **II.** *vi* ① togliersi di mezzo ② ↑ *aufplatzen* ← *Knospe* schiudersi

aufbringen *unreg vt* ① ↑ *beschaffen* → *Geld* procurare ② → *Gerücht* metter in giro ③ ↑ *in Wut bringen* → *jd-n* irritare

Aufbruch *m* partenza *f*

aufbürden *vt auch FIG*: ◇ **jd-m die Verantwortung** - addossare la responsabilità a qu

aufdecken *vt* ① → *Bett, Spielkarte* scoprire ② *FIG* ↑ *klären* → *Wahrheit* scoprire

aufdrängen I. *vt* far accettare per forza; ◇ **jd-m etw** - fare accettare con forza qc a qu **II.** *vr* ◇ **sich** - ↑ *anbiedern*: ◇ **sich jd-m** - importunare qu

aufdrehen I. *vt* ① ↑ *öffnen* → *Wasser* aprire; → *Schraube, Verschluß* svitare; → *Radio* accendere **II.** *vi* ↑ *beschleunigen* accellerare

aufdringlich *adj* invadente

aufdrücken *vt* ① ◇ **fest** - calcare ② ▷*Tür* aprire premendo

aufeinander *adv* ① ▷*liegen* l'uno sull'altro ② ▷*warten* l'un l'altro; **aufeinanderfolgen** *vi:* ◇ **direkt** - susseguirsi direttamente; **aufeinanderlegen** *vt* sovrapporre; **aufeinanderprallen** *vi* scontrarsi

Aufenthalt *m* ① ↑ *Bleiben* soggiorno *m* ② (*von Zug*) fermata *f*; **Aufenthaltsgenehmigung** *f* permesso *m* di soggiorno

aufessen *unreg vt* mangiare tutto

auffahren *unreg* **I.** *vi* ① ↑ *zusammenstoßen* (*auf Auto*) tamponare qc ② ↑ *emporschnellen* ▷*erschreckt* saltar su; ◇ **aus dem Schlaf** - svegliarsi di soprassalto ③ ↑ *wütend werden* arrabbiarsi **II.** *vt* ① ↑ *heranfahren* → *Ladung Steine* trasportare ② *FAM* → *Essen* servire ③ *FIG* → *Geschütz* ribattere

Auffahrt *f* (*Autobahn-*) rampa *f* d'accesso

Auffahrunfall *m* tamponamento *m*

auffallen *unreg vi* ① ▷*unangenehm* colpire; ◇ **jd-m** - dare nell'occhio a qu ② ↑ *aufprallen* sbattere (*auf dat* sopra, su); **auffallend** *adj* vistoso; ◇ **- klug** notevolmente intelligente

auffangen *unreg vt* ① ↑ *fangen* → *Ball* afferrare ② → *Wasser* raccogliere ③ ↑ *zufällig hören/sehen* → *Wort, Blick* captare ④ ↑ *mildern* → *Preissteigerung* compensare; **Auffanglager** *n* centro *m* di raccolta

auffassen *vt* ① ↑ *verstehen, interpretieren* ▷*Bemerkung* capire ② ↑ *kapieren* afferrare; **Auffassung** *f* ① ↑ *Meinung* parere *m*; ◇ **meiner - nach** secondo il mio parere ② (*-sgabe*) intelligenza *f*

auffordern *vt* ① ↑ *verlangen* pretendere; ◇ jd-n ~ etw zu tun pretendere che qu faccia qc ② (*zum Tanz*) chiedere; **Aufforderung** *f* ① ↑ *Ermahnung (Zahlungs-)* ingiunzione *f* ② ↑ *Bitte* ▷*höflich* preghiera *f*

auffrischen I. *vt* ↑ *erneuern* → *Wissen, Erinnerung* rinfrescare; → *Möbel, Farbe* rinnovare **II.** *vi* ← *Wind* rinfrescare

aufführen I. *vt* ① (→ *Drama, im Theater*) rappresentare ② ↑ *auflisten* → *Namen, Daten* registrare **II.** *vr* ◇ sich - ↑ *sich benehmen* ▷*gut, schlecht* comportarsi; **Aufführung** *f* ① (*Theater-*) rappresentazione *f* ② ↑ *Liste* lista *f*

Aufgabe *f* ① ↑ *Verpflichtung, Arbeit* ▷*schwierig, leicht* compito *m* ② (SCHULE *Haus-*) compito *m* ③ (*Geschäfts-*) cessazione *f;* (*von Gewohnheit*) rinuncia *f* ④ ↑ *Abgabe (Gepäck-)* spedizione *f* ⑤ ↑ *Aufgeben (von Anzeige)* pubblicazione *f*

Aufgang *m* ① (*Treppen-*) scala *f* ② (*Sonnen-*) levata *f*

aufgeben *unreg* **I.** *vt* ① ↑ *unterlassen* → *Gewohnheit, Hoffnung* perdere ② ↑ *stellen* → *Rätsel, Frage* porre ③ ↑ *abgeben* → *Gepäck* spedire ④ → *Bestellung, Inserat* pubblicare **II.** *vi* SPORT darsi per vinto

aufgedreht *adj* FAM su di giri

aufgehen *unreg vi* ① ↑ *sich öffnen* ← *Tür, Knospe* aprirsi ② ← *Sonne* levarsi ③ ↑ *stimmen* ← *Rechnung* essere giusto ④ ◇ **mir geht ein Licht auf** mi si è accesa la lampadina ⑤ ↑ **in e-r Arbeit** - (*sich widmen, hingeben*) consacrarsi (*in dat* a) ⑥ ◇ **in Flammen** - andare in fiamme

aufgeklärt *adj* senza pregiudizi; ▷*sexuell* spregiudicato

aufgelegt *adj* ① ↑ *gelaunt* portato; ◇ **gut - sein** essere di buon umore ② ◇ **zu etw - sein** aver voglia di qc

aufgeregt *adj* agitato

aufgeschlossen *adj* aperto

aufgliedern *vt* ◇ sich - ↑ *unterteilen, kategorisieren* suddividere (*in akk* in)

aufgreifen *unreg vt* ① ↑ *ergreifen, festhalten* (*jd-n*) tener fermo, catturare ② FIG ↑ *weiterbehandeln* → *Thema* riprendere

aufgrund *präp gen* ↑ *wegen* per, a causa di; ◇ - **Ihrer guten Leistungen ...** per il Suo buon rendimento....

aufhaben *unreg* **I.** *vt* ① ↑ *tragen* → *Hut* portare ② ↑ *offen haben* → *Geschäft, Tür* aver aperto; → *Augen* tenere aperto → *Hausaufgabe* dover fare **II.** *vi* ↑ *geöffnet haben* essere aperto; ◇ **bis 17.45- Uhr** - essere aperto fino alle ore 17.45

aufhalten *unreg* *vt* ① ↑ *hindern, stoppen* → *Person, Fortschritt* fermare ② ↑ *offen halten* → *Tür, Augen* tenere aperto **II.** *vr* ◇ sich - ① ↑ *bleiben (im Ausland)* restare (*bei* in, presso); ◇ **sich lange** - trattenersi a lungo ② ↑ *sich befassen* occuparsi (*mit* di)

aufhängen I. *vt* ① → *Wäsche, Bild* appendere ② → *Person* impiccare **II.** *vr* ◇ sich - ↑ *erhängen* impiccarsi; **Aufhänger** *m* ⟨-s, -⟩ ① (*an Jacke, Handtuch etc.*) laccetto *m* ② FIG ↑ *Grundlage (für Thema)* base *f* (*für* per)

aufheben *unreg* **I.** *vt* ① (*vom Boden*) sollevare ② ↑ *für ungültig erklären* → *Urteil* annullare ③ ↑ *auflösen* → *Versammlung* sciogliere ④ ↑ *aufbewahren* mantenere **II.** *vr* ◇ sich - compensarsi

aufheitern I. *vt* ↑ *trösten* → *Person* consolare **II.** *vr* ◇ sich - ← *Miene, Wetter* rasserenarsi

aufhetzen *vt* ↑ *aufstacheln* aizzare; ◇ jd-n gegen jd-n/etw - aizzare qu contro qu/qc

aufholen I. *vt* ↑ *einholen* → *Vorsprung, Verspätung* ricuperare **II.** *vi* riguadagnare terreno

aufhorchen *vi* tendere l'orecchio

aufhören *vi* ① ↑ *zu Ende gehen* cessare ② ↑ *nicht weitermachen* smettere; ◇ **mit etw** - smettere con qc

aufklären I. *vt* ① → *Verbrechen* chiarire ② ↑ *informieren* informare; ▷*sexuell* educare (*über akk* a) **II.** *vr* ◇ sich - ← *Wetter* rischiararsi; **Aufklärung** *f* ① ↑ *Aufklären* spiegazione *f;* ▷*sexuell* educazione *f* ② GESCH Illuminismo *m*

aufkleben *vt* incollare

aufkommen *unreg vi* ① ← *Mode* diventare di moda ② ← *Wind* levarsi ③ ↑ *bezahlen* ◇ **für jd-n/etw** - pagare per qu/qc

aufladen *unreg vt* ① (→ *Ware, auf Lkw*) caricare ② → *Batterie* caricare

Auflage *f* ① ↑ *Ausgabe (von Buch)* edizione *f* ② COMM tiratura *f* ③ ↑ *Bedingung* condizione *f;* ◇ **etw zur** - **machen** porre qc a condizione

auflassen *unreg* *vt* ① ↑ *nicht schließen* → *Fenster* lasciare aperto ② ↑ *nicht absetzen* → *Mütze* tenere in testa

auflauern *vi:* ◇ jd-m - appostare qu

Auflauf *m* ① (GASTRON *Reis-*) sformato *m* ② ↑ *Ansammlung (Menschen-)* affollamento *m*

aufleben *vi* ① ↑ *neu entflammen* ← *Streit* rianimarsi ② ↑ *wieder aktiv werden* ← *Person* riprendere vigore

auflegen *vt* ① → *Telefonhörer* mettere giù ② ↑ *verlegen* → *Buch* stampare; ◇ **neu** - ristampare ③ COMM → *Ware* esporre ④ → *Gedeck, Tuch, Hand* stendere

auflehnen I. *vr* ◇ sich - ribellarsi (*gegen* contro)

II. *vt* ↑ *abstützen* → *Arm* appoggiare (*auf akk* su, a)

auflesen *unreg vt* ① ↑ *aufheben* (*vom Boden*) raccogliere ② *FIG FAM* ↑ *finden u. mitnehmen* trovare; ◇ **jd-n auf der Straße** - raccogliere qu per la strada

aufleuchten *vi* lampeggiare

aufliegen *unreg vi* ① ↑ *liegen* giacere (*auf dat* su) ② ↑ *ausliegen* essere esposto ③ ↑ *veröffentlicht sein* ← *Buch* essere pubblicato

Auflistung *f* ↑ *Liste* lista *f*

auflockern *vt* ① ↑ *entspannen* → *Muskeln* sciogliere ② *FIG* ↑ *entkrampfen* → *Stimmung* rilassare

auflösen I. *vt* ① ↑ *lösen* (*in Wasser*) sciogliere ② ↑ *abschaffen* → *Partei* sciogliere ③ *FIG* ↑ *beseitigen* → *Mißverständnis* eliminare **II.** *vr* ◇ **sich** - ① ↑ *zerfallen* ← *Tablette* sciogliersi ② ↑ *auseinandergehen* ← *Versammlung*, *Partei* sciogliersi; **Auflösung** *f* ① (*von Tablette*, *Partei*) scioglimento *m* ② (*von Rätsel*) soluzione *f*, risoluzione *f*

aufmachen I. *vt* ① ↑ *öffnen* → *Tür*, *Brief* aprire ② ↑ *eröffnen* → *Laden* aprire **II.** *vr* ◇ **sich** - ① ↑ *starten*, *weggehen* avviarsi ② ↑ *sich zurechtmachen* prepararsi; **Aufmachung** *f* ↑ *Ausstattung* presentazione *f*

aufmerksam *adj* ① ↑ *konzentriert* attento ② ↑ *zuvorkommend* premuroso ③ ◇ **jd-n auf etw** *akk* - **machen** richiamare l'attenzione di qu su qc; **Aufmerksamkeit** *f* ① attenzione *f* ② premurosità *f*

aufmuntern *vt* ① ↑ *ermuntern* incoraggiare ② ↑ *fröhlich machen* rallegrare

Aufnahme *f* ⟨-, -n⟩ ① (*Foto*-) fotografia *f* ② (*in Partei*) ammissione *f* ③ ↑ *Beginn* inizio *m* ④ ↑ *Notieren* (*auf Band*) registrazione *f* ⑤ (*Nahrungs*-) ingestione *f* ⑥ ↑ *Sichleihen* (*Kredit*-) assunzione *f* ⑦ ↑ *Unterkunft* ◇ **jd-m - gewähren** dare accoglienza *f* a qu; **Aufnahmeprüfung** *f* (*für Schule*, *Uni etc.*) esame *m* di ammissione;

aufnehmen *unreg vt* ① → *Foto* fare; → *Film* girare; → *Musik* registrare, incidere ② ↑ *beginnen* → *Kontakt* avviare ③ (→ *jd-n*, *in Partei*) ammettere ④ ↑ *notieren* registrare ⑤ ↑ *aufheben*, *hochnehmen* sollevare ⑥ ↑ *beherbergen* → *jd-n* alloggiare

aufpassen *vi* ① ↑ *beaufsichtigen* prestare attenzione (*auf akk* a) ② ↑ *aufmerksam sein* fare attenzione; ◇ **im Straßenverkehr** - fare attenzione al traffico

Aufprall *m* ⟨-s, -e⟩ urto *m*

Aufpreis *m* sovrapprezzo *m*

aufpumpen *vt* gonfiare

aufraffen *vr* ◇ **sich** - *FAM* ↑ *sich entschließen* decidersi (*zu* a)

aufräumen I. *vt* ① ↑ *in Ordnung bringen* → *Zimmer* riassettare ② ↑ *wegräumen* → *Sachen* togliere di mezzo **II.** *vi* fare ordine

aufrecht *adj* ① ▷*Gang* eretto ② *FIG* ↑ *aufrichtig*, *ehrlich* sincero; **aufrechterhalten** *unreg vt* ① ↑ *beibehalten* → *Kontakt* mantenere; → *Behauptung* ribadire

aufregen I. *vt* → *jd-n* innervosire **II.** *vr* ◇ **sich** - ↑ *wütend sein* agitarsi (*über akk* per, da); **aufregend** *adj* ① ↑ *spannend* ▷*Film* emozionante ② ↑ *attraktiv* ▷*Frau*, *Mann* attraente; **Aufregung** *f* agitazione *f*

aufreibend *adj* stressante

aufreißen *unreg vt* ① ↑ *schnell*, *gewaltsam öffnen* → *Straße* disfare; → *Umschlag* lacerare; → *Tür* aprire bruscamente ② *FAM* ↑ *kennenlernen* → *Frau*, *Mann* conoscere

aufrichtig *adj* sincero

Aufruf *m* ① ↑ *Appell* invito *m* (*zu* a) ② (*Namens*) chiamata *f*; **aufrufen** *unreg vt* ① ↑ *rufen* → *Person* chiamare ② ↑ *appellieren*, *auffordern* invitare (*zu dat* a)

Aufruhr *m* ⟨-[e]s, -e⟩ ribellione *f*

Aufrüstung *f:* ◇ **atomare** - riarmo *m* atomico

aufs = auf das

aufsässig *adj* rivoltoso

Aufsatz *m*, ⟨*Aufsätze*⟩ ① (*Schul*-, *Essay*) tema *m* ② ↑ *Aufbau* (*auf Schrank*) alzata *f*

aufsaugen *vt* ← *Schwamm* assorbire; *FIG* ◇ **etw in sich** - → *Wissen*, *Information* assorbire qc

aufschieben *unreg vt* ① → *Schiebetür* aprire spingendo ② ↑ *verschieben* → *Termin* rimandare

Aufschlag *m* ① (*Preis*-) aumento *m* ② (*Ärmel*-) risvolto *m* ③ *SPORT* servizio *m*; **aufschlagen** *unreg* **I.** *vt* ① ↑ *aufmachen* → *Zeitung* aprire ② ↑ *errichten* → *Lager* erigere ③ ↑ *verletzen* → *Knie* ferire ④ *SPORT* → *Ball* battere, servire **II.** *vi* ① ↑ *aufprallen* urtare ② ↑ *teurer werden* ← *Preise* aumentare ③ *SPORT* ↑ *Aufschlag haben* essere di battuta

aufschließen *unreg* **I.** *vt* → *Tür* aprire **II.** *vi MIL* serrare le file

Aufschluß *m* chiarimento *m*; ◇ **jd-m - geben über etw** *akk* dare a qu una spiegazione su qc; **aufschlußreich** *adj* istruttivo, informativo

aufschnallen *vt* slacciare

aufschnappen *vt* → *Bemerkung* afferrare

aufschneiden *unreg* **I.** *vt* ① → *Wurst*, *Brot* affettare ② *MED* → *Rauch*, *Geschwür* incidere **II.** *vi* ↑ *angeben* raccontare fandonie; **Aufschnitt** *m* (*Wurst*-, *Käse*-) affettato *m*

aufschrecken I. vt ① ↑ erschrecken → jd-n far sobbalzare II. unreg vi: ◇ **aus dem Schlaf -** svegliarsi di soprassalto

Aufschrei m (vor Freude, Schmerz) urlo m

aufschreiben unreg vt ① ↑ notieren annotare; ◇ **sich** dat **etw -** annotarsi qc ② ↑ niederschreiben mettere per iscritto ③ ◇ **- lassen** far segnare

aufschreien unreg vi mandare un urlo

Aufschrift f ↑ Beschriftung, Etikett (auf Buch) scritta f; (auf Grab) iscrizione f

Aufschub m (Zahlungs-) proroga f; ◇ **jd-m -gewähren** concedere una proroga a qu

aufschwatzen vt FAM: ◇ **jd-m etw -** affibiare qc a qu

aufschwingen unreg vr ◇ **sich -** ① ← Vogel levarsi in volo ② FIG ◇ **sich zu etw** dat - decidersi a fare qc; **Aufschwung** m ① ↑ Auftrieb slancio m ② COMM ↑ Hochkonjunktur ▷wirtschaftlich incremento m ③ SPORT slancio m

aufsehen unreg vi ① ↑ hochblicken (von Buch) alzare gli occhi da ② FIG ↑ verehren ◇ **zu jd-m -** guardare qu con rispetto

Aufsehen n ‹-s› ↑ Sensation, große Beachtung sensazione f; ◇ **- erregen** fare scalpore m; **aufsehenerregend** adj sensazionale

Aufseher(in f) m ‹-s, -› ① (in Gefängnis, Museum) custode m/f ② (zur Überwachung) sorvegliante m/f

aufsein unreg vi FAM ① (geöffnet sein) ← Fenster essere aperto; ← Mantel essere sbottonato ② ↑ wach sein ← Mensch essere sveglio

aufsetzen I. vt ① → Hut, Brille mettersi ② (auf den Herd) → Essen, Wasser mettere ③ ↑ verfassen → Konzept mettere per iscritto II. vr ◇ **sich -** ↑ sich aufrichten mettersi seduto III. vi ↑ landen → Flugzeug atterrare

Aufsicht f ① ↑ Überwachung sorveglianza f (über akk di) ② ↑ Wächter, Aufpasser sorvegliante m/f

aufsitzen unreg vi ① (im Bett) stare seduto ② (aufs Motorrad) montare su ③ FAM ↑ hereinfallen rimanere fregato; ◇ **e-m Irrtum** cadere in errore

aufsperren vt ① ↑ aufschließen aprire ② ↑ offen halten → Mund aprire

aufspielen vr ◇ **sich -** atteggiarsi (als a)

aufspringen unreg vi ① balzare su ② saltare (auf akk su) ③ ↑ rissig werden ← Haut, Lippen screpolarsi ④ ← Knospe schiudersi

aufstacheln vt aizzare

Aufstand m rivolta f

aufstehen unreg vi ① ↑ sich erheben (vom Stuhl) alzarsi; FIG ← Volk insorgere ② (morgens) alzarsi ③ ↑ offen sein ← Fenster essere aperto

aufsteigen unreg vi ① ↑ hinaufsteigen (auf Berg) scalare ② (auf Motorrad etc.) salire su ③ (SPORT in Liste) salire; **Aufsteiger(in** f) m ‹-s, -› arrivato/a m

aufstellen I. vt ① ↑ hinstellen, plazieren → Möbel disporre; → Zelt montare; → Wachen appostare ② ↑ ernennen → Kandidaten presentare ③ ↑ erfinden → Theorie enunciare ④ ↑ auflisten → Rechnung compilare ⑤ ↑ vollbringen → Rekord stabilire II. vr ◇ **sich -** (im Kreis) disporsi (in dat in); **Aufstellung** f ① (von Zelt) montaggio m ② ↑ Liste (von Waren) elenco m ③ (von Truppen) appostamento m; (von Kandidaten) presentazione f ④ (von Theorie, These) enunciazione f ⑤ (von Rekord) stabilimento f

Aufstieg m ‹-[e]s, -e› ① (auf Berg) scalata f ② ↑ Karriere ascesa f ③ (SPORT in Liste) avanzamento m

aufstoßen unreg I. vt → Tür aprire con una spinta II. vi ruttare

Aufstrich m (Brot-) companatico m spalmabile

aufstützen I. vt → sich - appoggiarsi (auf akk su, a) II. vt → Arm appoggiare (auf akk su, a)

aufsuchen vt ↑ hingehen zu → Arzt andare da; → Toilette andare a; ↑ besuchen → Freund far visita a

auftakeln vr ◇ **sich -** FAM ↑ sich herausputzen ripulirsi

Auftakt m ① ↑ Beginn inizio m ② MUS anacrusi f

auftanken vt → Benzin fare benzina

auftauchen vi ① (aus Wasser) emergere ② ↑ sichtbar werden affiorare ③ FAM ricomparire ④ FIG ↑ entstehen ← Zweifel affiorare, sorgere

auftauen I. vt → Gefrorenes scongelare II. vi ↑ tauen auch FIG sciogliersi

aufteilen vt ↑ verteilen → Ration, Arbeit dividere (auf akk in, per); **Aufteilung** f suddivisione f

auftischen vt ① → Essen mettere in tavola ② FIG scodellare; ◇ **jd-m e-e Lüge -** scodellare una bugia a qu

Auftrag m ‹-[e]s, Aufträge› ① ↑ Aufgabe, Arbeit incarico m; ◇ **im - e-r Sache** per conto di; ↑ Bestellung (Produktions-) commissione f (über akk di) ② COMM ↑ Bestellung (Produktions-) commissione f (über akk di) ③ ↑ Weisung, Mission missione f ④ ◇ **im -** (stellvertretend) per conto di; **auftragen** unreg I. vt ① → Essen servire ② → Lack, Creme dare, passare ③ ↑ Auftrag geben commissionare; ◇ **jd-m etw -** commissionare qc a qu II. vi ① ← Kleid ingrossare ② FIG ↑ prahlen vantarsi; ◇ **dick** ~ sballarle grosse; **Auftragge-ber(in** f) m ⟨-s, -⟩ COMM ↑ *Kunde* committente m/f

auftreiben unreg vt ① → *aufblähen* → *Bauch* gonfiare ② FAM ◇ **Geld** ~ procurare denaro

auftreten unreg vi ① ↑ *sich benehmen* ▷*energisch* comportarsi ② ↑ *treten (auf Boden)* poggiare a terra ③ ↑ *erscheinen, vorkommen* ← *Krankheit* manifestarsi ④ THEAT entrare in scena; **Auftreten** n ⟨-s⟩ ① ↑ *Benehmen* ◇ - **in der Öffentlichkeit** comportamento m nel pubblico ② ↑ *Vorkommen* comparsa f; ↑ *Erscheinen (als Schauspieler)* comparsa f

Auftrieb m ① FIG ↑ *Aufschwung, Freude* ▷*erhalten* slancio m ② ↑ *Aufwind* corrente f ascendente

Auftritt m① THEAT entrata f in scena; scena f② PEJ scenata f

aufwachen vi auch FIG svegliarsi

aufwachsen unreg vi crescere

Aufwand m ⟨-[e]s⟩ ① (*Energie-*) impiego m, ▷*finanziell* spese fpl ② ↑ *Luxus* sperpero f; ◇ **großen** - **betreiben** fare grande sperpero

aufwärmen I. vt ① → *Essen* riscaldare ② (*immer wieder erzählen*) rivangare **II.** vr ◇ **sich** - SPORT riscaldarsi

aufwarten vi ① (*mit Essen etc.*) servire (*mit qc*) ② FIG offrire (*mit qc*)

aufwärts adv ① ↑ *nach oben (räumlich)* verso l'alto ② FIG in miglioramento; **aufwärtsge-hen** unreg vi FAM ▷*beruflich, finanziell* andare meglio

aufwecken vt → *jd-n* svegliare

aufweisen unreg vt → *Mängel* mostrare

aufwenden unreg vt → *Geld, Energie* impiegare; **aufwendig** adj accurato

aufwerfen unreg **I.** vt ① → *Frage, Problem* sollevare ② → *Tür* aprire con una spinta ③ → *Wall* innalzare

aufwerten vt ① ↑ *Wert steigern* → *Währung* rivalutare ② FIG ↑ *Ansehen steigern* → *Person* rivalutare

Auf Wiedersehen intj arrivederci

aufwiegeln vt istigare

aufwiegen unreg vt FIG compensare

Aufwind m ① AERO, METEO corrente f ascendente ② FIG ↑ *Aufschwung* slancio m

aufwirbeln vt FIG: ◇ **Staub** - suscitare scalpore

aufwischen vt pulire con lo straccio

aufzählen vt → *Namen, Dinge etc.* elencare

aufzeichnen vt ① ↑ *zeichnen* → *Bild* disegnare ② ↑ *notieren* annotare ③ ↑ *aufnehmen (auf Tonband)* registrare; **Aufzeichnung** f① ↑ *Notizen*

▷*schriftlich* annotazione f ② MEDIA ↑ *Aufnahme (Film-, Tonband-)* registrazione f

aufzeigen vt mostrare

aufziehen unreg vt① → *Uhr* caricare ②↑ *in die Höhe ziehen* → *Lasten* sollevare ③ ↑ *öffnen* → *Vorhang* aprire ④ FAM ↑ *necken* ◇ *jd-n mit etw* - punzecchiare qu con qc ⑤ ↑ *versorgen* → *Kinder, Tiere* allevare ⑥ FAM ↑ *veranstalten, gestalten* allestire, organizzare; ◇ **ein Fest groß** - organizzare una grande festa

Aufzug m ① ↑ *Fahrstuhl* ascensore m ② PEJ ↑ *Aufmachung* abbigliamento m ③ THEAT ↑ *Szene* atto m

aufzwingen unreg vt imporre; ◇ *jd-m etw* - imporre qc a qu

Auge n ⟨-s, -n⟩ ① ▷*braun, blau* occhio m; ◇ **unter vier** -**n** a quattr'occhi; ◇ *jd-m* **schöne** -**n machen** fare gli occhi dolci a qu; ◇ **beide** -**n zudrücken** chiudere un occhio; ◇ *jd-n* **aus den** -**n verlieren** perdere d'occhio qu ② (*von Würfel*) punto m, **Augenarzt** m, **Augenärztin** f oculista m/f; **Augenblick** m attimo m; ◇ **im** - per il momento; **augenblicklich** adj ① ↑ *sofort* immediatamente, subito; ◇ **komm** - **her!** vieni subito qui ! ② ↑ *momentan* momentaneamente, adesso; ◇ - **habe ich keine Zeit** adesso non ho tempo; **Augenbraue** f ⟨-, -n⟩ sopracciglia fpl; **Augenwischerei** f FIG illusione f; **Augenzeuge** m, **Augenzeugin** f testimone m/f oculare

August m ⟨-[e]s o. -, -e⟩ agosto m; ◇ **im** - in agosto; ◇ **8.** - **1964** l'8 agosto 1964

Auktion f asta f pubblica

Aula f ⟨-, Aulen o. -s⟩ (*Schul-*) aula f

Au-pair-Mädchen n ragazza f alla pari

Aura f ⟨-, Auren⟩FIG ↑ *Ausstrahlung (von Person)* aura f

aus I. präp dat① (*von innen nach außen*) (*räumlich*) da; ◇ - **dem Haus gehen** uscire da casa ② ↑ *von … her (räumlich)* da; ◇ - **Spanien kommen** venire dalla Spagna; (*Herkunft*) ◇ **er stammt aus Rom** è di Roma ③ (*zeitlich*) del; ◇ - **dem 19. Jahrhundert** del 19 secolo ④ (*Beschaffenheit*) di; ◇ - **Holz** di legno ⑤ ↑ *aufgrund, wegen* per; ◇ - **Liebe** per amore **II.** adv ① (*vorbei, zu Ende*) finito; ◇ **das Spiel ist** - il gioco è finito ② ↑ *abgeschaltet (Licht, TV)* spento ③ ↑ *ausgegangen* uscito ④ ◇ **von sich** - (*von selbst*) per conto proprio; **Aus** n ⟨-⟩ ① FIG ↑ *Ende* fine f ② SPORT fuori m campo

ausarbeiten vt → *Plan* elaborare

ausarten vi degenerare (*in akk* in)

ausbaden vt FAM → *Dummheit* scontare

Ausbau I. m (*von Motor*) smontaggio m **II.** m, pl

⟨-ten⟩ ↑ *Erweiterung (von Haus)* ampliamento *m;* *(von Ideen)* sviluppo *m;* **ausbauen** *vt* ① ↑ *herausnehmen* smontare ② ↑ *erweitern* → *Idee* sviluppare; → *Haus* ampliare; **ausbaufähig** *adj FIG* ▷*Gedanke, Idee* sviluppabile

ausbessern *vt* → *Haus* riparare; → *Wäsche* rammendare; **Ausbesserungsarbeiten** *pl* lavori *m/pl* di riparazione

ausbeulen *vt* spianare

Ausbeute *f* utile *m;* **ausbeuten** *vt* ↑ *ausnutzen* → *Arbeiter, Sklaven* sfruttare; → *Unwissenheit* approfittare di

ausbilden *vt* ↑ *lehren* → *Lehrling* insegnare *(zu* a); **Ausbildung** *f (Schul-)* istruzione *f; (Berufs-)* formazione *f*

ausbleiben *unreg vi* ①↑ *nicht kommen* ← *Gäste* non venire ② ↑ *nicht eintreten* ← *Ereignisse* non verificarsi ③ ◊ **es bleibt nicht aus, daß ...** può darsi che ...

Ausblick *m* ① ↑ *Aussicht* panorama *m (auf akk* su) ② *FIG* ↑ *Perspektive (auf Zukunft)* prospettiva *f (auf akk* per)

ausbrechen *unreg* I. *vi* ① *(aus Gefängnis)* evadere ② *(in Tränen)* scoppiare; ← *Krankheit, Krieg* scoppiare ③← *Vulkan* eruttare II. *vt* cavare

ausbreiten I. *vt* ① ↑ *hinlegen* → *Teppich* stendere ②→ *Arme* allargare II. *vr* ◊ **sich** - ① ↑ *sich verbreiten* ← *Gerücht* diffondersi ② ↑ *sich erstrecken* ← *Gebiet* estendersi

Ausbruch *m* ① *(Gefängnis-)* evasione *f* ② *(Gefühls-, Krankheits-)* sfogo *m* ③ *(Kriegs-)* scoppio *m*

ausbrüten *vt* ① → *Ei* covare ② *FIG* ↑ *ausdenken* → *Plan* tramare

ausbürsten *vt* spazzolare

Ausdauer *f* tenacia *f*

ausdehnen *vt* ① ↑ *vergrößern* → *Gebiet* estendere ② ↑ *überziehen* → *Sendezeit* prolungare ③ *FIG* ↑ *erweitern* → *Macht* allargare

ausdenken *unreg vt* ↑ *erfinden* → *Geschichte* immaginarsi

ausdiskutieren *vt* → *Problem* discutere (fino alla soluzione)

Ausdruck [1] *m* ⟨Ausdrücke⟩ ① ↑ *Miene (Gesichts-)* espressione *f* ② ↑ *Bezeichnung* locuzione *f;* ↑ *Formulierung* ▷*sprachlich* espressione *f;* ◊ **etw zum** - **bringen** esprimere qc ③ ↑ *Stil, Wirkung* ▷*künstlerisch* forma *f*

Ausdruck [2] *m* ⟨-e⟩ *(Computer-)* tabulato *m*

ausdrucken *vt* PC: ◊ **Daten** - stampare i dati

ausdrücken I. *vt* ① ↑ *auspressen* → *Zitrone* spremere ② ↑ *formulieren* → *Gedanken* esprimere ③ ↑ *zeigen* → *Beileid* mostrare II. *vr* ◊ **sich** -

↑ *sprechen* esprimersi; ◊ **sich gewählt** - esprimersi con ricercatezza; **ausdrücklich** *adj* esplicito; ◊ **etw** ~ **verbieten** vietare esplicitamente qc; **ausdruckslos** *adj* ▷*Miene* inespressivo; **Ausdrucksweise** *f* modalità *f* di espressione

auseinander *adv* ↑ *getrennt* separato, l'uno dall'altro; **auseinandergehen** *unreg vi* ① ↑ *sich trennen* separarsi ② ↑ *differieren* ← *Meinungen* divergere ③ ↑ *kaputtgehen* ← *Gegenstand* rompersi ④ *FAM* ↑ *dick werden* ingrassare; **auseinanderhalten** *unreg vt FIG* ↑ *unterscheiden* → *Personen, Ansichten* distinguere; **auseinandersetzen** I. *vt* → *Sachlage* ↑ *erklären* spiegare; ◊ **jd-m etw** ~ spiegare qc a qu II. *vr* ◊ **sich** ~ ↑ *intensiv beschäftigen (mit Thema)* occuparsi *(mit* di); **Auseinandersetzung** *f* ↑ *Beschäftigung* discussione *f;* ↑ *Streit* conflitto *m*

auserlesen *adj* ▷*Wein* prelibato

ausfahren *unreg* I. *vi* ① uscire in auto ② ↑ *hinausfahren* ← *Zug, Schiff* partire II. *vt* ① ↑ *spazierenfahren* → *jd-n* condurre a passeggio ② ↑ *abnutzen* → *Weg* rovinare (passandovi sopra) ③ → *Wagen* portare alla massima velocità; **Ausfahrt** *f* ① ↑ *Spazierfahrt* passeggiata *f* ② *(Autobahn-, Garagen-)* uscita *f;* ◊ ~ **freihalten** lasciare libero l'accesso ③ ↑ *Hinausfahren (des Zuges etc.)* partenza *f*

Ausfall *m* ① *(Arbeits-)* sospensione *f* ② *TECH (Maschinen-)* guasto *m* ③ *(Haar-, von Zähnen)* caduta *f;* **ausfallen** *unreg vi* ①← *Versammlung* non aver luogo ② ↑ *nicht funktionieren* ← *Maschine* essere guasto; ◊ **der Strom ist ausgefallen** è caduta la linea ③ ↑ *herausfallen* ← *Zähne, Haare* cadere ④ ↑ *Ergebnis haben* ← *Klassenarbeit, Spiel* avere esito

ausfallend *adj:* ◊ ~ **werden** diventare offensivo

ausfertigen *vt* → *Urkunde* redigere; **Ausfertigung** *f* stesura *f;* ◊ **in dreifacher** - in triplice copia

ausfindig machen *vt* trovare, scoprire

ausfliegen *unreg vi (FAM weggehen)* prendere il volo

ausflippen *vi FAM (vor Freude, Wut etc.)* impazzire

Ausflucht *f* ⟨-, Ausflüchte⟩ pretesto *m*

Ausflug *m (Betriebs-)* gita *f*

Ausfluß *m* ① ↑ *Ausfließen (von Flüssigkeit)* scolo *m* ② *MED* ↑ *Sekret* secrezione *f*

ausformulieren *vt* esprimere

ausfragen *vt* interrogare

ausfransen *vi* sfilacciarsi

ausfressen *unreg vt* ① divorare tutto ② *FAM* ◊ **etw** ~ combinare sciocchezze;

Ausfuhr I. *f* ‹-, -en› ↑ *Export* esportazione *f* **II.** *in Zusammensetzungen* di esportazione; **ausführen** *vt* ① ↑ *exportieren* esportare ② ↑ *verwirklichen* → *Plan* realizzare ③ ↑ *erklären* esporre ④ ↑ *spazierenführen* → *Hund* portare a spasso; **ausführlich** *adj* dettagliato; **Ausführung** *f* ① ↑ *Realisierung* (*von Plan*) realizzazione *f* ② ↑ *Darstellung* (*von Thema*) esposizione *f* ③ ↑ *Design* (*Luxus-*) confezione *f*

ausfüllen *vt* ① → *Formular* compilare ② ↑ *befriedigen* ← *Beruf* soddisfare

Ausgabe *f* ① ↑ *Herausgeben* (*von Waren*) distribuzione *f* ② ↑ *Rückgabe* (*Gepäck-*) consegna *f* ③ ↑ *Aufwand* (*von Geld*) spese *fpl* ④ ↑ *Veröffentlichung* (*von Buch, Zeitung*) edizione *f*

Ausgang *m* ① (*Ggs zu Eingang*) uscita *f* ② ↑ *Ende* (*von Spiel, Roman*) fine *f* ③ ↑ *Ergebnis* (*von Diskussion*) esito *m* ④ ↑ *Ausgehen* giorno *m* libero; **Ausgangspunkt** *m* ↑ *Beginn* (*von Reise, Diskussion*) punto *m* di partenza

ausgebaut *adj* ▷*Straßennetz* ampliato

ausgeben *unreg* **I.** *vt* ① ↑ *aufwenden* → *Geld* spendere ② ↑ *verteilen* → *Essen* distribuire ③ ↑ *spendieren* → *Runde Schnaps* offrire **II.** *vr* ◇ *sich* ~ ↑ *vortäuschen, vorgeben*: ◇ *sich für etw/jd-n* ~ spacciarsi per qc/qu

ausgebucht *adj* ▷*Flug, Hotel* completo

ausgebufft *adj* FAM ① ↑ *erschöpft* sfinito ② ↑ *raffiniert* ◇ *-er Betrüger* abile ingannatore

ausgedehnt *adj* ① ↑ *gedehnt* ▷*Gummiband* tirato ② ↑ *weit, lang* ▷*Spaziergang* lungo

ausgedient *adj* ① ↑ *abgenutzt* ▷*Sache* fuori uso ② ↑ *im Ruhestand* ▷*Soldat* in congedo

ausgefallen *adj* inconsueto

ausgeglichen *adj* ↑ *harmonisch* ▷*Person, Verhältnis* equilibrato, armonico; **Ausgeglichenheit** *f* ↑ *Ruhe, Harmonie* equilibrio *m*

ausgehen *unreg* *vi* ① ↑ *weggehen* (*zum Essen, ins Kino*) uscire ② ← *Feuer, Licht* spegnersi ③ ↑ *ausfallen* ← *Haare* cadere ④ ↑ *Ergebnis haben* andare a finire ⑤ ↑ *zu Ende gehen* ← *Geld* finire ⑥ ↑ *abstammen, ausstrahlen* ← *Idee, Wirkung* partire ⑦ ↑ *voraussetzen* ◇ *von etw* ~ partire da qc

ausgekocht *adj* FAM ↑ *raffiniert* scaltro

ausgelassen *adj* allegro, sfrenato

ausgelastet *adj* impegnato; ◇ *voll* ~ *sein* essere molto occupato

ausgelernt *adj* qualificato

ausgemacht *adj* ① ↑ *vereinbart* pattuito; ◇ *es ist* ~, *daß* … è pattuito che … ② FAM ↑ *groß* perfetto; ◇ *ein* **-er Dummkopf** uno perfetto stupido

ausgenommen I. *cj* ↑ *bis auf* eccetto, tranne **II.**

präp akk ↑ *außer* eccetto; ◇ **Anwesende** ~ eccetto i presenti

ausgeprägt *adj* ↑ *stark* ▷*Interesse, Eigenschaft* spiccato; ▷*Gesichtszüge* pronunciato

ausgerechnet *adv* ↑ *gerade*: ◇ ~ **er/heute!** proprio lui/oggi !

ausgeschlossen *adj* ① ↑ *ausgeräumt* escluso; ◇ **Irrtum** ~ errore escluso ② ↑ *nicht möglich* impossibile; ◇ *etw für* ~ **halten** escludere qc

ausgesprochen I. *adj* ↑ *unverkennbar* ▷*Lüge* evidente; ▷*Schönheit* particolare **II.** *adv* ↑ *sehr* particolarmente; ◇ *jd-n* ~ **gern haben** provare molto affetto per qu

ausgestorben *adj* ↑ *nicht mehr existent* ▷*Pflanze* morto; FIG ◇ **die Stadt war wie** ~ la città era come morta

ausgezeichnet *adj* eccellente

ausgiebig *adj* ↑ *reichlich, zur Genüge* ▷*Essen* abbondante; ◇ ~ **frühstücken** fare un'abbondante colazione

Ausgleich *m* ‹-[e]s, -e› ① ↑ *Begleichung* (*Konto-*) saldo *m* ② ↑ *Entschädigung* ◇ **zum** ~ a compenso ③ SPORT ↑ *Gleichstand* pareggio *m;* **ausgleichen** *unreg* **I.** *vt* ① ↑ *kompensieren* → *Unterschied, Mangel* compensare ② → *Konto* saldare ③ SPORT → *Spielstand* pareggiare **II.** *vr* ↑ *sich aufheben* ← *Gegensätze* compensarsi

ausgraben *unreg* *vt* ① → *Wurzeln, Ruinen* scavare ② FIG ↑ *neu herausbringen* → *alte Mode, Musik* ripescare; **Ausgrabung** *f* ▷*archäologisch* scavo *m*

ausgrenzen *vt* (*aus Gesellschaft*) escludere, emarginare

Ausguß *m* ① ↑ *Spüle* lavandino *m* ② ↑ *Abfluß* scarico *m*

aushaben *unreg* *vt* FAM ↑ *ausgelesen haben* ▷*Buch* aver finito (di leggere); SCHULE ↑ *Schluß haben* finire lezione

aushalten *unreg* **I.** *vt* ① ↑ *ertragen* → *Belästigung, Gewicht* sopportare ② FAM (*für Unterhalt aufkommen*) → *Geliebte(n)* mantenere **II.** *vi* ↑ *durchhalten* resistere

aushandeln *vt* → *Bedingungen, Vertrag* concordare

aushändigen *vt:* ◇ *jd-m etw* ~ consegnare qc a qu

Aushang *m* (*am schwarzen Brett*) avviso *m;* **aushängen I.** *vt* ① → *Informationsblatt* affiggere ② → *Tür* scardinare **II.** *unreg vi* essere affisso; **Aushängeschild** *n* ↑ *Reklameschild* insegna *f*

aushecken *vt* FAM → *Plan* escogitare

aushelfen *unreg* *vi:* ◇ *jd-m* ~ soccorrere qu; ↑ *für jd-n einspringen* sostituire qu per qu; **Aus-**

hilfskraft *f* sostituto/a *m;* **aushilfsweise** *adv:* ◇ - **arbeiten** lavorare come sostituto

ausholen *vi* ① (*zum Schlag*) sollevare il braccio per colpire ② *FIG* ◇ **weit** - raccontare dall'inizio

aushorchen *vt FAM* interrogare; ◇ **jd-n über etw** - sondare l'opinione di qu su qc

aushungern *vt* (*im Krieg*) → *Stadt* affamare

auskennen *unreg vr* ◇ **sich** - ① ↑ *vertraut sein* (*in e-r Stadt*) conoscere ② ↑ *Bescheid wissen* (*in Fragen*) essere esperto (*in dat* di)

Ausklang *m* (*Jahres-*) fine *f;* **ausklingen** *unreg vi* ① ↑ *langsam verklingen* ← *Ton* smorzarsi ② ↑ *zu Ende gehen* ← *Fest, Jahr* concludersi

auskommen *unreg vi* ① ↑ *sich verstehen* (*mit Person*) intendersi (*mit* con) ② ↑ *genügend haben* (*mit Geld*) cavarsela (*mit* con); **Auskommen** *n* mantenimento *m;* ◇ **sein** - **haben** aver di che vivere

auskugeln *vt FAM* → *Arm* slogare

auskundschaften *vt* ① investigare, indagare ② ↑ *durchsuchen* → *Gelände* esplorare

Auskunft *f* ‹-, Auskünfte› ① ↑ *Information* informazione *f;* ◇ **jd-m e-e** - **erteilen** dare/fornire un'informazione a qu ② (*Zug-*) ufficio *m* informazioni

auslachen *vt* → *jd-n* canzonare

ausladen *unreg vt* ① ↑ *entladen* → *Fracht, Ladung* scaricare ② (*FAM Ggs zu einladen*) → *Gäste* disdire l'invito

ausladend *adj* ① ↑ *weit vorragend* ▷*Dach, Kinn* sporgente ② ↑ *weit ausholend* ▷*Bewegung* ampio

Auslage *f* ① (*Schaufenster-*) vetrina *f* ② (*von Waren*) esposizione *f* ③ ↑ *Kosten* ◇ **-n** *pl* costi *m/pl,* spese *fpl*

Ausland *n* (*Ggs zu Inland*) estero *m;* ◇ **im/ins** - all'estero; **Ausländer(in** *f*) *m* ‹-s, -› straniero/a *m;* **ausländerfeindlich** *adj* ▷*Gesinnung* ostile agli stranieri, xenofobo; **ausländisch** *adj* straniero; ◇ **-e Waren** merci estere; ◇ **-e Mitbürger** concittadini stranieri; **Auslandsaufenthalt** *m* soggiorno *m* all'estero; **Auslandsgespräch** *n* TELEC comunicazione *f* internazionale; **Auslandskorrespondent(in** *f*) *m* corrispondente *m/f* dall'estero; **Auslandsvertretung** *f* (*von Firma*) rappresentanza *f* all'estero

auslassen *unreg* **I.** *vt* ① ↑ *weglassen* → *Buchstaben* tralasciare; ① ↑ *versäumen* → *Chance* perdere ② ↑ *abfließen lassen* → *Wasser* lasciar scorrere ③ ↑ *abreagieren* → *Wut* sfogare (*an dat* su) ④ ↑ *nicht anmachen* → *Licht* lasciar spento ⑤ → *Fett* sciogliere **II.** *vr* ◇ **sich** - ↑ *ausgiebig äu-*

ßern, reden über esprimersi esaurientemente (*über akk* su)

Auslauf *m* ① ↑ *Gehege (für Tiere)* recinto *m* ② (*Wasser-*) scarico *m;* **auslaufen** *unreg vi* ① ↑ *undicht sein* ← *Faß* perdere ② ← *Flüssigkeit* fuoriuscire (*aus dat* da) ③ (← *Schiff, aus Hafen*) salpare ④ ↑ *langsam aufhören* ← *Serie, Amtszeit* essere prossimo alla fine; ← *Frist, Vetrag* scadere; **Ausläufer** *m* ① *METEO* diramazione *f* ② *GEO* contrafforte *m*

ausleben *vr* ◇ **sich** - godersi la vita

ausleeren *vt* → *Behälter, Glas* vuotare

auslegen *vt* ① ↑ *hinlegen* → *Teppich* stendere ② → *Waren* esporre ③ ↑ *verleihen* → *Geld* dare in prestito; ◇ **jd-m etw** - dare in prestito qc a qu ④ ↑ *interpretieren* → *Text* interpretare; **Auslegung** *f* ① ↑ *Deutung* intepretazione *f* ② ↑ *Erklärung* spiegazione *f*

Ausleihe *f* ‹-, -n› ① prestito *m* ② ↑ *-stelle* (*Buch-*) ufficio *m* prestiti; **ausleihen** *unreg vt* ① ↑ *verleihen* → *Geld* prestare; ◇ **jd-m etw** - prestare qc a qu ② ↑ *leihen* ◇ **sich dat etw** - **von jd-m** prendere qc in prestito da qu

auslernen *vi* ① ← *Azubi* finire il tirocinio ① *FIG* ◇ **man lernt nie aus** non si finisce mai di imparare

Auslese *f* ① ↑ *Auswahl, Selektion* scelta *f* ② ↑ *Elite* crema *f* ③ (*von Wein*) vino *m* scelto; **auslesen** *unreg vt* ① ↑ *auswählen* scegliere ② *FAM* ↑ *zu Ende lesen* → *Buch* finire di leggere

ausliefern *vt* ① → *Flüchtling* estradare ② *COMM* → *Waren* consegnare

auslöschen *vt* ① ↑ *ausmachen* → *Licht, Kerze* spegnere ② ↑ *vernichten, entfernen* → *Tierart, Volk* sterminare; *FIG* → *Erinnerung* cancellare

auslosen *vt* ① (*durch Los bestimmen*) sorteggiare ② ↑ *Lose ziehen* → *Gewinner* sorteggiare

auslösen *vt* ① ↑ *in Gang setzen* → *Mechanismus, Alarm* azionare ② ↑ *verursachen* → *Entwicklung, Reaktion* provocare ③ ↑ *loskaufen* → *Gefangene* riscattare; **Auslöser** *m* ‹-s, -› (*TECH am Fotoapparat*) scatto *m*

ausmachen *vt* ① ↑ *ausschalten* → *Gerät, Licht etc.* spegnere ② ↑ *löschen* → *Feuer* estinguere ③ ↑ *vereinbaren* → *Termin* fissare ④ ↑ *betragen* ← *Summe, Preisunterschied* ammontare a ⑤ ↑ *entdecken* scoprire ⑥ ◇ **das macht mir nichts aus** non m'importa niente ⑦ ↑ *besprechen, beilegen* concordare

ausmalen *vt* ① → *Bild* colorare ② *FIG* ◇ **sich dat etw** - raffigurarsi qc

Ausmaß *n* ① (*von Gebiet*) estensione *f* ② *FIG* (*von Katastrophe*) dimensione *f;* **ausmessen** *unreg vt* misurare

ausmisten vti ① → *Stall* rimuovere il letame ② *FAM* ↑ *aufräumen* → *Papiere* mettere in ordine

Ausnahme f ‹-, -n› eccezione f; **Ausnahmezustand** m POL stato m d'emergenza; ◇ **den - verhängen** proclamare lo stato d'emergenza; **ausnahmslos** adv senza eccezione; **ausnahmsweise** adv eccezionalmente

ausnehmen unreg I. vt ① → *Tier* sventrare; → *Nest* depredare ② ↑ *nicht berücksichtigen, ausschließen* → *jd-n von etw* - esludere qu da qc ③ *FAM* ↑ *berauben* svenare II. vr ◇ **sich -** ↑ *wirken* sembrare; ◇ **sich gut -** fare bella figura; **ausnehmend** adv eccezionalmente

ausnützen vt ① ↑ *nutzen* → *Gelegenheit* approfittare di ② → *Einfluß* usare ③ → *Person* sfruttare; → *Gutmütigkeit* approfittare di

auspacken vt ① → *Koffer* disfare ② *FAM* vuotare il sacco

auspfeifen unreg vt → *Theaterstück* fischiare

ausplaudern vt → *Geheimnis* spiattellare

ausprobieren vt ① ↑ *versuchen* → *Methode* provare ② ↑ *prüfen, testen* → *Maschine* sperimentare

Auspuff m ‹-[e]s, -e› AUTO tubo m di scappamento

ausradieren vt ① → *Zeichnung* cancellare con la gomma ② *FIG* ↑ *vernichten* → *Volk* annientare

ausrangieren vt *FAM* eliminare

ausrasten vi (*Ggs zu einrasten*) disinnestarsi; *FAM* impazzire, incazzarsi

ausrauben vt → *jd-n* derubare

ausräumen vt ① ↑ *leerräumen* → *Schrank, Wohnung* vuotare ② *FIG* ↑ *beseitigen* → *Einwände* eliminare; → *Mißverständnis* superare

ausrechnen vt ① ↑ *errechnen* → *Summe* calcolare ② ↑ *kalkulieren, mit etw rechnen* calcolare; ◇ **sich** dat **Chancen -** immaginarsi un esito positivo

Ausrede f pretesto m; ◇ **faule -** pretesto futile

ausreden I. vi ↑ *zu Ende reden* finire di parlare; ◇ **jd-n - lassen** lasciar finire di parlare qu II. vt: ◇ **jd-m etw -** dissuadere qu da qc

ausreichend adj sufficiente; SCHULE ↑ *Note 4* sufficiente

Ausreise f espatrio m; **Ausreiseerlaubnis** f permesso m di espatrio; **ausreisen** vi espatriare

ausreißen unreg I. vt ↑ *herausziehen* → *Haare* strappare II. vi ① ↑ *reißen* ← *Stoff* strapparsi ② *FAM* ↑ *weglaufen* fuggire

ausrenken vt ↑ *verstauchen* → *Arm* slogare

ausrichten vt ① ↑ *sagen, mitteilen* → *Gruß,*

Botschaft trasmettere ② ↑ *erreichen, bewirken* ottenere; ◇ **etw bei jd-m -** ottenere qc da qu ③ ↑ *einstellen, einpassen* regolare (*nach* secondo, in base a); ◇ **das Angebot nach der Nachfrage -** regolare l'offerta in base alla domanda ④ ↑ *bezahlen, aufkommen für* → *Fest* organizzare

ausrotten vt sterminare

ausrücken vi ① ← *Feuerwehr, Polizei* entrare in azione ② *FAM* ↑ *ausreißen* svignarsela

Ausruf m ① ↑ *Schrei* grido m ② ↑ *Bekanntmachung* ▷öffentlich proclamazione f; **ausrufen** unreg vt ① (*vor Überraschung*) gridare ② ↑ *verkünden* → *Streik* annunciare ③ ↑ *rufen* ◇ **jd-n -** lassen far chiamare qu; **Ausrufezeichen** n punto m esclamativo

ausruhen I. vr ◇ **sich -** ↑ *erholen* riposarsi (*von* da) II. vi riposare

ausrüsten vt equipaggiare; **Ausrüstung** f (*Wander-, Schwimm-*) equipaggiamento m

ausrutschen vi scivolare

Aussage f ① ↑ *Erklärung* dichiarazione f ② JURA deposizione f; ◇ **- machen** deporre ③ ↑ *Inhalt* contenuto m; **aussagen** I. vt ↑ *ausdrücken* esprimere II. vi JURA deporre; ◇ **vor Gericht -** deporre di fronte alla giuria

ausschalten vt ① ↑ *ausmachen* → *Gerät, Licht* spegnere ② *FIG* ↑ *aus dem Weg räumen* → *Konkurrenten* eliminare

ausschauen vi ① ↑ *suchen, warten* ◇ **nach jd-m -** cercare qu con gli occhi ② *FAM* ↑ *aussehen* apparire; ◇ **hübsch -** avere un aspetto grazioso

ausscheiden unreg I. vi ① ↑ *nicht in Betracht kommen* essere fuori discussione ② ↑ *weggehen* (*aus Amt*) dimettersi ③ SPORT (*aus Wettkampf*) essere eliminato II. vt ① ↑ *ausschließen* → *Möglichkeit* escludere ② MED ↑ *absondern* → *Sekret* secernere

ausschenken vt → *Bier* versare

ausschlachten vt ① → *Fahrzeug* demolire (per ricavare pezzi riutilizzabili) ② *FIG* → *Thema, Ereignis* sfruttare

ausschlafen unreg I. vi ① dormire a sufficienza ② → *Rausch* smaltire (dormendo) II. vr ◇ **sich -** dormire a sufficienza

Ausschlag m ① (MED *Haut-*) eruzione f ② (*von Zeiger, Pendel*) escursione f ③ *FIG* ◇ **den - geben** dare il colpo decisivo

ausschlagen unreg I. vt ① ↑ *auskleiden* (*mit Stoff*) foderare ② ↑ *verweigern* → *Bitte* respingere II. vi ① ← *Pferd* tirare calci ② ↑ *Blätter treiben* ← *Baum* spuntare; **ausschlaggebend** adj determinante

ausschließen unreg vt ① ↑ *aussperren* chiudere fuori ② *FIG* ↑ *nicht miteinbeziehen, ausgrenzen* bandire *(aus da* da) ③ *FIG* → *Möglichkeit* escludere; ◇ *etw von vornherein* - escludere qc fin dall'inizio; **ausschließlich I.** *adj* ↑ *alleinig* solo, esclusivo **II.** *adv* ↑ *nur* esclusivamente **III.** *präp gen* ↑ *außer* escluso; **Ausschluß** *m* ① ↑ *Ausschließen (von Mitglied)* espulsione *f (aus* da) ② ↑ *Fernhalten* bando *m;* ◇ *unter - der Öffentlichkeit* a porte chiuse

ausschmücken *vt* ① ↑ *dekorieren* adornare ② *FIG* → *Erzählung* infioccchettare

ausschneiden *unreg vt* ① *(aus Papier)* ritagliare ② → *Bäume* diramare, potare; **Ausschnitt** *m* ① *(Bild-)* parte *f* ② *(Text-)* brano *m* ③ *(von Kleid)* scollatura *f*

ausschreiben *unreg vt* ① ↑ *vollständig schreiben* → *Namen* scrivere per intero ② ↑ *bekanntgeben* → *Wettbewerb* bandire ③ ↑ *schreiben* → *Rechnung* rilasciare

Ausschreitung *f* violenza *f*

Ausschuß *m* ① ↑ *Gremium* commissione *f* ② *COMM* ↑ *fehlerhafte Ware* scarto *m*

ausschütten I. *vt* ① ↑ *Tasse* vuotare ② → *Gewinn* distribuire ③ *FIG* ◇ *jd-m sein Herz* - aprire il proprio cuore a qu **II.** *vr* ◇ *sich* - *FAM:* ◇ *sich vor Lachen* - sganasciarsi dalle risa

ausschweifend *adj:* ◇ *ein -es Leben führen* condurre una vita scostumata; ◇ *e-e -e Phantasie haben* avere una fantasia sfrenata

ausschweigen *unreg vr* ◇ *sich* - non dire nulla *(über akk* su)

aussehen *unreg vi* ① ↑ *jung* sembrare; *FIG* ◇ *es sieht nicht gut aus* la situazione è grave; ◇ *nach jd-m* - cercare con gli occhi qu; **Aussehen** *n* ⟨*-s*⟩ aspetto *m*

aussein *unreg vi FAM* ① ↑ *ausgeschaltet-sein* ← *Licht, Radio* essere spento ② ↑ *zu Ende sein* ← *Film, Schule* essere finito

außen *adv* ① *(Ggs innen)* fuori ② *FIG* ◇ *nach* - esteriormente

aussenden *unreg vt* ① ↑ *über Funk senden* → *Signale* trasmettere ② ↑ *schicken* → *Person* mandare

Außendienst *m* servizio *m* esterno; **Außenhandel** *m* commercio *m* estero; **Außenminister(in** *f)* *m* ministro *m* degli esteri; **Außenpolitik** *f (Ggs Innenpolitik)* politica *f* estera; **Außenseite** *f* lato *m* esterno; **Außenseiter(in** *f)* *m* ⟨*-s, -*⟩ estraneo/a *m;* *SPORT* outsider *m;* **Außenstehende(r)** *fm* estraneo/a

außer I. *präp akk/dat* ① ↑ *abgesehen von* tranne; ◇ *alle* - *mir gehen* vanno via tutti tranne me ② ↑ *außerhalb von* fuori di, da; ◇ - *Haus* fuori di casa ③ ◇ - *Betrieb* fuori servizio ④ ◇ - *sich dat*

---

sein essere fuori di sé **II.** *cj* ↑ *es sei denn* a meno che; ◇ *sie arbeitet gern, - es scheint die Sonne* lavora volentieri a meno che ci sia il sole; **außerdem** *cj* inoltre

äußere(r, s) *adj* ① *(Ggs innere(r, s))* esterno ② ↑ *von außen sichtbar* esteriore; ◇ *der - Schein* l'aspetto esteriore ③ *POL* estero; ◇ - **Angelegenheiten** affari *m/pl* esteri

außerehelich *adj* ▷ *Verhältnis* extraconiugale; **außergewöhnlich** *adj* ↑ *ungewöhnlich* inconsueto; ◇ - **klug** straordinariamente intelligente; **außerhalb I.** *präp gen* ① *(Ggs innerhalb, räumlich)* fuori di; ◇ - *des Hauses* fuori di casa ② *(zeitlich, nicht während)* fuori di; ◇ - *der Sprechstunde* fuori dell'orario di ricevimento **II.** *adv (- wohnen)* fuori città

äußerlich *adj* ↑ *oberflächlich* superficiale

äußern I. *vt* ↑ *sagen* → *Kritik, Meinung* esprimere **II.** *vr* ◇ *sich* - ① ↑ *Stellung nehmen* pronunciarsi *(zu* su) ② ← *Aufregung, Freude* manifestarsi

außerordentlich *adj* ▷ *Sitzung* straordinario; **außerstande** *adv* incapace ⟨*inv*⟩; ◇ - **sein etw zu tun** essere incapace di fare qc

äußerst *adv* ↑ *sehr* estremamente; ◇ - **interessant** estremamente interessante; **äußerste(r, s)** *adj* ① ↑ *weiteste(r, s) (räumlich)* estremo ② ↑ *höchste(r, s)* ▷ *Spannung* massimo; ▷ *Angebot* ultimo

Äußerung *f* ① ↑ *Bemerkung* ▷ *schriftlich* dichiarazione *f;* ▷ *mündlich* asserzione *f*, osservazione *f* ② *(Gefühls-)* manifestazione *f*

aussetzen I. *vt* ① → *Tier, Kind* abbandonare ② ↑ *festsetzen* → *Belohnung* stabilire ③ ↑ *pausieren* → *Verfahren* interrompere **II.** *vi* ← *Motor, Maschine, Organ* arrestarsi ② ↑ *Pause machen* interrompersi **III.** *vr* ◇ *sich - (der Sonne, Schwierigkeiten)* esporsi *(dat* a)

Aussicht *f* ① ↑ *Panorama* vista *f* ② ↑ *Erwartung, Chance* prospettiva *f (auf akk* per); ◇ *etw in* - **haben** aspettarsi qc; **aussichtslos** *adj* senza speranza; **aussichtsreich** *adj* promettente; **Aussichtsturm** *m* belvedere *m*

aussöhnen I. *vt* ↑ *versöhnen* → *jd-n* conciliare **II.** *vr* ◇ *sich* - riconciliarsi; **Aussöhnung** *f* riconciliazione *f*

aussortieren *vt* selezionare

ausspannen I. *vt* ① → *Pferd* staccare ② *FAM* ↑ *abspenstig machen* ← *Freund(in* *f)* soffiar via **II.** *vi* riposarsi

aussperren *vt* ① chiudere fuori ② *(bei Streik)* effettuare la serrata

ausspielen I. *vt* ① → *Karte* giocare ② *FIG* ↑ *einsetzen* → *Einfluß* esercitare ③ *FIG*

↑ *intrigieren* intrigare; ◇ jd-n gegen jd-n - servirsi di qu contro qu

Aussprache *f* ① ↑ *Artikulation* ▷*deutlich* pronuncia *f* ② ↑ *Gespräch* discussione *f;* **aussprechen** *unreg* I. *vt* ① ↑ *artikulieren* pronunciare ② ↑ *äußern* → *Verdacht* esprimere II. *vr* ◇ sich - ① spiegarsi *(über akk* su) ③ ↑ *sich anvertrauen* confidarsi

Ausspruch *m* ① ↑ *Äußerung* osservazione *f* ② ↑ *Satz, Zitat* motto *m*

ausspülen *vt* sciacquare

Ausstand *m* sciopero *m;* ◇ in den - treten mettersi in sciopero

ausstatten *vt* ① ↑ *einrichten* → *Wohnung* arredare ② ↑ *versehen, versorgen* corredare; ◇ jd-n mit etw - fornire qu di qc; **Ausstattung** *f* ① ↑ *Einrichtung* arredamento *m* ② *(Baby-, Braut-)* corredo *m*

ausstechen *unreg vt* ① → *Augen* cavare ② FIG ↑ *übertreffen* ↑ *jd-n superare*

ausstehen *unreg* I. *vt:* ◇ jd-n/etw nicht - können non sopportare qu/qc II. *vi* ← *Entscheidung* mancare

aussteigen *unreg vi* ① *(aus Bus etc.)* scendere ② *FAM* ↑ *nicht mehr mitmachen* ritirarsi *(aus dat* da); **Aussteiger(in** *f) m FAM* ↑ *Außenseiter, Freak* tipo/a originale *m*

ausstellen *vt* ① ↑ *zeigen* → *Bilder* esporre ② ↑ *schreiben* → *Rechnung, Dokument* rilasciare ③ *FAM* → *Radio* spegnere; **Ausstellung** *f (von Gemälden)* mostra *f; (von Rechnung, Urkunde etc.)* rilascio *m*

aussterben *unreg vi* estinguersi

Ausstieg *m* ‹-s, -e› ↑ *das Aussteigen* discesa *f; (im Zug)* lato *m* in cui si scende; *(FIG aus Politik)* ritiro *m*

ausstoßen *unreg vt* ① → *Rauch, Laut* emettere ② ↑ *hinauswerfen, ausgrenzen (aus Gemeinschaft)* espellere

ausstrahlen *vt* ① ↑ *von sich geben* → *Wärme* emanare ② MEDIA → *Sendung* trasmettere ③ *FIG* → *gute Laune* diffondere; **Ausstrahlung** *f* ① *FIG* ↑ *Aura (von Person)* carisma *m* ② (MEDIA *von Sendung)* trasmissione *f*

ausstrecken *vr* → *Hand* stendere

ausströmen *vi* ← *Gas* fuoriuscire

aussuchen *vt* scegliere; ◇ sich *dat* etw - scegliersi qc

Austausch *m* ① ↑ *Wechsel, Tausch (von Geld)* cambio *m* ② *(Meinungs-)* scambio *m* ③ *(Schüler-)* gemellaggio *m;* **austauschbar** *adj* permutabile; **austauschen** *vt* ① ↑ *wechseln* → *Motor* cambiare ② → *Gedanken* scambiarsi; **Austauschmotor** *m* AUTO motore *m* di scambio

austeilen *vt* distribuire

austragen *unreg vt* ① ↑ *austeilen* → *Briefe* recapitare ② ↑ *verbreiten* diffondere ③ ↑ *abhalten* → *Wettkämpfe* disputare ④ → *Kind* portare a compimento una gravidanza

Australien *n* Australia *f;* **Australier(in** *f) m* ‹-s, -› australiano/a *m;* **australisch** *adj* australiano

austreten *unreg* I. *vi* ① *(aus Partei)* uscire *(aus* da) ② andare al gabinetto ③ ↑ *ausströmen* ← *Gas* fuoriuscire II. *vt* ① → *Zigarette* spegnere (calpestando) ② ↑ *abnutzen* → *Treppe* consumare (a furia di camminarci sopra)

austrinken *unreg vt* ① ↑ *leertrinken* → *Tasse* vuotare ② → *Bier, Kaffee* finire di bere

Austritt *m* ① ↑ *Ausscheiden (aus Partei etc.)* uscita *f* ② ↑ *Auslaufen (von Öl etc.)* fuoriuscita, perdita *f*

austrocknen *vi* ← *Kehle, Boden* asciugare

ausüben *vt* → *Beruf* esercitare; *FIG* ◇ Druck auf jd-n* - esercitare pressione su qu; **Ausübung** *f (von Beruf, Kunst etc.)* esercizio *f; (von Macht, Einfluß etc.)* uso *m*

Ausverkauf *m* COMM svendita *f;* **ausverkauft** *adj* ▷*Waren, Theater* esaurito

Auswahl *f* ↑ *Sortiment (an Waren)* assortimento *m (an dat* di); **auswählen** *vt* scegliere

auswandern *vi* emigrare

auswärtig *adj* ① ◇ - Gäste ospiti da fuori ② straniero ③ POL ◇ A-es Amt Ministero *m* degli Esteri *m*

auswärts *adv* ↑ *außerhalb* fuori; ◇ - essen mangiare fuori; **Auswärtsspiel** *n* (SPORT *Ggs Heimspiel)* gioco *m* in trasferta

auswechseln *vt* cambiare, sostituire

Ausweg *m* FIG soluzione *f;* ◇ nach e-m - suchen cercare una soluzione; **ausweglos** *adj* FIG disperato; ◇ -e Lage situazione *f* disperata

ausweichen *unreg vi* ① ↑ *Platz machen* ◇ jd-m/e-r Sache - fare largo a qu/qc ② FIG ↑ *sich entziehen* ◇ e-r Frage - sottrarsi ad una domanda; **ausweichend** *adj* FIG ▷*Antwort* evasivo

ausweinen *vr* ◇ sich - sfogarsi piangendo

Ausweis *m* ‹-es, -e› ① *(Personal-)* carta *f* d'identità ② *(Bibliotheks-)* tesserino *m;* **ausweisen** *unreg* I. *vt* ① ↑ *abschieben (aus e-m Land)* espellere ② provare II. *vr* ◇ sich - ↑ *legitimieren* provare la propria identità; **Ausweispapiere** *pl* documenti *m/pl* di legittimazione; **Ausweisung** *f* espulsione *f*

auswendig *adv:* ◇ - lernen imparare a memoria

auswerten *vt* → *Daten* analizzare; **Auswertung** *f* analisi *f*

auswirken vr ◇ **sich** ~ influire (*auf akk* su); **Auswirkung** f effetto m (*auf akk* su)

auswischen vt 1 ↑ *säubern* → *Schrank etc*. pulire 2 ↑ *wegwischen* cancellare 3 *FAM* ◇ **jd-m eins** - giocare un brutto tiro a qu

Auswuchs ‹-es, -wüchse›, m *FIG* eccesso m

auswuchten vt → *Reifen, Räder* equilibrare

auszahlen I. vt 1 ↑ *zahlen* → *Geld* pagare 2 ↑ *ausbezahlen* → *Miterbe* liquidare **II.** vr ◇ **sich** - ← *Mühe* valere la pena

auszählen vt 1 ↑ *zählen* → *Stimmen* contare 2 (SPORT *beim Boxen*) contare

auszeichnen I. vt 1 → *Ware* prezzare 2 ↑ *ehren* onorare, premiare **II.** vr ◇ **sich** - ↑ *herausragen* (*durch Leistung, Eigenschaft*) distinguersi (*durch* per); **Auszeichnung** f 1 ↑ *Preisangabe* premio m 2 ↑ *Ehrung* onorificenza f 3 ◇ **mit** - con lode

ausziehen unreg **I.** vt 1 → *Kleidung* togliersi 2 ↑ *herausziehen* → *Unkraut* sradicare **II.** vr ◇ **sich** - ↑ *sich entkleiden* svestirsi **III.** vi 1 (*aus Wohnung*) sloggiare 2 ↑ *in die Ferne ziehen* andare via

Auszubildende(r) fm tirocinante m/f

Auszug m 1 (*aus Wohnung*) trasloco m 2 ↑ *Beleg* (*Konto-*) estratto m 3 (*Text-*) brano m

authentisch adj autentico

Autismus m MED autismo m

Auto n ‹-s, -s› automobile f; **Autobahn** f (*Bundes-*) autostrada f; **Autofahrer(in** f) m automobilista m/f

autogen adj: ◇ **-es Training** training autogeno m

Autogramm n ‹-s, -e› autografo m

Automat m ‹-en, -en› (*Münz-, Zigaretten-*) distributore m automatico; **Automatikgetriebe** n (*Ggs Schaltgetriebe*) meccanismo m automatico; **Automatikgurt** m cintura f automatica; **automatisch** adj 1 ↑ *mechanisch* ▷ *Herstellung* automatico 2 ↑ *von selbst, intuitiv* ▷ *Reaktion* automatico

autonom adj autonomo; **Autonome** pl Autonomi m/pl estremisti di sinistra

Autor(in f) m ‹-s, -en› (*Buch-*) autore(-trice f) m

Autoradio n autoradio m; **Autoreifen** m pneumatico m (d'auto)

autoritär adj ▷ *Erziehung, Regime* autoritario; **Autorität** f 1 ↑ *Fachmann* persona f autorevole 2 ↑ *Ansehen* autorità f

Autounfall m incidente m d'auto; **Autoverleih** m noleggio m di automobili

- Aversion f avversione f (*gegen jd-n/etw* contro qu/qc)

Axt f ‹-, Äxte› scure f

Azubi m ‹-s, -s› *Akr* v. **Auszubildende(r)** tirocinante m/f

B

B, b n (*Alphabet*) B, b; MUS si m bemolle

Baby n ‹-s, -s› ↑ *Kleinstkind* bambino/a m, neonato/a m; **Babyausstattung** f corredino m; **babysitten** vi fare il/la babysitter m/f; **Babywäsche** f biancheria f per il neonato

Bach m ‹-[e]s, Bäche› ruscello m; **Bachbett** n letto m del ruscello; **Bachstelze** f cutrettola f

Backblech n teglia f

Backbord n (NAUT *linke Steite*) a babordo, a sinistra

Backe f ‹-, -n› ↑ *Wange* guancia f

backen ‹backte, gebacken› **I.** vi: ◇ **sie bäckt gerne** lei cuoce volentieri al forno; ◇ **der Kuchen bäckt im Ofen** la torta cuoce nel forno **II.** vt → *Kuchen, Brot* fare; (*im Ofen*) → *Auflauf etc*. cuocere al forno; (*in Pfanne*) → *Fisch, Eierkuchen etc*. friggere

Backenbart m basettoni m/pl; **Backenzahn** m molare m

Bäcker(in f) m ‹-s, -› 1 (*von Brot, Brötchen*) panettiere/a, fornaio/a 2 [*Fein-*] pasticciere/a m; **Bäckerei** f 1 (*Laden*) von Brot, panetteria f, panificio m; (*Konditorei*) pasticceria f 2 ◇ **die - erlernen** ↑ *Backen* imparare il mestiere di fornaio; **Backform** f stampo m per dolci; **Backofen** m forno m; **Backpulver** n lievito m

Backstein m mattone m

backte impf v. **backen**

Bad n ‹-[e]s, Bäder› 1 (*Wasser in Wanne*) bagno m 2 (*Baden in Wanne, Schwimmen*) bagno m; *FIG* ◇ **- in der Menge** presentarsi tra la folla di ammiratori 3 ↑ *Badeanstalt* stabilimento m balneare 4 [*Kur-*] terme f/pl, località f termale; **Badeanstalt** f stabilimento m balneare; **Badeanzug** m costume m da bagno; **Badegast** m 1 (*im Schwimmbad*) bagnante m/f 2 ↑ *Kurgast* ospite m della località termale; **Badehose** f calzoncini m/pl da bagno; **Badekappe** f cuffia f da bagno; **Bademantel** m accappatoio m; **Badematte** f 1 (*Vorleger im Bad*) scendibagno m 2 (*Strand-*) stuoia f; **Bademeister(in** f) m bagnino/a m; **baden I.** vt → *Baby* fare il bagno a **II.** vi 1 ↑ *warm/kalt waschen* fare un bagno 2 (*im Meer*) *schwimmen* fare il bagno [nel mare]; **Badeort** m località f balneare; **Badesalz** n sali m/pl da bagno; **Badeschwamm** m spugna f da bagno; **Badetuch** n asciugamano m da bagno; **Badevorleger** m scendibagno m; **Badewanne** f vasca f da bagno; **Badezimmer** n bagno m

baff adj: ◇ **- sein** *FAM* rimanere a bocca aperta

B

Bafög n ⟨·⟩ Akr v. **Bundesausbildungsförderungsgesetz** legge per il sostegno dell'istruzione scolastica ed universitaria

Bagatelle f bazzeccola f, inezia f; **bagatellisieren** vt → Gefahr etc. minimizzare

Bagger m ⟨-s, -⟩ escavatrice f; **baggern** vt, vi scavare; **Baggersee** m lago m artificiale

Baguette n ⟨-s, -s⟩ ↑ Stangenbrot baguette f, filone m

Bahn f ⟨-, -en⟩ ① ↑ Schienenfahrzeug treno m; (Straßen-) tram m; ADMIN ↑ Bundesbahn ferrovie f/pl dello stato ② ↑ Weg, Pfad strada f, via f; ↑ Spur corsia f; ◇ **freie - haben** avere via libera; ◇ **auf die schiefe - geraten** mettersi sulla cattiva strada ③ [Wettkampf-] pista f ④ ASTRON orbita f ⑤ [Tapeten-] telo m; **bahnbrechend** adj rivoluzionario; **bahnen** vt: ◇ **sich/jd-m einen Weg - (durch Gebüsch, Menschenmenge)** aprirsi un varco; **Bahnfahrt** f viaggio m in treno; **Bahnhof** m stazione f [ferroviaria]. ↑ Busendhaltestelle capolinea m; ◇ **auf dem -** alla stazione; ◇ **jd-n am - abholen** andare a prendere qu alla stazione; ◇ **jd-n zum - bringen** [andare a] portare qu alla stazione; **Bahnhofsbuchhandlung** f libreria f della stazione; **Bahnhofshalle** f atrio m della stazione; **Bahnlinie** f linea f ferroviaria; **Bahnpolizei** f polizia f ferroviaria; **Bahnsteig** m ⟨-[e]s, -e⟩ marciapiede m; ◇ **der Zug fährt von Bahnsteig 5** il treno parte dal binario 5; **Bahnstrecke** f tronco m ferroviario; **Bahnübergang** m passaggio m a livello; **Bahnwärter(in** f) m casellante m/f

Bahre f ⟨-, -n⟩ barella f; (Toten-) bara f

Baiser n ⟨-s, -s⟩ meringa f

Bakterie f ⟨-, -n⟩ batterio m; **Bakterium** n ⟨-s, -ien⟩ MED FAM batterio m, germe m

Balance f ⟨-, -n⟩ equilibrio m; **balancieren** I. vt → Tablett, Stange tenere in equilibrio II. vi (auf Drahtseil) stare in equilibrio

bald adv ① (zeitlich) presto, fra poco; ◇ **- danach/darauf** poco dopo; ◇ **auf/bis - a** presto ② ↑ beinahe, fast quasi; ◇ **ich warte schon bald eine Stunde** aspetto già da quasi un'ora; **baldig** adj pronto, sollecito, imminente; **baldmöglichst** adv eine Sache erledigen, terminare qc il più presto possibile

Baldrian m ⟨-s⟩ FLORA valeriana f

Balkan m ⟨-s⟩ Balcani m/pl

Balken m ⟨-s, -⟩ (von Bauholz) trave f; [Trag-] trave f portante; [Stütz-] montante m di sostegno; ◇ **er lügt, daß sich die - biegen** le spara proprio grosse

Balkon m ⟨-s, -s o. -e⟩ ① balcone m ② THEAT, FILM ↑ Empore galleria f

Ball ¹ m ⟨-[e]s, Bälle⟩ ① SPORT palla f; (Fuß-) pallone m; (Tennis-, Golf-) pallina f; ◇ **am - bleiben** tenere il pallone; FIG rimanere al corrente m ② ↑ Kugel, [Schnee- etc.] palla f

Ball ² m ⟨-[e]s, Bälle⟩ [Tanz-] ballo m

Ballade f ⟨-, -n⟩ ballata f

Ballast m ⟨-[e]s, -e⟩ ① (zum Beschweren) zavorra f ② FIG ↑ überflüssige Bürde peso m morto; **Ballaststoffe** pl (Ernährung) fibre f/pl

ballen I. vt (formen) appallottolare; ◇ **Schnee [zur Kugel] -** fare delle palle di neve; → Fäuste stringere **II.** vr ◇ **sich [zusammen]-** ← Menschen, Wolken ammassarsi, ammassarsi

Ballen m ⟨-s, -⟩ ① [Stroh-, Stoff-] balla f ② ANAT [Hand-, Fuß-] eminenza f

Ballerina f ⟨-, -s⟩ ballerina f; **Ballett** n ⟨-[e]s, -e⟩ balletto m; **Ballettmeister** m maestro m del corpo di ballo; **Balletttänzer(in)** m danzatore (-trice f) m; **Ballettratte** f FAM bambina balletti na f. **Balletttruppe** f corpo m di ballo

Ballistik f balistica f

Balljunge m raccattapalle m

Ballkleid n vestito/abito m da ballo

Ballon m ⟨-s, -s o. -e⟩ [Luft-] palloncino m; [Heißluft-] mongolfiera f, pallone m aerostatico

Ballspiel n gioco m con la palla

Ballung f addensamento m, concentrazione f; **Ballungsgebiet** n zona f di agglomerati; **Ballungszentrum** n agglomerato m; ◇ **industrielles - centro** m industriale

Balsam m ⟨-s⟩ balsamo m

Bambus m ⟨-ses, -se⟩ bambù m; **Bambusrohr** n canna f di bambù

banal adj banale, ovvio

Banane f ⟨-, -n⟩ banana f; **Bananenstecker** m spina f unipolare, banana f

Banause m ⟨-n, -n⟩ [Kunst-] ignorante m/f

band impf v. **binden**

Band ¹ n ⟨-[e]s, Bänder⟩ ① nastro m, fascia f ② ANAT legamento m ③ [Ton-] nastro m [magnetico]; ◇ **etw auf - aufnehmen** registrare qc sul nastro ④ [Farb-] nastro m per macchina da scrivere ⑤ [Fließ-] catena f di montaggio; ◇ **Fehler am laufenden - machen** FAM fare un errore dietro l'altro

Band ² n ⟨-[e]s, -e⟩ [Freundschafts-] legame m d'amicizia; ◇ **außer Rand und - sein** (vor Erregung) essere fuori di sè

Band ³ m ⟨-[e]s, Bände⟩ [Buch- [aus Reihe]] volume m

Band ⁴ f ⟨-, -s⟩ ↑ [Musik-]Gruppe band f

Bandage f ⟨-, -n⟩ fasciatura f, benda f; **bandagieren** vt → Bein, Hand etc. bendare

Bandarbeit f lavoro m alla catena di montaggio;

Bandbreite f ⟨1⟩ PHYS [*Frequenz-*] banda f di frequenza ⟨2⟩ (COMM *von Wechselkurs*) margine m

Bande f ⟨-, -n⟩ ⟨1⟩ ↑ *Clique* compagnia f ⟨2⟩ [*Verbrecher-*] banda f

bändigen vt ⟨1⟩ → *wilde Tiere, Pferde etc.* domare; → *Hund, Katze* addomesticare ⟨2⟩ → *Kinder* frenare ⟨3⟩ → *Gefühl, Wut* dominare

Bandmaß n metro m; **Bandsäge** f sega f a nastro; **Bandscheibe** f ANAT. disco m intervertebrale; **Bandwurm** m verme m solitario

bange adj ⟨1⟩ ↑ *ängstlich, beklommen* pauroso; ◇ **mir ist** ~ ho paura ⟨2⟩ *vor Sorge,* [*~ Minuten/ Momente*] minuti/momenti m/pl di angoscia; **bangen** vi: ◇ **ich bangte um ihr Leben** temetti per la sua vita

Bank ¹ f ⟨-, Bänke⟩ ⟨1⟩ (*Sitzmöbel*) panca f, panchina f; (*Schul-*) banco m; ◇ **etw auf die lange ~ schieben** tirarla/andare per le lunghe ⟨2⟩ [*Werk-*] tavolo m di/da lavoro ⟨3⟩ [*Korallen-*] banco m corallino

Bank ² f ⟨-, -en⟩ ⟨1⟩ [*Geld-*] banca f, istituto m bancario ⟨2⟩ [*Organ-*] banca f di raccolta degli organi

Bankanweisung f ↑ *Zahlungsanweisung* assegno m bancario; **Bankbeamte(r)** m, **Bankbeamtin** f impiegato/a della banca

Bankett n ⟨-[e]s, -e⟩ ⟨1⟩ ↑ *Festessen* banchetto m ⟨2⟩ ↑ *Straßenrand* banchina f

Bankgeschäft n operazione f bancaria; **Bankier** m ⟨-s, -s⟩ banchiere m; **Bankkonto** n conto m in banca; **Bankleitzahl** f numero m guida bancario; **Banknote** f banconota f; **Bankraub** m rapina f ad una banca; **bankrott** adj fallito; **Bankrott** m ⟨-[e]s, -e⟩ ↑ *Zahlungsunfähigkeit* bancarotta f, fallimento m; ◇ **die Firma steht vor dem ~** la ditta sta andando in fallimento; **Banküberweisung** f trasferimento m bancario

bar adj ⟨1⟩ ↑ *bloß, nackt* nudo; (*frei von*) privo (*gen* di/da) ⟨2⟩ ↑ *offenkundig, nichts als* palese ⟨3⟩ ▷*Geld* contanti m/pl; ◇ **etw** [**in**] ~ **bezahlen** pagare qc in contanti; ◇ **etw gegen ~ liefern, etw für -e Münze nehmen** FIG ↑ *nicht ernst Gemeintes glauben* prendere qc per oro m colato

Bar f ⟨-, -s⟩ ⟨1⟩ ↑ *Schanktisch* banco m ⟨2⟩ ↑ [*intimes*] *Nachtlokal* night-club m ⟨3⟩ [*Hotel-*] bar m

Bär(in f) m ⟨-en, -en⟩ ⟨1⟩ (*Tier*) orso/a m; FAM ◇ **jd-m einen ~ aufbinden** darla a bere a qu ⟨2⟩ ASTRON ◇ **der Große/Kleine ~** orsa f maggiore/minore

Baracke f ⟨-, -n⟩ [*Holz-*] baracca f di legno; [*Wellblech-*] baracca f di lamiera; FIG [*elende ~*] catapecchia f

Barbar(in f) m barbaro/a m; **barbarisch** adj barbaro

Barbestand m (*Zahlungsverkehr*) fondo m cassa

Bardame f barista f

Barett n berretto m

barfuß adj scalzo

barg impf v. **bergen**

Bargeld n denaro m contante; **bargeldlos** adj non in contanti

Barhocker m sgabello m

Bariton m baritono m

Barkasse f vaporetto m

Barkauf m acquisto m in contanti

Barkeeper m ⟨-s, -⟩ barista m; **Barmann** m ⟨-[e]s, Barmänner⟩ barista m

barmherzig adj misericordioso; **Barmherzigkeit** f pietà f, misericordia f

Barock n barocco m; **Barockkirche** f chiesa f in stile barocco

Barometer m ⟨-s, -⟩ barometro m

Barren m ⟨-s, -⟩ ⟨1⟩ (SPORT *beim Turnen*) parallele f/pl ⟨2⟩ COMM [*Gold-*] lingotto m

Barriere f ⟨-, -n⟩ ⟨1⟩ ↑ *Schranke* sbarra f ⟨2⟩ FIG ↑ *Hindernis* barriera f

Barrikade f barricata f

barsch adj sgarbato

Barsch m ⟨-[e]s, -e⟩ pesce m persico

Barscheck m assegno m pagabile in contanti

barst impf v. **bersten**

Bart m ⟨-[e]s, Bärte⟩ ⟨1⟩ barba f ⟨2⟩ [*Schlüssel-*] ingegno m della chiave; **bärtig** adj barbuto

Barzahlung f pagamento m in contanti

Basar m ⟨-s, -e⟩ ⟨1⟩ (*orient. Markt*) bazar m ⟨2⟩ [*Wohltätigkeits-*] vendita f di beneficenza

Base f ⟨-, -n⟩ ⟨1⟩ ↑ *Cousine* cugina f ⟨2⟩ CHEM base f

Basilikum n ⟨-s⟩ basilico m

Basis f ⟨-, Basen⟩ ⟨1⟩ ↑ *Grundlage* base f, basamento m ⟨2⟩ MIL base f militare

basisch adj (CHEM *nicht alkalisch*) basico

Basketballspiel n pallacanestro m, basket m

Baß m ⟨-sses, Bässe⟩ basso m

Bassin n ⟨-s, -s⟩ ⟨1⟩ (*künstliches Wasserbecken*) bacino m ⟨2⟩ ↑ *Schwimmbecken* piscina f

basteln vi fare lavori manuali per passatempo

bat impf v. **bitten**

Batterie f ELECTR batteria f

Bau ¹ m ⟨-[e]s⟩ ⟨1⟩ (*von Häusern etc.*) costruzione f; [*-stelle*] cantiere m; ◇ **auf dem ~ arbeiten** lavorare al cantiere ⟨2⟩ ↑ *Gestalt, Struktur* struttura f; [*Körper-*] corporatura f

Bau ² m ⟨-s, -e⟩ ⟨1⟩ [*Tier-*] tana f ⟨2⟩ FIG ↑ *Gefängnis* prigione f; **Bauarbeiten** pl lavori *m/pl* edili; [Straßen-] lavori *m/pl* stradali; **Bauarbeiter(in** *f)* *m* lavoratore(-trice *f)* *m* edile

Bauch *m* ⟨-[e]s, Bäuche⟩ ① ventre *m*, pancia *f*; *FIG* ◇ **auf den Bauch fallen** fallire ② ANAT addome *m*, ventre *m* ③ *FIG* [Schiffs-] interno *m*; **Bauchredner(in** *f)* *m* ventriloquo/a *m*; **Bauchschmerzen** *pl* mal *m* di pancia; **bauen** *vt, vi* ① → *Haus etc.* costruire; TECH edificare ② *FIG* → *Abitur, Unfall* fare ③ ◇ **auf etw/ jd-n** fidarsi di qu

Bauer *m* ⟨-n *o.* -s, -n⟩, **Bäuerin** *f* ① contadino/a *m* ② (kleinste Schachfigur) pedone *m*; **bäuerlich** *adj* rurale, campestre; ◇ **-e Landwirtschaft** cooperativa *f* agricola; **Bauernbrot** *n* pane *m* nero; **Bauernfrühstück** *n* colazione *f* a base di uova e pancetta; **Bauernhaus** *n* casa *f* rurale; **Bauernhof** *m* fattoria *f*

baufällig *adj* pericolante; **Baufirma** *f* impresa *f* di costruzioni edili; **Baugelände** *n* cantiere *m*; **Baugenehmigung** *f* permesso *m* di costruzione; **Baugerüst** *n* impalcatura *f*; **Baugewerbe** *n* edilizia *f*; **Baugrund** *m* terreno *m* fabbricabile; **Bauherr(in** *f)* *m* committente *m/f* della costruzioni; **Bauingenieur(in** *f)* *m* ingegnere *m* civile; **Baukasten** *m* (zum Spielen) costruzioni *f/ pl*; **Bauklotz** *m* (zum Spielen) cubetto *m* per le costruzioni; **Baukosten** *pl* spese *f/pl* di costruzione; **Baukunst** *f* architettura *f*; **Bauland** *n* area *f* edificabile; **baulich** *adj* architettonico

Baum *m* ⟨-[e]s, Bäume⟩ albero *m*; **baumartig** *adj* simile ad un albero; **Baumbestand** *m* patrimonio *m* forestale

baumeln *vi* penzolare, ciondolare

Baumgruppe *f* gruppo *m* d'alberi; **Baumschule** *f* vivaio *m* di piante; **Baumstamm** *m* tronco *m* d'albero; **Baumstumpf** *m* ceppo *m*; **Baumwolle** *f* cotone *m*; **Baumzucht** *f* coltivazione *f* di alberi

Bauplan *m* progetto *m* di costruzione; **Bauplatz** *m* area *f* edificabile

Bausch *m* ⟨-[e]s, Bäusche⟩ [Haar-] ciuffo *m*; [Watte-] batuffolo *m*; **bauschen** *vt* gonfiare

Bausparen *n* risparmio *m* immobiliare; **Bausparkasse** *f* cassa *f* di risparmio per l'edilizia; **Baustein** *m* ① (für Gebäude) mattone *m* ② (für Spiele) cubetto *m* ③ *FIG* ◇ **elektronischer -** componente *m* elettronico; **Baustelle** *f* cantiere *m*; **Baustoff** *m* materiale *m* da costruzione; **Bauträger** *m* ⟨-s, -⟩ committente *m* della costruzione; **Bauunternehmer(in** *f)* *m* (von Gebäuden) imprenditore(-trice *f)* *m* edile; **Bauvorhaben** *n* progetto *m* di costruzione; **Bauweise** *f* sistema *m* di costruzione; **Bauwerk** *n* fabbricato *m*, costruzione *f*; **Bauzaun** *m* recinzione *f* attorno al cantiere

Bayer(in *f)* *m* ⟨-n, -n⟩ bavarese *m/f*; **Bayern** *n* Bavaria *f*; **bayrisch** *adj* bavarese

Bazillus *m* ⟨-, Bazillen⟩ bacillo *m*, germe *m*

beabsichtigen *vt* avere l'intenzione, intendere

beachten *vt* ① → *bemerken* → *Stufe* fare attenzione a ② → *Regeln, Vorschrift* osservare, seguire; → *Vorfahrt* rispettare; **beachtenswert** *adj* degno di nota, notevole; **beachtlich** *adj* ↑ *beträchtlich* considerevole; ↑ *bemerkenswert* degno di nota; **Beachtung** *f* ① (einer Person, Sache) considerazione *f* ② (von Regeln, Ratschlägen) osservanza *f*, rispetto *m*; ◇ **er schenkte der öffentlichen Meinung Beachtung** prestò attenzione all'opinione pubblica

Beamte(r) *m* ⟨-n, -n⟩, **Beamtin** *f* impiegato/a *m*

beängstigend *adj* preoccupante, inquietante

beanspruchen *vt* ① ↑ *fordern, verlangen* rivendicare, esigere ② ↑ *brauchen, benötigen* aver bisogno di ③ (von etw Gebrauch machen) fare uso di *usare* ④ ◇ **er ist zur Zeit sehr beansprucht** al momento è molto impegnato/occupato; **Beanspruchung** *f* ① ↑ *Forderung* pretesa *f*, richiesta *f* ② (von Maschine) sollecitazione *f*

beanstanden *vt* → *Ware, Reparatur* rifiutare; **Beanstandung** *f* reclamo *m*

beantragen *vt* fare domanda di

beantworten *vt* rispondere a; **Beantwortung** *f* (von Fragen) risposta *f* (von a)

bearbeiten *vt* ① in eine bestimmte Form bringen → *Rohstoff, Boden etc.* lavorare; (für bestimmte Zwecke) adattare ② ↑ *prüfen* → *Akte, Fall* sbrigare, occuparsi di; → *Formular* elaborare; PC → *Datei* elaborare; → *Manuskript* rielaborare ③ *FAM* ↑ *überreden versuchen* lavorarsi qu ④ (Person, mit Füßen, Fäusten) picchiare; **Bearbeitung** *f* ↑ *Fertigung* lavorazione *f*; (eines Textes) elaborazione *f*; (eines Theaterstücks) adattamento *m*

Beatmung *f* (künstliche -) respirazione *f* artificiale

beaufsichtigen *vt* sorvegliare, sovrintendere a

beauftragen *vt* ↑ *Auftrag erteilen* incaricare, affidare

bebauen *vt* ① → *Grundstück* fabbricare ② AGR → *Feld* coltivare

beben *vi* ① ← *Erde, Haus etc.* tremare, vibrare ② (vor Angst, Kälte) tremare; **Beben** *n* ⟨-s, -⟩ ① (von Erde, von Haus etc.) vibrazione *f*; ↑ *Erdterremoto m* ② (vor Angst, Kälte) tremore *m* ③ (von Stimme) tremolio *m*

bebildern *vt* → *Buch etc.* illustrare

Becher *m* ⟨-s, -⟩ (ohne Henkel) bicchiere *m*; [Plastik-] bicchiere *m* di plastica; [Eis-] coppa *f* di gelato

Becken n ⟨-s, -⟩ ① ANAT bacino m ②
[*Schwimm-, Plansch-*] piscina f; [*Tauf-*] fonte f
battesimale; [*Wasch-*] lavandino m ③ GEO bacino m ④ MUS piatti *m/pl*

Becquerel n ⟨-, -⟩ (PHYS *Radioaktivität*) becquerel m

bedacht *adj* ↑ *besonnen, überlegt* cauto; ◇ **auf
etw - sein** dare molta importanza a

bedächtig *adj* ① ↑ *überlegt* riflessivo, ponderato ② (*ohne Eile*) cauto

bedanken *vr* ◇ **sich** - ringraziare; ◇ **sich** [*herzlich*] - **für etw** ringraziare [calorosamente] qu per
qc

Bedarf m ⟨-[e]s⟩ [*Tages-*] fabbisogno m; COMM
↑ *Nachfrage* richiesta f; ◇ **bei - wenden Sie sich
bitte an** ... in caso di bisogno si prega di rivolgersi a; ◇ **- an etw** *dat* **haben** avere bisogno di
qc; **Bedarfsartikel** m genere m di prima necessità; **Bedarfsfall** m caso m di bisogno/necessi-
tà; **Bedarfshaltestelle** f fermata f a richiesta

bedauerlich *adj* ↑ *betrüblich, schade* spiacevole, spiacevole; **bedauern** *vt* ① → *Sache, Vorfall etc.* dispiacersi di, rammaricarsi di ②
→ *Person* compiangere, avere compassione di;
◇ **wir - zutiefst, daß** ci dispiace immensamente
che; ◇ **wir nehmen bedauernd zur Kenntnis,
daß** ... è con dispiacere che prendiamo atto di;
Bedauern n ⟨-s⟩ dispiacere m, rincrescimento
m; **bedauernswert** *adj* ▷*Vorfall, Zustand*
deplorevole, spiacevole; ◇ **eine -e Person** una
persona che fa pena

bedecken *vt* coprire; **bedeckt** *adj* ▷*Sache,
Faß, Himmel* coperto

bedenken *unreg vt* ↑ *sich genau überlegen* pensarci su, considerare; **Bedenken** n ⟨-s, -⟩ ①
↑ *Überlegen* riflessione f ② ↑ *Vorbehalt, Zweifel*
dubbio m; **bedenklich** *adj* ① ↑ *Besorgnis erre-
gend* preoccupante ② ↑ *zweifelhaft* dubbio; **Be-
denkzeit** f tempo m per riflettere

bedeuten I. *vt* ↑ *Sinn haben* significare II. *vi*
↑ *Wert haben* avere importanza; ◇ **als Maler
bedeutet er viel** ha molta importanza come pittore; **bedeutend** *adj* ① ▷*Arzt, Künstler* importante, grande ② ▷*Summe, Einfluß* grosso, grande; **Bedeutung** f ① ↑ *Sinn* significato m, senso
m ② ↑ *Tragweite, Wichtigkeit* valore m, importanza f; **bedeutungslos** *adj* insignificante;
Bedeutungsunterschied m differenza f di
significato; **bedeutungsvoll** *adj* ① ↑ *wichtig*
importante, significativo ② ◇ **jd-n - ansehen**
↑ *vielsagend* guardare qu in maniera significati-
va

bedienen I. *vt* ① → *Gäste* servire ② → *Gerät*
manovrare, manipolare II. *vr* ◇ **sich** - ① (*bei*

Tisch) servirsi ② (*einer Sache, Person*) usare
(*gen* qu/qc); ◇ **bedient sein mit** ... averne fin
sopra i capelli di; **Bedienung** f ① (*das Bedienen*) servizio m ② ↑ *Kellner* cameriere/a m;
↑ *Verkäufer* commesso/a m; **Bedienungs-
zuschlag** m sovrapprezzo m per il servizio

bedingen *vt* ① ↑ *voraussetzen* presupporre ②
↑ *bewirken* determinare, causare; **bedingt** *adj*
① ↑ *unter Vorbehalt* con riserva ②
↑ *eingeschränkt* limitato; ◇ **das ist nur - richtig**
questo è vero solo in parte; **Bedingung** f ①
↑ *Forderung* richiesta f, condizione f; ◇ **einer -
zustimmen** accettare una condizione ②
↑ *Voraussetzung* premessa f ③ [*-en, Umstände*]
circostanze *f/pl*; [*Zahlungs-en*] condizioni *f/pl* di
pagamento; ◇ **-en einhalten** stare ai patti *m/pl*;
◇ **-en festlegen** fissare le condizioni; **bedingungslos** *adj* incondizionatamente

bedrängen *vt* ↑ *heftig zureden* assillare, angustiare

bedrohen *vt* minacciare; **bedrohlich** *adj*
▷*Situation* pericoloso; **Bedrohung** f minaccia
f

bedrucken *vt* → *Papier, Stoff* stampare

bedrücken *vt* → *Gewissen* deprimere; **bedrückt** *adj* ↑ *niedergeschlagen* depresso, avvili-
to

bedürfen *vi* → *einer Sache/jd-s* avere bisogno di;
Bedürfnis n ↑ *Verlangen* bisogno m, desiderio
m; **Bedürfnisanstalt** f ↑ *Toilette* gabinetti *m/
pl* pubblici; **bedürftig** *adj* ① ↑ *arm* bisognoso
② (*einer Sache - sein*) aver bisogno (*gen* di)

beeiden *vt* (*durch Eid bekräftigen*) giurare, prestare giuramento

beeilen *vr* ◇ **sich** - sbrigarsi, affrettarsi; ◇ **beeil
dich!** sbrigati!

beeindrucken *vt* impressionare, colpire

beeinflussen *vt* influenzare

beeinträchtigen *vt* ① (*hemmend einwirken*)
pregiudicare, nuocere ② (*in seiner Freiheit*) ostacolare

beenden *vt* ↑ *abschließen* terminare, finire, completare

beengen *vt* (*in Bewegungsfreiheit*) limitare; **Be-
engtheit** f ▷*räumlich* ristrettezza f

beerben *vt* → *Tante* ereditare da, essere l'erede
di

beerdigen *vt* seppellire; **Beerdigung** f funerale m; **Beerdigungsinstitut** n impresa f di
pompe funebri

Beere f ⟨-, -n⟩ [*Erd-*] fragola f; [*Heidel-*] mirtillo
m; [*Johannis-*] ribes m; [*Stachel-*] uva f spina

Beet n ⟨-[e]s, -e⟩ [*Blumen- etc.*] aiuola f

Beete f ⟨-⟩: ◇ **rote -** barbabietola f

befähigen vt ① (ermöglichen, etwas zu tun) dare la possibilità di ② ↑ qualifizieren qualificare; ◇ jd-n -, den Lehrerberuf auszuüben abilitare qu al mestiere d'insegnante; **Befähigung** f ① ↑ Fähigkeit, Fähigsein abilità f ② ↑ Begabung talento m

befahl impf v. **befehlen**

befahrbar adj ▷Strecke, Weg etc. transitabile, viabile; NAUT navigabile; **befahren** I. unreg vt → Straße transitare, percorrere; → Fluß mit Schiff navigare II. adj: ◇ -e Straße strada con molto traffico

befallen unreg vt ← Angst, Trauer ↑ ergreifen, überkommen colpire, cogliere, assalire; ← Krankheit colpire

befangen adj ① ↑ gehemmt impacciato; ↑ verlegen imbarazzato; ↑ ängstlich pauroso ② ▷Zeuge, Richter parziale, prevenuto; **Befangenheit** f imbarazzo m, timidezza f

befassen I. vr ◇ sich - [mit] occuparsi di II. vt: ◇ jd-n - mit ↑ beauftragen incaricare qu di

Befehl m ‹-[e]s, -e› ① ↑ Anordnung, Weisung ordine m, comando m ② PC comando m; **befehlen** ‹befahl, befohlen› I. vt → Erstürmung etc. comandare II. vi ↑ kommandieren comandare, ordinare; ◇ jd-m - etw zu tun ordinare a qu di fare qc; **befehligen** vt → Armee comandare, avere il comando di; **Befehlshaber(in** f) m ‹-s, -› ↑ Heerführer comandante m/f; **Befehlsverweigerung** f (von Soldat) insubordinazione f

befestigen vt ① ↑ festmachen fissare, attaccare (an dat a/su) ② MIL → Stadt, Grenze fortificare; → Deich, Ufer rafforzare; **Befestigung** f ① (das Festmachen) fissaggio m ② [-sanlage, Burg] fortezza f, fortificazione f; [Ufer-] opera f di difesa delle sponde

befeuchten vt → Lappen inumidire; (stärker) bagnare

befinden unreg I. vr ◇ sich - ① ↑ sich aufhalten trovarsi, essere ② ↑ sich fühlen sentirsi ③ ↑ gelegen sein essere situato II. vt: ◇ etw für gut/schlecht - considerare qc buono/cattivo; ◇ den Angeklagten für schuldig - dichiarare l'imputato colpevole III. vi: ◇ über jd-n/sein Schicksal - decidere del destino di qu; **Befinden** n ‹-s› [Wohl-] stato m di salute

beflecken vt macchiare, imbrattare

beflügeln vt FIG → Phantasie mettere le ali

befohlen pp von **befehlen**

befolgen vt → Befehl, Anordnung seguire, osservare; **Befolgung** f osservanza f

befördern vt ① → Fracht, Reisende trasportare ② (zum Direktor etc.) promuovere; **Beförderung** f ① (von Fracht, Reisenden) trasporto m ②

(in eine höhere Position) promozione f; **Beförderungsbedingungen** f/pl condizioni f/pl di trasporto; **Beförderungsmittel** n mezzo m di trasporto

befragen vt interrogare; **Befragung** f [Zeugen-] interrogazione f; [Meinungs-] inchiesta f

befreien vt ① (aus Notlage) liberare, salvare ② (aus Gefängnis) scarcerare ③ (von Angst, Sorge) togliere ④ [von Pflicht -] esonerare; **Befreiung** f① (aus Notlage) liberazione f; (aus Gefängnis) scarcerazione f② ↑ Erlassen esonero m; **Befreiungskrieg** m guerra f di liberazione, guerra f d'indipendenza

befremdend adj: ◇ sein Verhalten ist wahrlich befremdend il suo comportamento è veramente strano

befreunden vr ◇ sich - ① (mit Person) fare/ stringere amicizia ② (mit Sache, Gedanken etc.) familiarizzarsi; **befreundet** adj ▷Volker, Familien amico

befriedigen vt ① ↑ zufriedenstellen accontentare ② → Wünsche, Ansprüche soddisfare, appagare; **befriedigend** adj ① ▷Arbeit, Leistung etc. soddisfacente ② ↑ Note 3 ≈ discreto; **Befriedigung** f soddisfazione f

befristet adj ↑ begrenzt a termine, a scadenza

befruchten vt ① BIO → Zelle fecondare ② FIG ↑ geistig anregen fecondare; **Befruchtung** f① fecondazione f; ▷künstliche - fecondazione f artificiale ② FIG ↑ geistige Anregung impulso m fecondo

Befugnis f (von Behörde) autorizzazione f; **befugt** adj ↑ ermächtigt autorizzato

befühlen vt → Blume, Person toccare, tastare

Befund m ‹-[e]s, -e› MED [ärztliche -] referto/ reperto m medico

befürchten vt → Folgen, Unangenehmes temere; **Befürchtung** f① (von Folgen, Schlechtem) timore m ② ↑ Vorahnung presentimento m

befürworten vt → Antrag, Gesuch sostenere, appoggiare; **Befürworter(in** f) m ‹-s, -› sostenitore(-trice f) m, propugnatore(-trice f) m; **Befürwortung** f appoggio m

begabt adj ▷Schüler etc. dotato, pieno di talento; **Begabung** f talento m, attitudine f

begann impf v. **beginnen**

begeben unreg vr ◇ sich - ① (an einen Ort) recarsi (zu, nach a), andare (zu, nach a/in) ② (in Gefahr) esporsi a; (an Arbeit) mettersi a ③ ↑ passieren succedere, accadere; **Begebenheit** f ↑ Geschehnis, Ereignis fatto m, evento m; ↑ Vorfall episodio m

begegnen I. vi ① ↑ treffen incontrare (jd-m qu) ② → Schwierigkeit ↑ stoßen auf imbattersi in;

→ *Meinung* ↑ *entgegenwirken* affrontare ③ ◇ jd-m/einer *Sache* - ↑ *behandeln* trattare qu/qc ④ ↑ *widerfahren* succedere; ◇ **noch nie ist mir so etwas begegnet** non mi è mai successa una cosa del genere **II.** *vr* ◇ **sich/einander** - ↑ *sich treffen* incontrarsi; **Begegnung** *f* ① ↑ *Treffen* incontro *m* ② SPORT ↑ *Aufeinandertreffen* meeting *m*, incontro *m* sportivo

begehen *unreg vt* ① → *Weg* prendere, imboccare ② → *Verbrechen, Dummheit* commettere ③ → *Fest* festeggiare

begehren *vt* ① → *Frau, Mann* desiderare ② ◇ jd-n zu *sprechen* - ↑ *wünschen* desiderare parlare con qu; **begehrt** *adj* ▷*Produkt* richiesto

begeistern I. *vt* ↑ *in Begeisterung versetzen* entusiasmare, incantare **II.** *vr:* ◇ **sich für etw** - ↑ *schwärmen* entusiasmarsi per qc; ◇ **begeistert sein von** essere entusiasta di; **Begeisterung** *f* entusiasmo *m*

Begierde *f* ‹-, -n› ↑ *Verlangen, Leidenschaft* desiderio *m*, voglia *f*; **begierig** *adj* ↑ *erwartungsvoll* curioso; ▷*Blicke* avido

begießen *unreg vt* ① → *Blumen* annaffiare ② (*mit Alkohol*) festeggiare con una bevuta

Beginn *m* ‹-[e]s› inizio *m;* **beginnen** ‹begann, begonnen› *vt, vi* iniziare, cominciare

beglaubigen *vt* autenticare ② ◇ **ich möchte das Dokument - lassen** desidero far autenticare il documento; **Beglaubigung** *f* autenticazione *f*

begleichen *unreg vt* → *Rechnung, Schuld* saldare

begleiten *vt* ① ↑ *mitgehen* accompagnare; ◇ jd-n zum *Arzt* - accompagnare qu dal dottore; ◇ **zur Bahn** - accompagnare qu alla stazione ② ← *Polizei* scortare ③ (MUS *auf Klavier*) accompagnare ④ → *Erfolg* ↑ *einhergehen* accompagnare; **Begleiter(in** *f*) *m* ‹-s, -› ① ↑ *Freund* accompagnator(-trice *f*) *m* ② (*Polizei*) scorta *f* ③ MUS accompagnante(-trice *f*) *m*; **Begleitmusik** *f* musica *f* d'accompagnamento; **Begleitschreiben** *n* lettera *f* d'accompagnamento; **Begleitung** *f* ① (*Person, Tier*) compagnia *f* ② (*Polizei*) scorta *f* ④ MUS accompagnamento *m*

beglückwünschen *vt* fare gli auguri a (*zu* per)

begnadigen *vt* → *Gefangenen* graziare; **Begnadigung** *f* condono *m*

begnügen *vr* ◇ **sich - mit** ↑ *sich zufriedengeben mit* accontentarsi con

begonnen *pp von* **beginnen**

begraben *unreg vt* ① (*ins Grab legen*) seppellire ② ← *Lawine, Erde* ↑ *zuschütten* seppellire ③ FIG → *Hoffnungen* ↑ *aufgeben* abbandonare; **Begräbnis** *n* funerale *m*

begradigen *vt* → *Straße, Weg* rettificare

begreifen *unreg vt* ① → *Satz etc.* capire, comprendere ② ↑ *nachfühlen* comprendere; **begreiflich** *adj* comprensibile

begrenzen *vt* ① ↑ *abstecken* delimitare ② FIG → *Geschwindigkeit, Wissen* limitare; **Begrenztheit** *f* limitatezza *f*

Begriff *m* ‹-[e]s, -e› ① ↑ *Begriffsinhalt* concetto *m*, idea *f;* ↑ *Bezeichnung, Ausdruck* termine *m* ② ◇ **du machst dir gar keinen -, wie das ist** ↑ *Vorstellung* non hai la minima idea come ci si sente ③ FAM ◇ **schwer/langsam von Begriff sein** ↑ *begriffsstutzig sein* essere duro di comprendonio ④ ◇ **im - sein, etw zu tun** ↑ *sich anschicken* stare per fare qc; **Begriffsvermögen** *n* ↑ *Auffassungsvermögen* comprensione *f*

begründen *vt* ① → *Behauptung, Ansicht etc.* motivare ② → *[Stil-]Richtung, Lehre* creare ③ → *Zeitung, Staat* fondare; **begründet** *adj* ↑ *gut fundiert* fondato; **Begründung** *f* motivazione *f*

begrüßen *vt* ① → *Gäste* dare il benvenuto ② → *Entschluß, Meinung* accogliere con soddisfazione; ◇ **wir alle würden es sehr -, wenn Sie …** saremmo tutti quanti molto contenti se Lei …③ MIL salutare; **begrüßenswert** *adj* ▷*Entschluß* degno di approvazione; **Begrüßung** *f* ① (*von Gästen*) accoglienza *f* ② (*Gruß*) benvenuto *m*

begünstigen *vt* ① → *Freund* favorire, privilegiare ② ↑ *fördern* agevolare; → *Verbrechen* promuovere

begutachten *vt* ① ↑ *Gutachten erstellen* periziare ② → *Freund, Motorrad* esaminare; **Begutachtung** *f* perizia *f*

behaart *adj* ▷*Mensch, Brust* peloso

behäbig *adj* ↑ *schwerfällig* corpulento, lento

behagen *vi* garbare; **Behagen** *n* ‹-s› ↑ *Zufriedenheit* agio *m;* **behaglich** *adj* ▷*Zimmer, Sessel* comodo; ▷*Wärme* accogliente; ◇ **- bei einem Glas Wein sitzen** ↑ *voller Behagen* mettersi a proprio agio per bersi un bicchierino di vino; **Behaglichkeit** *f* comodità *f*

behalten *unreg vt* ① → *Haus* ↑ *zurückhalten* tenere; → *Glanz, Wert* ↑ *erhalten* conservare ② (*in Erinnerung*) tenere; → *Ruhe* mantenere; ◇ **etw für sich** - tenere qc per sé; ◇ **etw/jd-n im Auge** - tener d'occhio qc/qu

Behälter *m* ‹-s, -› (*für Flüssigkeit*) recipiente *m;* ▷*großer* - serbatoio *m*

behandeln *vt* ① → *Patienten* curare ② *auf bestimmte Weise* → *Mensch/Tier* ↑ *umgehen* trattare; → *Gerät* manovrare ③ → *Thema* trattare; **Behandlung** *f* ① (*von Patienten*) assistenza *f;* (*von Wunde mit Salbe*) cura *f* ② (*Umgehen auf best.*

Weise, von Mensch/Tier) trattamento *m; (von Gerät*) maneggio *m*, manovra *f* ③ (*von Thema*) trattamento *m*

beharren *vi* perseverare; ↑ *insistieren* insistere; ◇ **auf seinem Standpunkt** - insistere sul suo punto di vista; **beharrlich** *adj* ① ↑ *geduldig, ausdauernd* perseverante ② ↑ *hartnäckig, verbissen* ostinato; **Beharrlichkeit** *f* perseveranza *f*, insistenza *f*

behaupten I. *vt* ① ↑ *etwas sagen* affermare ② (*an Meinung festhalten*) sostenere la sua opinione; ◇ **steif und fest -, daß ...** sostenere con insistenza che ... ③ MIL → *Festung, Stellung* mantenere **II.** *vr* ◇ **sich - gegen** ↑ *sich durchsetzen* affermarsi; **Behauptung** *f* affermazione *f*

Behausung *f* ↑ *[einfache] Wohnung* abitazione *f; FAM* capanna *f*

beheizen *vt* → *Haus* riscaldare

behelfen *unreg vr* ◇ **sich - mit etw** ↑ *sich weiterhelfen* arrangiarsi; **behelfsmäßig** *adj* ↑ *provisorisch, notdürftig* provvisorio

beherbergen *vt* ↑ *Unterkunft gewähren* alloggiare

beherrschen I. *vt* ① → *Situation* avere sotto controllo; → *Fremdsprache* essere padrone di, → *Wut, Gefühl* controllare ② → *Platz, öffentliche Meinung* dominare ③ → *Volk, Land* governare; ↑ *unterdrücken, bevormunden* opprimere **II.** *vr* ◇ **sich -** ↑ *sich zügeln* dominarsi; **beherrscht** *adj* ↑ *maßvoll, gezügelt* moderato, controllato; **Beherrschung** *f* dominio *m*

beherzigen *vt* → *Rat, Anliegen* rispettare, ascoltare

behilflich *adj*; ◇ **könnten Sie mir bitte - sein** per piacere mi potrebbe aiutare (*bei* con)

behindern *vt* → *Entwicklung, Arbeit, Sicht etc.* ostacolare; ◇ **jd-n - etw zu tun** ↑ *beeinträchtigen* impedire qu di fare qc; **Behinderte(r)** *fm* handicappato/a *m*; **Behinderung** *f* ① (*von Personen, Sachen*) ostacolo *m* ② → *körperliche/geistige* - handicap fisico/psichico *m*

Behörde *f* ‹-, -n› ① [*Finanz-, Schul-*] autorità *f* ② (*einzelne Dienststelle*) ufficio *m*; **behördlich** *adj* ▷*Genehmigung* ufficiale

behüten *vt* → *Haus* ↑ *bewachen* custodire; ◇ **jd-n vor Gefahr** *dat* – ↑ *schützen* proteggere qu dal pericolo; **behutsam** *adj* ↑ *sorgfältig* cauto

bei *präp dat* ① (*örtlich*) presso; ◇ **- uns** ↑ *zuhause* a casa nostra; (*im Herkunftsland*) dalle nostre parti; ◇ **-m Bäcker** dal panettiere; ◇ **- jd m wohnen** abitare presso qu; ◇ **- einer Firma beschäftigt sein** lavorare presso una ditta; ◇ **- sich haben** (*jd-n*) avere con sé ② (*zeitlich*) ◇ **-**

Beginn all'inizio; ◇ **- seiner Rückkehr** al suo ritorno; ↑ *während* durante; ◇ **- Tag/Nacht** di giorno/notte; ◇ **- dieser Gelegenheit** in questa occasione ③; ◇ **- vollem Bewußtsein** a piena coscienza; ◇ **- bester Gesundheit** in ottima salute; ◇ **- 31 Grad im Schatten** a 31 gradi nell'ombra

beibehalten *unreg vt* ↑ *aufrechterhalten* mantenere

Beiboot *n* ↑ *Ersatzboot* scialuppa *f*

beibringen *unreg vt* ① (*Gründe für Behauptung*) fornire ② → *Lesen, Gehorsam* insegnare ③ *FAM* ↑ *mitteilen* informare ④ → **jd-m etw -** → *Verlust, Verletzung* ↑ *zufügen* procurare

Beichte *f* ‹-, -n› confessione *f*; **beichten I.** *vt* ↑ *Beichte ablegen* confessare **II.** *vi* ↑ *zur Beichte gehen* confessarsi; **Beichtgeheimnis** *n* segreto *m* confessionale; **Beichtstuhl** *m* confessionale *m*

beide(s) *adj, pron* ① ◇ **wir -** noi due; ◇ **meine -n Schwestern** le mie due sorelle; ◇ **die ersten -n** ↑ primi due ② ◇ **diese Sätze sind beide richtig** entrambe le frasi sono corrette; ◇ **beides ist möglich** sono possibili tutti e due; **beiderlei** *adj* ‹*inv*›: ◇ **- Geschlechter** di entrambi i sessi; **beiderseitig** *adj* ↑ *gegenseitig* reciproco; JURA ▷*Vertrag* bilaterale; **beiderseits I.** *adv* reciprocamente **II.** *präp gen* da entrambi i lati di

beieinander *adv* ↑ *zusammen* insieme

Beifahrer(in) *f*) *m* passeggero/a *m*; **Beifahrersitz** *m* sedile *m* laterale

Beifall *m* ‹-[e]s› ① ↑ *Zustimmung, Billigung* approvazione *f* ② [*Zuschauer-*] applauso *m*

beifügen *vt* → *Rechnung, Brief* accludere

beige *adj* ‹*inv*› geige

beigeben *unreg vt* **I.** *vt* → *Brief* allegare **II.** *vi* ↑ *nachgeben*: ◇ **klein** - darsi per vinto

Beigeschmack *m* ① ↑ *Nachgeschmack* sapore *m* strano ② FIG ▷*peinlicher* - carattere *m* imbarazzante

Beihilfe *f* ‹-, -n› ① ↑ *Hilfe, Unterstützung* sussidio *m* ② (JURA *strafrechtlich*) complicità *f*

Beil *n* ‹-[e]s, -e› scure *f*

Beilage *f* ① [*Zeitungs-*] supplemento *m* ② GASTRON contorno *m*

beiläufig I. *adj* ▷*Frage* casuale **II.** *adv* fra parentesi

beilegen *vt* ① ↑ *beifügen* accludere, allegare ② → *Differenzen* comporre ③ → *Künstlernamen* assumere

Beileid *n* (*bei Trauerfall*) condoglianze *f*/*pl*; ◇ **ich möchte Ihnen mein herzliches - aussprechen** vorrei porgerle/farle mie più sentite condoglianze

beiliegend *adj* COMM: ◇ **beiliegend finden Sie** qui allegata troverete

beim = **bei dem** ① (*Vorgang*) ◇ - Putzen habe ich meinen Ohrring wiedergefunden pulendo [mentre pulivo] ho ritrovato il mio orecchino ② ◇ jd-n ~ **Wort nehmen** prendere qu sulla/in parola

beimessen *unreg vt* → *Bedeutung* ↑ zukommen lassen attribuire (*dat* a)

Bein *n* ⟨-[e]s, -e⟩ ① (*von Personen*) gamba *f*; (*von Tieren*) zampa *f* ② *von Gerät*, [*Tisch- etc.*] gamba *f*

beinah, **beinahe** *adv* ↑ *fast* quasi

Beinbruch *m* frattura *f* della gamba; ◇ **Hals und -!** in bocca al lupo!

beinhalten *vt* contenere

beipflichten *vi*: ◇ jd-m - ↑ *zustimmen* condividere il parere di qu

beirren *vt* ◇ **laß Dich nicht -!** non farti mettere in imbarazzo!

beisammen *adv* insieme; **Beisammensein** *n* ⟨-s⟩ riunione *f*

Beischlaf *m* ↑ *Koitus* rapporto *m* sessuale

Beisein *n* ⟨-s⟩ presenza *f*

beiseite *adv* ① ↑ *zur Seite* a/da parte ② ◇ jd-n/etw - **schaffen** ↑ *aus dem Weg* togliere di mezzo qu/qc ③ ◇ **etw - legen** ↑ *sparen* mettere da parte un pò di soldi

beisetzen *vt* → *Toten, Urne* seppellire, inumare; **Beisetzung** *f* sepoltura *f*, inumazione *f*

Beispiel *n* ⟨-[e]s, -e⟩ esempio *m*; ◇ [*wie*] **zum -** [come] per esempio; ◇ **ein - geben/nehmen** dare/prendere un esempio; **beispiellos** *adj* senza precedenti, unico; **beispielsweise** *adv* per esempio

beispielsweise *adv* per esempio

beißen I. *vt* mordere; (*in Apfel etc.*) addentare, dare un morso a; (*zer-*) masticare; ← *Insekt* pungere **II.** *vi* ← *Rauch* bruciare **III.** *vr* ◇ **sich -** ← *Farben* stridere; **beißend** *adj* ① ← **in** -er *Hund* un cane che morde ② ▷*Geruch, Rauch* penetrante ③ FIG ▷*Bemerkungen* pungente, mordace; **Beißzange** *f* (*Handwerkszeug*) tenaglie *fipl*

Beistand *m* ① ↑ *Stütze, Hilfe* aiuto *m*, assistenza *f* ② JURA ↑ *Berater* consulente *m/f* legale; **beistehen** *unreg vi*: ◇ jd-m [mit Rat und Tat] - ↑ *helfen* aiutare [moralmente] qu, assistere qu

beisteuern *vt* ① ↑ *Beitrag leisten* contribuire (*zu* a) ② FAM → *Geld* sganciare

Beitrag *m* ⟨-[e]s, Beiträge⟩ ① (*persönliche Leistung*) contributo *m*; ◇ **e-n entscheidenden - zu etw leisten** dare un contributo decisivo a qc ② (*finanzieller -*) contributo *m* finanziario; [*Versi-*

cherungs-] premio *m*; [*Mitglieds-*] quota *f*; ◇ **der monatliche - beträgt DM 111,--** la quota mensile ammonta a 111 marchi ③ [*Zeitungs-*] articolo *m*; **beitragen** *unreg vt* ▷*zum Lebensunterhalt* contribuire (*zu* a); **Beitragsbemessung** *f* calcolo *m* dei contributi; **Beitragszahlende(r)** *fm* contribuente *m/f*

beitreten *unreg vi* ↑ *Mitglied werden* (*e-m Verein*) diventare membro/socio (*dat* di); (*e-m Bündnis*) aderire (*dat* a); **Beitritt** *m* ⟨-s, -e⟩ adesione *f*, ingresso *m*

Beiwagen *m* (*von Motorrad*) sidecar *m*

Beiwerk *n* ▷*schmückend* accessorio *m*

beiwohnen *vi* ① → *Vortrag* partecipare a ② → *Frau* avere un rapporto sessuale con

Beize *f* ⟨-, -n⟩ ① [*Holz-*] vernice *f*; [*Leder-, Tabak-*] concia *f*; [*Saat-*] disinfettante *m* ② GASTRON [*Fleisch-*] marinata *f*

beizeiten *adv* in tempo

beizen *vt* → *Holz* tinteggiare; → *Lebensmittel* macerare

bejahen *vt* ① → *Frage* rispondere affermativamente a ② → *Handlungsweise* approvare; → *Leben* accettare

bekämpfen I. *vt* → *Gegner, Seuche* combattere contro, lottare contro/per **II.** *vr* ◇ **sich -** ↑ *gegeneinander ankämpfen* combattersi; **Bekämpfung** *f* lotta *f* (*gen* per/contro)

bekannt *adj* ① (*Allgemeinwissen*) conosciuto; ↑ *berühmt* famoso, celebre; ↑ *erkannt* riconosciuto; ↑ *nicht fremd* noto ② ◇ jd-n mit jd-m **machen** (*vorstellen*) presentare qu a qu; ◇ jd-n **mit e-r Sache - machen** iniziare qu a qc; ◇ [mit] jd-m - **sein** essere un conoscente di qu; ◇ [mit] e-r Sache - **sein** avere pratica di; ◇ **es kommt mir - vor** la cosa non mi è nuova; ◇ **er ist mir -** lo conosco; ◇ **dies ist mir -** questo lo so; **Bekannte(r)** *fm* conoscente *m/f*; **Bekanntenkreis** *m* cerchia *f* di conoscenti, conoscenze *fipl*; **bekanntgeben** *unreg vt* → *Vorschrift* comunicare; → *Neuigkeiten* rendere noto; → *Vermählung* annunciare; **bekanntlich** *adv* notoriamente, come tutti sanno; **bekanntmachen** *vt* comunicare; ◇ **überall -, daß ...** rendere noto dappertutto che; **Bekanntmachung** *f* ① (*öffentliche* -) pubblicazione *f*; (*Nachricht*) avviso *m*, comunicato *m* ② (*von Gesetz*) divulgazione *f*; **Bekanntschaft** *f* **I.** (*nur Singular*) ◇ jd-s - **machen** fare conoscenza di qu **II.** (*auch Plural*) ↑ *Freundeskreis* cerchia *f* di conoscenti; ◇ **e-e meiner -en** uno dei miei conoscenti; **bekanntwerden** *vi* (*öffentlich werden*) diventare noto

bekehren I. *vt* → *Person* convertire; ◇ jd-n zu **etw -** (*Glauben, Meinung etc.*) convertire qu a qc

II. *vr* ◇ **sich - zu** convertirsi a qc; *(sich bessern)* migliorare; **Bekehrung** *f* conversione *f*

bekennen *unreg* **I.** *vt* → *Schuld* ammettere; → *Sünden* confessare; → *Straftat* riconoscere **II.** *vr* ◇ **sich - ①** *(als Sünder)* dichiararsi **②** *(zu e-m Glauben)* professare **③** *(zu jd-m/e-r Sache)* sostenere; **Bekennerbrief** *m* *(von Terroristen)* lettera *f* che rivendica un attentato; **Bekenntnis** *n* **①** ↑ *Beichte, Eingeständnis* confessione *f* **②** *(zu etw)* riconoscimento *m*

beklagen **I.** *vt:* ◇ **den Tod e-s Freundes beklagen** piangere per la morte di un amico **II.** *vr* ◇ **sich - über** lamentarsi di; **beklagenswert** *adj* deplorevole

bekleiden *vt* **①** → *Baby* vestire **②** → *Amt, Posten* ricoprire, occupare; **Bekleidung** *f* *(Kleidung)* abbigliamento *m*, vestiti *m/pl*; **Bekleidungsindustrie** industria *f* d'abbigliamento

beklemmend *adj* >*Gefühl* angosciante, opprimente; **beklommen** *adj* ↑ *ängstlich* pauroso; ↑ *unsicher* insicuro; ↑ *bedrückt* oppresso, angosciato

bekloppt *adj* FAM ↑ *blöd* fuso, stupido

bekommen *unreg* **I.** *vt* **①** ricevere; → *Kind* avere; → *Krankheit* prendere **②** → *Zug* riuscire a prendere **II.** *vi* **①** ◇ **jd-m** - ↑ *guttun* fare bene a qu **②** ◇ **ich bekomme es nicht fertig, Dir weh zu tun** non riesco a farti del male; **bekömmlich** *adj* >*Suppe, Kost* digeribile

bekräftigen *vt* confermare, convalidare; *(bestärken)* rafforzare

bekreuzen, bekreuzigen *vr* ◇ **sich** - farsi il segno della croce

bekriegen *vt* → *Volk, Gegner* fare la guerra a

bekümmern *vt* preoccupare

belächeln *vt* → *Verhalten, komische Figur* sorridere di

beladen *unreg vt* → *Fahrzeug* caricare

Belag *m* <-[e]s, Beläge> **①** strato *m* **②** *[Brot-, Wurst- etc.]* companatico *m* **③** *[Zahn-]* placca *f*; *(auf Zunge)* patina *f* **④** *[Brems-]* guarnizione *f* del freno; *[Straßen-]* rivestimento *m* stradale

belagern *vt* **①** → *Burg, Stadt* assediare **②** FIG → *Hotel, Star* assediare; **Belagerung** *f* assedio *m*

Belang *m* <-[e]s, -e> **①** importanza *f*, significato *m*; ◇ **das ist ohne** - *(significato)* non ha significato/ importanza **②** ◇ **-e** *pl* ↑ *Interessen* interessi *m/pl*; **belanglos** *adj* ↑ *unwichtig* irrilevante, senza importanza; **Belanglosigkeit** *f* irrilevanza *f*

belassen *unreg vt* **①** ↑ *unverändert lassen* lasciare le cose così come stanno **②** ↑ *sich begnügen* ◇ **- wir es dabei!** lasciamo perdere!

belasten **I.** *vt* **①** caricare; FIG ↑ *beanspruchen*

→ *Organ, Gesundheit* gravare; FIG ↑ *bedrücken* opprimere **②** COMM → *Konto* addebitare **③** *(JURA durch Aussage)* accusare, deporre a carico di **II.** *vr* ◇ **sich - ①** *(mit Sorgen)* preoccuparsi **②** *(JURA durch Aussage)* incriminarsi

belästigen *vt* **①** *(mit Fragen)* importunare, seccare; *(mit Lärm)* disturbare, infastidire **②** ↑ *zudringlich werden* importunare, diventare invadente; **Belästigung** *f* **①** *(mit Fragen)* disturbo *m* **②** ↑ *Zudringlichkeit* invadenza *f*

Belastung *f* **①** peso *m*, carico *m*; FIG ↑ *Sorge etc.* peso *m* **②** COMM addebito *m* **③** *(JURA durch Aussage)* imputazione *f*; **Belastungszeuge** *m*, **Belastungszeugin** *f* teste *m/f* d'accusa

belaufen *unreg vr* ◇ **sich** - ↑ *betragen* ammontare *(auf akk a)*

belauschen *vt* → *Person, Gespräch* ascoltare di nascosto, origliare

beleben **I.** *vt* ↑ *lebhafter machen* animare; → *Wirtschaft* avviare **II.** *vr* ◇ **sich** - ← *Straße, Platz* popolarsi, animarsi; **belebt** *adj* >*Straße* popolato

Beleg *m* <-[e]s, -e> **①** ↑ *Beweis* prova *f* **②** COMM ↑ *Quittung* ricevuta *f* **③** *(in Texten)* esempio *m*; **belegen** *vt* **①** ↑ *mit Belag versehen* ricoprire; → *Brötchen* imbottire; ◇ **belegte Zunge** lingua *f* patinosa **②** → *Ort, Telefonleitung* occupare; → *Seminar, Kurs* frequentare **③** → *Ausgaben* documentare; → *Behauptung* dimostrare **④** ◇ **jd-n mit e-m Bußgeld** - infliggere una multa a qu

Belegschaft *f* dipendenti *m/pl*

belehren *vt* **①** → *Soldat* istruire; ◇ **jd-n - über etw** spiegare qc a qu **②** ◇ **diese Erfahrung belehrte uns e-s Besseren** ↑ *aufklären* questa esperienza ci ha aperto gli occhi

beleibt *adj* corpulento

beleidigen *vt* ↑ *kränken* offendere; **Beleidigung** *f* offesa *f*; JURA ↑ *Verleumdung* diffamazione *f*

belesen *adj* colto

beleuchten *vt* **①** → *Straße, Schaufenster* illuminare **②** FIG → *Text, Argument* esaminare; ◇ **e-e Situation von allen Seiten** - esaminare una situazione nei minimi particolari; **Beleuchtung** *f* *(von Schloß, Bühne etc.)* illuminazione *f*

Belgien *n* Belgio *m*; **Belgier(in** *f)* *m* <-s, -> belga *m/f*; **belgisch** *adj* belga

belichten *vt* → *Film, Foto* esporre; **Belichtung** *f* esposizione *f*

Belieben *n:* ◇ **nach eigenem - handeln** agire a propria discrezione *f*; ◇ **[ganz] nach deinem** - come vuoi tu; **beliebig** *adj* qualsiasi, qualunque; ◇ **an e-m -en Ort** in un posto qualsiasi/ qualunque

beliebt *adj* ▷*Lehrer* benvoluto; ▷*Buch* richiesto; ▷*Ort* preferito; ◇ **er versuchte sich bei uns - zu machen** cercò di farsi benvolere da noi; **Beliebtheit** *f* popolarità *f*

beliefern *vt* fornire, rifornire

bellen *vi* ← *Hund* abbaiare

belohnen *vt* (*für Bemühungen, mit Geld*) premiare, ricompensare; **Belohnung** *f* ricompensa *f*

belüften *vt* ventilare, aerare

belügen *unreg vt* ↑ *anlügen* mentire a, dire bugie a

bemächtigen *vr* ◇ **sich** - impadronirsi di, impossessarsi di

bemalen *vt* → *Haus, Block* dipingere

bemängeln *vt* → *Fehler, Fahrzeug* criticare

bemerkbar *adj* ↑ *erkennbar* percettibile; ◇ **sich - machen** farsi notare; **bemerken** *vt* ① ↑ *wahrnehmen* osservare, notare ② ↑ *äußern* osservare, dire; **bemerkenswert** *adj* ↑ *beachtlich* degno di nota; **Bemerkung** *f* ① ↑ *Äußerung* osservazione *f* ② (*am Textrand*) annotazione *f*, nota *f*

bemitleiden *vt* avere compassione di; ◇ **ich bemitleide ihn** mi fa pena

bemühen I. *vt:* ◇ **darf ich Sie nochmals -?** posso incomodarla un'altra volta? **II.** *vr* ◇ **sich** - ↑ *sich anstrengen* sforzarsi; ◇ **bitte - Sie sich um die Karten** la prego di darsi da fare per i biglietti; **Bemühung** *f* ↑ *Anstrengung* sforzo *m* (*um per*)

benachbart *adj* vicino, adiacente

benachrichtigen *vt* informare, avvisare (*von di*); **Benachrichtigung** *f* avviso *m*

benachteiligen *vt* ↑ *diskriminieren* discriminare; **benachteiligt** *adj* svantaggiato

benehmen *unreg vr* ◇ **sich** - comportarsi; ◇ **und benimm Dich!** mi raccomando !; **Benehmen** *n* ⟨-s⟩ ↑ *Verhalten* comportamento *m*, condotta *f;* ◇ **gutes** - buone maniere *f/pl*

beneiden *vt* invidiare (*um per*)

Beneluxländer *pl* Benelux *m*, paesi *m/pl* del Benelux

benennen *unreg vt* designare, dare un nome a

benommen *adj* intontito, stordito

benötigen *vt* avere bisogno di; ◇ **ich benötige dies so bald wie möglich** mi serve il più presto possibile

benutzen, benützen (*süddt., ÖST*) *vt* ① ↑ *gebrauchen* usare, adoperare ② ↑ *ausnutzen* approfittare, usare; **Benutzer(in** *f*) *m* ⟨-s, -⟩ utente *m/f;* (*Verbraucher*) consumatore(-trice *f*) *m;* **benutzerfreundlich** *adj* facile da usare; **Benutzeroberfläche** *f* PC interfaccia *f* uten-

te/sistema; **Benutzung** *f* (*von Räumen*) uso, m; (*von Werkzeug*) impiego *m*

Benzin *n* ⟨-s, -e⟩ AUTO benzina *f;* ◇ **bleifreies/bleihaltiges** - benzina senza/con piombo; **Benzinkanister** *m* canistro *m* per la benzina; **Benzinpumpe** *f* pompa *f* della benzina; **Benzintank** *m* serbatoio *m* della benzina; **Benzinuhr** *f* indicatore *m* del livello della benzina

beobachten *vt* ① osservare, guardare attentamente ② ◇ **etw an jd-m** - ↑ *feststellen* notare qc in qu; **Beobachter(in** *f*) *m* ⟨-s, -⟩ osservatore (-trice *f*) *m;* ↑ *Zeuge* testimone *m/f;* **Beobachtung** *f* osservazione *f*

bepacken *vt* → *Tier, Mensch, Laster* caricare

bepflanzen *vt* piantare, coltivare

bequem *adj* ① ▷*Stuhl, Kleidung* comodo; ◇ **machen Sie es sich bitte -!** prego, si accomodi! ② ▷*Antwort* semplice ③ ↑ *träge* comodo, pigro; **Bequemlichkeit** *f* ① ↑ *Behaglichkeit* comodità *f* ② ↑ *Trägheit* pigrizia *f*

beraten *unreg* **I.** *vt* → *Kunden* consigliare; ↑ *besprechen* discutere su **II.** *vr:* ◇ **sich - lassen** [**über etw**] farsi consigliare su/riguardo a qc; ◇ **sich - [über etw]** ↑ *sich besprechen* consultarsi [su qc]; **Berater(in** *f*) *m* ⟨-s, -⟩ consulente *m/f;* **Beratung** *f* ① ↑ *Beraten* consultazione *f* ② ↑ *Besprechung* discussione *f*, dibattito *m;* **Beratungsstelle** *f* consultorio *m;* JURA ufficio *f* di consulenza

berauben *vt* derubare (*gen* qc)

berauschen I. *vt* ↑ *betrunken machen* ubriacare **II.** *vr* ◇ **sich** - ① ↑ *sich betrinken* ubriacarsi ② (MUS, THEAT *an Aufführung*) entusiasmarsi, esaltarsi

berechenbar *adj* calcolabile, valutabile; **berechnen** *vt* ① → *Kosten, Bauzeit* calcolare ② COMM ◇ **für die Mahnung - wir Ihnen …** → *in Rechnung stellen* per le sollecitazioni le mettiamo in conto …; **berechnend** *adj* ↑ *auf Vorteil aus* calcolatore; **Berechnung** *f* ① ↑ *Ausrechnen* calcolazione *f* ② ↑ *[Ein]schätzung* valutazione *f* ③ COMM fatturazione *f*, messa *f* in conto

berechtigen I. *vt* ↑ *bevollmächtigen* autorizzare **II.** *vi* ↑ *das Recht haben;* ◇ **zu etwas berechtigt sein** avere il diritto di; **berechtigt** *adj* ① ▷*Ansprüche* giustificato, legittimo ② ▷*Vorwurf* fondato ③ ↑ *bevollmächtigt* autorizzato; **Berechtigung** *f* ① ↑ *Bevollmächtigung* autorizzazione *f* ② ↑ *Rechtsanspruch* diritto *m*

bereden *vt* ↑ *besprechen* discutere

Bereich *m* ⟨-[e]s, -e⟩ ① [*Stadt-*] cerchia *f*, zona *f* ② (*Ressort*) campo *m;* ◇ **Es ist nicht ihr Zu-**

ständigkeitsbereich non è di sua competenza ③ PHYS [*Wellen-*] gamma *f*

bereichern I. *vt → Sammlung* arricchire, allargare II. *vr*: ◇ **sich auf Kosten Dritter** - arricchirsi a spese dei terzi; **Bereicherung** *f* arricchimento *m*

Bereifung pneumatici *m/pl*

bereinigen *vt → Streit* sistemare, regolare

bereit *adj* pronto, preparato; ◇ **für/zu etw ~ sein** essere pronto/preparato per qc; ◇ **er erklärte sich** [*o. fand sich*] - **zu helfen** si dichiarò disponibile a aiutare

bereiten *vt* ① † *Essen* preparare ② → *Freude, Sorgen* procurare, dare

bereithalten *unreg vt → Geld, Werkzeug* tener pronto; **bereitlegen** *vt → Werkzeug* preparare

bereits *adv* già

Bereitschaft *f* ① † *das Bereitsein* disponibilità *f* ② MED *etc*. [*Einsatz-* † *Bereitschaftsdienst* turno *m*; ◇ ~ **haben, in** - **sein** essere di turno; **Bereitschaftsarzt** *m* medico *m* di guardia/turno

bereuen *vt* ① † *Reue empfinden* pentirsi di ② ◇ **seine Handlungsweise hat er sehr bereut** † *sehr bedauern* gli è dispiaciuto molto del suo comportamento

Berg *m* ‹-[e]s, -e› montagna *f*, monte *m*; (*FIG von Akten*) montagna *f*; ◇ **über alle Berge sein** essere scappato in capo al mondo; **bergab** *adv* in giù, in discesa; ◇ **mit der Firma geht es** - nella ditta sta andando a tutto a rotoli; **Bergarbeiter** *m* minatore *m*; **bergauf** *adv* in sù, in salita; ◇ **mit ihm geht es** - sta migliorando; **Bergbahn** *f* funivia *f*; **Bergbau** *m* industria *f* mineraria; **Bergbewohner(in** *f)* *m* montanaro/a *m*

bergen ‹barg, geborgen› *vt* ① → *Verschüttete* recuperare, portare in salvo ② † *verstecken* nascondere; → *Risiken* † *beinhalten* comportare

Bergführer(in *f)* *m* guida *f* alpina; **Berggipfel** *m* cima *f*; **Berghütte** *f* baita *f*, rifugio *m*; **bergig** *adj* ▷*Landschaft* montuoso; **Bergkette** *f* catena *f* montuosa; **Bergkristall** *m* cristallo *m* di rocca; **Bergmann** *m* ‹-s, Bergleute› minatore *m*; **Bergrutsch** *m* frana *f*; **Bergschuh** *m* scarponi *m/pl* da montagna; **Bergsteigen** *n* alpinismo *m*; **Bergsteiger(in** *f)* *m* ‹-s, -› scalatore (-trice *f)* *m*, alpinista *m/f*

Bergung *f* salvataggio *m*, recupero *m*

Bergwacht *f* ‹-, -en› soccorso *m* alpino; **Bergwerk** *n* miniera *f*

Bericht *m* ‹-[e]s, -e› relazione *f*, rapporto *m* (*über/von* su/di); (*in Zeitung*) articolo *m*; (*in Fernsehen*) cronaca *f*; **berichten** *vt* riferire, raccontare; ◇ **jd-m etw** [*o. über/von e-r Sache*] -

raccontare qc a qu, raccontare di qc; **Berichterstatter(in** *f)* *m* ‹-s, -› † *Korrespondent* corrispondente *m/f*; **Berichterstattung** *f* resoconto *m*; (*für Zeitung*) corrispondenza *f*; (*im Fernsehen*) cronaca *f*

berichtigen *vt* correggere

beritten *adj* ▷*Militär* a cavallo

Bernhardiner *m* [*cane*] San Bernardo *m*

Bermudas *pl* ① (*Inseln*) Bermude *f/pl* ② (*Hose*) bermuda *f/pl*

Bernstein *m* ambra *f*

bersten ‹barst, geborsten› *vi* spaccarsi; ◇ **das Lokal ist bis zum Bersten voll** il locale è pieno zeppo

berüchtigt *adj* ▷*Lokal* malfamato; ▷*Spieler* noto [*per azioni negative*]

berücksichtigen *vt → Person, Antwort* prendere in considerazione

Beruf *m* ‹-[e]s, -e› professione *f*; [*Handwerks-*] mestiere *m*; ◇ **freie -e** (*Steuerberater, Ärzte etc.*) professioni *f/pl* libere; ◇ **was sind Sie von** ? qual è la Sua professione?

berufen *unreg* I. *vt* nominare; ◇ **er wurde als Professor** - fu nominato professore II. *vr* ◇ **sich** - † *beziehen* richiamarsi (*auf akk* a) III. *adj* (*fähig*) sente una vocazione; ◇ **er fühlte sich hierzu nicht** - non competente; ◇ **er fühlte sich hierzu nicht** - non sente una vocazione per questo

beruflich *adj* professionale; **Berufsausbildung** *f* formazione *f* professionale; **Berufsberater(in** *f)* *m* consulente *m/f* del lavoro; **Berufsberatung** *f* orientamento *m* professionale; **Berufsgeheimnis** *n* segreto *m* professionale; **Berufskrankheit** *f* malattia *f* professionale; **Berufsleben** *n* mondo *m* del lavoro; **Berufsschule** *f* scuola *f* professionale; **Berufssportler(in** *f)* *m/f*; **berufstätig** *adj* attivo; **Berufsverkehr** *m* traffico *m* delle ore di punta; **Berufswahl** *f* scelta *f* professionale

Berufung *f* ① (*in Amt*) nomina *f* ② (*zu e-r Tätigkeit*) vocazione *f* ③ JURA † *Einspruch* appello *m*; ◇ **in die** - **gehen** interporre appello in ④ ◇ **unter** - **auf seine Schweigepflicht ...** riferendosi al segreto professionale

beruhen *vi* basarsi; ◇ **der Bericht beruht auf Tatsachen** l'articolo si fonda su eventi reali; ◇ **die Arbeit auf sich** - **lassen** lasciare correre qc

beruhigen I. *vt → Baby* calmare II. *vr* ◇ **sich** - ① † *ruhiger werden* calmarsi ② ← *Situation* normalizzarsi; **Beruhigung** *f* ① acquietamento *m* ② ◇ **zu deiner** - **kann ich sagen, daß ...** † *Beruhigtsein* per tua tranquillità *f* posso dire che ; **Beruhigungsmittel** *n* tranquillante *m*; **Beruhigungsspritze** *f* iniezione *f* tranquillante

berühmt adj famoso; **Berühmtheit** f ① fama f ② ↑ Persönlichkeit celebrità f

berühren I. vt ① → Person, Sache toccare ② → Thema accennare a ③ ← Krankheit, Schicksal commuovere II. vr ◇ sich [gegenseitig] - ① toccarsi ② MATH coincidere; **Berührung** f auch FIG contatto m; **Berührungspunkt** m punto m di contatto; FIG ↑ gemeinsames Interesse punto m in comune

besagen vi ① (zum Ausdruck bringen) significare ② ◇ was besagt das schon? e che cosa vuol dire questo?; **besagt** adj ▷Zeuge, Tat etc. suddetto

besänftigen vt → Zorn, Nerven placare

Besatz m ⟨-es, Besätze⟩ ① ↑ Einfassung, Borte guarnizione f; [Kleider-] gallone m ② (Füllen bei Bauwerk) riempimento m

Besatzer m ⟨-s, -⟩ ↑ -soldat occupante m; **Besatzung** f ① ↑ Mannschaft equipaggio m ② ↑ -struppen truppe f/pl di occupazione; **Besatzungsmacht** f potenza f occupante

besaufen unreg vr ◇ sich [voll und ganz] - FAM ubriacarsi

beschädigen vt danneggiare; **Beschädigung** f ① ↑ das Beschädigen danneggiamento m ② ↑ das Beschädigte danno m

beschaffen I. vt → Geld procurare II. adj ▷Mensch, Haus tale; ◇ etw ist gut/schlecht - qc è in buone/cattive condizioni; **Beschaffenheit** f natura f; **Beschaffung** f procuro m

beschäftigen I. vt ① → Kind occupare ② ↑ anstellen dare lavoro a, occupare II. vi: ◇ beschäftigt sein (mit Gedanken) essere impegnato III. vr ◇ sich - ↑ betätigen darsi da fare; ◇ sich mit etw/jd-m - ↑ sich befassen occuparsi di qc/qu; **beschäftigt** adj occupato; (in Firma) impiegato; **Beschäftigung** f ① [Freizeit-] attività f; (im Beruf) lavoro m ② (geistige -) attività f; (mit Thema) occupazione f

beschämen vt ↑ erniedrigen svergognare; ↑ verlegen machen mettere in imbarazzo; **beschämend** adj ▷Verhalten, Auftritt umiliante; **beschämt** adj vergognoso; **Beschämung** f ① umiliazione f ② ↑ Scham vergogna f

beschatten vt ① (Schatten geben) ombreggiare ② → Verbrecher pedinare

beschaulich adj: ◇ ein -es Leben führen ↑ idyllisch menare una vita tranquilla

Bescheid m ⟨-[e]s, -e⟩ ① ↑ Nachricht informazione f; ◇ ich weiß darüber - sono al corrente; ◇ ich weiß - über das Konto sono informato sul conto; ◇ jd-m - sagen informare qu ② ↑ amtliche Mitteilung risposta f; [Steuer-] cartella f delle imposte

bescheiden adj ① ▷Mensch, Verhältnisse modesto; ▷Gehalt discreto ② ↑ zurückhaltend riservato; **Bescheidenheit** f modestia f; ↑ Zurückhaltung riservatezza f

bescheinigen vt ① → Geldempfang confermare ② → gute Arbeit, Verlust attestare; **Bescheinigung** f ① ↑ das Bescheinigen attestamento m ② ↑ Urkunde, Ausweis etc. certificato m; [Empfangs-] Quittung ricevuta f

bescheißen unreg vt FAM ↑ betrügen imbrogliare, fregare

beschenken vt donare; ◇ jd-n mit etw - regalare qc a qu

bescheren vt ① ◇ jd-n - distribuire i doni natalizi; ◇ jd-m e-e Sache - procurare una cosa a qu ② ◇ der Sommer beschert uns viel Sonne FIG ↑ bringen l'estate ci porta molto sole; **Bescherung** f ① (am Weihnachtsabend) distribuzione f dei regali natalizi ② FAM ◇ das ist vielleicht e-e schöne -! è un bel pasticcio m !

bescheuert adj ↑ blöd stupido

beschießen vt → Stadt, Einwohner sparare su

beschildern vt → Straße munire di segnali

beschimpfen vt ↑ schelten insultare; **Beschimpfung** f ingiuria f

Beschiß m ⟨-sses⟩ ◇ das ist [ja] -! FAM ↑ Betrug è un imbroglio m!

Beschlag m ⟨-s, Beschläge⟩ ① [Tür-, Fenster-] bandella f ② ↑ Hufeisen ferro m di cavallo ③ (auf Glas) appannamento m; (auf Metall) patina f ④ ◇ in - nehmen ↑ beanspruchen impegnare; **beschlagen** unreg I. vt ↑ Beschlag anbringen guarnire; → Pferd ferrare II. vi → Metall macchiarsi; ← Fenster appannarsi III. vr ◇ sich - ← Glas etc. appannarsi IV. adj: ◇ er ist in/auf diesem Gebiet sehr - è molto versato in questo campo

Beschlagnahme f JURA ↑ Zwangsverwaltung sequestro m; **beschlagnahmen** vt → Akten, Waren, Pass sequestrare

beschleunigen vt → Entwicklung, Puls accelerare; **Beschleunigung** f accelerazione f

beschließen unreg vt ① → Arbeit ↑ beenden concludere, terminare ② ↑ Beschluß fassen decidere; ↑ Satzung deliberare; **Beschluß** m decisione f; [Kabinetts-] risoluzione f; **Beschlußfähigkeit** f (von Vorstand) capacità f di deliberare

beschmieren vt ① ▷ Brot mit Butter - spalmare il burro sul pane ② → Kleid insudiciare; → Tafel scarabocchiare

beschmutzen vt ① → Kleider sporcare ② FAM → Ruf macchiare

beschneiden unreg vt ① → Papier tagliare; → Zweige potare ② REL, MED → Vorhaut circoncidere ③ FIG → Befugnisse ridurre

beschönigen vt → *Fehler* abbellire; **beschönigend** adj attenuante; ◇ -er Ausdruck eufemismo m

beschränken I. vt → *Rechte, Bedeutung* limitare (*auf akk* a) II. vr ◇ **sich** - ↑ *sich bescheiden* limitarsi

beschrankt adj ▷*Bahnübergang* con sbarre

beschränkt adj ① ▷*Verhältnisse, Situation* limitato, ristretto ② ↑ *stumpfsinnig, einfältig* ristretto, semplice; **Beschränktheit** f ↑ *Dummheit* ristrettezza f; **Beschränkung** f ↑ *Einengung* limitazione f

beschreiben unreg vt ①→ *Blatt Papier* riempire [scrivendo] ② ↑ *schildern* descrivere; **Beschreibung** f ① ↑ *Darstellung* descrizione f ② ↑ *Gebrauchsanweisung* istruzioni f/pl [di servizio]

beschriften vt → *Papier* intitolare; → *Grabstein* munire di dicitura; → *Diskette* contrassegnare; → *Umschlag* munire di indirizzo

beschuldigen vt accusare, incolpare; ◇ jd-n [wegen] e-r Sache - accusare qu di una cosa; **Beschuldigung** f accusa f

beschummeln vt (FAM *beim Spiel*) fregare

beschützen vt proteggere (*vor dat* da); **Beschützer(in)** f m ⟨-s, -⟩ protettore(-trice f) m

Beschwerde f ⟨-, -n⟩ ① ↑ *Beanstandung* reclamo m; ↑ *Klage* lagnanza f ② ◇ -n pl [*Körper-*] incomodi m/pl; (*stärker*) fatiche f/pl; **beschweren** I. vt ↑ *belasten* caricare II. vr ◇ **sich** - ↑ *beanstanden* lamentarsi (*über akk* di con)

beschwerlich adj ↑ *anstrengend* faticoso

beschwichtigen vt → *Situation, Baby* calmare; → *Bedenken* placare

beschwindeln vt (FAM) ① ↑ *lügen* dire delle bugie ② ↑ *reinlegen, betrügen* imbrogliare

beschwipst adj brillo

beschwören unreg vt ① ↑ *beeiden* giurare ② → *Geister* chiamare; (*bannen*) esorcizzare ③ ↑ *sehr bitten* implorare

beseitigen vt ① ↑ *wegbringen* → *Müll, Abfall* rimuovere; → *Spuren* ↑ *vertuschen* eliminare; → *Zweifel* ↑ *ausräumen* dissipare ② ↑ *umbringen* far fuori; **Beseitigung** f ① (*von Müll*) rimozione f; (*von Spuren*) eliminazione f ② ↑ *Töten* eliminazione f

Besen m ⟨-s, -⟩ ① [*Kehr-*] scopa f ② FAM ↑ *unfreundliche Frau* donna f scontrosa; **Besenstiel** m manico m di scopo

besessen adj ① (*von Idee*) ossesso, dominato ② (REL *von Geistern*) ossesso, indemoniato

besetzen vt ① → *Land* occupare ② → *Tisch, Taxi* occupare; ◇ **die Leitung ist besetzt** la linea è occupato ③ (*mit Schmuck*) guarnire ④

→ *Arbeitsstelle* affidare (*mit* a); THEAT → *Rolle* assegnare (*mit* a); **Besetzung** f ① ↑ *Eroberung* occupazione f ② (*von Tisch, Taxi*) occupazione f ③ (*mit Schmuck*) guarnizione f ④ (*von Arbeitsstelle*) occupazione f; (THEAT *von Rolle*) distribuzione f delle parti; (*Ensemble*) interpreti m/pl; **Besetztzeichen** n TELEC segnale m di occupato

besichtigen vt ① → *Schloß, Räume* visitare ② → *Waren, Truppen* ispezionare; **Besichtigung** f ① (*von Sehenswürdigkeiten*) visita f ② (*von Waren, Truppen*) ispezione f

besiegen vt ↑ *schlagen* vincere; → *Volk* sconfiggere; **Besiegte(r)** f m ↑ *Verlierer* vinto m

besinnen unreg vr ◇ **sich** - ① ↑ *überlegen* riflettere; ◇ **sich anders** - cambiare idea ② ↑ *erinnern* ricordarsi (*auf acc* di); **Besinnung** f ① ↑ *Bewußtsein* coscienza f; ◇ **wieder zur** - **kommen** recuperare i sensi; (FIG *vernünftig werden*) tornare in sé ② (*Überdenken*) riflessione f

Besitz m ⟨-es⟩ ① ↑ *das Besitzen* possesso m ② ↑ *Eigentum* proprietà f; **besitzanzeigend** adj SPRACHW possessivo; **besitzen** unreg vt ① → *Haus, Aktien* possedere; → *Tier, Auslandsabteilung* avere ② → *Fähigkeit, Mut etc.* avere; **Besitzer(in)** f m ⟨-s, -⟩ proprietario/a m

besoffen adj FAM sbronzo

Besoldung f (*von Beamten*) retribuzione f; (*von Soldaten*) soldo m

besondere(r, s) adj ▷*Fähigkeiten, Vorkommnisse* straordinario; ▷*Art* particolare; ▷*Reiz* speciale; **Besonderheit** f ↑ *Eigentümlichkeit* particolarità f; **besonders** adv ① ↑ *insbesondere* sopratutto; ◇ - **darüber freue ich mich** è particolarmente/proprio questo che mi fa piacere ② ↑ *außergewöhnlich* eccezionalmente; ◇ **der Wein war nicht** - [*mittel*]*mäßig* il vino era niente di speciale

besonnen adj ▷*Mensch, Tat* ↑ *umsichtig* avveduto, accorto; **Besonnenheit** f avvedutezza f, accortezza f

besorgen vt ① → *Arbeit, Ware* procurare ② ↑ *einkaufen* ◇ **soll ich dir etwas aus der Stadt** -? hai bisogno di qc dalla città? ③ ↑ *erledigen* sbrigare

Besorgnis f ↑ *Sorge, Angst* preoccupazione f, paura f; **besorgt** adj preoccupato; ◇ **um jd-n** - **sein** essere in pensiero per qu

Besorgung f ① ↑ *Beschaffen* il procurare m ② ↑ *Einkauf* acquisto m, spesa f ③ ↑ *Erledigung* disbrigo m

bespitzeln vt ↑ *heimlich beobachten* spiare

besprechen unreg I. vt ① → *Situation, Thema* discutere su ② → *Buch, Film* fare una recensione di ③ → *Tonträger* registrare **II.** *vr* ◇ **sich mit jd-m - über** ↑ *sich beraten* consigliarsi con (*über akk* riguardo/a); **Besprechung** *f* ① ↑ *das Besprechen* discussione *f* ② ↑ *Beurteilung* recensione *f* ③ ↑ *Unterredung* colloquio *m*

besprengen *vt* → *Rasen* annaffiare

besser I. ⟨*komp von gut*⟩ *adj* migliore **II.** *adv* (*lieber*) meglio; ◇ **du hättest - geschwiegen** avresti fatto meglio a tacere; **bessergehen** *unreg vi:* ◇ **hoffentlich geht es Ihnen bald besser** speriamo che presto stia meglio; **bessern I.** *vt* ↑ *verbessern* migliorare, correggere **II.** *vr* ◇ **sich - ↑ *besser werden* ←** *Mensch, Gesellschaft* ← *Krankheit, Wetter* migliorare, diventare migliore; **Besserung** *f* miglioramento *m;* ↑ *Erholung* ◇ **[wir wünschen Ihnen eine] gute -!** Le auguriamo una buona guarigione *f* !; **Besserwisser(in** *f*) *m* ⟨-s, -⟩ ↑ *Neunmalkluger* sapientone *m*

Bestand *m* ① (*an Waren*) scorta *f*; [*Wald*-] patrimonio *m* forestale; (*an Geld*) fondo *m* ② ↑ *[Fort-]Bestehen* continuità *f*, durata *f*

beständig *adj* ① ↑ *gleichbleibend* invariabile, persistente, METEO ▷*Klima* stabile ② (*dauerhaft*) ▷*Klagen* continuo ③ ↑ *zuverlässig* fidato; ▷*Material* resistente; **Beständigkeit** *f* ① ↑ *Ausdauer* costanza *f*; (METEO *von Wetter*) stabilità *f* ② ↑ *Widerstandsfähigkeit* resistenza *f*

Bestandsaufnahme *f* inventario *m;* **Bestandteil** *m* ① ↑ *Element, Komponente* parte *f*, componente *m;* ◇ **etw in seine Bestandteile auflösen** decomporre qc nelle sue parti essenziali ② ◇ **-e** ↑ *Zutaten (zum Backen)* ingredienti *m/pl;* (*chemische* -) componenti *m/pl*

bestärken *vt* (*durch Zureden*) rafforzare, confermare

bestätigen I. *vt* ① → *Nachricht etc.* confermare; ◇ **etw schriftlich -** confermare per iscritto ② COMM → *Briefeingang* accusare ③ ◇ **hiermit wird bestätigt, daß ...** (*Urkunde*) con la presente si conferma che **II.** *vr* ◇ **sich - →** *Verdacht* risultare vero, trovare conferma; **Bestätigung** *f* ① (*von Aussage, Vermutungen*) conferma *f* ② (*von Quittung, Scheck*) ricevuta *f* ③ (*Urkunde*) attestato *m* ④ (*im Amt*) conferma *f*

bestatten *vt* seppellire; **Bestattung** *f* ↑ *Begräbnis* sepoltura *f;* [*Feuer*-] cremazione *f;* **Bestattungsinstitut** *n* impresa *f* di pompe funebri

bestäuben *vt* ① BIO → *Pflanze* impollinare ② (*mit Mehl, Gift*) cospargere

beste(r, s) ⟨*Superl von gut*⟩ *adj* il migliore; ◇ **was gefällt dir am -n?** che cosa ti piace di più?; ◇ **für dich ist es am -n** è la cosa migliore

per te; ◇ **sein B-s tun** fare del proprio meglio; ◇ **das B- vom B-n** il fior fiore

bestechen *unreg vt* ① → *Beamten, Zeugen* corrompere ② FIG ↑ *beeindrucken* conquistare; **bestechlich** *adj* ↑ *käuflich* corruttibile; **Bestechlichkeit** *f* corruzione *f;* **Bestechung** *f* (*von Beamten, Zeugen*) corruzione *f*

Besteck *n* ⟨-[e]s, -e⟩ ① [*Eß*-] posate *f/pl* ② MED ↑ *Instrumentensatz* strumenti *m/pl*, ferri *m/pl*

bestehen *unreg* **I.** *vi* esserci, esistere; ◇ **- bleiben** perdurare, persistere **II.** *vt* → *Probe, Examen* superare, passare; → *Kampf* passare; → *Krise* superare; ◇ **- auf e-r Sache** insistere su qc; ◇ **- aus/in** essere composto da, consistere in

bestehlen *unreg vt* rubare, derubare

besteigen *unreg vt* → *Berg* scalare; → *Thron* salire; → *Pferd* montare; → *Fahrrad, Motorrad* salire su, montare su; → *Auto* salire in; → *Flugzeug, Schiff, Zug* salire su; **Besteigung** *f* (*e-s Berges*) scalata *f*

bestellen *vt* ① → *Waren* ordinare; ↑ *reservieren (lassen)* (far) prenotare, (far) riservare; → *Taxi* chiamare; ◇ **Herr Ober, wir haben noch nicht -** Cameriere! Non abbiamo ancora ordinato! ② → *Boden* coltivare ③ → *Nachricht, Grüße* mandare/portare ④ ◇ **ich habe die Gäste zu mir bestellt** ho invitato gli ospiti da me ⑤ ↑ *einsetzen* nominare; **Bestellschein** *m* COMM bolla *f;* **Bestellung** *f* ① ↑ *das Bestellen* ordinazione *f;* (*von Nachfolger*) nomina *f* ② COMM ↑ *Auftrag* ordine *m;* ↑ *Lieferung* consegna *f* ③ ↑ *Nachricht* messaggio *m* ④ (*von Boden*) coltivazione *f*

bestenfalls *adv* nel migliore dei casi/modi; **bestens** *adv* ↑ *vortrefflich* eccellente; ◇ **das ist ja -** è veramente ottimo/eccellente; ◇ **wie geht es Ihnen? Danke, -!** come sta? Benissimo grazie!

Bestie *f auch* FIG bestia *f*

bestimmen *vt* ① ↑ *entscheiden* stabilire, decidere; → *Treffpunkt etc.* fissare, stabilire; → *Begriff* definire ② ↑ *anordnen* comandare ③ ↑ *ausersehen* destinare ④ (*über e-e Sache*) disporre di; **bestimmt I.** *adj* ① (▷*Dinge, gewiß*) certo; ↑ *eindeutig* chiaro; ▷*Preis* stabilito; ▷*Artikel* determinativo ② ▷*Auftragen* deciso **II.** *adv* ↑ *sicher* sicuramente; ◇ **ganz - wissen** sapere con sicurezza; **Bestimmung** *f* ① ↑ *das Bestimmen* (*von Preis, Verabredung*) determinazione *f*, fissazione *f* ② ↑ *Vorschrift* disposizione *f;* ↑ *Verordnung* norma *f* ③ ↑ *Schicksal* destino *m* ④ [*Begriffs*-] definizione *f;* **Bestimmungsbahnhof** *m* stazione *f* di destinazione; **Bestimmungshafen** *m* porto *m* di destinazione

Bestimmungswort *n* parola *f* specificante

Bestleistung f migliore prestazione f; **best-möglich** adj il migliore possibile m

Best.-Nr. Abk v. Bestellnummer numero m di ordinazione

bestrafen vt punire; **Bestrafung** f punizione f

bestrahlen vt [1] → Turm illuminare [2] MED → mit Röntgenstrahlen curare con i raggi; → mit Wärme, Licht irradiare; **Bestrahlung** f (durch das Licht) illuminazione f; (Röntgen-) raggi m/pl, radioterapia f

bestrebt adj: ◇ - sein, etw zu tun sforzarsi di fare qc

bestreichen unreg vt [1] → Wand mit Farbe tinteggiare; ◇ Holz mit Leim - stendere la colla sul legno; → Brot spalmare [2] ↑ streicheln accarezzare

bestreiken vt → Post, Unternehmen scioperare in

bestreiten unreg vt [1] → Behauptung, Aussage negare; → Beweis confutare [2] → Lebensunterhalt provvedere a [3] → Fernsehprogramm moderare

bestreuen vt → Kuchen cospargere di

bestücken vt → Schiff mit Waffen equipaggiare; → Kaufhaus mit Waren fornire di

bestürmen vt [1] ↑ bedrängen assalire [2] (mit Fragen) tempestare di

bestürzt I. adj costernato II. adv con costernazione; **Bestürzung** f ↑ Erschrecken sconcerto m

Besuch m ⟨-[e]s, -e⟩ [1] (von Stadt, Freunden) visita f; (von Lehrveranstaltung) frequenza f; ◇ jd-m e-n - abstatten fare visita a qu [2] ↑ Gast ospite m/f; **besuchen** vt → Freund far visita a; → Vorlesung frequentare; **Besucher(in** f) m ⟨-s, -⟩ [1] visitatore(-trice f) m [2] ↑ Teilnehmer partecipante m/f; **Besuchserlaubnis** f (in Krankenhaus) permesso m di visita; **Besuchszeit** f orario m di visita

besudeln vt (mit Schmutz etc.) sporcare; FIG → Ruf macchiare il nome

Betablocker m ⟨-s, -⟩ MED betabloccante m

betagt adj anziano

betasten vt → Waren toccare; ↑ befühlen tastare

betätigen I. vt TECH → Maschine attivare; → Bremse frenare II. vr ◇ sich - occuparsi; ◇ sich in der Politik - occuparsi di politica; **Betätigung** f [1] ↑ das Betätigen azionamento m; ↑ das Sichbetätigen attività f [2] TECH azionamento m; **Betätigungsfeld** n ↑ Tätigkeitsbereich sfera f di attività

betäuben I. vt [1] stordire; → Schmerz sedare; → Gewissen mettere a tacere [2] MED ↑ narkotisieren narcotizzare II. vr ◇ sich - (mit Alkohol/Drogen) stordirsi; **Betäubung** f [1] (vor Schmerz, Kummer) stordimento m [2] MED anestesia f; ◇ örtliche - anestesia f parziale; **Betäubungsmittel** n (schmerzstillende -) anestetico m; ↑ Droge stupefacente m; **Betäubungsspritze** n iniezione f di anestesia

Bete f ⟨-, -n⟩: ◇ rote - (rote Rübe) barbabietola f

beteiligen I. vt ↑ teilhaben lassen far partecipare (an dat a) II. vr: ◇ sich - (an Wettbewerb, Diskussion) partecipare (an dat a); **Beteiligung** f [1] ↑ das Teilhaben, Mitwirken partecipazione f [2] ↑ Beteiligtsein partecipazione f; [Kapital-, Anteil] quota f

beten vi pregare

beteuern vt → Unschuld, Wahrheit affermare; ◇ jd-m etw hoch und heilig - sostenere fermamente qc con qu; ◇ unter Eid - giurare; **Beteuerung** f affermazione f; [Loyalitäts-] dichiarazione f di lealtà

betiteln vt [1] → Buch, Überschrift intitolare [2] → Person chiamare

Beton m ⟨-s, -s o. -e⟩ cemento m

betonen vt [1] → Wort marcare [2] (Aussage bekräftigen) sottolineare; → Problem evidenziare

betonieren vt cementare; **Betonmaschine** m betoniera f

Betonung f [1] (von Silbe) accentazione f [2] (von Aussage, von Problemschwerpunkt) messa f in rilievo

betören vt incantare

Betracht m: ◇ etw in - ziehen prendere in considerazione f qc; ◇ in - kommen entrare in discussione f; ◇ nicht in - kommen essere fuori questione; ◇ etw/jd-n außer - lassen lasciare qu/qc fuori discussione

betrachten vt [1] → Sache, Person osservare; → Problem considerare [2] (näher -) esaminare; → Lebenslauf valutare [3] ◇ jd-n/e-e Sache als etwas - considerare qu/qc come qc; **Betrachter** (in f) m ⟨-s, -⟩ [1] osservatore(-trice f) m [2] ↑ Prüfer esaminatore(-trice f) m

beträchtlich adj considerevole

Betrachtung f [1] (Beobachtung) osservazione f [2] (Überlegung) considerazione f

Betrag m ⟨-[e]s, Beträge⟩ ↑ Summe importo m; **betragen** unreg I. vi → Summe ammontare a; → Ausmaß, Grad essere di II. vr ◇ sich - ↑ sich benehmen comportarsi; **Betragen** n ⟨-s⟩ ↑ Verhalten comportamento m; (in Zeugnis) condotta f

Betreff m ↑ Briefinhalt oggetto m; **betreffen**

unreg vt [1] → *Person, Sache* riguardare; ◇ *was mich betrifft* per ciò che mi riguarda [2] ↑ *berühren* ◇ *sein Unfall hat mich sehr betroffen* il suo incidente mi ha turbato molto; **betreffend** *adj* concernente, riguardante; **betreffs** *präp gen* riguardo a, in riferimento a

betreiben *unreg vt* [1] → *Handel, Handwerk* ↑ *ausüben* esercitare [2] → *Geschäft* ↑ *führen* condurre [3] *beschäftigen mit* → *Hobby* praticare; → *Politik* fare; → *Studien* dedicarsi a [4] (TECH *mit Kraftstoff, Strom*) ↑ *antreiben* azionare [5] → *Aufbau* ↑ *voranbringen* portare avanti; **Betreibung** *f* esercizio *m*, pratica *f*

betreten I. *unreg vt* → *Rasen, Brücke* attraversare; → *Zimmer, Kirche* entrare in; → *Bühne* salire su; ◇ *B- des Rasens verboten* vietato calpestare il prato; ◇ *B- der Baustelle verboten* vietato l'accesso al cantiere **II.** *adj* ↑ *betroffen* imbarazzato

betreuen *vt* [1] → *Kinder* avere cura di [2] → *Kranke, Gemeinde* assistere; **Betreuung** *f* assistenza *f*, cura *f*

Betrieb *m* ⟨-[e]s, -e⟩ [1] ↑ *das Betreiben* (*Geschäfts-*) attività *f*; (*von Motor*) trazione *f*; ◇ *außer - sein* essere fuori servizio; ◇ *in - sein* essere in funzione; ◇ *in - setzen* mettere in funzione [2] → *Firma* azienda *f*, impresa *f* [3] ↑ *Geschäftigkeit* esercizio *m*; (*auf Straßen*) movimento *m*; **Betriebsangehörige(r)** *fm* dipendente *m/f* di azienda; **Betriebsaufsicht** *f* sorveglianza *f*; **Betriebsausflug** *m* gita *f* aziendale; **Betriebsbuchführung** *f* contabilità *f* commerciale; **Betriebsferien** *pl* ferie *f/pl* annuali; **Betriebsführung** *f* direzione *f* aziendale; **Betriebsklima** *n* ↑ *Arbeitsklima* ambiente *m* di lavoro; **Betriebskosten** *pl* spese *f/pl* di esercizio; **Betriebsleitung** *f* ↑ *Geschäftsführung* direzione *f* commerciale; **Betriebsrat** *m* consiglio *m* di fabbrica; **betriebssicher** *adj* di sicuro funzionamento; **Betriebssicherheit** *f* (*von Maschine*) garanzia *f* di funzionamento; **Betriebsstörung** *f* disturbo *m* di funzionamento; **Betriebssystem** *n* PC sistema *m* operativo; **Betriebsunfall** *m* infortunio *m* sul lavoro; **Betriebsversammlung** *f* assemblea *f* aziendale; **Betriebswirtschaft** *f* economia *f* aziendale

betrinken *unreg vr* ◇ *sich* - ubriacarsi

betroffen *adj* ↑ *bestürzt* colpito; ◇ *von etw - werden* [*o. sein*] essere colpito da qc; **Betroffenheit** *f* sconcerto *m*

Betrübnis *f* ⟨-⟩ tristezza *f*; **betrübt** *adj* [1] ↑ *traurig* triste [2] ↑ *bekümmert* afflitto (*über akk* per)

Betrug *m* ⟨-[e]s⟩ JURA truffa *f*; ◇ *Wahl-* im-

broglio *m* elettorale; ◇ *Steuer-* frode *f* fiscale; [*Selbst-*] autoinganno *m*; **betrügen** *unreg* **I.** *vt* [1] ↑ *täuschen* ingannare; ↑ *beschummeln* imbrogliare; JURA frodare (*um akk* di) [2] → *Lebenspartner* tradire **II.** *vr* ◇ *sich* - illudersi; **Betrüger(in** *f*) *m* ⟨-s, -⟩ ↑ *Falschspieler* baro/a *m*; ↑ *Schwindler* imbroglione/a *m*; JURA ↑ *Verbrecher, Gauner* truffatore(-trice *f*) *m*; **betrügerisch** *adj* ingannevole; JURA fraudolento

betrunken *adj* ubriaco; **Betrunkene(r)** *fm* ubriaco/a *m*

Bett *n* ⟨-[e]s, -en⟩ [1] letto *m*; [*Einzel-*] letto *m* singolo; [*Doppel-*] letto *m* matrimoniale; [*Couch-*] divano *m* letto; [*Etagen-*] letto *m* a castello; ◇ *das - neu/frisch beziehen* cambiare la biancheria del letto; ◇ *ins/zu - gehen* andare a letto; ◇ *mit jd-m ins - steigen* andare a letto con qu; ◇ *ans - gefesselt sein* essere inchiodato al letto; ◇ *Philipp muß wegen e-r Krankheit das Bett hüten* Philipp deve restare a letto per una malattia [2] ◇ *das - lüften* ↑ *Bettzeug* dare aria al letto [3] [*Fluß-*] letto *m*; **Bettbezug** *m* fodera *f* del piumino; **Bettdecke** *f* [1] ↑ *Federbett* piumone *m*; ↑ *Wolldecke* coperta *f* [2] ↑ *Tagesdecke* sopraccoperta *f*

bettelarm *adj* poverissimo; **Bettelei** *f* elemosina *f*; **Bettelmönch** *m* frate *m* mendicante; **betteln** *vi* [1] ← *Bettler* mendicare [2] ↑ *flehend bitten* ← *Kind* chiedere insistentemente

betten *vt* adagiare sul letto; **Bettenmangel** *m* (*in Krankenhaus*) mancanza *f* di posti letto; **bettlägerig** *adj* allettato; **Bettlaken** *n* lenzuolo *m*

Bettler(in *f*) *m* ⟨-s, -⟩ mendicante *m/f*

Bettnässer(in *f*) *m* ⟨-s, -⟩ affetto/a da enuresi *m*; **Bettschüssel** *f* vaso *m* da notte; **Bettuch** *n* lenzuolo *m*; **Bettvorleger** *m* scendiletto *m*; **Bettwäsche** *f* biancheria *f* da letto; **Bettzeug** *n* biancheria *f* da letto

betucht *adj* danaroso

beugbar *adj* pieghevole; **beugen I.** *vt* [1] → *Kopf, Arm* piegare [2] SPRACHW ↑ *flektieren* flettere [3] PHYS → *Lichtwellen* diffrangersi **II.** *vr* ◇ *sich* - [1] (*über das Kinderbett*) chinarsi su; (*aus dem Fenster*) sporgersi da [2] ↑ *sich unterwerfen* sottomettersi; ◇ *sich der öffentlichen Meinung* - sottomettersi all'opinione pubblica; **Beugung** *f* [1] ↑ *das Beugen* piegamento *m* [2] (*von Licht*) diffrazione *f* [3] SPRACHW flessione *f*

Beule *f* ⟨-, -n⟩ [1] ↑ *Schwellung* bozzo *m* [2] ↑ [*Auto-*]*Delle* ammaccatura *f*

beunruhigen I. *vt* ↑ *Sorgen bereiten* preoccupare; (*stark* -) mettere in ansia **II.** *vr* ◇ *sich* - ↑ *sich*

Sorgen machen preoccuparsi (*über akk* di); **Beunruhigung** *f* ↑ *Sorge* preoccupazione *f*

beurkunden *vt* documentare; JURA fornire la prova legale; → *Geburt* registrare

beurlauben *vt* mandare in permesso

beurteilen *vt* → *Fall,Situation* valutare; → *Buch* recensire; → *Schüler* giudicare; **Beurteilung** *f* valutazione *f*; (*von Schularbeit*) giudizio *m*

Beute *f* [Diebes-, Kriegs-] bottino *m*; (*e-s Tieres*) preda *f*

Beutel *m* ⟨-s, -⟩ ① [Einkaufs-] borsa *f*; [Wäsche-] portabiancheria *f*; [Tabaks-] busta *f* di tabacco; [Geld-] portamonete *m*; ◇ **den Daumen auf den - halten** essere uno spilorcio → *m* ② (*von Känguruh*) ↑ *Hautfalte* marsupio *m*; **Beutelsuppe** *f* sacchetto *m* di minestra in polvere; **Beuteltier** *n* (*Känguruh etc.*) marsupiale *m*

bevölkern *vt* ① ↑ *bewohnen* → *Gebiet* popolare ② ↑ *beleben* → *Strassen* animare; **bevölkert** popolato; ◇ **dicht/dünn bevölkert** altamente/scarsamente popolato; **Bevölkerung** *f* popolazione *f*; ◇ **die erwerbstätige -** la popolazione *f* produttiva; **Bevölkerungsdichte** *f* densità *f* della popolazione; **Bevölkerungsrückgang** *m* calo *m* della popolazione; **Bevölkerungszuwachs** *m* aumento *m* della popolazione

bevollmächtigen *vt* autorizzare; **Bevollmächtigte(r)** *fm* delegato/a *m*; JURA mandatario/a *m*

bevor *cj* prima di +*inf*, prima che +*konj*

bevormunden *vt* dominare

bevorstehen *unreg vi* ① ▷*unmittelbar* essere imminente ② ↑ *zu erwarten haben* aspettare; ◇ **sein ganzes Leben steht ihm noch bevor** ha ancora tutta la sua vita davanti a sé

bevorzugen *vt* ① → *Farbe, Kleid* preferire ② ↑ *begünstigen* favorire; **bevorzugt** *adj* preferito; ◇ **Angelegenheit - handeln** trattare una questione con priorità; **Bevorzugung** *f* ① (*von Farbe, Kleid*) preferenza ② ↑ *Begünstigung* favoritismo *m*

bewachen *vt* ① → *Gefangener* sorvegliare ② → *Auto* custodire; **Bewachung** *f* ① ↑ *Überwachung* sorveglianza *f*; ↑ *Hüten* custodia *f* ② ↑ *Mannschaft* guardia *f*

bewaffnen *vt* → *Militär* armare (*mit* di); ◇ **bis an die Zähne bewaffnet sein** essere armato fino ai denti; **Bewaffnung** *f* ① ↑ *das Bewaffnen* armamento *m* ② ↑ *Waffenausrüstung* armi *f/pl*

bewahren I. *vt* ① *aufheben* conservare; ◇ **die Fassung -** dominarsi ② → *jd-n vor etw* - *proteggere* qn da qc **II.** *vr* ◇ **sich** - → *Brauch, Sitte* mantenersi

bewähren *vr* ◇ **sich** - ↑ *sich beweisen* dimo-

strarsi; ◇ **er hat sich als guter Freund bewährt** si è dimostrato un buon amico; **bewährt** *adj* ▷*Mensch* esperto; ▷*Mittel* sperimentato; **Bewährung** *f* prova *f*; JURA condizionale *f*; ◇ **e-e Strafe zur - aussetzen** sospendere una pena in condizionale; **Bewährungsauflage** *f* (*von Verurteilten*) stato *m* di sorveglianza; **Bewährungsfrist** *f* periodo *m* di condizionale; **Bewährungshelfer(in** *f*) *m* sorvegliante *m/f*

bewaldet *adj* boscoso

bewältigen *vt* ① → *Gegner, Schwierigkeit* superare ② → *Aufgabe, Arbeit* condurre a termine ③ → *Fach* essere padrone di ④ → *zweite Torte* finire di mangiare

bewandert *adj* esperto (*auf/in dat* di/in)

bewässern *vt* irrigare; **Bewässerung** *f* irrigazione *f*

bewegen [1] **I.** *vt* ① → *Beine, Wasser* muovere; → *Mechanismus* azionare ② ↑ *berühren* commuovere ③ ↑ *beschäftigen* tenere occupato **II.** *vr* ◇ **sich** - ① (*seine Lage*) muovers! ② ← *Temperatur, Preise* aggirarsi su

bewegen[2] ⟨bewog, bewogen⟩ *vt* persuadere

Beweggrund *m* motivazione *f*; **beweglich** *adj* mobile; ↑ *flink* lesto; **bewegt** *adj* ① → *See* mosso; FIG ▷*Leben* movimentato ② ↑ *berührt* commosso; **Bewegung** *f* ① ▷*körperlich* movimento *m*; ◇ **in - setzen** mettere in moto *m* ② ↑ *Rührung* commozione *f*; **bewegungslos** *adj* immobile

Beweis *m* ⟨-es, -e⟩ ① prova *f* ② (*-führung*) dimostrazione *f* (*für* di); **beweisbar** *adj* JURA, MATH dimostrabile; **beweisen** *unreg vt* ① → *Unschuld* provare ② ↑ *erkennen lassen* → *Dankbarkeit, Mut* mostrare; **Beweisführung** *f* dimostrazione *f*; **Beweismittel** *n* mezzo *m* di prova; **Beweisstücke** *pl* strumenti *m/pl* di prova

bewenden *unreg vi*: ◇ **es bei** [*o.* **mit**] **etw** - **lassen** contentarsi di qc

bewerben *unreg vr* ◇ **sich** - fare domanda (*um* per); **Bewerber(in** *f*) *m* ⟨-s, -⟩ aspirante *m/f*; **Bewerbung** *f* ① ↑ *-schreiben* domanda *f* d'impiego ② (POL *um ein Amt*) candidatura *f*

bewerten *vt* → *Haus* valutare; → *Schularbeit, Worte* giudicare; **Bewertung** *f* valutazione *f*

bewilligen *vt* assegnare a; ↑ *zugestehen* riconoscere a

bewirken *vt* → *Änderung* ottenere

bewirten *vt* → *Gäste* ospitare

bewirtschaften *vt* ① → *Hof, Lokal* gestire ② → *Land* coltivare ③ ▷*zwangsweise* contingentare

Bewirtung *f* accoglienza *f*

bewohnen *vt* → *Haus* abitare; → *Raum* occupare; **Bewohner(in** *f*) *m* ⟨-s, -⟩ (*von Land*) residente *m/f;* (*von Haus*) abitante *m/f*
bewölken ◇ **sich** - rannuvolarsi; **bewölkt** *adj* nuvoloso; **Bewölkung** *f* METEO nuvolosità *f;* ↑ *Wolkenbildung* formazione *f* di nubi; **Bewölkungsauflockerung** *f* diradarsi *m* della nuvolosità
bewundern *vt* ammirare; **bewundernswert** *adj* ammirevole; **Bewunderung** *f* ammirazione *f*
bewußt *adj* ① consapevole; ◇ **sich** *dat* **e-s Umstandes - sein** essere consapevole di un fatto; ◇ **bist du dir bewußt, was du sagst?** ti rendi conto di ciò che stai dicendo? ② ↑ *absichtlich* intenzionale; ↑ *zweckbetont* con intenzione; **bewußtlos** *adj* inconsapevole; **Bewußtlosigkeit** *f* svenimento *m;* **bewußtmachen** *vt:* ◇ **jd-m/etw** - rendere qu consapevole di qc; **Bewußtsein** *n* ⟨-s⟩ coscienza *f;* ◇ **bei** - in coscienza *f*
bezahlbar *adj* acquistabile; **bezahlen** I. *vt* ① → *Geld, Miete* pagare; (*Versicherungsprämie*) versare ② ↑ *entlohnen* → *Arbeiter* retribuire ③ ↑ *tilgen* → *Schulden* pagare II. *vi:* ◇ **Herr Ober, bitte -!** cameriere, il conto per favore!; **bezahlt** *adj* pagato; ▷*Scheck* riscosso; **Bezahlung** *f* ① (*e-r Schuld*) pagamento *m* ② ↑ *Gehalt* retribuzione *f;* ◇ **für/gegen - von 2000 DM arbeiten** lavorare per una ricompensa di 2000 marchi
bezaubern *vt* FIG ← *Lächeln* incantare
bezeichnen *vt* ① ↑ *markieren* segnare ② ↑ *benennen* denominare; ◇ **ich weiß nicht, wie man das - soll** non so come si deve definirlo; ◇ **etw/jd-n als etw** - qualificare qu come qc ③ ↑ *zeigen* indicare ④ ↑ *bedeuten* significare; **bezeichnend** *adj* significativo (*für* per,di); **Bezeichnung** *f* ① ↑ *Markierung* segno *m* ② ↑ *Beschreibung* descrizione *f* ③ ↑ *Benennung, Ausdruck* espressione *f*
bezeugen *vt* ① → *Straftat* ▷*schriftlich* testimoniare ② ↑ *aussprechen* ▷ **jd-m sein Vertrauen** - esprimere a qu la propria fiducia
bezichtigen *vt:* ◇ **jd-n e-s Diebstahls** - accusare qu di furto
beziehen *unreg* I. *vt* ① → *Sessel, Möbel* rivestire; ◇ **das Bett** - cambiare la biancheria al letto ② → *Wohnung, Zimmer* andare ad abitare ③ ↑ *empfangen* → *Prügel, Waren* ricevere; ↑ *regelmäßig erhalten* → *Rente, Gehalt etc.* riscuotere; → *Zeitung* essere abbonato a ④ → *Position, Standpunkt* prendere II. *vr* ◇ **sich** - riferirsi (*auf akk* a); **Beziehung** *f* ① [*Freundschafts-, Geschäfts-*] rapporto *m;* ◇ **seine -en**

spielen lassen far fruttare le sue amicizie ② ↑ *Hinsicht* riferimento *m;* ↑ *Zusammenhang* relazione *f* ③ ↑ *Neigung, Hang* inclinazione *f;* **Beziehungskiste** *f* FAM ↑ *Verhältnis* rapporto *m;* **beziehungsweise** *cj* ① oppure, o; ◇ **ich, beziehungsweise meine Bank, bezahle** pago io, oppure la mia banca ② ↑ *im anderen Fall* ◇ **X und Y verdienten eintausend, - zweitausend** X ed Y guadagnavano 1000 rispettivamente 2000 marchi
beziffern I. *vt* → *Seiten* numerare II. *vr* ◇ **sich - auf** ↑ *sich belaufen* ammontare a
Bezirk *m* ⟨-[e]s, -e⟩ ① [*Verwaltungs-*] distretto *m* ② [*Stadt-*] quartiere *m;* [*Wohn-*] quartiere *m* residenziale; [*Sperr-*] zona *f* vietata
Bezogene(r) *fm* COMM trassato/a *m*
Bezug *m* ⟨-[e]s, Bezüge⟩ ① ↑ *Überzug* rivestimento *m* ② ↑ *Verhältnis, Zusammenhang* rapporto (*zu* con); ◇ **in - auf e-e Sache** ↑ *hinsichtlich* in riferimento ad una cosa; ◇ - **nehmen auf** riferirsi a ③ (COMM *von Waren*) acquisto *m* ④ (*Lohn*) ◇ **die Bezüge** le entrate *f/pl;* **bezüglich** I. *präp gen* ↑ *hinsichtlich* in riferimento a II. *adj:* ◇ **bezügliches Fürwort** pronome *m* relativo; **Bezugnahme** *f* ⟨-, -n⟩ riferimento *m;* ◇ **unter - auf Ihr Angebot** con riferimento alla Sua offerta; **Bezugspreis** *m* prezzo *m* d'acquisto
bezwecken *vt* → *Absicht, Ziel* mirare a
bezweifeln *vt* → *Behauptung* mettere in dubbio; ◇ **ich bezweifle [es], daß er morgen kommt** dubito che egli venga domani
BGB *n Abk v.* **Bürgerliches Gesetzbuch** codice *m* civile
Bibel *f* ⟨-, -n⟩ bibbia *f*
Biber *m* ⟨-s, -⟩ castoro *m*
Bibliothek *f* ⟨-, -en⟩ biblioteca *f;* **Bibliothekar** (**in** *f*) *m* ⟨-s, -e⟩ bibliotecario/a *m*
biblisch *adj* biblico
Bidet *n* bidet *m*
bieder *adj* ① ▷*Beamter, Leben* onesto; ↑ *schlicht* sobrio ② PEJ ingenuo
biegen ⟨bog, gebogen⟩ I. *vt* → *Metall, Bein etc.* piegare; → *Kopf nach hinten* piegare II. *vi* ← *Straße* ▷*nach links/rechts* voltare; ◇ **auf Biegen und/oder Brechen** ad ogni costo; **biegsam** *adj* pieghevole; **Biegung** *f* ① (*von Weg*) curva *f* ② ↑ *Krümmung, Bogenlinie* piegamento *m*
Biene *f* ⟨-, -n⟩ ① (*Insekt*) ape *f* ② (*flottes Mädchen*) ragazza *f;* FAM! fica *f;* **Bienenhonig** *m* miele *m;* **Bienenschwarm** *m* sciame *m;* **Bienenstock** *m* arnia *f;* **Bienenwabe** *f* nido *m* d'ape; **Bienenwachs** *n* cera *f* d'api; **Bienenzucht** *f* apicoltura *f*
Bier *n* ⟨-[e]s, -e⟩ birra *f;* ◇ - **vom Fass** birra alla

spina; ◊ **dunkles/helles** - birra scura/chiara; ◊ **das ist nicht mein** - ↑ *Angelegenheit* questo non è affar mio; **Bierbauch** m pancione m; **Bierbrauer(in** f) m ⟨-s, -⟩ birraio/a m; **Bierdeckel** m sottobicchiere m; **bierernst** adj severissimo; **Bierfilz** m ↑ *Bierdeckel* sottobicchiere m; **Bierflasche** f bottiglia m di birra; **Bierkrug** m boccale m per birra; **Bierlokal** n birreria f; **Bierseidel** n boccale m per birra

Biest n ⟨-[e]s, -er⟩ ↑ *Tier, Insekt* bestia f; ◊ **elendes Biest** *FAM!* carogna !

bieten ⟨bot, geboten⟩ **I.** vt **1** ↑ *anbieten* offrire; ↑ *darbieten* presentare **2** *(bei Auktion)* fare una offerta **II.** vr ◊ **sich** -: ◊ **es bietet sich ihm e-e Möglichkeit zum Kauf** gli si offre una possibilità di acquisto; ◊ **das muß ich mir nicht - lassen!** non devo tollerare questo!

Bikini m ⟨-s, -s⟩ bikini m

Bilanz f COMM *[Schluß-]* bilancio m; *[Zahlungs-]* bilancia f dei pagamenti a; FIG ◊ - **ziehen** fare il bilancio m; **Bilanzaufstellung** f compilazione f del bilancio

Bild n ⟨-[e]s, -er⟩ **1** ↑ *Abbildung* immagine f; *[Künstler-]* quadro m; ↑ *Foto* fotografia f **2** ↑ *Vorstellung* idea f; ◊ **du hast ein falsches Bild von ihr** hai un'idea sbagliata di lei; ◊ **über etwas im - sein** essere a conoscenza di qc; **Bildband** m *[Kunst-]* libro m illustrato; **Bildbericht** m *(in Zeitung)* servizio m fotografico, fotocronaca f; *(im Fernsehen)* documentario m; **Bildeinstellung** f *(beim Fotoapparat/Fernsehen)* messa a fuoco

bilden I. vt **1** → *Ausschuß, Laute* formare; → *Tonfigur* modellare; → *Satz* costruire **2** → *Lehrling* istruire **3** *(Menge sein)* formare; ◊ **11 Spieler bilden e-e Mannschaft** 11 giocatori formano una squadra **II.** vr ◊ **sich** - **1** → *Triebe, Blätter* formarsi **2** ▷ *geistig* formarsi, educarsi **3** ◊ **sich über die Arbeit e-e Meinung bilden** farsi un'opinione del lavoro

bildend adj: ◊ **bildende Künste** arti f/pl figurative

Bilderanbetung f REL feticismo m; **Bilderbuch** n *[Kinder-]* libro m illustrato; ◊ **ein Wetter wie im** - *FIG* un tempo m splendido; **Bilderrahmen** m cornice f; **bilderreich** adj ricco di illustrazioni; **Bildfläche** f *(von Gemälde)* superficie; *(von Bildschirm, Leinwand)* schermo; ◊ **plötzlich auf der** - **erscheinen** entrare improvvisamente in scena f; **Bildhauerei** f scultura f; **bildhübsch** adj bellissimo; **bildlich** adj **1** *plastisch* plastico **2** ↑ *übertragen* ▷ *Ausdruck* figurato; **Bildnis** n raffigurazione f; **Bildröhre** f tubo m catodico; **Bildschirm** m *[Fernseh-,*

Computer-] schermo m; ◊ **vor dem - arbeiten** lavorare allo schermo; **Bildschirmgerät** n PC videoterminale m; **Bildschirmtext** m videotel® m; **Bildschnitt** m taglio m; **bildschön** adj bellissimo; **Bildtelefon** n videotelefono m

Bildung f **1** ↑ *das Bilden (von Kapital)* formazione f **2** ↑ *Erziehung* educazione f; ▷ *akademisch, geistig* formazione f; ◊ - **haben** avere una cultura f **3** *(von Satz)* costruzione f; **Bildungslücke** f lacuna f culturale; **Bildungspolitik** f politica f dell'istruzione; **Bildungsprozess** m processo f di formazione; **Bildungsroman** m romanzo f educativo; **Bildungsurlaub** m vacanze f/pl culturali; **Bildungsweg** m corso m di istruzione; ◊ **der zweite** - scuola f superiore serale

Bildverzerrung f distorsione f dell'immagine; **Bildweite** f FOTO lunghezza f focale; **Bildwörterbuch** n vocabolario m illustrato; **Bildzeile** f MEDIA riga f

Billard n ⟨-s, -e⟩ biliardo m; **Billardball** m palla f da biliardo; **Billardkugel** f palla f da biliardo; **Billardstock** m stecca f da biliardo

billig adj **1** ↑ *preiswert* a buon mercato; ◊ **etw sehr - verkaufen** vendere qc ad un prezzo molto basso **2** ↑ *minderwertig* mediocre; ◊ **e-e -e Ausrede** una magra scusa f **3** ◊ **ein -er Vorschlag** una proposta f ragionevole

billigen vt → *Plan, Vorschlag* approvare; **Billigung** f approvazione f

Billion f bilione m

bimmeln vi ← *Glocke, Bahn* tintinnare

Bimsstein m pietra f pomice

binär adj binario; **Binärcodezeichen** n simbolo m del codice binario

Binde f ⟨-, -n⟩ **1** ↑ *Verband* benda f **2** *[Arm-]* fascia f **3** *[Damen-]* assorbenti m/pl igienici **4** ◊ **e-n [Schnaps] hinter die - gießen** *FAM* bersi un bicchierino; **Bindebogen** m MUS legatura f; **Bindegewebe** n tessuto m connettivo; **Bindeglied** n elemento m di connessione; **Bindehaut** f ANAT ↑ *Augenschleimhaut* congiuntiva f; **Bindehautentzündung** f MED congiuntivite f

binden ⟨band, gebunden⟩ **I.** vt **1** legare; → *Schnüre* allacciare; → *Krawatte* annodare; ◊ **jd-n an Händen und Füßen** - legare a qu le mani ed i piedi; ◊ **jd-n an ein Versprechen** - legare qu ad un giuramento **2** → *Buch* rilegare **II.** vr ◊ **sich** - legarsi; ↑ *sich verloben* fidanzarsi; **Bindestrich** m trattino m; **Bindewort** n SPRACHW congiunzione f, **Bindfaden** m spago m; **Bindung** f **1** *(zwischen Menschen)* legame m; *(stärkere ~)* vincolo m; *(an Vertrag)* obbligo m ② [Ski-] attacco m ③ (PHYS von Teilchen) legame m

Binnenfischerei f pesca f d'acqua dolce; **Binnenhafen** m porto m interno; **Binnenhandel** m commercio m interno; **Binnenland** n regione f interna; **Binnenmarkt** m ▷europäisch mercato m unico; **Binnenmeer** n mare m interno

Binse f ⟨-, -n⟩ giunco m; ◇ **in die -n gehen** FIG FAM andare in fumo; **Binsenwahrheit** f verità f lapalissiana

Biochemie f biochimica f

biodynamisch adj biodinamico

Biogas n gas m biologico

Biographie f biografia f

Biologe m, **Biologin** f ⟨-n, -n⟩ biologo/a m; **Biologie** f biologia f; **biologisch** adj biologico; ◇ **-e Kriegsführung** guerra f batteriologica; **Biomüll** m rifiuti m/pl biologici; **Biorhythmus** m bioritmo m; **Biotechnik** f biotecnica f; **Biotop** n ⟨-s, -e⟩ ↑ Lebensraum biotopo m

Birke f ⟨-, -n⟩ FLORA betulla f

Birnbaum m FLORA pero m; **Birne** f ⟨-, -n⟩ ① (Frucht) pera f ② ELECTR [Glüh-] lampadina f ③ FIG zucca f; ◇ **jd-n eins auf die - geben** dare a qu un pugno sul muso

bis I. adv, präp akk ① (räumlich, - zu/an) ▷Rom fino a, sino a; ◇ **-hierher, und nicht weiter** fino a qui e non oltre; ◇ **wie weit ist es -... ?** quanto dista fino a...? ② zeitlich ▷heute fino a, sino a; ◇ **- bald** a presto; ◇ **- auf weiteres** fino a nuovo avviso ③ ↑ außer ④ **alle dürfen kommen, - auf** Jan tutti possono venire tranne che Jan ④ (zwischen) ◇ **drei - sechs Gäste** da tre a sei ospiti; ◇ **geöffnet von drei - sieben Uhr** aperto dalle ore tre alle sette **II.** cj (zeitlich) finché; ◇ **warte, -ich komme** aspetta finché vengo

Bisamratte f topo m muschiato

Bischof m ⟨-s, Bischöfe⟩ vescovo m; **bischöflich** adj vescovile; **Bischofsamt** n vescovato m; **Bischofsmütze** f mitra f

Bisexualität f bisessualità f

bisher adv finora, sinora; **bisherig** adj attuale

Biskuit n ⟨-[e]s, -s o. -e⟩ biscotto m

bislang adv finora, sinora

biß impf v. **beißen**

Biß m ⟨-sses, -sse⟩ ① (Wunde) morso m ② (stechender Schmerz) puntura f ③ GASTRON ▷Gemüse, Nudeln ◇ **mit -** al dente

bißchen I. adj po', poco; ◇ **ein - Angst haben** avere un po' paura **II.** adv: ◇ **ein - mehr** un po' di più; ◇ **laß mich doch ein - hinsetzen** lascia che mi metta un po' a sedere **III.** n: ◇ **das - kannst du wegwerfen** quel po' lo puoi buttare via

Bissen m ⟨-s, -⟩ ↑ Happen boccone m

bissig adj ① ▷Schlange, Hund che morde; ◇ **Achtung, -er Hund!** attenti al cane ! ② FIG ▷Bemerkung pungente

Bistum n ⟨-s, Bistümer⟩ episcopato m

Bit n ⟨-s, -s⟩ (PC binäres Zeichen) bit m

bitte intj ① (Bitte) ◇ **können Sie mir - helfen?** mi può aiutare per favore ? ② (bei Nichtverstehen) ◇ **wie - ?** prego ? ③ (nach Dank) ◇ **Vielen Dank! - Bitte [sehr]!** grazie tante ! - Prego !; ◇ **- schön!** prego ! ④ ◇ **Bitte, das ist dann seine Angelegenheit** e allora, questi sono affari suoi; **Bitte** f ⟨-, -n⟩ preghiera f; ◇ **die Bitte von jd-m erfüllen** soddisfare la preghiera di qu; **bitten** ⟨bat, gebeten⟩ vt chiedere; ◇ **jd-n um Hilfe -** chiedere aiuto a qu; ◇ **e-e Person zu Tisch -** invitare una persona al tavolo; ◇ **jd-n zu sich nach Hause -** invitare qu a casa propria; **bittend** adj supplichevole

bitter adj ▷Mandeln amaro; FIG ▷Tränen amaro; ◇ **- kalt** molto freddo; **bitterböse** adj furioso; **Bitterling** m FLORA rodeo m amaro

Bitumen n bitume m

Biwak n bivacco m

Bizeps m (Muskel) bicipite m

blähen I. vr ◇ **sich -** ← Segel, Frosch gonfiarsi **II.** vi ← Bohnen provocare flatulenza f; **Blähungen** pl MED flatulenza f

blamabel adj imbarazzante; (stärker) vergognoso; **Blamage** f ⟨-, -n⟩ vergogna f, figuraccia f; **blamieren I.** vr (durch Verhalten) rendersi ridicolo, fare brutta figura **II.** vt ↑ in Verruf bringen screditare; ↑ Schande machen disonorare

blank adj ① ↑ glänzend ▷Stiefel, Kachel lucido ② ↑ unbedeckt ▷Hände, Boden nudo ③ FAM ↑ ohne Geld ◇ **völlig - sein** essere al verde; **Blankett** n ↑ Formular modulo m in bianco; ↑ Vollmacht procura f; **blanko** adv in bianco; ◇ **in - girieren** girare un assegno in bianco; **Blankoscheck** m assegno m in bianco

Bläschen n MED vescichetta f, bollicina f; ▷eitriges - vescichetta f purulenta; **Blase** f ⟨-, -n⟩ ① [Luft-, Wasser-] bolla f; ◇ **Blasen machen** fare bolle f/pl ② MED [Brand-] vescica f ③ ANAT [Gallen-] cistifellea f; [Harn-] vescica f ④ [Sprech-] fumetto m

Blasebalg m (beim Grillen) soffietto m; **blasen I.** ⟨blies, geblasen⟩ vi ← Wind, Regen soffiare **II.** vt → Trompete suonare [con uno strumento a fiato] FIG ◇ **Trübsal blasen** essere triste e non avere voglia di niente; **Blasinstrument** n strumento m a fiato; **Blaskapelle** f orchestrina di fiati f

blaß adj ① ▷Gesicht pallido; ◇ **Farbe** sbiadito ② FIG ▷Erinnerung, Vorstellung sbiadito; **Blässe** f ⟨-⟩ pallore m, biancore m

Blatt n ‹-[e]s, Blätter› ① (von Baum) foglia f; FIG ◇ **kein - vor den Mund nehmen** non avere peli sulla lingua ② [Papier-] foglio m; ◇ **vom - singen/spielen** cantare/suonare a prima vista ③ ↑ Zeitung, Tagblatt giornale m ④ [Säge-] lama f; **Blattader** f nervo m; **blättern** vi ① sfogliare (in dat qc) ② PC → Bildschirmseite sfogliare; **Blätterteig** m (Gebäck) pasta f sfoglia; **Blattgrün** n ① BIO clorofilla f ② (Farbe) verde m foglia; **Blattlaus** f pidocchio m delle piante; **Blattstil** m picciolo m

blau adj ① ▷ Farbe blu ② FAM ↑ betrunken sbronzo ③ ↑ blutunterlaufen ▷ Auge livido; ◇ **blaue Flecken haben** avere i lividi; **blauäugig** adj ① ↑ mit blauen Augen con gli occhi azzurri ② FIG ↑ gutgläubig ingenuo; **Blaubart** m barbablù m; **Blaue** n: ◇ **e-e Fahrt ins -** una gita f senza meta; **blaugrün** adj verde-blu; **Blaulicht** n luce f blu; **blaumachen** vi FAM ↑ schwänzen (von der Arbeit) fare vacanza; (von der Schule) marinare; **Blausäure** f acido m cianidrico

Blazer m blazer m

Blech n ‹-[e]s, -e› ① (Material) latta f; (Erzeugnis) lamiera, f; ◇ **gewalztes -** laminato m; ◇ **Weiss-** lamiera f bianca; lamiera f ondulata; ◇ **verzinktes -** lamiera f zincata; FIG ◇ **- reden** dire cose senza senso ② [Back-] teglia f ③ MUS ottoni m/pl; **Blechblasinstrument** n strumento m a fiato d'ottone; **Blechdose** f lattina f, scatola f di latta; **blechen** vt FAM ↑ bezahlen sborsare; **Blechschaden** m AUTO danni m/pl alla carrozzeria; ↑ Beule, Delle ammaccatura f; **Blechschere** f cesoia f per lamiere

Blei n ‹-[e]s, -e› CHEM, PHYS piombo m; FIG ◇ **- in den Knochen haben** essere a pezzi dalla stanchezza

Bleibe f ‹-, -n› ↑ Unterkunft alloggio m; FAM ◇ **keine - haben** non avere alcuna dimora; **bleiben** ‹blieb, geblieben› vi ① ↑ sich aufhalten rimanere; ◇ **zu Hause bleiben** rimanere a casa; ◇ **es bleibt nur zu hoffen, daß ...** rimane solo da sperare che....; TELEC ◇ **bitte - Sie am [Telefon-]Apparat** resti in linea per favore ② (konsequent bleiben) restare; ◇ **bei seiner Meinung - restare** della propria opinione; **bleibend** adj ▷ Erinnerung durevole; **bleibenlassen** unreg vt → Arbeit lasciar stare

Bleibenzin n benzina f con piombo

bleich adj pallido; **bleichen** vt → Wäsche, Haare scolorire

bleiern adj di piombo; **bleifrei** adj ▷ Benzin senza piombo; ◇ **ich möchte bitte 40 Liter -es Benzin!** vorrei 40 litri di benzina senza piombo

per favore!; **bleihaltig** adj ▷ Benzin, Luft contenente piombo; **Bleisoldat** m soldatino m di piombo; **Bleistift** m matita f; **Blei[stift]mine** f mina f per matita; **Bleistift[an]spitzer** m ‹-s, -› temperino m, temperamatite m

Blende f ‹-, -n› ① (am Fenster) finestra f cieca; (am Auto) aletta f parasole ② FOTO [Objektiv-] diaframma m; ◇ **e-e große - einstellen** aprire molto il diaframma; **blenden** vt ① → Augen abbagliare ② ↑ Augen ausstechen accecare ③ FIG ↑ beeindrucken ◇ **durch seine Fröhlichkeit blendet er alle** con la sua allegria incanta tutti; **blendend** adj ① ▷ Licht abbagliante ② FAM ↑ ausgezeichnet splendido; **Blendenöffnung** f apertura f del diaframma

Blick m ‹-[e]s, -e› ① [Augen-] momento m ② ↑ das Betrachten occhiata f; ◇ **auf den ersten -** a prima vista f ③ ↑ Gesichtsausdruck sguardo m ④ ↑ Aussicht veduta f; **blicken** vi guardare

blieb impf v. **bleiben**

blies impf v. **blasen**

blind adj ① cieco ② ↑ getrübt ▷ Glas appannato; ▷ Metall scurito ③ FIG ▷ Alarm falso; ◇ **-er Passagier** passeggero m clandestino; **Blinddarm** m ANAT appendice f; **Blinddarmentzündung** f MED appendicite f; **Blinde(r)** fm cieco/a m; **Blindenhund** m cane m per ciechi; **Blindenschrift** f scrittura f Braille; **Blindflug** m AERO volo m cieco; **Blindgänger** m proiettile m inesploso; **Blindheit** f cecità f; **blindlings** adv ① (ohne zu sehen) ciecamente ② FIG ↑ kritiklos ◇ **jd-m - gehorchen** obbedire a qu ciecamente; **Blindschleiche** f ‹-, -n› FAUNA orbettino m; **blindschreiben** unreg vi scrivere a macchina senza guardare

blinken I. vi ① → Stern risplendere ② ↑ glänzen scintillare ③ ← Licht, Signal lampeggiare ④ AUTO ↑ Blinker setzen mettere la freccia **II.** vt → Signal, SOS lampeggiare; **Blinker** m ‹-s, -› AUTO ↑ Richtungszeiger indicatore m di direzione; **Blinkleuchte** f AUTO lampeggiatore m; **Blinklicht** n AUTO ↑ Richtungszeiger indicatore m di direzione

blinzeln vi (mit Augen zwinkern) ammiccare; (mit e-m Auge) fare l'occhiolino

Blitz m ‹-es, -e› ① (am Himmel) lampo m; ◇ **er ist schnell wie der -** è veloce come un lampo ② FOTO ↑ -licht flash m; **Blitzableiter** m ‹-s, -› parafulmine m; **blitzen I.** vi ① ← Metall, Glas brillare; ◇ **die Wohnung blitzt vor Sauberkeit** l'appartamento brilla dalla pulizia ② ◇ **es blitzt** METEO fulmina **II.** vt FOTO fotografare con il flash; **Blitzfeuer** n faro m a luce intermittente; **Blitzkrieg** m guerra f lampo; **Blitzlicht** n ① lampo m ② FOTO flash m; **Blitzmeldung** f annuncio m flash; **Blitz[licht]würfel** m flash m; **Blitzstreik** m sciopero m lampo

Block m ⟨-[e]s, Blöcke⟩ ① (aus Holz, aus Marmor) blocco m ② [Häuser-] isolato m; [Wirtschaft-] blocco m; SPORT [Abwehr-] sbarramento m ③ [Notiz-] blocco m

Blockade f bloccaggio m

Blockflöte f flauto m dolce

blockfrei adj; ◇ -e Staaten POL stati m/pl non allineati

Blockhaus n casamatta f

blockieren I. vt→ Straße, Leitung bloccare; FIG → Verhandlungen bloccare II. vi ← Bremse bloccare

Blockschrift f scrittura f stampatello

blöd adj ↑ dumm deficiente; (von Geburt an) ipodotato; FAM ↑ dumm stupido; ↑ übergeschnappt sbronzo; **blödeln** vi FAM ↑ herum- dire sciocchezze; **Blödheit** f stupidità f; **Blödsinn** m stupidaggine f; **blödsinnig** adj stupido

blöken vi ← Schaf belare; ← Kalb muggire

blond adj ▷Haar biondo; **blondieren** vt ossigenare

bloß I. adj ① ↑ nackt ▷Hände, Füße, Busen nudo ② ↑ einfach, allein solo, semplice II. adv ① ↑ nur solo, soltanto ② (verstärkend) ◇ laß das -! lascia proprio stare !; ◇ was ist denn - los? che diavolo succede?; **Blöße** f ⟨-, -n⟩ ① ↑ Nacktheit nudità f ② FIG ↑ Schwäche debolezza f; ◇ sich dat e-e - geben fare una figuraccia f; **bloßstellen** I. vt ↑ blamieren compromettere II. vr compromettersi, fare una brutta figura

Blouson m giacca f

blubbern vi ① ← Wasser bollire ② ← Motorboot rombare ③ FIG ↑ dummes Zeug reden cianciare

Bluejeans, Blue jeans f ⟨-, -⟩ blue jeans m/pl

Blues m ⟨-, -⟩ blues m

blühen vi ① ← Blume, Baum fiorire ② FIG ← Geschäft, Stadt fiorire, prosperare; ← Kriminalität proliferare; **blühend** adj ① in fiore ② ▷Geschäft fiorente ③ FIG ◇ sie sieht - aus è di aspetto florido ④ FIG ◇ e-e -e Phantasie una ricca fantasia

Blume f ⟨-, -n⟩ ① fiore m ② (von Wein) bouquet m ③ ↑ Bierschaum schiuma f; ◇ jd-m etw durch die - zu verstehen geben far capire qc a qu metaforicamente; **Blumenbeet** n aiuola f; **Blumenblatt** n petalo m; **Blumenbrett** n assicella f portavasi; **Blumengärtner(in** f) m giardiniere/a m; **Blumengebinde** n mazzo m di fiori; **Blumengeschäft** n negozio m di fiori; **Blumenhändler(in** f) m commerciante m/f di fiori; **Blumenkohl** m cavolfiore m; **Blumenstock**

m vaso m di fiori; **Blumenstrauß** m mazzo m di fiori; **Blumentopf** m vaso m da fiori; **Blumenzucht** f floricoltura f; **Blumenzüchter** (**in** f) m floricultore(-trice f) m; **Blumenzwiebel** f bulbo m

Bluse f ⟨-, -n⟩ blusa f

Blut n -[e]s⟩ sangue m; ◇ - abnehmen prelevare il sangue; FIG ◇ nur ruhig -! calma e sangue freddo!; **blutarm** adj anemico; **Blutarmut** f anemia f; **Blutbad** n strage f; **Blutbahn** f ANAT circolo m sanguigno; **blutbefleckt** adj macchiato di sangue; **Blutbild** n quadro m ematologico; **Blutdruck** m pressione f sanguigna; **blutdürstig** adj assetato di sangue

Blüte f ⟨-, -n⟩ ① [Blumen-] fiore m ② (von Elite) il fior fiore m ③ ↑ Blütezeit fioritura f; FIG periodo m aureo ④ ↑ Falschgeld biglietto m falsificato

Blutegel m ⟨-s, -⟩ sanguisuga f; **Blutempfänger(in** f) m il/la ricevente m/f di una trasfusione di sangue

Blütenblatt n petalo m; **Blütenstaub** m polline m; **blütentragend** adj in fiore; **Blütentraube** f grappolo m di fiori; **Blütezeit** f ① (von Pflanzen) stagione f della fioritura ② (FIG historische -) periodo m aureo

bluten vi ① sanguinare ② FIG FAM ◇ er mußte ganz schön - dovette sborsare parecchio

Blütenstaub m polline m

Bluter(in f) m ⟨-s, -⟩ emofiliaco/a m; **Bluterguß** m (auf Haut) ematoma f; **Blutgefäß** n vaso m sanguigno; **Blutgerinsel** n embolo m; **Blutgruppe** f gruppo m sanguigno; **blutig** adj ↑ blutbefleckt insanguinato; ▷Schlacht, Kampf cruento, sanguinoso; **blutjung** adj giovanissimo; **Blutkörperchen** n/pl; ◇ die weißen - globuli m/pl bianchi; ◇ die roten - globuli m/pl rossi; **Blutkreislauf** m circolazione f sanguigna; **Blutprobe** f campione m di sangue; **blutrünstig** adj assetato di sangue; **blutsaugend** adj che succhia il sangue; **Blutschande** f incesto m; **blutschänderisch** adj incestuoso; **Blutspender(in** f) m donatore(-trice f) m; **Blutstropfen** m goccia f di sangue; **Blutsverwandtschaft** f parentela f di sangue; **Blutübertragung** f trasfusione f di sangue; **Blutung** f ① (e-r Wunde) emorragia f ② [Regel-] mestruazione f; **blutunterlaufen** adj livido; **Blutvergießen** n spargimento m di sangue; **Blutvergiftung** f setticemia f; **Blutwurst** f GASTRON sanguinaccio m

BLZ Abk v. **Bankleitzahl** codice m di istituto di credito

Boa f ① (FAUNA Schlange) boa m ② [Feder-] boa m

Bob *m* ⟨-s, -s⟩ bob *m*; **Bobbahn** *f* pista *f* per bob

Bö[e] *f* ⟨-, -en⟩ raffica *f* di vento

Bock *m* ⟨-[e]s, Böcke⟩ ① (*von Ziege*) caprone *m*; (*von Schaf*) montone *m* ② *Person* ▷*sturer* ~ testardo *m* ③ (*Gestell*) cavaletto *m*; (*AUTO Wagenheber*) cric *m* ④ SPORT cavallina *f* ⑤ *FAM* ↑ *Lust* ◇ **null - haben, etw zu tun** non avere voglia di fare qc

Bockbier *m o n* ↑ *Starkbier* birra *f* forte

bocken *vi* ① ← *Reittier* impennarsi; ← *Person* ↑ *widerspenstig sein* essere riluttante; ↑ *beleidigt sein* essere offeso ② ← *Auto* funzionare male

Bockspringen *n* salto *m* della cavallina

Bockwurst *f* (*Würstchen*) salsiccia *f* di carne magra

Boden *m* ⟨-s, Böden⟩ ① ↑ *Erde* terra *f*; ↑ *Acker* terreno *m*; [*Meeres-*] fondo *m* marino ② [*Fuß-*] pavimento *m*; (*in Gefäß*) fondo *m* ③ [*Dach-*] soffitto *m*, soffitto *m* ④ ↑ *Grundbesitz* appezzamento *m*; **Bodenangriff** *m* attacco *m* via terra; **Bodenbeschaffenheit** *f* GEO configurazione *f* del suolo; (*beim Fussball*) natura *f* del terreno; **Boden-Boden Flugkörper** *m* razzi *m/pl* via terra; **bodenlos** *adj* ① ↑ *unergründlich* inscrutabile ② *FAM* ↑ *unglaublich* ▷*Ignoranz* incredibile; **Bodenpersonal** *n* AERO personale *m* a terra; **Bodenprofil** *n* profilo *m* del terreno; **Bodenschätze** *m/pl* (*Vorkommen, Vorrat*) risorse *f/pl* minerarie; **bodenständig** *adj* ▷*Menschen, Kultur* locale; **Bodenturnen** *n* ginnastica *f* a terra; **Bodenwelle** *f* ondulazione *f* del terreno

Body *m* ⟨-s, -s⟩ (*Kleidung*) body *m*; **Bodybuilding** *n* bodybuilding *m*

bog *impf v.* **biegen**

Bogen *m* ⟨-s, -s⟩ (*Kleidung*) body *m*; **Bodybuilding** *n* bodybuilding *m*

bog *impf v.* **biegen**

Bogen *m* ⟨-s, - o. Bögen⟩ ① ↑ *Kurve, Biegung* curva *f* ② [*Brücken-, Tor-*] arco *m* ③ [*Violin-*] archetto *m* ④ ◇ **Pfeil und - freccia ed arco *m* ⑤ [*Druck-*] foglio *m* per stampa ⑥ MATH arco *m*; **Bogengang** *m* arcata *f*; **Bogenlampe** *f* lampada *f* ad arco; **Bogenschießen** *n* tiro *m* con l'arco; **Bogenschütze** *m*, **Bogenschützin** *f* tiratore(-trice *f*) d'arco *m*

Bohle *f* ⟨-, -n⟩ ↑ *Planke* pancone *m*

Bohne *f* ⟨-, -n⟩ (*Hülsenfrucht*) fagiolo *m*; [*Kaffee-, Kakao-*] chicco *m*; **Bohnenkaffee** *m* caffè *m* in grani

Bohnermaschine *f* macchina *f* lucidatrice; **bohnern** *vt* → *Fußboden* lucidare con la cera; **Bohnerwachs** *n* ↑ *Fußbodenwachs* cera *f* per pavimenti

bohren I. *vt* → *Loch* trapanare, forare; → *Brunnen* scavare II. *vi* ① ◇ **nach Öl** - trivellare in cerca di petrolio ② *FIG* ↑ *drängen* tormentare; **Bohrer** *m* ⟨-s, -⟩ ① *Werkzeug*, [*Hand-*] trapano *m*; [*Elektro-*] trapano *m* elettrico ② (*Abeiter*) trivellatore *m*; **Bohrinsel** *f* piattaforma *f* di trivellazione; **Bohrloch** *n* foro *m*; **Bohrmaschine** *f* trapano *m*; **Bohrmeißel** *m* scalpello *m* da trivellazione; **Bohrturm** *m* [*Öl-*] torre *f* di trivellazione; **Bohrung** *f* ① (*in Erde*) trivellazione *f* ② (*in Metall*) alesaggio *m*

Boiler *m* ⟨-s, -⟩ scaldabagno *m*

Boje *f* ⟨-, -n⟩ boa *f*

Bolzen *m* ⟨-s, -⟩ [*Befestigungs-*] bullone *m*; TECH ↑ *Stift* perno *m*

bombardieren *vt* ① → *e-e Stadt* bombardare ② (*FIG mit Fragen*) bombardare; **Bombe** *f* ⟨-, -n⟩ bomba *f*; *FIG* ◇ **die - ist geplatzt** la bomba è scoppiata; **Bombenangriff** *m* bombardamento *m* acreo; **Bombenansohlag** *m* attentato *m* dinamitardo; **Bombenattentat** *n* attentato *m* dinamitardo; **Bombenorfolg** *m* *FAM* → *Riesenerfolg* successone *m*; **bombensicher** *adj* a prova di bomba; *FIG* assolutamente assicuro/certo; **Bomber** *m* ⟨-s, -⟩ cacciabombardiere *m*; **Bombentrichter** *m* ↑ *Krater* cratere *m* scavato da una bomba

Bonbon *n* ⟨-s, -s⟩ caramella *f*

bongen *vt* → *Betrag* battere; *FAM* ↑ *okay* ◇ **das ist doch gebongt** questo è chiaro

Bonus *m* ⟨-ses, Boni⟩ ① premio *m* ② ↑ *Pluspunkt* buono *m* ③ COMM ↑ *Sondervergütung, Dividende* extradividendo *m* ④ (*bei Schadenfreiheit*) bonus *m*

Bonze *m* ⟨-n, -n⟩ ↑ *Funktionär* pezzo *m* grosso

Boom *m* ⟨-s, -s⟩ boom *m*

Boot *n* ⟨-[e]s, -e⟩ barca *f*; ◇ **wir sitzen alle in e-m - stiamo tutti sulla stessa barca; **Bootfahren** *n* giro *m* in barca; **Bootshaus** *m* capannone *m* per barche; **Bootsmann** *m* battelliere *m*

Bord ¹ *m* ⟨-[e]s, -e⟩ AERO, NAUT bordo *m*; ◇ **Mann über - uomo in mare !; ◇ **über - gehen** cadere in mare; ◇ **an/von - gehen** sbarcare

Bord ² *n* ⟨-[e]s, -e⟩ [*Bücher-, Wand-*] mensola *f*

Bordbuch *n* libro *m* di bordo

Bordell *n* ⟨-s, -e⟩ ↑ *Freudenhaus* bordello *m*, casino *m*

Bordfunkanlage *f* radiotrasmittente *f* di bordo; **Bordfunker(in)** *f*) *m* radiotelegrafista *m/f* di bordo; **Bordingenieur(in** *f*) *m* ingegnere *m/f* di bordo; **Bordkarte** *f* carta *f* d'imbarco; **Bordmechaniker(in** *f*) *m* meccanico/a di bordo *m*

Bordstein *m* ciglio *m*; **Bordsteinkante** *f* ciglio *m*

borgen I. *vt* → *Geld* prestare II. *vr*: ◇ **sich etw von jd-m** - farsi prestare qc da qu

Borke f ⟨-, -n⟩ ↑ *Außenrinde* corteccia f
borniert adj ↑ *engstirnig* ottuso
Borretsch m ⟨-es⟩ FLORA borragine f
Börse f ⟨-, -n⟩ ① [*Aktien-*] borsa f ② [*Geld-*] portamonete m, borsellino m; **Börsenauftrag** m ordinazione f della borsa; **Börsenbeginn** m apertura f della borsa; **Börsenbericht** m bollettino m di borsa; **Börsengeschäft** n operazione f di borsa; **Börsenkrach** m crollo m della borsa; **Börsenkurs** m quotazione f di borsa; **Börsenschluß** m chiusura f della borsa
Borste f ⟨-, -n⟩ setola f; **borstig** adj ispido
Borte f ⟨-, -n⟩ (*an Kleid*) passamano m; ↑ *Band* nastro m; ↑ *Verzierung* guarnizione f
böse adj ① ▷*Mensch, Tat, Hexe* cattivo ② ↑ *unartig* maleducato; (*stärker*) malvagio ③ ↑ *zornig* arrabbiato ④ ↑ *schlimm* ▷*Geschichte* brutto; ◇ **im -en auseinandergehen** separarsi in disaccordo; **bösartig** adj ① ▷*Bemerkung* cattivo; ▷*Gerücht* maligno ② MED ↑ *bedrohlich* maligno
Böschung f ↑ *Abhang* pendio m; ↑ *steiler Abhang* scarpata f
Böse n ⟨-n⟩ FIG Male m; **Bösewicht** m ⟨-s, -e⟩ malvagio m; **boshaft** adj ① ↑ *heimtückisch* maligno ② ↑ *spöttisch* beffardo ③ ↑ *gehässig* astioso; **Bosheit** f ① ↑ *böse Tat* cattiveria f ② ↑ *Schlechtigkeit* malvagità f
Boß m ↑ *Leiter* principale m; [*Gangster-*] boss m, capo m
böswillig adj malevolo
bot impf v. **bieten**
Botanik f ⟨-⟩ botanica f; **botanisch** adj botanico; ◇ **-e Garten** giardino m botanico
Bote m, **Botin** f ⟨-n, -n⟩ ① messaggero/a m ② (*Kurier*) corriere/a m; ↑ *durch Boten abgegeben* spedito tramite corriere; **Botschaft** f ① ↑ *Nachricht* messaggio m ② (POL *Gebäude*) ambasciata f; **Botschafter(in** f) m ⟨-s, -⟩ ambasciatore(-trice f) m
Bottich m ⟨-[e]s, -e⟩ [*Wasch-*] tinozza f
Bouillon f ⟨-, -s⟩ brodo m
Boulespiel n gioco m delle bocce
Boutique f ⟨-, -en⟩ boutique f, bottega f
Bowle f ⟨-, -n⟩ bowle f
Bowlingbahn f pista f da bowling
Box f ⟨-, -en⟩ ① (*kleiner Raum*) box m ② ↑ *Kiste* cassetta f
boxen I. vt boxare II. vi: ◇ **jd-n in den Bauch -** dare dei pugni a qu III. vr: ◇ **sich durch etw -** cavarsela; **Boxen** n ⟨-s⟩ boxe f, pugilato m; **Boxer(in** f) m ⟨-s, -⟩ ① SPORT pugile(essa) m ② (*Hund*) boxer m; **Boxhandschuh** m guantone m; **Boxkampf** m incontro m di pugilato; **Boxstiefel** m stivaletti m/pl da pugilato

boykottieren vt boicottare
brach impf v. **brechen**
Brachfeld n maggese m; **brachliegend** adj a maggese
brachte impf v. **bringen**
Branche f ⟨-, -n⟩ branca f, ramo m; **Branchen[telefon]buch** n pagine f/pl gialle; **Branchen[telefon]verzeichnis** n pagine f/pl gialle
Brand m ⟨-[e]s, Brände⟩ ① [*Wald-*] incendio m ② (*von Porzellan, Ton*) cottura f ③ MED infiammazione f ④ FIG ↑ *großer Durst* ◇ **e-n - in der Kehle haben** sentire una terribile arsura f; **Brandbombe** f bomba f incendiaria
branden vi (*Wellen von Meer*) infrangersi
brandmarken vt → *Pferd* marchiare a fuoco; FIG ↑ *öffentlich ächten* bollare; **Brandmauer** f muro m spartifuoco; **Brandsalbe** f pomata f contro le bruciature; **Brandstelle** f luogo m dell'incendio; **Brandstifter(in** f) m ↑ *Brandleger* incendiario/a m; **Brandstiftung** f incendio m doloso
Brandung f [*Meeres-*] risacca f; ↑ *Gischt* frangente m
Brandwache f pompiere m di servizio; **Brandwunde** f bruciatura f, ustione f
brannte impf v. **brennen**
Branntwein m acquavite f
Brasilien n Brasile m
braten ⟨briet, gebraten⟩ vt → *Fleisch in Röhre* arrostire; → *Eier in der Pfanne* cuocere; ◇ **das Fleisch brät im Ofen** la carne arrostisce al forno; **Braten** m ⟨-s, -⟩ GASTRON [*Schweine-*] arrosto m; FIG ◇ **ein fetter -** un affare m d'oro; **Bratensoße** f sugo m di cottura; **Brathuhn** n pollo m arrosto; **Bratkartoffel[n]** pl patate f/pl arrosto; **Bratpfanne** f padella f; **Bratrost** m graticola f
Bratsche f ⟨-, -n⟩ viola f; **Bratschist(in** f) m sonatore(-trice f) di viola m
Bratspieß m spiedo m; (*für Tellergericht*) spiedino m; **Bratwurst** f salsiccia f da arrostire
Brauch m ⟨-[e]s, Bräuche⟩ ↑ *Tradition* usanza f
brauchbar adj ① ↑ *nützlich* utilizzabile ② FIG ▷*Mensch* ↑ *gut* bravo; **brauchen** vt ① ↑ *bedürfen* → *Ruhe* aver bisogno ② ↑ *aufwenden* → *Zeit* impiegare ③ ↑ *müssen* ◇ **du brauchst es bloß zu sagen** devi solo dirlo; **Brauchwasser** n acqua f industriale
brauen vt ① → *Bier* fare la birra ② ← *Unheil* tramare; **Brauer(in** f) m birraio/a m; **Brauerei** f fabbrica f di birra
braun adj ▷*Haare, Schokolade* castano, marrone; ↑ *gebräunt* abbronzato; **Braune** m ⟨-n, -n⟩ ① (*Pferd*) sauro ② *Kaffee, in Österreich* caffè m

macchiato; **Bräune** f ⟨-, -n⟩ ① (von Haaren) bruno m ② [Haut-] abbronzatura f; **bräunen** vt ① → Zwiebeln scurire ② → Haut abbronzare; **braungebrannt** adj (von Sonne) abbronzato; **Braunkohle** f lignite f

Brause f ⟨-, -n⟩ ① ↑ Duschbad doccia f ② ↑ Duschkopf cipolla f ③ ↑ Limonade gassosa, f; **brausen** vi ① ← Meer, Wind rumoreggiare ② ↑ laufen, düsen sfrecciare; **Brausepulver** n polvere m effervescente

Braut f ⟨-, Bräute⟩ ① ↑ Verlobte fidanzata f ② (bei Hochzeit) sposa f; **Brautführer** m guida f della sposa; **Bräutigam** m ⟨-s, -e⟩ ① ↑ Verlobter fidanzato m ② (bei Hochzeit) sposo m; **Brautjungfer** f damigella m d'onore; **Brautpaar** n sposi m/pl

brav adj ① ▷Kind ↑ artig buono; ▷Kleid ↑ anständig conveniente ② ▷Mensch ↑ ehrenhaft onorevole

BRD f ⟨-⟩ Abk v Bundesrepublik Deutschland RFT f

Brecheisen n ↑ Brechstange leva f; **brechen** ⟨brach, gebrochen⟩ I. vt ① ↑ kaputtmachen rompere ② PHYS → Wellen infrangere ③ → Gegessenes vomitare ④ → Knochen rompere ⑤ → Vertrag, Versprechen rompere; ◇ die Ehe - commettere adulterio II. vi ← Gegessenes uscir fuori III. vr ◇ sich - ① rompersi ② PHYS ← Wellen infrangersi; **Brecher** m ① ↑ große Welle ondata f ② (im Steinbruch) spaccapietre m; **Brechreiz** m conato m di vomito; **Brechung** f (PHYS von [Licht]wellen) rifrazione f

Brei m ⟨-[e]s, -e⟩ ① (klumpige Masse) purea f; [Hafer-] pappa f di avena; [Kartoffel-] purè m di patate; [Grieß-] pappa f di semolino ② (FIG breiförmige Masse) poltiglia f; **breiig** adj denso, pastoso

breit adj ① (Ggs. eng) ▷Riemen largo ② ↑ ausgedehnt ▷Gebiet ampio, esteso ③ ↑ dick grosso; **Breite** f ⟨-, -n⟩ ① larghezza f ② ↑ Ausführlichkeit estensione f ③ (GEO geographische -) estensione f geografica; **breiten** vt (über-e-e Sache) stendere; **Breitengrad** m GEO grado m di latitudine; **Breitenkreis** m GEO parallelo m; **breitmachen** vr ◇ sich - ② ↑ Platz einnehmen occupare spazio ② ↑ Ausmaße annehmen allargarsi; **breitschult[e]rig** adj di spalle larghe; **Breitwandfilm** m film m su schermo gigante

Bremsbelag m guarnizione f del freno, ferodo m **Bremse** ¹ f ⟨-, -n⟩ freno m; ◇ auf die - treten frenare

Bremse ² f ⟨-, -n⟩ ↑ Stechfliege mosca f delle stalle, tafano m

Bremsbacke f AUTO ganascia f del freno; **bremsen** I. vi frenare II. vt ① → Fahrzeug frenare ② FIG → Kosten, Ausgaben frenare, contenere; **Bremsflüssigkeit** f liquido m dei freni; **Bremslicht** n luce f d'arresto; **Bremspedal** n pedale m del freno; **Bremsspur** f traccia f della frenata; **Bremsweg** m spazio m di frenata

brennbar adj ▷Stoff, Gas infiammabile; **Brennelement** n PHYS elemento m combustibile; **brennen** ⟨brannte, gebrannt⟩ I. vi ① ← Öl, Vorhang bruciare; ← Kerze ardere ② ← Sonne bruciare ③ ← Wunde, Augen bruciare ④ FIG ◇ darauf -, etw zu tun fremere/ardere dalla voglia di fare qc II. vt ① → Holz etc. bruciare ② → Kaffee tostare ③ → Porzellan, Ziegel cuocere; **Brennerei** f ① (für Ziegel) forno m di cottura ② (für Schnaps) distilleria f; **Brennessel** f ⟨-, -n⟩ FLORA ortica f; **Brennholz** n legna f da ardere; **Brennmaterial** n materiale m combustibile; **Brennofen** m fornace f; **Brennpunkt** m PHYS fuoco m; FIG ↑ Mittelpunkt centro m; **Brennspiritus** m spirito m da combustione; **Brennstab** m PHYS barra f combustibile; **Brennstoff** m combustibile m; **Brennweite** f FOTO distanza f focale

brenzlig adj ① ▷riechen che sa di bruciaticcio ② FIG ↑ bedrohlich preoccupante

Brett n ⟨-[e]s, -er⟩ ① [Holz-] tavola f; [Bücher-] mensola f; ◇ Schwarzes - bacheca f ② [Spiel-] scacchiera f; **Bretter** pl ↑ Bühne scena f; **Bretterbude** f baracca f di legno; **Bretterzaun** m steccato m

Brevier n brevario m

Brezel f ⟨-, -n⟩ ciambella f salata

Bridge n bridge m

Brief m ⟨-[e]s, -e⟩ ① ↑ Schreiben lettera f ② ↑ Urkunde, [Meister-] certificato m; AUTO [Fahrzeug-] libretto m di circolazione; COMM [Kredit-] lettera f di credito ③ (in Bibel) lettera f; **Briefaustausch** m corrispondenza f epistolare; **Briefbeschwerer** m ⟨-s, -⟩ fermacarte m; **Brieffreund(in** f) m corrispondente m/f; **Briefkasten** m cassetta f postale; **Briefkopf** m intestazione f; **Briefmarke** f francobollo m; **Briefmarkensammler(in** f) m raccoglitore(-trice f) di francobolli m; **Brieföffner** m aprilettere m; **Briefpapier** n carta f da lettere; **Briefschluß** m fine f della lettera; **Brieftasche** f portafogli m; **Brieftaube** f piccione m viaggiatore; **Briefträger(in** f) m postino/a m; **Briefumschlag** m busta f da lettera; **Briefverkehr** m corrispondenza f; **Briefwaage** f bilancia f per corrispondenza; **Briefwahl** f voto m per corrispondenza;

◇ **e-e - machen** votare per lettera; **Briefwechsel** m carteggio m

brief impf v. **braten**

Brigade f ‹-, -n› brigata f

Brikett n ‹-s, -s› mattonella f

brillant adj FIG ▷Rede brillante

Brillant m ‹-en, -en› (geschliffener Diamant) brillante m

Brille f ‹-, -n› **1** occhiali m/pl; [Sonnen-] occhiali m/pl da sole; [Lese-] occhiali m/pl da lettura; [Schutz-] occhiali m/pl protettivi; ◇ **alles durch die rosarote - sehen** vedere tutto rosa e fiori **2** (von Toilette) sedile m; **Brillengestell** n montatura f; **Brillenglas** n lente f; **Brillenschlange** f FAUNA serpente m dagli occhiali m

bringen ‹brachte, gebracht› vt **1** ↑ mitnehmen portare; ◇ **jd-n nach Hause -** portare qu a casa; ↑ begleiten condurre **2** → Profit ↑ einbringen rendere **3** ↑ veröffentlichen, THEAT, FILM dare; MEDIA pubblicare **4** FIG ◇ **jd-n dazu -, etw zu tun** convincere qu a fare qc; ◇ **jd-n auf e-e Idee -** suggerire un'idea a qu; ◇ **jd-n um etw - togliere** qc a qu

Brise f ‹-, -n› brezza f

Brite m, **Britin** f ‹-n, -n› britanno/a m; **britisch** adj britannico

bröck[e]lig adj friabile; **bröckeln** vi ← Kuchen, Putz, Gestein sbriciolarsi

Brocken m ‹-s, -› **1** [Brot-] pezzo m; [Fels-] masso m; ↑ Erdklumpen zolla f **2** FAM ↑ dicker Mensch ciccione m

Brokkoli pl broccoli m/pl

Brom n CHEM bromo

Brombeere f FLORA mora f; **Brombeerstrauch** m rovo m di more

Bronchien pl bronchi m/pl; **Bronchitis** f bronchite f

Bronze f ‹-, -n› bronzo m; **Bronzezeit** f età f del bronzo

Brosche f ‹-, -n› spilla f; **broschiert** adj ▷Buchausgabe legato in brossura

Broschüre f ‹-, -n› **1** opuscolo m **2** [Informations-, Werbe-] dépliant m **3** [Buch-] libro m rilegato in brossura

Brot n ‹-[e]s, -e› pane m; [Weiß-] pane m bianco; [Schwarz-] pane m nero; ↑ -laib pagnotta f; **Brötchen** n panino m; **Brotkrumen** pl briciole f/pl; **Brotrinde** f crosta f del pane; **Brotzeit** f ↑ Zwischenmahlzeit merenda f

Bruch m ‹-[e]s, Brüche› **1** ↑ Auseinanderbrechen rottura f **2** (von Beziehungen, Vertrag) rottura f **3** ↑ Riß spaccatura f **4** MED [Leisten-, Eingeweide-] ernia f; ◇ **sich e-n - heben** farsi venire l'ernia sollevando un peso **5** MED [Knochen-] frattura f; ◇ **sich e-n - zuziehen** procurarsi una frattura **6** MATH frazione f; **Bruchbude** f FAM ↑ altes Haus catapecchia f; **brüchig** adj fragile; **Bruchlandung** f atterraggio m con avaria; **Bruchstrich** m MATH segno m di frazione; **Bruchstück** n frammento m; **bruchstückhaft** adj frammentario; **Bruchteil** m frazione f; **Bruchzahl** f frazione f

Brücke f ‹-, -n› **1** (Bauwerk) ponte m; ◇ **die -n hinter sich abbrechen** rompere i ponti dietro di sé **2** MED [Zahn-] ponte m **3** SPORT ponte m **4** (Teppich) passatoia f; **Brückendeck** n NAUT ponte m di comando

Bruder m ‹-s, Brüder› **1** [Geschwister-] fratello m; [Kloster-] frate m **2** (FAM warmer -) finocchio m; **brüderlich** adj fraterno; **Brüderschaft** f fratellanza f; ◇ **mit jd-m - trinken** bere insieme per darsi del tu

Brühe f ‹-, -n› **1** ↑ Suppe, Fleischsaft brodo m **2** PEJ [Dreck-] brodaglia f

brüllen vi ← Löwe ruggire; ← Esel ragliare; ← Oberfeldwebel gridare; (vor Schmerzen) urlare; ← Baby vagire

brummen I. vi **1** ← Bär, Mensch brontolare; ← Fliege, Hummel ronzare; ← Motoren rombare; ↑ murren borbottare **2** FAM ← im Knast - ↑ Strafe absitzen stare in prigione **II.** vt: ◇ **er brummt etw in seinen Bart** brontola qc sotto sotto; ◇ **mir brummt der Kopf vor lauter Lernen** mi ronza la testa per aver tanto studiato; **brummig** adj ↑ mürrisch brontolone; ↑ verdrießlich noioso

brünett adj castano

Brunft f ‹-, Brünfte› (von Wild) fregola f

Brunnen m ‹-s, -› **1** [Spring-] fontana f **2** [Berg-] sorgente f; [Zieh-] pozzo m

brüsk adj brusco

Brust f ‹-, Brüste› petto m; ◇ **e-m Kind die - geben** dare il seno m al bambino; **brüsten** vr ◇ **sich -** vantarsi (mit di); **Brustfellentzündung** f pleurite f; **Brustkasten** m torace m; **Brustschwimmen** n nuoto m a rana; **Brustwarze** f ANAT capezzolo m; **Brustumfang** m circonferenza f [di petto]

Brüstung f balaustra f

Brut f ‹-, -en› **1** ↑ Nachkommenschaft covata f **2** (Vorgang) cova f **3** (künstliche -) incubazione f **4** PEJ ↑ Gesindel gentaglia f

brutal adj ↑ gewalttätig brutale; ↑ wild selvaggio; **Brutalität** f brutalità f

brüten vi **1** covare **2** (FIG scharf nachdenken) rimuginare; **Brutkasten** m incubatrice f; **Brutmaschine** f incubatrice f

B

brutto *adv* al lordo; **Bruttobetrag** *n* importo *m* al lordo; **Bruttogehalt** *n* reddito *m* lordo; **Bruttogewicht** *f* peso *m* lordo; **Bruttoinlandsprodukt** *n* prodotto *m* nazionale lordo

Brutzeit *f* periodo *m* di cova

Btx *Abk v.* **Bildschirmtext** Videotel ® *m*

Bub[e] *m* ⟨-n, -n⟩ [1] ↑ *Junge* ragazzo *m* [2] *(vierthöchste Spielkarte)* fante *m;* **Bubikopf** *m* taglio *m* alla maschietta

Buch *n* ⟨-[e]s, Bücher⟩ [1] *(gebundenes -)* libro *m* [2] *[Taschen-]* libro *m* tascabile [3] COMM ↑ *Geschäftsbuch* registro *m;* ◇ **die [Geschäfts-] Bücher führen** tenere la contabilità *f;* **Buchbesprechung** *f* recensione *f* di libri; **Buchbinder(in** *f)* *m* ⟨-s, -⟩ rilegatore(-trice *f*) di libri *m;* **Buchbinderei** *f* legatoria *f;* **Buchdrucker (in** *f)* *m* tipografo/a *m;* **Buchdruckfarbe** *f* inchiostro *m* da stampa

Buche *f* ⟨-, -n⟩ (FLORA *Laubbaum)* faggio *m*

Bucheinband *m* copertina *f*

buchen *vt* [1] → *Flug, Reise* prenotare [2] COMM → *Einahmen, Ausgaben* registrare

Bücherbrett *n* mensola *f;* **Bücherei** *f* libreria *f;* **Bücherfreund** *f* bibliofilo *m;* **Büchermagazin** *n* rivista *f* di libri; **Bücherregal** *n* scaffale *m;* **Bücherschrank** *m* libreria *f;* **Bücherstand** *m* bancarella *f* di libri; **Bücherwurm** *m* [1] tarlo *m* dei libri [2] FIG topo *m* di biblioteca

Buchfink *m* FAUNA fringuello *m*

Buchführung *f* contabilità *f;* **Buchhalter(in** *f)* *m* ⟨-s, -⟩ contabile *m/f;* **Buchhaltung** *f* contabilità *f;* **Buchhandel** *m* commercio *m* libraio; **Buchhändler(in** *f)* *m* libraio/a *m;* **Buchhandlung** *f* libreria *f;* **Buchmacher(in** *f)* *m* allibratore(-trice *f*) *m*

Buchse *f* [Stecker-] boccola *f*

Büchse *f* ⟨-, -n⟩ [1] [Blech-] barattolo *m*, scatola *f* [2] ↑ *Gewehr* fucile *m;* **Büchsenfleisch** *n* carne *f* in scatola; **Büchsenöffner** *m* apriscatola *m*

Buchstabe *m* ⟨-ns, -n⟩ [1] lettera *f* [dell'alfabeto]; ◇ **kleine/große** - lettera *f/pl* minuscole/maiuscole [2] TYP carattere *m;* **buchstabieren** *vt* fare lo spelling; **buchstäblich** *adj* [1] *(Buchstabe für Buchstabe)* letteralmente [2] FIG ◇ **mir wurde - schlecht** ↑ *regelrecht* mi sentii proprio male

Bucht *f* ⟨-, -en⟩ [Meeres-] golfo *m;* (kleine -) insenatura *f*

Buchung *f* [1] *(von Reise, Platz)* prenotazione *f* [2] COMM registrazione *f*

Buckel *m* ⟨-s, -⟩ [1] *(auf Rücken)* gobba *f* [2] FAM ↑ *Rücken* groppa *f;* ◇ **du kannst mir den runter rutschen** va' al diavolo !; **buckelig** *adj* [1] ▷*Mensch* gobbo [2] ▷*Piste* accidentato

bücken *vr* ◇ **sich** - *(nach unten)* chinarsi; *(nach hinten)* piegarsi indietro; *(zur Seite)* piegarsi di lato

Bucklige(r) *fm* gobbo/a *m*

Bückling *m* [1] ↑ *Verbeugung* inchino *m* [2] *(Fisch)* arringa *f* affumicata

Buddha *m* Budda *m*

Bude *f* ⟨-, -en⟩ [1] baracca *f; PEJ* ↑ *baufälliges Haus* catapecchia *f* [2] *[Verkaufs-]* bancarella *f* [3] FAM *[Studenten-]* stanza *f* [4] ↑ *Lokal* ◇ **die - dicht machen** chiudere [il locale]

Budget *n* ⟨-s, -s⟩ budget *m*

Büfett *n* ⟨-s, -s⟩ [1] ↑ *Küchenschrank* credenza *f* [2] ↑ *Ausschank* banco *m* [3] *(-tisch)* tavolo *m* per buffet; ◇ **kaltes** - buffet *m* freddo

Büffel *m* ⟨-s, -⟩ [1] *[Prärie-]* bufalo *m* della prateria *f* [2] *(FIG ungehobelte Person)* gonzo *m*

büffeln *vt, vi FAM* ↑ *angestrengt lernen* sgobbare su

Bug *m* ⟨-[e]s, -e⟩ *[Schiffs-, Flugzeug-]* prua *f; FIG* ◇ **jd-n eins vor den - knallen** dare a qu un pugno sul muso

Bügel *m* ⟨-s, -⟩ [1] *[Kleider-]* gruccia *f* [2] *[Brillen-]* stanghetta *f* [3] *[Steig-]* staffa *f* [4] *[Halte-]* manico *m;* **Bügelbrett** *n* asse *f* da stiro; **Bügeleisen** *n* ferro *m* da stiro; **Bügelfalte** *f* piega *f* dei calzoni; **bügelfrei** *adj* che non necessita di stiratura; **Bügelmaschine** *f* mangano *m;* **bügeln**, *vt, vi* → *Hosen* stirare; **Bügelwäsche** *f* panni *m/pl* da stirare

Bühne *f* ⟨-, -n⟩ [1] *[Theater-]* scena *f; FIG* ↑ *Podium* palcoscenico *m;* ◇ **es ging alles glatt über die** - andò tutto liscio [2] AUTO *[Hebe-, Werkstatt-]* ponte *m* sollevatore [3] *SCHWEIZ* ↑ *Dachboden* soffitta *f;* **Bühnenarbeiter(in** *f)* *m* operatore(-trice *f*) scenico *m;* **Bühnenbild** *n* scenario *m;* **Bühnenbildner(in** *f)* *m* scenografo/a *m;* **Bühnendekoration** *f* decorazione *f* della scena

Bukett *n* ⟨-s⟩ [1] ↑ *Blumenstrauß* mazzo *m* di fiori [2] *(von Wein)* bouquet *m*

Bulette *f* GASTRON polpetta *f*

Bullauge *n* oblò *m*

Bulldogge *f* bulldog *m*

Bulle *m* ⟨-n, -n⟩ [1] toro *m* [2] FIG ↑ *starker Mann* omaccione *m* [3] FAM ↑ *Polizist* sbirro *m*

Bumerang *m* bumerang *m*

Bummel *m* ⟨-s, -⟩ *[Schaufenster-]* giro *m* per i negozi; *[Stadt-]* giro *m* per la città; **bummeln** *vi* [1] ↑ *schlendern* girellare [2] ↑ *träge arbeiten* battere la fiacca; **Bummelstreik** *m* sciopero *m* bianco; **Bummelzug** *m* treno *m* lumaca

bums *intj* tonfete!; **Bums** *m* FAM ↑ *dumpfer Schlag* botta *f*

bumsen I. vi ① (zwei Autos) cozzare ② (gegen die Tür) sbattere ③ FAM! scopare **II.** vt FAM! scopare

Bund ¹ m ⟨-[e]s, Bünde⟩ ① ↑ Verein associazione f ② POL federazione f; ↑ Bündnis alleanza f ③ [Hosen-] cintura f

Bund ² n ⟨-[e]s, -e⟩ [Schlüssel-] mazzo m; [Zeitungs-] ↑ Bündel fascio m

Bündchen n (am Arm) polsino m

Bündel n ⟨-s, -⟩ ① (von Zeitungen, Banknoten) mazzo m ② ↑ Paket fagotto m ③ PHYS [Strahlen-] fascio m di radiazione; **bündeln** vt legare insieme a fasci

Bundesautobahn f autostrada f federale; **Bundesbahn** f (Bundesbahn u. Reichsbahn) ferrovie f/pl federali; **Bundesgerichtshof** m corte f suprema federale; **Bundeskanzler(in** f) m cancelliere m federale; **Bundesland** n regione f federale, Land m; **Bundespräsident(in** f) m presidente (essa) federale m; **Bundesrat** m consiglio m federale; **Bundesrepublik** f Repubblica f federale; **Bundesstaat** m stato m federale; **Bundesstraße** f strada f statale; **Bundestag** m dieta f federale; **Bundesverfassungsgericht** n corte f costituzionale; **Bundeswehr** f esercito m federale

bündig adj ↑ kurz conciso

Bundfaltenhose f pantaloni m/pl con le pince

Bündnis n alleanza f

Bundweite f [Hosen-] cintura f

Bungalow m ⟨-s, -s⟩ bungalow m

Bunker m ⟨-s, -⟩ ① ↑ Luftschutzkeller rifugio m [antiaereo] ② SPORT buca f

Bunsenbrenner m becco m di Bunsen

bunt adj ① colorato ② ↑ gemischt multiforme; ◇ jd-m wird es zu ~ qu perde la pazienza; **Buntstift** m pastello m

Bürde f ⟨-, -en⟩ peso m

Burg f ⟨-, -en⟩ ↑ Festung fortezza f; [Sand-] castello m

Bürge m ⟨-n, -n⟩ garante m/f; **bürgen** vi ↑ einstehen garantire (für per)

Bürger(in f) m ⟨-s, -⟩ ① [Staats-] cittadino/a m ② (PEJ einfacher Mensch) borghesuccio/a m; **Bürgerinitiative** f iniziativa f dei cittadini; **Bürgerkrieg** m guerra f civile; **bürgerlich** adj ① (Staats-) civile; ◇ B-es Gesetzbuch codice m civile ② ↑ einfach borghese; PEJ ↑ spießig piccolo borghese; ◇ gut -e Küche cucina f regionale; **Bürgermeister(in** f) m sindaco m; **Bürgerrecht** n diritto m civile; **Bürgersteig** m ⟨-[e]s, -e⟩ marciapiede m; **Bürgertum** n borghesia f

Bürgschaft f garanzia f; ◇ ~ hinterlegen/leisten fornire una garanzia

Burgunder m borgognone m

Burgverlies n segreta f del castello

Büro n ⟨-s, -s⟩ ① ↑ Dienststelle ufficio m; [Auskunfts-] ufficio m informazioni ② ↑ Zweigfirma agenzia f; **Büroangestellte(r)** f m impiegato/a m; **Büroarbeit** f lavoro m d'ufficio; **Büro[hoch]haus** n palazzo m per uffici; **Bürokommunikation** f communicazione f d'ufficio; **Büroklammer** f clip f

Bürokrat(in f) m ⟨-en, -en⟩ burocrate m/f; **Bürokratie** f burocrazia f; **bürokratisch** adj burocratico

Bürolampe f lampada f da ufficio

Bursch[e] m ⟨-en, -en⟩ ragazzo m; ↑ kleiner Junge ragazzino m; **Burschenschaft** f associazione f studentesca; **burschikos** adj ① da ragazzo ② ↑ salopp disinvolto

Bürste f ⟨-, -n⟩ [Reinigungs-, Haar-] spazzola f; **bürsten** vt spazzolare

Bus m ⟨-ses, -se⟩ ① [Auto-] autobus m ② PC bus m

Busch m ⟨-[e]s, Büsche⟩ ① ↑ Strauch arbusto m; (dicht aneinander) macchia f ② [Feder-] pennacchio m; **Buschwald** m foresta f tropicale; **Büschel** n ⟨-s, -⟩ ① [Haar-] ciocca f ② [Gras-] cespo m; **buschig** adj cespuglioso

Busen m ⟨-s, -⟩ ① [Frauen-] seno m ② [Meer-] golfo m

Bushaltestelle f fermata f dell'autobus

Business n FAM ↑ Geschäft affari m/pl

Buße f ⟨-, -n⟩ penitenza f; **Büßer(in** f) m ⟨-s, -⟩ REL penitente m/f; **Bußgeld** n ammenda f; **büßen** vt (für Leichtsinn) pagare per; → Sünden, Straftat espiare

Bussard m FAUNA poiana f

Büste f ⟨-, -n⟩ busto m

Büstenhalter m ↑ BH reggiseno m

Butt m rombo m

Butter f burro m; FAM ◇ alles in ~ tutto a posto; **Butterblume** f FLORA ranuncolo m; **Butterbrot** n pane m imburrato; **Butterbrotpapier** n carta f oleata; **Butterdose** f burriera f; **Butterkeks** m biscotto m al burro; **Buttermilch** f latticello m; **buttern I.** vi fare il burro **II.** vt → Toast, Brot imburrare; ◇ Geld in ein Geschäft ~ investire denaro in un affare

Button m ⟨-s, -s⟩ distintivo m

Byte n ⟨-s, -s⟩ (PC acht Bit) byte m

bzw. adv Abk v. beziehungsweise opp., risp.

C

C, c n ① C, c f ② MUS do m

ca. Abk v. **circa** circa, pressa poco

Café n ⟨-s, -s⟩ caffè m, caffetteria f, bar m; **Cafeteria** f ⟨-, -s⟩ caffetteria f

Calcium n ⟨-s⟩ CHIM calcio m

Calvados® m ⟨-, -⟩ Calvados m

Camembert m ⟨-s, -s⟩ camembert m

Camp n ⟨-s, -s⟩ campeggio m

campen vi campeggiare; **Camper(in** f) m ⟨-s, -⟩ ① (Person) campeggiatore(-trice f) m ② (Wohnmobil) camper m; **Camping** n ⟨-s⟩ campeggio m; **Campingbus** m (Wohnmobil) camper m; **Campingkocher** m fornello m da campeggio; **Campingplatz** m campeggio m

Cape n ⟨-s, -s⟩ [Regen-] mantella f

Cappuccino m ⟨-[s], -[s]⟩ cappuccino m

Caravan m ⟨-s, -s⟩ roulotte f

Cäsium n ⟨-s⟩ cesio m

Catcher(in f) m ⟨-s, -⟩ lottatore(-trice f) m di catch

CB-Funk m banda f cittadina

CD f ⟨-, -s⟩ Abk v. **Compact Disc** Compact Disk; ◇ **-s abspielen** far sonare un Compact Disk

CD-Spieler m lettore m di Compact Disk

Cedille f ⟨-, -n⟩ cediglia f

Cellist(in f) m ⟨-en, -en⟩ violoncellista m/f; **Cello** n ⟨-s, Celli o. -s⟩ [Violon-] violoncello m

Cellophan® n ⟨-s, -e⟩ cellophane m

Celsius n ⟨-, -⟩ Celsius m; ◇ **Wasser siedet bei 99 Grad** - l'acqua evapora a 99 gradi centigradi/Celsius

Cembalo n ⟨-s, -s⟩ clavicembalo m

Center n ⟨-s, -⟩ [Verkaufs-] centro m di vendita

Chamäleon n ⟨-s, -s⟩ auch FIG camaleonte m

Champagner m ⟨-s, -⟩ champagne m

Champignon m ⟨-s, -s⟩ fungo m prataiolo

Chance f ⟨-, -n⟩ occasione f favorevole; [Gewinn-n] occasione f; ◇ **gute -n haben** avere buone prospettive f/pl; **Chancengleichheit** f uguaglianza f di possibilità

Chanson n ⟨-s, -s⟩ canzone f, canzonetta f

Chaos n ⟨-⟩ caos m; **Chaot(in** f) m ⟨-en, -en⟩ ① ↑ verworrene Person caotico/a m ② (POL politisch, kriminell) estremista m/f; **chaotisch** adj ↑ verworren, ungeordnet ▷Ablauf caotico

Charakter m ⟨-s, -e⟩ ↑ Wesen, Eigenschaften carattere m; **charakterfest** adj ↑ seelisch ausgeglichen risoluto; **charakterisieren** vt → Person, Sache caratterizzare; **Charakteristik** f (von Person, von Film) caratterizzazione f; **charakteristisch** adj ↑ Wesenszug caratteristico (für di); **charakterlos** adj ▷Mensch, Stadt senza carattere; **Charakterlosigkeit** f assenza f di carattere; **Charakterrolle** f ruolo m di caratterista; **Charakterschwäche** f debolezza f di carattere; **Charakterstärke** f forza f di carattere; **Charakterzug** m ↑ Wesenszug tratti m/pl caratteristici; (von Menschen) caratteristica f

Charisma n ⟨-s, -mata o. -men⟩ ↑ Ausstrahlung carisma f

charmant adj ▷Mensch affascinante; **Charme** m ⟨-s⟩ fascino m, leggiadria f

Charta f ⟨-, -s⟩ carta f costituzionale

Charter m ⟨-s, -s⟩ charter m; **Charterflug** m volo m charter; **Charterflugzeug** n aereoplano m charter, charter m; **Chartergesellschaft** f compagnia f charter; **chartern** vt → Flugzeug, Schiff prendere a noleggio

Charts pl ↑ Hitliste charts m/pl

Chassis n ⟨-, -⟩ (von Auto) telaio m

Chauffeur(in f) m autista m/f

Chauvi m ⟨-s, -s⟩ FAM ↑ Macho maschilista m; **Chauvinismus** m ① (übersteigerte Vaterlandsliebe) sciovinismo m ② (Machismo) maschilismo m; **Chauvinist(in** f) m ① POL sciovinista m/f ② ↑ Macho maschilista m/f; **chauvinistisch** adj sciovinistico

checken vt ① → Passagiere controllare ② FAM ↑ kapieren capire ③ SPORT ↑ anrempeln dare uno spintone a

Chef(in f) m ⟨-s, -s⟩ ① (von Organisation) capo m; COMM titolare m ② ↑ Vorgesetzter superiore m; ◇ **er ist der Chefkoch** è il capocuoco; **Chefarzt** m, **Chefärztin** f primario m/f; **Chefkameramann** m capo m cameramen; **Chefredakteur(in** f) m capo m redattore; **Chefsekretär(in** f) m segretario/a del dirigente m

Chemie f ⟨-⟩ chimica f; ◇ **organische/anorganische** - chimica f organica/inorganica; **Chemiefaser** f fibra f sintetica; **Chemikalien** pl prodotti m/pl chimici; **Chemiker(in** f) m ⟨-s, -⟩ chimico/a m; **chemisch** adj chimico; ◇ **etw - behandeln** trattare chimicamente; ◇ **-e Reinigung** (Behandlung) lavaggio m a secco; (Laden) lavasecco m

Chemotherapie f chemioterapia f

Chicorée f o m ⟨-s⟩ (Pflanze) cicoria f belga

Chiffre f ⟨-, -n⟩ ↑ Code segno m convenzionale; **Chiffreanzeige** f inserzione f con un numero; **chiffrieren** vt ↑ verschlüsseln cifrare

China n ⟨-s⟩ Cina f; **Chinese** m ⟨-n, -n⟩, **Chinesin** f cinese m/f; **chinesisch** adj cinese

Chinin n ⟨-s⟩ MED chinino m

Chip m ⟨-s, -s⟩ ① PC [Mikro-] chip m ② [Spiel-] gettone m

Chips pl [*Knabber-*] patatine *f* fritte

Chirurg(in *f*) *m* ⟨-en, -en⟩ chirurgo *m/f*; **Chirurgie** *f* chirurgia *f*; **chirurgisch** adj chirurgico

Chitin *n* ⟨-s⟩ chitina *f*

Chlor *n* ⟨-s⟩ cloro *m*; **chlorieren** vt → *Wasser* clorurare

Clorid *n* ⟨-s, -e⟩ cloruro *m*

Chloroform *n* ⟨-s⟩ cloroformio *m*

Chlorophyll *n* ⟨-s⟩ clorofilla *f*

Chlorsäure *f* acidi *m/pl* di cloro

Choke *m* ⟨-s, -s⟩ AUTO starter *m*

Choker *m* ⟨-s, -⟩ AUTO valvola *f* dell'aria

Cholera *f* ⟨-⟩ colera *f*

cholerisch adj ▷*Mensch* collerico

Cholesterin *n* ⟨-s⟩ colesterina *f*

Chor *m* ⟨-[e], Chöre⟩ ① [*Sänger-*] coro *m* ② (*Gesangsstück*, THEAT [*Sprech-*]) coro *m* ③ (*Altarraum*) coro *m*; ↑ *Empore* cantoria *f*

Choral *m* ⟨-s, Choräle⟩ corale *m*

Choreograph(in *f*) *m* ⟨-en, -en⟩ coreografo/a *m*; **Choreographie** *f* coreografia *f*

Chorgestühl *n* stalli *m/pl* del coro; **Chorknabe** *m* ragazzo *m* cantore; **Chorsänger** *m* corista *m/f*

Christ(in *f*) *m* ⟨-en, -en⟩ (*Gläubige*) cristiano/a *m*; **Christbaum** *m* albero *m* di Natale; **Christenheit** *f* cristianità *f*; **Christentum** *n* cristianesimo *m*; **Christenverfolgung** *f* persecuzione *f* dei cristiani; **Christkind** *n* ① ↑ *Jesus Christus* Gesù Bambino *m* ② ↑ *Weihnachtsmann* Babbo Natale *m*; **christlich** adj cristiano; **Christus** *m* ⟨-⟩ Cristo *m*; ◇ **vor** - [*o. Christi*] *Geburt* avanti Cristo; ◇ **nach** - [*o. Christi*] *Geburt* dopo Cristo; ◇ **Christi Himmelfahrt** Ascensione *f* di Cristo

Chrom *n* ⟨-s⟩ CHIM cromo *m*

chromatisch adj cromatico

Chromosom *n* ⟨-s, -en⟩ BIO [*Geschlechts-*] cromosomo *m*

Chronik *f* cronaca *f*

chronisch adj cronico

Chronist *m* ⟨-en, -en⟩ cronista *m/f*; **chronologisch** adj cronologico

Chronometer *n* ⟨-s, -⟩ cronometro *m*

Chrysantheme *f* ⟨-, -n⟩ (*Zierblume*) crisantemo *m*

CIA *m* Abk v. *Central Intelligence Agency* servizi segreti americani

circa adv ↑ *ungefähr* all'incirca

City ⟨-, -n⟩ ↑ *Innenstadt* centro *m*

Clan *m* ⟨-s, -e o. -s⟩ clan *m*

clever adj ▷*Person* scaltro

Clinch *m* ↑ *Umklammerung* stretta *f*; ◇ **im - mit jd-m liegen** ↑ *streiten* essere in discordia *f* con qu

Clip *m* ⟨-s, -s⟩ ① [*Ohr-*] clip *f* ② [*Video-*] clip *m*.

Clique *f* ⟨-, -n⟩ ① ↑ *Clan* clan *m* ② ↑ *Freundeskreis* combriccola *f*; **Cliquenwirtschaft** *f* PEJ clientelismo *m*

Clou *m* ⟨-s, -s⟩ ↑ *Höhepunkt* momento *m* culminante

Clown *m* ⟨-s, -s⟩ clown *m*

Cockpit *n* ⟨-s, -s⟩ AERO cabina *f* di pilotaggio

Cocktail *m* ⟨-s, -s⟩ cocktail *m*

Cognac *m* ⟨-s, -s⟩ cognac *m*

Coiffeur *m* ⟨-s, -e⟩, **Coiffeuse** *f* ⟨-, -en⟩ (*Schweiz*) parrucchiere/a *m*

Comeback *n* ⟨-s, -s⟩ ritorno *m*, rentrée *f*

Comic *m* ⟨-s, -s⟩ ↑ *Bildgeschichte* fumetto *m*

Compact Disc *f* ⟨-, -s⟩ Compact Disk *m*

Computer *m* ⟨-s, -⟩ computer *m*; **computergesteuert** adj diretto da computer; **computerisieren** vt computerizzare; **Computerspiel** *n* gioco *m* elettronico; **Computertomograph** *n* ⟨-en, -en⟩ computer *m* per tomografie; **Computertomographie** *f* ⟨-, -n⟩ tomografia *f* computerizzata; **Computervirus** *m* (*Zerstörungsprogramm*) virus *m*

Conférencier *m* ⟨-s, -s⟩ presentatore(-trice *f*) *m*

Container *m* ⟨-s, -⟩ [*Schiffs-*, *Müll etc.*] container *m*; **Containerbahnhof** *m* stazione *f* a container; **Containersiedlung** *n* (*mit Asylanten, Aussiedlern*) località *f* con container abitabili

cool adj ▷*Typ* sicuro di sé, calmo; FAM ganzo

Copyright *n* ⟨-s, -s⟩ copyright *m*

Couch *f* ⟨-, -s o. -en⟩ divano *m*

Countdown *m o n* ⟨-[s], -s⟩ conteggio *m* alla rovescia, count-down *m*

Coupé *n* ⟨-s, -s⟩ AUTO [*Sport-*] coupé *m*

Coupon *m* ⟨-s, -s⟩ coupon *m*

Courage *f* ⟨-⟩ ↑ *Mut* coraggio *m*

Cousin *m* ⟨-s, -s⟩, **Cousine** *f* ⟨-, -n⟩ cugino/a *m*

Cover *n* ⟨-s, -s⟩ ↑ *Titelblatt*, *Plattenhülle* copertina *f*

Cowboy *m* ⟨-s, -s⟩ cowboy *m*

Crack *m* ⟨-s, -s⟩ [*Mathe-*, *Sport-*] asso *m*

Cracker *m* ⟨-s, -[s]⟩ ↑ *Kleingebäck* cracker *m*

Crash *m* ⟨-s, -s⟩ ↑ *Unfall* scontro *m*; ◇ **e-n - bauen** causare uno scontro

Creme *f* ⟨-, -s⟩ ① (*allg.*) crema *f* ② [*Schuh-*] lucido *m* per scarpe; [*Zahn-*] pasta *f* dentifricia ③ [*Schokoladen-*, *Weißwein-*] crema *f* ④ (*von Gesellschaft*) fior fiore *m*; **cremefarben** adj color crema

Croissant *n* ⟨-s, -s⟩ croissant *m*

Croupier *m* ⟨-s, -s⟩ croupier *m*

Crux *f* ⟨-⟩ ① ↑ *Last* pena *f* ② ↑ *Schwierigkeit* difficoltà *f*

Curriculum *n* ⟨-s, -cula⟩ ↑ *Lehrplan* curriculum *m*

Curry[pulver] *m o n* ⟨-s, -⟩ curry *m*; **Curry-wurst** *f* salsiccia *f* al curry

Cursor *m* ⟨-s, -⟩ PC ↑ *Schreibmarke* cursore *m*

cutten *vt* → *Film, Tonband* tagliare

D

D, d *n* D, d *f*; MUS re *m*

da I. *adv* ① *räumlich* ↑ *dort* là, lì; ◇ - **ist das Haus** la casa è là; ↑ *hier* qui, qua; ◇ -, **wo wir herkommen** ... da dove proveniamo noi ② *zeitlich* ↑ *dann* allora; ◇ **von** - **an** da allora in poi ③ ↑ *in dieser Hinsicht* in quel caso; ◇ - **kann man nichts machen** allora non si può fare niente II. *cj* ↑ *weil* poiché; ◇ **ich konnte nicht kommen, - ich krank war** dato che ero malato non potevo venire

dabei *adv* ① *(in der Nähe)* vicino; ↑ *inbegriffen* compreso; ◇ **ein Garten ist auch - (beim Haus)** ↑ *angeschlossen* c'è anche un giardino accanto ② ↑ *währenddessen* nello stesso tempo ③ ↑ *obwohl, obgleich* eppure; ◇ **er hat Erfolg, - er so unfreundlich** ha successo eppure è così sgarbato ④ *(bei/hinsichtlich dieser Sache)* ◇ **was ist schon -, wenn ich** ... che male c'è se faccio ...; ◇ - **bleibt es!** basta così!; **dabeibleiben** *unreg vi (bei seiner Meinung)*: ◇ **ich bleibe** - continuo a pensarlo; *(bei e-r Tätigkeit)* continuare; *(bei e-r Firma)* rimanere; **dabeisein** *unreg vi* ① ↑ *anwesend sein* esserci ② ↑ *teilnehmen* partecipare; ◇ **ich bin dabei!** ci sto! ③ ◇ **ich war gerade dabei, loszufahren** ↑ *im Begriff sein* stavo per partire

Dach *n* ⟨-[e]s, Dächer⟩ *(Haus-)* tetto *m*; ◇ **etw unter - und Fach bringen** condurre a buon termine; **Dachboden** *m* soffitta *f*; **Dachdecker** *(in f)* *m* ⟨-s, -⟩ copritetto *m/f*; **Dachfenster** *n* abbaino *m*; **Dachpappe** *f* cartone *m* catramato; **Dachrinne** *f* grondaia *f*; **Dachziegel** *m* tegola *f*

Dachs *m* ⟨-es, -e⟩ tasso *m*

dachte *impf v.* denken

Dackel *m* ⟨-s, -⟩ bassotto *m* tedesco

dadurch I. *adv* ↑ *infolgedessen* così; ◇ - **hat er uns sehr unterstützt** in tal modo ci ha aiutato; ↑ *deshalb* perciò; ◇ **es hat - viel Ärger gegeben** per questa ragione c'era molta confusione II. *cj*: ◇ **D-, daß er fortgegangen ist,** ... Con la sua partenza ...

dafür *adv* ① *(für diese Sache)* per questo; ◇ - **ist er noch zu jung** è ancora troppo giovane per fare questo; ◇ **wir können nichts** - non è colpa nostra ② *(als Gegenleistung)* in cambio ③ *(infolgedessen)* ◇ - **muß er büßen** per questo deve pagare ④ ↑ *wenn man bedenkt* considerando il fatto che ⑤ ◇ **ein Medikament - einnehmen** *(gegen etw)* prendere una medicina contro questo ⑥ ◇ **er trat - ein, daß** ... ↑ *befürworten* propugnava che ...

dagegen I. *adv* ◇ **ich habe nichts** - non ho nullo in contrario; ◇ **ich bin** - sono contrario; ◇ - **gibt es keine Medizin** contro questo non c'è rimedio II. *cj* ↑ *hingegen, jedoch* invece; ◇ **ich bin genau, er - nicht** sono precisa, lui invece no

daheim *adv* a casa

daher I. *adv* ① *(räumlich)* di lì; ◇ **von - kommen viele Einwanderer** da quella parte provengono molti immigranti ② *(Ursache)* da ciò; ◇ **alles kommt nur -, daß** ... tutto solo perché ... II. *cj* ↑ *deswegen, darum* perciò; ◇ - **sind alle traurig** perciò tutti sono tristi

dahin *adv* ① *räumlich* ↑ *an diesen Ort, dorthin* là; ◇ **lege das Buch** - metti il libro là ② *zeitlich* ↑ *bis zu dem Zeitpunkt* fino a questo punto; ◇ **bis - bin ich mit der Arbeit fertig** fino allora ho finito di lavorare ③ ↑ *verloren, vergangen* finito; ◇ **die Jugend ist** - la gioventù è passata ④ ◇ **die Parteien haben sich -[gehend] geäußert** *(in bestimmter Weise)* i partiti si sono espressi in tal senso

dahinten *adv* ↑ *an jenem Ort, dort* laggiù

dahinter *adv* ① *(räumlich)* ◇ **hier ist die Post und - die Apotheke** qui sono le poste e là dietro la farmacia ② ◇ **viel Getue und nichts** - molta confusione e niente sotto; **dahinterkommen** *unreg vi* ① ↑ *herausfinden* scoprire ② ↑ *endlich verstehen* capire finalmente

dalassen *unreg vt*: ◇ **den Schlüssel kannst du** - puoi lasciare la chiave qui

dalli *adv*: ◇ - **los, schnell, -, -!** avanti, dai, dai!

damalig *adj*: ◇ **das -e Ereignis** l'evento di quel tempo; ◇ **der -e Offizier** l'ufficiale di allora; **damals** *adv* ↑ *zu jener Zeit* allora

Dame *f* ⟨-, -n⟩ ① *(Frau)* signora *f* ② *(Brettspiel)* dama *f*; *(Spielkarte, Schachfigur)* regina *f* ③ ◇ **Sehr geehrte -n und Herren** signore e signori; **damenhaft** *adj* da signora; **Damenfahr-rad** *n* bicicletta *f* da donna; **Damenwahl** *f* scelta *f* del cavaliere da parte dalla dama

damit I. *adv (mit etw)*: ◇ **man kann den Stuhl - reparieren** è possibile fissare la sedia con ciò; ◇ **ich bin - einverstanden** sono d'accordo [con questo]; ◇ **was meinen Sie -?** cosa intende con ciò?; ◇ **Schluß -!** basta con queste storie! II. *cj*

D

final ↑ *zu dem Zweck, daß* perché; ◇ **wir haben ihn gerufen, - er es auch sieht** l'abbiamo chiamato perché possa vederlo anche lui

dämlich *adj* ↑ *blöd, dumm* sciocco

Damm *m* ⟨-[e]s, Dämme⟩ [1] *(Stau-)* diga *f*; *(Bahn-)* terrapieno *m*; FIG ◇ **wieder auf dem - sein** essere di nuovo a posto [di salute] [2] ANAT perineo *m*

dämmern *vi* [1] ← *Morgen* albeggiare; ← *Abend* imbrunire [2] ↑ *im Halbschlaf sein* essere mezzo addormentato; FIG ◇ **endlich dämmerte es ihm** *(begreifen)* finalmente cominciò a capire; **Dämmerung** *f (Morgen-)* alba *f*; *(Abend-)* crepuscolo *m*

Dämon *m* ⟨-s, -en⟩ demonio *m*

Dampf *m* ⟨-[e]s, Dämpfe⟩ *(Wasser-)* vapore *m*; FIG ◇ **da ist kein - dahinter** *(kein Schwung)* in questo manca lo slancio; **Dampfbügeleisen** *n* ferro *m* da stiro a vapore; **dampfen** *vi* fumare

dämpfen *vt* [1] GASTRON cuocere a vapore [2] → *Kleider* vaporizzare [3] → *Lautstärke, Ehrgeiz* smorzare

Dampfer *m* ⟨-s, -⟩ *(Schiff)* piroscafo *m*

Dampfkochtopf *m* pentola *f* a pressione; **Dampfmaschine** *f* macchina *f* a vapore

danach *adv* [1] *räumlich* ↑ *dahinter* dopo [2] *(zeitlich, hinterher, anschließend)* dopo, in seguito; ◇ **erst das Hauptgericht und - die Nachspeise** prima il secondo e poi il dolce [3] *(nach etwas)* ◇ **ich sehne mich -** ne sento il desiderio [4] *([dem]entsprechend)* conformemente; ◇ **es sieht ganz - aus ...** pare che ...

Däne *m* ⟨-n, -n⟩, danese *m*

daneben *adv* [1] *(räumlich)* accanto; ◇ **es steht -** è lì accanto [2] ↑ *außerdem* ◇ **- besitzt er ein Haus** inoltre possiede una casa [3] ↑ *im Vergleich dazu* ◇ **- sieht er alt aus** in confronto a lui/lei fa una brutta figura; **danebenbenehmen** *unreg vr* ◇ **sich -** comportarsi male; **danebengehen** *unreg vi* ← *Schuß* mancare il bersaglio; ← *Vorhaben* fallire

Dänemark *n* Danimarca *f*; **Dänin** *f* danese *f*; **dänisch** *adj* danese

dank *präp gen o dat* grazie a; **Dank** *m* ⟨-[e]s⟩ [1] ◇ **vielen [herzlichen] -!** mille grazie!; ◇ **jd-m - sagen** ringraziare qu [2] *(Dankbarkeit)* gratitudine *f*; ◇ **jd-m zu - verpflichtet sein** essere obbligato verso qu [3] *(Belohnung, Lohn)* ringraziamento *m*; **dankbar** *adj* [1] ↑ *von Dank erfüllt* grato [2] ▷*Pflanze, Stoff* ↑ *strapazierfähig* buono, resistente [3] ▷*Publikum* ↑ *aufnahmebereit* buono, caloroso [4] ▷*Rolle, Aufgabe* ↑ *lohnend* remunerativo; **Dankbarkeit** *f* gratitudine *f*; **danke** *intj* grazie; **danken** *vi* [1] ◇ **wir - Ihnen sehr/**

herzlichst Vi ringraziamo vivamente/di tutto cuore [2] ◇ **wie soll ich ihm das bloß -?** *(vergelten)* come potrei ricompensarlo per tutto che ha fatto?; **Danksagung** *f (in Todesanzeige)* ringraziamento *m*

dann *adv* [1] *(zeitlich)* poi; *(danach)* in seguito; ◇ **nimm erst die Bahn und - den Bus** prima prendi il treno e poi l'autobus [2] *(außerdem)* inoltre; ◇ **- gibt es da noch Viren** eppoi ci sono anche i viri

daran *adv* [1] *(an Gegenstand)* ci, vi; ◇ **das Schloß - ist kaputt** non è rotta la serratura [2] *(kausal, an etw)* ◇ **es liegt -, daß ...** dipende dal fatto che ... [3] *(danach)* ◇ **im Anschluß - werden wir ...** in seguito faremo [4] *(auf größeren Zusammenhang verweisend)* ◇ **sie glaubt - ci crede**; ◇ **er ist - zugrunde gegangen** è morto di questo; ◇ **- kann man nichts ändern** non c'è nulla da fare [5] ◇ **sie war nahe - aufzuhören** ↑ *unmittelbar davor* era sul punto di smettere; **daranmachen** *vr:* ◇ **sich -, etw zu tun** mettersi a fare qc; **daransetzen** *vt:* ◇ **sie hat alles darangesetzt, um ihn loszuwerden** ha fatto tutto per liberarsi di lui

darauf *adv* [1] *(auf etw)* su questo; ◇ **schnurstracks - zugehen** dirigersi direttamente verso qc [2] *(zeitlich, im Anschluß an)* dopo; ◇ **kurz/bald -** poco dopo; ◇ **ein paar Wochen -** qualche settimana più tardi [3] ◇ **- kannst du Gift nehmen** FAM *(dessen kannst du dir sicher sein)* puoi starne certo; ◇ **es kommt ganz - an, ob ...** dipende da ...; **darauffolgend** *adj* ▷*Woche* seguente; **daraufhin** *adv* [1] ↑ *in bezug auf* ◇ **etw - testen, ob es ...** controllare qc sotto l'aspetto di ... [2] ↑ *hierauf, deshalb* in seguito a; ◇ **- ging er nach Hause** poi ritornò a casa

daraus *adv* [1] ▷*entnehmen* da ciò [2] *(aus Material)* di questo; ◇ **ich mache e-n Pullover -** farò un golf di questo [3] *(aus Tatsache)* ne; ◇ **welche Schlüsse ziehen sie -?** quali conclusioni ne trarreranno?; ◇ **- geht hervor, daß ...** ne risulta che ...

darbieten *vt* [1] ↑ *anbieten* offrire [2] ↑ *aufführen* presentare, dare

darin *adv* *(in bestimmter Sache)* in ciò

darlegen *vt* ▷*Sachverhalt* esporre

Darlehen *n* ⟨-s, -⟩ ↑ *Kredit[summe]* prestito *m*

Darm *m* ⟨-[e]s, Därme⟩ [1] ANAT intestino *m* [2] *(Kunst-, Wurst-)* budello *m*

darstellen I. *vt* [1] ▷*bildlich* illustrare [2] *(auf Bühne)* rappresentare [3] → *Sachverhalt* esporre; ◇ **das Angebot stellt e-e große Herausforderung dar** ↑ *bedeuten* l'offerta rappresenta/significa una grande sfida **II.** *vr:* ◇ *sich* - ↑ *sich präsentieren* mostrarsi; ↑ *sich herausstellen* ◇ **sich als schwierig** - risultare difficile; **Darsteller(in** *f*) *m* ‹-s, -› interprete *m/f*; **Darstellung** *m* ⟨1⟩ ↑ *Abbildung* rappresentazione *f* ⟨2⟩ (*von Sachverhalt*) esposizione *f*, descrizione *f* ⟨3⟩ (*auf Bühne*) interpretazione *f*

darüber *adv* ⟨1⟩ (*örtlich*) ▷*befindlich, sein, stellen* sopra; ▷*hinweg* al di sopra ⟨2⟩ ▷*nachdenken, sprechen* su; ◇ **seine Meinung** - **war klar** la sua opinione rispetto a questa problematica era nota ⟨3⟩ (*mehr als*) di più; ◇ **zwei Kilo und** - due chili e più; ◇ - **hinaus** inoltre

darum I. *adv* ⟨1⟩ (*räumlich*) ◇ - **herum** intorno/attorno a questo ⟨2⟩ ◇ **kümmern Sie sich bitte** - (*um diese Sache*) per piacere sbriga questo affare; ◇ **es geht uns** -, **daß ...** (*um folgende Sache*) ci interessa che ... **II.** *cj* ↑ *deswegen* perciò, per questo motivo

darunter *adv* ⟨1⟩ *örtlich* ▷*befindlich* sotto; ◇ **die Wohnung** - ↑ *unterhalb* l'appartamento più giù ⟨2⟩ (*unter e-r Menge*) tra, fra ⟨3⟩ (*weniger*) al di sotto; ◇ **die Preise liegen bei DM 11 und** - i prezzi stanno a DM 11 e meno ⟨4⟩ (*unter dieser Sache*) ◇ - **stelle ich mir folgendes vor** con questo intendo il seguente

das I. *Artikel* (*bestimmt*) il *m*, la *f* **II.** *pron* (*dies [es], jenes*) questo; ◇ - **weiß jeder** ognuno lo sa; ◇ - **ist meine Freundin** questa è la mia amica; ◇ - **heißt** vuol dire; ◇ **ich gebe dir das Geld,** - **ich geliehen habe** ti restituisco il denaro che mi sono prestato

dasein *unreg vi* ⟨1⟩ (*an e-m Ort*) essere; ◇ **es ist niemand da** non c'è nessuno ⟨2⟩ ↑ *verfügbar sein* essere disponibile ⟨3⟩ ◇ **von den Großeltern ist niemand mehr da** *FAM* dei nonni non vive più nessuno ⟨4⟩ ◇ **er ist noch nicht ganz da** *FAM* non è ancora arrivato; **Dasein** *n* ‹-s› ↑ *Leben* l'esistenza *f*

dasjenige *pron s.* **derjenige**

daß *cj* che

dasselbe *pron s.* **derselbe** lo stesso

dastehen *unreg vi* ⟨1⟩ stare lì; ◇ **aufrecht** - reggersi alzato ⟨2⟩ ◇ **allein** - rimanere solo ⟨3⟩ ◇ **wie stehe ich denn da, wenn ich nicht ...** che figura faccio se non faccio ...

Datei *f* PC archivio *m̃*, flusso *m;* **Dateiname** *m* PC nome *m* di flusso

Daten *pl* (*allgemeine Informationen*) dati *m/pl;* **Datenaustausch** *m* scambio *m* dati; **Datenbank** *f* banca *f* dei dati; **Datenbestand** *m* Insieme *mdi* adti; **Dateneingabe** *f* introduzione *f* dati; **Datenerfassung** *f* raccolta *f* dei dati; **Datenmißbrauch** *m* abuso *m* di dati; **Daten-**

schutz *m* protezione *f* dati; **Datenschutzbeauftragte(r)** *fm* responsabile *m/f* della protezione dati; **Datenverarbeitung** *f* elaborazione *f* dei dati

datieren I. *vt* ⟨1⟩ → *Brief* datare ⟨2⟩ → *Funde, Wandmalerei* stabilire una data per **II.** *vi* ↑ *stammen, bestehen* risalire (*aus dat* a)

Dativ *m* ‹-s› GRAM dativo *m*

Dattel *f* ‹-, -n› dattero *m*

Datum *n* ‹-s, Daten› data *f*

Dauer *f* ‹-› ⟨1⟩ ↑ *Andauern* durata *f* ⟨2⟩ (*gewisse Zeitspanne*) periodo *m;* ◇ **auf die** - **ist das zuviel** a lungo questo è troppo; **Dauerauftrag** *m* COMM ordine *m* permanente; **dauerhaft** *adj* ↑ *beständig* costante; **Dauerkarte** *f* abbonamento *m;* **Dauerlauf** *m* corsa *f* di fondo; **dauern** *vi* ← *Gespräch, Verhandlungen* ↑ *andauern* durare; ◇ **wie lange dauert es denn noch?** ma quanto tempo ci vuole ancora?; **dauernd** *adj* ⟨1⟩ ↑ *beständig* permanente ⟨2⟩ ◇ **er stört mich** - ↑ *immer wieder, häufig* mi disturba continuamente; **Dauerwelle** *f* permanente *f*

Daumen *m* ‹-s, -› pollice *m;* ◇ **jd-m die** - **drükken/halten** fare gli scongiuri per qu; ◇ **Pi mal** - (*FAM ungefähr*) all'incirca; **Däumling** *m* Pollicino *m*

Daune *f* ‹-, -n› piuma *f;* **Daunenbett** *n*, **Daunendecke** *f* piumino *m*

davon *adv* ⟨1⟩ (*von e-r Sache*) di questo, ne; ◇ - **habe ich genug** non ho abbastanza; ◇ **das hängt** - **ab** dipende; ◇ **das kommt** -! ecco cosa succede!; ◇ - **abgesehen** a prescindere da ciò ⟨2⟩ (*räumlich*) ◇ **2 km** - (**entfernt**) 2 km di là ⟨3⟩ ↑ *dadurch* da ciò, ne; ◇ **schrei' nicht so,** - **bekomme ich Kopfweh** non gridare tanto, mi fa venire mal di testa ⟨4⟩ ◇ - **sprechen/wissen** ↑ *darüber* parlarne/ saperne; **davonkommen** *unreg vi* cavarsela; **davonlaufen** *unreg vi* scappare via; **davontragen** *unreg vt* ⟨1⟩ → *Möbel* portare via; ⟨2⟩ → *Verletzung, Schaden* riportare

davor *adv* ⟨1⟩ (*räumlich*) davanti; ◇ **das Haus steht** - la casa si trova davanti ⟨2⟩ (*zeitlich, vor bestimmten Zeitpunkt*) prima; ◇ **wir treffen uns 15 Minuten** - ci incontriamo 15 minuti prima ⟨3⟩ ◇ **wir müssen sie** - **warnen** (*vor etw*) dobbiamo metterla in guardia da ciò

dazu *adv* ⟨1⟩ (*daneben, räumlich*) ◇ **er stellte sein Fahrrad** - mise la bicicletta accanto; ◇ **was darf ich Ihnen** - **reichen?** (*als Ergänzung*) che cosa posso servire con questo? ⟨2⟩ ↑ *im Hinblick darauf* rispetto a ciò; ◇ - **haben wir keine Lust** non ne abbiamo voglia; ◇ - **fähig sein** esserne capace ⟨3⟩ ↑ *zu diesem Zweck* a questo scopo ⟨4⟩ ↑ *außerdem* inoltre; **dazubringen** *vt:* ◇ **jd-n** -

etw zu tun persuadere/convincere qu a fare qc;
dazugehören vi ↑ *inbegriffen sein* essere compreso; ← *Person* appartenervi; **dazukommen** *unreg* vi ① (*zu e-r Person/Gruppe*) sopravvenire ② ← *Gegenstände* aggiungervi; ◇ **kommt noch was dazu?** c'è ancora qualche altra cosa?
dazwischen *adv* (*zeitlich*) in mezzo; (*räumlich*) tra questi; ◇ **der Unterschied** - la differenza fra questi; **dazwischenkommen** *unreg* vi ↑ *hineingeraten* capitare; ↑ *sich einmischen* intervenire; ◇ **es ist etwas dazwischengekommen** è successo qualcosa; **dazwischenreden** vi ↑ *unterbrechen* interrompere; ↑ *sich einmischen* immischiarsi
DDR f ‹-› *Abk v.* **Deutsche Demokratische Republik** R.D.T.; ◇ **die ehemalige** - l'ex R.D.T.
Deal m ‹-s, -s› FAM ↑ *Geschäft* affare [losco]; **dealen** vi FAM ↑ *mit Drogen handeln* spacciare; **Dealer(in** f) m ‹-s, -› ↑ *Drogenhändler* spacciatore(-trice f) m
Debatte f (*Parlaments-*) dibattito m; **debattieren** vt dibattere, discutere
Deck n ‹-[e]s, -s o. -e› (*von Schiff*) ponte m, coperta f; ◇ **an** - **gehen** imbarcarsi
Decke f ‹-, -n› ① (*Zimmer-*) soffitto m ② (*Bett-*) coperta f; (*Tages-*) copriletto m; (*Tisch-*) tovaglia f; ◇ **mit jd-m unter e-r - stecken** (*FIG gemeinsame Sache machen*) far comunella con qu ③ (*Wolken-*) strato m; (*Straßen-*) pavimentazione f; (*Schnee-*) manto m
Deckel m ‹-s, -› ① (*von Gefäß*) coperchio m; (*Buch-*) copertina f; ◇ **eins auf den - kriegen** (*FAM ausgeschimpft werden*) ricevere una lavata di capo ② (*Bier-*) sottobicchiere m
decken I. vt ① ↑ *Tisch* apparecchiare; → *Dach* coprire ② ← *Verbrechen, Komplizen* ↑ *schützen* coprire, proteggere ③ SPORT → *Gegenspieler* marcare ④ → *Stute* montare ⑤ ↑ *Scheck, Schulden* coprire **II.** vr ◇ **sich** - ① ← *Dreiecke* coincidere ② ← *Boxer* coprirsi
Deckmantel m: ◇ **unter dem - der/von** (*FIG vorgegeben*) con il pretesto di
Deckung f ① (*Schutz*) copertura f; ◇ **in** - **gehen** mettersi al coperto ② SPORT difesa; (*beim Boxen*) guardia; ◇ **in** - **gehen** mettersi in guardia ③ ↑ *Übereinstimmung* coincidenza f; **deckungsgleich** *adj* MATH coincidente
Decoder m ‹-s, -› TECH, TELEC decodificatore m
defekt *adj* ▷*Gerät* guasto, diffettoso; **Defekt** m ‹-[e]s, -e› difetto m
defensiv *adj* difensivo
definieren vt definire; **Definition** f definizione f

Defizit n ‹-s, -e› ▷*finanziell* deficit m
deftig *adj* ① → *Essen* ↑ *kalorienreich* ricco ② → *Witz* ↑ *derb* grossolano
Degen m ‹-s, -› spada f
dehnbar *adj* ▷*Material* dilatabile; *FIG* ◇ **Freiheit ist ein -er Begriff** liberta è un concetto elastico; **dehnen** vt → *Gummi* dilatare; → *Vokal, Wort* allungare; → *Note* tenere; → *Muskeln, Glieder* stirare
Deich m ‹-[e]s, -e› diga f
Deichsel f ‹-, -n› (*von Anhänger*) timone m; **deichseln** vt → *Sache* arrangiare
dein *pron* (*adjektivisch*) in Briefen:: ◇ **D-** tuo/tua; **deine(r, s)** *pron* (*substantivisch*) il tuo, la tua; **deiner** *pron gen von* **du** di te; **deinerseits** *adv* da parte tua; **deinesgleichen** *pron* PEJ tuo pari; **deinetwegen** *adv* (*wegen dir*) per causa tua; (*negativ*) per colpa tua; (*dir zuliebe*) per amor tuo; (*um dich*) per te
Deklination f GRAM, ASTROL declinazione f; **deklinierbar** *adj* declinabile; **deklinieren** vt declinare
dekodieren vt → *Nachricht* decodificare
Dekolleté n ‹-s, -s› scollatura f
Dekoration f ↑ [*festliche*] *Gestaltung* decorazione f; ↑ *Auslage* allestimento m; **dekorieren** vt ↑ *schmücken* decorare; ↑ *Schaufenster* addobbare
Delegation f delegazione f
delegieren vt → *Arbeit* ↑ *übertragen* delegare
Delegierte(r) fm ↑ *Vertreter* delegato/a m
delikat *adj* ① ▷*Essen, Wein etc.* squisito ② ↑ *heikel, empfindlich* delicato; **Delikatesse** f ‹-, -n› ↑ *Leckerbissen* leccornia f
Delikt n ‹-[e]s, -e› JURA ↑ *Vergehen* delitto m
Delle f ‹-, -en› FAM ↑ *Beule* ammaccatura f
Delphin m ‹-s, -e› delfino m; **Delphinschwimmen** n nuoto m a delfino
dem *dat von* **der**
Demagoge m ‹-n, -n›, **Demagogin** f ↑ *Volksverführer* demagogo/a m
dementieren vt → *Nachricht* smentire
dementsprechend, demgemäß I. *adv* conformemente **II.** *adj* corrispondente
demnach *adv* dunque, quindi
demnächst *adv* ↑ *in nächster Zeit* fra poco, prossimamente
Demo f ‹-, -s› FAM ↑ *Demonstration* manifestazione f
Demokratie f democrazia f; **demokratisch** *adj* democratico; **demokratisieren** vt democratizzare
demolieren vt (*mutwillig zerstören*) demolire
Demonstrant(in f) m dimostrante m/f; **De-**

monstration f ① ↑ *Vorführung* dimostrazionc f ② ↑ *[Massen-]Kundgebung* manifestazione f; **Demonstrationszug** m corteo m; **demonstrieren** I. vt → *Vorstellungen* dimostrare II. vi POL manifestare

Demoskopie f ↑ *Meinungsforschung* demoscopia f

Demut f ⟨-⟩ ↑ *Hingebung* umiltà f; **demütig** adj ① (voller Hingabe) devoto ② (unterwürfig) umile; **demütigen** vt ↑ *erniedrigen* umiliare

demzufolge adv s. **demnach**

den akk von **der**

denen dat von **diese**

denkbar adj ① ↑ *möglich* possibile ② ↑ *äußerst* ◇ heute ist es - ungünstig oggi è proprio inopportuno; **denken** I. ⟨dachte, gedacht⟩ vt, vi pensare; ↑ *überlegen* riflettere; ↑ *meinen* ritenere, credere; ◇ ohne sich dabei etwas zu - senza intenzioni negative II. n ⟨-s⟩ ① ↑ *das Denken* riflessione f ② ↑ *logisches D.* ragionamento m logico; **Denkfehler** m errore m logico; **Denkmal** n ⟨-s, Denkmäler⟩ monumento m; **Denkmal[s]schutz** m tutela f dei monumenti; **Denkweise** f ① (Denkart) modo m di pensare ② ↑ *Mentalität* mentalità f; **denkwürdig** adj memorabile; **Denkzettel** m FIG: ◇ jd-m e-n - verpassen (deutlich warnen) dare una lezione f a qu

denn I. cj (leitet Begründung ein) perché; ◇ wir gingen, - es kam niemand siamo partiti perché nessuno era venuto; ◇ es sei -, daß jemand kommt (außer, wenn …) a meno che venga qualcuno II. adv: ◇ was soll das -? ma che cosa vuole dire questo?; ◇ was ist - los? che c'è allora?; ◇ kannst du - nicht aufpassen? non puoi mica far attenzione?; ◇ mehr - je più che mai

dennoch cj tuttavia

denunzieren vt denunciare; **Denunziant(in** f) m delatore(-trice f) m

Deo n ⟨-s, -s⟩, **Deodorant** n ⟨-s, -s⟩ deodorante m; **Deoroller** m deodorante m a sfera; **Deospray** n deodorante m spray

deponieren vt → *Schmuck, Aktien* depositare; **Depot** n ⟨-s, -s⟩ a. COMM deposito m

Depression f MED, COMM depressione f; **deprimieren** vt deprimere, scoraggiare

Deputierte(r) fm ↑ *Abgeordnete(r)* deputato/a m

der I. Artikel il/lo/la II. pron ① (demonstrativ, derjenige, dieser) questo/questa; ◇ das ist -, von dem … è quello di cui … ② (relativ) che

derart adv talmente; ◇ ich bin - naß, daß … sono talmente/così bagnato da …; **derartig** adj tale; ◇ -e Frechheiten tali sfacciataggini

derb adj ▷*Mann, Witz* grossolano

dergleichen adj: ◇ - gibt es nicht (ähnliches) cose di questo genere non esistono

Derivat n ⟨-[e]s, e⟩ CHEM, SPRACHW derivato m

derjenige pron ① (demonstrativ, verstärkend) quello/quella ② (relativ, welche(r,s)) quello/quella; **dermaßen** adv talmente; **derselbe** pron (dieser und kein anderer) lo stesso, la stessa; **derzeit** adv attualmente

des gen von **der, das**

desertieren vi disertare

deshalb adv (deswegen) perciò

Design n ⟨-s, -s⟩ disegno m [industriale]

Desinfektion f disinfezione f; **Desinfektionsmittel** n disinfettante m

dessen gen von **der, das; dessenungeachtet** adv ciò nonostante

Dessert n ⟨-s, -s⟩ dessert m, dolce m

destillieren vt distillare

desto adv ↑ *um so:* ◇ - besser tanto meglio; ◇ - mehr du erwartest, - weniger kommen più che aspetti, tanto meno verranno

deswegen cj (deshalb) perciò

Detail n ⟨-s, -s⟩ dettaglio m; **detailliert** adj dettagliato

Detektiv(in f) m investigatore(-trice f) m; **Detektivroman** m giallo m

Detektor m TECH rivelatore m

deuten I. vt → *Begriff, Traum* interpretare II. vi ↑ *zeigen* accennare (auf akk a); ◇ alles deutet darauf hin, daß … tutto fa pensare che …; **deutlich** adj ① ↑ *klar* chiaro ② ↑ *verständlich* comprensibile; ◇ jd-m etwas - machen far capire qc a qu ③ ▷*Hinweis, Wink* aperto; **Deutlichkeit** f chiarezza f

deutsch adj tedesco; ◇ - reden/sprechen parlare tedesco; ◇ -er Schäferhund pastore m tedesco; ◇ zu/auf - in tedesco; ◇ D-e Mark marco m tedesco; **Deutsch** n ① (die deutsche Sprache) tedesco m; ◇ - lernen imparare il tedesco m; ◇ ins - übersetzen tradurre nel tedesco m; ◇ - unterrichten (Unterrichtsfach) insegnare tedesco; **Deutsche(r)** fm tedesco/a m; ◇ die -n pl i tedeschi m/pl; **Deutschland** n Germania f; **Deutschlehrer(in** f) m insegnante m/f di tedesco; **deutschsprachig** adj ▷*Buch* di lingua tedesco

Deutung f (von Träumen) interpretazione f

Devise f ⟨-, -n⟩ ① (Wahlspruch, Motto) motto m ② -n pl FIN valute f/pl estere; **Devisengeschäft** n operazione f in valuta

Dezember m ⟨-[s], -⟩ dicembre m

dezent adj → *Kleid, Musik* discreto

Dezentralisierung f POL decentramento m

dezimal adj decimale; **Dezimalstelle** f decimale m; **Dezimalsystem** n sistema m decimale

Dia n ⟨-s, -s⟩ FOTO ↑ Diapositiv, Diabild diapositiva f

Diabetes m o f ⟨-, -⟩ MED diabete m; **Diabetiker(in** f) m diabetico/a m

Diagnose f ⟨-, -n⟩ diagnosi f

Diagonale f ⟨-, -n⟩ diagonale f

Diagramm n ⟨-s, -e⟩ diagramma m

Dialekt m ⟨-[e]s, -e⟩ dialetto m

Dialog m ⟨-[e]s, -e⟩ dialogo m

Dialyse f ⟨-, -n⟩ MED dialisi m

Diamant m diamante m

Diaprojektor m proiettore m per diapositive

Diät f ⟨-, -en⟩ dieta f; ◇ **e-e** - **machen** fare dieta f; ◇ - **leben** stare a dieta f

Diäten pl POL ↑ Abgeordnetengehalt indennità f parlamentare

dich pron akk von **du** te; ◇ **ich sehe** - **morgen** (Personalpronomen) ti vedo domani; ◇ **beeil'** -! (Reflexivpronomen) sbrigati!

dicht I. adj ① ↑ dichtstehend (Menge, Bäume) denso; ▷Nebel fitto ② ↑ undurchlässig impermeabile ③ FAM ↑ vollkommen betrunken sbronzo **II.** adv: ◇ - **an/bei** vicinissimo; **dichtbesiedelt** adj ▷Gebiet densamente popolato; **Dichte** f ⟨-, -n⟩ ① (von Vegetation, von Verkehr) densità f ② (des Mantels) impermeabilità f ③ (PHYS Maßeinheit) densità f

dichten I. vt → Verse comporre **II.** vi: ◇ **das Material dichtet hervorragend** ↑ abdichten il materiale ermetizza perfettamente; **Dichter(in** f) m ⟨-s, -⟩ ↑ Schriftsteller scrittore(-trice f) m; (von Lyrik) poeta(essa) m; **dichterisch** adj poetico

dichthalten unreg vi (FAM nicht weitererzählen) mantenere il segreto

Dichtung ¹ f (Werke e-r Epoche, Dichtkunst) poesia f

Dichtung ² f (TECH Gummi-) anello m di tenuta; (Zylinderkopf-) guarnizione f della testata

dick adj ① (Ggs. zu dünn) grosso; ▷Mensch grasso; ▷Buch spesso ② (Konsistenz von Salbe, Farbe) denso ③ ◇ - **auftragen** FAM ↑ übertreiben esagerare; ◇ **etw** - **haben** FIG ↑ satt, genug essere stufo di qc ④ (eng) ◇ **-e Freunde** amici m/pl per la pelle; **dickleibig** adj corpulento; **Dicke** f ⟨-, -n⟩ (bei Abmessungen) spessore m; (e-s Menschens) grassezza f; **dickflüssig** adj viscoso

Dickicht n ⟨-s, -e⟩ ① (Unterholz, Gestrüpp) boscaglia f ② (Paragraphen-, FIG verwirrende Vielzahl) groviglio m

Dickkopf m testardo/a m

Didaktik f (Lehre vom Unterrichten) didattica f

die I. Artikel (bestimmt) il/la **II.** pron ① (demonstrativ) ↑ diejenige, diese questa; ◇ **das ist** -, **von der** ... è quella di cui ② (relativ, bei Sachen) che; ◇ **dies war** - **erste Sache, die** ... questa era la prima cosa che ...; ◇ **sie war** - **Person,** - ... fu la prima persona che ...

Dieb(in f) m ⟨-[e]s, -e⟩ ladro/a m; **Diebstahl** m ⟨-[e]s, Diebstähle⟩ furto m

diejenige pron s. **derjenige**

Diele f ⟨-, -n⟩ (Eingang) ingresso m; (Eis-) gelateria f

dienen vi servire; ◇ **das Messer dient ihm als** ... il coltello gli serve per... **Diener(in** f) m ⟨-s, -⟩ ① servitore m, serva f ② ◇ **e-n** - **machen vor jd-m** FIG ↑ sich verbeugen fare un inchino davanti a qu; **Dienerschaft** f servitù f

Dienst m ⟨-[e]s, -e⟩ ① (das Dienen) servizio m ② ◇ - **haben** essere di servizio m; ◇ **der öffentliche** - i servizi m/pl pubblici ③ ↑ Gefälligkeit favore m ④ ◇ **ein Schiff in** - **stellen** armare una nave

Dienstag m martedì m; **dienstags** adv di martedì

Dienstbote m domestico/a m; **Dienstgeheimnis** n segreto m d'ufficio; **Dienstgrad** m rango m; **Dienstleistungsbereich** m settore m terziario; **dienstlich** adj ufficiale; **Dienstmädchen** n domestica f; **Dienstweg** m via f gerarchica; **Dienstzeit** f ① ↑ Geschäftszeit orario m di servizio ② (MIL Wehr-) ferma f

dies pron (kurz für dieser, diese, dieses) s. **dieser; diesbezüglich** adj (hierauf Bezug nehmend) relativo a; **diese(r, s)** pron questo/questa; ◇ **diese** pl questi/queste pl

Diesel I. n ⟨-s⟩ (-kraftstoff) gasolio m **II.** m ⟨-s, -⟩ (-fahrzeug) diesel m

dieselbe pron s. **derselbe** la stessa

Dieselmotor m motore m diesel

diesjährig adj di quest'anno; **diesmal** adv questa volta; **diesseits** präp gen da questa parte; **Diesseits** n ⟨-⟩: ◇ **im** - (solange man lebt) in questa vita

Dietrich m grimaldello m

Differential n MATH, AUTO differenziale m

Differenz f ① (Zahlen-) differenza f ② ◇ **-en** pl ↑ Meinungsverschiedenheiten controversie f/pl; **differenzieren** vt ① ↑ unterscheiden distinguere ② MATH differenziare

digital adj (TECH -e Aufnahme) digitale; **Digitaluhr** f orologio m digitale

Diktat n ① (im Büro, in Schule) dettato m ② ↑ Vorgabe ◇ **sich dem** - **der Mode beugen** cedere all'imposizione della moda

Diktator(in f) m dittatore(-trice f) m; **diktatorisch** adj dittatoriale; **Diktatur** f dittatura f
diktieren vt ① → Brief, Diktat dettare ② ↑ aufzwingen imporre; **Diktiergerät** n dittafono m
Dill m FLORA aneto m
Dimension f dimensione f
Ding n ⟨-[e]s, -e⟩ cosa f; ◇ das ist ein - der Unmöglichkeit (undurchführbar) non è possibile; ◇ vor allen - prima di tutto; ◇ guter -e sein essere di buon umore; **Dingsbums, Dingsda** n ⟨-⟩ FAM coso m
Diode f ⟨-, -n⟩ ELECTR diodo m
Diözese f ⟨-, -n⟩ diocesi f
Diphtherie f MED difteria f
Diplom n ⟨-[e]s, -e⟩ (-zeugnis) diploma m
Diplomat(in f) m ⟨-en, -en⟩ POL diplomatico/a m; **Diplomatengepäck** n valigia f diplomatica; **Diplomatie** f diplomazia f; **diplomatisch** adj diplomatico
dir pron dat von du a te; ◇ wie geht es ~? come ti senti?
direkt adj diretto; ◇ - sein essere franco
Direktion f direzione f; **Direktor(in** f) m direttore(-trice f) m; (von Schule) preside m/f
Direktübertragung f trasmissione f diretta; **Direktzugriffsspeicher** m (PC abgekürzt RAM) memoria f ad accesso casuale
Dirigent(in f) m ↑ Kapellmeister direttore(-trice f) m d'orchestra m; **dirigieren** vt ① (MUS Konzert, Chor) dirigere ② → Unternehmen, Verkehr ↑ leiten governare
Dirndl[kleid] n vestito m alla tirolese
Dirne f ⟨-, -n⟩ prostituta f
Discount m ⟨-s⟩, **Discountladen** m discount m
Diskette f ⟨-, -en⟩ PC dischetto m; **Diskettenlaufwerk** n unità f floppy
Diskjockey m disc-jockey m
Disko f ⟨-, -s⟩ discoteca f
Diskont m ⟨-s, -e⟩ COMM sconto m
Diskothek f ⟨-, -en⟩ discoteca f
diskret adj discreto; **Diskretion** f discrezione f
Diskriminierung f discriminazione f
Diskussion f (Gespräch) discussione f; ◇ das Thema steht nicht zur - questo tema non è all'ordine del giorno; ◇ sich nicht auf -en einlassen respingere ogni discussione; **diskutieren** vt, vi discutere
Display n ⟨-s, -s⟩ PC display m
Dissertation f ↑ Doktorarbeit tesi f [di laurea]
Distanz f distanza f; **distanzieren** vr ◇ sich - distaccarsi (von dat da)

Distel f ⟨-, -n⟩ FLORA cardo m
Disziplin f ⟨-, -en⟩ ① (Einhalten von Verhaltensregeln) disciplina f ② (Fach-) materia f ③ SPORT ↑ Teilbereich ◇ olympische - disciplina f olimpica
divers adj diverso, differente
Dividende f ⟨-, -n⟩ dividendo m
dividieren vt dividere; ◇ 12 dividiert durch 4 [er]gibt 3 12 diviso per 4 fa 3; **Division** f MATH, MIL divisione f; **Divisionszeichen** n (im Rechnen) segno m di divisione
DM Abk v. **Deutsche Mark** DM
DNS Abk v. **Desoxyribonukleinsäure** A.D.N., D.N.A.
doch I. adv: ◇ nicht -! ma no!; ◇ sie sind - noch gekommen infine sono davvero venuti **II.** cj ↑ aber tuttavia; ↑ trotzdem ciò nonostante
Docht m ⟨-[e]s, -e⟩ stoppino m
Dogge f ⟨-, -n⟩ alano m
Dogma n ⟨-s, -men⟩ dogma m; **dogmatisch** adj dogmatico
Dohle f FAUNA taccola f
Doktor(in f) m ⟨-s, Doktores⟩ ① (akademischer Grad) dottore(essa) f; ◇ den - machen laurearsi ② FAM ↑ Arzt ◇ geh doch mal zum -! ma devi andare dal medico!; **Doktorarbeit** f tesi f di laurea; **Doktortitel** m titolo m di dottore; **Doktorvater** m relatore(-trice f) m della tesi m; **Doktorwürde** f laurea f
Dokument n documento m; **Dokumentarbericht, Dokumentarfilm** m documentario m; **dokumentieren** vt documentare
Dolch m ⟨-[e]s, -e⟩ pugnale m
Dollar m ⟨-s, -s⟩ dollaro m; ◇ wie steht gegenwärtig der -? qual è il corso attuale del dollaro?
dolmetschen vt, vi fare da interprete; **Dolmetscher(in** f) m ⟨-s, -⟩ interprete m/f
Dolomiten pl le Dolomiti f/pl
Dom m ⟨-[e]s, -e⟩ duomo m; **Domherr** m canonico m
Dominante f (MUS fünfte Stufe des Grundakkords) dominante f
dominieren I. vt → Spiel, Situation dominare **II.** vi ↑ überwiegen predominare (über akk su);
Dompfaff m ⟨-s o. -en, -en⟩ ↑ Gimpel ciuffolotto m
Dompteur m, **Dompteuse** f (Raubtier-) domatore(-trice f) m
Donau f Danubio m
Donner m ⟨-s, -⟩ tuono m; **donnern** vi ① ◇ es donnert tuona ② ◇ der Vater donnerte an die Tür ↑ heftig schlagen il padre bussò energicamente alla porta

Donnerstag m giovedì; **donnerstags** adv di giovedì

Donnerwetter n ① ↑ *Gewitter* temporale m ② (*FIG heftiges Schimpfen*) sfuriata f ③ ◇ -! caspita!; ◇ **zum -, laß das!** maledizione! smettila!

doof adj ① FAM scemo ② (*FAM nichtssagend, langweilig*) ▷*Film* stupido; ◇ **diese -e Maschine!** FAM questa maledetta macchina!

dopen vt → *Sportler* drogare; **Doping** n ‹-s, -s› (*Aufputschmittel etc. verwenden*) doping m, drogaggio m

Doppel n ‹-s, -› ① (*von Urkunde*) doppio m ② SPORT ◇ **gemischtes -** doppio m misto; **Doppelbett** n letto m matrimoniale; **Doppeldecker** m biplano m; **Doppelgänger**(**in** f) m ‹-s, -› sosia m/f; **Doppelkonsonant** m SPRACHW doppia f; **Doppelkreuz** (MUS *Erhöhungszeichen*) doppio diesis m; **Doppelpunkt** m due punti m/pl; **Doppelstecker** m spina f doppia; **doppelt** adj ① (*zweimal, Länge, Fenster etc.*) doppio; ◇ **diese CD habe ich -** (*zwei identische*) di questa CD ne ho uno doppio; ◇ **in -er Ausfertigung/Ausführung** in duplice coppia ② (*noch mehr*) ◇ **sich - anstrengen** dupliare l'impegno; **Doppelverdiener** pl coppia f con doppio reddito; **Doppelzentner** m quintale m; **Doppelzimmer** n camera f matrimoniale

Dorf n ‹-[e]s, Dörfer› paese m, villaggio m; **Dorfbewohner**(**in** f) m paesano/a m

Dorn I. m ‹-[e]s, -en› (*Rosen-*) spina f; ◇ **das ist mir ein - im Auge** per me questo è un pruno m nell'occhio II. m ‹-[e]s, -e› ↑ *Metallstift* spina f; **dornig** adj spinoso

dörren I. vt → *Fleisch, Früchte* seccare II. vi ↑ *dorren* seccarsi; **Dörrfleisch** n pancetta f; **Dörrobst** n frutta f secca

Dorsch n ‹-[e]s, -e› merluzzo m

dort adv là, lì; ◇ **- drüben/oben/unten** di là/lassù/laggiù; **dorther** adv di là, da quella parte; **dorthin** adv là; ◇ **sie gingen alle - ci** andarono tutti; **dorthinauf** adv lassù; **dorthinunter** adv laggiù; **dortig** adj locale; ◇ **die -en Verhältnisse sind schlimm** le condizioni locali sono gravi

Dose f ‹-, -n› ① (*Blech-*) scatola f ② (*Spray-*) bombola f spray ② ◇ **Steck-** presa f; **Dosenbier** n birra # in lattina; **Dosenmilch** f latte m in scatola; **Dosenöffner** m apriscatole m

dösen vi FAM sonnecchiare

Dosis f ‹-, Dosen› dose f

Dotter m o n ‹-s, -› rosso m dell'uovo

Double n FILM controfigura f

Dozent(**in** f) m docente m/f

Drache m ‹-n, -n› ↑ *Ungeheuer* drago m

Drachen m ‹-s, -› (*Spielzeug-*) aquilone m;

(SPORT *Fluggleiter*) deltaplano m; **Drachenfliegen** n ‹-s› volo m a delta; **Drachenflieger** (**in** f) m deltaplanista f

Draht m ‹-[e]s, Drähte› (*Metall-*) filo m metallico; ◇ **auf - sein** essere in gamba; **drahtig** adj ▷*Körperbau* muscoloso; **drahtlos** adj senza fili; **Drahtseil** n fune f metallica; **Drahtseilbahn** f funivia f

drall adj ▷*Frau* robusto

Drama n ‹-s, Dramen› dramma m; **dramatisch** adj drammatico; **dramatisieren** vt FIG drammmatizzare

dran = **daran**

drang impf v. **dringen**

Drang m ‹-[e]s, Dränge› (*zwanghafter Wunsch*) impulso m

drängeln vt, vi (*sich vor-*) spingere

drängen I. vt ① ↑ *drücken* spingere ② ◇ **jd-n** [zu etw] ~ ↑ *nachdrücklich bitten* spronare qu a fare qc II. vi ① ← *Fragen, Probleme* essere urgente; ◇ **die Zeit drängt** il tempo stringe ② ◇ **die Zuschauer drängten** [sich] nach draußen gli spettatori spinsero verso l'esterno ③ ◇ **er drängte auf die Entscheidung** akk isistette per una decisione

drastisch adj drastico

drauf = FAM **darauf**; ◇ **- und dran sein, etw zu tun** stare per fare qc

Draufgänger(**in** f) m ‹-s, -› tipo m impetuoso

draufgehen vi ① FAM ↑ *umkommen* morire ② FAM ← *Geld, Vorräte* consumarsi

draußen adv ① fuori; (*im Freien*) all'aperto ② ◇ **- auf dem Meer** [lontano] in mare

Dreck m ‹-[e]s› ① ↑ *Schmutz* sporcizia f ② ↑ *Kot* merda f ③ FIG ↑ *Minderwertiges* roba da poco ④ ◇ **das geht dich e-n** [feuchten] **- an!** che te ne frega?; **dreckig** adj sporco; **Dreckskerl** m FAM! stronzo m

Dreharbeiten pl FILM riprese f/pl; **drehbar** adj girevole; **Drehbuch** n FILM sceneggiatura f; **drehen** I. vt, vi (*um Achse*) girare; → *Zigaretten* preparare; → *Film* girare II. vr ◇ **sich - girarsi; (handeln von)** trattarsi (*um* di); **Drehkran** m gru f girevole; **Drehkreuz** n croce f girevole; **Drehorgel** f organino m; **Drehstrom** m ↑ *Dreiphasenstrom* corrente f trifase; **Drehtür** f porta f girevole; **Drehung** f ① ↑ *das Drehen* giro m ② (*um Achse*) rotazione f ②; **Drehzahl** f AUTO regime m; **Drehzahlmesser** m ‹-s, -› AUTO contagiri m

drei nr tre; **Dreieck** n triangolo m; **dreieckig** adj triangolare; **Dreieckstuch** n MED telo m triangolare; **Dreieinigkeit** f, **Dreifaltigkeit** f REL Trinità f; **dreifach** I. adj triplice II. adv tre volte; **Dreiklang** *m* triade *f*; **Dreikönigsfest**, **Dreikönigstag** *n* Epifania *f*; **dreimal** *adv* tre volte

dreinreden *vi*: ◇ jd-m - ↑ *sich einmischen* immischiarsi

dreiphasig *adj* trifase; **Dreirad** *n* triciclo *m*

dreißig *nr* trenta; **Dreißiger** *m* trentenne *m/f*

dreisprachig *adj* trilingue; **Dreisprung** *m* salto *m* triplo

dreist *adj* sfacciato, arrogante

dreiviertel *nr* tre quarti; **dreiviertellang** *adj* a tre quarti; **Dreiviertelstunde** *f* tre quarti *m/pl* d'ora; **Dreivierteltakt** *m* misura *f* di tre quarti

dreizehn *nr* tredici

dreschen ⟨drosch, gedroschen⟩ *vt* → *Getreide* trebbiare; **Dreschmaschine** *f* AGR trebbiatrice *f*

dressieren *vt* addomesticare; **Dressur** *f* addomesticamento *m*; (*Pferdesport*) addestramento *m*. **Dressurreiten** *n* equitazione *f* di addestramento

dribbeln *vi* SPORT dribblare

Drillbohrer *m* trapano *m* a spirale

Drilling *m* ① trigemino *m* ② (*Jagdwaffe*) fucile *m* a tre canne

drin = *FAM* darin

dringen ⟨drang, gedrungen⟩ *vi* ① (*Wasser, Kälte*) penetrare (*durch* attraverso *akk* in) ② insistere (*auf akk* su)

dringend *adj* ① (*eilig*) urgente ② (*wichtig*) ▷*Angelegenheit* importante; **Dringlichkeit** *f* urgenza *f*

drinnen *adv* dentro, all'interno

dritt *nr*: ◇ **wir waren zu** - eravamo in tre; **dritte** (**r, s**) *adj* terzo; ◇ **die D- Welt** il terzo mondo; **Dritte(r)** *fm* ↑ *Unbeteiligte(r)*, JURA terzo *m*; **Drittel** *n* ⟨-s, -⟩ (*der dritte Teil*) terzo *m*; **drittens** *adv* terzo; **Dritte-Welt-Laden** *m* negozio *m* di prodotti del terzo mondo

Droge *f* ⟨-, -n⟩ (*Rauschmittel*) droga *f*; (*medizinischer Wirkstoff*) farmaco *m*; **drogenabhängig** *adj* tossicodipendente

Drogerie *f* drogheria *f*, profumeria *f*

Drohbrief *m* lettera *f* minatoria; **drohen** *vi* ① → *e-r Person* minacciare (*jd-m* qu) ② ← *Gefahr* incombere; ◇ **die Brücke droht einzustürzen** il ponte è sul punto di crollare

Drohne *f* FAUNA pecchione *m*

dröhnen *vi* ← *Motor* rimbombare; ← *Stimme, Musik* risonare, echeggiare; ◇ **mir dröhnt der Kopf** ho mal di testa

Drohung *f* minaccia *f*

drollig *adj* divertente

Dromedar *n* FAUNA dromedario *m*

drosch *impf v.* **dreschen**

Droschke *f* ⟨-, -n⟩ vettura *f* pubblica

Drossel [1] *f* ⟨-, -n⟩ FAUNA tordo *m*

Drossel [2] *f* ⟨-, -n⟩ TECH ↑ *-klappe* valvola *f* a farfalla

drosseln *vt* ↑ *vermindern* → *Motor* strozzare; → *Heizung, Produktion* ridurre

drüben *adv* di là, dall'altra parte; **drüber** = *FAM* **darüber**

Druck [1] *m* ⟨-[e]s, -e⟩ ① PHYS *auch FIG* pressione *f* ② *FIG* ↑ *Belastung* carico *m*

Druck [2] *m* ⟨-[e]s, -e⟩ ① TYP ↑ *-vorgang* stampa *f* ② ↑ *-erzeugnis* stampato *m*; **Druckbuchstabe** *m* carattere *m* tipografico; **drucken** *vt* stampare

drücken I. *vt, vi* ① → *Knopf, Hand* premere; (*zu eng sein*) stringere ② *FIG* → *Preise* ribassare; *FIG* ↑ *belasten* opprimere II. *vr*: ◇ **sich vor etw** *dat* - squagliarsela; ◇ **jd-m etw in die Hand** - mettere qc in mano a qu; **drückend** *adj* ▷ *Hitze* soffocante

Drucker *m* ⟨-s, -⟩ ① PC stampante *m* ② (*Beruf*) tipografo/a *m*

Drücker *m* ⟨-s, -⟩ ① ↑ *Druckknopf* pulsante *m*; (*Tür-*) bottone *m* apriporta; ↑ *Abzug* grilletto *m* ② (*FAM Zeitungs-*) venditore ambulante *m* di abbonamenti ③ *FAM* ↑ *Fixer* drogato *m*

Druckerei *f* ↑ *-betrieb* stamperia *f*, tipografia *f*; **Druckerschwärze** *f* inchiostro *m* da stampa; **Druckfehler** *m* errore *m* tipografico; **Druckknopf** *m* (*an Jacke*) bottone *m* automatico; (*Schalter*) pulsante *m*; **Druckmittel** *n* (*FIG politisch*) strumenti *m/pl* di pressione; **Drucksache** *f* stampato *m*; **Druckschrift** *f* stampatello *m*; **Drucktaste** *f* pulsante *m*, tasto *m*; **Druckwelle** *f* (*von Geschoß*) onda *f* d'urto

drunter *adv* FAM *s*. **darunter; drunten** *adv* FAM *s*. **unten**

Drüse *f* ⟨-, -n⟩ MED ghiandola *f*

Dschungel *m* ⟨-s, -⟩ giungla *f*

du, Du *pron* tu

Dübel *m* (*Wand-, Falt-*) tassello *m*; (*Holz-*) caviglia *f*

ducken *vt, vr* ◇ **sich** - piegarsi, abbassare la testa

Dudelsack *m* cornamusa *f*

Duell *n* ⟨-s, -e⟩ ↑ *Zweikampf* duello *m*

Duett *n* ⟨-[e]s, -e⟩ duetto *m*

Duft *m* ⟨-[e]s, Düfte⟩ (*angenehmer Geruch*) odore *m*, profumo *m*; **duften** *vi* ← *Blume, Parfum* emettere un buon odore; **duftig** *adj* ↑ *leicht, beschwingt* leggero

dulden *vt, vi* ① → *Schmerzen* ↑ *ertragen* sopportare, tollerare ② ↑ *billigen* ammettere, permettere; **duldsam** adj ↑ *tolerant* tollerante; **Duld-samkeit** f tolleranza f

dumm adj 1 ↑ *Ggs von klug* stupido; ↑ *unüberlegt, naiv* ◇ **sei nicht - und bleibe** non sei scema, resti, ◇ **sich - stellen** *fare il cretino* 2 ↑ *lästig* ◇ **allmählich wird mir das zu -** a poco a poco sto perdendo la pazienza 3 ◇ **ein -es Gefühl haben** ↑ *merkwürdiges* avere un strano sentimento 4 ◇ **er wurde in e-e -e Geschichte verwickelt** (*unangenehm*) è stato coinvolto in una brutta storia; **dummerweise** adv sfortunamente; **Dummheit** f 1 (*geringe Intelligenz*) stupidità f 2 (*unkluge Tat*) stupidaggine f; **Dummkopf** m stupido/a m, cretino/a m

dumpf adj 1 ▷*Geräusch* cupo 2 ▷*Luft* ammuffito 3 ↑ *Ahnung* ◇ **ich hab' das -e Gefühl, er will uns betrügen** ho il vago presentimento che egli intende fregarci

Düne f ⟨-, -n⟩ duna f

Dung m ⟨-[e]s⟩ letame m; **düngen** vt → *Acker, Pflanze* concimare; **Dünger** m ⟨-s, -⟩ (*Natur-*) concime m; (*Kunst-*) fertilizzante m

dunkel adj 1 ▷*Wald, Zimmer etc.* buio; ◇ **im D-n tappen** (*FIG den Täter nicht ermitteln können*) essere all'oscuro 2 ▷*Haare, Augen* scuro 3 ▷*Ton* sordo, cupo 4 ▷*Vorstellung* vago; ↑ *rätselhaft* oscuro, misterioso 5 (*zweifelhaft*) sospetto; ◇ **-e Geschäfte machen** sbrigare affari loschi; **dunkelgrün** adj verde scuro; **Dunkelheit** f buio m, oscurità f; **Dunkelkammer** f FOTO camera f oscura; **Dunkelziffer** f numero m dei casi non rilevati

dünn adj 1 ▷*Arme, Beine* magro; ↑ *schlank* esile 2 ▷*Brett, Brotscheibe* sottile 3 ↑ *dünnflüssig* fluido 4 ◇ **Butter - auf das Brot schmieren** burrare il pane sottilissimamente 5 (*fein*) ▷*Stoff* leggero, fino 6 ↑ *schütter* ▷*Haar* rado 7 ▷*Suppe* acquoso 8 FIG ↑ *nichtssagend* ▷*Diskussion, Handlung e-s Films* debole; **dünngesät** adj scarso; **dünnmachen** vr ◇ **sich -** FAM svignarsela, scappare via

Dunst m ⟨-es, Dünste⟩ 1 (*Nebel*) nebbia f; ↑ *Smog* smog m 2 ↑ *Ausdünstung* esalazione f; (*aus Küche*) vapori m/pl; ◇ **blauer - FAM** fumo [di sigarette] m 3 ◇ **ich habe keinen blaßen -** (*FAM keine Ahnung*) non ho la minima idea f; **Dunstabzugshaube** f cappa f di estrazione

dünsten vt → *Fleisch* stufare; → *Gemüse* cuocere a vapore

dunstig adj ↑ *diesig* nebbioso

Dünung f NAUT risacca f

Duo n 1 (*Gesangsstück*) duetto m 2 (*zwei Musiker*) duo m

Duplikat n duplicato m

Dur n ⟨-, -⟩ MUS modo m maggiore

durch präp akk 1 (*hin-*) attraverso; ◇ **- und -** completamente 2 (*Mittel*) per mezzo di; (*Ursache*) per 3 (*Zeit*) durante, per; ◇ **den Sommer -** per tutto l'estate; ◇ **es ist 8 Uhr -** sono passate le otto

durcharbeiten I. vt → *Stapel Akten* ↑ *bearbeiten* elaborare II. vi (*ohne Pause*) lavorare senza interruzione/intervallo III. vr ◇ **sich - durch etw** elaborare qc (con fatica)

durchaus adv 1 ↑ *auf jeden Fall* assolutamente; ◇ **er möchte -, daß Sie mitkommen** vuole senz'altro che venga anche Lei 2 ↑ *völlig, ganz* ◇ **du hast - recht** hai proprio ragione

durchbeißen unreg I. vt ↑ *Faden* staccare con un morso II. vr ◇ **sich - [durch etw]** (*FIG sich durchkämpfen*) cavarsela con ostinazione

durchblättern vt → *Buch* sfogliare

Durchblick m 1 veduta f 2 FIG ◇ **den - haben** ↑ *gutes Auffassungsvermögen* capire tutto; **durchblicken** vi 1 ↑ *hindurchschauen* guardare (attraverso) 2 FAM ↑ *begreifen* capire (*bei etw* qc); ◇ **er ließ -, daß er gehen würde** ↑ *andeuten* accennò di partire

durchbluten [1] vt (*durch Verband*) sanguinare (attraverso)

durchbluten [2] vt → *Gewebe* irrorare

durchbohren [1] vt (*mit Bohrmaschine*) perforare, forare

durchbohren [2] vt 1 ← *Geschoß* → *Wand* ↑ *durchdringen* trapassare 2 (*FIG mit Blicken*) trafiggere

durchbrechen [1] unreg vt → *Schranken, Mauer* spezzare; → *Gewohnheit* rompere, liberarsi di

durchbrechen [2] unreg vi 1 ← *Magengeschwür* scoppiare 2 ← *Vieh* scappare 3 FIG ← *Sonne* apparire

durchbrennen unreg vi 1 ← *Glühbirne, Kabel* bruciarsi; ← *Sicherung* fondersi 2 (*FAM heimlich weggehen*) scappare

durchbringen unreg I. vt 1 (*durch Öffnung*) passare; → *Antrag* far passare 2 → *Patienten* salvare; → *Kinder* mantenere 3 → *Geld* sperperare II. vr ◇ **sich - (im Leben)** tirare avanti; (*durch schwierige Situation*) cavarsela

Durchbruch m 1 (*Mauer-*) apertura f 2 (*von Emotionen*) scoppio m, apparizione f 3 (MIL *durch Feindstellung*) sfondamento m 4 (FIG *in Verhandlungen*) primo compromesso m

durchdacht adv ponderato; **durchdenken** unreg vt 1 (→ *Argument, ganz*) ripensarci sopra 2 → *Plan* ↑ *überdenken* approfondire

durchdrehen I. vt (*mit Fleischwolf*) tritare II. vi ← *Räder* girare a vuoto; FAM ← *verrückt werden* impazzire

durcheinander adv 1 (ungeordnet) sottosopra; ◇ **er trank alles** - bevve di tutto 2 FAM ↑ verstört confusamente; **Durcheinander** n (-s) 1 ↑ Unordnung disordine m 2 ↑ Verwirrung confusione f; FAM casino m; **durcheinanderbringen** unreg vt 1 → Blätter, Bücher mettere in disordine; → Wörter, Begriffe scambiare 2 ← Meldung ↑ verstören confondere; **durcheinanderreden** I. vt, vi ↑ wirr reden balbettare, vaneggiare II. vi (gleichzeitig) parlare tutti insieme

durchfahren I. unreg vi (ohne Halt) attraversare [senza sosta]; FIG ↑ durchzucken ← Gedankenblitz, Schrecken attraversare II. unreg vt → Amerika, England percorrere; **Durchfahrt** f 1 ↑ Durchfahren transito m; ◇ **auf der** - **nach Italien** di passaggio m per l'Italia 2 (Tor-) ◇ - **bitte freihalten** passo m carrabile

Durchfall m diarrea f

durchfallen unreg vi 1 (durch Öffnung) cadere 2 (beim Examen, am Schuljahresende) essere bocciato; ← Aufführung far fiasco

durchfragen vr ◇ **sich** - trovare la meta chiedendo

durchfrieren unreg vi 1 ← See ghiacciarsi 2 ← Mensch ◇ **völlig durchgefroren sein** essere completamente gelato

durchführbar adj ↑ machbar realizzabile; **durchführen** vt 1 → Messung, Untersuchung effettuare, eseguire 2 → Plan, Vorhaben realizzare 3 → Tagung, Wahl organizzare; **Durchführung** f (e-r Messung, Untersuchung) attuazione f

Durchgang m 1 ↑ Passage passaggio m 2 ↑ das Durchgehen ◇ - **verboten** divieto m di transito 3 ↑ Durchlauf, Phase (Produktions-) fase f di produzione; (POL Wahl-) tornata f; SPORT ↑ Durchlauf eliminatoria f; **Durchgangsbahnhof** m stazione f di transito; **Durchgangslager** n campo m di transito/smistamento; **Durchgangsstraße** f strada f di transito; **Durchgangsverkehr** m transito m

durchgeben unreg vt (über Lautsprecher) proclamare; (per Telefon) comunicare; ◇ **können Sie mir bitte die Nummer** -? mi potrebbe dire il numero per piacere?

durchgehen unreg I. vt ↑ behandeln → Thema ripassare, trattare II. vi → Pferd, Jugendlicher scappare; ◇ **mein Temperament ging mit mir durch** mi ha trascinato il mio fervore; ◇ **jd-m etw** - **lassen** lasciar passare qc a qu; **durchgehend** adj ▷Zug diretto; ◇ - **geöffnet** a orario continuato

durchgreifen unreg vi 1 (durch Öffnung) pas-

sare la mano [attraverso] 2 (energisch -) intervenire energicamente

durchhalten unreg I. vi ↑ ausharren resistere II. vt → Strapazen tollerare; → Streik sostenere

durchhängen unreg vi 1 ← Latte, Seil ciondolare, penzolare 2 (FIG erschöpft und antriebslos) essere fiacco

durchkommen unreg vi 1 (durch Öffnung, Absperrung) passare 2 (am Telefon) raggiungere qu 3 (mit Gesten, Sprache) riuscire, farcela; (mit Geld) ↑ auskommen, zurechtkommen arrangiarsi 4 (Prüfung bestehen) essere promosso 5 ◇ **damit kommst du bei ihm nicht durch** (nicht durchgehen lassen) questo non ti fa passare, con questo non ottieni niente da lui 6 ← Patient farcela 7 ← Zug passare; ← Sonne apparire

durchkreuzen vt 1 → Buchstabe, Zahl cancellare con una croce 2 → Plan, Vorhaben contrastare 3 → Land, Gebiet attraversare

durchlassen unreg vt 1 → Regen, Luft far/lasciar passare 2 ↑ vorbeilassen (an Grenze) far/lasciar passare

durchlaufen I. vt 1 → Strecke, Weg passare correndo 2 → Karriere fare 3 → Sohle consumare II. vi ← Wasser collare, passare; → Straße, Schiene passare, attraversare; **Durchlauferhitzer** m (-s, -) scaldabagno

durchlesen unreg vt → Buch leggere

durchleuchten vt 1 (durch Öffnung) illuminare 2 (MED mit Röntgenstrahlen) fare una radiografia 3 FIG → Vorgang ↑ näher untersuchen esaminare

durchlöchern vt → Papier bucherellare; (mit Schußwaffe) perforare

durchmachen vt 1 → Krise attraversare; ◇ **viel** - soffrire tanto 2 → Ausbildung fare 3 ◇ **die Nacht** - ↑ durchfeiern superare la notte

Durchmesser m (-s, -) (Kreis-) diametro m

durchnehmen unreg vt → Stoff trattare

durchnumerieren vt numerare

durchpausen vt ↑ durchschreiben ricalcare

durchqueren vt → Raum, See attraversare

durchregnen vi piovere [dentro/attraverso]

Durchreise f transito m; ◇ **wir befinden uns auf der** - siamo di passaggio

durchreißen unreg vt, vi strappare

durchringen unreg vr ◇ **sich [zu etw]** - giungere dopo molto pensieri [a qc]

durchrosten vi arrugginirsi completamente

durchs = **durch das**

Durchsage f (-, -n) (Radio-, Lautsprecher-) comunicato m, trasmissione f

durchschauen I. vi guardare attraverso II. vt → Person, Gedanken capire, intuire

Durchschlag m (mit Kohlepapier) copia f; **durchschlagen** unreg I. vt ① ↑ entzweischlagen spaccare, sfondare ② ↑ sieben → Mehl passare II. vi ① ↑ zum Vorschein kommen apparire ② (Erfolg haben) aver successo III. vr ◇ sich - tirare avanti; **durchschlagend** adj ▷Erfolg grande, convincente; **Durchschlagpapier** n ↑ Kohlepapier carta f carbone

durchschneiden unreg vt tagliare

Durchschnitt m ↑ Mittelwert media f; ◇ über/unter dem - sopra/sotto la media f; ◇ im ~ in media f; **durchschnittlich** I. adj medio II. adv in media; **Durchschnittsbürger** m cittadino m comune; **Durchschnittsgeschwindigkeit** f velocità f media; **Durchschnittswert** m valore m medio

Durchschrift f copia [carbone] f

durchsehen I. unreg vt → Buch, Heft leggere; ↑ korrigieren correggere; ↑ überprüfen verificare II. unreg vi (durch Öffnung, Fernglas) guardare [attraverso]

durchsetzen I. vt ① → Plan, Vorhaben imporre; ◇ seinen Kopf - spuntarla ② ◇ seine Romane sind mit Schimpfwörtern durchsetzt ↑ vermischen i suoi romanzi sono pieni di parolaccie II. vr: ◇ sich - (Verbreitung finden) affermarsi, farsi strada; ◇ sich - gegen (sich behaupten) affermarsi contro

Durchsicht f (von Akten, Heft) esame m, controllo m; **durchsichtig** adj ① ▷Kleid trasparente ② FIG ▷Gedanken evidente, chiaro

durchsickern vi ① ← Wasser gocciolare ② FIG ← Information diventare noto

durchsprechen unreg vt discutere

durchstehen unreg vt → schwierige Situation superare

durchstöbern vt → Dachboden, Tasche frugare [in]

durchstoßen ¹ vt → Eisdecke rompere

durchstoßen ² unreg vt (zu e-m Ziel) sfondare

durchstreichen unreg vt → Geschriebenes cancellare

durchstreifen vt → Wälder percorrere

durchsuchen vt → Tasche, Schrank frugare [in]; (→ Wohnung, nach Beweisstücken) perquisire; **Durchsuchung** f (polizeiliche -) perquisizione f

durchtrieben adj (schlitzohrig, schlau) scaltro; (hinterhältig) malizioso

durchwachsen adj: ◇ -er Speck pancetta f

durchwählen vt (ohne Vermittlung) scomporre un numero diretto

durchwandern vt attraversare a piedi

durchweg adv ↑ ohne Ausnahme senza eccezio-

ne; ◇ er bekam - gute Noten ha ottenuto voti buoni in tutte le materie

durchziehen ¹ unreg I. vt ① (→ Schnur, durch Öffnung) infilare ② (→ Vorhaben, entschlossen zu Ende führen) fare veramente, terminare II. vi ← Karawane passare

durchziehen ² unreg vt (die Landschaft) ← Fluß, Straße attraversare

Durchzug m ① (von Vögeln) passaggio m ② ↑ Luftzug corrente f d'aria)

durchzwängen vr ◇ sich - passare con fatica

dürfen (durfte, gedurft) vi potere, avere il permesso; ◇ darf ich? posso?; ◇ was darf es sein? mi dica!; ◇ das darf nicht geschehen ciò non deve accadere; ◇ ich darf das nicht sagen non sono autorizzato a dirlo

dürftig adj ① ▷Kleidung, Behausung misero, povero ② ▷Leistung ↑ schwach insufficiente, scarso

dürr adj ① ↑ vertrocknet secco; ▷Land arido ② ↑ mager magro; **Dürre** f ⟨-, -n⟩ (Trockenheit) siccità f

Durst m ⟨-[e]s⟩ sete f; ◇ ich habe ~ ho sete f; **durstig** adj assetato

Durtonart f modo m maggiore

Dusche f ⟨-, -n⟩ (Vorrichtung, Vorgang) doccia f; **duschen** vt, vi, vr ◇ sich - farsi la doccia; **Duschkabine** f cabina f della doccia

Düse f ⟨-, -n⟩ TECH ugello m; (Kraftstoff-) iniettore m; (von Flugzeug) getto m

Dusel m ⟨-s⟩ FAM ↑ Glück: ◇ - haben aver fortuna f

düsen vi (FAM vorbei-) ↑ vorbeihuschen precipitarsi; **Düsenantrieb** m propulsione f a reazione; **Düsenflugzeug** n aviogetto m; **Düsenjäger** m caccia f a reazione

Dussel m ⟨-s, -⟩ FAM ↑ Dummkopf scemo m

düster adj ① ▷Farben, Zimmer scuro ② ▷Gedanken fosco, cupo ③ ↑ bedrohlich ▷Gestalten oscuro; ↑ trostlos deprimente

Duty-free-Shop m ⟨-s, -s⟩ duty-free m

Dutzend n ⟨-s, -e⟩ dozzina f; ◇ ein halbes - una mezza dozzina f; **dutzend[e]mal** adv: ◇ ich habe sie schon - darauf hingewiesen cento volte le ho già avvertita; **dutzendweise** adv a dozzine

duzen vt, vr: ◇ jd-n - dare del tu a qu; ◇ sich - darsi del tu

Dynamik f ① (PHYS Kraft) dinamica f ② (FIG e-r Sache) dinamismo m; (e-r Person) slancio m; **dynamisch** adj (FIG schwungvoll und anpassungsfähig) dinamico

Dynamit n ⟨-s⟩ dinamite f

Dynamo m ⟨-s, -s⟩ dinamo f

D-Zug m direttissimo m

E

E, e n ① E, e m/f ② MUS mi m
Ebbe f ⟨-, -n⟩ ① bassa marea f ② FIG ◇ **- in der Kasse haben** essere al verde
eben I. adj ① ↑ *flach* piano ② ↑ *glatt* piatto, liscio II. adv ① (*gerade jetzt*) proprio adesso; ◇ **er kommt** - arriva proprio adesso ② (*vor ganz kurzer Zeit*) appena; ◇ **sie ist** - **abgefahren** è appena partita ③ ↑ *genau* proprio; ◇ - **das meine ich** la penso proprio così; ◇ **das ist es ja** - è appunto così; ◇ -**!** appunto! ④ ↑ *gerade, besonders* proprio, esattamente; ◇ **er ist nicht** - **kräftig** non è proprio robusto
Ebenbild n immagine f; **ebenbürtig** adj ↑ *gleichwertig* pari; ◇ **jd-m** - **sein** essere alla pari con qu
Ebene f ⟨-, -n⟩ ① pianura f ② FIG ↑ *Niveau* livello m ③ FIG ↑ *Position* livello m; ◇ **auf höchster** - al livello più alto ④ MATH piano m; **ebenerdig** adj (*im Erdgeschoß*) al piano terra
ebenfalls adv (*gleichfalls*) altrettanto; (*auch*) anche
Ebenheit f piano m
Ebenholz n FLORA ebano m
Ebenmaß n ⟨-es⟩ ↑ *Gleichmäßigkeit, Regelmäßigkeit* armonia f
ebenso adv allo stesso modo; ◇ **sie ist** - **groß wie er** è alta [tanto] quanto/come lui; **ebensogut** adv altrettanto bene; **ebensooft** adv altrettanto spesso; **ebensoviel** adv altrettanto; **ebensoweit** adv altrettanto lontano; **ebensowenig** adv altrettanto poco
Eber m ⟨-s, -⟩ FAUNA cinghiale m
Eberesche f FLORA sorbo m selvatico
ebnen vt ① spianare, livellare ② FIG appianare; ◇ **jd-m den Weg** - spianare la strada a qu
Echo n ⟨-s, -s⟩ ① (*Widerhall*) eco m ② FIG ↑ *Anklang, Reaktion* eco m, risonanza f; ◇ **lautes** - **finden** avere un forte risonanza; **Echolot** n NAUT scandaglio m a eco
echt I. adj ① ▷ *Schmuck* vero ② ▷ *Gemälde, Kunstwerk* originale, autentico; ◇ **ein -er Mirò** un'originale di Mirò ③ ↑ *wahr, aufrichtig* vero ④ ↑ *typisch* tipico II. adv FAM ↑ *wirklich, tatsächlich* veramente; ◇ **ich bin** - **glücklich** sono veramente felice; **Echtheit** f ① (*von Kunstwerk etc.*) autenticità f ② (*von Gefühl*) sincerità f; **Echtzeit** f PC tempo m reale
Eckball m SPORT calcio m d'angolo
Ecke f ⟨-, -n⟩ ① angolo m ② MATH angolo m, vertice m; **Eckhaus** n casa f all'angolo; **eckig** adj ① angoloso, ad angoli ② FIG ▷ *Bewegung* maldestro; **Eckzahn** m ANAT dente m canino

edel adj ① ▷ *Wein, Material* pregiato ② ▷ *Mensch* nobile, magnanimo ③ ▷ *Gesichtszüge* nobile, aristocratico; **Edelgas** n CHEM gas m nobile; **Edelmetall** n metallo m nobile; **edelmütig** adj generoso; **Edelstein** n pietra f preziosa; ▷ *geschliffen* gemma f; **Edelweiß** n FLORA stella f alpina, edelweiss m
editieren vt ① → *Buch, Zeitschrift* pubblicare ② PC editare; **Editor** m ⟨-s, -s⟩ ① (*von Buch etc.*) editore m ② PC programma m di edit
EDV f ⟨-⟩ Abk v. **elektronische Datenverarbeitung** E.E.D. f
EDV-Anlage f impianto m di E.E.D.
Efeu m ⟨-s⟩ FLORA edera f
Effekt m ⟨-s, -e⟩ effetto m
Effekten pl ① FIN valori m/pl, titoli m/pl ② (*beweglicher Besitz*) beni m/pl mobili; **Effektenbörse** f FIN borsa f valori
Effekthascherei f FAM ≈ ricerca f dell'effetto; **effektiv** adj ① FIN valori, Wert effettivo, reale ② ▷ *Maßnahmen* effettivo
effizient adj efficiente
EG f ⟨-⟩ Abk v. **Europäische Gemeinschaft** C.E. f
egal adj uguale, indifferente; ◇ **das ist mir völlig** - mi è completamente indifferente
Egoismus m egoismo m; **Egoist(in** f) m egoista m/f; **egoistisch** adj egoistico
egozentrisch adj egocentrico
ehe cj prima di +*infinitivo*, prima che +*congiuntivo*
Ehe f ⟨-, -n⟩ matrimonio m; ◇ **e-e** - **schließen** contrarre un matrimonio; **Eheberatung** f consulenza f matrimoniale; **Ehebett** n letto m matrimoniale; **Ehebrecher(in** f) m ⟨-s, -⟩ adultero/a; **Ehebruch** m adulterio m; **Ehefrau** f moglie f; **Eheleute** pl coniugi m/pl; **ehelich** adj ▷ *Pflichten etc.* matrimoniale, coniugale; ▷ *Kind* legittimo
ehemalig adj ex, di una volta; **ehemals** adv in passato
Ehemann m ⟨-[e]s, Ehemänner⟩ marito m; **Ehepaar** n coniugi m/pl
eher adv ① ↑ *früher* prima; ◇ - **kommen** venire prima ② ↑ *lieber* più; ◇ **das paßt mir schon** - mi va già meglio ③ ↑ *wahrscheinlich* più probabile ④ ↑ *vielmehr* piuttosto; ◇ **ich würde** - **sagen, daß** direi piuttosto che
Ehering m fede f; **Ehescheidung** f divorzio m; **Eheschließung** f matrimonio m
eheste(r, s) adj ① ↑ *früheste* per primo ② ↑ *liebste* ◇ **am** - in piuttosto ③ ↑ *wahrscheinlichsten* il/la più probabile
ehrbar adj ▷ *Mensch* stimato; **Ehre** f ⟨-, -n⟩

↑ *Anerkennung, Ansehen* onore *m,* stima *f;* **ehren** *vt* onorare, stimare; **ehrenamtlich** *adj* ▷*Tätigkeit* onorario; **Ehrengast** *m* ospite *m/f* d'onore; **ehrenhaft** *adj* onorevole; **Ehrenmann** *m* ⟨-[e]s, Ehrenmänner⟩ uomo *m* d'onore; **Ehrenmitglied** *n* socio *m* onorario; **Ehrenplatz** *m* posto *m* d'onore; **Ehrenrechte** *pl* diritti *m/pl* civili; **ehrenrührig** *adj* ▷*Verhalten* oltraggioso; **Ehrenrunde** *f* SPORT giro *m* d'onore; **Ehrensache** *f* ① questione *m* d'onore ② *FAM* ◇ *das ist doch -* ma è logico; **ehrenvoll** *adj* ▷*Tätigkeit* rispettabile; **Ehrenwort** *n* parola *f* d'onore; ◇ *jd-m sein -geben* dare a qu la propria parola

Ehrfurcht *f* profondo rispetto *m;* **Ehrgefühl** *n* senso *m* dell'onore; ◇ *kein -besitzen* non aver nessun senso dell'onore; **Ehrgeiz** *m* ambizione *f* (*nach* di/per); **ehrgeizig** *adj* ambizioso

ehrlich *adj* ▷*Mensch* onesto, sincero; **Ehrlichkeit** *f* sincerità *f,* onestà *f*

ehrlos *adj* disonesto; **Ehrung** *f* onore *m;* **ehrwürdig** *adj* rispettabile

ei *intj* ei, ma

Ei *n* ⟨-[e]s, -er⟩ ① (*Hühner-*) uovo *m* ② ↑ *Keimzelle* ovulo *m* ③ *FAM!* ◇ *-er pl* balle *f/pl*

Eichamt *n* ufficio *m* di [verifica] di pesi e misure

Eiche *f* ⟨-, -n⟩ FLORA quercia *f*

Eichel *f* ⟨-, -n⟩ ① FLORA ghianda *f* ② ANAT glande *m*

eichen *vt* ① tarare ② *FAM* ◇ *auf etw akk geeicht sein* intendersi di qc

Eichhörnchen *n* FAUNA scoiattolo *m*

Eichmaß *n* misura *f* normale; **Eichung** *f* (*von Waagen etc.*) taratura *f*

Eid *m* ⟨-s⟩ ↑ *Streben, Bemühen* giuramento *m*

Eidechse *f* ⟨-, -n⟩ FAUNA lucertola *f*

eidesstattlich *adj:* ◇ *-e Erklärung* dichiarazione in luogo del giuramento

Eidgenosse *m,* **-genossin** *f* svizzero/a; **Eidgenossenschaft** *f* ▷*schweizerisch* confederazione *f;* **eidlich** *adj* giurato

Eidotter *m* tuorlo *m;* **Eierbecher** *m* portauovo *m;* **Eierkuchen** *m* GASTRON ≈ frittata *f;* **Eierlikör** *m* zabaione *m;* **Eierschale** *f* guscio *m* dell'uovo; **Eierstock** *m* ANAT ovaia *f*

Eifer *m* ⟨-s⟩ ① ↑ *Tatendrang, Begeisterung* zelo *m* ② ↑ *Tatendrang, Begeisterung* entusiasmo *m;* ◇ *etw mit -tun* fare qc con entusiasmo; **Eifersucht** *f* gelosia *f;* (*in Beruf*) invidia *f;* **eifersüchtig** *adj* geloso (*auf akk* di)

eiförmig *adj* ovale

eifrig *adj* diligente

Eigelb *n* ⟨-[e]s, -⟩ tuorlo *m,* giallo *m* dell'uovo

eigen *adj* ① ▷*Haus, Kinder* proprio ② (*typisch*) caratteristico, particolare; ◇ *jd-m -sein* essere caratteristico per qu; ◇ *sich dat etw zu -machen* appropriarsi di qc ③ ↑ *selbständig* proprio, personale ④ ↑ *merkwürdig* strano, singolare; **Eigenart** *f* ① ↑ *Charakteristikum* caratteristica *f* ② ↑ *Eigenheit* particolarità *f;* **eigenartig** *adj* strano, singolare; **Eigenbedarf** *m* bisogno *m* personale, fabbisogno *m;* ◇ *wegen -kündigen* sfrattare per uso privato; **Eigenbrötler(in** *f) m* persona *f* bizzarra/stravagante; **Eigengewicht** *n* peso *m* netto; **eigenhändig** *adj* di proprio pugno, di propria mano; **Eigenheim** *n* casa *f* in proprio; **Eigenheit** *f* particolarità *f,* caratteristica *f;* **Eigenkapital** *n* capitale *m* proprio; **Eigenlob** *n* lode *f* di sè; ◇ *- stinkt* chi si loda s'imbroda; **eigenmächtig** *adj* dispotico; **Eigenname** *m* nome *m* proprio; **Eigennutz** *m* ⟨-⟩ interesse *m* personale, fini *m/pl* personali; ◇ *etw aus -tun* fare qc a fini personali; **eigennützig** *adj* egoistico, per interesse

eigens *adv* apposta, espressamente

Eigenschaft *f* ① ↑ *Merkmal, Besonderheit* qualità *f,* caratteristica *f* ② ↑ *Funktion* qualità *f;* ◇ *in meiner -als Vorsitzende …* in qualità di presidente …; **Eigenschaftswort** *n* GRAM aggettivo *m;* **Eigensinn** *m* testardaggine *f,* cocciutaggine *f;* **eigensinnig** *adj* testardo, cocciuto

eigentlich I. *adj* ① ↑ *wahr, tatsächlich* vero, proprio; ◇ *der -e Grund* il vero motivo ② ↑ *ursprünglich* originale II. *adv* in realtà, a dire il vero, in fondo; ◇ *- hat sie recht* a dire il vero ha ragione III. *Partikel* ↑ *denn:* ◇ *was wollen Sie -?* ma allora cosa vuole?

Eigentor *n* ① SPORT autogol *m,* autorete *f* ② *FIG* ◇ *ein - schießen* rovinarsi con le proprie mani; **Eigentum** *n* proprietà *f;* **Eigentümer (in** *f) m* ⟨-s, -⟩ proprietario/a; **eigentümlich** *adj* ① ↑ *kennzeichnend* particolare, peculiare; ◇ *die ihr -e Großzügigkeit* la sua particolare generosità ② ↑ *seltsam* strano, particolare; **Eigentümlichkeit** *f* ① ↑ *Charakteristikum* particolarità *f,* caratteristica *f* ② ↑ *Eigenart* stranezza *f;* **Eigentumswohnung** *f* appartamento *m* in condominio; **eigenverantwortlich** *adj* di propria responsabilità; **eigenwillig** *adj* caparbio

eignen *vr* ◇ *sich -* adattarsi (*für akk* a); **Eignung** *f* attitudine *f,* idoneità *f*

Eilbote *m* corriere *m* espresso; ◇ *per -n* per espresso; **Eilbrief** *m* [lettera] *f* espresso; **Eile** *f* ⟨-⟩ fretta *f;* ◇ *in -sein* aver fretta; **eilen** *vi* ① ← *Mensch* affrettarsi ② ← *Arbeit* essere urgente; ◇ *es eilt* è urgente; **eilends** *adv* in fretta; **Eilgut**

n merce *f* a grande velocità; **eilig** *adj* [1] ↑ *schnell* frettoloso; ◇ **es - haben** aver fretta [2] ▷*Angelegenheit* urgente; **Eilzug** *m* BAHN diretto *m*

Eimer *m* ⟨-s, -⟩ [1] secchio *m* [2] ◇ **alles ist im - è** andato tutto a farsi benedire

ein(e) I. *nr* uno; ◇ **es ist - Uhr** è l'una; ◇ **ein Viertel** un quarto; ◇ **-er Meinung sein** avere la stessa opinione **II.** *Artikel* (*unbestimmt*) un/uno (una) *m*; ◇ **-e Familie** una famiglia; FAM ◇ **-en heben** bere un bicchierino di grappa; ◇ **- jeder** ognuno **III.** *adv*: ◇ **nicht - noch aus wissen** non sapere dove sbattere la testa; ◇ **bei jd-m - u. aus gehen** essere di casa da qu

eine(r, s) *pron* uno/una *m*; ◇ **-r von vielen** uno tra tanti; ◇ **der/die/das** - l'uno/-a

Einakter *m* ⟨-s,-⟩ atto *m* unico

einander *pron* a vicenda, l'un l'altro; ◇ **- helfen** aiutarsi a vicenda

einarbeiten I. *vt* impratichire qu (*in akk* in) **II.** *vr* ◇ **sich** - impratichirsi (*in akk* in)

einarmig *adj* con un solo braccio

einäschern *vt* incenerire

einatmen *vt, vi* ▷ *Luft* inspirare

einäugig *adj* con un occhio solo

Einbahnstraße *f* strada *f* a senso unico

Einband *m* ⟨-[e]s, Einbände⟩ (*von Buch*) copertina *f*; **einbändig** *adj* ▷*Buchausgabe* in un volume unico

einbauen *vt* [1] ↑ *installieren, montieren* installare; → *Möbel, Motor* montare [2] FIG → *Zitat* inserire; **Einbaumöbel** *pl* mobili *m*/*pl* a muro

einberufen *unreg vt* → *Sitzung* convocare; MIL reclutare, chiamare alle armi; **Einberufung** *f* (*von Versammlung*) convocazione *f*; (MIL *von Rekruten*) chiamata *f* alle armi

einbetten *vt* collocare (*in akk* in)

Einbettzimmer *n* (*in Hotel*) camera *f* singola

einbeziehen *unreg vt* includere

einbiegen *unreg vi* svoltare; ◇ **nach links** - svoltare a sinistra

einbilden *vt*: ◇ **sich** *dat* **etw** - mettersi in testa qc; ◇ **sich** *dat* **etw auf sich** - darsi delle arie; **Einbildung** *f* [1] ↑ *Vorstellung* immaginazione *f*, fantasia *f* [2] ↑ *Dünkel* presunzione *f*; **Einbildungskraft** *f* immaginazione *f*

einbinden *unreg vt* [1] → *Buch* rilegare [2] ↑ *einbeziehen* integrare (*in akk* in); **Einbindung** *f* FIG integrazione (*in akk* in)

einblenden *vt* MEDIA inserire

Einblick *m* [1] (*in Raum*) sguardo *m* [2] FIG ↑ *Einsicht, Kenntnisnahme* idea (*in akk* di) [3] ↑ *Überblick* visione *f* generale

einbrechen *unreg vi* [1] (*in Gebäude*) irrompere,

fare irruzione (*in akk* in) [2] ← *Nacht* calare; ← *Winter* subentrare [3] (*in Eis*) sprofondare; **Einbrecher(in** *f*) *m* ⟨-s, -⟩ scassina|tore(-trice *f*) *m*

einbringen *unreg* **I.** *vt* → *Ernte* portare; → *Geld* rendere; → *Nutzen, Zinsen* fruttare; ◇ **das hat mir viel eingebracht** mi ha dato molto; ◇ **das bringt nichts ein** non serve a niente [2] → *Gesetzesantrag* presentare [3] ↑ *wettmachen* → *Verlust, Verzögerung* recuperare **II.** *vr* ◇ **sich** - [1] ↑ *sich engagieren* impegnarsi [2] (FIG *in Beziehung*) integrarsi in

einbrocken *vt* FIG: ◇ **jd-m/sich etw** - mettersi/qu in un bel pasticcio

Einbruch *m* [1] (*in Geschäft etc.*) irruzione *f*; MIL invasione *f* [2] (*der Nacht*) calare *m*; (*des Winters*) inizio *m*; ◇ **bei - der Nacht** al calare della notte [3] ↑ *Durchbrechen* sfondamento *m*; **einbruchssicher** *adj* a prova di scasso

Einbuchtung *f* insenatura *f*

einbürgern I. *vt* naturalizzare **II.** *vr* ◇ **sich** ← *Tradition, Gewohnheit* diventare d'uso comune

Einbuße *f* perdita *f*; **einbüßen** *vt* (*verlieren*) perdere; → *Vermögen* rimetterci

einchecken *vt* AERO → *Gepäck* fare il check-in

eindämmen arginare

eindecken *vtr* ◇ **sich** - (*mit Vorräten, Arbeit*) rifornirsi (*mit* di)

eindeutig *adj* chiaro, evidente

eindringen *unreg vi* [1] irrompere (*in akk* in); (*in Gebäude, Zimmer*) penetrare in; (MIL *in Land*) invadere [2] ← *Gas, Wasser* penetrare (*in etw* in) [3] (*mit Fragen*) tartassare (*auf jd-n* qc) [4] ↑ *erforschen* approfondire; ◇ **in die Geheimnisse der Natur** - penetrare i segreti della natura; **eindringlich** *adj* insistente; ◇ **- auf etw hinweisen** indicare insistentemente qc; **Eindringling** *m* intruso *m*

Eindruck *m* ⟨-[e]s, Eindrücke⟩ [1] impressione *f*; ◇ **e-n guten - machen** fare una bella/buona impressione [2] ↑ *Spur* impronta *f*; **eindrucksvoll** *adj* impressionante

eineiig *adj* BIO ▷*Zwillinge* monozigotico

eineinhalb *nr* uno e mezzo

einengen *vt* limitare, restringere

einerlei *adj* ⟨inv⟩ [1] ↑ *egal* indifferente; ◇ **es ist mir - mi** è indifferente [2] ↑ *gleichartig* lo stesso; **Einerlei** *n* ⟨-s⟩ monotonia *f*; ◇ **immer dasselbe** - sempre il solito tran tran

einerseits *adv* da una parte

einfach I. *adj* [1] ↑ *schlicht* semplice [2] ▷*Rechnung, Aufgabe* facile [3] ▷*Fahrkarte* di

sola andata **II.** *adv* semplicemente **III.** *Partikel:*
◇ - **toll!** proprio magnifico!; **Einfachheit** *f* ①
↑ *Schlichtheit* semplicità *f* ② ↑ *Leichtigkeit* facilità *f*

einfädeln *vt* ① → *Faden* infilare ② FIG
↑ *anbahnen* tramare

einfahren *unreg* **I.** *vt* ① → *Ernte* mettere ②
→ *Auto* rodare ③ → *Mauer* sbattere contro, sfondare **II.** *vi* ① ← *Zug, Schiff* entrare in ② MIN
scendere in **III.** *vr* ◇ **sich** - ← *Gewohnheit* abituarsi a; **Einfahrt** *f* ① (*Garagen-, Grundstücks-*)
ingresso *m*, entrata *f* ② (*in Bahnhof*) arrivo *m*,
entrata *f* ③ MIN entrata *f*

Einfall *m* ① ↑ *Idee* idea *f* ② ↑ *Licht-* incidenza *f*
③ MIL ↑ *Invasion* invasione *f*; **einfallen** *unreg*
vi ① ← *Haus* crollare ② ← *Licht* entrare (*in akk*
in) ③ MIL ↑ *einmarschieren* invadere, irrompere
in ④ ↑ *einstimmen* (*in Lied*) attaccare (*in akk* in)
⑤ ↑ *in den Sinn kommen* farsi venire in mente;
◇ **etw fällt jd-m ein** gli viene in mente qc; ◇ **das**
fällt mir gar nicht ein ma neanche per sogno;
◇ **laß dir was - dat** fatti venire una buona idea

einfältig *adj* sempliciotto

Einfamilienhaus *n* casa *f* unifamiliare

einfangen *unreg* *vt* ① → *Tier* catturare ② FIG
→ *Stimmung* catturare

einfarbig *adj* di un solo colore

einfassen *vt* ← *Stoff* fare l'orlo a; ← *Grundstück*
recintare; **Einfassung** *f* recinto *m*, orlo *m*

einfetten *vt* spalmare

einfinden *unreg* *vr* ◇ **sich** - presentarsi

einfliegen *unreg* *vt* trasportare per volo

einfließen *unreg* *vi* ① sboccare ② FIG ◇ **etw -**
lassen fare una osservazione

einflößen *vt* ① → *Flüssigkeit* versare ② FIG
infondere, incutere; ◇ **jd-m Angst -** incutere
paura a qu

Einfluß *m* influenza *f* (*auf akk* su); **einflußreich**
adj ▷*Persönlichkeit* influente

einförmig *adj* monotono; (*gleichförmig*) uniforme; **Einförmigkeit** *f* ↑ *Eintönigkeit* monotonia
f; ↑ *Gleichförmigkeit* uniformità *f*

einfrieren *unreg* **I.** *vt* → *Lebensmittel* congelare
II. *vi* ① ↑ *I* ghiacciare ② FAM ← *Gelder* congelare

einfügen **I.** *vt* ① → *Bemerkung* inserire ②
↑ *hinzufügen* aggiungere in/a ③ PC inserire in **II.**
vr ◇ **sich** - (*in Gesellschaft*) inserirsi

Einfühlungsvermögen *n* capacità *f* di immedesimazione

Einfuhr *f* ‹-› importazione *f*; **Einfuhrartikel** *m*
articolo *m* d'importazione; **Einfuhrbeschränkungen** *f* restrizione *f* doganale; **einführen** *vt*
① → *Ware* importare ② → *Mensch* presentare,

introdurre ③ → *Neuerung* introdurre ④
↑ *einarbeiten* avviare a ⑤ (*in Öffnung*) introdurre
(*in akk* in); **Einführung** *f* ① avviamento *m*,
introduzione *f* (*in akk* in) ② introduzione *f* (*in akk*
in) ③ (*von Mensch*) presentazione *f*; **Einführungspreis** *m* prezzo *m* di promozione/lancio

Eingabe *f* ① (*Eingeben*) somministrazione *f*;
(PC *Daten-*) entrata *f* ② ↑ *Gesuch* domanda *f*,
richiesta *f*; **Eingabetaste** *f* PC tasto *m* return

Eingang *m* ① entrata *f* ② (COMM *Waren-*)
arrivo *m*; **eingangs** *adv, präp gen* all'inizio;
◇ **wie -** come riferito all'inizio; **Eingangsbestätigung** *f* COMM conferma *f*
[d'arrivo]; **Eingangshalle** *f* entrata *f*

eingeben *unreg* *vt* ① → *Medizin* somministrare
② PC → *Daten etc.* inserire ③ ↑ *suggerieren*
→ *Ideen* suggerire

eingebildet *adj* ① immaginario; ◇ **der -e**
Kranke il malato immaginario ② ↑ *arrogant*
presuntuoso

Eingeborene(r) *fm* indigeno/a, nativo/a

Eingebung *f* ispirazione *f*

eingefallen *adj* ▷*Gesicht* emaciato, smunto

eingefleischt *adj* incallito; ◇ **-er Junggeselle**
uno scapolo incallito

eingehen *unreg* **I.** *vi* ① ← *Post* arrivare ② ↑ *sich*
befassen mit occuparsi (*auf akk* di) ③
↑ *einleuchten* entrare in testa; ◇ **das geht mir**
nicht ein non mi entra in testa ④ ← *Tier, Pflanze*
morire di/per; ← *Firma* andare in malora ⑤
↑ *schrumpfen* ← *Stoff* restringersi **II.** *vt* accettare;
→ *Risiko* affrontare; **eingehend** *adj* approfondito, accurato

eingelegt *adj* GASTRON in conserva

Eingemachte(s) *n* conserva *f*; ↑ *Marmelade*
conserva *f* di frutta; FIG ◇ **ans - gehen** venire al
dunque

eingemeinden *vt* incorporare in un comune

eingenommen *adj:* ◇ **für/gegen jd-n/etw -**
sein essere prevenuto nei confronti di qu/qc;
◇ **von sich - sein** essere sicuro di sè stessi

eingeschrieben ¹ *adj* iscritto

eingeschrieben ² *adj* (*Brief*) raccomandato

eingespielt *adj:* ◇ **aufeinander - sein** essere
affiatati

Eingeständnis *n* (*Schuld-*) confessione *f*

eingestehen *unreg* *vt* confessare; ◇ **jd-m etw -**
confessare qc a qu

eingetragen *adj* COMM ▷*Warenzeichen* registrato

Eingeweide *pl* ANAT intestino *m*

Eingeweihte(r) *fm* iniziato/a

eingewöhnen *vr* ◇ **sich -** abituarsi a

eingießen *unreg* *vt* → *Kaffee* versare

eingleisig adj ① BAHN ↑ einspurig a un binario ② FIG ▷Denken unilaterale

eingliedern vt (in Gemeinschaft) incorporare

eingraben unreg I. vt (in Erde) seppellire, sotterrare II. vr ◇ sich ~ ① seppellirsi ② (FIG ins Gedächtnis) imprimersi

eingreifen unreg vi ① TECH ← Zahnrad ingranare ② (FIG in Streit etc.) intervenire, immischiarsi (in akk in); **Eingriff** m ① intervento m; ▷militärisch intervento m [militare] ② MED ↑ Operation intervento m [chirurgico]

einhaken I. vt (in akk a) II. vr FAM: ◇ sich bei jd-m ~ prendere a braccetto III. vr ↑ eingreifen (bei Gespräch) intervenire in

Einhalt m: ◇ jd-m/etw ~ gebieten arrestare, fermare; **einhalten** unreg I. vt → Regel, Gesetz, osservare, rispettare → Frist, Abmachung, Termin rispettare II. vi (aufhören) interrompere, fermarsi

einhändig adj con una mano sola

einhängen vt ① appendere a ② → Telefon appendere, attaccare ③ (einhaken) ◇ sich bei jd-m - prendersi a braccetto

einheimisch adj ① ↑ ansässig ▷Person nativo ② ↑ inländisch ▷Produkt nostrano, nazionale

Einheit f ① unità f, unione f; ◇ die deutsche ~ l'unione tedesca ② (Telefon-, Währungs-) scatto m ③ MIL unità f; **einheitlich** adj ① ▷Kleidung uniforme ② ↑ zusammengehörig ▷Struktur unitario; **Einheitspartei** f partito m unitario; **Einheitspreis** m prezzo m unico

einhellig I. adj unanime II. adv all'unanimità

einholen I. vt ① → Vorsprung raggiungere ② → Verspätung recuperare ③ → Tau alare ④ → Fahne, Segel ammainare ⑤ → Rat, Erlaubnis chiedere II. vi (einkaufen) fare la spesa; ◇ - gehen andare a fare la spesa

Einhorn n unicorno m

einhundert nr cento

einig adj ① ↑ vereint unito ② ↑ gleichgesinnt d'accordo; ◇ sich dat - sein essere d'accordo (über akk su) ◇ sich dat - werden mettersi d'accordo su

einige pron pl ① ↑ ein paar qualche ② ↑ mehrere alcuni, qualche, diversi

einige(r, s) adj qualche, alcuni; ↑ ziemlich viel certo; ◇ -e Erfahrung haben avere una certa esperienza; **einigemal** adv qualche volta

einigen I. vt mettere d'accordo II. vr ◇ sich ~ mettersi d'accordo (auf akk su)

einigermaßen adv ① (ziemlich) abbastanza, discretamente ② ↑ leidlich piuttosto; ◇ es geht mir - me la cavo

einiges pron ① ↑ manches qualcosa ② ↑ ziemlich viel un bel pò

Einigkeit f ① unità f ② ↑ Übereinstimmung armonia f, concordia f; **Einigung** f ① intesa f, accordo m; JURA conciliazione f ② ↑ Vereinigung unificazione f

einjährig adj ① ▷Kind di un anno ② ▷Aufenthalt di un anno ② FLORA ▷Pflanze annuale

einkalkulieren vt → Verluste calcolare

einkassieren vt incassare

Einkauf m ① (Einkaufen) acquisto m ② (Kauf) acquisto m, spesa f; **einkaufen** I. vt → Waren comprare, acquistare; SPORT → Spieler acquistare II. vi fare la spesa; **Einkaufsbummel** m giro m per i negozi; **Einkaufspreis** m prezzo m d'acquisto; **Einkaufstasche** f borsa f della spesa; **Einkaufswagen** m carrello m; **Einkaufszentrum** n shopping center m

einkehren vi (in Wirtschaft etc.) fermarsi in un luogo pubblico per consumarvi o prendere alloggio

einkellern vt mettere in cantina

einkesseln vt accerchiare

einklammern vt mettere tra parentesi

Einklang m armonia f; ◇ in - in armonia

einkleiden vt vestire

einklemmen vt incastrare; ◇ sich dat die Finger in der Tür - incastrare le dita nella porta

einknicken vt → Papier piegare

einkochen vt → Obst, Marmelade cuocere per conservare

Einkommen n ⟨-s, -⟩ reddito m; ◇ festes - reddito m fisso; **Einkommensteuer** f imposta f sul reddito

einkreisen vt ① accerchiare ② FIG → Problem circoscrivere

Einkünfte pl entrate f/pl

einladen unreg vt ① → Möbel, Waren etc. caricare ② invitare; ◇ jd-n zu sich nach Hause - invitare qu a casa ③ ◇ jd-n ins Kino - invitare qu al cinema; **Einladung** f invito m (zu per qu)

Einlage f ① (in Zeitung) inserzione f ② (Programm-) numero m fuori programma; (Schuh-) plantare m, soletta f; (Zahn-) otturazione f provvisoria ③ (Spar-, Kapital-) deposito m

einlagern vt immagazzinare

Einlaß m ⟨-sses, -lässe⟩ ingresso m, entrata f; ◇ - begehren chiedere il permesso di poter entrare; **einlassen** unreg I. vt ① far/lasciare entrare ② → Wasser fare/lasciar scorrere II. vr ◇ sich - avere a che fare (mit dat con); impegnarsi (auf akk in)

Einlauf m ① (von Briefen) arrivo m ② SPORT (von Pferden) arrivo m ③ MED (Darm-) clistere m; **einlaufen** unreg I. vi ① ↑ ankommen arrivare; (*in Hafen*) approdare; SPORT scendere in campo ② ← *Wasser* affluire ③ ← *Stoff* restringersi **II.** vt → *Schuhe* formare al piede **III.** vr ◇ **sich** ~ SPORT scaldarsi; ← *Motor, Maschine* scaldare

einleben vr ◇ **sich** ~ abituarsi

Einlegearbeit f lavoro m d'intarsio; **einlegen** vt ① → *Papier* accludere; → *Film, Kassette* inserire ② GASTRON → *Gurken, Fleisch* mettere sotto aceto ③ (→ *Intarsien, in Holz etc.*) intarsiare ④ → *Pause* mettere, inserire ⑤ ◇ **Protest** ~ protestare; ◇ **Veto/Widerspruch** ~ porre il veto; ◇ **Beschwerde** ~ presentare un reclamo; ◇ **ein gutes Wort bei jd-m** ~ mettere una buona parola per qu

einleiten vt ① → *Buch* iniziare; → *Feier* dare inizio a ② → *Neuerungen* introdurre ③ MED avviare ④ → *Wasser* immettere; **Einleitung** f (*von Buch, Rede etc.*) prefazione f, introduzione f; (*von Veranstaltung etc.*) apertura f, inaugurazione f; MUS ouverture f

einleuchten vi FIG apparire, essere chiaro, evidente; ◇ **das leuchtet mir ein** mi è chiaro; **einleuchtend** adj chiaro, evidente

einliefern vt ① → *Paket* consegnare ② → jd-n ins Krankenhaus ~ ricoverare qu all'ospedale; **Einlieferungsschein** m ricevuta f di consegna

einlösen vt ① → *Scheck, Wechsel, Pfand* incassare ② FIG → *Versprechen* mantenere

einmachen vt → *Obst, Marmelade* mettere in conserva

einmal adv ① una volta; ◇ **etw noch** ~ **tun** fare qc ancora una volta ② ↑ *früher* una volta; ◇ **es war** ~ c'era una volta ③ ↑ *e-s Tages, in Zukunft* un giorno; ◇ **irgendwann** ~ una volta o l'altra ④ ◇ **auf** ~ improvvisamente ⑤ ◇ **erst** ~ prima; ◇ **nehmen wir** ~ **an** supponiamo un pò ⑥ ◇ **nicht** ~ neanche, neppure

Einmaleins n tavola f pitagorica

einmalig adj ① ↑ *einmal geschehend* ▷*Gelegenheit* unico ② ▷*Leistung* straordinario; ◇ **das ist ja** ~! ma è fantastico!

Einmannbetrieb m COMM ditta f individuale; **Einmannbus** m bus m senza controllore

Einmarsch m ingresso m; **einmarschieren** vi marciare verso

einmischen vr ◇ **sich** ~ ↑ *eingreifen* immischiarsi (*in akk* in)

einmumme[l]n vr ◇ **sich** ~ avvolgersi

einmünden vi ← *Fluß, Straße* sboccare (*in akk* in)

einmütig adj unanime

Einnahme f ⟨-, -n⟩ ① (*von Geld*) entrate f/pl; ◇ ~-**n u. Ausgaben** le entrate e le uscite ② (*von Medizin*) il prendere ③ MIL ↑ *Eroberung* conquista f; **Einnahmequelle** f fonte f di guadagno

einnehmen unreg vt ① → *Geld* guadagnare ② → *Medizin* prendere; → *Essen* consumare ③ → *Platz, Raum* occupare; MIL → *Stadt, Stellung* conquistare ④ → *Amt, Posten* occupare ⑤ FIG ◇ **jd-n für sich** ~ accattivarsi le simpatie di qu; **einnehmend** adj ▷*Wesen* simpatico

einnisten vr ◇ **sich** ~ ① ← *Vogel* annidarsi ② FIG ↑ *sich breitmachen* stabilirsi (*bei* da)

Einöde f deserto m

einordnen I. vt ordinare (*in akk* in) **II.** vr ◇ **sich** ~ ① (*in Gemeinschaft*) adattarsi a, inserirsi in ② AUTO ↑ *einscheren* mettersi in fila; ◇ **sich links** ~ mettersi nella corsia di sinistra

einpacken vt ① (*für Reise*) fare le valigie ② (*in Geschenkpapier*) impacchettare (*in akk* in)

einparken vt AUTO parcheggiare

einpendeln vr ◇ **sich** ~ regolarizzarsi

einpferchen vt ① stabbiare ② FIG ↑ *zusammendrängen* (*in engen Raum*) pigiare

einpflanzen vt → *Pflanze* piantare ② MED → *Organ* trapiantare

einplanen vt → *Kosten* programmare

einprägen vt ① → *Muster* imprimere ② ↑ *einschärfen, beibringen* imprimere; ◇ **jd-m etw** ~ imprimere qc a qu ③ ◇ **sich** dat **etw** ~ imprimersi qc; **einprägsam** adj ▷*Melodie* orecchiabile

einquartieren I. vt alloggiare **II.** vr ◇ **sich** ~ ↑ *wohnen* prendere alloggio (*bei* da)

einrahmen vt ① → *Bild* incorniciare ② FIG → *Gesicht* incorniciare

einrasten vi ① ← *Verschluß* ingranarsi ② FAM offendersi

einräumen vt ① → *Möbel* arredare con ② → *Schrank* mettere in ordine ③ FIG ↑ *gewähren, zugestehen* → *Recht* accordare

einrechnen vt includere

einreden I. vt ① far credere; ◇ **jd-m etw** ~ far credere qc a qu ② ↑ *sich etw vormachen* ◇ **sich** dat **etw** ~ mettersi in testa qc **II.** vi: ◇ **auf jd-n** ~ cercare di convincere qu

einreiben unreg vt (*mit Creme etc.*) frizionare

einreichen vt ① → *Antrag, Gesuch* presentare, inoltrare ② → *Entlassung, Rente* far domanda di

Einreise f (*in Staat*) entrata f; **Einreisebestimmungen** pl norme f/pl di entrata; **einreisen** vi entrare; ◇ **in die Schweiz** ~ entrare in Svizzera; **Einreisevisum** n visto f d'entrata

einreißen unreg **I.** vt ① → *Papier* strappare ② → *Gebäude* abbattere, demolire **II.** vi (*um sich greifen*) propagarsi

E

einrichten I. *vt* ① → *Wohnung* arredare ② → *Filiale* fondare, aprire ③ ↑ *arrangieren* arrangiare ④ ↑ *bewerkstelligen* fare in modo di; ◇ **kannst du es -, daß ...** puoi fare in modo di ⑤ MED → *Knochen* raddrizzare **II.** *vr* ◇ **sich -** ① (*in Wohnung etc.*) sistemarsi; ◇ **sich häuslich -** metter su casa ② (*auf Situation*) adattarsi (*auf akk* a) ③ ↑ *sich vorbereiten* prepararsi (*auf akk* a); **Einrichtung** *f* ① (*Wohnungs-*) arredamento *m* ② ↑ *Institution* istituzione *f*, fondazione *f* ③ (*Dienste*) servizio *m* ④ (*von Konto*) apertura *f*

einrosten *vi* arrugginire

einrücken I. *vi* ① MIL essere chiamato alle armi ② (MIL *in Land*) marciare verso **II.** *vt* ① TYP → *Zeile* far rientrare ② → *Anzeige* inserire

eins I. *nr* ① uno ② SCHULE ↑ *sehr gut* dieci **II.** *adv* ① ↑ *einig, e-r Meinung* d'accordo; ◇ **wir sind uns -** siamo d'accordo ② ↑ *egal, gleichgültig* la stessa cosa; ◇ **das ist doch alles -** è tutto uguale ③ ◇ **- sein** essere una cosa sola ④ ↑ *etwas* qualcosa, ◇ **- muß noch gesagt werden** va detta ancora una cosa; ◇ **jd-m - auswischen** giocare un brutto tiro a qu

einsalzen *vt* salare

einsam *adj* ① ▷ *Mensch* solo; ◇ **sich - fühlen** sentirsi solo ② ▷ *Haus, Gegend* isolato ③ FAM ◇ **-e Klasse!** magnifico!; **Einsamkeit** *f* ① solitudine *f* ② isolamento *m*

einsammeln *vt* raccogliere

Einsatz *m* ① (*Zusatzteil*) aggiunta *f*; (*Kragen-*) applicazione *f* ② (*Wett-*) puntata *f* ③ MUS attacco *m* ④ ↑ *Verwendung, Einsetzen* impiego *m*; MIL missione *f* ⑤ ◇ **unter - des Lebens** a costo della vita; **einsatzbereit** *adj* pronto all'azione

einschalten I. *vt* ① ELECTR → *Radio, Licht* accendere ② ↑ *hinzuziehen* far intervenire, interessare ③ ↑ *einfügen* inserire ④ AUTO → *Gang* innestare, ingranare **II.** *vr* ◇ **sich -** intervenire (*in akk* in)

einschärfen *vt* ingiungere

einschätzen I. *vt* ① → *Vermögen* stimare, valutare ② → *Lage, Fähigkeiten* valutare **II.** *vr* ◇ **sich - considerarsi**

einschenken *vt* versare

einschicken *vt* spedire, inviare

einschieben *unreg vt* ① (*in Ofen*) mettere dentro, introdurre ② → *Bemerkung* osservare

einschiffen I. *vt* imbarcare **II.** *vr* ◇ **sich -** imbarcarsi

einschlafen *unreg vi* addormentarsi; **einschläfernd** *adj* ① che fa venire sonno ② MED narcotico

Einschlag *m* ① (*Blitz-*) caduta *f* ② ↑ *Saum* ris-

volto *m* ③ (*von Bäumen*) caduta *f* ④ FIG ◇ **asiatischer -** impronta *f* asiatica

einschlagen *unreg* **I.** *vt* ① rompere; → *Fenster* frantumare; → *Zähne, Schädel* rompere ② → *Nagel* piantare ③ → *Weg, Richtung* prendere ④ → *Saum* fare il risvolto ⑤ ↑ *einpacken, einwickeln* impacchettare **II.** *vi* ① ← *Blitz, Kugel* cadere (*in etw akk* su) ② ↑ *schlagen* picchiare (*auf jd-n* qu) ③ ↑ *sich einigen* accordarsi ④ aver successo;

einschlägig *adj* relativo a, pertinente a

einschleichen *unreg vr* ◇ **sich -** ① (*in Haus*) introdursi in; ← *Fehler* scappare; ← *Gewohnheit* insinuarsi ② (*erringen*) ottenere; ◇ **sich in jd-s Vertrauen -** ottenere la fiducia di qu

einschließen *unreg vt* ① ↑ *einsperren* chiudere dentro; → *Gegenstand* rinchiudere ② ↑ *umgeben* circondare ③ FIG ↑ *enthalten, einbeziehen* comprendere; **einschließlich I.** *adv* compreso, incluso; ◇ **bis 31. Juli** - fino al 31. luglio incluso **II.** *präp gen* compreso, incluso; ◇ **- Trinkgeld** mancia compresa

einschmeicheln *vr* ◇ **sich -** accattivarsi le simpatie (*bei dat* di)

einschmuggeln *vt* introdurre clandestinamente

einschnappen *vi* ① ← *Schloß* chiudersi a scatto ② FIG ↑ *beleidigt sein* offendersi; ◇ **eingeschnappt sein** essere offeso

einschneidend *adj* ▷ *Maßnahme* radicale, drastico

Einschnitt *m* ① (*in Papier, Stoff*) taglio *m*; MED incisione *f* ② ↑ *Veränderung* svolta *f*

einschränken I. *vt* ① ↑ *beeinträchtigen* → *Freiheit* limitare, ridurre ② ↑ *verringern* → *Kosten* diminuire **II.** *vr* ◇ **sich -** limitarsi nelle spese; **Einschränkung** *f* ① limitazione *f* ② diminuzione *f* ③ ↑ *Vorbehalt* riserva *f*

Einschreib[e]brief *m* (lettera) *f* raccomandata; **einschreiben** *unreg* **I.** *vt* ① (*in Liste*) iscrivere ② ↑ *Brief* - **lassen** spedire una raccomandata **II.** *vr* ◇ **sich -** iscriversi; SCHULE immatricolarsi; **Einschreiben** *n* raccomandata *f*; **Einschreibesendung** *f* raccomandata *f*

einschreiten *unreg vi* intervenire; ◇ **gegen etw/jd-n -** prendere provvedimenti nei confronti di qc/qu

Einschub *m* ⟨-s, Einschübe⟩ aggiunta *f*

einschüchtern *vt* intimidire

Einschuß *m* foro *m* d'entrata

einsehen *unreg* **I.** *vt* ① ↑ *begreifen* capire ② → *Akten* esaminare ③ → *Fehler* riconoscere ④ ◇ **das sehe ich nicht ein** non lo posso accettare; **Einsehen** *n* ⟨-s⟩: ◇ **ein - haben** avere comprensione *f*

einseifen *vt* insaponare

einseitig *adj* ① a un solo lato, parziale ② ▷*Abrüstung* unilaterale ③ ↑ *subjektiv* ristretto; ◇ **etw - betrachten** considerare qc in maniera ottusa ④ ◇ **- begabt** parzialmente dotato; **Einseitigkeit** *f* limitatezza *f*, ristrettezza *f*

einsenden *unreg vt* spedire, inviare; **Einsender(in** *f*) *m* mittente *m/f*; **Einsendung** *f* invio *m*, spedizione *f*

einsetzen I. *vt* ① ↑ *installieren, einbauen* installare, montare ② ↑ *ernennen, einstellen* assumere ③ ↑ *riskieren* rischiare ④ ↑ *verwenden* usare; MIL ◇ ↑ *Truppen* mobilitare **II.** *vi* ← *Winter* iniziare, cominciare; MUS attaccare **III.** *vr* ◇ **sich -** adoperarsi (*für dat* per)

Einsicht *f* ① (*in Akten*) visione *f* ② ↑ *Verständnis, Verstehen* comprensione *f*; ◇ **zu der - gelangen, daß ...** giungere alla conclusione che; **einsichtig** *adj* ① ▷*Mensch* comprensivo ② ▷*Grund* assennato

Einsiedler(in *f*) *m* eremita *m/f*; **Einsiedlerkrebs** *m* FAUNA bernardo *m* l'eremita

einsilbig *adj* ① ▷*Wort* monosillabo ② *FIG* ▷*Mensch* di poche parole

einsinken *unreg vi* (*in Schnee, Schlamm*) sprofondare

einspannen *vt* ① → *Blatt Papier* tendere ② → *Pferde* attaccare ③ *FAM* ↑ *in Anspruch nehmen* far lavorare duramente; ◇ **sehr eingespannt sein** essere molto occupato

einspeisen *vt* ① → *Strom* alimentare ② PC → *Daten, Programm* immagazzinare

einsperren *vt* ① rinchiudere ② (*ins Gefängnis*) imprigionare

einspielen I. *vr* ◇ **sich -** ① SPORT allenarsi, scaldarsi ② ← *Regelung, Ordnung* entrare in vigore; ◇ **aufeinander eingespielt sein** essere ben affiatato **II.** *vt* ① → *Geld* rendere ② MUS → *Instrument* provare, studiare

einspringen *unreg vi* sostituire (*für jd-n* qu)

einspritzen *vt* MED iniettare

Einspruch *m* ① protesta *f*, reclamo *m* ② JURA obiezione *f*

einspurig *adj* a una corsia; BAHN a un binario

einst *adv* ① (*früher*) una volta ② ↑ *später einmal* in futuro, un giorno

Einstand *m* ① SPORT parità *f* ② ↑ *Dienstantritt* rinfresco *m* dato in occasione dell'entrata in servizio, *m*

einstecken *vt* ① mettere (*in akk* in); ELECTR → *Stecker* infilare ② → *Brief* imbucare ③ ↑ *mitnehmen* prendere ④ *FAM* → *Profit* intascare ⑤ *FIG* → *Beleidigung* mandar giù; → *Prügel* incassare

einstehen *unreg vi* garantire (*für jd-n* per qu), far da garante

einsteigen *unreg vi* ① (*in Fahrzeug, Flugzeug*) salire su; (*in Schiff, in Flugzeug*) salire a bordo di; (*in Haus*) entrare ② (*in Geschäft*) partecipare; (*in Politik*) entrare

einstellen I. *vti* ① → *Möbel etc.* mettere a posto; → *Bücher* ordinare ② → *Mitarbeiter* assumere ③ → *Kamera, Radio* regolare ④ JURA → *Verfahren* archiviare; → *Produktion* finire; ◇ **bitte das Rauchen -** si prega di smettere di fumare **II.** *vr* ◇ **sich -** ① ↑ *sich vorbereiten* prepararsi (*auf akk* qu) ② ↑ *sich richten nach* regolarsi secondo ③ ← *Regen, Sommer etc.* arrivare; **Einstellung** *f* ① (*von Möbel etc.*) il mettere a posto ② (*von Arbeiter etc.*) assunzione *f* ③ JURA archiviazione *f*; (*von Zahlungen, Produktion etc.*) sospensione *f* ④ (*von Radio, Kamera etc.*) regolazione *f* ⑤ *FIG* ↑ *Haltung* atteggiamento *m*, disposizione *f*

Einstieg *f* <-[e]s, -e> ① (*in Bus, Zug etc.*) salita *f*, entrata *f* ② *FIG* (*in Thema*) introduzione *f*

einstimmen I. *vi* ① (*in Lied, Gelächter*) unirsi a ② *FIG* ↑ *zustimmen* acconsentire, approvare **II.** *vt* MUS → *Instrumente* accordare **III.** *vr* ◇ **sich -** adattarsi (*auf akk* a); **einstimmig** *adj* ① unanime ② MUS per una sola voce; **Einstimmigkeit** *f* unanimità *f*

einstmals *adv* una volta

einstöckig *adj* ▷*Haus* a un piano

einstudieren *vt* → *Lied, Gedicht* provare

einstündig *adj* di un'ora

einstürmen *vt* ① ◇ **auf jd-n -** assalire qu ② *FIG* ← *Eindrücke, Erinnerungen* sopraffare, assalire

Einsturz *m* (*von Haus, Mauer etc.*) crollo *m*; **Einsturzgefahr** *f* pericolo *m* di crollo; **einstürzen** *vi* crollare

einstweilen *adv* ① ↑ *inzwischen* nel frattempo ② ↑ *zunächst einmal* per ora; **einstweilig** *adj* temporaneo; JURA ◇ **-e Verfügung** ordinanza *f* provvisoria

eintägig *adj* di un giorno

eintauchen I. *vt* immergere **II.** *vi* immergersi

eintauschen *vt* cambiare (*gegen* con)

eintausend *nr* mille

einteilen *vt* ① → *Vorräte* distribuire; ◇ **sich** *dat* **etw -** far economia di ② ↑ *gliedern* suddividere ③ (*in Gruppen*) raggruppare

einteilig *adj* ▷*Badeanzug* a un pezzo

Einteilung *f* suddivisione *f*, classificazione *f*

eintönig *adj* ① monotono, noioso ② ▷*Landschaft* uniforme; **Eintönigkeit** *f* ① monotonia *f* ② (*von Landschaft*) uniformità *f*

Eintopf *m* GASTRON ≈minestrone *m*

Eintracht f ‹-› armonia f; ◇ **in ~ leben** vivere in armonia; **einträchtig** adj armonioso

Eintrag m ‹-[e]s, Einträge› COMM registrazione f; (SCHULE in Klassenbuch) nota f; ◇ **amtlicher ~** registrazione f di ufficio; **eintragen** unreg I. vt ① (in Liste) registrare (in akk in) ② → Profit rendere; → Anerkennung dare II. vr ◇ **sich ~** iscriversi (in akk a); **einträglich** adj remunerativo, fruttuoso

eintreffen unreg vi ① ↑ ankommen arrivare ② ← Voraussage accadere, avvenire

eintreten unreg I. vi ① entrare (in etw akk in); ◇ **treten Sie doch ein!** entri pure! ② ↑ beitreten entrare ③ ← Tod subentrare; ← Ereignis succedere ④ ↑ dazukommen (in Krieg, in neue Phase) entrare in ⑤ ◇ **für jdn/etw ~** adoperarsi per qu/qc II. vt → Tür sfondare

Eintritt m ① entrata f ② (von Tod) il subentrare m ③ (von Dunkelheit) il calare m; (von Krieg) inizio m ④ ↑ Eintrittsgeld entrata f; **Eintrittspreis** m prezzo m d'ingresso/d'entrata; **Eintrittskarte** f biglietto m d'ingresso

eintrocknen vi seccarsi

einüben vt provare, studiare

einundzwanzig nr ventuno

einverleiben vt ① annettere; ◇ **sich** dat **etw ~** annettersi a ② FIG ▷ geistig acquisire

Einvernehmen n ‹-s, -› accordo m, intesa f

einverstanden I. intj d'accordo II. adj: ◇ **~ sein** essere d'accordo; **Einverständnis** n ① consenso m, approvazione f ② ↑ Übereinstimmung accordo m

Einwand m ‹-[e]s, Einwände› obiezione f; ◇ **gegen etw ~ erheben** sollevare un'obiezione contro qc

Einwanderer m; **Einwand(r)erin** f immigrante m/f; **einwandern** vi immigrare; **Einwanderung** f immigrazione f

einwandfrei adj ① ▷Ware senza difetti; ▷Benehmen ineccepibile ② (ohne Zweifel) chiaro, inequivocabile

einwärts adv in dentro

Einwegflasche f vuoto m a perdere

einweichen vt → Wäsche mettere a mollo

einweihen vt ① → Museum inaugurare ② FAM → Kleidung portare per la prima volta ③ iniziare; ◇ **jd-n in ein Geheimnis ~** fare partecipe qu di un segreto; **Einweihung** f ① (Eröffnung) inaugurazione f ② (in Geheimnis) iniziazione f

einweisen unreg vt ① (in Amt) avviare; (in Aufgabe) addestrare ② (in Anstalt) ricoverare ③ AUTO → in Parklücke aiutare a parcheggiare; **Einweisung** f ① (Einarbeitung) addestramento m ② ↑ Einlieferung assegnazione f

einwenden unreg vt obiettare (gegen contro)

einwerfen unreg vt ① → Münze inserire; → Brief imbucare; SPORT → Ball rimettere in gioco ② → Fenster rompere ③ FIG ↑ bemerken, sagen osservare

einwertig adj monovalente

einwickeln vt ① (in Papier) incartare; (in Stoff) avvolgere ② FIG FAM ↑ übervorteilen abbindolare; ◇ **sich leicht ~ lassen** farsi prendere in giro facilmente

einwilligen vi acconsentire (in akk a); **Einwilligung** f consenso m; ◇ **seine ~ geben** dare il proprio consenso

einwirken vi influenzare; ◇ **auf jdn/etw ~** influenzare qc/qu

Einwohner(in f) m ‹-s, -› abitante m/f; **Einwohnermeldeamt** n anagrafe f; **Einwohnerschaft** f abitanti m/pl

Einwurf m ① introduzione f ② ↑ Öffnung buca f ③ FIG ↑ Zwischenbemerkung osservazione f ④ (SPORT Ball-) rimessa f in gioco

Einzahl f GRAM singolare m

einzahlen vt versare su; **Einzahlung** f versamento m

einzäunen vt recintare

einzeichnen vt disegnare

Einzel n ‹-s, -› SPORT singolare m; **Einzelbett** n letto m singolo; **Einzelfall** m caso m unico; **Einzelgänger(in** f) m solitario/a; **Einzelhandel** m COMM commercio m al minuto; **Einzelhändler** m COMM commerciante m al minuto; **Einzelheit** f particolare m, dettaglio m; ◇ **etw in allen ~en schildern** esporre qc nei minimi particolari; **einzeln** I. adj ① solo, singolo ② ↑ für sich singolo; ◇ **der ~e Mensch** il singolo uomo II. adv singolarmente; ◇ **jede(r) ~e** ognuno; ◇ **ins ~e gehen** entrare nei minimi/particolari; ◇ **etw im ~en besprechen** discutere dettagliamente [di] qc; **Einzelteil** n pezzo m singolo; **Einzelzimmer** n camera f singola

einziehen unreg I. vt ① → Kopf ritrarre; → Fühler, Segel, Fahrgestell far rientrare ② → Steuern riscuotere ③ → Flugblatt sequestrare; → Auto ritirare dalla circolazione ④ → Erkundigungen raccogliere ⑤ MIL arruolare II. vi ① (in Wohnung) andare ad abitare ② ← Truppen entrare a ③ ← Friede, Ruhe tornare ④ ← Creme, Salbe assorbire

einzig adj ① unico; ◇ **ein ~es Mal** una volta sola; ◇ **der/die ~e** l'unico/a ② ↑ beispiellos senza pari, ineguagliabile; **einzigartig** adj unico nel suo genere

Einzug m ① (in Wohnung) trasloco m ② (Einmarsch) ingresso m ③ (von Geld etc.) riscossione f ④ TYP rientranza f ⑤ ↑ Beginn inizio m

Eis n ⟨-es, -⟩ 1 ghiaccio m 2 (*Speise-*) gelato m; **Eisbahn** f pista f di pattinaggio su ghiaccio; **Eisbär** m FAUNA orso m polare; **Eisberg** m iceberg m; **Eisbrecher** m rompighiaccio f; **Eisdecke** f strato m di ghiaccio; **Eisdiele** f gelateria f

Eisen n ⟨-s, -⟩ 1 ferro m 2 (*Bügel-*) ferro m da stiro; (*Huf-*) ferro m di cavallo 3 MED ferro m 4 FIG ◇ **ein heißes** - un tema scottante

Eisenbahn f 1 ferrovia f 2 ◇ **es ist höchste** - è ora che ...; **Eisenbahnnetz** n rete f ferroviaria; **Eisenbahnschaffner(in** f) m controllore m [delle ferrovie]; **Eisenbahnübergang** m passaggio m a livello; **Eisenbahnwagen** m vagone m

Eisenerz n MIN minerale m di ferro; **Eisen- u. Stahlindustrie** f industria f siderurgica; **eisern** adj 1 di ferro 2 FIG ▷*Gesundheit* di ferro; ▷*Energie* ferreo; ▷*Disziplin* ferreo 3 ▷*Reserve* di sicurezza

eisfrei adj ▷*Straße* sgombro da ghiaccio; **Eishockey** n SPORT hockey m su ghiaccio; **eisig** adj 1 gelido 2 FIG ▷*Blick, Atmosphäre* gelido; **eiskalt** adj gelido; **Eiskunstlauf** n SPORT pattinaggio m artistico su ghiaccio; **Eisläufer (in** f) m pattina|tore(-trice f) m su ghiaccio; **Eispickel** m piccozza f [alpina]; **Eisschießen** n curling m; **Eisscholle** f lastra f di ghiaccio; **Eisschrank** m frigorifero m; **Eistüte** f cornetto m di gelato; **Eiszapfen** m ghiacciolo m; **Eiszeit** f periodo m glaciale

eitel adj ▷*Person* vanitoso; **Eitelkeit** f vanità f

Eiter m ⟨-s⟩ MED pus m; **eiterig** adj ▷*Entzündung* purulento, infiammato; **eitern** vi ← *Wunde* suppurare, produrre del pus

Eiweiß n ⟨-es, -e⟩ 1 albume m, chiaro m dell'uovo 2 CHEM proteina f; **Eizelle** f BIO cellula f germinale femminile

Ekel [1] m ⟨-s⟩ schifo (*vor dat* di fronte a/per)

Ekel [2] n ⟨-s, -⟩ FAM schifoso m

ekelerregend, ekelhaft, ek[e]lig adj ↑ *widerlich, abstoßend* schifoso, nauseante; **ekeln** I. vt fare schifo; ◇ **es ekelt jd-n** [*o.* **jd-m**] gli fa schifo II. vr ◇ **sich** - provare ribrezzo (*vor dat* di fronte a/per)

Ekstase f ⟨-, -n⟩ estasi f; ◇ **in** - **geraten** cadere in estasi

Ekzem n ⟨-s, -e⟩ MED eczema m

Elan m ⟨-s⟩ slancio m

elastisch adj ▷*Material* elastico; **Elastizität** f elasticità f

Elch m ⟨-[e]s, -e⟩ FAUNA alce m

Elefant m 1 FAUNA elefante m 2 FAM orso m

elegant adj 1 elegante 2 ▷*Lösung* intelligente; **Eleganz** f 1 eleganza f 2 ↑ *Gewandtheit* abilità f

Elektriker(in f) m ⟨-s, -⟩ elettricista m/f; **elektrisch** adj elettrico; **elektrisieren** I. vt 1 elettrizzare 2 FIG ↑ *begeistern* → *jd-n* elettrizzare qu II. vr ◇ **sich** - elettrizzarsi; **Elektrizität** f elettricità f

Elektrode f ⟨-, -n⟩ PHYS elettrodo m

Elektroherd m cucina f elettrica; **Elektrolyse** f ⟨-, -n⟩ elettrolisi f

Elektron n ⟨-s, -en⟩ elettrone m; **Elektronenmikroskop** n microscopio m elettrico; **Elektronenrechner** m calcolatore m elettronico; **elektronisch** adj elettronico; ◇ **-e Datenverarbeitung** elaborazione f elettronica dei dati

Elektrorasierer m ⟨-s, -⟩ rasoio m elettrico

Element n ⟨-s, -e⟩ 1 elemento m, componente m 2 (*Wasser, Luft etc.*) elemento m 3 CHEM elemento m 4 ◇ **sie ist in ihrem** - è nel suo ambiente naturale; **elementar** adj ▷*Wissen* elementare

elend adj 1 misero, povero; ◇ **sich** - **fühlen** sentirsi male 2 ▷*Behausung* misero 3 ↑ *niederträchtig* miserabile; **Elend** n ⟨-[e]s⟩ miseria f, povertà f; **Elendsviertel** n quartiere m povero

elf nr undici; **Elf** f ⟨-, -en⟩ SPORT undici m

Elfe f ⟨-, -n⟩ elfo m

Elfenbein n avorio m

Elfmeter m SPORT calcio m di rigore

eliminieren vt eliminare

Elite f ⟨-, -n⟩ élite f

Elixier n ⟨-s, -e⟩ elisir m

Ellbogen m 1 ANAT gomito m 2 FIG ◇ **seine -n gebrauchen** farsi avanti coi gomiti

Elle f ⟨-, -n⟩ 1 ANAT ulna f 2 (*Maß*) cubito m

Ellipse f ⟨-, -n⟩ 1 LING ellissi f 2 MATH ellisse f

Elster f ⟨-, -n⟩ FAUNA gazza f

elterlich adj dei genitori; **Eltern** pl genitori m/pl; **Elternabend** m riunione f dei genitori; **Elternhaus** n casa f paterna; **elternlos** adj orfano

Email n ⟨-s, -s⟩ smalto m; **emaillieren** vt smaltare

Emanze f ⟨-, -n⟩ PEJ FAM suffragetta f; **Emanzipation** f emancipazione f; **emanzipieren** vtr ◇ **sich** - emanciparsi

Embargo n ⟨-s, -s⟩ embargo m

Embryo m ⟨-s, -s *o.* -nen⟩ embrione m

Emigrant(in f) m emigrante m/f; **Emigration** f emigrazione f; **emigrieren** vi emigrare

empfahl impf v. **empfehlen**

empfand *impf v.* **empfinden**

Empfang *m* ‹-[e]s, Empfänge› [1] (*von Ware, Post etc.*) il ricevere *m;* ◇ **etw in ~ nehmen** prendere in consegna [2] ↑ *Begrüßung* accoglienza *f* [3] ↑ *Audienz* ricevimento *m* [4] (*von Radio, Fernsehen*) ricezione *f;* **empfangen** ‹empfing, empfangen› *vt* [1] ricevere [2] (*willkommen heißen*) accogliere [3] → *Sendung* ricevere [4] → *Kind* concepire; **Empfänger(in** *f) m* ‹-s, -› [1] destinatario/a [2] ↑ *Rundfunkgerät* ricevitore *m;* **empfänglich** *adj* aperto (*für* a); **Empfängnis** *f* concepimento *m;* **Empfängnisverhütung** *f* contraccezione *f;* **Empfangsbestätigung** *f* ricevuta *f;* **Empfangsbüro** *n* ufficio *m* che riceve i clienti, reception *f;* **Empfangsdame** *f* impiegata *f* alla reception

empfehlen ‹empfahl, empfohlen› I. *vt* → *Buch, Film* consigliare, raccomandare; ◇ **das ist zu ~** è da consigliare II. *vr* ◇ **sich** - accomiatarsi; ◇ **es empfiehlt sich, ...** è consigliabile.. *+infinitivo;* **empfehlenswert** *adj* raccomandabile, **Empfehlung** *f* [1] ↑ *Rat* consiglio *m* [2] ↑ *Referenz* raccomandazione *f;* ◇ **auf ~ von** dietro/su raccomandazione di; **Empfehlungsschreiben** *n* lettera *f* di raccomandazione

empfinden ‹empfand, empfunden› *vt* → *Kälte, Wärme* sentire; → *Liebe, Haß, Mitleid* provare; **empfindlich** *adj* [1] ▷*Haut* sensibile; ▷*Stelle* delicato; ▷*Gerät, Instrument* delicato [2] ▷*Material* delicato [3] ↑ *sensibel, verletzbar* ▷*Person* sensibile, suscettibile [4] ↑ *kränklich* delicato [5] ↑ *schwer* pesante; **empfindsam** *adj* sensibile; **Empfindung** *f* [1] (*Kälte-, Schmerz-*) sensazione *f* [2] ↑ *Gefühl* sentimento *m*

empfing *impf v.* **empfangen**

empfohlen *impf v.* **empfehlen**

empfunden *impf v.* **empfinden**

empirisch *adj* empirico

empor *adv* all'insù

empören *vti* ◇ **sich** - indignarsi, arrabbiarsi; **empörend** *adj* ▷*Benehmen* vergognoso, scandaloso

emporkommen *unreg vi* [1] ↑ *sich hinaufarbeiten* far strada [2] ↑ *hochkommen, auftauchen* emergere, affiorare; **Emporkömmling** *m* arrivista *m/f*

Empörung *f* sdegno *m*

emsig *adj* ▷*Person* solerte, diligente

End- *in Zusammensetzungen* finale, conclusivo; **Endauswertung** *f* analisi *f* finale/conclusiva; **Endbahnhof** *m* BAHN stazione *f* terminale

Ende *n* ‹-s, n› [1] ↑ *Schluß* fine *f;* ◇ **am ~** alla fine; ◇ **zu ~ sein** essere finito [2] (*Abschluß*) conclusione *f;* (*von Jahr, Tag etc.*) fine *f;* (*Lebens-*) fine *f;*

◇ - **Juli** a fine luglio [3] (*von Straße etc.*) fondo *m,* fine *f* [4] *FIG* ◇ **am ~ sein** essere distrutto; **enden** *vi* finire, terminare

Endgerät *n* PC terminale *m;* **endgültig** *adj* definitivo

Endivie *f* FLORA indivia *f*

endlagern *vt* → *radioaktive Abfälle* stoccare definitivamente; **Endlagerung** *f* (*von radioaktiven Abfällen*) stoccaggio *m* definitivo

endlich *adv* [1] ↑ *schließlich* alla fine; ◇ **na -!** finalmente! [2] (*Ggs zu unendlich, ewig*) finito

endlos *adj* [1] infinito [2] ▷*Gerede* ininterrotto; **Endlospapier** *n* PC modulo *m* continuo; **Endpunkt** *m* estremità *f;* **Endreim** *m* rima *f* finale; **Endrunde** *f* SPORT (*bei Weltmeisterschaft*) finale *f;* **Endspiel** *n* SPORT finale *f;* **Endspurt** *m* SPORT scatto *m* finale; **Endstation** *f* (*von Bus*) capolinea *m;* (*von Bahn*) stazione *f* terminale; **Endung** *f* GRAM desinenza *f;* **Endverbraucher(in** *f) m* COMM consumatore(-trice *f) m* finale

Energie *f* [1] PHYS [*Sonnen-, Atom-*] energia *f* [2] *FIG* ↑ *Vitalität, Tatkraft* ◇ **voller** - pieno di energia; **Energiebedarf** *m* fabbisogno *m* d'energia; **Energiekrise** *f* crisi *f* energetica; **energielos** *adj* ▷*Person* privo di energia; **Energiequelle** *f* fonte *f* d'energia; **Energieversorgung** *f* rifornimento *m* d'energia; **Energiewirtschaft** *f* economia *f* energetica; **energisch** *adj* [1] ▷*Person* energico [2] ↑ *entschlossen* deciso

eng *adj* [1] ↑ *schmal* ▷*Straße* stretto; ↑ *-anliegend* ▷*Hose* aderente [2] ↑ *dicht* fitto; ◇ **- aneinander stehen** stare stretti [3] ↑ *einschränkt* ▷*Horizont* limitato [4] *FIG* ↑ *innig* ▷*Beziehung* intimo

Engagement *n* ‹-[s]› [1] (*für Ökologie etc.*) impegno *m* (*für* in) [2] ↑ *Anstellung* (*von Künstler*) ingaggio *m;* **engagieren** I. *vt* ↑ *verpflichten* → *Künstler* ingaggiare II. *vr* ◇ **sich** - ↑ *sich für etw einsetzen* impegnarsi (*für* in)

Enge *f* ‹-, -n› [1] (*von Raum, Straße etc.*) strettezza *f;* GEO [*Land-, Meer-*] stretto *m* [2] (*von Horizont*) limitatezza *f* [3] *FIG* ▷*finanziell* ristrettezza *f;* ◇ **jd-n in die - treiben** mettere qu alle strette

Engel *m* ‹-s, -› [1] (*Schutz-*) angelo *m* [2] *FAM* angelo *m;* ◇ **rettender** - angelo *m* mandato dalla Provvidenza

Engerling *m* larva *f* di maggiolino

engherzig *adj* ▷*Person* gretto

England *n* Inghilterra *f*

Engländer ¹ *m* ‹-s, -› TECH chiave *f* inglese

Engländer ²(in *f) m* ‹-s, -› inglese *m/f;* **englisch** *adj* inglese; **Englisch** *n* inglese *m;* ◇ **- lernen** imparare l'Inglese

Engpaß m ① ↑ *Schlucht* ▷*passieren* strettoia f ②
FIG ↑ *Mangel* ristrettezze f/pl, difficoltà f
en gros adv all'ingrosso
engstirnig adj ① ▷*Person* di vedute limitate ②
↑ *kurzsichtig* ▷*Entscheidung* improvvidente
Enkel(in f) m ‹-s, -› nipote (di nonno) m/f; **En-
kelkinder** n/pl nipoti m/pl
en masse adv in massa
enorm adj ↑ *außergewöhnlich* enorme
Ensemble n ‹-s, -s› ① (*von Gegenständen*) insieme m ② THEAT complesso m ③ (*Kleidung*)
completo m
entbehren I. vi ① ↑ *fehlen, abgehen* essere privo (*gen* di); ◇ *der Vorwurf entbehrt jeder
Grundlage* la critica è priva di qualsiasi
fondamento ② ↑ *verzichten* rinunciare; ◇ *viel -
müssen* dover rinunciare a molto **II.** vt: ◇ *ich
kann sie nicht -* non posso farcela senza di lei;
entbehrlich adj non necessario; **Entbehrung** f ↑ *Not, Mangel* privazione f; ◇ *-en auf
sich nehmen* fare dei sacrifici
entbinden unreg **I.** vt ① ↑ *freisprechen* (*von
Verpflichtung*) dispensare, liberare (*von* da) ②
MED assistere nel parto **II.** vi MED → *Kind* partorire; **Entbindung** f ① ↑ *Befreien* dispensa f
(*von* da) ② MED parto m; **Entbindungsheim**
n clinica f ostetrica, maternità f
entblößen vt → *Kopf, Körper* denudare
entdecken vt ① → *Kontinent, Heilmittel* scoprire ② ↑ *ausfindig machen* → *Vermißte, Fehler* trovare; **Entdecker(in** f) m ‹-s, -› ① ↑ *Erfinder*
inventore(-trice f) m ② ↑ *Finder* scopritore(-trice
f) m; **Entdeckung** f ① ↑ *Erfindung* ▷*machen*
scoperta f ② ↑ *Fund* ritrovamento m; **Entdek-
kungsreise** f viaggio m d'esplorazione
Ente f ‹-, -n› ① FAUNA anatra f ② FIG
↑ *Falschmeldung* balla f
entehren vt disonorare
enteignen vt ① ↑ *beschlagnahmen* espropriare
② ↑ *verstaatlichen* nazionalizzare
enteisen vt disgelare; → *Kühlschrank* sbrinare
enterben vt diseredare; **Enterbung** f disereda-
mento m
entfallen unreg vi ① ↑ *sich erübrigen, wegfallen*
non aver luogo, essere sospeso ② ↑ *vergessen
werden* sfuggire; ◇ *der Name ist mir -* il nome
mi è sfuggito di mente ③ ↑ *zukommen* → *Anteil*
spettare; ◇ *auf jd-n entfällt ein Drittel* a qu
spetta/tocca un terzo
entfalten I. vt ① ↑ *auseinanderfalten* → *Zeitung*
aprire ② ↑ *Plan* esporre, spiegare ③ FIG ↑ *entwickeln* → *Begabung* sviluppare ④ → *Tätigkeit*
avviare **II.** vr ① ← *Knospe* sbocciare, schiudersi
② FIG ↑ *sich entwickeln* svilupparsi; **Entfal-**

tung f ① spiegamento m; (*von Blüte*) sboccio m
② FIG ↑ *Entwicklung* (*von Begabung, Person*)
sviluppo m; ◇ *zur - kommen* svilupparsi ③
↑ *Darlegung* (*von Plan*) esposizione f ④ ↑ *Beginn* (*von Tätigkeit*) avvio m
entfernen I. vt ① → *Schild, Plakat* togliere/
rimuovere (*von* da) ② ↑ *jd-m kündigen* (*aus Amt*)
licenziare **II.** vr - ① ↑ *weggehen* allontanarsi ② FIG ↑ *sich entfernen* → *von jd-m* estra-
nearsi (*von* da) ③ FIG ↑ *abweichen* allontanarsi
da; ◇ *sich vom Thema -* andare fuori tema;
entfernt adj ① ↑ *Ort* lontano, fuori mano ②
FIG lontano; ◇ *e-e -e Verwandte* una parente
alla lontana; **Entfernung** f ① *auch* FIG distanza f ② ↑ *Beseitigung* eliminazione f ③ (*aus Amt*)
rimozione f, allontanamento m; **Entfernungs-
messer** m ‹-s, -› FOTO telemetro m
entflammen vt ① → *Feuer* incendiare ② FIG
(*in Liebe*) infiammare
entfremden I. vt estraniare/alienare (*dat* da) **II.**
vr: ◇ *sich [jd-m/e-r Sache] -* estraniarsi da qu/
qc
entfrosten vt sbrinare; **Entfroster** m ‹-s, -›
AUTO sbrinatore m
entführen vt → *Kind, Politiker* rapire, sequestrare; → *Flugzeug* dirottare; **Entführer(in** f) m ra-
pitore(-trice f) m; (*von Flugzeug*) dirottatore(-
trice f) m; **Entführung** f rapimento m; [*Flug-
zeug-*] dirottamento m
entgegen I. präp dat: ◇ *- seinem Versprechen*
contrariamente alla sua promessa **II.** adv verso;
◇ *der Sonne -* verso il sole; **entgegenbringen** unreg vt ① parare ② FIG ↑ *erweisen,
zeigen* mostrare, dimostrare; ◇ *jd-m Vertrauen -* mostrare fiducia nei confronti di qu;
entgegengehen unreg vi ① → *jd-m* andare incontro a ② FIG avviarsi a; ◇ *dem Untergang -*
avviarsi al declino; **entgegengesetzt** adj
① ↑ *umgekehrt* ▷*Richtung* contrario ②
↑ *gegenteilig* ▷*Meinung* contrario; **entgegen-
halten** unreg vt FIG ↑ *entgegnen, einwenden*
obiettare; ◇ *e-r Sache/jd-m etw -* controbattere
qc a qu/qc; **entgegenkommen** unreg vi *auch*
FIG venire incontro; **Entgegenkommen**
n ‹-s› ① ↑ *Zugeständnis* concessione f ②
↑ *Aufmerksamkeit* cortesia f, attenzione f; **entgegenkommend** adj ① ↑ *liebenswürdig, nett*
▷*Person* gentile ② ↑ *aufmerksam, hilfsbereit*
▷*Verhalten* attento; **entgegennehmen** unreg vt ① annehmen, in Empfang nehmen → *Geschenk* accettare; → *Telefonanruf* ricevere ②
↑ *aufnehmen* → *Bestellung, Auftrag* accettare;
entgegensehen unreg vi ▷*gelassen, erwartungsvoll* aspettare; **entgegensetzen** vt obiet-

tare; ◇ **dem Vorwurf habe ich nichts entgegen-zusetzen** alla critica non ho nulla da obiettare; **entgegenstellen I.** *vt* opporre (*dat* a) **II.** *vr:* ◇ **sich e-r Sache/jd-m** - opporsi a qc/qu; **entgegenwirken** *vi* reagire, opporsi (*dat* a/contro)

entgegnen *vt* replicare, ribattere; **Entgegnung** *f* replica *f*

entgehen *unreg vi* [1] ↑ *entkommen* sfuggire a; ◇ **jd-m/e-r Gefahr** - scampare ad un pericolo [2] ↑ *nicht wahrnehmen* sfuggire; ◇ **der Fehler ist mir entgangen** l'errore mi è sfuggito [3] ◇ **sich** *dat* **etw** - **lassen** lasciarsi sfuggire qc

entgeistert *adj* attonito

Entgelt *n* <-[e]s, -e> [1] ↑ *Lohn, Bezahlung* pagamento *m* [2] ↑ *Entschädigung* indennizzo *m*

entgleisen [1] ↑ BAHN deragliare [2] (*FIG im Benehmen*) fare un passo falso

entgräten *vt* → *Fisch* diliscare

enthaaren *vt* depilare

enthalten *unreg* **I.** *vt* contenere; ◇ - **sein** essere compreso **II.** *vr:* ◇ **sich e-r Sache** *gen* - rinunciare a qc; ◇ **sich der Stimme** *gen* - astenersi dal voto

enthaltsam *adj* ▷*leben* continente; (*beim Essen*) moderato; **Enthaltsamkeit** *f* continenza *f*; (*beim Essen*) sobrietà *f*

enthaupten *vt* decapitare

enthemmen *vt* → *jd-n* disinibire

enthüllen *vt* [1] ↑ *von Hülle befreien* → *Denkmal* scoprire [2] FIG svelare; → *Geheimnis* rivelare; **Enthüllung** *f* (*von Skandal*) rivelazione *f*

Enthusiasmus *m* <-> entusiasmo *m*

entkernen *vt* togliere i semi

entkleiden *vt* spogliare

entkommen *unreg vi* scappare, sfuggire (*dat* da)

entkorken *vt* stappare

entkräften *vt* [1] → *jd-n* indebolire, debilitare [2] ↑ *widerlegen* → *Behauptung* confutare

entladen *unreg* **I.** *vt* [1] → *Schiff, Waffe* scaricare [2] ELECTR → *Batterie* scaricare **II.** *vr* ◇ **sich** - [1] ELECTR ← *Spannung* scaricarsi; ← *Gewitter* scatenarsi [2] FIG → *Wut* scaricarsi

entlang *adv, präp akk o dat* lungo; ◇ - **dem Bach, den Bach** - lungo il ruscello; **entlanggehen** *unreg vti* andare lungo, percorrere; ◇ **am Bach** [*o*. **den Bach**] - costeggiare il ruscello

entlarven *vt* FIG → *böse Absicht* smascherare

entlassen *unreg vt* [1] congedare [2] (*aus der Haft*) scarcerare; (*aus dem Krankenhaus*) dimettere [3] → *Arbeiter* licenziare; **Entlassung** *f* [1] (*aus Krankenhaus etc.*) dimissione *f*; (JURA *aus Haft*) scarcerazione *f* [2] (*von Arbeiter*) licenziamento *m* [3] ↑ *Amtsenthebung* (*von Minister etc.*) dimissione *f*

entlasten *vt* [1] → *Person* alleggerire; → *Verkehrsnetz* decongestionare [2] JURA ↑ *von Schuld freisprechen* → *Angeklagten* scagionare; **Entlastung** *f* [1] alleggerimento *m* [2] (*von Verkehr*) decongestione *f*; (*von Person*) liberazione *f* [3] (JURA *von Angeklagtem*) discarico *m*

entledigen *vr:* ◇ **sich e-r Sache/jd-s** - ↑ *sich befreien von, loswerden* sbarazzarsi di qu/qc

Entlastungszeuge *m*, **-zeugin** *f* testimone *m/f* a discarico

entlegen *adj* ▷*Gegend* fuori mano

entlehnen *vt* prendere a/in prestito

entlocken *vt* → *Geheimnis* strappare qc a qu/qc

Entlohnung *f* retribuzione *f*

entmachten *vt* esautorare

entmilitarisiert *adj* ▷*Zone* smilitarizzato

entmündigen *vt* interdire

entmutigen *vt* → *jd-n* scoraggiare

Entnazifizierung *f* denazificazione *f*

entnehmen *unreg vt* [1] (*Waren aus Regal*) prendere (*dat* da); (*Geld aus Brieftasche*) prelevare (*dat* da) [2] ↑ *folgern, schließen* dedurre; ◇ [aus] **seinen Worten entnehme ich, daß** ... dalle sue parole deduco che ...

entnerven *vt* → *jd-n* innervosire, snervare; **entnervt** *adj* snervato, estenuato

entpuppen *vr* ◇ **sich** - FIG rivelarsi, dimostra-si

entrahmen *vt* ▷*Milch* scremare

enträtseln *vt* [1] ↑ *aufdecken, lösen* → *Geheimnis* risolvere [2] → *alte Schrift* decifrare

entrichten *vt* → *Betrag* pagare

entrosten *vt* togliere la ruggine a

entrüsten **I.** *vt* indignare **II.** *vr* ◇ **sich** - indignarsi (*über akk* per/su); **entrüstet** *adj* ▷*Mensch* indignato

Entrüstung *f* indignazione *f*, sdegno *m*

Entsafter *m* centrifuga *f*

entsagen *vi* rinunciare

entschädigen *vt* [1] ricompensare [2] → *jd-n* risarcire (*für* di); **Entschädigung** *f* ↑ *Ersatz* risarcimento *m*

entschärfen *vt* [1] → *Bombe* disinnescare [2] → *Problem* appianare

entscheiden *unreg* **I.** *vt* [1] ↑ *bestimmen* decidere (*über akk* di/su) [2] JURA → *Fall* emettere una sentenza [3] → *Kampf* decidere **II.** *vr* ◇ **sich** - decidersi; **entscheidend** *adj* ▷*Stimme, Augenblick* decisivo; **Entscheidung** *f* [1] ▷*treffen* decisione *f* [2] ▷*grundlegend* risoluzione *f* [3] JURA ↑ *Urteil* sentenza *f*

entschieden **I.** *adj* [1] ▷*Ansicht* deciso [2] ↑ *eindeutig* chiaro **II.** *adv:* ◇ **etw** - **befürworten**

appoggiare decisamente qc; **Entschiedenheit** f ① ↑ *Entschlossenheit* risolutezza f ② ↑ *Bestimmtheit* ◇ **mit ~ sagen** dire con fermezza
entschlacken vt MED → *Körper* purgare, disintossicare
entschließen *unreg* vr ◇ **sich ~** decidersi (*zu* a)
entschlossen adj ① ↑ *energisch* deciso, risoluto; ◇ ~ **vorgehen** procedere con fermezza ② ↑ *bereit* pronto; ◇ **zu allem ~ sein** essere pronto a tutto; **Entschlossenheit** f ① ↑ *Bestimmtheit* risolutezza f ② ↑ *Bereitschaft* disponibilità f (*zu* a)
Entschluß m ▷*schnell, fest* ▷*fassen* decisione f
entschlüsseln vt → *Kode, Text* decifrare
entschlußfreudig adj risoluto; **Entschlußkraft** f risolutezza f
entschuldigen I. vt ① ↑ *verzeihen* → *Verhalten* scusare; ◇ ~ **Sie bitte** mi scusi ② → *Person* giustificare **II.** vr ◇ **sich ~** scusarsi (*für* per) ② ↑ *sich rechtfertigen* giustificarsi; **Entschuldigung** f ① scusa f; ◇ **jd-n um ~ bitten** chiedere scusa a qu; ◇ ~! scusa! scusi! ② scusa f (*für* per) ③ SCHULE (*schriftliche ~*) giustificazione f
Entschwefelung f desolforazione f
entsetzen I. vt → *jd-n* terrificare **II.** vr ◇ **sich ~** inorridire, spaventarsi; **Entsetzen** n ‹-s› terrore m; **entsetzlich** adj ▷*Unglück* terribile, orribile
entsichern vt → *Pistole* togliere la sicura a
entsorgen vt smaltire i rifiuti; ◇ **e-e Stadt ~** smaltire i rifiuti di una città; **Entsorgung** f (*von Kernkraftwerk*) smaltimento m dei rifiuti
entspannen I. vt ① → *Muskeln* rilassare, distendere ② ↑ *entschärfen* → *Situation, Konflikt* favorire la distensione di **II.** vr ◇ **sich ~** ① ↑ *sich ausruhen* rilassarsi ② FIG ← *Situation* allentarsi; **Entspannung** f ① (*von Muskeln*) rilassamento m ② ↑ *Erholung* riposo m ③ (*von Situation etc.*) distensione f; **Entspannungspolitik** f politica f di distensione
entsprechen *unreg* vi ① corrispondere (*dat* a) ② ↑ *erfüllen* ◇ **e-m Wunsch ~** soddisfare un desiderio; **entsprechend I.** adj ① ▷*Entschädigung* adeguato; ▷*Benehmen* appropriato ② ↑ *betreffend* ▷*Mitarbeiter, Amt* competente, adeguato **II.** adv adeguatamente **III.** präp dat conformemente a, secondo; ◇ ~ **meinem Vorschlag** [*o.* **meinem Vorschlag ~**] secondo la mia proposta
entspringen *unreg* vi ① ← *Bach* sgorgare, scaturire (*aus dat* da) ② ↑ *ausbrechen* ← *Tier, Häftling* scappare ③ FIG ↑ *hervorgehen, stammen* ← *Haltung* derivare (*aus dat* da)

entstehen *unreg* vi (*sich bilden*) formarsi; ← *Konflikte* sorgere; ← *Eindruck* risultare; ← *Kosten, Wort* derivare (*aus dat* da); **Entstehung** f formazione f, origine f
entstellen vt ① → *Gesicht* sfigurare, deturpare ② ↑ *verfälschen* → *Ereignis, Wahrheit* deformare
entstören vt ELECTR → *Radio etc.* eliminare i disturbi di
enttarnen vt → *Spion* smascherare
enttäuschen vt ① → *Hoffnungen* deludere ② ↑ *ernüchtern, frustrieren* disincantare, disingannare; ◇ **enttäuscht sein über** *akk/von* essere deluso di qc; **Enttäuschung** f delusione f (*über akk* di)
entwachsen *unreg* vi FIG emanciparsi (*dat* da); ◇ **nunmehr den Kinderschuhen ~** ormai grande
Entwaffnung f disarmo m
Entwarnung f segnale m di cessato allarme
entwässern vt *Wasser entziehen* → *Sumpf* prosciugare; → *Körper* disidratare
entweder cj: ◇ ~ **... oder** o ... o
entwenden vt: ◇ **jd-m etw** ~ sottrarre qc a qu
entwerfen *unreg* vt ① ↑ *gestalten* → *Zeichnung* abbozzare ② ↑ *entwickeln, ausarbeiten* → *Plan, Gesetz* progettare; → *Rede, Text* elaborare
entwerten vt ① → *Fahrkarte* timbrare ② → *Aussage* screditare; → *Geld* svalutare; **Entwertung** f COMM svalutazione f
entwickeln I. vt ① *erfinden* → *Modell, Produkt* sviluppare, produrre ② ↑ *darlegen* → *Plan, Gedanke* esporre, spiegare ③ ↑ *entfalten* → *Geschmack, Energie* produrre, sviluppare ④ FOTO → *Film* sviluppare **II.** vr ◇ **sich ~** ① *wachsen, reifen, werden* ← *Embryo, Dorf* svilupparsi ② ↑ *entstehen* ← *Rauch, Dampf etc.* svilupparsi, formarsi; **Entwickler** m ‹-s, -› FOTO sviluppatore m; **Entwicklung** f ① (*von Produkt etc.*) creazione f ② (*von Embryo etc.*) sviluppo m ③ (*von Plan*) esposizione f ④ (*von Situation etc.*) sviluppo m ⑤ ↑ *Tendenz* (*von Meinungen etc.*) evoluzione f, tendenza f; **Entwicklungshelfer(in** f) m cooperatore(-trice f) m; tecnico per i paesi in via di sviluppo; **Entwicklungshilfe** f aiuti m/pl ai paesi in via di sviluppo; **Entwicklungsland** n paese m in via di sviluppo
entwöhnen vt disabituare; → *Süchtige* disassuefare; → *Säugling* svezzare; **Entwöhnung** f il disabituarsi m; (*von Abhängigen*) disassuefazione f; (*von Säugling*) svezzamento m
entwürdigend adj ↑ *demütigend* ▷*Zustände* umiliante

Entwurf m ① ↑ *Plan, Skizze (von Muster, Modell)* schizzo m, abbozzo m; *(ARCHIT von Haus etc.)* progetto m ② ↑ *Konzept (Vertrags-, Text-)* prima f stesura

entziehen *unreg* **I.** *vt* ① *wegnehmen, verweigern* → *Unterstützung, Vertrauen* negare, togliere; *(Alkohol, Rauschgift)* vietare ② ↑ *aberkennen* → *Sorgerecht* togliere; → *Führerschein* ritirare ③ ↑ *Flüssigkeit, Blut* estrarre **II.** *vr* ◇ **sich** - ① sottrarsi a; ◇ **sich e-r Pflicht** *dat* - sottrarsi ad un dovere ② ↑ *entgehen* ◇ **sich jd-m** - sfuggire a qu; **Entziehung** f ① *(von Vertrauen etc.)* rifiuto m, privazione f ② *(von Rauschgift)* divieto m ③ *(von Rechten, Führerschein)* ritiro m ④ *(von Flüssigkeit)* estrazione f; **Entziehungskur** f cura f di disintossicazione

entziffern *vt* → *Text, Schrift* decifrare

entzücken *vt* entusiasmare; **Entzücken** n ⟨-s⟩ entusiasmo m; ◇ **jd-n in - versetzen** mandare qu in visibilio; **entzückend** *adj* → *Kind, Kleid* incantevole, delizioso

Entzug m ① *(von Rechten)* negazione f; *(von Nahrung)* rifiuto m ② MED disintossicazione f

entzünden I. *vt* ① ← *Feuer, Streichholz* accendere ② FIG ↑ *hervorrufen, verursachen* → *Leidenschaft* infiammare **II.** *vr* ◇ **sich** - ① ← *Holz* prender fuoco ② ↑ *entstehen* ← *Leidenschaft, Haß etc.* divampare, infiammarsi ③ MED ← *Wunde, Haut* infiammarsi; **Entzündung** f (MED *von Wunde)* infiammazione f

entzwei *adv* rotto; ◇ - **sein** essere rotto; **entzweibrechen** *unreg* **I.** *vt* ← *Brot, Stab, Tasse* rompere **II.** *vi* ← *Gefäß etc.* rompersi, spezzarsi; **entzweien I.** *vt* → *Familie* dividere, separare **II.** *vr* ◇ **sich** - ① ↑ *uneins werden* dividersi ② ↑ *auseinandergehen* separarsi; **entzweigehen** *unreg vi* ← *Tasse etc.* rompersi

Enzian m ⟨-s, -e⟩ ① FLORA genziana f ② *(Getränk)* acquavite f di genziana

Enzyklopädie f enciclopedia f

Enzym n ⟨-s, -e⟩ enzima m

Epidemie f epidemia f; **Epidemiologie** f epidemiologia f

Epilepsie f epilessia f; **Epileptiker(in** f) m epilettico/a

Epilog m ⟨-s, -e⟩ epilogo m

episch *adj* epico

Episode f ⟨-, -n⟩ episodio m

Epoche f ⟨-, -n⟩ *Zeitabschnitt* ▷ *historisch, geologisch* epoca f; **epochemachend** *adj* ▷ *Erfindung* che fa epoca

Epos n ⟨-, Epen⟩ poema m epico

Equivalenz f equivalenza f

er *pron* ① *(Person)* egli ② *(Sache, Tier)* esso ③

(betont) ◇ **da ist er! eccolo!**; ◇ **das ist er!** quello è lui!; ◇ **wenn ich er wäre** se fossi in lui

erachten *vt* considerare; ◇ **etw für/als nötig -** considerare qc necessario; ◇ **meines E-s** secondo il mio parere

erarbeiten *vr*: ◇ **sich** *dat* **etw -** guadagnarsi lavorando qc

erbarmen *vr* ◇ **sich** - impietosirsi *(gen* di); **Erbarmen** n ⟨-s⟩ pietà f *(mit* di); **erbärmlich** *adj* ① ↑ *armselig* ▷ *Behausung* misero ② ↑ *schlecht* ▷ *Leistung, Arbeit* scadente

erbauen *vt* ① ↑ *errichten* → *Gebäude* costruire ② FIG ↑ *aufrichten, stärken* → *jd-n* elevare; ◇ **von etw nicht erbaut sein** non essere entusiasta di qc; **Erbauer(in** f) m ⟨-s, -⟩ costruttore (-trice f) m; **erbaulich** *adj* ▷ *Sendung, Artikel* edificante; **Erbauung** f ① *(von Stadt, Gebäude)* costruzione f ② FIG edificazione f

Erbe ¹ n ⟨-s⟩ ↑ ▷ *antreten* eredità f ② FIG ↑ *Hinterlassenschaft* ▷ *kulturell* eredità f

Erbe ² m ⟨-n, -n⟩, **Erbin** f erede m/f; **erben** *vt* → *Vermögen, Begabung* ereditare

erbeuten *vt* predare, catturare

Erbfaktor m BIO fattore m ereditario; **Erbfehler** m BIO tara f ereditaria; **Erbgut** n BIO patrimonio m genetico; **erbgutschädigend** *adj* nocivo al patrimonio genetico

erbitten *unreg vt* chiedere

erbittern *vt* ↑ *erzürnen* esasperare; **erbittert** *adj* ① ↑ *verletzt* irritato ② ↑ *sehr heftig* accanito; ◇ - **um etw kämpfen** combattere accanitamente per qc

Erbkrankheit f malattia f ereditaria

erblassen *vi* impallidire; ◇ **vor Wut -** impallidire dalla rabbia

erblich *adj* ▷ *Krankheit* ereditario

erblicken *vt* ① scorgere ② FIG ↑ *ansehen als* riconoscere; ◇ **in jd-m e-n Freund -** riconoscere in qc un amico

erblinden *vi* diventare cieco

Erbmasse f ① JURA asse m ereditario ② BIO patrimonio m genetico

erbosen I. *vt* irritare **II.** *vr* ◇ **sich** - irritarsi *(über akk* per)

erbrechen *unreg* **I.** *vt* → *Essen* vomitare **II.** *vr* ◇ **sich** - vomitare

Erbrecht n JURA diritto m di successione

erbringen *unreg vt* → *Beweis* produrre, fornire

Erbschaft f eredità f; ◇ **e-e - machen** ereditare; **Erbschaftssteuer** f imposta f di successione

Erbse f ⟨-, -n⟩ pisello m

Erd- *adj* terrestre, **Erdachse** f asse m terrestre; **Erdanschluß** m collegamento m a terra; **Erdanziehung** f gravitazione f terrestre; **Erdar-**

E

beiten *f/pl* lavori *m/pl* di sterro; **Erdarbeiter** (**in** *f*) *m* sterratore(-trice *f*) *m;* **Erdatmosphäre** *f* atmosfera *f* terrestre; **Erdball** *m* globo *m* terrestre; **Erdbeben** *n* terremoto *m;* **Erdbeere** *f* fragola *f;* **Erdboden** *m* terra *f;* ◇ e-e Stadt dem - gleich machen radere al suolo una città; **Erde** *f* ‹-, -n› ① (*Welt*) terra *f* ② ↑ *Boden* terra *f;* FIG ◇ mit beiden Beinen auf der - stehen stare coi piedi per terra ③ ↑ *Humus*, [*Blumen-*] terra *f;* **erden** *vt* ELECTR → *Antenne* mettere a massa
erdenklich *adj* immaginabile
Erdgas *n* gas *m* naturale; **Erdgasvorkommen** *n* giacimento *f* di gas naturale
Erdgeschoß *n* pianterreno *m*
erdichten *vt* inventare
Erdkabel *n* cavo *m* sotterraneo; **Erdkarte** *f* geografica terrestre; **Erdkruste** *f* crosta *f* terrestre; **Erdkugel** *f* sfera *f* terrestre; **Erdkunde** *f* SCHULE geografia *f;* **Erdnuß** *f* nocciolina *f* americana; **Erdnußöl** *n* olio *m* di arachide; **Erdoberfläche** *f* superficie *f* terrestre; **Erdöl** *n* petrolio *m;* **Erdölerzeugnisse** *n/pl* prodotti *m/pl* derivati dal petrolio; **Erdölgesellschaft** *f* compagnia *f* petrolifera; **Erdölgewinnung** *f* produzione *f* petrolifera; **Erdölleitung** *f* pipeline *m*, oleodotto *m;* **Erdölraffinerie** *f* raffineria *f* di petrolio; **Erdölverarbeitung** *f* trattamento *m* del petrolio grezzo; **Erdreich** *n* ↑ *Boden* terra *f*
erdrosseln *vt* strangolare
erdrücken *vt* ① schiacciare ② FIG ↑ *überbelasten* ← *Sorgen* sopraffare
Erdrutsch *m* frana *f;* **Erdrutschsieg** *m* POL vittoria *f* schiacciante
Erdteil *m* continente *m*
erdulden *vt* sopportare; → *Not* patire
ereifern *vr* ◇ sich - accalorarsi, infervorarsi (*über akk* per)
ereignen *vr* ◇ sich - accadere; **Ereignis** *n* avvenimento *m;* **ereignisreich** *adj* ricco di avvenimenti
erfahren[1] *unreg vt* ① → *Neuigkeit* venire a sapere ② ↑ *erleben* → *Liebe* provare
erfahren[2] *adj* ▷*Lehrer, Arzt* esperto; **Erfahrung** *f* ▷*schlecht, gut* esperienza *f;* ◇ -en machen fare esperienza, esperienza; ◇ - haben avere esperienza; ◇ **in** - bringen venire a sapere; **erfahrungsgemäß** *adv* secondo l'esperienza
erfassen *vt* ① → *Daten, Personalien* rilevare ② ↑ *ergreifen, erwischen* afferrare, cogliere; ◇ von e-m Auto erfaßt werden essere investito da un auto ③ FIG ↑ *begreifen, verstehen* → *Problem* comprendere ④ FIG ↑ *befallen* ← *Furcht* afferrare; **Erfassung** *f* MIL arruolamento *m*

erfinden *unreg vt* ① inventare ② ↑ *ersinnen, erdichten* → *Ausrede* trovare; **Erfinder(in** *f*) *m* inventore(-trice *f*) *m;* **erfinderisch** *adj* ① ▷*Mensch* ingegnoso; ◇ Not macht - la necessità aguzza l'ingegno ② ↑ *schöpferisch* inventivo; **Erfindung** *f* ① ↑ *Entdeckung* invenzione *f,* trovata *f* ② ↑ *Lüge* bugia *f;* **Erfindungsgabe** *f* inventiva *f*
Erfolg *m* ‹-[e]s, -e› ① (*Teil-*) successo *m;* ◇ - haben aver successo ② ↑ *Wirkung* effetto *m;* ◇ ohne - senza effetto
erfolgen *vi* ① ↑ *geschehen, stattfinden* aver luogo ② ↑ *sich ergeben* seguire
erfolglos *adj* ① ohne Erfolg ▷*Person, Unternehmen* senza successo ② ↑ *mißglückt* ▷*Versuch* fallito; **Erfolglosigkeit** *f* ① insuccesso *m* ② (*von Versuch*) fallimento *m;* **erfolgreich** *adj* ① ▷*Person, Unternehmen* di successo ② ↑ *geglückt* ▷*Versuch* riuscito; **erfolgversprechend** *adj* ▷*Maßnahme* promettente
erforderlich *adj* necessario; **erfordern** *vt* richiedere
erforschen *vt* ① *wissenschaftlich untersuchen* → *Gebiet, Verhalten* studiare ② → *jd-s Gedanken* studiare, scrutare ③ → *Gewissen* esaminare, indagare; **Erforschung** *f* ① ↑ *Untersuchung* esplorazione *f* ② (*von Meinung, Gewissen*) esame *m*, indagine *f*
erfreuen I. *vt* ↑ *jd-n* rallegrare II. *vr:* ◇ sich an jd-m/etw - rallegrarsi di qu/qc; ◇ er erfreut sich bester Gesundheit gen gode di ottima salute; **erfreulich** *adj* ① ▷*Ereignis, Leistung* gradito ② ↑ *angenehm* ▷*Anblick* piacevole; **erfreulicherweise** *adv* per fortuna
erfrieren *unreg vi* ← *Mensch* morire assiderato; ← *Zehen, Finger* congelarsi; ← *Pflanzen* bruciarsi, gelare
erfrischen I. *vr* ◇ sich - (*mit Getränk*) rinfrescarsi II. *vt* ← *Regen* rinfrescare; **erfrischend** *adj* ① ▷*Getränk* rinfrescante ② ▷*Gemüt* rinfrancante; **Erfrischung** *f* ① rinfrescata *f* ② (*Speise*) rinfresco *m;* **Erfrischungsraum** *m* posto *m* di ristoro
erfüllen I. *vt* ① ← *Duft etc.* → *Straße* riempire ② FIG ← *Arbeit* appagare ③ *zufriedenstellen* → *Bitte* soddisfare; → *Versprechen* adempiere a; → *Zweck* realizzare ④ ◇ erfüllt sein von etw essere pieno di qc II. *vr* ◇ sich - ← *Vorhersage, Wunsch* avverarsi
ergänzen I. *vt* → *Liste* completare II. *vr* ◇ sich - compensarsi; **Ergänzung** *f* ① aggiunta *f* ② GRAM complemento *m*
ergeben *unreg* I. *vt* (*acht mal fünf*) fare; ◇ was hat die Untersuchung -? che cosa è risltato dalla

ricerca ? II. *vr* ◇ **sich** ~ ① ↑ *aufgeben, kapitulieren* arrendersi ② ↑ *sich widmen* ◇ **sich der Musik** *dat* ~ dedicarsi alla musica ③ risultare III. *adj* sottomesso; ▷*Gesichtsausdruck* rassegnato; (*treu*) devoto

Ergebenheit *f* devozione *f*

Ergebnis *n* ① (*Gesamt-*) risultato *m* ② MATH ↑ *Lösung* risultato *m* ③ ↑ *Effekt, Wirkung* ▷*gut, schlecht* effetto *m;* **ergebnislos** *adj* senza risultato, vano

ergehen *unreg* I. *vi* ① → *amtlicher Bescheid* essere emanato ② ◇ **etw über sich** *akk* ~ **lassen** subire qc II. *vi impers:* ◇ **es ergeht ihr gut/schlecht** le va bene/male III. *vr* ① passeggiare ② ◇ **sich in etw** ~ perdersi in qc

ergiebig *adj* ① ▷*Geschäft* redditizio ② ▷*Boden* fertile

ergießen *vr* ◇ **sich ergießen** sfociare

Ergonomie *f* ergonomia *f;* **ergonomisch** *adj* ergonomico

ergötzen I. *vt* divertire, dilettare II. *vr* ◇ **sich ergötzen** divertirsi

ergreifen *unreg* *vt* ① → *Arm* afferrare ② ↑ *festnehmen* → *Verbrecher* catturare ③ ↑ *erschüttern* commuovere ④ ↑ *wählen, praktizieren* → *Beruf* intraprendere; → *Maßnahmen* adottare; ◇ **die Gelegenheit** ~ cogliere l'occasione; **ergreifend** *adj* ▷*Roman, Film* commovente; **ergriffen** *adj* toccato.commosso; **Ergriffenheit** *f* commozione *f*

ergründen *vt* → *Geheimnis* andare a fondo di qc

Erguß *m* ① [*Blut-*] travaso *m;* [*Samen-*] eiaculazione *f* ② FIG ↑ *Redeschwall* fiume *m* di parole

erhaben *adj* ① rialzato ② FIG ↑ *feierlich* solenne ③*FIG* ◇ **über etw** *akk* ~ **sein** essere al di sopra di qc

erhalten *unreg* I. *vt* ① ↑ *bekommen* → *Brief, Auszeichnung* ricevere ② ↑ *bewahren* → *Haus* conservare; → *Tierart* mantenere II. *adj:* ◇ **gut** ~ in buono stato di conservazione; **erhältlich** *adj* acquistabile; **Erhaltung** *f* ① ↑ *Instandhaltung* (*von Gebäude etc.*) manutenzione *f* ② (*von Tierart*) conservazione *f*

erhängen *vr* ◇ **sich** ~ impiccarsi

erhärten I. *vt* ① indurire ② FIG *bekräftigen* → *Aussage* rafforzare, confermare; → *These* convalidare II. *vr* ◇ **sich** ~ ① indurirsi ②*FIG* rafforzarsi

erheben *unreg* I. *vt* ① ↑ *emporheben* → *Glas, Hand etc.* alzare, sollevare ② ↑ *befördern* (*in Rangordnung*) promuovere (*zu* a) ③ JURA ↑ *geltend machen, fordern* → *Anspruch* sporgere; → *Einspruch* sollevare; → *Steuern etc.* riscuotere

④ ◇ **die Stimme** ~ alzare la voce II. *vr* ◇ **sich** ~ ① (*vom Stuhl*) alzarsi ② ↑ *revoltieren* ← *Volk* ribellarsi ③ ← *Berg* sovrastare ④ FIG → *Frage* insorgere ⑤ ← *Wind* levarsi; **erheblich** *adj* ① ↑ *deutlich, merklich* ▷*Unterschied* notevole ② ↑ *wichtig, bedeutsam* ▷*Teil* importante, considerevole; **Erhebung** *f* ① ↑ *Hügel* altura *f* ② ↑ *Aufstand,* [*Volks-*] sommossa *f* ③ ↑ *Beförderung* promozione *f* ④ (*von Steuern, Gebühren*) riscossione *f;* (JURA *von Klage*) mozione *f* ⑤ ↑ *Ermittlung* (*von Daten*) rilevamento *m*

erheitern *vt* divertire; **Erheiterung** *f* divertimento *m*

erhitzen I. *vt* riscaldare II. *vr* ① ◇ **sich** ~ riscaldarsi ② ◇ **sich** ~ FIG ↑ *sich aufregen* irritarsi

erhöhen *vt* ① → *Mauer* innalzare ② *anheben, steigern* → *Gehalt, Preise* aumentare; → *Ansehen* crescere

erholen *vr* ◇ **sich** ~ ① ricrearsi ② (*von Schock*) riprendersi; **erholsam** *adj* ▷*Schlaf* ristoratore; **Erholung** *f* ① ↑ *Entspannung* rilassamento *m* ② ↑ *Gesundwerden* ristabilimento *m;* **erholungsbedürftig** *adj* bisognoso di riposo; **Erholungsheim** *n* casa *f* di riposo; **Erholungsort** *m* luogo *m* di riposo

erhören *vt:* ◇ **e-e Bitte** ~ esaudire una preghiera

erinnern I. *vt* ① ricordare (*jd-n an etw akk* a qu qc) ② ↑ *ähnlich sehen* ricordare; ◇ **sie erinnert mich an meine Schwester** mi ricorda mia sorella II. *vr* ◇ **sich** ~ ricordarsi (*an akk* di); **Erinnerung** *f* ① ricordo *m* (*an akk* di) ② ↑ *Andenken* memoria *f;* ◇ **zur** ~ **an** *akk* in ricordo di

erkalten *vi auch* FIG raffreddarsi

erkälten *vr* ◇ **sich** ~ raffreddarsi; ◇ **erkältet sein** essere raffreddato; **Erkältung** *f* ▷*schwer, leicht* raffreddore *m*

erkämpfen *vt* → *Rechte* ottenere combattendo

erkennbar *adj* ▷*Merkmal* riconoscibile; **erkennen** *unreg* I. *vt* ① ↑ *wahrnehmen, sehen* → *Farbe, jd-n, Unterschied* riconoscvere ② ↑ *wieder-* → *jd-n, etw* riconoscere (*an dat* da) ③ ◇ **jd-m etw zu** ~ **geben** far capire qc a qu II. *vi* JURA: ◇ ~ **auf** *akk* emettere la sentenza di; **erkenntlich** *adj:* ◇ **sich** ~ **zeigen für** mostrarsi riconoscente per; **Erkenntlichkeit** *f* ↑ *Dankbarkeit* riconoscenza *f;* **Erkenntnis** *f* ① ↑ *Wissen, Vernunft* ▷*menschlich* conoscenza *f* ② (*Selbst-*) coscienza *f* ③ ↑ *Einsicht* riconoscimento *m;* ◇ **zur** ~ **gelangen** riconoscere; **Erkennung** *f* riconoscimento *m;* **Erkennungsmarke** *f* MIL piastrina *f* di riconoscimento

Erker *m* ⟨-s, -⟩ bovindo *m;* **Erkerzimmer** *n* stanza *f* con bovindo

erklären vt ① ↑ *darlegen* spiegare; ◇ **sich** *dat* **etw - lassen** lasciarsi spiegare qc ② ↑ *zu deuten suchen* → *Vorgang, Verhalten* interpretare; ◇ **sich** *dat* **etw -** spiegarsi qc ③ ↑ *mitteilen* ▷*offiziell* → *Krieg* dichiarare; **erklärlich** *adj* ▷*Reaktion* comprensibile; **Erklärung** *f* ① ↑ *Deutung, Auslegung (von Wort)* spiegazione *f* (für di) ② ↑ *Mitteilung, Aussage,* [*Liebes-*] dichiarazione *f*

erklecklich *adj* ▷*Summe, Menge* considerevole

erklettern *vt* scalare

erkranken *vi* ammalarsi *(an dat* di); **Erkrankung** *f* ① l'ammalarsi *m* ② ↑ *Krankheit* ▷*schwer* malattia *f*

erkunden *vt* ① → *Land, Gegend* esplorare ② ↑ *erfragen, zu erfahren suchen* → *Pläne* indagare

erkundigen *vr* ◇ **sich -** informarsi *(nach dat* per *akk* su); **Erkundigung** *f* ① informazione *f* ② ↑ *Nachforschung* esplorazione *f*

Erkundung *f* esplorazione *f*

erlahmen *vi* ▷*schwächer werden, nachlassen* ← *Person* stancarsi; ← *Kraft, Eifer* spegnersi

Erlaß *m* ‹-sses, -sse› ① ▷*amtlich* decreto *m* ② ↑ *Entbindung (von Verpflichtung)* dispensa *f;* **erlassen** *unreg* *vt* ① ↑ *verordnen* emanare ② ◇ **jd-m seine Schulden -** dispensare qu dai suoi debiti

erlauben **I.** *vt* ↑ *gestatten* permettere (*jd-m etw* a qu qc); ◇ **meine Gesundheit erlaubt es mir nicht …** la mia salute non mi permette … **II.** *vr* ① ◇ **sich dat -** ↑ *sich gönnen* permettersi ② ◇ **was - Sie sich?** come si permette ?; **Erlaubnis** *f* ① ↑ *Zustimmung* permesso *m;* ◇ **um - fragen** chiedere il permesso ② ↑ *Genehmigung,* [*Fahr-*] permesso *m;* **Erlaubnisschein** *m* permesso *m;* **erlaubt** *adj* ▷*Fischfang, Jagd* permesso, lecito

erläutern *vt* → *Text* spiegare; **Erläuterung** *f* spiegazione *f*

Erle *f* ‹-, -n› FLORA ontano *m*

erleben *vt* ① *(mit-)* vivere ② ↑ *erfahren, kennenlernen* conoscere; ◇ **etw am eigenen Leibe -** sperimentare qc sulla propria pelle; **Erlebnis** *n* ▷*aufregend, angenehm, übel* esperienza *f*

erledigen *vt* ① → *Arbeit* eseguire; → *Sache, Auftrag* sbrigare ② FAM ↑ *ermüden* → *jd-n* sfinire; ◇ **total erledigt sein** essere completamente sfinito ③ FAM *vernichten* ▷*geschäftlich* rovinare; ▷*körperlich* ↑ *umbringen* far fuori

erlegen *vt* → *Wild* uccidere

erleichtern *vt* ① *leichter machen* → *Arbeit* facilitare; *FIG* → *Gewissen* alleggerire ② ↑ *lindern* → *Schmerzen, Kummer* alleviare; **erleichtert**

adj alleggerito; ◇ **- aufatmen** respirare sollevato; **Erleichterung** *f* ① *(von Last)* alleggerimento *m* ② *(von Schmerz, Sorge)* sollievo *m;* ◇ **jd-m - verschaffen** procurare a qu un'agevolazione *f* ③ *(von Arbeit)* facilitazione *f*

erleiden *unreg* *vt* ① → *Ungerechtigkeit* sopportare ② ↑ *zugefügt bekommen* → *Niederlage, Verlust* subire

erlernbar *adj* ▷*schwer, leicht* che si può imparare; **erlernen** *vt* → *Handwerk* apprendere; → *Sprache* imparare

erlesen *adj* ① ▷*Essen, Wein* scelto, pregiato ② ↑ *elitär* ▷*Publikum* scelto

erleuchten *vt* ① → *Zimmer* illuminare ② FIG → *Geist* illuminare; **Erleuchtung** *f* ① *(von Zimmer)* illuminazione *f* ② FIG ↑ *Erkenntnis* ispirazione *f*

erliegen *unreg* *vi* *(unterliegen, unterlegen sein, im Kampf)* soccombere a; ◇ **e-r Krankheit -** soccombera ad una malattia

Erlös *m* ‹-es, -e› *(aus Verkauf)* ricavato *m*

erlöschen *vi* ← *Feuer, Licht* spegnersi

erlösen *vt* *(befreien, von Schmerzen)* liberare; *(aus Not)* salvare; *(REL von Schuld)* liberare, redimere; **Erlöser** *m* REL Redentore *m;* **Erlösung** *f* ① liberazione *f* ② REL redenzione *f*

ermächtigen *vt* autorizzare *(zu* a); **Ermächtigung** *f* ① ↑ *Erlaubnis* autorizzazione *f* ② ↑ *Vollmacht* mandato *m*

ermahnen *vt* esortare *(zu* a); **Ermahnung** *f* ① esortazione *f* ② rimproveri *m/pl*

ermäßigen *vt* → *Strafe, Preise* ridurre; ◇ **ermäßigter Eintritt** biglietto ridotto; **Ermäßigung** *f* riduzione *f;* *(bei Preis)* sconto *m*

ermessen *unreg* *vt* ↑ *abschätzen, beurteilen* → *Lage, Kosten* valutare; **Ermessen** *n* ‹-s› valutazione *f;* ◇ **in jd-s -** *dat* **liegen** sottostare alla discrezione *f* di qu

ermitteln **I.** *vt* → *Namen, Personalien* rintracciare; → *Verbrecher* trovare **II.** *vi:* ◇ **gegen jd-n -** indagare contro qu; **Ermittlung** *f* ① ↑ *Feststellung* accertamento *m (von* di) ② JURA *(Polizei-)* indagine *f,* inchiesta *f (gegen, über akk* contro, su)

ermöglichen *vt:* ◇ **jd-m etw -** rendere possibile qc a qu

ermorden *vt* → *jd-n* assassinare; **Ermordung** *f* assassinio *m*

ermüden **I.** *vt* stancare **II.** *vi* ▷*schnell* stancarsi; **ermüdend** *adj* ▷*Reise* faticoso; ▷*Rede* noioso; **Ermüdung** *f* ① affaticamento *m* ② ↑ *Müdigkeit* fatica *f;* TECH ◇ **-sbruch** rottura *f* per fatica

ermuntern *vt* ① ↑ *aufheitern* rallegrare ② ↑ *auffordern, anregen* incoraggiare *(zu* a)

ermutigen *vt* incoraggiare (*zu* a)
ernähren I. *vt* ⓵ nutrire ⓶ *FIG* → *Familie* mantenere **II.** *vr*: ◇ **sich - von** nutrirsi di; **Ernährer (in** *f*) *m* ‹-s, -› sostentatore(-trice *f*) *m*; **Ernährung** *f* ⓵ ▷ *gesund, vollwertig* alimentazione *f* ⓶ ↑ *Unterhalt* (*von Familie*) mantenimento *m*
ernennen *unreg vt* (*zum Stellvertreter*) nominare; ◇ **jd-n zum Präsidenten** - nominare qu presidente; **Ernennung** *f* nomina *f* (*zu* di)
erneuern *vt* ⓵ ↑ *instandsetzen* → *Haus, Dach* restaurare; → *Gerät* cambiare, sostituire ⓶ → *Firma* rinnovare ⓷ ↑ *wiederholen* → *Antrag* ripetere ⓸ ↑ *neu beleben* → *Freundschaft, Vertrag* rinnovare; **Erneuerung** *f* ⓵ (*von Gebäude etc.*) restaurazione *f*; (*von Gerät*) sostituzione *f* ⓶ (*von Firma*) rinnovamento *m* ⓷ (*von Antrag*) ripetizione *f* ⓸ (*von Freundschaft, Vertrag*) rinnovamento *m*; **erneut I.** *adj* ▷ *Versuch* nuovo **II.** *adv* ↑ *wieder* di nuovo; ◇ **- etw tun** fare di nuovo qc
erniedrigen *vt* ⓵ ↑ *demütigen* → *jd-n* umiliare ⓶ MUS ◇ **um e-n Ton** - abbassare di un tono
ernst *adj* ⓵ *nicht lustig, sorgenvoll* ▷ *Mensch, Buch, Absicht* serio; ▷ *Miene* severo; ◇ **jd-n/etw - nehmen** prendere qu/qc sul serio ⓶ ↑ *kritisch, schwierig* ▷ *Situation, Zustand* grave; **Ernst** *m* ‹-es› ⓵ ↑ *Humorlosigkeit* (*von Person*) serietà *f*; ◇ **- machen mit** attuare praticamente qc ⓶ ↑ *Bedrohlichkeit* gravità *f*; **Ernstfall** *m* caso *m* d'emergenza; ◇ **im -** in caso di emergenza; **ernstgemeint** *adj* ↑ *aufrichtig* ▷ *Angebot* inteso seriamente; **ernsthaft** *adj* ⓵ *seriös, ernstzunehmend* ▷ *Angebot* serio ⓶ *schwerwiegend* ▷ *Probleme, Verletzung* grave; **Ernsthaftigkeit** *f* ⓵ ↑ *Seriosität* serietà *f* ⓶ ↑ *Schwere* (*von Problem, Krankheit*) gravità *f*; **ernstlich** *adj* ⓵ ↑ *wirklich* serio; ◇ **sich - Sorgen machen** farsi serie preoccupazioni ⓶ ↑ *ernst* ▷ *Probleme* grave
Ernte *f* ‹-, -n› ⓵ (*das Ernten, [Obst-]*) raccolta *f* ⓶ ↑ *Gewinn* raccolto *f*; **Erntearbeiter(in** *f*) *m* raccoglitore(-trice *f*) *m*; **Ernte[dank]fest** *n* festa *f* del raccolto; **ernten** *vt* ⓵ → *Obst* raccogliere ⓶ *FIG* ↑ *bekommen* → *Undank* ricevere, raccogliere
ernüchtern *vt* ⓵ far passare la sbornia a ⓶ *FIG* ↑ *desillusionieren* disincantare; **Ernüchterung** *f* ⓵ (*von Rausch*) ritorno *m* alla lucidità ⓶ *FIG* ↑ *Desillusionierung* disinganno *m*
erobern *vt* ⓵ MIL → *Stadt, Land* conquistare ⓶ *FAM* → *Herz, Publikum* conquistare; **Eroberung** *f* ⓵ (MIL *von Land*) conquista *f* ⓶ (*FAM von Mensch*) conquista *f*
eröffnen I. *vt* ⓵ → *Laden, Restaurant* aprire ⓶

↑ *beginnen* → *Sitzung, Kongreß* aprire ⓷ *FIG* ↑ *mitteilen* ◇ **jd-m etw** - rivelare qc a qu **II.** *vr* ◇ **sich -** ← *Möglichkeit* presentarsi; **Eröffnung** *f* ⓵ (*von Geschäft, Firma, Sitzung*) apertura *f* ⓶ ↑ *Mitteilung* dichiarazione *f*; **Eröffnungsrede** *f* discorso *m* d'apertura
erogen *adj* ▷ *Zonen* erogeno
erörtern *vt* → *Thema, Vorschlag* discutere
Erosion *f* erosione *f*
Erotik *f* erotismo *m*; **erotisch** *adj* erotico
erpicht *adj*: ◇ **- sein auf** *akk* essere avido di
erpressen *vt* ⓵ → *Lösegeld, Geständnis* estorcere ⓶ ↑ *nötigen* → *jd-n* ricattare; **Erpresser (in** *f*) *m* ‹-s, -› ricattatore(-trice *f*) *m*; **Erpressung** *f* ⓵ (*von Personen*) ricatto *m* ⓶ (*von Sachen*) estorsione *f*
erproben *vt* ⓵ → *jd-n, Treue, Ausdauer* mettere alla prova; ⓶ → *Heilmittel* provare
erraten *unreg vt* → *Lösung, Geheimnis* indovinare
erregen I. *vt* ⓵ ↑ *aufregen, ärgern* irritare ⓶ ↑ *reizen* ▷ *sexuell* eccitare ⓷ *hervorrufen* → *Neugier* causare; → *Zweifel* provocare; ◇ **sich -** far scalpore **II.** *vr* ◇ **sich -** irritarsi (*über akk* per); **Erreger** *m* ‹-s, -› (*von Krankheiten*) agente *m* patogeno; **Erregtheit** *f* ⓵ ↑ *Ärger* irritazione *f* ⓶ ▷ *sexuell* eccitazione *f*; **Erregung** *f* ⓵ ↑ *Verursachen* agitazione *f* ⓶ ↑ *Erregtheit* eccitazione *f*
erreichbar *adj* ⓵ ↑ *nicht weit weg* ▷ *Ort* raggiungibile ⓶ (*telefonisch*) ▷ *Mensch* rintracciabile; **erreichen** *vt* ⓵ ↑ *ankommen* → *Ziel* raggiungere; → *Alter, Ort* arrivare a ⓶ → *Person* rintracciare, contattare ⓷ ↑ *durchsetzen, bewirken* ottenere; ◇ **was willst du damit -?** con questo cosa vuoi ottenere?
errichten *vt* ⓵ ↑ *aufstellen* → *Gebäude* costruire; → *Denkmal* erigere ⓶ ↑ *gründen* → *Filiale* fondare
erringen *unreg vt* → *Sieg* conseguire, ottenere
erröten *vi* ← *Person* arrossire
Errungenschaft *f* ↑ *Neuerung* progresso *m*
Ersatz *m* ‹-es› ⓵ sostituzione *f* ⓶ (*Kaffee-*) surrogato *m* ⓷ (*Schadens-*) risarcimento *m* (*für* di) ⓸ (SPORT *-spieler*) riserva *f* ⓹ MIL riserva *f*; **Ersatzbefriedigung** *f* compensazione *f*; **Ersatzdienst** *m* MIL servizio *m* civile; **Ersatzreifen** *m* AUTO ruota *f* di scorta; **Ersatzspieler(in** *f*) *m* giocatore(-trice *f*) *m*; di riserva *m*; **Ersatzteil** *n* pezzo *m* di ricambio
Erschaffung *f* REL creazione *f*
erscheinen *unreg vi* ⓵ (▷ *pünktlich, bei Arbeit, Party*) comparire; (*als Zeuge*) comparire ⓶ ↑ *publiziert werden* ← *Buch, Zeitung* uscire;

◇ **monatlich** ~ essere pubblicato mensilmente ③ ↑ *sich darstellen* sembrare; ◇ **das erscheint mir bemerkenswert** mi sembra notevole; **Erscheinung** f ① ↑ *Aufmachung, Auftreten* ◇ **e-e imposante** ~ una figura f imponente; ◇ **äußere** ~ aspetto m esteriore ② ↑ *Gegebenheit,* [*Natur-, Alters-*] manifestazione f ③ ↑ *Vision* apparizione f; **Erscheinungsjahr** n anno m di pubblicazione

erschießen unreg vt uccidere [con un'arma da fuoco]

erschlagen unreg vt colpire a morte

erschließen vt → *Siedlung* rendere accessibile

erschöpfen ① → *jd-n* spossare ② ↑ *aufbrauchen* → *Reserven, Geduld* esaurire ③ ↑ *ausführlich behandeln* → *Thema* trattare esaurientemente; **erschöpfend** adj ① ▷*Marsch* estenuante ② FIG ▷*Antwort* esauriente; **erschöpft** adj ① ▷*Mensch* spossato ② ↑ *verbraucht* ▷*Vorräte* esaurito; **Erschöpfung** f esaurimento f

erschrecken[1] vt spaventare

erschrecken[2] ⟨erschrak, erschrocken⟩ vi spaventarsi (*vor dat* per *akk* per); **erschreckend** adj spaventoso

erschüttern vt ① → *Erdboden* far tremare ② ↑ *aufwühlen, stark erregen* (jd-n) sconvolgere; **Erschütterung** f ① scossa f ② ↑ *Rührung* choc m, commozione f

erschweren vt rendere più difficile

erschwinglich adj → *Preise* accessibile

ersehen unreg vt: ◇ **aus etw** ~, **daß** vedere da qc che

ersetzbar adj sostituibile; **ersetzen** vt ① → *Ersatzteil, Spieler* sostituire ② ↑ *vertreten* prendere il posto di, fare le veci di; ◇ **jd-m den Vater** ~ fare le veci del padre a qu ③ ↑ *entschädigen* risarcire; ◇ **jd-m etw** ~ risarcire qc a qu

ersichtlich adj ▷*Grund* evidente

ersinnen vt ideare

ersparen vt ① → *Geld* risparmiare ② ↑ *verschonen mit* risparmiare; ◇ **jd-m etw** ~ risparmiare/evitare qc a qu; **Ersparnis** f ① ↑ *Einsparung (Kosten-)* risparmio m (an dat di) ② (auf der Bank) ◇ **-se** pl risparmi m/pl

erst adv ① ↑ *anfangs* prima; ↑ *nicht eher als* ◇ **sie kommt** ~ **morgen** viene non prima di domani ② ↑ *nicht mehr als* non più di; ◇ **sie ist** ~ **18 Jahre alt** ha non più di diciotto anni

erstarren vi irrigidirsi

erstatten vt ① → *Unkosten* rimborsare ② ◇ **Bericht** ~ far rapporto; ◇ **Anzeige** ~ denunciare

Erstaufführung f THEAT, FILM prima f; **Erstauflage** f prima f edizione

erstaunen vt stupire; **Erstaunen** n ⟨-s⟩ stupore m; **erstaunlich** adj ↑ *verwunderlich* sorprendente; ▷*Leistung* straordinario; **erstaunt** adj stupefatto

erstbeste(r, s) adj PEJ il/la primo/a che capita; ◇ **den E-n heiraten** sposare il primo che capita

erste(r, s) adj ① primo; ◇ **als E-** am Ziel **ankommen** arrivare alla meta per primo ② ↑ *ursprünglich* primo; ◇ **der** ~ **Mensch** il primo uomo ③ ◇ **Urbino, den 1. September** Urbino, 1 Settembre

erstechen unreg vt trafiggere a morte

erstehen unreg vt I. vt ↑ *kaufen* comprare II. vi ← *Stadt* sorgere

erstens adv per prima cosa

erstere(r, s) pron: ◇ ~**r schläft schon, letzterer ist wach** questo/l'uno dorme già, quello/l'altro è sveglio

ersticken I. vt ① (Sauerstoff entziehen) → *jd-n, Feuer* soffocare ② FIG ↑ *unterdrücken* → *Revolte* soffocare, reprimere II. vi ① ← *Mensch* morire soffocato ② FAM ◇ **in Arbeit** ~ affogare nel lavoro; **erstickt** adj soffocato; **Erstickung** f assfissia f

erstklassig adj ↑ *ausgezeichnet* ▷*Lehrer* di prim'ordine; ▷*Wein, Essen* di prima classe/qualità; ▷*Restaurant* di prima categoria; **Erstkommunion** f prima f comunione; **erstmalig** adj ▷*Begegnung* primo; **erstmals** adv per la prima volta

erstrebenswert adj ▷*Ziel* auspicabile

erstrecken ◇ **sich** ~ ① (räumlich) estendersi (über, auf akk di) ② (zeitlich) abbracciare un periodo (über, auf akk di)

Erstschlag m MIL offensiva f

erstürmen vt prendere d'assalto

Erstwohnsitz m residenza f principale

ersuchen vt chiedere; ◇ **jd-n um etw** ~ chiedere qc a qu

ertappen vt → *jd-n* sorprendere (bei a)

erteilen vt geben, gewähren → *Auftrag* trasmettere; → *Vollmacht* accordare; → *Auskunft, Unterricht* dare; → *Audienz, Erlaubnis* concedere

Ertrag m ⟨-[e]s, Erträge⟩ *Ausbeute, Gewinn,* [*Ernte-*] raccolto m; (von Kapital) rendita f; **ertragen** unreg vt sopportare; **erträglich** adj ① ▷*Schmerzen, Leben* sopportabile ② ↑ *mittelmäßig* ▷*Leistung* passabile

ertränken vt auch FIG affogare

erträumen vt sognare

ertrinken unreg vi affogare

erübrigen I. vt übrig haben → *Geld, Zeit* restare II. vr ◇ **sich** ~ essere inutile

erwachen vi auch FIG svegliarsi; **Erwachen** n risveglio m

erwachsen adj adulto; **Erwachsene(r)** fm adulto/a; **Erwachsenenbildung** f istruzione f per adulti

erwägen ⟨erwog, erwogen⟩ vt ① → Möglichkeiten considerare ② ↑ prüfen → Plan ponderare ③ ↑ überlegen pensare; ◇ **ich erwäge, morgen abzureisen** penso di partire domani; **Erwägung** f considerazione f

erwählen vt eleggere

erwähnen vt → jd-n, Ereignis menzionare; ◇ **er hat mit keinem Wort erwähnt, daß ...** non ha fatto parola a proposito di ...; **Erwähnung** f menzione f

erwarten vt ① ↑ warten auf → jd-n, Brief, Kind attendere, aspettare; ◇ **etw kaum erwarten** non vedere l'ora di/che ② ↑ hoffen auf, rechnen mit aspettarsi; ◇ **das war zu** - era da aspettarselo; **Erwartung** f attesa f; ◇ **-en erfüllen** rispondere alle attese

erwecken vt ① (aus Lethargie) svegliare; ◇ **jd-m zum Leben** - risuscitare qu ② FIG ↑ hervorrufen → Freude, Zweifel destare, suscitare; ◇ **den Eindruck** - dare l'impressione

erweisen unreg I. vt → Vertrauen dimostrare; → Dienst rendere (jd-m etw a qu qc) II. vr ◇ **sich** - dimostrarsi; ◇ **sich als etw** - risultare, rivelarsi

Erwerb m ⟨-[e]s, -e⟩ ① ↑ Kauf, Anschaffung acquisto m ② ↑ Gewinn guadagno m; **erwerben** unreg vt ① ↑ kaufen → Grundstück acquistare ② ↑ sich aneignen → Fähigkeit, Kenntnisse acquisire; → Kenntnisse acquisire; **erwerbslos** adj disoccupato; **Erwerbspersonen** f/pl popolazione f attiva; **erwerbstätig** adj attivo; **Erwerbstätige(r)** fm lavoratore(-trice f) m

erwidern vt ① ↑ entgegnen replicare ② → Gefälligkeit, Besuch ricambiare; → Liebe contraccambiare

erwiesen adj ▷Schuld provato

erwischen vt ① → Verbrecher catturare, prendere ② → Bus etc. riuscire a prendere ③ FAM ◇ **mich hat's erwischt** sono malato, sono ferito, sono innamorato

erwünscht adj ▷Kind desiderato; ▷Besuch gradito

erwürgen vt strangolare

Erz n ⟨-es, -e⟩ (Eisen-) minerale m metallico

erzählen vt ① ↑ berichten → Geschichte raccontare ② FAM ↑ weismachen, beschwindeln ◇ **jd-m etwas** - raccontare frottole a qu; **Erzählung** f ① (von Begebenheit) descrizione f ② (in der Literatur) racconto m

Erzbischof m arcivescovo m; **Erzengel** m arcangelo m

erzeugen vt ① ↑ produzieren, herstellen → Waren produrre ② ↑ hervorbringen → Energie produrre, generare ③ ↑ hervorrufen → Angst suscitare; **Erzeuger(in** f) m produttore(-trice f) m; **Erzeugnis** n ① ↑ Ware ▷ausländisch prodotto m ② ↑ Produkt ▷künstlerisch creazione f; **Erzeugung** f produzione f

Erzherzog(in f) m arciduca(-duchessa f) m

erziehen unreg vt → Kind educare; ◇ **jd-n - zu etw** educare qu a qc; **Erziehung** f ① ▷gut, mangelnd, antiautoritär educazione f ② ↑ Bildung istruzione f; **Erziehungsberechtigte(r)** fm tutore(-trice f) m

erzielen vt ① → Ergebnis ottenere ② → Tor segnare

erzürnen adirare

es I. pron 3. Person sing, sächlich (nom + akk) ① (als Subjekt) ◇ -(das Mädchen) **ist schon achtzehn Jahre alt** ha già diciotto anni ② (vor dem Subjekt) ◇ - **ist mein Mann, der kocht** è mio marito che cucina ③ (als Objekt) ◇ **sie hat - neu gekauft** l'ha comprato nuovo; ◇ **niemand will - gesagt haben** nessuno se lo vuol sentire dire ④ ◇ **wer war - ?** chi era ? ⑤ (bei unpers. u. unpers. gebrauchten Verben) ◇ -**schneit** nevica; ◇ - **hat nicht weh getan** non è stato doloroso ⑥ (bei passivischen Konstruktion u. reflexiv gebrauchten Verben) ◇ - **wurde viel gegessen** si mangiò molto; ◇ - **schläft sich gut auf diesem Bett** su questo letto si dorme bene

Esche f ⟨-, -n⟩ FLORA frassino m

Esel m ⟨-s, -⟩① asino m ② FAM ◇ **du -!** pezzo m d'asino !; **Eselin** f somara f

Eskalation f (von Gewalt) aumento m, escalation f

Eskimo m ⟨-s, -s⟩ eschimese m/f

eßbar adj ▷Beere, Früchte etc. commestibile; **essen** ⟨aß, gegessen⟩ vi ① mangiare ② FIG FAM ◇ **diese Geschichte ist gegessen** questa storia è cotta e ricotta; **Essen** n ⟨-s, -⟩① cibo m ② ↑ Mahlzeit (Abend-) pasto m

essentiell adj essenziale

Essig m ⟨-s, -e⟩① ① → u. Öl aceto m ed olio ② FIG ◇ **damit ist es** - non se ne fa nulla; **Essiggurke** m cetriolino sott'aceto

Eßkastanie f castagna f; **Eßtisch** m tavolo m da pranzo; **Eßwaren** pl alimentari m/pl; **Eßzimmer** n camera f da pranzo

etablieren vr ◇ **sich** - stabilirsi

Etage f ⟨-, -n⟩ piano m; **Etagenwohnung** f appartamento m

Etappe f ⟨-, -n⟩① → erste - tappa f ② ↑ Zeitabschnitt (des Lebens) tappa f

Etat m ⟨-s, -s⟩ bilancio m

etepetete *adj FAM* smorfioso

Ethik *f* etica *f;* **ethisch** *adj* etico

Etikett *n* ⟨-[e]s, -e⟩ etichetta *f*

etliche *pron pl* alcuni(e) *m/pl;* ◇ ~ **Leute** alcune/parecchie persone; **etliches** *pron* parecchio, parecchie cose

Etui *n* ⟨-s, -s⟩ (*Brillen-*) astuccio *m*

etwa *adv* [1] ↑ *ungefähr* all'incirca [2] ↑ *zum Beispiel* per esempio; ◇ **nehmen wir ~ seinen Vater** prendiamo per esempio suo padre [3] ◇ **du bist doch nicht ~ pleite!** non sarai mica al verde ?

etwas I. *pron* [1] ↑ *ein bißchen* un poco; ◇ **möchten Sie noch ~ Reis?** gradisce ancora un po' di riso?; ◇ ~ **besser** un po' meglio [2] qualcosa; ◇ **hast du ~ gehört?** hai sentito qualcosa? [3] ◇ **das ist doch wenigstens ~!** è già qualche cosa! II. *adv* ↑ *ein wenig, irgendwie* un po'; ◇ **kannst du mir das ~ erklären?** me lo puoi spiegare un po'?

Etymologie *f* etimologia *f*

euch *pron* [1] *dat von ihr,* a voi [2] *akk von ihr,* voi, vi

euer I. *pron (adjektivisch)* vostro; ◇ **wie ist -e Adresse?** com'è il vostro indirizzo ? II. *pron gen von ihr* di voi

Eule *f* ⟨-, -n⟩ civetta *f*

eure(r, s) *pron (substantivisch)* vostro; *(pl)* vostri; ◇ **wessen Auto ist das? - es ist ~s** di chi è quest'auto ? è la vostra; **eurerseits** *adv* da parte vostra; **euresgleichen** *pron* vostro pari; **euretwegen** *adv* [1] ↑ *euch zuliebe* per amor vostro [2] *(negativ)* per colpa vostra; ◇ **alles nur ~** tutto solo per colpa vostra

Europa *n* ⟨-s⟩ Europa *f;* **Europäer(in** *f)* *m* ⟨-s, -⟩ europeo/a; **europäisch** *adj* europeo; ◇ **E-e [Wirtschafts]gemeinschaft** Comunità *f* [economica] europea; **Europameister(in** *f)* *m* SPORT campione (essa *m*) europeo/a

Euroscheck *m* eurocheque *m*

Euter *n* ⟨-s, -⟩ (*Kuh-*) mammella *f*

Euthanasie *f* eutanasia *f*

evakuieren *vt* [1] → *Bevölkerung* evacuare [2] ↑ *räumen* → *Gebiet, Raum* evacuare, sgomberare

evangelisch *adj* ▷*Kirche* evangelico; **Evangelium** *n* vangelo *m*

Eva[s]kostüm *n FAM:* ◇ **im ~** in costume evitico

eventuell I. *adj* eventuale II. *adv* ↑ *möglicherweise* eventualmente, caso mai; ◇ ~ **komme ich morgen** caso mai verrò domani

EWG *f* ⟨-⟩ *Abk v.* **Europäische Wirtschaftsgemeinschaft** CEE *f*

ewig *adj* [1] ↑ *immer* eterno; ◇ **das -e Leben** la vita eterna [2] ↑ *alles überdauernd* ▷*Treue* eterno [3] *FAM* ↑ *unaufhörlich* senza fine; **Ewigkeit** *f* [1] eternità *f* [2] *FAM* ↑ *lange Zeit* ◇ **das dauert ja e-e -!** dura un'eternità !

exakt *adj* ▷*Angaben* esatto; ▷*Arbeit* esatto, preciso

Examen *n* ⟨-s, - o. Examina⟩ (*Staats-*) esame *m*

Exekutive *f* esecutivo *m*

Exemplar *n* ⟨-s, -e⟩ esemplare *m;* **exemplarisch** *adj* ▷*Lebenslauf* esemplare

exerzieren *vi* MIL esercitarsi; **Exerzierplatz** *m* piazza d'armi *f*

Exil *n* ⟨-s, -e⟩ esilio *m;* ◇ **im ~ leben** vivere in esilio

Existenz *f* [1] (*von Dingen, Menschen*) esistenza *f* [2] vita *f;* **Existenzminimum** *n* minimo *m* vitale; **existieren** *vi* [1] ↑ *leben* vivere (*von dat* da) [2] ↑ *vorhanden sein* esistere, esserci

exklusiv *adj* ▷*Gesellschaft* esclusivo

exklusive I. *adv* esclusivamente II. *präp gen* eccetto, escluso

Exkrement *n* escremento *m*

Exkurs *m* ⟨-, -e⟩ digressione *f*

exotisch *adj* ▷*Früchte, Aussehen* esotico

Expander *m* ⟨-s, -⟩ estensore *m*

Expansion *f* (*Ausdehnung, Erweiterung, von Macht, Land*) espansione *f*

Expedition *f* [1] spedizione *f* [2] COMM ↑ *Versand* spedizione *f*

Experiment *n* [1] esperimento *m* [2] FIG ↑ *Versuch, Risiko* esperimento *m;* **experimentieren** *vi* sperimentare (*mit* con)

Experte *m* ⟨-n, -n⟩, **Expertin** *f* esperto/a

explodieren *vi* [1] ← *Bombe* esplodere [2] ↑ *rapide wachsen* ← *Stadt, Uni* esplodere [3] FIG ← *Mensch* esplodere, sfogarsi; **Explosion** *f* [1] [*Bomben-*] esplosione *f* [2] [*Kosten-*] esplosione *f;* **explosiv** *adj* esplosivo

Exponent [1] *m* MATH esponente *m*

Exponent [2](in *f)* *m* esponente *m/f*

Export *m* ⟨-[e]s, -e⟩ esportazione *f;* **Exportartikel** *m* COMM articolo *m* d'esportazione; **Exporthandel** *m* COMM commercio *m* delle esportazioni; **Exporthändler(in** *f)* *m* esportatore (-trice *f*) *m;* **exportieren** *vt* esportare

Expreßgut *n* merce *f* [spedita per] espresso

extra I. *adj FAM* ↑ *pregare, spezielle* extra II. *adv* [1] ↑ *zusätzlich* extra; ◇ **etw ~ bezahlen** pagare qc extra [2] ↑ *getrennt* a parte; ◇ **das ist ~ für Sie** questo è specialmente per Lei [3] ↑ *absichtlich* apposta [4] ↑ *besonders* particolarmente; ◇ ~ **stark** particolarmente forte; **Extra** *n* ⟨-s, -s⟩ extra *m;* ◇ **ein Haus mit vielen -s** una casa con molti extra; **Extraausgabe** *f* (*Kosten*) spesa *f* non prevista; **Extrabett** n letto m supplementare; **Extrablatt** n edizione f straordinaria

Extrakt m ‹-[e]s, -e› (Pflanzen-) estratto m

extrem adj [1] ↑ äußerst ◇ - **kalt** freddo estremo [2] ↑ radikal ▷Einstellung estremo; **extremistisch** adj POL estremista; ◇ **rechts-, links-**estremista di destra/sinistra; **Extremitäten** pl ANAT (Gliedmaßen) estremità f/pl

exzentrisch adj [1] ▷Kreis eccentrico [2] (FIG) ↑ überspannt ▷Person eccentrico

Exzeß m ‹-sses, -sse› eccesso m; ◇ **bis zum** - fino agli eccessi

Eyeliner m ‹-s, -› ↑ Kajal matita f per occhi

F

F, f n [1] F, f f/[1] MUS fa m

Fabel f ‹-, -n› favola f; **fabelhaft** adj favoloso, fantastico

Fabrik f fabbrica f, stabilimento m; **Fabrikant** (in f) m [1] (Hersteller) produt|tore(-trice) [2] (Besitzer) fabbricante m/f; **Fabrikarbeiter(in** f) m operaio di/in fabbrica(-a) m

Fabrikat n prodotto m, articolo m

Fabrikation f (Produktion) fabbricazione f

fabrizieren vt [1] fabbricare [2] PEJ ◇ **was hat er nun wieder fabriziert?** che cosa ha combinato di nuovo?

Fach n ‹-[e]s, Fächer› [1] (Schub-, Regal-) scomparto m, ripiano m [2] (Wissensgebiet) disciplina f, materia f; ◇ **ein Mann vom** - un uomo del mestiere [3] (Schul-, Studien-) materia f; **Facharbeiter(in** f) m (am Bau) operaio (-a) specializzato m; **Facharzt** m, **-ärztin** f medico specialista m/f, specialista m/f; **Fachausdruck** m ‹-[e]s, Fachausdrücke› termine m tecnico

Fächer m ‹-s, -› ventaglio m

Fachgeschäft n ‹-[e]s, -e› negozio m specializzato; **Fachhochschule** f ‹-, -n› istituto m superiore di qualificazione specializzata≈; **Fachkenntnis** f ‹-, -se› conoscenza f professionale; **fachlich** adj professionale; **Fachschule** f (Berufs-) istituto m professionale; **fachsimpeln** vi parlare di questioni tecniche; **Fachsprache** f ‹-, -n› linguaggio m tecnico; **Fachwerkhaus** n casa f con intelaiatura; **Fachwissen** n ‹-s, -› conoscenze f/pl tecniche

fad[e] adj [1] (Geschmack) insipido [2] (langweilig) noioso, insulso

Faden m ‹-s, Fäden› [1] (Näh-) filo m [2] FIG

◇ **den** - **verlieren** perdere il filo [del discorso] [3] FIG ◇ **roter** - filo conduttore; **fadenscheinig** adj (FIG Entschuldigung) debole

fähig adj [1] (in der Lage) capace (zu gen di) [2] (tüchtig, fleißig) capace, bravo; **Fähigkeit** f ‹-, -en› (Können) capacità f, dote f; ◇ **geistige -en** facoltà f/pl intellettuali

fahnden vi ↑ suchen: ◇ - **nach** ricercare qu; **Fahndung** f ‹-, -en› ricerca f

Fahne f ‹-, -n› [1] bandiera f [2] FAM ◇ **e-e** - **haben** puzzare di alcol

Fahrausweis m (Ticket) biglietto m; **Fahrbahn** f carreggiata f

Fähre f ‹-, -n› traghetto m

fahren ‹fuhr, gefahren› **I.** vt [1] guidare [2] ↑ transportieren portare [3] → Rennen correre [4] FIG → Schicht fare **II.** vi [1] (mit Auto, Schiff) andare [2] ← Zug partire [3] ◇ **sich über die Augen** - strofinarsi gli occhi; **Fahrer(in** f) m ‹-s, -› conducente m/f, guida|tore(-trice) m; (Auto-) automobilista m/f; (Motorrad-) motociclista m/f; (Fahrrad-) ciclista m/f; (Geister-) automobilista che circola su corsia sbagliata; **Fahrerflucht** f fuga f del conducente; **Fahrgast** m passeggero (-a) m; **Fahrgemeinschaft** f gruppo di persone che vanno al lavoro con un'automobile; **Fahrkarte** f biglietto m; **Fahrkartenautomat** m distributore m automatico di biglietti; **Fahrkartenschalter** m (Bahnhof) biglietteria f; **fahrlässig** adj (unachtsam) negligente, disattento; **Fahrlohror(in** f) m istrut|tore (-trice) di guida m; **Fahrplan** m orario m; **fahrplanmäßig** adj in orario; **Fahrpreis** m prezzo m del biglietto; **Fahrpreisermäßigung** f riduzione f sul prezzo del biglietto; **Fahrprüfung** f (Führerschein) esame m di guida; **Fahrrad** n bicicletta f; **Fahrscheinautomat** m distributore m automatico di biglietti; **Fahrschule** f scuola f di guida, autoscuola f; **Fahrschüler(in** f) m (Führerschein) allievo (-a) di un'autoscuola m; **Fahrstuhl** m ascensore m; **Fahrt** f ‹-, -en› [1] ↑ Fahren corsa m [2] ↑ Reise viaggio m [3] (Fahrgeschwindigkeit) velocità f, andatura f [4] ↑ Ausflug gita f, escursione f [5] FIG ◇ **in** - **sein** essere in vena

Fährte f ‹-, -n› (Spur) pista f

Fahrtkosten pl costo m del viaggio; **Fahrzeug** n veicolo m, vettura f

Faktor m ‹-s, -en› Kriterium, a. MATH fattore m

Fakultät f (Universität) facoltà f

Falke m ‹-n, -n› FAUNA falco m

Fall m ‹-[e]s, Fälle› [1] (Sturz) caduta f [2] JURA caso m [3] GRAM caso m [4] ◇ **auf keinen/jeden** - in nessun/ogni caso; ◇ **gesetzt den** -, **daß**

ammesso che [konj.], *o.* posto il caso che [konj.]

Falle *f* ‹-, -n› ① trappola *f* ② (*FAM Bett*) letto *m*

fallen ‹fiel, gefallen› *vi* ① (*stürzen*) cadere, cascare ② (*Preise, Kurse*) crollare, calare ③ (*im Krieg*) cadere ④ *FIG* ◇ **in Ohnmacht** - svenire; ◇ **aus der Rolle** - uscire dal proprio ruolo

fällen *vt* ① → *Baum* abbattere, tagliare ② *FIG* → *Urteil* pronunciare

fallenlassen *unreg vt* ① → *Schüssel* lasciar/fare cadere ② (*FIG* → *Plan, aufgeben*) rinunciare a ③ *FIG* → *Bemerkung* fare [casualmente]

fällig *adj* ▷*Rechnung* che scade, in scadenza; **Fälligkeit** *f* (COMM *scadenza*) f

Fallout *m* ‹-s, -s› fall-out *m*

falls *adv* (*wenn, konditional*) se, nel caso che [konj.]

Fallschirm *m* paracadute *m*

falsch *adj* ① sbagliato, inesatto, errato ② (*unwahr*) falso ③ (*Schmuck, Geld*) falso ④ (*FIG Person*) falso, bugiardo; **fälschen** *vt* → *Geld, Unterschrift* falsificare, contraffare; **Falschheit** *f* ① (*von Gemälde*) non autenticità *f* ② (*von Aussage*) falsità *f* ③ (*von Person*) doppiezza *f*, perfidia *f*; **fälschlicherweise** *adv* per sbaglio, erroneamente; **Fälschung** *f* falsificazione *f*, contraffazione *f*; **fälschungssicher** *adj* ▷*Ausweis* non falsificabile

Falte *f* ‹-, -n› ① (*Haut-, Lach-*) ruga *f*; ◇ **die Stirn in -n legen** corrugare la fronte ② (*Bügel-*) piega *f*; **falten** *vt* ① → *Papier* piegare ② → *Hände* congiungere ③ ◇ **sich -** (*Haut*) raggrinzirsi

familiär *adj* ① ▷*Angelegenheiten* familiare ② ▷*Umgangston* confidenziale, familiare; **Familie** *f* ① famiglia *f* ② (*Gattung*) famiglia *f*; **Familienname** *m* cognome *m*; **Familienstand** *m* stato *m* civile

Fanatiker(in *f*) *m* ‹-s, -› fanatico(-a) *m*; **fanatisch** *adj* fanatico

fand *impf v.* **finden**

Fang *m* ‹-[e]s, Fänge› ① (*Beute*) preda *f* ② (*Einfangen*) cattura *f*, presa *f*; **fangen** ‹fing, gefangen› **I.** *vt* ① → *Tier* prendere, acchiappare; → *Verbrecher* catturare, acciuffare ② → *Ball* prendere **II.** *vr* ◇ **sich -** *FIG* riprendersi; **Fangen** *n:* ◇ **F- spielen** giocare a prendersi

Farbabzug *m* FOTO [sviluppo] fotografia *f* a colori; **Farbaufnahme** *f* FOTO fotografia *f* a colori; **Farbband** *n* ‹-[e]s, Farbbänder› (*Schreibmaschine*) nastro *m* per macchina da scrivere; **Farbe** *f* ‹-, -n› ① colore *m* ② (*Öl-*) colore *m* a olio; (*Wand-*) pittura *f*, colore *m* [per

imbiancare] ③ (*zum Malen etc.*) colore *m* [per dipingere]; **färben I.** *vt* → *Haar* tingere; → *Kleid, Eier* colorare **II.** *vi* colorarsi, tingersi; **farbenblind** *adj* daltonico; **farbenfroh** *adj* (*sehr bunt*) dai colori vivaci; **Farbfernseher** *m* televisione *m* a colori; **Farbfilm** *m* film *m* a colori; **farbig** *adj* ↑ **bunt** colorato, a colori; **Farbige(r)** *fm* (*Schwarzer*) uomo (donna) di colore *m*; **farblos** *adj* ① ▷*Lack* senza colore ② (*langweilig*) scialbo, monotono; **Farbphotographie** *f* fotografia *f* a colori; **Farbstift** *m* matita *f* a colori; **Farbstoff** *m* pigmento *m*; **Farbton** *m* tonalità *f* [di colore]; **Färbung** *f* ① (*Farbgebung*) colorazione *f*, tintura *f* ② (*Richtung, Partei*) colore *m* [di partito]

Fasching *m* ‹-s, -e *o.* -s› (*Karneval*) carnevale *m*

Faschismus *m* fascismo *m*; **Faschist(in** *f*) *m* fascista *m/f*

faseln *vi* (*FAM Unsinn reden*) vaneggiare, sragionare

Faser *f* ‹-, -n› ① (*Stoff-*) fibra *f* ② *FIG* ◇ **mit jeder** - con anima e corpo; **fasern** *vi* sfilacciarsi

Faß *n* ‹-sses, Fässer› (*Wein-*) botte *f*; ◇ **Bier vom** - birra *f* alla spina

faßbar *adj* ↑ **begreiflich** concepibile, comprensibile; **fassen I.** *vt* ① ↑ **greifen** prendere, afferrare ② *FIG* ↑ **verstehen, begreifen** capire, comprendere; ◇ **nicht zu -!** incredibile! ③ (*Raum bieten*) avere una capacità di, contenere ④ ◇ **e-n Entschluß** - prendere una decisione ⑤ ◇ **in Worte** - esprimersi in parole **II.** *vr* ① ◇ **sich -** calmarsi, controllarsi ② ◇ **sich auf etw gefaßt machen** prepararsi a qc; **Fassung** *f* ① (*von Ring*) montatura *f* ② (*von Lampe*) portalampada *m* ③ (*FIG Selbstbeherrschung*) [auto]controllo *m*, padronanza *f* di sè; ◇ **jd-n aus der** - **bringen** fare perdere la calma a qu ④ (*Film, Buch*) stesura *f*; **fassungslos** *adj* (*entsetzt*) sbalordito, sconcertato; **Fassungsvermögen** *n* (*Rauminhalt*) capienza *f*, capacità *f*

fast *adv* quasi

fasten *vi* (*nichts essen*) digiunare

fatal *adj* ① ↑ **folgenschwer** fatale ② ↑ **peinlich** penoso, imbarazzante

faul *adj* ① ▷*Lebensmittel* guasto, andato a male ② ▷*Mensch* pigro ③ ▷*Ausreden* magro, povero ④ *FAM* ◇ **das ist doch ober-!** qui la cosa puzza!; **faulen** *vi* ↔ *Obst* marcire, andare a male; **faulenzen** *vi* (*nicht arbeiten*) oziare, poltrire; **Faulenzer(in** *f*) *m* ‹-s, -› poltrone(-a) *m*, fannullone (-a) *m*, pigrone(-a) *m*; **Faulheit** *f* pigrizia *f*

Faust *f* ‹-, Fäuste› pugno *m*; *FIG* ◇ **mit der** - **auf**

den Tisch schlagen imporsi con forza/decisione; **faustdick** adj ① ▷Lüge grossolana, madornale ② ◇ es - hinter den Ohren haben saperla lunga; **Fausthandschuh** m manopola f

Favorit(in f) m ‹-en, -en› ① (SPORT Champion) favorito(-a) m ② (FIG Liebling) favorito, beniamino(-a) m

faxen vi, vt (per Fax schicken) faxare

Februar m ‹-[s], -e› febbraio m; ◇ am 26. - 1961 il 26 febbraio 1961

fechten ‹focht, gefochten› vi SPORT tirare di scherma

Feder f ‹-, -n› ① (Vogel-) penna f, piuma f ② (Schreib-) penna f ③ (TECH Spiral-) molla f; **Federball** m volano m; **Federhalter** m penna f stilografica; **federleicht** adj leggero come una piuma; **federn I.** vt ← Stoßdämpfer ammortizzare, molleggiare ② ← Gang essere elastico **II.** vt (mit Federn versehen) munire di molle; **Federung** f (Auto) sospensione f

Fee f ‹-, -n› fata f

fegen vt spazzare, scopare

fehl adv: ◇ - am Platz fuori luogo, inopportuno

fehlen vi ① (abwesend sein) mancare, essere assente ② (vermißt werden) mancare (jd-m a qu) ③ FIG ◇ was fehlt Ihnen? che cosa ha?

Fehler m ‹-s, -› ① errore m, sbaglio m ② (Schwäche) difetto m, lato m debole ③ (Mangel) difetto f; ◇ **Druck**- errore m tipografico/di stampa; **fehlerfrei** adj corretto, senza errori; **fehlerhaft** adj ▷Gerät difettoso ▷Aufsatz scorretto, errato, sbagliato; **Fehlgeburt** f aborto m spontaneo; **Fehlgriff** m (falsche Handlung) sbaglio m, mossa f falsa; **Fehlkonstruktion** f difetto m di costruzione; **Fehlschlag** m ↑ Mißerfolg insuccesso m, fiasco m; **fehlschlagen** unreg vi ↑ schiefgehen fallire, fare fiasco; **Fehlstart** m SPORT falsa partenza f; **Fehltritt** m FIG passo m falso; **Fehlzündung** f AUTO accensione f difettosa

Feier f ‹-, -n› festa f, festeggiamento m; **Feierabend** m: ◇ - machen cessare il lavoro [o. smontare dal lavoro]; ◇ jetzt ist -! adesso basta!; **feierlich** adj festivo, di festa; **Feierlichkeit** f ① solennità f ② ◇ -en f/pl (Feier) festività f/pl, feste f/pl; **feiern I.** vt → Hochzeit celebrare; → Geburtstag festeggiare **II.** vi ① (Fest begehen) far festa ② FAM ◇ **krank** - far festa; **Feiertag** m giorno m festivo

feig[e] adj ▷Mensch codardo, vigliacco

Feige f ‹-, -n› FLORA fico m

Feigheit f codardia f, vigliaccheria f; **Feigling** m codardo(-a) m, vigliacco(-a) m

Feile f ‹-, -n› (Nagel-, Werkzeug) lima f; **feilen I.**

vt limare **II.** vi (FIG verbessern) limare, rifinire (an dat qc)

feilschen vi ↑ handeln mercanteggiare su, tirare sul prezzo di

fein adj ① ▷Gewebe fino; ▷Sand fino ② ▷Profil delicato, fine; ▷Gehör fine ③ ▷Benehmen fine, distinto ④ ◇ -! magnifico!

Feind(in f) m ‹-[e]s, -e› nemico(-a) m; **feindlich** adj nemico, ostile; **Feindschaft** f ostilità f; **feindselig** adj nemico, ostile

feinfühlig adj sensibile, delicato; **Feingefühl** n delicatezza f, tatto m; **Feinheit** f ① finezza f ② ↑ Zartheit delicatezza f ③ ↑ Genauigkeit precisione f

Feld n ‹-[e]s, -er› ① campo m ② SPORT ◇ **Spiel**- campo m da gioco ③ (FIG Forschungsgebiet) campo m, ramo m, settore m ④ INFORM campo m, zona f, area f ⑤ ▷elektrisches campo m; **Feldwebel(in** f) m ‹-s, -› MIL ≈maresciallo m/f ordinario; **Feldweg** m sentiero m di campagna; **Feldzug** m FIG campagna f [militare]

Felge f ‹-, -n› (Rad) cerchione m

Fell n ‹-[e]s, -e› ① (Schaf-) mantello m, pelle f, pelliccia f ②(FIG) ◇ jd-m das - über die Ohren ziehen imbrogliare qu

Fels m ‹-en, -en› roccia f, rupe f; **Felsen** m ‹-s, -› roccia f; **felsenfest** adj ▷Überzeugung incrollabile; **felsig** adj ▷Landschaft roccioso; **Felsspalte** f crepaccio m, crepa f

feminin adj ① femminile ② GRAM femminile m; **Feminismus** m femminismo m; **Feminist (in** f) m femminista m/f; **feministisch** adj femminista

Fenchel m ‹-s, -› FLORA finocchio m

Fenster n ‹-s, -› ① (Zimmer) finestra f ② (Schau-) vetrina f ③ INFORM finestra f; **Fensterbrett** n davanzale m; **Fensterladen** m imposta f, scuro m; **Fensterputzer(in** f) m ‹-s, -› puli|tore (-trice) di vetri m/f; **Fensterscheibe** f vetro m [della finestra]

Ferien pl ferie f/pl, vacanze f/pl; **Ferienkurs** m corso m durante le vacanze

Ferkel n ‹-s, -› ① (Schwein) porcellino m ② FAM ◇ du -! che porcello che sei!

fern I. adj ① ▷Land lontano, distante ② ▷Zukunft lontano, remoto **II.** präp ① ◇ - von hier lontano da qui ② FIG ◇ das liegt mir - che Dio me ne guardi; **Fernamt** n TELEC ufficio m telefonico per chiamate interurbane; **Fernbedienung** f telecomando m; **Ferne** f ‹-, -n› ① (Weite) lontananza f ② ◇ in weiter - (Zukunft) in un futuro lontano; **ferner I.** ‹komp von fern›; **II.** cj (weiterhin) inoltre, in più; **Ferngespräch** n chiamata/comunicazione f interurbana; **Fern-**

glas *n* binocolo *m*, cannocchiale *m;* **fernhalten** *unreg* **I.** *vt:* ◇ etw von jd-m ~ tenere lontano qc da qu **II.** *vr* ◇ sich ~ tenersi lontano (*von* da); **Fernkopie** *f* (*Telefax*) telecopia *f*, telefax *m;* **fernkopieren** *vt* telecopiare; **Fernkopierer** *m* ↑ *Faxgerät* telecopiatore *m*, fax *m;* **Fernlenkung** *f* guida *f* pilotata; **Fernschreiber** ↑ *Telex* telescrivente *f*, telex *m;* **fernschriftlich** *adj* per telescrivente/telex; **fernsehen** *unreg* *vi* guardare la televisione; **Fernsehen** *n* ⟨-s⟩ ente *m* televisivo, televisione *f;* **Fernseher** *m* televisore *m;* **Fernsehsatellit** *m* satellite *m* televisivo

Ferse *f* ⟨-, -n⟩ ANAT tallone *m*, calcagno *m*

fertig *adj* **1** ↑ *beendet* finito, terminato **2** ↑ *bereit* pronto, preparato **3** FIG ↑ *müde, geschafft* sfinito, esausto, distrutto; **Fertigbau** *m* ⟨-[e]s, -ten⟩ (*Haus*) prefabbricato *m;* **fertigbringen** *unreg* *vt* **1** (*zu Ende bringen*) finire **2** (*imstande sein*) essere capace/in grado di; **Fertigkeit** *f* (*Geschick*) abilità *f*, capacità *f;* **fertigmachen** **I.** *vt* **1** finire **2** FIG ◇ jd-n ~ esaurire/sfinire/distruggere qu **II.** *vr* ◇ sich ~ prepararsi; **fertigstellen** *vt* → *Arbeit* completare, finire; **Fertigung** *f* fabbricazione *f;* **fertigwerden** *unreg* *vi* **1** finire, terminare **2** FIG ↑ *bewältigen* superare (*mit* qc)

Fessel *f* ⟨-, -n⟩ **1** catena *f* **2** FIG legame *m*, vincolo *m;* **fesseln** *vt* **1** ↑ *festbinden* incatenare **2** FIG ↑ *sehr interessieren* affascinare, avvincere

fest **I.** *adj* **1** duro, solido **2** ↑ *haltbar* resistente, durevole **3** (*gut befestigt*) saldo **4** ↑ *stark, kräftig* fermo, energico **5** ↑ *definitiv, bindend* vincolante **6** ↑ *ständig* fisso **II.** ▷*Schlaf* profondo

Fest *n* ⟨-[e]s, -e⟩ **1** (*Feier*) festa *f* **2** (*Oster~*) festività *f*

festangestellt *adj* [impiegato] fisso; **festbinden** *unreg* *vt* (*mit Seil*) legare saldamente; **festfahren** *unreg* *vr* ◇ sich ~ arenarsi; **festhalten** *unreg* **I.** *vt* **1** tenere stretto/fermo, reggere **2** (*FIG schriftlich*) fissare, registrare **3** (*Gewohnheit*) restare fedele (*an dat* a) **II.** *vr* ◇ sich ~ tenersi, aggrapparsi (*an dat* a); **Festigkeit** *f* **1** (*von Material*) resistenza *f*, solidità *f* **2** (*von Charakter*) fermezza *f;* **Festland** *n* terraferma *f;* **festlegen** **I.** *vt* ↑ *bestimmen* fissare, stabilire **II.** *vr* ◇ sich ~ vincolarsi, impegnarsi

festlich *adj* festivo, di festa

Festnahme *f* ⟨-, -n⟩ ↑ *Verhaftung* arresto *m;* **festnehmen** *unreg* *vt* (*verhaften*) arrestare; **Festplatte** *f* INFORM disco *m* fisso, hard disk *m;* **Festplattenlaufwerk** *n* INFORM drive *m* per dischi fissi

Festrede *f* discorso *m* ufficiale/solenne

festschnallen **I.** *vt* → *Gepäck* allacciare **II.** *vr* ◇ sich ~ (*im Auto*) allacciarsi le cinture; **festsetzen** **I.** *vt* **1** → *Preis* fissare, stabilire **2** (*schätzen*) valutare, calcolare **II.** *vr* ◇ sich ~ accumularsi, formarsi

Festspiel *n* festival *m*

feststehen *unreg* *vi* **1** essere fissato/stabilito **2** ◇ soviel steht fest una cosa è certa; **feststellen** *vt* **1** ↑ *herausfinden* verificare, appurare **2** ↑ *bemerken* osservare, notare **3** ↑ *wahrnehmen* accorgersi

Festung *f* fortezza *f*

fett *adj* grasso; **Fett** *n* ⟨-[e]s, -e⟩ (*Speise-, Schmiere-*) grasso *m;* **fettarm** *adj* magro, povero di grassi; **fettig** *adj* unto, grasso; **Fettnäpfchen** *n:* ◇ ins ~ treten fare una gaffe

Fetzen *m* ⟨-s, -⟩ **1** (*von Papier, Stoff*) pezzetto *m*, brandello *m* **2** (*FIG Wort-*) brandello

fetzig *adj* (*FAM toll, super*) meraviglioso, stupendo

feucht *adj* umido; **Feuchtigkeit** *f* umidità *f*

Feuer *n* ⟨-s, -⟩ **1** (*Herd-, Lager-*) fuoco *m* **2** (*Feuerzeug*) accendino *m* **3** (*FIG Temperament*) temperamento *m* focoso; **Feueralarm** *m* allarme *m* in caso d'incendio; **feuerfest** *adj* resistente al fuoco; **Feuergefahr** *f* pericolo *m* d'incendio; **Feuerlöscher** *m* ⟨-s, -⟩ estintore *m;* **Feuermelder** *m* ⟨-s, -⟩ segnalatore *m* d'incendio; **feuern** **I.** *vt* **1** FIG licenziare **2** FAM ◇ jd-m e-e ~ dare una sberla a qu **II.** *vi* **1** (*Feuer machen*) accendere un fuoco **2** (*schießen*) sparare; **Feuerwehr** *f* ⟨-, -en⟩ pompieri *m/pl*, vigili *m/pl* del fuoco; **Feuerwerk** *n* fuochi *m/pl* artificiali/d'artificio; **Feuerzeug** *n* accendino *m*

Fichte *f* ⟨-, -n⟩ FLORA abete *m* rosso

Fieber *n* ⟨-s, -⟩ (*Temperatur, Aufregung*) febbre *f;* **fieberhaft** *adj* ▷*Suche* febbrile; **Fieberthermometer** *n* termometro *m* [clinico]

fiel *impf* *v.* **fallen**

fies *adj* FAM ↑ *gemein* crudele

Figur *f* ⟨-, -en⟩ **1** corpo *m* **2** (*aus Holz*) figura *f*, raffigurazione *f* **3** (*Spiel-*) pedina *f* **4** (*in Roman*) personaggio *m*, ruolo *m*, parte *f*

Filiale *f* ⟨-, -n⟩ COMM filiale *f*

Film *m* ⟨-[e]s, -e⟩ **1** (*Kino*) film *m* **2** FOTO rullino *m* **3** (*-geschäft*) cinematografia *f;* **Filmkamera** *f* cinepresa *f*

Filter *m* ⟨-s, -⟩ filtro *m;* **filtern** *vt* filtrare; **Filterzigarette** *f* sigaretta *f* con filtro

Filz *m* ⟨-es, -e⟩ feltro *m;* **filzen** **I.** *vi* (*Wolle*) infeltrirsi **II.** *vi* (*FAM durchsuchen*) frugare, perquisire

Finale *n* ⟨-s, -[s]⟩ finale *f*, finalissima *f*

Finanz f: ◇ **die -en** f/pl finanza f, finanze f/pl; **Finanzamt** n ufficio m delle imposte; **finanziell** I. adj finanziario II. adv finanziariamente; **finanzieren** vt → Kredit finanziare; **Finanzminister(in** f) m ministro m/f delle finanze

finden ⟨fand, gefunden⟩ I. vt **1** ↑ entdecken trovare, scoprire **2** FIG ↑ halten trovare, ritenere; ◇ **etw schön** - trovare bello qc **3** FIG ↑ meinen pensare ritenere **4** → Schlaf prendere II. vr ◇ **sich** - **1** (wiederauftauchen) essere ritrovato/ rinvenuto **2** ◇ **zu sich selbst** - ritrovare sè stesso **3** FIG ◇ **es wird sich** - si troverà in bel modo; **Finder(in** f) m ⟨-s, -⟩ ritrova|tore(-trice) m

fing impf v. **fangen**

Finger m ⟨-s, -⟩ **1** dito m **2** FAM ◇ **lange** - **machen** essere lesto di mano; ◇ **keinen** - **rühren** non muovere un dito; **Fingerhandschuh** m guanto m; **Fingerzeig** m ⟨-[e]s, -e⟩ ↑ Tip, Hinweis indicazione f, cenno m

fingieren vt fingere

Finne m ⟨-n, -n⟩, **Finnin** f finlandese m/f; **finnisch** adj finlandese; **Finnland** n GEO Finlandia f

finster adj **1** ▷Nacht buio **2** ▷Blick truce **3** ▷Person sinistro, losco; **Finsternis** f oscurità f, buio m

Firma f ⟨-, -men⟩ ditta f, azienda f

Fisch m ⟨-[e]s, -e⟩ **1** FAUNA pesce m **2** ◇ **-e** m/pl ASTROL pesci m/pl; **fischen** I. vt pescare II. vi andare in cerca di; FIG ◇ **im Trüben** - pescare nel torbido; **Fischer(in** f) m ⟨-s, -⟩ pesca|tore(-trice) m; **Fischerei** f pesca f; **Fischgeschäft** n pescheria f; **Fischzug** m (FIG Beutezug) colpo m, affare m

fit adj **1** (körperlich) in forma; ◇ **sich** - **halten** tenersi in forma **2** (geistig) sveglio **3** (FAM kompetent, beliebt) competente; **Fitneß** f ⟨-⟩ fitness m

fix adj **1** ▷Mensch svelto **2** ▷Gehalt fisso, stabile **3** FIG ◇ **- und fertig** sfinito, esausto, distrutto

fixen vi (FAM Heroin spritzen) bucarsi

fixieren vt **1** → Farbe fissare, dare il fissativo **2** (vertraglich) fissare, stabilire **3** (mit Augen) fissare **4** ◇ **auf jd-n fixiert sein** fissarsi su qu

flach adj **1** ▷Landschaft piano, pianeggiante, piatto **2** FIG ↑ oberflächlich piatto, superficiale

Fläche f ⟨-, -n⟩ superficie f, area f; **flächendeckend** adj (Kampagne) ≈che copre un'area; **Flächeninhalt** m GEO area f, superficie f

Flachland n GEO pianura f

flackern vi ← Kerze tremolare

Flagge f ⟨-, -n⟩ bandiera f

Flamme f ⟨-, -n⟩ **1** (Kerze) fiamma f **2** (FAM Geliebte) fiamma f **3** FIG ◇ **Feuer und - sein** essere entusiasta per qc

Flanell m ⟨-s, -e⟩ flanella f

Flanke f ⟨-, -n⟩ **1** (Seite) fianco m **2** SPORT cross m, traversone m

Flasche f ⟨-, -n⟩ **1** bottiglia f **2** (FAM Versager) smidollato m; **Flaschenöffner** m apribottiglia m

flattern vi ← Schmetterling svolazzare

flau adj **1** ▷Wind debole **2** ▷Geschäft stagnante, languente **3** (übel, schlecht) male

Flaum m ⟨-[e]s⟩ **1** (Vogel) piume f/pl **2** (Bart) peluria f

flauschig adj lanoso, morbido

Flaute f ⟨-, -n⟩ **1** (Wind) bonaccia f, calma f **2** (COMM in Geschäft) ristagno m

flechten ⟨flocht, geflochten⟩ vt **1** → Haare fare una treccia, intrecciare **2** → Kranz intrecciare, intessere

Fleck m ⟨-[e]s, -e⟩ **1** macchia f, chiazza f **2** (Stelle) punto m, posto m; FIG ◇ **nicht vom -kommen** non riuscire ad andare avanti in qc **3** (Stoff-) pezza f, toppa f **4** (Ortschaft) luogo m, località f; **Flecken** m ⟨-s, -⟩ s. **Fleck**; **fleckenlos** adj pulito, senza macchie; **Fleckenwasser** n (Reinigung) smacchiatore m; **fleckig** adj macchiato

flegelhaft adj ▷Benehmen villano, maleducato

flehen vi ↑ bitten supplicare, implorare

Fleisch n ⟨-[e]s⟩ **1** carne f **2** (Frucht-) polpa f **3** FIG ◇ **das eigene - und Blut** il sangue del proprio sangue; **Fleischer(in** f) m ⟨-s, -⟩ ↑ Metzger macellaio(-a) m; **Fleischerei** f ↑ Metzgerei macelleria f; **Fleischwunde** f ferita f [nella carne]

Fleiß m ⟨-es⟩ **1** ↑ Eifer zelo m, sollecitudine f **2** ↑ Absicht intenzione f; ◇ **etw mit - tun** fare qc intenzionalmente; **fleißig** adj diligente

fletschen vt digrignare

flexibel adj flessibile, adattabile

flicken vt rammendare, rattoppare; **Flicken** m ⟨-s, -⟩ (Stoff-) toppa f, pezza f

Flieder m ⟨-s, -⟩ FLORA lillà, m

Fliege f ⟨-, -n⟩ **1** mosca f **2** (Kleidung) farfalla f, papillon m

fliegen ⟨flog, geflogen⟩ I. vt **1** → Flugzeug andare in aereo **2** → Route percorrere II. vi **1** ← Vogel volare **2** FAM ◇ **auf jd-n/etw** - mettere l'occhio su qu/qc **3** FAM ◇ **durch die Prüfung** - essere bocciato in un esame; **Flieger(in** f) m ⟨-s, -⟩ **1** (Person) pilota m/f, avia|tore(-trice) m **2** (Flugzeug) aereo m

fliehen ⟨floh, geflohen⟩ vi (weglaufen) scappare, fuggire

Fließband n ⟨-[e]s, Fließbänder⟩ catena f di montaggio

fließen ⟨floß, geflossen⟩ vi ① scorrere ② FIG ← *Gelder* piovere, affluire; **fließend** adj ① ▷*Gewässer* corrente ② (*Rede*) corrente ③ ▷*Grenzen* sciolto

flimmern vi ← *Fernsehbild* ballare

flink adj svelto, lesto

Flinte f ⟨-, -n⟩ (*Gewehr*) fucile m

flippig adj FAM folle

flirten vi flirtare

Flitterwochen f/pl luna f di miele

flocht impf v. **flechten**

Flocke f ⟨-, -n⟩ fiocco m

flog impf v. **fliegen**

floh impf v. **fliehen**

Floh m ⟨-[e]s, Flöhe⟩ pulce f; **Flohmarkt** m mercato m delle pulci

Flop m ⟨-s, -s⟩ FAM fiasco m, fallimento m

florieren vi FIG ← *Geschäft* fiorire, prosperare

Floskel f ⟨-, -n⟩ ↑ *Formel* frase f retorica/vuota

floß impf v. **fließen**

Floß n ⟨-es, Flöße⟩ zattera f

Flosse f ⟨-, -n⟩ ① (*Haifisch*-) pinna f ② FAM ↑ *Hand* mano f, zampa f ③ (*Schwimm*-) pinna f

Flöte f ⟨-, -n⟩ MUS flauto m

flötengehen unreg vi (FAM *kaputtgehen*) rompersi, andare a pezzi

flott adj ① (*schick*) chic ② (*betriebsbereit*) pronto ③ ◇ **nun aber -!** sbrigati!, veloce!

Flotte f ⟨-, -n⟩ flotta f

Fluch m ⟨-[e]s, Flüche⟩ ① bestemmia f, imprecazione f ② (*böser* -) maledizione f; **fluchen** vi bestemmiare, imprecare

Flucht f ⟨-, -en⟩ ① fuga f ② (*Reihe von*) serie f, fila f; **fluchtartig** adj (*schnell, überstürzt*) precipitoso, frettoloso; **flüchten** I. vi fuggire, scappare (*vor dat* da) II. vr: ◇ **sich aufs Dach** - rifugiarsi sul tetto; **flüchtig** adj ① (*auf der Flucht*) in fuga, fuggitivo ② ▷*Bekanntschaft* superficiale ③ ▷*Augenblick* momentaneo, transitorio ④ CHEM volatile, evanescente; **Flüchtigkeitsfehler** m disattenzione f, svista f; **Flüchtling** m profugo m, rifugiato m

Flug m ⟨-[e]s, Flüge⟩ ① (*Vogel*-) volo m ② (*Reise*) volo m, viaggio m aereo; ◇ **guten -!** buon viaggio! ③ ◇ **wie im -** (*schnell*) in un lampo; **Flugbegleiter(in** f) m (*Steward*) accompagna|tore (-trice) f di volo m; **Flugblatt** n volantino m

Flügel m ⟨-s, -⟩ ① (*Schmetterlings*-) ala f ② (MUS *Konzert*-) pianoforte m a coda ③ ARCHIT, SPORT ala f

Fluggast m passeggero m [d'aereo], viaggiatore

m [d'aereo]; **Fluggeschwindigkeit** f velocità f di volo; **Fluggesellschaft** f compagnia f aerea; **Flughafen** m aereoporto m; **Flughöhe** f quota f [di volo]; **Fluglotse** m controllore m di volo; **Flugnummer** f numero m di volo; **Flugplatz** m ↑ *Flughafen* aereoporto m; **Flugstrecke** f distanza f; **Flugzeug** n aereo m, aereoplano m; **Flugzeugentführung** f dirottamento m aereo

flunkern vi ↑ *lügen* raccontare frottole

Fluor n ⟨-s⟩ fluoro m

Flur [1] m ⟨-[e]s, -e⟩ (*Korridor*) corridoio m

Flur [2] m ⟨-[e]s, -e⟩ (*Felder, Wiesen*) campo m, campagna f

Fluß m ⟨-sses, Flüsse⟩ ① fiume m ② (FIG *Rede-, Verkehrs*-) fiume m, flusso m ③ FIG ◇ **in - bringen** mettere in moto; **flüssig** adj ① ▷*Material* liquido, fluido ② (FIG *Rede, Stil, Verkehr*) sciolto ③ FIG ◇ **- sein** avere soldi in contanti; **flüssigmachen** vt FIG → *Geld* mobilitare, mettere a disposizione; **Flüssigkeit** f ① (*Wasser, Öl*) liquido m ② (FIG *Gewandtheit*) fluidità f, scorrevolezza f

flüstern I. vi (*leise sprechen*) bisbigliare, sussurrare II. vt (FAM *jd-m etw* -, *Meinung sagen*) dirne/cantarne quattro a qu

Flut f ⟨-, -en⟩ ① alta marea f ② (*Überschwemmung*) piena f, inondazione f ③ (FIG *große Menge*) marea f (*von* di); **Flutlicht** n luce f di riflettori

focht impf v. **fechten**

Fohlen n ⟨-s, -⟩ (*Pferd*) puledro m

Föhn m ⟨-[e]s, -e⟩ (*Wind*) föhn m

Folge f ⟨-, -n⟩ ① (*Reihe, Serie*) sequenza f, successione f, serie f ② (*Fernseh*-) puntata f, seguito m ③ (*Konsequenz*) consequenza f; ◇ **das wird -n haben** questo avrà delle conseguenze ④ ◇ **etw/jd-m - leisten** (*befolgen*) obbedire a qc/qu; **folgen** vi ① (*nachgehen, verfolgen*) seguire (*jd-m* qu/qc) ② (FIG *verstehen*) ◇ **können Sie mir -?** mi segue? ③ (*gehorchen*) ubbidire (*jd-m* a); (*Gesetze, Regeln*) osservare ④ ◇ **daraus folgt** (*sich ergeben*) ne risulta, ne segue; **folgend** adj seguente, successivo, dopo; **folgendermaßen** adv come segue, così; **folgenschwer** adj grave; **folgerichtig** adj coerente, logico; **folgern** vt (*Schluß ziehen*) dedurre (*aus dat* da); **Folgerung** f deduzione f; **folglich** adv perciò, quindi

Folie f foglia f

Folter f ⟨-, -n⟩ ① tortura f ② (FIG *Qual*) tormento m, tortura f; ◇ **es war die reinste -** è stata una vera e propria tortura; **foltern** vt ① torturare ② (FIG *quälen*) torturare, tormentare

Fön® *m* ‹-[e]s, -e› *(Haartrockner)* fon *m*, asciugacapelli *m*; **fönen** *vt* → *Haare* asciugare i capelli con il fon

foppen *vt* canzonare

Förderband *n* ‹-[e]s, -bänder› nastro *m* trasportatore

förderlich *adj* utile

fordern *vt* 1 ↑ *verlangen* esigere, pretendere 2 *FIG* ↑ *anstrengen* affaticare; ◇ **die Aufgabe fordert ihn** il compito lo affatica

fördern *vt* 1 → *Künstler* favorire, promuovere 2 → *Kohle* estrarre

Forderung *f* richiesta *f*, pretesa *f*

Förderung *f* 1 *(von Menschen)* promozione *f* 2 *(von Kohle)* estrazione *f*

Forelle *f* FAUNA trota *f*

Form *f* ‹-, -en› 1 *(Gestalt)* forma *f*, figura *f* 2 *(Back-)* stampo *m* 3 *(Kondition)* forma *f*; ◇ **in sein** essere in forma

Formalität *f* formalità *f/pl*

Format *n* 1 *(Papier-)* formato *m* 2 *(FIG Bedeutung)* importanza *f*; **formatieren** *vt* INFORM → *Diskette* formattare; **Formation** *f* 1 MIL formazione *f*, schieramento *m* 2 *(Erd-)* formazione *f*; **formbar** *adj* ▷*Material, Charakter* plasmabile

Formel *f* ‹-, -n› 1 *(chemische)* formula *f* 2 *(Sprach-)* formula *f*

formell *adj* *(offiziell)* formale

formen *vt* formare, modellare

Formfehler *m* JURA errore *m* /difetto # di forma

förmlich *adj* 1 ↑ *formell* formale 2 *FAM* ↑ *wahrhaft* vero e proprio; **Förmlichkeit** *f* formalismo *m*

formlos *adj* informe

Formular *n* ‹-s, -e› formulario *m*, modulo *m*; **formulieren** *vt* → *Satz* formulare

forschen I. *vt* fare delle indagini *(nach dat* su) II. *vi (wissenschaftlich)* ricercare; **forschend** *adj* ▷*Blick* indagatore; **Forscher(in** *f)* *m* ‹-s, -› ricerca|tore(-trice) *m*; **Forschung** *f* ricerca *f*, esame *m*, studio *m*

Forst *m* ‹-s, -e› foresta *f*; **Förster(in** *f)* *m* ‹-s, -› guardia *m/f* forestale

fort *adv* 1 *(weg)* via 2 *(-setzen)* ancora 3 ◇ **in e-m ~** *(ständig)* ininterrottamente; **fortbestehen** *unreg vi* continuare ad esistere, sopravvivere; **fortbewegen** I. *vt (entfernen)* allontanare II. *vr* ◇ **sich** - avanzare; **fortbilden** *vr* ◇ **sich** - perfezionarsi, specializzarsi; **fortbleiben** *unreg vi* restare via; **fortbringen** *unreg vt* portare via; **Fortdauer** *f* durata *f*, continuità *f*; **fortfahren** *unreg vi* 1 *(mit Bus)* partire 2 *(FIG fortset-*

zen) proseguire; **fortführen** *vt* continuare, proseguire con; **fortgehen** *unreg vi* andarsene, andare via; **fortgeschritten** *adj (nicht am Anfang)* avanzato, evoluto; ◇ **F-enkurs** corso *m* avanzato; **fortkommen** *unreg vi* andarsene, andare via; **fortkönnen** *unreg vi* poter andarsene, poter andare via; **fortmüssen** *unreg vi* dover andarsene, dover andare via; **fortpflanzen** *vr* ◇ **sich** - procreare, riprodursi; **Fortschritt** *m* 1 *(technischer)* progresso *m* 2 ◇ **-e machen** progredire, fare progressi; **fortschrittlich** *adj* 1 ▷*Dinge* progressivo; ▷*Mensch* progressista 2 *(fortgeschritten)* progredito; **fortsetzen** *vt (weitermachen)* continuare, proseguire; **Fortsetzung** *f* 1 *(Weiterführung)* continuazione *f*, proseguimento *m* 2 *(Folge)* puntata *f*, seguito *m*; ◇ **- folgt** continua; **fortwährend** *adj (ununterbrochen)* ininterrotto, continuo; **fortziehen** *unreg* I. *vt (am Arm)* trascinare via, tirare via II. *vi (umziehen)* cambiare casa

fossil *adj (Brennstoff)* fossile

Foto I. *n* ‹-s, -s› foto *f* II. *m* ‹-s, -s› *(Apparat)* macchina *f* fotografica; **Fotograf(in** *f)* *m* ‹-en, -en› fotografo(-a) *m*; **Fotografie** *f* fotografia *f*; **fotografieren** I. *vt* fotografare, fare una fotografia *a*

Fotokopie *f* fotocopia *f*; **Fotokopierer** *m* fotocopiatrice *f*

Foul *n* ‹-s, -s› *(SPORT Verstoß)* fallo *m*

Fracht *f* ‹-, -en› 1 *(Ladung)* merce *f*, carico *m* 2 *(Frachtpreis)* porto *m*; **Frachter** *m* ‹-s, -› *(Transportschiff)* mercantile *m*, nave *f* da carico

Frack *m* ‹-[e]s, Fräcke› *(Herrenjacke)* frac *m*

Frage *f* ‹-, -n› 1 domanda *f* 2 *(Problem)* questione *f*; ◇ **etw in - stellen** mettere in dubbio/forse 3 ◇ **das kommt nicht in -** neanche per sogno/idea; **Fragebogen** *m* questionario *m*; **fragen** I. *vt* chiedere, domandare; ◇ **nach der Uhrzeit** - chiedere che ora sono [*o*. l'ora] 2 ◇ **um Rat** - chiedere [un] consiglio a qu II. *vr* ◇ **sich** - domandarsi, chiedersi; **Fragezeichen** *n* punto *m* interrogativo/di domanda; **fraglich** *adj* 1 ↑ *unsicher* incerto, dubbio 2 ↑ *betreffend* dubbio; **fraglos** *adv (ohne Zweifel)* indiscutibile

Fragment *n* ↑ *Bruchstück* frammento *m*

fragwürdig *adj* 1 *(zweifelhaft)* problematico, dubbio 2 *(bedenklich)* sospetto

Fraktion *f* frazione *f*

frankieren *vt* → *Brief* affrancare

Frankreich *n* Francia *f*

Franse *f* ‹-, -n› frangia *f*; **fransen** *vi* essere pieno di frange

Franzose *m* ‹-n, -n›, **Französin** *f* francese *m/f*; **französisch** *adj* francese

fraß *impf v.* **fressen**

Fratze *f* ‹-, -n› smorfia *f*

Frau *f* ‹-, -en› **1** donna *f* **2** (*Anrede*) signora *f;* ◇ - **Müller** signora Müller **3** (*Ehe-*) moglie *f*, consorte *f;* **Frauenarzt** *m*, **-ärztin** *f* ginecologo (-a) *m;* **Frauenbeauftragte(r)** *fm* ≈delegato (-a) delle donne *m;* **Frauenbewegung** *f* movimento *m* femminista; **Frauenhaus** *n* ≈casa per donne minacciate dai propri mariti

Fräulein *n* **1** (*Bedienung*) cameriera *f* **2** (*Anrede für unverheiratete Frau, veraltet*) signorina *f*

fraulich *adj* femminile

Freak *m* ‹-s, -s› FAM **1** (*Nonkonformist*) anticonformista *m* **2** (*Computer-, Literatur-*) fanatico *m*, maniaco *m*

frech *adj* ▷*Bemerkung* insolente, impertinente, sfacciato **2** ▷*Kleidung* provocante; **Frechheit** *f* sfacciataggine *f*, insolenza *f*

Fregatte *f* NAUT fregata *f*

frei I. *adj* **1** libero **2** (*selbständig, unabhängig*) indipendente **3** ▷*Sitzplatz* libero; ▷*Arbeitsstelle* vacante **4** ▷*Zeit* libero; ◇ **sich** - **nehmen** prendersi una vacanza **5** ◇ **im F-en** all'aperto **6** ▷*Eintritt* libero II. *adv* **1** ↑ *ungebunden, unabhängig* liberamente, indipendentemente **2** ↑ *kostenlos* gratuitamente; **Freibad** *n* piscina *f* all'aperto; **freibekommen** *unreg vt* **1** (*Urlaub*) ricevere un permesso di riposo/vacanza **2** (*jd-n*) liberare; **freigiebig** *adj* generoso; **Freigiebigkeit** *f* generosità *f;* **freihalten** *unreg vt* **1** ↑ *offenhalten* lasciare libero **2** ↑ *bezahlen* pagare **3** ↑ *unbesetzt halten* tenere libero; **freihändig** *adv* a mano libera; **Freiheit** *f* **1** (*Ungebundenheit*) libertà *f* **2** ◇ **sich -en herausnehmen** prendersi delle libertà; **freiheitlich** *adj* ▷*Gesinnung* liberale; **Freiheitsstrafe** *f* pena *f*, detenzione *f*, reclusione *f;* **Freikarte** *f* biglietto *m* omaggio/gratuito; **freilassen** *unreg vt* rilasciare; **freilegen** *vt* → *Ausgrabungen* dissotterrare, scoprire

freilich *adv* ↑ *natürlich* naturalmente

Freilichtbühne *f* (*Theater im Freien*) teatro *m* all'aperto

freimachen I. *vt* **1** → *Platz* liberare **2** → *Brief* affrancare II. *vr* ◇ **sich** - **1** (*entkleiden*) spogliarsi **2** (*Urlaub nehmen*) prendersi una vacanza/un riposo; **freisprechen** *unreg vt* (*vor Gericht*) assolvere (*von* da); **Freispruch** *m* assoluzione *f;* **freistellen** *vt* **1** ◇ **jd-m etw** - (*zur Wahl stellen*) lasciare decidere a qu qc **2** (*vom Kriegsdienst*) esonerare, dispensare (*von* da); **Freistoß** *m* SPORT calcio *m* di punizione

Freitag *m* venerdì *m;* **freitags** *adv* ogni venerdì

freiwillig *adj* ▷*Helfer* volontario, spontaneo

Freizeit *f* tempo *m* libero

freizügig *adj* ↑ *großzügig* generoso; (*nicht streng nach Vorschriften gerichtet*) non rigido, elastico

fremd *adj* **1** straniero, sconosciuto, ignoto **2** (*seltsam*) strano **3** (*nicht eigen*) altrui; **fremdartig** *adj* (*ungewohnt*) strano; **Fremde(r)** *fm* **1** (*Unbekannter*) sconosciuto(-a) *m* **2** (*Ausländer*) straniero(-a) *m;* **Fremdenführer(in** *f*) *m* **1** (*Person*) guida *m/f* turistica **2** (*Buch*) guida *f;* **Fremdenverkehr** *m* (*Tourismus*) turismo *m;* **Fremdenzimmer** *n* (*in Pension*) camera *f* d'albergo; **Fremdkörper** *m* ↑ *Eindringling* corpo *m* estraneo; **fremdländisch** *adj* ↑ *ausländisch* straniero; **Fremdsprache** *f* lingua *f* straniera; **fremdsprachig** *adj* di/in lingua straniera; **Fremdwort** *n* parola *f* straniera, forestierismo *m*

Frequenz *f* MEDIA frequenza *f*

fressen ‹fraß, gefressen› *vt, vi* **1** ← *Tier* mangiare **2** ← *Säure* corrodere **3** FAM ↑ *essen* mangiare, ingozzarsi **4** (*FAM jd-n gefressen haben*) non poter soffrire qu

Freude *f* ‹-, -n› gioia *f*, piacere *m;* ◇ - **an etw** *dat* **haben** avere piacere a/di; **freudig** *adj* ▷*Ereignis* lieto, gioso; **freudlos** *adj* triste, infelice; **freuen** I. *vt impers* rallegrare, far piacere a; ◇ **es freut mich, Sie kennzulernen** mi fa piacere di conoscerla II. *vr* ◇ **sich** - **1** ◇ **sich auf etw** *akk* - essere contento di/che [konj] **2** ◇ **sich über etw** *akk* - rallegrarsi di

Freund(in *f*) *m* ‹-[e]s, -e› **1** amico(-a) *m* **2** (*Geliebter*) ragazzo(-a) *m* **3** (*FIG Liebhaber*) amante *m/f;* **freundlich** *adj* **1** (*liebenswürdig*) gentile, cortese **2** ▷*Wetter* sereno; **Freundlichkeit** *f* gentilezza *f*, cortesia *f;* **Freundschaft** *f* amicizia *f;* **freundschaftlich** *adj* ▷*Verhältnis* amichevole

Frevel *m* ‹-s, -› (*Verstoß*) sacrilegio *m*, crimine *m;* **frevelhaft** *adj* criminoso, sacrilego

Frieden *m* ‹-s, -› **1** pace *f;* ◇ - **schließen** fare la pace **2** (*FIG Harmonie*) pace *f*, armonia *f;* ◇ **in** - **leben** vivere in armonia; **Friedensbewegung** *f* movimento *m* pacifista; **Friedensverhandlungen** *f/pl* negoziati *m/pl* di pace; **Friedensvertrag** *m* trattato *m* di pace

Friedhof *m* cimitero *m*

friedlich *adj* **1** ▷*Lösung* pacifico **2** ↑ *still, harmonisch* quieto, pacifico

frieren ‹fror, gefroren› **1** *vi* aver freddo, gelare II. *vt impers* **1** ◇ **es friert** si gela **2** ◇ **es friert mich** ho freddo

frigid[e] *adj* (*sexuell*) frigido

Frikadelle f GASTRON polpetta f di carne
Frisbeescheibe® f frisbee m
frisch adj ① ▷Lebensmittel fresco ② ▷Wetter fresco ③ ▷Bett, Kleidung pulito, fresco ④ ↑ neu nuovo; ◇ – **gestrichen** colore m fresco ⑤ ▷Wesen vivace; **Frische** f ‹-› freschezza f; **Frischhaltefolie** f cellophane m
Friseur m (**Friseuse** f) parrucchiere(-a f) m; **frisieren** I. vt ① ▷Haare acconciare, pettinare ② FAM → Motor truccare ③ FIG → Rechnung falsificare II. vr ◇ sich - acconciarsi/pettinarsi i capelli; **Frisiersalon** m salone m da parrucchiere
Frist f ‹-, -en› ① (Zeitraum) tempo m ② (Zeitpunkt) termine m
fristen vt ▷Leben vivacchiare, vivere di stenti
fristlos adj (kündigen) in tronco
Frisur f taglio m, pettinatura f
fritieren vt (in Öl) friggere
frivol adj ① ▷Lied indecente ② ▷Person leggero, frivolo
Frl. Abk v. **Fräulein** sig.na
froh adj ① felice, allegro ② (erleichtert) contento ③ ▷Nachricht lieto, buono
fröhlich adj allegro; **Fröhlichkeit** f allegria f
frohlocken vi (über akk su) gioire
fromm adj pio, religioso; **Frömmigkeit** f devozione f, religiosità f
frönen vi (e-r Leidenschaft) abbandonarsi, dedicarsi (dat a)
Fronleichnam m ‹-[e]s› (Feiertag) Corpus m Domini
Front f ‹-, -en› ① (Vorderseite) facciata f, fronte f ② (Wetter) fronte m ③ FIG ◇ – **machen gegen** opporsi a ④ (Kriegs-) fronte m
frontal adj frontale
fror impf v. **frieren**
Frosch m ‹-[e]s, Frösche› ① FAUNA rana f ② (Knall-) salterello m; **Froschmann** m ‹-[e]s, -männer› sommozzatore m uomo m rana
Frost m ‹-[e]s, Fröste› ① gelo m ② (Schüttel-) brividi m/pl, gelo m; **frösteln** vi gelare, aver freddo; **frostig** adj ① (kalt) freddo ② FIG ▷Verhalten freddo; **Frostschutzmittel** n (Auto) antigelo m
Frottee n o m ‹-[s], -s› tessuto m di spugna; **frottieren** vt strofinare
Frucht f ‹-, Früchte› ① frutto m ② (FIG Erfolg) frutto m; **Fruchtbarkeit** f ① (Boden, Erde) fertilità f, fecondità f ② (Mann, Frau) fertilità f; **fruchten** vi (Erfolg haben) fruttare; **fruchtlos** adj ↑ vergeblich inutile, infruttuoso; **Fruchtsaft** m succo m di frutta
früh I. adj ① (zeitig) presto ② (aus der Frühzeit)

giovanile, primo; ◇ **ein -es Werk** un'opera giovanile II. adv ① (zeitig) presto; ◇ – **aufstehen** alzarsi presto ② ◇ **gestern** – ieri mattina presto ③ (vorzeitig) prematuramente, prima del tempo; **Frühaufsteher(in** f) m ‹-s, -› mattiniero(-a) m; **Frühe** f ‹-› mattina f; ◇ **in aller** – di buon mattino
früher I. ⟨komp von früh⟩ I. adj ① ↑ damalig di allora/ una volta ② ↑ ehemalig ex II. adv ① prima; ◇ – **oder später** prima o poi ② ◇ – **war alles anders** una volta tutto era diverso; **frühestens** adv non prima di; **Frühgeburt** f parto m prematuro; **Frühling** m primavera f; **frühreif** adj ▷Kind precoce; **Frühstück** n colazione f; **frühstücken** vi fare colazione; **frühzeitig** adj ① ↑ vorzeitig precoce, prematuro ② ↑ früh presto
Frust m ‹-s› FAM frustrazione f; **frustrieren** vt frustrare, deludere
Fuchs m ‹-es, Füchse›, FAUNA volpe f
fuchsen vt FAM ↑ ärgern incavolare; ◇ **das fuchst mich** questa cosa/storia mi fa incavolare; **Füchsin** f volpe f femina; **fuchsteufelswild** adj (FAM sehr wild) furibondo, furioso
fuchteln vi: ◇ **mit den Armen** – (wild bewegen) agitare [o. sbracciarsi] le braccia
Fuge [1] f ‹-, -n› ↑ Spalt fessura f, crepa f
Fuge [2] f ‹-, -n› MUS fuga f
fügen I. vt (aneinander-) congiungere II. vr ◇ **sich** - ① (sich anpassen) sottomettersi (in akk a) ② (kleinbeigeben) rassegnarsi (in akk a) III. vr impers: ◇ **es wird sich** - (gut werden) andrà tutto bene
fühlbar adj ▷Unterschied tangibile, sensibile; **fühlen** I. vt ① sentire ② → Schmerz sentire, provare ③ (tasten) toccare, tastare, sentire (nach qc/qu) II. vi sentire, essere sensibile III. vr ◇ **sich** - ① sentirsi, stare ② (sich halten) sentirsi, ritenersi ③ (FAM sich wichtig vorkommen) sentirsi; **Fühler** m ‹-s, -› ① antenna f ② FIG ◇ **seine** - **ausstrecken** sondare il terreno
fuhr impf v. **fahren**
führen I. vt ① ↑ leiten portare; (als Führer dienen) guidare, fare da guida a ② → Namen tenere ③ → Ware vendere, avere [in vendita] ④ ◇ **an der Hand** - condurre per mano II. vi ① (Liste, Rennen) condurre ② (Weg) portare, condurre (nach a) III. vr ◇ **sich** - (benehmen) comportarsi; **Führer(in** f) m ‹-s, -› ① capo m ② (Fremden-) guida m/f turistica ③ (Reisehandbuch) guida f ④ (von Fahrzeug) conducente m; **Führerschein** m AUTO patente f [di guida] f; **Führung** f ① (e-s Unternehmens) direzione f ② a. SPORT comando m, testa f ③ MIL comando m ④ (Benehmen)

comportamento *m;* ◇ **wegen guter** - per la buona condotta [5] (*Museums*-) visita *f* guidata; **Führungszeugnis** *n* certificato *m* di buona condotta

Fuhrwerk *n* carro *m*

Fülle *f* ‹-› [1] (*große Menge*) mucchio *m,* gran quantità *f;* ◇ **in Hülle und** - a bizzeffe [2] (*Umfang*) corpulenza *f;* **füllen I.** *vt* → *Glas* riempire **II.** *vr* ◇ **sich** - ← *Saal* riempirsi

Füllen *n* ‹-s, -› (FAUNA *Fohlen*) puledro *m*

Füller, Füllfederhalter *m* ‹-s, -› penna *f* stilografica

Füllung *f* [1] (*Füllmaterial*) ripieno *m;* (*Zahn*) otturazione *f* [2] (*Tür*-) pannello *m*

fummeln *vi* FAM [1] (*ungeschickt, nervös berühren*) frugare, pasticciare [2] (*sexuell*) pomiciare

Fund *m* ‹-[e]s, -e› (*Gegenstand*) oggetto *m* ritrovato

Fundament *n* [1] ARCHIT ↑ *Grundmauer* fondamenta *f/pl* [2] FIG ↑ *Grundlage* fondamento *m,* base *f;* **fundamental** *adj* ↑ *grundlegend* fondamentale; **Fundamentalist(in)** *m f* POL fondamentalista *m/f;* **fundamentalistisch** *adj* POL fondamentalista

Fundbüro *n* ufficio *m* [degli] oggetti smarriti; **Fundgrube** *f* FIG fonte *f,* miniera *f*

fundieren *vt* fondare, consolidare; **fundiert** *adj* ▷*Wissen* fondato

fünf *nr* [1] (*Zahl*) cinque [2] (*Note, mangelhaft*) insufficiente, cinque; **fünffach I.** *adj* (*fünfmal soviel*) quintuplo **II.** *adv* cinque volte; **fünfhundert** *nr* cinquecento; **fünfjährig** *adj* [1] (*Alter*) cinquenne, di cinque anni [2] (*5 Jahre lang*) per cinque anni; **fünfmal** *adv* cinque volte; **fünfte (r, s)** *adj* [1] quinto [2] (*Datum*) cinque; ◇ **der** - April il cinque aprile; ◇ **München, den -n April** München, 5 Aprile; **Fünfte(r)** *f m:* ◇ **als** - **ins Ziel gehen** arrivare quinto all'arrivo; **Fünftel** *n* ‹-s, -› quinto *m;* **fünftens** *adv* in quinto luogo

fünfzehn *nr* quindici

fünfzig *nr* cinquanta

fungieren *vi* (*tätig sein*) esercitare la funzione, fungere (*als* da)

Funk *m* ‹-s› radio *f;* ◇ **über** - per via radio

Funke[n] *m* ‹-ns, -n› [1] (*Feuer*) scintilla *f* [2] (*FIG Hoffnungs*-) briciolo *m* [3] FAM ◇ **keinen** - **Ahnung haben** non avere la più pallida idea di

funkeln *vi* scintillare

funken *vt* [1] → *Nachricht* trasmettere per radio [2] FAM ◇ **es hat gefunkt** (*sich verlieben*) è scoccata la scintilla; **Funkhaus** *n* (*Sendestation*) stazione *f* radiotrasmittente; **Funkspruch** *m* radiomessaggio *m;* **Funkstation** *f* stazione *f* radio; **Funktaxi** *n* radiotaxi *m*

Funktion *f* [1] (*Amt*) funzione *f,* carica *f* [2] (*Zweck*) funzione *f* [3] ◇ **außer** - fuori uso [4] MATH funzione *f;* **funktionieren** *vi* (*richtig arbeiten*) funzionare

Funktionstaste *f* INFORM tasto *m* di funzione

für I. *präp akk* [1] per; ◇ **das F- und Wider** il pro e il contro [2] (*anstelle*) a posto di; ◇ **jd-n etw tun** fare qc per qu [3] (*zugunsten*) per; ◇ **jd-n einkaufen** fare la spesa per qu [4] (*Zweck*) per; ◇ - **die Prüfung lernen** studiare per l'esame [5] (*Preis*) per; ◇ - **15 Mark** per 15 marchi **II.** *pron* [1] ◇ **was** - **ein Buch?** (*welche(r,s)*) che libro? [2] ◇ **was** - **ein Mann !** che uomo!

Fürbitte *f* intercessione *f*

Furche *f* ‹-, -n› solco *m*

Furcht *f* ‹-› paura *f;* **furchtbar** *adj* terribile, spaventoso; **fürchten I.** *vt* temere (*jd-n/etw* qu/qc) **II.** *vi* [1] temere, avere paura di [2] ◇ **um etw** *akk* - essere preoccupato di qc **III.** *vr* ◇ **sich** - aver paura (*vor dat* di); **fürchterlich** *adj* tremendo, pauroso; **furchtlos** *adj* intrepido, senza paura; **furchtsam** *adj* pauroso, timoroso

füreinander *adv* l'uno per l'altro

Furnier *n* ‹-s, -e› piallaccio *m*

fürs = **für das**

Fürsorge *f* [1] (*Pflege*) cura *f,* assistenza *f* [2] (*Sozialhilfe*) assistenza *f* / previdenza *f* sociale

Fürsprache *f* (*Empfehlung*) raccomandazione *f;* **Fürsprecher(in)** *m f* interce|ssore(-ditrice *f*) *m,* intermediario(-a) *m*

Fürst(in) *m f* ‹-en, -en› principe(-ssa *f*) *m,* sovrano (-a); *FIG* ◇ **leben wie ein** - vivere come un re; **fürstlich** *adj* [1] ↑ *reichlich* ricco, generoso [2] ▷*Residenz* principesco

Furt *f* ‹-, -en› GEO guado *m*

Fürwort *n* GRAM pronome *m*

Fuß *m* ‹-es, Füße› [1] piede *m;* ◇ **zu** - a piedi [2] (*von Bauwerken*) base *f* [3] FIG ◇ **festen** - **fassen** prender piede; **Fußball** *m* [1] (*Ball*) pallone *m* da calcio [2] SPORT calcio *m;* **Fußboden** *m* pavimento *m;* **Fußbremse** *f* AUTO freno *m* a pedale; **fußen** *vi* ↑ *basieren* basarsi, fondarsi (*auf dat* su); **Fußende** *n* (*Bett*) fondo *m* [del letto]; **Fußgänger(in)** *f m* ‹-s, -› pedone(-a) *m;* **Fußgängerüberweg** *m* passaggio *m* pedonale; **Fußgängerzone** *f* zona *f* pedonale; **Fußnote** *f* nota *f* in calce; **Fußtritt** *m* FIG: ◇ - **versetzen** dare un calcio [*o.* una pedata] a; **Fußweg** *m* cammino *m,* sentiero *m*

Futter ¹ *n* ‹-s, -› (*für Tiere*) mangime *m,* cibo *m*

Futter ² *n* ‹-s, -› (*Mantel*-) fodera *f,* imbottitura *f*

füttern ¹ *vt* [1] → *Tier* dar da mangiare a [2] → *Kind* imboccare

füttern² vt (mit Stoff) foderare, rivestire, imbottire

Futur n ⟨-s, -e⟩ GRAM futuro m

G

G, g n ⓵ (Buchstabe) G, g m/f ⓶ MUS sol m

Gabe f ⟨-, -n⟩ ⓵ offerta f ⓶ ↑ Begabung dono m, talento m

Gabel f ⟨-, -n⟩ ⓵ (Besteck) forchetta f ⓶ (Telefon-) forcella f ⓷ (Mist-) forca f ⓸ ↑ Geweih corna f/pl; **gabeln** vr ◇ sich ~ ← Weg biforcarsi, ramificarsi; **Gabelung** f (Weg-) biforcazione f

gackern vi ⓵ ← Hühner schiamazzare ⓶ FAM ← Mädchen ridacchiare

gaffen vi (mit offenem Mund) guardare a bocca aperta; **Gaffer(in** f) m ⟨-s, -⟩ FAM (bei Unfall etc.) curioso/a

Gag m ⟨-s, -s⟩ battuta f; (Werbe-, Film-) battuta f, gag f

Gage f ⟨-, -n⟩ compenso m, paga f

gähnen vi ⓵ ← Mensch sbadigliare ⓶ ← Loch, Abgrund aprirsi

galant adj galante

Galaxie f ASTRON galassia f

Galerie f ⓵ (Bilder-, Kunst-) galleria f ⓶ (in Schloß etc.) galleria f, tunnel m ⓷ THEAT galleria f

Galgen m ⟨-s, -⟩ patibolo m, forca f; **Galgenhumor** m umorismo m amaro

Galle f ⟨-, -n⟩ ⓵ ANAT cistifellea f ⓶ (-nsekret) bile f ⓷ FIG ◇ jd-m läuft die ~ über crepa di rabbia; **Gallenblase** f ANAT cistifellea f; **Gallenstein** m calcolo m [biliare]

Galopp m ⟨-s, -s o. -e⟩ (von Pferd) galoppo m; FAM ◇ im ~ di fretta; ◇ im ~ reiten andare al galoppo; **galoppieren** vi ← Pferd galoppare

Gamasche f gambale m

gammeln vi FAM oziare; **Gammler(in** f) m ⟨-s, -⟩ capellone/a

gang adj ◇ ~ und gäbe comune, in uso

Gang m ⟨-[e]s, Gänge⟩ ⓵ (Spazier-) giro m ⓶ ↑ -art andatura f, modo m di camminare ⓷ ↑ Besorgung commissione f; (Boten-) commissione f ⓸ ↑ Verlauf andamento m, corso m ⓹ (Arbeits-) tappa f; (bei Essen) portata f, piatto m ⓺ AUTO marcia f ⓻ (Lauben-) passaggio m; ↑ Flur, Korridor corridoio m ⓼ MIN vena f, filone n ⓽ FIG ◇ etw in ~ bringen mettere in moto qc; FIG ◇ in ~ kommen iniziare, avviarsi;

Gangart f passo m, andatura f; **gängig** adj ⓵ ↑ gebräuchlich comune, corrente ⓶ richiesto; **Gangschaltung** f cambio m

Gangster m ⟨-s, -⟩ gangster m

Gangway f ⟨-, -s⟩ (von Schiff, von Flugzeug) passerella f

Ganove m ⟨-n, -n⟩ FAM furfante m

Gans f ⟨-, Gänse⟩ ⓵ FAUNA oca f ⓶ FAM ◇ dumme ~ stupida oca f

Gänseblümchen n FLORA pratolina f

Gänsebraten m GASTRON oca f arrosto; **Gänsehaut** f: ◇ e-e ~ haben FIG avere la pelle d'oca; **Gänseleberpastete** f GASTRON paté m di fegato d'oca; **Gänsemarsch** m: ◇ im ~ in fila indiana; **Gänserich** m maschio m dell'oca

ganz I. adj ⓵ tutto, intero; ◇ das ~e Jahr tutto l'anno; ◇ das G-e tutto; ◇ ~ Europa tutta l'Europa ⓶ ↑ intakt, unversehrt intatto, integro; ◇ das Glas ist noch ~ il bicchiere è ancora intatto ⓷ FAM ↑ nur solo; ◇ sie hat ~e fünf Minuten gebraucht ci ha messo solo cinque minuti ⓸ (ziemlich) parecchio; ◇ e-e ~e Menge una gran quantità **II.** adv ⓵ ↑ ziemlich, relativ molto; ◇ ~ schön gemein decisamente cattivo; ◇ es geht mir ~ gut sto abbastanza bene ⓶ ↑ völlig completamente; ◇ das habe ich ~ vergessen l'ho completamente dimenticato; ◇ ~ allein completamente solo; ◇ ~ und gar del tutto, affatto; ◇ ~ und gar nicht niente affatto; **ganzheitlich** adj complessivo; ◇ ein Problem ~ betrachten osservare un problema nel suo complesso; ◇ ~es Denken modo di pensare globale

gänzlich adv completamente, totalmente; ◇ etw ~ mißverstehen fraintendere completamente qc

Ganztagsarbeit f lavoro m a tempo pieno

gar I. adj ▷ Fleisch, Gemüse cotto **II.** adv ⓵ ↑ etwa forse ⓶ (sogar, erst) addirittura, perfino ⓷ ◇ ~ nicht niente affatto, per niente; ◇ ~ nichts/ keiner niente di niente ⓸ ↑ durchaus ◇ ~ nicht übel niente male

Garage f ⟨-, -n⟩ garage m

Garantie f garanzia f; (Preis-) garanzia f sul prezzo (für per); **Garantiefrist** f garanzia f; **garantieren I.** vt ⓵ garantire; ◇ jd-m etw ~ garantire qc a qu ⓶ FAM ↑ zusichern, versprechen assicurare **II.** vi: ◇ für etw ~ farsi garante per

Garbe f ⟨-, -n⟩ (Getreide-) fascio m, covone m; (Schuß-) raffica f

Garderobe f ⟨-, -n⟩ ⓵ (Abend-) guardaroba f ⓶ ↑ Vorraum mit Kleiderablage guardaroba f ⓷ ↑ Umkleideraum camerino m; **Garderobenfrau** f guardarobiera f

Gardine f tenda f; **Gardinenleiste** f asta f della tendina

garen *vti* cuocere, far rosolare

gären ⟨gor, gegoren⟩ *vi* ① ← *Bier, Wein* fermentare ② *FIG* ◇ **in ihm gärt es** è in fermento

Garn *n* ⟨-[e]s, -e⟩ (*Näh-*) filo *m*

Garnele *f* ⟨-, -n⟩ FAUNA gamberetto *m*

garnieren *vt* → *Essen* guarnire

Garnisonstadt *f* città *m* presidio

Garnitur *f* ① (*Kombination*) insieme *m* ② ↑ *Verzierung* guarnizione *f*

garstig *adj* ▷*Mensch* brutto

Garten *m* ⟨-s, Gärten⟩ (*Gemüse-*) orto *m*; (*Schloß-*) giardino *m*; (*Bier-*) ≈birreria *f* all'aperto; **Gartenarbeit** *f* giardinaggio *m*; **Gartenbau** *m* giardinaggio *m*; **Gartenblume** *f* fiore *m* da/di giardino; **Gartenfest** *n* garden-party *m*; **Gartenhaus** *n* pavillon *m*; **Gartenschlauch** *m* pompa *f* [dell'acqua]; **Gärtner(in** *f*) *m* ⟨-s, -⟩ giardiniere *m/f*; **Gärtnerei** *f* giardinaggio *m*; **gärtnern** *vi* praticare il giardinaggio

Gärung *f* ① (*Flaschen-*) fermentazione *f* ② *FIG* ↑ *Aufruhrstimmung* fermentazione *f*

Gas *n* ⟨-es, -e⟩ ① gas *m* ② AUTO acceleratore *m*; ◇ – geben accelerare; **Gasanzünder** *m* accendigas *m*; **Gasboiler** *m* bombola *f* del gas; **Gasbrenner** *m* bruciatore *m*; **Gasflasche** *f* bombola *f* del gas; **gasförmig** *adj* aeriforme; **Gasherd** *m* fornello *m* a gas; **Gaskammer** *f* camera *f* a gas; **Gaskocher** *m* fornello *m* a·gas; **Gasleitung** *f* tubo *m* del gas; **Gasmaske** *f* maschera *f* antigas; **Gaspedal** *n* AUTO pedale *m* dell'acceleratore

Gasse *f* ⟨-, -n⟩ ① (*kleine Straße*) vicolo *m* ② ↑ *Durchgang* strettoia *f*; ◇ **e-e – bilden** aprirsi un varco; **Gassenjunge** *m* ragazzo *m* di strada

Gast *m* ⟨-es, Gäste⟩ ① ↑ *Besucher* ospite *m*; (*Hochzeits-*) invitato *m*; ◇ **bei jd-m zu - sein** essere ospite di qu ② (*Hotel-, -schauspieler*) ospite *m*; **Gastarbeiter(in** *f*) *m* lavora|tore(-trice *f*) *m* straniero *m*; **Gästebuch** *n* libro *m* degli ospiti; ◇ **sich ins - eintragen** firmare il libro degli ospiti; **Gästezimmer** *n* camera *f* degli ospiti; **gastfreundlich** *adj* ospitale; **Gastfreundschaft** *f* ospitalità *f*; **Gastgeber (in** *f*) *m* ⟨-s, -⟩ ① ospite *m/f* ② ↑ *Hausherr (-in* *f*) padrone (-a) *f* di casa *m*; **Gasthaus, Gasthof** *n* ① (*Wirtshaus*) trattoria *f* ② ↑ *Pension, Hotel* albergo *m*; **Gasthörer(in** *f*) *m* ≈studente *m* di una università che segue le lezioni in un'altra università per un periodo limitato e senza esserne iscritto; **gastieren** *vi* THEAT recitare in trasferta; **gastlich** *adj* ospitale; **Gastprofessor(in** *f*) *m* professore *m* ospite

Gastritis *f* ⟨-, Gastritiden⟩ MED gastrite *f*

Gastrolle *f* THEAT partecipazione *f* straordinaria

Gastronomie *f* gastronomia *f*; **gastronomisch** *adj* gastronomico

Gastspiel *n* ① THEAT recita *f* straordinaria in trasferta ② SPORT gioco *m* in trasferta; **Gastspielreise** *f* tournée *f*

Gaststätte *f* ristorante *m*; **Gaststättengewerbe** *n* industria *f* alberghiera; **Gastwirt** *m* oste *m*; **Gastzimmer** *n* camera *f* degli ospiti

Gasvergiftung *f* avvelenamento *m*/intossicazione *f* da gas; **Gaswerk** *n* centrale *f* del gas; **Gaszähler** *m* contatore *m* del gas

Gatte *m* ⟨-n, -n⟩ ① marito *m* ② ◇ **die -n** *pl* coniugi *m/pl*

Gatter *n* ⟨-s, -⟩ recinto *m*

Gattin *f* moglie *f*

Gattung *f* ① (*bei Tieren, Pflanzen*) specie *f* ② (*Literatur-*) genere *m*

GAU *m* ⟨-s, -s⟩ Akr v. **g**rößter **a**nzunehmender **U**nfall catastrofe *f* atomica

Gaukler(in *f*) *m* giocoliere *m*

Gaul *m* ⟨-[e]s, Gäule⟩ cavallo *m*

Gaumen *m* ⟨-s, -⟩ ANAT palato *m*

Gauner(in *f*) *m* ⟨-s, -⟩ ① ladruncolo *m* ② *FAM* birbante *m*; ◇ **so ein -!** ma che briccone!

Gaze *f* ⟨-⟩ garza *f*

Gazelle *f* FAUNA gazzella *f*

Geäst *n* rami *m/pl*

geb. *adj* Abk v. **geboren, geborene** nato

Gebäck *n* ⟨-[e]s, -e⟩ ① ↑ *Kuchen* ≈torta *f* ② (*Weihnachts-*) biscotto *m*

Gebälk *n* ⟨-[e]s⟩ impalcatura *f*

Gebärde *f* ⟨-, -n⟩ gesto *m*; **gebärden** *vr* ◇ **sich -** comportarsi; ◇ **sich wie toll -** comportarsi come un pazzo

Gebaren *n* ⟨-s⟩ comportamento *m*

gebären ⟨gebar, geboren⟩ *vt* partorire, dare alla luce; ◇ **wo bist du geboren?** quando sei nato?; **Gebärmutter** *f* ANAT utero *m*

Gebäude *n* ⟨-s, -⟩ ① (*Wohn-, Büro-*) edificio *m* ② *FIG* (*Aufbau*) struttura *f*; **Gebäudekomplex** *m* complesso *m* edilizio

Gebell *n* ⟨-[e]s⟩ (*Hunde-*) abbaiare *m*

geben ⟨gab, gegeben⟩ **I.** *vt* ① dare; ◇ **jd-m die Hand -** dare la mano a qu; TELEC ◇ **- Sie mir bitte Frau Müller** mi passi per piacere la signora Müller ② ↑ *schenken* dare, regalare; → *Geld, Almosen etc.* dare ③ → *Rabatt, Kredit* accordare; → *Interview* concedere ④ ↑ *stattfinden lassen* dare, recitare; → *Theaterstück* mettere in scena; SCHULE → *Unterricht* insegnare ⑤ (*ergeben*) dare come risultato; ◇ **das gibt keinen Sinn** non ha nessun senso; MATH ◇ **fünf und vier gibt**

neun cinque più quattro fa nove **6** ↑ *schicken* mandare; ◇ **das Auto zur Reparatur** - mandare l'auto in officina **7** (*Funktionsverb*) dare; ◇ **e-n Rat** - dare un consiglio; ◇ **e-n Kuß** - dare un bacio; ◇ **ein Versprechen** - promettere **8** ◇ **etw von sich** - dire; ◇ **unter den gegebenen Umständen** date le circostanze; ◇ **sie gäbe alles darum** ci darebbe anche l'anima **II.** *vi impers:* ◇ **es gibt** **1** c'è; ◇ **es gibt keine Dinosaurier mehr** i dinosauri non ci sono più; ◇ **es gibt Leute, die …** c'è della gente che; ◇ **das gibt's doch nicht!** ma non è possibile! **2** ↑ *geschehen* esserci; ◇ **es gibt Regen** pioverà **III.** *vr* ◇ **sich** - **1** ↑ *aufhören, sich bessern* ← *Krankheit* attenuarsi; ◇ **das gibt sich wieder** andrà tutto a posto **2** ↑ *so tun als ob* fare finta di; ◇ **er gibt sich tolerant** fa finta di essere tollerante **3** ◇ **sich geschlagen** - darsi per vinto

Gebet n ⟨-[e]s, -e⟩ preghiera *f*

Gebiet n ⟨-[e]s, -e⟩ **1** ↑ *Zone* zona *f*, area *f* **2** (*Hoheits-*) area *f* **3** (*FIG Fach-*) campo *m*, settore *m*

Gebilde n ⟨-s, -⟩ **1** (*Staaten-*) creazione *f*, prodotto *m* **2** (*Wolken-*) massa *f*

gebildet adj istruito

Gebirge n ⟨-s, -⟩ montagna *f*; **Gebirgsjäger** m alpino *m*; **Gebirgskette** f catena *f* montuosa; **Gebirgsklima** n clima *m* montano

Gebiß n ⟨-sses, -sse⟩ **1** (*Gesamtheit der Zähne*) dentatura *f* **2** (*Prothese*) dentiera *f*

Gebläse n ⟨-s, -⟩ AUTO ventilatore *f*

geblümt adj a fiori

gebogen adj piegato, curvo

geboren adj **1** nato; ◇ - **am 26.2.** nato il 26.2 ◇ **Gutmann, -e Haas** Gutmann, nata Haas **3** ↑ *sehr begabt* ◇ **sie ist die -e Schriftstellerin** è una scrittrice nata

geborgen adj sicuro, protetto; ◇ **sich** - **fühlen** sentirsi al sicuro; **Geborgenheit** f sicurezza *f*

Gebot n ⟨-[e]s, -e⟩ **1** ↑ *Weisung, Befehl* ordine *m*, comando *m* **2** REL comandamento *m*; ◇ **die zehn** -e i dieci comandamenti **3** (*im Verkehr*) codice *m*; **Gebotsschild** n segnale *m* d'obbligo

Gebr. *Abk v.* **Gebrüder** f.lli

Gebrauch m ⟨-[e]s, Gebräuche⟩ **1** ↑ *Benutzen* uso *m* **2** ↑ *Anwendung* utilizzazione *f* **3** ↑ *Brauch* usanza *f*, costume *m*; **gebrauchen** vt **1** ↑ *benutzen* → *Werkzeug* usare **2** ↑ *anwenden* adoperare **3** ↑ *brauchen* aver bisogno; ◇ **das kann ich gut** - mi può fare/tornare comodo; **gebräuchlich** adj in uso; **Gebrauchsanweisung** f istruzioni *m/pl* per l'uso; **gebrauchsfertig** adj pronto per l'uso; **Ge-**

brauchsgegenstand m oggetto *m* d'uso comune; **gebraucht** adj usato; ◇ **etw** - **kaufen** comprare qc di seconda mano

gebräunt adj abbronzato

Gebrauchtwagen m macchina *f* di seconda mano usata

Gebrechen n ⟨-s, -⟩ **1** (*Leiden*) acciacco *m* **2** (*körperlicher Mangel*) imperfezione *f*; **gebrechlich** adj debole, malaticcio

gebrochen adj rotto

Gebrüder pl fratelli *m/pl*

Gebrüll n ⟨-[e]s⟩ grida *f/pl*

Gebühr f ⟨-, -en⟩ (*Telefon-, Aufnahme-*) tariffa *f*; ◇ **über** - oltre misura

gebühren I. *vi:* ◇ **jd-m** - spettare a qu **II.** *vr* ◇ **sich** -: ◇ **das gebührt sich nicht** questo non si fa; **gebührend** adj ▷*Dank* dovuto

Gebührenermäßigung f riduzione *f* delle tasse; **gebührenfrei** adj esente da tasse; **gebührenpflichtig** adj soggetto a pagamento; ◇ -**e Verwarnung** contravvenzione *f*

gebunden adj ▷*Buch* rilegato

Geburt f ⟨-, -en⟩ **1** MED parto *m*; ◇ - **Christi** nascita *f* di Gesù **2** ↑ *Herkunft* origine *f*; ◇ **von** - **Franzose** di origine francese **3** (*FIG von Idee*) nascita *f*; **Geburtenbeschränkung** f controllo *m* delle nascite; **Geburtenbuch** n registro *m* delle nascite; **Geburtenregelung** f regolazione *f* delle nascite; **Geburtenrückgang** m diminuzione *f* delle nascite, denatalità *f*; **Geburtenüberschuß** m eccedenza *f* dei nati sui morti; **Geburtenziffer** f natalità *f*; **gebürtig** adj nativo; **Geburtsanzeige** f partecipazione *f* di nascita; **Geburtsdatum** n data *f* di nascita; **Geburtshelfer(in** f*)* m ostetrico/a **Geburtsjahr** n anno *m* di nascita; **Geburtsort** m luogo *m* di nascita; **Geburtstag** m giorno *m* di nascita; (*Feier*) compleanno *m*; ◇ - **haben** compiere gli anni, essere il compleanno di; ◇ **herzlichen Glückwunsch zum** - tanti auguri per il tuo compleanno; **Geburtsurkunde** f atto *m* di nascita; **Geburtszange** f MED forcipe *m*

Gebüsch n ⟨-[e]s, -e⟩ cespugli *m/pl*

Gedächtnis n **1** ↑ *Erinnerungsvermögen* memoria *f* **2** ↑ *Andenken* memoria *f*, ricordo *m*; **Gedächtnisfeier** f commemorazione *f*

gedämpft adj attenuato

Gedanke m ⟨-ns, -n⟩ **1** idea *f*, pensiero *m*; ◇ **in** -**n versunken** essere perso/assorto nei propri pensieri; ◇ **sich** *dat* **über etw** *akk* -**n machen** preoccuparsi per qc; ◇ **seine** -**n beisammen haben** essere attento/concentrato **2** ↑ *Konzept* progetto *m* **3** ↑ *Idee* idea *f*; ◇ **ein guter** - una bella/buona idea; **gedankenlos** adj **1** (*un-*

G

überlegt) spensierato [2] ↑ *zerstreut* distratto; **Gedankenlosigkeit** f [1] spensieratezza f [2] distrazione f; **Gedankenstrich** m trattino m; **Gedankenübertragung** f telepatia f; **gedankenvoll** adj assorto in pensieri

Gedärme pl ANAT intestino m

Gedeck n ⟨-[e]s, -e⟩ [1] (*Teller und Besteck*) coperto m; ◇ **ein - auflegen** mettere un coperto [2] (*Menü*) menu m

gedeihen ⟨gedieh, gediehen⟩ vi [1] ← *Pflanze* crescere [2] FIG ↑ *sich gut entwickeln* svilupparsi

gedenken unreg vi [1] ↑ *beabsichtigen* avere l'intenzione di; ◇ **ich gedenke, etw zu tun** ho intenzione di fare qc [2] ↑ *Andenken ehren* rammentarsi, ricordarsi; ◇ **jd-s/e-r Sache** - ricordarsi di qu/qc; **Gedenkfeier** f commemorazione f; **Gedenkminute** f minuto m di raccoglimento; **Gedenkmünze** f moneta f commemorativa; **Gedenkstätte** f luogo m commemorativo; **Gedenktag** m giorno m commemorativo

Gedicht n ⟨-[e]s, -e⟩ poesia f; **Gedichtsammlung** f raccolta f di poesie

gediegen adj [1] ▷*Arbeit* accurato [2] ▷*Charakter* onesto [3] ▷*Metall* puro

gedörrt adj secco

Gedränge n ⟨-s⟩ [1] ressa f [2] (*Menschenmenge*) mischia f; **gedrängt** adj pigiato

Geduld f ⟨-⟩ pazienza f; ◇ **- mit jd-m/etw haben** avere pazienza con qu/qc; **gedulden** vr ◇ **sich -** aver pazienza; **geduldig** adj ▷*Person* paziente; **Geduldsprobe** f prova f di pazienza

geeignet adj [1] (*passend*) adatto (*für per*) [2] ▷*Mitarbeiter* adatto

geerdet adj collegato a massa

Gefahr f ⟨-, -en⟩ [1] pericolo m; ◇ **sich in - begeben** mettersi in pericolo; ◇ **außer -** fuori pericolo [2] ◇ **auf eigene - ↑** *auf eigene Verantwortung* a proprio rischio e pericolo; **gefährden** vt mettere in pericolo; → *Leben, Plan etc.* compromettere; **Gefährdung** f minaccia f [2]; **Gefahrenquelle** f fonte f di pericoli; **Gefahrenzulage** f indennità f di rischio; **gefährlich** adj [1] ▷*Abenteuer* pericoloso [2] ▷*Alter, Zustand* critico [3] ▷*Krankheit* pericoloso

Gefährte m, **Gefährtin** f (*Weg-*) accompagna|tore(-trice f) m; (*Lebens-*) compagno/a

Gefälle n ⟨-s, -⟩ [1] (*Neigung*) pendenza f; (*von Straße*) discesa f [2] FIG ↑ *Senkung* (*Preis-, Lohn-*) diminuzione f [3] ↑ *Unterschied* dislivello m

gefallen unreg vi [1] piacere; ◇ **jd-m -** piacere a qu; ◇ **er/sie/es gefällt mir** [lei/lui] mi piace [2] ◇ **sich** dat **etw - lassen** sopportare qc

Gefallen ¹ m ⟨-s, -⟩ piacere m, favore m; ◇ **jd-m e-n - tun** fare un favore /piacere a qu

Gefallen ² m ⟨-s⟩: ◇ **an etw - finden** dat trovare gusto in qc

gefällig adj [1] ▷*Person* cortese [2] ▷*Äußeres* piacevole; **Gefälligkeit** f cortesia f; ◇ **etw aus - tun** fare qc per cortesia; **gefälligst** adv per piacere /favore

gefangen adj prigioniero, catturato; **Gefangene(r)** f/m detenuto/a (*Kriegs-*) prigioniero/a **Gefangenenwagen** m cellulare m; **gefangenhalten** unreg vt tener prigioniero; **Gefangennahme** f ⟨-, -n⟩ cattura f; **gefangennehmen** unreg vt arrestare; MIL catturare; **Gefangenschaft** f detenzione f; (*Kriegs-*) prigionia f; **Gefängnis** n [1] prigione f, carcere m [2] (*-strafe*) prigione f; ◇ **zwei Jahre -** due anni di prigione; **Gefängnisstrafe** f pena f detentiva; **Gefängniswärter(in** f) m carceriere m/f, guardia f carceraria; **Gefängniszelle** f cella f

gefärbt adj tinto

Gefäß n ⟨-es, -e⟩ [1] vaso m, recipiente m [2] (ANAT *Blut-*) vaso m

gefaßt adj [1] (*beherrscht*) calmo; ◇ **etw - aufnehmen** prendere qc bene [2] ◇ **auf etw** akk **- sein** aspettarsi qc; ◇ **sie kann sich** akk **auf etw - machen** deve aspettarsi qc

Gefecht n ⟨-s, -e⟩ [1] combattimento m; (*See-*) battaglia f [2] FIG (*Wort-*) scontro m

Gefieder n ⟨-s, -⟩ piume f/pl; **gefiedert** adj pennuto

gefleckt adj macchiato

Geflügel n ⟨-s⟩ pollame m

geflügelt adj [1] alato [2] FIG ◇ **-es Wort** parola proverbiale

Geflügelzucht f avicoltura f

Geflüster n bisbiglio m

Gefolgschaft f [1] seguaci m/pl [2] ↑ *Treue* seguito m; ◇ **jd-m - leisten** seguire qu

gefragt adj ▷*Ware* richiesto

gefräßig adj ingordo; **Gefräßigkeit** f ingordigia f

Gefreite(r) f/m MIL caporale m; NAUT, AERO appuntato m

gefrieren unreg vi gelare, congelare; **Gefrierfach** n freezer m; **Gefrierfleisch** n carne f congelata; **gefriergetrocknet** adj ▷*Kaffee* liofilizzato; **Gefrierpunkt** m punto m di congelamento; **Gefrierschrank** m congelatore f; **Gefriertruhe** f congelatore f

Gefüge n ⟨-s, -⟩ (*Staats-*) struttura f; (FIG *Aufbau*) struttura f

gefügig adj docile, arrendevole; ◇ **jd-n - machen** rendere qu docile

Gefühl n ‹-[e]s, -e› ① ↑ *Wahrnehmung* sensibilità f; (*Kälte-*) sensazione f ②; ↑ *Empfindung* (*Glücks-*) sentimento m, sensazione f; ◇ **jd-m -e entgegenbringen** mostrare dei sentimenti verso qu ③ ↑ *Gespür, Instinkt* senso m (*für etw* per qc) ④; ↑ *Vorahnung* presentimento m; ◇ **etw im - haben** avere il presentimento di; **gefühllos** adj ① ▷*Fuß, Hand* insensibile ② ▷*Worte* duro; ▷*Person* insensibile; **gefühlbetont** adj sentimentale; **Gefühlsduselei** f FAM sentimentalismo m; **gefühlsmäßig** adj per quanto riguarda i sentimenti; ◇ **etw - beurteilen** giudicare qc con i sentimenti; **gefühlvoll** adj pieno di sentimento

gefüttert adj imbottito

gegebenenfalls adv eventualmente

gegen präp akk ① contro; ◇ **jd-n sein** essere contro qu; SPORT ◇ **- jd-n spielen** giocare contro qu; JURA contro ② in confronto a; ◇ **- mich ist er e-e Null** non vale niente in confronto a me ③ ↑ *jd-m gegenüber* nei confronti di; ◇ **- mich ist er freundlich** è gentile nei miei confronti ④ ↑ *in Richtung auf* contro, incontro a; ◇ **- etw/jd-n stoßen** sbattere contro qc/qu; ◇ **- Ende des Films** verso la fine del film ⑤ ↑ *im Austausch für* in cambio di, dietro; ◇ **nur - Bargeld** dietro denaro contante ⑥ (*zeitlich*) verso; ◇ **- Mitternacht** verso mezzanotte; **Gegenangriff** m MIL contrattacco m; **Gegenbeweis** m controprova f

Gegend f ‹-, -en› ① zona f, regione f; ◇ **durch die - fahren** andare in giro per la zona ② ↑ *Stadtviertel* zona f, parte f ③ (*FIG Magen-*) zona f

Gegendarstellung f rettifica f; **gegeneinander** adv l'uno contro l'altro; **Gegenfahrbahn** f AUTO corsia f opposta; **Gegenfrage** f controdomanda f; **Gegengewicht** n ① contrappeso m ② FIG ↑ *Ausgleich* contrappeso m; **Gegengift** n antidoto m; **gegenläufig** adj ① TECH ▷*Bewegung* in direzione contraria ② FIG ▷*Tendenz, Entwicklung* opposto; **Gegenleistung** f contraccambio m; **Gegenmaßnahme** f contromisura f; **Gegenmittel** n MED antidoto m, rimedio m; **Gegenpartei** f JURA controparte f; SPORT squadra f avversaria; **Gegensatz** m ① contrasto m; ◇ **im -** zu contrariamente a ② ↑ *Gegenteil* opposto m; ◇ **Gegensätze ziehen sich an** gli opposti si attraggono ③ ↑ *Konflikt* dissidio m, contrasto m; ◇ **Gegensätze ausgleichen** appianare i contrasti; **gegensätzlich** adj ① ▷*Aussagen* contraddittorio ② ▷*Charaktere* opposto ③ ▷*Meinungen* opposto; **Gegenseite** f ① JURA controparte f

② ↑ *Rückseite* rovescio m; **gegenseitig** adj ① reciproco; ◇ **sich - helfen** aiutarsi reciprocamente ② ▷*Einvernehmen* reciproco; **Gegenspieler(in)** f m avversario/a, antagonista m/f; SPORT avversario/a

Gegenstand m ① ↑ *Sache, Ding* oggetto m ② FIG ↑ *Thema* argomento m, tema m; **gegenständlich** adj oggettivo; **gegenstandslos** adj ① (*überflüssig*) inconsistente ② ↑ *unbegründet* infondato

Gegenstimme f ① (*bei Abstimmungen*) voto m contrario ② MUS controcanto m; **Gegenstück** n ① oggetto m di riscontro (*zu* per) ② ↑ *Gegenteil* contrario m (*zu* di); **Gegenteil** n ① contrario m, opposto m (*von* di) ② ↑ *Umkehrung* inversione f ③ opposto m, contrario m; ◇ **das - behaupten** affermare il contrario; ◇ **im - anzi**; **gegenteilig** adj contrario, opposto

gegenüber I. präp dat ① di fronte; ◇ **- der Haltestelle** di fronte alla fermata ② ↑ *im Hinblick auf etw/jdn* nei confronti/riguardi di; ◇ **ihm - habe ich keine Bedenken** non ho nessun dubbio nei suoi confronti/riguardi ③ ↑ *angesichts* a; ◇ **er hat ihr - nichts gesagt** a lei non [le] ha detto niente ④ ↑ *im Vergleich zu* in confronto a; ◇ **- früher geht es uns heute besser** oggi stiamo meglio confronto a una volta **II.** adv di fronte (*von* a); ◇ **die Nachbarn von -** i vicini di fronte; **gegenüberliegen** unreg vr ◇ **sich -** essere di fronte a; **gegenüberstehen** unreg vr ◇ **sich -** ① stare di fronte a ② *FIG* essere; **gegenüberstellen** vt ① ↑ *konfrontieren* mettere a confronto ② FIG ↑ *vergleichen* paragonare, confrontare; **Gegenüberstellung** f ① confronto m ② paragone m, confronto m

Gegenverkehr m AUTO traffico m in senso opposto; **Gegenvorschlag** m controproposta f

Gegenwart f ‹-› ① presente m ② ↑ *Anwesenheit* presenza f; ◇ **in - von** alla/in presenza di ③ GRAM presente m; **gegenwärtig I.** adj presente, attuale **II.** adv presente; ◇ **das ist mir nicht mehr -** non c'è l'ho più presente

Gegenwehr f ‹-› difensiva f; **Gegenwert** m controvalore m; **Gegenwind** m vento m contrario; **gegenzeichnen** vti → *Dokument* controfirmare

gegliedert adj articolato

Gegner(in f) m ‹-s, -› ① avversario/a; MIL nemico m; SPORT avversario/a; **gegnerisch** adj ① SPORT, JURA avversario ② MIL nemico; **Gegnerschaft** f ostilità f

Gehabe n ‹-s› modo m strano di comportarsi

Gehackte(s) n ‹-n› GASTRON macinato m

Gehalt¹ m ⟨-[e]s, -e⟩ ① (von Film etc.) contenuto m ② ↑ Anteil percentuale f

Gehalt² n ⟨-[e]s, Gehälter⟩ ↑ Lohn stipendio m

Gehaltsempfänger(in f) m stipendiato/a; **Gehaltserhöhung** f aumento m di stipendio; **Gehaltszulage** f straordinario m

gehaltvoll adj ① ▷Nahrung nutriente ② FIG ↑ anspruchsvoll ricco di contenuto

gehandikapt adj FAM andicappato

gehässig adj ▷Bemerkung cattivo; ▷Person pieno di odio; **Gehässigkeit** f cattiveria f

Gehäuse n ⟨-s, -⟩ ① (Uhr-) cassa f ② (Kern-, von Apfel etc.) torsolo m

geheftet adj (Buch) in brossura

geheim adj ① segreto; ◇ im -en in segreto ② ↑ geheimnisvoll ▷Kräfte segreto; **Geheimagent(in** f) m agente m/f segreto; **Geheimdienst** m servizio m segreto; **Geheimfach** n cassetto m nascosto; **geheimhalten** unreg vt tenere segreto; **Geheimnis** n (Amts-, Arzt-, Berufs-) segreto m; **geheimnisvoll** adj ① ▷Umstände misterioso ② ◇ ~ tun far misteri; **Geheimpolizei** f polizia f segreta; **Geheimtip** m consiglio m

gehemmt adj inibito

gehen ⟨ging, gegangen⟩ I. vi ① andare; ◇ zu Fuß - andare a piedi; ↑ sich begeben andare; (zum Bahnhof, nach Hause, auf die Straße) andare a ; ◇ schwimmen/Fußball spielen/einkaufen - andare a nuotare/a giocare a calcio/a fare la spesa; FIG ◇ das geht zu weit questo è troppo ↑ weg- andare via; ↑ ausscheiden, kündigen → von Arbeitsstelle andarsene da; ↑ abfahren partire; ◇ der Bus geht um 12 il bus parte alle 12 ③ FAM ◇ mit jd-m - andare insieme a/con ④ ↑ funktionieren andare, funzionare ⑤ ↑ auf- ← Hefeteig lievitare ⑥ ↑ hinein- entrare, starci; ◇ wieviel Liter - in die Flasche? quanti litri ci stanno nella bottiglia? ⑦ ↑ sich ausdehnen, erstrecken ← Grundstück, Wald etc. estendersi (bis fino a); (zeitlich) durare; ◇ das Konzert geht bis 21 Uhr il concerto dura fino alle 21 ⑧ ◇ es geht nicht non è possibile, non va bene; ◇ geht es bei Ihnen an Montag? le va bene lunedì? ⑨ ↑ sich entwickeln, verlaufen ← Laden, Geschäft lavorare bene; ◇ die Prüfung ist gut gegangen l'esame è andato bene; ◇ das ist noch mal gutgegangen è andata ancora bene; ◇ das geht ja noch questo non è niente II. vt → Strecke percorrere III. vi impers ① ↑ sich befinden andare, stare; ◇ wie geht es [Ihnen]? come sta/va?; ◇ mir/ihr geht es gut sto/sta bene; ◇ es geht va così così ② ↑ sich handeln trattarsi; ◇ es geht um etw si tratta di; **gehenlassen** unreg I. vt FAM lasciare stare/in pace; ◇ laß sie doch gehen lasciala in pace II. vr ◇ sich - lasciarsi andare; ◇ laß dich nicht so gehen! non lasciarti andare in questo modo!

geheuer adj: ◇ nicht - sinistro

Gehilfe m ⟨-n, -n⟩, **Gehilfin** f ① ↑ Assistent(in) assistente m/f ② ↑ Handwerks- garzone m ③ (bei Verbrechen) complice m/f

Gehirn n ⟨-[e]s, -e⟩ ① ANAT cervello m ② FIG ↑ Geist testa f, cervello m; **Gehirnblutung** f MED emorragia f cerebrale; **Gehirnerschütterung** f MED commozione f cerebrale; **Gehirnhautentzündung** f MED meningite f; **Gehirnschlag** m MED colpo m apoplettico; **Gehirnwäsche** f FIG lavaggio m del cervello

Gehölz n ⟨-es, -e⟩ boschetto m

Gehör n ⟨-[e]s⟩ ① udito m ② MUS ◇ musikalisches - orecchio m ③ ↑ Aufmerksamkeit attenzione f; ◇ jd-m - schenken prestare attenzione a qu

gehorchen vi obbedire (jd-m a)

gehören I. vi ① appartenere, essere (jd-m a/di) ② (Teil von etw sein) essere, fare parte (zu tra/di); ◇ sie gehört zu den besten Schwimmerinnen è una tra le migliori nuotatrici ③ (e-n Platz haben) andare (messo); ◇ das Buch gehört ins Regal il libro va (messo) sullo scaffale; ◇ sie gehört nicht hierher non va (messo) qui ④ (nötig sein) essere necessario, volerci; ◇ dazu gehört Erfahrung ci vuole esperienza per questo II. vr impers ◇ sich - essere decoroso; ◇ das gehört sich nicht questo non è decoroso

gehörig adj ① ↑ gebührend spettante ② ↑ energisch, kräftig deciso; ◇ jd-m - die Meinung sagen dire a qualcuno la sua ③ ◇ zu etw - appartenente a

gehörlos adj sordo

gehorsam adj obbediente; **Gehorsam** m ⟨-s⟩ ubbedienza f; ◇ blinder - ubbedienza f cieca/incondizionata

Gehsteig m ⟨-[e]s, -e⟩ marciapiede m; **Gehweg** m marciapiede m

Geier m ⟨-s, -⟩ ① FAUNA avvoltoio m ② FAM avvoltoio m ③ FAM ◇ weiß der - che ne so io

Geige f ⟨-, -n⟩ MUS violino m; **Geigenbauer** m liutaio m; **Geiger(in** f) m ⟨-s, -⟩ MUS violinista m/f

Geigerzähler m TECH contatore m di geiger

geil adj ① eccitato ② FAM ↑ toll, klasse, super forte ③ FAM ◇ ~ sein auf etw akk essere perso per qc

Geisel f ⟨-, -n⟩ ostaggio m; **Geiseldrama** n drammatico sequestro m di persona

Geiser m ⟨-s, -⟩ GEO geyser m

Geist m ‹-[e]s, -er› ① (*Gespenst*) spirito m ② ↑ *Bewußtsein, Intellekt* intelletto m, spirito m ③ ↑ *Wesen, Gesinnung* (*Zeit-*) animo m ④ FIG ↑ *Witz, Schlagfertigkeit* spirito m ⑤ REL ↑ *Seele* anima f ⑥ ↑ *Alkohol, Schnaps* spirito m; **Geisterfahrer(in** f) m ≈automobilista m/f che viaggia contromano; **geisterhaft** adj ① ▷*Erscheinung* spettrale ② ↑ *übersinnlich* soprannaturale; **geistesabwesend** adj distratto; **Geistesabwesenheit** f distrazione f; **Geistesblitz** m lampo m di genio; **Geistesgegenwart** f presenza f di spirito; **geistesgegenwärtig** adv che ha presenza di spirito; **geisteskrank** adj malato di mente, pazzo; **Geisteskranke(r)** fm malato/a mentale m, pazzo/a; **Geisteskrankheit** f malattia f mentale; **Geisteswissenschaft** f lettere e filologia f/pl, **Geisteswissenschaftler(in** f) m letterato/a; **Geisteszustand** m stato m mentale; ◇ jd-n auf seinen untersuchen lassen far esaminare lo stato mentale di qu; **geistig** adj ① (*immateriell*) spirituale ② ↑ *intellektuell* mentale, intellettuale; ▷*Arbeit* mentale ③ ↑ *psychisch* mentale; ◇ **- behindert** andicappato m mentale ④ ↑ *alkoholisch* alcolico; ◇ **-e Getränke** bevande f/pl alcoliche

geistlich adj ① ↑ *kirchlich* religioso ② ↑ *religiös* sacro, religioso; **Geistliche(r)** fm ecclesiastico m; **Geistlichkeit** f clero m

geistlos adj ① ▷*Bemerkung* stupido ② ▷*Film* noioso; **geistreich** adj ① ▷*Person* geniale ② ▷*Film, Bemerkung* pieno di spirito; **geisttötend** adj noioso

Geiz m ‹-es› avarizia f; **geizen** vi essere avaro (*mit* di); **Geizhals, Geizkragen** m spilorcio m, avaraccio m; **geizig** adj avaro

Gejammer n ‹-s› lamenti m/pl

geknickt adj FAM affranto

gekonnt adj abile

gekräuselt adj arricciato

gekünstelt adj ▷*Lächeln* affettato; ▷*Benehmen* innaturale

Gel n ‹-s, -s› (*Haar-*) gel m [per i capelli]

Gelaber n ‹-s› FAM chiacchiere f/pl

Gelächter n ‹-s, -› risa f/pl, risate f/pl

geladen adj ① ELECTR ▷*Batterie* carico ② FAM ↑ *gereizt, wütend* furibondo

gelähmt adj ① paralizzato ② FIG ◇ **wie -** come paralizzato

Gelände n ‹-s, -› ① area f ② (*Bau-*) terreno m; **Geländefahrzeug** n fuoristrada m; **Geländelauf** m SPORT corsa f campestre

Geländer n ‹-s, -› (*Balkon- etc.*) ringhiera f

gelangen vi ① ↑ *kommen, ankommen* arrivare,

giungere (*an akk, dat* a) ② ↑ *erreichen* raggiungere (*zu dat* qc) ③ ◇ **zu Reichtum** - arricchirsi

gelassen adj calmo, tranquillo; ◇ **etw - hinnehmen** prendere qc con calma; **Gelassenheit** f calma f, tranquillità f

Gelatine f (GASTRON *Speise-*) gelatina f

geläufig adj ▷*Wort* comune

gelaunt adj disposto; ◇ **schlecht/gut -** essere di cattivo/buon umore; ◇ **wie ist sie -?** di che umore è?

gelb adj giallo; **gelblich** adj giallognolo; **Gelbsucht** f MED itterizia f

Geld n ‹-[e]s, -er› ① soldi m/pl ② ◇ **-er** pl (*Vermögen, Kapital*) capitale m; **Geldanlage** f FIN investimento m di denaro; **Geldanleger** m investitore m; **Geldautomat** m bancomat m; **Geldbeutel** m portafoglio m; **Geldbörse** f portafoglio m; **Geldentwertung** f svalutazione f [della moneta]; **Geldgeber(in** f) m ‹-s, -› finanzia|tore(-trice f) m; **geldgierig** adj avido di denaro; **Geldheirat** f matrimonio m di interesse; **Geldschein** m banconota f; **Geldschrank** m cassaforte f; **Geldstrafe** f multa f; JURA pena f pecuniaria; **Geldstück** n moneta f; **Geldsumme** f somma f [di denaro]; **Geldtasche** f portafoglio m; **Geldwechsel** m cambio m [di valuta]; **Geldwert** m ① valore m in denaro ② (*Kaufkraft*) potere m d'acquisto

Gelee n ‹-s, -s› GASTRON (*Apfel-*) gelatina f

gelegen adj ① (*befindlich, plaziert*) posto, situato ② ↑ *passend* comodo, opportuno, ◇ **das kommt mir -** mi fa comodo; **Gelegenheit** f ① ↑ *Chance* occasione f; COMM occasione f; ◇ **e-e - wahrnehmen** cogliere l'occasione; ◇ **bei -** al momento opportuno ② ↑ *Anlaß* circostanza f, occasione f; ◇ **bei jeder -** ad/per ogni occasione ③ (*Schlaf-*) posto m; **Gelegenheitsarbeit** f lavoro m occasionale; **Gelegenheitsarbeiter(in** f) m lavora|tore(-trice f) m occasionale m; **Gelegenheitskauf** m occasione f; **gelegentlich I.** adj ▷*Treffen* occasionale **II.** adv occasionalmente, ogni tanto; ◇ **- ein Glas trinken** bere un bicchiere ogni tanto

gelehrig adj docile

gelehrt adj ① ▷*Frau* dotto ② ↑ *akademisch* erudito; **Gelehrte(r)** fm (*Rechts-, Schrift-*) studioso/a

Geleise n rotaie f/pl

Geleit n ‹-[e]s, -e› NAUT, MIL (*Schutz-*) scorta f; seguito m; ◇ **freies -** salvacondotto m; **geleiten** vt accompagnare; **Geleitschiff** n scorta f navale; **Geleitwort** n (*von Buch*) prefazione f

Gelenk n ‹-[e]s, -e› ① ANAT articolazione f ② (*von Maschine*) giunto m, snodo m; **Gelenk-**

entzündung f MED artrite f; **gelenkig** adj snodato, flessibile; **Gelenkigkeit** f flessibilità f

gelernt adj ▷Arbeiter qualificato

Geliebte(r) fm amante m/f

gelind[e] adj ▷Wind, Wut lieve, leggero; ◇ - gesagt a dir poco

gelingen ⟨gelang, gelungen⟩ vi ① ← Plan riuscire; ◇ **es gelingt mir nicht** non ci riesco ② ← Arbeit riuscire

gellen vi ← Schrei risuonare; **gellend** adj acuto

geloben I. vt → Treue etc. giurare solennemente II. vr: ◇ **sich** dat etw - prefiggersi di

gelten ⟨galt, gegolten⟩ I. vt valere, essere valido; ◇ **der Gutschein gilt ein Jahr** il buono è valido per un anno II. vt impers: ◇ **es gilt, etw zu tun** è necessario fare qc III. vi ① ⟨gültig sein⟩ valere; ← Geld, Gutschein, Ausweis essere valido; ◇ **ihr Wort gilt** vale la sua parola ② ↑ erlaubt sein valere, essere permesso; ◇ **das gilt nicht** non vale ③ ↑ angesehen sein als essere ritenuto/considerato ⟨als qc⟩; ◇ **er gilt als Frauenheld** è ritenuto/considerato un donnaiolo ④ ↑ zutreffen auf valere ⟨für per⟩; ◇ **das gilt für Sie auch** questo vale anche per lei ⑤ ↑ bestimmt sein für essere; ◇ **das gilt Ihnen** questo è per lei ⑥ ◇ **etw - lassen** riconoscere qc; ◇ **etw -d machen** → Ansprüche far valere qc; **Geltung** f ① ↑ Gültigkeit validità f; ⟨von Geld⟩ valore m; ◇ - **haben** essere valido ② ↑ Beachtung, Ansehen considerazione f; ◇ **etw zur - bringen** mettere in risalto qc; ◇ **zur - kommen** risaltare; **Geltungsbedürfnis** n desiderio m di affermazione

Gelübde n ⟨-s, -⟩ voto m

gelungen adj ▷Abend, Konzert etc. riuscito

gemächlich I. adj ① ▷Person calmo, tranquillo ② ▷Leben comodo II. adv con calma

Gemahl(in) f m ⟨-[e]s, -e⟩ consorte m/f

Gemälde n ⟨-s, -⟩ ⟨Öl-⟩ quadro m; **Gemäldegalerie** f pinacoteca f

gemasert adj venato

gemäß I. präp dat secondo; ◇ **e-m Wunsch -** secondo il suo desiderio II. adj ↑ angemessen, würdig adeguato; ◇ **ein der Situation -es Verhalten** un comportamento adeguato alla situazione

gemäßigt adj ▷politische Gesinnung moderato; ▷Klima mite

Gemäuer n ⟨-s, -⟩ mura f/pl

gemein adj ① ↑ gewöhnlich, einfach semplice, comune; ◇ **der -e Mann** l'uomo comune ② FIG ▷Person, Verhalten cattivo, malvagio; ▷Lachen perfido ③ ▷Wohl, Nutzen comune; ◇ **etw - haben [mit]** avere qu in comune [con]

Gemeinde f ⟨-, -n⟩ ① comune m; ⟨Pfarr-⟩ parrocchia f, comunità f ② ↑ Gemeinschaft, Gruppe gruppo m; **Gemeinderat** m consiglio m comunale; **Gemeindesteuer** f imposta f comunale; **Gemeindevertretung** f consiglio m comunale; **Gemeindeverwaltung** f amministrazione f comunale; **Gemeindewahl** f elezioni f/pl comunali/amministrative; **gemeingefährlich** adj: ◇ **ein -er Verbrecher** un criminale che costituisce un pericolo pubblico; **Gemeinheit** f cattiveria f, malvagità f; **gemeinnützig** adj ▷Einrichtung di pubblica utilità

gemeinsam I. adj comune II. adv ↑ miteinander, zusammen insieme; ◇ **etw - tun** fare qc insieme; ◇ **etw - haben [mit]** avere qc in comune [con]; **Gemeinsamkeit** f comunanza f

Gemeinschaft f comunità f; ◇ **in - mit** insieme a; **gemeinschaftlich** adj comune; ◇ **etw - tun** fare qc insieme; **Gemeinschaftsarbeit** f lavoro m collettivo; **Gemeinschaftskunde** f educazione f civica; **Gemeinschaftsschule** f scuola f interconfessionale; **Gemeinschaftswerbung** f pubblicità f collettiva

Gemenge n ⟨-s, -⟩ ① confusione f, trambusto f ② CHEM ↑ Gemisch miscuglio m ③ FIG ↑ Durcheinander, Mischmasch confusione f

gemessen adj ▷Schritt, Haltung misurato

Gemetzel n ⟨-s, -⟩ massacro m

Gemisch n ⟨-es, -e⟩ miscela f, miscuglio m; AUTO miscela f; **gemischt** adj ① ▷Chor misto; ▷Gesellschaft misto ② ◇ **mit -en Gefühlen** con sentimenti contrastanti

Gemse f ⟨-, -n⟩ FAUNA camoscio m

Gemunkel n ⟨-s⟩ pettegolezzi m/pl

Gemurmel n ⟨-s⟩ borbottio m

Gemüse n ⟨-s, -⟩ ① verdura f, ortaggi m/pl ② FAM ◇ **junges** - giovani -i m/pl; **Gemüse[an]bau** m orticoltura f; **Gemüsegarten** m orto m; **Gemüsegärtner** m orticoltore m; **Gemüsehändler(in)** f m erbivenddo/a f

gemustert adj ▷Kleid a disegni

Gemüt n ⟨-[e]s, -er⟩ ① temperamento m, indole f, natura f ② FAM ◇ **sich** dat **etw zu -e führen** mangiare qc di gusto; **gemütlich** adj ① ▷Zimmer confortevole, accogliente ② ▷Person calmo, tranquillo ③ ▷Tempo calmo; **Gemütlichkeit** f ① ⟨von Raum⟩ comodità f ② ⟨von Person⟩ cordialità f; **Gemütsart** f temperamento m; **Gemütsbewegung** f emozione f; **gemütskrank** adj nevrotivo; **Gemütsmensch** m bonaccione m; **Gemütsruhe** f sangue m fred-

do, calma f; ◇ **in aller** - in tutta calma; **Gemüts- verfassung** f umore m, stato m d'animo
Gen n ‹-s, -e› gene m
genau I. adj ① ▷Angaben, Beschreibung preciso, esatto ② ▷Arbeit meticoloso **II.** adv ① esattamente, precisamente; ◇ - **richtig** esattamente; ◇ **genau!** precisamente!, proprio così!; ◇ - **abmessen** misurare precisamente ② ↑ gewissenhaft in maniera meticolosa; ◇ - **arbeiten** lavorare in maniera meticolosa; ◇ **-genommen** per la verità [o. per essere precisi]; **Genauigkeit** f ① (Exaktheit) esattezza f, precisione f ② (Gewissenhaftigkeit) accuratezza f
genehmigen I. vt ▷Antrag autorizzare, accettare **II.** vr FAM: ◇ **sich** dat **e-n** - bersi/farsi un bicchierino; **Genehmigung** f autorizzazione f, permesso m
General(in) m ‹-s, -e o. Geräle› generale m/f; **Generaldirektor(in)** m diret|tore(-trice f) m generale m; **Generalprobe** f prova f generale; **Generalstaatsanwalt** m JURA procuratore m generale; **Generalstreik** m sciopero m generale; **generalüberholen** vt revisionare; **Generalversammlung** f assemblea f generale
Generation f generazione f
Generator m (Strom-, Gas-) generatore m
generell I. adj generale **II.** adv generalmente, in generale
genesen vi guarire; **Genesende(r)** fm convalescente m/f; **Genesung** f convalescenza f, guarigione f
genetisch adj genetico
genial adj ① ▷Person geniale ② ▷Erfindung geniale, brillante; **Genialität** f genialità f
Genick n ‹-[e]s, -e› ANAT nuca f
Genie n ‹-s, -s› genio m
genieren I. vt disturbare; ◇ **geniert es Sie, wenn …?** la disturba se …? **II.** vr ◇ **sich** - vergognarsi
genießbar adj ① mangiabile, commestibile ② FAM ↑ umgänglich, verträglich sopportabile; **genießen** ‹genoß, genossen› vt ① → Urlaub, Lektüre godersi ② → Essen gustare ③ → Respekt, Ansehen godere di ④ FAM ◇ **er ist heute nicht zu** - oggi è insopportabile; **Genie- ßer(in** f) m ‹-s, -› gaudente m/f; **genießerisch** adj godereccio
Genital n ‹-s, -ien› ANAT genitali m/pl
Genosse m ‹-n, -n›, **Genossin** f ① (Weg-) compagno/a ② POL compagno/a; **Genossen- schaft** f cooperativa f; (Berufs-, Handels-) associazione f
Genre n ‹-s, -s› genere m
Gentechnik f ingegneria f genetica

genug adv abbastanza, a sufficienza, sufficiente; ◇ - **zu trinken haben** avvere da bere a sufficienza; ◇ **mehr als** - più che sufficiente; ◇ **jetzt ist es aber** -! adesso basta!
Genüge f: ◇ **zur** - a sufficienza; **genügen** vi ① essere sufficiente (jd-m a/per) ② ↑ zufriedenstellen soddisfare (dat qu); **genü- gend** adj sufficiente; **genügsam** adj facile da accontentare
Genugtuung f riparazione f; (innere -) soddisfa- zione f personale
Genuß m ‹-sses, Genüsse› ① (von Speisen) piacere m ② ↑ Vergnügen piacere m, gioia f ③ ↑ Nutzen uso m; ◇ **in den** - **von etw kommen** ricevere qc; **genüßlich** adv godereccio; **Ge- nußmittel** n genere m voluttuario
Geograph(in f) m ‹-en, -en› geografo/a; **Geo- graphie** f geografia f; **geographisch** adj geografico
Geologe m ‹-n, -n›, **Geologin** f geologo/a; **Geologie** f geologia f
Geometrie f MATH geometria f
Gepäck n ‹-[e]s› (Hand-, Marsch-) bagaglio m; **Gepäckabfertigung** f check-in m, spedizione f bagagli; **Gepäckannahme** f accettazione f bagagli; **Gepäckaufbewahrung** f deposito m bagagli; **Gepäckausgabe** f consegna f dei ba- gagli; **Gepäckdurchsuchung** f controllo m dei bagagli; **Gepäckkarren** m carrello m [por- tabagagli]; **Gepäcknetz** m rete f portabagagli; **Gepäckraum** m bagagliaio m; **Gepäck- schein** m scontrino m dei bagagli; **Gepäck- schließfach** n deposito m bagagli a cassetta; **Gepäckstück** n collo m; **Gepäckträger** m (beim Fahrrad) facchino m, portabagagli m; **Ge- päckwagen** m bagagliaio m
gepflastert adj pavimentato
gepflegt adj ① ▷Garten, Park, Haus ben tenuto, curato; ▷Äußeres, Kleidung curato ② ↑ kultiviert curato ▷Sprache scelto, accurato
Gequatsche n FAM chiacchiere f/pl
gerade I. adj ① ▷Linie, Wand diritto ② ↑ aufrecht eretto, diritto ③ FIG ▷Charakter one- sto ④ ▷Weg diritto, rettilineo ⑤ MATH ▷Zahl pari **II.** adv ① ◇ **sie ist** - **beim Essen** sta mangi- ando; ◇ **er ist** - **gegangen** è appena andato via ② ↑ eben, genau proprio, appunto; ◇ - **das wollte ich verhindern** è proprio questo che volevo evi- tare; ◇ - **pünktlich** proprio in tempo; ◇ -, **weil** proprio perché; ◇ **nicht** - **angenehm** non è pro- prio piacevole ③ ↑ direkt proprio, direttamente; ◇ **sie wohnt um die Ecke** abita proprio all'an- golo ④ ↑ ausgerechnet ◇ **das hat mir** - **noch gefehlt** mi mancava anche questo; ◇ - **sie hat es**

nötig, ... è proprio lei che ha bisogno di ... **5** ↑ *knapp* appena; ◇ - **genug zum Leben** appena sufficiente per vivere; **Gerade** *f* ‹-n, -n› linea *f* retta; (SPORT *Ziel-*) rettilineo *m;* MATH retta *f;* **geradeaus** *adv* diritto; **geradeheraus** *adv* chiaro e tondo; **geradestehen** *unreg vi* **1** ↑ *aufrecht stehen* stare diritto **2** *FIG* ↑ *einstehen, Verantwortung übernehmen* rispondere (*für akk* di); **geradewegs** *adv* ↑ *direkt* direttamente; ◇ - **nach Hause gehen** andare direttamente a casa; **geradezu** *adv* addirittura, quasi; ◇ **das ist - unglaublich** è quasi incredibile; **geradlinig** *adj* **1** ▷*Reihe* rettilineo **2** *FIG* ▷*Mensch* aperto

Gerät *n* ‹-[e]s, -e› **1** strumento *m,* utensile *m* **2** ↑ *Werkzeug* utensile *m,* arnese *m* **3** (*Fernseh-, Radio-*) apparecchio *m,* strumento *m* **4** (SPORT *Turn-*) attrezzatura *f*

geraten *unreg vi* **1** ↑ *gelingen* riuscire; ◇ **gut/schlecht -** riuscire bene/male, venire bene/male **2** ◇ **nach der Mutter -** diventare simile alla madre **3** (*gelangen*) capitare, finire; ◇ **an jd-n -** imbattersi in qu; ◇ **in etw** *akk* - capitare in; ◇ **außer sich -** non stare più nella pelle

Gerätet_urnen *n* attrezzistica *f*

Geratewohl *n:* ◇ **aufs - a** caso, alla cieca

geräumig *adj* ▷*Wohnung* spazioso

Geräusch *n* ‹-[e]s, -e› rumore *m;* **geräusch-los** *adj* silenzioso; **geräuschvoll** *adj* rumoroso

gerben *vt* **1** → *Leder* conciare **2** *FAM* ◇ **jd-m das Fell -** conciare qu per le feste

gerecht *adj* **1** ▷*Entscheidung* giusto, equo **2** ▷*Urteil, Richter* equo **3** ◇ **jd-m/e-r Sache - werden** rendere giustizia a qu/qc; **Gerechtig-keit** *f* **1** (*von Entscheidung*) giustizia *f* **2** (*von Rechtsspruch*) giustizia *f,* legittimità *f*

Gerede *n* ‹-s› chiacchiere *f/pl*

gereizt *adj* **1** ↑ *nervös, aggressiv* ▷*Person, Tier* irritato **2** ▷*Stimmung* nervoso, pieno di tensione; **Gereiztheit** *f* irritazione *f,* nervosismo *m*

Gericht *n* ‹-[e]s, -e› **1** ↑ *Mahlzeit* piatto *m,* portata *f* **2** (*Amts-, Verfassungs-*) tribunale *m* **3** *FAM* ◇ **mit jd-m ins - gehen** giudicare qu, criticare qu

gerichtet *adj* regolato, aggiustato

gerichtlich *adj* ▷*Vorladung, Entscheidung* giudiziario, legale; **Gerichtsarzt** *m,* **-ärztin** *f* medico *m* legale; **Gerichtsbarkeit** *f* giurisdizione *f;* **Gerichtsdiener** *m* usciere *m* giudiziario; **Gerichtshof** *m* corte *f;* **Gerichtskosten** *pl* spese *f/pl* giudiziarie; **Gerichtssaal** *m* sala *f* del tribunale; **Gerichtsschranke** *f* sbarra *f;* **Gerichtsschreiber** *m* cancelliere *m;* **Ge-**

richtssitzung *f* udienza *f;* **Gerichtstermin** *m* giorno *m* d'udienza; **Gerichtsverfahren** *n* procedimento *m* giudiziario; **Gerichtsver-handlung** *f* udienza *f;* **Gerichtsvollzieher** (**in** *f*) *m* ‹-s, -› ufficiale *m* giudiziario

gering *adj* **1** (*klein, wenig*) piccolo, poco, basso **2** *FIG* ▷*Bedeutung, Unterschied* scarso, poco; ▷*Aussichten* brutto; ◇ **nicht im -sten** non affatto; **geringfügig** *adj* di poca importanza; ◇ **sich - verändern** cambiare di poco; **geringschät-zig** *adj* ▷*Bemerkung* sprezzante

gerinnen *unreg vi* coagulare; **Gerinnung** *f* (MED *von Blut*) coagulazione *f*

Gerippe *n* ‹-s, -› **1** scheletro *m* **2** (*FAM sehr dünne Person*) scheletro *m*

gerissen *adj FIG* furbo

Germanist(**in** *f*) *m* germanista *m/f;* **Germanistik** *f* germanistica *f*

gern[e] *adv Kompartiv* **lieber, am liebsten 1** ↑ *bereitwillig* volentieri; ◇ -! volentieri!; ◇ **etw-tun** fare qc volentieri **2** ◇ **jd-n - haben, jd-n - mögen** voler bene a qu, piacere; ◇ **ich habe/mag das** - mi piace **3** ↑ *ohne weiteres* bene; ◇ **das glaube ich -** ci credo bene **4** *FAM* ◇ **du kannst mich - haben** te lo puoi scordare

Geröll *n* ‹-[e]s, -e› GEO detriti *m/pl*

Gerste *f* ‹-, -n› FLORA orzo *m*

Gerte *f* ‹-, -n› (*Reit-*) frustino *f*

Geruch *m* ‹-[e]s, Gerüche› **1** (*Duft*) profumo *m;* ▷*beißend, unangenehm* odore *m* **2** (*Geruchs-sinn*) olfatto *m;* **geruchlos** *adj* inodoro; **Ge-ruchssinn** *m* olfatto *m;* **geruchtilgend** *adj* deodorante

Gerücht *n* ‹-[e]s, -e› voce *f;* ◇ **ein - in die Welt setzen** mettere in giro una voce

gerührt *adj* commosso

geruhsam *adj* ▷*Mensch* tranquillo

Gerümpel *n* ‹-s› vecchi arnesi *m/pl*

gerundet *adj* arrotondato

Gerüst *n* ‹-[e]s, -e› **1** (*Bau-*) impalcatura *f* **2** *FIG* ↑ *Konzeption, Grundentwurf* struttura *f*

gesamt *adj* **1** ↑ *vollständig* intero, totale **2** ↑ *ganz* tutto, completo; **gesamtdeutsch** *adj* di tutta la Germania; **Gesamteindruck** *m* impressione *f* generale; **Gesamtergebnis** *n* risultato *m* generale; **gesamthaft** *adv* (*CH*) in tutto; **Gesamtheit** *f* totalità *f;* **Gesamtrechnung** *f* conto *m* complessivo; **Gesamtschule** *f* ≈scuola *f* colletiva/integrata; **Gesamtsumme** *f* somme *f* complessiva

Gesandte(**r**) *fm* inviato/a; **Gesandtschaft** *f* legazione *f*

Gesang *m* ‹-[e]s, Gesänge› **1** canto *m;* ◇ **gregorianischer -** i canti gregoriani **2**

(SCHULE *Studien-, Schulfach*) canto *m*; **Gesangverein** *m* società *f* corale

Gesäß *n* ⟨-es, -e⟩ sedere *m*; **Gesäßtasche** *f* tasca *f* posteriore

geschafft *adj FAM* sfinito

Geschäft *n* ⟨-[e]s, -e⟩ 1 affare *m* 2 ↑ *Laden* negozio *m* 3 ↑ *Absatz, Verkauf* vendita *f*; ◇ dasgeht gut la vendita è buona 4 *FAM* ↑ *Firma, Büro* ufficio *m*; ◇ ins - gehen andare a lavorare 5 ↑ *Beschäftigung* occupazione *f* 6 *FAM* ↑ *Notdurft* bisogno *m* [corporale]; ◇ sein - verrichten fare i propri bisogni; **geschäftig** *adj* ▷*Treiben* attivo; **geschäftlich I.** *adj* d'affari **II.** *adv* per affari; ◇ - unterwegs sein essere in giro per affari; **Geschäftsabschluß** *m* conclusione *f* di un affare; **Geschäftsbericht** *m* resoconto *m*; **Geschäftsbrief** *m* lettera *f* commerciale; **Geschäftsfrau** *f* commerciante *f*, donna *f* d'affari; **Geschäftsführer(in)** *f) m* direttore(-trice *f*) *m*; **Geschäftsjahr** *n* anno *m* amministrativo; **Geschäftslage** *f* 1 zona *f* del negozio 2 stato *m* degli affari; **Geschäftsleitung** *f* 1 gestione *f*, direzione *f* 2 (*Personen*) dirigenti *m/pl*; **Geschäftsmann** *m* ⟨-leute⟩ uomo *m* d'affari

Geschäftspartner(in) *f) m* socio/a d'affari *m*; **Geschäftsreise** *f* viaggio *m* d'affari; **Geschäftsschluß** *m* ora *f* di chiusura; **Geschäftsstelle** *f* ufficio *m*; **geschäftstüchtig** *adj a.* JURA pratico di affari; **Geschäftsverbindung** *f* rapporto *m* d'affari; **Geschäftswelt** *f* mondo *m* degli affari

geschah *impf v.* **geschehen**

geschehen (*geschah, geschehen*) *vi* ← *Unglück* accadere; → *jd-m* capitare a; ◇ das geschicht jd-m recht! gli sta bene questo!; ◇ es ist um ihn - per lui è finita; **Geschehen** *n* ⟨-s, -⟩ (*Tages-*) avvenimento *m*

gescheit *adj* assennato

Geschenk *n* ⟨-[e]s, -e⟩ regalo *m*

Geschichte *f* ⟨-, -n⟩ 1 (*Wissenschaft, Tradition, Ereignis*) storia *f* 2 (*Kurz-, Tier-*) storia, *f*; *FAM* ◇ -n machen fare storie; **geschichtlich** *adj* ↑ *historisch* storico; **Geschichtsbild** *n* quadro *m* storico; **Geschichtsbuch** *n* SCHULE libro *m* di storia; **Geschichtsfälschung** *f* falsificazione *f* della storia; **Geschichtsschreiber(in** *f) n* storiografo/a

Geschick *n* ⟨-[e]s, -e⟩ 1 ↑ *Schicksal* destino *m* 2 ↑ *Geschicklichkeit* destrezza *f*, abilità *f* (*zu/für* in, per); **Geschicklichkeit** *f* destrezza *f*, abilità *f*; **Geschicklichkeitsspiel** *n* gioco *m* d'abilità; **geschickt** *adj* ▷*Hände* abile; ▷*Taktik, Frage* raffinato

geschieden *adj* divorziato

Geschirr *n* ⟨-[e]s, -e⟩ 1 piatti *m/pl* 2 (*für Pferd*) finimenti *m/pl*; **Geschirrschrank** *m* credenza *f*; **Geschirrspülmaschine** *f* lavastoviglie *f*; **Geschirrtuch** *n* canovaccio *m* [per asciugare i piatti]

Geschlecht *n* ⟨-[e]s, -er⟩ 1 sesso *m* 2 GRAM genere *m* 3 ↑ *Generation* generazione *f* 4 ↑ *Stamm* stirpe *f* 5 [*-steil*] sesso *m*; **geschlechtlich** *adj* ▷*Fortpflanzung* sessuale; **Geschlechtskrankheit** *f* malattia *f* venerea; **Geschlechtsleben** *n* vita *f* sessuale; **geschlechtslos** *adj* asessuato; **Geschlechtsorgan** *n* organo *m* sessuale; **Geschlechtsteil** *n o. m* organo *m* genitale; **Geschlechtsverkehr** *m* rapporti *m/pl* sessuali

Geschmack *m* ⟨-[e]s, Geschmäcke⟩ 1 (*von Speisen etc.*) sapore *m* 2 [*-ssinn*] gusto *m* 3 ↑ *Gefallen, Vorliebe* gusto *m*; ◇ je nach - secondo i gusti; ◇ - an etw *dat* finden trovare gusto in qc; ◇ auf den - kommen prenderci gusto; **geschmacklos** *adj* 1 ▷*Suppe* insipido 2 ▷*Einrichtung, Kleidung* privo di gusto 3 ▷*Bemerkung, Benehmen* privo di tatto; **Geschmack[s]sache** *f* questione *f* di gusto; **Geschmack[s]sinn** *m* gusto *m*; **geschmackvoll** *adj* di buon gusto

geschmeidig *adj* 1 flessibile 2 ▷*Wachs, Teig* morbido 3 (*formbar*) duttile

geschminkt *adj* truccato

Geschnatter *n* ⟨-s⟩ (*von Gänsen, Enten*) schiamazzo *m*; (*FAM ständiges Reden*) schiamazzo *m*

Geschöpf *n* ⟨-[e]s, -e⟩ creatura *f*

Geschoß *n* ⟨-sses, -sse⟩ 1 MIL proiettile *m* 2 ↑ *Stockwerk* piano *m*

geschraubt *adj* manierato

Geschrei *n* ⟨-s⟩ grida *f/pl*

Geschütz *n* ⟨-es, -e⟩ pezzo *m* d'artiglieria; FIG ◇ schwere -e auffahren sparare con grossi calibri

geschützt *adj* protetto

Geschwader *m* squadra *f*

Geschwafel *n* ⟨-s⟩ *FAM* chiacchiere *f/pl*

Geschwätz *n* ⟨-es⟩ chiacchierata *f*; **geschwätzig** *adj* ▷*Schüler* chiacchierone

geschweige *cj:* ◇ - [denn] men che meno, meno che mai

Geschwindigkeit *f* velocità *f*, rapidità *f*; **Geschwindigkeitsbegrenzung** *f* limite *m* di velocità; **Geschwindigkeitsüberschreitung** *f* eccesso *m* di velocità

Geschwister *pl* fratelli *m/pl*, sorelle *f/pl*

geschwollen *adj* 1 ▷*Füße* gonfio 2 FIG ▷*Stil* ampolloso

Geschworene(r) *fm* ⟨-n, -n⟩ giurato/a

Geschwulst *f* ⟨-, Geschwülste⟩ ↑ *Tumor* tumore *m*

Geschwür *n* ⟨-[e]s, -e⟩ ulcera *f*

Geselle *m* ⟨-n, -⟩, **Gesellin** *f* 1 (*im Handwerk*) lavorante *m/f* 2 ↑ *Freund* compagno/a

gesellen *vr* ◇ sich - accompagnarsi (*zu* con)

Gesellenprüfung *f* esame *m* di idoneità professionale; **Gesellenstück** *n* lavoro *m* di prova (dell'apprendista garzone)

gesellig *adj* 1 ▷*Abend* piacevole 2 ▷*Mensch, Wesen* socievole; **Geselligkeit** *f* socievolezza *f*

Gesellschaft *f* 1 (*soziale Struktur*) società *f*; *Gruppe, Vereinigung*, [*Handels-*] società *f* 2 ↑ *Begleitung* 3 jd-m - leisten far compagnia a qu 3 ↑ *Fest* ◇ e-e - geben dare un grande ricevimento; **Gesellschafter(in)** *f m* 1 ↑ *Teilhaber* socio/a 2 ↑ *Begleitperson* compagno/a; **gesellschaftlich** *adj* socievole; **Gesellschaftsordnung** *f* ordine *m* sociale; **Gesellschaftsschicht** *f* strato *m* sociale; **Gesellschaftsspiel** *n* gioco *m* di società

Gesetz *n* ⟨-es, -e⟩ 1 legge *f* 2 ↑ *Richtlinie* norma *f* 3 (*wissenschaftliches Prinzip*) legge *f*; **Gesetzbuch** *n* codice *m*; **Gesetzentwurf** *m* proposta *f* di legge; **Gesetzestafeln** *f pl* REL tavole *f/pl* della legge; **Gesetzesvorlage** *f* progetto *m* di legge; **gesetzgebend** *adj* ▷*Gewalt* legislativo; **Gesetzgeber(in)** *f m* ⟨-s, -⟩ legislatore(-trice *f* m*); **Gesetzgebung** *f* legislazione *f*; **gesetzlich** *adj* ▷*Vormund, Vertreter* legale; **gesetzlos** *adj* fuori legge; **gesetzmäßig** *adj* ▷*Versuchsablauf* regolare

gesetzt *adj* ▷*Mensch* posato; **gesetztenfalls** *adv* ammesso che

gesetzwidrig *adj* illegale

ges. gesch. *Abk v.* gesetzlich geschützt brev.

Gesicht *n* ⟨-[e]s, -er⟩ 1 viso *m*; (*große Ähnlichkeit haben*) ◇ jd-m wie aus dem - geschnitten sein parere il ritratto *m* di qu; FIG ◇ e-r Sache ins - sehen müssen dovere affrontare qc 2 (*-sausdruck, Miene*) espressione *f*; (*unzufrieden, mürrisch sein*) ◇ ein langes - ziehen fare un muso *m* lungo 3 (*FAM Mensch*) faccia *f* 4 ↑ *Aussehen, Form* volto *m* 5 FIG ↑ *Ansehen* ◇ - sein - verlieren perdere la faccia 6 (*-sfeld, Blick*) ◇ jd-m zu - kommen capitare sotto gli occhi di qu; **Gesichtsausdruck** *m* espressione *f* del viso; **Gesichtscreme** *f* crema *f* per il viso; **Gesichtsfarbe** *f* colorito *m*; **Gesichtskreis** *m* FIG ↑ *Horizont* orizzonte *m*; **Gesichtsmaske** *f* ↑ *Gesichtspackung* maschera *f*; **Gesichtspunkt** *m* punto *m* di vista; **Ge-**

-sichtsverlust *m:* ◇ ohne - senza perdere la faccia; **Gesichtswinkel** *m* angolo *m* facciale; FIG ◇ unter diesem - da questo punto di vista; **Gesichtszug** *m* tratto *m* del viso

Gesindel *n* ⟨-s⟩ gentaglia *f*

gesinnt *adj:* ◇ jd-m feindlich/gut - sein essere mal/ben disposto verso qu; **Gesinnung** *f* 1 (*charakterlich*) sentimenti *m/pl*, carattere *m* 2 (*politisch*) opinione *f*, principi *m/pl*

gesittet *adj* ▷*Benehmen* educato

Gespann *n* ⟨-[e]s, -e⟩ tiro *m*; FAM coppia *f*

gespannt *adj* 1 ▷*Seil* teso; FIG ▷*Lage, Beziehung* teso 2 ↑ *neugierig* ◇ auf etw/jd-n - sein essere curioso di qu/qc

Gespenst *n* ⟨-[e]s, -er⟩ *auch* FIG fantasma *m*; **gespenstig, gespenstisch** *adj* (*FIG unheimlich*) tetro, spettrale

Gespött *n* ⟨-[e]s⟩ scherno *m*; ◇ jd-n/sich zum - machen diventare lo zimbello *m*

Gespräch *n* ⟨-[e]s, -e⟩ colloquio *m*; ◇ Telefon- telefonata *f*; **gesprächig** *adj* loquace; **Gesprächigkeit** *f* loquacità *f*; **Gesprächspartner(in)** *f m* interlocutore(-trice *f* m*); **Gesprächsstoff** *m* argomento *m* di conversazione; **Gesprächsthema** *n* argomento *m* di conversazione; **gesprächsweise** *adv* discorrendo

gesprenkelt *adj* ▷*vom Vieh* pezzato

Gespür *n* ⟨-s⟩ (*für das Geschäft*) senso *m* (per per)

Gestalt *f* ⟨-, -en⟩ 1 (*Körperbau*) figura *f* 2 ↑ *Form, Umriß* forma *f*; ◇ in - [von] a forma di; ◇ - annehmen prendere forma 3 (*FAM Mensch*) persona *f*

gestalten I. *vt* 1 (*formen*) formare 2 (*organisieren*) organizzare 3 (*einrichten*) arredare II. *vr* ◇ sich - diventare, svilupparsi; **Gestaltung** *f* 1 organizzazione *f* 2 (*künstlerisch*) creazione *f*, sviluppo *m*

Gestammel *n* ⟨-s⟩ balbettio *m*

Geständnis *n* confessione *f*

Gestank *m* ⟨-[e]s⟩ puzzo *m*

gestatten I. *vt* permettere, concedere; (*Höflichkeitsformel*) ◇ - Sie? permette? II. *vr* ◇ sich - permettersi

Geste *f* ⟨-, -n⟩ gesto *m*

gestehen *unreg vt* → *Verbrechen, Liebe* confessare

Gestein *n* ⟨-[e]s, -e⟩ roccia *f*

Gestell *n* ⟨-[e]s, -e⟩ 1 [*Bett-*] lettiera *f* 2 ↑ *Regal* scaffale *m* 3 [*Fahr-*] telaio *m*

gestern *adv* ieri; (FIG *altmodisch*) ◇ von - di ieri

gestikulieren *vi* gesticolare

Gestirn n ⟨-[e]s, -e⟩ stella f; ↑ Sternbild costellazione f

Gestöber n ⟨-s, -⟩ (Schnee-) tempesta f

gestört adj disturbato

Gestotter n ⟨-s⟩ balbettio m

gestreift adj ▷Stoff a righe

gestrig adj ▷Tageszeitung di ieri

Gestrüpp n ⟨-[e]s, -e⟩ sterpaglia f

Gestüt n ⟨-[e]s, -e⟩ allevamento m di cavalli

Gesuch n ⟨-[e]s, -e⟩ (bei Behörde) domanda f

gesucht adj ricercato

gesund adj (Kind, Zahn, Ernährung) sano; ◇ jd-n - schreiben dichiarare qu guarito; **Gesundheit** f salute f; (Höflichkeitsformel) ◇ -! salute!; **gesundheitlich** adj: ◇ wie geht es Ihnen -? come sta di salute ?; **Gesundheitsamt** n ufficio m d'igiene; **gesundheitsschädlich** adj dannoso per la salute; **Gesundheitswesen** n sanità f; **Gesundheitszeugnis** n certificato m di sana e robusta costituzione; **Gesundheitszustand** m stato m di salute; **gesundpflegen** vt → Kranken, Angehörigen curare fino alla guarigione

getarnt adj mimetizzato

geteert adj asfaltato

getigert adj ▷Pullover, Leggings striato

getönt adj colorato

Getöse n ⟨-s⟩ frastuono m

getragen adj posato; solonne

Getränk n ⟨-[e]s, -e⟩ bibita f

getrauen vr ◇ sich - dat, akk osare

Getreide n ⟨-s, -⟩ cereali m/pl

getrennt I. adj (▷Leute) separato II. adv in modo separato

getreu adj (wahrheits-) fedele a

Getriebe n ⟨-s, -⟩ ① (von Maschinen) meccanismo m ② AUTO trasmissione f

getrost adv tranquillamente

getupft adj a puntini

Getto n ⟨-s, -s⟩ ① (Juden-) ghetto m ② (PEJ Stadtviertel) ghetto m

Getue n ⟨-s⟩ boria f

Getümmel n ⟨-s⟩ (Kampf-, Kaufhaus-) confusione f

geübt adj esercitato

geviertelt adj diviso in quarti

Gewächs n ⟨-es, -e⟩ ① ↑ Pflanze pianta f ② MED tumore m; **gewachsen** adj ▷Verhältnis: ◇ jd-m/e-r Sache - sein essere all'altezza di qu/qc; **Gewächshaus** n serra f

gewagt adj osato; ▷Kleid, Ausschnitt audace

gewahr adj: ◇ jd-s/e-r Sache gen - werden accorgersi di qu/qc

Gewähr f ⟨-⟩ garanzia f; ◇ keine - übernehmen [für] non assumersi nessuna responsabilità di qc; ◇ ohne - senza garanzia; **gewähren** vt → Wunsch, Kredit esaudire; **gewährleisten** vt (sichern) garantire

Gewahrsam m ⟨-s⟩ arresto m; ◇ jd-n/etw in - nehmen prendere in custodia qu/qc

Gewährsmann m garante m; **Gewährung** f concessione f

Gewalt f ⟨-, -en⟩ ① [Amts-, Befehls-] autorità f; FIG ◇ in seiner - haben avere in proprio potere ② ((rohe) Kraft) violenza f ③ ↑ Kontrolle ▷über das Fahrzeug controllo m; ◇ sich in der - haben dominarsi; **Gewaltanwendung** f uso m della forza; **Gewaltenteilung** f separazione f dei poteri; **Gewaltherrschaft** f tirannia f; **gewaltig** I. adj ① ↑ riesig enorme ② ↑ eindrucksvoll impressionante ③ ↑ mächtig potente ④ ↑ heftig violento ⑤ ▷Hitze intenso, grande II. adv FAM: ◇ sich - täuschen sbagliarsi di grosso; **gewaltsam** adj ▷Demonstration violento; **gewalttätig** adj ▷Mensch violento; **Gewalttätigkeit** f violenza f

gewandt adj ① geschickt, erfahren abile, pratico; ▷Auftreten, Redner sicuro, agile; **Gewandtheit** f abilità f, agilità f

Gewäsch n ⟨-s⟩ (FAM Gerede) ciance f/pl

Gewässer n ⟨-s, -⟩ (Binnen-, Küsten-) acqua f

Gewebe n ⟨-s, -⟩ ① ↑ Stoff tessuto m ② (bei Pflanzen, Tieren, Menschen) tessuto m; **Gewebsflüssigkeit** f linfa f

Gewehr n ⟨-[e]s, -e⟩ fucile m; **Gewehrlauf** m canna f del fucile

Geweih n ⟨-[e]s, -e⟩ corna f/pl

gewellt adj ondulato

Gewerbe n ⟨-s, -⟩ (Bau-, Kunst-) attività f, mestiere m; **Gewerbeaufsicht** f ispezione f del lavoro; **Gewerbefreiheit** f libertà f professionale; **Gewerbeschein** m licenza f di esercizio; **Gewerbeschule** f scuola f tecnica industriale; **Gewerbesteuer** f imposta f sull'industria; **Gewerbezweig** m ramo m industriale; **gewerbsmäßig** adj professionale

Gewerkschaft f sindacato m; **Gewerkschaft[l]er(in** f) m ⟨-⟩ sindacalista m/f; **Gewerkschaftsbund** m confederazione f del lavoro; **gewerkschaftlich** adj ▷Organisation sindacale

Gewicht n ⟨-[e]s, -e⟩ ① peso m ② (FIG Bedeutung) peso m, importanza f; FIG ◇ ins - fallen essere importante; **Gewichtheben** n sollevamento m pesi

gewillt adj: ◇ sein, etw zu tun essere disposto a fare qc

Gewimmel n ⟨-s⟩ (Menschen-) brulichio m

G

Gewinde n ‹-s, -› (*Kranz*) ghirlanda f; (*von Schraube*) filettatura f; **Gewindebohrer** f maschio m per filettare

Gewinn m ‹-[e]s, -e› **1** (*bei Lotterie, Tombola*) vincita f **2** COMM utile m; ◇ **etw mit - verkaufen** vendere qc guadagnandoci; **Gewinnbeteiligung** f partecipazione f agli utili; **gewinnbringend** adj ▷*Geldanlage* redditizio; **gewinnen** (*gewann, gewonnen*) I. vt **1** → *Kampf, Preis* vincere **2** ↑ *erreichen, bekommen* → *Einblick, Abstand, Freundschaft* guadagnare, acquistare **3** → *Kohle, Öl* estrarre II. vi ▷*Schönheit* guadagnare (*an dat* in); **gewinnend** adj ▷*Lächeln* simpatico; **Gewinner(in** f) m ‹-s, -› vincitore(-trice f) m; **Gewinnspanne** f margine m di profitto; **Gewinnnummer** f numero m vincente; **Gewinnung** f (*Kohle*) estrazione f; **Gewinnzahl** f numero m vincente

Gewirr n ‹-[e]s› intrico m; (*Straßen-*) groviglio m

gewiß I. adj **1** ↑ *bestimmt, sicher* sicuro, certo **2** (*nicht deutlich bestimmbar*) ▷*Ähnlichkeit, Herr Müller* certo II. adv certamente, sicuramente

Gewissen n ‹-s, -› coscienza f; ◇ **jd-m ins - reden** fare la morale a qu; **gewissenhaft** adj ▷*Arbeit* coscienzioso; **Gewissenhaftigkeit** f coscienziosità f; **gewissenlos** adj privo di scrupoli; **Gewissensbiß** m rimorso m; **Gewissensfreiheit** f libertà f di coscienza; **Gewissenskonflikt** m conflitto f morale

gewissermaßen adv per così dire

Gewißheit f certezza f; ◇ **sich - über etw** akk **verschaffen** accertarsi di qc

Gewitter n ‹-s, -› temporale m; **gewittern** vi impers: ◇ **es gewittert** c'è un temporale

gewitzt adj ▷*Bursche* furbo

gewogen adj: ◇ **jd-m/e-r Sache - sein** essere bendisposto verso qu/qc

gewöhnen I. vt: ◇ **jd-n an etw** akk **- abituare qu a qc** II. vr ◇ **sich - abituarsi** (*an akk* a); **Gewohnheit** f abitudine f; ◇ **aus - per abitudine;** ◇ **zur - werden** diventare un'abitudine; **gewohnheitsmäßig** adj ▷*Trinker* abituale; **Gewohnheitsmensch** m persona f abitudinaria; **Gewohnheitsrecht** n diritto m consuetudinario; **gewöhnlich** adj **1** ↑ *alltäglich* abituale; ↑ *normal* comune; ◇ **wie - come di solito 2** (*PEJ ordinär, vulgär*) ordinario, volgare; **gewöhnt** adj abituato (*an akk* a); **Gewöhnung** f assuefazione f (*an akk* a)

Gewölbe n ‹-s, -› **1** volta f **2** (*Raum*) locale m con soffitto a volta; **gewölbt** adj a volta

Gewühl n ‹-[e]s› [*Menschen-, Verkehrs-*] trambusto m, confusione f

Gewürz n ‹-es, -e› **1** condimento m **2** ◇ **-e spezie** f/pl; **Gewürzessig** m aceto m aromatico; **Gewürzgurke** f cetriolo m sott'aceto; **Gewürznelke** f chiodo m di garofano

Geysir m ‹-s, -e› GEO geyser m

gez. Abk v. **gezeichnet** f.to

gezackt adj ▷*Rand* dentellato

gezähmt adj addomesticato

gezahnt adj ▷*Briefmarke* dentellato

Gezappel n ‹-s› sgambettio m

gezeichnet adj **1** ▷*Blatt* disegnato **2** (*vom Schicksal*) segnato (*von* da) **3** ↑ *unterschrieben* firmato

Gezeiten pl maree f/pl; **Gezeitenkraftwerk** n centrale f mareomotrice

Gezeter n ‹-s› (*Geschrei*) grida f/pl

geziert adj ▷*Benehmen* affettato

Gezwitscher n cinguettio m

gezwungenermaßen adv per forza

ggf. Abk v. **gegebenenfalls** event.

Gicht f ‹-› MED gotta f

Giebel m ‹-s, -› (*Haus-*) frontone m

Gier f ‹-› avidità f (*nach dat* di); **gieren** vi essere avido (*nach dat* di); **gierig** adj ▷*Blick* avido; (*beim Essen*) ingordo, vorace

gießen (*goß, gegossen*) I. vt **1** → *Blumen* innaffiare **2** → *Metall* fondere II. vi impers: ◇ **es gießt** piove a dirotto; **Gießer(in** f) m fonditore (-trice f) m; **Gießkanne** f annaffiatoio m

Gift n ‹-[e]s, -e› veleno m; FIG ↑ *Bosheit* veleno m; **Giftdrüse** f ghiandola f velenifera; **giftfrei** adj atossico; **giftig** adj **1** ▷*Schlange* velenoso **2** ▷*Essen* tossico **3** FIG ▷*Antwort* velenoso; **Giftmüll** m rifiuti m/pl tossici; **Giftpilz** m FLORA fungo m velenoso; **Giftschrank** m FAM ↑ *Medikamentenschrank* armadio m delle sostanze tossiche; **Giftstoff** m sostanza f tossica; **Giftzahn** m dente m del veleno

gigantisch adj ▷*Welle* gigantesco

Gin m ‹-s› gin m

Ginster m ‹-s, -› FLORA ginestra f

Gipfel m ‹-s, -› **1** [*Berg-*] vetta f; [*Baum-*] cima f **2** FIG ↑ *Höhepunkt* apice m **3** POL vertice m **4** (*FAM Unverschämtheit*) ◇ **das ist ja wohl der - questo è il colmo !; Gipfelkreuz** n croce m sulla vetta di un monte; **gipfeln** vi: ◇ **in etw** dat **- culminare in qc; Gipfeltreffen** n POL ↑ *Gipfelkonferenz* incontro m al vertice

Gips m ‹-es, -e› gesso m; ◇ **in - liegen** essere ingessato; **Gipsabdruck** m riproduzione f in gesso; **Gipsbein** n FAM gamba f ingessata; **gipsen** vt MED ingessare; **Gipsverband** m MED ingessatura f

Giraffe f ‹-, -n› FAUNA giraffa f

Girlande f ‹-, -n› (*Blumen-, Papier-*) ghirlanda f
Girokonto n conto m corrente
Gischt m schiuma f
Gitarre f ‹-, -n› chitarra f; **Gitarrenspieler(in** f) m chitarrista m/f; **Gitarrist(in** f) m chitarrista m/f
Gitter n ‹-s, -› (*e-s Fensters*) inferriata f, grata f; FAM ↑ hinter -n sitzen stare in galera; **Gitterbett** n letto m con le sponde alte; **Gitterfenster** n finestra f con grata; **Gitterrost** m (*Schachtabdeckung*) inferriata f; **Gittertor** n cancello m; **Gitterzaun** m graticciata f
Glacéhandschuh m: ◇ jd-n mit -en anfassen trattare qu con i guanti
Gladiator m gladiatore m
Gladiole f ‹-, -n› FLORA gladiolo m
Glanz m ‹-es› [1] splendore m, luccichio m [2] FIG ↑ Schönheit, Pracht splendore m; **glänzen** vi splendere; FIG ↑ auffallen distinguersi (*durch* per); **glänzend** adj [1] ▷ Augen, Haar lucente [2] ▷ Leistung, Zukunft brillante; **Glanzleistung** f capolavoro m; **glanzlos** adj [1] opaco [2] FIG ▷ Fest smorto
Glas n ‹-es, Gläser› [1] bicchiere m [2] [*Brillen-*] lente f [3] [*Opern-, Fern-*] binocolo m; **Glasbläser** m ‹-s, -› soffiatore m del vetro; **Glascontainer** m contenitore m per vetro; **Glasdach** n tetto m a vetri; **Glaser(in** f) m ‹-s, -› vetraio/a; **gläsern** adj [1] (*aus Glas*) di vetro [2] FIG ↑ durchschaubar trasparente; **Glasfaserkabel** n cavo m di fibra di vetro; **Glashaus** n ↑ Treibhaus serra f; **glasieren** vt [1] → Tontopf smaltare [2] GASTRON ▷ Kuchen, Plätzchen glassare; **glasig** adj ▷ Blick vitreo; **glasklar** adj trasparente; **Glaskörper** m MED corpo m vitreo; **Glaskugel** f palla m di vetro; **Glasmalerei** f pittura f su vetro; **Glasscheibe** f lastra f di vetro; **Glasscherbe** f frammento m di vetro; **Glasschleifer(in** f) m molatore trice di vetro m
Glasur f [1] [*Kuchen-*] glassa f [2] (*auf Töpferware*) smalto m
glatt adj [1] ▷ Haut liscio [2] ▷ Straße, Fußboden sdrucciolevole [3] ↑ mühelos ▷ Landung facile [4] ▷ Absage, Lüge netto; **Glätte** f ‹-, -n› [1] (*der Haut*) levigatezza f [2] (*der Oberfläche*) l'essere piano m [3] [*Schnee-, Eis-*] fondo m ghiacciato; **Glatteis** n gelicidio m; (FIG jd-n hereinlegen) ◇ jd-n aufs - führen trarre in inganno qu; **glätten** I. vt [1] spianare [2] (*den Stil*) levigare II. vr ◇ sich - (← Wogen, Meer placarsi [2] (FIG Zorn, Empörung) calmarsi; **glattgehen** unreg vi ← Prüfung, Überfall andare liscio; **glatthobeln** vt → Brett, Holz piallare; **glattstreichen**

unreg vt → Tischdecke, Kissen spianare; **glattweg** adv semplicemente; ◇ - gelogen semplicemente falso
Glatze f ‹-, -n› testa f calva; ◇ e-e - bekommen diventare calvo
Glaube m ‹-ns, -n› [1] ↑ Konfession fede f, confessione f [2] ↑ Überzeugung fede f (*an akk* in); ◇ in gutem -n handeln agire in buona fede; **glauben** I. vt credere II. vi [1] credere (*an akk* in) [2] ↑ vermuten ◇ man glaubte ihn verloren lo si credeva perso; **Glaubensbekenntnis** n professione f di fede; **Glaubensfrage** f questione f di fede; **glaubhaft** adj ▷ Schilderung attendibile, credibile; **gläubig** adj [1] REL fedele [2] [*gut-*] fiducioso; **Gläubige(r)** fm fedele m/f
Gläubiger(in f) m ‹-s, -› JURA COMM creditore (-trice f) m
glaubwürdig adj ▷ Aussage, Zeuge attendibile; **Glaubwürdigkeit** f attendibilità f
Glaukom n ‹-s, -e› MED glaucoma m
gleich I. adj [1] ↑ identisch identico, uguale [2] ↑ unverändert immutato, stesso II. adv [1] ↑ sofort, bald subito, immediatamente [2] ↑ ebenso altrettanto, ugualmente III. cj come, alla pari di; **gleichaltrig** adj coetaneo; **gleichartig** adj simile; **gleichbedeutend** adj sinonimo (*mit* di); **gleichberechtigt** adj con gli stessi diritti; **Gleichberechtigung** f parità f dei diritti; **gleichbleiben** unreg vr ◇ sich dat - restare uguale; **gleichbleibend** adj ▷ Güte, Qualität costante
gleichen ‹glich, geglichen› I. vi: ◇ jd-m/e-r Sache - assomigliare a qu/qc II. vr ◇ sich - rassomigliarsi; ◇ sich - wie ein Ei dem anderen rassomigliarsi come due gocce d'acqua
gleichermaßen adv ugualmente; **gleichfalls** adv altrettanto; ◇ danke -! grazie a lei!; **Gleichförmigkeit** f uniformità f; **gleichgesinnt** adj ▷ Freund, Kumpel che ha idee affini; **Gleichgewicht** n equilibrio m; (FIG verwirren) ◇ jd-n aus dem - bringen sbilanciare qu; **gleichgültig** adj ↑ desinteressiert indifferente (*gegen akk* a); ◇ der/die/das ist mir - non m'importa; **Gleichgültigkeit** f indifferenza f; **Gleichheit** f uguaglianza f; **gleichklingend** adj omofono; **gleichkommen** unreg vi: ◇ jd-m - an akk uguagliare qu in; **gleichlautend** adj ▷ Aussage di uguale tenore; **gleichmachen** vt [1] ↑ angleichen uguagliare [2] ↑ niederreißen, zerstören spianare; ◇ etw dem Erdboden - radere al suolo qc; **gleichmäßig** adj ▷ Puls, Atem regolare; **Gleichmut** m imperturbabilità f; **gleichnamig** adj [1] ▷ Straße, Oper omonimo [2] MATH ▷ Bruch con lo stesso denominatore

G

Gleichnis n parabola f
gleichsam adv per così dire; ◇ **- als ob …** come se …; **gleichschenkelig** adj ▷Dreieck, Segel isoscele; **Gleichschritt** m cadenza f; ◇ **im -, marsch!** al passo, marsc !; **gleichsehen** vi ↑ **Ähnlichkeit haben:** ◇ **jd-m -** somigliare a qu; **gleichstellen** vt: ◇ **jd-n - mit** uguagliare qu in; JURA equiparare; **Gleichstrom** m ELECTR corrente f continua; **gleichtun** unreg vt impers: ◇ **es jd-m -** uguagliare qu; **Gleichung** f MATH equazione f; **gleichwertig** adj ▷Partner di egual valore; CHEM equivalente; **gleichwohl** cj (trotzdem, dennoch) tuttavia; **gleichzeitig** adj contemporaneo; **gleichziehen** unreg vi: ◇ **mit jd-m -** uguagliare qu
Gleis n ⟨-es, -e⟩ binario m
gleiten ⟨glitt, geglitten⟩ vi ① ↑ sich geräuschlos bewegen scivolare, scorrere ② ↑ rutschen scivolare, sdrucciolare; **Gleitflug** m volo m planato
Gletscher m ⟨-s, -⟩ ghiacciaio m; **Gletscherspalte** f crepaccio m
glich impf v. **gleichen**
Glied n ⟨-[e]s, -er⟩ ① (Finger-, Zehen-) falange f ② (Ketten-, Satz-) elemento m ③ (Penis) pene m ④ MIL riga f
gliedern vt → Aufsatz strutturare
Gliederschmerz m dolore m articolare
Gliederung f ↑ Ordnung, Einteilung struttura f
Gliedmaßen pl ↑ Extremitäten estremità f/pl
glimmen ⟨glomm, geglommen⟩ vi ← Asche, Zigarette ardere
glimpflich adj: ◇ **- davonkommen** cavarsela a buon mercato
glitschig adj ↑ rutschig ▷Straße sdrucciolevole
glitt impf v. **gleiten**
glitzern vi ← Edelstein, Stern scintillare
global adj globale
Globetrotter(in f) m ↑ Weltenbummler globetrotter m/f
Globin n ⟨-s, -e⟩ MED globina f
Globus m ⟨-, Globen⟩ globo m
Glocke f ⟨-, -n⟩ campana f; FAM ◇ **etw an die große - hängen** strombazzare qc ai quattro venti; **Glockenblume** f FLORA campanella f; **Glockengeläut[e]** n ① (Glockenwerk) soneria f ② ↑ Läuten scampanio m; **Glockengießer(in** f) m fonditore(-trice f) m di campane; **Glockenläuten** n scampanio m; **Glockenrock** m gonna f a campana; **Glockenspiel** n carillon m; **Glockenturm** m campanile m
glomm impf v. **glimmen**
glorifizieren vt ↑ verherrlichen glorificare; **glorreich** adj ① ▷Sieg glorioso ② FAM ▷Idee formidabile

Glossar n glossario m
Glotze f ⟨-, -n⟩ FAM ↑ Fernseher televisore m; **glotzen** vi FAM guardare con gli occhi fissi
Glück n ⟨-[e]s⟩ ① fortuna f; ◇ **- haben** avere fortuna; ◇ **zum -** per fortuna ② ↑ Freude felicità f ③ ↑ Erfolg successo m; ◇ **bei e-r Frau kein - haben** non avere fortuna con una donna; ◇ **viel -! buona fortuna !**
Glucke f chioccia f
glücken vi riuscire
gluckern vi ← Wasser, Abflußrohr gorgogliare
glücklich adj ① ↑ froh ▷Paar felice ② ↑ erfolgreich ▷Gewinner fortunato ③ ↑ Zufall fortunato; **glücklicherweise** adv fortunatamente; **Glücksbringer** m ⟨-s, -⟩ portafortuna m; **glückselig** adj felice
glucksen vi (lachen) ridere a singhiozzi
Glücksfall m colpo m di fortuna; **Glückskind** n fortunato/a; **Glücksrad** n ruota f della fortuna; **Glückssache** f questione f di fortuna; **Glücksspiel** n gioco m d'azzardo; **Glückssträhne** f periodo m fortunato; **Glückstag** m giorno m fortunato; **Glückwunsch** m augurio m; ◇ **herzlichen -!** tanti m/pl auguri !
Glühbirne f lampadina f; **glühen** vi ① → Kohlen ardere ② FIG ← Gesicht, Wangen essere rosso; ◇ **vor Freude -** ardere dalla gioia; **glühend** adj incandescente; **Glühlampe** f lampada f a incandescenza; **Glühwein** m vino m brûlé; **Glühwürmchen** n FAUNA lucciola f
Glukose f ⟨-⟩ ↑ Traubenzucker glucosio m
Glut f ⟨-, -en⟩ ① [Kohlen-] brace f ② ↑ Hitze calura f ③ (FIG der Leidenschaft) ardore m
Glyzerin n ⟨-s⟩ CHEM glicerina f
GmbH f ⟨-, -s⟩ Abk v. **Gesellschaft mit beschränkter Haftung** S.r.l. f
Gnade f ⟨-, -n⟩ ① ↑ Barmherzigkeit pietà f ② ↑ Vergebung perdono m; **Gnadenfrist** f respiro m; **Gnadengesuch** n domanda f di grazia; **gnadenlos** adj spietato; **Gnadenstoß** m auch FIG: ◇ **jd-m den - geben** dare a qu il colpo m di grazia; **gnädig** adj misericordioso
Gnom m ⟨-s, -e⟩ ↑ Zwerg, Kobold gnomo m
Gold n ⟨-[e]s⟩ oro m; FIG ↑ Reichtum ricchezze f/pl; **Goldbarren** m lingotto m d'oro; **golden** adj ▷Uhr, Ring d'oro; **Goldfisch** m pesciolino m rosso; **goldgelb** adj giallo oro; **Goldgräber (in** f) m ⟨-s⟩ cercatore(-trice f) m d'oro; **Goldgrube** f ① giacimento m aurifero ② (FIG lukrativ) miniera f d'oro; **Goldhähnchen** n FAUNA fiorrancino m; **goldig** adj FIG ↑ niedlich, hübsch delizioso; **Goldregen** m FLORA citiso m; **Goldschmied(in** f) m orafo/a; **Goldwaage** f bilancia f dell'orefice; (FIG übergenau sein)

◇ **jedes Wort auf die - legen** pesare ogni parola

Golf ¹ *m* ⟨-[e]s, -e⟩ GEO golfo *m*

Golf ² *n* ⟨-s⟩ SPORT golf *m*

Golfkrieg *m* guerra *f* del Golfo

Golfplatz *m* campo *m* da golf; **Golfschläger** *m* mazza *f* da golf; **Golfspieler(in** *f*) *m* giocatore(-trice *f*) *m* di golf

Golfstrom *m* corrente *m* del Golfo

Gondel *f* ⟨-, -n⟩ gondola *f*; **gondeln** *vi* FAM ↑ *reisen* viaggiare

Gong *m* ⟨-s, -s⟩ gong *m*

gönnen I. *vt*: ◇ **jd-m etw -** concedere qc a qu; ◇ **das gönne ich ihr !** le sta bene ! **II.** *vr* ◇ **sich -** permettersi/concedersi qc; **gönnerhaft** *adj* ↑ *herablassend* ▷ *Benehmen* condiscendente

Gorilla *m* ⟨-s, -s⟩ FAUNA gorilla *m*

goß *impf v.* **gießen**

Gosse *f* ⟨-, -n⟩ ① cunetta *f* ② FIG ◇ **jd-n durch die - ziehen** trascinare qu nel fango

Gote *m* Goto *m*; **Gotik** *f* ⟨-⟩ KUNST gotico *m*, **gotisch** *adj* ▷ *Schrift* gotico

Gott *m* ⟨-es, Götter⟩ Dio *m*; ◇ **um -es willen!** per amor di Dio!; ◇ **grüß -!** buon giorno!; ◇ **- sei Dank!** sia ringraziato il cielo!; **gottbegnadet** *adj* ▷ *Künstler* geniale; **Götterspeise** *f* GASTRON buddino *m* di frutta; **Gottesanbeterin** *f* FAUNA mantide *f* religiosa; **Gottesdienst** *m* funzione *f* religiosa; **Gotteslästerung** *f* bestemmia *f*; **Gottesurteil** *n* GESCH ↑ *Gottesgericht* giudizio *m* di Dio; **Göttin** *f* dea *f*; **göttlich** *adj* ① divino ② FAM meraviglioso; **gottlos** *adj* ▷ *Mensch* senza Dio; **gottverlassen** *adj* ▷ *Dorf* abbandonato da Dio

Götze *m* ⟨-n, -n⟩ idolo *m*; **Götzenbild** *n* idolo *m*

Grab *n* ⟨-[e]s, Gräber⟩ tomba *f*; **graben I.** ⟨grub, gegraben⟩ *vt* scavare **II.** *vi*: ◇ **nach etwas -** cercare qc scavando; **Graben** *m* ⟨-s, Gräben⟩ (*Straßen-*) fosso *m*; **Grabmal** *n* monumento *m* funerario; **Grabplatte** *f* pietra *f* tombale; **Grabstein** *m* pietra *f* tombale; **Grabung** *f* scavo *m*

Grad *m* ⟨-[e]s, -e⟩ ① (*von Temperatur, Winkel*) grado *m* ② (*Dienst-, Rang*) grado *m* ③ (*Doktor-, Magister-*) titolo *m*

grad. *adj* *Abk v. s.* **graduiert** laureato

graduiert *adj* ▷ *Ingenieur* laureato

Graf *m*, **Gräfin** *f* ⟨-en, -en⟩ conte(-essa *f*) *m*

Graffiti *pl* graffiti *m/pl*

gräflich *adj* ▷ *Anwesen* di conte; **Grafschaft** *f* ⟨-, -en⟩ contea *f*

Gram *m* pena *f*; **grämen** *vr* ◇ **sich -** rammaricarsi (*über akk* di), affligersi (*über akk* per)

Gramm *n* ⟨-s, -⟩ grammo *m*

Grammatik *f* grammatica *f*; **grammatikalisch**

grammatisch *adj* grammaticale

Grammophon *n* ⟨-s, -e⟩ grammofono *m*

Granat *m* ⟨-[e]s, -e⟩ (*Stein*) granato *m*; **Granatapfel** *m* melagrana *f*

Granate *f* ⟨-, -n⟩ MIL granata *f*; **Granatsplitter** *m* ① MIL scheggia *f* di granata ② GASTRON dolce *m* coperto di cioccolata

grandios *adj* ▷ *Naturereignis* grandioso

Granit *m* ⟨-s, -e⟩ granito *m*; (*FAM auf unüberwindlichen Widerstand stoßen*) ◇ **[bei jd-m] auf - beißen** trovare un osso duro

Grapefruit *f* ⟨-, -s⟩ grape fruit *m*

Graphik *f* grafica *f*; **Graphiker(in** *f*) *m* ⟨-s, -⟩ grafico/a; **graphisch** *adj* grafico

grapschen *vt*, *vi* (*FAM an sich raffen*) arraffare

Gras *n* ⟨-es, Gräser⟩ ① erba *f* ② FAM ◇ **ins - beißen** morire; **grasen** *vi* ← *Esel, Ziege* pascolare; **Grasfrosch** *m* rana *f* temporaria; **Grashalm** *m* filo *m* d'erba; **Grasmücke** *f* FAUNA capinera *f*

grassieren *vi* ← *Seuche, Krankheit* imperversare

gräßlich *adj* ▷ *Unfall* terribile

Grat *m* ⟨-[e]s, -e⟩ ① (*Berg-*) cresta *f* ② (*Kante, Rand*) spigolo *m*

Gräte *f* ⟨-, -n⟩ spina *f*, lisca *f*

Gratifikation *f* gratificazione *f*

gratinieren *vt* GASTRON ↑ *überbacken* → *Zwiebelsuppe* gratinare

gratis *adv* gratis; **Gratisprobe** *f* campione *m* gratuito

Grätsche *f* posizione *f* a gambe divaricate

Gratulation *f* congratulazioni *f/pl*; **gratulieren** *vi*: ◇ **jd-m zu etw -** congratularsi con qu per qc; ◇ **[ich] gratuliere!** congratulazioni!

grau *adj* ① grigio ② FIG ↑ *langweilig, trostlos* ▷ *Alltag* grigio

grauen I. *vi impers*: ◇ **mir graut vor ihm/davor** hò paura di lui/di qc **II.** *vr* ◇ **sich -**: ◇ **sich - vor etw/jd-m** *dat* aver paura di qc/qu; **Grauen** *n* ⟨-s⟩ terrore *m*, orrore *m*; **grauenhaft, grauenvoll** *adj* terribile, orribile

grauhaarig *adj* dai capelli grigi; **graumeliert** *adj* ▷ *Haar* brizzolato

grausam *adj* crudele, terribile; **Grausamkeit** *f* crudeltà *f*; **grausen I.** *vi impers*: ◇ **es graust mir vor etw/jd-m** ho orrore di qc/qu **II.** *vr* ◇ **sich - inorridire** (*vor dat* di); **Grausen** *n* ⟨-s⟩ orrore *m*

gravieren *vt* → *Glas, Metall* incidere

gravierend *adj* ▷ *Fehler* aggravante

Gravitation *f* ↑ *Erdanziehung* gravitazione *f*

Grazie f grazia f; **grazil** adj ▷Gestalt, Figur gracile

greifbar adj ①▷Nähe a portata di mano ② FIG ▷Resultat, Beweis tangibile; **greifen I.** ⟨griff, gegriffen⟩ vt → Buch prendere; ↑ fangen afferrare **II.** vi ① ↑ Hand ausstrecken stendere la mano (nach verso) ②↑ gebrauchen, konsumieren ◇ zu etw ~ ricorrere a qc ③ ↑ Wirkung zeigen ← Maßnahmen, Gesetze aver effetto **III.** vr ◇ sich ~ prendersi, pigliarsi

Greis(in) f m ⟨-es, -e⟩ vecchio/a; **Greisenalter** n età f senile; **greisenhaft** adj vecchio

grell adj ① ▷Licht abbagliante; ▷Farbe vivo ② ▷Stimme, Ton stridulo

Gremium n ⟨-s, -mien⟩ organo m; (Prüfungs-) commissione f

Grenzbeamte(r) m, **Grenzbeamtin** f impiegato/a della polizia di frontiera; **Grenze** f ⟨-, -n⟩ ① (Staats-) confine m ② FIG ↑ Rahmen, Maß limite m; ◇ sich ~ -en halten stare nei limiti; **grenzen** vi confinare (an akk con); **grenzenlos** adj senza confini; FIG ▷Vertrauen sconfinato; **Grenzfall** m ↑ Zweifelsfall caso m limite; **Grenzschutz** m ① protezione f del confine ② (Polizei) polizia f confinaria; **Grenzübergang** m passaggio m del confine; **Grenzwert** m MATH valore m limite

Gretchenfrage f FIG ↑ Gewissensfrage domanda f decisiva

Greuel m ⟨-s, -⟩ (Kriegs-) orrore m; ◇ das/er ist mir ein ~ mi ripugna; **Greuelmärchen** n storia f raccapricciante [inventata]; **Greueltat** f atrocità f

Grieche m, **Griechin** f ⟨-n, -n⟩ greco/a; **Griechenland** n Grecia f; **griechisch** adj greco

griesgrämig adj ▷Gesicht, Mensch burbero

Grieß m ⟨-es⟩ (Weizen-) semolino m

griff impf v. **greifen**

Griff m ⟨-[e]s, -e⟩ ① ↑ Stiel manico m ② ↑ Klinke (an Tür) maniglia f ③ (das Zupacken) presa f; ◇ etw im ~ haben tenere qc sotto controllo; **griffbereit** adj a portata di mano

Griffel m lapis m di ardesia

griffig adj ① (Sohlen) antisdrucciolevole ② FIG ↑ anschaulich, deutlich ▷Beispiel chiaro

Grill m ⟨-s, -s⟩ graticola f, barbecue m; (GASTRON vom Grill) ai ferri

Grille f ⟨-, -n⟩ ① FAUNA grillo m ② FIG ↑ Laune, Einfall fisima f, capriccio m

grillen vt → im Backofen cuocere sulla griglia; (über offenem Feuer) fare ai ferri; (am Spieß) cuocere allo spiedo

Grimasse f ⟨-, -n⟩ boccaccia f

grimmig adj ① ▷Mensch furibondo ② ▷Winter rigido

Grind m ⟨-[e]s, -e⟩ ↑ Wundschorf tigna f

grinsen vi sogghignare

Grippe f ⟨-, -n⟩ MED influenza f

grob ⟨gröber, am gröbsten⟩ ① ▷Sand grosso ② ↑ rauh ▷Stoff ruvido ③ (Getreidezüge rozzo, grossolano ④ FIG ↑ ungefähr ▷Umriß, Überblick approssimativo ⑤ FIG ↑ schlimm, schwerwiegend ▷Fehler grave; **Grobheit** f ① (von Material) ruvidità f ② (von Mensch) villania f

Grog m grog m

groggy adj FAM ↑ erschöpft sfinito

grölen vi ← Halbstarker, Betrunkener cantare a squarciagola

Groll m ⟨-[e]s⟩ rancore m; ◇ gegen jd-n e-n ~ hegen serbare rancore a qu; **grollen** vi ① (Donner) rimbombare ② ↑ zornig sein avere rancore (mit verso)

groß I. ⟨größer, am größten⟩ ① (nach Maßangabe) ◇ 2 Meter ~ grande due metri ② (Zeitspanne) ◇ die ~ -en Ferien le ferie lunghe ③ (Ausmaß, Intensität) ▷Hunger, Angst grande ④ (Bedeutung) ▷Dichter grande ⑤ ↑ älter ▷Bruder maggiore ⑥ ↑ glanzvoll ▷Fest, Aufmachung grande ⑦ ↑ viel ◇ das ~ -e Geld machen fare molti soldi ⑧ ↑ generell ◇ im ~ -en u. ganzen generalmente **II.** adv ① (FAM viel) ◇ von etw ~ erzählen raccontare molto di qc; **großartig** adj magnifico, grandioso; **Großaufnahme** f ripresa f ravvicinata, primissimo piano m

Großbritannien n ⟨-s⟩ Gran Bretagna f

Großbuchstabe m maiuscola f

Größe f ⟨-, -n⟩ ① (Körper-) altezza f ② ↑ Kapazität volume m ③ (e-r Kleidung) taglia f ④ ↑ Wichtigkeit importanza f ⑤ (e-s Schauspielers) celebrità f, grandezza f

Großeinkauf m acquisto m all'ingrosso; **Großeltern** pl nonni m/pl; **großenteils** adv in gran parte

Größenwahn m megalomania f

Großfamilie f famiglia f numerosa; **Großformat** n formato m grande; **Großgrundbesitzer(in)** f) m latifondista m/f; **Großhandel** m commercio m all'ingrosso; **Großhändler(in** f) m commerciante m/f all'ingrosso; **großherzig** adj ▷Spende generoso; **Großhirn** n cervello m; **Großmacht** f grande potenza f; **Großmaul** n FAM fanfarone m; **großmütig** adj generoso

Großmutter f nonna f

großschreiben unreg vt ① → Wort scrivere con iniziale maiuscolo ② → Service attribuire molto importanza; **großspurig** adj presuntuoso; **Großstadt** f grande città f, metropoli f ② **größtenteils** adv in massima parte; **großtun** unreg vi: ◇ sich ~ darsi delle arie (mit con)

Großvater m nonno m
Großvieh n bestiame m grosso
großziehen unreg vt → Kind, Pflanze allevare
großzügig adj ① ↑ freigebig generoso ② ▷ Stadt, Anlage vasto, ampio; **Großzügigkeit** f generosità f
grotesk adj grottesco
Grotte f ⟨-, -n⟩ grotta f
grub impf v. **graben**
Grübchen n fossetta f
Grube f ⟨-, -n⟩ ① fossa f ② (Kohlen-) miniera f
grübeln vi lambiccarsi il cervello (über akk su)
Grubenarbeiter m minatore m; **Grubenlampe** f lampada f da minatore
Gruft f ⟨-, Grüfte⟩ tomba f
grün adj ① (Farbe) verde ② ↑ unreif ▷ Obst verde, acerbo; FIG ▷ Junge giovane, immaturo ③ POL verde; **Grün** n ⟨-s⟩ (bei Ampel) verde m; **Grünanlage** f zona f verde, giardino m pubblico
Grund m ⟨-[e]s, Gründe⟩ ① ↑ Boden, Land terreno m ② (von Glas, Gefäß) fondo m ③ (von Gewässer) fondo m ④ FIG ↑ Ursache, Motiv causa f ⑤ (eigentlich) ◇ im -e [genommen] in fin dei conti; ◇ e-r Sache dat auf den - gehen andare a fondo di una cosa
Grundausbildung f MIL istruzione f base; **Grundbedingung** f condizione f principale; **Grundbegriff** m concetto m fondamentale; **Grundbesitz** m proprietà f terriera
gründen I. vt → Familie formare; → Partei fondare II. vi basare (in/auf dat su) III. ◇ sich - auf akk basarsi su; **Gründer(in** f) m ⟨-s, -⟩ fondatore (-trice f) m
Grunderwerb[s]steuer f imposta f sugli acquisti immobiliari
Gründerzeit f ① (e-s Unternehmens) anni m/pl di fondazione ② GESCH epoca dal 1871 al 1873
Grundfläche f base f; **Grundform** f forma f primitiva; **Grundfreiheit** f libertà f fondamentale; **Grundgebühr** f tassa f fissa; **Grundgesetz** n ① legge m fondamentale ② ↑ Verfassung costituzione f
grundieren vt applicare il fondo
Grundlage f base f, fondamento m; **Grundkurs** m SCHULE corso m di base; **Grundlagenforschung** f ricerca f di base; **grundlegend** adj ▷ Unterschied fondamentale
gründlich I. adj ① ▷ Kenntnisse profondo ② ↑ genau ▷ Arbeit preciso II. adv ① ▷ recherchieren a fondo ② ↑ genau con precisione ③ ↑ sorgfältig accuratamente
Grundlohn m paga f base; **grundlos** adj

▷ Eifersucht infondato; **Grundmauer** m muro m maestro; **Grundnahrungsmittel** n alimento m di base
Gründonnerstag giovedì m santo
Grundrecht n diritto m fondamentale; **Grundriß** m ① (von Gebäude) pianta f ② FIG ↑ Übersicht compendio m; **Grundsatz** m norma f; **grundsätzlich** I. adj ① ↑ prinzipiell di principio ② ↑ wesentlich sostanziale, basilare II. adv ① per principio ② ↑ wesentlich sostanzialmente; **Grundschule** f scuola f elementare; **Grundstein** m FIG ↑ Anfang base f; ◇ e-n - legen für porre le basi per; **Grundsteuer** f imposta f fondiaria; **Grundstock** m base f; **Grundstück** n terreno m; **Grundstücksmakler(in** f) m agente m/f immobiliare; **Grundstufe** f primo stadio m
Gründung f fondazione f
Grundwasser n acqua f sotterranea; **Grundwortschatz** m lessico m di base
Grüne n ① campagna f ② POL ◇ die -n pl i Verdi m/pl; **Grünfläche** f zona f verde; **Grünkohl** m cavolo m riccio; **grünlich** adj verdognolo; **Grünschnabel** m FAM sbarbatello m, pivello m; **Grünspan** m verderame m; **Grünspecht** m FAUNA picchio m verde; **Grünstreifen** m banchina f spartitraffico
grunzen vi ① ← Schwein grugnire ② FAM ← Mensch brontolare
Gruppe f ⟨-, -n⟩ ↑ Ansammlung, Interessengemeinschaft gruppo m; **gruppenweise** adv in gruppi; **gruppieren** I. vt raggruppare II. vr ◇ sich - raggrupparsi
gruseln I. vi impers: ◇ es gruselt mir vor ihm/ davor egli/qc mi fa rabbrividire II. vr ◇ sich - rabbrividire
Gruß m ⟨-es, Grüße⟩ saluto m; ◇ jd-m e-n - von jd-m ausrichten portare i saluti a qu da parte di qu; ◇ viele Grüße tanti saluti; ◇ mit freundlichen Grüßen cordiali saluti; **grüßen** vt, vi salutare; ◇ jd-n von jd-m - salutare qu da parte di qu; ◇ jd-n grüßen lassen far salutare qu
Grütze f ⟨-, -n⟩ (GASTRON rote -) dolce m di semolino e succo di frutta
gucken vi guardare; ◇ nach etw/jd-m - guardare qc/qu; **Guckloch** n spioncino m
Guerillakrieg m guerriglia f
Gulasch n ⟨-[e]s, -e⟩ GASTRON gulasch m, spezzatino m
Gülle f ⟨-⟩ ↑ Jauche letame m
gültig adj ▷ Visum, Paß valido; **Gültigkeit** f validità f
Gummi m ⟨-s, -s⟩ ① [-band] elastico m ② FAM ↑ Kondom preservativo m; **Gummiball** m palla

f di gomma; **Gummiband** *n* elastico *m;* **Gummibaum** *m* albero *m* della gomma; **Gummihandschuh** *m* guanto *m* di gomma; **Gummiknüppel** *m* sfollagente *m;* **Gummisohle** *f* suola *f* di gomma; **Gummistrumpf** *m* calza *f* elastica

Gunst *f* ‹-› ① ↑ *Wohlwollen* benevolenza *f* ② ↑ *Gefallen* favore *m*

günstig *adj* ▷*Gelegenheit, Augenblick* favorevole

Günstling *m* favorito *m*

gurgeln *vi ←Mensch* fare i gargarismi *(mit con)*

Gurke *f* ‹-, -n› cetriolo *m; (FAM Nase)* naso *m*

Gurt *m* ‹-[e]s, -e› ① cinghia *f* ② *[Sicherheits-]* cintura *f*

Gürtel *m* ‹-s, -› ① cintura *f* ② GEO fascia *f*

Gürtelrose *f* MED herpes *m* zoster

Gurtpflicht *f* obbligo *m* di allacciarsi le cinture

Guru *m* ‹-s, -s› REL guru *m*

Guß *m* ‹Gusses, Güsse› ① *[Torten-]* glassa *f* ② ↑ *Regenschauer* scroscio *m*

Gußeisen *n* ghisa *f*

gut ‹besser, am besten› **I.** *adj* ① ▷*Mensch, Tat* buono ② ↑ *einträglich* ▷*Ernte, Ertrag* buono ③ ↑ *fein* ▷*Stube, Anzug* buono ④ ↑ *unverdorben, anständig* buono, onesto **II.** *adv* ① ▷*sehen* bene ② ↑ *reichlich* ▷*essen* bene, abbondantemente ③ ↑ *leicht* ◇ *das Buch liest sich* - il libro si legge bene ④ ↑ *abgemacht* ◇ -, *wir kommen* va bene, veniamo

Gut *n* ‹-[e]s, Güter› ① ↑ *Besitz* bene *m* ② FIG ◇ **nationales Kultur-** patrimonio *m* culturale nazionale ③ ↑ *Ware* merce *f*

Gutachten *n* ‹-s, -› perizia *f;* **Gutachter(in** *f) m* ‹-s, -› perito/a *m/f*

gutartig *adj* MED benigno

gutbürgerlich *adj* ▷*Küche* casalingo

Gutdünken *n* ‹-s›: ◇ **nach** - a discrezione

Gute I. *fm* ‹-n, -n› buono/a *m/f* **II.** *n* bene *m*

Güte *f*‹-› ① bontà *f; (freundlich)* ◇ **in aller Güte** amichevolmente ② ↑ *Qualität* qualità *f;* **Güteklasse** *f (bei Waren)* categoria *f*

Gutenachtgruß *m* bacio *m* della buona notte

Güterabfertigung *f* BAHN spedizione *f* di merci; **Güterbahnhof** *m* BAHN scalo *m* merci; **Gütergemeinschaft** *f* comunione *f* dei beni; **Gütertrennung** *f* divisione *f* dei beni; **Güterwagen** *m* vagone *m* merci; **Güterzug** *m* treno *m* merci

Gütezeichen *n* marchio *m* di qualità

gutgehen *unreg vi impers:* ◇ **es geht ihm gut** sta bene; ◇ **es wird schon alles** - andrà tutto bene; **gutgelaunt** *adj* di buon umore; **gutgemeint** *adj* ▷*Rat* dato con buone intenzioni; **gut-**

gläubig *adj* ① ↑ *in gutem Glauben* in buona fede ② ↑ *naiv, unkritisch* ingenuo

Guthaben *n* ‹-s, -› ① deposito *m* ② credito *m*

gutheißen *unreg vt* approvare

gütig *adj:* ◇ **würden Sie so - sein, ...** sarebbe così gentile da

gutmachen *vt → Schaden, Unrecht* riparare; **gutmütig** *adj* ▷*Mensch* bonario; **Gutmütigkeit** *f* bonarietà *f*

Gutschein *m* buono *m;* **gutschreiben** *unreg vt* accreditare; **Gutschrift** *f* accredito *m;* **gutsituiert** *adj* ▷*Familie, Verhältnis* benestante; **guttun** *unreg vi ← Ruhe, Kur* far bene; ◇ **jd-m** - far bene a qu; **gutwillig** *adj* volenteroso

Gymnasium *n* liceo *m;* **Gymnasiast(in** *f) m* ‹-n, -n› liceale *m/f*, ginnasiale *m/f*

Gymnastik *f* ginnastica *f*

Gynäkologe *m* ‹-n, -n›, **Gynäkologin** *f* ginecologo/a *m/f;* **Gynäkologie** *f* MED ginecologia *f;* **gynäkologisch** *adj* ▷*Untersuchung* ginecologico

H

H, h *n* ① H, h *f* ② (MUS *hMoll*) si *m* minore

Haar *n* ‹-[e]s, -e› *(Menschen-)* capello *m; (Körper-)* pelo *m; (Tier-)* pelo *m; (vom Pferd)* crine *m;* ◇ **um ein** - per un pelo; **Haarbürste** *f* spazzola *f* [per capelli]; **haaren I.** *vi (Haare verlieren)* perdere il pelo. **II.** *vr* ◇ **sich** - ← *Hund* perdere il pelo; **haargenau** *adv* esattamente, precisamente; **haarig** *adj* (FIG *-e Angelegenheit, kompliziert, unangenehm)* spiacevole, brutto; **haarscharf** *adj* ① a un pelo da; ◇ **- vorbeifahren** *(gerade noch)* passare ad un pelo da qc [*o.* sfiorare] ② *(beobachten, genau)* molto preciso, esatto; **Haarschnitt** *m (Frisur)* taglio *m* [di capelli]; **Haarspalterei** *f:* ◇ **das ist doch -!** *(überflüssiges Argument)* ma questa è una pedanteria/ cavillosità; **haarsträubend** *adj* ▷*(ungeheuerlich)* orripilante, che fa rizzare i capelli; **Haarteil** *n (Perücke)* toupet *m;* **Haartrockner** *m* ‹-s, -› *(Fön)* fon *m*, asciugacapelli *m;* **Haarwaschmittel** *n* shampoo *m*

Habe *f*‹-› *(Besitz)* averi *m/pl*, beni *m/pl*, possesso *m;* **haben** ‹hatte, gehabt› **I.** *Hilfsverb* avere, essere; ◇ **wo hast du geschlafen?** dove hai dormito?; ◇ **er hat sich geschnitten** si è tagliato **II.** *vt* ① *(besitzen, Auto, Haus, Geld)* avere, possedere ② *(verfügen über, Zeit, Erfahrung)* avere ③ (*leiden an, Husten, Angst*) avere ④ ◇ etw gegen jd-n - (*nicht leiden können*) avercela con qu; ◇ **nichts dagegen** - non avere niente in contrario ⑤ ◇ **es schwer/gut** - passarsela male/bene; ◇ **es leicht** - avere una/la vita facile ⑥ *FAM* ◇ **etw drauf** - (*können*) sapere qc III. *vi:* ◇ **Sie hat zu gehorchen** (*müssen*) deve ubbidire IV. *vr* ◇ **sich** - (*FAM sich zieren*) fare il/la prezioso/a; **Haben** n ‹-s, -› (*Soll und* -) credito m

Habgier *f* avidità *f*

Habicht m ‹-[e]s, -e› FAUNA astore m

Habseligkeiten *f/pl* averi m/pl

Hacke ¹ *f* ‹-, -n› ① AGR zappa *f*

Hacke ² *f* ‹-, -n› (*Ferse*) tallone m, calcagno m; *FIG* ◇ **jd-m [dicht] auf den -n sein/bleiben** essere/stare alle calcagna di qu

hacken *vt* ① → *Holz* spaccare; (*auf dem Klavier*) strimpellare ② → *Garten* zappare ③ GASTRON tritare

Hacker(in *f*) m ‹-s, -› PC pirata *m/f* sulle linee telematiche, hacker

Hackfleisch n ① carne *f* macinata, macinato m ② ◇ **- aus jd-m machen** fare a pezzettini qu

hadern *vi:* ◇ **mit dem Schicksal** - lamentarsi della propria sorte

Hafen m ‹-s, Häfen› (*Schiffs*-) porto m; **Hafenstadt** *f* città *f* portuale

Hafer m ‹-s, -› (*Getreide*) avena *f*; **Haferbrei** m crema *f* d'avena; **Haferflocken** *pl* fiocchi m/pl d'avena

Haft *f* ‹-› reclusione *f*, detenzione *f*; **haftbar** *adj* responsabile; **Haftbefehl** m mandato m di carcerazione/arresto

haften ¹ *vi* ↑ *kleben* essere/rimanere attaccato (*an dat* a)

haften ² *vi* (*verantwortlich sein*) rispondere, garantire (*für akk* di/per)

Haftpflichtversicherung *f* assicurazione *f* contro/verso terzi; **Haftung** *f* ↑ *Verantwortung* responsabilità *f*

Hagel m ‹-s› (*-schauer*) grandine *f*; **hageln** *vi impers:* ◇ **es hagelt** sta grandinando [*o*. grandina]

hager *adj* ▷*Person* scarno, magro

Hahn m ‹-[e]s, Hähne› ① FAUNA gallo m ② (*Wasser-, Zapf-*) rubinetto m; **Hähnchen** n GASTRON pollo [allo spiedo] m

Hai[fisch] m ‹-[e]s, -e› FAUNA squalo m, pescecane m

häkeln *vt* (*Topflappen*) lavorare all'uncinetto

Haken m ‹-s, -› ① gancio m; ◇ **Bild an** - hängen appendere un quadro al gancio ② (*Schür*-) attizzatoio m ③ *FIG* ◇ **die Sache hat e-n** - la cosa ha un punto dolente; **Hakenkreuz** n svastica *f*

halb *adj:* ◇ **- eins** le dodici e mezzo/-a; ◇ **ein -es Dutzend** una mezza dozzina; **Halbdunkel** n (*Dämmerung*) semioscurità *f;* **halber** *Partikel* (*immer nachgestellt, wegen, vorsichts-, der Freundschaft* -) a causa di; **Halbheit** *f:* ◇ **sich mit -en zufriedengeben** accontentarsi delle mezze misure; **halbieren** *vt* dividere in due parti; **Halbinsel** *f* penisola *f;* **halbjährlich** *adj* semestrale; **Halbkreis** m semicerchio m; **Halbkugel** *f* GEO emisfero m; **Halbleiter** m (*Strom*) semiconduttore m; **Halblinks** m ‹-, -› (SPORT *Fußball*) mezz'ala *f* di sinistra; **Halbrechts** m ‹-, -› (SPORT *Fußball*) mezz'ala *f* di destra; **Halbschuh** m scarpa *f* bassa; **Halbtagsarbeit** *f* ≈ lavoro m a mezza giornata; **halbwegs** *adv* (*einigermaßen*) più o meno, abbastanza; ◇ **- verstehen** capire pressapoco/più o meno; **Halbwertzeit** *f* (*Radioaktivität*) tempo m di dimezzamento, periodo m radioattivo; **Halbwüchsige(r)** *fm* (*Jugendlicher*) adolescente *m/f;* **Halbzeit** *f* SPORT tempo m

Halde *f* ‹-, -n› (*Müll-*) discarica *f*

half *impf v.* **helfen**

Hälfte *f* ‹-, -n› metà *f*

Halfter *f* ‹-, -n› (*Pferde-*) cavezza *f*

Halle *f* ‹-, -n› ① (*Turn-*) palestra *f;* (*Flugzeug-*) rimessa *f,* capannone m ② (*Hotel-, Säulen-*) atrio m, entrata *f,* hall *f*

hallen *vi* (*Echo, Schritte*) risonare, echeggiare

Hallenbad n piscina *f* al coperto

hallo *intj* ① (*Begrüßung*) ciao, salve ② (*am Telefon*) pronto

Halluzination *f* allucinazione *f*

Halm m ‹-[e]s, -e› (*Gras*) gambo m, stelo m; (*Stroh*) cannuccia *f*

Hals m ‹-es, Hälse› ① collo m ② (*Kehle*) gola *f* ③ *FIG* ◇ **jd-m um den** - fallen gettarsi al collo di qu ④ (*Flaschen-, Gitarren-*) collo *f;* (*Gitarren-*) manico m; **Hals-Nasen-Ohren-Arzt** m, **-Ärztin** *f* HNO ottorinolaringoiatra *m/f;* **Halsschlagader** *f* ANAT carotide *f;* **halsstarrig** *adj* ↑ *stur* testardo, ostinato; **Halstuch** n foulard m; **Halsweh** n mal *f* di gola

Halt m ‹-[e]s, -e› ① (*Bus, Bahn*) fermata *f* ② ↑ *Stütze* appoggio m, sostegno m; *FIG* ◇ **- suchen** cercare sostegno da qu

halt *intj:* ◇ -! (*stop*) alt! [*o*. stop!]

haltbar *adj* ① ▷*Lebensmittel* inalterabile ② ▷*Kleidung* resistente ③ *FIG* ▷*Theorie* valido; **Haltbarkeitsdatum** *f* data *f* di conservazione;

halten ‹hielt, gehalten› I. *vt* ① (*in der Hand*) tenere ② ↑ *stützen* sorreggere ③ SPORT → *Ball* tenere ④ MIL → *Stellung* mantenere II. *vi* ① ↑ *stoppen* fermarsi, arrestarsi ② (*nicht kaputtge-*

hen) resistere, durare ③ ← *Lebensmittel* conservarsi ④ FIG ◇ etw - von pensare qc di; ◇ **ich halte ihn für verrückt** lo considero un pazzo **III.** *vr* ◇ **sich** - ① (*sich festhalten*) tenersi, reggersi ② (*nicht verderben*) conservarsi ③ ← *Wetter* mantenersi ④ FIG ◇ **sich tapfer** - ritenersi coraggioso ⑤ ◇ **sich - für** considerarsi ⑥ ◇ **sich - an** (*befolgen*) attenersi a; **Haltestelle** *f* fermata *f*; **Halteverbot** *n* divieto *m* di sosta; **haltlos** *adj* ① ▷*Theorie* infondato, inconsistente ② ▷*Mensch* incostante, debole; **Haltlosigkeit** *f* ① (*Theorie*) inconsistenza *f*, infondatezza *f* ② (*Mensch*) debolezza *f*, incostanza *f*; **haltmachen** *vi* (*pausieren*) fermarsi, fare una sosta

Haltung *f* ① (*Körper-*) portamento *m* ② (*Fassung*) controllo *m* di sè, contegno *m* ③ (*Tier-*) il tenere ④ FIG ◇ **- bewahren** mantenere il controllo di sè

Halunke *m* ⟨-n, -n⟩ mascalzone *m*, furfante *m*

hämisch *adj* maligno

Hammel *m* ⟨-s, -⟩ FAUNA montone *m*

Hammer *m* ⟨-s, Hämmer⟩ ① (*Werkzeug*) martello *m* ② FIG FAM ◇ **das ist ja ein -!** questo si che è incredibile!

Hampelmann *m* ⟨-[e]s, -männer⟩ ① (*Spielzeug*) burattino *m*, marionetta *f* ② (*FIG lächerliche Person*) persona *f* ridicola

Hamster *m* ⟨-s, -⟩ FAUNA criceto *m*; **hamstern** *vi* (*FAM sammeln*) accaparrare

Hand *f* ⟨-, Hände⟩ ① mano *f* ② FIG ◇ **aus zweiter** - (*gebraucht*) di seconda mano ③ FIG ◇ **- und Fuß haben** (*stichhaltig sein*) reggere [*o.* essere ben fondato]; **Handarbeit** *f* ① (*Stricken etc.*) lavoro *m* d'ago ② (*manuell gefertigt*) lavoro *m* fatto a mano; **Handbremse** *f* (*Auto*) freno *m* a mano; **Handbuch** *n* (*Computer-*) manuale *m*

Handel *m* ⟨-s⟩ ① (*Groß-*) commercio *m* ② (*Laden*) negozio *m* ③ (*Abmachung, Geschäft*) affare *m*; **handeln I.** *vi* ① (*aktiv sein*) agire ② COMM ◇ **mit etw -** commerciare ③ FIG ◇ **- von** trattare di **II.** *vr impers:* ◇ **es handelt sich um** si tratta di

Handeln *n* ⟨-s⟩ l'agire *m*, comportamento *m*

Handelsbilanz *f* bilancia *f* commerciale; **handelseinig** *adj:* ◇ **mit jd-m - werden** arrivare ad un accordo con qu; **Handelskammer** *f* (*Industrie- und -*) camera *f* del commercio; **Handelsmarine** *f* marina *f* mercantile; **Handelsschule** *f* scuola *f* [tecnica] commerciale; **Handelsvertreter(in** *f*) *m* rappresentante *m/f* di commercio

handgearbeitet *adj* lavorato a mano; **Handgelenk** *n* polso *m*; **Handgemenge** *n* ↑ *Schlägerei* zuffa *f*; **Handgepäck** *n* bagaglio *m* a mano; **handgeschrieben** *adj* scritto a

mano; **handgreiflich** *adj:* ◇ **- werden** diventare manesco; **Handgriff** *m* ① (*Handhabung*) maneggio *m*, lavoro *m*; ◇ **mit ein paar -en** (*schnell*) in quattro e quatt'otto ② (*Koffer, Werkzeug*) manico *m*; (*Tür*) maniglia *f*

Händler(in *f*) *m* ⟨-s, -⟩ commerciante *m/f*

handlich *adj* (*Gepäck*) maneggevole

Handlung *f* ① ↑ *Tun* azione *f*, atto *m* ② ↑ *Geschehen* azione *f*, argomento *m*, trama *f* ③ ↑ *Geschäft* negozio *m*; **Handlungsbevollmächtige(r)** *fm* procura|tore(-trice *f*) *m*; **Handlungsweise** *f* modo *m* d'agire

Handschelle *f* manette *fpl*; **Handschrift** *f* ① scrittura *f*, calligrafia *f* ② (*aus dem Mittelalter, Text*) manoscritto *m*; **Handschuh** *m* guanto *m*; **Handtasche** *f* borsa *f*; **Handtuch** *n* (*Frottier-*) asciugamano *m*; ◇ **das - werfen** (*aufgeben*) gettare la spugna; **Handwerk** *n* ① artigianato *m* ② (*Berufszweig*) arte *f*, mestiere *m*; **Handwerker(in** *f*) *m* ⟨-s -⟩ ① (*von Beruf*) artigiano/a *m* ② (*Kunst-*) artista *m/f*

Hanf *m* ⟨-[e]s⟩ ① BIO canapa *f* ② (*Rauschgift*) haschisch *m*

Hang *m* ⟨-[e]s, Hänge⟩ ① (*Berg-*) pendio *m* ② (*Neigung*) inclinazione *f*, propensione *f* (*zu dat* per/ a)

Hängematte *f* amaca *f*

hängen ¹ ⟨hing, gehangen⟩ *vi* ① (*Lampe, Bild*) essere appeso ② FIG ◇ **an etw/jd-m -** (*sehr gern haben*) essere affezionato/attaccato a qc/qu

hängen ² ⟨hing, gehangen⟩ *vt* ① (*Bild an Wand*) appendere ② FIG ◇ **etw an den Nagel -** attaccare qc al chiodo

hängenbleiben *unreg vi* ① (*an Nagel*) impigliarsi a/in ② (*FIG FAM Schule*) essere bocciato ③ (*in Stau, Kneipe*) rimanere

hänseln *vt* (*necken*) prendere in giro

hantieren *vi* (*in Werkstatt*) trafficare, essere affaccendato

hapern *vi impers* ↑ *mangeln* mancare; ◇ **es hapert an Geld** *dat* mancano i soldi

Happen *m* ⟨-s, -⟩ (*Essen*) boccone *m*

Happy-End *n* ⟨-s, -s⟩ (*Film, Roman*) lieto fine *m*, happy end *m*

Hardware *f* ⟨-, -s⟩ (*PC*) hardware *m*

Harfe *f* ⟨-, -n⟩ MUS arpa *f*

harmlos *adj* ① innocuo ② (*Bemerkung*) innocente, inoffensivo

Harmonie *f* ① MUS armonia *f* ② (*FIG Einklang*) armonia *f*, accordo *m*; **harmonieren** *vi* (*zusammenpassen*) armonizzare

Harmonika *f* ⟨-, -s⟩ MUS fisarmonica *f*

harmonisch *adj* ① FIG ▷*Zusammenleben* armonioso, equilibrato ② MUS armonico

Harn m ⟨-[e]s, -e⟩ ↑ *Urin* urina f

hart adj ① ▷*Stahl* duro ② FIG ▷*Schicksal* avverso, doloroso ③ FIG ▷*Mensch* crudele, spietato; **Härte** f ⟨-, -n⟩ ① *(Stahl)* durezza f ② FIG avversità f ③ *(Mensch)* crudeltà f; **härten** vt *(hart machen)* indurire; **hartgekocht** adj *(Ei)* sodo; **hartgesotten** adj *(FIG skrupellos)* senza scrupoli; **hartherzig** adj spietato, crudele; **hartnäckig** adj ostinato, testardo

haschen ¹ vt prendere, acchiappare

haschen ² vi *(FAM Haschisch rauchen)* fumare l'haschisch

Haschisch n ⟨-⟩ haschisch m

Hase m ⟨-n, -n⟩ ① FAUNA lepre f ② FIG ↑ *Feigling* coniglio m, codardo m

Haselnuß f FLORA nocciola f

Haß m ⟨-sses⟩ odio m; **hassen** vt odiare, disprezzare; **häßlich** adj ① brutto, orrendo ② *(FIG Bemerkung)* cattivo

Hast f ⟨-⟩ ↑ *Eile* fretta f; **hastig** I. adj affrettato, frettoloso II. adv in fretta, frettolosamente

hatte impf v. **haben**

Haube f ⟨-, -n⟩ ① *(Kopfbedeckung)* cuffia f ② *(Kühler-, Motor-)* calotta f

Hauch m ⟨-[e]s, -e⟩ ① *(Luft-)* soffio m, alito m, fiato m ② *(FIG Andeutung)* accenno m

hauen ⟨haute o. hieb, gehauen⟩ vt *(FAM schlagen)* picchiare, pestare

Haufen m ⟨-s, -⟩ ① *(Stein-)* mucchio m ② *(FAM große Menge)* montagna f, macello m; **häufen** I. vt *(Steine)* ammucchiare, ammassare II. vr ◇ **sich** - aumentare; **haufenweise** adv: ◇ etw - haben *(sehr viel)* avere qc in abbondanza in gran quantità; **häufig** I. adj frequente II. adv spesso, frequentemente; **Häufigkeit** f frequenza f

Haupt n ⟨-[e]s, Häupter⟩ ① ↑ *Kopf* testa f, capo m ② *(Familienober-)* capo m

Haupt- *in Zusammensetzungen (größte, wichtigste)* principale; **Hauptbahnhof** m stazione f centrale; **hauptberuflich** adv: ◇ **-e** Tätigkeit attività f professionale principale; **Hauptbuch** n COMM libro m contabile; **Hauptdarsteller(in** f) m interprete m/f principale, protagonista m/f; **Haupteingang** m entrata f principale; **Hauptfach** n *(Schule, Studium)* materia f principale; **Hauptmann** m ⟨-[e]s, -männer⟩ MIL capitano m; **Hauptpostamt** n posta f centrale; **Hauptrolle** f ① *(Film, Theater)* ruolo m /parte f principale ② FIG ◇ **in jd-s Leben die** - **spielen** svolgere un ruolo fondamentale nella vita di qu; **Hauptsache** f cosa f principale, l'importante m; **Hauptsatz** m GRAM frase f principale; **Hauptspeicher** m PC memoria f centrale;

Hauptstadt f capitale f; **Hauptstraße** f strada f principale; **Hauptwohnsitz** m domicilio m principale; **Hauptwort** n *(Substantiv)* sostantivo m; **Hauptziel** n meta f principale

Haus n ⟨-es, Häuser⟩ ① casa f; ◇ **zu -e** a casa; ◇ **nach -e** a casa ② *(Herrscher-)* dinastia f, casa f; **Hausarbeit** f ① faccende f/pl domestiche, lavori m/pl di casa ② SCHULE compito m [di/a casa]; **Hausaufgabe** f compito m [di/a casa]; **Hausarzt** m, **-ärztin** f medico m/f di famiglia; **Hausaufgabe** f SCHULE compito m [di/a casa]; **Hausbesetzer(in** f) m occupante [di una casa] m/f; **Hausbesitzer(in** f) m proprietario [della casa]/a; **Hauseigentümer(in** f) m proprietario/a; **hausen** vi *(PEJ wohnen)* abitare; **Häusermakler(in** f) m *(Immobilien)* agente m/f immobiliare; **Hausfrau** f casalinga f; **Hausfreund** m ① FAM ↑ *Liebhaber* amante m ② *(Freund der Familie)* amico m di famiglia; **Haushalt** m ① governo m della casa ② POL bilancio m, **haushalten** unreg vi ↑ *sparen* risparmiare; **Haushälterin** f ⟨-, -nen⟩ governante f; **Haushaltsplan** m POL bilancio m preventivo; **Hausherr(in** f) m padrone/a di casa; **haushoch** adv: ◇ - **überlegen sein** essere nettamente/di molto superiore; **Hausierer(in** f) m ⟨-s, -⟩ *(Verkäufer)* venditore(-trice f) m ambulante; **häuslich** adj ① ▷*Pflichten* domestico, di casa ② ↑ *zurückgezogen* casalingo; **Hausmann** m ⟨-[e]s, -männer⟩ casalingo m; **Hausmeister(in** f) m *(Hausverwalter)* amministratore(-trice f) m della casa; **Hausordnung** f regolamento m della casa; **Hausratversicherung** f assicurazione f sulle suppellettili domestiche; **Haussuchung** f *(Polizei)* perquisizione f domiciliare; **Haustier** n animale m domestico; **Hauswirt(in** f) m ↑ *Vermieter* padrone/a [della casa]; **Hauswirtschaft** f economia f domestica

Haut f ⟨-, Häute⟩ ① *(von Mensch)* pelle f; FIG ◇ **nicht in jd-s - stecken wollen** non voler essere nella pelle di qu ② *(von Tier)* pelle f, pelliccia f; **Hautarzt** m, **-ärztin** f dermatologo/a **häuten** I. vt spellare, scuoiare II. vr ◇ **sich -** ← *Schlange* spellarsi, cambiar pelle; **hauteng** adj aderente; **Hautfarbe** f colore m della pelle, colorito m

Haxe f ⟨-, -n⟩ *(Schweins-)* stinco f

Hbf. Abk v. Hauptbahnhof

Hebamme f ⟨-, -n⟩ ↑ *Geburtshelferin* ostetrica f

Hebel m ⟨-s, -⟩ ① *(-arm)* leva f ② *(Auto)* leva f; **heben** ⟨hob, gehoben⟩ vt ① → *Gewicht* sollevare, alzare ② → *Bedeutung, Stimmung* aumentare ③ FIG ◇ **e-n -** *(trinken)* bere un bicchierino

Hecht m ⟨-[e]s, -e⟩ ① FAUNA luccio m ② FIG ◇ **toller -** persona in gamba

Heck n ⟨-[e]s, -e⟩ ① NAUT poppa f ② (Auto) parte f posteriore

Hecke f ⟨-, -n⟩ cespuglio m

Heckmotor m (Auto) motore m posteriore

Heer n ⟨-[e]s, -e⟩ ① MIL esercito m ② (von Menschen) moltitudine f

Hefe f ⟨-, -n⟩ GASTRON lievito m

Heft ¹ n ⟨-[e]s, -e⟩ ① (Schreib-) quaderno m ② (Zeitschrift) fascicolo m

Heft ² n ⟨-[e]s, -e⟩ (von Messer) manico m, impugnatura f

Hefter m ⟨-s, -⟩ (Schnell-) cartella f per incartamenti

heftig I. adj forte, violento II. adv fortemente, violentemente

Heftpflaster n cerotto m

hegen vt ① ↑ pflegen curare ② ↑ schützen proteggere ③ (FIG Verdacht -) nutrire, avere

Hehl m o n: ◇ kein[en] ~ aus etw machen non fare mistero di qc

Hehler(in f) m ⟨-s, -⟩ ricetta|tore(-trice f) m

Heide ¹ f ⟨-, -n⟩ ① (Landschaft) brughiera f ② (-kraut) erica f

Heide ² m ⟨-n, -n⟩, **Heidin** f (Nichtgläubiger) miscredente m/f, pagano/a

Heidelbeere f FLORA mirtillo m

Heidentum n paganesimo m; **heidnisch** adj pagano

heikel adj ① ▷Angelegenheit delicato, spinoso ② (wählerisch) difficile, schizzinoso

heil adj ① ↑ unverletzt sano, guarito ② ↑ repariert aggiustato ③ FIG ◇ -e Welt la vita in rosa; **Heil** n ⟨-[e]s⟩ ① ↑ Glück fortuna f ② (Seelen-) salvezza f ③ FIG ◇ sein - in der Flucht suchen mettersi in salvo fuggendo; **heilbar** adj guaribile; **heilen** I. vt → Kranke guarire II. vi ← Wunde guarire; **heilfroh** adj (sehr froh) contentissimo

heilig adj ① ▷Kirche santo ② (FIG wertvoll) sacro; ◇ **das Auto ist ihm** - la sua macchina è sacra; **Heiligabend** m vigilia f di Natale; **Heiligtum** n ① (Stätte) santuario m ② (sakraler Gegenstand) reliquia f

heillos adj ▷Durcheinander enorme, tremendo

Heilmittel n (Medizin) rimedio m, medicina f; **Heilpraktiker(in** f) m guari|tore(-trice f) m; **Heilung** f guarigione f

heim adv (nach Hause) a casa; **Heim** n ⟨-[e], -e⟩ ① ↑ Zuhause casa, f ② (Alters-) casa f di riposo per anziani, ospizio m; (Erziehungs-) collegio m ③ (Eigen-) villino m di proprietà di una famiglia

Heimat f ⟨-, -en⟩ ① patria f, paese m natio ② (Wahl-) patria f d'elezione; **heimatlich** adj natale, del proprio paese; **heimatlos** adj senza patria, apolide

heimbegleiten vt (nach Hause bringen) accompagnare a casa; **Heimcomputer** m PC computer m domestico; **heimfahren** unreg vi andare a casa [con mezzo di trasporto]; **heimgehen** unreg vi ① andare a casa [a piedi] ② ↑ sterben morire; **heimisch** adj ① (gebürtig) del proprio paese; ◇ **sich** - **fühlen** sentirsi come a casa propria; **heimkehren** vi (aus Krieg) rimpatriare

heimlich I. adj segreto II. adv segretamente

Heimreise f rientro m, viaggio m di ritorno

heimsuchen vt ← Katastrophe colpire, affliggere; **heimtückisch** I. adj ↑ hinterlistig maligno, perfido II. adv perfidamente, malignamente

Heimweg m via f di casa; **Heimweh** n nostalgia f

heimzahlen vt: ◇ **jd-m etw** - (sich rächen) farla pagare a qu

Heirat f ⟨-, -en⟩ matrimonio m, nozze f/pl; **heiraten** vt, vi sposarsi

heiser adj (Stimme) rauco

heiß adj ① caldo ② (FIG brenzlig) ▷Thema scottante ③ ▷Liebe, Wunsch ardente; FAM ◇ **das ist ja** -! questo sì che è interessante

heißen ⟨hieß, geheißen⟩ I. vi ① chiamarsi ② (bedeuten) significare II. vt ① (bezeichnen) chiamare; ◇ **das heiße ich Mut!** questo sì che è coraggio!; ◇ **was soll das** -? ma che discorso è questo? ② (Auftrag geben) ordinare III. vi impers: ◇ **es** -t si dice

heißersehnt adj atteso ansiosamente

heiter adj ① ▷Wetter sereno ② ▷Mensch contento, sereno; **Heiterkeit** f (Belustigung) allegria f, serenità f

heizbar adj riscaldabile; **heizen** I. vt ① → Raum riscaldare ② → Ofen accendere II. vi ← Ofen scaldare; **Heizung** f riscaldamento m

hektisch adj (nervös, eilig) febbrile, nervoso

Held(in f) m ⟨-en, -en⟩ ① (Kriegs-) eroe m, eroina f ② (Film-) eroe m ③ PEJ FAM ◇ **du bist ja ein** -! sei proprio un bel tipo !

helfen ⟨half, geholfen⟩ I. vi ① aiutare; ◇ **jd-m bei etw** - aiutare qu in qc ② ← Medizin giovare a, essere utile a ③ ◇ **sich zu - wissen** [saper] farcela da soli ④ ◇ **dem ist nicht zu** - per lui non c'è più niente da fare II. vi impers: ◇ **es hilft alles nichts** non c'è niente da fare; **Helfer(in** f) m ⟨-s, -⟩ ① aiutante m/f; (Berater) consulente m/f ② (Geburts-) ostetrico/a; **Helfershelfer(in** f) m (Verbrechen) complice m/f

hell adj ① chiaro ② (Farbton, Klang, Stimme) chiaro, limpido ③ FIG ◇ **-er Wahnsinn** una vera e propria follia; **hellhörig** adj ① ▷Wohnung che non assorbe i suoni ② ◇ - **wer-**

den attirare l'attenzione di qu; **Helligkeit** f luminosità f, chiarezza f; **hellwach** adj ↑ völlig wach sveglio

Helm m ‹-[e]s, -e› (Motorrad-) casco m; (Schutz-) elmo m

Hemd n ‹-[e]s, -en› (Ober-) camicia f; (Unter-) maglietta f, canottiera f

hemmen vt ① ↑ verlangsamen ritardare, rallentare ② ↑ hindern impedire, ostacolare ③ ↑ verlegen machen inibire; ◇ **gehemmt sein** essere inibito; **Hemmschwelle** f (überschreiten) soglia f di inibizione; **Hemmung** f (Störfaktor) ostacolo m ② ◇ **-en** f/pl (Schüchternheit) scrupolo m, timidezza f; ◇ **nur keine -en!** non farti degli scrupoli!; **hemmungslos** adj senza scrupoli/ritegno

Hengst m ‹-es, -e› stallone m

Henkel m ‹-s, -› (Tasse, Topf) manico m

Henker m ‹-s, -› boia m; ◇ **zum -!** (verdammt!) maledizione!

her adv ① (räumlich) qui, qua; ◇ **es ist ein ständiges hin und -** è un continuo avanti e indietro; ◇ **mit dem Geld!** fuori i soldi! ② (zeitlich) da; ◇ **das ist 12 Jahre her** sono 12 anni; **herab** adv (herunter) giù, in basso

herab- präf giù, in basso; **herabhängen** unreg vi ← Zweige pendere; **herablassen** unreg **I.** vt → Seil calare **II.** vr ◇ **sich -** (FIG gönnerhaft benehmen) abbassarsi; **Herablassung** f FIG: ◇ **mit -** behandeln trattare con condiscendenza; **herabsehen** unreg vi (FIG verachten): ◇ **auf jd-n -** guardare qu dall'alto in basso; **herabsetzen** vt ① → Preise diminuire, abbassare ② (FIG geringschätzen) screditare, diffamare

heran adv FAM ran; (zu mir her) avanti, vicino; ◇ **ran an die Arbeit!** avanti al lavoro

heran- präf vicino, avanti; **heranbringen** unreg vt ① (näher bringen) avvicinare, portare vicino ② FIG → Problem avvicinare (an akk a); **heranfahren** unreg vi avvicinarsi [con veicolo] (an akk a); **herankommen** unreg vi ① (sich nähern) avvicinarsi ② (FIG zugehen auf) avvicinarsi (an akk a) ③ ◇ **etw an sich akk - lassen** lasciare che qc venga da sé; **heranmachen** vr: ◇ **sich an jd-n -** provarci con qu; **heranwachsen** unreg vi ← Kinder crescere, diventare grande; **heranziehen** unreg vt ① → Pflanzen, Tiere allevare ② FIG → Nachwuchs educare ③ FIG ◇ **jd-n zu etw -** consultare qu per qc

herauf adv sopra, su

herauf- präf su, sopra; **heraufbeschwören** unreg vt ← Unheil provocare, suscitare; **heraufziehen** unreg **I.** vt → Last, Rolladen tirare su **II.** vi ← Unwetter avvicinarsi

heraus adv fuori, qua fuori

heraus- präf fuori; **herausarbeiten** vt ① → Idee esaminare a fondo ② → Kunstwerk ricavare; **herausbekommen** unreg vt ① FIG → Geheimnis strappare ② → Wechselgeld ricevere di resto ③ (Nagel aus Wand) levare; **herausbringen** unreg vt ① portare fuori ② → Buch pubblicare ③ → Lösung trovare [la soluzione di], risolvere ④ → Satz pronunciare, articolare; **herausfinden** unreg vt ① (aus Labyrinth) trovare la via d'uscita ② (aus Schwierigkeiten) trovare la soluzione a ③ FIG → Fehler scoprire; **herausfordern** vt ① (zu Duell) sfidare ② (anregen) incitare, stimolare; **Herausforderung** f ① provocazione f ② a. SPORT sfida f; **herausgeben** unreg vt ① → Geld dare di resto ② (- → Zeitschrift, publizieren) pubblicare ③ (nach draußen reichen) dare/passare fuori; **Herausgeber(in)** f(m) m ‹-s, -› (Verlag) editore m; (von Zeitung, Zeitschrift) diret|tore|trice f m, (Leiter) cura|tore(-trice f) m; **herausgehen** unreg vi ① (aus Haus, Zimmer) uscire, andare fuori ② aus sich - aprirsi; **herausholen** vt ① (befreien) liberare, far uscire ② (erzielen) raggiungere, conseguire; **herausnehmen** unreg vt ① (aus Schachtel) prendere ② FIG ◇ **sich dat Freiheiten -** prendersi delle libertà; **herausrücken** vt FIG: ◇ **mit der Wahrheit -** rivelare/confessare la verità; **herausrutschen** vi scappare; **herausschlagen** unreg vt FIG → guten Preis ricavare; **herausstellen** vr ◇ **sich -** risultare, rivelarsi (als come)

herb adj ① ▷Geschmack aspro, amaro ② FIG ▷Schicksalsschlag crudo, amaro

Herberge f ‹-, -n› ostello m, locanda f; (Jugend-) ostello m della gioventù; **Herbergsmutter** f, **-vater** m diret|tore(-trice f) dell'ostello della gioventù m

Herbst m ‹-[e]s, -e› autunno m

Herd m ‹-[e]s, -e› ① (Kochstelle) fornello m ② FIG focolare m ③ (Entzündungs-) focolaio m

Herde f ‹-, -n› (Kuh-) mandria f; (Schaf-) gregge m

herein adv; ◇ **-!** avanti!

herein- präf dentro, avanti; **hereinbitten** unreg vt far entrare; **hereinfallen** unreg vi ① (in Grube, Loch) cadere dentro ② FIG ◇ **auf etw akk -** farsi imbrogliare; **hereinkommen** unreg vi (in Raum) entrare, venire dentro; **hereinlassen** unreg vt (jd-n) far entrare; **hereinlegen** vt imbrogliare (jd-n qu); **hereinplatzen** vi (in Zimmer, Versammlung) piombare dentro

Herfahrt f viaggio m di andata, andata f

herfallen unreg vi piombare addosso (über akk a); (über Essen) lanciarsi (über akk su)

Hergang m svolgimento m

hergeben unreg I. vt → Buch dare via, ridare II. vr FIG: ◇ **sich zu etw** dat - prestarsi a fare qc

hergehen unreg vi ① ◇ **vor jd-m** - andare davanti a qu ② ◇ **auf der Party geht es hoch her** si sta facendo baldoria alla festa

herhalten unreg vt FAM: ◇ **für etw** - **müssen** fare le spese di qc

herhören vi: ◇ **alle mal** -! ascoltate tutti!

Hering m ⟨-s, -e⟩ ① FAUNA aringa f ② (Zelthaken) picchetto m

herkommen unreg vi ① ◇ **komm mal her!** vieni qui! ② (abstammen) ◇ **wo kommen Sie her?** da dove viene?

herkömmlich adj tradizionale, usuale

Herkunft f ⟨-, Herkünfte⟩ ① (Abstammung) origine f ② (von Ware) provenienza f

herleiten vt (ableiten) ① ◇ **vor** Wort derivare, dedurre ② (zurückführen) fare risalire (von dat a)

hermachen I. vr ① ◇ **sich über etw** - gettarsi su qc ② (FIG anfangen) mettersi a fare II. vi: ◇ **das macht nichts her** non fa una bella figura

heroisch adj (heldenhaft) eroico

Herpes m ⟨-⟩ MED herpes m

Herr m ⟨-[e]n, -en⟩ (Anrede) signore m ② (jüngerer, älterer -) signore m, uomo m; ◇ **sehr geehrte Damen und -en** gentili signore e signori ③ (Besitzer) padrone m ④ FIG ◇ **sein eigener** - **sein** essere padrone di sè stesso; **Herrendoppel** n SPORT doppio m maschile; **herrenlos** adj ▷Hund senza padrone

herrichten I. vt ① → Haus, Wohnung sistemare, rinnovare ② → Tisch, Bett preparare II. vr: ◇ **sich fürs Theater** - prepararsi per il teatro

Herrin f padrona f; **herrisch** adj dispotico, tirannesco

herrlich adj splendido, magnifico

Herrschaft f ① (Macht) dominio m, potere m; ◇ **die** - **an sich reißen** impadronirsi del potere ② ◇ **über das Auto** controllo m della macchina ③ (Anrede) ◇ **sehr verehrte -en!** gentili signore e signori; **herrschen** vi ① regnare (über a su) ② ← Ruhe dominare; **Herrscher(in** f) m ⟨-s, -⟩ sovrano/a, monarca m/f

herrühren vi avere origine (von dat in)

herstellen vt fabbricare, produrre; **Hersteller (in** f) m produl|tore(-trice f) m; **Herstellung** f (Produktion) produzione f; ◇ **aus eigener** - di produzione propria

herüber adv da questa parte, di qua

herum adv ① (räumlich) intorno; ◇ **um das Haus** - intorno alla casa ② (ungefähr, zirka)

circa; ◇ **um den 25. Juli** - verso/intorno al 25 luglio; **herumärgern** vr ◇ **sich** - (sich ständig über jd-n ärgern) arrabbiarsi continuamente (mit dat con); **herumführen** vt ① (in Stadt) condurre in giro per ② FIG ◇ **jd-n an der Nase** - prendere in giro qu; **herumirren** vi (ziellos -) vagare, girovagare; **herumkriegen** vt FAM ① → Zeit far passare ② ↑ überreden riuscire a persuadere; **herumlungern** vi (FAM auf Straße) andare a zonzo; **herumsprechen** unreg vr ◇ **sich** - (Neuigkeiten) diffondersi, spargersi; **herumtreiben** unreg vr ◇ **sich** - (in Kneipen) girare, girovagare

herunter adv giù; **heruntergekommen** adj ↑ verwahrlost rovinato, decaduto; **herunterhängen** unreg vi pendere; **herunterkommen** unreg vi ① (die Treppe) scendere ② (FIG verwahrlosen, verkommen) decadere; **heruntermachen** vt (heftig kritisieren) stroncare; **herunterspielen** vt → Sache minimizzare, sdrammatizzare

hervor adv fuori, in fuori; **hervorbringen** unreg vt ① (erschaffen) produrre, creare ② → Satz dire; ◇ **vor Aufregung kein Wort** - non riuscire a dire una parola dall'agitazione; **hervorheben** unreg vt risaltare, dare rilievo; **hervorragend** adj eccellente; ◇ **-e Leistungen** prestazioni eccellenti; **hervorrufen** unreg vt ↑ verursachen provocare

Herz n ⟨-ens, -en⟩ ① ANAT cuore m ② FIG ◇ **sich ein** - **fassen** farsi coraggio ③ (Spielkarte) cuori m/pl; **Herzfehler** m MED difetto m al cuore; **herzhaft** adj ① ▷Essen saporito, piccante ② (lachen) di cuore; **Herzinfarkt** m MED infarto m [cardiaco]; **Herzklopfen** n FIG: ◇ - **haben** avere il batticuore [o. le palpitazioni]; **herzlich** I. adj ① ▷Mensch cordiale ② (von Herzen) di cuore, vivo; ◇ **-en Dank** grazie di cuore II. adv (PEJ ziemlich) abbastanza; ◇ **er verdient** - **wenig** guadagna molto poco; **Herzlichkeit** f cordialità f; **herzlos** adj senza cuore, spietato

Herzog(in f) m ⟨-[e]s, Herzöge⟩ du|ca(-chessa f) m

Herzschlag m MED colpo m apoplettico

herzzerreißend adj straziante

heterogen adj eterogeneo

Hetze f ⟨-, -n⟩ ① (große Eile) fretta f ② (Propaganda) sobillazione f; **hetzen** I. vt ↑ jagen inseguire, dare la caccia a II. vi ① ↑ hasten correre ② (Propaganda betreiben) sobillare; ◇ **gegen Ausländer** - incitare contro gli stranieri

Heu n ⟨-[e]s⟩ (trockenes Gras) fieno m; ◇ **Geld wie** - **haben** avere soldi a palate

Heuchelei *f* ipocrisia *f;* **heucheln I.** *vt* fingere, simulare **II.** *vi* (*sich verstellen*) essere ipocrita

heulen *vi* ① *FAM* piangere ② ← *Wolf* ululare; ← *Wind* sibilare

Heuschnupfen *m* raffreddore *m* da fieno; **Heuschrecke** *f* ‹-, -n› FAUNA cavalletta *f;* **Heuschreckenplage** *f* flagello *m* delle cavallette

heute *adv* ① oggi ② (*heutzutage*) oggigiorno, al giorno d'oggi; **heutig** *adj* odierno, di oggi; **heutzutage** *adv* al giorno d'oggi

Hexe *f* ‹-,-n› strega *f;* **hexen** *vi* ↑ *zaubern* fare stregonerie; ◇ **ich kann doch nicht -!** non posso mica fare miracoli!; **Hexenkessel** *m* (*FIG großes Durcheinander*) pandemonio *m*, inferno *m*

Hickhack *n* ‹-s› (*FAM Streiterei*) litigio *m;* (*Hin-undhergerede*) chiacchere *f/pl* a vuoto

hieb *impf v.* **hauen**

Hieb *m* ‹-[e]s, -e› ① (*Faust-*) colpo *m* ② ◇ **-e bekommen** prendersi delle botte

hielt *impf v.* **halten**

hier *adv* ① (*an diesem Ort*) qui, qua ② (*FIG an diesem Punkt*) qui; ◇ **- geht die Geschichte weiter** qui continua la storia; **hierbehalten** *unreg vt* trattenere; **hierbleiben** *unreg vi* (*nicht weggehen*) rimanere; ◇ **die Nacht über -** fermarsi qui questa notte; **hierdurch** *adv* ① (*räumlich*) attraverso questo luogo ② (*auf Grund*) a causa, con ciò; ◇ **-wurde der Unfall verursacht** è così che è stato causato l'incidente; **hierher** *adv* (*an diesen Ort*) qua, qui; **hiermit** *adv* (*auf diese Weise*) con questo/ciò; ◇ **- teile ich Ihnen mit ...** con la presente le annuncio che; **hiervon** *adv* di ciò, ne; **hierzulande** *adv* qui da noi

hiesig *adj* ↑ *einheimisch* locale

hieß *impf v.* **heißen**

Hi-Fi-Anlage *f* impianto *m* hi-fi

high *adj* (*FAM - sein, Rauschzustand*) drogato

High Tech *n* ‹-s› High Technology alta tecnologia *f*

Hilfe *f* ‹-, -n› ① aiuto *m*, appoggio *m;* ◇ **um - bitten** chiedere aiuto ② (*finanzielle*) assistenza *f*, aiuto *m* ③ ◇ **mit - von** con l'aiuto di [*o.* per mezzo di] ④ ◇ **Erste - leisten** prestare il pronto soccorso; **hilflos** *adj* privo d'aiuto; **Hilflosigkeit** *f* mancanza *f* d'aiuto; **hilfreich** *adj* ▷*Hinweis, Ratschlag* utile; **Hilfsaktion** *f* azione *f* di soccorso; ◇ **- organisieren** organizzare un'azione di soccorso; **Hilfsarbeiter(in** *f*) *m* (*ungelernter Arbeiter*) manovale *m;* **hilfsbereit** *adj* ▷*Person* soccorrevole, pronto ad aiutare; **Hilfsdatei** *f* PC file *m* di lavoro; **Hilfskraft** *f* assistente *m/f*, aiuto *m;* **Hilfsverb** *n* GRAM [verbo] *m* ausiliare

Himbeere *f* FLORA lampone *m*

Himmel *m* ‹-s, -› ① cielo *m* ② REL paradiso *m* ③ (*Baldachin*) baldacchino *m* ④ *FIG* ◇ **im siebten - al settimo cielo; **himmelangst** *adv:* ◇ **mir ist - ho una paura terribile/tremenda/matta; **himmelschreiend** *adj* ▷*Ungerechtigkeit* inaudito, atroce; **Himmelsrichtung** *f* punto *m* cardinale; **himmlisch** *adj* ▷*Vergnügen* meraviglioso, celestiale

hin *adv* ① (*örtlich*) là, lì; ◇ **- und her** quà e là; ◇ **- und zurück** andata e ritorno ② (*zeitlich*) verso; ◇ **es ist noch lange - ci vuole ancora parecchio tempo ③ *FAM* ◇ **das Auto ist - la macchina è rotta

hinab *adv* (*hinunter*) [in] giù; **hinabsteigen** *unreg vi* ← *Abhang* scendere; **hinabstürzen I.** *vi* (*von Klippe*) cadere giù **II.** *vt* gettare giù; **hinarbeiten** *vi:* ◇ **auf etw -** (*anstreben*) mirare/puntare a qc

hinauf *adv* [in] su; **hinaufarbeiten** *vr* ◇ **sich -** (*FIG Karriere machen*) farsi strada lavorando; **hinaufsteigen** *unreg vi* salire (*auf akk* su)

hinaus *adv* ① (*ins Freie*) fuori ② (*Zeitdauer*) per; ◇ **auf Jahre -** per molti anni; **hinausfliegen** *unreg vi* ① (*FAM aus Firma*) essere buttato fuori ② ← *Vogel* volar fuori; **hinausgehen** *unreg vi* ① (*aus Zimmer*) uscire all'aria ② (*FIG überschreiten*) superare (*über akk* qc); **hinauslaufen** *unreg vi* ① (*ins Freie*) correre/uscire fuori ② ◇ **auf etw akk -** andare a finire in qc; **hinausschieben** *unreg vt* ① → *Termin* rimandare ② → *Wagen* spingere fuori; **hinauswerfen** *unreg vt* ① (*kündigen*) licenziare ② (*aus Kneipe*) buttar fuori ③ *FIG* ◇ **Geld zum Fenster - sprecare i soldi; **hinauswollen** *vi* ① ◇ **auf etw akk -** mirare a [*o.* alludere a] qc ② ◇ **hoch - mirare in alto; **hinausziehen** *unreg* **I.** *vt* → *Verhandlung* rimandare, tirare in lungo **II.** *vi* (*in die Welt*) andare **III.** *vr* ◇ **sich -** andare per le lunghe

Hinblick *m:* ◇ **im - auf akk** in considerazione di, riguardo a

hinderlich *adj* che ostacola; **hindern** *vt:* ◇ **jd-n an etw** *dat* - impedire a qu di; ◇ **jd-n -, etw zu tun** impedire a qu di fare qc; **Hindernis** *n* ostacolo *m*, impedimento *m*

hindeuten *vi* indicare, accennare (*auf akk* qc)

hindurch *adv* ① (*räumlich*) attraverso ② (*zeitlich*) per, durante

hinein *adv* dentro; **hineindenken** *unreg vr* immedesimarsi; ◇ **sich in etw/jd-n -** mettersi nei panni di qu; **hineinfallen** *unreg vi* cadere (*in akk* dentro/in); **hineingehen** *unreg vi* entrare (*in akk* in); **hineingeraten** *unreg vi* incappare, cadere (*in akk* in); **hineinpassen** *vi* starci (*in* *akk* in/dentro); **hineinreden** *vi;* ◇ **jd-m** - intromettersi; **hineinsteigern** *vr:* ◇ **sich in etw** *akk* ~ fissarsi in qc; **hineinversetzen** *vr:* ◇ **sich in jd-n** ~ immedesimarsi in, mettersi nei panni di qu

hinfahren *unreg* **I.** *vi* andare là [con veicolo] **II.** *vt* trasportare; **Hinfahrt** *f* viaggio *m* di andata, andata *f*

hinfallen *unreg vi* ↑ *stürzen* cadere

hinfällig *adj* ① ▷*Angebot* non valido, nullo ② ▷*Hilfe* non più indispensabile

hing *impf v.* **hängen**

Hingabe *f* fervore *m,* passione *f;* **hingeben** *unreg vr* ◇ **sich** -: ◇ **sich etw** *dat* ~ dedicarsi anima e corpo a qc; ◇ **sich jd-m** ~ darsi a qu

hingehen *unreg vi* ① andarci ② ← *Zeit* passare

hinhalten *unreg vt* ① ↑ *vertrösten* tenere a bada ② ↑ *reichen* porgere

hinken *vi* ① zoppicare ② *FIG* ← *Vergleich* zoppicare

hinkriegen *vt* ↑ *bewältigen,* *FAM* rimettere in sesto; ◇ **das kriegen wir schon hin** ce la faremo

hinlegen **I.** *vt* → *Gegenstand* posare, mettere, appoggiare **II.** *vr* ◇ **sich** - sdraiarsi, coricarsi

hinnehmen *unreg vt FIG* → *Beleidigung* sopportare, tollerare

Hinreise *f* viaggio *m* di andata, andata *f*

hinreißen *unreg vt:* ◇ **sich zu etw** *dat* ~ **lassen** lasciarsi trascinare a fare qc

hinreißend *adj* entusiasmante

Hinrichtung *f* esecuzione *f* [capitale]; ◇ **e-r**- **beiwohnen** assistere ad una esecuzione

hinsichtlich *präp* gen per quanto riguarda, riguardo a

Hinspiel *n* SPORT partita *f* di andata

hinstellen **I.** *vt* ① → *Gegenstand* collocare, mettere ② *FIG* ↑ *darstellen, schildern* descrivere, illustrare **II.** *vr* ◇ **sich** - mettersi

hintanstellen *vt FIG* trascurare

hinten *adv* dietro; (*in Raum*) in fondo; (*in Buch*) alla fine; **hintenherum** *adv FIG* di nascosto; ◇ **etw** - **erfahren** venire a sapere qc di nascosto

hinter *präp* dat/akk ① (*räumlich*) dietro; (*bei Reihenfolge*) dopo; ◇ - **dem Haus** dietro la/alla casa ② *FIG* ◇ **sich** - **jd-n stellen** appoggiare qu ③ ◇ - **jd-m her sein** inseguire qu ④ ◇ **etw** - **sich** *dat* **haben** aver superato qc; **Hinterachse** *f* AUTO asse *m* posteriore; **Hinterbein** *n FIG:* ◇ **sich auf die** -**e stellen** (*sich anstrengen*) mettercela tutta; **hintere(r, s)** *adj* posteriore; ◇ **der** - **Wagen ist 1. Klasse** il vagone posteriore è di prima classe; **hintereinander** *adv* uno dietro l'altro; **Hintergedanke** *m* secondo fine *m;*

hintergehen *unreg vt FIG* ↑ *betrügen* ingannare; **Hintergrund** *m* ① fondo *m,* sfondo *m* ② (*FIG politischer, kultureller*) retroscena *m,* sfondo *m;* **Hinterhalt** *m FIG* insidia *f,* tranello *m;* **hinterhältig** *adj* ↑ *gemein, tückisch* subdolo, perfido; **hinterher** *adv* ① (*räumlich*) dietro, di dietro ② (*zeitlich*) dopo, poi; **hinterlassen** *unreg vt* ① ↑ *Nachricht* lasciare ② ↑ *vererben* lasciare [in eredità]; **hinterlegen** *vt* depositare; **Hinterlist** *f* perfidia *f;* **hinterlistig** *adj* ↑ *heimtückisch* perfido; **Hintermänner** *m/pl* (*Drahtzieher*) mandanti *m/pl,* tirafili *m/pl;* **Hinterrad** *n* ruota *f* posteriore; **Hinterradantrieb** *m* AUTO trazione *f* posteriore; **hinterrücks** *adv* alle spalle; **Hinterteil** *n FAM* didietro *m;* **Hintertreffen** *n:* ◇ **ins** - **geraten** (*benachteiligt werden*) essere svantaggiato; **hintertreiben** *unreg vt* ↑ *verhindern, vereiteln* sventare; **Hintertür** *f* ① *FIG* scappatoia *f;* ◇ **immer e-e**- **offenhalten** lasciare sempre aperta una via di scampo ② (*hinterer Ausgang*) porta *f* posteriore/ di dietro; **hinterziehen** *unreg vt* → *Steuern* evadere

hinüber *adv* ① (*auf die andere Seite*) dall'altra parte, di là ② (*FAM kaputt*) ◇ **der Computer ist** - il computer è rotto; **hinübergehen** *unreg vi* andare dall'altra parte

hinunter *adv* giù; **hinunterfallen** *unreg vi* cadere giù; **hinunterschlucken** *vt* ① → *Essen* ingoiare, mandare giù ② (*FIG nicht widersprechen*) reprimere; **hinunterwerfen** *unreg vt* → *Blumentopf* gettare giù

hinwegsetzen *vr:* ◇ **sich über etw** *akk* - non prendere in considerazione qc

Hinweis *m* ‹-es, -e› ① ↑ *Tip* indicazone *f* ② ↑ *Anhaltspunkt* riferimento *m;* **hinweisen** *unreg vi* ① indicare, far notare (*auf akk* qc) ② (*betonen*) sottolineare

hinzu *adv* ① (*zusätzlich*) inoltre, per di più ② (*obendrein*) per di più; **hinzufügen** *vt* aggiungere

Hirn *n* ‹-[e]s, -e› cervello *m;* **Hirngespinst** *n* ‹- [e]s, -e› (*verrückte Idee, Einbildung*) idea *f* pazza; **hirnverbrannt** *adj FAM* folle, pazzo

Hirsch *m* ‹-[e]s, -e› FAUNA cervo *m*

Hirt(in *f*) *m* ‹-en, -en› pastore/a

hissen *vt* → *Fahne* issare

Historiker(in *f*) *m* ‹-s, -› storico/a; **historisch** *adj* storico

Hitze *f* ‹-› caldo *m,* calura *f;* **hitzebeständig** *adj* ▷*Glas* resistente al calore; **Hitzewelle** *f* ondata *f* di caldo; **hitzig** *adj* ① ▷*Debatte* violento ② ▷*Mensch* passionato; **Hitzkopf** *m* ↑ *Choleriker* testa *f* calda; **Hitzschlag** *m* colpo *m* di calore

HIV-positiv *adj* sieropositivo

H-Milch *f* latte *m* a lunga conservazione

hob *impf v.* **heben**

Hobel *m* ⟨-s, -⟩ pialla *f;* **hobeln** *vt* → *Brett* pialla-re

hoch I. ⟨höher, am höchsten⟩ 1 alto 2 ▷*Besuch* importante, illustre 3 ▷*Miete* alto; ▷*Strafe* pe-sante 4 *(nach oben)* in alto 5 ▷*Ton, Klang* acuto, alto **II.** *adv* in alto

Hoch *n* ⟨-s, -s⟩ 1 (METEO *-druckgebiet*) zona *f* ad/di alta pressione 2 *(Ruf)* evviva *m*

Hochachtung *f* rispetto *m*, stima *f;* **hochach-tungsvoll** *adv* (*in öffentlichen Briefen*) distinti saluti

hocharbeiten *vr* ◇ **sich** - fare carriera [lavoran-do]

hochbegabt *adj* (*sehr talentiert*) molto dotato

Hochbetrieb *m* massima attività *f*

hochbringen *unreg vt* 1 → *Kranker* curare 2 → *Firma* risanare

Hochburg *f* roccaforte *f*

Hochdeutsch *n* tedesco *m* standard

hochdotiert *adj* ▷*Wissenschaftler* pagato molto bene

Hochdruck *m* METEO alta pressione *f*

hochfliegend *adj* (*FIG unrealistisch*) tra le nu-vole

Hochform *f:* ◇ **in** - **sein** essere in perfetta/gran forma

Hochgeschwindigkeitszug *m* treno *m* ad alta velocità

hochgradig *adj* estremo

hochhalten *unreg vt* 1 (*in die Höhe halten*) tenere in alto 2 (*FIG schätzen*) stimare

Hochhaus *n* grattacielo *m*

Hochkonjunktur *f* alta congiuntura *f*

hochleben *vi:* ◇ **jd-n** - **lassen** fare un evviva a/per qu

Hochmut *m* ↑ *Überheblichkeit* presunzione *f*, su-perbia *f;* **hochmütig** *adj* superbo, presuntuoso

hochprozentig *adj* ad alta percentuale

Hochrechnung *f* (*Wahl*) calcolo *m* stimativo, stima *f*

hochrüsten *vt* TECH potenziare

Hochsaison *f* (*Tourismus*) alta stagione *f*

Hochschule *f* ↑ *Universität* università *f*

Hochsommer *m* piena estate *f*

Hochspannung *f* alta tensione *f*

Hochsprung *m* SPORT salto *m* in alto

höchst *adv* (*äußerst, sehr*) decisamente, molto, assai, estremamente

Hochstapler(in *f) m* ⟨-s, -⟩ imbroglione/a

höchste(r, s) ⟨*superl von* **hoch**⟩ massimo

höchstens *adv* 1 (*nicht mehr als*) al massimo

2 (*bestenfalls*) nel migliore dei casi; **Höchst-geschwindigkeit** *f* velocità *f* massima; **höchstpersönlich** *adv* di persona, personal-mente; **Höchstpreis** *m* prezzo *m* massimo; **höchstwahrscheinlich** *adv* molto probabil-mente

hochtrabend *adj* ▷*Formulierung* pomposo

Hochverrat *m* alto tradimento *m*

Hochwasser *n* piena *f;* (*Überschwemmung*) inondazione *f*

hochwertig *adj* d'alto valore

Hochwürden *m* ⟨-s, -⟩ reverendo *m*

Hochzahl *f* MATH esponente *m*

Hochzeit *f* ⟨-, -en⟩ matrimonio *m;* **Hochzeits-reise** *f* viaggio *m* di nozze

Hocker *m* ⟨-s, -⟩ sgabello *m*

Höcker *m* ⟨-s, -⟩ gobba *f*

Hoden *m* ⟨-s, -⟩ ANAT testicolo *m*

Hof *m* ⟨-[e]s, Höfe⟩ 1 (*Schul-*) cortile *m* 2 (*Bau-ern-*) fattoria *f* 3 (*Sitz e-s Fürsten*) corte *f* 3 FIG ◇ **jd-m den** - **machen** fare la corte a qu

hoffen *vi* sperare (*auf akk* di/che + *konj*); **hof-fentlich** *adv:* ◇ - **geht es dir gut** speriamo/ spero che tu stia bene; **Hoffnung** *f* speranza *f;* ◇ **jede** - **aufgeben** abbandonare ogni speranza; **hoffnungslos** *adj* senza speranza, disperato; **Hoffnungsträger(in** *f) m* speranza *f,* persona *f* promettente; **hoffnungsvoll** *adj* speranzoso; ◇ **-er Anfang** inizio promettente

höflich *adj* ▷*Mensch* gentile, cortese; **Höflich-keit** *f* cortesia *f,* gentilezza *f*

hohe(r, s) *adj s.* **hoch**

Höhe *f* ⟨-, -n⟩ 1 altezza *f* 2 (*An-*) colle *m* 3 FIG ◇ **das ist ja die** - (*Unverschämtheit*) questo è il colmo

Hoheit *f* 1 POL sovranità *f* 2 (*Titel*) altezza *f;* **Hoheitsgebiet** *n* (*Herrschaftsbereich*) territo-rio *m* nazionale/sovrano; **Hoheitsgewässer** *n* acque *f/pl* territoriali; **Hoheitszeichen** *n* (*Staatssymbol*) simbolo *m* della sovranità

Höhenangabe *f* (*Landkarte*) indicazione *f* di quota; **Höhensonne** *f* (*Gerät*) lampada *f* a raggi ultravioletti; **Höhenzug** *m* GEO catena *f* [di montagne]

Höhepunkt *m* culmine *m*

höher *adj, adv* (*komp von* **hoch**) piu alto, supe-riore

hohl *adj* 1 (*leer*) vuoto; ▷*Baum* cavo; ▷*Klang* cupo 2 FAM ◇ **das ist doch** - (*geistlos*) questo è insulso

Höhle *f* ⟨-, -n⟩ 1 (*Bären-*) caverna *f,* grotta *f* 2 (*Räuber-*) tana *f* 3 (*FIG Bude*) stamberga *f*

Hohn *m* ⟨-[e]s⟩ (*Spott*) derisione *f,* scherno *m;* **höhnisch** *adj* (*spöttisch*) di scherno

holen I. vt ① ↑ *herbringen* andare/venire a prendere ② → *Atem* respirare **II.** vr: ◇ **sich etw holen** → *Schnupfen* prendersi; *FAM* beccarsi

Holland n Olanda; **Holländer(in** f) m ‹-s, -› olandese m/f; **holländisch** adj olandese

Hölle f ‹-, -n› ① inferno m ② *FIG* ◇ **es war die -los** c'era un casino bestiale; **Höllenangst** f: ◇ **e-e - haben** avere una paura terribile; **höllisch** adj ① *(schlimm)* infernale ② *(überaus groß)* ▷*Respekt* enorme

Hologramm n ‹-s, -e› *(Mikrobilder)* ologramma m

holperig adj ① ▷*Weg* accidentato ② ▷*Stil, Rede* stentato

Holunder m ‹-s, -› FLORA sambuco m

Holz n ‹-es, Hölzer› ① *(Baum)* legno m ② *(Brenn-)* legna f; **hölzern** adj ① ▷*Tisch, Schrank* di legno ② *FIG* ↑ *ungeschickt, steif* rigido, impacciato; **Holzfäller(in** f) m ‹-s, -› tagialegna m/f; **Holzhammermethode** f *FIG FAM* metodo m forte; **holzig** adj ▷*Kohlrabi* di legno; **Holzkohle** f *(Grill)* carbone m [di legna]; **Holzweg** m *FAM:* ◇ **auf dem - sein** sbagliarsi di grosso

homosexuell adj omosessuale

Honig m ‹-s, -e› ① miele m ② *FIG FAM* ◇ **jd-m - ums Maul schmieren** adulare qu; **Honigmelone** f melone m

Honorar n ‹-s, -e› onorario m; **honorieren** vt ① ↑ *bezahlen, vergüten* pagare l'onorario ② *FIG* ↑ *anerkennen, würdigen* apprezzare

Hopfen m ‹-s, -› ① FLORA luppolo m ② *FIG* ◇ **da ist - und Malz verloren** è fiato sprecato

hörbar adj udibile, percettibile

horchen vi origliare *(an dat* a)

Horde f ‹-, -n› *(wilde Menge)* orda f

hören I. vt ① → *Laut* sentire, udire ② *(zu-)* → *Konzert, Vorlesung* ascoltare **II.** vi ↑ *gehorchen* ← *Hund* obbedire a; **Hörensagen** n: ◇ **vom -** per sentito dire; **Hörer(in** f) m ‹-s, -› ① *(Zu-)* ascolta|tore(-trice f) m; ◇ **liebe -innen und -!** gentili ascoltatori! ② *(Telefon-)* cornetta f, ricevitore m

Horizont m ‹-[e]s, -e› *(Himmel, FIG)* orizzonte m; **horizontal** adj orizzontale

Hormon n ‹-s, -e› ormone m

Horn n ‹-[e]s, Hörner› ① *(von Kuh)* corno m ② *(Instrument)* corno m

Hornhaut f ① durone m, callosità f ② *(des Auges)* cornea f

Horoskop n ‹-s, -e› oroscopo m

Hörsaal m *(Universität)* aula f [universitaria]; **Hörspiel** n MEDIA radiocommedia f

Hort m ‹-[e]s, -e› *(Kinder-)* asilo m

horten vt → *Geld* accumulare

Hose f ‹-, -n› ① pantaloni m/pl ② *FAM* ◇ **in die - gehen** *(schiefgehen)* andare a finire male ③ *FAM* ◇ **alles tote - hier** non c'è un cane qui

Hotel n ‹-s, -s› hotel m, albergo m; **Hotelier** m ‹-s, -s› albergatore m

hüben adv di qua, da questa parte; *(- und drüben)* da ambo le parti

Hubraum m *(Auto)* cilindrata f

hübsch adj carino

Hubschrauber m ‹-s, -› elicottero m

hudeln vi *FAM* ≈lavorare in fretta e male

Huf m ‹-[e]s, -e› *(Pferd)* zoccolo m

Hüfte f ‹-, -n› ANAT fianco m, anca f

Hügel m ‹-s, -› collina f; **hügelig** adj ▷*Landschaft* collinoso

Huhn n ‹-[e]s, Hühner› ① *(Henne)* pollo m ② (GASTRON *gegrilltes -*) pollo m allo spiedo; **Hühnerauge** n callo m; **Hühnerbrühe** f GASTRON brodo m di pollo

huldigen vi ① *(Verehrung ausdrücken)* rendere omaggio *(jd-m* a qu) ② *(frönen)* essere schiavo *(jd-m* di qu)

Hülle f ‹-, -n› ① involucro m ② *FIG* ◇ **in - und Fülle** in gran quantità [*o.* a bizzeffe]; **hüllen** vt ① avvolgere *(in akk* in) ② *FIG* ◇ **sich in Schweigen** - chiudersi nel silenzio

Hülse f ‹-, -n› ① *(Hülle)* astuccio m ② FLORA guscio m; *(Behälter)* astuccio, m; **Hülsenfrucht** f *(Erbse, Linse)* legume m

human I. adj *FIG* umano **II.** adv: ◇ **- behandeln** trattare umanamente; **Humanität** f umanità f

Hummel f ‹-, -n› FAUNA bombo m

Hummer m ‹-s, -› FAUNA gambero m di mare

Humor m ‹-s› umorismo m; ◇ **Sinn für - haben** avere il senso dell'umore; **Humorist(in** f) m *(Kabarettist, Komiker)* umorista m/f; **humoristisch** adj umoristico; **humorvoll** adj ▷*Bemerkung* spiritoso

humpeln vi zoppicare

Hund m ‹-[e]s, -e›, **Hündin** f ① FAUNA cane (cagna) m ② *FAM armer -)* poverino m; **hundemüde** adj *FAM* stanco morto

hundert adj, nr cento; **hundertprozentig** adj, adv *(vollständig)* al cento per cento; ◇ **sich - sicher sein** essere sicuro al cento per cento

Hunger m ‹-s› fame f; ◇ **- haben** aver fame; **Hungerlohn** m stipendio m di/da fame; **hungern** vi ① *(Hunger leiden)* patire/soffrire la fame ② *(Hunger haben)* aver fame; **Hungerstreik** m: ◇ **in - treten** fare lo sciopero m della fame; **hungrig** adj affamato

Hupe f ‹-, -n› *(von Auto)* clacson m; **hupen** vi suonare il clacson

hüpfen vi saltellare

Hürde f ‹ , -n› (Hindernis) ostacolo m; ◊ **e-e - nehmen** superare un ostacolo/una difficoltà; **Hürdenlauf** m SPORT corsa f ad ostacoli

Hure f ‹-, -n› (FAM Prostituierte) puttana f

husten vi [1] tossire [2] FIG FAM ◊ **jd-m etw -** dirne quattro a qu; **Husten** m ‹-s› tosse f

Hut [1] m ‹-[e]s, Hüte› [1] (Kopfbedeckung) cappello m [2] FIG ◊ **ein alter** - una storia vecchia

Hut [2] f ‹-›: ◊ **auf der - sein** stare all'erta

hüten I. vt ↑ aufpassen sorvegliare, custodire II. vr ◊ **sich** - guardarsi (vor dat da)

Hütte f ‹-, -n› [1] (Holz-) capanna f [2] (Eisen-) ferriera f

hydraulisch adj ▷Pumpe idraulico

Hygiene f ‹-› igiene f, pulizia f; **hygienisch** adj igienico

Hymne f ‹-, -n› inno m

hyper- präf (übertrieben) iper-, super; **hypersensibel** adj ipersensibile

hypnotisieren vt ipnotizzare

Hypothek f ‹-, -en› ipoteca f

Hypothese f (Annahme, Voraussetzung) ipotesi f

hysterisch adj isterico

I

I, i n I, i f

i.A. Abk v. **im Auftrag** per procura (p.p.)

IC m ‹-, -s› Abk v. **Intercity** ≈ R m

ICE m ‹-, -s› Abk v. **Intercity Express** ICE m

ich pron io; ◊ - **denke** penso; ◊ - **Idiot!** che idiota che sono !; **Ich** n ‹-[s], -[s]› PSYCH io m

IC-Zuschlag m (Aufpreis) supplemento m rapido

ideal adj ideale; **Ideal** n ‹-s, -e› ideale m

Idealist(in) m und FIG idealista m/f; **idealistisch** adj ▷Weltbild idealistico

Idee f ‹-, -n› [1] ↑ Einfall idea f [2] ↑ Vorstellung immagine f (von di)

ideell adj (Ggs materiell) ideale

identifizieren I. vt identificare II. vr ◊ **sich** - identifcarsi (mit dat in/con)

identisch adj identico; **Identität** f identità f

Ideologe m ‹-n, -n›, **Ideologin** f ideologo/a; **Ideologie** f ↑ Weltanschauung ideologia f; **ideologisch** adj ideologico

idiomatisch adj ▷Ausdruck idiomatico

Idiot(in) f m ‹-en, -en› FAM idiota m/f; **idiotisch** adj da idiota

Idol n ‹-s -e› ↑ Vorbild idolo m

idyllisch adj ▷Landschaft idilliaco

Igel m ‹-s, -› FAUNA riccio m

ignorieren vt (nicht beachten) ignorare

ihm pron dat sg von **er, es** [1] (ohne Präp.) a lui, gli [2] (mit Präp.) lui; ◊ **mit** - con lui

ihn pron akk sg von **er** [1] (ohne Präp.) lui, lo [2] (mit Präp.) lui; ◊ **für** - per lui

ihnen pron dat pl von **sie** pl [1] (ohne Präp.) a loro, loro [2] (mit Präp.) loro; ◊ **mit** - con loro

Ihnen pron dat sg von **Sie** [1] (ohne Präp.) a Lei, Le [2] (mit Präp.) Lei; ◊ **mit** - con Lei

ihr I. pron pers [1] (2. Person pl) voi [2] dat sg v **sie** sg a lei, le II. pron poss (adjektivisch) suo, di lei; (pl) loro

Ihr I. pron (gen. Euer, dat. Euch, akk Euch) Lei, Voi II. adj [1] (ein Besitzer) Suo, di Lei [2] (mehrere Besitzer) loro, di loro

ihre(r, s) pron poss (substantivisch) von sg **sie** suo, di lei

Ihre n ‹-, -n› suo m, suoi averi m/pl; **Ihren** pl (ihre Leute) suoi m/pl

ihrer pron [1] gen von **sie** sg di lei [2] gen von **sie** pl di loro

Ihrer pron [1] gen von **Sie** sg di Lei [2] gen von **Sie** pl di Loro; **ihrerseits** adv da parte sua/loro; **Ihrerseits** adv da parte Sua/Loro; **ihresgleichen** pron ‹inv› pari suo/loro; **Ihresgleichen** pron ‹inv› pari Suo/Loro; **ihretwegen** adv [1] (für sie) per lei/loro [2] (wegen ihr/ihnen) per causa di lei/loro [3] (ihr/ihnen zuliebe) per amor suo/loro; **Ihretwegen** adv [1] (für Sie) per Lei/Loro [2] (wegen Ihnen) per causa di Lei/Loro [3] (Ihnen zuliebe) per amor Suo/Loro

illegal adj (ungesetzlich) illegale

Illusion f ↑ Einbildung illusione f; ◊ **sich -en machen** farsi illusioni; **illusorisch** adj illusorio

illustrieren vt [1] → Buch illustrare [2] (mit Beispielen) illustrare, spiegare; **Illustrierte** f ‹-n, -n› ↑ Zeitschrift giornale m illustrato

im = in dem

imaginär adj immaginario

Imbiß m ‹-sses, -sse› spuntino, m

imitieren vt ↑ nachmachen imitare

Imker(in) f m ‹-s, -› apicoltore(-trice f) m

Immatrikulation f immatricolazione f; **immatrikulieren** vr ◊ **sich** - immatricolarsi

immer adv [1] (ständig) sempre [2] ◊ - **wenn** (jedesmal) ogni volta [3] ◊ **wie** - come sempre [4] ◊ - **noch** ancora [5] ◊ **für** - (ewig) per sempre; **immerhin** adv (wenigstens) pur sempre; **immerzu** adv (ununterbrochen) continuamente

Immobilien pl immobili m/pl

immun adj [1] MED immune [2] (FIG unantastbar) immune; **Immunität** f [1] MED immunità f

② (*FIG für Abgeordnete*) immunità *f*; **Immunschwäche** *f* (*Anfälligkeit*) deficienza *f* immunitaria; **Immunschwächekrankheit** *f* (*Aids*) immunodeficienza *f*; **Immunsystem** *n* sistema *m* immunitario

Imperativ *m* GRAM imperativo *m*

Imperfekt *n* ‹-s, -e› GRAM imperfetto *m*

imperialistisch *adj* ▷ *Politik* imperialistico

impfen *vt* vaccinare (*gegen* contro); **Impfstoff** *m* ↑ *Serum* vaccino *m*; **Impfung** *f* vaccinazione *f*

implizieren *vt* (*mit einschließen*) implicare

imponieren *vi* (*beeindrucken*) impressionare (*jd-m* qu)

Import *m* ‹-[e]s, -e› importazioni *f/pl*; **importieren** *vt* → *Waren* importare

imposant *adj* ↑ *beeindruckend* impressionante

impotent *adj* impotente

imprägnieren *vt* → *Leder* impregnare

Improvisation *f* ① (*Behelf*) improvvisazione *f* ② (*Stegreif*) improvvisazione *f*; **improvisieren** *vt* → *Rede* improvvisare

Impuls *m* ‹-es, -e› (*Antrieb, Anstoß*) impulso *m*; FIG ◇ aus e-m - heraus impulsivamente; **impulsiv** *adj* (*spontan*) impulsivo

imstande *adj*: ◇ - sein (*fähig, in der Lage*) essere in grado di

in *präp dat/akk* ① (*wohin? mit akk*) in, a; ◇ etw - den Schrank hängen appendere qc nell'armadio ② (*wo? mit dat*) in, a; ◇ im Bett liegen essere a letto ③ (*wann? mit dat*) in, a, tra; ◇ - der Frühe di mattina; ◇ im Mai in maggio; ◇ - e-r Stunde tra un'ora ④ (*wie? mit dat*) in, con, a, per; ◇ - Banknoten bezahlen pagare in banconote ⑤ (*Gleichzeitigkeit: mit dat*) ◇ im Vorbeigehen passando ⑥ (*Mittel: mit dat*) in, con; ◇ im Flugzeug reisen viaggiare in aereo ⑦ FAM ◇ - sein (*modern, gefragt*) essere in

Inbegriff *m* ↑ *Verkörperung* essenza *f*; **inbegriffen** *adv* (*enthalten*) compreso, incluso

indem *cj* ① (*dadurch, daß*) col, nel ② (*während*) mentre

Inder(in *f*) *m* ‹-s, -› indiano/a

Indianer(in *f*) *m* ‹-s, -› (*Ureinwohner Amerikas*) indiano/a; **indianisch** *adj* indiano

Indien *n* India *f*

Indikativ *m* GRAM Indicativo *m*

indirekt *adj* (*auf Umwegen*) indiretto

indisch *adj* indiano

indiskret *adj* ▷ *Bemerkung* indiscreto; **Indiskretion** *f* indiscrezione *f*

indiskutabel *adj* indiscutibile

Individualist(in *f*) *m* ↑ *Einzelgänger* individualista *m/f*; **individuell** *adj* ① (*persönlich*) individuale ② (*eigentümlich*) individuale

Individuum *n* ‹-s, -en› ① (*der Einzelne*) individuo *m* ② (*PEJ unbeliebte Person*) individuo *m*

indiz *n* ‹-es, -ien› ① (*Hinweis*) indizio *m* ② (JURA *Beweis*) indizio *m*

indoktrinieren *vt* ↑ *beeinflussen* indottrinare

Indonesien *n* Indonesia *f*

industrialisieren *vt* → *Land* industrializzare; **Industrie** *f* (*Stahl-, Bekleidungs-*) industria *f*; **Industriegebiet** *n* zona *f* industriale; **industriell** *adj* ▷ *Revolution* industriale

ineinander *adv* l'un l'altro, reciprocamente; ◇ - verliebt sein essere innamorati l'uno dell'altra

Infarkt *m* ‹-[e]s, -e› (*Herz-*) infarto *m*

Infektion *f* (*Virus-*) infezione *f*

Infinitiv *m* GRAM infinito *m*

infizieren I. *vt* (*anstecken*) contagiare II. *vr* ◇ sich - (*sich anstecken*) infettarsi

Inflation *f* inflazione *f*

Info *f* ‹-, -s› informazione *f*

infolge *präp gen* (*als Folge, wegen*) in seguito (*von* a), a causa (*von* di); **infolgedessen** *adv* (*also, folglich*) per ciò, per cui

Informatik *f* informatica *f*; **Informatiker(in** *f*) *m* ‹-s, -› informatico/a

Information *f* ① (*Mitteilung*) notizia *f* ② (*Informieren*) informazione *f*; **Informationsstand** *m* stand *m* informazioni; **informativ** *adj* ▷ *Gespräch* informativo; **informieren** I. *vt* informare (*über akk* su) II. *vr* ◇ sich - informarsi (*über akk* di/su)

Infrastruktur *f* infrastruttura *f*

Infusion *f* infusione *f*

Ingenieur(in *f*) *m* ‹-s, -e› ingegnere *m/f*

Ingwer *m* ‹-s› FLORA zenzero *m*

Inhaber(in *f*) *m* ‹-s, -› ① (*Besitzer*) proprietario/a ② (*e-s Amtes*) titolare *m/f* ③ (SPORT *e-s Titels*) detentore(-trice *f*) *m*

inhaftieren *vt* (*verhaften*) mettere in prigione

inhalieren I. *vt* MED fare inalazioni II. *vi* ↑ *einatmen* inspirare

Inhalt *m* ‹-[e]s, -e› ① (*Füllung*) contenuto *m* ② (*FIG Gespräch*) contenuto *m* ③ (MATH *Raum-*) volume *m*; **inhaltlich** *adj* contenutistico; **Inhaltsangabe** *f* (*Zusammenfassung*) sommario *m*; **inhaltslos** *adj* vuoto; **Inhaltsverzeichnis** *n* indice *m*

inhuman *adj* inumano

Initiative *f* iniziativa *f*

Injektion *f* iniezione *f*

inklusive *präp gen* (*inbegriffen*) compreso, incluso

inkognito *adv* (*unerkannt*) incognito

inkonsequent *adj* ▷ *Verhalten* inconseguente

inkorrekt *adj* scorretto

Inkrafttreten n ⟨-s⟩ (von Gesetz) entrata f in vigore

Inland n territorio m nazionale; ◇ -sverkehr traffico m nazionale

inmitten präp gen in mezzo a, nel mezzo di

innehaben unreg vt → Amt detenere

innen adv dentro, all'interno; **Innenaufnahme** f FOTO ripresa f interna; **Inneneinrichtung** f arredamento m; **Innenminister(in** f) m ministro m degli interni; **Innenpolitik** f politica f interna; **Innenstadt** f centro m della città; **innere(r, s)** adj ① interno ② (FIG geistig) interiore, intimo ③ (inländisch) nazionale; **Innere (s)** n ① (Inhalt) contenuto m ② FIG interiorità f, animo m ③ ◇ Minister für -s Ministro m degli Interni; **innerhalb** präp (gen) ① (zeitlich) ◇ -e-r Stunde entro un'ora ② (räumlich) ◇ - des Hauses all'interno della casa; **innerlich** adj interiore, intimo; **innerste(r, s)** adj ▷Gedanken, Gefühle assai intimo; **Innerste(s)** n intimo m; ◇ sein o offenbaren manifestare la parte più intima di sé stessi

innig adj ▷Zuneigung profondo; ▷Wunsch fervido

Innovation f (Erneuerung) innovazione f; **innovativ** adj innovativo

inoffiziell adj non ufficiale

ins = **in das**

Insasse m ⟨-n, -n⟩, **Insassin** f ① (in Wagen) passeggero/a ② (in Anstalt) ospite m/f

insbesondere adv (besonders) particolarmente

Inschrift f iscrizione f

Insekt n ⟨-[e]s, -en⟩ insetto m

Insel f ⟨-, -n⟩ isola f

Inserat n inserzione f; **Inserent(in** f) m inserzionista m/f; **inserieren** vi fare un'inserzione

insgeheim adv segretamente

insgesamt adv nell'insieme, in totale

Insider(in f) m ⟨-s, -⟩ iniziato m

insofern I. adv in (o per) questo, in quanto a ció **II.** cj (wenn, falls) se, nel caso che, purché

Installateur(in f) m installatore(-trice f) m

Instandhaltung f ↑ Pflege manutenzione f; **Instandsetzung** f (Reparieren) riparazione f

Instanz f JURA istanza f

Instinkt m ⟨-[e]s, -e⟩ ① (Tier) istinto m ② FIG ◇ sich auf seinen - verlassen fidarsi del proprio istinto; **instinktiv** adj istintivo

Institut n ⟨-[e]s, -e⟩ (Forschungs-) istituto m; (Universität) istituto m

Instrument n strumento m

Insulin n ⟨-s⟩ insulina f

inszenieren vt ① THEAT inscenare, mettere in scena ② (FIG Skandal) inscenare

integrieren vt integrare

intellektuell adj intellettuale

intelligent adj intelligente; **Intelligenz** f ① intelligenza f ② (Gesamtheit der Intellektuellen) intellettuali m/pl

Intendant(in f) m THEAT direttore(-trice f) di teatro

intensiv adj intenso; **Intensivkurs** m corso m intensivo; **Intensivstation** f (Krankenhaus) stazione f di cura intensiva

interessant adj interessante; **Interesse** n ⟨-s, -n⟩ ① (Bedeutung) interesse m ② (Neigung) disposizione f; **Interessent(in** f) m interessato/a; **interessieren I.** vr ◇ sich - interessarsi (für akk di) **II.** vt interessare

Internat n (Schulheim) collegio m

international adj internazionale

internieren vt → Gefangene internare

interpretieren vt interpretare

Interpunktion f interpunzione f

Interrail-Karte f BAHN biglietto m Inter-Rail

Intervall n ⟨-s, -e⟩ ① (Ton-) intervallo m ② (Pause) intervallo m

Interview n ⟨-s, -s⟩ intervista f; **interviewen** vt → Politiker intervistare

intim adj ① ▷Atmosphäre intimo ② ▷Mitteilung privato ③ ◇ - werden diventare intimi; **Intimität** f ① (Vertrautheit) intimità f ② PEJ ◇ Was sollen diese -en ? Cosa sono queste confidenze ?

intolerant adj intollerante

intransitiv adj GRAM intransitivo

Intrige f ⟨-, -n⟩ intrigo m

Invasion f invasione f

Inventar n ⟨-s, -e⟩ inventario m; **Inventur** f inventario m; ◇ - machen fare l'inventario

investieren vt → Geld investire

inwiefern cj in che senso

inzwischen adv (unterdessen) intanto, nel frattempo

Irak m: ◇ [der] - l'Iraq

Iran m: ◇ [der] - l'Iran

irdisch adj terreno

Ire m ⟨-n, -n⟩ Irlandese m

irgendein(e, s) adj uno qualunque; **irgendwann** adv prima o poi; **irgendwie** adv in qualche modo; **irgendwo** adv da qualche parte

Irin f; Irlandese f;

irisch adj irlandese; **Irland** n Irlanda f

Ironie f ironia f; **ironisch** adj ▷Bemerkung ironico

irre adj ① 1 verrückt pazzo ② FAM ◇ das ist -! fantastico !; **Irre(r)** fm pazzo/a

irreführen vt ↑ täuschen fuorviare; **irren I.** vi ①

◇ **umher**- vagare ② *(fälschlich annehmen)* sbagliare **II.** *vr* ◇ **sich** - sbagliarsi

Irrenanstalt *f* ospedale *m* psichiatrico

Irrtum *m* ⟨-s, -tümer⟩ errore *m*; **irrtümlich** *adj* erroneo

Isolation *f* ① isolamento *m* ② ELECTR isolamento *m*; **Isolierband** *n*, ⟨-bänder⟩ nastro *m* isolante; **isolieren** *vt* ① → *Kranke* isolare ② ELECTR → *Kabel* isolare ③ → *Wand* isolare; **Isolierkanne** *f* termos *m*; **Isolierstation** *f* MED reparto *m* di isolamento

Isomatte *f (Camping)* materassino *m* isolante

Israel *n* Israele *m*

Italien *n* Italia *f*; **Italiener(in** *f) m* ⟨-s, -⟩ italiano/a; **italienisch** *adj* italiano

J

J, j *n* J, J *f*

ja *adv* ① *(Affirmation)* sì ② *(wirklich?)* sì ? ③ ◇ **aber das ist** - **unglaublich!** ma questo è davvero incredibile ! ④ ◇ **zu etw** - **sagen** acconsentire a qc ⑤ ◇ **ich sag's** - è quel che dico anch'io

Jacke *f* ⟨-, -n⟩ giacca *f*; **Jackett** *n* ⟨-s, -s *o*. -e⟩ *(Anzugjacke)* giacca *f*

Jagd *f* ⟨-, -en⟩ ① caccia *f* ② *(FIG nach Geld)* caccia *f*; **jagen** **I.** *vi* ① *(auf die Jagd gehen)* andare a caccia ② dare la caccia *(nach dat* a) ③ ↑ *eilen* andare di corso **II.** *vt* ① → *Fasanen* cacciare ② *FIG* ↑ *verfolgen* inseguire, dare la caccia; **Jäger(in** *f) m* ⟨-s, -⟩ ① *(von Tieren)* cacciatore (-trice *f) m* ② *(FIG Schürzen-)* cacciatore *m*

jäh *adj* ① *(steil)* ripido ② *(plötzlich)* improvviso

Jahr *n* ⟨-[e]s, -e⟩ anno *m*; **jahrelang** *adj* ▷*Beziehung* per anni; **Jahresabonnement** *n* abbonamento *m* annuale; **Jahresabschluß** *m* ① *(Jahresende)* fine *f* dell'anno ② COMM bilancio *m* di fine anno; **Jahresbericht** *m* relazione *f* annuale; **Jahreszeit** *f* stagione *f*; **Jahrgang** *m* ① *(Wein)* annata *f* ② *(Schul-)* anno *m* scolastico; **Jahrhundert** *n* ⟨-s, -e⟩ secolo *m*; **jährlich** *adj* annuale; **Jahrzehnt** *n* ⟨-s, -e⟩ decennio *m*

Jähzorn *m* iracondia *f*; **jähzornig** *adj* iracondo

Jalousie *f* serrande *f/pl*

Jammer *m* ⟨-s⟩ lamento *m*; ◇ **es ist ein** -, **daß** è un vero peccato che [konj]; **jämmerlich** *adj* ① *(armselig)* misero ② *(- weinen)* piangere miseramente; **jammern** *vi* lamentarsi

Januar *m* ⟨-s, -e⟩ gennaio *m*; ◇ **26.** - **1961** il 26 gennaio 1961

Japan *n* Giapppone *m*; **Japaner(in** *f) m* ⟨-s, -⟩ giapponese *m/f*; **japanisch** *adj* giapponese

Jargon *m* ⟨-s, -s⟩ *(Fachsprache)* gergo *m*

jawohl *adv* sì, certo; **Jawort** *n* assenso *m* matrimoniale

Jazz *m* ⟨-⟩ Jazz *m*

je **I.** *adv* ① *(jemals, überhaupt einmal)* mai; ◇ **der beste Film, den ich** - **gesehen habe** il film migliore che io abbia mai visto ② *(immer)* sempre; ◇ **seit eh und** - da sempre **II.** *präp* pro; ◇ **15 DM** - **Person** 15 marchi per persona **III.** *cj* quanto; ◇ - **eher desto besser** quanto prima tanto meglio; ◇ - **nachdem** a seconda che [konj]; ◇ - **mehr er hat**, - **mehr will er** più ne ha più ne vuole

Jeans *f* ⟨-, -⟩ jeans *m/pl*

jede(r, s) **I.** *adj* ogni **II.** *pron* ognuno, ciascuno; *(-einzelne)* ciascuno

jedenfalls *adv* ① *(auf alle Fälle)* in tutti i casi; ◇ - **hat er davon gewußt** comunque, l'ha saputo ② *(sicherlich)* in ogni caso; ◇ **sie würde das** - **nicht tun** in ogni caso non lo farebbe; **jederzeit** *adv* sempre; **jedesmal** *adv* ogni volta

jedoch *adv* tuttavia

jeher *adv:* ◇ **von** - da sempre

jemals *adv (überhaupt einmal)* mai

jemand *pron* qualcuno; ◇ **ist** - **da?** c'è qualcuno

jene(r, s) **I.** *adj* quello **II.** *pron* quello; ◇ **dieses und** - questo e quello

jenseits **I.** *präp gen* oltre, al di là di **II.** *adv* di là

Jet *m* ⟨-s, -s⟩ *(Flugzeug)* jet *m*

jetzig *adj (gegenwärtig)* attuale; **jetzt** *adv* ① *(in diesem Moment)* ora ② *(heutzutage)* oggigiorno

jeweilig *adj* ↑ *entsprechend* rispettivo; **jeweils** *adv* di volta in volta

Job *m* ⟨-s, -s⟩ ① *(Arbeit, Stelle)* lavoro *m* occasionale ② PC job *m*; **Job-sharing** *n* ⟨-s⟩ jobsharing *m*

Jod *n* ⟨-(e)s⟩ iodio *m*

joggen *vi* fare lo jogging; **Jogging** *n* ⟨-s⟩ jogging *m*

Joghurt *m o n* ⟨-s, -s⟩ yogurt *m*

Johannisbeere *f* ribes *m*

Joint *m* ⟨-s, -s⟩ *(FAM rauchen)* spinello *m*

jonglieren *vi (mit Bällen)* fare giochi di destrezza

Joule *n* ⟨-[s], -⟩ joule *m*

Journalismus *m* giornalismo *m*; **Journalist (in** *f) m (Fernseh-, Zeitungs-)* giornalista *m/f*; **journalistisch** *adj* ▷*Tätigkeit* giornalistico

Jordanien *n* Giordania *f*

Jubel m ⟨-s⟩ giubilo m; **jubeln** vi (sich laut freuen) esultare
Jubiläum n ⟨-s, Jubiläen⟩ giubileo m
jucken I. vi ← Haut prudere **II.** vt FIG FAM: ◇ das juckt mich nicht non mi frega niente; **Juckreiz** m prurito m
Jude m ⟨-n, -n⟩, **Jüdin** f ebreo/a; **Judentum** n ⟨-s⟩ ebraismo m; **Judenverfolgung** f (Holocaust) persecuzione f degli ebrei; **jüdisch** adj ▷ Glaube ebraico
Judo n ⟨-[s]⟩ judo m
Jugend f ⟨-⟩ ① gioventù f, giovani m/pl ② (Lebensalter) giovinezza f; **Jugendherberge** f ostello m della gioventù; **Jugendkriminalität** f criminalità f giovanile; **jugendlich** adj adolescente, essere giovanile; **Jugendliche(r)** fm giovane m/f
Jugoslawe m ⟨-n, -n⟩, **Jugoslawin** m jugoslavo/a; **Jugoslawien** n Jugoslavia f; **jugoslawisch** adj jugoslavo
Juli m ⟨-[s], -s⟩ luglio m; ◇ **25. - 1992** il 25 luglio 1992
jung ⟨jünger, am jüngsten⟩ adj giovane
Junge m ⟨-n, -n⟩ ragazzo, m
Junge(s) n (Tierkind) cucciolo m
jünger ⟨komp von jung⟩ più giovane
Jungfrau f ① vergine f ② (ASTROL Sternbild) vergine f; **Junggeselle** m, **-gesellin** f celibe m, nubile f
jüngste(r, s) adj minore, più giovane; (neueste) più recente
Juni m ⟨-[s], -s⟩ giugno m; ◇ **3. - 1989** il 3 giugno 1989
Junior(in f) m ⟨-s, -en⟩ ① (jüngster Sohn) junior m/f ② (SPORT, -enmeisterschaft) junior m/f; **Junior-Paß** m (BAHN Billigtarif) carta f verde
Jurist(in f) m (Rechtsgelehrter) giurista m/f; **juristisch** adj giuridico; **Justiz** f ⟨-⟩ giustizia f
Juwel n ⟨-s, -en⟩ ① (Edelstein) gioiello m ② FIG ◇ ihre Mutter ist ein - sua madre è un gioiello; **Juwelier(in** f) m ⟨-s, -e⟩ gioielliere/a
Jux m ⟨-es, -e⟩ (Spaß, Scherz) scherzo m; ◇ **sich mit jd-m e-n - machen** fare uno scherzo a qu

K

K, k n (Buchstabe) K, k m/f
Kabarett n ⟨-s, -e o. -s⟩ THEAT cabaret m, **Kabarettist(in** f) m cabarettista m/f
Kabel n ⟨-s, -⟩ ELECTR (Strom-, Telefon-) cavo m; **Kabelanschluß** m allacciamento m; **Kabelbrand** m ≈ incendio m dovuto a cavo difettoso o sovracarico; **Kabelfernsehen** n televisione f via cavo
Kabeljau m ⟨-s, -e o. -s⟩ FAUNA merluzzo m comune
Kabelnetz n rete f di cavi; **Kabeltrommel** f bobina f per cavi; **Kabeltuner** m MEDIA sintonizzatore m per la ricezione dei programmi via cavo
Kabine f (Umkleide-, Telefon-) cabina f
Kabinett n ⟨-s, -e⟩ ① POL gabinetto m ② stanzino m
Kabrio[lett] n ⟨-s, -s⟩ cabrio m
Kachel f ⟨-, -n⟩ piastrella f; **kacheln** vt piastrellare; **Kachelofen** m stufa f di maiolica
Kacke f ⟨-⟩ FAM merda f; **kacken** vi FAM! cacare
Kadaver m ⟨-s, -⟩ (Tierleiche) cadavere m
Kadenz f MUS cadenza f
Käfer m ⟨-s, -⟩ ① coleottero m ② FAM maggiolino m ③ FAM ragazza f
Kaff n ⟨-s, -s o. -e⟩ PEJ buco m
Kaffee m ⟨-s, -s⟩ ① caffè m ② (Café) caffè m; **Kaffeebohne** f chicchi m/pl di caffè; **Kaffeefahrt** f ≈ gita f con pausa per un caffè; **Kaffeekanne** f caffettiera f; **Kaffeeklatsch** m, **Kaffeekränzchen** n ≈ riunione f per il caffè; **Kaffeelöffel** m cucchiaino m [da caffè]; **Kaffeemaschine** f macchina f del/per il caffè; **Kaffeemühle** f macinino m per il caffè; (elektrisch) macinacaffè m; **Kaffeesatz** m fondo m del caffè
Käfig m ⟨-s, -e⟩ gabbia f
kahl adj ① ↑ glatzköpfig pelato, calvo ② ▷ Raum spoglio; ▷ Wand nudo, spoglio ③ ▷ Baum brullo; **kahlgeschoren** adj ▷ Kopf rapato a zero; **Kahlheit** f (von Mensch) l'essere pelato m; (von Raum etc.) l'essere spoglio m; (von Baum) l'essere brullo m; **kahlköpfig** adj calvo; **Kahlschlag** m disboscamento m
Kahn m ⟨-[e]s, Kähne⟩ ① (Boot) barca f ② (Last-) chiatta f
Kai m ⟨-s, -e⟩ banchina f
Kaiser(in f) m ⟨-s, -⟩ impera|tore(-trice f) m; **Kaiserhaus** n casa f imperiale; **kaiserlich** adj imperiale; **Kaiserreich** n impero m; **Kaiserschnitt** m MED taglio m cesareo
Kajak n ⟨-s, -s⟩ kayak m, canoa f; **Kajak-Einer** m kayak-monoposto m
Kajüte f NAUT cabina f
Kakao m ⟨-s, -s⟩ ① cacao m ② (Getränk) cioccolata f ③ FAM ◇ **jd-n durch den - ziehen** prendere in giro qu

Kaktee f ⟨-, -n⟩, **Kaktus** m ⟨-, -se⟩ FLORA cactus m

Kalauer m freddura f

Kalb n ⟨-[e]s, Kälber⟩ 1 FAUNA vitello m 2 FAM stupido/a; **kalben** figliare (rif. a mucche); **Kalbfleisch** n carne f di vitello; **Kalbsbraten** m arrosto di m vitello; **Kalbsleder** n pelle m di vitello

Kalender m ⟨-s, -⟩ calendario m; **Kalenderjahr** n anno m solare

Kali[salz] n CHEM sale m potassio

Kaliber n ⟨-s, -⟩ 1 calibro m; (von Schußwaffe) calibro m 2 FIG ↑ Art, Sorte von Mensch calibro m, formato m; ◇ **e-e Frau von diesem** ~ una donna di questo calibro

Kalium n CHEM potassio m

Kalk m ⟨-[e]s, -e⟩ 1 (Muschel-) calce f 2 (im Körper) calcio m; **Kalkfarbe** f colore m calce; **kalkhaltig** adj calcareo; **Kalkstein** m pietra f calcarea

Kalkulation f calcolo m; **kalkulieren** vt 1 → Kosten calcolare 2 FIG ↑ rechnen mit tener conto di

Kalorie f caloria f; **kalorienarm** adj ▷Nahrung a basso valore calorico; **kalorienbewußt** adj attento alle calorie; ◇ **sich** ~ **ernähren** nutrirsi facendo attenzione alle calorie

kalt ⟨kälter, am kältesten⟩ 1 freddo; ▷Wetter, Hände freddo; ◇ **mir ist [es]** ~ ho freddo 2 FIG ▷Person freddo; ◇ **das läßt mich** ~ non mi tocca proprio per niente; **kaltbleiben** unreg vi FIG rimanere indifferente; **kaltblütig** adj ▷Person freddo; ▷Tat a sangue freddo; **Kälte** f ⟨-⟩ 1 freddo m 2 FIG ↑ Gleichgültigkeit freddezza f; **Kälteeinbruch** m freddo m improvviso; **Kaltfront** f METEO fronte m freddo; **Kältegrad** m grado m sotto zero; **Kältewelle** f ondata m di freddo; **kaltherzig** adj freddo; **kaltmachen** vt (FAM töten, umbringen) uccidere, freddare; **Kaltmiete** f affitto senza le spese extra m; **kaltschnäuzig** adj FAM freddo; **Kaltstart** m PC partenza f a freddo; **kaltstellen** vt FIG liquidare

Kalvinist m calvinista m

Kalzium n CHEM calcio m

Kamel n ⟨-[e]s, -e⟩ 1 FAUNA cammello m 2 FAM cretino m; ◇ **du** ~! che cretino che sei !

Kamelle f ⟨-, -n⟩ FAM: ◇ **alte** ~n storie vecchie

Kamera f ⟨-, -s⟩ 1 FOTO macchina f fotografica 2 (FILM Film-) cinepresa f

Kamerad(in f) m ⟨-en, -en⟩ (Spiel-, Schul-) compagno/a; (MIL Kriegs-) commilitone m; **Kameradschaft** f cameratismo m; **kameradschaftlich** adj cameratesco

Kamerafrau f, **Kameramann** m cameraman m/f; **Kamerawagen** m carrello m

Kamille f ⟨-, -n⟩ FLORA camomilla f; **Kamillentee** m camomilla f

Kamin m ⟨-s, -e⟩ 1 (Schornstein, außen) camino m; (innen) camino m 2 ↑ Felsspalt canalone m; **Kaminfeger(in** f) m ⟨-s, -⟩, **Kaminkehrer** (in f) m ⟨-s, -⟩ spazzacamino m/f

Kamm m ⟨-[e]s, Kämme⟩ 1 (Haar-, Zier-) pettine m 2 (Gebirgs-) cresta f 3 (Hahnen-) cresta f 4 (Schweine-) nuca f; **kämmen** vt pettinare

Kammer f ⟨-, -n⟩ 1 camera f 2 JURA (Straf-) camera f 3 (Ärzte-, Handwerks-) camera f 4 POL camera f 5 (ANAT Herz-) ventricolo m; **Kammermusik** f MUS musica f da camera; **Kammerorchester** n orchestra f da camera; **Kammerton** m MUS la m normale

Kampagne f ⟨-, -n⟩ campagna f; (Wahl-, Werbe-) campagna f (für/gegen per/contro)

Kampf m ⟨-[e]s, Kämpfe⟩ 1 lotta f (für/um per contro); MIL battaglia f; (Zwei-) lotta f; ◇ ~ **um Leben und Tod** una lotta all'ultimo sangue 2 SPORT gara f, competizione f 3 FIG ↑ Ringen lotta f (für/um per contro); (innerer) conflitto f interiore; **Kampfanzug** m MIL tenuta m da combattimento; **kämpfen** vi 1 lottare, combattere (um/für per contro) 2 FIG ↑ sich einsetzen combattere, lottare (um/für per contro); ◇ **um die Macht** ~ lottare per il potere 3 FIG ↑ sich wehren lottare; ◇ **mit Problemen** ~ lottare con dei problemi; ◇ **mit den Tränen** ~ cercare di trattenere le lacrime; **Kämpfer(in** f) m MIL combattente m/f; (SPORT Zehn-) lottatore m/f; (Freiheits-) combattente m; **kämpferisch** adj ▷Person, Charakter combattivo; **Kampfgebiet** n zona m di combattimento; **Kampfpanzer** m MIL carro m armato; **Kampfrichter** m arbitro m; **Kampfstier** m toro m da combattimento; **kampfunfähig** adj incapace di combattere

kampieren vi passare la notte

Kanada n ⟨-s⟩ Canada m; **Kanadier(in** f) m ⟨-s, -⟩ 1 canadese m/f 2 SPORT, NAUT ◇ **Einer/Zweier-**~ canoa f canadese; **kanadisch** adj canadese

Kanal m ⟨-s, Kanäle⟩ 1 canale m 2 ↑ Abwasser-canale m di scolo 3 MEDIA ↑ Frequenz canale m; **Kanalisation** f canalizzazione f; **kanalisieren** vt canalizzare; **Kanalreiniger** m addetto m alla pulizia delle fognature

Kanarienvogel m FAUNA canarino m

Kandidat(in f) m ⟨-en, -en⟩ candidato/a; **Kandidatur** f candidatura f; **kandidieren** vi candidarsi (für per/a)

Kandis[zucker] m zucchero m candito

Känguruh n ⟨-s, -s⟩ FAUNA canguro m

Kaninchen n FAUNA coniglio m; **Kaninchenstall** m conigliera f

Kanister m ⟨-s, -⟩ (Benzin-, Wasser-) tanica f

Kanne f ⟨-, -n⟩ (Kaffee-, Milch-) bricco m

Kannibale m ⟨-n, -n⟩; **Kannibalin** f cannibale m/f

Kanon m ⟨-s, -s⟩ ① ↑ Regel, Leitfaden norma f, canone m ② MUS canone m

Kanone f ⟨-, -n⟩ ① (Geschütz) cannone m ② FAM ↑ Könner, As asso m; ◇ **Sports**- asso m dello sport

Kantate f ⟨-, -n⟩ MUS cantata f

Kante f ⟨-, -n⟩ ① ↑ Ecke spigolo m ② (Rand) orlo m, margine m; (Web-) cimosa f ③ FAM ◇ etw auf der hohen - haben aver risparmiato qc; **Kantholz** n trave f; **kantig** adj ① angoloso, angoloso ② FIG ▷Gesicht spigoloso

Kantine f mensa f

Kanton m ⟨-s, -e⟩ cantone m; **Kantonsrat** m ⟨-⟩; **Kantonsrätin** f (CH) consigliere m cantonale

Kanu n ⟨-s, -s⟩ canoa f

Kanüle f ⟨-, -n⟩ MED ago m [della siringa]

Kanzel f ⟨-, -n⟩ ① (in Kirche) pulpito m ② (Cockpit) cabina f di pilotaggio

Kanzlei f cancelleria f

Kanzler(in f) m ⟨-s, -⟩ ① POL cancelliere m ② SCHULE economo m; **Kanzlerkandidat(in** f) m candidato m alla cancelleria

Kap n ⟨-s, -s⟩ GEO capo m

Kapazität f ① (Fassungsvermögen) capacità f ② ↑ Fachmann, Könner capacità f, facoltà f

Kapelle f ① cappella f ② MUS ↑ kleines Orchester capella f; (Tanz-) orchestrina f; **Kapellmeister** m direttore m d'orchestra

kapieren vti FAM capire

Kapital n ⟨-s, -e o. -ien⟩ ① capitale m ② ↑ Vermögen patrimonio m; **Kapitalanlage** f investimento m; **Kapitalertragssteuer** f imposte f/pl sul reddito di capitale; **Kapitalismus** m capitalismo m; **Kapitalist(in** f) m capitalista m/f; **kapitalistisch** adj capitalista; **Kapitalmarkt** m mercato m finanziario; **Kapitalverbrechen** n delitto m capitale

Kapitän m ⟨-s, -e⟩ (NAUT von Schiff) capitano m; (AERO von Flugzeug) comandante m

Kapitel n ⟨-s, -⟩ ① (Textabschnitt) capitolo m ② FAM ↑ Angelegenheit questione f, storia f; ◇ ein - für sich una storia a parte

Kapitell n ⟨-s, -e⟩ ARCHIT capitello m

Kapitulation f capitolazione f, resa f; **kapitulieren** vi ① arrendersi, capitolare ② FIG ↑ aufgeben arrendersi (vor davanti a/di fronte a)

Kaplan m ⟨-s, Kapläne⟩ cappellano m

Kappe f ⟨-, -n⟩ ① ↑ Mütze berretto m; (Bade-) cuffia f ② ↑ Verschluß coperchio m ③ ↑ Verstärkung (von Schuh) mascherina f

kappen vt ① ↑ Tau, Seil tagliare ② → Baum potare

Kapsel f ⟨-, -n⟩ ① custodia f, scatoletta f ② ANAT (Gelenk-) capsula f

kaputt adj ① ▷Vase rotto ② ▷Auto, Radio rotto ③ FAM ↑ erschöpft sfinito, distrutto; **kaputtgehen** unreg vi ① ← Geschirr rompersi; ← Kleidung, Schuhe rovinarsi ② ← Apparat, Auto rompersi ③ ← Firma andare in rovina; **kaputtmachen** I. vt → Gegenstand rompere; → Firma mandare in rovina; → Gesundheit rovinare II. vr ◇ sich - distruggersi

Kapuze f ⟨-, -n⟩ cappuccio m

Karabiner m ⟨-s, -⟩ carabina f; **Karabinerhaken** m moschettone m

Karaffe f ⟨-, -n⟩ boccia f; (geschliffene) caraffa f

Karambolage f ⟨-, -n⟩ tamponamento m a catena

Karamel m ⟨-s⟩ GASTRON caramello m; **Karamelbonbon** m o n caramella f

Karat n carato m

Karate n ⟨-⟩ SPORT karatè m

Karawane f ⟨-, -n⟩ ① carovana f ② FIG ↑ Zug carovana f

Karbonat n CHEM carbonato m

Kardinal m ⟨-s, Kardinäle⟩ REL cardinale m; **Kardinalfehler** m errore m fondamentale; **Kardinalzahl** f numero m cardinale

Karenz f ⟨-, -n⟩ (bei Versicherung) periodo m di aspettativa

Karfreitag m venerdì m santo

karg adj ▷Behausung povero, misero; **kärglich** adj povero, misero

kariert adj a quadretti

Karies f ⟨-⟩ MED carie f

Karikatur f caricatura f; **Karikaturist(in** f) m caricaturista m/f; **karikieren** fare una/la caricatura di

kariös adj ▷Zahn cariato

karitativ adj ▷Zweck di beneficenza

Karneval m ⟨-s, -e o. -s⟩ carnevale m; **Karnevalszug** m sfilata f di carnevale

Karo n ⟨-s, -s⟩ ① quadro m, quadretto m ② (Spielkartenfarbe) quadri m/pl

Karosserie f AUTO carozzeria f; **Karosseriebauer** m carrozziere m

Karotte f ⟨-, -n⟩ FLORA carota f

Karpfen m ⟨-s, -⟩ FAUNA carpa f

Karre f ⟨-, -n⟩, **Karren** m ⟨-, -n⟩ ① carro m ② (FAM altes Auto) catorcio m

Karriere f ⟨-, -n⟩ carriera f; ◇ - machen far

carriera; **Karrieremacher(in** f) m ⟨-s, -⟩ arrivista m/f

Karte f ⟨-, -n⟩ (Fahr-, Eintritts-) biglietto m; (Ansichtskarte) cartolina f; (Land-) cartina f; (Speise-) menu m; (Visiten-) biglietto m; (Scheck-) carta f; (Kartei-) cartella f di schedario; (Spiel-) carta m [da gioco]; PC scheda f; FIG ◇ **mit offenen -n spielen** giocare a carte scoperte

Kartei f schedario m; **Karteikarte** f cartella f di schedario; **Karteikasten** m schedario m

Kartell n ⟨-s, -e⟩ ① COMM cartello m ② (Interessenvereinigung) coalizione f; **Kartellverbot** n divieto m di cartello

Kartenlegerin f cartomante f; **Kartenspiel** n ① gioco m delle/di carte ② (Karten) mazzo m; **Kartentelefon** m carta f telefonica

Kartoffel f ⟨-, -n⟩ FLORA patata f; **Kartoffelbrei** m GASTRON purè m di patate; **Kartoffelchips** pl GASTRON patatine f/pl; **Kartoffelkäfer** m FAUNA dorifora f; **Kartoffelmehl** n fecola f di patate; **Kartoffelpuffer** m GASTRON frittella f di patate; **Kartoffelpüree** n GASTRON purè m di patate; **Kartoffelsalat** m GASTRON insalata f di patate

Karton m ⟨-s, -s⟩ ① (Pappe) cartone m ② ↑ Pappschachtel scatola f di cartone; **kartoniert** incartonato

Karussell n ⟨-s, -s⟩ (Kinder-, Ketten-) giostra f

Karwoche f REL settimana f santa

karzinogen adj MED cancerogeno; **Karzinom** n ⟨-s, -e⟩ MED carcinoma m

Käse m ⟨-s, -⟩ ① formaggio m ② FAM ↑ Unsinn stupidaggini f/pl, cretinate f/pl; **Käsekuchen** m GASTRON ≈torta f di ricotta

Kaserne f ⟨-, -n⟩ MIL caserma f

käseweiß adj pallido come un lenzuolo; ◇ - **werden** diventare pallido come un lenzuolo

Kasino n ⟨-s, -s⟩ ① MIL mensa f ufficiali ② (Spiel-) casinò m

Kaskoversicherung f assicurazione f contro tutti i rischi

Kasperltheater n teatrino m delle marionette

Kasse f ⟨-, -n⟩ ① (Registrier-) cassa f; ◇ [gut] **bei - sein** aver parecchi soldi ② (Kino-, Abend-) cassa f; (in Bank) sportello m ③ (Spar-) cassa f di risparmio ④ (Kranken-) cassa f mutua; **Kassenarzt** m, **-ärztin** f medico m/f della mutua; **Kassenbuch** n registro m di cassa; **Kassenführer** m cassiere m; **Kassenpatient(in** f) m assistito/a della mutua; **Kassenschein** m ① COMM scontrino m di cassa ② MED ↑ Krankenschein certificato m della cassa malattia; **Kassenschlager** m successo m di casset-

ta; **Kassensturz** m: ◇ - **machen** verifica f di cassa; **Kassenvorgang** m operazione f di cassa; **Kassenzettel** m scontrino m di cassa

Kasserolle f casseruola f

Kassette f ① ↑ Kasten (Schmuck-) cassetta f ② ↑ Tonband cassetta f; (unbespielt) cassetta f da registrare/vergine ③ FOTO caricatore m; **Kassettendeck** n registratore m da stereo; **Kassettenrecorder** m ⟨-s, -⟩ registratore m

kassieren I. vt ① → Geld incassare ② FAM ↑ wegnehmen togliere II. vi: ◇ **darf ich -?** posso incassare?; **Kassierer(in** f) m ⟨-s, -⟩ (von Bank) cassiere/a

Kastagnette f MUS nacchera f

Kastanie f ① (FLORA Baum) castagno m ② (Frucht) castagna f

Kaste f REL casta f

Kasten m ⟨-s, Kästen⟩ ① (Brief-, Bier-, Sand-) cassa f, cassetta f ② ↑ Kommode cassetto m ③ FIG ◇ **viel auf dem - haben** sapere il fatto proprio

kastrieren vt castrare

Kasus m ⟨-, -⟩ GRAM caso m

Katakombe f ⟨-, -n⟩ catacomba f

Katalog m ⟨-[e]s, -e⟩ catalogo m; **katalogisieren** vt catalogare; **Katalograum** m sala f dei cataloghi

Katalysator m ① PHYS catalizzatore m ② AUTO marmitta f catalitica

Katapult m o n catapulta f

Katarrh m ⟨-s, -e⟩ ① MED catarro m ② FAM raffreddore m

Kataster m catasto m

katastrophal adj ▷Folgen catastrofico; **Katastrophe** f ⟨-, -n⟩ catastrofe f; **Katastrophengebiet** n zona f sinistrata; **Katastrophenschutz** m protezione f contro le catastrofi

Katechismus m catechismo m

Kategorie f categoria f; ◇ **jd-n/etw in -n einordnen** categorizzare qu/qc; **kategorisch** adj ① categorico; ◇ **-er Imperativ** imperativo m categorico ② FAM ↑ energisch categorico; ◇ **etw - ablehnen** rifiutare qc categoricamente

Katenschinken m GASTRON prosciutto m affumicato

Kater m ⟨-s, -⟩ ① gatto m [maschio]; ◇ **der Gestiefelte** - il gatto con gli stivali m ② FAM mal m di testa dopo una sbornia

kath. adj Abk v. katholisch catt.

Kathedrale f ⟨-, -n⟩ cattedrale f

Kathode f ⟨-, -n⟩ ELECTR catodo m

Katholik(in f) m ⟨-en, -en⟩ cattolico/a; **katholisch** adj cattolico; **Katholizismus** m cattolicesimo m

Kätzchen n FLORA gattino m; **Katze** f ‹-, -n› ① gatto m; (weiblich) gatta f ② FIG ◇ **wie Hund und Katz sein** essere come cane e gatto; ◇ **die ~ aus dem Sack lassen** spiattellare un segreto ③ FAM ◇ **alles für die Katz** tutto questo per niente; **Katzenauge** n ① MIN occhio m di gatto ② AUTO catarifrangente m; **Katzenjammer** m ① mal'umore m dopo una sbornia ② ↑ Gewissensbisse rimorsi m/pl; **Katzensprung** m FIG salto m, attimo m; ◇ **es ist nur e-n ~ entfernt** è a un attimo di qui

Kauderwelsch n ‹-[s]› linguaggio m incomprensibile

kauen vti masticare

kauern vi ↑ hocken stare rannicchiato; ◇ **auf dem Boden ~** essere rannicchiato per terra

Kauf m ‹-[e]s, Käufe› ↑ Erwerb gegen Geld acquisto m; ◇ **etw in ~ nehmen** accettare qc; **kaufen** vt ① comprare, acquistare ② ↑ bestechen corrompere, comprare; **Käufer(in** f) m ‹-s, -› acquirente m/f; **Kauffrau** f commerciante f; **Kaufhaus** n magazzino m; **Kaufkraft** f potere m d'acquisto; **kaufkräftig** adj che ha capacità/potere d'acquisto; **käuflich** adj ① ▷Ware in vendita; ◇ **etw ~ erwerben** comprare qc, acquistare qc ② FIG ↑ bestechlich corruttibile; **Kaufmann** m ‹-leute› commerciante m, negoziante m; **kaufmännisch** adj di commercio, commerciale; ◇ **-er Angestellter** impiegato m di commercio; **Kaufvertrag** m contratto m d'acquisto

Kaugummi m o n gomma f da masticare

kaum adv ① ↑ wahrscheinlich nicht difficilmente; ◇ **er wird das ~ schaffen** ce la farà difficilmente/a fatica ② ↑ fast nicht difficile, pochissimo, a malapena; ◇ **~ zu glauben** difficile a credere; ◇ **sie hat ~ geschlafen** ha dormito pochissimo ③ ↑ soeben, gerade appena, da poco; ◇ **~ war sie zu Hause ...** era da poco a casa ...; ◇ **~ -, daß ...** quando

kausal adj causale

Kaution f (Miet-) cauzione f; JURA cauzione f

Kauz m ‹-es, Käuze› ① FAUNA civetta f ② FAM ◇ **komischer ~** un tipo strano

Kavalier m ‹-s, -e› cavaliere m; **Kavaliersdelikt** n trasgressione f perdonabile

Kaviar m ‹-s› GASTRON caviale m

Kbyte n PC kilobyte m

keck adj sfacciato

Kegel m ‹-s, -› MATH cono m; (Licht-) cono m di luce; (Spiel-) birillo m; **Kegelbahn** f pista f dei birilli; **kegeln** vi giocare a bowling/birilli; **Kegelspiel** n gioco m dei birilli

Kehle f ‹-, -n› ANAT ① ↑ Gurgel gola f ② ↑ Rachen trachea f; **Kehlkopf** m ANAT laringe f

Kehre f ‹-, -n› ① (scharfe Biegung) curva f, svolta f ② SPORT ↑ Wendung volteggio m

kehren I. vt ① ↑ Straße scopare ② ↑ wenden voltare ③ FIG ◇ **in sich gekehrt** introverso

Kehricht m ‹-s› spazzatura f; **Kehrmaschine** f (Straßen-) spazzatrice f; **Kehrplatz** m CH ↑ Wendeplatz posto m per girare la macchina

Kehrreim m ritornello m

Kehrschaufel f paletta f

Kehrseite f rovescio m; FIG ◇ **die ~ der Medaille** il rovescio della medaglia

kehrtmachen vi girarsi, fare dietro-front; **Kehrtwendung** f AUTO: ◇ **e-e ~ machen** fare una inversione di marcia

keifen vi FAM sgridare (mit jd-m qu)

Keil m ‹-[e]s, -e› (Holz-) cuneo m

Keiler m FAUNA cinghiale m

Keilriemen m AUTO cinghia f trapezoidale

Keim m ‹-[e]s, -e› ① FLORA (von Pflanze) germoglio m ② MED ↑ Erreger germe m ③ BIO ↑ Embryo germe m ④ FIG ↑ Anfang, Ausgangspunkt seme m; ◇ **etw im ~ ersticken** soffocare qc sul nascere; **keimen** vi ① ← Pflanze germogliare ② FIG ← Gefühl nascere; **keimfrei** adj sterilizzato; **Keimling** m FLORA germoglio m; **Keimträger** m portatore m di germi; **Keimung** f germinazione f; **Keimzelle** f ① cellula f germinale ② FIG (von Revolution) germe m

kein(e) adj (attributiv) nessuno; ◇ **sie ist -e Schwedin** non è svedese; ◇ **auf -en Fall** in nessun caso; **keine(r, s)** pron ① non, nessun; ◇ **er sagt ~ Wort** non dice una parola; ◇ **-bißchen** neanche un pò ② ↑ nicht niente; ◇ **-e schlechte Idee** niente male come idea; **keinerlei** adj ‹inv› nessuno, non ... alcuno; ◇ **das hat ~ Bedeutung** non ha alcuna importanza; **keinesfalls** adv in nessun caso; **keineswegs** adv non ... assolutamente; ◇ **das stimmt ~** non è vero per niente; **keinmal** adv neanche una volta; ◇ **sie hat mich ~ gegrüßt** non mi ha salutato neanche una volta

Keks m o n ‹-es, -e› ① GASTRON biscotto m ② FAM ◇ **jd-m auf den ~ gehen** stare sulle scatole a qu

Kelch m ‹-[e]s, -e› calice m, coppa f; **Kelchblatt** n FLORA sepalo m

Kelle f ‹-, -n› ① (Suppen-) mestolo m ② (Maurer-) cazzuola f ③ (von Polizist etc.) paletta f

Keller m ‹-s, -› ① (Kellergeschoß) interrato m ② (Raum) cantina f; **Kellergeschoß** n interrato m

Kellner(in f) m ‹-s, -› cameriere/a

Kelter f torchio m; **keltern** vt → Weintrauben pigiare

Kenia n ⟨-s⟩ Kenia m

kennen ⟨kannte, gekannt⟩ I. vt [1] → Stadt conoscere [2] ↑ wissen conoscere, sapere [3] ↑ bekannt sein mit conoscere qu II. vr ◇ sich - conoscersi; **kennenlernen** I. vt conoscere II. vr ◇ sich - conoscersi; **Kenner(in)** f) m ⟨-s, -⟩ esperto/a; (Wein-) intendi|tore(-trice f) m; **kenntlich** adj: ◇ etw - machen rendere riconoscibile qc; **Kenntnis** f [1] (Wissen, Erfahrung) conoscenza f, cognizione f; [2] (Sprach-e) conoscenza f ◇ etw zur - nehmen prendere atto di; ◇ jd-n von etw in - setzen mettere qu al corrente di qc; **Kennwort** n [1] parola f d'ordine [2] PC parola f chiave; **Kennzeichen** n [1] (Merkmal) caratteristica f [2] AUTO targa f; **kennzeichnen** vt [1] contrassegnare [2] FIG contraddistinguere; **Kennziffer** f numero m di matricola

kentern vi ← Schiff capovolgersi

Keramik f ceramica f

Kerbe f ⟨-, -n⟩ incisione f

Kerbel m ⟨-s⟩ FLORA cerfoglio m

Kerbtier n FAUNA insetto m

Kerker m ⟨-s, -⟩ carcere m

Kerl m ⟨-s, -e⟩ FAM tipo m; ◇ ein gemeiner - un tipo cattivo; ◇ er/sie ist ein netter - è un tipo [o. una tipa] simpatico

Kern m ⟨-[e]s, -e⟩ [1] (hartes Inneres) seme m; (von Obst) nocciolo m; (Nuß-) gheriglio m [2] (BIO Zell-) nucleo m [3] (PHYS Atom-) nucleo m [3] (Stadt-) centro m [4] (FIG von Mensch) essenza f; **Kernbrennstoff** m combustibile m nucleare; **Kernenergie** f energia f nucleare [o. atomica]; **Kernexplosion** f esplosione f atomica; **Kernforschung** f ricerca f nucleare; **Kernfrage** f questione f centrale; **Kernfrucht** f FLORA frutto m a semi; **Kernfusion** f fusione f nucleare; **Kernhaus** n torsolo m; **Kernholz** n durame m; **kernig** adj [1] (voller Kerne) pieno di semi [2] ▷Person forte, robusto [3] ↑ urig, originell ▷Ausspruch originale; **Kernkraft** f energia f nucleare; **Kernkraftgegner(in)** f) m antinucleare m/f; **Kernkraftwerk** n centrale f nucleare; **kernlos** adj senza semi/noccioli; **Kernphysik** f fisica f nucleare; **Kernpunkt** m nocciolo m, nucleo m; **Kernreaktion** f reazione f nucleare; **Kernreaktor** m reattore m nucleare; **Kernseife** f sapone m duro; **Kernspaltung** f fissione f nucleare; **Kernverschmelzung** f fusione f nucleare; **Kernwaffe** f arma f nucleare; **Kernzerfall** m disintegrazione f nucleare

Kerosin n kerosene m

Kerze f ⟨-, -n⟩ [1] (Wachs-) candela f [2] (AUTO Zünd-) candela f [3] (Kastanienblüte) pannocchia f [4] SPORT candela f; **kerzengerade** adj perfettamente diritto

keß adj [1] (Mädchen) sfrontato [2] ↑ chic (Kleidung) elegante

Kessel m ⟨-s, -⟩ [1] (Wasser-) bacino m; (Dampf-) caldaia f [2] GEO conca f [3] MIL sacca f; **Kesselwagen** m autocisterna f

Ketchup m o n ⟨-[s], -s⟩ (Tomaten-) ketchup m

Kette f ⟨-, -n⟩ [1] (Schmuck-) collana f; (Fahrrad-) catena f; (Menschen-) catena f [umana]; ◇ in -n catene/incatenato [2] (GEO Berg-) catena f [montuosa] [3] (COMM von Läden etc.) catena f [4] (FIG Gedanken-) serie f; (von Handlungen) catena f; **ketten** vt [1] ↑ fesseln incatenare (an a) [2] FIG ↑ binden ◇ jd-n an sich akk - legare qu a se; **Kettenraucher(in)** f) m fuma|tore(-trice f) accanito m; **Kettenreaktion** f auch FIG reazione f a catena

Ketzer m REL eretico m

keuchen vi ansimare; **Keuchhusten** m MED pertosse f

Keule f ⟨-, -n⟩ [1] (Schlaggerät) clava f [2] GASTRON (Hähnchen-, Kalbs-) coscia f

keusch adj [1] casto [2] ↑ zurückhaltend timido; **Keuschheit** f castità f

Keyboard n ⟨-s, -s⟩ MUS Keyboard m

kfm. adj Abk v. **kaufmännisch** commerciale

Kfz n Abk v. **Kraftfahrzeug** autovettura f

kichern vi ridacchiare

Kickstarter m pedale m d'avviamento

kidnappen vt rapire

Kiefer [1] m ⟨-s, -⟩ ANAT mascella f

Kiefer [2] f ⟨-, -n⟩ FLORA pino m silvestre; **Kiefernwald** m pineta f

Kiel m ⟨-[e]s, -e⟩ NAUT chiglia f

Kieme f ⟨-, -n⟩ branchia f

Kies m ⟨-es, -e⟩ [1] (Schotter, Geröll) ghiaia f [2] FAM↑ Geld grana f; **Kieselerde** f MIN silicio m

kiffen vi FAM fumare hascisc

killen vt FAM far fuori

Kilo n ⟨-s, -[s]⟩ chilo m; **Kilogramm** n ⟨-s, -e⟩ chilogrammo m; **Kilojoule** n chilojoule m; **Kilometer** m chilometro m; **Kilometerzähler** m AUTO contachilometri m; **Kilowatt** n chilowatt m

Kind n ⟨-[e]s, -er⟩ [1] (Mädchen) bambina f; (Junge) bambino m [2] (Tochter) figlia f; (Sohn) figlio m; ◇ ein - bekommen aspettare un bambino; **Kinderarzt** m, **Kinderärztin** f pediatra m/f; **Kinderbett** n lettino m; **Kinderei** f bambinata f; **Kindergarten** m asilo [infantile] m, scuola f materna; **Kindergärtner(in)** f) m maestro/a d'asilo, educa|tore(-trice f) d'infanzia m; **Kin-**

dergeld *n* assegno *m* familiare; **Kinderkrankheit** *f* malattia *f* infantile; **Kinderlähmung** *f* MED poliomelite *f;* **kinderleicht** *adj* facilissimo; **kinderlos** *adj* senza figli; **Kindermädchen** *n* bambinaia *f,* baby-sitter *f;* **Kindersterblichkeit** *f* mortalità *f* infantile; **Kinderwagen** *m* carrozzina *f;* **Kinderzimmer** *n* camera *f* dei bambini; **Kinderzuschlag** *m* assegno *m* familiare

Kindheit *f* infanzia *f;* **kindisch** *adj* puerile; **kindlich** *adj* ① ▷*Verhalten* infantile ② ▷*Wesen* ingenuo

Kinetik *f* FIN cinetica *f*

Kinn *n* ⟨-[e]s, -e⟩ ANAT mento *m;* **Kinnhaken** *m (Schlag aufs Kinn)* colpo *m* /pugno *m* almento; (SPORT beim Boxen) montante *m* al mento

Kino *n* ⟨-s, -s⟩ cinema *f;* ◇ **ins - gehen** andare al cinema; **Kinobesucher(in** *f) m* frequenta|tore(-trice *f)* di cinema *m;* **Kinoprogramm** *n* programma *m* cinematografico; **Kinosaal** *m* sala *f* cinematografica

Kiosk *m* ⟨-[e]s, -e⟩ (*Zeitungs-*) chiosco *m*

Kippe *f* ⟨-, -⟩ ① SPORT capovolta *f* ② (FAM *von Zigarette*) mozzicone *m;* ③ FIG ◇ **auf der - stehen** essere incerto; **kippen I.** *vt* ① (*schräg stellen*) capovolgere ② ↑ *umstürzen* rovesciare ③ FIG →*Plan* sventare **II.** *vi* ← *Turm, Leiter* ribaltarsi, rovesciarsi; ← *Becher* rovesciarsi; ← *Auto, Schiff* capovolgersi; **Kippfenster** *n* finestra *f* a bilico; **Kippschalter** *m* ELECTR interruttore *m* a leva

Kirche *f* ⟨-, -n⟩ ① chiesa *f* ② ↑ *Gottesdienst* messa *f* ③ (*als Institution*) chiesa *f;* **Kirchenfest** *n* festa *f* religiosa; **Kirchengemeinde** *f* parrocchia *f,* comunità *f* dei fedeli; **Kirchenjahr** *n* calendario *m* liturgico; **Kirchenlied** *n* canto *m* religioso; **Kirchensteuer** *f* imposte *f|pl* per la chiesa; **Kirchgänger(in** *f) m* ⟨-s, -⟩ fedele *m|f;* **Kirchhof** *m* cimitero *m;* **kirchlich** *adj* ▷*Feiertag* religioso; ◇ **-e Trauung** matrimonio *m* religioso; **Kirchweih** *f* sagra *f*

Kirsche *f* ⟨-, -n⟩ ① (FLORA *Baum*) ciliegio *m* ② (*Frucht*) ciliegia *f*

Kissen *n* ⟨-s, -⟩ (*Kopf-, Sofa-*) cuscino *m;* (*Nadel-*) puntaspilli *m*

Kiste *f* ⟨-, -n⟩ ① (*Behälter*) cassa *f* ② (FAM *Fahrzeug*) trabiccolo *m* ③ FAM ↑ *Sache, Angelegenheit* (*Beziehungs-*) faccenda *f,* affare *m;* ◇ **das ist deine -!** sono affari tuoi!

Kitsch *m* ⟨-[e]s⟩ ① arte *f* di cattivo gusto, kitsch *m* ② (*Werk*) kitsch [*o.* kitsch *f*] di cattivo gusto; **kitschig** *adj* di cattivo gusto

Kitt *m* ⟨-[e]s, -e⟩ (*Fenster-, Fugen-*) stucco *m,* mastice *m*

Kittchen *n* FAM galera *f*

Kittel *m* ⟨-s, -⟩ (*Schürze, Arbeits-*) camice *m*

kitten *vt* ① ↑ *kleben* → *Krug* incollare ② FIG ↑ *zusammenbringen* → *Freundschaft etc.* aggiustare

Kitz *n* ⟨-es, -e⟩ ① FAUNA capretto *m* ② (*Reh-*) piccolo *m* del camoscio

kitzelig *adj* ① che soffre il solletico ② FIG ▷*Angelegenheit* delicato; **kitzeln I.** *vt* fare il solletico (*jd-n* a) **II.** *vi* fare prurito

Kiwi *f* ⟨-, -s⟩ FLORA kiwi *m*

KKW *n* ⟨-s, -s⟩ *Abk v.* **Kernkraftwerk** centrale *f* elettronucleare

Kladde *f* quaderno *m*

klaffen *vi* ← *Spalt, Wunde* aprirsi

kläffen *vi* abbaiare

Klage *f* ⟨-, -n⟩ ① (*Jammern*) lamento *m* ② ↑ *Beschwerde* lamentela *f* ③ JURA querela *f;* ◇ **- einreichen** sporgere querela; **klagen** *vi* ① (*jammern*) lamentare (*über etw akk* qc) ② ↑ *weh-, trauern* piangere (*um jd-n* qu) ③ ↑ *sich beschweren* lamentarsi (*über akk* di) ④ JURA ↑ *Anspruch erheben* sporgere querela (*gegen* contro); **Kläger(in** *f) m* ⟨-s, -⟩ JURA querelante *m|f;* **kläglich** *adj* ① ▷*Geschrei* lamentevole ② ↑ *dürftig, enttäuschend* ▷*Leistung* miserabile, penoso; ◇ **- scheitern** fallire miseramente

klamm *adj* ① ▷*Finger* irridigito ② ▷*Wetter* umido e freddo

Klammer *f* ⟨-, -n⟩ ① graffa *f;* (*Büro-*) graffetta *f;* (*Wäsche-*) molletta *f;* (MED *Zahn-*) apparecchio *m* ② TYP ↑ *Parenthese* parentesi *f;* **klammern I.** *vt* → *Wunde* tener stretto con delle graffette **II.** *vr* ◇ **sich an jd-n/etw** - aggrapparsi a qu/qc

Klang *m* ⟨-[e]s, Klänge⟩ suono *m;* **Klangfarbe** *f* timbro *m;* **klangvoll** *adj* sonoro

Klappbett *n* letto *m* ribaltabile

Klappe *f* ⟨-, -n⟩ ① (*Deckel*) coperchio *m;* (*Ventil-, Ofen-*) valvola *f* ② (ANAT *Herz-*) valvola *f* ③ (MUS *von Instrument*) chiave *f* ④ FAM bocca *f,* becco *m;* ◇ **halt die -!** chiudi il becco!

klappen I. *vi* ① ← *Deckel* far rumore ② FIG ↑ *gelingen* riuscire, andare bene; ◇ **es hat geklappt** è andato bene **II.** *vt* → *Sitz, Fenster* capovolgere, ribaltare

klapperig *adj* ① ▷*Fahrzeug* scassato ② ▷*Mensch, Tier* malandato; **klappern** *vi* sbattere (qc); ← *Schreibmaschine* battere (*auf dat* a); **Klapperschlange** *f* FAUNA serpente *m* a sonagli; **Klapp[fahr]rad** *n* bicicletta *f* pieghevole; **Klappmesser** *n* coltello *m* a serramanico; **Klappsitz** *m* sedile *m* ribaltabile; **Klappstuhl** *m* sedia *f* pieghevole; **Klapptisch** *m* tavolo *m* pieghevole

klar adj ① ▷ *Luft, Wasser, Wetter* chiaro, limpido; ▷ *Himmel* terso ② ▷ *Satz, Aussage* inequivocabile, chiaro; ▷ *Ton, Stimme* chiaro; ◇ **das ist mir nicht ~** non mi è chiaro; ◇ **etw ~ und deutlich sagen** dire chiaro e tondo qc ③ ▷ *Geist, Kopf, Verstand* lucido ④ NAUT, MIL ▷ *Schiff, Geschütz* pronto per la partenza ⑤ ◇ **sich** dat **über etw** akk **im -en sein** rendersi conto di qc; ◇ **~!** certo!

Kläranlage f impianto m di depurazione

klären I. vt ① → *Flüssigkeit* depurare ② FIG → *Frage, Angelegenheit* chiarire **II.** vr ◇ **sich ~** ① *depurarsi* ② FIG ← *Sache* chiarirsi

klargehen unreg vi FAM andare liscio; ◇ **geht klar!** va bene!; **Klarheit** f (klare Beschaffenheit) chiarezza f; (von Luft, Wasser, Wetter) limpidezza f; (von Verstand) lucidità f

Klarinette f MUS clarinetto m

klarkommen unreg vi FAM ① (sich zurechtfinden) venire a capo (mit etw di qc) ② ↑ auskommen mit andare d'accordo (mit jd-m con qu); **klarmachen** vt ① → *Schiff, Fahrzeug* approntare, preparare per la partenza ② ◇ **jd-m etw ~** spiegare [o. chiarire] qc a qu; **klarsehen** unreg vi veder chiaro; ◇ **jetzt sehe ich klar** adesso ci vedo chiaro; **Klarsichtfolie** f foglio m trasparente; **klarstellen** vt chiarire; **Klärung** f (von Flüssigkeit) depurazione f; (von Abwasser) depurazione f; (FIG von Frage, Angelegenheit) chiarificazione f

klasse adj FAM forte, formidabile; ◇ **das ist -!** che forte!, è formidabile!

Klasse f ⟨-, -n⟩ ① (Alters-) classe f; (Begriffs-) categoria f; SCHULE classe f ② (Kategorie, Steuer) categoria f; (SPORT Gewichts-) categoria f; ◇ **erster - reisen** viaggiare in prima classe; **Klassenbeste(r)** fm primo/a della classe; **Klassengesellschaft** f società f suddivisa in classi sociali; **Klassenkampf** m lotta f di classe; **Klassenlehrer(in** f) m SCHULE insegnante m/f di classe; **Klassensprecher(in** f) m SCHULE capoclasse m; **Klassenzimmer** n SCHULE classe f, aula f

klassifizieren vt classificare

Klassik f ① (Epoche) periodo m classico ② (Stil) classicità f; **Klassiker(in** f) m ⟨-s, -⟩ ① (Vertreter der Klassik) classicista m/f ② (mustergültiges Werk) opera f classica; **klassisch** adj ① classicistico ② ▷ *Beispiel* classico; **Klassizismus** m classicismo m

Klatsch m ⟨-[e]s, -e⟩ ① FIG ↑ Gerede, Geschwätz chiacchiere f/pl ② (Gerücht) rumore m; **Klatschbase** f chiacchierona f, pettegola f; **klatschen** vi ① FIG ↑ reden, schwatzen chiac-

chierare (über akk di/su) ② ◇ **Beifall -** applaudire; **Klatscherei** f chiacchiere f/pl

Klatschmohn m FLORA papavero m

klatschnaß adj bagnato fradicio

Klaue f ⟨-, -n⟩ ① (Zehe, von Huftier) zoccolo m; (von Raubvogel, von Raubtier) artiglio m ② FAM scrittura f da gallina

klauen vt FAM rubare

Klausel f ⟨-, -n⟩ (Vertrags-) clausola f

Klausur f ① (Abgeschlossenheit) clausura f; ◇ **in - gehen** andare in clausura ② SCHULE prova f scritta d'esame

Klaviatur f MUS tastiera f

Klavier n ⟨-s, -e⟩ MUS pianoforte m; **Klavierspieler(in** f) m pianista m/f; **Klavierstimmer** m accordatore m di pianoforti

kleben I. vt ① (befestigen) incollare (an akk a) ② FAM ◇ **jd-m e-e - mollare** una sberla a qu **II.** vi ① ↑ haften aderire (an dat a) ② FIG ↑ festhalten, sich klammern appiccicarsi a; (an Gewohnheit, Tradition) rimanere attaccato (an dat a); **klebrig** adj attaccaticcio; **Klebstoff** m colla f

Klecks m ⟨-es, -e⟩ macchia f; (Tinten-) macchia m d'inchiostro

Klee m ⟨-s⟩ FLORA trifoglio m; **Kleeblatt** n ① FLORA foglia f di trifoglio; ◇ **vierblättriges -** quadrifoglio m ② FIG terzetto m

Kleid n ⟨-[e]s, -er⟩ ① abito m, vestito m ② ◇ **-er** pl vestiti m/pl; **kleiden I.** vt ① vestire ② ↑ gut stehen stare bene, vestire bene; ◇ **das kleidet Sie gut** le sta bene **II.** vr vestirsi; ◇ **sich elegant -** vestirsi elegantemente; **Kleiderablage** f guardaroba f; **Kleiderbügel** m gruccia f; **Kleiderbürste** f spazzola f per i vestiti; **Kleiderhaken** m gancio m; **Kleiderschrank** m armadio m; **kleidsam** adj che dona; **Kleidung** f vestiti m/pl, vestiario m; **Kleidungsstück** n capo m [di vestiario]

Kleie f crusca f

klein adj ① piccolo ② ▷ *Gruppe, Anzahl* piccolo; ▷ *Preis, Gehalt* basso; ◇ **ein - wenig** un pò ③ ▷ *Irrtum, Fehler* minimo, insignificante; ▷ *Auseinandersetzung* di poco conto ④ ▷ *Verhältnisse* modesto, umile; ◇ **- beigeben** abbassare la cresta; **Kleinbus** m pulmino m; **Kleine(r, s)** ① bambino/a, piccolo/a ② FAM piccola f; **Kleinformat** n (von Buch, Bild) formato m tascabile; **Kleingeld** n spiccioli m/pl; **Kleinigkeit** f ① (in Bezug auf Größe) piccolezza f, sciocchezza f; ◇ **e-e - essen** mangiare un boccone ② (in Bezug auf Bedeutung) nonnulla m; **kleinkariert** adj (engstirnig) di vedute ristrette; **Kleinkind** n bambino m; **Kleinkram** m FAM piccolezze f/pl; **kleinlaut** adj mogio mogio;

kleinlich *adj* ① ↑ *beschränkt, verbohrt* ▷*Mensch* limitato ② ↑ *knauserig* spilorcio ③ ↑ *pedantisch* pedante; **Kleinod** *n* gioiello *m;* **kleinschneiden** *unreg vt* tagliare a pezzettini

Kleister *m* ⟨-s, -⟩ *(Tapeten-)* colla *f*

Klemme *f* ⟨-, -n⟩ ① *(Klammer)* molletta *f;* *(Haar-)* fermaglio *m,* molletta *f;* MED grappetta *f;* ELECTR morsetto *m* ② FIG ↑ *Zwangslage* pasticcio *m;* ◇ **in der - stecken** essere nei pasticci

klemmen I. *vt* ① ↑ *fest-, zwängen* serrare, stringere; ◇ **etw unter den Arm** - tenere stretto qc sotto il braccio ② → *Finger* schiacciare II. *vi* essere incastrato

Klempner(in *f*) *m* ⟨-s, -⟩ lamierista *m/f*

Klerus *m* ⟨-⟩ clero *m*

Klette *f* ⟨-, -n⟩ ① FLORA lappola *f* ② FAM appiccicoso/a

Kletterer(in *f*) *m* ⟨-s, -⟩ scala|tore(-trice *f*) *m;* **klettern** I. *vi* ① arrampicarsi, scalare; ◇ **über/auf etw** *akk* - arrampicarsi su qc ② FIG ← *Preise, Temperatur* salire II. *n* SPORT scalata *f;* **Kletterpflanze** *f* pianta *f* rampicante

Kletterverschluß® *m* Velcro ® *m*

Klient(in *f*) *m* ⟨-en, -en⟩ *(von Anwalt)* cliente *m/f*

Klima *n* ⟨-s, -s *o.* -ta⟩ ① clima *m;* ◇ **das tropische** - il clima tropicale ② FIG ↑ *Atmosphäre, Stimmung* atmosfera *f;* **Klimaanlage** *f* impianto *m* d'aria condizionata

Klinge *f* ⟨-, -n⟩ *(von Messer)* lama *f*

Klingel *f* ⟨-, -n⟩ *(Tür-, Fahrrad-)* campanello *m;* **klingeln** *vi* suonare

klingen ⟨klang, geklungen⟩ *vi* ① *(tönen)* risuonare; ← *Instrumente, Glocke* emettere suoni ② FIG ↑ *sich anhören* suonare; ◇ **unglaublich** - sembrare impossibile

Klinik *f* clinica *f*

Klinke *f* *(Tür-)* maniglia *f*

Klippe *f* ⟨-, -n⟩ ① *(Fels-)* scoglio *m* ② FIG ↑ *Schwierigkeit, Hindernis* scoglio *m,* ostacolo *m*

klipp und klar *adv* chiaro e tondo

Klips *m* ⟨-es, -e⟩ fermaglio *m;* *(Ohr-)* orecchini *m/pl* a clips

klirren *vi* ← *Gläser, Fensterscheibe* tintinnare

Klischee *n* ⟨-s, -s⟩ cliché *m*

Klo[sett] *n* ⟨-s, -s⟩ FAM gabinetto *m*

Kloake *f* ⟨-, -n⟩ cloaca *f*

klopfen I. *vi* ① *(an Tür)* bussare *(an akk* a); ◇ **es klopft** stanno bussando; ← *Herz, Puls* battere; ← *Motor* battere in testa II. *vt* → *Teppich* battere; → *Steine* spaccare; → *Nagel* piantare *(in akk* in);

Klopfer *m* ⟨-s, -⟩ *(Teppich-)* battipanni *m;* *(Tür-)* picchiotto *m,* battente *m*

Klosett *n* ⟨-s, -e *o.* -s⟩ gabinetto *m*

Kloß *m* ⟨-es, Klöße⟩ ① ↑ *Klumpen* grumo *m* ② *(im Hals)* nodo *m* ③ GASTRON ≈tipo di gnocco *m*

Kloster *n* ⟨-s, Klöster⟩ monastero *m,* convento *m*

Klotz *m* ⟨-es, Klötze⟩ ① *(Holz-)* ceppo *m;* *(Spielzeug)* cubetto *m* ②FIG grossolano *m;* ◇ **ein - am Bein** una palla al piede

Klub *m* ⟨-s, -s⟩ club *m*

Kluft [1] *f* ⟨-, Klüfte⟩ ① ↑ *Spalt, Abgrund* baratro *m,* voragine *f* ② FIG ↑ *Gegensatz* abisso *m*

Kluft [2] *f* ⟨-en⟩ FAM uniforme *f*

klug ⟨klüger, am klügsten⟩ ① ▷*Mensch, Tier* intelligente; ◇ **ein -er Kopf** una persona intelligente ② ▷*Entscheidung* intelligente, avveduto ③ ▷*Antwort, Lösung* astuto, diplomatico, prudente; ▷*Geschäftsfrau* abile ④ ▷*Rat* saggio; ◇ **aus jd-m/etw nicht - werden** non capire niente di qu/qc; **Klugheit** *f* ① ↑ *Intelligenz* intelligenza *f* ② ↑ *Umsicht (von Entscheidung etc.)* avvedutezza *f* ③ ↑ *Diplomatie* prudenza *f,* diplomazia *f* ④ ↑ *Weisheit* saggezza *f*

Klumpen *m* ⟨-s, -⟩ zolla *f;* *(Blut-)* grumo *m;* *(Gold-)* pepita *f;* (GASTRON *in Soße)* grumo *m*

Klüver *m* NAUT fiocco *m*

knabbern I. *vt* sgranocchiare II. *vi* ① ◇ **an etw** *dat* - sgranocchiare qc ② FIG ◇ **an etw** *dat* **zu** - **haben** avere da faticare con qc

Knabe *m* ⟨-n, -n⟩ ① ↑ *Junge* ragazzo *m* ② FAM ◇ **alter** - vecchio *m;* **knabenhaft** *adj* fanciullesco

Knäckebrot *n* ≈pane *m* croccante di segala

knacken I. *vt* ① *(aufbrechen)* forzare; FAM → *Tresor, Autos* scassinare ② FIG → *Rätsel* sciogliere II. *vi* ← *Diele, Treppe* scricchiolare; ← *Radio* avere disturbi di frequenza; **Knacks** *m* ⟨-es, -e⟩① crac *m* ② ↑ *Riß* crepa *f* ③ FIG difetto *m*

Knall *m* ⟨-[e]s, -e⟩ ① *(von Schuß)* colpo *m,* detonazione *f;* *(von Aufprall)* schianto *m;* *(Peitschen-)* schiocco *m* ② FAM ↑ *Verrücktheit* pazzia *f;* FAM ◇ **der hat e-n** - è un pò fuori di testa; ◇ **auf - und Fall** improvvisamente; **knallen** I. *vi* ① ← *Peitsche, Korken* schioccare; ← *Tür* sbattere ② ↑ *explodieren* esplodere; ← *Schuß, Feuerwerk* scoppiare, detonare II. *vt* ① *(auf den Boden)* sbattere ② ↑ *zustoßen* sbattere; ◇ **gegen etw** - sbattere contro il muro ③ FAM ◇ **jd-m e-e** - mollare una sberla a qu; **Knallfrosch** *m* petardo *m;* **knallhart** *adj* FAM molto forte; **knallrot** *adj* ▷*Farbe* rosso acceso; ▷*Gesicht* rosso come un peperone

knapp *adj* ① ↑ *wenig, beschränkt* scarso; ◇ - **bei Kasse sein** essere a corto di soldi; ◇ **meine Zeit**

ist - ho poco tempo; ◇ **e-e -e Stunde** un'ora scarsa ②; ▷*Mehrheit* di stretta misura; ◇ **- vier Meter** sui quattro metri circa ③; ↑ *kurz, eng* corto, strett ④; ↑ *eng gefaßt* conciso; ◇ **in -en Sätzen** in frasi concise; **knapphalten** *unreg vt → jd-n* tenere qu a corto; **Knappheit** *f* ① ↑ *Beschränktheit* scarsità *f* ② *(von Sprache, Stil)* concisione *f*

knarren *vi ← Diele, Baum* cigolare

Knäuel *m o n* ⟨-s, -⟩ ① *(Woll-)* gomitolo *m* ② FIG ↑ *Masse* groviglio *m*

knautschen I. *vt FAM → Kleid, Kissen* sgualcire II. *vi ← Stoff* sgualcirsi; **Knautschzone** *f* AUTO zona *f* di assorbimento

kneifen ⟨kniff, gekniffen⟩ I. *vt* ↑ *zwicken, klemmen* pizzicare II. *vi* ① ← *Hose etc.* essere stretto ② *FAM* ↑ *sich drücken* svignarsela; ◇ **vor etw** *dat* - evitare qc; **Kneifzange** *f* tenaglia *f*

Kneipe *f* ⟨-, -n⟩ *FAM* bar *m*

kneten *vt → Teig* impastare; → *Ton, Wachs etc.* modellare

Knick *m* ⟨-[e]s, -e⟩ ① *(in Papier)* piega *f* ② ↑ *scharfe Kurve* curva *f* a gomito; **knicken** I. *vt* ① → *Papier* piegare ② ↑ *brechen, ab-* spezzare II. *vi* ① ← *Stengel, Ast* spezzarsi ② FIG ◇ **geknickt sein** essere giù

Knie *n* ⟨-s, -⟩ ① ANAT ginocchio *m* ② *(in Rohr)* gomito *m* ③ FIG ◇ **etw übers - brechen** fare qc precipitosamente; **Kniebeuge** *f* ⟨-, -n⟩ piegamento *m*/flessione *f* [delle ginocchia]; **Kniekehle** *f* ANAT poplite *m*; **knien** I. *vi* essere inginocchiato/in ginocchio II. *vr* ◇ **sich -** ① inginocchiarsi ② FIG ◇ **sich in etw** *akk* - dedicarsi totalmente a qc; **Kniescheibe** *f* ANAT rotula *f*; **Kniestrumpf** *m* calzettone *m*, gambaletto *m*

knipsen I. *vt → Fahrkarte* forare ② FOTO scattare

Knirps *m* ⟨-es, -e⟩ ① bambino *m* piccolo ② *(Schirm ®)* ombrello *m* pieghevole

knirschen *vi ← Kies* scricchiolare; ◇ **mit den Zähnen** - battere i denti

knistern *vi* ① ← *Feuer* crepitare ② ← *Papier* scricchiolare

Knitterfalte *f* piega *f*; **knitterfrei** *adj* ▷*Stoff* ingualcibile; **knittern** *vi ← Stoff* sgualcirsi

Knoblauch *m* FLORA aglio *m*; **Knoblauchzehe** *f* spicchio *m* d'aglio; **Knoblauchzwiebel** *f* testa *f* d'aglio

Knöchel *m* ⟨-s, -⟩ (ANAT *Finger-)* nocca *f*; *(Fuß-)* malleolo *m*

Knochen *m* ⟨-s, -⟩ osso *m*; **Knochenbruch** *m* frattura *f* [ossea]; **Knochengerüst** *n* ossatura *f*, scheletro *m*; **knochig** *adj* ▷*Hände* ossuto; ▷*Mensch* scarno

Knödel *m* ⟨-s, -⟩ GASTRON ≈tipo di gnocco *m*

Knolle *f* FLORA bulbo *m*

Knopf *m* ⟨-[e]s, Knöpfe⟩ ① bottone *m* ② *(Schalt-, Klingel-)* bottone *m*, pulsante *m*; **Knopfloch** *n* occhiello *m*

Knorpel *m* ⟨-s, -⟩ cartilagine *f*; **knorpelig** *adj* cartilaginoso

knorrig *adj* ▷*Eiche* nodoso

Knospe *f* ⟨-, -n⟩ gemma *f*

knoten *vt* annodare; **Knoten** *m* ⟨-s, -⟩ ① nodo *m* ② *Verdickung, Geschwulst*, FLORA nodo *m*; MED nodulo *m* ③ NAUT nodo *m*; **Knotenpunkt** *m* nodo *'n*

Know-how *n* ⟨-[s]⟩ know-how *m*

Knüller *m* ⟨-s, -⟩ *FAM* successo *m*

knüpfen *vt* ① → *Faden, Band* annodare; → *Teppich* tessere ② FIG ◇ **Freundschaft -** stringere/allacciare una amicizia; ◇ **Bedingungen an etw** *akk* - mettere delle condizioni in qc

Knüppel *m* ⟨-s, -⟩ ① *(Schlagstock)* randello *m*; *(Polizei-)* manganello *m* ② *(Schalthebel)* leva *f* del cambio; AERO cloche *f*; **Knüppelschaltung** *f* AUTO cambio *m* a leva

knurren *vi ← Hund* ringhiare; ← *Magen* brontolare

knusp[e]rig *adj* croccante

k.o. *adj* ① SPORT k.o. ② *FAM* ↑ *erschöpft* distrutto; **K.o.-Sieg** *m* vittoria *f* per k.o.

Koalition *f* coalizione *f*

Kobalt *n* ⟨-s⟩ CHEM cobalto *m*

Kobold *m* ⟨-[e]s, -e⟩ folletto *m*, genio *m* domestico

Kobra *f* ⟨-, -s⟩ FAUNA cobra *m*

Koch *m* ⟨-[e]s, Köche⟩ cuoco *m*; *(Hotel-)* cuoco *m* d'albergo; **Kochbuch** *n* libro *m* di ricette/cucina

kochen I. *vt* ① → *Gemüse* cuocere ② ↑ *sieden lassen* → *Milch, Wasser* far bollire ③ → *Kaffee, Tee, Kakao* fare, preparare II. *vi* ① ↑ *Speisen zubereiten* cucinare ② ← *Nudeln, Reis, Gemüse etc.* cuocere ③ ← *Wasser* bollire ④ *FAM* ↑ *sehr wütend sein* ◇ **sie kocht vor Wut** bollire di rabbia; **Kocher** *m* ⟨-s, -⟩ *(Spiritus-, Camping-)* fornello *m*; **Kochgelegenheit** *f* uso *m* di cucina; **Kochgeschirr** *n* stoviglie *f*/*pl* da cucina; **Kochlöffel** *m* ramaiolo *m*; **Kochnische** *f* cucinotto *m*; **Kochplatte** *f* ↑ *Herdplatte* piastra *f*; **Kochrezept** *n* ricetta *f* ; **Kochsalz** *n* sale *m* da cucina; **Kochtopf** *m* pentola *f*; **Kochzeit** *f* tempo *m* di cottura

Köder *m* ⟨-s, -⟩ ① esca *f* ② FIG esca *f*; **ködern** *vt* adescare

Koexistenz *f* coesistenza *f*

Koffein n ⟨-s⟩ caffeina f; **koffeinfrei** adj ▷Kaffee senza caffeina

Koffer m ⟨-s, -⟩ (Reise-, Akten-) valigia f; **Kofferradio** n radio f portatile; **Kofferraum** m AUTO portabagagli m

Kognak m ⟨-s, -s⟩ cognac m

kohärent adj coerente

Kohl m ⟨-[e]s, -e⟩ (Weiß-, Blumen-, Rosen-) cavolo m

Kohle f ⟨-, -n⟩ [1] (Stein-) carbone m; (zum Zeichnen) carboncino m [2] FAM soldi m/pl; ◇ keine - haben non avere il becco di un quattrino; **Kohlehydrat** n ⟨-[e]s, -e⟩ CHEM carboidrato m; **Kohlenbergbau** m industria f estrattiva del carbone; **Kohlenbergwerk** m miniera f di carbone; **Kohlendioxid** n anidride f carbonica; **Kohlenmonoxyd** n ossido m di carbonio; **Kohlensäure** f CHEM acido m carbonico; **Kohlenstaub** m polvere m di carbone; **Kohlenstoff** m carbonio m; **Kohlenwasserstoff** m idrocarburo m; **Kohleofen** m stufa f a carbone; **Kohlepapier** n carta f carbone; **Kohlestift** m carboncino m; **Kohlezeichnung** f disegno m a carboncino

Kohlrabi m ⟨-[s], -s⟩ FLORA cavolo m rapa; **Kohlrübe** f FLORA navone m; **Kohlweißling** m FAUNA cavolaia f

Koitus m ⟨-, -o. -se⟩ coito m

Koje f ⟨-, -n⟩ [1] NAUT cuccetta f [2] FAM letto m; ◇ ab in die -! a letto !

Kokain n ⟨-s⟩ cocaina f

kokett adj ▷Person civettuolo; **kokettieren** vi ↑ flirten civettare (mit con)

Kokon m bozzolo m

Kokosnuß f noce m di cocco; **Kokospalme** f palma f del cocco

Koks ¹ m ⟨-es, -e⟩ coke m

Koks ² m ⟨-es⟩ FAM cocaina f

Kolben m ⟨-s, -⟩ [1] (Gewehr-) mazza f [2] FLORA pannocchia f [3] (TECH von Motor) stantuffo m [4] FAM ↑ Nase proboscide f

Kolchose f ⟨-, -n⟩ kolcos m

Kolik f MED (Nieren-, Gallen-) colica f

Kollaps m ⟨-es, -e⟩ (Kreislauf-) collasso m

Kolleg n ⟨-s, -s o. -ien⟩ SCHULE (Studien-) corso di lezioni m

Kollege m ⟨-n, -n⟩, (Arbeits-) collega m; (Studien-) compagno; **kollegial** adj ▷Verhältnis collegiale; **Kollegin** f collega f; compagna f; **Kollegium** n (Lehrer-, Ärzte-) corpo m

Kollekte f ⟨-, -n⟩ colletta f; **kollektiv** adj [1] ↑ gemeinsam collettivo [2] ▷ Wissen generale; **Kollektivierung** f collettivizzazione f

kollern vi andare in collera

Kollision f (von Autos) scontro m; FIG ↑ Konflikt conflitto m; ◇ mit jd-m in - geraten venire a conflitto con qu

Kolloquium m colloquio m

Kolonie f [1] colonia f [2] (von Tieren) colonia f; **kolonisieren** vt ▷Land colonizzare

Kolonne f ⟨-, -n⟩ [1] (Arbeits-) colonna f; (Auto-) colonna f; ◇ in -[n] fahren procedere in colonna (con veicolo) [2] TYP ↑ Kolumne colonna f

Koloß m ⟨-sses, -sse⟩ colosso m; **kolossal I.** adj ↑ sehr groß, viel etc. colossale **II.** (sehr) ◇ sich - freuen rallegrarsi moltissimo

Kolumne f ⟨-, -n⟩ ↑ Zeitungsartikel colonna f

Koma n ⟨-s, -s⟩ MED coma m; ◇ im - liegen trovarsi in stato di coma

Kombination f [1] (Verknüpfung) combinazione f; (Farb-, Zahlen-) combinazione f [2] SPORT combinata f; **kombinieren** vt → Kleider combinare; → Möbel combinare; **Kombiwagen** m vettura f familiare; **Kombizange** f pinza f multifunzionale

Kombüse f cambusa f

Komet m ⟨-en, -en⟩ cometa f

Komfort m ⟨-s⟩ ↑ Bequemlichkeit comfort m, comodità f; **komfortabel** adj ↑ bequem confortevole

Komik f comicità f; **Komiker(in** f) m ⟨-s, -⟩ comico/a; **komisch** adj [1] ↑ lustig divertente [2] ↑ merkwürdig strano

Komitee n ⟨-s, -s⟩ ↑ Ausschuß comitato m

Komma n ⟨-s, -s o. -ta⟩ [1] SPRACHW virgola f [2] MATH virgola f

Kommandant(in f) m (Schiffs-, Stadt-) comandante m/f; **Kommandeur** m (Truppen-, Regiments-) comandante m; **kommandieren I.** vt MIL → Truppen comandare; FAM ↑ schikanieren ◇ die ganze Familie - far rigare dritto la famiglia **II.** vi ⌀. MIL ↑ befehlen, anordnen comandare (jd-m qu)

Kommanditgesellschaft f società f in accomandita (semplice)

Kommando n ⟨-s, -s⟩ [1] ordine m [2] ↑ Befehlswort comando m [3] ↑ Truppe (Wach-, Sonder-) comando m; **Kommandobrücke** f ponte m di comando

kommen ⟨kam, gekommen⟩ vi [1] (zu Fuß) venire [2] (sich nähern) avvicinarsi [3] (den Weg finden) (zum Bahnhof) arrivare [4] (nach Hausen) giungere [5] (besuchen) fare visita a [6] (aus e-r Kneipe) uscire da [7] (sein) ◇ zuerst kommt der Film dann die Nachrichten prima viene il film poi il notiziario [8] (an der Reihe sein) ◇ jetzt kommst du adesso tocca a te [9] (stammen) ◇ woher kommt ihr ? da dove venite ?; **Kom-**

K

men n ⟨-s⟩ 1 ↑ *Ankommen* venuta f; ◇ **ein - u. Gehen** un andirivieni 2 ↑ *Entwicklung* sviluppo m; ◇ **etw ist im -** qc si sviluppa; **kommend** adj prossimo; ↑ *zukünftig* futuro

Kommentar m 1 ↑ *Stellungnahme* commento m (*zu dat* su) 2 ↑ *Erläuterung* commento m; (*Fernseh-, Radio-*) commentario m; **Kommentator(in** f) m commentatore(-trice f) m; **kommentieren** vt 1 → *Text* commentare 2 ↑ *Stellung nehmen* → *Verhalten* commentare

kommerziell adj commerciale

Kommilitone m ⟨-n, -n⟩, **Kommilitonin** f compagno/a di studi

Kommissar(in f) m 1 (*Kriminal-*) commissario/a 2 (*Staats-*) commissario/a

Kommission f 1 (*Ausschuß*) commissione f 2 (*Auftrag*) incarico m

Kommode f ⟨-, -n⟩ comò m

Kommune f ⟨-, -n⟩ ↑ *Gemeinde* comune m

Kommunikation f ↑ *Verständigung, Kontakt* comunicazione f

Kommunion f REL comunione f

Kommuniqué n ⟨-s, -s⟩ comunicato m

Kommunismus m comunismo m; **Kommunist(in** f) m comunista m/f; **kommunistisch** adj comunista

kommunizieren vi 1 ↑ *sich verständigen, miteinander reden* comunicare 2 REL fare la Comunione

Komödiant(in f) m ⟨-en, -en⟩ 1 comediante m/f 2 FAM istrione m/f; **Komödie** f commedia f

Kompagnie f compagnia f; **Kompagnon** m ⟨-s, -s⟩ COMM socio m

Kompanie f 1 COMM compagnia f 2 MIL compagnia f

Komparation f comparazione f

Kompaß m ⟨-sses, -sse⟩ bussola f

kompatibel adj ▷*Computer* compatibile

kompetent adj ▷*Urteil* competente; **Kompetenz** f ↑ *Sachverstand* competenza f

komplett adj 1 (*vollständig*) completo 2 FAM ↑ *völlig* completo, perfetto

komplex adj ▷*Thema* complesso

Komplex m ⟨-es, -e⟩ 1 (*Fragen-*) complesso m 2 (*Gebäude-*) complesso m edilizio 3 PSYCH (*Minderwertigkeits-*) complesso m

Komplikation f complicazione f

Kompliment n complimento m; ◇ **jd-m ein - machen** fare un complimento a qu

Komplize m ⟨-n, -n⟩ (*bei Straftat*) complice m

komplizieren vt complicare; **kompliziert** adj 1 ▷*Rechenaufgabe etc.* complicato; ▷*Person*

complicato, difficile 2 MED ▷*Operation, Bruch* complesso

Komplizin f complice f

Komplott n ⟨-[e]s, -e⟩ complotto m

Komponente f componente f

komponieren vt 1 ↑ *zusammenstellen* → *Farben* comporre 2 → *Musikstück* comporre; **Komponist(in** f) m MUS compositore(-trice f) m; **Komposition** f 1 ↑ *Anordnung* composizione f 2 MUS composizione f

Kompost m ⟨-[e]s, -e⟩ concime m naturale

Kompott n ⟨-[e]s, -e⟩ GASTRON composta f di frutta

Kompresse f compressa f (*di garza*)

Kompressor m compressore m

Kompromiß m ⟨-sses, -sse⟩ ↑ *Übereinkunft* compromesso m; ◇ **e-n - schließen** scendere a un compromesso; **kompromißlos** adj che non ammette compromessi

Kondensation f PHYS condensazione f; **Kondensator** m condensatore m; **kondensieren** vt condensare; **Kondensmilch** f latte m condensato; **Kondensstreifen** m AERO scia f di condensazione

Kondition f 1 ↑ *Bedingung* condizione f 2 ↑ *Zustand, Verfassung* condizione f; ◇ **in guter - sein** essere in forma; **Konditionalsatz** m proposizione f condizionale

Konditor(in f) m pasticciere/a; **Konditorei** f pasticeria f

Kondom n ⟨-s, -e⟩ preservativo m

Kondukteur(in f) m (*CH*) controllore m/f

Konfekt n ⟨-[e]s, -e⟩ confetto a f

Konfektion f 1 confezione f di abiti in serie 2 (*-skleidung*) confezioni f/pl

Konferenz f (*Lehrer-, Abrüstungs-,*) conferenza f; ◇ **e-e - abhalten** tenere una conferenza; **Konferenzzimmer** n sala f delle conferenze

Konfession f confessione f; **konfessionslos** adj appartenente a nessuna confessione

Konfetti n ⟨-[s]⟩ coriandoli m/pl

Konfirmand(in f) m ⟨-en, -en⟩ REL cresimando/a; **Konfirmation** f REL cresima f; **konfirmieren** vt REL cresimare

Konfiserie f (*CH*) pasticceria f

konfiszieren vt confiscare

Konfitüre f ⟨-, -n⟩ ↑ *Marmelade* confettura f

Konflikt m ⟨-[e]s, -e⟩ 1 (*Rassen-*) conflitto m 2 (*Interessen-*) conflitto m; ◇ **mit jd-m/etw in - geraten** venire a conflitto con qu/qc

Konföderation f (*von Staaten*) confederazione f

Konfrontation f confronto m (*mit* con); **konfrontieren** vt confrontare (*mit* con)

konfus adj ▷Person confuso; ▷Bericht confuso
Kongreß m ⟨-sses, -sse⟩ congresso m
kongruent adj congruente; **Kongruenz** f congruenza f
König(in) m ⟨-[e]s, -e⟩ ① re m, regina f ② FAM ↑ Oberste(r), Beste(r) re m, regina f ③ FAUNA ◇ **Bienen-in** ape f regina; **königlich** adj ① reale ② ↑ großartig principesco ③ FAM ↑ sehr ◇ **sich - amüsieren** divertirsi molto; **Königreich** n regno m; **Königtum** n regalità f
Konjugation f coniugazione f; **Konjugationsendung** f desinenza f; **konjugieren** vt → Verb coniugare
Konjunktion f ① GRAM congiunzione f ② ASTRON congiunzione f
Konjunktiv m GRAM congiuntivo m
Konjunktur f COMM congiuntura f; **Konjunkturprognose** f COMM prognosi f congiunturale; **Konjunkturflaute** f COMM periodo m di satagnazione
konkav adj concavo
konkret adj ① concreto ② ↑ greifbar tangibile, concreto
Konkurrent(in) f m (Mitbewerber, Rivale) concorrente m/f; SPORT concorrente m/f; **Konkurrenz** f ① COMM concorrenza f; ◇ **sich** dat - **machen** farsi concorrenza ② SPORT ↑ Wettkampf concorrenza f; **konkurrenzfähig** adj competitivo; **konkurrieren** vi (rivalisieren) concorrere; COMM concorrere; SPORT concorrere
Konkurs m ⟨-es, -e⟩ COMM banca f rotta; ◇ **- anmelden** dichiarare fallimento
können ⟨konnte, gekonnt⟩ I. vt ① sapere, conoscere; ◇ **Italienisch -** sapere l'italiano ② → ein Gedicht sapere a memoria II. vi ① ↑ vermögen potere; ◇ **kannst du mir helfen ?** puoi aiutarmi ② (in der Lage sein) essere in grado, potere ③ (die Möglichkeit haben) avere la possibilità, potere; ◇ **ich habe gestern nicht anrufen -** ieri non ho potuto telefonare ④ ↑ dürfen potere; (persönlich) essere permesso; (unpersönlich) ◇ **kann ich mitkommen ?** posso venire anch'io; ◇ **man kann hier rauchen** qui è permesso fumare ⑤ (als Ausdruck des Zweifels) ◇ **wer kann das gewesen sein ?** chi sarà mai stato ?; **Können** n ⟨-s⟩ ① ↑ Fähigkeit capacità f ② ↑ Geschicklichkeit abilità f
konsekutiv adj consecutivo
konsequent adj ▷Entscheidung conseguente; **Konsequenz** f conseguenza f; (Beharrlichkeit) costanza f
konservativ adj tradizionalista, consveratore

Konserve f ⟨-, -n⟩ conserva f alimentare; **Konservendose** f scatola f di conserva; **konservieren** vt ① GASTRON → Obst conservare ② → Bauwerke, Denkmäler conservare; **Konservierungsmittel** n conservanti m/pl
Konsonant m consonante f; **Konsonanz** f consonanza f
konspirativ adj ▷Gruppe, Wohnung cospirativo
konstant adj ① ▷Temperatur costante ② ▷Weigerung perseverante
Konstellation f ① (Macht-) costellazione f ② (ASTRON Sternen-) costellazione f
konstruieren vt ① → Brücke costruire ② FIG → Plan congegnare; **Konstruktion** f ① ↑ Aufbau (von Maschine, Gerüst, Auto) costruzione f ② FIG ▷gedanklich costruzione f
konstruktiv adj ① ▷Kritik costruttivo
Konsul(in) f m ⟨-s, -n⟩ console m/f; **Konsulat** n consolato m
konsultieren vt → Arzt, Rechtsanwalt consultare

Konsum m ⟨-s⟩ (Bier-, Zigaretten-) consumo m; **Konsumartikel** m articolo m di consumo; **Konsumation** f (CH) consumazione f; **Konsument(in)** f m consumatore(-trice f) m; **Konsumgesellschaft** f società f dei consumi; **Konsumgüterindustrie** f industria f dei beni di consumo; **konsumieren** vt consumare
Kontakt m ⟨-[e]s, -e⟩ ① (Haut-) contatto m ② ↑ Beziehung, Kommunikation contatto m ③ ELECTR contatto m; **kontaktarm** adj poco comunicativo; **kontaktfreudig** adj comunicativo; **Kontaktlinsen** f pl lenti f/pl a contatto
Kontext m ↑ Zusammenhang ▷sprachlich contesto m
Kontinent m ⟨-[e]s, -e⟩ continente m; **kontinental** adj ▷Klima continentale
kontinuierlich adj ▷Entwicklung continuo
Konto n ⟨-s, Konten⟩ ① (Spar-) conto m ② FIG ◇ **das geht auf ihr -** ella è colpevole/responsabile di ciò; **Kontoauszug** m estratto m conto; **Kontoinhaber(in)** f m intestatario/a di un conto; **Kontonummer** f numero m del conto; **Kontostand** m situazione f del conto
Kontra n ⟨-s, -s⟩ contro m; ◇ **Pro u. -** i pro ed i contro; ◇ **jd-m - geben** contraddire qu
Kontrabaß m contrabbasso m
Kontrahent(in) f m ① ↑ Gegner(in) contraente m/f ② COMM ↑ Vertragspartner contraente m/f
Kontrapunkt m MUS contrappunto m
Kontrast m ⟨ ⟨ [ə]ɑ, ɐ⟩⟩ ① (Farb-) contrasto m ② FOTO contrasto m
Kontrolle f ⟨-, -n⟩ ① ↑ Überprüfung (von Aus-

weis, Ware) controllo *m* ② ↑ *Überwachung* sorveglianza *f* ③ ↑ *Herrschaft, Beherrschen* controllo *m* (*über akk* di); ◊ **die - verlieren** perdere il controllo; **Kontrolleur(in** *f*) *m* (*Fahrkarten-, Waren-*) controllore *m/f*; **kontrollieren** *vt* ① ↑ *überprüfen* controllare ② ↑ *überwachen* → *Arbeiter* controllare ③ ↑ *beherrschen* controllare; **Kontrollturm** *m* torre *f* di controllo

Kontroverse *f* ⟨-, -n⟩ controversia *f* (*über akk* su)

Kontur *f* contorno *m*

Konvent *m* riunione *f*

Konvention *f* ① POL ↑ *Vertrag* convenzione *f*, patto *m* ② ↑ *Tradition* convenzione *f*; **konventionell** *adj* ↑ *herkömmlich* convenzionale

Konversation *f* conversazione *f*; **Konversationslexikon** *n* enciclopedia *f*

konvex *adj* convesso

Konvoi *m* ⟨-s, -s⟩ convoglio *m*

Konzentration *f* ① ↑ *Anhäufung* concentramento *m* (*von* di) ② (*Aufmerksamkeit*) concentrazione *f*; **Konzentrationslager** *n* campo *m* di concentramento; **konzentrieren I.** *vt* ① → *Truppen* concentrare ② → *Kräfte* concentrare (*auf akk* su) ③ CHEM ↑ *verdichten* concentrare **II.** *vr* ◊ **sich** - concentrarsi (*auf akk* su)

Konzept *n* ⟨-[e]s, -e⟩ traccia *f*

Konzern *m* ⟨-s, -e⟩ (*Öl-, Presse-*) gruppo *m* industriale

Konzert *n* ⟨-[e]s, -e⟩ MUS concerto *m*

konzertiert *adj* POL ▷*Aktion* concertato

Konzession *f* ① ↑ *Genehmigung* (*für Geschäft, Restaurant*) concessione *f* ② ↑ *Zugeständnis* concessione *f*

konzessiv *adj* concessivo

Konzil *n* ⟨-s, -e *o.* -ien⟩ REL concilio *m*

Kooperation *f* cooperazione *f*

Koordinate *f* MATH, ASTRON coordinata *f*

koordinieren *vt* coordinare

Kopf *m* ⟨-[e]s, Köpfe⟩ ① (*von Mensch, Tier*) testa *f*; ◊ **pro - a** testa; ◊ **von - bis Fuß** dalla testa ai piedi; *FIG* ◊ **ein kluger -** una gran testa; *FIG* ◊ **den - hängenlassen** ↑ *entmutigt sein* perdersi d'animo ② (*von Nagel*) capocchia *f* ③ (*Salat-*) cespo *m* ④ (*Brief-, Zeitungs-*) titolo *m* ⑤ ↑ *Leiter, führende Person* testa *f* ⑥ *FIG* ↑ *Verstand* ◊ **sich über jd-n/etw den - zerbrechen** rompersi la testa su qu/qc; ◊ **nicht ganz richtig im - sein** non avere la testa a posto ⑦ ↑ *Sinn* ◊ **sich etw durch den - gehen lassen** pensare a qc; ◊ **es geht mir nicht aus dem -** non mi va via dalla testa; ◊ **sich etw in den - setzen** mettersi qc in testa; ◊ **jd-m den - verdrehen** far girare la testa a qu; **Kopfbedeckung** *f* copricapo *m;* **köpfen** *vt* ① decapitare ② SPORT tirare di testa; **Kopfhörer** *m* cuffia *f;* **Kopfkissen** *n* cuscino (poggiatesta) *m;* **Kopfkissenbezug** *m* federa *f* del cuscino; **kopflos** *adj* FIG sventato; **kopfrechnen** *vi* (*nur Infinitiv*) calcolare mentalmente; **Kopfsalat** *m* lattuga *f* cappuccia; **Kopfschmerzen** *m pl* mal *m* di testa; **Kopfsprung** *m* SPORT tuffo *m;* **Kopfstand** *m* verticale *f;* **kopfstehen** *unreg vi* ① SPORT fare la verticale sul capo ② (*FAM umgekehrt sein*) essere capovolto ③ (*FIG verwirrt sein*) essere sottosopra; **Kopftuch** *n* fazzoletto *m* da testa, foulard *m;* **Kopfzerbrechen** *n* ⟨-s⟩ FIG ① (*Nachdenken*) rompicapo *m* ② ↑ *Sorgen* preoccupazione *f*

Kopie *f* ① ↑ *Abschrift* copia *f* ② ↑ *Foto-* copia *f* ③ ↑ *Imitation* copia *f;* **kopieren** *vt* ① copiare ② (*foto-*) copiare ③ ↑ *imitieren* copiare ④ ↑ *nachbilden* → *Kunstwerk* copiare; **Kopiergerät** *n* fotocopiatrice *f*

Kopilot(in *f*) *m* copilota *m/f*

Koppel *f* ⟨-, -n⟩ (*Pferde-*) tiro *m;* **koppeln** *vt* ① → *Hunde* legare al guinzaglio ② ↑ *verbinden* abbinare ③ → *Fahrzeuge* agganciare; ◊ **etw an etw** *akk* **-** agganciare qc a qc; **Koppelung** *f* agganciamento *m*

Koralle *f* ⟨-, -n⟩ FAUNA corallo *m*

Koran *m* Corano *m*

Korb *m* ⟨-[e]s, Körbe⟩ ① (*Einkaufs-*) cesto *m;* FIG ◊ **jd-m e-n - geben** dire di no a qu ② (*-geflecht*) vimini *m/pl* ③ SPORT cesto *m* ④ (*Bienen-*) arnia *f*

Kordel *f* ⟨-, -n⟩ cordoncino *m*

korinthisch *adj* ARCHIT corinzio

Kork *m* ⟨-[e]s, -e⟩ FLORA sughero *m;* **Korken** *m* ⟨-s, -⟩ (*Flaschen-, Sekt-*) tappo *m* [di sughero]; **Korkenzieher** *m* ⟨-s, -⟩ cavatappi *m;* **Korkschwimmer** *m* galleggiante *m* di sughero

Korn [1] *n* ⟨-[e]s, Körner⟩ ① (*Samen-*) chicco *m;* (*Pfeffer-*) grano *m* ② ↑ *Getreide* cereali *m/pl*

Korn [2] *n* ⟨-[e]s⟩ (*von Gewehr*) mirino *m;* FIG ◊ **jd-n aufs - nehmen** tenere d'occhio qu

Korn [3] *m* ⟨-[e]s, -⟩ (*Schnaps*) acquavite *f*

Kornblume *f* FLORA fiordaliso *m*

körnerfressend *adj* granivoro

Kornernte *f* raccolto *m* del grano

Kornett *n* cornetta *f*

körnig *adj* a grani

Körper *m* ⟨-s, -⟩ ① (*von Mensch, Tier*) corpo *m* ② ↑ *Teil* (*Schiffs-*) parte *f* centrale ③ MATH solido *m;* **Körperbau** *m* corporatura *f;* **körperbehindert** *adj* minorato (fisicamente); **Körpergröße** *f* taglia *f;* **körperlich** *adj* fisico, corporeo; **Körperschaft** *f* (*gesetzgebende -*) corporazione *f;* **Körperschaftsteuer** *f* imposta *f* sul reddito delle società; **Körperteil** *m* parte *f* del corpo

korpulent *adj* ▷*Person* corpulento

korrekt *adj* ① ↑ *richtig* corretto ② ↑ *den Regeln entsprechend* corretto; **Korrektheit** *f* correttezza *f*; **Korrektor(in** *f*) *m* (*im Verlag*) correttore(-trice *f*) di bozze *m*; **Korrektur** *f* ① (*von Fehlern*) correzione *f* ② TYP revisione *f* delle bozze; **Korrekturbogen** *m* foglio *m* di bozze

Korrespondent(in *f*) *m* (*von Zeitung*) corrispondente *m/f*; (*Auslands-*) corrisipondente *m/f*; **Korrespondenz** *f* corrispondenza *f*

Korridor *m* ‹-s, -e› ① corridoio *m* ② GEO striscia *f*

korrigieren *vt* ① → *Fehler, Aussprache* correggere ② → *Meinung, Urteil* rivedere

Korrosion *f* corrosione *f*

Korruption *f* ↑ *Bestechung* corruzione *f*; ↑ *Bestechlichkeit* corruzione *f*

Kosename *m* vezzeggiativo *m*

Kosmetik *f* ① cosmesi *f*, cosmetica *f* ② (*chirurgische -*) chirurgia *f* plastica; **Kosmetiker(in** *f*) *m* ‹-s, -› cosmetista *m/f*; **Kosmetiksalon** *m* istituto *m* di bellezza; **kosmetisch** *adj* ① cosmetico ② ▷*Chirurgie* plastico

kosmisch *adj* cosmico; **Kosmonaut(in** *f*) *m* ‹-en, -en› cosmonauta *m/f*; **Kosmopolit(in** *f*) *m* ‹-en, -en› cosmopolita *m/f*; **Kosmos** *m* ‹-› cosmo *m*

Kost *f* ‹-› ① alimentazione *f* ② ◇ **- u. Logis** vitto e alloggio ③ *FIG* ◇ **leichte/schwere - sein** essere facile/difficile da capire

kostbar *adj* ▷*Schmuck, Teppich etc.* prezioso; **Kostbarkeit** *f* ① preziosità *f* ② ↑ *kostbares Stück* cosa *a* preziosa

kosten ¹ I. *vt* ① (*versuchen*) assaggiare ② (*FIG erleben*) provare II. *vi* assaggiare (*von dat* qc)

kosten ² *vi* ① (*Preis haben*) costare ② *FIG* ◇ **jd-n Zeit -** costare tempo a qu

Kosten *pl* ① ↑ *Ausgaben* costi *m/pl* ② (*Gebühren*) spese *f/pl* ③ *FIG* ◇ **auf jd-s - lachen** ridere alle spalle di qu; **kostenlos** *adj* gratuito; **Kostenvoranschlag** *m* preventivo *m* delle spese

köstlich *adj* ① ▷*Essen, Wein* squisito ② *FAM* ↑ *lustig, erheiternd* spiritoso ③ ↑ *sehr* molto; ◇ **sich - amüsieren** divertirsi un mondo; **Kostprobe** *f* ① (*von Speise*) assaggio *m* ② (*von Können*) saggio *m*

kostspielig *adj* caro

Kostüm *n* ‹-s, -e› ① ↑ *Tracht* costume *m* ② (*Damen-*) tailleur *m* ③ ↑ *Verkleidung* (*Faschings-*) costume *m*; THEAT costume *m*; **Kostümball** *m* ballo *m* in costume

Kot *m* ‹-[e]s› feci *m/pl*

Kotelett *n* ‹-[e]s, -e *o.* -s› (*Schweine-*) cotoletta *f*

Koteletten *pl* basette *f/pl*

Köter *m* ‹-s, -› *PEJ* cagnaccio *m*

Kotflügel *m* AUTO parafango *m*

kotzen *vi FAM!* vomitare

Krabbe *f* ‹-, -n› FAUNA granchio *m*

krabbeln *vi* ① ← *Spinnen, Käfer etc.* strisciare ② ← *Kinder* camminare carponi

Krach *m* ‹-[e]s, -s *o.* -e› ① ↑ *Lärm* rumore *m* ② ↑ *Schlag* schianto *m* ③ *FAM* ↑ *Streit* litigio *m* ④ (*FIG Börsen-*) crollo *m*; **krachen** *vi* ① ← *Schuß* esplodere ② *FAM* ↑ *durchbrechen* ← *Stuhl, Brett etc.* spaccarsi ③ *FAM* ↑ *stoßen* sbattere (*gegen akk* contro/addosso)

krächzen *vi* ← *Rabe, heisere Person* gracchiare; ← *Lautsprecher* gracchiare

kraft *präp gen* in forza di

Kraft *f* ‹-, Kräfte› ① ▷*körperlich* forza *f* ② ▷*geistig* forza *f* ③ ▷*wirtschaftlich* forza *f* ④ (*Heil-, Überzeugungs-*) potere *m* ⑤ (*Arbeits-*) lavoratore(-trice *f*) *m* ⑥ ◇ **in - treten** ← *Gesetz* entrare in vigore; ◇ **in/außer - sein** essere decaduto ⑦ PHYS forza *f*; **Kraftbrühe** *f* brodo *m* ristretto; **Kraftfahrer(in** *f*) *m* autista *m/f*; **Kraftfahrzeug** *n* automezzo *m*; **Kraftfahrzeugbrief** *m* libretto *m* di circolazione; **Kraftfahrzeugmechaniker** *m* meccanico *m*; **Kraftfahrzeugsteuer** *f* tassa *f* di circolazione; **Kraftfahrzeugversicherung** *f* assicurazione *f* per automobili

kräftig I. *adj* ① ▷*Person, Wuchs* forte ② ▷*Stimme* forte ③ ▷*Mahlzeit* sostanzioso II. *adv* con forza; **kraftlos** *adj* ① senza forza ② JURA ↑ *ungültig* invalidato; **Kraftprobe** *f* prova *f* di forza; **Kraftrad** *n* motocicletta *f*

kraftvoll *adj* forte; **Kraftwagen** *m* autoveicolo *m*; **Kraftwerk** *n* centrale *f* elettrica

Kragen *m* ‹-s, -› ① (*von Hemd*) colletto *m*; (*von Mantel*) bavero *m*; **Kragenweite** *f* misura *f* del collo

Krähe *f* ‹-, -n› cornacchia *f*; **krähen** *vi* ← *Hahn* cantare

Kralle *f* ‹-, -n› (*Vogel-*) artiglio *m*; (*Katzen-, Bären-*) artiglio *m*; *FAM* ◇ **jd-m die -n zeigen** mostrare i denti a qu

Kram *m* ‹-[e]s› ① *PEJ* quattro *m/pl* stracci ② *FAM* ↑ *Umstände* storie *f/pl*; ◇ **mach' nicht so viel - !** non fare tante storie !; **kramen** *vi* frugare

Krampf *m* ‹ [e]s, Krämpfe› ① (*Muskel-*) crampo *m*; (*Magen-*) crampo *m* ② *FAM* ↑ *Quatsch, Unsinn* schifezza *f*; ◇ **so ein - !** che schifezza !;

Krampfader f varice f; **krampfhaft** adj ▷Zuckungen spasmodico

Kran m ⟨-[e]s, Kräne⟩ gru f; **Kranführer(in** f) m gruista m/f

Kranich m ⟨-s, -e⟩ FAUNA gru f

krank ⟨kränker, am kränksten⟩ ① ▷Mensch, Tier malato; (geistes-) malato; ◇ **sich - melden** darsi malato ② FIG ▷Firma in crisi; **Kranke(r)** fm malato/a; **kränkeln** vi essere malaticcio

kränken vt offendere

Krankengeld n indennità f di malattia; **Krankengymnast(in** f) m fisioterapista m/f; **Krankenhaus** n ospedale m; **Krankenkasse** f ▷gesetzliche, private mutua f; **Krankenpfleger(in** f) m infermiere/a; **Krankenschein** m buono m per una cura medica; **Krankenschwester** f infermiera f; **Krankenversicherung** f assicurazione f sulla salute; **Krankenwagen** m ambulanza f; **krankfeiern** vi FAM prendere un giorno di malattia senza essere malato; **krankhaft** adj ① patologico ② ↑ übertrieben, pathologisch ▷Sucht, Trieb, Angst morboso; **Krankheit** f malattia f; ◇ **an e-r - leiden** soffrire di una malattia; **Krankheitserreger** m agente m patogeno; **kränklich** adj ▷Aussehen malaticcio

Kränkung f offesa f

Kranz m ⟨-es, Kränze⟩ ① (Blumen-) ghirlanda f ② FIG ↑ Kreis corona f, cerchio m; **Kranzgesims** n cornicione m

kraß adj ▷Unterschied grande, forte; ◇ **ein - Fall** un caso estremo

Krater m ⟨-s, -⟩ cratere m

kratzen I. vt ① (mit spitzem Gegenstand) graffiare ② ↑ reiben grattare; ◇ **sich** akk **am Kopf -** grattarsi la testa ③ FAM ▷ **das kratzt mich nicht** ↑ egal sein non mi disturba II. vi ① ← Katze graffiare ② ↑ reizen (im Hals) raschiare ③ (gegen Jucken) grattare; **Kratzer** m ⟨-s, -⟩ (auf Haut) graffio m; (auf Lack) graffio m

kraulen I. vi ↑ schwimmen nuotare a crawl II. vt ↑ streicheln → Hund accarezzare

kraus adj ① ▷Haar crespo ② ▷Stoff spiegazzato ③ ↑ wirr, sonderbar bizzarro; **Krause** f ⟨-, -n⟩ ① ↑ Locken permanente f ② (Hals-) colletto m; **kräuseln** I. vt ① → Haar arricciare ② → Rock increspare ③ FIG ◇ **die Lippen** - arricciare le labbra II. vr ◇ **sich** - ① ← Haare arricciarsi ② ← Wasser incresparsi ③ ← Stoff incresparsi

Kraut n ⟨-[e]s, Kräuter⟩ ① (Heil-) erba f; (Würz-) erba f ② (Weiß-, Rot-) cavolo m ③ (Blätter) foglie f/pl; FAM ◇ **wie - u. Rüben** sottosopra

Krawall m ⟨-s, -e⟩ ① (Aufruhr) disordine m ② ↑ Lärm chiasso m; ◇ - **machen** fare chiasso

Krawatte f cravatta f; **Krawattennadel** f fermacravatta m

kreativ adj creativo; **Kreativität** f creatività f

Kreatur f ① ↑ Geschöpf creatura f ② PEJ furfante m

Krebs m ⟨-es, -e⟩ ① FAUNA gambero m ② MED cancro m ③ ASTROL Cancro m; **krebserregend** adj cancerogeno; **Krebstier** n crostaceo m

Kredit m ⟨-[e]s, -e⟩ credito m; ◇ **e-n ~ aufnehmen** accendere un credito; **Kreditanstalt** f istituto m di credito; **Kreditgeschäft** n operazione f a credito; **Kreditkarte** f carta f di credito

Kreide f ⟨-, -n⟩ ① ↑ Kalkstein creta f ② (Schreib-) gesso m ③ GEO periodo m cretaceo; **kreidebleich** adj bianco come un lenzuolo

Kreis m ⟨-es, -e⟩ ① cerchio m ② (Personen-, Freundes-) cerchia f ③ ↑ Bezirk distretto m; **Kreisbahn** f orbita f circolare; **Kreisbewegung** f movimento m circolare; **Kreisbogen** m arco m

kreischen vi ← Vogel stridere; ← Mensch strillare

Kreisel m trottola f

kreisen vi ① ← Adler, Flugzeug girare ② ← Becher, Flasche fare il giro ③ FIG ← Gespräch girare (um akk intorno a); **kreisförmig** adj circolare

Kreislauf m ① MED ↑ Blut- circolazione f ② FIG ↑ Zyklus ciclo m; **Kreislaufstörung** f disturbo m circolatorio

Kreisstadt f capoluogo m distrettuale; **Kreisverkehr** m circolazione f rotatoria

Kreißsaal m sala f parto

Krematorium n crematorio m

Kreml m ⟨-s⟩ Cremlino m

Krempe f ⟨-, -n⟩ falda f tesa

krepieren vi ① FAM! ↑ sterben crepare ② ↑ platzen ← Granate esplodere

Krepp m crêpe m

Kresse f ⟨-, -n⟩ FLORA crescione m

Kreuz n ⟨-es, -e⟩ ① croce m ② (Autobahn-) incrocio m ③ REL croce f ④ MUS diesis m ⑤ ANAT regione m sacrale ⑥ FIG ↑ Leid, Mühe croce f; **kreuzen** I. vt ① → Arme, Beine incrociare ② → Straße incrociare ③ ↑ paaren → Tiere incrociare II. vi ← Schiff incrociare III. vr ◇ **sich** - ① → Linie, Straße incrociarsi ② ← die Blicke incrociarsi ③ ← Ansichten, Pläne essere in contrasto; **Kreuzer** m ⟨-s, -⟩ NAUT incrociatore m; **Kreuzfahrt** f crociera f; **Kreuzgang** m chiostro m

kreuzigen vt crocifiggere; **Kreuzigung** f REL crocifissione f

Kreuzotter f FAUNA marasso m
Kreuzung f ① (Verkehrs-) incrocio m ② BIO incrocio m ③ FLORA incrocio m
Kreuzverhör n JURA interrogatorio m in contraddittorio; **Kreuzworträtsel** n parole f/pl crociate; **Kreuzzug** m crociata f
kriechen ⟨kroch, gekrochen⟩ vi ① ← Schlange, Eidechse strisciare ② FAM ↑ sich anbiedern strisciare; **Kriecher(in** f) m ⟨-s, -⟩ PEJ leccapiedi m/f; **Kriechspur** f ① strisciata f ② (auf Autobahn) corsia f per veicoli lenti; **Kriechtier** n rettile m
Krieg m ⟨-[e]s, -e⟩ guerra f; ◇ jd-m den ~ erklären dichiarare guerra a qu
kriegen vt FAM ① ↑ bekommen → Geschenk ricevere; → Frau trovare ② ↑ ergreifen prendere, agguantare ③ ↑ haben ◇ wir werden Schnee ~ avremo la neve
kriegerisch adj guerresco; **Kriegsausbruch** m scoppio m della guerra; **Kriegsentschädigung** f indennità f di guerra; **Kriegserklärung** f dichiarazione f di guerra; **Kriegsdienstverweigerer** m ⟨-s, -⟩ renitente m alla leva; **Kriegsfuß** m: ◇ mit jd-m auf ~ stehen essere sul piede di guerra con qu; **Kriegsgefangene(r)** fm prigioniero/a di guerra; **Kriegsgefangenschaft** f prigionia f di guerra; **Kriegsgericht** n tribunale m di guerra; **Kriegshafen** m porto m militare; **Kriegsschauplatz** m teatro m di guerra; **Kriegsschiff** n nave m da guerra; **Kriegsschuld** f debiti m/pl di guerra; **Kriegsverbrechen** n crimine m di guerra; **Kriegsverbrecher(in** f) m criminale m/f di guerra; **Kriegsversehrte(r)** fm mutilato m di guerra; **Kriegszustand** m stato m di guerra
Krimi m ⟨-s, -s⟩ FAM giallo m
Kriminalbeamte(r) m, **Kriminalbeamtin** f funzionario/a di polizia giudiziaria; **Kriminalität** f criminalità f; **Kriminalpolizei** f polizia f giudiziaria; **Kriminalroman** m romanzo m poliziesco; **kriminell** adj ① ▷Tat criminale ② FAM ↑ unverschämt criminale; ◇ ~ teuer caro da matti; **Kriminelle(r)** fm criminale m/f
Krimskrams m ⟨-⟩ FAM cianfrusaglie f/pl
Kripo f ⟨-⟩ FAM polizia f criminale
Krippe f ⟨-, -n⟩ ① ↑ Futtertrog mangiatoia f ② (Kinder-) asilo-nido m ③ (Weihnachts-) presepio m
Krise f ⟨-, -n⟩ ① (Wirtschafts-, Ehe-) crisi f ② ↑ Höhepunkt, Wendepunkt crisi f; ◇ e-e ~ überstehen superare una crisi; **kriseln** vi impers: ◇ es kriselt c'è crisi
Kristall I. m ⟨-s, -e⟩ (Salz-) cristallo m; (Eis-) cristallo m II. n ⟨-s⟩ cristallo m

Kriterium n ① ↑ Merkmal contrassegno m ② ↑ Prüfstein criterio m
Kritik f ① ↑ Beanstandung critica f ② (Beurteilung, Besprechung) critica f, recensione f; ◇ unter aller ~ sein essere molto scadente ③ critica f; **Kritiker(in** f) m ⟨-s, -⟩ ① (Tadler) criticone/a ② (Theater-, Musik-) critico/a; **kritiklos** adj acritico; **kritisch** adj ① critico ② ▷Situation critico ③ ▷Augenblick critico; **kritisieren** vt ① ↑ beurteilen, werten recensire ② ↑ tadeln criticare
Krokodil n ⟨-s, -e⟩ coccodrillo m
Krokus m ⟨-, o. -se⟩ FLORA croco m
Krone f ⟨-, -n⟩ ① (Königs-) corona f ② (Baum-) chioma f; **krönen** vt ① incoronare; ◇ zum Kaiser - incoronare imperatore ② ↑ beenden coronare; **Kronleuchter** m lampadario m a corona; **Kronprinz** m, **-prinzessin** f principe (-essa f) ereditario/a f m; **Krönung** f ① (von König etc.) incoronazione f ② FIG ↑ Höhepunkt, das Beste coronamento m
Kropf m ⟨-[e]s, Kröpfe⟩ (von Mensch) gozzo m; (bei Truthahn, Taube) gozzo m
Kröte f ⟨-, -n⟩ ① FAUNA rospo m ② FAM ◇ -n soldi m/pl ③ (FAM boshafte Frau) donna f maligna
Krücke f ⟨-, -n⟩ stampella f
Krug m ⟨-[e]s, Krüge⟩ ① (Milch-) brocca f ② (Bier-, Maß-) boccale m
Krume f briciola f; **Krümel** m ⟨-s, -⟩ (Brot-) briciola f
krumm adj ① ↑ gebogen ▷Beine, Linie storto ② (FIG unrechtmäßig) ◇ -e Geschäfte affari loschi; **krümmen** vt → Rücken piegare, curvare; **krummlachen** vr ◇ sich - FAM torcersi dalle risa; **krummnehmen** unreg vt (FAM übelnehmen): ◇ jd-m etw - prendere in mala parte qc a qu; **Krümmung** f (von Linie) curvatura f; (von Rücken) curvatura f; (von Straße) curva f
Kruppe f groppa f
Krüppel m ⟨-s, -⟩ ▷körperlich storpio/a
Kruste f ⟨-, -⟩ (Brot-) crosta f; (Erd-) crosta f
Kruzifix n ⟨-es, -e⟩ crocifisso m
Krypta f cripta f
Kübel m ⟨-s, -⟩ secchio m
Kubikmeter m metro m cubico
Kubus m MATH cubo m
Küche f ⟨-, -n⟩ ① (Raum, Einrichtung) cucina f ② (Kochkunst) cucina f
Kuchen m ⟨-s, -⟩ torta f; **Kuchenblech** n tortiera f da forno; **Kuchenform** f tortiera f
Küchengerät n utensile m da cucina; **Küchenherd** m cucina f; **Küchenmaschine** f frullatore m; **Küchenschrank** m credenza f di cucina

Kuckuck m ⟨-s, -e⟩ cuculo m; **Kuckucksuhr** f orologio m a cucù

Kufe f ⟨-, -n⟩ ↑ *Schiene* pattino m; *(von Schlitten)* lama f

Kugel f ⟨-, -n⟩ ① *(Glas-)* sfera f; *(Erd-)* globo m; *(Ball, Spielkugel)* palla f; FAM ◇ **e-e ruhige - schieben** prendersela comoda ② MIL *(Gewehr-, Kanonen-)* palla f; **kugelförmig** adj sferico; **Kugelgelenk** n ANAT articolazione f sferica; **Kugellager** n TECH cuscinetto m a sfere; **kugelrund** adj ① ▷*Gegenstand* sferico ② FAM ↑ *dick* ▷*Person* rotondo; **Kugelschreiber** m penna f a sfera; **Kugelstoßen** n ⟨-s⟩ SPORT lancio m del peso

Kuh f ⟨-, Kühe⟩ ① mucca f; *(Hirsch-)* femmina f del cervo; *(Elefanten-)* elefantessa f ② FAM ◇ **dumme - oca;** **Kuhfladen** m sterco m di vacca

kühl adj ① ▷*Wetter, Wasser* fresco ② FIG ▷*Atmosphäre, Begrüßung* freddo ③ ▷*Geschäftsmann* freddo; **Kühle** f ⟨-⟩ ① *(Temperatur)* fresco m; FIG freddezza f; **kühlen** vt rinfrescare; **Kühler** m ⟨-s, -⟩ AUTO radiatore m; **Kühlerhaube** f AUTO cofano m del motore; **Kühlraum** m cella f frigorifera; **Kühlschrank** m frigorifero m; **Kühlung** f raffreddamento m; **Kühlwasser** n AUTO acqua f di raffreddamento

Küken n ⟨-s, -⟩ ① pulcino m ② *(FAM Mädchen)* pollastrella f

kulant adj condiscendente

Kuli m ⟨-s, -s⟩ ① *(Lastträger)* facchino m; FIG ↑ *Sklave* schiavo m ② FAM ↑ *Kugelschreiber* penna f a sfera

Kulisse f ⟨-, -n⟩ ① THEAT ↑ *Bühnenbild* quinta f ② FIG ↑ *Hintergrund* retroscena f

kullern vi ← *Kugel* rotolare; ← *Tränen* scorrere

Kult m ⟨-[e]s, -e⟩ ↑ *Verehrung* culto m; **Kultfigur** f idolo m

kultivieren vt ① → *Land* lavorare ② → *Benehmen* affinare; **kultiviert** adj ① ▷*Benehmen* educato ② ↑ *gebildet* ▷*Person* istruito

Kultur f ① cultura f ② *(Gemüse-)* coltivazione f ③ *(von Bakterien)* coltura f; **Kulturattaché** m addetto m culturale; **kulturell** adj culturale; **Kulturpolitik** f politica f culturale

Kultusministerium n ministero f della cultura

Kümmel m ⟨-s, -⟩ FLORA cumino m

Kummer m ⟨-s⟩ *(Leid)* tormento m; ↑ *Sorge* preoccupazione f; ◇ **jd-m - machen** dare preoccupazioni a qu

kümmerlich adj ▷*Gehalt* misero

kümmern I. vt interessare, riguardare; ◇ **was**

kümmert's dich? che te ne importa ? II. vr ① ↑ *pflegen, versorgen* ◇ **sich um jd-n/etw -** prendersi cura di qu/qc ② ◇ **sich um etw -** occuparsi di qc

Kumpel m ⟨-s, -⟩ ① ↑ *Bergmann* minatore m ② FAM ↑ *Freund* amico m

Kumulus m cumulo m

kündbar adj redimibile

Kunde m ⟨-n, -n⟩ cliente m; **Kundendienst** m servizio m clienti

kundgeben unreg vt ① ↑ *bekanntmachen* annunciare ② → *Gefühle* rivelare; **Kundgebung** f manifestazione f

kündigen I. vi ① ↑ *entlassen* licenziare *(jd-m* qu) ② ↑ *die Stelle verlassen* dare le dimissioni II. vt ① → *Arbeit* lasciare ② → *Wohnung* disdire; → *Abonnement* disdire; → *Vertrag* sciogliere; FIG → *Freundschaft* rifiutare; **Kündigung** f *(von Stelle)* licenziamento m; *(von Wohnung)* disdetta f; **Kündigungsfrist** f preavviso m di licenziamento

Kundin f cliente f

Kundschaft f clientela f

künftig I. adj futuro II. adv in avvenire

Kunst f ⟨-, Künste⟩ ① arte f ② ↑ *Geschick, Können* capacità f; **Kunstakademie** f accademia f dell'arte; **Kunstausstellung** f esposizione f d'arte; **Kunstfaser** f fibra f sintetica; **Kunstfliegen** n acrobazia f aerea; **Kunstgeschichte** f storia f dell'arte; **Kunstgewerbe** n artigianato m artistico; **Kunstharz** n resina f sintetica; **Kunstherz** n cuore m artificiale; **Kunstlauf** m pattinaggio m artistico

Künstler(in f) m ⟨-s, -⟩ artista m/f; **künstlerisch** adj ▷*Tätigkeit* artistico

künstlich adj ① ▷*See, Gebiß, Licht* artificiale ② ▷*Befruchtung, Ernährung* artificiale ③ FIG ▷*Lächeln* finto

Kunstmaler(in f) m pittore(-trice f) m; **Kunstsammler(in** f) m collezionista m/f di oggetti d'arte; **Kunstseide** f seta f artificiale; **Kunststoff** m materia f sintetica; **Kunststück** n *(Zauber-)* gioco m di prestigio; ◇ **das ist kein -!** bella forza !; **Kunstturnen** n SPORT ginnastica f artistica; **kunstvoll** adj artistico; **Kunstwerk** n opera f d'arte

kunterbunt adj ↑ *sehr bunt* vario; ↖ FIG ↑ *durcheinander* confuso

Kupfer n ⟨-s, -⟩ rame m; **Kupferstich** m incisione f su rame

Kuppe f ⟨-, -n⟩ ① *(Berg-)* cima f ② *(Finger-)* punta f

Kuppel f ⟨-, -n⟩ *(Kirchen-)* cupola f

kuppeln I. vi AUTO innestare la frizione II. vt

↑ *verkuppeln* accoppiare; **Kupplung** *f* AUTO frizione *f*

Kur *f* ⟨-, -en⟩ **1** (*Fasten- etc.*) terapia *f*, cura *f* **2** (*-aufenthalt*) cura *f*

Kür *f* ⟨-, -en⟩ SPORT esercizio *m* libero

Kuranstalt *f* stabilimento *m* termale

Kurbel *f* ⟨-, -n⟩ manovella *f*; **Kurbelwelle** *f* albero *m* a gomiti

Kürbis *m* ⟨-ses, -se⟩ FLORA zucca *f*

Kurgast *m* ospite *m*/*f* di un istituto di cura; **Kurhaus** *n* istituto *m* di cura

Kurie *f* curia *f*

Kurier *m* ⟨-s, -e⟩ corriere *m*

kurieren *vt* **1** ↑ *heilen* guarire; ◇ jd-n von etw - guarire qu da qc **2** FAM ◇ davon bin ich kuriert ne ho abbastanza

kurios *adj* strano; **Kuriosität** *f* **1** (*Spaßiges*) curiosità *f* **2** (*sonderbarer Gegenstand*) curiosità *f*

Kurort *m* luogo *m* di cura; **Kurpfuscher(in** *f*) *m* medicastro/a, ciarlatano/a

Kurs *m* ⟨-es, -e⟩ **1** ↑ *Richtung* direzione *f* **2** ↑ *Tendenz* tendenza *f* **3** ↑ *Unterricht* (*Sprach-*) corso *m* **4** FIN ↑ *Börsenpreis* quotazione *f*; **Kursbuch** *n* orario *m* ferroviario

kursieren *vi* ← *Geld, Gerücht* essere in circolazione

Kursivschrift *f* corsivo *m*

Kursrückgang *m* COMM flessione *f*; **Kurssteigerung** *m* rialzo *m* dei corsi; **Kurswagen** *m* BAHN carrozza *f* diretta

Kurtaxe *f* tassa *f* di soggiorno

Kurve *f* ⟨-, -n⟩ **1** (*Krümmung*) curvatura *f* **2** (*Straßen-*) curva *f* **3** MATH curva *f*; **kurven** *vi* curvare; **kurvenreich, kurvig** *adj* ▷*Straße* pieno di curve

kurz ⟨kürzer, am kürzesten⟩ **1** (*räumlich*) ▷*Strecke, Haare etc.* corto; (*zeitlich*) ▷*Moment, Urlaub, Pause* breve; ◇ seit -em da poco **2** ◇ - angebunden sein essere di poche parole; ◇ - entschlossen senza esitare; **Kurzarbeit** *f* lavoro *m* a orario ridotto; **kurzärm[e]lig** *adj* ▷*Hemd* a manica corta; **Kürze** *f* ⟨-, -n⟩ (*von Strecke*) brevità *f*; (*zeitlich*) brevità *f*; (*von Ausdruck, Antwort etc.*) concisione *f*; **kürzen** *vt* **1** → *Rock, Hose* accorciare; → *Buch, Film* accorciare **2** → *Gehalt* diminuire; **kurzfristig** *adj* a breve termine; **kurzlebig** *adj* dalla vita breve; **kürzlich** *adv* recentemente; **Kurzparkzone** *f* zona *f* disco; **Kurzschluß** *m* ELECTR corto *m* circuito; **Kurzschrift** *f* stenografia *f*; **kurzsichtig** *adj* **1** miope **2** FIG ▷ *Planung* miope; **Kurzsichtigkeit** *f* miopia *f*; **Kurzstreckenlauf** *m* corsa *f* di velocità; **Kurzstreckenrakete** *f* missi-

le *m* a corta portata; **Kurzwarenhändler(in** *f*) *m* merciaio/a; **Kurzwarenladen** *m* merceria *f*; **Kurzwelle** *f* onda *f* corta

kuscheln *vr* ◇ sich - **1** stringersi (*an akk* a) **2** (*in Decke*) avvolgersi

Kusine *f* cugina *f*

Kuß *m* ⟨-sses, Küsse⟩ bacio *m*; **küssen** *vt* baciare

Küste *f* ⟨-, -n⟩ ↑ *Meeresufer* costa *f*, riviera *f*; **Küstenfischerei** *f* pesca *f* costiera; **Küstenland** *n* litorale *m*; **Küstenstrich** *m* fascia *f* costiera

Küster *m* ⟨-s, -⟩ sagrestano *m*

Kutsche *f* ⟨-, -n⟩ **1** (*Hochzeits-*) carrozza *f* **2** PEJ ↑ *Auto* trabiccolo *m*

Kutte *f* ⟨-, -n⟩ (*Mönchs-*) tonaca *f*

Kutter *m* cutter *m*

Kuvert *n* ⟨-s, -s⟩ (*Brief-*) busta *f* per lettere

Kybernetik *f* cibernetica *f*

KZ *n* ⟨-s, -s⟩ *Abk v.* Konzentrationslager campo *m* di concentramento

L

L, l *n* L, l *f*

Label *n* ⟨-s, -⟩ (*Etikett*) etichetta *f*

labern *vi* (*Oberflächliches reden*) chiacchierare

labil *adj* **1** ▷*Charakter* labile **2** ▷*Gesundheit* malfermo

Labor *n* ⟨-s, -e⟩ (*Chemie-, Foto-*) laboratorio *m*; **Laborant(in** *f*) *m* assistente *m*/*f* di laboratorio; **Laboratorium** *n* laboratorio *m*

laborieren *vi*: ◇ an e-r Krankheit - soffrire di una malattia

Labyrinth *n* ⟨-[e]s, -e⟩ labirinto *m*

Lache ¹ *f* ⟨-, -n⟩ (*Pfütze, Wasser-*) pozzanghera *f*

Lache ² *f* ⟨-⟩ FAM ↑ *Gelächter* risata *f*; **lächeln** *vi* sorridere (*dat* a); **Lächeln** *n* ⟨-s⟩ sorriso *m*; **lachen** *vi* ridere; ◇ das wäre ja gelacht ! sarebbe davvero bella !; **lächerlich** *adj* **1** ◇ sich - machen rendersi ridicolo **2** ↑ *unsinnig* sciocco **3** ▷*Gehalt* ridicolo; **Lachgas** *n* gas *m* esilarante; **lachhaft** *adj* (FAM *lächerlich*) ridicolo

Lachs *m* ⟨-es, -e⟩ salmone *m*

Lack *m* ⟨-[e]s, -e⟩ vernice *f*; (*von Auto, Möbel*) vernice *f*; (*Nagel-*) smalto *m*; **Lackfarbe** *f* vernice *f*; **lackieren** *vt* → *Auto, Holz* verniciare; (*Nägel*) dare lo smalto a; **Lackleder** *n* ⟨-s⟩ pelle *f* laccata; **Lackschuh** *m* scarpa *f* laccata

Ladegerät *n* caricatore *m* della batteria

laden ¹ ⟨lud, geladen⟩ vt → *Gepäck* caricare;
→ *Waffe, Batterie* caricare; (*FAM betrunken sein*)
◇ **schwer ge-** **haben** essere ubriaco fradicio
laden ² ⟨lud, geladen⟩ vt JURA: ◇ **jd-n vor
Gericht** - citare qu in giudizio
Laden m ⟨-s, Läden⟩ ↑ *Geschäft* negozio m; **La-
denbesitzer(in** f) m ↑ *Geschäftsinhaber* pro-
prietario/a di un negozio; **Ladendieb(in** f) m
ladro/a di negozi; **Ladendiebstahl** m taccheg-
gio m; **Ladenhüter** m ⟨-s, -⟩ (*schwer verkäuf-
liche Ware*) merce f invenduta; **Ladenpreis** m
prezzo m di vendita; **Ladenschluß** m chiusura f
dei negozi; **Ladentisch** m banco m di vendita
Laderampe f ↑ *Ladebühne* piano m caricatore
lädieren vt ↑ *beschädigen* danneggiare; **Lädie-
rung** f ⟨-, -en⟩ danneggiamento m
Ladung ¹ f ⟨-, en⟩ ① (*Wagen-*) carico m ② (*elektrische -*) carica f
Ladung ² f ⟨-, -en⟩ (JURA *Vorladung*) citazione
f
lag impf von **liegen**
Lage f ① (*räuml. Verhältnisse*) posizione f ② (*e-s
Patienten*) condizione; (*allgemeine -*) situazione generale; ◇ **Not-** situazione di emergenza f ③
MUS registro m; **Lagebericht** m rapporto m
sulla situazione; **lagenweise** adv a strati
Lager n ⟨-s, -⟩ ① (*Flüchtlings-*) campo m; (*Zelt-*)
campo m ② ↑ *Vorratsraum* magazzino m ③
TECH ◇ **Kugel-** cuscinetto m a sfere; **Lagerbe-
stand** m scorte f/pl di magazzino; **Lagerfeuer**
n bivacco m; **Lagerhaus** n magazzino m; **lagern I.** vt ① (*Dinge aufbewahren*) depositare ②
→ *Menschen* mettere a giacere; ◇ **den Verletzten seitlich -** mettere il ferito a giacere lateralmente **II.** vi ① essere accampato ② ↑ *schlafen* dormire; **Lagerplatz** m (*geeigneter Platz zum Zelten*)
posto m da campeggio; **Lagerstätte** f giaciglio
m; **Lagerung** f magazzinaggio m
Lagune f ⟨-, -n⟩ laguna f
lahm adj ① paralitico; ↑ *hinkend* zoppo ② (*FAM
langweilig*) ◇ **e-e -e Diskussion** una discussione
stentata; **lahmen** vi essere zoppo
lähmen vt paralizzare; FIG ◇ **vor Angst wie
gelähmt sein** essere paralizzato dalla paura
lahmlegen vt paralizzare
Lähmung f paralisi f; ◇ **halbseitige -** emiplegia
f
Laib m ⟨-s, -e⟩: ◇ **ein - Brot** una pagnotta f; ◇ **ein
- Käse** una forma di formaggio
Laich m ⟨-[e]s, -e⟩ uova f/pl di pesci; **laichen** vi
deporre le uova
Laie m ⟨-n, -n⟩ profano m; **laienhaft** adj da
dilettante; **Laientheater** n teatro m di dilettan-
ti

Lakai m ⟨-en, -en⟩ lacchè m
Laken n ⟨-s, -⟩ lenzuolo m
Lakritze f ⟨-, -n⟩ liquirizia f
lallen vt, vi ← *Baby* balbettare
Lama ¹ n ⟨-s, -s⟩ FAUNA lama m
Lama ² m ⟨-s, -s⟩ (*tibetischer Mönch*) lama m
Lamelle f lamella f
lamentieren vi ↑ *wehklagen* lamentarsi (*über
akk* di)
Lametta f ⟨-s⟩ fili m/pl d'argento
Lamm n ⟨-[e]s, Lämmer⟩ agnello m; **Lammfell**
n pelliccia f d'agnello; **lammfromm** adj docile
come un agnello; **Lammwolle** f lana f d'agnello
Lampe f ⟨-, -n⟩ lampada f; **Lampenfieber** n
↑ *Nervosität* febbre f della ribalta; **Lampenschirm** m paralume m; **Lampion** m ⟨-s, -s⟩
lampioncino [di carta colorata] m
lancieren vt (*Information*) diffondere; (*FIG
Produkte*) lanciare
Land n ⟨-[e]s, Länder⟩ ① (*Nation, nicht Stadt*)
paese m ② (*Bundes-*) stato m regionale, Land m
③ (*bestimmtes Gebiet*) terreno m; ◇ **auf dem -
[e]** in campagna ④ FIG ◇ **ein Mädchen vom -**
una ragazza ingenua; **Landarbeiter(in** f) m
lavoratore m agricolo, lavoratrice f agricola;
Landbesitz m proprietà f terriera; **Landbesit-
zer(in** f) m proprietario m terriero, proprietaria f
terriera; **Landbevölkerung** f popolazione f rurale
Landebahn f AERO pista f d'atterraggio
landeinwärts adv verso l'interno
landen vt, vi ① ← *Schiff* approdare; ← *Flugzeug*
atterrare ② ↑ *enden* andare a finire
Landenge f istmo m
Landeplatz m campo m d'atterraggio
Ländereien f/pl grande proprietà f sing terriera
Länderspiel n partita f internazionale
Landesfarben pl colori m/pl nazionali; **Lan-
desinnere(s)** n interno m del paese; **Landes-
tracht** f costume m nazionale; **landesüblich**
adj tradizionale; **Landesverrat** m alto tradimento m; **Landeswährung** f moneta f nazionale
Landgut n proprietà f terriera; **Landhaus** n casa
f di campagna; **Landkarte** f carta f geografica;
Landkreis m distretto m regionale; **landläu-
fig** adj usuale, corrente
ländlich adj rurale, di campagna
Landplage f (*Seuche, Schädlinge*) calamità f;
(*FAM Person*) ◇ **e-e - sein** essere un seccatore;
Landregen m (*langanhaltender Regen*) pioggia f continua; **Landschaft** f ⟨-, -en⟩ paesaggio
m; **landschaftlich** adj paesaggistico; **Lands-**

mann m, **Landsmännin** f connazionale m/f; **Landstraße** f strada f maestra; **Landstreicher(in** f) m ‹-s, -› girovago/a; **Landstrich** m regione f; **Landtag** m POL dieta f regionale

Landung f (von Schiff) sbarco m; (von Flugzeug) atterraggio m; **Landungsboot** n mezzo m da sbarco; **Landungsbrücke** f (Schiffsanlegeplatz) pontile m da sbarco

Landvermessung f rilevamento m topografico; **Landwirt(in** f) m ↑ Bauer agricoltore(-trice f) m; **Landwirtschaft** f agricoltura f; **landwirtschaftlich** adj agricolo; **Landzunge** f lingua f di terra

lang adj ① (räumlich) lungo; (FIG enttäuscht sein) ◊ **ein -es Gesicht machen** fare la faccia lunga ② (zeitlich) lungo; **langatmig** adj PEJ ▷Geschichte prolisso; **lange** adv ① (dauern, brauchen) a lungo ② FAM ↑ viel ◊ **nicht - fragen** non chiedere molto; **Länge** f ‹-, -n› ① lunghezza f; GEO longitudine f ② (Dauer) ◊ **etw in die - ziehen** tirare qc per le lunghe

langen ¹ vi ① ← Geld, Geduld essere sufficiente; ◊ **jetzt langt es mir** adesso mi basta ② (2) cercare di prendere (nach qc)

langen ² vi (norddeutsch) ① (geben, zureichen) porgere ② ↑ ohrfeigen ◊ **jd-m e-e** - mollare a qu un ceffone

Längengrad m grado m di longitudine; **Längenmaß** n misura f di lunghezza

Langeweile f noia f

Langfinger m FAM ↑ Taschendieb borsaiolo/a

langfristig adj ▷Verträge, Darlehen a lunga scadenza; **langjährig** adj ▷Kunde di vecchia data; ▷Erfahrungen di anni; **Langlauf** m corsa f di fondo; **Langläufer(in** f) m fondista m/f; **Langlaufski** m sci m di fondo; **langlebig** adj duratore; **langlegen** vi ◊ sich - (FAM sich ausruhen) stendersi; **länglich** adj lungo, allungato; **Langmut** f ‹-s› (Geduld) pazienza f; **langmütig** adj longanime

längs I. präp gen lungo II. adv (- gestreifter Stoff) per lungo

langsam I. adj lento II. adv (allmählich) lentamente; **Langsamkeit** f lentezza f

Langschläfer(in f) m dormiglione/a; **Langspielplatte** f long-play m

längst adv da molto tempo

langstielig adj longistilo; **Langstreckenlauf** m gara f di fondo; **Langstreckenrakete** f missile m a lunga gittata

Languste f ‹-, -n› langusta f

langweilen vt annoiare; **langweilig** adj noioso

Langwelle f MEDIA onda f lunga; **langwierig** adj ▷Krankheit lungo

---

Lanze f ‹-, -n› lancia f

lapidar adj conciso

Lapislazuli m ‹-, -› lapislazzulo m

Lappalie f ↑ Belanglosigkeit inezia f

Lappen m ‹-s, -› ① straccio m ② ANAT lobo m; **lappig** adj ① (PEJ weicher Stoff) floscio ② FAM misero

läppisch adj ↑ gering ridicolo

Lappland n Lapponia f

Lapsus m ‹-, -› (geringer Fehler) lapsus m

Lärche f ‹-, -n› larice m

Largo n ‹-, -ghi gi› MUS largo m

Lärm m ‹-[e]s› rumore m; **lärmen** vi far chiasso; **Lärmschutz** m protezione f dai rumori; **Lärmschutzwall** m barriera f insonorizzante

Larve f ‹-, -n› BIO larva f

las impf v. lesen

lasch adj ↑ träge, energielos fiacco

Lasche f ‹-, -n› (Schuh-) linguetta f; BAHN ganascia f

Laser m ‹-s, -› laser m; **Laserdrucker** m PC stampante m a laser

lassen ‹ließ, gelassen› I. vt ① (erlauben) lasciare, permettere ② (nicht verändern) lasciare ③ (veranlassen) fare; ◊ **jd-n kommen** - far venire qu ④ (ablegen) → Mantel lasciare II. vi ① ◊ **nicht von jd-m - können** non poter separarsi da qu ② (können) ◊ **das läßt sich machen** questo si può fare

lässig adj indolente; **Lässigkeit** f indolenza f

läßlich adj ▷Sünde veniale

Lasso n ‹-s, -s› lasso m

Last f ‹-, -en› ① NAUT, AERO ↑ Fracht carico m; ◊ **jd-m zur - fallen** essere di peso a qu ① ◊ **-en** pl oneri m/pl fiscali; **lasten** vi gravare (auf dat su)

Laster ¹ n ‹-s, -› vizio m

Laster ² m ‹-s, -› (Lastkraftwagen) camion m

lasterhaft adj depravato; **lästerlich** adj blasfemo; **Lästermaul** n FAM malalingua m/f; **lästern** I. vt (Gott) bestemmiare II. vi (Nachteiliges äußern) imprecare (über akk contro); **Lästerung** f imprecazione f; (Gottes-) bestemmia f

lästig adj ↑ störend molesto

Lastkahn m chiatta f; **Lastkraftwagen** m autocarro m, camion m; **Lastschrift** f nota f d'addebito; **Lasttier** n animale m da soma; **Lastwagen** m autocarro m, camion m

Lasur f (farbloser Lack) vernice f trasparente

lasziv adj ▷Benehmen lascivo

Latein n ‹-s› latino m; FIG ◊ **mit seinem - am Ende sein** non sapere più andare avanti; **lateinisch** adj latino

latent adj latente

Laterne f ‹-, -n› (Straßen-) lampione m; **Laternenpfahl** m palo m del lampione
Latex m lattice m
Latrine f (Abort) latrina f
Latsche f ‹-, -n› mugo m
Latschen m ‹-, -› ((Haus-)Schuh) ciabatta f; **latschen** vi (FAM schlurfen) ciabattare
Latte f ‹-, -n› ① SPORT traversa f ② FAM ◇ e-e lange - sein essere uno spilungone ③ FAM ◇ e-e - Schulden haben avere un mucchio di debiti; **Lattenzaun** m staccionata f
Latz m ‹-es, Lätze› pettorina f; **Lätzchen** n bavaglino m; **Latzhose** f pantaloni m/pl con pettino
lau adj ▷Wasser tiepido
Laub n ‹-[e]s› fogliame m; **Laubbaum** m latifoglia f
Laube f ‹-, -n› ↑ Gartenhäuschen capanno m da giardino
Laubfrosch m raganella f; **Laubsäge** f sega f da traforo
Lauch m ‹-[e]s, -e› porro m
Lauer f agguato m; ◇ auf der - sein/liegen stare in agguato; **lauern** vi fare la posta (auf akk a)
Lauf ¹ m ‹-[e]s, Läufe› ① (Wett-) corsa f ② (Gewehr-) canna f
Lauf ² m ↑ Entwicklung corso m; ◇ das ist der - der Welt così va il mondo; ◇ e-r Sache ihren - lassen lasciare andare una cosa per il suo verso
Laufbahn f carriera f; **laufen** ‹lief, gelaufen› I. vi ① ↑ rennen correre; (FAM gehen) camminare; ↑ eilen andare in fretta ② ← Tränen scorrere; FAM ← Nase colare ③ (gelten) ← Vertrag essere valido ④ (FAM sich entwickeln) svolgersi; ◇ Wie läuft's ? come va ? II. vt correre, percorrere; **laufend** adj ① ▷Monat corrente; (regelmäßig) ▷Ausgaben corrente; ② am -en Band continuamente ② (FAM informiert sein) ◇ auf dem -en sein essere informato; **laufenlassen** unreg vt (freilassen) lasciare andare; **Läufer(in)** f m ‹-s, -› ① (SPORT Hürden-, Ski-) corridore(-trice f) m ② (Teppich) guida f ③ (Schachfigur) alfiere m
läufig adj ▷Hündin in calore
Laufkundschaft f clientela f di passaggio; **Laufmasche** f (in Strumpf) smagliatura f; **Laufpaß** m FIG: ◇ jd-m den - geben mettere alla porta qu; **Laufsteg** m passerella f; **Laufvogel** m uccello m corridore; **Laufwerk** n (Maschine) organo m motore; PC drive m; **Laufzeit** f (Geltungsdauer) decorrenza f; **Laufzettel** n (an Werkstück) ordine m di lavoro
Lauge f ‹-, -n› CHEM soluzione f salina
Laune f ‹-, -n› ↑ Stimmung umore m; ◇ schlechte - haben essere di cattivo umore; (FIG Einfall) capriccio m; **launenhaft** adj lunatico; **launisch** adj lunatico; (schlechtgelaunt) di cattivo umore
Laus f ‹-, Läuse› pidocchio; FIG ◇ ihm ist e-e - über die Leber gelaufen gli è saltata la mosca al naso
Lausbub m birbone m
lauschen vi (e-m Konzert) ascoltare (jd-m/etw qu/qc); (horchen) origliare; **lauschig** adj ① ↑ vertraulich intimo ② ↑ still quieto
lausen vt spidocchiare
lausig adj FAM misero, pidocchioso; (FAM wenig) misero
laut ¹ I. adj ▷Stimme alto II. adv ad alta voce
laut ² präp gen, dat (gemäß) secondo, conformemente a
Laut m ‹-[e]s, -e› rumore m
Laute f ‹-, -n› liuto m
lauten vi risonare; FIG ◇ das lautet schon besser suona già meglio
läuten vt, vi (Kirchglocken) sonare
lauter ¹ adj ▷Wahrheit puro
lauter ² ‹‹inv›› adj: ◇ das sind - Lügen sono tutte bugie
läutern vt nobilitare
lauthals adv a squarciagola; **Lautlehre** f fonetica f; **lautlos** adj (geräuschlos) silenzioso; **Lautschrift** f trascrizione f fonetica; **Lautsprecher** m altoparlante m; **lautstark** adj ▷Protest violento; **Lautstärke** f volume m
lauwarm adj auch FIG tiepido
Lava f ‹-, Laven› lava f
Lavendel m ‹-s, -› lavanda f
lavieren vi (NAUT kreuzen) bordeggiare; (FIG geschickt verhalten) destreggiarsi
Lawine f (Schnee-, Schlamm-) valanga f; **Lawinengefahr** f pericolo m di valanghe
lax adj ↑ nachlässig negligente, lasso
Layout n ‹-s, -s› lay-out m, menabò m
Lazarett n ‹-[e]s, -e› (MIL Krankenhaus) ospedale m militare
leasen vt → Auto, Maschine acquistare con il leasing; **Leasing** n ‹-s› leasing m
leben vi I. ① (existieren) vivere ② (wohnen) vivere ③ (von Gemüse, Milchprodukten) vivere di ④ ◇ über seine Verhältnisse - vivere al di sopra delle proprie possibilità ⑤ (sich widmen) vivere per; ◇ für seine Musik - vivere per la musica II. vt ↑ erleben → Abenteuer vivere; **Leben** n ‹-s, -› ① (Dasein) vita f; ◇ e-m Kind das - schenken dare ad un bimbo la vita; ◇ sein - riskieren rischiare la propria vita; ◇ sich das - nehmen togliersi la vita ② (Gesellschafts-) vita

f; (Familien-) vita *f* ③ *(Wirklichkeit)* vita ④ ↑ *Stimmung* vita *f;* ◇ **- ins Haus bringen** portare la vita in casa; **lebend** *adj* vivente, vivo; **lebendig** *adj* vivente, vivo; *(lebhaft)* vivace; **Lebendigkeit** *f* vivacità *f;* **Lebensart** *f* educazione *f;* **lebensbejahend** *adj* ottimista; **Lebensbeschreibung** *f* biografia *f;* **Lebenserwartung** *f* durata *f* probabile della vita; **lebensfähig** *adj* vitale; **lebensfroh** *adj* felice di vivere, pieno di vita; **Lebensgefahr** *f:* ◇ **-!** pericolo di vita!; **lebensgefährlich** *adj* mortale; *(Verletzung)* mortale; **Lebensgefährte** *m,* **Lebensgefährtin** *m* coniuge *m/f;* **Lebensgemeinschaft** *f (eheähnliches Verhältnis)* convivenza *f;* **Lebenshaltungskosten** *pl* costo *msing* della vita; **Lebensjahr** *n* anno *m* di vita; ◇ **Er verstarb im 92. -** morì a novantadue anni; **Lebenskünstler** *m (optimistischer Genießer)* maestro *m* nell'arte di vivere; **Lebenslage** *f:* ◇ **sich in allen -n zurechtfinden** trovarsi bene in tutte le situazioni; **lebenslänglich** *adj* a vita, perpetuo; **Lebenslauf** *m* curriculum *m* vitae; **lebenslustig** *adj (genießend)* felice di vivere, pieno di vita; **Lebensmittel** *pl (Eßwaren, Fressalien)* alimentari *m/pl;* **Lebensmittelgeschäft** *n* negozio *m* di alimentari; **Lebensmittelvergiftung** *f (verdorbene Eßwaren)* intossicazione *f* da alimenti; **lebensmüde** *adj* stanco della vita; **Lebensmut** *m* coraggio *m* di vivere; **Lebensraum** *m* spazio *m* vitale; **Lebensretter(in** *f) m* salvatore (della vita)(-trice *f) m;* **Lebensrettungsgesellschaft** *f* società *f* di salvataggio; **Lebensstandard** *m* standard *m* di vita; **Lebensstellung** *f (sicherer Job)* posto *m* sicuro; **Lebensstil** *m* stile *m* di vita; **Lebensunterhalt** *m* mantenimento *m,* alimenti *m/pl;* **Lebensversicherung** *f* assicurazione *f* sulla vita; **Lebenswandel** *m ▷locker, vorbildlich* condotta *f* di vita; **Lebensweg** *m* corso *m* della vita; **Lebensweise** *f* stile *m* di vita; **Lebenszeichen** *n FIG:* ◇ **ein - von sich geben** dare segno di vita; **Lebenszeit** *f* vita *f;* ◇ **Beamter auf -** impiegato a vita

Leber *f ⟨-, -n⟩ ANAT* fegato *m; (FIG mißgelaunt sein)* ◇ **jd-m ist e-e Laus über die -** gelaufen a qu è saltata la mosca al naso; **Leberfleck** *m (auf menschlicher Haut)* macchia *f* epatica; **Leberkäse** *m (süddeutsches Fleischgericht)* pasticcio *m* di fegato; **Leberknödel** *m (Kloß aus Leber)* gnocco *m* di fegato; **Lebertran** *m (Stärkungsmittel)* olio *m* di fegato di merluzzo; **Leberwurst** *f salsiccia f di fegato, FAM* ◇ **e-e beleidigte - spielen** fare l'offeso; **Leberzirrhose** *f MED* cirrosi *f* epatica

Lebewesen *n* essere *m* vivente
Lebewohl *n* addio
lebhaft *adj* vivace; **Lebhaftigkeit** *f* vivacità *f*
Lebkuchen *m (Pfefferkuchen)* panpepato *m*
leblos *adj* senza vita
Lebzeiten *pl:* ◇ **zu - meiner Oma** ai tempi di mia nonna
lechzen *vi:* ◇ **nach etw -** essere avido di qc
leck *adj* che perde; **Leck** *n ⟨-[e]s, -e⟩ (Loch, Riß)* perdita *f;* **lecken I.** *vt* ↑ *lutschen, schlecken* leccare; *FIG* ◇ **seine Wunden -** leccarsi le ferite **II.** *vi (Loch haben)* perdere
lecker *adj* ↑ *wohlschmeckend* appetitoso; **Leckerbissen** *m* ghiottoneria *f;* **Leckermaul** *n:* ◇ **ein - sein** essere un ghiottone *m*
led. *adj Abk v.* **ledig** nubile (rif. a donna), celibe (rif. a uomo)
Leder *n ⟨-s, -⟩ pelle f,* cuoio *m; (FIG Fußball)* pallone *m;* **ledern** *adj* di cuoio, di pelle; **Lederwaren** *pl* pelletteria *f/pl*
ledig *adj (alleinstehend)* celibe (rif. a uomo), nubile (rif. a donna); *FIG* ◇ **e-r Verpflichtung** *gen* **- sein** essere libero da un impegno
lediglich *adv (nur)* solamente
Lee *f ⟨-s⟩ NAUT* sottovento *m*
leer *adj (ohne Inhalt)* vuoto; *(FIG sinnlos)* vuoto; **Leere** *f ⟨-⟩* vuoto *m;* **leeren I.** *vt* ↑ *Teller* vuotare **II.** *vr* ◇ **sich - ←** *Saal, Platz* vuotarsi; **Leergewicht** *n* peso *m* a vuoto; **Leergut** *n (von Pfandflaschen)* vuoti *m/pl;* **Leerlauf** *m* marcia *f* in folle; **leerstehend** *adj ▷Haus, Zimmer* libero, sfitto; **Leertaste** *f (bei Schreibmaschine)* barra *f* spaziatrice; **Leerung** *f (von Post)* levata *f; (Müllabfuhr)* svuotamento *m*
legal *adj (gesetzlich)* legale; ◇ **auf ganz -em Weg** per vie del tutto legali; **legalisieren** *vt (amtlich bestätigen)* legalizzare; **Legalität** *f* legalità *f*
legen I. *vt* ① mettere ② ↑ *niederlegen* posare; → *Fliesen, Gasleitung* stendere, posare ③ ↑ *anlehnen* appoggiare ④ ◇ **jd-m die Karten -** fare le carte a qu ⑤ *(betonen)* ◇ **Wert - auf** attribuire valore a **II.** *vr* ◇ **sich -** mettersi; *FIG* ← *Sturm, Zorn, Lärm* calmarsi
Legende *f ⟨-, -n⟩* ① *(Heiligenerzählung)* leggenda *f* ② *(Lüge)* menzogna *f* ③ *(Erläuterung für Stadtplan)* leggenda *f*
leger *adj* naturale
legieren *vt → Metalle, Soße* legare; **Legierung** *f* lega *f*
Legion *f MIL* esercito *m; FIG* gran *m* numero, massa *f;* **Legionär** *m (Soldat)* legionario *m*
Legislative *f (Gesetzgebung)* potere *m* legislativo; **Legislaturperiode** *f* legislatura *f*

legitim adj (rechtmäßig) legittimo; (begründet) ▷Interesse, Forderungen legittimo; **Legitimation** f legittimazione f; **legitimieren I.** vt legittimare **II.** vr ◇ sich - (mittels Ausweis) dimostrare la propria identità; **Legitimität** f legittimità f

Leguan m ‹-s› (Eidechse) iguana m

Lehen n ‹-s, -› feudo m

Lehm m ‹-[e]s, -e› argilla f; **lehmig** adj argilloso

Lehne f ‹-, -n› spalliera f; **lehnen I.** vt appoggiare **II.** vi poggiare (an dat a) **III.** vr ◇ sich - appoggiarsi

Lehnseid m (M Treueschwur) giuramento m di vassallaggio; **Lehnsmann** m (GESCH Gefolgsmann) vassallo m

Lehnstuhl m poltrona f; **Lehnwort** n prestito m

Lehramt n insegnamento m; **Lehrbeauftragte(r)** f/m insegnante m/f; **Lehrbrief** m certificato m d'apprendistato; **Lehrbub** m (süddeutsch Lehrling) tirocinante m/f; **Lehrbuch** n testo m scolastico; **Lehre** f ‹-, -n› ① (berufliche Ausbildung) apprendistato m ② (Theorie, Doktrin) ▷marxistisch teoria f; **lehren** vt ① (unterrichten) insegnare ② (deutlich machen) dimostrare; ◇ die Zukunft wird - il futuro lo dimostrerà; **Lehrer(in** f) m ‹-s, -› professore-(essa f) m (nelle scuole superiori), maestro/a (nella scuola elementare); **Lehrerkonferenz** f consiglio m di classe; **Lehrerzimmer** n sala f dei professori; **Lehrgang** m corso m [di lezioni]; **Lehrgeld** n retribuzione f per il tirocinio; **Lehrjahr** n anno m di tirocinio; **Lehrkörper** m corpo m insegnante; **Lehrkraft** f insegnante m/f; **Lehrling** m apprendista m/f; **Lehrplan** m piano m di studi; **lehrreich** adj istruttivo; **Lehrsatz** m MATH teorema m; **Lehrstelle** f posto m da apprendista; **Lehrstuhl** m cattedra f [universitaria]; **Lehrzeit** f periodo m di apprendistato

Leib m ‹-[e]s, -er› corpo m; ◇ halt ihn mir vom -! tienilo lontano da me !; (FIG begeistert) ◇ mit - und Seele con anima e corpo; **Leibeigene** pl servo m della gleba; **Leibesfülle** f corpulenza f; **Leibesvisitation** f (am Flughafen) perquisizione f; **Leibgericht** n piatto m preferito; **leibhaftig** adj in persona; **leiblich** adj fisico, corporale; ▷Vater naturale; **Leibwache** f guardia f del corpo

Leiche f ‹-, -n› cadavere m; FIG ◇ über -en gehen non avere riguardi per nessuno; **Leichenbeschauer(in** f) m ‹-s, -› necroscopo/a; **leichenblaß** adj pallido come un cencio; **Leichenhalle** f obitorio m; **Leichenschau** f

necroscopia f; **Leichenwagen** m carro m funebre; **Leichenzug** m corteo m funebre; **Leichnam** m ‹-[e]s, -e› salma f

leicht I. adj ① ▷Gewicht leggero ② (geringfügig) ▷Fehler, Wunde leggero, non grave ③ ▷Wein, Musik leggero **II.** adv facilmente

Leichtathletik f atletica f leggera

leichtfallen unreg vi: ◇ jd-m - essere/riuscire facile a qu; **leichtfertig** adj (leichtsinnig) sconsiderato, leggero; **leichtgläubig** adj ingenuo; **Leichtgläubigkeit** f ingenuità f; **leichthin** adv (gedankenlos) alla leggera; **Leichtigkeit** f: ◇ mit - con leggerezza; **leichtlebig** adj spensierato; **leichtmachen** vt: ◇ es sich - prendersela comoda; **leichtnehmen** unreg vt prendere alla leggera; **Leichtsinn** m spensieratezza f; **leichtsinnig** adj sconsiderato, leggero; **Leichtwasserreaktor** m reattore m ad acqua leggera

leid adv: ◇ es tut mir/ihm - mi/gli dispiace; (überdrüssig sein) ◇ ich bin das - ne ho abbastanza; **Leid** n ‹-[e]s› pena f, sofferenza f; **leiden** ‹litt, gelitten› **I.** vi ① (Krankheit, Einsamkeit) soffrire (an dat di) ② (beschädigt werden) soffrire (durch akk, dat per); ◇ die Rosen - unter dem Frost le rose soffrono per il gelo ③ (erlauben, dulden) tollerare **II.** vt: ◇ jd-n/etw nicht-können non poter soffrire qu/qc; **Leiden** n ‹-s, -› (Krankheit, Kummer) sofferenza f, dolore m; **leidend** adj sofferente, malato

Leidenschaft f: ◇ e-e - haben für jd-n/etw avere una passione per qu/qc; **leidenschaftlich** adj appassionato; **leidenschaftslos** adj ↑ emotionslos freddo

leider adv purtroppo; ◇ - nicht purtroppo no

leidig adj (lästig) increscioso

leidlich I. adj discreto **II.** adv discretamente

Leidtragende(r) f/m (Trauernde) familiare m/f del defunto; (FIG Benachteiligter) danneggiato/a;

Leidwesen n: ◇ zu jd-s - con rincrescimento di qu

Leier f ‹-, -n› MUS lira f; FIG ◇ immer noch die alte - è sempre la solita storia; **Leierkasten** m organetto m

Leihbibliothek f biblioteca f circolante; **leihen** ‹lieh, geliehen› vt prestare; ◇ sich dat etw - prendere a prestito qc; **Leihgebühr** f tariffa f di prestito; **Leihhaus** n monte m di pietà; **Leihmutter** f mamma f per conto terzi; **Leihschein** m (für Buch) scheda f di prestito; **Leihwagen** m automobile f da noleggio; **leihweise** adj in/a prestito

Leim m ‹-[e]s, -e› colla f; FIG ◇ aus dem - gehen (dick werden) sfacciarsi; (kaputtgehen) rompersi, scollarsi; **leimen** vt incollare; *FAM ↑ betrügen* ingannare

Leine f ⟨-, -n⟩ corda f; (*Hunde-*) guinzaglio m

Leinen n ⟨-s, -⟩ (*-kleid*) lino m

Leinsamen m ⟨-brot⟩ seme m di lino

Leintuch n (*für Bett*) lenzuolo m [di lino]; **Leinwand** f KUNST tela f; FILM schermo m

leise adj ① sommesso; ② ▷*Hoffnung* lieve; ▷*Verdacht* vago ③ ▷*Wind* leggero

Leiste f ⟨-, -n⟩ lista f; ANAT inguine m

leisten I. vt ① (*ausführen*) compiere ② (*zustande Bringen*) ◇ **er leistet bei der Arbeit viel** rende molto sul lavoro II. vr: ◇ **sich** dat **etw - können** potersi permettere qc

Leisten m: ◇ **die Schuhe auf - spannen** mettere in forma f le scarpe

Leistenbruch m MED ernia f inguinale

Leistung f ① (*in Schule*) rendimento m ② (*Fähigkeit*) capacità f; **Leistungsdruck** m stress m da efficienza; **leistungsfähig** adj efficiente; **Leistungsfähigkeit** f efficienza f; **Leistungskurs** m (*in Schule*) seminario m; **leistungsstark** adj potente; **Leistungsvermögen** n (*von Motor*) potenza f; **Leistungszulage** f premio m di rendimento

Leitartikel m (*in Zeitung*) articolo m di fondo; **Leitbild** n modello m; **leiten** vt ① → *Firma* essere a capo di ② (*in e-e Richtung*) condurre; *FIG* ◇ **etw in die Wege** - avviare qc ③ ELECTR condurre; **leitend** adj ▷*Stellung* preminente

Leiter ¹ I. f ⟨-, -n⟩ scala f II. m ⟨-s, -⟩ ELECTR conduttore m

Leiter ²(**in** f) m ⟨-s, -⟩ (*Abteilungs-*) direttore (-trice f) m

Leitfaden m (*Lehrbuch*) manuale m; **Leitfähigkeit** f ELECTR conduttività f; **Leitgedanke** m concetto m informatore; **Leithammel** m montone m guidaiolo; (*FIG Anführer*) capo m; ◇ **den - spielen** giocare a fare il capo; **Leitmotiv** n (*Leitgedanke*) motivo m conduttore; **Leitplanke** f ⟨-, -n⟩ guardarail m

Leitung f ① (*Führung*) conduzione f; FILM, THEAT direzione f; (*von Firma*) direzione f ② (*Wasser-*) conduttura f; (*Telephon-*) linea f; (*Kabel*) cavo m ③ (*FAM schwer begreifen*) ◇ **e-e lange - haben** essere duro di comprendonio; **Leitungsrohr** n conduttura f; **Leitungswasser** n acqua f di rubinetto

Leitwerk n AERO impennaggio m

Lektion f lezione f

Lektor(**in** f) m SCHULE lettore(-trice f) m; (*im Verlag*) lettore(-trice f) m

Lektüre f ⟨-, -n⟩ (*Lesen*) lettura f; (*Lesestoff*) lettura f

Lemming m ⟨-s, -e⟩ FAUNA lemmo m

Lende f ⟨-, -n⟩ (*Schweine-*) lombo m; **Lendenschurz** m perizoma m; **Lendenwirbel** m vertebra f lombare

lenkbar adj ubbidiente; **lenken** vt ① → *Fahrzeug* guidare ② (*richten*) → *Aufmerksamkeit* rivolgere (*auf* akk a, verso); **Lenker** m (*Lenkstange*) manubrio m; (*Fahrzeugführer*) conducente m/f; **Lenkrad** n volante m; **Lenkschloß** n bloccasterzo m; **Lenkstange** f (*Fahrrad*) manubrio m; **Lenkung** f sterzo m

Lenz m (*Frühling*) primavera f

Leopard m ⟨-en, -en⟩ leopardo m

Leporello n libretto m a fisarmonica

Lepra f ⟨-⟩ lebbra f

Lerche f ⟨-, -n⟩ allodola f

lernbegierig adj (*wissenshungrig*) avido di apprendere; **Lerndiskette** f floppy-disk m per apprendimento; **lernen** I, vt ① → *Sprache*, *Reruf* imparare ② (*reiten -*) imparare a II. vi ① studiare ② fare l'apprendista; **Lernprozeß** m processo m di apprendimento

lesbar adj leggibile

Lesbe f FAM lesbica f; **Lesbierin** f lesbica f; **lesbisch** adj lesbico

Lese f ⟨-, -n⟩ (*Wein-*) vendemmia f

Lesebrille f occhiali m/pl da lettura; **Lesebuch** n (*Schule*) libro m di letture; **Lesegerät** n PC microlettore m; **lesen** I. vi ① leggere ② SCHULE tenere un corso di lezioni su qu/qc ③ (*durcherfahren*) leggere di qu/qc II. vt leggere; **Lesen** n lettura f; **lesenswert** adj (*interessant*) da leggere; **Leser**(**in** f) m ⟨-s, -⟩ lettore(-trice f) m; **Leserbrief** m lettera f al direttore; **leserlich** adj leggibile; **Lesesaal** m sala f di lettura; **Lesespeicher** m memoria f morta; **Lesezeichen** n segnalibro m; **Lesung** f (*Dichter-*) lettura f; POL discussione f

letal adj (*tödlich*) letale; **Letalität** f (*Sterblichkeit*) letalità f

Lethargie f (PSYCH *Schlafsucht*) letargia f; (*FIG Teilnahmslosigkeit*) letargia f; **lethargisch** adj letargico

Letter f (*Buchstabe*) lettera f

letzte(r, s) adj ① (*Testament*) ▷*Wille* ultimo; REL ▷*Ölung* estremo; ◇ **zum - Mal** per l'ultima volta ② (*neueste, Nachrichten, Mode*) ultimo ③ (*vorige(r, s)*) ▷*Woche* scorso ④ (*restliche(r, s)*) ▷*Geld, Bücher* ultimo; **letztendlich** adv (*schließlich*) alla fine; **letztens** adv recentemente; **letztere(r, s)** pron quest'ultimo/a; **letzthin** adv (*vor kurzem*) di recente; **letztlich** adv (*schließlich*) infine

Leuchtanzeige f segnale m luminoso; **Leuchtboje** f NAUT boa f luminosa; **Leuchte** f ⟨-m, -n⟩ ① (Decken-) lampada m ② (FIG Gelehrter) luminare m/f; **leuchten** vi illuminare; FIG ◇ **sein Licht ~ lassen** far brillare la propria saggezza; **Leuchter** m ⟨-s, -⟩ (Kerzen-) candeliere m; **Leuchtfarbe** f vernice f luminescente; **Leuchtfeuer** n NAUT faro m; **Leuchtkraft** (Stern) luminosità f; **Leuchtmunition** f proiettili m/pl traccianti; **Leuchtrakete** f razzo m illuminante; **Leuchtreklame** f réclame f luminosa; **Leuchtröhre** f tubo m fluorescente; **Leuchtsignal** n segnale m luminoso; **Leuchtturm** m faro m; **Leuchtzifferblatt** n quadrante m luminoso

leugnen vt negare, non riconoscere

Leukämie f leucemia f

Leukom n MED leucoma m

Leukoplast® n ⟨-[e]s, -e⟩ (Heftpflaster) cerotto m adesivo

Leumund m ⟨-[e]s, -e⟩ (Ruf) fama f; **Leumundszeugnis** n certificato m di buona condotta

Leute pl gente f sing; ◇ **ab heute sind wir geschiedene ~** da oggi fra me e te/lui/lei tutto è finito; ◇ **in aller ~ Mund sein** essere sulla bocca di tutti; ◇ **liebe ~** miei cari

Leutnant m ⟨-s, -s o. -e⟩ sottotenente m

leutselig adj (gesprächig) affabile; **Leutseligkeit** f affabilità f

Lex f ⟨-, Leges⟩ (Gesetz) legge f

Lexikon n ⟨-s, Lexika⟩ lessico m

Liaison f ⟨-, s⟩ (Verhältnis) relazione f

Libelle f libellula f; TECH livella f

liberal adj liberale; **Liberalismus** m liberalismo m

Libero m ⟨-s, -s⟩ (Fußball) libero m

Libido f ⟨-⟩ (Begierde) libido f

Libretto n (Oper) libretto m

Licht n ⟨-[e]s, -er⟩ luce f; FIG ◇ **ans ~ kommen** diventare pubblico; ◇ **das ~ der Welt erblicken** venire al mondo; (betrügen) ◇ **jd-n hinters ~ führen** imbrogliare qu

licht adj (hell) chiaro; ▷Zimmer, Tag luminoso; ▷Haare rado

lichtbeständig adj ▷Stoff resistente alla luce; **Lichtbild** n FOTO fotografia f; (Dia) diapositiva f; **Lichtblick** m FIG raggio m di speranza; **lichtdurchlässig** adj ▷Stoff diafano; **lichtempfindlich** adj sensibile alla luce

lichten I. vt ① † erhellen rischiarare ② → Wald diradare **II.** vr ◇ **sich ~ ←** Haar diradarsi

lichterloh adv fiammeggiante; ◇ **~ brennen** essere in fiamme

Lichtgeschwindigkeit f velocità f della luce; **Lichtgriffel** m PC penna f luminosa; **Lichthupe** f lampeggiatore m; **Lichtjahr** n anno m luce; **Lichtmaschine** f dinamo m; **Lichtmeß** f ⟨-⟩ REL Candelora f; **Lichtschalter** m interruttore m [della luce]; **lichtscheu** adj ▷Gesindel che teme la luce; **Lichtschranke** f barriera f fotoelettrica; **Lichtschutzfaktor** m fattore m di protezione antisolare; **Lichtsignal** n segnale m luminoso; **Lichtspielhaus** n cinema m; **Lichtstrahl** m raggio m luminoso

Lichtung f (Wald) radura f

Lid n ⟨-[e]s, -er⟩ palpebra f

Lido m ⟨-s⟩ (Strand) lido m

Lidschatten m ombretto m

lieb adj caro; ◇ **-e Grüße** cordiali saluti; **liebäugeln** vi fare l'occhiolino a qu; ◇ **mit etw ~** vagheggiare qc; **Liebe** f ⟨-, -n⟩ amore; ◇ **von Luft und ~ leben** vivere d'aria e d'amore; ◇ **mit Lust und ~** molto volentieri; **liebebedürftig** adj bisognoso d'amore; **Liebelei** f flirt m; **lieben** vt ① → Tiere, Nächsten amare ② (Geschlechtsverkehr haben) fare l'amore; **liebenswert** adj amabile; **liebenswürdig** adj gentile, amabile; **liebenswürdigerweise** adv gentilmente; **Liebenswürdigkeit** f gentilezza f; ◇ **Hätten Sie die ~** sarebbe così gentile ...; **lieber** adv (besser): ◇ **ich gehe ~ nicht** è meglio che non vada; **Liebesbrief** m lettera f d'amore; **Liebesdienst** m: ◇ **e-n ~ erweisen** fare un favore a qu; **Liebeskummer** m: ◇ **~ haben** avere problemi in amore; **Liebesleben** n vita f amorosa; **Liebespaar** n coppia f sing; **Liebesspiel** n gioco m amoroso; **Liebesverhältnis** n rapporto m amoroso; **liebevoll** adj ① (zärtlich) affettuoso ② (sorgfältig) accurato

Liebfrauenmilch f (Wein) un vino proveniente dalla zona del Reno

liebgewinnen unreg vt affezionarsi a; **liebhaben** unreg vt voler bene a; **Liebhaber(in** f) m ⟨-s, -⟩ amante m/f; **Liebhaberei** f (Hobby) passatempo m; **liebkosen** vt accarezzare; **lieblich** adj ▷Kind, Duft delicato; ▷Wein amabile; **Liebling** m beniamino m; † Schatz tesoro m; **lieblos** adj duro, freddo; **Liebschaft** f amore m

Lied n ⟨-[e]s, -er⟩ REL canto m; FAM ◇ **er weiß ein ~ davon zu singen** ne sa qualcosa lui; ◇ **das ist das Ende vom ~** doveva finire così; **Liederbuch** n canzoniere m; **Liederhandschrift** f (Heidelberger ~) manoscritto m di canti

liederlich adj (unordentlich) trascurato, disordinato

Liedermacher(in f) m ⟨-s, -⟩ cantautore(-trice f) m

lief *impf v.* **laufen**

Lieferant(in *f) m* fornitore(-trice *f*) *m;* **lieferbar** ⟨⟨inv⟩⟩ *adj* ▷*Ware* disponibile; **Lieferfrist** *f* termine *m* di consegna; **liefern** *vt* → *Beweis* fornire; *FAM* ◇ **geliefert sein** essere spacciato; **Lieferschein** *m* bolletta *f* di consegna; **Liefertermin** *m* termine *f* di consegna; **Lieferung** *f* consegna *f;* **Lieferwagen** *m* furgone *m*

liegen ⟨lag, gelegen⟩ *vi* **1** (*in waagerechter Lage*) giacere **2** (*in den Bergen, am See*) trovarsi **3** ↑ *aufliegen* poggiare, essere **4** ← *Rom* essere situato **5** (*in jd-s Macht sein*) essere in potere (*bei dat* dat), stare (*bei dat* dat) **6** *FIG* ◇ **Diese Leute - mir nicht** questa gente non mi sta vicina; ◇ **Mir liegt viel/wenig an seinem Rat** tengo molto/poco al suo consiglio; **liegenbleiben** *unreg vi* **1** (*weiterhin ausruhen*) rimanere disteso; ← *Kranke, Verletzte* non muoversi **2** ← *Waren* rimanere giacente **3** ← *Arbeit* rimanere fermo; **liegenlassen** *unreg vt* → *Arbeit* lasciare; (*vergessen*) dimenticare; (*FIG ignorieren*) ignorare; ◇ **jd-n/etw links -** non curarsi di qu/qc; **Liegenschaft** *f* (*Grundbesitz*) bene *m* immobile

Liegesitz *m* BAHN cuccetta *f;* **Liegestuhl** *m* sedia *f* a sdraio; **Liegewagen** *m* BAHN carrozza *f* con cuccette; **Liegewiese** *f* (*im Schwimmbad*) prato *m* [per sdraiarsi]

lieh *impf v.* **leihen**

ließ *impf v.* **lassen**

Lift *m* ⟨-[e]s, -e o. -s⟩ ascensore *m*

Liga *f* SPORT serie *f*

liieren *vt* (*Liaison haben*) legarsi a qu (*mit* a)

Likör *m* ⟨-s, -e⟩ liquore *m*

lila *adj* ⟨inv⟩ lilla

Lilie *f* giglio *m*

Liliputaner(in *f) m* ⟨-s, -⟩ lillipuziano/a

Limit *n* (*Grenze*) limite *m*

Limonade *f* limonata *f*

Limousine *f* (*Auto*) limousine *f*

lind *adj* ▷*Wetter* mite

Linde *f* ⟨-, -n⟩ tiglio *m*

lindern *vt* → *Schmerz, Trauer* alleviare; **Linderung** *f* mitigazione *f*

Lineal *n* ⟨-s, -e⟩ righello *m*

Linie *f* **1** (*Strich, Gerade*) linea *f* **2** (*Reihe*) ◇ **sich in e-r - aufstellen** mettersi in riga **3** (*Verkehrsstrecke, Verkehrsmittel*) linea *f* **4** ◇ **aus der mütterlichen -** da parte di madre **5** (*Partei*) linea *f* **6** *FAM* ↑ *Figur* linea *f;* **Linienflug** *m* volo *m* di linea; **Linienrichter(in** *f) m* SPORT guardalinee *m/f;* **linieren, liniieren** *vt* rigare; **lini[i]ert** *adj* a righe

link(e) *adj* **1** ▷*Hand* sinistra **2** POL a sinistra **3** (*verkehrt*) alla rovescia

Linke *f* ⟨-, -n⟩ **1** (*linke Seite*) sinistra *f* **2** POL sinistra *f* **3** (SPORT *beim Boxen*) sinistro *m*

linkisch *adj* (*Verhalten*) maldestro

links *adv* **1** (*- gehen*) a sinistra **2** alla rovescia **3** POL a sinistra; **Linksabbieger** *m* AUTO chi svolta a sinistra; **Linksaußen** *m* ⟨-, -⟩ SPORT ala *f* sinistra; **Linkshänder(in** *f) m* ⟨-s, -⟩ mancino/a; **Linkskurve** *f* curva *f* a sinistra; **linksradikal** *adj* POL radicale di sinistra; **Linksverkehr** *m* circolazione *f* a sinistra

Linoleum *n* ⟨-s⟩ linoleum *m*

Linolschnitt *m* incisione *f* in linoleum

Linotype® *n* TYP linotype *f*

Linse [1] *f* ⟨-, -n⟩ ▷*optisch* lente *f*

Linse [2] *f* (*Gemüse*) lenticchia *f*

Lipid *n* CHEM lipide *m*

Lipom *n* (MED *Fettgeschwulst*) lipoma *m*

Lippe *f* ⟨-, -n⟩ labbro *m; FAM* ◇ **e-e dicke - riskieren** cantare a chiare note; **Lippenstift** *m* rossetto *m*

liquid *adj* (*zahlungsfähig*) liquido; **liquidieren** *vt* **1** → *Geschäft* liquidare **2** ↑ *töten* uccidere

Lira *f* ⟨-, Lire⟩ (*ital. Währung*) lira *f*

lispeln *vi* bisbigliare; (*mit der Zunge anstoßen*) parlare con la lisca

List *f* ⟨-, -en⟩ astuzia *f;* ◇ **mit - u. Tücke** con astuzia

Liste *f* ⟨-, -n⟩ (*Teilnehmer-*) lista *f*

listig *adj* astuto

Litanei *f* REL litania *f; FAM* ◇ **immer wieder die alte -** sempre la solita solfa *f*

Liter *m o n* ⟨-s, -⟩ litro *m*

literarisch *adj* letterario; **Literatur** *f* letteratura *f;* **Literaturgeschichte** *f* storia *f* della letteratura; **Literaturkritik** *f* critica *f* letteraria; **Literaturpapst** *m* papa *m* della critica letteraria; **Literaturpreis** *m* premio *m* letterario; **Literaturverzeichnis** *m* indice *m* bibliografico; **Literaturwissenschaft** *f* (*Philologie*) scienza *f* della letteratura

Litfaßsäule *f* colonna *f* per affissioni

Lithographie *f* litografia *f*

litt *impf v.* **leiden**

Liturgie *f* liturgia *f;* **liturgisch** *adj* liturgico

Litze *f* ⟨-, -n⟩ ELECTR cavetto *m*

live *adv* MEDIA dal vivo

Livree *f* ⟨-, -n⟩ livrea *f*

Lizenz *f* licenza *f*

Lkw *m* ⟨-[s], -[s]⟩ *Abk v.* **Lastkraftwagen** autocarro *m*

Lob *n* ⟨-[e]s⟩ lode *f;* **loben** *vt* lodare; **lobenswert** *adj* degno di lode; **Lobgesang** *m* inno *m*, *m;* **löblich** *adj* lodevole; **Lobrede** *f* encomio *m*

Loch *n* ⟨-[e]s, Löcher⟩ buco *m;* **lochen** *vt* bucare;

Locher m ⟨-s, -⟩ perforatore m; **löcherig** adj bucherellato; **Lochkarte** f scheda f perforata; **Lochstreifen** m nastro m perforato

Locke f ⟨-, -n⟩ riccio m; **locken** vt attirare; → *Haare* arricciare; **Lockenwickler** m ⟨-s, -⟩ bigodino m

locker adj rilassato; **lockerlassen** unreg vi: ◇ **nicht** - tener duro; **lockern** vt allentare

lockig adj riccio

Lockruf m richiamo m; **Lockung** f allettamento m; **Lockvogel** m uccello m da richiamo

Lodenmantel m capotto m di loden

lodern vi fiammeggiare

Löffel m ⟨-s, -⟩ cucchiaio m; **löffeln** vt mangiare col cucchiaio; **löffelweise** adv a cucchiaiate

log impf v. **lügen**

Logarithmentafel f tavola f dei logaritmi; **Logarithmus** m logaritmo m

Loge f ⟨-, -n⟩ ① THEAT loggia f ② (*Freimaurer-*) loggia f ③ (*Pförtner-*) portineria f

logieren vi dare alloggio a, alloggiare

Logik f logica f; **logisch** adj logico

Lohn m ⟨-[e]s, Löhne⟩ (*Arbeits-*) retribuzione f; **Lohnausgleich** m conguaglio m salariale; **Lohnempfänger(in** f) m salariato/a m/f; **lohnen** I. vt ① ricompensare ② (*Aufwand*) valere II. vi valere la pena III. vr ◇ **sich** - valere la pena, meritare; **lohnend** adj vantaggioso; **Lohnsteuer** f imposta f sui redditi di lavoro dipendente; **Lohnsteuerjahresausgleich** m conguaglio m dell'imposta sul salario; **Lohnsteuerkarte** f cartella f delle imposte di lavoro subordinato; **Lohnstreifen** m striscia f paga; **Lohntüte** f busta f paga

lokal adj locale

Lokal n ⟨-[e]s, -e⟩ locale m

lokalisieren vt localizzare; **Lokalisierung** f localizzazione f

Lokomotive f locomotiva f; **Lokomotivführer(in** f) m macchinista m/f

Lorbeer m ⟨-s, -en⟩ *auch* FIG alloro m; **Lorbeerblatt** n GASTRON foglia f d'alloro

los adj ① ◇ -! forza ! ② ◇ **was ist** -? cosa è successo ?; ◇ **dort ist etwas** - lì c'è qualcosa che non va ③ FAM ◇ **etw** - **haben** saperci fare

Los n ⟨-es, -e⟩ ↑ *Schicksal* destino m

losbinden unreg vt staccare

Löschblatt n carta f assorbente; **löschen** I. vt ① → *Feuer, Licht, Durst* spegnere ② → *Tonband* cancellare; **Löschfahrzeug** n autopompa f; **Löschgerät** n estintore m; **Löschpapier** n carta f assorbente; **Löschung** f (*von Fracht*) scarico m

lose adj lento, allentato

Lösegeld n riscatto m

losen vi sorteggiare

lösen I. vt ① → *Rätsel* risolvere ② → *Verlobung* sciogliere ③ → *Fahrkarte* comprare II. vr ◇ **sich** - ① ← *Zucker* sciogliersi ② ← *Problem, Schwierigkeit* risolversi

losfahren unreg vi partire; **losgehen** unreg vi ① mettersi in marcia ② ← *Bombe* scoppiare; **loskaufen** vt → *Gefangene, Geiseln* riscattare; **loskommen** unreg vi: ◇ **von etw** - riuscire a liberarsi da qc; **loslassen** unreg vt liberare

löslich adj solubile

losmachen I. vt → *Boot* sciogliere II. vr ◇ **sich** - slegarsi; **losreißen** vt strappare; **lossagen** vr ◇ **sich** - staccarsi; **lossprechen** unreg vt esonerare

Losung f parola f d'ordine

Lösung f (*e-s Rätsels*) soluzione f; **Lösungsmittel** n solvente m

loswerden unreg vt liberarsi di

Lot n ⟨-[e]s, -e⟩ ◇ **im** - **sein** essere a piombo; FIG essere a posto

loten vt controllare l'appiombo m di

löten vt saldare; **Lötkolben** m saldatore m

Lotse m ⟨-n, -n⟩ NAUT pilota m/f; AERO controllore m/f di volo; **lotsen** vt FAM guidare, condurre

Lotterie f lotteria f

Löwe m ⟨-n, -n⟩ FAUNA leone m; ASTROL leone m; **Löwenanteil** m parte f del leone; **Löwenmaul** n FLORA bocca f di leone; **Löwenzahn** m FLORA dente m di leone; **Löwin** f leonessa f

loyal adj fedele; **Loyalität** f fedeltà f

Luchs m ⟨-es, -e⟩ FAUNA lince f

Lücke f ⟨-, -n⟩ ① falla f ② FIG lacuna f; **Lückenbüßer(in** f) m ⟨-s, -⟩ tappabuchi m/f; **lückenhaft** adj lacunoso; **lückenlos** adj senza lacune

lud impf v. **laden**

Luft f ⟨-, Lüfte⟩ ① aria f ② (*Atem*) fiato m; **Luftangriff** m incursione f aerea; **Luftballon** m palloncino m; **Luftblase** f bolla f d'aria; **luftdicht** adj ermetico; **Luftdruck** m pressione f dell'aria; **lüften** vt → *Zimmer* arieggiare; **Luftfahrt** f navigazione f aerea; **Luftfahrtgesellschaft** f compagnia f aerea; **Luftfilter** m filtro m dell'aria; **luftgekühlt** adj raffredato ad aria; **Luftgewehr** n carabina f ad aria compressa; **Lufthauch** m alito m di vento; **luftig** adj ① ▷*Ort* ventilato ② ▷*Raum* arioso ③ ▷*Kleider* vaporoso, leggero; **Luftkissenfahrzeug** n veicolo m a cuscino d'aria; **Luftkurort** m stazione f climatica; **luftleer** adj: ◇ **-er Raum** vuoto d'aria; **Luftlinie** f: ◇ **in der - ** in linea aerea; **Luftloch** n ① foro m d'areazione ② AERO vuoto m d'aria; **Luftmatratze** f materasso m pneumatico; **Luftpirat(in** f) m pirata m/f dell'aria; **Luftpost** f posta f aerea; **Luftpumpe** f pompa f pneumatica; **Luftröhre** f ANAT trachea f; **Luftschlange** f stella f filante; **Luftschutz** m protezione f antiaerea; **Luftschutzkeller** m ricovero m antiaereo; **Luftsprung** m FIG: ◇ **vor Freude e-n - machen** saltare dalla gioia; **Lüftung** f aerazione f; **Luftverkehr** m traffico m aereo; **Luftverschmutzung** f inquinamento m dell'aria; **Luftwaffe** f aeronautica f militare; **Luftzug** m aria f

Lüge f ⟨-, -n⟩ bugia f; ◇ **jd-n/etw -n strafen** smentire qu/qc; **lügen** ⟨log, gelogen⟩ vi mentire; **Lügner(in** f) m ⟨-s, -⟩ bugiardo/a

Luke f ⟨-, -n⟩ finestrino m

Lümmel m ⟨-s, -⟩ villano m, zoticone m; **lümmeln** vr ◇ **sich** - sedersi scompostamente

Lump m ⟨-en, -en⟩ vagabondo m

lumpen vi: ◇ **sich nicht - lassen** non fare l'avaro

Lumpen m ⟨-s, -⟩ straccio m; **Lumpensammler** m stracciaiolo m; **lumpig** adj miserabile

Lunge f ⟨-, -n⟩ polmone m; **Lungenentzündung** f infezione f polmonare; **lungenkrank** adj tubercoloso

lungern vi oziare

Lunte f ⟨-, -n⟩ miccia f; ◇ **- riechen** vedere la mala parata

Lupe f ⟨-, -n⟩ lente f d'ingrandimento

Lupine f FLORA lupino m

Lurch m FAUNA anfibio m

Lust f ⟨-, Lüste⟩: ◇ **- auf etw** akk **haben, - zu etw haben** aver voglia di qc; ◇ **- haben, etw zu tun** aver voglia di fare qc

lüstern adj avido (auf akk di)

Lustgefühl n sensazione f di piacere

lustig adj (fröhlich) allegro, divertente

Lüstling m libertino m

lustlos adj apatico; **Lustmord** m delitto m sessuale; **Lustspiel** n commedia f [satirica]; **lustwandeln** vi passeggiare

lutschen vt, vi succhiare; ◇ **am Daumen** - succhiare il pollice; **Lutscher** m ⟨-s, -⟩ lecca-lecca m

luxuriös adj lussuoso; **Luxus** m ⟨-⟩ lusso m; **Luxusartikel** pl articoli m/pl di lusso; **Luxushotel** n hotel m di lusso; **Luxussteuer** f tassa f sugli articoli di lusso

Lymphe f ⟨-, -n⟩ linfa f

lynchen vt linciare

Lyrik f lirica f; **Lyriker(in** f) m ⟨-s, -⟩ lirico/a; **lyrisch** adj lirico

M

M, m n M, m f

M.A. m **Magister artium** titolo che si acquisisce al termine degli studi universitari

Machart f foggia f; **machbar** adj fattibile; **Mache** f ⟨-⟩ FAM messa f in scena; **machen I.** vt ① (tun) fare ② (herstellen) produrre; → **Kleid** cucire, fare ③ (erledigen) sbrigare ④ (FAM reparieren) riparare; FAM → **Prüfung** dare ⑤ ◇ **Was - deine Kinder?** come stanno i bambini ? ⑥ MATH fare ⑦ ◇ **in die Hose** - farsela addosso **II.** vr ◇ **sich** - ① (aussehen) presentarsi ② ◇ **sich an etw** akk - accingersi a fare qc **III.** vi ① (handeln) ◇ **in etw** akk - commerciare in qc ② ◇ **das macht nichts** non fa niente; ◇ **mach's gut!** stammi bene !; **Macher** m autore m

Macho m ⟨-s, -s⟩ FAM macho m

Macht f ⟨-, Mächte⟩ potere m; **Machthaber(in** f) m ⟨-s, -⟩ potente m/f; **mächtig** adj potente; (FAM sehr) molto; **machtlos** adj senza autorità; **Machtprobe** f prova f di forza; **Machtstellung** f posizione f di forza; **Machtübernahme** f assunzione f del potere; **Machtwort** n parola f decisiva; ◇ **ein - sprechen** dire l'ultima parola

Machwerk n (schlechte Arbeit) abborracciatura

Macke f fallo m; FIG ◇ **Der Mensch hat doch e-e -!** il tipo è pazzo!

Macker m (FAM PEJ Freund) ragazzo m

MAD m **Militärischer Abschirmdienst** servizio m di controspionaggio militare

Mädchen n ① ragazza f ② (Hausangestellte) domestica f; **mädchenhaft** adj da ragazza, da fanciulla; **Mädchenname** m cognome m da nubile

Made f ⟨-, -n⟩ verme m; (FIG im Überfluß haben) ◇ **leben wie die** - im Speck far vita da papi; **madig** adj ① ▷Apfel bacato ② FAM ◇ **jd-m etw - machen** togliere il gusto di qc a qu

Madonna f REL Madonna f

Mafia f ⟨-⟩ mafia f; **Mafiosi** m ⟨-s, -⟩ mafiosi m/pl

Magazin n ⟨-s, -e⟩ ① (Lager, Vorratsraum) magazzino m ② (Zeitschrift) rivista f ③ (bei Gewehren) caricatore m

Magd f ⟨-, Mägde⟩ domestica f

Magen m ⟨-s, Mägen o. -⟩ stomaco m; FAM ◇ **mir knurrt der** - mi brontola lo stomaco; FIG ◇ **sich den - verderben** guastarsi lo stomaco; **Magenbitter** m (Kräuterlikör) amaro m digestivo; **Magengeschwür** n MED ulcera f gastrica; **Magensäure** f MED acido m gastrico;

Magenschleimhaut f MED mucosa f gastrica; **Magenschleimhautentzündung** f gastrite f; **Magenschmerzen** pl dolori m/pl di stomaco

mager adj ① (schlank, dünn) magro ② ▷Fleisch magro ③ ▷Gehalt misero; **Magerkeit** f magrezza f; **Magermilch** f latte m magro

Magie f magia f; **magisch** adj magico

Magister m titolo accademico

Magistrat m magistrato m

Magma n ⟨s, -Magmen⟩ (von Vulkan) magma m

Magnat m ⟨-s o. en, en⟩ (Stahl-) magnate m/f

Magnesium n CHEM magnesio m\

Magnet m ⟨-s o. -en, en⟩ (Elektro-) magnete m; **Magnetband** n nastro m magnetico; **magnetisch** adj magnetico; **magnetisieren** vt magnetizzare; **Magnetnadel** f ago m magnetico; **Magnetpol** m polo m magnetico

Magnolie f FLORA magnolia f

Mahagoni n ⟨-s⟩ (-möbel) mogano m

Mähdrescher m mietitrebbiatrice f

mähen ¹ vt, vi falciare

mähen ² vi ← Schaf belare

Mahl n ⟨-[e]s, -e⟩ (Mittags-) pasto m

mahlen ⟨mahlte, gemahlen⟩ vt→ Kaffee macinare

Mahlzeit I. f pasto m **II.** intj: ◇ - ! buon appetito !

Mähmaschine f falciatrice f

Mahnbrief m lettera f di sollecito

Mähne f ⟨-, -n⟩ FAUNA criniera f; (FAM Haar) criniera f

mahnen vt ① SPORT ammonire ② (wegen Schulden) sollecitare; **Mahnung** f ① SPORT ammonizione f ② sollecitazione f

Mähre f rozza f

Mai m ⟨-[e]s, -e⟩ maggio m; **Maibaum** m albero m della cuccagna; **Maiglöckchen** n mughetto m; **Maikäfer** m maggiolino m

Mailbox f ⟨-, -en⟩ PC mail box m

Mais m ⟨-es⟩ mais m; **Maiskolben** m pannocchia f di granoturco

Maisonette f appartamento m di lusso ricavato da una mansarda

Majestät f maestà f; **majestätisch** adj maestoso

Majoran m ⟨-s⟩ maggiorana f

Major (in f) m ⟨-s, -e⟩ MIL maggiore m

Majorität f maggioranza f

makaber adj macabro

Makel m ⟨-s, -⟩ pecca f, macchia f; **makellos** adj senza macchia

mäkeln vi FAM trovare da ridire (über akk su)

Make-up n make-up m

Makkaroni f maccheroni m/pl

Makler (in f) m ⟨-s, -⟩ (Immobilien-) mediatore (-trice f) m

Makrele f ⟨-, -n⟩ sgombro m

Makrone f ⟨-, -n⟩ (Gebäck) amaretto m

makroskopisch adj macroscopico

mal adv s. **einmal** una volta; FAM ◇ **Augenblick** - ! un momento !; ◇ komm'- her ! vieni un po' qua !

Mal ¹ n ⟨-[e]s, -e⟩ (Zeitpunkt) momento m; (plötzlich) ◇ mit e-m - ad un tratto; ◇ von - zu - di volta in volta

Mal ² n ⟨-[e]s, -e o. Mäler⟩ (Mutter-) neo m

Malaria f ⟨-⟩ MED malaria f

malen vt o. vi dipingere; (FIG beschreiben) descrivere; **Maler** (in f) m ⟨-s, -⟩ ① pittore(-trice f) m ② (Anstreicher) imbianchino(a) m; **Malerei** f pittura f; **malerisch** adj pittoresco

Malheur n (Mißgeschick, Unglück) disgrazia f

maligne adj MED maligno

Malkasten m scatola f dei colori

malnehmen unreg vt, vi MATH moltiplicare

malochen vi FAM lavorare sodo

Malta n Malta f; **Malteserorden** m ordine m di Malta

malträtieren vt (mißhandeln) maltrattare

Malz n ⟨-es⟩ malto m; **Malzbier** n birra f di malto; **Malzbonbon** m caramella f al malto

Malzeichen n segno m di moltiplicazione

Malzkaffee m caffè m al malto

Mama, Mami f ⟨-, -s⟩ FAM mammina f

Mammon m ⟨-s⟩ (PEJ Geld) denaro m

Mammut n ⟨-s, -e o. -s⟩ mammut m

mampfen vi FAM mangiare rumorosamente

man pron indefinit ① si ② (jemand) qualcuno, uno

Management f ⟨-s⟩ direzione f; **Manager** (in f) m ⟨-s, -⟩ dirigente m/f; **Managerkrankheit** f MED malattia f da superlavoro

manche(r, s) I. pron ① qualcuno(a) ② alcuni m/pl II. adj ③ qualche, alcuno ④ (mehr) parecchio; **mancherlei** I. adj ⟨inv⟩ varie cose II. pron di varia specie

manchmal adv qualche volta

Mandant (in f) m JURA mandante m/f

Mandarine f FLORA mandarino m

Mandat n mandato m

Mandel f ⟨-, -n⟩ (Nuß) mandorla f; ANAT tonsilla f; **Mandelbaum** m FLORA mandorlo m; **Mandelentzündung** f infiammazione f delle tonsille; **Mandelmilch** f latte m di mandorla

Manege f ⟨-, -n⟩ (Zirkus-) pista f

Mangan n ⟨-s⟩ CHEM manganese m

Mangel ¹ m ⟨-s, Mängel⟩ ① (Knappheit) mancanza (an dat di) ② (Fehler) difetto m

Mangel ^{2} f ⟨-, -n⟩ (*Wäsche-*) mangano m

Mangelerscheinung f fenomeno m di carenza; **mangelhaft** adj **1** incompleto **2** *fehlerhaft* difettoso; **mangeln** vi mancare (*an dat* di); **mangels** *präp gen* in/per mancanza di; **Mangelware** f merce f rara

Mango f ⟨-, -s o. -nen⟩ FLORA mango m

Mangold m bietola f

Manie f MED mania f; FIG fissazione f

Manier f ⟨-⟩ (*Art und Weise, Stil*) maniera f; **Manieren** pl (*Benehmen, Umgangsformen*) maniere f/pl; **manierlich** adj educato

Manifest n ⟨-es, -e⟩ (*kommunistisches -*) manifesto m

Maniküre f ⟨-, n⟩ ↑ *Handpflege* manicure m/f; **maniküren** vt fare le mani a

Manipulation f manipolazione f; **manipulieren** vt manipolare

manisch adj (PSYCH *--depressiv*) maniaco

Manko n ⟨-s, -s⟩ (*Nachteil*) difetto m; (*Mangel*) mancanza f

Mann m ⟨-[e]s, Männer⟩ **1** (*Ehe-*) marito m **2** uomo m **3** FIG ◇ **der kleine -** poveraccio m

Männchen n **1** ometto m **2** (*Tier*) maschio m

Männerchor m coro m maschile; **Mannesalter** età f virile; **Manneskraft** f (*Zeugungskraft*) forza f virile

mannigfach adj molteplice; **mannigfaltig** adj molteplice

männlich adj maschile; **Männlichkeit** f mascolinità f; **Mannsbild** n *meist PEJ* tipo m; **Mannschaft** f SPORT squadra f; (*Polizei-*) squadra f; MIL truppa f; **Mannschaftskapitän** m SPORT capitano m di squadra; **Mannschaftsraum** m locale m dell'equipaggio; **Mannsleute** pl FAM uomini m/pl; **mannstoll** adj PEJ pazza per gli uomini; **Mannweib** n PEJ virago f

Manöver n ⟨-s, -⟩ (MIL *Herbst-*) manovra f; (*Ablenkungs-*) manovra f; **manövrieren** vt, vi (*geschickt handeln*) manovrare

Mansarde f ⟨-, -n⟩ mansarda f

Mansch m ⟨-[e]s⟩ *auch PEJ* pappa f; **manschen** vi FAM mescolare

Manschette f **1** (*Papier-*) fascia f **2** FIG ◇ **vor jd-m/etw -n haben** avere paura di qu/qc **3** TECH anello m di tenuta; **Manschettenknopf** m gemello m

Mantel m ⟨-s, Mäntel⟩ **1** cappotto m **2** (*Fahrrad-*) copertone m **3** (*Stahl-*) strato m **4** MATH superficie f laterale **5** FIG ◇ **seinen - nach dem Wind hängen** navigare secondo il vento

Manteltarif m tariffa f generale

Manual n ⟨-s, -e⟩ MUS manuale m

manuell adj manuale

Manufaktur f (*Porzellan-*) manifattura f

Manuskript n ⟨-[e]s, -e⟩ manoscritto m

Mappe f ⟨-, -n⟩ (*Akten-*) cartella f

Marathon m ⟨-s, -s⟩ SPORT maratona f; (FIG *-sitzung*) maratona f

Märchen n favola f; **märchenhaft** adj fiabesco; **Märchenprinz** m principe m azzurro

Marder m ⟨-s, -⟩ martora f

Margarine f margarina f

Marge f ⟨-, -n⟩ COMM margine m [di guadagno]

Margerite f ⟨-, -n⟩ FLORA margherita f

Marienbild n REL immagine f di Maria; **Marienkäfer** m coccinella f; **Marienleben** n KUNST vita f di Maria

Marihuana n ⟨-s⟩ marijuana f

Marinade f marinata f

Marine f NAUT marina f; **marineblau** adj blu marino; **Marinestützpunkt** m base f navale

marinieren vt → *Fisch* marinare

Marionette f (*-ntheater*) marionetta f; FIG marionetta f

maritim adj marittimo

Mark ^{1} f ⟨-, -⟩ (*Münze*) marco m

Mark ^{2} n ⟨-[e]s⟩ (*Knochen-*) midollo m; ◇ **durch - und Bein gehen** penetrare nelle ossa; FIG ◇ **kein - in den Knochen haben** essere uno smidollato

Mark ^{3} f ⟨-, -en⟩ (*Grenze*) confine m

markant adj notevole

Marke f ⟨-, -n⟩ **1** (*Warensorte*) marca f **2** (*Essens-*) marca f m **3** (*Garderoben-*) scontrino m; **Markenartikel** m articolo m di marca; **Markenware** f merce f di marca; **Markenzeichen** n marchio m di fabbrica

markerschütternd adj ▷*Schrei* straziante

Marketing n ⟨-s⟩ marketing m

markieren vt **1** → *Zeile* sottolineare **2** → *Tiere* marchiare **3** FAM ◇ **den starken Mann -** fingersi un uomo forte; **Markierung** f marcatura f

markig adj FIG energico

Markise f ⟨-, -n⟩ marquise f

Markknochen m osso m con midollo

Markstück n moneta f da un marco

Markt m ⟨-[e]s, Märkte⟩ (*Floh-*) mercato m; (*Absatz-*) mercato m; **Marktanteil** m partecipazione m al mercato; **Marktbude** f bancarella f; **Marktforschung** f indagine f di mercato; **Markthalle** f mercato m coperto; **Marktplatz** m mercato m; **Marktwirtschaft** f economia f di mercato

Marmelade f marmellata f

Marmor m ⟨-s, -e⟩ marmo m; **marmorieren** vt
marmorizzare

marode adj esausto

Marokko n Marocco m

Marone f ⟨-, -n o. Maroni⟩ castagna f

Marotte f ⟨-, -n⟩ (Spleen, Tick) capriccio m

Marquis(e f) m marchese(a) m

Mars m ASTRON Marte m

marsch intj marsc; ◇ **im Laufschritt** -! di corsa,
avanti marsc!

Marsch [1] m ⟨-[e]s, Märsche⟩ (Gewalt-, Nacht-)
marcia f

Marsch [2] f ⟨-, -en⟩ GEO polder m

Marschall(in f) m ⟨-s, Marschälle⟩ GESCH ma-
resciallo(a) m

Marschbefehl m ordine m di marcia; **marsch-
bereit** adj pronto a marciare; **marschieren** vi
marciare; **Marschverpflegung** f razioni f/pl di
marcia

Marter f ⟨-, -n⟩ tortura f

martern vt torturare; **Marterpfahl** m palo m del
supplizio

Martinshorn n sirena f

Märtyrer(in f) m ⟨-s, -⟩ martire m/f

Marxismus m POL marxismo m

März m ⟨-[es], -e⟩ marzo m; ◇ **Anfang** - all'inizio
di marzo; ◇ **Mitte** - a metà di marzo

Marzipan n marzapane m

Masche f ⟨-, -n⟩ maglia f; **Maschendraht** m
rete f metallica

Maschine f [1] ▷hydraulische macchina f [2]
(Motorrad) moto f [3] (Flugzeug) macchina f [4]
(Schreib-) macchina f [5] (Wasch-) lavatrice f;
maschinell adj a macchina; **Maschinen-
bauer(in** f) m costruttore (-trice) m di macchine; **Maschinenbauingenieur(in** f) m ingegnere m/f meccanico/a; **Maschinengewehr** n
mitragliatrice f; **maschinenlesbar** adj leggibile per il computer; **Maschinenpistole** f fucile m mitragliatore; **Maschinenraum** m sala f
macchine; **Maschinenschaden** m avaria f di
macchina; **Maschinenschlosser(in** f) m
meccanico(a) m; **Maschinenschrift** f scrittura
f a macchina; **maschine[n]schreiben** unreg
vi scrivere a macchina; **Maschinist(in** f) m
macchinista f

Masern pl MED morbillo msing

Maserung f venatura f

Maske f ⟨-, -n⟩ [1] (Verkleidung) maschera f [2]
(Gesichts-) maschera f; **Maskenball** m ballo m
in maschera; **Maskerade** f (Kostümierung) mascherata f; **maskieren** unreg I. vt (verkleiden)
mascherare; ↑ vermummen mascherare II. vr
◇ **sich** - mascherarsi

Maskottchen n mascotte f

maskulin adj mascolino

maß impf v. **messen**

Maß [1] I. n ⟨-es, -e⟩ unità f di misura; ↑ Ausmaß
misura f; (-band, Meter-) metro m; FIG ◇ **mit
zweierlei** - **messen** far due pesi e due misure

Maß [2] f ⟨-, -[e]⟩ boccale m

Massage f ⟨-, -n⟩ massaggio m

Massaker n ⟨-s, -⟩ massacro m

Maßanzug m abito m su misura; **Maßarbeit** f
FIG lavorazione f su misura

Masse f ⟨-, -n⟩ (Teig-) massa f; ◇ **die breite** - la
massa; FAM ▷Glückwünsche grande quantità f

Maßeinheit f unità f di misura

Massenarbeitslosigkeit f disoccupazione f di
massa; **Massenartikel** m articolo m in serie;
Massengrab n fossa f comune; **massenhaft**
adj ⟨inv⟩ massiccio; **Massenmedium** n mezzo
m di comunicazione di massa; ◇ **die Massenmedien** i mass media; **massenweise** adv in massa

Masseur(in f) m massaggiatore(-trice f) m;
Masseuse f (auch Prostituierte) massagiatrice
f

Maßgabe f: ◇ **nach** - **der/des** gen in ragione di;
maßgebend adj determinante; **maßgeblich**
adj determinante; **maßhalten** unreg vi moderarsi

massieren [1] vt ▷Rücken massaggiare

massieren [2] vt MIL concentrare

massig adj FAM massiccio

mäßig adj ▷Trinker moderato; ▷Schüler mediocre; **mäßigen** I. vt → Zorn moderare;
→ Tempo moderare II. vr ◇ **sich** - moderarsi;
Mäßigkeit f moderazione f; (Mittelmaß) mediocrità f; **Mäßigung** f moderazione f

massiv adj massiccio; FIG rozzo; **Massiv** n ⟨-s,
-e⟩ (Bergkette) massiccio m

Maßkrug m boccale m; **maßlos** adj smisurato,
illimitato, esagerato; **Maßnahme** f ⟨-, -n⟩:
◇ **geeignete** -**n ergreifen** prendere provvedimenti adeguati; **maßregeln** unreg vt (zurechtweisen) infliggere una punizione a; **Maßstab** m
[1] misura f [2] FIG ↑ Kriterium norma f [3] GEO
scala f; **maßvoll** adj moderato

Mast [1] m ⟨-[e]s, -e[n]⟩ (NAUT Schiffs-) albero m;
(ELECTR Strom-) palo m

Mast [2] f ⟨-⟩ (von Schlachtvieh) ingrassamento m

Mastdarm m MED intestino m retto

mästen vt → Schweine ingrassare

Mastkorb m coffa f

Matador m ⟨-s, -e⟩ matador m

Match n ⟨-[e]s, -s⟩ (Tennis-) match m

Material n ⟨-s, -ien⟩ [1] (Verpackungs-) materiale

m ② *(Beweis-)* materiale *m;* **Materialfehler** *m* difetto *m* di materiale; **Materialismus** *m* materialismo *m;* **Materialist(in** *f*) *m* materialista *m/f;* **materialistisch** *adj* materialistico; **Materie** *f*① CHEM materia *f* ② *(Sachgebiet)* materia *f;* **materiell** *adj* materiale

Mathematik *f* matematica *f;* **Mathematiker (in** *f*) *m* ⟨-s, -⟩ matematico(a) *m;* **mathematisch** *adj* matematico

Matinee *f* ⟨-, -n⟩ matinée *f*

Matjeshering *m* aringa *f* vergine

Matratze *f* ⟨-, -n⟩ materasso *m*

Matrize *f* ⟨-, -n⟩ matrice *f*

Matrose *m* ⟨-n, -n⟩ (NAUT *Dienstgrad*) marinaio *m*

Matsch *m* ⟨-[e]s⟩ fanghiglia *f;* **matschig** *adj* fangoso

matt *adj* ① *(kraftlos)* stanco, spossato ② *(glanzlos)* opaco ③ ◇ **jd-n - setzen** dare scacco matto a qu ④ *FIG* ▷*Lächeln* fiacco, debole

Matte *f* ⟨-, -n⟩ *(Fuß-)* stuoia *f, FAM* ◇ **auf der - stehen** far visita a qu inaspettatamente

Mattigkeit *f* stanchezza *f*

Mattlack *m* vernice *f* opaca

Mattscheibe *f* (FAM *Fernseher*) schermo *m;* (FAM *begriffsstutzig sein*) ◇ **e-e - haben** avere la mente annebbiata

Matura *f* ⟨-⟩ *(ÖST)* maturità *f*

mau *adj* (FAM *schlecht*) cattivo

Mauer *f* ⟨-, -n⟩ ▷*Berliner* muro *m;* SPORT muro *m;* **Mauerblümchen** *n* FAM ragazza *f* che fa tappezzeria; **mauern I.** *vt* murare **II.** *vi* costruire un muro; *FIG (beim Kartenspiel)* non rischiare; **Mauersegler** *m* rondone *m;* **Mauerwerk** *n* opera *f* muraria

Maul *n* ⟨-[e]s, Mäuler⟩ muso *m; FAM* ◇ **sich das - zerreißen** parlare male di qu; *(FAM freche Reden führen)* ◇ **ein loses** *[o.* ungewaschenes*]* **- haben** avere la lingua lunga; **Maulbeerbaum** *m* FLORA gelso *m;* **maulen** *vi* FAM ↑ *murren* brontolare; **Maulesel** *m* mulo *m;* **maulfaul** *adj* (FAM *wortkarg*) taciturno; **Maulheld** *m* (FAM *Angeber*) fanfarone *m;* **Maulkorb** *m* museruola *f; FIG* ◇ **jd-m e-n - umhängen** mettere il bavaglio a qu; **Maulschelle** *f* (Ohrfeige) ceffone *m;* **Maulsperre** *f* trisma *f; FAM* ◇ **die - kriegen** rimanere a bocca aperta; **Maultier** *n* mulo *m;* **Maulwurf** *m* talpa *f;* **Maulwurfshaufen** *m* mucchio *m* di terra sollevato dalle talpe

maunzen *vi* ① ← *Katze* miagolare ② (FAM *jammern*) piagnucolare

Maurer(in *f*) *m* ⟨-s, -⟩ muratore(-trice *f*) *m*

Maus *f* ⟨-, Mäuse⟩ ① topo *m* ② *FAM* ◇ **keine Mäuse haben** non avere soldi ③ (FAM *Verkehrspolizist*) vigile *m;* **mäuschenstill** *adj* zitto zitto; **Mausefalle** *f* trappola *f* per topi; **mausen** *vt* (FAM *stehlen*) rubare

Mauser [1] *f* ⟨-, -⟩ *(Pistole)* pistola *f* [Mauser]

Mauser [2] *f* ⟨-⟩ *(von Vögeln)* muta *f;* **mausern** *vr* ◇ **sich -** [1] ← *Vögel* mutare le penne ② *(FAM sich entwickeln)* diventare

mausetot *adj* FAM morto stecchito

Maut *f* ⟨-⟩ *(ÖST)* pedaggio *m*

maximal *adj* massimale

Maxime *f* ⟨-, -n⟩ massima *f;* **maximieren** *unreg vt* → *Gewinn* massimizzare; **Maximum** *n* ⟨-s, Maxima⟩ maximum *m*

Mäzen *m* *(Kunst-)* mecenate *m*

Mayonnaise *f* ⟨-, -n⟩ maionese *f*

Mechanik *f* meccanica *f;* **Mechaniker(in** *f*) *m* ⟨-s, -⟩ meccanico(a) *m;* **mechanisch** *adj* meccanico; **mechanisieren** *vt* meccanizzare; **Mechanismus** *m* meccanismo *m*

meckern *vi* ← *Ziege* belare; *(FAM nörgeln)* brontolare; **Meckerfritze** *m* ⟨-n, -n⟩ FAM brontolone *m*

Medaille *f* ⟨-, -n⟩ medaglia *f*

Medaillon *n* ⟨-s, -s⟩ *(Schmuck)* medaglione *m*

Medikament *n* medicina *f*

meditieren *vi* meditare *(über akk* su)

Medium *n* [1] *(Mittel)* mezzo *m* ② *(Parapsychologie)* medium *m*

Medizin *f* ⟨-, -en⟩ medicina *f;* **Medizinball** *m* SPORT palla *f* medica; **Mediziner(in** *f*) *m* dottore(-essa *f*) *m;* *(Student)* studente (-essa *f*) di medicina *m;* **medizinisch** *adj* medico; **Medizinmann** *m* stregone *m*

Meer *n* ⟨-[e]s, -e⟩ *auch FIG* mare *m;* **Meerbusen** *m* golfo *m;* **Meerenge** *f* stretto *m;* **Meeresfrucht** *f* frutto *m* di mare; **Meeresgrund** *m* fondo *m* marino; **Meereskunde** oceanografia *f;* **Meeresspiegel** *m* livello *m* del mare; **Meerkatze** *f* cercopiteco *m*

Meerrettich *m* rafano *m*

Meersalz *n* sale *m* marino; **Meerschweinchen** *n* FAUNA porcellino *m* d'India; **Meerungeheuer** *n* mostro *m* marino

Meeting *n* ⟨-s, -s⟩ meeting *m*

Megabyte *n* PC megabyte *m*

Megafon, Megaphon *n* ⟨-s, -e⟩ megafono *m*

Mehl *n* ⟨-[e]s, -e⟩ *(Weizen-)* farina *f;* **mehlig** *adj* ▷*Kartoffel* farinoso; **Mehlspeise** *f* cibo *m* farinaceo

mehr *adv* ① *(komp von sehr und viel)* più; ◇ **Was willst du - ?** cosa vuoi di più ? ② *(an Menge übertreffend)* in più, ◇ **wir haben - als sechs Gäste** abbiamo più di sei ospiti ③ *(in höherem Grad)* più ④ *(eher)* piuttosto; **Mehraufwand**

m aumento *m* delle spese; **Mehrbelastung** *f* sovraccarico *m;* **mehrdeutig** *adj* ambiguo

mehrere I. *pron indefinit* parecchi *m/pl,* parecchie *f/pl* **II.** *adj* parecchi

mehrfach *adj* (~ *vorbestraft*) più volte; ◇ **ein Dokument in -er Ausfertigung** un documento in più copie; ◇ **in -er Hinsicht** sotto svariati punti di vista

Mehrfamilienhaus *n* casa *f* con più appartamenti; **Mehrheit** *f* maggioranza *f;* **mehrmalig** *adj* ripetuto; **mehrmals** *adv* ripetutamente; **mehrsprachig** *adj* poliglotta; **mehrspurig** *adj* ▷*Straße* a più corsie; **mehrstimmig** *adj* a più voci; **mehrstöckig** *adj* a più piani; **Mehrwegflasche** *f* bottiglia *f* con vuoto a rendere; **Mehrwertsteuer** *f* imposta *f* sul valore aggiunto; **Mehrzahl** *f* ① maggioranza *f* ② GRAM plurale *m*

meiden ⟨mied, gemieden⟩ *vt* evitare

Meile *f* ⟨-, -n⟩ miglio *m;* **Meilenstein** *m* pietra *f* miliare; *FIG* ◇ **ein - in der Geschichte** una pietra miliare della storia; **meilenweit** *adv* per miglia e miglia

mein *possessiv* mio

meine(r, s) *pron* mio(a) *m*

Meineid *m* spergiuro *m*

meinen I. *vt* ① pensare, credere ② (*beabsichtigen*) ◇ **Ich habe nichts Böses gemeint** Non avevo alcuna cattiva intenzione **II.** *vi* dire, pensare

meiner *pron personal: gen* di ich di me

meinerseits *adv* da parte mia, per conto mio

meinesgleichen *pron* (*inv*) mio pari

meinethalben, meinetwegen *adv* ① (*wegen mir*) per causa mia ② (*mir zuliebe*) per amor mio ③ (*um mich*) per me ④ (*für mich*) per me ⑤ (*von mir aus*) per conto mio; ◇ **na -** e vada

Meinung *f* opinione *f;* ◇ **jd-m die - sagen** dirne quattro a qu; **Meinungsaustausch** *m* scambio *m* di opinioni; **Meinungsfreiheit** *f* libertà *f* di opinione; **Meinungsumfrage** *f* sondaggio *m* di opinione; **Meinungsverschiedenheit** *f* contrasto *m* di opinioni

Meise *f* ⟨-, -n⟩ cinciallegra *f; FAM* ◇ **e-e - haben** essere matto

Meißel *m* ⟨-s, -⟩ scalpello *m;* **meißeln** *vt, vi* scalpellare

meist *adj* la maggior parte di, il più di; **meistens** *adv* (*fast immer*) per lo più

Meister(in *f*) *m* ⟨-s, -⟩ ① (*Lehrer*) maestro(a) *m* ② SPORT campione(-essa *f*) *m* ③ (*Künstler*) ◇ **die alten - i** maestri del passato; **meisterhaft** *adj* magistrale; **meistern** *vt* → *Situation* dominare; **Meisterschaft** *f* ① maestria *f* ② SPORT

campionato *m;* **Meisterstück** *n* capolavoro *m;* **Meisterwerk** *n* capolavoro *m*

Mekka *n* (*Einkaufs-*) mecca *f*

Melancholie *f* malinconia *f;* **melancholisch** *adj* malinconico

Meldeamt *n* ufficio *m* anagrafe; **Meldefrist** *f* termine *m* di denuncia; **melden** *vt* → *Unfall* denunciare; *FAM* ◇ **nichts zu - haben** non avere niente da dire; **Meldepflicht** *f a.* MED obbligo *m* di denuncia; **Meldeschluß** *m* termine *m* per la denuncia; **Meldestelle** *f* borsa *m* del corriere; **Meldung** *f* ① (*Anmeldung*) annuncio *m* ② MIL rapporto *m* ③ (*Anzeige*) denuncia *f*

meliert *adj* brizzolato

Melisse *f* FLORA melissa *f*

melken ⟨molk, gemolken⟩ *vt* mungere; *FAM* ◇ **jd-n** - spillare quattrini a qu; **Melkmaschine** *f* mungitrice *f* meccanica

Melodie *f* melodia *f;* **melodisch** *adj* melodico

Melodrama *n* melodramma *m*

Melone *f* ⟨-, -n⟩ ① (*Wasser-*) coccomero *m;* (*Honig-*) melone *m* ② (*Hut*) bombetta *f*

Membran[e] *f* ⟨-, -en⟩ ① TECH diaframma *m* ② (BIO, MED) membrana *f*

Memme *f* (*FAM Feigling*) vigliacco *m*

Memoiren *pl* memorie *f/pl*

Menge *f* ⟨-, -n⟩ (*Menschen-*) gran numero *m;* (*große Anzahl*) gran quantità *f*, insieme *m;* **mengen I.** *vt* → *Mehl und Eier* mescolare **II.** *vr* ◇ **sich -** immischiarsi (*in akk* in); **Mengenlehre** *f* MATH teoria *f* degli insiemi; **Mengenrabatt** *m* sconto *m* sulla quantità

Meningitis *f* ⟨-, Meningitiden⟩ MED meningite *f*

Meniskus *m* ⟨-, Menisken⟩ MED menisco *m*

Mensa *f* ⟨-, Mensen⟩ mensa *f*

Mensch I. *m* ⟨-en, -en⟩ persona *f;* ◇ **kein -** nessuno; **Menschenalter** *n* età *f* dell'uomo; **Menschenfeind(in** *f*) *m* misantropo(a) *m;* **Menschenfresser(in** *f*) *f* cannibale *m/f;* **menschenfreundlich** *adj* umano, filantropico; **Menschengestalt** *f* REL sembianza *f* umana; **Menschenkenner(in** *f*) *m* ⟨-s, -⟩ conoscitore(-trice *f*) degli uomini *m;* **Menschenkette** *f* catena *f* umana; **menschenleer** *adj* deserto; **Menschenliebe** *f* umanitarismo *m;* **menschenmöglich** *adj:* ◇ **alles -e tun** fare tutto ciò che è umanamente possibile; **Menschenopfer** *n* sacrificio *m* umano; **Menschenraub** *m* sequestro *m* di persona; **Menschenrechte** *pl* diritti *m/pl* umani; **menschenscheu** *adj* schivo; **Menschenschlag** *m* specie *f* d'uomini; **menschenunwürdig** *adj* ▷*Verhalten* indegno d'un uomo; ▷*Bedingungen* disumano;

menschenverachtend *adj* misantropo; **Menschenverstand** *m* intelletto *m* umano; **Menschheit** *f* umanità *f;* **menschlich** *adj* ▷*Bedürfnis* umano; **Menschlichkeit** *f* umanità *f*

Menstruation *f* mestruazione *f*

Mentalität *f* mentalità *f*

Menthol *n* ⟨-s⟩ (*-bonbons*) mentolo *m*

Mentor *m* (*Berater, Lehrer*) precettore *m*

Menü *n* ⟨-s, -s⟩ *a.* PC menù *m*

Menuett *n* ⟨-s, -e⟩ MUS minuetto *m*

Merchandising *n* ⟨-s⟩ COMM merchandising *m*

Meridian *m* ASTRON meridiano *m* celeste; GEO meridiano *m* terrestre

Merkantilismus *m* mercantilismo *m*

Merkblatt *n* foglio *m* d'istruzioni; **merken I.** *vt* (*spüren, wahrnehmen*) accorgersi di, notare **II.** *vi* badare, far attenzione (*auf akk* a) **III.** *vr* ◇ *sich dat* - ricordarsi, tener presente; **merklich** *adj* rilevante, notevole; **Merkmal** *n* ⟨-(e)s, -e⟩ segno *m*

Merkur *m* ⟨-s⟩ ASTRON Mercurio *m*

merkwürdig *adj* strano, curioso; **merkwürdigerweise** *adv* stranamente

meßbar *adj* misurabile; **Meßbecher** *m* misurino *m;* **Meßbuch** *n* messale *m*

Messe ¹ *f* ⟨-, -n⟩ 1 (*Buch-*) fiera *f* 2 REL messa *f*

Messe ² *f* ⟨-, -n⟩ (NAUT *Offiziers-*) mensa *f*

messen ⟨maß, gemessen⟩ **I.** *vt* 1 → *Blutdruck* misurare 2 (*vergleichen*) confrontare **II.** *vr* ◇ *sich* - (FIG *sich erproben*) cimentarsi

Messer *n* ⟨-s⟩ coltello *m;* FIG ◇ *jd-n ans* - liefern consegnare qu al boia; FAM ◇ *unters* - kommen stare sotto i ferri; **Messerspitze** *f* 1 punta *f* del coltello 2 (*in Rezept*) pizzico *m*

Messestand *m* stand *m*

Meßgerät *n* strumento *m* di misura; **Meßgewand** *n* REL pianeta *f*

Messias *m* ⟨-⟩ REL Messia *m*

Messing *n* ⟨-s⟩ (*-schild*) ottone *m*

Meßinstrument *n* strumento *m* di misurazione; **Meßordnung** *f* REL norme *f/pl* per la celebrazione della Messa

Mestize *m*, **Mestizin** *f* meticcio(a) *m*

Metall *n* ⟨-s, -e⟩ metallo *m;* **metallen, metallisch** *adj* metallico; FIG ▷*Stimme* metallico

Metamorphose *f* ⟨-, -n⟩ 1 FLORA metamorfosi *f* 2 GEO metamorfismo *m*

Metaphysik *f* metafisica *f*

Metapher *f* metafora *f*

Metastase *f* ⟨-, -n⟩ MED metastasi *f*

Meteor *n* ⟨-s, -e⟩ meteora *f;* **Meteorologie** *f* meteorologia *f*

Meter *m o n* ⟨-s, -⟩ metro *m;* **Metermaß** *n* metro *m*

Methan *n* ⟨-s⟩ (*-gas*) metano *m*

Methode *f* ⟨-, -n⟩ (*Arbeits-*) metodo *m;* **methodisch** *adj* metodico; **Methodist(in** *f*) *m* metodista *m/f*

Methylalkohol *m* CHEM alcole *m* metilico

Metier *n* ⟨-s, -s⟩ mestiere *m*

metrisch *adj* metrico

Metro *f* metro *f*

Metronom *n* metronomo *m*

Metropole *f* ⟨-, -n⟩ metropoli *f*

Mett *n* carne *f* macinata

Metzger(in *f*) *m* ⟨-s, -⟩ macellaio(a) *m;* **Metzgerei** *f* macelleria *f*

Meuchelmord *m* assassinio *m*

Meute *f* ⟨-, -n⟩ muta *f;* FIG banda, orda *f*

Meuterei *f* ammutinamento *m;* **Meuterer** *m* ⟨-s, -⟩, **Meuterin** *f* ammutinato *m*, rivoltoso *m;* **meutern** *vi* ribellarsi

Mexiko *n* Messico *m*

Mezzosopran *m* MUS mezzosoprano *m*

MHz *Abk v.* **Megahertz** MHz

miauen *vi* ← *Katze* miagolare

mich *pron personal: akk von* **ich** me, mi

mied *impf v.* **meiden**

Mief *m* ⟨-s⟩ FAM aria *f* viziata

Miene *f* ⟨-, -n⟩ (*Leidens-*) espressione *f*

mies *adj* FAM ▷*Niveau* scadente; **miesmachen** *unreg vt* → *Person* screditare; **Miesmuschel** *f* mitilo *m*, cozza *f*

Mietauto *n* automobile *f* a noleggio; **Miete** *f* ⟨-, -n⟩ affitto *m;* ◇ *zur* - wohnen abitare in affitto; **mieten** *vt* → *Wohnung* prendere in affitto; → *Auto* noleggiare; **Mieter(in** *f*) *m* ⟨-s, -⟩ affittuario(a) *m;* **Mietshaus** *n* casa *f* in affitto; **Mietvertrag** *m* contratto *m* d'affitto; **Mietwohnung** *f* appartamento *m* in affitto

Migräne *f* ⟨-, -n⟩ (*Kopfschmerzen*) emicrania *f*

Mikado *n* (*Gesellschaftsspiel*) mikado *m*

Mikroanalyse *f* microanalisi *f;* **Mikrobe** *f* ⟨-, -n⟩ BIO microbo *m;* **Mikrochip** *m* microchip *m;* **Mikroelektonik** *f* microelettronica *f;* **Mikrofiche** *m* ⟨-s, -s⟩ microfiche *m;* **Mikrofilm** *m* microfilm *m;* **Mikrofon, Mikrophon** *n* ⟨-s, -e⟩ microfono *m;* **Mikroprozessor** *m* PC microprocessore *m;* **Mikroskop** *n* ⟨-s, -e⟩ microscopio *m;* **mikroskopisch** *adj* microscopico; **Mikrowelle** *f* microonda *f;* **Mikrowellenherd** *m* forno *m* a microonde

Milbe *f* ⟨-, -n⟩ FAUNA acaro *m*

Milch *f* ⟨-⟩ 1 latte *m* 2 FLORA lattice *m*

Milchbart *m* (FAM *unreifer Jüngling*) sbarbatello *m;* **Milchflasche** *f* bottiglia *f* del latte; (*für*

Säuglinge) biberon *m;* **Milchgebiß** *n* dentatura *f* da latte; **Milchglas** *n* vetro *m* opalino; **milchig** *adj* latteo; **Milchkaffee** *m* caffelatte *m;* **Milchpulver** *n* latte *m* in polvere; **Milchreis** *m* riso *m* al latte; **Milchstraße** *f* via *f* lattea; **Milchwirtschaft** *f* industria *f* casearia; **Milchzahn** *m* dente *m* da latte

mild *adj* ▷*Klima* mite; ▷*Richter* indulgente; ▷*Kaffee* leggero; **Milde** *f* ⟨-⟩ dolcezza *f;* **mildern** *vt* → *Schmerz* lenire; ◇ **-de Umstände** circostanze attenuanti; **mildtätig** *adj* caritatevole

Milieu *n* ⟨-s, -s⟩ ambiente *m*

militant *adj* militante

Militär [1] *n* ⟨-s⟩ esercito *m;* ◇ **beim - sein** essere sotto le armi

Militär [2] *m* ⟨-s, -s⟩ militare *m*

Militärdienst *m* servizio *m* militare; **Militärgefängnis** *n* prigione *f* militare; **Militärgericht** *n* tribunale *m* militare; **militärisch** *adj* militare; **Militarismus** *m* militarismo *m;* **militaristisch** *adj* militaristico; **Militärmusik** *f* musica *f* militare; **Militärputsch** *m* putsch *m* militare; **Militärregierung** *f* governo *m* militare

Miliz *f* ⟨-, -en⟩ milizia *f*

Milliardär(in *f*) *m* miliardario(a) *m;* **Milliarde** *f* ⟨-, -n⟩ miliardo *m*

Millibar *n* ⟨-s⟩ millibar *m;* **Millimeter** *m* millimetro *m;* **Millimeterpapier** *n* carta *f* millimetrata

Million *f* milione *m;* **Millionär(in** *f*) *m* milionario(a) *m*

Milz *f* ⟨-, -en⟩ ANAT milza *f;* **Milzbrand** *m* carbonchio *m*

mimen *vt* mimare; (*FAM vortäuschen*) fingersi; **Mimik** *f* mimica *f*

Mimikry *f* ⟨-⟩ FAUNA mimetismo *m*

Mimose *f* ⟨-, -n⟩ FLORA mimosa *f; FIG* persona *f* ipersensibile

Minarett *n* ⟨-[e]s, -e⟩ minareto *m*

minder I. *adj* ▷*Gehalt* minore, inferiore; ▷*Ware* scadente II. *adv* meno; **minderbegabt** *adj* minorato, ritardato; **minderbemittelt** *adj* povero; (*FAM beschränkt*) ◇ **geistig ~** ritardato; **Minderheit** *f* minoranza *f;* **minderjährig** *adj* minorenne; **Minderjährige(r)** *fm* minore *m/f;* **Minderjährigkeit** *f* minore età *f;* **mindern** *vt* → *Preis* ridurre; → *Schmerz* lenire; **minderwertig** *adj* ▷*Waren* scadente; ▷*Charakter* abietto; **Minderwertigkeitsgefühl** *n* senso *m* di inferiorità; **Minderwertigkeitskomplex** *m* complesso *m* di inferiorità

Mindestabstand *m* distanza *f* minima; **Mindestalter** *n* età *f* minima; **Mindestbetrag** *m*

importo *m* minimo; **mindeste(r,s)** I. *adj, pron* minimo, il più piccolo II. *pron indefinit* minimo *m,* meno *m* III. *pron indefinit (pl)* minoranza *f sg;* **mindestens** *adv* minimo, almeno; **Mindestlohn** *m* paga *f* minima; **Mindestmaß** *n* minimo *m*

Mine [1] *f* ⟨-, -n⟩ [1] (*Bleistift-*) mina *f* [2] (*Bergwerk*) miniera *f*

Mine [2] *f* ⟨-, -n⟩ (*See-*) mina *f*

Minenfeld *n* campo *m* minato; **Minensuchgerät** *n* apparecchio *m* cercamine

Mineral *n* ⟨-s, -e *o*. -ien⟩ minerale *m;* **mineralisch** *adj* minerale; **Mineralöl** *n* petrolio *m;* **Mineralsalz** *n* sale *m* minerale; **Mineralwasser** *n* acqua *f* minerale

Minestrone *f* ⟨-, Minestroni⟩ minestrone *m*

Miniatur *f* (*Bild*) miniatura *f;* **Miniaturausgabe** *f* edizione *f* in miniatura

Minibar *f* minibar *m*

Minigolf *n* minigolf *m*

minimal *adj* minimale

Minimax® *m* estintore *m* portatile

Minimum *n* ⟨-s, Minima⟩ minimum *m* (*an dat* di); ◇ **auf ein - reduzieren** ridurre al minimo

Minister(in *f*) *m* ⟨-s, -⟩ ministro *m/f;* **ministeriell** *adj* ministeriale; **Ministerium** *n* ministero *m;* **Ministerpräsident(in** *f*) *m* presidente (-essa *f*) del consiglio dei ministri *m;* **Ministerrat** *m* consiglio *m* dei ministri

Minnesang *m* ⟨-s⟩ lirica *f* d'amore cavalleresca

Minorität *f* (*Minderheit*) minoranza *f*

minus *adv* meno; **Minus** *n* ⟨-, -⟩ [1] (*Defizit*) ammanco *m* [2] (*Nachteil*) svantaggio *m;* **Minuspol** *m* polo *m* negativo; **Minuspunkt** *m* punto *m* di penalità; **Minuszeichen** *n* segno *m* del meno

Minute *f* ⟨-, -n⟩ minuto *m;* ◇ **auf die letzte - kommen** arrivare all'ultimo minuto; **Minutenzeiger** *m* indicatore *m* dei minuti

mir *pron* (*dat von ich*) a me, mi; (*FIG plötzlich*) ◇ **- nichts, dir nichts** di punto in bianco; (*FAM meinetwegen*) ◇ **von - aus** per conto mio

Mirabelle *f* mirabella *f*

Mirakel *n* miracolo *m*

Mischehe *f* matrimonio *m* misto; **mischen** I. *vt* → *Getränke, Spielkarten* mescolare II. *vr* ◇ **sich - (unter die Leute -** mescolarsi tra la gente [2] ◇ **sich in ein Gespräch -** intromettersi in un discorso; **Mischling** *m* sangue *m* misto; FLORA ibrido *m;* **Mischpult** *n* TECH miscelatore *m;* **Mischung** *f* (*Tee-, Tabak-*) miscela *f*

miserabel *adj* pessimo; ◇ **es geht ihm -** se la passa malissimo

mißachten *vt* → *Gesetze* non osservare; **Miß-**

achtung f mancato rispetto m; **Mißbehagen** n dispiacere m; **Mißbildung** f BIO, MED malformazione f; **mißbilligen** vt → Verhalten, Entschluß disapprovare; **Mißbilligung** f disapprovazione f; **Mißbrauch** m (Amts-, Macht-) abuso m; **mißbrauchen** vt [1] → Vertrauen, Macht abusare (akk di) [2] (vergewaltigen) violentare; **mißbräuchlich** adj abusivo; **mißdeuten** vt → Aussage interpretare male

missen vt: ◇ etw nicht - wollen non voler fare a meno di qu

Mißerfolg m insuccesso m; **Mißernte** f raccolto m scarso

Missetäter(in f) m malfattore(-trice f) m

mißfallen unreg vi non piacere; **Mißfallen** n ⟨-s⟩ riprovazione f; **Mißgeburt** f aborto m; FIG insuccesso m; **mißgelaunt** adj di malumore; **Mißgeschick** n [1] sfortuna f [2] ◇ jd-m passiert ein - a qu capita un contrattempo; **mißglücken** vi ← Arbeit non riuscire; **mißgönnen** vt → ihren Erfolg invidiare; **Mißgriff** m passo m falso; **Mißgunst** f invidia f; **mißgünstig** adj invidioso; **mißhandeln** vt [1] → Gefangene maltrattare [2] FAM → Gitarre strimpellare; **Mißhandlung** f maltrattamento m

Mission f incarico m, missione f; **Missionar(in** f) m missionario(a) m

Mißklang m (Disharmonie) stonatura f; (FIG Unstimmigkeit) disaccordo m; **Mißkredit** m discredito; ◇ jd-n in - bringen discreditare qu

mißlang impf v. **mißlingen**

mißlich adj (unerfreulich) spiacevole, sgradevole; ◇ in e-e - Lage bringen mettere qu in una situazione spiacevole; **mißlingen** ⟨mißlang, mißlungen⟩ vi fallire; **Mißmut** m (schlechte Laune) malumore m; **mißmutig** adj di malumore; **mißraten I.** unreg vi ← Arbeit non riuscire; **II.** adj ▷ Kind maledetto; **Mißstand** m [1] ↑ Unannehmlichkeit inconveniente m [2] (Situation) situazione f insostenibile; **Mißstimmung** f malumore m; **mißtrauen** vi diffidare (jd-m di qu); **Mißtrauen** n ⟨-s⟩ sfiducia f; ◇ jd-m - entgegenbringen diffidare di qu; **Mißtrauensantrag** m POL mozione f di sfiducia; **Mißtrauensvotum** n ⟨-s, -voten⟩ POL voto m di sfiducia; **mißtrauisch** adj sospettoso, diffidente; **Mißverhältnis** n sproporzione f; **Mißverständnis** n malinteso m; ◇ da liegt ein - vor qui c'è un equivoco; **mißverstehen** unreg vt equivocare, malintendere

Mist m ⟨-[e]s⟩ (als Dünger) letame m; (FAM Unsinn) cavolo m, (FAM Pech) ◇ so ein - che jella !

Mistel f ⟨-, -n⟩ FLORA vischio m

Misthaufen m letamaio m

mistig adj FAM lurido

mit I. präp dat [1] (mittels) con, per mezzo di [2] (Gemeinsamkeit) con; ◇ - Freunden wegfahren partire insieme ad amici [3] (bei) con, da [4] (Art und Weise, con) ◇ - lauter Stimme a voce alta [5] (zeitlich) ◇ - dem dritten [Mai] fängt die Schule wieder an il tre [di maggio] inizia la scuola **II.** adv (tra, fra): ◇ er zählt - zu den besten Schauspielern è tra gli attori migliori; **Mitarbeit** f collaborazione f; **mitarbeiten** vi collaborare; **Mitarbeiter(in** f) m collaboratore(-trice f) m; **mitbekommen** unreg vt ricevere; (FIG verstehen) ◇ hast du das -? ce l'hai capito?; **mitbenutzen** vt usare in comune; **Mitbesitzer(in** f) m comproprietario(a) m; **Mitbestimmung** f partecipazione f; **Mitbestimmungsrecht** n diritto m di partecipazione; **Mitbewerber(in** f) m concorrente m/f; **Mitbewohner(in** f) m coinquilino(a) m; **mitbringen** unreg vt → Geschenk portare; FIG ◇ das nötige Wissen - disporre delle conoscenze necessarie, **Mitbringsel** n ⟨-s, -⟩ (von Reise) regalino m; **Mitbürger(in** f) m concittadino(a) m; **miteinander** adv insieme, l'uno con l'altro; **miterleben** unreg vt → den Krieg vivere; **Mitesser** m ⟨-s, -⟩ comedone m; **Mitfahrerzentrale** f agenzia che mette in contatto automobilisti e persone che cercano un passaggio; **Mitfahrgelegenheit** f opportunità f di un passaggio per lo più con la mediazione di un'agenzia; **mitfreuen** vr ◇ sich - gioire insieme; **mitgeben** unreg vt → Ausbildung, Rat dare; **Mitgefühl** n compassione f; **mitgehen** unreg vi [1] andare insieme [2] (FAM stehlen) ◇ etw - lassen far sparire qc; **mitgenommen** adv ▷ Person sciupato, deperito; ▷ Möbel sciupato; **Mitgift** f ⟨-⟩ dote f; **Mitglied** n (Vereins-) membro m; **Mitgliedsbeitrag** m quota f sociale; **Mitgliedschaft** f appartenenza f; **Mitgliedstaat** m stato m membro; **mithalten** unreg vi (mitmachen) partecipare; FIG starci; **Mithilfe** f collaborazione f; **mithören** vt → Gespräch ascoltare; **mitkommen** unreg vi [1] venire insieme [2] (FIG verstehen) capire; **Mitläufer(in** f) m simpatizzante m/f; **Mitlaut** m GRAM consonante f; **Mitleid** n compassione f; **Mitleidenschaft** f: ◇ in - ziehen coinvolgere; **mitleidig** adj compassionevole; **mitleidslos** adj spietato; **mitmachen** vt [1] → Lehrgang seguire; (sich anschließen) ◇ darf ich bei dem Spiel -? posso partecipare al gioco? [2] (FAM Kummer erleiden) ◇ er hat viel - ne ha dovute passare tante; **Mitmensch** m prossimo m; **mitmischen** vi PEJ immischiarsi; **mitnehmen** unreg vt prendere con sé

M

Mitra f mitra f

mitreden vi aver voce in capitolo; ◇ **du hast hier nichts** - la cosa non ti riguarda; **mitreißen** unreg vt ← Strömung trascinare con sé; FIG ← Fröhlichkeit trascinare; **mitsamt** präp dat assieme a, insieme con; **mitschicken** vt spedire [insieme]; **mitschleifen** unreg vt trascinare; FAM portare con sé; **mitschneiden** unreg vt (auf Tonband) registrare; **Mitschnitt** m (Konzert-) registrazione f; **Mitschuld** f corresponsabilità f; **mitschuldig** adj corresponsabile (an dat di); **Mitschuldige(r)** fm corresponsabile m/f; **Mitschüler(in** f) m compagno (a) di scuola m; **mitspielen** vi giocare insieme; **Mitspieler** (**in** f) m compagno (a) di gioco m; **Mitsprache- recht** n diritto f alla parola

Mittag m mezzogiorno m; **Mittagessen** n pranzo m; **mittags** adv a mezzogiorno; **Mit- tagspause** f pausa f di mezzogiorno; **Mit- tagsruhe** f intervallo m di mezzogiorno; **Mit- tagsschlaf** m sonnellino m pomeridiano

Mittäter(in f) m complice m/f

Mitte f ⟨-, -n⟩ ① metà f ② POL centro m ③ ↑ Freundeskreis ◇ **aus** [o. **in**] **unserer** - della nostra cerchia

mitteilen vt; ◇ **jd-m etw** - comunicare qc a qu; **mitteilsam** adj comunicativo; **Mitteilung** f comunicazione f

Mittel n ⟨-s, -⟩ ① mezzo m ② (Maßnahme) provvedimento m ③ (Geld) Geld m/pl ④ MATH media f ⑤ MED farmaco m

Mittelalter n medioevo m; **mittelalterlich** adj medioevale

mittelbar adj mediato; **Mittelding** n via f di mezzo (zwischen dat tra, fra); **Mittelfinger** m medio m; **Mittelgebirge** n mezza f montagna; **Mittelgewicht** n SPORT pesi m/pl medi; **Mit- telklassewagen** m automobile f di media cilindrata; **Mittellinie** f SPORT linea f di metà campo

mittellos adj senza mezzi

mittelmäßig adj ▷Leistung mediocre; ▷Schüler mediocre; **Mittelmäßigkeit** f mediocrità f; **Mittelmeer** n mare m Mediterraneo; **Mittel- ohrentzündung** f MED otite f media; **Mittel- punkt** m centro m

mittels präp gen per mezzo di

Mittelschicht f classe f media; **Mittelschiff** n navata f centrale; **Mittelschule** f ↑ Realschule scuola che si frequentano dagli undici ai sedici anni; **Mittelsmann** m intermediario m; **Mit- telstand** m classe f media; **Mittelstrecken- rakete** f MIL missile m a medio raggio; **Mittel- streifen** m spartitraffico m; **Mittelstück** n

elemento m centrale; **Mittelstufe** f grado m medio; **Mittelstürmer(in** f) m M centravanti m/f; **Mittelweg** m via f di mezzo; FIG ◇ **den goldenen** - **wählen** scegliere il giusto mezzo; **Mittelwelle** f RADIO onda f media; **Mittel- wert** m MATH valore m medio

mitten adv a metà; ◇ -**auf der Straße** nel mezzo della strada; ◇ - **unter ihnen** in mezzo a loro

Mitternacht f mezzanotte f

mittlere adj (durchschnittlich) medio; ◇ -**r Be- amter** impiegato m di concetto; **mittlerweile** adv nel frattempo

Mittwoch m ⟨-[e]s, -e⟩ mercoledì m; **mitt- wochs** adv di mercoledì

mitunter adv talvolta

mitverantwortlich adj corresponsabile; **mit- wirken** vi cooperare (bei dat a); **Mitwirkung** f cooperazione f; ◇ **unter** - **von** con la partecipazione di; **Mitwisser(in** f) m ⟨-s, -⟩ chi è a conoscenza; JURA connivente m/f

Mixed Pickles pl sottaceti m/pl

mixen vt mescolare; **Mixer** m ⟨-s, -⟩ frullatore m

Mob m ⟨-s⟩ (Gesindel) plebaglia f

Möbel n ⟨-s, -⟩ mobile m; **Möbelstück** n mobile m; **Möbelwagen** m furgone m per traslochi

mobil adj mobile; (FIG gesund) ◇ **wieder** - **sein** essere di nuovo in salute

Mobiliar n ⟨-s, -e⟩ mobilio m

Mobilmachung f MIL mobilitazione f

möblieren vt ammobiliare; ◇ **möbliert wohnen** vivere in un appartamento ammobiliato

mochte impf v. **mögen**

modal adj modale; **Modalverb** n verbo m modale

Modder m ⟨-s⟩ (norddt. Schlamm) fango m

Mode f ⟨-, -n⟩: ◇ **mit der** - **gehen** seguire la moda; **Modefarbe** f colore m alla moda

Modell n ⟨-s, -e⟩ ① (Flugzeug-) modellino m ② KUNST modello m; ◇ - **sitzen/stehen** fare da modello ③ (Mannequin) modello m ④ (Prostitu- ierte) prostituta f; **Modellbau** m costruzione f di modelli; **Modelleisenbahn** f ferrovia f in miniatura; **modellieren** vt KUNST modellare

Modem n ⟨-s, -s⟩ PC modem m

Mode[n]schau f sfilata f di moda

Moder m ⟨-s⟩ (Verwesungsgeruch) odore f di marcio

Moderation f MEDIA moderazione f; **Modera- tor(in** f) m MEDIA modertatore(-trice f) m; **mo- derieren** vt moderare

modern [1] vi ← Blätter marcire

modern [2] adj di moda; **modernisieren** vt → Wohnung modernizzare; **Modeschmuck** m bigiotteria f; **Modewort** n parola f di moda

modifizieren vt → *Vertrag* modificare
modisch adj di moda
modrig adj ▷*Geruch* che sa di muffa
Modul n ⟨-s, -e⟩ (*Bauteil für Elektrogerät*) modulo m; PC modulo m
Modus m ⟨-, Modi⟩ GRAM modo m; (*FIG Vorgehensweise, Verfahrensweise*) modo m; ◇ - **vivendi** modus m vivendi
Mofa n ⟨-s, -s⟩ motorino m
mogeln vi (*FAM betrügen*) imbrogliare
mögen ⟨mochte, gemocht⟩ **I.** vi ① (*können*) potere; ◇ **mag sein** può essere ② (*wollen*) ◇ **sie mag nicht mitspielen** non vuole giocare ③ (*Wunsch*) ◇ **möge sie doch bald kommen!** se almeno venisse presto **II.** vt ① (*schmecken*) piacere; ◇ **er mag nur Sekt** gli piace solo lo spumante ② (*gern haben*) piacere; ◇ **er mag dich** ti vuole bene ③ (*wünschen*) ◇ **ich möchte tanzen** vorrei ballare
möglich I. adj possibile; ◇ **etw - machen** rendere possibile qc **II.** *intj FAM:* ◇ **nicht ~ !** impossibile !; **möglicherweise** adv possibilmente; **Möglichkeit** f ① (*Wahrscheinlichkeit*) possibilità f; ◇ **nach - se possibile**, possibilmente ② (*Finanzen*) ◇ **das übersteigt seine -en** questo è al di sopra delle sue possibilità; **möglichst** adv il più possibile
Mohammed m Maometto m; **Mohammedaner(in** f) m musulmano(a) m
Mohn m ⟨-[e]s⟩ (*-blume*) papavero m
Möhre, Mohrrübe f ⟨-, -n⟩ carota f
Mokassin m ⟨-s, -s⟩ mocassino m
mokieren vr ◇ **sich** - farsi beffe (*über akk* di)
Mokka m ⟨-s, -s⟩ ① caffè m concentrato ② (*Kaffeesorte*) moca m
Molch m ⟨-[e]s, -e⟩ FAUNA tritone m
Mole f ⟨-, -n⟩ molo m
Molekül n ⟨-s, -e⟩ CHEM molecola f; **Molekularbiologie** f biologia f molecolare
molk impf v. **melken**
Moll n ⟨-, -⟩ MUS tonalità f minore
mollig adj ① ▷*Bett* caldo, piacevole ② ▷*Pullover* soffice ③ ▷*Person* grassotello
Moment[1] m ⟨-[e]s, -e⟩ (*Augenblick*) momento m; ◇ **e-n -, bitte** un momento per favore; ◇ **im entscheidenden -** nel momento decisivo
Moment[2] n ⟨-[e]s, -e⟩ (*Merkmal, Umstand*) fattore m, elemento m
momentan I. adj momentaneo **II.** adv: ◇ **sich - nicht erinnern** non ricordarsi momentaneamente; **Momentaufnahme** f (*Foto*) istantanea f
Monarch(in f) m ⟨-en, -en⟩ sovrano(a) m; **Monarchie** f monarchia f
Monat m ⟨-[e]s, -e⟩ mese m; (*schwanger*) ◇ **im 7. - sein** essere al settimo mese; **monatelang** adv

per mesi; **monatlich** adj mensilmente; **Monatskarte** f abbonamento m mensile
Mönch m ⟨-[e]s, -e⟩ monaco m
Mond m ⟨-[e]s, -e⟩ luna f; (*FAM uninformiert sein*) ◇ **hinter dem - leben** vivere sulla luna
mondän adj mondano
Mondfähre f modulo m lunare; **Mondfinsternis** f eclissi f lunare; **mondhell** adj illuminato dalla luna; **Mondlandung** f allunaggio m; **Mondphase** f fase f lunare; **Mondschein** m chiaro m di luna; **Mondsichel** f falce f lunare; **Mondsonde** f sonda f lunare; **Mondstein** m pietra f lunare; **mondsüchtig** adj sonnambulo
Moneten pl (*FAM Geld*) monete f/pl
mongoloid adj MED mongoloide
monieren vt (*beanstanden*) criticare
Monitor m monitor m; PC monitor m
Monogramm n (*Initialen*) monogramma m
Monographie f (*Einzeldarstellung*) monografia m
Monokel n monocolo m
Monokultur f AGR monocoltura f
Monolith m ⟨-en, -en⟩ (*Stein, Kunstwerk*) monolito m
Monolog m ⟨-s, -e⟩ monologo m
Monopol n ⟨-s, -e⟩ (*Salz-*) monopolio m
monoton adj ▷*Vortrag* monotono
Monster n ⟨-s, -⟩ mostro m; *FAM* ◇ **-tisch** tavolone m
Monstranz f ostensorio m
Monstrum n ⟨-s, Monstren⟩ mostro m
Monsun m ⟨-s, -e⟩ (*-wind, -zeit*) monsone m
Montag m ⟨-[e]s, -e⟩ lunedì m; **montags** adv di lunedì
Montage f ⟨-, -n⟩ ① (*Maschinenbau*) montaggio m ② FOTO montaggio m; **Montagehalle** sala f di montaggio
Montanindustrie f MIN industria f mineraria e siderur︀ica
Monteur(in f) m (*Heizungs-, Küchen-*) installatore(-trice f) m; **montieren** vt → *Gerät, Anlage* montare; → *Film* montare
Monument n ⟨-s, -e⟩ (*Denkmal*) monumento m; **monumental** adj ▷*Gebäude* monumentale
Moonboots pl Moonboots m/pl
Moor n ⟨-[e]s, -e⟩ (*Sumpf*) palude f
Moos[1] n ⟨-es, -e⟩ FLORA muschio m
Moos[2] n ⟨-es⟩ (*FAM Geld*) quattrini m/pl
Moped n ⟨-s, -s⟩ ciclomotore m
Mops m ⟨-es, Möpse⟩ ① (*Hunderasse*) carlino m; ② (*FAM Dicker*) ciccione m
mopsen vi (*FAM stehlen*) sgraffignare
Moral f ⟨-⟩ ① (*sittliches Verhalten*) morale f ② (*Geist*) morale m; ◇ **die - der Truppe** il morale

delle truppe ③ (*Lehre*) ◊ **- von der Geschichte/ Fabel** la morale della storia/favola, f; **moralisch** *adj* morale; **FAM** ◊ **seinen -en haben** essere abbattuto; **Moralphilosophie** *f* filosofia *f* morale; **Moraltheologie** *f* teologia *f* morale
Moräne *f* ⟨-, -n⟩ GEO morena *f*
Morast *m* ⟨-[e]s, -e⟩ (*Schlamm*) palude *f*; **morastig** *adj* ▷*Boden* pantanoso
morbid *adj* decadente
Morchel *f* ⟨-, -n⟩ morchella *f*
Mord *m* ⟨-[e]s, -e⟩ assassinio *m;* ◊ **e-n - begehen/ verüben** commettere un assassinio; (*FIG heftiger Streit*) ◊ **- und Totschlag** scenata *f;* **Mordanschlag** *m* tentato *m* omicidio; **Mörder(in** *f*) *m* ⟨-s, -⟩ assassino(a) *m;* **mörderisch** *adj* assassino; *FIG* ▷*Hitze* assassino; **Mordkommission** *f* squadra *f* omicidi; **mordsmäßig** *adj* **FAM** enorme, terribile; **Mordverdacht** *m* sospetto *m* d'omicidio; **Mordwaffe** *f* arma *f* del delitto
morgen *adv* domani; ◊ **- früh** domani mattina
Morgen *m* ⟨-s, -⟩ mattino *m;* ◊ **Guten -** buon giorno !; **Morgengrauen** *n* alba *f;* **Morgenland** *n* ⟨-[e]s⟩ Oriente *m;* **Morgenmantel** *m* vestaglia *f;* **Morgenrock** *m* vestaglia *f;* **Morgenrot** *n* aurora *f;* **Morgenröte** *f* aurora *f;* **morgens** *adv* di mattina; ◊ **um 2 Uhr -** alle due di mattina; **Morgenstern** *m* (*Venus*) Venere *f;* **morgig** *adj* di domani; ◊ **der -e Tag** l'indomani
moribund *adj* moribondo
Mormone *m*, **Mormonin** *f* mormone *m/f*
Morphem *n* morfema *m*
Morphium *n* morfina *f*
Morphologie *f* SPRACHW morfologia *f*
morsch *adj* ▷*Holz* marcio
Morsealphabet *n* alfabeto *m* morse; **morsen** *vi* telegrafare
Mörser *m* ① (*für Gewürze*) mortaio *m* ② MIL mortaio *m*
Mörtel *m* ⟨-s, -⟩ malta *f*
Mosaik *n* ⟨-s, -en *o.* -e⟩ mosaico *m;*
Moschee *f* ⟨-, -n⟩ moschea *f*
Moskito *m* ⟨-s, -s⟩ zanzara *f;* **Moskitonetz** *n* zanzariera *f*
Moslem *m* ⟨-s, -s⟩ islamico *m*
Most *m* ⟨-[e]s, -e⟩ (*Fruchtsaft*) mosto *m;* (*Apfelwein*) sidro *m*
Motel *n* ⟨-s, -s⟩ motel *m*
Motiv *n* ⟨-es, -e⟩ ① (*Beweggrund*) motivo *m* ② MUS motivo *m;* KUNST motivo *m;* **motivieren** *vt* ① (*begründen*) motivare ② (*anregen*) motivare
Motor *m* ⟨-s, en⟩ motore *m;* FIG motore *m;* (*FAM Herz*) cuore *m;* **Motorboot** *n* motoscafo *m;* **Motorenöl** *n* olio *m* lubrificante; **motorisieren** *vt* motorizzare; **Motorrad** *n* motocicletta *f;* **Motorradfahrer(in** *f*) *m* motociclista *m/f;* **Motorroller** *m* motoscooter *m;* **Motorsäge** *f* sega *f* a motore; **Motorschaden** *m* avaria *f* al motore; **Motorsport** *m* SPORT motorismo *m*
Motte *f* ⟨-, -n⟩ tarma *f;* **Mottenkugel** *f* pallina *f* di tarmicida; **Mottenpulver** *n* polvere *f* tarmicida
Motto *n* ⟨-s, -s⟩ (*Leitspruch*) motto *m*
motzen *vi* (*FAM schimpfen*) sbraitare
Möwe *f* ⟨-, -n⟩ gabbiano *m*
Mucke *f* ⟨-, -n⟩ (*FAM meist pl, Eigenart, Störung*) capriccio *m*
Mücke *f* ⟨-, -n⟩ zanzara *f;* (*FAM aufbauschen*) ◊ **aus e-r - e-n Elefanten machen** fare di una mosca un elefante; **Mückenstich** *m* puntura *f* di zanzara
mucksen *vr* ◊ **sich - FAM:** ◊ **sich nicht -** non fiatare
müde *adj* stanco; **Müdigkeit** *f* stanchezza *f*
Muff *m* ⟨-[e]s, -e⟩ (*Handwärmer*) manicotto *m*
Muffel *m* ⟨-s, -⟩ (*FAM kein eifriger Redner*) brontolone(a) *m*
muffig *adj* ▷*Geruch* che sa di muffa; ▷*Gesicht, Mensch* ammuffito
Mufflon *m* ⟨-s, -s⟩ muflone *m*
Mühe *f* ⟨-, -n⟩ fatica *f;* (*gerade noch*) ◊ **mit Müh und Not** a malapena; ◊ **sich dat - geben** darsi la pena; **mühelos** *adj* agevole
muhen *vi* ← *Kuh* muggire
mühen *vr* ◊ **sich -** (*sich plagen*) affaticarsi; **mühevoll** *adj* faticoso
Mühle *f* ⟨-, -n⟩ (*Gebäude*) mulino *m;* (*Wind-*) mulino *m;* (*Getreide-*) macina *f;* (*FAM altes Fahrzeug*) ◊ **mit e-r alten - fahren** guidare un vecchio macinino; **Mühlrad** *n* macina *f*
mühsam *adj* ▷*Arbeit* faticoso; **mühselig** *adj* faticoso
Mulatte *m*, ⟨-n, -n⟩ **Mulattin** *f* mulatto(a) *m*
Mulde *f* GEO conca *f*
Mull *m* ⟨-[e]s, -e⟩ MED garza *f*
Müll *m* ⟨-[e]s⟩ immondizia *f;* **Müllabfuhr** *f* ritiro *m* delle immondizie; **Müllabladeplatz** *m* deposito *m* delle immondizie; **Müllbeutel** *m* sacco *m* delle immondizie
Mullbinde *f* fascia *f* di garza
Müllcontainer *m* contenitore *m* delle immondizie; **Mülleimer** *m* secchio *m* delle immondizie
Müller(in *f*) *m* ⟨-s, -⟩ (*Facharbeiter in Mühle*) mugnaio(a) *m*
Müllhaufen *m* mucchio *m* delle immondizie; **Müllkippe** *f* (*Mülldeponie*) deposito *m* delle

immondizie; **Müllmann** m netturbino m; **Müll-schlucker** m ‹-s, -› tromba f per lo scarico delle immondizie; **Mülltonne** f bidone m delle immondizie; **Müllverbrennungsanlage** f impianto m per la combustione delle immondizie; **Müllwagen** m autocarro m della nettezza urbana

mulmig adj FIG ▷Lage critico, pericoloso; ◇ jd-m ist - qu si sente a disagio

multifunktional adj multifunzionale; **Multi-funktionstastatur** f PC tastiera f multifunzionale; **Multiplikation** f moltiplicazione f; **multiplizieren** vt MATH moltiplicare

Mumie f mummia f

Mumm m ‹-s› (FAM Mut) coraggio m; ◇ keinen - in den Knochen haben essere uno smidollato

mümmeln vi ← Hasen, Kaninchen mangiare; (FAM kauen) masticare

Mumps m MED orecchioni m/pl

Mund m ‹-[e]s, Münder› bocca f; (FIG schlagfertig sein) ◇ nicht auf den - gefallen sein avere sempre la risposta pronta; **Mundart** f dialetto m; **Munddusche** f doccia f orale; **münden** vi ← Fluß sfociare; **mundfaul** adj FAM taciturno; **Mundfäule** f ‹-› MED stomatite f ulcerosa; **Mundgeruch** m alito m cattivo; **Mundhar-monika** f armonica f a bocca

mündig adj (volljährig) maggiorenne

mündlich adj orale; **Mundraub** m furto m lieve di generi alimentari; **Mundschutz** m ① mascherina f ② (beim Boxen) protezione f per i denti; **Mundstück** n (von Blasinstrument) bocchetta f; (Zigaretten-) bocchino m; (von Zaumzeug) morso m; **mundtot** adj FIG: ◇ jd-n - machen azzittire qu

Mündung f ① (Fluß-) foce f ② (Gewehr-) bocca f

Mundwasser n collutorio m; **Mundwerk** n PEJ: ◇ ein großes - haben avere sempre la parola pronta; **Mundwinkel** m angolo m della bocca

Munition f munizione f; **Munitionslager** n deposito m delle munizioni

munkeln vt, vi mormorare

Münster n ‹-s, -› cattedrale f

munter adj (wach) sveglio; (lebhaft, heiter) vivace; **Munterkeit** f vivacità f

Münze f ‹-, -n› moneta f; FIG ◇ jd-m etw mit gleicher - heimzahlen ripagare qu con la stessa moneta; **münzen** vt coniare moneta; FIG ◇ auf jd-n gemünzt sein essere diretto a qu; **Münz-fernsprecher** m apparecchio m telefonico a gettoni; **Münzsammlung** f collezione f di monete

Muräne f FAUNA murena f

mürb[e] adj ▷Gestein friabile; ▷Holz marcio; ▷Gebäck friabile; ▷Fleisch tenero; (FIG jd-n nachgiebig machen) ◇ jd-n - machen piegare l'orgoglio di qu; **Mürb[e]teig** m pasta f frolla

Murmel f ‹-, -n› biglia f

murmeln [1] vi ① ← Person borbottare; FAM ◇ etw in seinen Bart - borbottare qc tra i denti ② ← Bach mormorare

murmeln [2] vi (norddeutsch) giocare con le biglie

Murmeltier n marmotta f; ◇ schlafen wie ein - dormire come una marmotta (o un ghiro)

murren vi brontolare (über akk per); **mürrisch** adj imbronciato

Mus n ‹-es, -e› (Apfel-) purea f

Muschel f ‹-, -n› ① conchiglia f ② (Telefon-) ricevitore m

Muse f ‹-, -n› musa f

Museum n ‹-s, Museen› museo m

Musik f musica f; **musikalisch** adj musicale; **Musikbox** f juke-box m; **Musiker(in** f) m ‹-s, -› musicista m/f; **Musikhochschule** f conservatorio m; **Musikinstrument** n strumento m musicale; **Musikkassette** f cassetta f

musisch adj (künstlerisch) artistico

musizieren vi musicare

Muskel m ‹-s, -n› muscolo m; **Muskelkater** m dolori m/pl muscolari; **Muskelriß** m MED strappo m muscolare; **Muskelzerrung** f MED stiramento m muscolare; **Muskulatur** f muscolatura f; **muskulös** adj muscoloso

Müsli n ‹-s, -s› musli m collazione con fiocchi d'avena, noci e frutta

Muß n ‹-› (Zwang) imperativo m

Muße f ‹-› (Ruhe, Freizeit) tempo m libero

müssen vi ① (verpflichtet sein) dovere; ◇ er hat gehen - è dovuto andare ② (nicht anders können) ◇ lachen - dover ridere; (FAM zum WC) ◇ ich muß mal ho bisogno ③ (nötig haben) ◇ zur Bank - devo andare in banca ④ (Vermutung) ◇ deine Freunde - nett sein i tuoi amici devono essere simpatici

müßig I. adj (untätig) inoperoso II. adv: ◇ - herumsitzen starsene con le mani in mano; **Mü-ßiggang** m inattività f, ozio m; ◇ - ist aller Laster Anfang l'ozio è il padre di tutti i vizi

mußte impf v. **müssen**

Muster n ‹-s, -› ① (Schnitt-) modello m ② (Stoff-) motivo m; **mustergültig** adj esemplare; **Musterkoffer** m campionario m; **mustern** vt ① (prüfend ansehen) squadrare ② MIL sotto porre alla visita di leva ③ → Gardinen decorare con disegni; **Musterschüler(in** f) m scolaro (a) modello *m;* **Musterung** *f* [1] *(von Stoff)* motivo *m* [2] MIL visita *f* di leva

Mut *m* ⟨-[e]s⟩ coraggio *m;* ◇ **nur -!** coraggio !; ◇ **jd-m - machen** fare coraggio a qu; ◇ **mit dem - der Verzweiflung** con il coraggio della disperazione

mutieren *vi* BIO subire una mutazione

mutig *adj* coraggioso; **mutlos** *adj* pauroso

mutmaßlich *adj* ▷*Täter* probabile

Mutter [1] *f* ⟨-, Mütter⟩ madre *f*

Mutter [2] *f* ⟨-, -n⟩ *(Schrauben-)* madrevite *f*

Muttererde *f* terriccio *m;* **mütterlich** *adj* materno; **mütterlicherseits** *adv* da parte di madre; **Mutterliebe** *f* amore *m* materno; **Muttermal** *n* ⟨-[e]s, -e⟩ voglia *f;* **Muttermilch** *f* latte *m* materno; **Mutterschaftsurlaub** *m* aspettativa *f* per maternità; **Mutterschutz** *m* protezione *f* materna; **mutterseelenallein** *adj* FAM solo soletto; **Muttersprache** *f* lingua *f* madre; **Muttersprachler(in)** *f) m* ⟨-s, -⟩ madrelinguista *m/f;* **Muttertag** *m* festa *f* della mamma

mutwillig *adj* intenzionale

Mütze *f* ⟨-, -n⟩ berretto *m*

MWSt *Abk v.* **Mehrwertsteuer** IVA *f*

Myrte FLORA mirto *m*

mysteriös *adj* misterioso

Mystik *f* mistica *f;* **Mystiker(in** *f) m* ⟨-s, -⟩ mistico(a) *m*

Mythologie *f* mitologia *f;* **Mythos** *m* ⟨-, Mythen⟩ mito *m*

N

N, n *n* N, n *f*

na *intj* dai, forza

Nabe *f* ⟨-, -n⟩ *(Rad-)* mozzo *m*

Nabel *m* ⟨-s, -⟩ *(Bauch-)* ombelico *m;* **Nabelschnur** *f* cordone *m* ombelicale

nach I. *präp dat* a, verso; *(Richtung)* ◇ **- Hause gehen** andare a casa; *(zeitlich)* ◇ **- dem Essen** dopo pranzo; ↑ *gemäß* ◇ **- Belieben** a piacere **II.** *adv* dietro; ◇ **ihm -!** dietro a lui!; *(immer noch)* ◇ **- wie vor** come prima; *(allmählich)* ◇ **- und - a poco a poco;** ◇ **dem Namen - per cognome**

nachäffen *vt* PEJ ↑ *nachahmen* scimmiottare

nachahmen *vt* imitare; **Nachahmung** *f* imitazione *f*

nacharbeiten *vt* → *Lektion* ricuperare; → *Kleidungsnaht* ripassare

Nachbar(in *f) m* ⟨-n, -n⟩ vicino/a; PEJ ◇ **die**

lieben **-n** i cari vicini; **Nachbarhaus** *n* casa *f* vicina; ◇ **im - nella casa vicina; nachbarlich** *adj* ▷*Beziehungen* di vicinato; **Nachbarschaft** *f* ↑ *Nähe* vicini *m/pl;* ◇ **in der - wohnen** abitare nelle vicinanze

Nachbeben *n* scosse *f/pl* di assestamento

Nachbehandlung *f* trattamento *m* successivo; *(nach Operation)* terapia *f* successiva

nachbessern *vt* ritoccare

nachbestellen *vt* ordinare successivamente; **Nachbestellung** *f* COMM ordinazione *f* successiva

nachbeten *vt* FIG ripetere a pappagallo

nachbilden *vt (nach Vorlage)* copiare, riprodurre; **Nachbildung** *f* ↑ *Reproduktion* riproduzione *f;* ↑ *Imitation* imitazione *f*

nachblicken *vi* seguire con gli occhi qu

nachbohren I. *vt* → *Loch* ripassare al trapano **II.** *vi* FIG ↑ *nachforschen* indagare

nachbringen *unreg vt* ↑ *später liefern* portare in seguito

nachdatieren *vt* postdatare

nachdem *cj (zeitlich)* dopo che; *(weil)* dato che, poiché, siccome; *(abhängig von)* secondo, dipende da; ◇ **je - [ob]** a seconda se/di

nachdenken *unreg vi* riflettere *(über akk* su); **nachdenklich** *adj* riflessivo

Nachdruck I. *m* ↑ *Betonung* accento *m;* ↑ *Eindringlichkeit* forza *f* **II.** *m* TYP ristampa *f;* **nachdrücklich** *adj* fermo, energico

nacheifern *vi* emulare *(jd-m* qu)

nacheilen *vi* correre dietro *(jd-m* a)

nacheinander *adv* uno dopo l'altro

nachempfinden *unreg vt* condividere; ◇ **jd-m etw -** condividere qc con qu

Nacherzählung *f* ripetizione *f*

Nachf. *Abk v.* **Nachfolger**

Nachfolge *f* ↑ *Amtsübernahme* successione *f;* ◇ **jd-s - antreten** succedere a qu; **nachfolgen** *vi* seguire *(jd-m* a); **Nachfolger(in** *f) m* ⟨-s, -⟩ succe|ssore(ditrice) *m*

Nachforderung *f* richiesta *f* successiva

nachforschen *vi* indagare; **Nachforschung** *f* ↑ *Erkundigung* ricerca *f;* ↑ *Ermittlung* indagine *f*

Nachfrage *f* COMM domanda *f;* ◇ **danke der - La ringrazio del Suo interessamento; nachfragen** *vi* informarsi *(nach* su)

Nachfrist *f (für Prüfung)* proroga *f*

nachfühlen *vt* comprendere

nachfüllen *vt* rabboccare, riempire

nachgeben *unreg vi* cedere *(dat* a qu/qc); ← *Boden* cedere

Nachgebühr *f* soprattassa *f*

Nachgeburt *f* placenta *f*

nachgehen *unreg vi* [1] seguire (*jd-m* qu) [2] ↑ *nachforschen* approfondire (*e-r Sache* qc) [3] ↑ *erledigen* ◇ e-r Arbeit - attendere al lavoro [4] ← *Uhr* andare indietro

nachgeraten *unreg vi* somigliante (*jd-m* a)

Nachgeschmack *m auch FIG* sapore *m*

nachgiebig *adj* ▷*Boden* cedevole; *FIG* ▷*Person* arrendevole; **Nachgiebigkeit** *f* cedevolezza *f*; *FIG* arrendevolezza *f*

nachgießen *unreg vt* → *Getränke* versare ancora

nachgrübeln *vi* lambiccarsi il cervello (*über akk* su)

nachhaltig *adj* ▷*Eindruck* persistente; ▷*Widerstand* efficace

nachhelfen *unreg vi* ↑ *vorantreiben* dare una spinta (*e-r Sache* a qc)

nachher *adv* dopo; ◇ **bis** - a dopo

Nachhilfe *f* (-*unterricht*) ripetizioni *f/pl*

nachholen *vt* riguadagnare; → *Versäumtes* recuperare

Nachkomme *m* ⟨-n, -n⟩ discendente *m/f*; **nachkommen** *unreg vi* (*zeitlich*) venire dopo; (*e-r Verpflichtung*) adempiere qc; **Nachkommenschaft** *f* posteri *m/pl*

Nachkriegszeit *f* dopoguerra *m*

Nachlaß *m* ⟨-lasses, -lässe⟩ ↑ *Erbe* lascito *m*; (*Preis*) sconto *m*; **nachlassen I.** *vt* → *Preis, Summe* scontare; → *Strafe* condonare; ↑ *lockern* → *Schrauben, Seil* allentare **II.** *vi* [1] ↑ *geringer werden* diminuire; ← *Sturm, Regen* placarsi; ← *Gehör, Ruhm* calare; ← *Schmerz* diminuire; [2] ↑ *schlechter werden* calare; **nachlässig** *adj* negligente; **Nachlässigkeit** *f* negligenza *f*

nachlaufen *unreg vi* correre dietro (*jd m* a)

nachlegen *vt* aggiungere; → *Kohle* aggiungere; → *Essen* aggiungere

nachlösen *vt* → *Fahrschein* fare un biglietto di supplemento

nachmachen *vt* [1] → *Prüfung* fare dopo [2] ↑ *nachahmen* → *Stimme, Verhaltensweise* rifare (*jd-m etw* qu/qc) [3] ↑ *fälschen* → *Geld* falsificare

Nachmieter(in *f*) *m* affittuario/a successivo

nachmittag *adv* pomeriggio; **Nachmittag** *m* pomeriggio; ◇ **am** -, **nachmittags** di/il pomeriggio

Nachnahme *f* ⟨-, -n⟩ TELEC: ◇ **per** - per contrassegno

Nachname *m* cognome *m*

Nachporto *n* TELEC soprattassa *f*

nachprüfen *vt* → *Rechnung* verificare; → *Aussage* controllare; → *Schüler* riesaminare; **Nachprüfung** esame *m* di riparzione

nachrechnen *vt* rifare il calcolo di

Nachrede *f*: ◇ **üble** - maldicenze *f/pl*

nachreichen *vt* ↑ *später abgeben* porgere ancora; → *Essen* dare ancora; ◇ **darf ich Ihnen noch** - posso offrirLe ancora qualcosa ?

Nachricht *f* ⟨-, -en⟩ notizia *f*; ↑ *Mitteilung* comunicazione *f*; **Nachrichten** *pl* MEDIA notiziario *m*; **Nachrichtenagentur** *f* agenzia *f* di stampa; **Nachrichtendienst** *m* MIL servizio *m* di informazione; **Nachrichtensatellit** *m* satellite *m* per telecomunicazioni; **Nachrichtensperre** *f* censura *f* sulle informazioni; **Nachrichtensprecher(in** *f*) *m* annunciatore *m*, annunciatrice *f*; **Nachrichtentechnik** *f* tecnica *f* delle telecomunicazioni

nachrücken *vi* ↑ *aufsteigen* subentrare, seguire

Nachruf *m* necrologio *m*; **nachrufen** *unreg vt* → *Drohung* gridare dietro

nachrüsten I. *vt* → *Gerät, Auto* accessoriare **II.** *vi* MIL armare; **Nachrüstung** *f* (*von Gerät, Auto*) accessori *m/pl*; MIL armamento *m*

nachsagen *vt* ↑ *wiederholen* ripetere; *FIG, meist PEJ* ◇ **jd-m etw** - parlare male di qu

Nachsaison *f* bassa *f* stagione

nachschicken *vt* → *Post, Zeitung* inoltrare al nuovo recapito

nachschlagen *unreg* **I.** *vt* consultare un libro **II.** *vi*: ◇ **dem Vater** - assomigliare al padre; **Nachschlagewerk** *n* opera *f* di consultazione

nachschleichen *unreg vi* (*heimlich*) segure di soppiatto (*jd-m* qu)

Nachschlüssel *m* controchiave *f*

nachschmeißen *unreg vt* *FAM* ↑ *nachwerfen* gettare via in un momento successivo

Nachschub *m* rifornimento *m*; (*für Truppen*) rifornimento *m/pl*

nachsehen *unreg* **I.** *vt* ↑ *prüfen* → *Hausaufgabe* controllare **II.** *vi, vt* ↑ *nachschlagen* cercare in un libro **III.** *vi* ↑ *nachblicken* seguire con lo sguardo (*jd-m* qu); ↑ *kontrollieren* controllare (*ob* se); (*FIG verzeihen*) perdonare, lasciar correre; ◇ **jd-m etw** - perdonare qc a qu; **Nachsehen** *n*: ◇ **das** - **haben** restare a bocca asciutta

nachsenden *unreg vt* → *Post* inviare al nuovo recapito

Nachsicht *f* ↑ *Geduld* indulgenza *f*; ◇ **jd-n mit** - **behandeln** trattare qu con indulgenza; **nachsichtig** *adj* indulgente

Nachsilbe *f* SPRACHW suffisso *m*

nachsitzen *unreg vi* SCHULE dover rimanere ascuola per castigo

Nachspeise *f* dolce *m*

Nachspiel *n* THEAT epilogo *m*; *FIG* ↑ *Konsequenz* strascico *m*

nachsprechen *unreg vt* ripetere (*jd-m* a qu)

nächst *präp dat* ① (*räumlich*) accanto ② (*außer*, *neben*) accanto; **nächstbeste(r, s)** *adj* ① primo *m* venuto ② ↑ *irgendein(e)* uno *m* qualsiasi; **nächste(r, s)** *adj* (*räumlich*, *zeitlich*) prossimo; **Nächste(r)** *fm* prossimo *m*

nachstehen *unreg vi*: ◇ **jd-m in nichts ~** non essere inferiore in nulla a qu

nachstellen I. *vt* → *Satz* posporre; → *Uhr* mettere indietro **II.** *vi* ↑ *verfolgen* perseguitare (*jd-m* qu)

Nächstenliebe *f* amore *m* per il prossimo; **nächstens** *adv* ↑ *bald*, *demnächst* prossimamente; **nächstliegend** *adj* il più vicino; *FIG* il più semplice; **nächstmöglich** *adj* il più probabile

Nacht *f* ⟨-, Nächte⟩ notte *f*; (*plötzlich*) ◇ **über** - improvvisamente; **Nachtarbeit** *f* lavoro *m* notturno; **nachtblind** *adj* affetto *m* da emeralopia; **Nachtdienst** *m* (*bei Ärzten etc.*) servizio *m* notturno

Nachteil *m* svantaggio *m*; **nachteilig** *adj* ↑ *ungünstig* svantaggioso

Nachtfalter *m* falena *f*; **Nachtfrost** *m* gelo *m* notturno; **Nachthemd** *n* camicia *f* da notte; **Nachtigall** *f* ⟨-, -en⟩ usignolo *m*

Nachtisch *m* dolce *m*

Nachtleben *n* vita *f* notturna; **nächtlich** *adj* notturno; **Nachtlokal** *n* locale *m* notturno

Nachtrag *m* ⟨-[e]s, -träge⟩ ↑ *Zusatz* appendice *f*; **nachtragen** *unreg vt* ① → *vergessene Dinge* aggiungere (*jd-m* a) ② ↑ *ergänzen* completare ③ *FIG* ↑ *verübeln* serbare rancore; ◇ **jd-m etw ~** non perdonare qc a qu; **nachtragend** *adj* permaloso; **nachträglich** *adj* ① ▷ *Gratulation* posteriore ② ↑ *folgend* successivo ③ ↑ *ergänzend* supplementare

nachtrauern *vi* rimpiangere; ◇ **jd-m/e-r Sache ~** rimpiagere qu/qc

Nachtruhe *f* silenzio *m* notturno; **nachts** *adv* di notte; **Nachtschicht** *f* turno *m* di notte; **Nachtschränkchen** comodino *m*; **Nachttarif** *m* (*für Strom*) tariffa *f* notturna; **Nachttisch** *m* comodino *m*; **Nachttischlampe** lampada *f* da comodino; **Nachttopf** *m* vaso *m* da notte; **Nachttresor** *m* (*bei Bank*) cassette *f*/*pl* di sicurezza; **Nachtvorstellung** *f* spettacolo *m* notturno; **Nachtwächter** *m* guardia *f* notturna; **nachtwandeln** *vi* essere sonnambulo; **Nachtwanderung** *f* sonnambulismo *m*; **Nachtwandler(in** *f*) sonnambulo/a; **Nachtzeug** *n* necessario *m* per la notte

Nachuntersuchung *f* visita *f* postoperatoria

nachvollziehbar *adj* ▷ *Handlung* comprensibile

nachwachsen *unreg vi* ← *Haare* ricrescere

Nachwehen *pl* morsi *m*/*pl* uterini; *FIG* ↑ *Konsequenzen* cosequenze *f*/*pl* dolorose

nachweinen *vi* rimpiangere (*jdm* qu)

Nachweis *m* ⟨-es, -e⟩ prova *f*; (*Zimmer-*) segnalazione *f*; (*Literatur-*) elenco *m*; **nachweisbar** *adj* dimostrabile; **nachweisen** *unreg vt* ↑ *beweisen* dimostrare; ◇ **jd-m e-n Fehler ~** dimostrare a qu un errore; **nachweislich** *adj* dimostrabile

Nachwelt *f* ⟨-⟩ posteri *m*/*pl*

nachwerfen *unreg vt* tirare dietro (*jd-m etw* qc a qu); *FAM* → *Ware* vendere a prezzi stracciati

nachwinken *vi* chiamare successivamente

nachwirken *vi* perdurare; **Nachwirkung** *f* postumi *m*/*pl*

Nachwort *n* epilogo *m*

Nachwuchs *m* ⟨-es⟩ (*junge Leute*) nuova *f* generazione; ▷ *beruflich* leve *f*/*pl*; *FAM* ↑ *Kinder* figli *m*/*pl*

nachzahlen *vt*, *vi* pagare successivamente

nachzählen *vt* → *Geld* ricontare

Nachzahlung *f* (*bei Gehalt*) arretrato *m*

nachziehen *unreg vt* **I.** *vt* ① → *Schrauben* serrare ② ↑ *zur Folge haben* avere per conseguenza **II.** *vi* (*bei Brettspiel*) seguire qu

Nachzügler(in *f*) *m* ⟨-s, -⟩ ritardatario *m*; (*FAM Kind*) figlio *m* nato molti anni dopo i fratelli

Nackedei *m* ⟨m⟩ bambino *m* nudo

Nacken *m* ⟨-s, -⟩ nuca *f*; (*FAM bedrängen*) ◇ **jd-m im ~ sitzen** stare alle calcagna di qu; ◇ **die Angst im ~ haben** essere in preda alla paura; **Nackenrolle** *f* cuscio; **Nackenschlag** *m* colpo *m* sulla nuca; *FIG* ↑ *Demütigung* umiliazione *f*; ↑ *Schicksalsschlag* disgrazia *f*; **Nackenstütze** *f* (*bei Autositz*) poggiatesta *m*

nackt *adj* nudo; ▷ *Tatsachen* nudo; ▷ *Erde* nudo; ◇ **das ~e Leben retten** salvare soltanto la vita; **Nacktheit** *f* nudità *f*; **Nacktkultur** *f* nudismo *m*

Nadel *f* ⟨-, -n⟩ ago *m*; (*Steck-*) spillo *m*; (*von Nadelbaum*) ago *m*; (*Kompaß-*) punta *f*; (*Krawatten-*) spilla *f* da cravatta; (*an Plattenspieler*) puntina *f*; (*FAM rauschgiftsüchtig*) ◇ **an der ~ hängen** essere tossicodipendente; **Nadelbaum** *m* aghifoglia *f*; **Nadeldrucker** *m* stampante *m* ad aghi; **Nadelkissen** *n* puntaspilli *m*; **nàdeln** *vi* perdere gli aghi; **Nadelöhr** *n* cruna *f* dell'ago; **Nadelwald** *m* vosco *m* di conifere

Nagel[1] *m* ⟨-s, Nägel⟩ ↑ *Stahlstift* chiodo *m*; (*FIG aufgeben*) ◇ **etw an den ~ hängen** abbandonare qc

Nagel[2] *m* ⟨-s, Nägel⟩ (*Finger-*, *Fuß-*) unghia *f*;

(*FAM aneignen*) ◇ **sich** *dat* **etw unter den ~ reißen** sgraffignare qc
Nagelbettentzündung f MED onichia f; **Nagelbürste** f spazzolino m per le unghie; **Nagelfeile** f limetta f da unghie; **Nagelhaut** f pellicina f dell'unghia; **Nagellack** m smalto m; **Nagellackentferner** m ‹-s, -› solvente m per smalto; **nageln** vt, vi inchiodare; **nagelneu** adj nuovo di zecca; **Nagelschere** f forbicine f per unghie
nagen vt, vi ← *Hund, Ratte* rosicchiare; ◇ **an etw** dat ~ rosicchiare qc; *FIG* ← *Zweifel* tormentare; **Nagetier** n roditore m
nah[e] I. adj, adv ① (*räumlich*) vicino ② ▷*Verwandte* prossimo; ▷*Freunde* stretto ③ (*zeitlich*) vicino; ▷*Rettung* vicino; ▷*Fest* prossimo; *FIG* ◇ ~ **daran sein, etw zu tun** essere sul punto di fare qc; (*beleidigen*) ▷ **jd-m zu ~ treten** offendere qu **II. präp** dat vicino a, presso; **Nahaufnahme** f primo m piano; **Nähe** f ‹-› vicinanza f; ↑ *Umgebung* dintorni m/pl, ◇ **in der ~ von** nelle vicinanze di; **nahebringen** unreg vt rendere comprensibile; **nahegehen** unreg vi toccare da vicino (*jd-m*; **nahekommen** unreg vi avvicinarsi (*jd-m* a); **nahelegen** vt ↑ *empfehlen*: ◇ **jd-m etw ~** raccomandare qc a qu; **naheliegen** unreg vi essere più evidente; **naheliegend** adj ← *Verdacht* più ovvio; **nahen I.** vi ← *Unwetter* avvicinarsi; ← *Unglück* avvicinarsi; ← *Abschied* avvicinarsi **II.** vr: ◇ **sich jd-m ~** avvicinarsi a qu
nähen vt, vi cucire (*an akk* a)
nähere(r, s) adj ▷*Erklärung* preciso; ◇ **bei -r** Betrachtung da un'osservazione più attenta; **Nähere(s)** n ↑ *Einzelheiten* maggiori m/pl particolari; **Näherei** f cucitura f
Naherholungsgebiet n zona f di riposo
Näherin f sarta f
näherkommen unreg **I.** vi: ◇ **e-r Sache ~** avvicinarsi ad una cosa **II.** vr ◇ **sich ~** avvicinarsi a; **nähern** vr: ◇ **sich jd-m/etw ~** avvicinarsi a qu/qc; **Näherungswert** valore m approssimativo
nahestehen unreg vi essere fidanzati (*jd-m* con); **nahestehend** adj ▷*Person* intimo; (*e-r Partei*) simpatizzante
Nähgarn n filo m per cucire
Nahkampf m MIL corpo m a corpo
Nähkasten m cestino m da lavoro
nahm impf von **nehmen**
Nähmaschine f macchina f da cucire; **Nähnadel** f ago m da cucito
nähren I. vt FIG → *Argwohn* nutrire **II.** vr ◇ **sich ~** nutrirsi (*von* di); **nahrhaft** adj nutriente;

Nährgehalt m contenuto m di sostanze nutritive; **Nährstoff** m sostanza f nutritiva; **Nahrung** f nutrizione f; (*auch FIG geistige* -) nutrimento m; **Nahrungsmittel** n prodotto m alimentare; **Nahrungsmittelindustrie** f industria f alimentare; **Nahrungsmittelvergiftung** f MED avvelenamento m da cibi; **Nährwert** m valore m nutritivo
Nähseide f seta f cucirina
Naht f ‹-, Nähte› cucitura f; MED sutura f; FIG ◇ **aus allen Nähten platzen** mettere su pancia; **nahtlos** adj senza cucitura
Nahverkehr m traffico m locale; **Nahverkehrszug** m treno m locale; **Nahziel** n obiettivo m vicino
Nähzeug n occorente m per cucire
naiv adj ▷*Malerei* naif; ▷*Frage* ingenua; **Naivität** f ingenuità f
Name m ‹-ns, -n› nome m; ◇ **im -n von** in nome di; **namens** adv di nome; **Namenstag** m onomastico m, **namentlich I.** adj ▷*Abstimmung* nominale **II.** adv ↑ *besonders* specialmente; **namhaft** adj ↑ *berühmt* noto; ↑ *beträchtlich* considerevole
nämlich adv cioè; ↑ *denn* poiché
nannte impf von **nennen**
Napf m ‹-[e]s, Näpfe› (*Freß-*) ciotola f
Nappaleder n nappa f
Narbe f ‹-, -n› cicatrice f; (*Gras-*) tappeto m erboso; FLORA stigma m; **narbig** adj coperto di cicatrici
Narkose f ‹-, -n› MED narcosi f; **narkotisieren** vt narcotizzare
Narr m ‹-en, -en› pazzo m; (*foppen*) ◇ **jd-n zum -en halten** farsi beffe di qu; **Narrenkappe** f berretto m da buffone; **narren** vt farsi beffe di; **narrensicher** adj FAM a prova di bomba; **Närrin** f pazza f; **närrisch** adj ↑ *lustig* mattacchione; ↑ *merkwürdig, seltsam* strambo
Narzisse f ‹-, -n› FLORA narciso m
naschen vt, vi spiluzzicare; **naschhaft** adj ghiotto; **Naschkatze** f FAM ghiottone/a
Nase f ‹-, -n› naso m; (*FAM Schnupfen haben*) ◇ **ihm läuft die** - il naso gli cola; (*FAM krank sein*) ◇ **auf der ~ liegen** essere malato; **näseln** parlare con il naso; **Nasenbein** n setto m nasale; **Nasenbluten** n ‹-s› epistassi f; **Nasenloch** n narice f; **Nasenrücken** m dorso m del naso; **Nasenspray** m o n spray m nasale; **Nasentropfen** pl goccie f/pl per il naso; **naseweis** adj ↑ *vorlaut* saccente; ↑ *neugierig* ficcanaso; **nasführen** vt ↑ *verspotten* menare per il naso; **Nashorn** n rinoceronte m
naß adj bagnato; ▷*Sommer* piovoso; ◇ **nasse**

Augen bekommen avere le lacrime agli occhi;
Nässe f ‹-› bagnato m; **nässen** vi ← Wunde
colare; ◊ **ins Bett** - bagnare il letto; **naßkalt** adj
▷Wetter freddo e umido

Nation f nazione f; **national** adj nazionale; **Na-
tionalbewußtsein** n coscienza f nazionale;
Nationalelf f nazionale f di calcio; **National-
farben** pl colori m/pl nazionali; **Nationalfei-
ertag** m festa f nazionale; **Nationalheld(in** f)
m eroe m nazionale, eroina f nazionale; **Natio-
nalhymne** f inno m nazionale; **nationalisie-
ren** vt nazionalizzare; **Nationalismus** m nazionalismo m; **nationalistisch** adj nazionali-
stico; **Nationalität** f nazionalità f; **Nationalmannschaft** f squadra f nazionale; **National-
park** m parco m nazionale; **Nationalsozialismus** m nazionalsocialismo m; **Nationalsozia-
list(in** f) m nazionalsocialista m/f; **National-
versammlung** f POL assemblea f nazionale

Natrium n CHEM sodio m

Natron n ‹-s› CHEM bicarbonato m di sodio;
Natronlauge soluzione f di soda caustica

Natter f ‹-, -n› serpente m

Natur f ① natura f ② ↑ Wesen natura f; ◊ etw
liegt in der - der Sache è nela natura delle cose;
FIG ◊ **zur zweiten** - **werden** diventare una seconda natura ③ (Künstler-) natura; **Naturalien**
pl prodotti m/pl naturali; **naturalisieren** vt
↑ einbürgern naturalizzare; **Naturalismus** m
KUNST naturalismo m; **Naturbeschreibung**
f descrizione f della natura; **Naturbursche** m
uomo m naturale; **Naturdenkmal** n meraviglia
f della natura; **Naturerscheinung** f fenomeno
m naturale; **naturfarben** adj colore m naturale;
Naturfaser f fibra f naturale; **Naturforscher**
(**in** f) m naturalista m/f; **naturgegeben** adj
donato dalla natura; **naturgemäß** adj secondo
natura; **Naturgesetz** n legge f naturale; **Na-
turgewalt** f forza f della natura; **Naturheil-
kunde** f omeopatia f; **Naturkatastrophe** f
catastrofe f naturale; **Naturkunde** f SCHULE
scienze f/pl naturali; **natürlich I.** adj ①
↑ naturgegeben ▷Haarfarbe naturale; ▷Grenze
naturale ② ↑ ungekünstelt ▷Charme, Verhalten
naturale ③ (JURA -e Person) naturale ④ MATH
naturale **II.** adv naturalmente **III.** intj naturale!;
Natürlichkeit f naturalezza f; **Naturpark** m
parco m naturale; **Naturprodukt** n prodotto m
naturale; **Naturreich** n regno m naturale; **na-
turrein** adj genuino; **Naturschutzgebiet** n
parco m nazionale; **Naturtalent** n (Begabung)
talento m naturale; (FIG Mensch) talento # naturale; **Naturvolk** n popolo m primitivo; **Natur-
wissenschaft** f scienze f/pl naturali; **Natur-

wissenschaftler(in** f) m naturalista m/f; **Na-
turzustand** m stato m naturale

nautisch adj nautico

Navigation f NAUT, AERO navigazione f; **Na-
vigationsfehler** m errore m di navigazione;
Navigationsinstrumente pl strumenti f/pl
di navigazione; **navigieren** vi navigare

Nazi m ‹-s, -s› Abk v. **Nationalsozialist** nazista
m/f

Nebel m ‹-s, -› nebbia f; **Nebelbank** f banco m
di nebbia; **Nebeldecke** f coltre f di nebbia;
Nebelfleck m nebulosa f; **Nebelhorn** n sirena
f da nebbia; **nebelig** adj nebbioso; **Nebelscheinwerfer** m AUTO fendinebbia m; **Ne-
belschlußleuchte** f AUTO faro m antinebbia;
Nebelschwaden m lembo m di nebbia

neben präp dat, akk ① (Lage) accanto a; (Richtung) accanto a, vicino a ② (im Vergleich zu) al
confronto di ③ (außer, zugleich mit) oltre a,
accanto a; **nebenan** adv vicino, accanto; **Nebenanschluß** m TELEC apparecchio m derivato; **Nebenarm** m (von Fluß) braccio m secondario; **nebenbei** adv ① (arbeiten) extra ② (außerdem) inoltre ③ (beiläufig) incidentalmente;
nebenberuflich adj secondo (rif. a professione); **Nebenbeschäftigung** f attività f secondaria; **Nebenbuhler(in** f) m ‹-s, -› rivale
m/f

nebeneinander adv l'uno accanto all'altro; **ne-
beneinanderlegen** vt mettere l'uno accanto
all'altro; **nebeneinandersetzen** vt mettere
l'uno accanto all'altro; **nebeneinanderstellen** vt mettere l'uno accanto all'altro

Nebeneingang m entrata f secondaria; **Neben-
einnahme** f ricavo m secondario; **Nebener-
scheinung** f fenomeno m secondario; **Neben-
fach** n SCHULE materia f complementare; **Nebenfluß** m affluente m; **Nebengebäude** n
(Nachbarhaus) edificio m adiacente; **Nebenge-
räusch** n MEDIA disturbo m; **Nebenhand-
lung** f azione f secondaria

nebenher adv ① (zusätzlich) inoltre ② (daneben) vicino, accanto; **nebenherfahren** unreg
vi procedere (con un veicolo) accanto

Nebenklage f JURA costituzione f di parte civile; **Nebenkosten** pl (Miet-) spese f/pl accesso-
rie; **Nebenprodukt** n sottoprodotto m; **Ne-
benraum** m ripostiglio m; **Nebenrolle** f
THEAT parte f secondaria; **Nebensache** f
questione f marginale; **nebensächlich** adj di
secondaria importanza; **Nebensatz** m GRAM
proposizione f subordinata; **Nebenstelle** f ①
succursale f ② TELEC apparecchio m derivato;
Nebenstraße f strada f secondaria; **Neben-

strecke f BAHN linea f secondaria; **Neben-wirkung** f effetto m collaterale; **Nebenzimmer** n stanza f attigua

nebst präp dat con, unitamente a

nebulös adj ▷Pläne vago

Necessaire n ‹-s, -s› (Näh-) necessario m

necken vt beffeggiare; **Neckerei** f canzonatura f; **neckisch** adj ↑ schelmisch canzonatore, malizioso; ↑ aufreizend provocante

Neffe m ‹-n, -n› nipote m

negativ adj negativo; **Negativ** n FOTO negativo m

Neger(in) f m ‹-s, -› negro/a; **Negerkuß** m testa f di moro; **negroid** adj negroide

nehmen ‹nahm, genommen› vt 1 ↑ ergreifen prendere 2 → Trinkgeld prendere, accettare 3 ↑ stehlen prendere, sottrarre 4 ↑ trinken, essen → Kaffee prendere 5 → Unterricht, Urlaub prendere 6 (verlangen) → zehn Mark prendere, chiedere 7 ◇ etw auf sich - assumeresi qc; ◇ etw akk an sich - prendere possesso di qc

Neid m ‹-[e]s› invidia f; FAM ◇ platzen vor - crepare dall'invidia; **Neider(in)** f m ‹-s, -› invidioso/a; **neidisch** adj invidioso

Neige f ‹-, -n› (Rest) fondo m; (Ende) fine f; ◇ zur - gehen volgere alla fine; **neigen** I. vt → Kopf chinare II. vr ◇ sich - (sich beugen) piegarsi III. vi ↑ tendieren; ◇ zu etw dat - essere portato per qc; **Neigung** f 1 (von Gelände) pendenza f 2 (Tendenz) tendenza f (zu a) 3 (Vorliebe) preferenza f (für per) 4 (FIG Anlage) inclinazione f (zu dat per); **Neigungswinkel** m angolo m d'inclinazione

nein adv 1 no 2 (vielmehr) anzi; ◇ ich habe es zweimal, dreimal wiederholt l'ho detto due, anzi tre volte 3 (bekräftigend) ◇ -, so e-e Freude che gioia !; ◇ -, wirklich ? davvero ?

Nektar m ‹-s› nettare f

Nektarine f FLORA nettarina f

Nelke f ‹-, -n› 1 FLORA garofano m 2 (Gewürz) chiodo m di garofano

nennen ‹nannte, genannt› I. vt (mit Namen) chiamare; (bezeichnen) chiamare II. vr ◇ sich - chiamarsi; ◇ sich nach jd-m - chiamarsi come qu

Nenner m ‹-s, -› MATH denominatore m

Nennung f SPORT iscrizione f

Nennwert m valore m nominale

Neologismus m SPRACHW neologismo m

Neon n ‹-s› CHEM neon m; **Neonlicht** n luce f al neon; **Neonröhre** f tubo m al neon

Nepp m ‹-[e]s› FAM (Übervorteilung) buggeratura f

Nerv m ‹-s, -en› ANAT nervo m; FAM ◇ jd-m auf die -en gehen dare ai/sui nervi a qu; **nerven**

vt FAM scocciare; **nervenaufreibend** adj snervante; **Nervenbündel** n (FAM übernervöser Mensch) persona f molto nervosa; **Nervenentzündung** f MED nevrite f; **Nervenheilanstalt** f clinica f neurologica; **Nervenkitzel** m ‹-s› (FAM Spannung, Erregung) sensazione f, emozione f; **nervenkrank** adj neuropatico; **Nervenschwäche** f debolezza f di nervi; **Nervensystem** n sistema m nervoso; **Nervenzusammenbruch** m esaurimento m nervoso

nervös adj nervoso; **Nervosität** f nervosismo m

nervtötend adj ▷Arbeit snervante

Nerz m ‹-es, -e› visone f

Nescafé® m ‹-s› nescafé ® m

Nessel 1 f ‹-, -n› FLORA ortica f

Nessel 2 m ‹-s› (Stoffart) mussolina f

Nest n ‹-[e]s, -er› 1 nido m 2 (FAM Ort) paesucolo m, buco m 3 (FAM Bett) letto m; **nesteln** I. vt (knüpfen) allacciare II. vi (herumfingern) armeggiare (an dat attorno a), **Nesthäkchen** n ‹-s, -› (FIG jüngstes Kind der Familie) ultimo/a nato/a

nett adj (freundlich) gentile; (hübsch, gepflegt) carino; **netterweise** adv gentilmente

netto adv netto; **Nettoeinkommen** n reddito m netto; **Nettogewicht** n peso m netto; **Nettolohn** m salario m netto; **Nettosozialprodukt** n prodotto m nazionale netto

Netz n ‹-es, -e› 1 (zum Fangen) rete f; (Fisch-) rete f, (Spinnen-) ragnatela f, (SPORT Tennis-, Volleyball-) rete f 2 (AUTO Straßen-, Verkehrs-) rete f 3 (ELECTR rete f 4 FIG ◇ jd-m ins - gehen cadere nella rete di qu; **Netzanschluß** m collegamento m alla rete; **Netzball** m SPORT palla f in rete; **Netzgerät** n alimentatore m; **Netzhaut** f retina f; **Netzkarte** f tessera f di libera circolazione

neu adj 1 nuovo 2 ▷Chef, Mitglied nuovo 3 (fabrik-) nuovo 4 ▷Sprache, Geschichte, Musik moderno 5 (unerfahren) nuovo, inesperto 6 ▷Leben nuovo, altro; ◇ auf ein -es alla prossima; **Neuanschaffung** f nuovo m acquisto; **neuartig** adj nuovo, di nuovo tipo; **Neuauflage**, **Neuausgabe** f (von Buch) ristampa f; **Neubau** m ‹-s, -bauten› edificio m nuovo; **Neubearbeitung** f (von Buch) edizione f rimaneggiata; THEAT rifacimento m; **Neubildung** f nuova f formazione

neuerdings adv (seit kurzem) recentemente; **Neuerung** f 1 (Erneuerung) rinnovamento m 2 (Neuheit) innovazione f

neugeboren adj neonato; FIG ◇ sich fühlen wie - sentirsi come rinato

Neugler f curiosità f; **Neuglerde** f curiosità f; **neugierig** adj curioso

Neuheit f novità f; **Neuigkeit** f novità f; **Neujahr** n anno m nuovo; **Neujahrsgeschenk** n regalo m di fine anno; **Neuland** n meist FIG terra f inesplorata; **neulich** adv di recente; **Neuling** m novellino/a; **neumodisch** adj alla moda; **Neumond** m luna f nuova

neun nr nove; **neunfach I.** adj di nove volte **II.** adv nove volte; **neunhundert** nr novecento; **neunjährig** adj (9 Jahre alt) di nove anni; (9 Jahre dauernd) novennale; **neunmal** adv nove volte; **neunte** adj nono; **Neunte(r, s)** ① nono /a ② (des Monats) nove m; **Neuntel** n ⟨-s, -⟩ (Bruchteil) nono m; **neuntens** adv in nono luogo; **neunzehn** nr diciannove; **neunzig** nr novanta

Neuphilologie f filologia f moderna; **Neuphilologe** m, **Neuphilolgin** f filologo/a di lingue moderne

Neuralgie f MED nevralgia f; **neuralgisch** adj nevralgico; FIG ▷Punkt nevralgico

neureich adj PEJ da nuovo ricco; **Neureiche(r)** f m nuovo ricco/a

Neurologe m neurologo m; **Neurologie** f MED neurologia f; **Neurologin** f neurologa f; **Neurose** f MED nevrosi f; **Neurotiker(in)** f m ⟨-s, -⟩ nevrotico/a; **neurotisch** adj nevrotico

Neuseeland n Nuova Zelanda f; **Neuseeländer(in)** f m ⟨-s, -⟩ neozelandese m/f; **neuseeländisch** adj neozelandese

neutral adj neutrale; **Neutralität** f neutralità f; **neutralisieren** vt neutralizzare

Neutron n ⟨-s, -en⟩ neutrone m; **Neutronenbombe** f bomba f al neutrone

Neutrum n ⟨-s, Neutra o. Neutren⟩ GRAM neutro m

Neuwahl f nuova elezione f, rielezione f; **Neuwert** m nuovo valore m; **Neuvermählte(r)** f m sposo/a novello; **Neuzeit** f età f moderna; **neuzeitlich** adj moderno

Niagarafälle pl cascate f/pl del Niagara

nicht adv ① (Verneinung) non; ◇ - nur, sondern auch non solo ... ma anche; ◇ - berühren! non toccare! ② ◇ - wahr? non è vero?; ◇ findest du - auch ? non trovi anche tu ? ③ (nicht einmal) nemmeno; ◇ - ein Mensch ist da non c'è nemmeno una persona; **Nichtachtung** f (Mangel an Respekt) mancanza f di rispetto; (Nichtbeachtung) inosservanza f; **Nichtangriffspakt** m MIL patto m di non aggressione

Nichte f ⟨-, -n⟩ nipote (di zio) f

Nichteinmischung f non intervento m

nichtig adj ① (wertlos) senza valore ② (ungül-

tig) ▷Vertrag nullo; **Nichtigkeit** f nullità; ↑ Kleinigkeit sciocchezza f, futilità f

Nichtmetall n CHEM metalloide m; **Nichtraucher(in** f) m non fumatore(-trice f) m; **nichtrostend** adj ▷Metall inossidabile

nichts pron niente, nulla; **Nichts** n ⟨-⟩ nulla m; (Leere) vuoto m; **nichtsdestoweniger** adv nondimeno, tuttavia; **Nichtsnutz** m ⟨-es, -e⟩ inetto/a; **nichtsnutzig** adj buono a nulla, incapace; **nichtssagend** adj ▷Worte insignificante; ▷Gesicht inespressivo; **Nichtstun** n ⟨-s⟩ ozio m; **nichtswürdig** adj spregevole, vile

Nichtzutreffendes n ⟨-⟩: ◇ - bitte streichen cancellare ciò che non interessa

Nickel n ⟨-s⟩ -s nichel m

nicken vi ① (bejahen) annuire ② (grüßen) fare cenno col capo ③ (schlummern) sonnecchiare

Nickerchen n sonnellino m

nie adv mai; ◇ - wieder/mehr mai più; ◇ - und nimmer mai e poi mai

nieder adv ① abbasso, giù; ◇ - mit ihm! abbasso ! ② ▷Instinkt vile; **niederbrennen** unreg **I.** vt bruciare **II.** vi ← Kerze, Gebäude bruciare; **niederdrücken** vt ① → Taste premere giù ② FIG ↑ entmutigen scoraggiare; **Niedergang** m (der Sonne) tramonto m; FIG ↑ Verfall declino m; **niedergehen** unreg vi ① (sich senken) abbassarsi ② ← Gewitter abbattersi ③ (zu Boden gehen) finire per terra ④ ← Flugzeug atterrare; **niedergeschlagen** adj FIG depresso, giù di morale; **Niedergeschlagenheit** f abbattimento m; **niederknien** vi inginocchiarsi; **Niederlage** f ① ↑ Mißerfolg sconfitta f ② (Filiale) filiale f

Niederlande pl Paesi m/pl Bassi

niederlassen vt → Vorhang, Jalousie abbassare **II.** vr ◇ sich - (setzen) sedersi; (an Ort) stabilirsi; **Niederlassung** f ① COMM sede f ② (Zweiggeschäft) succursale f; **Niederlassungsfreiheit** f JURA libertà f di stabilire il proprio domicilio; **niederlegen I.** vt ① → Last posare ② → Amt dimettersi da ③ → Kranz deporre **II.** vr ◇ sich - coricarsi; **niederreißen** unreg vt → Haus abbattere, demolire; **niederschießen** unreg **I.** vt → Menschen, Tiere abbattere a colpi d'arma da fuoco **II.** vi ← Raubvogel, Kampfflugzeug piombare, abbattersi; **Niederschlag** m ① CHEM sedimento m ② METEO precipitazione f; **niederschlagen** unreg **I.** vt ① → Gegner abbattere ② → Augen abbassare ③ → Aufstand, Streik reprimere ④ JURA → Prozeß sospendere **II.** vr ◇ sich - ① (sich absetzen) depositarsi ② FIG ripercuotersi (in dat su); **niederschlagsarm** adj ▷Gebiet scarso di precipitazioni; **Niederschlagsgebiet** n area f di precipitazione; **Niederschlagsmesser** n pluviometro m; **niedertourig** adj TECH a basso regime; **niederträchtig** adj infame, vile; **niedertreten** unreg vt 1 → *Rasen* calpestare 2 → *Absätze* consumare; **Niederung** f GEO bassopiano m; **niederwerfen** unreg vt gettare a terra; FIG ← *Krankheit* costringere a letto

niedlich adj ▷*Gesicht, Kind* carino

Niednagel m pipita f

niedrig adj 1 ▷*Raum, Stirn* basso 2 ▷*Temperatur* basso 3 ▷*Charakter* vile 4 (*im Rang relativ*) inferiore; **Niedrigwasser** n bassa f marea

niemals adv mai

niemand pron nessuno; **Niemandsland** n terra f di nessuno

Niere f ⟨-, -n⟩ ANAT rene m; GASTRON rognone m; FAM ◇ **das geht mir an die -n** ciò mi deprime; **Nierenentzündung** f MED nefrite f; **Nierenstein** n MED calcolo m renale

nieseln vi unpers: ◇ **es nieselt** pioviggina

niesen vi starnutire

Nießbrauch m usufrutto m

Niete [1] f ⟨-, -n⟩ TECH rivetto m

Niete [2] f ⟨-, -n⟩ 1 (*Los*) biglietto m non vincente 2 FIG ↑ *Mißerfolg* fiasco m 3 (FAM *unfähiger Mensch*) schiappa m/f

nieten vt chiodare

Nihilismus m nichilismo m; **Nihilist(in** f) m nichilista m/f; **nihilistisch** adj nichilistico

Nikotin n ⟨-s⟩ nicotina f; **nikotinarm** adj a basso contenuto di nicotina

Nilpferd n FAUNA ippopotamo m

Nimmersatt m ⟨-[e]s, -e⟩ FAM mangione/a

nippen vi (*von Wein*) sorseggiare

nirgends, nirgendwo adv da nessuna parte

Nische f ⟨-, -n⟩ (*Wand-, Mauer-*) nicchia f

Nisse f FAUNA lendine m

nisten vi ← *Vögel* nidificare; **Nistkasten** m cassetta f per nidificare

Nitrat n CHEM nitrato m

Niveau n ⟨-s, -s⟩ livello m; **niveaulos** adj ▷*Person* senza levatura; **nivellieren** vt livellare

Nixe f ⟨-, -n⟩ ninfa f

nobel, noble(r, s) adj nobile

Nobelpreis m premio m Nobel

noch I. adv 1 ancora; ◇ **es ist - warm** fa ancora caldo 2 (*außerdem, zusätzlich*) ◇ **willst du - etwas ?** vuoi ancora qc ? 3 (*bis jetzt*) ◇ **das ist - nie vorgekommen** finora non è mai accaduto 4 (*derselbe*) ◇ **- am Tage seiner Abfahrt** il giorno stesso della sua partenza II. cj: ◇ **weder … - né**

… né; **nochmal[s]** adv ancora una volta; **nochmalig** adj ripetuto, nuovo

Nockenwelle f albero m a camme

Nomade m ⟨-n, -n⟩ nomade m/f

Nominativ m GRAM nominativo m

nominell adj nominale; **nominieren** vt nominare

Nonne f ⟨-, -n⟩ suora f; **Nonnenkloster** n convento m di monache

Nordamerika n Nordamerica f; **norddeutsch** adj tedesco settentrionale; **Norddeutschland** n Germania f settentrionale; **Norden** m ⟨-s⟩ nord m; **Nordirland** n Irlanda f del nord; **nordisch** adj nordico; **nördlich** I. adj (*Richtung*) settentrionale II. adv: ◇ **- von** a nord di; **Nordosten** m nordest m; **Nordpol** m polo m nord; **Nordsee** f mar m del Nord; **Nordwesten** m nordovest m; **Nordwestwind** m vento m da nordovest; **Nordwind** m vento m del nord

Nörgelei f brontolio m; **nörgeln** vi brontolare; **Nörgler(in** f) m ⟨-s, -⟩ brontolone/a

Norm f ⟨-, -en⟩ (*Vorschrift, Regel*) norma f

normal adj normale; **Normalbenzin** n benzina f normale; **normalerweise** adv normalmente; **normalisieren** I. vt → *Verhältnis* normalizzare II. vr ◇ **sich -** normalizzarsi; **Normalität** f normalità f

Normalmaß n misura f normale; **Normalzustand** m PHYS condizione f normale

normen vt ↑ *normieren* unificare. normalizzare; **Normung** f normalizzazione f, standardizzazione f

Norwegen n Norvegia f; **Norweger(in** f) m ⟨-s, -⟩ norvegese m/f; **norwegisch** adj norvegese

Nostalgie f nostalgia f ◇

not adv necessario; ◇ **- tun** essere necessario

Not f ⟨-, Nöte⟩ 1 (*Armut, Elend*) miseria f, bisogno m 2 (*Notfall*) emergenza f; FIG ◇ **zur - in** caso di necessità 3 (*Mangel, Fehlen*) mancanza f

Notar(in f) m notaio/a; **notariell** adj notarile

Notarztwagen m ambulanza f; **Notaufnahmelager** n centro m di raccolta; **Notausgang** m uscita f di emergenza; **Notbehelf** m ⟨-s, -e⟩ espediente m; **Notbremse** f BAHN segnale m d'allarme; **notdürftig** adj 1 (*knapp*) appena sufficiente 2 (*befehlsmäßig*) di emergenza

Note f ⟨-, -n⟩ 1 SCHULE voto m 2 MUS nota f 3 (*Anmerkung, Fuß-*) nota f 4 (*persönliche Eigenart*) nota f, caratteristica f; **Notenausgabe** f emissione f di banconote; **Notenbank** f banca f d'emissione; **Notenblatt** n foglio m di musica; **Notenlinie** f rigo m musicale; **Notenpapier** n carta f da musica; **Notenschlüssel** m

N

MUS chiave f musicale; **Notenschrift** f notazione f musicale; **Notenständer** m leggio m

Notfall m caso m di bisogno; **notfalls** adv all'occorrenza; **notgedrungen** adj: ◇ etw - machen fare qc spinto dal bisogno; **Notgroschen** m gruzzolo m messo da parte per casi di bisogno; **Nothelfer(in)** f) m salvatore(-trice f) m

notieren vt [1] annotare [2] COMM → **Kurswert** quotare; **Notierung** f COMM quotazione f

nötig adj necessario; ◇ etw - haben aver bisogno di qc

nötigen vt (zwingen) costringere; (dringend bitten) pregare con insistenza; ◇ sich nicht - lassen non farsi pregare

nötigenfalls adv in caso di necessità

Notiz f ⟨-, -en⟩ [1] (Zeitungs-) notizia f [2] FIG ↑ Kenntnis nozione f; ◇ von etw - nehmen prendere nota di qc; **Notizbuch** n taccuino m

Notlage f situazione f d'emergenza; **notlanden** vi AERO fare un atterraggio di fortuna; **Notlandung** f atterraggio m di fortuna; **notleidend** adj bisognoso; **Notlösung** f soluzione f d'emergenza; **Notlüge** f bugia f necessaria; ◇ zu e-r - greifen ricorrere ad una bugia necessaria

notorisch adj ▷Lügner notorio

Notruf m chiamata f d'emergenza; **notschlachten** vt → Tier macellare d'urgenza; **Notstand** m stato m d'emergenza; (-sgebiet) zona f sinistrata; **Notunterkunft** f alloggio m di fortuna; **Notverband** m medicazione f d'emergenza; **Notverordnung** f ordinanza f d'emergenza; **Notwehr** f ⟨-⟩ legittima f difesa; ◇ aus [o. in] - handeln agire per legittima difesa; **notwendig** adj necessario; **Notwendigkeit** f necessità f; **Notzeichen** n segnale m di pericolo; **Notzucht** f violenza f carnale

Nougat n ⟨-s⟩ nougat m

Novelle f [1] novella f [2] JURA emendamento m

November m ⟨-[s]⟩ novembre m

Novize m, **Novizin** f novizio/a

Nu m: ◇ im - in un attimo

Nuance f ⟨-, -n⟩ sfumatura f

nüchtern adj [1] (nicht alkoholisiert) che non ha bevuto, sobrio [2] ▷Magen digiuno [3] ▷Urteil, Bericht obiettivo [4] (Essen) semplice; **Nüchternheit** f [1] (ohne Essen) stato m di di digiunio [2] ↑ Mäßigkeit sobrietà f [3] ↑ Sachlichkeit obiettività

Nuckel m ⟨-s, -⟩ (Schnuller) ciuccio m

Nudel f ⟨-, -n⟩ pasta f

Nuklearmedizin f MED medicina f nucleare; **Nukleus** m nucleo m

null adj zero; (Fehler, Ahnung) nessuno; TELEC zero; SPORT zero; ◇ - Uhr mezzanotte f; **Null** f ⟨-, -en⟩ zero m; (PEJ Mensch) zero m; **Nullpunkt** m zero m; ◇ auf dem - angelangt essere a zero; **Nulltarif** m (Eintritt) gratis; ◇ zum - gratis

numerieren vt numerare; **numerisch** adj numerico

Numerus clausus m ⟨-⟩ SCHULE numero m chiuso

Nummer f ⟨-, -n⟩ ↑ Zahl numero m; (Größe) taglio m, misura f; **Nummernschild** n AUTO targa f [di circolazione]

nun adv ora; ◇ - denn [o. also] e allora; ◇ was hat er denn -? cos'ha ora ?

nur adv solamente, solo, soltanto; (einschränkend) ◇ das Haus ist schön, - etwas kalt la casa è bella, solo un po'fredda

nuscheln vi (FAM undeutlich sprechen) farfugliare

Nuß f ⟨-, Nüsse⟩ noce f; FAM ◇ e-e harte - un osso duro; **Nußbaum** m FLORA noce m; **Nußknacker** m ⟨-s, -⟩ schiaccianoci m

Nüster f ⟨-, -n⟩ (bei Tieren) frogia f; (bei Menschen) narice f

Nutte f ⟨-, -n⟩ prostituta f

nutz, nütze adj ◇ zu nichts - sein non servire a nulla; **nutzbar** adj utilizzabile; ◇ - machen rendere utile; **Nutzbarmachung** f utilizzazione f; **nutzbringend** adj vantaggioso; **nützen** I. vt sfruttare II. vi: ◇ was kann das -? a cosa può servire ?; **Nutzen** m [1] utilità f; ◇ von - sein essere utile [2] (Gewinn) utile m; **Nutzlast** f carico m utile; **nützlich** adj utile; ◇ sich - machen rendersi utile; **Nützlichkeit** f utilità f; **nutzlos** adj inutile; **Nutzlosigkeit** f inutilità f; **Nutznießer(in** f) m ⟨-s, -⟩ usufruttuario/a; **Nutzung** f utilizzazione f

Nylon n nylon m

Nymphe f ⟨-, -n⟩ ninfa f

Nymphomanin f ninfomane f

O

O, o n O, o f

o intj: ◇ o weh! ahimè!; ◇ o doch! ma sì!

Oase f ⟨-, -n⟩ oasi f; FIG ◇ - der Ruhe oasi f di pace

ob cj se; ◇ - das wohl wahr ist? sarà vero ?; ◇ - Regen, - Sonne pioggia o vento; ◇ und -! ma sì!

Obacht f; ◇ **auf etw** akk - **geben** fare attenzione a qc

Obdach n ricovero m; **obdachlos** adj (Landstreicher) senza tetto; **Obdachlose(r)** fm senzatetto m/f

Obduktion f autopsia f; **obduzieren** vt fare l'autopsia di/a

O-Beine pl gambe f/pl storte

Obelisk m ⟨-en, -en⟩ obelisco m

oben adv ⟨1⟩ sopra; ◇ **nach** - verso l'alto; ◇ **von** - dall'alto ⟨2⟩ ◇ - **ohne** a busto scoperto; ◇ **jd-n von** - **bis unten mustern** squadrare qu da capo a piedi ⟨3⟩ FAM ◇ **Befehl von** - comando dall'alto; **obenan** adv in alto; **obenauf** adv sopra, di sopra; (FIG gesund, gut) in forma; **obendrein** adv (außerdem) per giunta; **obenerwähnt**, **obengenannt** adj suddetto; **obenhin** adv superficialmente

Ober m ⟨-s, -⟩ (in Restaurant) cameriere m

Oberarm m ANAT braccio m superiore

Oberarzt m, **Oberärztin** f diret|tore (-trice f) m di reparto; **Oberaufsicht** f (bei Prüfung) sovrintendenza f; **Oberbefehl** m MIL comando m supremo; **Oberbefehlshaber(in** f) m MIL comandante m/f in capo; **Oberbegriff** m concetto m superiore

Oberbekleidung f abiti m/pl

Oberbürgermeister(in f) m sindaco(chessa) m

Oberdeck n NAUT coperta f

obere(r, s) adj ▷Etage superiore; ◇ **die O-en Zehntausend** i ricchi m/pl

Oberfeldwebel m maresciallo m capo

Oberfläche f superficie f; **oberflächlich** adj ▷Wunde superficiale; FIG ▷Mensch, Kenntnisse superficiale

Obergeschoß n piano m superiore; **oberhalb** I. präp gen al di sopra di II. adv di sopra

Oberhand f ↑ Vormachtstellung supremazia f

Oberhaupt n capo m [supremo]; **Oberhaus** n POL camera f alta; (in Großbritannien) camera f dei Lords

Oberhemd n camicia f (da uomo)

Oberherrschaft f potere m sovrano

Oberin f (in Kloster) madre f superiora

Oberinspektor(in f) m ispet|tore (-trice f) m generale

oberirdisch adj ▷Stromleitung in superficie

Oberkellner(in f) m capocamerirce/a

Oberkiefer m ANAT mascella f superiore

Oberkommando n MIL comando m supremo

Oberkörper m busto m

Oberlandesgericht n JURA corte f d'appello

Oberlauf m (des Flusses) corso m superiore;

Oberleitungsbus m filobus m; **Oberlicht** n (Fenster) lucernario m

Oberliga f SPORT serie f A

Oberlippe f labbro m superiore; **Oberschenkel** m ANAT coscia f; **Oberschicht** f ⟨1⟩ strato m superiore ⟨2⟩ (FIG Gesellschaftsklasse) ceto m elevato

Oberschule f scuola f media superiore; **Oberschwester** f MED capoinfermiera f

Oberst m ⟨-en o. -s, -en⟩ MIL colonnello m

oberste(r, s) adj ⟨1⟩ ↑ höchste(r, s) ▷Fach, Ablage il più alto ⟨2⟩ ↑ letzte(r, s) ultimo

Oberstufe f SCHULE grado m superiore

Oberteil n ⟨1⟩ parte f superiore ⟨2⟩ (von Kleidung) busto m; **Oberweite** f petto m

obgleich cj sebbene

Obhut f ⟨-⟩ custodia f; ◇ **in jd-s** - **sein** essere in custodia di qu

obige(r, s) adj summenzionato

Objekt n ⟨-[e]s, -e⟩ (a. LING Grundstücks-, Forschungs- etc.) oggetto m; **objektiv** adj ▷Beurteilung oggettivo; **Objektiv** n FOTO obiettivo m; **Objektivität** f ↑ Sachlichkeit obiettività f

Oblate f ⟨-, -n⟩ ⟨1⟩ (GASTRON Lebkuchen-) cialda f ⟨2⟩ REL ostia f

Obligation f COMM obbligazione f

obligatorisch adj ↑ verpflichtend obbligatorio

Obmann m, **Obmännin** f (Partei-) presidente (-essa f) m

Oboe f ⟨-, -n⟩ MUS oboe m

Obolus m ↑ Beitrag, Spende obolo m

Obrigkeit f ↑ Behörden autorità f

obschon cj sebbene

Observatorium n ↑ Sternwarte, Wetterwarte osservatorio m

obsessiv adj PSYCH ↑ zwanghaft ossessivo

obskur adj oscuro

Obst n ⟨-[e]s⟩ frutta f; **Obstbau** m frutticoltura f; **Obstbaum** m albero m da frutta; **Obstgarten** m frutteto m; **Obsthändler(in** f) m commerciante m/f di frutta; **Obstkuchen** m dolce m di frutta; **Obstler** m ⟨-s, -⟩ (südd., ÖST) grappa f; **Obstmesser** n coltello m da frutta; **Obstsalat** m macedonia f

obszön adj ▷Geste, Anruf osceno; **Obszönität** f oscenità f

obwohl, **obzwar** cj sebbene

Ochse m ⟨-n, -n⟩ bue m; **Ochsenschwanzsuppe** f brodo m di coda di bue; **Ochsenzunge** f lingua f di bue

öd[e] adj ⟨1⟩ ↑ kahl ▷Land brullo, ↑ verlassen ▷Gegend deserto ⟨2⟩ FIG ↑ langweilig ▷Buch, Film noioso

Ode f LIT ode f

Öde f ‹-› ① (verlassene Gegend) deserto m ② (FIG innere Leere) desolazione f

Ödem n ‹-s, e› MED edema m

oder cj o, oppure

Odyssee f FIG odissea f; **Odysseus** Ulisse m

Ouevre n ‹-s, -s› opera f

Ofen m ‹-s, Öfen› ① [Heiz-, Kohle-] stufa f ② (Herd) forno m; **Ofenrohr** n tubo m della stufa; **Ofensetzer(in)** f) m fumista m/f

offen adj ① ▷Tür, Wunde aperto ② ▷Stelle vacante ③ ↑ aufrichtig ▷Blick aperto, sincero; ◇ - gesagt per essere franco

offenbar adv evidentemente; **offenbaren** vt manifestare; ◇ jd-m ein Geheimnis - svelare un segreto a qu; **Offenbarung** f REL rivelazione f

offenbleiben unreg vi ← Tür restare aperto; FIG ← Frage restare aperto/indeciso; **offenhalten** unreg vt ← Tür tenere aperto; FIG → Möglichkeit riservare

Offenheit f ↑ Ehrlichkeit franchezza f; **offenherzig** adj ▷Antwort sincera; **offenkundig** adj ↑ klar manifesto

offenlassen unreg vt → Tür, Fenster lasciare aperto; FIG → Frage lasciare irrisolto; **offenlegen** vt → Plan svelare

offensichtlich adj evidente

offensiv adj offensivo; **Offensive** f offensiva f

offenstehen unreg vi ① ← Tür stare aperto ② ← Rechnung non essere pagato ③ FIG ◇ es steht dir offen, es zu tun sei libero di farlo

öffentlich adj ▷Park, Gelder pubblico; **Öffentlichkeit** f (Publikum) pubblico m; ◇ in aller - in pubblico

Offerte f ‹-, -n› COMM offerta f

offiziell adj ufficiale

Offizier(in f) m ‹-s, -e› ufficiale m/f

öffnen I. vt aprire; FIG ◇ jd-m die Augen - aprire gli occhi a qu II. vr ◇ sich - ← Tür etc. aprirsi; (FIG sich jd-m anvertrauen) aprirsi con; **Öffner** m ‹-s, -› (Flaschen-) apribottiglie m; **Öffnung** f ① apertura f ② (Loch) foro m; **Öffnungszeit** f (von Bank, Geschäft) orario m di apertura

oft adv spesso; **öfter** adv più spesso

oh intj o, oh; ◇ -, Verzeihung! oh, scusi!; **oha** intj oh

Ohm n ‹-s› PHYS ohm m

ohne I. präp akk senza; ◇ - weiteres senz'altro II. cj (mit Infinitiv oder daß) senza; ◇ - etw zu sagen dire niente; ◇ ohne daß er etw sagte senza che dicesse qualcosa; **ohnedies** adv ↑ sowieso comunque; **ohnegleichen** adv

↑ außergewöhnlich senza pari; **ohnehin** adv comunque

Ohnmacht f ‹-, machten› ① ↑ Bewußtlosigkeit svenimento m ② FIG ↑ Machtlosigkeit debolezza f, impotenza f; **ohnmächtig** adj ① svenuto ② FIG ↑ machtlos debole

Ohr n ‹-[e]s, -en› ① orecchio m ② (Gehör) udito m ③ FAM ◇ die Ohren aufmachen/aufsperren stare con gli orecchi tesi

Öhr n ‹-[e]s, -e› [Nadel-] cruna f

Ohrenarzt m, **Ohrenärztin** f otoiatra m/f; **ohrenbetäubend** adj ▷Lärm assordante; **Ohrensausen** n ‹-s› ronzio m auricolare; **Ohrenschmalz** n cerume m; **Ohrenschmerzen** pl otalgia f; **Ohrenzeuge** m, **Ohrenzeugin** f testimone m/f auricolare; **Ohrfeige** f ceffone m, schiaffo m; **ohrfeigen** vt: ◇ jd-n - dare uno schiaffo a qu; **Ohrläppchen** n lobo m; **Ohrmuschel** f ANAT padiglione m auricolare; **Ohrring** m orecchino m

oje intj (Schreck) o Dio

okkult adj occulto; **Okkultismus** m occultismo m

okkupieren vt → Land occupare

Ökoladen m negozio m di prodotti ecologici; **Ökologie** f ecologia f; **ökologisch** adj ▷Gleichgewicht, Bauweise ecologico

ökonomisch adj ↑ sparsam economico

Ökosystem n ecosistema m

Oktanzahl f (bei Benzin) numero m di ottani

Oktant m (zum Navigieren) ottante m

Oktave f ‹-, -n› MUS ottava f

Oktober m ‹-[s], -› ottobre m

Ökumene f ‹-› ecumene f; **ökumenisch** adj ▷Gottesdienst ecumenico

Öl n ‹-[e]s, -e› (Motoren-) ① olio m; [Heiz-] nafta f ② [Speise-] olio m; **Ölbaum** m FLORA olivo m; **Ölbild** n KUNST dipinto m a olio

Oleander m ‹-s, -› FLORA oleandro m

ölen vt TECH oliare; **Ölfarbe** f colore m ad olio; **Ölfeld** n giacimento m petrolifero; **Ölfilm** m strato m d'olio; **Ölfilter** m AUTO filtro m dell'olio; **Ölgemälde** n pittura f ad olio; **Ölheizung** f riscaldamento m a nafta; **ölig** adj ① oleoso ② FIG ▷Stimme untuoso

oliv ‹inv› adj olivastro; **Olive** f ‹-, -n› oliva f

oll adj (norddt./berlin. alt, häßlich): ◇ -e Klamotten cose vecchie

Ölmeßstab m asta f per controllare il livello dell'olio; **Ölofen** m stufa f a olio combustibile; **Ölpapier** n carta f oleata; **Ölpumpe** f pompa f dell'olio; **Ölsardine** f sardina f sott'olio; **Ölstandsanzeiger** m AUTO spia f dell'olio;

Ölung f REL: ◇ die Letzte - l'estrema unzione

f; **Ölwanne** *f* AUTO coppa *f* dell'olio; **Öl-
wechsel** *m* cambio *m* dell'olio
Olympiade *f* olimpiadi *f/pl;* **Olympiasieger
(in** *f) m* campion|e (-essa*f) m* olimpico/a; **Olym-
piateilnehmer(in** *f) m* partecipante *m/f* alle
Olimpiadi; **olympisch** *adj* olimpico
Ölzeug *n* indumenti *m/pl* di tela cerata
Oma *f* ⟨-, -s⟩ *FAM* nonna *f*
Omelett[e] *n* ⟨-[e]s, -s⟩ omelette *f*
Omen *n* ⟨-s, - o. Omina⟩ ↑ *Vorzeichen* segno *m*,
presagio *m*
ominös *adj* inquietante
Omnibus *m* omnibus *m*
omnipotent *adj* ▷*Mensch* onnipotente
onanieren *vi* masturbarsi
Onkel *m* ⟨-s, -⟩ zio *m*
Onkologie *f* MED oncologia *f*
Opa *m* ⟨-s, -s⟩ *FAM* nonno *m*
Opal *m* ⟨-s, -e⟩ opale *m/f*
Oper *f* ⟨-, -n⟩ MUS opera *f; (Gebäude)* opera *f*
Operation *f* operazione *f;* **Operationssaal** *m*
sala *f* operatoria; **operativ** *adj* operativo; ◇ *etw
- behandeln* trattare qc per via operatoria; **Ope-
rator(in** *f) m* (im *EDV-Bereich*) operatore(-trice
f) m
Operette *f* operetta *f*
operieren ⟨operierte, hat operiert⟩ I. *vt* operare;
◇ *jd-n am Herzen -* operare qu al cuore II. *vi*
MIL operare
Opernball *m* ballo *m* dell'opera; **Opernglas** *n*
binocolo *m* da teatro; **Opernhaus** *n* opera *f;*
Opernsänger(in *f) m* cantante *m/f* d'opera
Opfer *n* ⟨-s, -⟩ [*Unfall-, Mord-*] vittima *f;* **opfern**
I. *vt* sacrificare II. *vr* ◇ *sich -* sacrificarsi; **Op-
ferstock** *m* (in *Kirche*) cassetta *f* delle elemosi-
ne
Opium *n* ⟨-s⟩ oppio *m*
Opossum *n* ⟨-s, -s⟩ opossum *m*
opponieren ⟨opponierte, hat opponiert⟩ *vi* opporsi
opportun *adj* ↑ *zweckmäßig* opportuno; ◇ *etw
für - halten* ritenere qc opportuno; **Opportunismus** *m* opportunismo *m;* **Opportunist(in**
f) m opportunista *m/f*
Opposition *f* POL opposizione *f;* **oppositio-
nell** *adj* di opposizione
Optik *f* ottica *f;* **Optiker(in** *f) m* ⟨-s, -⟩ ottico/a
m
optimal *adj* ▷*Vorbereitung* ottimale
Optimismus *m* ottimismo *m;* **Optimist(in** *f) m*
ottimista *m/f;* **optimistisch** *adj* ottimistico
Optimum *n* ⟨-s, Optima⟩ optimum *m*
optisch *adj* ottico
Opus *n* ⟨-, Opera⟩ KUNST, MUS opera *f*
Orakel *n* ⟨-s, -⟩ oracolo *m*

oral *adj* orale
orange ⟨inv⟩ *adj* arancione; **Orange** *f* ⟨-, -n⟩
arancia *f;* **Orangeade** *f* aranciata *f;* **Orangeat**
f scorza *f* d'arancia candida; **Orangenmarme-
lade** *f* marmellata *f* d'arancia; **Orangenscha-
le** *f* buccia *f* di arancia
Orang-Utan *m* FAUNA orango *m*
Oratorium *n* MUS oratorio *m*
Orbitalstation *f* stazione *f* orbitale
Orchester *n* ⟨-s, -⟩ orchestra *f*
Orchidee *f* ⟨-, -n⟩ orchidea *f*
Orden *m* ⟨-s, -⟩ ① REL ordine *m* religioso ②
[*Verdienst-*] onorificenza *f;* **Ordensregel** *f* regola *f* monastica; **Ordensschwester** *f* suora
f
ordentlich I. *adj* ① ▷*Leute* onesto ② ↑ *geordnet*
ordinato II. *adv* (*FAM sehr*) molto; **Ordent-
lichkeit** *f* regolatezza *f*, precisione *f*
ordern *vt, vi* → *Ware* ordinare
Ordinalzahl *f* numero *m* ordinale
Ordinate *f* MATH ordinata *f*
ordinär *adj* ordinario, triviale
Ordinarius *m* UNIV ordinario *m*
ordnen *vt* → *Papiere* mettere in ordine; **Ordner**
m ⟨-s, -⟩ [*Akten-*] raccoglitore *m;* **Ordnung** *f* ①
(*Anordnung*) disposizione *f* ② (*Vorschriften*) ordinamento *m* ③ (*Reihenfolge*) successione *f;*
Ordnungsdienst *m* servizio *m* d'ordine; **ord-
nungsgemäß** *adj* regolare; **ordnungshal-
ber** *adv* per la regolarità; **Ordnungskräfte** *pl*
forze *f/pl* dell'ordine; **Ordnungsstrafe** *f* pena *f*
amministrativa; **ordnungswidrig** *adj* irregolare; **Ordnungszahl** *f* numero *m* ordinale
Organ *n* ⟨-s, -e⟩ ① (*Stimme*) organo *m* ② (*Behörde*) organo *m*
Organisation *f* organizzazione *f;* **Organisa-
tionstalent** *n* talento *m* organizzativo; **Orga-
nisator(in** *f) m* organizzatore(-trice *f) m*
organisch *adj* CHEM organico
organisieren I. *vt* ① organizzare ② (*FAM beschaffen*) procurare II. *vr* ◇ *sich -* organizzarsi
Organismus *m* organismo *m*
Organist(in *f) m* organista *m/f*
Organverpflanzung *f* trapianto *m* di organi
Orgasmus *m* orgasmo *m*
Orgel *f* ⟨-, -n⟩ organo *m;* **Orgelkonzert** *n* concerto *m* d'organo
Orgie *f* orgia *f*
Orient *m* ⟨-s⟩ oriente *m;* **Orientale** *m,* **Orientalin** *f* ⟨-n, -n⟩ orientale *m/f;* **orientalisch** *adj*
orientale
orientieren ⟨orientierte sich, hat sich orientiert⟩
I. *vr:* ◇ *sich [akk über etw] -* orientarsi/raccapez-
zarsi [in qc] II. *vt* → *Jugend* orientare; **Orientie-**

rung f ① ↑ *Ortssinn* orientamento m ② *auch* FIG ▷*politisch* orientamento m; **Orientierungssinn** m senso m di orientamento

Origanum n ⟨-s⟩ origano m

original *adj* originale; **Original** n ⟨-s, -e⟩ ① (*Bild*) originale m ② (*FIG Mensch*) originale m; **Originalfassung** f (*Musik, Film*) versione f originale

Originalität f ↑ *Besonderheit* originalità f

Originalton m versione f originale, citazione f originale

originell *adj* originale

Ornament n ornamento m; **ornamental** *adj* ornamentale

Ornat n ⟨-[e]s, -e⟩ paramenti m/pl sacerdotali

Ort m ⟨-[e]s, -e⟩ (*Platz*) posto m ② ↑ *Dorf* paese m; **orten** *vt* → *Schiff, Flugzeug* fare il punto

orthodox *adj* ▷*Kirche* ortodosso

Orthographie f ortografia f; **orthographisch** *adj* ortografico

Orthopäde m, **Orthopädin** f ⟨-n, -n⟩ MED ortopedista m/f; **Orthopädie** f ortopedia f; **orthopädisch** *adj* ortopedico

örtlich *adj* locale; **Örtlichkeit** f località f

Ortsangabe f indicazione f del luogo; **ortsansässig** *adj* del luogo; **Ortschaft** f paese m; **ortsfremd** *adj* estraneo al luogo; **Ortsfremde** (**r**) fm estraneo/a al luogo m; **Ortsgespräch** n TELEC telefonata f locale; **Ortsname** n nome m di luogo; **Ortsnetz** n TELECOM rete f locale; **ortsüblich** *adj* di uso local; **Ortszeit** f ora f locale

Ortung f NAUT, AERO determinazione f del punto

Öse f ⟨-, -n⟩ occhiello m

Ostblock m POL blocco m orientale; **Osten** m ⟨-s⟩ est m; ◇ **der Nahe** - il Vicino Oriente m; ◇ **der Mittlere** - il Medio Oriente m; ◇ **der Ferne** - l'Estremo Oriente m

ostentativ *adj* ostentativo

Osterei n uovo m di Pasqua; **Osterfest** n festa f di Pasqua; **Osterglocke** f FLORA trombone m; **Osterhase** m coniglio m di Pasqua *nasconde le uova di pasqua*; **Ostermontag** m Lunedì m di Pasqua; **Ostern** n ⟨-, -⟩ Pasqua f

Österreich n Austria f; **Österreicher(in** f) m ⟨-s, -⟩ austriaco/a; **österreichisch** *adj* austriaco

Ostersonntag m Domenica f di Pasqua

Osteuropa n Europa f dell'Est

östlich I. *adj* ↑ *Richtung* orientale **II.** *adv* a oriente, a est; ◇ **- von Rom** a est di Roma

Ostsee f Mar m Baltico

out *adj* FAM: ◇ **- sein** essere out

Ouvertüre f ⟨-, -n⟩ MUS ouverture f

Overheadprojektor m lavagna f luminosa

oval *adj* ovale

Ovation f ovazione f

Oxid n ⟨-[e]s, -e⟩ CHEM ossido m; **Oxidationsmittel** n ossidante m; **oxidieren** *vi* ossidare

Ozean m ⟨-s, -e⟩ oceano m; **ozeanisch** *adj* oceanico

Ozon n ⟨-s⟩ ozono m; **Ozonloch** n buco m nell'ozono; **Ozonschicht** f strato m di ozono

P

P, p n (*Buchstabe*) P, p m/f

paar *adj* ⟨inv⟩ ◇ **ein** - alcuni, qualche

Paar n ⟨-[e]s, -e⟩ ① ↑ *zwei Stück* ◇ **ein** - **Schuhe** un paio di scarpe ② (*Mann und Frau, Liebes-*) coppia f; (*Ehe-*) coniugi m/pl; **paaren I.** *vt* FIG ↑ *vereinigen* accoppiare **II.** *vr* ◇ **sich** - ← *Tiere* accoppiarsi

paarmal *adv*: ◇ **ein** - un paio di volte

Paarung f (*von Tieren*) accoppiamento m; **paarweise** *adv* ↑ *zu zweit* a coppie, a due a due

Pacht f ⟨-, -en⟩ (*Miete*) affitto m, locazione f; **pachten** *vt* (*mieten*) affittare; **Pächter(in** f) m ⟨-s, -⟩ (*Grundstücks-*) locatario/a

Pack ¹ m ⟨-[e]s, -e⟩ ↑ *großes Packet, Bündel* (*von Büchern*) pacco m

Pack ² n ⟨-[e]s⟩ PEJ (*Lumpen-*) gentaglia f

Päckchen n ① ↑ *kleines Paket* pacchetto m ② ↑ *Schachtel* (- *Zigaretten*) pacchetto m; **packen** *vt* ① → *Koffer* fare/preparare le valigie ② ↑ *festhalten* → *jd-n* afferrare, prendere ③ FIG ↑ *ergreifen, fesseln* ← *Buch, Film* avvincere ④ (*FIG bewegen*) colpire ⑤ FAM ↑ *bewältigen* ◇ **er packt das nicht** non ce la fa; **Packen** m ⟨-s, -⟩ *s.* **Pack**; **Packpapier** n carta f da imballaggio; **Packung** f ① ↑ *Schachtel* (- *Kekse*) confezione f, pacchetto m ② MED ↑ *Kompresse* impacco m

Pädagoge m ⟨-n, -n⟩, ↑ *Lehrkraft* pedagogista m; **Pädagogik** f pedagogia f; **Pädagogin** f pedagogista f; **pädagogisch** *adj* ▷*Ausbildung* pedagogico

Paddelboot n (*kleines Boot*) canoa f; **paddeln** *vi* ↑ *rudern* andare in canoa

paffen *vt, vi* ↑ *rauchen* → *Zigarre* fumare [a gran-di sbuffate]

Pagenkopf m (*Frisur*) capelli m/pl a caschetto/ alla paggio

Paket n ‹-[e]s, -e› ① (*Post-*) pacco [postale] m ② ↑ *Bündel* pacco m ③ PC pacchetto m; **Paketkarte** f bollettino m di spedizione per pacchi postali; **Paketschalter** m (*in Postamt*) sportello m [accettazione] pacchi

Pakistan n Pakistan m

Pakt m ‹-[e]s, -e› ↑ *Bündnis* patto m, accordo m

Palast m ‹-es, Paläste› ① (*Königs-*) palazzo m ② ↑ *Saal, Halle* sala f

Palästinenser(in f) m ‹-s, -› palestinese m/f

Palette f ① (*Farb-*) tavolozza f ② (*Lade-*) paletta f ③ FIG ↑ *Vielfalt* gama f

Palme f ‹-, -n› FLORA palma f

Pampelmuse f ‹-, -n› FLORA pompelmo m

pampig adj FAM ↑ *frech* ▷*Antwort* impertinente

panieren vt GASTRON → *Schnitzel* impanare

Panik f ↑ *Angst* panico m; ◊ **in - geraten** farsi prendere dal panico; **panisch** adj panico

Panno f ‹ , n› ① (*Reifen*) guasto m ② FAM ↑ *Mißgeschick* errore m, gaffe f

panschen I. vi ↑ *herumspritzen* (*im Wasser*) sguazzare II. vt → *Wein* ↑ *verdünnen* annacquare

Panther m ‹-s, -› FAUNA pantera f

Pantoffel m ‹-s, -n› ① ↑ *Hausschuh* pantofola f, ciabatta f ② FIG FAM ◊ **unterm - sein** farsi mettere sotto dalla moglie

Pantomime f ‹-, -n› ① (*Schauspieler*) pantomimo m ② (*Bühnenstück*) pantomima f

Panzer m ‹-s, -› ① ↑ *Rüstung* corazza f ② (*Kettenfahrzeug*) carro m armato ③ (*Schildkröten-*) corazza f; **Panzerglas** n ↑ *schußsicheres Glas* vetro m blindato; **Panzerschrank** m ↑ *Safe* cassaforte f blindata

Papa m ‹-s, -s› FAM ↑ *Vater* papà m

Papagei m ‹-s, -en› FAUNA pappagallo m

Papier n ‹-s, -e› ① (*Material*) carta f ② COMM ↑ *Aktie* (*Wert-*) titolo m ③ ↑ *Dokument* documento m ④ (*Ausweis*) ◊ **-e** pl documenti m/pl; **Papiergeld** n ↑ *Geldschein* banconota f; **Papierkorb** m ↑ *Abfallkorb* cestino m; **Papierkrieg** m polemiche f/pl vane *sopratutto con la burocrazia*

Pappbecher m bicchiere m di carta; **Pappdeckel** m cartone m; **Pappe** f ‹-, -n› ① ↑ *Karton* cartone m ② FIG ◊ **das ist nicht von -** non è da buttare via

Pappel f ‹-, -n› FLORA pioppo m

Pappenstiel m FIG: ◊ **das ist kein -** non è cosa di poco conto, non è una bazzecola

pappig adj ↑ *klebrig* appiccicóso

Pappmaché n ‹-s, -s› cartapesta f; **Pappteller** m piatto m di carta

Paprika m ‹-s, -s› ① (BIO *Pflanze*) peperone m ② (GASTRON *Gewürz*) paprica f

Papst m ‹-[e]s, Päpste› papa m; **päpstlich** adj ↑ *vom Papst* ▷*Bulle* papale

Parabel f ‹-, -n› ① ↑ *Gleichnis* parabola f ② MATH parabola f

Parade f ① MIL parata f [militare] ② (SPORT *beim Fechten, bei Ballspielen*) parata f

Paradies n ‹-es, -e› ① ↑ *Garten Eden* paradiso m ② FIG paradiso m; **paradiesisch** adj paradisiaco

paradox adj ↑ *widersprüchlich* paradossale; **Paradox** n ‹-es, -e› paradosso m

Paragraph m ‹-en, -en› ① (JURA *Gesetzes-*) paragrafo m ② ↑ *Textabschnitt* paragrafo m

parallel I. adj ▷*Linien* parallelo II. adv parallelamente; **Parallele** f ‹-, -n› ① MATH parallela f ② FIG ↑ *Ähnlichkeit* parallelo m

paramilitärisch adj ↑ *militärähnlich* paramilitare

Parasit m ‹-en, -en› ① ↑ *Schädling* parassita m ② FIG ↑ *Schmarotzer* parassita m

parat adj ↑ *verfügbar*; ◊ **etw - haben** avere qc pronto/preparato

Parfüm n ‹-s, -e o. -e› profumo m; **Parfümerie** f (*Geschäft*) profumeria f

parieren[1] vt ① ↑ *abwehren* → *Schlag* parare ② FIG ↑ *schlagfertig sein* → *Antwort* avere la risposta pronta

parieren[2] vi FAM ↑ *gehorchen* ubbidire

Pariser m ① (*aus Paris*) parigino m ② FAM ↑ *Kondom* preservativo m

Parität f ① ↑ *Gleichwertigkeit* parità f ② PC parità f

Park m ‹-s, -s› ↑ *Grünfläche* parco m

Park-and-ride-System n sistema di parcheggio e trasporto *sistema comunale con parcheggi fuori centro; con passaggi liberi per il centro*

Parkanlage f ↑ *Grünanlage* parco m

parken I. vt ↑ *abstellen* → *Auto* parcheggiare II. vi ↑ *halten* parcheggiare, sostare; ◊ **P- verboten** divieto m di sosta

Parkett n ‹-[e]s, -e› ① THEAT platea f ② (*Fußboden*) parquet m

Parkhaus n autosilo m; **Parkplatz** m ① ↑ *Parklücke* parcheggio m ② ↑ *großer Platz* parcheggio m, posteggio m; **Parkscheibe** f ▷*einstellen* disco m orario; **Parkuhr** f parchimetro m; **Parkverbot** n ▷*eingeschränktes* divieto m di sosta

Parlament n parlamento m; **Parlamentarier** (**in** f) m ‹-s, -› ↑ *Abgeordnete(r)* parlamentare m/f; **parlamentarisch** adj parlamentare

Parodie f parodia f; **parodieren** vt ↑ *imitieren* (*jd-n*) fare la parodia di

Parole f ‹-, -n› ↑ *Stichwort* motto m

Parsing n ‹-s› PC analisi f sintattica

Partei f ① ▷*politisch* partito m ② *(Mieter)* inquilino m ③ *(JURA gegnerische -)* parte f ④ ◇ **für jd-n - ergreifen** prendere le parti di; **Parteiführung** f direzione f del partito; **Parteigenosse** m, **-genossin** f ↑ *Mitglied* compagno/a di partito m; **parteiisch** *adj* ↑ *nicht neutral* parziale; **parteilos** *adj* senza partito; **Parteinahme** f ‹-, -n› presa f di posizione; **Parteitag** m ▷*abhalten* congresso m del partito; **Parteivorsitzende(r)** fm presidente(-essa f) m del partito

Parterre n ‹-s, -s› ① ↑ *Erdgeschoß* pianterreno m, piano m terra ② *(THEAT Sitzreihe)* platea f

Partie f ① ↑ *Spiel* ▷*Schach* partita f ② ↑ *Ausflug (Land-)* escursione f ③ ↑ *Heirat* ◇ **e-e gute - partito** m ④ ↑ *Ausschnitt, Teil* parte f ⑤ COMM partita f

Partikel f ‹-, -n› ↑ *Teilchen (Staub-)* particella f

Partisan(in) f) m ‹-s o. -en, -en› partigiano/a

Partitur f MUS ▷*lesen* spartito m, partitura f

Partizip n ‹-s, -ien› GRAM participio m

Partner(in) f) m ‹-s, -› ① *(Geschäfts-)* socio/a ② *(Spiel-)* compagno/a [di gioco] m ③ ↑ *Lebensgefährte* compagno/a; **Partnerschaft** f ‹-, -en› *(Städte-)* gemellaggio m; **partnerschaftlich** *adj* ↑ *gleichberechtigt* allo stesso livello

Party f ‹-, -s o. Parties› party m, festa f

Paß m ‹-sses, Pässe› ① ↑ *Ausweis (Reise-)* passaporto m ② ↑ *Übergang (Berg-)* passo m, valico m

passabel *adj* ↑ *annehmbar* discreto

Passage f ‹-, -n› ① ↑ *Reise (Schiffs-)* traversata f ② ↑ *Durchgang (Einkaufs-)* passaggio m, galleria f ③ ↑ *Auszug (Text-)* passo m; **Passagier** m ‹-s, -e› *(Flug-)* passeggero/a; **Passagierflugzeug** n *(Ggs Transportflugzeug)* aereo m [per] passeggeri

Passant(in) f) m ↑ *Fußgänger* passante m/f

Paßamt n *(Behörde)* ufficio m per il rilascio dei passaporti; **Paßbild** n fototessera f

passen vi ① ← *Kleidung* stare/andare bene, essere della misura giusta ② ↑ *harmonieren* ← *Farben* essere adatto (*zu* a); ← *Personen* essere fatto (*zu* per) ③ *(beim Kartenspiel)* ◇ **ich passe** passo ④ ↑ *einverstanden sein* andare bene (*dat* a); ◇ **das paßt mir nicht** non mi va [mica bene]; **passend** *adj* ① ↑ *gelegen* ▷*Termin* che va bene ② ↑ *angebracht* ▷*Antwort* appropriato, adatto ③ *(Kleid)* che va/sta bene

passierbar *adj* ↑ *befahrbar* ▷*Straße* praticabile, transitabile

passieren I. vi ↑ *geschehen* succedere, accadere

II. vt ① ↑ *vorbei-, darüberfahren* → *Brücke* passare, attraversare ② GASTRON ↑ *durchdrücken (durch Sieb)* passare

Passion f ① ↑ *Leidenschaft* passione f ② *(-sspiele)* passione f; **passioniert** *adj* ↑ *leidenschaftlich* appassionato

passiv *adj* ↑ *tatenlos (Ggs aktiv)* passivo; **Passiv** n *(GRAM Verbform)* passivo m

Passiva *pl* COMM ↑ *Schulden* passivo m

Passivität f ↑ *Untätigkeit* passività f; **Passivrauchen** n *(Ggs Aktivrauchen)* fumo m passivo

Paßkontrolle f controllo m dei passaporti; **Paßstraße** f strada f di un passo; **Paßwort** n ① ↑ *Kennwort* parola f d'ordine ② PC parola f chiave d'accesso

Paste f ‹-, -n› ↑ *Creme* pasta f

Pastell n ‹-[e]s, -e› *(-farbe)* pastello m

pasteurisieren vt ↑ *erhitzen* → *Milch* pastorizzare

Pastor(in) f) m ↑ *Pfarrer* pastore m/f

Pate m ‹-n, -n› *(Tauf-)* padrino m; **Patenkind** n figlioccio/a

patent *adj* ↑ *tüchtig, sympatisch* in gamba; ◇ **-er Kerl** un tipo in gamba; **Patent** n ‹-[e]s, -e› ↑ *Erfindung* ▷*anmelden* brevetto m; **Patentamt** n ufficio m brevetti; **patentieren** vt → *Erfindung* brevettare; **Patentschutz** m ↑ *Warenschutz* protezione f delle invenzioni mediante brevetti

Pater m ‹-s, - o. Patres› REL ↑ *Mönch* padre m

pathetisch *adj* ↑ *hochtrabend* ▷*Ausdrucksweise* patetico

pathologisch *adj* ↑ *krankhaft* patologico

Patient(in) f) m paziente m/f

Patin f madrina f

Patriarch(in) f) m ‹-en, -en› ↑ *Herrscher* patriarca m/f; **patriarchalisch** *adj* (Ggs *matriarchalisch)* patriarcale

Patriot(in) f) m ‹-en, -en› patriota m/f; **patriotisch** *adj* patriottico; **Patriotismus** m patriottismo m

Patron m ‹-s, -e› *(Schutz-)* patrono m

Patrone f ‹-, -n› ① *(Gewehr-)* cartuccia f ② *(Tinten-)* cartuccia f

Patrouille f ‹-, -n› pattuglia f

Patsche f ‹-, -n› ① FAM ↑ *Klemme, Bedrängnis* ◇ **aus der - helfen** trarre qu d'impaccio ② *(FAM Hand)* mano f

patschnaß *adj* ↑ *völlig naß* bagnato fradicio

patzig *adj* FAM ↑ *frech* impertinente

Pauke f ‹-, -n› ① *(Instrument)* timpano m ② FIG FAM ◇ **auf die - hauen** spararle grosse

pauken vt, vi SCHULE ↑ *intensiv lernen* studiare

intensivamente; **Pauker(in** f) m ⟨-s, -⟩ FAM ↑ Lehrer insegnante m/f

pausbäckig adj ↑ dickbäckig paffuto

pauschal adj ① ↑ verallgemeinernd ▷Urteil vago, generalizzante ② ▷Abrechnung globale, forfettario; **Pauschale** f ⟨-, -n⟩ (Heizkosten-) forfettario m; **Pauschalreise** f (mit Hotel etc.) viaggio m con tutto compreso

Pause ¹ f ⟨-, -n⟩ ① ↑ Ruhe (Mittags-) intervallo m ② ↑ Unterbrechung pausa f

Pause ² f ⟨-, -n⟩ ↑ Kopie, Durchschlag calco m, copia f; **pausen** vt ↑ kopieren ricalcare

pausenlos I. adj ↑ ohne Unterbrechung ininterrotto, senza intervallo II. adv ininterrottamente; **Pausenzeichen** n ① MUS segno m di pausa ② MEDIA segnale m d'intervallo

Pauspapier n ↑ Blaupapier carta f carbone

Pavian m ⟨-s, -e⟩ FAUNA babbuino m

Pazifik m ⟨-s⟩ Pacifico m

Pazifist(in f) m ↑ Kriegsgegner pacifista m/f; **pazifistisch** adj ▷Gesinnung pacifista

PC m ⟨-s, -s⟩ Abk v. **Personal Computer** personal m

Pech n ⟨-s, -e⟩ ① (schwarze, zähe Flüssigkeit) pece f; FIG ◇ **wie - und Schwefel zusammenhalten** essere inseparabili ② FIG ↑ Unglück sfortuna f; ◇ - **haben** avere sfortuna; **pechschwarz** adj ↑ sehr schwarz nero come la pece; **Pechsträhne** m FAM serie f di guai; **Pechvogel** m FAM sfortunato/a

Pedal n ⟨-s, -e⟩ ↑ Hebel (Gas-) pedale m

Pedant(in f) m ↑ Perfektionist pignolo/a, pedante m/f; **pedantisch** adj ▷Mensch pignolo, pedante

Pegel m ⟨-s, -⟩ ① (Wasser-) idrometro m; FIG ↑ Stand livello m ② ↑ Lautstärke (Geräusch-) livello m

peilen vt ① ↑ ausloten → Wassertiefe rilevare ② FIG ↑ erkunden → Lage sondare

Pein f ⟨-⟩ ↑ Qual tormento m, m f; **peinigen** vt ↑ quälen torturare, tormentare; **peinlich** adj ① ↑ beschämend ▷Situation, Frage imbarazzante ② ↑ gewissenhaft ▷Arbeit meticoloso

Peitsche f ⟨-, -n⟩ ↑ Rute (Reit-) frusta f; **peitschen** vt ① ↑ schlagen frustare ② ↑ heftig treffen ← Regen sferzare, battere

Pelle f ⟨-, -n⟩ ↑ Haut (Wurst-) pelle f; (Obst, Kartoffel) buccia f; **pellen** vt ↑ schälen → Kartoffeln pelare

Pelz m ⟨-es, -e⟩ ↑ Fell pelo m, pelliccia f m ② (-mantel) pelliccia f ③ FAM ↑ Haut pelle f

Pendel n ⟨-s, -⟩ (Uhr-) pendolo m; **Pendelverkehr** m traffico m pendolare; **Pendler(in** f) m ⟨-s, -⟩ pendolare m/f

penetrant adj ① ↑ aufdringlich ▷Mensch penetrante ② ↑ stark ▷Geruch penetrante

Penis m ⟨-, -se⟩ ANAT pene m

Pension f ① ↑ Gästehaus, Hotel pensione f ② ◇ **Halb**- mezza pensione f; ◇ **Voll**- pensione f completa ② ↑ Ruhestand pensione f; ◇ **in - gehen** andare in pensione ③ ↑ Rente (Geld) pensione f; **Pensionär(in** f) m ↑ Rentner pensionato/a; **pensioniert** adj ↑ im Ruhestand pensionato

Pensionsgast m cliente m/f della pensione

Pensum n ⟨-s, Pensen⟩ ↑ Aufgabe ▷erfüllen lavoro m [da sbrigare in un determinato periodo]

per präp akk ① ↑ mit, durch con, per, attraverso; ◇ - **Bahn** con il treno; ◇ - **Zufall** per caso ② ↑ bis per, entro; ◇ - **15. August** per/entro il 15 [di] agosto

perfekt I. adj ① ↑ vollkommen ▷Musiker perfetto ② (Vertrag) perfetto II. adv perfettamente; ◇ **etw - machen** fare qualcosa alla perfezione

Perfekt n ⟨-[e]s, -e⟩ (GRAM Verbform) passato m prossimo

Pergament n pergamena f

Periode f ⟨-, -n⟩ ① ↑ Zeitabschnitt periodo m ② ↑ Menstruation mestruazione f; **periodisch** I. adj ↑ regelmäßig periodico II. adv ↑ regelmäßig periodicamente

Peripherie f ↑ Randgebiet periferia f; **Peripheriegerät** n (PC Drucker, Tastatur) periferica f

Perle f ⟨-, -n⟩ ① (Muschel-) perla f ② ↑ Tropfen (Wasser-) goccia f ③ FIG perla f; **perlen** vi ← Sekt spumeggiare; (Schweiß) imperlare

perplex adj ↑ verblüfft confuso, perplesso; ◇ - **sein** essere perplesso

Perron m ⟨-s, -s⟩ CH ↑ Plattform marciapiede m

Person f ⟨-, -en⟩ ① ↑ Mensch persona f ② (Film-, Romanfiguren) figura f, personaggio m; **Personal** n ⟨-s⟩ (Angestellte, Dienst-) personale m; **Personalabteilung** f (von Firma) ufficio m del personale; **Personalausweis** m carta f d'identità; **Personal Computer** m computer, personal m; **Personalien** pl generalità f/pl; **Personalpronomen** n GRAM pronome m personale; **Personenkraftwagen** m ↑ Auto automobile f; **Personenkreis** m cerchia f di persone; **Personenschaden** m (Ggs Sachschaden) danno m alle persone; **personifizieren** vt ▷Abstraktes personificare

persönlich I. adj ↑ intim, vertraulich ▷Gespräch personale II. adv ↑ selbst personalmente, di persona; ◇ **etw - erledigen** sbrigare qc personalmente/di persona; **Persönlichkeit** f ↑ Charakter ▷stark personalità f

Perspektive f ① (Bild-) prospettiva f ② FIG ↑ Zukunft prospettiva f

Perücke f ‹-, -n› parrucca f

pervers adj ↑ widernatürlich perverso

Pessimismus m pessimismo m; **Pessimist(in** f) m (Mensch) pessimista m/f; **pessimistisch** adj ▷Einstellung pessimistico, pessimista

Petersilie f FLORA prezzemolo m

Petroleum n ‹-s› petrolio m

petzen vi FAM ↑ verraten fare la spia

Pfad m ‹-[e]s, -e› ① ↑ Weg sentiero m ② PC percorso m

Pfahl m ‹-[e]s, Pfähle› ↑ Pfosten (Zaun-) palo m

Pfand n ‹-[e]s, Pfänder› ① (Flaschen-) vuoto m ② (Leihgabe, Pfänderspiel) pegno m; (FIG Freundschafts-) pegno m; **Pfandbrief** m ↑ Wertpapier obbligazione f ipotecaria; **pfänden** vt → Eigentum pignorare; **Pfandhaus** n ↑ Leihhaus monte m dei pegni; **Pfandschein** m polizza f di pegno; **Pfändung** f pignoramento m

Pfanne f ‹-, -n› ① (Brat-) padella f, tegame m ② FAM ◇ jd-n in die - hauen strapazzare qu; **Pfannkuchen** m GASTRON ↑ Omelett omelette f

Pfarrer(in f) m ‹-s, -› ↑ Geistlicher parroco m

Pfau m ‹-[e]s, -en› FAUNA pavone m

Pfeffer m ‹-s, -› (Gewürz) pepe m; **Pfefferkuchen** m GASTRON ↑ Lebkuchen panpepato m; **Pfefferminz** n ‹-es, -e› (Kraut, -tee) menta f; **pfeffern** vt ① ↑ würzen pepare ② FAM ↑ schmeißen scagliare; ◇ in die Ecke - scagliare nell'angolo ③ FAM ◇ gepfefferte Preise prezzi salati

Pfeife f ‹-, -n› ① (Triller-) fischietto m ② (Tabaks-) pipa f ③ (FAM Versager) ◇ so e-e - che coniglio; FAM! che caccasotto; **pfeifen** ‹pfiff, gepfiffen› I. vt → Lied fischiettare II. vi ① ◇ vor sich hin - fischiettare ② FIG FAM ◇ auf etw - infischiarsene/fregarsene di qu

Pfeil m ‹-[e]s, -e› (Geschoß, Zeichen) freccia f

Pfeiler m ‹-s, -› ↑ Pfosten (Stütz-) pilastro m; (Brücken-) pilone m

Pfennig m ‹-[e]s, -e› (Geld) pfennig m

Pferd n ‹-[e]s, -e› ① FAUNA cavallo m ② (Turngerät) cavallo m

pfiff impf v. **pfeifen**

Pfiff m ‹-[e]s, -e› ① (Ton) fischio m ② (FIG Reiz) tocco m; ◇ e-e Frau mit - una donna con idee

Pfifferling m ① (FLORA Pilz) gallinaccio m ② ◇ keinen - wert non vale una lira, non vale un fico secco

pfiffig adj ↑ gewitzt, schlau furbetto, scaltro

Pfingsten n ‹-, -› REL Pentecoste f; **Pfingstrose** f FLORA peonia f

Pfirsich m ‹-s, -e› FLORA pesca f

Pflanze f ‹-, -n› pianta f; **pflanzen** vt → Baum, Blume piantare; **Pflanzenfett** n ↑ Margarine grasso m vegetale

Pflaster n ‹-s, -› ① (Heft-) cerotto m ② FAM ↑ Entschädigung (finanzielles -) risarcimento m ③ ↑ Steine (Kopfstein-) pavimentazione f, lastricato m; **pflastern** vt → Straße pavimentare, lastricare

Pflaume f ‹-, -n› FLORA prugna f, susina f

Pflege f ‹-, -n› ① ↑ Betreuung (von Kranken, Alten, Kindern) assistenza f ② ↑ Instandhaltung (von Denkmal, Garten) cura f, tutela f; **pflegebedürftig** adj bisognoso di cure/assistenza; **Pflegeeltern** pl genitori m/pl adottivi; **Pflegekind** n ↑ Adoptivkind figlio/a adottivo/a m/f; **pflegeleicht** adj ① ▷Wäsche di facile manutenzione ② FIG ◇ ein - es Kind un bambino che non da/crea problemi

pflegen [1] vt ① ↑ versorgen → Kranke assistere ② ↑ instandhalten → Rasen, Denkmal aver cura di ③ ↑ aufrechterhalten → Beziehungen, Freundschaft coltivare

pflegen [2] vi ↑ etwaus Gewohnheit tun essere abituato (zu + Inf a)

Pfleger(in f) m ‹-s, -› (Kranken-) infermiere/a

Pflicht f ‹-, -en› ① dovere m; ◇ Rechte und -en i diritti e i doveri ② (SPORT Ggs Kür) esercizi m/pl obbligatori; **pflichtbewußt** adj ↑ gewissenhaft consapevole dal proprio dovere; **Pflichtfach** n (SCHULE Ggs zu Wahlfach) materia f obbligatoria; **Pflichtgefühl** n (Gewissenhaftigkeit) senso m del dovere (gegenüber jd-m nei confronti di); **pflichtgemäß I.** adj doveroso, debito II. adv doverosamente, debitamente; **pflichtvergessen** adj dimentico del proprio dovere; **Pflichtversicherung** f assicurazione f obbligatoria

pflücken vt ↑ abreißen → Blumen cogliere; → Äpfel raccogliere

Pflug m ‹-[e]s, Pflüge› (Ackergerät) aratro m; (Schnee-) spartineve m

Pforte f ‹-, -n› ↑ Tür (Garten-) porta f cancello m; **Pförtner(in** f) m ‹-s, -› (von Fabrik) portinaio/ a

Pfosten m ‹-s, -› ↑ Balken (Tür-, Fenster-) stipite m; (Stütz-) montante m

Pfote f ‹-, -n› ① (von Hund, Katze) zampa f ② FAM ↑ Hand zampa f

Pfropfen m ‹-s, -› ① ↑ Korken tappo m ② ↑ Klumpen (Blut-) grumo m; **pfropfen** vt ① ↑ Flaschen tappare ② ↑ veredeln → Baum innestare ③ (vestopfen) stipare

pfui intj (Ausruf) puah, che schifo

Pfund n ‹-[e]s, -e› ① ↑ fünfhundert Gramm (Ge-

wicht) mezzo chilo *m* ② *(Währung, ~ Sterling)* sterlina *f*

pfuschen *vi FAM* ↑ *fehlerhaft arbeiten* lavorare male; ◇ **jd-m ins Handwerk ~** immischiarsi negli affari di qu; **Pfuscher(in** *f) m* ⟨-s, -⟩ *FAM* ↑ *Stümper* ciarlatano/a

Pfütze *f* ⟨-, -n⟩ ↑ *Lache (Wasser-)* pozzanghera *f*

Phänomen *n* ⟨-s, -e⟩ ① ↑ *Erscheinung* fenomeno *m* ② ↑ *Genie (Person)* fenomeno *m*; **phänomenal** *adj* ↑ *außergewöhnlich* fenomenale

Phantasie *f* ↑ *Vorstellungsvermögen* fantasia *f*, immaginazione *f*; **phantasielos** *adj* privo di/ senza fantasia/immaginazione; **phantasieren** *vi* ① ↑ *träumen* fantasticare ② ↑ *sich ausdenken* → *Geschichte* inventarsi ③ *(im Fieber)* vaneggiare; **phantasievoll** *adj* ↑ *einfallsreich* pieno di fantasia; **phantastisch** *adj* ① ↑ *toll* fantastico ② ↑ *unrealistisch* irreale

Pharmaindustrie *f* industria *f* farmaceutica; **Pharmazeut(in** *f) m* ⟨-en, -en⟩ ↑ *Apotheker* farmacista *m/f*

Phase *f* ⟨-, -n⟩ ↑ *Zeitabschnitt* fase *f*, periodo *m*

Philanthrop *m* ⟨-en, -en⟩ ↑ *Menschenfreund* filantropo *m*

Philippinen *pl* Filippine *f/pl*

Philologe *m* ⟨-n, -n⟩, filologo *m*; **Philologie** *f* ▷*studieren* filologia *f*; **Philologin** *f* filologa *f*

Philosoph(in *f) m* ⟨-en, -en⟩ filosofo/a; **Philosophie** *f* filosofia *f*; **philosophisch** *adj* filosofico

phlegmatisch *adj* ↑ *träge, passiv* flemmatico, apatico

Phonetik *f* SPRACHW fonetica *f*; **phonetisch** *adj* SPRACHW fonetico

Phosphat *n* CHEM fosfato *m*; **phosphatfrei** *adj* senza fosfati

Phosphor *m* ⟨-s⟩ CHEM fosforo *m*

Photo *n* ⟨-s, -s⟩ *s.* **Foto**

Phrase *f* ⟨-, -n⟩ ↑ *Redewendung* frase *f* [fatta]; *PEJ* ◇ **-en dreschen** fare della retorica

pH-Wert *m* ↑ *Säuregehalt (von Shampoo, Seife)* valore *m* del pH

Physik *f* *Wissenschaft,* SCHULE fisica *f*; **physikalisch** *adj* fisico; **Physiker(in** *f) m* ⟨-s, -⟩ *(Atom-)* fisico/a

Physiologie *f* fisiologia *f*; **physisch** *adj* *(Ggs von psychisch)* fisico, fisiologico

Pianist(in *f) m* pianista *m/f*

Pickel ¹ *m* ⟨-s, -⟩ ↑ *Hacke* piccone *m*

Pickel ² *m* ⟨-s, -⟩ ↑ *Pustel (Haut-)* brufolo *m*; **pickelig** *adj* ▷*Haut* pieno di brufoli

picken *vi* ← *Huhn* beccare *(nach* qc)

Picknick *n* ⟨-s, -e *o.* -s⟩ picnic *m*; ◇ **ein- machen** fare un picnic

piepen *vi* ① ← *Vogel* pigolare ② *FAM* ◇ **bei dir piept's wohl!** [a te] ti ha dato di volta il cervello!

piepsen *vi* ← *Stimme, von Maus)* squittire; *(von Vogel)* pigolare

piesacken *vt FAM* tormentare

pietätlos *adj* ↑ *ehrfurchtslos* senza pietà

Pigment *n* *(Farb-)* pigmento *m*

Pik *n* ⟨-s, -s⟩ *(Spielkarte)* picche *f/pl*

pikant *adj* ① ↑ *scharf* ▷*Essen* piccante ② ↑ *schlüpfrig* ▷*Witz* spinto

Pilger(in *f) m* ⟨-s, -⟩ ↑ *Wallfahrer* pellegrino/a

Pille *f* ⟨-, -n⟩ ① *(Tablette)* compressa *f* ② *(Verhütungsmittel)* pillola *f*

Pilot(in *f) m* ⟨-en, -en⟩ pilota *m/f*; **Pilotprojekt** *n* *(Experiment)* progetto *m* pilota

Pils *n* *(helles Bier)* birra [chiara] di Pilsen

Pilz *m* ⟨-es, -e⟩ ① *(Pflanze)* ▷*giftig* fungo *m* ② *(Haut-, Krankheit)* fungo *m* ③ ↑ *Wolke (Atom-)* fungo *m* [atomico]

pingelig *adj* *FAM* ↑ *genau, ordentlich* pedante, pignolo

Pinie *f* FLORA pino *m*

pinkeln *vi FAM* ↑ *urinieren* pisciare

Pinsel *m* ⟨-s, -⟩ ① *(Mal-)* pennello *m* ② *(FAM Person, eingebildet)* presuntuoso *m*

Pinzette *f* pinzetta *f*

Pionier(in *f) m* ⟨-s, -e⟩ ① ↑ *Vorkämpfer* pioniere/ a ② MIL ↑ *Soldat* pioniere *m*

Pipeline *f* oleodotto *m*

Pirat(in *f) m* ⟨-en, -en⟩ pirata *m/f*; **Piratensender** *m* *(Rundfunksender)* radio *f* pirata

Piste *f* ⟨-, -n⟩ ① ↑ *Abfahrt (Ski-)* pista *f* ② ↑ *Rollbahn (Flugzeug-)* pista *f* ③ ↑ *Rennbahn* autodromo *m*

Pistole *f* ⟨-, -n⟩ pistola *f*

Pizza *f* ⟨-, -s⟩ GASTRON pizza *f*; **Pizzeria** *f* ⟨-, -s *o.* Pizzerien⟩ pizzeria *f*

Pkw *m* ⟨-[s], -[s]⟩ *Abk v.* **Personenkraftwagen** macchina *f*

Plackerei *f FAM* ↑ *Schufterei* faticaccia *f*

plädieren *vi* ① JURA chiedere *(auf akk* qc); *(eintreten)* difendere *(für akk* qu) ② ↑ *befürworten* battersi *(für* in favore di/per); **Plädoyer** *n* ⟨-s, -s⟩ JURA *auch FIG* arringa *f*

Plage *f* ⟨-, -n⟩ ① *(Heuschrecken-)* piaga *f*, calamità *f* ② ↑ *Mühe* fatica *f*; **plagen I.** *vt* ↑ *quälen* tormentare **II.** *vr* ◇ **sich -** ↑ *abmühen* affaticarsi

Plakat *n* ↑ *Poster (Werbe-)* cartellone *m*, affisso *m*

Plakette *f* ↑ *Abzeichen (TÜV--)* targhetta *f*

Plan *m* ⟨-[e]s, Pläne⟩ ① ↑ *Karte (Stadt-)* cartina *f*, pianta *f* ② ↑ *Vorhaben* piano *m*, progetto *m*

Plane *f* ⟨-, -n⟩ *(Abdeck-, aus Plastik)* telone *m*

planen vt → *Reise* progettare
Planet m ‹-en -en› pianeta m
planieren vt ↑ *einebnen* appianare, livellare;
Planierraupe f bulldozer m
Planke f ‹-, -n› ↑ *Brett* (*Holz-*) asse f, tavola f
Plankton n ‹-s› FLORA ↑ *Algen* plancton m
planlos adj ① ↑ *unorganisiert* senza metodo,
disorganizzato ② ↑ *ziellos* a casaccio; **planmä-**
ßig I. adj ① ↑ *pünktlich* ▷*Abfahrt* puntuale ②
↑ *wie geplant* ▷*Verlauf* regolare **II.** adv ↑ *pünkt-*
lich puntualmente; ↑ *wie geplant* regolarmente
planschen vi (*im Wasser*) sguazzare
Plansoll n ‹-s› (*Ziel in Planwirtschaft*) norma f di
produzione; **Planstelle** f ↑ *Anstellung* (*für Leh-*
rer) posto m nell'organico
Plantage f ‹-, -n› (*Bananen-*) piantagione f
Planung f (*das Planen, von Bau, von Vorhaben*)
progettazione f; COMM pianificazione f; ◇ *noch*
in - sein è ancora in progettazione; **Planwirt-**
schaft f ▷*sozialistisch* economia f pianificata
plappern vi FAM ↑ *reden* chiacchierare
plärren vi ① FAM ↑ *schreien* ← *Baby* strillare ②
↑ *laut sein* ← *Radio* essere alto
Plasma n ‹-s, Plasmen› (*Blut-*) plasma m
Plastik ¹ f ↑ *Skulptur* (*Kunstwerk*) plastico m,
scultura f
Plastik ² n ‹-s› ↑ *Kunststoff* (*Material*) plastica f;
Plastikfolie f carta f trasparente; **Plastiktüte**
f sacchetto m di plastica
Plastilin® n ‹-s› ↑ *Knetmasse* plastilina f
plastisch adj ① *dreidimensional* ▷*Darstellung*
plastico; ▷*Kunst* plastico ② FIG ↑ *anschaulich*
chiaro, evidente; **Plastizität** f ① ↑ *Formbarkeit*
plasticità f ② ↑ *Anschaulichkeit* evidenza f
Platane f ‹-, -n› FLORA platano m
Platin n ‹-s› CHEM platino m
Platitüde f ‹-, -n› ↑ *leere Redensart* banalità f
platonisch adj FIG ↑ *geistig* ▷*Liebe* platonico
platschen vi ↑ *ins Wasser fallen* cadere [con un
tonfo]
plätschern vi ← *Bach* gorgogliare
platt adj ① ↑ *eben, flach* piatto ② ↑ *ohne Luft*
(*Reifen*) sgonfio ③ FIG ↑ *geistlos, banal*
▷*Bemerkung* piatto ④ FAM ↑ *sprachlos* sbalordito
plattdeutsch adj (*Dialekt*) basso tedesco m
Platte f ‹-, -n› ① (*Tisch-*) asse f, tavola f; (*Stein-*)
lastra f ② (*Herd-*) piastra f ③ ↑ *Essen* ◇ *kalte -*
piatto m freddo ④ (*Schall-*) disco m ⑤ (*Foto-*)
lastra f ⑥ (PC *Fest-*) disco m ⑦ FAM ↑ *Glatze*
pelata f
Plattenspieler m giradischi m
Plattform f ① piattaforma f ② FIG ↑ *Basis,*
Grundlage base f; **Plattfuß** m ① ↑ *Fuß* piede m

piatto ② FAM ↑ *Reifenpanne* ruota f sgonfia/a
terra
Platz m ‹-es, Plätze› ① ↑ *Raum* posto m, spazio
m; (*Sitz-*) posto m [a sedere] ② (*Markt-*) piazza f
③ (*Park-*) parcheggio m ④ ↑ *Plazierung* ▷*erster,*
letzter posto m ⑤ SPORT campo m; **Platz-**
angst f ① FAM ↑ *Klaustrophobie* claustrofobia
f ② MED ↑ *Agoraphobie* agorafobia f; **Platz-**
anweiser(in) m (*im Kino, Theater*) maschera
f
Plätzchen n ↑ *Keks* biscotto m
platzen vi ① ↑ *kaputtgehen* ← *Luftballon, Reifen*
scoppiare ② ↑ *reißen* ← *Haut* screpolare; ← *Stoff*
rompersi ③ FAM ◇ *vor Neid* - crepare d'invidia
④ FAM ↑ *scheitern* fallire, andare a monte; ◇ *ein*
Geschäft ist geplatzt un affare è andato a monte
Platzmangel m ↑ *Enge* mancanza f di spazio;
Platzpatrone f (*Ggs zu scharfe Munition*) cartuccia f; **Platzregen** m ↑ *Regen* ▷*kurz, heftig*
acquazzone m; **Platzwunde** f ↑ *Verletzung*
▷*offen* sbucciatura f
Plauderei f ↑ *Gespräch* ▷*zwanglos* chiacchierata f; MEDIA conversazione f; **plaudern** vi
chiacchierare (*über akk* su)
plausibel adj ↑ *einleuchtend* ▷*Erklärung* convincente, plausibile; ◇ *jd-m etw - machen* convincere qu di qc; **Plausibilitätskontrolle** f
PC controllo m di validità
plazieren I. vt ① ↑ *hinstellen* → *Möbel* collocare, mettere ② SPORT ↑ *gezielt treffen* piazzare
II. vr ◇ *sich* - (SPORT *bei Wettkampf*) ▷*vorn,*
hinten piazzarsi
pleite adj FAM ↑ *bankrott* al verde; **Pleite** f ‹-,
-n› FAM ① ↑ *Bankrott* fallimento m ② ↑ *Reinfall*
fregatura f; **Pleitegeier** m FAM pericolo m di
fallimento
Plenum n ‹-s, Plena› ↑ *Vollversammlung* plenum
m, assemblea f plenaria
Plexiglas® n ↑ *Acrylglas* plexiglas m
Plombe f ‹-, -n› ① ↑ *Siegel* piombo m ② (*Zahn-*)
otturazione f; **plombieren** vt → *Zahn* otturare
Plotter m ‹-s, -› PC plotter m
plötzlich I. adj ↑ *jäh, unerwartet* improvviso,
inaspettato **II.** adv ↑ *auf einmal* improvvisamente; ◇ *war er da* all'improvviso era lì, tutto d'un
tratto era lì
plump adj ① ↑ *schwerfällig* ▷*Bewegung* impacciato, goffo ② ↑ *unförmig* ▷*Körper* tozzo ③ FIG
↑ *unhöflich, ungeschickt* ▷*Bemerkung* sgarbato;
Plumpheit f ① ↑ *Schwerfälligkeit* goffaggine f
② (*von Körper*) corporatura f tossa ③ FIG osservazione f sgarbata
Plunder m ‹-s› ↑ *wertloser Kram* cianfrusaglie
f/pl

plündern I. *vt ausrauben* → *Geschäft* saccheggiare, svaligiare; → *Stadt* saccheggiare II. *vi* ↑ *stehlen* svaligiare; **Plünderung** *f* (*Stadt*) saccheggio *m*; (*Geschäft*) rapina *f*

Plural *m* ⟨-s, -e⟩ GRAM ↑ *Mehrzahl* plurale *m*; **pluralistisch** *adj* ▷*Gesellschaft* pluralistico; **Pluralismus** *m* pluralismo *m*

plus *adv* 1 ↑ *und, dazu* più; (MATH *Ggs zu minus*) più 2 ↑ *über null* (*Temperatur*) sopra [lo zero]; **Plus** *n* ⟨-, -⟩ 1 ↑ *Mehr* (*auf Konto*) eccedenza *f* 2 *FIG* ↑ *Vorteil* vantaggio *m*

Plüsch *m* ⟨-[e]s, -e⟩ felpa *f*, peluche *f*; **Plüschtier** *n* animale *m* di peluche

Pluspol *m* ELECTR polo *m* positivo; **Pluspunkt** *m* 1 SPORT ▷*verbuchen* punto *m* di vantaggio 2 *FIG* ↑ *Vorteil, positive Eigenschaft* vantaggio *m*

Plusquamperfekt *n* GRAM ↑ *Vorvergangenheit* piuccheperfetto *m*, trapassato prossimo *m*

Plutonium *n* CHEM plutonio *m*

PLZ *Abk v.* **Postleitzahl** C.A.P.

Pneu *m* ⟨-s, -s⟩ GRAM (*Reifen*) pneumatico *m*

Po *m* ⟨-s, -s⟩ *FAM* ↑ *Hintern* sedere *m*

Pöbel *m* ⟨-s⟩ *PEJ* ↑ *niederes Volk* popolino *m*, plebe *f*

pochen *vi* 1 ← *Puls* battere 2 ↑ *klopfen* bussare; ◇ **an** *Tür* - bussare alla porta 3 *FIG* ↑ *bestehen, dringen* ◇ **auf etw** - insistere (*auf akk* su)

Pocken *pl* (MED *Krankheit*) vaiolo *m*

Podium *n* ↑ *Plattform* podio *m*, pedana *f*; **Podiumsdiskussion** *f* tavola *f* rotonda

Poesie *f* ↑ *Dichtung* poesia *f*; **Poet(in** *f*) *m* ⟨-en, -en⟩ ↑ *Dichter* poeta *m*/*f*; **poetisch** *adj* ▷*Text* poetico

Pointe *f* ⟨-, -n⟩ effetto *m* finale

Pokal *m* ⟨-s, -e⟩ SPORT coppa *f*

pökeln *vt* ↑ *einsalzen* → *Fleisch* mettere in salamoia

pokern *vi* ↑ *Poker spielen* giocare a poker

Pol *m* ⟨-s, -e⟩ 1 (GEO *Nord-*) polo *m* 2 ▷*elektrisch* polo *m*; **polar** *adj* polare; **Polarkreis** *m* GEO circolo *m* polare

Pole *m* ⟨-n, -n⟩ polacco *m*

Polemik *f* ↑ *Streit* (*unsachlich*) polemica *f*; **polemisch** *adj* polemico

Polen *n* Polonia *f*

Police *f* ⟨-, -n⟩ (*Versicherungs-*) polizza *f*

Polier *m* ⟨-s, -e⟩ capomastro *m*

polieren *vt* 1 → *Silber* lucidare 2 *FAM!* ◇ **jd-m die Fresse** - conciare qu per le feste

Poliklinik *f* policlinico *m*

Polin *f* polacca *f*

Politesse *f* ↑ *Verkehrspolizistin* vigilessa *f*

Politik *f* 1 ↑ *Standpunkt, Strategie* politica *f* 2 (*Regierungs-*) politica *f*; **Politiker(in** *f*) *m* ⟨-s, -⟩ politico *m*; **politisch** *adj* ▷*Parteien* politico; **politisieren** I. *vi* parlare di politica II. *vt* (*jd-n*) politicizzare

Politur *f* (*für Möbel*) lucido *m*

Polizei *f* polizia *f*; **polizeilich** *adj* 1 dalla polizia; ◇ - **gesucht** ricercato dalla polizia 2 ↑ *behördlich* iscritto; ◇ **sich - melden** iscriversi all'anagrafe; **Polizeipräsidium** *n* questura *f*; **Polizeirevier** *n* distretto *m* di polizia; **Polizeistaat** *m* stato *m* poliziesco; **Polizeistunde** *f* ↑ *Schankschluß* orario *m* di chiusura degli esercizi pubblici; **polizeiwidrig** *adj* ▷*Verhalten* contrario ai regolamenti della polizia; **Polizist(in** *f*) *m* poliziotto/a

Pollen *m* ⟨-s, -⟩ FLORA ↑ *Blütenstaub* (*Blüten-*) polline

polnisch *adj* polacco

Polster *n* ⟨-s, -⟩ 1 ↑ *Kissen* (*von Sessel*) imbottitura *f* 2 (*Schulter-*) spallina *f* 3 (*Fett-*) cuscino *m*, cuscinetto *m* 4 *FIG* ↑ *finanzielles* - riserva *f*; **polstern** *vt* → *Sofa* imbottire

Polterabend *m* festa organizzata dagli sposi per gli amici alla vigilia delle nozze; **poltern** *vi* 1 ↑ *Krach machen* far chiasso/rumore 2 *FAM* ↑ *schimpfen* sbraitare 3 ↑ *Polterabend feiern* festeggiare la vigilia delle nozze

Polygamie *f* ↑ *Vielehe* poligamia *f*

Polyp *m* ⟨-en -en⟩ 1 *FAM* ↑ *Polizist* poliziotto *m* 2 MED ◇ **-en** *pl* polipo *m* 3 (FAUNA *Meerestier*) polipo *m*

Pomade *f* brillantina *f*

Pommes frites *pl* GASTRON patatine *f*/*pl* fritte

Pomp *m* ⟨-[e]s⟩ sfarzo *m*, sontuosità *f*, pompa *f*; **pompös** *adj* sfarzoso, pomposo

Pony [1] *m* ⟨-s, -s⟩ (*Haar-*) frangetta *f*

Pony [2] *n* ⟨-s, -s⟩ FAUNA ↑ *kleines Pferd* pony *m*

Popmusik *f* musica *f* pop

Popo *m* ⟨-s, -s⟩ *FAM* ↑ *Hintern* sederino *m*, popò *m*

populär *adj* 1 ↑ *bekannt* ▷*Politiker* popolare 2 ↑ *beliebt* ▷*Sendung* popolare, noto; **Popularität** *f* ↑ *Bekanntheit, Beliebtheit* popolarità *f*

Pore *f* ⟨-, -n⟩ (*Haut-*) poro *m*

Pornographie *f* pornografia *f*

porös *adj* ↑ *löchrig* poroso

Porree *m* ⟨-s, -s⟩ FLORA porro *m*

Portal *n* ⟨-s, -e⟩ (*Kirchen-*) portale *m*

Portemonnaie *n* ⟨-s, -s⟩ portafoglio *m*

Portier *m* ⟨-s, -s⟩ (*Nacht-*) portiere *m*

Portion *f* 1 (*von Essen*) porzione *f* 2 *FAM* ◇ **halbe** - mingherlino *m*

Porto *n* ⟨-s, -s⟩ affrancatura *f*; **portofrei** *adj* esente da affrancatura

Porträt n ‹-s, -s› *auch FIG* ritratto m; **porträtieren** vt → *jd-n* fare il ritratto a/di

Portugal n Portogallo m; **Portugiese** m ‹-n, -n›, **Portugiesin** f portoghese m/f; ◇ **die -n** pl i portoghesi; **portugiesisch** adj portoghese

Porzellan n ‹-s, -e› ① (*Werkstoff*) porcellana f ② ↑ *Geschirr* stoviglie fpl di porcellana

Posaune f ‹-, -n› (MUS *Instrument*) ▷ *spielen* trombone m

Pose f ‹-, -n› ↑ *Haltung* posa f, contegno m; **posieren** vi (*für Kamera*) posare

Position f ① ↑ *Lage* posizione f, situazione f ② ↑ *Beruf* (*Führungs-*) posizione f; **positionieren** vt PC posizionare

positiv I. adj ① ↑ *bestätigend* ▷ *Antwort* positivo ② ↑ *günstig* ▷ *Entwicklung* positivo, costruttivo **II.** adv ↑ *optimistisch, bestätigend* positivamente; **Positiv** n FOTO positivo m

Positur f ↑ *Haltung;* ◇ **sich in - begeben** mettersi in posa f

possessiv adj GRAM ↑ *besitzanzeigend* possessivo; **Possessivpronomen** n GRAM pronome m possessivo

Post f ‹-› ① (*-amt*) ufficio m postale, posta f ② ↑ *Briefe* corrispondenza f, posta f; **Postanschrift** f ↑ *Adresse* indirizzo m, recapito m [postale]; **Postanweisung** f vaglia m postale; **Postbote** m, **Postbotin** f ↑ *Briefträger* postino/a

Posten m ‹-s, -› ① ↑ *Stellung* posto m, impiego m; (*Amt*) carica f ② (COMM *Waren-*) partita f ③ (*Streik-*) picchetto m ④ (MIL *Wach-*) guardia f

Poster n ‹-s, -› poster m

Postfach n casella f postale; **Postkarte** f cartolina f; **Postkasten** m cassetta f della posta; **postlagernd** adv fermo posta; **Postleitzahl** f codice m di avviamento postale

postmodern adj ▷ *Kunst, Architektur* postmoderno

Postsparkasse f ↑ *Bank* cassa f di risparmio postale; **Poststempel** m timbro m postale; **postwendend** adv FIG ↑ *sofort* a giro posta

postulieren vt postulare

potent adj ① ↑ *zeugungsfähig* potente [sessualmente] ② ↑ *mächtig* potente

Potential n ‹-s, -e› ↑ *Leistungsfähigkeit* potenziale m

potentiell adj ↑ *möglich* potenziale

Potenz f ① ↑ *Zeugungskraft* potenza [sessuale] f ② MATH potenza f

potthäßlich adj orrendo, orribile

Pracht f ‹-› magnificenza f; **prächtig** adj ① ↑ *prunkvoll* sontuoso, sfarzoso ② FAM magnifico, meraviglioso; **Prachtstück** n ↑ *schönes*

Exemplar esemplare m magnifico; **prachtvoll** adj splendido, magnifico

prädestinieren vt ↑ *vorbestimmen, eignen:* ◇ **prädestiniert sein für** essere predestinato per

Prädikat n ① GRAM ↑ *Verb* predicato m ② (*Bewertung*) predicato m; (*Note*) voto m

Präferenz f ↑ *Vorzug* preferenza f; ◇ **e-r Sache die - geben** dare la preferenza ad una cosa

Präfix n ‹-es, -e› GRAM prefisso m

prägen vt ① ↑ *formen* → *Münzen* coniare ② ↑ *formulieren* → *Satz* coniare, creare ③ FIG ↑ *beeinflussen* → *Charakter* influenzare

pragmatisch adj ↑ *praxisorientiert* prammatico, pragmatico

prägnant adj ↑ *treffend* pregnante, denso di significato; (*knapp*) conciso; **Prägnanz** f pregnanza f

Prägung f ① ↑ *Muster* (*von Münze*) coniazione f ② ↑ *Eigenart* (*Charakter-*) stampo m, indole f

prahlen vi ↑ *angeben* vantarsi (*mit dat* di); **Prahlerei** f vanteria f

Praktik f ↑ *Verfahren, Handhabung* pratica f; **praktikabel** adj praticabile

Praktikant(in f) m (*Firmen-*) tirocinante m/f; **Praktikum** n ‹-s, Praktika› tirocinio m

praktisch I. adj ① ↑ *zweckmäßig* ▷ *Vorschlag* pratico, utile ② ↑ *handwerklich geschickt* pratico, capace; ◇ **- veranlagt sein** avere senso pratico ③ ◇ **-er Arzt** (Ggs *zu Facharzt*) medico generico **II.** adv ↑ *so gut wie* praticamente; ◇ **er verdient - nichts** [lui/egli] non guadagna praticamente niente

praktizieren I. vt ↑ *anwenden* → *Methode* praticare **II.** vi ← *Arzt* esercitare

Praline f GASTRON cioccolatino m

prall adj ① ↑ *voll* ▷ *Geldbeutel* pieno ② ▷ *Sonne* cocente

prallen vi ↑ *stoßen* urtare qu/qc, scontrarsi (*gegen* con)

Prämie f ① ↑ *Belohnung* premio m, ricompensa f ② ↑ *Gebühr* (*Versicherungs-*) premio m; **prämieren** vt ↑ *auszeichnen* premiare

Prämisse f ‹-, -n› premessa f

Pranger m ‹-s, -› FIG: ◇ **jd-n an den - stellen** mettere qu alla berlina, schernire qu

Präparat n (*Vitamin-*) preparato m; **präparieren** vt ① ↑ *vorbereiten* preparare (*für* per) ② MED ↑ *sezieren* sezionare ③ ↑ *konservieren* → *Tiere* preparare

Präposition f GRAM preposizione f

Prärie f prateria f

Präsens n ‹-› GRAM ↑ *Gegenwart* presente m

präsent adj ① ↑ *anwesend* presente; ◇ **- sein**

essere presente ② ◇ **etw - haben** aver presente qc

präsentabel *adj* presentabile; **präsentieren** *vt* ① ↑ *vorlegen → Rechnung* presentare ② MIL → *Gewehr* presentare

Präservativ *n* ↑ *Kondom* preservativo *m*

Präsident(in *f) m m* ↑ *Vorsitzender, Staatsoberhaupt* presidente(-essa *f) m;* **Präsidium** *n* ① ↑ *Amt (Polizei-)* questura *f* ② ↑ *Vorsitz* presidenza *f* ③ ↑ *Führungsgremium* direzione *f*

prasseln *vi* ① ← *Regen* battere ② ↑ *knistern* ← *Feuer* scoppiettare

Präteritum *n* ⟨-s, Präterita⟩ GRAM ↑ *Vergangenheit* preterito *m*

Pratze *f* ⟨-, -n⟩ ① *(Tier-)* zampa *f* ② FAM ↑ *große Hand* zampa *f*

Praxis *f* ⟨-, Praxen⟩ ① *(Ggs zu Theorie)* pratica *f* ② *(Arzt-)* studio *m,* ambulatorio *m*

Präzedenzfall *m* precedente *m*

präzis[e] *adj* preciso, esatto; **Präzision** *f* precisione *f*

predigen I. *vi* ← *Pfarrer* predicare **II.** *vt* FIG: ◇ *Liebe* - predicare l'amore; **Predigt** *f* ⟨-, -en⟩ predica *f*

Preis *m* ⟨-es, -e⟩ ① ↑ *Kosten, Honorar* ▷*hoch, niedrig* prezzo *m,* costo *m* (für per, di) ② ↑ *Gewinn, Prämie* premio *m* ③ ◇ **um keinen -** a nessun costo, neanche per sogno; **Preisausschreiben** *n* concorso *m* a premi

Preiselbeere *f* FLORA mirtillo *m* rosso

preisen ⟨pries, gepriesen⟩ *vi* ↑ *loben* lodare

preisgeben *unreg vt* ① *(verraten, Geheimnis)* rivelare; *(Person)* tradire ② ↑ *aufgeben* → *Gewohnheit* rinunciare a, abbandonare; **preisgekrönt** *adj* premiato; **Preisgericht** *n* giuria *f* [di un concorso a premi]; **preislich** *adj* per quanto riguarda il prezzo; **Preissturz** *m* crollo *m* dei prezzi; **Preisträger(in** *f) m* premiato/a; **preiswert** *adj* ▷*Angebot* a buon mercato/prezzo

prekär *adj* precario

prellen *vt* ① → *Zeche* non pagare ② FIG ↑ *betrügen* imbrogliare *(um* su); **Prellung** *f* MED contusione *f*

Premiere *f* ⟨-, -n⟩ prima *f*

Premierminister(in *f) m* primo ministro *m/f*

Presse *f* ⟨-, -n⟩ ① *(Saft-)* spremifrutta *m* ② *(Drucker-)* ▷*mechanisch* pressa *f,* torchio *m* ③ ↑ *Zeitungen* stampa *f;* **Pressefreiheit** *f* libertà *f* di stampa; **Pressekonferenz** *f* conferenza *f* stampa; **Pressemeldung** *f* comunicato *m* stampa

pressen *vt* ① ↑ *drücken* → *Zitrone* spremere ② ↑ *zwingen* → *jd-n* costringere *(zu* a)

pressieren *vi (süddt., ÖST, CH):* ◇ **es pressiert** è urgente

Preßluft *f* aria *f* compressa; **Preßluftbohrer** *m* martello *m* pneumatico

Prestige *n* ⟨-s⟩ ↑ *Ansehen* prestigio *m*

prickeln *vi* ① *(← Sekt, auf Zunge)* frizzare ② ↑ *kitzeln (auf Haut)* prudere ③ ↑ *erregen* ← *Atmosphäre* eccitare, scaldare

pries *impf v.* **preisen**

Priester(in *f) m* ⟨-s, -⟩ prete *m,* sacerdote(-essa *f) m*

prima *adj* ⟨inv⟩ ↑ *toll, sehr gut* ottimo, magnifico

primär *adj* ① ↑ *ursprünglich* ▷*Stufe* primario ② ↑ *vorrangig* ▷*Interesse* principale, primario

primitiv *adj* ① ↑ *einfach* ▷*Volk* primitivo ② ↑ *dürftig, armselig* ▷*Behausung* misero ③ ↑ *geistlos* ▷*Äußerung* primitivo

Primzahl *f* MATH numero *m* primo

Prinz *m* ⟨-en, -en⟩ principe *m; (Märchen-)* principe *m* azzurro; **Prinzessin** *f* principessa *f*

Prinzip *n* ⟨-s, -ien⟩ ① ↑ *Grundsatz* principio *m;* ◇ **-ien haben** avere dei principi ② ↑ *Regel, Grundlage* principio *m;* ◇ **im -** in principio, in fondo, in linea di massima ③ ↑ *Gesetzmäßigkeit* ▷*mathematisch* principio *m,* legge *f;* **prinzipiell** *adj* ① ↑ *im Prinzip* in/di principio; ◇ **das ist - richtig** è giusto in linea di massima ② ↑ *aus Prinzip* per principio; **prinzipienlos** *adj* senza principi

Priorität *f* ↑ *Vorrang* priorità *f*

Prise *f* ⟨-, -n⟩ *(- Salz)* pizzico *m,* presa *f*

Prisma *n* ⟨-s, Prismen⟩ *optisches Gerät, MATH* prisma *m*

privat *adj* ① ↑ *nicht öffentlich* ▷*Besitz* privato ② ↑ *familiär* ↑ *persönlich* privato, personale

pro I. *präp* ↑ *für, je* a, per *akk;* ◇ **- Kopf** a testa **II.** *adv* ↑ *dafür;* ◇ **- und kontra** i pro e i contro; **Pro** *n* ⟨-s⟩ ↑ *Für (Ggs zu Wider)* pro *m*

Probe *f* ⟨-, -n⟩ ① ↑ *Test* prova *f;* ◇ **jd-n auf die - stellen** mettere qu alla prova ② (THEAT *General-)* prova *f* ③ ↑ *Probieren (Wein-)* assaggio *m;* **Probeexemplar** *n* campione *m;* **Probefahrt** *f* giro *m* di prova; **proben** *vti* THEAT → *Auftritt* provare, fare le prove di; **probeweise** *adv* in prova; **Probezeit** *f* periodo *m* di prova; **probieren I.** *vt* ↑ *versuchen* → *Wein* assaggiare **II.** *vi* ↑ *experimentieren* provare

Problem *n* ⟨-s, -e⟩ ↑ *Sorge, Aufgabe* problema *m;* **Problematik** *f* ↑ *Schwierigkeit* problematica *f;* **problematisch** *adj* problematico; **problemlos** *adj* senza problemi

Produkt *n* ⟨-[e]s, -e⟩ ① ↑ *Erzeugnis (Industrie-)* prodotto *m* ② ↑ *Ergebnis* prodotto *m,* risultato *m,* frutto m; ◇ - **jahrelanger Arbeit** frutto di anni di lavoro; **Produktion** f (Massen-) produzione f, fabbricazione f

produktiv adj produttivo

Produzent(in f) m (von Film, von Ware) produt|-tore(-trice f) m; **produzieren I.** vt ↑ herstellen produrre, fabbricare **II.** vr ◇ **sich** - ↑ sich darstellen esibirsi

professionell I. adj professionale **II.** adv professionalmente

Professor(in f) m professore(-essa f) m; **Professur** f cattedra f universitaria

Profi m ↑ Spezialist professionista m/f, esperto/a

Profil n ⟨-s, -e⟩ ① (von Reifen) battistrada m ② (von Gesicht) profilo m ③ FIG ↑ Ausstrahlung personalità f; ◇ - **haben** avere una propria personalità

profilieren vr ◇ sich - ↑ darstellen, auftreten profilarsi, delinearsi

Profit m ⟨-[e]s, -e⟩ profitto m, guadagno m; **profitieren** vi ↑ Nutzen ziehen aus approfittarsi (von di)

pro forma adv proforma

Prognose f ⟨-, -n⟩ prognosi f

Programm n ⟨-s, -e⟩ ① (Partei-) programma m, manifesto m ② (Fernseh-, Kino-) programma m ③ PC programma m; **programmieren** vt ① ↑ Ablauf festlegen, auch FIG programmare ② PC programmare; **Programmierer(in** f) m ⟨-s, -⟩ (Beruf) programma|tore(-trice f) m; **Programmiersprache** f PC linguaggio m di programmazione; **Programmkino** n ≈cinema m con programma stabilito

progressiv I. adj progressivo **II.** adv progressivamente

Projekt n ⟨-[e]s, -e⟩ ① ↑ Plan progetto m ② ↑ Unternehmen (Selbsthilfe-) progetto m

Projektor m (Dia-) proiettore m; **projizieren** vt → Dia, auch FIG → Vorstellung proiettare

proklamieren vt proclamare

Prolet(in f) m ⟨-en, -en⟩ PEJ proletario m

Proletariat n proletariato m; **Proletarier(in** f) m ⟨-s, -⟩ proletario/a

Prolog m ⟨-[e]s, -e⟩ ① ↑ Vorrede prologo m ② ↑ Einleitung (von Buch) introduzione f

Promenade f (See-) lungolago m; (am Meer) lungomare m

Promille n ⟨-[s], -⟩ per mille m

prominent adj ↑ berühmt, bekannt eminente, insigne, prominente; **Prominenz** f persona f eminente

Promiskuität f ⊳sexuell promiscuità f [sessuale]

Promotion f ① COMM ↑ Werbung pubblicità f

② ↑ Doktortitel ≈dottorato m; **promovieren** vi ≈fare il dottorato

prompt adj ↑ unmittelbar, rasch ⊳Antwort pronto

Pronomen n ⟨-s, -⟩ (GRAM Personal-) pronome m

Propaganda f ⟨-⟩ propaganda f; **propagieren** vt → Überzeugung propagare, divulgare

Propeller m ↑ elica f

Prophet(in f) m ⟨-en, -en⟩ profeta m/f; **prophezeien** vt ↑ vorhersagen predire; **Prophezeiung** f profezia f

prophylaktisch adj MED ⊳Maßnahme profilattico

Proportion f proporzione f; **proportional I.** adj proporzionale **II.** adv proporzionalmente

Prosa f ⟨-⟩ (Ggs zu Poesie) prosa f; **prosaisch** adj FIG ↑ nüchtern, trocken prosaico

Prospekt m ⟨-[e]s, -e⟩ (Werbe-) dépliant m, opuscolo m

prost intj ↑ zum Wohl! [alla] salute!

prostituieren I. vt ↑ bloßstellen prostituire **II.** vr ◇ sich - prostituirsi; **Prostituierte** f prostituta f

protegieren vt ↑ unterstützen → Künstler ≈proteggere

Protest m ⟨-[e]s, -e⟩ ⊳erheben protesta f, contestazione f; **Protestant(in** f) m REL protestante m/f; **protestantisch** adj protestante; **protestieren** vi protestare (gegen contro); **Protestkundgebung** f manifestazione f di protesta

Prothese f ⟨-, -n⟩ (Bein-, Zahn-) protesi f

Protokoll n ⟨-s, -e⟩ ① ⊳schriftlich protocollo m ② (Straf-) verbale m ③ ↑ Etikette protocollo m; **protokollieren** vt ↑ schriftlich festhalten (bei Versammlung) protocollare; (bei der Polizei) mettere a verbale, verbalizzare

Proton n ⟨-s, -en⟩ FIN protone m

Prototyp m ↑ Musterexemplar prototipo m

Protz m ⟨-en, -e[n]⟩ FAM ↑ Angeber spaccone m; **protzen** vi ↑ angeben darsi delle arie (mit con); **protzig** adj ⊳Haus, Auto vistosa; ⊳Mensch borioso

Proviant m ⟨-s, -e⟩ (-korb) provviste f/pl, viveri m/pl

Provinz f ⟨-, -en⟩ ↑ Landesteil, auch FIG ↑ rückständige Gegend provincia f; **provinziell** adj ↑ rückständig provinciale

Provision f COMM ↑ Beteiligung (Verkaufs-) provvigione f

provisorisch I. adj provvisorio **II.** adv provvisoriamente

Provokation f provocazione f; **provozieren** vt provocare

Prozedur f PEJ ▷langwierig procedura f

Prozent n ⟨-[e]s, -e⟩ percentuale f; **Prozentsatz** m percentuale f; **prozentual** adj ↑ im Verhältnis percentuale

Prozeß m ⟨-sses, -sse⟩ ① JURA processo m ② ↑ Vorgang processo m, procedimento m; ◇ **kurzen - machen** andare per le spicce; **prozessieren** vi ↑ Prozeß führen processare (mit qu/qc)

Prozession f REL processione f

Prozessor m PC processore m

prüfen vi ① ↑ testen → Maschine, Gerät verificare, controllare; → Kenntnisse mettere alla prova, esaminare; (Auto) collaudare ② kontrollieren → Ausweispapiere → Rechnung, Aussage controllare ③ ↑ Prüfung abnehmen → Schüler interrogare, esaminare ④ ◇ -**nder Blick** sguardo scrutatore/inquisitore; **Prüfer(in** f) m ⟨-s, -⟩ ▷streng esamina|tore(-trice f) m; **Prüfling** m candidato/a [ad un esame] m; **Prüfung** f ① ↑ Test controllo m, revisione f ② ↑ Examen esame m; (Führerschein-) esame m di guida ③ COMM ↑ Kontrolle (Buch-) controllo m ④ FIG ↑ Schicksalsschlag prova f; **Prüfungskommission** f commissione f d'esame

Prügel m ⟨-s, -⟩ ① ↑ Knüppel (Holz-) bastone m ② (Schläge) bastonate f|pl; ◇ - **beziehen** pl prenderle, prendere delle bastonate; **Prügelei** f rissa f; **Prügelknabe** m capro m espiatorio; **prügeln** vt ↑ schlagen picchiare, bastonare

prunkvoll adj ▷Schloß etc. sfarzoso

PS n Abk v. ① ↑ Pferdestärke, CV ② Postskript [um], P.S.

pseudo- präf pseudo-; **Pseudokrupp** m ⟨-s⟩ MED laringite f

Psychiater(in f) m ⟨-s, -⟩ psichiatra m/f; **psychisch** adj psichico; **Psychoanalyse** f ① (Wissenschaft) psicanalisi f ② (Heilmethode) analisi f; **Psychologe** m ⟨-n, -n⟩ psicologo m; **Psychologie** f psicologia f; **Psychologin** f psicologa f; **psychologisch** adj psicologico; **Psychopharmaka** pl psicofarmaci f|pl; **psychosomatisch** adj ▷Krankheit psicosomatico; **Psychoterror** m terrore m psicologico; **Psychotherapeut(in** f) m psicoterapista m/f

PTT f Abk v. Post, Telegraph, Telephon P.T.

Pubertät f pubertà f; ◇ **in die - kommen** entrare nella pubertà/nell'adolescenza

Publikum n ⟨-s⟩ pubblico m

publizieren vt pubblicare

Pudding m ⟨-s, -e o. -s⟩ GASTRON (Vanille-) budino m

Pudel m ⟨-s, -⟩ FAUNA cane m barbone

Puder m ⟨-s, -⟩ (Baby-, Körper-) borotalco m;

(Kosmetikum) cipria f; **pudern** vt incipriare, mettere la cipria; **Puderzucker** m zucchero m a velo

Puff ¹ m ⟨-s, -s⟩ FAM ↑ Bordell bordello m

Puff ² m ⟨-s, Püffe⟩ ↑ Schups, Stoß spinta f, spintone m

Puffer m ⟨-s, -⟩ ① (bei Eisenbahn) ammortizzatore m ② (▷militärisch, -zone) zona f cuscinetto ③ (GASTRON Kartoffel-) ≈frittella f di patate ④ PC memoria f di transito

Pulle f (FAM Flasche) bottiglia f

Pulli m ⟨-s, -⟩ pullover m, maglione m; **Pullover** m ⟨-s, -⟩ (Woll-) pullover m, maglione m

Puls m ⟨-es, -e⟩ polso m; **pulsieren** vi ↑ pochen ← Blut, auch FIG ↑ belebt sein ← Leben pulsare

Pult n ⟨-[e]s, -e⟩ (Schreib-, Noten-) scrivania f, leggio m; (in der Schule) cattedra f

Pulver n ⟨-s, -⟩ ① (Pudding-) polvere f ② (Schieß-) polvere f [da sparo]; **pulverisieren** vt polverizzare; **Pulverschnee** m neve f farinosa

pummelig adj FAM ↑ dick grassoccio

Pumpe f ⟨-, -n⟩ ① (Luft-, Wasser-) pompa f ② FAM ↑ Herz cuore m; **pumpen** vt ① → Luft, Wasser pompare ② FAM ↑ Geld verleihen dare in prestito; ↑ sich ausleihen prendere in prestito

Punk m ⟨-s, -s⟩ ① musica f punk ② punk m

Punkt m ⟨-[e]s, -e⟩ ① ↑ Fleck punto m, macchiolina f ② punto m ③ FIG ↑ Angelegenheit argomento m; ◇ - **der Tagesordnung** argomento m del giorno ④ ◇ **etw auf den - bringen** puntualizzare qc; **punktieren** vt MED fare una puntura a

pünktlich adj puntuale

Punktzahl f punteggio m

Punsch m ⟨-(e)s, -e⟩ (Wein-) ponce m

Pupille f ⟨-, -n⟩ ANAT pupilla f

Puppe f ⟨-, -n⟩ ① (Stoff-) bambola f ② ↑ Kokon (Schmetterlings-) crisalide f

pur adj ① ↑ rein, unvermischt puro; ◇ **Whisky** - Whisky puro/liscio ② FIG ◇ -**er Unsinn** è un'assurdità vera e propria

Püree n ⟨-s, -s⟩ GASTRON (Kartoffel-) purè m

Purzelbaum m ▷schlagen capriola f; **purzeln** vi FAM ↑ fallen ruzzolare

Puste f ⟨-⟩ FIG FAM fiato m

Pustel f ⟨-, -n⟩ pustola f, bollicina f

pusten vi soffiare

Pute f ⟨-, -n⟩ ① FAUNA tacchina f ② FAM ◇ **dumme** - sciocca f, oca f; **Puter** m ⟨-s, -⟩ FAUNA tacchino m

Putsch m ⟨-[e]s, -e⟩ (Militär-) colpo m di stato; **putschen** vi fare un colpo di stato

Putz m ⟨-es⟩ ① ↑ Saubermachen (Haus-) pulizie f|pl ② ↑ Mörtel stucco m, intonaco m, malta f;

putzen I. vt ①↑ *saubermachen* → *Haus* pulire; → *Fenster* lavare; → *Gemüse* pulire; → *Zähne* lavare ②↑ *dekorieren* → *Saal* ornare, decorare **II.** vr ◇ sich ~ ← *Katze* pulirsi; **Putzfrau** f donna f delle pulizie, adetta f alle pulizie

putzig adj carino

Putzlappen m strofinaccio m, straccio m; **Putzmann** m, pl ⟨-männer o. -leute⟩ addetto m alle pulizie

Puzzle n ⟨-s, -s⟩ puzzle m

Pyjama m ⟨-s, -s⟩ pigiama m

Pyramide f ⟨-, -n⟩ piramide f

Pyrenäen pl Pirenei m/pl

Q

Q, q n Q, q f

quabb[e]lig adj FAM ▷*Frosch* flaccido

Quacksalber(in f) m ⟨-s, -⟩ FAM ciarlatano/a

Quaddel f ⟨-, -n⟩ norddt. ↑ *Bläschen, Pustel* bolla f

Quader m ⟨-s, -⟩ *(-stein)* pietra f squadrata; MATH parallelepipedo m; **Quadrat** n quadrato m; MATH quadrato m; **quadratisch** adj ▷*Fläche* quadrato; MATH ▷*Gleichung* quadratico; **Quadratkilometer** m o n chilometro m quadrato; **Quadratlatschen** pl *(FAM große Füße/Schuhe)* scarpace f/pl; **Quadratmeter** m o n metro m quadrato; **Quadratwurzel** f radice f quadrata

quaken vi ← *Frosch* gracidare; *(FAM dumm reden)* parlare a vanvera; **quäken** vi FAM ← *Baby, Kleinkind* piangere

Quäker(in f) m quacchero/a

Qual f ⟨-, -en⟩ ▷*körperlich* supplizio m; ▷*seelisch* tormento m; **quälen I.** vt *(foltern)* torturare; *(mit Bitten)* importunare **II.** vr ◇ sich - torturarsi; **Quälerei** f travaglio m; FIG l'importunare m; **Quälgeist** m FAM seccatore(-trice f) m

Qualifikation f qualifica f; **qualifizieren** vr ◇ sich - qualificarsi

Qualität f *(von Ware, Arbeit)* qualità f; *(FIG positive Eigenschaften)* qualità f; **Qualitätsware** f merce f di qualità

Qualle f ⟨-, -n⟩ medusa f

Qualm m ⟨-[e]s⟩ vapore m; *(Zigarren-)* fumo m; **qualmen I.** vi fumare **II.** vt riempire di fumo

qualvoll adj ▷*Tod* atroce

Quantentheorie f teoria f quantistica

Quantität f quantità f; **quantitativ** adj ▷*Analyse* quantitativo; **Quantum** n ⟨-s, Quanten⟩ quantità f

Quarantäne f ⟨-, -n⟩ quarantena f

Quark m ⟨-s⟩ latticino di latte cagliato , simile alla ricotta; FAM ↑ *Unsinn* sciocchezza f; **Quarkkuchen** m torta f con il quark

Quarte f MUS quarta f

Quartal n ⟨-s, -e⟩ trimestre m; **Quartett** n ⟨-s, -e⟩ ① MUS quartetto m ② *(Kartenspiel)* quartetto m

Quartier n ⟨-s, -e⟩ *(Urlaubs-)* alloggio m; MIL quartiere m; CH, ÖST ↑ *Stadtviertel* quartiere m

Quarz m ⟨-es, -e⟩ quarzo m

quasi adv ↑ *nahezu, fast* quasi

quasseln vi *(FAM ständig reden)* chiacchierare

Quaste f ⟨-, -n⟩ *(Puderpflaum)* piumino (per la cipria) m

Quatsch m ⟨-es⟩ FAM ↑ *Unsinn* stupidaggine f; **quatschen** vi FAM ↑ *plaudern* dire scemenze m

Quecksilber n CHEM mercurio m

Quelle f ⟨-, -n⟩ ① *(Mineral-)* fonte f ② *(FIG Herkunft)* fonte f; *(Literaturangabe)* fonte f

quengeln vi ← *Kind* ↑ *jammern, nörgeln* piagnucolare

quer adv ① *(der Breite nach)* di traverso; ◇ - durch den Wald gehen attraversare la foresta ② ↑ *diagonal, schräg* diagonalmente; **Querbalken** m traversa f; **Quere** f ⟨-, -n⟩ direzione f traversale; **querfeldein** adv fuori strada; **Querflöte** f flauto m traverso; **Querruder** n aileron, alettone m; **Querschiff** n *(von Kirche)* navata f traversale; **Querschnitt** m taglio m traversale; **Querstange** f barra f traversale; **Querstraße** f traversa f; **Querulant(in** f) m brontolone/a

quetschen vt ↑ *pressen, [aus]drücken* schiacciare; *(verletzen)* → *Gliedmaßen* ammaccare; **Quetschung** f MED contusione f

Queue n *(Billard-)* stecca f da biliardo

quickmunter adj FAM ▷*Kind* vivacissimo

quieken vi ① ← *Maus* squittire ② ← *Mensch* strillare

quietschen vi ① ← *Tür* cigolare ② ← *Mensch* strillare

Quinte MUS quinta f; **Quintett** n quintetto m

Quirl m ⟨-[e]s, -e⟩ frullino m

quitt adj: ◇ - sein mit jd-m essere pari con qu

Quitte f ⟨-, -n⟩ mela f cotogna

quittieren vt ① *(schriftlich bestätigen)* → *Rechnung* rilasciare una ricevuta per ② *(aufhören zu arbeiten)* → *Dienst* dimettersi da; **quittiert** adj quietanzato; **Quittung** f ricevuta f

Quiz n ⟨-, -⟩ quiz m; **Quizmaster** m conduttore m di quiz; **Quizsendung** f quiz m televisivo

quoll *impf von* **quellen**

Quote *f* ‹-, -n› *(Fehler-, Gewinn-)* quota *f*

Quotient *m* quoziente *m*

R

R, r *n (Alphabet)* R, r *f*

Rabatt *m* ‹-[e]s, -e› sconto *m*, riduzione *f*

Rabatz *m* ‹-› *FAM* chiasso *m*

Rabe *m* ‹-n, -n› *FAUNA* corvo *m;* **Rabenmutter** *f* madre *f* snaturata; **Rabenvater** *m* padre *m* snaturato

rabiat *adj* ↑ *grob, aggressiv* brutale; ▷*Umgangston* rabbioso; ▷*Methoden* brutale

Rache *f* ‹-› vendetta *f*

Rachen *m* ‹-s, -› ⓵ ANAT faringe *f* ⓶ *(Raubtier-)* fauci *f/pl*

rächen I. *vt (jd-n/etw)* vendicare **II.** *vr* ◇ **sich -** vendicarsi *(an dat di/su)*

Rachitis *f* ‹-› MED rachitismo *m*

rachsüchtig *adj* vendicativo

Rad *n* ‹-[e]s, Räder› ⓵ ↑ *Reifen* ruota *f* ⓶ *(AUTO Lenk-)* volante *m* ⓷ *(Fahr-)* bicicletta *f* ⓸ *(SPORT Turnübung)* ruota *f*

Radar *n o m* ‹-s› radar *m;* **Radarfalle** *f* controllo *m* di velocità; **Radarkontrolle** *f* controllo *m* della velocità mediante radar

Radau *m* ‹-s› *FAM* ↑ *Krawall* chiasso *m*, baccano *m*

radeln *vi* andare in bicicletta; **radfahren** *unreg vi* ⓵ andare in bicicletta; **Radfahrer(in** *f)* *m* ⓵ ciclista *m/f* ⓶ *FAM* ↑ *Kriecher* leccapiedi *m*

Radicchio *m* ‹-s› FLORA radicchio *m*

radieren *vt* ⓵ cancellare ⓶ KUNST → *Zeichnung* incidere [all'acquaforte]; **Radiergummi** *m* gomma *f* per cancellare; **Radierung** *f* KUNST incisione *f* all'acquaforte

Radieschen *n* FAUNA ravanello *m*

radikal *adj* ⓵ ▷*Änderung* radicale, drastico ⓶ ↑ *extremistisch* estremista, radicale; **Radikale(r)** *fm* estremista *m/f*, radicale *m/f*

Radio *n* ‹-s, -s› ⓵ *(Apparat)* radio *f* ⓶ ↑ *Rundfunk* radio *f*

radioaktiv *adj* radioattivo; **Radioaktivität** *f* radioattività *f*

Radiorecorder *m* ‹-s, -› radioregistratore *m;* **Radiowecker** *m* radiosveglia *f*

Radium *n* CHEM radio *m*

Radius *m* ‹-, Radien› MATH raggio *m*

Radkappe *f* AUTO coppa *f* per mozzo; **Radler**

(in f) *m* ‹-s, -› ⓵ ↑ *Radfahrer* ciclista *m/f* ⓶ *(Getränk)* bibita *f* a base di birra e limonata; **Radrennbahn** *f* velodromo *m;* **Radrennen** *n* gara *f* di ciclismo; **Radsport** *m* ciclismo *m;* **Radweg** *m* pista *f* ciclabile

RAF *f Abk v.* **Rote Armee Fraktion** Frazione *f* dell'Armata Rossa

raffen *vt* ⓵ ↑ *schnell ergreifen* afferrare, acchiappare; ◇ **etw an sich -** arraffare qc, appropriarsi di qc ⓶ → *Stoff, Vorhang* piegare ⓷ → *Geld* accumulare ⓸ *FAM* ↑ *kapieren* capire, arrivarci; ◇ **hat er's endlich gerafft?** ci è arrivato finalmente?

Raffinade *f* zucchero *m* raffinato

Raffinesse *f* ⓵ ↑ *Gerissenheit* astuzia *f*, furbizia *f* ⓶ ↑ *technische Besonderheit* accessorio *m;* **raffiniert** *adj* ⓵ ↑ *schlau* furbo, scaltro, astuto ⓶ ▷*Plan* astuto ⓷ ▷*Zucker, Öl* raffinato

ragen *vi* innalzarsi

Rahm *m* ‹-s› ↑ *sauer, süß* panna *f*

rahmen *vt* → *Bild* incorniciare; **Rahmen** *m* ‹-s, -› ⓵ *(Bilder-)* cornice *f* ⓶ ↑ *Chassis* telaio *m* ⓷ FIG ↑ *Atmosphäre (festlicher -)* atmosfera *f* ⓸ *(FIG -handlung)* cornice *f* ⓹ FIG ↑ *Bereich* ambito *m*, campo *m*, quadro *m;* ◇ **im - des Möglichen** nell'ambito delle possibilità

rahmig *adj* cremoso

Rakete *f* ‹-, -n› ⓵ MIL missile *m*, razzo *m* ⓶ *(Leucht-)* razzo *m*

Rallye *f* ‹-, -s› *(Auto-)* rally *m*

rammen *vt* ⓵ ↑ *auffahren* tamponare ⓶ ↑ *stoßen* conficcare

Rampe *f* ‹-, -n› ⓵ ↑ *Auffahrt (Lade-)* rampa *f* ⓶ THEAT ribalta *f* ⓷ MIL rampa *f*

Rampenlicht *n* ⓵ THEAT luci *f/pl* della ribalta ⓶ FIG ↑ *Mittelpunkt* ◇ **im - stehen** essere al centro dell'interesse

ramponieren *vt* *FAM* ↑ *kaputtmachen* rovinare

Ramsch *m* ‹-[e]s, -e› *FAM* scarti *m/pl*

ran = *FAM* **heran**

Rand *m* ‹-[e]s, Ränder› ⓵ *(Teller-)* bordo *m; (von Glas)* orlo *m; (von Abgrund, Straße, Wald etc.)* margine *m*, orlo *m; (von Papier)* margine *m* ⓶ FIG ◇ **am -er der Verzweiflung** sull'orlo della disperazione ⓷ *FAM* ↑ *Mund* ◇ **den - halten** chiudere il becco ⓸ FIG ◇ **am -e tra parentesi**

Randale *f* ‹-, -n› *FAM* ↑ *Zerstörung* vandalismo *m;* ◇ **-machen** compiere atti di vandalismo; **randalieren** *vi FAM* compiere atti di vandalismo

Randbemerkung *f* FIG osservazione *f;* **Randerscheinung** *f* apparizione *f* marginale

rang *impf v.* **ringen**

Rang *m* ‹-[e]s, Ränge› ⓵ ↑ *Stellung* posto *m*, grado *m* ⓶ ↑ *Qualität* qualità *f;* ◇ **Wolle ersten**

-es lana di prima qualità ③ (THEAT *Sitzreihe*) galleria *f* ④ ↑ *hoher Stellenwert* importanza *f*; ◇ **Person von** - persona di una certa importanza ⑤ SPORT ↑ *Platz* posto *m*, posizione *f*; **rangieren I.** *vt* → *selten raro* manovrare, smistare **II.** *vi* FIG: ◇ **an erster Stelle** - occupare il primo posto; **Rangordnung** *f* gerarchia *f*

Ranke *f* ‹-, -n› FLORA viticcio *m*

rann *impf v.* **rinnen**

rannte *impf v.* **rennen**

Ranzen *m* ‹-s, -› ① (*Schul-*) cartella *f* ② FAM ↑ *Bauch* pancia *f*

ranzig *adj* rancido

Rappe *m* ‹-n, -n› FAUNA morello *m*

Rappel *m* ‹-s, -› FAM ① ↑ *Wutanfall* ◇ **e-n - kriegen** avere un'accesso *m* d'ira ② ◇ **er hat ja e-n -** gli ha dato di volta il cervello

Raps *m* ‹-es, -e› FLORA colza *f*

rar *adj* ① ↑ *selten* raro ② ◇ **sich - machen** diradare le visite; **Rarität** *f* ↑ *Seltenheit* rarità *f*; ◇ **-en sammeln** collezionare delle rarità

rasant *adj* velocissimo, come un fulmine

rasch *adj* veloce, rapido

rascheln *vi* ← *Papier, Laub* frusciare

rasen *vi* ① ↑ *schnell fahren* sfrecciare ② ↑ *wütend, toben* essere furioso

Rasen *m* ‹-s, -› prato *m*

rasend *adj* ① ↑ *sehr schnell* pazzo, folle ② ↑ *wütend* furioso ③ ↑ *stark* ◇ **-e Schmerzen** violento, forte

Rasenmäher *m* ‹-s, -› falciatrice *f*, tosatrice *f*

Raserei *f* ① ↑ *schnelles Fahren* corsa *f* sfrenata ② ↑ *Wüten* furia *f*

Rasierapparat *m* rasoio *m*; **Rasiercreme** *f* crema *f* da barba; **rasieren** *vt* ◇ **sich -** → *Bart* fare la barba, radersi; **Rasierklinge** *f* lametta *f* [da barba]; **Rasierpinsel** *m* pennello *m* da barba; **Rasierschaum** *m* schiuma *f* da barba; **Rasierwasser** *n* lozione *f* da barba

Rasse *f* ‹-, -n› ① (*Tier-, Menschen-*) razza *f* ② FIG ↑ *Temperament* fuoco *m*

Rassel *f* ‹-, -n› sonaglio *m*; **rasseln** *vi* ① ↑ *klirren* strepitare ② FAM ◇ **durch Prüfung -** essere bocciato

Rassenhaß *m* odio *m* razziale; **Rassentrennung** *f* ↑ *Apartheid* segregazione *f* razziale

Rast *f* ‹-, -en› ↑ *Pause* pausa *f*, intervallo *m*; **rasten** *vi* fare una pausa

Raster *n* ① reticolo *m*; **Rasterfahndung** *f* investigazione *f* computerizzata

Rasthaus *n* (*an Autobahn*) posto *m* di ristoro, Autogrill *m*; **rastlos** *adj* ↑ *unermüdlich* instancabile; **Rastplatz** *m* (*an Autobahn*) area *f* di servizio

Rasur *f* (*Naß-, Trocken-*) rasatura *f*

Rat ¹ *m* ‹-[e]s,¨schläge› ↑ *Vorschlag* consiglio *m*; ◇ **jd-n um - fragen** chiedere un consiglio a; ◇ **e-n - befolgen** seguire un consiglio

Rat ² *m* ‹-[e]s, Räte› ① (*Gemeinde-*) consiglio *m* ② (*Amts-*) consigliere *m*

Rate *f* ‹-, -n› (*Monats-*) rata *f*; ◇ **auf -n kaufen** comprare a rate; ◇ **in -n bezahlen** pagare a rate

raten ‹riet, geraten› *vti* ① consigliare; ◇ **jd-m etw - consigliare** qc a qu ② → *Rätsel* indovinare, risolvere; ◇ **rate mal !** indovina !

ratenweise *adv* a rate, ratealmente; **Ratenzahlung** *f* pagamento *m* rateale

Ratgeber(in *f*) *m* ‹-s, -› consigliere/a, consulente *m/f*

Rathaus *n* municipio *m*

ratifizieren *vt* → *Vertrag* ratificare; **Ratifizierung** *f* (*von Vertrag, Gesetz*) ratifica *f*

Ration *f* (*Essens-*) razione *f*

rational *adj* ↑ *vernünftig* razionale

rationalisieren *vt* → *Personal* razionalizzare; **rationell** *adj* ↑ *zweckmäßig* razionale

rationieren *vt* → *Essen* razionare

ratlos *adj* ↑ *hilflos* perplesso, sgomento; **Ratlosigkeit** *f* perplessità *f*, sgomento *m*; **ratsam** *adj* ↑ *empfehlenswert* consigliabile, raccomandabile; **Ratschlag** *m* consiglio *m*

Rätsel *n* ‹-s, -› ① FIG ↑ *unerklärliche Angelegenheit* enigma *m*; ◇ **jd-m ein - aufgeben** proporre un indovinello a qu ② (*Bilder-*) rebus *m*; **rätselhaft** *adj* ↑ *unverständlich* enigmatico, incomprensibile

Ratskeller *m* ≈ristorante *m* del municipio

Ratte *f* ‹-, -n› ① (*Nagetier*) ratto *m* ② FAM ↑ *mieser Typ* individuo spregevole

rattern *vi* ← *Holzwagen* passare facendo rumore

Raub *m* ‹-[e]s› ① (*-überfall*) rapina *f* ② ↑ *Beute* preda *f*; **Raubbau** *m* sfruttamento *m*, abuso *m* (*an dat* di); **Raubdruck** *m* (*von Buch*) edizione *f* non autorizzata; **rauben** *vt* ① → *Geld, Schmuck* rapinare, fare una rapina ② FIG ↑ *wegnehmen* ◇ **jd-m die Hoffnung -** togliere la speranza a qu; **Räuber(in** *f*) *m* ‹-s, -› (*Bank-*) rapina|tore(-trice *f*) *m*, ladro/a; **räuberisch** *adj* di rapina; **Raubmord** *m* omicidio *m* a scopo di rapina; **Raubtier** *n* FAUNA animale *m* rapace; **Raubvogel** *m* FAUNA uccello *m* rapace

Rauch *m* ‹-[e]s› (*Tabak-*) fumo *m*; **rauchen** *vt*, *vi* → *Zigarette* fumare; **Raucher(in** *f*) *m* ‹-s, -› fuma|tore(-trice *f*) *m*; **Raucherabteil** *n* (*in Zug, Flugzeug*) scompartimento *m* per fumatori; **räuchern** *vt* → *Schinken* affumicare; **Räucherstäbchen** *n* bastoncino *m* profumato;

Rauchfleisch n carne f affumicata; **rauchig** adj ① ▷Luft pieno di fumo ② ▷Geschmack di fumo; **Rauchvergiftung** f MED intossicazione f da fumo

räudig adj ▷Hund rognoso

rauf = FAM **herauf**

Raufbold m ⟨-[e]s, -e⟩ (Person) attaccabrighe m; **raufen** I. vt ▷Haare tirare ② vi ◇ sich - azzuffarsi; **Rauferei** f zuffa f

rauh adj ① ▷Oberfläche ruvido ② ▷Wetter rigido ③ ▷Mensch rude, rozzo; ▷Umgangston scortese, sgarbato

Rauhreif m ↑ Frost brina f

Raum m ⟨-[e]s, Räume⟩ ① (Wohn-) camera f, stanza f ② ↑ Platz posto m, spazio m ③ ↑ Umgebung zona f, area f; ◇ - Frankfurt nella zona di Francoforte ④ (FIG Spiel-) spazio m; ◇ e-r Sache - geben dare spazio a qc; **räumen** vt ① ← Wohnung liberare ② → Saal sgomberare; **Raumfähre** f navetta f spaziale; **Raumfahrt** f astronautica f; **Rauminhalt** m ↑ Fassungsvermögen volume m; **Raumlabor** n laboratorio m spaziale; **räumlich** adj ▷beengt, großzügig spaziale; **Räumlichkeiten** pl locali m/pl, vani m/pl; **Raummangel** m mancanza m di spazio; **Raummeter** m metro m cubo; **Raumpfleger(in** f) m addetto/a alle pulizie; **Raumschiff** n astronave f; **Raumsonde** f sonda f spaziale; **Räumung** f (Wohnungs-) sgombro m; **Räumungsverkauf** m COMM ↑ Ausverkauf liquidazione f totale/fino ad esaurimento

Raupe f ⟨-, -n⟩ ↑ Larve bruco m; **Raupenfahrzeug** n veicolo m cingolato

raus = FAM **heraus, hinaus**

Rausch m ⟨-[e]s, Räusche⟩ ① (Wein-) sbornia f, sbronza f ② (Glücks-) ebbrezza f

rauschen vi ① ← Wasser mormorare, scrosciare ② ← Blätter stormire ③ ← Beifall scrosciare ④ FIG FAM ◇ aus dem Zimmer - uscire dalla stanza con fare offeso; **rauschend** adj ① ▷Fest grandioso ② ▷Beifall scrosciante

Rauschgift n droga f, stupefacente m; **Rauschgiftsüchtige(r)** fm tossicomane m/f

räuspern vr ◇ sich - schiarirsi la voce

Raute f ⟨-, -n⟩ MATH rombo m

Razzia f ⟨-, Razzien⟩ (Polizei-) blitz m [poliziesco], rastrellamento m

Reagenzglas n (in Labor) provetta f; **reagieren** vi ① CHEM reagire ② FIG ▷böse, prompt reagire (auf akk a); **Reaktion** f ① CHEM reazione f ② FIG reazione f

reaktionär adj (Ggs zu progressiv) reazionario

Reaktionsgeschwindigkeit f velocità f di reazione

Reaktor m reattore m; **Reaktorkern** m nucleo m del reattore; **Reaktorsicherheit** f sicurezza f del reattore

real adj ↑ wirklich, tatsächlich reale; **realisieren** vt ① ↑ verwirklichen → Idee realizzare, attuare ② ↑ wahrhaben realizzare; **Realismus** m realismo m; **Realist(in** f) m realista m/f; **realistisch** adj realistico; **Realität** f ↑ Wirklichkeit realtà f; **Realpolitiker(in** f) m politico m realista; **Realschule** f ≈scuola f media e superiore formativa

Rebe f ⟨-, -n⟩ ↑ Weinstock vite f

Rebell(in f) m ⟨-en, -en⟩ ribelle m/f; **Rebellion** f ribellione f; **rebellisch** adj ribelle

Rebhuhn n FAUNA starna f; **Rebstock** m vite f

Rechaud m ⟨-s, -s⟩ ÖST ↑ Gaskocher scaldavivande m

Rechen m ⟨-s, -⟩ (Gartengerät) rastrello m

Rechenaufgabe f MATH problema m di aritmetica

Rechenschaft f. ◇ jd-m über etw ablegen rendere conto a qu di qc

Rechenzentrum n centro m di calcolo

recherchieren vt ↑ untersuchen, ermitteln condurre delle ricerche

rechnen I. vt ① MATH calcolare, contare ② (zählen zu, einordnen) contare, annoverare, considerare; ◇ ich rechne ihn zu meinen Freunden lo considero [come] un amico ③ (veranschlagen) prevedere, calcolare; ◇ für die Fahrt ~ wir 8 Stunden prevediamo 8 ore di viaggio II. vi ① MATH calcolare ② ↑ sparsam sein risparmiare, fare economia; ◇ mit jedem Pfennig - risparmiare su ogni centesimo ③ FIG ↑ erwarten, berücksichtigen aspettarsi (mit qc) ④ ↑ sich verlassen ◇ auf etw/jd-n - contare su qc/qu; **Rechner** m ⟨-s, -⟩ PC computer m, calcolatore m elettronico; **Rechnung** f ① MATH calcolo m ② COMM conto m; ◇ die - bezahlen pagare il conto ③ FIG ◇ e-r Sache - tragen tener conto di una cosa; **Rechnungsprüfer(in** f) m revisore m dei conti; **Rechnungsprüfung** f revisione f dei conti

recht I. adj ① ▷Zeitpunkt adatto, giusto ② ▷Entscheidung appropriato, giusto II. adv ① ↑ ziemlich abbastanza ② ◇ - haben aver ragione; ◇ - geben dare ragione (jd-m a) ③ ↑ angenehm, passend ◇ das ist mir - mi va bene; **Recht** n ⟨-[e]s, -e⟩ ① diritto f, ragione f (auf akk a/di); ◇ mit - a ragione/diritto ② JURA legge f; ◇ von -s wegen secondo la legge

Rechte f ⟨-n, -n⟩ ① ↑ rechte Hand mano f destra ② ▷politisch destra f; **rechte(r, s)** adj destro; **Rechte(r)** fm ▷politisch persona f di destra

R

Rechte(s) n ↑ *Richtiges* cosa f giusta; ◇ **das ist nichts -s** non è niente di speciale

Rechteck n ‹-s, -e› (MATH *geometrische Figur*) rettangolo m; **rechteckig** adj rettangolare

rechtfertigen I. vt → *Ansicht, Tat* giustificare **II.** vr ◇ **sich -** giustificarsi; **Rechtfertigung** f giustificazione f; **rechthaberisch** adj prepotente, autoritario; **rechtlich** adj giuridico, legale; **rechtmäßig** adj legittimo

rechts adv a destra

Rechtsanwalt m, **Rechtsanwältin** f avvocato(-essa f) m

Rechtsaußen m ‹-, -› (*Fußball*) ala f destra; **Rechtsbeistand** m JURA ↑ *Verteidiger* avvocato (consulente) m

rechtschaffen adj ↑ *ehrlich* retto, onesto; **Rechtschreibung** f ortografia f

Rechtsfall m JURA caso m [giuridico]

Rechtshänder(in f) m ‹-s, -› chi adopera la mano destra

rechtskräftig adj ▷*Urteil* inappellabile

Rechtskurve f curva f a destra; **rechtsradikal** adj POL radicale di destra

Rechtsschutzversicherung f assicurazione f per le spese giuridiche; **rechtswidrig I.** adj illegale **II.** adv illegalmente

rechtwinklig I. adj rettangolo **II.** adv ad angolo retto

rechtzeitig I. adj ▷*Hilfe* puntuale, tempestivo; ↑ *pünktlich* puntuale **II.** adv puntuale; (*zur rechten Zeit*) in tempo

Reck n ‹-[e]s, -e› sbarra f

recken I. vt → *Hals* allungare **II.** vr ◇ **sich -** ↑ *dehnen, strecken* stirarsi

Recycling n ‹-s› riciclaggio m; **Recyclingpapier** n carta f riciclabile

Redakteur(in f) m redat|tore(-trice f) m; **Redaktion** f ↑ *Redigieren* (*-sabteilung*) redazione f

Rede f ‹-, -n› ①↑ *Reden* discorso m; ◇ **davon war nie die -** non se ne è mai parlato/discusso ② ◇ **jd-n zur - stellen** chiedere a qu il motivo di qc; ◇ **- und Antwort stehen** rendere conto a qu ③ ↑ *Ansprache* ▷*halten* discorso m ④ SPRACHW ▷*direkt, indirekt* discorso m; **Redefreiheit** f libertà f di parola; **redegewandt** adj eloquente; **reden I.** vi ① ↑ *sprechen, sich unterhalten* parlare, discutere (*über akk* di ② ↑ *Rede halten* parlare, tenere un discorso **II.** vt parlare, dire; ◇ **dummes Zeug -** dire delle stupidate; **Redensart** f modo m di dire, locuzione f; **Redewendung** f modo m di dire, locuzione f

redlich adj onesto

Redner(in f) m ‹-s, -› ora|tore(-trice f) m; **redselig** adj loquace

reduzieren vt ridurre, diminuire; → *Personal* ridurre; → *Gewicht* diminuire

Reede f ‹-, -n› (*Schiffs-*) rada f; **Reeder(in** f) m ‹-s, -› armatore m

reell adj ① ▷*Geschäft* serio ② ▷*Chance* concreto

Referat n ① relazione f (*über akk* su) ② (*Presse-*) reparto m, sezione f

Referendar(in f) m (*Studien-, in Schule*) laureato che fa il tirocinio nelle scuole [superiori]

Referent(in f) m ① ↑ *Vortragende(r)* rela|tore (-trice f) m ② ↑ *Sachbearbeiter* incaricato/a, addetto/a

Referenz f referenza f

referieren vi ① ↑ *vortragen* tenere una relazione/conferenza (*über akk* su) ② ↑ *mitteilen* riferire (*über akk* di/su)

reflektieren I. vt → *Licht* riflettere **II.** vi ① ↑ *nachdenken* riflettere, pensarci (*über akk* su) ② ↑ *sich interessieren* interessarsi, essere interessato (*für akk* di/a)

Reflex m ‹-es, -e› ① ↑ *Widerschein* riflesso m ② BIO riflesso m; **Reflexion** f ① (*von Strahlen*) riflesso m ② ↑ *Nachdenken* riflessione f; **reflexiv** adj GRAM riflessivo

Reform f ‹-, -en› riforma f

Reformation f ① ↑ *Erneuerung* riforma f ② (GESCH *von Kirche*) Riforma f; **reformatorisch** adj riformatorio; **Reformator(in** f) m riforma|tore(-trice f) m, innova|tore(-trice f) m

Reformhaus n ≈negozio m di prodotti dietetici e naturali

reformieren vt riformare

Refrain m ‹-s, -s› (*von Lied*) ritornello m

Regal n ‹-s, -e› (*Bücher-*) scaffale m

rege adj ① ▷*Verkehr* animato, sostenuto; ▷*Geschäft* animato, affollato ② (*geistig -*) attivo, vivace

Regel f ‹-, -n› ① ↑ *Vorschrift* regola f; ◇ **sich an die -n halten** attenersi alle regole ② ↑ *Norm* regola f, norma f; ◇ **das ist bei uns die -** da noi è normale; ◇ **in der -** di solito, normalmente ③ MED ↑ *Menstruation* mestruazione f; **regelmäßig I.** adj ① ▷*Puls* regolare; ▷*Gesichtszüge* regolare ② ▷*Treffen, Zusammenkunft* abituale, consueto; ▷*Mahlzeiten* regolare **II.** adv regolarmente; **Regelmäßigkeit** f regolarità f; **regeln I.** vt ① → *Verkehr, Sache* regolare ② → *Angelegenheit* sistemare **II.** vr ◇ **sich von selbst -** risolversi da sè; **regelrecht** adj vero e proprio; **Regelung** f ① ↑ *Regulierung* regolazione f ② ↑ *Abmachung* regolamentazione f ③ *(von Problem)* sistemazione *f;* **regelwidrig** *adj* irregolare

regen I. *vr* ◇ **sich** - ① ↑ *bewegen* muoversi ② ↑ *bemerkbar machen* farsi vivo **II.** *vt* → *Finger* muovere

Regen *m* ⟨-s, -⟩ *(Niesel-, Blumen-)* pioggia *f;* **Regenbogen** *m* arcobaleno *m;* **Regenbogenpresse** *f* cronaca *f* rosa

Regeneration *f* rigenerazione *f*

Regenmantel *m* impermeabile *m;* **Regenschauer** *m* acquazzone *m;* **Regenschirm** *m* ombrello *m*

Regent(in *f)* *m* reggente *m/f;* **Regentschaft** *f* reggenza *f*

Regenwald *m* GEO ▷*tropisch* foresta *f* tropicale

Regie *f* ① *(▷führen, bei Film etc.)* regia *f* ② FIG ↑ *Leitung* direzione *f*

regieren *vt, vi* ↑ *herrschen* governare; **Regierung** *f* governo *m;* **Regierungswechsel** *m* cambio *m* di governo; **Regiment** *n* ⟨-s, -er⟩ ① ↑ *Herrschaft* ▷*führen* governo *m*, comando *m* ② MIL reggimento *m*

Region *f* regione *f;* **Regionalprogramm** *n* MEDIA programma *m* regionale

Regisseur(in *f)* *m* regista *m/f*

Register *n* ⟨-s, -⟩ ① *(Sach-, Handels-)* registro *m* ② *auch PC* ↑ *Stichwortverzeichnis* registro *m* ③ *(MUS von Orgel)* registro *m* ④ FIG ◇ **alle** - ziehen ricorrere ad ogni mezzo; **registrieren** *vt* ① ↑ *wahrnehmen* percepire ② ↑ *in Register eintragen* registrare

Regler *m* ⟨-s, -⟩ *(Temperatur-)* regolatore *m*

regnen *vi impers:* ◇ **es regnet** piove, sta piovendo; **regnerisch** *adj* piovoso

regulär *adj* regolare; **regulieren** *vt* ① → *Lautstärke, Temperatur* regolare ② COMM

Regung *f* ① ↑ *Gefühl* sentimento *m* ② ↑ *Bewegung* moto *m;* **regungslos** *adj* ① *(ungerührt)* insensibile ② ↑ *unbeweglich* immobile, inerte

Reh *n* ⟨-[e]s, -e⟩ FAUNA capriolo *m*

rehabilitieren *vt* riabilitare; **Rehabilitationszentrum** *n* MED centro *m* di riabilitazione

Reibe *f* ⟨-, -n⟩ *(Küchen-)* grattugia *f;* **reiben** ⟨rieb, gerieben⟩ *vt* ① ↑ *zerreiben* → *Käse* grattugiare ② → *Augen* sfregare, stropicciare ③ *(ein-)* frizionare; **Reiberei** *f* ↑ *Diskrepanz* dissidio *m*, contrasto *m;* **Reibung** *f* ① ↑ *Reiben* sfregamento *m* ② FIG ↑ *Unstimmigkeit* contrasto *m*, dissidio *m*, **reibungslos** *adj* senza difficoltà

reich *adj* ① ricco ② ▷*Ernte* ricco, abbondante ③ *(an Erfahrung)* ricco, grande

Reich *n* ⟨-[e]s, -e⟩ ① *(König-)* regno *m*, impero *m* ② FIG ↑ *Bereich* ◇ **das** - **der Fabel** mondo *m*, regno *m*

reichen I. *vi* ① ↑ *genügen* bastare, essere abbastanza/sufficiente; ◇ **es reicht** è abbastanza; ◇ **mir reicht's** ne ho abbastanza ② ↑ *sich erstrecken* arrivare, estendersi **II.** *vt* → *Hand* dare, porgere; ◇ **jd-m etw** - dare qc a qu

reichhaltig *adj* ricco; **reichlich I.** *adj* ↑ *üppig* ricco **II.** *adv* ↑ *ziemlich* abbastanza, decisamente

Reichtum *m* ⟨-s, -tümer⟩ ricchezza *f*

Reichweite *f* *(von Geschoß)* gittata *f*

reif *adj* ① ▷*Obst* maturo ② ▷*Mensch* maturo ③ ▷*Leistung* buono ④ FAM ◇ - **für die Insel** avere bisogno di una vacanza

Reif [1] *m* ⟨-[e]s⟩ ↑ *Frost* brina *f*

Reif [2] *m* ⟨-[e]s, -e⟩ *(Haar-)* cerchietto *m*

Reife *f* ⟨-⟩ ① *(von Getreide, Obst)* maturazione *f* ② *(von Mensch)* maturità *f* ③ (SCHULE *Hochschul-*) maturità *f; (mittlere* -) media e superiore di grado inferiore alla maturità; **reifen** *vi* ← *Obst* ← *Mensch* maturare

Reifen *m* ⟨-s, -⟩ AUTO ruota *f*, pneumatico *m*

Reifeprüfung *f* SCHULE esame *f* di maturità; **Reifezeugnis** *n* SCHULE diploma *m* di maturità

reiflich *adj* ↑ *sorgfältig* lungo, profondo, accurato

Reihe *f* ⟨-, -n⟩ ① ↑ *Serie* serie *f*, fila *f*, successione *f;* ◇ **der** - **nach** in fila ② ↑ *Menge* quantità *f*, serie *f* *(von* di) ③ *(Sitz-)* fila *f* ④ ◇ **an der** - **sein** *(dran sein)* essere di turno, toccare a; **reihen I.** *vt* → *Perlen:* ◇ **aneinander**- infilare **II.** *vr* ◇ **sich** - ↑ *aufeinanderfolgen* seguire, susseguirsi; ◇ **ein Glücksfall reihte sich an den anderen** i colpi di fortuna si susseguirono; **Reihenfolge** *f* successione *f*, ordine *m;* **Reihenhaus** *n* casa *f* a schiera

Reiher *m* ⟨-s, -⟩ FAUNA airone *m*

Reim *m* ⟨-[e]s, -e⟩ ① rima *f* ② *(FIG verstehen)* ◇ **sich e-n** - **auf etw** *akk* **machen** capire qc; **reimen** *vt* rimare, far rimare

rein [1] = FAM *herein, hinein*

rein [2] **I.** *adj* ① ↑ *sauber* pulito ② ↑ *pur* ▷*Alkohol* puro ③ ↑ *bloß* solo, semplice **II.** *adv* ↑ *völlig:* ◇ - *zufällig* completamente, assolutamente

Reingewinn *m* COMM guadagno *m* netto

Rein[e]machefrau *f* donna *f* delle pulizie

Reinfall *m* FAM ↑ *Mißerfolg* bidonata *f*, fregatura *f*

Reinheit *f* ① ↑ *Sauberkeit* pulizia *f* ② FIG ↑ *Unverfälschtheit* purezza *f;* **reinigen** *vt* ① ↑ *saubermachen* pulire ② → *Textilien* lavare; **Reinigung** *f* ① ↑ *Säuberung* pulitura *f* ② *(Text-*

R

il-) lavanderia *f,* tintoria *f; (chemisch)* pulitura *f* a secco

reinlegen *vt FAM* ↑ *täuschen* imbrogliare

reinlich *adj* pulito; **Reinlichkeit** *f* pulizia *f*

reinrassig *adj* ▷*Katze* di razza

reinwaschen *unreg vr* ◇ **sich** - FIG *(von Schuld)* scagionare se stesso

Reis [1] *m* ‹-es, -e› riso *m*

Reis [2] *n* ‹-es, -er› *(Holz-)* ramoscello *m*

Reise *f* ‹-, -n› [1] *(Urlaubs-)* viaggio *m* [2] FIG ↑ *langer Weg* giro *m;* **Reiseandenken** *n* souvenir *m;* **Reisebüro** *n* agenzia *f* [di] viaggi/turistica; **reisefertig** *adj* pronto per il viaggio; **Reiseführer(in** *f) m* [1] *(Person)* guida *f* turistica [2] *(Handbuch)* guida *f;* **Reisegesellschaft** *f* [1] *Reisebüro* agenzia *f* [di] viaggi/turistica [2] ↑ *Reisegruppe* comitiva *f;* **Reisekosten** *pl* spese *fpl* di viaggio; **Reiseleiter(in** *f) m* guida *f* [di una comitiva]; **reisen** *vi* ↑ *fahren (mit Zug, Schiff etc.)* viaggiare, andare *(nach a/ in/verso);* **Reisende(r** *fm* viaggia|tore(-trice *f) m;* **Reisepaß** *m* passaporto *m;* **Reisescheck** *m* travellers cheque *m,* assegno *m* turistico; **Reiseveranstalter(in** *f) m* opera|tore(-trice *f) m* uristico *m;* **Reiseverkehr** *m* traffico *m* turistico; **Reisewetter** *n* tempo *m* adatto per viaggiare; **Reiseziel** *n* meta *f* del viaggio

Reisig *n* ‹-s› sterpi *m/pl*

Reißaus *m:* ◇ - **nehmen** scappare

Reißbrett *n* tavola *f* da disegno; **reißen** ‹riß, gerissen› I. *vt* [1] ↑ *zerreißen, zerren* strappare, stracciare [2] ↑ *töten* ← *Raubtier* uccidere [3] ↑ *sich gewaltsam aneignen* impadronirsi; ◇ **aus der Hand** - strappare di mano; ◇ **etw an sich** - impadronirsi di qc [4] ◇ **jd-n aus dem Schlaf** - strappare qu dal sonno [5] FIG ◇ **sich um etw** - farsi in quattro per qc II. *vi* [1] ← *Faden* rompersi, spezzarsi [2] FIG ◇ **mir reißt die Geduld** sto perdendo la pazienza; **reißend** *adj* [1] ▷*Strom* impetuoso [2] COMM ▷*Absatz* rapido

reißerisch *adj* ▷*Schlagzeile* di grande successo

Reißleine *f (von Fallschirm)* cordicella *f* di apertura [del paracadute]; **Reißnagel** *m* puntina *f* da disegno; **Reißverschluß** *m* cerniera *f,* chiusura *f* lampo; **Reißzwecke** *f* puntina *f* da disegno

reiten ‹ritt, geritten› *vt, vi* [1] → *Pferd* cavalcare, andare a cavallo [2] FAM ◇ **auf etw** *dat* **herum**-insistere con/su; **Reiter(in** *f) m* ‹-s, -› fantino /a, cavaliere *m/f* [2] MIL cavaliere *m;* **Reithose** *f* pantaloni *m/pl* alla cavallerizza; **Reitpferd** *n* cavallo *m* da sella; **Reitstiefel** *m* stivale *m* da cavallerizzo

Reiz *m* ‹-es, -e› [1] *(Brech-)* stimolo *m* [2] *(Anreiz, Wirkung)* attrattività *f,* stimolo *m;* ◇ **e-n - auf**

jd-n ausüben esercitare un certo fascino su qu; **reizbar** *adj* ↑ *nervös* irritabile, suscettibile; **Reizbarkeit** *f* irritabilità *f,* suscettibilità *f;* **reizen** *vt* [1] → *Augen, Haut* irritare, bruciare [2] ↑ *provozieren* provocare, suscitare, stuzzicare; ◇ **jd-n bis aufs Blut** - far imbestialire qu; **reizend** *adj* [1] ▷*Person* attraente, affascinante [2] *(MED Säure)* irritante; **Reizgas** *n* gas *m* lacrimogeno; **reizlos** *adj* senza attrattive, insignificante; **Reizthema** *n* ↑ *Streitpunkt* tema *m* scottante; **Reizung** *f* [1] *(MED Haut-, Magen-)* irritazione *f* [2] ↑ *Provokation* stimolazione *f;* **reizvoll** *adj* ↑ *interessant* interessante, ricco di attrattive; ▷*Frau* attraente; **Reizwäsche** *f* ≈biancheria *f* intima

rekeln *vr* ◇ **sich** - ↑ *strecken, dehnen* stiracchiarsi

Reklamation *f* reclamo *m*

Reklame *f* ‹-, -n› réclame *f,* pubblicità *f*

reklamieren I. *vi* ↑ *Einspruch erheben* reclamare II. *vt* [1] → *Ware* reclamare [2] ↑ *Suchauftrag geben* → *verlorenes Päckchen* richiedere, reclamare

rekonstruieren *vt* ricostruire

Rekonvaleszenz *f* convalescenza *f*

Rekord *m* ‹-[e]s, -e› ▷*aufstellen* record *m,* primato *m*

Rekrut(in *f) m* ‹-en, -en› recluta *f;* **rekrutieren** I. *vt* → *Soldaten* reclutare, arruolare II. *vr* ◇ **sich** - ↑ *zusammensetzen* ← *Gruppe* essere formato *(aus dat* da)

Rektor(in *f) m* SCHULE preside *m/f; (von Universität)* ret|tore(-trice *f) m;* **Rektorat** *n* rettorato *m*

Relais *n* ‹-, -› ELECTR relè *m*

Relation *f* relazione *f;* **relational** *adj* PC relazionale

relativ *adj* [1] ↑ *verhältnismäßig* relativo [2] ▷*Mehrheit* relativo; **relativieren** *vt* [1] ↑ *in Beziehung setzen* mettere in relazione [2] ↑ *einschränken* → *Aussage* limitare; **Relativität** *f* PHYS relatività *f*

relaxen *vi* FAM rilassarsi

relevant *adj* rilevante

Relief *n* ‹-s, -s› rilievo *m*

Religion *f* religione *f;* **religiös** *adj* religioso

Relikt *n* ‹-[e]s, -e› relitto *m,* residuo *m*

Reling *f* ‹-, -s› NAUT parapetto *m*

Reliquie *f* reliquia *f*

rempeln *vti* FAM ↑ *schubsen, stoßen* spingere, dare uno spintone *(jd-n* a)

Ren *n* ‹-s, -s *o.* -e› FAUNA renna *f*

Renaissance *f* ‹-› GESCH rinascimento *m*

Rendezvous *n* ‹-, -› appuntamento *m*

renitent adj renitente, riluttante

Rennbahn f (für Pferde) ippodromo m; (für Autos) autodromo; (für Radfahrer) velodromo m; **rennen** ⟨rannte, gerannt⟩ vi ① ↑ schnell laufen correre ② FAM ↑ gehen ↑ ständig zum Arzt ~ correre/andare sempre dal medico ③ ◇ gegen etw/jd-n ~ (stoßen) scontrarsi contro qc/con qu; **Rennen** n ① (Wett-) corsa f, gara f ② FIG ↑ Wettbewerb ◇ im ~ sein essere in gara; **Rennfahrer(in** f) m corridore(-trice) m

renommiert adj ↑ angesehen rinomato, famoso

renovieren vt → Haus rinnovare; **Renovierung** f (von Haus, Wohnung) rinnovamento m

rentabel adj ▷Geschäft redditizio; **Rentabilität** f (von Geschäft, Firma) redditività f

Rente f ⟨-, -n⟩ ① pensione f; ◇ ~ beziehen ricevere la pensione ② ↑ Pension pensione f; ◇ in ~ gehen andare in pensione

rentieren vr ◇ sich ~ valere la pena, convenire

Rentner(in f) m ⟨-s, -⟩ pensionato/a

reparabel adj riparabile; **Reparatur** f (Auto~) riparazione f; **reparaturbedürftig** adj che necessita di riparazione; **Reparaturwerkstatt** f autofficina f; **reparieren** vt riparare, aggiustare

Repertoire n ⟨-s, -s⟩ (Lieder-) repertorio m

Report m relazione f, rapporto m; **Reportage** f ⟨-, -n⟩ (Fernseh-, Zeitungs-) servizio m, reportage m; **Reporter(in** f) m ⟨-s, -⟩ (Zeitungs-, Fernseh-) reporter m/f, cronista m/f

repräsentabel adj ▷Haus, Person rappresentativo

Repräsentant(in f) m rappresentante m/f; **repräsentativ** adj ↑ stellvertretend, typisch rappresentativo; **repräsentieren I.** vt ① → Personen, Firma rappresentare ② → Meinung costituire, rappresentare **II.** vi ↑ wirkungsvoll auftreten avere una bella presenza

Repressalien pl rappresaglia f

Reproduktion f ① TYP ↑ Kopie copia f, duplicato m, ristampa f ② FIG ↑ Wiedergabe riproduzione f; **reproduzieren** vt ① TYP ↑ kopieren copiare, duplicare ② ↑ wiedergeben riprodurre

Reptil n ⟨-s, -ien⟩ FAUNA rettile m

Republik f POL repubblica f; **Republikaner (in** f) m ⟨-s, -⟩ ① ≈repubblicano [di estrema destra] ② ≈partito m repubblicano [di estrema destra]; **republikanisch** adj ① repubblicano ② ▷Partei ≈repubblicano

Reservat n ↑ Wildpark riserva f

Reserve f ⟨-, -n⟩ ① ↑ Rücklage riserva f ② AUTO riserva f; (MIL -armee) riserva f; **Reserverad** n AUTO ruota f di scorta; **Reservespieler(in** f) m SPORT riserva f; **Reservetank** m AUTO serbatoio m di riserva

reservieren vt ① → Platz riservare, prenotare ② ↑ aufbewahren conservare; **reserviert** adj ① (Platz) riservato, prenotato ② FIG ↑ abweisend riservato; ◇ sich ~ verhalten comportarsi in modo riservato

Reservist(in f) m riservista m

Reservoir n ⟨-s, -e⟩ ↑ Vorrat (Wasser-) riserva f

Residenz f ① ↑ Wohnung (Fürsten-) residenza f, sede f ② ↑ Hauptstadt capitale f; **residieren** vi risiedere

Resignation f rassegnazione f; **resignieren** vi ↑ aufgeben, sich abfinden rassegnarsi

resistent adj MED ↑ unempfänglich, nicht anfällig resistente (gegen contro)

resolut adj ↑ energisch risoluto, deciso; **Resolution** f ↑ Beschluß risoluzione f, decisione f

Resonanz f ① ↑ Widerhall eco m, risonanza f ② FIG ↑ Anklang risonanza f

Resozialisierung f riabilitazione f

Respekt m ⟨-[e]s⟩ ① ↑ Anerkennung rispetto m, stima f; ◇ jd m ~ zollen avere rispetto di (jd) ② ↑ Scheu ▷einflößen rispetto m; **respektabel** adj ① ▷Leistung rispettabile, ragguardevole ② ▷Person rispettabile; **respektieren** vt rispettare; **respektlos** adj senza rispetto, irriverente; **respektvoll** adj rispettoso

Ressort n ⟨-s, -s⟩ ↑ Bereich giurisdizione f; (Aufgabengebiet) pertinenza f, competenza f

Rest m ⟨-[e]s, -e⟩ ① ↑ Übriggebliebel resto m; (von Stoff) scampolo m; (von Essen) avanzi m/pl ② MATH resto m ③ FAM ◇ jd-m den ~ geben dare il colpo di grazia a qu

Restaurant n ⟨-s, -s⟩ ristorante m

restaurieren vt → Kunstwerk restaurare

restlich adj residuo, rimanente; **restlos I.** adj ↑ völlig completo, totale **II.** adv: ◇ ~ erschöpft sein essere completamente distrutto; **Restrisiko** n percentuale f rimanente di rischio

Resultat n risultato m

Retorte f ⟨-, -n⟩ CHEM storta f; **Retortenbaby** n bambino/a in provetta

retten vt ① ↑ in Sicherheit bringen salvare ② ↑ bewahren → Kunstwerk salvare, conservare; **Rettung** f ① ↑ Befreiung soccorso m, salvataggio m ② ↑ Bewahrung conservazione f ③ FIG salvezza f; ◇ letzte ~ l'ultima via d'uscita f; **Rettungsboot** n NAUT scialuppa f di salvataggio; **rettungslos** adj senza speranza; **Rettungsring** m salvagente m

retuschieren vt FOTO ritoccare

Reue f ⟨-⟩ ↑ Bedauern rimorso m, pentimento m; **reuen** vt ↑ leidtun dispiacere, pentirsi; ◇ es reut mich mi dispiace

Revanche f ⟨-, -n⟩ ① ↑ Vergeltung, Rache vendetta *f* ② SPORT ↑ *Rückspiel* rivincita *f*; **revanchieren** *vr* ◇ **sich** - ① ↑ *zurückzahlen* rendere la pariglia (*für akk* a) ② ↑ *sich erkenntlich zeigen* sdebitarsi, contraccambiare (*für akk* per)

Revers *m o n* ⟨-, -⟩ (*von Jacke*) risvolto *m*

revidieren *vt* ① a. JURA → *Urteil* rivedere, riesaminare ② ↑ *kontrollieren, prüfen* → *Kassenbestand* verificare, controllare

Revier *n* ⟨-s, -e⟩ ① ↑ *Gebiet* distretto *m* ② (*Polizei-*) commissariato *m* ③ FIG ↑ *Zuständigkeitsbereich* settore *m*, reparto *m*

Revision *f* ① (COMM *von Geschäftsbüchern*) revisione *f* ② JURA ricorso *m*

Revolte *f* ⟨-, -n⟩ rivolta *f*, insurrezione *f*; **Revolution** *f* rivoluzione *f*; **Revolutionär(in** *f*) *m* rivoluzionario/a; **revolutionieren** *vt* ↑ *neugestalten* rivoluzionare

Revolver *m* ⟨-s, -⟩ revolver *m*

rezensieren *vt* → *Buch* recensire, fare/scrivere una recensione su; **Rezension** *f* recensione *f*

Rezept *n* ⟨-[e]s, -e⟩ ① (*Koch-*) ricetta *f* ② MED ↑ *Verschreibung* ricetta *f*, prescrizione *f* medica; **rezeptpflichtig** *adj* MED dietro prescrizione medica

rezitieren *vt* recitare

Rhabarber *m* ⟨-s⟩ FLORA rabarbaro *m*

Rhein *m* Reno *m*

Rhesusfaktor *m* fattore *m* Rhesus

Rhetorik *f* retorica *f*; **rhetorisch** *adj* retorico

Rheuma *n* ⟨-s⟩ MED reumatismo *m*

rhythmisch *adj* (*mit Rhythmus*) ritmico; **Rhythmus** *m* (*von Musik, Tages-*) ritmo *m*

richten I. *vt* ① → *Blick, Aufmerksamkeit* rivolgere (*auf akk* verso/su) ② → *Pistole* puntare (*auf akk* su/contro) ③ ↑ *vorbereiten* → *Essen* preparare ④ JURA ↑ *verurteilen* condannare (*jd-n* qu) ⑤ FIG → *Worte, Brief* indirizzare (*an akk* a) ⑥ ↑ *in Ordnung bringen* → *Zähne* raddrizzare **II.** *vr:* ◇ **sich** - **nach** (*einstellen auf*) regolarsi secondo, orientarsi secondo; **Richter(in** *f*) *m* ⟨-s, -⟩ JURA giudice *m/f*; **richterlich** *adj* giudiziario

richtig I. *adj* ① ▷*Lösung* giusto, corretto, esatto ② ▷*Partner* giusto, idoneo ③ FAM ▷*Schmuck* vero, autentico **II.** *adv* ① ↑ *tatsächlich* esattamente, precisamente; ◇ **ja** -, **so war es!** sì è andata proprio così ② FAM ◇ - **heiß** proprio, veramente; **Richtigkeit** *f* (*von Entscheidung, Verhalten etc.*) correttezza *f*; (*von Antwort*) precisione *f*; **Richtlinie** *f* norma *f*, direttiva *f*; **Richtigstellung** *f* correzione *f*; **Richtpreis** *m* COMM prezzo *m* indicativo

Richtung *f* ① direzione *f*; ◇ - **Norden** verso nord ② (FIG *Tendenz, Denk-*) opinione *f*; ▷*politisch* ▷*künstlerisch* corrente *f*

rieb *impf v.* **reiben**

riechen ⟨roch, gerochen⟩ **I.** *vt* ① → *Duft* sentire l'odore di ② FAM ↑ *ahnen* ◇ **etw nicht - können** non potere prevedere/immaginare qc ③ FIG FAM ↑ *leiden* ◇ **jd-n nicht - können** non poter sopportare qu **II.** *vi* ① ← *Blume* profumare, avere l'odore di; (*stinken*) puzzare ② ↑ *duften* esserci profumo/odore (*nach dat* di)

rief *impf v.* **rufen**

Riege *f* ⟨-, -n⟩ SPORT (*Turn-*) squadra *f*

Riegel *m* ⟨-s, -⟩ ① (*Tür-, Fenster-*) chiavistello *m*, catenaccio *m* ② FIG ◇ **e-r Sache e-n - vorschieben** mettere un freno a qc ③ (*Schoko-*) stecca *f*

Riemen ¹ *m* ⟨-s, -⟩ ① (*Leder-*) cinghia *f* ② FIG ◇ **sich am - reißen** fare uno sforzo

Riemen ² *m* ⟨-s, -⟩ SPORT ↑ *Ruder* remo *m*

Riese *m* ⟨-n, -n⟩ gigante *m*

rieseln *vi* ① ← *Wasser* scorrere ② ← *Schnee, Regen* cadere

Riesenerfolg *m* successo *m* enorme; **riesengroß** *adj* enorme, gigantesco; **riesig** *adj* ① ↑ *sehr groß* enorme, gigantesco ② FAM ↑ *toll* forte

riet *impf v.* **raten**

Riff *n* ⟨-[e]s, -e⟩ scogliera *f*; (*von Korallen*) barriera *f* [corallina]

Rille *f* ⟨-, -n⟩ (*Schallplatten-*) solco *m*

Rind *n* ⟨-[e]s, -er⟩ ① FAUNA manzo *m* ② (GASTRON *vom* -) manzo *m*

Rinde *f* ⟨-, -n⟩ (*Baum-*) corteccia *f*; (*Käse-*) crosta *f*

Rindfleisch *n* carne *f* di manzo; **Rindvieh** *n* FAM ↑ *Dummkopf* fesso *m*, stupido *m*

Ring *m* ⟨-[e]s, -e⟩ ① (*Diamant-*) anello *m* ② (*Kreis*) cerchio *m* ③ (*Box-*) ring *m* ④ (*-straße*) circonvallazione *f* ⑤ (*Dealer-*) gruppo organizzato *f*; **Ringbuch** *n* libro *m* a fogli mobili; **Ringelnatter** *f* FAUNA biscia *f* dal collare, natrice *f*; **ringen** ⟨rang, gerungen⟩ **I.** *vi* ① ↑ *kämpfen* lottare, combattere; ◇ **miteinander** - lottare l'un con l'altro ② FIG ↑ *hin und her überlegen* cercare affannosamente (*nach dat* qc *akk* qc) ③ ◇ **nach Luft** - respirare con difficoltà **II.** *vt:* ◇ **die Hände** - torcersi le mani; **Ringfinger** *m* anulare *m*, dito *m* anulare; **ringförmig** *adj* a forma di anello, anulare; **Ringkampf** *m* SPORT lotta *f*; **Ringrichter (in** *f*) *m* SPORT arbitro *m*; **ringsum** *adv* (*um ... herum*) tutt'intorno; **ringsherum** *adv* ↑ *im Kreis* tutt'intorno, in giro

Rinne *f* ⟨-, -n⟩ ① ↑ *Furche* (*Abfluß-*) solco *m* ② (*Dach-*) scolo *m*, canale *m* di scolo; **rinnen** ⟨rann, geronnen⟩ *vi* ↑ *fließen* ← *Wasser* scorrere

Rippchen *n* GASTRON costata *f*; **Rippe** *f* ⟨-, -n⟩ ANAT costola *f*

Risiko n ⟨-s, -s o. Risiken⟩ ↑ *Wagnis* rischio m; **Risikogruppe** f gruppo m a rischio; **riskant** adj rischioso, pericoloso; **riskieren** vt ⟨1⟩ ↑ *wagen* → *Blick* azzardare ⟨2⟩ → *Leben* rischiare

riß impf v. **reißen**

Riß m ⟨-sses, -sse⟩ ⟨1⟩ ↑ *Spalt* crepa f, fessura f ⟨2⟩ (in *Haut*) screpolatura f; (*Stoff*) strappo m ⟨3⟩ (MED *Bänder*-) strappo m; **rissig** adj ⟨1⟩ ▷*Material* pieno di crepe ⟨2⟩ ↑ *spröde* ▷*Haut* screpolato

ritt impf v. **reiten**

Ritt m ⟨-[e]s, -e⟩ (*Pferde*-) cavalcata f; **rittlings** adv a cavalcioni

Ritus m ⟨-, Riten⟩ rito m

Ritze f ⟨-, -n⟩ fessura f, fenditura f; **ritzen** vt ↑ *kratzen* graffiare, scalfire

Rivale m ⟨-n, -n⟩, **Rivalin** f rivale m/f; **rivalisieren** vi essere in rivalità, rivaleggiare (mit con); **Rivalität** f rivalità f

Robbe f ⟨-, -n⟩ FAUNA foca f

Robe f ⟨-, -n⟩ (*Richter*-) toga f

Roboter m ⟨-s, -⟩ robot m

robust adj ⟨1⟩ ▷*Person* robusto ⟨2⟩ ▷*Gerät* resistente, solido

roch impf v. **riechen**

röcheln vi rantolare

Rock[1] m ⟨-[e]s, Röcke⟩ ⟨1⟩ (*Damen*-) gonna f ⟨2⟩ ↑ *Jacke* giacca f

Rock[2] m ⟨-s, -⟩ (*Musikrichtung*) rock m

Rockband f, pl ⟨-bands⟩ gruppo m rock; **Rokker(in** f) m PEJ motociclista m

Rodelbahn f pista f per slitte; **rodeln** vi andare in slitta

roden vt → *Wald, Land* dissodare

Roggen m ⟨-s, -⟩ FLORA segale f

roh adj ⟨1⟩ ↑ *nicht gekocht* ▷*Fleisch, Gemüse* crudo ⟨2⟩ ▷*Sitten* crudele, brutale; **Rohbau** m, pl ⟨-bauten⟩ (von *Haus*) ≈costruzione f con le sole fondamenta; **Rohling** m ⟨1⟩ ↑ *unbearbeiteter Edelstein* pezzo m grezzo ⟨2⟩ ↑ *roher Mensch* persona f rozza; **Rohmaterial** n materiale m grezzo/greggio; **Rohöl** n petrolio m grezzo

Rohr n ⟨-[e]s, -e⟩ ⟨1⟩ ↑ *rohr* m; (*Kanonen*-) canna f; (*Wasser*-) tubo m ⟨2⟩ FLORA ↑ *Bambus, Schilf* canna f; **Rohrbruch** m scoppio m di una tubazione

Röhre f ⟨-, -n⟩ ⟨1⟩ (enges *Rohr*) tubo m; (*Leitungs*-) tubazione f, conduttura ⟨2⟩ (*Back*-) forno m ⟨3⟩ (FAM *Fernsehen*) televisione f

Rohrmöbel n mobile m di canne

Rohseide f seta f grezza; **Rohstoff** m materia f prima

Rokoko n ⟨-s⟩ rococò m

Rolladen m tapparella f

Rollbrett n skate-board m

Rolle f ⟨-, -n⟩ ⟨1⟩ (*Papier*-) rotolo m ⟨2⟩ (*Zwirn*-) rocchetto m ⟨3⟩ ↑ *Walze* rullo m, cilindro m ⟨4⟩ (*Haupt*-) ruolo m, parte f ⟨5⟩ FIG ↑ *Funktion* parte f; ◇ **e-e sehr wichtige - spielen** avere un ruolo molto importante ⟨6⟩ SPORT ▷*vorwärts, rückwärts* rotolamento m; **rollen I.** vi ⟨1⟩ ← *Kugel* rotolare; ← *Wagen* passare ⟨2⟩ FIG ◇ **etw ins R-bringen** mettere in moto qc ⟨3⟩ ← *Wellen, Tränen* scorrere **II.** vt ⟨1⟩ ↑ *schieben* spingere ⟨2⟩ ↑ *zusammen*- arrotolare **III.** vr ◇ **sich** - arrotolarsi; **Rollentausch** m scambio m dei ruoli; **Rollenverteilung** f ⟨1⟩ (in *Theater, Film*) ripartizione f dei ruoli ⟨2⟩ (in *Ehe etc.*) distribuzione f dei compiti

Roller m ⟨-s, -⟩ ⟨1⟩ (*Motor*-) motorino m ⟨2⟩ (*Kinder*-) monopattino m ⟨3⟩ NAUT ↑ *Welle* cavallone m

Rollfeld n pista f di rullaggio; **Rollmops** m aringa f arrotolata; **Rollschuh** m pattino m a rotelle; **Rollstuhl** m sedia f a rotelle; **Rolltreppe** f scala f mobile

Rom n ⟨-s⟩ Roma f

Roman m ⟨-s, -e⟩ romanzo m

Romantik f romanticismo m; **Romantiker(in** f) m ⟨1⟩ ↑ *Dichter* romantico/a ⟨2⟩ FIG ↑ *Träumer* sogna|tore(-trice f) m, romantico/a; **romantisch** adj romantico; **Romanze** f ⟨-, -n⟩ ↑ *Liebesabenteuer* romanza f

Römer[1] (in f) m ⟨-s, -⟩ ↑ *Bewohner Roms* romano /a

Römer[2] m ⟨-s, -⟩ ↑ *Weinglas* coppa f di vino

röntgen vt MED → *Lunge, Knochen* fare una radiografia, fare i raggi (*jd-n* a); **Röntgenaufnahme** f MED radiografia f; **Röntgenstrahlen** pl MED raggi x m/pl

rosa adj ⟨inv⟩ rosa

Rose f ⟨-, -n⟩ rosa f

Rosenkohl m cavolo m di Bruxelles; **Rosenkranz** m rosario m; **Rosenmontag** m lunedì m grasso

Rosette f rosetta f

rosig adj ⟨1⟩ ▷*Gesichtsfarbe* roseo ⟨2⟩ FIG ▷*Aussichten, Zeiten* roseo

Rosine f uva f passa

Roß n ⟨-sses, -sse o. Rösser⟩ ⟨1⟩ ↑ *Pferd* cavallo m ⟨2⟩ FIG ◇ **auf dem hohen - sitzen** darsi delle arie

Rost[1] m ⟨-[e]s, -e⟩ ↑ *Gitter* griglia f, gratella f

Rost[2] m ⟨-[e]s⟩ ⟨1⟩ (*Oxidation*) ruggine f ⟨2⟩ FIG ◇ **- ansetzen** arrugginire; **rosten** vi ← *Blech* arrugginire

rösten vt ⟨1⟩ ↑ *grillen, braten* arrostire, abbrustolire ⟨2⟩ → *Kaffee* tostare

R

rostfrei *adj* ▷*Stahl* inossidabile; **rostig** *adj* ▷*Auto* arrugginito; **Rostschutz** *m* antiruggine *m*

rot *adj* ① (*Farbe*) rosso ② ↑ *kommunistisch* rosso, comunista ③ ◇ ~ **werden** arrossire

Rotation *f* ① PHYS ↑ *Umdrehung* rotazione *f* ② (*Ämter-*) rotazione *f*

rotblond *adj* biondo rossiccio; **Röte** *f* ‹-› (*rote Färbung*) rosso *m*; (*Zornes-*) rossore *m*

Röteln *pl* MED rosolia *f*

röten I. *vt* ↑ *rot färben* tingere di rosso **II.** *vr* ◇ **sich** ~ arrossire; (*Haut*) arrossarsi; **rothaarig** *adj* dai capelli rossi

rotieren *vi* ① ↑ *sich drehen* ruotare ② ↑ *nachrücken* (*im Amt*) ruotare

Rotkehlchen *n* FAUNA pettirosso *m*; **Rotstift** *m* matita *f* rossa; **Rotwein** *m* vino *m* rosso

Rotz *m* ‹-es, -e› FAM moccio *m*

Roulade *f* (GASTRON *Fleisch-, Kohl-*) involtino *m*

Route *f* ‹-, -n› ↑ *Strecke* itinerario *m*, percorso *m*

Routine *f* ① ↑ *Übung, Erfahrung* pratica *f*, esperienza *f* ② ↑ *Gewohnheit* routine *f*

Rowdy *m* teppista *m*

Rübe *f* ‹-, -n› ① (FLORA *gelbe* -) carota *f*; (*rote* -) rapa *f* rossa; (*Zucker-*) barbabietola *f* ② FAM ↑ *Kopf* zucca *f*

Rubin *m* ‹-s, -e› rubino *m*

Rubrik *f* ① ↑ *Kolumne* (*Zeitungs-*) rubrica *f* ② ↑ *Verzeichnis* registro *m*

Ruck *m* ‹-[e]s, -e› ① ↑ *Stoß* spinta *f* ② ↑ *Tendenz* (*Rechts-*) spostamento *m* ③ FIG ◇ **sich e-n** - **geben** scuotersi

rückbezüglich *adj* GRAM ↑ *reflexiv* riflessivo; **rückblenden** *vi* ↑ *zurückschauen* (*in Vergangenheit*) guardare al passato; **rückblickend** *adj* retrospettivo

rücken I. *vt* → *Möbel* spostare **II.** *vi* ↑ *sich zur Seite bewegen* spostarsi; ◇ **rück mal ein Stück !** spostati un pò in là

Rücken *m* ‹-s, -› ① (ANAT *Körperteil*) schiena *f*; FIG ◇ **jd-m in den** - **fallen** colpire qu alle spalle; (*Nasen-*) dorso *m* ② (*Berg-*) dorsale *m*; **Rückendeckung** *f auch* FIG ↑ *Schutz* copertura *f* alle spalle; **Rückenlehne** *f* (*von Stuhl*) schienale *m*; **Rückenschwimmen** *n* dorso *m*; **Rückenwind** *m* vento *m* in poppa

Rückerstattung *f* restituzione *f*, rimborso *m*; **Rückfahrt** *f* viaggio *m* di ritorno, ritorno *m*; **Rückfall** *m* ① MED ↑ *Verschlechterung* ricaduta *f* ② (JURA *bei Straftat*) recidiva *f* ③ FIG ↑ *Zurückfallen* ricaduta *f*; **rückfällig** *adj* ① MED ricaduto ② JURA recidivo; ◇ ~ **werden** essere recidivo; **Rückfrage** *f* contrdomanda *f*;

Rückgabe *f* restituzione *f*; **Rückgang** *m* ↑ *Nachlassen* ↑ *Verminderung* diminuzione *f*; **rückgängig** *adj*: ◇ **etw** *akk* - **machen** revocare; **Rückgrat** *n* ‹-[e]s, -e› ① ANAT ↑ *Wirbelsäule* spina *f* dorsale, colonna *f* vertebrale ② FIG ↑ *Stütze* (*von Firma*) pilastro *m* ③ (FIG *Willen*) ◇ **jd-m das** - **brechen** rovinare qu; **Rückgriff** *m* il ricorrere (*auf akk* a); **Rückhalt** *m* ① ↑ *Reserve* ▷*finanziell* riserva *f* ② ↑ *Stütze* appoggio *m*, aiuto *m*; **rückhaltlos** *adj* ↑ *bedingungslos* senza riserve; **Rückkehr** *f* ‹-, -en› rientro *m*, ritorno *m*; **Rücklage** *f* ↑ *Reserve* riserva *f*; **rückläufig** *adj* ① ↑ *nach hinten* ▷*Entwicklung* regressivo ② ▷*Bewegung* retrogrado, all'indietro; **Rücklicht** *n* AUTO luce *f* posteriore; **rücklings** *adv* all'indietro; **Rücknahme** *f* ‹-, -n› (*von Waren*) ritiro *m*; **Rückreise** *f* viaggio *m* di ritorno; **Rückruf** *m* (*am Telefon*) il richiamare *m*

Rucksack *m* zaino *m*; **Rucksacktourist(in** *f***)** *m* ≈turista che viaggia con lo zaino *m*/*f*

Rückschlag *m* ① MED ricaduta *f* ② FIG ↑ *Enttäuschung* brutto colpo *m*; **Rückschluß** *m* deduzione *f*; **Rückschritt** *m* regresso *m*; **rückschrittlich** *adj* regressivo; **Rückseite** *f* (*hinterer Teil, von Buch*) dorso *m*; (*von Haus*) retro *m*, dietro *m*, parte *f* posteriore; (*von Münze*) rovescio *m*; **Rücksicht** *f* ↑ *Achtsamkeit, Schonung* riguardo *m*, considerazione *f*; ◇ ~ **nehmen auf jd-n/etw** avere riguardo per qu/qc; **rücksichtslos** *adj* ① ↑ *selbstsüchtig, skrupellos* spietato ② ↑ *grob* ▷*Verhalten* senza riguardo; **rücksichtsvoll** *adj* pieno di riguardi (*gegenüber, gegen akk* nei confronti di); **Rücksitz** *m* AUTO sedile *m* posteriore; **Rückspiegel** *m* AUTO specchietto *m* retrovisore; **Rückspiel** *n* SPORT ↑ *Revanche* incontro *m* di ritorno; **Rücksprache** *f* colloquio *m*; **Rückstand** *m* ① ↑ *Überrest* (*Verbrennungs-*) resto *m* ② ↑ *Verzug* ritardo *m*, arretrato *m*; ◇ **im** - **sein** (*mit Rechnung, Arbeit*) essere indietro con; **rückständig** *adj* ① ↑ *altmodisch* antiquato ② ▷*Zahlungen* arretrato; **Rückstrahler** *m* ‹-s, -› catarifrangente *m*; **Rücktaste** *f* tasto *m* di ritorno; **Rücktritt** *m* ① (*von Minister etc.*) ritiro *m*, dimissioni *f*/*pl* ② ↑ *Bremse* (*bei Fahrrad*) contropedale *m*; **Rückvergütung** *f* ↑ *Rückzahlung* rimborso *m*; **rückwärtig** *adj* ↑ *hintere(r, s)* ▷*Gebäude* posteriore, di dietro; **rückwärts** *adv* nach hinten ▷*schauen* indietro, all'indietro; ▷*fahren* fare retromarcia; **Rückwärtsgang** *m* AUTO retromarcia *f*; **rückwirkend** *adj* retroattivo; **Rückzahlung** *f* rimborso *m*; **Rückzug** *m* MIL ritirata *f*; (FIG *aus Öffentlichkeit*) ritiro *m*

rüde adj ↑ rauh, ungeschliffen rozzo, rude
Rüde m ⟨-n, -n⟩ cane m
Rudel n ⟨-s, -⟩ ↑ Herde (von Wölfen) branco m
Ruder n ⟨-s, -⟩ 1 remo m 2 ↑ Steuer (Schiffs-) timone m 3 FIG ↑ Leitung, Macht redini f pl; ◇ am - sein essere al potere; **Ruderboot** n barca f a remi; **Ruderer(in** f) m ⟨-s, -⟩ rema|tore (-trice f) m; **rudern I.** vt → Boot spingere **II.** vi 1 (in Boot) remare 2 ◇ mit den Armen - agitare le braccia
Ruf m ⟨-[e]s, -e⟩ 1 ↑ Rufen (Hilfe-) grido m 2 ↑ Aufforderung, Berufung invito m, chiamata f 3 ↑ Ansehen fama f, reputazione f; **rufen** ⟨rief, gerufen⟩ **I.** vi 1 ↑ schreien (um Hilfe) gridare 2 (zum Essen) chiamare 3 (herbeirufen) chiamare (nach dat qu) **II.** vt 1 ↑ laut sagen chiamare 2 ↑ kommen lassen → Arzt chiamare; **Rufname** m nome m; **Rufnummer** f TELEC numero m tele-fonico/di telefono; **Rufzeichen** n 1 TELEC segnale f di libero 2 (bei Funk) segnale m di chiamata
Rüge f ⟨-, -n⟩ sgridata f; **rügen** vt sgridare
Ruhe f ⟨-⟩ 1 ↑ Stille (Friedhofs-) silenzio m, quiete f 2 ↑ Stillstand stasi f, calma f 3 ↑ Entspannung, Schlaf sonno m, riposo m; ◇ sich zur - begeben andare a riposarsi 4 ↑ Ausgegli-chenheit calma m, tranquillità f; ◇ jd-n in - lassen lasciare qu in pace; **ruhelos** adj ↑ unruhig irrequieto; **ruhen** vi 1 ↑ sich erholen, liegen riposarsi 2 ↑ begraben sein riposare, gia-cere; ◇ hier ruht qui giace 3 ← Arbeit essere fermo; **Ruhepause** f pausa f, intervallo m; **Ru-hestand** m ↑ Rente, Pension pensione f; **Ruhe-stätte** f; ◇ letzte - ↑ Grab l'ultima dimora; **Ruhestörung** f disturbo m della quiete pubbli-ca; **Ruhetag** m giorno m di riposo; **ruhig I.** adj 1 ↑ still, schweigsam tranquillo 2 ↑ unbeweg-lich fermo 3 ↑ ausgeglichen, gelassen calmo, tranquillo 4 ↑ entspannt ▷Hand fermo **II.** adv ↑ ohne weiteres, von mir aus: ◇ sag das -! dillo pure
Ruhm m ⟨-[e]s⟩ ↑ Ansehen fama f, gloria f; **rüh-men I.** vt ↑ loben celebrare, esaltare **II.** vr ◇ sich - ↑ angeben, brüsten vantarsi (mit dat di); **rühm-lich** adj ↑ lobenswert lodevole; **ruhmlos** adj inglorioso
Ruhr f ⟨-⟩ MED dissenteria f
Rührei n GASTRON uovo m strapazzato; **rüh-ren I.** vt 1 ↑ Teig mescolare; → Eier sbattere 2 → Arm muovere; FIG ◇ keinen Finger - non alzare mai un dito 3 ◇ jd-n zu Tränen - com-muovere qu fino alle lacrime **II.** vr ◇ sich - 1 ↑ sich bewegen muoversi 2 ↑ sich melden farsi sentire **III.** vi 1 ↑ Mitleid erregen fare compas-

sione 2 ↑ entstehen derivare, avere origine (von dat da)
rührend adj ↑ gefühlvoll ▷Geschichte toccante, commovente
rührig adj laborioso; **rührselig** adj 1 ↑ sentimental ▷Drama commovente, sentimen-tale 2 ↑ weinerlich ▷Person emotivo; **Rüh-rung** f ↑ Ergriffenheit commozione f
Ruin m ⟨-s⟩ ↑ Bankrott rovina f, crollo m; ◇ in den - treiben spingere alla rovina
Ruine f ⟨-, -n⟩ (Burg-) rovina f, rudere m
ruinieren vt ↑ zugrunde richten rovinare
rülpsen vi ruttare
Rum m ⟨-s, -s⟩ rum m
Rumäne m ⟨-n, -n⟩, rumeno m, romeno/a m; **Rumänien** n Romania f; **Rumänin** f rumena f; **rumänisch** adj rumeno, romeno; ◇ - sprechen parlare in rumeno
Rummel m ⟨-s⟩ 1 ↑ Jahrmarkt fiera f 2 FAM ↑ Betrieb (Weihnachts-) confusione f
rumoren vi ↑ rumpeln ← Magen brontolare
Rumpelkammer f ↑ Abstellraum ripostiglio m; **rumpeln** vi 1 ↑ poltern fare fracasso/rumore 2 ↑ holpern ← Holzwagen traballare
Rumpf m ⟨-[e]s, Rümpfe⟩ 1 (ANAT von Körper) tronco m 2 (von Schiff) scafo m; (von Flugzeug) fusoliera f
rümpfen vt → Nase storcere
Run m ⟨-s, -s⟩ ↑ Ansturm domanda f forte (auf akk di)
rund I. adj 1 ▷Ball, Kreis rotondo 2 ▷Backen tondo 3 FIG chiaro **II.** adv 1 ↑ ungefähr ◇ - 125 DM circa 125 marchi 2 ◇ - um die Uhr ventiquattro ore su ventiquattro; **Rundbrief** m lettera f circolare, **Runde** f ⟨-, -n⟩ 1 ▷laufen giro m 2 ↑ Gruppe (fröhliche -) cerchia f; (Verhand-lungs-) giro m 3 FIG ◇ über die -n kommen farcela a stento; **runden** vt ↑ rund machen → Lippen arrotondare; **Rundfahrt** f (Stadt-) giro m; **Rundfunk** m 1 ↑ Radio radio f 2 ↑ Sendeanstalt radio f; ◇ beim - arbeiten lavora-re alla radio; **Rundfunkgebühr** f abbonamento m alla radio; **rundlich** adj ▷Gesicht, Person rotondo; **Rundreise** f (durch Europa) viaggio m; **Rundung** f rotondità f
runter = FAM herunter, hinunter
runzelig adj ↑ faltig ▷Apfel raggrinzito; ▷Gesicht pieno di rughe, rugoso; **runzeln** vt ↑ in Falten legen raggrinzire; ◇ die Stirn - corrugare la fronte
Rüpel m ⟨-s, -⟩ villano m; **rüpelhaft** adj villa-no
rupfen vt ↑ herausziehen strappare
ruppig adj ↑ unhöflich scortese

Rüsche f ⟨-, -n⟩ ruche f

Ruß m ⟨-es⟩ fuliggine f; **rußen** vi ← Ofen produrre fuliggine

Russe m ⟨-n, -n⟩ russo m

Rüssel m ⟨-s, -⟩ ① (Elefanten-) proboscide f ② FAM ↑ Nase proboscide f

Russin f russa f; **russisch** adj russo; **Russisch** n russo m; **Rußland** n Russia f

rüsten I. vi ① MIL ↑ bewaffnen armare ② FIG ↑ ausstatten, vorbereiten preparasi; ◇ gut gerüstet sein essere ben preparato II. vt ↑ fertigmachen (für Reise) preparare III. vr ◇ sich - ① ↑ vorbereiten prepararsi ② FIG ↑ sich wappnen armarsi

rüstig adj ↑ kräftig, frisch arzillo

Rüstung f ① MIL armamento m ② (Ritter-) armatura f; **Rüstungskontrolle** f controllo m degli armamenti; **Rüstzeug** n ① attrezzatura f, arnesi m/pl ② FIG ↑ Wissen, Kenntnisse bagaglio m

Rute f ⟨-, -n⟩ ↑ Stock bastone m

Rutsch m ⟨-[e]s, -e⟩ ① (Berg-, Erd-) smottamento m, frana f ② ↑ kurze Reise, Trip scappata f, puntatina f ③ ◇ guten -! Buon Anno!; **Rutsche** f ① (auf Bau) scivolo m, piano m inclinato ② (auf Spielplatz) scivolo m; **rutschen** vi ① ↑ gleiten, aus- (auf Eis) scivolare ② FAM ↑ rücken (zur Seite) spostarsi ③ ↑ kriechen (auf den Knien) inginocchiarsi; **rutschig** adj scivoloso

rütteln I. vt ↑ schütteln ←Baum scuotere II. vi (an Tür) scuotere (an dat qc)

S

S, s n S, s f

Saal m ⟨-[e]s, Säle⟩ (Tanz-) sala f; (Sitzungs-) sala/aula f delle riunioni/conferenze; (Lese-) sala f di lettura

Saat f ⟨-, -en⟩ ① ↑ Aussaat semina f ② ↑ Pflanzen, junges Getreide biada f ③ ↑ Saatgut semenza f; **Saatgut** n ⟨-⟩ semenza f

sabbern vi FAM ① ← Kleinkind sbavare ② ◇ dummes Zeug - straparlare

Säbel m ⟨-s, -⟩ sciabola f; (Krumm-) scimitarra f

Sabotage f ⟨-, -n⟩ sabotaggio m; ◇ - betreiben sabotare; **Sabotageakt** m atto m di sabotaggio; **Saboteur(in)** m sabota|tore(-trice f) m; **sabotieren** vt sabotare

Sachbearbeiter(in f) m incaricato/a

sachdienlich adj utile; ◇ -e Hinweise indicazioni utili

Sache f ⟨-, -n⟩ ① ↑ Gegenstand, Ding cosa f; ◇ das sind meine -n queste sono le mie cose/i miei averi ② JURA ▷beweglich, unbeweglich averi m/pl ③ ↑ Angelegenheit, Pflicht affare m, faccenda f; ◇ - der Polizei affare m della polizia; ◇ das ist seine - sono affari suoi ④ ↑ Thema, Frage fatto m, questione f; ◇ bei der - sein essere attento; ◇ sich dat seiner - sicher sein essere sicuro del fatto proprio; ◇ zur - kommen arrivare al dunque ⑤ ↑ Ziel obiettivo m; ◇ für e-e edle - kämpfen lottare per una causa nobile

Sachgebiet n campo m, ramo m; **sachgemäß** I. adj adeguato, conforme II. adv adeguatamente; **sachkundig** adj competente; **Sachlage** f stato m delle cose; **sachlich** adj ① ▷Argumentation obiettivo, oggettivo ② ▷Frage attenente all'argomento

sächlich adj GRAM neutro

Sachregister n indice m analitico; **Sachschaden** m danno m materiale

sacht[e] adv ① ↑ langsam, behutsam lento; ◇ - vorgehen procedere lentamente ② ↑ kaum spürbar delicato, leggero; ◇ jd-n - berühren sfiorare leggermente qu

Sachverständige(r) f m esperto m

Sack m ⟨-[e]s, Säcke⟩ ① (Beutel, Kartoffel-) sacco m; (Plastik-) sacchetto m; (Tränen-) sacco m lacrimale ② FAM! ◇ alter -! brutta bestia!

sacken vi ← Flugzeug precipitare

Sackgasse f auch FIG vicolo m cieco

Sadismus m sadismo m; **Sadist(in** f) m sadico /a; **sadistisch** adj sadico

säen vti ① seminare ② FIG ◇ wer Gewalt sät, wird Gewalt ernten chi semina violenza, raccoglierà violenza

Safari f ① safari m ② (FIG Foto-) safari m fotografico

Safe m ⟨-s, -s⟩ ↑ Tresor, Sicherheitsfach cassaforte f

Saft m ⟨-[e]s, Säfte⟩ ① (Obst-, Gemüse-) succo m; (Braten-) sugo m; (Husten-) sciroppo m ② (BIO von Pflanzen) linfa f; (vom Magen) succo m; **saftig** adj ① ▷Obst succoso; ▷Fleisch carnoso ② FIG ▷Rechnung salato; ◇ ee -e Ohrfeige un sonoro ceffone; **saftlos** adj senza succo

Sage f ⟨-, -n⟩ (Helden-) leggenda f

Säge f ⟨-, -n⟩ sega f; **Sägemehl** n segatura f

sagen vt, vi ① ↑ äußern, mitteilen dire; ◇ jd-m etw - dire qc a qu ② ↑ befehlen dire; ◇ das S-haben comandare ③ ↑ sprechen dire; ◇ danke - dire grazie; ◇ etw Dummes - dire una stupidata ④ dire; ◇ das Bild sagt mir nichts la foto non mi dice niente

sägen vti segare

sagenhaft adj FAM favoloso; ◇ **das ist ja -!** ma è favoloso!; **Sagenkreis** m ciclo m di leggende

Sägewerk n segheria f

sah impf v. **sehen**

Sahne f ◇- (Schlag-) panna f

Saison f ◇-, -s⟩ (Theater-) stagione f; ◇ Hoch-/Nach- alta/bassa stagione f; **Saisonarbeiter** (in f) m lavoratore(-trice f) m stagionale; **Saisongewerbe** n industria f stagionale

Saite f ◇-, -n⟩ (MUS Gitarren-, Geigen-) corda f musicale; **Saiteninstrument** n strumento m a corda

Sakko m o n ◇-s, -s⟩ giacca f da uomo

Sakrament n REL sacramento m

Sakrileg n sacrilegio m; ◇ **ein - begehen** compiere un sacrilegio

Salamander n FAUNA salamandra f

Salami f ◇-, -s⟩ GASTRON salame m

Salat m ◇-[e]s, -e⟩ 1 BIO (Kopfsalat) insalata f 2 FAM (Kabel-) groviglio m **Salatgurke** f cetriolo m; **Salatschüssel** f insalatiera f; **Salatsoße** f condimento m per l'insalata

Salbe f ◇-, -n⟩ pomata f, crema f

Salbei m ◇-s⟩ salvia f

salben vt ungere; **salbungsvoll** adj affettato

Saldo m ◇-s, Salden⟩ FIN saldo m

Salmiak m ◇-s⟩ CHEM sale m ammonico

Salmonellen pl salmonelle f/pl

Salon m ◇-s, -s⟩ 1 Empfangszimmer (Friseur-, Hunde-) salone m

salopp adj ▷Redeweise disinvolto; ▷Kleidung trasandato

Salpetersäure f CHEM acido m nitrico

Salto m SPORT salto m mortale

Salut m ◇-[e]s, -e⟩ MIL saluto m [militare]; **salutieren** vi MIL fare il saluto [militare]

Salve f ◇-, -n⟩ 1 (Gewehr-) salve f 2 (FIG Lach-) scoppio m

Salz n ◇-es, -e⟩ (Meer-, Jod-) sale m; **salzen** ⟨salzte, gesalzen⟩ vt salare; **salzhaltig** adj salino; **salzig** adj salato; **Salzkartoffeln** pl patate f/pl lesse; **Salzsäure** f CHEM acido m muriatico; **Salzstreuer** m saliera f; **Salzwasser** m acqua f salata

Samen m ◇-s, -⟩ 1 (Blumen-) seme m 2 ANAT 1 Sperma sperma m

Sammelband m, pl ◇-bände⟩ collana f, raccolta f; **Sammelbecken** n (für Regenwasser etc.) bacino m; **Sammelbestellung** f ordinazione f collettiva; **sammeln I.** vt 1 1 zusammentragen → Antiquitäten collezionare, fare la raccolta di 2 → Geld, Altpapier raccogliere **II.** vr ◇ **sich -** 1 sich konzentrieren concentrarsi; **Sammelsu-**

rium n ◇-s⟩ miscuglio m (an dat di); **Sammlung** f 1 1 das Sammeln raccolta f 2 1 Anhäufung (Gemälde-) collezione f 3 FIG 1 Konzentration (innere -) concentrazione f

Samstag m sabato m; ◇ [am] ~ [di] sabato; **samstags** adv di sabato

samt präp dat (mit, inklusive) con; ◇ ~ **und sonders** tutti quanti

Samt m ◇-[e]s, -e⟩ velluto m

sämtliche adj tutti

Sand m ◇-[e]s, -e⟩ (Dünen-, Meer-) sabbia f; FIG ◇ **im -e verlaufen** insabbiarsi

Sandale f ◇-, -n⟩ sandalo m

Sandbank f, pl ◇-bänke⟩ banco m di sabbia; **sandig** adj sabbioso; **Sandkasten** m recinto m con sabbia; **Sandkuchen** m GASTRON ≈torta f asciutta; **Sandpapier** n carta f vetrata; **Sandsack** sacco m di sabbia; **Sandstein** m arenaria f; **sandstrahlen** vt → Hauswand sabbiare

Sanduhr f clessidra f

Sandwich n ◇-[s], -[e]s⟩ GASTRON sandwich m

sanft adj 1 1 behutsam dolce; ◇ **jd-n - behandeln** trattare qu dolcemente 2 1 mild, weich, gutmütig dolce, tenero 3 1 leicht leggero, lieve, debole; **sanftmütig** adj mite, mansueto

sang impf v. **singen**; **Sänger(in** f) m ◇-s, -⟩ cantante m/f

sanieren I. vt 1 1 gesundmachen guarire 2 → Betrieb, Haus risanare **II.** vr ◇ **sich -** ← Unternehmen riprendersi; **Sanierung** f (von Haus, Unternehmen) risanamento m; **Sanierungsprogramm** n programma m di risanamento

sanitär adj sanitario; ◇ **-e Anlagen** pl sanitari m/pl

Sanitäter(in f) m ◇-s, -⟩ infermiere/a; MIL soldato m della sanità; **Sanitätswagen** m ambulanza f

sank impf v. **sinken**

Sanktion f (Wirtschafts-, politische -) sanzione f; **sanktionieren** vt 1 1 gutheißen, billigen approvare 2 (bestrafen) sanzionare

sann impf v. **sinnen**

Saphir m ◇-s, -e⟩ 1 MIN zaffiro m 2 (Schallplattennadel) puntina m di zaffiro

Sardelle f FAUNA acciuga f

Sardine f (Öl-) sardina f

Sarg m ◇-[e]s, Särge⟩ (Holz-) bara f

Sarkasmus m sarcasmo m; **sarkastisch** adj 1 spöttisch sarcastico; ◇ **-e Bemerkung** osservazione sarcastica

saß *impf v.* **sitzen**

Satan *m* ⟨-s, -e⟩ ① ↑ *Teufel* satana *m* ② FAM ↑ *böser Mensch* diavolo *m*, demonio *m*

Satellit *m* ⟨-en, -en⟩ ① ASTRON ↑ *Trabant* satellite *m* ② (*Flugkörper*) satellite; **Satellitenstaat** *m* stato *m* satellite

Satire *f* ⟨-, -n⟩ satira *f*; **satirisch** *adj* satirico

satt *adj* ① sazio; ◇ **sich - essen** mangiare a sazietà ② ↑ *überdrüssig* stufo, stanco; ◇ **jd-n/etw - haben** avere le tasche piene di qu/qc ③ ▷*Farbe, Klang* intenso, carico

Sattel *m* ⟨-s, Sättel⟩ ① (*Sitz, Reit-*) sella *f*; (*Fahrrad-*) sella *f* ② (*Berg-*) sella *f*, passo *m*; **sattelfest** *adj* FIG: ◇ **- sein** (*in e-m Fachgebiet*) esperto, ferrato; **satteln** *vt* sellare; **Sattelschlepper** *n* semirimorchio *m*

sättigen *vti* ① ↑ *sattmachen* riempire, saziare ② FIG → *Wissensdurst, Begierde* soddisfare ③ CHEM ↑ *neutralisieren, binden* → *Säure* saturare

Sattler *m* sellaio *m*

Satz *m* ⟨-es, Sätze⟩ ① (GRAM *Haupt-, Relativ-*) proposizione *f*, frase *f* ② (*Grund-*) principio *m* ③ MUS composizione *f* ④ SPORT set *m* ⑤ TYP composizione *f* ⑥ (*Boden-*) fondo *m* ⑦ (COMM *Zins-*) tariffa *f* ⑧ (- *Schrauben, Bastel-*) set *m* ⑨ salto *m*; ◇ **e-n - machen** fare un salto; **Satzgegenstand** *m* GRAM ↑ *Subjekt* soggetto *m*; **Satzlehre** *f* ↑ *Syntax* sintassi *f*; **Satzteil** *m* ↑ *Satzglied* parte *f* della proposizione/del discorso

Satzung *f* (*Vereins-*) regolamento *m*; **satzungsgemäß** *adj* conforme al regolamento

Satzzeichen *n* segno *m* d'interpunzione

Sau *f* ⟨-, Säue⟩ ① (*weibliches Schwein*) scrofa *f* ② VULG maiale *m*

sauber *adj* ① ▷*Wohnung* pulito ② ▷*Arbeit* accurato, pulito ③ (*ironisch*) bello ④ FIG FAM ◇ **der ist ja nicht ganz -** non è mica tanto normale; **sauberhalten** *unreg vt* → *Wohnung, Haus, Kleidung* tenere pulito; **Sauberkeit** *f* ① pulizia *f* ② FIG ↑ *Anständigkeit* onestà *f*; **säuberlich** *adv* accurato; **saubermachen** *vt* pulire; **säubern** *vt* ① ↑ *putzen* → *Wohnung, Haus etc.* pulire ② FIG ↑ *entfernen, liquidieren* ripulire

Sauce *f* ⟨-, -n⟩ salsa *f*

Saudi-Arabien *n* Arabia *f* Saudita

sauer *adj* ① (*Geschmack*) acido; ▷*Zitrone* aspro ② FAM ↑ *beleidigt* arrabbiato; ◇ **wegen etw - sein** essere in collera a causa di qc ③ CHEM acido; ◇ **saurer Regen** pioggia acida

Sauerampfer *m* BIO romice *f*

Sauerei *f* FAM ① (*Schmutz*) porcheria *f* ② ↑ *Schweinerei, Ungerechtigkeit* porcheria *f*, indecenza *f* ③ ↑ *Unanständigkeit* porcheria *f*

Sauerkirsche *f* BIO amarena *f*; **Sauerkraut** *n* GASTRON crauti *m/pl*; **säuerlich** *adj* ▷*Geschmack* asprigno; **Sauermilch** *f* latte *m* acido

Sauerstoff *m* CHEM ossigeno *m*; **Sauerstoffgerät** *n* ossigenatore *m*

saufen ⟨soff, gesoffen⟩ *vt, vi* FAM bere; **Säufer** (**in** *f*) *m* ⟨-s, -⟩ FAM bevi|tore(-trice *f*) *m*; **Sauferei** *f* FAM bevuta *f*

saugen ⟨sog *o.* saugte, gesogen *o.* gesaugt⟩ *vt, vi* ① → *Milch* succhiare (**an** *dat* da) ② ↑ *staubsaugen* aspirapolverare

säugen *vt* → *Tier* succhiare

Sauger *m* ⟨-s, -⟩ ① (*auf Flasche*) succhietto *m* ② (FAM *Staub-*) aspirapolvere *m*

Säugetier *n* mammifero *m*

Säugling *m* lattante *m/f*

Saugnapf *m* ventosa *f*

Saukerl *m* FAM ! stronzo *m*

Säule *f* ⟨-, -n⟩ ① ARCHIT ↑ *Pfosten, Stütze* colonna *f* ② (*Rauch-*) colonna *f* di fumo ③ FIG ↑ *Stütze, Hilfe* sostegno *m*, pilastro *m*; **Säulengang** *m* ARCHIT colonnato *m*

Saum *m* ⟨-[e]s, Säume⟩ ① (*Rock-*) orlo *m* ② ↑ *Rand* (*Wald-, Weg-*) margine *m*; **säumen** *vt* ① → *Rock* fare l'orlo a ② → *Straße* fiancheggiare

Sauna *f* ⟨-, -s⟩ sauna *f*; **saunieren** *vi* andare a fare la sauna

Säure *f* ⟨-, -n⟩ ① CHEM acido *m* ② (*von Wein, Essig etc.*) acidità *f*, asprezza *f* ② *säurehaltig* *adj* acido

säuseln *vti* ① ← *Wind* mormorare; ← *Blätter* stormire ② FIG ↑ *schmeichelnd flüstern* sussurrare

sausen *vi* ① ↑ *rauschen* ← *Ohren* fischiare ② ↑ *rennen* correre ③ FAM ◇ **etw - lassen** lasciar perdere qc ④ FAM ◇ **durch die Prüfung -** essere bocciato all'esame

Saustall *m* FAM porcile *m*

Saxophon *n* ⟨-s, -e⟩ MUS sassofono *m*

S-Bahn *f* ≈ferrovia *f* urbana

schaben *vt* ↑ *reiben* → *Möhren, Käse* grattugiare; **Schaber** *m* grattugia *f*

Schabernack *m* ⟨-[e]s, -e⟩ scherzo *m*

schäbig *adj* ① ▷*Behausung* misero ▷*Kleidung* logoro, consumato ② ▷*Trinkgeld* scarso, misero; **Schäbigkeit** *f* ① (*Armseligkeit*) miseria *f* ② (*Geiz*) avarizia *f*

Schablone *f* ⟨-, -n⟩ ① (*Zeichen-*) modello *m* ② FIG ↑ *Klischee* schema *m* fisso; **schablonenhaft** *adj* FIG schematico

Schach n ‹-s, -s› ① (*Spiel*) scacchi m/pl ② (*dem König*) scacco m; **Schachbrett** n scacchiera f; **Schachfigur** f pedina f, scacco m; **schachmatt** adj ① scacco m matto ② FIG ↑ *erschöpft* sfinito; **Schachspiel** n ① ↑ *das Spielen* gioco m degli scacchi ② (*Schachbrett*) scacchi m/pl

Schacht m ‹-[e]s, Schächte› (*Brunnen-, Kanal-*) pozzo m

Schachtel f ‹-, -n› ① ↑ *Karton, Verpackung* scatola f ② PEJ ◇ *alte -!* vecchia strega!

Schachzug m ① (*beim Spiel*) mossa f ② FIG ↑ *Vorgehensweise* mossa f; ◇ *ein geschickter -* un'abile mossa

schade I. ‹‹inv›› adj ↑ *bedauerlich* (*nur prädikativ*) peccato; ◇ *es ist - um ihn* è un peccato per lui; ◇ *sich für etw zu - sein* essere sprecato per qc **II.** intj: ◇ *schade!* [che] peccato!

Schädel m ‹-s, -› ① ANAT cranio m ② FAM ↑ *Kopf* testa f; **Schädelbruch** m frattura f cranica

schaden vi ① danneggiare, rovinare (*jd-m/etw qu/qc*) ② (*nachteilig sein*) nuocere; ◇ *das schadet der Gesundheit* [questo] nuoce alla salute; **Schaden** m ‹-s, Schäden› ① ↑ *Verletzung (Personen-)* danno m ② ↑ *Nachteil* svantaggio m ③ ↑ *Verlust, Beschädigung* perdita f; ◇ *durch - wird man klug* sbagliando s'impara; **Schadenersatz** m risarcimento m dei danni; ◇ *jd-m - leisten* risarcire qu; **schadenersatzpflichtig** adj obbligato al risarcimento danni; **Schadenfreude** f gioia f maligna; **schadenfroh** adj che prova gioia del male altrui

schadhaft adj danneggiato; **schädigen** vt danneggiare (*jd-n* qu); **schädlich** adj nocivo, dannoso (*für* per); **Schädlichkeit** f dannosità f; **Schädling** m parassita f; **Schädlingsbekämpfungsmittel** n antiparassitario m; **schadlos** adj: ◇ *sich - halten an jd-m* rifarsi dei danni subiti; **Schadstoff** m sostanza f nociva; **schadstoffarm** adj ▷*Auto* basso tasso di inquinamento

Schaf n ‹-[e]s, -e› ① FAUNA pecora f ② FAM stupido m; **Schafbock** m FAUNA montone m; **Schäfchenwolke** f cirro-cumulo m; **Schäfer(in** f) m ‹-s, -e› pastore/a f; **Schäferhund** m FAUNA pastore m; ◇ *deutscher -* pastore m tedesco

schaffen[1] I. ‹schuf, geschaffen› vt ① → *Bedingungen* stabilire; → *Platz* - creare ② ↑ *kreieren, hervorbringen* → *Kunstwerk* creare

schaffen[2] I. vt ① *bewältigen* → *Prüfung* superare, → *Arbeit, Aufgabe* portare a termine, ◇ *sie hat's geschafft* [lei] ce l'ha fatta ② FAM → *Zug* raggiungere II. vi ① FAM ↑ *arbeiten* lavorare ②

◇ *sich an etw dat zu schaffen machen* darsi da fare attorno a qc

Schaffen n ‹-s› ① (*von Künstler*) creazione f ② FAM ◇ *fröhliches -!* buon lavoro!; **Schaffensdrang** m impulso m creatore; **Schaffenskraft** f creatività f; **Schaffensperiode** f periodo m creativo

Schaffner(in f) m ‹-s, -› (FERR *Bahn-, Bus-*) controllore m, bigliettaio m

Schaffung f creazione f

Schafskäse m GASTRON formaggio m pecorino; **Schafschur** f tosatura f

Schaft m ‹-[e]s, Schäfte› ① ↑ *Griff* (*von Gewehr*) impugnatura f ② (*von Stiefel*) gambale m ③ (*von Schlüssel*) nasello m ④ BIO fusto m, gambo m; **Schaftstiefel** m stivalone m

Schakal m ‹-s, -e› FAUNA sciacallo m

schäkern vi scherzare

schal adj ① ↑ *fade, abgestanden* ▷*Bier* che sa di stantìo ② FIG ↑ *witzlos, leer* → *Leben* vuoto, insulso

Schal m ‹-s, -e o. -s› sciarpa f

Schälchen n ① ↑ *kleine Schale* scodella f ② ↑ *kleiner Schal* sciarpetta f

Schale f ‹-, -n› ① ↑ *Schüssel* ciotola f, scodella f; (*Trink-*) ciotola f ② ↑ *Hülle, Rinde* (*Apfel-*) buccia f; (*harte Schale*) guscio m; (*von Baum*) corteccia f; **schälen I.** vt → *Früchte* pelare, sbucciare; ↑ *entrinden* scortecciare **II.** vr ◇ *sich - ↑ abgehen ← Haut* spellarsi

Schall m ‹-[e]s, -e› PHYS suono m; **Schalldämmung** f insonorizzazione f; **Schalldämpfer** m ‹-s, -› AUTO ↑ *Auspufftopf* silenziatore m; **schalldicht** adj ▷*Raum* insonorizzato; **schallend** adj ▷*Ohrfeige* sonoro; **Schallmauer** f muro m del suono; AERO ◇ *die Schallmauer durchbrechen* rompere/oltrepassare il muro del suono; **Schallplatte** f disco m; **Schallwelle** f onda f acustica

Schalotte f BIO aglio m scalogno

schalt impf v. **schelten**

Schaltbild n ELECTR schema m elettrico; **Schaltbrett** n ELECTR quadro m elettrico/di comando; **schalten I.** vt regolare; ◇ *Heizung auf kalt -* regolare il riscaldamento sul freddo **II.** vi ① AUTO ↑ *Gang wechseln* ingranare/cambiare la marcia ② MEDIA collegare ③ FAM ↑ *reagieren* arrivarci; ◇ *schnell -* arrivarci subito ④ ↑ *tätig sein, handeln* darsi da fare

Schalter m ‹-s, -› ① (*Licht-*) interruttore m; (*an Gerät*) pulsante m ② (*Geld-, Post-*) sportello m; **Schalterbeamte(r)** m, **-beamtin** f impiegato/a allo sportello; **Schalterhalle** f sala f degli sportelli

Schalthebel m TECH leva f di comando; AUTO leva f del cambio

Schaltjahr n anno m bisestile

Schaltung f **1** ↑ *das Schalten* cambio m **2** ELECTR collegamento m **3** (AUTO *Gang-*) cambio m

Scham f ‹-› **1** (*-gefühl*) vergogna f **2** ANAT pube m; **schämen** vr ◇ sich - vergognarsi (*gen* di); **Schamhaare** pl peli m/pl del pube; **schamhaft** adj vergognoso; **schamlos** adj **1** ↑ *ohne Scham* spudorato **2** ↑ *schändlich* vergognoso; **jd-n - ausnutzen** usare vergognosamente qu

Schande f ‹-› vergogna f; **Schandfleck** m **1** FIG marchio m d'infamia **2** ◇ **der Schandfleck der Familie** la vergogna della famiglia; **schändlich** adj **1** ↑ *Tat* vergognoso **2** ▷*Verhalten* infame, ignobile; **Schandmaul** n FAM **1** chiacchierone/a **2** malalingue f; **Schandtat** f **1** infamia f **2** FAM ↑ *Unfug* pazzia f; ◇ **zu jeder - bereit sein** essere pronto a fare ogni pazzia

Schanze f ‹-, -en› **1** MIL ↑ *Erdwall* trincea f **2** (*Sprung-*) trampolino m

Schar f ‹-, -en› **1** AGR vomere m **2** (*Menschen-*) stuolo m **3** ↑ *Gruppe, Ansammlung (von Jugendlichen)* schiera f; (*von Vögeln etc.*) stormo m; ◇ **in -en** in massa

Scharade f sciarada f

scharen vr ◇ sich - ↑ *sich versammeln* radunarsi (*um* intorno a); **scharenweise** adv a schiere

scharf adj **1** ▷*Essen* piccante; (*Geruch*) penetrante; ◇ **- gewürzt** piccante **2** ▷*Messer* affilato, tagliente **3** ↑ *mit Munition geladen* ▷*Revolver* carico **4** ▷*Kurve* pericolosa **5** ▷*Verstand* lucido, chiaro **6** ▷*Konturen* netto, definito **7** ▷*Luft, Wind* rigido, gelido, pungente **8** FAM ◇ **auf etw akk - sein** tenere molto a qc; **Scharfblick** m FIG acume m; **Schärfe** f ‹-, -n› **1** (*von Essen*) sapore m piccante; **2** (*von Klinge, Messer*) taglio m; **3** (*von Auge, Verstand*) acutezza f, lucidità f; **4** (*von Konturen, Foto*) nitidezza f **5** (*von Gesetz*) severità f; **Scharfeinstellung** f messa f a fuoco; **schärfen** vt **1** ↑ *scharfmachen* ▷*Messer* affilare **2** ↑ *verbessern* ▷*Sinne* affinare; **Scharfrichter** m boia m, carnefice m; **Scharfschütze** m tiratore m scelto; **Scharfsinn** m perspicacia f; **scharfsinnig** adj ▷*Bemerkung* perspicace

Scharlach m MED scarlattina f; **scharlachrot** adj rosso scarlatto

Scharnier n ‹-s, -e› (*Tür-*) cerniera f

scharren vti ← *Hühner* razzolare; (*Hund*) grattare

Scharte f ‹-, -n› **1** ↑ *Kerbe* tacca f **2** (*Schieß-*) feritoia f; **schartig** adj ▷*Klinge* pieno di tacche

Schaschlik m o n ‹-s, -s› GASTRON spiedino m

Schatten m ‹-s, -› **1** ombra f; ◇ **- vorauswerfen** gettare delle ombre su **2** (FIG *unter Augen*) occhiaie f/pl; **Schattenbild** n silhouette f; **Schattenseite** f FIG parte f in ombra; ◇ **die -n des Lebens** i lati oscuri della vita; **schattieren** vt → *Zeichnung* sfumare; **Schattierung** f **1** (*von Bild*) sfumatura f, gradazione f **2** TYP ombreggiatura f; **schattig** adj ▷*Platz* ombreggiato

Schatz m ‹-es, Schätze› **1** (*Gold-*) tesoro m **2** (FAM *Kosename*) tesoro m; **Schatzamt** n tesoreria f

Schätzchen n FAM tesoruccio m

schätzen vt **1** → *Wert, Gegenstand* valutare, stimare **2** ↑ *vermuten* dare; ◇ **ich schätze ihn auf 25** gli do 25 anni **3** ↑ *verehren* stimare (*jd-n* qc) **4** ◇ **etw zu - wissen** saper apprezzare qc; **Schätzung** f **1** stima f, valutazione f **2** ↑ *Vermutung* ◇ **nach meiner - ...** secondo i miei calcoli **3** ↑ *Verehrung* stima f; **schätzungsweise** adv ↑ *ungefähr* all'incirca, circa; **Schätzwert** m (*von Sache*) valore m stimato

Schau f ‹-› **1** (*Moden-*) sfilata f **2** (*von Waren*) esposizione f **3** FIG ◇ **etw zur - stellen** mettere in mostra **4** FAM ◇ **e-e - abziehen** mettersi in mostra; **Schaubild** n diagramma f, schema f

Schauder m ‹-s, -s› **1** ↑ *Grauen, Angst* brivido m **2** (*Kälte-*) brivido m; **schauderhaft I.** adj ↑ *schrecklich* tremendo **II.** adv ↑ *sehr* molto, terribilmente; **schaudern** vi provare ribrezzo

schauen guardare; ◇ **aus dem Fenster -** guardare dalla finestra

Schauer m ‹-s, -› **1** (*Regen-*) scroscio m di pioggia **2** ↑ *Gruseln* brivido m (*vor Kälte*) brivido m; **Schauergeschichte** f storia f raccapricciante; **schauerlich** adj ▷*Anblick* orribile, orrendo, terribile; **Schauerroman** m romanzo m dell'orrore

Schaufel f ‹-, -n› **1** (*Kohlen-*) pala f **2** (TECH *von Turbine*, NAUT *von Wasserrad*) pala f; **Schaufelbagger** m draga f a cucchiai; **schaufeln** vt → *Kohlen* spalare

Schaufenster n vetrina f; **Schaufensterbummel** m giro m per le vetrine; **Schaufensterdekorateur(in** f) m vetrinista m/f

Schaukampf m SPORT gara f di esibizione; **Schaukasten** m vetrina f

Schaukel f ‹-, -n› (*Kinder-*) altalena f; **schaukeln I.** vi andare in altalena, dondolarsi **II.** vt

↑ *wiegen*→ *Kind* cullare; **Schaukelpferd** *n* cavallo *m* a dondolo; **Schaukelstuhl** *m* sedia *f* a dondolo

Schaulustige(r) *fm* (*bei Unfall*) curioso/a

Schaum *m* ⟨-[e]s, Schäume⟩ ① (*Seifen-*) schiuma *f;* (*Bier-*) schiuma *f* ② FIG fumo *m;* ◇ *Träume sind Schäume* non bisogna fidarsi dei sogni; **schäumen** *vi* ① ← *Sekt* fare schiuma; ← *Meer* spumeggiare ② (*FIG vor Wut*) fremere, bollire; **Schaumfestiger** *m* schiuma *f* per capelli; **Schaumgummi** *m* gommapiuma *f;* **schaumig** *adj* schiumoso; **Schaumstoff** *m* (*poröser Kunststoff*) espanso *m;* **Schaumwein** *m* spumante *m*

Schauplatz *m* luogo *m*

schaurig *adj* raccapricciante

Schauspiel *n* ① THEAT dramma *m* ② FIG ↑ *Handlung, Geschehen* spettacolo *m;* **Schauspieler(in)** *fm* at|tore(-trice *f*) *m;* **schauspielern** *vi* ① fare l'attore ② FIG ↑ *etw vortäuschen, vorspielen* recitare

Scheck *m* ⟨-s, -s⟩ (*Reise- etc.*) assegno *m;* ◇ **e-n** ~ **einlösen** incassare un assegno; **Scheckbuch** *n* libretto *m* degli assegni

scheckig *adj* macchiato, pezzato

Scheckkarte *f* carta *f* assegni

scheel *adj* FIG ↑ *neidisch* invidioso; ◇ **jd-n** ~ **ansehen** guardare qu di sbieco

scheffeln *vt* → *Geld* ammassare

Scheibe *f* ⟨-, -n⟩ ① ↑ *Platte* lastra *f;* (*Töpfer-*) tornio *m* [da vasaio]; (*Brems-*) disco *m* ② (*Fenster-*) lastra *f* ③ (*von Brot, Wurst*) fetta *f* ④ (MIL *Schieß-*) bersaglio *m;* **Scheibenbremse** *f* AUTO freno *m* a disco; **Scheibenwischer** *m* AUTO tergicristallo *m*

Scheich *m* ⟨-s, -e *o.* -s⟩ (*Öl-*) sceicco *m*

Scheide *f* ⟨-, -n⟩ ① (*Wasser-*) confine *m* ② ANAT vagina *f* ③ (*Schwert-*) fodero *m*

scheiden ⟨schied, geschieden⟩ **I.** *vt* ↑ *trennen* → *Ehe* separare, dividere **II.** *vi* ① ↑ *weggehen* andarsene; ← *aus dem Amt* - dare le dimissioni ② ↑ *auseinandergehen* dividersi; ◇ **sich** ~ **lassen** divorziare; **Scheidung** *f* divorzio *m;* **Scheidungsgrund** *m* motivo *m* del divorzio; **Scheidungsklage** *f* JURA azione/caus *f* di divorzio; **Scheidungsurkunde** *f* atto *m* di divorzio

Schein ¹ *m* ⟨-[e]s, -e⟩ ① (*Geld-*) banconota *f* ② (*Quittungs-*) ricevuta *f;* (*Gut-*) buono *m;* (*Fahr-*) biglietto *m*

Schein ² *m* ⟨-[e]s⟩ ① (*Licht-*) luce *f* ② (*An-*) apparenza *f;* ◇ **zum** ~ - apparentemente; ◇ **der** ~ **trügt** l'apparenza inganna; **scheinbar I.** *adj* ① (*nicht wirklich*) apparente ② (*vorgetäuscht*) finto **II.** *adv* apparentemente; **Scheinehe** *f* matrimo-

nio *m* fittizio; **scheinen** ⟨schien, geschienen⟩ *vi* ① sembrare, parere; ◇ **es scheint, als ob ...** sembra come se +*konj* ② ↑ *leuchten* splendere; ◇ **der Mond scheint** la luna splende; **Scheinfirma** *f* ditta *f* inesistente; **scheinheilig** *adj* ipocrita; **Scheintod** *m* morte *f* apparente; **Scheinwerfer** *m* ⟨-s, -⟩ ① (*auf Bühne*) riflettore *m* ② AUTO fanale *m*, faro *m*

Scheiße *f* ⟨-⟩ ① FAM merda *f* ② FAM! ↑ *Unsinn* stronzata *f;* ◇ -! FAM! merda!; **scheißegal** *adj* ⟨inv⟩ FAM: ◇ **es ist mir** ~ me ne frego [altamente]; **scheißen** ⟨schiß, geschissen⟩ *vi* FAM! cacare; ◇ **auf etw** *akk* - VULG sbattersene; **Scheißwetter** *n* FAM! tempo *m* di merda [o. schifoso]

Scheit *n* ⟨-[e]s, -e *o.* -er⟩ (*Holz-*) ciocco *m*, ceppo *m*

Scheitel *m* ⟨-s, -⟩ ① (*Spitze*) vertice *m*, culmine *m* ② (*Kopf*) testa *f* ③ (*Haar-*) riga *f*, scriminatura *f;* **scheiteln** *vt* → *Haar* fare la riga a; **Scheitelpunkt** *m* ① (*höchster Punkt*) vertice *m* ② FIG ↑ *Gipfel* punto *m* culminante

scheitern *vi* ① ← *Person, Unternehmen* fallire (*an dat* per, a causa di) ② ↑ *mißlingen* ← *Vorhaben* naufragare

Schellfisch *m* FAUNA eglefino *MMm*

Schelm *m* ⟨-[e]s, -e⟩ ↑ *Spaßvogel* birbante *m*, birichino *m;* **schelmisch** *adj* ▷*Grinsen* birichino; **Schelmenroman** *m* romanzo *m* picaresco

Schelte *f* ⟨-, -n⟩ rimprovero *m;* **schelten** ⟨schalt, gescholten⟩ *vt* rimproverare, sgridare (*jd-n* qu)

Schema *n* ⟨-s, -s *o.* -ta⟩ ① ↑ *Übersicht, Darstellung* schema *m* ② ↑ *Plan, Muster* schema *m*, piano *m* ③ FIG ↑ *Norm, Verhaltensmuster* norma *f;* **schematisch** *adj* ▷*Darstellung* schematico ② PEJ ↑ *mechanisch* meccanico

Schemel *m* ⟨-s, -⟩ (*Fuß-*) sgabello *m*

Schenkel *m* ⟨-s, -⟩ ① ANAT (*Ober-*) coscia *f;* (*Unter-*) gamba *f* ② (MATH *von Dreieck*) lato *m*

schenken *vt* ① → *Blumen etc.* regalare; ◇ **jd-m etw zum Geburtstag** - regalare qc a qu per il compleanno ② → *Gehör, Aufmerksamkeit* prestare, rivolgere ③ ↑ *erlassen* → *Strafe* condonare ④ FIG ◇ **sich dat etw** - fare a meno di; **Schenkung** *f* JURA donazione *f;* **Schenkungsurkunde** *f* JURA atto *m* di donazione

Scherbe *f* ⟨-, -n⟩ ① (*Glas-, Ton-*) coccio *m*, pezzo *m* ② ▷*archäologisch* frammento *m*

Schere *f* ⟨ , n⟩ ① (*Stoff-, Garten-, Nagel-*) forbice *f*, forbici *f/pl* ② (*von Krebs, Hummer etc.*) chela *f*

scheren ¹ ⟨schor, geschoren⟩ *vt* → *Hecke* tagliare [con le forbici]; ▷ *Bart* radere → *Schaf* tosare

scheren ² I. *vt* FAM ↑ *kümmern* interessare, importare; ◇ **es schert ihn nicht im geringsten** non gliene importa un fico secco II. *vr* ◇ **sich** - ① occuparsi (*um akk* di) ② ↑ **scher dich weg!** sparisci!

Scherenschleifer(in *f*) *m* ⟨-s, -⟩ arrotino *m;* **Scherenschnitt** *m* silhouette *f*

Schererei *f* FAM noia *f*, seccatura *f;* ◇ **-en haben** avere delle seccature

Scherflein *n* FIG: ◇ **sein - zu etw beisteuern** dare un obolo per qc

Scherz *m* ⟨-es, -e⟩ ① ↑ *Witz* scherzo *m;* ◇ **etw im - sagen** dire qc per scherzo ② ↑ *Spaß, Jux* scherzo *m;* ◇ **April-** pesce *m* d'aprile; **scherzen** *vi* scherzare; **Scherzfrage** *f* indovinello *m* scherzoso; **scherzhaft** *adj* ▷*Bemerkung* spiritoso

scheu *adj* ① ↑ *ängstlich, schüchtern* timido ② ↑ *schreckhaft* ▷*Reh* pauroso; **Scheu** *f* ⟨-⟩ ① ↑ *Schüchternheit* timidezza *f* (*vor dat* davanti a) ② ↑ *Respekt* rispetto *m*, soggezione *f* (*vor dat* davanti a)

scheuchen *vt* → *Tiere* cacciar via

scheuen I. *vr* ◇ **sich** - ① temere; ◇ **sich - etw zu sagen** aver paura di dire qc ② ↑ *zurückschrecken* evitare, schivare (*vor dat* qc/qu) II. *vt* ↑ *fürchten* temere; ◇ **Konflikte scheuen** evitare i conflitti III. *vi* ← *Pferd* spaventarsi

Scheuerbürste *f* spazzolone *m;* **Scheuerlappen** *m* strofinaccio *m;* **Scheuerleiste** *f* battiscopa *m;* **scheuern** I. *vt* ① ↑ *reinigen* → *Boden* pulire [strofinando] ② FAM ↑ **jd-m e-e** - rifilare una sberla a qu II. ← *bewegliches Teil* grattare, sfregare

Scheuklappe *f* paraocchi *m*

Scheune *f* ⟨-, -n⟩ fienile *m*

Scheusal *n* ⟨-s, -e⟩ mostro *m;* **scheußlich** *adj* ① ▷*Anblick* orrendo, orribile ② ▷*Mensch* crudele ③ ▷*Situation* orribile, tremendo; **Scheußlichkeit** *f* atrocità *f*, mostruosità *f*

Schi *m* ⟨-s, -er⟩ *s.* **Ski**

Schicht *f* ⟨-, -en⟩ ① (*Farb*-) mano *f* ② (*Erd*-) strato *m* ③ (*Bevölkerungs*-) classe *f*, ceto *m* ④ (*Nacht*-, *Spät*-) turno *m;* **Schichtarbeit** *f* lavoro *m* a turni; **schichten** *vt* → *Holz* accatastare

schick *adj* ① ↑ *elegant, modisch* elegante ② FAM ↑ *toll, großartig* magnifico

schicken I. *vt* ① → *Packet* spedire, inviare ② ◇ **jd-n nach Hause** - mandare qu a casa ③ ◇ **nach jd-m** - mandare a prendere qu II. *vr* ◇ **sich** - ↑ *sich fügen* rassegnarsi (*in akk* a)

Schickeria *f* ⟨-⟩ ≈gruppo di persone chic; **Schickimicki** *m* ⟨-, -s⟩ snob *m/f*

Schicksal *n* ⟨-s, -e⟩ destino *m;* ◇ **jd-n seinem - überlassen** abbandonare qu al suo destino; **Schicksalsschlag** *m* disgrazia *f*

Schiebedach *n* AUTO tettuccio *m* [apribile]; **schieben** ⟨schob, geschoben⟩ *vt* ① → *Fahrrad, Auto* spingere; ◇ **jd-n zur Seite** - spingere qu da parte ② FIG → *Schuld* dare la colpa (*auf dat* a) ③ FAM → *Waren* fare traffici illeciti; **Schieber(in** *f*) trafficante *m/f;* **Schiebetür** *f* porta *f* scorrevole; **Schieblehre** *f* MATH calibro *m* a corsoio

Schiebung *f* ① (*im Amt*) macchinazione *f* ② traffico *m*

schied *impf v.* **scheiden**

Schiedsgericht *n* tribunale *m* arbitrale; **Schiedsrichter(in** *f*) *m* ① SPORT arbitro *m* ② ↑ *Vermittler* giudice *m* arbitrale; **Schiedsspruch** *m* sentenza *f* arbitrale

schief I. *adj* ① *schräg, geneigt* ▷*Ebene, Haus* pendente; ▷*Winkel* storto ② ▷*Lächeln* ambiguo ③ ▷*Vergleich* falso, sbagliato II. *adv* ① FIG ◇ **jd-n - ansehen** guardare qu storto ② ◇ **- hängen** pendere

Schiefer *m* ⟨-s, -⟩ MIN scisto *m;* **Schieferdach** *n* tetto *m* d'ardesia; **Schiefertafel** *f* SCHULE lavagna *f* [d'ardesia]

schiefgehen *unreg vi* FAM andare male/storto, fallire; **schieflachen** *vr* ◇ **sich** - FAM spanciarsi dalle risate; **schiefliegen** *unreg vi* FAM stare dalla parte sbagliata

schielen *vi* ① essere affetto da strabismo ② FIG ◇ **nach etw** - sbirciare qc

schien *impf v.* **scheinen**

Schienbein *n* ANAT tibia *f*, stinco *m;* **Schiene** *f* ⟨-, -n⟩ ① (*Eisenbahn*-) rotaia *f* ② (MED *Bein*-) stecca *f;* **schienen** *vt* MED → *Arm, Bein* steccare

Schienenstrang *m* BAHN rotaie *f*|*pl;* **Schienenverkehr** *m* BAHN traffico *m* ferroviario

schier I. *adj* FIG ▷*Unsinn* vero e proprio II. *adv* ↑ *fast* quasi; ◇ **er hätte mich - umgefahren** mi ha quasi investito

Schierling *m* ⟨-s, -e⟩ cicuta *f*

Schießbude *f* baraccone *m* del tiro a segno; **Schießbudenfigur** *f* FAM figura *f* da baraccone; **schießen** ⟨schoß, geschossen⟩ I. *vi* ① (*mit Pistole etc.*) sparare; (*mit Ball*) tirare, lanciare (*auf akk* a) ② FIG ↑ *schnell wachsen* ← *Salat, Kind* crescere rapidamente ③ scaturire II. *vt* ① → *Ball* tirare ② ↑ *erlegen* → *Wild* abbattere; **Schießerei** *f* sparatoria *f;* **Schießplatz** *m* poligono *m;* **Schießpulver** *n* polvere *f* da sparo; **Schießscharte** *f* feritoia *f;* **Schießstand** *m* poligono *m*

Schiff *n* ⟨-[e]s, -e⟩ ① NAUT nave *f* ② (ARCHIT *Kirchen*-) navata *f;* **Schiffahrt** *f* NAUT (*Perso-*

nen-) navigazione f; **Schiffahrtslinie** f NAUT linea f di navigazione; **schiffbar** adj NAUT ▷*Gewässer* navigabile; **Schiffbau** m NAUT costruzioni f/pl navali; **Schiffbruch** m ① NAUT naufragio m ② FIG ◇ - **erleiden** fallire; **schiffbrüchig** adj naufrago; **Schiffchen** n NAUT navicella f; **Schiffer** m ⟨-s, -⟩ marinaio m; **Schiffsfahrt** f NAUT viaggio m su una nave; **Schiffsjunge** m NAUT mozzo m; **Schiffsladung** f NAUT carico m [della nave]; **Schiffsschraube** f NAUT elica f [della nave]

Schikane f ⟨-, -n⟩ ① dispetto m ② FIG FAM ◇ **mit allen -n** con tutti gli ammennicoli possibili; **schikanieren** vt → *jd-n* tormentare qu

Schild ¹ m ⟨-[e]s, -e⟩ ① (*Holz-*) scudo m ② (*Horn-*) scudo m ③ (*Schutz-*) scudo m; FIG ◇ **etw im -e führen** macchinare qc

Schild ² n ⟨-[e]s, -er⟩ ① (*Preis-*) cartellino m, etichetta f; (*Verkehrs-*) segnale m; (*Namens-*) targhetta f ② (*an Mütze*) visiera f

Schilddrüse f ANAT tiroide f

schildern vt → *Einzelheiten* descrivere, illustrare; **Schilderung** f descrizione f

Schildkröte f FAUNA (*Wasser-*) testuggine f; (*Land-*) tartaruga f

Schilf n ⟨-[e]s, -e⟩ canna f palustre; **Schilfrohr** n canna f

schillern vi avere riflessi; ◇ **in vielen Farben -** avere dei riflessi di tanti colori; **schillernd** adj ① cangiante ② FIG ▷*Persönlichkeit* mutevole, ambiguo

Schilling m ⟨-s, -e⟩ scellino m

Schimmel ¹ m ⟨-s⟩ (*Brot-*) muffa f

Schimmel ² m ⟨-s, -⟩ (*Pferd*) cavallo m bianco

schimmelig adj ammuffito; **schimmeln** vi ammuffire, fare la muffa

Schimmer m ⟨-s⟩ ① ↑ *Glanz* bagliore m, luce f ② FAM ↑ *Ahnung* barlume m, idea f; ◇ **keinen - haben** non avere la più pallida idea; **schimmern** vi splendere, luccicare

Schimpanse m ⟨-n, -n⟩ FAUNA scimpanzé m

schimpfen I. vt ① ↑ *schelten, tadeln* sgridare (*jd-n* qu) ② (*heißen*) dare del (*jd-n* a) ③ chiamare; ◇ **er schimpft sich Arzt** ha il coraggio di chiamarsi dottore **II.** vi ① (*fluchen*) bestemmiare ② inveire, imprecare (*auf akk, akk* contro); **Schimpfwort** n parolaccia f, insulto m

Schindel f ⟨-, -n⟩ (*Dach-*) assicella f di legno

schinden ⟨schindete, geschunden⟩ **I.** vt ↑ *grausam quälen* martoriare **II.** vr ◇ **sich -** ① ↑ *sich abmühen* affaticarsi (*mit* con) ② FAM ◇ **Eindruck -** cercare di far colpo; **Schinder(in** f) m ⟨-s, -⟩ FIG (*Leute-*) aguzzino m, sfruttatore m; **Schinderei** f faticaccia f

Schindluder n: ◇ **- treiben mit etw/jd-m** maltrattare qu

Schinken m ⟨-s, -⟩ ① prosciutto m ② FAM mattone m

Schippe f ⟨-, -n⟩ pala f; FIG FAM ◇ **jd-n auf die - nehmen** prendere in giro qu; **schippen** vt → *Schnee, Kohlen* spalare

Schirm m ⟨-[e]s, -e⟩ ① (*Regen-*) ombrello m; (*Sonnen-*) ombrellone m; ◇ **den - aufspannen** aprire l'ombrello ② (*Lampen-*) paralume m; (*Fall-*) paracadute m ③ (*Mützen-*) visiera f ④ (*Wand-*) paravento m ⑤ (*Bild-*) schermo m; **Schirmbildaufnahme** f schermogramma m; **Schirmherr(in** f) m (*von Veranstaltungen*) patrono/a; **Schirmmütze** f berretto m con visiera; **Schirmständer** m portaombrelli m

Schiß m ⟨-sses⟩ FAM paura f; ◇ **- haben vor etw/jdm** avere paura di qc/qu

schizophren adj schizofrenico

Schlacht f ⟨-, -en⟩ ① battaglia f ② FIG ↑ *Auseinandersetzung* confronto m

schlachten vt → *Vieh* macellare

Schlachtenbummler(in f) m SPORT ≈ tifoso/a che segue la propria squadra in trasferta

Schlachter(in f) m ⟨-s, -⟩ macellaio m; **Schlachtfeld** n campo m di battaglia; **Schlachthaus** n mattatoio m, macello m; **Schlachthof** m mattatoio m, macello m; **Schlachtplan** m ① piano m di battaglia ② FIG piano m; **Schlachtschiff** n nave f da guerra; **Schlachtvieh** n bestiame f da macello

Schlacke f ⟨-, -n⟩ ① (*Asche*) cenere f ② ↑ *Verbrennungsrückstände* scorie f/pl ③ GEO lava f

schlackern vi (FAM *wackeln, schlottern*) ciondolare *vacillare*

Schlaf m ⟨-[e]s⟩ sonno m; (*Mittags-*) riposo m pomeridiano; ◇ **e-n leichten - haben** avere il sonno leggero; **Schlafanzug** m pigiama m; **Schläfchen** n sonnellino m, dormitina f; ◇ **ein - machen** fare una dormitina

Schläfe f ⟨-, -n⟩ ANAT tempia f; ◇ **graue -n** tempie grigie

schlafen ⟨schlief, geschlafen⟩ vi ① dormire; ◇ **acht Stunden -** dormire otto ore ② ↑ *übernachten* dormire, passare la notte; ◇ **im Zelt -** dormire in tenda ③ FIG FAM ↑ *unaufmerksam sein, nicht aufpassen* dormire; ◇ **mit offenen Augen -** dormire ad occhi aperti ④ ◇ **mit jd-m -** fare l'amore con qu; **Schläfer(in** f) m ⟨-s, -⟩ dormiglione/a

schlaff adj ① ↑ *locker* ▷*Riemen, Seil* allentato ▷*Muskel* rilassato, floscio ▷*Haut* floscio, flaccido ② FIG ↑ *mutlos* fiacco; **Schlaffi** m ⟨-, -s⟩ FAM fiacco

S

Schlafgelegenheit f letto m; **Schlaflied** n ninna nanna f; **schlaflos** adj ▷Nacht in bianco, insonne; **Schlaflosigkeit** f insonnia f; ◇ anleiden soffrire di insonnia; **Schlafmittel** n MED sonnifero m; **Schlafmütze** f FAM ① ↑ Langschläfer dormiglione/a ② ↑ träger Mensch pigrone/a; **schläfrig** adj stanco, assonnato; **Schlafsaal** m dormitorio m

Schlafsack m (Daunen-) sacco m a pelo; **Schlafstadt** f città f dormitorio; **Schlaftablette** f sonnifero m; **schlaftrunken** adj mezzo addormentato; **Schlafwagen** m BAHN vagone m letto; **schlafwandeln** vi essere sonnambulo; **Schlafzimmer** n camera f da letto

Schlag m ⟨-[e]s, Schläge⟩ ① ↑ Hieb (Faust-) colpo m, botta f; ◇ **Schläge** pl botte f pl, percosse f pl ② ↑ Klang (Glocken-) rintocco m ③ ↑ Bewegung (Puls-, Herz-) battito m ④ (ELECTR Strom-) scossa f; (Blitz-) fulmine m ⑤ MED (Hirn-, Herz-) colpo m [apoplettico] ⑥ (Kahl-) caduta f ⑦ ↑ Art, Sorte genere m, specie f; ◇ **Leute von ihrem** - gente di quel genere ⑧ FAM ↑ Portion porzione f ⑨ colpo m; ◇ **ein schwerer** - un duro colpo ⑩ FIG ◇ **mit e-m** - in un solo colpo; **Schlagabtausch** m ① (beim Boxen) serie f di colpi ② FIG ▷verbal diverbio m; **Schlagader** f ANAT arteria f; **Schlaganfall** m MED colpo m apoplettico; **schlagartig** adj fulmineo, improvviso; **Schlagbaum** m sbarra f; **Schlagbohrmaschine** f trapano m a percussione; **schlagen** ⟨schlug, geschlagen⟩ **I.** vt, vi ① ↑ hauen, prügeln picchiare ② ← Glocke, Uhr suonare, battere ③ ← Trommel suonare ③ ← Herz battere ④ ↑ besiegen battere; ◇ **jd-n im Schach** - battere qu a scacchi ⑤ a. FIG ↑ kämpfen → Schlacht combattere ⑥ → Sahne, Eiweiß sbattere, montare ⑦ ↑ einwickeln (in Papier) avvolgere ⑧ ← Nachtigall cantare **II.** vr ◇ **sich** ~ ① ↑ sich prügeln picchiarsi ② FIG ◇ **sich auf jds Seite** - battersi per; **schlagend** adj ↑ überzeugend ▷Argument convincente

Schlager m ⟨-s, -⟩ ① ↑ Lied canzone f; ↑ Hit canzone f di successo ② COMM articolo m molto richiesto; **Schlagersänger(in** f) m cantante m/f di musica leggera

Schläger ¹ m ⟨-s, -⟩ (SPORT Golf-) mazza f; (Tennis-) racchetta f; (Hockey-) bastone m

Schläger ²(in f) m ⟨-s, -⟩ batti|tore(-trice f) m

Schlägerei f zuffa f

schlagfertig adj ① ▷Person che ha la risposta pronta ② ▷Antwort pronto; **Schlagfertigkeit** f prontezza f di parola; **Schlaginstrument** n MUS strumento m a percussione; **Schlagloch** n buco m, buca f; **Schlagrahm** m panna f mon-

tata; **Schlagsahne** f panna f montata; **Schlagseite** f ① NAUT sbandamento m ② FAM ◇ **haben** essere ubriaco; **Schlagwort** n ① ↑ Gemeinplatz slogan m, luogo m comune ② ↑ Stichwort voce f; **Schlagzeile** f (in Zeitungen) titolo m; **Schlagzeug** n MUS strumento m a percussione; **Schlagzeuger(in** f) m ⟨-s, -⟩ MUS batterista m/f

schlaksig adj impacciato

Schlamassel m o n ⟨-s, -⟩ FAM noia f

Schlamm m ⟨-[e]s, -e⟩ fango m, melma f; **schlammig** adj ▷Boden fangoso

Schlampe f ⟨-, -n⟩ FAM sciattona f; **schlampen** vi FAM ① essere disordinato ② ↑ nachlässig arbeiten essere negligente nel/sul lavoro; **Schlamper(in** f) m ⟨-s, -⟩ persona f disordinata; **Schlamperei** f FAM sciattezza f; **schlampig** adj FAM ↑ unordentlich, nachlässig disordinato, negligente

schlang impf v. **schlingen**

Schlange f ⟨-, -n⟩ ① FAUNA serpente m ② ↑ Reihe (Menschen-) coda f, fila f; ◇ ~ **stehen** stare in coda/fila ③ FIG vipera f

schlängeln vr ◇ **sich** - ① ← Schlange strisciare ② ↑ sich winden ← Fluß scorrere [tortuosamente]

Schlangenbiß m morso m di serpente; **Schlangengift** n veleno m di serpente; **Schlangenlinie** f serpentina f, linea f serpeggiante

schlank adj ↑ dünn, schmal ▷Person magro, snello; ▷Finger, Beine fino; ▷Taille sottile; FIG ◇ **auf die -e Linie achten** stare attenti alla linea; **Schlankheit** f magrezza f, snellezza f; **Schlankheitskur** f cura f dimagrante; ◇ **e-e - machen** fare una dieta dimagrante

schlapp adj ① ↑ erschöpft, matt ▷Person debole, fiacco ② ↑ träge pigro ③ ↑ schlaff ▷Seil allentato; **Schlappe** f ⟨-, -n⟩ FAM batosta f, insuccesso m; ◇ **e-e - erleiden** subire una batosta/sconfitta; **Schlappheit** f ① ↑ Erschöpfung debolezza f ② ↑ Trägheit pigrizia f; **Schlapphut** m cappello m a cencio; **schlappmachen** vi FAM crollare; **Schlappschwanz** m FAM codardo m, coniglio m

Schlaraffenland n paese m della cuccagna

schlau adj ① ↑ clever, schnell von Begriff furbo, astuto; ◇ **ein -es Mädchen** una ragazza furba ② ↑ klug, geschickt intelligente, scaltro; ◇ **vorgehen** agire astutamente

Schlauch m ⟨-[e]s, Schläuche⟩ ① (Gummi-) tubo m; (Garten-) pompa f; (Gas-) pompa f ② (Fahrrad-) camera f d'aria ③ FAM ↑ Anstrengung, Mühe faticata f; **Schlauchboot** n canotto m; **schlauchen** vt (FAM sehr anstrengen) affaticare, sfinire; **schlauchlos** *adj* ▷*Reifen* senza camera d'aria

Schläue *f* ⟨-⟩ astuzia *f*, furbizia *f*

Schlaufe *f* ⟨-, -n⟩ cappio *m*

Schlaukopf *m* FAM volpone *m*

schlecht *adj* [1] ↑ *nicht gut, mangelhaft* ▷*Arbeit* male; ▷*Wein, Kaffee* cattivo; ◇ -e Noten haben avere brutti voti; ◇ etw - machen fare qc male [2] ↑ *unfähig, unqualifiziert* incapace; ◇ ein -er Lehrer un insegnante incapace [3] ↑ *verdorben* ▷*Lebensmittel* guasto, andato di male [4] ↑ *böse, verwerflich* ▷*Mensch,* cattivo; ▷*Gedanke, Tat* brutto [5] ↑ *kränklich, ungesund, unwohl* brutto, male, malaticcio; ◇ - aussehen avere un brutto aspetto; ◇ es geht ihr - sta male [6] ↑ *unangenehm* ▷*Nachricht* cattivo; ▷*Wetter* brutto; ▷*Geschmack, Geruch* cattivo [7] ↑ *nutzlos* ▷*Mittel, Rat* inservibile; **schlechtgehen** *unreg vi impers:* ◇ jd-m geht es schlecht stare male; **schlechthin** *adv* [1] ↑ *an sich, überhaupt* per antonomasia, per eccellenza; ◇ der Dramatiker - il drammaturgo per eccellenza [2] ↑ *ganz und gar, völlig* assolutamente; ◇ das ist - unmöglich è assolutamente impossibile; **Schlechtigkeit** *f* ↑ *Schlechtsein, Bosheit* cattiveria *f*; **schlechtmachen** *vt* → *jd-n* parlare male di, sparlare di

schlecken *vti* [1] ↑ *lecken* → *Eis* leccare [2] ↑ *naschen* → *Süßigkeiten* mangiucchiare;

Schleckermaul *n* FAM ghiottone *m*

Schlehe ⟨⟩ FLORA susina *f* selvatica

schleichen ⟨schlich, geschlichen⟩ I. *vi* [1] (*leise, unbemerkt gehen*) ← *Katze* strisciare; ◇ aus dem Haus - uscire di casa di soppiatto [2] ↑ *sich schleppen* passare lentamente [3] FIG ← *Inflation* insinuarsi II. *vr* (*süddt, ÖST*) ◇ schleich dich! ↑ *verschwinde* sparisci!; **schleichend** *adj* (*Krankheit, Gift*) lento

Schleie *f* ⟨-, -n⟩ FAUNA tinca *f*

Schleier *m* ⟨-s, -⟩ [1] (*Braut-*) velo *m* [2] FIG (*Nebel-*) cortina *f*; **Schleierhaft** *adj* FAM: ◇ das ist mir - mi è incomprensibile

Schleife *f* ⟨-, -n⟩ [1] ↑ *Schlinge* (*Haar-*) fiocco *m* [2] ↑ *Kurve* (*Fluß-*) ansa *f* [3] (*PC ciclo*) m

schleifen [1]. *vt* [1] ↑ *ziehen* trascinare; ◇ etw auf dem Boden - trascinare qc sul pavimento [2] FAM ↑ *schleppen* trascinare II. *vi* ↑ *reiben* strisciare; ◇ am Boden - strisciare sul pavimento

schleifen ² ⟨schliff, geschliffen⟩ *vt* [1] → *Diamanten* smerigliare [2] ↑ *schärfen* → *Messer* arrotare [3] MIL ↑ *drillen* → *Soldaten* addestrare severamente

Schleifpapier *n* carta *f* abrasiva; **Schleifstein** *m* mola *f*

Schleim *m* ⟨-[e]s, -e⟩ [1] MED (*Nasen-*) muco *m* [2] GASTRON (*Hafer-*) pappa *f*; **schleimen** *vi* emettere/emettere muco; **schleimig** *adj* [1] ↑ *schlüpfrig, wie Schleim* viscido [2] (*voller Schleim*) mucoso [3] FIG ↑ *heuchlerisch* viscido

schlemmen *vi* straviziare; **Schlemmer(in** *f*) *m* ⟨-s, -⟩ gaudente *m*, scialacquatore(-trice *f*) *m*; **Schlemmerei** *f* pranzo *m* abbondante

schlendern *vi* andare in giro/a zonzo; ◇ durch die Straßen - andare in giro/a zonzo per le strade; **Schlendrian** *m* ⟨-[e]s⟩ sciatteria *f*

schlenkern *vti* → *Arme* dondolare; ◇ mit den Beinen - dondolare/ciondolare con le gambe

Schleppe *f* ⟨-, -n⟩ (*von Kleid*) strascico *m;* **schleppen** *vt* [1] → *Auto, Schiff* rimorchiare; FAM ↑ *mitnehmen* trascinare; ◇ jd-n zu e-r Party - trascinare qd a una festa [2] ↑ *schwer tragen* → *Koffer* trascinare; **schleppend** *adj* ▷*Entwicklung* lento; ▷*Gang* strascicato; **Schlepper** *m* ⟨-s, -⟩ [1] trattore *m* [2] rimorchiatore *m*; **Schlepplift** *m* skilift *m*; **Schleppnetz** *n* rete *f* a strascico; **Schlepptau** *n* [1] cavo *m* da rimorchio [2] FIG ◇ jd-n ins - nehmen rimorchiare qu

Schleuder *f* ⟨-, -n⟩ [1] (*Vogel-*) fionda *f* [2] (*Wäsche-, Honig-*) centrifuga *f*; **Schleudergefahr** *f* AUTO (*bei Eisglätte etc.*) strada *f* sdrucciolevole; **schleudern** I. *vt* [1] ↑ *werfen* gettare, lanciare, scagliare; ◇ etw gegen die Wand - lanciare qc verso il muro [2] → *Wäsche* fare centrifugare [3] FIG ◇ jd-m etw ins Gesicht - dire a qc le cose in faccia II. *vi* AUTO ↑ *rutschen, gleiten* (*auf nasser Fahrbahn*) scivolare, slittare; **Schleuderpreis** *m* prezzo *m* stracciato; **Schleudersitz** *m* AERO sedile *m* eiettabile; **Schleuderware** *f* COMM merce *f* in svendita

schleunigst *adv* immediatamente, subito

Schleuse *f* ⟨-, -n⟩ (*-ntor*) saracinesca *f*, chiusa *f*; ◇ die - öffnen aprire la saracinesca

schlich *impf v.* **schleichen**

Schliche *m/pl:* ◇ jd-m auf die - kommen scoprire i piani di qu

schlicht *adj* ↑ *einfach, unkompliziert* semplice

schlichten *vt* ↑ *beilegen* → *Streit* appianare; **Schlichter(in** *f*) *m* ⟨-s, -⟩ paciere *m/f*, media|tore(-trice *f*) *m*

Schlichtheit *f* (*Einfachheit, schlichtes Wesen*) semplicità *f*

Schlichtung *f* (*von Streit*) accomodamento *m*

schlichtweg *adv* FAM ↑ *ganz einfach* semplicemente

Schlick *m* ⟨-[e]s, -e⟩ fango *m*

schlief *impf v.* **schlafen**

schließen ⟨schloß, geschlossen⟩ I. *vt* [1]

S

↑ *zumachen* → *Geschäft, Fenster etc.* chiudere ②
↑ *beenden* → *Sitzung, Rede* finire, terminare, concludere ③ ↑ *ausfüllen* → *Loch, Spalte* chiudere
④ ↑ *vereinbaren* → *Freundschaft* fare; → *Ehe* contrarre; → *Vertrag* concludere ⑤ ↑ *folgern* desumere (*aus* da), dedurre (*aus* da) ⑥ (*beeinhalten*) ◇ **etw in sich** - racchiudere in sé **II.** *vi* ①
↑ *zumachen* chiudere ② ↑ *enden* ← *Buch* finire ③
↑ *zusein* ← *Tür* essere chiuso **III.** *vr* ◇ **sich** -
↑ *zugehen* ← *Tür, Blüte* chiudersi; **Schließfach** *n* (*Bank-*) cassetta *f* di sicurezza; (*Post-*) casella *f* postale

schließlich *adv* ① alla fine ② ◇ **- doch** finalmente

schliff *impf v.* **schleifen Schliff** *m* ⟨-[e]s, -e⟩ (*von Klinge*) affilatura *f*; FIG ◇ **e-r Sache** ↑ **den letzten - geben** dare l'ultimo tocco a

schlimm *adj* ① ↑ *arg, übel, böse* ▷*Kerl* cattivo, tremendo; ◇ **jd-m - mitspielen** trattare qu malamente; ◇ **ein -es Ende nehmen** fare una brutta fine ② ↑ *unangenehm, nachteilig* ▷*Folgen* spiacevole, brutto; ▷*Nachricht* cattivo ③ ↑ *bedrohlich, ernst* ▷*Krankheit* serio ④ FAM ↑ *verletzt* ▷*Finger* ferito; **schlimmer** ⟨*komp von* **schlimm**⟩ *adj* peggio, peggiore; **schlimmste** (**r, s**) ⟨*superl von* **schlimm**⟩ *adj* il peggiore; **schlimmstenfalls** *adv* nel peggior dei casi/ delle ipotesi

Schlinge *f* ⟨-, -n⟩ ① (*Schleife, Draht-*) cappio *m*; (*Henkers-*) nodo *m* scorsoio; FIG ◇ **den Kopf aus der - ziehen** tirarsi fuori da un guaio ② MED ↑ *Stützverband* fasciatura *f*

Schlingel *m* ⟨-s, -⟩ FAM birbante *m*

schlingen[1] ⟨schlang, geschlungen⟩ **I.** *vt* stringere, avvinghiare; ◇ **die Arme um jd-n** - stringere le braccia attorno a qu **II.** *vr*: ◇ **sich um etw** *akk* - ← *Efeu* avvinghiarsi a/intorno a qc

schlingen[2] ⟨schlang, geschlungen⟩ *vti* ingozzarsi

schlingern *vi* ← *Schiff* rollare

Schlips *m* ⟨-es, -e⟩ cravatta *f*

Schlitten *m* ⟨-s, -⟩ ① slitta *f*; ◇ **- fahren** andare in slitta ② FAM trabiccolo *m*; **Schlittenbahn** *f* pista *f* per le slitte; **schlittern** *vi* (*auf Eis, glatter Fläche*) scivolare, slittare; **Schlittschuh** *m* pattino *m* [da ghiaccio]; ◇ **-laufen** pattinaggio *m*; **Schlittschuhbahn** *f* pista *f* di pattinaggio; **Schlittschuhläufer(in)** *f) m* pattina|tore(-trice *f) m*

Schlitz *m* ⟨-es, -e⟩ ↑ *Spalt* (*Briefkasten-*) fessura *f*; (*Hosen-*) patta *f*; (*Mauer-*) fessura *f*, fenditura *f*; **schlitzäugig** *adj* con gli occhi mongolici; **Schlitzohr** *n* FAM volpone *m*

schlohweiß *adj* ▷*Haar* bianchissimo

schloß *impf v.* **schließen**

Schloß[1] *n* ⟨-sses, Schlösser⟩ (*Königs-*) castello *m*

Schloß[2] *n* (*Tür-, Zahlen-*) serratura *f*; (*an Schmuck etc.*) chiusura *f*

Schlosser(in) *f) m* ⟨-s, -⟩ meccanico *m*; **Schlosserei** *f* officina *f* del fabbro

Schlot *m* ⟨-[e]s, -e⟩ ① (*von Haus*) camino *m*; (*von Schiff*) ciminiera *f*

schlottern *vi* ① ↑ *zittern* (*vor Kälte, Angst*) tremare (*vor* da) ② ↑ *locker sitzen* ← *Kleidung* ballare addosso

Schlucht *f* ⟨-, -en⟩ (*Gebirgs-*) baratro *m*, gola *f*

schluchzen *vi* singhiozzare; **Schluchzer** *m* ⟨-s, -⟩ singhiozzo *m*

Schluck *m* ⟨-[e]s, -e⟩ sorso, *m*; ◇ **ein - Wein** un sorso *m* di vino; **Schluckauf** *m* ⟨-s⟩ singhiozzo *m*; ◇ **e-n - haben** avere il singhiozzo; **schlucken I.** *vt* ① → *Bissen, Wasser, Tablette* ingoiare, deglutire ② FIG ↑ *sich einverleiben* assorbire ③ FIG ↑ *hinnehmen* → *Beleidigung* mandar giù, subire **II.** *vi* deglutire, inghiottire; **Schluckimpfung** *f* MED vaccinazione *f* per via orale

schludern *vi* fare alla svelta

schlug *impf v.* **schlagen**

Schlummer *m* ⟨-s⟩ sonno *m* leggero; **schlummern** *vi* (*leicht schlafen*) sonnecchiare

Schlund *m* ⟨-[e]s, Schlünde⟩ ① ANAT faringe *f* ② FIG ↑ *Abgrund* baratro *m*, voragine *f*

schlüpfen *vi* ① ← *Vogel etc.* sgusciare da, uscire da ② ↑ *anziehen* infilarsi, mettersi; ◇ **in die Jacke** - mettersi la giacca; **Schlüpfer** *m* ⟨-s, -⟩ mutandine *pl*; **Schlupfloch** *n* nascondiglio *m*; **schlüpfrig** *adj* ① ↑ *glitschig* ▷*Boden* scivoloso, sdrucciolevole ② FIG ↑ *zweideutig* ▷*Witz* scurrile; **Schlüpfrigkeit** *f* (*von Boden etc.*) scivolosità *f*

schlurfen *vi* strascicare i piedi

schlürfen *vti* → *Suppe, Kaffee* bere rumorosamente

Schluß *m* ⟨-sses, Schlüsse⟩ ① ↑ *Ende* fine *f*; ◇ **jetzt ist aber -!** adesso basta!; ◇ **- mit jd-m/etw machen** farla finita con qu/qc ② ↑ *hinterer Teil* (*von Zug*) coda *f* ③ ↑ *Folgerung* conseguenza *f*; ◇ **e-n - aus etw** *dat* **ziehen** trarre le conseguenze da qc

Schlüssel *m* ⟨-s, -⟩ ① (*von Tür etc.*) chiave *f* ② (*Schrauben-*) chiave *f* [per dadi] ③ (MUS *Noten-*) chiave *f* ④ (FIG *zur [De-/En-]Codierung*) chiave *f*; **Schlüsselbein** *n* ANAT clavicola *f*; **Schlüsselblume** *f* FLORA primula *f*; **Schlüsselbund** *n* mazzo *m* delle chiavi; **schlüsselfertig** *adj* pronto per la consegna; **Schlüsselfigur** *f* figura *f* chiave; **Schlüssel-**

loch n buco m della serratura; **Schlüsselposi- tion** f posizione f chiave/centrale; ◇ **e-e ~ inne- haben** avere una posizione centrale

Schlußfolgerung f conclusione f, deduzione f; **schlüssig** adj ① ↑ folgerichtig ▷ Argumenta- tion, Gedanke convincente ② ↑ entschlossen de- ciso; ◇ **sich noch nicht ~ sein** non essere ancora deciso; **Schlußlicht** n ① (von Auto) luce f posteriore ② FIG ↑ Letzte(r) fanalino m di coda; **Schlußverkauf** m COMM (Winter-, Sommer-) saldi m/pl, svendita f; **Schlußwort** n ① parole f/pl finali; ◇ **das ~ sprechen** dire l'ultima parola ② ↑ Nachwort (von Buch) epilogo m

Schmach f ⟨-⟩ smacco m; **schmachten** vi ① ↑ leiden, hungern, dürsten languire; ~ **im Ge- fängnis** - languire in prigione ② ↑ sich sehnen struggersi (nach per)

schmächtig adj ▷ Körperbau, Person gracile, esile

schmackhaft adj saporito, gustoso

schmählich adj vergognoso; ◇ jd-n ~ behandeln tradire qu in maniera vergognoso

schmal adj ① ↑ eng ▷ Weg stretto ② ↑ nicht breit ▷ Mensch, Gesicht, Gegenstand magro ③ ↑ knapp ▷ Gehalt, Kost misero; **schmälern** vt ① ↑ verringern diminuire ② FIG ↑ herabsetzen → Bedeutung, Leistung sminuire; **Schmalfilm** m film m a passo ridotto

Schmalz n ⟨-es, -e⟩ ① ↑ Fett strutto m ② FIG FAM ↑ Sentimentalität sentimentalismo m ③ FIG FAM opera f sdolcinata; **schmalzig** adj ① grasso, unto ② FIG FAM ↑ sentimental, gefühls- duselig sdolcinato

schmarotzen vi (auf Kosten anderer leben) vi- vere alle spalle/a spese di; FLORA ← Parasit parassitare; **Schmarotzer(in** f) m ⟨-s, -⟩ ↑ Parasit, Mensch parassita m

Schmarren m ⟨-s, -⟩ ① GASTRON (Kaiser-) ≈ frittata f dolce ② FIG FAM ↑ Unsinn stronzata f

schmatzen vi mangiare rumorosamente

Schmaus m ⟨-es, Schmäuse⟩ banchetto m; **schmausen** vi banchettare

schmecken I. vt ① sentire il sapore di ② ↑ kosten, abschmecken assaggiare **II.** vi ① ← Essen sapere (nach dat di); ◇ **es schmeckt mir** mi piace ② FIG ↑ gefallen piacere; ◇ **das schmeckt mir nicht** non mi piace

Schmeichelei f complimento m, adulazione f; **schmeichelhaft** adj lusinghiero; **schmei- cheln** vi ① fare dei complimenti (jd-m a), lusin- gare ② ← Farbe donare a

schmeißen ⟨schmiß, geschmissen⟩ vt ① ↑ werfen gettare, buttare, scagliare; ◇ **etw an die**

Wand - scagliare contro il muro ② FIG ◇ **e-e Sache** - sistemare una faccenda ③ FAM ↑ hinschmeißen ◇ **etw** - gettare la spugna; **Schmeißfliege** f FAUNA moscone m

Schmelz m ⟨-es, -e⟩ ① ↑ Glasur (Zahn-) smalto m ② (von Stimme) melodia f; **schmelzen** ⟨schmolz, geschmolzen⟩ **I.** vi ① ↑ flüssig werden ← Eis sciogliersi; ← Erz liquefarsi ② FIG ↑ weich werden ← Herz sciogliersi **II.** vt ↑ flüssig machen sciogliere; **Schmelzpunkt** m (von Eis, Metall etc.) punto m di liquefazione; **Schmelz- wasser** n neve f bagnata

Schmerz m ⟨-es, -en⟩ ① ▷ körperlich dolore m; ◇ **-en haben** avere i dolori ② FIG ↑ Leid dolore m; **schmerzempfindlich** adj sensibile al do- lore; **schmerzen** vt, vi ① ↑ wehtun far male a ② FIG addolorare, rincrescere; ◇ **es schmerzt mich, daß ...** mi rincresce che...; **Schmer- zensgeld** n risarcimento m [per danni morali]; **schmerzhaft, schmerzlich** adj doloroso; ◇ **e Behandlung** cura f dolorosa, ◇ **-er Verlust** perdita f dolorosa; **schmerzlos** adj ① indolore ② FIG ◇ **kurz und ~** subito; **schmerzstillend** adj ▷ Medikament antidolorifico

Schmetterling m farfalla f

schmettern I. vt ① → Trompete squillare ② → Lied cantare a squarciagola ③ lanciare con forza/violenza, scagliare **II.** vi colpire con forza/ violenza

Schmied(in f) m ⟨-[e]s, -e⟩ (Pferde-, Waffen-) fabbro m; **Schmiede** f ⟨-, -n⟩ bottega f del fabbro; **Schmiedeeisen** n ferro m battuto; **Schmiedekunst** f arte f del fabbro; **schmie- den** vt ① battere [il ferro] ② ↑ sich ausdenken, ersinnen → Pläne escogitare, ideare

schmiegen I. vt ↑ sanft drücken premere legger- mente; ◇ **Wange ans Kissen** - appoggiare la guancia sul cuscino **II.** vr: ◇ **sich [an etw]** akk - stringersi [a qc]; **schmiegsam** adj ▷ Stoff flessuoso ② FIG ↑ flexibel flessibile

Schmiere f ⟨-, -n⟩ ① ↑ Fett (Wagen-, Schuh-) grasso m, lubrificante m ② sporco m, unto m ③ PEJ THEAT teatro m di guitti ④ FAM ◇ **- stehen** fare da palo; **schmieren I.** vt ① ↑ streichen → Brote spalmare ② ↑ einreiben (mit Creme etc.) spalmare ③ → Achse lubrificare, ungere ④ FIG ↑ bestechen corrompere **II.** vi scrivere male; **Schmierfett** n grasso m; **Schmierfink** m FAM sporcaccione m; **Schmiergeld** n busta- rella f; **schmierig** adj ① ↑ voll Schmiere, ölig unto, grasso ② FIG ↑ kriecherisch ▷ Person vis- cido; **Schmiermittel** n grasso m, lubrificante m; **Schmieröl** n lubrificante m; **Schmiersei- fe** f sapone m in pasta

Schminke f ⟨-, -n⟩ trucco m; **schminken** vt/vr ◇ **sich - →** Augen, Mund truccarsi

schmirgeln vt smerigliare; **Schmirgelpapier** n carta f smeriglita

schmiß impf v. **schmeißen**

Schmöker m ⟨-s, -⟩ FAM ▷ alt vecchio libro m; **schmökern** vi FAM sfogliare

schmollen vi tenere il muso; **schmollend** adj imbronciato

schmolz impf v. **schmelzen**

Schmorbraten m GASTRON (Kalbs-) stufato m; **schmoren** vt [1] ↑ braten → Fleisch stufare [2] ← Kabel liquefarsi [3] FIG ◇ jd-n - lassen far aspettare qu

Schmuck m ⟨-[e]s, -e⟩ [1] (Gold-, Hals-) gioiello m [2] ↑ Dekoration, Verzierung decorazione f; **schmücken** vt → Christbaum, Tafel decorare; **Schmuckkästchen** n cofanetto m per i gioielli, portagioie m; **schmucklos** adj senza ornamento, disadorno; **Schmuckstück** n gioiello m

schmuddelig adj FAM sporco

Schmuggel m ⟨-s⟩ contrabbando m; **schmuggeln** vti → Drogen, Menschen contrabbandare; **Schmuggler(in)** f m ⟨-s, -⟩ contrabbandiere/a

schmunzeln vi ▷ belustigt sorridere compiaciuto (über akk per/su)

Schmutz m ⟨-es⟩ [1] sporco m [2] FIG ↑ Verwerfliches fango m; **Schmutzfink** m sporcaccione m; **Schmutzfleck** m macchia f di sporco; **schmutzig** adj [1] ↑ dreckig ▷ Kleider, Hände, Boden etc. sporco; FIG ◇ sich die Finger nicht - machen non sporcarsi le dita [2] FIG ↑ unredlich disonesto; ◇ -e Geschäfte affari loschi [3] FAM ↑ unanständig ▷ Witz sporco

Schnabel m ⟨-s, Schnäbel⟩ [1] (von Vogel, Kanne etc.) becco m; FAM ◇ den - halten chiudere il becco

Schnake f ⟨-, -n⟩ tipula f

Schnalle f ⟨-, -n⟩ [1] (Gürtel-) fibbia f [2] FAM sgualdrina f; **schnallen** vt [1] ↑ festbinden allacciare [2] FAM ↑ begreifen arrivarci; ◇ hat er's endlich geschnallt? ci è arrivato finalmente?

schnalzen vi (mit Fingern, Zunge) [far] schioccare

schnappen I. vt [1] ↑ fangen, erwischen → Verbrecher acchiappare, acciuffare [2] prendere, pigliare II. vi [1] (← Tür, ins Schloß) chiudersi di scatto [2] ← Hund addentare (nach qc) [3] ◇ nach Luft - boccheggiare; **Schnäppchen** n FAM occasione f; **Schnappschloß** n serratura f a scatto; **Schnappschuß** m FOTO istantanea f

Schnaps m ⟨-es, Schnäpse⟩ (Himbeer-, Apfel-) grappa f

schnarchen vi russare

schnattern vi [1] ← Enten schiamazzare [2] ↑ heftig zittern (vor Kälte) tremare

schnauben I. vi ← Pferd sbuffare II. vr ◇ sich - soffiarsi il naso

schnaufen vi ansimare

Schnauzbart m baffi m/pl; **Schnauze** f ⟨-, -n⟩ [1] (Hunde-) muso m [2] ↑ Ausguß- becco m [3] FAM ↑ Mund becco m; ◇ die - halten chiudere il becco

Schnecke f ⟨-, -n⟩ FAUNA chiocciola f; (ohne Gehäuse) lumaca f; **Schneckenhaus** n guscio m della chiocciola

Schnee m ⟨-s⟩ [1] neve f [2] (GASTRON Ei-) chiara f d'uovo battuta a neve; **Schneeball** m palla f di neve; **schneebedeckt** adj coperto di neve; **Schneedecke** f coltre f/manto m nevoso; **Schneeflocke** f fiocco m di neve; **Schneegestöber** n nevischio m; **Schneeglöckchen** n FLORA bucaneve m; **Schneekette** f AUTO catene f/pl [per la neve]; **Schneemann** m pupazzo m di neve; **Schneepflug** m spartineve m; **Schneeschmelze** f ⟨-, -n⟩ disgelo m; **Schneesturm** m tempesta f di neve; **Schneewehe** f piccola montagna f di neve; **schneeweiß** adj bianco come la neve; **Schneewittchen** n biancaneve f

Schneid m ⟨-[e]s⟩ FAM ↑ Mut coraggio m, fegato m

Schneide f ⟨-, -n⟩ (von Messer, Säbel etc.)

schneiden (schnitt, geschnitten) I. vt [1] ↑ zerteilen → Papier, Brot, Stoff, Haare etc. tagliare; → Film montare; → Hecke [2] → Finger tagliare; ◇ sich akk - tagliarsi [3] FIG ↑ meiden, nicht beachten → jd-n evitare qu II. vi ← Messer tagliare, essere affilato III. vr ◇ sich - ↑ sich kreuzen ← Linien, Straßen incrociarsi; **schneidend** adj [1] ↑ eiskalt ▷ Wind, Kälte pungente [2] FIG ↑ bissig, satirisch ▷ Bemerkung mordace, tagliente; **Schneider(in** f**)** m ⟨-s, -⟩ sarto/a; **schneidern** I. vt → Kleider cucire II. vi fare il sarto; **Schneidezahn** m [dente] m incisivo; **schneidig** adj FIG coraggioso, risoluto

schneien vi nevicare

Schneise f ⟨-, -n⟩ (Lichtung) pista f tagliata attraverso il bosco

schnell I. adj [1] ▷ Auto, Bewegung veloce [2] ▷ Entschluß pronto, repentino II. adv [1] ▷ fahren, arbeiten, verstehen veloce [2] presto; ◇ - wütend werden arrabbiarsi presto; **Schnelldrucker** m stampante f veloce; **schnellebig** adj: ◇ - Zeit epoca della vita febbrile; **schnellen** vi ↑ federnd springen saltare su; ← Gummiband ;

◇ **in die Höhe** - fare un salto; **Schnellhefter** m ⟨-s, -⟩ raccoglitore m; **Schnelligkeit** f velocità f; **Schnellimbiß** m tavola f calda; **Schnellkochtopf** m pentola f a pressione; **schnellstens** adv al più presto [possibile]; ◇ **etw - erledigen** sbrigare qc il più presto possibile; **Schnellstraße** f superstrada f; **Schnellzug** m BAHN direttissimo m

Schnepfe f ⟨-, -n⟩ sgualdrina f

schneuzen vr ◇ **sich** - soffiarsi il naso

schnippisch adj ▷Antwort impudente, impertinente

schnitt impf v. **schneiden Schnitt** m ⟨-[e]s, -e⟩ **1** ↑ das Schneiden (von Papier etc.) taglio m **2** (Haar-) taglio m; (-muster) cartamodello m; (-wunde, Film-) taglio m **3** (-punkt) incrocio m **4** (Quer-) taglio m **5** ↑ Ernte mietitura f **6** FAM ↑ Gewinn vincita f, profitto m; **Schnittblumen** pl fiore m da taglio, **Schnitte** f ⟨-, -n⟩ ▷belegt fetta f; **Schnittfläche** f sezione f; **Schnittlauch** m FLORA erba f cipollina; **Schnittmuster** n (für Kleider) cartamodello m, modello m; **Schnittpunkt** m punto m d'incrocio; **Schnittstelle** f PC interfaccia f; **Schnittwunde** f taglio m, taglio f

Schnitzel ¹ n ⟨-s, -⟩ **1** (GASTRON Schweine-, Kalbs-) cotoletta f

Schnitzel n o m ⟨-s, -⟩ ↑ Fetzen vitaglio m

schnitzen vti ▷Figuren intagliare; **Schnitzer** (in f) m ⟨-s, -⟩ **1** intaglia|tore(-trice f) m **2** FAM ↑ Fehler errore m

schnodderig adj FAM ▷Bemerkung impertinente

Schnorchel m ⟨-s, -⟩ respiratore m di superficie

Schnörkel m ⟨-s, -⟩ **1** ↑ Verzierung svolazzo m; (ARCHIT an Gebäuden) fregio m; (an Unterschrift) fronzolo m

schnorren vti FAM → Zigaretten scroccare

schnüffeln vi **1** ↑ schnuppern ← Hund annusare, fiutare **2** FAM → Rauschstoffe sniffare **3** FAM ↑ durchsuchen frugare; ◇ **in etw** dat **herum** - frugare in qc; **Schnüffler(in** f) m ⟨-s, -⟩ FAM ficcanaso m

Schnuller m ⟨-s, -⟩ ciucciotto m

Schnupfen m ⟨-s, -⟩ raffreddore m

schnuppern vi annusare, fiutare

Schnur f ⟨-, Schnüre⟩ **1** ↑ Seil, Faden corda f **2** (ELECTR Verlängerungs-) cavo m; **schnurgerade** adj diritto, rettilineo; **schnüren** vt **1** ↑ festbinden ▷Paket legare **2** ↑ zumachen → Schuhe allacciare

Schnurrbart m baffi m/pl; **schnurren** vi **1** ← Katze fare le fusa **2** ↑ brummen ← Kreisel ronzare

Schnürschuh m scarpa f con i lacci; **Schnürsenkel** m laccio m per le scarpe; **schnurstracks** adv direttamente

schob impf v. **schieben**

Schock m ⟨-[e]s, -e⟩ **1** shock m; ◇ **unter** - **stehen** essere sotto shock **2** (Elektro-) shock m; **schocken** vt **1** ↑ erschrecken → jd-n shockare **2** sottoporre a elettroshock; **schockieren** vt shockare

Schöffe m ⟨-n, -n⟩ JURA giurato m; **Schöffengericht** n JURA giuria n; **Schöffin** f JURA giurata f

Schokolade f cioccolata f

Scholle f ⟨-, -n⟩ **1** (Erd-) zolla f **2** (Eis-) lastra f **3** (Fisch) pianuzza f

schon adv **1** ↑ bereits già; ◇ **~ morgen** già domani; ◇ **ich war** - **einmal da** ci sono già stato una volta **2** già; ◇ **du bist ja** - **da** ah sei già qua **3** ↑ unmittelbar danach appena; ◇ **kaum war sie weg, - fing es an zu regnen** non appena se ne andò inizio a piovere **4** ↑ allein, nur solo; ◇ **- die Vorstellung** solo l'idea **5** ↑ zwar ben; ◇ **ich weiß -, aber ...** lo so già, però ... **6** ↑ bestimmt certamente; ◇ **das wird - gut** andrà certamente tutto bene **7** ◇ **komm -!** dai, vieni!

schön adj **1** ↑ erfreulich, angenehm bello; ◇ **ein -er Abend** una bella serata **2** ▷Person, Sache bello **3** ↑ nett caro; ◇ **-e Grüße** cari saluti; ◇ **das ist - von ihr** è gentile/carino da parte sua **4** ↑ groß bello; ◇ **ein -s Durcheinander!** un bel casino! **5** FAM ↑ ziemlich, sehr abbastanza; ◇ **er hat sich - blamiert** ha fatto una bella figuraccia **6** ↑ gut ◇ **arbeite -!** buon lavoro!

Schönbezug m ⟨-bezugs, -bezüge⟩ fodera f; **schonen I.** vt ↑ behutsam behandeln → Kleidung, Nerven, Kräfte aver cura/riguardo di **II.** vr ◇ **sich** - riguardarsi; **schonend** adj cauto; ◇ **jd-m etw - beibringen** far capire a qu qc con tatto

Schoner m ⟨-s, -⟩ MAR goletta f, schooner m

Schöngeist m amante m/f delle belle arti; **Schönheit** f **1** (von Person, Sache) bellezza f **2** bellezza f; ◇ **-en e-s Landes** la bellezza di un paese **3** (FAM Frau) bellezza f; ◇ **sie ist e-e** - è una bellezza; **Schönheitsfarm** f ⟨-, en⟩ istituto m di bellezza; **Schönheitsfehler** m (von Person) difetto m estetico; (von Sache) imperfezione f; **Schönheitsoperation** f operazione f di bellezza; **schönmachen** vr ◇ **sich** - farsi bello

Schonung f **1** ↑ pflegliches Behandeln (von Gesundheit etc.) cura f **2** ↑ Nachsicht indulgenza f **3** ↑ Waldbestand bosco m; **schonungslos** adj senza riguardi; ◇ **mit -er Offenheit** con franchezza spietata; **Schonzeit** f (für Wild) periodo m di divieto di caccia

schöpfen vt ① → *Wasser* attingere (*aus* da) ② ↑ *wiedergewinnen* → *Mut* riacquistare ③ → *Atem* tirare il fiato ④ ↑ *kreieren, schaffen* → *Kunstwerk* creare; **Schöpfer(in** f) m ‹-s, -› ① ↑ *Urheber* crea|tore(-trice f) m, au|tore(-trice f) m② ↑ *Gott* creatore m/f; **schöpferisch** adj ↑ *kreativ* creativo; ◇ - **tätig sein** svolgere una attività creativa; **Schöpfkelle** f mestolo m; **Schöpflöffel** m mestolo m; **Schöpfung** f ① ↑ *das Schaffen, Kreation* creazione f

Schoppen m ‹-s, -› bicchiere m

schor *impf v.* **scheren**

Schorf m ‹-[e]s, -e› (*von Wunde*) crosta f

Schornstein m ① ↑ *Kamin, Schlot* camino m ② (*von Schiff*) ciminiera f; **Schornsteinfeger(in** f) m ‹-s, -› spazzacamino m

schoß *impf v.* **schießen**

Schoß m ‹-es, Schöße› ① grembo m; ◇ **auf dem - sitzen** sedere sulle ginocchia ② ↑ *Mutterleib* grembo m, ventre m ③ (*Rock-*) falda f ④ FIG ↑ *Schutz* seno m; ◇ **im - der Familie** nel seno della famiglia; **Schoßhund** m cane m da salotto

Schote f ‹-, -n› ① (*von Erbse etc.*) baccello m ② (*-nfrucht*) pisello m

Schotte m ‹-n, -n› scozzese m; ◇ **die -n** pl gli scozzesi

Schotter m ‹-s› (*von Straße, Eisenbahn*) ghiaia f

Schottin f scozzese f; **schottisch** adj scozzese; **Schottland** n Scozia f; ◇ **in - in** Scozia; ◇ **nach - fahren** andare in Scozia

schraffieren vt → *Fläche* tratteggiare

schräg adj ① (*nicht gerade*) ▷*Wände* obliquo, diagonale; ◇ **den Kopf - halten** tenere la testa inclinata/piegata ② FAM ◇ **ein -er Vogel** un tipo strano; **Schräge** f ‹-, -n› (*schräge Lage/Fläche*) inclinazione f; **Schrägschrift** f scrittura f inclinata; **Schrägstrich** m barra f

Schramme f ‹-, -n› graffio m; **schrammen** vt graffiare

Schrank m ‹-[e]s, Schränke› (*Kleider-, Bücher-*) armadio m

Schranke f ‹-, -n› ① ↑ *Barriere* (*Bahn-*) sbarra f ② FIG ↑ *Grenze, Hemmung* barriera f; ◇ **sich -n auferlegen** imporsi dei limiti; **schrankenlos** adj ① illimitato ② ↑ *zügellos* sfrenato; **Schrankenwärter(in** f) m BAHN casellante m

Schrankkoffer m baule m armadio

Schraube f ‹-, -n› ① (*Holz-, Flügel-*) vite f ② ↑ *Propeller* elica f ③ SPORT avvitamento m; **schrauben** vt ① ▷*fest, locker* avvitare ② FIG ◇ **Ansprüche höher/niedriger -** aumentare/ diminuire le pretese; **Schraubenschlüssel** m

chiave f [per dadi]; **Schraubenzieher** m ‹-s, -› cacciavite m; **Schraubstock** m TECH morsa f; **Schraubverschluß** m (*von Flasche, Glas*) chiusura f a vite; **Schraubzwinge** f ‹-, -n› sergente m

Schrebergarten m ≈piccolo orto m familiare

Schreck m ‹-[e]s›, **Schrecken** m ‹-s, -› ① ▷*plötzlicher -* spavento m; ◇ **jd-m e-n - einjagen** spaventare qu ② ↑ *Grauen* (*von Krieg*) terrore m; **schrecken** vt spaventare, impaurire; ◇ **das schreckt mich nicht** non mi spaventa; **Schreckensherrschaft** f terrore m; **Schreckgespenst** n *auch* FIG spettro m; **schreckhaft** adj pauroso; **schrecklich** adj ① ↑ *entsetzlich* ▷*Unglück, Traum, Erlebnis* tremendo, spaventoso ② FAM ↑ *sehr* tremendamente; ◇ **- müde/groß** terribilmente stanco/ grande; **Schreckschuß** m colpo m sparato in aria; **Schreckschußpistole** f scacciacani f

Schrei m ‹-[e]s, -e› ① ↑ *Ruf* (*Freuden-*) urlo m, grido m ② FIG ↑ *starkes Verlangen* richiesta f, grido m; ◇ **- nach Freiheit** richiesta f di libertà

Schreibblock m block m notes; **schreiben** ‹schrieb, geschrieben› I. vt ① → *Wort etc.* scrivere; ◇ **sich** dat - (*Briefverkehr haben*) scriversi ② ↑ *buchstabieren* scrivere; ◇ **wie schreibt man …?** come si scrive…? ③ ↑ *ausstellen* → *Rechnung, Vertrag, Beleg* fare ④ ↑ *attestieren* ◇ **jd-n krank/gesund** - rilasciare un certificato di malattia/di sanità II. iv ① ▷*schnell, groß, schön* scrivere; (*mit Maschine*) battere; ◇ **lesen und -** leggere e scrivere ② ← *Mine, Kugelschreiber* scrivere ③ ↑ *berichten* (*in Brief*) scrivere; **Schreiben** n ‹-s, -› scrivere m; **Schreiber(in** f) m ‹-s, -› ① scrivente m/f ② ↑ *Schriftsteller* scrittore m ③ ↑ *Sekretär* copista m; **schreibfaul** adj pigro a/nello scrivere; **Schreibfehler** m errore m ortografico/di scrittura; **Schreibkraft** f ↑ *Sekretär/in* dattilografo/a; **Schreibmaschine** f macchina f da scrivere; **Schreibtisch** m scrivania f m; **Schreibtischlampe** f lampada f per la scrivania; **Schreibung** f scrittura f, modo m di scrivere; **Schreibwaren** pl articoli m/pl di cartoleria; **Schreibweise** f modo m di scrivere, ortografia f

schreien ‹schrie, geschrie[e]n› I. vi ① ↑ *laut rufen* urlare, gridare (*nach* dal); ◇ **vor Schmerzen - urlare** dal dolore ② ↑ *kreischen, weinen* ← *Tiere, Kinder* strillare ③ ↑ *verlangen* ◇ **nach Rache** - gridare vendetta II. vt chiamare, gridare; ◇ **[um] Hilfe - chiamare** aiuto; **schreiend** adj ① (*brüllend, kreischend*) che grida/strilla ② ↑ *grell* ▷*Farbe* stridente

Schreiner(in f) m ‹-s, -› ① ↑ *Tischler* (*Möbel-*)

falegname *m* ② ↑ *Zimmermann* carpentiere *m;* **Schreinerei** *f* falegnameria *f*

schreiten ⟨schritt, geschritten⟩ *vi* camminare

schrie *impf v.* **schreien**

schrieb *impf v.* **schreiben**

Schrift *f* ⟨-, -en⟩ ① ▷*lateinisch, arabisch* scrittura *f* ② ↑ *Hand-* ▷*leserlich, schlampig, schön* calligrafia *f,* scrittura *f* ③ ↑ *Text, Geschriebenes* testo *m* ④ TYP *(Kursiv-, Druck-)* caratteri; *pl* scrittura *f;* **Schriftdeutsch** *n* tedesco *m* scritto; **Schriftführer(in** *f)* *m* protocollante *m;* **schriftlich I.** *adj* scritto; ◇ **-e Kündigung** annuncio *m* scritto **II.** *adv auch* FIG per iscritto; ◇ **jd-m etw -geben** garantire a qu qc; **Schriftsetzer(in** *f)* *m* compositore(-trice *f) m;* **Schriftsprache** *f* lingua *f* scritta; **Schriftsteller(in** *f)* *m* ⟨-s, -⟩ scrittore (-trice *f) m;* **Schriftstück** *n* scritto *m*

schrill *adj* ① ↑ *hell und laut* ▷*Stimme* stridulo ② ↑ *grell* ▷*Farbe* stridente; **schrillen** *vi* ← *Telefon, Glocke* squillare

schritt *impf v.* **schreiten; Schritt** *m* ⟨-[e]s, -e⟩ ① passo *m;* ◇ **ein paar -e von hier** a due passi da qui; ◇ **auf - und Tritt** dappertutto ② ▷*schleppend, beschwingt* andatura *f* ③ FIG ↑ *Vorgehen, Maßnahme* misura *f;* **Schrittempo** *n* ritmo *m* di un passo; ◇ **im -** ; **Schrittmacher** *m* ⟨-s, -⟩ ① SPORT battistrada *m;* FIG precursore *m* ② MED pacemaker *m*

schroff *adj* ① ▷*Felsen* erto, scosceso ② ↑ *abrupt* ▷*Wechsel* repentino ③ FIG ↑ *barsch, unfreundlich* brusco

schröpfen *vt* FIG FAM ↑ *ausnehmen* spremere

Schrot *m o n* ⟨-[e]s, -e⟩ ① *(Roggen-)* tritello *m* ② *(Blei-)* pallino *m;* **Schrotflinte** *f* fucile *m* a pallini

Schrott *m* ⟨-[e]s, -e⟩ ① ferro *m* vecchio ② FAM cianfrusaglie *f|pl;* **Schrotthaufen** *m (FAM altes Auto)* carcassa *f*

schrubben *vt* ← *Boden* fregare; **Schrubber** *m* ⟨-s, -⟩ spazzolone *m*

schrumpfen *vi* ← *Stoff* restringersi; ← *Obst* raggrinzire; ← *Kapital* assottigliarsi

Schubkarren *m* carriola *f;* **Schublade** *f (von Tisch, Schrank)* cassetto *m*

schüchtern *adj* timido; **Schüchternheit** *f* timidezza *f*

schuf *impf v.* **schaffen**

Schuft *m* ⟨-[e]s, -e⟩ furfante *m;* **schuften** *vi* FAM sgobbare

Schuh *m* ⟨-[e]s, -e⟩ scarpa *f;* **Schuhband** *n, pl* ⟨-bänder⟩ laccio *m* [per le scarpe]; **Schuhbürste** *f* spazzola *f* per le scarpe; **Schuhcreme** *f* crema *f|*lucido *m* per le scarpe; **Schuhgröße** *f* numero *m* [di scarpe]; **Schuhlöffel** *m* calza-

scarpe *m;* **Schuhmacher(in** *f)* *m* ⟨-s, -⟩ calzolaio *m*

Schulaufgaben *pl* SCHULE ① ↑ *Hausaufgaben* compiti *m|pl* di casa ② *(schriflicher Test)* compito *m* in classe; **Schulbesuch** *m* SCHULE frequenza *f*

schuld *adj;* ◇ **- sein/haben** essere colpevole *(an dat* di); ◇ **er ist/hat -** è colpa sua; **Schuld** *f* ⟨-, -en⟩ ① ↑ *Verantwortlichsein* colpa *f (für, an dat* per); ◇ **jd-m die -geben** dare la colpa a qu ② ↑ *Verfehlung* mancanza *f,* errore *m;* ◇ **sich** *dat* **keiner - bewußt sein** non essere consapevole di qualche mancanza ③ FIN debito *m;* ◇ **e-e - begleichen** saldare un debito; **schulden** *vt* → *Geld, Leben* dovere a; ◇ **jd-m etw - dovere** qc a qu; **Schulden** *pl* FIN debiti *pm|;* ◇ **- haben** avere debiti; **schuldenfrei** *adj* senza debiti; **Schuldgefühl** *n* sensi *m|pl* di colpa; **schuldig** *adj* ① ↑ *verantwortlich* colpevole *(an dat* di); JURA ◇ **sich - bekennen** riconoscersi colpevole ② ↑ *verpflichtet* obbligato, debitore; ◇ **jd-m etw - sein** ← *Geld, Dank* dovere a qu qc; **schuldlos** *adj* innocente; **Schuldner(in** *f)* *m* ⟨-s, -⟩ debitore(-trice *f) m;* **Schuldschein** *m* titolo *m* di credito; **Schuldspruch** *m* JURA verdetto *m* di colpevolezza, condanna *f*

Schule *f* ⟨-, -n⟩ scuola *f;* ◇ **zur - gehen** andare a scuola *f;* **schulen** *vt* ↑ *trainieren, ausbilden* → *Auge, Fähigkeit* addestrare, educare; **Schüler (in** *f)* *m* ⟨-s, -⟩ scolaro/a, allievo/a; **Schüleraustausch** *m* scambio *m* di studenti; **Schulferien** *pl* vacanze *f|pl* scolastiche; **Schulfernsehen** *n* televisione *f* per le scuole; **schulfrei** *adj* di vacanza; ◇ **-er Tag** giorno *m* di vacanza; **Schulfunk** *m* MEDIA radio *m* per le scuole; **Schulgeld** *n* tasse *f|pl* scolastiche; **Schulhof** *m* cortile *m;* **Schuljahr** *n* anno *m* scolastico; **Schuljunge** *m* scolaro *m;* **Schulmädchen** *n* scolara *f;* **schulpflichtig** *adj* soggetto a obbligo scolastico; **Schulschiff** *n* nave *f* scuola; **Schulstunde** *f* ▷*halten* ora *f* di lezione; **Schultasche** *f* cartella *f*

Schulter *f* ⟨-, -n⟩ spalla *f;* ◇ **jd-m auf die - klopfen** battere sulle spalle di qu; **Schulterblatt** *n* ANAT scapola *f;* **schultern** *vt* → *Gewehr* mettere in/sulla spalla

Schulung *f* addestramento *m,* formazione *f;* **Schulwesen** *n* istruzione *f,* scuola *f;* **Schulzeugnis** *n* pagella *f*

Schund *m* ⟨-[e]s⟩ schifezza *f;* **Schundliteratur** *f* letteratura *f* da quattro soldi

Schuppe *f* ⟨-, -n⟩ *(von Fisch, Reptilien)* squama *f;* *(Haar-)* forfora *f;* **schuppen I.** *vt* → *Fisch* squamare **II.** *vr* ◇ **sich - formarsi** della forfora

S

Schuppen [1] *pl* (*Haar-*) forfora *f*

Schuppen [2] *m* ⟨-s, -⟩ ↑ *Abstellraum* sgabuzzino *m*

schuppig *adj* ▷*Haut* screpolato

Schur *f* ⟨-, -en⟩ (*Schaf-*) tosatura *f*

schüren *vt* [1] ↑ *heizen* → *Ofen* attizzare [2] FIG ↑ *aufhetzen* → *Konflikt* fomentare

schürfen I. *vt* MIN cercare, scavare II. *vi* → *Haut* graffiare, scalfire; **Schürfung** *f* (MIN *von Erzen*) ricerca *f* [di minerali]; (*Haut-*) graffio *m*

Schurke *m* ⟨-n, -n⟩, **Schurkin** *f* canaglia *f*

Schurwolle *f* lana *f* di tosa

Schurz *m* ⟨-es, -e⟩ (*Lenden-*) perizoma *m*; (*von Schmied*) grembiule *m*; **Schürze** *f* ⟨-, -n⟩ grembiule *m*

Schuß *m* ⟨-sses, Schüsse⟩ [1] (*Gewehr-*) colpo *m*, sparo *m* [2] ↑ *Geschoß* sparo *m* [3] (*Tor-*) tiro *m* [4] ◇ **Cola mit** - coca cola con un goccio di alcol

Schüssel *f* ⟨-, -n⟩ (*Salat- etc.*) terrina *f*

Schußverletzung *f* ferita *f* da arma da fuoco; **Schußwaffe** *f* arma *f* da fuoco

Schuster(in *f* *m* ⟨-s, -⟩ ↑ *Schuhmacher* calzolaio/a

Schutt *m* ⟨-[e]s⟩ [1] ↑ *Gesteinstrümmer* macerie *f*/*pl* [2] ↑ *Müll* immondizie *f*/*pl*, rifiuti *m*/*pl*; ◇ - **abladen verboten** divieto di scarico di rifiuti; **Schuttabladeplatz** *m* [luogo di] scarico *m* di rifiuti

Schüttelfrost *m* brividi *m*/*pl* causati dalla febbre; **schütteln** I. *vt* → *Baum* scuotere; → *Hand* stringere; → *Kopf* scuotere II. *vr* ◇ **sich** - (*vor Lachen*) spanciarsi dalle risate

schütten I. *vt* → *Zucker, Kies etc.* versare II. *vi impers* piovere a dirotto

schütter *adj* ▷*Haare* rado

Schutz *m* ⟨-es⟩ [1] ↑ *Unterstützung, Hilfe* protezione *f*; ◇ **jd-n in** - **nehmen** prendere qu sotto la propria protezione [2] ↑ *Unterschlupf* riparo *m*, rifugio *m*; ◇ **jd-m** - **bieten** offrire un riparo a qu [3] ↑ *Verteidigung* (*Geleit-*) scorta *f*; **Schutzanzug** *m* indumento *m* protettivo; **Schutzbefohlene(r)** *f* *m* protetto *m*; **Schutzblech** *n* (*von Fahrrad*) parafango *m*; **Schutzbrief** *m* AUT salvacondotto *m*; **Schutzbrille** *f* occhiali *m*/*pl* di protezione

Schütze *m* ⟨-n, -n⟩ [1] (*Revolver-*) tiratore *m*; (*Bogen-*) arciere *m* [2] (SPORT *Tor-*) tiratore *m* [3] ASTROL sagittario *m*

schützen *vt* ↑ *bewahren, verteidigen* proteggere; → *Natur* difendere; **Schutzengel** *m* angelo *m* custode; **Schutzgebiet** *n* (*Natur-*) zona *f* di riserva; **Schutzhaft** *f* arresto *m* per ragioni di sicurezza; **Schutzheilige(r)** *f* *m* patrono/a; **Schutzimpfung** *f* (MED *Pocken-*) vaccinazione *f*; **schutzlos** *adj* indifeso; **Schutzmann** *m*,

pl ⟨-leute *o.* -männer⟩ poliziotto *m*; **Schutzmaßnahme** *f* misura *f* di protezione; **Schutzpatron(in** *f*) *m* patrono *m*; **Schutzumschlag** *m* (*von Buch*) copertina *f*

schwach *adj* [1] ↑ *kraftlos* debole [2] ▷*Kaffee, Tee* leggero [3] ↑ *nicht zahlreich* scarso, poco; ◇ - **besuchte Ausstellung** una mostra poco frequentata [4] ↑ *schlecht* ▷*Veranstaltung* brutto [5] ↑ *nachgiebig, weich* debole; ◇ - **werden** indebolirsi; **Schwäche** *f* ⟨-, -n⟩ ▷*körperlich* debolezza *f*; (*Charakter-*) debolezza *f*, difetto *m*; **schwächen** *vt* [1] ↑ *ermüden* → *jd-n* stancare, indebolire [2] ↑ *vermindern* → *Einfluß* diminuire; **Schwächling** *m* (*körperlich*) persona *f* debole; (*charakterlich*)

Schwachsinn *m* [1] deficienza *f* [2] FIG ↑ *Unsinn* stupidata *f*; ◇ - **reden** dire delle stupidate; **schwachsinnig** *adj* [1] ↑ *geistig behindert* deficiente [2] ↑ *unsinnig* ▷*Idee* stupido; **Schwachstelle** *f* punto *m*/lato *m* debole; **Schwachstrom** *m* (ELECTR *Ggs zu Starkstrom*) corrente *f* a bassa tensione; **Schwächung** *f* *a.* FIN indebolimento *m*

Schwaden *m* ⟨-s, -⟩ (*Nebel-*) nebbia *f*; (*Rauch-*) nuvola *f* [di fumo]

schwafeln *vti* FAM raccontare delle stupidate

Schwager *m* ⟨-s, -⟩, **Schwägerin** *f* cognato/a

Schwalbe *f* ⟨-, -n⟩ FAUNA rondine *f* *m*

Schwall *m* ⟨-[e]s, -e⟩ (*Wasser-*) cavallone *m*; (*FIG von Worten*) profusione *f*

schwamm *impf v.* **schwimmen**

Schwamm *m* ⟨-[e]s, Schwämme⟩ [1] FAUNA spugna *f* [2] (FLORA *Pilz*) fungo *m* [3] (*Bade-*) spugna *f*; **schwammig** *adj* ▷*Gesicht, Körper* gonfio

Schwan *m* ⟨-[e]s, Schwäne⟩ FAUNA cigno *m*

schwanen *vi impers* ↑ *ahnen*: ◇ **jd-m schwant etw** avere un presentimento

schwand *impf v.* **schwinden**

schwang *impf v.* **schwingen**

schwanger *adj* [1] incinta [2] FIG ◇ **mit etw** - **gehen** → *Plan* escogitare qc; **schwängern** *vt* mettere incinta; **Schwangerschaft** *f* gravidanza *f*; **Schwangerschaftsabbruch** *m* interruzione *f* della gravidanza

Schwank *m* ⟨-[e]s, Schwänke⟩ farsa *f*

schwanken *vi* [1] ↑ *taumeln* dondolarsi [2] ← *Preise, Gewicht* oscillare [3] ↑ *zögern* tentennare, esitare; **Schwankung** *f* (*von Preisen, Gewicht, Temperatur*) oscillazione *f*

Schwanz *m* ⟨-es, Schwänze⟩ [1] (*von Tier*) coda *f* [2] ↑ *Anhang, Schlußteil* coda *f* [3] FAM ↑ *Penis* pene *m* [4] FAM ◇ **es ist kein - da** (*niemand*) non c'è un cane lì

schwänzen I. *vt* FAM → *Schule, Vorlesung* marinare **II.** *vi* marinare

Schwarm *m* ⟨-[e]s, Schwärme⟩ ① (*von Menschen/Tieren*) sciame *m* ② FAM fiamma *f*; ◇ **sein neuester** - la sua nuova fiamma

schwärmen *vi*: ◇ - **für** essere entusiasta di

Schwarte *f* ⟨-, -n⟩ ① (*Speck-*) pelle *f* ② FAM libro *m* vecchio

schwarz *adj* ① ▷*Haar, Stoff* nero; ◇ - **wie die Nacht** nero come la pece ② ▷*Hautfarbe* nero, negro; ◇ **S-e(r)** ne[g]ro *m* ③ ↑ *illegal* nero; ◇ **S-er Markt** mercato *m* nero ④ FIG ↑ *bissig, pessimistisch* nero; ◇ -**er Humor** pessimo umore; ◇ **ins S-e treffen** *auch* FIG colpire nel segno; ◇ - **auf weiß** nero su bianco; **Schwarzarbeit** *f* lavoro *m* nero; **Schwarzbrot** *n* GASTRON pane *m* nero; **Schwärze** *f* ⟨-, -n⟩ ① (*von Nacht*) nero *m* ② (*Farbe, Drucker-*) inchiostro *m* [nero]; **schwärzen** *vt* annerire; **schwarzfahren** *unreg vi* (*in Bus, Zug etc.*) viaggiare senza biglietto; (*ohne Führerschein*) guidare senza patente; **schwarzhören** *vi* MEDIA ascoltare la radio senza aver pagato il canone; **Schwarzmarkt** *m* mercato *m* nero; **schwarzsehen** *unreg vi* ① FAM ↑ *pessimistisch sein* vedere nero ② MEDIA non pagare il canone della televisione; **Schwarzseher(in** *f*) *m* ① pessimista *m* ② MEDIA telespettatore *m* che non paga il canone; **Schwarzweißfilm** *m* film *m* in bianco e nero

schwatzen, schwätzen I. *vi* (*in Schule*) chiacchierare **II.** *vt* ↑ *daherreden*: ◇ **dummes Zeug** - dire delle stupidate/sciocchezze; **Schwätzer (in** *f*) *m* ⟨-s, -⟩ chiacchierone/a

Schwebe *f* FIG: ◇ **in der** - in sospeso; **Schwebebahn** *f* teleferica *f*; **Schwebebalken** *m* SPORT asse *f* di equilibrio; **schweben** *vi* ↑ *hoch hängen* pendere; ◇ **in Gefahr** - essere in pericolo

Schwede *m* ⟨-n, -n⟩ svedese *m*; **Schweden** *n* Svezia *f*; **Schwedin** *f* svedese *f*; **schwedisch** *adj* svedese

Schwefel *m* ⟨-s⟩ CHEM zolfo *m*; **schwefelig** *adj* ▷*Geruch* solforoso

Schweif *m* ⟨-[e]s, -e⟩ ↑ *Schwanz (von Hund, Komet)* coda *f*

Schweigegeld *n* bustarella *f* data per tacere; **schweigen** ⟨schwieg, geschwiegen⟩ *vi* ① ← *Person* tacere ② ↑ *still sein* stare zitto; **Schweigen** *n* ⟨-s⟩ silenzio *m*; **schweigsam** *adj* di poche parole; **Schweigsamkeit** *f* mutismo *m*

Schwein *n* ⟨-[e]s, -e⟩ (*Tier*) maiale *m*; (FAM *unreinliche Person*) maiale *m*; (*gemeine Person*) porco *m*; **Schweinefleisch** *n* GASTRON car-

ne *f* di maiale; **Schweinerei** *f* ① ↑ *Durcheinander, Schmutz* porcheria *f*; FAM merdaio *m* ② ↑ *Gemeinheit* porcheria *f*; **Schweinestall** *m* porcile *m*

Schweiß *m* ⟨-es⟩ sudore *m*

Schweißbrenner *m* ⟨-s, -⟩ cannello *m* [per saldare]; **schweißen** *vti* ← *Metall, Kunststoff* saldare; **Schweißer(in** *f*) *m* ⟨-s, -⟩ salda[tore(-trice) *f*] *m*

Schweiz *f* Svizzera *f*; ◇ **die** - la Svizzera; ◇ **in der** - in Svizzera; ◇ **in die** - **fahren** andare in Svizzera; ◇ **S-** **Käse** formaggio *m* svizzero; **Schweizer(in** *f*) *m* ⟨-s, -⟩ svizzero; ◇ **die** - *pl* gli svizzeri; **Schweizerdeutsch** *n* tedesco *m* svizzero; **schweizerisch** *adj* svizzero

schwelen *vi* bruciare lentamente

schweigen *vi*: ◇ **in Luxus** - nuotare nell'abbondanza; ◇ **in Erinnerungen** - godersi

Schwelle *f* ⟨-, -n⟩ ① (*Tür-*) soglia *f*, ingresso *m* ② FIG ↑ *Übergang* soglia *f* ③ BAHN traversina *f*; **Schwellenland** *n* paese *m* in via di sviluppo; **Schwellung** *f* MED rigonfiamento *m*

Schwemmland *n* terreno *m* alluvionale

schwenken I. *vt* ① → *Fahne* sventolare ② ↑ *ausspülen* (*mit Wasser*) sciacquare **II.** *vi* ↑ *abbiegen* curvare, girare; ◇ **nach links** - girare a sinistra

schwer I. *adj* ① ▷*Koffer, Person* pesante; ◇ **65 Kilo** - **sein** pesare 65 chili ② ↑ *schwierig, anspruchsvoll* ▷*Aufgabe, Problem* ▷*Lektüre* difficile ③ ↑ *schlimm, arg* ▷*Los, Schlag, Katastrophe* pesante, duro, grave ④ FIG ◇ -**en Herzens** a malincuore **II.** *adv* ↑ *sehr* ▷*verletzt etc.* gravemente; **Schwerarbeiter(in** *f*) *m* operaio *m* addetto ai lavori pesanti; **Schwere** *f* ⟨-, -n⟩ ① PHYS ↑ *Schwerkraft* gravità *f m* ② ↑ *Schwersein* peso *m* ③ ↑ *Wichtigkeit* (*von Entscheidung*) peso *m*, gravità *f*; **schwerelos** *adj* ▷*Kammer* privo di gravità; **Schwerelosigkeit** *f* assenza *f* di gravità; **Schwerenöter** *m* ⟨-s, -⟩ donnaiolo *m*; **schwererziehbar** *adj* ▷*Kind* difficile da educare; **schwerfallen** *unreg vi* ← *Arbeit, Entscheidung* essere difficile; ◇ **es fällt mir schwer** avere delle difficoltà; **schwerfällig** *adj* goffo; **Schwergewicht** *n* ① SPORT peso *m* massimo ② FIG (*von Entscheidung*) peso *m*; **schwerhörig** *adj* duro d'orecchi; **Schwerindustrie** *f* industria *f* pesante; **Schwerkraft** *f* PHYS forza à di gravità *f*; **Schwerkranke(r)** *fm* malato *m* grave; **schwermachen** *vt*: ◇ **jd-m etw** - → *Leben* rendere difficile qc a qu; **Schwermetall** *n* metallo *m* pesante; **schwermütig** *adj* depresso; **schwernehmen** *unreg vt* prendere male; **Schwerpunkt** *m* FIG (*von Problem*) punto *m* fondamentale

Schwert n ‹-[e]s, -er› spada f; **Schwertlilie** f FLORA iris m

schwertun unreg vi: ◇ **sich** dat o akk - affaticarsi (mit con/a)

Schwerverbrecher(in f) m criminale m; **schwerverdaulich** adj ▷Essen difficile da digerire, pesante; **schwerverletzt** adj ferito grave; **schwerwiegend** adj ▷Fehler, Frage grave, serio

Schwester f ‹-, -n› ① sorella f ② MED infermiera f ③ (Ordens-) suora f

schwieg impf v. **schweigen**

Schwiegereltern pl suoceri m/pl; **Schwiegermutter** f suocera f; **Schwiegersohn** m genero m; **Schwiegertochter** f nuora f; **Schwiegervater** m suocero m

Schwiele f ‹-, -n› callo m; ◇ **-n an den Händen** calli alle mani

schwierig adj ① ↑ anspruchsvoll, mühevoll ▷Aufgabe, Arbeit difficile ② ▷Mensch difficile; **Schwierigkeit** f ① (von Arbeit) difficoltà f ② ↑ Hindernis ostacolo m; ◇ **-en überwinden** superare degli ostacoli/delle difficoltà

Schwimmbad n piscina f; **Schwimmbekken** n piscina f; **schwimmen** ‹schwamm, geschwommen› vi nuotare; (treiben, nicht sinken) galleggiare; (FIG unsicher sein) essere insicuro; **Schwimmer(in** f) m ‹-s, -› nuota|tore(-trice f) m; **Schwimmflosse** f pinne f/pl; **Schwimmsport** m nuoto m; **Schwimmweste** f giubbetto m di salvataggio

Schwindel m ‹-s› ① (-anfall) capogiro m, vertigini m/pl ② (Betrug) truffa f ③ (Zeug) roba f; **schwindelfrei** adj che non soffre di vertigini; **schwindeln** vi (FAM lügen): ◇ **jd-m schwindelt es** FAM raccontare balle

schwinden ‹schwand, geschwunden› vi (sich verringern) diminuire; **Schwindler(in** f) m ‹-s, -› (Betrüger) imbroglione m, **schwindlig** adj; ◇ **mir ist -** ho dei giramenti di testa /mi gira la testa

schwingen I. ‹schwang, geschwungen› vt → Hut agitare [il capello]; → Waffe brandire II. vi ① ▷pendelartig ← Brücke oscillare ② ↑ [nach-]klingen risonare, vibrare III. vr balzare, lanciarsi; ◇ **sich auf's Pferd** - balzare in sella; **Schwinger(in** f) m ‹-s, -› BOXEN swing m, sventola f; **Schwingtür** f porta f scillante; **Schwingung** f PHYS oscillazione f

Schwips m ‹-es, -e›: ◇ **e-n - haben** essere brillo

schwirren vi ronzare

schwitzen vi sudare

schwoll impf v. **schwellen**

schwören ‹schwor, geschworen› vt, vi giurare (auf a/su)

schwul adj FAM omosessuale

schwül adj soffocante; **Schwüle** f ‹-› afa f, pesantezza f

schwülstig adj ampolloso; gonfio

Schwund m ‹-[e]s› (Schrumpfen) calo m, diminuzione f

Schwung m ‹-[e]s, Schwünge› ① (Energie) slancio m ② (FAM Menge) mucchio m; **schwunghaft** adj dinamico; **schwungvoll** adj movimentato, pieno di slancio

Schwur m ‹-[e]s, Schwüre› giuramento m; **Schwurgericht** n corte f d'assise

sechs nr sei; **sechsfach** I. adj sestuplo II. adv sei volte; **sechshundert** nr seicento; **sechsjährig** adj (6 Jahre alt) di sei anni; (6 Jahre dauernd) che dura sei anni; **sechsmal** adv sei volte; **sechste(r, s)** adj sesto; ◇ **der - Mai** il sei maggio; ◇ **Bonn, den 6. Mai** Bonn, 6 maggio; **Sechste(r)** fm sesto/a; **Sechstel** n ‹-s, -› (Bruchteil) sesto m; **sechstens** adv sesto; **sechzehn** nr sedici; **sechzig** nr sessanta

Secondhandladen m negozio m di usato

Sediment n ‹-[e]s, -e› sedimento m

See I. f ‹-, -n› mare m II. m ‹-s, -n› lago m; **Seebad** n bagno m nel mare; **Seefahrt** f (Reise) viaggio m per mare; **Seegang** m moto m ondoso; **Seehund** m FAUNA foca f; **Seeigel** m FAUNA riccio m di mare; **Seeklima** n clima m marittimo; **seekrank** adj che ha il mal di mare; **Seekrankheit** f mal m di mare; **Seelachs** m merlano m

Seele f ‹-, -n› anima f; FIG ◇ **die - des Hauses** il centro della casa; **Seelenfrieden** m pace f dell'anima; **Seelenheil** n salute f dell'anima; **Seelenruhe** f serenità f; ◇ **in aller -** in tutta serenità; **seelenruhig** adj imperturbabile; **Seelenwanderung** f REL trasmigrazione f dell'anima

Seeleute pl gente f/pl di mare

seelisch adj ▷Gleichgewicht, Not psicologico

Seelöwe m leone m marino; **Seeluft** f aria f di mare; **Seemacht** f marina f; **Seemann** m ‹-s, Seeleute› marinaio m; **Seemannsgarn** n ‹-s› avventure f/pl di marinai; FIG ◇ **- spinnen** raccontare avventure di marinaio; **Seemeile** f miglio m marino; **Seenot** f pericolo m di naufragio; **Seepferd[chen]** n cavalluccio m marino; **Seeräuber(in** f) m pirata m/f; **Seereise** f crociera f; **Seeschaden** m avaria f; **Seeschiffahrt** f navigazione f marittima; **Seeschlacht** f battaglia f navale; **Seesperre** f blocco m marittimo; **Seestern** m stella f di

mare; **Seestreitkräfte** f flotta f navale; **See-
teufel** m rana f pescatrice; **seetüchtig** adj atto
alla navigazione; **Seeweg** m via f marittima;
◇ **auf dem -** sulla via marittima; **Seewind** m
vento m marino; **Seewolf** m pesce m lupo; **See-
zeichen** n segnale m marittimo; **Seezunge** f
sogliola f

Segel n ⟨-s, -⟩ vela f; **Segelboot** m barca f a vela;
Segelfliegen n volare a vela; **Segelflug** m
volo m a vela; **Segelflugzeug** n aliante m;
Segeljacht f panfilo m a vela; **segeln** vi navigare a vela; **FAM ◇ durch ein Examen -** essere
bocciato all'esame; **Segelregatta** f SPORT
regatta f velica; **Segelschiff** m veliero m; **Segelsport** m velismo m; **Segeltuch** n olona f

Segen m ⟨-s, -⟩ benedizione f; **FAM ◇ jd-s -
haben** avere la benedizione di qu; **segens-
reich** adj benefico

Segment n ⟨-s, -e⟩ (Teilstück, Abschnitt) segmento m

segnen vt ① ~ Pfarrer benedire ② ◇ **das Zeit-
liche -** morire

sehen I. ⟨sah, gesehen⟩ vt ① vedere ② (beobach
ten) osservare ③ (erkennen) scorgere ④ (beurteilen) vedere, giudicare ⑤ (begreifen) vedere, capire ⑥ (treffen) vedere ⑦ (FIG sopportare)
vedere ◇ **jd-n/etw nicht mehr - können** non poter
vedere qu/qc **II.** vi ① vedere ② (achten) ◇ **nicht
auf den Preis sehen** non badare al prezzo ③
(einsehen) vedere, capire **III.** vr ◇ **sich -** ①
vedersi (anche rec) ② (sich treffen) incontrarsi;
sehenswert adj degno di essere visto; **se-
henswürdig** adj degno di essere visto; **Se-
henswürdigkeit** f cosa f da vedersi; **Seher(in**
f) m ⟨-s, -⟩ veggente m/f; **Sehfehler** m difetto m
della vista; **Sehkraft** f ↑ Sehvermögen facoltà f
visiva

Sehne f ⟨-, -n⟩ ① tendine m ② (von Bogen) corda
f dell'arco

sehnen vr ◇ **sich -** avere nostalgia (nach dat
di)

Sehnenscheidentzündung f tendosinivite f;
sehnig adj ▷ Fleisch tiglioso

sehnlich adj ardente, fervido; **Sehnsucht** f
nostalgia f; **sehnsüchtig** adj nostalgico

sehr adv molto; ◇ **zu -** troppo

Sehstörung f disturbo m della vista

seicht adj ▷ Wasser basso; FIG ▷ Gespräch superficiale

Seide f ⟨-, -n⟩ seta f; **Seidenpapier** n carta f
velina; **Seidenraupe** f baco m da seta; **Sei-
denspinner** m BIO baco m da seta; **seidig** adj
▷ Glanz, Fell di seta

Seife f ⟨-, -n⟩ sapone m; **Seifenblase** f bolla f di

sapone; FIG bolla f di sapone; **Seifenlauge** f
acqua f saponata; **Seifenschaum** m schiuma f
di sapone

seihen vt filtrare

Seil n ⟨-[e]s, -e⟩ corda f; **Seilbahn** f funivia f;
Seilhüpfen, Seilspringen n ⟨-s⟩ salto m alla
corda; **Seilschaft** f corda f; **Seiltänzer(in** f)
m funambolo/a; **Seilzug** m comando m a cavo
flessibile

sein ¹ ⟨war, gewesen⟩ vi ① essere ② (existieren)
esistere, essere ③ (leben) essere, vivere ④ (sich
befinden) trovarsi ⑤ (aussehen) essere,
apparire ⑥ (stammen) essere (aus dat di) ⑦
(gehören) essere, appartenere a ⑧ (als Hilfsverb)
◇ **Luigi ist weggegangen** Luigi è andato via ⑨
(müssen) ◇ **die Möbel sind so zu transportieren** i mobili devono essere trasportati in questo
modo

sein ² adj suo; ◇ **- Glas** il suo bicchiere

Sein n ⟨-s⟩ ① essere m ② (Wirklichkeit) realtà f

seine pron suo; ◇ **meine Uhr geht genauer als -**
il mio orologio è più preciso del suo; **seiner-
seits** adv quanto a lui; **seinerzeit** adv a suo
tempo; **seinesgleichen** pron ⟨inv⟩ uguale m/f;
PEJ persona f del suo genere; **seinethalben**,
seinetwegen adv (für ihn) per lui; (ihm zuliebe) per amor suo

seinlassen unreg vt lasciar stare

Seismograph m ⟨-en, -en⟩ sismografo m

seit I. präp dat da; ◇ **- langem** da lungo tempo;
◇ **er ist - e-r Woche hier** è qui da una settimana
II. cj (seitdem) da quando; **seitdem I.** adv da
allora **II.** cj (- er krank ist) da quando è malato

Seite f ⟨-, -n⟩ ① (Vorder-) parte f; FIG ◇ **jd-m
zur - stehen** assistere qu ② (Buch-, Zeitungs-)
pagina f; (von Stoff) lato m ③ (FIG Eigenschaft)
aspetto m; ◇ **sich von der besten - zeigen** mostrarsi dal lato migliore ④ (Richtung) parte f ⑤
(Gesichtspunkt) ◇ **von juristischer -** dal lato
giuridico; **Seitenansicht** f ▷ des Hauses vista f
laterale; **Seitenausgang** m uscita f laterale;
Seitenfläche f superficie f laterale; **Seiten-
flosse** f deriva f verticale; **Seitenhieb** m FIG
frecciata f; **seitenlang** adj ▷ Anklageschrift di
pagine intere; **Seitenlinie** f linia f laterale; **seitens** präp gen ▷ des Angeklagten da parte di;
Seitenschiff n navata f laterale; **Seitensprung** m FIG scappatella f; **Seitenstechen**
n ⟨-s⟩ fitte f/pl al fianco; **Seitenstraße** f strada f
laterale; **Seitenstreifen** m banchina m; **sei-
tenverkehrt** adj ▷ Aufnahme, Dia rovesciato

seitlich I. adj laterale **II.** präp gen a lato di;
seitwärts adv lateralmente

Sekret n ⟨-s, -e⟩ ▷ *eitriges* secrezione f
Sekretär(in f) m ① segretario/a ② (*Möbelstück*) secrétaire m; **Sekretariat** n (*Leute*) personale m di segreteria; (*Büro*) segreteria f
Sekt m ⟨-[e]s, -e⟩ spumante m
Sekte f ⟨-, -n⟩ ▷ *religiöse* setta f
Sektflöte f calice m da spumante; **Sektkelch** m calice m da spumante
Sektor m settore m
sekundär adj ▷ *Bedeutung* secondario; **Sekundärliteratur** f bibliografia f critica
Sekunde f ⟨-, -n⟩ secondo m; **Sekundenzeiger** m lancetta f dei secondi
selber pron ⟨inv⟩ *FAM*: ◇ **das glaubst du doch - nicht !** tu stesso non ci credi !; **selbst I.** pron: ◇ **er** - egli stesso; ◇ **wie von** - da sé **II.** adv (*sogar*) perfino; **Selbstachtung** f rispetto m per se stesso; **selbständig** adj (*Mensch*) autonomo; (*Arbeit*) indipendente; ◇ **sich - machen** rendersi indipendente; **Selbständigkeit** f indipendenza f; **Selbstauslöser** m ⟨-s, -⟩ FOTO autoscatto m; **Selbstbedienung** f self-service m; **Selbstbedienungsrestaurant** n ristorante m con self-service; **Selbstbefriedigung** f masturbazione f; **Selbstbeherrschung** f autocontrollo m; **Selbstbestimmung** f autodeterminazione f; **selbstbewußt** adj ▷ *Auftreten, Benehmen* consapevole; **Selbstbewußtsein** n coscienza f di sé; **Selbstbildnis** n ↑ *Selbstporträt* autoritratto m; **Selbsteinschätzung** f valutazione f fiscale dei propri redditi; **Selbsterhaltung** f autoconservazione f; **Selbsterkenntnis** f conoscenza f di se stesso; **selbstgefällig** adj ▷ *Mensch* compiaciuto; ▷ *Miene* soddisfatto; **selbstgemacht** adj ▷ *Geschenk* fatto da sé; **Selbstgespräch** n monologo m; **Selbsthilfegruppe** f gruppo m di autotutela; **selbstklebend** adj ▷ *Folie* autoadesivo; **Selbstkostenpreis** m prezzo m di costo; **selbstkritisch** adj autocritico; **selbstlos** adj ▷ *Mensch* disinteressato; ▷ *Hilfe, Verzicht* disinteressato; **Selbstmord** m ↑ *Suizid* suicidio m; **Selbstmörder(in** f) m suicida m/f; **selbstmörderisch** adj ▷ *Absicht* da suicidio; **selbstsicher** adj ← *Mensch* sicuro di sé; ← *Haltung* sicuro di sé; **Selbstsicherheit** f sicurezza f di sé; **selbsttätig** adj automatico; **Selbsttäuschung** f illusione f; **Selbstverleugnung** f abnegazione f; **selbstverständlich I.** adj naturale **II.** adv naturalmente; **Selbstverständlichkeit** f ↑ *Natürlichkeit* naturalezza f; **Selbstverteidigung** f autodifesa f; **Selbstvertrauen** n fiducia f in sé; **Selbstverwaltung** f amministrazione f autonoma; **Selbstzweck** m fine m a se stesso

selektiv adj selettivo
selig adj ① (*verstorbene*) defunto ② REL beato ③ (*FAM glücklich*) ◇ **- sein** essere felice; **Selige(r)** fm beato/a; **Seligkeit** f beatitudine f
Sellerie m ⟨-s, -[s]⟩ sedano m
selten I. adj ▷ *Begabung* raro; ▷ *Ereignis* raro **II.** adv raramente; **Seltenheit** f rarità f
Selterswasser n acqua f di seltz
seltsam adj strano, insolito; **seltsamerweise** adv stranamente; **Seltsamkeit** f stranezza f
Semantik f semantica f
Semester n ⟨-s, -⟩ semestre m; **Semesterferien** pl vacanze f/pl semestrali
Semikolon n ⟨-s, -s⟩ punto m e virgola
Seminar n ⟨-s, -e⟩ seminario m
Semmel f ⟨-, -n⟩ panino m; **Semmelknödel** m gnocchi m/pl di semolino
sen. *Abk v.* **Senior** sen.
Senat m ⟨-[e]s, -e⟩ senato m; **Senator(in** f) m senatore(-trice f) m
Sendebereich m portata f del trasmettitore; **Sendefolge** f ① programma f delle trasmissioni ② (*Serie*) puntata f; **senden** ⟨sandte, gesandt⟩ vt → *Brief* spedire; **Sender** m ⟨-s, -⟩ MEDIA stazione m trasmittente; **Sendeschluß** m fine f delle trasmissioni; **Sendestation** f stazione f trasmittente; **Sendezeit** f tempo m di trasmissione; **Sendung** f ① (*mit Post*) spedizione f ② MEDIA trasmissione f; (*Programm*) trasmissione f
Senf m ⟨-[e]s, -e⟩ ↑ *Mostrich* senape f; *FAM* ◇ **seinen - dazugeben** dire la sua
senil adj senile
Senior m ⟨-s, -en⟩ (*Älterer*) anziano m; **Seniorenpaß** m tessera f per anziani
Senkblei n ↑ *Senklot* piombo m; **Senke** f ⟨-, -n⟩ depressione f
Senkel m ⟨-s, -⟩ (*Schnür-*) laccio m
senken I. vt → *Kopf* chinare; → *Preise, Steuern* diminuire, abbassare; → *die Stimme* abbassare **II.** vr ◇ **sich** - ← *Boden* sprofondare; **Senkfuß** m piede m piatto
senkrecht adj verticale; **Senkrechte** f verticale f; **Senkrechtstarter** m ⟨-s, -⟩ AERO aereo m a decollo verticale
Senn m ⟨-[e]s, -e⟩, **Sennerin** f (*Almhirte*) malgaro/a
Sensation f sensazione f; **sensationell** adj ▷ *Erfolg* sensazionale
Sense f ⟨-, -n⟩ falce f
sensibel adj ▷ *Haut, Kind* sensibile; ▷ *Thema* delicato; **sensibilisieren** vt sensibilizzare
Sensor m ⟨-s, -en⟩ sensore m
sentimental adj sentimentale; **Sentimentalität** f sentimentalità f

separat adj ▷Eingang, Wohnung separato
Sepia f seppia f
September m ⟨-s, -⟩ settembre m
sequentiell adj PC sequenziale; **Sequenz** f
sequenza f
Serbe m ⟨-n, -n⟩ serbo m; **Serbien** n Serbia f;
Serbin f serba f
Serenade f MUS serenata f
Serie f (Film-, Buch-) serie f; (von Ereignissen)
serie f; **seriell** adj PC seriale; **Serienherstel-lung** f produzione f in serie; **serienweise** adv
in serie
seriös adj ▷Angebot serio; ▷Herr serio
Serpentine f serpentina f
Serum n ⟨-s, Seren⟩ (Blut-) siero m
Service [1] n ⟨-s, -[s], -⟩ (Eß-) servizio m
Service [2] m ⟨-, -s⟩ (Dienstleistung) servizio m;
(Kundendienst) assistenza f
servieren I. vt ▶ Essen, Getränke servire II. vi
servire in tavola
Serviette f salvietta f
Servolenkung f AUTO servosterzo m
servus intj (hallo, auf Wiedersehen) salve
Sessel m ⟨-s, -⟩ poltrona f
seßhaft adj (ansässig) sedentario
Set n ⟨-s, -s⟩ set m
setzen I. vt [1] ▶ Gast mettere a sedere (auf akk
su) [2] → Pflanzen, Hut posare [3] → Denkmal
erigere [4] ◇ auf jd-n/etw - scommettere su qu/qc
[5] → Komma, Klammer mettere [6] → Hoffnung
porre (auf akk in) II. vi (wetten) puntare (auf akk
su) III. vt impers esserci, essere; ◇ es wird
Schläge - saranno botte II. vr sich¯ sedersi;
Setzer(in f) m ⟨-s, -⟩ TYP compositore(-trice f)
m; **Setzerei** f sala f di composizione; **Setzling**
m piantone m
Seuche f ⟨-, -n⟩ epidemia f; **Seuchengebiet** n
zona f contaminata
seufzen vi sospirare; **Seufzer** m ⟨-s, -⟩ sospiro m
Sex m ⟨-[es]⟩ sesso m; **Sexismus** m sessismo m;
Sexist(in f) m ⟨-s, -⟩ sessista m/f; **Sexshop** m ⟨-s, -s⟩
sex-shop m; **Sexualität** f sessualità f; **Sexual-verbrechen** n delitto m sessuale; **sexuell** adj
sessuale
sezieren vt → Leiche sezionare; FIG → Essen
esaminare minuziosamente
Shampoo[n] n ⟨-s, -s⟩ (Teppich-, Haar-) sham-poo m
Sheriff m ⟨-s, -s⟩ sceriffo m
Sherry m ⟨-s, -s⟩ sherry m
Shop m ⟨-s, -s⟩ negozio m
Shorts f ⟨-, -⟩ pantaloncini m/pl corti
Show f ⟨-, -s⟩ show m; **Showmaster** m anima-tore m

siamesisch adj ▷Zwillinge siamese; **Siam-katze** f gatto m siamese
Sibirien n ⟨-s⟩ Siberia f; **sibirisch** adj siberia-no
sich pron [1] (refl., akk) si, sé; (dat) si, a sé [2]
(unpers.) si; ◇ hier lebt es sich schlecht qui si
vive male
Sichel f ⟨-, -n⟩ falce f
sicher I. adj [1] (geschützt, gefahrlos) ▷Weg,
Entfernung sicuro (vor dat da) [2] (geübt) esperto
[3] (gewiß) ◇ sich dat e-r Sache - sein essere
sicuro di una cosa II. adv (höchstwahrscheinlich)
sicuramente; **sichergehen** unreg vi (meist inf)
essere sicuro; **Sicherheit** f [1] sicurezza f [2]
(COMM Pfand) cauzione f; ↑ Garantie garanzia
f; **Sicherheitsabstand** m distanza f di sicu-rezza; **Sicherheitsglas** n vetro m di sicurezza;
Sicherheitsgurt m cintura f di sicurezza; **si-cherheitshalber** adv per motivi di sicurezza;
Sicherheitskette f catena f di sicurezza; **Si-cherheitsnadel** f spilla f di sicurezza; **Si-cherheitsschloß** n serratura f di sicurezza;
Sicherheitsvorkehrung f misura f precau-zionale; **sicherlich** adv sicuramente; **sichern**
I. vt [1] ▶ Fahrrad assicurare [2] ▶ Waffe mettere
la sicura a II. vi (wittern) fiutare il vento III. vr
◇ sich - cautelarsi (gegen akk contro); **sicher-stellen** vt → Diebesgut sequestrare; **Siche-rung** f (Festigung) sicurezza f; ELECTR valvola
(di sicurezza) f
Sicht f ⟨-⟩ visibilità f; (Fern-) visuale f; (Sichtwei-te) vista f; COMM ◇ auf -, bei - a vista; FIG
◇ auf lange - a lunga scadenza; **sichtbar** adj
▷Erfolg ▷Fortschritte visibile; **sichten** vt
→ Akte, Nachlaß esaminare; **sichtlich** adj
▷Unterschied evidente; ▷Freude visibile;
Sichtverhältnisse pl condizioni m/pl di visi-bilità; **Sichtvermerk** m visto m
sickern vi ▶ Flüssigkeit filtrare; ▶ Nachricht fil-trare (durch akk attraverso)
sie pron [1] ella, essa, essi m/pl, esse f/pl [2] (bei
Vergleichen) lei, loro m/pl/f/pl; ◇ meine Mutter
ist jünger als - mia madre è più giovane di lei;
(im Plural) loro m/pl, f/pl
Sie [1] pron (Höflichkeitsform) Lei m/f sg, Loro
m/pl, f/pl
Sie [2] pron lei f, donna f
Sieb n ⟨-[e]s, -e⟩ (Mehl-) setaccio m; (Tee-) colino m
sieben [1] vt ▶ Mehl setacciare; (FAM auswählen)
selezionare
sieben [2] nr sette; **siebenfach** adj settuplo;
siebenhundert adj, nr settecento; **sieben-jährig** adj (7 Jahre alt) di sette anni; (7 Jahre
dauernd) sttennale; **siebenmal** adv sette volte;

S

Siebenmonatskind *n* bambino *m* di sette mesi; **Siebensachen** *pl* quattro *m/pl* stracci; ◇ seine - **packen** prendere le proprie carabattole; **Siebenschläfer** *m* ghiro *m*; **siebte** *adj* settimo; **Siebtel** *n* ⟨-s, -⟩ settimo *m*; **siebtens** *adv* in settimo luogo; **siebzehn** *nr* diciassette; **siebzig** *nr* settanta

sieden *vt, vi* ← *Wasser, Öl* bollire; → *Fisch, Fleisch* lessare; **Siedepunkt** *m* punto *m* di ebollizione

Siedler(in *f*) *m* ⟨-s, -⟩ ↑ *Kolonist* colonizzatore (-trice *f*) *m*; **Siedlung** *f* (*Häuser*-) centro *m* residenziale

Sieg *m* ⟨-[e]s, -e⟩ vittoria *f*

Siegel *n* ⟨-s, -⟩ sigillo *m*; **Siegelring** *m* anello *m* con sigillo

siegen *vi* vincere (*über akk* su); **Sieger(in** *f*) *m* ⟨-s, -⟩ vincitore(-trice *f*) *m*; **siegesbewußt**, **siegessicher** *adj* sicuro della vittoria

siezen *vt* dare del Lei a

Signal *n* ⟨-s, -e⟩ segnale *m*; **Signalhorn** *n* corno *m*; **signalisieren** *vt* segnalare; **Signalmast** *m* semaforo *m*

Signatur *f* ① (*Unterschrift*) firma *f* ② (*an Bibliotheksbuch*) numero *m* di collocazione

signifikant *adj* ▷ *Unterschied* significativo

Silbe *f* ⟨-, -n⟩ sillaba *f*

Silber *n* ⟨-s⟩ CHEM argento *m*; (*Haushaltsgegenstände*) argenteria *f*; **Silberfuchs** *m* FAUNA volpe *f* argentata; (*Pelz*) volpe *f*; **silbern** *adj* ▷ *Klang* argentino; ▷ *Hochzeit* d'argento; **Silberpapier** *n* carta *f* stagnola; **Silberstreifen** *m* striscia *f* d'argento; FIG schiarita *f*

Silhouette *f* profilo *m*

Silo *n o m* ⟨-s, -s⟩ silo *m*

Silvester *n* ⟨-s, -⟩ Capodanno *m*; **Silvesterabend** *m* notte *f* di Capodanno

Simbabwe *n* ⟨-s⟩ Zimbabwe *m*

simpel *adj* ▷ *Frage, Aufgabe* semplice

Sims *n o m* ⟨-es, -e⟩ (*Fenster*-) davanzale *m*

simulieren *vt* ① (*vortäuschen*) simulare ② (*nachahmen*) simulare

simultan *adj* ▷ *Dolmetschen* simultaneo

Sinfonie *f* MUS sinfonia *f*

singen ⟨sang, gesungen⟩ *vt, vi* cantare

Single I. *m* ⟨-s, -s⟩ (*Mensch*) single *m/f* II. *f* ⟨-, -s⟩ (*Schallplatte*) 45 giri *m* III. *n* ⟨-s, -s⟩ SPORT singolo *m*

Singular *m* singolare *m*; **singularisch** ⟨⟨inv⟩⟩ *adj* singolare

Singvogel *m* uccello *m* canoro

sinken ⟨sank, gesunken⟩ *vi* ← *Schiff* inabissarsi; ← *Sonne* calare; ← *Hoffnung* diminuire; ← *Fieber, Temperatur* calare

Sinn *m* ⟨-[e]s, -e⟩ ① (*Wahrnehmungs*-) senso *m*; FAM ◇ **e-n sechsten - für etw haben** avere un sesto senso per qc ② ◇ -**i** *pl* sensi *m/pl*; **Sinnbild** *n* simbolo *m*

sinnen ⟨sann, gesonnen⟩ *vi* meditare (*auf akk* su)

Sinnenmensch *m* persona *f* sensuale; **sinnentstellend** *adj* ▷ *Zitat* che altera il senso; **Sinnesorgan** *n* organo *m* di senso; **Sinnestäuschung** *f* illusione *f* dei sensi; **Sinngedicht** *n* epigramma *m*; **sinngemäß** *adj* ▷ *Wiedergabe* conforme al senso; **sinnig** *adj* (*zweckmäßig*) opportuno; **sinnlich** *adj* ▷ *Mund* sensuale; **Sinnlichkeit** *f* sensualità *f*; **sinnlos** *adj* ▷ *Versuch* insensato; ▷ *Plan* insensato; **Sinnlosigkeit** *f* insensatezza *f*; **sinnvoll** *adj* ▷ *Versuch* sensato

Sinologie *f* sinologia *f*

Sintflut *f* diluvio *m* universale

Siphon *m* ⟨-s, -s⟩ (*-flasche*) sifone *m*

Sippe *f* ⟨-, -n⟩ stirpe *f*; **Sippschaft** *f* ① PEJ parentela *f* ② (*Bande*) cricca *f*

Sirene *f* ⟨-, -n⟩ sirena *f*

Sirup *m* ⟨-s, -e⟩ sciroppo *m*

Sisal *m* ⟨-s⟩ (*-tasche, -matte*) sisal *f*

Sitte *f* ⟨-, -n⟩ costume *m*; ◇ -**n** *pl* (*Benehmen*) costumi *m/pl*; **Sittenbild** *n* ↑ *Genrebild* quadro *m* dei costumi; **Sittenlehre** *f* morale *f*; **Sittenpolizei** *f* squadra *f* del buon costume

Sittich *m* ⟨-s, -e⟩ (*Wellen-, Nymphen*-) pappagallino *m*

sittlich *adj* morale; **Sittlichkeitsverbrechen** *n* delitto *m* contro la moralità pubblica

Situation *f* situazione *f*

Sitz *m* ⟨-es, -e⟩ ① (*Platz*) posto *m* (a sedere) ② (*Regierungs-, Wohn*-) sede *f* ③ (*von Kleidung*) taglio *m*; **sitzen** ⟨saß, gesessen⟩ *vi* ① essere seduto ② (*FAM sich befinden*) trovarsi, esserci ③ (*seinen Sitz haben*) risiedere ④ (*an e-r Tätigkeit*) ◇ **an e-m Bericht** - lavorare ad una relazione ⑤ ← *Ministerrat* essere in seduta; **sitzenbleiben** *unreg vi* ① SCHULE essere bocciato ② (*Mädchen*) fare da tappezzeria ③ ◇ **auf seiner Ware** - rimanere con la merce invenduta; **sitzend** *adj* seduto; **sitzenlassen** *unreg vt* ① SCHULE bocciare ② → *Mädchen* far fare da tappezzeria a ③ FIG ◇ **etw nicht auf sich dat** - non mandare giù qc; **Sitzgelegenheit** *f* posto *m* (a sedere); **Sitzkissen** *n* pouf *m*; **Sitzplatz** *m* posto *m* a sedere; **Sitzreihen** *f* fila *f*; **Sitzstreik** *m* sciopero *m* bianco; **Sitzung** *f* seduta *f*; (*bei Künstler*) posa *f*; **Sitzungsperiode** *f* sessione *f*

Sizilien *n* ⟨-s⟩ Sicilia *f*

Skala f ‹-, Skalen› (*auf Meßinstrument*) scala f

Skalpell n ‹-s, -e› scalpello m

Skandal m ‹-s, -e› scandalo m; **skandalös** adj ▷*Benehmen* scandaloso

Skandinavien n ‹-s› Scandinavia f; **Skandinavier(in** f) m n ‹-s, -› Scandinavo/a; **skandinavisch** adj scandinavo

Skat m ‹-, -s› (*Kartenspiel*) skat m

Skelett n ‹-[e]s, -e› scheletro m

Skepsis f ‹-› scetticismo m; **Skeptiker** m scettico m; **skeptisch** adj scettico

Sketch m sketch m

Ski m ‹-s, -er› sci m; ◇ **- laufen, - fahren** sciare; **Skianzug** m tuta f da sci; **Skibrille** f occhiali m/pl da sci; **Skiläufer(in** f) m sciatore(-trice f) m; **Skilehrer(in** f) m maestro/a di sci

Skinhead m ‹-s, -s› Skinhead m

Skischuhe m scarponi m/pl da sci; **Skischule** f scuola f di sci; **Skiträger** m (*für Auto*) portasci m

Skizze f ‹-, -n› schizzo m; **skizzieren** vt abbozzare

Sklave m ‹-n, -n›, **Sklavin** f schiavo/a

Skonto m o n ‹-s, -s› COMM sconto m

Skorpion m ‹-s, -e› FAUNA scorpione m; ASTROL scorpione m

Skript[um] n ‹-s, Skripten› scritto m

Skrupel pl scrupolo m sing; **skrupellos** adj privo di scrupoli

Skulptur f (*Holz-, Bronze-*) scultura f

skurril adj ▷*Idee* buffo

Slalom m ‹-s, -s› SPORT slalom m

Slang m ‹-s, -s› slang m

Slawe m ‹-n, -n›, **Slawin** f slavo/a

Slip m ‹-s, -s› slip m

Slipper m ‹-s, -› mocassino m

Slowake m ‹-n, -n›, **Slowakin** f slovacco/a

Slum m slum m

Smaragd m ‹-[e]s, -e› smeraldo m

smart adj ▷*Junge, Bursche* carino

Smog m ‹-s› smog m

Smoking m ‹-s, -s› smoking m

Snob m ‹-s, -s› snob m/f

so I. adv [1] (*ungefähr*) circa [2] (*Maß, Grad*) così, tanto; ◇ **schrei nicht - !** non gridare così ! [3] (*in Vergleichen*) ◇ **- stark wie ein Löwe** forte come un leone [4] (*auf diese Weise*) in questo modo; FAM ◇ **ach - !** ora capisco ! **II.** cj [1] così, dunque [2] (*folglich*) perciò [3] (*wenn auch*) quantunque **III.** adj (*solch*) siffatto, del genere

sobald cj (*sowie*) appena

Socke f ‹-, -n› calzino m; (FAM *weggehen*) ◇ **sich auf die n machen** andarsene

Sockel m ‹-s, -› (*bei Schrank, Denkmal*) zoccolo m

Sodawasser n soda f

Sodbrennen n bruciore m di stomaco

soeben adv in questo istante

Sofa n ‹-s, -s› divano m

sofern cj nella misura in cui

soff impf v. **saufen**

sofort adv immediatamente; **Soforthilfe** f assistenza f immediata; **sofortig** adj immediato; ◇ **mit -er Wirkung** con effetto immediato

Software f ‹-, -s› software m

sog impf v. **saugen**

Sog m ‹-s, -e› (*Luft-*) risucchio m

sogar adv addirittura

sogenannt adj cosiddetto

sogleich adv immediatamente

Sohle f ‹-, -n› [1] (*Schuh-*) suola f [2] (*Tal-*) fondovalle m

Sohn m ‹-[e]s, Söhne› figlio m

Sojabohne f soia f

solang[e] cj (*während*) mentre

Solarium n solarium m

Solbad n bagno m d'acqua salina

solche(r, s) pron [1] (*vor Adjektiv*) ◇ **ein dummer Kerl !** un tale stupido ! [2] (*für sich betrachtet*) ◇ **das Auto als -s ist nicht schlecht, aber ...** l'auto di per sé non è male, ma ... [3] (*derjenige*) ◇ **ein Buch für Übersetzer u. -, die es werden wollen** un libro per traduttori e per quelli che vogliono diventarlo

Sold m ‹-[e]s, -e› paga f

Soldat m ‹-en, -en› soldato m

Söldner m ‹-s, -› mercenario m

Sole f ‹-, -n› (*kochsalzhaltiges Wasser*) acqua f salsa

solidarisch adj solidale; **Solidarität** f solidarietà f

solide adj ▷*Bauweise* solido; ▷*Mensch* serio

Solist(in f) m solista m/f

Solitär m (*Diamant*) solitario m

Soll n ‹-[s], -[s]› COMM debito m

sollen vi [1] (*befehlend*) ◇ **du sollst nicht töten !** non uccidere ! [2] (*müssen*) ◇ **wo soll ich hingehen ?** dove devo andare ? [3] (*notwendig sein*) ◇ **man sollte sich bei ihm bedanken** bisognerebbe ringraziarlo [4] (*möglich sein*) potere; ◇ **was soll das bedeuten ?** che cosa vorrà dire ? [5] (*Ungläubichkeit ausdrückend*) ◇ **das soll sein Vater sein ?** questo sarebbe suo padre ?

Solo n ‹-s, -s o. Soli› assolo m

somit cj per cui

Sommer m ‹-s, -› estate f; ◇ **im - in estate; Sommerferien** pl vacanze f/pl estive; **Sommerfrische** f villeggiatura f; **Sommerfrischler(in** f) m villeggiante m/f; **sommer-**

S

lich *adj* ▷*Temperatur* estivo; **Sommer-schlußverkauf** *m* vendita *f* di fine stagione (estiva); **Sommersemester** *n* semestre *m* estivo; **Sommersprosse** *f* lentiggine *f*

Sonate *f* ⟨-, -n⟩ MUS sonata *f*

Sonde *f* ⟨-, -n⟩ (*Raum-*) sonda *f*; (*Magen-*) sonda *f*

Sonderangebot *n* offerta *f* speciale; **sonderbar** *adj* ▷*Gestalt* insolito; **Sonderfahrt** *f* gita *f* turistica; **Sonderfall** *m* caso *m* particolare; **Sondergenehmigung** *f* autorizzazione *f* speciale; **sondergleichen** *adj* ⟨*inv*⟩ senza pari; **sonderlich** *adj* ▷*Mensch* strano; ◇ **keine -e Lust haben** non avere nessuna voglia particolare; **Sonderling** *m* persona *f* strana

sondern[1] *cj* piuttosto, ma, bensì; ◇ **nicht nur ..., - auch** non solo ..., ma anche

Sonderpreis *m* prezzo *m* speciale; **Sonderschule** *f* classi *m/pl* differenziali; **Sonderwunsch** *m* desiderio *m* particolare; **Sonderzug** *m* BAHN treno *m* straordinario

sondieren *vt* sondare; (*FIG erkunden*) → *Lage* sondare

Sonett *n* ⟨-[e]s, -e⟩ sonetto *m*

Sonnabend *m* sabato *m*; **sonnabends** *adv* di sabato

Sonne *f* ⟨-, -n⟩ sole *m*; **sonnen** *vr* ◇ **sich -** prendere il sole; **Sonnenaufgang** *m* sorgere *m* del sole; **Sonnenblume** *f* girasole *m*; **Sonnenblumenöl** *n* olio *m* di girasole; **Sonnenbrand** *m* scottatura *f* solare; **Sonnenbrille** *f* occhiali *m/pl* da sole; **Sonnendach** *n* tetto *m* apribile; **Sonnenenergie** *f* ↑ *Solarenergie* energia *f* solare; **Sonnenfinsternis** *f* eclissi *f* solare; **Sonnenhut** *m* cappello *m* da sole; **Sonnenschein** *m* luce *f* solare; **Sonnenschirm** *m* ombrellone *m*; (*handgehalten*) ombrellino *m* parasole; **Sonnenstich** *m* insolazione *f*; **Sonnensystem** *n* sistema *m* solare; **Sonnenuhr** *f* orologio *m* solare; **Sonnenuntergang** *m* tramonto *m* del sole; **Sonnenwende** *f* (*Winter-*) solstizio *m*; **sonnig** *adj* ▷*Tag* assolato

Sonntag *m* domenica *f*; **sonntags** *adv* di domenica; **Sonntagsfahrer(in** *f*) *m* PEJ automobilista *m/f* della domenica

sonor *adj* ▷*Stimme* sonoro

sonst *adv* [1] (*andernfalls*) altrimenti [2] (*außerdem*) ◇ **- noch etwas?** che altro desidera *v*. [3] (*für gewöhnlich*) di solito; **sonstig** *adj* ▷*Wünsche, Anordnungen* altro; **sonstwo** *pron* FAM altrove

sooft *cj* ogniqualvolta

Sopran *m* ⟨-s, -e⟩ MUS soprano *m*

Sorge *f* ⟨-, -n⟩ preoccupazione *f*; ◇ **um jd-n/etw**

in **- sein** essere preoccupato per qu/qc; **sorgen I.** *vi* provvedere (*für akk* per) **II.** *vr* ◇ **sich -** essere in pensiero (*um akk* per); **sorgenfrei** *adj* senza pensieri; **Sorgenkind** *n* figlio/a che dà molti pensieri; **sorgenvoll** *adj* ▷*Blick* pieno di preoccupazioni

Sorgfalt *f* ⟨-⟩ accuratezza *f*; **sorgfältig** *adj* accurato; **sorglos** *adj* ▷*Leben* privo di preoccupazioni; **sorgsam** *adj* accurato

Sorte *f* ⟨-, -n⟩ [1] specie *f* [2] COMM ◇ **-n** *pl* valuta *f* estera

sortieren *vt* → *Waren* assortire; → *Wäsche* selezionare; (*ordnen*) classificare (*nach dat* secondo); **sortiert** *adj* selezionato; **Sortiment** *n* assortimento *m*

S.O.S. *n* segnale di *soccorso*, S.O.S.

sosehr *cj* per quanto

Soße *f* ⟨-, -n⟩ (*Braten-*) salsa *f*; (*Salat-*) condimento *m*; **Soßenschüssel** *f* salsiera *f*

Souffleur *m*, **Souffleuse** *f* THEAT suggeritore (*-trice f*) *m*; **soufflieren I.** *vt* suggerire **II.** *vi* fare il suggeritore

Sound *m* ⟨-s, -s⟩ qualità *f* del suono

Soutane *f* ⟨-, -n⟩ veste *f* talare

Souterrain *n* seminterrato *m*

Souvenir *n* ⟨-s, -e⟩ souvenir *m*

souverän *adj* ▷*Auftreten, Haltung* sovrano; (*überlegen*) superiore; **Souveränität** *f* sovranità *f*

soviel I. *cj* per quanto; ◇ **- ich weiß, ...** per quanto ne sappia, ... **II.** *adv* tanto; ◇ **- wie** come, uguale a

soweit I. *cj* [1] fin dove [2] (*in dem Maße*) per quanto, per quello che **II.** *adv* fin qui, fino a questo punto

sowenig I. *adv* tanto poco **II.** *cj* per poco

sowie *cj* [1] (*sobald*) non appena [2] (*wie auch*) come pure; **sowieso** *adv* comunque

Sowjetbürger(in *f*) *m* cittadino/a sovietico; **sowjetisch** *adj* sovietico; **Sowjetunion** *f* ⟨-⟩ l'Unione *f* Sovietica

sowohl *cj*: ◇ **- ... als auch** tanto ... quanto

sozial *adj* ▷*Beruf* sociale; **Sozialabgaben** *pl* contributi *m/pl* sociali; **Sozialarbeiter(in** *f*) *m* assistente *m/f* sociale; **Sozialdemokrat(in** *f*) *m* socialdemocratico/a; **sozialdemokratisch** *adj* socialdemocratico; **Sozialfall** *m* (*Person*) caso *m* sociale; **Sozialfürsorge** *f* assistenza *f* sociale; **Sozialhilfe** *f* assistenza *f* sociale; **Sozialisierung** *f* socializzazione *f*; **Sozialismus** *m* socialismo *m*; **Sozialist(in** *f*) *m* socialista *m/f*; **sozialistisch** *adj* socialistico; **Sozialleistungen** *pl* (*von Staat*) contributi *m/pl* sociali; **Sozialplan** *m* piano *m* sociale; **Sozialpoli-**

tik f politica f sociale; **Sozialstaat** m stato m sociale; **Sozialversicherung** f previdenza f sociale; **Sozialwohnungen** fpl case f/pl popolari

Soziologe m ⟨-n, -n⟩ sociologo m; **Soziologie** f sociologia f; **Soziologin** f sociologa f; **soziologisch** adj sociologico

sozusagen adv per così dire

Spachtel m ⟨-s, -⟩ spatola f; **spachteln** vi stuccare; (FAM viel essen) mangiare molto

Spagat m spaccata f

Spaghetti pl spaghetti m/pl

spähen vi spiare (nach dat qc); **Spähtrupp** m pattuglia f di esploratori

Spalier n ⟨-s, -e⟩ (Obst-) spalliera f; (Leute) ala f

spaltbar adj ▷Material spaccabile; **Spalt** m ⟨-[e]s, -e⟩ spaccatura f; (Tür-) spiraglio m; **Spalte** f ⟨-, -n⟩ (in Text) colonna f; **spalten** I. vt ← Gruppe, Land spaccare II, vr ◇ sich - spaccarsi; **Spaltmaterial** n materiale m fissile; **Spaltung** f spaccatura f; BIO scissione f; PHYS fissione f

Span m ⟨-[e]s, Späne⟩ (von Holz) truciolo m

Spanferkel n porcellino m da latte

Spange f ⟨-, -n⟩ ① (Haar-) fermaglio m ② (Arm-reif) bracciale m

Spanien n ⟨-s⟩ Spagna f; **Spanier(in** f) m ⟨-s, -⟩ spagnolo/a; **spanisch** adj spagnolo

Spann m ⟨-[e]s, -e⟩ dorso m del piede

Spannbeton m calcestruzzo m

Spanne f ⟨-, -n⟩ ① (Zeit-, Verdienst-) lasso m di tempo ② (Differenz) differenza f; **spannen** I. vt ① → ein Seil tendere ② → anschirren attaccare ③ (neugierig machen) incuriosire II. vi ← Hemd, Bluse stringere III. vr ◇ sich - ① ← Brücke inarcarsi ② ← Haut tendersi

spannend adj ▷Buch avvincente; ▷Augenblick emozionante

Spanner m tenditoio m

Spannung f tensione f; (Ungeduld) impazienza f; ELECTR voltaggio m; **Spannungsabfall** m ELECTR caduta f di tensione; **Spannungsprüfer** m ELECTR indicatore m di tensione

Spannweite f (bei Vogel) apertura f d'ala; (bei Flugzeug) apertura f d'ala

Sparbuch n libretto m di risparmio; **Sparbüchse** f salvadanaio m; **sparen** I. vt risparmiare II. vi risparmiare (auf akk in qc) III. vr ◇ sich - → Bemerkung risparmiarsi; ◇ sich dat die Mühe - (können) risparmiarsi la fatica; **Sparer(in** f) m ⟨-s, -⟩ risparmiatore(trice f) m

Spargel m ⟨-s, -⟩ asparago m

Sparkasse f cassa f di risparmio; **Sparkonto** n

conto m di risparmio; **spärlich** adj scarso; ▷Bekleidung misero; **Sparmaßnahme** f misura f d'economia; **sparsam** adj (Mensch) parsimonioso; (Gerät, Auto) economico; **Sparsamkeit** f parsimonia f; **Sparschwein** n salvadanaio m a forma di maialino

Sparte f ⟨-, -n⟩ ① (Abteilung, Fach) sezione f; ② (in Zeitung) colonna f

Spasmus m ⟨-, Spasmen⟩ spasmo m

Spaß m ⟨-es, Späße⟩ divertimento m; ◇ - machen essere divertente; **spaßen** vi: ◇ mit ihm ist nicht zu - con lui c'è poco da scherzare; **spaßeshalber** adv per scherzo; **spaßhaft, spaßig** adj ▷Mensch divertente; ▷Sache divertente

spastisch adj ▷Lähmung spastico

spät I. adj ▷Stunde tardo; ▷Gast in ritardo; ▷Entwicklung tardo II. adv tardi, in ritardo; **spätreif** adj tardivo; **Spätzündung** f accensione f ritardata

Spatel m ⟨-s, -⟩ spatola f

Spaten m ⟨-s, -⟩ vanga f

später I. adj ▷Generation posteriore II. adv più tardi, posteriormente; **spätestens** adv al più tardi

Spatz m ⟨-en, -en⟩ passero m; (Kosewort) passerotto m

spazieren vi passeggiare; **spazierenfahren** unreg vi portare a passeggio (con un veicolo); **spazierenführen** vi → Hund condurre a passeggio; **spazierengehen** unreg vi andare a passeggio; **Spaziergang** m passeggiata f; **Spaziergänger(in** f) m chi va a passeggio m/f; **Spazierstock** m bastone m da passeggio; **Spazierweg** m passeggiata f

Specht m ⟨-[e]s, -e⟩ picchio m

Speck m ⟨-[e]s, -e⟩ speck m; (FAM anfangen, nun los) ◇ ran an den - ! sotto!; **speckig** adj (fettig, schmutzig) lardoso; (abgetragen) ▷Anzug bisunto

Spedition f (-sfirma) spedizione f

Speer n ⟨-[e]s, -e⟩ giavellotto m; **Speerwerfen** n lancio m del giavellotto

Speiche f ⟨-, -n⟩ raggio m

Speichel m ⟨-s⟩ saliva f

Speicher m ⟨-s, -⟩ (Dach-) solaio m; (Korn-) granaio m; **Speicherkapazität** f PC capacità f di memorizzazione; **speichern** vt → Korn, Wasser immagazzinare; → Wärme immagazzinare; PC → File memorizzare; **Speicherschreibmaschine** f macchina f da scrivere con memoria

speien ⟨spie, gespie[e]n⟩ I. vt sputare; ← Feuer sputare; (erbrechen) vomitare II. vi sputare; (erbrechen) vomitare; ← Vulkan eruttare

Speise f ⟨-, -n⟩ ⟨Vor-, Nach-⟩ cibo m; **Speiseeis** n gelato m; **Speisekammer** f dispensa f; **Speisekarte** f menu m; **speisen** I. vt ① mangiare ② ⟨versorgen⟩ nutrire II. vi mangiare; **Speiseöl** n olio m commestibile; **Speiseröhre** f esofago m; **Speisesaal** m sala f da pranzo; **Speisewagen** m carrozza f ristorante

Spektakel n ⟨-s, -⟩ ⟨FIG Szene⟩ scenata f, piazzata f; **spektakulär** adj ⟨Ereignis spettacolare

Spekulant(in f) m speculatore(-trice f) m

Spektrum n ⟨-s, Spektren o. Spektra⟩ spettro m

Spekulation f FIN speculazione f; ⟨Vermutung⟩ ◇ reine - ! pura speculazione !; **spekulieren** vi FIN: ◇ an der Börse - speculare in borsa

Spelunke f ⟨-, -n⟩ taverna f

Spende f ⟨-, -n⟩ elemosina f; **spenden** vt → Geld donare; → Blut donare; **spendieren** vt → e-e Flasche Wein pagare

Sperber m sparviero m

Sperling m ↑ Spatz passero m; **Sperlingsvögel** pl passeracei m/pl

Sperma n ⟨-s, Spermen⟩ sperma m; **spermizid** adj ⟨Beschichtung spermicida

Sperre f ⟨-, -n⟩ barriera f; ⟨Straßen-⟩ blocco m; ⟨Urlaubs-⟩ divieto m; **sperren** I. vt → Grenze, Straße sbarrare; → das Licht tagliare; SPORT → Spieler sospendere; TYP spaziare II. vi ← Tür bloccarsi III. vr ◇ sich - opporsi, **Sperrfeuer** n fuoco m di sbarramento; **Sperrfrist** f periodo m di sospensione; **Sperrgebiet** n zona f vietata; **Sperrgut** n merce f ingombrante; **Sperrholz** n compensato m; **sperrig** adj ingombrante; **Sperrmüll** m rifiuti m/pl ingombranti; **Sperrsitz** m THEAT posto m distinto; **Sperrstunde** f ora f di chiusura

Spesen pl spese f/pl

Spezialgeschäft n negozio m specializzato; **spezialisieren** vr ◇ sich - specializzarsi ⟨auf akk in⟩; **Spezialist(in** f) m specialista m/f ⟨für akk in⟩; **Spezialität** f specialità f; ◇ e-e - des Hauses una specialità della casa; **speziell** adj ⟨Wunsch speciale

Spezies f ⟨-, -⟩ BIO specie f

spezifisch adj ⟨Gewicht specifico; ⟨Daten specifico; **spezifizieren** vt specificare

Sphäre f ⟨-, -n⟩ sfera f

Sphinx f ⟨-, - o. Sphingen⟩ ⟨Fabelwesen⟩ sfinge f

spicken I. vt → Braten lardellare II. vi SCHULE ⟨abschreiben, abschauen⟩ copiare

Spiegel m ⟨-s, -⟩ specchio m; ⟨Meeres-, Wasser-⟩ specchio m; **Spiegelbild** n immagine f riflessa

Spiegelei n uovo m al tegamino

spiegelglatt adj ⟨Fahrbahn liscio come uno specchio; **spiegeln** I. vi ← Fußboden, Glas brillare II. vt ⟨zeigen, wiedergeben⟩ riflettere II. vr ◇ sich - specchiarsi; **Spiegelreflexkamera** f macchina f fotografica reflex; **Spiegelsaal** m sala f degli specchi; **Spiegelschrift** f scrittura f a specchio; **Spiegelung** f riflesso m

Spiel n ⟨-[e]s, -e⟩ ① ⟨der Kinder⟩ gioco m; ⟨Karten -⟩ gioco m ② ⟨Darstellung⟩ rappresentazione f ③ ⟨Handeln⟩ ◇ ein gefährliches - spielen fare un gioco pericoloso ④ ⟨Bewegungsfreiheit⟩ gioco m ⑤ SPORT partita f; **Spielautomat** m macchina f automatica per giochi; **Spielbank** f ↑ Spielkasino casinò m; **Spieldose** f ↑ Spieluhr carillon m; **spielen** I. vt ① → Karten giocare ② → Klavier suonare ③ THEAT, FILM recitare ④ ⟨vortäuschen⟩ fingersi II. vi ① ⟨um Geld giocare a soldi ② ⟨am Spiel sein⟩ avere la mano; **spielend** adv come per gioco, con facilità; **Spieler (in** f) m ⟨-s, -⟩ ① giocatore(-trice f) m ② ⟨e-s Instruments⟩ musicista m/f; **Spielerei** f trastullo m; **Spielfeld** n campo m di gioco; **Spielfilm** m lungometraggio m; **Spielhölle** f bisca f; **Spielleiter** m regista m/f; **Spielmann** m giullare m; **Spielmarke** f fiche f; **Spielplan** m THEAT programma m; **Spielplatz** m campo m sportivo; **Spielraum** m TECH gioco m; FIG libertà f d'azione; **Spielregel** f regola f del gioco; **Spieltisch** m tavolo m da gioco; **Spieluhr** f carillon m, **Spielverderber(in** f) m ⟨-s, -⟩ guastafeste m/f; **Spielwaren** pl giocattoli m/pl; **Spielwarenhandlung** f negozio m di giocattoli; **Spielzeit** f durata f del gioco; **Spielzeug** n giocattolo m; **Spielzeugeisenbahn** f trenino m

Spieß m ⟨-es, -e⟩ ① giavellotto m ② GASTRON spiedo m; FIG ◇ den - umdrehen ritorcere le accuse

Spießbürger(in f) m borghesuccio/a; **Spießer** m ⟨-s, -⟩ capriolo m

spießen vt → Fleisch infilzare

spießig adj FAM ⟨Gesellschaft piccolo borghese

Spikes pl chiodi m/pl

Spinat m ⟨-[e]s, -e⟩ spinaci m/pl

Spind m o n ⟨-[e]s, -e⟩ stipo m

Spinett n spinetta f

Spinne f ⟨-, -n⟩ ragno m

spinnen ⟨spann, gesponnen⟩ I. vt filare II. vi filare; ⟨FAM verrückt sein⟩ essere matto

Spinnennetz n ragnatela f

Spinner, -in m ① filatore(-trice f) m ② ⟨FAM Verrückte(r)⟩ pazzo/a; **Spinnerei** f ⟨Fabrik⟩ filanda f; FAM stupidaggine f

Spinnrad n ruota f dell'arcolaio; **Spinnwebe** f ⟨-, -n⟩ ragnatela f

Spion(in f) m ⟨-s, -e⟩ ① spia m/f ② ⟨der Tür⟩

spioncino m; **Spionage** f ‹-, -n› spionaggio m; **spionieren** vi fare la spia

Spiralbohrer m punta f elicoidale; **Spirale** f ‹-, -n› 1 MATH spirale f 2 (e-r Uhr) molla f a spirale

Spiritismus m spiritismo m; **spiritistisch** adj ▷Sitzung spiritico

Spirituosen pl alcolici m/pl

Spiritus m ‹-, -se› alcool m; **Spirituskocher** m fornello m a spirito

Spital n ‹-s, Spitäler› ospedale m

spitz adj ▷Messer, Bleistift appuntito; FIG ▷Zunge tagliente; (Schrei) acuto; (äußerst ungern) ◇ etw mit -en Fingern anfassen prendere qc con la punta delle dita

Spitz m ‹-es, -e› volpino m

Spitzbogen m arco m ogivale

Spitzbube m (Gauner, Dieb) furfante m

Spitze f ‹-, -n› 1 punta f; (Finger-, Schuh-) punta; (Berg-) cima f 2 (FIG boshafte Bemerkung) trovata f 3 (erster Platz, vorderes Ende) testa f 4 (Höchstmaß, Beste) élite f

Spitzel m ‹-s, -› spia f

spitzen vt → Bleistift fare la punta a; ◇ die Ohren - tendere le orecchie

Spitzenleistung f rendimento m massimo; **Spitzenlohn** m salario m massimo; **Spitzensportler(in** f) m campione(-essa f) m

Spitzer m ‹-s, -› temperamatite m

spitzfindig adj cavilloso

Spitzhacke f piccone m

spitzkriegen vt FAM afferrare, capire

Spitzmaus f toporagno m; **Spitzname** m soprannome m

Spleen m ‹-s, -e› stravaganza f

spleißen ‹spliß, gesplissen› vt ← Holz spaccare

Splint m alburno m

Splitt m ‹-s, -e› brecciolino m

Splitter m ‹-s, -› scheggia f; **splitter[faser-]nackt** adj nudo come un verme; **Splitterpartei** f partito m separatista

Spoiler m ‹-s, -s› AUTO spoiler m

sponsern vt → Veranstaltung sponsorizzare; **Sponsor(in** f) m ‹-s, -en› sponsor m/f

spontan adj spontaneo

sporadisch adj sporadico

Sporn m sperone m

Sport m ‹-[e]s› sport m; **Sportart** f tipo m di sport; **Sportlehrer(in** f) m istruttore(-trice f) m sportivo; **Sportler(in** f) m ‹-s, -› sportivo/a; **sportlich** adj sportivo; **Sportplatz** m campo m sportivo; **Sportredakteur** m redattore m sportivo; **Sportveranstaltung** f manifestazione f sportiva; **Sportverein** m circolo m

sportivo; **Sportwagen** m 1 AUTO macchina f sportiva 2 (Kinderwagen) passeggino m

Spott m ‹-[e]s› scherno m; ◇ mit jdm - treiben schernire qu; **spottbillig** adj molto a buon mercato; **spotten** vi schernire (über akk per); **spöttisch** adj ▷Bemerkung derisorio

sprach impf v. **sprechen**

sprachbegabt adj portato per le lingue; **Sprache** f ‹-, -n› 1 (e-s Volkes) lingua f; (überrascht sein) ◇ die - verlieren rimanere senza parole; (ein Thema ansprechen) ◇ die - auf etw bringen, etw zur - bringen far cadere il discorso su qc 2 (FIG Ausdrucksform) linguaggio m; **Sprachfehler** m difetto m di pronuncia; **Sprachführer** m manuale m di conversazione; **Sprachgefühl** n sensibilità f linguistica; **Sprachgemeinschaft** f comunità f linguistica; **Sprachlabor** n laboratorio m linguistico; **sprachlich** adj linguistico; **sprachlos** adj ▷Mensch senza parole; **Sprachregel** f regola f linguistica; **Sprachrohr** n megafono m; **Sprachwissenschaft** f linguistica f; **Sprachwissenschaftler(in** f) m linguista m/f; **Sprachzentrum** n centro m della parola

sprang impf v. **springen**

Spray m o n ‹-s, -s› (Haar-, Raum-) spray m; **sprayen** vt → Haare dare lo spray a

Sprechanlage f citofono m; **sprechen** I. ‹sprach, gesprochen› vi 1 (sich artikulieren) parlare 2 (sich unterhalten) parlare (mit dat con) 3 (mitteilen, besprechen) parlare (über akk, dat di) 4 (e-e Rede halten) parlare, tenere un discorso II. vt 1 (Sprache beherrschen) parlare 2 ▷schuldig giudicare 3 ◇ kann ich den Direktor sprechen ? posso parlare con il direttore ?; **Sprecher(in** f) m ‹-s, -› parlatore(-trice f) m; MEDIA speaker m/f; **Sprechfunk** m radiotelefonia f; **Sprechstunde** f orario m di ricevimento; **Sprechwerkzeug** n organo m vocale; **Sprechzimmer** n studio m

spreizen I. vt → Finger allargare II. vr ◇ sich - 1 (sich sträuben) opporsi a 2 (sich zieren) pavoneggiarsi

Sprengarbeit f lavoro m di mina; **sprengen** I. vt 1 (mit Sprengstoff) far scoppiare; → Türschloß far saltare; FIG ◇ die Bank - far saltare il banco 2 → Rasen inumidire II. vi galoppare; **Sprengkommando** n comando m artificieri; **Sprengladung** f carica f esplosiva; **Sprengstoff** m esplosivo m; (FIG umstrittenes Thema) esplosivo m; **Sprengung** f esplosione f; **Sprengwagen** m innaffiatrice f stradale

Spreu f ‹-› pula f; FIG ◇ die - vom Weizen trennen sceverare il grano dalla pula

S

Sprichwort n proverbio m; **sprichwörtlich** adj proverbiale

sprießen vi ← Blumen, Knospen puntellare

Springbrunnen m fontana f a getto; **springen** ⟨sprang, gesprungen⟩ vi ① saltare; ◇ **vor Freude in die Höhe** ~ fare salti dalla gioia ② ← Glas rompersi ③ (hervorschießen) ← Blut sgorgare ④ SPORT tuffarsi; **Springer** m ⟨-s, -⟩ saltatore (-trice f) m; **springlebendig** adj vivacissimo; **Springseil** n corda f per saltare

Sprinkleranlage f impianto m d'irrigazione

sprinten vi scattare

Sprit m ⟨-s⟩ benzina f

Spritze f ⟨-, -n⟩ siringa f; **spritzen** I. vt → Pflanzen innaffiare; MED iniettare II. vi ← Blut, Wasser schizzare; (FAM laufen, rennen) correre; **Spritzer** m ⟨-s, -⟩ (Farb-) schizzo m; **Spritzpistole** f pistola f a spruzzo; **Spritztour** f scampagnata f

spröde adj ① ▷Material fragile; ▷Haut delicato ② ▷Stimme rauco ③ ▷Mensch scostante

sproß impf v. **sprießen**

Sproß m ⟨Sprosses, Sprosse⟩ ① (Nachkomme) rampollo m ② (Trieb) germoglio m

Sprosse f piolo m; **Sprossenwand** f spalliera f

Spruch m ⟨-[e]s, Sprüche⟩ ① (Lehrgedicht) massima f ② (Zauber-) formula f ③ JURA sentenza f ④ FAM ◇ **Sprüche machen** [o. klopfen] dire paroloni

Sprudel m ⟨-s, -⟩ acqua f minerale gassata; **sprudeln** vi ← Wasser zampillare

sprühen I. vt spruzzare, schizzare II. vi ← Funken, Gischt sprizzare; **Sprühregen** m pioggerella f

Sprung m ⟨-[e]s, Sprünge⟩ ① (Freuden-) salto m; FIG ◇ **jd-m auf die Sprünge helfen** venire in aiuto di qu; FIG FAM ◇ **auf dem ~e sein** essere sul punto di andare via ② (Riß) incrinatura f; **Sprungbrett** n SPORT trampolino m; (FIG günstiger Ausgangspunkt) trampolino m; **sprunghaft** adj ▷Person a salti; **Sprungschanze** f SPORT trampolino m; **Sprungtuch** n telo m di salvataggio

Spucke f ⟨-⟩ saliva f; **spucken** vt, vi ← Blut sputare; (FAM angeben) ◇ **große Töne** ~ sballarle grosse

Spuk m ⟨-[e]s, -e⟩ apparizione f; **spuken** vi ← Geist apparire; ◇ **es spukt im Schloß** nel castello appaiono fantasmi

Spülbecken n lavello m

Spule f ⟨-, -n⟩ ① spola f ② ELECTR bobina f

spülen I. vi (im Bad) tirare l'acqua II. vt ① → Geschirr lavare; → Haare lavarsi ② ← Wellen

trasportare; **Spülmaschine** f lavastoviglie f; **Spülung** f ① sciacquatura f ② MED lavaggio m

Spur f ⟨-, -en⟩ ① traccia f ② (Fahr-) corsia f; FIG ◇ **jd-m auf der ~ sein** essere sulle tracce di qu ③ (winzige Menge) ◇ **noch e-e** ~ **Salz** ancora un po' di sale ④ BAHN scartamento m

spürbar adj ▷Änderung sensibile; **spüren** vt avvertire; → Kälte sentire; → Schmerz avvertire

Spurenelement n BIO microelemento m

Spürhund m segugio m

spurlos adv ▷Verschwinden senza traccia

Spurt m ⟨-[e]s, -o. -e⟩ (End-) sprint m

sputen vr ◇ **sich** - (sich beeilen) affrettarsi

Squash n ⟨-⟩ squash m

Sri Lanka n ⟨-s⟩ Sri Lanka m

Staat m ⟨-[e]s, -en⟩ ① stato m; (Staatsregierung) stato m; **staatenlos** adj apolide; **staatlich** adj ▷Subvention statale; **Staatsakt** m cerimonia f ufficiale; **Staatsangehörigkeit** f nazionalità f; **Staatsanwalt** m sostituto procuratore m della Repubblica; **Staatsanwaltschaft** f procura f della Repubblica; **Staatsbegräbnis** n funerale m a spese dello Stato; **Staatsdienst** m servizio m statale; **Staatsexamen** n esame m di stato; **staatsfeindlich** adj ▷Gesinnung antinazionale; **Staatsgebiet** n territorio m nazionale; **Staatsgeheimnis** n segreto m di stato; FIG ◇ **aus e-r Sache ein ~ machen** fare di qc un segreto di stato; **Staatskasse** f erario m; **Staatsmann** m statista m; **Staatsoberhaupt** n capo m di stato; **Staatssekretär(in** f) m segretario/a di stato

Stab m ⟨-[e]s, Stäbe⟩ ① (Gitter-) sbarra f; FIG ◇ **den ~ über jd-n brechen** condannare qu ② (General-, Mitarbeiter-) squadra f; **Stabhochsprung** m SPORT salto m con l'asta

stabil adj ▷Währung(skurs) stabile; ▷Möbel stabile; **stabilisieren** vt stabilizzare; **Stabilität** f stabilità f

Stablampe f torcia f; **Stabreim** m ↑ Alliteration allitterazione f

Stabsarzt m capitano m medico; **Stabsoffizier** m ufficiale m di stato maggiore

Stachel m ⟨-s, -n⟩ spina f; (von Tier) aculeo m; (FIG Schmerz) fitta f; FIG ◇ **e-r Sache den ~ nehmen** smussare la punta di qc; **Stachelbeere** f uva f spina; **Stacheldraht** m filo m spinato; **stachelig** adj ▷Tier irto di spine; ▷Blume spinoso; **Stachelschwein** n istrice m

Stadion n ⟨-s, Stadien⟩ stadio m

Stadium n ⟨-s, Stadien⟩ (Krankheits-) stadio m

Stadt f ⟨-, Städte⟩ città f; **Stadtbewohner(in** f) m cittadino/a; **Stadtbücherei** f biblioteca f comunale; **Stadtbummel** m giro m in città; **Städtchen** n cittadina f; **Städtebau** m urbanistica f; **Städtepartnerschaft** f gemellaggio m tra due città; **Städter(in** f) m ⟨-s, -⟩ cittadino /a; **Stadtführer** m guida f; **städtisch** adj ▷Leben cittadina f; **Stadtkasse** f cassa f comunale; **Stadtkern** m nucleo m cittadino; **Stadtmauer** f mura f/pl cittadine; **Stadtplan** m pianta f della città; **Stadtrand** m periferia f cittadina; **Stadtrat** m consiglio m municipale; **Stadtstaat** m città-stato f; **Stadtteil** m ↑ Stadtviertel quartiere m; **Stadtverordnete(r)** fm consigliere fm comunale; **Stadtverwaltung** f amministrazione f comunale; **Stadtviertel** n quartiere m

Staffel f ⟨-, -n⟩ ① SPORT staffetta f ② AER squadriglia f; **Staffelei** f cavalletto m; **Staffellauf** m corsa f a staffetta; **staffeln** vt → Miete, Löhne scaglionare

stagnieren vi ← Wirtschaft stagnare

stahl impf v. **stehlen**

Stahl m ⟨-[e]s, Stähle⟩ acciaio m; ◇ **Nerven wie** nervi d'acciaio; **Stahlbeton** m calcestruzzo m; **Stahlhelm** m elmetto m d'acciaio

Stalagmit m stalagmite m

Stalaktit m stalattite m

Stall m ⟨-[e]s, Ställe⟩ stalla f

Stamm m ⟨-[e]s, Stämme⟩ ① (Baum-) tronco m ② GRAM radice f ③ ETN tribù f; **Stammbaum** m albero m genealogico; **Stammbuch** n libro m genealogico

stammeln vt balbettare

stammen vi ① (geboren sein) provenire (von/ aus dat da) ② ← Wort derivare

Stammgast m cliente m abituale; **Stammhalter** m erede m maschio; **Stammhaus** n sede f principale

stämmig adj ▷Figur robusto

Stammkapital n capitale m sociale; **Stammtisch** m FAM tavolo m (riservato ai clienti abituali)

stampfen I. vi (mit Fuß) battere i piedi; (laut auftreten) camminare pesantemente II. vt → Kartoffeln schiacciare; → Erde, Schnee calpestare

stand impf v. **stehen**

Stand m ⟨-[e]s, Stände⟩ ① (das Stehen) posizione f da fermo ② (Zustand) situazione f ③ (-ort) posto m ④ (soziale Stellung) posizione f

Standard m ⟨-s, -s⟩ (Norm) standard m; (Lebens-) standard m

Standbild n statua f

Ständchen n serenata f

Ständer m ⟨-s, -⟩ sostegno m

Standesamt n ufficio m di stato civile; **Standesbeamte(r)** m, **Standesbeamtin** f ufficiale m/f di stato civile; **standesgemäß** adj adeguato al proprio rango; **Standesunterschied** m differenza f di classe

standfest adj stabile; **standhaft** adj fermo, saldo; **Standhaftigkeit** f fermezza f; **standhalten** unreg vi → e-em Blick, Angriff resistere a

ständig → Wohnsitz fisso; → Bedrohung continuo; → Begleiter fisso

Standlicht n luce f di posizione; **Standort** m posizione f; MIL presidio m; **Standpunkt** m (Ort) punto m di osservazione; (FIG Meinung) punto m di vista; **Standuhr** f orologio m a pendolo

Stange f ⟨-, -n⟩ ① stanga f; ◇ **Kleider von der -** abiti di confezione; FIG ◇ **jdm die - halten** dar man forte a qu ② (Zigaretten-) stecca f; **Stangenbrot** n filetto m

stank impf v. **stinken**

stänkern vi (FAM streiten) litigare

Stanniol n ⟨-s, -⟩ (papier) stagnola f

Stanzer m punzonatore m

Stapel m ⟨-s, -⟩ ① (Holz-, Wäsche-) catasta f ② NAUT scalo m di costruzione; (FAM e-e Rede halten) ◇ **e-e Rede vom - lassen** tenere un discorso; **Stapellauf** m NAUT varo m; **stapeln** I. vt accatastare II. vr ◇ **sich -** ammucchiarsi

stapfen vi (fest auftreten) camminare pesantemente

Star [1] m ⟨-[e]s, -e⟩ (Vogel) storno m

Star [2] m ⟨-[e]s, -e⟩ MED cateratta f

Star [3] m ⟨-s, -s⟩ (Film-) star f

starb impf v. **sterben**

stark ⟨stärker, am stärksten⟩ adj ▷Nerven, Herz forte; ▷Figur robusto; ▷Verkehr intenso; ▷Schmerzen forte; GRAM forte; (FAM viel, sehr) molto; **Stärke** f ⟨-, -n⟩ ① (körperl. Kraft) forza f ② (Fähigkeit) capacità f ③ (Macht) forza f ④ (Reis-) amido m; **stärken** I. vt ① → Körper rinvigorire ② (Wäsche) inamidare II. vr ◇ **sich -** (sich erquicken) rifocillarsi; **stärkend** adj rinforzante; **Starkstrom** m corrente m ad alta tensione; **Stärkung** f rinforzamento m; (Essen) rifocillamento m

starr adj ▷Material rigido; ▷Haltung ostinato; ▷Blick fisso; **starren** vi ① (blicken) fissare (auf akk qc); (voll sein) essere pieno/coperto (von dat di); **Starrheit** f rigidità f; **starrköpfig** adj testardo; **Starrsinn** m ostinazione f

Start m ⟨-[e]s, -s⟩ (Anfang) start m; AERO decollo m; (Stelle) partenza f; **Startbahn** f pista f di decollo; **startbereit** adj pronto a partire; **star-**

S

ten I. vt far partire **II.** vi partire, prendere il via; **Starter** m ⟨-s, -⟩ AUTO starter m; **Starterlaubnis** f permesso m di decollo

Statik f ⟨-⟩ statica f

Station f ① (Abteilung) reparto m ② (Haltestelle) fermata f; **stationär** adj ▷Behandlung stazionario; **stationieren** vt → Soldaten stazionare

Statist(in f) m figurante m/f

Statistik f statistica f; **Statistiker(in** f) m ⟨-s, -⟩ statistico/a; **statistisch** adj statistico

Stativ n treppiede m

statt präp gen invece di

Stätte f ⟨-, -n⟩ luogo m

stattfinden unreg vi aver luogo

Statthalter m governatore m

stattlich adj ▷Figur prestante

Statue f ⟨-, -n⟩ statua f

Status m ⟨-, -⟩ ① stato m ② (Vermögensstand) situazione f, patrimoniale f; **Statussymbol** n status symbol m

Statut n statuto n

Stau m ⟨-[e]s, -e o. -s⟩ (im Verkehr) ingorgo m

Staub m ⟨-[e]s⟩ polvere f; FAM ◇ sich aus dem - machen tagliare la corda; **stauben** vi: ◇ es staubt spargersi (rif. a polline); **Staubbeutel** m antera f; **staubig** adj ▷Straße polveroso; **staubsaugen** vt passare l'aspirapolvere in/su; **Staubsauger** m aspirapolvere m

stauchen vt (zusammendrücken) comprimere

Staudamm m diga f di sbarramento

Staude f ⟨-, -n⟩ pianta f perenne

stauen I. vt → Wasser fermare; → Blut fermare **II.** vr ◇ sich - ① ← Wasser ristagnare ② ← Verkehr ingorgarsi ③ ← Menschen ammassarsi

staunen vi stupirsi (über akk di); **Staunen** n ⟨-s⟩ stupore m; ◇ jd-n in - versetzen stupire qu

Stauung f ristagno m

stechen I. ⟨stach, gestochen⟩ vt ① (verletzen) pungere ② (schlachten) scannare ③. vi ① ← die Nadel conficcarsi ② (FIG brennen) ← die Sonne picchiare ③ ← die Farbe tendere (in akk a) ④ SPORT fare lo spareggio; **Stechen** n ⟨-s, -⟩ ① SPORT spareggio m ② MED fitta f; **Stechginster** m ginestrone m; **Stechpalme** f agrifoglio m

Stechuhr f orologio m marcatempo

Steckbrief m mandato m di cattura; **Steckdose** f presa f di corrente; **stecken I.** vt ① → Nadel appuntare ② → Schlüssel infilare ③ (investieren) → Geld in e-e Firma - investire denaro in una ditta ④ (einpflanzen) piantare ⑤ ◇ jd-n ins Gefängnis - mettere qu in prigione; ◇ jd-n in

e-e Uniform - mettere l'uniforme a qu **II.** vi ① ← Ring, Schlüssel essere infilato ② ◇ in Schwierigkeiten - essere in difficoltà; FAM ◇ wo - die Kinder? dove sono i bambini ?; **steckenbleiben** unreg vi fermarsi, arrestarsi; (beim Reden) impuntarsi; (im Verkehr) rimanere bloccato; **steckenlassen** unreg vt → Schlüssel lasciare infilato; **Steckenpferd** n cavalluccio m di legno; (FIG Lieblingsbeschäftigung) hobby m, passione f; **Stecker** m ⟨-s, -⟩ spina f; **Stecknadel** f spillo m; **Steckrübe** f FLORA navone m; **Steckschlüssel** m TECH chiave f a tubo

Steg m ⟨-[e]s, -e⟩ ① passerella f ② (Brillen-) ponticello m ③ (an Musikinstrument) ponticello m

Stegreif m: ◇ aus dem - improvvisando

stehen I. ⟨stand, gestanden⟩ vi ① stare in piedi (o ritto) ② (sich befinden) trovarsi ③ (schriftlich) stare/essere scritto ④ (in der Liste) figurare ⑤ (passen) ← Anzug stare **II.** vt: ◇ Modell - fare da modella; ◇ Wache - essere di guardia **III.** vr ◇ sich -: ◇ sich gut - stare bene finanziariamente; **stehenbleiben** unreg vi (anhalten) fermarsi; **stehend** adj ▷Wasser stagnante; **stehenlassen** unreg vt ① lasciar stare; ◇ alles stehen- und liegenlassen piantare baracca e burattini ② (vergessen) dimenticare

Stehlampe f lampada f a stelo; **Stehleiter** f scala f doppia

stehlen ⟨stahl, gestohlen⟩ vt rubare; FIG ◇ jd-m die Zeit - far perdere tempo a qu

Stehplatz m posto m in piedi

Steiermark f ⟨-⟩ Stiria f

steif adj ▷Bein rigido; ▷Gesellschaft rigido; ▷Soße consistente; **Steifheit** f rigidità f

Steigbügel m staffa f; **Steigeisen** n ↑ Klettereisen rampone m; **steigen I.** ⟨stieg, gestiegen⟩ vi ← Fieber salire; ↑ klettern arrampicarsi (in/auf akk in/su) **II.** vt (Treppe) salire

steigern I. vt → Preise aumentare **II.** vr ◇ sich - aumentare **III.** vi (auf Auktion) fare un'offerta all'asta (um akk di); **Steigerung** f aumento m; GRAM ↑ Komparation comparazione f

Steiggeschwindigkeit f velocità f ascensionale

Steigung f salita f; (Hang) pendenza f

steil adj ▷Abhang ripido; ▷Fels scosceso; **Steilhang** m pendio m ripido; **Steilküste** f costa f ripida; **Steilwand** f parete f ripida

Stein m ⟨-[e]s, -e⟩ ① pietra f; (Kiesel-) ciottolo m; ◇ jd-m -e in den Weg legen mettere i bastoni tra le ruote a qu ② (Edel-) pietra preziosa f ③ (Gallen-) calcolo m ④ (Spiel-) pezzo m; **steinalt** adj FAM vecchissimo; **Steinbock** m FAUNA stambecco *m;* ASTROL Capricorno *m;* **Steinbrecher** *m* tagliapietre *m;* **Steinbruch** *m* cava *f* di pietra; **Steinbutt** *m* FAUNA rombo *m;* **Steindruck** *m* litografia *f;* **steinern** *adj* ▷*Bank* di pietra; **Steinfrucht** *f* drupa *f;* **Steingut** *n* terraglia *f;* **steinhart** *adj* ▷*Brot* duro come la pietra; **steinig** *adj* ▷*Weg, Gelände* pietroso; **steinigen** *vt* lapidare; **Steinkohle** *f* carbon *m* fossile; **Steinkohlenbergwerk** *m* miniera *f* di carbon fossile; **Steinmetz** *m* ⟨-es, -e⟩ scalpellino *m;* **Steinobst** *n* frutta *f* drupacea; **Steinpilz** *m* porcino *m;* **steinreich** *adj* FIG ricchissimo; **Steinschicht** *f* strato *m* pietroso; **Steinwurf** *m* sassata *f;* ◇ **e-n -entfernt** a un tiro di schioppo; **Steinzeit** *f* età *f* della pietra

Steißbein *n* ANAT coccige *m*

Stelldichein *n* appuntamento *m*

Stelle *f* ⟨-, -n⟩ 1 (*Halte-*) posto *m* 2 (*im Buch*) passo *m* 3 (*Arbeits-*) posto *m* 4 (*Amt*) ufficio *m;* **stellen I.** *vt* 1 mettere 2 ▷ *Uhr* regolare 3 → *Forderung* presentare, → *Diagnose* formulare 4 (*anlehnen*) appoggiare 5 (*geben*) ◇ **jd-m e-e Aufgabe -** assegnare un compito a qu **II.** *vr* ◇ **sich -** 1 ▷*ans Fenster* mettersi 2 (*sich verhalten*) ◇ **Wie stellst du dich zu diesem Problem ?** cosa ne pensi di questo problema ?

Stellenangebot *n* offerta *f* d'impiego; **Stellengesuch** *n* domanda *f* d'impiego; **Stellennachweis** *m* ufficio *m* di collocamento; **Stellenvermittlung** *f* collocamento *m*

Stellung *f* 1 (*Anordnung*) posizione *f* 2 (*gesellschaftlicher Rang*) posizione *f* 3 (*Anstellung*) posto *m*, impiego *m* 4 MIL posizione *f* 5 FIG ◇ **- nehmen zu etw** prendere posizione riguardo a qc; **Stellungnahme** *f* ⟨-, -n⟩ presa *f* di posizione; **Stellungskrieg** *m* guerra *f* di posizione

stellvertretend *adj* sostituto; **Stellvertreter** (**in** *f*) *m* sostituto/a; **Stellwerk** *n* BAHN cabina *f* di manovra

Stelze *f* ⟨-, -n⟩ trampolo *m;* **stelzen** *vi* camminare sui trampoli; (FIG *steif gehen*) camminare impettito

Stemmbogen *m* stemmcristiania *m;* **Stemmeisen** *n* scalpello *m;* **stemmen I.** *vt* → *Füße* puntare **II.** *vr* ◇ **sich -** puntare i piedi; (FIG *sich widersetzen*) opporsi (*gegen akk* a)

Stempel *m* ⟨-s, -⟩ 1 (*Datums-*) timbro *m* 2 (*Prägung*) conio *m* 3 FLORA pistillo *m;* **Stempelkissen** *n* cuscinetto *m* per timbri; **stempeln** *vt* 1 (*Briefmarke*) timbrare; FAM ◇ **gehen** percepire il sussidio di disoccupazione 2 → *Silber* punzonare

Stengel *m* ⟨-s, -⟩ FLORA stelo *m*

Steno[graphie] *f* ⟨-s⟩ stenografia *f;* **Stenodaktylo** *f* ⟨-, -s⟩ (*CH*) stenodattilografo/a; **Stenogramm** *n* ⟨-s, -e⟩ stenogramma *m;* ◇ **ein -aufnehmen** scrivere in stenografia; **stenographieren** *vt* stenografare; **Stenotypist**(**in** *f*) *m* stenodattilografo/a

Steppdecke *f* trapunta *f*

Steppe *f* ⟨-, -n⟩ steppa *f*

steppen *vt* trapuntare

Steppjacke *f* giacca *f* trapuntata

Sterbebett *n* letto *m* di morte; **Sterbedatum** *n* data *f* della morte; **Sterbehilfe** *f* eutanasia *f;* **sterben** ⟨starb, gestorben⟩ *vi* 1 morire; FIG morire, declinare 2 ◇ **- vor Hunger** morire di fame; **sterbenskrank** *adj* che ha una malattia mortale; **Sterbeziffer** *f* mortalità *f;* **sterblich** *adj* ▷*Überreste* mortale; **Sterblichkeit** *f* mortalità *f;* **Sterblichkeitsziffer** *f* casi *m/pl* di mortalità

Stereoanlage *f* apparecchio *m* stereo

Stereoskop *n* ⟨-[e]s, -e⟩ stereoscopio *m*

stereotyp *adj* ▷*Antwort* stereotipato

steril *adj* ▷*Verband* sterile; **Sterilisation** *f* sterilizzazione *f;* **sterilisieren** *vt* → *Milch* sterilizzare

Stern *m* ⟨-[e]s, -e⟩ stella *f;* (*bei Hotel*) stella *f;* FIG ◇ **nach den -en greifen** volere la luna; **Sternbild** *n* costellazione *f;* ◇ **unter dem - des Stiers geboren sein** essere nato sotto la costellazione del Toro; **Sternchen** *n* asterisco *m;* **Sterndeuter**(**in** *f*) *m* astrologo/a; **Sterndeutung** *f* astrologia *f;* **sternhell** *adj* ▷*Nacht* rischiarato dalle stelle; **sternklar** *adj* stellato; **Sternkunde** *f* astronomia *f;* **Sternstunde** *f* ora *f* siderale; **Sternwarte** *f* osservatorio *m* astronomico

stet[**ig**] *adj* ▷*Gedenken* assiduo; MATH continuo; **stets** *adv* in ogni momento, sempre

Steuer [1] *n* ⟨-s, -⟩ NAUT timone *m;* AUTO volante *m*

Steuer [2] *f* ⟨-, -n⟩ (*Lohn-*) tassa *f;* **Steuerberater**(**in** *f*) *m* consulente *m/f* fiscale; **Steuerbescheid** *m* cartella *f* delle imposte

Steuerbord *n* tribordo *m*

Steuererklärung *f* dichiarazione *f* dei redditi; **Steuerfahnder**(**in** *f*) *m* ispettore(-trice *f*) tributario/a; **steuerfrei** *adj* ▷*Einkommen* esente da tassa

Steuergerät *n* MEDIA apparecchio *m* di comando

Steuerhinterziehung *f* evasione *f* fiscale; **Steuerklasse** *f* classe *m* di reddito

Steuerknüppel *m* cloche *f;* **Steuermann** *m* (*e-s Flugzeuges*) pilota *m/f;* (*e-s Schiffes*) timoniere *m/f;* **steuern I.** *vt* 1 → *Auto* guidare;

→ *Flugzeug* pilotare ② → *Entwicklung, Tonstärke* regolare **II.** vi far rotta (*nach dat* verso); **Steuerrad** n ruota f del timone

Steuerrückvergütung f rimborso m delle imposte

Steuerung f (*Bedienen des Steuers*) guida f

Steuerwesen n sistema m tributario; **Steuerzahler(in** f) m contribuente m/f

Steward m ⟨-s, -s⟩ AERO steward m; NAUT assistente m/f di bordo; **Stewardeß** f ⟨-, Stewardessen⟩ AERO hostess f

Stich m ⟨-[e]s, -e⟩ ① (*Mücken-*) puntura f ② (*beim Nähen*) punto m ③ (*beim Kartenspielen*) punto m ④ KUNST incisione f; **Stichelei** f (*boshaft Anspielungen*) frecciata f; **sticheln** vi FIG punzecchiare qu; **Stichflamme** f dardo m; **stichhaltig** adj ▷*Argument* plausibile; **Stichprobe** f prova f; **Stichsäge** f foretto m; **Stichtag** m giorno f di scadenza; **Stichwahl** f ballottaggio m; **Stichwort** n lemma m; (*in Wörterbuch*) voce f

sticken vt ricamare; **Stickerei** f ricamo m

stickig adj ▷*Luft* soffocante

Stickstoff m CHEM azoto m

Stiefbruder m fratellastro m

Stiefel m ⟨-s, -⟩ stivale m

Stiefeltern pl genitori m/pl adottivi; **Stiefkind** n figliastro/a; **Stiefmutter** f matrigna f; **Stiefmütterchen** n FLORA viola m del pensiero; **Stiefvater** m patrigno m

Stiege f ⟨-, -n⟩ scala f

Stiel m ⟨-[e]s, -e⟩ ① FLORA stelo m ② (*Besen-*) manico m

Stier m ⟨-[e]s, -e⟩ FAUNA toro m; ASTROL Toro m

stieren vi fissare (*auf akk* qc/qu)

Stierkampf f corrida f; **Stierkämpfer** m torero m

Stiesel m ⟨-s, -⟩ zoticone m

stieß impf v. **stoßen**

Stift ¹ m ⟨-[e]s, -e⟩ ① (*Farb-*) perno m ② (*Farb-*) matita f ③ (*FAM Lehrling*) apprendista m/f

Stift ² n ⟨-[e]s, -e⟩ monastero m

stiften vt ① → *Unruhe* creare ② (*spenden*) donare; **Stifter(in** f) m ⟨-s, -⟩ donatore/-trice f) m; **Stiftung** f ① (*Schenkung*) donazione f ② (*Organisation*) fondazione f

Stiftzahn m capsula f

Stil m ⟨-[e]s, -e⟩ ① KUNST stile m ② (*Schreib-*) stile m ③ (*Art und Weise*) maniera f; **Stilebene** f aspetto m stilistico; **stilistisch** adj stilistico

still adj ▷*Ort* tranquillo; ▷*Mensch* silenzioso; ▷*Wasser* calmo; ▷*Hoffnung* nascosto; ◇ **im -en** in segreto; **stillbleiben** unreg vi stare fermo; **Stille** f ⟨-⟩ (*Ruhe*) calma f; ◇ **in aller - in** perfetto

silenzio; **Stilleben** n natura f morta; **stillegen** unreg vi → *Betrieb* chiudere

stillen vt → *Blutung* fermare; → *Schmerz, Unruhe* lenire; → *Hunger, Durst* calmare

stillhalten unreg vi ① stare fermo ② (*sich nicht wehren*) non reagire (*bei dat* a)

stillos adj FIG ▷*Bemerkung* inopportuno

Stillschweigen n silenzio m; **stillschweigend** adj in silenzio; **Stillstand** m arresto m; ◇ **zum - bringen** arrestare; **stillstehen** unreg vi ← *Maschine* essere fuori servizio; **stillvergnügt** adj intimamente contento

Stilmöbel pl mobili m/pl in stile

stimmberechtigt adj avente diritto al voto; **Stimme** f ⟨-, -n⟩ ① voce f ② (*Wahl-*) voto m; **stimmen I.** vt ① MUS accordare ② (*in e-e Stimmung versetzen*) rendere **II.** vi ① (*richtig sein*) essere vero; ◇ **stimmt !** è vero ! ② (*zusammenpassen*) intonarsi (*zu dat* con) ③ (*Meinung äußern*) esprimersi (*für/gegen akk* a favore/contro); **Stimmenmehrheit** f maggioranza f di voti; **Stimmenthaltung** f astensione f dal voto; **Stimmenzählung** f scrutinio m dei voti; **Stimmgabel** f MUS diapason m; **stimmhaft** adj ▷*Vokal* sonoro; **Stimmlage** f estensione f della voce; **Stimmrecht** n diritto m di voto

Stimmung f ① (*Atmosphäre*) atmosfera f; ◇ **in sein** essere di buon umore ② MUS accordatura f; **Stimmungsmache** f propaganda f psicologica; **stimmungsvoll** adj ▷*Musik* suggestivo

Stimmzettel m scheda f elettorale

Stinkbombe f bomba f puzzolente; **stinken** ⟨stank, gestunken⟩ vi puzzare (*nach dat* di); **Stinktier** n moffetta f

Stipendiat m borsista m/f; **Stipendium** n borsa f di studio

Stirn f ⟨-, -en⟩ ① ANAT fronte f; ◇ **jd-m die bieten** tenere testa a qu; FIG ◇ **die - haben, etw zu tun** avere la faccia tosta di fare qc ② (*-seite*) facciata f; **Stirnband** n fascetta f; **Stirnhöhle** f ANAT seno m frontale; **Stirnrunzeln** n corrugamento m della fronte

stöbern I. vi frugare **II.** vt (*aufscheuchen*) stanare, snidare

stochern vi ① (*im Essen*) mangiucchiare; (*in den Zähnen*) stuzzicarsi ② (*wühlen*) frugare

Stock ¹ m ⟨-[e]s, Stöcke⟩ ① bastone m ② (*in Haus*) piano m

Stock ² m ⟨-s, -s⟩ COMM capitale m

stockbetrunken adj FAM completamente ubriaco

stocken vi ① (*im Gespräch*) languire; ← *Verkehr* essere paralizzato ② ← *Wäsche* ammuffire ③ ← *Milch* rapprendersi

Stockfisch m FAUNA stoccafisso m
Stockung f (Aufhören) arresto m; ECON ristagno m; (von Verkehr) ingorgo m; (von Blut) coagulazione f
Stockwerk n piano m
Stoff m ⟨-[e]s, -e⟩ ① (Kleider-) stoffa f ② (Roh-) materia f ③ (Lese-) materiale m; **stofflich** adj ① materiale ② (inhaltlich) del contenuto; **Stoffwechsel** m ↑ Metabolismus metabolismo m
stöhnen vi lamentarsi (über/vor akk di)
stoisch adj stoico
Stollen m ⟨-s, -⟩ MIN galleria f
stolpern vi incespicare (über akk su)
stolz adj orgoglioso; ◇ auf jd-n/etw - sein essere orgoglioso di qu/qc; **Stolz** m ⟨-es⟩ orgoglio m; **stolzieren** vi camminare impettito
stopfen I. vt ① (voll-) riempire; → Geflügel riempire; FIG ◇ jd-m den Mund - tappare la bocca a qu ② → Strumpf, Loch rammendare ③ (mästen) ingozzare II. vi (FAM viel essen) riempirsi lo stomaco, **Otopfgarn** n filo m da rammendo
Stoppel f ⟨-, -n⟩ pelo m ispido; **Stoppelfeld** n campo m di stoppie
stoppen I. vt ① → e-n Wagen fermare ② (mit Uhr) cronometrare II. vi fermarsi; **Stoppschild** n segnale m di stop; **Stoppuhr** f cronometro m
Stöpsel m ⟨-s, -⟩ (für Flaschen) tappo m; (für Waschbecken) tappo m
Stör m ⟨m⟩ FAUNA storione m
Storch m ⟨-[e]s, Störche⟩ cicogna f
Store m ⟨-s, -s⟩ (Gardine) tenda f
stören I. vt → Unterricht disturbare II. vi essere di disturbo; **störend** adj ▷Geräusch fastidioso; ▷Umstand seccante; **Störenfried** m ⟨-s, -e⟩ disturbatore(-trice f) m
stornieren vt → Buchung annullare
störrisch adj ▷Kind, Pferd testardo
Störsender m stazione f disturbatrice; **Störung** f disturbo m; **störungsfrei** adj ▷Empfang senza disturbi
Stoß m ⟨-es, Stöße⟩ ① (Tritt) colpo m; FIG ◇ seinem Herzen e-n - geben decidersi a fare qc ② (Erd-) scossa f ③ (Stapel) catasta f; **Stoßdämpfer** m AUTO ammortizzatore m; **stoßen** I. ⟨stieß, gestoßen⟩ vt ① colpire; FIG ◇ jd-n vor den Kopf - offendere qu ② → Messer, Pfahl piantare ③ → Pfeffer, Körner pestare; SPORT → Kugel tirare II. vi ① urtare (an/gegen akk qc/qu) ② (finden) trovare (auf akk qc) ③ (angrenzen) essere attiguo (an akk a) ④ ← Stier, Ziegenbock cozzare con le corna III. vr ① ◇ sich - urtare (an dat contro) ② (FIG als störend empfinden) urtarsi (an dat per); **stoßfest** adj

↑ stoßsicher antiurto; **Stoßstange** f AUTO paraurti m; **Stoßtrupp** m truppe f/pl d'assalto; **Stoßzahn** m zanna f; **Stoßzeit** f ora f di punta
stottern vt, vi balbettare
stracks adv direttamente
Strafanstalt f penitenziario m; **Strafarbeit** f SCHULE compito m assegnato per punizione; **strafbar** adj ▷Handlung punibile; **Strafbestimmung** f sanzione f; **Strafe** f ⟨-, -n⟩ (Geld-) multa f; JURA pena f; (Züchtigung) castigo m; ◇ zur - per punizione; **strafen** vt punire
straff adj ① (streng) rigido ② ▷Seil teso ③ ▷Artikel conciso
straffällig adj: ◇ - werden passibile di pena
straffen vt → Seil tendere
Strafgefangene(r) f/m detenuto/a; **Strafgericht** n tribunale m penale; **Strafgesetzbuch** n codice m penale; **Strafkammer** f sezione f penale del tribunale; **Straflager** n campo m di punizione; **sträflich** adj ▷Leichtsinn punibile; **Sträfling** m detenuto m, **Strafmaß** n grado m della pena; **Strafmaßnahme** f sanzione f penale; **Strafporto** n TELEC soprattassa f; **Strafpredigt** f predicozzo m; **Strafprozeß** m processo m penale; **Strafpunkt** m SPORT penalità f; **Strafraum** m SPORT area f di rigore; **Strafrecht** n diritto m penale; **Strafstoß** m SPORT calcio m di punizione; **Straftat** f reato m; **Strafzettel** m multa f
Strahl m ⟨-[e]s, -en⟩ ① (Sonnen-) raggio m ② (Wasser-) getto m ③ MATH retta f; **strahlen** vi ← Sonne splendere; (glänzen) brillare; FIG ← Mensch ◇ vor Freude/Begeisterung - essere raggiante di gioia; **strahlend** adj splendente; **Strahlendosis** f dose f di radiazioni; **Strahlentherapie** f radioterapia f; **Strahlung** f PHYS radiazione f
Strähne f ⟨-, -n⟩ (Haar-) ciocca f
stramm adj ▷Haltung risoluto; ▷Marsch, Dienst faticoso; **strammziehen** unreg vt → Seil tendere; (FAM körperlich stark) ◇ jd-m die Hosen - bastonare qu
strampeln vi ← Baby sgambettare
Strand m ⟨-[e]s, Strände⟩ spiaggia f; **Strandbad** n stabilimento m balneare; **stranden** vi ← Schiff arenarsi; FIG ← Mensch fallire; **Strandgut** n relitto m; **Strandkorb** m poltroncina f da spiaggia
Strang m ⟨-[e]s, Stränge⟩ ① (Seil) corda f; FIG ◇ über die Stränge schlagen oltrepassare i limiti ② ANAT funicolo m; **strangulieren** vt ↑ erwürgen strangolare
Strapaze f ⟨-, -n⟩ strapazzo m; **strapazieren** vt → Material, Gegenstände strapazzare; → Mensch

affaticare; **strapazierfähig** adj resistente; **strapaziös** adj faticoso

Straß m strass m

Straße f ⟨-, -n⟩ ① strada f; (Kaiser-) via f; (öffentlich demonstrieren) ◇ **auf die - gehen** scendere in piazza ② (Meerenge) stretto m; **Straßenbahn** f tram m; **Straßenbauamt** n ufficio m delle costruzioni stradali; **Straßenbeleuchtung** f illuminazione f stradale; **Straßenfeger** m ⟨-s, -⟩ spazzino m; **Straßengraben** m fossato m; **Straßenhändler(in** f) m venditore (-trice f) ambulante m; **Straßenkehrer** m ⟨-s, -⟩ netturbino m; **Straßenlage** f tenuta f di strada; **Straßenlaterne** f lampione m; **Straßenmusikant(in** f) m musicante m/f girovago/a; **Straßensperre** f targa f stradale; **Straßensperre** f blocco m stradale; **Straßenverkehr** n traffico m; **Straßenverkehrsordnung** f codice m stradale

Stratege m ⟨-n, -n⟩ stratega m; **Strategie** f strategia f; **strategisch** adj strategico

Stratosphäre f stratosfera f

sträuben I. vt rizzare II. vr ◇ **sich -** ① (sich aufrichten) ← Haar, Federn rizzarsi ② (sich weigern) ricalcitrare (gegen akk contro)

Strauch m ⟨-[e]s, Sträucher⟩ caspuglio m

straucheln vi ① stolpern incespicare; (FIG Fehltritt begehen) commettere un fallo

Strauß [1] m ⟨-es, Sträuße⟩ (Blumen-) mazzo m

Strauß [2] m ⟨-es, -e⟩ FAUNA struzzo m

Strebebogen m arco m rampante

streben vi ① (zu erreichen suchen) cercare di raggiungere (nach dat qc) ② (zu gewinnen suchen) aspirare (nach dat qc)

Strebepfeiler m contrafforte m

Streber m persona f ambiziosa; **strebsam** adj ▷Schüler diligente

Strecke f ⟨-, -n⟩ ① percorso m ② ↑ Distanz distanza f; BAHN tratto m; MATH segmento m; (fig scheitern) ◇ **auf der - bleiben** fallire

strecken I. vt ① → Glieder stendere ② → Suppe, Soße allungare ③ (sparsam umgehen) far durare, risparmiare II. vr ◇ **sich -** ① (sich dehnen) stendersi ② (sich hinlegen) sdraiarsi

Streckenarbeiter m BAHN operaio m addetto al mantenimento di una linea

Streckverband m ↑ Extension apparecchio m a trazione

Streich m ⟨-[e]s, -e⟩ ① (Hieb) colpo m ② (FIG Scherz) ◇ **jd-m e-n - spielen** giocare un tiro a qu

streichen I. vt ① → Salbe spalmare ② → Gitter verniciare ③ → Auftrag annullare II. vi ① passare la mano (über akk su) ② (durch die Stadt) girare per

Streichholz n fiammifero m; **Streichinstrument** n strumento m ad arco; **Streichkäse** m formaggio m da spalmare; **Streichorchester** n orchestra f d'archi

Streife f ⟨-, -n⟩ pattuglia f; ◇ **auf - gehen** essere di pattuglia

streifen I. vt ① (leicht berühren) sfiorare; → Thema sfiorare ② (abziehen) → Handschuhe sfilare II. vi ① (ziellos laufen) vagare ② (angrenzen) confinare (an akk con)

Streifen m ⟨-s, -⟩ ① striscia f ② (Film) pellicola f

Streifendienst m pattuglia f; **Streifenwagen** m automobile f della polizia

Streifschuß m colpo m di striscio; **Streifzug** m escursione f; (FIG Überblick) panorama

Streik m ⟨-[e]s, -s⟩ sciopero m; **Streikbrecher** (in f) m ⟨-s, -⟩ crumiro/a; **streiken** vi ← Arbeiter scioperare; (versagen) ← Maschine, Motor non funzionare; **Streikkasse** f fondo m di resistenza per gli scioperi; **Streikposten** m picchetto m; **Streikrecht** f diritto m allo sciopero

Streit m ⟨-[e]s, -e⟩ litigio m; (Rechts-) controversia f; **streiten** I. ⟨stritt, gestritten⟩ vi (zanken) litigare (über/um akk su); (kämpfen) combattere (für akk per) II. vr ◇ **sich -** litigare; **Streitfall** f controversia f; **Streitfrage** f questione f controversa; **Streitgespräch** n ↑ Diskussion discussione f; **streitig** adj (umstritten) controverso; ◇ **jd-m etw - machen** contestare qc a qu; **Streitigkeit** f controversia f; **Streitkräfte** pl MIL forze f/pl armate; **streitsüchtig** adj ▷Hausmeister litigioso; **Streitwert** m valore m in causa

streng I. adj ▷Lehrer severo; ▷Stil severo; ▷Geruch, Geschmack aspro II. adv severamente; **Strenge** f ⟨-⟩ severità f; **strenggenommen** adv a rigor di termini; **strenggläubig** adj ▷Katholik osservante

Streß m ⟨-sses, -sse⟩ stress m; **stressen** vt stressare; **streßfrei** adj libero da stress; **stressig** adj stressante

Streu f ⟨-⟩ strame m

streuen I. vt → Blumen, Sand spargere II. vi (von Waffen) essere impreciso nel tiro; **Streuer** m ⟨-s, -⟩; ◇ **Salz-** spargisale m

streunen vi (FAM sich herumtreiben) vagabondare

Streusand m sabbia f

Streuung f PHYS dispersione f

strich impf v. **streichen**

Strich m ⟨-[e]s, -e⟩ ① (Linie) linea f ② (mit der Bürste) passata f ③ (des Windes) direzione f ④ (von Gewebe, Fell) verso m ⑤ ◇ **auf den - gehen**

battere il marciapiede; **stricheln** *vt, vi* → *Blatt, Fläche* tratteggiare; **Strichjunge** *m* ragazzo *m* da marciapiede; **Strichmädchen** *n* donna *f* da marciapiede; **Strichpunkt** *m* ↑ *Semikolon* punto *m* e virgola; **strichweise** *adv* a tratti

Strick *m* ⟨-[e]s, -e⟩ corda *f*; (*FAM Bursche, Kerl*) briccone *m*

stricken *vt, vi* lavorare a maglia; **Strickjacke** *f* golf *m*; **Strickleiter** *f* scala *f* di corda; **Stricknadel** *f* ferro *m* da calza; **Strickwaren** *pl* maglieria *fsing*; **Strickzeug** *n* lavoro *m* a maglia

Striemen *m* ⟨-s, -⟩ (*Streifen auf Haut*) livido *m*

strikt *adj* ▷*Befehl* tassativo; ▷*Ordnung* preciso

stritt *impf v.* **streiten**

strittig *adj* ▷*Punkt* controverso

Stroh *n* ⟨-[e]s⟩ paglia *f*; **strohblond** *adj* ▷*Haar* biondo paglierino; **Strohblume** *f* FLORA elicriso *m*; **Strohdach** *n* tetto *m* di paglia; **Strohfeuer** *n* FIG fuoco *m* di paglia; **Strohhalm** *m* filo *m* di paglia; (*Trinkhalm*) cannuccia *f* di paglia; *FIG* ◇ *sich an e-n ~ klammern* attaccarsi all'ultimo filo di speranza; **Strohhut** *m* cappello *m* di paglia; **Strohwitwe** *f FAM donna f il cui marito è temporaneamente assente*

strolchen *vi* (*umherstreifen, wandern*) vagabondare

Strom *m* ⟨-[e]s, Ströme⟩ ① (*großer Fluß*) grande fiume *m*; *FIG* ◇ *Sekt in Strömen* spumante a fiumi; *FIG* ◇ *es regnet in Strömen* piove a catinelle ② *FIG* ◇ *gegen den ~ schwimmen* andare contro corrente ③ ELECTR corrente *f*; **stromabwärts** *adv* su per il fiume, contro corrente; **strömen** *vi* ① → *Wasser* scorrere ② → *Luft* fuoriuscire ③ → *Menschen* affluire; **Stromkreis** *m* ELECTR circuito *m* elettrico; **stromlinienförmig** *adj* aerodinamico; **Stromrechnung** *f* bolletta *f* della corrente; **Stromschiene** *f* BAHN rotaia *f*; **Stromsperre** *f* ① sbarramento *m* del fiume ② ELECTR interruzione *f* di corrente; **Stromstärke** *f* ELECTR amperaggio *m*; **Strömung** *f* (*des Flußes*) corrente *f*; (*FIG geistige Bewegung*) corrente *f*; **Stromverbrauch** *m* consumo *m* di corrente; **Stromzähler** *m* contatore *m* di corrente

Strophe *f* ⟨-, -n⟩ strofa *f*

strotzen *vi* essere pieno (*von dat* di)

Strudel *m* ⟨-s, -⟩ ① vortice *m* ② (*Apfel-, Obst-*) strudel *m*

Struktur *f* struttura *f*

Strumpf *m* ⟨-[e]s, Strümpfe⟩ calza *f*; **Strumpfhalter** *m* giarrettiera *f*; **Strumpfhose** *f* collant *m*; **Strumpfmaske** *f* maschera *f* di calza

Strunk *m* ⟨-s, Strünke⟩ (*Baum-*) ceppo *m*

struppig *adj* ▷*Haar* ispido

Stube *f* ⟨-, -n⟩ stanza *f*; **Stubenarrest** *m* MIL consegna *f*; **Stubenhocker(in** *f*) *m* ⟨-s, -⟩ *FAM* tipo/a casalingo/a; **stubenrein** *adj* ▷*Hund* pulito

Stuck *m* ⟨-[e]s⟩ (*-decke*) stucco *m*

Stück *n* ⟨-[e]s, -e⟩ ① (*Teil*) pezzo *m* ② (*Exemplar*) pezzo *m* ③ THEAT lavoro *m* [teatrale] ④ (*Wegstrecke*) tratto *m* ⑤ (*FAM Frechheit*) ◇ **ein starkes - una bella pretesa**; **stückeln** *vt* ↑ *teilen* sminuzzare; **Stückgut** *n* merce *f* venduta a pezzi; **Stücklohn** *m* salario *m* a cottimo; **stückweise** *adv* a pezzi; **Stückwerk** *n* FIG lavoro *m* imperfetto

Student(in *f*) *m* studente (-essa *f*) *m* universitario/a; **Studentenausschuß** *m* comitato *m* studentesco; **Studentenausweis** *m* tessera *f* di studente; **Studentenheim** *n* casa *f* dello studente; **Studentenwerk** *n* opera *f* assistenziale universitaria; **studentisch** *adj* studentesco

Studie *f* ↑ *Untersuchung* studio *m*

Studienbeihilfe *f* borsa *f* di studio; **Studienbuch** *n* libretto *m* universitario; **Studiendauer** *f* durata *f* degli studi; **Studienfach** *n* ramo *m* di studi; **Studiengebühr** *f* tassa *f* d'iscrizione; **Studienrat** *m* insegnante *m* medio di ruolo; **studieren** *vt, vi* studiare (all'Università)

Studio *n* ⟨-s, -s⟩ (*Film-, Aufnahme-*) studio *m*

Studium *n* studio (universitario) *m*

Stufe *f* ⟨-, -n⟩ ① gradino *m* ② (*Entwicklungs-*) stadio *m*, livello *m*; **stufenweise** *adv* gradualmente

Stuhl *m* ⟨-[e]s, Stühle⟩ ① sedia *f* ② (*-gang*) evacuazione *f*

Stukkatur *f* stuccatura *f*

stülpen *vt* ① ↑ *umdrehen* rovesciare ② → *den Hut* calcarsi (*über/auf akk* su)

stumm *adj* ▷*Gebärde, Spiel* senza parole; ▷*Schrei* muto

Stummel *m* ⟨-s, -⟩ (*von Zigarette*) mozzicone *m*; (*von Kerze*) moccolo *m*

Stummfilm *m* film *m* muto; **Stummheit** *f* mutismo *m*

Stümper(in *f*) *m* ⟨-s, -◇ pasticcione/a; **stümperhaft** *adj* ▷*Arbeit* pasticciato; **stümpern** *vi* pasticciare

stumpf *adj* ① ▷*Messer* che non taglia ② ▷*Haar* opaco ③ (*teilnahmslos*) apatico ④ ▷*Winkel* ottuso

Stumpf *m* ⟨-[e]s, Stümpfe⟩ (*Baum-*) ceppo *m*; (*Bein-*) moncone *m*

Stumpfsinn *m* ottusità *f*; **stumpfsinnig** *adj* ▷*Arbeit* stupido; ▷*Mensch* ottuso

Stunde *f* ⟨-, -n⟩ ① ora *f* ② (*Augenblick*) momento *m*

S

stunden vt: ◇ **jd-m die Miete** ~ concedere a qu una dilazione per il pagamento dell'affitto

Stundengeschwindigkeit f velocità f oraria; **Stundenkilometer** m/n chilometro m all'ora; **stundenlang** adv per ore; **Stundenlohn** m paga f all'ora; **Stundenplan** m SCHULE orario m delle lezioni; **stundenweise** adv all'ora; **Stundenzeiger** m lancetta f delle ore; **stündlich** adj orario

Stunk m ⟨-[e]s⟩ (FAM Streit) lite f

Stuntman m ⟨-s, -men⟩ stuntman m

stupid adj ▷Arbeit, Mensch stupido

Stups m ⟨-es, -e⟩ FAM spinta f; **Stupsnase** f naso m all'insù

stur adj ▷Mensch testardo, risoluto

Sturm m ⟨-[e]s, Stürme⟩ ① tempesta f ② (Andrang) assalto m ③ SPORT, MIL attacco m; **stürmen I.** vi ① MIL, SPORT attaccare ② ← Wind infuriare ③ (rennen) precipitarsi **II.** vt MIL, SPORT attaccare; FIG → Bank assaltare; **Stürmer(in** f) m ⟨-s, -⟩ SPORT attaccante m/f; **Sturmflut** f mareggiata f; **stürmisch** adj ⟨-e See⟩ tempestoso; ▷Liebhaber impetuoso; **Sturmschaden** m danno m provocato dalla tempesta; **Sturmwarnung** f avviso m di tempesta

Sturz m ⟨-es, Stürz⟩ ① caduta f ② COMM crollo m ③ (Fenster-, Tür-) architrave m; **Sturzbach** m torrente m; **stürzen I.** vt ① → den Wein versare; → Kuchen, Pudding rovesciare; FIG → Regierung, Kanzler far cadere ② (pflügen) arare **II.** vi ① cadere ② (rennen) precipitarsi ③ (FIG sinken) ← die Preise crollare **III.** vr ◇ sich ~ ▷ins Wasser gettarsi in; FIG ◇ **sich in/auf die Arbeit** ~ gettarsi a capofitto nel lavoro; **Sturzflug** m volo m in picchiata; **Sturzhelm** m casco m di protezione

Stute f ⟨-, -n⟩ cavalla f; (Esels-) asina f

Stützbalken m puntone m; **Stütze** f ⟨-, -n⟩ ① appoggio m ② (Arbeitslosenunterstützung) sussidio m

stutzen¹ vt → Bart spuntare

stutzen² vi ① (Verdacht schöpfen) cominciare a insospettirsi ② (erstaunt sein) rimanere sorpreso ③ (scheu werden) adombrarsi

stützen I. vt → Ellbogen appoggiare **II.** vr ◇ sich ~ ① appoggiarsi (auf akk a) ② FIG ← Untersuchung basarsi (auf akk su)

stutzig adj sorpreso; ◇ ~ **werden** essere sorpreso; ◇ **jd-n ~ machen** sorprendere qu

Stützmauer f muro m di sostegno; **Stützpunkt** m punto m d'appoggio

Subjekt n ⟨-[e]s, -e⟩ ① (Wesen) soggetto m; (PEJ Mensch) soggetto m ② GRAM soggetto m ③

↑ Thema soggetto m; **subjektiv** adj ▷Urteil soggettivo; **Subjektivität** f soggettività f

subkutan adj ▷Spritze subcutaneo

Sublimierung f sublimazione f

Substantiv n GRAM sostantivo m

Substanz f ① (Wesen) sostanza f ② (Kapital) sostanze f/pl

subtil adj ▷Frage sottile

subtrahieren vt sottrarre; **Subtraktion** f sottrazione f

Subvention f sovvenzione f; **subventionieren** vt sovvenzionare

subversiv adj ▷Elemente sovversivo

Suchaktion f operazioni f/pl di ricerca; **Suche** f ⟨-, -n⟩ ricerca f (nach dat di); **suchen I.** vt ① → e-n Freund cercare ② (ver-) cercare; ◇ **jd-m zu helfen** ~ cercare di aiutare qu **II.** vi cercare (nach dat qu/qc); **Sucher** m ⟨-s, -⟩ ① cercatore (-trice f) m ② FOTO mirino m

Sucht f ⟨-, Süchte⟩ ▷nach dem Geld mania f; MED mania f; **süchtig** adj maniaco; (rauschgift-) tossicomane; **Süchtige(r)** fm tossicodipendente m/f

Südafrika n Sudafrica m; **Südamerika** n Sudamerica m; **Süden** m ⟨-s⟩ sud m; ◇ **im ~ von** dat a sud di; **Südfrankreich** n Francia f del Sud; **Südfrucht** f frutto m tropicale; **Süditalien** n Italia f del sud; **südlich I.** adj meridionale, del sud **II.** adv a meridione, a sud (von gen di); **Südosten** m Sudest m; **Südpol** m Polo m sud; **Südsee** f mari m/pl del Sud; **südwärts** adv verso sud; **Südwesten** m Sudovest m; **Südwestwind** m vento m di sudovest

süffig adj ▷Wein abboccato

süffisant adj presuntuoso

Suffix n GRAM ↑ Nachsilbe suffisso m

suggerieren vt suggerire (jd-m etw qc a qu); **Suggestivfrage** f domanda f suggestiva

sühnen vt espiare

Suizid m ⟨-s, -e⟩ suicidio m

sukzessiv adj successivo

Sulfat n solfato m

Sulfonamid n ⟨-[e]s, -e⟩ sulfamidico m

Sultan(in f) m ⟨-s, -e⟩ sultano/a

Sultanine f uva f sultanina

Sülze f ⟨-, -n⟩ (Fleisch-, Fisch-) gelatina f

Summe f ⟨-, -n⟩ ↑ Betrag somma f; MATH somma f

summen I. vi ← Biene, Fliege ronzare **II.** vt → Lied, Melodie canticchiare

summieren I. vt sommare **II.** vr ◇ sich ~ (sich häufen, anwachsen) sommarsi

Sumpf m ⟨-[e]s, Sümpfe⟩ fango m; **sumpfig** adj £aludoso

Sünde f ⟨-, -n⟩ peccato m; **Sündenbock** m capro m espiatorio; **Sündenfall** m peccato m originale; **Sünder(in)** f) m ⟨-s, -⟩ peccatore(-trice f) m; **sündhaft** adj peccaminoso; **sündigen** vi peccare

Super n ⟨-s⟩ (Benzin) benzina f super

Superlativ m GRAM superlativo m

Supermarkt m supermercato m

Suppe f ⟨-, -n⟩ minestra f; FIG ◇ jd-m die - versalzen guastare i piani a qu; **Suppenkelle** f mestolo m; **Suppenschüssel** f zuppiera f; **Suppenteller** m piatto m fondo

Surfbrett n tavola f da surf; **surfen** vi praticare il surf

suspekt adj sospetto

suspendieren vt sospendere dal servizio

süß adj ⊳ Kaffee dolce; (freundlich) dolce, amabile; **süß-sauer** adj agrodolce; **Süße** f ⟨-⟩ dolcezza f; **süßen** vt addolcire; **Süßigkeit** f dolciume m; **süßlich** adj (widerlich süß) dolciastro; FIG sdolcinato; **Süßspeise** f dolce m; **Süßstoff** m saccarina f; **Süßwaren** pl dolciumi, m/pl; **Süßwarengeschäft** n negozio m di dolciumi; **Süßwasser** n acqua f dolce

Swatch® f ⟨-, -[e]s⟩ swatch m

Symbol n ⟨-s, -e⟩ simbolo m; **Symbolfigur** f figura f simbolica; **symbolisch** adj ⊳ Tat simbolico; **symbolisieren** vt simbolizzare

Symmetrie f ↑ Spiegelgleichheit simmetria f; **Symmetrieachse** f asse m di simmetria; **symmetrisch** adj ⊳ Bildaufbau simmetrico

Sympathie f simpatia f; **sympathisch** adj; ◇ jd-m - sein essere simpatico a qu; **sympathisieren** vi simpatizzare (mit dat con)

Symposium n simposio m

Symptom n ⟨-s, -e⟩ (Krankheits-) sintomo m; **symptomatisch** adj sintomatico

Synagoge f ⟨-, -n⟩ sinagoga f

synchron adj ⊳ Übersetzung sincronico; **synchronisieren** vt sincronizzare

Synergie f sinergia f

Synode f ⟨-, -n⟩ sinodo m

Synonym n ⟨-s, -a⟩ SPRACHW sinonimo m

Syntagma n SPRACHW sintagma m; **Syntax** f ⟨-, -en⟩ SPRACHW sintassi f

Synthese f ⟨-, -n⟩ sintesi f

Synthesizer m ⟨-s, -⟩ MUS sintetizzatore m

synthetisch adj sintetico

Syphilis f ⟨-⟩ MED ↑ Lues sifilide f

Syrier(in f) m ⟨-s, -⟩ siriano/a; **Syrien** n ⟨-s⟩ Siria f; **syrisch** adj siriano

System n ⟨-s, -e⟩ ① (Methode) sistema m ② (Regierungsform, Regime) sistema m; **systematisch** adj ⊳ Darstellung sistematico; **systematisieren** vt organizzare in un sistema

Szene f ⟨-, -n⟩ ① scena f ② (FIG Zank, Vorwürfe) ◇ jd-m e-e - machen fare una scenata a qu ③ (Alternativ-) scena f; **Szenerie** f scenario m

T

T, t n T, t f

Tabak m ⟨-s⟩ tabacco m; **Tabakladen** m tabaccheria f; **Tabaksteuer** f imposta f sul tabacco

tabellarisch adj ⊳ Lebenslauf tabellare; **Tabelle** f tabella f

Tabernakel m ⟨-s, -⟩ ↑ Hostienschrein tabernacolo m

Tablett n ⟨-[e]s, -s⟩ vassoio m

Tablette f pasticca f

tabu adj; ◇ dieses Thema ist - questo argomento è tabù; **Tabu** n ⟨-s, -s⟩ ① tabu m ② (Verbot) divieto m

Tabulator m tabulatore m

Tacho m ⟨-s, -s⟩ Abk v. **Tachometer** AUTO tachimetro m; **Tachometer** n ⟨-s, -⟩ AUTO tachimetro m

Tadel m ⟨-s, -⟩ ① (Rüge) rimprovero m ② (Fehler) difetto m; **tadellos** adj ⊳ Benehmen, Arbeit irreprensibile; **tadeln** vt biasimare; ◇ an allem etw zu - finden trovare da ridire su tutto

Tafel f ⟨-, -n⟩ ① (Platte) tavola f ② (Schiefer-) lavagna f ③ (Preßform) tavoletta f ④ (Speisetisch) tavola f ⑤ (FIG Mahlzeit) ◇ die - aufheben levare le mense; **täfeln** vt ⊳ Zimmerdecke, Wand rivestire di legno

Taft m ⟨-[e]s, -e⟩ taffettà f

Tag m ⟨-[e]s, -e⟩ giorno m; ◇ bei - di giorno; ◇ e-s -es un giorno; ◇ guten -! buon giorno !; ◇ Kinder-e gli m/pl anni dell'infanzia; **tagaus** adv quotidianamente; ◇ -, tagein [o. tagein, -] giorno per giorno; **Tagdienst** m servizio m diurno; **Tagebau** m coltivazione f a giorno; **Tagebuch** n diario m; **Tagegelder** n pl diaria f sing; **tagelang** adv di parecchi giorni; **Tagelöhner** m lavoratore m a giornata

tagen[1] vi ← Kollegium, Parlament essere in seduta

tagen[2] vi unpersönl. farsi giorno

Tagesablauf m corso m della giornata; **Tagesanbruch** m alba f; **Tagesbefehl** m MIL ordine m del giorno; **Tagescreme** f crema f da giorno; **Tagesdecke** f copriletto m; **Tagesgericht** n piatto m del giorno; **Tagesgespräch** n argomento m del giorno; **Tageskarte** f ① (Eintrittskarte) biglietto m giornaliero ②

(*Speisekarte*) lista *f* del giorno; **Tageskurs** *m* quotazione *f* del giorno; **Tageslicht** *n* luce *f* del giorno; **Tagesordnung** *f* ordine *m* del giorno; **Tagesschau** *f* MEDIA telegiornale *m;* **Tageszeit** *f* ora *f;* **Tageszeitung** *f* quotidiano *m;* **tageweise** *adv* a giorni; **täglich I.** *adj* quotidiano **II.** *adv* quotidianamente; **tagsüber** *adv* di giorno; **tagtäglich** *adj* quotidiano; **Tagtraum** *m* desiderio *m;* **Tagundnachtgleiche** *f* equinozio *m*

Tagung *f* seduta *f*

Taifun *m* ‹-s, -e› tifone *m*

Taille *f* ‹-, -n› vita *f;* **Taillenweite** *f* giro *f* vita; **tailliert** *adj* avvitato

Takelage *f* ‹-, -n› NAUT attrezzatura *f*

Takt *m* ‹-[e]s, -e› ① tatto *m* ② MUS tempo *m* ③ (*Zeitmaß*) ritmo *m;* **Taktgefühl** *n* ① MUS senso del ritmo *m* ② FIG tatto *m*

taktieren *vi* battere il tempo; **Taktik** *f* tattica *f;* **taktisch** *adj* tattico

taktlos *adj* privo di tatto; **Taktlosigkeit** *f* mancanza *f* di tatto; (*Bemerkung*) indiscrezione *f;* **Taktstock** *m* bacchetta *f* del direttore d'orchestra; **Taktstrich** *m* MUS sbarra *f;* **taktvoll** *adj* pieno di tatto

Tal *n* ‹-[e]s, Täler› valle *f*

Talar *m* (*von Richter*) toga *f;* (*von Pfarrer*) veste *f* talare

Talent *n* ‹-[e]s, -e› talento *m;* ◇ **junge -e suchen** [*o.* **fördern**] cercare nuovi talenti; **talentiert** *adj* dotato

Taler *m* tallero *m*

Talfahrt *f* discesa *f* a valle

Talgdrüse *f* ghiandola *f* sebacea

Talisman *m* ‹-s, -e› talismano *m*

Talmud *m* ‹-s› talmud *m*

Talsohle *f* fondovalle *m;* **Talsperre** *f* diga *f* di sbarramento

Tamburin *n* ‹-s, -e› tamburo *m*

Tampon *m* ‹-s, -s› MED tampone *m*

Tand *m* ‹-s› cianfrusaglie *f pl*

Tandem *n* ‹-s, -s› tandem *m*

Tang *m* ‹-[e]s, -e› (*Meer-*) fuco *m*

Tanga *m* ‹-s, -s› (*Bikini*) tanga *m*

Tangente *f* ‹-, -n› MATH tangente *f;* (*Umgehungsstraße*) tangenziale *f;* **tangieren** *vt* ① MATH toccare ② † *betreffen* colpire

Tango *m* ‹-s, -s› tango *m*

Tank *m* ‹-s, -s› (*Öl-*) serbatoio *m;* **tanken** *vt* Benzin fare rifornimento di; (*FAM betrunken sein*) ◇ **getankt haben** essere ubriaco; **Tanker** *m* ‹-s, -› nave *f* cisterna; **Tankschiff** *n* nave *f* cisterna; **Tankstelle** *f* distributore *m* di benzina; **Tankwart(in)** *m/f* ‹-s, -e› benzinaio/a

Tanne *f* ‹-, -n› abete *m;* **Tannenbaum** *m* albero *m* di Natale; **Tannenzapfen** *m* cono *m* d'abete

Tante *f* ‹-, -n› zia *f;* (*FAM komische Frau*) befana *f*

Tanz *m* ‹-es, Tänze› danza *f;* **Tanzabend** *f* veglione *m;* **tanzen** *vt, vi* ballare; **Tänzer(in)** *f) m* ‹-s, -› ballerino/a; **Tanzfläche** *f* pista *f* da ballo; **Tanzlehrer** *m* maestro *m* di danza; **Tanzmusik** *f* musica *f* da ballo; **Tanzstunde** *f* (*Tanzunterricht*) ora *f* di danza

Taoismus *m* taoismo *m*

Tape *n* ‹-s, -s› cassetta *f*

Tapete *f* ‹-, -n› tappezzeria *f;* **tapezieren** *vt* tappezzare; **Tapezierer(in)** *f) m* ‹-s, -› tappezziere/a

tapfer *adj* valoroso; **Tapferkeit** *f* valore *m*

tappen *vi* (*unsicher gehen*) brancolare; FIG ◇ **im dunkeln ~** brancolare nel buio

Tarantel *f* ‹-, -n› tarantola *f*

Tarif *m* ‹-s, -e› tariffa *f;* **tariflich** *adj* tariffario; **Tariflohn** *m* compenso *m* minimo contrattuale; **Tarifpartner** *m* firmatario *m* di un accordo tariffario; **Tarifvertrag** *m* convenzione *f* tariffaria

Tarnanzug *m* tuta *f* mimetica; **tarnen** *vt* mimetizzare; **Tarnfarbe** *f* colore *m* mimetico; **Tarnkappe** *f* mantello *m* che rende invisibili; **Tarnung** *f* mimetizzazione *f*

Tasche *f* ‹-, -n› ① (*an Kleidung*) tasca *f* ② (*Hand-*) borsa *f;* **Taschenbuch** *n* libro *m* tascabile; **Taschendieb(in)** *f) m* borsaiolo/a; **Taschengeld** *n* denaro *m* per le piccole spese; **Taschenkrebs** *m* granciporro *m;* **Taschenlampe** *f* lampadina *f* tascabile; **Taschenmesser** *n* temperino *m;* **Taschenrechner** *m* calcolatrice *f* tascabile; **Taschentuch** *n* fazzoletto *m;* **Taschenuhr** *f* orologio *m* da tasca

Tasse *f* ‹-, -n› tazza *f;* (*FAM verrückt sein*) ◇ **er hat nicht alle -n im Schrank** gli manca una rotella

Tastatur *f* tastiera *f*

tastbar *adj* ▷*Geschwulst* palpabile

Taste *f* ‹-, -n› a. PC tasto *m;* **tasten I.** *vi* cercare tastoni (*nach dat* qc) **II.** *vt* MED palpare **III.** *vr* ◇ **sich ~** andare tastoni [in un corridoio buio]; **Tastentelefon** *n* telefono *m* a tasti; **Tastsinn** *m* tatto *m*

tat *impf v.* **tun**

Tat *f* ‹-, -en› (*Handlung*) azione *f;* ◇ **auf frischer ~ ertappen** cogliere sul fatto; (*tatsächlich, wirklich*) ◇ **in der ~** di fatto; **Tatbestand** *m* stato *m* di fatto; **Tatbestandsaufnahme** *f* JURA raccolta *f* degli elementi di fatto

Tatendrang m impulso m all'azione; **tatenlos** adj inattivo

Täter(in f) m ⟨-s, -⟩ autore(-trice f) m; **Täterschaft** f colpevolezza f

tätig adj attivo; ▷*Hilfe* efficace; ◇ - werden entrare in attività; ◇ in e-r Firma - sein lavorare in una ditta; **Tätigkeit** f ① attività f; (von Maschine) attività f ② lavoro m; ◇ seiner - nachgehen fare il proprio lavoro

tatkräftig adj ▷*Hilfe* efficace

tätlich adj; ◇ - werden diventare violento; **Tätlichkeit** f violenza f

Tatort m luogo m del reato

tätowieren vt tatuare; **Tätowierung** f tatuaggio m

Tatsache f (Faktum) fatto m; (Realität) realtà f; ◇ jdn vor vollendete -n stellen mettere qu di fronte al fatto compiuto; ◇ den -n entsprechend corrispondente ai fatti; **tatsächlich** I. adj reale, effettivo II. adv (in Wirklichkeit) realmente

tätscheln vt → *Wange* accarezzare

Tatterich m ⟨-s⟩ FAM tremito m senile

Tatverdacht m indizio m di reato

Tatze f ⟨-, -n⟩ zampa f

Tau ¹ m ⟨-[e]s⟩ (Feuchtigkeit) rugiada f

Tau ² n ⟨-[e]s, -e⟩ (dickes Seil) cavo m

taub adj ① sordo; FAM ◇ er ist auf diesem Ohr - è sordo da questo orecchio ② ▷*Körperglied* intorpidito ③ ▷*Nuß* vuoto

Taube f ⟨-, -n⟩ colomba f; (Brief-, in Stadt) piccione m

Taubheit f sordità f; **taubstumm** adj sordomuto

tauchen I. vt (ins Wasser) immergere, tuffare II. vi (unter Wasser) immergersi, tuffarsi; **Taucher(in** f) m ⟨-s, -⟩ sommozzatore(-trice f) m, **Taucheranzug** m scafandro m; **Tauch[er]maske** f maschera f subacquea; **Tauchsieder** m ⟨-s, -⟩ bollitore m ad immersione

tauen I. vi ① ▷*Schnee* sciogliersi ② ◇ es taut disgela

Taufbecken n fonte f battesimale; **Taufe** f ⟨-, -n⟩ battesimo m; **taufen** vt REL battezzare; (benennen) dare il nome a; **Taufname** m nome m di battesimo; **Taufpate, Taufpatin** f padrino m, madrina f; **Taufschein** m certificato m di battesimo

taugen vi ① (fähig sein) essere adatto (zu dat a) ② (wert sein) valere; **Taugenichts** m ⟨-, -e⟩ buono m a nulla; **tauglich** adj MIL idoneo

taumeln vi ↑ *schwanken* barcollare; ◇ - vor Müdigkeit barcollare dalla stanchezza

Tausch m ⟨-[e]s, -e⟩ cambio m; **tauschen** vt → *Platz* cambiare; ↑ *austauschen* → *Briefmarken* scambiarsi

täuschen I. vt tradire II. vr ◇ sich - sbagliarsi; ◇ sich in jdm - sbagliarsi sul conto di qu; **täuschend** adj ingannevole; ◇ jd-m - ähnlich sein [o. sehen] assomigliare a qu in modo sorprendente

Tauschhandel m baratto m

Täuschung f inganno m; illusione f

tausend adj, nr mille; **Tausendfüß[l]er** m ⟨-s, -⟩ millepiedi m

Tauwerk m cordami m/pl

Tauwetter n disgelo m

Tauziehen n a. FIG tiro m alla fune

Taxameter m tassametro m

Taxe ¹ f ⟨-, -n⟩ (Gebühr) tassa f

Taxe ² f ⟨-, -n⟩ taxi m

Taxi n ⟨-[s], -[s]⟩ taxi m

taxieren vt → *Mensch* stimare; → *Gegenstand* valutare

Taxifahrer(in f) m tassista m/f; **Taxistand** m stazione f dei taxi

tbc f Abk v. MED tbc tubercolosi

Teakholz n tek m

Team n ⟨-s, -s⟩ team m; **Teamwork** n ⟨-s⟩ lavoro m di équipe

Technik f (Methode, Verfahren) tecnica f; **Techniker(in** f) m ⟨-s, -⟩ tecnico f m; **technisch** I. adj ▷*Problem* tecnico II. adv tecnicamente

Technologie f tecnologia f; **Technologietransfer** m ⟨-s, -s⟩ esportazione f delle tecnologie; **technologisch** adj tecnologico

Teddy, Teddybär m orsacchiotto m

Tedeum n ⟨-s, -s⟩ MUS Te Deum m

TEE m ⟨-s, -s⟩ s. **Trans-Europa-Express** BAHN TEE m

Tee m ⟨-s, -s⟩ tè m; **Teekanne** f teiera f; **Teekessel** m bollitore m per il tè; **Teelicht** n candela usata per mantenere caldo il tè; **Teelöffel** m cucchiaino m

Teer m ⟨-[e]s, -e⟩ catrame m; **teeren** vt → *Straße* catramare

Teerose f FLORA rosa f tea; **Teeservice** n servizio m da tè; **Teesieb** n colino m per il tè; **Teetasse** f tazza f da tè; **Teewagen** m carrello m per il tè

Teflon® n ⟨-s⟩ teflon m

Teich m ⟨-[e]s, -e⟩ stagno m; **Teichhuhn** n gallinella f d'acqua

Teig m ⟨-[e]s, -e⟩ (Kuchen-) impasto m; **teigig** adj molle; ▷*Kuchen* pastoso; **Teigwaren** pl pasta f sg

Teil m o n ⟨-[e]s, -e⟩ ① parte f; (Ersatz-) pezzo m; ◇ zum - in parte ② JURA parte f; **teilbar** adj divisibile; **Teilbetrag** m somma f parziale; **Teilchen** n particella f; **teilen** I. vt (zer -)

dividere; (*gemeinsam bewohnen*) dividere (*mit dat* con); (*gleicher Meinung sein*) ◇ **jd-s Meinung ~** condividere l'opinione di qu; MATH dividere (*durch akk* per) **II.** *vr* ◇ **sich ~ ←** *Weg* dividersi; ← *Personen* dividersi; ← *Arbeit* dividersi; **Teiler** *m* MATH divisore *m*

teilhaben *unreg vi* partecipare (*an dat* a); **Teilhaber(in** *f*) *m* ‹-s, -› partecipante *m/f*

Teilnahme *f* ‹-› partecipazione *f* (*an dat* a); (*Interesse*) partecipazione *f*; (*Mitgefühl*) partecipazione *f*; ◇ **jd-m seine aufrichtige ~ aussprechen** esprimere a qu le proprie condoglianze; **teilnahmslos** *adj* indifferente; **teilnehmen** *unreg vi* partecipare (*an dat* a); **Teilnehmer(in** *f*) *m* ‹-s, -› (*Kurs-*) partecipante *m/f* (*an dat* a)

teils *adv* in parte; **Teilung** *f* divisione *f*; FLORA scissione *f*; MATH divisione *f*; **Teilungsartikel** *m* GRAM articolo *m* partitivo; **teilweise** *adv* parzialmente

Teint *m* ‹-s, -s› carnagione *f*

Telefax *n* ‹-es, -e› telefax *m*; **telefaxen** *vt* mandare via fax; **Telefaxgerät** *n* Telefax *m*

Telefon *n* ‹-s, -e› telefono *m*; **Telefonanruf** *m* telefonata *f*; **Telefonbuch** *n* elenco *m* telefonico; **telefonieren** *vi* stare al telefono (*mit dat* con); **telefonisch** *adj* telefonico; **Telefonist(in** *f*) *m* telefonista *m/f*; **Telefonkarte** *f* carta *f* telefonica; **Telefonnummer** *f* numero *m* di telefono; **Telefonverbindung** *f* collegamento *m* telefonico; **Telefonzelle** *f* cabina *f* telefonica; **Telefonzentrale** *f* centralino *m*

Telegraf *m* ‹-en, -en› telegrafo *m*; **Telegrafenleitung** *f* linea *f* telegrafica; **Telegrafenmast** *m* palo *m* del telegrafo; **telegrafieren** *vt* telegrafare; **telegrafisch** *adj* telegrafico

Telegramm *n* ‹-s, -e› telegramma *m*; **Telegrammadresse** *f* indirizzo *m* telegrafico; **Telegrammbote** *m* messaggio *m* telegrafico

Telekinese *f* ‹-› telecinesi *f*; **Telekolleg** *n* corsi *m* di studio per via televisiva *m/pl*; **Teleobjektiv** *n* FOTO teleobiettivo *m*; **Telepathie** *f* telepatia *f*; **telepathisch** *adj* telepatico; **Teleskop** *n* ‹-s, -e› telescopio *m*; **Telespiel** *n* videogioco *m*

Telex *n* ‹-es, -e› telex *m*

Teller *m* ‹-s, -› piatto *m*

Tempel *m* ‹-s, -› tempio *m*

Temperament *n* ↑ *Lebhaftigkeit* temperamento *m*; **temperamentlos** *adj* privo di temperamento; **temperamentvoll** *adj* pieno di temperamento

Temperatur *f* temperatura *f*; **Temperaturangabe** *f* indicazione *f* della temperatura; **temperieren** *vt* temperare

Tempo *n* ‹-s, -s› ① (*Schnecken-*) velocità *f*; ◇ **~, ~!** veloce! ② MUS tempo *m*; **Tempolimit** *n* ‹-s, -s› limite *m* di velocità

temporal *adj* temporale; **temporär** *adj* temporaneo; **Tempus** *n* ‹-, Tempora› GRAM tempo *m*

Tendenz *f* tendenza *f*; **tendieren** *vi* tendere (*zu dat* a); **tendenziös** *adj* ▷ *Berichterstattung* tendenzioso

Tenne *f* aia *f*

Tennis *n* ‹-› tennis *m*; **Tennisplatz** *m* campo *m* da tennis; **Tennisschläger** *m* racchetta *f* da tennis; **Tennisspieler(in** *f*) *m* giocatore(-trice *f*) di tennis *m*

Tenor *m* ‹-s, Tenöre› MUS tenore *m*

Teppich *m* ‹-s, -e› tappeto *m*; **Teppichboden** *m* moquette *f*

Termin *m* ‹-s, -e› (*Zeitpunkt*) data *f*; (*Arzt-*) appuntamento *m*; **Terminkalender** *m* calendario *m* degli appuntamenti

Terminologie *f* terminologia *f*; **Terminus** *m* termine *m*

Termite *n* ‹-, -n› FAUNA termite *f*

Terpentin *n* ‹-s, -e› (*-öl*) trementina *f*

Terrakotte *f* terracotta *f*

Terrasse *f* ‹-, -n› (*bei Gelände*) terrazza *f*; (*vor Haus, Dach-*) terrazzo *m*

Terrine *f* terrina *f*

Territorium *n* territorio *m*

Terror *m* ‹-s› terrore *m*; **Terroranschlag** *m* attentato *m* terroristico; **terrorisieren** *vt* terrorizzare; **Terrorismus** *m* terrorismo *m*; **Terrorist(in** *f*) *m* terrorista *m/f*

Terzett *n* terzetto *m*

Test *m* ‹-s, -s› (*Schwangerschaft-, Alkohol-*) test *m*; SCHULE prova *f*

Testament *n* testamento *m*; **Testamentsvollstrecker(in** *f*) *m* ‹-s, -› esecutore(trice *f*) *m* testamentario

Testat *n* firma *f* di frequenza

testen *vt* → *Person* sottoporre a un test

testieren *vt* ↑ *bescheinigen, bestätigen* attestare

Tetanus *m* ‹-› MED tetano *m*; **Tetanusimpfung** *f* vaccinazione *f* antitetanica

teuer *adj* costoso; **Teuerung** *f* (*-srate*) rincaro *m*; **Teuerungszulage** *f* indennità *f* di carovita

Teufel *m* ‹-s, -› diavolo *m*; FAM ◇ **geh zum ~!** va' al diavolo!; FAM ◇ **den ~ an die Wand malen** fare l'uccello del malaugurio; **Teufelsaustreibung** *f* esorcismo *m*; **teuflisch** *adj* ▷ *Plan* diabolico

Text *m* ‹-[e]s, -e› testo *m*; FIG ◇ **jd-n aus dem ~ bringen** confondere qu

textil adj tessile; **Textilien** pl tessuti m pl; **Textilindustrie** f industria f tessile; **Textilwaren** pl tessuti m pl

Textverarbeitung f elaborazione f dei testi; **Textverarbeitungsprogramm** n programma f per la elaborazione dei testi

Thailand n Tailandia f

Theater n ⟨-s, -⟩ 1 (*Gebäude*) teatro m 2 (*Vorstellung*) spettacolo m; *FIG* ◇ **mach' nicht so viel - !** non fare tante storie ! 3 (*Publikum*) teatro m 4 (*Bühne*) palcoscenico m; **Theaterbesucher(in** f) m frequentatore(-trice f) di teatri m; **Theaterkasse** f botteghino m; **Theaterstück** n lavoro m teatrale; **theatralisch** adj teatrale

Theke f ⟨-, -n⟩ (*Laden-*) banco m; (*in Bierlokal*) banco m

Thema n ⟨-s, Themen⟩ tema m; ◇ **kein - sein** essere fuori questione

Theologe m ⟨-n, -n⟩ teologo m; **Theologie** f teologia f; **Theologin** f teologa f; **theologisch** adj teologico

Theoretiker(in f) m ⟨-s, -⟩ teorico/a; **theoretisch** adj ▷*Unterricht* teorico; **Theorie** f teoria f

Therapeut(in f) m ⟨-en, -en⟩ (*Psycho-*) terapeuta m/f; **therapeutisch** adj terapeutico; **Therapie** f terapia f

Thermalbad n bagno m termale; (*Badeort*) terme f pl; **Therme** f terme f pl; **Thermik** f corrente f ascendete d'aria calda; **Thermohose** f pantaloni m termici pl; **Thermometer** n ⟨-s, -⟩ termometro m; **Thermosflasche** f termos m; **Thermostat** m ⟨-[e]s o. -en, -en⟩ termostato m

These f ⟨-, -n⟩ tesi f

Thorax m ⟨-, -e⟩ ANAT torace m

Thrombose f ⟨-, -n⟩ MED trombosi f

Thron m ⟨-[e]s, -e⟩ trono m; **Thronbesteigung** f avvento m al trono; **thronen** vi troneggiare; **Thronfolge** f successione f al trono

Thuja f ⟨-, Thujen⟩ FLORA tuia f

Thunfisch m tonno m

Thymian m ⟨-s, -e⟩ FLORA timo m

Tiara f ⟨-, Tiaren⟩ REL tiara f

Tibet m ⟨-s⟩ Tibet m

Tick m ⟨-[e]s, -s⟩ tic m

ticken vi ← Uhr tichettare

Ticket n (*Flug-*) biglietto m

tief adj 1 profondo; ▷*Wasser, Wunde* profondo 2 ▷*Temperaturen* basso 3 ▷*Nacht, Winter* pieno 4 ▷*Stimme* profondo 5 (*intensiv, kräftig*) carico, **Tief** n ⟨-s, -s⟩ METEO bassa f pressione; **Tiefdruck** m (METEO -*gebiet*) bassa f pressione; **Tiefe** f ⟨-, -n⟩ profondità f; **Tiefebene** f

bassopiano m; **Tiefenpsychologie** f psicologia f del profondo; **tiefernst** adj molto serio; **Tiefflugangriff** m attacco m aereo a bassa quota; **Tiefgang** m ⟨-s⟩ immersione f; **Tiefgarage** f garage m sotterraneo; **tiefgefroren, tiefgekühlt** adj congelato; **tiefgreifend** adj ▷*Änderungen* profondo; **Tiefkühlfach** n congelatore m; **Tiefland** n bassopiano m; **Tiefpunkt** m punto m basso; **Tiefschlag** m colpo m basso; *FIG* colpo m basso; **tiefschürfend** adj ▷*Gespräche* profondo; **Tiefsee** f abissi m/pl marini; **tiefsinnig** adj ▷*Bemerkung* profondo; **Tiefstand** m livello m basso

Tiegel m tegame m

Tier n ⟨-[e]s, -e⟩ animale m; **Tierarzt** m, **Tierärztin** f veterinario/a; **Tierbändiger** m domatore(-trice f) m; **Tiergarten** m giardino m zoologico; **tierisch** adj animalesco; *FIG* animalesco, brutale; *FAM* **- Ernst** in tutta serietà; **Tierkreis** m ASTROL zodiaco m; **Tierkreiszeichen** n segno m zodiacale; **Tierkunde** f zoologia f; **Tierquälerei** f maltrattamento m di animali; **Tierreich** n regno m animale; **Tierschützer(in** f) m ⟨-s, -⟩ protettore(-trice f) m degli animali; **Tierschutzverein** m circolo m per la protezione degli animali; **Tierversuch** m esperimento m sugli animali

Tiger(in f) m ⟨-s, -⟩ tigre f

tilgen vt → *Schulden* estinguere; → *Spuren* cancellare; **Tilgung** f (*von Schulden*) estinzione f

Tinktur f tintura f

Tinnef m ⟨-s⟩ *FAM* scemenze f pl

Tinte f ⟨-, -n⟩ inchiostro m; *FAM* ◇ **in der - sitzen** essere nei guai; **Tintenfaß** n calamaio m; **Tintenfisch** m seppia f; **Tintenpatrone** f cartuccia f di ricambio (per pennino)

Tip m ⟨-s, -s⟩ consiglio m

tippen I. vt → *Text* scrivere a macchina/con il computer II. vi 1 toccare (*an/auf akk* qc) 2 scrivere a macchina/con il computer 3 ↑ wetten scommettere (*auf akk* su); **Tippfehler** m errore f di battuta; **Tippse** f ⟨-, -n⟩ *PEJ* dattilografa f

tipptopp adj (*FAM nur prädikativ o adverbial*) impeccabile, perfetto

Tippzettel m schedina f

Tirol n ⟨-s⟩ Tirolo m; **Tiroler(in** f) m ⟨-s, -⟩ tirolese m/f

Tisch m ⟨-[e]s, -e⟩ (*Eß-*) tavola f; ◇ **zu ~ !** a tavola !; ◇ **vor/nach** - prima/dopo i pasti; *FIG* ◇ **reinen - machen** fare piazza pulita; (*FIG etw unbeachtet lassen*) ◇ **etw unter den - fallen lassen** far passare qc sotto silenzio; **Tischdecke** f tovaglia f; **Tischgast** n commensale m/f; **Tischler(in** f) m ⟨-s, -⟩ falegname m/f; **Tischlerei** f falegnameria f; **tischlern** vi fare il falegname; **Tischnachbar(in** f) m vicino/a di tavola; **Tischrede** f discorso m conviviale; **Tischtennis** n tennis m da tavolo; **Tischtuch** n tovaglia f

Titan ¹ n ⟨-s⟩ CHEM titanio m

Titan ² m ⟨-s, -en⟩ titano m; (FIG Riese) gigante m

Titel m ⟨-s, -⟩ (Buch-) titolo m; (Doktor-) titolo m; **Titelbild** n illustrazione f di copertina; **Titelrolle** f parte f dell'eroe dell'opera omonima; **Titelseite** f frontespizio m; **Titelverteidiger** (in f) m SPORT difensore/a del titolo

Toast m ⟨-[e]s, -s o. -e⟩ (Brot) toast m; ◇ e-n - auf jd-n ausbringen fare un brindisi a qu; **Toaster** m ⟨-s, -⟩ tostapane m

toben vi ① ← Kinder fare chiasso ② ← Sturm infuriare ③ (beim Streiten) essere fuori di sé; **Tobsucht** f furore m; **tobsüchtig** adj furibondo; **Tobsuchtsanfall** m attacco m di furore

Tochter f ⟨-, Töchter⟩ figlia f

Tod m ⟨-[e]s, -e⟩ morte f; ◇ e-s gewaltsamen -es sterben morire di morte violenta; ◇ jd-n zum -e verurteilen condannare a morte qu; **Todesangst** f paura f della morte; (große Angst) angoscia f; **Todesanzeige** f denuncia f di morte; **Todesfall** m decesso m; **Todeskampf** m agonia f; **Todesstrafe** f pena f di morte; **Todesursache** f causa f della morte; **Todesurteil** n condanna f a morte; **Todesverachtung** f disprezzo m della morte; FAM ◇ etw mit - tun fare qc con molto coraggio; **todkrank** adj in fin di vita

tödlich adj mortale; FIG ◇ mit -er Sicherheit con certezza assoluta

todmüde adj FAM stanco morto; **todschick** adj FAM ▷Kleid elegantissimo; **todsicher** adj FAM assolutamente certo; **Todsünde** f peccato m mortale

Toilette f ① toilette f ② (Ankleideraum) camerino m ③ ◇ - machen fare toletta; **Toilettenartikel** m articolo m da toletta; **Toilettenpapier** n carta f igienica; **Toilettentisch** m tavolo m da toletta

toi, toi, toi intj tocchiamo ferro

tolerant adj ▷Frau tollerante; **Toleranz** f tolleranza f; **tolerieren** vt tollerare

toll adj ① ▷ tollwütig rabbioso ② ▷Buch bellissimo ③ (unglaublich) incredibile ④ ▷Gelächter grande, matto

tollen vi ← Kinder scatenarsi

Tollkirsche f FLORA belladonna f

tollkühn adj temerario

Tollwut f idrofobia f; **toll[wütig]** adj idrofobo

Tolpatsch m ⟨-[e]s, -e⟩ (ungeschickter Mensch) persona f rozza

tölpelhaft adj ▷Benehmen balordo

Tomate f ⟨-, -n⟩ pomodoro m; **Tomatenmark** n conserva f di pomodori

Tombola f ⟨-, -s o. Tombolen⟩ tombola f

Tomographie f MED (Computer-) tomografia f

Ton ¹ m ⟨-[e]s, Töne⟩ ① (Laut) suono m ② (Umgangston) modi m pl ③ (Betonung, Akzent) accento m ④ MUS tono m; FIG ◇ den - angeben dominare ⑤ (Klangfarbe, Farbton) tonalità f

Ton ² m ⟨-s, -e⟩ (Erde) argilla f

Tonabnehmer m pick-up m; **tonangebend** adj influente, determinante; **Tonart** f tonalità f; **Tonband** n nastro m magnetico; **Tonbandgerät** n magnetofono m

tönen I. vi ← Glocke, Ruf, Stimme risonare; (FAM prahlen) darsi delle arie II. vt → Haare tingere

tönern adj d'argilla

Tonfall m inflessione f; **Tonfilm** m film m sonoro; **Tonfilmprojektor** m apparecchio m per la proiezione di film sonori

Tonic n ⟨-s, -s⟩ acqua f tonica

Tonika f ⟨-, Toniken⟩ MUS tonica f

Toningenieur m ingegnere m del suono; **Tonleiter** f MUS scala f musicale

Tonne f ⟨-, -n⟩ ① (Faß) botte f ② (Gewichtseinheit) tonnellata f; (FAM dicke Frau) cicciona f; **Tonnengehalt** m tonnellaggio m

Tonreportage f reportage m sonoro; **Tonsilbe** f sillaba f tonica

Tonsilitis f ⟨-, Tonsilitiden⟩ MED tonsillite f

Tonspur f colonna f sonora; **Tonstärke** f volume m

Tonsur f tonsura f

Tontaube f SPORT piattello m; **Tontaubenschießen** n SPORT tiro m al piattello

Tonware f terracotta f

Tönung f ① (Farb-) tonalità f ② (Haar-) colorazione f

Topas m ⟨-es, -e⟩ MIN topazio m

Topf m ⟨-[e]s, Töpfe⟩ ① (Koch-) pentola f; FIG ◇ alle[s] in e-n - werfen fare di ogni erba un fascio ② (Blumen-) vaso m ③ (Nacht-) vaso m; **Topfblume** f fiore m in vaso

Töpfer(in f) m ⟨-s, -⟩ vasaio/a; **Töpferei** f ceramica f; **töpfern** I. vt → Vase lavorare al tornio II. vi lavorare con la creta; **Töpferscheibe** f tornio m da vasaio

Topographie f topografia f; **topographisch** adj topografico

topp intj d'accordo!

Tor ¹ *n* ⟨-[e]s, -e⟩ *(Tür)* portone *m;* (SPORT *beim Slalom)* porta *f;* *(Fußball-)* porta *f*

Tor ² *m* ↑ *Narr* folle *m/f*

Torero *m* ⟨-s, -s⟩ torero *m*

Torf *m* ⟨-[e]s⟩ torba *f*

Torheit *f* follia *f*

töricht *adj* folle

torkeln *vi* ← *Betrunkener* barcollare

Tormann *m* SPORT ↑ *Torhüter* portiere *m*

Tornado *m* ⟨-s, -s⟩ tornado *m*

torpedieren *vt* silurare; **Torpedo** *m* ⟨-s, -s⟩ siluro *m*

Torschlußpanik *f* FIG paura *f* di restatare zitella

Torschuß *m* tiro *f* in porta; **Torschütze** *m* marcatore *m*

Torte *f* ⟨-, -n⟩ *(Obst-)* torta *f;* **Tortenboden** *m* fondo *m* di torta; **Tortenheber** *m* paletta *f* per torta; **Tortenschaufel** *f* paletta *f* per torta

Tortur *f* ↑ *Folter* tortura *f;* FIG ↑ *Qual* tortura *f*

Torwart *m* ⟨-s, -e⟩ SPORT portiere *m*

tosen *vi* rumoreggiare; *(FIG larmen)* strepitare

Toskana *f* ⟨-⟩ Toscana *f*

tot *adj* ① morto, defunto ② ▷*Ast* secco ③ ▷*Gleis* morto ④ ▷*Farben* spento ⑤ *(unbelebt)* morto ⑥ FAM *(erschöpft)* stanco morto

total **I.** *adj* ▷*Niederlage* totale **II.** *adv* FAM completamente

totalitär *adj* totalitario

Totalschaden *m* AUTO danno *m* totale

Tote(r) *fm* morto/a

töten **I.** *vt* uccidere **II.** *vr* ◇ *sich* - uccidersi

Totenamt *n* ↑ *Totenmesse* messa *f* funebre; **Totenbett** *n* letto *m* di morte; **totenblaß** *adj* bianco come un morto; **Totengräber** *m* becchino *m;* **Totenkopf** *m* teschio *m;* **Totenmesse** *f* messa *f* funebre; **Totenschein** *m* certificato *m* di morte; **Totenstarre** *f* ↑ *Leichenstarre* rigidità *f* cadaverica; **Totenstille** *f* silenzio *m* sepolcrale; **Totenwache** *f* veglia *f* funebre

totfahren *unreg vt* investire mortalmente; **totgeboren** *adj* nato morto; FIG destinato a fallire; **totlachen** *vr* ◇ *sich* - FAM morir dal ridere

Toto *m o n* ⟨-s, -s⟩ totocalcio *m;* **Totoschein** *m* schedina *f* del totocalcio

totsagen *vt* dare per morto; **Totschlag** *m* omicidio *m;* **totschlagen** *unreg vt* ammazzare; FIG ◇ *die Zeit* - ammazzare il tempo; **Totschläger** *m* ① assassino *m* ② *(Waffe)* mazza *f;* **totschweigen** *unreg vt* FIG → *e-e Sache* tacere (su); **totstellen** *vr* ◇ *sich* - fingersi morto; **Totsünde** *f* peccato *m* mortale

Tötung *f* uccisione *f*

Toupet *n* ⟨-s, -s⟩ toupet *m;* **toupieren** *vt* ← *Haare* cotonare

Tour *f* ⟨-, -en⟩ ① *(Ausflug)* gita *f* ② *(Umdrehung, Schwung)* giro *m;* FAM ◇ **in e-r** - in continuazione ③ *(Art, Weise)* maniera *f;* FAM ◇ **sich auf krummen -en einlassen** prendere vie traverse; **Tourenzahl** *f* ↑ *Umdrehungszahl* numero *m* di giri; **Tourenzähler** *m* ⟨-s, -⟩ contagiri *m*

Tourismus *m* turismo *m;* **Tourist(in)** *f) m* turista *m/f;* **Touristenklasse** *f* classe *f* turistica

Tournee *f* ⟨-, -n⟩ THEAT tournée *f;* ◇ **auf - gehen** andare in tournée

Tower *m* ⟨-s, -⟩ AERO torre *m* di controllo

toxikologisch *adj* tossicologico; **toxisch** *adj* ▷*Substanz* tossico

Trab *m* ⟨-[e]s⟩ *(von Pferd)* trotto *m;* FAM ◇ **ständig auf -** sein essere sempre in moto; FAM ◇ **jd-n auf - bringen** far trottare qu

Trabant *m* ASTRON satellite *m;* **Trabantenstadt** *f* città *f* satellite

traben *vi* trottare; **Traber** *m* trottatore *m*

Tracht *f* ⟨-, -en⟩ ① *(Kleidung)* costume *m* regionale ② *(Dose)* ◇ **jd-m e-e - Prügel verabreichen** dare a qu una buona dose di legnate

trachten *vi (begehren, erstreben)* tendere *(nach dat* a); ◇ **jd-m nach dem Leben -** attentare alla vita di qu

trächtig *adj* ← *Kuh* gravido

Tradition *f* tradizione *f;* **traditionell** *adj* tradizionale

traf *impf v.* **treffen**

Tragbahre *f* barella *f;* **tragbar** *adj* ▷*Gerät* portabile; ▷*Kleidung* indossabile; FIG ▷*Zustand* sopportabile; **Trage** *f* ⟨-, -n⟩ barella *f*

träge *adj* ▷*Mensch* indolente; ▷*Bewegung* lento; PHYS inerte

tragen **I.** ⟨trug, getragen⟩ *vt* ① *(transportieren)* portare; ← *Säule* reggere; ◇ **jd-n auf Händen -** portare qu in palmo di mano ② *(anhaben)* → *Hut* portare ③ FIG → *Schicksal* sopportare ④ FIG → *Folgen* subire ⑤ *(Ertrag bringen)* ← *Baum* dare **II.** *vi* ① ← *Baum, Strauch* dare frutti ② *(Reichweite haben)* ← *Gewehr* avere una portata **III.** *vr* ① ← *Unternehmen* ▷*gut/schlecht* andare ② *(sich tragen lassen)* portarsi ③ *(mit e-m Plan)* accarezzare *(mit dat* qc); **Träger** *m* ⟨-s, -⟩ ① portatore(-trice) *f) m* ② *(Eisen-, Stahl-)* fondazioni *f pl* ③ *(Hosen-)* bretella *f;* **Trägerrakete** *f* razzo *m* vettore; **Trägerrock** *m* gonna *f* con bretelle

tragfähig *adj* solido; **Tragfähigkeit** *f* portata *f;* **Tragfläche** *f* AERO superficie *f* alare; **Tragflügelboot** *n* aliscafo *m*

Trägheit *f (von Mensch)* indolenza *f; (von Bewegung)* lentezza *f; (geistig)* pigrizia *f;* PHYS inerzia *f*

Tragik f ① tragicità f ② arte f tragica; **tragisch** adj ▷Unfall tragico; ▷Werk tragico

Tragkraft f forza f portante

Tragödie f ↑ Trauerspiel tragedia f

Tragweite f (von Gewehr) gittata f; FIG (e-r Aussage) portata f; **Tragwerk** n AERO struttura f portante

Trainer m ⟨-s, -⟩ SPORT allenatore(-trice f) m; **trainieren** vt allenare; **trainiert** adj allenato; **Training** n ⟨-s, -s⟩ allenamento m; **Trainingsanzug** m tuta f sportiva

Trakt m ⟨-[e]s, -e⟩ (Gebäude-, Seiten-) ala f

Traktor m trattore m

trällern vt canticchiare

Tram f ⟨-, -s⟩ (CH, süddt.) tram m

trampeln I. vi ① (mit Füßen den stampfen) stare i piedi ② (schwerfällig gehen) camminare pesantemente II. vt → den Schmutz togliere battendo i piedi

trampen vi viaggiare facendo l'autostop

Trampolin n ⟨-s, -s⟩ SPORT trampolino m

Tran m ⟨-[e]s, -e⟩ ↑ Fischöl (Leber-) olio m di pesce; FAM ◇ im - sein essere addormentato

Trance f ⟨-, -n⟩ trance m

Tranchierbesteck n arnesi m per trinciare pl; **tranchieren** vt ▷Geflügel trinciare; **Tranchiermesser** n trinciante m

Träne f ⟨-, -n⟩ lacrima f; **tränen** vi ← Auge lacrimare; **Tränendrüse** f ANAT ghiandola f lacrimale; FIG ◇ auf die - drücken strappare le lacrime; **Tränengas** n gas m lacrimogeno

trank impf v. trinken

Tränke f abbeveratoio m; **tränken** vt abbeverare

Tranquilizer m ⟨-s, -s⟩ (Beruhigungsmittel) tranquillante m

Transaktion f COMM transazione f

Transformator m trasformatore m

Transfer m ⟨-s⟩ (Geld-) trasferimento m valutario

transformieren vt trasformare

Transfusion f (Blut-) trasfusione f

Transistor m ELECTR transistor m; **transistoriert** adj transistorizzato

Transit m ⟨-s⟩ (-strecke, -handel) transito m

transitiv adj GRAM transitivo

transparent adj ▷Stoff trasparente

Transparent n ⟨-[e]s, -e⟩ (auf Demo) striscione m

transpirieren vi sudare

Transplantation f (Herz-, Haut-) trapianto m

Transport m ⟨-[e]s, -e⟩ trasporto m; **Transportflugzeug** n aereo m da trasporto; **Transporter** m autocarro m; **transportfähig** adj trasportabile; **transportieren** vt trasportare; **Transportkosten** pl costi m/pl di trasporto; **Transportmittel** n mezzo m di trasporto; **Transportunternehmen** n impresa f di trasporti

Transvestit m ⟨-en, -en⟩ travestito m

Trapez n ⟨-es, -e⟩ SPORT trapezio m; MATH trapezio m

tratschen vi (FAM klatschen) chiacchierare

Tratte f COMM tratta f

Traube f ⟨-, -n⟩ ↑ Wein- uva f; (Fruchtstand) grappolo m; (von Menschen) grappolo m; **Traubenlese** f vendemmia f; **Traubenzucker** m zucchero m d'uva

trauen I. vi ① (glauben) credere a ② ◇ jd-m/e-r Sache - fidarsi di qu/qc II. vt ← Pfarrer, Standesbeamte sposare III. vr ◇ sich - osare

Trauer f ⟨-⟩ ① tristezza f ② → um Verstorbenen lutto m; **Trauerfall** m caso m di lutto; **Trauerkleidung** f vestiti m/pl da lutto; **Trauermarsch** m marcia f funebre; **trauern** vi essere in lutto (um akk per); **Trauerrand** m lista f nera; **Trauerspiel** n avvenimento m tragico; **Trauerweide** f FLORA salice m piangente

traulich adj ▷Beisammensein intimo; ▷Atmosphäre familiare

Traum m ⟨-[e]s, Träume⟩ sogno m; (FIG Wunsch) sogno m; (FIG etw Wundervolles) ◇ ein - von un sogno di; ◇ nicht im - neanche per sogno; **Trauma** n ⟨-s, Traumen o. -ta⟩ MED trauma m; PSYCH trauma m; **träumen** I. vt sognare II. vi sognare (von dat qu/qc); ◇ schlecht - sognare male; **Träumerei** f fantasticheria f; **träumerisch** adj ▷Blick sognante; ▷Mensch sognatore; **traumhaft** adj da sogno

traurig adj triste; **Traurigkeit** f tristezza f

Trauring m fede f; **Trauschein** m certificato m di matrimonio; **Trauung** f matrimonio m; **Trauzeuge** m, **Trauzeugin** f testimone m/f di nozze

Travellerscheck m ↑ Reisescheck assegno m turistico

treffen I. ⟨traf, getroffen⟩ vt ① ← die Kugel colpire ② (verletzen) colpire ③ (FIG richtig raten) cogliere, indovinare ④ (begegnen) incontrare ⑤ (zufallen) toccare a II. vi ① colpire ② (stoßen) imbattersi (auf akk in) III. vr ◇ sich - (Menschen) incontrarsi (mit dat con); **Treffen** n ⟨-s, -⟩ incontro m; **treffend** adj ▷Bemerkung indovinato, felice; **Treffer** m ⟨-s, -⟩ ① centro m ② SPORT goal m; **Treffpunkt** m punto m d'incontro; **treffsicher** adj sicuro nel tiro; FIG ▷Ausdrucksweise preciso

Treibeis n ghiaccio m alla deriva; **treiben** I.

⟨trieb, getrieben⟩ vt **1** → Demonstranten spingere **2** (drängen) far fretta a **3** (jd-n zu etw veranlassen) ◇ **jd-n zum Selbstmord** - spingere qu al suicidio **4** (drehen) ← Maschine, Wasser far girare **5** → Sport fare **II.** vi **1** (Pflanzen) germogliare **2** ← Hefe, Backpulver lievitare **3** (auf Wasser) andare alla deriva; **Treiber** m istigatore m; **Treibgas** n carburante m gassoso; **Treibhaus** n serra f calda; **Treibhauseffekt** m effetto m serra; **Treibjagd** f battuta f di caccia; **Treibsand** m sabbia f mobile; **Treibstoff** m carburante m

Trema n SPRACHW trema m

Trenchcoat m ⟨-s,-s⟩ impermeabile m

Trend m trend m

trennbar adj divisibile; **trennen I.** vt (auseinanderbringen) separare, staccare; → Silben dividere; → Streitende separare **II.** vr ◇ **sich** - (Wege) dividersi; ◇ **sich von jd-m/etw** - separarsi da qu/qc; **Trennschärfe** f MEDIA selettività f; **Trennung** f separazione f, **Trennwand** f parete f divisoria

Treppe f ⟨ ‹ , n⟩ **1** scala f **2** (FAM Stockwerk) piano; **Treppenabsatz** m pianerottolo m; **Treppengeländer** n ringhiera f delle scale; **Treppenhaus** n tromba f delle scale

Tresor m ⟨-s, -e⟩ cassaforte f

Tresse f MIL gallone m

Trester pl vinacce f pl

Tretauto n automobilina f a pedali; **treten I.** ⟨trat, getreten⟩ vt **1** (mit Fußtritt) dare un calcio a **2** → e-n Weg battere, aprire **3** (auf die Füße -) pestare i piedi a **II.** vi **1** camminare **2** ⟨ans Fenster avvicinarsi a **3** (die Füße setzen) mettere i piedi **4** (mit dem Fahrrad) pedalare **5** (erscheinen) ← Tränen venire

treu adj ▷Hund fedele; ▷Freund devoto, fedele; ◇ **zu -en Händen** in buone mani; **Treue** f ⟨-⟩ fedeltà f; ◇ **die - halten** essere fedele; **Treuhänder(in)** f(m) ⟨-s, -⟩ amministratore(-trice f) fiduciario; **Treuhandgesellschaft** f società f fiduciaria; **treuherzig** adj ▷Blick innocente; **treulos** adj infedele

Triangel m triangolo m

Tribüne f ⟨-, -n⟩ (Zuschauer-, Redner-) tribuna f

Trichter m ⟨-s, -⟩ **1** imbuto m **2** (Bomben-) cratere m **3** (an Blechblasinstrument) tromba f

Trick m ⟨-s, -s⟩ (List) trucco m; **Trickaufnahme** f effetti m speciali pl; **Trickfilm** m cartoni m animati pl

trieb impf v. **treiben**

Trieb m ⟨-[e]s, -e⟩ **1** istinto m **2** (Neigung) tendenza f **3** (an Baum) getto m; **Triebfeder**, **Triebkraft** f (an Uhr) molla f motrice; **trieb-**

haft adj instintivo; **Triebhaftigkeit** f impulsività f; **Triebwagen** m BAHN automotrice f; **Triebwerk** n TECH motore m; (bei Flugzeug) motore m

triefen vi grondare (von/vor dat di); → Selbstmitleid, Freundlichkeit traboccare (vor dat di)

triezen vt (FAM necken, ärgern) canzonare

triftig adj ▷Grund fondato

Trikot n ⟨-s, -s⟩ (Sport-) tricot m

Triller m (Trompeten-) trillo m; **trillern** vi trillare; **Trillerpfeife** f (von Schiedsrichter) fischietto m

trimmen I. vt **1** (scheren) tosare **2** → Schiff stivare **II.** vr ◇ **sich** - (durch Sport) allenarsi

Trinität f REL trinità f

trinkbar adj ▷Wasser potabile; ▷Wein bevibile; **Trinkbecher** m bicchiere m di carta; **trinken I.** ⟨trank, getrunken⟩ vt bere **II.** vi **1** bere **2** (gewohnheitsmäßig) essere alcolizzato; **Trinker(in)** f(m) ⟨-s, -⟩ **1** bevitore(-trice f) m **2** ubriacone/-a; **trinkfest** adj che regge l'alcool; **Trinkgeld** n mancia f; **Trinkhalm** m cannuccia f per bibite; **Trinkspruch** m brindisi m; ◇ **e-n - auf jd-n ausbringen** brindare a qu; **trinksüchtig** adj alcolizzato; **Trinkwasser** n acqua f potabile

Trio n ⟨-s, -s⟩ (Musikstück) trio m; (3 Musiker) trio m

Triole f MUS terzina f

Trip m ⟨-s, -s⟩ escursione f; (FAM Rauschgift) viaggio m

trippeln vi ← Kind camminare a passettini

Tripper m ⟨-s, -⟩ MED gonorrea f

trist adj ▷Gegend, Wetter triste

Tritt m ⟨ [e]s, e⟩ **1** passo m **2** (Fußstoß) calcio m; **Trittbrett** n BAHN predellino m; **Trittleiter** m scaletta f

Triumph m ⟨-[e]s, -e⟩ trionfo m; **triumphal** adj ▷Erfolg trionfale; **Triumphbogen** m arco m di trionfo; **triumphieren** vi trionfare (über akk su)

trivial adj ▷Geschichte triviale; **Trivialliteratur** f letteratura f dozzinale

Trizeps m ⟨es, -e⟩ tricipite m

trocken adj **1** ▷Wetter secco **2** ▷Mensch arido **3** ▷Humor secco **4** ▷Wein secco; **Trockendock** n bacino m di carenaggio; **Trockeneis** n ghiaccio m secco; **Trockenelement** n pila f a secco; **Trockenfrucht** f frutta f secca; **Trockenhaube** f casco m asciugacapelli; **Trockenheit** f aridità f; **trockenlegen** vt **1** → Sumpf prosciugare **2** → Säugling cambiare i pannolini a; **Trockenlegung** f bonifica f; **Trockenmilch** f latte m in polvere; **Trockenobst** f frutta *f* secca; **Trockenreinigung** *f* lavaggio *m* a secco; **trocknen I.** *vt* asciugare **II.** *vi* asciugarsi

Trödel *m* ⟨-s⟩ (*-markt, -laden*) cianfrusaglie *f/pl*

trödeln *vi* ① commerciare in anticaglie ② *FAM* trastullarsi; **Trödler** *m* rigattiere *m*

troff *impf v.* **triefen**

trog *impf v.* **trügen**

Trog *m* ⟨-[e]s, Tröge⟩ (*Futter-*) mangiatoia *f*

Trommel *f* ⟨-, -n⟩ ① tamburo *m* ② (*-revolver*) tamburo *m*; **Trommelbremse** *f* freno *m* a tamburo; **Trommelfell** *n* timpano *m*; **trommeln I.** *vi* battere il tamburo **II.** *vt* sonare col tamburo; *FAM* ◇ **jd-n aus dem Schlaf -** svegliare qu bussando alla porta; **Trommler** *m* ⟨-s, -⟩ ① tamburo *m* ② sonatore *m* di tamburo

Trompete *f* ⟨-, -n⟩ tromba *f*; **trompeten I.** *vi* ① sonare la tromba ② ← *Elefant* barrire; (*FAM Nase putzen*) soffiare il naso rumorosamente **II.** *vt* sonare con la tromba; **Trompeter** *m* ⟨-s, -⟩ trombettiere *m*

Tropen *pl* tropici *m pl*; **Tropenhelm** *m* casco *m* coloniale; **Tropenklima** *n* clima *m* tropicale; **Tropenmedizin** *f* medicina *f* tropicale

Tropf *m* ⟨-[e]s, Tröpfe⟩ *MED* deficiente *m/f*; *FAM* ◇ **armer -** povero stupido

tröpfeln I. *vi* ① ← *Wasser* gocciolare ② ◇ **es tröpfelt** pioviggina **II.** *vt* far gocciolare; **tropfen I.** *vi* ← *Wasserhahn* gocciolare **II.** *vt* versare a gocce; **Tropfen** *m* ⟨-s, -⟩ (*Regen-*) goccia *f*; (*Husten-*) goccie *f/pl*; *FIG* ◇ **ein - auf den heißen Stein** una goccia nel mare; **tropfenweise** *adv* a gocce; **Tropfstein** *n* concrezione *f* calcarea da gocciolamento; **Tropfsteinhöhle** *f* grotta *f* con stalattiti e stalagmiti

Trophäe *f* ⟨-, -n⟩ (*Jagd-*) trofeo *m*

tropisch *adj* ▷*Klima* tropicale

Trost *m* ⟨-es⟩ conforto *m*; **trostbedürftig** *adj* bisognoso di conforto; **trösten** *vt* consolare; **Tröster(in** *f*) *m* ⟨-s, -⟩ consolatore(-trice *f*) *m*; **tröstlich** *adj* consolante; **trostlos** *adj* *FIG* ▷*Umgebung* desolato; ▷*Verhältnisse* sconfortante,desolante; **Trostpreis** *m* premio *m* di consolazione

Trott *m* ⟨-[e]s, -e⟩ trotto *m*

Trottel *m* ⟨-s, -⟩ *FAM* deficiente *m*

trotten *vi* camminare lemme lemme

trotz *präp gen (raro dat)* malgrado, nonostante; ◇ **- allem anderen** malgrado tutto

Trotz *m* ⟨-es⟩ ostinazione *f*; ◇ **aus - per** dispetto; ◇ **jd-m zum -** a dispetto di qu

trotzdem I. *adv* ciònonostante, tuttavia **II.** *cj* anche se, nonostante che

trotzen *vi* ① ← *Pflanzen* resistere (*dat* a) ② (*ei-*

gensinnig sein) ostinarsi; **trotzig** *adj* ▷*Kind* cocciuto; **Trotzkopf** *m* testone *m*

trübe *adj* ① ▷*Metall* opaco ② ▷*Augen* spento ③ ▷*Flüssigkeit* torbido ④ ▷*Wetter* coperto

Trubel *m* ⟨-s⟩ confusione *f*

trüben I. *vt* ① → *Flüssigkeit* intorbidire ② → *Metall* opacizzare ③ → *Stimmung* offuscare **II.** *vr* ◇ **sich -** ① ← *Himmel* offuscarsi ② ← *Stimmung* offuscarsi

Trübsal *f* ⟨-⟩ afflizione *f*; *FAM* ◇ **- blasen** essere abbattuto; **trübselig** *adj* afflitto; **Trübsinn** *m* malinconia *f*; **trübsinnig** *adj* malinconico

trudeln *vi* ← *Flugzeug* avvitarsi

Trüffel *f* ⟨-, -n⟩ tartufo *m*

trügen ⟨trog, getrogen⟩ *vt, vi* ingannare; **trügerisch** *adj* ▷*Hoffnung* illusorio; **Trugschluß** *m* falsa *f* conclusione

Truhe *f* ⟨-, -n⟩ (*Wäsche-*) cassone *m*

Trümmer *pl* macerie *m pl*; **Trümmerhaufen** *m* ammasso *m* di macerie

Trumpf *m* ⟨-[e]s, Trümpfe⟩ (*bei Kartenspiel*) atout *m*; *FIG* ◇ **e-n - ausspielen** giocare una carta

Trunkenbold *m* ubriacone/a *m/f*; **Trunkenheit** *f* ubriachezza *f*; **Trunksucht** *f* alcoolismo *m*

Truppe *f* ⟨-, -n⟩ ① (*Schauspiel-*) troupe *f* ② (*MIL pl*) truppe *m pl*; **Truppenübungsplatz** *m* piazza *f* d'armi

Trust *m* trust *m*

Truthahn *m* tacchino *m*; **Truthenne** *f* tacchina *f*

Tscheche *m* ⟨-n, -n⟩, **Tschechin** *f* Ceco/a; **tschechisch** *adj* ceco; **Tschechoslowakei** *f* ⟨-⟩ Cecoslovacchia *f*

T-Shirt *n* ⟨-s, -s⟩ T-shirt *f*, maglietta *f*

Tube *f* ⟨-, -n⟩ (*Zahnpasta-*) tubetto *m*

Tuberkulose *f* ⟨-, -n⟩ tubercolosi *f*

Tuch *n* ⟨-[e]s, Tücher⟩ (*Kopf-*) fazzoletto *m*; (*Küchen-*) strofinaccio *m*; **Tuchfühlung** *f* contatto *m* stretto; ◇ **mit jd-m in - kommen** trovarsi gomito a gomito con qu

tüchtig I. *adj* ① ▷*Hausfrau* buono, bravo ② ▷*Gewinn* notevole **II.** *adv* bene, come si deve; **Tüchtigkeit** *f* operosità *f*

Tücke *f* ⟨-, -n⟩ ① (*Bosheit*) malvagità *f* ② (*Trick*) insidia *f* ③ (*Schwierigkeit*) difficoltà *f*

tuckern *vi* ← *Feuer* crepitare

tückisch *adj* insidioso

tüfteln *vi* lambiccarsi il cervello (*an dat* su)

Tugend *f* ⟨-, -en⟩ virtù *f*; **tugendhaft** *adj* virtuoso

Tüll *m* ⟨-s, -e⟩ tulle *m*

Tulpe *f* ⟨-, -n⟩ tulipano *m*

Tumor *m MED* tumore *m*

Tümpel m ‹-s, -› pozzanghera f

Tumult m ‹-[e]s, -e› tumulto m

tun I. ‹tat, getan› vt ① (machen) fare ② (begehen) → Unrecht commettere ③ (bewirken) avere un effetto di ④ → e-n Seufzer emettere ⑤ (setzen, stellen) → den Koffer mettere ⑥ (gießen) → Milch versare II. vi (vorgeben, vortäuschen): ◇ so -, als ob fare come se III. vr ◇ sich tun: ◇ es tut sich etwas succede qc; **Tun** n ‹-s› fare m

Tünche f ‹-, -n› intonaco m; FIG apparenza f

Tuner m ‹-s, -› tuner m

Tunesien n ‹-s› Tunisia f; **Tunesier(in** f) m ‹-s, -› Tunisino/a; **tunesisch** adj tunisino

Tunke f salsa f; **tunken** vt → Brot inzuppare

tunlichst adv possibilmente

Tunnel m ‹-s, -› tunnel m

tupfen vt ① (Punkte aufmalen) punteggiare ② (kurz berühren) sfiorare; **Tupfen** m ‹-s, -› punto m

Tür f ‹ , en› porta f; FIG ◇ mit der ins Haus fallen agire precipitosamente

Turban m ‹-s, -e› turbante m

Turbine f turbina f; **Turbinenflugzeug** n turboreattore m

Turbo-Prop-Flugzeug n velivolo m a turboeliche

turbulent adj turbolento; **Turbulenz** f turbolenza f; FIG turbolenza f

Türgriff m maniglia f della porta

Türke m ‹-n, -n› turco m; **Türkei** f ‹-› Turchia f; **Türkin** f turca f

türkis ‹inv› adj turchese; **Türkis** m ‹-es, -e› turchese m

türkisch adj turco

Türklinke f ↑ Türgriff maniglia f della porta

Turm m ‹-[e]s, Türme› ① torre m ② (Kirch-) campanile m ③ (Sprung-) trampolino m ④ (Schachfigur) torre f

türmen I. vt accatastare II. vr ◇ sich - ← Bücher accatastarsi

Turmspitze f cima f della torre; **Turmspringer(in** f) m tuffatore(-trice f) m; **Turmuhr** f orologio m della torre

turnen vi fare ginnastica; **Turnen** n ‹-s› ginnastica f; SCHULE educazione f fisica; **Turner(in** f) m ‹-s, -› ginnasta m/f; **Turngerät** n attrezzo m ginnico; **Turnhalle** f palestra f ginnica; **Turnhose** f calzoncini m da ginnastica pl

Turnier n ‹-s, -e› torneo m; (Schach-) torneo m

Turnkleidung f tenuta f da ginnastica; **Turnlehrer(in** f) m insegnante m/f di ginnastica; **Turnschuh** m scarpa f da ginnastica; **Turnwart** m allenatore m

Türöffner m apriporta m; **Türschloß** n serratura f della porta

Turteltaube f tortora f

Türvorleger m stoino m

Tusche f ‹-, -n› inchiostro m di china

tuscheln vi bisbigliare

Tuschezeichnung f disegno m a china; **Tuschkasten** m scatola f dei colori

Tüte f ‹-, -n› ① (Papier-) sacchetto m; (Trag-) busta f ② (Eiswaffel) cono m

tuten vi ← Lokomotive sonare la sirena; ← Nebelhorn sonare la cornetta

TÜV m ‹-› Akr v. AUTO Technischer Überwachungsverein; ente di supervisione tecnica

Typ m ‹-s, -en› ① (Gattung, Art) tipo m; (Modell) modello m; ② (FAM Kerl) tipo m

Type f ‹-, -n› ① (Buchstabe) carattere m ② (FAM Mensch) sagoma f

Typhus m ‹-› MED tifo m

typisch adj tipico; ◇ - für jd-n tipico di qu

Tyrann(in f) m ‹ en, en› tiranno/a; **Tyrannei** f tirannia f; **tyrannisch** adj ← Herrscher tirannico; **tyrannisieren** vt tiranneggiare

U

U, u n U, u f

u.a. Abk v. ① unter anderem tra l'altro ② und andere(s) e altro

u.A.w.g. Abk v. um Antwort wird gebeten R.S.V.P. si prega di rispondere

U-Bahn f metropolitana f; **U-Bahnstation** f fermata f della metropolitana

übel adj ① ↑ schlecht ▷Zustand cattivo ② ↑ unwohl male; ◇ mir ist - sto male ③ ↑ ekelhaft ▷Geruch schifoso ④ ↑ gemein ▷Streich brutto, cattivo; **Übel** n ‹-s, -› ① ↑ Mißstand male m ② ↑ Krankheit malanno m ③ ↑ Unglück disgrazia f; **übelgelaunt** adj di cattivo umore; **Übelkeit** f malore m; **übelnehmen** unreg vt ↑ wegen etw böse sein aversene a male; ◇ jd-m etw - prendersela con qu per qc; **übelriechend** adj maleodorante; **Übelwollen** n malevolenza f

üben I. vt ① → Geige esercitarsi a (in) ② ↑ trainieren → Gedächtnis esercitare ③ ◇ Kritik - an etw/jd-m criticare qc/qu II. vi: ◇ fleißig - esercitarsi assiduamente III. vr: ◇ sich in Geduld - avere pazienza

über präp ① (mit dat, räumlich) sopra, su; ◇ - den Wolken sulle nuvole ② (mit akk, räumlich,

Richtung) per; ◇ **- die Straße gehen** attraversare la strada ③ *(mit akk)* ↑ *länger, größer, mehr als più di;* ◇ **Kinder - 12 Jahren** ragazzi oltre 12 anni ④ *(mit dat, zeitlich)* ↑ *bei, während* durante ⑤ *(mit akk)* ↑ *betreffend* su, circa, di; ◇ **- etw/ jd-n reden** parlare di qc/qu ⑥ *(mit akk)* ↑ *mittels, via* per; ◇ **- die Post** per posta

überaktiv *adj* ▷*Kind* iperattivo

überall *adv* ① ↑ *an jedem Ort* dappertutto ② ↑ *auf jedem Gebiet* in ogni campo; ◇ **- Bescheid wissen** conoscere a fondo ogni campo

Überalterung *f* invecchiamento *m*

Überangebot *n* offerta *f* eccessiva *(an dat* di)

überanstrengen *vr* ◇ **sich - ↑** *zu sehr anstrengen* affaticarsi troppo

überarbeiten I. *vt* ↑ *noch einmal bearbeiten* → *Aufsatz* rielaborare **II.** *vr* ◇ **sich -** lavorare troppo

überaus *adv* ↑ *äußerst* estremamente; ◇ **- wichtig** estremamente importante

überbacken *vt* gratinare

überbekommen *unreg vt* FAM ↑ *satt bekommen* stancarsi di

überbelichten *vt* FOTO sovraesporre

überbevölkert *adj* sovrappopolato; **Überbevölkerung** *f* sovrappopolazione *f*

überbewerten *vt* → *Leistung* sopravvalutare

überbieten *unreg vt* ① ↑ *mehr bieten (bei Auktion)* offrire più di ② ↑ *besser sein* → *Rekord* battere ③ FIG ↑ *übertreffen* sorpassare *(an dat* in)

Überbleibsel *n* ↑ *Essensrest* avanzo *m*

Überblick *m* sguardo *m* generale *(über akk* su); **überblicken** *vt* ① ↑ *übersehen* → *Stadt* abbracciare con lo sguardo ② FIG ↑ *ermessen, abschätzen* → *Lage* valutare

überbringen *unreg vt* → *Botschaft* portare; **Überbringer(in)** *f*) *m* portatore(-trice *f*) *m*

überbrücken *vt* ① ↑ *überstehen* → *Krisenzeit* superare, passare ② ↑ *versöhnen* → *Gegensätze* superare

überdenken *unreg vt* ↑ *nochmal bedenken* → *Entscheidung* ripensare a

überdies *adv* ↑ *außerdem* inoltre, oltre a ciò

überdimensional *adj* superdimensionale

Überdruß *m* ⟨-sses⟩ ① ↑ *Übersättigung* sazietà *f* ② FIG ↑ *Aversion* disgusto *m;* ◇ **bis zum -** fino alla nausea *f;* **überdrüssig** *adj:* ◇ **e-r Sache/ Person** *gen* **- sein** essere stanco di una cosa/ persona

überdurchschnittlich *adj* ① ↑ *über dem Durchschnitt* ▷*Einkommen* sopra la media ② ↑ *außerordentlich* straordianario

übereifrig *adj* troppo zelante

übereilen *vt* ↑ *überstürzen* affrettare

übereinander *adv* ① ↑ *eins auf dem anderen* ▷*liegen* l'uno sull'altro ② ↑ *e-r über den anderen* ▷*sprechen* l'uno dell'altro

übereinkommen *unreg vi* ↑ *abmachen, sich einig sein* accordarsi; **Übereinkunft** *f* ⟨-, -künfte⟩ ↑ *Vereinbarung* accordo

übereinstimmen *vi* ① ↑ *e-r Meinung sein* essere d'accordo ② ↑ *zusammenpassen* ← *Farben* stare bene insieme; **Übereinstimmung** *f* ① *(von Meinungen)* corrispondenza *f* ② ↑ *das Harmonieren* armonia *f;* ◇ **zwei Sachen in - bringen** mettere d'accordo due cose

überempfindlich *adj* ipersensibile

überfahren[1] ⟨überfuhr, hat überfahren⟩ *vt* ① *(mit dem Auto)* → *jd-n* investire ② ↑ *ignorieren* → *rote Ampel* ignorare

überfahren[2] ⟨fuhr über, ist übergefahren⟩ *vi (mit Schiff)* traghettare

Überfahrt *f* tragitto *m*

Überfall *m* assalto *m (auf akk* a); **überfallen** *unreg vt* ① → *Bank, Person* assalire ② MIL → *Land* attaccare ③ ↑ *plötzlich auftauchen* ← *Gefühl, Schlaf* sorprendere ④ FAM ↑ *unangemeldet besuchen* → *jd-n* andare a trovare inaspettatamente

überfällig *adj* ① ↑ *über Termin* ▷*Zahlung* scaduto ② ↑ *verspätet* ▷*Zug* in ritardo

Überfallkommando *n* squadra *f* mobile

überfliegen *unreg vt* ① → *Meer* attraversare in volo ② ↑ *flüchtig lesen* → *Text* dare una letta a

überfließen *unreg vi* ↑ *überlaufen, auch* FIG traboccare

Überfluß *m* ↑ *Überangebot* abbondanza *f (an dat* di); ◇ **im - leben** vivere nell'abbondanza *f;* **überflüssig** *adj* ① ↑ *unnötig, entbehrlich* superfluo ② ↑ *zwecklos* inutile

überfordern *vt* ▷*körperlich, geistig* → *jd-n* esigere troppo da

überfrachten *vt* → *Lastwagen* sovraccaricare

Überfremdung *f* predominio *m* dell'elemento straniero

überführen[1] ⟨überführte, hat übergeführt⟩ *vt* → *Auto, Leichnam* trasportare

überführen[2] ⟨überführt, hat überführt⟩ *vt* ↑ *Schuld beweisen* convincere

Überführung *f* ① *(von Auto)* trasporto *m* ② ↑ *Brücke* cavalcavia *f*

überfüllt *adj* sovraffollato

Übergabe *f* ① ↑ *Aushändigen (von Brief etc.)* consegna *f* ② ↑ *Abgeben (Geschäfts-)* passaggio *m;* *(Wohnungs-)* consegna *f* ③ MIL ↑ *Kapitulation* resa *f*

Übergang *m* ① *(Grenz-)* valico *m*, passaggio *m*

② ↑ *Abstufung (von Ton, Farbe)* sfumatura *f* ③ *FIG* ↑ *Wandel* passaggio *m;* **Übergangslösung** *f* ↑ *Zwischenlösung* soluzione *f* provvisoria/transitoria; **Übergangsstadium** *n* stadio *m* di transizione

übergeben *unreg* I. *vt* ① ↑ *aushändigen → Brief* consegnare ② ↑ *abgeben → Geschäft, Amt* trasmettere ③ *MIL* ↑ *ausliefern → Stadt* consegnare II. *vr* ◇ **sich** - ↑ *erbrechen* vomitare

übergehen [1] ⟨ging über, ist übergegangen⟩ *vi* ① ↑ *weitergehen ← Tradition, Besitz* passare *(au akk* a) ② ↑ *überleiten (zu anderem Thema)* passare *(zu* a) ③ ↑ *sich wandeln* trasformarsi, diventare

übergehen [2] ⟨überging, hat übergangen⟩ *vt* ① ↑ *auslassen* omettere ② ↑ *nicht berücksichtigen* trascurare

übergeschnappt *adj FAM* matto

Übergewicht *n* ① ▷*haben* sovrappeso *m* ② *FIG* ↑ *Vorteil* ▷*bekommen* preponderanza *f*

überglücklich *adj* felicissimo

Übergriff *m* ① ↑ *Einmischung* violazione *f (auf akk* di) ② *MIL* ↑ *Angriff, Attacke* attacco *m*

überhaben *unreg vt FAM* ① ↑ *satt haben* essere stufo di ② ↑ *übrig haben → Geld* avere d'avanzo

überhandnehmen *unreg vi ← Ausschreitungen* aumentare, estendersi

überhäufen *vt (→ jd-n, mit Geschenken)* coprire di

überhaupt *adv* ① ↑ *im allgemeinen* generalmente ② ↑ *ganz und gar* ◇ - **nicht** non ... affatto, assolutamente no

überheblich *adj* arrogante; **Überheblichkeit** *f* arroganza *f*

überhöht *adj* ▷*Preis* esorbitante

überholen *vt* ① ↑ *schneller, besser sein (mit Auto)* sorpassare ② *TECH* ↑ *reparieren* revisionare; **überholt** *adj* ↑ *veraltet* ▷*Ansicht* sorpassato; **Überholverbot** *n* divieto *m* di sorpasso

überhören *vt* ① ↑ *nicht hören* non udire ② ↑ *ignorieren* ▷*absichtlich* fare finta di non sentire

überirdisch *adj* ▷*Schönheit* ultraterreno

überkommen *unreg vt ← Angst* prendere, cogliere

überladen I. *unreg vt → Lkw* sovraccaricare II. *adj* ① ↑ *zu sehr belastet* sovraccarico ② *FIG* ↑ *zu stark verziert* carico

überlagern I. *vt* ↑ *verdecken ← Schicht* sovrapporre II. *vr* ◇ **sich** - ↑ *überlappen, überschneiden ← Interessen, Themen* sovrapporsi

Überlandverkehr *m* traffico *m* interurbano

überlassen *unreg* I. *vt* ① ↑ *geben, leihen* ◇

jd-m etw - lasciare ② ↑ *anvertrauen → Kind* affidare ③ ↑ *freistellen → Wahl* lasciare II. *vr* ↑ *hingeben* abbandonarsi a

überlasten *vt → Maschine* sovraccaricare; **Überlastung** *f Überbeanspruchung,* ELECTR, TELEC *auch FIG* sovraccarico *m*

überlaufen [1] *vi* ① ← *Wasser* traboccare ② ↑ *desertieren (zum Feind)* passare a

überlaufen [2] *adj* ↑ *überfüllt* sovraffollato

Überläufer(in) *f(m)* ↑ *Deserteur* disertore(-trice *f) m*

überleben *vt* ① ↑ *nicht sterben → Unfall, Operation* sopravvivere a ② ↑ *länger leben → jd-n* sopravvivere a; **Überlebende(r)** *fm* sopravvissuto/a

überlegen [1] I. *vi* ↑ *nachdenken, abwägen* riflettere II. *vt* ① ↑ *bedenken → Entscheidung* riflettere su ② ↑ *ausdenken* ◇ **ich überlege mir etw** ci penso sopra

überlegen [2] *adj* ↑ *besser:* ◇ *jd-m* - **sein** essere superiore a qu, **Überlegenheit** *f* superiorità *f*

Überlegung *f* riflessione *f*

überliefern *vt* ↑ *weitergeben → Tradition* tramandare; **Überlieferung** *f* tradizione *f; (von Waren)* consegna *f*

überlisten *vt* ingannare

überm = **über dem**

Übermacht *f* ① *MIL* superiorità (di forze) *f* ② ↑ *Mehrheit* maggioranza *f;* **übermächtig** *adj sehr stark* ▷*Gefühl etc.* predominante; ▷*Heer* potentissimo

Übermaß *n* eccesso *m (an dat* di); **übermäßig** I. *adj* ↑ *exzessiv* eccessivo II. *adv* ↑ *exzessiv:* ◇ - **rauchen** fumare eccessivamente

übermenschlich *adj* ↑ *gewaltig* ▷*Anstrengung* sovrumano

übermitteln *vt → Nachricht* trasmettere

übermorgen *adv* dopodomani

Übermüdung *f* spossamento *m*

Übermut *m* ↑ *Ausgelassenheit* sfrenatezza *f;* **übermütig** *adj* ↑ *ausgelassen* sfrenato

übernachten *vi (im Zelt, Hotel, bei jd-m)* pernottare da; **übernächtigt** *adj* stanco (per non aver dormito); **Übernachtung** *f* pernottamento *m*

Übernahme *f* ⟨-, -n⟩ *(das Übernehmen, von Geschäfts)* presa *f; (von Amt, Verantwortung)* assunzione *f;* **übernehmen** *unreg* I. *vt* ① → *Geschäft* prendere ② ← *die Verantwortung* assumersi II. *vr* ◇ **sich** - ↑ *überanstrengen* sforzarsi troppo

überordnen *vt* ↑ *wichtiger bewerten* preporre, anteporre a

überprüfen *vt → Gepäck* ispezionare; → *Motor*

U

controllare; **Überprüfung** f ispezione f, controllo m

überqueren vt → Straße attraversare

überragen vt superare; **überragend** adj FIG ▷Leistung eccellente

überraschen vt ① ↑ unerwartet besuchen etc. → jd-n fare una sorpresa a ② ↑ erstaunen sorprendere; ◇ das überrascht mich questo mi sorprende ③ ↑ ertappen sorprendere; **Überraschung** f ① ↑ Geschenk (Geburtstags-) sorpresa f ② ↑ Erstaunen sorpresa f

überreden vt → jd-n convincere (zu di)

überreichen vt consegnare

überreizt adj sovreccitato

Überreste pl ① (sterbliche -) spoglie f/pl ② ↑ Trümmer rovine f/pl, macerie f/pl

überrumpeln vt (FAM mit Frage) cogliere di sorpresa

übers = über das

übersäen vt (mit Blumen) cospargere di

übersättigen vt (FIG jd-n) rimpinzare di

Überschallflugzeug n aereo m supersonico; **Überschallgeschwindigkeit** f velocità f supersonica

überschatten vt ① ↑ Schatten spenden ombreggiare ② FIG ↑ trüben offuscare

überschätzen I. vt ↑ überbewerten → jd-n sopravvalutare **II.** vr ◇ sich - ↑ zuviel zumuten sopravvalutarsi

überschäumen vi ① ↑ übersprudeln ← Sekt traboccare (spumeggiando) ② FIG ↑ außer sich geraten (vor Glück, Temperament) traboccare di

Überschlag m ↑ ungefährer Betrag calcolo m approssimativo

überschlagen ¹ ⟨überschlug, hat überschlagen⟩ **I.** vt ① ↑ ungefähr berechnen fare un calcolo approssimativo di ② ↑ auslassen → Buchseite saltare **II.** vr ◇ sich - ① (← Auto, bei Unfall) capovolgersi ② ↑ umkippen ← Stimme dare nel falsetto ③ FAM ◇ sich vor Freundlichkeit - profondersi in gentilezze

überschlagen ² ⟨schlug über, hat übergeschlagen⟩ vt ↑ überkreuzen → Beine, Arme incrociare

überschlägig ³ adj ↑ lauwarm tiepido

überschnappen vi ① ↑ sich überschlagen ← Stimme dare nel falsetto ② FAM ↑ verrückt werden ← Mensch impazzire; ◇ du bist wohl übergeschnappt! sei proprio matto!

überschneiden unreg vr ◇ sich - ① ↑ sich kreuzen ← Linien incrociarsi ② ← Termine coincidere ③ FIG ↑ sich überlappen ← Bereiche sovrapporsi

überschreiben unreg vt ① ↑ mit Überschrift versehen → Artikel intitolare ② ↑ übereignen → Eigentum intestare

überschreiten unreg vt ① ↑ überqueren → Grenze, Fluß attraversare ② FIG ↑ verletzen → Rechte, Gesetz violare

Überschrift f titolo m

Überschuß m eccedenza f (an dat di); **überschüssig** adj ▷Kraft, Energie in eccedenza

überschütten vt ↑ überhäufen coprire di

überschwemmen vt allagare, inondare; **Überschwemmung** f allagamento m

überschwenglich adj entusiastico

Übersee f oltremare m; **Überseedampfer** m transatlantico m; **überseeisch** adj d'oltremare

übersehbar adj ① ↑ überblickbar, zu übersehen ▷Gelände che si può abbracciare con lo sguardo ② (FIG absehbar, erkennbar) ▷Kosten calcolabile; **übersehen** unreg vt ① ↑ überblicken → Gelände abbracciare con lo sguardo ② FIG ↑ absehen → Folgen calcolare ③ ↑ nicht sehen, nicht bemerken → Fehler, jd-n non vedere

übersenden unreg vt spedire

übersetzen ¹ ⟨übersetzte, hat übersetzt⟩ vt → Satz tradurre; ◇ aus dem Englischen ins Spanische - tradurre dall'inglese allo spagnolo

übersetzen ² ⟨setzte über, hat übergesetzt⟩ vt traghettare

Übersetzer(in f) m ⟨-s, -⟩ traduttore(trice) m; **Übersetzung** f ↑ Übertragung (ins Deutsche) traduzione f

Übersicht f ① ↑ Überblick ▷verlieren visione f d'insieme, controllo m ② ↑ Tabelle ▷erstellen tavola f ③ ↑ Resümee sommario m; **übersichtlich** adj ▷Gelände aperto; ▷Anordnung chiaro; **Übersichtlichkeit** f (von Gelände) buona f visibilità; (von Darstellung) chiarezza f

übersiedeln vi ↑ umziehen trasferire (von ... nach da ... a); **Übersiedler(in** f) m immigranti m/pl dal RDT

überspannt adj ① ↑ exzentrisch ▷Person stravagante ② ↑ übertrieben ▷Forderungen esagerato

überspielen vt ① ↑ auf Tonband kopieren → Platte copiare [registrando] ② ↑ verbergen → Gefühle nascondere ③ SPORT ↑ ausspielen, besiegen dribblare

überspitzt adj ▷formulieren esagerato

überspringen ¹ ⟨übersprang, hat übersprungen⟩ vt → Hindernis superare; FIG → Textstelle saltare

überspringen ² ⟨sprang über, ist übergesprungen⟩ vi auch FIG → Funke saltare

überstehen ¹ ⟨überstand, hat überstanden⟩ vt ↑ bewältigen, überleben → Krise, Krankheit superare

überstehen² ⟨stand über, hat/ist übergestanden⟩ *vi* ↑ *hervorstehen* ← *Dach* sporgere

übersteigen *unreg vt* ① ↑ *klettern über* → *Mauer* salire sopra ② FIG ↑ *überfordern* → *Fähigkeiten, Vorstellungen* essere superiore a

übersteigert *adj* esagerato

überstimmen *vt* → jd-n mettere in minoranza

überstrapazieren *vt* ① (*überbeanspruchen*) → *Gerät* strapazzare ② FIG ↑ *zu oft gebrauchen* → *Argument* servirsi in eccesso di

Überstunden *pl* straordinario *m*

überstürzen ¹ *unreg* I. *vt* ↑ *voreilig handeln* → *Entschluß* accellerare II. *vr* ◇ **sich -** ← *Ereignisse* precipitare; **überstürzt** *adj* precipitoso

übertariflich *adj* ▷*Bezahlung* al di sopra della tariffa

übertölpeln *vt* → jd-n abbindolare

übertönen *vt* coprire (con il suono)

Übertrag *m* ⟨-[e]s, -träge⟩ (COMM *Rechnungs-*) riporto *m*

übertragbar *adj* ① JURA ▷*Befugnisse* cedibile (*auf akk* a) ② ↑ *anwendbar* → *Methode* utilizzabile (*auf akk* con) ③ MED ↑ *ansteckend* ▷*Krankheit* contagioso

übertragen ¹ *unreg vt* ① JURA → *Rechte* cedere (*auf akk* a) ② TECH → *Kraft* trasmettere ③ → *Methode* applicare (*auf akk* a) ④ MED → *Krankheit* contaggiare ⑤ (MEDIA → *Sendung, live -*) trasmettere ⑥ ↑ *übersetzen* → *Text* tradurre II. *vr* ◇ **sich -** ① MED ← *Krankheit* trasmettersi (*auf akk* a) ② TECH ← *Kraft* trasmettersi (*auf akk* a)

übertragen ² *adj*: ◇ **in -er Bedeutung** con significato figurato

Übertragung *f* ① (*das Übertragen*) cessione *f* ② (*Übersetzung*) *f* ③ traduzione *f*

übertreffen *unreg* I. *vt* → jd-n essere superiore a (*an dat* per) II. *vr* superarsi

übertreiben *unreg vt* esagerare con; **Übertreibung** *f* esagerazione *f*

übertreten ¹ ⟨übertrat, hat übertreten⟩ *vt* ① → *Grenze* oltrepassare ② FIG ↑ *verstoßen gegen* → *Gesetz* violare

übertreten ² ⟨trat über, ist übergetreten⟩ *vi* ① ↑ *überwechseln* (*zum Buddhismus, in andere Partei*) passare a ② ← *Fluß* straripare ③ SPORT oltrepassare

übertrieben *adj* ▷*Darstellung* esagerato

Übertritt *m* ① (*Grenz-*) passaggio *m* ② ↑ *Konversion* (*zu Glauben*) conversione *f* ③ ↑ *Wechsel* (*Schul-*) cambio *m*

übervoll *adj* ↑ *zu voll* ▷*Glas* stracolmo

übervorteilen *vt* imbrogliare

überwachen *vt* ① ↑ *kontrollieren* → *Produktion* controllare ② ↑ *beaufsichtigen* → *Häftling* sorvegliare ③ ↑ *beobachten* → *Verdächtigen, Patient* tenere sotto osservazione; **Überwachung** *f* sorveglianza *f*

überwältigen *vt* ↑ *besiegen* → *Person, auch* FIG sopraffare; **überwältigend** *adj* ▷*Schönheit* sconvolgente

überwechseln *vi* ① (*zu Glauben*) convertirsi (*zu* a) ② ↑ *sich ändern, übergehen in* ← *Stimmung* cambiare (*in akk*

überweisen *unreg vt* ① FIN trasferire; ◇ **Geld an jd-n** ~ versare soldi sul conto di ② → *Patienten* mandare (*an akk* a); **Überweisung** *f* ① (FIN *Bank-*) bonifico *m* ② (*-sschein*) vaglia *f*

überwiegen *unreg vi* dominare; **überwiegend** *adj* prevalente

überwinden *unreg* I. *vt* ↑ *bewältigen* → *Angst, Problem* superare II. *vr* ◇ **sich -** ↑ *sich e-n Ruck geben* convincersi; **Überwindung** *f* ↑ *Bewältigung* (*von Angst, Problem*) superamento *m*; ◇ **es hat uns viel - gekostet** ci è costato molto

überwintern *vi* passar l'inverno

Überzahl *f* ↑ *Mehrzahl*: ◇ **in der - sein** essere nella maggioranza *f*; **überzählig** *adj* ① ↑ *überflüssig* in soprannumero ② ↑ *überschüssig* eccedente

überzeugen I. *vt* (*durch Argumente*) convincere (*von* di); ◇ **jd-n vom Gegenteil -** convincere qu del contrario II. *vr* ◇ **sich -** (*vergewissern*) sincerarsi (*von dat,* di); **überzeugend** *adj* convincente; **Überzeugung** *f* ↑ *Glaube, Meinung* ▷*religiös, politisch* convinzione *f*

überziehen ¹ ⟨zog über, hat übergezogen⟩ *vt* ① ↑ *anziehen* → *Pullover* indossare ② FAM ◇ **jd-m eins -** dare una botta a qu

überziehen ² I. ⟨überzog, hat überzogen⟩ *vt* ① ↑ *bedecken* (*mit Belag*) ricoprire ② ↑ *beziehen* → *Sofa, Bett* rivestire ③ FIN ↑ *ins Soll geraten* → *Konto* scoprire II. ⟨überzog sich, hat sich überzogen⟩ *vr* ◇ **sich -** (↑ *bedecken* ← *Himmel, mit Wolken*) ricoprirsi

Überzieher *m* soprabito *m*

Überziehungskredit *m* FIN credito *m* allo scoperto

Überzug *m* ① ↑ *Beschichtung* (*aus Metall*) rivestimento *m* ② (*Bett-*) fodera *f*

üblich *adj* ① ↑ *herkömmlich* ▷*Brauch* usuale ② ↑ *normal* ▷*Verspätung* normale, solito

U-Boot *n* FAM sottomarino *m*

übrig *adj* ① ↑ *restlich* restante ② ◇ **die -en Personen** *pl* gli altri ③ FAM ◇ **ich habe für die**

Musik etwas - ho un debole per la musica; **übrigbleiben** *unreg vi* [1] → *Essen* avanzare [2] *FIG* ◇ **es bleibt mir nichts anderes übrig als ...** non resta altro che ...

übrigens *adv* tra l'altro

übriglassen *unreg vt* [1] ↑ *nicht verbrauchen* → *Stück Kuchen* lasciare [2] *FIG* ◇ **er läßt mir nichts anderes übrig als** non mi lascia altra scelta che ... [3] ◇ **die Arbeit läßt zu wünschen übrig** il lavoro lascia a desiderare

Übung *f* [1] ↑ *das Üben, Training* esercizio *m* [2] ↑ *Praxis, Anwendung* ◇ **ihm fehlt die** - gli manca la pratica [3] (*Notfall-*) esercitazione *f;* **Übungsplatz** *m* campo *m* di esercitazioni

UdSSR *f Abk v.* Union der Sozialistischen Sowjetrepubliken: ◇ **die** - l'URSS

Ufer *n* <-s, -> [1] (*Fluß-*) sponda *f* [2] (*See-*) spiaggia *f;* ◇ **über die** - **treten** straripare

Ufo *n* <-[s], -s> *Akr v.* **unbekanntes Flugobjekt** Ufo *m*

U-Haft *f* **Untersuchungshaft** detenzione *f* preventiva

Uhr *f* <-, -en> [1] (*Armband-*) orologio *m* [2] ↑ *Zähler* (*Gas-*) contatore *m* [3] (*Benzin-*) indicatore *m* del livello della benzina [4] ◇ **wieviel** - **ist es?** che ore sono ?; ◇ **es ist zwei** - **fünfzehn** sono le due e un quarto; ◇ **um 17** - **alle** 17; **Uhrmacher(in** *f) m* <-s, -> orologiaio/a; **Uhrwerk** *n* meccanismo *m* dell'orologio; **Uhrzeiger** *m* ▷*groß, klein* lancetta *f;* **Uhrzeigersinn** *m:* ◇ **im** - senso *m* orario; ◇ **entgegen dem** - senso *m* antiorario; **Uhrzeit** *f* ora *f;* ◇ **nach der** - **fragen** chiedere l'ora

Uhu *m* <-s, -s> gufo *m*

UKW *Abk v.* **Ultrakurzwelle[n]** onde *f/pl* ultracorte

Ulk *m* <-s, -e> *FAM* ↑ *Streich:* ◇ - **machen** fare uno scherzo; ◇ **etw aus** - **sagen** (*aus Spaß*) dire qc per scherzo; **ulkig** *adj* comico, buffo

Ulme *f* <-, -n> FLORA olmo *m*

ultimativ *adj* ▷*Forderung* ultimativo; **Ultimatum** *n* <-s, Ultimaten> ↑ *Frist* ultimatum *m;* ◇ **jd-m** - **stellen** dare a qu un ultimatum

Ultrakurzwelle *f* onde *f/pl* ultracorte; **Ultrakurzwellensender** *m* MEDIA trasmettitore *m* a modulazione di frequenza; **Ultraschall** *m* PHYS ultrasuono *m;* **ultraviolett** *adj:* ◇ **-e Strahlen** raggi *m/pl* ultravioletti

um I. *präp akk* [1] (*zeitlich*) ◇ - **12 Uhr** alle 12; ◇ - **Ostern [herum]** verso Pasqua [2] (*räumlich*) ◇ **um ... herum** ↑ *in der Gegend von* intorno a; ◇ - **das Dorf [herum]** intorno al paese [3] ↑ *in der Nähe* ◇ **Menschen** - **sich haben** avere persone intorno a sé; ◇ - **sich blicken** guardarsi intorno

[4] ↑ *betreffend, wegen* ◇ **es handelt sich** - **ihre Arbeit** si tratta del suo lavoro; ◇ **Angst** - **jd-n haben** avere paura di qu [5] ↑ *nach, aufeinanderfolgend* ◇ **Jahr** - **Jahr** anno dopo anno [6] ◇ **jd-n** - **etw bringen** far perdere qc a qu [7] ◇ - **3 m verlängern** allungare di 3 m **II.** *präp gen* ↑ *wegen:* ◇ - **ihrer Kinder willen** per amor dei suoi bambini **III.** *cj* [1] ◇ - **... zu** (*damit*) per; ◇ **sie braucht e-e Brille,** - **lesen zu können** ha bisogno degli occhiali per poter leggere [2] ◇ - **so besser!** tanto meglio ! **IV.** *adv* ↑ *ungefähr:* ◇ **es kostet** - **die 25 Mark** costa all'incirca 25 marchi

umadressieren *vt* cambiare l'indirizzo su

umändern *vt* → *Kleider* modificare; → *Gesetz* rifare

umarbeiten *vt* → *Buch, Artikel* rimaneggiare

umarmen *vt* abbracciare

Umbau *m* <-[e]s, -e o. -ten> [1] (*von Haus*) trasformazione *f;* ◇ **wegen** - **geschlossen** chiuso per lavori di restaurazione [2] (*von Organisation*) riorganizzazione *f;* **umbauen** *vt* [1] ↑ *renovieren, verändern* → *Haus, Wohnung* restaurare [2] ↑ *umändern* → *Motor, Maschine* modificare [3] *FIG* → *Organisation* riorganizzare

umbenennen *unreg vt* → *Datei, Firma* cambiare il nome a

umbilden *vt* [1] *FIG* ↑ *neu/anders besetzen* rimaneggiare [2] POL → *Regierung* ricostituire; **Umbildung** *f* (*Reorganisation*) riorganizzazione *f;* (*von Regierung, Kabinett*) ricostituzione *f*

umbinden *unreg vt* → *Krawatte* annodare

umblättern *vt* sfogliare

umblicken *vr* ◇ **sich** - guardarsi attorno

umbringen *unreg* **I.** *vt* ↑ *töten* → *jd-n* uccidere **II.** *vr* ◇ **sich** - ↑ *Selbstmord begehen* suicidarsi

Umbruch *m* [1] ↑ *radikaler Wechsel* sovvertimento *m* [2] (TYP *Seiten-*) impaginazione *f*

umbuchen *vti* ↑ *verschieben* → *Reise* spostare la prenotazione (*auf akk* a); **Umbuchung** *f* (*von Reise, Termin*) spostamento *m* della prenotazione

umdenken *unreg vi* cambiare idea

umdisponieren *vi* disporre in modo diverso

umdrehen I. *vt* [1] → *Schlüssel* girare [2] → *Blatt Papier* girare [3] ↑ *verrenken* → *Hals, Arm* ruotare [4] *FIG* ◇ **das Wort im Mund** - svisare le parole **II.** *vi* ↑ *umkehren* girare **III.** *vr* ◇ **sich** - [1] ↑ *umwenden* voltarsi (*nach verso*) [2] *FAM* ◇ **der Magen dreht sich mir um** mi si rivolta lo stomaco; **Umdrehung** *f* [1] PHYS ↑ *Rotation* rotazione *f* [2] (AUTO *Motor-*) giro *m*

Umdruck *m* autografia *f*

umeinander *adv* (*e-r um den anderen*) [1] ◇ -

herumgehen girare l'uno intorno all'altro ② ◇ ~ **besorgt sein** preoccuparsi l'uno dell'altro

umfahren¹ ⟨fuhr um, hat umgefahren⟩ vt ① → *Baum, Pfahl* travolgere ② FAM ↑ *Umweg machen* girare

umfahren² ⟨umfuhr, hat umfahren⟩ vt ↑ *herumfahren um* → *Stadt* fare il giro di

umfallen unreg vi ① ↑ *zu Boden fallen* ← *Baum* cadere [a terra] ② FAM ↑ *ohnmächtig werden* ← *Person* svenire ③ FIG FAM ↑ *nachgeben* cadere; ◇ **der Hauptzeuge ist umgefallen** il testimone principale ha ritrattato ④ ◇ **zum U- müde** stanco morto

Umfang m ① (*Kreis-*) perimetro m ② ↑ *Fläche, Größe* dimensione f ③ FIG ↑ *Ausmaß* (*von Arbeit*) quantità f; **umfangreich** adj ① ↑ *groß,* *weiträumig* voluminoso ② FIG ↑ *weitreichend* ▷*Untersuchung, Wissen* esteso

umfassen vt ① ↑ *fassen* → *jd-n* abbracciare ② ↑ *eingrenzen* → *Gebiet* recintare ③ (*Inhalt*) ◇ **das Buch umfaßt 275 Seiten** contiene ④ FIG ↑ *beinhalten* → *Wissensbereich* comprendere

Umfeld n (*soziales* ~) ambiente m

umformen vt ① ↑ *umändern, neu gestalten* → *Gesellschaft* trasformare ② GRAM, ELECTR trasformare; **Umformer** m ⟨-s, -⟩ ELECTR trasformatore m

Umfrage f (*Meinungs-*) sondaggio m

umfüllen vt → *Flüssigkeit* travasare

umfunktionieren vt ↑ *Funktion ändern* cambiare la funzione

Umgang m ① ↑ *Kontakt, Freundschaft* relazione f; ◇ **mit jd-m ~ haben** avere rapporti con qu ② (*mit Tieren, Dingen*) trattamento m; **umgänglich** adj ↑ *verträglich, freundlich* ▷*Mensch* socievole; **Umgangsformen** pl: ◇ **gepflegte ~** maniere f/pl buone; **Umgangssprache** f linguaggio m parlato; **umgangssprachlich** adj familiare

umgeben unreg I. vt ↑ *eingrenzen* (*mit Mauer*) cingere II. vr ◇ **sich ~:** ◇ **sich mit Künstlern ~** circondarsi di artisti; **Umgebung** f ① (*ländliche* ~) dintorni m/pl ② ↑ *Milieu* (*soziale* ~) ambiente m

umgehen¹ ⟨ging um, ist umgegangen⟩ vi ① ↑ *behandeln* → *Person* trattare ② ↑ *handhaben* → *Sache* maneggiare; ◇ **mit Dokumenten sorgfältig ~** trattare i documenti con cura ③ *herumgehen* ← *Gespenst* aggirarsi; ← *Gerede, Krankheit* girare

umgehen² ⟨umging, hat umgangen⟩ vt ① ↑ *nicht betreten* → *Gebiet etc* girare intorno a ② FIG ↑ *vermeiden* → *Gesetz* scansare ③ FIG ↑ *ausweichen* → *Frage, Antwort* eludere

umgehend adj immediato

Umgehung f ① (*von Ort*) aggiramento m ② (*von Gesetz*) elusione f; **Umgehungsstraße** f circonvallazione f

umgekehrt I. adj ① ↑ *entgegengesetzt* ▷*Reihenfolge* inverso ② ↑ *konträr, gegenteilig* contrario II. adv ↑ *andersherum* a rovescio; ◇ **und/oder ~** e/o viceversa

umgestalten vt ① ↑ *ändern* → *Plan* rifare ② ↑ *umorganisieren* → *Firma* riorganizzare ③ ↑ *umbilden* → *Regierung* riformare

umgraben unreg vt → *Garten* vangare

umgruppieren vt ↑ *anders zusammenstellen* → *Möbel, Personen* raggruppare diversamente

Umhang m ① ↑ *Mantel* mantellina f ② ↑ *Tuch, Schal* scialle m

umhauen unreg vt ① ↑ *fällen* → *Baum* buttare giù ② FAM ↑ *erstaunen* lasciare senza fiato

umher adv ↑ *herum* in giro, intorno; **umherfahren** unreg vi ↑ *herumfahren* andare in giro [con un veicolo]; **umhergehen** unreg vi girovagare; **umherreisen** vi (*in der Welt*) girare il mondo; **umherstreifen** vi vagare; **umherziehen** unreg vi ← *Zirkus* girovagare

umhinkönnen unreg vi ↑ *e-m Zwang folgen*: ◇ **sie kann nicht umhin, das zu tun** lei è costretta a farlo

umhören vr ◇ **sich ~** ↑ *fragen* informarsi (*nach* di)

umjubeln vt → *Sänger* acclamare

Umkehr f ⟨-⟩ ① ↑ *Wendung zurück* inversione f ② FIG ↑ *Änderung* (*in Überzeugung*) cambiamento m di opinione; **umkehren** I. vi ① ↑ *umdrehen* girare, voltare ② ↑ *seine Meinung/ Überzeugung ändern* cambiare opinione II. vt ① ↑ *Tasche etc.* rovesciare ② ◇ *Gefäß etc.* capovolgere ③ ↑ *umdrehen* → *Reihenfolge* invertire

umkippen I. vt ↑ *umstoßen, umwerfen* → *Glas* rovesciare II. vi ① ← *Gefäß, Boot* rovesciarsi ② FIG FAM ↑ *ohnmächtig werden* svenire ③ (FIG FAM *als Zeuge*) fare un voltafaccia

Umkleideraum m ↑ *Kabine* (*in Turnhalle, Schwimmbad*) spogliatoio m; (*in Bekleidungsgeschäft*) cabina f

umkommen unreg vi ① ↑ *sterben* (*bei Unfall*) morire ② ↑ *verderben* ← *Lebensmittel* andare a male ③ ◇ **vor Hitze ~** morire dal caldo

Umkreis m raggio m; ◇ **im ~ von** nel raggio di; **umkreisen** vt ① ASTRON ← *Mond* girare intorno a ② ↑ *mit Kreis markieren* → *Textstelle* cerchiare

umkrempeln vt ① ↑ *hochschlagen* → *Ärmel* rimboccare ② FAM ↑ *durchsuchen* → *Wohnung* mettere sottosopra ③ FIG ↑ *grundlegend ändern* → *jd-n/etw* cambiare del tutto

Umlage f ↑ *Aufteilung* (*auf mehrere Personen*) quota f

Umlauf m ① ASTRON ↑ *Umkreisung* rivoluzione f ② ↑ *Rundschreiben* circolare f ③ ◇ **in - sein** essere in circolazione f; **Umlaufbahn** f AST- RON orbita f; **Umlaufzeit** f periodo m d orbita

Umlaut m GRAM metafonia f

umlegen vt ① ↑ *aufteilen* → *Kosten* dividere ② ↑ *verlegen* → *Termin* spostare ③ ↑ *bewegen* → *Hebel* spostare ④ FAM ↑ *fällen* → *Baum* abbattere ⑤ FAM ↑ *töten* far fuori

umleiten vt AUTO → *Verkehr* deviare; **Umleitung** f AUTO deviazione f

umliegend adj ↑ *in der Gegend, im Umkreis* ▷*Gemeinden* circolante, limitrofo

ummelden vtr ◇ **sich -** cambiare l'indirizzo all'anagrafe

Umnachtung f ▷*geistig* alienazione f

umorganisieren vt → *Betrieb* riorganizzare

umranden vt circondare

umrechnen vt FIN cambiare (*in akk* in); **Umrechnung** f FIN cambio m; **Umrechnungskurs** m FIN cambio m

umreißen unreg vt FIG ↑ *grob definieren* → *Thema* abbozzare

umringen vt → jd-n circondare

Umriß m ① ↑ *Skizze, Kontur* ▷*zeichnen* schizzo m ② (*FIG von Roman*) ◇ **in groben Umrissen zeichnen** descrivere in grandi tratti m/pl

umrühren vti → *Brei, Soße* mescolare

umrüsten vt (*auf Katalysator*) montare a posteriore

ums = um das

umsatteln vi FAM ▷*beruflich* cambiare mestiere

Umsatz m (COMM *Jahres-*) giro m d'affari

umschalten I. vt AUTO cambiare in; MEDIA → *Programm* cambiare **II.** vi FIG ↑ *sich ändern, umdenken* (*im Denken*) cambiare [il modo di pensare] completamente

Umschau f FIG ↑ *Überblick* sguardo m panoramico; **umschauen** vr ◇ **sich -** ↑ *nach hinten schauen* guardare indietro

Umschlag m ① (*Papierhülle, Brief-*) busta f; (*Buch-*) copertina f ② (*Veränderung, Wetter-*) cambiamento m improvviso ③ MED ↑ *Kompresse* impacco m ④ (*von Hose*) risvolto m ⑤ COMM ↑ *Absatz* (*von Waren*) movimento m d'affari

Umschlagplatz m COMM posto m di trasbordo

umschreiben¹ ⟨schrieb um, hat umgeschrieben⟩ vt ① ↑ *anders schreiben, neu bearbeiten*

→ *Text* rielaborare ② ↑ *überschreiben* → *Eigentum* volturare a nome (*auf akk* di)

umschreiben² ⟨umschrieb, hat umschrieben⟩ vt ① ↑ *anders formulieren* → *Satz* perifrasare ② ↑ *beschreiben, erklären* → *Aufgaben* descrivere ③ ↑ *abgrenzen* delimitare; **Umschreibung** f perifrasi f

umschulen vt ① → *Kind* far cambiare scuola a ② ↑ *anderen Beruf erlernen* qualificarsi per un'altra professione (diversa da quella che si ha); **Umschulung** f riqualificazione f professionale

umschwärmen vt ① ← *Mücken* → *Licht* sciamare intorno a ② FIG → jd-n adorare

Umschweife pl: ◇ **etw ohne - sagen** dire qc senza preamboli

Umschwung m ① SPORT volteggio m ② *Veränderung* ▷*wirtschaftlich, politisch* capovolgimento m; (*Wetter-*) cambiamento m improvviso; (*Stimmungs-*) cambiamento m improvviso

umsehen unreg vr ◇ **sich -** ① ↑ *nach hinten schauen* guardare indietro ② FIG ↑ *suchen, umschauen* ◇ **sich nach Arbeit -** cercarsi un lavoro

umseitig adv sul retro

umsetzen vt ① ↑ *verpflanzen* trapiantare ② → *Schüler* spostare ③ ↑ *umwandeln* (*in Energie*) convertire ④ COMM ↑ *verkaufen* → *Waren* vendere ⑤ FIG ↑ *verwirklichen* ◇ **etw in die Tat -** mettere qc in atto ⑥ TYP → *Lettern* ricomporre

Umsicht f (*Besonnenheit*) avvedutezza f; **umsichtig** adj avveduto

umsiedeln vi, vt trasferirsi

umsonst adv ① ↑ *gratis* gratis; ◇ **das Konzert ist - il concerto è gratis** ② ↑ *vergeblich, ohne Erfolg* inutile

umspringen unreg vi umschalten ← *Ampel*: ◇ **auf grün - scattare sul verde**; ← *Wind* girare

Umstand m ↑ *Sachverhalt, Tatsache* circostanza f; ◇ **unter Umständen** eventualmente; JURA ↑ *mildernde Umstände* circostanze fpl attenuanti

umständlich adj ① ↑ *ungeschickt, langsam* lento ② ↑ *langwierig* ▷*Formulierung* prolisso ③ ↑ *extrem förmlich, pedantisch* ▷*Mensch* cerimonioso

Umstandskleid n abito m prémaman

Umstandswort n GRAM avverbio m

umsteigen unreg vi ① BAHN cambiare ② FIG FAM ↑ *Beruf wechseln* cambiare lavoro

umstellen¹ **I.** ⟨stellte um, hat umgestellt⟩ vti anders plazieren → *Möbel, Wörter* spostare **II.** vr ◇ **sich -** ↑ *anpassen, einstellen* ↑ *umgewöhnen* adattarsi (*auf akk* a)

umstellen[2] ⟨umstellte, hat umstellt⟩ *vt* ↑ *einkreisen, einkesseln* → *Gebäude* circondare

Umstellung *f* ⓵ ↑ *Umgewöhnung* adattamento *m* ⓶ *(Änderung)* cambiamento *m*

umstimmen *vt* ⓵ MUS → *Instrument* accordare diversamente ⓶ FIG ↑ *jd-s Meinung ändern* ◇ **jd-n** - far cambiare idea a qu

umstoßen *unreg vt* ⓵ ↑ *umschmeißen* → *Gefäß* far cadere (con una spinta) ⓶ FIG ↑ *ändern, rückgängig machen* → *Plan* annullare

umstritten *adj* ▷*Projekt* discusso

Umsturz *m* colpo *m* di stato, rivoluzione *f;* **umstürzlerisch** *adj* sovversivo

Umtausch *m* ⓵ *(von Waren)* scambio *m* ⓶ ↑ *Tausch (von Währung)* cambio *m;* **umtauschen** *vt* → *die Ware* cambiare

Umtriebe *pl* ↑ *Machenschaften, Intrigen;* ◇ **revolutionäre** - attività *f* rivoluzionaria

umtopfen *vt* cambiare il vaso a

umtun *unreg vr* ◇ **sich** - ↑ *sich umsehen, suchen;* ◇ **sich nach etw** - darsi da fare per qc

umwälzen *vt* → ⓵ TECH → *Luft* far circolare ⓶ FIG ↑ *revolutionieren* ↑ *radikal verändern*

umwandeln *vt* ⓵ *(ändern)* trasformare *(in akk* in); ◇ **wie umgewandelt sein** parere completamente cambiato ⓶ ELECTR ↑ *transformieren* → *Strom* trasformare, convertire ⓷ JURA → *Haftstrafe* commutare *(in akk* in)

umwechseln *vt* → *Geld* cambiare *(in akk* in)

Umweg *m* ⓵ strada *f* più lunga, giro *m;* ◇ **e-n machen** fare un [lungo] giro *m* ⓶ FIG ◇ **auf -en** ↑ *nicht direkt* per vie traverse

Umwelt *f* ambiente *m;* **Umweltbelastung** *f* inquinamento *m* dell'ambiente; **Umweltengel** *m* ↑ *blauer Engel* angelo *m* custode dell'ambiente *simbolo per contrassegnare prodotti ecologici;* **umweltfeindlich** *adj* nocivo per l'ambiente; **umweltfreundlich** *adj* ecologico, non inquinante; **Umweltgift** *n* agente *m* inquinante; **Umweltkatastrophe** *f* catastrofe *f* ecologica; **Umweltschäden** *pl* danni *m/pl* ambientali; **Umweltschutz** *m* difesa *f* dell'ambiente, tutela *f* dell'ambiente; **Umweltschutzpapier** *n* ↑ *Recyclingpapier* carta *f* riciclata; **Umweltschützer(in** *f)* *m* ⟨-s, -⟩ ecologista *m/f;* **Umweltverschmutzung** *f* inquinamento *m* ambientale

umwenden *unreg* I. *vt* ↑ *umdrehen* → *Blatt Papier* voltare, girare II. *vr* ◇ **sich** - girarsi *(nach* a/verso)

umwerben *unreg vt* → *jd-n* corteggiare

umwerfen *unreg vt* ⓵ ↑ *umstoßen* → *Tasse* rovesciare, buttare giù ⓶ ↑ *sich umlegen* → *Schal, Mantel* mettersi [sulle spalle] ⓷ FIG ↑ *ändern*

→ *Plan* cambiare ⓸ FIG FAM ↑ *sprachlos machen* ← *Neuigkeit* sconvolgere; ◇ **das wirft mich aber um!** questo mi lascia a bocca aperta!

umziehen *unreg* I. *vtr* ◇ **sich** - ↑ *Kleidung wechseln* cambiarsi II. *vi* ↑ *umsiedeln* trasferirsi

umzingeln *vt* accerchiare

Umzug *m* ⓵ *(Wohnungs-)* trasloco *m* ⓶ *(Karnevals-)* corteo *m*

UN *f Abk v.* **United Nations** ONU

unabänderlich *adj* ↑ *unwiderruflich* ▷*Schicksal* immutabile; ▷*Entschluß* irrevocabile

unabhängig *adj* indipendente *(von* da); **Unabhängigkeit** *f* indipendenza *f*

unabkömmlich *adj* ⓵ ↑ *unentbehrlich* indispensabile ⓶ ↑ *beschäftigt* occupato, impegnato

unablässig *adj* ▷*Gerede* incessante, continuo

unabsehbar *adj* ⓵ ↑ *endlos* ▷*Meer* immenso ⓶ ▷*Kosten, Konsequenzen* incalcolabile

unabsichtlich *adj* ↑ *ohne Absicht* involontario, non intenzionale

unachtsam *adj* ⓵ ↑ *unaufmerksam* disattento ⓶ ↑ *nachlässig* negligente; **Unachtsamkeit** *f* ⓵ ↑ *Unaufmerksamkeit* disattenzione *f* ⓶ ↑ *Nachlässigkeit* negligenza *f*

unangebracht *adj* ↑ *unpassend* ▷*Bemerkung* inopportuno, fuori luogo; ▷*Verhalten* sconveniente

unangemessen *adj* inadeguato

unangenehm *adj* ⓵ ↑ *nicht angenehm* ▷*Aufgabe* splacevole; ▷*Geruch* sgradevole ⓶ ↑ *unsympatisch* ▷*Person* sgradevole ⓷ ↑ *peinlich* ▷*Situation* imbarazzante; **Unannehmlichkeit** *f* ↑ *Belästigung* seccatura *f,* noia *f;* ◇ **jd-m -en bereiten** procurare fastidi a qu

unanständig *adj* ⓵ ▷*Verhalten* indecente ⓶ ↑ *pikant* ▷*Witz* volgare, sporco; **Unanständigkeit** *f* ⓵ ↑ *schlechtes Benehmen* indecenza *f* ⓶ ↑ *obszönes Verhalten* volgarità *f*

unappetitlich *adj auch* FIG ▷*Anblick* disgustoso

Unart *f* cattive maniere *f/pl;* **unartig** *adj* ↑ *ungezogen, frech* maleducato

unästhetisch *adj* antiestetico

unauffällig *adj* ⓵ ▷*Person* che passa inosservato ⓶ ↑ *einfach, schlicht* ▷*Kleidung* non appariscente

unauffindbar *adj* introvabile, irreperibile

unaufgefordert I. *adj* ↑ *freiwillig* ▷*Zahlung* non richiesto II. *adv* spontaneamente; ◇ **jd-m -helfen** aiutare qu spontaneamente

unaufhaltsam *adj* inarrestabile

unaufmerksam *adj* disattento

unaufrichtig *adj* insincero

unausgeglichen adj 1 ▷*Mensch* incostante, squilibrato 2 ▷*Verhältnis* non equilibrato

unaussprechlich adj 1 ▷*Wort* impronunciabile 2 ↑ *unvorstellbar* (*Brutalität*) indicibile 3 ↑ *unsagbar* ▷*Armut* inesprimibile,indescrivibile

unausstehlich adj ▷*Mensch* insopportabile

unausweichlich adj ▷*Katastrophe* inevitabile

unbändig adj ↑ *ungezügelt* ▷*Wut* irrefrenabile, indomabile; ▷*Kind* indocile, indomabile; ◇ **ich freue mich ~** mi fa grandissimo piacere

unbebaut adj 1 non costruito 2 incolto

unbarmherzig adj ↑ *mitleidlos, gnadenlos* spietato, crudele

unbeabsichtigt adj involontario

unbeachtet adj inosservato; ◇ **e-e Warnung ~ lassen** (*außer acht lassen*) ignorare un'avvertimento

unbedenklich I. adj 1 ↑ *ungefährlich* sicuro 2 ↑ *bedenkenlos, sorglos* spensierato **II.** adv 1 ↑ *ungefährlich* sicuramente, senz'altro 2 ↑ *ohne zu überlegen* senza esitazione

unbedeutend adj ▷*Fehler* irrelevante, insignificante

unbedingt I. adj ▷*Gehorsam* assoluto, incondizionato **II.** adv ↑ *auf jeden Fall, ganz bestimmt* assolutamente, proprio

unbefahrbar adj ▷*Straße* impraticabile; ▷*Gewässer* intransitabile

unbefangen adj 1 ↑ *natürlich* disinvolto, naturale 2 ↑ *unparteiisch* imparziale

unbefriedigend adj insoddisfacente

unbefriedigt adj 1 ↑ *frustriert* frustrato, insoddisfatto 2 ↑ *unzufrieden* scontento

unbefugt adj non autorizzato; ◇ **U-en ist der Eintritt verboten** è vietato l'accesso ai non autorizzati

unbegabt adj ▷*Schüler* non dotato

unbegreiflich adj 1 ↑ *rätselhaft* incomprensibile 2 ↑ *unfaßbar* ▷*Leichtsinn* inconcepibile

unbegrenzt adj 1 ▷*Zeit* illimitato; ▷*Meer* sconfinato 2 ↑ *unerschöpflich* ▷*Vertrauen* incondizionato

unbegründet adj ▷*Zweifel* infondato, ingiustificato

unbehaart adj senza peli

Unbehagen n disagio m; **unbehaglich** adj 1 ↑ *unbequem* ▷*Haus* scomodo 2 ↑ *unangenehm, peinlich* ▷*Situation, Gefühl* sgradevole, spiacevole

unbeholfen adj maldestro

unbekannt adj sconosciuto

unbekümmert adj spensierato

unbelastet adj 1 ↑ *nicht belastet* non caricato

2 ↑ *sorgenfrei* ▷*Person* spensierato 3 FIN ▷*Konto* non gravato

unbeliebt adj impopolare, malvisto; ◇ **sich bei jd-m ~ machen** rendersi antipatico da qu; **Unbeliebtheit** f impopolarità f, antipatia f

unbequem adj 1 ↑ *ungemütlich* ▷*Sofa* scomodo 2 FIG ↑ *lästig* ▷*Person* fastidioso 3 FIG ↑ *peinlich* ▷*Frage* imbarazzante

unberechenbar adj 1 ↑ *unvorhersehbar* incalcolabile 2 ↑ *jähzornig* ▷*Mensch* imprevedibile

unberechtigt adj 1 ↑ *ohne Befugnis* non autorizzato 2 ↑ *unangebracht* ▷*Tadel, Kritik* infondato, ingiustificato

unbeschädigt adj intatto

unbescholten adj integro, incensurato

unbeschränkt adj ↑ *grenzenlos* ▷*Zeit, Geld* illimitato; ▷*Vertrauen, Geduld* assoluto

unbeschreiblich adj ▷*Schönheit* indescrivibile; ▷*Frechheit* incredibile

unbesiegbar adj invincibile

unbesonnen adj ↑ *unüberlegt* sconsiderato; ◇ **~ vorgehen** agire sconsideratamente

unbeständig adj 1 ▷*Wetter* variabile 2 ↑ *launisch, wankelmütig* ▷*Mensch* incostante

unbestechlich adj incorruttibile

unbestimmt adj 1 ↑ *nicht festgesetzt* ▷*Zeitpunkt* indefinito 2 ↑ *unklar, ungenau* ▷*Gefühl* vago, impreciso 3 ↑ *nicht sicher* ▷*Zukunft* insicuro; **Unbestimmtheit** f indeterminatezza f

unbeteiligt adj 1 ↑ *teilnahmslos* indifferente, disinteressato 2 ↑ *nicht teilnehmend* che non partecipa; JURA ◇ **-er Richter** giudice non coinvolto

unbetont adj atono

unbeugsam adj ↑ *stark, unerbittlich* ▷*Mensch, Wille* inflessibile

unbeweglich adj 1 ↑ *starr* immobile 2 ↑ *bewegungslos* ▷*Miene, Blick* fisso 3 ↑ *ortsgebunden* immobile

unbewußt adj ↑ *nicht bewußt* ▷*Handlung* inconscio; ▷*Reflex* istintivo; **Unbewußte** n ⟨-n⟩ inconscio m

unbrauchbar adj ▷*Werkzeug* inservibile

und cj 1 (*bei Aufzählung*) e; ◇ **sie - er** lei e lui 2 MATH ↑ *plus* più; ◇ **eins - zwei ist drei** uno più due fa tre 3 ◇ **- so weiter** (*usw*) e così via; ◇ **- andere** (*u.a.*) ed altri 4 (*selbst wenn …*) ◇ **- wenn es mir noch so schlecht ginge** e se dovessi stare ancora così male

undankbar adj ingrato; **Undankbarkeit** f ingratitudine f

undefinierbar adj unbestimmbar ▷*Begriff* indefinibile

undeklinierbar adj GRAM indeclinabile
undenkbar adj impensabile, inconcepibile
undeutlich adj ▷ wahrnehmen vago, non chiaro; ◇ **sich - ausdrücken** esprimersi in modo impreciso
undicht adj permeabile
Unding n assurdità f
undurchdringlich adj impenetrabile
undurchführbar adj ▷ Plan irrealizzabile
undurchlässig adj (wasser-, licht-) impermeabile
undurchsichtig adj FIG ↑ verdächtig ▷ Praktiken oscuro; ▷ Person impenetrabile
uneben adj ▷ Oberfläche non piano/livellato
unecht adj falso
unehelich adj ▷ Kind illegittimo
unehrlich adj falso, insincero
uneigennützig adj ↑ selbstlos disinteressato
uneingeschränkt adj ↑ absolut ▷ Freiheit illimitato; ▷ Herrscher assoluto; AUTO ▷ Halteverbot assoluto
Uneinigkeit f ↑ Meinungsverschiedenheit disaccordo m
uneins adj ① ↑ nicht einig in disaccordo ② ↑ zerstritten in conflitto
unempfindlich adj ① ▷ Person insensibile (gegen nei confronti di) ② ↑ resistent ▷ Material resistente (gegen a)
unendlich I. adj ↑ grenzenlos ▷ Weite, Dauer infinito II. adv ↑ sehr; ◇ **jd-n - lieben** amare qu profondamente/infinitamente; **Unendlichkeit** f infinità f
unentbehrlich adj indispensabile
unentgeltlich adj gratis
unentschieden adj ① SPORT ◇ **- ausgehen** finire con il pareggio ② ↑ unentschlossen ◇ **- sein** essere indeciso; **Unentschieden** n SPORT pareggio m
unentschlossen adj ① ▷ Person indeciso ② non deciso
unentwegt adj ① ↑ kontinuierlich ◇ **- arbeiten** lavorare ininterrottamente ② ↑ unaufhörlich ◇ **- reden** parlare in continuazione
unerfahren adj inesperto
unerfreulich adj ▷ Nachricht spiacevole, sgradevole
unerhört adj ① ↑ unerwidert ▷ Liebe non ricambiato; ↑ abgewiesen ▷ Liebhaber rifiutato ② ↑ unverschämt ▷ Forderung inaudito; ◇ **-!** [è] incredibile! ③ ↑ enorm incredibile, straordinario
unerläßlich adj ▷ Maßnahme indispensabile
unerlaubt adj vietato; ↑ illegal illegale
unermeßlich adj smisurato, enorme
unermüdlich adj ▷ Eifer instancabile

unersättlich adj insaziabile
Unerschrockenheit f intrepidezza f
unerschütterlich adj ① ▷ Person impassibile ② ▷ Glaube incrollabile, saldo
unerschwinglich adj ↑ zu teuer ▷ Preis esorbitante
unerträglich adj insostenibile, insopportabile
unerwartet adj ▷ Besuch inaspettato
unerwünscht adj ▷ Gast, Kind indesiderato
unfähig adj ① incapace; ◇ **- zu töten** incapace di uccidere ② ↑ inkompetent ▷ Arbeiter incapace, inetto; **Unfähigkeit** f ① incapacità f ② ↑ Inkompetenz incompetenza f
unfair adj scorretto (gegenüber nei confronti di)
Unfall m (Auto-, Sport-) incidente m; **Unfallflucht** f ↑ Fahrerflucht ▷ begehen ≈ fuga f del conducente dopo un incidente; **Unfallkommando** n squadra f di pronto soccorso; **Unfallstelle** F luogo m dell'incidente; **Unfallversicherung** f assicurazione f contro gli infortuni
unfaßbar adj inconcepibile, incomprensibile
unfehlbar I. adj ▷ Person, Instinkt infallibile II. adv ↑ gewiß certamente
unfolgsam adj ▷ Hund, Kind disubbidiente
unfrankiert adj ▷ Brief non affrancato
unfreiwillig adj ① ↑ gezwungen costretto ② ↑ unabsichtlich ▷ Komik involontario
unfreundlich adj ① scortese (zu con) ② ↑ nicht angenehm ▷ Wetter brutto; **Unfreundlichkeit** f scortesia f
Unfriede[n] m disaccordo m; ◇ **in - leben** vivere in disaccordo
unfruchtbar adj ① ▷ Lebewesen, Boden sterile ② FIG ↑ zwecklos ▷ Bemühungen inutile, vano; **Unfruchtbarkeit** f ① sterilità f ② (von Bemühungen) improduttività f
Unfug m ⟨-s⟩ ① ↑ Unsinn stupidaggini f/pl ② JURA ◇ **grober -** gravi eccessi m/pl
Ungar(in f) m ⟨-n, -n⟩ ungherese m/f; **ungarisch** adj ungherese; **Ungarn** n Ungheria f
ungeachtet präp gen ◇ **- der Tatsache, daß** tralasciando il fatto che
ungeahnt adj ▷ Schwierigkeiten imprevisto
ungebeten adj ▷ Gast non invitato
ungebildet adj incolto
ungebleicht adj non candeggiato
ungebräuchlich adj ▷ Wort non comune
ungedeckt adj ① ▷ Dach scoperto ② SPORT ▷ Spieler scoperto, smarcato ③ FIN ▷ Scheck scoperto
Ungeduld f impazienza f; **ungeduldig** adj impaziente
ungeeignet adj inadatto, inservibile (für a)
ungefähr I. adj ↑ annähernd ▷ Entfernung ap-

prossimativo **II.** *adv* ↑ *etwa, annähernd* circa;
◇ **Monika ist ~ 32 Jahre alt** ha circa 32 anni
ungefährlich *adj* ① ▷*Straße* non pericoloso ②
↑ *harmlos* innocuo
ungeheuer I. *adj* ① ↑ *ungeheuerlich* mostruoso
② ↑ *enorm* ▷*Wagnis* enorme, immenso ③
↑ *unverschämt* ▷*Antwort* insolente, sfacciato **II.**
adv ① ↑ *sehr* ◇ **~ wichtig** molto importante ②
FIG tremendamente
Ungeheuer *n* ‹-s, -› *auch FIG FAM* mostro *m*
ungeheuerlich *adj* ↑ *monströs* mostruoso;
▷*Behauptung* vergognoso
ungehobelt *adj* ① ↑ ▷*Brett* non piallato ② *FIG*
↑ *grob* ▷*Mensch* rozzo, maleducato
Ungehorsam *m* disobbedienza *f*
ungeklärt *adj* ① ▷*Verbrechen, Rätsel* irrisolto,
non risolto ② ▷*Frage* non chiarito ③ ▷*Abwasser*
non depurato
ungekünstelt *adj* ▷*Benehmen* naturale, disinvolto
ungeladen *adj* ① ELECTR ▷*Batterie* scarico
▷*Pistole* scarico ② ↑ *Gast* non invitato
ungelegen *adj* ↑ *unpassend* inopportuno
ungelernt *adj* ▷*Arbeiter* non qualificato
ungelogen *adv:* ◇ **~!** davvero! non dico bugie!
ungemütlich *adj* ① ↑ *unbequem* ▷*Sessel* scomodo ② *FIG* ↑ *unfreundlich* ▷*Mensch* scortese,
antipatico; ▷*Wetter* brutto
ungenau *adj* ① ↑ *fehlerhaft* ▷*arbeiten* impreciso ② ↑ *ungefähr* ▷*abmessen* approssimativo ③
↑ *vage* ◇ **sich ~ ausdrücken** esprimersi in modo
vago/imprecisamente; **Ungenauigkeit** *f* imprecisione *f*
ungeniert I. *adj* ① ↑ *ungehemmt* ▷*Benehmen*
disinvolto ② ↑ *bedenkenlos* senza esitazione **II.**
adv ↑ *ohne Hemmungen:* ◇ **etw ~ sagen** dire qu
apertamente/schiettamente
ungenießbar *adj* ① ▷*Essen* immangiabile;
▷*Getränk* imbevibile ② *FAM* ▷*Mensch* insopportabile
ungenügend *adj* ↑ *nicht ausreichend, a.* SCHU-
LE insufficiente
ungepflegt *adj* ↑ *vernachlässigt* ▷*Rasen, Haus*
abbandonato ▷*Mensch* trascurato
ungerade *adj* *nicht gerade* ▷*Zahl* dispari;
▷*Linie, Strecke* non diritto
ungerecht *adj* ↑ *unfair* ▷*Behandlung* ingiusto;
ungerechtfertigt *adj* ↑ *unberechtigt*
▷*Beschuldigung* ingiustificato; **Ungerechtigkeit** *f* ingiustizia *f*
ungern *adv* ↑ *widerstrebend:* ◇ **etw ~ tun** far qc
mal volentieri
ungeschehen *adj* ↑ *rückgängig* non successo;
◇ **das läßt sich nicht ~ machen** ormai è fatta

Ungeschicklichkeit *f* mancanza *f* di abilità,
imperizia *f;* **ungeschickt** *adj* ① ↑ *tolpatschig*
maldestro ② *FIG* ▷*Bemerkung* pesante
ungeschliffen *adj* ① ▷*Edelstein* non levigato;
↑ *stumpf* ▷*Messer* non affilato ② *FIG*
↑ *grobschlächtig* ▷*Benehmen* rozzo
ungeschminkt *adj* ① ▷*Gesicht* senza trucco ②
FIG ↑ *rein, offen* nudo, puro; ◇ **die ~ Wahrheit**
la pura verità
ungesetzlich *adj* illegale
ungestört *adj* indisturbato; ◇ **~ arbeiten** lavorare indisturbato
ungestraft *adv* impunito
ungestüm *adj* impetuoso, violento, focoso
ungesund *adj* ① malato; ◇ **er sieht ~ aus** sembra malato ② malsano; ◇ **Rauchen ist ~** il fumo è
dannoso/nocivo
ungetrübt *adj* ① ↑ *klar* ▷*Wasser* non offuscato
② *FIG* ↑ *unbeinträchtigt* ▷*Freude* indisturbato
Ungetüm *n* ‹-[e]s, -e› mostro *m*
ungewiß *adj* ↑ *unbestimmt* ▷*Zukunft, Ergebnis*
incerto, insicuro; **Ungewißheit** *f* incertezza *f*
ungewöhnlich I. *adj* ① ↑ *nicht üblich* ▷*Brauch*
insolito, non comune ② ↑ *außergewöhnlich*
▷*Person* insolito **II.** *adv (besonders):* ◇ **er ist ~
groß für sein Alter** è eccezionalmente grande
per la sua età; **ungewohnt** *adj* ① ▷*Umgebung*
estraneo ② ↑ *nicht üblich* ▷*Redeweise* insolito,
inconsueto
Ungeziefer *n* ‹-s› parassiti *m/pl*
ungezogen *adj* maleducato; **Ungezogenheit**
f maleducazione *f*
ungezwungen *adj* ▷*Verhalten* disinvolto, naturale
ungläubig *adj* ① ↑ *nicht religiös* ateo ② *FIG*
↑ *zweifelnd* scettico
unglaublich *adj* ▷*Geschichte* incredibile
unglaubwürdig *adj* ① ↑ *nicht vertrauenswürdig* ▷ *Person, Regierung* non degno di fede ②
↑ *zweifelhaft* ▷*Geschichte* dubbio
ungleich I. *adj* ① ↑ *unterschiedlich* ▷*Partner*
diverso, differente ② ▷*Voraussetzungen* disuguale **II.** *adv (um vieles):* ◇ **~ besser** molto/
infinitamente meglio; **ungleichmäßig** *adj* irregolare; **Ungleichheit** *f* diversità *f*
Unglück *n* ‹-[e]s, -e› ① ↑ *Mißgeschick, Pech*
sfortuna *f* ② ↑ *Katastrophe (-sfall)* disgrazia *f*
↑ *Tragödie* tragedia *f;* **unglücklich** *adj* ①
↑ *traurig* infelice; ◇ **jd-n ~ machen** rendere qu
infelice ② ↑ *erfolglos* ▷*Versuch* sfortunato ③
↑ *bedauerlich* ▷*Umstand* infelice; **Unglücksfall** *m* disgrazia *f*
ungültig *adj* ① *nicht gültig,* SPORT ▷*Spiel, Tor*
non valido; POL ▷*Stimme* nullo; ◇ **ein Gesetz**

für - erklären annullare una legge ② ▷*Paß, Ticket* scaduto; **Ungültigkeit** *f* invalidità *f*

ungünstig *adj* ① ↑ *unpassend* ▷*Augenblick* inopportuno, brutto ② ▷*Wetter* inclemente

ungut *adj* ① ▷*Gefühl* sgradevole, spiacevole ② ◇ **nichts für -** non avertene a male

unhaltbar *adj* ▷*Zustand* insostenibile

Unheil *n* disgrazia *f*; ◇ **- abwenden** evitare una disgrazia

unheimlich I. *adj* ① sospetto, dubbio; ◇ **das ist mir -** mi è sospetto ② ▷*Stimmung* sinistro, lugubre **II.** *adv FAM* molto

unhöflich *adj* scortese

unhörbar *adj* impercettibile

unhygienisch *adj* non igienico

uni *adj* ⟨inv⟩ in tinta unita

Uni *f* ⟨-, -s⟩ (*FAM Universität*) università *f*

Uniform *f* ⟨-, -en⟩ uniforme *f*; ◇ **Soldat in -** soldato in divisa *f*; **uniformiert** *adj* in divisa

uninteressant *adj* non interessante

Union *f* ① *Bündnis* unione *f* ② (*Unionsparteien in BRD*) i partiti *m/pl* cristiani

Universität *f* università *f*; ◇ **auf der -** all'università; **Universitätsbibliothek** *f* biblioteca *f* universitaria; **Universitätsgelände** *n* area *f* universitaria; **Universitätsprofessor(in** *f*) *m* professore (-essa *f*) universitario *m*

unkenntlich *adj* irriconoscibile; **Unkenntnis** *f* ignoranza *f*; ◇ **in - lassen** lasciare nell'ignoranza (*über akk* riguardo a)

unklar *adj* ① ▷*Äußerung* non chiaro, vago; ◇ **sich im -en sein über** *akk* essere all'incerto rispetto a ② ↑ *unverständlich* ▷*Sachverhalt* non chiaro ③ ↑ *Problem* irrisolto; **Unklarheit** *f* ↑ *Ungewißheit, Verwirrung* confusione *f*; ◇ **es herrscht -** regna la confusione

unklug *adj* ↑ *dumm* ▷*Handeln* imprudente

unkonventionell *adj* non convenzionale

Unkosten *pl* spese *f/pl; FAM* ◇ **sich in - stürzen** (*sich finanziell übernehmen*) spendere un sacco di soldi

Unkraut *n* erbacce *f/pl;* **Unkrautvernichtungsmittel** *n* erbicida *f*

unlängst *adv* ↑ *vor kurzem* recentemente

unleserlich *adj* ▷*Schrift* illeggibile

unlini[i]ert *adj* senza righe

unlogisch *adj* illogico

unlösbar *adj* ① MATH ▷*Aufgabe, FIG* ▷*Problem* insolubile ② CHEM ▷*Substanz* indissolubile

unmäßig *adj* smodato, eccessivo; ◇ **- trinken** bere smodatamente

Unmenge *f* gran quantità *f* (*von* di)

Unmensch *m* mostro *m;* **unmenschlich** *adj*

① ↑ *grausam* mostruoso ② ↑ *ungeheuer* ◇ **- Anstrengung** fatica *f* sovrumana

unmerklich *adj* impercettibile

unmißverständlich *adj* ↑ *deutlich* inequivocabile; ◇ **jd-m etw - klarmachen** chiarire qc a qu in maniera inequivocabile

unmittelbar I. *adj* ↑ *direkt* ▷*Nähe* diretto **II.** *adv* ① ↑ *direkt* direttamente ② ↑ *sofort* ◇ **- darauf** subito dopo

unmöglich *adj* ① impossibile ② *PEJ FAM* ▷*Kleidung* orribile; ◇ **sich - benehmen** comportarsi in modo insopportabile; **Unmöglichkeit** *f* impossibilità *f*

unmoralisch *adj* *nicht moralisch* ▷*Benehmen* immorale

unnachgiebig *adj* ① ▷*Material* duro ② FIG ▷*Person* testardo, intransigente

unnahbar *adj* inavvicinabile

unnötig *adj* inutile, superfluo; **unnötigerweise** *adv* inutilmente

unnütz *adj* ① inutile; ◇ **das Geld - ausgeben** spendere i soldi per niente ② ↑ *nichtsnutzig* ▷*Person* superfluo, inutile

UNO *f* ⟨-⟩: ◇ **die - ↑** *UN* ONU

Unordnung *f* disordine *m*

unparteiisch *adj* ▷*Meinung* imparziale, obbiettivo; **Unparteiische(r)** *fm* ① JUR persona *f* spassionata ② SPORT arbitro *m*

unpassend *adj* ▷*Bemerkung, Termin* inopportuno

unpersönlich *adj* ① ▷*Brief* impersonale ② GRAM ◇ **-es Verb** verbo impersonale ③ ▷*Mensch* freddo

unpolitisch *adj* apolitico

unpopulär *adj* ▷*Maßnahme, Person* impopolare

unpraktisch *adj* ① ▷*Werkzeug* non pratico ② ▷*Mensch* poco pratico

unproportioniert *adj* sproporzionato

unqualifiziert *adj* ① (*für Arbeit*) non qualificato ② ▷*Bemerkung* incompetente

unrationell *adj* irrazionale

unrecht *adj* ① falso, sbagliato; ◇ **auf -e Gedanken kommen** farsi venire delle idee sbagliate; ◇ **- haben** aver torto ② ▷*Zeitpunkt* inopportuno, sbagliato; **Unrecht** *n* ① ↑ *Ungerechtigkeit* torto *m;* ◇ **zu - a** torto ② colpa *f,* errore *m;* ◇ **- begehen** commettere un errore ③ (*Ungerechtigkeit*) ingiustizia *f*

unregelmäßig *adj* ▷*Gesichtszüge, a.* GRAM irregolare; **Unregelmäßigkeit** *f* irregolarità *f*

unreif *adj* ▷*Obst* acerbo, non maturo; FIG ▷*Mensch, Plan etc.* immaturo

unrentabel *adj* ▷*Geschäft* non redditizio

unrichtig *adj falsch* ▷*Behauptung, Lösung* falso, sbagliato

Unruh *f* ‹-, -en› *(von Uhr)* bilanciere *m;* **Unruhe** *f* ‹-, -n› **①** ↑ *Ruhelosigkeit* inquietudine *f* **②** ↑ *Besorgnis* agitazione *f;* ◇ **in ~ sein** essere in agitazione **③** ▷*politisch* disordine *m* **④** ↑ *Lärm* rumore *m;* **Unruhestifter(in** *f) m* sobillatore (-trice *f) m,* agitatore(-trice *f) m;* **unruhig** *adj* **①** ↑ *nervös, rastlos* ▷*Mensch* inquieto **②** ↑ *besorgt* agitato **③** ↑ *geschäftig, bewegt* ▷*Meer* mosso; ▷*Leben* movimentato **④** ↑ *laut, hellhörig* ▷*Wohnung* rumoroso

uns I. *pron akk von* **wir** noi, ci **II.** *pron dat von* **wir** a noi, ci

unsachlich *adj* ↑ *nicht objektiv* ▷*Diskussion* non oggettivo

unsagbar, unsäglich *adj* ▷*Schmerzen* indicibile

unsauber *adj* **①** sporco **②** FIG ▷*Machenschaften* losco **③** MUS ↑ *nicht exakt* ◇ **~ spielen** suonare in modo negligente

unschädlich *adj* **①** ↑ *harmlos* ▷*Medikament* innocuo **②** **jd-n/etw ~ machen** rendere inoffensivo qu/qc

unscharf *adj* **①** *verschwommen* ▷*Foto, Konturen* sfocato; ▷*Vorstellung* indistinto **②** ▷*Munition* a salva

unscheinbar *adj unauffällig* ▷*Mensch* non appariscente; ▷*Sache* semplice

unschlagbar *adj* invincibile, imbattibile

unschlüssig *adj* **①** ↑ *zögernd* esitante **②** ↑ *unentschlossen* indeciso

Unschuld *f* **①** ▷*beweisen* innocenza *f* **②** ↑ *Naivität* ingenuità *f* **③** FIG ↑ *Jungfräulichkeit* verginità *f;* **unschuldig** *adj* **①** ↑ *nicht schuldig* innocente *(an dat* da) **②** ↑ *unbedarft, naiv* ingenuo **③** FIG ↑ *jungfräulich* vergine

unselbständig *adj nicht selbständig* ▷*Mensch* non indipendente; ▷*Handeln, Denken* non originale

unser I. *pron (adjektivisch)* nostro; ◇ **~e Kinder** i nostri bambini **II.** *pron gen von* **wir** di noi; **unsere(r, s)** *pron (substantivisch)* nostro; ◇ **der/die/das ~** il nostro/la nostra; **unsererseits** *adv* da parte nostra; ◇ **wir ~ haben nichts dagegen** da parte nostra non abbiamo niente di contrario; **unseresgleichen** *pron* gente come noi; **unseretwegen** *adv* **①** ↑ *wegen uns, uns zuliebe* a causa nostra, per noi **②** ↑ *von uns aus* da parte nostra

unsicher *adj* **①** ↑ *ungewiß* incerto, insicuro **②** ↑ *nicht selbstbewußt* ▷*Mensch* insicuro **③** ▷*Gegend* pericoloso; **Unsicherheit** *f* **①** ↑ *Ungewißheit* incertezza *f* **②** ↑ *unsicheres Wesen* insicurezza *f* **③** ↑ *Gefahr* pericolo *m*

unsichtbar *adj auch* FIG invisibile; **Unsichtbarkeit** *f* invisibilità *f*

Unsinn *m* stupidaggini *f/pl;* **unsinnig** *adj* insensato, assurdo

Unsitte *f* cattiva usanza *f;* **unsittlich** *adj* immorale

unsportlich *adj* **①** ↑ *ungelenkig* ▷*Mensch* non sportivo **②** ↑ *unfair* ▷*Verhalten* scorretto

unsre = **unsere**

unsterblich I. *adj* immortale **II.** *adv (*FAM *total, hoffnungslos):* ◇ **~ verliebt sein** essere innamorato perdutamente; **Unsterblichkeit** *f* immortalità *f*

Unstimmigkeit *f* **①** ↑ *Ungenauigkeit* inesattezza *f* **②** ↑ dissenso *m,* disaccordo *m*

unstetig *adj* discontinuo, incostante

Unsumme *f* somma *f* enorme

unsympathisch *adj* ▷*Person* antipatico; ◇ **sie ist mir ~** mi è antipatica

untätig *adj* inattivo; **Untätigkeit** *f* inattività *f*

untauglich *adj* **①** *(nicht geeignet)* incapace *(für, zu* a) **②** MIL inabile

unteilbar *adj* (MATH *Zahl)* indivisibile

unten *adv* **①** *(im unteren Teil, an unterer Seite, in Gebäude)* ◇ **~ wohnen** abitare di sotto; ◇ **nach~ gehen** andare sotto; ◇ **~ am Berg** giù in fondo alla montagna **②** *(tiefer gelegen)* ◇ **von oben nach ~** dall'alto in basso; ◇ **tief ~ im See** in fondo al lago **③** FAM ◇ **bei jd-m ~ durch sein** non aver più stima da qu

unter I. *präp akk/dat* **①** ↑ *drunter, unterhalb* sotto; ◇ **~ der Brücke** sotto il ponte **②** ↑ *inmitten, zwischen* tra; ◇ **~ Leuten** tra la gente; ◇ **wir sind unter uns** siamo tra di noi **③** ↑ *während* durante; ◇ **~ der Woche** durante la settimana; ◇ **unter Helmut Schmidt** durante il governo Helmut Schmidt **④** *(weniger als)* meno di; ◇ **~ 18 Jahren** sotto i 18 anni; ◇ **~ 15 Grad** 15 gradi sotto **⑤** sotto; ◇ **~ den Tisch legen** mettere sotto il tavolo; ◇ **~ Menschen gehen** andare tra la gente

Unterabteilung *f* sottosezione *f*

Unterarm *m* ANAT avambraccio *m*

unterbelichten *vt* FOTO sottoesporre

Unterbewußtsein *n* subconscio *m*

unterbezahlt *adj* sottopagato

unterbieten *unreg vt* **①** COMM → *Preis* offrire ad un prezzo inferiore **②** SPORT → *Rekordzeit* battere

Unterbodenschutz *m* AUTO protezione *f* della sottoscocca

unterbrechen *unreg vt* **①** ↑ *stören, aufhalten* → *Gespräch* interrompere **②** ↑ *nicht weiterführen* → *Reise, Arbeit* sospendere, interrompere **③**

▷*Leitung* interrompere; **Unterbrechung** f interruzione f; **Unterbrechungsbefehl** m PC istruzione f di breakpoint

unterbringen unreg vt ① ↑ verstauen (in Kiste) mettere ② ↑ einquartieren → jd-n alloggiare, sistemare ③ ↑ Platz finden für → Arbeitslose trovare un impiego a; → Anzeige pubblicare; **Unterbringung** f sistemazione f

unterdessen adv ↑ inzwischen intanto, nel frattempo

Unterdruck m ⟨-drücke⟩ ① PHYS depressione f ② (MED Blut-) bassa pressione f

unterdrücken vt ① ↑ gewaltsam beherrschen → Leute sottomettere ② → Tränen trattenere

untere(r, s) adj inferiore

untereinander adv ① ↑ (räumlich) uno sotto l'altro ② ↑ gegenseitig l'un con l'altro

unterentwickelt adj ▷Länder sottosviluppato

unterernährt adj denutrito; **Unterernährung** f denutrizione f; ◇ an - sterben morire di denutrizione

Unterführung f (Auto-) sottopassaggio m

Untergang m ① (Sonnen-, Mond-) tramonto m ② (NAUT von Schiff) affondamento m ③ (Zugrundegehen, Ruin, von Staat) declino m; (Welt-) fine f; (von Mensch) rovina f

Untergebene(r) fm subalterno/a

untergehen unreg vi ① ← Sonne, Mond tramontare ② ↑ sinken ← Schiff affondare ③ ↑ zugrundegehen ← Staat decadere, crollare ④ FIG ↑ unhörbar werden (im Lärm) perdersi

Untergeschoß n pianterreno m

Untergrund m ① (Farb-) fondo m ② ↑ untere Erdschicht sottosuolo m ③ POL resistenza f; ◇ im - leben vivere nella clandestinità f; **Untergrundbahn** f metropolitana f

unterhalb I. präp sotto; ~ des Berges gen sotto la montagna II. adv al di sotto (von di)

Unterhalt m (Lebens-) sostentamento m, mantenimento m

unterhalten unreg I. vt ① ↑ ernähren → Familie mantenere ② ↑ amüsieren → Publikum intrattenere, divertire ③ ↑ halten, besitzen → Laden, Auto avere ④ ↑ pflegen → Beziehungen mantenere II. vr ◇ sich ~ ① ↑ Gespräch führen parlare ② ↑ sich amüsieren divertirsi

unterhaltend adj divertente; **Unterhaltung** f ① (Ernährung) sostentamento m ② (Instandhalten, Pflege) manutenzione f ③ ↑ Gespräch conversazione f ④ ↑ sich amüsieren divertimento m; **Unterhaltungsmusik** f musica f leggera; **Unterhaltungsprogramm** n programma m ricreativo

Unterhändler(in f) m mediatore(-trice f) m

Unterhemd n canottiera f, maglietta f

Unterholz n sottobosco m

Unterhose f mutande f/pl

unterirdisch adj sotterraneo

Unterkiefer m ANAT mandibola f

Unterkleid n sottoveste f

Unterkunft f ⟨-, -künfte⟩ alloggio m

Unterlage f ① ↑ Grundlage base f; (zum Daraufliegen) supporto m; (zum Schreiben) sottomano m ② ◇ die -en pl (Belege, Dokumente) i documenti m/pl

unterlassen unreg vt ① → Hilfe non fare, mancare a ② ↑ sich enthalten → Bemerkung astenersi da

Unterlauf m corso m inferiore

unterlaufen[1] unreg vi ↑ passieren ← Irrtum sfuggire

unterlaufen[2] adj: ◇ mit Blut - ▷Augen iniettato di sangue

unterlegen[1] vt ① → Decke mettere sotto ② FIG ↑ zuschreiben, unterschieben ◇ e-e andere Bedeutung - dare/attribuire un significato diverso

unterlegen[2] adj sconfitto; ◇ jd-m - sein essere inferiore a qu

Unterleib m ANAT basso ventre m

Untermiete f subaffitto m; ◇ zur - wohnen abitare in subaffitto; **Untermieter(in** f) m subinquilino/a

unternehmen unreg vt intraprendere

Unternehmen n ⟨-s, -⟩ ① ↑ Aktion ▷riskant impresa f ② COM ↑ Firma impresa f, azienda f; **Unternehmer(in** f) m ⟨-s, -⟩ ↑ Firmeninhaber (Bau-) imprenditore(-trice f) m

unternehmungslustig adj intraprendente

Unteroffizier m MIL sottufficiale m

Unterordnung f sottordine m

Unterredung f ↑ Gespräch colloquio m, conversazione f

Unterricht m ⟨-[e]s, -e⟩ (SCHULE Sport-, Sprach-) ▷erteilen lezioni f/pl; **unterrichten** I. vt ① SCHULE ↑ Unterricht halten (in Geschichte etc.) insegnare ② (informieren) informare (von, über akk su) II. vr ◇ sich ~ ↑ sich informieren informarsi (über akk su); **Unterrichtsraum** m classe f, aula f; **Unterrichtswesen** n istruzione f

untersagen vt ↑ verbieten proibire; ◇ jd-m etw - proibire qc a qu

Untersatz m sottobicchiere m

unterschätzen vt → Entfernung, Person sottovalutare

unterscheiden unreg I. vt ① distinguere, differenziare (von da) ② ↑ auseinanderhalten

→ *Zwillinge* distinguere **II.** *vr* ◇ **sich** - distinguersi, differenziarsi (*von* da); **Unterscheidung** *f* ① ↑ *Differenzierung* differenziazione *f* ② distinzione *f* (*zwischen dat* tra); **Unterschied** *m* ‹-[e]s, -e› ① ↑ *Anderssein* differenza *f* (*zwischen dat* tra) ② ↑ *Trennung, Unterscheidung* differenza *f*, distinzione *f*; ◇ **e-n - machen** fare una distinzione; **unterschiedlich** *adj* ↑ *verschieden* ▷*Interessen* diverso, differente

unterschlagen *unreg vt* ① ↑ *beiseiteschaffen* → *Geld* appropriarsi indebitamente di, sottrarre ② ↑ *verheimlichen* → *Information* celare, nascondere; **Unterschlagung** *f* (*Geld-*) appropriazione *f* indebita

unterschreiben *unreg vt* ① → *Vertrag* firmare ② *FIG* ↑ *unterstützen* approvare; **Unterschrift** *f* firma *f*

Unterseeboot *n* sommergibile *m*

untersetzt *adj* tozzo

unterste(r, s) *adj* ① ↑ *tiefste(r, s)* il più basso, la più bassa ② ↑ *letzte(r, s)* ultimo

unterstehen *unreg* **I.** *vi* ↑ *untergeordnet sein* sottostare **II.** *vr* ◇ **sich** - *FAM* ↑ *sich trauen* azzardarsi; ◇ **untersteh dich!** guai a te!

unterstellen [1] ‹unterstellte, hat unterstellt› *vt* ① ↑ *unterordnen* subordinare (*dat* qu) ② *PEJ* ↑ *unterschieben, verdächtigen* attribuire; ◇ **jd-m etw** - attribuire qc a qu ③ *FIG* ↑ *annehmen* supporre

unterstellen [2] ‹stellte unter, hat untergestellt› **I.** *vt* (→ *Auto, unter Baum*) mettere sotto **II.** *vr* ◇ **sich** - (*zum Schutz*) mettersi al riparo

unterstreichen *unreg vt* ↑ *markieren* → *Zeile, FIG* ↑ *betonen* sottolineare

unterstützen *vt* aiutare, assistere; ▷*finanziell* sussidiare, (*aus Staatsmitteln*) sovvenzionare; (*FIG bei Streit*) sostenere; **Unterstützung** *f* aiuti *m/pl*; ▷*finanziell* appoggio *m*; ▷*staatlich* sussidio *m*; ▷*verbal, moralisch* sostegno *m*

untersuchen *vt* prüfen, *erforschen* ▷*technisch, wissenschaftlich* analizzare, studiare; ← *Polizei* indagare; *MED* → *Patient* visitare; **Untersuchung** *f* ▷*wissenschaftlich* ricerca *f*, analisi *m*; ▷*polizeilich* indagine *f* (*über akk* su); ▷*ärztlich* visita *f*; **Untersuchungshaft** *f* custodia *f* preventiva; **Untersuchungsrichter(in** *f*) *m* JURA giudice *m/f* istruttore

Untertan *m* suddito *m*

Untertasse *f* piattino *m*

untertauchen *vi* ① (*in Wasser*) immergersi ② *FIG* ↑ *verschwinden* sparire

Unterteil *n* parte *f* inferiore

unterteilen *vt* dividere (*in akk* in)

Unterwäsche *f* biancheria *f* intima

Unterwassersport *m* sport *m* subacqueo

unterwegs *adv:* ◇ **- sein** essere in viaggio/giro (*nach* per); ◇ **ein Kind ist** - aspetta un bambino

unterweisen *unreg vt* istruire (*in dat* a)

Unterwelt *f* ① inferi, *m/pl* ② malavita *f*

unterwerfen *unreg vt* ① → *Land* sottomettere ② → *jd-n* sottoporre; ◇ **e-r Prüfung** *dat* - sottoporre ad un esame; **Unterwerfung** *f* sottomissione *f*

unterwürfig *adj PEJ* sottomesso

unterzeichnen *vt* sottoscrivere, firmare

unterziehen *unreg vtr* ◇ **sich** - ↑ *aussetzen* sottoporre; ◇ **jd-n e-r Prüfung** - sottoporre qu ad un esame

untrennbar *adj* inseparabile

untreu *adj* infedele

unüberlegt **I.** *adj* voreilig ▷*Person* sconsiderato; ▷*Entscheidung* avventato **II.** *adv* ↑ *voreilig, unbedacht:* ◇ **- handeln** agire sconsideratamente

unübersehbar *adj* ① ↑ *offensichtlich* ▷*Hindernis* evidente, manifesto ② ↑ *unüberblickbar* ▷*Menge* immenso ③ ↑ *nicht schätzbar* ▷*Schaden* incalcolabile

unüblich *adj* non comune

unumgänglich *adj* ① ↑ *unentbehrlich* ▷*Maßnahme* indispensabile ② ↑ *unvermeidlich* ▷*Schicksal* inevitabile

unumwunden *adv* ↑ *offen, ehrlich* aperto, sincero

ununterbrochen *adj* ininterrotto

unverantwortlich *adj* ▷*Verhalten* irresponsabile

unverbesserlich *adj* (*nicht zu bessern*) incorreggibile; ◇ **ein -er Lügner** un bugiardo incallito

unverbindlich **I.** *adj* ① ▷*Gespräch* non impegnativo ② (*Ggs von fest*) ▷*Zusage* non fisso **II.** *adv COMM* senza impegno

unverbleit *adj* ▷*Benzin* senza piombo

unverdaulich *adj* ▷*Essen* pesante, indigesto

unvereinbar *adj* ▷*Gegensätze* inconciliabile

unverfroren *adj* sfacciato

unverhofft *adj* insperato

unverkäuflich *adj* invendibile

unverkennbar *adj* inconfondibile; evidente; ◇ **die Ähnlichkeit ist** - la somiglianza è evidente

unverletzt *adj* indenne

unvermeidlich *adj* inevitabile

unvermittelt *adj* ↑ *plötzlich* subitaneo, brusco

unvernünftig *adj* irragionevole

unverschämt *adj* schamlos ▷*Person* sfacciato, insolente; **Unverschämtheit** *f* sfacciataggine *f*, insolenza *f*

unversöhnlich adj ① ↑ *unvereinbar* ▷*Gegensätze* inconciliabile ② ▷*Gegner* accanito

unverständlich adj ① ↑ *unbegreiflich* incomprensibile ② ↑ *unhörbar* impercettibile

unverträglich adj ① ↑ *gegensätzlich (Standpunkte)* incompatibile, inconciliabile ② MED ▷*Medikament* non tollerabile

unverwüstlich adj *(nicht kaputtzukriegen)* ▷*Sache* indistruttibile; ▷*Mensch* imperturbabile

unverzeihlich adj imperdonabile

unvollkommen adj ① ↑ *nicht perfekt* imperfetto ② ↑ *unvollständig* incompleto

unvoreingenommen adj senza pregiudizi, obiettivo

unvorhergesehen adj imprevisto

unvorsichtig adj imprudente; **Unvorsichtigkeit** f imprudenza f

unvorstellbar adj impensabile, inimmaginabile

unvorteilhaft adj svantaggioso

unwahr adj falso

unwahrscheinlich I. adj ① ↑ *unglaubhaft* ▷*Geschichte* inverosimile ② ↑ *kaum denkbar* improbabile; ◇ **ich halte das für** - lo considero improbabile **II.** adv FAM ↑ *sehr* molto; ◇ **sich - betrinken** ubriacarsi esageratamente; **Unwahrscheinlichkeit** f improbabilità f

unweigerlich I. adj ↑ *unvermeidlich* ▷*Konsequenz* inevitabile **II.** adv ① ↑ *unvermeidlich* inevitabilmente ② ↑ *auf jeden Fall* immancabilmente

unwesentlich adj ① *(ohne Bedeutung)* non importante ② ↑ *geringfügig* di poco

Unwetter n maltempo m

unwiderruflich adj irrevocabile

unwiderstehlich adj irresistibile

unwillig adj ① ↑ *ärgerlich* ▷*reagieren* irritato ② ↑ *widerwillig* di malavoglia; ◇ **etw - tun** fare qc di malavoglia

unwillkürlich I. adj ▷ *Reaktion* involontario **II.** adv ▷*lachen* involontariamente

unwirklich adj irreale

unwirtschaftlich adj antieconomico

unwissend adj ① ↑ *dumm* ignorante ② ↑ *ahnungslos, naiv* ingenuo, ignaro

unwissenschaftlich adj ▷*Arbeit* ascientifico, non scientifico

unwohl adj indisposto

unzählig adj numeroso, moltissimo; ◇ **-e Leute** moltissima gente

Unze f oncia f

unzeitgemäß adj anacronistico

unzerbrechlich adj infrangibile; **unzertrennlich** adj ▷*Freunde* inseparabile

Unzucht f JURA: ◇ - **mit Abhängigen** offesa f al buon costume con dipendenti

unzufrieden adj ① ↑ *nicht zufrieden* insoddisfatto *(mit di)* ② ↑ *schlechtgelaunt* scontento; **Unzufriedenheit** f ① insoddisfazione f ② scontentezza f

unzulänglich adj ↑ *mangelhaft* ▷*Leistung* insufficiente

unzulässig adj illecito

unzurechnungsfähig adj incapace di intendere e di volere

unzutreffend adj ① non appropriato ② ↑ *unwahr* inesatto

unzuverlässig adj nicht *verläßlich* ▷*Person* non affidabile; ▷*Information* inattendibile

üppig adj ① ↑ *reichhaltig (Essen)* abbondante ② ↑ *voll, füllig* ▷*Figur* rigoglioso ③ *(überreich* ▷*Vegetation, Haarwuchs)* folto; ▷*Fantasie* ricco ④ ↑ *hoch* ▷*Gehalt* alto

Ur- in *Zusammensetzungen* ① ↑ *frühgeschichtlich* primitivo ② ↑ *anfänglich, Grund-* iniziale, basilare ③ ↑ *sehr* stra-, molto; **uralt** adj stravecchio

Uran n ⟨-s⟩ urano m

Uraufführung f von *Konzert, Theaterstück, Film)* prima f

Urbarmachung f bonifica f; **Ureinwohner(in** f) m aborigeno/a

Urenkel(in f) m pronipote m/f; **Urgroßmutter** f bisnonna f; **Urgroßvater** m bisnonno m

Urheber(in f) m ⟨-s, -⟩ *(von Tat, Kunstwerk)* autore(-trice) m; **Urheberrecht** n diritti m/pl d'autore

Urin n ⟨-s, -e⟩ orina f

Urkunde f ⟨-, -n⟩ ↑ *Schriftstück, Dokument* documento m, attestato m

Urlaub m ⟨-[e]s, -e⟩ *(Jahres-)* vacanza f; MIL licenza f; **Urlauber(in** f) m ⟨-s, -⟩ villeggiante m/f

Urne f ⟨-, -n⟩ *(Begräbnis-, Wahl-)* urna f

Ursache f *(Unfall-)* causa f, motivo m, ragione f

Ursprung m ① ↑ *Beginn, Anfang* origine f ② ↑ *Quelle (von Fluß)* fonte f; **ursprünglich I.** adj ① ↑ *zuerst/anfangs vorhanden* ▷*Plan* originario ② ↑ *einfach, naturbelassen* ▷*Volk* primitivo ③ ↑ *echt, unverbildet* ▷*Empfinden* naturale **II.** adv ↑ *eigentlich, anfangs* originariamente

Urteil n ⟨-s, -e⟩ ① JURA sentenza f, verdetto m ② ↑ *Meinung, Stellungnahme* giudizio m, parere m, opinione m; ◇ **sich ein - über etw bilden** farsi un'opinione di qc; **urteilen** vi ① ↑ *Meinung haben/äußern* giudicare *(über akk qc)* ② ↑ *Urteil ein Urteil bilden* farsi un'opinione; **Urteilskraft** f giudizio m; **Urteilsspruch** m sentenza f, verdetto m

Urwald *m* foresta *f* vergine
urwüchsig *adj* primitivo
Urzeit *f* preistoria *f*
USA *pl* Stati Uniti d'America *m/pl*, USA *m/pl*
usw. *Abk v.* und so weiter e così via, ecc.
Utensilien *pl* (*Näh-*) utensili *m/pl*
Utopie *f* utopia *f*; **utopisch** *adj* ① utopico ② *FAM* ↑ *völlig übertrieben, unrealistisch* ▷*Preis* esagerato
UV-Strahlen *pl* raggi *m/pl* ultravioletti

V

V, v *n* (*Buchstabe*) V, v *f*
Vagabund *m* ⟨-en, -en⟩ vagabondo *m;* **vagabundieren** *vi* vagabondare
vage *adj* ↑ *verschwommen* vago, incerto; ↑ *ungenau* ▷*Auskunft* impreciso
Vagina *f* ⟨-, Vaginen⟩ ANAT vagina *f*
vakant *adj* ▷*Personalstelle* libero, vacante
Vakuum *n* ⟨-s, Vakua⟩ FIN vuoto *m;* **vakuumverpackt** *adj* confezionato sotto vuoto
Vamp *m* ⟨-s, -s⟩ vamp *f*
Vampir *m* ⟨-s, -e⟩ vampiro *m*
Valuta *f* ⟨-, -ten⟩ COMM valuta *f*
Vanille *f* ⟨-⟩ FLORA, GASTRON vaniglia *f;* **Vanilleeis** *n* gelato *m* alla vaniglia; **Vanillestange** *f* stecca *m* di vaniglia
variabel *adj* variabile; **Variable** *f* ⟨-, -n⟩ variabile *f*
Variante *f* ⟨-, -n⟩ variante *f;* **Variation** *f* variazione *f*
Varieté[theater] *n* music-hall *m* varietà *m*
variieren *vt, vi* ↑ *abwandeln* → *Plan, Thema* cambiare; ↑ *abweichen* variare
Vase *f* ⟨-, -n⟩ vaso *m*
Vater *m* ⟨-s, Väter⟩ ① (*Familien-*) padre *m;* FAM papà *m;* ◇ **- Staat** stato *m* ② ◇ **der Heilige - papa** *m;* ◇ **Ewiger - Padre Eterno** *m* ③ ◇ **Väter** *pl* ↑ *Vorfahren* antenati *m/pl;* **Vaterland** *n* patria *f;* **vaterländisch** *adj* patriottico; **Vaterlandsliebe** *f* amore *m* per la patria; **Vaterliebe** *f* amore *m* paterno; **väterlich** *adj* ① ▷*Liebe* paterno; ▷*Freund, Ratschlag* da padre ② ▷*Erbe, Geschäft etc.* del padre; **väterlicherseits** *adv* da parte del padre; **Vatermord** *m* parricidio *m;* **Vaterschaft** *f* paternità *f;* **Vaterunser** *n* ⟨-s, -⟩ REL padrenostro *m*
Vatikan *m* ⟨-s⟩ Vaticano *m*
v. Chr. *Abk v.* vor Christus a.C.

Vegetarier(in *f*) *m* ⟨-s, -⟩ vegetariano/a
Vegetation *f* vegetazione *f;* **Vegetationszone** *f* zona *f* di vegetazione
vegetieren *vi* vegetare
Vehikel *n* ⟨-s, -⟩ ① FAM ↑ (*altes Fahrrad, altes Kraftfahrzeug*) carcassa *f* ② FIG ↑ *Mittel* mezzo *m*
Veilchen *n* FLORA viola *f*
Vektor *m* MATH vettore *m;* **Vektorraum** *m* spazio *m* vettoriale
Velo *n* ⟨-s, -s⟩ CH ↑ *Fahrrad* bicicletta *f*
Vene *f* ⟨-, -n⟩ ANAT vena *f;* **Venenentzündung** *f* MED flebite *f*
Venedig *n* ⟨-s⟩ Venezia *f*
Ventil *n* ⟨-s, -e⟩ valvola *f*
Ventilator *m* ventilatore *m*
verabreden I. *vt* → *Plan, Zeichen* stabilire (*mit jd-m* con qu) **II.** *vr* ◇ **sich - [auf ein Glas]** darsi appuntamento [per un bicchierino] (*mit jd-m* con qu); **Verabredung** *f* ① ↑ *Übereinkommen* accordo *m* (*über akk* su) ② ↑ *Treffen* appuntamento *m*
verabreichen *vt* → *Medikament* somministrare
verabscheuen *vt* detestare
verabschieden I. *vt* ① → *Besucher* congedare; → *General etc.* mandare in congedo ② POL → *Gesetz* varare **II.** *vr* ◇ **sich** - accomiatarsi (*von dat* da); **Verabschiedung** *f* ① (*von Besuchern*) commiato *m;* (*von General*) collocamento *m* a riposo ② (POL *von Gesetz*) varo *m*
verachten *vt* ① ↑ *ablehnen* disprezzare ② ◇ **das Angebot ist nicht zu** - l'offerta non è da trascurare/lasciar perdere; **verächtlich** *adj* ① ▷*Blick* sprezzante ② ◇ **jd-n/etw - machen** denigrare qu/qc; **Verachtung** *f* disprezzo *m*
verallgemeinern *vt* generalizzare; **Verallgemeinerung** *f* generalizzazione *f*
veralten *vi* ← *Technik* invecchiare
Veranda *f* ⟨-, Veranden⟩ veranda *f*
veränderlich *adj* METEO variabile; **Veränderliche** *f* MATH variabile *f;* **verändern I.** *vt* cambiare **II.** *vr* ◇ **sich** - ① cambiare ② ◇ **er möchte kündigen, da er sich - möchte** vuole licenziarsi perchè vuole cambiare; **Veränderung** *f* cambiamento *m*
verängstigt *adj* ▷*Hund* impaurito
verankern *vt* ① → *Schiff* ancorare; → *Pfeiler, Seil* fissare ② → *Grundrechte* fissare
veranlagen *vt:* ◇ **jd-n zur Einkommenssteuer** - accertare l'imponibile di
veranlagt *adj* ① dotato; ◇ **praktisch - sein** avere senso pratico ② FIN tassato; **Veranlagung** *f* ① ↑ *Anlage* doti *f/pl*, attitudine *f* ② FIN ↑ *Steuer-* tassazione *f*

veranlassen vt → *Notwendige* indurre, spingere; ◇ **er veranlaßte ihn dazu aufzugeben** lo indusse a smettere; ◇ **sich zu etw veranlaßt fühlen** sentirsi obbligato a

veranschaulichen vt → *Verfahren* illustrare

veranschlagen vt → *Summe* calcolare (*auf akk* su/verso)

veranstalten vt ① → *Fest, Treffen, Wettbewerb* organizzare ② → *Vorführung, Konzert* mettere in scena; **Veranstalter(in)** m ⟨-s, -⟩ organizza|tore(-trice f) m; **Veranstaltung** f ① ↑ *das Durchführen* preparazione f ② ↑ *Aufführung* (Abend-, Musik-) spettacolo m

verantworten I. vt → *Vorgehensweise, Tätigkeit* rispondere di II. vr giustificarsi; **verantwortlich** adj ① ↑ *zuständig* responsabile; ◇ **jd-n für e-e Sache vor Gericht - machen** rendere responsabile qu per qc davanti al tribunale ② ↑ *verantwortungsvoll* ▷*Stellung* di responsabilità f; **Verantwortlichkeit** f responsabilità f; **Verantwortung** f responsabilità f; **verantwortungsbewußt** adj responsabile; **Verantwortungsbewußtsein** n senso m di responsabilità; **Verantwortungsgefühl** n senso m di responsabilità; **verantwortungslos** adj irresponsabile; **verantwortungsvoll** adj responsabile

veräppeln vt FAM ↑ *hochnehmen* prendere in giro

verarbeiten vt ① → *Holz etc.* lavorare; PC → *Daten* elaborare; ◇ **die -e Industrie** industria f di trasformazione ② (*geistig bewältigen*) → *Erlebnis* assimilare; **Verarbeitung** f ① ↑ *Bearbeitung* lavorazione f; ↑ *Umwandlung, Aufbereitung* trasformazione f; ② PC → *Daten* elaborazione f

verärgern vt irritare (*mit etw* con qc); **verärgert** adj irritato

Verarmung f impoverimento m

verarschen vt FAM! prendere per il culo

verarzten vt → *Mensch, Tier* curare, trattare

Verästelung f ramificazione f

verausgaben vr ◇ **sich** - (*finanziell*) spendere tutto; (*FIG bis zur Erschöpfung*) dare tutto sè stesso

veräußern vt → *Grundstück* vendere; **Veräußerung** f vendita f

Verb n ⟨-s, -en⟩ GRAM verbo m

verballhornen vt → *Wort* storpiare

Verband ¹ m ⟨-es, Verbände⟩ MED fasciatura f; ◇ **wir sollten ihm e-n - anlegen** dovremmo applicargli una fasciatura

Verband ² m ⟨-es, Verbände⟩ ① MIL formazione f, unità f ② (*Interessen-*) associazione f

Verband[s]kasten m cassetta f di pronto soccorso; **Verband[s]mull** m garza f; **Verband[s]päckchen** n confezione f sterilizzata contenente garza

Verband[s]platz m MIL luogo m di pronto soccorso

Verbandsvorsitzende(r) fm presidente (-essa f) m di una associazione

Verband[s]zeug n necessario m per la medicazione

Verbannte(r) fm esule m/f; **Verbannung** f esilio m

verbarrikadieren I. vt → *Tür, Zimmer* barricare II. vr ◇ **sich** - barricarsi

verbauen vt ① → *Material* consumare; → *Landschaft* rovinare con costruzioni ② FIG ◇ **sich etw** - ↑ *versperren* precludersi qc

verbergen unreg vt → *Gegenstand, Person* nascondere (*vor dat* davanti a); → *Ärger* reprimere; ◇ **warum haben Sie mir Ihre Meinung verborgen?** perchè ha voluto tenermi nascosto la sua opinione?

verbessern I. vt migliorare; → *Fehler* correggere II. vr ◇ **sich** - ← *Lage* migliorare; ↑ *sich korrigieren* migliorare; **Verbesserung** f miglioramento m, correzione f

verbeugen vr ◇ **sich** - inchinarsi (*vor dat* davanti a); **Verbeugung** f inchino m; ◇ **e-e - machen** fare un inchino

verbiegen unreg I. vt → *Draht* piegare II. vr ◇ **sich** - ← *Schienen* piegarsi

verbieten unreg I. vt proibire, vietare; ◇ **er wollte mir den Mund** - voleva tapparmi/chiudermi la bocca; ◇ **so etwas gehört verboten** una cosa del genere dovrebbe vietarla; ◇ **Unbefugten ist der Zutritt** -! è vietato l'accesso ai non autorizzati II. vr: ◇ **das verbietet sich von selbst** è fuori discussione

verbilligen vt → *Ware* ridurre; **Verbilligung** f riduzione f

verbinden unreg I. vt ① ↑ *zusammenfügen* congiungere, collegare; ◇ **Wörter zu e-m Satz** - unire le parole in una frase; ↑ *verknüpfen* → *Straße, Ort* congiungere (*mit etw* con); TELEC passare, mettere in comunicazione; ◇ **sie sind falsch verbunden** ha sbagliato numero; (*dankbar ein*) ◇ **für Ihre Hilfe sind wir Ihnen sehr verbunden** le siamo molto grati per il vostro aiuto ② ↑ *in Bezug setzen* mettere in relazione ③ MED → *Wunde, Verletzten* fasciare ④ → *Augen* bendare II. vr ◇ **sich** - unirsi; CHEM combinarsi; **verbindlich** adj ① ↑ *verpflichtend* vincolante ② ↑ *höflich, freundlich* cortese, gentile; **Verbindlichkeit** f (*Verpflichtung*) obbligo

m; (Höflichkeit) gentilezza *f;* **Verbindung** *f* ①
↑ *das Zusammenfügen* congiungere *m* ② *(Kabel-, Telefon-)* collegamento *m* ③ *(Bus-, Zug-)* collegamento *m* ④ ↑ *Beziehung* conoscenza *f* ⑤ CHEM composto *m* ⑥ *(Studenten-)* associazione *f;* **Verbindungsmann** *m* agente *m* di collegamento; **Verbindungsstraße** *f* raccordo *m* stradale

verbissen *adj* ostinato

verbitten *unreg vr* ◇ *sich* - non permettere/tollerare

verbittern *vt, vi* FIG ↑ *bitter machen* amareggiare; **Verbitterung** *f* amarezza *f*

verblassen *vi* impallidire *(vor Wut* di rabbia)

verblättern I. *vt → Seite* ~perdere il segno mentre si sfoglia un libro **II.** *vr* ◇ *sich* - ~sfogliare in un libro la pagina sbagliata

Verbleib *m* ‹-[e]s› *(von Akten, Gefangenen)* luogo *m;* **verbleiben** *unreg vi* ① ↑ *verharren* rimanere ② ◇ *ich verbleibe mit freundl. Grüßen* distinti saluti ③ ↑ *übereinkommen* ◇ *wir sind so verblieben, daß ...* siamo rimasti d'accordo di... ④ ↑ *übrigbleiben* rimanere

verbleit *adj* ▷ *Benzin* con piombo

verblöden *vi* rincretinire

verblüffen *vt* sbalordire; **verblüfft** *adj* sbalordito; ◇ *wir waren vollkommen* - eravamo completamente sbalorditi; **Verblüffung** *f* sbalordimento *m,* stupore *(über akk* per)

verblühen *vi* sfiorire; **Verblühen** *n* sfioritura *f*

verbluten *vi* dissanguarsi

verbocken *vt (FAM falsch machen)* guastare, rovinare

verbogen *adj* ▷ *Blech, Schiene* storto, piegato

verbohren *vr* ◇ *sich* - fissarsi *(in etw akk* su qc)

verborgen [1] *vt* ↑ *verleihen* noleggiare, dare in prestito

verborgen [2] *adj s.* **verbergen** ↑ *versteckt, geheim* nascosto

Verbot *n* ‹-[e]s, -e› divieto *m;* **verboten** *adj* ①
↑ *untersagt* proibito, vietato; ◇ *Betreten -!* vietato l'ingresso! ② *FAM* ↑ *unmöglich* ▷ *Frisur* tremendo; **Verbotsschild** *n,* **Verbotstafel** *f* segnale *m* di divieto

verbrannt *adj* bruciato

Verbrauch *m* ‹-[e]s› consumo *m; (von Lebensmitteln)* consumo *m;* ◇ *Motoren sollten sparsamer im* - *sein* i motori dovrebbero consumare di meno; **verbrauchen** *vt → Energie, Kräfte* consumare; → *Luft* viziare; **Verbraucher(in** *f*) *m* ‹-s, -› consumatore(-trice *f*) *m;* **Verbraucherpreis** *m* prezzo *m* al pubblico; **Verbraucher-**

zentrale *f* associazione *f* dei consumatori; **Verbrauchsgut** *n* ‹-es, Verbrauchsgüter› bene *m* di consumo; **verbraucht** *adj* ▷ *Energie, Kräfte* consumato; ▷ *Luft* viziato; ▷ *Frau, Mann* logorato

verbrechen *unreg vt* commettere [un delitto]; FIG ↑ *anstellen* che cosa hai combinato di nuovo?; **Verbrechen** *n* ‹-s, -› *(-delikt)* delitto *m,* crimine *m;* **Verbrecher(in** *f*) *m* ‹-s, -› criminale *m/f;* **verbrecherisch** *adj* criminale

verbreiten I. *vt → Krankheit, Gerücht* diffondere; → *Optimismus, Unruhe, Licht, Wärme* emanare **II.** *vr* ◇ *sich* - diffondersi

verbreitern *vt → Straße* ampliare; **Verbreiterung** *f* ampliamento *m*

Verbreitung *f (von Krankheit, Gerücht)* diffusione *f;* ↑ *Ausstrahlen (von Optimismus, Licht, Wärme)* emanazione *f*

verbrennen *unreg* **I.** *vt → Holz, Benzin etc.* bruciare; → *Tote* cremare; FIG → *Gesicht* abbronzare; CHEM → *Kohlenhydrate* bruciare **II.** *vi* ← *Haus* bruciare; ◇ *zu Asche* - ridurre in cenere **III.** *vr:* ◇ *sich dat* [die Hand] - ustionarsi/scottarsi [la mano]; **Verbrennung** *f (von Holz etc.)* il bruciare *m; (von Hexe)* rogo *m; (von Toten)* cremazione *f;* (MED *Brandwunde)* ustione *f,* bruciatura *f;* **Verbrennungsmotor** *m* motore *m* a scoppio

verbringen *unreg vt → Wochenende, Urlaub* passare *(bei/in dat* da); ↑ *zubringen → Zeit* passare *(mit dat* con)

verbrüdern *vr* ◇ *sich* - [mit] fraternizzare [con]

verbrühen I. *vt → Gesicht etc.* scottare **II.** *vr* ◇ *sich* [das Gesicht] - scottarsi [il viso]

verbuchen *vt* FIN → *Einnahmen, Ausgaben* registrare

Verbund *m* unione *f*

verbunden *adj s.* **verbinden**

verbünden *vr* ◇ *sich* - allearsi *(mit dat* con *akk* contro); **Verbündete(r)** *fm* alleato/a

verbürgen *vr:* ◇ *sich* - für rendersi garante per

verbüßen *vt → Strafe* scontare

verchromen *vt* cromare

Verdacht *m* ‹-[e]s› sospetto *m;* ◇ *den leisen* - *haben, daß ...* avere il leggero sospetto che; ◇ *mit* - *auf [eine Krankheit]* con sospetto di [una malattia]; **verdächtig** *adj* sospetto *m;* **Verdächtige(r)** *fm* persona *f* sospetta; **verdächtigen** *vt → Spion* sospettare; ◇ *jd-n zu Recht/Unrecht* - sospettare qu a torto/ragione; ◇ *jd-n des Totschlags* - sospettare qu di omicidio; **Verdächtigung** *f* sospetto *m;* **Verdachtsmoment** *n* indizio *m*

verdammen vt condannare

verdammt adj dannato; ◇ - **nochmal!** maledizione!

Verdammte(r) fm ‹-n, -n› dannato/a

verdampfen I. vt vaporizzare, far evaporare **II.** vi evaporare; **Verdampfen** n evaporazione f; **Verdampfung** n evaporazione f

verdanken vt: ◇ **jd-m etw** - dovere qc a qu

verdauen vt digerire; **verdaulich** adj ▷Essen digeribile; ◇ **leicht/schwer -e Kost** alimentazione f difficile/facilmente digeribile; **Verdauung** f digestione f; **Verdauungsbeschwerden** pl disturbi m/pl di digestione; **Verdauungsstörung** f disturbi m/pl di digestione

Verdeck n ‹-[e]s, -e› NAUT ponte m [superiore], coperta f; AUTO capote f

verdecken vt ↑ zudecken → Loch coprire; → Blick, Sicht nascondere a, coprire

verdenken unreg vt· ◇ **ich kann es ihm nicht -** ↑ übelnehmen non posso dargli torto

Verderb m rovina f; **verderben** ‹verdarb, verdorben› **I.** vt → Lebensmittel etc. far andare a male; → Film rovinare; → Jugendliche, Charakter rovinare **II.** vi ← Nahrung andare a male; ← Person rovinarsi **III.** vr ◇ **sich** - → Augen danneggiare; → Magen rovinarsi; → Freude, Spiel rovinarsi; ◇ **es sich dat mit jd-m** - guastarsi con qu; **Verderben** n ‹-s› rovina f; ◇ **jd-n ins** - **stürzen** mandare in rovina qu; **verderblich** adj ‹Lebensmittel› deperibile

verdeutschen vt FAM → Fremdwort, Satz tradurre in tedesco

verdeutlichen vt → Satz, Meinung etc. spiegare, chiarire

verdichten I. vt → Atmosphäre, Gas condensare; CHEM → Benzingemisch etc. comprimere **II.** vr ◇ **sich** - ← Nebel addensarsi; **Verdichtung** f compressione f

Verdickung f MED rigonfiamento m

verdienen I. vt → Geld guadagnare; → Lebensunterhalt mantenersi **II.** vi → Anerkennung meritare; ◇ **diese Strafe hat er wirklich verdient** se l'è proprio meritata questa punizione

Verdienst [1] m ‹-[e]s› (von Geld) guadagno m

Verdienst [2] n ‹-[e]s, -e› ↑ Leistung merito m

verdienstvoll adj ▷Tat, Soldat meritevole

verdient adj s. **verdienen** [1] ▷Geld guadagnato [2] ↑ verdienstvoll ▷Offizier meritato

verdolmetschen vt FAM interpretare

verdoppeln vt raddoppiare

verdorben adj s. **verderben** ▷Lebensmittel guasto, andato a male; (unbrauchbar gemacht)

rovinato; ▷Charakter, Kind depravato; **Verdorbenheit** f (von Charakter) depravazione f

verdorren vi ← Blumen seccarsi

verdrängen vt [1] → Flüssigkeit, Gas etc. spostare [2] → Erinnerungen reprimere, scacciare; [3] → Lebewesen scacciare; → Kollegen allontanare; **Verdrängung** f spostamento m, repressione f, allontanamento m

verdrehen vt [1] torcere; → Augen stravolgere; (falsch drehen) → Schlüssel storcere; → Arm, Bein storcere; ◇ **den Kopf/Hals nach jd-m** - girare la testa/il collo verso qu; FIG ◇ **jd-m den Kopf** - far girare la testa a qu [2] → Worte travisare; **verdreht** adj FAM ▷Person confuso; ▷Situation strambo

verdreifachen vt triplicare

verdrießlich adj ▷Miene seccato; ▷Stimmung spiacevole

verdrücken I. vt [1] → Kleid sgualcire [2] (zusammendrücken) schiacciare [3] (FAM essen) ingoiare **II.** vr ◇ **sich** - svignarsela

Verdrossenheit f ↑ Mißmut malumore m

Verdruß m ‹-sses, -sse› fastidio m

verduften vi [1] ← Blume svanire [2] (FAM heimlich verschwinden) volatilizzarsi

verdummen I. vt rincretinire **II.** vi rincretinirsi

verdunkeln I. vt → Raum oscurare; FIG → Verbrechen mascherare; → Blick velare **II.** vr ◇ **sich** - oscurarsi; **Verdunk[e]lung** f oscuramento m; FIG mascheramento m; **Verdunklungsgefahr** f pericolo m di occultamento

verdünnen I. vt → Flüssigkeit diluire **II.** vr ◇ **sich** - diluirsi; **verdünnt** adj CHEM, PHYS ▷Lösung diluito; **Verdünnung** f diluizione f

verdunsten vi ← Wasser evaporare; **Verdunstung** f evaporazione f

verdursten vi morire di sete

verdutzt adj sbalordito

verebben vi ← Lärm diminuire lentamente

veredeln vt [1] → Pflanze innestare [2] → Geschmack ingentilire [3] → Boden innestare [4] → Metalloberfläche affinare [5] → Rohstoff lavorare, raffinare; **Veredelung** f lavorazione f, raffinazione f; **Veredlungsprodukt** f prodotto m di trasformazione

verehelichen vr ◇ **sich** - sposarsi

verehren vt [1] → Heiligen venerare; → Mädchen adorare, ammirare [2] ↑ schenken ◇ **jd-m ein Buch** - regalare a qu un libro; **Verehrer(in** f) m ‹-s, -› [1] adoratore(-trice f) m; (Liebhaber) ammiratore(-trice f) m; [2] REL veneratore(-trice f) m; **verehrt** adj· ◇ **sehr e Damen und Herren!** gentili signore e signori; **Verehrung** f ammirazione f

vereid|ig|en vt → Minister far prestare il giuramento a; → Zeugen, Geschworene far giurare (auf akk su); **Vereidigung** f giuramento m

Verein m ⟨-[e]s, -e⟩ (Sport- etc.) associazione f; ◇ eingetragener ~ (abgekürzt e.V.) associazione registrata; **Vereinsmitglied** n membro m di una associazione

vereinbar adj conciliabile; **vereinbaren** vt ① → Termin fissare, stabilire; → Beschluß concordare ② (in Einklang bringen) conciliare; **Vereinbarung** f accordo m, intesa f; **vereinbarungsgemäß** adv secondo gli accordi

vereinen vt ① unire; ◇ die Vereinten Nationen gli Stati Uniti ② ↑ in Übereinstimmung bringen conciliare

vereinfachen vt semplificare

vereinheitlichen vt unificare

vereinigen I. vt unire; (zusammenschließen) fondere II. vr ◇ sich - unirsi; **Vereinigung** f ① unione f ② (Verein) associazione f

vereinnahmen vt → Geld incassare

vereinsamen vi diventare solitario

vereint adj s. **vereinen**

vereinzelt adj sporadico

vereisen I. vt MED anestetizzare mediante congelamento II. vi ← Straße gelare, ghiacciare

vereiteln vt → Straftat sventare

vereitern vi ↑ sich eitrig entzünden suppurare; **vereitert** adj ▷Wunde suppurato; **Vereiterung** f suppurazione f

verelenden vi ← Person impoverirsi

verenden vi ← Tier morire, crepare

verengen I. vt → Straße restringere II. vr ◇ sich - ← Weg restringersi; **verengern** vt → Kleid stringere

vererben I. vt ① → Nachlaß lasciare in eredità ② BIO trasmettersi per eredità ③ FAM ↑ schenken regalare II. vr ◇ sich - trasmettersi per eredità (auf akk su); **vererblich** adj ▷Krankheit ereditario; **Vererbung** f (von Vermögen) trasmissione f [per eredità]; (von Erbanlagen) ereditarietà f; **Vererbungslehre** f BIO genetica f

verewigen vt → Namen immortalare

verfahren¹ unreg I. vt → Benzin etc. spendere, consumare II. vr ◇ sich - perdersi, sbagliare strada III. vi (handeln) operare, procedere; (behandeln) trattare (mit dat qu)

verfahren² adj ▷Verhandlungen senza via d'uscita

Verfahren n ⟨-s, -⟩ ① ↑ Methode metodo m ② (Gerichts-) processo m

Verfall m ⟨-[e]s⟩ ① decadimento m; (von Gebäude) rovina f; (von Körper, Geist) deperimento m;

(FIN von Kursen) caduta f ② (von Fahrkarte) scadenza f; **verfallen** unreg vi ① ← Gebäude andare in rovina; ← Königreich decadere; ← Körper, Geist deperire; FIN ← Kurse cadere ② ← Ticket scadere ③ ◇ jd-m/e-r Sacche - diventare schiavo di qu/qc ④ ◇ wie bist du auf diese Schnapsidee -? come ti è venuta questa idea balorda? ⑤ ◇ man verfällt oft in alte Gewohnheiten si cade spesso nelle vecchie abitudini; **Verfall[s]datum** n data f di scadenza; **Verfallserscheinung** f fenomeno m di deperimento; **Verfall[s]zeit** f periodo m di decadenza

verfälschen vt → Daten falsificare; → Text contraffare; → Lebensmittel adulterare

verfangen vr ◇ sich - impigliarsi; FIG ◇ der Zeuge hat sich in Widersprüche - il testimone è caduto in contraddizioni

verfärben vt → Haare sbagliare il colore

verfassen vt → Text, Rede redigere, compilare; **Verfasser(in** f) m ⟨-s, -⟩ au|tore(-trice f) m

Verfassung f ① redazione f, stesura f ② POL costituzione f ③ ▷körperliche stato m, condizione f; **Verfassungsänderung** f modifica f della costituzione; **Verfassungsbruch** m violazione f della costituzione; **Verfassungsgericht** n corte f costituzionale; **verfassungsmäßig** adj costituzionale; **Verfassungsrecht** n diritto f costituzionale; **Verfassungsschutz** m difesa f dei principi costituzionali; **verfassungswidrig** adj anticostituzionale

verfaulen vi marcire

verfehlen I. vt ① → Person non incontrare/trovare; → Zug perdere ② → Beruf sbagliare; → Aufsatzthema andare fuori tema II. vr ◇ sich - non incontrarsi; **verfehlt** adj ▷Maßnahme sbagliato; ◇ die Entscheidung halten wir für - riteniamo la decisione sbagliata

verfeinden vr ◇ sich - inimicarsi (mit dat con)

verfeinern vr → Gericht ingentilire; migliorare; → Methode perfezionare

verfertigen vt ↑ herstellen fabbricare, costruire

verfestigen vr ◇ sich - ← Meinung consolidarsi; ← lockere Masse solidificarsi

verfilmen vt → Roman filmare

verfilzt adj ▷Haare arruffato

verfinstern vr ◇ sich - oscurarsi

verflachen I. vt → Gelände appiattire II. vi ← Gelände appiattirsi; FIG ← Diskussion diventare superficiale

verflechten vt ① intrecciare ② FIG → Unternehmen collegare; **Verflechtung** f intreccio m

verfliegen unreg I. vi ← Duft svanire, disperder-

si; ← *Wut* svanire; ↑ *vergehen* ← *Zeit* passare **II.**
vr ◇ **sich** - ↑ *falsch fliegen* andare fuori rotta
verfließen *vi* ① ← *Zeit* passare ② ↑ *inneinander übergehen* ← *Farben, [Begriffs-]Inhalte* confondersi
verflixt *adj* FAM maledetto
verfluchen *vt* maledire
verflüchtigen *vr* ◇ **sich** - ① ← *Benzin* volatilizzarsi ② *FAM* ← *Person* volatilizzarsi; ← *Tasche* sparire
verflüssigen *vt* ← *fester Körper, Gas* liquefare
verfolgen *vt* ① → *Tier, Mensch* inseguire ② (*politisch*) perseguitare ③ → *Spur* seguire ④ → *Ziel, Zweck* inseguire ⑤ (*beobachten*) seguire, osservare; **Verfolger(in** *f*) *m* ⟨-s, -⟩ inseguiltore (-trice *f*) *m;* **Verfolgung** *f* ① (*von Tier, Mensch*) inseguimento *m* ② (*politisch*) persecuzione *f* ③ (*von Spur*) seguire *m* ④ (*von Ziel*) inseguimento *m;* **Verfolgungsjagd** *f* caccia *f* all'uomo; **Verfolgungsrennen** *n* SPORT corsa *f* ad inseguimento; **Verfolgungswahn** *m* mania *f* di persecuzione
verfrüht *adj* prematuro, precoce
verfügbar *adj* disponibile; **verfügen I.** *vt* (*anordnen, entscheiden*) ordinare, deliberare **II.** *vi* disporre (*über akk* di), avere a disposizione (qc); **Verfügung** *f* ① disposizione *f;* ◇ **Geld zur** - **haben** avere a disposizione dei soldi ② JURA ◇ **einstweilige** - provvedimento giudiziario; **verfügungsberechtigt** *adj* autorizzato a disporre
verführen *vt* → *Frau, Mann* sedurre; (*verleiten*) invitare; **Verführer(in** *f*) *m* seduttore(-trice *f*) *m;* **verführerisch** *adj* ▷ *Frau, Mann* seducente; **Verführung** *f* seduzione *f*
vergangen *adj* passato, scorso; **Vergangenheit** *f* passato *m;* **Vergangenheitsbewältigung** *f* superamento *m* del passato; **vergänglich** *adj* passeggero, fugace
vergären *vt* → *Most* [fare] fermentare
vergasen *vt* (*in Gas umwandeln*) gassificare; (*mit Gas töten*) gassare; **Vergaser** *m* ⟨-s, -⟩ AUTO carburatore *m*
vergeben *unreg vt* ① perdonare (*jd-m etw* qc a qu) ② (*weggeben*) dare via; → *Studienplatz* assegnare; → *Eintrittskarten* distribuire; → *Preis* conferire ③ ◇ **das Zimmer ist schon** - la camera è già occupata
vergebens *adv* inutilmente, invano; **vergeblich** *adj* inutile, vano
Vergebung *f* ① (*Verzeihung*) perdono *m* ② → *Geschenke* distribuzione *f* ③ ▸ *Chance* spreco *m*
vergegenwärtigen *vr* ◇ **sich** *etw akk* - richiamare alla mente

vergehen *unreg* **I.** *vi* ← *Zeit, Schmerz* passare **II.** *vr* ◇ **sich** - ① derubare (*an etw* qc) ② ◇ **sich an** jd-m - violentare qu ③ ◇ **sich gegen ein Gesetz** - violare una legge
Vergehen *n* ⟨-s, -⟩ JURA violazione *f*
vergelten *unreg vt* contraccambiare; ◇ **jd-m** **etw** - ripagare qu della stessa moneta; ◇ **vergelt's Gott!** Dio le renda merito!; **Vergeltung** *m* ① contraccambio *m* ② (*Heimzahlung*) rappresaglia *f* ③ MIL ritorsione *f*
vergessen ⟨vergaß, vergessen⟩ **I.** *vt* ① dimenticare ② (*liegen lassen*) dimenticare **II.** *vr* ◇ **sich** - lasciarsi andare; **Vergessenheit** *f* dimenticanza *f;* ◇ **in** - **geraten** cadere nel dimenticatoio; **vergeßlich** *adj* smemorato
vergewaltigen *vt* violentare; **Vergewaltigung** *f* stupro *m*
vergewissern *vr* ◇ **sich** - assicurarsi (*gen* di)
vergießen *unreg vt* → *Kaffee* versare, rovesciare; → *Blut* spargere
vergiften I. *vt* ← *Essen* avvelenare **II.** *vr* ◇ **sich** - avvelenarsi; **Vergiftung** *f* avvelenamento *m,* intossicazione *f;* ◇ **er/sie hat e-e** - lui/lei ha una intossicazione
vergipsen *vt* → *Wand* stuccare; → *Bein* ingessare
vergittern *vt* → *Fenster* munire di inferriata
verglasen *vt* → *Wand* munire di vetri
Vergleich *m* ⟨-[e]s, -e⟩ ① confronto *m,* paragone *m;* ◇ **im** - **zu** in confronto a ② JURA accomodamento *m* ③ SPRACHW similitudine *f;* **Vergleichsmöglichkeit** *f* possibilità *f* di confronto/paragone; **vergleichbar** *adj* paragonabile; **vergleichen** *unreg vt* paragonare (*mit* con), mettere a confronto con; **vergleichsweise** *adv* in confronto a
vergnügen *vr* ◇ **sich** - divertirsi (*mit dat* con qc); **Vergnügen** *n* ⟨-s, -⟩ divertimento *m;* ◇ **viel** -**!** buon divertimento!; **Vergnügungspark** *m* parco *m* dei divertimenti; **Vergnügungsreise** *f* viaggio *m* di piacere
vergolden *vt* dorare, ricoprire d'oro; **vergoldet** *adj* dorato; **Vergoldung** *f* doratura *f*
vergöttern *vt* adorare
vergraben *unreg* **I.** *vt* seppellire **II.** *vr* ◇ **sich in** **die Arbeit** - immergersi nel lavoro
vergreifen *vr* ◇ **sich** - sbagliarsi nel prendere ② ◇ **sich an e-r Frau** - usare violenza a una donna ③ ◇ **sich an fremdem Eigentum** - appropriarsi di proprietà altrui
vergrößern I. *vt* → *Foto* ingrandire; → *Menge* aumentare **II.** *vr* ◇ **sich** - ingrandirsi; **Vergrößerung** *f* ingrandimento *m;* **Vergrößerungsapparat** *n* apparecchio *m* per ingrandimenti;

Vergrößerungsglas *n* lente *m* d'ingrandimento

vergucken *vr FAM:* ◇ **sich in jd-n** - innamorarsi di qu

Vergünstigung *f* agevolazione *f;* (*Straf-*) riduzione *f;* (*Preis-*) sconto *m,* riduzione *f*

vergüten *vt:* ◇ **jd-m etw** - rimborsare qc a qu; (*bezahlen*) pagare, retribuire; (*erstatten*) risarcire; **Vergütung** *f* risarcimento *m*

verhaften *vt* → *Verbrecher* arrestare; **Verhaftung** *f* arresto *m*

verhagelt *adj* rovinato dalla grandine

verhallen *vi* ← *Schall* spegnersi

verhalten *unreg* **I.** *vr* ◇ **sich** - comportarsi; ◇ **die Wahrheit verhält sich ganz anders** la verità è tutta una altra **II.** *adj* ▷ *Stimme* contenuto; **Verhalten** *n* ⟨-s⟩ comportamento *m;* **Verhaltensmuster** *n* esempio *m* di comportamento

Verhältnis *n* ① (*Größen-*) proporzione *f;* ◇ **im - eins zu eins** in rapporto di uno a uno ② (*Beziehung*) rapporto *m,* relazione *f;* (*Liebes-*) rapporto *m,* relazione *f;* ◇ **-se** *pl* (*Milieu*) condizioni *f/pl;* (*Situation*) situazione *f,* condizione *f;* ◇ **über seine -se leben** vivere al di sopra delle proprie possibilità

verhältnismäßig *adj:* ◇ **- teuer** relativamente caro; **Verhältniswahlrecht** *f* sistema *m* proporzionale

verhandeln I. *vi* ① trattare (*über akk* di *dat* con) ② JURA dibattere **II.** *vt* ① → *Frage* discutere ② JURA dibattere; **Verhandlung** *f* ① trattativa *f;* ◇ **-en** *f/pl* negoziazioni *f/pl* ② JURA udienza *f;* **Verhandlungsgrundlage** *f* base *f* delle trattative; **Verhandlungsgegenstand** *m* oggetto *m* delle trattative

verhängen *vt* ① → *Fenster* chiudere con una tenda ② FIG → *Maßnahme* infliggere (*über akk* a)

Verhängnis *n* destino *m,* fatalità *f;* ◇ **jd-m zum - werden** riuscire fatale a qu; **verhängnisvoll** *adj* fatale

verharmlosen *vt* minimizzare

verhärtet *adj* ▷ *Material* indurito; ▷ *Standpunkte* inasprito

verhaspeln *vr* ◇ **sich** - impapparinarsi

verhaßt *adj* odiato

Verhau *m* ⟨-s, -e⟩ (*Draht- etc.*) reticolato *m; FIG* ↑ *Durcheinander* confusione *f*

verhauen *vt FAM* picchiare

verheerend *adj* ▷ *Epidemie* disastroso, distruttore; *FAM* ◇ **- aussehen** avere un aspetto orribile

verheilen *vi* ← *Verletzung* guarire, cicatrizzarsi

verheimlichen *vt* nascondere, celare (*jd-m etw* a qu qc)

verheiraten I. *vr* ◇ **sich** - sposarsi (*mit dat* con) **II.** *vt* → *Frau* dare in sposa; **verheiratet** *adj* sposato, coniugato

verheißungsvoll *adj* promettente

verhelfen *vi* aiutare a ottenere; ◇ **jd-m zu seinem Recht** - aiutare qu ad ottenere ragione

verherrlichen *vt* esaltare

verhetzen *vt* ↑ *ständing aufwiegeln* → *Volk* aizzare

verhindern *vt* impedire; ◇ **er ist dienstlich verhindert** ha impegni di lavoro; **Verhinderung** *f* ostacolo *m*

verhökern *vt* → *Ware* smerciare

Verhör *n* ⟨-[e]s, -e⟩ interrogatorio *m;* **verhören I.** *vt* → *Angeklagten* interrogare **II.** *vr* ◇ **sich** - sentire male

verhüllen *vt* coprire

verhungern *vi* morire di fame

verhüten *vt* → *Unheil* evitare; → *Schwangerschaft* prevenire; **Verhüterli** *n* ⟨-s, -s⟩ *FAM* preservativo *m;* **Verhütung** *f* prevenzione *f;* **Verhütungsmittel** *n* anticoncezionale *m*

verirren *vr* ◇ **sich** - ① ↑ *sich verlaufen* perdersi; ② (*in e-e Idee*) perdersi

verjagen *vt* scacciare

verjähren *vi* ← *Straftat* cadere in prescrizione; **Verjährung** *f* prescrizione *f*

verjubeln *vt FAM* → *Geld* dissipare

verjüngen I. *vt* ringiovanire **II.** *vr* ◇ **sich** - ← *Aussehen, Mannschaft* ringiovanirsi

verkabeln *vt* → *Straße, Wohnung* cablare

verkalken *vi* → *Arterie, Rohr* calcificarsi; *FAM* sclerotizzarsi

verkalkulieren *vr* ◇ **sich** - sbagliarsi nei calcoli

Verkauf *m* ① vendita *f;* ◇ **e-e Ware zum - anbieten** mettere in vendita una merce ② (*-sabteilung*) reparto *m* vendite; **verkaufen I.** *vt* vendere; ◇ **jd-n für dumm** - prendere qu per stupido **II.** *vr* ◇ **sich** - vendersi (*an akk* a); ◇ **die Ware verkauft sich gut** la merce sta andandando bene; **Verkäufer(in** *f*) *m* ⟨-s, -⟩ venditore(-trice *f*) *m;* (*Laden-*) commesso(na) *m;* **verkäuflich** *adj* vendibile, smerciabile; **Verkaufsabteilung** *f* reparto *m* vendite; **verkaufsfördernd** *adj* promozionale; **Verkaufsleiter** *m* direttore *m* delle vendite; **verkaufsoffen** *adj* ▷ *Samstag* aperto; **Verkaufsstand** *m* bancarella *f;* **Verkaufspreis** *m* prezzo *m* di vendita

Verkehr *m* ⟨-s, -e⟩ ① (*Straßen-*) traffico *m* ② ↑ *Umlauf* ◇ **aus dem - ziehen** ritirare dalla circolazione ③ ↑ *Umgang* rapporto *m,* relazione *f;* ◇ **Brief-** corrsispondenza ④ ◇ **Geschlechts-** rapporto *m* sessuale; **verkehren I.** *vi* ①

← *Bahn, Bus etc.* circolare; ◇ **Busse - jede Stunde** gli autobus passano/circolano ogni ora ②
↑ *besuchen* frequentare ③ (*Beziehung pflegen*) avere dei rapporti con; ◇ **mit jd-m -** avere dei rapporti con qu ④ ◇ **mit jd-m sexuell -** avere rapporti sessuali con qu II. *vr* ◇ **sich -** trasformarsi, tramutarsi; **Verkehrsampel** *f* semaforo *m*; **Verkehrsamt** *m* azienda *f* di soggiorno e turismo; **Verkehrsberuhigung** *f* decongestione *f* del traffico; **Verkehrschaos** *n* traffico *m* caotico; **Verkehrsdelikt** *n* contravvenzione *f* al/del codice stradale; **Verkehrsdichte** *n* densità *f* del traffico; **Verkehrsflugzeug** *n* aereo *m* di linea; **Verkehrsfluß** *m* flusso *m* stradale; **verkehrsfrei** *adj* senza traffico; **Verkehrshindernis** *n* ostacolo *m* al traffico; **Verkehrsmittel** *n* mezzo *m* di trasporto; **Verkehrsnetz** *n* rete *f* di comunicazione; **Verkehrsordnung** *f* codice *m* stradale; **Verkehrspolizei** *f* polizia *f* stradale; **verkehrsreich** *adj* ▷*Straße* molto frequentato; **Verkehrsschild** *n* segnale *m* stradale; **Verkehrssicher** *adj* ▷*Fahrzeug* sicuro; **Verkehrsstau** *m* ingorgo *m* stradale; **Verkehrssünder(in** *f*) *m* trasgre|ssore (-ditrice *f*) *m* del codice stradale; **Verkehrsteilnehmer(in** *f*) *m* utente *m/f* della strada; **Verkehrsunfall** *m* incidente *m* stradale; **Verkehrsunterricht** *m* educazione *f* stradale; **Verkehrsvorschriften** *f/pl* norme *f/pl* di circolazione; **Verkehrswacht** *f* controllo *m* del traffico; **Verkehrswesen** *n* trasporti *m/pl*; **verkehrswidrig** *adj* ▷*Fahrweise* contrario alle norme di circolazione; **Verkehrszeichen** *n* segnale *m* stradale

verkehrt *adj* ① ▷*Aussage* sbagliato ② ↑ *umgekehrt* rovesciato; ◇ **die Mütze - herum tragen** indossare il cappello al rovescio

verkennen *unreg vt* → *Gefahr* non riconoscere

verklagen *vt* citare; querelare; ◇ **jd-n auf Schadenersatz -** citare qu per danni

verklappen *vt* → *Öl* scaricare

verkleben I. *vt* attaccare, incollare II. *vi* incollarsi

verkleiden I. *vt* → *Person* travestire, macherare; → *Wand* rivestire (*mit dat* di) II. *vr* ◇ **sich -** mascherarsi, travestirsi; **Verkleidung** *f* ↑ *das Verkleiden* travestimento *m*; (-*material*) materiale *m* di rivestimento

verkleinern *vt* rimpicciolire

verklemmen *vr* incastrare; ◇ **die Tür hat sich verklemmt** la porta si è incastrata

verklemmt *adj* ↑ *gehemmt* inibito

verklingen *unreg vi* ← *Lied* perdersi

verknacksen *vt* → *Fuß* slogare

verknallen *vr* ◇ **sich -** prendersi una cotta (*in akk* per)

Verknappung *f* penuria *f*

verknoten *vt* annodare

verknüpfen *vt* → *Fäden* collegare; *FIG* ◇ **Ideen -** collegare due idee

verkohlen ¹ *vt FAM* ↑ *veralbern* prendere in giro

verkohlen ² *vi* carbonizzarsi

verkohlt *adj* carbonizzato

verkommen I. *unreg vi* ① ← *Gebäude* andare in rovina ② ← *Mensch* rovinarsi II. *adj* ① ▷*Gebäude* in rovina ② ▷*Ware, Lebensmittel* guasto ③ ▷*Mensch* rovinato

verkorken *vt* → *Flasche* tappare, mettere il tappo a

verkorksen *vt* → *Prüfung* rovinare; → *Magen* guastarsi

verkörpern *vt* → *Figur* impersonare, personificare

verköstigen *vt* → *Gäste* dare da mangiare a

verkrachen I. *vr* ◇ **sich -** *FAM* litigare (*mit dat* con) II. *vi* (*scheitern*) fallire

verkraften *vt* superare; (*ertragen*) sopportare

verkrampfen I. *vt* → *Muskeln* contrarre II. *vr* ◇ **sich -** contrarsi

verkratzen *vt* graffiare

verkriechen *unreg vr* ◇ **sich -** nascondersi, rinchiudersi

Verkrümmung *f* ↑ *Verbiegung* piegamento *m*, storcimento *m*; (*Rückgrat-*) deformazione *f*

verkrüppelt *adj* deforme, storpio

verkrustet *adj* incrostato

verkühlen *vr* ◇ **sich -** prendersi un raffreddore

verkümmern *vi* ← *Pflanze* appassire; ← *Gliedmaßen* atrofizzarsi; ← *Person* intristirsi

verkünden *vt* ↑ *ausdrücklich mitteilen* rendere noto, annunciare; → *Urteil* pronunciare; **verkündigen** *vt* annunciare; **Verkündigung** *f* REL annunciazione *f*

verkuppeln *vt* ↑ *verbinden* accoppiare; *FIG* → *Tochter* accoppiare

verkürzen *vt* accorciare; **Verkürzung** *f* riduzione *f*

Verladebrücke *f* ponte *m* di carico; **verladen** *unreg vt* caricare; NAUT imbarcare; **Verladung** *f* carico *m*

Verlag *m* ⟨-[e]s, -e⟩ casa *f* editrice

verlagern *vt* spostare

Verlagsbuchhandlung *f* casa *f* editrice [con libreria]; **Verlagskatalog** *m* catalogo *m* delle pubblicazioni; **Verlagsrecht** *n* proprietà *m* letteraria; **Verlagsvertrag** *m* contratto *m* di edizione; **Verlagswesen** *n* editoria *f*

verlangen I. vt ① chiedere, richiedere, pretendere; ◊ **das ist nicht zuviel verlangt** non è chiedere troppo ② → *Fahrkarten* chiedere **II.** vi (*sich sehnen*) desiderare (*nach akk* qc); **Verlangen** n ‹-s, -› desiderio m; ◊ **auf sein/ihr** gen ~ [hin] ... a sua richiesta [o. su richiesta di]

verlängern vt → *Schnur* allungare; → *Vertragsdauer, Frist* prolungare; **Verlängerung** f ① (*von Vertrag*) prolungamento m; (*von Frist*) proroga f; (*von Spielzeit*) tempo m supplementare ② (*verlängertes Teilstück*) prolunga f; **Verlängerungsschnur** f prolunga f

verlangsamen vt, vr ◊ **sich** ~ rallentare

Verlaß m affidamento m; ◊ **auf ihn** akk **ist kein** ~ non si può fare affidamento su di lui

verlassen unreg **I.** vt → *Gegend* lasciare, abbandonare; → *Schule* lasciare; → *Familie* abbandonare; → *Freund* lasciare; ← *Mut* perdere **II.** vr ◊ **sich** ~ contare, fidarsi (*auf akk* su) **III.** adj solo, abbandonato

verläßlich adj fidato; **Verläßlichkeit** f attendibilità f

Verlauf m ① corso m; (*von Entwicklung*) sviluppo m; ◊ **im** ~ **von** nel corso di ② (*von Kurve*) tracciato m; **verlaufen** unreg **I.** vi ① ← *Fest* procedere; ← *Krankheits[prozeß]* avere un decorso; ← *Urlaub* procedere, andare ② ← *Straße, Biegung* andare ③ ← *Farbe* spandersi **II.** vr ◊ **sich** ~ perdersi, smarrirsi

Verlautbarung f annuncio m; **verlauten** vi: ◊ **etw** ~ **lassen** annunciare

verleben vt → *schöne Zeit* trascorrere, passare

verlegen I. vt ① → *Schlüssel* perdere ② → *Wohnsitz, Patienten* trasferire; → *Termin* spostare ③ → *Leitung, Rohr* mettere; → *Boden* rivestire ④ ↑ *veröffentlichen* → *Buch* pubblicare **II.** vr ◊ **sich** ~ (*sich widmen*) dedicarsi (*auf akk* a) **III.** adj imbarazzato; **Verlegenheit** f ① imbarazzo m ② (*Lage*) situazione f imbarazzante

Verleger m editore m

verleiden vt guastare; rovinare; ◊ **jd-m die Freude** ~ rovinare a qu la gioia

Verleih m ‹-[e]s, -e› prestito m; **verleihen** unreg vt ① → *Geld, Buch* prestare ② → *Auszeichnung, Medaille* conferire (*jd-m* a) ③ → *Ausdruck, Kraft* infondere; **Verleihung** f ↑ *das Verleihen* prestito m; (*von Medaille*) conferimento m

verleimen vt → *Stuhl, Holz* incollare

verleiten vt indurre; spingere; ◊ **jd-n zum Rauchen** ~ indurre qu a fumare

verlernen vt dimenticare

verlesen unreg **I.** vt → *Meldung* leggere **II.** vr ◊ **sich** ~ sbagliarsi nel leggere

verletzbar adj vulnerabile; **verletzen I.** vt ① → *Person* ferire ② → *Gefühle* ferire, offendere ③ → *Gesetz, Anstand* violare **II.** vr ◊ **sich** ~ ferirsi;

verletzend adj ▷*Worte* offensivo; **verletzlich** adj s. **verletzbar** vulnerabile; **Verletzte(r)** fm ferito/a; **Verletzung** f ① ↑ *Wunde* ferita f ② (*von Gesetzen*) violazione f

verleugnen vt → *Person* rinnegare; FIG smentire

verleumden vt diffamare (*jd-n* qu); **Verleumdung** f diffamazione f

verlieben vr ◊ **sich** ~ innamorarsi (*in akk* di); **verliebt** adj innamorato

verlieren ‹verlor, verloren› **I.** vt → *Schlüssel* perdere; (*vergeuden*) perdere; sprecare **II.** vi (*einbüßen*) perdere (*an dat* in qc); ◊ **das Flugzeug verliert an Höhe** l'aereo perde quota **III.** vr ◊ **sich** ~ perdersi; smarrirsi (*in dat* in); ◊ **sich in Gedanken** ~ perdersi nei pensieri; **Verlierer(in** f) m perdente m/f

verloben vr ◊ **sich** ~ fidanzarsi (*mit* con); **verlobt** adj fidanzato; **Verlobte(r)** fm fidanzato/a; **Verlobung** f fidanzamento m; **Verlobungsanzeige** f annuncio m di fidanzamento; **Verlobungsring** m anello m di fidanzamento

verlocken vt allettare; ◊ **die Berge** ~ **zum Klettern** le montagne invitano a scalare; **verlockend** adj allettante; **Verlockung** f tentazione f

verlogen adj bugiardo, falso; **Verlogenheit** f falsità f

verloren adj ① perso; ◊ **den Koffer** ~ **geben** dichiarare di aver perso la valigia ② ◊ **sich** ~ **fühlen** sentirsi sperduto ③ ◊ **auf** ~**em Posten stehen** lottare per una causa persa ④ (*ratlos*) perduto; disorientato; **verlorengehen** unreg vi andare perso; ◊ **an dir ist es-e Sängerin verlorengegangen** saresti potuta diventare un' ottima cantante

verlöschen vi ← *Feuer* spegnere

verlosen vt sorteggiare; **Verlosung** f sorteggio m

verlöten vt → *Drähte* saldare

verlottern vi andare in rovina

Verlust m ‹-es, -e› ① (*des Geldbeutels*) perdita f, smarrimento m; ◊ **den** ~ **e-r Person beklagen** piangere la perdita di una persona ② FIN perdita f ③ (*des Ansehens*) perdita f

vermachen vt → *Erbe* lasciare in eredità; **Vermächtnis** n testamento m; **vermählen** vt → *Tochter* sposare; **Vermählung** f matrimonio m; **Vermählungsanzeige** f annuncio m di matrimonio

vermarkten vt → *Ware, Sänger* commercializzare; **Vermarktung** f commercializzazione f

vermasseln vt FAM → Prüfung etc. rovinare

vermehren I. vt ① → Vermögen aumentare; → Menge crescere ② → Bemühungen incrementare **II.** vr ◇ sich ~ aumentare; ← Lebewesen riprodursi; **Vermehrung** f ① (von Vermögen etc.) aumento m; (e-r Anzahl) crescita f ② (von Bemühungen) incremento m ③ (Fortpflanzung) riproduzione f

vermeidbar adj evitabile; **vermeiden** unreg vt → Fehler etc. evitare; ◇ es läßt sich kaum ~, daß non si può evitare di

vermeintlich adj presunto

vermengen vt ① mescolare ② (verwechseln) confondere

Vermerk m ⟨-[e]s, -e⟩ ↑ Notiz appunto m, nota f; **vermerken** vt annotare; ↑ äußern esprimere

vermessen I. unreg vt → Land misurare; → Taille prendere le misure di **II.** adj ↑ anmaßend presuntuoso; ↑ überheblich arrogante; **Vermessung** f misurazione f

vermiesen vt FAM → Laune rovinare

vermieten vt → Räume affittare; → Auto, Boot noleggiare; ◇ Zimmer zu ~ affittasi camere; **Vermieter(in** f) m loca|tore(-trice f) m; **Vermietung** f (von Wohnraum) affitto m; (von Fahrzeugen etc..) noleggio m

vermindern I. vt → Anzahl diminuire, ridurre; → Gefahr ridurre **II.** vr ◇ sich ~ diminuire; ◇ verminderte Zurechnungsfähigkeit ridotta capacità di intendere e di volere; **Verminderung** f diminuzione f, riduzione f

verminen vt minare

vermischen I. vt mescolare **II.** vr ◇ sich ~ ← Völker mescolarsi

vermissen vt → Geld non trovare, → Freund sentire la mancanza di; **vermißt** adj disperso; **Vermißtenanzeige** f avviso m di ricerca [di dispersi]; **Vermißte(r)** fm disperso/a

vermitteln I. vi (im Streit) fare da mediatore/ intermediario m ② → Geschäft procurare ② → Wissen trasmettere ③ jd-m e-e Nachricht ~ comunicare a qu una notizia; ◇ jd-m e-e Stellung ~ procurare un lavoro a qu; **Vermittler(in** f) m ⟨-s, -⟩ (von Geschäften) intermediario m, media|tore(-trice f) m; (in Tarifkonflikten) concilia|tore(-trice f) m; **Vermittlung** f ① mediazione f; (Schlichten) conciliazione f ② (Vermittlungsstelle) agenzia m di collocamento; TELEC centralino m

vermodern vi putrefarsi; (verfaulen) marcire

vermögen unreg vi essere capace di, potere

Vermögen n ⟨ ε, ⟩ ① patrimonio m ② ↑ Können capacità f; **vermögend** adj ricco, benestante; **Vermögenssteuer** f imposta f patrimoniale;

Vermögensverwalter(in f) m amministra|tore (-trice f) m dei beni

vermummen vr ◇ sich ~ mascherarsi da

vermuten vt ↑ annehmen presumere, supporre; **vermutlich I.** adj ▷Täter presunto **II.** adv probabilmente; **Vermutung** f supposizione f

vernachlässigen vt trascurare; **Vernachlässigung** f il trascurare m

vernageln vt inchiodare; **vernagelt** adj inchiodato

vernähen vt ① ↑ zunähen → Kleid ricucire; → Wunde suturare ② ↑ verbrauchen → Garn consumare cucendo

vernarben vi ← Wunde cicatrizzarsi

vernehmbar adj ↑ aufnehmbar percettibile

vernehmen unreg vt ① → Geräusch percepire, sentire; → Nachricht apprendere, venire a sapere ② JURA → Täter interrogare; **Vernehmung** f interrogatorio m; **vernehmungsfähig** adj in grado di essere interrogato

verneigen vr ◇ sich ~ inchinarsi (vor dat davanti a)

verneinen vt ① → Antwort negare; GRAM negare ② → Vorschlag respingere; **verneinend** adj negativo; **Verneinung** f negazione f, rifiuto m

vernetzen vt ① ↑ verflechten collegare ② PC integrare in una rete di calcolatori; **Vernetzung** f collegamento m

vernichten vt ① ↑ zerstören distruggere; → Gegner annientare ② ↑ ausrotten sterminare; → Pflanzen estirpare; **vernichtend** adj FIG distruttivo; ▷Blick assassino; **Vernichtungslager** n campo m di sterminio

verniedlichen vt minimizzare

vernieten vt ribadire

Vernissage f inaugurazione f di una mostra, vernissage m

Vernunft f ⟨-⟩ ragione f; ◇ bring ihn zur ~! riportalo alla ragione!; **Vernunftehe** f matrimonio f di convenienza; **vernünftig** adj ① ▷Meinung ragionevole ② ▷Mensch ragionevole ③ FAM ↑ ausreichend (Essen, Arbeit) sufficiente

veröden I. vt MED → Äderchen sclerotizzare **II.** vi ← Land trasformarsi in un deserto

veröffentlichen vt pubblicare; **Veröffentlichung** f pubblicazione f

verordnen vt ① ↑ anordnen ordinare ② → Arznei prescrivere; **Verordnung** f ① ordine f ② MED prescrizione [medica] f

verpachten vt → Grundstück affittare; **Verpachtung** f affitto m

verpacken vt impacchettare, confezionare; **ver-**

packt adj impacchettato, imballato; **Verpackung** f imballaggio m; **Verpackungsart** f tipo m di imballaggio; **Verpackungsmaterial** n materiale m di imballaggio

verpassen vt ① → Zug perdere ② FAM dare; ◇ jd-m Schläge - dare botte a qu

verpesten vt → Luft appestare

verpfänden vt → Fernseher etc. dare in pegno; → Haus ipotecare

Verpflanzung f MED trapianto m

verpflegen vt servire i pasti a; **Verpflegung** f ① vitto m ② (Nahrung) cibo m

verpflichten I. vt ① † festlegen obbligare (etw zu tun akk a) ② † anstellen ingaggiare II. vr ◇ sich - [etw zu tun] impegnarsi a; (zum Militär) mettere la firma; **Verpflichtung** f ① obbligo m ② † Pflicht dovere m

verplanen vt pianificare male

verplomben vt piombare

verprügeln vt FAM picchiare

Verpuppung f trasformazione f in crisalide

verputzen vt ① → Haus intonacare ② FAM → Apfel divorare

verramschen vt → Bücher vendere sotto costo

Verrat m <-[e]s> tradimento m; ◇ - an jd-m begehen tradire qu; **verraten** unreg I. vt ① → Geheimes tradire ② † mitteilen rivelare, svelare ③ ◇ die Aussprache verrät seine Herkunft la pronuncia rivela la sua origine II. vr ◇ sich - tradirsi; **Verräter(in** f) m <-s, -> tradi|tore(-trice f) m

verraucht adj → Zimmer pieno di fumo

verrechnen I. vt mettere in conto (mit qc) II. vr ◇ sich - fare un errore di calcolo; FAM † sich irren sbagliarsi; **Verrechnungsscheck** m assegno m sbarrato

verrecken vi FAM crepare

verreiben vt † einreiben → Salbe spalmare; → Fleck togliere strofinando

verreisen vi partire, andare in viaggio

verrenken I. vt → Arm etc. slogare II. vr: ◇ sich dat - slogarsi; **Verrenkung** f distorsione f, slogatura f

verrichten vt → Arbeit sbrigare, eseguire; → Gebet dire

verriegeln vt sprangare

verringern I. vt → Abstand etc. diminuire, ridurre II. vr ◇ sich - ← Kosten ridursi, diminuirsi; **Verringerung** f diminuzione f, riduzione f

verrohen vi ← Sitten abbrutire

verrostet adj arrugginito

verrotten vi sgretolarsi; (faulen) marcire

verrückt adj pazzo; ▷Idee pazzo; **Verrückte(r)** fm pazzo/a; **Verrücktheit** f pazzia f

Verruf m discredito m; ◇ jd-n in - bringen

screditare qu; ◇ in - geraten perdere la reputazione

Vers m <-es, -e> (Gedichts-) verso m

versachlichen vt → Diskussion oggettivare

versagen I. vi ① ← Schüler fallire ② ← Herz, Auto non funzionare II. vt † verweigern rifiutare; negare III. vr: ◇ sich dat etw - negarsi qc, non concedersi qc; **Versagen** n ① (von Person) fallimento m ② (von Motor) guasto m; **Versager(in** f) m <-s, -> fallito/a

versalzen unreg vt → Essen salare troppo; FIG → Freude rovinare

versammeln I. vt → Personen radunare, riunire; ◇ sich um jd-n - riunirsi intorno a qu II. vr ◇ sich - radunarsi, riunirsi; **Versammlungsfreiheit** f libertà f di riunione

Versand m <-[e]s> ① spedizione f ② (-abteilung) ufficio m spedizioni ③ (-handel) spedizioni m/pl; **Versandabteilung** f ufficio m spedizioni; **Versandanzeige** f avviso m di spedizione; **Versandart** f modalità f/pl di spedizione

versanden vi ← Fluß insabbiarsi

versandfertig adj pronto per la spedizione; ◇ Waren - machen preparare la merce per la spedizione; **Versandgeschäft** n società f di vendita per corrispondenza; **Versandhandel** m vendita f per corrispondenza; **Versandhaus** n società f di vendita per corrispondenza

versauern vi ① ← Milch inacidire ② FAM inacidire

versäumen vt ① → Zug perdere; → Termin mancare a; → Schule mancare a ② † unterlassen trascurare

Versbau m metrica f

verschachtelt adj ▷Straßen, Häuser etc. incastrato; ▷Satz involuto

verschaffen vt, vr: ◇ sich etw - procurarsi qc

verschämt adj vergognoso, timido

verschandeln vt † verunstalten deturpare

verschanzen vr ◇ sich - trincerarsi dietro

verschärfen I. vt → Strafe aumentare; → Tempo accrescere; → Spannung acuire, inasprire II. vr ◇ sich - acutizzarsi; **Verschärfung** f accentuazione f

verschätzen vr ◇ sich - sbagliarsi nel valutare

verschaukeln vt imbrogliare, ingannare

verschenken vt → Blumen etc. regalare

verscherzen vr giocarsi; ◇ sich dat jd-s Freundschaft - giocarsi l'amicizia di qd

verscheuchen vt → Mücken, Einbrecher scacciare; → Bedenken allontanare, scacciare

verschicken vt → Post, Waren spedire

verschieben I. vt ① → Möbel spostare ② → Urlaub, Termin rinviare, spostare ③ FAM

→ *Ware, Devisen* vendere al mercato nero **II.** *vr*
◇ **sich - ←** *Zeitpunkt* spostarsi; **Verschiebe-**
bahnhof *m* stazione *f* di smistamento
verschieden[1] *adj* [1] differente; ◇ **die Hose ist -**
lang i pantaloni sono di diversa lunghezza [2]
↑ *mehrere* diverso, parecchio [3] ◇ **-es** varie cose
f/pl; ◇ **ist noch -es unklar?** c'è ancora qc di non
chiaro?
verschieden[2] *adj* morto, estinto
Verschiedenheit *f* diversità *f*
verschiffen *vt* imbarcare, caricare
verschimmeln *vi* ammuffire, fare la muffa
verschlafen[1] *unreg* **I.** *vi* non svegliarsi in tempo
II. *vt* → *Termin* perdere per non essersi svegliato
in tempo
verschlafen[2] *adj* assonnato, addormentato; FIG
▷*Stadt* addormentato
verschlagen I. *vt* [1] (*mit Brettern schließen*)
chiudere, inchiodare [2] (*zufällig an e-n Ort ge-*
langen) gettare, sbattere **II.** *vi:* ◇ **jd-m den Atem**
verschlagen togliere il fiato a qc; ◇ **die Sprache**
verschlagen mancare la parola in bocca **III.** *adj*
↑ *heimtückisch* furbo, scaltro
verschlammen *vi* ← *Fluß* riempirsi di terra
verschlechtern I. *vt* peggiorare **II.** *vr* ◇ **sich -**
peggiorare; **Verschlechterung** *f* peggiora-
mento *m*
verschleiert *adj* [1] ▷*Gesicht* velato [2]
▷*Stimme* velato [3] ▷*Tat* occultato
verschleimt *adj* ▷*Nase* pieno di muco
Verschleiß *m* ⟨ es, e⟩ (*Kräfte-*) consumo *m;*
(*Material*) usura *f;* **verschleißen** ⟨verschliß,
verschlissen⟩ *vt* ← *Kleidung, Sohlen* → *Kräfte*
consumare
verschleppen *vt* [1] ↑ *wegbringen* → *Gefangene*
trascinare via [2] ↑ *hinauszögern* trascinare per le
lunghe; → *Grippe* tirare per le lunghe
verschleudern *vt* [1] → *Vermögen* dissipare [2]
→ *Ware* svendere
verschließen *unreg* **I.** *vt* [1] → *Tür* chiudere a
chiave [2] ↑ *abdichten* → *Glas, Flasche* chiudere
ermeticamente [3] ↑ *einschließen* → *Akten* chiudere **II.** *vr* ◇ **sich -** chiudersi (*vor* a)
verschlingen[1] *unreg* *vr* ◇ **sich [ineinander] -**
intrecciarsi
verschlingen[2] *unreg* *vt* [1] → *Fleisch, Essen*
divorare; ◇ **jd-n mit seinen Blicken -** mangiare
qu con gli occhi; → *Buch* divorare [2]
→ *Unsummen Geld* costare
verschlüsseln *vt* → *Text* cifrare; **Verschlüs-**
selung *f* codificazione *f*
verschmähen *vt* (*ablehnen*) rifiutare
verschmelzen *unreg* *vt* → *Metall* fondere insieme; **Verschmelzung** *f* fusione *f*

verschmerzen *vt* → *Verlust* consolarsi di
verschmieren *vt* [1] ← *Salbe, Butter* spalmare
[2] (*verschmutzen*) sporcare [3] → *Loch, Hohl-*
raum chiudere spalmando
verschmitzt *adj* ▷*Gesicht* scaltro
verschmutzen I. *vt* ← *Umwelt* inquinare **II.** *vi*
sporcarsi; **verschmutzt** *adj* sporco
verschnaufen *vr* ◇ **sich -** (*kurz ausruhen*) riprendere fiato
verschneiden *unreg* *vt* [1] (*falsch zuschneiden*)
→ *Papier* tagliare male [2] (*stutzen*) → *Baum* potare [3] (*vermischen*) → *Alkohol* tagliare
verschneit *adj* coperto di neve
verschnitten *adj* tagliato
verschnupft *adj* raffreddato
verschnüren *vt* → *Paket* legare con lo spago
verschollen *adj:* ◇ **im Kriege -** disperso in
guerra
verschonen *vt:* ◇ **jd-n mit etw -** risparmiare qc
a qu
verschönern *vt* ← *Zimmer, Garten* abbellire
verschränken *vt* → *Arme, Beine* incrociare
Verschraubung *f* avvitamento *m*
verschreiben *unreg* **I.** *vt* [1] → *Papier* consumare scrivendo [2] MED prescrivere **II.** *vr* ◇ **sich -**
[1] (*Fehler machen*) sbagliare scrivendo [2]
◇ **sich e-r Sache** *dat* - dedicarsi a qc; **ver-**
schreibungspflichtig *adj* ▷*Medikament* con
prescrizione medica obbligatoria
verschrie[e]n *adj* malfamato; ◇ **als Dieb - sein**
avere la fama di ladro
verschroben *adj* ▷*Ansichten, Mann* stravagante
verschrotten *vt* → *Auto* demolire, ridurre in rot-
tami
verschrumpeln *vi* ← *Obst, Haut* raggrinzirsi
verschüchtert *adj* ▷*Kind* intimidito
verschulden *vt* → *Unfall* causare; **Verschul-**
den *n* ⟨-s⟩ colpa *f*
verschuldet *adj* ▷*Firma* indebitato; **Ver-**
schuldung *f* (*Staats-*) indebitamento *m*
verschütten *vt* [1] → *Milch, Kaffee* versare [2]
(*zuschütten*) → *Graben, Loch* colmare
Verschwägerung *f* imparentamento *m*
verschweigen *unreg* *vt* → *Wahrheit* tacere
verschwenden *vt* → *Zeit, Geld* sprecare; **Ver-**
schwender(in *f*) *m* ⟨-s, -⟩ scialacquatore(-trice
f) *m;* **verschwenderisch** *adj* dissipato; **Ver-**
schwendung *f* sperpero *m*
verschwiegen *adj* ▷*Mensch* riservato; ▷*Ort*
nascosto; **Verschwiegenheit** *f* riservatezza *f*
verschwimmen *unreg* *vi* ← *Farben, Umriß* sfumare, confondersi
verschwinden *unreg* *vi* scomparire; (*gestohlen*

V

werden) ◇ **etw ~ lassen** far sparire qc; (*FAM weggehen*) andar via; **Verschwinden** *n* ⟨-s⟩ scomparsa *f*

verschwitzen *vt* ① → *Hemd, Bluse* impregnare di sudore ② *FAM* → *Verabredung* dimenticare

verschwommen *adj* ▷*Erinnerung* vago; ▷*Bild* sfocato

verschwören *unreg* **I.** *vt* giurare di rinunciare a **II.** *vr* ◇ **sich -** complottare (*gegen akk* contro); **Verschwörer(in)** *f m* ⟨-s, -⟩ cospiratore(-trice *f*) *m*; **Verschwörung** *f* cospirazione *f*

versehen I. *unreg vt* ① (*ausüben*) → *Amt, Dienst* esercitare ② (*ausstatten*) fornire (*mit dat* di) **II.** *vr* ◇ **sich -** (*sich irren*) sbagliarsi

Versehen *n* ⟨-s, -⟩ svista *f;* ◇ **aus -** per sbaglio; **versehentlich** *adv* per sbaglio, per errore

Versehrte(r) *f m* (*Kriegs*-) invalido/a

versenden *vt* → *Brief, Paket, Ware* spedire

versenken I. *vt* → *Schiff* affondare **II.** *vr* ◇ **sich -** sprofondarsi (*in akk* in)

versessen *adj:* ◇ **~ auf** *akk* incapricciato di

versetzen I. *vt* ① (*umstellen*) spostare ② (*dienstlich, in der Schule*) promuovere ③ (*verpfänden*) impegnare ④ (*bestimmten Zustand herbeiführen*) ◇ **jd-n in Zorn -** far arrabbiare qu ⑤ → *Schlag* dare ⑥ (*FAM Verabredung nicht einhalten*) fare aspettare inutilmente **II.** *vr* ◇ **sich in jd-s Lage -** mettersi nei panni di qu; **Versetzung** *f* ① spostamento *m* ② SCHULE promozione *f*

verseuchen *vt* → *Luft, Wasser* inquinare; (*mit e-r Krankheit*) infettare; **verseucht** *adj* ▷*Fluß* inquinato; ▷*Patient* infettato

versichern I. *vt* ① (*beteuern*) assicurare ② → *Schmuck* assicurare (*gegen akk* contro) **II.** *vr* ◇ **sich -** ① (*bei Versicherung*) asicurarsi (*gegen akk* contro) ② (*sich überzeugen*) → *bei e-r Sache gen* - assicurarsi di qc; **Versicherung** *f* assicurazione *f;* **Versicherungsbetrug** *m* truffa *f* a danno di un ente assicurativo; **Versicherungsgesellschaft** *f* compagnia *f* di assicurazioni; **Versicherungskarte** *f* polizza *f* di assicurazione; **Versicherungsnehmer(in)** *f m* ⟨-s -⟩ assicurato/a *m;* **versicherungspflichtig** *adj* ▷*Arbeitnehmer* soggetto all'assicurazione obbligatoria; **Versicherungspolice** *f* polizza *f* assicurativa; **Versicherungsprämie** *f* premio *m* d'assicurazione; **Versicherungsschein** *n* polizza *f* d'assicurazione; **Versicherungsvertreter** *m* agente *m* di assicurazione

Versiegelung *f* sigillatura *f*

versiegen *vi* ← *Quelle* esaurirsi; ← *Lebensfreude* venir meno

versiert *adj* ↑ *erfahren:* ◇ **~ in etwas** *dat* esperto di/in

versilbern *vt* argentare; **versilbert** *adj* argentato

versinken *unreg vi* ① (*einsinken*) affondare ② *FIG* ◇ **in etw** *akk* **versunken sein** immergersi in qc

Version *f* ↑ *Darstellung* versione *f*

Verslehre *f* metrica *f;* **Versmaß** *m* metro *m*

versöhnen I. *vt* (*besänftigen*) conciliare **II.** *vr* ◇ **sich -** (*Frieden schließen*) riconciliarsi (*mit dat* con); **versöhnlich** *adj* conciliante; **Versöhnung** *f* conciliazione *f*

versonnen *adj* (*nachdenklich*) trasognato

versorgen I. *vt* ① (*sich kümmern um*) provvedere a ② → *Wunde* curare **II.** *vr* ◇ **sich -** procurarsi (*mit dat* qc); **Versorger(in** *f*) *m* sostentatore (-trice *f*) *m;* **Versorgung** *f* ① (*Wasser*-) erogazione *f* ② (*Unterhalt*) mantenimento *m;* **Versorgungsschiff** *n* nave *m* appoggio

Verspannung *f* controventatura *f*

verspäten *vr* ◇ **sich -** giungere in ritardo; **verspätet** *adj* in ritardo; **Verspätung** *f* ritardo *m;* ◇ **mit zwei Stunden -** con due ore di ritardo

versperren *vt* → *Weg, Sicht* sbarrare; → *Tür* sbarrare

verspielen *vt* → *Geld, Haus u. Hof* perdere al gioco

verspotten *vt* deridere

versprechen I. *unreg vt* promettere (*jd-m* a); *FIG* promettere; ◇ **der Sommer verspricht heiß zu werden** l'estate promette di diventare calda **II.** *vr* ◇ **sich -** **etw von jd-m** - aspettarsi qc da qu; **Versprechen** *n* ⟨-s, -⟩ promessa *f;* ◇ **jd-m ein -abnehmen** far promettere qc a qu

Versprecher *m* errore *m* (nel parlare)

verstaatlichen *vt* → *Privateigentum* statalizzare; **Verstaatlichung** *f* nazionalizzazione *f*

Verstand *m* ⟨-[e]s⟩ (*Denkvermögen*) intelletto *m;* ◇ **den - verlieren** perdere la ragione; ◇ **das geht über meinen -** non ci arrivo

verständig *adj* intelligente

verständigen I. *vt* informare **II.** *vr* ◇ **sich -** ① spiegarsi ② (*sich einigen*) intendersi; **Verständigung** *f* ① ↑ *Benachrichtigung* informazione *f* ② ↑ *Einigung* accordo *m*

verständlich *adj* (*deutlich hörbar*) comprensibile; (*leicht zu begreifen*) comprensibile; ◇ **sich - machen** farsi capire; **verständlicherweise** *adv* naturalmente; **Verständlichkeit** *f* intelligibilità *f*

Verständnis *n* comprensione *f;* **verständnislos** *adj* ▷*Blick* privo di comprensione; **verständnisvoll** *adj* ▷*Blick* pieno di comprensione

verstärken I. *vt* → *Mauer, Pfeiler* rinforzare; → *Zweifel* rafforzare **II.** *vr* ◇ **sich** - ← *Opposition* raffozzarsi; ← *Lärm* aumentare; **Verstärker** *m* ⟨-s, -⟩ amplificatore *m*; **Verstärkung** *f* rinforzamento *m*

verstauben *vi* essere impolverato

verstauchen *vt* ◇ **sich** *dat* **den Fuß** - slogarsi un piede; **Verstauchung** *f* slogatura *f*

verstauen *vt* → *Gepäck, Koffer* stivare

Versteck *n* ⟨-[e]s, -e⟩ nascondiglio *m*; ◇ - **spielen** giocare a nascondino; **verstecken I.** *vt* → *Ostereier* → *Geschenk* nascondere **II.** *vr* ◇ **sich** - nascondersi; **versteckt** *adj* ▷ *Schatz* nascosto; ▷ *Botschaft* segreto

verstehen *unreg* **I.** *vt* ① (*deutlich hören*) capire ② (*begreifen*) comprendere ③ (*können, beherrschen*) ◇ **etwas von Kunst** - capire qc di arte **II.** *vr* ◇ **sich** - ① (*Sympathie*) ◇ **sich mit jd-m** - intendersi con qu ② (*Kenntnisse haben*) ◇ **sich auf etw** *akk* - intendersi di qc; (*selbstverständlich*) ◇ **das versteht sich [von selbst]** si capisce

versteifen I. *vt* ← *Stoff* irrigidire **II.** *vr* ◇ **sich** - ← *Glied, Gelenk* irrigidirsi; (*FIG beharren auf*) ostinarsi (*auf akk* su)

versteigern *vt* → *Bilder, Schmuck* mettere all'asta; **Versteigerung** *f* vendita *f* all'asta

versteinert *adj* pietrificato; **Versteinerung** *f* pietrificazione *f*

verstellbar *adj* ▷ *Sitz, Liege* regolabile; **verstellen I.** *vt* ① → *Möbel* spostare ② → *Uhr* regolare male ③ (*versperren*) → *Weg* sbarrare ④ → *Stimme* alterare **II.** *vr* ◇ **sich** - fingere

versteuern *vt* → *Gehalt, Erbschaft* pagare le imposte per/su

verstimmen *vt* ① (*Instrument*) scordare ② (*in schlechte Laune versetzen*) mettere di malumore; **verstimmt** *adj* scordato; **Verstimmung** *f* scordatura *f*

verstockt *adj* ▷ *Kind* testardo

verstohlen *adj* ▷ *Blick* furtivo

verstopfen *vt* → *Loch, Leck* ostruire; → *Straßen* intasare; **verstopft** *adj* MED costipato; ▷ *die Straße* intasato; **Verstopfung** *f* ostruzione *f*; MED costipazione *f*

verstorben *adj* morto; **Verstorbene(r)** *fm* defunto/a

verstört *adj* sconvolto

Verstoß *m* ⟨-es, Verstöße⟩ offesa *f* (*gegen akk* a)

verstoßen *unreg* **I.** *vt* (*fortjagen*) scacciare **II.** *vi:* ◇ **gegen das Gesetz** - contravvenire alla legge

verstreichen I. *unreg* *vt* → *Farbe* stendere; → *Butter, Honig* spalmare **II.** *vi* ← *Zeit, Chance* passare

verstreuen *vt* spargere; (*verschütten*) far cadere

verstricken *vt* ① → *Wolle* adoperare lavorando a maglia ② (*FIG verwickeln*) implicare **II.** *vr* ◇ **sich** - sbagliarsi lavorando a maglia; (*FIG hineinziehen*) imbrogliarsi (*in akk* in)

verstümmeln *vt* → *Lebewesen* mutilare; → *Nachricht* tagliare; **Verstümmelung** *f* mutilazione *f*

verstummen *vi* diventare muto

Versuch *m* ⟨-[e]s, -e⟩ tentativo *m*; ▷ *wissenschaftlich* esperimento *m*; **versuchen I.** *vt* ① (*prüfen*) provare ② (*sich bemühen etwas zu tun*) tentare di fare ③ ↑ *kosten* assaggiare **II.** *vr* ◇ **sich an e-m Thema** - cimentarsi con un argomento; **Versuchsballon** *m* pallone *m* sonda; **Versuchskaninchen** *n auch* FIG cavia *f* per esperimenti; **versuchsweise** *adv* sperimentale

Versuchung *f* tentazione *f*; ◇ **in** - **geraten/kommen** cadere in tentazione

versüßen *vt* FIG ◇ **jd-m das Leben** - raddolcire la vita a qu

vertagen I. *vt* aggiornare **II.** *vr* ◇ **sich** - ← *Gericht* rinviare la seduta; **Vertagung** *f* aggiornamento *m*

vertauschen *vt* scambiare

verteidigen *vt* → *Meinung, Recht* difendere; → *Angeklagten* difendere; **Verteidiger(in** *f*) *m* ⟨-s, -⟩ difensore/a; **Verteidigung** *f* difesa *f*; **Verteidigungsminister(in** *f*) *m* ministro *m/f* della difesa; **Verteidigungsrede** *f* JURA arringa *f*, apologia *f*

verteilen I. *vt* ↑ *aufteilen* dividere; → *Salbe* distribuire **II.** *vr* ◇ **sich** - ↑ *sich verstreuen* sparpagliarsi; **Verteiler(in** *f*) *m* distributore(-trice *f*) *m*

vertiefen I. *vt* (*tiefer graben*) scavare; (*FIG* → *Wissen*) approfondire **II.** *vr* ◇ **sich** - ① diventare più profondo ② (*sich intensiv beschäftigen*) ◇ **sich in etw** *akk* - immergersi in qc; **Vertiefung** *f* (*Boden*-) avvallamento *m*; (*geistig*) approfondimento *m* (*in akk* di)

vertikal *adj* verticale

vertilgen *vt* → *Unkraut* estirpare; FAM ↑ *essen* divorare

vertonen *vt* mettere in musica; **Vertonung** *f* messa *f* in musica

Vertrag *m* ⟨-[e]s, Verträge⟩ contratto *m*; POL trattato *m*

vertragen I. *unreg* *vt* → *Alkohol* reggere **II.** *vr* ◇ **sich** - intendersi; (*sich versöhnen*) accordarsi

vertraglich *adj* contrattuale

verträglich *adj* tollerabile

Vertragsabschluß *m* stipulazione *f* di contratto; **Vertragsbruch** *m* violazione *f* del contratto; **vertragsgemäß** *adj* conforme al contratto; **Vertragspartner(in** *f*) *m* parte *f* contraente; **vertragswidrig** *adj* contrario ai termini del contratto

vertrauen *vi* fidarsi (*jd-m* di); **Vertrauen** *n* ⟨-s⟩ fiducia *f*; ◇ - **in jd-n/etw haben** avere fiducia in qu/qc; ◇ **im** - [gesagt] in confidenza; **Vertrauensarzt** *m*, **-ärztin** *f* medico/a fiscale; **Vertrauensbruch** *m* abuso *m* della fiducia; **Vertrauensfrage** *f* questione *f* di fiducia; **vertrauensvoll** *adj* fiducioso; **vertrauenswürdig** *adj* degno di fiducia

vertraulich *adj* ▷*Mitteilung* confidenziale; **Vertraulichkeit** *f* riservatezza *f*

verträumt *adj* ① ▷*Mensch, Blick* sognante ② ▷*Ort* sperduto

vertraut *adj* ▷*Umgebung* familiare; **Vertraute(r)** *fm* confidente *m/f*; **Vertrautheit** *f* intimità *f*

vertreiben *unreg vt* ↑ *wegjagen* cacciare; ◇ **sich die Zeit** - ingannare il tempo

vertreten *unreg vt* ①→ *Standpunkt* rappresentare; → *Angeklagte* rappresentare ② ↑ *ersetzen* sostituiere ③ (*kurze Zeit laufen*) ◇ **sich** *dat* **die Beine** - sgranchirsi le gambe; **Vertreter(in** *f*) *m* ⟨-s, -⟩ rappresentante *m/f*; **Vertretung** *f* (*Handels*-) rappresentanza *f*; ◇ **in** - **von** in sostituzione di

Vertrieb *m* ⟨-[e]s, -e⟩ smercio *m*; (*-sabteilung*) vendita *f*; **Vertriebsabteilung** *f* servizio *m* di vendita; **Vertriebsleiter** *m* direttore *m* alle vendite

vertrocknen *vi* ← *Pflanze, Quelle* seccarsi

vertrösten I. *vt* ① consolare ② (*hinhalten*) tenere a bada con belle parole **II.** *vr* ◇ **sich** - nutrirsi di speranze

vertun I. *unreg vt* FAM → *Geld, Zeit* sprecare **II.** *vr* ◇ **sich** - sbagliarsi

vertuschen *vt* → [peinlichen] *Vorfall* nascondere

verübeln *vt:* ◇ **jd-m etw** - prendersela con qu per qc

verüben *vt* → *Attentat, Anschlag* compiere

verunglimpfen *vt* screditare

verunglücken *vi* avere un incidente; **verunglückt** *adj* infortunato

verunreinigen *vt* sporcare

verunstalten *vt* ← *Narbe* deturpare

veruntreuen *vt* → *Geld* appropriarsi indebitamente di

verursachen *vt* causare

verurteilen *vt* ① (*mißbilligen*) disapprovare ② (*Strafe verhängen*) condannare (*zu dat* a); ◇ **zum**

Scheitern verurteilt destinato a fallire; **Verurteilung** *f* condanna *f*

vervielfachen *vt* → *Umsatz, Zahl* moltiplicare; **Vervielfachung** *f* moltiplicazione *f*; **vervielfältigen** *vt* → *Text, Brief* riprodurre; **Vervielfältigung** *f* riproduzione *f*; **Vervielfältigungsapparat** *m* ciclostile *m*

vervierfachen *vt* quadruplicare

vervollkommnen I. *vt* → *Wissen, Kenntnisse* perfezionare **II.** *vr* ◇ **sich** - perfezionarsi (*in dat* in)

verwachsen[1] *unreg vi* ① (*verheilen*) ← *Narbe* rimarginarsi ② (*engstens verbunden*) fare tutt'uno

verwachsen[2] *adj* ① ▷*Mensch* deforme ② ▷*Garten, Grundstück* coperto di vegetazione

verwackeln *vt* FOTO rovinare una fotografia muovendo la macchina

verwählen *vr* ◇ **sich** - TELEC sbagliare numero (al telefono)

verwahren I. *vt* (*aufbewahren*) conservare **II.** *vr* ◇ **sich** - protestare (*gegen akk* contro)

verwahrlosen *vi* ← *Kind, Gebäude* essere trascurato; **verwahrlost** *adj* abbandonato

Verwahrung *f* custodia *f*; ◇ **etw** *akk* **in** - **geben** dare qc in custodia a qu

verwalten *vt* → *Haus, Amt* amministrare; **Verwalter(in** *f*) *m* ⟨-s, -⟩ amministratore(-trice *f*) *m*; **Verwaltung** *f* amministrazione *f*; **Verwaltungsbezirk** *m* circoscrizione *f* amministrativa; **Verwaltungsrecht** *n* diritto *m* amministrativo

verwandeln I. *vt* ① (*umgestalten*) convertire ② (*verzaubern*) trasformare **II.** *vr* ◇ **sich** - trasformarsi; **Verwandlung** *f* trasformazione *f*

verwandt *adj auch* FIG: ◇ **mit jd-m** - **sein** essere imparentato con qu; **Verwandte(r)** *fm* parente *m/f*; **Verwandtschaft** *f* parentela *f*

verwarnen *vt* avvertire; **Verwarnung** *f* avvertimento *m*; ◇ **gebührenpflichtige** - contravvenzione *f*

verwaschen *adj* ▷*Kleidung* sbiadire

verwechseln *vt* ① (*mit dem Bruder*) scambiare ② → **die Schuhe** scambiare; **Verwechslung** *f* scambio *m*

verwegen *adj* ▷*Tat* audace; **Verwegenheit** *f* temerarietà *f*

Verwehung *f* (*Schnee*-) cumulo *m* di neve portata dal vento

verweichlichen *vt* rendere rammollito

verweigern *vt* → *Aussage, Gehorsam* rifiutare (*jd-m* a); **Verweigerung** *f* rifiuto *m*

verweint *adj* gonfio di pianto

Verweis *m* ⟨-es, -e⟩ ↑ *Hinweis* riferimento *m* (*auf* *akk* a); **verweisen** *unreg vt* 1 ↑ *hinweisen* rinviare *(auf akk* a) 2 ↑ *ausweisen* bandire

verwelken *vi* ← *Blumen* appassire; *FIG* ← *Schönheit* appassire

verwendbar *adj* utilizzabile; **verwenden I.** *vt* utilizzare **II.** *vr sich* ◇ ← **sich für jd-n** - adoperarsi per qu; **Verwendung** *f* impiego *m*

verwerfen *unreg vt* ↑ *ablehnen* → *Plan, Methode* respingere; **verwerflich** *adj* ▷ *Handlung* riprovevole

verwerten *vt* → *Reste, Altmetall* riciclare; **Verwertung** *f* utilizzazione *f*

verwesen *vi* putrefarsi

verwickeln I. *vt* → *Garn, Wolle* ingarbugliare; *(FIG hineinziehen)* ◇ **jd-n in etw** *akk* - coinvolgere qu in qc **II.** *vr* ◇ **sich in etw** *akk* - impigliarsi in qc; *FIG* imbrogliarsi in qc; **verwickelt** *adj* complicato; **Verwickelung** *f* intrigo *m*

verwildern *vi* ← *Garten* inselvatichirsi; *FIG* ← *Kinder* essere abbandonato; **verwildert** *adj* ▷ *Park* abbandonato

verwinden *unreg vt* superare

verwirklichen I. *vt* realizzare **II.** *vr* ◇ **sich** ← *Wunsch, Hoffnung* realizzarsi; **Verwirklichung** *f* realizzazione *f*

verwirren *vt* scompigliare; *FIG* confondere; **Verwirrung** *f* ↑ *Durcheinander* scompiglio *m;* ↑ *Unsicherheit* confusione *f*

verwittern *vi* ← *Gestein, Mauer* disgregarsi

verwitwet *adj* vedovo

verwöhnen *vt* viziare; **verwöhnt** *adj* viziato

verworfen *adj* abietto

verworren *adj* ▷ *Lage, Situation* confuso; ▷ *Rede* confuso

verwundbar *adj* vulnerabile; **verwunden** *vt* ferire

verwunderlich *adj* sorprendente; **Verwunderung** *f* meraviglia *f*

Verwundete(r) *fm* ferito/a; **Verwundung** *f* *(Kriegs-)* ferita *f*

verwünschen *vt* maledire; **Verwünschung** *f* imprecazione *f*

verwurzelt *adj auch FIG* radicato

verwüsten *vt* devastare; **verwüstet** *adj* devastato; **Verwüstung** *f* *(durch Krieg, Sturm)* devastazione *f*

verzagen *vi* scoraggiarsi

verzählen *vr* ◇ **sich** - sbagliarsi nel contare

verzaubern *vt* incantare; *(FIG beglücken)* incantare

verzehnfachen *vt* decuplicare

verzehren *vt* 1 *(essen)* mangiare 2 ← *Kummer, Krankheit* consumare

verzeichnen *vt* 1 *(falsch zeichnen)* disegnare

male 2 → *Preise, Werke* registrare; **Verzeichnis** *n* lista *f; (Inhalts-)* indice *m*

verzeihen ⟨verzieh, verziehen⟩ *vt* scusare *(jd-m* qu); **verzeihlich** *adj* ▷ *Irrtum, Fehler* perdonabile; **Verzeihung** *f* perdono *m;* ◇ **-!** scusa !; ◇ **jd-n um - bitten** chiedere scusa a qu

verzerren *vt* *(verformen)* → *Gesicht* deformare; *(verfälschen)* → *Vorfall* deformare

Verzicht *m* ⟨-[e]s, -e⟩ rinuncia *f (auf akk* di); **verzichten** *vi* rinunciare *(auf akk* a)

verziehen *unreg* **I.** *vt* 1 → *Mund* storcere 2 ↑ *verwöhnen* → *Kind* viziare **II.** *vi* trasferirsi **III.** *vr* ◇ **sich** - 1 *(sich verformen)* deformarsi 2 *FAM* ← *Gewitter* cessare

verzieren *vt* → *Torte, Käseplatte* guarnire; **verziert** *adj* decorato; **Verzierung** *f* decorazione *f*

verzinnen *vt* stagnare; **verzinnt** *adj* stagnato

verzinsen I. *vt* pagare l'interesse su **II.** *vr* ◇ **sich** - ← *Pfandbrief, Obligation* dare un interesse; **Verzinsung** *f* pagamento *m* degli interessi

verzogen *adj* contorto

verzögern I. *vt* → *Abreise, Spielbeginn* ritardare **II.** *vr* ◇ **sich** - ↑ *sich hinziehen* andare per le lunghe; **verzögert** *adj* ritardato; **Verzögerung** *f* ritardo *m;* **Verzögerungstaktik** *f* tattica *f* temporeggiatrice

verzollen *vt* sdoganare; **Verzollung** *f* sdoganamento *m*

Verzug *m* *(Zahlungs-)* ritardo *m;* ◇ **in - geraten** ritardare

verzweifeln *vi* 1 disperare *(an dat* di/in) 2 *(die Geduld verlieren)* perdere la pazienza; **verzweifelt** *adj* disperato; **Verzweiflung** *f* disperazione *f;* ◇ **jd-n zur - bringen** portare qu alla disperazione *f*

verzweigen *vr* ◇ **sich** - ← *Ast, Weg, Familie* ramificarsi; **Verzweigung** *f* ramificazione *f*

verzwickt *adj FAM* imbrogliato

Vesper *f* ⟨-, -n⟩ 1 *(REL Christ-)* cena *f* 2 *(-pause)* merenda *f*

Vesuv *m* ⟨-[s]⟩ Vesuvio *m*

Veteran *m* ⟨-en, -en⟩ *(Vietnam-)* veterano *m*

Veterinär(in *f)* *m* veterinario/a

Veto *n* ⟨-s, -s⟩ veto *m;* ◇ **- einlegen** porre il veto

Vetter *m* ⟨-s, -n⟩ cugino *m*

vgl. *Abk v.* **vergleiche** cfr.

Viadukt *m* ⟨-[e]s⟩ viadotto *m*

Vibration *f* vibrazione *f;* **vibrieren** *vi* ← *Boden, Glas* vibrare

Video *n* ⟨-s, -s⟩ video *m;* **Videoclip** *m* ⟨-s, -s⟩ videoclip *m;* **Videogerät** *n* apparecchio *m* video; **Videokamera** *f* videocamera *f;* **Videokassette** *f* videocassetta *f;* **Videorecorder** *m*

⟨-s, -⟩ videoregistratore *m;* **Videospiel** *n* videogioco *m;* **Videothek** *f* ⟨-, -en⟩ videoteca *f*

Vieh *n* ⟨-[e]s⟩ bestiame *m;* **Viehbestand** *m* patrimonio *m* zootecnico; **viehisch** *adj* (*grausam, roh*) bestiale; **Viehzüchter** *m* allevatore *m* di bestiame

viel I. *adj* ⓵ (*Volumen*) molto ⓶ (*zahlreich*) molto ⓷ (*groß*) ▷*Freude* molto **II.** *adv* ⓵ molto, tanto, assai ⓶ (*oft*) spesso **III.** *pron* ⟨inv⟩ molto; ◇ **- zu sagen haben** avere molte cose da dire **IV.** *pron:* ◇ **-es** molte cose *f/pl* **V.** *pron* (*pl*): ◇ **-e** molti *m/pl*, molte *f/pl*; **vieldeutig** *adj* ▷*Begriff* dai molti significati; **Vieleck** *n* poligono *m;* **vielerlei** *adj* ⟨inv⟩ di molte specie; **vielfach I.** *adj* molteplice; ◇ **auf -en Wunsch** a richiesta generale **II.** *adv* (*oft*) più volte; **Vielfache** *n* multiplo *m;* **Vielfalt** *f* ⟨-⟩ molteplicità *f;* **vielfältig** *adj* ▷*Begabung* molteplice, vario; **Vielfraß** *m* mangione *m*

vielleicht *adv* forse; (*FAM verstärkend*) ◇ **du bist - dumm!** non sarai mica scemo?

vielmals *adv:* ◇ **danke - !** grazie tante !; ◇ **ich bitte - um Entschuldigung** scusi tanto; **vielmehr** *cj* (*richtiger, besser*) anzi; **vielsagend** *adj* ▷*Blick* eloquente; **vielseitig** *adj* ▷*Interessen* multilaterale; **vielversprechend** *adj* ▷*Blick* promettente; ▷*Unternehmen* promettente; **Vielzahl** *f* ⟨-⟩ (*große Anzahl*) pluralità *f*

vier *nr* quattro; ◇ **unter - Augen** a quattr'occhi; ◇ **auf allen -en gehen** andare a carponi; **Viereck** *n* ⟨-[e]s, -e⟩ MATH quadrato *m;* **viereckig** *adj* quadrato; **vierfach** *adj* quadruplo; **vierfüßig** *adj* quadrupede; **Vierfüßler** *m* quadrupede *m;* **vierhändig** *adj:* ◇ **- [Klavier] spielen** suonare a quattro mani; **vierhundert**, *nr* quattrocento; **vierjährig** *adj* (*4 Jahre alt*) di quattro anni; (*4 Jahre dauernd*) quadriennale; **Vierling** *m* gemello *m* quadrigemino; **Viermächteabkommen** *m* accordo *m* quadripartito; **viermal** *adv* quattro volte; **Viertakter** *m* motore *m* a quattro tempi; **Viertaktmotor** *m* motore *m* a quattro tempi; **vierteilen** *vt* → *Kuchen, Schokolade* dividere in quattro parti; **vierte** *adj* quarto

Viertel *n* ⟨-s, -⟩ ⓵ (*Stadt-*) quartiere *m* ⓶ (*von Beute, Kuchen*) quarto *m;* ◇ **- vor/nach 11** le undici e/meno un quarto; **Viertelfinale** *n* quarti *m/pl* di finale; **Vierteljahr** *n* trimestre *m;* **vierteljährlich** *adj* trimestrale; **Viertelnote** *f* MUS semiminima *f;* **Viertelpause** *f* pausa *f* di semiminima; **Viertelstunde** *f* quarto *m* d'ora

viertens *adv* in quarto luogo

viertürig *adj* ▷*Auto* a quattro porte

vierzehn *nr* quattordici; **vierzehntägig** *adj* ▷*Urlaub* di due settimane

Vierzeiler *m* quartina *f*

vierzig *adj, nr* quaranta; **Vierzigjährige(r)** *f/m* quarantenne *m/f*

Vierzimmerwohnung *f* appartamento *m* di quattro stanze

Vietnam *n* ⟨-s⟩ Vietnam *m*

Vikar(in *f*) *m* ⟨-s, -e⟩ REL vicario *m*

Villa *f* ⟨-, Villen⟩ villa *f;* **Villenviertel** *n* quartiere *m* di ville

Vinaigrette *f* vinaigrette *f*

Viola *f* MUS viola *f*

violett *adj* violetto

Violine *f* violino *m;* **Violinkonzert** *n* concerto *m* di violino; **Violinschlüssel** *m* chiave *f* di violino

VIP *Abk v. s.* very important person vip *m/f*

Viper *f* ⟨-, -n⟩ FAUNA vipera *f*

Virologie *f* MED virologia *f*

Virtuose *m,* **Virtuosin** *f* virtuoso/a; **Virtuosität** *f* virtuosità *f*

virulent *adj* BIO virulento; **Virus** *m o n* ⟨-, Viren⟩ virus *m*

Visier *n* ⟨-s, -e⟩ (*an Waffe*) visiera *f;* (*beobachten*) ◇ **jd-n/etw im - haben** osservare qu/qc

Vision *f* (*Traum, Erscheinung*) visione *f*

Visite *f* ⟨-, -n⟩ MED visita *f*

Visitenkarte *f* carta *f* di visita

Visum *n* ⟨-s, Visa o. Visen⟩ visto *m*

vital *adj* vitale; (*unternehmungslustig*) vitale

Vitamin *n* ⟨-s, -e⟩ vitamina *f;* **Vitaminmangel** *m* mancanza *f* di vitamine

Vitrine *f* vetrina *f*

Vizekanzler(in *f*) *m* vicecancelliere *m/f;* **Vizekonsul(in** *f*) *m* viceconsole *m/f;* **Vizepräsident(in** *f*) *m* vicepresidente(-essa *f*) *m*

Vogel *m* ⟨-s, Vögel⟩ uccello *m;* FAM ◇ **e-n - haben** essere matto; FAM ◇ **jd-m den - zeigen** dare del matto a qu; **Vogelbauer** *n* ⟨-, -⟩ gabbia *f* per uccelli; **Vogelbeere** *f* sorba *f;* **Vogelhaus** *f* uccelliera *f;* **Vogelkirsche** *f* visciola *f;* **Vogelperspektive** *f* prospettiva *f* a volo d'uccello; **Vogelscheuche** *f* ⟨-, -n⟩ spauracchio *m;* **Vogelzug** *m* migrazione *f* degli uccelli

Vogesen *pl* Vosgi *m/pl*

Vöglein *n* uccellino *m*

Vogt *m* ⟨-s, Vögte⟩ (*Land-, Schloß-*) castaldo *m*

Vokabel *f* ⟨-, -n⟩ vocabolo *m;* **Vokabular** *n* ⟨-s, -e⟩ vocabolario *m*

Vokal *m* ⟨-s, -e⟩ vocale *f;* **Vokallänge** *f* quantità *f* vocalica; **Vokalmusik** *f* musica *f* vocale

Volk *n* ⟨-[e]s, Völker⟩ popolo *m;* (*Bienen-*) popolazione *f*

Völkerbund *m* società *f* delle nazioni; **Völkerkunde** *f* etnologia *f;* **Völkermord** *m* † *Genozid*

genocidio *m;* **Völkerrecht** *n* diritto *m* internazionale; **völkerrechtlich** *adj* di dirtto internazionale; **Völkerschlacht** *f* battaglia *f* delle nazioni; **Völkerverständigung** *f* intesa *f* tra i popoli; **Völkerwanderung** *f* migrazione *f* dei popoli

Volksabstimmung *f* referendum *m;* **Volksarmee [nationale]** *f* forze *f/pl* armate popolari; **Volksarmist** *m* soldato *m* delle forze armate popolari; **Volksbefragung** *f* consultazione *f* popolare; **Volksbegehren** *n* proposta *f* di legge d'iniziativa popolare; **volkseigen** *adj* (*ehem. DDR*) nazionalizzato; **Volkseinkommen** *n* reddito *m* nazionale; **Volksfest** *n* festa *f* popolare; **Volksgemeinschaft** *f* comunità *f* popolare; **Volkshochschule** *f* scuola *per adulti a più indirizzi che non rilascia alcun titolo professionale;* **Volkslied** *n* canto *m* popolare; **Volksmusik** *f* musica *f* popolare; **Volkspartei** *f* partito *m* popolare; **Volksrepublik** *f* repubblica *f* popolare; **Volkstanz** *m* danza *f* popolare; **Volkstrauertag** *m* giornata *f* di lutto nazionale; **volkstümlich** *adj* popolaresco; **Volksvertreter(in)** *f) m* ↑ *Abgeordnete(r)* rappresentante *m/f* del popolo; **Volkswirt** *m* economista *m/f;* **Volkswirtschaft** *f* economia *f* politica; **volkswirtschaftlich** *adj* di economia politica; **Volkswirtschaftslehre** *f* economia *f* politica; **Volkszählung** *f* censimento *f* della popolazione

voll *adj* ① ▷*Eimer, Mund* pieno; ② ▷*Erfolg, Verantwortung* pieno; ③ (*dick*) ▷*Wangen* pieno; ④(*FAM satt*) ◇ - **sein** essere pieno; ⑤ (*ernst nehmen*) ◇ **jd-n für - nehmen** prendere qu sul serio; **vollauf** *adv* completamente; **vollautomatisch** *adj* completamente automatico; **Vollbart** *m* barba *f* piena; **Vollbeschäftigung** *f* piena occupazione *f;* **vollbesetzt** *adj* esaurito; **Vollbesitz** *m:* ◇ **im - seiner Kräfte** in pieno possesso delle sue facoltà; **vollbringen** *unreg vt* realizzare; **Volldampf** *m:* ◇ **mit - voraus** avanti a tutto vapore

vollenden *vt* → *Satz, Arbeit* completare; **vollendet** *adj* terminato, concluso; ◇ **jd-n vor -e Tatsachen stellen** mettere qu di fronte al fatto compiuto; **vollends** *adv* completamente; **Vollendung** *f* ① compimento *m* ② (*Vervollkommnung*) perfezionamento *m*

voller *adj* ⟨inv⟩ pieno (*gen* di)

Volleyball *m* pallavolo *m;* **Volleyballspiel** *n* pallavolo *m*

Vollgas *n;* ◇ **mit - a tutto gas;** ◇ **- gehen** dare tutto il gas

völlig *adj* ↑ *vollkommen* ▷*Erschöpfung* completo

volljährig *adj* maggiorenne; **Volljährige(r)** *f/m* maggiorenne *m/f;* **Volljährigkeit** *f* maggiorenza *f*

Vollkaskoversicherung *f* AUTO assicurazione *f* die totale copertura; **vollkommen** *adj* perfetto, compiuto; **Vollkommenheit** *f* perfezione *f;* **Vollkornbrot** *n* pane *m* integrale; **Vollkornmehl** *n* farina *f* integrale; **vollmachen** *vt* riempire; *FAM* ◇ **sich die Hose** - farsela addosso; **Vollmacht** *f* ⟨-, -en⟩ delega *f;* ◇ - **haben** avere la procura; **Vollmilch** *f* latte *m* intero; **Vollmond** *m* luna *f* piena; **Vollpension** *f* pensione *f* intera; **vollsaugen** *vr* ◇ **sich - ←** *Schwamm, Stoff* impregnarsi completamente; **vollschlank** *adj* rotondetto; **vollständig** *adj* completo; **vollstreckbar** *adj* esecutivo; **vollstrecken** *vt* → *Urteil* eseguire; **volltanken** *vi* fare il pieno di benzina; **Volltreffer** *m* colpo *m* in pieno; *FIG* bel colpo *m;* **Vollversammlung** *f* assemblea *f* plenaria; **Vollwaise** *f* orfano/a di ambedue i genitori *m;* **vollzählig** *adj* completo; **vollziehen** *unreg* I. *vt* → *Urteil* eseguire II. *vr* ◇ **sich -** (*geschehen*) compiersi; **Vollzug** *m* (*Straf-*) esecuzione *f*

Volontär(in *f*) *m* volontario/a

Volt *n* ⟨- *o.* -[e]s, -⟩ PHYS volt *m*

Volumen *n* ⟨-s, - *o.* Volumina⟩ volume *m*

von *präp dat* ① (*lokal*) da; (*Herkunft*) da, di ② (*Trennung, Entfernung*) da ③ (*von seiten*) da parte di, da ④ (*zeitlich*) zeitlich; ◇ **- 8 Uhr bis 11 Uhr** dalle 8.00 alle 11.00 ⑤ (*kausal*) ◇ **müde von der Arbeit heim kommen** tornare a casa stanco dal lavoro; **voneinander** *adv* l'uno dall'altro; **vonstatten** *adv:* ◇ **- gehen** andare avanti

vor *präp akk/dat* ① (*lokal, dat, akk*) davanti a; (*vor Erreichung, dat*) davanti a ② (*im Beisein, dat*) in presenza di ③ (*temporal, dat*) prima di ④ (*gegen, dat*) ◇ **- Kälte schützen** proteggere dal freddo ⑤ (*in bezug auf, dat*) per, di; ◇ **Achtung - jd-m haben** avere rispetto di qu ⑥ (*kausal*) ◇ **- Hunger sterben** morire dalla fame; **vorab** *adv* (*im voraus, zunächst*) dapprima

Vorabend *m* vigilia *f*

voran *adv* avanti; **vorangehen** *unreg vi* andare avanti (*dat* a), precedere (*jd-m* qu); **vorankommen** *unreg vi* andare avanti; ◇ **im Leben -** avere successo nella vita

Voranschlag *m* (*Kosten-*) preventivo *m*

voranstellen *vt* → *Text, Vorwort* mettere innanzi

Vorarbeiter(in *f*) *m* caposquadra *m/f*

voraus *adv* ① (*zeitlich*) prima, in anticipo ②

(örtlich) avanti, davanti; **vorausgehen** *unreg vi* andare avanti *(jd-m/etw* a); **voraushaben** *unreg vt:* ◇ **jd-m etw** - essere superiore a qu in qc; **Voraussage** *f (Wetter-)* previsione *f;* **voraussagen** *vt* ↑ *prophezeien* predire; **voraussehen** *unreg vt* prevedere; **voraussetzen** *vt* presupporre; ◇ **vorausgesetzt, daß ...** ammesso che ...; **Voraussetzung** *f (Bedingung)* premessa *f; (Annahme)* supposizione *f;* ◇ **unter der -, daß** a condizione che; **Voraussicht** *f* previsione *f;* ◇ **aller - nach** secondo ogni probabilità; *FAM* ◇ **in weiser -** per precauzione; **voraussichtlich** *adv* probabilmente

Vorbau *m* avancorpo *m;* **vorbauen** I. *vt* costruire davanti II. *vi* prevenire qc

Vorbehalt *m* ⟨-[e]s, -e⟩ riserva *f;* ◇ **[nur] unter -** con riserva; **vorbehalten** *unreg* I. *vt* fare delle riserve su II. *vr:* ◇ **sich** *dat* **[etw]** - riservarsi qc

vorbei *adv (räumlich)* davanti; *(zeitlich)* passato; *(zu Ende)* finito; *FAM* ◇ **2 Uhr** - sono le due passate; **vorbeifahren** *unreg vi* passare davanti con un veicolo; **vorbeigehen** *unreg vi* ① passare davanti a piedi; *(FAM kurz besuchen)* ◇ **bei jd-m** - passare da qu ② *(nicht beachten)* ◇ **e-e Chance - lassen** lasciarsi sfuggire una possibilità; **vorbeimarschieren** *vi* passare marciando; **vorbeischießen** *vi* sbagliare il colpo

vorbelastet *adj* compromesso

Vorbemerkung *f* premessa *f* preliminare

vorbereiten I. *vt* → *Fest, Prüfung* preparare II. *vr* ◇ **sich** - prepararsi *(auf akk* per); **Vorbereitung** *f* preparazione *f*

vorbestellen *vt* → *Buch, Kinokarte* ordinare

vorbeugen I. *vi* prevenire pc II. *vr* ◇ **sich** - sporgersi in avanti; **vorbeugend** *adj* ▷*Maßnahmen* preventivo; **Vorbeugung** *f* prevenzione *f;* ◇ **zur - gegen** *akk* come prevenzione contro

Vorbild *n* modello *m;* ◇ **sich** *dat* **jd-n zum -nehmen** prendere esempio da qu; **vorbildlich** *adj* ▷*Schüler* modello

vorbringen *unreg vt* ① → *Einwand, Wunsch* esprimere ② *(FAM nach vorne bringen)* portare avanti

vorchristlich *adj* ▷*Zeit* avanti Cristo

Vordach *n* tettoia *f*

vordere(r, -s) *adj* anteriore

Vorderachse *f* asse *m* anteriore; **Vorderansicht** *f* vista *f* anteriore; **Vorderasien** *n* ⟨-s⟩ Asia *f* anteriore; **Vorderfront** *f* parte *f* anteriore; **Vordergrund** *m* davanti *m; FIG* ◇ **im - stehen** stare in primo piano; **vordergründig** *adj* ▷*Argument* evidente; **Vordermann** *m* chi sta davanti; *FAM* ◇ **jd-n auf - bringen** richiamare

all'ordine qu; **Vorderrad** *n* ruota *f* anteriore; **Vorderradantrieb** *m* AUTO trazione *f* anteriore; **Vorderseite** *f* parte *f* anteriore

vorderste(r, -s) *adj* ▷*Platz* primo

Vordersteven *m* ruota *f* di prua

vordrängen *vr* ◇ **sich** - farsi avanti

Vordringen *n* avanzamento *m*

Vordruck *m* modulo *m*

vorehelich *adj* ▷*Geschlechtsverkehr* prematrimoniale

voreilig *adj* precipitoso

voreingenommen *adj* prevenuto; **Voreingenommenheit** *f* preconcetti *m/pl*

vorenthalten *unreg vt:* ◇ **jd-m etw** - privare qu di qc

vorerst *adv (zunächst)* per il momento

vorfahren *unreg vi* passare avanti

Vorfahrt *f* precedenza *f;* ◇ **- achten!** dare la precedenza; **Vorfahrtsrecht** *n* diritto *m* di precedenza; **Vorfahrtsregel** *f* norme *f/pl* di precedenza; **Vorfahrtsschild** *n* segnale *m* di precedenza; **Vorfahrtsstraße** *f* strada *f* con diritto alla precedenza; **Vorfahrtsverletzung** *f* infrazione *m* del diritto alla precedenza

Vorfall *m* avvenimento *m;* **vorfallen** *unreg vi* accadere

Vorfeld *n* terreno *m* anitstante

vorfinden *unreg vt* incontrare

Vorfreude *f* gioia *f* dell'attesa

vorführen *vt* ① *(zeigen)* mostrare ② *(nach vorn führen)* condurre avanti ③ *(eintreten lassen)* introdurre; **Vorführkabine** *f* cabina *f* di proiezione; **Vorführrechte** *pl* diritti *m/pl* di proiezione; **Vorführung** *f (e-s Theaterstückes)* esibizione *f;* **Vorführungsbefehl** *m* JURA mandato *m* di comparizione

Vorgang *m* andamento *m*

Vorgänger(in) *f m* ⟨-s, -⟩ predecessore/a

Vorgarten *m* giardino *m*

vorgeben *unreg vt* ① *(vortäuschen)* fingere ② *(nach vorn reichen)* precedere ③ *(SPORT Vorteil gewähren)* precedere

Vorgebirge *n* promontorio *m*

vorgefaßt *adj* ▷*Meinung* preconcetto

vorgefertigt *adj* ▷*Gardinen* confezionato

Vorgefühl *n* presentimento *m*

vorgeschoben *adj* avanzato

vorgeschrieben *adj* imposto

vorgehen *unreg vi* ① *(zeitlich)* ← *Uhr* andare avanti ② *(Vorrang haben)* avere la precedenza ③ JURA ◇ **gegen jd-n** - procedere contro qu

Vorgehen *n* ⟨-s⟩ procedimento *m*

Vorgeschmack *m* assaggio *m*

Vorgesetzte(r) *fm* superiore *m/f*

vorgestern *adv* l'altro ieri

vorgreifen *unreg vi* ↑ *vorwegnehmen* prevenire qu

vorhaben *unreg vt* ↑ *beabsichtigen* avere l'intenzione di; **Vorhaben** *n* ⟨-s, -⟩ intenzione *f*

Vorhalle *f* ingresso *m*

vorhalten *unreg vt* (*vorwerfen, beschuldigen*) rimproverare (*jd-m etw* qu di qc); **Vorhaltung** *f* ↑ rimprovero *m*; ◇ **jd-m -en machen** rimproverare qu

Vorhand *f* TENNIS diritto *m*

vorhanden *adj* ↑ *verfügbar* disponibile; ◇ - **sein** esserci

Vorhang *m* (*an Fenster*) tendina *f*; THEAT sipario *m*

Vorhängeschloß *n* lucchetto *m*

Vorhaut *f* prepuzio *m*

vorher *adv* precedentemente; **vorherbestimmen** *vt* determinare in anticipo; **vorhergehen** *unreg vi* precedere; **vorherig** *adj* ▷ *Urlaub* precedente

Vorherrschaft *f* predominio *m*, **vorherrschen** *vi* predominare (*über akk* su)

Vorhersage *f* (*Wetter-*) previsione *f*; **vorhersagen** *vt* predire

vorhersehbar *adj* prevedibile; **vorhersehen** *unreg vt* prevedere

vorhin *adv* (*vor kurzem*) poco fa

vorig *adj* ▷ *Direktor* precedente; ▷ *Woche* scorso

Vorjahr *n* anno *m* precedente

Vorkehrung *f* provvedimento *m*; ◇ -**en treffen** prendere provvedimenti

Vorkenntnis *f* cognizione *f* preliminare

vorkommen *unreg* **I.** *vi* 1 ↑ *vortreten* venire avanti 2 ↑ *geschehen, passieren* accadere 3 ↑ *vorhanden sein* esserci 4 (*empfinden*) ◇ **er kommt mir bekannt vor** mi sembra di conoscerlo **II.** *vr* ◇ **sich - (sich fühlen)**: ◇ **sich dat** dumm - credersi stupido; **Vorkommen** *n* ⟨-s, -⟩ (*von Erdöl, Silber*) presenza *f*; **Vorkommnis** *n* ↑ *Vorfall* avvenimento *m*

Vorkriegszeit *f* periodo *m* prebellico

vorladen *vt* JURA citare in giudizio; **Vorladung** *f* JURA citazione *f* in giudizio

Vorlage *f* 1 TYP originale *m* 2 JURA progetto *m* di legge

vorlassen *unreg vt* 1 (*eintreten lassen*) far entrare 2 (*empfangen*) ricevere

vorläufig *adj* ▷ *Ergebnis* provvisorio

vorlaut *adj* ▷ *Schüler* impertinente

Vorlegebesteck *n* posate *f*/*pl*

vorlegen *vt* 1 (*zur Unterschrift*) sottoporre per la firma; → *Plan, Entwurf* presentare 2 → *ein Schloß* mettere un lucchetto 3 → *Fleisch, Gemüse* servire

Vorleistung *f* prestazione *f* anticipata

vorlesen *unreg vt* leggere ad alta voce; **Vorlesung** *f* SCHULE lezione *f*; **Vorlesungsverzeichnis** *n* SCHULE calendario *m* delle lezioni

vorletzte(r,-s) *adj* penultimo

Vorliebe *f* preferenza *f*; **vorliebnehmen** *unreg vi* accontentarsi (*mit dat* di)

vorliegen *unreg vi* ← *Akte, Angebot* esserci, esistere; **vorliegend** *adj* ▷ *Fall* presente

vormachen *vt* 1 (*zeigen*) mostrare 2 (*FIG vortäuschen*) ◇ **jd-m etw** - dare a intendere qc a qu

Vormachtstellung *f* egemonia *f*

vormals *adv* ↑ *früher* in passato

Vormarsch *m* avanzata *f*; ◇ **auf dem - sein** stare avanzando

vormerken *vt* (*notieren*) annotare

Vormittag *m* mattina *f*; ◇ **im Laufe des -s** nel corso della mattinata; **vormittags** *adv* di mattina

Vormund *m* JURA tutore(-trice *f*) *m*; **Vormundschaft** *f* tutela *f*; **vormundschaftlich** *adj* tutelare

vorn[e] *adv* 1 ◇ **nach** - davanti 2 (*von Anfang an*) ◇ **von** - dall'inizio; ↑ *von neuem* ◇ **von** - **anfangen** ricominciare da capo

Vorname *m* nome *m* di battesimo

vornan *adv* davanti

vornehm *adj* distinto

vornehmen *unreg* **I.** *vt* 1 ↑ *hervornehmen* tirare fuori 2 (*bevorzugt behandeln*) → *Patienten, Kunden* servire prima **II.** *vr* 1 ◇ **sich dat** - ↑ *beabsichtigen* prefiggersi 2 *FAM* ◇ **sich dat jd-n** - dare una strapazzata a qu

vornehmlich *adv* particolarmente

vornherein *adv*: ◇ **von** - fin da principio

vornhin *adv* (*an die Spitze*) in cima

Vorort *m* sobborgo *m*; **Vorortbewohner(in** *f*) *m* abitante *m*/*f* di un sobborgo; **Vorortzug** *m* treno *m* suburbano

vorprogrammiert *adj* ▷ *Erfolg* programmato

Vorrang *m* primato *m*; **vorrangig** *adj* prioritario

Vorrat *m* provvista *f*; **vorrätig** *adj* in magazzino; **Vorratskammer** *f* dispensa *f*; **Vorratsschrank** *m* dispensa *f*

Vorrecht *n* ↑ *Privileg* privilegio *m*

Vorrede *f* prefazione *f*

Vorrichtung *f* ↑ *Apparat* attrezzatura *f*

vorrücken **I.** *vt* → *Möbelstück* spostare avanti **II.** *vi* ← *Nacht, Zeiger* avanzare

Vorrunde *f* SPORT eliminatoria *f*

vorsagen vt ① dire ② (zuflüstern) suggerire
Vorsaison f bassa f stagione
Vorsatz m ↑ Absicht proposito m; ◇ **e-n ~ fassen** prendere una risoluzione; JURA premeditazione f; **vorsätzlich** adj intenzionale; JURA premeditato
Vorschau f MEDIA presentazione f dei programmi
Vorschein m: ◇ **zum ~ kommen/bringen** portare alla luce
vorschießen unreg vt → Geld anticipare
Vorschlag m proposta f; **vorschlagen** unreg vt (empfehlen, raten) consigliare
Vorschlußrunde f semifinale f
vorschnell adj ▷Antwort precipitato
vorschreiben unreg vt ① mostrare come si scrive ② (FIG befehlen) prescrivere; **Vorschrift** f ↑ Anweisungen disposizione f; ◇ **jd-m ~en machen** dare disposizioni a qu; **vorschriftsmäßig** adj conforme alle disposizioni
Vorschuß m (Lohn-) anticipo m
vorschützen vt prendere a pretesto
vorsehen unreg I. vt ← Gesetz contemplare II. vr ◇ **sich ~** (sich in acht nehmen) guardarsi (vor dat da); **Vorsehung** f ↑ Schicksal provvidenza f
vorsetzen vt ① mettere davanti (jd-m a) ② PEJ → Essen, Trinken servire
Vorsicht f prudenza f; **vorsichtig** adj prudente; **vorsichtshalber** adv per prudenza; **Vorsichtsmaßnahme** f misura f precauzionale
Vorsilbe f prefisso m
vorsingen unreg vt cantare davanti a qu
Vorsitz m presidenza f; **Vorsitzende(r)** fm presiden|te(-tessa f) m
Vorsorge f precauzione f; MED prevenzione f; **vorsorgen** vi provvedere (für a; ak a); **vorsorglich** adv per precauzione
Vorspann m ⟨-s, -e⟩ FILM titoli m/pl di tasta
Vorspeise f antipasto m
vorspiegeln vt ↑ vortäuschen far credere (jd-m a)
Vorspiel n MUS preludio m; (sexuell) giochi m/pl preliminari
vorsprechen I. unreg vt recitare, declamare II. vi far visita a
vorspringend adj sporgente
Vorsprung m ① (Fels-) sporgenza f ② (vor Verfolger) vantaggio m
Vorstadt f periferia f
Vorstand m (von Firma) direzione f; (Mensch) direttore(-trice f) m
vorstehen unreg vi ← Zähne sporgere; FIG essere a capo (jd-m/etw di qu/qc)
vorstellbar adj concepibile; **vorstellen** I. vt ①

→ Uhr mettere avanti; → vorrücken spostare in avanti ② (davor stellen) mettere davanti ③ (bekannt machen) presentare ④ (im Theater) rappresentare II. vr ◇ **sich** dat etw ~ immaginarsi; **Vorstellung** f ↑ Gedanke concetto m; ↑ Einbildung imaginazione f; THEAT rappresentazione f; **Vorstellungsgespräch** n colloquio m di presentazione
Vorstrafe f condanna f precedente
vorstrecken vt ① → Hand allungare ② → Geld anticipare
Vortag m vigilia f
vortäuschen vt fingere
Vorteil m ⟨-s, -e⟩ vantaggio m; (Gewinn, Nutzen) guadagno m; **vorteilhaft** adj vantaggioso
Vortrag m ⟨-[e]s, -träge⟩ ① (von Professoren) conferenza f ② MUS esecuzione f; **vortragen** unreg vt ① portare davanti ② → Plan, Referat esporre ③ (künstlerisch) → Lied, Gedicht recitare; **Vortragende(r)** fm ① MUS interprete m/f ② (an der Universität) conferenziere/a
vortrefflich adj eccellente
vortreten unreg vi ↑ hervorstehen farsi innanzi; **Vortritt** m precedenza f; ◇ **jd-m den ~ lassen** cedere il passo a qu
Vorturner m caposquadra m
vorüber adv passato, finito; **vorübergehen** unreg vi ① (zeitlich) passare, finire ② (nicht bemerken) trascurare (an dat qc); **vorübergehend** adj temporaneo; **Vorübergehende(r)** fm passante m/f
Vorurteil n pregiudizio m
Vorverhandlung f trattativa f preliminare
Vorverkauf m vendita f anticipata
vorverlegen vt (früher ansetzen) → Prüfung anticipare
Vorwahl f POL elezione f preliminare; TELEC preselezione f; **Vorwählnummer** n prefisso m teleselettivo; **vorwählen** vt TELEC fare il prefisso
Vorwand m ⟨-[e]s, -wände⟩ pretesto m
vorwärts adv avanti; **Vorwärtsgang** m AUTO marcia f avanti; **vorwärtsgehen** unreg vi andare avanti; (FIG besser werden) migliorare; **vorwärtskommen** unreg vi andare avanti; (FIG Erfolg haben) progredire
Vorwäsche f prelavaggio m
vorweg adv (im voraus) prima; **Vorwegnahme** f ⟨-, -n⟩ anticipazione f; **vorwegnehmen** unreg vt (vorher sagen) anticipare
vorweisen unreg vt → Paß mostrare
vorwerfen unreg vt ① (zum Fraß) gettare davanti ② (FIG kritisieren) criticare (jd-m etw a qu qc)

vorwiegend adj predominante
vorwitzig adj ▷Kind impertinente
Vorwort n ‹-[e]s, -e› ↑ Einleitung prefazione f
Vorwurf m rimprovero m; ◇ jd-m Vorwürfe machen rimproverare qu; **vorwurfsvoll** adj ▷Blick pieno di rimproveri
Vorzeichen n ↑ Omen segno m; MATH segno m
vorzeigen vt → Paß, Fahrschein esibire
vorzeitig adj ▷Entbindung anticipato
vorziehen unreg vt ① → Gardinen chiudere tirando ② (bevorzugt behandeln) → Patienten, Schüler prediligere ③ (Sekt statt Mineralwasser) preferire
Vorzimmer n anticamera f
Vorzug m ① (gute Eigenschaft) pregio m ② (Vorrang) priorità f
vorzüglich adj ▷Essen eccellente
vorzugsweise adv preferibilmente
Votum n ‹-s, Voten o. Vota› (Urteil, Gutachten) voto m, ◇ ein - abgeben dare il (proprio) voto
vulgär adj ▷Ausdruck, Person volgare
Vulkan m ‹-s, -e› vulcano m; **vulkanisch** adj vulcanico; **vulkanisieren** vt vulcanizzare

W

W, w n W, w f
Waage f ‹-, -n› bilancia f; ASTROL bilancia f; **waagerecht** adj orizzontale; **Waagschale** m piatto m della bilancia
wabb[e]lig adj molle; **wabbeln** vi tremolare
Wabe f ‹-, -n› favo m
wach adj sveglio; (FIG geistig rege) sveglio
Wachablösung f cambio m della guardia; **Wachdienst** servizio m di guardia; **Wache** f ‹-, -n› (Person) guardia f; (Polizeirevier) posto m di polizia; ◇ - halten essere di guardia a; ◇ - stehen stare di guardia a; **wachen** vi (Wache halten) fare la guardia (bei dat a); **wachhalten** unreg vt tenere sveglio; → Erinnerung mantenere vivo; **Wachhund** m cane m da guardia; **Wachmannschaft** f MIL corpo m di guardia
Wacholder m ‹-s, -› ginepro m; **Wacholderbeere** f bacca f di ginepro; **Wacholderschnaps** m acquavite f di ginepro
wachrufen unreg vt FIG → Erinnerung risvegliare; → Schmerz risvegliare; **wachrütteln** vt → Schläfer svegliare [scuotendo]; FIG → Gesellschaft scuotere

Wachs n ‹-es, -e› (Bienen-) cera f; (Kerzen-) cera f; (FIG gefügige Person) ◇ weich wie - werden diventare docile
wachsam adj vigile; **Wachsamkeit** f vigilanza f
wachsen¹ ‹wuchs, gewachsen› vi ← Kind crescere; ← Anforderungen aumentare
wachsen² ‹wachste, gewachst› vt → Fußboden dar la cera a
Wachspapier n carta f cerata; **Wachstuch** n tela f cerata
Wachstum n ‹-s› crescita f
wachsweich adj ▷Formulierung condiscendente; ▷Ei à la coque
Wachtel f FAUNA quaglia f
Wächter(in f) m ‹-s, -› guardiano(a) m; (Parkplatz-) custode m/f; (Museums-) custode m/f; (Nacht-) metronotte m/f; (Leib-) guardia f del corpo; **Wachtposten** m soldato m di guardia; **Wachtturm** m torre f di guardia
wackelig adj ▷Stuhl traballante; ▷Zahn traballante; ▷Person traballante; **Wackelkontakt** m ELECTR contatto difettoso m; **wackeln** vi traballare; (laufen) barcollare; (FIG Position) traballare
Wade f ‹-, -n› ANAT polpaccio m; **Wadenkrampf** m crampo m al polpaccio; **Wadenwickel** m (bei Fieber) impacco m al polpaccio
Waffe f ‹-, -n› (Schuß-) arma f; FIG ◇ jd-n mit den eigenen - schlagen battere qu con le proprie armi
Waffel f ‹-, -n› (Keks, Eis-) cialda f; **Waffeleisen** n forma f da cialde
Waffenhändler(in f) m commerciante m/f d'armi; **Waffenruhe** f MIL tregua f; **Waffenschein** m porto m d'armi; **Waffenstillstand** m tregua f
Wagemut m audacia f; **wagemutig** adj audace; **wagen** vt osare; (riskieren) rischiare
Wagen m ‹-s, -› vettura f; AUTO automobile f; BAHN vettura f; (Pferde-) carrozza f; **Wagenheber** m ‹-s, -› cricco m; **Wagenladung** f carico m; **Wagenpark** m macchine f/pl di servizio
Waggon m ‹-s, -s› vagone m; (Güter-) vagone (merci) m
waghalsig adj temerario; **Wagnis** n rischio m
Wahl f ‹-, -en› scelta f; POL elezioni f/pl; (Güteklasse) ◇ zweite - seconda scelta; **Wahlausschuß** m commissione f elettorale; **wählbar** adj eleggibile; **wahlberechtigt** adj avente diritto di voto; **Wahlbeteiligung** f partecipazione f elettorale; **Wahlbezirk** m circoscrizione f elettorale; **wählen** vt, vi ① votare; POL votare,

eleggere; ◊ **jd-n zum Kanzler ~ eleggere qu**
cancelliere ② TELEC fare il numero; **Wähler**
(in f) m ‹-s, -› elettore(trice) m; **wählerisch** adj
schifiltoso; **Wählerschaft** f corpo m elettorale;
Wahlfach n SCHULE materia f facoltativa;
Wahlfreiheit f SCHULE libertà f di scelta;
Wahlgang m votazione f; **Wahlgeheimnis** n
segretezza f del voto; **Wahlkabine** f cabina f;
Wahlkampf m lotta f elettorale; **Wahlkreis** m
collegio m elettorale; **Wahllokal** n seggio m
elettorale; **wahllos** adv senza distinzione, a
caso; **Wahlrecht** n diritto m di voto; **Wahl-**
scheibe f disco m combinatore; **Wahlspruch**
m motto m; **Wahlsystem** n sistema m elettorale; **Wahlurne** f urna elettorale f; **Wahlver-**
sammlung f riunione f per propaganda elettorale; **wahlweise** adj a scelta
Wahn m ‹-[e]s› illusione f; ◊ **in dem ~ leben, daß**
... vivere nell'illusione che...; **Wahnsinn** m
(FAM Geisteskrankheit) pazzia f; (Unsinn) assurdità f; (gefährliche Idee) pazzia f; **wahnsinnig**
I. adj ▷Schmerzen pazzesco; ▷Glück pazzesco
II. adv FAM moltissimo; ◊ **sich ~ freuen** rallegrarsi moltissimo
wahr adj ▷Geschichte vero; FIG ▷Liebe vero;
◊ **etw ~ machen** mettere in atto
wahren vt → Interessen proteggere; → Recht proteggere
währen vi durare
während I. präp gen durante **II.** cj mentre; **wäh-**
renddessen cj frattanto
wahrhaben unreg vt: ◊ **etw nicht ~ wollen** non
voler riconoscere qc; **wahrhaftig** adj sincero;
(adverbial) veramente; **Wahrheit** f verità f;
wahrheitsgemäß adj conforme al vero;
Wahrheitsliebe f amore m della verità; **wahr-**
nehmbar adj ▷Geräusch percettibile; **wahr-**
nehmen unreg vt percepire; → Gelegenheit fiutare; → Interessen rappresentare; **Wahrneh-**
mung f percezione f; **wahrsagen** vi prevedere
qc; **Wahrsager(in** f) m ‹-s, -› preveggente m/f
wahrscheinlich I. adj probabile **II.** adv probabilmente; **Wahrscheinlichkeit** f probabilità f;
◊ **aller ~ nach** molto probabilmente; **Wahr-**
scheinlichkeitsrechnung f calcolo m delle
probabiltà
Währung f valuta f; **Währungsabkommen** n
accordo m monetario; **Währungseinheit** f unità f monetaria; **Währungsreform** f POL riforma f monetaria; **Währungssystem** n POL sistema m monetario
Wahrzeichen n (von Stadt) simbolo m
Waise f ‹-, -n› orfano(a) m; **Waisenhaus** n
orfanotrofio m; **Waisenkind** n bambino m orfa-

no; **Waisenknabe** m (Waise) orfano m; (FIG
ahnungsloser Mensch) ingenuo m
Wal m ‹-[e]s, -e› cetaceo m
Wald m ‹-[e]s, Wälder› bosco m; (groß) foresta f;
Waldbeere f fragola f di bosco; **Waldbrand** m
incendio m boschivo; **waldig** adj boscoso
Waldorfschule f (Privatschule) scuola f privata
Waldrand m margini m/pl del bosco; **wald-**
reich adj ▷Gegend boscoso; **Waldsterben** n
morte f del bosco
Wales n Galles m
Walfang m pesca f della balena; **Walfisch** m
balena f
Waliser(in f) m ‹-s, -› gallese m/f; **walisisch**
adj gallese
Walkie-Talkie n ‹-[s], -s› walkie-takie m
Walkman m ‹-s, -s› walkman m
Walküre f valchiria f; (FAM dicke Frau) grassona f
Wall m ‹-[e]s, Wälle› terrapieno m; (Bollwerk)
baluardo m
wallfahren vi andare in pellegrinaggio a; **Wall-**
fahrer(in f) m pellegrino(a) m; **Wallfahrt** f
pellegrinaggio m; **Wallfahrtsort** m luogo m di
pellegrinaggio
Walnuß f noce f
walten vi: ◊ **seines Amtes ~ esercitare il proprio**
incarico
Walze f ‹-, -n› (Gerät) rullo m; **walzen** vt
→ Straßenbelag spianare
wälzen I. vt ① rotolare ② → Bücher sfogliare ③
→ Probleme discutere seriamente di ④ → Schuld
riversare **II.** vr ◊ **sich ~ rotolarsi;** (vor Schmerzen) piegarsi da, per
Walzer m ‹-s, -› valzer m
Wälzer m ‹-s, -› FAM mattone m
Wampe f ‹-, -n› FAM pancione m
wand impf v. **winden**
Wand f ‹-, Wände› muro m; (Trenn-) muro m
divisorio; (Berg-) parete f
Vandalismus m vandalismo m
Wandel m ‹-s› (Gesinnungs-) cambiamento m;
(Lebens-) cambiamento m; **wandeln I.** vr
◊ **sich ~ trasformarsi II.** vi (langsam gehen) camminare lentamente
Wanderausstellung f esposizione f ambulante; **Wand[e]rer** m ‹-s, -›, **Wand[r]erin** f escur-
sionista m/f; **wandern** vi fare escursioni a piedi;
← Tiere migrare; ← Blick vagare; ← Gedanken
vagare; **Wanderpokal** m coppa f ambulante;
Wanderschaft f: ◊ **auf ~ gehen** andare in
viaggio; **Wanderung** f escursione f; **Wander-**
vogel m uccello m migratore; FAM vagabondo
m; **Wanderzirkus** m circo m ambulante
Wandleuchter m lampada f a muro

Wandlung f mutamento m; REL transustanziazione f

Wandmalerei f pittura f murale; **Wandschirm** m paravento m; **Wandschrank** m armadio m a muro; **Wandtafel** f lavagna f

wandte impf v. **wenden**

Wandteppich m tappeto m a muro

Wange f ⟨-, -n⟩ guancia f

wankelmütig adj incostante

wanken vi vacillare; FIG titubare; ◇ **ins W -geraten** essere indeciso

wann adv quando; ◇ **seit** - da quando; ◇ **von -,** **bis** - da quando, fino a quando

Wanne f ⟨-, -n⟩ vasca f

Wanze f ⟨-, -n⟩ [1] FAUNA cimice f [2] (FAM Minisender) piccola f spia

Wappen n ⟨-s, -⟩ stemma m; **Wappenkunde** f araldica f; **Wappentier** n animale m effigiato nello stemma

wappnen vr ◇ **sich** - (FIG **sich vorbereiten**) prepararsi a, per; ◇ **sich mit Geduld** armarsi di pazienza

war impf v. **sein**

warb impf v. **werben**

Ware f ⟨-, -n⟩ merce f; **Warenbestand** m merci m/pl in magazzino; **Warenhaus** n grande magazzino m; **Warenlager** n deposito m; **Warenprobe** f campione m; **Warenzeichen** n (eingetragenes -) marca f di fabbrica registrata

warf impf v. **werfen**

warm adj caldo; ▷Essen caldo; (freundlich) caloroso; **Wärme** f ⟨-, -n⟩ caldo m, calore m; **Wärmedämmung** f isolamento m; **Wärmekraftwerk** n centrale f termica; **Wärmeleiter** m conduttore m di calore; **wärmen** I. vt → Tee riscaldare II. vi ← Jacke tener caldo III. vr ◇ sich - riscaldarsi; **Wärmepumpe** f pompa f di riscaldamento; **Wärmespeicher** m accumulatore m termico; **Wärmflasche** f borsa f d'acqua calda; **Warmfront** f fronte m di bassa pressione; **warmhalten** unreg I. vt → Essen tenere in caldo II. vr ◇ sich - tenersi al caldo; FAM ◇ sich dat jd-n - conservarsi le grazie di qu; **warmherzig** adj caloroso; **warmlaufen** unreg vi ← Wagen surriscaldarsi; **Warmluft** f aria f calda; **Warmwassertank** m serbatoio m di acqua calda

Warnblinkanlage f AUTO impianto m di luci ad intermittenza; **Warndreieck** n AUTO triangolo m; **warnen** vt mettere in guardia (vor dat da); (drohen) minacciare; **Warnlichtanlage** f impianto m di luci di posizione; **Warnschuß** m sparo m di avvertimento; **Warnstreik** m sciopero m di avvertimento; **Warnung** f avvertimento m; **Warnzeichen** n segno m di avvertimento

warten[1] vi aspettare (auf akk qu/qc)

warten[2] vt → Maschine assistere, curare

Wärter(in f) m ⟨-s, -⟩ (Bahn-) cantoniere m; (Tier-) guardiano(a) m

Wartesaal m BAHN sala f d'aspetto; **Wartezeit** f (an Grenzübergang) tempo m d'attesa; **Wartezimmer** n sala f d'aspetto

Wartung f assistenza f; **wartungsfrei** adj ▷Maschine che non necessita cure

warum adv perché

Warze f ⟨-, -n⟩ ANAT capezzolo m

was pron cosa; FAM cosa

Waschanlage f impianto m per il lavaggio di autoveicoli; **waschbar** adj lavabile; **Waschbär** m FAUNA procione m lavatore; **Waschbecken** n lavabo m

Wäsche f[1] biancheria f sing [2] (Waschtag) giorno m di bucato; **waschecht** adj lavabile; FIG ◇ -er Berliner vero berlinese; **Wäscheklammer** f molletta f; **Wäscheleine** f filo m dei panni; **waschen** I. ⟨wusch, gewaschen⟩ vt, vi lavare; ◇ - u. legen lavaggio e messa in piega; FIG → Geld riciclare II. vr ◇ sich - lavarsi; ◇ sich dat die Hände - lavarsi le mani; **Wäscherei** f lavanderia f; **Wäscherin** f lavandaia f; **Wäscheschleuder** f centrifuga f dei panni; **Wäschetrockner** m ⟨-s, -⟩ asciugatore m dei panni

Waschküche f lavanderia f; (FIG Nebel) nebbia f; **Waschlappen** m [1] panno m per lavarsi [2] (FAM Feigling) vigliacco m; **Waschmaschine** f lavatrice f; **Waschmittel** n detergente (per panni) m; **Waschpulver** n polvere f detergente; **Waschraum** m bagno m; **Waschsalon** m lavanderia f a gettoni; **Waschzeug** n (pl) necessario m per lavarsi

Wasser n ⟨-s, -⟩ acqua f; (Leitungs-) acqua f; (Mineral-) acqua f; (See) acqua f; (urinieren) ◇ -lassen fare un pò d'acqua; **Wasserballspiel** n pallanuoto f; **wasserdicht** adj impermeabile all'acqua; **Wasserfall** m cascata f; **Wasserfarbe** f colore m dell'acqua; **wasserfest** adj ▷Make-up resistente all'acqua; **Wasserflugzeug** n idrovolante m; **wassergekühlt** adj AUTO riscaldato ad acqua; **Wasserhahn** m rubinetto m; **wässerig** adj acqueo; **Wasserkessel** m bollitore m per acqua; **Wasserkraftwerk** n centrale f idroelettrica; **Wasserlandung** f ammaraggio m; **Wasserleitung** f condotto m dell'acqua; **wasserlöslich** adj solubile in acqua; **Wassermann** m ASTROL acquario m; **Wassermelone** f cocomero m; **wässern** vi ← Flugzeug ammarare; **wässern** vt, vi [1] → Heringe mettere in salamoia; → Pflanzen dare l'acqua a; **Wasserpflanzen** *f pl* piante *f/pl* acquatiche; **Wasserschaden** *m* danno *m* causato dall'acqua; **wasserscheu** *adj* idrofobo; **Wasserschi** *n* sci *m* d'acqua; **Wasserstand** *m* altezza *f* dell'acqua; **Wasserstoff** *m* CHIM idrogeno *m;* **Wasserstoffbombe** *f* bomba *f* all'idrogeno; **Wasseruhr** *f* idrometro *m;* **Wasserverunreinigung** *f* inquinamento *m* dell'acqua; **Wasserwaage** *f* livella *f;* **Wasserwerfer** *m* autopompa *f;* **Wasserwerk** *m* centrale *f* idrica; **Wasserzeichen** *n* filigrana *f*

waten *vi* passare a guado (*durch akk* qc)

watscheln *vi* ← *Ente* camminare dondolando; ← *Mensch* camminare dondolando

Watt ¹ *n* ⟨-[e]s, -en⟩ (*Wattenmeer*) bassofondo *m* lasciato dalla marea

Watt ² *n* ⟨-s, -⟩ ELECTR watt *m*

Watte *f* ⟨-, -n⟩ cotone *m*

Wattenmeer *n terreni # prosciugati al disotto del livello del mare*

wattieren *vt* riempire di ovatta

WC *n* wc *m*

weben ⟨webte *o.* wob, gewebt *o.* gewoben⟩ *vt* tessere; **Weberei** *f* (*Betrieb*) tessitura *f;* **Webstuhl** *m* telaio *m*

Wechsel *m* ⟨-s, -⟩ [1] cambiamento *m* [2] (*Wohnungs-*) trasloco *m* [3] COMM cambio *m*

Wechselbeziehung *f* correlazione *f;* **Wechselgeld** *n* moneta *f* spicciola; **wechselhaft** *adj* ▷*Wetter* mutevole; **Wechseljahre** *pl* anni *m/pl* climaterici; **Wechselkurs** *m* (*Geldumtausch*) corso *m* di cambio; **wechseln I.** *vt* → *Kleidung* cambiare; ← *Thema* cambiare; → *Geld* cambiare **II.** *vi* ← *Personal* cambiare; ← *Stimmung* cambiare; ← *Wetter* cambiare; **Wechselstrom** *m* corrente *f* alternata; **Wechselstube** *f* ufficio *m* cambi; **Wechselwirkung** *f* azione *f* reciproca

wecken *vt* svegliare; FIG → *Neugier* destare; → *Mißtrauen* destare; **Wecker** *m* ⟨-s, -⟩ sveglia *f*

wedeln *vi* (*mit Schwanz*) scodinzolare; (*mit Fächer*) far vento

weder *cj:* ◇ - ... **noch** ... né ... né

weg *adv* via; ◇ **über etw** *akk* - **sein** non pensarci più; ◇ **er war schon** - era già andato via; ◇ **Finger** -! giù le mani

Weg *m* ⟨-[e]s, -e⟩ [1] strada *f;* (*Pfad*) sentiero *m;* ◇ **sich auf den** - **machen** mettersi in cammino; ◇ **jd-m aus dem** - **gehen** evitare qu [2] (*Möglichkeit*) possibilità, via *f*

wegbleiben *unreg vi* restare via; **wegbringen** *unreg vt* portare via; → *Fleck* togliere

wegen *präp gen o* FAM *dat* per, a causa di

wegfahren *unreg vi* partire (con un veicolo); **wegfallen** *unreg vi* ← *Ferien* essere soppresso; **weggehen** *unreg vi* andare via; **weghängen** *vt* → *Kleidung* appendere altrove; **weglassen** *unreg vt* omettere; **weglaufen** *unreg vi* ← *Kind* correre via; ← *Ehefrau* scappare di casa; **weglegen** *vt* (*aufräumen*) mettere via; (*beiseite legen*) mettere da parte; **wegmachen** *vt* FAM togliere; **wegmüssen** *unreg vi* FAM dover andare via; **wegnehmen** *unreg vt* portare via; **wegräumen** *vt* → *ein Hindernis* sgomberare; **wegschaffen** *vt* [1] (*wegräumen*) sgomberare [2] (*wegtragen*) portare via [3] → *Arbeit* sottrarre; **wegschließen** *unreg vt* → *Wertgegenstände* mettere sotto chiave; **wegschnappen** *vt* → *Freundin* soffiare (*jd-m* a); **wegsetzen** *vt* [1] (*Geschirr*) riporre [2] (*Schüler*) allontanare; **wegtreten** *vi* ← *Soldaten* rompere le righe; **wegtun** *unreg vt* (*aufräumen*) mettere via; (*wegwerfen*) buttare via

wegweisend *adj* ▷*Entdeckung* di orientamento; **Wegweiser** *m* ⟨-s, -⟩ indicatore *m* stradale

wegwerfen *unreg vt* gettare via; **wegwerfend** *adj* ▷*Geste* sprezzante; **wegwischen** *vt* levare (strofinando)

Wegzehrung *f* REL viatico *m*

wegziehen *unreg vi* tirare via; (*Wohnsitz wechseln*) cambiar casa

weh *adj* dolorante; ◇ - **tun** far male; ◇ **sich** - **tun** farsi male

weh[e] *intj:* ◇ **o** -! ahimè!

Wehe ¹ *f* ⟨-, -n⟩ MED doglia *f;* ◇ **in den** -**n liegen** avere le doglie

Wehe ² *f* ⟨-, -n⟩ (*Schnee-*) mucchio *m;* **wehen** *vi* ← *Wind* soffiare; ← *Fahnen* sventolare

wehklagen *vi* lamentarsi di; **wehleidig** *adj* piagnucoloso; **Wehmut** *f* ⟨-⟩ malinconia *f;* **wehmütig** *adj* malinconico

Wehr ¹ *n* ⟨-[e]s, -e⟩ (*an Staustufe*) diga *f*

Wehr ² *f* (*Not-*) resistenza *f;* ◇ **sich zur** - **setzen** porsi a difesa

Wehrdienst *m* MIL servizio *m* militare; **wehrdienstfähig** *adj* idoneo al servizio militare; **Wehrdienstverweigerer** *m* ⟨-s, -⟩ obiettore *m* di coscienza

wehren *vr* ◇ **sich** - armarsi

Wehrgang *m* cammino *m* di ronda; **wehrlos** *adj* disarmato; **Wehrpaß** *m* libretto *m* di servizio; **Wehrpflicht** *f* servizio *m* militare obbligatorio; **wehrpflichtig** *adj* soggetto agli obblighi militari

Weib *n* ⟨-[e]s, -er⟩ moglie *f; pej* donna *f*, femina *f;* **Weibchen** *n* donnina *f; PEJ* donnetta *f;* **weibisch** *adj* donnesco; **weiblich** *adj* (*frauenhaft*)

femminile; FAUNA femmina; FLORA femminile; GRAM femminile

weich *adj* tenero; ▷*Leder* morbido; *FIG* ◇ - **werden** intenerirsi

Weiche ¹ *f* ⟨-, -n⟩ BAHN scambio *m*

Weiche ² *f* ⟨-, -n⟩ (*Weichheit*) mollezza *f*

weichen I. ⟨wich, gewichen⟩ *vt* → *Wäsche* ammorbidire; (*Brötchen*) ammorbidire II. *vi* (*weggehen*) ← *Person* allontanarsi; ← *Schrank* far posto a; ◇ **nicht von der Stelle** - non cedere d'un passo

Weichheit *f* tenerezza *f;* **weichherzig** *adj* di cuore tenero; **Weichholz** *n* ⟨-schrank⟩ legno *m* dolce; **weichlich** *adj* molle; **Weichspüler** *m* ⟨-s, -⟩ (*für Wäsche*) ammorbidente *m;* **Weichtier** *n* mollusco *m*

Weide ¹ *f* ⟨-, -n⟩ FLORA salice *m*

Weide ² *f* ⟨-, -n⟩ (*Wiese*) pascolo *m;* **weiden** I. *vi* pascolare II. *vt* portare al pascolo III. *vr* ◇ **sich** - (*sich freuen*) gioire (*an dat* di)

Weidmann *m* (*Jäger*) cacciatore *m*

weigern *vr* ◇ **sich** - rifiutarsi; **Weigerung** *f* rifiuto *m*

Weihe *f* ⟨-, -n⟩ ① benedizione *f* ② (*Priester-*) ordinazione *f;* **weihen** I. *vt* ① → *Kirche* consacrare ② → *Priester* ordinare sacerdote ③ (*widmen*) dedicare II. *vr* ◇ **sich** - votarsi, dedicarsi

Weiher *m* ⟨-s, -⟩ stagno *m*

weihnachten *vi unpers.* ◇ **es weihnachtet** si avvicina il Natale; **Weihnachten** *n* ⟨-, -⟩ Natale *m;* **weihnachtlich** *adj* natalizio; **Weihnachtsabend** *m* vigilia *f* di Natale; **Weihnachtsbaum** *m* albero *m* di Natale; **Weihnachtsfeier** *f* festa *f* di Natale; **Weihnachtsferien** *pl* vacanze *f/pl* di Natale, **Weihnachtslied** *n* canto *m* di Natale; **Weihnachtsmann** *m* babbo *m* Natale; **Weihnachtsmarkt** *m* fiera *f* natalizia; **Weihnachtszeit** *f* periodo *m* natalizio

Weihrauch *m* incenso *m;* **Weihwasser** *n* acquasanta *f;* **Weih[wasser]becken** *n* acquasantiera *f*

weil *cj* poiché, perché

Weile *f* ⟨-⟩ (*kurze Zeit*) momento *m;* ◇ **e-e kleine** - un momento

Weimarer Republik *f* Repubblica *f* di Weimar

Wein *m* ⟨-[e]s, -e⟩ vino *m;* (*Pflanze*) vite *f;* **Weinanbaugebiet** *n* regione *f* vinicola; **Weinbau** *m* viticoltura *f;* **Weinbeere** *f* acino *m* d'uva; **Weinberg** *m* vigna *f;* **Weinbergschnecke** *f* lumaca *f* delle vigne; **Weinbrand** *m* acquavite *f*

weinen *vt, vi* piangere; **weinerlich** *adj* facile al pianto

Weinflasche *f* bottiglia *f* di vino; **Weingut** *n* vigneto *m;* **Weinkarte** *f* (*in Lokal*) carta *f* dei vini; **Weinkeller** *m* cantina *f* di vini; **Weinlaub** *n* pampini *m/pl;* **Weinlese** *f* vendemmia *f;* **Weinprobe** *f* degustazione *f* del vino; **Weinrebe** *f* vite *f;* **Weinstein** *m* tartaro *m;* **Weinstock** *m* vite *f;* **Weintraube** *f* grappolo *m* d'uva

weise *adj* saggio; **Weise(r)** *fm* saggio *m*

Weise *f* ⟨-, -n⟩ ① modo *m;* ◇ **auf diese** - in questo modo ② (*Lied*) canzone *f*

weisen ⟨wies, gewiesen⟩ I. *vt* (*zeigen*) indicare II. *vi* (*mit Richtungsangabe*) indicare (*auf akk* a)

Weisheit *f* saggezza *f;* **Weisheitszahn** *m* dente *m* del giudizio

weismachen *vt* (*vortäuschen*) dare a bere (*jdl nm* a)

weiß *adj* bianco

weissagen *vt* profetizzare

Weißblech *n* latta *f* bianca; **Weißbrot** *n* pane *m* bianco

Weiße(r) *fm* bianco(a) *m*

weißen *vt* → *Wand* imbiancare

Weißglut *f* TECHNOL incandescenza *f;* ◇ **jd-n zur** - **bringen** portare qu alla collera; **Weißgold** *n* (*Schmuck*) oro *m* bianco; **Weißkohl** *m* lingua *f* di cane; **weißwaschen** *unreg vt* FIG scagionare da; **Weißwein** *m* vino *m* bianco

Weisung *f* (*Befehl*) ordine *m;* (*An-*) istruzione *f;* **weisungsgemäß** *adv* secondo le istruzioni

weit I. *adj* lontano; ▷*Begriff* esteso; ▷*Reise* lungo; (*FIG fliehen*) ◇ **das W** - **suchen** prendere il largo II. *adv* lontano; ◇ **wie** - **ist es …?** quanto è lontano …?; ◇ **das geht zu** - va troppo oltre; ◇ - **u. breit** a perdita d'occhio; **weitab** *adv* lontano; **weitaus** *adv* di gran lunga; ◇ - **besser** di gran lunga il migliore; **weitblickend** *adj* lungimirante; **Weite** *f* ⟨-, -n⟩ (*Kragen-*) circonferenza *f;* (*von R um*) ampiezza *f;* (*von Entfernung*) distanza *f;* **weiten** I. *vt* → *Schuhe* allargare II. *vr* ◇ **sich** - allargarsi

weiter I. *adj* ulteriore II. *adv* più lontano; ◇ **ohne** -**es** senz'altro; ◇ - **nichts** nient'altro; (*vorläufig*) ◇ **bis auf** -**es** per il momento; **weiterarbeiten** *vi* continuare a lavorare; **weiterbilden** *vt* aggiornare; **weiterbringen** *unreg vt* portare avanti; **weiterempfehlen** *unreg vt* raccomandare ad altri; **weiterentwickeln** → *Erfindung* sviluppare; **Weiterfahrt** *f* proseguimento *m* del viaggio; **weiterführen** *vt* portare avanti, continuare; **weitergeben** *unreg vt* → *Liste* dare a un altro; → *Nachricht* trasmettere; **weitergehen** *unreg vi* andare avanti; **weiter-**

hin adv in seguito; **weiterleiten** vt → Anfrage inoltrare; **weitermachen** vt, vi continuare a fare; **weiterreisen** vi continuare il viaggio
weitgehend I. adj esteso **II.** adv ampiamente; **weithergeholt** adj FIG ▷Erklärung poco convincente; **weithin** adv in lontananza; **weitläufig** adj ▷Gebäude esteso; ▷Erklärung dettagliato; ▷Verwandter alla lontana; **weitreichend** adj ▷Beziehungen esteso; **weitschweifig** adj ▷Roman prolisso; **weitsichtig** adj presbite; **Weitsprung** m SPORT salto m in lungo; **weitverbreitet** adj largamente diffuso; **Weitwinkelobjektiv** n FOTO obiettivo m grandangolare
Weizen m ⟨-s, -⟩ frumento; (-bier) birra f di frumento; (-brot) pane m di frumento
welche(r, s) pron ① (interrogativ) quale ② (Relativpronomen) il/la quale, che
welk adj ▷Blumen appassito; ▷Haut avvizzito; **welken** vi appassire
Wellblech n lamiera f ondulata
Welle f ⟨-, -n⟩ (Meeres-) onda f; (Boden-) ondulazione f; (Hitze-) ondata f; **wellen** vr ◇ sich - → Haar ondularsi; **Wellenbad** n piscina f con onde artificiali; **Wellenbereich** m MEDIA gamma f d'onde; **Wellenbrecher** m ⟨-s, -⟩ frangionde m; **Wellenkamm** m cresta f dell'onda; **Wellenlänge** f lunghezza f d'onda; auch FIG ◇ die gleiche - haben essere sulla stessa lunghezza d'onda; **Wellenlinie** f linea f ondulata; **Wellenreiten** n surf m
Wellensittich m FAUNA pappagallino m ondulato
wellig adj ▷Haar ondulato; ▷Gelände ondulato
Welt f ⟨-, -en⟩ mondo m; (FIG Lebensbereich) mondo m; ◇ alle - tutto il mondo; ◇ die vornehme - il bel mondo; **Weltall** n universo m; **Weltanschauung** f concezione f del mondo; **Weltausstellung** f esposizione f mondiale; **weltberühmt** adj conosciuto in tutto il mondo; **weltbewegend** adj: ◇ das ist nicht - non è sensazionale; **Weltbürger(in** f) m cosmopolita m/f; **Weltenraum** m spazio m interplanetario; **weltfremd** adj fuori dal mondo; **Weltgerichtshof** m POL Corte f internazionale di giustizia; **Weltgeschichte** f storia f mondiale; FAM ◇ in der - umherfahren viaggiare per il mondo; **Weltkrieg** m guerra f mondiale; **weltlich** adj terreno; (nicht kirchlich) secolare; **Weltmacht** f potenza f mondiale; **weltmännisch** adj ▷Auftreten di (o da) uomo di mondo; **Weltmarkt** m COMM mercato m mondiale; **Weltmeister(in** f) m campione (essa) mondiale m; **Weltmeisterschaft** f SPORT campio-

nato m mondiale; **Weltraum** m cosmo m; **Weltraumforschung** f cosmologia f; **Weltreich** n impero m; **Weltreise** f viaggio m intorno al mondo; **Weltrekord** m SPORT record m mondiale; **Weltstadt** f città f mondiale; **weltweit** adj mondiale; **Weltwunder** n miracolo m mondiale
wem pron dat von **wer** ① (interrogativ) a chi ② (relativ) a quello che; a chi
wen pron akk von **wer** ① (interrogativ) a chi ② (relativ) a quello che; a chi
Wende f ⟨-, -n⟩ SPORT virata f; (Veränderung) cambiamento m; ◇ Jahres- fine f anno; ◇ Jahrhundert- fine f secolo; **Wendekreis** m GEO tropico m
Wendeltreppe f scala f a chiocciola
wenden ⟨wendete o. wandte, gewendet o. gewandt⟩ **I.** vt girare; → Auto girare **II.** vi ← Fahrer fare una conversione **III.** vr ◇ sich - (mit Präposition) voltarsi verso; ◇ sich an jd-n - rivolgersi a qu; **Wendepunkt** m punto m d'inversione; (FIG Zeitpunkt) svolta f; **wendig** adj ▷Auto maneggevole; ▷Person versatile; **Wendung** f svolta f; (Rede-) locuzione f; ◇ e-e - zum Besseren cambiare in meglio
wenig I. adj ▷Wasser poco **II.** adv poco **III.** : ◇ das -e, was ich weiß quel poco che so **IV.** (a.sost.pl) ◇ es waren nur -e da c'erano poche persone; **wenigste** adj (superl. von wenig) pochissimo; **wenigstens** adv almeno
wenn cj ① (conditional) se ② (zeitlich) quando, tutte le volte che ③ (obwohl) ◇ - auch ... sebbene ... ④ (Wunsch) ◇ - ich doch ... se io ...;
wennschon adv: ◇ na - che importa; ◇ -, dennschon! accada quel che accada!
wer pron ① (interrogativ) chi ② (relativ) colui il quale
Werbeagentur f agenzia f di pubblicità; **Werbefachmann** m pubblicitario m; **Werbefernsehen** n pubblicità f televisiva; **Werbegraphik** f disegno m pubblicitario; **Werbekampagne** f campagna f pubblicitaria; **werben** ⟨warb, geworben⟩ **I.** vt → Mitglied assumere **II.** vi ① aspirare (um akk a) ② fare pubblicità (für akk a); **Werbespot** m spot m pubblicitario; **Werbeträger** m (Zeitung, Rundfunk) mezzo m pubblicitario; **werbewirksam** adj di effetto pubblicitario; **Werbung** f (Zeitungs-) pubblicità f; (von Mitgliedern) pubblicità f; (von Kunden) pubblicità f; (um Mädchen) corte f; ◇ in der - sein essere nella pubblicità; ◇ für etw - machen fare pubblicità a qc; **Werbungskosten** pl costi m/pl pubblicitari
Werdegang m sviluppo m; (beruflich) carriera f

werden ⟨wurde, geworden⟩ **I.** *vi* diventare; ◇ **wird's bald ?** sbrigati! (*unpersönlich*) si; ◇ **es wird gebeten** si prega **II.** *Hilfsverb (Futur):* ◇ **Sandra wird bald weggehen** Sandra andrà via presto; (*Passiv*) ◇ **der Cappuccino wird am Tisch bedient** il cappuccino viene servito al tavolo; (*Vermutung*) ◇ **heute Abend wird es kalt sein** questa sera farà freddo

werfen ⟨warf, geworfen⟩ **I.** *vt* ① → *Ball* gettare; *FIG* ◇ **etw aufs Papier** - buttare giù qc per iscritto ② ← *Tier* partorire **II.** *vi* ① ← *Handballspieler* tirare ② ← *Katze* partorire

Werft *f* ⟨-, -en⟩ cantiere *m* navale

Werk *n* ⟨-[e]s, -e⟩ ① opera *f* ② (*Fabrik*) fabbrica *f* ③ (*Mechanismus*) meccanismo *m* ④ (*Schuh-*) scarpe *f*|*pl;* **Werkbank** *f* banco *m* da lavoro

werkeln *vi* (*süddeutsch*) (*arbeiten*) trafficare

Werkhalle *f* capannone *m;* **Werkmeister** *m* capotecnico *m;* **Werkschutz** *m* sorveglianti *m*|*pl;* **Werkstatt** *f* ⟨-, Werkstätten⟩ laboratorio *m;* AUTO officina *f;* **Werkstudent(in** *f***)** *m* studente (tessa) lavoratore; **Werktag** *m* giorno *m* feriale; **werktags** *adv* nei giorni feriali; **Werkzeug** *n* utensile *m;* **Werkzeugkasten** *m* cassetta *f* portautensili; **Werkzeugschrank** *m* armadietto *m* per utensili

Wermut *m* ⟨-[e]s⟩ assenzio *m;* (*Wein*) vermut *m;* **Wermutstropfen** *m FIG* gioia *f* non completa

wert *adj* che vale; (*geschätzt*) stimato; ◇ **das ist nichts** - non vale un gran che; **Wert** *m* ⟨-[e]s, -e⟩ (*Preis*) valore *m;* (*Bedeutung*) valore *m;* FIN titoli *m*|*pl;* (*Kunstwerke, Schlösser*) valori *m*|*pl;* ◇ **- legen auf** *akk* attribuire importanza a; ◇ **es hat doch keinen** - non ha alcun valore; **Wertangabe** *f* dichiarazione *f* del valore; **wertbeständig** *adj* (*Geldanlage*) di valore costante; **Wertbrief** *m* lettera *f* assicurata; **werten** *vt* valutare; **Wertgegenstand** *m* oggetto *m* di valore; **wertlos** *adj* senza valore; **Wertminderung** *f* deprezzamento *m;* **Wertpapier** *n* titolo *m;* **Wertung** *f* SPORT punteggio *m;* **wertvoll** *adj* pregiato; **Wertzuwachs** *m* aumento *m* di valore

Werwolf *m* lupo *m* mannaro

Wesen *n* ⟨-s, -⟩ essenza *f;* (*Charakter*) natura *f;* (*Lebe-*) essere *m* vivente

wesentlich *adj* essenziale; (*bedeutend*) considerevole; ◇ **im -en** essenzialmente

weshalb *adv* perché

Wespe *f* ⟨-, -n⟩ vespa *f;* **Wespennest** *n* nido *m* di vespe; *FIG* ◇ **in ein - stechen** stuzzicare un vespaio

wessen *pron gen von* **wer** di chi

West *m* ovest *m*

Weste *f* ⟨-, -n⟩ gilet *m;* *FIG* ◇ **e-e weiße - haben** essere senza macchia

Westen *m* ⟨-s⟩ ovest *m*, occidente *m;* **Westgoten** *m pl* Visigoti *m*|*pl;* **westlich I.** *adj* (*Richtung*) occidentale **II.** *adv* a occidente, a ovest; ◇ **- von Rom** ad ovest di Roma; **westwärts** *adv* verso ovest

weswegen *adv* per la qual cosa; per cui

Wettbewerb *m* concorso *m;* **wettbewerbsfähig** *adj* competitivo

Wette *f* ⟨-, -n⟩ scommessa *f;* **Wetteifer** *m* competizione *f;* **wetten** *vt, vi* scommettere (*um/auf akk* su)

Wetter *n* ⟨-s, -⟩ tempo *m;* **Wetterbericht** *m* bollettino *m* meteorologico; **Wetterdienst** *m* servizio *m* meteorologico; **wetterfühlig** *adj* ▷*Mensch* sensibile ai cambiamenti di tempo; **Wetterkarte** *f* carta *f* meteorologica; **Wetterlage** *f* condizioni *f*|*pl* atmosferiche; **Wetterleuchten** *n* bagliori *m*|*pl;* **Wetterverbesserung** *f* miglioramento *m* del tempo; **Wettervorhersage** *f* previsione *f* del tempo; **Wetterwarte** *f* ⟨-, -n⟩ stazione *f* meteorologica

Wettfahrt *f* gara *f* automobilistica/motociclistica; **Wettkampf** *m* gara *f;* **Wettlauf** *m* gara *f;* **wettlaufen** *unreg vi* fare a gara; **wettmachen** *vt* → *Fehler* riparare a; → *Verlust* compensare; **Wettrennen** *n* SPORT corsa *f;* *FIG* ◇ **- mit der Zeit** gara con il tempo; **Wettschwimmen** *n* gara *f* di nuoto; **Wettstreit** *m* competizione *f*

wetzen I. *vt* → *Messer* affilare **II.** *vi* (*FAM rennen*) correre

WG *f* ⟨-, -s⟩ *Abk v.* **Wohngemeinschaft** gruppo di persone abitanti in un unico appartamento

wich *impf v.* **weichen**

Wicht *m* ⟨-[e]s, -e⟩ folletto *m;* *PEJ* furfante *m*|*f*

wichtig *adj* importante; **Wichtigkeit** *f* importanza *f*

Wicke *f* veccia *f*

wickeln *vt* → *Papier* avvolgere; → *Haare* mettere in piega; → *Baby* fasciare; **Wickeltisch** *m* fasciatoio *m*

Widder *m* ⟨-s, -⟩ FAUNA montone *m;* ASTROL ariete *m*

wider *präp akk* (*gegen*) contro; **widerfahren** *unreg vi* accadere (*jd-m* a); **widerlegen** *vt* → *Behauptung* controbattere; → *Einwand* confutare

widerlich *adj* (*Sinneseindruck*) schifoso; ▷*Mensch* ripugnante

widerrechtlich *adj* illegale; **Widerrede** *f* obiezione *f;* **Widerruf** *m* JURA revoca *f;* **widerrufen** *unreg vt* → *Aussage* smentire;

W

→ *Befehl* revocare; **Widersacher** *m* (*Feind*) oppositore(trice) *m;* **widersetzen** *vr* ◇ sich - opporsi (*jdm/etw* a); **widerspenstig** *adj* rilut- tante; **Widerspenstigkeit** *f* riluttanza *f;* **wi- derspiegeln** *vt* rispecchiare; **widerspre- chen** *unreg vi* contraddire (*jd-m* qu); **wider- sprechend** *adj* ▷*Aussage* contraddittorio; ▷*Anordnung* contraddittorio; **Widerspruch** *m* contraddizione *f;* **widerspruchslos** *adv* senza contraddizione; **Widerstand** *m* opposizione *f;* **Widerstandsbewegung** *f* movimento *m* di opposizione; **widerstandsfähig** *adj* resisten- te; **widerstandslos** *adj* privo di resistenza; **widerstehen** *vi* resistere (*jdm/etw* a); **wider- streben** *vi* resistere (*dat* a)

widerwärtig *adj* ▷*Arbeit* sgradevole; ▷*Mensch* sgradevole; **Widerwille** *m* avversione *f;* **wi- derwillig** *adj* restio

widmen I. *vt* dedicare (*jd-m* a) II. *vr* ◇ sich - dedicarsi a; **Widmung** *f* dedica *f*

widrig *adj* ▷*Umstände* avverso; **widrigenfalls** *adv* altrimenti

wie I. *adv* ① (*Art u. Weise*) come ② (*in welchem Maß*) quanto ③ (*in Vergleichen*) come ④ (*in Ausruf*) ◇ - schade! che peccato! ⑤ (*FAM nicht wahr*) ◇ - lustig, -? divertente, non è vero? II. *cj* ① (*interrogativo*) come ② (*temporal*) quando; non appena ③ (*wie sehr*) quanto

wieder *adv* (*nochmals, erneut*) ancora; ◇ - **da sein** essere tornato; ◇ **gehst du schon** -? vai di nuovo via ?; **Wiederaufbau** *m* ricostruzione *f;* **Wiederaufnahme** *f* (*diplomatischer Bezie- hungen*) ripresa *f;* **wiederaufnehmen** *unreg vt* → *Beziehungen* riprendere; **wiederbekom- men** *unreg vt* FAM riottenere; **Wiederbele- bung** *m* (*bei Verunglückten*) rianimazione *f;* **wiederbringen** *unreg vt* → *Leihsachen* ripor- tare; **wiedererkennen** *unreg vt* riconoscere; **Wiedergabe** *f* MUS esecuzione *f;* **wiederge- ben** *unreg vt* (*zurückgeben*) dare indietro, ridare; → *Erzählung* raccontare; → *Freiheit* restituire; **wiedergutmachen** *vt* → *Fehler* riparare a; **Wiedergutmachung** *f* riparazione *f;* **wie- derherstellen** *vt* ① → *Frieden* ristabilire ② ↑ *wiederaufbauen* ricostruire; **wiederholen** *vt* ① (*zurückholen*) andare a riprendere ② (*noch- mals tun*) ripetere; **e-e Klasse** - ripetere una classe; **Wiederholung** *f* ripetizione *f;* **Wieder- holungszeichen** *n* segno *m* di ripresa; **Wie- derhören** *n* (*am Telefon*): ◇ **auf** -! a risentirci!; **wiederkäuen** *vi* ruminare; **wiederkehren** *vi* ← *Festtag* ricorrere; ← *Ereignis* ripetersi; **wie- dersehen** *unreg vt* rivedere; ◇ **auf W** -! arrive- derci!

wiederum *adv* ① di nuovo ② (*andererseits*) d'altra parte

wiedervereinigen *vt* → *Deutschland* riunifica- re; **Wiedervorlage** *f* (*von Akten*) riproposta *f;* **Wiederwahl** *f* rielezione *f*

Wiege *f* ⟨-, -n⟩ bilancia *f*

wiegen¹ ⟨wog, gewogen⟩ I. *vt, vi* pesare II. *vr* ◇ **sich** - pesarsi

wiegen² *vt* (*schaukeln*) dondolare; ◇ **Kind in den Schlaf** - addormentare un bambino cullandolo

Wiegenfest *n* compleanno *m*

wiehern *vi* ← *Pferd* nitrire; (*FAM lachen*) ridere

Wiener Kongreß *n* congresso *m* di Vienna

wies *impf v.* **weisen**

Wiese *f* ⟨-, -n⟩ prato *m*

Wiesel *n* ⟨-s, -⟩ FAUNA donnola *f*

Wiesenblume *f* fiore *m* di campo

wieso *adv* perché

wieviel *adv* quanto; ◇ **den -ten haben wir?** quanti ne abbiamo oggi?; ◇ **um** - **Uhr?** a che ora?; **wievielmal** *adv* quante volte; **wievielt** *adv:* ◇ **zu** - **spielt ihr?** quant'è la posta ?

wieweit *adv* fin dove

wild *adj* ▷*Tier* selvatico; ▷*Pflanze* selvatico; *FIG* ▷*Landschaft* selvaggio; ▷*Meer* impetuoso; (*FIG heftig*) violento, furioso

Wild *n* ⟨-[e]s⟩ selvaggina *f;* **Wildbret** *n* selvaggi- na *f;* **Wilddieb** *m* bracconiere *m;* **wildern** *vi* cacciare di frodo; **wildfremd** *adj* FAM del tutto estraneo; **Wildleder** *n* pelle *f* di camoscio; **Wildnis** *f* luogo *m* selvaggio; **Wildpark** *m* ri- serva *f* di caccia; **Wildsau** *f* femmina *f* di cin- ghiale; **Wildschwein** *n* cinghiale *m;* **Wild- westfilm** *m* western *m*

Wille *m* ⟨-ns, -n⟩ volontà *f; FIG* ◇ **der Letzte W** - ultime volontà *f/pl;* **willen** *präp gen:* ◇ **um** ... - per; **willenlos** *adj* senza volontà; **Willensfrei- heit** *f* libero *m* arbitrio; **willensstark** *adj* dota- to di forza di volontà; **willig** *adj* (*bereitwillig*) volenteroso

willkommen *adj* ▷*Anlaß* gradito; ▷*Gast* gradi- to; ◇ **jd-n** - **heißen** dare il benvenuto a qu; **Willkommen** *n* ⟨-s⟩ (*-gruß*) benvenuto *m;* (*-strunk*) brindisi *m* di benvenuto

Willkür *f* ⟨-⟩ arbitrio *m;* ◇ **jd-s** - **ausgesetzt** essere esposto all'arbitrio di qu; **willkürlich** *adj* arbitrario; ▷*Bewegung* volontario

wimmeln *vi* brulicare

wimmern *vi* piagnucolare

Wimper *f* ⟨-, -n⟩ ciglio *m;* **Wimperntusche** *f* rimmel *m*

Wind *m* ⟨-[e]s, -e⟩ ① vento *m* ② (*FAM Blähung*) peto *m*

Windbeutel *m* sgonfiotto *m;* FIG fanfarone *m*

Winde f ⟨-, -n⟩ ① TECH argano m ② FLORA convolvolo m

Windel f ⟨-, -n⟩ pannolino m

winden ⟨wand, gewunden⟩ I. vt ① → Kranz intrecciare ② ← aufspulen avvolgere II. vr ◇ sich - ← Schlange attorcigliarsi; (vor Schmerz) contorcersi da, per; ← Pflanze avviticchiarsi

Windenergie f energia f prodotta dal vento; **Windhose** f tromba f d'aria; **Windhund** m levriero m; (PEJ Mensch) leggerone m; **windig** adj ventoso; FIG incerto; **Windmesser** n anemometro m; **Windmühle** f mulino m a vento; **Windpocken** pl MED varicella f; **Windschatten** m lato m al riparo dal vento; **Windschutzscheibe** f AUTO parabrezza m; **Windstärke** f forza f del vento; **windstill** adj senza vento; **Windstoß** m colpo m di vento

Windung f (Drehung) torsione f

Wink m ⟨-[e]s, -e⟩ (Hinweis) segno m; (mit Kopf o Hand) cenno m; ◇ **ein - mit dem Zaunpfahl** far capire chiaramente qc a qu

Winkel m ⟨-s, -⟩ MATH angolo m; (in Raum) angolo m; FIG (malerischer -) cantuccio m; **Winkelmesser** m goniometro m

winken vt, vi chiamare con un cenno

winseln vi ← Hund guaire; PEJ chiedere lamentosamente

Winter m ⟨-s, -⟩ inverno m; ◇ **im - in** inverno; **Wintergarten** m serra f (ricavata nell'appartamento); **winterlich** adj invernale; **Winterreifen** m pneumatici m/pl invernali; **Winterschlaf** m letargo m; **Wintersemester** n semestre m invernale; **Wintersport** m sport m invernale

Winzer(in) m ⟨-s, -⟩ vendemmiatore(trice) m

winzig adj minuscolo

Wipfel m ⟨-s, -⟩ (Baumkrone) cima f

wippen vi ① (mit Fußspitze) muovere su e giù ② (schaukeln) fare l'altalena

wir pron noi

Wirbel m ⟨-s, -⟩ ① vortice; MUS ② cavicchio m ③ ANAT vertebra f; **wirbeln** vi ← Blätter girare vorticosamente; **Wirbelsäule** f ANAT colonna f vertebrale; **Wirbelsturm** m uragano m; **Wirbeltier** n vertebrato m; **Wirbelwind** m vortice m; (FIG Person) terremoto m

wirken I. vi operare, agire; (erfolgreich sein) essere efficace; (scheinen) sembrare II. vt FIG → Wunder operare

wirklich adj reale; **Wirklichkeit** f realtà f; **wirksam** adj efficace; **Wirksamkeit** f efficacia f; **Wirkung** f effetto m; FIN azione f; **wirkungslos** adj inefficace; ◇ **- bleiben** restare inefficace; **wirkungsvoll** adj efficace

wirr adj ▷Haar in disordine; ▷Blick smarrito; **Wirren** pl disordini m/pl; **Wirrwarr** m ⟨-s⟩ disordine m

Wirsing[kohl] m verza f

Wirt(in) m ⟨-[e]s, -e⟩ oste m/f; **Wirtschaft** f ① (Gaststätte) osteria f ② (Haushalt) economia f domestica; (e-s Landes) economia f ③ (FAM Durcheinander) baraonda f; **wirtschaften** vi ① provvedere alla casa, tenere i conti di casa ② (in der Küche) sfaccendare; **wirtschaftlich** adj economico; **Wirtschaftsflüchtling** m fuggiasco m per ragioni economiche; **Wirtschaftskriminalität** f criminalità f economica; **Wirtschaftskrise** f crisi f economica; **Wirtschaftsminister** n ministro m dell'economia; **Wirtschaftsprüfer(in)** f m revisore (a) dei conti m; **Wirtschaftssystem** n sistema m economico; **Wirtschaftswunder** n miracolo m economico

Wirtshaus n osteria f

Wisch m ⟨-[e]s, -e⟩ (PEJ Schriftstück) scartoffia f; **wischen** vt → Tisch pulire (con un panno); **Wischer** m ⟨-s, -⟩ AUTO tergicristallo m; **Wischlappen** m pezza f (per strofinare) f

wispern vt, vi sussurrare

Wißbegier[de] f sete f di conoscenza; **wißbegierig** adj avido di sapere

wissen ⟨wußte, gewußt⟩ vt sapere; **Wissen** n ⟨-s⟩ sapere m; ◇ **nach bestem - u. Gewissen** secondo scienza e coscienza

Wissenschaft f scienza f; **Wissenschaftler (in)** f m ⟨-s, -⟩ scienziato(a) m; **wissenschaftlich** adj scientifico

wissenswert adj interessante

wissentlich adj (absichtlich) intenzionale

wittern vt fiutare; FIG → Gefahr, Verrat intuire; **Witterung** f ① tempo m atmosferico ② (Geruch) fiuto m

Witwe f, **Witwer** m ⟨-s, -⟩ vedovo(a) m

Witz m ⟨-[e]s, -e⟩ barzelletta f; FIG ◇ **der - an der Sache** il buffo della cosa; **Witzblatt** n giornale m umoristico; **Witzbold** m ⟨-[e]s, -e⟩ burlone m; **witzeln** vi (spotten) fare dello spirito; **witzig** adj spiritoso; **witzlos** adj insulso

wo adv ① dove ② (FAM Relativadverb) nel quale, dove ③ (temporal) in cui, quando; **woanders** adv da qualche altra parte

wob impf v. **weben**

wobei adv ① (relativ) con cui, presso cui, per cui ② (interrogativ) di che cosa, presso che cosa, con che cosa

Woche f ⟨-, n⟩ settimana f; **Wochenblatt** f settimanale m; **Wochenende** n fine m settimana; **Wochenendhaus** n casa f per i week-end;

W

wochenlang I. *adj* per una settimana **II.** *adv* di settimane; **Wochenmarkt** *m* mercato *m* settimanale; **Wochenschau** *f* attualità *f/pl;* **wochentags** *adv* durante la settimana; **wöchentlich** *adj* settimanale; **Wöchnerin** *f* puerpera *f;* **Wochenzeitung** *f* settimanale *m*

wodurch *adv* ① *(relativ)* attraverso cui, per il quale ② *(interrogativ)* come, per mezzo di che cosa

wofür *adv* ① *(relativ)* per il quale, per cui ② *(interrogativ)* per che cosa

wog *impf v.* **wiegen**

Woge *f* ‹-, -n› ondata *f;* FIG ◇ **- der Empörung** un'ondata di sdegno; **wogen** *vi* ondeggiare, fluttuare

wogegen *adv* ① *(relativ)* contro il quale, contro cui ② *(interrogativ)* contro che cosa

woher *adv* da/di dove; FAM ◇ **ach, -** nemmeno per sogno!

wohin *adv* dove

wohingegen *cj* mentre, al contrario

wohl *adv* ① *(bene)* bene ② *(vermutlich)* probabilmente ③ *(verstärkend)* ◇ **willst du - kommen ?** vuoi venire ? ④ *(ungefähr)* circa ⑤ *(gewiß)* certamente; **Wohl** *n* ‹-[e]s› bene; ◇ **zum -!** alla salute !; **wohlauf** *intj* suvvia; orsù; **Wohlbehagen** *n* senso *m* di benessere; **wohlbehalten** *adv* sano e salvo; **wohlerzogen** *adj* ▷*Kind* beneducato; ▷*Hund* bene allevato; **Wohlfahrt** *f* assistenza *f* pubblica; **Wohlfahrtsstaat** *m* stato *m* assistenziale; **wohlhabend** *adj* ▷*Leute* benestante; **wohlig** *adj* piacevole, accogliente; **Wohlklang** *m* armonia *f;* **wohlriechend** *adj* profumato; **wohlschmeckend** *adj* saporito; **Wohlstand** *m* agiatezza *f;* **Wohlstandsgesellschaft** *f* società *f* del benessere; **Wohltat** *f* ① opera *f* di bene ② *(Annehmlichkeit)* benedizione *m;* **Wohltäter(in** *f)* *m* benefattore(trice) *m;* **wohltätig** *adj* benefico; **Wohltätigkeitsball** *m* ballo *m* di beneficenza; **wohltuend** *adj* ▷*Wirkung* benefico; **wohlverdient** *adj* ben meritato; **wohlweislich** *adv* saggiamente; **Wohlwollen** *n* ‹-s› simpatia *f;* **wohlwollend** *adj* benevolo

Wohnanhänger *m* roulotte *f;* **Wohnblock** *m* isolato *m;* **wohnen** *vi* abitare; **Wohnfläche** *f* superficie *f* abitabile; **Wohngemeinschaft** *f* alloggianti *m/pl* nello stesso appartamento; **wohnhaft** *adj* residente; **Wohnlage** *f* posizione *f* dell'abitazione; **wohnlich** *adj* ▷*Zimmer* accogliente; **Wohnort** *m* luogo *m* di residenza; **Wohnraum** *m* spazio *m* abitabile; **Wohnsitz** *m* residenza *f;* **Wohnung** *f* appartamento *m;* **Wohnungsnot** *f* crisi *f* degli alloggi; **Wohnwagen** *m* roulotte *f;* **Wohnzimmer** *n* soggiorno *m*

wölben *vr* ◇ **sich -** curvarsi; ← *Brücke* inarcarsi; **Wölbung** *f* volta *f*

Wolf *m* ‹-[e]s, Wölfe›, **Wölfin** *f* lupo(a) *m; (Fleisch-)* tritacarne *m;* **Wolfshund** *n* cane *m* lupo

Wolke *f* ‹-, -n› nuvola *f;* **Wolkenbruch** *m* nubifragio *m;* **Wolkenkratzer** *m* grattacielo *m;* **wolkenlos** *adj* sereno; **wolkig** *adj* nuvoloso

Wolle *f* ‹-, -n› lana *f;* FAM ◇ **in die - geraten** andare in bestia

wollen ¹ *adj (aus Wolle)* ▷*Socken* di lana

wollen ² **I.** *vt* ① *(Absicht)* volere ② *(wünschen)* volere ③ *(brauchen)* volere; aver bisogno di **II.** *vi (beabsichtigen)* intendere; volere

Wolljacke *f* cardigan *m;* **Wollstoff** *m* tessuto *m* di lana

Wollust *f* voluttà *f;* *(FIG Freude)* piacere, diletto *m;* **wollüstig** *adj* voluttuoso

womit *adv* ① *(relativ)* col quale, con cui ② *(interrogativ)* con che, con che cosa

womöglich *adv* possibilmente

wonach *adv* ① *(relativ)* in base al quale ② *(interrogativ)* in base a che cosa

Wonne *f* ‹-, -n› piacere *m;* **wonnig** *adj* ▷*Kind* delizioso; ▷*kleines Tier* delizioso

woran *adv* ① *(relativ)* a/su/in cui, al/sul/nel quale ② *(interrogativ)* a/su/in che cosa, che cosa

worauf *adv* ① *(relativ)* su cui, sul quale, di cui, del quale ② *(interrogativ)* su/di che cosa, che cosa

woraus *adv* ① *(relativ)* della (dalla) qual cosa, da (dal) che, del (dal) quale, da (di) cui ② *(interrogativ)* da (di) che cosa

worin *adv* ① *(relativ)* nel quale, in cui; ② *(interrogativ)* in che cosa

Workshop *m* ‹-s, -s› workshop *m*

Worldcup *m* SPORT coppa *f* mondiale

Wort *n* ‹-[e]s, Wörter *o.* -e› ① parola *f; (Rede, Bemerkung)* discorso *m* ② *(Versprechen)* ◇ **jd-m sein - geben** dare la propria parola a qu; ◇ **jd-n beim - nehmen** prendere qu in parola; **wortbrüchig** *adj* fedifrago; **Wörterbuch** *n* vocabolario *m;* **Wortführer(in** *f)* *m* portavoce *m/f;* **wortkarg** *adj* di poche parole; **Wortlaut** *m* testo *m;* **wörtlich** *adj* letterale; **wortlos** *adj* senza parole; **Wortmeldung** *f* richiesta *f* di parola; **wortreich** *adj* ricco di vocaboli; **Wortschatz** *m* lessico *m;* **Wortschöpfung** *f* creazione *f* di una nuova parola; **Wortspiel** *n* gioco *m* di parole; **Wortwahl** *f* scelta *f* delle parole; **Wortwechsel** *m* diverbio *m*

worüber *adv* ① *(relativ)* sul quale, su cui ② *(interrogativ)* su che cosa, su che

worum *adv* ① *(relativ)* di cui, intorno a cui, della

qual cosa, del quale; **2** *(interrogativ)* intorno a che cosa, di che cosa

worunter *adv* **1** *(relativ)* sotto il quale, sotto cui, sotto che cosa, tra i quali, di cui, della qual cosa, del quale **2** *(interrogativ)* fra che cosa, di che cosa, sotto che cosa

wovon *adv* **1** *(relativ)* di cui, del quale **2** *(interrogativ)* di che cosa

wovor *adv* **1** *(relativ)* di, del quale, davanti a cui, davanti al quale **2** *(interrogativ)* davanti a che cosa

wozu *adv* **1** *(relativ)* a (per) cui, che, di cui **2** *(interrogativ)* a (per) che cosa, a che; *(warum)* perchè, per quale ragione

Wrack *n* ⟨-[e]s, -s⟩ *(Schiffs-)* relitto *m; (Auto-)* rottame *m; (FIG Mensch)* relitto *m*

wringen ⟨wrang, gewrungen⟩ *vt* → *Wäsche* strizzare

Wucher *m* ⟨-s⟩ usura *f;* **wuchern** *vi* **1** ← *Pflanzen* crescere abbondantemente **2** esercitare l'usura; **Wucherung** *f* MED escrescenza *f*

wuchs *impf v.* **wachsen**

Wuchs *m* ⟨-es⟩ *(Statur)* statura *f*

Wucht *f* ⟨-⟩ peso *m;* ◇ **mit voller -** con tutta la forza; **wuchtig** *adj* ▷*Schrank* massiccio; ▷*Gebäude* imponente

wühlen *vi* **1** *(graben)* scavare **2** ← *Schwein* grufolare **3** *FAM* lavorare con accanimento; **Wühlmaus** *f* FAUNA microto *m;*

wund *adj* ferito; *FIG* ◇ **-er Punkt** punto doloroso; **Wunde** *f* ⟨-, -n⟩ ferita *f*

Wunder *n* ⟨-s, -⟩ miracolo *m;* ◇ **es ist kein -** non c'è da stupirsi; **wunderbar** *adj* meraviglioso; **Wunderkind** *n* bambino *m* prodigio; **Wunderland** *n* paese *m* delle meraviglie; **wunderlich** *adj* strano; **wundern I.** *vr* ◇ **sich -** meravigliarsi *(über akk* di) **II.** *vt* meravigliare; **wunderschön** *adj* magnifico; **wundervoll** *adj* stupendo

Wundstarrkrampf *m* MED tetano *m*

Wunsch *m* ⟨-[e]s, Wünsche⟩ desiderio *m;* **wünschen** *vt* desiderare; **wünschenswert** *adj* desiderabile

wurde *impf v.* **werden**

Würde *f* ⟨-⟩ dignità *f; (Doktor-,)* titolo *m; (Kardinals-)* ufficio *m;* **würdelos** *adj* privo di dignità; **Würdenträger(in** *f)* *m* dignitario(a) *m;* **würdevoll** *adj* dignitoso; **würdig** *adj* degno; *(würdevoll)* dignitoso; **würdigen** *vt* **1** apprezzare **2** *(würdig befinden)* degnare (di)

Wurf *m* ⟨-s, Würfe⟩ **1** *(Speer-)* lancio *m* **2** *(Tierkinder)* cucciolata *f*

Würfel *m* ⟨-s, -⟩ dado *m;* MATH cubo *m;* **Würfelbecher** *m* bussolotto *m;* **würfeln I.** *vi* giocare ai dadi **II.** *vt (in Würfel schneiden)* tagliare a dadi; **Würfelspiel** *n* gioco *m* dei dadi; **Würfelzucker** *m* cubetto *m* di zucchero

würgen *vt, vi* strozzare

Wurm *m* ⟨-[e]s, Würmer⟩ verme *m; FAM* ◇ **da ist der - drin** qui c'è qualche cosa che non va; **wurmen** *vt FAM* rodere; crucciare; **Wurmfortsatz** *m* MED appendice *f* cecale; **wurmig** *adj* ▷*Frucht* bacato; **wurmstichig** *adj* ▷*Holz* tarlato

Wurst *f* ⟨-, Würste⟩ salsiccia *f; FAM* ◇ **das ist mir - non importa, mi è indifferente; **Würstchen** *n* ⟨-s, -⟩ **1** *(Wiener -)* salsiccetta *f* **2** *FAM* tipo *m* insignificante; **Würstchenbude** *f* banco *m* del salsicciaio

Würze *f* ⟨-, -n⟩ spezie *f/pl*

Wurzel *f* ⟨-, -n⟩ **1** *(vom Baum)* radice *f* **2** *(MATH)* radice *f; (FIG Ursache)* radice *f;* ◇ **die - allen Übels** la radice di tutti i mali; **Wurzelknolle** *f* tubero *m;* **Wurzelrechnung** *f* MATH calcolo *m* dei radicali; **Wurzelzeichen** *n* MATH segno *m* di radice; **Wurzelziehen** *n* MATH estrazione *f* della radice

würzen *vt* condire; *FIG* → *Rede* condire; **würzig** *adj* condito

wusch *impf v.* **waschen**

wußte *impf v.* **wissen**

wüst *adj (unordentlich)* disordinato; *(öde)* deserto; *(FAM heftig)* terribile

Wüste *f* ⟨-, -n⟩ deserto *m*

Wüstling *m* libertino *m*

Wut *f* ⟨-⟩ furia *f; (Arbeits-)* mania *f,* ossessione *f;* **Wutanfall, Wutausbruch** *m* accesso *m* d'ira; **wüten** *vi* ← *Eltern* essere furibondo; **wütend** *adj* furente

X

X, x *n (Buchstabe)* X, x *f;* ◇ **zum x-ten Mal** per l'ennesima volta

x-Achse *f* MATH asse *m* X

X-Beine *pl* gambe *m/pl* a X

x-beliebig *adj* ↑ *irgendeine(r, s)* qualunque; ◇ **jeder -** uno qualsiasi

xerokopieren *vt* xerocopiare

x-mal *adv* cento volte

Xylophon *n* ⟨-s, -e⟩ MUS xilofono *m*

Y

Y, y n (*Buchstabe*) Y, y f
Yacht f ⟨-, -en⟩ yacht m
Yard n ⟨-s, -s⟩ yard m
Y-Chromosom n BIO cromosoma y m
Yoga n ⟨-, -en⟩ yoga m
Yoghurt m o n ⟨-s, -s⟩ yogurt m
Ypsilon n ⟨-[s], -s⟩ ipsilon m/f
Yuppie m ⟨-s, -s⟩ **young urban professional (people)** yuppie m/f

Z

Z, z n Z, z f
Zacke f ⟨-, -n⟩ (*Berg-*) dente m; (*Gabel-*) punta f; (*FAM sich nichts vergeben*) ◇ **sich keinen - aus der Krone brechen** non sciuparsi; **zackig** adj dentellato; *FAM* ▷*Begrüßung* energico
zaghaft adj pauroso; **Zaghaftigkeit** f timidezza f
zäh adj ① ▷*Fleisch* duro ② ▷*Teig* denso ③ (*widerstandsfähig*) ostinato; **Zähigkeit** f tenacia f
Zahl f ⟨-, -en⟩ numero m; **zahlbar** adj pagabile; **zahlen** vt, vi pagare; ◇ **- bitte!** vorrei pagare per favore !
zählen I. vt ① → *Geld* contare; → *Tage* contare ② (*rechnen*) annoverare **II.** vi ① *FIG* contare, valere ② (*rechnen*) fare affidamento (*auf akk* su)
zahlenmäßig adj numerico; **Zahlenschloß** n serratura f a combinazione; **Zahlensystem** n sistema m numerico
Zähler m ⟨-s, -⟩ ① (*Gas-*) contatore m ② MATH numeratore m
Zahlkarte f modulo m di versamento; **zahllos** adj innumerevole; **zahlreich** adj numeroso; **Zahlstelle** f cassa f; **Zahltag** m giorno m di pagamento
Zahlung f pagamento m; ◇ **etw in - geben/ nehmen** dare/prendere in pagamento qc
Zählung f numerazione f
Zahlungsanweisung f mandato m di pagamento; **Zahlungsaufforderung** f intimazione f di pagamento; **Zahlungsbedingungen** f pl condizioni m/pl di pagamento; **Zahlungsbilanz** f bilancia f dei pagamenti; **zahlungsfähig** adj solvibile; **Zahlungsmittel** n mezzo m

di pagamento; **zahlungsunfähig** adj insolvibile; **Zahlungsverkehr** m pagamenti m/pl; **Zahlwort** n GRAM numerale m
zahm adj ▷*Hund* mansueto; (*gezähmt*) addomesticato; (*FAM mild*) indulgente; **zähmen** vt addomesticare; (*FIG sich beherrschen*) dominarsi
Zahn m ⟨-[e]s, Zähne⟩ dente m; *FIG* ◇ **sich die Zähne ausbeißen** rompersi le corna; *FAM* ◇ **der - der Zeit** le ingiurie del tempo; **Zahnarzt** m, **Zahnärztin** f dentista m/f; **Zahnbürste** f spazzolino m; **Zahncreme** f dentifricio m; **zahnen** vi ← *Baby* mettere i denti; **Zahnfäule** f carie f; **Zahnfleisch** n gengiva f; **Zahnfleischentzündung** f gengivite f; **zahnlos** adj ▷*Baby* sdentato; **Zahnpasta** f dentifricio m; **Zahnrad** n TECH ruota f dentata; **Zahnschmelz** m smalto m dentario; **Zahnschmerz** m mal m di dente; **Zahnseide** f filo m dentale; **Zahnstein** m tartaro m; **Zahnstocher** m ⟨-s, -⟩ stuzzicadenti m; **Zahntechniker(in** f) m odontotecnico/a
Zange f ⟨-, -n⟩ ① tenaglie f/pl ② FAUNA chela f ③ MED forcipe m; **Zangengeburt** f parto m con il forcipe
Zank m lite f; **zanken I.** vi (*schimpfen*) rimproverare (*mit dat* akk) **II.** vr ◇ **sich -** litigare (*mit jd-m, akk* con qu/per qc); **zänkisch** adj litigioso
Zäpfchen n ANAT ugola f; (*Fieber-*) supposta f
zapfen vt → *Bier* spillare
Zapfen m ⟨-s, -⟩ ① FLORA pigna f ② (*Eis-*) ghiacciolo m; **Zapfenstreich** m ① MIL ritirata f ② *FAM* ◇ **in e-r halben Stunde ist -** tra mezz'ora chiudiamo; **Zapfsäule** f distributore m di benzina
zappelig adj irrequieto; **zappeln** vi dimenarsi; *FIG* ◇ **jd-n - lassen** tenere qu alla corda
Zar(in f) m ⟨-es, -en⟩ zar f, zarina f
zart adj ① ▷*Porzellan* fragile ② ▷*Fleisch, Gemüse* tenero ③ ▷*Duft, Berührung* delicato; ▷*Farben* delicato ④ *FIG* ▷*Andeutung* sottile; **zartfühlend** adj sensibile; **Zartgefühl** n delicatezza f; **Zartheit** f tenerezza f
zärtlich adj tenero; **Zärtlichkeit** f tenerezza f
Zäsur f cesura f
Zauber m ⟨-s, -⟩ ① incanto m; *FAM* ◇ **alles fauler -** tutto un imbroglio ② (*Ausstrahlung, Reiz*) fascino m
Zauberei f incanto m; **Zauberer** m ⟨-s, -⟩ mago /a; **zauberhaft** adj magico; **Zauberin** f maga f; **Zauberkünstler(in** f) m illusionista m/f; **zaubern** vi esercitare la magia; **Zauberspruch** m formula f magica; **Zauberstab** m

bacchetta f magica; **Zauberwort** n parola f magica

zaudern vi esitare

Zaum m ‹-[e]s, Zäume› (-zeug) briglia f; FIG ◇ **sich im - halten** dominarsi

Zaun m ‹-[e]s, Zäune› recinto m; FIG ◇ **e-n Streit vom - brechen** provocare una lite; **Zaunkönig** m FAUNA scricciolo m; **Zaunpfahl** m palo m di steccato

z.B. Abk v. **zum Beispiel** p.es.

Zebra n ‹-s, -s› zebra f; **Zebrastreifen** m striscie f/pl pedonali

Zeche f ‹-, -n› 1 MIN miniera f di carbone 2 (Rechnung) conto m; **zechen** vi bere

Zecke f ‹-, -n› FAUNA zecca f

Zedernholz n legno m di cedro

Zehe f ‹-, -n› 1 (Knoblauch-) spicchio m 2 dito m del piede; FAM ◇ **jd-m auf die -n treten** pestare i piedi a qu; **Zehenspitze** f punta f dei piedi; ◇ **auf -n laufen** camminare in punta di piedi

zehn adj, nr dieci; **zehnfach I.** adj decuplo **II.** adv dieci volte; **zehnjährig** adj (10 Jahre alt) di dieci anni; **Zehnkampf** m SPORT decathlon m; **zehnmal** adv dieci volte; **zehnte(r, s)** adj decimo

Zehntel n ‹-s, -› (Bruchteil) decimo m

zehntens adv in decimo luogo

zehren vi FIG 1 consumare (von dat qc) 2 FIG ◇ **von seinen Erinnerungen -** vivere di ricordi

Zeichen n ‹-s, -› 1 (Hinweis) segno m 2 (Signal) segnale 3 (Symbol) segno m 4 (Stern-) segno m; **Zeichenkohle** f carboncino m; **Zeichensetzung** f interpunzione f; **Zeichentrickfilm** m cartoni m/pl animati

zeichnen I. vt 1 disegnare 2 (kenn-) contrassegnare 3 (darstellen) rappresentare 4 (in bez. auf Anleihen u.ä.) sottoscrivere **II.** vi 1 disegnare 2 ◇ **für etw** akk **verantwortlich -** assumersi la responsabilità di qc; **Zeichner(in** f) m ‹-s, -› disegnatore(-trice f) m; **technischer -** disegnatore tecnico; **Zeichnung** f 1 disegno m 2 (Unterzeichnen) sottoscrizione f

Zeigefinger m indice m; **zeigen I.** vt mostrare (jd-m a) **II.** vi indicare, mostrare (auf akk qc) **II.** vr ◇ **sich -** (sich sehen lassen) mostrarsi; ◇ **es wird sich -** si vedrà; **Zeiger** m ‹-s, -› (auf Skala) indicatore m; (Uhr-) lancetta f; **Zeigestock** m bastone m indicatore

Zeile f ‹-, -n› 1 (Häuser-) fila f 2 (e-r Seite) riga f; FIG ◇ **zwischen den -n lesen** leggere tra le righe, **Zeilenabstand** m spazio m interlineare

zeit präp gen: ◇ **- meines Lebens** durante la mia vita

Zeit f ‹-, -en› 1 tempo m; ◇ **sich** dat **- lassen** prendersela comoda; ◇ **im Laufe der -** nel corso del tempo; ◇ **von - zu -** di tanto in tanto; ◇ **zur -** attualmente 2 (Epoche) epoca f 3 GRAM tempo m; **Zeitalter** n epoca f; **Zeitansage** f segnale m orario; **Zeitenfolge** f cronologia f; **zeitgemäß** adj attuale; **Zeitgenosse** m, **Zeitgenossin** f contemporaneo/a; **Zeitgeschichte** f storia f contemporanea; **zeitig** adj presto; **zeitlebens** adv per tutta la vita; **zeitlich** adj temporale; **zeitlos** adj atemporale; **Zeitlupe** f rallentatore m; **Zeitlupenaufnahme** f ripresa f al rallentatore; **Zeitpunkt** m momento m; **zeitraubend** adj che richiede molto tempo; **Zeitraum** m intervallo m; **Zeitrechnung** f cronologia f

Zeitschrift f rivista f; **Zeitung** f giornale m; **Zeitungsausschnitt** m articolo m di giornale; **Zeitungsausträger(in** f) m distributore/a di giornale; **Zeitungskiosk** m edicola f; **Zeitungspapier** n carta f da giornale; **Zeitungsreklame** f pubblicità f sui giornali

Zeitverschwendung f perdita f di tempo; **Zeitvertreib** m passatempo m; **zeitweilig** adj temporaneo; **zeitweise** adv temporaneamente; **Zeitwert** m valore m attuale; **Zeitwort** n verbo m; **Zeitzeichen** n MEDIA segnale m orario; **Zeitzone** f fuso m orario; **Zeitzünder** m spoletta f a tempo

zelebrieren vt → **Messe** celebrare

Zelle f ‹-, -n› 1 BIO cellula f 2 (Telefon-) cabina f 3 (Gefängnis-) cella f; **Zellfusion** f BIO fusione f cellulare; **Zellkern** m BIO nucleo m cellulare; **Zellstoff** m cellulosa f; **Zellteilung** f BIO divisione f della cellula

Zelt n ‹-[e]s, -e› tenda f; **Zeltbahn** f telo m da tenda; **zelten** vi accamparsi; **Zeltlager** n accampamento m; (Ferienlager) campeggio m; **Zeltplatz** m campeggio m

Zement m ‹-[e]s, -e› cemento m; **zementieren** vt cementare

Zenit m zenit m

zensieren vt 1 (überwachen) censurare 2 (in der Schule) dare il voto a; **Zensur** f 1 censura f 2 SCHULE voto m

Zentimeter m o n centimetro m

Zentner m ‹-s, -› mezzo m quintale; **zentnerschwer** adj (FIG Kummer) opprimente

zentral adj centrale; **Zentrale** f ‹-, -n› centrale f; **Zentraleinheit** f PC unità f centrale; **Zentralheizung** f riscaldamento m centrale; **zentralisieren** vt centralizzare, **zentralistisch** adj accentratore; **Zentralspeicher** m PC memoria f centrale; **Zentralverriegelung** f AUTO chiusura *f* centralizzata; **zentrieren** *vt* TYP centrare

Zentrifugalkraft *f (Fliehkraft)* forza *f* centrifuga; **Zentrifuge** *f* ⟨-, -n⟩ centrifuga *f;* **zentrifugieren** *vt* centrifugare

Zentrum *n* ⟨-s, Zentren⟩ centro *m*

Zepter *n* ⟨-s, -⟩ scettro *m; (FIG bestimmen)* ◇ das ~ **schwingen** *decidere, comandare*

zerbeißen *unreg vt* rompere con i denti

zerbrechen I. *unreg vt* → *Glas* rompere; → *Knochen* fratturare II. *vi* rompersi; *(FIG angestrengt nachdenken)* ◇ **sich den Kopf** ~ rompersi il capo; **zerbrechlich** *adj* fragile

zerbröckeln I. *vt* → *Brot* sbriciolare II. *vi* sbriciolarsi

zerdrücken *vt* ① → *Kartoffeln* schiacciare ② → *Kleidung* sgualcire

Zeremonie *f* cerimonia *f;* **Zeremoniell** *n* cerimoniale *m*

Zerfall *m* crollo *m;* CHEM decomposizione *f;* **zerfallen** *unreg vi* ① cadere in pezzi ② *(sich gliedern)* essere diviso *(in akk* in)

zerfetzen *vt* fare a pezzi o brandelli

zerfließen *unreg vi* scorrere via; *FIG* ◇ **in Tränen** ~ sciogliersi in lacrime

zerfressen *unreg vt* ① ← *Rost* corrodere ② ← *Motten* mangiare, rodere

zergehen *unreg vi (schmelzen)* sciogliersi

zerkleinern *vt* sminuzzare

zerknittern *vt* spiegazzare

zerlegbar *adj* scomponibile; **zerlegen** *vt* ① → *Fleisch* trinciare ② → *Satz* scomporre ③ → *Gerät* smontare; **Zerlegung** *f* scomposizione *f*

zerlumpt *adj* cencioso

zermalmen *vt* stritolare

zermürben *vt* logorare

zerpflücken *vt* → *Blume* sfogliare

zerquetschen *vt* schiacciare

zerraufen *vt* → *Haare* scompigliare

Zerrbild *n* caricatura *f*

zerreiben *unreg vt* → *Käse* grattugiare, polverizzare; *(FIG vernichten)* annientare

zerreißen I. *unreg vt* ① tirare ② strappare; *FIG* ◇ **jd-m das Herz** ~ spezzare il cuore a qu; *FAM* ◇ **sich das Maul** ~ tagliare i panni addosso a qu II. *vi* ← *Rock, Hose* strapparsi

zerren *vt* ① tirare ② *(schleppen)* trascinare ③ ◇ **etw an die Öffentlichkeit** ~ dare qc in pasto al pubblico

zerrinnen *unreg vi* scorrere via; *FIG* ◇ **das Geld zerrinnt ihm in den Händen** ha le mani bucate

Zerrissenheit *f* smembramento *m*

Zerrung *f* MED strappo *m*

zerrütten *vt* guastare, rovinare; **zerrüttet** *adj (Ehe)* rovinato

zerschellen *vi* ← *Schiff* sfracellarsi

zerschlagen I. *unreg vt* rompere II. *vr* ◇ **sich** ~ ← *Plan* andare in fumo; ← *Hoffnung* svanire

zerschleißen *vt* → *Kleidung* logorare

zerschmettern *vt* → *Bein* rompere; → *Auto* fracassare

zerschneiden *unreg vt* tagliare a pezzi

zersetzen I. *vt* sciogliere; → *Ordnung* disgregare; CHEM decomporre II. *vr* ◇ **sich** ~ sciogliersi; *FIG* sciogliersi; *(CHEM sich lösen)* decomporsi

zersplittern *vt* ① ← *Glas* andare in frantumi ② ← *Knochen* spezzarsi ③ ← *Partei* sciogliersi

zerspringen *unreg vi* ① *(zerreißen)* spezzarsi, rompersi ② *(platzen)* esplodere

Zerstäuber *m* ⟨-s, -⟩ atomizzatore *m*

zerstechen *unreg vt* ① → *Autoreifen* sforacchiare ② *(durch Mücken)* punzecchiare

zerstören *vt* distruggere; **Zerstörer** *m* distruttore *m;* **Zerstörung** *f* distruzione *f*

zerstreuen I. *vt* → *Zweifel* dissipare II. *vr* ◇ **sich** ~ *(unterhalten)* svagarsi; **zerstreut** *adj* ▷ *Mensch* distratto; **Zerstreutheit** *f* distrazione *f;* **Zerstreuung** *f (Ablenkung)* svago *m*

zerstückeln *vt* → *Fleisch, Obst* fare a pezzi

Zertifikat *n* ⟨-[e]s, -e⟩ *(für Schmuck, Teppiche)* certificato *m*

zertreten *unreg vt* → *Gras* calpestare

zertrümmern *vt* → *Flaschen* frantumare; → *Fensterscheiben* distruggere

zerwühlen *vt* → *Bett* mettere in disordine

Zerwürfnis *n* discordia *f*

zerzausen *vt* → *Haare* scompigliare

zetern *vi* strillare

Zettel *m* ⟨-s, -⟩ *(Notiz)* foglietto *m; (Formular)* modulo *m;* **Zettelkasten** *m* schedario *m*

Zeug *n* ⟨-[e]s, -e⟩ ① *(FAM Sachen, Kleidung)* roba *f* ② *(FAM Geschwätz)* ◇ **dummes** ~ **reden** dire stupidaggini ③ *FAM* ◇ **das** ~ **haben zu** avere la stoffa per

Zeuge *m* ⟨-n, -n⟩ *(vor Gericht)* teste *m*

zeugen [1] *vt* procreare

zeugen [2] *vi* testimoniare *(von dat* qc); **Zeugenaussage** *f* deposizione *f;* **Zeugenstand** *m* banco *m* dei testimoni; **Zeugenvernehmung** *f* JURA escussione *f* dei testi

Zeughaus *n* arsenale *m* militare

Zeugin *f* teste *m;* **Zeugnis** *n* ① testimonianza *f* ② SCHULE pagella *f* ③ *(Referenz)* referenza *f*

Zeugung *f* riproduzione *f;* **zeugungsunfähig** *adj* incapace di generare

z.H. *Abk v.* **zu Händen** S.P.M.

Zicke f ‹-, -n› ① capretta f ② (*unangenehme Frau*) megera f

Zickzack m ‹-[e]s, -e› (*-kurs, -linie*) zigzag m

Ziege f ‹-, -n› capra f; **Ziegenleder** n pelle f di capra

Ziegel m ‹-s, -› mattone m; (*Dach-*) tegola f; **Ziegelei** f fabbrica f di laterizi

Ziegenkäse m formaggio m di capra

ziehen ‹zog, gezogen› **I.** vt ① trascinare; ◊ **jd-n am Arm -** tirare qu per il braccio ② → *Wagen* trainare ③ → *Zahn* estrarre ④ → *Katzen* allevare ⑤ → *Geld* ricavare ⑥ FIG (*in e-n Streit*) trascinare **II.** vi ① tirare (*an dat* qc) ② ◊ **durch das Land -** girare per il paese ③ ▷*in die Stadt* trasferirsi **III.** vr ◊ **sich -** ① (*Gummi*) allungarsi ② (*krumm werden*) incurvarsi; **Ziehharmonika** f fisarmonica f; **Ziehung** f estrazione f

Ziel n ‹-[e]s, -e› ① (*e-r Reise*) meta f ② SPORT traguardo m ③ (COMM *Zahlungs-*) scadenza f ④ (*Absicht*) intento m; **zielbewußt** adj sicuro di sé; **zielen** vi prendere la mira (*auf akk* a); (FIG *auf etw anspielen*) alludere (*auf akk* a); **Zielfernrohr** n cannocchiale m; **Ziellinie** f SPORT linea f d'arrivo; **ziellos** adj senza meta; **Zielscheibe** f bersaglio m; **zielsicher** adj dalla mira sicura; FIG deciso, risoluto; **zielstrebig** adj che punta alla meta

ziemlich I. adj considerevole; FAM ◊ **-e Frechheit** bella sfacciataggine **II.** adv abbastanza; ◊ **- früh** piuttosto presto

Zierde f ‹-, -n› decorazione f; ◊ **zur** [*o.* **als**] **-** per decorazione

zieren vr ◊ **sich -** fare il lezioso, fare smorfie

Zierleiste f listello m

zierlich adj grazioso; **Zierlichkeit** f grazia f

Zierstrauch m arbusto m ornamentale

Ziffer f ‹-, -n› cifra f; **Zifferblatt** n quadrante m

zig adj FAM parecchio

Zigarette f sigaretta f; **Zigarettenautomat** m distributore m automatico di sigarette; **Zigarettenpapier** n cartina f da sigarette; **Zigarettenpause** f pausa f per fumare una sigaretta; **Zigarettenschachtel** f scatola f delle sigarette; **Zigarettenstummel** m mozzicone m di sigaretta; **Zigarillo** n o m ‹-s, -s› sigaretto m; **Zigarre** f ‹-, -n› sigaro m

Zigeuner(in f) m ‹-s, -› zingaro/a; (FAM *unordentlicher Mensch*) zingaro/a

Zikade f ‹-, -n› cicala f

Zimbabwe n Zimbawe m

Zimmer n ‹-s, -› stanza f; **Zimmerantenne** f antenna f interna, **Zimmerdecke** f soffitto m della stanza; **Zimmerlautstärke** f volume m basso; **Zimmermädchen** n cameriera f; **Zim-**

mermann m ‹-s, Zimmerleute› carpentiere m; **zimmern** vt costruire in legno; **Zimmerpflanze** f pianta f d'appartamento; **Zimmertemperatur** f temperatura f ambiente

zimperlich adj schizzinoso; (*geziert*) smorfioso, lezioso

Zimt m ‹-[e]s, -e› cannella f; **Zimtstange** f bastoncino m di cannella

Zink n ‹-[e]s› zinco m

Zinke f ‹-, -n› (*Gabel-*) rebbio m

zinken vt → *Karten* segnare

Zinken m ‹-, -› FAM nasone m

Zinksalbe f pomata f all'ossido di zinco

Zinn n ‹-[e]s› CHEM stagno m

Zinne f ‹-,-n› (*Burg-*) merlo m

zinnoberrot adj rosso cinabro

Zinnsoldat m soldatino m di piombo

Zins m ‹-es, -en› FIN interessi m/pl; **Zinseszins** m FIN interesse m composto; **Zinsfuß, Zinssatz** m FIN tasso m d'interesse; **zinslos** adj ▷*Darlehen* infruttifero

Zionismus m sionismo m

Zipfel m ‹-s, -› (*Ende*) estremità f; (*Tuch-*) lembo m; **Zipfelmütze** f berretto m a punta

Zirbel f ‹-, -n› FLORA cembro m

zirka adv circa

Zirkel m ‹-s, -› ① cerchio m; MATH circonferenza f ② (*Lese-*) club m; **Zirkelkasten** m astuccio m del compasso

Zirkulation f (*Blut-*) circolazione f; (*Luft-*) circolazione f; (*Geld-*) circolazione f; **zirkulieren** vi ← *Grippe* circolare; ← *Geld* circolare

Zirkus m ‹-, -se› circo m; FAM ◊ **- machen** fare storie; **Zirkuszelt** n tendone m da circo

zirpen vi stridere

Zirrhose f ‹-, -n› MED cirrosi f

zischeln vi sussurrare

zischen vi ← *Schlange* sibilare

ziselieren vt cesellare

Zisterzienserorden m ordine m dei circestensi

Zitadelle f cittadella f

Zitat n citazione f

Zither f ‹-, -n› cetra f

zitieren vt ① citare ② ◊ **jd-n vor Gericht -** citare qu in giudizio

Zitronat n cedro m candito; **Zitrone** f ‹-, -n› limone m; **Zitronenfalter** m FAUNA cedroncella f; **Zitronenlimonade** f limonata f; **Zitronenpresse** f spremilimoni m; **Zitronensaft** m succo m di limone; **Zitronenscheibe** f fetta f di limone; **Zitrusfrucht** f cedro m

zittrig adj ▷*Knie* tremante; ▷*Schrift* tremolante; **zittern** vi ← *Blätter* tremare; FIG tremare (*vor dat* di)

Z

Zitze f ‹-, -n› (bei Tieren) capezzolo m

zivil adj civile; ▷Preis moderato

Zivil n ‹-s kpl› (ohne Uniform) civile m; **Zivilbevölkerung** f popolazione f civile; **Zivilcourage** f coraggio m civile; **Zivildienst** m servizio m civile

Zivilisation f civilizzazione f; **Zivilisationserscheinung** f aspetto m della civilizzazione; **Zivilisationskrankheit** f mallattia f dell'uomo civilizzato; **zivilisieren** vt civilizzare; **zivilisiert** adj ▷Benehmen civile

Zivilist(in f) m civile m/f

Zivilkammer f JURA sezione f civile del tribunale; **Zivilprozeß** m JURA processo m civile; **Zivilrecht** n JURA diritto m civile

Zobel m ‹-s, -› FAUNA zibellino m

zocken vi FAM giocare a carte; **Zocker(in** f) m ‹-s, -› FAM giocatore(-trice f) di carte m

Zoff m ‹-s kpl› (FAM Ärger, Streit) litigio m

zog impf v. **ziehen**

zögerlich adj lento; (schwankend) titubante; **zögern** vi ① temporeggiare ② (schwanken) tentennare

Zölibat n ‹-[e]s› celibato m

Zoll [1] m ‹-[e]s, Zölle› dogana f

Zoll [2] m ‹-s, -› (Längenmaß) pollice f

Zollabfertigung f disbrigo m delle formalità doganali; **Zollamt** n ufficio m del dazio; **Zollbeamte** m doganiere m; **Zollerklärung** f dichiarazione f doganale; **zollfrei** adj franco di dogana; **Zollgrenze** f confine m doganale; **zollpflichtig** adj soggetto a dazio

Zollstock m metro m pieghevole

Zombie m ‹-s, -s› zombi m

Zone f ‹-, -n› (Gebiet) zona f; ◇ atomfreie - zona denuclearizzata

Zoo m ‹-s, -s› zoo m; **Zoologe** m ‹-n, -n›, **Zoologin** f zoologo/a; **Zoologie** f zoologia f; **zoologisch** adj zoologico

Zoom m ‹-s, -s› FOTO zoom m

Zopf m ‹-[e]s, Zöpfe› ① (Haar-) treccia m ② (Strickmuster) treccia f ③ (Hefe-) treccia f; FIG ◇ das ist ein alter - è sorpassato

Zorn m ‹-[e]s› rabbia f; ◇ ~ auf jd-n/etw haben essere arrabbiato con qu; **zornig** adj arrabbiato

Zote f ‹-, -n› sconcezza f

zottig adj ▷Fell arruffato

zu I. präp ① (lokal, Richtung) a, in; ◇ -r Mensa gehen andare alla mensa ② (lokal, Lage) a, in; ◇ - Hause sein essere a casa ③† von ◇ der Dom - Nürnberg il duomo di Norimberga ④ (gegenüber) per, verso, nei riguardi di; ◇ unhöflich - jd-m sein essere scortese con qu ⑤ (Anlaß) ◇ - Weihnachten per Natale ⑥ (Zweck) ◇ -m

Zeichen der Freundschaft in segno di amicizia ⑦ (Anzahl) ◇ **wir waren - fünf** eravamo in cinque II. cj ① (vor Infinitiv) da, a, di; (mit haben) da; ◇ **nichts - sagen haben** non avere niente da dire ② (vor dem Partizip Präsens) ◇ **die - besprechende Frage** il problem da discutere III. adv ① troppo; ◇ **- jung** troppo giovane ② chiuso; ◇ **die Läden sind -** i negozi sono chiusi; **zuallererst** adv innanzi tutto; **zuallerletzt** adv alla fine

zubauen vt → Baulücke chiudere (con una costruzione)

Zubehör n ‹-[e,s› accessori m/pl

zubeißen unreg vi dare un morso; ◇ **beiß zu!** prendi!

Zuber m ‹-s, -› mastello m

zubereiten vt → Essen preparare

zubilligen vt concedere (jdm a)

zubinden unreg vt legare

zubleiben unreg vi FAM rimanere chiuso

zubringen unreg vt ① → Ferien trascorrere ② FAM → Tür riuscire a chiudere; **Zubringer** m ‹-s, -› (Autobahn-) svincolo m; **Zubringerstraße** f svincolo m

Zucchini pl zucchine f/pl

Zucht f ‹-, -en› ① (Kultur) coltivazione f; (Tier-) allevamento m ② (Erziehung) educazione f ③ (Disziplin) disciplina f; **züchten** vt → Tiere allevare; → Pflanzen coltivare; **Züchter(in** f) m ‹-s, -› (Vieh-) allevatore(-trice f) m; (Pflanzen-) coltivatore(-trice f) m

Zuchthaus n ① (Gefängnisgebäude) penitenziario m ② (Strafe) reclusione f

Zuchthengst m stallone m da monta

züchtigen vt castigare (con percosse); **Züchtigung** f castigo m (con percosse)

zucken vi ① ← Blitz guizzare; (Hand) fare un movimento improvviso ② (gleichgültig sein) ◇ **mit den Achseln/der Schulter - fare spalluce**

zücken vt → Schwert sguainare; → Geldbeutel tirar fuori

Zucker m ‹-s, -› zucchero m; **Zuckerdose** f zuccheriera f; **Zuckerguß** m glassa f; **zuckerkrank** adj diabetico; **Zuckerkrankheit** f diabete m; **zuckern** vt cospargere di zucchero; **Zuckerrohr** n canna f da zucchero; **Zuckerrübe** f barbabietola f da zucchero

Zuckerzange f mollette f per lo zucchero

Zuckung f spasimo m

zudecken vt coprire

zudem adv inoltre

zudrehen vt ① → Wasserhahn chiudere ② (zwenden) voltare

zudringlich *adj* ▷*Mensch* importuno

zudrücken *vt* chiudere (premendo); *FIG* ◇ **ein Auge** ~ chiudere un occhio

zueinander *adv* (*in Verbindung*) uno verso l'altro; ◇ **seid nett** ~ siate gentili l'un con l'altro

zuerkennen *unreg vt* → *Recht* concedere; → *Gewinn, Preis* conferire

zuerst *adv* (*zu Anfang*) dapprima, prima

Zufahrt *f* accesso (per le vetture) *m;* **Zufahrtsstraße** *f* strada *f* d'accesso

Zufall *m* (*Ereignis*) caso *m;* ◇ **durch** ~ per caso; ◇ **so ein** ~ che combinazione !

zufallen *unreg vi* ① ← *Augen* chiudersi ② (*FIG Anteil*) spettare (*jd-m* a)

zufällig I. *adj* accidentale II. *adv* per caso, per combinazione; ◇ **wissen Sie** ~, **ob** ...? per caso mi sa dire se ...?

zufassen *vi* ① (*greifen*) afferrare ② (*helfen*) dare una mano

zufliegen *unreg vi* ① ← *Tür* chiudersi ② ← *Vögel* volare (*auf akk* verso)

Zuflucht *f* (*Schutz*) riparo *m;* (*Ort*) rifugio *m;* ◇ **bei jd-m** ~ **suchen** trovare rifugio da qu

Zufluß *m* ① (*Zufließen*) affluenza *f* ② GEO affluente *m.*

zuflüstern *vt* sussurrare all'orecchio (*jd-m* a)

zufolge *präp dat/gen* (*gemäß*) conformemente a

zufrieden *adj* soddisfatto; **zufriedengeben** *unreg vr* ◇ **sich** ~ accontentarsi (*mit dat* di); **Zufriedenheit** *f* soddisfazione *f;* **zufriedenlassen** *unreg vt* lasciare in pace; **zufriedenstellen** *vt* soddisfare

zufrieren *unreg vi* congelarsi

zufügen *vt* (*Leid, Schmerz*) recare; ◇ **jd-m Schaden** ~ recar danno a qu

Zufuhr *f* ‹-› ① afflusso *m* ② (*von Ware*) rifornimento *m;* **zuführen** *vt* ① (*leiten*) condurre ② (*versorgen*) rifornire ③ (*verschaffen*) procurare

Zug *m* ‹-[e]s, Züge› ① BAHN treno *m* ② (*Beute-*) spedizione *f* ③ (*Vogel-*) stormo *m,* volo *m* ④ (*Menschengruppe*) corteo *m* ⑤ (*Gesichts-*) lineamento *m* ⑥ (*(taktisches) Handeln*) mossa *f* ⑦ (*an Zigarette*) tirata *f* ⑧ (*Wesens-*) caratteristica *f*

Zugabe *f* (*in Konzert*) pezzo *m* fuori programma; (*Ruf*) bis

Zugang *m* accesso *m;* **zugänglich** *adj* (*Mensch*) disponibile

Zugabteil *n* scompartimento *m;* **Zugbrücke** *f* ponte *m* levatoio

zugeben *unreg vt* ① (*beifügen*) aggiungere ② (*FIG* → *Fehler*) ammettere

zugehen *unreg vi* ① (*geschickt werden*) giungere ② (*sich nähern*) dirigersi (*auf dat* verso qu/qc), avvicinarsi a ③ (*FAM schließen*) chiudersi ④

◇ **spitz** ~ terminare a punta; **Zugehfrau** *f* (*süddeutsch Putzfrau*) donna *f* delle pulizie

Zugehörigkeit *f* appartenenza *f;* **Zugehörigkeitsgefühl** *n* senso *m* di appartenenza

zugeknöpft *adj* (*FAM abweisend, wortkarg*) abbottonato; (*geizig*) tirchio

Zügel *m* ‹-s, -› briglia *f;* *FIG* guida *f*

zugelassen *adj* ammesso

zügellos *adj* sbrigliato; (*FIG unbeherrscht*) sfrenato; **zügeln** *vt* *FIG* tenere le briglie di; *FIG* dominare

Zugeständnis *n* concessione *f;* **zugestehen** *unreg vt* → *Rechte* concedere (*jd-m* a)

zugig *adj* ventilato

zügig *adj* rapido

zugleich *adv* contemporaneamente, insieme

Zugluft *f* corrente *f* d'aria; **Zugmaschine** *f* trattore *m;* **Zugnummer** *f* numero *m* del treno; (*FIG Attraktion*) numero *m* d'attrazione; **Zugpersonal** *n* personale *m* del treno

zugreifen *unreg vi* ① afferrare ② (*helfen*) dare una mano ③ (*beim Essen*) servirsi; **Zugriff** *m* ① presa *f* ② (*Einschreiten*) intervento *m* ③ (*Verhaftung*) arresto *m*

zugrunde *adv* ① ◇ ~ **gehen** andare in rovina; ◇ **sich** ~ **richten** rovinarsi ② ◇ **e-r Sache etwas** ~ **legen** porre qc a base di qc

zugunsten *präp gen* a favore di

zugute *adv* ① ◇ **jd-m etw** ~ **halten** considerare qc a giustificazione di qu ② (*helfen, nützen*) ◇ **jd-m** ~ **kommen** tornare utile a qu

Zugverbindung *f* coincidenza (ferroviaria) *f;* **Zugvogel** *m* uccello *m* migratore

zuhalten I. *unreg vt* → *Ohr* tappare; (*Tür*) tener chiuso II. *vi* dirigersi (*auf* verso)

Zuhälter *m* ‹-s, -› *PEJ* ruffiano *m*

zuhauen *unreg vi* → *Stein* squadrare

Zuhause *n* casa *f;* ◇ **kein** ~ **haben** essere senza casa

zuheilen *vi* ← *Wunde* cicatrizzare

Zuhilfenahme *f:* ◇ **unter** ~ **von** *dat* con l'aiuto di

zuhören *vi* ascoltare (*jd-m* qu); **Zuhörer(in** *f*) *m* ascoltatore(-trice *f*) *m;* **Zuhörerschaft** *f* pubblico *m*

zujubeln *vi* acclamare (*jd-m* qu)

zuklappen I. *vt* ← *Buch* chiudere (ribaltando) II. *vi* ← *Tür* chiudersi

zukleben *vt* → *Brief* incollare

zuknöpfen *vt* → *Hemd* abbottonare

zukommen *unreg vi* ① avvicinarsi (*auf akk* a) ② (*FIG gebühren*) spettare (*dat* a)

Zukunft *f* futuro *m;* **zukünftig** I. *adj* futuro II. *adv* in futuro; **Zukunftsaussichten** *pl* prospettive *f/pl* per l'avvenire; **Zukunftsmusik** *f* FAM castelli *m/pl* in aria; **Zukunftsroman** *m* romanzo *m* avveniristico

Zulage *f (Lohn-, Gehalts-)* supplemento *m*

zulassen *unreg vt* ① → *Student* ammettere ② *(Zutritt gewähren)* lasciare entrare ③ *(FAM geschlossen lassen)* lasciare chiuso ④ → *Auto* immatricolare; **zulässig** *adj* ammesso, permesso; **Zulässigkeit** *f* ammissibilità *f*; **Zulassung** *f* ammissione *f*

zulaufen *unreg vi* ① correre *(auf dat* verso) ② ◇ **uns ist e-e Katze zugelaufen** è venuto un gatto a casa nostra ③ ◇ **spitz** - terminare a punta

zulegen I. *vt* ① coprire ② *(hinzufügen)* aggiungere **II.** *vi* ① *(schneller fahren)* aumentare la velocità ② *(schneller gehen)* allungare il passo **III.** *vr* ◇ **sich** - → *neues Kleid* comprarsi

zuleide *adj:* ◇ **jd-m etw - tun** fare del male a qu

zuletzt *adv* all'ultimo

zuliebe *adv:* ◇ **jd-m** - per amore di qu, per far piacere a qu

zumachen I. *vt (FAM → Geschäft)* chiudere **II.** *vi FAM:* ◇ **mach zu !** spicciati !

zumal *cj* tanto più che

zumauern *vt* murare

zumindest *adv* per lo meno, almeno

zumutbar *adj* ragionevole

zumute *adv:* ◇ **mir ist so komisch** - mi sento strano

zumuten *vt* pretendere; ◇ **jd-m zu viel** - pretendere troppo da qu; **Zumutung** *f* pretesa *f*

zunächst *adv* in primo luogo

zunageln *vt* inchiodare

zunähen *vt* cucire insieme

Zunahme *f* ⟨-, -n⟩ aumento *m*

Zuname *m* cognome *m*

zünden *vi* ① *(in Brand geraten)* prendere fuoco ② ← *Motor* accendersi ③ *(begeistern)* entusiasmare ④ *FAM* ◇ **hat es bei dir gezündet?** allora, hai capito?; **zündend** *adj* ▷*Rede* entusiasmante; **Zünder** *m* ⟨-s, -⟩ miccia *f*; **Zündholz** *n* fiammifero *m*; **Zündkerze** *f* AUTO candela *f*; **Zündschnur** *f* miccia *f*; **Zündspule** *f* AUTO rocchetto *m* d'accensione; **Zündstoff** *m* materiale *m* infiammabile; **Zündung** *f* accensione *f*

zunehmen *unreg vi* ← *Gewicht* aumentare; **zunehmend** *adj* crescente

Zuneigung *f* inclinazione *f*

Zunft *f* ⟨-, Zünfte⟩: ◇ **von der** - **sein** essere del mestiere

zünftig I. *adj* esperto, provetto **II.** *adv* a regola d'arte

Zunge *f* ⟨-, -n⟩ ANAT lingua *f;* ◇ **e-e böse/spitze** - **haben** essere una linguaccia; ◇ **hüte deine** - !

tieni la lingua a freno !; **züngeln** *vi* serpeggiare; FIG ← *Flamme* guizzare

zunichte *adv:* ◇ - **machen** annientare; ◇ - **werden** fallire

zunicken *vi (grüßen)* fare un cenno col capo (di saluto)

zunutze *adv:* ◇ **sich** *dat* **etw** - **machen** trarre vantaggio da qc

zuoberst *adv* in cima

zuordnen *vt* coordinare

zupacken *vi (FAM kräftig helfen)* darsi da fare

zupfen *vt → Gitarre* pizzicare (le corde)

zuraten *unreg vi* consigliare *(jd-m* a)

zurechnungsfähig *adj* sano di mente; **Zurechnungsfähigkeit** *f* sanità *f* mentale

zurechtfinden *unreg vr* ◇ **sich** - racappezzarsi, arraggiarsi, cavarsela; **zurechtkommen** *unreg vi* cavarsela; **zurechtlegen** *vt (vorbereiten)* preparare; FIG → *Ausrede* escogitare; **zurechtmachen I.** *vt (vorbereiten)* preparare **II.** *vr* ◇ **sich** - *(anziehen, schminken)* prepararsi; **zurechtweisen** *unreg vt* rimproverare; **Zurechtweisung** *f* rimprovero *m*

zureden *vi* cercare di persuadere *(jd-m* qu)

zureiten *unreg vt* ① → *Pferd* cavalcare ② dirigersi *(auf akk* verso)

zurichten *vt (FAM beschädigen)* ridurre in cattivo stato

zürnen *vi* essere in collera *(jd-m* con)

zurren *vt (NAUT festbinden)* legare

zurück *adv* indietro

zurückbegeben *unreg vr* ◇ **sich** - ritornare

zurückbehalten *unreg vt* trattenere, tenere da parte

zurückbekommen *unreg vt* riottenere

zurückbeugen *vt* piegare indietro

zurückbilden *vr* ◇ **sich** - ← *Geschwür* regredire

zurückbleiben *unreg vi* ① restare indietro; *auch FIG* ② ← *Schaden* rimanere (come conseguenza)

zurückbringen *unreg vt* riportare

zurückdenken *unreg vi* ricordare *(an akk* qc)

zurückdrängen *vt → Gefühle* reprimere; → *Feind* respingere

zurückdrehen *vt → Uhr* girare in senso opposto

zurückerobern *vt* riconquistare

zurückfahren *unreg vt* **I.** *vt* tornare indietro (con veicolo); *(FIG zurückprallen)* indietreggiare **II.** *vt* riportare indietro (con veicolo)

zurückfallen *unreg vi (in alte Gewohnheit)* ricadere

zurückfinden *unreg vt* **I.** *vt* ritrovare **II.** *vi* riuscire a tornare

zurückfordern *vt* richiedere

zurückführen *vt* ricondurre; *FIG* attribuire (*auf akk* a)

zurückgeben *unreg vt* restituire

zurückgehen I. *vt* ripercorrere II. *unreg vi* tornare indietro; *FIG* risalire (*auf akk* a)

zurückgezogen *adj* ritirato

zurückgreifen *unreg vi* ① ricorrere (*auf akk* a) ② risalire (*auf akk* a)

zurückhalten *unreg* I. *vt* → *Zorn* frenare, trattenere II. *vi* nascondere (*mit dat* qc) II. *vr* ◇ **sich** - (*sich beherrschen*) trattenersi; **zurückhaltend** *adj* riservato, abbottonato; **Zurückhaltung** *f* riservatezza *f*

zurückkehren *vi* ritornare

zurückkommen *unreg vi* ritornare

zurücklassen *unreg vt* lasciare

zurücklegen *vt* ① risparmiare ② (*reservieren*) riservare ③ → *Strecke* percorrere

zurückmelden *vr* ◇ sich - annunciare il proprio ritorno

zurücknehmen *unreg vt* ① → *Ware* riprendere ② (*widerrufen*) ritirare ③ → *Führerschein* revocare

zurückrufen *unreg vt* ① richiamare; ◇ **jd-m etw ins Gedächtnis** - richiamare qc alla mente di qu

zurückschalten *vt* (*in den zweiten Gang*) rimmettere (*in akk* qc)

zurückschlagen I. *vt* respingere; → *Ball* ribattere II. *vi* colpire di rimando

zurückschrecken I. *vt* fare indietreggiare II. *vi* indietreggiare (*vor dat* per/da)

zurücksehnen *vr* ◇ sich - avere nostalgia (*nach dat* di)

zurücksetzen *vt* ① rimettere al proprio posto ② (*FIG benachteiligen*) trascurare

zurückstecken *vt* rimettere a posto; *FIG* → *Ansprüche* moderare

zurückstellen *vt* ① ricollocare ② (*nach hinten stellen*) spostare indietro ③ *FIG* → *Pläne* abbandonare ④ MIL rinviare

zurücktreten *unreg vi* ① indietreggiare ② (*von Amt*) dimettersi

zurückverfolgen *vt* → *Spur* seguire; *FIG* → *Vergangenheit* ricostruire

zurückweichen *unreg vi* retrocedere

zurückweisen *unreg vt* (*ablehnen*) respingere

zurückwerfen *unreg vt* ① → *Ball* rimandare ② *FIG* (*ins Elend*) gettare di nuovo, ricacciare

zurückzahlen *vt* ① → *Schulden* restituire ② (*FAM sich rächen*) far scontare (*jd-m* a)

zurückziehen *unreg* I. *vt* → *Fuß* ritirare; *FIG* → *Klage* ritirare II. *vr* ◇ sich - (*von Welt*) ritirarsi

Zuruf *m* chiamata *f*

Zusage *f* ⟨-, -n⟩ (*Versprechen*) promessa *f*; **zusagen** I. *vt* (*versprechen*) promettere II. *vi* ①

(*Einladung annehmen*) accettare ② (*gefallen*) piacere; ◇ **das wird ihr** - questo le piacerà

zusammen *adv* insieme

Zusammenarbeit *f* collaborazione *f*; **zusammenarbeiten** *vi* collaborare

zusammenballen I. *vt* ① → *Papier* appallottolare ② *FIG* concentrare II. *vr* ◇ sich - appallottolarsi; *FIG* concentrarsi

zusammenbeißen *unreg vt* → *Zähne* stringere

zusammenbleiben *unreg vi* rimanere insieme

zusammenbrauen *vr* ◇ sich - ← *Gewitter* prepararsi

zusammenbrechen *unreg vi* ← *Haus* crollare; (*FIG psychisch*) crollare

zusammenbringen *unreg vt* ① → *Personen* far incontrare ② → *Geld* racimolare ③ → *Sätze* mettere insieme

Zusammenbruch *m* crollo *m*

zusammenfahren *unreg vi* ① scontrarsi ② (*vor Schreck*) trasalire

zusammenfallen *unreg vi* ① (*einstürzen*) crollare ② (*gleichzeitig stattfinden*) avvenire contemporaneamente

zusammenfalten *vt* ripiegare

zusammenfassen *vt* riassumere; **Zusammenfassung** *f* riassunto *m*

Zusammenfluß *m* confluenza *f*

zusammenfügen *vt* connettere

zusammenführen *vt* fare incontrare

zusammengehören *vi* appartenere allo stesso tipo

zusammengeraten *unreg vi* scontrarsi; (*FIG streiten*) venire alle mani

zusammengesetzt *adj* composto

zusammenhalten *unreg* I. *vi* (*binden*) far presa; *FIG* essere uniti II. *vt* ① tenere unito ② (*Geld*) tenere stretto ③ (*zum Vergleich*) confrontare

Zusammenhang *m* connessione *f*; ◇ **im** - in modo coerente; **zusammenhängen** *unreg* I. *vi* essere unito; *FIG* essere dovuto (*mit dat* a) II. *vt* appendere insieme; **zusammenhang[s]los** *adj* sconnesso

zusammenklappbar *adj* ▷*Taschenmesser* a serramanico; ▷*Stuhl* pieghevole

zusammenkneifen *unreg vt* → *Augen* stringere

zusammenknüllen *vt* appallottolare

zusammenkommen *unreg vi* ① (*sich treffen*) incontrarsi ② (*sich ereignen*) coincidere

zusammenkrampfen *vr* ◇ sich - ← *Muskel* contrarsi

Zusammenkunft *f* ⟨-, -künfte⟩ incontro *m*, riunione *f*

zusammenlaufen *unreg vi* ① (*gegeneinander laufen*) urtarsi (*correndo*) ② ← *Schaulustige* affollarsi

Z

zusammenlegen vt ① → *Kleidungsstücke* ammucchiare ② → *Termine* far cadere nello stesso tempo ③ (*Geld sammeln*) raccogliere soldi

zusammennehmen *unreg* I. vt → *Mut* raccogliere; ◇ **alles zusammengenommen** in tutto; *FIG* tutto sommato II. vr ◇ **sich** - dominarsi

zusammenpacken vt fare un solo pacco di

zusammenpassen vi stare bene insieme

zusammenrechnen vt sommare

zusammenrotten vr ◇ **sich** - *PEJ* assembrarsi

zusammenschlagen *unreg* I. vt ① → *Hände* battere; → *Hacken* battere ② (*FAM verprügeln*) picchiare; (*FAM zertrümmern*) fracassare II. vi ← *Welle* richiudersi

zusammenschließen *unreg* I. vt ← *Reihe* serrare II. vr ◇ **sich** - (*FIG vereinigen, absprechen*) unirsi (*mit dat* a); **Zusammenschluß** *M* associazione *f*

zusammenschreiben *unreg* vt ① scrivere attaccato ② → *Bericht* compilare ③ (*FIG schlampig niederschreiben*) buttare giù

zusammenschrumpfen vi restringersi; *FIG* ← *Geld, Vorrat* ridursi

zusammenschweißen vt → *Metall* saldare insieme; *FIG* → *Menschen* unire

Zusammensein *n* ⟨-s⟩ l'essere uniti *m*

zusammensetzen I. vt mettere insieme II. vr ◇ **sich** - essere composto (*aus dat* da); **Zusammensetzung** *f* composizione *f*; SPRACHW composizione *f*

Zusammenspiel *n* gioco *m* combinato

zusammenstecken I. vt (*mit Nadeln*) appuntare II. vi (*FAM zusammen sein*) essere insieme

zusammenstehen *unreg* vi stare (in piedi) insieme; (*FIG zusammenhalten*) essere uniti

zusammenstellen vt → *Daten* raccogliere; ◇ **zum Vergleich** - mettere a confronto; **Zusammenstellung** *f* ① accostamento *m* ② (*Sammlung*) raccolta *f*

Zusammenstoß *M* scontro *m*; (*FIG Streit*) scontro *m*; **zusammenstoßen** *unreg* vi ① scontrarsi ② (*angrenzen*) essere attiguo ③ (*streiten*) scontrarsi

zusammenströmen vi confluire

zusammenstürzen vi crollare

zusammentreffen *unreg* vi ① ← *Freunde* incontrarsi; ② ← *Ereignisse* coincidere; **Zusammentreffen** *n* incontro *m*

zusammentreiben *unreg* vt → *Vieh* raccogliere

zusammenwachsen *unreg* vi ① crescere attaccato ② (*zuheilen*) rimarginarsi

zusammenwirken vi cooperare a

zusammenzählen vt sommare

zusammenziehen *unreg* I. vt ① → *Muskeln* contrarre ② (*vereinigen*) unire ③ (*addieren*) sommare II. vr ◇ **sich** - ① ← *Magen* contrarsi; ← *Stoff* restringersi ② (*sich bilden*) prepararsi

Zusatz *m* poscritto *m*; **Zusatzantrag** *m* POL proposta *f* addizionale; **zusätzlich** *adj* supplementare, aggiuntivo; **Zusatzversicherung** *f* assicurazione *f* aggiuntiva

zuschauen vi stare a guardare (*jd-m* qu); **Zuschauer(in** *f*) *m* ⟨-s, -⟩ spettatore(-trice *f*) *m*; **Zuschauerraum** *m* auditorio *m*

zuschaufeln vt → *Loch* coprire di terra (con la pala)

zuschicken vt → *Brief* spedire (*jd-m* a)

zuschießen *unreg* I. vt (*FAM Geld beisteuern*) versare un contributo (*zu dat* di) II. vi lanciarsi (*auf akk* contro/adosso a)

Zuschlag *m* supplemento *m*

zuschlagen *unreg* I. vt ① → *Tür* sbattere ② → *Ball* tirare ③ (*bei Auktion*) aggiudicare II. vi ① ← *Fenster* sbattere ② ← *Mensch* picchiare

Zuschlagskarte *f* biglietto *m* di supplemento; **zuschlagspflichtig** *adj* con supplemento obbligatorio

zuschließen *unreg* vt chiudere a chiave

zuschnallen vt affibbiare

zuschnappen vi ① ← *Tür* chiudersi di scatto ② ← *Hund* cercare di addentare

zuschneiden *unreg* vt ① → *Stoff* tagliare ② (*FIG ausrichten*) orientare (*auf dat* a)

zuschneien vi coprirsi di neve

zuschnüren vt chiudere con un legaccio; *FIG* ◇ **die Angst schnürte mir die Kehle zu** la paura mi stringeva la gola

zuschrauben vt avvitare

zuschreiben *unreg* vt ① (*e-m Konto*) accreditare/a ② (*e-n Unfall*) imputare;

zuschulden ◇ **sich** *dat* **etw - kommen lassen** rendersi colpevole di qc

Zuschuß *m* (*Miet-*) sussidio *m*

zuschütten vt colmare di terra

zusehen *unreg* vi stare a guardare (qu); (*FIG sich bemühen, daß*) → -, **daß** fare in modo di/che; **zusehends** *adv* a vista d'occhio

zusenden *unreg* vt spedire (*jd-m* a)

zusetzen I. vt (*FAM beifügen*) aggiungere II. vi ① (*belästigen*) importunare (*jd-m* qu) ② (*dem Feind*) incalzare

zusichern vt: ◇ **jd-m etw** *akk* - assicurare qc a qu

zuspielen vt *auch FIG*: ◇ **jd-m den Ball** - passare la palla a qu

zuspitzen I. vt fare la punta a; II. vr ◇ **sich** - *FIG* inasprirsi

zusprechen I. *unreg* vt assegnare (*jd-m* a) II. vi ① (*trösten*) consolare (*jd-m* qu) ② (*FIG viel essen*) ◇ **dem Essen** - mangiare abbondantemente

Zuspruch m ① (*Trost, Rat*) parole f/pl di conforto ② (*Anklang*) favore m

Zustand m ↑ *Lage* condizione f; ▷ *körperlich* condizione f; ▷ *wirtschaftlich* condizione f, situazione f; CHEM stato m

zustande adv: ◇ - **bringen** realizzare; ◇ - **kommen** realizzarsi

zuständig adj competente; **Zuständigkeit** f competenza f

zustehen unreg vi spettare (*jd-m* a)

zustellen vt ① (*verdecken*) barricare ② → *Post* recapitare; **Zustellungsgebühr** f tassa f di consegna

zusteuern I. vi puntare (*auf akk* su) II. vt FAM contribuire con

zustimmen vi acconsentire; **Zustimmung** f ① adesione f ② (*Erlaubnis*) consenso m

zustoßen unreg I. vi FIG ← *Unglück* colpire (*jd-m* qu) II. vt → *Tür* chiudere con una spinta

Zustrom m (*von Aussiedlern*) afflusso m

zutage adv: ◇ - **bringen** portare alla luce; ◇ - **treten** venire alla luce

Zutaten pl (*Back-*) ingredienti m/pl

zuteil adv: ◇ **etw wird mir** - ricevo/ottengo qc

zuteilen vt → *Wohnung* assegnare (*jd-m* a)

zutiefst adv profondamente

zutragen I. unreg vt → *Klatsch* riferire (*jd-m etw* a) II. vr ◇ **sich** - (*unpers, sich ereignen*) succedere; **zuträglich** adj vantaggioso

zutrauen I. vt credere capace (*jd-m etw* qu di qc) II. vr ◇ **sich** - presumere di sé; ◇ **das traue ich mir nicht zu** nom mi sento capace (di farlo); **Zutrauen** n ⟨-s⟩ fiducia f; **zutraulich** adj fiducioso; **Zutraulichkeit** f fiducia f, familiarità f

zutreffen unreg vi ① risulare vero/giusto ② (*entsprechen*) corrispondere a; **Zutreffende(s)** n ciò che interessa m

Zutritt m accesso m; ◇ **verboten!** vietato l'accesso

Zutun n ⟨-s⟩ intervento m

zuungunsten präp gen a sfavore di

zuverlässig adj coscienzioso; (*genau*) preciso; **Zuverlässigkeit** f coscienziosità f; (*Genauigkeit*) precisione f

Zuversicht f ⟨-⟩ fiducia f, speranza f; **zuversichtlich** adj fiducioso

zuviel I. adj troppo II. adv troppo

zuvor adv prima; ◇ **kurz** - poco prima; **zuvorkommen** unreg vi ① (*schneller sein*) precedere (*jd-m* qu) ② (*e-r Gefahr*) prevenire; **zuvorkommend** adj (*höflich, hilfsbereit*) premuroso

Zuwachs m ⟨-es⟩ ① crescita f ② (*an Kapital*) incremento m; **zuwachsen** unreg vi ① coprirsi di vegetazione ② ← *Wunde* rimarginarsi; **Zuwachsrate** f tasso m di incremento

zuwege adv: ◇ **etw** - **bringen** riuscire a fare qc; ◇ **mit etw** - **kommen** avvenire; FIG ◇ **gut** - **sein** star bene

zuweilen adv talvolta

zuweisen unreg vt → *Aufgabe* assegnare (*jd-m* a); → *Zimmer* assegnare (*jd-m* a)

zuwenden unreg I. vt → *Rücken* volgere (*jd-m* a) II. vr ◇ **sich** - rivolgersi (*jd-m/etw* a); **Zuwendung** f ① (*Zuschuß*) assidio m ② (*Schenkung*) donazione f

zuwenig I. adj troppo poco II. adv troppo poco

zuwerfen unreg vt ① → *Tür* chiudere sbattendo ② (*hinwerfen*) lanciare; ◇ **jd-m e-n Blick** - lanciare un'occhiata a qu

zuwider adj ① sgradevole ② (*dem Gesetz*) contrario a; **zuwiderhandeln** vi (*e-m Gesetz*) contravvenire (*dat* a); **Zuwiderhandlung** f trasgressione f

zuwinken vi (*zum Gruß*) fare cenno [per salutare] (*jd-m* a)

zuziehen I. unreg vt ① (*schließen, festziehen*) chiudere ② (*herbeirufen, befragen*) interpellare II. vi (*Wohnsitz wechseln*) trasferirsi in/a III. vr ◇ **sich** - → **e-n Schnupfen** contrarre, prendersi

zuzüglich präp gen compreso, incluso

zwang impf v. **zwingen**

Zwang m ⟨-[e]s, Zwänge⟩ costrizione f; ◇ **unterhandeln** agire in stato di costrizione; ◇ **ohne** - **sprechen** parlare con disinvoltura; **zwängen** I. vt (*hineinpressen*) far entrare per forza; FIG obbligare II. vr ◇ **sich** - passare a fatica; **zwanglos** adj senza costrizione; **Zwanglosigkeit** f assenza f di costrizione; **Zwangsarbeit** f lavori m/pl forzati; **Zwangsernährung** f alimentazione f forzata; **Zwangsjacke** f camicia f di forza; **Zwangslage** f situazione f di emergenza; **zwangsläufig** adj forzato; **Zwangsmaßnahme** f misura f repressiva; **Zwangsvorstellung** f ossessione f; **zwangsweise** adv per forza

zwanzig adj, nr venti

zwar cj: ◇ - **...** , **aber** ... certo ..., ma; (*genauer gesagt*) ◇ **und** - precisamente

Zweck m ⟨-[e]s, -e⟩ scopo m

Zwecke f ⟨-, -n⟩ (*Reißnagel*) puntina f da disegno

zweckentfremdet adj usato per uno scopo diverso da quello previsto; **Zweckentfremdung** f uso m per uno scopo diverso da quello previsto; **zweckgebunden** adj legato ad uno scopo preciso; **zwecklos** adj (*nutzlos, vergeblich*) senza scopo; **zweckmäßig** adj opportuno; **Zweckmäßigkeit** f opportunità f

zwecks präp gen al fine di

zwei adj, nr due; (FAM *beide*) ◇ **wir** - noi due; **Zweibettzimmer** n camera f doppia; **zwei-**

deutig adj ambiguo; **zweidimensional** adj bidimensionale; **zweierlei** adj, pron ⟨inv⟩ di due specie; **zweifach** adj duplice; **Zweifamilienhaus** n casa f con due appartamenti

Zweifel m ⟨-s, -⟩ dubbio m; ◇ **ohne jeden** - senza alcun dubbio; **zweifelhaft** adj [1] dubbio, incerto [2] (verdächtig) sospetto; **zweifellos** adj indubbiamente; **zweifeln** vi dubitare (an dat di); **Zweifelsfall** m: ◇ **im** - in caso di dubbio

Zweig m ⟨-[e]s, -e⟩ [1] ramo m [2] (FIG Industrie-) ramo m [3] (FIG Familien-) Ramo m

zweigeteilt adj ▷Land bipartito; **zweigleisig** adj a doppio binario

Zweigstelle f succursale f

zweihändig adj bimano; **zweihundert** adj, nr duecento; **zweijährig** adj [1] (2 Jahre alt) di due anni [2] (2 Jahre dauernd) biennale; **Zweikammersystem** n POL sistema m bicamerale; **Zweikampf** m duello m; **zweiköpfig** adj ▷Wappentier a due teste; **zweimal** adv due volte; **zweimotorig** adj bimotore; **zweirädrig** adj a due ruote; **zweireihig** adj ▷Anzug a doppiopetto; **zweischneidig** adj FIG a doppio taglio; **Zweisitzer** m ⟨-s, -⟩ (Sportwagen) biposto m; **zweisprachig** adj bilingue; **zweistimmig** adj a due voci; **zweistündig** adj di due ore

zweit adj, nr: ◇ **zu** - sein/kommen] essere in due/venire in due]

Zweitakter, Zweitaktmotor, m motore m a due tempi

zweite(r,-s) adj secondo

Zweiteiler m (Bikini) due m pezzi; (Kleid) due m pezzi; **zweiteilig** adj ▷Kleidung a due pezzi

zweitens adv

zweitgrößte(r,-s) adj secondo per grandezza

zweitklassig adj di seconda classe; **zweitletzt** adj penultimo; **zweitrangig** adj di seconda categoria

zweiwertig adj ▷Atom bivalente

Zwerchfell n ANAT diaframma m

Zwerg(in f) m ⟨-[e]s, -e⟩ gnomo m

Zwetsche, Zwetschge f ⟨-, -n⟩ prugna f

Zwickel m ⟨-s, -⟩ (Hosen-) gherone m

zwicken vt pizzicare

Zwickmühle f FIG: ◇ **sich in e-r** - **befinden** trovarsi in un pasticcio

Zwieback m ⟨-[e]s, -e⟩ fette f/pl biscottate

Zwiebel f ⟨-, -n⟩ cipolla f; (Blumen-) bulbo m

Zwiegespräch n dialogo m

Zwielicht n penombra f; **zwielichtig** adj ▷Person ambiguo

Zwiespalt m conflitto m; **zwiespältig** adj ▷Gefühle contrastante

Zwietracht f discordia f; ◇ - **säen** seminare zizzania

Zwilling m ⟨-s, -e⟩ [1] gemello m; ASTROL gemelli m/pl [2] (Gewehr) doppietta f

Zwinge f ⟨-, -n⟩ TECH morsetto m

zwingen ⟨zwang, gezwungen⟩ I. vt costringere (zu dat a) II. vr ◇ **sich** - sforzarsi (zu dat a); **zwingend** adj [1] (überzeugend) convincente [2] (Norm) costrittivo

Zwinger m ⟨-s, -⟩ [1] (Hunde-) canile m [2] (auf Burg) prigione m

zwinkern vi: ◇ **mit den Augen** - fare l'occhiolino

Zwirn m ⟨-[e]s, -e⟩ filo m ritorto

zwischen präp akk/dat tra/fra; **Zwischenbemerkung** f parentesi f; **Zwischendeck** n interponte m; **Zwischending** n cosa f intermedia; **zwischendrin** adv in mezzo; **zwischendurch** adv [1] (räumlich) attraverso [2] (temporal) nel frattempo; **Zwischenergebnis** n risultato m provvisorio; **Zwischenfall** m contrattempo m; **Zwischengas** n AUTO: ◇ - **geben** fare la doppietta; **Zwischengeschoß** n mezzanino m; **Zwischenhandel** m commercio m di commissione; **Zwischenhändler(in** f) m intermediario/a; **Zwischenlandung** f scalo m intermedio; **Zwischenmahlzeit** f spuntino m; **zwischenmenschlich** adj che riguarda i rapporti tra le persone; **Zwischenprüfung** f SCHULE esame m intermedio; **Zwischenraum** m spazio m; **Zwischenruf** m interruzione f; **Zwischenspiel** n intermezzo m; **zwischenstaatlich** adj internazionale; **Zwischenstation** f stazione f intermedia; **Zwischenzeit** f intervallo m di tempo

Zwist m ⟨-es, -e⟩ dissidio m

zwitschern vi cinguettare; FAM ◇ **e-n** - bersi un bicchierino

Zwitter m ⟨-s, -⟩ ermafrodito m

zwölf adj, nr dodici; **Zwölffingerdarm** m MED duodeno m; **Zwölftonmusik** f musica f dodecafonica

Zyankali n ⟨-s kpl⟩ cianuro m di potassio

zyklisch adj ciclico

Zyklop m ⟨-en, -en⟩ ciclope m

Zyklus m ⟨-, Zyklen⟩ ciclo m

Zylinder m ⟨-s, -⟩ [1] MATH cilindro m; [2] (Hut) cilindro m; **zylinderförmig** adj a forma di cilindro

Zyniker(in f) m ⟨-s, -⟩ cinico/a; **zynisch** adj cinico; **Zynismus** m cinismo m

Zypern n Cipro m

Zypresse f FLORA cipresso m

Zyste f ⟨-, -n⟩ MED ciste f

z.Z[t]. Abk v. **zur Zeit** attualmente

Tabella dei verbi tedeschi forti e irregolari

INFINITO (INDICATIVO PRESENTE 2ª E 3ª PERSONA SE ANOMALE)	INDICATIVO PRETERITO	PARTICIPIO PASSATO	
backen (du bäckst, er bäckt)	backte	gebacken	**cuocere al forno**
befehlen (du befiehlst, er befiehlt)	befahl	befohlen	**comandare, ordinare**
beginnen	begann	begonnen	**iniziare, cominciare**
beißen	biß	gebissen	**mordere**
bergen (du birgst, er birgt)	barg	geborgen	**salvare; nascondere**
bersten (du birst, er birst)	barst	geborsten	**spaccarsi**
bewegen	bewog	bewogen	**persuadere, indurre**
biegen	bog	gebogen	**piegare; svoltare**
bieten	bot	geboten	**offrire**
binden	band	gebunden	**legare**
bitten	bat	gebeten	**chiedere, pregare**
blasen (du blä(se)st, er bläst)	blies	geblasen	**soffiare**
bleiben	blieb	geblieben	**restare, rimanere**
braten (du brätst, er brät)	briet	gebraten	**arrostire, cuocere**
brechen (du brichst, er bricht)	brach	gebrochen	**rompere**
brennen	brannte	gebrannt	**bruciare**
bringen	brachte	gebracht	**portare**
denken (du denkst, er denkt)	dachte	gedacht	**pensare**
dreschen (du drisch(e)est, er drischt)	drosch	gedroschen	**trebbiare**
dringen	drang	gedrungen	**penetrare**
dürfen (du darfst, er darf)	durfte	gedurft	**potere, avere il permesso**
empfangen (du empfängst, er empfängt)	empfing	empfangen	**ricevere, accogliere**
empfehlen (du empfiehlst, er empfiehlt)	empfahl	empfohlen	**consigliare, raccomandare**
empfinden	empfand	empfunden	**sentire**
erschrecken (du erschrickst, er erschrickt)	erschrak	erschrocken	**spaventarsi**
essen (du ißt, er ißt)	aß	gegessen	**mangiare**
fahren (du fährst, er fährt)	fuhr	gefahren	**andare (con un mezzo)**
fallen (du fällst, er fällt)	fiel	gefallen	**cadere**
fangen (du fängst, er fängt)	fing	gefangen	**prendere, acchiappare**
fechten (du fichtst, er ficht)	focht	gefochten	**tirare di scherma**
finden	fand	gefunden	**trovare**
flechten (du flichtst, er flicht)	flocht	geflochten	**intrecciare**
fliegen	flog	geflogen	**volare**
fliehen	floh	geflohen	**fuggire**
fließen	floß	geflossen	**scorrere**
fressen (du frißt, er frißt)	fraß	gefressen	**mangiare (di animali); corrodere**
frieren	fror	gefroren	**gelare**
gären (du gärst)	gor	gegoren	**fermentare**
gebären (du gebierst, sie gebiert)	gebar	geboren	**partorire**
geben (du gibst, er gibt)	gab	gegeben	**dare**
gedeihen	gedieh	gediehen	**crescere**
gehen	ging	gegangen	**andare, camminare**
gelingen	gelang	gelungen	**riuscire**
gelten (du giltst, er gilt)	galt	gegolten	**valere**

genesen	genas	genesen	**guarire**
genießen	genoß	genossen	**godersi, gustare**
geschehen (es geschieht)	geschah	geschehen	**accadere**
gewinnen	gewann	gewonnen	**vincere, guadagnare**
gießen	goß	gegossen	**innaffiare**
gleichen	glich	geglichen	**assomigliare**
gleiten	glitt	geglitten	**scivolare**
glimmen	glomm	geglommen	**ardere**
graben (du gräbst, er gräbt)	grub	gegraben	**scavare**
greifen	griff	gegriffen	**prendere, afferrare**
haben (du hast, er hat)	hatte	gehabt	**avere**
halten (du hältst, er hält)	hielt	gehalten	**tenere; fermarsi**
hängen	hing	gehangen	**essere appeso**
hauen	hieb	gehauen	**picchiare, pestare**
heben	hob	gehoben	**sollevare, alzare**
heißen	hieß	geheißen	**chiamarsi; significare**
helfen (du hilfst, er hilft)	half	geholfen	**aiutare**
kennen	kannte	gekannt	**conoscere**
klingen	klang	geklungen	**risuonare, suonare**
kneifen	kniff	gekniffen	**pizzicare**
kommen	kam	gekommen	**venire**
können (du kannst, er kann)	konnte	gekonnt	**potere, sapere**
kriechen	kroch	gekrochen	**strisciare**
laden (du lädst, er lädt)	lud	geladen	**caricare**
lassen (du läßt, er läßt)	ließ	gelassen	**lasciare, permettere**
laufen (du läufst, er läuft)	lief	gelaufen	**correre**
leiden	litt	gelitten	**soffrire**
leihen	lieh	geliehen	**prestare**
lasen (du lies(es)t, er liest)	las	gelesen	**leggere**
liegen	lag	gelegen	**giacere, trovarsi**
lügen	log	gelogen	**mentire**
mahlen	mahlte	gemahlen	**macinare**
meiden	mied	gemieden	**evitare**
melken (du milkst, er milkt)	molk	gemolken	**mungere**
messen (du mißt, er mißt)	maß	gemessen	**misurare; confrontare**
mißlingen	mißlang	mißlungen	**fallire**
mögen (du magst, er mag)	mochte	gemocht	**potere; piacere**
müssen (du mußt, er muß)	mußte	gemußt	**dovere**
nehmen (du nimmst, er nimmt)	nahm	genommen	**prendere**
nennen	nannte	genannt	**chiamare**
pfeifen	pfiff	gepfiffen	**fischiettare**
preisen	pries	gepriesen	**lodare**
raten (du rätst, er rät)	riet	geraten	**consigliare**
reiben	rieb	gerieben	**grattugiare**
reißen	riß	gerissen	**strappare, stracciare**
reiten	ritt	geritten	**andare a cavallo**
rennen	rannte	gerannt	**correre**
riechen	roch	gerochen	**sentire l'odore di; avere l'odore di**
ringen	rang	gerungen	**lottare, combattere**

rinnen	rann	geronnen	**scorrere**
rufen	rief	gerufen	**gridare; chiamare**
salzen	salzte	gesalzen/ gesalzt	**salare**
saufen (du säufst, er säuft)	soff	gesoffen	**bere**
saugen	sog/saugte	gesogen/ gesaugt	**succhiare**
schaffen	schuf	geschaffen	**creare**
scheiden	schied	geschieden	**separare, dividere**
scheinen	schien	geschienen	**sembrare, parere**
schelten (du schiltst, er schilt)	schalt	gescholten	**rimproverare, sgridare**
scheren	schor	geschoren	**tagliare con le forbici**
schieben	schob	geschoben	**spingere**
schießen	schoß	geschossen	**sparare**
schinden	schindete	geschunden	**martoriare**
schlafen (du schläfst, er schläft)	schlief	geschlafen	**dormire**
schlagen (du schlägst, er schlägt)	schlug	geschlagen	**picchiare; battere**
schleichen	schlich	geschlichen	**strisciare**
schleifen	schliff	geschliffen	**smerigliare**
schließen	schloß	geschlossen	**chiudere; concludere**
schlingen	schlang	geschlungen	**stringere, avvinghiare**
schmeißen	schmiß	geschmissen	**gettare, scagliare**
schmelzen (du schmilzt, er schmilzt)	schmolz	geschmolzen	**sciogliersi**
sachneiden	schnitt	geschnitten	**tagliare**
schreiben	schrieb	geschrieben	**scrivere**
schreien	schrie	geschrie(e)n	**urlare, gridare**
schreiten	schritt	geschritten	**camminare**
schweigen	schwieg	geschwiegen	**tacere**
schwellen (du schwillst, er schwillt)	schwoll	geschwollen	**gonfiarsi**
schwimmen	sacwamm	geschwommen	**nuotare**
schwinden	schwand	geschwunden	**diminuire**
schwingen	schwang	geschwungen	**agitare; ondeggiare**
schwören	schwur/ schwor	geschworen	**giurare**
sehen (du siehst, er sieht)	sah	gesehen	**vedere**
sein (du bist, er ist)	war	gewesen	**essere, esistere**
senden	sandte/ sendete	gesandt/ gesendet	**spedire**
sieden	sott/ siedete	gesotten/ gesiedet	**bollire**
singen	sang	gesungen	**cantare**
sinken	sank	gesunken	**inabissarsi; calare**
sinnen	sann	gesonnen	**meditare**
sitzen	saß	gesessen	**essere seduto**
spalten	spaltete	gespalten/ gespaltet	**spaccare**
speien	spie	gespien	**sputare**
spinnen	spann	gesponnen	**filare**
spleißen	spliß	gesplissen	**spaccare**
sprechen (du sprichst, er spricht)	sprach	gesprochen	**parlare**
sprießen	sproß	gesprossen	
springen	sprang	gesprungen	**saltare**
stechen (du stichst, er sticht)	stach	gestochen	**pungere**
stehen	stand	gestanden	**stare in piedi**
stehlen (du stiehlst, er stiehlt)	stahl	gestohlen	**rubare**
steigen	stieg	gestiegen	**salire**

sterben (du stirbst, er stirbt)	starb	gestorben	**morire**
stinken	stank	gestunken	**puzzare**
stoßen (du stöß(es)t, er stößt)	stieß	gestoßen	**colpire; urtare**
streichen	strich	gestrichen	**spalmare; verniciare**
streiten	stritt	gestritten	**litigare**
tragen (du trägst, er trägt)	trug	getragen	**portare**
treffen (du triffst, er trifft)	traf	getroffen	**colpire; incontrare**
treiben	trieb	getrieben	**spingere**
treten (du trittst, er tritt)	trat	getreten	**dare un calcio; camminare**
triefen	triefte/troff	getrieft	**grondare**
trinken	trank	getrunken	**bere**
trügen	trog	getrogen	**ingannare**
tun	tat	getan	**fare**
verderben (du verdirbst, er verdirbt)	verdarb	verdorben	**rovinare; andare a male**
verdrießen	verdroß	verdrossen	**seccare, infastidire**
vergessen (du vergißt, er vergißt)	vergaß	vergessen	**dimenticare**
verlieren	verlor	verloren	**perdere**
wachsen (du wächst, er wächst)	wuchs	gewachsen	**crescere**
waschen (du wäschst, er wäscht)	wusch	gewaschen	**lavare**
weben	webte/wob	gewebt (gewoben)	**tessere**
weichen	wich	gewichen	**ammorbidire**
weisen	wies	gewiesen	**indicare**
wenden	wendete/ wandte	gewandt/ gewendet	**girare**
werben (du wirbst, er wirbt)	warb	geworben	**assumere; aspirare**
werden (du wirst, er wird)	wurde	geworden	**diventare**
werfen (du wirfst, er wirft)	warf	geworfen	**gettare**
wiegen	wog	gewogen	**pesare**
winden	wand	gewunden	**intrecciare**
wissen (du weißt, er weiß)	wußte	gewußt	**sapere**
wringen	wrang	gewrungen	**strizzare**
ziehen	zog	gezogen	**trascinare; tirare**
zwingen	zwang	gezwungen	**costringere**

Tabella dei principali prefissi verbali tedeschi separabili e/o inseparabili

Separabili		Inseparabili	Separabili/Inseparabili
ab-	hinauf-	be-	durch-
acht-	hinaus-	emp-	über-
an-	hinein-	ent-	um-
auf-	hinüber-	er-	unter-
aus-	hinunter-	ge-	voll-
bei-	hinzu-	miß-	wider-
dar-	hoch-	ver-	wieder-
ein-	kennen-	zer-	
empor-	los-		
entgegen-	mit-		
fertig-	nach-		
fest-	nieder-		
fort-	rad-		
frei-	spazieren-		
gleich-	stand-		
gut-	statt-		
heim-	stehen-		
her-	teil-		
herab-	tot-		
heran-	vor-		
herauf-	voran-		
heraus-	voraus-		
herbei-	vorbei-		
herein-	vorüber-		
herüber-	vorweg-		
herum-	weg-		
herunter-	weiter-		
hervor-	zurück-		
hin-	zusammen		
hinab-			

ITALIANO-TEDESCO

A
B
C
D
E
F
G
H
I
J
K
L
M
N
O
P
Q
R
S
T
U
V
W
X
Y
Z

A

a, A f ⟨inv⟩ a, A n

a (*davanti a vocale*), **ad** ⟨con articolo determinativo: al, allo, all', alla, ai, agli, alle⟩ *prep* **1** (*complemento di termine, si traduce con il dativo*) ◇ **dare qc - qu** jd-m etw geben **2** (*stato in luogo*) in *dat* ◇ **essere - scuola**, in der Schule sein; ◇ **essere - Verona** in Verona sein; zu *dat*; ◇ **essere - casa** zu Hause sein; an *dat* ◇ **essere alla stazione** am Bahnhof sein; auf *dat* ◇ **lavorare alla fiera** auf der Messe arbeiten **3** (*distanza*) ◇ **- 15 chilometri da Verona** 15 Kilometer von Verona entfernt **4** (*moto a luogo*) in *akk*; ◇ **andare - scuola** in die Schule gehen; nach *dat*; ◇ **andare a Verona/casa** nach Verona/Hause fahren; zu *dat* ◇ **andare alla stazione** zum Bahnhof fahren; auf *akk* ◇ **andare al mercato** auf den Markt gehen **5** (*tempo*) zu/an *dat*; ◇ **a Natale** an Weihnachten; ◇ **- mezzogiorno** am Mittag; um *akk* ◇ **alle otto** um acht Uhr; ◇ **- mezzanotte** um Mitternacht **6** (*età*) mit *dat*; ◇ **- 23 anni** mit dreiundzwanzig Jahren **7** (*mezzo, modo, maniera*) nach/auf *dat* ◇ **spaghetti alla bolognese** spaghetti nach/auf Bologneser Art **8** (*prezzo, misura*) zu *akk*; für *akk* ◇ **vendere qc - basso prezzo** etw zu einem niedrigen Preis verkaufen; ◇ **viaggiare - 50 chilometri all'ora** mit 50 Stundenkilometern fahren **9** (*strumento, mezzo*) zu *dat* ◇ **- piedi** zu Fuß; ◇ **giocare - carte/calcio/tennis/** Karten/Fußball/Tennis spielen; mit *dat;* ◇ **cucire - macchina** mit der Nähmaschine nähen; ◇ **motore - gas** Gasmotor m **10** † *fino* bis *akk;* bis zu *dat* ◇ **- domani!** bis morgen! **11** (*valore distributivo*) ◇ **- uno - uno** einzeln; ◇ **- due - due** zu zweit; (*oggetti*) paarweise; ◇ **una volta al giorno** einmal am Tag **12** (*paragone, si traduce con il dativo*) ◇ **la lepre è simile al coniglio** der Hase ist dem Kaninchen ähnlich **13** (*infinito*) ◇ **andare - dormire/studiare/lavorare ecc** schlafen/studieren/arbeiten gehen; ◇ **comincia a nevicare** es fängt an, zu schneien

A *abbr. di* autostrada A

A.A.S.T. f *abbr. di* **Azienda Autonoma di Soggiorno e Turismo** *italienischer Fremdenverkehrsverein*

abate m Abt m

abbacchiato agg niedergeschlagen

abbagliante I. ⟨inv⟩ agg blendend II. m AUTO Fernlicht n; **abbagliare** ⟨3.6.⟩ irr vt **1** (*in gen.*) blenden **2** FIG † *ingannare* täuschen **3** FIG † *affascinare* blenden; **abbaglio** m † *errore,*

sbaglio Fehler m, Versehen n; ◇ **ho preso un -** ich habe einen Fehler gemacht

abbaiare ⟨3.6.⟩ irr vi bellen

abbaino m ARCHIT **1** (*finestra in stanze o soffitte*) Dachfenster n **2** † *soffitta* Dachstube f

abbandonare I. vt **1** (*in gen.*) verlassen; FIG ◇ **- qu a se stesso** jd-n auf sich selbst gestellt lassen; → *bambino* aussetzen **2** † *trascurare* vernachlässigen **3** † *rinunciare a, ritirarsi da* aufgeben, verzichten auf, sich zurückziehen von **4** → *testa, mani* sinken lassen II. vr ◇ **-rsi** **1** (*sul divano*) sich sinken lassen **2** (FIG *cedere a*) ◇ **-rsi a** sich hingeben/ergeben *dat;* (*alla disperazione*) sich überlassen *dat;* **abbandono** m **1** (*in gen.*) Verlassen n **2** (*stato*) Verlassenheit f **3** † *trascuratezza* Verwahrlosung f **4** † *rinuncia, ritiro* Zurücktreten n, Aufgabe f **5** (*al vizio, alla passione*) Hingabe f; ◇ **un momento di -** ein schwacher Augenblick **6** DIR ◇ **- del tetto coniugale** böswilliges Verlassen der ehelichen Wohnung

abbassamento m (*di temperatura, di livello*) Senkung f; (*di voce, dei prezzi*) Sinken n; **abbassare** I. vt **1** (*spostare, portare verso il basso*) niedriger stellen/machen **2** † *diminuire* → *primato, record* unterbieten; → *muro, ponte* tiefer legen; → *prezzi* herabsetzen; → *radio, televisione* leiser stellen; → *voce, occhi* senken; → *testa* beugen; → *luce* abschwächen; → *fari* abblenden II. vr ◇ **-rsi** **1** † *diminuire, calare* sinken **2** † *chinarsi* sich beugen **3** FIG ◇ **-rsi a fare qc** † *umiliarsi* sich erniedrigen, etw zu tun; **abbasso** *inter:* ◇ **- la violenza!** nieder mit der Gewalt!

abbastanza *avv* **1** † *sufficientemente* genug, ◇ **averne - di qu/qc** genug von jd-m/etw haben [o. jd-n/etw satt haben] **2** † *piuttosto* ziemlich

abbattere I. vt **1** (*buttar giù*) niederwerfen; → *muro, palazzo,* niederreißen; → *albero* fällen; → *aereo* abschießen; → *nemico: con arma da fuoco* niederschießen; → *nemico: a colpi* niederschlagen **2** † *uccidere* töten; → *bestie da macello* schlachten; (*a caccia*) → *selvaggina* erlegen **3** † *indebolire* ← *malattia* bekämpfen II. vi pron ◇ **-rsi** **1** *anche* FIG † *cadere, rovesciarsi* fallen, stürzen **2** † *scoraggiarsi* entmutigt sein, den Mut verlieren; **abbattimento** m **1** (*il buttar giù*) Niederwerfen n; (*di muro, di palazzo,*) Niederreißen n; (*di albero*) Fällen n; (*di aereo*) Abschuß m; (*di nemico: con arma da fuoco*) Niederschießen m; (*di nemico: a colpi*) Niederschlagen n **2** † *uccisione* Tötung; (*di bestie da macello*) Schlachten n; (*a caccia: di selvaggina*) Erlegen n **3** FIG † *indebolimento fisico* Entkräftung f;

↑ *depressione, avvilimento* Niedergeschlagenheit *f*

abbazia *f* Abtei *f*

abbecedario *m* Abc-Buch *n*

abbellire ⟨5.2.⟩ *irr vt* verschönern, schmücken

abbeverare *vt* tränken

abbeveratoio *m* Tränke *f*

abbicci *m* ① (*alfabeto*) Abc *n* ② (*abbecedario*) Abc-Buch *n* ③ (*nozioni elementari*) Grundbegriffe *pl*

abbiente ⟨inv⟩ *agg* wohlhabend

abbietto *agg* niederträchtig

abbigliamento *m* ① (*in gen.*) Kleidung *f* ② ↑ *indumenti* Kleider *pl* ③ (*settore dell'industria*) Bekleidungsindustrie *f*; **abbigliare** ⟨3.6.⟩ *irr vt* kleiden

abbinamento *m* ↑ *combinazione* Koppelung *f*; **abbinare** *vt* ↑ *combinare* koppeln; → *indumenti, accessori* zusammenstellen

abbindolare *vt* FIG betrügen; ◇ **lasciarsi - da qu** jd-m auf den Leim gehen

abboccamento *m* Unterredung *f*

abboccare ⟨3.4.⟩ *irr* I. *vt* ① → *pesce* anbeißen ② (*collegare tubi, canali ecc.*) zusammenfügen II. *vi* ① ← *pesce* anbeißen; FIG hereinfallen ② ↑ *tubi, canali ecc.* zusammenfügen; **abbocca-to** *agg* ▷*vino* süß

abbonamento *m* ① (*in gen.*) Abonnement *n*; ◇ **fare/rinnovare l'-** ein Abonnement abschließen/verlängern; ◇ **fare l'- ad un giornale** eine Zeitung abonnieren; (*alle ferrovie ecc.*) Zeitkarte *f*; ▷*mensile* Monatskarte *f*; (*alla televisione, al telefono*) Abonnement

abbonare ¹ *vt s.* abbuonare

abbonare ² I. *vt* abonnieren II. *vr*: ◇ **-rsi ad una rivista** eine Zeitschrift abonnieren; ◇ **-rsi alle ferrovie** eine Zeitkarte lösen

abbonato(-a *f*) *m* Abonnent(in *f*) *m*

abbondante ⟨inv⟩ *agg* (*in gen.*) reichlich, reich; ▷*giacca* weit; **abbondanza** *f* Überfluß *m* (*di an akk*); ◇ **in -** in Hülle und Fülle; **abbondare** *vi* ① (*essere in gran quantità*) im Überfluß vorhanden sein; ◇ **- in/di** reichlich versorgt sein mit ② ↑ *eccedere* übertreiben

abbor'dabile ⟨inv⟩ *agg* FIG ▷*persona* zugänglich, annehmbar; ▷*prezzo* annehmbar; **abbor'daggio** *m* ① (NAUT *di nave*) Anlegen *n* ② (*di persona*) Annäherungsversuch *m*; **abbordare** *vt* ① NAUT ← *nave* anlegen an *akk*, entern ② → *persona* anreden; → *argomento* herangehen an *akk*; ◇ **- una curva** die Kurve nehmen

abbottonare *vt* zuknöpfen

abbozzare *vt* ① → *disegno, racconto* entwerfen, skizzieren ② FIG → *sorriso, saluto* andeuten;

abbozzo *m* ① (*di disegno, di racconto*) Entwurf *m*, Skizze *f* ② (FIG *di sorriso, di saluto*) Andeutung *f* ③ DIR Gesetzentwurf *m*; ◇ **in -** im Umriß

abbracciare ⟨3.3.⟩ *irr* I. *vt* ① (*in gen.*) umarmen ② (*con lo sguardo*) erfassen ③ FIG → *fede, religione* sich bekennen zu; → *opinione* sich anschließen *dat*; → *professione* ergreifen; ↑ *contenere, comprendere* umfassen, umschließen II. *vi pron* ◇ **-rsi** ① (*in gen.*) sich umarmen ② ↑ *appigliarsi* ◇ **-rsi a qc/qu** sich an etw/jd-n klammern; **abbrac'cio** ⟨-ci⟩ *m* Umarmung *f*

abbreviare ⟨3.6.⟩ *irr vt* abkürzen; **abbreviazione** *f* Abkürzung *f*

abbronzante I. *agg* bräunend II. *m* Bräunungscreme *f*; **abbronzare** I. *vt* bräunen II. *vr* ◇ **-rsi** sich bräunen; **abbronzatura** *f* Bräune *f*

abbrustolire ⟨5.2.⟩ *irr vt* rösten

abbruttire ⟨5.2.⟩ *irr* I. *vt* häßlich machen II. *vi* essere häßlich werden

abbuffarsi *vr* sich vollstopfen; **abbuffata** *f* Vollstopfen *n*

abbuiare ⟨3.6.⟩ *irr* I. *vi* ↑ *oscurare* verdunkeln II. *vi pron* ◇ **-rsi** (FIG *diventar triste*) sich verfinstern

abbuonare *vt* ① ↑ *detrarre* erlassen ② FIG ↑ *perdonare* vergeben; **abbuono** *m* ① COMM Nachlaß *m* ② SPORT Vorsprung *m* ③ EQUIT Handikap *n*

abdicare ⟨3.2./3.4.⟩ *irr vi* abdanken; **abdicazione** *f* Abdankung *f*

aberrazione *f* ① MED Störung, Verwirrung *f* ② FIS, ASTRON Aberration *f*, Abweichung *f*

abete *m* BOT ① (*albero*) Tannenbaum *m*; ◇ **- rosso** Fichte *f* ② (*legno*) Tannenholz *n*

'abile ⟨inv⟩ *agg* ① ▷*persona* gewandt, tüchtig ② MIL ↑ *idoneo* wehrdiensttauglich; **abilità** *f* ① (*di persona*) Gewandtheit *f* ② ↑ *astuzia* Geschicklichkeit *f*

abilitare I. *vt* AMM berechtigen, zulassen II. *vr* ◇ **-rsi** (*in gen.*) sich qualifizieren (*a* für *akk*); (*all'università*) sich habilitieren; **abilitato** *agg* (*in gen.*) zugelassen; (*all'università*) habilitiert; **abilitazione** *f* (*in gen.*) Befähigung *f*; (*università*) Habilitation *f*

abilmente *avv* geschickt

abissale ⟨inv⟩ *agg* ① (*di abisso*) abgrundtief ② (FIG *senza limiti*) abgrundtief, bodenlos; **abisso** *m* ① (*luogo molto profondo*) Abgrund *m* ② (FIG *distanza enorme*) Kluft *f*

abi'tabile ⟨inv⟩ *agg* bewohnbar; **abitabilità** *f* ARCHIT Bauabnahme *f*; **abi'tacolo** *m* (*di aereo*) Pilotenkabine *f*; AUTO Innenraum *m*; **abitante** *m/f* Einwohner(in *f*) *m*, Bewohner(in *f*) *m*;

abitare I. vt bewohnen **II.** vi wohnen; **abitato I.** agg (in gen.) bewohnt; ↑ popolato bevölkert **II.** m Ortschaft f; **abitazione** f Wohnung f

'abito m ① (in gen.) Kleid n, Kleidung f; (da uomo) Anzug m; (da donna) Damenkleid n; ◇ - civile Zivilkleidung f; ◇ - da sera (da uomo) Abendanzug m; (da donna) Abendkleid n ② (FIG abitudine) Gewohnheit f; (disposizione spirituale o fisica) Veranlagung f ③ (veste religiosa) Priestergewand n

abituale ⟨inv⟩ agg gewöhnlich; **abitualmente** avv gewöhnlich; **abituare I.** vt gewöhnen **II.** vr: ◇ -rsi a sich gewöhnen an akk; **abitudinario I.** agg Gewohnheits- **II.** m (-a f) Gewohnheitsmensch m; **abi'tudine** f Gewohnheit f; ◇ prendere l- di sich dat etw angewöhnen; ◇ fare l'- a qc sich an etw akk gewöhnen; ◇ d'- gewöhnlich; ◇ per - aus Gewohnheit

abiurare vt → fede abschwören dat; ↑ ritrattare widerrufen

ablativo m LING Ablativ m

abnegazione f Entsagung f

abolire ⟨5.2.⟩ irr vt abschaffen; **abolizione** f Abschaffung f

abomi'nevole ⟨inv⟩ agg abscheulich

abo'rigeno(-a f) **I.** agg eingeboren **II.** m/f Ureinwohner(in f) m

aborrire ⟨5.2.⟩ irr vt verabscheuen

abortire ⟨5.2.⟩ irr vt (MED di aborto spontaneo) eine Fehlgeburt haben; ▷intenzionalmente abtreiben; **abortista** ⟨-i e, -e⟩ m/f Abtreibungsbefürworter(in f) m; **aborto** m ① MED ▷spontaneo Fehlgeburt f; ▷provocato Abtreibung f ② FIG mißlungene Arbeit f ③ (FIG PEG persona) Mißgeburt f

abrasione f ① ↑ raschiatura Abkratzen n ② GEO Abrasion f ③ (MED ferita superficiale) Hautabschürfung f; **abrasivo I.** agg abschleifend **II.** m Schleifmittel n

abreazione f (in psicoterapia) Abreaktion f

abrogare ⟨3.4.⟩ irr vt abschaffen, aufheben; **abrogazione** f Abschaffung f, Aufhebung f

'abside f ARCHIT Apsis f

abulia f MED Abulie f

abusare vi (di fumo, di alcool) mißbrauchen, übertreiben; ↑ approfittare ausnutzen; (di donna, di minore) mißbrauchen; **abuso** m (di fumo, di alcol) Mißbrauch m

a.C. abbr di avanti Cristo v. Chr.

aca|cia ⟨-ce⟩ f FAUNA Akazie f

acca f ⟨inv⟩ h, H n; FAM ◇ non capire/valere un'- nichts verstehen/taugen

accademia f Akademie f; ◇ - di/delle Belle Arti Kunstakademie f; **acca'demico(-a** f) ⟨-ci, -che⟩ **I.** agg akademisch **II.** m Akademiker(in f) m

accadere ⟨4.3.⟩ irr vi impers essere geschehen, passieren; **accaduto I.** p.pass. accadere; **II.** m Geschehnis n, Vorfall m

accalappiacani m Hundefänger m

accalappiare ⟨3.6.⟩ irr vt ① (in gen.) fangen ② FIG hereinlegen

accalcare ⟨3.4.⟩ irr **I.** vt zusammendrängen **II.** vr ◇ -rsi sich zusammendrängen

accaldarsi vr sich aufwärmen, sich erhitzen

accalorarsi vr FIG sich erhitzen, sich eifern

accampamento m MIL Lager n; **accampare I.** vt ① MIL lagern ② FIG → diritti, scuse ecc. erheben, vorbringen **II.** vr ◇ -rsi [sich] lagern

accanimento m ① ↑ persistenza, ostinazione Zähigkeit, Verbissenheit f ② (odio tenace) Erbitterung f; **accanirsi** ⟨5.2.⟩ irr vi pron: ◇ - in ↑ ostinarsi sich verbeißen in akk; ◇ - contro qu ↑ perseguitare sich erbosen über akk; **accanito** agg ↑ ostinato hartnäckig, ▷gelosia heftig, ▷lavoratore eifrig; ▷fumatore stark

accanto I. avv daneben; ↑ a fianco nebenan **II.** prep ◇ - a neben dat; **accantonare** vt beiseite legen; FIG COMM zurückstellen

accaparramento m ① COMM Aufkauf m ② ↑ incetta Hamstern n; **accaparrare I.** vt ① COMM aufkaufen ② (fare incetta di beni) hamstern **II.** vr FIG ◇ -rsi la simpatia di qu sich jd-s Sympathie erwerben

accapigliarsi ⟨3.6.⟩ irr vr sich raufen

accappatoio m Bademantel m

accapponarsi vi pron FIG ← pelle eine Gänsehaut bekommen

accarezzare vt ① (in gen.) streicheln; FIG → idea liebäugeln mit; ↑ vezzeggiare, lusingare schmeicheln

accartocciare I. vt zusammenrollen **II.** vi pron ◇ -rsi sich zusammenrollen

accasarsi vr ≈ heiraten

accasciarsi ⟨3.3.⟩ irr vi pron ① (lasciarsi cadere) zusammenbrechen ② FIG ↑ avvilirsi den Mut verlieren

accatastare vt aufstapeln

accattivare vt → simpatia, favore erwerben

accattonag|gio ⟨-gi⟩ m Betteln n; **accattone (-a** f) m Bettler(in f) m

accavallare I. vt → gambe übereinanderschlagen **II.** vr ◇ -rsi ↑ addensarsi ← nubi sich ballen; ↑ addensarsi ← onde sich überschlagen; FIG ↑ sovrapporsi sich überschneiden

accecare ⟨3.4.⟩ irr **I.** vt ① (in gen.) blenden, blind machen ② FIG verblenden **II.** vi essere erblinden, blind werden

ac'cedere *vi essere/avere* ① ◇ - **a** kommen in *akk* ② ↑ *aderire* beistimmen

accelerare *vt, vi* beschleunigen; **accelerato I.** *agg* beschleunigt **II.** *m* (*treno locale*) Personenzug *m;* **acceleratore** *m* AUTO Gaspedal *n;* **accelerazione** *f* Beschleunigung *f*

ac'cendere ⟨accesi accendesti acceso⟩ *irr* **I.** *vt* ① → *fuoco* anzünden ② → *luce, televisione* einschalten; ◇ - **il motore** den Motor anlassen ③ *FIG* ↑ *infiammare* → *odio, passione, animi* anzünden, erregen ④ COMM → *conto* eröffnen; → *ipoteca* aufnehmen **II.** *vr* ◇ -**rsi** ← *fuoco, legna* sich anzünden; ← *luce, televisione* angehen

accendigas *m* ⟨inv⟩ Gasanzünder *m*

accendino *m* Feuerzeug *n*

accendi'sigaro *m* Feuerzeug *n*

accennare I. *vt* ① (*in gen.*) hinweisen auf *akk* ② MUS anstimmen ③ ↑ *menzionare* erwähnen **II.** *vi* ① (*fare dei cenni*) Zeichen geben ② *FIG* ◇ - **a qc** sich beziehen auf *akk* ③ *FIG* ↑ *alludere* anspielen auf *akk;* **accenno** *m* ① ↑ *cenno* Wink *m* ② ↑ *menzione* Erwähnung ③ ↑ *allusione* Andeutung *f*

accensione *f* ① (*l'accendersi*) Anzünden *n* ② (*di luce, di televisione ecc.*) Einschalten *n;* (*del motore*) Zündung *n* ③ (COMM *di conto*) Eröffnung *f;* (*di ipoteca*) Aufnehmen *n*

accentare *vt* betonen, akzentuieren; **accento** *m* ① (LING *segno grafico e elevazione della voce*) Akzent *m;* ◇ **l'- cade sulla penultima sillaba** die Betonung liegt auf der vorletzten Silbe ② (*tono di voce*) Ton *m* ③ *FIG* ◇ **mettere l'-su una questione** ein Problem hervorheben

accentrare *vt* ① (*in gen.*) konzentrieren ② *FIG* → *attenzione, sguardi* anziehen, lenken

accentuare I. *vt* ① → *parola* betonen ② (*mettere in evidenza*) hervorheben **II.** *vi* pron ◇ -**rsi** ↑ *aggravarsi* steigen, sich verstärken

accerchiamento *m* Einschließung *f;* **accerchiare** ⟨3.6.⟩ *irr* **I.** *vt* umschließen, einschließen **II.** *vr* FIG: ◇ -**rsi di** sich umgeben mit *dat*

accertamento *m* ① (*in gen.*) Feststellung *f* ② ↑ *rilevamento* Ermittlung *f;* **accertare I.** *vt* ① ↑ *assicurare* versichern ② ↑ *appurare* feststellen ③ ↑ *dimostrare* nachweisen **II.** *vi* sich vergewissern *gen*

acceso I. *p.pass.* accendere; **II.** *agg* ① ▷*fuoco* angezündet, brennend ② ▷*televisione, radio ecc.* einschaltet; ▷*luce* brennend; ▷*motore* laufend ③ *FIG* ▷*odio, animi* angezündet, erregt, entbrannt ④ (*colore intenso, vivo*) lebhaft

acces'sibile ⟨inv⟩ ① (*in gen.*) zugänglich ② *FIG* ▷*prezzo* annehmbar ③ ▷*idea, concetto* verständlich; **accesso** *m* ① Zugang *m*, Zutritt *m;*

(*di veicoli*) Zufahrt *f* ② ↑ *ingresso* Eintritt *m;* ◇ **divieto di -** Eintritt verboten ③ INFORM Zugriff *m* ④ MED Anfall *m;* ◇ - **di tosse** Hustenanfall *m* ⑤ ◇ - **d'ira** Wutanfall *m*

accessoriato *agg* AUTO mit Zubehör ausgestattet; **accessorio I.** *agg* Zusatz-, Begleit- **II.** *m :* ◇ -**i** Zubehör *n*

accetta *f* Axt *f*

accet'tabile ⟨inv⟩ *agg* annehmbar; **accettare** *annehmen* akzeptieren; ↑ *accogliere* aufnehmen; **accettazione** *f* ① (*l'accettare*) Annahme *f* ② (*locale*) Annahmestelle *f*

accetto *agg* ↑ *gradito* willkommen

acchiappare *vt* fangen, ergreifen

acciac'co ⟨-chi⟩ *m* Gebrechen *n*

acciaieria *f* Stahlwerk *n;* **acciaio** *m* Stahl *m*

accidentale ⟨inv⟩ *agg* ① ↑ *casuale* zufällig ② (*non necessario*) unwesentlich; **accidentalmente** *avv* zufällig; **accidentato** *agg* ▷*terreno ecc.* uneben, holperig; **accidente** *m* ① (*caso imprevisto*) Zufall *m* ② ↑ *disgrazia* Unglücksfall *m* ③ *FAM* ↑ *malanno* Schlaganfall *m;* ◇ **che gli venisse un'-!** der Teufel soll ihn holen! ④ ↑ *niente* ◇ **non capisco un -** ich verstehe gar/überhaupt nichts

accidenti *inter* (*rabbia*) verflixt!; (*stupore, meraviglia*) Donnerwetter!

accidia *f* Trägheit *f*

accigliarsi *vi pron* die Stirn runzeln; **accigliato** *agg* finster

ac'cingersi ⟨accinsi accingesti accinto⟩ *irr vr:* ◇ - **al lavoro** sich an die Arbeit machen

acciuffare *vt* fassen, ergreifen

acciuga ⟨-ghe⟩ *f* ZOOL Sardine *f*

acclamare *vt* ① ↑ *applaudire* zubeln *dat* ② ↑ *eleggere* ausrufen *akk;* **acclamazione** *f* ① ↑ *ovazione* Beifall *m* ② (*elezione*) Zuruf *m*

acclimatare I. *vt* (*al clima, ad un ambiente nuovo ecc.*) akklimatisieren **II.** *vr* ◇ -**rsi** (*al clima, ad un ambiente nuovo ecc.*) sich akklimatisieren

ac'cludere ⟨acclusi accludesti accluso⟩ *irr vt* beifügen, beilegen; **accluso I.** *p.p* **ac'cludere**; **II.** *agg* beigefügt, beigelegt

accoccolarsi *vr* sich kauern

accogliente ⟨inv⟩ *agg* ▷*casa* gemütlich; ▷*persona* gastfreundlich; **accoglienza** *f* Empfang *m*, Aufnahme *f;* **ac'cogliere** ⟨4.16.⟩ *irr vt* ① ↑ *ricevere* empfangen ② ↑ *approvare* → *proposta* billigen ③ ↑ *contenere* umfassen, aufnehmen

accollato *agg* hochgeschlossen; **accoltellare** *vt* erstechen

accolto *p.pass.* **accogliere**

acco'mandita f COMM Kommanditgesellschaft f

accomiatare I. vt entlassen II. vr ◇ **-rsi da** Abschied nehmen von, sich verabschieden von *dat*

accomodamento m ① ↑ *sistemazione* Ordnung f ② DIR Vergleich m; **accomodante** ⟨inv⟩ agg entgegenkommend; **accomodare** I. vt ① ↑ *aggiustare* ausbessern ② ↑ *regolare* erledigen II. vr ◇ **-rsi** ① ↑ *sedersi* Platz nehmen; ◇ **s'accomodi!** nehmen Sie Platz! ② ← *tempo* besser werden; ← *malinteso* sich regeln

accompagnamento m ① (*in gen.*) Begleitung f; ◇ **lettera d'-** Begleitschreiben n ② MUS ◇ **musica d'-** Begleitmusik f; **accompagnare** I. vt ① → *persona* begleiten ② (*FIG con lo sguardo*) folgen ③ MUS begleiten ④ ↑ *unire* beifügen II. vr ◇ **-rsi a qu** sich jd-m anschließen; **accompagna|tore(-trice** f) m Begleiter (in f) m; ↑*turistico* Führer(in f) m

accomunare vt vereinigen

acconciatura f ↑ *pettinatura* Frisur f

accondi'scendere ⟨4.21.⟩ irr vi: ◇ **- a** jd-m entgegenkommen, einwilligen in *akk*; **accondisceso** p.pass. **accondiscendere**

acconsentire ⟨5.1.⟩ irr vi einwilligen (*a* in *akk*), zustimmen *dat*

accontentare I. vt zufriedenstellen II. vi pron: ◇ **-rsi di** sich begnügen mit [o. sich zufriedengeben mit]

acconto m COMM Anzahlung f

accoppiamento m ① ↑ *collegamento* Verbindung f ② (*unione sessuale*) Vereinigung f; **accoppiare** ⟨3.3.⟩ irr I. vt ① ↑ *abbinare* vereinigen, paaren; → *oggetti* zusammenstellen ② (*unire sessualmente animali*) paaren II. vr ◇ **-rsi** ① (*mettersi in coppia*) ← *animali* sich paaren ② (*unirsi sessualmente*) sich geschlechtl. vereinigen

accorato agg betrübt

accorciare ⟨3.3.⟩ irr I. vt → *vestito* kürzen; → *percorso* verkürzen II. vi essere sich verkürzen, kürzer werden

accordare I. vt ① (*mettere d'accordo*) → *persone* versöhnen; → *tendenze* in Einklang bringen ② MUS → *strumenti* stimmen ③ LING übereinstimmen lassen ④ ↑ *concedere* bewilligen II. vr ◇ **-rsi** sich einigen; **accordo** m ① (*in gen.*) Übereinstimmung f, Einverständnis n; ◇ **essere d'- con** einverstanden sein mit *dat*; ◇ **andare d'accordo con qu** sich mit jd-m gut verstehen; ◇ **d'accordo!** einverstanden!; ◇ **- internazionale** internationales Abkommen; ◇ **- monetario** Währungsabkommen n ② MUS Akkord m ③ (*intesa*) Vereinbarung, Übereinkunft f ④ LING Übereinstimmung f

ac'corgersi ⟨4.22.⟩ irr vr: ◇ **- di qc** etw *akk* bemerken; **accorgimento** m ① ↑ *intuito* Umsicht f; ② ↑ *provvedimento* Maßnahme f; ③ ↑ *espediente* Trick m

ac'correre ⟨accorsi accorso⟩ irr vi essere herbeieilen; ◇ **- in aiuto** zu Hilfe heilen

accortezza f Klugheit f, Umsicht f; **accorto** I. p.pass. accorgersi; II. agg ↑ *avveduto* klug, umsichtig

accostare I. vt ① (*mettere accanto*) stellen (*a* neben); ② ↑ *avvicinare* nähern; ③ → *porta* anlehnen II. vi NAUT anlegen III. vr: ◇ **-rsi a** ↑ *avvicinarsi* sich nähern *dat*

accovacciarsi ⟨3.3.⟩ irr vr sich kauern

accozzaglia f (*PEJ di persone*) zusammengewürfelte Menge; (*di oggetti, di idee*) Mischmasch m, Gemisch n

accreditare I. vt COMM gutschreiben II. vr ◇ **-rsi** FIG sich *dat* Kredit verschaffen

ac'crescere ⟨accrebbi accresciuto⟩ irr I. vt (*in gen.*) erhöhen; → *capitale* vermehren II. vi pron ◇ **-rsi** (*in gen.*) wachsen; ← *capitale* sich vermehren; **accrescimento** m ① (*in gen.*) Zunahme f, Zuwachs m; (*di capitali*) Vermehrung f ② BIO Wachstum m; **accresciuto** pp.p **accrescere**

accucciarsi vr kuschen

accudire ⟨5.2.⟩ irr I. vt pflegen II. vi versorgen; ◇ **- alle facende domestiche** jd-m den Haushalt machen

acculturazione f kulturelle Eingliederung f

accumulare vt häufen, anhäufen; **accumulatore** m ELETTR Akkumulator m; **accumulazione** f Anhäufung f

accuratezza f ↑ *attenzione* Sorgfalt f; ↑ *esattezza* Genauigkeit f; **accurato** agg ↑ *attento* sorgfältig; ↑ *esatto* genau

accusa f ① (*di omicidio*) Beschuldigung f ② DIR Anklage f; **accusare** vt ① ◇ **- qu di qc** jd-n einer Sache beschuldigen ② DIR anklagen, Anklage erheben gegen *akk* ③ → *male, sconfitta* klagen über *akk* ④ COMM ◇ **- ricevuta di una lettera** den Empfang eines Briefes bestätigen

accusativo m LING Akkusativ m

accusato I. agg angeklagt II. m/f Angeklagte(r) m/f; **accusa|tore(-trice** f) m/f DIR Ankläger (in f) m, Kläger(in f) m

acerbo agg ① (*non maturo*) unreif ② ↑ *aspro* sauer

'acero m BOT Ahorn m

a'cerrimo agg erbittert, heftig

acetato m Acetat n

acetilene *m* CHIM Acetylen *n*

aceto *m* Essig *m;* ◇ **sotto** Aceto in Essig eingelegt

acetone *m* (*per le unghie*) Nagellackentferner
m

A.C.I. *m abbr. di* Automobile Club d'Italia ≈
ADAC *m*

acidità *f* ① CHIM Säure *m* ② (*di stomaco*) Säure
f; **'acido I.** *agg* ① CHIM säurehaltig; ◇ **pioggia**
f **acida** saurer Regen ② ↑ *aspro* sauer ③ FIG
beißend, bissig **II.** *m* ① CHIM Säure *f* ② (*FAM
stupefacente*) Stoff *m*

'acino *m* (*d'uva*) Beere *f*

acne *f* MED Akne *f*

acqua *f* ① (*in gen.*) Wasser *n;* ◇ **- corrente**
fließendes Wasser; ◇ **- dolce/salata** Süß/Salz-
wasser *n;* ◇ **- minerale** Mineralwasser *n;* ◇ **-
tonica** Tonicwater *n;* ◇ **- potabile** Trinkwasser
n; ◇ **- piovana** Regenwasser *n;* FIG ◇ **avere l'-
alla gola** das Wasser bis zum Halse stehen haben;
FIG ◇ **navigare in cattive acque** sich in übler
Lage befinden; ◇ **essere come un pesce fuor d'-**
sich nicht wohl fühlen; FIG ◇ **affogare in un
bicchiere d'-** aus einer Mücke einen Elefanten
machen; FIG ◇ **- passata** Schnee von gestern;
FIG ◇ **- in bocca!** kein Wort davon ② ◇ **-
ossigenata** Wasserstoffsuperoxyd *n* ③ ◇ **acque
f/pl (*mare, lago*) Gewässer *pl;* ◇ **acque territoriali** Hoheitsgewässer *pl* ④ ▷*termali* Thermal-
quellen *pl* ⑤ (MED *liquido amniotico*) Frucht-
wasser *n*

acquaforte ⟨acqueforti⟩ *f* ARTE Radierung *f*

acquaio *m* Ausguß *m*

acquario *m* ① (*contenitore*) Aquarium *n* ②
◇ A- ASTROL Wassermann *m*

acquasanta *f* Weihwasser *n*

ac'quati|co ⟨-ci, -che⟩ *agg* Wasser-

acquavite *f* Schnaps *m,* Branntwein *m*

acquazzone *m* Regenguß *m*

acquedotto *m* Wasserleitung *f;* (*storico*) Aquä-
dukt *m*

'acqueo *agg* Wasser-; ◇ **vapore -** Wasserdampf
m

acquerello *m* (ARTE *tecnica e quadro*) Aquarell *n*

acquietare I. *vt* beruhigen **II.** *vr* ◇ **-rsi** sich
beruhigen

acquirente *m/f* Käufer(in *f*) *m;* **acquisire**
⟨5.2.⟩ *irr vt* erwerben

acquistare *vt* ① ↑ *comprare* kaufen ② FIG
→ *meriti, favori* einbringen, erlangen, verschaffen; **acquisto** *m* ① (*il comprare*) Kauf *m;*
◇ **acquisti** *m/pl* Einkäufe *m/pl* ② (SPORT *di un
calciatore*) Anwerbung *f*

acquitrino *m* Sumpf *m*

acquolina *f* FIG: ◇ **ho l'- in bocca** mir läuft das
Wasser im Munde zusammen; ◇ **far venire l'- in
bocca a qu** jd-m den Mund wäßrig machen

acquoso *agg* ① (*contenente acqua*) wasserhal-
tig ② ↑ *paludoso* wässerig

acre ⟨inv⟩ *agg* ① (*sapore agro*) sauer ② FIG
↑ *mordace e malevole* bissig

a'crilico *m* Acryl *n*

a'crobata ⟨-i, -e⟩ *m* Akrobat(in *f*) *m;* **acro-
ba'zia** *f* Akrobatenstück *n*

acuire ⟨5.2.⟩ *irr vt* schärfen, verschärfen

aculeo *m* ZOOL Stachel *m* ② BOT Dorn *m*

acume *m* Schärfe *f*

a'custica *f* FIS Akustik *f;* **a'custi|co** ⟨-ci, -che⟩
agg Hör-, akustisch; ◇ **apparecchio** *m* **-** Hörge-
rät *n*

acutamente *avv* scharfsinnig; **acutizzare**
vt,vi (*malattia, crisi*) verschärfen; **acuto** *agg* ①
↑ *appuntito* spitz ② MAT ▷*angolo* spitz ③
↑ *penetrante* ▷*suono* durchdringend; ▷*odore* penetrant; ▷*desiderio* sehnlich ④ LING ▷*accento*
akut ⑤ MED akut; ▷*dolore* stechend

ad *prep s.* **a**

adagiare ⟨3.3.⟩ *irr* **I.** *vt* niederlegen **II.** *vr* ◇ **-rsi**
① ↑ *sdraiarsi* sich hinlegen ② FIG sich hingeben
(*in dat*)

ada|gio ¹ ⟨-gi⟩ **I.** *avv* ① (*senza fretta, piano*)
langsam ② (*con cautela*) vorsichtig **II.** *m* MUS
Adagio *n*

ada|gio ² ⟨-gi⟩ *m* (*proverbio*) Sprichwort *n*

adattamento *m* ① (*il rendere adatto*) Anpassung *f* ② ↑ *cambiamento* Umstellung *f,* Umwandlung *f;* (*di libro*) Bearbeitung *f;* **adattare
I.** *vt* ① ↑ *cambiare* umwandeln in *akk;* → *libro*
bearbeiten ② (*rendere adatto*) anpassen, angleichen **II.** *vr:* ◇ **-rsi a** ↑ *adeguarsi a* sich anpassen
an *akk;* **adattatore** *m* Adapter *m;* **adatto** *agg:*
◇ **- a/per** geeignet für *akk*

addebitare *vt* ① COMM belasten ② FIG
↑ *incolpare* zur Last legen, beschuldigen; **ad'debito** *m* ① COMM Belastung, Lastschrift *f* ②
↑ *accusa* Beschuldigung *f*

addensamento *m* Verdichtung *f,* Anhäufung *f;*
addensare I. *vt* verdichten, anhäufen **II.** *vr* (*in
gen.*) sich verdichten; ← *folla* zusammenströmen; ← *nuvole* sich zusammenballen

addentare *vt* beißen in *akk*

addentrarsi *vr:* ◇ **- in** ↑ *introdursi* eindringen in
akk; **addentro** *avv* drinnen, innen

addestramento *m* ① (*in gen.*) Schulung *f,* Ausbildung *f;* ◇ **- professionale** Berufsausbildung *f*
② MIL Ausbildung *f* ③ (*di animali*) Abrichtung
f; **addestrare I.** *vt* ① → *persone* ausbilden,

schulen ② → *animali* abrichten ③ MIL ausbilden II. *vr:* ◇ **-rsi in** sich einüben in *dat*

addetto(**-a** *f*) I. *agg* ① ◇ **- a** ↑ *assegnato* zugeteilt *dat* ② ◇ **- a** ↑ *destinato* bestimmt zu *dat* II. *m/f* (*impiegato*) Angestellte(r) *m/f*, Beschäftigte(r) *m/f*; ◇ **commerciale/stampa** Handels-/Presseattachè *m*; ◇ **vietato l'ingresso ai non addetti ai lavori** Unbefugten ist der Zutritt verboten

addì *avv* AMM am/den; ◇ **- 6 maggio 1993** den 6. Mai 1993

addietro *avv* ① ↑ *indietro* zurück ② ◇ **due anni -** vor zwei Jahren

ad'dio ⟨ii⟩ I. *m* (*commiato*) Abschied *m* II. *inter* adieu, lebewohl

addirittura *avv* ↑ *veramente* geradezu; ↑ *perfino* sogar

addirsi ⟨4.5.⟩ *irr vr:* ◇ **- a** passen zu *dat*

additare *vt* mit dem Zinger auf jd-n zeigen

additivo *m* CHIM Zusatzstoff *m*, Additiv *n*

addizionare *vt* addieren; **addizione** *f* MAT Addition *f*

addobbare *vt* ausschmücken, dekorieren; **addobbo** *m* ① (*atto*) Ausschmückung *f*, Dekorierung *f* ② (*oggetti*) Dekoration *f*; ▷*natalizi* Schmuck

addolcire ⟨5.2.⟩ *irr* I. *vt* ① (*rendere dolce*) süßen ② *FIG* → *parole* mildern II. *vi pron* ◇ **-rsi** *FIG* ← *carattere* sanfter/milder werden

addolorare I. *vt* schmerzen, leid tun *dat* II. *vi pron* ◇ **-rsi** traurig sein (*per* über *akk*)

addome *m* ANAT Bauch *m*, Unterleib *m*

addomesticare ⟨3.4.⟩ *irr vt* zähmen, bändigen

addominale ⟨inv⟩ *agg* Leib-, Bauch-

addormentare I. *vt* ① (*in gen.*) zum Schlafen bringen ② MED betäuben ③ ZOOL einschläfern II. *vi pron* ◇ **-rsi** einschlafen

addossare I. *vt* ① *appoggiare* ◇ **- qc a qc** etw an etw stellen/anlehnen *akk* ② *FIG* ◇ **- qc a qu** ↑ *attribuire* jd-m etw aufbürden

addosso I. *avv* (*in gen.*) auf/an/bei sich; ◇ **mettersi -** ↑ *indossare* anziehen; ◇ **avere -** ↑ *indossare* anhaben; ◇ **avere - qu** jd-n am Hals haben; ◇ **saltare - a qu** über jd-n herfallen; ◇ **andare - a qu** mit jd-m zusammenstoßen II. *prep:* ◇ **- a** (*vicino: stato*) neben *dat*; (*moto*) neben *akk*

addurre ⟨4.4.⟩ *irr vt* vorbringen, anführen

adeguare I. *vt:* ◇ **- qc a qc** etw an etw anpassen *akk* II. *vr* ◇ **-rsi a** sich anpassen an *akk*; **adeguato** *agg* angemessen

a'dempiere, adempire ⟨5.2.⟩ *irr vt* → *dovere*, *voto* erfüllen; ↓ *promessa* halten

adenoidi *fpl* Adenoiden *pl*

aderente I. ⟨inv⟩ *agg* (*in gen.*) haftend; ▷*vestito*,

pantaloni enganliegend II. *m/f* Anhänger(in *f*) *m*; **aderenza** *f* ① (*in gen.*) Haften *n* ② ◇ **aderenze** *fpl* Beziehungen *fpl*; **aderire** ⟨5.2.⟩ *irr vi* ① (*stare attaccato*) ◇ **- a** haften an/kleben an *dat*; ← *vestito* anliegen an *dat* ② (*a una società, ad un partito*) beitreten *dat* ③ (*a una richiesta*) nachkommen *dat*

adescare ⟨3.4.⟩ *irr vt* ① → *pesce* ködern ② (*FIG attrarre con lusinghe*) verlocken; **adesione** *f* ① *FIG* ↑ *consenso* Einwilligung, *f* ② (*FIG in società, ad un contratto*) Beitritt *m*

adesivo I. *agg* klebend; ◇ **nastro -** Klebstreifen *m* II. *m* ① (*sostanza adesiva*) Klebstoff *m* ② (*etichetta autoadesiva*) Aufkleber *m*

adesso *avv* ① ↑ *ora* jetzt; ◇ **per -** vorläufig; ◇ **da - in poi** von jetzt an ② (*proprio -*) gerade jetzt, eben ③ ↑ *tra poco* gleich

adiacente ⟨inv⟩ *agg:* ◇ **- a** anliegend *dat*

adibire ⟨5.2.⟩ *irr vt:* ◇ **- qc a qc** ↑ *usare* etw benutzen als

adiposo *agg* fetthaltig

adirarsi *vr* sich ärgern; ◇ **- con qu** auf jd-n böse sein, in Zorn geraten

adire ⟨5.2.⟩ *irr vt* → *tribunale* anrufen; ◇ **- le vie legali** den Rechtsweg beschreiten

'adito *m* *FIG* ↑ *motivo* Grund *m*, Anlaß *m*; ◇ **dare - a sospetti** den Verdächtigungen Raum geben

adocchiare ⟨3.6.⟩ *irr vt* ① ↑ *scorgere* erblicken ② ↑ *occhieggiare* liebäugeln mit *dat*

adolescente I. *agg* ≈ jung II. *m/f* ≈ Jugendliche(r) *fm*; **adolescenza** *f* ≈ Jugend *f*

adombrare I. *vt* ① (*in gen.*) beschatten ② *FIG* verhüllen II. *vr* ◇ **-rsi** ← *persona* scheu werden, argwöhnisch werden

adoperare I. *vt* benutzen, anwenden II. *vr:* ◇ **-rsi per qu/qc** sich für jd-n/etw einsetzen

ado'rabile ⟨inv⟩ *sett*; **adorare** *vt* ① ↑ *onorare* anbeten ② (*amare svisceratamente*) verehren; **adorazione** *f* ① (*l'adorare*) Anbetung *f* ② (*amore visceroso*) Verehrung *f*

adornare *vt* schmücken

adottare *vt* ① → *bambino* adoptieren ② ↑ *accettare, accogliere* annehmen; → *provvedimenti* ergreifen; **adottivo** *agg* ① ▷*figlio* Adoptiv- ② *FIG* ▷*patria* Wahl-; **adozione** *f* ① (*di bambini*) Adoption *f* ② ↑ *scelta* Wahl *f*

adrenalina *f* Adrenalin *n*

adri'ati|co ⟨-ci, -che⟩ I. *agg* adriatisch II. *m :* ◇ **l'A-, il mare A-** die Adria [*o*. das Adriatische Meer]

adulare *vt* schmeicheln *dat*; **adulazione** *f* Schmeichelei *f*

adulterare *vt* verfälschen

adul'terio m Ehebruch m; **a'dultero(-a** f) I. agg ehebrecherisch II. m/f Ehebrecher(in f) m

adulto(-a f) I. agg ① (persona) erwachsen ② FIG ↑ maturo reif II. m/f Erwachsene(r) m/f

adunare I. vt versammeln II. vr ◇ -rsi sich versammeln; **adunata** f ① (in gen.) Versammlung f ② MIL Appell m

adun|co ⟨-chi, -che⟩ agg ▷becco krumm; ▷naso Haken

aerare vt lüften; **aerazione** f Durchlüftung f; **aereo** I. agg ① (in gen.) Luft-; POSTA ◇ per via -a mit Luftpost ② ↑ leggero leicht II. m ↑ aeroplano Flugzeug n; ◇ - a reazione Düsenflugzeug n

aeriforme ⟨inv⟩ agg gas-/luftförmig

ae'robica f Aerobic n; **ae'robi|co** ⟨-ci, -che⟩ agg Aerobic-

aero'bus m ⟨inv⟩ Airbus m

aerodi'namica f Aerodynamik f; **aerodi'namico** ⟨-ci, -che⟩ agg ① (in gen.) aerodynamisch ② ↑ affusolato stromlinienförmig

aero'nautica f Luftfahrt f; ◇ - militare Luftwaffe f

aeroplano m Flugzeug n

aeroporto m Flughafen m

aero'sol m ⟨inv⟩ CHIM, MED Aerosol n

aerotaxi m ⟨inv⟩ Mietflugzeug, Lufttaxi n

afa f Schwüle f

af'fabile agg inv freundlich, umgänglich

affaccendarsi vr: ◇ - intorno a qc sich beschäftigen mit etw dat; **affaccendato** agg vielbeschäftigt

affacciarsi ⟨3.3.⟩ irr vr sich zeigen; ◇ mi affaccio alla finestra ich zeige mich am Fenster

affamare vt aushungern; **affamato** agg ① (che ha fame) hungrig ② FIG ↑ avido gierig (di nach dat)

affannarsi vr FIG: ◇ -rsi per qc sich grämen wegen gen; **affanno** m FIG ↑ ansia Sorge f, Angst f; **affannoso** agg ▷respiro keuchend, schwer

affare m ① ↑ faccenda, incombenza Geschäft n, Angelegenheit f; ◇ ministro degli Affari esteri Außenminister(in f) m ② COMM Geschäft n; ◇ fare un buon - ein gutes Geschäft machen ③ DIR Sache f ④ ↑ cosa, faccenda Angelegenheit f, Sache f; FAM ◇ fatti gli affari tuoi kümmere dich um deine Sachen/Angelegenheiten ⑤ FAM ↑ cosa, oggetto Ding n; **affarista** ⟨-i, -e⟩ m/f Geschäftemacher(in f) m

affascinare vt bezaubern, faszinieren

affaticare ⟨3.4.⟩ irr I. vt ermüden, anstrengen II. vr ◇ -rsi ① ↑ stancarsi sich ermüden ② (darsi briga) sich anstrengen

affatto avv ① ↑ interamente gänzlich ② ◇ non ... - überhaupt nicht

affermare I. vt ① ↑ sostenere behaupten; ↑ dichiarare bestätigen; → innocenza beteuern ② ↑ annuire bejahen II. vr ◇ -rsi ↑ imporsi sich durchsetzen; **affermazione** f ① ↑ asserzione Behauptung f ② ↑ successo Erfolg m

afferrare I. vt ① → persona, oggetto fassen, packen ② FIG → occasione ergreifen ③ FIG ↑ comprendere → idea begreifen II. vr: ◇ -rsi a sich klammern an acc

affettare vt (tagliare a fette) in Scheiben schneiden

affettato ¹ agg ↑ artificioso geziert

affettato ² m (salame ecc.) Aufschnitt m

affettatrice f Aufschnittmaschine f

affettivo agg emotional, Gefühls-

affetto ¹ m (sentimento) Zuneigung f, Liebe f

affetto ² agg (da malattia) leidend (da an acc), befallen (da von dat)

affettuoso agg herzlich, liebevoll

affezionarsi vi pron: ◇ - a liebgewinnen acc; **affezione** f ① ↑ affetto Zuneigung f ② (malattia) Erkrankung f

affiancare ⟨3.4.⟩ irr I. vt ① (mettere a fianco) nebeneinanderstellen ② FIG unterstützen II. vr: ◇ -rsi a qu sich neben jdn stellen

affiatarsi vr (andare d'accordo) sich miteinander vertraut machen

affibbiare ⟨3.10.⟩ irr vt ① ↑ chiudere zuschnallen ② FIG ↑ dare geben, verpassen (a dat)

affidabilità f TEC Zuverlässigkeit f; **affidamento** m ① (atto dell'affidamento) Anvertrauen n ② ↑ fiducia Vertrauen n; ↑ garanzia Garantie f; ◇ fare - su qu sich auf jdn-n verlassen;

affidare I. vt ① ◇ - qc a qu (dare in custodia) jd-m etw anvertrauen ② ◇ - qc a qu ↑ assegnare → incarico jd-m mit etw betrauen II. vr: ◇ -rsi a sich anvertrauen dat

affievolirsi ⟨5.2.⟩ irr vr schwächer werden

affiggere ⟨Pass. rem.: affissi/affigesti Part.: affisso⟩ irr vt → manifesto anschlagen

affilare vt schleifen

affiliare ⟨3.6.⟩ irr I. vt: ◇ - qu a (iscrivere a società segreta) → jd-n aufnehmen in acc II. vr: ◇ -rsi a ≈ beitreten dat

affiliato agg COMM ▷società, azienda Tochter-; **affiliazione** f ≈ Aufnahme f

affinare vt ① (rendere fine) schärfen ② FIG verfeinern

affinché congiunz cong. damit

affine agg inv ähnlich; **affinità** f ↑ somiglianza Ähnlichkeit f

affiorare vi essere ① (dall'acqua) auftauchen ② FIG ans Licht kommen, auftauchen

affissione f Anschlagen n; ◇ **divieto d'** - Anschlageverbot n; **affisso** I. p.pass. affiggere; II. m ① ↑ manifesto, avviso Plakat, nt ② ARCHIT Rahmen m, Einfassung f ③ LING Affix n

affitta'camere m/f Zimmervermieter(in f) m

affittare vt ① (dare in affitto) → locali vermieten; → terre verpachten ② (prendere in affitto) → locali mieten; → terre pachten; **affitto** m (locazione) Miete f; ◇ **prendere in** - mieten; ◇ **dare in** - vermieten; ◇ **pagar l'** - die Miete bezahlen

affliggere ⟨Pass. rem.: afflissi/affligesti Part.: afflisso⟩ irr I. vt ↑ tormentare plagen; ↑ deprimere betrüben II. vi pron ◇ **-rsi** betrübt sein (per über acc); **afflitto** p.pass. **affliggere**; **afflizione** f Betrübnis f, Kummer m

afflosciarsi ⟨3.3.⟩ irr vi pron erschlaffen, schlaff werden

affluente m Nebenfluß, Zufluß m; **affluenza** f ① (di fiume) Zufluß m ② (di persone) Zustrom m; **affluire** ⟨5.2.⟩ irr vi essere ① ← fiume zufließen; (giungere in gran quantità: merci) zustromen ② ← persone zuströmen; **afflusso** m ① (di merci) Zustrom m ② (di persone) Zulauf m

affogare ⟨3.5.⟩ irr I. vt anche FIG ertränken II. vi essere ertrinken III. vr ◇ **-rsi** ertrinken, sich ertränken

affollare I. vt ↑ riempire füllen, überfüllen II. vi pron ◇ **-rsi** ↑ accalcarsi sich drängen, sich häufen; **affollato** agg überfüllt

affondare I. vt ① → nave versenken ② → radici eingraben II. vi ← nave versinken

affrancare ⟨3.4.⟩ irr I. vt ① (rendere libero) befreien ② → lettera frankieren II. vr ◇ **-rsi** sich befreien; **affrancatrice** f Frankiermaschine f; **affrancatura** f ① (applicazione) Frankieren f ② (tassa di spedizione) Postgebühr f

affranto agg ① ↑ esausto, spossato erschöpft ② ↑ abbattuto, prostrato dal dolore niedergeschlagen

affres'co ⟨-chi⟩ m ① (tecnica) Freskomalerei f ② (dipinto) Fresko n

affrettare I. vt ↑ accelerare beschleunigen II. vr ◇ **-rsi** sich beeilen

affrontare I. vt ① → pericolo ecc. entgegentreten dat ② → problema, questione sich auseinandersetzen mit ③ ↑ assalire angreifen II. vr ◇ **-rsi** zusammenstoßen; **affronto** m Affront m, Beleidigung f

affumicare ⟨3.4.⟩ irr vt (in gen.) einräuchern; → alimenti räuchern

affusolato agg spindelförmig, schlank

afoso agg schwül

'Africa f GEO Afrika n; **africano(-a** f) I. agg afrikanisch II. m Afrikaner(in f) m

afrodi'sia|co ⟨-ci⟩ m Aphrodisiakum n

afta f MED Aphte f; ◇ **- epizootica** Maul- und Klauenseuche f

agenda f Notizbuch n

agente m/f ① COMM Vertreter(in f) m; ◇ **- di cambio** Börsenmakler(in f) m; ↑ poliziotto Polizist(in f) m; ◇ **- di pubblica sicurezza** Polizeibeamte(r) fm; ◇ **- finanziario** Finanzberater(in f) m; ◇ **- immobiliare** Immobilienmakler(in f) m; ◇ **- di vendita** Vertreter(in f) m ② ◇ **- inquinante** Schadstoff m

agenzia f ① (impresa) Agentur f; ◇ **- immobiliare** Immobilienbüro n; ◇ **- d'informazioni** Auskunftsbüro n; ◇ **- pubblicitaria** Werbeagentur f; ◇ **- viaggi** Reisebüro n ② (succursale) Zweigstelle f

agevolare vt ① ↑ facilitare erleichtern ② ↑ aiutare begünstigen; **agevolazione** f (di pagamento) Vergünstigung f; **a'gevole** agg inv ↑ facile mühelos, bequem; ▷compito leicht; ▷prezzo mäßig

agganciare ⟨3.10.⟩ irr vt (in gen.) anhängen; → vestito zuhaken

aggeg|gio ⟨-gi⟩ m Ding n

aggettivo m LING Adjektiv n

agghiacciare ⟨3.3.⟩ irr I. vt ① (ridurre in ghiaccio) gefrieren lassen ② FIG erstarren lassen, schaudern machen II. vi pron ◇ **-rsi** gefrieren

aggiogare ⟨3.5.⟩ irr vt einspannen

aggiornamento m (corso di -) Fortbildung f; **aggiornare** I. vt ① → opera, manuale, a. INFORM aktualisieren ② → seduta ecc. vertagen II. vr ◇ **-rsi** ← persone sich auf dem laufenden halten, sich fortbilden

aggirare I. vt ① FIG → ostacolo umgehen ② FIG ↑ raggirare, ingannare hintergehen II. vi pron ◇ **-rsi** ① (girare intorno) herumgehen ② ◇ **il prezzo s'aggira su** der Preis bewegt sich um

aggiudicare ⟨3.4.⟩ irr I. vt ① (all'asta) zuschlagen ② ↑ attribuire (ad un concorso) vergeben; → premi verleihen II. vi pron ◇ **-rsi** ↑ conquistare ← posto erhalten; ← vittoria erlangen

ag'giungere ⟨Pass. rem.: aggiunsi/aggiungesti Part.: aggiunto⟩ irr vt ① (in gen.) hinzufügen, hinzutun ② (nel discorso) hinzufügen; **aggiunta** f (in gen.) Zusatz, m; (in un libro) Ergänzung f; ◇ **in** - außerdem; **aggiunto** p.pass. aggiungere

aggiustare I. vt ↑ riparare reparieren; ↑ sistemare in Ordnung bringen II. vi ◇ **-rsi** ↑ adattarsi sich behelfen; (mettersi d'accordo) sich einigen

agglomerato m ① TEC, GEO Agglomerat n ②
▷*urbano* Ballung f, Siedlung f
aggrapparsi vr: ◇ - **a** sich festhalten an dat
aggravare I. vt ① → *carico* erschweren ② FIG
→ *pena* verschärfen II. vi pron ◇ -**rsi** essere FIG
sich verschlimmern
aggraziato agg wohlgefällig
aggredire ⟨5.2.⟩ irr vt überfallen; **aggreditri-**
ce f vedi **aggressore**
aggregare ⟨3.5.⟩ irr I. vt angliedern II. vr ◇ -**rsi**
↑ *associarsi* sich vereinigen (a mit dat); ◇ -**rsi a**
qu/qc sich jd-m/etw anschließen; **aggregato**
(-**a** f) I. agg vereinigt II. m ① ↑ *complesso* Ansammlung f; ◇ - **di case** Häuserblock m ② MAT,
GEO, TEC Aggregat n
aggressione f Überfall m; ◇ *patto di non* -
Nichtangriffspakt m; **aggressivo** agg aggres-
siv; **aggre|ssore(-ditrice)** f) m Angreifer(in f)
m
aggrottare vt runzeln
aggrovigliare ⟨3.10.⟩ irr I. vt verwickeln II. vi
pron ◇ -**rsi** FIG sich verwirren
aggrumarsi vr gerinnen
agguantare vt packen, fassen
agguato m imboscata, insidia, Falle f; ◇ *tendere*
un - **a** qu jd-m eine Falle stellen
agguerrito agg ① ↑ *temprato* abgehärtet ②
↑ *forte, valoroso* gestählt, abgehärtet
agiatezza f Wohlstand m; **agiato** agg wohlhabend
'**agile** agg inv ① ▷*persona* gelenkig, gewandt ②
FIG flink; **agilità** f ① (*dote fisica*) Gelenkigkeit
f ② FIG Aufgewecktheit f
'**agio** ⟨agi⟩ m ① ↑ *comodità* Bequemlichkeit f;
◇ **sentirsi a proprio** - **da** qu sich bei jd-m wohl
fühlen ② ◇ **agi** m/pl Bequemlichkeiten pl,
Wohlstand m
agire ⟨5.2.⟩ irr vi ① (*in gen.*) handeln, tun ②
compiere un'azione, CHIM wirken; TEC funktionieren ③ DIR ◇ - **contro qu** gegen jd-n gerichtlich vorgehen
agitare vt ① ↑ *muovere* regen, bewegen; (*per*
salutare) winken; → *cappello* schwenken;
→ *bottiglia* schütteln ② FIG ↑ *turbare, commu-*
overe erregen II. vr ◇ -**rsi** ① ↑ *muoversi* sich
bewegen; ← *mare* aufgewühlt sein; ↑ *rigirarsi*
sich hin- und herwerfen ② FIG ↑ *emozionarsi,*
ecc.itarsi sich aufregen ③ POL sich erheben;
agitato agg ▷*mare, discussione* bewegt;
▷*sonno* unruhig; **agitazione** f ① ↑ *movimento*
Bewegung f ② FIG ↑ *turbamento* Beunruhigung
f; ↑ *inquietudine* Unruhe f ③ POL Aufruhr m
agli prep vedi **a**
aglio m FLORA, GASTRON Knoblauch m

agnello m FAUNA Lamm n
ago ⟨aghi⟩ m ① (*da cucire*) Nadel f; ◇ **cercare un**
- **in un pagliaio** die Stecknadel im Heuhaufen
suchen ② (*di bilancia*) Zeiger m ③ (*foglia*) Nadel f
agonia f ① MED Agonie f, Todeskampf m ②
FIG Todesangst f
agonismo m Kampfgeist m; SPORT Leistungs-
sport m; **agonista** ⟨-i, -e⟩ m Wettkämpfer(in f)
m; **ago'nisti|co** ⟨-ci, -che⟩ agg wettkämpfe-
risch, Kampf-
agonizzare vi im Sterben liegen
agopuntura f Akupunktur f
agosto m August m; ◇ **in** - im August; ◇ **il 5** -
am 5. August
agraria f Agrarwissenschaft f; **agrario** agg
landwirtschaftlich, Agrar-
a'gricolo agg landwirtschaftlich, Land-; **agri-**
col|tore(-trice) f) m ① ↑ *contadino* Bauer m,
Bäuerin f ② (*proprietario*) Landwirt(in f) m;
agricoltura f Landwirtschaft f
agrifoglio m BIO Stechpalme f
agrimensore m/f Landvermesser(in f) m
agro agg sauer, herb
agrume m ① (*pianta*) Zitrusgewächse n ② (*frut-*
to) Zitrusfrucht f
aguzzare vt ① ↑ *appuntire* spitzen ② FIG
→ *vista, mente ecc.* schärfen; **aguzzo** agg spitz
ai prep vedi **a-**
'**aia** f Tenne f
Aids f Aids n
airone m FAUNA Reiher m
aiuola f [Garten-]Beet n
aiutante m/f ① (*in gen.*) Helfer(in f) m ② MIL
Adjutant(in f) m; **aiutare** I. vt helfen dat II. vr
◇ -**rsi** sich selbst helfen; **aiuto** I. m ① (*in gen.*)
Hilfe f; ◇ **prestare** - **a qu** jd-m Hilfe leisten;
◇ **chiedere** - **a qu** jd-n um Hilfe bitten ②
↑ *aiutante* Helfer(in f) m; (MED *persona*) Assi-
stent(in f) m ③ MIL ◇ **aiuti** m/pl Hilfstruppen pl
II. inter Hilfe!
aizzare vt hetzen
al prep vedi **a**
ala ⟨ali⟩ f ① (*di uccelli*) Flügel m ② AERO
ARCHIT Flügel m ③ SPORT ◇ - **destra/sini-**
stra Rechtsaußen/Linksaußen m
alabastro m MIN Alabaster m
alacre agg inv eifrig
alano m FAUNA Dogge f
alare[1] agg inv Flügel-
alare[2] m Feuerbock m
alba f Tagesanbruch m
albanese I. agg inv albanisch II. m/f Albanier(in
f) m; **Alba'nia** f GEO Albanien n

'**albatro** *m* FAUNA Albatros *m*

albeggiare ⟨3.3.⟩ *irr* **I.** *vi essere* weiß schimmern **II.** *vb impers avere* tagen

alberato *agg* von Bäumen umgeben

alberatura *f* NAUT Bemastung *f*

alberga|tore(-trice *f*) *m* Hotelbesitzer(in *f*) *m*; **alberghiero** *agg* Hotel-; **alber|go** ⟨-ghi⟩ *m* Hotel *n*, Gasthof *m*

'**albero** *m* ① ↑ *pianta* Baum *m*; ◇ - **di Natale** Weihnachtsbaum *m* ② NAUT Mast *m* ③ TEC Welle *f*; ◇ - **di trasmissione** Antriebswelle *f* ④ ▷*genealogico* Stammbaum *m*

albicoc|ca ⟨-che⟩ *f* BIO Aprikose *f*; **albicoc|-co** ⟨-chi⟩ *m* (BIO *albero*) Aprikosenbaum *m*

albo *m* ① ↑ *album* Album *n* ② (*dei medici, dei procuratori*) Register *n*, Liste *f* ③ (*affisso per il pubblico*) schwarzes Brett *n*

album *m* ⟨inv⟩ ① (*in gen*) Album *n* ② ◇ - **da disegno** Zeichenheft *n*

albume *m* Eiweiß *n*; **albumina** *f* (*proteina*) Albumin *n*

alce *m* FAUNA Elch *m*

alchimia *f* Alchimie *f*

alco[o]l *m* ⟨inv⟩ Alkohol *m*; **al'coli|co** ⟨-ci, -che⟩ **I.** *agg* alkoholisch **II.** *m* alkoholisches Getränk *n*; **alcolizzato(-a** *f*) *m* Alkoholiker(in *f*) *m*

alcoltest *m* ⟨inv⟩ Alkoholtest *m*

alcova *f* Alkoven *m*

alcuno I. *agg* ① ↑ *qualche* einige ② (*in frasi negative*) kein ③ ◇ **alcuni, alcune** einige, mehrere **II.** *pron* ① ◇ **alcuni, alcune** einige, mehrere ② ◇ **non ... -** kein(e)

aletta *f* ① (TEC *di raffreddamento*) Rippe *f* ② AERO NAUT Flosse *f*

alfabeto *m* Alphabet *n*

alfanu'meri|co ⟨-ci, -che⟩ *agg* INFORM alphanumerisch

alfiere ¹ *m* ① (*portabandiere*) Fahnenträger *m* ② MIL Fähnrich *m*

alfiere ² *m* SCACCHI Läufer *m*

alfine *avv* schließlich

al|ga ⟨-ghe⟩ *f* BIO Alge *f*

algebra *f* MAT Algebra *f*

Algeria *f* GEO Algerien *n*

algoritmo *m* MAT Algorithmus *m*

aliante *m* AERO Gleitflugzeug *n*

alibi *m* ⟨inv⟩ Alibi *n*

alienante I. *agg inv* entfremdend **II.** *m/f* DIR Veräußerer *m*, Veräußerin *f*; **alienare I.** *vt* ① DIR veräußern ② (*FIG rendere ostile*) entfremden **II.** *vr* ♦ **-rsi** sich entfremden; **alienato(-a** *f*) **I.** *agg* ① DIR veräußert ② (*fuor di senno*) geisteskrank **II.** *m* (*malato mentale*) Geisteskranke

(r) *fm*; **alienazione** *f* ① DIR Veräußerung *f* ② (*malattia*) Geistesgestörtheit *f*

alieno *agg* ↑ *extraterrestre* außerirdisch

alimentare ¹ *vt* ① (*in gen.*) ernähren ② TEC speisen, beschicken ③ *FIG* → *speranze* nähren; → *passioni* anfachen

alimentare ² *agg* ① (*in gen.*) Nahrungs- ② DIR Unterhalts-

alimentazione *f* ① (*in gen.*) Ernährung *f* ② TEC Beschickung *f*; **alimento** *m* ① ↑ *cibo* Nahrung *f* ② TEC Speisung *f* ③ ◇ **alimenti** *m/pl* DIR Alimente *pl*

a'liquota *f* ① (*parte*) Anteil *m* ② (*d'imposta*) Steuersatz *m*

aliscafo *m* Tragflächenboot *n*

'**alito** *m* ① ▷*brutto* Hauch *m*, Atem *m* ② (*FIG lieve soffio*) Windhauch *m*

all., alleg. *abbr. di allegato* Anl.

alla *prep vedi* **a**

allacciamento *m* ① (*in gen.*) Zuschnürung *f* ② ↑ *collegamento* ▷*telefonico ecc.* Anschluß *m*; **allacciare** ⟨3.10.⟩ *irr vt* ① (*in gen.*) zubinden, zuschnüren; → *cintura* sich anschnallen; → *due località* verbinden; → *luce, gas* anschließen ② FIG → *amicizia* schließen, anknüpfen

allagamento *m* Überschwemmung *f*

allargare ⟨3.5.⟩ *irr vt* ① → *strada* verbreitern; → *vestito* weiter machen ② ↑ *aprire* → *braccia* ausbreiten; ↑ *divaricare* spreizen ③ FIG ↑ *estendere* erweitern, ausdehnen

allarmante *agg inv* beunruhigend; **allarmare** *vt* alarmieren; **allarme** *m* ① (MIL *grido di* -) Alarm *m* ② (*segnalazione di pericolo*) Alarm *m*; ◇ **dare l'** - Alarm schlagen; ◇ - **smog** Smogalarm *m*; ◇ **falso** - blinder Alarm ③ *FIG* Unruhe *f*

allattamento *m* ① (*di bambino*) Stillen *n*; (*di animale*) Säugen *n* ② (*periodo di* -) Stillperiode *f*; **allattare** *vt* → *bambino* stillen; → *animale* säugen

alle *prep vedi* **a**

alleanza *f* ① (*di persone, di partiti ecc.*) Bund *m*, Bündnis *n* ② ↑ *accordo* Übereinkunft *f*; **allearsi** *vr* sich verbünden; **alleato(-a** *f*) **I.** *agg* (*in gen.*) verbündet; (*nella 2a guerra mondiale*) alliiert **II.** *m* ① (*in gen.*) Verbündete(r) *fm* ② POL Koalitionspartner(in *f*) *m*

allegare ⟨3.5.⟩ *irr vt* ↑ *accludere* → *documento ecc.* beilegen, beifügen; **allegato I.** *agg* beigefügt, beiliegend **II.** *m* Anlage *f*; ◇ **in** - beiliegend, in der Anlage

alleggerire ⟨5.2.⟩ *irr* **I.** *vt* (*rendere più leggero*) leichter machen; → *lavoro, coscienza* erleichtern; → *costi* vermindern **II.** *vr* ◇ **-rsi** (*di peso*) leichter werden

allego'ria *f* Allegorie *f*

alle'gria *f* Fröhlichkeit *f;* **allegro I.** *agg* lustig, fröhlich; (*un po' brillo*) angeheitert; ▷*vita* heiter **II.** *m* MUS Allegro *n*

allenamento *m* Training *n;* **allenare I.** *vt* trainieren **II.** *vr* ◇ **-rsi** trainieren (*per, a* auf *acc*); **allena|tore(-trice** *f*) *m* Trainer(in *f*) *m*

allentare I. *vt* lockern **II.** *vi pron* ◇ **-rsi** ①(*in gen.*) locker werden ②(*FIG perdere intensità*) nachlassen

aller|gia ⟨-gie⟩ *f* Allergie *f;* **al'lergi|co(-a** *f*) ⟨-ci, che⟩ **I.** *agg* allergisch (*a* gegen *acc*) **II.** *m* Allergiker(in *f*) *m*

allestire ⟨5.2.⟩ *irr vt* ↑ *preparare* vorbereiten; → *esercito* ausrüsten; → *spettacolo* inszenieren; → *cena* zubereiten

allettare *vt* locken, verlocken

allevamento *m* Zucht *f;* **allevare** *vt* → *animale* züchten; → *bambino* großziehen, aufziehen

alleviare ⟨3.3.⟩ *irr vt* → *fatica* erleichtern; → *dolori, pene* mildern

allibire ⟨5.2.⟩ *irr vi* essere bestürzt sein

allietare *vt* erheitern

allievo(-a *f*) *m* Schüler(in *f*) *m*

alligatore *m* FAUNA Alligator *m*

allineare I. *vt* ①(*in gen.*) einreihen, anreihen ② *FIG* ↑ *adeguare* → *prezzi, salari* angleichen **II.** *vr* ◇ **-rsi** ①(*in gen.*) sich anreihen ②(*FIG a idee*) sich anpassen an *acc*

allo *prep vedi* **a**

alloc|co(-a *f*) ⟨-chi, -che⟩ **I.** *m* FAUNA Waldkauz *m* **II.** *m/f* Tölpel *m*

allocuzione *f* Ansprache *f*

al'lodola *f* FAUNA Lerche *f*

alloggiare ⟨3.10.⟩ *irr* **I.** *vt* unterbringen; MIL einquartieren, *vi* essere untergebracht sein; MIL einquartiert sein; ↑ *abitare* wohnen; **al'log|gio** ⟨-gi⟩ *m* Unterkunft *f,* Wohnung *f*

allontanamento *m* ①(*l'allontanare*) Entfernung *f* ②↑ *licenziamento* Entlassung *f;* **allontanare I.** *vt* ①(*mettere lontano*) entfernen, wegrücken; → *pericolo* abwenden ②(*mandare via*) forttreiben **II.** *vr* ◇ **-rsi** ↑ *svignarsela* sich entfernen

allora I. *avv* ①(*in quel momento*) in dem Augenblick; ◇ **da -** *in* **poi** von da an ②(*in quel tempo*) damals; ◇ **di -, d'-** von damals, damalig **II.** *congiunz* ①(*in questo caso*) dann ②↑ *dunque, ebbene* nun, also

alloro *m* ① BIO Lorbeer *m* ② (*FIG vittoria, trionfo*) Lorbeeren *pl*

'alluce *m* ANAT große Zehe *f*

allucinazione *f* Halluzination *f;* **alluci'nogeno I.** *agg* halluzinogen **II.** *m* Halluzinogen *n*

al'ludere ⟨Pass. rem.: allusi/alludesti Part.: alluso⟩ *irr vi:* ◇ **- a** anspielen auf *acc*

alluminio *m* Aluminium *n*

allungamento *m* ① (*in gen.*) Verlängerung *f* ② TEC Dehnung *f;* **allungare** ⟨3.5.⟩ *irr* **I.** *vt* ①(*in gen.*) verlängern; → *mano* ausstrecken; → *passo* beschleunigen; → *strada* einen Umweg machen ②↑ *diluire* verdünnen ③*FAM* ↑ *porgere* reichen **II.** *vi pron* ◇ **-rsi** sich verlängern

allusione *f* Anspielung *f*

alluvione *f* Überschwemmung *f*

almanac|co ⟨-chi⟩ *m* Almanach *m*

almeno I. *avv* wenigstens **II.** *congiunz* wenn nur

a'logena *f* ▷*lampada* Halogenlampe *f*

alone *m* ① (*della luna*) Hof *m* ② (*FIG di simpatia*) Glanz *m,* Aura *f* ③ (*zona sbiadita*) Rand *m* ④ (*su un tessuto*) Borde *f,* Rand *m*

Alpi *f/pl* : ◇ **le - die** Alpen *pl;* **alpinismo** *m* Bergsteigen *n;* **alpinista** ⟨-i, -e⟩ *m/f* Bergsteiger(in *f*) *m;* **alpino I.** *agg* ① (*delle Alpi*) Alpen- ② (*di montagna*) Berg-, Gebirgs- **II.** *m* ≈ Alpenjäger *m*

alquanto I. *agg* etwas, ein wenig **II.** *pron:* ◇ **alquanti, alquante** *pl* einige **III.** *avv* (*un poco*) ziemlich

alt *inter* halt

altalena *f* ① (*gioco, a funi*) Schaukel *f;* (*in bilico*) Wippe *f* ② *FIG* Auf und Ab *n,* Schwanken *n*

altare *m* Altar *m*

alterare I. *vt* ① (*in gen.*) ändern, verändern; ↑ *falsificare* fälschen ②↑ *irritare* reizen **II.** *vi pron* ◇ **-rsi** ①↑ *guastarsi* ← *alimento* verderben ②↑ *turbarsi, irritarsi* sich erregen; **alterazione** *f* ① (*in gen.*) Veränderung *f,* Änderung *f;* ↑ *contraffazione* Fälschung *f* ② (*disturbo psichico/fisico*) Erregung *f* ③ (*di alimento*) Umstellung *f*

alter|co ⟨-chi⟩ *m* Streit *m*

alternare I. *vt* abwechseln **II.** *vr* ◇ **-rsi** sich abwechseln

alternativa *f* ↑ *scelta* Wahl, Alternative *f;* **alternativo** *agg* ①▷*cinema, teatro, persona* alternativ ② (*che alterna*) abwechselnd

alternatore *m* TEC Wechselstromgenerator *m;* **alterno** *agg* ↑ *alternato* abwechselnd; ◇ **a giorni alterni** jeden zweiten Tag

altezza *f* ① (*in gen.*) Höhe *f;* (*di persona*) Größe *f* ②↑ *profondità* ▷*notte, acque* Tiefe *f* ③ (*di suono*) ↑ *acuto* Höhe *f* ④ (*FIG prossimità*) Höhe *f* ⑤ *FIG* ◇ **essere all'- di** qd jd-m ebenbürtig sein; ◇ **essere all'- di** qc auf gleicher Höhe mit etw *dat* sein ⑥ (*titolo di principe*) Hoheit *f*

A

altezzoso *agg* hochmütig

alti'tudine *f* Höhe *f*

alto I. *agg* ① (*in gen.*) hoch; ▷*persona* groß; ◇ **la torre è - 25 metri** der Turm ist 25 Meter hoch ② ↑ *profondo* ▷*notte, acque* tief; FIG ◇ **essere in - mare** noch weit vom Ziel entfernt sein ③ ▷*suono* ↑ *acuto* hoch; ▷*voce* laut; ◇ **parlare ad alta voce** laut sprechen ④ GEO ◇ **alta Italia** Oberitalien *n*; ◇ **l'A- Adige** Südtirol *n* ⑤ (*carica*) hoch; ◇ **alta fedeltà** High-Fidelity *f*; ◇ **alta moda** Haute Couture *f* **II.** *m* Höhe *f*; (*cielo*) Himmel *m*; ◇ **dall'- in basso** von oben nach unten **III.** *avv* hoch; ▷*parlare* laut; ◇ **in - (stato)** oben; (*moto*) nach oben

altoforno ⟨altiforni⟩ *m* Hochofen *m*

altoparlante *m* Lautsprecher *m*

altrettanto I. *avv* gleichfalls **II.** *pron* ebenfalls

altri *pron* (*inv: qualcuno*) andere, ein anderer

altrimenti *avv* ① (*in modo diverso*) anders ② (*in caso contrario*) sonst

altro I. *agg* ① ↑ *diverso, differente* andere(r,s) ② ↑ *nuovo, aggiunto* noch ein(e); ↑ *nuovo, secondo* zweite(r,s) ③ ↑ *restante* übrig ④ ↑ *precedente, scorso* ◇ **l'- giorno** neulich; ◇ **l'- ieri** vorgestern ⑤ ↑ *prossimo, successivo* ◇ **domani l'-** übermorgen; ◇ **quest'- mese** nächsten Monat **II.** *pron* ① andere(r,s) ② ↑ **altri** *m/pl* andere *pl* **III.** *m* anderes; ◇ **desidera -?** möchten Sie noch etwas?; ◇ **aiutarsi l'un l'-** sich gegenseitig helfen; ◇ **l'uno e l'-** beide *pl*; ◇ **d'altra parte** andererseits; ◇ **tra l'-** unter anderem; ◇ **senz'- gewiß**; ◇ **se non -** wenigstens; ◇ **un giorno o l'-** irgendwann einmal, über kurz oder lang; ◇ **ci mancherebbe -!** das fehlte gerade noch!; ◇ **non faccio - che lavorare** ich mache nichts anderes als arbeiten

altrochè *inter* und ob, natürlich

altronde *avv:* ◇ **d'-** übrigens

altrove *avv* (*stato*) anderswo; (*luogo*) anderswohin

altrui I. *agg inv* anderer **II.** *m* fremdes Eigentum

altruista ⟨-i, -e⟩ *m/f* Altruist(in *f*) *m*

altura *f* Anhöhe *f*

alunno(-a *f*) *m* Schüler(in *f*) *m*

alveare *m* Bienenstock *m*

alzacristallo, alzacristalli *m* AUTO Fensterheber *m*

alzare I. *vt* ① (*in gen.*) heben, hochheben; → *spalle* zucken; ↑ *costruire* errichten; (*di un piano*) aufstocken ② → *volume, voce* lauter machen; → *prezzi* erhöhen **II.** *vr* ◇ **-rsi** sich erheben, aufstehen; ↑ *crescere* wachsen; ← *sole, luna* aufgehen; **alzata** *f* Erhebung *f*; ◇ **- di spalle** Achselzucken *n*

a'mabile *agg inv* (*in gen.*) liebenswürdig; ▷*vino* lieblich

ama|ca ⟨-che⟩ *f* Hängematte *f*

amalgamare *vt* vermischen

amante I. *agg inv* liebend **II.** *m/f* Liebhaber(in *f*) *m;* **amare I.** *vt* (*in gen.*) lieben; → *amico, fratello* liebhaben; → *vino, musica, ricchezza* lieben, sehr gerne mögen **II.** *vr* ◇ **-rsi** sich lieben

amarena *f* ① (BIO *frutto*) Sauerkirsche *f* ② (*bevanda*) *mit Sauerkirschsaft zubereitetes Getränk*

amarezza *f* anche FIG Bitterkeit *f;* **amaro I.** *agg anche* FIG hoch *II. m* (*bevanda*) Bitter *m*

ambasce'ria *f* ↑ *delegazione* Gesandtschaft *f*

ambasciata *f* Botschaft *f;* **ambascia|tore** **(-trice** *f*) *m* Botschafter(in *f*) *m*

ambe'due I. *agg inv* beide, alle beide **II.** *pron* beide

ambientalista ⟨-i, -e⟩ *m/f* Umweltschützer(in *f*) *m;* **ambienta'listi|co** ⟨-ci, -che⟩ *agg* Umweltschutz-

ambientare I. *vt:* ◇ **- in** → *romanzo* spielen [lassen] *dat* **II.** *vr* ◇ **-rsi** sich eingewöhnen (*a* in *dat*); **ambiente** *m* ① (*in gen.*) Milieu *n*, Umgebung *f* ② ↑ *stanza* Zimmer *n* ③ BIO Umwelt *f*

ambiguità *f* Zweideutigkeit *f;* **am'biguo** *agg* zweideutig

ambire ⟨5.2.⟩ *irr vt, vi:* ◇ **- [a]** *qc* nach etw *dat* streben

'ambito ¹ *m* Bereich *m*

am'bito ² *agg* begehrt

ambizione *f* ① ↑ *brama* Ehrgeiz *m* ② ↑ *aspirazione* Bestreben *n;* **ambizioso** *agg* ehrgeizig

ambo I. *agg inv:* ◇ **- gli angoli** beide Ecken **II.** *m* (LOTTO *combinazione*) Doppeltreffer *m*

ambra *f* (*pietra*) Bernstein *m*; (*profumo*) Ambra *f*

ambulante I. *agg inv* wandernd **II.** *m/f* ▷*venditore* Straßenverkäufer(in *f*) *m*

ambulanza *f* Krankenwagen *m*

ambulatorio I. *agg* ▷*apparato* ambulant **II.** *m* MED Praxis *f*

Amburgo *f* GEO Hamburg *n*

amenità *f* ① ↑ *dolcezza* Lieblichkeit *f* ② ↑ *bizzarria* Unsinn *m;* **ameno** *agg* ↑ *bizzarro* absonderlich; ↑ *spiritoso* witzig

A'merica *f* GEO Amerika *n;* ◇ **- del Nord/Sud** Nord-/Südamerika *n;* ◇ **- Latina** Lateinamerika *n;* **americano(-a** *f*) **I.** *agg* amerikanisch **II.** *m* Amerikaner(in *f*) *m*

ametlsta *f* MIN Amethyst *m*

amianto *m* MIN Asbest *m*, Amiant *m*

ami'chevole *agg inv* freundschaftlich; **amici-**

zia f Freundschaft f; ◇ **fare - con qu** mit jd-m Freundschaft schließen; **ami|co(-a** f) ‹-ci, -che› m Freund(in f) m; ◇ **- del cuore, - intimo** Busenfreund m; ◇ **diventare amici** sich befreunden; ◇ **essere - di qu** mit jd-m befreundet sein; ◇ **consiglio da -** freundschaftlicher Rat

'**amido** m Stärke f

ammaccare ‹3.4.› irr vt → auto verbeulen; → frutta anschlagen; **ammaccatura** f Beule f

ammaestrare vt ① → persona belehren ② → animale dressieren, abrichten

ammainare vt → bandiera einziehen

ammalarsi vi pron essere erkranken, krank werden; **ammalato(-a** f) I. agg krank II. m Kranke (r) fm

ammaliare ‹3.6.› irr vt anche FIG bezaubern; **ammalia|tore(-trice** f) m Zauberer m, Zauberin f

amman|co ‹-chi› m COMM Manko n, Fehlbetrag m

ammanettare vt Handschellen anlegen dat

ammassare vt ↑ ammucchiare anhäufen; ↑ raccogliere sammeln; **ammasso** m ① ↑ mucchio Haufen m ② COMM Ablieferung f ③ GEO Ablagerung f

ammattire ‹5.2.› irr vi essere verrückt werden

ammazzare I. vt ① ↑ uccidere umbringen, töten ② FIG → tempo totschlagen; → noia vertreiben II. vr ◇ **-rsi** ↑ uccidersi sich umbringen III. vi pron ◇ **-rsi** ↑ rimanere ucciso umkommen

ammenda f DIR ↑ multa Strafe f

ammesso I. p.pass. ammettere; II. agg ① ↑ accettato zugelassen ② ◇ **- che** (cong.) angenommen, daß; **am'mettere** ‹4.27.› irr vt ① ↑ lasciar entrare eintreten lassen, vorlassen; → candidato zulassen ② ↑ riconoscere zugeben ③ ↑ supporre annehmen ④ ↑ permettere erlauben, dulden

ammiccare ‹3.4.› irr vi (con gli occhi) zublinzeln (a dat)

amministrare vt verwalten; **amministrativo** agg Verwaltungs-; **amministra|tore(-trice** f) m Verwalter(in f) m; ◇ **- delegato** Geschäftsführer(in f) m; **amministrazione** f Verwaltung f

ammiraglia f NAUT Flaggschiff n

ammiragliato m NAUT Admiralität f; **ammiraglio** m NAUT Admiral m

ammirare vt bewundern; **ammira|tore(-trice** f) m (in gen.) Bewunderer m, Bewunderin f; ↑ corteggiatore Verehrer(in f) m; **ammirazione** f Bewunderung f

ammi'revole agg inv bewundernswert

ammis'sibile agg inv annehmbar; ↑ concedibile zulässig; **ammissione** f ① ↑ accoglimento Zu-

lassung f ② ↑ accettazione Aufnahme f ③ ↑ assenso Zustimmung f ④ ↑ confessione Zugeständnis n ⑤ ↑ supposizione Annahme f

ammobiliare ‹3.6.› irr vt möblieren, einrichten; **ammobiliato** agg möbliert, eingerichtet

ammodo agg inv anständig

ammollare vt → pane, biscotto einweichen

ammo'niaca f Ammoniak n

ammonimento m ① ↑ avvertimento Warnung f ② ↑ rimprovero Verweis m, Rüge f; **ammonire** ‹5.2.› irr vt ① ↑ avvertire warnen ② ↑ rimproverare zurechtweisen ③ DIR, SPORT verwarnen; **ammonizione** f ① ↑ avvertimento Warnung f ② ↑ rimprovero Verweis m ③ SPORT, DIR Verwarnung f

ammontare I. vi essere betragen (a acc) II. m Betrag m, Summe f; (di danno) ← interesse Höhe f

ammorbidente m Weichspüler m; **ammorbidire** ‹5.2.› irr vt weich machen

ammortizzare vt ① COMM amortisieren; → debito tilgen ② AUTO, TEC dämpfen; **ammortizzatore** m AUTO, TEC Stoßdämpfer m

ammucchiare ‹3.10.› irr I. vt anhäufen II. vi pron ◇ **-rsi** sich häufen

ammuffire ‹5.2.› irr vi essere schimmeln

ammutinamento m Meuterei f, Aufstand m; **ammutinarsi** vi pron meutern

ammutolire ‹5.2.› irr vi essere (divenire silenzioso) stumm werden; ▷improvvisamente verstummen

amne'sia f Gedächtnisverlust m

amnis'tia f Amnestie f

amo m PESCA Angelhaken m

amorale agg inv sittenlos, amoralisch

amore m ① ▷fraterno, materno ecc. Liebe f; ◇ **per - o per forza** wohl oder übel; ◇ **amor proprio** Selbstwertgefühl n; ◇ **d'- e d'accordo** im besten Einvernehmen ② (attrazione verso l'altro sesso) Liebe f; ◇ **fare l'- con** qu mit jd-m schlafen ③ ↑ carino hübsches Ding ④ (persona amata) Liebling, Schatz m; **amo'revole** agg inv liebevoll

amorfo agg gestaltlos

amoroso agg Liebes-

ampiezza f Breite f; anche FIG Weite f; '**ampio** agg ① weit, breit; ↑ spazioso geräumig ② ↑ abbondante reich; ▷spiegazione ausführlich

amplesso m Umarmung f

ampliare ‹3.6.› irr vt (rendere più ampio, anche FIG) erweitern

amplificare ‹3.4.› irr vt TEC → suono verstärken; **amplificatore** m (dispositivo) Verstärker m

ampolla *f* MED, ANAT Ampulle *f*

ampolloso *agg* schwülstig

amputare *vt* MED amputieren; **amputazione** *f* MED Amputation *f*

amuleto *m* Amulett *n*

anabbagliante I. *agg inv* blendfrei **II.** *m* AUTO Abblendlicht *n*

anabolizzante *m* Anabolikum *n*

a'nagrafe *f* ⓵ (*registro*) Einwohnerregister *n* ⓶ (*ufficio*) Einwohnermeldeamt *n*

analfabeta ⟨-i, -e⟩ *m/f* Analphabet(in *f*) *m*

anal'gesi|co ⟨-ci, -che⟩ **I.** *agg* schmerzstillend **II.** *m* Analgetikum *n*

a'nalisi *f* ⟨inv⟩ ⓵ (*in gen.*) Analyse *f*; ◇ - **grammaticale** Wortanalyse *f* ⓶ MAT Analysis *f* ⓷ INFORM ◇ - **sintattica** Parsen, Parsing *n*; ◇ - **di sistemi** Systemanalyse *f* ⓸; ◇ - **del sangue** Bluttest *m*; **analista** ⟨-i, -e⟩ *m/f* ⓵ MED Laborarzt *m*, Laborärztin *f* ⓶ COMM ◇ - **di mercato** Marktforscher(in *f*) *m* ⓷ (*psicanalista*) Psychoanalytiker(in *f*) *m* ⓸ INFORM ◇ - **programmatore** Organisationsprogrammierer(in *f*) *m*; ◇ - **di sistema** Systemanalytiker(in *f*) *m*; **analizzare** *vt* analysieren

analogamente *avv* analog

analo|gia ⟨-gie⟩ *f* Analogie *f*; ◇ **per** - analog; **ana'logi|co** ⟨-ci, -che⟩ *agg a.* INFORM analog; ◇ **calcolatore** - Analogrechner *m*

a'nalo|go ⟨-ghi, -ghe⟩ *agg* analog

'ananas *m* ⟨inv⟩ FLORA Ananas *f*

anarchia *f* ⓵ POL Anarchie *f* ⓶ ↑ *disordine* Durcheinander *n*; **a'narchi|co⟨-a** *f*⟩ ⟨-ci, -che⟩ **I.** *agg* anarchisch **II.** *m* Anarchist(in *f*) *m*

A.N.A.S. *f* acronimo di *Azienda Nazionale Autonoma delle Strade* ≈ *italienisches Straßenaufsichtsamt*

anatema ⟨-i⟩ *m* ⓵ REL Kirchenbann *m* ⓶ ↑ *maledizione* Fluch *m*

anatomia *f* Anatomie *f*; **ana'tomi|co** ⟨-ci, -che⟩ *agg* anatomisch

'anatra *f* FAUNA Ente *f*

an|ca ⟨-che⟩ *f* ANAT Hüfte *f*

anche *congiunz* ⓵ (*in gen.*) auch ⓶ ↑ *inoltre* außerdem, auch ⓷ ↑ *persino* sogar ⓸ ◇ - **se** selbst wenn

an'cora *avv* ⓵ (*in gen.*) noch; ◇ **non** - noch nicht; ◇ - **una volta** noch einmal ⓶ ↑ *di nuovo* nochmals; **ancorag|gio** ⟨-gi⟩ *m* NAUT Ankern *n*; (*luogo*) Ankerplatz *m*; **ancorare I.** *vt* verankern **II.** *vr* - **rsi** ⓵ NAUT ankern ⓶ *FIG* verankern (*a* in *dat*)

andamento *m* (*in gen.*) Ablauf *m*; (*di malattia*) Verlauf *m*; (*della borsa*) Tendenz *f*

andante I. *agg inv* (*che va*) laufend **II.** *m* MUS Andante *n*; **andare** ⟨3.9⟩ *irr* **I.** *vi* essere ⓵ (*in gen.*) gehen; ◇ - **a cavallo** reiten; ◇ - **a piedi** zu Fuß gehen; ◇ - **in bicicletta** mit dem Fahrrad fahren; (*in tram, in macchina*) fahren; (*in aereo*) fliegen; ◇ - **via/fuori** weg-/hinausgehen; ◇ - **diritto** geradeaus gehen/fahren; ◇ - **da qu** zu jd-m gehen/fahren, jdn aufsuchen; ◇ - **a prendere qu/qc** jd-n/etw abholen ⓶ ← *meccanismo* ↑ *funzionare* laufen, funktionieren ⓷ *FIG* ◇ - **a monte/in fumo** zu Wasser werden; ◇ - **a finire** enden; ◇ - **a male** (*cibo*) schlecht werden ⓸ (*moneta*) im Umlauf sein ⓹ (*cambiare di stato*) ◇ - **a pezzi/in frantumi** zerbrechen ⓺ ↑ *procedere* gehen, vorangehen; ◇ **come va?** wie geht es dir? ⓻ ◇ **andarsene** weggehen; ↑ *sparire* verschwinden ⓼ ↑ *aver voglia* ◇ **ti va di** - **in discoteca?** hast du Lust, in die Discothek zu gehen? ⓽ ↑ *piacere* gefallen ⓾ ↑ *dover esser* ◇ **questo conto va pagato** diese Rechnung muß bezahlt werden **II.** *m* ⓵ (*l' andare*) Gehen *n* ⓶ (*l' andatura*) Gang *m*; ◇ **a lungo** - auf Dauer; **andata** *f* ⓵ (*l' andare*) Gehen *n* ⓶ ◇ **biglietto di sola** - Fahrkarte für eine einfache Fahrt; ◇ **biglietto di** - **e ritorno** Rückfahrkarte *f*; **andatura** *f* ⓵ (*modo di andare*) Gang *m* ⓶ SPORT Gangart *f*

andazzo *m* Unsitte *f*

andirivieni *m* Hin- und Hergehen *n*

Andorra *f* GEO Andorra *n*

androne *m* Hausflur *m*

a'neddoto *m* Anekdote *f*

anelare I. *vi* FIG sich sehnen (*a* nach) **II.** *vt* FIG sehnlichst wünschen; **a'nelito** *m* FIG Verlangen *n* (*di* nach)

anello *m* ⓵ (*in gen.*) Ring *m* ⓶ (*di catena*) Kettenglied *n*; ◇ - **stradale** Ringstraße *f* ⓷ ◇ - **anelli** SPORT Ringe *pl*

ane'mia *f* MED Anämie *f*, Blutarmut *f*; **a'nemi|co** ⟨-ci, -che⟩ *agg* blutarm, anämisch

a'nemone *m* FLORA Anemone *f*; ◇ - **di mare** Seerose *f*

aneste'sia *f* MED Anästhesie *f*, Betäubung *f*; **anes'teti|co** ⟨-ci, -che⟩ **I.** *agg* anästhetisch, betäubend **II.** *m* Anästhetikum *n*

anfibio *agg* amphibisch

anfiteatro *m* Amphitheater *n*

'anfora *f* Amphore *f*

anfratto *m* Schlucht *f*

an'geli|co ⟨-ci, -che⟩ *agg* Engels-; **'angelo** *m* Engel *m*; ◇ - **custode** Schutzengel *m*

anghe'ria *f* Gewalttätigkeit *f*

angina *f* MED Angina *f*

anglicano⟨-a *f*⟩ **I.** *agg* anglikanisch **II.** *m* Anglikaner(in *f*) *m*

angolare *agg inv* eckig; **'angolo** *m* ① MAT Winkel *m* ② *(di strada)* Ecke *f;* ◇ **- cottura** Kochnische *f; (di armadio)* Kante *f* ③ CALCIO Ecke *f*

ango|scia ⟨-sce⟩ *f* Angst *f,* Beklemmung *f;* **angoscioso** *agg* ① ▷*grido* angstvoll ② ▷*attesa* quälend

anguilla *f* FAUNA Aal *m*

anguria *f* FLORA Wassermelone *f*

angustiare ⟨3.6.⟩ *irr* I. *vt* quälen, plagen II. *vi pron* ◇ **-rsi** sich quälen, sich bekümmern; **angusto** *agg* ① ↑ *stretto* eng ② FIG beschränkt

'anice *m* ⟨FLORA *frutto, pianta⟩* Anis *m*

'anima *f* ① *(in gen.)* Seele *f* ② ↑ *persona* Mensch *m;* ◇ **non c'è - viva** kein Mensch ist da

animale ¹ *m* ① *(essere animato)* Lebewesen *n* ② ↑ *bestia, anche* FIG Tier *n*

animale ² *agg inv* tierisch, Tier-

animare *vt* beleben; **anima|tore(-trice** *f) m (di giochi)* Spielleiter(in *f) m; (di villaggio turistico)* Animateur(in *f) m;* FIG treibende Kraft; **animazione** *f* ① *(attività ricreativa, culturale ecc.)* Animation *f* ② ↑ *vivacità* Lebhaftigkeit *f*

'animo *m* ① *(in gen.)* Gemüt *n,* Herz *n* ② ↑ *coraggio* Mut *m;* ◇ **perdersi d'-** den Mut verlieren ③ ↑ *proponimento* Absicht *f,* Wille *f*

animosità *f* ↑ *ostilità* Feindseligkeit *f;* **animoso** *agg* ① ↑ *ostile* feindselig ② ↑ *coraggioso* mutig

'anitra *f vedi* **anatra**

annacquare *vt* verdünnen

annaffiare ⟨3.10.⟩ *irr vt* → *fiori* gießen; **annaffia'toio** *m* Gießkanne *f*

annali *m/pl* Annalen *f/pl,* Jahrbücher *n/pl*

annata *f* ① *(di periodico, di vini ecc.)* Jahrgang *m* ② FIN Jahresbetrag *m*

annebbiare ⟨3.6.⟩ *irr* I. *vt* ① *(velare di nebbia)* vernebeln, umnebeln ② FIG trüben; ← *alcol etc* benebeln II. *vi pron* ◇ **-rsi** *anche* FIG benebelt werden

annegamento *m* ① *(l'annegare)* Ertränkung *f* ② *(l'annegarsi)* Ertrinken *n;* **annegare** ⟨3.5.⟩ *irr* I. *vt* ertränken II. *vi essere* ertrinken III. *vr* ◇ **-rsi** sich ertränken

annerire ⟨5.2.⟩ *irr* I. *vt* schwärzen, schwarz machen II. *vi essere* schwarz werden

annessione *f* POL Annexion *f;* **annesso** I. *p.pass.* **annettere;** II. *m* ① ANAT Anhang *m* ② ARCHIT ◇ **annessi** *m/pl* Nebengebäude *n,* Anbau *m;* **an'nettere** ⟨Pass. rem.: annessi/annetté-sti Part.: annesso⟩ *irr vt* POL annektieren

annichilire ⟨5.2.⟩ *irr vt* ① ↑ *abbattere* zerstören, vernichten ② FIG → *persona* vernichten

annidarsi *vr (farsi il nido, anche* FIG: *essere nascosto)* sich einnisten

annientamento *m* ① ↑ *distruzione* Vernichtung *f* ② FIG Niedergeschlagenheit *f;* **annientare** *vt* ① ↑ *distruggere* vernichten ② FIG → *persona* vernichten

anniversario *m* Jahrestag *m*

anno *m* ① *(in gen.)* Jahr *n;* ◇ **anni fa** vor Jahren; ◇ **compiere gli anni** Geburtstag haben; ◇ **Buon Anno!** Gutes/Schönes Neues Jahr! Prosit Neujahr!; ◇ **- scolastico** Schuljahr *n;* ◇ **col passare degli anni** im Laufe der Jahre ② ◇ **il secondo - di università** das zweite Studienjahr

annodare *vt (in gen.)* verknoten; → *cravatta* binden

annoiare ⟨3.10.⟩ *irr* I. *vt* langweilen II. *vi pron* ◇ **-rsi** sich langweilen

annotare *vt* ① *(prendere nota)* notieren, aufschreiben ② ↑ *commentare* mit Anmerkungen versehen; **annotazione** *f* ① ↑ *appunto, nota* Vermerk *m* ② ↑ *postilla* Anmerkung *f*

annoverare *vt:* ◇ **- qu tra** jd-n zählen zu *dat*

annuale *agg inv* ① *(di ogni anno)* jährlich ② *(di un anno)* Jahres-

annuario *m* Jahrbuch *n*

annuire ⟨5.2.⟩ *irr vi* ① *(fare cenno di sì)* nicken ② ↑ *acconsentire* zustimmen

annullamento *m* ① *(in gen.)* Annullierung *f* ② ↑ *scioglimento (di matrimonio)* Auflösung *f;* ↑ *eliminazione* Aufhebung *f;* **annullare** *vt* ① ↑ *rendere nullo* annullieren ② ↑ *distruggere* vernichten ③ DIR → *sentenza* aufheben ④ ↑ *sciogliere* auflösen

annunciare ⟨3.3.⟩ *irr vt* ① → *morte, matrimonio ecc.* bekanntgeben ② ↑ *promettere, far presentire* ankündigen; ↑ *indicare* anzeigen ③ MEDIA ansagen; **annuncia|tore(-trice** *f) m* Ansager (in *f) m;* **annunciazione** *f* REL Mariä Verkündigung *f;* **annun|cio** ⟨-ci⟩ *m* ↑ *notizia, comunicato ecc.* Meldung *f,* Mitteilung *f; (nel giornale)* Anzeige *f,* Inserat *n;* ◇ **- giudiziario** Gerichtsmitteilung *f;* ◇ **- pubblicitario** Werbeanzeige *f*

'annuo *agg* ① *(annuale)* jährlich ② *(di un anno)* Jahres-

annusare *vt* ① ↑ *fiutare* riechen an *dat* ② FIG wittern

'anodo *m* ELETTR Anode *f*

anoma'lia *f* ① ↑ *deviazione* Anomalie *f;* ↑ *irregolarità* Unregelmäßigkeit *f* ② MED Anomalie *f*

a'nomalo *agg* ① ↑ *anormale* anomal ② ↑ *irregolare* unregelmäßig

a'nonimo(-a *f)* I. *agg* anonym II. *m* ① *(autore ignoto)* Anonymus *m* ② *(scritto di autore ignoto)* anonymes Werk; ◇ **Anonima sequestri** ≈ *Organisation, die Entführungen plant und durchführt*

anores'sia f MED Magersucht f

anormale I. agg inv anormal **II.** m/f anormaler Mensch m; **anormalità** f Abnormität f

ansa f (di fiume) Windung f, Biegung f

A.N.S.A. f acronimo di Agenzia Nazionale Stampa Associata italienische Presseagentur

'ansia, ansietà f Bangigkeit f, Angst f

ansimare ‹3.2.› irr vi keuchen

ansioso agg ① (pieno di ansia) bange, ängstlich ② ↑ impaziente begierig, sehnsüchtig

antagonismo m Antagonismus m; **antagonista** ‹-i, -e› m/f Gegner(in f) m

an'talgi|co ‹-ci, -che› agg MED schmerzstillend

An'tartide f GEO: ◇ l'- die Antarktis; **an'tarti|co** ‹-ci, -che› **I.** agg antarktisch **II.** m GEO: ◇ l'A- die Antarktis

antecedente agg inv vorhergehend

antefatto m Vorgeschichte f

antenato(-a f) m Vorfahr(in f) m, Ahn(in f) m

anlenna f ① (asta verticale) Pfahl m ② MEDIA Antenne f ③ FAUNA Fühler m ④ NAUT Rahe f

anteporre ‹4.11.› irr vt ① (mettere innanzi) voranstellen, voransetzen ② ↑ preferire vorziehen

anteprima f Voraufführung f

anteriore agg inv ① ▷spazio, luogo vorder, Vorder- ② ▷tempo vorig

anti- pref gegen-, anti-

antiabortista ‹-i, -e› m/f Abtreibungsgegner (in f) m

antia'ereo agg Flugabwehr-

antia'tomi|co ‹-ci, -che› agg Atom-; ◇ rifugio ~ [Atom-]Bunker m

antibi'oti|co ‹-ci, -che› **I.** agg antibiotisch **II.** m Antibiotikum n

anti'camera f Vorzimmer n; FAM ◇ non mi passa neanche per l'- del cervello das fällt mir nicht einmal im Traume ein

anti'carie agg inv gegen Karies wirksam

antichità f ‹inv› ① (di epoca remota) Altertümlichkeit f ② (età antica) Altertum n ③ (f/pl: antichità) Antiquität f/pl

anti'ciclone m METEO Hochdruckgebiet n

anticipare vt ① → tempi, visita, partenza ecc. vorverlegen ② → pagamento vorauszahlen ③ → notizia, risultato vorweg bekanntgeben ④ (essere in anticipo) zu früh kommen; **anticipazione** f ① (l'anticipare) Vorverlegung f ② (di notizia, di informazione ecc.) Vorwegnahme f ③ COMM Vorauszahlung f; **an'ticipo** m ① (somma) Vorschuß m; (caparra) Anzahlung f; ◇ in - im voraus; ◇ arrivare in - zu früh kommen ② SPORT Vorsprung m

anti'co ‹-chi, -che› **I.** agg ① ↑ vecchio alt ② (dell' antichità) antik, alt, klassisch; ◇ essere all'-a altmodisch sein **II.** : ◇ gli antichi m/pl die Alten pl

anticoncezionale m MED Verhütungsmittel n, Kontrazeptivum n

anticorpo m BIO Antikörper m

anticostituzionale agg inv POL verfassungswidrig

antidiluviano agg vorsintflutlich

antido'rifi|co ‹-ci› m MED Schmerzmittel n

anti-doping agg inv Doping-; ◇ controllo ~ Dopingkontrolle f

an'tidoto m ① (sostanza contro il veleno) Gegengift n ② FIG ↑ rimedio Gegenmittel n

antidroga agg inv drogenbekämpfend; ◇ nucleo ~ Rauschgiftdezernat n

antifurto I. agg inv diebstahlsicher **II.** m ① (segnale) Alarmsignal n ② (dispositivo) Alarmanlage f

Antille f/pl GEO: ◇ le - die Antillen pl

an'tilope f FAUNA Antilope f

antincendio agg Feuerschutz-

antinquinamento agg Umweltschutz-

antinucleare, antinuclearista ‹-i, -e› **I.** agg inv gegen die Atomkraft, Antiatom- **II.** m/f ① (contro installazione di centrali nucleari) Kernkraftgegner(in f) m ② (contro l'uso bellico) Kernwaffengegner(in f) m

antipasto m GASTRON Vorspeise f

antipatia f Antipathie f, Abneigung f; **anti'pati|co** ‹-ci, -che› agg unsympathisch

an'tipodi m/pl GEO Antipoden pl

antiquariato m ① (commercio) Antiquitätenhandel m ② (negozio) Antiquitätenladen m; **antiquario(-a** f) m Antiquitätenhändler(in f) m; **antiquato** agg veraltet

antiriflesso agg inv entspiegelt

anti'ruggine agg inv Rostschutz-

anti'setti|co ‹-ci, -che› **I.** agg MED antiseptisch **II.** m MED Antiseptikum n

antista'mini|co ‹-ci› m MED Antihistamin n

an'titesi f ‹inv› ① (figura retorica) Antithese f ② ↑ contrasto Gegensatz m

antite'tanica f MED Antitetanusspritze f

antolo|'gia ‹-gie› f Anthologie f, Sammlung f

antro m Höhle f

antro'pofa|go ‹-gi, -ghe› agg menschenfressend

antropolo|'gia ‹-gie› f Anthropologie f

anulare I. agg inv Ring- **II.** m ▷dito Ringfinger m

anzi avv ① ↑ invece im Gegenteil ② ↑ o meglio besser noch ③ ↑ di più sogar, ja
anzianità f ① (età avanzata) Alter n ② AMM Dienstalter n; **anziano(-a)** I. agg ① ↑ vecchio alt ② AMM Alters- II. m Alte(r) fm
anziché congiunz ① piuttosto che lieber als; ↑ invece di statt zu
anzitutto avv zunächst
a'orta f ANAT Hauptschlagader f
apa'tia f Apathie f, Gleichgültigkeit f; **a'pati|co** ‹-ci, -che› agg apathisch
ape f FAUNA Biene f
aperitivo m Aperitiv m
aperto I. p.pass. aprire; II. agg ① (non chiuso) offen, geöffnet ② ▷mentalità aufgeschlossen ③ ▷ all'- im Freien ④ ▷questione offen; **apertura** f ① (l'aprire, l'aprirsi) Öffnung f ② ↑ inizio Eröffnung f; ◇ - delle scuole Schulbeginn m ③ ↑ ampiezza [Spann-]Weite f; (FIG di mente) Aufgeschlossenheit f
'apice m ① anche FIG Gipfel m ② ANAT, FLORA Apex m, Spitze f
apicol|tore(-trice) f m Imker(in f) m
apocalisse f Apokalypse f
apo'geo m ① ASTRON Erdferne f ② FIG Höhepunkt m
apn'ea f MED Atemstillstand m
a'polide agg inv staatenlos
a'polo|go ‹-ghi› m Lehrfabel f
apoples'sia f MED Schlaganfall m; **apo'plet-ti|co** ‹-ci, -che› agg Schlag-
apos'toli|co ‹-ci, -che› agg apostolisch; **a'po-stolo** m Apostel m
a'postrofo m LING Apostroph m
appagare ‹3.5.› irr I. vt erfüllen, zufriedenstellen II. vr: ◇ -rsi di sich zufriedengeben mit dat
appaiare ‹3.10.› irr I. vt paaren
appalto m ↑ contratto Verpachtung f; (lavori) Vergabe f; ◇ dare in - un lavoro eine Arbeit im Autrag geben; ◇ gara di - Wettbewerb m, Ausschreibung f
appannag|gio ‹-gi› m ① POL Apanage f ② (FIG dote, prerogative) Gabe f, Vorrecht n
appannare I. vt (in gen.) trüben, verschleiern; (con l'alito) anhauchen II. vi pron ◇ -rsi sich trüben; → vetro anlaufen, beschlagen
apparato m ① ANAT, TEC Apparat m ② ▷scenico Austattung f ③ ▷burocratico Maschinerie f
apparecchiare ‹3.6.› irr vt → tavola decken; **apparecchiatura** f TEC Apparatur f, Gerät n
apparecchio m ① TEC Gerät n, Apparat m ② ↑ aeroplano Flugzeug n
apparente agg inv scheinbar; **apparenza** f ①

(in gen.) Schein m, Anschein m; (aspetto esteriore) Aussehen n ② ◇ in -, all'- dem Anschein nach; **apparire** ‹5.2.› irr vi essere ① (presentarsi alla vista) erscheinen ② ↑ sembrare scheinen ③ ↑ risultare hervorgehen; **appariscente** agg inv auffällig; **apparizione** f ① (atto dell'apparire) Erscheinen n ② ↑ visione Erscheinung f
appartamento m Wohnung f
appartarsi vr sich zurückziehen
appartenere ‹4.17.› irr vi essere/avere ① ◇ - a gehören dat ② (spettare a) zustehen dat; **appartenuto** p.pass. **appartenere**
appassionare I. vt begeistern II. vi pron: ◇ -rsi a (interessarsi) sich begeistern für acc; **appassionatamente** avv leidenschaftlich
appassire ‹5.2.› irr vi essere verwelken, verblühen
appellare I. vi DIR Berufung einlegen II. vi pron ◇ -rsi ① FIG ◇ -rsi a appellieren an acc ② ◇ -rsi contro DIR Berufung einlegen gegen acc; **appello** m ① (di persone, di scolari) Appell m ② (SCUOLA d'esame) Termin m ③ DIR Berufung f
appena I. avv ① ↑ a fatica kaum ② ↑ soltanto erst ③ ↑ da poco kaum, soeben II. congiunz: ◇ - arrivò..., sobald er ankam,..; ◇ non - avrò finito di studiare, andrò sobald ich mit dem Lernen fertig bin, gehe ich
ap'pendere I. vt aufhängen II. vr ◇ -rsi sich festhalten an dat
appendi'abito m Kleiderbügel m, Kleiderständer m
appendice f ① (parte aggiunta) Anhang m ② STAMPA Feuilleton n ③ ANAT Blinddarm m
appendicite f MED Blinddarmentzündung f
Appennini m/pl GEO: ◇ gli - die Apenninen pl
appesantire ‹5.2.› irr I. vt ① (rendere più pesante) schwer machen, beschweren ② → stomaco belasten II. vi pron ◇ -rsi schwer werden
appeso p.pass. **appendere**
appetito m Appetit m; ◇ l'- vien mangiando der Appetit kommt beim Essen; **appetitoso** agg appetitlich
appianare vt ① ↑ spianare ebnen ② FIG → difficoltà beseitigen; → lite, dissidio beilegen
appiattire ‹5.2.› irr I. vt abflachen II. vr ◇ -rsi (farsi piatto) flach werden
appiccicare ‹3.4.› irr I. vt ① ↑ attaccare kleben, ankleben ② FIG ↑ attribuire anhängen II. vr ◇ -rsi anche FIG kleben
appigliarsi ‹3.10.› irr vr ↑ afferrarsi, attaccarsi sich klammern (a an acc); **ap'piglio** m ① (punto

di appoggio) Haltepunkt *m* ② *FIG* ↑ *pretesto* Vorwand *m*

appisolarsi *vr* einschlummern

applaudire ⟨5.2.⟩ *irr vt, vi* Beifall klatschen *dat*, applaudieren; **ap|plauso** *m* Beifall *m*, Applaus *m*

applicare ⟨3.4.⟩ *irr* I. *vt* ① → *etichetta* kleben, aufkleben ② ↑ *dare* → *punizione* verhängen ③ (*mettere in atto*) anwenden II. *vr*: ◇ **-rsi a** (*studio ecc.*) sich widmen *dat*

appoggiare ⟨3.3.⟩ *irr* I. *vt* ①↑ *accostare* lehnen, anlehnen ② ↑ *posare* legen, stellen ③ *FIG* ↑ *sostenere, favorire* unterstützen II. *vr* ◇ **-rsi** ① ↑ *reggersi, FIG:* ↑ *ricorrere* sich stützen (*a* auf *acc*); **ap|pog|gio** ⟨-gi⟩ *m* ① ↑ *sostegno* Stütze *f* ② *FIG* ↑ *aiuto* Hilfe *f*

apporre ⟨4.11.⟩ *irr vt* → *data* datieren; → *firma* unterschreiben

apportare *vt* ↑ *causare* mit sich bringen

appositamente *avv* ausdrücklich, absichtlich; **ap|posito** *agg* ↑ *adatto* geeignet; (*fatto allo scopo*) dazu bestimmt

apposta *avv* absichtlich

appostare I. *vt* nachstellen *dat* II. *vr* ◇ **-rsi** sich *acc* auf die Lauer legen

apposto *p.pass.* **apporre**

ap|prendere ⟨Pass. rem.: appresi/apprendesti Part.: appreso⟩ *irr vt* ① ↑ *imparare* lernen ② (*venire a sapere*) erfahren; **apprendista** ⟨-i, -e⟩ *m/f* Auszubildende(r) *fm*, Lehrling *m*

apprensione *f* Angst *f*, Furcht *f*; **apprensivo** *agg* ängstlich

appreso *p.pass.* **apprendere**

appresso I. *avv* ↑ *accanto, vicino* daneben II. *prep:* ◇ **- a** (*stato*) neben *dat*; (*moto*) neben *acc*

apprestarsi *vr* sich vorbereiten auf (*a* acc)

apprez|zabile *agg inv* ↑ *notevole* beträchtlich; ↑ *pregevole* wertvoll; **apprezzamento** *m* ① ↑ *giudizio* Beurteilung *f* ② (*valutazione*) Schätzung *f*; **apprezzare** *vt* schätzen

approc|cio ⟨-ci⟩ *m* ① ↑ *contatto* Annährungsversuch *m* ② (*metodo*) Ansatz *m*

approdare *vi essere* ① *NAUT* anlegen ② *FIG* ↑ *riuscire* führen (*a* zu); **approdo** *m* ① (*atto*) Anlegen *n* ② (*luogo*) Anlegeplatz *m*

approfittare I. *vi* ① (*trarre utilità*) nutzen (*di* acc) ② ↑ *sfruttare* ausnutzen (*di* acc) II. *vi pron* ◇ **-rsi** ausnutzen (*di* acc)

approfondire ⟨5.2.⟩ *irr vt* ① (*rendere più profondo*) tiefer machen ② *FIG* vertiefen

appropriato *agg* ↑ *adatto* passend, geeignet; ▷*vocabolo* treffend

approssimarsi *vr:* ◇ **- a** (*avvicinarsi a*) sich nähern *dat*

approssimativo *agg* annähernd, ungefähr

approvare *vt* ① (*giudicare giusto*) billigen ② ↑ *ratificare* genehmigen ③ ↑ *accettare* zustimmen; **approvazione** *f* ① ↑ *consenso* Billigung *f* ② ↑ *ratificazione* Genehmigung *f* ③ (*giudizio favorevole*) Anerkennung *f*

approvvigionamento *m* Versorgung *f*; **approvvigionare** I. *vt* versorgen II. *vr:* ◇ **-rsi di** qc sich etw *acc* beschaffen

appuntamento *m* (*in gen.*) Verabredung *f*; (*dal dentista, dall'avvocato ecc.*) Termin *m*; ◇ **darsi -** sich verabreden

appuntare *vt* ① (*fare la punta*) spitzen ② ↑ *fissare* richten

appunto [1] *m* ① ↑ *annotazione* Notiz *f*, Vermerk *m* ② ↑ *rimprovero* Vorwurf *m*

appunto [2] *avv* ① ↑ *proprio* genau, eben deswegen ② ◇ **per l'-!**, **-!** genau!

appurare *vt* prüfen

apribottiglie *m* ⟨inv⟩ Flaschenöffner *m*

aprile *m* April *m*; ◇ **in -** im April; ◇ **il 16 -** am 16. April; *FIG* ◇ **pesce d'-** Aprilscherz *m*

apripista ⟨-i, -e⟩ *m/f* SCI Vorläufer(in *f*) *m*

aprire ⟨5.7.⟩ *irr* I. *vt* ① → *porta, finestra* aufmachen, öffnen; → *cassetto* aufziehen; → *libro* aufschlagen ② → *negozio, conto,* eröffnen ③ *FIG* offenbaren II. *vi pron* ◇ **-rsi** ① → *terra* sich spalten ② ↑ *cominciare* beginnen III. *vr:* ◇ **-rsi a/con** (*confidarsi*) sich jd-m anvertrauen

apris|catole *m* ⟨inv⟩ Dosenöffner *m*

aquario *m vedi* **acquario**

'aquila *f* FAUNA Adler *m*

aquilone [1] *m* (*giocattolo*) Drachen *m*

aquilone [2] *m* (*vento*) Nordwind *m*

arabe|sco ⟨-schi⟩ *m* Arabeske *f*

A'rabia *f* GEO Arabien *n*; ◇ **- Saudita** Saudi-Arabien *n*; **'arabo|-a** ⟨*f*⟩ I. *agg* arabisch; *FIG* ◇ **essere -** böhmische Dörfer sein II. *m* Araber(in *f*) *m*

a'rachide *f* FLORA Erdnuß *f*

aragosta *f* FAUNA Languste *f*

araldo *m* (*messaggero*) Bote *m*

aran|cia ⟨-ce⟩ *f* FLORA Orange *f*, Apfelsine *f*; **aranciata** *f* Orangenlimonade *f*

aran|cio ⟨-ci, -ce⟩ I. *m* ① FLORA Orangenbaum *m* ② (*colore*) Orangengelb *n*; **arancione** I. *m* Orange *n* II. *agg inv* orange

arare *vt* pflügen, ackern; **aratro** *m* AGR Pflug *m*

arazzo *m* Wandteppich *m*

arbitrag|gio ⟨-gi⟩ *m* ① SPORT Schiedsrichteramt *n* ② DIR Schiedsspruch *m*, **arbitrare** *vi* SPORT als Schiedsrichter fungieren

arbitrario *agg* ① (*scelto ad arbitrio*) willkürlich

2 ↑ *abusivo* eigenmächtig; **arbitrio** m **1** (*facoltà di scelta*) Entscheidungsfähigkeit f; (*volontà*) Wille m **2** ↑ *abuso, sopruso* Willkür f

'arbitro m **1** (*della propria vita*) Herr m **2** SPORT, DIR Schiedsrichter(in f) m

arbusto m FLORA Strauch m, Busch m

ar|ca ⟨-che⟩ f (*sarcofago*) **1** Sarkophag m **2** (*cassa*) Truhe f **3** ↑ *barca* ◇ l'- **di Noè** Arche f Noahs

ar'cai|co ⟨-ci, -che⟩ agg archaisch

arcangelo m REL Erzengel m

arcano agg geheimnisvoll

arcata f ARCHIT, ANAT Bogen m **2** MUS Bogenstrich m

archeolo'gia f Archäologie f; **arche'olo|go(-a** f) ⟨-gi, -ghe⟩ m Archäologe m, Archäologin f

archetto m **1** MUS Streichbogen m **2** TEC Bügel m

architetto m Architekt(in f) m; **architettura** f Architektur f

architrave f ARCHIT Tragbalken m

archiviare ⟨3.6.⟩ irr vt **1** (*in gen.*) archivieren **2** INFORM [ab]speichern; **archivio** m **1** (*in gen.*) Archiv m **2** (INFORM *di dati*) Datei f

arciere(-a f) m/f Bogenschütze m, -schützin f

arcigno agg mürrisch

arci'pela|go ⟨-ghi⟩ m GEN Inselgruppe f

arciprete m Erzpriester m

arci'vescovo m Erzbischof m

ar|co ⟨-chi⟩ m **1** (*arma*) Bogen m **2** MAT, ARCHIT Bogen m **3** (*delle sopracciglia*) Augenbraue f **4** FIG ◇ **- di tempo** Zeitspanne f, Zeitraum m **5** MUS Streichbogen m; ◇ **archi** m pl Streichinstrumente pl **6** ◇ **- costituzionale** Verfassungsbogen m

arcobaleno m Regenbogen m

arcuare I. vt biegen II. vr ◇ **-rsi** sich biegen

ardente agg inv **1** (*in gen.*) brennend, glühend **2** FIG feurig; ▷*amore* heiß; **ardentemente** avv sehnlich, heiß; **'ardere** ⟨Pass. rem.: arsi/ ardesti Part.: arso⟩ irr I. vt **1** ↑ *bruciare* verbrennen, brennen **2** ↑ *seccare* austrocknen **3** FIG brennen II. vi essere **1** (*essere acceso*) brennen **2** (FIG *essere intenso*) brennen

ardesia f Schiefer m

ardimento m Mut m; **ardire** ⟨5.2.⟩ irr vi wagen; **ardito** agg **1** ↑ *coraggioso* mutig, tapfer **2** ↑ *sfacciato* frech

ardore m **1** (*calore intenso*) Glut f **2** FIG Leidenschaft f **3** ↑ *zelo* Eifrigkeit f

'arduo agg FIG schwierig

'area f **1** ↑ *superficie* Fläche f, Oberfläche f **2** (*spazio geografico*) Gebiet n, Zone f; ◇ **- di servizio** Raststätte f; ◇ **- protetta** Schutzgebiet n

3 (SPORT *della porta*) Torraum m; (*di rigore*) Strafraum m m **4** MAT Fläche f

arena¹ f Sand m

arena² f Arena f

arenarsi vr **1** ← *nave* stranden, auf Sand laufen **2** FIG stocken

areoplano m vedi **aeroplano**

'argano m Winde f

argentare vt versilbern; **argentato** agg **1** ▷*colore* silbrig **2** (*rivestito d'argento*) versilbert; **argenteria** f Silberzeug n; **argentiere** (-a f) m **1** (*che lavora l'argento*) Silberschmied (in f) m **2** (*venditore*) Silberwarenhändler(in f) m

Argentina f GEO Argentinien n

argento m **1** (*in gen.*) Silber n **2** ◇ **d'argento** aus Silber, Silber-; ◇ **medaglia d'argento** Silbermedaille f **3** FIG ◇ **nozze d'argento** Silberhochzeit f **4** ◇ **- vivo** Quecksilber n

argilla f **1** MIN Ton m; ◇ **di - aus Ton 2** (*per la fabbricazione di ceramica ecc.*) Tonerde f; **argilloso** agg **1** (*contenente argilla*) tonhaltig **2** (*simile all'argilla*) lehmig, Lehm

arginare ⟨3.2.⟩ irr vt **1** (*munire di argini*) eindämmen **2** FIG ↑ *frenare* Einhalt gebieten dat; **'argine** m Damm m

argomentare vi argumentieren; **argomentazione** f **1** (*serie di ragionamenti*) Gedankengang m, Schlußfolgerung f **2** ↑ *dimostrazione* Beweisführung f; **argomento** m **1** ↑ *prova, ragione* Argument n **2** ↑ *oggetto, tema di discorso ecc.* Thema n; ↑ *contenuto* Inhalt m **3** ↑ *motivo, pretesto* Anlaß m

arguire ⟨5.2.⟩ irr vt schließen (*da* aus dat); **arguto** agg scharfsinnig; **arguzia** f **1** ↑ *prontezza, sottigliezza nell'esprimersi* Scharfsinn m **2** ↑ *detto, battuta* witziger Einfall m

'aria¹ f **1** (*in gen.*) Luft, f; ◇ **non c'è un filo d'-** es weht kein Lüftchen n; ◇ **- pulita/viziata** saubere/verbrauchte Luft; ◇ **sentirsi mancare l'-** das Gefühl haben, keine Luft zu bekommen; ◇ **vuoto d'aria** Luftloch n; ◇ **- condizionata** Klimaanlage f; ◇ **prendere una boccata d'-, un po' d'-** frische Luft schnappen; *anche* FIG ◇ **- di tempesta** dicke Luft; ◇ **cambiare l'-** lüften **2** ↑ *vento* Wind m; ◇ **corrente d'-** Luftzug m **3** (*spazio libero verso il cielo*) Luft, f; ◇ **in/per/all'-** (*stato in luogo*) in der Luft; (*moto a luogo*) in die Luft; ◇ **saltare in -** explodieren; FIG ◇ **mandare all'-** qc etw zunichte machen; ◇ **all'- aperta** im Freien, ins Freie; FIG ◇ **campato in -** aus der Luft gegriffen **4** (*atmosfera, cilma*) Luft f, Klima n; ◇ **- di montagna/ mare** Höhen-/Seeluft; FIG ◇ **cambiare -** (*cam-*

biare ambiente) Luftveränderung f ⑤ MUS Arie f; (*canzone*) Lied n

'**aria** ² f ↑ *aspetto* Schein m, Anschein m; ◇ **darsi delle -e** sich wichtig machen

aridità f ① (*in gen.*) Trockenheit f, Dürre f ② (*FIG di sentimenti*) Gefühllosigkeit f; '**arido** agg ① ↑ *secco* ▷*campo* trocken ② ↑ *sterile* ▷*campo* unfruchtbar ③ (*FIG povero di sentimenti*) gefühllos

arieggiare ⟨3.3.⟩ *irr vt* (*cambiare aria*) lüften

ariete m ① FAUNA Schafbock m, Widder m ② ASTROL Widder m

arin|ga ⟨-ghe⟩ f FAUNA Hering m

arista (*del maiale*) Schweinsrücken m

aristo'crati|co(-a f) ⟨-ci, -che⟩ I. *agg* ① (*in gen.*) aristokratisch ② ↑ *raffinato* vornehm II. m/f Aristokrat(in f) m; **aristocra'zia** f Aristokratie f

arit'metica f MAT Arithmetik f; **arit'meti|co** ⟨-ci, -che⟩ *agg* arithmetisch, Rechen-

arlecchino m Harlekin m

arma ⟨-i⟩ f ① Waffe f; ◇ **- spaziale** Weltraumwaffe f; ◇ **-i nucleari** Atomwaffen pl; ◇ **-i atomiche, biologiche e chimiche** ABC-Waffen pl; ◇ **alle armi!** zu den Waffen!; ◇ **porto d'-i** Führen n von Waffen [o. Waffenschein m] ② FIG Waffe f ③ (*servizio militare*) Militärdienst m; ◇ **chiamare alle armi** einberufen

armadio m Schrank m; ◇ **- a muro** Wandschrank m

armamentario m Rüstzeug n

armamento m ① MIL Bewaffnung f ② FERR Oberbau m; (*galleria*) Ausbau m; **armare** I. *vt* ① (*in gen.*) bewaffnen ② → *nave* austrüsten, laden ③ ARCHIT → *volta, galleria* rüsten, stützen II. *vr* ◇ **-rsi** ① (*in gen.*) sich bewaffnen ② FIG sich wappnen; **armata** f MIL Armee f

arma|tore(-trice f) m NAUT Reeder(in f) m

armatura f ① (*struttura di sostegno*) Gerüst n ② ↑ *rinforzo* Armierung f ③ (*armi difensive dei cavalieri*) Rüstung f

armistizio m Waffenstillstand m

armo'nia f ① (*in gen.*) Harmonie f ② FIG Einklang m

ar'monica f MUS Harmonika f

ar'moni|co ⟨-ci, -che⟩ *agg* harmonisch

armonioso agg harmonisch; **armonizzare** I. *vt* ① (*in gen.*) harmonisieren ② FIG in Einklang bringen II. *vi* harmonieren

arnese m ① (*strumento di lavoro*) Werkzeug n, Gerät n ② ↑ *oggetto, cosa* Ding n, Zeug n ③ ◇ **essere male in -** bei schlechter Gesundheit sein [o. sich in schlechten Verhältnissen befinden]

'**arnia** f Bienenstock m

aroma ⟨-i⟩ m ① (*profumo*) Aroma n ② ◇ **aromi** (*spezie*) Würze f; **aro'mati|co** ⟨-ci, -che⟩ *agg* aromatisch; **aromatizzare** *vt* aromatisieren

arpa f MUS Harfe f

arpeg|gio ⟨-gi⟩ m MUS Arpeggio n

ar'pia f ① MIT Harpyie f ② FIG Hexe f

arpione m ① ↑ *gancio* Haken m ② (*cardine*) Angel f ③ PESCA Harpune f

arrabattarsi *vi pron* sich abmühen

arrabbiare ⟨3.10.⟩ *irr* I. *vi essere* toll werden, tollwütig werden II. *vi pron* ◇ **-rsi** böse werden [o. sich ärgern]; **arrabbiato** agg ① (*in gen.*) böse, verärgert ② FAUNA tollwütig

arrampicarsi ⟨3.4.⟩ *irr vi pron* klettern; ← *pianta* ranken; **arrampicata** f Klettern n; ◇ **- libera** Freiklettern n; **arrampica|tore(-trice** f) m ① (*chi si arrampica*) Kletterer m ② FIG ◇ **- sociale** Emporkömmling m

arrangiamento m ① MUS Arrangement n ② ↑ *accordo* Vereinbarung f; **arrangiarsi** ⟨3.3.⟩ *irr vi pron* ① (*arrivare ad un accordo*) sich einigen ② (*adattarsi ad ogni cosa*) sich zurechtfinden; **arrangia|tore(-trice** f) m MUS Bearbeiter(in f) m

arrecare ⟨3.4.⟩ *irr vt* ↑ *causare* verursachen

arredamento m ① (*in gen.*) Einrichtung f, Möblierung f ② (*studio e progettazione*) Innenarchitektur f; **arredare** *vt* einrichten, möblieren; **arreda|tore(-trice** f) m Innenarchitekt(in f) m; **arredo** m Ausstattung f

arrembaggio m NAUT Entern n

ar'rendersi ⟨Pass. rem.: arresi/arrendesti Part.: arreso⟩ *irr vi pron* ① (*in gen.*) sich ergeben ② FIG nachgeben; **arren'devole** agg nachgiebig, fügsam; **arreso** p.pass. **arrendersi**

arrestare I. *vt* ① ↑ *catturare* verhaften, festnehmen ② ↑ *fermare* anhalten, stoppen; ↑ *cessare* → *emorragia* stillen II. *vr* ◇ **-rsi** ↑ *fermarsi* sthenbleiben; **arresto** m ① ↑ *interruzione, sospensione* Anhalten n ② (*l'arrestarsi*) Stillstand, m ③ ↑ *cattura* Festnahme f, Verhaftung f; ◇ **mettere agli arresti** in Haft nehmen

arretrare I. *vt* zurückziehen, zurückstellen II. *vi essere* zurückweichen; **arretrato** I. *agg* ① ▷*paese* rückständig ② ▷*giornale* ≈ alt; ◇ **essere in -** im Rückstand sein II. *m* COMM ◇ **arretrati** Rückstände pl

arricchire ⟨5.2.⟩ *irr* I. *vt* reich machen II. *vr* ◇ **-rsi** reich werden

arricciacapelli m ⟨inv⟩ Brennschere f

arricciare ⟨3.10.⟩ *irr vt* ① → *capelli* kräuseln, locken ② FIG kräuseln, → *naso* rümpfen

arrin|ga ⟨-ghe⟩ f ① DIR Plädoyer n ② (*discorso*) Rede f

arrischiare ⟨3.6.⟩ *irr* I. *vt* wagen, riskieren II. *vr* ◇ **-rsi** sich wagen

arrivare *vi essere* ① *(in gen.)* kommen, ankommen, eintreffen; ◇ **- puntuale/in ritardo** pünktlich/mit Verspätung ankommen ② *FIG* ↑ *capire* ◇ **non ci arrivo** ich begreife das nicht ③ *(nella vita)* Erfolg haben ④ ◇ **- a** *(livello, grado ecc.)* reichen; *FIG* gelangen ⑤ ◇ **- a dire** ↑ *osare* wagen zu sagen

arrivederci *inter* auf Wiedersehen; **arrivederLa** *inter (forma di cortesia)* auf Wiedersehen

arrivista ⟨-i, -e⟩ *m* Karrieremacher(in *f*) *m*, Streber(in *f*) *m*

arrivo *m* ① *(atto)* Ankunft *f*, Eintreffen *n* ② *(di una gara)* Ziel *n* ③ ◇ **arrivi** *m/pl* (COMM *delle merci)* Eingänge *m/pl*

arrogante *agg* ⟨inv⟩ *arrogant;* **arroganza** *f* Arroganz *f*

arrolare *vt vedi* **arruolare**

arrossamento *m* Rötung *f*

arrossire ⟨5.2.⟩ *irr vi essere* erröten, rot werden

arrostire ⟨5.2.⟩ *irr vt (in gen.)* braten; → *pane, castagne* rösten; *(con la griglia)* grillen; **arrosto** I. *agg* ▷*pollo, carne* gebraten, Brat- II. *m* GASTRON Braten *m*

arrotare *vt* → *coltello* schleifen; **arrotino** *mf* Schleifer(in *f*) *m*

arrotolare ⟨3.11.⟩ *irr vt* rollen, aufrollen

arrotondare ⟨3.11.⟩ *irr vt* ① *(dare forma rotonda)* runden, abrunden, rund machen ② MAT abrunden; → *stipendio* aufrunden

arrovellarsi *vr:* ◇ **-rsi il cervello** sich den Kopf zerbrechen *dat*

arroventato *agg* glühend, heiß

arruffare *vt* → *capelli* verwirren, zersausen

arrugginire ⟨5.2.⟩ *irr* I. *vt* rosten lassen II. *vi pron* ◇ **-rsi** rosten

arruolamento *m* MIL Einberufung *f*; **arruolare** I. *vt* MIL einberufen II. *vr* ◇ **-rsi** MIL sich anwerben lassen; ◇ **-rsi nella marina** zur Marine gehen

arsenale *m* ① MIL Arsenal *n* ② *(cantiere navale militare)* Schiffswerft *f*

ar'senico *m* Arsen *n*

arso I. *p.pass.* **ardere**; II. *agg* ↑ *bruciato* verbrannt; ↑ *arido, dissecato* ausgetrocknet; **arsura** *f* ① *(calore opprimente)* Hitze *f* ② ↑ *siccità* Dürre *f*

art. *abbr. di* **articolo** Art.

arte *f* ① *(in gen.)* Kunst *f;* ◇ **storia dell'**- Kunstgeschichte *f;* ◇ **contemporanea** moderne Kunst; ◇ **critico d'**- Kunstkritiker *m;* ◇ **opera d'**- Kunstwerk *n;* ◇ **poetica** Dichtkunst *f* ② ↑ *abilità* Kunstfertigkeit *f*, Geschicklichkeit *f* ③

◇ **commedia dell'**- Commedia dell'arte, Stegreifkomödie *f;* ◇ **figlio d'**- Sohn *m* eines Künstlers/der Kunst

ar'tefice *m/f* ① *(realizzatore di opere)* Schöpfer (in *f*) *m* ② ↑ *autore* Urheber(in *f*) *m*

arteria *f* ① ANAT Arterie *f* ② *FIG* ◇ **- stradale** Verkehrsader *f*

'artico ⟨-ci, -che⟩ I. *agg* GEO arktisch II. *m* GEO: ◇ **l'A-** die Arktis

articolare ¹ *agg* ANAT Gelenk-, Glieder-

articolare ² ⟨3.11.⟩ *irr vt* ① → *braccia, gambe* bewegen ② → *parole* artikulieren ③ ↑ *suddividere* gliedern, unterteilen

articolazione *f* ① *(in gen.)* Bewegen *n* ② ANAT Gelenk *n* ③ *(LING in fonetica)* Artikulation, Lautbildung *f*

ar'ticolo *m* ① LING Artikel *m;* ◇ **- determinativo/indeterminativo** bestimmter/unbestimmter Artikel *m* ② *(del giornale)* Artikel *m*, Paragraph *m* ③ *(del giornale)* Artikel *m;* ◇ **- di fondo** Leitartikel *m* ④ ▷*sportivo, di lusso* Ware *f*, Artikel *m*

'Artide *f* GEO: ◇ **l'**- die Arktis

artificiale *agg inv* ① *(in gen.)* künstlich ② *FIG* unnatürlich, künstlich; **artifi|cio** ⟨-ci⟩ *m* ① ↑ *espediente* Kunstgriff *m* ② ◇ **fuochi d'**- Feuerwerk *n;* **artificioso** *agg (non spontaneo)* künstlich

artigianale *agg inv* handwerklich; **artigianato** *m* Handwerk *n;* **artigiano(-a** *f*) *m* Handwerker(in *f*) *m*

artiglieria *f* MIL Artillerie *f*

artiglio *m* FAUNA Klaue *f*

artista ⟨-i, -e⟩ *m* ① *(in gen.)* Künstler(in *f*) *m* ② *(persona abile)* Künstler(in *f*) *m* ③ *(di circo, di arte varia)* Artist(in *f*) *m;* ◇ **- cinematografico** Filmschauspieler(in *f*) *m;* **ar'tisti|co** ⟨-ci, -che⟩ *agg* künstlerisch

arto *m* ANAT Glied *n*

artrite *f* MED Arthritis *f*

artrosi *f* ⟨inv⟩ Arthrose *f*

arzillo *agg* munter

ascella *f* ANAT Achselhöhle *f*

ascendente I. *agg* aufsteigend II. *m* ① *(m/f: parente)* Vorfahr *m*, Ascendent *m* ② *FIG* Einfluß *m* ③ ASTROL Aszendent *m*

ascensione *f* ① *(in gen.)* Steigen *n* ② ALPINISMO Besteigen *n* ③ REL Himmelfahrt *f*

ascensore *m* Aufzug *m*

ascesa *f* FIG Aufstieg *m;* *(al trono)* Besteigung *f*

ascesso *m* MED Abszeß *m*, Geschwür *n*

asceta ⟨-i, -e⟩ *m* Asket(in *f*) *m*

ascia ⟨asce⟩ *f* Axt *f*

asciugacapelli *m* ⟨inv⟩ Haartrockner *m*

asciugamano *m* Handtuch *n*

asciugare ⟨3.5.⟩ *irr* **I.** *vt* (*in gen.*) trocknen; ↑ *seccare* austrocknen; → *mani, stoviglie* abtrocknen **II.** *vi, vi pron* ◊ **-rsi** (*in gen.*) trocken werden; ↑ *seccarsi* trocknen

asciugatrice *f* Wäschetrockner *m*

asciutto I. *agg* ① (*in gen.*) trocken; *FIG* ◊ **restare a bocca asciutta** leer ausgehen, das Nachsehen haben ② *FIG* ↑ *magro* dünn **II.** *m FIG*: ◊ **essere all'-** auf dem Trockenen sitzen, abgebrannt sein

ascoltare *vt* ① (*in gen.*) anhören *acc*, zuhören *dat* ② (*accogliere un consiglio*) hören auf *acc*; **ascoltatore(-trice)** *f)* *m* Zuhörer(in *f*) *m*; **ascolto** *m* Zuhören *n*; ◊ **dare** [*o.* **prestare**] **ascolto a** hören auf *acc*

asfaltare *vt* asphaltieren; **asfalto** *m* Asphalt *m*

asfissia *f* MED Erstickung *f*; **asfissiante** *agg inv* ① (*che asfissia*) erstickend ② *FIG* Langweiler *m*; **asfissiare** ⟨3.10.⟩ *irr* **I.** *vt* ① ↑ *soffocare* ersticken; (*uccidere con il gas*) vergasen ② *FIG FAM* erdrücken **II.** *vi* essere ersticken

Asia *f* GEO Asien *n*; **asiatico(-a** *f*) ⟨-ci, -che⟩ **I.** *agg* asiatisch **II.** *m* Asiat(in *f*) *m*

asilo *m* ① (*d'infanzia*) Kindergarten *m*; ◊ **- nido** Kinderkrippe *f* ② ▷*politico* Asyl *n*

asimmetria *f* Asymmetrie *f*; **asimmetrico** ⟨-ci, -che⟩ *agg* asymmetrisch

'**asino** *m* ① FAUNA Esel *m* ② (*FIG persona ignorante*) Esel *m*

asma *f* MED Asthma *m*; **asmatico(-a** *f*) ⟨-ci, -che⟩ **I.** *agg* asthmatisch **II.** *m/f* Asthmatiker(in *f*) *m*

'**asola** *f* Knopfloch *n*; *TEC* Öse *f*

as'parago ⟨-gi⟩ *m* BIO Spargel *m*

asperità *f* Rauheit *f*

aspettare I. *vt* (*in gen.*) warten auf *acc*; → *un bambino, ospiti, lettera* erwarten; ◊ **aspetta!** Warte!; ◊ **che cosa aspetti/stai aspettando?** worauf wartest du?; ◊ **far[si] -** [auf sich] warten lassen **II.** *vr* ◊ **-rsi** ↑ *prevedere* erwarten; ◊ **non me l'aspettavo** das habe ich nicht erwartet; ◊ **c'era da aspettarselo** das war vorauszusehen; ◊ **quando meno se l'aspetta ..** aus heiterm Himmel; ◊ **chi la fa [se] l'aspetti** wer andern eine Grube gräbt, fällt selbst hinein

aspettativa *f* ① (*in gen.*) Erwartung *f* ② (*sospensione temporanea del lavoro*) Wartestand *m*

aspetto¹ *m* ① ↑ *apparenza, sembianza* Aussehen *n* ② (*punto di vista*) Aspekt *m*

aspetto² *m* : ◊ **sala d'-** Wartezimmer, *nt*

aspirante I. *agg inv* einatmend **II.** *m/f* Aspirant (in *f*) *m*, Bewerber(in *f*) *m*

aspira'polvere *m* ⟨inv⟩ Staubsauger *m*

aspirare I. *vt* ① ↑ *inspirare* einatmen ② ← *apparecchi* aufsaugen **II.** *vi*: ◊ **- a** streben nach; **aspiratore** *m* Sauger, Staubsauger *m*

aspirina ® *f* Aspirin *n*

asportare *vt* MED entfernen; **asportazione** *f* MED Entfernung *f*

asprezza *f* ① (*aspro nel gusto*) Herbheit *f* ② (*FIG di carattere*) Härte *f*; ↑ *severità* Strenge *f*; **aspro** *agg* ① ▷*sapore, odore* herb, sauer ② ↑ *ruvido* rauh ③ *FIG* ↑ *duro* hart; ↑ *severo* streng

assaggiare ⟨3.3.⟩ *irr* *vt* kosten; **assaggio** ⟨-gi⟩ *m* ① (*in gen.*) Kosten *n* ② (*prova*) Kostprobe *f*

ass'ai I. *avv* ① ↑ *abbastanza* genug ② ↑ *molto* (*con aggettivi/avverbi*) sehr; (*con comparativi/ verbi*) viel **II.** *agg inv* ↑ *parecchio* viel; ◊ **m'importa - di lei!** mir liegt nichts an ihr

assalire ⟨5,4,⟩ *irr* *vt* ① ↑ *aggredire* überfallen ② *FIG* ← *febbre* befallen; ← *rimorsi, ricordi* überkommen

assaltare *vt* ① MIL angreifen ② → *banca, negozio* überfallen; **assalto** *m* ① MIL Sturm *m*, Angriff *m* ② (*di/a banca, di/a negozio*) Überfall *m*

assaporare *vt* ① → *cibi* kosten ② *FIG* → *libertà* genießen

assassinare *vt* ① ↑ *uccidere* ermorden ② *FIG* zugrunde richten, ruinieren; **assassinio** ⟨-ii⟩ *m* ↑ *uccisione* Mord *m*, Ermordung *f*; **assassino** (-a *f*) **I.** *agg anche FIG* mörderisch **II.** *m/f* Mörder (in *f*) *m*

asse¹ *m* TEC, MAT Achse *f*; ◊ **- terrestre** Erdachse *f*

asse² *m* Brett *n*; ◊ **- da stiro** Bügelbrett *n*

assecondare *vt* → *desideri, capricci* nachkommen, entsprechen *dat*

assediare ⟨3.10.⟩ *irr* *vt* ① MIL belagern ② ↑ *circondare* umdrängen ③ *FIG* ↑ *importunare* (*di domande, di richieste*) bestürmen; **assedio** *m* MIL Belagerung *f*; ◊ **stato d'-** Belagerungszustand *m*

assegnare *vt* ① ↑ *dare* zuweisen ② ↑ *destinare* zuteilen ③ ↑ *affidare* erteilen ④ ↑ *concedere* → *termine* festsetzen

assegno *m* ① COMM Scheck *m*; ◊ **contro -** gegen Nachnahme; ◊ **- in bianco** Blankoscheck *m*; ◊ **- circolare** Rundscheck *m*; ◊ **- scoperto/a vuoto** ungedeckter Scheck ② ◊ **assegni familiari** Kindergeld *n*; ◊ **- di studio** Studienbeihilfe *f*

assemblag'gio ⟨-gi⟩ *m* TEC Montage *f*, Zusammenbau *m*; INFORM Assembler *m*; **assemblatore** *m* INFORM Assembler *m*

assem'blea *f* Versammlung *f;* ▷*generale* Generalversammlung *f;* ▷*popolare* Volksversammlung *f*

assennato *agg* vernünftig

assenso *m* Zustimmung *f*

assentarsi *vi pron* ① (*un attimo*) weggehen ② (*dal lavoro, dalle elezioni*) fernbleiben; **assente** *agg inv* abwesend; **assente'ismo** *m* ≈ *gewohnheitsmäßiges Fernbleiben von der Arbeitsstelle;* **assenza** *f* ① (*mancata presenza*) Abwesenheit *f* ② (*mancanza*) ◇ - **di** Fehlen, Mangel an *dat*

asserire ⟨5.2.⟩ *irr vt* behaupten

assessore *mf* Assessor(in *f*) *m;* ▷*comunale* Stadtrat *m*

assestamento *m* ① ↑ *sistemazione* Regelung *f* ② ARCHIT, GEO Setzung, Senkung *f;* **assestare** I. *vt* ① (*mettere in ordine*) in Ordnung bringen ② ↑ *sistemare, regolare con precisione* einstellen; ◇ - **un colpo a qu** jd-m einen Schlag versetzen II. *vr* ◇ **-rsi** ↑ *sistemarsi* sich einrichten; ↑ *adattarsi* sich anpassen

assetato *agg* durstig

assetto *m* ① ↑ *sistemazione, ordine* Ordnung *f* ② NAUT, AERO Trimmung *f* ③ FIG ↑ *tenuta, modo di vestire* Ausstattung *f; (della casa)* Einrichtung *f*

assicurare I. *vt* ① ↑ *proteggere, garantire* sichern, sicherstellen, gewährleisten ② ↑ *render certo, rassicurare* versichern ③ FIG ↑ *fermare, legare* sichern ④ ASSIC versichern II. *vr* ◇ **-rsi** ① ↑ *accertarsi* sich vergewissern ② ↑ *ottenere, procacciarsi* sich sichern, sich festmachen ③ ASSIC sich versichern; **assicura|tore(-trice** *f*) *m* Versicherer *m;* **assicurazione** *f* ① ↑ *garanzia* Versicherung *f* ② ASSIC Versicherung *f;* ◇ - **contro il furto** Diebstahlversicherung *f;* ◇ - **contro gli infortuni sul lavoro** Arbeitsunfallversicherung *f;* ◇ - **sulla vita** Lebensversicherung *f*

assideramento *m* MED Erfrierung *f*

assiduo *agg* ① ▷*lettore* ausdauernd ② ▷*studio, lavoro* fleißig ③ ▷*regolare, frequente* Stamm-, ständig

assi'eme I. *avv* ↑ *insieme* zusammen II. *prep:* ◇ - **a** zusammen mit

assillante *avv* quälend, plagend; **assillare** *vt* plagen, quälen; **assillo** *m* FIG quälender Gedanke *m*

assimilare *vt* ① BIO, LING assimilieren ② (*FIG fare proprio*) sich *dat* aneignen; **assimilazione** *f* ① BIO, LING Assimilation *f* ② FIG ↑ *apprendimento* Aufnahme *f*

assise *f/pl* ① ↑ *assemblea* Versammlung *f* ② DIR ◇ **Corte d'Assise** Schwurgericht *n*

assistente *m/f* (*in gen.*) Assistent(in *f*) *m,* Helfer (in *f*) *m;* ◇ - **di vendita** Vertriebsassistent(in *f*) *m;* ◇ - **di volo/bordo** Steward *m,* Hostess *f;* ◇ - **universitario** Lehrbeauftragte(r) *fm;* ◇ - **sociale** Sozialhelfer(in *f*) *m;* **assistenza** *f* ① ai malati, Plege *f,* Betreuung *f* ② (*aiuto*) Hilfe *f,* Beistand *m;* ◇ **ente di** - Fürsorgeamt *n;* ◇ - **per i/ai disoccupati** Arbeitslosenhilfe *f* ③ (*presenza*) Anwesenheit *f;* **as'sistere** ⟨Pass. rem.: assisti/ assistetti Part.: assistito⟩ *irr* I. *vt* ① ↑ *curare* → *malati* pflegen ② ↑ *aiutare* helfen *dat,* beistehen *dat* II. *vi* (*essere presente*) anwesend sein, beiwohnen (*a* dat)

asso *m* ① (*nel gioco delle carte*) As *n;* FIG ◇ **piantare qu in** - jd-n im Stich lassen; FIG ◇ **avere l'- nella manica** alle Trümpfe in der Hand haben ② (*FIG essere molto abile*) Meister *m,* As *n*

associare ⟨3.3.⟩ *irr* I. *vt* ↑ *unire* vereinigen; FIG → *idee* verknüpfen, assoziieren II. *vr* COMM: ◇ **-rsi a** Mitglied werden von *dat,* beitreten *dat;* (*prendere parte a*) teilnehmen an *dat;* ◇ - **qu** a jd-n aufnehmen in *dat;* **associazione** *f* ① (*in gen.*) Verein *m,* Bund *m;* COMM Gesellschaft *f;* ◇ - **a delinquere** Verbrecherbande *f;* ◇ - **per la difesa del consumatore** Verbraucherzentrale *f;* ◇ - **sportiva** Sportverein *m* ② (PSIC *di idee ecc.*) Verbindung *f,* Assoziation *f*

assoggettare *vt* unterwerfen

assolato *agg* sonnig

assoldare *vt* (*assumere al proprio servizio*) werben; → *sicario, spia* dingen

assolto *p.pass.* **assolvere**

assolutamente *avv* ↑ *completamente* völlig; ↑ *necessariamente* unbedingt; **assoluto** *agg* absolut

assoluzione *f* ① (DIR *dell'imputato*) Freispruch *m* ② REL Absolution *f;* **as'solvere** ⟨Pass. rem.: assolsi/assolvesti Part.: assolto⟩ *irr vt* ① DIR → *l'imputato* freisprechen ② REL die Absolution erteilen *dat* ③ (*da un obbligo*) entbinden ④ ↑ *adempiere* → *dovere, compito ecc.* erfüllen

assomigliare ⟨3.10.⟩ *irr vi avere/essere:* ◇ - **a** ähnlich sein *dat*

assonnato *agg* schläfrig

assopirsi ⟨5.2.⟩ *irr vi pron* einschlummern

assorbente I. *agg* absorbierend, aufsaugend II. *m* ① (*sostanza che assorbe*) Absorptionsmittel *n* ② ◇ - [**igienico**] Damenbinde *f;* ◇ - **interno** Tampon *m;* **assorbire** ⟨5.2.⟩ *irr vt* ① (*impregnarsi di*) aufsaugen, absorbieren ② (*FIG far proprio*) aufnehmen; FIG ↑ *impegnare* in Anspruch nehmen

assordante *agg inv* ohrenzerreißend; **assordare** I. *vt* taub machen II. *vi* essere taub werden

assortimento *m* Auswahl *f*; **assortito** *agg* ① ▷*colori* zusammengestellt ② ▷*negozio* assortiert, zusammengestellt

assorto *agg* versunken, vertieft

assottigliare ⟨3.6.⟩ *irr* I. *vt* ① (*rendere sottile*) dünner machen ② ↑ *ridurre, diminuire* verringern, vermindern ③ (*FIG rendere acuto, perspicace*) schärfen II. *vi pron* ◇ -**rsi** ① (*divenire sottile*) abmagern ② *FIG* ↑ *ridursi* abnehmen

assuefare ⟨4.6.⟩ *irr* I. *vt* ↑ *abituare* gewöhnen II. *vr:* ◇ -**rsi a** sich gewöhnen an *acc*; **assuefatto** *p.pass.* **assuefare**; **assuefazione** *f* ① ↑ *adattamento* Gewöhnung *f* ② (*MED alla droga, a farmaci*) Gewöhnung *f*

as'sumere ⟨Pass. rem.: assunsi/assumesti Part.: assunto⟩ *irr* *vt* ① → *incarico, responsabilità* übernehmen ② → *impiegato, segretaria* einstellen ③ → *contegno, espressione* annehmen

assunto ¹ I. *p.pass.* **assumere**; II. *agg* angestellt

assunto ² *m* (*tesi*) These *f*

assunzione *f* ① (*di comando, di titolo*) Übernahme *f* ② (*di impiegato, di segretaria*) Einstellung *f* ③ (*di cibo, di bevande*) Aufnahme *f* ④ REL Mariä Himmelfahrt *f*

assurdità *f* Absurdität *f*; **assurdo** *agg* absurd, unsinnig

asta *f* ① ↑ *bastone* Stange *f* ② SPORT Stab *m*; ◇ *salto con l'*- Stabhochsprung *m* ③ (*modo di vendita*) Versteigerung *f*

astemio *agg* (*da alcol*) abstinent

astenersi ⟨4.1.⟩ *irr* *vr* sich enthalten (*da* gen); **astensione** *f* Enthaltung *f*; (*dal lavoro*) Niederlegung *f*; **astensionismo** *m* Stimmenthaltung *f*; **astenuto** *p.pass.* **astenersi**

asteri'sco ⟨-schi⟩ *m* (*segno tipografico*) Sternchen *n*

'astice *m* FAUNA Hummer *m*

astinenza *f* Abstinenz *f*, Enthaltsamkeit *f*

astio *m* Groll *m*

astrarre *vt* abstrahieren; **astratto** I. *agg* abstrakt II. *m* Abstrakte *n*

astringente *agg inv* zusammenziehend, stopfend

astro *m* ① (*corpo luminoso*) Stern *m*, Gestirn *n* ② *FIG* Star *m*; **astrolo'gia** ⟨-gie⟩ *f* Astrologie *f*; **as'trolo|go** (*-a f*) ⟨-gi, -ghe⟩ *m* Astrologe *m*, Astrologin *f*

astro'nauta ⟨-i, -e⟩ *m* Raumfahrer(in *f*) *m*, Astronaut(in *f*) *m*; **astro'nautica** *f* Austronautik *f*

astronave *f* [Welt-]Raumschiff *n*

astrono'mia *f* Astronomie *f*; **astro'nomi|co** ⟨-ci, -che⟩ *agg* ① (*in gen.*) astronomisch, Stern- ② *FIG* astronomisch, ungeheuer; **as'tronomo** (*-a f*) *m* Astronom(in *f*) *m*

astruso *agg* abstrus

astuc|cio ⟨-ci⟩ *m* Etui *n*, Futteral *n*

astuto *agg* schlau, listig; **astuzia** *f* Schlauheit *f*, Verschlagenheit *f*; (*azione*) List *f*

ate'ismo *m* Atheismus *m*; **ate'ista** ⟨-i, -e⟩ *m/f* Atheist(in *f*) *m*; **'ateo** *agg* atheistisch

atlante *m* ▷*geografico, storico ecc.* Atlas *m*; **at'lanti|co** ⟨-ci, -che⟩ *agg* GEO atlantisch, Atlantik-; MIL ◇ **patto** - Nordatlantikpakt *m* II. *m* : ◇ **l'A**-, **l'Oceano A**- Atlantik, Atlantischer Ozean *m*

atleta ⟨-i, -e⟩ *m/f* Athlet(in *f*) *m*; **a'tletica** *f* Athletik *f*; **at'leti|co** ⟨-ci, -che⟩ *agg* athletisch

atmosfera *f* anche *FIG* Atmosphere *f*; **atmos'feri|co** ⟨-ci, -che⟩ *agg* atmosphärisch

a'tomi|co ⟨-ci, -che⟩ *agg* atomisch, Atom-; **'atomo** *m* FIS, CHIM Atom *n*

'atrio *m* Vorhalle *f*, Vorraum *m*

atroce *agg* (*che suscita terrore e raccapriccio*) furchtbar, schrecklich; ↑ *crudele* grausam; **atrocità** *f* Gräßlichkeit *f*; (*atto*) Grausamkeit *f*

attaccamento *m FIG* Anhänglichkeit *f*

attaccapanni *m* ⟨inv⟩ (*da parete*) Kleiderhaken *m*; (*a stelo*) Kleiderständer *m*

attaccare ⟨3.4.⟩ *irr* I. *vt* ① (*unire incollando*) [fest]kleben; → *bottone* nähen, annähen; ↑ *appendere* hängen, aufhängen; ↑ *affiggere* anschlagen ② ↑ *assalire* angreifen ③ *FIG* ↑ *contagiare* anstecken, übertragen ④ SPORT angreifen ⑤ *FIG* ↑ *criticare* angreifen ⑥ ↑ *cominciare* beginnen, anfangen; ◇ - *discorso* ein Gespräch anknüpfen II. *vi* ① ↑ *aderire* kleben, haften ② (*andare all'assalto*) eingreifen ③ ↑ *cominciare* beginnen, anfangen ④ *FIG* ◇ **non attacca!** Du kannst mit mir treiben, was du willst! Es ist mir egal! III. *vi pron* ◇ -**rsi** ① (*rimanere attaccato*) kleben, ②; (*trasmettersi per contagio*) sich übertragen ③ *FIG* ↑ *affezionarsi* Zuneigung fassen (*a* zu *dat*) ④ GASTRON anbrennen

attaccatic|cio ⟨-ci, -ce⟩ *agg* ① (*in gen.*) klebrig ② *FIG* lästig

attac|co ⟨-chi⟩ *m* ① (*punto di unione*) Verbindungsstelle *f*, Verbindung *f*; (*SCI dello scarpone*) Bindung *f* ② MIL, CALCIO Angriff *m* ③ ↑ *inizio* Beginn *m*, Anfang *m* ④ MED Anfall *m* ⑤ *FIG* ↑ *critica* Angriff *m* ⑥ ELETTR Anschluß *m*

atteggiamento *m* Verhalten *n*; **atteggiarsi** ⟨3.10.⟩ *irr* *vr:* ◇ - **a** sich gebärden, sich aufspielen

at'tendere ⟨Pass. rem.: attesi/attendesti Part.: atteso⟩ *irr vt* warten auf *acc*

attendibile *agg inv* zuverlässig, glaubwürdig

attenersi ⟨4.17.⟩ *irr vr* FIG: ◇ - a sich halten an *acc*

attentamente *avv* aufmerksam

attentare *vi:* ◇ - a qu/qc auf jd-n/etw einen Anschlag verüben; **attentato** *m* Anschlag *m*, Attentat *n*

attento *agg* ① ▷*persona* aufmerksam ② ↑ *accurato* sorgfältig ③ ◇ **Attenti!** Vorsicht, Achtung!; ◇ **attenti al cane** Achtung, bissiger Hund; ◇ **stare** - vorsichtig sein

attenuante *f* mildernder Umstand *m;* **attenuare** I. *vt* ① → *urto* abschwächen ② → *dolore* lindern; → *pena, condanna* mildern II. *vi pron* ◇ **-rsi** *(diminuire di intensità)* schwächer werden

attenuto *p.pass.* **attenersi**

attenzione I. *f* Aufmerksamkeit *f* II. *inter* Vorsicht, Achtung

atterrag|gio ⟨-gi⟩ *m* Landung *f;* ◇ - di fortuna Notlandung *f;* **atterrare** I. *vt* niederwerfen; → *nemico* niederreißen II. *vi* ① ← *aereo* landen ② SPORT aufspringen

atterrire, ~rsi ⟨5.2.⟩ *irr vt, vi pron* erschrecken

attesa *f* ① *(l'aspettare)* Warten *n* ② *(tempo)* Wartezeit *f;* **atteso** I. *p.pass.* **attendere;** II. *agg* erwartet

attestato *m* Zeugnis *n,* Attest *n*

'atti|co ⟨-ci⟩ *m* Dachwohnung *f*

attiguo *agg* angrenzend an *acc; (camera)* Neben**attillato** *agg* enganliegend

'attimo *m* Augenblick *m;* ◇ **in un** - im Nu

attinente *agg inv:* ◇ - a qc jd-n/etw betreffend

at'tingere ⟨Pass. rem.: attinsi/attingesti Part.: attinto⟩ *irr vt* FIG entnehmen, schöpfen

attirare *vt anche* FIG anziehen

atti'tudine ¹ *f* ↑ *disposizione* Begabung *f,* Anlage *f*

atti'tudine ² *f* ↑ *atteggiamento* Haltung *f*

attivare *vt* in Betrieb setzen; **attività** *f* ① *(l'essere attivo)* Tätigkeit *f* ② ↑ *lavoro, occupazione* Tätigkeit *f,* Beschäftigung *f* ③ FIN Aktiva *pl;* **attivo** I. *agg* aktiv, tätig, wirksam II. *m* ① LING Aktiv *n* ② FIN Aktivum *n*

attizzare *vt anche* FIG schüren

atto *m* ① *azione, gesto* Tat *f,* Handlung *f;* ◇ **prendere - di** qc von etw *dat* Kenntnis nehmen ② (DIR *documento)* Akte *f* ③ ◇ - di fede Glaubensbekenntnis *n* ④ *(teatro)* Akt *m,* Aufzug *m*

at'tonito *agg* ↑ *sorpreso* erstaunt

attorcigliare ⟨3.6.⟩ *irr* I. *vt (avvolgere: su se stesso)* aufwickeln; *(intorno a qc)* wickeln II. *vr* ◇ **-rsi** sich wickeln

at|tore(-trice *f) m* ① *(di cinema, di teatro)* Schauspieler(in *f) m* ② DIR Kläger(in *f) m*

attorno attorno. *avv* herum II. *prep:* ◇ - a um *acc*... herum, um *acc*

attra'ente *agg inv* anziehend, reizend; **attrarre** ⟨4.35.⟩ *irr vt anche* FIG ↑ *attirare* anziehen; **attrattiva** *f* FIG ↑ *fascino* Anziehungskraft *f;* **attratto** *p.pass.* **attrarre**

attraversare *vt* ① → *strada* überqueren; *(con veicolo)* durchqueren ② FIG → *periodo difficile* durchmachen; **attraverso** *prep (tempo, luogo)* durch *acc*

attrazione *f* ① ▷*magnetica* Anziehung *f* ② FIG Anziehungskraft *f* ③ *(spettacolo)* Attraktion *f*

attrezzare I. *vt* ausrüsten, ausstatten II. *vr* ◇ **-rsi** sich ausrüsten; **attrezzatura** *f* Ausrüstung *f,* Ausstattung *f;* **attrezzistica** *f* Geräteturnen *n;* **attrezzo** *m* ① *(in gen.)* Gerät *n,* Werkzeug *n* ② SPORT Gerät *n*

attribuire ⟨5.2.⟩ *irr vt* ① ◇ - qc a qu ↑ *assegnare* jd-m etw zuerkennen ② FIG ◇ - qc a qu jd-m etw zuschreiben; **attributo** *m* ① ↑ *qualità* Eigenschaft *f,* Merkmal *n* ② LING Attribut *n*

attrice *f vedi* attore

attuale *agg inv* ① ↑ *recente* aktuell ② ↑ *presente, odierno* gegenwärtig, derzeitig; **attualità** *f* Aktualität *f;* **attualizzare** *vt* aktualisieren; **attualmente** *avv* zur Zeit, gegenwärtig

attuare ⟨3.2.⟩ *irr vt* verwirklichen; ↑ *eseguire* ausführen

attutire ⟨5.2.⟩ *irr* I. *vt* → *rumori* dämpfen; → *dolori* schwächen, lindern II. *vi pron* ◇ **-rsi** sich mildern

audace *agg inv* ① ↑ *coraggioso* mutig ② ↑ *provocante* ▷*vestito, risposta* herausfordernd, frech ③ ↑ *innovatore* ▷*idea* kühn, gewagt; **au'da|cia** ⟨-cie⟩ *f* ① ↑ *coraggio* Mut *m* ② ↑ *insolenza* Frechheit *f*

audioleso(-a *f)* I. *agg* MED hörgeschädigt II. *m* Hörgeschädigte(r) *fm*

audiovisivo *agg* audio-visuell

audi'torio *m* Auditorium *n*

audizione *f* ① *(ascolto)* Hören *n;* MEDIA Empfang *m* ② *(prova, di cantante)* Vorsingen *n; (di attore)* vorsprechen

'auge *f* ⟨inv⟩ FIG Gipfel *m,* Höhepunkt *m;* ◇ **essere in** - hoch im Kurs stehend

augurare *vt* wünschen; ◇ **mi auguro che tu stia bene** ich hoffe, dir geht es gut; **augurio** *m* ① *(in gen.)* Glückwunsch *m* ② *(presagio)* Anzeichen *n* ③ ◇ **fare gli auguri a qu** jd-m Glück wünschen; ◇ **tanti auguri per il tuo compleanno** alles Gute zum Geburtstag!; ◇ **tanti auguri!** herzlichen Glückwunsch!

'**aula** f ① ▷*scolastica* Klasse f ② ▷*universitaria* Hörsaal m; (*del tribunale*) Gerichtssaal m

aumentare I. vt ① → numeri, popolazione vermehren; (in grandezza) vergrößern; (in lunghezza) verlängern; (in larghezza) erweitern; → prezzo erhöhen ② (nel lavoro a maglia) zunehmen II. vi essere ← numero, popolazione sich vermehren; ↑ ingrandirsi sich vergrößern; ← peso steigen; ← peso zunehmen; **aumento** m (di popolazione) Vermehrung f; (in grandezza) Vergrößerung f; (in lunghezza) Verlängerung f; (in larghezza) Erweiterung f; (di prezzo) Erhöhung f; (di peso) Zunahme f

aurora f Morgenröte f; ◇ - australe/boreale Süd-/Nordlicht n

ausiliare I. agg inv Hilfs- II. m/f Helfer(in f) m III. m LING Hilfsverb m; **ausiliario(-a** f) I. agg Hilfs- II. m/f Helfer(in f) m

auspicio ⟨-ci⟩ m ① (segno di presagio) Vorzeichen n ② (protezione) Schutz m

austerità f ① (in gen.) Strenge f ② COMM wirtschaftliche Einschränkung f

austero agg würdevoll, ernst, streng

Australia f GEO Australien n; **australiano(-a** f) I. agg australisch II. m/f Australier(in f) m

'**Austria** f GEO Österreich n; **aus'tria|co(-a** f) ⟨-ci, -che⟩ I. agg österreichisch II. m/f Österreicher(in f) m

autenticare ⟨3.4.⟩ irr vt AMM beglaubigen; **au'tenti|co** ⟨-ci, -che⟩ agg ① opera, firma, quadro authentisch, echt ② FIG wahr, echt ③ ↑ vero, reale wahr; **autentificare** vt vedi **autenticare**

autismo m MED Autismus m

autista ⟨-i, -e⟩ m/f (di autoveicoli) Chauffeur m; (di autobus) Busfahrer(in f) m; **au'tisti|co** ⟨-ci, -che⟩ agg MED autistisch

auto- pref Auto-, Selbst

'**auto** f ⟨inv⟩ Auto n, Wagen m

autoabbronzante m Selbstbräunungsmittel n

autodesivo agg selbstklebend

autoambulanza f Krankenwagen m

autobiogra'fia f Autobiographie f; **auto-bio'grafi|co** ⟨-ci, -che⟩ agg autobiographisch

autobomba f Autobombe f

'**autobus** m ⟨inv⟩ Autobus m

autocarro m Lastkraftwagen m

autocommiserazione f Selbstmitleid n

autocontrollo m Selbstbeherrschung f

autocritica f Selbstkritik f

autodemolizione f Verschrottung f

autodenunciarsi vr sich selbst anzeigen

autodidatta ⟨-i, -e⟩ m Autodidakt(in f) m; **auto-didat'ti|co** ⟨-ci, -che⟩ agg autodidaktisch

autodi'struggersi vr sich selbst zerstören; **au-todistruzione** f Selbstzerstörung f

au'todromo m Autorennbahn f

autofficina f Autoreparaturwerkstatt f

autofocus m ⟨inv⟩ FOTO Autofokus m

au'togeno agg autogen; ◇ **training** - autogenes Training

autogestione f Selbstverwaltung f

autogol m SPORT Eigentor n

au'tografo I. agg eigenhändig II. m ① (manoscritto) Original n, Autograph m ② (firma) Autogramm n

auto'grill m ⟨inv⟩ Raststätte f

autolinea f Omnibuslinie f

automa ⟨-i⟩ m ① TEC Automat m ② FIG ↑ robot Roboter m

automaticamente avv automatisch; **auto'mati|co** ⟨-ci, -che⟩ I. agg ① TEC automatisch, Selbst-; ◇ **pilota** - Autopilot m ② FIG automatisch, mechanisch II. m ▷bottone Druckknopf m; ▷fucile Repetiergewehr n

automezzo m Kraftfahrzeug n

auto'mobile f Auto n; **automobilismo** m SPORT Autosport m; **automobilista** ⟨-i, -e⟩ m/f Autofahrer(in f) m

autonoleggio m Autoverleih m

autono'mia f ① ↑ indipendenza Selbständigkeit, f, Autonomie f ② (di benzina in veicolo) Fahrreich m; (di volo ecc.) Flugbereich m; **au'tono-mo** agg autonom, selbständig

autop'sia f Autopsie f

autopulente agg inv selbstreinigend; ◇ **potere** m -, **capacità** f - Selbstreinigungskraft f

auto'radio f ⟨inv⟩ ① (apparecchio) Autoradio n ② (autoveicolo) Funkstreifenwagen m

au|tore(-trice f) m/f (in gen.) Autor(in f) m; (di un crimine) Täter(in f) m; ↑ scrittore Schriftsteller(in f) m; (artista) Künstler(in f) m; ◇ **diritti d'**- Urheberrecht n

autoregolamentazione f POL Selbstreglementierung f

autoregolazione f Selbstregelung f

autorespiratore m automatisches Atmungsgerät f

autorete f vedi **autogol**

autoreverse m ⟨inv⟩ Autoreverse n

auto'revole agg ⟨inv⟩ ▷persona angesehen, einflußreich; ▷giudizio maßgebend

autorimessa f Garage f

autorità f ① DIR Macht f, Befugnis f ② ◇ - governativa Regierungsbehörde f; ◇ - legislati-va gesetzgebendes Organ ⓞ (potere, persona) Autorität f; **autoritario** agg autoritär, herrisch; ▷stato autoritär

autorizzare vt ① ↑ *permettere* berechtigen, ermächtigen ② ↑ *giustificare* berechtigen; **autorizzazione** f ① ↑ *permesso* Berechtigung f ② ↑ *concessione* Bewilligung f, Genehmigung f

autoscatto m FOTO Selbstauslöser m

autoscontro m Skooter m

autoscuola f Fahrschule f

autostazione f (*degli autobus*) Busbahnhof m

autos'top m : ◇ **andare in** - per Anhalter fahren, trampen; **autostoppista** ⟨-i, -e⟩ m Anhalter(in f) m

autostrada f Autobahn f

autosufficiente agg inv selbstgenügsam

autotreno m Lastzug m

autoveicolo m Kraftfahrzeug n

autovettura f Personenkraftwagen m

autunno m Herbst m; ◇ **in** - im Herbst

avallo m COMM Bürgschaft f; ◇ **per** - als Wechselbürge

avambrac|cio ⟨-cia f/pl⟩ m ANAT Unterarm m

avanguardia f ① MIL Vorhut f ② Avantgarde f; ◇ **all'**- avantgardistisch; ◇ **essere all** - an der Spitze stehen

avanti I. avv ① (*stato in luogo*) vorn(e); FIG ◇ **essere** - **negli studi** mit dem Studium vorangekommen sein ② (*moto: di allontanamento*) voraus; (*di avvicinamento*) näher; ◇ **andare** - **e indietro** hin und her gehen; ◇ **andare** - weitermachen, fortsetzen; ◇ **farsi** - näher kommen ③ (*tempo: prima*) vorher, früher; ◇ **l'orologio va** - die Uhr geht vor II. inter ① (*invito ad entrare*) herein ② MIL vorwärts ③ ↑ *suvvia* los III. prep ① (*tempo*) vor; ◇ - **Cristo** vor Christus ② (*che si trova davanti*) vor *dat/akk*

avanzamento m ① ↑ *progressione* Fortschreiten n, Vorankommen n ② ↑ *promozione* Aufstieg m, Beförderung f ③ FIG ↑ *progresso* Fortschritt m

avanzare ¹ I. vt ① (*spostare in avanti*) vorverlegen ② → *domanda, proposta* aufstellen ③ FIG ↑ *sorpassare* übertreffen ④ FIG ↑ *promuovere* befördern II. vi essere ① (*andare avanti*) vorwärtsgehen ② (*FIG con lavoro*) vorwärtskommen, vorankommen III. vi pron ◇ -**rsi** sich nähern

avanzare ² I. vt guthaben II. vi übrigbleiben

avanzata f MIL Vormarsch m

avanzo m ① ↑ *residuo* Rest m ② MAT Rest m ③ COMM Überschuß m

ava'ria f Panne f, Schaden m

avariato agg ▷*cibo* verdorben

avarizia f Geiz m; **avaro(-a** f) I. agg ▷*persona* geizig; ▷*terreno* karg; (*FIG di parole*) wortkarg II. m/f Geizige(r) f m

avena f BIO Hafer m

avere ¹ ⟨II⟩ *irr* vt ① (*in gen.*) haben; ◇ **avercela con qu** etw gegen jd-n haben; ◇ - **da mangiare/ bere** zu essen/trinken haben; ◇ - **bisogno di** brauchen; ◇ - **luogo** stattfinden ② ↑ *possedere* besitzen, haben ③ ◇ **ho freddo/caldo** mir ist kalt/warm; ◇ **ho la febbre alta** ich habe hohes Fieber ④ ↑ *ricevere* bekommen ⑤ ↑ *tenere* halten ⑥ ◇ - **da fare qc** etw acc zu tun haben; ◇ - **a che fare** [*o.* **vedere**] **con qu/qc** mit jd-m/etw zu tun haben

avere ² m ① COMM Guthaben n ② ◇ **averi** m/pl Vermögen n, Eigentum m

avia|tore(-trice) m Flieger(-in f) m; **aviazione** f ① (*complesso di aviatori, di aerei*) Flugwesen n ② (*scienza*) Flugtechnik f

avidità f Gier f, Begierde f; **'avido** agg gierig, begierig (*di* nach *dat*)

avo(-a f) m Vorfahre m, Vorfahrin f

avocado m BIO Avocado f

avorio m Elfenbein n

avuto p.pass. avere

avv. abbr. di **avvocato** Adv.

avvallamento m Senkung f

avvalorare I. vt ↑ *convalidare* bestätigen II. vi pron ◇ -**rsi** (*prendere vigore*) fit sein

avvantaggiare ⟨3.3.⟩ irr I. vt begünstigen II. vr ◇ -**rsi** ① ◇ -**rsi in** (*trarre vantaggio*) Vorteil [*o.* Nutzen] ziehen aus ② ◇ -**rsi su qu** ↑ *prevalere* jd-m gegenüber im Vorteil sein

avvedersi vi pron bemerken, wahrnehmen; **avveduto** agg klug;

avvelenamento m ① (*in gen.*) Vergiftung f ② (*uccisione*) Giftmord m; **avvelenare** vt ① (*in gen.*) vergiften ② ↑ *uccidere* durch Gift töten ③ FIG verbittern

avvenente agg inv anmutig, gefällig; **avvenenza** f Reiz m

avvenimento m Vorfall m, Ereignis n

avvenire ¹ ⟨5.6.⟩ irr I. vi essere sich ereignen, vorfallen

avvenire ² m Zukunft f

avventarsi vr : ◇ - **contro qu/qc** sich stürzen auf acc

avventato agg ↑ *impulsivo* voreilig; ↑ *imprudente* leichtsinnig

avvento m ① ↑ *era* Anbruch m; (*al trono*) Besteigung f ② REL Advent m

avven|tore(-trice f) m/f Kunde m, Kundin f

avventura f ① Abenteuer n ② (*d'amore*) Liebesabenteuer n; **avventurarsi** vr sich wagen; **avventuriero(-a** f) m Abenteurer(in f) m; **avventuroso** agg (*in gen.*) abenteuerlich; ▷*persona* abenteuerlustig

avvenuto *p.pass.* **avvenire**

avverarsi *vr* sich bewahrheiten

av'verbio *m* LING Adverb *n*

avversare I. *vt* bekämpfen II. *vr* ◇ -rsi sich bekämpfen

avver'sario(-a *f*) I. *agg* gegnerisch II. *m/f* Gegner(in *f*) *m*

aversione *f* ↑ *antipatia* Abneigung *f*; **avversità** *f* ① ↑ *ostilità* Ungunst *f* ② ↑ *disgrazia* Unglück *n*; **averso** *agg* ▷*persona* widrig; ▷*avvenimento* ungünstig

avvertenza *f* ① ↑ *ammonimento* Mahnung *f*, Warnung *f* ② ↑ *cautela* Behutsamkeit *f* ③ ◇ **avvertenze** *fpl* (*istruzioni per l'uso*) Gebrauchsanweisung *fpl*; **avvertimento** *m* Benachrichtigung *f* ② ↑ *diffida* Warnung *f*; **avvertire** *vt* ① ↑ *avvisare* benachrichtigen ② ↑ *percepire* spüren

avvezzo *agg*: ◇ - a gewöhnt an *acc*

avviamento *m* ① (*l'avviare*) Einleitung *f*, Einführung *f* ② AUTO Anlassen *n* ③ COMM, TEC Inbetriebsetzung *f*; **avviare** ⟨3.10.⟩ *irr* I. *vt* ① (*mettere sul cammino*) leiten ② FIG ↑ *indirizzare* einleiten ③ → *motore* anlassen ④ INFORM starten II. *vi pron* ◇ -rsi ① (*mettersi in cammino*) sich auf den Weg machen ② FIG ◇ -rsi a fare qc (*essere in procinto di*) im Begriff sein, etw zu tun; **avviato** *agg* ▷*negozio* gutgehend; (*negli studi*) bewandert

avvicendare I. *vt* abwechseln II. *vr* ◇ -rsi sich abwechseln

avvicinamento *m* Annäherung *f*; **avvicinare** I. *vt* ① → *oggetto* nähern ② (*trattare con*) → *persona* sich nähern *dat* II. *vi pron*: ◇ -rsi a sich nähern, nahekommen *dat*

avvilente *agg inv* demütigend; **avvilimento** *m* ① ↑ *scoraggiamento* Mutlosigkeit *f* ② ↑ *umiliazione* Erniedrigung *f*, Demütigung *f*; **avvilire** ⟨5.2.⟩ *irr* I. *vt* entwürdigen, erniedrigen II. *vi pron* ◇ -rsi ↑ *abbattersi* den Mut verlieren

avvincente *agg inv* ▷*romanzo, libro* fesselnd, hinreißend; **avvincere** ⟨Pass. rem.: avvinsi/avvincesti Part.: avvinto⟩ *irr vt* FIG hinreißen, packen

avvinghiare ⟨3.6.⟩ *irr* I. *vt* umklammern II. *vr*: ◇ -rsi a sich klammern an *acc*

avvisare *vt* ① ↑ *avvertire* verständigen, benachrichtigen ② ↑ *ammonire* warnen; **avviso** *m* ① ↑ *notizia* Nachricht *f*, Meldung *f* ② ↑ *comunicato* Bekanntmachung *f*; (*inserzione pubblicitaria*) Anzeige *f* ③ ↑ *avvertimento* Warnung *f*; ◇ - di sfratto Kündigung *f* ④ ◇ a mio - meiner Meinung nach

avvitare *vt* ① (*in gen.*) anschrauben ② → *lampadina, vite ecc.* eindrehen

avvizzire ⟨5.2.⟩ *irr vi essere* verwelken, welken

avvoca|to *mf* ① DIR [Rechts-]Anwalt *m*, [Rechts-]Anwältin *f* ② FIG Fürsprecher(in *f*) *m*

av'volgere ⟨avvolsi avvolgesti avvolto⟩ *irr* I. *vt* (*in gen.*) einwickeln; → *bambino* hüllen II. *vi pron* ◇ -rsi ↑ *attorcigliarsi* sich winden um, sich wickeln um *acc* III. *vi* ↑ *avvilupparsi* sich einhüllen; **avvol'gibile** I. *agg inv* Roll- II. *m* Rolladen *m*; **avvolgimento** *m* (*di corda, di pacco*) Einpackung, Einwicklung *f*; **avvolto** *p.pass.* **avvolgere**

avvol'toio *m* FAUNA Geier *m*

azienda *f* Betrieb *m*, Firma *f*

azione[1] *f* ① (*l'agire*) Handlung *f*, Tat *f*, Aktion *f* ② (*effetto*) Wirkung *f*, Auswirkung *f* ③ (*di romanzo ecc.*) Handlung *f* ④ DIR Klage *f* ⑤ SPORT Angriff *m*

azione[2] *f* COMM Aktie *f*

azionista ⟨-i, -e⟩ *m* COMM Aktionär(in *f*) *m*

azzannare *vt* mit den Zähnen packen, beißen

azzardare I. *vt* riskieren, wagen II. *vr* ◇ -rsi sich trauen, es wagen; **azzardato** *agg* ↑ *avventato* unüberlegt; **azzardo** *m* Wagnis *n*; ◇ gioco d'-Glücksspiel *n*

azzeccare ⟨3.4.⟩ *irr vt* ↑ *indovinare* erraten

azzeramento *m* ① TEC Nulleinstellung *f* ② POL, COMM Aufhebung *f*; **azzerare** *vt* ① TEC auf Null stellen ② POL, COMM aufheben

azzuffarsi *vr* sich raufen

azzurrino(-a *f*) I. *agg* bläulich II. *m* SPORT Nationalspieler (in *f*) *m* der Juniorenklasse; **azzurro** I. *agg* blau II. *m* ① (*colore*) Blau, Himmelblau *n* ② SPORT ◇ **gli azzurri** die italienische Nationalmannschaft

B

b, B *f* ⟨inv⟩ b, B *n*

babbeo(-a *f*) *m* Dummkopf *m*, Tölpel *m*

babbo *m* FAM Papa *m*, Vati *m*

babbu|ccia ⟨-cce⟩ *f* (*in gen.*) Pantoffel *m*; (*pantofolina da neonato*) Babyschuh *m*

babbu'ino *m* FAUNA Pavian *m*

baby-sitter *m/f* Babysitter *m*

babordo *m* NAUT Backbord *n*

bacato(-a *f*) *agg* wurmstichig

ba|cca ⟨-cche⟩ *f* FLORA Beere *f*

baccalà *m* FAUNA Klippfisch *m*; ↑ *stoccafisso* Stockfisch *m*

baccano *m* Heidenlärm *m*

baccello *m* FLORA Hülsenfrucht *f*

bacchetta *f* 1 ↑ *asticciola* Rute *f;* ◇ **- magica** Zauberstab *m;* (*bastone di comando*) Stab *m* 2 MUS Taktstock *m*

bacheca *f* Schaukasten *m,* Vitrine *f*

baciare ⟨3.3.⟩ I. *irr vt* küssen II. *vr* ◇ -**rsi** sich küssen

bacillo *m* BIO Bazillus *m*

bacinella *f* Schüssel *f,* Wanne *f*

bacino [1] *m* ANAT, GEO Becken *n;* ◇ **- idroelettrico** Stausee *m*

bacino [2] *m* (*piccolo bacio*) Küßchen *n*

ba|cio ⟨-ci⟩ *m* Kuß *m*

background *m* ⟨inv⟩ Hintergrund *m,* Background *m*

ba|co ⟨-chi⟩ *m* FAUNA Made *f,* Wurm *m;* ◇ **- da seta** Seidenraupe *f*

badare *vi* 1 ◇ **- a** ↑ *aver cura, custodire* sich kümmern um 2 ↑ *far attenzione a* achtgeben/ aufpassen auf *acc;* ◇ **non - a spese** keine Ausgaben scheuen; ◇ **bada ai fatti tuoi!** schere dich um deine eigenen Angelegenheiten!

badessa *f* REL Äbtissin *f*

badile *m* ARCHIT Schaufel *f*

baffi *m/pl* Schnurrbart *m;* ◇ **ridere sotto i -** sich *dat* ins Fäustchen lachen; ◇ **leccarsi i -i** sich die Finger nach etw lecken

bagagli'aio *m* Gepäckwagen *m;* **bagaglio** *m* 1 (*in gen.*) Gepäck *n* 2 FIG ◇ **- di esperienze** Erfahrungsschatz *m*

bagarre *f* FIG Aufruhr *m*

bagliore *m* 1 ↑ *luce* Licht *n,* Schein *m* 2 FIG Schimmer *m*

bagnante *m/f* Badende(r) *fm,* Badegast *m;* **bagnare** I. *vt* 1 (*con liquidi*) naß machen; (*appena*) anfeuchten 2 ↑ *lambire:* → *fiume* fließen durch; → *mare* berühren II. *vr* ◇ **-rsi** (*rovesciarsi addosso del liquido*) baden/waschen; **bagnata** *f* Naßmachen *n;* **bagnino(-a)** *m/f* Bademeister (*in f*) *m*

bagno *m* 1 (*locale*) Bad *n,* Badezimmer *n* 2 (*nell'acqua*) Bad *n;* ◇ **fare il -** baden; ◇ **fare il - a qu** jd-n baden; FIG ◇ **- di sangue** Blutbad *n;* ◇ **essere in un - di sudore** schweißgebadet sein; ◇ **mettere qc a -** etw einweichen 3 ◇ **-i termali** Thermalbäder *n/pl*

bagnoma'ria *m* Wasserbad *n*

bagnoschiuma *m* ⟨inv⟩ Schaumbad *n*

'**baia** *f* GEO Bucht *f,* Meerbusen *m*

baionetta *f* MIL Bajonett *n*

baita *f* [Berg-]Hütte *f*

bala'ustra *vedi* **balaustrata**

balaustrata *f* Balustrade *f*

balbettare I. *vi* (*in gen.*) stottern; ← *bambino*

lallen II. *vt* stammeln; **balbet'tio** ⟨-ii⟩ *m* Gestotter *n,* Gestammel *n;* **balbuzie** *f* MED Stottern *n;* **balbuziente** I. *agg inv* stotternd II. *m/f* Stotterer *m,* Stotterin *f*

Balcani *m/pl* GEO: ◇ **i -** der Balkan *m*

balconata *f* Balkon *m,* Galerie *f;* **balcone** *m* Balkon *m*

baldacchino *m* Baldachin *m*

baldanza *f* Übermut *m;* **baldanzoso** *agg* übermütig

baldo *agg* kühn

baldoria *f* Ausgelassenheit *f;* ◇ **far -** feiern

balena *f* FAUNA Wal *m*

balenare *vi* essere 1 ↑ *lampeggiare* blitzen 2 ↑ *splendere* aufleuchten, aufblitzen 3 (FIG *apparire all'improvviso*) ◇ **le balenò un sospetto** in ihr keimte ein Verdacht [auf]

baleno *m* Blitz *m;* FIG ◇ **in un -** im Nu

balenottera *f* FAUNA Finnwal *m*

balera *f* Tanzboden *m*

balestra *f* 1 (*arma*) Armbrust *f* 2 AUTO Blattfeder *f*

'**balia** [1] *f* (*donna*) Amme *f*

ba'lia [2] *f* ↑ *forza* Gewalt *f;* ◇ **essere in - di qu** in jd-s Gewalt sein; ◇ **in - della sorte** dem Schicksal preisgegeben

ba'listica *f* Ballistik *f*

balla *f* 1 (*di merci*) Ballen *m* 2 FIG FAM ↑ *bugia* Schwindelei *f;* ◇ **raccontare -e** flunkern

ballare *vt, vi* tanzen; **ballata** *f* 1 LETT Ballade *f* 2 MUS Tanzlied *n;* **ballerina** *f* 1 ↑ *danzatrice* Tänzerin *f* 2 ◇ **prima -** Primaballerina *f* 2 (*tipo di scarpa*) Ballerina *f* 3 FAUNA Bachstelze *f;* **ballerino** I. *agg* tanzend II. *m* Tänzer *m;* **balletto** *m* Ballett *n;* **ballo** *m* 1 (*azione*) Tanzen *n;* ◇ **corpo di -** Ballettkorps *n;* FIG ◇ **essere in - auf dem Spiel stehen;** ◇ **tirare in ballo qc** etw vorbringen 2 (*tipo di danza*) Tanz *m* 3 (*festa*) Tanzfest *n,* Ball *m*

ballottaggio *m* Stichwahl *f;* **ballottare** *vt* abstimmen über *acc*

balne'abile *agg inv* für den Badebetrieb freigegeben/geeignet; **balne'are** *agg inv* Bade-; ◇ **stazione -** Badeort *m;* ◇ **stabilimento -** Badeanstalt *f;* **balneazione** *f* (*il bagnarsi, nel mare*) Baden *n* [im Meer]; ◇ **divieto di -** Baden verboten

balo|cco ⟨-cchi⟩ *m* Spielzeug *n*

balordo *agg* 1 ↑ *tonto* dumm, blöd 2 ↑ *stordito* benommen 3 (*persona poco raccomandabile*) schlecht

'**balsamo** *m* Balsam *m*

'**Baltico** *m* GEO: ◇ **il [Mar] -** die Ostsee

B

balu'ardo *m* Bollwerk *n*

balza *f* ⟨1⟩ ↑ *dirupo* Steilhang *m*, Steilwand *f* ⟨2⟩ (*di stoffa*) Volant *m*

balzare *vi* essere ⟨1⟩ (*dal letto, in sella*) hochspringen; ◇ **- in piedi** aufspringen ⟨2⟩ (*essere evidente*) ◇ **- agli occhi** ins Auge springen, in die Augen springen

balzo ¹ *m* ↑ *salto* Sprung *m*; FIG ◇ **prendere la palla al** - die Gelegenheit beim Schopf ergreifen/ packen

balzo ² *m* ⟨1⟩ (*di terreno*) Vorsprung *m* ⟨2⟩ ↑ *balza* Steilhang *m*

bambagia *f* ⟨1⟩ (*ovatta*) Watte *f*; (*cascame*) Baumwollabfall *m* ⟨2⟩ FIG ◇ **tenere nella** - jd-n mit Samthandschuhen anfassen

bambinaia *f* Kindermädchen *n*; **bambino(-a** *f*) **I.** *agg* kindlich **II.** *m* Kind *n*; (*maschio*) Junge *m*; (*femmina*) Mädchen *n*

bambo|ccio(-a *f*) ⟨-cci, -cce⟩ *m* ⟨1⟩ (*bambino grassoccio*) dickes Kind, Dickerchen *n* ⟨2⟩ FIG ↑ *semplicione* Trottel *m* ⟨3⟩ ↑ *pupazzo, bambola* Puppe *f*

'bambola *f* Puppe *f*

bambù *m* BIO Bambus *m*

banale *agg inv* banal; **banalità** *f* Banalität *f*

banana *f* ⟨1⟩ FLORA Banane *f* ⟨2⟩ (*tipo di panino*) langes Brötchen *n* ⟨3⟩ ELETTR Bananenstecker *m*; **banano** *m* FLORA Bananenstaude *f*

ban|ca ⟨-che⟩ *f* ⟨1⟩ ▷*popolare, centrale* Bank *f* ⟨2⟩ INFORM ◇ **- dei dati** Datenbank *f* ⟨3⟩ ◇ **- di organi** Organbank *f*

banca-dati *f* INFORM Datenbank *f*

bancarella *f* [Verkaufs]Stand *m*

bancario(-a *f*) **I.** *agg* Bank- **II.** *m/f* Bankangestellte(r) *fm*

bancarotta *f* DIR Bankrott *m*

banchetto *m* ⟨1⟩ (*pranzo sontuoso*) Bankett *n* ⟨2⟩ (*piccolo banco*) Bänkchen *n*

banchiere *mf* ⟨1⟩ (*proprietario*) Bankier *m*; (*impiegato*) Bankangestellte(r) *fm* ⟨2⟩ (*di gioco d'azzardo*) Bankhalter(in *f*) *m*

banchina *f* ⟨1⟩ (*lungo il porto*) Kai *m* ⟨2⟩ (*di strada*) Bankett *n*; (*per pedoni*) Fußweg *m*, Gehweg *m*; (*per ciclisti*) Radweg *m*; (*salvagente*) Insel *f* ⟨3⟩ (*di stazione*) Bahnsteig *m*

ban|co ⟨-chi⟩ *m* ⟨1⟩ (*di chiesa, di scuola*) Bank *f* ⟨2⟩ (*di negozio, di bar*) Theke *f* ⟨3⟩ (*di officina*) Arbeitstisch *m*; FIG ◇ **- di prova** Prüfstand *m* ⟨4⟩ GEO Schicht *f* ⟨5⟩ ↑ *ammasso* ◇ **- corallino** Korallenriff *n*; ◇ **- di nebbia** Nebelbank *f*

'bancomat *m* ⟨inv⟩ (*sportello*) Geldautomat *m*

banconota *f* Banknote *f*, Geldschein *m*

banda ¹ *f* ⟨1⟩ (*di ladri*) Bande *f* ⟨2⟩ (*di giovinastri*) Gruppe *f*, Horde *f* ⟨3⟩ MUS Kapelle *f*

banda ² *f* ⟨1⟩ (*di stoffa*) Band *n*, Streifen *m* ⟨2⟩ MEDIA Band *n*; ◇ **- di frequenza** Frequenzband *n*

banda ³ *f* ↑ *lato, parte* Seite *f*

banda ⁴ *f* (*lamiera sottile*) Blech *n*

banderu'ola *f* ⟨1⟩ (*segnavento*) Fähnchen *n* ⟨2⟩ METEO Wetterfahne *f*

bandi'era *f* (*in gen.*) Fahne *f*; ◇ **il punto/goal della** - Ehrentreffer *m*

bandire ⟨5.2.⟩ *irr vt* ⟨1⟩ ↑ *annunciare* verkünden; → *concorso* ausschreiben ⟨2⟩ ↑ *esiliare* verbannen ⟨3⟩ FIG beiseite lassen

bandito *m* Bandit *m*

bandi|tore(-trice *f*) *m* ⟨1⟩ (*di aste*) Auktionator (in *f*) *m* ⟨2⟩ (FIG *promotore*) Verkünder(in *f*) *m*

bando *m* ⟨1⟩ (*pubblico annuncio*) Bekanntmachung *f* ⟨2⟩ ↑ *esilio* Verbannung *f*; ◇ **- agli scherzi** Scherz beiseite

bar *m* ⟨inv⟩ (*locale*) Bar *f*, [Steh-]Café *n*

bara *f* Sarg *m*

baracca ⟨-cche⟩ *f* ⟨1⟩ (*costruzione*) Baracke *f* ⟨2⟩ (PEG *in cattive condizioni*) Wrack *n* ⟨3⟩ ◇ **far** - es krachen lassen ⟨4⟩ ◇ **mandare avanti la** - die Familie durchbringen

baracchino *m* (*chiosco per vendere bibite, giornali ecc.*) Kiosk *m*, Büdchen *n*; **barac'copoli** *f* ⟨inv⟩ Barackenstadt *f*, heruntergekommener Vorort *m*

baraonda *f* ↑ *confusione* Durcheinander *n*

barare *vi* betrügen

'baratro *m anche* FIG Abgrund *m*

barattare *vt* (*in gen.*) tauschen; **baratto** *m* ↑ *scambio* Tausch *m*

ba'rattolo *m* Dose *f*, Büchse *f*; (*di vetro*) Glas *n*

barba *f* Bart *m*; ◇ **farsi la** - sich rasieren; ◇ **che - !** wie langweilig !

barbabi'etola *f* FLORA Rübe *f*; ◇ **- rossa** rote Beete *f*

barbaramente *avv* ↑ *crudelmente* grausam, barbarisch

bar'bari|co ⟨-ci, -che⟩ *agg* barbarisch; ◇ **le invasioni barbariche** die Völkerwanderung *f*; **bar'barie** *f* ⟨inv⟩ (*azione crudele*) Barbarei *f*; **'barbaro I.** *agg* barbarisch **II.** *m* (**-a** *f*) Barbar(in *f*) *m*

barbecue *m* ⟨inv⟩ Grillen *n*; (*mezzo*) Grill *m*

barbi'ere(-a *f*) *m* [Herren-]Friseur(in *f*) *m*

barbi'turico *m* (MED *farmaco*) Barbiturat *n*

barbone *m* ⟨1⟩ (*razza di cane*) Pudel *m* ⟨2⟩ ↑ *vagabondo* Landstreicher(in *f*) *m*; **barbuto** *agg* bärtig

bar|ca ¹ ⟨-che⟩ *f* ⟨1⟩ (*in gen.*) Boot *n*; ◇ **- a vela/motore/remi** Segel /Motor /Ruderboot *n* ⟨2⟩ FIG ◇ **siamo tutti nella stessa** - wir sitzen alle im gleichen Boot

barca² f(FIG gran quantità) Menge f, Haufen m;
barcai'olo(-a f) m 1 (conducente) Bootsführer
(in f) m 2 (noleggiatore) Bootsverleiher(in f) m
barcollare vi wanken, taumeln
barcone m 1 (grossa barca portuale) großer
Kahn m 2 (per ponti di barche) Ponton m
barella f 1 † lettiga Bahre f 2 (per il trasporto
di materiali) Trage f
baricentro m FIS Schwerpunkt m
barile m Faß n
barista ⟨-i, -e⟩ m/f 1 (proprietario) Barbesitzer
(in f) m 2 (chi lavora in un bar) Barkeeper(in f)
m, Barmann/-frau
ba'ritono m MUS Bariton m
barlume m Schimmer m
baro|cco ⟨-chi, -cche⟩ I. agg Barock-, barock
II. m Barock n/m
ba'rometro m Barometer n
barone(-essa f) m (titolo) Baron(in f) m
barra f 1 (asta di legno o metallo) Stange f, Stab
m 2 (lingotto) Barren m 3 (linea grafica) Strich
m
barricare ⟨3.4.⟩ irr vt verbarrikadieren; **barricata** f Barrikade f
barri'era f 1 (in gen.) Barriere, Schranke f 2 ◇ -
corallina Korallenriff n; ◇ - **di montagne** Bergkette f 3 FIG † impedimento, ostacolo Hindernis
n; ◇ - **architettonica** nicht behindertengerechte
Bauweise f; ◇ - **del suono** Schallmauer f 4
CALCIO [Abwehr-]Mauer f
baruffa f Streit m, Zank m
barzelletta f Witz m
basare I. vt ein Fundament legen für II. vr:
◇ -**rsi su** gründen auf acc, basieren auf dat
basco ⟨-schi, -sche⟩ I. m (-a f) (popolazione)
Baske(in f) m II. m (copricapo) Baskenmütze f
base I. f 1 (in gen.) Fundament n, Basis f 2 FIG
† fondamento, sostegno Grundlage f, Basis f;
◇ **porre le -i di una tesi** die Grundlagen für eine
These aufstellen; ◇ **a - di** auf der Grundlage von;
◇ **in -** a auf Grund von; ◇ - **dati** Datenbasis f 3
MIL ◇ - **aerea/navale/missilistica** Luft-/Mari-
ne-/Raketenstützpunkt m 4 (SPORT baseball)
Mal n II. agg (fondamentale, di partenza):
◇ **stipendio** - Grundgehalt n
basetta f Koteletten pl
'**basi|co** ⟨-ci, -che⟩ agg CHIM basisch
basilare agg inv † fondamentale Grund-, grundlegend
ba'sili|ca ⟨-che⟩ f Basilica f
ba'sili|co ⟨-chi⟩ m BIO Basilikum n
bassezza f 1 † meschinità Niederträchtigkeit f
2 (azione vile) Gemeinheit f
basso I. agg 1 (non alto, non profondo) niedrig

2 ▷voce leise; (tono della voce) tief 3
↑ meridionale südlich, Unter- 4 ◇ -a stagione
Nebensaison f 5 (di ceto inferiore) niedrig, einfach 6 ↑ volgare, immorale niederträchtig II.
avv (verso il basso) tief, niedrig III. m 1 (parte
bassa, inferiore) unterer Teil m; ◇ **cadere in -**
tief fallen; ◇ **guardare qu dall'alto in -** jd-n von
oben bis unten mustern 2 MUS Baß m
bassofondo ⟨bassifondi⟩ m 1 (del mare) Untiefe f 2 FIG ◇ **bassifondi** m/pl Unterwelt f
bassorili'evo m ARTE Basrelief n
basta I. inter Schluß jetzt ! Es reicht ! II. congiunz † purchè wenn nur; ◇ **puoi uscire, - che tu
stia attento** du kannst ausgehen, wenn du nur
aufpaßt
bastardo I. agg 1 ▷cane nicht reinrassig;
▷pianta hybrid 2 PEG ▷persona unehelich;
FIG verdorben II. m (-a f) PEG Bastard m
bastare I. vi essere (essere sufficiente a) reichen,
genügen II. vi impers: ◇ **basta telefonarle** es
reicht, wenn man sie anruft
bastimento m NAUT Schiff n
bastione m Bastion f, Bollwerk n
bastonare vt verprügeln; **bastoncino** m
(SPORT sci) Skistock m; **bastone** m 1 (in
gen.) Stock m; ◇ - **da passeggio** Spazierstock m
2 SPORT Schläger m 3 ◇ **avere il - del comando** das Kommando führen 4 ◇ **mettere il - tra le
ruote a qu** jd-m einen Knüppel zwischen die
Beine werfen
batiscafo m Bathyskaph m, Tiefseeboot n
batosta f 1 † botte, percosse Schlag, Stoß m 2
(grave danno) Schlag m
battaglia f 1 MIL Schlacht f 2 FIG ◇ - **elettorale** Wahlkampf m; **battagliero** agg kämpferisch; **battaglione** m MIL Bataillon n
battello m NAUT Boot n
battente I. agg ▷pioggia prasselnd II. m 1
(imposta: di porta, di finestra) Flügel m; FIG
◇ **chiudere i -i** die Tore schließen 2 † battiporta
Türklopfer m 3 (di orologio, di campana) Uhr-
hammer m
'**battere** I. vt 1 (in gen.) schlagen; ◇ - **a macchina** maschineschreiben 2 SPORT ◇ - **una punizione** einen Freistoß ausführen 3 FIG ◇ **senza -
ciglio** ohne mit der Wimper zu zucken; ◇ **in un
batter d'occhio** in einem Augenblick 4 FIG
FAM ◇ - **il marciapiede auf den Strich gehen** 5
↑ vincere schlagen 6 AUTO ◇ - **in testa** klopfen
II. vi 1 † cadere ← pioggia prasseln; ← cuore
klopfen 2 ← ora schlagen 3 (FIG insistere su)
sich aufhalten mit III. vr ◇ -**rsi** (combattere) sich
schlagen; FIG ◇ -**rsi per qc** für etw kämpfen
batte'ria f 1 MIL Batterie f 2 MUS Schlagzeug

n ③ ◇ - **da cucina** Küchengeräte n/pl ④ ◇ - [**elettrica**] Batterie f ⑤ (SPORT *turni eliminatori*) Qualifikation f

batterio m BIO Bakterie f

batterista m/f MUS Schlagzeuger(in f) m

bat'tesimo m REL Taufe f; ◇ - **del fuoco** Feuertaufe, f; **battezzare** vt taufen

battibaleno m : ◇ **in un** - in einem Augenblick m

battibe|cco ⟨-cchi⟩ m ↑ *disputa* Schlagabtausch m, Diskussion f

batticu'ore m Herzklopfen n

batti|gia ⟨-gie⟩ f Strandlinie f

battipanni m ⟨inv⟩ [Teppich-]Klopfer m

battiporta m ⟨inv⟩ Türklopfer m

battiscopa m ⟨inv⟩ Fußleiste f

battistero m Baptisterium n, Taufkapelle f

battistrada m ⟨inv⟩ ① (*di pneumatico*) Profil n ② (SPORT *di competizione*) Schrittmacher(in f) m

'**battito** m (*in gen.*) Schlagen n, Schlag m; ◇ - **cardiaco** Herzschlag m; (*motore*) Klopfen n

battuta f ① ↑ *colpo* Schlag m ② (*di macchina da scrivere*) Anschlag m ③ MUS Takt m ④ TEATRO Einsatz m; ◇ **fare una bella** - eine geistreiche Bemerkung machen ⑤ (*di caccia*) Treibjagd f ⑥ POLIZIA Fahndung f ⑦ (SPORT *servizio*) Aufschlag m

batuffolo m (*di cotone*) Bausch m

baule m ① (*cassa da viaggio*) [großer] Koffer m ② AUTO ↑ *bagagliaio* Kofferraum m

bava f ① (*alla bocca*) Schleim m, Geifer m ② (*di vento*) Hauch m ③ (*filo del baco da seta*) Spinnfaden m

bavaglino m Lätzchen n; **bavaglio** m Knebel m; ◇ **mettere il** - **a qu** jd-n knebeln

bavarese I. *agg* bayerisch II. m/f Bayer(in f) m III. f (*dolce*) bayerische Creme

'**bavero** m Kragen m

Bavi'era f GEO Bayern n

bazar m ⟨inv⟩ ① (*mercato*) Basar m ② (*emporio*) Kaufhaus n

bazzecola f Lappalie f

bazzicare I. vt verkehren in dat II. vi: ◇ - **con qu** verkehren mit jd-m; ◇ - **in** (*in luoghi*) verkehren in dat

beatificare ⟨3.4.⟩ irr vt seligsprechen

beati'tudine f (*stato*) Seligkeit f; ↑ *felicità* Glückseligkeit f; **be'ato** agg selig; ◇ - **te!** du Glückliche(r)!

beauty-case m ⟨inv⟩ Kosmetikkoffer m, Beauty-case n

becca|ccia ⟨-cce⟩ f FAUNA Schnepfe f

beccare ⟨3.4.⟩ irr I. vt ① (*col becco*) picken,

aufpicken ② ↑ *prendersi* ◇ -**rsi il raffreddore** sich eine Erkältung einfangen/holen II. vr ◇ -**rsi** ① (*col becco*) sich gegenseitig hacken ② ↑ *litigare* sich streiten

beccheggiare ⟨3.10.⟩ irr vi stampfen

becchino m Totengräber(in f) m

bec|co ¹ ⟨-chi⟩ m ① (*di uccello*) Schnabel m; FIG ◇ **non ho il** - **di un quattrino** ich habe keinen Pfennig ② FIG ↑ *bocca* ◇ **chiudi il** -! halt den Mund! halt das Maul!; ◇ **tieni il** - **chiuso!** halt den Schnabel!; ◇ **non metterci anche tu il** - misch du dich nicht auch noch ein ③ ↑ *punta* Tülle f

bec|co ² ⟨-chi⟩ m (FAUNA *maschio della capra*) [Ziegen-]Bock m

becquerel m ⟨inv⟩ Becquerel n

Befana f ① ↑ *Epifania* Dreikönigstag m ② (*figura della leggenda*) Befana f eine Fee/Hexe, die am 6.Januar Kinder beschenkt ③ ◇ **befana** (*donna brutta antipatica*) Hexe f

beffa f (*azione*) Streich m; (*gesto, parola*) Spott m; **beffardo** agg spöttisch; **beffare** I. vt verspotten II. vr: ◇ -**rsi di qc/qu** sich über etw/jd-n lustig machen

be|ga ⟨-ghe⟩ f Streit m

begli, bei, bel agg vedi **bello**

begonia f BIO Begonie f

belare vi ← *pecora* blöken; ← *capra* meckern; ← *bambino* weinen, wimmern

bel|ga ⟨-gi, -ghe⟩ I. *agg* belgisch II. m/f Belgier (in f) m; **Belgio** m GEO Belgien n

bella f ① (*bella copia di uno scritto*) Reinschrift f ② (SPORT *partita/gara decisiva*) Entscheidungsspiel n

belle arti f/pl : ◇ **accademia delle** - Akademie f der schönen Künste

bellet't[e]ristica f Belletristik f

bellezza f ① (*in gen.*) Schönheit f; ◇ **Istituto di** - Kosmetiksalon m; (*per cure*) Schönheitsfarm f; ◇ **finire in** - etw. zu einem gelungenen Abschluß bringen ② (*di lunga durata*) ◇ **durò la** - **di tre anni** es währte die kleine Ewigkeit von drei Jahren

'**belli|co** ⟨-ci, -che⟩ agg ▷*industria* Kriegs-, Rüstungs-; **bellicoso** agg kriegerisch; **belligerante** agg kriegführend, Kriegs-

'**bello** ⟨bel, bell', bei, begl⟩ I. *agg* ① (*in gen.*) schön; ▷*notizia, azione* gut; ▷*posizione, responsabilità* bedeutend; ▷*tempo* schön; ◇ **avere delle belle maniere** gute Manieren haben ② (*gran quantità*) erheblich, gut; ◇ **dirne delle belle** schöne Geschichten erzählen; ◇ **non è vero un bel niente** das ist überhaupt nicht wahr; FIG ◇ **farne/vederne delle belle** etwas Schönes ma-

chen/erleben **II.** *m* ⟨inv⟩ ① *(ciò che è bello)*
Schöne *n* ② *(tempo)* schönes Wetter ③ ◇ **sul più
- mitten drin III.** *m* (**-a** *f*) *(persona)* Schöne(r) *fm*
IV. *avv:* ◇ **oggi fa** - heute ist schönes Wetter
belva *f* Raubtier *n*
belvedere *m* ⟨inv⟩ Aussichtspunkt *m*
bemolle *m* ⟨inv⟩ MUS Be *n (Zeichen)*
benché *congiunz* ↑ *sebbene, nonostante* obwohl,
obgleich
benda *f (striscia di stoffa)* Binde *f;* **bendare** *vt*
① → **occhi** die Augen verbinden ② ↑ *fasciare*
verbinden
bene I. *avv* ① *(in gen.)* gut; ◇ **stare/sentirsi** - sich
wohl fühlen; ◇ **va - !** alles klar! okay! in Ordnung!;
◇ **le/gli sta proprio** - das geschieht ihr/ihm nur
recht; ◇ - **o male** wohl oder übel; ◇ **sta andando
di - in meglio** es geht immer besser; ◇ **un uomo
per** - ein ehrbarer Mensch ② ↑ *assai, molto, in
gran quantità* ◇ **ben cotto** gut durch[-gegart] **II.**
agg inv: ◇ **gente** - feine Leute **III.** *inter:* ◇ **- !** gut!
IV. *m* ⟨inv⟩ ① *(ciò che è utile, buono ecc.)* Gute *n;*
◇ **l'ho fatto a fin di** - ich habe es gut gemeint;
◇ **fare del - a qu** jd-m etw Gutes tun ② ◇ **voler - a
qu** jd-n liebhaben/gernhaben/mögen; ◇ **volere
un** - **dell'anima a qu** jd-n von ganzem Herzen
gernhaben **V.** ⟨-i⟩ *m* ① COMM Gut *n;* ◇ **il** -
pubblico das Gemeinwohl *n;* ◇ **-i di consumo**
Konsumgüter *n/pl;* ◇ **-i immobili** Immobilien *f/pl*
② ◇ **beni** *m/pl* ↑ *ricchezze, averi* ◇ **-i di famiglia**
Familiengut *n*
benedetto I. *p.pass.* benedire; **II.** *agg* ①
↑ *beato* gesegnet ② ↑ *consacrato* geweiht ③
◇ **ma - i ragazzi!** ach gesegnete Jugend !; **benedire** ⟨4.5.⟩ *irr vt* ① *(dare la benedizione)* segnen;
→ *oggetto* weihen; ◇ **mandare qu a farsi** - jd-n
zum Teufel jagen; ◇ **è andato tutto a farsi** - es
ist alles schiefgelaufen ② ↑ *lodare* preisen, loben; **benedizione** *f* Segen *m*
beneducato *agg* wohlerzogen
benefat|tore(-trice *f) m* Wohltäter(in *f) m*
beneficenza *f* Wohltätigkeit *f*
beneficiare *vi (trarre vantaggio)* bekommen,
empfangen *(di* acc.), in den Genuß von etw kommen; **beneficiario(-a** *f) m* COMM Begünstigte
(r) *fm;* **benefi|cio** ⟨-ci⟩ *m* ① ▷*fare, ricevere*
Wohltat *f* ② *(vantaggio)* Nutzen, Vorteil *m*
be'nefi|co ⟨-ci, -che⟩ *agg* ▷*persona* wohltätig;
▷*cosa* wohltuend, heilsam
bene'merito *agg* verdient
be'nessere *m* ① ▷*fisico* Wohlbefinden *n* ②
▷*finanziario* Wohlstand *m*
benestante *agg inv* wohlhabend; **benestare**
m : ◇ **dare il proprio - riguardo** qc seine Zustimmung zu etw geben

benevolenza *f* Wohlwollen *n;* **be'nevolo** *agg*
(in gen.) wohlwollend; ↑ *indulgente* nachsichtig
beniamino(-a *f) m* ↑ *preferito* Liebling *m; (della
sorte)* Günstling *m*
benigno *agg* ① *(persona cortese)* liebenswürdig; ▷*critica* wohlwollend ② MED ▷*tumore* gutartig
benintenzionato *agg* wohlgesinnt
beninteso *avv* wohlverstanden, selbstverständlich
benpensante *m/f* Konservative(r) *fm*
benservito *m :* ◇ **dare il - a qu** jd-m den
Laufpaß geben, jd-n feuern
bensì *congiunz* ↑ *però, anzi, invece* sondern;
◇ **ma** - sondern vielmehr
bentornato *agg* willkommen
benvenuto *agg* willkommen; ◇ **dare il - a qu**
jd-n willkommen heißen
benvoluto *agg* gerngesehen, beliebt
benzina *f* Benzin *n;* ◇ **fare** - tanken; ◇ - **normale** Normalbenzin *n;* ◇ - **super** Super[-benzin] *n;*
◇ - **senza piombo** bleifreies Benzin *n;* **benzi-
naio(-a** *f) m* Tankwart(in *f) m*
bere ⟨4.2.⟩ *irr vt* ① *(in gen.)* trinken; ◇ - **alla
salute di qu** auf jd-s Wohl trinken; ◇ **offrire da** -
etw zu trinken anbieten; ◇ **berci su** auf etw
trinken ② ↑ *assorbire* ← *motore* verbrauchen;
FAM schlucken, saufen ③ FIG ◇ **se l'è bevuta
tutta** er hat alles geschluckt
berlina *f* AUTO Limousine *f*
Berlino *f* GEO Berlin *n*
bermuda *m/pl* ① *(pantaloncini corti)* Bermuda-
shorts *pl* ② GEO ◇ **le B-e** die Bermudas, die
Bermudainseln
ber'noccolo *m* ① *(botta in testa)* Beule *f* ②
↑ *inclinazione* Neigung, Anlage *f*
berretto *m (copricapo)* Mütze *f,* Kappe *f; (di/da
ufficiale)* Barett *n*
bersagliare ⟨3.6.⟩ *irr vt* ① → *il nemico* beschießen; *(colpire ripetutamente)* wiederholt treffen;
FIG ◇ - **qu con delle domande** jd-n mit Fragen
löchern ② *FIG* ↑ *perseguitare* plagen, verfolgen
bersagliere(-a *f) m* Bersagliere *m (Scharfschütze der Infanterie)*
bersaglio *m* ① ▷*mobile, fisso* Zielscheibe *f; a.*
MIL ↑ *obiettivo* Ziel *n;* ◇ **colpire/mancare il** -
das Ziel treffen/verfehlen ② *(FIG persona)* Zielscheibe *f*
besciamella *f* GASTRON Béchamelsoße *f*
bes'temmia *f* Fluch *m;* **bestemmiare** *vt (in
gen.)* fluchen; ↑ *maledire* verfluchen
'bestia *f* ① *(in gen.)* Tier *n,* Bestie *f; FIG*
◇ **andare in** - wütend werden, zum wilden Tier

werden; *FIG* ◇ **brutta - !** du Teufel ! ② (*persona brutale e irascibile*) Raubtier *n*, Bestie *f*; **bestiale** *agg* ① (*di una bestia*) bestialisch ② *FAM* ↑ *molto intenso, ecc.ezionale* stark, saumäßig; **bestiame** *m* Vieh *n*

betabloccante *m* MED Betablocker *m*

'**bettola** *f* PEG Kneipe *f*

betulla *f* BIO Birke *f*

bevanda *f* Getränk *n*

be'vibile *agg inv* trinkbar

bevi|tore(-trice *f*) *m* Trinker(in *f*) *m*

bevuta *f* (*consumazione*) Trunk *m*; (*sorsata*) Zug *m*; (*tra amici*) Umtrunk *m*; **bevuto I.** *p.pass.* **bere**; **II.** *agg* ↑ *ubriaco* betrunken

biada *f* FLORA Futter *n*

biancheria *f* Wäsche *f*; ◇ - **intima** Unterwäsche *f*

bi'an|co ⟨-chi, -che⟩ **I.** *agg* weiß; ◇ **vino -** Weißwein *m*; ◇ **pane -** Weißbrot *n*; ◇ **carne -a** weißes Fleisch *n*; ▷*foglio* unbeschrieben; ↑ *pallido* bleich; *FIG* ▷*passare la notte in -* eine schlaflose Nacht verbringen **II.** *m* ① (*colore*) Weiß *n*; ◇ **in - in** Weiß; *FIG* ◇ **di punto in -** plötzlich ② (*uomo, donna*) Weiße(r) *fm* ③ (*dell'uovo*) Eiweiß *n* ④ ◇ **firmare un assegno in -** einen Blankoscheck unterschreiben; ◇ **mettere qc nero su -** etw schriftlich niederlegen, etw schwarz auf weiß festhalten; ◇ **in - e nero** schwarzweiß ⑤ GASTRON ◇ **mangiare in -** etw ohne Soße essen ⑥ *FIG* ◇ **andare in -** scheitern

biascicare ⟨3.4.⟩ *irr vt* → *parola* nuscheln

biasimare *vt* tadeln; **bi'asimo** *m* Tadel *m*

'**bibbia** *f* Bibel *f*

bibe'ron *m* ⟨inv⟩ Fläschchen *n*

'**bibita** *f* Getränk *n*

bibliografia *f* Bibliographie *f*

bibliote|ca ⟨-che⟩ *f* ① (*edificio*) Bibliothek *f* ② (*mobile*) Bücherschrank *m* ③ (*scaffale*) Bücherregal *n*; **bibliotecario(-a** *f*) *m* Bibliothekar(in *f*) *m*

bicarbonato *m* Bikarbonat *n*; ◇ - **di sodio** doppeltkohlensaures Natron *n*

bicchiere *m* (*di vetro*) Glas *n*; (*di metallo, di plastica*) Becher *m*; ◇ **un - d'acqua** ein Glas Wasser; ◇ - **di carta** Pappbecher *m*

bici *f vedi* **bicicletta**; **bicicletta** *f* Fahrrad *n*, Rad *n*; ◇ **andare in -** Fahrrad fahren; ◇ - **da corsa** Rennrad *n*; ◇ - **pieghevole** Klapprad *n*

bidè, bidet *m* Bidet *n*

bidello(-a *f*) *m* SCUOLA Hausmeister(in *f*) *m*

bidonare *vi FAM* ↑ *imbrogliare* hereinlegen, **bidonata** *f FAM* ↑ *imbroglio, presa in giro* Scherz *m*

bidone *m* ① (*contenitore*) Kanister *m*, Behälter *m*; ◇ - **della spazzatura, - dei rifiuti** Mülleimer *m* ② *FAM* ◇ **fare un - a qu** jd-n hereinlegen

bidon'via *f* (*impianto di salita/discesa per 2 persone*) Gondelbahn *f*

biennale *agg* zweijährig, Zweijahres-; **bi'ennio** *m* Biennium *n*, zwei Jahre *n/pl*

bi'etola *f* BIO Mangold *m*

bifocale *agg inv* ▷*lente* bifokal

biforcarsi ⟨3.4.⟩ *irr vr* sich gabeln, sich teilen; **biforcazione** *f* Gabelung *f*; **biforcuto** *agg* ▷*lingua* gespalten

big *m* ⟨inv⟩ führende Persönlichkeit *f*; *FAM* hohes Tier *n*

bigamia *f* Bigamie *f*; '**bigamo I.** *agg* bigamistisch **II.** *m* (**-a** *f*) Bigamist(in *f*) *m*

bighellonare *vi* bummeln

bigiotteria *f* (*gioielli non pregiati*) Modeschmuck *m*; (*negozio*) Modeschmuckladen *m*

bigliardo *m vedi* **biliardo**

bigliettaio(-a *f*) *m* (*in gen.*) Schaffner(in *f*) *m*; (*negli edifici*) Kartenverkäufer(in *f*) *m*; **biglietteria** *f* (*di stazione*) [Fahrkarten-]schalter *m*; (*di teatro*) [Theater-]Kasse *f*; **biglietto** *m* ① ↑ *foglietto* Zettel *m* ② (*di entrata per spettacoli ecc.*) Eintrittskarte *f* ③ (*per viaggi*) Fahrkarte *f*; ◇ - **Inter-Rail** Interrail-Ticket *n* ④ ◇ - **d'auguri** Glückwunschkarte *f*; ◇ - **da visita** Visitenkarte *f*; ◇ - **d'invito** Einladung *f* ⑤ ◇ - **di banca** Banknote *f*, Schein *m*

bignè *m* GASTRON Windbeutel *m*, Eclair *m*

bigodino *m* Lockenwickler *m*

bigotto *agg* bigott, scheinheilig

bilan|cia ⟨-ce⟩ *f* ① (*strumento*) Waage *f* ② ASTROL Waage *f* ③ ◇ - **commerciale** Handelsbilanz *f*; ◇ - **dei pagamenti** Zahlungsbilanz *f*; **bilanciare** ⟨3.3.⟩ *irr vt* ① ↑ *pesare* wiegen; *FIG* abwägen ② ↑ *pareggiare* aufgleichen ③ (*rimanere in equilibrio*) im Gleichgewicht halten

bilan|cio ⟨-ci⟩ *m* ① COMM Bilanz *f*; ◇ - **consuntivo** Abschlußbilanz *f*; ◇ - **preventivo** Budget *n*, Haushaltsplan *m* ② *FIG* ◇ **fare il - di** Bilanz ziehen aus

bilaterale *agg* bilateral, beiderseitig

bile *f* ① ANAT Galle *f* ② *FIG* Wut *f*, Ärger *m*

bili'ardo *m* ① (*gioco*) Billard *n* ② (*tavolo*) Billardtisch *m*

'**bili|co** ⟨-chi⟩ *m* ① (*posizione di equilibrio*) Balance *f*; ◇ **essere in - tra** schwanken zwischen *dat* ② *FIG* Kippe *f*

bilingue I. *agg* zweisprachig **II.** *m/f* Zweisprachige(r) *fm*

bilione *m* ① ↑ *miliardo* Milliarde *f* ② ↑ *milione di milioni* Billion *f*

bilocale m Zweizimmerwohnung f

bimbo(-a f) m Kind n

bimensile agg inv zweimonatlich

bimestrale agg inv zweimonatig, Zweimonats-

binario [1] agg ▷sistema binär

binario [2] m (dei treni) Gleis n; ◇ - morto Abstellgleis n

bi'nocolo m Fernglas n

bio- pref Bio-; **bio'chimica** f Biochemie f; **biodegra'dabile** agg inv ▷detersivo ecc. umweltfreundlich, biologisch abbaubar; **biodi'namico** ⟨-ci, -che⟩ agg biodynamisch; **bioener'getico** ⟨-ci, -che⟩ agg bioenergetisch; **bio'gas** m ⟨inv⟩ Biogas n

biogra'fia f Biographie f

bioinegne'ria f Biotechnik f

biolo'gia f Biologie f; **bio'logico** ⟨-ci, -che⟩ agg biologisch; **bi'olo|go(-a** f) ⟨-gi, -ghe⟩ m Biologe (in f) m

biondo I. agg blond II. m [1] (colore) Blond n [2] ◇ **bionda** Blonde f, Blondine f

bio'psia f MED Biopsie f, Gewebeprobe f

bioritmo m Biorhythmus m; **bio'tecni|ca** f ⟨-che⟩ Biotechnik f; **biotopo** m Biotop n

bipartito m Zweiparteienregierung f; **bipede** agg inv zweifüßig, zweibeinig; **bipolare** agg inv [1] FIS zweipolig [2] POL Zweiblock-, bipolar; **biposto** agg inv zweisitzig

birbante m Schurke m, Schuft m

birichino(-a f) I. agg ↑ vivace lebhaft; ↑ malizioso gaunerhaft II. m (persona vivace ed impertinente) Gauner(in f) m; (furbo) Schelm(in f) m

birillo m Kegel m

biro f Kugelschreiber m

birra f Bier n; ◇ - alla spina Bier vom Faß; FIG ◇ a tutta - mit höchster Geschwindigkeit; **bir-re'ria** f Bierkneipe f

bis I. m ⟨inv⟩: ◇ fare il - eine Zugabe geben II. inter Zugabe f

bisbigliare ⟨3.6.⟩ irr I. vi (parlare sottovoce) flüstern II. vt (dire qc sottovoce) zuflüstern; **bis'biglio** m (parlottare sommesso) Flüstern n; (notizia) Gerücht n

bis|ca ⟨-che⟩ f Spielkasino n; ◇ - clandestina illegale Spielhölle f

bi|scia ⟨-sce⟩ f FAUNA Natter f

biscotto m Keks m, Plätzchen n

bisestile agg inv: ◇ anno - Schaltjahr n

bisex agg inv bisexuell

bislun|go ⟨-ghi, -ghe⟩ agg länglich

bisnonno(-a f) m Urgroßvater m, Urgroßmutter m

bisognare vi impers: ◇ bisogna che tu prenda

una decisione du mußt eine Entscheidung treffen; **bisogno** m [1] ↑ necessità Bedürfnis n; ◇ **avere - di** qc etw brauchen; ◇ **c'è - di** qc etw wird benötigt, man braucht etw; ◇ **in caso di - si** prega di rivolgersi a im Notfall wenden Sie sich bitte an [2] ↑ mancanza Bedürftigkeit f, Not f [3] ↑ desiderio, stimolo Verlangen n; **bisognoso** agg bedürftig; ◇ - di aiuto hilfsbedürftig

bisonte m FAUNA Bison m

biste|cca ⟨-cche⟩ f GASTRON Steak n

bisticciare ⟨3.10.⟩ irr I. vi zanken, streiten II. vr ◇ -rsi sich streiten; **bisti|ccio** ⟨-cci⟩ m [1] ↑ litigio Streit m [2] (gioco di parole) Wortspiel n

bistrattare vt ↑ maltrattare mißhandeln

'bisturi m ⟨inv⟩ MED Skalpell n

bisunto agg schmierig

bit m ⟨inv⟩ INFORM Bit n

bitter m ⟨inv⟩ Bitter m

bitume m Bitumen n

bivaccare ⟨3.4.⟩ irr vi biwakieren; FIG hausen; **biva|cco** ⟨-cchi⟩ m Biwak n

bivio m [1] (di strada) Abzweigung, Gabelung f [2] FIG Scheideweg m

bizza f Laune f; ◇ **fare le bizze** bockig/störrisch sein

bizzarro agg extravagant, sonderlich, bizarr

bizzeffe avv: ◇ **a - im** Überfluß, in Hülle und Fülle

blandire ⟨5.2.⟩ irr vt [1] FIG ↑ mitigare lindern [2] FIG ↑ lusingare schmeicheln dat; **blando** agg mild, leicht

blasfemo I. agg blasphemisch II. m (-a f) (bestemmiatore) Gotteslästerer m

blasone m Wappen n

blaterare vt, vi schwatzen

blatta f FAUNA Schabe f

blindare vt panzern

blindato agg ▷macchina, treno gepanzert; ◇ vetro - Panzerglas n

blitz m ⟨inv⟩ guerra Blitzkrieg m; (operazione a sorpresa) Razzia f, Blitzaktion f

bloccare ⟨3.4.⟩ irr vt [1] → accesso, uscita blokkieren, versperren [2] ↑ fermare anhalten [3] SPORT abfangen [4] COMM → conto sperren; → prezzi festsetzen

blocca-ruota m [Park-]kralle f

bloccasterzo m AUTO Lenkradsperre f

bloc|co [1] ⟨-chi⟩ m [1] (di marmo, di pietra) Block m; anche FIG ◇ **vendere in - en** bloc verkaufen; ◇ - del reattore Reaktorblock m [2] SPORT ◇ - di partenza Startblock m [3] (tipo di quaderno) Block m [4] INFORM Satz m, Block m

bloc|co [2] ⟨-chi⟩ m [1] (di strada, di polizia) Sperre

B

f; ◇ - **dei trasporti** Transportblockade f ② ↑ *arresto (di congegno)* Sperre f, Verriegelung f ③ COMM Sperrung f ④ MED Infarkt m
blu I. *agg inv* blau II. *m* Blau n
blue-jeans *m/pl* Bluejeans f/pl o f
blusa f ↑ *camicetta* Bluse f
boa ¹ *m* ⟨inv⟩ FAUNA Boa f
boa ² *m/f* NAUT Boje f
bo'ato *m* ↑ *fragore* Getöse n; *(del tuono)* Rollen n
bobina f① FOTO, FILM Rolle f② AUTO ◇ - **di accensione** Zündspule f③ ELETTR Spule f
boc|ca ⟨-che⟩ f① (ANAT *di persona*) Mund m; *(di animale)* Maul n; FIG ◇ **acqua in** -! aber nichts weitersagen! das bleibt unter uns!; ◇ **tenere la** - **chiusa** den Mund halten; FIG ◇ **in** - **al lupo!** Hals- und Beinbruch!; ◇ **rimanere a** - **aperta** mit offenem Mund dastehen; FIG ◇ **essere sulla** - **di tutti** in aller Munde sein ② ↑ *apertura* Öffnung f; *(del forno)* Tür f③ BIO ◇ - **del leone** Löwenmaul, Löwenmäulchen n
boccac|cia ⟨-cce⟩ f ↑ *smorfia* Grimasse f
boccale ¹ *agg (della bocca)* Mund-
boccale ² *m (recipiente)* Krug m
boccaporto *m* NAUT Luke f
boccata f: ◇ **prendere una** - **d'aria** frische Luft schnappen
boccetta f ① ↑ *bottiglietta* Flakon m, Fläschchen n ② *(gioco)* Tischboccia n
boccheggi'are ⟨3.3.⟩ *irr vi* nach Luft schnappen
bocchino *m (di pipa, di strumenti musicali)* Mundstück n; *(di sigaretta)* Zigarettenspitze f
boc|cia ⟨-ce⟩ f ① *(vaso)* Karaffe f ② *(palla)* Kugel f; ◇ **gioco delle bocce** Boccia n
bocci'are ⟨3.10.⟩ *irr vt* ① SCUOLA durchfallen lassen ② ↑ *legge, progetto* ablehnen, durchfallen lassen ③ *(nel gioco delle bocce)* treffen; **bocciatura** f① SCUOLA Durchfallen n ② *(di legge, di progetto)* Ablehnung f
bocci'olo *m* ↑ Knospe f
boccolo *m* Locke f
boccone *m* Happen m, Bissen m
bocconi *avv* bäuchlings
body-building *m* ⟨inv⟩ Bodybuilding n
'boia *m* ⟨inv⟩ Henker m
boi'ata f FAM ↑ *sciocchezza, stupidità* Schund m
boicottaggio *m* Boykott m; **boicottare** *vt* boykottieren
'bolide *m* AUTO Rennwagen m
bolina f NAUT; ◇ **navigare di** - hart am Wind segeln
bolla ¹ f *(di sapone ecc.)* Blase f

bolla ² f① ↑ *sigillo* Bulle f; ◇ - **papale** päpstliche Bulle f② (COMM *di spedizione, di consegna*) Schein m
bollare *vt* ① → *pacco, lettera* stempeln ② *(FIG con marchio a fuoco)* brandmarken
bollente *agg inv* ① ▷*caffè, acqua* kochend f② FIG ▷*patata* erhitzt
bolletta ¹ f *(del telefono, della luce ecc.)* Rechnung f
bolletta ² f: ◇ **essere in** - abgebrannt sein
bollettino *m* ① (COMM *di versamento*) Formular n ② (▷*medico, di guerra*) Bericht m, Bulletin n
bollire ⟨5.1.⟩ *irr vt, vi* kochen; **bollito** I. *agg* gekocht; ◇ **trota** -a Forelle blau II. *m (carne lessata)* Siedfleisch n; **bollitura** f Kochen n
bollo *m (di circolazione, della patente ecc.)* Marke f
bomba f① *(a mano, all'idrogeno)* Bombe f; ◇ - **atomica** Atombombe f; ◇ - **al neutrone** Neutronenbombe f; FIG ◇ **a prova di** - bombensicher ② GASTRON Krapfen, Berliner m③ *(FIG notizia sensazionale)* Bombe f; **bombardamento** *m* ① *(in gen.)* Bombardierung f② *(FIG di domande)* Bombardement n; **bombardare** *vt* ① *(in gen.)* bombardieren ② *(FIG di domande)* bombardieren, löchern ③ FIS beschießen; **bombardiere** *m (aereo)* Bomber m
bombola f Flasche f; ◇ - **del gas** Gasflasche f; ◇ - **spray** Spraydose f
bomboniera f Bonbonniere f
bonac|cia ⟨-ce⟩ f Windstille f, Flaute f
bo'nifi|ca ⟨-che⟩ f Urbarmachung f
bo'nifi|co ⟨-ci⟩ *m* ① COMM ↑ *abbuono* Preisnachlaß m ② COMM ↑ *versamento* Überweisung f
bontà f Güte f; ◇ **aver la** - **di fare qc** die Güte haben, etw zu tun
borbottare I. *vt (delle parole)* brummen, murmeln II. *vi* ← *stomaco* knurren
borchia f Beschlag m
bordatura f SARTORIA Borte f
bordo *m* ① (NAUT *fianco di una nave ecc.*) Bord m ② ◇ - **della macchina** im Wagen; ◇ **prendere a** - **qu** jd-n an Bord nehmen ③ ↑ *margine* Rand m ④ *(striscia di stoffa per bordature)* Borte f
borgata f *(in gen.)* Weiler m; *(quartiere periferico)* Vorort m
borghese I. *agg* bürgerlich; *(in -)* in Zivil II. *m/f* Bürger(in f) m; **borghe'sia** f Bürgertum n, Bourgeoisie f
bor|go ⟨-ghi⟩ *m* ① *(paesino)* Dorf n ② *(sobborgo)* Vorort m

boria f Hochmut m; **bori'oso** agg hochmütig

borotal|co ‹-chi› m Puder m

borrac|cia ‹-ce› f Feldflasche f

borsa ¹ f ① Tasche f; ◇ - **della spesa** Einkaufstasche f ② ◇ - **di studio** Stipendium n ③ (ANAT sotto gli occhi) Tränensack M

borsa ² f COMM Börse f; ◇ **giocare in** - an der Börse spekulieren; ◇ - **nera** Schwarzmarkt m; ◇ - **valori** Effektenbörse f

borseggia|tore(-trice f) m † borsaiolo Taschendieb(in f) m; **borsellino** m Geldbeutel m; **borsetta** f Handtasche f

borsista ¹ ‹-i, -e› m/f COMM Börsianer(in f) m

borsista ² ‹-i, -e› m/f SCUOLA Stipendiat(in f) m

boscaglia f Gehölz n; **boscai'olo, boscaiu'olo(-a** f) m Holzfäller(in f) m, Waldarbeiter(in f) m; **bos|co** ‹-chi› m Wald m; **boscoso** agg waldig

'bossolo m Büchse f; (di arma) Patronenhülse f

bo'tanica f Botanik f; **bo'tani|co(-a** f) ‹-ci, -che› I. agg botanisch II. m Botaniker(in f) m

'botola f Falltür f

botta f ① † colpo Schlag m ② (segno) blauer Fleck m ③ † rumore Knall m

botte f ① † recipiente Faß n ② ARCHIT ◇ **volta a** - Tonnengewölbe n

botte|ga ‹-ghe› f † negozio Geschäft n, Laden m; **botteghino** m ① (biglietteria) Kasse f ② (banco del lotto) Lottoannahmestelle f

bottiglia f Flasche f

bottino m Beute f

botto m ① † colpo Schlag m ② † rumore Knall m ③ ◇ **di** - plötzlich

bottone m Knopf m; FIG ◇ **attaccar** - jd-n vollschwatzen

bovino I. agg Rinder-, Rind- II. m Rind n

boxer m/f Boxershorts pl

bozza f ① † abbozzo Entwurf m ② TIP [Probe-] Abzug m; **bozzetto** m Skizze f

'bozzolo m Kokon m

braccare ‹3.4.› irr vt hetzen

braccetto m : ◇ **a** - Arm in Arm

bracci'ale m ① † braccialetto Armband n ② (distintivo) Armbinde f; **braccialetto** m Armband n

bracci'ante m/f AGR Tagelöhner(in f) m

bracci'ata f ① † quantità Armvoll m ② (nel nuoto) [Schwimm-]Stoß m; **braccio** I. m ‹f/pl braccia› ① ANAT Arm m; FIG ◇ **cascare le braccia** den Mut verlieren; ◇ - **di ferro** Kraftprobe f ② ◇ **essere il** - **destro di qu** jd-s rechte Hand sein II. m ‹m/pl bracci› ① (di gru, di costruzione, di fiume) Arm m ② ◇ - **di mare** Meeresenge f;

◇ - **di terra** Landzunge f; **bracciolo** m Armlehne f

bracconiere(-a f) m Wilder|er(in f) m

brace f Glut f; **braci'ere** m Kohlenbecken n

braci'ola f GASTRON Karbonade f

bramare vt herbeisehnen, begehren

bran|ca ‹-che› f ① † ramo Ast m ② (FIG della scienza, del sapere) Gebiet n, Zweig m

branchia f FAUNA Kieme f

bran|co ‹-chi› m ① (di lupi) Rudel n; (di cani) Meute f; (di uccelli) Schwarm m; (gregge) Herde f ② (PEG di persone) Haufen m, Meute f

brancolare vi herumtasten; ◇ - **nel buio** im dunkeln tappen

branda f (letto da campo) Feldbett n; NAUT Hängematte f

brandello m Stück n, Fetzen m

brandire ‹5.2.› irr vt zücken

brano m ⊳musicale, letterario Stück n; † frammento Auszug m

brasato m GASTRON Schmorbraten m

Brasile m GEO Brasilien n; **brasili'ano** I. agg brasilianisch II. m (-a f) Brasilianer(in f) m

bravo I. agg ① † abile, capace gut, geschickt, tüchtig ② † buono brav; ◇ **fare il** - brav/lieb/ artig sein ③ † coraggioso tapfer, mutig II. inter: ◇ -! bravo!, ausgezeichnet!

bravura f Können n; ◇ **pezzo di** - Bravourstück n

break m ‹inv› Pause f, Unterbrechung f

brec|cia ‹-ce› f Bresche f

'Brennero m GEO Brenner m

bretella f ① AUTO Zubringer m ② (dei pantaloni) Hosenträger m

breve agg inv kurz; ◇ **in/tra** - in Kürze; ◇ **in** - kurz gesagt

brevettare vt ① (munire di brevetto) patentieren ② † collaudare prüfen; **brevetto** m ① (attestato) Patent n; ◇ - **da pilota** Flugschein m, Pilotenschein m ② † collaudo Prüfung f

brevità f Kürze f

brezza f Brise f

bric|co ‹-chi› m Kanne f

briccone(-a f) m Schurke m, Schurkin f

'briciola f Krümel m

'briciolo m ① (di pane) Stückchen n ② FIG Funke f

bricolage m ‹inv› Heimwerken n

bri|ga ‹-ghe› f † fastidio Unannehmlichkeit f, Schererei f; ◇ **prendersi la** - **di fare qc** sich dat Mühe geben, etw zu machen

brigadiere m/f MIL Wachtmeister(in f) m

brigante(-essa f) m Bandit(in f) m

brigata f ① MIL Brigade f ② (gruppo di persone) Gesellschaft f, Schar f

briglia f ⟨1⟩ (*redine del cavallo*) Zügel m ⟨2⟩ FIG ◇ **a - sciolta** zügellos

brillante I. *agg inv* glänzend; ◇ **attore - brillanter** Schauspieler **II.** m MIN Brillant m; **brillare** vi ⟨1⟩ (*emettere/riflettere luce*) glänzen ⟨2⟩ ← **mina** explodieren

brillo *agg* angeheitert, beschwipst

brina f [Rauh-]Reif m

brindare vi anstoßen (*a* auf *acc*)

'brindisi m ⟨inv⟩ Toast m; ◇ **fare un - a qc** auf etw einen Toast ausbringen

brio m Lebhaftigkeit f, Schwung m; **brioso** *agg* lebhaft

bri'tanni|co ⟨-ci, -che⟩ *agg* britisch

'brivido m ⟨1⟩ (*di freddo*) Frösteln n ⟨2⟩ FIG Schauer m

brizzolato *agg* ↑ *maculato* gefleckt; ↑ *incanutito* graumeliert

broc|ca ⟨-che⟩ f Krug m

broccato m Brokat m

'broccolo m FLORA Brokkoli pl

brodo m Brühe f, Bouillon f; (- *ristretto*) Kraftbrühe f; ◇ **carne da** - Suppenfleisch m

brogliac|cio ⟨-ci⟩ m (*registro*) Kladde f

broglio m Machenschaft f; ◇ **- elettorale** Wahlbetrug m

bronchite f MED Bronchitis f

bron|cio ⟨-ci⟩ m Schmollmund m; ◇ **fare il -** schmollen

bron|co ⟨-chi⟩ m Bronchie f

brontolare I. vi [vor sich hin-]brummen, brummeln; ← **stomaco** knurren **II.** vt brummen; ◇ **- su qc** über etw *acc* schimpfen

bronzo m Bronze f

brucare ⟨3.4.⟩ *irr* vt abweiden, fressen

bruciapelo *avv:* ◇ **a - aus** nächster Nähe; (FIG *all'improvviso*) plötzlich

bruciare ⟨3.3.⟩ *irr* **I.** vt verbrennen **II.** vi *essere* brennen **III.** vi/vr ◇ **-rsi** sich verbrennen; (*per la siccità*) verbrennen; (*per il gelo*) erfrieren; **bruciatore** m Brenner m; **bruciatura** f (*ustione*) Verbrennung f; (*scottatura*) Brandwunde f; **bruciore** m Brennen n

bru|co ⟨-chi⟩ m FAUNA Raupe f

'brufolo m MED Pickel m

brughi'era f Heide f

brulicare ⟨3.4.⟩ *irr* vi wimmeln, wuseln

brullo *agg* kahl

bruma f Nebel m

bruno *agg* (*in gen.*) braun; ▷*persona* brünett, braunhaarig

brus|co ⟨-chi, -che⟩ *agg* ⟨1⟩ ↑ *aspro* herb ⟨2⟩ ↑ *sgarbato* brüsk, schroff

bru's|io ⟨-ii⟩ m (*di persone*) Geflüster n; (*di animali o cose*) Geräusch n; (*di foglie*) Rauschen n

brutale *agg inv* brutal; **brutalità** f Brutalität f; **bruto I.** *agg* roh, brutal **II.** m (**-a** f) Unmensch m

bruttezza f Häßlichkeit f; **brutto** *agg* ▷*persona, animale* häßlich; ▷*tempo* schlecht; ▷*circostanze* unangenehm; ◇ **-a copia** Konzept n; **bruttura** f (*oggetto brutto*) Scheußlichkeit f; (*azione turpa*) Schändlichkeit f

Bruxelles f GEO Brüssel n

bubbone m Beule f

bu|ca ⟨-che⟩ f ⟨1⟩ (*in gen.*) Loch n; ◇ **- delle lettere** Briefkasten m ⟨2⟩ (*avvallamento*) Vertiefung f

bucaneve m ⟨inv⟩ BIO Schneeglöckchen n

bucare ⟨3.4.⟩ *irr* **I.** vt → **lamiera, cartone** durchlöchern; ↑ *forare* ein Loch machen in *acc*; ◇ **- una gomma** eine Reifenpanne haben, einen Platten haben; ↑ *ferire, pungere* durchstechen; → **biglietto** lochen; FIG ◇ **aver le mani bucate** das Geld zum Fenster hinauswerfen **II.** vr ◇ **-rsi** FAM fixen

bucato m Wäsche f; ◇ **fare il -** waschen

buc|cia ⟨-ce⟩ f Schale f

bucherellare vt durchlöchern

bu|co ⟨-chi⟩ m Loch n; ◇ **- dell'ozono** Ozonloch n

budello ⟨budella/i⟩ m ⟨1⟩ ↑ *intestino* Darm m ⟨2⟩ (FIG *tubo*) Schlauch m

budino m GASTRON Pudding m

bue ⟨buoi⟩ m FAUNA Ochse m

'bufalo(-a f) m FAUNA Büffel m

bufera f Sturm m

buffo *agg* komisch; **buffone(-a** f) m ⟨1⟩ (*di corte*) Narr m, Närrin f ⟨2⟩ (*faceto*) Spaßvogel m, Witzbold m

bug'ia ¹ f Lüge f; ◇ **le bugie hanno le gambe corte** Lügen haben kurze Beine

bug'ia ² f (*lume*) Leuchter m

bugi'ardo I. *agg* ⟨1⟩ ▷*persona* lügnerisch ⟨2⟩ ↑ *ingannevole* verlogen **II.** m (**-a** f) Lügner(in f) m

'buio I. *agg* ↑ *scuro* dunkel, finster; ▷*tempo* trüb; ▷*cielo* düster **II.** m Dunkelheit f

bulbo m ⟨1⟩ BIO [Blumen]zwiebel f ⟨2⟩ (*di strumenti*) Kugel f; (*di lampada*) Glaskolben m ⟨3⟩ ANAT ▷*oculare* Augapfel, m

bulino m Stichel m

bullone m Bolzen m

buonafede f: ◇ **in -** in gutem Glauben

buona notte, buonanotte *inter* gute Nacht!

buona sera, buonasera *inter* guten Abend!

buon gi'orno, buongi'orno *inter* guten Tag!

buongus'taio(-**a** *f*) *m* Feinschmecker(in *f*) *m*; **buongusto** *m* [guter] Geschmack *m*

buono ¹ ⟨buon, buon'⟩ **I.** *agg* (*in gen.*) gut; ↑ *gentile, docile* lieb; ↑ *tranquillo* ruhig; ◇ **alla -a** ohne Umstände; ◇ **a buon mercato** günstig; ◇ **di buon'ora** früh; ◇ **buon senso** gesunder Menschenverstand; ◇ **- a nulla** zu nichts nutze; ◇ **buon riposo** angenehme Ruhe; ◇ **buon viaggio** gute Reise; ◇ **buona fortuna** viel Glück; ◇ **buon compleanno** alles Gute zum Geburtstag; ◇ **buon divertimento** viel Spaß; ◇ **buon Natale** Frohe Weihnachten **II.** *m* Gute(s) *m*

buono ² *m* COMM Bon *m*, Gutschein *m*; ◇ **- di benzina** Benzingutschein *m*; ◇ **- di cassa** Kassenschein *m*; ◇ **- di consegna** Empfangsschein *m*; ◇ **- merci** Warengutschein *m*; ◇ **- valido per un pasto** eine Essensmarke *f*

buontempone(-**a** *f*) *m* Luftikus *m*, Spaßvogel *m*

burattino *m anche* FIG Marionette *f*

'**burbero I.** *agg* mürrisch **II.** *m* Griesgram *m*

burla *f* Scherz, Spaß *m*; ◇ **fare una - a qu** jd-m einen Streich spielen; **burlarsi** *vr*: ◇ **- di qc/qu** sich über etw/jd-n lustig machen; **burlone**(-**a** *f*) *m* Spaßvogel *m*

bu'rocrate *m*/*f* Bürokrat(in *f*) *m*; **buro'crati|co** ⟨-ci, -che⟩ *agg* bürokratisch; **burocra'zia** *f* Bürokratie *f*

burras|ca ⟨-che⟩ *f* ① ↑ *tempesta* Sturm *m* ② FIG Gewitter *n*; **burrascoso** *agg* ① ↑ *tempestoso* stürmisch ② FIG aufgeregt, lebhaft

burro *m* GASTRON Butter *f*

burrone *m* Schlucht *f*

buscare, -**rsi** ⟨3.4.⟩ *irr vt, vr* ↑ *ottenere* bekommen; → *raffreddore* sich *dat* zuziehen; FAM ◇ **buscarle** Prügel kriegen

bussare *vi* klopfen, anklopfen

'**bussola** *f* ① (*strumento*) Kompaß *m*; FIG ◇ **perdere la -** die Fassung verlieren ② (*doppia porta*) Windfang *m*

busta *f* ① (*di lettera*) Umschlag *m*; ◇ **in -aperta** offen; ◇ **in - a parte** mit getrennter Post; ◇ **- paga** Lohntüte *f* ② (*custodia per documenti*) Mappe *f*; ↑ *astuccio* Etui *n*

bustarella *f* Schmiergeld *n*

bustina *f* ① MED Tütchen *n*; ◇ **- del tè** Teebeutel *m* ② MIL Schiffchen *n*

busto *m* ① ANAT Oberkörper *m* ② (*scultura*) Büste *f* ③ ↑ *corsetto* Korsett *n*, Mieder *n*; ◇ **- ortopedico** orthopädisches Korsett *n*

butano *m* (*gas*) Butan *n*

buttare I. *vt* werfen; ◇ **- giù:** ↑ *scrivere* niederschreiben; → *edificio* einreißen; ↑ *mangiare* hinunterwürgen; ◇ **- via** wegwerfen; (*pasta, verdu-*

ra) ins kochende Wasser werfen **II.** *vr*: ◇ **-rsi da** springen aus; ◇ **-rsi su** sich fallen lassen auf *acc*

by-pass *m* ⟨inv⟩ TEC, MED Bypass *m*

byte *m* ⟨inv⟩ INFORM Byte *n*; ◇ **mille -** Kilobyte *n*, Kbyte *n*

C

c, C *f* c, C *n*

cabaret *m* ⟨inv⟩ Kabarett *n*

cabina *f* ① (*in gen.*) Kabine *f*; ◇ **- di guida** Führerkabine *f*, Führerhaus *n* ② ◇ **- telefonica** Telefonzelle *f*; (*in spiaggia*) Kabine *f*

cabinato I. *agg* NAUT Kabinen- **II.** *m* NAUT Kabinenboot *n*

cabino'via *f* Kabinenbahn *f*

cablag|gio ⟨-gi⟩ *m* ELETTR Verkabelung *f*

cabrio[let] *m* AUTO Cabrio *n*

cacao *m* Kakao *m*

cac|cia ¹ ⟨-ce⟩ *f* ① ↑ *selvaggina* Jagd *f*; ◇ **-grossa** Großwildjagd *f*; ◇ **andare a -** auf die Jagd gehen ② ↑ *inseguimento* Verfolgung *f*, Jagd *f* ③ (*FIG di novità*) Suche *f*, Jagd *f*; ◇ **essere a - di** auf der Suche nach etw sein ④ (*gioco*) ◇ **- al tesoro** Schnitzeljagd *f*

caccia ² *m* ⟨inv⟩ (MIL *aereo*) Jagdflugzeug *n*

cacciabombardiere *m* MIL Jagdbomber *m*

cacciagione *f* ① (*in gen.*) Jagdbeute *f* ② GASTRON Wildbret *n*, Wild *n*

cacciamine *m* ⟨inv⟩ MIL Minenräumfahrzeug *n*

cacciare ⟨3.3.⟩ *irr* **I.** *vt* ① → *selvaggina* jagen ② ↑ *scacciare, mandare via* wegjagen; → *malinconia* verjagen ③ ↑ *ficcare* stecken, legen **II.** *vi* jagen **III.** *vr* ◇ **-rsi** ↑ *ficcarsi* sich hineindrängen; (*nei guai*) sich bringen; ↑ *nascondersi* stecken; **caccia|tore**(-**trice** *f*) *m* ① (*in gen.*) Jäger(in *f*) *m*; ◇ **- di frodo** Wilder|er *m*(in *f*) *f* ② (*FIG di dote*) Jäger(in *f*) *m*

cacciatorpediniere *m* ⟨inv⟩ MIL Zerstörer *m*

cacciavite *m* ⟨inv⟩ (*in gen.*) Schraubenzieher *m*; ◇ **- con punta a croce** Kreuzschlitzschraubenzieher *m*

cachi ¹ *agg inv* ▷*colore* khakifarben

cachi ², **caco** *m* ⟨inv⟩ FLORA Khaki[frucht] *f*

ca|cio ⟨-ci⟩ *m* (*formaggio*) Käse *m*; FIG ◇ **come il - sui maccheroni** wie gerufen

ca|co ⟨-chi⟩ *m vedi* **cachi** ²

cacofo'nia *f* Mißklang *m*, Kakophonie *f*

'cactus *m* ⟨inv⟩ FLORA Kaktus *m*

CAD *m acronimo di* **Computer Aided Design** CAD

ca'davere *m* Leiche *f*

cadente *agg inv* ▷*edificio ecc.* baufällig; ◇ - **stella** - Sternschnuppe *f*

cadenza *f* 1 (*della voce*) Tonfall *m* 2 ↑ *ritmo* Rhythmus *m*, Takt *m* 3 MUS Kadenz *f*; **cadenzare** *vt* ◇ - **voce** modulieren; ◇ - **il passo** den Schritt halten

cadere ⟨4.3.⟩ *irr vi essere* 1 (*in gen.*) fallen; ← *denti, capelli* ausfallen; ◇ - **dal sonno** vor Müdigkeit umfallen 2 ↑ *crollare; ← tetto* einstürzen; FIG ← *regime* stürzen 3 ← *vento* sich legen; FIG ◇ lasciar - **il discorso** das Gespräch fallen lassen 4 ↑ *ricorrere* ← *anniversario* fallen

cadetto(-a *f)* I. *agg* jünger II. *m* 1 MIL Kadett (in *f)* *m* 2 SPORT Mitglied *n* einer Jugendmannschaft

cadmio *m* CHIM Kadmium *n*

caduta *f* 1 (*in gen.*) Fall *m*; ◇ - **di tensione** Spannungsabfall *m*; ◇ - **dei capelli** Haarausfall *m* 2 (FIG *di un regime*) Sturz *m*, Untergang *m* 3 FIG ↑ *crollo* (*dei prezzi*) Sturz *m*

caffè *m* 1 (FLORA *albero*) Kaffeebaum *m*; (*chicco*) Kaffee *m* 2 (*bevanda*) Kaffee *m*; ◇ - **corretto** Kaffee mit Schuß; ◇ - **macchiato freddo/caldo** Kaffee mit etwas kalter/warmer Milch; ◇ - **lungo/ristretto** verdünnter/starker Kaffee *m*; ◇ - **d'orzo** Malzkaffee *m* 3 (*locale*) Café *m*

caffe'ina *f* Koffein *n*

caffellatte *m* ⟨inv⟩ Milchkaffee *m*

caffettiera *f* Kaffeemaschine *f*

cagionare *vt* verursachen

cagio'nevole *agg inv* kränklich

cagna *f* FAUNA Hündin *f*

cagne|sco ⟨-schi, -sche⟩ *agg* FIG: ◇ **guardare in** - schief ansehen

caimano *m* FAUNA Kaiman *m*

calabrone *m* FAUNA Hornisse *f*

cala'maio *m* Tintenfaß *n*

calamaro *m* FAUNA Tintenfisch *m*

calamita *f* Magnet *m*

calamità *agg inv* Unglück *n*, Katastrophe *f*

calante *agg inv* ▷*luna* abnehmend; **calare** I. *vt* 1 → *fune, secchio* hinunterlassen 2 MAGLIA abnehmen II. *vi essere* 1 ↑ *discendere* hinabsteigen 2 ← *febbre, prezzo, tempesta* sinken, fallen; ← *peso* abnehmen 3 ASTRON ← *luna* untergehen

cal'ca ⟨-che⟩ *f* Gedränge *n*

calca|gno ⟨-gni *m/pl o.* -gna *f/pl*⟩ *m* ANAT Ferse *f*; FIG ◇ **avere qu alle calcagna** jd-n auf den Fersen haben

calcare 1 *m* (*roccia sedimentaria*) Kalkstein *m*

calcare 2 ⟨3.4.⟩ *irr vt* 1 (*coi piedi*) treten; FIG ◇ - **le orme di qu** in jd-s Fußstapfen treten 2 (*premere con forza*) drücken 3 → *disegno* durchpausen

calce 1 *msg* : ◇ **in** - unten, am Fuße

calce 2 *f* ARCHIT Kalk *m*

calcestruzzo *m* ARCHIT Beton *m*

calciare ⟨3.10.⟩ *irr* I. *vi* (*tirar calci*) treten, ausschlagen II. *vt* 1 → *sasso* treten 2 SPORT schießen

calcia|tore, -trice *m* SPORT Fußballspieler(in *f)* *m*

calcificare, - rsi *vt, vi pron* verkalken

calcina *f* ARCHIT [gelöschter] Kalk *m*

calcinac|cio ⟨-ci⟩ *m* ARCHIT Kalkbrocken *m*

cal'cio 1 ⟨-ci⟩ *m* 1 ↑ *pedata* Fußtritt *m*; ◇ **dare un** - **a qu** jd-m einen Fußtritt versetzen 2 SPORT Fußball *m*; ◇ - **d'angolo** Eckstoß *m*; ◇ - **di punizione** Strafstoß *m*; ◇ - **di rigore** Elfmeterstoß *m*

calcio 2 *m* (*di pistola, di fucile*) Kolben *m*, Schaft *m*

calcio 3 *m* CHIM Kalzium *n*

cal'co ⟨-chi⟩ *m* (*di scultura*) Abdruck *m*

calcolare *vt* 1 ↑ *determinare* → *somma* berechnen 2 → *rischio, il pro e il contro ecc.* miteinrechnen, einkalkulieren 3 ↑ *considerare* (*tra gli invitati*) rechnen mit 4 ↑ *valutare* abschätzen; **calcola|tore(-trice** *f)* I. *agg* 1 (*in gen.*) Rechen- 2 FIG ▷*persona* berechnend II. *m/f* 1 FIG berechnender Mensch, *m* 2 (*apparecchio*) Rechner *m*; ◇ **calcolatore elettronico** Computer *m*, Elektronenrechner *m*; **calcolatrice** *f* (*in gen.*) Rechner *m*; ◇ **calcolatrice tascabile** Taschenrechner *m*; ◇ **calcolatrice da tavolo** Tischrechner *m*

'**calcolo** 1 *m* 1 MAT Rechnung *f*; ◇ - **preventivo** Kostenvoranschlag *m*; ◇ - **delle probabilità** Wahrscheinlichkeitsrechnung *f* 2 FIG ↑ *congettura* Berechnung *f*; ◇ **secondo i miei calcoli** nach meinen Berechnungen

'**calcolo** 2 *m* MED Stein *m*; ▷*biliare* Gallenstein *m*

cal'daia *f* Heizkessel *m*

caldarrosta ⟨-e⟩ *f* Röstkastanie *f*

caldeggiare ⟨3.3.⟩ *irr vt* befürworten

caldo I. *agg* 1 (*non freddo*) warm; (*molto caldo*) heiß; ◇ **ho** - mir ist warm/heiß; ◇ **fa -/fa molto -** es ist warm/heiß 2 FIG ↑ *appassionato* warm, herzlich 3 FIG ↑ *recente* ▷*notizia* neueste(r,s) 4 ▷*colore* warm II. *m* 1 (*in gen.*) Wärme *f*; (-*intenso*) Hitze *f* 2 FIG ◇ **non mi fa nè - nè freddo** das läßt mich kalt

calen'dario m Kalender m

'calibro m ① (di pistola) Kaliber n ② TEC Lehre f ③ FIG ◇ **grosso** ~ Größe f, großes Tier n

'calice m Kelch m

ca'ligine f (nebbia) Nebel m; (fumo) Dunst m

calla f FLORA Schlangenwurz f

calligra'fia f Handschrift f

callo m ① MED † durone Hornhaut f; (alle mani) Schwiele f; (ai piedi) Hühnerauge n ② FIG ◇ **ci ho già fatto il** ~ ich habe mich schon daran gewöhnt acc

calma I. f ① (in gen.) Ruhe f; FIG ◇ **prendersela con** ~ in aller Ruhe handeln; ◇ **mantenere la** ~ die Ruhe bewahren ② (mancanza di vento) Windstille f II. inter immer mit der Ruhe, ruhig Blut; **calmante** m MED Beruhigungsmittel n; **calmare** I. vt beruhigen II. vi pron ◇ **-rsi** (in gen.) sich beruhigen; ← vento nachlassen

calmiere m COMM Höchstpreis m

calmo agg ruhig

calo m † diminuzione Abnahme f; (di prezzi) Senkung f, Rückgang m; (di azioni) Fall m; (della vista) Nachlassen n; (di peso) Verlust m

calore m ① (in gen.) Wärme f; ▷intenso Hitze f ② FIG Eifer m ③ FAUNA Brunst f; (cagna) Läufigkeit f; ◇ **essere/andare in** ~ brünstig sein; (della cagna) läufig sein

calo'ria f BIO Kalorie f

caloroso agg ① (che non soffre il freddo) kälteunempfindlich ② FIG ▷applauso, accoglienza, persona herzlich, warm

calpestare vt ① → fiore zertreten ② FIG schmähen

calunnia f Verleumdung f; **calunniare** ⟨3.10.⟩ irr vt verleumden

calvario m ① REL Kreuzweg m ② FIG Leidensweg m

calvizie f ⟨inv⟩ Kahlköpfigkeit f; **calvo** agg kahl

calza f Strumpf m

calzamaglia ⟨calzamaglie⟩ f Strumpfhose [aus Wolle] f

calzare I. vt → scarpe anziehen II. vi essere ① ← scarpe passen, sitzen ② FIG ◇ **a pennello** zutreffen, passen

calzascarpe m ⟨inv⟩ Schuhlöffel m, Schuhanzieher m

calzatura f Schuhe m/pl; **calzaturificio** m Schuhfabrik f

calzettone m Kniestrumpf m; **calzino** m Socke f

calzo'laio(-a f) m Schuster(in f) m

calzoni m/pl Hosen f/pl

---

camale'onte m FAUNA anche FIG Chamäleon n

cambi'ale f COMM Wechsel m

cambiamento m (in gen.) Änderung f, Veränderung f; † trasformazione Wandel m; **cambiare** ⟨3.6.⟩ irr I. vt ① (in gen.) ändern, verändern; → opinione, idea ändern; → argomento wechseln; → treno umsteigen; → casa umziehen ② † trasformare → aspetto verwandeln ③ † scambiare tauschen; → denaro wechseln (in in acc) ④ AUTO → marcia schalten II. vi essere ← tempo, giovani sich ändern; ◇ **è cambiata completamente** sie hat sich völlig verändert III. vr ◇ **-rsi** (variare abito) sich umziehen; **'cambio** m ① (in gen., a. COMM valuta) Wechsel m; (corso dei cambi) Wechselkurs m; ◇ **ufficiale** amtlich notierter Kurs ② † modifica Änderung f ③ TEC Getriebe n; AUTO Schaltung f ④ ◇ **dare in** ~ eintauschen gegen acc; ◇ **dare il** ~ a qu jd-n ablösen; ◇ **in** ~ di statt gen, anstatt gen

'camera f ① † stanza, locale Zimmer n; ◇ ~ **da letto** Schlafzimmer n; ◇ ~ **a un letto** [o. ~ singola] Einzelzimmer n; ◇ ~ **a due letti** [o. ~ doppia] Doppelzimmer n; ◇ ~ **matrimoniale** Doppelzimmer [mit Ehebett] n ② POL Kammer f, Haus n; ◇ ~ **di commercio** Handelskammer f; ◇ **C~ dei Deputati** Abgeordnetenkammer f ③ ◇ ~ **d'aria** Luftschlauch m ④ FOTO ◇ ~ **oscura** Dunkelkammer f

'cameraman m/f ⟨inv⟩ FILM Kamera|mann(-frau f) m

camerata [1] ⟨-i, -e⟩ m (compagno) Kamerad(in f) m

camerata [2] f (dormitorio) Schlafsaal m

cameratismo m Kameradschaft f

cameriere(-a f) f ① † domestico Diener m, Hausmädchen f ② (di ristorante) Kellner(in f) m, Bedienung f

camerino m TEATRO, FILM Garderobe f

'camice m ① REL Meßhemd n ② (per medici, infermieri ecc.) Kittel m

camicetta f Bluse f; **cami|cia** ⟨-cie⟩ f ① (da uomo) Hemd n; (da donna) Bluse f; ◇ ~ **di forza** Zwangsjacke f; FIG ◇ **essere nato con la** ~ ein Glückspilz sein; FIG ◇ **sudare sette camicie** schuften ② TEC Mantel m; **camiciotto** m (per operai) Arbeitskittel m

camino m ① (in gen.) Kamin m ② † fumaiolo Schornstein m

'camion m ⟨inv⟩ Lastkraftwagen m, LKW m; **camioncino** m Lieferwagen m

cammello m ① FAUNA Kamel n ② (tessuto) Kamelhaar n

cammeo m Kamee f

camminare *vi* gehen, laufen; **cammino** *m* ① (*in gen.*) Gehen *n*, Laufen *n*; ◇ **mettersi in** - sich auf den Weg machen ② (*tratto percorso*) Weg *m*, Wegstrecke *f* ③ INFORM Pfad *m*

camomilla *f* ① FLORA Kamille *f* ② (*infuso*) Kamillentee *m*

camorra *f* Kamorra *f* org. *Verbrechen rund um Neapel;* **camorrista** ⟨-i, -e⟩ *m/f* Angehörige(r) *fm* der Kamorra

camo|scio ⟨-sci⟩ *m* ① FAUNA Gemse *f* ② (*pelle*) Gamsleder *n*

campagna *f* ① (*in gen.*) Land *n*; (*terreno coltivato*) Feld *n*; ◇ **vivere in** - am Lande leben ② MIL Feldzug *m* ③ POL, COMM Kampagne *f*; **campagnolo(-a** *f*) **I.** *agg* Land- **II.** *m* Bauer *m*, Bäuerin *f*

campale *agg inv* ① (*in gen.*) Feld- ② *FIG* ◇ **giornata** - (*faticosa*) ein schwerer Tag

campana *f* ① (*in gen.*) Glocke *f*; ◇ **sordo come una** - stocktaub ② ◇ - **pneumatica** Luftkammer *f*; **campanella** *f* ① ↑ *campanello* Klingel *f* ② BIO Glockenblume *f*; **campanello** *m* Klingel *f*; *FIG* ◇ - **d'allarme** Alarmglocke *f*; **campanile** *m* (*di chiesa*) Glockenturm *m*, Kirchturm *m*

campanilismo *m* Lokalpatriotismus *m*, Kirchturmpolitik *f*

campare *vi* essere (*vivere in qualche maniera*) leben; ◇ - **alla giornata** von der Hand in den Mund leben; ◇ **essere campato/a in aria** in der Luft hängen

campeggiare ⟨3.3.⟩ *irr vi* ① MIL lagern ② (*fare del campeggio*) zelten ③ ↑ *risaltare, spiccare* hervortreten; **cam'peg|gio** ⟨-gi⟩ *m* Campingplatz *m*

camper *m* ⟨inv⟩ Wohnmobil *n*

campestre *agg inv* ① (*del campo*) Feld-, Land-; ◇ **guardia** *f* - Feldhüter(in *f*) *m*; ◇ **festa** *f* - Gartenfest *n* ② SPORT ◇ **corsa** *f* - Geländelauf *m*

campio'nario I. *agg* ▷*fiera* Muster- **II.** *m* Musterkollektion *f*, Musterkatalog *m*

campionato *m* SPORT Meisterschaft *f*

campione I. *m* (**-essa** *f*) SPORT *anche FIG* Meister(in *f*) *m* **II.** *m* COMM Muster *n*, Probe *f*

campo *m* ① (*di patate, di grano*) Acker *m*, Feld *n* ② (*spazio delimitato*) Feld *n*, Platz *m*; ◇ - **da calcio/tennis** Fußball-/Tennisplatz *m*; ◇ - **di aviazione** Flugplatz *m* ③ ↑ *accampamento* Lager *n*; ◇ **ospedale da** - Feldlazarett *n*; ◇ - **di concentramento** Konzentrationslager *n* ④ MIL Schlachtfeld *n* ⑤ FIS Feld *m* ⑥ ◇ - **visivo** Gesichtsfeld *n* ⑦ ↑ *settore, ramo, branco* Fach *n*, Bereich *m*, Gebiet *n*

camposanto ⟨campisanti⟩ *m* Friedhof *m*

camuffare *vt* verkleiden

'**Canada** *m* GEO Kanada *n*

ca'naglia *f* (*persona*) Schuft *m*, Kanaille *f*

canale *m* ① (*di fiume*) Kanal *m* ② ↑ *condotto* Leitung *f* ③ (*FIG via*) Weg *m* ④ MEDIA Kanal *m*

'**canapa** *f* Hanf *m*

canarino *m* FAUNA Kanarienvogel *m*

cancellare *vt* ① (*con la gomma*) ausradieren; (*con penna*) streichen; INFORM löschen ② *FIG* ↑ *annullare* → *decreto* aufheben; ↑ *disdire* absagen

cancelle'ria *f* ① (*sede*) Kanzlei *f* ② (*materiale necessario per scrivere*) Schreibmaterial *n*

cancelliere *m* ① (*in tribunale*) Gerichtsschreiber(in *f*) *m* ② (*primo ministro tedesco*) Kanzler *m*; ◇ - **federale** Bundeskanzler *m*

cancello *m* Gitter *n*, Tor *n*

cance'rogeno *agg* MED krebserregend, kanzerogen

cancrena *f* MED Brand *m*, Gangräne *f*

cancro[1] *m* MED Krebs *m*; ◇ **prevenzione del'**-Krebsvorsorge *f*

cancro[2] *m* ① FAUNA Krebs *m* ② ASTROL Krebs *m*

candeggina *f* Bleichlauge *f*

candela *f* ① (*in gen.*) Kerze *f* ② AUTO Zündkerze *f*

candelabro *m* Kandelaber *m*, Armleuchter *m*

candel'iere *m* Kerzenständer *m*

candidato(-a *f*) *m* Kandidat(in *f*) *m*; **candidatura** *f* Kandidatur *f*

'**candido** *agg* ① (*di colore bianco puro*) schneeweiß ② *FIG* ↑ *puro* rein; ↑ *innocente* unschuldig; ↑ *sincero* aufrichtig

candito *agg* ▷*zucchero* Kandis-; ▷*frutta* kandiert

candore *m* ① (*bianchezza pura*) [strahlendes] Weiß *n* ② ↑ *innocenza* Unschuld *f*; ↑ *sincerità* Aufrichtigkeit *f*

cane *m* ① FAUNA Hund *m*; ◇ - **da guardia/da caccia** Wach-/Jagdhund *m*; ◇ - **lupo/pastore** Wolfs-/Schäferhund *m*; *FIG* ◇ **un freddo** - eine Hundekälte; *FIG* ◇ **non c'è un** - es ist kein Schwein da; *FIG* ◇ **essere solo come un** - mutterseelenallein sein; *FIG* ◇ **vita da** -**i** Hundeleben *n*; ◇ **tempo da** -**i** Hundewetter *n* ② (TEC *di pistola, di fucile*) Hahn *m*

canestro *m* SPORT Korb *m*

'**canfora** *f* Kampfer *m*

cangiante *agg inv* ▷*colore* schillernd; ▷*stoffa* changierend

canguro *m* FAUNA Känguruh *n*

canile *m* ① (*cuccia*) Hundehütte *f* ② (*luogo*)

Hundezwinger *m;* ◇ ~ **municipale** städtisches Tierheim *n*

canino I. *agg (di/da cane)* Hunds-; ◇ **dente** ~ Eckzahn *m* II. *m* Eckzahn *m*

canna *f* ⓵ *(pianta)* Rohr *n;* ◇ ~ **da zucchero** Zuckerrohr *n; FIG* ◇ **povero in** ~ arm wie eine Kirchenmaus *f* ⓶ *(bastone)* Stock *m;* ◇ ~ **da pesca** Angelrute *f* ⓷ ◇ ~ **fumaria** Rauchfang *m* ⓸ *MUS* ◇ ~ **dell'organo** Orgelpfeife *f* ⓹ *(del fucile)* Lauf *m*

cannella *f* GASTRON Zimt *m*

can'nibale *m/f* Kannibale(in *f*) *m*

cannocchiale *m* Fernglas *n,* Fernrohr *n*

cannonata *f* ⓵ *(colpo di cannone)* Kanonenschuß *m* ⓶ *FIG* Bombensache *f*

cannoncino *m* GASTRON Sahnerolle *f*

cannone *m* Kanone *f*

cannuc|cia ‹-ce› *f* ⓵ *(per bibita)* Strohhalm *m* ⓶ *(per la penna)* Federhalter *m*

can'oa *f* Kanu *n*

¹**canone** *m* ⓵ *(▷mensile, annuo, d'affitto)* Abgabe *f;* ◇ **equo** ~ Mietspiegel *m* ⓶ *(criterio normativo)* Regel *f*

ca'nonica *f* Pfarrhaus *n;* **ca'noni|co** ‹-ci› *m* REL Kanonikus *m;* **canonizzare** *vt* heiligsprechen

canoro *agg ▷uccello* Sing-

canottag|gio ‹-gi› *m* SPORT Rudersport *m*

canottiera *f* Unterhemd *n*

canotto *m* Ruderboot *n*

canovac|cio ‹-ci› *m* ⓵ *(tela)* Kanevas *m* ⓶ ↑ *strofinaccio* Lappen *m* ⓷ *(trama, traccia)* Handlung *f*

cantante *m/f* Sänger(in *f*) *m;* **cantare** I. *vi* ⓵ ← *persona, uccelli ecc.* singen; ← *grillo, cicala* zirpen ⓶ *(FIG fare la spia)* singen, auspacken II. *vt* → *canzone* singen; ◇ ~ **la messa** das Hochamt zelebrieren

cantau|tore(-trice) *f) m* Liedermacher(in *f*) *m*

canterellare *vt* trällern

cantiere *m* ⓵ ARCHIT Baustelle *f* ⓶ NAUT Werft *f*

cantilena *f* ⓵ *(filastrocca)* Wiegenlied *n* ⓶ *FIG* Leier *f*

cantina *f* ⓵ *(locale)* Keller *m* ⓶ ENOLOGIA Weinkeller *m*

canto ¹ *m* ⓵ *(in gen.)* Singen *n,* Gesang *m; (di strumento musicale)* Klang *m* ⓶ *(poesia)* Lied *n*

canto ² *m* ⓵ *(angolo di due muri)* Ecke *f* ⓶ ↑ *parte, lato* Seite *f,* Teil *m; FIG* ◇ **d'altro** ~ andererseits

cantonata *f* ⓵ ↑ *angolo* Ecke *f* ⓶ *FIG* ↑ *errore* grober Fehler *m;* ◇ **prendere una** ~ einen Bock schießen

cantone ¹ *m* ↑ *angolo* Ecke *f*

cantone ² *m (in Svizzera)* Kanton, m

cantuc|cio ‹-ci› *m* Ecke *f,* Winkel *m*

canuto *agg* weiß

canzonare *vt* ↑ *prendere in giro* aufziehen

canzone *f* Lied *n;* **canzoni'ere** *m* ⓵ MUS Liedersammlung *f* ⓶ LETT Gedichtsammlung *f*

caos *m* ‹*inv*› *FIG* Chaos *n,* Durcheinander *n;* **ca'oti|co** ‹-ci, -che› *agg FIG* chaotisch

C.A.P. *m acronimo di* Codice di Avviamento Postale PLZ

capace *agg inv* ⓵ ↑ *ampio, vasto* geräumig, groß; ▷*contenitore, recipiente* fassend ⓶ ↑ *abile, esperto* gewandt, fähig; ◇ **essere capace di fare qc** imstande/fähig/in der Lage sein, etw zu tun; **capacità** *f* ⓵ ↑ *capienza* Fassungsvermögen *n* ⓶ ↑ *abilità* Tüchtigkeit *f,* Fähigkeit *f* ⓷ INFORM ◇ ~ **di memoria** Speicherkapazität *f* ⓸ ◇ ~ **di intendere e di volere** Zurechnungsfähigkeit *f;* **capacitarsi** *vi pron:* ◇ ~ **di** sich überzeugen von

capanna *f* Hütte *f;* **capannone** *m* fabbricato, Werkhalle *f; (fienile)* Schuppen *m*

ca'parbio *agg* starrköpfig

caparra *f* Anzahlung *f*

capello *m (del cuoio capelluto)* Haar *n;* ◇ **capelli** *m/pl* Haare *n/pl;* ◇ **farsi tagliare i** ~**i** sich die Haare schneiden lassen; **capellone** *agg inv vedi* **capelluto**; **capelluto** *agg ▷persona* mit vielen Haaren, reichlich behaart

capezzale *m* Keilkissen *n*

ca'pezzolo *m* ANAT Brustwarze *f*

capi'enza Fassungsvermögen *n*

capigliatura *f* Haarwuchs *m*

capillare I. *agg inv* ⓵ ↑ *sottile* haarfein; ANAT kapillar ⓶ *FIG* engmaschig II. *m (*ANAT *vaso* ~*)* Haargefäß *n*

capire ‹5.2.› *irr vt* verstehen, begreifen

capitale I. *agg inv* ⓵ ▷*pena* Todes- ⓶ ↑ *fondamentale* Haupt-, grundlegend II. *f (città)* Hauptstadt *f* III. *m* Kapital *n,* Vermögen *n*

capitalismo *m* Kapitalismus *m;* **capitalista** ‹-i, -e› I. *agg inv* kapitalistisch II. *m/f* Kapitalist (in *f*) *m*

capitaneria *f (di porto)* Hafenamt *n;* **capitano** *m* ⓵ MIL Hauptmann *m* ⓶ NAUT, AERO SPORT Kapitän *m*

capitare *vi ⓵ essere (arrivare casualmente)* zufällig kommen ⓶ ↑ *accadere* passieren, geschehen

capitello *m* ARCHIT Kapitell *n*

capitolare *vi* kapitulieren

ca'pitolo *m* ⓵ *(in gen.)* Kapitel *n* ⓶ *FIG* ◇ **aver voce in** ~ das Sagen haben

capi'tombolo m Sturz m

capo m [1] ANAT Kopf m [2] (persona) Führer(in f) m, Leiter(in f) m; (in ufficio) Chef(in f) m; (in tribù) Häuptling m; ◇ **essere a - di qc** an der Spitze von etw sein [3] GEO Kap n [4] FIG ◇ **cominciare da** - von vorne anfangen; ◇ **andare a** - einen neuen Absatz anfangen; ◇ **in - a un mese** in einem Monat [5] ◇ - **di biancheria** Wäschestück n; ◇ - **di vestiario** Kleidungsstück n

capodanno m Neujahr n

capofitto avv: ◇ **a** - kopfüber; ◇ **buttarsi a** - **in qc** sich kopfüber in etw stürzen acc

capogiro m Schwindel m

capogruppo m/f Gruppenleiter(in f) m

capolavoro m Meisterwerk n

capo'linea ‹capilinea› f Endstation f

capolista m/f SPORT Tabellenführer(in f) m

capoluo'go ‹-ghi o. capiluoghi› m [Provinz-/Landes-]Hauptstadt f

capomastro ‹-i o. capimastri› m ARCHIT Baumeister(in f) m

caporale m MIL Gefreite(r) fm

caposala f (in ospedale) Oberschwester f

caposaldo ‹capisaldi› m [1] (in gen.) Fixpunkt m [2] ↑ fondamento Eckpfeiler m

capostazi'one ‹capistazione› m/f Bahnhofvorsteher(in f) m

capotreno ‹capitreno o. capitreni› m/f Zugführer(in f) m

capouffi'cio ‹-ci o. capiufficio› m/f Bürochef(in f) m

capoverso ‹-i› m Absatz m

capovolgere ‹Pass. rem.: capovolsi/capovolgesti Part.: capovolto› irr I. vt [1] ↑ voltare auf den Kopf stellen [2] FIG umkehren II. vi pron ◇ **-rsi** [1] ← barca kentern; ← macchina sich überschlagen [2] FIG sich wenden; **capovolto** p.pass. capovolgere

cappa f [1] (mantello) Mantel m [2] (del camino) Rauchfang m

cappella f REL Kapelle f

cappellano m REL Kaplan m

cappello m Hut m; ◇ **tanto di -!** alle Achtung!, Hut ab!

'cappero m (bocciolo, pianta) Kaper f

cappone m GASTRON Kapaun m

cappotto m Mantel m

cappuccino m [1] (frate) Kapuziner m [2] (bevanda) Cappuccino m

cappuc'cio [1] ‹-ci› m [1] (copricapo) Kapuze f [2] (di oggetti) Kappe f

cappuc'cio [a] ‹-ci› m FLORA. ◇ **cavolo** - Weißkohl m

capra f [1] FAUNA Ziege f [2] (cavalletto) Bock

n; **capretto** m [1] FAUNA Böcklein n [2] (pelle) Ziegenleder n [3] GASTRON Ziegenlammfleisch n

capric'cio ‹-ci› m [1] (desiderio improvviso) Laune f; ◇ **fare** : **capricci** bocken [2] MUS Kapriccio n; **capriccioso** agg [1] ↑ bizzoso bockig [2] ↑ stravagante launisch

capricorno m [1] FAUNA Steinbock m [2] ASTROL Steinbock m

capri'ola f (a terra) Purzelbaum m; (in aria) Luftsprung m

capri'olo m FAUNA Reh n

capro m [1] FAUNA Ziegenbock m [2] FIG ◇ - **espiatorio** Sündenbock m; **caprone** m FAUNA Ziegenbock m

'capsula f Kapsel f, Hülse f

captare vt MEDIA empfangen

carabina f Karabiner m

carabini'ere m (arma speciale delle forze armate) Karabiniere m

caraffa f Karaffe f

caramella f Bonbon n

caramellato agg ▷zucchero Karamel-; **caramello** m Karamel m

carato m Karat n

ca'rattere m [1] (dell' alfabeto) Schriftzeichen n, Buchstabe f; [2] (di persona) Charakter m; ◇ **avere un brutto/bel** - einen häßlichen/guten Charakter haben [3] INFORM ◇ - **di commando,** - **di governo** Steuerzeichen n

caratte'ristica f Kennzeichen n, Merkmal n; **caratte'risti'co** ‹-ci, -che› agg charakteristisch, typisch; **caratterizzare** vt [1] (in gen.) charakterisieren, kennzeichnen [2] ↑ descrivere beschreiben

carboidrato m CHIM Kohlenhydrat n

carbone m Kohle f

carbonio m CHIM Kohlenstoff m

carbonizzare vt ↑ bruciare verkohlen; (trasformare in carbone) verkoken

carburante m Brennstoff m; **carburatore** m AUTO Vergaser m

carcassa f [1] (di animale morto) Skelett, nt; (di oggetti) Gehäuse n [2] (FIG macchina) Wrack f

carcerato ‹-a› f) m Häftling m, Gefangene(r) fm; **'carcere** m Gefängnis n

carcinoma ‹-i› m MED Krebsgeschwulst f, Karzinom n

carci'ofo m FLORA Artischocke f

car'dia'co ‹-ci, -che› agg Herz-

cardinale I. agg inv ↑ fondamentale hauptsächlich; ▷virtù Kardinal-; ◇ **numero** - Grundzahl f, ◇ **punto** - Himmelsrichtung f **II.** m REL Kardinal m

'cardine m ⓵ (della porta, della finestra) Angelzapfen m ② FIG Angelpunkt m

cardiochirur'gia ⟨-gie⟩ f MED Herzchirurgie f

cardi'olo|go|-a f) ⟨-gi, -ghe⟩ m/f Herzspezialist (in f) m, Kardiologe m, Kardiologin f

cardio'pati|co ⟨-ci, -che⟩ agg herzkrank

cardo m BIO Distel f

carenza f Mangel m (di an dat)

cares'tia f [Hungers-]Not f

carezza f Liebkosung f, Streicheleinheit f; **carezzare** vt liebkosen

'cari|ca ⟨-che⟩ f) ⓵ (AMM di presidente) Amt n; ◇ **essere in -** amtieren ② MIL Angriff m ③ (di meccanismi) Aufziehen n, Aufladen n ④ ▷esplosiva Ladung f ⑤ FIG ↑ energia Schwung m; **caricare** ⟨3.4.⟩ irr vt ⓵ a. INFORM, ELETTR laden ② (con peso) belasten ③ (di meccanismi) aufziehen; → **macchina fotografica** einen Film einlegen ④ MIL ↑ attaccare angreifen ⑤ → fucile laden

caricatura f Karikatur f

'cari|co ⟨-chi, -che⟩ I. agg ⓵ ▷fucile, batteria geladen; ▷orologio aufgezogen ② ▷colore kräftig ③ ▷caffè, tè stark ④ ◇ **- di** voll beladen mit II. m ⓵ (il caricare) Laden n; (ciò che si carica) Ladung f ② FIG ↑ peso Last f, Belastung f; ◇ **a - di** zu Lasten gen; ◇ **avere qu a -** für jd-n aufkommen

'carie f ⟨inv⟩ MED Karies f

carino agg ↑ bellino hübsch; ↑ gentile nett

carisma m Charisma n, Ausstrahlung f; **caris'mati|co** ⟨-ci, -che⟩ agg charismatisch

carità f ⓵ (amore per il prossimo) Nächstenliebe f ② (elemosina) Almosen n ③ ◇ **per -!** um Gottes Willen!

carnagi'one f Hautfarbe f

carnale agg inv ⓵ ▷violenza, peccato fleischlich ② ↑ consanguineo leiblich

carne f Fleisch n; ◇ **- in scatola** Büchsenfleisch n; ◇ **- tritata** Hackfleisch n; ◇ **- bovina/suina** Ochsen-/Schweinefleisch n

carnefice m Henker m; **carneficina** f Blutbad n

carnevale m Fasching m, Karneval m

car'nivoro agg fleischfressend

carnoso agg fleischig

caro I. agg ⓵ ↑ gradito lieb ② ↑ costoso teuer II. avv teuer

carogna f ⓵ (di animale) Kadaver m ② (FIG PEJ persona) Schurke m

carota f FLORA Karotte f, Möhre f

carovana f Karawane f

carovita m Teuerung f

carpa f FAUNA Karpfen m

carpentiere m (in gen.) Zimmermann m; ◇ **- in ferro** Bauschlosser m

carpire ⟨5.2.⟩ irr vt: ◇ **- qc a qu** jd-m etw entlocken

carponi avv: ◇ **a -** auf allen vieren

car'rabile agg inv ▷passo befahrbar

car'raio agg ▷passo Fahr-

carreggiata f Fahrbahn f, Spur f

carrello m ⓵ (al supermercato) Einkaufswagen m; ▷idraulico Ameise f ② AERO Fahrgestell n ③ FILM Kamerawagen m ④ (di macchina da scrivere) Wagen m ⑤ (portavivande) Servierwagen m

carrettiere m Fuhrmann m; **carretto** m Karren m

carriera f ⓵ (in gen.) Karriere f ② ◇ **di gran -** in vollem Lauf

carriola f ARCHIT Schubkarren m

carro m ⓵ (veicolo) Karren m; ◇ **- armato** Panzer m; ◇ **- dei deschleppwagen** m ② (materiale contenuto) Wagenladung f

carrozza f Kutsche f

carrozze'ria f Karosserie f; **carrozzi'ere** m Autoschlosser(in f) m

carrozzina f Kinderwagen m

carta f ⓵ (in gen.) Papier n; ◇ **- da lettere** Briefpapier n; ◇ **- riciclabile** Recyclingpapier n; ◇ **- assorbente** Löschpapier n; ◇ **- igienica** Toilettenpapier n; ◇ **- cellofanata** Frischhaltefolie f; ◇ **- vetrata** Glaspapier n, Sandpapier n; ◇ **- da parati** Tapetenpapier n; ◇ **- da visita** Visitenkarte f ② (da gioco) Karte f ③ GEO ▷geografica Landkarte f ④ FERR ◇ **- d'argento** Seniorenpaß m; AUTO ◇ **- verde** grüne Versicherungskarte f; AUTO ◇ **- di circolazione** Kraftfahrzeugschein m ⑤ ◇ **- d'identità** Personalausweis m; ◇ **- d'imbarco** Bordkarte f ⑥ COMM ◇ **- di credito** Kreditkarte f

cartacarbone ⟨cartecarbone⟩ f Durchschlagpapier n, Kohlepapier n

cartac|cia ⟨-ce⟩ f PEJ schlechtes Papier

cartamodello ⟨-i⟩ m Schnittmuster n

cartamoneta f Papiergeld n

carta'pecora f Pergament n

cartapesta f Pappmaché n

cartella f ⓵ (della lotteria, della tombola) Schein m ② (documento, esattoriale) Brief m ③ ↑ busta, custodia Mappe f; SCUOLA Schulranzen m

cartello [1] m (in gen.) Plakat n; ◇ **- stadale** Straßenschild n; ◇ **- indicatore** Wegweiser m

cartello [2] m FIN Kartell n; POL Bund m, Vereinigung f

cartellone m ⓵ ▷pubblicitario [Werbe-]Plakat

n ② (*della tombola*) Tombolatafel *f* ③ SPORT Liste *f* ④ (TEATRO *programma*) Programm *n*

cartiera *f* Papierfabrik *f*

cartilagine *f* ANAT Knorpel *m*

cartoc|cio ‹-ci› *m* ① (*involucro*) Tüte *f* ② GASTRON ◇ **al** - in Folie gewickelt

cartole'ria *f* Schreibwarenladen *m*

cartolina *f* (*in gen.*) Postkarte *f*; ◇ **- illustrata** Ansichtskarte *f*; ◇ **- postale** Postkarte *f*

cartone *m* ① (*in gen.*) Karton *m*, Pappe *f* ② ◇ **-i animati** Zeichentrickfilm *m*

cartuc|cia ‹-ce› *f* (*per penna stilografica, per pistola*) Patrone *f*; (*per stampatrice*) Kartusche *f*

casa *f* ① (*in gen.*) Haus *n* ② ◇ **- di cura** Heilanstalt *f*; ◇ **- da gioco** Spielhalle *f*; ◇ **- popolare** Sozialwohnung *f*; ◇ **- dello studente** Studentenwohnheim *n* ③ ◇ **fatto in** - hausgemacht ④ (SPORT *gioco*) Heimspiel *n*

casac|ca ‹-che› *f* Kasack *m*

casalinga *f* Hausfrau *f*; **casalin|go** ‹-ghi, -ghe› I. *agg* ① (*fatto in casa*) hausgemacht ② ▷*persona* häuslich II. : **casalinghi** *m/pl* Haushaltsgeräte *pl*

cascare ‹3.4.› *irr vi essere* ① (*in gen.*) fallen ② ◇ **-ci** hereinfallen; **cascata** *f* (*d'acqua*) Wasserfall *m*

cascina *f* Bauernhaus *n*

ca|sco ‹-schi› *m* ① (*di protezione*) Helm *m*; (*per la moto*) Sturzhelm *m*; ◇ **i caschi blu** die UNO-Blauhelme ② (*asciugacapelli*) Trockenhaube *f*

caseggiato *m* (*gruppo di case*) Häuserblock *m*; (*palazzo di grandi dimensioni*) Wohnhaus *n*

caseifi|cio ‹-ci› *m* Käserei *f*

casella *f* ① (*di mobile*) Fach *n*; ◇ **- postale** Postfach *n* ② (*di scacchiera*) Feld *n*; (*di foglio*) Kästchen *n*

casel'lario *m* (*mobile*) Aktenschrank *m*

casello *m* (*di autostrada*) Mautstelle *f*

caserma *f* MIL Kaserne *f*

casi'nista ‹-i, -e› *m/f* Chaot(in *f*) *m*

casino *m* FIG ↑ *confusione* Chaos *n*, Durcheinander *n*

casinò *m* Kasino *n*

caso *m* ① (*circostanza non prevista*) Zufall *m*; ◇ **a** - wahllos, unüberlegt; ◇ **per** - zufällig, durch Zufall; ◇ **si dà il** - **che** es ergibt sich, daß; ◇ **fare** - **a qc** auf etw achten ② ↑ *vicenda, fatto* Vorfall *m*, Begebenheit *f*; ◇ **in tutti i casi** auf alle Fälle; ◇ **nel** - **che** falls, ◇ **non è il** - [*v. non mi pare il* •] es ist nicht nötig, es scheint mir nicht nötig; ◇ **in - contrario** sonst, ansonsten

casolare *m* kleines Landhaus *n*

cassa *f* ① (*di legno etc*) Kiste *f*, Kasten *m*; (*da morto*) Sarg *m* ② (*di frutta*) Kiste *f*; (*di biancheria*) Truhe *f* ③ (*di un supermercato, di un bar*) Kasse *f* ④ (COMM *sportello di banca*) Kassenschalter *m*; ◇ **- di risparmio** Sparkasse *f*; ◇ **rurale** Raiffeisenbank *f*; ◇ **- integrazione** Lohnausgleichskasse *f für Kurzarbeiter*; ◇ **- mutua, - malattia** Krankenkasse *f*; ◇ **- per il Mezzogiorno** Hilfsfonds *m* für Süditalien ⑤ (*di orologio ecc.*) Gehäuse *n* ⑥ MUS ◇ **- [acustica]** [Lautsprecher-]Box *f* ⑦ ANAT ◇ **- toracica** Brustkorb *m*

cassaforte ‹casseforti› *f* Panzerschrank *m*, Safe *m*

cassapanca ‹cassapanche *o.* cassepanche› *f* Truhe *f*

cassazi'one *f* DIR Kassation *f*; ◇ **corte di** - Kassationshof *m* oberster Gerichtshof

casseruola, casserola *f* Kasserolle *f*

cassetta *f* ① (*in gen.*) Kästchen *n*, Kassette *f*; ◇ **- delle lettere** Briefkasten *m*; ◇ **- di sicurezza** Schließfach *n* ② ↑ *musicassetta* Kassette *f*

cassetto *m* Schublade *f*

cassettone *m* (*mobile*) Kommode *f*

cassiere(-a *f*) *m* Kassierer(in *f*) *m*

cassonetto *m* (*per le immondizie*) Müllcontainer *m*

casta *f* Kaste *f*

castagna *f* FLORA Kastanie *f*; **castagno** *m* FLORA Kastanie *f*, Kastanienbaum *m*

castano *agg* ▷*colore* kastanienbraun

castello *m* ① (*dimora*) Schloß *n*; FIG ◇ **fare dei -i in aria** Luftschlösser bauen ② TEC Gerüst *n*, Gestell *n*; ◇ **letto a** - Etagenbett *n*

castigare ‹3.5.› *irr vt* bestrafen, züchtigen; **casti|go** ‹-ghi› *m anche FIG* Bestrafung *f*, Strafe *f*; ◇ **mettere qu in** - jd-m eine Strafe auferlegen

castità *f* ▷*fisica* Keuschheit *f*; FIG Reinheit *f*; **casto** *agg* ▷*sessualmente* keusch; *FIG* rein

castoro *m* ① FAUNA Biber *m* ② (*pelle*) Biberpelz *m*

castrare *vt* kastrieren

casual I. *agg inv* ▷*abbigliamento* leger II. *m* ‹inv› Freizeitkleidung *f*

casu'ale *agg inv* zufällig; **casualmente** *avv* zufällig

cataclisma ‹-i› *m* Naturkatastrophe *f*

catacomba *f* Katakombe *f*

catalessia, catalessi *f* Katalepsie *f*, Starrsucht *f*

catalizzatore *m* Katalysator *m*

catalogare ‹3.5.› *irr vt* ① (*in gen.*) katalogisieren ② ↑ *elencare* aufzählen; **ca'talo|go** ‹-ghi› *m*

1 *(in gen.)* Katalog *m*, Verzeichnis *n* **2** ↑ *elenco* Aufzählung *f*

catapultare *vt* schleudern

catarifrangente *m* AUTO Rückstrahler *m*, Katzenauge *n*

catarro *m* Katarrh *m*

catasta *f* Stapel *m*, Haufen *m*

catasto *m* Grundbuch *n*

ca'tastrofe *f* Katastrophe *f*

catechismo *m* REL Katechismus *m*

catego'ria *f* Kategorie *f*, Gruppe *f*; ◇ **- a rischio** Risikogruppe *f*

cate'gori|co ⟨-ci, -che⟩ *agg* kategorisch

catena *f* **1** *(in gen.)* Kette *f*; AUTO ◇ **catene da neve** Schneeketten *pl* **2** ↑ *successione, serie* Kette *f*, Reihe *f*; ◇ **-** a Ketten-, Reihen-; TEC ◇ **- di montaggio** Fließband *n*; ◇ **- di negozi/ristoranti** Laden-/Restaurantkette *m*; GEO ▷*montuosa* Kette *f*; **catenac|cio** ⟨-ci⟩ *m* Riegel *m*

cateratta, cataratta *f* **1** *(piccole cascate)* Stromschnelle *f*, Katarakt *m* **2** MED grauer Star *m*

ca'tetere *m* MED Katheter *n*

catino *m* Becken *n*

catodo *m* ELETTR Kathode *f*

catorcio *m* FAM alte Kiste *f*

catrame *m* Teer *m*

'cattedra *f* **1** *(mobile)* Lehrerpult *n*, Katheder *n* **2** *(all' università)* Lehrstuhl *m*

cattedrale *f* Kathedrale *f*

catti'veria *f* Bosheit *f*

cattività *f* Gefangenschaft *f*

cattivo *agg* **1** *(non buono)* böse, schlecht **2** ↑ *brutto* häßlich **3** ↑ *guasto* schlecht, verdorben; ▷*odore* übel **4** ↑ *turbolento, inquieto* unruhig; ◇ **essere di - umore** schlechter Laune sein, schlecht gelaunt sein; FAM schlecht drauf sein

cattolicesimo *m* REL Katholizismus *m*; **cat'toli|co(-a** *f)* ⟨-ci, -che⟩ **I.** *agg* katholisch **II.** *m* Katholik(in *f*) *m*

cattura *f* **1** *(il catturare)* Gefangennahme *f* **2** ↑ *arresto (di un ladro)* Festnahme *f*; **catturare** *vt* gefangennehmen

caucciù *m* ⟨inv⟩ FLORA Kautschuk *m*

'causa *f* **1** ↑ *motivo* Grund *m*, Ursache *f* **2** DIR Klage *f*; DIR ◇ **fare/muovere - a qu** jd-n verklagen; DIR ↑ *processo* Prozeß *m*; **causare** *vt* verursachen, bewirken

'causti|co ⟨-ci, -che⟩ *agg* **1** CHIM ätzend **2** FIG bissig

cautela *f* Vorsicht *f*

cautelare [1] *agg inv* Vorsichts-

cautelare [2] *vt* schützen

'cauto *agg* vorsichtig

cauzi'one *f* DIR Kaution *f*

cav. *abbr. di* **cavaliere** *Träger eines Verdienstordens*

cava *f* *(in gen.)* Bruch *m*; ◇ **- di pietra** Steinbruch *m*

cavalcare ⟨3.4.⟩ *irr vt* **1** → *un cavallo ecc.* reiten **2** *(passare sopra)* überbrücken; **cavalcata** *f* Ritt *m*

cavalca'via *m* ⟨inv⟩ Überführung *f*

cavalci'oni *avv:* ◇ **a -** rittlings

cavali'ere *m* **1** *(colui che va a cavallo)* Reiter *m*; ▷*feudale* Ritter *m* **2** ↑ *gentiluomo* Kavalier *m* **3** *(onorificenza)* Ordensträger *m*

cavalle|sco ⟨-schi, -sche⟩ *agg* **1** *(da cavaliere)* ritterlich, Ritter- **2** FIG ritterlich, edel; **ca-valle'ria** *f* **1** ▷*feudale* Rittertum *n* **2** MIL Kavallerie *f*; **cavallerizzo(-a** *f)* *m* **1** *(in gen.)* Reiter(in *f*) *m* **2** *(in un circo)* Kunstreiter(in *f*) *m*

cavalletta *f* FAUNA Heuschrecke *f*

cavalletto *m* *(in gen.)* Gestell *n*, Bock *m*; FOTO Stativ *n*; *(da pittore)* Staffelei *f*

cavallo *m* **1** FAUNA Pferd *n*; FIG ◇ **- di battaglia** Bravourstück *n*; FIG ◇ **essere a -** sich in einer günstigen Lage befinden **2** AUTO ◇ **- vapore** Pferdestärke *f* **3** *(SPORT in ginnastica)* Pferd *n* **4** *(nel gioco degli scacchi)* Springer *m*; *(nelle carte)* Ritter *m* **5** *(dei pantaloni)* Schritt *m*

cavare *vt* FAM ↑ *togliere* herausnehmen, herausholen; → *giacca, scarpe* ausziehen; → *fame, sete* stillen; → *voglia* befriedigen; → *dente* ziehen; ◇ **cavarsela bene/male** gut/schlecht davonkommen

cavatappi *m* ⟨inv⟩ Korkenzieher *m*

caverna *f* Höhle *f*

cavezza *f* Zaum *m*, Halfter *m* o *n*

'cavia *f* **1** FAUNA Meerschweinchen *n* **2** FIG Versuchskaninchen *n*

cavi'ale *m* Kaviar *m*

caviglia *f* ANAT Knöchel *m*

cavillo *m* Spitzfindigkeit *f*

cavità *f* Höhle *f*

cavo [1] **I.** *agg* hohl **II.** *m* ANAT ▷*orale* Höhle *f*

cavo [2] *m* **1** *(grossa corda)* Seil *n*, Tau *n* **2** ELETTR, TELEC Kabel *n*; ◇ **- in fibra ottica** Glasfaserkabel *n*

cavolata *f* FAM Dummheit *f*, Mist *m*

cavolfi'ore *m* FLORA Blumenkohl *m*

'cavolo *m* **1** BIO Kohl *m*; ◇ **- di Bruxelles** Rosenkohl *m* **2** FAM ◇ **non capire un -** nicht die Bohne kapieren; ◇ **non fare un -** keinen Strich tun; ◇ **che - vuoi?** was zum Teufel willst du denn?

cazzo m ① *FAM!* Schwanz m ② *FAM!* ◇ **che - voi?** was für einen Scheiß willst du denn?

cazzuola f ARCHIT Kelle f

c/c *abbr. di* **conto corrente** Girokonto n

ce *avv, pron vedi* **ci**

cecchino m MIL Scharfschütze m

cece m FLORA Kichererbse f

cecità f ① (*il non vedere*) Blindheit f ② FIG Verblendung f

'**cedere** I. *vt* ① → *posto* überlassen ② DIR abtreten II. *vi* ① ↑ *cadere, crollare* nachgeben ② ↑ *arrendersi* weichen (a dat) ③ ↑ *rassegnarsi* sich ergeben; **ce'devole** *agg* inv nachgiebig; **ce'dibile** *agg inv* übertragbar

'**cedola** f (*di dividendo, di interessi*) Schein m

cedrata f Zitronatwasser n; **cedro** m (FLORA *albero*) Zeder f; (*frutto*) Zitronatzitrone f; ◇ - candito Zitronat n

C.E.E. f *abbr. di vedi* **Comunità Eco'nomica 'Europea** EG f, EWG f

cefal'ea f MED 1 *mal di testa* Kopfschmerzen m/pl

ceffo m ① *PEG* ↑ *muso* Fratze f ② FIG Gauner m

ceffone m Ohrfeige f

celare *vt* ↑ *nascondere* verstecken, verbergen; → *verità* verheimlichen

celebrare *vt* ① → *compleanno, anniversario* feiern ② REL zelebrieren ③ DIR vollziehen; **celebrazi'one** f (*di compleanno, di anniversario ecc.*) Feiern n; (*festa*) Feier f ② REL Feier f, Zelebration f ③ DIR Vollzug m; '**celebre** *agg inv* berühmt, bekannt; **celebrità** f Berühmtheit f

celere I. *agg inv* schnell, rasch II. f *sg* (*polizia*) Bereitschaftspolizei f

celeste *agg inv* ① (*del cielo*) Himmels- ② ↑ *divino* himmlisch ③ ▷*colore* himmelblau

celibato m (*in gen.*) Ledigsein n; REL Zölibat n; **celibe** I. *agg* (*uomo*) ledig II. m Junggeselle m

cella f Zelle f

'**cellula** f BIO, FOTO Zelle f; ◇ - **solare** Sonnenzelle f; **cellulare** I. *agg* Zellen- II. m (*furgone della polizia*) Polizeiwagen m *zum Gefangenentransport; FAM* grüne Minna f

cellulite f Zellulitis f

cementare *vt* ① (*in gen.*) zementieren; → *strada* betonieren ② FIG festigen; **ce'mento** m (*in gen.*) Zement m; ◇ - **armato** Eisenbeton m, Stahlbeton m

cena f ① (*in gen.*) Abendessen n ② REL ◇ **l'Ultima Cena** das [Letzte] Abendmahl; **cenare** *vi* zu Abend essen

cen|cio ⟨-ci⟩ m Lumpen m

'**cenere** f ① (*in gen.*) Asche f ② ◇ **le Ceneri** Aschermittwoch m

cenno m ① ↑ *segno* Zeichen n, Wink m ② ↑ *traccia* Hinweis m

cenone m Festessen n *an Weihnachten oder Silvester*

censimento m (*della popolazione*) Zählung f; **censire** *vt* → *popolazione* zählen

censore m Zensor(in f) m

censura f Zensur f; **censurare** *vt* zensieren

centenario(-a f) I. *agg* ① (*avente cento anni*) hundertjährig ② (*ogni cento anni*) Hundertjahr- II. m/f ① (*persona*) Hundertjährige(r) fm ② (*avvenimento*) hunderster Jahrestag m

cen'tesimo(-a f) I. *agg* hunderste II. m ① (*frazione*) Hunderstel n ② (*moneta*) Centesimo m; FIG Pfennig m

cen'tigrado *agg*: ◇ **graduazione centigrada** Hundertgradeinteilung f; ◇ **15 gradi -i** 15 Grad Celsius

cen'timetro m Zentimeter m

centi'naio ⟨centinaia f/pl⟩ m Hundert n, (*circa cento*) etwa hundert Personen

cento *agg* hundert

centrale I. *agg inv* zentral II. f (*in gen.*) Zentrale f; ◇ - **atomica, - nucleare** Atomkraftwerk n, Kernkraftwerk n; (*di polizia*) Revier n

centralinista ⟨-i, -e⟩ m/f TELEC Fernsprechvermittler(in f) m; **centralino** m TELEC Vermittlungsstelle f

centralizzare *vt* zentralisieren; **centrare** *vt* ① → *bersaglio* treffen ② TIP, INFORM, TEC zentrieren

centravanti m CALCIO Mittelstürmer m

cen'trifuga f (*in gen.*) Zentrifuge f; (*per succhi di frutta*) Entsafter m; (*della lavatrice*) Wäscheschleuder f; **centrifugare** *vt* schleudern

centro m ① (*della terra*) Zentrum n, Mitte f; ◇ **fare -** treffen; FIG ◇ **essere al - di** im Mittelpunkt von etw sein/stehen ② ▷*abitato, industriale* Zentrum n; (*di città*) Stadtmitte f ③ ANAT ▷*nervoso* Zentrum n ④ ↑ *istituto, istituzione* Institut n, Zentrum n; ◇ - **fitness** Fitneßcenter n; ◇ - **di vendita al dettaglio** Einkaufszentrum n ⑤ ◇ - **elettronico/di calcolo** Rechenzentrum n ⑥ CALCIO Feldmitte f

ceppo m ① (*di pianta*) Baumstumpf m ② (*pezzo di legno*) Holzklotz m

cera¹ f (*in gen.*) Wachs n; (*da pavimenti*) Bohnerwachs n; (*per le scarpe*) Creme f

cera² f ↑ *aspetto* Aussehen n; ◇ **ha una bella -!** er/sie sieht gut aus!

ceralac|ca ⟨-che⟩ f Siegellack m

ce'rami|ca ⟨-che⟩ f ① (*materiale*) Ton m ② (*oggetto, arte*) Keramik f

cerata f Ölzeug n

cerbiatto m FAUNA Hirschkalb n

cerbottana f Blasrohr n

cer|ca ⟨-che⟩ f : ◇ **in** - **di** auf der Suche nach

cercare ⟨3.4.⟩ irr **I.** vt suchen **II.** vi versuchen (di zu)

cerchia f anche FIG Kreis m

cerchietto m (per capelli) Haarreif m

cerchio m Kreis m

cerchione m AUTO Felge f

cereale m Getreide n

cerebrale agg inv Gehirn-, Hirn-

cereo agg ① (di cera) Wachs- ② ↑ pallido wachsbleich

ceretta f Enthaarungswachs n

cerimonia f Zeremonie f, Feier f; **cerimoniale** **I.** agg inv zeremoniell, feierlich **II.** m Zeremoniell n; **cerimonioso** agg förmlich

cerino m Wachsstreichholz n

cernia f FAUNA Zackenbarsch m

cerniera f Verschluß m; ◇ - **lampo** Reißverschluß m

'cernita f Auswahl f

cero m [große] Wachskerze f

cerotto m MED Pflaster n

certamente avv sicher, bestimmt, gewiß; **certezza** f Sicherheit f, Gewißheit f

certificare ⟨3.4.⟩ irr vt bestätigen, bescheinigen; **certificato** m (in gen.) Bestätigung f, Bescheinigung f, Zeugnis n; ◇ - **medico** ärztliches Attest n; ◇ - **di nascita** Geburtsurkunde f

certo I. agg ① ↑ sicuro (non incerto) sicher; ◇ **di** - sicher[lich], gewiß ② ↑ evidente, chiaro sicher **II.** agg (indef) ① (alcuno, qualche) einige(r, s), gewiß ② ↑ **ha un** - **non so che** sie/er besitzt ein gewisses Etwas ③ ↑ tale gewiß **III.** pron (indef): ◇ **certi** einige, manche **IV.** avv gewiß, sicher[-lich]; ◇ **ma** - ! aber sicher!

certuni pron pl einige

cervello ⟨cervelli, cervella⟩ m ① ANAT Gehirn n, Hirn n ② FIG ↑ senno Verstand m, Vernunft f; FIG ◇ - **di gallina** Spatzengehirn n; FIG FAM ◇ **gli ha dato di volta il** - er hat den Verstand verloren; FIG ◇ **lambiccarsi il** - sich dat den Kopf zerbrechen ③ (mente direttiva) Kopf m ④ INFORM Rechner m

cervo m ① FAUNA Hirsch m ② FAUNA ◇ - **volante** Hirschkäfer m

cesellare vt ① (lavorare oro ecc.) ziselieren ② FIG fein bearbeiten; **cesello** m (attrezzo) Grabstichel m

cesio m CHIM Zäsium n

cesoia f ① (da giardiniere) Gartenschere f ② (per lamiere ecc.) Blechschere f

cespuglio m Busch m, Strauch m

cessare I. vi essere aufhören, enden **II.** vt → produzione, MIL → fuoco einstellen

cessione f Abtretung f, Übertragung f

cesso m FAM Klo n; FAM ◇ **quel film è un** - der Film ist Schund

cesta f Korb m

cestinare vt (FIG non pubblicare) nicht veröffentlichen; → proposta, domanda ablehnen

cestino m ① (piccolo cesto) Körbchen n ② (della carta) Papierkorb m; **cesto** m ↑ cesta Korb m

ceto m Stand m, [Gesellschafts-]Schicht f

cetra f MUS Zither f

cetriolo m FLORA Gurke f

cf[r]. abbr. di confronta vgl.

C.G.I.L. f abbr. di Confederazione Generale Italiana del Lavoro allgemeiner italienischer Gewerkschaftsbund

che ¹ **I.** pron ① (relativo) der, die, das; (al plurale) die; ◇ **il libro** - **ho letto ieri sera ...** das Buch, das ich gestern abend gelesen habe; ◇ **il ragazzo,** - **ho incontrato oggi pomeriggio..** der Junge, den ich heute nachmittag getroffen habe; ◇ **non sa** - **fare** er weiß nicht, was er tun soll; ◇ **ma** - **dici!** was sagst du denn da! ② (interrogativo, esclamativo) was; ◇ - **[cosa] fai/stai facendo?** was machst du [gerade]?; ◇ **a** - **[cosa] pensi?** woran denkst du? **II.** agg ① (interrogativo) welche(r, s); ◇ - **pantaloni vuoi mettere?** welche Hosen willst du anziehen?; ◇ - **tipo di giornale hai letto?** was für eine Zeitung hast du gelesen? ② (esclamativo) wie; ◇ - **bello!** wie schön!; ◇ - **buono!** wie gut!

che ² congiunz daß ① (dichiarativa) ◇ **è giusto** -.. cong., es ist richtig, daß..; ◇ **credo/penso** - cong., ich glaube/denke, daß ② (finale) daß, damit; ◇ **mi pregò** - **la aiutassi** er/sie bat mich, ihr zu helfen; ◇ **vieni qua,** - **ti veda** komm her, damit ich dich sehen kann ③ (temporale) als, nachdem; ◇ **arrivò** - **era già partito** er/sie kam an, als er schon abgereist war; ◇ **dopo** - nachdem; ◇ **prima** - bevor ④ (consecutivo) daß; ◇ **la nebbia era così fitta** - **non si vedeva più niente** der Nebel war so dicht, daß man nichts mehr sah ⑤ (limitativa) ◇ - **io sappia..** soviel ich weiß.. ⑥ (imperativo) ◇ - **venga pure** er soll nur kommen ⑦ ◇ **non** - nicht, daß ⑧ ◇ **a meno** - cong., es sei denn, daß; ◇ **sempre** - cong., immer unter der Voraussetzung, daß; ◇ **in modo** - cong., so, daß

check-in ⟨inv⟩ Einchecken n; ◇ **fare il** - einchecken

check-point m ⟨inv⟩ Abfertigungsschalter m

check-up m ⟨inv⟩ MED Check-up n

chemiotera'pia f MED Chemotherapie f
chèque m COMM Scheck m
cherosene f Kerosin n
cherubino m Engel m
chetichella avv: ◇ alla - heimlich
cheto agg ruhig, still
chi pron ① (relativo) wer, derjenige, der; ◇ raccontalo a - ti pare das kannst du erzählen, wem du willst ② (indefinito) ◇ - dice una cosa - un'altra der eine sagt dies, der andere das ③ (interrrogativo) wer; ◇ di - è questo penna? wem gehört dieser Kugelschreiber?; ◇ con - parli? mit wem sprichst du?
chiacchi'era f Schwatz m; ◇ fare due/quattro chiacchiere ein wenig schwätzen/plaudern; **chiacchierare** vi ① ↑ parlare plaudern, schwätzen ② ↑ spettegolare klatschen; **chiacchierata** f Schwätzchen n; **chiacchierone(-a** f) agg ① (che chiacchiera volentieri e molto) klatschhaft ② (che non sa tenere un segreto) geschwätzig
chiamare I. vt ① (a voce, far venire) rufen; → uno fra molti aufrufen; ↑ telefonare anrufen; ◇ - alle armi einberufen; ◇ - in giudizio vor Gericht laden ② ↑ soprannominare nennen II. vi pron ◇ -rsi ↑ aver nome heißen; **chiamata** f (in gen.) Ruf m; TELEC Anruf m; ◇ - interurbana Ferngespräch n; MIL Einberufung f; DIR Vorladung f; INFORM Aufruf m
chiara f FAM Eiweiß n
chiaramente avv klar; **chiarezza** f ① ↑ limpidezza Klarheit f ② FIG Klarheit f, Deutlichkeit f; **chiarificare** ⟨3.4.⟩ irr vt FIG klären; **chiarimento** m ↑ spiegazione Erklärung f; **chiarire** ⟨5.2.⟩ irr I. vt ① ↑ rendere chiaro aufhellen ② FIG klären II. vr ◇ -rsi sich aufklären; **chiaro** I. agg ① ↑ limpido, comprensibile ecc. klar; ◇ avere le idee chiare klare Vorstellungen haben ② ▷giorno, colore hell II. avv: ◇ parlar - [e tondo] klipp und klar sagen; ◇ vuole vederci - er/sie will klar sehen
chiaroscuro m Helldunkel n
chiaroveggente m/f Hellseher(in f) m
chi'asso m ↑ rumore Lärm m; **chi'assoso** agg lärmig, laut
chi'ave I. f ① (in gen.) Schlüssel m; ◇ chiudere a - abschließen; ◇ - d'accensione Zündschlüssel m ② ◇ - a croce Kreuzschlüssel m; ◇ - inglese Engländer m ③ FIG Schlüssel m, Lösung f ④ (per decifrare qc) [Dechiffrier-]Schlüssel m ⑤ MUS Schlüssel m ⑥ ARCHIT Scheitel m II. agg inv Schlüssel-
chiavistello m Riegel m
chiazza f Flecken m

chic agg inv schick, elegant
chic|co ⟨-chi⟩ m (di grano, di riso) Korn n; (di caffè) Bohne f; (d'uva) Beere f
chi'edere ⟨chiesi chiedesti chiesto⟩ irr I. vt ① → informazione fragen nach ② → prestito bitten um, fordern; ◇ - scusa um Entschuldigung bitten II. vi: ◇ chiedere di qu nach jd-m fragen
chi'eri|co ⟨-ci⟩ m REL Meßdiener(in f) m
chiesa f Kirche f
chiesto p.pass. **chiedere**
chiglia f NAUT Kiel m
chilo m (misura) Kilo n; **chilogrammo** m (misura) Kilogramm n
chi'lometro m (lunghezza) Kilometer m
chilowatt m ELETTR Kilowatt n
chilowattora f ELETTR Kilowattstunde f
'chimica f Chemie f; **'chimi|co(-a** f) ⟨-ci, -che⟩ I. agg chemisch II. m Chemiker(in f) m
china ¹ f ↑ pendio Abhang m, Hang m
china ² f (liquore) Chinawein m
china ³ f ⟨inv⟩ (inchiostro) Tusche f
chinare I. vt beugen II. vr ◇ -rsi sich beugen
chincaglie'ria f Nippsachen f/pl
chinino m MED Chinin f
chioc|cia ⟨-ce⟩ f FAUNA Gluckhenne f
chi'occiola f ① FAUNA Schnecke f ② ◇ scala a - Wendeltreppe f
chiodino m ① (piccolo chiodo) kleiner Nagel m ② (FLORA tipo di fungo) Hallimasch m; **chiodo** m ① (oggetto) Nagel m ② FIG ◇ - fisso fixe Idee f ③ (BIO di garofano) Gewürznelke f
chioma f ① (di capelli, di cavallo) Mähne f ② (FLORA di albero) Krone f
chio|sco ⟨-schi⟩ m Kiosk m
chiostro m ↑ convento Kloster m
chip m ⟨inv⟩ INFORM Chip m
chiromante m/f Handliniendeuter(in f) m, Chiromant(in f) m
chirur'gia ⟨-gie⟩ f MED Chirurgie f; **chirur|go** ⟨-a f⟩ m/f ⟨-gi o. -ghi, -ghe⟩ Chirurg(in f) m
chissà avv wer weiß
chitarra f MUS Gitarre f; **chitarrista** ⟨-i, -e⟩ m/f Gitarrenspieler(in f) m, Gitarrist(in f) m
chi'udere ⟨chiusi chiudesti chiuso⟩ irr I. vt ① → finestra, porta schließen, zuschließen, zumachen; → affare, dibattito beenden; FIG ◇ - un occhio ein Auge zudrücken (su bei); FIG ◇ non - occhio kein Auge schließen; FIG ◇ chiudi la bocca! halt den Mund! ② ↑ sbarrare → strada sperren ③ ↑ terminare ← scuola, ufficio schließen II. vi ← negozio, ufficio schließen III. vr ◇ -rsi ① (in casa, in camera) sich einschließen, (in convento) sich zurückziehen ② FIG sich verschließen

chiunque pron 1 (relativo) wer auch immer 2 (indefinito) jeder; ◇ - **sia** wer auch immer

chiusa f 1 (di corso d'acqua) Schleuse f 2 (di componimento, di discorso) Schluß m

chiuso p.pass. chiudere **chiusura** f 1 (in gen.) Schließen n, Schließung f 2 (di scuola, di negozio ecc.) Schließung, f 3 AUTO ◇ - **centralizzata** Zenralverriegelung f

ci, ce ⟨davanti a la, le, li, lo, ne⟩ **I.** pron 1 (personale, 1. Person Plural, noi, complemento oggetto) uns; ◇ - **hanno lodato** sie haben uns gelobt; ◇ - **vuole/vogliono** man braucht; ◇ - **vestiamo** wir ziehen uns an; (a noi, complemento di termine) uns; ◇ - **piace molto** es gefällt uns sehr 2 (dimostrativo, di ciò, su ciò, in ciò ecc.) ◇ **non posso far- niente** ich kann da nichts machen; ◇ **che c'entro io?** was habe ich damit zu tun?; ◇ **non - capisco nulla/niente** ich verstehe nichts davon **II.** avv 1 (qui, stato in luogo) hier; ◇ **non c'è nessuno** hier ist niemand 2 (qui, moto a luogo) hierher; ◇ - **vieni spesso?** kommst du oft hierher? 3 (per questo luogo) hier durch; ◇ - **passo ogni giorno** ich fahre hier jeden Tag durch 4 (in quel luogo, stato) dort; ◇ - **sono stato ieri** ich bin gestern dort gewesen 5 (in quel luogo, moto) dorthin; ◇ - **vado domani** ich gehe morgen dorthin

ciabatta f 1 ↑ pantofola Pantoffel m 2 (tipo di pane) italienisches Weißbrot

cialda f GASTRON Waffel f

ciambella f 1 GASTRON Kringel m, Kranz m 2 (salvagente) Rettungsring m

cianfrusaglia f Kram m, Plunder m

cia'noti|co ⟨-ci⟩ ⟨-che⟩ agg zyanotisch

cianuro m Zyanid n

ciao inter (all'arrivo) hallo; (alla partenza) tschüß

ciarlatano m Scharlatan m

ciascuno, ciascun agg, pron jeder, alle

cibo m Nahrung f, Speise f

cicala f FAUNA Zikade f

cicatrice f anche FIG Narbe f; **cicatrizzare I.** vt heilen **II.** vi, vi pron ◇ **-rsi** vernarben

cic|ca ⟨-che⟩ f 1 (di sigaretta) Kippe f 2 FIG ◇ **non valere una** - keinen Pfefferling wert sein

cic|cia ⟨-ce⟩ f FAM ↑ carne Fleisch n; **ciccione** (**-a** f) m Dickerchen n

cicerone m (guida turistica) Führer(in f) m

ci'clabile agg inv ▷pista Fahrrad-

ciclamino m FLORA Alpenveilchen n

'cicli|co ⟨-ci, -che⟩ agg zyklisch

ciclismo m Radsport m; **ciclista** ⟨-i, -e⟩ m/f Radfahrer(in f) m

ciclo m 1 (in gen.) Zyklus m 2 INFORM Schleife f 3 (di conferenze) Reihe f

ciclomotore m Moped n

ciclone m METEO Wirbelsturm m

ciclostile m Vervielfältigungsapparat m

cicogna f FAUNA Storch m

cicoria f FLORA Zichorie f; (insalata) Chicorée m

cie|co ⟨-chi, -che⟩ **I.** agg 1 (non vedente) blind; ◇ **alla cieca** blindlings 2 FIG verblendet, blind 3 ◇ **vicolo** - Sackgasse f **II.** m/f Blinde(r) fm

cielo m Himmel m; ◇ **Santo** -! ach du lieber Himmel!; ◇ **Per amor del** -! um Gottes Willen!; ◇ **essere al settimo** - sich wie im siebten Himmel fühlen

cifra f 1 ↑ numero Ziffer f, Zahl f; (somma di denaro) Summe f 2 ↑ monogramma Monogramm n 3 ↑ codice Chiffre f

cifrare vt 1 → lenzuolo ein Monogramm sticken in acc 2 (tradurre in codice) chiffrieren

ci|glio I. m ⟨-gli⟩ (della strada) Rand m **II.** m ⟨-glia⟩ (ANAT delle palpebre) Wimper f; ↑ sopracciglio Augenbraue f

cigno m FAUNA Schwan m

cigolare vi knarren

cilec|ca ⟨-che⟩ f anche FIG: ◇ **far** - versagen

cilie|gia ⟨-gie o. -ge⟩ f FLORA Kirsche f; **cilie|gio** ⟨-gi⟩ m 1 FLORA Kirschbaum m 2 (legno) Kirschholz n

cilindrata f AUTO Hubraum m; **cilindro** m cappello, a. MAT Zylinder m

cima f 1 (di monte) Gipfel m, Bergspitze f; ◇ **essere in** - **a un albero** ganz oben im Baum sitzen 2 (di campanile, di torre) Spitze f 3 ↑ estremità Ende n; ◇ **da** - **a fondo** von oben bis unten; FIG durch und durch

cimentare I. vt versuchen, auf die Probe stellen **II.** vr ◇ **-rsi** versuchen, wagen

'cimice f 1 FAUNA Wanze f 2 (chiodo) Reißnagel m

ciminiera f Schornstein m

cimitero m Friedhof m

cimosa f ↑ orlo, bordo Webkante f

cincin, cin cin inter Prost, zum Wohl

Cina f GEO China n

cinema m ⟨inv⟩ Kino n; **cinematografare** vt filmen, aufnehmen

cinepresa f Filmkamera f

cinesitera'pia f MED Bewegungstherapie f, Kinesiotherapie f

'cingere ⟨cinsi cegesti cinto⟩ irr **I.** vt 1 ↑ circondare, attorniare umgeben, umschließen 2 → la vita umbinden, umgürten **II.** vr ◇ **-rsi** sich umgürten

cinghia f ① ↑*fascia* Riemen m; FIG ◇ **stringere/tirare la -** den Gürtel enger schnallen ② AUTO Keilriemen m
cinghiale m ① FAUNA Wildschwein n ② (*pelle*) Schweinsleder n
'**cingolo** m AUTO Raupenkette f
cinguettare vi zwitschern
'**cini|co** ⟨-ci, -che⟩ I. agg zynisch II. m/f Zyniker (in f) m
ci'nofilo(-a f) m Hundeliebhaber(in f) m
cinquanta agg fünfzig; **cinquantenne** I. agg fünfzigjährig II. m/f Fünfzigjährige(r) fm; **cin-quan'tesimo** I. agg fünfzigste II. m (*frazione*) Fünfzigstel n; **cinquantina** f ① (*serie*) ◇ **una - di invitati** etwa fünfzig Gäste ② (*età*) ◇ **essere sulla - um** die fünfzig sein; **cinque** agg fünf; ◇ **avere - anni** fünf Jahre alt sein; ◇ **sono le - es** ist fünf Uhr; ◇ **il - di ottobre** der fünfte Oktober; **cinquecento** I. agg fünfhundert II. m : ◇ **il C-**das sechzehnte Jahrhundert; **cinquina** f (*nel lotto, nella tombola*) Quinterne f, Fünfer m
cinto p.pass. **cingere**
cintura f ① (*di pelle, di cuoio ecc.*) Gürtel m ② ◇ **- di salvataggio** Rettungsring m; AUTO, AERO ◇ **- di sicurezza** Sicherheitsgurt m; ◇ **- di sicurezza automatica** Automatikgurt m; ◇ **si prega di allacciare le cinture [di sicurezza]** bitte anschnallen
cinturino m (*dell'orologio*) Armband n
ciò pron das, dies; ◇ **- che** das, was; ◇ **- nondimeno** dennoch, trotzdem
cioc|ca ⟨-che⟩ f Strähne f, Büschel n
cioccolata f (GASTRON *cioccolato e bevanda*) Schokolade f; (*bevanda*) Kakao m; **cioccolati-no** m GASTRON Praline f; **cioccolato** m Schokolade f
cioè avv das heißt, nämlich
ciondolare vi baumeln
ci'ondolo m Anhänger m
'**ciotola** f Schüssel f
'**ciottolo** m Kieselstein m
cipolla f (FLORA *anche bulbo*) Zwiebel f
cipresso m FLORA Zypresse f
cipria f Puder m
circa I. avv ungefähr, etwa II. prep in bezug auf acc
cir|co ⟨-chi⟩ m Zirkus m
circolare[1] vi *essere/avere* ① ← *sangue* zirkulieren, kreisen ② AUTO fahren ③ (*passare da una persona all'altra*) herumgehen
circolare[2] I. agg ① ▷*moto* Kreis-, kreisförmig ② FIN, COMM Rund- II. f ① AMM ▷*lettera* Rundschreiben n ② (*di autobus*) Ringbahn f
circolazione f ① AUTO Verkehr m ② MED Kreislauf m ③ ◇ **mettere in -** in Umlauf setzen; ◇ **togliere dalla -** aus dem Verkehr ziehen, '**cir-colo** m ① ↑ *cerchio* Kreis m ② (*associazione*) Verein m ③ ◇ **- vizioso** Teufelskreis m
circondare vt umgeben
circonferenza f MAT [Kreis-]Umfang m
circonvallazione f (*strada*) Umgehungsstraße f
circoscritto p.pass. **circoscrivere**; **circos-crivere** ⟨circoscrissi circoscrivesti circoscritto⟩ irr vt ① MAT umschreiben ② ↑ *delimitare* abgrenzen; FIG begrenzen
circoscrizione f AMM Bezirk m
circospetto agg vorsichtig
circostante agg inv ▷*persone* umstehend; ▷*terreno* umliegend
circostanza f Umstand m, Gegebenheit f; ◇ **date le circostanze** unter den gegebenen Umständen
cir'cuito m ① (SPORT *tracciato*) Rundstrecke f; (*gara*) Rundrennen n ② ELETTR Stromkreis m
cirrosi f MED ▷*epatica* Zirrhose f
C.I.S.L. f abbr. di **Confederazione Italiana Sin-dacati Lavoratori** Arbeitergewerkschaftsbund m
ciste f vedi **cisti**
cisterna f Zisterne f
cisti, ciste f ⟨inv⟩ MED Zyste f
cistifellea f ANAT Gallenblase f
citare vt ① DIR vorladen ② → *testo, discorso, documento* zitieren ③ ↑ *indicare* anführen; **cita-zione** f ① DIR Vorladung f ② (*di testo, di discorso, di documento ecc.*) Zitat n ③ (*di perso-na*) Erwähnung f
citofonare vi durch eine Sprechanlage sprechen; **ci'tofono** m Sprechanlage f
città f (*in gen.*) Stadt f; ◇ **- satellite** Trabantenstadt f; ◇ **- universitaria** Campus m; ◇ **- dormi-torio** Schlafstadt f; **cittadinanza** f Staatsangehörigkeit f; **cittadino(-a** f) I. agg (*di città*) Stadt-, städtisch II. m/f (*in gen.*) Bürger(in f) m; (*di uno stato*) Staatsangehörige(r) fm, Staatsbürger(in f) m
ciuccio m (FAM *per bambini*) Schnuller m
ciu|co(-a f) ⟨-chi, -che⟩ m anche FIG Esel m
ciuffo m Büschel n
ciurma f ① (*di una nave*) Mannschaft f ② FIG Gesindel n
civetta f ① FAUNA Kauz m, Käuzchen n ② (*di polizia, auto -*) Tarnfahrzeug n ③ (*FIG donna*) kokette Frau f
civette'ria f Koketterie f
'**civi|co** ⟨-ci, -che⟩ agg ① ▷*museo, guardia* Stadt-, städtisch ② ▷*senso, dovere* Bürger-, bürgerlich

civile I. *agg inv* ① ▷*istituzione, libertà* bürgerlich; ▷*ospedale, autorità, guerra* Zivil-; ▷*stato, popolo* zivilisiert ② ▷*persona, modo* kultiviert **II.** *m* DIR Bürger(in *f*) *m*

civilizzare *vt* zivilisieren; **civilizzazione** *f* Zivilisation *f*

civiltà *f* ① (*in gen.*) Zivilisation *f* ② ↑ *cultura* Kultur *f* ③ ↑ *cortesia* Anstand *m*, Höflichkeit *f*

civismo *m* Gemeinsinn *m*, Bürgersinn *m*

cl. *abbr. di* centilitro cl

clacson *m* ⟨inv⟩ Hupe *f*

clamore *m* ① ↑ *rumore forte* Lärm *m* ② ◇ *suscitare* - ↑ *scalpore* Aufsehen erregen *n*; **clamoroso** *agg* ① ↑ *rumoroso* lärmend ② (*che desta scalpore*) aufsehenerregend; ◇ **sconfitta** - vernichtende Niederlage

clandestino(-a *f*) **I.** *agg* ▷*matrimonio* heimlich; ↑ *illegale* schwarz **II.** *m* blinder Passagier *m*

clarinetto *m* MUS Klarinette *f*

classe *f* ① (*in gen.*) Klasse *f*; ▷*operaia* Stand *m*; (*a scuola, in treno*) Klasse *f* ② FIG ◇ **di** - Klasse-

classicismo *m* ① (*periodo*) Klassik *f* ② (*stile*) Klassizismus *m*

'classi|co ⟨-ci, -che⟩ **I.** *agg* klassisch; SCUOLA ▷*liceo, studi* humanistisch **II.** *m* Klassiker(in *f*) *m*

clas'sifi|ca ⟨-che⟩ *f* (*in gen.*) Rangliste *f*; (*graduatoria*) Einstufung *f*; **classificare** ⟨3.4.⟩ *irr* **I.** *vt* ① (*in gen.*) klassifizieren ② → *un compito di scuola* bewerten, benoten **II.** *vi pron:* ◇ **-rsi secondo** sich als zweiter klassifizieren; ◇ **-rsi bene** gut abschneiden; **classificazione** *f* ① (*in gen.*) Klassifizierung *f* ② ↑ *valutazione* Note *f*, Bewertung *f*

'clausola *f* DIR Klausel *f*

claustrofo'bia *f* Klaustrophobie *f*, Platzangst *f*

clausura *f* REL Klausur *f*

clava *f* Keule *f*

clavi'cembalo *m* MUS Cembalo *m*

cla'vicola *f* ANAT Schlüsselbein *n*

clemente *agg inv* ① ▷*persona* gnädig, gütig ② ▷*clima* mild; **clemenza** *f* ① (*di persona*) Gnade *f*, Güte *f* ② (*di tempo*) Milde *f*

clericale *agg inv* REL geistlich, klerikal; **clero** *m* REL Klerus *m*, Geistlichkeit *f*

clessidra *f* (*con sabbia*) Sanduhr *f*

cliente *m/f* ⟨-i⟩ *m* Kunde(in *f*) *m*; (*di locale*) Gast *m*; (*di avvocato*) Klient(in *f*) *m*, Mandant(in *f*) *m*; **clientela** *f* Kundschaft *f*

clima *m* ⟨-i⟩ *m anche* FIG Klima *n*; **cli'mati|co** ⟨-ci, -che⟩ *agg* klimatisch, Klima-; **climatizza-zione** *f* TEC Klimatisierung *f*; ◇ **impianto** *m* **di** - Klimaanlage *f*

'clinica *f* Klinik *f*

'clini|co ⟨-ci, -che⟩ **I.** *agg* klinisch; FIG ▷*occhio, sguardo* geübt **II.** *m* (*medico di clinica*) Kranken-haus|arzt *m*, -ärztin *f*; SCUOLA Kliniker(in *f*) *m*

clistere *m* MED Einlauf *m*

cli'toride *f* ANAT Klitoris *f*

clo'a|ca ⟨-che⟩ *f* Kloake *f*

cloro *m* CHIM Chlor *n*

clorofilla *f* Chlorophyll *n*

cloroformio *m* Chloroform *n*

club *m* ⟨inv⟩ Klub *m*, Verein *m*

cm *abbr. di* centimetro cm

c.m. *abbr. di* corrente mese l.M., d.M.

c/o *abbr. di* presso c/o

coabitare *vi* zusammen wohnen/leben

coadiuvante *m* MED Hilfsstoff *m*

coagulare I. *vt* gerinnen lassen **II.** *vi, vi pron* ◇ **-rsi** *essere* gerinnen

coalizione *f* (*in gen.*) Koalition *f*; COMM Zu-sammenschluß *m*

coatto *agg* Zwangs-

cobra *m* ⟨inv⟩ FAUNA Kobra *f*

cocaina *f* Kokain *n*

coccinella *f* FAUNA Marienkäfer *m*

coc|cio ⟨-ci⟩ *m* ① (*vaso*) Tongefäß *f* ② ↑ *frammento* Scherbe *f*

cocciuto *agg* stur, dickköpfig

coc|co [1] ⟨-chi, -che⟩ *m* FLORA Kokospalme *f*; ◇ **noce** *f* **di** - Kokosnuß *f*

coc|co [2] ⟨-chi, -che⟩ *m* MED ↑ *batterio* Kokkus *m*

coc|co [3] (**-ca** *f*) ⟨-chi, -che⟩ *m/f* FAM Schatz *m*, Liebling *m*

coccodrillo *m* FAUNA Krokodil *n*

coccolare *vt* schmusen

cocente *agg inv anche* FIG brennend

co'comero *m* FLORA Wassermelone *f*

co'cuzzolo *m* Gipfel *m*, Spitze *f*

coda *f* ① (*di animale*) Schwanz *m*; FIG ◇ - **di cavallo** (*acconciatura*) Pferdeschwanz *m*; (*di aereo*) Heck *n* ② ASTRON Schweif *m*; ◇ - **dell'oc-chio** Augenwinkel *m* ③ (*fila di persone, auto*) Schlange *f*; ◇ **mettersi in** - sich anstellen ④ (*di abiti*) Schleppe *f*; ◇ **pianoforte a** - Flügel *m*

codardo(-a *f*) **I.** *agg* feig[e] **II.** *m* Feigling *m*

codazzo *m* Schwarm *m*

'codice *m* ① DIR Gesetzbuch *n*, Kodex *m*; ◇ - **della strada** Straßenverkehrsordnung *f* ② (*si-stema di comunicazione*) Kode *m*; ◇ - **a barre**, - **a barrette** Strichkode *m*; ◇ - **ASCII** ASCII Code *m*; ◇ - **fiscale** Steuernummer *f*; ◇ - **di avviamen-to postale** Postleitzahl *f*

codificare ⟨3.4.⟩ *irr vt* ① DIR kodifizieren ② ↑ *cifrare* verschlüsseln, chiffrieren

coefficiente *m* MAT, FIS Koeffizient *m*

coerente *agg inv* ▷*discorso* zusammenhängend; ▷*idea* logisch; ▷*persona* konsequent; **coerenza** *f* (*di discorso*) Zusammenhang *m*; (*di idea*) Logik *f*; (*di persona*) Konsequenz *f*

coesione *f* ① CHIM Kohäsion *f* ② FIG Zusammenhang *m*

coe'sistere ⟨Pass. rem.: coesistei/coesistesti Part.: coesistito⟩ *irr vi essere* nebeneinander bestehen, koexisieren; **coesistito** *p.pass.* **coesistere**

coe'taneo(-a *f*) **I.** *agg* (*che ha la stessa età*) gleichaltrig **II.** *m* Zeitgenosse(in *f*) *m*

'cofano *m* ① AUTO Motorhaube *f* ② ↑ *cassa* Truhe *f*

cogli *prep vedi* **con**

'cogliere ⟨4.16.⟩ *irr vt* ① → *fiore, frutto* pflücken ② FIG → *momento opportuno ecc.* nutzen, ergreifen; ◇ - **qu in flagrante** [*o.* **in fallo**] jd-n auf frischer Tat ertappen ③ ↑ *capire* begreifen ④ → *bersaglio* trefen

cognato(-a *f*) *m* Schwager *m*, Schwägerin *f*

cognizione *f* ① ↑ *conoscenza* Kenntnis *f* ② FILOS Erkenntnis *f* ③ ◇ **cognizioni** *f/pl* (*nozioni*) Wissen *n*

cognome *m* Nachname *m*

coi *prep vedi* **con**

coincidenza *f* ① (*avvenimento simultaneo*) Zusammenfall *m*; ↑ *caso* Zufall *m* ② *di autobus,* FERR, AERO Anschluß *m* ③ FIG Übereinstimmung *f*

coin'cidere ⟨Pass. rem.: coincisi/coincidesti Part.: coinciso⟩ *irr vi* ↑ *corrispondere* übereinstimmen

coin'volgere ⟨Pass. rem.: coinvolsi/coinvolgesti Part.: coinvolto⟩ *irr vt* verwickeln (*in in acc*); **coinvolto** *p.pass.* **coinvolgere**

col *prep vedi* **con**

colabrodo *m* ⟨inv⟩ Sieb *n*

colapasta *m* ⟨inv⟩ Sieb *n*, Seiher *m*

colare **I.** *vt* → *liquido* durchseihen; → *pasta* abgießen **II.** *vi essere/avere* ① ← *sudore* tropfen; ← *cera* schmelzen ② ◇ - **a picco**, - **a fondo** versinken

colata *f* ① (*di vulcano*) Strom *m* ② (*massa di metallo fuso*) Guß *m*

colazione *f* Frühstück *n*; ◇ **fare** - frühstücken

colei *pron vedi* **colui**

colera *m* ⟨inv⟩ MED Cholera *f*

colesterolo *m* Cholesterin *n*

colf *f* ⟨inv⟩ Hausangestellte *f*

'coli|ca ⟨-che⟩ *f* MED Kolik *f*

colla *f* Klebstoff *m*, Leim *m*

collaborare *vi* mitarbeiten (*a* an *dat*); **collabo-**

ra|tore(-trice *f*) *m* Mitarbeiter(in *f*) *m*; **collaborazione** *f* Mitarbeit *f*, Zusammenarbeit *f*; (*collaborazionismo*) Kollaboration *f*

collana *f* ① (*d'oro, d'argento*) Halskette *f* ② (*serie di pubblicazioni*) Reihe *f*

collant *m* ⟨inv⟩ Strumpfhose *f*

collare *m* ① (*per cani ecc.*) Halsband *n* ② FAUNA Ring *m*, Kragen *m*

collasso *m* MED Kollaps *m*

collaterale *agg inv* (*a lato*) seitlich, Seiten-; ↑ *secondario, parallelo* Neben-

collaudare *vt* → *macchina, aereo ecc.* prüfen, testen; FIG erproben; **col'laudo** *m* (*di macchina, di aereo ecc.*) Test *m*, Abnahme *f*

colle *m* Hügel *m*

colle|ga ⟨-ghi, -ghe⟩ *m/f* Kollege(in *f*) *m*

collegamento *m* ① (*in gen.*) Verbindung *f*; ◇ **essere in** - **con** mit jd-m in Verbindung sein ② INFORM Vernetzung *f*; ELETTR Anschluß *m*; **colle|gare** ⟨3,5,⟩ *I. vt* verbinden **II.** *vr:* ◇ **-rsi con** (*mettersi in contatto con*) sich in Verbindung setzen mit

collegiale **I.** *agg inv* kollegial **II.** *m/f* (*convittore*) Internatsschüler(in *f*) *m*; **colle|gio** ⟨-gi⟩ *m* ① (*degli avvocati ecc.*) Kollegium *f* ② POL ◇ - **elettorale** Wahlkreis *m* ③ SCUOLA Internat *n*

'collera *f* Wut *f*, Zorn *m*; **col'leri|co** ⟨-ci, -che⟩ *agg* jähzornig, cholerisch

colletta *f* Kollekte *f*, Geldsammlung *f*

collettività *f* Gemeinschaft *f*; **collettivo** **I.** *agg* gemeinsam, kollektiv **II.** *m* POL Kollektiv *n*

colletto *m* (*di camicia*) Kragen *m*

collettore *m* (*nelle fognature*) Abwasserkanal *m*

collezionare *vt* sammeln; **collezione** *f* ① ↑ *raccolta* Sammlung *f* ② MODA Kollektion *f*; **collezionista** *m/f* Sammler(in *f*) *m*

collimare *vi* ① ↑ *coincidere* zusammenfallen ② FIG übereinstimmen

collina *f* Hügel *m*

col'lirio *m* MED Augentropfen *pl*

collisione *f* Zusammenstoß *m*

collo *m* ① ANAT Hals *m*; ◇ - **del piede** Spann *m*; FIG ◇ **essere nei guai fino al** - bis zum Hals in Schwierigkeiten stecken ② (*di abito*) Kragen *m* ③ (*della bottiglia*) Hals *m*

collocamento *m* ① ↑ *disposizione* Anordnung *f* ② ◇ **ufficio di** - Arbeitsamt *n*; **collocare** ⟨3.4.⟩ *irr vt* **I.** *vt* ① ↑ *porre, mettere* stellen; → *libri, mobili* aufstellen; → *biancheria* legen ② (*trovare un lavoro per/a qu*) jd-m eine Stelle verschaffen; (*trovare un alloggio per/a qu*) jd n unterbringen ③ COMM → *merce* verkaufen **II.** *vr* ◇ **-rsi** unterkommen

collocazione f Aufstellung f

col'loquio m ① (in gen.) Gespräch n; ◇ **- di presentazione** Vorstellungsgespräch n ② SCUOLA Kolloquium n

collutorio m MED Mundwasser n

colluttazione f Handgreiflichkeiten f/pl

colmare vt ① ↑ riempire füllen (di mit) ② FIG erfüllen (di mit); ◇ **- una lacuna** eine Lücke füllen

colmo [1] agg ① ↑ pieno voll (di von), gefüllt (di mit) ② FIG erfüllt (di von)

colmo [2] m ① (cima) Spitze f, Gipfel m ② FIG ◇ **è il** -! das ist ja die Höhe!, das ist ja der Gipfel!

colombo(-a f) m FAUNA Taube f

co'lonia f : ◇ **acqua** f **di -** Kölnischwasser n

coloniale I. agg inv kolonial II. m/f Kolonist(in f) m; **colonizzare** vt kolonisieren

colonna f ① (- portante ecc.) Säule f ② (di auto, di numeri) Kolonne f ③ (di giornale, di libro) Spalte f ④ ANAT ◇ **- vertebrale** Wirbelsäule f

colonnello m MIL Oberst m

colonnina f : ◇ **- per chiamate di soccorso** Notrufsäule f

colono(-a f) m ① (coltivatore) Pächter(in f) m ② (di colonia) Kolonist(in f) m

colorante m Farbstoff m; **colorare** vt (in gen.) färben; → le pareti streichen; → disegno anmalen; **colore** m Farbe f; ◇ **a colori** Farb-; FIG ◇ **farsi** [o. diventare] **di tutti i colori** die Farbe wechseln; ◇ **farne di tutti i colori** es bunt treiben; ◇ **dirne di tutti i colori** kräftig fluchen; **colori'ficio** m Farbenfabrik f; **colorito** I. agg ① ▷viso rosig ② (FIG modo di parlare) farbig II. m ① (colore) Farbe f ② (carnagione) Teint m

coloro pron vedi colui

colossale agg inv riesig, kolossal; **colosso** m Riese m, Koloß m

colpa f ① ↑ responsabilità Schuld f; ◇ **essere in -** schuldig sein; ◇ **sentirsi in -** sich schuldig fühlen; ◇ **dare la - a qu di qc** jd-m die Schuld an etw dat geben ② ↑ peccato Sünde f; **col'pevole** I. agg inv schuldig II. m/f Schuldige(r) f m

colpire (5.2.) irr vt ① (in gen.) schlagen; (con coltello) stechen ② ↑ centrare treffen ③ FIG beeindrucken; ◇ **nell'occhio** ins Auge fallen; **colpo** m ① (in gen.) Schlag m; (di pistola) Schuß m; ◇ **fallire il -** das Ziel verfehlen; FIG ◇ **far -** Aufsehen erregen ② ↑ detonazione Knall m ③ ◇ **- apoplettico** Schlaganfall m; ◇ **- di sole** Sonnenstich m ④ ◇ **- di stato militare** Militärputsch m ⑤ ◇ **- di vento** Windstoß m; ◇ **di -** plötzlich, auf einmal; FIG ◇ **- di testa** Kurzschlußhandlung f ⑥ ◇ **è stato un duro - per lei**

es ist ein harter Schlag für sie gewesen ⑦ ◇ **fare un - di telefono a qu** jd-n anrufen

colposo agg fahrlässig

coltellata f Messerstich m

coltello m Messer n; ◇ **avere il - dalla parte del manico** alle Trümpfe in der Hand haben

coltivare vt ① → terra, orto bebauen; → verdura, grano anpfl anzen ② MIN abbauen ③ FIG → speranza nähren ④ FIG → amicizia pflegen; **coltiva|tore(-trice** f) m ① (persona) Bauer m, Bäuerin f ② TEC Grubber m; **coltivazione** f ① (il coltivare) Bebauung f ② (di verdure ecc.) Kultur f, Anbau m

colto [1] p.pass. cogliere

colto [2] agg ↑ istruito gebildet

coltre f (di neve ecc.) Decke f

coltura f ① (del terreno) Bebauung f ② (di verdure ecc.) Anbau m, Kultur f

colui(colei f) ⟨coloro⟩ pron der/die/das dort; (al plurale) die dort; ◇ **- che ...** derjenige, der

coma m ⟨inv⟩ MED Koma n

comandamento m REL Gebot n

comandante m/f MIL Befehlshaber(in f) m, Kommandant(in f) m; **comandare** vt ① → esercito befehligen; ↑ imporre befehlen ② ↑ chiedere → pranzo bestellen; **comando** m ① (in gen.) Befehl m ② ↑ autorità, potere Leitung f ③ TEC Steuerung f, Schaltung f ④ SPORT Spitze f, Führung f

comare f ① ↑ madrina Taufpatin f ② PEG Klatschtante f

comba'ciare ⟨3.3.⟩ irr vi zusammenpassen

combattente I. agg inv kämpfend II. m/f Kämpfer(in f) m; **com'battere** I. vt (in gen.) kämpfen II. vi anche FIG kämpfen (contro gegen, per für) III. vr ◇ **-rsi** sich bekämpfen; **combattimento** m MIL, SPORT Kampf m

combinare I. vt ① → colori zusammenstellen ② → affare, riunione zustande bringen ③ → guaio anrichten; ◇ **non -** nulla nichts zustande bringen II. vi pron ◇ **-rsi** CHIM sich verbinden; **combinazione** f ① (in gen.) Zusammenstellung f, Kombination f ② (di cassaforte) Kombination f ③ CHIM Verbindung f ④ ↑ caso fortuito Zufall m; ◇ **per -** zufällig

combus'tibile I. agg inv Brenn-, brennbar II. m Brennstoff m; ◇ **- nucleare** Kernbrennstoff m; **combustione** f Verbrennung f

combutta f PEG Bande f; ◇ **mettersi in - con qu** mit jd-m gemeinsame Sache machen

come I. avv ① (alla maniera di) wie ② (in qualità di) als ③ (in qualche modo) wie; ◇ **[ma] - allora?** wie denn?; ◇ **- stai?** wie geht es dir? ④ ↑ quanto wie II. congiunz ① (che, in quale *modo)* daß, wie ② ↑ *appena che, quando* als, sobald ③ ◇ *così ...come* so ...wie ④ ◇ **tu sai ...** wie du weißt ⑤ *(interrogativo)* ◇ **-?** wie bitte?; ◇ **- mai?** wieso?, warum? ⑥ *(quasi che)* ◇ **- se** als ob

comedone *m* Mitesser *m*

cometa *f* ASTRON Komet *m*

comicità *f* Komik *f;* **'comi|co(-a** *f)* ‹-ci, -che› **I.** *agg* komisch **II.** *m* ① *(attore di commedia)* Komödienschauspieler(in *f) m* ② *(scrittore di commedia)* Komödienschriftsteller(in *f) m* ③ *(comicità)* Komik *f* ④ *(persona/attore che fa ridere)* Komiker(in *f) m*

co'mignolo *m* ARCHIT Schornstein *m*

cominciare ‹3.10.› *irr vt, vi essere/avere* anfangen, beginnen *(a/con* mit/zu)

comitato *m* Ausschuß *m,* Komitee *n*

comitiva *f (gruppo di persone)* Gesellschaft *f*

co'mizio *m* POL Versammlung *f*

command *m* ‹inv› MIL Kommando *n*

com'media *f* Komödie *f;* **commediante** *m/f PEG* Komödiant(in *f) m*

commemorare *vt (ricordare solennemente)* gedenken *gen;* ↑ *celebrare* feiern; **commemorazione** *f* ↑ *cerimonia* Gedenkfeier *f*

commentare *vt* ① → *libro* kommentieren, erläutern ② *(esprimere giudizi)* beurteilen; **commenta|tore(-trice** *f) m/f* Kommentator(in *f) m;* **commento** *m* ① *(di libro)* Kommentar *m,* Erläuterung *f* ② ↑ *giudizio* Kommentar *m*

commerciale *agg inv (in gen.)* Handels-, Geschäfts-; FIG ▷*film, libro* kommerziell

commercialista *m/f* Diplomkauf|mann(-frau *f) m*

commercializzare *vt* vermarkten; **commerciante** *m/f* Händler(in *f) m;* **commerciare** *vi* handeln *(in* mit/*in dat);* **commer|cio(-ci** *m (di polizia)* Kommissar(in *f) m* Handel *m;* ◇ **essere in -** *(prodotto)* im Handel sein; ◇ **essere nel -** *(persona)* im Handel tätig sein; ◇ **- all'ingrosso** Großhandel *m;* ◇ **- al dettaglio** Einzelhandel *m*

commessa *f* ① *(di negozio)* Verkäuferin *f* ② *(ordine di merce)* Auftrag *m,* Bestellung *f*

commesso *p.pass.* **committere; com'mettere** ‹Pass. rem.: commisi/commettesti Part.: commesso› *irr vt* ↑ *compiere* verüben, begehen

commiato *m* Abschied *m*

commiserare *vt* bemitleiden, bedauern; **commiserazione** *f* Mitleid *n*

commissariato *m* Kommissariat *n;* **commissario(-a** *f) m (di polizia)* Kommissar(in *f) m* ② SPORT Offizielle(r) *f/m* ③ *(membro di commissione)* Kommissionsmitglied *n*

commissionario(-a *f) m* Kommissionär(in *f) m*

commissione *f* ① ↑ *incarico* Auftrag *m,* Kommission *f;* ② *(somma)* Provision *f;* ◇ **su -** auf Bestellung ② *(ordinazione di merce)* Bestellung *f,* Auftrag *m* ③ (AMM *d'esame, d'inchiesta)* Kommission *f,* Ausschuß *m* ④ ◇ **commissioni** *f/pl* Besorgungen *f/pl*

committente *m/f* Auftraggeber(in *f) m*

commosso *p.pass.* **commuovere; commovente** *agg inv* rührend, ergreifend; **commozione** *f* ① ↑ *emozione* Rührung *f* ② MED ◇ **- cerebrale** Gehirnerschütterung *f;* **commu'overe** ‹4.12.› *irr* **I.** *vt* rühren, ergreifen **II.** *vi pron* ◇ **-rsi** gerührt sein

commutare *vt* ① ↑ *scambiare* austauschen ② ELETTR umschalten

comodino *m* Nachttisch *m*

comodità *f* Bequemlichkeit *f;* ◇ **le -** *f/pl* der Komfort; **'comodo I.** *agg (in gen.)* bequem; ▷*ora* passend, günstig **II.** *m* Bequemlichkeit *f;* ◇ **con -** gemächlich; ◇ **fare il proprio -** tun, was einem gefällt; ◇ **far -** gelegen kommen

compact disc *m* ‹inv› MUS Compact Disc *f*

compaesano(-a *f) m* Lands|mann(-männin *f) m*

com'pagine *f* ↑ *congiungimento, connessione* Verbindung *f,* Gefüge *n*

compa'gnia *f* ① *(in gen.)* Gesellschaft *f* ② MIL Kompanie *f* ③ ◇ **- teatrale** Schauspielertruppe *f* ④ *(di assicurazioni)* Gesellschaft *f;* **compagno (-a** *f) m/f* ① *(di classe, di gioco)* Kamerad(in *f) m* ② ↑ *partner* Partner(in *f) m* ③ POL Genosse(in *f) m* ④ SPORT ◇ **- di squadra** Mitspieler(in *f) m*

comparare *vt* vergleichen; **comparativo I.** *agg* vergleichend **II.** *m* LING Komparativ *m;* **comparazi'one** *f* Vergleich *m*

compare *m* ① ↑ *padrino* Taufpate *m* ② FAM ↑ *amico* Freund *m*

comparire ‹Pass. rem.: comparii/comparisti Part.: comparso› *irr vi essere* ① ↑ *apparire* erscheinen, auftreten ② ← *rivista, a.* DIR erscheinen; **comparizi'one** *f* DIR Erscheinen *n* vor Gericht; **comparsa** *f* ① ↑ *apparizione* Erscheinen *n* ② TEATRO, FILM Statist(in *f) m* ③ DIR Schriftstück *n*

compartecipare *vi* mitbeteiligt sein *(a an dat)*

compartimento *m* ① ↑ *suddivisione* Aufteilung *f;* *(di scaffali)* Fach *n* ② FERR Abteil *n* ③ AMM Bezirk *m*

compassione *f* ↑ *pietà* Mitleid *n,* Bedauern *n;* ◇ **avere - di/per/verso qu** jd-n bemitleiden, Mitleid mit jd-m haben

compasso *m (in gen.)* Zirkel *m;* NAUT ▷*magnetico* Kompaß *m*

compa'tibile *agg inv* ① ↑ *conciliabile* vereinbar, kompatibel ② INFORM kompatibel

compatimento m ① ↑ *compassione* Mitleid n, Erbarmen n ② ↑ *tolleranza* Nachsicht f; **compatire** ⟨5.2.⟩ irr vt ① (*aver compassione di*) bemitleiden, Mitleid haben mit dat ② ◇ **farsi** - sich blamieren

compatriota ⟨-i, -e⟩ m/fLands|mann(-männin f)m

compatto agg ① (*unito strettamente*) kompakt, fest; ▷*folla* dicht ② FIG ▷*idee* übereinstimmend; ▷*azioni* geschlossen

compendiare ⟨3.6.⟩ irr vt zusammenfassen; **compendio** m Zusammenfasssung f

compenetrare vt durchdringen

compensare vt ① ↑ *rimunerare* entlohnen, bezahlen; ↑ *risarcire* entschädigen ② ↑ *equilibrare* kompensieren; **compenso** m ① ↑ *paga* Lohn m ② FIG ◇ **in** - (*d'altra parte*) dafür

'**compera** f vedi **compra**; **comperare** vt vedi **comprare**

competente agg inv ① ▷*autorità* zuständig ② ↑ *esperto* ▷*persona* fachmännisch, kompetent; **competenza** f ① (*di autorità*) Zuständigkeit f, Kompetenz f ② (*l'essere esperto*) Kompetenz f; **competitività** f COMM Konkurrenzfähigkeit f; **competizione** f ↑ *gara* Wettkampf m

compiacente agg inv (*che compiace*) gefällig; ↑ *cortese* höflich; **compiacenza** f ① (*in gen.*) Gefälligkeit f ② ↑ *cortesia* Höflichkeit f; **compiacere** ⟨4.15.⟩ irr I. vi entgegenkommen (a dat) II. vt zufriedenstellen III. vr: ◇ **-rsi di** [*o.* **per**] (*provare soddisfazione*) sich freuen über acc; ◇ **-rsi con qu** ↑ *rallegrarsi* jd-n beglückwünschen; ◇ **-rsi di fare qc** ↑ *degnarsi* die Güte haben, etw zu tun; **compiaciuto** p.pass. **compiacere**

compiangere ⟨Pass. rem.: compiansi/compiangesti Part.: compianto⟩ irr vt bemitleiden; ◇ **lo compiango** er tut mir leid; **compianto** p.pass. **compiangere**

compimento m Vollendung f

'**compito** m Aufgabe f

com'pito agg (*ben educato*) wohlerzogen

comple'anno m Geburtstag m; ◇ **buon** -! alles Gute zum Geburtstag!

complementare I. agg inv ▷*accessorio* ergänzend, zusätzlich; ↑ *secondario* Neben- II. f AMM Zusatzsteuer f; **complemento** m ① (*in gen.*) Ergänzung f ② LING Ergänzung f, Objekt n; ◇ - **di termine** Dativergänzung f

complessato agg komplexbeladen

complessità f Komplexität f, Gesamtheit f; **complessivamente** avv insgesamt; **complessivo** agg gesamt

complesso[1] agg ↑ *complicato, difficile* kompliziert

complesso[2] m ① (*l'insieme*) Gesamtheit f; ◇ **in** -, **nel** - im großen und ganzen ② MUS Band f

complesso[3] m MED Komplex m; ◇ - **di inferiorità** Minderwertigkeitskomplex m

completare vt vervollständigen; **completo** I. agg ① ▷*elenco* vollständig ② ▷*teatro, albergo* voll; ▷*spettacolo* ausverkauft ③ FIG ↑ *totale* völlig ④ ▷*atleta* vielseitig II. m ① ◇ **al** - ▷*riunione* ↑ *pieno* vollbesetzt; (*tutti presenti*) vollzählig ② (*abito; da uomo*) Anzug, m; (*da donna*) Kostüm n; ◇ - **da sci** Skianzug m

complicare ⟨3.4.⟩ irr I. vt komplizieren II. vi pron ◇ **-rsi** kompliziert werden, sich komplizieren; **complicazione** f Komplikation f

'**complice** m/f (*in gen.*) Komplize m, Komplizin f; DIR Mittäter(in f) m, Mitbeteiligte(r) m/f

complimentarsi vi pron gratulieren (*con* dat); **complimento** m ① (*in gen.*) Kompliment n; ◇ **complimenti!** mein Kompliment!; (*per la laurea, per una promozione ecc.*) herzliche Glückwünsche!; ◇ **fare un** - **a qu** jd-m ein Kompliment machen ② ◇ **senza fare tanti complimenti** ohne viele Umstände zu machen

complottare vi ein Komplott schmieden; **complotto** m Komplott n

componente I. m/f ↑ *membro* Mitglied n II. m (*di una sostanza*) Bestandteil m

componimento m ① (DIR *di lite*) Schlichtung f; ↑ *accordo* Einigung f ② SCUOLA Aufsatz m; ▷*poetico, teatrale* Werk n

comporre ⟨4.11.⟩ irr vt ① ↑ *formare* zusammenstellen, zusammensetzen, bilden; → *numero telefonico* wählen ② → *poesia* verfassen, schreiben ③ (*mettere in ordine*) → *capelli* zurechtmachen ④ DIR → *persone* versöhnen; → *lite* schlichten

comportamento m Benehmen n, Verhalten n; **comportare** I. vt ↑ *implicare* mit sich führen/ bringen II. vi pron: ◇ **-rsi bene/male** sich gut/ schlecht benehmen/verhalten

composi|tore|-trice f) m ▷*musicale* Komponist(in f) m; **composizione** f ① (*in gen.*) Zusammensetzung f, Komposition f ② MUS Musikstück n ③ SCUOLA ↑ *tema* Aufsatz m ④ (DIR *di persone*) Einigung f; (*di lite*) Schlichtung f ⑤ (*struttura*) Bau m

composta f ① GASTRON Kompott n ② AGR Kompost m

compostezza f Anstand m; **composto** I. p.pass. **comporre**; II. agg ① ▷*atteggiamento* gesetzt, würdig; ◇ **cercare di stare** - versuchen, die Ruhe zu bewahren ② (*formato da più elementi*) zusammengesetzt (*da* aus dat) III. m ① (*insieme*) Zusammensetzung f ② CHIM Verbindung f

compra, **compera** f Kauf m; **comprare**, **comperare** vt kaufen; **compra|tore(-trice** f) m Käufer(in f) m

compra'vendita f An- und Verkauf m

com'prendere ‹Pass. rem.: compresi/comprendesti Part.: compreso› irr vt ① ↑ *contenere* enthalten ② ↑ *capire* verstehen; **compren'sibile** agg inv verständlich; **comprensione** f ① (*capacità di indendere*) Verstehen n ② ↑ *tolleranza* Verständnis n; **comprensivo** agg ① (*che comprende qc/qu*) verständnisvoll ② ◇ - **di qc** etw acc einschließend; **compreso** I. *p.pass.* comprendere; II. agg ↑ *incluso* einschließlich, inbegriffen

compressa f ① (MED *garza*) Kompresse f ② (MED *pastiglia*) Tablette f

compressione f ① (*il comprimere*) Zusammenpressen n, Zusammendrücken n ② ↑ *pressione* Druck m ③ AUTO Kompression f; **compres-so** I. *p.pass.* comprimere; II. agg ① (*in gen.*) zusammengepreßt ② AUTO komprimiert; **compressore** m ▷*stradale* Straßenwalze f; **com'primere** ‹Part.: compressi/comprimesti Part.: compresso› irr vt zusammenpressen

compromesso ¹ I. *p.pass.* compromettere; II. agg ↑ *danneggiato* gefährdet; (*caduto in cattiva luce*) kompromittiert

compromesso ² m agg ① ↑ *accomodamento* Kompromiß m ② (DIR *contratto preliminare*) Vorvertrag m

compromettente avv kompromittierend; **compro'mettere** ‹4.27.› irr I. vt (*in gen.*) gefährden II. vr ◇ -**rsi** sich kompromittieren

comprovare vt nachweisen, beweisen

compunto agg ↑ *rattristato* betrübt; ↑ *pentito* reuevoll; **compunzione** f Reue f

computare vt rechnen, berechnen

computer m ‹inv› INFORM Computer m

computiste'ria f kaufmännisches Rechnen n

computerizzare vt computerisieren

'computo m Rechnung f

comunale agg inv Gemeinde-, komunal

comunanza f Gemeinschaft f

comune ¹ I. agg inv ①▷*casa, amico* gemeinsam; ◇ **in** - gemeinsam ② ↑ *usuale* üblich, allgemein; (*di livello medio*) mittelmäßig; ↑ *ordinario* gewöhnlich; ◇ **non** - ungewöhnlich II. m Gewöhnliche(s) n; ◇ **fuori del/dal** - außerordentlich

comune ² m ↑ *municipio* Gemeinde f

comune ³ f (*di persone*) Kommune f

comuni'care ‹3.4.› irr I. vt ① → *notizia* mitteilen; ▷*pubblicamente* bekanntgeben ② REL die Kommunion erteilen dat II. vi ① (*essere in co-municazione*) in Verbindung sein ② (*trasmettere pensieri*) sich verständigen III. vi pron ◇ -**rsi** ↑ *trasmettersi* bekanntwerden, sich verbreiten ② REL die Kommunion empfangen; **comunicativo** agg ① ▷*sentimento* ansteckend ② ▷*persona* mitteilsam; **comunicato** f ① bekanntgegeben II. m (*in gen.*) amtliche Mitteilung f; ◇ - **di guerra** Kriegsbericht m; ◇ - **stampa** Pressemeldung f; **comunicazione** f ① (*in gen.*) Kommunikation f ② ↑ *notizia* Mitteilung f, Meldung f; ◇ **mezzi di** - Massenmedien pl; ◇ - **aziendale** Bürokommunikation f ③ TELEC Anschluß m, Verbindung f; ◇ **ottenere la** - verbunden werden

comunione f ① (*di interessi*) Gemeinsamkeit f, Gemeinschaft f ② REL ▷*cattolica* Kommunion f; ▷*protestante* Abendmahl n ③ DIR Mitbesitz m, Miteigentum n; ◇ - **dei beni** Gütergemeinschaft f

comunismo m POL Kommunismus m, **comunista** ‹-i, -e› I. agg kommunistisch II. m/f Kommunist(in f) m

comunità f Gemeinschaft f; ◇ **C**- [Economica] **Europea** Europäische Gemeinschaft; **comunitario** agg Gemeinschafts-

comunque I. congiunz ① ↑ *in qualunque modo* wie auch immer ② ↑ *tuttavia* trotzdem II. avv ① ↑ *in ogni modo* auf jeden Fall ② ↑ *tuttavia* immerhin, doch

con ‹col, coi› prep ① (*in gen.*) mit dat ② (*nonostante*) trotz gen, bei dat ③ (*temporale*) an dat ④ (*nei confronti di*) gegenüber dat, zu dat; ◇ **essere gentile** - **qu** zu jd-m freundlich sein ⑤ (*circostanza*) bei dat; ◇ - **questo tempo non esco di casa** bei diesem Wetter gehe ich nicht aus dem Haus

conato m : ◇ - **di vomito** Brechreiz m

con'ca ‹-che› f (GEO *bacino*) Becken n

'concavo agg hohl, konkav

con'cedere ‹Part.: concessi/concedesti Part.: concesso› irr I. vt ① ↑ *accordare* gewähren, bewilligen ② ↑ *ammettere* zugeben II. vr: ◇ -**rsi qc** sich dat etw gönnen/erlauben

concentramento m (*in gen.*) Konzentration f; POL Zentralisierung f; COMM Zusammenschluß m; **concentrare** vt konzentrieren; **concentrato** I. *p.pass.* concentrare. II. agg (*di pomodoro*) konzentriert; FIG konzentriert; **concentrazione** f Konzentration f

concepimento m ① MED Empfängnis f ② (*di idea*) Einfall m; **eonoepiro** ‹5.2.› irr vt ① MED empfangen ② FIG ↑ *nutrire* hegen ③ ↑ *ideare* ausdenken ④ ↑ *comprendere* begreifen

con'cernere vt betreffen, angehen

concertare I. vt 1 MUS → sinfonia einüben; (accordare l'armonia) einspielen 2 ↑ stabilire vereinbaren, planen II. vr ◇ -rsi sich einigen

concertista m/f Solist(in f) m; **concerto** m MUS Konzert n

concessionario(-a f) m/f Konzessionär(in f) m

concessione f 1 (di prestito) Gewährung f 2 ↑ permesso Genehmigung f, Konzession f; **concesso** p.pass. **concedere**

concetto m ↑ pensiero, idea Gedanke m, Idee f, Begriff m

concezione f Konzeption f

conchiglia f Muschel f

con|cia ‹-ce› f 1 (trattamento) Gerben n 2 (sostanza) Gerbstoff m; **conciare** ‹3.3.› irr I. vt 1 → pelle gerben; → tabacco beizen 2 (FIG ridurre in cattivo stato) übel zurichten II. vr ◇ -rsi (ridursi male) sich [übel] zurichten; (vestirsi male) sich geschmacklos kleiden; **concia|tore(-trice** f) m Gerber(in f) m; **conciatura** f Gerbung f

conciliare ‹3.6.› irr I. vt 1 → due persone versöhnen, aussöhnen 2 (contravvenzione) gleich bezahlen 3 ↔ appettito anregen; ↔ simpatia eintragen II. vr ◇ -rsi (trovare un'accordo): ◇ -rsi con sich versöhnen mit, sich aussöhnen mit; **conciliazione** f (in gen.) Versöhnung f, Aussöhnung f; DIR Vergleich m

concilio n REL Konzil n

concimare vt düngen; **concime** m Dünger m

concisione f Kürze f, Bündigkeit f; **conciso** (-a f) agg bündig, knapp

concitato(-a f) agg erregt, aufgeregt

concittadino(-a f) m/f Mitbürger(in f) m

con'cludere ‹Pass. rem.: conclusi/concludesti Part.: concluso› irr I. vt 1 (portare a compimento) beenden; MIL, POL, COMM abschließen 2 ↑ dedurre folgern II. vi (essere convincente) überzeugen III. vi pron ◇ -rsi enden; **conclusione** f 1 (in gen.) Abschluß m; ◇ **in** - schließlich 2 ↑ deduzione Folgerung f; **conclusivo** agg abschließend

concordanza f 1 (in gen.) Übereinstimmung f, Einklang m 2 LING Kongruenz f; **concordare** vt (in gen.) vereinbaren; → testo anpassen; **concordato** I. agg abgemacht II. m 1 ↑ accordo Abmachung f 2 DIR Vergleich m 3 REL Konkordat n; **concorde** agg inv 1 (d'accordo) einig 2 ↑ simultaneo gleichzeitg; **concordia** f Einigkeit f, Eintracht f

concorrente I. agg inv (in gen.) zusammenwirkend; COMM Konkurrenz- II. m/f 1 (di un con-

corso) Bewerber(in f) m, Kandidat(in f) m; (chi partecipa con altri) Mitbewerber(in f) m; 2 in, a. COMM Konkurrent(in f) m; **concorrenza** f Konkurrenz f; **con'correre** ‹Pass. rem.: concorsi/concorresti Part.: concorso› irr vi 1 ↑ partecipare teilnehmen (a an dat); (in un concorso) sich bewerben (a um dat); ↑ contribuire sich beteiligen (a an dat) 2 MAT konvergieren (in in dat)

concorso I. p.pass. concorrere; II. m 1 SPORT Wettkampf m 2 ↑ selezione Wettbewerb m

concreto agg konkret

concussione f DIR Erpressung f

condanna f (sentenza) Urteil n; (pena) Strafe f; **condannare** vt verurteilen; **condannato(-a** f) I. agg verurteilt II. m/f Verurteilte(r) fm

condensare I. vt 1 (in gen.) verdichten, kondensieren 2 FIG zusammenfassen II. vi pron ◇ -rsi sich kondensieren, sich verdichten; **condensazione** f (in gen.) Verdichtung f, Kondensation f

condimento m GASTRON Würze f, Gewürz n; **condire** ‹5.2.› irr vt würzen; ◇ - l'insalata den Salat anmachen; ◇ - la pasta die Nudeln mit Soße mischen

condiscendente agg inv nachgiebig

condi'videre ‹4.45.› irr vt teilen; **condiviso** p.pass. **condividere**

condizionale I. agg inv 1 (in gen.) bedingend; ◇ **libertà** - bedingte Freiheit; ◇ **sospensione** f - della pena Strafaussetzung f zur Bewährung 2 LING konditional II. m 1 LING Konditional m 2 (condanna) Bewährungsfrist f

condizionare vt 1 (in gen.) beeinflussen 2 ↑ determinare bestimmen; **condizione** f 1 (in gen.) Voraussetzung f, Bedingung f; ◇ **a** - **che** cong. unter der Voraussetzung, daß 2 ↑ situazione Lage f 3 ↑ stato Verhältnisse n/pl; INFORM Zustand m 4 ↑ requisito Erfordernis n

condoglianze f/pl Beileid n; ◇ **fare le** - **a qu** jd-m sein Beileid aussprechen

condominio m (edificio) Mehrfamilienhaus n

condonare vt erlassen; **condono** m Erlaß m

condotta f 1 (modo di comportarsi) Benehmen n, Verhalten n 2 (incarico sanitario) Gemeindearztposten m

condottiero(-a f) m Führer(in f) m

condotto I. p.pass. condurre II. agg ▷medico Gemeinde- III. m 1 (canale, tubo) Rohrleitung f 2 ANAT Gang m, Kanal m; **conducente** m/f (di veicoli) Fahrer(in f) m; **condurre** ‹4.4.› irr I. vt 1 → azienda, ditta führen, leiten 2 ↑ guidare → macchina fahren; → nave lenken;

↑ *trasportare* → *acqua, gas* leiten ③ FIG veranlassen **II.** *vi* SPORT führen; ◇ **la strada conduce a/verso la chiesa** die Straße führt zur Kirche; **condut|tore(-trice** f) **I.** agg leitend; ◇ *filo* - Leitungsdraht m; FIG Leitfaden m **II.** m ① AUTO Fahrer(in f) m; FERR Zugführer(in f) m ② ELETTR, FIS Leiter m

confederarsi vr sich zusammenschließen; **confederazione** f ① POL Bund m ② AMM Verband m

conferenza f ① ↑ *discorso* Vortrag m; ◇ - **stampa** Pressekonferenz f ② ↑ *riunione* Konferenz f; **conferenziere(-a** f) m Vortragende(r) fm, Redner(in f) m

conferire ⟨5.2.⟩ irr **I.** vt ① ↑ *infondere* verleihen ② ↑ *accordare* → *incarico* vergeben; → *titolo* verleihen **II.** vi: ◇ - **su qc con qu** (discutere) mit jd-m etw besprechen

conferma f Bestätigung f; ◇ **a - di** zur Bestätigung von; **confermare** vt bestätigen

confessare I. vt ① (in gen.) gestehen ② REL beichten **II.** vr ◇ -**rsi** ① ↑ *ammettere, dichiararsi* sich bekennen ② REL beichten; **confessionale I.** agg inv ① (REL del sacramento) Beicht- ▷ *scuola ecc.* konfessionell **II.** m Beichtstuhl m; **confessione** f ① (in gen.) Geständnis n ② (REL sacramento) Beichte f ③ REL ▷ *cattolica, protestante ecc.* Konfession f, Glaube f; **confessore** m Beichtvater m

confetto m (GASTRON per matrimoni) Dragée n, Konfekt n

confezionare vt ① → *pacco* packen; → *merci* verpacken ② ↑ *cucire* → *vestito, un paio di pantaloni* anfertigen

confezione ¹ f ① ↑ *imballaggio* (di merci) Verpackung f; ◇ - **regalo** Geschenkverpackung f ② (di vestiti) Anfertigung f

confezione ² : ◇ **confezioni** f/pl Konfektion f

conficcare ⟨3.4.⟩ irr **I.** vt einschlagen **II.** vi pron ◇ -**rsi** eindringen

confidare I. vi vertrauen (in auf acc) **II.** vt → *segreto* anvertrauen **III.** vr: ◇ -**rsi con qu** sich jd-m anvertrauen; **confidente** m/f ① (persona amica) Vertraute(r) fm ② (spia) Spitzel m; **confidenza** f ① ↑ *familiarità* Vertraulichkeit f ② ↑ *rivelazione* vertrauliche Mitteilung; **confidenziale** agg inv vertraulich

configurarsi vi pron sich gestalten; **configurazione** f ① ↑ *figura, aspetto* Gestalt f ② GEO Beschaffenheit f ③ ASTRON, INFORM Konfiguration f

confinare I. vi grenzen, angrenzen (con an acc) **II.** vt POL ↑ *bandire* verbannen **III.** vr ◇ -**rsi** sich zurückziehen; **confine** m Grenze f

confino m Zwangswohnort m

confis|ca ⟨-che⟩ f Beschlagnahme f

conflitto m ① ↑ *guerra* Krieg m ② DIR, PSIC Konflikt m

conflu'enza f ① (di fiumi) Zusammenfluß m ② FIG Zusammentreffen n; **conflu'ire** ⟨5.2.⟩ irr vi ① ← *fiumi* zusammenfließen; ← *strade* zusammenlaufen ② FIG zusammentreffen, zusammenkommen

con'fondere ⟨Pass. rem.: confusi/confondesti Part.: confuso⟩ irr **I.** vt ① ↑ *turbare* verwirren; ↑ *imbarazzare* in Verlegenheit bringen ② → *una persona per un'altra* verwechseln **II.** vi pron ◇ -**rsi** ↑ *sbagliarsi* sich irren; ↑ *turbarsi* durcheinanderkommen

conformare I. vt ↑ *adeguare* anpassen (a an acc) **II.** vi pron: ◇ -**rsi a** sich anpassen dat; **conformemente** avv entsprechend; **conformista** ⟨-i, -e⟩ m/f Konformist(in f) m

confortante agg inv tröstend; **confortare I.** vt trösten **II.** vr ◇ -**rsi** sich trösten; **confor'tevole** agg inv ① ↑ *consolante* tröstend ② ↑ *comodo* bequem; ▷ *casa* gemütlich; **conforto** m ① ↑ *consolazione* Trost m ② ↑ *agio* Bequemlichkeit f

confrontare vt vergleichen; **confronto** m ① (in gen.) Vergleich m; ◇ **in - a** [o. **a - di**] im Vergleich zu; ◇ **nei miei/tuoi confronti** mir/dir gegenüber ② DIR Gegenüberstellung f

confusio'nario(-a f) m Chaot(in f) m; **confusione** f ① ↑ *disordine* Unordnung f, Durcheinander n; ↑ *chiasso* Lärm m ② PSIC Verwirrung f; **confuso I.** p.pass. confondere; **II.** agg ① ↑ *disordinato, non chiaro* unordentlich, wirr ② PSIC verwirrt

confutare vt ↑ *contraddire* widerlegen; ↑ *controbattere* anfechten

congedare I. vt ① (invitare ad andarsene) verabschieden ② MIL entlassen **II.** vr ◇ -**rsi** sich verabschieden; **congedo** m ① (periodo di permesso per impiegati) Urlaub m ② MIL Entlassung f

congegnare vt FIG sich dat ausdenken; **congegno** m Vorrichtung f, Gerät n

congelare vt ① ↑ *raffreddare* gefrieren lassen ② → *alimenti* einfrieren, tiefkühlen ③ FIG POL, COMM einfrieren; **congelatore** m (freezer) Tiefkühltruhe f; (nel frigorifero) Gefrierfach n

con'genito agg eingeboren

congestionare vt ① MED eine Blutansammlung verursachen in dat ② → *traffico* verstopfen; **congestione** f ① MED Blutansammlung f ② (del traffico) Stau m

congettura f Vermutung f

congi'ungere ⟨Pass. rem.: congiunsi/congiungesti Part.: congiunto⟩ *irr* **I.** *vt* verbinden **II.** *vi pron* ◇ **-rsi** ↑ *unirsi* sich verbinden
congiuntivite *f* MED Bindehautentzündung *f*
congiuntivo *m* LING Konjunktiv *m*
congiunto(-a *f*) **I.** *p.pass.* congiungere; **II.** *agg* ↑ *unito* verbunden; (*da parentela*) verwandt **III.** *m* Verwandte(r) *fm*
congiuntura *f* ①↑ *giuntura* Verbindungsstelle *f* ② COMM Konjunktur *f*
congiunzione *f* ① ↑ *congiungimento* Verbindung *f* ② LING, ASTRON Konjunktion *f*
congiura *f* Verschwörung *f;* **congiurare** *vi* sich verschwören
conglomerato *m* Anhäufung *f,* Konglomerat *n*
congratularsi *vi pron:* ◇ **- con qu per qc** jd-m zu etw gratulieren; **congratulazione** *f* Beglückwünschung *f,* Gratulation *f;* ◇ **congratulazioni!** herzliche Glückwünsche!
congre|ga ⟨-ghe⟩ *f* ① (*in gen.*) Bande *f* ② REL Kongregation *f*
congresso *m* Kongress *m*
congru'enza *f* ① (*l'essere congruente*) Übereinstimmung *f* ② MAT Kongruenz *f*
conguagliare ⟨3.6.⟩ *irr vt* ausgleichen; **conguaglio** *m* Ausgleich *m*
C.O.N.I. *m acronimo* für **Comitato Olimpico Nazionale Italiano** Italienisches Nationales Olympisches Komitee
coniare ⟨3.3.⟩ *irr vt* prägen
'**coni|co** ⟨-ci, -che⟩ *agg* konisch, kegelförmig
co'nifera *f* FLORA Nadelbaum *m,* Konifere *f*
coniglio *m* ① FAUNA Kaninchen *n* ② (*persona codarda e paurosa*) Feigling *m,* Hasenfuß *m*
'**conio** *m* ① (*oggetto per coniare*) Prägestempel *m* ② (*il coniare*) Prägung *f*
coniugare ⟨3.5.⟩ *irr vt* LING konjugieren; **coniugazione** *f* LING Konjugation *f*
'**coniuge** *m/f* Ehe|mann(-frau *f*) *m,* Gatte(in *f*) *m*
connazionale *m/f* Landsmann *m,* Landsmännin *f*
connessione *f* ① (*di due oggetti ecc.*) Verbindung *f* ② FIG ▷*logica* Zusammenhang, m, Verbindung *f;* **con'nettere** ⟨Pass. rem.: connettei/connettesti Part.: connesso⟩ *irr vt* ① (*in gen.*) zusammenfügen ② FIG ↑ *ragionare* vernünftig/klar denken
connivente *agg inv* stillschweigend einverstanden; **connivenza** *f* stilles Einverständnis; DIR Mitwisserschaft *f*
connotato *m* ① (*di persona*) Kennzeichen *n,* Merkmal *n* ② ◇ **connotati** *m/pl* Personenbeschreibung *f*
cono *m* ① MAT Kegel *m* ② ◇ **- [gelato]** Eistüte *f,* Hörnchen *n*

conoscente *m/f* Bekannte(r) *fm;* **conoscenza** *f* ① (*il conoscere, il sapere*) Wissen *n,* Kenntnis *f* ② (*persona*) Bekanntschaft *f* ③ (*facoltà sensoriale*) Bewußtsein *n;* ◇ **perdere - das** Bewußtsein verlieren, bewußtlos werden; **co'noscere** ⟨Pass. rem.: conobbi/conoscesti Part.: conosciuto⟩ *irr vt* ① (→ *persona, per la prima volta*) kennenlernen; (*avere rapporti di amicizia ecc.*) kennen ② ↑ *sapere* → *lingua* können; **conosci|tore(-trice** *f*) *m* Kenner(in *f*) *m;* **conosciuto** *agg* ↑ *noto* bekannt; ↑ *sperimentato* erprobt
conquista *f* ① (*di territorio, di partner*) Eroberung *f;* (*di medaglia*) Gewinnen *n;* (*di potere*) Ergreifung *f* ② ↑ *progresso* Errungenschaft *f;* **conquistare** *vt* → *città, amore* erobern; → *potere* ergreifen; → *ricchezza, felicità* erwerben
consacrare **I.** *vt* ① REL weihen ② ↑ *riconoscere* würdigen **II.** *vr:* ◇ **-rsi a** sich widmen *dat;* REL sich weihen *dat;* **consacrazione** *f* REL Weihe *f*
consangu'ineo *agg* blutsverwandt
consa'pevole *agg inv* bewußt (*di gen.*); ◇ **essere - di qc** sich etw *gen* bewußt sein; ◇ **rendere -** informieren; **consapevolezza** *f* Bewußtsein *n*
con\|scio ⟨-sci, -sce⟩ **I.** *agg:* ◇ **- di bewußt** *gen* **II.** *m* PSIC Bewußtsein *n*
consecutivo *agg* ① ↑ *dopo* folgend ② MAT aufeinanderfolgend ③ LING konsekutiv
consegna *f* ① (*di merci*) Lieferung *f,* Zustellung *f;* (*di lavoro, di libri, di temi*) Abgabe *f* ② ↑ *custodia* Aufbewahrung *f;* (*per la spedizione*) Aufgabe *f* ③ MIL ↑ *punizione* Ausgangssperre *f* ④ DIR Übergabe *f,* Auslieferung *f;* **consegnare** *vt* ① ↑ *affidare, dare* übergeben, anvertrauen ② MIL Ausgangssperre erteilen *dat*
conseguente *agg inv* ① (*che viene dopo*) folgerichtig ② ↑ *coerente* konsequent; **conseguenza** *f* ① (*in gen.*) Folge *f,* Konsequenz *f* ② (*conclusione logica*) Schlußfolgerung *f;* ◇ **per/di -** infolgedessen, demzufolge; ↑ *perciò* deshalb; **conseguire** ⟨5.1.⟩ *irr* **I.** *vt* erlangen, erreichen **II.** *vi* sich ergeben, folgen
consenso *m* Einwilligung *f,* Zustimmung *f;* **consentire** ⟨5.2.⟩ *irr* **I.** *vi* zustimmen (*a dat*) **II.** *vt* erlauben, gestatten
conserva *f* GASTRON Konserve *f;* ◇ **- di pomodoro** Tomatenmark *n*
conservante *m* Konservierungsmittel *n;* **conservare** **I.** *vt* ① GASTRON konservieren; (*in vasi*) einmachen ② ↑ *custodire* aufbewahren **II.** *vi pron* ◇ **-rsi** ↑ *mantenersi* sich halten, sich

erhalten; **conserva|tore(-trice** f) m POL Konservative(r) f*m;* **conservazione** f [1] (*in gen.*) Konservierung f, Haltbarmachung f [2] ↑ *custodia* Aufbewahrung f

considerare I. vt [1] → *possibilità, conseguenze* erwägen [2] (*tenere presente*) berücksichtigen [3] ↑ *prevedere* vorsehen [4] ↑ *giudicare* halten für **II.** vr ◇ **-rsi** sich halten für; **considerazione** f [1] (*di possibilità, di conseguenze*) Erwägung f; ◇ **prendere in -** in Betracht ziehen [2] (*il tenere presente*) Berücksichtigung f [3] ↑ *stima* Achtung f; ◇ **tenere qu in -** jd-m Achtung entgegenbringen; **conside'revole** agg inv beträchtlich

consigliare ⟨3.6.⟩ irr **I.** vt: ◇ **- qc a qu** jd-m etw empfehlen/raten **II.** vi pron: ◇ **-rsi con qu** sich mit jd-m beraten; **consigliere(-a** f) m [1] (*chi da consigli*) Berater(in f) m, Ratgeber(in f) m [2] (*membro di un consiglio*) Rat m, Rätin f, Ratsmitglied n; **con'siglio** m [1] ↑ *suggerimento* Ratschlag m, Rat m [2] (*riunione collegiale*) Beratung f [3] (*organo collegiale*) Rat m; POL ◇ **C- dei Ministri** Ministerrat m

consistente agg inv [1] ↑ *solido, denso ecc.* dick, fest [2] FIG stichhaltig, bemerkenswert; **consistenza** f [1] ↑ *densità, compattezza* Festigkeit f [2] FIG Gehalt m; **con'sistere** ⟨Pass. rem.: consistei/consistesti Part.: consistito⟩ irr vi essere bestehen (*in*/aus *dat*)

con'so|cio(-a f) ⟨-ci, -cie⟩ m Teilhaber(in f) m

consolare ¹ agg inv Konsulats-

consolare ² **I.** vt trösten **II.** vi pron ◇ **-rsi** sich trösten

consolato m Konsulat n

consolazione f Trost m

'console m Konsul(in f) m

consolidare I. vt [1] (*rendere stabile, saldo ecc.*) festigen, verstärken [2] ↑ *migliorare* verbessern [3] (*FIG accrescere la forza*) stärken **II.** vi pron ◇ **-rsi** [1] (*diventare consistente*) **-rsi** fest werden [2] FIG sich festigen

consonante f LING Konsonant m

consonanza f [1] MUS Konsonanz f [2] LING Gleichklang m

consorte m/f Gatte(in f) m

con'sorzio m ▷*agricolo ecc.* Genossenschaft f

constare vi essere bestehen (*di* aus); **constatare** vt feststellen

consueto agg gewohnt, üblich

consue'tudine f Gewohnheit f

consulente m/f Berater(in f) m; ◇ **- aziendale** Unternehmensberater(in f) m; **consulenza** f Beratung f

consultare I. vt → *medico, avvocato* konsultieren; → *vocabolario* nachschlagen in *dat* **II.** vr:

◇ **-rsi con qu** sich mit jd-m beraten; **consultazione** f [1] (*in gen.*) Beratung f; (*dal medico*) Untersuchung f [2] INFORM Anfrage f [3] POL ◇ **- popolare** Volksbefragung f

consumare I. vt [1] ↑ *logorare* → *scarpe* abnutzen [2] ← *auto* verbrauchen [3] ↑ *mangiare, bere* zu sich nehmen, konsumieren **II.** vi pron ◇ **-rsi** [1] ← *scarpe* sich abnutzen [2] ↑ *finire* ausgehen [3] FIG vergehen; **consuma|tore(-trice** f) m Verbraucher(in f) m; **consumazione** f [1] ↑ *consumo* Abnutzung f, Verbrauch m [2] (*in locale pubblico*) Zeche f, Verzehr m

consumismo m Konsumdenken n

consumo m [1] (*in gen.*) Abnutzung f [2] ↑ *uso*, AUTO Verbrauch m [3] COMM Konsum m

consuntivo m COMM Bilanz f, Abschlußrechnung f

consunto agg verbraucht, abgenutzt

con'tabile I. agg inv Rechnungs-, Buchungs- **II.** m/f Buchhalter(in f) m

contabilità f Buchhaltung f, Rechnungsführung f

contadino(-a f) m/f Bauer m, Bäuerin f, Landwirt(in f) m

contagiare ⟨3.10.⟩ irr vt anstecken; **conta|gio** ⟨-gi⟩ m Ansteckung f; **contagioso** agg ansteckend

container m ⟨inv⟩ Container m

contaminare vt [1] ↑ *inquinare* verunreinigen, verseuchen [2] FIG verderben; **contaminazione** f Verunreinigung f, Verseuchung f, Kontamination f

contante m Bargeld f; ◇ **comprare in contanti** bar kaufen

contare vt, vi [1] (*in gen.*) zählen, rechnen [2] FIG ◇ **- su qu** auf jd-n zählen; **contatore** m Zähler m

contattare vt sich in Verbindung setzen mit, kontaktieren; **contatto** m [1] (*in gen.*) Verbindung f, Kontakt m [2] ELETTR FIG Kontakt m

conte(-essa f) m Graf m, Gräfin f; **cont'ea** f (*territorio*) Grafschaft f

conteggiare ⟨3.3.⟩ irr vt ausrechnen; **conteggio** ⟨-gi⟩ m [Be-]Rechnung f; ◇ **- alla rovescia** Countdown m

contegno m Verhalten n, Benehmen n

contemplare vt [1] ↑ *osservare* betrachten [2] DIR vorsehen, berücksichtigen [3] REL sich versenken in *acc*; **contemplativo** agg besinnlich, beschaulich, betrachtend; **contemplazione** f Betrachtung f

contemporaneamente avv [1] (*nello stesso tempo*) gleichzeitig [2] (*nello stesso periodo*) zur gleichen Zeit; **contempo'raneo(-a** f) **I.** agg gleichzeitig **II.** m Zeitgenosse(in f) m

contendente *m/f* Gegner(in *f*) *m;* **con'tende-re** ⟨Pass. rem.: contesi/contendesti Part.: conte-so⟩ *irr* **I.** *vi* ↑ *competere* konkurrieren **II.** *vt* strei-tig machen **III.** *vr:* ◇ **-rsi** qc um etw streiten

conte'nere **I.** *vt* ① (*in gen.*) enthalten ② → *sentimenti, desideri* beherrschen; → *lacrime* zurückhalten; → *sdegno, ira* bändigen **II.** *vr* ◇ **-rsi** sich beherrschen; **conteni'tore** *m* Behäl-ter *m;* ◇ **- per vetro** [Alt-]Glascontainer *m*

contenuto *m* Inhalt *m*

contesa *f* Streit *m;* **conteso** **I.** *p.pass.* conten-dere

contessa *f vedi* **conte**

contestare *vt* ① DIR anfechten ② ↑ *negare* bestreiten; **contestazione** *f* ① ↑ *impugnazione* Anfechtung *f;* ↑ *protesta* Protest *f;* ◇ **la - studentesca** die Studentenbewegung *f* ② ↑ *contrasto* Streit *m*

contesto *m* Zusammenhang *m,* Kontext *m*

con'tiguo *agg* angrenzend (*a* an *acc*)

continentale **I.** *agg inv* kontinental **II.** *m/f* Fest-landbewohner(in *f*) *m*

continente ¹ *agg inv* mäßig, enthaltsam

continente ² *m* ① GEO Kontinent *m,* Erdteil *m* ② (*terra ferma*) Festland *n,* Kontinent *m*

continenza *f* Enthaltsamkeit *f,* Mäßigkeit *f*

contingente **I.** *agg inv* nebensächlich, unwe-sentlich **II.** *m* COMM Kontingent *n;* **contin-genza** *f* ↑ *eventualità, accidentalità* Gelegen-heit *f,* Umstand *m*

continuare **I.** *vt* fortsetzen **II.** *vi* (*in gen.*) dauern, fortdauern; ↑ *proseguire* weitergehen; (*non ces-sare di fare qc*) weitermachen, fortfahren; ◇ **- a parlare** weiterreden; ◇ **- a scrivere** weiterschrei-ben; **continuazione** *f* Fortsetzung *f;* ◇ **in -** andauernd; **continuità** *f* Stetigkeit *f;* **con'ti-nuo** *agg* ① ▷*numerazione* fortlaufend; ▷*pioggia* ständig; ◇ **di -** fortwährend ② ELETTR ◇ **corrente continua** Gleichstrom *m*

conto *m* ① ↑ *calcolo* Rechnung *f* ② (*in banca*) Konto *n;* ◇ **- corrente** Girokonto *n;* (*del risto-rante ecc.*) Rechnung *f* ③ *FIG* ↑ *valutazione* Schätzung *f;* ◇ **tener - di qu/qc** jd-n/etw berück-sichtigen; ◇ **fare - su qu/qc** mit jd-m/etw rech-nen; ◇ **rendere - a qu** jd-m Rechenschaft able-gen; ◇ **a conti fatti** alles in allem; ◇ **in fin dei conti** schließlich ④ *FIG* Vantaggio, Vorteil *m;* ◇ **per - di** seitens, im Auftrag; ◇ **per - mio** von mir aus, was mich betrifft ⑤ ◇ **fare i conti con qu** mit jd-m abrechnen; ◇ **rendersi - di qc** sich

etw bewußt werden; ◇ **ma ti rendi - di ciò che stai dicendo?** weißt du überhaupt, was du da redest?

con'torcere ⟨Pass. rem.: contorsi/contorcesti Part.: contorso⟩ *irr* **I.** *vt* ↑ *torcere* auswinden **II.** *vr* ◇ **-rsi** sich winden

contornare *vt* umgeben; **contorno** *m* ① (*di figura*) Umriß *m* ② GASTRON Beilage *f*

contorsione *f* Windung *f,* Drehung *f*

contrabbandiere(-a *f*) *m* Schmuggler(in *f*) *m;* **contrabbando** *m* Schmuggel *m;* ◇ **merce** *f* **di -** Schmuggelware *f*

contrabbasso *m* MUS Kontrabaß *m*

contraccambiare ⟨3.10.⟩ *irr vt* ① ↑ *ricambiare* erwidern ② ↑ *ricompensare* vergel-ten, sich revanchieren für

contraccettivo *m* MED Verhütungsmittel *n;* **contraccezione** *f* MED Empfängnisverhü-tung *f*

contraccolpo *m* Rückschlag *m*

contrada *f* ① (*quartiere*) Viertel *n* ② (*strada*) Straße *f* ③ (*in campagna*) Bezirk *m*

contraddire ⟨4.5.⟩ *irr vt* widersprechen *dat;* **contraddit'torio** **I.** *agg* widersprüchlich **II.** *m* Streitgespräch *n;* **contraddizione** *f* Wider-spruch *m*

contraffare ⟨4.6.⟩ *irr vt* ↑ *imitare* imitieren; → *la voce* verstellen; ↑ *falsificare* fälschen; **contraf-fatto** *p.pass.* contraffare; **contraffazione** *f* (*della voce*) Verstellung *f;* ↑ *falsificazione* Fäl-schung *f*

contralto *m* MUS Alt *m*

contrappeso *m* Gegengewicht *n*

contrapporre ⟨4.11.⟩ *irr* **I.** *vt* ↑ *opporre* entge-genstellen **II.** *vr* ◇ **-rsi** sich entgegenstellen; **contrapposto** *p.pass.* contrapporre

contrariamente *avv:* ◇ **- a** im Gegensatz zu; **contrariare** ⟨3.6.⟩ *irr vt* ① ↑ *irritare* ärgern, verärgern ② ↑ *contrastare* entgegenwirken *dat;* **contrarietà** *f* (*in gen.*) Widrigkeit *f;* ↑ *avversione* Widerwille(n) *m;* **con'trario** **I.** *agg* ① ↑ *opposto* gegensätzlich, entgegengesetzt; ◇ **essere - a qc** gegen etw sein ② ↑ *sfavorevole* ungünstig **II.** *m* Gegenteil *n;* ◇ **al - di** im Gegen-satz zu

contrarre ⟨4.35.⟩ *irr* **I.** *vt* ① → *sopracciglia, muscolo* zusammenziehen ② → *patto* abschlie-ßen; → *matrimonio* eingehen, schließen; → *debito* machen; → *malattia* sich *dat* zuziehen **II.** *vi pron* ◇ **-rsi:** ◇ **contrarsi** sich zusammen-ziehen

contrassegnare *vt* kennzeichnen

contrassegno ¹ *m* ↑ *segno, nota particolare* Kennzeichen *n*

contrassegno [2] *avv* (*spedizione* -) per Nachnahme

contrastante *agg inv* gegensätzlich; **contrastare I.** *vt* ↑ *ostacolare* entgegenwirken *dat*; ↑ *negare* verweigern **II.** *vi* (*essere in disaccordo*) nicht übereinstimmen (*con* mit), widersprechen *dat*; ↑ *lottare* kämpfen; **contrasto** *m* [1] (*di cose*) Gegensatz *m*, Kontrast *m* [2] ↑ *conflitto* Auseinandersetzung *f* [3] (MEDIA, FOTO *di colori*) Kontrast *m*

contrattac|co ⟨-chi⟩ *m anche* FIG Gegenangriff *m*

contrattare *vt* ↑ *trattare* verhandeln; (*prendere accordi*) vereinbaren

contrattempo *m* [1] ↑ *impedimento* Zwischenfall *m* [2] MUS Gegenakt *m*

contratto I. *p.pass.* contrarre; **II.** *m* Vertrag *m*

contrattuale *agg inv* Vertrags-

contravveleno *m* Gegengift *m*

contravvenire ⟨5.6.⟩ *irr vi*; ◇ - **a** (*legge*) übertreten; (*obbligo, ordine*) entgegenhandeln *dat*; **contravvenuto** *p.pass.* contravvenire

contravvenzione *f* [1] DIR ↑ *violazione* Übertretung *f* [2] (*ammenda*) gebührenpflichtige Verwarnung *f*

contrazione *f* [1] MED ▷*muscolare* Zusammenziehung *f*, Kontraktion *f* [2] (*dei prezzi*) Rückgang *m*

contribuente *m/f* Steuerzahler(in *f*) *m*; **contribuire** ⟨5.2.⟩ *irr vi*; ◇ - **a** sich beteiligen an *dat*; (*dare un apporto*) beitragen zu; **contributo** *m* [1] (*in gen.*) Beitrag *m* [2] AMM Abgabe *f*, Gebühr *f*

contrito *agg* ↑ *pentito* reuig

contro *prep* [1] (*in gen.*) gegen *acc*; ◇ - **di me/lei** gegen mich/sie [2] ◇ **andare - corrente** gegen den Strom schwimmen [3] COMM ◇ - **ricevuta** gegen Quittung

controbattere *vi* FIG erwidern, entgegnen

controfigura *f* FILM Stuntman *m*, Double *n*

controfirmare *vt* gegenzeichnen

controindicazione *f* MED Gegenanzeige *f*

controllare I. *vt* [1] ↑ *accertare* prüfen, kontrollieren [2] ↑ *sorvegliare* beaufsichtigen, bewachen [3] FIG ↑ *dominare* → **la rabbia** beherrschen, kontrollieren **II.** *vr* ◇ **-rsi** sich beherrschen; **controllo** *m* [1] ↑ *verifica* Prüfung *f*, Kontrolle *f*, Überprüfung *f* [2] ↑ *sorveglianza* Aufsicht *f*, Überwachung *f* [3] (TEC *di sé, di un veicolo*) Kontrolle *f* [4] INFORM Steuerung *f*; **controllore** *m* [1] FERR, AUTOBUS Schaffner(in *f*) *m*; ◇ - **di volo** Fluglotse *m* [2] INFORM Steuergerät *n*

controluce *avv* gegen das Licht

contromano *avv* AUTO in Gegenrichtung

controparte *f* DIR Gegenpartei *f*

contropiede *m* [1] CALCIO Gegenzug *m* [2] FIG ◇ **prendere qu in** - jd-n auf dem falschen Fuß erwischen

controproducente *agg inv* entgegenwirkend

con'trordine *m* Gegenbefehl *m*

controsenso *m* ↑ *contraddizione* Widerspruch *m*; ↑ *assurdità* Unsinn *m*

controspionag|gio ⟨-gi⟩ *m* Gegenspionage *f*

controversia *f* [1] DIR Streitfrage *f* [2] (*differenza di opinioni*) Auseinandersetzung *f*; **controverso** *agg* strittig, umstritten, kontrovers

controvoglia *avv* widerwillig, ungern

contu'ma|cia ⟨-cie⟩ *f* (DIR *in processi penali*) Abwesenheit *f*; (*in processi civili*) Versäumnis *n*

contusione *f* MED Prellung *f*, Quetschung *f*; **contuso** *agg* gequetscht, prellt

convalescente I. *agg inv* genesend **II.** *m/f* Genesende(r) *fm*; **convalescenza** *f* Genesung *f*

convalidare *vt* bestätigen, beglaubigen

convegno *m* [1] (*incontro*) Treffen *n* [2] (*luogo*) Treffpunkt *m*

conveniente *agg inv* [1] ↑ *opportuno* angemessen [2] ↑ *vantaggioso* vorteilhaft; **convenienza** *f* (*in gen.*) Angemessenheit *f*; ↑ *vantaggio* Vorteil *m*; **convenire** ⟨5.6.⟩ *irr* **I.** *vi* essere/avere [1] (*sul prezzo*) sich einigen auf [2] ↑ *addirsi* sich schicken **II.** *vi impers* essere ↑ *bisognare* müssen; ◇ **mi conviene studiare** lernen tut mir ganz gut

convento *m* Kloster *n*; **convenuto** *p.pass.* convenire

convenzionale *agg inv* konventionell; **convenzione** *f* [1] DIR Abkommen *n*; (*nella società*) Konvention *f* [2] ◇ **le convenzioni** *fl/pl* die Konventionen

convergente *agg inv* konvergent; **convergenza** *f* Konvergenz *f*; **con'vergere** ⟨Pass. rem.: conversi/convergesti Part.: converso⟩ *irr vi* essere [1] ↑ *confluire* konvergieren (*in/su/verso* in *dat*) [2] FIG übereinstimmen

conversare *vi* sich unterhalten; **conversazione** *f* Gespräch *n*

conversione *f* [1] ↑ *trasformazione* Umwandlung *f*, Verwandlung *f* [2] POL, REL Bekehrung *f*

converso *p.pass.* convergere

convertire ⟨5.1.⟩ *irr* **I.** *vt* [1] ↑ *trasformare* umwandeln, verwandeln [2] REL, POL bekehren **II.** *vr* ◇ **-rsi** REL, POL sich bekehren; **convertito** (**-a** *f*) *m* Bekehrte(r) *fm*

convesso agg (in gen.) gewölbt; ▷specchio ecc. konvex; ◇ angolo - stumpfer Winkel

con'vincere ⟨Pass. rem.: convinsi/convincesti Part.: convinto⟩ irr I. vt überzeugen II. vi pron: ◇ -rsi di sich überzeugen von; **convinto** p.pass. **convincere**; **convinzione** f 1 (in gen.) Überzeugung f 2 ◇ **convinzioni** f/pl Anschauung f

convissuto p.pass. **convivere**

convitto m SCUOLA Internat n

convit|tore(-trice f) m Internatschüler(in f) m

convivenza f Zusammenleben n; **con'vivere** ⟨4.14.⟩ vi essere/avere zusammenleben

convocare ⟨3.4.⟩ irr vt einberufen; **convocazione** f Einberufung f

convogliare ⟨3.6.⟩ irr vt → navi geleiten; **con'voglio** m (di veicoli) Kolonne f; FERR Zug m

convulsione f Krampf m; **convulso** agg FIG ▷pianto krampfhaft; ▷attività fieberhaft

cooperare vi 1 (alla riuscita di qc) beitragen zu, mithelfen 2 ↑ collaborare mitarbeiten; **cooperativa** f Genossenschaft f; ◇ - di consumo Konsumkooperative f; **coopera|tore(-trice** f) m Mitarbeiter(in f) m; **cooperazione** f Mitarbeit f, Zusammenarbeit f

coordinamento m Koordination f; **coordinare** vt koordinieren

coordinata f MAT Koordinate f

coperchio m Deckel m

coperta f 1 (in gen.) Decke f 2 NAUT Deck n

copertina f Umschlag m, Deckblatt n; ◇ ragazza - Covergirl n

coperto 1 I. p.pass. **coprire**; II. agg 1 (in gen.) bedeckt; ◇ piscina -a Hallenbad n; ▷vestito bekleidet 2 FIG ▷rischio gedeckt 3 ▷tempo bedeckt

coperto 2 m (a tavola) Gedeck n

copertone m AUTO Reifenmantel m

copertura f 1 (in gen.) Abdeckung f 2 FIN ▷bancaria Deckung f

'copia f Kopie f; ◇ bella - Reinschrift f; ◇ brutta - Rohentwurf m; **copiare** ⟨3.10.⟩ irr vt 1 a. INFORM kopieren 2 ↑ trascrivere abschreiben

copiatrice f Kopiergerät n, Kopierer m

copione m FILM Drehbuch n; TEATRO Regiebuch n

copioso agg reichlich

copisteria f Schreibbüro n

coppa f 1 (recipiente) Becher m; AUTO ◇ - dell'olio Ölwanne f 2 (trofeo) Pokal m

'coppia f Paar n

coprifuo|co ⟨-chi⟩ m Ausgangssperre f

copriletto m Bettüberzug m

coprire ⟨5.7.⟩ irr I. vt 1 (in gen.) decken, zudekken, bedecken; → muro verkleiden 2 FIG ↑ difendere decken, schützen 3 FIG ↑ occupare → carica, posto bekleiden, innehaben 4 FIG → debito, spese decken II. vr ◇ -rsi 1 (con abito) sich anziehen; (con coperta) sich zudekken; ◇ dovrebbe coprirsi er/sie sollte sich dat etw anziehen 2 ↑ difendersi sich schützen 3 FIN sich absichern

coraggio m Mut m; ◇ -! nur Mut!; ◇ avere il - di.. den Mut haben, zu..; **coraggioso** agg mutig

corale agg inv 1 (di coro) Chor- 2 ▷approvazione einstimmig

corallo m FAUNA Koralle f

corano m REL Koran m

corazza f (armatura) Rüstung f; NAUT, MIL Panzerung f

corazzata f NAUT Panzerschiff n

corbelle'ria f Dummheit f

corda f 1 (in gen.) Seil n, Schnur f; FIG ◇ tenere qu sulla - jd-n auf die Folter spannen; FIG ◇ tagliare la - sich aus dem Staub machen 2 MUS Saite f 3 SPORT Seil n 4 ANAT ◇ corde vocali Stimmbänder n/pl

cordiale I. agg inv herzlich II. m (bevanda) Herzmittel n, Tonikum n; **cordialità** f Herzlichkeit f; **cordialmente** avv (in lettera) herzlichst

cordoglio m Trauer f, Schmerz m

cordone m 1 (corda di medie dimensioni) Schnur f 2 (di polizia) Kordon m 3 ANAT ◇ -ombelicale Nabelschnur f

coreogra'fia f Choreographie f; **core'ografo** (-a f) m Choreograph(in f) m

cori'andolo I. m 1 FLORA Koriander m 2 ◇ coriandoli m/pl Konfetti n/pl

coricare ⟨3.4.⟩ irr I. vt hinlegen, zu Bett bringen II. vi pron: ◇ -rsi sich hinlegen

corista m/f MUS Chorsänger(in f) m

corna f/pl vedi **corno**

cornacchia f FAUNA Krähe f

cornamusa f MUS Dudelsack m

'cornea f ANAT Hornhaut f; **'corneo** agg Horn-

cornetta f (del telefono) Telephonhörer m

cornetto m (GASTRON brioche) Hörnchen n

cornice f Rahmen m

corno ⟨corna f/pl⟩ m FAUNA MUS Horn n; FIG FAM ◇ fare le corna a qu jd-m Hörner aufsetzen; **cornuto** agg (in gen.) Horn-, FIG FAM gehörnt

coro m Chor m

corona f (di re) Krone f; (di fiori) Kranz m; REL

◇ - **del rosario** Rosenkranz *m;* **coronare** *vt* krönen

corpetto *m (di neonato)* Leibchen *n; (di uomo)* Weste *f; (di donna)* Oberteil *n*

corpo *m* ⓵ ▷*umano* Körper *m;* ◇ **a - a -** Mann gegen Mann ⓶ ↑ *oggetto* Körper *m* ⓷ *(insieme di persone)* Körperschaft *f;* ◇ **- di guardia** Wachmannschaft *f;* ◇ **- di ballo** Ballettkorps *m* ⓸ MIL, POL Korps *n* ⓹ *(di opere)* Sammlung *f,* Korpus *n* ⓺ *FIG* ↑ *consistenza* Gestalt *f;* ◇ **dare - a qc** etw verwirklichen; **corporale** *agg inv* körperlich, Leibes-; **corporatura** *f* Körperbau *m*

corporazione *f* Körperschaft *f*

corporeo *agg* leiblich, körperlich

corpulento *agg* korpulent

corredare *vt* austatten, einrichten *(di* mit); **corredo** *m (di sposa)* Aussteuer *f*

correggere ⟨Pass. rem.: corressi/corregesti Part.: corretto⟩ *irr vt* ⓵ → *un compito, un tema* korrigieren, verbessern ⓶ ↑ *rimproverare* tadeln

correlazione *f* Wechselbeziehung *f*

corrente [1] **I.** *agg inv* ⓵ *(in gen.)* laufend; ▷*acqua* fließend ⓶ ↑ *attuale* gültig ⓷ ↑ *comune* üblich, geläufig **II.** *m/sg :* ◇ **essere/mettere al -** auf dem laufenden sein/halten

corrente [2] *f* ⓵ *(movimento di liquido)* Strömung *f;* ◇ **- d'aria** Zug *m* ⓶ ELETTR Strom *m;* ◇ **- alternata** Wechselstrom *m* ⓷ *(FIG moda, tendenza)* Richtung *f,* Strömung *f*

'**correre** ⟨Pass. rem.: corsi/corresti Part.: corso⟩ *irr* **I.** *vi* essere/avere ⓵ *(in gen.)* laufen, rennen; *(partecipare a una gara)* teilnehmen ⓶ *FIG* ← *voce, fama* umgehen **II.** *vt* ⓵ SPORT → *gara* mitlaufen bei *dat* ⓶ *FIG* → *rischio, pericolo* laufen; ◇ **- dietro a qu** jd-m nachlaufen

corretto I. *p.pass.* correggere; **II.** *agg* ⓵ ↑ *giusto* richtig, korrekt; *(dopo correzione)* korrigiert ⓶ ▷*caffè* mit Schuß; **corret|tore(-trice** *f)* **I.** *m (persona)* Korrektor(in *f)* *m* **II.** *m (dispositivo)* Korrekturtaste *f;* **correzione** *f (in gen.)* Korrektur *f; (segno grafico)* Korrekturzeichen *n,* Korrektur *f*

corri|doio *m (in gen.)* Flur *m,* Korridor *m; (di treno)* Gang *m*

corri|dore(-trice *f)* *m* (SPORT *di atletica)* Läufer(in *f)* *m;* AUTO Rennfahrer(in *f)* *m*

corriera *f* Omnibus *m,* Autobus *m*

corriere *mf* ⓵ *(di guerra)* Bote *m* ⓶ *(posta)* Post *f; (privato)* Kurierdienst *m;* COMM Frachter *m*

corrispettivo I. *agg* entsprechend **II.** *m (somma)* Vergütung *f*

corrispondente I. *agg inv* entsprechend **II.** *m/f* Korrespondent(in *f)* *m;* **corrispondenza** *f* ⓵

↑ *equivalenza* Entsprechung *f* ⓶ *(scambio di lettere)* Briefwechsel *m;* **corris'pondere** ⟨Pass. rem.: corrisposi/corrispondesti Part.: corrisposto⟩ *irr vt, vi* ⓵ *(in gen.)* entsprechen *(a dat)* ⓶ *FIG* → *sentimenti* erwidern ⓷ ◇ **- con qu** im Briefwechsel stehen mit jd-m; **corrisposto** *p.pass.* **corrispondere**

corroborare *vt FIG* bestärken

cor'rodere ⟨Pass. rem.: corrosi/corrodesti Part.: corroso⟩ *irr* **I.** *vt (in gen.)* angreifen; ← *metalli* korrodieren; ← *acido* ätzen **II.** *vi pron:* ◇ **-rsi** sich abnutzen; ← *metalli* korrodieren

corrosione *f* Korrosion *f; (di acidi)* Ätzung *f;* **corrosivo** *agg* ⓵ *(che corrode)* ätzend, korrosiv ⓶ *FIG* ätzend, bissig; **corroso** *p.pass.* **corrodere**

corrotto *p.pass.* **corrompere**

corrucciarsi ⟨3.3.⟩ *irr vi pron* sich ärgern

corrugare ⟨3.5.⟩ *irr vt* runzeln, falten

corrut|tore(-trice *f)* *m* ⓵ *(seduttore)* Verführer *(in f) m* ⓶ *(col denaro)* Bestecher(in *f) m;* **corruzione** *f* Korruption *f,* Bestechung *f*

corsa *f* ⓵ *(in gen.)* Lauf *m,* Laufen *n; (di macchina)* Fahrt *f;* ◇ **- agli armamenti** Rüstungswettlauf *m;* ◇ **andare di -** laufen; ◇ **aver fretta** es eilig haben ⓶ (SPORT *disciplina atletica)* Lauf *m;* ◇ **- a ostacoli** Hindernislauf *m* ⓷ *(di autobus, di taxi)* Fahrt *f*

cor'sia *f* ⓵ *(di ospedale)* Krankensaal *m* ⓶ AUTO [Fahr-]Spur *f;* ◇ **- d'emergenza** Standspur *f;* ◇ **- preferenziale** Bus-/Taxispur *f* ⓷ SPORT Bahn *f*

corsivo *m* Kursivschrift *f*

corso I. *p.pass.* correre; **II.** *m* ⓵ *(di fiume, di tempo)* Lauf *m* ⓶ *(strada cittadina)* Hauptstraße *f,* Korso *m* ⓷ *di unità monetaria,* SCUOLA Kurs *m; (anno di studi)* Jahrgang *m*

corte *f* ⓵ ↑ *cortile* Hof *m* ⓶ DIR Gericht *n,* Gerichtshof *m*

cortec|cia (-ce *f)* FLORA, ANAT Rinde *f*

corteggiare ⟨3.10.⟩ *irr vt* den Hof machen *dat;* **corteggia|tore(-trice** *f)* *m* Verehrer(in *f)* *m*

corteo *m* Geleit *n,* Zug *m*

cortese *agg inv* höflich; **corte'sia** *f* Höflichkeit *f*

cortigiano(-a *f)* *m* Höfling *m,* Hofdame *f*

cortile *m* Hof *m*

cortina *f* ⓵ ↑ *tendaggio* Vorhang *m* ⓶ *FIG* Wand *f;* ◇ **- di ferro** Eiserner Vorhang

corto *agg kurz,* ◇ **essere a - di qc** mit etw knapp sein; ◇ **- circuito** Kurzschluß *m*

corvo *m* FAUNA Rabe *m*

cosa f ① ↑ *oggetto* Ding n ② ▷*materiale, spirituale* Sache f; ◇ **si crede chissà che** - er/sie hält sich für wer weiß wie wen; ◇ **essere tutta un' altra** - völlig etwas anders sein ③ ↑ *avvenimento* Ding n, Vorfall m; ◇ **è successa una - tremenda** es ist etwas Schlimmes passiert ④ ◇ **è - fatta** die Sache ist erledigt ⑤ ◇ **[che] -?** was?; ◇ **a - pensi?** woran denkst du?; ◇ **[che] - vuoi/fai/ credi?** was willst/machst/glaubst du?; ◇ **non è la stessa** - es ist nicht dasselbe

cosca f Mafiazelle f

co|scia ⟨-sce⟩ f ANAT Oberschenkel m; (di pollo) Schenkel m

cosciente agg inv bewußt; **coscienza** f ① (consapevolezza di sè stessi) Bewußtsein n; ◇ **perdere la** - ohnmächtig werden ② ▷*sporca, limpida, pulita* Gewissen n; ◇ **avere un peso sulla** - etw auf dem Gewissen haben; ◇ **fare un'esame di** - sein Gewissen befragen ③ (senso del dovere) Gewissenhaftigkeit f; **coscienzioso** agg gewissenhaft

cosciotto m Keule f

coscritto m MIL Wehrpflichtige(r) fm

coscrizione f MIL Einberufung f

così I. avv so, auf diese Weise; ◇ **e - via** und so weiter; ◇ **come stai?--**, - wie gehts? -so lalà; ◇ **per - dire** sozusagen II. agg inv: ◇ **non avevo mai incontrato una persona** - mir war so eine Person noch nicht begegnet III. congiunz ① ◇ **- ... come so ...wie** ② ↑ *perciò* so, deshalb, daher ③ ◇ **- ...che** so ...daß

cosiddetto agg sogenannt

cosmesi f ⟨inv⟩ Kosmetik f; **cos'meti|co** ⟨-ci, -che⟩ I. agg kosmetisch II. m Kosmetikum n, Schönheitsmittel n

'cosmi|co ⟨-ci, -che⟩ agg ① (in gen.) kosmisch ② ↑ *universale* Welt-; **cosmo** m Kosmos m, All n; **cosmonauta** ⟨-i, -e⟩ m/f Kosmonaut(in f) m; **cosmonave** f Raumschiff n

cosmopolita ⟨-i, -e⟩ I. agg kosmopolitisch II. Kosmopolit(in f) m

coso m FAM Dings n

co'spargere ⟨Pass. rem.: cosparsi/cospargesti Part.: cosparso⟩ irr vt ① ↑ *disseminare* besäen (di mit) ② ↑ *coprire* bedecken (di mit); **cosparso** p.p **cospargere**

cospetto m Anwesenheit f, Gegenwart f; ◇ **al - di** in Gegenwart von

cospicuo agg beachtlich

cospirare vi sich verschwören; **cospira|tore** (-trice) f m Verschwörer(in f) m; **cospirazione** f Verschwörung f

cossi p.p **cu'ocere**

costa f ① ANAT Rippe f ② ↑ *litorale* Küste f; (di montagna) Abhang m ③ (di libro) Rücken m ④ (tessuto) Rippe f; ◇ **pantaloni a coste** Cordhosen f/pl

costante I. agg inv ▷*persona, tempo* beständig II. f ① MAT, FIS Konstante f ② FIG Unveränderlichkeit f; **costanza** f Beharrlichkeit f, Beständigkeit f

costare vi essere kosten; ◇ **-caro** teuer sein, viel kosten

costata f Rippenstück n

costeggiare ⟨3.3.⟩ irr vt NAUT entlangfahren dat; → *strada* entlanglaufen

cost'ei pron vedi **costui**

costellare vt übersäen; **costellazione** f ① ASTRON Sternbild n ② FIG Konstellation f

costernazione f Bestürzung f

costiera f (di mare) Küste f; **costiero** agg Küsten-

costipato agg ① ↑ *stitico* verstopft ② ↑ *raffreddato* stark erkältet

costituire ⟨5.2.⟩ irr I. vt ① ↑ *fondare* gründen ② ↑ *formare* bilden ③ ↑ *rappresentare, essere* sein, darstellen ④ DIR ↑ *nominare* einsetzen; ↑ *eleggere* ernennen II. vi pron ◇ **-rsi** ① ↑ *formarsi* sich bilden ② DIR ← *assassino* sich stellen

costituzionale agg inv Verfassungs-; **costituzione** f ① ↑ *formazione* Gründung f ② (di persona) Verfassung f, Konstitution f ③ (complesso di leggi) Verfassung f

costo m Kosten pl; ◇ **a ogni** [o. qualunque] -, **a tutti i costi** um jeden Preis; ◇ **a - di** auf die Gefahr hin; ◇ **- della vita** Lebenshaltungskosten pl

costola f ① ANAT Rippe f ② (dorso) Rücken m; **costoletta** f GASTRON Kotelett n

costoro pron pl vedi **costui**

costoso agg teuer

costretto p.p **costringere**; **costringere** ⟨Pass. rem.: costrinsi/costringesti Part.: costretto⟩ irr vt zwingen (a zu); **costrizione** f Zwang m

costruire ⟨5.2.⟩ irr vt ① ↑ *fabbricare* bauen, herstellen ② FIG → *teoria* aufstellen; **costruzione** f ① (di edificio) Bau m, Konstruktion f ② LING Satzbau m ③ ◇ **costruzioni** f/pl (gioco per bambini) Bausatz m

cost'ui (**cost'ei** f) ⟨costoro⟩ pron der da, die da, das da; (al plurale) die da

costume m ① ↑ *usanza* Sitte f, Brauch m ② (condotta morale) Sitten pl ③ (indumento tipico) Tracht f; ◇ **- da bagno** (da donna) Badeanzug m; (da uomo) Badehose f

cotenna f (del lardo) Speckschwarte f

cotogna f ▷*mela* Quitte f

cotoletta f GASTRON Schnitzel n

cotonare vt → capelli toupieren

cotone m ① (tessuto) Baumwolle f ② FLORA Baumwollpflanze f ③ ◇ - idrofilo Watte f

cotta ¹ f REL Meßgewand n

cotta ² f (FAM passione d' amore) Verknalltsein n; ◇ **prendersi una - per qu** sich in jd-n verknallen

'**cottimo** m (lavoro a -) Akkord m

cotto I. p. pass. **cuocere**; **II.** agg ▷pane gebacken; ▷cibi gekocht; FAM ↑ innamorato verknallt **III.** m (tipo speciale di mattonella/mattone) Backstein m; **cottura** f (in gen.) Kochen n; (in forno, fritto) Backen n; (in umido) Dünsten n; (di arrosto, di pollo) Braten n

covare vt ① → uova ausbrüten ② FIG → odio, rancore hegen; **covata** f Brut f

covo m ① (di animali) Bau m ② (FIG di ladri) Versteck n

covone m Garbe f

cozza f FAM, FAUNA Miesmuschel f

cozzare vi stoßen (contro gegen)

C.P. abbr. di **Casella Postale** Postf.

crampo m Krampf m

'**cranio** m ① ANAT Schädel m ② FAM ◇ a - pro Kopf

cratere m GEO Krater m

crauti m/pl GASTRON Sauerkraut n

cravatta f Kravatte f

creanza f ↑ buone maniere Anstand m; ↑ educazione Erziehung f

creare vt ① (produrre da nulla) schaffen, schöpfen ② → teoria aufstellen ③ → moda kreieren ③ ↑ suscitare verursachen; **creativo** agg ① → atto Schöpfungs- ② ▷persona schöpferisch; **creato** m Schöpfung f; **crea|tore(-trice** f) I. agg Schöpfungs- II. m ① (in gen.) Schöpfer(in f) m, Erfinder(in f) m ② ↑ fondatore Gründer(in f) m; **creatura** f ① (in gen.) Geschöpf n, Kreatur f ② ↑ bambino Kind n; **creazione** f ① (in gen.) Schöpfung f ② ↑ invenzione Erfindung f; MODA Kreation f ③ ↑ fondazione Gründung f

credente m/f REL Gläubige(r) fm

credenza ¹ f ↑ fede Glaube m

credenza ² f (mobile) Anrichte f

credenziale I. agg inv: ◇ **lettera** - Beglaubigungsschreiben n; COMM Kreditbrief m **II.** f/pl : ◇ **credenziali** Beglaubigungsschreiben n

'**credere I.** vt → persona glauben dat **II.** vi glauben (in/a an acc); ◇ **non ci credo** ich glaube das nicht, ich glaube nicht daran **III.** vr ◇ **-rsi** sich halten für; **ero'dibilo** agg inv glaubwürdig

'**credito** m ① (il credere) Glaube m ② (buona reputazione, considerazione) Ansehen n ③

COMM Kredit m, Darlehen n; ◇ **comprare/vendere a** - auf Kredit kaufen/verkaufen

credo m ⟨inv⟩ ① REL Glaubensbekenntnis n ② FIG Credo n; **credulità** f Leichtgläubigkeit f; **credulone** agg inv leichtgläubig

crema f ① GASTRON ↑ panna Rahm m, Sahne f; (dolce) Creme f; (passato di verdure ecc.) Cremesuppe f ② ↑ pomata Creme f, Salbe f ③ (colore) Cremefarbe f

cremare vt einäschern; **cremazione** f Einäscherung f

cremisi m (colore) Karmin n

crepa f Riß m, Spalt m; **crepac|cio** ⟨-ci⟩ m (in gen.) Spalte f, Kluft f; (di ghiacciaio) Gletscherspalte f

crepacuore m Kummer m

crepapelle m : ◇ **ridere a** - sich totlachen

crepare vi ① essere ↑ spaccarsi, fendersi bersten, rissig werden ② FIG FAM ↑ morire krepieren; ◇ - **dalle risa** sich totlachen

crepitare vi ← fuoco knistern; ← pioggia prasseln

cre'puscolo m Dämmerung f

crescendo m ① MUS Crescendo n ② FIG ↑ aumento (di applausi) Anwachsen n; '**crescere** ⟨Pass. rem.: crebbi/crescesti Part.: cresciuto⟩ irr I. vi essere (in gen.) wachsen; (di peso) zunehmen; (di altezza) größer werden; (essere educato, allevato) aufwachsen **II.** vt → bambino großziehen; → pianta, animale züchten; **crescita** f (in gen.) Wachsen n, Wachstum n; (di capelli) Wuchs m

'**cresima** f REL ▷cattolica Firmung f; ▷evangelica Konfirmation f

crespato agg gekräuselt; **crespo I.** agg kraus **II.** m Krepp m

cresta f ① (di animale, di montagna) Kamm, m ② FIG ◇ **essere sulla** - **dell'onda** auf einer Woge des Erfolgs schwimmen ③ FIG ◇ **alzare la** - den Kamm schwellen lassen; ◇ **abbassare la** - demütig werden

creta f ① MIN Ton m ② GEO Kreide f

cretino(-a f) I. agg dumm, blöd II. m Dummkopf m

C.R.I. f abbr. di **Croce Rossa Italiana** Italienisches Rotes Kreuz

cric m ⟨inv⟩ TEC Winde f

cric|ca ⟨-che⟩ f ↑ banda Clique f, Bande f

cric|co ⟨-chi⟩ m vedi **cric**

criceto m FAUNA Hamster m

criminale I. agg inv ① (del crimine) Kriminal- ② ↑ criminoso kriminell **II.** m/f Verbrecher(in f) m; **criminalità** f Kriminalität f; **criminaliz-**

zare *vt* kriminalisieren; **'crimine** *m* DIR Verbrechen *n*

crine *m* Roßhaar *n*; **criniera** *f* (*di cavallo, capigliatura folta*) Mähne *f*

cripta *f* Krypta *f*

cri'salide *f* Puppe *f*

crisantemo *m* FLORA Chrysantheme *f*

crisi *f* ⟨inv⟩ **1** (*in gen.*) Krise *f*; ◇ **essere in** - eine Krise durchmachen, fertig sein; ◇ **mettere in** - in Schwierigkeiten bringen **2** MED ◇ **- di nervi** Nervenzusammenbruch *m* **3** ◇ **di governo** Krise *f*

crisma ⟨-i⟩ *m* Chrisma *n*, Salböl *n*

cristallizzare I. *vi essere* kristallisieren II. *vi pron* ◇ **-rsi** FIG erstarren; **cristallo** *m* **1** MIN Kristall *m*; ◇ **- liquido** Flüssigkristall *m* **2** (*vetro*) Kristallglas *n*

cristia'nesimo *m* Christentum *n*; **cristianità** *f* **1** (*l'essere cristiano*) Christentum *n* **2** (*i cristiani*) Christenheit *f*; **cristiano(-a** *f***)** I. *agg* christlich II. *m* Christ(in *f*) *m*; **Cristo** *m* REL Christus *m*

cri'terio *m* **1** ↑ *norma, regola ecc.* Kriterium *n*, Maßstab *m* **2** ↑ *buon senso* Verstand *m*

'criti|ca ⟨-che⟩ *f* (*in gen.*) Kritik *f*; ↑ *recensione* Rezension *f*; **criticare** ⟨3.4.⟩ *irr vt* **1** (*in gen.*) kritisieren **2** → *libro* rezensieren; **'criti|co(-a** *f***)** ⟨-ci, -che⟩ I. *agg* kritisch II. *m* Kritiker(in *f*) *m*

crivellare *vt* durchlöchern

croccante *agg inv* ▷*pane, pizza* knusprig

croce *f* (*in gen.*) Kreuz *n*; ◇ **in** - gekreuzt; ◇ **a occhio e** - über den Daumen gepeilt; ◇ **fare testa e/o croce** eine Münze werfen

crociata *f* **1** STORIA Kreuzzug *m* **2** FIG Kampagne *f*, Kampf *m*

crociera [1] *f* (*viaggio*) Kreuzfahrt *f*

crociera [2] *f* (*intersezione di linee*) Kreuz *n*

crocifiggere ⟨Pass. rem.: crocifissi/crocifiggesti Part.: crocifisso⟩ *irr vt* kreuzigen; **rocifissione** *f* Kreuzigung *f*; **rocifisso** *m* Kruzifix *n*, Kreuz *n*

crogiolare I. *vt* schmoren II. *vi pron* ◇ **-rsi** (FIG *al sole*) sich sonnen, in der Sonne braten

crollare *vi essere* **1** (*in gen.*) einstürzen; ← *prezzi* fallen **2** FIG ← *persona* zusammenbrechen; **crollo** *m* **1** (*in gen.*) Einsturz *m*; (*dei prezzi, della borsa*) Sturz *m* **2** (FIG *di persona*) Zusammenbruch *m*

cromare *vt* verchromen; **cro'mati|co** ⟨-ci, -che⟩ *agg* **1** ▷*colore* Farb-, Farben- **2** MUS chromatisch; **cromo** *m* CHIM Chrom *n*

cromosoma *m* Chromosom *n*

'crona|ca ⟨-che⟩ *f* **1** (*narrazione*) Chronik *f* **2** STAMPA Bericht *m*, Nachrichten *f*/*pl*; ◇ **fatto**

[*o.* **episodio**] **di** - Tagesereignis *n*; ◇ **- nera/rosa** Vermischtes *Polizeibericht/Liebesangelegenheiten*

'croni|co ⟨-ci, -che⟩ *agg* chronisch

cronista ⟨-i, -e⟩ *m*/*f* STAMPA Reporter(in *f*) *m*, Berichterstatter(in *f*) *m*; **cronolo|gia** ⟨-gie⟩ *f* Zeitfolge *f*, Chronologie *f*

crosta *f* Kruste *f*

crostaceo *m* Krustentier *n*

crucciare ⟨3.3.⟩ *irr* I. *vt* betrüben II. *vi pron* ◇ **-rsi** sich grämen; **'cruc|cio** ⟨-ci⟩ *m* Kummer *m*

cruciverba *m* ⟨inv⟩ Kreuzworträtsel *n*

crudele *agg inv* grausam; **crudeltà** *f* Grausamkeit *f*

crudo *agg* **1** (*non cotto*) roh **2** FIG ↑ *aspro, brusco* rauh, schroff

crumiro(-a *f***)** *m* PEG Streikbrecher(in *f*) *m*

cru|sca ⟨-sche⟩ *f* Kleie *f*

cruscotto *m* AUTO Armaturenbrett *n*

cubetto *m* (*di ghiaccio*) Würfel *n*; **'cubi|co** ⟨-ci, -che⟩ *agg* **1** (*a forma di cubo*) kubisch **2** MAT Kubik-; **cubo** *m* **1** (MAT *poliedro regolare con sei facce*) Würfel, *m* **2** (MAT *terza potenza*) dritte Potenz *f*

cuccagna *f* Schlaraffenland *n*; FIG ◇ **che** -! was für ein Glück!; ◇ **l'albero della** - Maibaum *m*

cuccetta *f* FERR Liegeplatz *m*; NAUT Koje *f*

cucchiaiata *f* Löffel[voll] *m*; **cucchiaino** *m* Teelöffel *m*; **cucchiaio** *m* Löffel *m*, Eßlöffel *m*

cuc|cia ⟨-ce⟩ *f* Hundehütte *f*; ◇ **a** -! kusch!

cucciolo *m* (*in gen.*) [Tier-]Junges *n*; (*di cane*) Welpe *m*

cucina *f* **1** (*locale*) Küche *f* **2** (*fornello*) Herd *m*; **cucinare** *vt* kochen

cucire ⟨3.2.⟩ *irr vt* nähen; **cucito** *m* Näherei *f*; **cucitrice** *f* (*apparecchio*) Heftmaschine *f*; **cucitura** *f* (*serie di punti*) Naht *f*

cucù I. *m* **1** FAUNA ↑ *cuculo* Kuckuck *m* **2** ◇ **orologio a** - Kuckucksuhr *f* II. *inter* kuk-kuk!

cuculo *m* FAUNA Kuckuck *m*

'cuffia *f* **1** (*copricapo*) Kappe *f*, Haube *f*; FIG ◇ **uscire per il rotto della** - mit einem blauen Auge davonkommen **2** (MUS *per ascoltare la musica*) Kopfhörer *m*

cugino(-a *f***)** *m* Cousin *m*, Cousine *f*

cui *pron* **1** (*con il complemento oggetto in tedesco*) den, die, das; (*al plurale*) die **2** ◇ **a** - (*con il dativo in tedesco*) dem, der, dem; (*al plurale*) denen **3** ◇ **di** -, **la** - (*di lui, del quale*) dessen; (*di lei, di loro*) deren **4** ◇ **per** - deshalb, deswegen

cull'naria *f* Kochkunst *f*

culla f Wiege f; **cullare** vt wiegen

culminare vi essere gipfeln (in/con in dat); **'culmine** m anche FIG Gipfel m

culo m FAM! Arsch m; FAM! ◇ aver ~ Schwein haben; FAM! ◇ prendere per il ~ jd-n verarschen

culto m Kult m

cultura f Kultur f; **culturale** agg Kultur-, Bildungs-

culturismo m Bodybuilding n

cumulare vt anhäufen; **cumulativo** agg ▷conto Sammel-; ▷prezzo Gesamt-; **'cumulo** m ① † mucchio Haufen m ② METEO Kumulus m

'cuneo m Keil m

cuocere ⟨Pass. rem.: cossi/cocesti Part.: cotto⟩ irr I. vt ① † cucinare kochen; → mattoni ecc. brennen ② † bruciare ← sole brennen II. vi kochen III. vi pron ◇ -rsi (in gen.) kochen; † bruciarsi (al sole) sich einen Sonnenbrand holen; **cuo|co(-a** f) ⟨-chi⟩ ⟨-che⟩ m Koch m, Köchin f

cu'oio m ① (pelle) Leder n ② ▷capelluto Kopfhaut f ③ FIG ◇ tirare le cuoia ins Gras beißen

cuore m ① ANAT Herz n; ◇ ~ artificiale Kunstherz n; ◇ operazione a ~ aperto Operation am offenen Herzen ② FIG Herz n; ◇ amico del ~ Busenfreund m; ◇ stare a ~ am Herzen liegen; ◇ mettersi il ~ in pace sich zufriedengeben ③ (della città) Herz n, Zentrum n ④ CARTE ◇ cuori m/pl Herz n

cupidigia ⟨-gie⟩ f Gier f, Begierde f

cupo agg ① † scuro dunkel, finster ② FIG finster

'cupola f Kuppel f

cura f ① † premura, interessamento Pflege f, Sorge f; ◇ aver ~ di (occuparsi di) sich um etw kümmern acc ② ◇ a ~ di (libro) herausgegeben von ③ † accuratezza Sorgfalt f ④ MED † trattamento Behandlung f, Kur f; ◇ ~ dimagrante Abmagerungskur f; ◇ casa di ~ Privatklinik f; **curare** I. vt ① MED † assistere ~ malato pflegen; ← medico ~ ferita behandeln ② ~ testo herausgeben; → gli interessi wahrnehmen II. vi pron ◇ -rsi ① (sottoporsi a cura) sich pflegen ② (preoccuparsi di) sich kümmern um acc

curato m REL Kurat m

cura|tore(-trice f) m ① DIR Verwalter(in f) m ② (di antologia, di collana ecc.) Herausgeber (in f) m

'curia f ▷romana Kurie f

curiosare vi herumschnüffeln; **curiosità** f ① (l'essere curioso) Neugier f ② (cosa rara) Kuriosität f; **curioso(-a** f) I. agg ① (desideroso di sapere) neugierig ② † bizzarro komisch II. m/f Neugierige(r) fm

cursore m INFORM Cursor m

curva f ① MAT Kurve f ② (▷altimetrica, di livello) Höhenlinie f ③ (a sinistra, a destra) ▷pericolosa Kurve f, Biegung f; **curvare** I. vt → asta biegen, krümmen II. vi (a destra) abbiegen III. vr ◇ -rsi † piegarsi sich biegen, sich krümmen; **curvatura** f Biegung f, Krümmung f; **curvo** agg krumm, gebogen

cuscinetto m ① (piccolo cuscino) kleines Kissen n ② (per timbri) Stempelkissen n ③ TEC Lager n II. agg inv: ◇ zona ~ Pufferzone f; **cuscino** m ① (in gen.) Kissen n ② AERO ◇ ~ d'aria Luftkissen n

'cuspide f ARCHIT Giebel m

custode m/f Wächter(in f) m; ◇ angelo ~ Schutzengel m; **cus'todia** f ① † cura, tutela ecc. Beaufsichtigung f, Bewachung f, Aufsicht f ② (astuccio) Etui n; **custodire** ⟨5.2.⟩ irr vt (in gen.) beaufsichtigen, bewachen; → bambini hüten

cute f Haut f

cu'ticola f (delle unghie) Häutchen n

C.V. abbr. di cavallo vapore PS

D

d, D f ⟨inv⟩ d, D n

da ⟨con art. det. dal, dallo, dall', dalla, dai, dagli, dalle⟩ prep ① (in gen.) von dat ② (causale) vor dat; ◇ tremare dal freddo vor Kälte zittern ③ (moto a luogo: riferito a persone, negozi ecc.) zu dat; ◇ vado dal dottore ich gehe zum Arzt ④ (moto da luogo, fuori di) aus dat, aus dat; (da dove) woher, wo ⑤ (moto attraverso luogo) durch acc, über acc ⑥ (stato in luogo: riferito a persone, negozi ecc.) bei dat ⑦ (origine, provenienza) von dat, aus dat ⑧ (separazione, distanza) von dat ⑨ (tempo) seit dat; ◇ dal mese di ottobre ab Oktober dat [o. von ...ab]; ◇ ~ ... a von ...bis ⑩ (fine, scopo, macchina ~ scrivere, cane ~ caccia ecc.) zu dat, als dat ⑪ (qualità) mit dat; ◇ la ragazza dai capelli biondi das Mädchen mit den blonden Haaren ⑫ (modo) wie, als ⑬ (prezzo) für acc, zu dat; ◇ un maglione da centomila lire ein Pulli zu hunderttausend Lire ⑭ (età, condizione, ~ bambino, ~ giovane) als ⑮ ◇ lo faccio ~ me das mache ich allein; ◇ ~ solo allein ⑯ ◇ dammi per piacere ~ bere gib mir bitte etwas zu trinken

dabbene agg inv rechtschaffen

daccapo, da capo *avv* ↑ *di nuovo* nochmals; ↑ *da principio* von Anfang an, von vorne

dacché *congiunz* ① ↑ *da quando* seitdem ② ↑ *poiché* da

dado *m* ① ↑ *cubetto* Würfel *m*; ◇ **tagliare qc a -i** etw in Würfel schneiden ② (GASTRON - *[per brodo]*) Suppenwürfel *m* ③ TEC Mutter *f*

daffare *m* ⟨inv⟩ Arbeit *f*; ◇ **ho avuto un gran - oggi** ich habe heute viel zu tun gehabt

dagli *vedi* **da**

dai ¹ *vedi* **da**

dai ² *inter* los, komm, mach schon

daino *m* FAUNA Damhirsch *m*

dal, dall', dalla, dalle, dallo *vedi* **da**

dal'toni|co ⟨-ci, -che⟩ *agg* farbenblind; **daltonismo** *m* Farbenblindheit *f*

dama *f* ① (*donna nobile*) Dame *f*; ◇ **- di compagnia** Gesellschaftsdame *f* ② (*gioco*) Damespiel *n*, Dame *f*

damigiana *f* Korbflasche *f*

danaro *vedi* **denaro**

danese I. *agg inv* dänisch II. *m/f* Däne(in *f*) *m*; **Danimarca** *f* GEO Dänemark *n*

dannare I. *vt* REL verdammen; ◇ **far – qu** jd-n zur Verzweiflung bringen II. *vr* ◇ **-rsi** sich plagen; **dannazione** I. *f* ① ↑ *condanna* Verdammung *f* ② FIG ↑ *tormento* Plage *f* II. *inter* verdammt

danneggiare ⟨3.3.⟩ *irr vt* ① ↑ *recar danno* beschädigen ② FIG ↑ *nuocere* schaden *dat*; **danno** *m* Schaden *m*; ◇ **l'ammontare del –** Schadenshöhe *f*; **dannoso** *agg* schädlich

danza *f* Tanz *m*; **danzare** *vt, vi* tanzen

dappertutto *avv* ① (*moto di stato*) überall ② (*moto di luogo*) überallhin

dappresso *avv* daneben

dapprima *avv* am Anfang, zuerst

dardo *m* (*freccia*) Pfeil *m*

dare ⟨3.7.⟩ *irr* I. *vt* ① (*in gen.*) geben ② ↑ *consegnare* übergeben ③ → *importanza* beilegen, beimessen; → *contratto, incarico, lavoro* erteilen, geben ④ ↑ *impartire* → *lezione* erteilen; → *ergastolo* verurteilen ⑤ → *medicina* geben, verordnen ⑥ → *soldi, compenso* geben, zuteilen ⑦ ↑ *dedicare* widmen ⑧ ↑ *produrre* → *suono* erzeugen; → *frutti* tragen ⑨ ↑ *comunicare* mitteilen ⑩ → *festa* veranstalten, geben ⑪ ↑ *augurare* wünschen, sagen; → *benvenuto* willkommen heißen ⑫ **dare dello stupido a qu** jd-n einen Dummkopf heißen/nennen ⑬ ◇ **- inizio** anfangen; ◇ **- l'occasione/la possibilità di** den Anlaß/die Möglichkeit geben zu; ◇ **- ascolto a qu** jd-m Gehör schenken; ◇ **- la colpa a qu** jd-m die Schuld geben ⑭ ◇ **- per scontato/per**

certo für abgemacht/sicher halten; ◇ **- in prova/omaggio** zum Probieren geben; ◇ **- da intendere qc a qu** jd-m etw weismachen; ◇ **- per morto/disperso** für tot/vermißt erklären II. *vi* ① ◇ **- su** ↑ *guardare* gehen auf *acc* ② FIG ◇ **- alla testa** zu Kopf steigen; ◇ **- nell'occhio** ins Auge fallen III. *vr* ◇ **-rsi a** ↑ *dedicarsi* sich *dat* widmen; (*alle passioni*) sich hingeben

'darsena *f* Dock *n*

data ¹ *f* ① (*in gen.*) Datum *n*; ◇ **- di nascita/morte** Geburts-/Todesdatum *n* ② ↑ *periodo, tempo* Zeitpunkt *m*; ◇ **- di scadenza** Haltbarkeitsdatum [*o.* Verfallsdatum *n*]; ◇ **- di emissione** Ausstellungsdatum *n*; ◇ **- di consegna** Liefertermin *m*

data ² *m/pl* INFORM Datei *f*

datare *vt, vi* datieren

dato I. *p.pass.* **dare**; II. *agg* ① ↑ *certo* bestimmt ② ◇ **- che tu non avevi tempo...** da du keine Zeit hattest; ◇ **date le circostanze ...** unter diesen Umständen III. *m* ↑ *elemento* Angabe *f*; (*- di fatto*) Tatsache, *f*; INFORM Daten *pl*; ◇ **- elaborazione** - Datenverarbeitung *f*; ◇ **protezione dei -i** Datenschutz *m*

'dattero *m* (FLORA *frutto*) Dattel, *f*; (*albero*) Dattelpalme *f*

dattilografare *vt* maschineschreiben; **dattilografia** *f* Maschinenschrift *f*; **datti'lografo** (**-a** *f*) *m* ≈ Schreibkraft *f*

davanti I. *avv* (*di fronte*) vorn(e), davor II. *prep.* ◇ **- a** (*moto a luogo*) vor *acc*; (*stato in luogo*) vor *dat*, gegenüber *dat* III. *agg inv* vordere IV. *m* ⟨inv⟩ Vorderseite *f*

davanzale *m* Fensterbrett *n*

davanzo, d'avanzo *avv* im Überfluß

davvero *avv* wirklich, wahrhaftig; ◇ **per -** im Ernst

davvicino, da vicino *avv* aus der Nähe

dazio *m* Zoll *m*

d.C. *abbr. di* dopo Cristo n. Chr.

dea *f* Göttin *f*

debellare *vt* FIG → *malattia* erfolgreich bekämpfen

debilitare ⟨3.11.⟩ *irr vt, vi* schwächen

'debito ¹ *agg* gehörig, gebührend; ◇ **a tempo -** zur rechten Zeit

'debito ² *m* ① (*in gen.*) Schuld *f*; ◇ **- pubblico/estero** Staats/Auslands-schuld ② (*dovere morale*) Pflicht *f*

debi|tore(-trice *f*) *m* Schuldner(in *f*) *m*; ◇ **essere -** di qc etw schulden

'debole I. *agg inv* ① (*in gen.*) schwach; ◇ **il punto -** der schwache Punkt ② ▷*suono, voce* leise II. *m* ① (*in gen.*) Schwäche *f* ②

↑ *inclinazione, tendenza* ◇ **avere un - per qu/qc** eine Schwäche für jd-n/etw haben; **debolezza** f Schwäche f

debuttare vi debütieren; **debutto** m Debüt n, erstes Auftreten n

decadente agg inv heruntergekommen, verfallen; **decadenza** f ⟨1⟩ (in gen.) Verfall m, Dekadenz f ⟨2⟩ (DIR per scadenza) Verfall m; (per inadempienza) Verwirkung f; **decadere** ⟨4.3.⟩ irr vi ⟨1⟩ (in gen.) verfallen ⟨2⟩ DIR verwirken

decaffeinato agg ▷*caffè* entkoffiniert, koffeinfrei; ▷*tè* teinfrei

de'cagono m MAT Zehneck n

de'calo|go ⟨-ghi⟩ m (dello studente, dell'automobilista) Verhaltenskodex m, Vorschriften f/pl

decano(-a f) m (in gen.) Vorsitzende(r) fm; SCUOLA Dekan m, Dekanin f

decantare vt preisen

decapitare vt enthaupten

decappot'tabile I. agg inv mit Klappverdeck II. f Kabriolett n

deceduto agg verstorben

decelerare I. vt verlangsamen II. vi die Geschwindigkeit reduzieren

decennale agg inv ⟨1⟩ ▷*durata* zehnjährig ⟨2⟩ ▷*ricorrenza* zehnjährlich; **decenne** agg inv zehnjährig; **de'cennio** m Jahrzent n

decente agg inv ▷*abito, contegno* anständig; ↑ *adeguato* angemessen

decentralizzare vt *vedi* **decentrare**; **decentramento** m Dezentralisierung f; **decentrare** vt dezentralisieren

decenza f Anstand m

decesso m Tod m

de'cidere ⟨Pass. rem.: decisi/decidesti Part.: deciso⟩ irr I. vt ⟨1⟩ ↑ *fissare, stabilire* bestimmen, festsetzen ⟨2⟩ ↑ *partenza, nozze* beschließen, entscheiden II. vi pron: ◇ **-rsi a fare qc** sich entscheiden/entschließen, etwas zu tun

decifrare vt entziffern

decimale agg inv dezimal

decimare ⟨3.2.⟩ irr vt dezimieren

de'cimetro m Dezimeter m

'decimo I. agg zehnte II. m (**-a** f) ⟨1⟩ Zehnte(r) fm ⟨2⟩ (frazione) Zehntel n; **decina** f ⟨1⟩ (dieci elementi) zehn ⟨2⟩ (circa dieci) etwa zehn

decisamente avv ⟨1⟩ ↑ *senza esitazione* entschlossen ⟨2⟩ ↑ *indiscutibilmente* ausgesprochen; **decisione** f ⟨1⟩ (in gen.) Entscheidung f, Entschluß m ⟨2⟩ ↑ *risolutezza* Entschlossenheit f ⟨3⟩ POL Beschluß m; **decisivo** agg entscheidend; **deciso** I. p.pass. **decidere**; II. agg ⟨1⟩ ↑ *definito* entschieden, beschlossen ⟨2⟩ ↑ *risoluto* entschlossen

declamare vt deklamieren

declassare vt anche FIG deklassieren, herabsetzen

declinare I. vi ⟨1⟩ (abbassarsi gradatamente) abfallen; ↑ ⟨2⟩ *tramontare* untergehen II. vt ⟨1⟩ LING deklinieren, beugen ⟨2⟩ → *invito, responsabilità* ablehnen, zurückweisen; **declinazione** f ⟨1⟩ LING Deklination f, Beugung f ⟨2⟩ ASTRON Deklination f; **declino** m anche FIG Untergang m

de'clivio m Abhang m

decodificare ⟨3.4.⟩ irr vt ⟨1⟩ (in gen.) entziffern ⟨2⟩ INFORM dekodieren; **decodificatore** m INFORM Decoder m

decollare vi starten, abheben; **decollo** m Start m, Abflug m

decolorare vt entfärben; **decolorazione** f Entfärbung f

decomporre ⟨4.11.⟩ irr I. vt ⟨1⟩ CHIM auflösen ⟨2⟩ ↑ *scomporre* abbauen II. vi pron ◇ **-rsi** essere ⟨1⟩ CHIM sich auflösen ⟨2⟩ ↑ *putrefarsi* verwesen; **decomposizione** f ⟨1⟩ CHIM Auflösung f ⟨2⟩ ↑ *putrefazione* Verwesung f; **decomposto** p.p **decomporre**

decongelare vt auftauen

decongestionare ⟨1⟩ → *traffico* entlasten ⟨2⟩ MED abschwellen lassen

decorare vt ⟨1⟩ → *stanza* dekorieren, schmücken ⟨2⟩ → *soldato ecc.* auszeichnen; **decora|tore** (**-trice** f) m Dekorateur(in f) m; **decorazione** f ⟨1⟩ (di stanza ecc.) Dekoration f, Verzierung f ⟨2⟩ (di soldato ecc.) Auszeichnung f

decoro m ↑ *dignità* Anstand m, Würde f

decoroso agg anständig, würdevoll

decorrenza f (di termine) Laufzeit f, Frist f; **de'correre** ⟨Pass. rem.: decorsi/decorresti Part.: decorso⟩ irr vi essere ⟨1⟩ ↑ *passare* vergehen ⟨2⟩ ↑ *scadere* ablaufen ⟨3⟩ (avere effetto) laufen, gelten

decorso ¹ I. p.pass. **decorrere**; II. agg ⟨1⟩ ↑ *passato* vergangen ⟨2⟩ ↑ *scaduto* abgelaufen

decorso ² m ⟨1⟩ (del tempo) Verlauf m ⟨2⟩ ↑ *svolgimento (di malattia ecc.)* Verlauf m

de'crepito agg ⟨1⟩ ▷*vecchio* altersschwach ⟨2⟩ ↑ *sorpassato* veraltet

decrescere ⟨Pass. rem.: decrebbi/decrescesti Part.: decresciuto⟩ irr vi essere ↑ *diminuire* abnehmen, zurückgehen; **decresciuto** p.p **decrescere**

decretare vt (stabilire con decreto) verordnen; **decreto** m ⟨1⟩ (DIR legge) Beschluß m, Verordnung f ⟨2⟩ FIG Ratschluß m

'dedi|ca ⟨-che⟩ f Widmung f; **dedicare** ⟨3.4.⟩ irr I. vt ⟨1⟩ ↑ *consacrare* widmen (a dat) ⟨2⟩ ↑ *intitolare* benennen ⟨3⟩ (opera letteraria) widmen II. *vr:* ◇ **-rsi a** sich *dat* widmen [*o.* sich hingeben]

'**dedito** *agg* (*agli studi, al lavoro*) ergeben (*a* dat); **dedizione** *f* (*allo studio, al lavoro*) Hingabe *f*

dedurre ⟨4.4.⟩ *irr vt* [1] ↑ *desumere, arguire* schließen [2] ↑ *trarre* entnehmen [3] COMM ↑ *detrarre* abziehen; **deduzione** *f* [1] ↑ *conclusione* Folgerung *f*, Schlußfolgerung *f* [2] ↑ *detrazione* Abzug *m*

defalcare ⟨3.4.⟩ *irr vt* ↑ *detrarre* abziehen

deferente *agg inv* [1] ANAT ▷*canale, vaso* Ableitungs- [2] ↑ *rispettoso* achtungsvoll; **deferire** ⟨5.2.⟩ *irr vt* DIR ↑ *denunciare:* ◇ **- qu al tribunale** jd-n gerichtlich belangen

defezione *f* (*da partito*) Abfall *m*

deficiente I. *agg inv* ↑ *mancante di* fehlend II. *m/f* ← *persona* ↑ *stupido* dumm, blöd; **deficienza** *f* [1] ↑ *lacuna* (*in latino*) Lücke *f* (*di/in* in dat) [2] → *mentale* Dummheit *f*

deficit *m* ⟨inv⟩ [1] COMM Defizit *n* [2] ↑ *insufficenza* Defizit *n*, Lücke *f*

definire ⟨5.2.⟩ *irr vt* [1] (*fissare i limiti*) festlegen, festsetzen [2] ↑ *risolvere* → *questione, faccenda* lösen, auflösen [3] ↑ *spiegare, chiarire* → *vocabolo, concetto* bestimmen, erklären, definieren; ↑ *descrivere* → *persona* beschreiben; **definitivamente** *agg* [1] ← endgültig, definitiv; **definitivo** *agg* endgültig, definitiv

definizione *f* [1] ↑ *descrizione, caratterizzazione* ▷*inadeguata, esatta* Beschreibung *f* [2] DIR ↑ *atto risolutivo* (*di vertenza*) Entscheidung *f*, Beschluß *m* [3] (LING *di vocabolo*) Definition *f*, Erklärung *f*

deflazione *f* COMM Deflation *f*

deflettore *m* AUTO Ausstellfenster *n*

deflusso *m* (*di acqua*) Abfluß *m;* (*FIG di persone*) Abwanderung *f*

deforestazione *f* Entwaldung *f*

deformare *vt* [1] → *volto* ← *cicatrice* verunstalten; → *oggetto* verformen [2] FIG → *versione, fatti, realtà* entstellen; **deformazione** *f* ↑ *alterazione* Verformung *f;* (*del corpo*) Mißbildung *f;* ▷*professionale* Streßkrankheit *f;* **deforme** *agg* mißgebildet; **deformità** *f* [1] (*l'essere deforme*) Mißbildung *f* [2] (MED *difetto fisico*) Verkrüppelung *f*

defraudare *vt:* ◇ **- di** um etw betrügen

defunto *agg* verstorben, verschieden

degenerare *vi* entarten, ausarten, degenerieren; **de'genere** *agg* ← *figlio* ungeraten, entartet

degente I. *agg* bettlägerig II. *m/f* (*persona ricoverata in ospedale*) Patient(in *f*) *m*

degli *prep vedi* **di**

degnarsi *vi pron:* ◇ **- di** sich herablassen zu; **degno** *agg* würdig (*di* gen)

degradare I. *vt* [1] MIL degradieren [2] (*FIG privare della dignità*) entwürdigen II. *vr* ◇ **-rsi** sich erniedrigen (*a* zu)

degustare *vt* probieren, kosten; **degustazione** *f* ↑ *assaggio* Kostprobe *f*, Probe *f;* ◇ **- del vino** Weinprobe *f*

dei, del *prep vedi* **di**

dela|tore(-trice *f*) *m* Denunziant(in *f*) *m*

'**dele|ga** ⟨-ghe⟩ *f* (*mandato*) Vollmacht *f;* COMM Prokura *f;* **delegare** ⟨3.5.⟩ *irr vt* [1] ↑ *autorizzare* bevollmächtigen, ermächtigen [2] ↑ *incaricare* delegieren, übertragen *dat;* **delegato(-a** *f*) *m* (*di azienda*) Beauftragte(r) *fm;* POL Delegierte(r) *fm;* **delegazione** *f* [1] (*atto del delegare*) Bevollmächtigung, *f*, Ermächtigung *f* [2] (*gruppo di persone atte a rappresentare*) Delegation *f*

dele'terio *agg* ↑ *nocivo* [sehr] schädlich

delfino *m* [1] FAUNA Delphin *m* [2] (SPORT *stile di nuoto*) Delphin[schwimmen] *n*

deliberare I. *vt* beschließen, entscheiden II. *vi* beraten (*su* über *acc*)

delicatezza *f* [1] ↑ *morbidezza, finezza ecc.* Feinheit *f*, Zartheit *f*, Sanftheit *f* [2] ↑ *discrezione* Rücksicht *f;* (*di sentimenti*) Feinfühligkeit *f* [3] GASTRON Delikatessen *fpl*, Feinkost *f;* **delicato** *agg* [1] ← *tessuto* fein; ← *profumo, tinta* zart [2] GASTRON zart, fein [3] FIG ← *problema, argomento* heikel, schwierig [4] FIG ← *pensiero* feinfühlig [5] ← *bambino* schwächlich, zart

delimitare *vt* ← *confine* begrenzen, abgrenzen; FIG → *potere* festsetzen

delineare I. *vt* [1] → *profilo* umreißen [2] FIG → *situazione* beschreiben, umreißen II. *vi pron* ◇ **-rsi** essere FIG ↑ *apparire* sich abzeichnen

delinquente *m/f* Verbrecher(in *f*) *m;* **delinquenza** *f* Kriminalität *f*

delirare *vi* [1] (MED *essere in delirio*) phantasieren [2] FIG ↑ *farneticare* phantasieren; **delirio** *m* [1] MED Wahn *m*, Delirium *n* [2] ↑ *vaneggiamento* unsinniges Gerede *n* [3] FIG ↑ *esaltazione* Wahn *m*, Begeisterung *f*

delitto *m* [1] DIR Vergehen *n*, Delikt *n* [2] ↑ *omicidio* Mord *m* [3] (*colpa grave*) Verbrechen *n;* **delittuoso** *agg* verbrecherisch

delizia *f* ↑ *gioia* Freude *f*, Vergnügen *n;* ← *musica* Entzücken *n;* **delizioso** *agg* ← *persona* hübsch, niedlich; ← *cibi* köstlich

dell', della, delle, dello *prep vedi* **di**

delta *m* ⟨inv⟩ GEO Delta *n*

deltaplanista ⟨-i, -e⟩ *m* Drachenflieger(in *f*) *m*

deltaplano *m* [Flug-]Drachen *m;* SPORT Drachenfliegen *n*

de'ludere ⟨Pass. rem.: delusi/deludesti Part.: deluso⟩ *irr vt* enttäuschen; **delusione** *f* Enttäuschung *f*

demago|go ⟨-ghi⟩ *m* Demagoge *m*, Demagogin *f*

demanio *m* Staatsbesitz *m*

demarcazione *f* : ◇ **linea di** - Grenzlinie *f*

demente *agg* MED wahnsinnig; **demenza** *f* MED Schwachsinn *m*

demo'crati|co ⟨-ci, -che⟩ *agg* demokratisch; **democra'zia** *f* Demokratie *f*

demolire ⟨5.2.⟩ *irr vt* [1] → *edificio* niederreißen, abreißen [2] FIG → *teoria* auseinandernehmen; **demolizione** *f* [1] (*di edificio*) Niederreißung *f* [2] (FIG *di teoria*) Demontage *f*

'**demone** *m* Dämon *m*; **demonio** *m* [1] ↑ *diavolo* Teufel *m* [2] (FIG *ragazzo vivace*) Teufel *m*

demoralizzare I. *vt* entmutigen, demoralisieren II. *vi pron* ◇ **-rsi** *essere* den Mut verlieren

demotivare *vt* demotivieren

denaro *m* [1] ↑ *soldi* Geld *n;* ◇ **- liquido** Bargeld *n* [2] ◇ **denari** (*nel gioco delle carte italiane*) Schellen *pl*

denaturato *agg* ▷*alcool* denaturiert

denigrare *vt* verleumden

denominare I. *vt* nennen, benennen II. *vi pron* ◇ **-rsi** *essere* heißen; **denominazione** *f* Benennung *f*, Bezeichnung *f*

denotare *vt* ↑ *indicare* ausdrücken, anzeigen

densità *f* [1] FIS Dichte *f* [2] (*di popolazione ecc.*) Dichte *f*, Dichtheit *f*; **denso** *agg* ↑ *fitto* dicht; ▷*colla* dick

dentale *agg inv* [1] ↑ *dentario* Zahn- [2] LING Dental-; **dentario** *agg* Zahn-; **dentatura** *f* Gebiß *n;* **dente** *m* [1] (*in gen.*) Zahn *m;* ◇ **dente del giudizio** Weisheitszahn *m;* ◇ **dente da latte** Milchzahn *m;* GASTRON ◇ **al** – bißfest, al dente [2] GEO ↑ *cima aguzza* Zinne *f*, Zacke *f* [3] (*del pettine, di sega*) Zahn *m;* **dentiera** *f* [1] (*apparecchio*) [künstliches] Gebiß *n* [2] ↑ *cremagliera* Zahnstange *f*; **dentifri|cio** ⟨-ci⟩ *m* Zahnpasta *f*; **dentista** *f* ⟨-i, -e⟩ *m* Zahn|arzt(-ärztin *f*) *m*

dentro I. *avv* [1] (*stato*) drinnen; ◇ **essere** - drinnen sein; (*moto, avvicinamento*) herein; ◇ **veniamo** - wir kommen herein; (*moto, allontanamento*) hinein; ◇ **andiamo** - wir gehen hinein; FIG ◇ **andare** - ins Gefängnis gehen [*o*. in den Knast gehen]; ◇ **o** - **o fuori** 'rein oder 'raus [2] (FIG *nell' intimo*) im Inneren II. *prep* [1] (*stato*) in *dat;* (*nell'interno* - *la scatola*) in der Schachtel sein; (*moto*) in *acc;* (*andare* - *il palazzo*) in das Gebäude hineingehen; ◇ **da** – von innen; ◇ **- a,** - **in** (*moto*) in *acc;* (*stato*) in *dat;* ◇ **qui/là** - hier/dort drinnen; ◇ **pensare/provare** - **di sé** bei sich denken/empfinden

denuclearizzato *agg* atomwaffenfrei

denun|cia, denunzia *f* [1] ▷*sporgere* ▷*presentare* Anzeige *f* [2] (DIR *dei redditi, di nascita*) Anmeldung *f*, Erklärung *f*, Meldung *f;* **denunciare, denunziare** ⟨3.6.⟩ *irr vt* [1] ↑ *sporgere denuncia* ↑ *presentare denuncia* anzeigen [2] DIR → *i redditi, la nascita* anmelden, erklären, melden

denutrito *agg* unterernährt; **denutrizione** *f* Unterernährung *f*

deodorante *m* (*in gen.*) Deodorant *n*, Deo *n;* ◇ **- a sfera** Deoroller *m;* ◇ **- spray** Deospray *n*

deperire ⟨5.2.⟩ *irr vi essere* verfallen

depilare I. *vt* enthaaren II. *vr* ◇ **-rsi** sich enthaaren; **depilatorio** *agg* ▷*crema* Enthaarungs-; **depilazione** *f* Enthaarung *f*

dépliant *m* ⟨inv⟩ ↑ *opuscolo* Prospekt *m*

deplorare *vt* [1] ↑ *lamentare* beklagen [2] ↑ *biasimare* mißbilligen; **deplo'revole** *agg* [1] (*da biasimare*) tadelnswert [2] (*degno di pietà*) bedauerlich, bedauernswert

deporre ⟨4.11.⟩ I. *irr vt* [1] ↑ *depositare, mettere giù* ablegen, niederlegen [2] DIR ↑ *dichiarare* aussagen [3] ↑ *rimuovere* (*da carica, da ufficio ecc.*) niederlegen, zurücktreten von

deportare *vt* deportieren

depositare *vt* [1] (*in banca*) einlegen, deponieren [2] ↑ *deporre* ablegen, niederlegen; → *merci, valigie* zur Aufbewahrung geben [3] ← *fiume* → *detriti* absetzen; **de'posito** *m* [1] (COMM *di denaro*) Einlage *f*, Depot *n;* ◇ **- bancario** Bankdepot *n;* (*cauzione*) Kaution *f* [2] (*di merci*) Lagerung *f;* ◇ **- bagagli** Gepäckaufbewahrung *f* [3] (*luogo*) Lager *n* [4] (*fiume*) [Boden]satz *m;* **deposizione** *f* [1] DIR Aussage *f* [2] (*da carica*) Absetzung *f* [3] REL Kreuzabnahme *f;* **deposto** *p.pass.* deporre

depravare *vt* verderben

deprecare ⟨3.4.⟩ *irr vt* ↑ *disapprovare* tadeln, verwerfen

depredare *vt* berauben; ◇ **- qu di qc** jd-m etw rauben

depressione *f* [1] GEO Senke *f* [2] METEO Tief [druckgebiet] *n* [3] (FIG *stato d'animo*) Niedergeschlagenheit *f*, Depression *f* [4] COMM FIG Depression *f;* **depresso** I. *p.pass.* deprimere; II. *agg* [1] ▷*area, terreno* eingesenkt [2] (FIG *stato d'animo*) niedergeschlagen, depressiv; **de'primere** ⟨Pass. rem.: depressi/deprimesti Part.: depresso⟩ *irr* I. *vt* FIG bedrücken, deprimieren II. *vi pron* ◇ **-rsi** *essere* FIG deprimiert sein

depurare *vt* reinigen; **depuratore** *m* (*apparec-*

D

chio) Reiniger *m*; ◇ ~ **d'acqua** Wasserreiniger *m*; (*dal calce*) Wasserenthärter *m*; ◇ ~ **d'aria** Luftfilter *m*; **depurazione** *f* (*in gen.*) Reinigung *f*

deputare *vt* abordnen; **deputato(-a** *f*) *m/f* POL Abgeordnete(r) *fm*

deragliamento *m* Entgleisung *f*; **deragliare** ⟨3.6.⟩ *irr vi* entgleisen

derelitto *agg* verlassen

deretano *m* Gesäß *n*

de'ridere ⟨Pass. rem.: derisi/deridesti Part.: deriso⟩ *irr vt* lachen über *acc*; **derisione** *f* Verspottung *f*; **deriso** *p.pass.* **deridere**

deriva *f* NAUT Abdrift *f*; ◇ **andare alla ~** abgetrieben werden

derivare I. *vi essere* ① (*in gen.*) herkommen (*da* von) ② LING ableiten (*da* von) **II.** *vt* FIG ↑ *dedurre* herleiten, ableiten; **derivazione** *f* ① (*in gen.*) Ableitung *f* ② ELETTR Abzweigung *f*; TELEC Nebenanschluß *m* ③ LING Ableitung *f*

dermatolo|gia ⟨-gie⟩ *f* Dermatologie *f*; **derma'tolo|o(-a** *f*) ⟨-gi, -ghi, -ghe⟩ *m* Haut|arzt (-ärztin *f*) *m*, Dermatolog(in *f*) *m*

'dero|ga ⟨-ghe⟩ *f* Abweichung *f*; DIR Derogation *f*, teilweise Außerkraftsetzung *f*; **derogare** ⟨3.5.⟩ *irr vi* DIR derogieren, teilweise außer Kraft setzen; **derogazione** *f vedi* **deroga**

derrata *f* (*prodotto della terra*) Landwirtschaftsprodukt *n*; ◇ **derrate alimentari** Lebensmittel *n/pl*

derubare *vt* berauben

descritto *p.pass.* **descrivere**; **des'crivere** ⟨Pass. rem.: descrissi/descrivresti Part.: descritto⟩ *irr vt* beschreiben; **descrizione** *f* Beschreibung *f*

deserto[1] *agg* ↑ *disabitato* unbewohnt; ↑ *vuoto* leer

deserto[2] *m* GEO Wüste *f*

desiderare *vt* (*in gen.*) wünschen; ↑ *bramare* ersehnen; (*lasciare a ~*) zu wünschen übriglassen; **desiderio** *m* ① (*in gen.*) Wunsch *m* ② (*d'affetto*) Begierde *f*; **desideroso** *agg* begierig (*di* auf)

design *m* ⟨inv⟩ Design *m*

designare *vt* ① → *successore* bestimmen, festsetzen ② ↑ *incaricare* beauftragen

designer *m/f* ⟨inv⟩ Designer(in *f*) *m*

de'sistere ⟨Pass. rem.: desistei/desistesti Part.: desistito⟩ *irr vi* verzichten (*da* auf *acc*), Abstand nehmen (*da* von)

desolato *agg* ① ▷*paesaggio* öd ② ◇ **sono desolato di** ich bedauere, daß; **desolazione** *f* ① ↑ *rovina* Verwüstung *f* ② ↑ *squallore* Öde *f* ③ ↑ *tristezza* Trauer *f*

desolforazione *f* Entschwefelung *f*

'despota ⟨-i, -e⟩ *m* Despot(in *f*) *m*

destare I. *vt* ① ↑ *svegliare* aufwecken ② FIG → *curiosità, interesse* erwecken; → *ricordi* wecken **II.** *vi pron* ◇ **-rsi** ① ↑ *svegliarsi* aufwachen ② FIG erwachen

destinare *vt* ① ↑ *assegnare* → *posto, carica* zuweisen, anweisen ② ↑ *indirizzare* ← *critica* richten (*a an acc*); **destinatario(-a** *f*) *m a.* POSTA Empfänger(in *f*) *m*, Adressat(in *f*) *m*; **destinazione** *f* ① ↑ *assegnazione* (*di posto, di carica*) Zuweisung *f*, Anweisung *f* ② (*meta di un viaggio*) Ziel *n* ③ (*di una somma di denaro*) Bestimmungsort *m*

destino *m* Schicksal *n*

destituire ⟨5.2.⟩ *irr vt* entheben; **destituzione** *f* Enthebung *f*

desto *agg anche* FIG wach

destra *f* ① (*mano ~*) Rechte *f* ② (*parte ~*) rechte Seite *f*; ◇ **alla mia ~** zu meiner Rechten ③ POL Rechte *f*

destreggiarsi *vi pron:* ◇ **~ nella vita** sich durch das Leben schlagen; ◇ **~ con gli avversari politici** mit politischen Gegnern herumlavieren

destrezza *f* Geschicklichkeit *f*

destro I. *agg* ① ▷*piede, fianco, tasca ecc.* recht ② FIG ↑ *svelto, abile* geschickt **II.** *m* Gelegenheit *f*

detenere ⟨4.17.⟩ *irr vt* ① → *primato, titolo* innehaben ② → *un bene* besitzen ③ (*in prigione*) gefangenhalten; **detenuto(-a** *f*) **I.** *p.pass.* detenere; **II.** *m* Häftling *m*, Gefangene(r) *fm*; **detenzione** *f* ① DIR Besitz *m* ② ↑ *pena, carcerazione* Haft *f*

detergente I. *agg inv* ← *latte, crema* Reinigungs- **II.** *m* Waschmittel *n*, Reinigungsmittel *n*

deteriorare I. *vt* → *cibi* verderben; → *merci* beschädigen; → *macchine* abnutzen **II.** *vi pron* ◇ **-rsi** ← *cibi* verderben; ← *merci* beschädigt werden; ← *macchine* sich abnutzen

determinare I. *vt* ① ↑ *stabilire* → *confini* festlegen ② ↑ *definire* → *prezzi* bestimmen ③ ↑ *causare, produrre* bewirken, verursachen **II.** *vi pron:* ◇ **-rsi a fare qc** sich entschließen, etw zu tun; **determinazione** *f* ① (*di confine, di concetto*) Festsetzung *f*, Festlegung *f* ② ↑ *decisione* Entschluß *m*; ↑ *volontà* Entschlossenheit *f*

detersivo *m* Waschmittel *n*

detestare *vt* hassen

detonare *vi* explodieren; **detonazione** *f* (*esplosione*) Explosion *f*

detrarre ⟨Pass. rem.: detrassi/detraesti Part.: detratto⟩ *irr vt* abziehen, abrechnen (*da* von); **detratto** *p.pass.* **detrarre**

detrito *m* GEO Geröll *n*

detta *f :* ◇ **a - di** nach Aussage von; ◇ **a - dei politici** nach dem, was die Politiker sagen

dettagliatamente *avv* ausführlich, in allen Einzelheiten; **dettaglio** *m* ① (*di un quadro, di un fatto*) Einzelheit *f*, Detail *n*; ◇ **entrare nei -i** ins Detail gehen ② ◇ **vendita al -** Einzelhandel *m*

dettame *m* (*della moda*) Diktat *n*

dettare *vt* ① → *lettera* diktieren ② ↑ *imporre* → *legge* auferlegen, aufzwingen; **dettato** *m* Diktat *n*; **dettatura** *f* Diktieren *n*

detto I. *p.p* dire ◇ **- fatto** gesagt-getan II. *m* ↑ *motto* Denkspruch *m*; (*sentenza*) Spruch *m*

deturpare *vt* ↑ *deformare* entstellen

devastare *vt* ① → *paese* verwüsten ② FIG ↑ *deturpare* entstellen; **devastazione** *f* ① (*di paese*) Verwüstung *f* ② FIG ↑ *deturpazione* Entstellung *f*

deviare ⟨3.10.⟩ *irr* I. *vi* ① (*dalla strada*) abweichen ② (*FIG dalla retta via*) abweichen II. *vt* → *fiume* umlenken; ◇ **- il traffico** den Verkehr umleiten; **deviazione** *f* ① (*in gen.*) Ablenkung *f*, Abweichung *f*; ▷*stradale* Umleitung *f* ② FIG Abweichen *n*

devoluto *p.pass.* **devolvere**; **devoluzione** *f* DIR Übertragung *f*

devoto *agg* ① REL fromm ② ↑ *affezionato* ergeben, treu; **devozione** *f* ① REL Andacht *f* ② ↑ *dedizione* (*alla famiglia ecc.*) Ergebenheit *f*

di ⟨con art. det.: del, dello, dell', della, dei, degli, delle⟩ *prep* ① (*in gen.*) von *dat* ② (*moto di luogo*) von *dat;* ◇ **vengo di là** ich komme von dort [her] ③ (*moto per luogo*) durch *acc* ④ (*provenienza*) aus *dat,* von *dat;* ◇ **è nativo - Verona** er stammt aus Verona ⑤ (*riferito a materia*) aus *dat;* ◇ **d'oro** aus Gold ⑥ (*causa*) vor; ◇ **piangere - felicità** vor Freude weinen *dat* ⑦ (*mezzo*) mit *dat;* ◇ **macchiare di vino** mit Wein beflecken ⑧ (*paragone*) als; ◇ **mia sorella è più piccola - me** meine Schwester ist kleiner als ich ⑨ (*partitivo, del pane, del vino, dello zucchero*) Brot, Wein, Zucker ⑩ (*tempo*) ◇ **- mattina/pomeriggio/sera** am Vormittag/Nachmittag/Abend, vormittags/nachmittags/abends; ◇ **- sabato** am Samstag, samstags ⑪ ◇ **una multa - 15 mila lire** eine Strafgebühr von 15.000 Lire ⑫ ◇ **un litro - di acqua minerale** ein Liter Mineralwasser ⑬ (*età*) ◇ **un bambino - cinque anni** ein fünf Jahre altes Kind ⑭ ◇ **dire - sì/no/a/nein** sagen; ◇ **ammettere/credere/pensare -** (*infinito*) zugeben/glauben/denken, daß...

dì *m* Tag *m*

diabete *m* MED Diabetes *m*, Zuckerkrankheit *f*; **diabeti|co(-a** *f*) ⟨-ci, -che⟩ *m* Diabetiker (in *f*) *m*

dia'boli|co ⟨-ci, -che⟩ *agg* teuflisch, diabolisch

di'acono *m* REL Diakon *m*

diadema ⟨-i⟩ *m* Diadem *n*

di'afano *agg* durchscheinend

diaframma ⟨-i⟩ *m* ① (*elemento divisorio*) Scheidewand *f* ② ANAT Zwerchfell *n* ③ (MED *anticoncezionale*) Diaphragma *n* ④ FOTO Blende *f*

di'agnosi *f* ⟨inv⟩ MED Diagnose *f*; **diagnosta** ⟨-i⟩ *m* Diagnostiker (in *f*) *m*; **diagnosticare** ⟨3.4.⟩ *irr vt* diagnostizieren

diagonale I. *agg inv* diagonal, schräg II. *f* MAT Diagonale *f*

diagramma ⟨-i⟩ *m* ① MAT Diagramm *n* ② ◇ **- di flusso** Flußdiagramm *n*

dialetto *m* Mundart *f*, Dialekt *m*

di'alisi *f* ⟨inv⟩ MED Dialyse *f*

di'alo|go ⟨-ghi⟩ *m a.* INFORM Dialog *m*

diamante *m* MIN Diamant *m*

di'ametro *m* MAT Durchmesser *m*

di'amine *inter* Mensch !

diapositiva *f* Dia[positiv] *n*

diario *m* Tagebuch *n*

diar'rea *f* MED Durchfall *m*

di'avolo(-essa, -a *f*) *m* ① ↑ *demonio* Teufel (in *f*) *m*; ◇ **mandare qu al -** jd-n zum Teufel schicken ② (*FIG persona vivace*) Teufel (in *f*) *m* ③ (*FIG persona sfortunata*) armer Teufel, Mensch *m* ④ ◇ **dove- sei andato?** wo zum Teufel bist du denn gegangen?

di'battere I. *vt* ① ↑ *agitare* → *ali* schlagen ② FIG ↑ *discutere* erörtern, diskutieren II. *vr* ◇ **-rsi** ① ↑ *agitarsi* um sich schlagen; ↑ *divincolarsi* sich winden ② FIG ringen (*in* mit); **di'battito** *m* Debatte *f*, Diskussion *f*

diboscamento *m* Entwaldung *f*, Abholzung *f*

dicastero *m* Ministerium *n*

dicembre *m* Dezember *m*; ◇ **in -** im Dezember; ◇ **il 17 -** am 17. Dezember

dichiarare I. *vt* ① ↑ *manifestare* → *intenzioni* erklären, kundtun ② (*affermare di essere*) behaupten ③ ↑ *sentenziare* → *colpevole* erklären ④ → *il reddito* deklarieren ⑤ ↑ *proclamare* ausrufen II. *vr* ◇ **-rsi** ▷*vinto, sconfitto* sich erklären; **dichiarazione** *f* ① (*in gen.*) Erklärung *f* ② DIR Erklärung *f*

diciannove *agg* neunzehn

diciassette *agg* siebzehn

diciotto *agg* achtzehn

dici|tore(-trice *f*) *m* TEATRO Vortragende(r) *fm*, Sprecher (in *f*) *m*

dicitura *f* ① (*didascalia*) Beschriftung *f* ② (*frase scritta concisa*) Aufschrift *f*

didascalia *f* STAMPA Bildunterschrift *f*; FILM Untertitel *m/pl*

di'datti|ca ⟨-che⟩ *f* Didaktik *f;* **didatti|co** ⟨-ci, -che⟩ *agg* didaktisch

dieci *agg* zehn; **die'cina** *f vedi* **decina**

diesel *m* ⟨inv⟩ Dieselmotor *m*

dieta *f* Diät *f;* ◇ **essere a** - auf Diät sein; ◇ **fare una** - eine Diät machen

die'teti|ca *f* ⟨-che⟩ *f) f* Diätetik *f*

dietro I. *avv* ① *(stato)* hinten; *(moto)* nach hinten ② *FIG* ◇ **ridono** - **alle sue spalle** sie machen sich hinter seinem Rücken über ihn lustig **II.** *prep* ① *(stato)* hinter *dat;* *(moto)* hinter *acc* ② *(dopo, tempo)* nach *dat;* *(in seguito)* gegen *acc,* auf *acc,* bei *dat;* ◇ - **domanda** auf Wunsch; ◇ - **consegna** gegen [bei] Lieferung; ◇ - **pagamento anticipato** gegen Vorauszahlung **III.** *m* ⟨inv⟩ Rückseite *f*

di'fendere ⟨Pass. rem.: difesi/difendesti Part.: difeso⟩ *irr* **I.** *vt* verteidigen **II.** *vr* ◇ -**rsi** ① *(dal freddo)* sich schützen vor ② *(dalle accuse)* sich verteidigen; **difensiva** *f* Defensive *f;* **difensivo** *agg* ① MIL defensiv, Verteidigungs- ② *FIG* defensiv; **difensore(difenditrice, difensora** *f) m* Verteidiger(in*f) m;* **difesa** *f (in gen.)* Verteidigung *f;* *(contro il freddo, dalla pioggia)* Schutz *m*

difettare *vi* ↑ *mancare* mangeln, fehlen *(di* an *dat);* **difetto** *m* ① ↑ *mancanza* Mangel *m (di* an *dat),* Fehlen *n (di* von) ② *(di fabbricazione)* Fehler *m;* ◇ **far** - ← *vestito, camicia* nicht gut sitzen; ▷*fisico* Gebrechen *n* ③ *(imperfezione morale)* Fehler *m;* **difettoso** *agg* ① ↑ *incompleto* mangelhaft, fehlerhaft ② ▷*apparecchio* defekt, schadhaft

diffamare *vt* verleumden, diffamieren

differente *agg inv* verschieden, unterschiedlich; **differenza** *f* ① *(di età, di grado ecc.)* Unterschied *m;* ◇ **a** - **di** im Unterschied zu ② MAT Differenz *f*

differenziale *m* ① AUTO Differentialgetriebe *n* ② MAT Differential *n*

differenziare ⟨3.6.⟩ *irr vt* unterscheiden

differire ⟨5.2.⟩ *irr* **I.** *vt* ↑ *rimandare* verschieben **II.** *vi essere/avere* abweichen *(da* von); *(essere diverso)* sich unterscheiden *(di* von)

difficile I. *agg inv* ▷*problema* schwer, schwierig; ↑ *faticoso* mühsam; ▷*momento, periodo* schwer; ▷*carattere* schwierig; ◇ **è** - **che abbia dormito** *(poco probabile)* er wird wohl kaum geschlafen haben **II.** *m* Schwierige *n;* **difficoltà** *f* Schwierigkeit *f*

diffida *f* DIR Verwarnung *f;* **diffidare I.** *vi* mißtrauen *(di* dat) **II.** *vt* DIR verwarnen

diffidente *agg inv* mißtrauisch; **diffidenza** *f* Mißtrauen *n*

diffondere ⟨Pass. rem.: diffusi/diffondesti Part.: diffuso⟩ *irr* **I.** *vt* ① → *profumo, cultura ecc.* verbreiten ② *FIG* → *notizia* verbreiten **II.** *vi pron* ◇ -**rsi** ① ← *suono, incendio* sich ausbreiten ② *FIG* sich verbreiten; **diffusione** *f* ① *(del suono, della luce)* Verbreitung *f;* *(dei programmi televisivi)* Ausstrahlung *f;* *(del contagio)* Ausbreitung *f* ② FIS Streuung *f;* **diffuso** *p.pass.* **diffondere**

difilato *avv* schnurgerade

difterite *f* MED Diphterie *f*

di'ga ⟨-ghe⟩ *f* ▷*artificiale* Staudamm *m*

digerire ⟨5.2.⟩ *irr vt* ① → *cibo* verdauen ② *FIG* → *smacco, sopruso* verdauen; *(non dire)* hinunterschlucken ③ *FIG* ↑ *sopportare* → *fatto, situazione* ertragen; → *persona* ausstehen, leiden; **digestione** *f* Verdauung *f;* **digestivo I.** *agg* Verdauungs- **II.** *m* Verdauungsschnaps *m*

digitale ¹ *agg inv* ← *impronta* Finger-

digitale ² *agg inv* INFORM Digital-; ◇ **orologio** - Digitaluhr *f*

digitale ³ *f* BIO Fingerhut *m*

digitalizzare *vt* digitalisieren

digitare *vt* INFORM eingeben

digiunare *vi* fasten

digiuno ¹ *agg* ① *(da cibo)* nüchtern ② *FIG* ohne *acc*

digiuno ² *m* ① *(da cibo)* Fasten *n;* ◇ **essere a** - nüchtern sein ② *FIG* Entbehrung *f*

dignità *f* Würde *f;* **dignitoso** *agg* ① ▷*persona* würdig ② ↑ *adeguato* anständig

DIGOS *f acronimo di* italienische Staatssicherheitsabteilung

digressione *f* Abschweifung *f*

digrignare *vt* fletschen

dilagare ⟨3.5.⟩ *irr vi essere* ① ← *lago, fiume* überfluten ② *FIG* sich verbreiten

dilaniare ⟨3.6.⟩ *irr vt* ① ↑ *lacerare* zerreißen ② *FIG* quälen

dilapidare *vt* vergeuden

dilatare I. *vt* ① ↑ *ingrandire* erweitern, ausweiten ② FIS ausdehnen **II.** *vi pron* ◇ -**rsi** FIS sich ausdehnen

dilazionare *vt* → *pagamento* stunden; **dilazione** *f* Stundung *f*

dileguare I. *vi essere* verfliegen **II.** *vi pron* ◇ -**rsi** verschwinden

dilemma ⟨-i⟩ *m* Dilemma *n*

dilettante *m/f* ① *(SPORT non professionista)* Amateur(in *f) m* ② *PEG* Dilettant(in *f) m*

dilettare I. *vt* unterhalten, erfreuen **II.** *vi pron* ① ◇ -**rsi di** *(provare diletto)* Freude haben an *dat* ② ◇ -**rsi di** *(occuparsi per diletto)* sich aus reinem Vergnügen beschäftigen mit; **dilet'tevole** *agg inv* erfreulich

diletto [1] *agg* geliebt

diletto [2] *m* ↑ *piacere* Gefallen *n*

diligente *agg* [1] ▷*scolaro* fleißig [1] ↑ *accurato, preciso* sorgfältig

diligenza [1] *f* ↑ *scrupolo, solerzia* Fleiß *m*

diligenza [2] *f* ⟨*carrozza*⟩ Postkutsche *f*

diluire ⟨5.2.⟩ *irr vt* verdünnen

dilungarsi ⟨3.5.⟩ *irr vi pron* FIG sich auslassen (*su* über *acc*)

diluviare *vb impers* in Strömen regnen; **di'luvio** *m* strömender Regen *m*; ◇ - **universale** Sintflut *f*

dimagrire ⟨5.2.⟩ *irr vi essere* abnehmen

dimenare I. *vt* schlenkern **II.** *vr* ◇ -**rsi** sich hin und her bewegen; (*nel letto*) sich [hin und her] wälzen

dimensione *f* [1] (*del progetto, della catastrofe*) Dimension *f*, Ausmaß *n* [2] ◇ **dimensioni** *f*/*pl* (*misura*) Maß *n*

dimenticanza *f* [1] (*il dementicare*) Vergessen *n*; ◇ **cadere in** - in Vergessenheit *f* geraten [2] ↑ *trascuratezza* Vergeßlichkeit *f*; **dimenticare** ⟨3.11.⟩ *irr* **I.** *vt* vergessen **II.** *vi pron* ◇ -**rsi di** qc/qu etw/jd-n vergessen

dimesso I. *p.pass.* di'**mettere**; **II.** *agg* ↑ *umile* bescheiden

dimestichezza *f* [1] ↑ *familiarità* Vertraulichkeit *f* [2] ↑ *esperienza* Vertrautheit *f*

di'mettere ⟨Pass. rem.: dimisi/dimetti Part.: dimiso⟩ *irr* **I.** *vt* ↑ *licenziare* (*da un impiego, dall' ospedale*) entlassen (*da* aus) **II.** *vr* ◇ -**rsi** zurücktreten (*da* von)

dimezzare *vt* (*dividere a metà*) halbieren; → *prezzi* um die Hälfte herabsetzen

diminuire ⟨5.2.⟩ *irr* **I.** *vt* (*in gen.*) vermindern, verringern; → *prezzi* herabsetzen; → *peso* verringern **II.** *vi essere* ← *popolazione, peso* abnehmen; ← *prezzi* sinken; (*di altezza*) sinken, fallen; **diminuzione** *f* (*di popolazione, di peso*) Abnahme *f*; (*di prezzi*) Senkung *f*; ↑ *regressione* Rückgang *m*

dimissione *f* ▷*dare*, *rassegnare* Rücktritt *m*; (*il dimettere*) Kündigung *f*

dimora *f* ↑ *abitazione* Wohnort *m*; DIR Wohnsitz *m*; **dimorare** *vi* wohnen

dimostrare I. *vt* → *affetto, fedeltà* äußern, bezeigen; → *età* aussehen [2] ↑ *spiegare* erklären [3] ↑ *provare* beweisen [4] ↑ *mostrare* → *coraggio* zeigen [5] ▷*politicamente* demonstrieren **II.** *vr* ◇ -**rsi** sich erweisen, sich zeigen; **dimostrativo** *agg* [1] ▷*azione, atto* beweisend, Demonstrativ- [2] LING Demonstrativ-; **dimostrazione** *f* [1] (*di affetto, di fedeltà*) Äußerung *f*, Bekundung *f* [2] (*di teorema*) Erklärung *f* [3] ▷*politica, di protesta* Demonstration *f*

di'namica *f* [1] FIS Dynamik *f* [2] (*di incidente*) Ablauf *m*; **di'nami|co** ⟨-ci, -che⟩ *agg* dynamisch; **dinamismo** *m* [1] (*filosofia*) Dynamismus *m* [2] ↑ *vitalità* Lebendigkeit *f*

dinamite *f* Dynamit *n*

'**dinamo** ⟨inv⟩ ELETTR Generator *m*; AUTO Lichtmaschine *f*; (*di bicicletta*) Dynamo *m*

dinanzi *prep*: ◇ - **a** (*stato*) vor *dat*; (*moto*) vor *acc*

dinas'tia *f* Dynastie *f*

dinie|go ⟨-ghi⟩ *m* Verneinung *f*

dintorni *m*/*pl* Umgebung *f*

dintorno *avv* ringsum

dio ⟨dei⟩ *m* [1] (*idolo*) Gott *m*, Göttin *f*; ◇ **gli dei** die Götter *pl* [2] ◇ D- (*essere supremo*) Gott *m* [3] FIG ◇ **ballare da** - tanzen wie ein junger Gott

di'ocesi *f* REL Diözese *f*

diossina *f* CHIM Dioxin *n*

dipanare *vt* [1] → *lana* aufwickeln [2] FIG → *faccenda* entwirren

dipartimento *m* [1] (AMM *in gen.*) Bezirk *m*, Departement *n* [2] (*all'università*) Fachbereich *m*, Institut *n*

dipendente I. *agg inv* abhängig (*da* von) **II.** *m*/*f* Angestellte(r) *fm*; **dipendenza** *f* [1] ◇ **essere alle -e di** bei jd-m angestellt sein [2] (*da droga*) Abhängigkeit *f*; **di'pendere** ⟨Pass. rem.: dipesi/dipendesti Part.: dipeso⟩ *irr vi essere* [1] ↑ *derivare* (*dal tempo, dal lavoro ecc.*) abhängen (*da* von); ◇ **dipende** es kommt darauf an [2] (*essere soggetto, dai genitori, dal suo insegnante*) abhängig sein (*da* von)

di'pingere ⟨Pass. rem.: dipinsi/dipingesti Part.: dipinto⟩ *irr* **I.** *vt* malen **II.** *vi pron* ◇ -**rsi** ↑ *truccarsi* sich schminken; **dipinto** *m* Gemälde *n*

diploma ⟨-i⟩ *m* Diplom *n*, Zeugnis *n*

diplo'mati|co ⟨-ci, -che⟩ **I.** *agg* diplomatisch **II.** *m* Diplomat(in *f*) *m*; **diploma'zia** *f* Diplomatie *f*

diporto *m* (NAUT *barca da* -) [Privat-]Boot *n*

diradare I. *vt* → *alberi* lichten; → *visite, lettere* seltener machen, verringern **II.** *vi pron* ◇ -**rsi** *essere* ← *nebbia* sich verziehen; ← *visite, lettere* seltener werden

diramare I. *vt* FIG → *notizia* verbreiten; → *ordine* übermitteln **II.** *vi pron* ◇ -**rsi** ← *strada* sich teilen

dire ⟨4.5.⟩ *irr vt* [1] (*in gen.*) sagen; ◇ **dica, signora?** (*in un negozio*) was darf es sein?; ◇ - **a qu di fare qc** jd-m sagen, er/sie solle etw tun; ◇ - **qu di fare qc** jd-m sagen, er/sie solle etw tun; ◇ **si direbbe che** man könnte meinen, daß; ◇ **la sua** seine Meinung sagen; ◇ **a** - **il vero** um die Wahrheit zu sagen; ◇ **sentir dire** hören;

◇ **voler** ~ bedeuten ② ↑ *raccontare* erzählen ③ ↑ *recitare* → *poesia* aufsagen

direttamente *avv* direkt, unmittelbar

diret'tissimo *m* FERR Schnellzug *m*

direttivo *m* Vorstand *m*

diretto I. *p.pass.* **di'rigere**; II. *agg* ▷*lettera* gerichtet (*a* an *acc*); (*a casa*) auf dem Wege (*a* nach) ② LING direkt III. *m* FERR Eilzug *m*; **diret|tore(-trice** *f*) *m* Direktor(in *f*) *m*; **dire-zione** *f* ① (*in gen.*) Richtung *f* ② (*organo diri-gente*) Leitung *f*, Führung *f*; **dirigente** *m/f* leitende(r) Angestellte(r) *fm*; **di'rigere** ⟨Pass. rem.: diressi/dirigesti Part.: diretto⟩ *irr* I. *vt* ① (*in gen.*) lenken, richten ② MUS dirigieren, leiten ① → *ditta, ente* leiten II. *vr* ◇ **-rsi** ① ← *mare* zugehen (*verso auf acc*) ② ← *persone* sich wenden (*verso* an *acc*)

diri'gibile *m* Luftschiff *n*

dirimpetto *avv* gegenüber (*a* dat)

diritto ¹ I. *agg* ① ▷*strada* gerade; ▷*palo* senk-recht; ◇ **stare** ~ sich gerade halten ② FIG ↑ *onesto* rechtschaffen II. *avv* ① ▷*andare* gera-deaus ② FIG direkt III. *m* ① (*di medaglia ecc.*) Vorderseite *f* ② (SPORT *tennis*) Vorhand *f* ③ MAGLIA rechte Masche *f*

diritto ² *m* ① DIR Recht *n* ② SCUOLA Jura; ◇ **professore di** ~ Juraprofessor *m* ③ (*di sciope-ro, di votare*) Recht *n*

dirittura *f* (*d'arrivo*) Gerade *f*

diroccato *agg* ▷*castello* verfallen

dirottare I. *vi* NAUT den Kurs ändern II. *vt* NAUT den Kurs ändern; → *traffico* umleiten; → *aereo* entführen; **dirotta|tore(-trice** *f*) *m* Flugzeugentführer(in *f*) *m*; **dirottamento** *m* Flugzeugentführung *f*

dirotto *agg* heftig; ◇ **piovere a** ~ in Strömen regnen

dirupo *m* Absturz *m*

dis'abile *agg inv* MED behindert

disabitato *agg* unbewohnt

disabituare I. *vt* ◇ ~ **qu a qc** jd-m etw abge-wöhnen II. *vi pron:* ◇ **-rsi a qc** sich etw *acc* abgewöhnen

disaccordo *m* ① (*di idee*) Uneinigkeit *f* ② MUS Mißklang *m*

disadattato(-a *f*) I. *agg* (*in gen.*) anpassungsun-fähig; (~ *grave*) verhaltensgestört II. *m* Verhal-tensgestörte(r) *fm*; **disadatto** *agg* ungeeignet (*a, per* für)

disadorno *agg* schmucklos

disagiato *agg* ↑ *povero* dürftig, armselig

disa|gio ⟨-gi⟩ *m* ① ▷*economico* Unbequemlich-keit *f* ② FIG ↑ *imbarazzo* Verlegenheit *f*; ◇ **essere/sentirsi a** ~ sich unbehaglich fühlen

disapprovare *vt* mißbilligen; **disapprovazio-ne** *f* Mißbilligung *f*

disappunto *m* ↑ *delusione* Enttäuschung *f*; ↑ *irritazione* Mißmut *m*

disarcionare *vt* aus dem Sattel werfen

disarmare I. *vt* ① (*in gen.*) entwaffnen ② ARCHIT abrüsten II. *vi* MIL entwaffnen; **disar-mo** *m* MIL Abrüstung *f*

disastrato(-a *f*) I. *agg* ▷*cosa* zerstört; ▷*persona* geschädigt II. *m/f* Geschädigte(r) *fm*, Katastro-phenopfer *n*; **disastro** *m anche* FIG Katastro-phe *f*; **disastroso** *agg* katastrophal

disattento *agg* unaufmerksam

disavanzo *m* COMM Defizit *n*, Fehlbetrag *m*; ◇ **bilancio in** ~ Bilanzdefizit *n*

disavveduto *agg* leichtsinnig

disavventura *f* (*in gen.*) Unannehmlichkeit *f*; ↑ *disgrazia* Unglück *n*

disbri|go ⟨-ghi⟩ *m* (*della posta*) Erledigung *f*

dis'capito *m :* ◇ **a** - **di qu** zu jds Nachteil

dis'cari|ca ⟨-che⟩ *f* (*di rifiuti*) Deponie *f*

discendente I. *agg inv* absteigend II. *m/f* (*pa-rente*) Nachkomme *m*, *f*; **di'scendere** ⟨Pass. rem.: discesi/discendesti Part.: disceso⟩ *irr vi es-sere* ① (*avvicinamento*) herabsteigen; (*allonta-namento*) hinabsteigen ② ↑ *derivare* abstam-men

di'scepolo(-a *f*) *m* ① (*allievo*) Schüler(in *f*) *m* ② (*seguace*) Anhänger(in *f*) *m*, Schüler(in *f*) *m*

discernimento *m* ↑ *giudizio* Unterscheidungs-vermögen *n*, Einsicht *f*

discesa *f* ① (*dal monte*) Abfahrt *f*; (*dei barbari*) Einfall *m* ② ◇ **in** - bergab ③ SCI Piste *f*; ◇ ~ **libera** freie Abfahrt *f*; **discesista** *m/f* SCI Ab-fahrtsfahrer(in *f*) *m*; **disceso** *p.pass.* **discende-re**

dischetto *m* ① INFORM Diskette *f* ② (SPORT *di rigore*) Elfmeterpunkt *m*

disciplina *f* ① (*insegnamento*) Führung *f* ② (*materia di studio*) Fach *n*, Diszpin *f* ③ (*ordine e* -) Diszpin *f*

disciplinare ¹ *agg inv* DIR Straf-, Disziplinar-

disciplinare ² *vt* ① ↑ *insegnare* disziplinieren ② ↑ *regolare* → *traffico* regeln

di|sco ⟨-schi⟩ *m* ① (*in gen.*) Scheibe *f*; ▷*fonografico* Schallplatte *f*; INFORM Platte *f*; ◇ ~ **fisso**, ~ **rigido** Festplatte *f*; ◇ ~ **magnetico** Magnetplatte *f*; SPORT Diskus *m*; (*per hockey su ghiaccio*) Puck *m*; AUTO ◇ ~ **orario** Parkschei-be *f*; ◇ ~ **volante** fliegende Untertasse ② ANAT Bandscheibe *f*

'**discolo** ⟨-a⟩ *m* Frechdachs *m*, Flegel *m*

discolpare *vt* entlasten

disco'noscere ⟨Pass. rem.: disconobbi/disconoscesti Part.: disconosciuto⟩ *irr vt* (*rifiutarsi di riconoscere*) nicht anerkennen; **disconosciuto** *p.pass.* **disconoscere**

discontinuo *agg* ① (*non uguale*) verschieden; (*non continuo*) diskontinuierlich ② *FIG* ◇ **lavoro** - unregelmäßige Arbeit; ◇ **vita discontinua** unstetes Leben *n*

discordare *vi* nicht übereinstimmen (*da* mit); **discorde** *agg inv* nicht einig

discordia *f* Uneinigkeit *f*

dis'correre ⟨Pass. rem.: discorsi/discutesti Part.: discorso⟩ *irr vi* reden (*di* über *acc*), sich unterhalten (*di* über *acc*); **discorsivo** *agg* Gesprächs-; **discorso I.** *p.pass.* **discorrere;** **II.** *m* ① ↑ *conversazione* Gespräch *n;* (*argomento*) Thema *n;* ◇ **ma che discorsi fai?** was redest du da [für einen Unsinn]? ② (*orientamento, indirizzo*) Richtung *f* ③ (*orazione*) Rede *f*

discosto I. *agg* abgelegen **II.** *avv* abseits **III.** *prep:* ◇ - **da** weit von *dat*

discote|ca ⟨-che⟩ *f* ① (*locale*) Diskothek *f* ② (*raccolta*) Schallplattensammlung *f*

discreditare *vt* diskreditieren

discrepanza *f* Diskrepanz *f*

discreto *agg* ① ↑ *moderato* mäßig; ▷*domanda* diskret ② (*abbastanza buono*) ▷*pittore* ziemlich gut; **discrezione** *f* ① ↑ *moderazione* Maß *n;* (*l'essere discreto*) Diskretion *f* ② (*volontà*) Gutdünken *n;* ◇ **a** - nach Belieben

discriminazione *f* Diskriminierung *f*

discussione *f* Diskussion *f*

dis'cutere ⟨Pass. rem.: discussi/discutesti Part.: discusso⟩ *irr vt* diskutieren (*di/su* über *acc*); **dis'cutibile** *agg inv* (*in gen.*) diskutabel, strittig; ↑ *dubbio* fraglich

disdegnare *vt* verachten; **disdegno** *m* Verachtung *f*

disdetta *f* ① DIR Kündigung *f* ② ↑ *sfortuna* Pech *n;* **disdetto** *p.pass.* **disdire;** **disdire** ⟨4.5.⟩ *irr vt* ① DIR kündigen ② → *appuntamento, impegno* absagen

disegnare *vt* zeichnen; **disegna|tore(-trice** *f*) *m* Zeichner(in *f*) *m;* **disegno** *m* ① (*in gen., atto*) Zeichnen *n;* (*risultato*) Zeichnung *f* ② ↑ *abbozzo, schema* Entwurf *m*, Skizze *f* ③ ↑ *intenzione* Plan *m*

diserbante *m* Unkrautvertilgungsmittel *n*

disertare I. *vi* ① (*non frequentare*) fernbleiben ② MIL desertieren **II.** *vt* verlassen; **disertore** *m* MIL Deserteur *m*, Fahnenflüchtige(r) *m*

diserzione *f* ① (*dal partito, dal lavoro*) Verlassen *n* ② MIL Desertion *f*, Fahnenflucht *f*

disfare ⟨4.6.⟩ *irr vt* ① ↑ *distruggere* zerstören; → *letto* abziehen **II.** *vi pron:* ◇ -**rsi di qu** (*libe-*

rarsi) loswerden *acc;* **disfatta** *f* Niederlage *f;* **disfatto I.** *p.pass.* **disfare**

disfunzione *f* MED Funktionsstörung *f*

disgelo *m* ① (*in gen.*) Auftauen *n* ② *FIG* POL Tauwetter *n*

dis'grazia *f* ① ↑ *sventura* Unglück *n* ② ↑ *sciagura* Unfall *m*, Unglück *n;* **disgraziato** (-**a** *f*) **I.** *agg* ↑ *sfortunato* unglücklich **II.** *m/g* ① (*sfortunato*) Pechvogel *m* ② (*mascalzone*) Gauner(in *f*) *m*

disgu'ido *m* ▷*postale, tecnico* Fehlleitung *f*

disgustare I. *vt FIG* anekeln, anwidern **II.** *vi pron:* ◇ -**rsi di** sich ekeln vor; **disgusto** *m FIG* Ekel *m;* **disgustoso** *agg anche FIG* ekelhaft

disidratare *vt* → *pelle occ.* Feuchtigkeit entziehen; → *cibo* trocknen; **disidratazione** *f* MED Wasserentzug *m*

disil'ludere ⟨Pass. rem.: disillusi/disilludesti Part.: disilluso⟩ *irr* **I.** *vt* enttäuschen **II.** *vi pron* ◇ -**rsi** enttäuscht werden; **disillusione** *f* Enttäuschung *f;* **disilluso** *p.pass.* **disilludere**

disimparare *vt* verlernen

disimpegnare I. *vt* ① ↑ *liberare* befreien, entbinden ② ↑ *sbrigare* → *ufficio* ausüben, ausführen **II.** *vr* ◇ -**rsi** ① ↑ *liberarsi* sich freimachen ② ↑ *cavarsela* sich zu helfen wissen; **disimpegno** *m* ① ↑ *liberazione* Befreiung *f*, Entbindung *f* ② (*non impegno*) Fehlen *n* von Engagement

disinfettante I. *agg inv* desinfizierend **II.** *m* Desinfektionsmittel *m;* **disinfettare** *vt* desinfizieren; **disinfezione** *f* Desinfektion *f*

disinganno *m* Ernüchterung *f*

disinibito *agg FIG* freizügig

disinquinare *vt* aufbereiten, entseuchen

disintegrare I. *vt* ↑ *distruggere* zertrümmern **II.** *vi essere* zerfallen

disinteressarsi *vi pron* sich nicht interessieren (*di* für); **disinteresse** *m* ① (*mancanza di interesse*) Desinteresse *n*, Gleichgültigkeit *f* ② ↑ *generosità* Selbstlosigkeit *f*

disintossicare *vt* (*da veleno*) entgiften; **disintossicazione** *f* Entgiftung *f*

disinvolto *agg* ↑ *deciso, sicuro* unbefangen; **disinvoltura** *f* Unbefangenheit *f*

dislocare ⟨3.4.⟩ *irr vt* verteilen

dismisura *f:* ◇ **aumentare a** - übermäßig ansteigen

disobbedire *vedi* **disubbidire**

disoccupato(-**a** *f*) **I.** *agg* arbeitslos **II.** *m/f* Arbeitslose(r) *fm;* **disoccupazione** *f* Arbeitslosigkeit *f*

disonestà *f* Unehrlichkeit *f;* **disonesto** *agg* unehrlich

disonorare vt entehren; **disonore** m Schande f; **disono'revole** agg inv entehrend

disopra, di sopra I. avv (al piano superiore) oben; (moto) nach oben; (nella parte superiore) darüber; (con contatto) darauf II. agg inv (superiore) obere III. m ⟨inv⟩ oberer Teil m, Oberteil m; ◇ **al - di ogni sospetto** über jeden Verdacht erhaben

disordinare vt in Unordnung bringen; **disordinato** agg (non ordinato) unordentlich; (privo di misura) unmäßig; **di'sordine** m⟨1⟩↑ confusione Unordnung f ⟨2⟩ (nel mangiare) Exzeß m ⟨3⟩ ◇ **disordini** m/pl Unruhen f/pl

disorganizzazione f Auflösung f

disorientare I. vt FIG verwirren, desorientieren II. vi pron ◇ **-rsi** FIG sich verwirren

disotto, di sotto I. avv (al piano inferiore) unten; (moto) hinunter, herunter; (nella parte inferiore) darunter II. agg inv (inferiore) untere III. m⟨inv⟩ (parte inferiore) unterer Teil m, Unterteil m; ◇ **loro sono al piano -** sie sind im unteren Stockwerk

dispac'cio ⟨-ci⟩ m Depesche f

disparato agg verschieden

'dispari agg inv ⟨1⟩ MAT ungerade ⟨2⟩ (impari) ▷forze ungleich; **disparità** f Verschiedenheit f

disparte avv: ◇ **in -** (da lato) beiseite; ◇ **tenersi** [o. **starsene**] **in -** sich abseits halten

dispendioso agg ↑ costoso teuer, kostspielig; ▷forza, mezzi aufwendig

dispensa f⟨1⟩ (stanza) Speisekammer f; (mobile di cucina) Speiseschrank m ⟨2⟩ DIR Befreiung f, Erlaß m ⟨3⟩ (fascicolo) Heft n; SCUOLA Skript n

dispensare vt ⟨1⟩ → elemosina verteilen; → favori spenden ⟨2⟩ ↑ esonerare befreien (da von)

disperare I. vi die Hoffnung aufgeben (di auf acc) II. vi pron ◇ **-rsi** verzweifeln; **disperato** agg verzweifelt; **disperazione** f Verzweiflung f

dis'perdere ⟨Pass. rem.: dispersi/disperdesti Part.: disperso⟩ irr I. vt ⟨1⟩ ↑ sparpagliare zerstreuen ⟨2⟩ FIG → consumare verschwenden II. vi pron ◇ **-rsi** ⟨1⟩ ← ladri sich zerstreuen ⟨2⟩ FIS, CHIM ← calore, energia sich verbreiten ⟨3⟩ ↑ scomparire verlorengehen; **dispersione** f⟨1⟩ (in gen.) Zerstreuung f; (di forze) Aufwand m; ↑ spreco Verschwendung f ⟨2⟩ (FIS, CHIM dell'elettricità) Dispersion f; **disperso(-a** f) p.pass. disperdere; II. m/f Vermißte(r) fm

dispetto m ⟨1⟩ (in gen.) Bosheit f ⟨2⟩ ↑ stizza Ärger m; ◇ **per -** aus Trotz; ◇ **a - di** (malgrado) trotz gen/dat; **dispettoso** agg tückisch

dispiacere ⟨4.15.⟩ irr I. vi essere ⟨1⟩ (non piacere) mißfallen ⟨2⟩ (essere motivo di rincrescimento) leid tun (a dat); ◇ **mi dispiace [che]** cong. es tut mir leid, [daß]; ◇ **se non Le dispiace** wenn es Ihnen nichts ausmacht II. m Sorge f, Kummer f

display m ⟨inv⟩ INFORM Display n; ◇ **- a cristallo liquido** LCD-Display n; ◇ **- luminoso** Leuchtanzeige f

dispo'nibile agg inv ⟨1⟩ ▷somma verfügbar; ▷merce disponibel, vorrätig; ▷posto frei ⟨2⟩ ▷persona verfügbar

disporre ⟨4.11.⟩ irr I. vt ⟨1⟩ ↑ sistemare ordnen, anordnen ⟨2⟩ DIR veranlassen, anordnen II. vi ⟨1⟩ ↑ decidere beschließen, entscheiden ⟨2⟩ (essere in possesso di) verfügen (di über acc) III. vr ◇ **-rsi** (ordinarsi) sich aufstellen

dispositivo m Vorrichtung f; ◇ **- di sicurezza** Sicherheitsvorrichtung f; ◇ **- d'allarme** Alarmvorrichtung f

disposizione f⟨1⟩ (dei mobili, dei quadri) Anordnung f, Ordnung f ⟨2⟩ DIR Vorschrift f, Bestimmung f ⟨3⟩ (patrimonio, settimana, tempo ecc.) Verfügung f; ◇ **avere a -** zur Verfügung haben; ◇ **avere un mese a -** einen Monat Zeit zur Verfügung haben ⟨4⟩ ↑ ordine Anordnung f ⟨5⟩ (stato d'animo) Laune f, Stimmung f; **disposto** I. p.pass. disporre; II. agg ↑ pronto bereit (a zu)

dis'poti|co ⟨-ci, -che⟩ agg tyrannisch, despotisch

disprezzare vt ⟨1⟩ (in gen.) verachten ⟨2⟩ (le leggi) nicht beachten; **disprezzo** m Verachtung f

'disputa f⟨1⟩ (discussione vivace) heftige Diskussion f⟨2⟩ ↑ lite Streit m; (il gareggiare) Wettstreit m; **disputare** I. vt⟨1⟩ ↑ contendere abstreiten ⟨2⟩ → una gara austragen ⟨3⟩ ↑ discutere heftig diskutieren II. vr: ◇ **-si qc** sich reißen um etwa acc

dissacrare vt ⟨1⟩ (privare del carattere sacro) entheiligen ⟨2⟩ FIG anfechten

disseccare ⟨3.4.⟩ vt I. vt trocknen II. vi pron ◇ **-rsi** austrocknen

disseminare vt⟨1⟩ ↑ spargere verstreuen ⟨2⟩ FIG verbreiten

dissenso m ↑ disaccordo Unstimmigkeit f; ↑ disapprovazione Mißbilligung f

dissente'ria f MED Ruhr f; **dissentire** ⟨5.1.⟩ irr vi nicht übereinstimmen (da mit); **dissenziente** agg inv andersdenkend

dissertazione f Abhandlung f; SCUOLA Dissertation f, Doktorarbeit f

disservizio m Mißwirtschaft f

dissestare vt FIG COMM zerrütten, herunterwirtschaften; **dissesto** m FIG COMM Zerrüttung f

dissetante *agg inv* durststillend; **dissetare** *vt* den Durst löschen *gen*

dissidente I. *agg inv* andersdenkend **II.** *m/f* POL Dissident(in *f*) *m*

dissidio *m* Meinungsverschiedenheit *f*

dis'simile *agg inv* verschieden

dissimulare *vt* ↑*fingere* vortäuschen; ↑*nascondere* verheimlichen

dissipare I. *vt* → *beni, tempo* verschwenden; → *dubbi* verscheuchen; → *nebbia* vertreiben **II.** *vi pron* ◇ **-rsi** ← *dubbi* weichen; ← *nebbia* sich zerstreuen; **dissipatezza** *f* Liederlichkeit *f*; **dissipazione** *f* ↑*spero* Verschwendung *f*

dissociare ⟨3.10.⟩ *irr* **I.** *vt* ① *separare, anche* FIG trennen, scheiden ② CHIM zerlegen **II.** *vr* ◇ **-rsi** (FIG *da partito ecc.*) sich distanzieren (*da von*)

dissodare *vt* → *terra* urbar machen

dissolubile *agg inv* lösbar, auflösbar

dissolto *p.pass.* **dissolvere**; **dissolubile** *agg inv* lösbar, auflösbar

dissoluto I. *p.pass.* **dissolvere**, **II.** *agg* (*senza morale*) liederlich; ↑*sregolato* ausschweifend

dis'solvere ⟨Pass. rem.: dissolsi/dissolvesti Part.: dissolto⟩ *irr* **I.** *vt* ① → *sciogliere, disgregare* auflösen; → *neve* schmelzen ② → *fumo* zerstreuen **II.** *vi pron* ◇ **-rsi** *anche* FIG ↑*sparire* sich auflösen

dissonante *agg inv* mißklingend

dissu'adere ⟨Pass. rem.: dissuadei/dissuadesti Part.: dissuaso⟩ *irr vt:* ◇ **- qu da qc** jd-m von etw abraten

distaccamento *m* MIL Detachement *n*; **distaccare** ⟨3.4.⟩ *irr* **I.** *vt* ① (*in gen.*) losmachen, loslösen ② MIL abkommandieren ③ SPORT abhängen ④ ↑*allontanare* (*dalla famiglia*) trennen (*da von*) **II.** *vi pron* ◇ **-rsi** ① ↑*separarsi* sich loslösen, loskommen ② FIG sich abwenden (*da von*); **distac|co** ⟨-chi⟩ *m* ① ↑*separazione, addio* Trennung *f* ② ↑*disinteresse* Distanz *f*

distante I. *avv* weit, weit weg **II.** *agg inv* entfernt; **distanza** *f* ① (*in gen.*) Entfernung *f*, Distanz *f* ② SPORT Strecke *f* ③ FIG ↑*differenza* Unterschied *m*; **distanziare** ⟨3.6.⟩ *irr* **I.** *vt* ① (*in gen.*) auseinanderlegen ② SPORT abhängen ③ FIG ↑*superare* übertreffen, abhängen; **distare** *vi* (*senza i tempi composti*) entfernt sein (*da von*)

dis'tendere ⟨Pass. rem.: distesi/distendesti Part.: disteso⟩ *irr* **I.** *vt* ① → *coperta* ausbreiten; → *gambe* ausstrecken ② (*mettere a giacere*) hinlegen; → *muscoli, nervi* entspannen **II.** *vr* ◇ **-rsi** ↑*rilassarsi* sich entspannen; ↑*sdraiarsi* sich hinlegen; **distensione** *f* ① (*in gen.*) Ausstrecken *n*; (*dei muscoli*) Entspannung *f* ② FIG Entspan-

nung *f*; **distesa** *f* Weite *f*, Fläche *f*; **disteso** *p.pass.* **distendere**

distillare *vt* ① CHIM destillieren; → *alcol* brennen ② (*mandar fuori goccia a goccia*) absondern; **distille'ria** *f* Brennerei *f*, Destillerie *f*

dis'tinguere ⟨Pass. rem.: distinsi/distinguesti Part.: distinto⟩ *irr* **I.** *vt* ① (*in gen.*) unterscheiden ② (*caratterizzare*) auszeichnen **II.** *vi pron* ◇ **-rsi** ① (*in gen.*) sich unterscheiden ② (*farsi notare*) sich auszeichnen

distinta *f* (*nota*) Aufzeichnung *f*; (*elenco*) Verzeichnis *n*

distintivo I. *agg* Unterscheidungs- **II.** *m* Abzeichen *n*

distinto I. *p.pass.* **distinguere**; **II.** *agg* ① ↑*diverso* verschieden ② (*dignitoso ed elegante*) vornehm, fein ③ ◇ **distinti saluti** hochachtungsvoll; **distinzione** *f* ① (*in gen.*) Unterscheidung *f* ② (*signorilità*) Vornehmheit *f*

di'stogliere ⟨4.16.⟩ *irr* *vt* FIG abbringen (*da von*), **distolto** *p.pass.* **distogliere**

distorsione *f* ① MED Verstauchung *f* ② FIG ↑*alterazione* Verdrehung *f*

distrarre ⟨Pass. rem.: distrassi/distraesti Part.: distratto⟩ *irr* **I.** *vt* FIG ↑*distogliere* ablenken, zerstreuen **II.** *vr* ◇ **-rsi** ① (*distogliere l'attenzione*) sich ablenken lassen ② ↑*svagarsi* sich zerstreuen; **distratto I.** *p.pass.* **distrarre**; **II.** *agg* ↑*sbadato* zerstreut; ↑*disattento* unaufmerksam; **distrazione** *f* ① ↑*disattenzione* Unaufmerksamkeit *f*, ↑*sbadataggine* Zerstreuung *f* ② ↑*svago* Ablenkung *f*

distretto *m* AMM Bezirk *m*, Kreis *m*, Distrikt *m*

distribuire ⟨5.2.⟩ *irr* *vt* ① (*in gen.*) verteilen; ↑*diffondere* verbreiten ② ↑*consegnare* → *posta, giornale* austragen, verteilen ③ COMM vertreiben; **distributore** *m* (*di benzina*) Tankstelle *f*; AUTO, ELETTR Verteiler *m*; ◇ **- automatico** Automat *m*; **distribuzione** *f* ① (*in gen.*) Verteilung *f* ② ↑*consegna* (*di posta, di giornali*) Austragen *n*, Verteilung *f* ③ COMM Vertrieb *m* ④ TEC Steuerung *f*

districare ⟨3.4.⟩ *irr* **I.** *vt* ① → *fune* entwirren ② FIG klären, entwirren **II.** *vr* ◇ **-rsi** FIG ↑*cavarsela* davonkommen

distruggere ⟨Pass. rem.: distrussi/distruggesti Part.: distrutto⟩ *irr* **I.** *vt* zerstören, vernichten **II.** *vr* ◇ **-rsi** sich zerstören

distruttivo *agg* zerstörerisch, vernichtend; **distrutto** *p.pass.* **distruggere**; **distruzione** *f* Zerstörung *f*, Vernichtung *f*

disturbare I. *vt* stören **II.** *vr* ◇ **-rsi** sich stören lassen; **disturbo** *m* ① (*il disturbare*) Störung *f*

2 ↑ *indisposizione* Beschwerden *f/pl;* MEDIA Störung *f* **3** ↑ *incomodo* Mühe *f*

disubbidiente *agg inv* ungehorsam; **disubbidienza** *f* Ungehorsam *m;* **disubbidire** ⟨5.2.⟩ *irr vi* nicht gehorchen (*a* dat)

disuguale *agg inv* **1** ↑ *diverso* ungleich, verschieden **2** ↑ *irregolare* ungleichmäßig

disumano *agg* unmenschlich

disuso *m* ◇ **andare** [*o.* **cadere**] **in** - außer Gebrauch kommen [*o.* veralten]

dita *f/pl* verdi **dito**

ditale *m* Fingerhut *m*

dito ⟨dita⟩ *m* **1** (*della mano*) Finger *m;* ◇ - **del piede** Zehe *f,* Zeh *m* **2** (*misura*) Fingerbreit *m;* (*di liquidi*) Schluck *m*

ditta *f* COMM Firma *f,* Unternehmen *n*

dittatore *m* Diktator(in *f*) *m;* **dittatura** *f* Diktatur *f*

ditton|go ⟨-ghi⟩ *m* Diphthong *m*

diurno *agg* Tag(es)-

diva *f* vedi **divo**

divagare ⟨3.5.⟩ *irr vi* abschweifen; **divagazione** *f* Abschweifung *f*

divampare *vi essere* **1** ← *incendio* aufflammen **2** *FIG* entflammen

divano *m* Sofa *n*

divaricare ⟨3.4.⟩ *irr vt* → *gambe* spreizen

divario *m* Unterschied *m*

divenire ⟨Pass. rem.: divenni/divenisti Part.: divenuto⟩ *irr vi essere* werden; **diventare** *vi essere* werden; **diventuto** *p.pass.* **divenire**

diverbio *m* Wortstreit *m*

divergente *agg inv* ▷ *opinioni* auseinandergehend; MAT divergent; OTTICA Zerstreuungs-

diversione *f* **1** (*di un canale*) Ableitung *f* **2** MIL Ablenkungsmanöver *n*

diversità *f* **1** (*di opinioni*) Verschiedenheit *f* **2** (*di prezzi*) Unterschied *m* **3** ↑ *varietà* Vielfalt *f*

diversivo *m* Abwechslung *f*

diverso I. *agg* **1** (*differente*) verschieden; ◇ - **da** anders als **2** (*altro*) andere(r,s) II. *agg* ◇ **diversi/diverse** *pl* mehrere, verschiedene, einige III. *pron* ◇ **diversi/diverse** *pl* mehrere, etliche

divertente *agg inv* unterhaltsam; **divertimento** *m* Vergnügen *n,* Unterhaltung *f;* **divertire** ⟨5.1.⟩ *irr* I. *vt* Spaß machen *dat,* unterhalten II. *vr* ◇ -**rsi** Spaß haben an, sich unterhalten

dividendo *m* **1** MAT Dividend *m* **2** COMM Dividende *f;* **di'videre** ⟨Pass. rem.: divisi/divisti Part.: diviso⟩ *irr* I. *vt* **1** (*in gen.*) teilen; ↑ *separare* trennen; ↑ *ripartire* aufteilen; MAT teilen, dividieren **2** (*FIG mettere in disaccordo*) auseinanderbringen II. *vr* ◇ -**rsi** **1** (*in gen.*) sich

teilen; ↑ *separarsi* sich trennen **2** (*in gruppi*) sich aufteilen

divieto *m* Verbot *n;* AUTO ◇ - **di transito** Durchfahrt verboten

divincolarsi *vr* sich winden

divinità *f* **1** (*dio*) Gott *m,* Göttin *f* **2** (*natura divina*) Gottheit *f;* **divino** *agg* **1** (*dio*) göttlich **2** *FIG* göttlich, köstlich

divisa ¹ *f* (*uniforme*) Uniform *f;* (*da lavoro*) Dienstkleidung *f*

divisa ² *f* COMM Devise *f*

divisione *f* **1** (*in gen.*) Teilung *f;* ↑ *separazione* Trennung *f;* ↑ *ripartizione* Aufteilung *f;* MAT Division *f,* Teilung *f* **2** *FIG* Uneinigkeit *f* **3** (MIL *unità*) Division *f* **4** SPORT Spielklasse *f,* Division *f;* **diviso** *p.pass.* **dividere**; **divi'sorio** I. *agg* Trenn- II. *m* ▷ *parete* Trennwand *f*

divo(-a *f*) *m* Star *m*

divorare *vt* **1** (*in gen.*) fressen, auffressen **2** *FIG* ↑ *distruggere* ← *fiamme* zerstören

divorziare ⟨3.6.⟩ *irr vi* sich scheiden lassen; **di'vorzio** *m* Scheidung *f*

divulgare ⟨3.5.⟩ *irr vt* verbreiten

dizio'nario *m* Wörterbuch *n;* ◇ - **tascabile** Taschenwörterbuch *n*

dizione *f* (*recitazione*) Vortrag *f*

do *m* ⟨inv⟩ MUS C *n*

D.O.C. *abbr. di* **Denominazione di Origine Controllata** QbA

doc|cia ⟨-ce⟩ *f* **1** (*in gen.*) Dusche *f;* ◇ **fare la** - duschen **2** ↑ *grondaia* Dachrinne *f* **3** *FIG* ◇ - **fredda** kalte Dusche

docente I. *agg inv* Lehr- II. *m/f* Lehrer(in *f*) *m;* (*di università*) Dozent(in *f*) *m;* **docenza** *f* Lehrauftrag *m*

docile *agg inv* gefügig, dozil

documentare I. *vt* (*comprovare con documenti*) belegen, dokumentieren II. *vr* ◇ -**rsi** sich informieren; **documen'tario** I. *agg* dokumentarisch II. *m* FILM Dokumentarfilm *m;* **documentazione** *f* (*in gen.*) Dokumentation *f;* DIR Belegmaterial *n;* **documento** *m* **1** (*in gen.*) Urkunde *f,* Dokument *n; di identificazione*) Ausweis *m* **2** DIR Beleg *m,* Beweisstück *n* **3** (*testimonianza storica*) Zeugnis *n*

'dodici *agg* zwölf

dogana *f* (*edificio*) Zollamt *n;* ◇ **pagare la** - Zoll zahlen; **doganale** *agg inv* Zoll-; **doganiere** *mf* Zollbeamte *m,* Zollbeamtin *f*

doglia *f* (*di/da parto*) Wehen *f/pl*

dogma ⟨-i⟩ *m* Dogma *n,* Lehrsatz *m*

dolce I. *agg inv* **1** (*in gen.*) süß; ▷ *formaggio* mild **2** *FIG* ↑ *mite* ▷ *clima* mild **3** *FIG* ▷ *ricordi* süß, schön **4** *FIG* ↑ *tenero* zärtlich **5** (*non ripi-*

do) ▷*pendio* sanft **II.** *m* ① (*sapore* -) Süße *f*, Süßigkeit *f* ② (GASTRON *cibo*) Süßspeise *f*; (*torta*) Kuchen *m*

dolcevita *mf* ⟨inv⟩ Rollkragenpullover *m*

dolcezza *f* ① (*sapore*) Süße *f*, Süßigkeit *f* ② FIG ↑ *tenerezza* Zärtlichkeit *f* ③ FIG ↑ *mitezza* Milde *f*; **dolcificante** *m* Süßstoff *m*; **dolciumi** *m/pl* Süßigkeiten *f/pl*

dolente *agg* ① (*che provoca dolore*) schmerzlich ② ↑ *spiacente* traurig; ◇ **sono dolente di..** ich bedaure, daß..

'**dollaro** *m* Dollar *m*

dolo *m* DIR Vorsatz *m*

Dolomiti *f/pl* GEO: ◇ **le** - die Dolomiten

dolore *m anche* FIG Schmerz *m*; **doloroso** *agg* ① ▷*ferita* schmerzhaft ② ▷*avvenimento* schmerzlich

doloso *agg* DIR vorsätzlich

doluto *p.pass.* **dolere**

domanda *f* ① (*rispondere a*) Frage *f*; ◇ **fare una** - eine Frage stellen ② (DIR *richiesta scritta*) Gesuch *n* ③ COMM Nachfrage *f*; **domandare** **I.** *vt* ↑ *chiedere* fragen **II.** *vi pron* ◇ -**rsi** sich fragen

domani **I.** *avv* morgen **II.** *m* (*il futuro*) Morgen *n*, Zukunft *f*

domare *vt* ① → *animale* zähmen ② FIG ↑ *soggiogare* unterwerfen; → *incendio* löschen

domattina *avv* morgen vormittag/früh

do'meni|ca ⟨-che⟩ *f* Sonntag *m*; ◇ **di** [*o.* **la**] - am Sonntag, sonntags; **domenicale** *agg inv* Sonntags-, sonntäglich

domestica *f* ↑ *cameriera* Dienstmädchen *n*

domestichezza *f vedi* **dimestichezza**

do'mesti|co(-a *f*) ⟨-ci, -che⟩ **I.** *agg* ① (*della casa*) häuslich, Haus- ② ▷*animale* Haus- ③ ▷*pianta* Kultur- **II.** *m* Diener(in *f*) *m*

domiciliare ¹ *agg inv* Haus-

domiciliare ² *vr*: ◇ -**rsi** sich niederlassen

domicilio *m* DIR Wohnsitz *m*

dominare **I.** *vt* ① → *popolo* herrschen über *acc* ② ↑ *sovrastare* → *città* überragen ③ FIG → *istinti, passioni* beherrschen **II.** *vr* ◇ -**rsi** ↑ *controllarsi* sich beherrschen; **dominazione** *f* Herrschaft *f*; **do'minio** *m* ① (*autorità*) Herrschaft *f* ② FIG ↑ *controllo* Beherrschung *f* ③ FIG ↑ *campo* Gebiet *n*

donare **I.** *vt* schenken, verschenken **II.** *vi* (FIG *giovare esteticamente*) stehen; **dona|tore(-trice** *f*) *m* ① (*in gen.*) Spender(in *f*) *m* ② (MED *di sangue*) Blutspender(in *f*) *m*; **donazione** *f* ① DIR Schenkung *f* ② ↑ *offerta* Spende *f*

donde *avv* ① (*da dove*) woher ② (*da cui*) woraus

dondolare, dondolarsi *vt/vr* schaukeln; **don-do'lio** ⟨-ii⟩ *m* Geschaukel *n*; '**dondolo** *m* : ◇ **cavallo a** - Schaukelpferd *n*; ◇ **sedia a** - Schaukelstuhl *m*

donna *f* Frau *f*; ◇ - **di casa** Hausfrau *f*; ◇ - **di servizio** Haushaltshilfe *f*; ◇ - **di mondo** Frau *f* von Welt; **donnac|cia** ⟨-ce⟩ *f* PEG Dirne *f*, **donnaiolo** *m* Schürzenjäger *m*

'**donnola** *f* FAUNA Wiesel *n*

dono *m* ① ↑ *regalo* Geschenk *n* ② (FIG *dote naturale*) Gabe *f*; ↑ *talento* Begabung *f*

doping *m* ⟨inv⟩ Doping *n*

dopo **I.** *avv* ① (*di tempo*) dann; ◇ **ci vediamo** - wir sehen uns später ② (*luogo*) danach **II.** *prep* (*temporale*) nach *dat*; (*ci vediamo dopo il film*) wir sehen uns nach dem Film; ◇ - **mangiato** nach dem Essen; ◇ - **di me/lei** nach mir/ihr; ◇ - **Cristo** nach Christus **III.** *congiunz* (*temporale*) nachdem **IV.** *agg inv*: ◇ **una settimana** - eine Woche später; ◇ **un anno** - ein Jahr danach/später

dopobarba *m* ⟨inv⟩ Après-Shave *n*

dopodomani *avv* übermorgen

dopoguerra *m* ⟨inv⟩ Nachkriegszeit *f*

dopopranzo *avv* am frühen Nachmittag

doposci *m* : ◇ - *m/pl* (*stivali*) Moonboots *pl*

doposcuola *m* ⟨inv⟩ Nachhilfeinstitut *n*

dopotutto *avv* schließlich, eigentlich

doppiag|gio ⟨-gi⟩ *m* FILM Synchronisation *f*

doppiare ¹ ⟨3.6.⟩ *irr vt* ① NAUT umfahren ② SPORT überrunden

doppiare ² ⟨3.6.⟩ *irr vt* FILM synchronisieren

doppiezza *f* FIG Doppelzüngigkeit *f*, Falschheit *f*

doppio **I.** *agg* ① ▷*numero, paga, filo* doppelt; ▷*mento* Doppel-; ◇ **doppia risoluzione** [Nato] Doppelbeschluß *m* ② FIG ↑ *falso* zweideutig **II.** *m* ① (*in gen.*) Doppelte(s) *n* ② (FILM *attore*) Zweitbesetzung *f* ③ (SPORT *tennis, ping pong ecc.*) Doppel[spiel] *n*; ◇ -**maschile/femminile** Damen-/Herrendoppel *n* **III.** *avv* zweifach; **doppione** *m* Duplikat *n*

doppiopetto *m* ⟨inv⟩ Zweireiher *m*

dorare *vt* ① → *oggetto* vergolden ② GASTRON goldbraun backen; **doratura** *f* Vergoldung *f*

dormicchiare ⟨3.6.⟩ *irr vi* dösen; **dormiglione** **(-a** *f*) *m* Langschläfer(in *f*) *m*; **dormire** ⟨5.1.⟩ *irr vt, vi* schlafen; **dormita** *f* Schlaf *m*; **dormitorio** *m* (*stanza*) Schlafsaal *m*; ▷*città, quartiere ecc.* Schlafstadt *f*; **dormiveglia** *m* Halbschlaf *m*

dorso *m* ① ↑ *schiena* Rücken *m* ② (SPORT *nuoto*) Rückenschwimmen *n*

dosaggio *m* Dosierung *f*; **dosare** *vt* abmessen, dosieren; **dose** *f* Dosis *f*

dosso *m* ① (*rilievo montuoso*) Erhebung *f* ② ◇ **il**

- **della mano** Handrücken *m;* ◇ **levarsi di - i vestiti** sich ausziehen

dotare *vt* ↑ *fornire* ausstatten, versehen (*di* mit); **dotazione** *f* (*di bordo, di reparto, di scuola*) Ausrüstung *f,* Ausstattung *f*

dote *f* ① (*di sposa*) Mitgift *f,* Aussteuer *f* ② *FIG* Gabe *f*

Dott. *m abbr. di* dottore Dr.

dotto [1] (**-a** *f*) **I.** *agg* ↑ *colto* gebildet **II.** *m* Gelehrte (r) *fm*

dotto [2] *m* ANAT Kanal *m*

dottorato *m* Doktortitel *m,* Doktorwürde *f;* **dottore(-essa** *f*) *m* ① (*titolo universitario*) Doktor (in *f*) *m;* ◇ **- in medicina** Doktor der Medizin ② ↑ *medico* Arzt *m,* Ärztin *f*

dottrina *f* ① (*principio teorico*) Doktrin *f* ② REL ↑ *catechismo* Katechismus *m*

Dott.ssa *f abbr. di* dottoressa Dr.

dove **I.** *avv* ① (*stato*) wo ② (*moto*) wohin ③ ◇ **da - vieni?** woher kommst du?; ◇ **per - si passa?** wo geht man durch? ④ ◇ **ecco - lavoro** hier ist mein Arbeitsplatz **II.** *congiunz* während

dovere ⟨4.7.⟩ *irr* ① **I.** *vi* ① (*in gen.*) müssen ② ◇ **non devi/dovresti fumare** du sollst/solltest nicht rauchen ③ ◇ **dovrebbero essere le tre** es müßte drei Uhr sein ④ ↑ *essere necessario* brauchen **II.** *vt* ↑ *essere debitore* schuldig sein, schulden; ◇ **è dovuta partire presto** sie mußte früh gehen; ◇ **ha dovuto pagare 35 mila lire** er mußte 35000 Lire bezahlen; ◇ **gli devo la vita** ich verdanke ihm mein Leben **III.** *m* (*obbligo morale*) Pflicht *f;* **doveroso** *agg* geboten

dovunque *avv* ① (*stato*) wo auch immer; (*moto*) wohin +*cong.* ② ↑ *dappertutto* (*stato*) überall; (*moto*) überallhin +*cong.*

dovuto **I.** *p.pass.* dovere; **II.** *agg* ↑ *causato* verursacht (*a* von)

dozzina *f* Dutzend *n*

draga *f* Bagger *m*

dra'gamine *m* ⟨inv⟩ NAUT Minensuchboot *n*

dragare *vt* baggern, ausbaggern

dra|go ⟨-ghi⟩ *m* Drache *m*

dramma ⟨-i⟩ *m* ① ▷*teatrale* Drama *n,* Schauspiel *n* ② *FIG* Drama *n;* **dram'mati|co** ⟨-ci, -che⟩ *agg* dramatisch; **drammatizzare** *vt* ① → *romanzo* für die Bühne bearbeiten ② *FIG* dramatisieren; **drammatur'go(-a** *f*) *m* ⟨-ghi⟩ Dramatiker(in *f*) *m*

drappeggiare *vt* → *mantello* drapieren; **drappello** *m* Schar *f*

drenag'gio ⟨-gi⟩ *m* ① (*d'acqua ecc.*) Dränage *f,* Entwässerungsanlage *f* ② MED Drainage *f;* **drenare** *vt* ① → *terreno* entwässern ② MED drainieren

dribblare **I.** *vi* SPORT dribbeln **II.** *vt* ① SPORT umspielen ② *FIG* → *domanda* umgehen, ausweichen *dat*

drive *m* ⟨inv⟩ INFORM Laufwerk *n;* ◇ **- per dischi rigidi** Festplattenlaufwerk *n*

drizzare **I.** *vt* ① → *chiodo, palo* geraderichten, geradebiegen ② → *sguardo, occhi* lenken, richten; *FIG* ◇ **- le orecchie** die Ohren spitzen ③ ↑ *innalzare* → *antenna* aufrichten **II.** *vr* ◇ **-rsi** sich aufrichten

dro|ga ⟨-ghe⟩ *f* ① ↑ *spezie* Gewürz *n* ② (*stupefacente*) Droge *f,* Rauschgift *n;* **drogare** *vt* ① (*condire con spezie*) würzen ② (*somministrare droghe*) Rauschgift verabreichen *dat* ③ SPORT dopen **II.** *vr* ◇ **-rsi** ① (*fare uso di droga*) Rauschgift nehmen ② SPORT sich dopen; **drogato, -a** *m* Drogensüchtige(r) *fm*

droghe'ria *f* Drogerie *f*

drome'dario *m* FAUNA Dromedar *n*

dubbio **I.** *agg* zweifelhaft, unsicher **II.** *m* ① (*non certezza*) Zweifel *m* ② ↑ *sospetto* ◇ **avere il - che** den Verdacht haben, daß; ◇ **mettere in - qc** etw in Frage stellen; **dubbioso** *agg* zweifelhaft; **dubitare** *vi* bezweifeln *acc,* zweifeln (*di an dat*)

du|ca ⟨-chi⟩ *m* Herzog *m*

duce *m* (*in gen.*) Führer *m;* (*nel fascismo*) Duce *m;* **duchessa** *f* Herzogin *f*

due *agg* zwei; **duecento** **I.** *agg* zweihundert **II.** *m :* ◇ **il D-** das dreizehnte Jahrhundert

duello *m* Duell *n*

duemila **I.** *agg* zweitausend **II.** *m :* ◇ **il - das** Jahr zweitausend

duepezzi *m* ⟨inv⟩ Bikini *m,* Zweiteiler *m*

duetto *m* MUS Duett *n*

duna *f* Düne *f*

dunque *congiunz* ① ↑ *allora* also ② ↑ *perciò* daher

duodeno *m* ANAT Zwölffingerdarm *m*

duomo *m* Dom *m*

duplicato *m* Duplikat *n;* **'duplice** *agg* zweifach, doppelt

durante *prep* während

durare *vi* essere/avere ① (*in gen.*) dauern ② ↑ *perseverare* beharren, ausdauern; **durata** *f* Dauer *f;* **duraturo** *agg vedi* **durevole**

du'revole *agg* dauerhaft

durezza *f* ① (*in gen.*) Härte *f* ② *FIG* ↑ *ostinazione* Hartnäckigkeit *f* ③ *FIG* ↑ *asprezza* Härte *f;* **duro(-a** *f*) **I.** *agg* ① (*in gen.*) hart; ◇ **- d'orecchi** schwerhörig; ◇ **- di comprendonio** schwer von Begriff ② *FIG* ↑ *rigido, severo* streng, hart; ↑ *ostinato* hartnäckig **II.** *m* (*persona*) harter Mensch *m;* (*ostinato*) Starrkopf *m*

durone *m* Hornhaut *f*

E

e, E ⟨¹⟩ *m/f* ⟨inv⟩ e, E *n*

e ², **ed** *congiunz* und

E *abbr. di* est O *Osten*

ebanista ⟨-i, -e⟩ *m/f* Kunsttischler(in *f*) *m*; **'ebano** *m* BIO ① (*albero*) Ebenholzbaum *m* ② (*legno*) Ebenholz *n*

ebbene *congiunz* ① ↑ *dunque* also, also gut, nun ② ◇ ~, **che ne pensi?** na, was hältst du davon?

ebbrezza *f* ① (*da alcol*) Trunkenheit *f* ② ↑ *piacere, esaltazione* Rausch *m*; **ebbro** *agg* ① ↑ *ubriaco* betrunken ② (*di felicità, di gioia ecc.*) freudetrunken

'ebete *agg inv* schwachsinnig

ebollizione *f* Sieden *n*, Kochen *n*; ◇ **punto di** ~ Siedepunkt *m*

e'braico ⟨-ci, -che⟩ *agg* ① ▷*popolo* jüdisch ② LING hebräisch; **ebreo I.** *agg* jüdisch **II.** *m* (**-a** *f*) Jude *m*, Jüdin *f*

ecatombe *f* Blutbad *n*, Gemetzel *n*

ecc. *avv abbr. di* eccetera usw., etc.

eccedenza *f* (*ciò che ecc.ede*) Überschuß *m* (*di* an *dat*); ↑ *quantità* Überzahl *f*

eccellente *agg inv* hervorragend, vortrefflich; **eccellenza** *f* ① (*in gen.*) Vorzüglichkeit *f*; ↑ *perfezione* Vollkommenheit *f*; ◇ **per** ~ im wahrsten Sinne des Wortes ② (*titolo*) Exzellenz *f*; **ec'cellere** ⟨4.23⟩ *vi* sich auszeichnen, sich hervortun; (*essere superiore*) überlegen sein (*in* an *dat*); **eccelso** *agg* höchste(r, s); ↑ *sublime* erhaben

ec'centri|co ⟨-ci, -che⟩ *agg* ① (*lontano dal centro*) abgelegen ② *FIG* ↑ *stravagante* exzentrisch, überspannt

eccessivo *agg* übertrieben; **eccesso** *m* ① Übermaß *n*; ◇ **in** ~ zuviel; ◇ **all'** ~ übertrieben ② MAT ◇ **per** ~ im Übermaß ③ ◇ ~ **di velocità** Geschwindigkeitsüberschreitung *f*

ec'cetera *avv* und so weiter

eccetto I. *prep* bis auf *acc*, außer *dat* **II.** *congiunz:* ◇ ~ **che** außer wenn [*o*. es sei denn]

eccezionale *agg inv* ① (*in gen.*) ungewöhnlich, außergewöhnlich; ◇ **in via del tutto** ~ ganz ausnahmsweise ② ↑ *straordinario* besondere(r, s); **eccezione** *f* ① (*in gen.*) Ausnahme *f*; ◇ **ad** ~ **di** außer ② DIR Einwand *m*

ec'chimosi *f* MED Ekchymose *f*

eccidio *m* Gemetzel *n*, Blutbad *n*

ecci'tabile *agg inv* erregbar, reizbar; **eccitante I.** *agg inv* (*che ecc.ita*) aufregend **II.** *m* ↑ *stimolante* Reizmittel *n*; **eccitare I.** *vt* → *curiosità, interesse* erwecken, erregen; → *folla* aufhetzen **II.** *vr* ◇ **-rsi** sich aufregen; **eccitazione** *f* Erregung *f*, Aufregung *f*

ecclesi'astico ⟨-ci, -che⟩ **I.** *agg* kirchlich, geistlich **II.** *m* Geistliche(r) *fm*

ecco I. *avv* da; ◇ ~ **l'autobus!** da kommt der Bus!; ◇ **-ti!** da bist du!; ◇ **-ne uno!** hier ist einer!; ◇ ~ **fatto!** das wäre erledigt! **II.** *inter* eben, genau

echeggiare ⟨3.3.⟩ *irr vi avere/essere* widerhallen

eclatante *agg inv* auffallend

eclissare I. *vt anche FIG* ↑ *offuscare* verdunkeln **II.** *vi* (*FAM non farsi più vedere*) sich davonmachen; **eclissi** *f* ⟨inv⟩ ASTRON Eklipse, Finsternis *f*; ◇ ~ **solare/lunare** Sonnen/Mondfinsternis *f*

eco ⟨echi⟩ *m o f* Echo *n*

ecogra'fia *f* MED Ultraschalluntersuchung *f*

ecolo|gia ⟨-gie⟩ Ökologie *f*; **eco'logi|co** ⟨-ci, -che⟩ *agg* ökologisch, umweltfreundlich; ▷ *macchina* abgasarm; ▷ *lacca* umweltfreundlich; **ecologista** ⟨-i, -e⟩ *m/f* Umweltschützer(in *f*) *m*

econo'mia *f* ① (*in gen.*) Wirtschaftswissenschaft *f* ② (*sistema*) Wirtschaftssystem *n* ③ (*situazione economica*) Wirtschaftslage *f* ④ ↑ *risparmio* Sparen *n*; ◇ **-e** Ersparnisse *pl*; ◇ **fare** ~ sparen; **eco'nomi|co** ⟨-ci, -che⟩ *agg* ① (*in gen.*) wirtschaftlich ② (*poco costoso*) preiswert; **economista** ⟨-i, -e⟩ *m/f* Wirtschaftswissenschaftler(in *f*) *m*; SCUOLA Wirtschaftswissenschaftler(in *f*) *m*; **economizzare I.** *vt* sparen **II.** *vi* sparen; **e'conomo I.** *agg* sparsam **II.** *m/f* (**-a** *f*) Verwalter(in *f*) *m*

ecosistema ⟨-i⟩ *m* Ökosystem *n*

ECU *m acronimo di* **European Currency Unit** Ecu *m o n*

ecu'meni|co ⟨-ci, -che⟩ *agg* ökumenisch

eczema ⟨-i⟩ *m* MED Ekzem *n*

ed *vedi* **e**

eden *m* ⟨inv⟩ ① (BIBBIA *paradiso terrestre*) Eden *n* ② (*luogo felice e stupendo*) Eden, Paradies *n*

'edera *f* BIO Efeu *m*

e'dicola *f* Zeitungskiosk *m*

edifi'cabile *agg inv* bebaubar, Bau-; **edificare** ⟨3.4.⟩ *irr vt* ① (*in gen.*) bauen; *FIG* → *teoria* aufstellen ② → *azienda* gründen; **edificazione** *f anche FIG* Erbauung *f*; **edifi'cio** ⟨-ci⟩ *m* Bau *m*, Gebäude *n*

edile I. *agg inv* (*riguardante l'edilizia*) Bau-, baulich **II.** *m/f* (*operaio edile*) Bauarbeiter *m*; **edilizia** *f* Bauwesen *n*

editare *vt* INFORM editieren, aufbereiten

edi|tore [1] **(-trice)** f **I.** agg Verlags- **II.** m/f [1] (in gen.) Verleger(in f) m [2] (curatore) Herausgeber (in f) m; **edito'ria** f Verlagswesen n; **editoriale** agg Verlags-

editoriale [2] m Leitartikel m; **edizione** f [1] (in gen.) Ausgabe f [2] ↑ pubblicazione Herausgabe f [3] (esemplare) Auflage f [4] ◇ - straordinaria Sonderauflage f [5] (mostra, fiera) Veranstaltung f

E.D.P. abbr. di **Electronic Data Processing** EDV f

educare ⟨3.4.⟩ irr vt [1] (in gen.) erziehen [2] ↑ abituare gewöhnen (a an acc); **educativo** agg Erziehungs-; **educato** agg höflich, wohlerzogen; ◇ ben/mal - gut/schlecht erzogen; **educazione** f Erziehung f; SCUOLA ◇ - fisica Turnen n

E.E.D. abbr. di **elaborazione elettronica dei dati** EDV f; ◇ impianto - EDV-Anlage f

effeminato I. agg verweichlicht **II.** m **(-a** f) Weichling m

efferatezza f ↑ crudeltà, ferocia Grausamkeit f; **efferato** agg ↑ atroce, crudele grausam, roh

effervescente agg inv [1] (in gen.) sprudelnd, aufbrausend [2] FIG ↑ esaltato, agitato hitzig, erregt; **effervescenza** f [1] (in gen.) Aufbrausen n, Sprudeln n; ↑ fermento Gärung f [2] FIG ↑ esaltazione Erregung f

effettivamente avv wirklich, tatsächlich; **effettivo I.** agg [1] ↑ reale wirklich, tatsächlich [2] ▷operaio, impiegato ecc. fest angestellt; ▷professore ordentlich **II.** m [1] ▷operaio, impiegato ecc. Festangestellte(r) fm; ▷professore ordentlicher Professor [2] ↑ consistenza Effektivstand m

effetto m [1] (in gen.) Wirkung f, Effekt m; ◇ -i collaterali Nebenwirkungen f/pl; ◇ avere - wirksam sein [2] FIG ◇ fare - su qu auf jd-n wirken [3] SPORT ◇ palla d'- geschnittener Ball [4] FIS,TEC Effekt m [5] (COMM cambiale) Wechsel m [6] ◇ a tutti gli -i in jeder Hinsicht; ◇ in -i tatsächlich

effettuare I. vt ↑ realizzare, compiere durchführen; → servizio ausführen **II.** vi essere ↑ accadere, succedere sich verwirklichen, sich erfüllen

efficace agg inv wirksam; **effica|cia** ⟨-cie⟩ f Wirksamkeit f

efficiente agg inv (in gen.) wirkungsvoll; ▷macchina leistungsfähig; ▷persona fähig, tüchtig; **efficienza** f Wirksamkeit f, Leistungsfähigkeit f; ◇ essere in piena - voll in Betrieb sein

effi|gie ⟨-gi o. -ge⟩ f Bild n

ef'fimero agg (di breve durata) kurzlebig, vergänglich

effusione f [1] (di liquidi) Ausgießen n; (di gas) Ausströmen n [2] (di lava) Ausströmen n [3] FIG Liebesbezeugung f, Herzlichkeit f

egalitario vedi **egualitario**

egemo'nia f ↑ supremazia Vorherrschaft f

Egeo m GEO: ◇ l'- [o. il Mare -] Ägäis f [o. Ägäische Meer n]

Egitto m GEO Ägypten n; **egiziano I.** agg ägyptisch **II.** m **(-a** f) Ägypter(in f) m

egli pron er

ego'centri|co ⟨-ci, -che⟩ **I.** agg egozentrisch **II.** m **(-a** f) Egozentriker(in f) m

egoismo m Egoismus m; **egoista** ⟨-i, -e⟩ **I.** agg egoistisch **II.** m/f Egoist(in f) m

egr. abbr. di **egregio** sehr geehrte(r)

egre|gio ⟨-gi, -ge⟩ agg [1] (in gen.) ausgezeichnet, vortrefflich [2] (nelle lettere) ◇ - signore/-a signora sehr geehrter Herr/sehr geehrte Frau

eguaglianza vedi **uguaglianza**; **egualitario, egalitario** agg gleichberechtigt

eiaculazione f MED Ejakulation f

elaborare vt [1] → progetto ausarbeiten [2] → dati verarbeiten; **elaborato I.** p.pass. **elaborare**; **II.** agg [1] (in gen.) ausgearbeitet; ↑ artificioso gekünstelt; ▷stile ausgefeilt; ↑ affettato geziert [2] ▷motore aufgedreht **III.** m [1] (in gen.) Ausarbeitung f; SCUOLA Aufgabe f, schriftliche Arbeit f [2] INFORM Ausdruck m; **elabora|tore (-trice)** f m [1] (che elabora) Bearbeiter(in f) m [2] INFORM ◇ - elettronico EDV-Anlage f, Computer m; **elaborazione** f [1] (in gen.) Ausarbeitung f [2] INFORM Verarbeitung f; ◇ - testi Textverarbeitung f

elargire ⟨5.2.⟩ irr vt ↑ donare, dispensare spenden

elasticità f [1] (in gen.) Elastizität f [2] ↑ agilità Gelenkigkeit f [3] FIG ↑ duttilità Dehnbarkeit f; **elasticizzato** agg ▷tessuto aus dehnbarem Material; **e'lasti|co** ⟨-ci, -che⟩ **I.** agg [1] elastisch; ↑ molleggiante federnd; ↑ estensibile dehnbar [2] FIG nachgiebig, lebhaft, wendig **II.** m Gummiring m; ▷nastro Gummiband n

Elba I. f (GEO isola) Elba n **II.** m (GEO fiume) Elbe f

elefante m FAUNA Elefant m

elegante agg inv elegant; **eleganza** f Eleganz f

e'leggere ⟨Pass. rem.: elessi/eleggesti Part.: eletto⟩ irr vt wählen

elementare I. agg inv ↑ semplice einfach, elementar; (di base) grundlegend; ◇ scuola - Grundschule f **II.** f/pl Grundschule f/sg

elemento m [1] a. CHIM Element n; ◇ - di

combustione Brennelement n [2] (*componente*) Bestandteil m [3] (*ambiente*) Element n, Lebensstoff m; *FIG* ◇ **essere nel proprio -[naturale]** in seinem Element sein [4] ◇ **-i** m/pl (*della scienza ecc.*) Grundlagen f/pl; (*di prova*) Beweisstück n, Beweisgegenstand m

ele'mosina f Almosen n; ◇ **fare l'-** Almosen geben

elencare ir vt ↑ *enumerare* aufzeichnen, aufzählen; **elen|co** ⟨-chi⟩ m Verzeichnis n, Liste f; ◇ **- telefonico** Telefonbuch n

eletto I. p.pass. **eleggere; II.** m (**-a** f) ↑ *nominato* Gewählte(r) fm

elettorale agg inv Wahl-; **elettorato** m Wähler m/pl, Wählerschaft f; **elet|tore, -trice** m Wähler(in f) m

elettrauto I. m ⟨inv⟩ Werkstatt f für elektrische Reparaturen **II.** mf (*tecnico*) Autoelektriker(in f) m

elettricista ⟨-i, -e⟩ m/f Elektriker(in f) m; **elettricità** f [1] (*in gen.*) Elektrizität f [2] *FIG* Nervosität f; **e'lettri|co** ⟨-ci, -che⟩ **I.** agg elektrisch, Elektrizitäts- **II.** mf (*lavoratore*) Elektriker(in f) m; **elettrificazione** f Elektrifizierung f; **elettrizzare I.** vt [1] (*in gen.*) elektrisieren [2] *FIG* begeistern **II.** vi pron ◇ **-rsi** [1] (*in gen.*) elektrisiert werden [2] ↑ *eccitarsi* sich erregen, sich begeistern

elettrocardiogramma ⟨-i⟩ m Elektrokardiogramm n, EKG n

e'lettrodo m FIS Elektrode f

elettrodo'mesti|co ⟨-ci⟩ **I.** agg: ◇ **apparecchio** elektrisches Haushaltsgerät n **II.** m elektrisches Haushaltsgerät n

elettroencefalogramma ⟨-i⟩ m MED Elektroenzephalogramm n

elet'trolisi f ⟨inv⟩ CHIM Elektrolyse f

elettrologia f Elektrizitätslehre f

elettroma'gneti|co ⟨-ci, -che⟩ agg FIS elektromagnetisch

elettrone m FIS Elektron n

elet'tronica f Elektronik f; **elet'troni|co** ⟨-ci, -che⟩ agg elektronisch; **elettro'tecnica** f Elektrotechnik f; **elettro'tecni|co** ⟨-ci, -che⟩ **I.** agg elektrotechnisch **II.** m (**-a** f) Elektrotechniker(in f) m; **elettrotera'pia** f Elektrotherapie f

elevare vt [1] (*in gen.*) erheben; → *piano stradale ecc.* erhöhen; → *edificio* bauen [2] *FIG* ↑ *nobilitare* erheben [3] MAT erheben **I.** p.pass. **elevare; II.** agg anche *FIG* ↑ *alto* hoch; **elevatore** m [1] (*macchina*) Hebewerk n [2] (*nelle armi da fuoco*) Zubringer m; **elevazione** f anche *FIG* Erhebung f, Erhöhung f [0] MAT Erhebung f

elezione f Wahl f

'eli|ca ⟨-che⟩ f Propeller m

eli'cottero m Hubschrauber m

eliminare vt [1] (*in gen.*) entfernen, beseitigen; ↑ *escludere*, SPORT ausschließen [2] *FAM* ↑ *uccidere* beseitigen, töten; **elimina'toria** f Ausscheidungskampf m; **eliminazione** f Entfernung f, Beseitigung f, Ausschluß m; ◇ **- dei rifiuti** Abfallbeseitigung f

eli'sir m ⟨inv⟩ Elixier n

elite f ⟨inv⟩ Elite f, Auswahl f; **elitario** agg elitär

ella pron [1] (*terza persona femminile sing*) sie [2] (*forma di cortesia*) Sie

ellepì m Langspielplatte f, LP f

ellisse f MAT Ellipse f

elmetto m Helm m; **elmo** m Helm m

elogiare vt loben

elo'gio ⟨-gi⟩ m Lob m, Lobrede f

eloquente agg inv wortgewandt; *FIG* vielsagend; **eloquenza** f [1] (*in discorso*) Beredsamkeit f [2] (*forza espressiva*) Bedeutsamkeit f

e'ludere ⟨Pass. rem.: elusi/eludesti Part.: eluso⟩ irr vt umgehen, ausweichen dat; **elusivo** agg ausweichend

el'vetico I. agg helvetisch, schweizerisch **II.** sm (**-a** f) Helvetier m, Schweizer(in f) m

emaciato agg (*molto magro*) ↑ *smunto* abgezehrt, abgemagert

emanare I. vt → *luce, raggi ecc.* ausstrahlen; → *liquidi, gas* ausströmen; → *leggi, decreti* erlassen **II.** vi essere kommen; **emanazione** f (*di luce, di raggi ecc.*) Ausstrahlung f; (*di liquidi, di gas*) Ausströmung f; (*di leggi, di decreti*) Erlassung f

emancipare I. vt [1] (*in gen.*) emanzipieren, gleichstellen [2] ↑ *liberare* befreien [3] DIR mündigsprechen **II.** vr ◇ **-rsi** sich emanzipieren, sich befreien (*da* von); **emancipazione** f Emanzipation f, Befreiung f

emarginare vt *FIG*: ◇ **- qu/qc da qc** jd-n/etw von etw ausschließen; **emarginato I.** p.pass. **emarginare; II.** agg *FIG* ausgeschlossen **III.** m (**-a** f) *FIG* Ausgestoßene(r) fm; (*volontario*) Aussteiger(in f) m; **emarginazione** f *FIG* Ausstoßen n

ematoma m ⟨-i⟩ MED Bluterguß m

embar|go ⟨-ghi⟩ m Embargo n

emblema ⟨-i⟩ m Emblem n; ↑ *simbolo* Symbol n; **emblematico** agg emblematisch, sinnbildlich

embo'lia f MED Embolie f; **'embolo** m MED Blutpfropf m

embrione m [1] BIO Embryo m [2] BIO Keimling m [3] *FIG* Keim m

emendamento m [1] (*in gen.*) Verbesserung f,

Berichtigung *f* ② DIR Abänderung *f;* **emendare** I. *vt* ① ↑ *correggere* verbessern, berichtigen ② DIR abändern II. *vr* ◇ **-rsi** sich bessern

emergente *agg inv* ① (*che emerge*) hervortretend ② FIG ▷*paese, attore ecc.* aufstrebend;

emergenza *f* Notfall *m;* ◇ **in caso di -** im Notfall; **e'mergere** ⟨Pass. rem.: emersi/emergesti Part.: emerso⟩ *irr vi essere* ① (*in gen.*) auftauchen (*da aus*) ② FIG ↑ *distinguersi* hervorragen, herausragen

e'merito *agg* ↑ *famoso* berühmt; ◇ **professore -** emeritierter Professor

emersione *f* Auftauchen *n;* **emerso** I. *p.pass.* **emergere;** II. *agg* aufgetaucht

emesso *p.pass.* **emettere; e'mettere** ⟨Pass. rem.: emesi/emettesti Part.: emesso⟩ *irr vt* ① → *grido* ausstoßen; → *calore, onde radio* ausstrahlen; → *assegno* ausstellen ② FIG → *giudizio* aussprechen; → *legge* erlassen

emicrania *f* MED Migräne *f*

emigrante I. *agg inv* auswandernd II. *m/f* (*in gen.*) Auswander|er(in *f*) *m;* (*politico*) Emigrant (in *f*) *m;* **emigrare** *vi essere/avere* auswandern; (*per motivi politici*) emigrieren; **emigrato** I. *p.pass.* **emigrare;** II. *agg* ausgewandert III. (*in gen.*) Auswander|er(in *f*) *m;* (*politico*) Emigrant (in *f*) *m;* **emigrazione** *f* (*in gen.*) Auswanderung *f;* (*per un motivo politico*) Emigration *f;* ◇ **- interna** Binnenwanderung *f*

eminente *agg inv* ① *lett.* ▷*altura, seggio* erhöht ② FIG ↑ *illustre* hervorragend, herausragend; **eminenza** *f* ① *lett.* ↑ *altezza* Anhöhe *f* ② (FIG *titolo*) Eminenz *f,* Hoheit *f*

emisfero *m* Hemisphäre *f;* ◇ **- boreale/australe** nördliche/südliche Halbkugel/Hemisphäre

emissario ¹ *m* (*di fiume*) Abfluß *m*

emissario ²(**-a** *f*) *m* ↑ *spia, mandatario* Geheimagent(in *f*) *m*

emissione *f* ① COMM Ausgabe *f* ② MEDIA Ausstrahlung *f* ③ FIS Emission *f*

emittente I. *agg inv* (*che emette*) Emissions- II. *f* MEDIA Sender *m* III. *m/f* Aussteller(in *f*) *m*

emolliente *m* ① (*per tessuti*) Weichmacher *m* ② MED schleimlösendes Mittel *n*

emorra|gia ⟨-gie⟩ *f* MED Blutung *f*

emor'roidi *f|pl* MED Hämorrhoiden *f|pl*

emotività *f* Empfindlichkeit *f;* **emotivo** *agg* emotional, emotionell, Gefühls-

emozionante *agg inv* spannend, aufregend; **emozionato** *agg* ↑ *turbato* aufgeregt, erregt; ↑ *commosso* erschüttert; **emozione** *f* Gefühl *n,* Emotion *f*

empio *agg* ① ↑ *sacrilego* gotteslästerlich, frevelhaft ② ↑ *spietato* grausam

em'pirico ⟨-ci, -che⟩ *agg* empirisch

em'porio *m* ① (*centro*) Handelsplatz *m,* Umschlagplatz *m* ② ↑ *magazzino* Kaufhaus *n*

emulare *vt* nacheifern *dat*

emulsione *f* Emulsion *f*

encefalite *f* MED Gehirnhautentzündung *f*

en'cicli|ca ⟨-che⟩ *f* REL Enzyklika *f*

enciclope'dia *f* Enzyklopädie *f,* Konversationslexikon *n*

encomiabile *agg inv* lobenswert; **en'comio** *m* Lobrede *f,* Belobigung *f*

endovenoso *agg* intravenös

E.N.E.L. *m acronimo di* Ente Nazionale per l'Energia Elettrica staatliche Elektrizitätsgesellschaft

ener'geti|co ⟨-ci, -che⟩ *agg* ① (*in gen.*) Energie- ② MED Kräftigungs-; **ener'|gia** ⟨-gie⟩ *f* ① *anche* FIG Energie *f* ② FIS ◇ **- nucleare, - atomica** Kernkraft *f,* Atomenergie *f;* **e'nergi|co** ⟨-ci, -che⟩ *agg* energisch

'enfasi *f* Nachdruck *m;* LING Betonung *f;* **en'fati|co** ⟨-ci, -che⟩ *agg* (*in gen.*) nachdrücklich, eindringlich; ▷*stile* schwülstig; **enfatizzare** *vt* hervorheben, betonen

enfisema ⟨-i⟩ *m* MED Emphysem *n*

enigma ⟨-i⟩ *m anche* FIG Rätsel *n;* **enig'mati|co** ⟨-ci, -che⟩ *agg* rätselhaft

enig'mistica *f* Rätselkunde *f*

E.N.I.T. *m acronimo di* Ente Nazionale per il Turismo staatliches Fremdenverkehrsamt

en'nesimo *agg* ① MAT n-te ② ◇ **per l'-a volta** zum x-ten Mal

enolo'|gia ⟨-gie⟩ *f* Wein[bau]kunde *f,* Önologie *f*

enorme *agg inv* enorm, riesig, Riesen-; **enormità** *f* ① ↑ *esagerazione* Übertreibung *f* ② (*atto di ecc.ezionale gravità*) Ungeheuerlichkeit *f*

enote|ca ⟨-che⟩ *f* ① (*raccolta*) Sammlung *f* edler Weine, Weinkeller *m* ② (*locale*) Weinstube *f*

ente *m* ① ↑ *istituzione* Einrichtung *f,* Stelle *f* ② FILOS Wesen *n,* Sein *n*

entità *f* ⟨inv⟩ ① ↑ *quantità, valore* Bedeutung *f* ② FILOS Wesen *n*

entrambi ⟨-e⟩ I. *agg* (*m/pl*) beide; ◇ **-e le donne** beide Frauen II. *pron:* ◇ **- sono andati via** [alle] beide sind weggegangen

entrare *vi essere* ① (*in gen.*) hereinkommen, hineingehen (*in* in *acc*); ◇ **- dalla porta principale** zur Tür eintreten ② ↑ *starci* [hinein-]passen; FIG ◇ **lei non c'entra niente** sie hat damit nichts zu tun; ◇ **la matematica non mi entra in testa** Mathematik begreife ich nicht ③ (FIG *essere ammesso a*) beitreten (*in dat*) ④ ↑ *iniziare* ◇ **- in vigore** in Kraft treten; ◇ **entrare in gioco/ballo**

ins Spiel kommen; ◇ **- in carica** ein Amt antreten; **entrata** *f* [1] (*in gen.*) Eingang *m* [2] (*in carica*) Antritt *m*; (*in un club*) Beitritt *m*; (*in guerra*) Eintritt *m* [3] COMM ◇ **le -e** Einnahmen *f/pl*; COMM Einkommen *n* [4] INFORM Eingabe *f*

entro *prep* (*temporale*) in *dat*, binnen *gen*, innerhalb *gen*

entroterra *m* ⟨inv⟩ Hinterland *n*

entusiasmare I. *vt* begeistern II. *vi pron:* ◇ **-rsi per qc/qu** sich für etw/jd-n begeistern; **entusiasmo** *m* Enthusiasmus *m*, Begeisterung *f*; **entusiasta** ⟨-i⟩ I. *agg* begeistert, enthusiastisch II. Enthusiast(in *f*) *m*; **entusiàstico** ⟨-ci, -che⟩ *agg* begeistert, enthusiastisch

enumerare *vt* aufzählen

enunciare ⟨3.3.⟩ *irr vt* ↑ *esprimere* darlegen, aussprechen, äußern; **enunciato** I. *agg* dargelegt, geäußert II. *m* [1] ↑ *espressione* Äußerung *f* [2] LING *Aussage f*

epatite *f* MED Hepatitis *f*, Leberentzündung *f*

'epica *f* Epik *f*

epicentro *m* [1] (*di terremoto*) Epizentrum *n* [2] FIG Herd *m*

'epico ⟨-ci, -che⟩ *agg* episch

epide'mia *f anche* FIG Epidemie *f*; **epidemiolo'gia** *f* MED Epidemiologie *f*

epi'dermide ⟨-i⟩ *f* ANAT Epidermis *f*, Oberhaut *f*

epifa'nia *f* [1] (LETT *apparizione*) Epiphanie *f* [2] (*festa*) Dreikönigsfest *n*

e'pigrafe *f* [1] (*iscrizione*) Inschrift *f* [2] (*citazione*) Motto *n*; (*dedica*) Widmung *f*

epiles'sia *f* MED Epilepsie *f*; **epi'lettico** ⟨-ci, -che⟩ I. *agg* epileptisch II. *m* Epileptiker(in *f*) *m*

e'pilo|go ⟨-ghi⟩ *m* (*di un racconto*) Epilog *m*

episcopato *m* REL Bischofsamt *n*, Episkopat *m*

episodio *m* Episode *f*

e'pistola *f* (*alla messa*) Lesung *f*; *a.* BIBBIA Brief *m*

epitaffio *m* Grabinschrift *f*, Epitaph *n*

e'piteto *m* [1] (*in gen.*) Beiwort *n*, Epitheton *n* [2] (*di offesa*) Schimpfname *m*

'epo|ca ⟨-che⟩ *f* Epoche *f*

epo'pea *f* [1] LETT Epik *f* [2] (*fatti memorabili*) Heldentaten *f/pl*

eppure *congiunz* dennoch, und doch

epurare *vt* POL säubern

equalizzatore *m* MUS, FIS Equalizer *m*

equatore *m* GEO Äquator *m*

equazione *f* MAT Gleichung *f*

equestre *agg inv* Reiter-

equi'latero *agg* MAT gleichseitig

---

equilibrare *vt anche* FIG ausgleichen; **equilibrio** *m* [1] (*in gen.*) Gleichgewicht *n*; ◇ **tenersi/stare in -** sich im Gleichgewicht halten; ◇ **l'- politico** politisches Gleichgewicht *n* [2] FIG ↑ *armonia* Ausgeglichenheit *f*

equino *agg* Pferde-

equinozio *m* ASTRON Tagundnachtgleiche *f*, Äquinoktium *n*

equipaggiare ⟨3.3.⟩ *irr* I. *vt* (*di mezzi*) ausrüsten, ausstatten; (*di persone*) bemannen II. *vr:* ◇ **-rsi per l'inverno** sich für den Winter rüsten; **equipa|ggio** ⟨-ggi⟩ *m* Crew *f*, Besatzung *f*

equiparare *vt* (*in gen.*) gleichstellen

equità *f* Gerechtigkeit *f*

equitazione *f* Reiten *n*

equivalente I. *agg inv* (*in gen.*) gleichwertig; ↑ *corrispondente* gleichbedeutend; (*in geometria*) deckungsgleich II. *m* Äquivalent *n*, Gegenwert *m*; **equivalenza** *f* [1] (*in gen.*) Gleichwertigkeit *f* [2] MAT Äquivalenz *f*

equivocare ⟨3.4.⟩ *irr vi* mißverstehen (*su/lguardo acc*); **e'quivo|co** ⟨-ci, -che⟩ I. *agg* (*in gen.*) zweideutig, mißverständlich; ⊳ *sospetto* zweifelhaft II. *m* Mißverständnis *n*; ◇ **a scanso di -i** um Mißverständnissen vorzubeugen

equo *agg* ⊳ *giudice* gerecht; ↑ *proporzionato* angemessen

era *f* Ära *f*

erba *f* [1] (*filo d' -*) Gras *n*; ◇ **fare di ogni - un fascio** alles in einen Topf werfen [2] ◇ **le -e** *f/pl* Gemüse *n*; ◇ **-e aromatiche** Gewürzkrauter *n/pl* [3] (FAM *marijuana*) Grass *n*, Gras *n*

erbicida ⟨-i⟩ *m* Herbizid *n*, Unkrautvertilgungsmittel *n*

erboristeria *f* [1] (*disciplina*) Heilpflanzenkunde *f* [2] (*negozio*) Kräuterladen *m*

erboso *agg* [1] grasbewachsen, Rasen-

erede *m/f* Erbe *m*, Erbin *f*; **eredità** *f* Erbschaft *f*, Erbe *n*; ◇ **lasciare in - qc a qu** jd-m etw vererben/hinterlassen; **ereditare** *vt* erben; **ereditario** *agg* [1] ⊳ *malattia, titolo* Erbschafts-, Erb- [2] BIO Erb-, erblich

eremita ⟨-i⟩ *m* Einsiedler(in *f*) *m*; **'eremo** *m* Einsiedelei *f*

ere'sia *f* [1] (*in gen.*) Irrlehre *f*, Häresie *f* [2] FIG Ketzerei *f*; **e'retico** ⟨-ci, -che⟩ *m* Ungläubige(r) *f/m*, Ketzer(in *f*) *m*

eretto I. *p.pass.* **e'rigere**; II. *agg* aufrecht, gerade; **erezione** *f* Erektion *f*

ergasto'lano(-a *f)* *m* Lebenslängliche(r) *f/m*; **er'gastolo** *m* [1] (DIR *pena*) lebenslängliche Gefängnisstrafe [2] (*luogo*) Gefängnis *n*, Zuchthaus *n*

ergono'mia *f* Ergonomie *f*

'eri|ca ‹-che› *f* FLORA Erika *f*, Heidekraut *n*

e'rigere ‹Pass. rem.: eressi/erigesti Part.: eretto› *irr vt* ① → *monumento, chiesa* errichten ② FIG ↑ *fondare* gründen, stiften

eritema ‹-i› *m* ◇ - *solare* Sonnenbrand *m*

ermellino *m* ① FAUNA Hermelin *n* ② (*pelliccia*) Hermelin *m*

er'meti|co ‹-ci, -che› *agg* ① ▷*chiusura* hermetisch ② FIG geheimnisvoll, unverständlich

'ernia *f* MED Bruch *m*; ◇ - **al disco** Bandscheibenvorfall *m*

e'roe(-ina) *m* Held(in *f*) *m*

erogare ‹3.5.› *irr vt* ① ↑ *destinare* zuteilen ② → *gas, luce ecc.* liefern

e'roi|co ‹-ci, -che› *agg* heldenhaft

ero'ina [1] *vedi* **eroe**

ero'ina [2] *f* (*droga*) Heroin *n*

eroi'nomane *m/f* Heroinabhängige(r) *fm*, Heroinsüchtige(r) *m fm*

eroismo *m* Heroismus *m*, Heldentum *n*

erosione *f* Erosion *f*

e'roti|co ‹-ci, -che› *agg* erotisch; **erotismo** *m* Erotik *f*

'erpice *m* AGR Egge *f*

errare *vi* ① ↑ *vagare* umherirren ② ↑ *sbagliare* sich irren; **errato** *agg* ↑ *sbagliato* irrtümlich; ◇ **se non vado** - wenn ich mich nicht irre; **erroneo** *agg* falsch; **errore** *m* Fehler *m*, Irrtum *m*; ◇ **per** - aus Versehen; ◇ - **di sistema** Systemfehler *m*; ◇ **salvo -i** unter Vorbehalt *m*

erta *f* ① (*terreno in salita*) Steigung *f* ② FIG ◇ **stare all'** - auf der Hut sein

erudito I. *agg* gelehrt, gebildet II. *m* (**-a** *f*) Gelehrte(r) *fm*

eruttare *vt* ← *vulcano* auswerfen, ausspeien; **eruzione** *f* ① (*di vulcano*) Ausbruch *m*; ◇ - *solare* Sonneneruption *m* ② MED Ausschlag *m*

esagerare I. *vt* übertreiben II. *vi* ↑ *eccedere* überteiben; **esagerazione** *f* Übertreibung *f*

esagonale *agg inv* sechseckig, hexagonal

esalare *vt* ← *di gas, di vapori ecc.* Ausströmen *n*, Ausdünstung *m*

esalta|re I. *vt* verherrlichen; ↑ *eccitare* erregen; ↑ *entusiasmare* begeistern II. *vr* ◇ **-rsi** prahlen; ↑ *eccitarsi* sich aufregen; **esaltato** *m* (*in senso positivo*) Schwärmer(in *f*) *m*; (*in senso negativo*) Fanatiker(in *f*) *m*; **esaltazione** *f* ① (*in gen.*) Verherrlichung *f* ② ↑ *eccitazione* Erregung *f* ③ ↑ *fanatismo* Eifer *m*

esame *m* ① (*in gen.*) Prüfung *f*; ◇ - **di maturità** Abitur *n* ② MED Untersuchung *f*; ◇ - **del sangue** Blutprobe *f*; **esaminare** *vt* prüfen, untersuchen

e'sanime *agg inv* leblos

esasperante *agg inv* ▷*persona, situazione* entnervend; **esasperare** I. *vt* ① ← *pena, dolore* verschärfen ② ↑ *irritare* zur Verzweiflung bringen, entnerven II. *vi pron* ◇ **-rsi** ↑ *irritarsi* visibilmente wütend werden; ← *situazione* sich zuspitzen; **esasperazione** *f* (*massima asprezza*) Verschärfung *f*; ↑ *irritazione* ◇ **portare qu all'-** jd-n zur Verzweiflung bringen

esattezza *f* (*in gen.*) Genauigkeit *f*; ↑ *accuratezza* Sorgfalt *f*

esatto [1] *p.pass.* **esigere**

esatto [2] *agg* ▷*calcolo* richtig; ▷*ora* genau; ▷*persona* sorgfältig, genau

esat|tore(-trice) *f) m* Eintreiber(in *f*) *m*; **esatto'ria** *f* Finanzamt *n*, Steuerbehörde *f*

esaudire ‹5.2.› *irr vt* erhören; → *desiderio* erfüllen

esauriente *agg* ▷*studio* erschöpfend; ↑ *convincente* ausreichend

esaurimento *m* ① (*in gen.*) Erschöpfung *f*; COMM ◇ **liquidazione fino ad** - Totalausverkauf *m* ② MED Erschöpfung *f*; ◇ - **nervoso** Nervenzusammenbruch *m*; **esaurire** ‹5.2.› *irr* I. *vt* ① *anche* FIG erschöpfen ② → *miniera, risorse* ausbeuten ③ → *argomento* erschöpfend behandeln II. *vr* ◇ **-rsi** ← *forze, riserve ecc.* sich erschöpfen, zu Ende gehen; **esaurito** *agg* ① ▷*prodotto ecc.* ausverkauft; ▷*edizione, libro ecc.* vergriffen ② FIG am Rande eines Nervenzusammenbruch

e'sausto *agg* erschöpft

es|ca ‹-che› *f* ① ▷*naturale, artificiale* Köder *m* ② FIG ↑ *allettamento, inganno* Verlockung *f*, Anreiz *m*

escandescenza *f* : ◇ **dare in -e** zornig auffahren

esclamare *vi* ausrufen; **esclamativo** *agg* (*in gen.*) ausrufend; LING ◇ **punto** *m* - Ausrufezeichen *n*; **esclamazione** *f* Ausruf *m*

es'cludere ‹Pass. rem.: esclusi/escludesti Part.: escluso› *irr vt* ausschließen; **esclusione** *f* Ausschluß *m*; ◇ **a** - **di** mit Ausnahme von

esclusiva *f* DIR: ◇ **diritto di** - Alleinrecht *n*; ◇ **aver l'** - **di qc** [*o.* **su qu**] die Exklusivrechte an etw haben; **esclusivo** *agg* (*in gen.*) exklusiv, ausschließlich; ◇ **modello** - Einzelanfertigung *f*, Unikat *n*

escluso I. *p.pass.* **escludere**; II. *agg* ausgeschlossen III. *m* (**-a** *f*) Ausgeschlossene(r) *fm*

escogitare ‹3.10.› *irr vt* ersinnen, erfinden

escoriazione *f* MED [Haut-]Abschürfung *f*

escremento *m* Exkrement *n*, Ausscheidung *f*

escursione *f* ① Ausflug *m* ② METEO Schwankung *f*

esecutivo I. *agg* exekutiv, vollstreckend, Exekutiv- **II.** *m* Exekutive *f;* **esecu|tore(-trice)** *f* ☐ MUS Vortragende(r) *fm* ☐ DIR Vollzieher (in *f*) *m;* ◇ - **testamentario** Testamentsvollstrecker *m;* **esecuzione** *f* ☐ (*di ordini*) Durchführung *f,* Vollzug *m* ☐ MUS Vortrag *m* ☐ DIR Vollstreckung *f;* ◇ - **capitale** Exekution *f,* Hinrichtung *f;* **eseguire** ⟨5.2.⟩ *irr vt* ☐ (*in gen.*) ausführen, vollziehen ☐ MUS vortragen

e'sempio *m* Beispiel *n;* ◇ **per** - zum Beispiel; ◇ **prendere come** - **qu/qc** sich *dat* ein Beispiel an jd-m/etw nehmen; ◇ **a mo' d'**- beispielsweise

esemplare ¹ *agg* beispielhaft

esemplare ² *m* Exemplar *n*

esemplificare ⟨3.4.⟩ *irr vt* mit Beispielen veranschaulichen/erklären

esentare *vt;* ◇ - **qu/qc da** jd-n/etw befreien von; ◇ - **qu dalla frequenza delle lezioni** jd-n von der Anwesenheitspflicht entbinden; **esente** *agg inv* frei (*da* von); **esenzione** *f* Befreiung *f,* Erlaß *m*

esequie *f/pl* Begräbnisfeier *f*

esercente *m/f* Gewerbetreibende(r) *fm*

esercitare I. *vt* ☐ ↑ *allenare* üben, trainieren ☐ → *diritto* anwenden ☐ → *la professione, il potere* ausüben **II.** *vr* ◇ -**rsi** sich üben (*in, a* in *dat*); **esercitazione** *f* Übung *f*

e'sercito *m* MIL Heer *n*

esercizio *m* ☐ (*in gen.*) Übung *f* ☐ (*di professione*) Ausübung *f* ☐ ◇ - **pubblico** öffentliches Lokal ☐ COMM Geschäftsjahr *n*

esibire ⟨5.2.⟩ *irr* **I.** *vt* vorzeigen, beweisen **II.** *vr* ◇ -**rsi** ☐ (*mettersi in mostra*) sich zur Schau stellen ☐ ◇ -**rsi in pubblico** öffentlich auftreten ☐ ↑ *offrirsi* sich anbieten; **esibizione** *f* ☐ (*di documento*) Vorweisen *n,* Vorlegen *n* ☐ (*spettacolo*) Vorführung *f*

esigente *agg inv* anspruchsvoll; **esigenza** *f* ☐ ↑ *richiesta* Anforderung *f;* ◇ **avere molte** - viele Ansprüche *m/pl* stellen ☐ ↑ *bisogno* Bedürfnis *n;* **e'sigere** ⟨Pass. rem.: esigei/esigesti Part.: esatto⟩ *irr vt* ☐ ↑ *richiedere* fordern, verlangen ☐ → *imposte* einziehen

esiguo *agg* gering

esilarante *agg inv* erheiternd; ◇ **gas** - Lachgas *n*

'esile *agg inv* (*in gen.*) dünn; ▷*persona* schmächtig

esiliare ⟨3.6.⟩ *irr vt* (*in gen.*) verbannen; ↑ *allontanare*

e'silio *m* ☐ (*in gen.*) Verbannung *f* ☐ (*all'estero*) Exil *n*

esistenza *f* ☐ (*l'esistere*) Existenz *f,* Dasein *n* ☐ ↑ *vita* Leben *n;* ◇ **diritto all'**- Recht auf Leben;

e'sistere ⟨Pass. rem.: esistetti/esistesti Part.: esistito⟩ *irr vi essere* ☐ (*essere nella realtà*) existieren; ◇ **non esistono dubbi** es gibt keinen Zweifel ☐ ↑ *vivere* leben

esitare *vi;* ◇ - **a rispondere** mit der Antwort zögern; ◇ - **fra due soluzioni** zwischen zwei Lösungen schwanken; **esitazione** *f* Zögern *n;* ◇ **con** - zögernd

'esito *m* (*in gen.*) Ergebnis *n,* Resultat *n;* (*di un impresa*) Ausgang *m*

'eskimo *m* (*giaccone*) Parka *m*

'esodo *m* Abwanderung *f;* (*degli ebrei*) Exodus *m;* ◇ **l'**- **degli italiani per le vacanze** zweimonatige Sommerpause in Italien

e'sofago ⟨-gi⟩ *m* ANAT Speiseröhre *f*

esonerare *vt;* ◇ - **qu/qc da** jd-n/etw befreien von

esorbitante *agg inv* ↑ *eccessivo* übertrieben, riesig

esorcizzare *vt* austreiben, exorzieren

e'sordio *m* ☐ *Inizio* Anfang *m,* (*introduzione*) Vorwort *n;* FIG ↑ *debutto* Debüt *n;* **esordire** ⟨5.2.⟩ *irr vi* (*in gen.*) beginnen; (*in teatro*) debütieren

esortare *vt* ↑ *ammonire* ermahnen; ↑ *incoraggiare* zureden *dat;* **esortazione** *f* ↑ *ammonimento* Ermahnung *f;* ↑ *incoraggiamento* Aufmunterung *f*

e'soti|co ⟨-ci, -che⟩ *agg* exotisch

es'pandere ⟨Pass. rem.: espansi/espandesti Part.: espanso⟩ *irr* **I.** *vt* ausdehnen, erweitern **II.** *vr* ◇ -**rsi** sich ausdehnen, expandieren; **espansione** *f* (*in gen.*) Expansion *f,* Ausdehnung *f;* **espansionismo** *m* POL Expansionspolitik *f;* **espansivo** *agg* ▷*persona, carattere* offen, offenherzig

espatriare ⟨3.6.⟩ *irr vi essere* auswandern

espediente *m* (*in gen.*) Mittel *n;* (*rimedio provvisorio*) Notbehelf *m;* (*via d'uscita*) Ausweg *m*

es'pellere ⟨Pass. rem.: espulsi/espellesti Part.: espulso⟩ *irr vt* ausstoßen, ausschließen; ◇ - **dalla scuola** von der Schule weisen

esperienza *f* Erfahrung *f;* ◇ **per** - aus Erfahrung

esperimento *m* Versuch *m,* Experiment *n*

esperto I. *agg* ↑ *abile* gewandt, geschickt **II.** *m* (**-a** *f*) Fach|mann(-frau *f*) *m,* Experte(in *f*) *m*

espiare ⟨3.11⟩ *irr vt* sühnen; **espiatorio** *agg:* ◇ **capro** - Sündenbock *m*

espirare *vt, vi* ausatmen

es'plicito *agg* ausdrücklich, deutlich

es'plodere ⟨Pass. rem.: esplosi/esplodesti Part.: esploso⟩ *irr* **I.** *vi essere/avere* ☐ ← *bomba* explodieren ☐ FIG ausbrechen **II.** *vt* abfeuern

esplorare vt erforschen; **esplora|tore(-trice** f) m ① (in gen.) Forscher(in f) m; ◇ **giovani** -i Pfadfinder m/pl ② NAUT Aufklärungsschiff n; **esplorazione** f ① (in gen.) Erforschung f ② MED Untersuchung f, Abtastung f ③ MIL Aufklärung f

esplosione f ① (di bomba, di mina) Explosion f ② FIG Ausbruch m; **esplosivo I.** agg ① ▷bomba, miscela explosiv, Spreng- ② FIG ▷discorso heftig; ▷situazione brisant **II.** m Sprengstoff m; **esploso** p.pass. **esplodere**

esponente m/f ① ↑ rappresentante Vertreter (in f) m ② MAT Exponent m

esporre ⟨4.11⟩ **I.** vt ① → oggetti, quadri ausstellen ② → fatti, idee darlegen ③ ◇ - **al rischio** dem Risiko aussetzen **II.** vr ◇ -**rsi** (a critiche, a pericoli ecc.) sich aussetzen (a dat)

esportare vt ausführen, exportieren; **esporta|tore, -trice I.** agg Ausfuhr-, Export- **II.** m Exporteur(in f) m; **esportazione** f Export m, Ausfuhr f

esposizione f ① ↑ mostra Ausstellung f ② ↑ relazione Bericht m, Schilderung f ③ FOTO Belichtung f ④ COMM Außenstände pl; **esposto I.** p.pass. **esporre**; **II.** agg ① ▷quadri ausgestellt ② ↑ collocato ◇ - **al sole** der Sonne ausgesetzt; ↑ orientato ◇ - **al sud** nach Süden gelegen **III.** m Bericht m, Denkschrift f

espressione f Ausdruck m; **espressivo** agg ausdrucksvoll

espresso ¹ p.pass. **esprimere**

espresso ² **I.** agg ① ◇ **treno** - Schnellzug m; ◇ **caffè** - Espresso m ② POSTA Eil- **II.** m ① POSTA Eilbrief m ② (caffè) Espresso m

es'primere ⟨Pass. rem.: espressi/esprimesti Part.: espresso⟩ irr **I.** vt ausdrücken **II.** vr ◇ -**rsi** sich ausdrücken

espugnare vt erstürmen, einnehmen

espulsione f (in gen.) Ausschluß m; (da uno stato) Ausweisung f; **espulso** p.pass. **espellere**

essa vedi **esso**

essenza f ① (di un problema) Wesen n, Essenz f ② CHIM Essenz f; **essenziale I.** agg inv (in gen.) wesentlich; ↑ necessario notwendig, unabdingbar **II.** m Hauptsache f, Wesentliche(s) n

'essere ⟨I⟩ irr **I.** vi essere ① (in gen.) sein ② ↑ accadere, arrivare, esistere ◇ **sarà quel che sarà** egal was geschieht; ◇ **tra un ora circa sarete in Germania** in etwa einer Stunde seid ihr in Deutschland; ◇ **che [cosa] c'è?** was ist los?; ◇ -**ci da[bei]sein**; ◇ **ci siamo!** (ecco!) jetzt haben wir es!, das hätten wir; (siamo arrivati!) wir sind da/angekommen!; ◇ **c'è un piatto sulla tavola**

auf dem Tisch befindet sich ein Teller; ◇ **c'è un film molto bello stasera** heute abend gibt es einen schönen Film ③ (vivere, trovarsi [luogo/ spazio/tempo]) ◇ - **a casa/a scuola** zu Hause/ in der Schule sein; ◇ **sono le tre di pomeriggio** es ist drei Uhr nachmittags; ◇ **siete nei guai** ihr seid in Schwierigkeiten ④ ◇ - **ricco/povero/stupido/ bello** reich/arm/dumm/schön sein ⑤ (stato, funzione, appartenenza ecc.) ◇ - **di** ↑ appartenere gehören dat; ↑ provenire sein/kommen aus/von; ◇ - **d'oro/argento** aus Gold/Silber sein; FAM ◇ - **di buon/cattivo umore** gut/schlecht drauf sein; ◇ - **di aiuto** behilflich/hilfreich sein; ◇ - **di turno** dran sein; (nel lavoro) Schicht haben; ◇ **qc è per qu/qc** etw ist für jd-n/etw [bestimmt] ⑥ ◇ **che cosa c'è da piangere/ridere?** was gibt es da zu Weinen/Lachen? **II.** vb ausiliare essere sein/haben; (con la forma passiva) werden **III.** m ① (condizione) Sein n, Dasein n ② (creatura) Lebewesen n; ◇ **l'- umano** der Mensch

esso(-a f) ⟨essi, esse⟩ pron er, sie, es

est m Osten m; ◇ **a - di** östlich von; ◇ **gli ex-paesi dell'Est** die ehemaligen Ostblockstaaten

'estasi f Ekstase f; **estasiare** ⟨3.6.⟩ irr **I.** vt begeistern **II.** vi pron ◇ -**rsi** sich begeistern

estate f Sommer m; ◇ **in** - [o. **d'**-] im Sommer

es'tati|co ⟨-ci, -che⟩ agg ekstatisch

es'tendere ⟨Pass. rem.: estesi/estendesti Part.: esteso⟩ irr **I.** vt (in gen.) ausdehnen; → conoscenze erweitern **II.** vi pron ◇ -**rsi** (in gen.) sich ausdehnen; ↑ propagarsi sich ausbreiten; **estensione** f ① (in gen.) Ausdehnung f; ◇ **per** - im weiteren Sinne ② MUS Umfang m

estenuante agg inv zermürbend

esteriore agg inv äußere(r, s)

esterno I. agg (che è fuori) äußere(r, s); ▷allievo extern; ◇ **per uso** - zu äußerlichen Anwendung **II.** m (in gen.) Außenseite f **III.** m (-a f) (allievo) Externe(r) fm

'estero I. agg ausländisch; ◇ **ministro degli affari** -i Außenminister m **II.** m Ausland n

esteso I. p.pass. **e'stendere**; **II.** agg ① (in gen.) ausgedehnt ② FIG umfassend; ◇ **per** - vollständig

e'stetica f ① FILOS Ästhetik f ② (bellezza) Schönheit f; **es'teti|co** ⟨-ci, -che⟩ agg ästhetisch; **estetista** m/f Kosmetiker(in f) m

'estimo m Schätzung f

es'tinguere ⟨Pass. rem.: estinsi/estinguesti Part.: estinto⟩ irr **I.** vt ① → fiamme, sete löschen ② FIG → debito tilgen **II.** vi pron ◇ -**rsi** ① ↑ spegnersi erlöschen ② ← famiglia, animali aussterben

estintore m Feuerlöscher m

estinzione f ① ↑ *spegnimento* Löschen n ② (*di famiglia, di animali ecc.*) Aussterben n ③ (*di debito*) Tilgung f

estirpare vt ↑ *sradicare* ausreißen

estivo agg sommerlich, Sommer-

e'storcere ⟨Pass. rem.: estorsi/estorcesti Part.: estorto⟩ *irr vt:* ◇ - qc a qu etw von jd-m erpressen; **estorsione** f Erpressung f; **estorto** *p.pass.* estorcere

estradizione f Auslieferung f

estraneo I. agg fremd, außenstehend, nicht dazu gehörig II. m (**-a** f) Fremde(r) fm, Außenstehende (r) fm

estraparlamentare vedi **extraparlamentare**

estrarre ⟨Pass. rem.: estrassi/estraesti Part.: estratto⟩ *irr vt* ↑ *trarre fuori* ziehen; → *minerali* gewinnen; ◇ - a sorte auslosen; **estratto** I. *p.pass.* estrarre; II. m ① ⊳*prodotto* Extrakt m; ◇ - di carne Fleischextrakt m; ◇ - di pomodoro Tomatenmark n ② (*da rivista, da libro*) Auszug m ③ COMM ◇ - conto Kontoauszug m; **estrazione** f ① (*in gen.*) Ziehen n; (*di minerali*) Gewinnung f, Förderung f ② ↑ *sorteggio* Ziehung f

estremamente avv äußerst, extrem

estremismo m Extremismus m; **estremista** ⟨-i, -e⟩ m Extremist(in f) m

estremità f (*punto terminale*) Ende n; (*del corpo*) Extremität f; **estremo** I. agg extrem II. m ① (*in gen.*) Ende n; ◇ all'- am Ende; POL ◇ l'-a destra die extreme Rechte; ◇ l'E- Oriente der Ferne Osten ② ◇ gli -i die Gegensätze m/pl; DIR die Hauptbedingungen f/pl; AMM die wichtigsten Daten f/pl ③ FIG ◇ passare da un - all'altro von einem Extrem ins andere fallen

estro m ① ↑ *capriccio* Laune f, Lust f ② ↑ *ispirazione* Eingebung f

estro'mettere ⟨Pass. rem.: estromisi/estromettesti Part.: estromesso⟩ *irr vt* ausschließen

estroso agg ⊳*temperamento* launisch; ⊳*articolo* originell, inspiriert

estroverso agg extrovertiert

estuario m GEO Trichtermündung f

esuberante agg inv ① ↑ *sovrabbondante* übermäßig; ↑ *rigoglioso* üppig ② FIG ⊳*temperamento* überschwenglich; **esuberanza** f ① ↑ *sovrabbondanza* Überfluß m ② (*temperamento*) Überschwenglichkeit f

'esule m/f (*in gen.*) Flüchtling m; ↑ *allontanato* Verbannte(r) fm

esultare vi hocherfreut sein; ◇ - in cuor proprio innerlich aufjubeln

età f ⟨inv⟩ ① (*in gen.*) Alter n; ◇ all'- di 6 anni im Alter von 6 Jahren; ◇ di mezza - mittleren Al-

ters; ◇ la terza - das dritte Lebensabschnitt n ② ◇ maggiore - Volljährigkeit f; ◇ minore - Minderjährigkeit f ③ ◇ l'- della pietra die Steinzeit f

'etere m CHIM Äther m

etereo ¹ agg anche FIG ätherisch, himmlisch

etereo ² agg CHIM ätherisch

eternità f Ewigkeit f; **eterno** agg ewig

eterogeneo agg heterogen, verschiedenartig

eterosessuale I. agg heterosexuell II. m/f Heterosexuelle(r) fm

'etica f ① FILOS Ethik f ② ↑ *morale* Moral f; ◇ - professionale Berufsethos n

etichetta ¹ f Etikett n; ◇ - del prezzo Preisschild n

etichetta ² f (*cerimoniale*) Etikette f

'etico ⟨-ci, -che⟩ agg ethisch, moralisch

e'tilico ⟨-ci, -che⟩ agg: ◇ alcol - Ethylalkohol m

etimolo'gia ⟨-gie⟩ f Etymologie f, Wortgeschichte f

Etiopia f GEO Äthiopien n

'etnico ⟨-ci, -che⟩ agg ethnisch; **etnolo'gia** ⟨-gie⟩ f Ethnologie f, Völkerkunde f

etru'sco ⟨-schi, -sche⟩ I. agg etruskisch II. m (**-a** f) Etrusker(in f) m

'ettaro m Hektar m

etto, ettogrammo

ettogrammo m abbr. di hundert Gramm n/pl

et'tolitro m Hektoliter m

eucares'tia, eucaristia m Eucharistie f; ⊳*cattolica* Kommunion f; ⊳*protestante* Abendmahl n

eufemismo m Euphemismus m

euforia f Euphorie f

eunu'co ⟨-chi⟩ m Eunuch m

euro- *pref* Euro-

eurocheque m ⟨inv⟩ Euroscheck m

eurocomunismo m Eurokommunismus m

euro'dollaro m Eurodollar m

euro'missile m Mittelstreckenrakete f

Europa f GEO Europa n; **europeo** I. agg europäisch, Europa- II. m (**-a** f) Europäer(in f) m

eurovisione f Eurovision f

eutana'sia f Euthanasie f; (*aiuto a morire*) Sterbehilfe f

evacuare vt ① → *luogo, paese* evakuieren, räumen ② MED entleeren; **evacuazione** f ① (*di luogo, di paese*) Evakuierung f, Räumung f ② MED Entleerung f

e'vadere ⟨Pass. rem.: evasi/evadesti Part.: evaso⟩ *irr* I. *vi essere* ① ↑ *fuggire* fliehen (*da* aus dat) ② FIG entfliehen (*da* dat) II. vt ① ↑ *sbrigare* erledigen ② ◇ - il fisco/le tasse Steuern hinterziehen

F

evanescenza f ① ↑ *attenuazione* Schwinden n, Verschwommenheit f ② MEDIA Schwund m, Fading n

evan'geli|co ‹-ci, -che› agg evangelisch; **evangelista** ‹-i› m Evangelist m; **evangelizzare** vt ↑ *predicare* evangelizzieren; ↑ *convertire* bekehren

evaporare vi essere/avere ← *acqua* verdunsten; ↑ *svaporare* sich verflüchtigen; **evaporazione** f (di acqua) Verdunstung f; (lo svaporare) Verflüchtigung f

evasione f ① ↑ *fuga* Flucht f ② FIG Evasion f; ◇ - dalla realtà Realitätsflucht f ③ ◇ - fiscale Steuerhinterziehung f; **evasivo** agg ausweichend; **evaso** I. p.pass. e'vadere; II. m (-a f) Flüchtling m; **evasore** mf Steuerhinterzieher(in f) m

evento m Ereignis n

eventuale agg ‹inv› möglich, eventuell; **eventualmente** avv eventuell, möglicherweise

evidente agg ‹inv› ↑ *manifesto* offensichtlich; ↑ *chiaro* klar; ↑ *visibile* sichtlich; **evidenza** f Offensichtlichkeit f, Klarheit f; ◇ mettere in - herausstreichen; **evidenziatore** m Textmarker m

evitare vt ① (in gen.) vermeiden ② ↑ *scansare* ausweichen (di dat), meiden

evocare ‹3.4.› irr vt ① → *spiriti* beschwören ② → *passato* heraufbeschwören

evoluto I. p.pass. e'volvere; II. agg ↑ *progredito* entwickelt; **evoluzione** f Entwicklung f, Evolution f; **e'volversi** vi pron ◇ -rsi sich entwickeln

evviva inter hurra; ◇ - la regina ! es lebe die Königin !

ex pref ↑ *non più* ex-, Ex-

export m ‹inv› COMM Export m

extra I. prep außerhalb gen; (di spese) zuzüglich zu II. agg ‹inv› extra-, besondere(r,s) III. m ‹inv› Sonderausgabe f

extracomunitario I. agg nicht zur EG gehörig II. m (-a f) Person f aus einem Nicht-EG-Staat

extraconiugale agg ‹inv› außerehelich

extraparlamentare agg ‹inv› außerparlamentarisch

extraterrestre I. agg ‹inv› außerirdisch II. m/f Außerirdische(r) fm

f, F f ‹inv› f, F n

fa [1] m ‹inv› MUS f n, F n

fa [2] avv: ◇ cinque mesi - vor fünf Monaten

fabbisogno m Bedarf m

'fabbri|ca ‹-che› f Fabrik f; **fabbri'cabile** agg inv erzeugbar, herstellbar; **fabbricante** m/f Fabrikant(in f) m; **fabbricare** ‹3.4.› irr vt bauen; ↑ *produrre* herstellen; FIG erfinden; **fabbricazione** f ① ↑ *produzione, lavorazione* Fabrikation, Herstellung f ② ↑ *costruzione* Bebauung f

fabbro mf Schmied(in f) m

faccenda f ① (cosa da fare) Angelegenheit f ② ↑ *fatto, situazione* Sache, Geschichte f ③ (-e di casa) Hausarbeit f

facchino m Träger m

fac'cia ‹fac|cia› f ① (in gen.) Gesicht n; ◇ - a - von Angesicht zu Angesicht; ◇ dire le cose in - a qu jd-m die Dinge ins Gesicht sagen; ◇ non guardare in - a nessuno niemandem ins Gesicht sehen ② ↑ *espressione* Ausdruck m, Miene f; ◇ che - tosta! was für eine Unverschämtheit! ③ (di oggetti) Seite f ④ MAT Fläche f

facciata f ① (di casa) Fassade f ② (di pagina) Seite f

'facile agg ① ▷*compito* leicht, einfach ② ↑ *affabile* umgänglich ③ ↑ *probabile* ◇ è - che (lui) non venga es ist leicht möglich, daß er nicht kommt; **facilità** f Leichtigkeit f, Mühelosigkeit f; **facilitare** vt erleichtern; **facilitazione** f ↑ *agevolamento* Erleichterung f

facoltà f ① ↑ *capacità* Fähigkeit f; ◇ - mentali f/pl Denkvermögen n/sg ② ↑ *potere* Befugnis f, Macht f ③ SCUOLA Fakultät f

facoltativo agg fakultativ

facoltoso agg vermögend

fac'simile m Faksimile n

fag|gio ‹-gi› m FLORA Buche f

fagiano m Fasan m

fagiolino m grüne Bohne f

fagiolo m Bohne f

fagotto [1] m Bündel n; ◇ far - sein Bündel schnüren

fagotto [2] m MUS Fagott n

'faida f (lotta a scopo di vendetta) Fehde f

fai da te m ‹inv› Heimwerken n

fa'ina f FAUNA Steinmarder m

falange f ANAT Phalanx f, Knochenglied n

falce f Sense f, Sichel f; **falcetto** m Sichel f; **falciare** ‹3.3.› irr vt mähen

fal|co ‹-chi› m Falke m

falda f ① GEO Schicht f ② (di vestito) Schößchen n ③ (di monte) Fuß m ④ (di tetto) Dachfläche f

falegname mf Tischler(in f) m

falla f ↑ squarcio Riß, Sprung m

fallace agg trügerisch

fallimento m ① (in gen.) Scheitern n ② DIR, COMM Konkurs m, Bankrott m; **fallire** ⟨5.2.⟩ irr I. vi essere ① (non riuscire) scheitern (in mit) ② DIR Konkurs machen II. vt verfehlen; **fallit|o** I. p.pass. **fallire**; II. agg gescheitert; DIR bankrott III. m (-a f) ① (in gen.) Bankrotteur(in f) m ② FIG Gescheiterte(r) fm

fallo ¹ sm m ① ↑ errore Irrtum m, Fehler m; Schuld f ② SPORT Foul n

fallo ² m Phallus m

fal'locrate m Chauvinist m

falò m Feuer n

falsari|o (-a f) m Fälscher(in f) m; (di moneta) Falschmünzer(in f) m; **falsificare** ⟨3.4.⟩ irr vt fälschen

falsità f ① (di notizia, di oggetto ecc.) Falschheit f; (di affermazione) Unwahrheit f ② (di persona) Unaufrichtigkeit f; **fals|o** I. agg ① (in gen.) falsch ② ◇ **banconote -e** Falschgeld n ③ ▷persona falsch, unaufrichtig II. m ① (cosa falsa) Falsche(s) n ② (di opera d'arte) Fälschung f III. m (-a f) (FAM di persona) falscher Mensch, Heuchler(in f) m

fama f ① ↑ notorietà Ruhm m ② (voce diffusa) Gerücht n ③ ↑ reputazione Ruf m

fame f ① (in gen.) Hunger m; ◇ **aver - Hunger** haben; ◇ **morire di -** verhungern; ◇ **soffrire la -** unter Hunger leiden; FIG ◇ **essere un morto di -** ein Hungerleider sein ② ↑ miseria, carestia Hungersnot f ③ FIG ↑ brama, desiderio Gier, Sucht f; **fa'meli|co** ⟨-ci, -che⟩ agg heißhungrig

famigerato agg berüchtigt, verrufen

famiglia f ① (in gen.) Familie f; ◇ **stato di -** Familienstand; ◇ **essere di famiglia** zur Familie gehören ② ↑ casata Familie f, Geschlecht n ③ FLORA, FAUNA Familie f; **familiare, famigliare** I. agg ① (della famiglia) Familien-, familiär ② ↑ conosciuto vertraut; ↑ confidenziale familiär II. mf Familienangehörige(r) fm III. f Kombi m, Familienwagen m; **familiarità** f ① ↑ confidenza Vertrautheit f ② ↑ consuetudine Erfahrung f; **familiarizzare** I. vi vertraut werden II. vr ◇ **-rsi** vertraut werden; ◇ **-rsi con qc** sich vertraut machen mit

famoso agg berühmt

fanale m ① (in gen.) Licht n, Lampe f; AUTO Scheinwerfer m; **fanalino** m : ◇ **- di coda** Schlußlicht n; FIG Schlußlicht n

fa'nati|co ⟨-ci, -che⟩ I. agg ① (persona -a) fana-

tisch ② ◇ **essere - della musica rock** von Rockmusik begeistert sein II. m (**-a** f) Fanatiker(in f) m; **fanatismo** m ① (per una idea, una fede ecc.) Fanatismus m ② (ammirazione ecc.essiva) Schwärmerei f

fanciullezza f Kindheit f; **fanciullo**, (**-a** f) m Kind n

fandonia f ↑ bugia, menzogna Märchen n

fanfara f Blechmusikkapelle f; (musica) Fanfare f

fan|go ⟨-ghi⟩ m Schlamm m; ▷termale Fango m, Schlammbad n; **fangoso** agg schlammig; ▷scarpe verschmutzt

fannullone(**-a** f) m Faulenzer(in f) m

fantascienza f Science-fiction f

fanta'sia I. f ① (in gen.) Phantasie f; ◇ **- malata** schmutzige Phantasie ② ↑ voglia, capriccio Laune f ③ MUS Fantasie f ④ (tessuto dai colori vivaci) bunt gemusterter Stoff m II. agg ⟨inv⟩: ◇ **seta** - bunt gemusterte Seide

fantasma ⟨-i⟩ m ① (in gen.) Gespenst n ② (immagine illusoria) Trugbild n

fantasticheria f Phantasterei f, Träumerei f; **fan'tastico** ⟨-ci, -che⟩ agg ① (in gen.) phantastisch ② (della immaginazione, della fantasia) Phantasie-, Einbildungs-

fante m ① MIL Infanterist m ② CARTE Bube m; **fante'ria** f Infanterie f; **fantin|o (-a** f) m Jockei m

fanto|ccio ⟨-cci⟩ m Puppe f; FIG Hampelmann m

farcire ⟨5.2.⟩ irr vt GASTRON spicken

fard m ⟨inv⟩ Rouge n

fardello m ① (in gen.) Bündel n ② FIG Last f, Bürde f

fare ⟨4.6.⟩ irr I. vt ① (in gen.) machen, tun ② ↑ creare, generare zur Welt bringen; ◇ **~ del bene/male** Gutes/Schlechtes tun; ◇ **~ una legge** ein Gesetz verabschieden; FIG, PEY ◇ **- il verso del cavallo** nachäffen ③ ↑ costruire, comporre, confezionare bauen, anfertigen, machen; ◇ **- una casa** ein Haus bauen; ◇ **- testamento** sein Testament machen; ◇ **- un abito** ein Kleid nähen ④ ◇ **~ da mangiare** kochen ⑤ TEATRO ◇ **- la parte di** spielen ⑥ MAT ◇ **tre più cinque fa otto** drei plus fünf ist acht ⑦ (esercitazione di una professione) ausüben, sein; ◇ **- l'infermiera** Krankenschwester sein ⑧ (in gen.: l'agire, il compiere) machen, tun; ◇ **hai fatto bene/male/ presto/tardi** das hast du gut/schlecht gemacht, du bist früh/spät; ◇ **purtroppo non c'è più niente da -** leider ist nichts mehr zu machen; ◇ **non fa**

niente/nulla das macht nichts; ◇ **non so cosa -** ich weiß nicht was ich tun soll; ◇ **mi dispiace ma ho molto da -** es tut mir leid, aber ich habe viel zu tun; ◇ **darsi da -** sich bemühen etw zu tun; ◇ **faccia pure!** bitte sehr! **9** ↑ *causare, lasciare* machen, lassen; ◇ **- piangere qu** jd-n zum Weinen bringen; ◇ **fammi - una pausa** laß' mich eine Pause machen; ◇ **- venire qu** jd-n kommen lassen; ◇ **fammi vedere per piacere!** laß' mich bitte sehen **10** (*con sostantivi:*) ◇ **- fuoco** schießen; (*nel barbecue*) Feuer machen; ◇ **- colpo su qu** auf jd-n Eindruck machen; ◇ **- caso a qc** jd-m Schluß machen; ◇ **farla sporca** eine Gemeinheit begehen **11** ◇ **- da** (*svolgere le funzioni di*) ersetzen **II.** *vi* **1** (*essere conveniente, adatto*) geeignet sein **2** ◇ **- a botte/pugni** sich prügeln **III.** *impers.:* ◇ **oggi fa bello/brutto/caldo/freddo** heute ist es schön/nicht schön/kalt/warm **IV.** *vr* ◇ **-rsi** ↑ *diventare* werden **1** ◇ **-si prete** Priester werden; ◇ **-si bello/a** sich schön machen **2** ◇ **-rsi la macchina** sich ein Auto anschaffen; ◇ **-rsi avanti** vorwärtskommen; ◇ **-rsi notare** sich bemerkbar machen, auffallen; FAM ↑ *drogarsi* sich drücken **V.** *m* Tun, Machen *n*

farfalla *f* **1** FAUNA Schmetterling *m* **2** (*tipo di cravatta*) Fliege *f*; ◇ **nuoto a -** Schmetterlingsstil

farina *f* Mehl *n*; ◇ **- gialla** Maismehl; ◇ **questa non è - del tuo sacco** das ist nicht auf deinem Mist gewachsen FAM

faringe *f* ANAT Rachen *m*

farma·ceutica *f* ↑ *farmacologia* Pharmakologie *f*; **farma·ceuti·co** ⟨-ci, -che⟩ *agg* pharmazeutisch; **farma·cia** ⟨-cie⟩ *f* **1** (*disciplina*) Arzneikunde *f*, Pharmazie *f* **2** (*locale*) Apotheke *f*; **farmacist|a** ⟨-i, -e⟩ *mf* Apotheker(in *f*) *m*; **far·ma|co** ⟨-ci *o.* -chi⟩ *m* Arznei *f*

faro *m* **1** (*nel porto*) Leuchtturm *m* **2** AUTO Scheinwerfer *m*

farsa *f* **1** (*genere, opera teatrale*) Posse *f*, Schwank *m* **2** FIG Albernheit *f*

fa·scia ⟨-sce⟩ *f* **1** (*in gen.*) Band *n*; (*per medicare*) Verband *m*; (*- elastica*) elastische Binde *f* **2** (*striscia di territorio*) Streifen, Strich *m* **3** (*settore, gruppo*) Schicht *f*; **fasciare** ⟨3.3.⟩ *irr vt* → *ferita* verbinden; ← *abito* eng anliegen; **fasci·atura** *f* Verbinden *n*, Verband *m*

fa·scicolo *m* **1** (*in gen.*) Heft *n* **2** (*di documenti*) Aktenbündel *n*

fascino *m* Faszination *f*, Zauber *m*

fa·scio ⟨-sci⟩ *m* **1** (*in gen.*) Bündel *n* **2** POL Verband *m*, Bund *m* **3** MAT, ANAT Bündel *n*

fascismo *m* Faschismus *m*

fase *f* **1** (*in gen.*) Phase *f*, Abschnitt *m* **2** (ASTRON -*i lunari*) Mondphasen **3** FIG ◇ **oggi sono fuori -** heute bin ich nicht in Form

fastidio *m* ↑ *molestia* Verdruß *m*; ↑ *disagio* Unannehmlichkeit *f*; ◇ **dare - a qu** jd-n belästigen/stören; **fastidioso** *agg* **1** ↑ *noioso* langweilig **2** ↑ *seccante* lästig, unangenehm

fasto *m* Prunk *m*

fata *f* Fee *f*

fatale *agg* **1** ▷*incidente, ferita ecc.* tödlich **2** ▷*decisione, incontro* fatal **3** FIG ▷*donna, sguardo ecc.* unwiderstehlich; **fatalità** *f* **1** ◇ **pensa te che -!** stell dir vor was für ein Zufall **2** (*l'essere fatale*) Schicksalhaftigkeit *f*, Mißgeschick, Unglück *n*

fati·ca ⟨-che⟩ *f* Mühe *f*, Anstrengung *f*; ◇ **a - mit** Mühe; **faticare** ⟨3.4.⟩ *irr vi* sich abmühen; **fati·coso** *agg* mühsam

fa·tidi·co *agg* ⟨-ci, -che⟩ prophetisch, weissagend

fato *m* Schicksal *n*

fat·tibile *agg* machbar, möglich

fatto ¹ *I.* *p.p* **fare**; **II.** *agg* ↑ *costruito, prodotto* gemacht, gebaut; ◇ **non sono fatto per queste cose** ich bin für diese Dinge nicht geschaffen

fatto ² *m* **1** ↑ *azione* Tat *f*; ◇ **cogliere qu sul -** jd-n auf frischer Tat ertappen **2** ↑ *avvenimento* Ereignis *n*, Vorfall *m* **3** ↑ *in senso lato: cosa* Sache *f*, Angelegenheit *f*; ◇ **farsi i -i propri** sich um seine eigenen Angelegenheiten kümmern; ◇ **me ne vado per i -i miei** ich gehe meinen eigenen Weg **4** ◇ **il - è che** Tatsache ist, daß

fattor|e(-essa, -ora) *f* *m* **1** AGR Gutsverwalter (in *f*) *m* **2** (*inv.*) Faktor *m*; **fatto·ria** *f* Gutshof *m*, Landgut *n*

fattorin|o(-a *f*) *m* Bote(in *f*) *m*

fattura *f* **1** (*confezione, di scarpe, di vestiti ecc.*) Anfertigung, Herstellung *f* **2** COMM Rechnung *f* **3** FAM ↑ *maleficio* Hexerei *f*; **fatturare** *vt* **1** COMM in Rechnung stellen **2**→ *vino* panschen; **fatturato** *I.* *p.pass.* **fatturare**; **II.** *m* COMM Umsatz *m*

fauci *f*|*pl* ⟨*inv*⟩ (*di animale*) Rachen *m*, Maul *n*

fauna *f* Fauna *f*, Tierreich *n*

fau|tore(-trice *f*) *m* Förder|er(in *f*) *m*

fava *f* BIO Ackerbohne *f*; FIG ◇ **prendere due piccioni con una -** zwei Fliegen mit einer Klappe schlagen

favilla *f* Funke[n] *m*

favola *f* **1** (*in gen.*) Fabel *f*; ↑ *fiaba* Märchen *n* **2** ↑ *fantastico* Märchen *n*; ◇ **questo abito è una -**

dieses Kleid ist ein Gedicht ③ ◇ **essere la - del paese** in aller Leute Munde sein

favoloso agg ① ↑ *stupendo, da favola* fabelhaft ② ↑ *incredibile* außergewöhnlich

favore m ① ↑ *simpatia* Gunst f ② ◇ **fare un - a qu** jd-m einen Gefallen tun; ◇ **per -** bitte; ◇ **in/a - di** für jd-n/etw eintreten, für jd-n/etw sein; **favoreggiamento** m Begünstigung f; **favoreggiare** vt helfen, behilflich sein; **favo'revole** agg ① ▷*occasione* günstig ② ▷*risposta, giudizio* zustimmend; **favorire** ⟨5.2.⟩ *irr* I. vt ① ↑ *sostenere* unterstützen, behilflich sein ② ↑ *agevolare,dare* begünstigen, fördern; ◇ **lo sviluppo industriale** die industrielle Entwicklung begünstigen; ◇ **favorisca i documenti!** die Papiere, bitte! II. vi: ◇ **vuole -?** geben Sie uns die Ehre?, darf ich Ihnen das anbieten?; **favorit|o** I. *p.pass.* **favorire;** II. agg ① *(in gen.)* bevorzugt, beliebt ② ↑ SPORT favorisiert III. m (**-a** f) ① Liebling m ② *(di elezioni, gare)* Favorit(in f) m

fazione f Partei, Faktion f

fazzoletto m Taschentuch n; *(per la testa ecc.)* Tuch n; *(FIG di terra)* kleines Grundstück

febbraio m Februar m; ◇ **in -** im Februar; ◇ **il 5 -** am 5. Februar

febbre f Fieber n; *FIG* ◇ **- da cavallo** hohes Fieber; (- *gialla*) Gelbfieber n; *FAM* Bläschenausschlag; **febbrile** agg ① ▷*accesso* Fieber-, fiebrig ② *FIG* fieberhaft

fe|ccia (**-cce**) f ① *(deposito melmoso)* Satz m, Bodensatz m ② *FIG* Abschaum m

'fecola f Stärkemehl n

fecondare vt befruchten; **fecondazione** f Befruchtung f; ◇ **- artificiale** künstliche Befruchtung, ◇ **- in vitro, - in provetta** Invitro-Fertilisation f; **fecondo** agg fruchtbar

fede f ① *(in gen.)* Glaube[n] m ② ↑ *fiducia* Vertrauen n ③ ↑ *fedeltà* Treue f; ◇ **tener - ai patti** sein Wort halten; ◇ **in -** hochachtungsvoll ④ ↑ *anello* Trauring m; **fedele** I. agg ▷*persona, amico ecc.* treu *(a dat)*; ◇ **traduzione - all'originale** originalgetreue Übersetzung II. m/f ① *REL* Gläubige(r) fm ② ↑ *seguace* Anhänger(in f) m; **fedeltà** f ① *(in gen.)* Treue f ② *MEDIA* Wiedergabetreue f; ◇ **ad alta -** Hi-Fi n

'federa f Überzug m

federale agg ① *POL* Bundes- ② *SPORT* Verbands-, Vereins-; **federazione** f *(di stati)* Staatenbund m; *(di enti)* Vereinigung f, Verband m

fedina f : ◇ **- penale** Strafregisterauszug m

'fegato m ① *ANAT* Leber f; *FIG* ◇ **mangiarsi/rodersi il - dalla rabbia** sich krank ärgern ② ↑ *coraggio* Mut m

felce f *BIO* Farn m

felice agg ① ▷*persona* glücklich ② ↑ *favorevole* gunstig; **felicità** f Glück n; **felicitarsi** vr ① *(in gen.)* sich freuen *(di über acc)* ② ◇ **- con qu per qc** ↑ *congratularsi* jd-n zu etw beglückwünschen

felino I. agg Katzen- II. m Katze f

felpa f Plüsch m

feltro m Filz m; *(cappello)* Filzhut m

'femmina f ① *(di sesso femminile)* Weibchen n; *(figlia)* Mädchen n ② *PEG* Weib n ③ *TEC* Mutter f; **femminile** I. agg weiblich; ▷*abito* Damen-; ▷*lavoro* Frauen-; *(sesso -)* weiblich; *(LING genere -)* feminin II. m *LING* Femininum n; **femminismo** m Frauenbewegung f; **femminist|a** (**-i, -e**) I. agg feministisch II. m/f Feminist(in f) m

'femore m *ANAT* Oberschenkel m

'fendere vt ① ↑ *spaccare* spalten, zerspalten ② → *onde* durchpflügen; → *l'aria* durchschneiden

fendinebbia m ⟨inv⟩ Nebelscheinwerfer m

fenomenale agg ↑ *eccezionale* außerordentlich; **fe'nomeno** m ① *(in gen.)* Phänomen n ② *FAM* ◇ **essere un -** großartig sein

'feretro m Sarg m

feriale agg Wochen-, Werk-

ferie f/pl Urlaub m

ferire ⟨5.2.⟩ *irr* I. vt ① → *persona, passante ecc.* verwunden, verletzen ② *FIG* → *occhi* blenden ③ *FIG* ◇ **- qu con le proprie parole** jd-n mit Worten verletzen/kränken II. vr ◇ **-rsi** sich verletzen; **ferita** f Verletzung f, Wunde f

feri'toia f ① *ARCHIT* Schießscharte f ② *(apertura)* Schlitz m

ferma f ① *MIL* Wehrdienstzeit f ② *CACCIA* Vorstehen n

fermacarte m ⟨inv⟩ Briefbeschwerer m

fermacravatt|e, -a m ⟨inv⟩ Krawattennadel f

fermaglio m Schnalle f, Spange f

fermare I. vt ① *(in gen.)* anhalten, aufhalten ② ← *polizia* festnehmen II. vr ◇ **-rsi** ① ↑ *arrestarsi* halten, stehenbleiben ② ↑ *rimanere* haltmachen, bleiben; **fermata** f ① ↑ *sosta* Aufenthalt m, Rast f ② *(luogo)* Haltestelle f; ◇ **- facoltativa** Bedarfshaltestelle f; ◇ **- obbligatoria** planmäßige Haltestelle

fermentazione f Gärung f; **fermento** m ① *(in gen.)* Ferment n ② ↑ *lievito* Hefe f ③ *(FIG essere in -)* gären

fermezza f *(FIG risolutezza)* Entschlossenheit f; *(di propositi)* Standhaftigkeit f; ◇ **- d'animo** Seelenstärke f; **fermo** I. agg ① ↑ *immobile* still, unbeweglich; ▷*orologio* stehengeblieben; (~ *immobile)* unbeweglich; ◇ **fermo/a lì!** halt! stillgestanden! ② *FIG* ▷*persona, carattere* fest, bestimmt II. *m* ① ▷*chiusura* Haltevorrichtung *f*, Verschluß *m* ② DIR Festnahme *f* ③ ◇ - **immagine** Standbild *n*

fermo posta *m* Büro für postlagernde Sendungen, Briefkastenadresse

feroce *agg* ▷*animale* wild; ▷*persona* grausam; ▷*fame, dolore* schrecklich, fürchterlich; **fero|cia** ⟨-cie⟩ *f* Grausamkeit *f*

ferragosto *m* (*festività*) Mariä Himmelfahrt; (*periodo*) Mitte *f* August

ferramenta *f* ① (*materiali, oggetti metallici*) Eisenwaren *pl* ② (*negozio*) Eisenwarenhandlung *f*

ferrare *vt* beschlagen; **ferrato I.** *p.pass.* **ferrare**; **II.** *agg* ① (*in gen.*) beschlagen ② FIG ◇ **essere - in matematica** in Mathematik beschlagen sein

'ferreo *agg* ① (*di ferro*) eisern ② FIG ▷*salute, disciplina* eisern; **ferro** ① CHIM Eisen *n*; ◇ **- battuto** Schmiedeeisen *n*; FIG ◇ **toccare - auf** Holz klopfen; FIG ◇ **alibi di -** sicheres Alibi ② (*oggetto di -*) aus Eisen; ◇ **i -i del mestiere/ chirurgo** die Handwerkszeuge/Chirurgenwerkzeuge; ◇ **- da stiro** [**a vapore**] [Dampf-]Bügeleisen *n*; ◇ **- di cavallo** Hufeisen *n*; ⟨-*i per lavorare a maglia*⟩ Stricknadeln *f*|*pl* ③ ◇ **bistecca ai -i** gegrilltes Beefsteak

ferro'via *f* Eisenbahn *f*; **ferroviario** *agg* Eisenbahn-; **ferrovier|e** ⟨-a *f*⟩ *m* Eisenbahner(in*f*) *m*

'fertile *agg* fruchtbar; **fertilizzante** *m* Düngemittel *n*

fervente *agg* ▷*amore* glühend; ▷*odio* wild, blind; ▷*cattolico, socialista* eifrig; **'fervido** *agg* ▷*augurio* herzlich; **fervore** *m* ↑ *ardore* Inbrunst *f*; ↑ *impeto* in der Hitze *gen*

fesso [1] *p.pass.* **fendere**

fesso [2] *agg* ↑ *stupido* dumm

fessura *f* ① ↑ *fenditura* Spalt *m* ② (*piccola apertura*) Schlitz *m*

festa *f* ① (*in gen.*) Fest *n*, Feier *f* ② (FAM *vacanza*) freier Tag ③ (*giorno festivo*) Festtag, Feiertag, *m* ④ (*cerimonia*) Feier *f*; ◇ **far - feiern**; ◇ **far una - a qu** jd-n herzlich empfangen; ◇ **buone -e!** frohes Fest; **festeggiare** *vt* ① → *compleanno* feiern ② (*ricevere con onore*) festlich empfangen; **festivo** *agg* ▷*giorno* Festtags-, Feiertags-; ▷*abito* Fest, festlich; **festoso** *agg* freudig, fröhlich

feti|ccio ⟨-cci⟩ *m* Fetisch *m*

feto *m* Fötus *m*

fetore *m* Gestank *m*

fetta *f* ① (*di pane, di salame ecc.*) Scheibe *f*; (*di torta*) Stück *f* ② (*di terra*) Streifen *m*, Stück *n* ③ (*di guadagno*) Teil *m*

feudale *agg* feudal, Feudal-

FF.SS. *abbr. di* FS

fiaba *f* Märchen *n*

fiacca *f* Müdigkeit *f*, Mattheit *f*; ◇ **battere la - bummeln**; **fia|cco** ⟨-cchi, -che⟩ *agg* ▷*persona* müde, matt, erschöpft

fi'accola *f anche* FIG Fackel *f*

fiala *f* Ampulle *f*

fiamma *f* ① (*del gas, di candela ecc.*) Flamme *f* ② FIG Flamme *f* ③ (MIL *-e gialle*) ≈ Zollwächter *m*; **fiammante** *agg* leuchtend, knall-; **fiammeggiare** *vi* aufflammen

fiam'mifero *m* Streichholz *n*

fiammin|go ① ⟨-ghi, -ghe⟩ *agg* (*delle Fiandre*) flämisch

fiammin|go ² ⟨-ghi⟩ *m* FAUNA Flamingo *m*

fiancata *f* (*di auto*) Stoß *m*; **fiancheggiare** *vt* ① (*in gen.*) säumen ② FIG zur Seite stehen *dat*; **fian|co** ⟨-chi⟩ *m* ① ANAT Hüfte *f*; FIG ◇ **a - nebeneinander** ② ↑ *lato* Seite *f*; ◇ **di - seitlich**

fia|sco ⟨-schi⟩ *m* ① (*tipo di bottiglia*) Strohflasche *f* ② FIG Fiasko *n*; ◇ **far - versagen** [*o.* ein Mißerfolg sein]

fiato *m* ① (*in gen.*) Atem *m*; ◇ **avere il - grosso** außer Atem sein; ◇ **prendere - eine** Atempause machen; ◇ **sentirsi mancare il -** außer Atem sein ② SPORT Ausdauer; ◇ **farsi il -** Kondition trainieren ③ MUS ◇ **strumenti a -** Blasinstrumente

fibbia *f* Schnalle *f*, Spange *f*

fibra *f* ① (*in gen.*) Faser *f*; ◇ **- elastica/sintetica** Elastikfaser *f* ② ◇ **- muscolare** Muskelfaser *f* ③ ▷*forte* Konstitution, Verfassung *f*

ficcare ⟨3.4.⟩ *irr* II. *vt* stecken, hineinstecken; FIG ◇ **- il naso negli affari degli altri** seine Nase in fremde Angelegenheiten stecken II. *vr*: ◇ **-rsi in un bel pasticcio** sich in eine unangenehme Lage bringen

fi|co ⟨-chi⟩ *m* (BIO *albero*) Feigenbaum *m*; (*frutto*) Feige *f*; ◇ **- d'India** (*albero*) Feigenkaktus *m*; (*frutto*) Kaktusfeige *f*; ◇ **- secco** getrocknete Feige; FIG ◇ **non me ne importa un - secco** ich schere mich den Teufel darum *acc*

fidanzamento *m* Verlobung *f*; **fidanzarsi** *vr* sich verloben

fidarsi *vr*: ◇ **-rsi di qu/qc** sich auf jd-n/etw verlassen; **fidato** *agg* zuverlässig, treu

fido ¹ *m* ↑ *seguace* Getreue(r) *f*|*m*

fido ² *m* COMM Kredit *m*

fidu|cia ⟨-cie⟩ *f* Vertrauen *n*; ◇ **di - Vertrauens-**; **fiducioso** *agg* zuversichtlich

fiele *m* ① MED Galle *f* ② FIG Bitterkeit *f*

fienile *m* Heuschober *m*, Scheune *f*; **fieno** *m* Heu *n*

fiera ¹ *f* Raubtier *n*

fiera [2] f [1] (di paese) Jahrmarkt m [2] (la - di Monaco) Messe f; ◇ **- campionaria** Mustermesse f [3] (esposizione/vendita a scopo benefico) Ausstellung f

fierezza f Stolz m; **fiero** agg ▷persona, carattere ecc. stolz, selbstbewußt; ◇ **sono - di te** ich bin stolz auf dich

fifa f FAM Bammel m; **fifone** agg ⟨inv⟩ Angsthase m

figlia f Tochter f; **figliastr|o(-a** f) m Stiefsohn m, Stieftochter f; **figlio** m [1] (in gen.) Sohn m [2] ◇ **-i** m/pl (prole) Kinder n/pl; ◇ **- di papà** Vatersöhnchen n; ◇ **- unico** Einzelkind n; **figlio|c-cio, -a** ⟨-cci, -cce⟩ m Patenkind n

figura f [1] (in gen.) Figur f [2] (di oggetto) Form f, Gestalt f [3] ↑ disegno Abbildung f, Bild n [4] ◇ **far [una] bella -** einen guten Eindruck machen; ◇ **fare una brutta -** sich blamieren [5] ◇ **- retorica** rhetorische Figur f; **figurare I.** vt [1] ↑ plasmare bearbeiten [2] ↑ raffigurare versinnbildlichen [3] ↑ immaginare vorstellen; ◇ **ma figurati!** stell dir vor; [o. bitte Sie!] II. vi [1] sein, sich befinden; ◇ **nel contratto non figura quanto segue:..** folgende Punkte sind im Vertrag nicht verzeichnet [2] ↑ apparire erscheinen; **figurativo** agg bildlich; **figurina** f [1] (statuetta) Statuette f [2] ▷sottile kleine Gestalt, kleine Form f [3] (dei calciatori, degli animali ecc.) Bildchen n; **figurino** m [1] (modello) Modeskizze f [2] (rivista) Modezeitschrift f, Modeheft n

fila f [1] (in gen.) Reihe f; ◇ **in - per tre** in Reihen zu dritt f; ↑ coda Schlange f; ◇ **fare la -** Schlange stehen; ◇ **mettersi in -** sich in die Reihe stellen [2] ↑ serie Reihe, Serie f, Folge f; ◇ **ho dormito per due ore di -** ich habe zwei Stunden lang geschlafen

filamento m [1] ANAT Faser f [2] ELETTR Faden m, Draht m [3] BIO Staubfaden m

filantro'pia f Philanthropie f, Menschenliebe f

filare I. vt spinnen; → liquidi abfließen lassen II. vi essere/avere [1] ← baco, ragno spinnen [2] FIG ← discorso logisch sein, einen Sinn haben [3] (FIG muoversi a forte velocità) rasen

filar'moni|ca ⟨-che⟩ Philharmonie f

filastro'cca ⟨-cche⟩ f Kinderreim m

filate'lia f Philatelie f, Briefmarkenkunde f

filato I. p.pass. **filare**; **II.** agg [1] (in gen.) gesponnen [2] ◇ **discutere per due ore -e** zwei Stunden lang diskutieren III. m Garn m, Zwirn m; **filatura** f [1] (in gen.) Spinnen n [2] (luogo) Spinnerei f

file m ⟨inv⟩ INFORM Datei f; ◇ **- di lavoro** Hilfsdatei f

filetto [1] m [1] (cordoncino) Schnur f; (gallone) Tresse f [2] (di vite) Gewinde n

filetto [1] (di carne) Filet n

filiale I. agg kindlich, Kinder-, Kindes- II. f (di impresa, di banca ecc.) Zweigstelle f, Filiale f

filigrana f Filigran f

fil'lossera f BIO Reblaus f

film m ⟨inv⟩ [1] (pellicola fotografica/cinematografica) Film m [2] (al cinema, alla televisione) Film m; ◇ **- giallo/poliziesco** Kriminalfilm m; ◇ **- western** Western m; ◇ **- dell'orrore** Thriller m [3] ↑ patina Belag m, Schicht f; **filmare** vt filmen, verfilmen

filo m [1] (in gen.) Faden m; FIG ◇ **dare del - da torcere a qu** jd-m zu schaffen machen [2] (avente forma di filo) ▷metallico Draht m; ▷spinato Stacheldraht m; (d'erba) Grashalm m; (di perle) Schnur f; (del telefono) Telephonkabel n; ▷elettrico Elektrokabel n [3] FIG ◇ **ho perso il - del discorso** ich habe den roten Faden verloren; ◇ **per - e per segno in allen Einzelheiten;** ◇ **avere un - di voce** eine dünne Stimme haben

filo- [1] ↑ simpatizzante ◇ **-cinese/-americano ecc** chinafreundlich/amerikafreundlich

filo [2] ↑ simpatizzante ◇ **francofilo** franzosenfreundlich

'filobus m ⟨inv⟩ Oberleitungsbus m

filone m [1] (d'oro) Ader f [2] (tipo di pane) Stangenbrot n

filoso'fia f [1] (in gen.) Philosophie f [2] FIG ◇ **prendere qc con -** etw gelassen sehen; **fi'loso|fo (-a** f) m Philosoph(in f) m

fil'lossera vedi **fillossera**

filo'via f Oberleitungsbuslinie f

filtrare I. vt filtern; → vino klären II. vi essere (dai muri, dalle crepe ecc.) tropfen, tröpfeln; FIG ↑ trapelare durchsickern

filtro [1] m [1] (in gen.) Filter m; ◇ **dell'aria** Luftfilter m [2] (delle sigarette) Filter m [3] FOTO Filter m

filtro [2] m : ◇ **- magico** Zaubertrank m

filza f [1] (in gen.) Kette f [2] FIG ↑ sequela Reihe f, Folge f

finale I. agg letzte(r, s); (che sta alla fine) Schluß-; ↑ conclusivo endgültig II. m (di commedia) Schluß m, Ende n III. f SPORT Finale n, Endspiel n, Endkampf m; **finalista** m/f Finalist (in f) m

finalità f ↑ fine, modalità Zweck m, Ziel n

finalmente avv ↑ alla fine schließlich, endlich

finanza f [1] (in gen.) Finanzen pl; ◇ **Ministero delle finanze** Finanzministerium n; ◇ **la guardia di -** (alla dogana) Zöllner(in f) m; ▷tributaria Steuerfahnder(in f) m, Finanz f,

Geldwesen *n* ② ◇ **-e** (*dello Stato*) Finanzen *pl*, Staatsgelder *n/pl*; **finanziario** *agg* Finanz-, finanziell; **finanziere** *mf* Finanzier *m*

finché *congiunz* (*fino a quando*) solange; (*fino al momento in cui*) bis

fine[1] I. *f*①↑ *termine* Ende *n*, Schluß *m*; ◇ **alla -** zum Schluß, am Ende; ◇ **alla fin -** im Grunde genommen; ◇ **che - hanno fatto i miei libri?** wo sind meine Bücher?; ◇ **alla - dei conti** im Grunde genommen, schließlich ②↑ *morte* Ende *n*, Tod *m* II. *m*① Zweck *m*, Ziel *n*; ◇ **fare qc a fin di bene** etw in bester Absicht tun ②↑ *esito* Ausgang *m*, Ende *n*; ◇ **lieto -** guter Ausgang *m*, Happy-End *n*

fine[2] *agg* ① ▷*capelli, sabbia* fein, dünn ② *FIG* ▷*vista* gut, scharf ③ *FIG* ▷*abito, persona ecc.* geschmackvoll, fein

fine settimana *m* ⟨inv⟩ Wochenende *n*

finestra *f* Fenster *n*; **finestrino** *m* (*di treno, di auto, di autobus*) Fenster *n*

'fingere ⟨Pass. rem.: finsi/fingesti Part.: finto⟩ *irr* I. *vt* vortäuschen II. *vr* ◇ **-rsi** so tun als ob, sich verstellen

finimenti *m/pl* (*dei cavalli ecc.*) Geschirr *n*

finimondo *m* FAM Mordskrach *m*

finire ⟨5.2.⟩ *irr* I. *vt* ① → *lavoro* beenden, fertig machen ②↑ *smettere* ◇ **finitela** hört auf damit ③ ◇ **- di fare qc** aufhören etw *acc* zu tun II. *vi* essere ①(*in gen.*) enden; ↑ *cessare* aufhören ② ◇ **andare a - male/bene** schlecht/gut ausgehen

finitura *f* Vollendung *f*

finlandese I. *agg* finnisch II. *mf* Finne *m*, Finnin *f*; **Finlandia** *f* GEO Finnland *n*

fino[1] *agg* ▷*capelli, seta* dünn, fein; ▷*oro* echt

fino[2], **fin** I. *avv* ↑ *pure* sogar, auch II. *prep* ① (*temporale*) ◇ **- a** bis; ◇ **fin da domani pomeriggio** ab morgen nachmittag; ◇ **fin[o] dalla nascita** von Geburt an ②(*locale*) ◇ **- a Verona/a casa/a te** bis Verona/nach Hause/zu dir

finocchio *m*① FLORA Fenchel *m* ② FAM PEG ↑ *omosessuale* Schwule(r) *fm*

finora *avv* bis jetzt

finta *f*①↑ *finzione* Verstellung *f*; ◇ **fare - di** etw *acc* vortäuschen ② SPORT Finte *f*; **finto** I. *p.pass.* ↑**'fingere**; II. *agg* ↑ *falso, non vero* falsch, unecht; **finzione** *f* Vortäuschung *f*

fio|cco[1] ⟨-cchi⟩ *m* ① (*di nastro*) Schleife *f*; ◇ **coi fiocchi** FIG vorzüglich ②(*di lana, di neve*) Flokke *f*

fio|cco[2] ⟨-cchi⟩ *m* NAUT Klüver *m*

fi'ocina *f* Harpune *f*

fioco ⟨-chi, -che⟩ *agg* schwach, matt, leise

fionda *f* Schleuder *f*

fio'rai|o ⟨-a⟩ *m* Blumenhändler(in *f*) *m*, Blumenverkäufer(in *f*) *m*

fiordaliso *m* BIO Kornblume *f*

fiordo *sm* GEO Fjord *m*

fiore *m*①(*in gen.*) Blume *f*; FIG ◇ **essere nel - degli anni** in der Blüte der Jahre stehen; ◇ **il - all'occhiello** Blume im Knopfloch; ◇ **vedere tutto rose e -i** alles durch eine rosarote Brille sehen ②(*FIG parte scelta*) Auslese *f*; ◇ **il fior - della gioventù** die Blüte der Jugend ③ FIG ◇ **a fior d'acqua** an der Wasseroberfläche

fiorentin|o(-a *f*) I. *agg* florentinisch II. *m/f* Florentiner(in *f*) *m*

fioretto *m* Florett *n*

fiorire ⟨5.2.⟩ *irr* vi essere ①(*in gen.*) blühen, erblühen, aufblühen ② FIG ↑ *prosperare* blühen, aufblühen ③ ↑ *ammuffire* ← *vino* kahmen; ← *rame* Grünspan ansetzen; **fioritura** *f* ①(*in gen.*) Blühen *n*; (*periodo*) Blütezeit *f* ②(*sviluppo*) Blüte *f* ③(*di umidità*) Schimmel *m*

Firenze *f* Florenz *n*

firma *f*①(*in gen.*) Unterschrift *f*; ◇ **- in bianco** Blankounterschrift *f* ②(*le grandi -e della moda*) Markenname *m*

firmamento *m* Firmament *n*

firmare *vt* unterschreiben

fisar'moni|ca ⟨-che⟩ *f* MUS Akkordeon *n*, Ziehharmonika *f*

fiscale *agg* ① ▷*reato, oneri* fiskalisch, steuerlich, Steuer-; ◇ **medico -** Amtsarzt *m* ② FIG streng, hart; **fiscalità** *f* Steuersystem *n*

fischiare ⟨3.6.⟩ *irr* I. *vi* pfeifen II. *vt* pfeifen; → *attore, cantante ecc.* auspfeifen; **fischio** *m*① ↑ *suono* Pfiff *m* ②(*strumento*) Pfeife *f*

fisco *m* Finanzamt *n*, Staatskasse *f*

'fisica *f* Physik *f*; ◇ **- nucleare** Kernphysik *f*

fisicamente *avv* ①(*della fisica*) physikalisch ② ◇ **- mi sento in forma** körperlich bin ich in Form; **'fisic|o** ⟨-ci, -che⟩ I. *agg* ① FIS physikalisch ②(*del corpo*) körperlich, physisch, Körper- II. *m* ① (**-a** *f*) FIS Physiker(in *f*) *m* ② ↑ *corporatura* Körperbau *m*, Gestalt *f*; ◇ **avere un bel -** gut gebaut sein

'fisima *f* ↑ *fissazione* Laune, Einbildung *f*

fisiolo'gia *f* Physiologie *f*

fisiono'mia *f* ①(*in gen.*) Gestalt *f*; (*del viso*) Gesichtsausdruck *m*, Gesichtszüge *pl* ②(*di luogo*) Gesicht *n*; FIG Charakter *m*, Wesensart *f*

fisiotera'pia *f* MED Physiotherapie *f*; **fisioterapista** *mf* Physiotherapeut(in *f*) *m*

fissare I. *vt* ①(*in gen.*) befestigen, festmachen ② → *sguardo, attenzione* richten (*su* auf *acc*) ③ → *appuntamento, data, condizioni ecc.* vereinbaren, ausmachen; ↑ *prenotare* bestellen, buchen II. *vr* ◇ **-rsi** (*FIG idea*) sich versteifen (*su* auf *acc*); **fissativo** *m* Fixiermittel *n*; **fissatore** *m* (*per capelli*) [Haar-]Festiger *m;* **fissazione** *f* ① CHIM, BIO Fixierung *f* ② ↑ *determinazione* Befestigung *f,* Bestimmung *f;* ↑ *ossessione* fixe Idee; **fisso I.** *agg* fest; ◇ **avere un chiodo - e** ine fixe Idee haben **II.** *m* festes Gehalt **III.** *avv* starr, fest

fitta *f* Stich, stechender Schmerz *m*

fittizio *agg* falsch; ▷*acquisto, affare* Schein-

fitto ¹ *agg* ① ▷*palo, chiodo ecc.* eingeschlagen; ◇ **buttarsi a capo - in** qc sich Hals über Kopf in etw *acc* stürzen ② ↑ *FIG* ▷*bosco* dicht

fitto ² *m* ↑ *affitto,* pigione Miete *f*

fiumana *f* ① (*in gen.*) Flut *f* ② *FIG* ↑ *folla* Strom *m,* Menge *f;* **fiume** *m* ① (*in piena*) Fluß *m* ② *FIG* ◇ **un - di gente** ein Menschenstrom

fiutare *vt* ① (*in gen.*) riechen; ← *animale* beschnuppern ② *FIG* ↑ *intuire* wittern, ahnen; **fiuto** *m* ① (*degli animali*) Schnüffeln *n,* Schnuppern *n* ② *FIG* ↑ *intuizione* Spürsinn *m*

flacone *m* Fläschchen *n*

flagello *m* ① ↑ *sferza* Geißel *f* ② *FIG* Geißel *f,* Unheil *n*

flagrante *agg* ① ↑ *evidente* offenkundig ② ◇ **cogliere** qu **in** - jd-n auf frischer Tat [*o.* in flagranti] ertappen

flanella *f* Flanell *m*

flash *m* ⟨inv⟩ ① FOTO Blitzlicht *n* ② STAMPA Kurznachricht *f*

flauto *m* MUS Flöte *f*

flebile *agg* ▷*voce* wehmütig, weinerlich; ↑ *fievole* schwach

flebo *f* MED Veneninfusion *f*

flemma *f* ① ↑ *calma* Trägheit *f* ② MED Phlegma *n*

flessibile *agg* ① ▷*oggetto* biegsam, geschmeidig ② *FIG* ▷*persona, carattere ecc.* nachgiebig; **flessione** *f* ① (*in gen.*) Krümmen *n,* Biegen *n;* ↑ *curvatura* Krümmung *f,* Biegung *f* ② SPORT Beuge *f* ③ LING Flexion *f* ④ ↑ *diminuzione* Rückgang *m;* **flesso** *p.pass.* **flettere**

flessuoso *agg* geschmeidig, biegsam

flettere ⟨Pass. rem.: flettei/flettesti Part.: flesso⟩ *irr vt* biegen, beugen

flipper *m* ⟨inv⟩ Flipper[-automat] *m*

F.lli *m/pl abbr. di* fratelli Gebr.

floppy disk *m* ⟨inv⟩ INFORM Diskette *f*

flora *f* Flora *f,* Pflanzenwelt *f;* **floricoltura** *f* Blumenzucht *f*

florido *agg* blühend

floscio ⟨-sci, -sce⟩ *agg* ↑ *molle, flaccido* weich; ▷*muscoli* schlaff

flotta *f* Flotte *f*

fluido I. *agg* flüssig **II.** *m* Flüssigkeit *f;* **fluire** ⟨5.2.⟩ *irr vi* essere strömen, fließen

fluorescente *agg* fluoreszierend; ▷*lampada* Neon-

fluoro *m* CHIM Fluor *n*

flusso *m* ① (*in gen.*) Strom *m* ② (*alta marea*) Flut *f* ③ (*di dati*) Fluß *f* ④ (*movimento continuo*) Strom *m*

fluttuare *vi* ① (*in gen.*) wogen ② COMM *FIG* schwanken

fluviale *agg* Fluß-, Strom-

foca ⟨-che⟩ *f* FAUNA Seehund *m*

focaccia ⟨-cce⟩ *f* (*tipo di pane*) Fladen *m;* (*dolce*) Gebäck *n;* ◇ **rendere pan per** - Gleiches mit Gleichem vergelten

focalizzare *vt* ① FOTO scharf einstellen ② → *argomento* auf den Punkt bringen

foce ⟨-i⟩ *f* GEO Mündung *f*

focolaio *m* ① MED Herd *m* ② (*FIG - della rivolta*) Herd *m,* Ausgangsstelle *f;* **focolare** *m* ① (*in gen.*) Herd *m; FIG* ◇ - **domestico** häuslicher Herd ② TEC Feuerung *f*

fodera *f* (*materiale*) Futter *n,* Futterstoff *m;* (*di libro*) Schutzhülle *f;* **foderare** *vt* → *giacca* füttern; → *libro* einschlagen

foga ⟨-ghe⟩ *f* Hitze *f,* Eifer *m*

foggia ⟨-gge⟩ *f* ① (*di vestito*) Schnitt *m* ② ↑ *maniera* Art *f,* Form *f*

foglia *f* ① (*in gen.*) Blatt *n; FIG* ◇ **tremare come una** - zittern wie Espenlaub ② (*lamina in oro, argento ecc.*) Folie *f,* Blatt *n;* **fogliame** *m* Laub *n*

foglio *m* ① ↑ *lastra* Platte *f* ② (*di carta*) Blatt *n,* Bogen *m;* ↑ *documento* Schein *m;* ◇ - **di via** [**obbligatorio**] Ausweisungsbefehl *m;* ◇ - **rosa** provisorische Fahrerlaubnis

fogna *f* Abzugskanal *m,* Kloake *f;* **fognatura** *f* Entwässerung *f,* Kanalisation *f*

folgorare I. *vt* ① ← *fulmine* mit dem Blitz treffen ② (*alta tensione*) einen elektrischen Schlag versetzen **II.** *vi* blitzen, wetterleuchten

folla *f* Menge *f,* Masse *f*

folle *agg* ① ↑ *pazzo* verrückt ② ◇ **essere in** - AUTO im Leerlauf sein; **follia** *f* ① ↑ *demenza* Dummheit *f* ② (*azione folle*) Wahnsinn *m,* Verrücktheit *f*

folto *agg* dicht

fomentare *vt* fördern, nähren; → *odio* schüren

fon *m* ↑ *asciugacapelli* Fön, Haartrockner *m*

fondale *m* (*di mare, di lago*) Wassertiefe *f*

fondamentale *agg* ↑ *basilare, essenziale* wesentlich, grundlegend; **fondamento** *m* ① ◇ **fondamenta** *f/pl* (*di una casa*) Grundmauern *pl,* Fundament *n* ② *FIG* Fundament *n,* Grundlage *f*

fondare I. *vt* ① (*mettere le fondamenta*) die

Grundmauern legen *gen* ② *FIG* ↑ *istituire* gründen II. *vr* ◇ **-rsi:** ◇ **il mio ragionamento si fonda su ipotesi** meine Überlegung beruht auf Vermutungen; **fondato** *agg* gegründet, begründet; **fondazione** *f* ① (*in gen.*) Gründung *f* ② DIR Stiftung *f* ③ ◇ **-i** *m/pl* Fundament *n*

'fondere ⟨Pass. rem.: fusi/fondesti Part.: fuso⟩ *irr* I. *vt* ① ↑ *sciogliere* schmelzen ② *FIG* → *colori* verschmelzen II. *vi* schmelzen III. *vr* ◇ **-rsi** ① ↑ *sciogliersi* schmelzen ② *FIG* ← *partiti, correnti* sich zusammenschließen; **fonde'ria** *f* Gießerei *f*

fondi'ario *agg* Boden-, Grund-; ◇ **proprietà -a** Grundbesitz

fondo I. *agg* (*in gen.*) tief; ◇ **a notte -a** in tiefer Nacht II. *m* ① (*di recipiente*) Boden *m; (di pozzo)* Grund *m;* ◇ **andare a -** untergehen ② (*liquido/sostanza che resta in un recipiente*) Rest *m,* Bodensatz *m;* ◇ **- di bottiglia** Flaschenboden, Flüssigkeitsrest *m;* ◇ **i -i del caffè** Kaffeesatz *m* ③ (*estremità opposta*) unterster Teil, hinterster Teil; ◇ **in - al corridoio** am Ende des Flurs; *FIG* ◇ **andare fino in - a qc** bis zum Äußersten gehen; ↑ *sfondo* Hintergrund *m* ④ (*parte finale*) Ende *n;* ◇ **controllare qc da cima a -** jd-n von oben bis unten prüfen; ◇ **in - in -** letzten Endes, im Grunde; ◇ **toccare il -** den Grund berühren ⑤ (*- stradale*) Straßendecke ⑥ (COMM *unità immobiliare*) Grundstück *n; (- cassa)* Fonds *m;* ◇ **-i** *m/pl* ↑ *denaro* Geldmittel *pl;* ◇ **a - perduto** auf Verlustkonto ⑦ SPORT Langstreckenlauf *m; (sci)* Langlauf *m* ⑧ ◇ **conoscere a - una persona** jd-n sehr gut kennen

fo'netica *fsg* LING Phonetik *f,* Lautlehre *f;* **fonologia** *f* LING Phonologie *f*

fontana *f* Brunnen *m;* **fonte** *f* ① ↑ *sorgente* Quelle *f* ② (*FIG d'informazioni*) Quelle

footing *m* ⟨inv⟩ Jogging *n*

fora|ggio ⟨-ggi⟩ *m* Futter *n*

forare *vt* → *parete* durchbohren; → *biglietto* lochen; ◇ **- una gomma** eine Reifenpanne haben

'forbic|e ⟨-i⟩ *f* Schere *f*

for|ca ⟨-che⟩ *f* ① AGR Heu-/Mistgabel *f* ② ↑ *patibolo* Galgen *m* ③ GEO Engpaß *m*

forcella *f* ① (*di bicicletta, di moto ecc.*) Gabel *f* ② (*di ramo*) Gabel *f*

forchetta *f* Gabel *f*

forcina *f* Haarnadel *f*

foresta *f* Wald *m;* **forestale** *agg* forstlich, Wald-; ◇ **guardia -** Förster *m*

forestier|o I. *agg* fremd II. *m* **(-a** *f*) Fremde(r) *fm*

forfettario *agg* (*prezzo -*) Pauschal-

'forfora *f* Schuppen *f/pl*

---

for|gia ⟨-ge⟩ *f* Schmiede *f;* **forgiare** *vt* schmieden, hämmern

forma *f* ① (*in gen.*) Form *f* ② (*stile*) Stil *m* ③ LING Aktiv/Passiv *n* ④ SPORT ◇ **essere in ottima -** in sehr guter Form sein; ◇ **essere giù di -** [*o.* **in cattiva -**] in schlechter Verfassung ⑤ (*per calzature*) Schuhspanner *m* ⑥ (*di formaggio*) Laib *m* ⑦ ◇ **-e** *f/pl* (*convenzioni sociali*) Formen, Umgangsformen *f/pl*

formaggiera, formaggera *f* Käsedose *f;* **formaggino** *m* Käseeckchen *n;* **forma|ggio** ⟨-ggi⟩ *m* Käse *m*

formale *agg* (*in gen.*) formal; ↑ *esplicito* formell; ↑ *solenne* förmlich, formell; **formalità** *f* ⟨inv⟩ Formalität *f;* ◇ **sbrigare le -** die Formalitäten erledigen; **formare** I. *vt* ① ↑ *modellare* formen, gestalten ② *FIG* formen, gestalten, bilden; ◇ **- una squadra di calcio** eine Fußballmannschaft aufstellen ③ (*- delle parole nuove*) bilden II. *vr* ◇ **-rsi** *sviluparsi* sich entwickeln; **formato** I. *p.pass.* **formare;** II. *m* ① (*in gen.*) Format *n* ② FOTO Bild *n;* FILM Film *m*

formattare *vt* INFORM formatieren

formazione *f* ① (*in gen.*) Entstehung, Bildung *f,* Formen *n* ② (*- professionale, di una persona ecc.*) Entwicklung *f,* Formung *f* ③ MIL, SPORT Aufstellung *f* ④ GEO Formation *f*

'formica [1] ® ⟨-che⟩ *f* (*materiale*) Schichtstoffplatte *f*

formi|ca [2] ⟨-che⟩ *f* FAUNA Ameise *f;* **formic'aio** *m* ① (*nido di formiche*) Ameisenhaufen *m* ② (*FIG molte persone*) Gewimmel *n;* **formicolare** I. *vi essere* ← *gamba* kribbeln II. *vi avere FIG:* ◇ **- di** ↑ *brulicare* wimmeln von; **formico'l|io** ⟨-ii⟩ *m* ① (*alle gambe*) Kribbeln *n* ② *FIG* Gewimmel *n*

formi'dabile *agg* großartig, toll; ▷ *appetito* riesig

'formula *f* CHIM, MAT, SPORT Formel *f;* ◇ **- 1** Formel 1; **formulare** *vt* formulieren

fornace *f* ① ↑ *forno* Brennofen *m* ② (*FIG luogo molto caldo*) Backofen *m;* **for'nai|o(-a** *f*) *m* Bäcker(in *f*) *m*

fornello *m* ① ◇ **- elettrico/a gas** Elektroplatte *f* /Gasring *m* ② (*di caldaia*) Feuerung *f* ③ (*di miniera*) Blindschacht *m*

fornicare ⟨3.4.⟩ *irr vi* Unzucht *f* treiben

fornire ⟨5.2.⟩ *irr* I. *vt:* ◇ **- qu di qc** jd-n mit etw ausrüsten [*o.* ausstatten]; ◇ **- qc a qu** jd-n mit etw beliefern II. *vr* ◇ **-rsi** ↑ *rifornirsi di, munirsi di* sich versehen mit, sich versorgen mit *dat;* **forni|tore(-trice** *f*) *m* Lieferant(in *f*) *m;* **fornitura** *f* Lieferung *f*

forno *m* ① (*di cucina*) Ofen *m,* Backofen *m;* ◇ **- a**

microonde Mikrowellenherd m; ◇ **- elettrico** Elektroofen; ◇ **patate al** - Bratkartoffeln f/pl ② ↑ **panetteria** Bäckerei f ③ TEC Schmelzofen m

foro [1] m ↑ **buco** Loch n

foro [2] m [1] ↑ **piazza** Forum n [2] DIR ↑ **tribunale** Gerichtsstand m

forse I. avv [1] (in gen.) vielleicht [2] ↑ **circa** ungefähr II. m ⟨inv⟩ Zweifel m, Ungewißheit f; ◇ **essere in** - zweifeln

forsennato agg verrückt, rasend

forte I. agg [1] ▷persona, carattere, animo ecc. stark; ◇ **pezzo** - bestes/starkes Stück; ◇ **piatto** - das beste Gericht; ◇ **il vino è molto** - der Wein ist sehr stark [2] ◇ - **mal di pancia** heftige/starke Bauchschmerzen II. avv [1] ↑ **velocemente** schnell [2] (con forza) fest, stark [3] (a voce alta) laut III. m [1] (persona) Starke(r) fm [2] ◇ **lo sci è il suo** - Skifahren ist seine Spezialität/Stärke

fortezza f [1] (luogo fortificato) Festung f [2] (morale) Stärke f

fortificare ⟨3.4.⟩ irr vt [1] MIL befestigen [2] ↑ **irrobustire** stärken, kräftigen

fortuito agg zufällig

fortuna f [1] ↑ **destino** Schicksal n [2] (sorte favorevole) Glück n; ◇ **per** - zum Glück [o. glücklicherweise]; ◇ **portare** - Glück bringen [3] ◇ **di** - behelfsmäßig, Behelfs-, Not-[4] ↑ **patrimonio** Vermögen n; **fortunato** agg [1] (in gen.) glücklich; ◇ **essere** -Glück haben [2] ▷impresa erfolgreich

foruncolo m MED Furunkel n

forviare vedi **fuorviare**

forza I. f [1] ↑ **potenza, intensità ecc.** Kraft f, Stärke f [2] FIS Kraft [3] ◇ **ricorrere all'uso della** - zu Mitteln der Gewalt greifen; ◇ **per** - widerwillig; (logicamente) natürlich, ◇ **per** - **di cose** notgedrungen [4] ◇ **a causa di** - **maggiore** aufgrund höherer Gewalt [5] POL, MIL ◇ -e **politiche/ militari** Streitkräfte f/pl II. inter los, Tempo

forzare vt [1] → **serratura** aufbrechen [2] → **andatura** beschleunigen [3] ↑ **obbligare** zwingen; ◇ **qu a fare qc** jd-n zwingen, etw zu tun; **forzato** agg [1] ↑ **costretto** gezwungen [2] (lavori -i) Zwangs-

foschia f Dunst m

fosco ⟨-schi, -sche⟩ agg [1] ↑ **scuro** dunkel [2] FIG ▷pensieri düster, finster

fosfato m Phosphat n

fosforescente agg phosphoreszierend

fosforo m Phosphor m

fossa f [1] ↑ **buca** Grube f [2] (tomba) Graben m, Grab m; FIG ◇ **scavarsi la** - con le proprie mani sich sein eigenes Grab schaufeln; **fossato** m Graben m, Wassergraben m

fossile I. agg fossil, versteinert II. m Fossil n

fosso m Wassergraben m, Graben m

foto f ⟨inv⟩ Photo n

foto'cellula f Photozelle f

fotocopia f Photokopie f; **fotocopiare** vt photokopieren; **fotocopiatrice** f Photokopierer m

foto'finish m ⟨inv⟩ SPORT Fotofinish n

foto'genico ⟨-ci, -che⟩ agg photogen

fotografare vt photografieren, aufnehmen; **fotografia** f Photografie f; ◇ - **a colori** Farbphotografie [o. Farbaufnahme f]; ◇ - **in bianco e nero** Schwarzweißaufnahme f; **fotografico** agg: ◇ **macchina** -**a** Photoapparat m, Kamera f; **fotografo, -a** m Photograf(in f) m

fotogramma m ⟨inv⟩ Photogramm n

fotomodella, -o f Photomodell n

fotomontaggio m Photomontage f

fotoreportage m ⟨inv⟩ Bildbericht m; **fotoreporter** m/f Bildberichterstatter m

fotoromanzo m Bildroman m

foulard m ⟨inv⟩ Kopftuch n; (per il collo) Halstuch n

fra vedi **tra**

fracassare I. vt zerschlagen, zerbrechen II. vr ◇ **-rsi** ↑ **rompersi** zerbrechen, zerschellen; ← **vetri** zersplittern; **fracasso** m Lärm m, Krach m; (di vetri) Klirren n

fradicio ⟨-ci, -ce⟩ agg (molto bagnato) durchnäßt; ◇ **ubriaco** - völlig betrunken

fragile agg [1] ▷oggetto zerbrechlich [2] FIG ▷salute schwach; ▷costituzione zart

fragola f FLORA Erdbeere f

fragore m (rumore forte) Lärm, Krach m; **fragoroso** agg lärmend, tosend

fragrante agg wohlriechend

fraintendere ⟨Pass. rem.: fraintesi/fraintendesti Part.: frainteso⟩ irr vt mißverstehen; **frainteso** p.pass. **fraintendere**

frammento m Bruchstück n, Fragment n

frana f [1] (di sassi) Erdrutsch m [2] FIG Mißerfolg m; FAM ◇ **essere una** - das ist eine Katastrophe; **franabile** agg ⟨inv⟩ abrutschbar; **franare** vi abrutschen

francese I. agg französisch II. m/f Franzose m, Französin f III. m LING Französisch n

franchezza f Aufrichtigkeit f

franchigia ⟨-gie⟩ [1] ◇ - **postale/doganale** portofrei/zollfrei [2] (dell'assicurazione) nicht versicherungspflichtig

Francia f GEO Frankreich n

franco [1] ⟨-chi, -che⟩ I. agg [1] POL ◇ - **tiratore** Heckenschütze m [2] ◇ **porto** - Freihafen m [3] ↑ **leale, sincero** offen, aufrichtig; ◇ **parlare in modo** - freimütig reden; FIG ◇ **farla** -a gut davonkommen

franco [2] m (*moneta francese, belga ecc.*) Franc m; (*della svizzera*) Franken m

francobollo m Briefmarke f

frangente m [1] (*in gen.*) Sturzwelle f [2] (*FIG momento difficile*) Notlage f, Bedrängnis f

fran|gia ⟨-ge⟩ f [1] (*in gen.*) Franse f [2] (*di capelli*) Pony m [3] GEO Streifen m [4] POL Flügel m

frantumare I. vt zertrümmern II. vr ◇ -rsi zerbrechen; **frantume** m Bruchstück n

frappè m ⟨inv⟩ Eismixgetränk n

fra|sca ⟨-sche⟩ f Zweig m; FIG ◇ **saltare di palo in** - vom Hundertsten ins Tausendste kommen

frase f LING Satz m; ◇ - **fatta** Gemeinplatz m

'frassino m FLORA Esche f

frastornare vt stören, belästigen; **frastuono** m Lärm m, Getöse n

frate m REL Bruder m; ◇ **farsi** - Mönch werden

fratellanza f Brüderschaft f; **fratellastro** m Stiefbruder m; **fratello** m [1] (*in gen.*) Bruder m; ◇ -i Geschwister pl [2] REL Ordensbruder m [3] COMM Gebrüder pl; **fraternizzare** vi sich verbrüdern; **fraterno** agg brüderlich, Bruder-

frattanto avv unterdessen, inzwischen

frattempo m : ◇ **nel** - inzwischen [o. unterdessen]

frattura f [1] MED Bruch m, Fraktur f [2] GEO Bruch m [3] † *dissenso* Bruch m

fraudolento agg betrügerisch; ◇ **bancarotta -a** betrügerisch

frazione f [1] † *parte* Bruchteil m [2] MAT Bruch m [3] ◇ - **di comune** Ortsteil m

fre|ccia ⟨-cce⟩ f [1] (*in gen.*) Pfeil m [2] AUTO ◇ - [di direzione] Blinker m; **frecciata** f (*FIG allusione maligna*) Stichelei f

freddare vt [1] FIG → *entusiasmo* abkühlen, dämpfen [2] † *uccidere* kaltmachen, töten; **freddezza** f FIG Kühle f; **freddo** I. agg [1] (*in gen.*) kalt; ◇ **piatto** - kaltes Gericht; *anche* FIG ◇ **doccia -a** kalte Dusche [2] FIG ▷*persona, carattere ecc.* kühl, nüchtern, kaltblütig; FIG ◇ **uccidere qu a sangue** - jd-n kaltblütig ermorden; FIG ◇ **a mente -a** bei klarem Verstand II. m [1] (*in gen.*) Kälte f [2] (*sensazione*) Kälte f; ◇ **fa** - es ist kalt; ◇ **aver** - frieren; ◇ **non mi fa nè caldo nè** - es läßt mich kalt; **freddoloso** agg verfroren

fregare ⟨3.5.⟩ irr I. vt [1] † *strofinare* reiben; → *pavimento* scheuern [2] FAM † *imbrogliare* betrügen, hintergehen; † *rubare* stehlen II. vr ◇ -rsi FAM: ◇ **fregarsene** pfeifen (*di auf acc*)

fregata [1] f [1] † *strofinata* Reiben, Scheuern n [2] FAM Betrug m

fregata [2] f NAUT Fregatte f

fregatura f FAM † *imbroglio* Betrug m

fre|gio ⟨-gi⟩ m ARCHIT Fries m

'fremito m Beben n

frenare I. vt [1] (*in gen.*) bremsen [2] FIG → *rabbia, lacrime ecc.* zurückhalten, zügeln II. vr ◇ -rsi FIG sich zügeln, sich beherrschen; **frenata** f Bremsen n; ◇ **fare una** - bremsen

frene'sia f [1] † *pazzia* Wahnsinn m [2] † *mania* Sucht f; **fre'neti|co** ⟨-ci, -che⟩ agg † *pazzo* wahnsinnig; ▷*vita, ballo* ausgelassen

freno m [1] (*in gen.*) Bremse f; ◇ - **a disco** Scheibenbremse f; ◇ - **a mano** Handbremse f [2] (*cavezza*) Gebiß n [3] FIG ◇ **porre** - **a qc** einer Sache dat Einhalt gebieten

frequentare vt [1] → *luoghi* verkehren in dat [2] → *persone* verkehren mit dat; **frequente** agg häufig; ◇ **di** - häufig, oft; **frequenza** f [1] (*in gen.*) Häufigkeit f [2] (*dei turisti*) Anzahl, Zahl [3] ◇ - **del polso** Pulsfrequenz f

freschezza f Frische f; **fre|sco** ⟨-schi, -sche⟩ I. agg [1] frisch; ▷*temperatura* frisch, kühl; FIG ◇ **stare proprio** - ganz schön alt aussehen; FIG ◇ **mettere al** - ins Gefängnis stecken [2] † *recente* neu, frisch II. m Kühle f, Frische f

fretta f Eile f; ◇ **in** - in Eile; ◇ **in** - **e furia** Hals über Kopf; ◇ **aver** - es eilig haben; ◇ **far** - **a qu** jd-n zur Eile antreiben; **frettoloso** agg eilig, hastig

fri'abile agg ▷*terreno* bröckelig; ▷*pasta* mürbe

'friggere ⟨Pass. rem.: frissi/friggesti Part.: fritto⟩ irr I. vt [1] GASTRON backen, braten, fritieren [2] FIG ◇ **ma va a farti** -! ach geh'doch zum Teufel! II. vi → *olio, uova ecc.* brutzeln; **friggitrice** f Friteuse f

frigidità f MED Frigidität f

frigo'rifero I. agg Kühl- II. m Kühlschrank m

fringuello m FAUNA Fink m

frittata f GASTRON Omelette f; FIG ◇ **fare una** - eine Dummheit machen

frittella f GASTRON kleiner Pfannkuchen m

fritto I. p.pass. friggere; II. agg fritiert, gebacken III. m : ◇ - **misto** Gemischtgebackene(s) n

'frivolo agg leichtfertig, oberflächlich, frivol

frizione f [1] (*tipo di massaggio*) Einreiben n, Massage f [2] AUTO Kupplung f; FIG † *dissenso* Reibung f

frizzante agg [1] ▷*acqua* prickelnd; ▷*vento* schneidend [2] FIG ▷*spirito* geistreich, witzig

frodare vt betrügen; ◇ - **il fisco** Steuern hinterziehen; **frode** f Betrug m; ◇ - **fiscale** Steuerhinterziehung f; **frodo** m Hinterziehung f; ◇ **cacciatore di** - Wilderer m

frollo agg ▷*carne* mürbe; ◇ **pasta -a** Mürb[e]teig m

fronda f ① (in gen.) Zweig m ② ◇ -e f/pl ↑ fogliame Laub n

frontale agg ① ANAT Stirn- ② ▷scontro frontal; **fronte I.** f ① ANAT Stirn f ② ◇ di - a (posizione) gegenüber; ◇ **traduzione con testo a** - Übersetzung mit nebenstehendem Text II. m ① MIL Front f ② POL Front f, Block m; FIG ◇ far - a Widerstand leisten dat; **fronteggiare** vt ① → nemico widerstehen dat ② → difficoltà bewältigen

frontespizio m ① ARCHIT Giebel m ② (di libro) Titelseite f

frontiera f Grenze f

fronzolo m Tand m, Flitter m; ◇ -i m/pl Schnörkel m

frottola f ↑ bugia Märchen n

frugale agg (pasto -) bescheiden, einfach

frugare ⟨3.5.⟩ irr I. vi kramen, stöbern II. vt durchsuchen

frullare I. vt → panna schlagen; → uova quirlen II. vi essere/avere ← uccelli schwirren; **frullato I.** p.pass. **frullare**; II. m Mixgetränk n; **frullatore** m Mixer m; **frullino** m Quirl m

frumento m Weizen m

fru|scio ⟨-scii⟩ m Rauschen n

frusta f ① (in gen.) Peitsche f ② GASTRON Schneebesen m; **frustare** vt peitschen; **frustino** m Reitpeitsche f

frustrare vt ① (rendere vano) zunichte machen ② (persona) frustrieren; **frustrato I.** p.pass. **frustrare**; II. agg ↑ deluso, reso vano frustriert; **frustrazione** f Frustration f

frutta f ⟨inv⟩ Obst n; ◇ - candita kandierte Früchte f/pl; ◇ - secca Dörrobst n

fruttare vt ① ↑ rendere einbringen ② ↑ causare verschaffen

frutteto m Obstgarten m; **frutti'fero** agg ① ▷albero Obst-, obsttragend ② (FIG patrimonio) zinstragend; **frutti'vendolo(-a)** f) m Obsthändler(in f) m; **frutto** m ① (in gen.) Frucht f; ◇ -i di mare Meeresfrüchte f/pl ② ◇ **raccogliere i -i delle proprie fatiche** die Früchte der Mühe ernten; FIG ◇ **senza** - erfolglos; **fruttuoso** agg anche FIG fruchtbar

FS f/pl abbr. di Ferrovie dello stato italienische Eisenbahn f

fu agg ⟨inv⟩: ◇ **il - Carlo Bianchi** der verstorbene Carlo Bianchi

fucilare vt erschießen; **fucilata** f Gewehrschuß m; **fucile** m Gewehr n; (- subacqueo) Unterwassergewehr n

fucina f ① (apparecchio) Esse f ② (locale) Schmiede f

fu|ga ⟨-ghe⟩ f ① (in gen.) Flucht f; ◇ **prendere la** - die Flucht ergreifen ② (di gas, liquidi ecc.) Ausströmen n ③ SPORT Vorstoß m ④ ARCHIT Flucht f ⑤ MUS Fuge f ⑥ (- di notizie) ausgeplauderte vertrauliche/geheime Nachricht; **fugace** agg vergänglich; **fug'gevole** agg flüchtig; **fuggiasco(-a** f) m ⟨-schi, -sche⟩ Flüchtige(r) fm; **fuggifuggi** m ⟨inv⟩ wilde Flucht f; **fuggire** ⟨5.1.⟩ irr I. vi essere ① ↑ scappare fliehen (da vor dat) ② (allontanarsi velocemente) davoneilen; FIG ← vita, tempo ecc. verfliegen II. vt anche FIG meiden; **fuggitivo** vedi **fuggiasco**

fulcro m Drehpunkt m, Stützpunkt m

fulgore m Glanz m, Schimmer m

fuliggine f Ruß m

fulminare I. vt ① → pianta, persona ecc. [mit dem Blitz] treffen ② (con corrente elettrica) einen elektrischen Schlag versetzen dat; (con arma da fuoco) erschießen II. vi blitzen; **fulmine** m Blitz m

fumaiolo m Schornstein m

fumare vi ① ← motore rauchen ② (emettere vapore) dampfen II. vt rauchen; **fumata** f ① (segnale) Rauchzeichen n ② (di tabacco) Rauchwolke f; ◇ **farsi una** - rauchen; **fuma|tore, -trice** m Raucher(in f) m

fumetti m Comics pl

fumo m Rauch m; FIG ◇ **mandare in** - qc jd-n vernichten; ◇ **molto** - e poco arrosto viel Lärm um nichts

fu'nambolo(-a f) m Seiltänzer(in f) m

fune f Strick m, Seil n

funebre agg ① ▷rito Leichen-, Toten-, Trauer- ② ↑ triste traurig; **funerale** m Beerdigung f

fungere ⟨Pass. rem.: funsi/fungesti Part.: funto⟩ irr vi amtieren (da als nom), das Amt bekleiden gen

fun|go ⟨-ghi⟩ m Pilz m

funicolare f Standseilbahn f

funi'via f Drahtseilbahn f

funto p.pass. **fungere**

funzionare vi gehen, funktionieren

funzio'nario(-a f) m Amtsperson f, Funktionär m; (impiegato) Angestellte(r) fm

funzione f ① (in gen.) Funktion f; (di persona) Rolle f, Tätigkeit f; (carica) Amt n ② MAT Funktion f ③ ◇ **svolgere la - di qu** ein Amt ausüben, eine Aufgabe haben

fuo|co ⟨-chi⟩ m ① (in gen.) Feuer n; ◇ **fuochi d'artificio** Feuerwerk n; ◇ **dare - a** qc etw anzünden; FIG ◇ **scherzare con il** - mit dem Feuer spielen; FIG ◇ - di paglia Strohfeuer n ② (fornello) Feuerstelle f ③ FOTO, FIS anche FIG ◇ **mettere a fuoco** fokussieren ④ ◇ **arma da** - Feuerwaffe; ◇ **aprire/far** - (sparare) feuern

fuorché I. *congiunz* außer **II.** *prep* außer *dat*, mit Ausnahme *gen*

fuori I. *avv* ①(*stato*) draußen; (*allontanamento*) hinaus; (*avvicinamento*) heraus; SPORT aus; *FIG* ◇ **lasciar - qc/qu** etw/jd-n weglassen; ◇ **far - qu** jd-n umbringen, jd-n um die Ecke bringen ② *FAM* ◇ **andare/rimanere - tutto il pomeriggio** den ganzen Nachmittag draußen bleiben/verbringen; *FAM* ◇ **essere di -** (*forestiero*) von auswärts sein ③ ◇ **- [di qui]!** raus!, fort [von hier]!; ◇ **- i soldi!** heraus mit dem Geld! **II.** *prep*: ◇ **- di** (*stato*) außerhalb *gen*; (*moto*) aus *dat*; ◇ **essere - di sè** außer sich *dat* sein; ◇ **- luogo** (*inopportuno*) unangebracht; ◇ **- pericolo/questione** außer Gefahr/Frage; ◇ **essere - corso** die Regelstudienzeit überschritten haben **III.** *m* Außenseite *f*, Äußere *n*

fuoribordo *m* ⟨inv⟩ (*imbarcazione*) Außenbord *m*; (*motore*) Außenbordmotor *m*

fuoriclasse I. *agg inv* Spitze-, Spezial- **II.** *m/f* ⟨inv⟩ Sonderklasse *f*

fuorigioco *m* ⟨inv⟩ SPORT Abseits *n*

fuori'serie I. *agg inv* Spezial-, Sonder- **II.** *f* ⟨inv⟩ Sonderausführung *f*

fuoristrada I. *m* ⟨inv⟩ Geländewagen *m* **II.** *agg inv* Gelände-

fuoriuscita *f* Entweichen *n*

fuoriuscito(-a *f) agg* (*uscito fuori*) hinausgegangen, übergelaufen

furente *agg* wütend (*contro* auf *acc*)

furfante *m/f* Gauner(in *f*) *m*

furgone *m* Lieferwagen *m*

furia *f* ①↑ *ira* Wut *f*, Raserei *f*; ↑ *impeto* Wüten, Toben *n*; (*di sentimenti*) Heftigkeit *f*; ◇ **andare su tutte le -e** vor Wut kochen ②↑ *fretta* Eile *f*; ◇ **a - di** durch viel *acc*, mit *dat*; ◇ **a - di spintoni** sich durchboxend; ◇ **in fretta e -** Hals über Kopf; **furibondo** *agg* wütend, zornig; **furioso** *agg* ① ▷*persona* wütend, jähzornig ② ▷*mare* bewegt; ▷*vento* heftig; **furore** *m* ① (*in gen.*) Wut *f*, Raserei *f* ② ↑ *veemenza* Heftigkeit *f* ③ ◇ **far -** Furore machen

furtivo *agg* heimlich; ▷*merce* gestohlen; **furto** *m* Diebstahl *m*; ↑ *refurtiva* Diebesgut *n*

fu'sibile *m* ELECTR [Schmelz-]Sicherung *f*; **fusione** *f* ① (*di metalli*) Schmelzen *n*; ◇ **- nucleare** Kernverschmelzung *f* ② COMM Fusion *f*, Zusammenschluß *m* ③ (*FIG di suoni, di colori*) Einklang *m*, Harmonie *f*

fuso ¹ **I.** *p.pass.* **'fondere; II.** *agg* ① geschmolzen; ↑ *liquefatto* zerlassen ② *FAM* ▷*persona* aufgelöst

fuso ² *m* ① (*arnese*) Spindel *f* ② ◇ **- orario** Zeitzone *f*

fustagno *m* Barchent *m*

fusto *m* ① (*di piante*) Stamm *m* ② (*recipiente*) Faß *n* ③ *FIG FAM* Muskelpaket *n*

'futile *agg* geringfügig; **futilità** *f* Geringfügigkeit *f*

futuro I. *agg* zukünftig **II.** *m* Zukunft *f*; ◇ **in -** in Zukunft

G

G, g ¹ *mf* G, g *n*

g ² *m abbr. di* **grammo** g

gabbia ⟨f⟩ ① (*di uccello*) Käfig *m* ② *FIG* ↑ *prigione* Gefängnis *n*; ◇ **mettere/chiudere in -** ins Gefängnis stecken ③ ANAT ◇ **- toracica** Brustkorb *m* ④ NAUT Marssegel *n*

gabbiano *m* FAUNA Möwe *f*

gabinetto *m* ① ▷*pubblico* Toilette *f* ② (POL *ufficio di un ministro*) Kabinett *n*

gaffe *f* ⟨inv⟩ Fauxpas *m*; ◇ **fare una -** ins Fettnäpfchen treten

gag ⟨-s⟩ *f* Gag *m*

gagliardo *agg* ① ↑ *robusto* kräftig, stark, rüstig ② ↑ *valoroso* mutig, tapfer

'gaio *agg* fröhlich, heiter

gala *m* (*ricevimento mondano*) Prunk *m*, Pracht *f*; ◇ **serata di -** Galaabend *m*

galante *agg* galant, höflich

galanteria *f* (*finezza di modi*) Höflichkeit, Ritterlichkeit *f*

galant|uomo ⟨-uomini⟩ *m* Ehrenmann *m*

galassia *f* ASTRON Galaxie *f*

galateo *m* (*buona educazione*) gute Manieren *f*

ga'lattico *agg* ① (*della galassia*) galaktisch ② *FAM* super, mega

galea *f* Galeere *f*

galeone *m* Galeone *f*

galeotto *m* ① ↑ *carcerato* Zuchthäusler *m* ② ↑ *birbante* Schurke *m*

galera *f* Galeere *f*

galla *f* : ◇ **stare a -** auf der Oberfläche [des Wassers]; *FIG* ◇ **tenersi a -** sich über Wasser halten; *FIG* ◇ **venire a -** an den Tag kommen

galleg'giabile *agg* schwimmfähig; **galleg-giante I.** *agg* (*che galleggia*) schwimmend **II.** *m* Schwimmer *m*; PESCA Schaumstoffschwimmer *m*; **galleggiare** *vi* ← **boa, canotto, ecc..** schwimmen

galleria *f* ① (*di strada, ferrovia*) Tunnel *m* ② (*la - di Milano*) Galerie *f*, Passage *f* ③ (*la - del Louvre*)

Galerie f, Bildergalerie f ④ TEATRO, FILM Rang m; **gallerista** m/f Galerieinhaber m

gallicismo m ↑ *francesismo* Gallizismus m

gallina f FAUNA Henne f

gallo I. m FAUNA Hahn m II. agg ⟨inv⟩: ◇ **peso -** Bantamgewicht n

gallonare vt (*ornare con galloni*) verbrämen; **gallone** m ① (*distintivo militare*) Tresse, Litze f ② (*unità di misura*) Gallone f

galoppante agg ① (*che galoppa*) galoppierend ② ◇ **malattia -** schnell fortschreitende Krankheit; **galoppare** vi ① ← *cavallo* galoppieren ② FIG ↑ *correre, sbrigarsi* hasten; FIG ◇ **- con la fantasia** der Phantasie freien Lauf lassen; **galoppata** f ① (*di cavallo*) Galoppritt m ② (*rapida corsa*) Schnelllauf m; **galoppatoio** m Reitbahn f; **galoppa|tore(-trice)** f) m ① (*cavallo da galoppo*) Galopper m ② (*cavaliere*) Galoppreiter m

galoppino m ↑ *fattorino* Laufbursche m

galoppo m (*di cavallo*) Galopp m

gal'vanico agg ELETTR: ◇ **bagno -** galvanisches Bad n; **galvanismo** m ELETTR Galvanismus m; **galvanizzare** vt ① (ELETTR *rivestire di metallo*) galvanisieren ② FIG ↑ *elettrizzare, ecc.* itare elektrisieren; **galvanizzazione** f ① (ELETTR *operazione del galvanizzare*) Elektrisierung f, Galvanisation f ② FIG ↑ *eccitazione* Elektrisierung f; **galva'nometro** m (ELETTR *misuratore di corrente*) Galvanometer n

gamba f ① (ANAT *arto inferiore*) Bein n; FIG ◇ **essere in -** tüchtig/patent sein; FIG ◇ **rimettersi in -** sich erholen; FIG ◇ **mandare qc a - all'aria** etw platzen/scheitern lassen ② (*del tavolo*) Bein n, Fuß m

gamberetto m Krabbe f

gambero m FAUNA Krebs m

gambo m ① (*del fiore*) Stengel, Stiel m ② (FIG *di calice*) Stiel m

gamete m BIO Keimzelle f, Gamet m

gamma[1] I. m ⟨inv⟩ (*nell'alfabeto greco*) Gamma n II. agg ⟨inv⟩: ◇ **raggi -** Gammastrahlen pl

gamma[2] f ① (*di colori e di suoni*) Skala, Tonleiter f ② FIG ↑ *serie* Skala; ◇ **la - dei prodotti** die Produktskala

gana|scia ⟨-sce⟩ f ① ↑ *mascella* Kinnlade f ② (MECC *del freno*) Bremsbacke f

gancio m ① (*di un abito, della gru, di traino*) Haken m ② (SPORT *colpo del pugile*) Haken m

'ganghero m ↑ *cardine, cerniera* Angel f; FIG ◇ **uscire dai -** i aus der Haut fahren

gangrena vedi **cancrena**

gangster m ⟨inv⟩ Verbrecher, Gangster m

ganzo(-a f) m (FAM *persona che sa il fatto suo*) Schlaumeier m

gara f ① (*competizione sportiva*) Wettstreit m ② (*concorso*) Wettbewerb m

garage ⟨-s⟩ m Garage f; **garagista** m/f Garagenarbeiter m

garante I. mf (*chi/che garantisce*) Bürge m, Garant m II. agg ⟨inv⟩ garantierend, bürgend; **garantire** ⟨5.2.⟩ irr I. vt ↑ *assicurare* garantieren II. vi ↑ *assicurarsi* bürgen, einstehen; **garantito** I. p.p **garantire**; II. agg ↑ *autentico* garantiert; **garan'zia** f ① (*di televisione*) Garantie f ② (*promessa certa*) Gewährleistung f

garbato agg ↑ *gentile, aggraziato* artig, liebenswürdig, freundlich; **garbo** m (*atteggiamento gentile*) Anmut f

garbuglio m ① ↑ *groviglio* Wirrwarr m ② ↑ *confusione* Verwirrung f

Garda m GEO: ◇ **lago di -** Gardasee m

gardenia f FLORA Gardenie f

gareggiare vi ① (*prendere parte a una gara*) an einem Wettkampf teilnehmen ② ↑ *competere* wetteifern

gargarismo m (*farmaco*) Gurgelwasser n; ◇ **fare -i** gurgeln

ga'rofano m FLORA Nelke f

garrese m (*del bue, cavallo, maiale ecc.*) Widerrist m

garrire ⟨5.2.⟩ irr vi (*verso di certi uccelli, rondine*) zwitschern; **garrito** m (*atto del garrire*) Kreischen n, Zwitschern n

garza[1] f FAUNA Fischreiher m

garza[2] f (*di benda ecc.*) Verbandmull m

garzone m (*lavoratore subordinato*) Geselle m

gas m ⟨inv⟩ ① (*in gen.*) Gas n; ◇ **- lacrimogeno** Tränengas n; ◇ **- asfissiante** Giftgas n ② (*- combustibile*) Brenngas n; ◇ **pagare la bolletta del -** die Gasrechnung bezahlen ③ (*miscela di benzina e aria*) Gas; ◇ **a tutto -** Vollgas n; **gasare** I. vt (*rendere effervescente*) Kohlensäure zusetzen II. vr ◇ **-rsi** (FAM *montarsi la testa*) sich aufblasen; **gasato** I. p.p **gasare**; II. agg FAM ↑ *montato, esaltato* exaltiert

gasolio m (*per riscaldamento*) Gasöl n; (*come carburante*) Dieselöl n

gassare vedi **gasare**

gassosa, gasosa vedi **gazzosa**

gassoso agg (*composto aeriforme*) gasförmig; (*di gas*) gasartig

'gastri|co agg ⟨-ci, -che⟩ (*dello stomaco*) Magen-; ◇ **succhi -i** Magensäfte n/pl; **gastrite** f MED Gastritis f; **gastroentrite** f MED Magendarmentzündung f

gastrono'mia f Gastronomie f; **gastronomi-co** agg gastronomisch; **ga'stronomo(-a** f) m Gastronom m

gatta f (femmina del gatto) Katze f; FIG ◇ qui - ci cova! die Sache hat einen Pferdefuß; FIG ◇ avere una bella - da pelare eine harte Nuß zu knacken haben

gatta'buia f FAM ↑ prigione Gefängnis n

gatto m ① (animale domestico) Katze f, Kater m; (- selvatico) Wildkatze f; FIG FAM ◇ ci sono solo quattro -i in discoteca es waren nur wenige Leute in der Diskothek ② ◇ - delle nevi Schneeraupe f

gattoni avv: ◇ camminare a - auf allen Vieren kriechen

gattopardo m FAUNA Serval m

gattuccio m ① FAUNA Katzenhai m ② (TEC piccola sega) Stichsäge f

'gaudio m ↑ piacere, gioia intensa Freude f

gavetta f ① (recipiente) Blechnapf m ② FIG ◇ fare la - sich von null hocharbeiten

gazebo m Gartenlaube f

gazza f FAUNA Elster f; ◇ la - ladra die diebische Elster

gazzarra f ↑ baldoria Spektakel n

gazzella f ① FAUNA Gazelle f ② (la - dei carabinieri) schnelles Auto der Karabinieri

gazzetta f ↑ giornale Zeitung f; ◇ - dello sport Sportzeitung f; ◇ - ufficiale Amtsblatt n

gazzosa f (bibita dissetante) kohlensäurehaltiges Mineralwasser n

gel msg (tipo di gelatina) Gel n; (per i capelli) Haargel n

gelare I. vt (rendere freddo) erfrieren lassen II. vi essere ① (diventare di ghiaccio) gefrieren, zufrieren ② (soffrire per il freddo) frieren III. vi impers essere/avere frieren; **gelata** f Frost m

gelataio(-a f) m (chi vende/fa i gelati) Eisverkäufer m

gelatina f ① (di carne, di frutta ecc.) Gallert, Gelee n ② ▷esplosiva Gummisprengstoff m; **gelatinoso** agg gallertartig

gelato I. p.pass. **gelare**; II. agg (molto freddo) eiskalt III. m Eis n, Speiseeis n; **'gelido** agg (molto freddo) eiskalt, eisig; FIG ▷persona frostig, kühl; **gelo** m ① (temperatura pari o sotto lo zero) Frost m ② ↑ ghiaccio Eis n; **gelone** m MED Frostbeule f

gelosamente avv (con gelosia) eifersüchtig; **gelo'sia** f ① (in gen.) Eifersucht f ② ↑ invidia Neid m ③ ↑ cura, scrupolo (di cose) peinliche Sorgfalt f; **geloso** agg ① (che sente gelosia) eifersüchtig (di auf acc) ② (che è invidioso)

neidisch (di auf acc) ③ (che ha cura delle proprie cose) bedacht auf acc

gelso m BIO Maulbeerbaum m

gelsomino m BIO Jasmin m

gemella|ggio ⟨-ggi⟩ m Städtepartnerschaft f; **gemellanza** f Zwillingsein n

gemellare ¹ agg (parto -) Zwillings-

gemellare ² I. vt (unire in gemellaggio) in einer Städtepartnerschaft verbinden II. vr ◇ -rsi (unirsi in gemellaggio) eine Städtepartnerschaft eingehen

gemello I. agg ① ▷fratello Zwillings- ② (persona simile) Zwillings-; ◇ sono come due anime -e sie sind seelenverwandt; ◇ letti -i Doppelbetten n/pl II. m ① (nato da un parto gemellare) Zwilling m ② ◇ -i (di camicia) Manschettenknöpfe m/pl ③ -i, ASTROL Zwilling m

'gemito m Stöhnen n, Ächzen n

gemma f ① BIO Knospe f ② (pietra preziosa) Edelstein m

gemmazione f BIO Knospung f

gendarme m Gendarm m

gene m BIO Gen n

genealo'gia ⟨-gie⟩ f Genealogie f

generale ¹ agg ① ↑ comune, collettivo allgemein ② ↑ vago, indeterminato generell; ◇ in - si può affermare che im allgemeinen kann man behaupten, daß ...

generale ² m MIL General m

generalità f ① ↑ universalità Allgemeinheit f ② ↑ maggioranza Mehrheit f ③ ◇ le - (dati personali) Personalien pl

generalizzare vt verallgemeinern; **generalmente** avv ↑ di solito im allgemeinen, allgemein

generare I. vt ① ↑ procreare zeugen ② ↑ produrre hervorbringen ③ FIG ↑ causare, provocare bewirken, erzeugen II. vr ◇ -rsi ↑ formarsi, prodursi sich bilden, entstehen; **genera'tore** (trice f) m I. agg (che genera) zeugend, Zeugungs- II. m/f ① (chi genera) Erzeuger (in f) m ② (TEC di corrente elttrica) Generator m; **generazione** f ① ↑ procreazione Zeugung f ② (discendenza) Nachkommenschaft f ③ (esseri della stessa età) Generation f

'genere m ① (classificazione di animali/vegetali) Gattung f ② (avente caratteristiche comuni) Geschlecht n; ◇ il - umano das Menschengeschlecht; ◇ in - im allgemeinen ③ (modo, stile) Art f, Weise f; ◇ - di vita Lebensweise f; LETT, MUS Gattung f ④ (merce) Artikel m, Ware f; ◇ i -i alimentari Lebensmittel n/pl ⑤ LING Genus n ⑥ FILOS Gattungsbegriff m; **genericità** f Allgemeinheit f; **ge'neri|co** ⟨-ci, -che⟩ I. agg ① (in *gen.*) allgemein, generell **2** ↑ *vago, imprecisato* unbestimmt, undeutlich **3** (*medico* -) Allgemein- **II.** *m* (TEATRO *attore secondario*) Kleindarsteller *m*

'**genero** *m* Schwiegersohn *m*

generosità *f* Großzügigkeit *f;* **generoso** *agg* **1** (*di carattere, d'animo*) großherzig **2** ↑ *ricco, abbondante* reichlich, groß; ◇ *offerta* -a großzügiges Angebot

'**genesi** *f* **1** ↑ *nascita, origine* (*dell'uomo*) Ursprung *m* **2** (*formazione e sviluppo di qc*) Entstehung *f* **3** (*nella bibbia*) Genesis *f*

ge'netica *f* **ge'neti|co** ⟨-ci, -che⟩ *agg* entwicklungsgeschichtlich, genetisch

gengiva *f* ANAT Zahnfleisch *n*

geniale *agg* genial, schöpferisch; **genialità** *f* Genialität *f*

genio ¹ *m* **1** (*entità astratta*) Anlage *f*, Natur *f*, Wesen *n* **2** (*talento*) Talent *n*, Begabung *f;* (*chi è in possesso di tale talento*) Genie *n* **3** ◇ *andare a* - a qu jdm. liegen/zusagen

genio ² *m* (- *civile/militare*) Pionierkorps *n*

genitale I. *agg* Geschlechts-, genital **II.** *m* (-*i*) Geschlechtsorgane *n/pl*, Genitalien *pl*

genitivo *m* LING Genitiv *m*

genitore *m* (*chi genera o ha generato*) Erzeuger *m;* ◇ **un - del bambino** ein Elternteil des Kindes; ◇ **-i** Eltern *pl*

gennaio *m* Januar *m*

genocidio *m* Völkermord *m*

gentaglia *f* PEG Gesindel *n;* **gente** *f* **1** ↑ *persone* Leute *pl*, Menschen *m/pl* **2** ↑ *popolo, nazione* Volk *n*

gentile *agg* **1** (*affabile ed educato*) artig, höflich; ▷*persona* freundlich; ▷*pensiero* edel **2** ▷*lineamenti* hübsch; **gentilezza** *f* (*l'essere gentile*) Freundlichkeit *f*

gentil|uomo ⟨-uomini⟩ *m* (*persona cortese e leale*) Edelmann *m*

genuflessione *f* Kniebeuge *f*

genuinità *f* (*di ciò che è genuino*) Echtheit *f*, Unverfälschtheit *f;* **genuino** *agg* ▷*mangiare, vino* natürlich, rein, unverfälscht

genziana *f* FLORA Enzian *m*

geo'chimica *f* Geochemie *f*

geodi'namica *f* Geodynamik *f*

geo'fisica *f* Geophysik *f*

geogra'fia *f* Geographie *f;* **geo'grafi|co** ⟨-ci, -che⟩ *agg* geographisch

geolo'gia *f* Geologie *f;* **geo'logi|co** ⟨-ci, -che⟩ *agg* geologisch

ge'ometra *m/f* Geometer *m;* **geome'tria** *f* MAT Geometrie *f;* **geo'metri|co** ⟨-ci, -che⟩ *agg* geometrisch

geranio *m* FLORA Geranie *f*

gerar'chia *f* Hierarchie *f*, Rangordnung *f*

gerente *m* Leiter(in *f*) *m*, Führer(in *f*) *m*

ger|go ⟨-ghi⟩ *m* ▷*politico, militare* Jargon *m;* (*della malavita*) Gaunersprache *f*

geria'tria *f* MED Altersheilkunde *f*

Germania *f* GEO Deutschland *n;* **germanismo** *m* LING Germanismus *m;* **germa'nistica** *f* Germanistik *f*

germe *m* **1** BIO ↑ *microbo, batterio* Keim *m* **2** FIG ◇ **il - della discordia** die Saat der Zwietracht; **germinare** *vi* essere/avere vedi **germogliare**

germogliare *vi* sprießen, sprossen, keimen; **germoglio** *m* **1** ↑ *gemma* Keim *m* **2** (*di una pianta*) Trieb *m*, Sproß *m*

gero'glifi|co ⟨-ci⟩ *m* **1** (*scrittura e disegni degli antichi Egizi*) Hieroglyphe *f* **2** (*FIG scrittura difficile da leggere*) Hieroglyphe *f*, unleserliche Schrift *f*

gerundio *m* LING Gerundium *n*

gessare *vt* gipsen, eingipsen; **gessato I.** *agg* (*imbevuto di gesso*) Gips-, eingegipst; (*di abito*) Nadelstreifen- **II.** *m* ▷*abito* Nadelstreifenanzug *m;* **gesso** *m* **1** MIN Gips *m* **2** (*polvere per stuccare*) Gips *m;* ◇ **statua in** - Gipsfigur *f* **3** (*per scrivere*) Kreide *f*

gestante *f* werdende Mutter *f;* **gestazione** *f* **1** ↑ *gravidanza* Schwangerschaft *f* **2** FIG ↑ *preparazione* Enstehung *f*, Werden *n*

gesticolare *vi* gestikulieren

gestione *f* (*la* - *del bar*) Leitung *f*, Führung *f;* ↑ *amministrazione* Verwaltung *f;* **gestire** ⟨5.2.⟩ *irr vt* **1** → *locale* leiten **2** ↑ *amministrare* verwalten

gesto *m* Geste *f;* FIG ◇ **un bel** - eine gute Tat

gest|ore(-trice) *f/m* Geschäftsführer(in *f*) *m*, Leiter(in *f*) *m*

Gesù *m* Jesus *m*

gesuita ⟨-i⟩ *m* REL Jesuit *m*

gettare I. *vt* **1** werfen; ◇ **getta le armi!** lege die Waffen nieder!; ◇ **- via qc** etwas wegwerfen; FIG ◇ **- la spugna** aufgeben **2** (*metalli, cera ecc.*) gießen **3** (*fondamenta*) legen; (*ponte*) schlagen **4** (*mandar fuori*) ausstoßen **II.** *vr* ◇ **-rsi 1** (*in gen.*) sich werfen, sich stürzen **2** (*sfociare*) münden; **gettata** *f* **1** (*di cemento, di metalli ecc.*) Guß *m* **2** (*diga*) Steinschüttung *f;* **getto** *m* **1** Werfen *n*, Wurf *m* **2** BIO Trieb *m*, Sproß *m* **3** (*- di acqua, di sangue ecc.*) Strahl *m;* ◇ **a - continuo** ununterbrochen **4** (*di cemento, di metalli*) Guß *m*

gettonare *vt* → *juke box* spielen lassen; ◇ **canzone molto gettonata** ein beliebtes Lied in der

Musikbox; **gettone** m ① Einwurfmünze f, Jeton m; ◇ - **telefonico** Telefonmünze f ② (per roulette, per giochi) Jeton m, Spielmarke f

ghepardo m FAUNA Gepard m

ghetto m Getto n

ghiacciaio m Gletscher m; **ghiacciare** ⟨3.6.⟩ irr I. vt einfrieren lassen II. vi essere gefrieren, einfrieren; **ghia|ccio** ⟨-cci⟩ m Eis n; FIG ◇ **rompere il** - das Eis brechen; **ghiacciolo** m ① (in gen.) Eiszapfen m ② (tipo di gelato) Wassereis n

ghi'aia f Kies m, Schotter m; **ghiaioso** agg Kies-, kiesig

ghianda f BIO Eichel f

ghi'andola, '**glandola** f ANAT Drüse f

ghigliottina f Guillotine f

ghignare vi grinsen; **ghigno** m Fratze, Grimasse f

'**ghingheri** avv: ◇ **mettersi in** - aufgeputzt, geschniegelt

ghiotto agg ① ▷persona naschhaft ② ▷cibo lecker, wohlschmeckend; **ghiottone(-a** f) m ① (persona) Feinschmecker(in f) m ② FAUNA Vielfraß m; **ghiottone'ria** f (cibo) Leckerbissen m f

ghiribizzo m Grille f, Schrulle f

ghirlanda f Kranz m, Girlande f

ghiro m FAUNA Siebenschläfer m

ghisa f Gußeisen n

già I. avv ① ▷fatto, deciso schon, bereits ② ↑ ex ehemals, früher II. inter: ◇ -, **è proprio vero!** ja, allerdings!

gia|cca ⟨-cche⟩ f Jacke f; ◇ - **a vento** Windjacke f, Anorak m

giacché congiunz da, weil

giacchetta f Jacke f

giacenza f ① (di capitali, di somme ecc.) Rücklagen f/pl; ↑ avanzo Restbestand m ② (periodo) Liegezeit f, Lagerzeit f; **giacere** ⟨4.15.⟩ irr vi essere liegen; ← merci lagern, liegen

giaciglio m (letto misero) ärmliches Bett n

giacimento m Lager n; ◇ - **petrolifero** Erdölvorkommen n

giacinto m BIO Hyazinthe f

giaciuto p.pass. **giacere**

giada f Jade f

gi'aggiolo m BIO Schwertlilie f, Iris f

giaguaro m FAUNA Jaguar m

giallastro agg (tendente al giallo) gelblich;

giallo I. agg ▷colore gelb; ▷persona bleich; ◇ **romanzo** - Kriminalroman m II. m ① (colore) Gelb(e) n, gelbe Farbe f ② ◇ - **dell'uovo** Eigelb n ③ (caso di difficile soluzione) Rätsel n; **giallognolo** agg (giallo spento) blaßgelb

giamm'ai avv nie, niemals

gianduia f (tipo di cioccolata alla nocciola) Nußschokolade f

Giappone m GEO Japan n; **giapponese** I. agg japanisch II. mf Japaner(in f) m

giardina|ggio ⟨-ggi⟩ m (arte) Gartenbau m, Gartenkunst f; (lavori) Gartenarbeiten f/pl

giardiniera f ① (misto di sottaceti) Mixed Pickles pl; (contorno) Gemüsegarnierung f ② (mobile) Blumentischchen n

giardiniere(-a f) m Gärtner(in f) m; **giardino** m ① (in gen.) Garten m; ◇ - **pubblico** öffentlicher Park m ② ◇ - **d'infanzia** Kindergarten m

giarrettiera f Strumpfband n

giavellotto m Speer m

gigante I. agg (**-essa** f) Riese m, Riesin f II. agg ① ↑ enorme riesig, riesengroß, Riesen- ② SPORT ◇ **slalom** - Riesenslalom; **gigante|sco** ⟨-schi, -sche⟩ agg riesig, riesengroß, Riesen-

giglio m BIO Lilie f

gilè m Weste f

gin m ⟨inv⟩ Gin m

ginecolo|'gia ⟨-gie⟩ MED Gynäkologie f, Frauenheilkunde f; **gineco'logi|co** ⟨-ci, -che⟩ gynäkologisch; **gine'colo|go(-a** f) ⟨-gi, -ghe⟩ m Gynäkologe(in f) m

ginepro m FLORA Wacholder m

ginestra f FLORA Ginster m

Ginevra f Genf n

gingillarsi vr ① (in gen.) tändeln, spielen ② FIG trödeln; **gingillo** m Tand m

ginnasio m Gymnasium n

ginnasta ⟨-i, -e⟩ m/f Turner(in f) m; **gin'nasti|ca** ⟨-che⟩ f Gymnastik f, Training n; ▷medica/correttiva Krankengymnastik f; '**ginnico** agg turnerisch, gymnastisch

ginocchiata f Schlag m auf das Knie; **ginocchiera** f a. SPORT Knieschützer m; **gino|cchio** ⟨-cchi o. -cchia⟩ m Knie n; ◇ **mettersi in** - niederknien; FIG ◇ **mettere qu in** - jd-n in die Knie zwingen; **ginocchioni** avv (in ginocchio) auf den Knien, kniend

giocare, giuocare ⟨3.13.⟩ irr I. vt ① (in gen.) spielen; FIG ◇ - **tutte le carte** alles aufs Spiel setzen; ◇ - **un brutto tiro a qu** jd-m einen Streich spielen; ◇ **-rsi il proprio posto di lavoro** seinen Arbeitsplatz aufs Spiel setzen ② ↑ ingannare betrügen II. vi ① (a carte, a tennis, a calcio ecc.) spielen ② TEC ← meccanismo Spiel haben; **giocata** f ↑ puntata Einsatz m; **gioca|tore(-trice** f) m Spieler(in f) m; **gio'cattolo** m Spielzeug n; **giocherellone(-a** f) m Spaßmacher m; **giochetto** m (lavoro facile) leichtes Spiel n, Kinderspiel n; **gio|co** m ⟨-chi⟩ ① (in *gen.*) Spiel *n*; ◇ - **d'azzardo** Glücksspiel *n*; FIG ◇ **fare il - di qu** jd-m in die Hände spielen; FIG ◇ **è un - da ragazzi** das ist ein Kinderspiel; *anche* FIG ◇ **entrare in** - auf den Plan treten; FIG ◇ **il - non vale la candela** die Sache ist nicht der Mühe wert **②** *(attività agonistica)* ◇ - **di squadra** Mannschaftsspiel *n*; ◇ **i giochi olimpici** die Olympischen Spiele **③** ◇ **per - aus** Spaß; ◇ **prendersi - di qu** sein Spiel mit jd-m treiben; **giocoliere (-a** *f*) *m* Jongleur *m*

giocondo *agg* ↑ *allegro, lieto* heiter, fröhlich, freudig

gio|go *m* ⟨-ghi⟩ Joch *n*

gi'oia ¹ *f* Freude *f*, Lust *f*; ◇ **essere pazzo di** - vor Freude verrückt werden; ◇ **darsi alla pazza** - sich ins Vergnügen stürzen

gi'oia ² *(gioiello)* Schmuck *m*

gioiell'e'ria *f* **①** *(arte)* Goldschmiedekunst *f* **②** *(negozio)* Juweliergeschäft *n*; **gioiell'iere(-a** *f*) *m* **①** *(artigiano)* Goldschmied(in *f*) *m* **②** *(negoziante)* Juwelier(in *f*) *m*; **gioiello** *m* **①** ▷*prezioso* Juwel *n* **②** *(FIG persona, cosa)* Goldstück *n*

gioioso *agg* fröhlich

giorna'laio(-a *f*) *m* Zeitungsverkäufer(in *f*) *m*; **giornale** *m* **①** *(in gen.)* Zeitung *f*; *(periodico)* Journal *n* **②** *(diario)* Tagebuch *n*; ◇ - **di bordo** Logbuch *n* **③** ◇ - **radio** Rundfunknachrichten *pl*; ◇ **tele-** Fernsehnachrichten

giornaliero I. *agg* täglich, Tage[s]- II. *m* Tagelöhner(in *f*) *m*

giornalismo *m* Journalismus *m*; **giornalista** ⟨-i, -e⟩ *m/f* Journalist(in *f*) *m*; **giorna'listico** *agg* journalistisch

giornalmente *avv* täglich, Tag für Tag; **giornata** *f* **①** *(in gen.)* Tag *m*; ◇ - **lavorativa** Arbeitstag *m*; ◇ **vivere alla giornata** in den Tag hinein leben **②** *(celebrazione)* Fest *n*, Ehrentag *m* **③** SPORT Spieltag *m*; **giorno** *m* Tag *m*; ◇ **al** - täglich, pro Tag; ◇ **di** - tagsüber, bei Tag; ◇ - **per** - **Tag für Tag**; ◇ **al** - **d'oggi** heutzutage; ◇ **da un - all'altro** von heute auf morgen; ◇ **i fatti del** - die Tagesereignisse

giostra *f* Karussell *n*

'giovane I. *agg* jung II. *m/f* Jugendliche(r) *fm*; **giovanile** *agg* jugendlich, Jugend; **giovanotto** *m* junger Mann *m*

giovare I. *vi essere/avere*: ◇ - **a** *(essere utile)* nützen *dat*, helfen *dat*; *(far bene)* guttun *dat* II. *vb impers (essere utile)* nützlich sein, nützen III. *vr*: ◇ **-rsi di** gebrauchen/in Anspruch nehmen *acc*

giovedì *m* Donnerstag *m*; ◇ **di** *[o. il]* - donnerstags; ◇ - **santo** Gründonnerstag *m*; ◇ - **grasso** Faschingsdonnerstag *m*

gioventù *f* Jugend *f*

gioviale *agg* heiter, froh

giovinezza *f* Jugend *f*

giradischi *m* ⟨inv⟩ Plattenspieler *m*

giraffa *f* FAUNA Giraffe *f*

giramento *m* *(di testa)* Schwindel *m*

giramondo *m/f* ⟨inv⟩ Weltenbummler(in *f*) *m*

gir'andola *f* **①** *(fuoco d'artificio)* Feuerrad *n* **②** *(giocattolo)* Windrädchen *n* **③** *(banderuola)* Wetterfahne *f* **④** *(d'acqua)* Wassermühle *f*

girare I. *vt* **①** *far ruotare, a.* FILM drehen **②** ↑ *percorrere, visitare* gehen durch, bereisen **③** COMM übertragen, girieren II. *vi* **①** *(in gen.)* sich drehen; FIG ◇ **mi gira la testa** mir ist schwindlig; FIG ◇ **far - la testa a qu** jd-m den Kopf verdrehen; FIG ◇ **gira al largo!** komm mir nicht zu nahe!; FAM ◇ **non farmi - le scatole** geh' mir nicht auf die Nerven **②** *(andare/essere in giro)* spazierengehen **③** *(a destra/sinistra ecc.)* abbiegen III. *vr* ◇ **-rsi** sich drehen

girarro'sto *m* GASTRON Spieß, Braten *m*

girasole *m* FLORA Sonnenblume *f*

girata *f* **①** *(il girare)* Drehen *n*, Wenden *n* **②** ↑ *passeggiata* Bummel *m*, Spaziergang *m* **③** COMM Giro *n*; ◇ - **in bianco** Blankoindossament *n*

giratario(-a *f*) *m* COMM Indossatar *n*

giravolta *f* Drehung *f*

girello *m* **①** *(per bambino)* Laufstall *m* **②** *(taglio di carne)* Kugel *f*

gi'revole *agg* drehbar, Dreh-

girino *m* FAUNA Kaulquappe *f*

giro *m* **①** *(in gen.)* Kreis *m*; *(di manovella)* Drehung *f*; *(del motore)* Umdrehung *f*; FIG ◇ **prendere in** - qu jd-n auf den Arm nehmen; *(FIG di parole)* Umschreibung *f*; ◇ **essere su di** -i auf Touren kommen **②** ↑ *viaggio* Reise *f*, Fahrt *f* **③** ◇ **andare in** - [con la macchina] einen Ausflug [eine Spazierfahrt] machen **④** SPORT ↑ *gara* Rundfahrt, Tour *f*; *(- della pista)* Runde *f* **⑤** *(di denaro)* Umlauf *m*; FIG ◇ **mettere in** - qc in Umlauf bringen, verbreiten **⑥** CARTE Partie *f* **⑦** ◇ **nel** - **di un anno** in einem Jahr, im Laufe eines Jahres **⑧** FIG ◇ **essere nel** - in einem Kreis gut eingeführt sein **⑨** FIG ◇ - **d'affari** Umsatz *m*

girocollo *m* : ◇ **a** - mit rundem Ausschnitt

girone *m* *(SPORT di andata/ritorno)* Runde *f*

gironzolare *vi* umherziehen

girovagare ⟨3.5.⟩ *irr vi* umherschweifen, umherziehen; **gir'ova|go** ⟨-ghi, -ghe⟩ *agg* umherziehend, Wander-, fahrend

gita *f* Ausflug *m*

gitano(-a *f*) *m* Zigeuner(in *f*) *m*

gitante *m/f* Ausflügler(in *f*) *m*

giù *avv* (*stato*) unten; (*avvicinamento*) herunter; (*allontanamento*) hinunter; ◇ **in** - (*verso il basso*) nach unten, hinunter; *FIG* ◇ **essere** - **di morale** niedergeschlagen sein; ◇ **da** ... **in** - unterhalb *gen;* ◇ - **di lì** [*o.* **su per** -] (*pressapoco*) ungefähr

giubbetto *m* (*giacca corta e leggera*) Jäckchen *n,* Jackett *n;* **giubbotto** *m* Sportjacke *f;* ◇ - **antiproiettile** kugelsichere Weste; ◇ - **salvagente** Schwimmweste *f*

giudicare ⟨3.4.⟩ *irr* **I.** *vt* ① (*in gen.*) beurteilen ② ↑ *valutare, stimare* schätzen, halten ③ *DIR* → *causa, lite ecc.* ent*scheiden; → *persona* urteilen über *acc* **II.** *vi* urteilen; ◇ **fu giudicato innocente** er wurde für unschuldig erklärt; **gi'udice** *m/f* Richter(in *f*) *m;* ◇ - **popolare** Geschworene(r) *fm;* *SPORT* ◇ - **d'arrivo** *SPORT* Zielrichter (in *f*) *m*

giudiziario *agg DIR* gerichtlich, richterlich

giudizio *m* ① ↑ *facoltà* Urteilskraft *f;* ◇ **mettere** - Vernunft annehmen ② *DIR* ↑ *processo* Prozeß *m,* Gerichtsverfahren *n* ③ ◇ **a mio** - meiner Meinung nach; **giudizioso** *agg* vernünftig

giugno *m* Juni *m;* ◇ **in** - im Juni

giullare *m* Spielmann *m*

giumenta *f FAUNA* Stute *f*

giun|co ⟨-chi⟩ *m* Binse *f*

gi'ungere ⟨4.26.⟩ *irr vi essere* ↑ *arrivare* ankommen; ↑ *raggiungere* erreichen (*in* acc); ◇ **questa mi giunge nuova** das ist mir neu

giungla *f* Dschungel *m*

giunta ¹ *f* ① (*di vestiti*) Ansatz *m* ② ◇ **per** - überdies

giunta ² *f* (*organo esecutivo, amministrativo*) Ausschuß *m;* ◇ - **comunale** Gemeindeausschuß *m*

giuntura *f* ① (*in gen.*) Verbindung *f* ② *ANAT* Naht *f;* (*articolazione*) Gelenk *n*

giuocare *vedi* **giocare**

giuoco *vedi* **gioco**

giuramento *m* Schwur *m,* Eid *m;* ◇ **prestare** - einen Eid leisten; **giurare** **I.** *vt* schwören; ◇ - **su** schwören auf; ◇ - **il falso** einen Meineid schwören **II.** *vi* (*prestare giuramento*) schwören; **giurato** **I.** *p.pass.di* **giurare;** **II.** *agg* vereidigt, beeidigt **III.** *m* (**-a** *f*) Geschworene(r) *fm*

giu'ria *f* ① *DIR* Schwurgericht *n* ② (*in gare e concorsi*) Kampfgericht *n,* Jury *f*

giuridicamente *avv* rechtlich, juristisch; **giu'ridi|co** ⟨-ci, -che⟩ *agg* rechtlich, juristisch, Rechts-

giurisdizione *f* ① (*in gen.*) Rechtssprechung *f* ② (*competenza*) Gerichtsbarkeit *f*

giurisprudenza *f* Jurisprudenz *f,* Rechtswissenschaft *f,* Jura *f*

giurista ⟨-i, -e⟩ *m/f* Jurist(in *f*) *m*

giustifi'cabile *agg* ⟨*inv*⟩ entschuldbar; **giustificare** ⟨3.4.⟩ *irr vt* (*in gen.*) rechtfertigen; *SCUOLA* entschuldigen; **giustificazione** *f* Rechtfertigung *f;* *SCUOLA* Entschuldigung *f*

giustizia *f* ① ↑ *imparzialità* Gerechtigkeit *f* ② *DIR* Justiz *f* ③ ◇ **farsi** - **da sè** sich selbst zu seinem Recht verhelfen; ◇ - **sommaria** kurzen Prozeß machen; **giustiziare** *vt* hinrichten; **giustiziere** *m* Scharfrichter *m,* Henker *m;*

giusto I. *agg* ① ↑ *equo* gerecht, recht ② ↑ *vero* richtig ③ ↑ *esatto* genau **II.** *avv* ① (*con precisione*) richtig, genau ② ↑ *proprio* gerade, eben **III.** *m* Rechte *n,* Richtige *n*

glaciale *agg anche FIG* eisig; ▷*periodo* Eis-;

glaciazione *f* Vereisung *f*

gla'diolo *m BIO* Gladiole *f*

'glandola *vedi* **ghiandola**

glaucoma *m MED* grüner Star *m*

gli ¹ *art* (*m/pl*) *vedi* **lo**

gli ² *pron* (*complemento di termine di lui*) ihm; (*complemento di termine di Loro*) ihr/ihnen

glice'mia *f MED* Glykämie *f*

glicerina *f* Glyzerin *f*

'glicine *m FLORA* Glyzinie *f*

globale *agg* gesamt, global

globo *m* ① (*corpo sferico*) Kugel *f* ② ↑ *terra* Erde *f,* Welt *f*

'globulo *m MED* Blutkörperchen *n*

gloria *f* ① ↑ *fama* Ruhm *m* ② ↑ *beatitudine* Seligkeit *f;* **glorificare** ⟨3.4.⟩ *irr vt* ① ↑ *esaltare* verherrlichen ② ↑ *eternare* Ruhm verleihen *dat*

glossario *m* Wörterverzeichnis *n,* Glossar *n*

glotto'lo'gia ⟨-gie⟩ *f* Sprachwissenschaft *f*

glucosio *m* Glukose *f,* Traubenzucker *m*

gluteo *m ANAT* Gesäßmuskel *m*

glutine *m* (*sostanza proteica*) Glutin *n,* Kleber *m*

gno|cco ⟨-cchi⟩ *m GASTRON* ≈ Kloß *m,* ≈ Klößchen *n*

gnomo *m* Gnom *m*

gnorri *m/f FAM:* ◇ **fare il/la** - sich *acc* unwissend stellen

gnoseolo'gia *f FILOS* Erkenntnislehre *f*

goal *vedi* **gol**

gobba *f ANAT* Buckel *m;* (*protuberanza*) Höcker *m;* **gobbo** *agg* buck[e]lig

go|ccia ⟨-cce⟩ *f* (*d'acqua*) Tropfen *m;* ◇ **somigliarsi/essere come due** -**e d'acqua** einander gleichen wie ein Ei dem anderen; *FIG* ◇ **la** - **che fa traboccare il vaso** der Tropfen, der das Faß zum Überlaufen bringt ② ◇ **orecchini a** -

tropfenförmige Ohrringe; **goccia** m (un pò di liquido) Schluck m, Tropfen m; **gocciolare I.** vi essere tropfen **II.** vt tropfen, träufeln; **goc·cio'l|io** ⟨-ii⟩ m Tröpfeln n, Tropfen m

godimento m Genuß m

goffo agg ① ↑ impacciato plump ② ↑ sgraziato schlecht sitzend

gol, goal m ⟨inv⟩ SPORT Tor n

gola f① ANAT Kehle f; FIG ◇ avere un nodo alla - einen Kloß im Hals haben ② ↑ collo Hals; ◇ avere mal di - (golosità) Gefräßigkeit f; FIG ↑ fare - reizen ② ↑ (FIG fumaiolo) Schlot m; (di camino) Rauchfang m; (di monte) Schlucht f

golf 1 m ⟨inv⟩ SPORT Golf n

golf 2 m ↑ maglia Wolljacke f

golfo m GEO Golf m

goloso agg gefräßig

golpe m ⟨inv⟩ Putsch m

gomitata f Stoß m mit dem Ell[en]bogen; **'go·mito** m① ANAT Ell[en]bogen m; FIG ◇ alzare [troppo] il - zu tief ins Glas sehen, einen über den Durst trinken ② (di strada, di tubo ecc.) Knie n; ◇ essere a - dicht nebeneinander stehen/sein

go'mitolo m ↑ maglia m o n

gomma f① (in gen.) Gummi m o n; ◇ - da masticare Kaugummi m o n; ◇ - sintetica Kunstkautschuk m; (per cancellare) Radiergummi m ② ↑ pneumatico Reifen m; ◇ - a terra Plattfuß m

gommapiuma ® f Schaumgummi m

gommone m Schlauchboot n

gommoso agg ① (di gomma) gummihaltig, Gummi- ② (simile a gomma) gummiartig

'gondola f Gondel f; **gondoliere** m Gondoliere m

gonfalone m Banner n

gonfiare ⟨3.6.⟩ irr **I.** vt ① → pallone aufblasen ② ← cibo blähen ③ FIG → notizia, persona ecc. aufbauschen **II.** vr ◇ -rsi ① (diventare gonfio) anschwellen, schwellen; ← pasta aufgehen ② FIG sich aufblasen; **gonfiato** p.pass. **gonfiare** ◇ pallone - aufgeblasener Mensch; FIG ◇ **gonfiatura** f① (il gonfiare) Aufblasen n, Aufblähen n ② FIG ↑ esagerazione Übertreibung f; **gonfio** agg (riempito d'aria o di gas) geschwollen; (stomaco -) voll, gebläht; FIG ◇ andare a gonfie vele bestens vorankommen; **gonfiore** m Schwellung f

gongolare vt (mostrare gioia) frohlocken, jubeln

gonna f Rock m, Damenrock m

gonzo agg einfältig, dumm

gorgheggiare ⟨3.10.⟩ irr vi trillern

gor·go ⟨-ghi⟩ m Strudel m, Wirbel m

gorgogliare ⟨3.6.⟩ irr vi ← liquidi gurgeln, blubbern; ← intestini rumoren

gorilla m ⟨inv⟩ ① FAUNA anche FIG Gorilla m ② (FIG guardia del corpo) Leibwächter m, Gorilla m

'goti|co ⟨-ci, -che⟩ **I.** agg gotisch **II.** m (stile e scrittura) Gotik f

gotta f MED Gicht f

governabilità f Regierbarkeit f

governante 1 m (colui che governa) Regierende (r) fm

governante 2 f (di bambini) Erzieherin f; (donna di servizio) Haushälterin f

governare vt ① → stato regieren; ↑ amministrare verwalten ② NAUT, AERO steuern, lenken; **governativo** agg (del governo) Regierungs-; ↑ statale staatlich, Staats-; **governo** m① (organo) Regierung f② (regime politico) Regierung f

gozzo m ↑ stomaco, gola Kropf m; FAM ◇ riempirsi il - sich den Bauch vollschlagen

gozzovigliare vi schlemmen, prassen

GR m abbr. di **Giornale Radio** Rundfunknachrichten f/pl

gracchiare ⟨3.6.⟩ irr vi krächzen

gracidare vi anche FIG quaken

'gracile agg ▷ persona zart, dünn

gradasso(-a f) m Aufschneider(in f) m

gradatamente avv stufenweise, allmählich; **gradazione** f① ↑ sfumatura Abstufung f② ◇ - alcolica Alkoholgehalt m

gra'devole agg angenehm; **gradimento** m Wohlgefallen n; ◇ è di suo -? gefällt es Ihnen?

gradinata f① (serie di gradini) Treppe f② (in teatro, stadio) Sitzreihe f; **gradino** m Stufe f

gradire ⟨5.2.⟩ irr vt ① (accettare con piacere) gern annehmen ② ↑ desiderare mögen, wünschen; **gradito** agg angenehm, willkommen

grado m① (stadio intermediare) Stufe f② LING ◇ - superlativo Superlativ m③ GEO, MAT, METEO Grad m④ (- sociale) Rang m⑤ MIL Rangabzeichen n⑥ ◇ essere in - di fähig sein, etw acc zu tun; **graduale** agg stufenweise

gradualmente avv stufenweise; **graduare** vt ① (ordinare per gradi) abstufen, staffeln ② (disporre in graduatoria) eine Rangordnung aufstellen; **graduato I.** p.pass. **graduare I.** agg (procedente a gradi) abgestuft; ↑ suddiviso graduiert, Skalen- **II.** m MIL Unterführer m; **graduatoria** f① (in gen.) Rangordnung f② SPORT Rangliste f; **graduazione** f② (divisione in gradi) Graduierung f

graffa f ① (*gancio*) Krampe f ② (*segno grafico*) Akkolade f, geschweifte Klammer f

graffiare ⟨3.6.⟩ *irr vt* kratzen, zerkratzen; **graffio** m ① (*lieve ferita*) Schramme f ② (*su automobile ecc.*) Kratzer m

graffito m ARTE Graffito n

gra'fia f Schreibweise f

'**grafica** f Graphik f; ◇ - **computerizzata** Computergraphik f; '**grafico** ⟨-ci, -che⟩ I. *agg* graphisch II. m (a f) ① (*disegnatore*) Graphiker(in f) m ② (*rappresentazione grafica*) Diagramm n

grafite f MIN Graphit m

grafolo'gia ⟨-gie⟩ f Graphologie f

gramigna f FLORA Quecke f

gram'matica ⟨-che⟩ f Grammatik f; **grammaticale** *agg* grammatikalisch, grammatisch

grammo m Gramm n

gram'mofono m Plattenspieler m

gramo *agg* † *misero e doloroso* elend, trostlos

gran *agg vedi* **grande**

grana ¹ f ① (*di minerali ecc.*) Körnung f ② FAM † *seccatura* Ärger m, Unannehmlichkeit f

grana ² f FAM † *soldi* Pinke f

grana ³ m ⟨inv⟩ (*tipo di formaggio*) Parmesan m

gra'naio m Getreidespeicher m

granata ¹ f (*bomba, proiettile*) Handgranate f

granata ² f (*frutto*) Granatapfel m ② MIN Granat m

granata ³ f (*per spazzare*) Besen, Kehrbesen m

granato I. *agg* (*di color rosso scuro*) granatfarben II. m ① FLORA Granatapfelbaum m ② MIN Granat m

Gran Bretagna f GEO Großbritannien n

grancassa f MUS große Trommel f

granchè *pron*: ◇ **non è un** - das ist nichts Besonderes

granchio m ① FAUNA Krabbe f ② FIG Schnitzer m

gran'dangolo m FOTO Weitwinkelobjektiv n

grande ⟨gran, grand'⟩ I. *agg* ① (*in gen.*) groß; † *esteso* weit; † *largo* breit; ◇ **fare le cose in** - etw in großem Stil aufziehen ② ◇ **un** - **bell'uomo** ein bildschöner Mann II. m/f ① (*persona adulta*) Erwachsene(r) fm ② (*chi ha ingegno e potenza*) Große(r) fm, Mächtige(r) fm; **grandezza** f (*in gen.*) Größe f; ◇ **in** - **naturale** in Lebensgröße; FIG ◇ **avere manie di** - unter Größenwahn leiden

grandinare *vb impers* hageln; '**grandine** f Hagel m

grandioso *agg* großartig

gran|duca ⟨-duchessa** f⟩ m ⟨-chi, -chesse⟩ Großherzog(in f) m

granello m ① (*di cereali*) Korn n ② (*di frutta, di uva ecc.*) Kern m; (*di sabbia ecc.*) Körnchen n

granita f Gramolata f *in Italien: halbgefrorenes Getränk*

granito m MIN Granit m

grano m ① † *frumento* Weizen m ② (*chicco*) Korn n ③ (*FIG piccola quantità*) Funke[n] m

grantur|co, granoturco m ⟨-chi⟩ FLORA Mais m

granulare ¹ *vt* körnen, granulieren

granulare ² *agg* körnig, gekörnt

granuloma m MED Granulom n

granuloso *agg* körnig, gekörnt

grappa ¹ f ARCHIT Krampe f, Klammer f

grappa ² f † *acquavite* Grappa m, Schnaps m

'**grappolo** m ① (*d'uva*) Traube f ② FIG † *aggruppamento* Menge f

grasso I. *agg* ① ▷*persona* dick; ▷*cibo, terreno* fett; ▷*pelle* fettig; ◇ **pianta** -a Kakteen f/pl ② ▷*guadagno, annata* reich, einträglich II. m Fett n; **grasso|ccio** *agg* ⟨-cci, -cce⟩ dicklich, rundlich

grata f Gitter n

gratella f (*da cucina*) Rost m, Grill m

grati|ccio m ⟨-cci⟩ ① (*in gen.*) Gitterwerk n ② (*stuoia per seccare qc*) Darre f

gra'ticola f ① (*piccola grata*) kleines Gitter, Rost m ② GASTRON ◇ **pesce in** - gegrillter Fisch

grati'fica f ⟨-che⟩ Gratifikation f; **gratificante** *agg* befriedigend

gratis *avv* kostenlos, gratis

grati'tudine f Dankbarkeit f; **grato** *agg* ① (*in gen.*) dankbar ② † *gradito* willkommen, erfreulich

grattacapo m Unannehmlichkeit f

grattacielo m Wolkenkratzer m

grattare I. *vt* ① → *pelle* kratzen ② → *pane, formaggio ecc.* reiben; → *carote* schaben; (*con carta vetrata*) schmirgeln II. *vi* kratzen III. *vr* ◇ **-rsi** sich kratzen

grattu|gia f ⟨-gie⟩ Reibeisen n; **grattugiare** ⟨3.3.⟩ *irr vt* reiben

gra'tuito *agg* ① ▷*insegnamento, prestazione* unentgeltlich, gratis ② FIG grundlos

gravame m ① ▷*eccessivo* Belastung f, Last f ② COMM ◇ - **fiscale** Steuerlast f; **gravare** I. *vt* belasten II. *vi* essere lasten (*su auf dat*)

grave *agg* ① (*di peso notevole*) schwer ② † *autorevole, serio* ernst ③ MUS feierlich, ernst ④ LING ◇ **accento** m - Gravis m

gravidanza f Schwangerschaft f; ◇ **essere in** - schwanger sein; '**gravido** *agg* ① ▷*donna* schwanger ② ▷*animale* trächtig ③ (*FIG di conseguenze*) folgenschwer

gravina ¹ f AGR Spitzhacke f

gravina ² *f* GEO Kluft *f*

gravità *f* ① FIS Schwerkraft *f* ② (*importanza, entità*) Ernst *m*, Ernsthaftigkeit *f*; **gravitare** *vi* ① ASTRON gravitieren ② FIG angezogen werden (*intorno a* von *dat*); **gravitazione** *f* ASTRON Gravitation *f*

gravoso *agg* FIG ↑ *faticoso* hart, schwer

grazia *f* ① (*in gen.*) Anmut *f*, Liebreiz *m* ② ◇ **essere nelle -e di qu** in jds Gunst stehen ③ (DIR *condono della pena*) Begnadigung *f* ④ REL Gnade *f*; **graziare** ⟨3.6.⟩ *irr vt* begnadigen

grazie *inter* danke; ◇ **- mille!, tante -!, - infinite!** tausend Dank, vielen Dank!, schönen Dank!; ◇ **sì, -** ja, gerne; ◇ **- a** dank *gen*

grazioso *agg* (*in gen.*) hübsch, reizend; ↑ *gentile, simpatico* freundlich, liebenswürdig

Grecia *f* Griechenland *n*; **gre|co** ⟨-ci, -che⟩ I. *agg* griechisch II. *m* (**-a** *f*) Grieche *m*, Griechin *f*

gregario *m* ① (*di partito*) Anhänger(in *f*) *m*; (*di associazione*) Mitglied *n* (*f*) SPORT Helfer(in *f*) *m*

gregge ⟨-i *f*|*pl*⟩ *m* Herde *f*

gre|ggio ⟨-ggi, -gge⟩ I. *agg* roh, Roh- II. *m* ↑ *petrolio* Rohöl *n*

grembiule *m* (*in gen.*) Schürze *f*; (*per commesse, per medici ecc.*) Kittel *m*

grembo *m* Schoß *m*

gremire ⟨5.2.⟩ *irr* I. *vt* füllen II. *vr* ◇ **-rsi** sich füllen (*di mit dat*)

gretto *agg* (FIG *limitato nello spirito*) kleinlich, knauserig

greve *agg* schwer; ◇ **aria** *f* - schwüle Luft

grezzo *vedi* greggio

gridare I. *vi* ↑ *urlare* schreien II. *vt* ① (*dire ad alta voce*) schreien, rufen ② ↑ *invocare* rufen; ◇ **- aiuto** um Hilfe rufen

grido ⟨-a: *f*|*pl*, i *m*|*pl*⟩ *m* ① (*in gen.*) Schrei *m*, Ruf *m*; FIG ◇ **all'ultimo -** letzter Schrei ② (*fama*) Ruf *m*

gri|gio ⟨-gi, -gie⟩ *agg anche* FIG grau

griglia *f* ① (*per arrostire*) Rost *m*; ◇ **alla -** gegrillt ② (ELETTR *telaio con sbarre*) Gitter *n* ③ SPORT ◇ **la - di partenza** Startlinie *f*

grigliata *f* GASTRON Grillplatte *f*

grilletto *m* Abzug *m*

grillo *m* ① FAUNA Grille *f* ② FIG ◇ **avere dei -i per la testa** Grillen im Kopf haben

grimaldello *m* Dietrich *m*

'grinfia *f*|*pl*; ◇ **cadere nelle -e di qu** in jds Klauen geraten

grinta *f* Kampfgeist *m*

grinza *f* Falte *f*; FIG ◇ **il ragionamento non fa una -** diese Überlegungen stimmen haargenau

grippare *vi* fressen

grissino *m* GASTRON dünne Brotstange *f*

gronda *f* Traufe *f*

gron'daia *f* Dachrinne *f*

grondare I. *vi essere* triefen II. *vt* tröpfeln, sickern, tropfen

groppa *f* (*di cavallo*) Kruppe *f*; ◇ **salire in - al** aufsitzen

groppo *m* ↑ *nodo* Knoten *m*; ◇ **fare un -** sich verwickeln; FIG ◇ **avere un - alla gola** einen Kloß im Hals haben

grossezza *f* Größe *f*, Dicke *f*

grossista ⟨-i e, '-e⟩ *m*|*f* COMM Großhändler(in *f*) *m*

grosso I. *agg* ① (*in gen.*) groß ② ↑ *robusto* dick ③ FIG ◇ **pezzo -** eine bedeutende/wichtige Person ④ ◇ **farla -a** eine große Dummheit machen; ◇ **dirle grosse** dummes Zeug reden; ◇ **sbagliarsi di -** sich schwer irren II. *m* (*la maggior parte*) größter Teil, Großteil *m*

grossolano *agg* grob

grossomodo *avv* ungefähr, etwa

grotta *f* Grotte *f*

grottesco *agg* ⟨-schi, -sche⟩ grotesk

groviera *vedi* gruviera

groviglio *m* ① (*intrico di elementi*) Knoten *m* ② FIG Durcheinander *n*

gru ⟨*inv*⟩ ① (FAUNA *uccello*) Kranich *m* ② TEC Kran *m*

gru|ccia *f* ⟨-cce⟩ ① (*per camminare*) Krücke *f* ② (*per abiti*) Bügel *m*

grugnire ⟨5.2.⟩ *irr vi* grunzen; **grugnito** *m* Grunzen *n*

grugno *m* ① (*di animale*) Rüssel *m* ② FAM ↑ *faccia* Gesicht *n*, Fresse *f* ③ FAM ↑ *broncio* Schmollmund *m*

grumo *m* ① (*di liquido, di sangue ecc.*) Gerinnsel *n* ② (*di impasto*) Klumpen *m*

gruppo *m* (*in gen.*) Gruppe *f*; ◇ **- sanguigno** Blutgruppe *f*

gruviera, groviera *m o f* Greyerzer Käse *m*

gruzzolo *m* (*un pò di denaro*) Spargroschen *m*, Sümmchen *n*

guadagnare *vt* ① ▷*milioni* verdienen ② ↑ *ottenere* gewinnen; ◇ **- tempo/terreno** Zeit/an Boden gewinnen; **guadagno** *m* ① ▷*economico* Verdienst *m*; ◇ **- lordo/netto** Brutto/Nettoverdienst *m* ② ↑ *vantaggio, utile* Gewinn *m*

guado *m* (*di fiume*) Furt *f*; ◇ **passare a -** durchwaten

guai *inter* wehe, weh

guaina *f* ① ↑ *fodero* Hülle *f*, Futteral *n* ② (*indumento per donna*) Mieder *n* ③ ANAT/BOT Scheide *f*

gu'aio *m* Mißgeschick *n*, Unglück *n*, Ärger *m*; ◇ **essere/trovarsi in un bel/brutto** - in der Klemme sitzen

guaire *vi* ← *cane* jaulen, winseln

guan|cia *f* ‹-ce› ANAT Wange *f*, Backe *f*; **guanciale** *m* Kopfkissen *n*

guanto *m* Handschuh *m*; FIG → **trattare qu/qc con i -i** jd-n mit Samthandschuhen anfassen; **guantone** *m* SPORT Boxhandschuh *m*

guardaboschi, guardiaboschi *m/f* ‹inv› Förster(in *f*) *m*

guardacaccia, guardiacaccia *m/f* ‹inv› Jagdaufseher(in *f*) *m*

guardacoste, guardiacoste *m/f* ‹inv› ① (*nave*) Küstenwach[t]schiff *n* ② (*corpo, soldato*) Küstenwache *f*

guarda'linee, guardia'linee *m/f* ‹inv› ① FERR Streckenwärter(in *f*) *m* ② CALCIO Linienrichter(in *f*) *m*

guardare I. *vt* ① (*in gen.*) anschauen, ansehen; → *la televisione, un concerto ecc.* anschauen ② ↑ *custodire, fare la guardia a* hüten, beaufsichtigen **II.** *vi* ① (*in gen.*) sehen, blicken ② ↑ *badare* achtgeben (*a* auf *acc*); ◇ - **a vista** scharf bewachen ③ ◇ **quarda di non far tardi!** sieh zu, daß du nicht zu spät kommst **III.** *vr* ◇ **-rsi** ① (*in gen.*) sich ansehen ② (*stare in guardia*) sich hüten (*da* vor *dat*)

guardaroba *m* ‹inv› ① (*armadio*) Kleiderschrank *m*; (*stanza*) Ankleideraum *m*, Garderobe *f* ② (*insieme degli abiti*) Kleider *n/pl*, Garderobe *f*; **guardarobiere(-a** *f*) *m* Garderobier(e *f*) *m*

guardia *f* ① (*in gen.*) Wache *f*; ◇ **fare la** - **a qc/qu** etw/jd-n bewachen; ◇ **cane da** - Wachhund *m*; ◇ **medico di** - [o. - **medica**] Notarztdienst *m* ② ↑ *vigilanza, custodia* Aufsicht *f*, Überwachung *f* ③ (*corpi speciali*) ◇ - **di finanza** Zollbehörde *f*; ◇ - **forestale** Forstschutz *m*; ◇ - **giurata** vereidigter Wächter; ◇ - **del corpo** Leibgarde *f*; ◇ - **notturna** Nachtwache *f*; ◇ - **d'onore** Ehrenwache *f* ④ SPORT Deckung *f*; *anche* FIG ◇ **stare in** - auf der Hut sein; ◇ **mettere in** - **qu contro qc** jd-n vor etw *dat* warnen; **guardiano** (**-a** *f*) *m* Wärter(in *f*) *m*, Wächter(in *f*) *m*; ◇ - **notturno** Nachtwächter *m*

guardingo *agg* ‹-ghi, -ghe› vorsichtig

guardone *m* FAM Voyeur *m*, Spanner *m*

gua'ribile *agg* heilbar; **guarigione** *f* Genesung *f*; **guarire** ‹5.2.› *irr* **I.** *vi* essere gesund werden **II.** *vt* heilen

guarnigione *f* MIL Garnison *f*

guarnire ‹5.2.› *irr vt* GASTRON garnieren; **guarnizione** *f* ① (*in gen.*) Garnitur *f* ② GASTRON Beilage *f* ③ TEC Dichtung *f*

guastafeste *m/f* ‹inv› Spielverderber(in *f*) *m*

guastare I. *vt* ① (*ridurre in cattivo stato*) beschädigen, zerstören ② (*anche* FIG *far andare a male*) verderben; FIG → *amicizia* zerstören **II.** *vr* ◇ **-rsi** ① ← *cibo* verderben; ← *meccanismo* kaputtgehen ② ← *tempo* sich verschlechtern

guasto ¹ *agg* ① (*non funzionante*) defekt, kaputt ② (*andato a male*) verdorben, schlecht; ▷*dente* schlecht, faul

guasto ² *m* Schaden *m*, Defekt *m*

guazzabuglio *m* Gemisch *n*, Wirrwarr *m*

guazzare *vi* (*nell'acqua*) planschen

guazzo *m* ARTE Gouache *f*

gufo *m* FAUNA Waldohreule *f*

guerra *f* ① (*in gen.*) Krieg *m*; ◇ **fare la** - **a** Krieg führen mit; ◇ - **tra partiti** Parteienkampf *m*; ◇ - **mondiale** Weltkrieg *m*; ◇ - **lampo** Blitzkrieg *m*; ◇ - **atomica/chimica/batteriologica** Atom-/Gas-/Bakterienkrieg *m*; ◇ - **civile** Bürgerkrieg *m* ② FIG Zwist *m*; **guerreggiare** ‹3.3.› *irr vi* Krieg führen; **guerre|sco** ‹-schi, -sche› *agg* (*di guerra*) Kriegs-; (*incline alla guerra*) kriegerisch; **guerriero I.** *agg* kriegerisch **II.** *m* Krieger(in *f*) *m*; **guerrigliero** *m* Guerillakämpfer *m*

guida I. *f* ① (*in gen.*) Führer(in *f*) *m*; ◇ - **alpina** Bergführer(in *f*) *m*; ◇ - **turistica** Reiseführer, Fremdenführer, *m* ② (*di veicoli*) Fahren *n*, Lenkung *f* ③ ↑ *manuale* Einführung *f*, Leitfaden *m* ④ (*tappeto*) Läufer *m* **II.** *agg* ‹inv› führend; **guidare** *vt* ① ↑ *condurre* führen, leiten ② → *auto ecc.* fahren, lenken; ◇ **sai** -? kannst du Auto fahren?; **guida|tore(-trice** *f*) *m* ↑ *conducente* Fahrer(in *f*) *m*

guinzaglio *m* (*per animali*) Leine *f*

guisa *f* Art *f*, Weise *f*

guizzare *vi* essere ① ← *pesce* schnellen; ← *fiamma* züngeln ② FIG schnellen; **guizzo** *m* (*movimento*) Schnellen *n*, Züngeln *n*; ↑ *balzo* Ruck *m*

guru *m* ‹inv› Guru *m*

gu|scio ‹-sci› *m* (*in gen.*) Schale *f*; (*di chiocciola*) Gehäuse *n*; (*di testuggine*) Schild *m*; FIG ◇ **uscire dal proprio** - sich den Wind um die Nase wehen lassen

gustare I. *vt* ① → *pietanza, vino* kosten ② FIG genießen **II.** *vi* essere FIG: ◇ **non mi gusta affatto** das schmeckt/gefällt mir überhaupt nicht; **gusto** *m* ① (*in gen.*) Geschmack *m*; ◇ **al** - **di limone** mit Zitronengeschmack ② ↑ *godimento* Genuß *m*; ↑ *desiderio* Lust *f*; ◇ **lavorare di** - gern arbeiten; ◇ **prenderci** - Geschmack/Gefallen daran finden; ◇ **ridere di** - von Herzen lachen; ◇ **non c'è - a giocare con te** es macht keinen Spaß, mit dir zu spielen ③ ◇ **vestire di buon -** sich geschmackvoll anziehen; **gustoso** *agg* ① ▷*piatto, cibo* schmackhaft ② FIG amüsant

gutturale *agg* ① ▷*voce, suono* kehlig ② LING Kehl-, guttural-

H

H, h *f* ⟨inv⟩ H, h *n*

h *abbr. di* ora h

H *abbr. di* ospedale Krankenhaus *n*

handicap *m* ⟨inv⟩ Handikap *n*; **handicappato** (**-a** *f*) **I.** *agg* MED behindert **II.** *m/f* MED Behinderte(r) *fm*

hardware *m* ⟨inv⟩ INFORM Hardware *f*

hascisc, haschisch *m* ⟨inv⟩ Haschisch *n*

herpes *m* ⟨inv⟩ MED Herpes *m*

hi-fi *m/f* abbr. di high-fidelity Hi-Fi

hippy *m/f* ⟨inv⟩ Hippie *m/f*

hobby *m* ⟨inv⟩ Hobby *n*

I

i, I *f* ⟨inv⟩ i, I *n*

i *art m/pl di* **il**

iato *m* ① LING Hiatus *m* ② FIG Kluft *f*

ibernazione *f* Winterschlaf *m*

ibrido I. *agg* ① ▷*fiore* hybrid ② FIG Misch- **II.** *m* Hybride *m/f*

icona *f* Ikone *f*

Id'dio *m* Gott *m*

idea *f* ① (*in gen.*) Idee *f*; ◇ **- fissa** fixe Idee ② ↑ *opinione* Ansicht *f*, Meinung *f*; ◇ **cambiare -** es sich anders überlegen ③ (*pensiero astratto*) Begriff *m*, Vorstellung *f*; ◇ **neanche** [*o.* **neppure] per -!** nicht einmal im Traum! ④ (*conoscenza*) ◇ **non avere la più pallida - di** nicht die geringste Ahnung haben von ⑤ ↑ *trovata* ◇ **avere una bella -** einen guten Einfall haben ⑥ ↑ *progetto* ◇ **accarezzare l'- di fare qc** mit den Gedanken spielen, etw zu tun; **ideale I.** *agg* ⟨inv⟩① (*dei pensieri*) ideell ②↑ *perfetto* ideal **II.** *m* ① (*idea*) Ideelle *n*, Ideen *f/pl* ② (*aspirazione*) Ideal *n*; **idealismo** *m* Idealismus *m*; **idealista**

⟨-i, -e⟩ *m/f* Idealist(in *f*) *m*; **idealizzare** *vt* idealisieren; **ideare** *vt* ① → *scherzo* ausdenken ② → *vacanza* planen; **idea'tore(-trice)** *m* Erfinder(in *f*) *m*

i'denti'co ⟨-ci, -che⟩ *agg* identisch

identificare ⟨3.4.⟩ *irr vt* identifizieren; **identificazione** *f* Identifizierung *f*

identi'kit *m* ⟨inv⟩ (*persona*) Phantombild *n*; FIG Persönlichkeitsbild *n*

identità *f* ① (*l'essere uguale completamente*) Gleichheit *f* ② (*di persona*) Identität *f*; ◇ **carta d'-** Personalausweis *m*

ideolo'gia ⟨-gie⟩ *f* Ideologie *f*; **ideo'logi'co** ⟨-ci, -che⟩ *agg* ideologisch

idil'lia'co ⟨-ci, -che⟩ *agg* idyllisch

idioma ⟨-i⟩ *m* (*lingua in gen.*) Sprache *f*; (*dialetto*) Mundart *f*; (*di un gruppo*) Idiom *n*, Gruppensprache *f*; **idio'mati'co** ⟨-ci, -che⟩ *agg* idiomatisch

idiosincra'sia *f* MED Überempfindlichkeit *f*, Idiosynkrasie *f*

idiota ⟨-i, -c⟩ **I.** *agg a.* MED idiotisch, blöd **II.** *m/f persona stupida, a.* MED Idiot(in *f*) *m*; **idio'zia** *f* ① MED Idiotismus *m* ② ↑ *stupidità* Dummheit *f*, Idiotie *f*

idolatrare *vt* ① → *idoli* anbeten ② (*amare incondizionatamente*) abgöttisch lieben; (*ammirare con fanatismo*) abgöttisch verehren; **idola'tria** *f* ① (*di idoli*) Götzenanbetung *f* ② (*amore/ammirazione fanatica*) Vergötterung *f*; **'idolo** *m* Idol *n*, Abgott *m*

idoneità *f* Fähigkeit *f*, Tauglichkeit *f*; **i'doneo** *agg* fähig, tauglich

idrante *m* (*apparecchio*) Hydrant *m*; (*autobotte*) Motorspritze *f*

idratante *agg* ⟨inv⟩ Feuchtigkeits-; **idratare** *vt* → *pelle* Feuchtigkeit zuführen *dat*

i'draulica *f* (*scienza*) Hydraulik *f*; (*ingegneria idraulica*) Wasserbau *m*, Hydrotechnik *f*; **i'drau'li'co** ⟨-ci, -che⟩ **I.** *agg* ① (*di idraulica*) hydraulisch; ▷*ingegnere* Wasserbau- ② ▷*freno* hydraulisch **II.** *m* Klempner(in *f*) *m*, Installateur(in *f*) *m*

idrocarburo *m* Kohlenwasserstoff *m*

idrocultura *f* FLORA Hydrokultur *f*

idroe'lettri'co ⟨-ci, -che⟩ *agg* hydroelektrisch

i'drofilo *agg* hydrophil

i'drofobo *agg* ① MED hydrophob ② FAUNA tollwütig

i'drogeno *m* CHIM Wasserstoff *m*

idroscalo *m* AERO Wasserflughafen *m*

idrovolante *m* AERO Wasserflugzeug *n*

iena *f* FAUNA *anche* FIG Hyäne *f*

ieri *avv* gestern; ◇ **di/da -** von/seit gestern; ◇ **l'altro -** vorgestern; ◇ **- mattina/pomeriggio** gestern vormittag/nachmittag

H
I

ietta|tore(-trice f) m Unglücksbringer(-in f) m
igiene f ① (in gen.) Hygiene f ② ◇ **ufficio d'**-
Gesundheitsamt n; **igi'eni|co** ⟨-ci, -che⟩ agg ①
(in gen.) hygienisch ② ▷cibo gesund
ignaro agg ahnungslos, unwissend; ◇ **essere ~ di**
qc etw nicht wissen
i'gnobile agg ⟨inv⟩ niedrig, gemein; **ignominia**
f Schande f
ignorante I. agg ⟨inv⟩ ① (che non sa) unwissend; ↑ incompetente ← dottore unfähig ②
↑ incolto ungebildet ③ ↑ zotico ungezogen II.
m/f (Lümmel) m; **ignoranza** f ① (senza istruzione) Unwissenheit f ② ↑ villania Ungezogenheit f; **ignorare** vt ① ↑ non sapere/conoscere
→ verità nicht wissen/kennen ② → persona, argomento ignorieren
ignoto(-a f) I. agg unbekannt II. m (ciò che non si
conosce) Unbekannte n III. m (persona che non
si conosce) Unbekannte(r) fm
il ⟨i⟩ art msing der, die, das
'ilare agg ⟨inv⟩ fröhlich, lustig; **ilarità** f (in gen.)
Fröhlichkeit f; (risata) Gelächter n
illanguidire ⟨5.2.⟩ irr vi essere schwach/entkräf-
tet werden
illecito agg (in gen.) unerlaubt, unzulässig; DIR
illegal, gesetzwidrig
illegale agg ⟨inv⟩ illegal, gesetzwidrig; **illegali-
tà** f ① (in gen.) Gesetzwidrigkeit f, Illegalität f ②
(atto) illegale Handlung f
illeg'gibile agg ⟨inv⟩ unleserlich
ille'gittimo(-a f) I. agg ① (in gen.) unrechtmäßig;
▷figlio unehelich II. m uneheliches Kind n
illeso agg unverletzt
illetterato agg ↑ incolto ungebildet
illibato agg ↑ vergine keusch, jungfräulich
illimitato agg unbegrenzt
il'logi|co ⟨-ci, -che⟩ agg unlogisch
il'ludere ⟨Pass. rem.: illusi/illudesti Part.: illuso⟩
irr I. vt trügen, Illusionen machen dat II. vr
◇ **-rsi** sich täuschen, sich irren, sich dat Illusionen machen
illuminante agg ⟨inv⟩ anche FIG erleuchtend;
illuminare I. vt beleuchten II. vr ◇ **-rsi** hell
werden; FIG erleuchtet werden; **illuminazione**
f ① (in gen.) Beleuchtung f ② FIG Erleuchtung f
illusione f ① (di sensi) Täuschung f ② (falsa
speranza) Illusion f; **illusionismo** m Zauber-
kunst f; **illuso** p.pass. **illudere**
illustrare vt ① → libro illustrieren ② ↑ spiegare
erläutern; **illustrativo** agg erläuternd; **illustrazione** f ① ↑ spiegazione Erläuterung f ②
↑ immagine, figura Abbildung f, Illustration f
illustre agg ⟨inv⟩ berühmt, bedeutend; **il-
lus'trissimo** agg (formula) sehr geehrt

imballag|gio ⟨-gi⟩ m Verpackung f
imballare ¹ vt ① → materiale verpacken ②
→ cotone in Ballen pressen
imballare ² vt AUTO überdrehen, hochjagen
imbalsamare vt einbalsamieren
imbambolato agg ▷sguardo verträumt; ↑ fisso
starr
imbandierare vt beflaggen, mit Fahnen
schmücken
imbarazzare vt (FIG mettere in imbarazzo) in
Verlegenheit bringen; **imbarazzo** m ①
↑ ostacolo Hindernis n; ◇ **essere di ~** im Wege
stehen ② ↑ incertezza Verwirrung f; ◇ **avere l'-
della scelta** die Qual der Wahl haben ③ (stato di
disagio) Verlegenheit f
imbarcare ⟨3.4.⟩ irr I. vt NAUT einschiffen II.
vr ◇ **-rsi** NAUT sich einschiffen; **imbarcazio-
ne** f NAUT Boot n; **imbar|co** ⟨-chi⟩ m ① (in
gen.) NAUT Einschiffen n ② (dell'equipaggio)
Anmusterung f ③ (luogo di ~) Kai m
imbastire ⟨5.2.⟩ irr vt ① ↑ cucire heften ② FIG
↑ abbozzare → discorso entwerfen
im'battersi vr: ◇ **~ in** stoßen auf acc
imbat'tibile agg ⟨inv⟩ unschlagbar, unbesiegbar
imbavagliare ⟨3.6.⟩ irr vt knebeln; **imbecca-
ta** f ① (riferito a uccelli) Futter n ② FIG
↑ suggerimento Einsagen n, Anweisung f
imbecille I. agg ⟨inv⟩ dumm, blöd II. m/f
Dummkopf m
imberbe agg ⟨inv⟩ ① (senza barba) bartlos ②
FIG unreif, noch feucht hinter den Ohren
imbestialire ⟨5.2.⟩ irr vi essere in Wut geraten
imbiancare ⟨3.4.⟩ irr I. vt (far diventar bianco)
weiß färben; → muro, camera tünchen; → panni
bleichen II. vi essere weiß werden; **imbianchi-
no** m Maler(in f) m
imbizzarrire ⟨5.2.⟩ irr vi essere ← cavallo
scheuen
imboccare ⟨3.4.⟩ irr vt ① → bambino, malato
füttern dat ② (entrare) → strada einbiegen in
acc; → porto einlaufen in acc ③ MUS → tromba
ansetzen; **imboccatura** f ① ↑ apertura Öff-
nung f ② MUS Mundstück n; **imboc|co** ⟨-chi⟩
m Eingang m, Einfahrt f
imboscare ⟨3.4.⟩ irr I. vt verbergen, verstecken
II. vr ◇ **-rsi** FAM sich verstecken; **imboscata** f
Hinterhalt m
imboschire ⟨5.2.⟩ irr I. vt aufforsten II. vi essere
sich bewalden
imbottigliare ⟨3.6.⟩ irr I. vt ① → vino in Flaschen abfüllen ② NAUT blockieren ③ MIL einkesseln II. vi ← veicoli einkeilen; ← traffico stau-
en

imbottire ⟨5.2.⟩ *irr vt →* *poltrona, sedia* polstern; *→ materasso* füllen; *→ giacca* wattieren; **imbottita** *f* Steppdecke *f;* **imbottito** *agg* ▷*panino* belegt; **imbottitura** *f* ① (*l'imbottire*) Polsterung *f* ② (*materiale per imbottire*) Polstermaterial *n*

imbranato *agg* ungeschickt, tollpatschig

imbrattare *vt* beschmutzen, beschmieren

imbroccare ⟨3.4.⟩ *irr vt → la risposta giusta* treffen

imbrogliare ⟨3.6.⟩ *irr* **I.** *vt* ① ↑ *ingannare* betrügen ② ↑ *confondere* verwirren ③ *→ carte* mischen **II.** *vr* ◇ **-rsi** sich verwirren; **im'broglio** *m* ① ↑ *truffa, inganno* Betrug *m* ② ↑ *groviglio* Verwicklung *f;* **imbroglione(-a** *f*) *m* Betrüger(-in *f*) *m*

imbronciato *agg* ▷*persona* schmollend

imbrunire ⟨5.2.⟩ *irr vi, vb impers* essere dunkel werden; ◇ **sull'-** gegen Abend

imbruttire ⟨5.2.⟩ *irr* **I.** *vt* hässlich machen **II.** *vi* hässlich werden

imbucare ⟨3.4.⟩ *irr vt → lettera* einwerfen

imburrare *vt* GASTRON buttern

imbuto *m* Trichter *m*

imitare *vt* nachmachen, imitieren; **imitazione** *f* ① (*in gen.*) Nachahmung *f* ② ↑ *falso* Imitation *f*

immacolato *agg* ↑ *puro* unbefleckt, makellos

immagazzinare *vt* ① *→ merce* lagern ② FIG *→ idee* anhäufen ③ INFORM einspeisen

immaginare *vt* ① (*con la fantasia, con la mente*) sich vorstellen ② ↑ *credere, supporre* denken, annehmen; ◇ **s'immagini!** (*certamente*) aber bitte!, gern! ③ ↑ *intuire* vermuten, ahnen; **immaginario** *agg* ↑ *fantastico* Phantasie-; (*non reale*) unwirklich; **immaginazione** *f* ① ↑ *fantasia* Einbildungskraft *f* ② ↑ *invenzione* Einbildung *f;* **im'magine** ⟨-i⟩ *f* (*in gen.*) Bild *n,* Abbild *n;* ◇ **sei l'- di tua sorella** du bist das Ebenbild deiner Schwester; ◇ **ricco d'-i** bilderreich

imman'cabile *agg* ⟨inv⟩ unvermeidlich; **immancabilmente** *avv* unvermeidlich

immanente *agg* ⟨inv⟩ immanent

immangi'abile *agg* ⟨inv⟩ ungenießbar

immatricolare **I.** *vt* (*in gen.*) einschreiben; SCUOLA immatrikulieren; AUTO zulassen **II.** *vr* ◇ **-rsi** SCUOLA sich immatrikulieren, sich einschreiben; **immatricolazione** *f* ① (*in gen.*) Einschreibung *f* ② SCUOLA Immatrikulation *f* ③ AUTO Zulassung *f*

immaturità *f* Unreife *f;* **immaturo** *agg* ① (*non maturo*) unreif ② ↑ *prematuro* frühzeitig

immedesimarsi *vr* (*con/in qc*) sich in etw ein fühlen

immediatamente *avv* ① (*senza pausa*) direkt

② ↑ *subito* sofort-; **immediatezza** *f* (*subito*) Unverzüglichkeit *f;* (*diretto*) Unmittelbarkeit *f;* **immediato** *agg* (*senza pausa*) unmittelbar, direkt; (*che avviene subito*) sofortig, unverzüglich

immemo'rabile *agg* ⟨inv⟩ undenklich; **im'memore** *agg* ⟨inv⟩ uneingedenk (*di gen*)

immenso *agg* ① ↑ *sconfinato* ▷*distanze* unendlich ② ↑ *numeroso* ▷*ricchezze* immens, zahlreich ③ ↑ *forte, intenso* ▷*odio* enorm, immens

im'mergere ⟨Pass. rem.: immersi/immergesti Part.: immerso⟩ *irr* **I.** *vt* eintauchen **II.** *vr* ◇ **-rsi** ① (*nell'acqua ecc.*) tauchen ② FIG ◇ **-rsi in** (*dedicarsi a*) sich vertiefen in *acc*

immeritato *agg* unverdient; **immeri'tevole** *agg* ⟨inv⟩ unwürdig

immersione *f* Tauchen *n;* **immerso** *p.pass. di* **immergere**

immesso *p.pass.* **immettere**; **im'mettere** ⟨Pass. rem.: immisi/immettesti Part.: immesso⟩ *irr vt* (*in gen.*) einlassen; INFORM eingeben

immigrare *vi* essere einwandern; **immigrato** (**-a** *f*) *m* Einwanderer(in *f*) *m;* **immigrazione** *f* Einwanderung *f*

imminente *agg* ⟨inv⟩ ① *lett.* ▷*rocca* vorstehend ② FIG bevorstehend; ▷*pericolo* drohend

immischiare ⟨3.6.⟩ *irr* **I.** *vt:* ◇ **- qu in** hineinziehen in *acc* **II.** *vr:* ◇ **-rsi in** sich einmischen in *acc*

immissione *f* (*in gen.*) Einlassen *n;* INFORM Eingabe *f*

im'mobile **I.** *agg* ⟨inv⟩ unbeweglich; ◇ **bene -** Immobilie *f* **II.** *m* Immobilien *f/pl;* **immobiliare** *agg* ⟨inv⟩ DIR Immobilien-; **immobilità** *f* (*in gen.*) Unbeweglichkeit *f;* (*situazione senza sviluppo*) Stillstand *m;* **immobilizzare** *vt* ① *→ capitali* fest anlegen ② *→ nemico* unbeweglich machen

immo'destia *f* Unbescheidenheit *f;* **immodesto** *agg* unbescheiden

immolare *vt* opfern

immon'dizia *f* ① *anche* FIG ↑ *sporcizia* Unrat *m* ② ↑ *spazzatura, rifiuti* Müll *m*

immondo *agg* (*in gen.*) schmutzig; FIG ↑ *turpe* unanständig

immorale *agg* ⟨inv⟩ unmoralisch, unsittlich; **immoralità** *f* Unsittlichkeit *f*

immortalare *vt* verewigen; **immortale** *agg* ⟨inv⟩ (*non mortale*) unsterblich; ▷*odio* ewig, unvergänglich; **immortalità** *f* Unsterblichkeit *f*

immoto *agg* unbeweglich

immune *agg* ⟨inv⟩ MED immun (*control a* gegen *acc*); ◇ **- da** ↑ *esente* frei von; **immunità** *f* DIR, MED Immunität *f;* **immunizzare** *vt* MED immunisieren

immunodeficienza f MED Immunschwäche f; ◇ **sindrome da** - Immunschwächekrankheit f

immu'tabile agg ⟨inv⟩ unveränderlich; **immutato** agg unverändert

impacchettare vt verpacken; **impacciato** agg (nei movimenti) behindert; ↑ imbarazzato befangen; **im'pac|cio** ⟨-ci⟩ m 1 ↑ ostacolo Hindernis n 2 ◇ **trarsi d'**- sich aus der Verlegenheit ziehen

impac|co ⟨-chi⟩ m MED Umschlag m

impadronirsi ⟨5.2.⟩ irr vi pron 1 (prendere possesso con violenza di qc) ◇ - **di qc** sich bemächtigen gen; (del potere) an sich reißen 2 (FIG apprendere a fondo) sich aneignen acc

impa'gabile agg ⟨inv⟩ unbezahlbar

impaginare vt umbrechen

impagliare ⟨3.6.⟩ irr vt 1 → sedie flechten; → fiaschi mit Stroh umwickeln 2 → animali ausstopfen

impalato agg stocksteif

impalcatura f Baugerüst n

impallidire ⟨5.2.⟩ irr vi essere 1 (diventare pallido) blaß werden 2 FIG verblassen

impallinare vt eine Ladung Schrot verpassen

impanare vt GASTRON panieren

impantanarsi vr FIG ↑ arenarsi steckenbleiben

impappinarsi vr sich verhaspeln

imparare vt lernen

impareggiabile agg ⟨inv⟩ unvergleichlich

imparentarsi vr: ◇ - **con** verwandt werden mit, sich verschwägern

'impari agg ⟨inv⟩ 1 ↑ disuguale ungleich 2 ↑ inferiore nicht gewachsen

impartire ⟨5.2.⟩ irr vt erteilen

imparziale agg ⟨inv⟩ unparteiisch; **imparzialità** f Unparteilichkeit f

impas'sibile agg ⟨inv⟩ (in gen.) unerschütterlich; ↑ insensibile unempfindlich; ▷occhiata unbeirrt

impastare vt → pasta kneten; → colori mischen; **impasto** m (pasta) Kneten n; ↑ amalgama Mischung f

impatto m 1 (di un corpo) Aufschlag m 2 ↑ scontro, collisione Zusammenprall m 3 FIG ↑ incontro Begegnung f

impaurire ⟨5.2.⟩ irr I. vt einschüchtern dat II. vi essere Angst bekommen III. vi pron ◇ -**rsi** ↑ spaventarsi erschrecken

im'pavido agg mutig, unerschrocken

impaziente agg ⟨inv⟩ ungeduldig; **impazienza** f Ungeduld f

impazzata f : ◇ **all'**- wild, wie verrückt; **impazzire** ⟨5.2.⟩ irr vi essere verrückt werden; ◇ -

per qc auf etw wild/verrückt sein; ◇ - **per qu** nach jd-m verrückt sein

impec'cabile agg ⟨inv⟩ tadellos, einwandfrei

impedimento m Hindernis n; **impedire** ⟨5.2.⟩ irr vt 1 (di parlare, di andare via) hindern, verhindern 2 ↑ ostruire versperren

impegnare I. vt 1 → i propri averi, i gioielli verpfänden 2 ↑ vincolare verpflichten 3 ↑ occupare in Anspruch nehmen 4 MIL → truppe einsetzen II. vr ◇ -**rsi** 1 ↑ vincolarsi sich verpflichten (a zu) 2 ◇ -**rsi in** (studio, lavoro) sich widmen dat; **impegnativo** agg schwer; **impegnato** agg 1 (dato in pegno) verpfändet 2 ↑ occupato beschäftigt 3 FIG POL engagiert; **impegno** m 1 ↑ promessa, obbligo Verpflichtung f 2 ↑ zelo Engagement m 3 COMM Verbindlichkeit f

impellente agg ⟨inv⟩ zwingend

impene'trabile agg ⟨inv⟩ anche FIG undurchdringlich

impennarsi vr (in gen.) aufbäumen; AERO hochziehen; NAUT achterlastig werden; ← moto hochziehen

impen'sabile agg ⟨inv⟩ undenkbar; **impensato** agg ↑ inaspettato unerwartet

impensierire ⟨5.2.⟩ irr I. vt beunruhigen, Sorgen machen dat II. vr ◇ -**rsi** sich dat Sorgen machen

imperativo I. agg 1 (in gen.) Befehls- 2 LING Imperativ- II. m LING Imperativ m

impera|tore(-trice f) m Kaiser(in f) m

impercettibile agg ⟨inv⟩ 1 (non percettibile) nicht wahrnehmbar 2 ↑ lieve kaum wahrnehmbar

imperdo'nabile agg ⟨inv⟩ unverzeihlich

imperfetto I. agg 1 ↑ incompiuto unvollendet 2 ↑ difettoso unvollkommen II. m LING Imperfekt n; **imperfezione** f 1 ↑ mancanza Mangel m 2 ↑ difetto Fehler m, Unvollkommenheit f

imperiale agg ⟨inv⟩ kaiserlich; **imperialista** ⟨-i, -e⟩ m Imperialist(in f) m

imperioso agg 1 ▷persona herrisch 2 FIG ▷motivo, esigenza dringend, zwingend

imperme'abile I. agg ⟨inv⟩ wasserdicht II. m Regenmantel m

impero m 1 (governo) Herrschaft f 2 (territorio) Reich n

imperscru'tabile agg ⟨inv⟩ unerforschlich

impersonale agg ⟨inv⟩ unpersönlich

impersonare vt 1 → felicità, gelosia verkörpern 2 ↑ interpretare spielen, darstellen

imper'territo agg unerschütterlich

impertinente agg ⟨inv⟩ frech, unverschämt, impertinent; **impertinenza** f Unverschämtheit f

impertur'babile *agg* ⟨inv⟩ unbeirrbar

imperversare *vi* wüten

impervio *agg* unwegsam

'**impeto** *m* ① (*del fiume*) Wucht *f*, Gewalt *f* ② *FIG* ↑ *impulso* Anfall *m*, Ausbruch *m;* ↑ *slancio* Schwung *m*; ◇ **con** - heftig; **impetuoso** *agg* ▷*fiume, anche FIG* stark, heftig, ungestüm

impiantare *vt* ① ↑ *fondare* errichten, gründen ② *FIG* → *discussione, questione* in Gang bringen; **impianto** *m* ① (*l'impiantare*) Einbau *m*, Installierung *f* ② *l'insieme delle apparecchiature, a.* INFORM Anlage *f*; ◇ - **elettrico** elektrische Anlage *f*; ◇ - **hi-fi/stereo** Stereoanlage *f*; ◇ - **TV a circuito chiuso** Kabelfernsehen *n*; ◇ - **di depurazione** Kläranlage *f*; ◇ **impianti sanitari** sanitäre Einrichtungen *f*/*pl*; ◇ - **telefonico** Telefonanschluß *m*

impiastrare *vt* beschmieren; **impiastro** *m* ① MED Umschlag *m* ② (*FIG FAM persona*) Nervensäge *f*

impiccagione *f* Erhangen *n*; **impiccare** ⟨3.4.⟩ *irr* I. *vt* hängen II. *vr* ◇ -**rsi** sich erhängen

impicciarsi ⟨3.3.⟩ *irr vr* sich einmischen (*di* in); **impic|cio** ⟨-ci⟩ *m* ↑ *ostacolo* Hindernis *n*; (*seccatura*) lästige Angelegenheit *f*; ◇ **togliere qu dagli impicci** jd-m aus der Klemme helfen

impiegare ⟨3.5.⟩ *irr* I. *vt* ① ↑ *usare* anwenden, verwenden; ↑ *metterci* → *tempo* brauchen ② ↑ *assumere* anstellen ③ ↑ *investire* anlegen II. *vr* ◇ -**rsi** angestellt werden; **impiegato(-a** *f*) *m* Angestellte(r) *fm*; **impie|go** ⟨-ghi⟩ *m* ① ↑ *uso* Verwendung *f*, Gebrauch *m*; COMM ↑ *investimento* Anlage *f* ② ↑ *occupazione* Beschäftigung *f*; ↑ *posto* Stellung *f*

impietosire ⟨5.2.⟩ *irr* I. *vt* rühren II. *vr* ◇ -**rsi** Mitleid haben für

impigliare ⟨3.6.⟩ *irr* I. *vt* verwickeln II. *vr* ◇ -**rsi** sich verstricken in *acc*

impigrire, -**rsi** ⟨5.2.⟩ *irr vi, vr essere* faul werden

impiombare *vt* → *carro ferroviario* plombieren

impla'cabile *agg* ⟨inv⟩ unerbittlich

implicare ⟨3.4.⟩ *irr* I. *vt* ① ↑ *coinvolgere* hineinziehen ② ↑ *esigere* einschließen; ↑ *sottintendere* mit sich bringen II. *vr* ◇ -**rsi** ↑ *coinvolgersi* sich verwickeln in *acc*; **implicazione** *f* Verwicklung *f*

im'plicito *agg* (*in gen.*) inbegriffen; ↑ *ovvio* selbstverständlich

implorare *vt* anflehen

impollinazione *f* FLORA Bestäubung *f*

impoltronire ⟨5.2.⟩ *irr* I. *vt* träge werden lassen II. *vi, vi pron* ◇ -**rsi** *essere* träge werden

imponde'rabile *agg* ⟨inv⟩ *FIG* unwägbar

imponente *agg* ⟨inv⟩ imposant

impo'nibile I. *agg* ⟨inv⟩ COMM besteuerbar II. *m* COMM Bemessungsgrundlage *f*

impopolare *agg* ⟨inv⟩ unbeliebt, unpopulär; **impopolarità** *f* Unbeliebtheit *f*

imporre ⟨4.11.⟩ *irr* I. *vt* ↑ *ordinare, intimare* zwingen, gebieten II. *vr* ◇ -**rsi** (*imporsi di*) sich durchsetzen III. *vi pron* ◇ -**rsi** (*rendersi necessario*) notwendig erscheinen

importante *agg* ⟨inv⟩ wichtig, bedeutend; **importanza** *f* Wichtigkeit *f*, Bedeutung *f*; ◇ **dare - a qc** e-r Sache *dat*; Bedeutung beimessen **importare** I. *vt* (*introdurre dall'estero*) importieren II. *vi essere* (*stare a cuore*) wichtig sein III. *vi impers essere* ↑ *interessare* interessieren; ◇ **non me ne importa assolutamente niente** das ist mir vollkommen egal; ◇ **non importa!** das macht nichts!

importazione *f* COMM Import *m*, Einfuhr *f*

importo *m* Betrag *m*, Summe *f*

importunare *vt* belästigen; **importuno** *agg* lästig

imposizione *f* ① (*l'imporre*) Auferlegung *f*; ↑ *tassazione* Besteuerung *f* ② ↑ *ordini* Gebot *n*

impossessarsi *vr*: ◇ - **di** sich bemächtigen *gen*

impos'sibile I. *agg* ⟨inv⟩ unmöglich II. *m* Unmögliche *n*; **impossibilità** *f* Unmöglichkeit *f*; ◇ **essere nell'- di fare qc** nicht in der Lage sein, etw zu tun

imposta *f* ▷*fiscale* Steuer *f*; ↑ *tributo* Abgabe *f*; ◇ - **sul valore aggiunto** Mehrwertsteuer *f*; ◇ - **sull'industria** Gewerbesteuer *f*

impostare¹ *vt* ↑ *imbucare* einwerfen; (*alla posta*) aufgeben

impostare² *vt* → *lavoro* anlegen; **impostazione** *f* (*di lavoro*) Anlage *f*

imposto *p.pass.di* **imporre**

impostore(-a *f*) *m* Betrüger(in *f*) *m*

impotente *agg* ⟨inv⟩ ① (*di fronte a malattie incurabili*) machtlos; ↑ *debole* schwach; ↑ *inefficace* wirkungslos ② MED impotent; **impotenza** *f* ① (*di fronte a malattie incurabili*) Ohnmacht *f*; ↑ *debolezza* Schwäche *f* ② MED Impotenz *f*

impoverire ⟨5.2.⟩ *irr* I. *vt* verarmen lassen II. *vi essere* verarmen

imprati'cabile *agg* ⟨inv⟩ (*in gen.*) unwegsam; (*con veicolo*) unbefahrbar; ▷*campo da gioco* unbespielbar

impratichire ⟨5.2.⟩ *irr* I. *vt* einarbeiten II. *vi pron* ◇ -**rsi** Übung bekommen

imprecare ⟨3.4.⟩ *irr vi* schimpfen; **imprecazione** *f* Beschimpfung *f*

imprecisabile *agg* ⟨inv⟩ unbestimmbar; **imprecisato** *agg* unbestimmt; **imprecisione** *f* Ungenauigkeit *f*; **impreciso** *agg* ungenau

impregnare *vt* 1 ↑ *inzuppare* tränken 2 FIG erfüllen

impren'dibile *agg* ⟨inv⟩ uneinnehmbar

imprendi|tore(-trice *f*) *m* Unternehmer(in *f*) *m*; **imprenditoriale** *agg* ⟨inv⟩ Unternehmer-

impreparato *agg* unvorbereitet

impresa *f* 1 ▷ *economica* Unternehmen *n* 2 ◇ è **un'- molto difficile** es ist ein sehr schwieriges Unterfangen *n*; **impresario(-a** *f*) *m* 1 (*di impresa*) Unternehmer(in *f*) *m* 2 TEATRO Impresario *m*

impressio'nabile *agg* ⟨inv⟩ beeindruckbar; **impressionare I.** *vt* 1 → *persona* beeindrucken 2 FOTO belichten **II.** *vi pron* ◇ -rsi erschrecken; **impressione** *f* 1 (*impronta*) Abdruck *m* 2 FIG ↑ *sensazione* Eindruck *m*; ◇ **fare buona/ cattiva** - eine-n guten/schlechten Eindruck machen 3 (*sensazione fisica*) Gefühl *n*; ◇ **aver l'- che** den Eindruck haben, daß

impresso I. *p.pass. di* im'primere; **II.** *agg* eingeprägt

impreve'dibile *agg* ⟨inv⟩ ▷ *situazione* unvorhersehbar; ▷ *persona* unberechenbar

imprevidente *agg* ⟨inv⟩ unvorsichtig

imprevisto I. *agg* unvermutet **II.** *m* Unvorhergesehene *n*; ◇ **salvo -i** wenn nichts dazwischenkommt

imprigionamento *m* Inhaftierung *f*; **imprigionare** *vt* inhaftieren

im'primere ⟨*Pass. rem.*: impressi/imprimesti *Part.*: impresso⟩ *irr vt* 1 → *oggetto* aufdrücken, prägen 2 ↑ *fissare* → *ricordi* einprägen 3 ↑ *trasmettere* → *movimento* übertragen

impro'babile *agg* ⟨inv⟩ unwahrscheinlich

'improbo *agg* 1 ↑ *malvagio* boshaft 2 ↑ *faticoso* anstrengend

impronta *f* 1 (*segno*) Abdruck *m*; ◇ - **digitale** Fingerabdruck *m* 2 FIG ◇ **dare la propria** - **a qc** e-r Sache seinen Stempel *m* aufdrücken

improperio *m* Schimpfwort *n*

improprietà *f* unpassendes Wort; **improprio** *agg* ↑ *inopportuno* unpassend

impro'gabile *agg* ⟨inv⟩ unaufschiebbar

improvvisamente *avv* plötzlich, auf einmal; **improvvisare I.** *vt* improvisieren **II.** *vr* ◇ -rsi ← *cuoco* spielen; **improvvisata** *f* Überraschung *f*; **improvviso** *agg* ↑ *imprevisto* unerwartet; ↑ *subitaneo* plötzlich; ◇ **all'-** plötzlich, auf einmal

imprudente *agg* ⟨inv⟩ unvorsichtig; **imprudenza** *f* Unvorsichtigkeit *f*, Leichtsinn *m*

impudente *agg* ⟨inv⟩ unverschämt; **impudenza** *f* Unverschämtheit *f*

impugnare [1] *vt* ← *afferrare* ergreifen; (*tenere in mano*) in der Hand halten

impugnare [2] *vt* DIR: ◇ - **una sentenza** ein Urteil anfechten

impugnatura *f* (*modo, manico*) Griff *m*; (*atto*) Ergreifen *n*

impulsivo *agg* impulsiv; **impulso** *m* Impuls *m*, Antrieb *m*

impunemente *avv* ungestraft; **impunito** *agg* ungestraft

impuntarsi *vr* 1 ← *bambino* sich sträuben 2 FIG ↑ *ostinarsi* sich versteifen auf *acc*

impurità *f* (*ciò che è impuro, anche* FIG) Unreinheit *f*; **impuro** *agg* (*che non è puro, anche* FIG) unrein

impu'tabile *agg* ⟨inv⟩ ▷ *persona* verantwortlich; COMM ◇ - **a** (*ascrivibile*) zuzuschreiben *dat*; **imputare** *vt*: ◇ - **qc a qu** ↑ *ascrivere* jd-m etw zuschreiben; DIR ◇ - **qu di** (*accusare*) jd-n beschuldigen *gen*; **imputato(-a** *f*) *m* DIR Angeklagte(r) *fm*; **imputazione** *f* DIR Anklage *f*

imputridire ⟨5.2.⟩ *irr vi essere* verwesen

in ⟨nel, nello, nell', nella, nei, negli, nelle⟩ *prep* 1 (*stato in luogo*) in *dat*; ◇ **essere - cucina** in der Küche sein 2 (*moto a luogo*) in *acc*; ◇ **entrare - casa** ins Haus [hinein]gehen; ◇ **andare - Italia** nach Italien fahren 3 (*tempo: determinato*) in *dat*; ◇ **sono nata nel 1967** ich bin 1967 geboren; (*nel corso di*) im Laufe *gen*; ◇ - **seguito a** infolge *gen* 4 (*modo*) in *dat*; ◇ - **silenzio** schweigend; ◇ **Sabrina Bianchi - Rossi** Sabrina Bianchi, geborene Rossi 5 (*mezzo*) mit *dat*; ◇ **viaggiare - treno/aereo** mit dem Zug/Flugzeug fahren 6 ◇ **parlare - francese** französisch sprechen; ◇ **prendere 5 - matematica** eine 5 in Mathematik erhalten 7 (*materia*) aus *dat*; ◇ **collana - argento** Kette aus Silber *f* 8 ◇ **siamo - tre** wir sind zu dritt

I.N.A. *f abbr. di* Istituto Nazionale delle Assicurazioni nationales Versicherungsinstitut

i'nabile *agg* ⟨inv⟩ (*in gen.*) unfähig, untauglich; ◇ - **al lavoro** arbeitsunfähig; **inabilità** *f* (*in gen.*) Unfähigkeit, f, Untauglichkeit *f*

inabi'tabile *agg* ⟨inv⟩ unbewohnbar

inacces'sibile *agg* ⟨inv⟩ unzugänglich

inaccet'tabile *agg* ⟨inv⟩ unannehmbar

inadatto *agg* unpassend, ungeeignet

inadeguato *agg* unangemessen

inadempiente *m/f* Vertragsbrüchige(r) *fm*

inaffer'rabile *agg* ⟨inv⟩ 1 ← *persona* nicht greifbar 2 FIG ← *concetto* unbegreiflich

inaffi'dabile *agg* ⟨inv⟩ unzuverlässig; **inaffidabilità** *f* Unzuverlässigkeit *f*

inalare *vt* MED einatmen, inhalieren; **inalatore** *m* Inhalationsapparat *m;* MED ◇ - d'ossigeno Sauerstoffmaske *f*

inalberare I. *vt* NAUT hissen II. *vr* ◇ -rsi FIG sich aufbäumen

inalie'nabile *agg* ⟨inv⟩ DIR unveräußerlich

inalte'rabile *agg* ⟨inv⟩ *(in gen.)* unveränderlich; ▷*colore* [farb-]echt; **inalterato** *agg* unverändert

inamidare *vt* → *camicia* stärken; **inamidato** *agg (messo nell'amido)* gestärkt

inammis'sibile *agg* ⟨inv⟩ unzulässig

inanellare *vt* ringeln

inanimato *agg* unbeseelt

inappa'gabile *agg* ⟨inv⟩ unerfüllbar

inappel'labile *agg* ⟨inv⟩ DIR unanfechtbar

inappetente *agg* ⟨inv⟩ MED appetitlos

inappun'tabile *agg* ⟨inv⟩ tadellos

inarcare ⟨3.4.⟩ *irr* I. *vt* → *schiena* krümmen; → *sopracciglia* hochziehen II. *vr* ◇ -rsi sich krümmen

inaridire ⟨5.2.⟩ *irr* I. *vt* austrocknen II. *vi, vi pron* ◇ -rsi *essere* ① *(in gen.)* austrocknen ② FIG versiegen

inarre'stabile *agg* ⟨inv⟩ unaufhaltsam

inascoltato *agg* unerhört, unbeachtet

inaspettato *agg* unerwartet

inasprire ⟨5.2.⟩ *irr* I. *vt* verschärfen II. *vr* ◇ -rsi ① *(diventare aspro)* sauer werden ② FIG sich verschlimmern

inattac'cabile *agg* ⟨inv⟩ ① ▷*castello* uneinnehmbar ② FIG tadellos

inatten'dibile *agg* ⟨inv⟩ *(non credibile)* unglaubwürdig

inatteso *agg* unerwartet

inattività *f* Untätigkeit *f;* **inattivo** *agg (in gen.)* untätig; CHIM inaktiv

inattu'abile *agg* ⟨inv⟩ undurchführbar

inaudito *agg* unerhört

inaugurale *agg* ⟨inv⟩ Eröffnungs-; **inaugurare** *vt* ① → *scuola, appartamento nuovo* einweihen; → *mostra, negozio* eröffnen ② FIG → *modo di vita* beginnen; **inaugurazione** *f* Einweihung *f;* (*mostra*) Eröffnung *f;* ↑ *inizio* Beginn *m*

inavveduto *agg* unachtsam

inavvertenza *f* Unachtsamkeit *f;* **inavvertitamente** *avv* versehentlich

incagliare ⟨3.6.⟩ *irr* I. *vi, vi pron* ◇ -rsi *essere* NAUT auflaufen II. *vt* ↑ *intralciare* verhindern, hemmen

incalco'labile *agg* ⟨inv⟩ ▷*danno* unberechenbar

incallito *agg* FIG verfallen; ◇ un fumatore - ein starker Raucher

incalzare I. *vt* bedrängen II. *vi (succedersi di continuo)* ▷*avvenimento* sich überstürzen

incamerare *vt* ← *Stato* einziehen

incamminare I. *vt* FIG ↑ *avviare* in Gang bringen II. *vr* ◇ -rsi sich auf den Weg machen; FIG sich anschicken

incanalare I. *vt* kanalisieren II. *vr* ◇ -rsi zuströmen

incandescente *agg* ⟨inv⟩ *(in gen.)* glühend; ▷*polemiche* hitzig

incantare I. *vt* FIG bezaubern II. *vr* ◇ -rsi ① *(rimanere ammaliato)* verzückt sein ② ← *meccanismo* stocken; **incanta|tore(-trice** *f)* I. *agg* bezaubernd II. *m* Zauberer(in *f) m;* **incan'tesimo** *m* ↑ *incanto* Zauber *m;* (*formula*) Zauberformel *f;* **incan'tevole** *agg* bezaubernd, entzückend; **incanto** *m (in gen.)* Zauber *m;* ◇ come per - wie durch ein Wunder

incanutire ⟨5.2.⟩ *irr* I. *vi essere* ergrauen II. *vt* ergrauen lassen

incapace *agg* ⟨inv⟩ unfähig; **incapacità** *f* Unfähigkeit *f*

incappare *vi essere* *(in un errore)* kommen, geraten

incapricciarsi ⟨3.3.⟩ *irr vr* sich vernarren/verschauen *(di in acc)*

incapsulare *vt* verkapseln

incarcerare *vt* inhaftieren, einsperren

incaricare ⟨3.4.⟩ *irr* I. *vt* beauftragen II. *vr* ◇ -rsi übernehmen *(di acc);* **incaricato(-a** *f)* I. *agg* beauftragt II. *m/f* Beauftragte(r) *fm;* POL ◇ - d'affari Geschäftsträger *m;* **in'cari|co** ⟨-chi⟩ *m* Auftrag *m;* SCUOLA Lehrauftrag *m*

incarnare I. *vt* verkörpern II. *vr* ◇ -rsi ① ← *unghia* einwachsen ② REL Fleisch werden; **incarnazione** *f* ① FIG Verkörperung *f* ② REL Inkarnation *f*

incartamento *m* Aktenbündel *n;* **incartare** *vt* in Papier einpacken; **incarto** *m* ① *(materiale)* Verpackungsmaterial *n* ② ↑ *incartamento* Aktenbündel *n*

incasellare *vt* in Kästchen verteilen

incassare *vt* ① COMM ↑ *riscuotere* einkassieren ② SPORT *anche* FIG → *colpo* einstecken; **incasso** *m* ① *(in gen.)* Einnahme *f* ② COMM Inkasso *n*

incastonare *vt* fassen; **incastonatura** *f* Fassung *f*

incastrare I. *vt* ① ↑ *inserire* einklemmen, einfügen ② FAM in Schwierigkeiten bringen II. *vr* ◇ -rsi sich verkeilen; **incastro** *m* ↑ *inserzione* Einfügung *f*

incatenare *vt (legare con catena)* anketten

incatramare *vt* teeren

in'cauto *agg* unvorsichtig

incavato *agg* ▷*occhi* tiefliegend; ▷*guance* hohl; **incavatura** *f* Aushöhlung *f*

incavolarsi *vr* FAM sauer werden

incazzarsi *vr* FAM stinksauer/rasend werden

incendiario(-a *f*) **I.** *agg* ▷*armi* Brand- **II.** *m* Brandstifter(in *f*) *m;* **incendio** *m* ▷*doloso ecc.* Brand *m*

incenerire ⟨5.2.⟩ *irr* **I.** einäschern **II.** *vr* ◇ **-rsi** eingeäschert werden; **inceneritore** *m* Müllverbrennungsanlage *f*

incenso *m* Weihrauch *m*

incensurato *agg* DIR nicht vorbestraft

incentivo *m* Anreiz *m*

incepparsi *vi pron* klemmen

incerato *agg* ▷*carta, tela* Wachs-

incertezza *f* ⟨1⟩ (*conoscenza insicura*) Ungewißheit *f* ⟨2⟩ (*esito insicuro*) Unsicherheit *f* ⟨3⟩ ↑ *indecisione* Unentschlossenheit *f;* **incerto** *agg* unsicher, ungewiß

incessante *agg* ⟨inv⟩ unaufhörlich, ununterbrochen

incesto *m* Inzest *m*

incetta *f* Aufkauf *m;* ◇ **fare - di qc** etw aufkaufen

inchiesta *f* (*in gen.*) Untersuchung *f; di polizia,* POL Ermittlung *f;* MEDIA Bericht *m*

inchinare **I.** *vt* ▷*capo* neigen; → *corpo* beugen **II.** *vr* ◇ **-rsi** sich beugen; (*per riverenza*) sich neigen; **inchino** *m* Verbeugung *f,* Verneigung *f*

inchiodare *vt* ⟨1⟩ → *cassa* zunageln ⟨2⟩ FIG fesseln

inchiostro *m* Tinte *f;* ◇ **- simpatico** Geheimtinte *f*

inciampare *vi* ↑ *incespicare* stolpern (*in* über *acc*); **inciampo** *m* ⟨1⟩ ↑ *ostacolo* Hindernis *n* ⟨2⟩ FIG ◇ **essere d' - a qu** jd-m im Wege stehen

incidentale *agg* ⟨inv⟩ ↑ *casuale* zufällig

incidente *m* ↑ *disgrazia* Unglück *n;* ◇ **- d'auto** Autounfall *m*

incidenza *f* ⟨1⟩ ↑ *frequenza* Häufigkeit *f* ⟨2⟩ FIG ↑ *gravame* Belastung *f;* COMM Steuerbelastung *f*

in'cidere [1] ⟨Pass. rem.: incisi/incidesti Part.: inciso⟩ *irr* **vi** ↑ *gravare* belasten (*su* acc); ↑ *influire* beeinflussen (*su* acc)

in'cidere [2] ⟨Pass. rem.: incisi/incidesti Part.: inciso⟩ *irr* *vt* ⟨1⟩ (*con taglio*) einschneiden ⟨2⟩ (*su legno*) einritzen ⟨3⟩ (*su disco, su nastro*) aufnehmen ⟨4⟩ (*nella memoria*) einprägen

incinta *agg* schwanger

incipiente *agg* ⟨inv⟩ beginnend

incirca *avv:* ◇ **all' -** ungefähr

incisione *f* ⟨1⟩ (*taglio*) Schnitt *m,* Einschnitt *m* ⟨2⟩

(*disegno*) Stich *m* ⟨3⟩ ↑ *registrazione* Aufnahme *f;*

incisivo **I.** *agg* ⟨1⟩ schneidend ⟨2⟩ FIG markant, einprägsam **II.** *m* (*dente -*) Schneidezahn *m;* **inciso** **I.** *p.pass.* *di incidere;* **II.** *agg* eingeschnitten, eingeprägt **III.** *m* eingeschobener Satz *m;* ◇ **per -** nebenbei

incitamento *m* Anregung *f,* Antrieb *m;* **incitare** *vt* anregen

incivile *agg* ⟨inv⟩ (*in gen.*) unzivilisiert; ↑ *villano* ungezogen

incl. *avv abbr. di* incluso inkl.

inclemente *agg* ⟨inv⟩ ⟨1⟩ (*in gen.*) erbarmungslos, unerbittlich ⟨2⟩ METEO unfreundlich

inclinare **I.** *vt* neigen **II.** *vi* ⟨1⟩ ↑ *pendere* hängen ⟨2⟩ FIG neigen (*verso/a* zu); **inclinato** *agg* schief, schräg; **inclinazione** *f* Neigung *f;* **incline** *agg* ⟨inv⟩ geneigt (*a* zu)

in'cludere ⟨4.20.⟩ *irr* *vt* ↑ *accludere* beilegen; ↑ *inserire* einfügen; ↑ *comprendere* einschließen; **inclusione** *f* Einbeziehung *f;* GEO Einschluß *m;* **inclusivo** *agg:* ◇ **- di** einschließlich *gen;* **incluso** **I.** *p.pass.* includere; **II.** *agg* ↑ *accluso* beiliegend; ↑ *contenuto* enthalten; ↑ *compreso* einschließlich

incoerente *agg* ⟨inv⟩ ↑ *sconnesso* unzusammenhängend; ↑ *contraddittorio* sich widersprechend; **incoerenza** *f* Zusammenhang(s)losigkeit *f,* Widersprüchlichkeit *f,* Inkohärenz *f*

in'cognita *f* ⟨1⟩ MAT Unbekannte *f* ⟨2⟩ (*imprevisto*) unvorhersehbare Angelegenheit *f,* Unbekannte *f;* **in'cognito** **I.** *agg* (*non conosciuto*) unbekannt **II.** *m* ◇ **in -** inkognito

incollare *vt* kleben; (*ricoprire con strato di colla*) mit Klebstoff bestreichen; ◇ **- qc a qc** etw an etw *acc* kleben; ◇ **- qc su qc** etw auf etw *acc* kleben

incolonnare *vt* → *persone, macchine* in eine-r Reihe aufstellen; → *numeri* untereinanderschreiben

incolore *agg* ⟨inv⟩ farblos

incolpare *vt* beschuldigen (*di* gen)

incolto *agg* ⟨1⟩ ▷*terreno* unbebaut, brach ⟨2⟩ FIG ↑ *trascurato* ungepflegt ⟨3⟩ (FIG *non colto*) ungebildet

in'columne *agg* ⟨inv⟩ unverletzt

incombenza *f* ↑ *incarico* Auftrag *m*

incominciare ⟨3.3.⟩ *irr* **I.** *vi* *essere* anfangen, beginnen **II.** *vt* *essere/avere* anfangen, beginnen

in'comodo [1] *agg* ↑ *fastidioso* störend; ↑ *inopportuno* ungelegen

in'comodo [2] *m* Unbequemlichkeit *f,* Störung *f*

incompa'rabile *agg* ⟨inv⟩ unvergleichbar

incompa'tibile *agg* ⟨inv⟩ ⟨1⟩ ▷*negligenza* unzulässig ⟨2⟩ ↑ *inconciliabile* unvereinbar; INFORM

▷*sistemi* inkompatibel, nicht kompatibel; **incompatibilità** *f* ⟨1⟩ (*in gen.*) Unvereinbarkeit *f*; INFORM Inkompatibilität *f* ⟨2⟩ (*di persone*) Unverträglichkeit *f*

incompetente *agg* ⟨inv⟩ ⟨1⟩ (*privo di competenza*) inkompetent, unfähig ⟨2⟩ (DIR *organo giudiziario*) nicht zuständig; **incompetenza** *f* ⟨1⟩ (*mancanza di competenza*) Inkompetenz *f* ⟨2⟩ DIR Nichtzuständigkeit *f*

incompiuto *agg* unvollendet

incompleto *agg* unvollständig

incomprensibile *agg* ⟨inv⟩ unverständlich; **incomprensione** *f* Unverständnis *n;* **incompreso** *agg* unverstanden; ◇ *genio* - verkanntes Genie

incomunicabilità *f* (*in gen.*) Nichtübertragbarkeit *f*; PSIC Kontaktarmut *f*

inconcepibile *agg* ⟨inv⟩ unfaßbar, unvorstellbar

inconciliabile *agg* ⟨inv⟩ unversöhnlich

inconcludente *agg* ⟨inv⟩ ⟨1⟩ *sconclusionato* unzusammenhängend; ↑ *irresoluto* unnütz

incondizionato *agg* ↑ *assoluto* bedingungslos

inconfondibile *agg* ⟨inv⟩ unverwechselbar

inconfutabile *agg* ⟨inv⟩ unwiderlegbar, unbestreitbar

incongruente *agg* ⟨inv⟩ (*in gen.*) nicht stimmig, widersprüchlich, inkonsequent; **incongruenza** *f* Unangemessenheit *f;* ↑ *contraddizione* Widerspruch *m;* **incongruo** *agg* (*sproporzionato*) unverhältnismäßig; (*non adatto*) unangemessen

inconsapevole *agg* ⟨inv⟩ nicht bewußt (*di gen*)

inconscio ⟨-sci, -sce⟩ I. *agg* unbewußt II. *m* PSIC Unbewußte *n*, Unterbewußtsein *n*

inconsistente *agg* ⟨inv⟩ ⟨1⟩ (*senza corpo*) nicht fest ⟨2⟩ (*privo di fondamento*) unhaltbar; (*vago*) vage; **inconsistenza** *f* ⟨1⟩ (*in gen.*) keine feste Beschaffenheit ⟨2⟩ FIG Unhaltbarkeit *f*

inconsolabile *agg* ⟨inv⟩ untröstlich

inconsueto *agg* ungewöhnlich

incontenibile *agg* ⟨inv⟩ ↑ *irrefrenabile* unaufhaltbar; ↑ *irreprimibile* unbezähmbar

incontentabile *agg* ⟨inv⟩ nicht zufriedenzustellend

incontestato *agg* unbestritten

incontinenza *f* MED Inkontinenz *f*

incontrare I. *vt* ⟨1⟩ (*per strada*) begegnen *dat;* (*per volontà*) treffen; FIG → *sguardo* begegnen ⟨2⟩ ↑ *gareggiare* antreten gegen II. *vi* Anklang finden III. *vr* ◇ **-rsi** ⟨1⟩ (*in gen.*) sich treffen; (*scontrarsi*) sich begegnen ⟨a⟩ ↑ *gareggiare* gegeneinander antreten

incontrastabile *agg* ⟨inv⟩ unanfechtbar

incontro [1] *avv* entgegen; ↑ *verso* entgegen (*a* dat); ◇ **andare/venire** - **a qc** e-r Sache entgegenwirken

incontro [2] *m* ⟨1⟩ (*in gen.*) Begegnung *f;* ↑ *riunione* Treffen *n*, Zusammenkunft *f* ⟨2⟩ SPORT Spiel *n*, Begegnung *f*

inconveniente *m* Unannehmlichkeit *f*

incoraggiamento *m* Ermutigung *f*, Ermunterung *f;* **incoraggiare** ⟨3.3.⟩ *irr vt* ermutigen, ermuntern

incorniciare ⟨3.3.⟩ *irr vt* einrahmen

incoronare *vt* krönen; **incoronazione** *f* Krönung *f*

incorporare I. *vt* ⟨1⟩ ↑ *mescolare* vermischen ⟨2⟩ FIG ↑ *inserire* eingliedern *dat* II. *vr* ◇ **-rsi** FIG ↑ *annettere* sich *dat* einverleiben

incorporeo *agg* körperlos

incorreggibile *agg* ⟨inv⟩ ▷*persona* unverbesserlich; ▷*traduzione, lavoro ecc.* nicht korrigierbar

incorrere ⟨Pass. rem.: *incorsi/incorresti* Part.: *incorso*⟩ *irr vi* essere geraten (*in* in *acc*)

incorruttibile *agg* ⟨inv⟩ ▷*persona* unbestechlich

incosciente *agg* ⟨inv⟩ ⟨1⟩ (*privo di coscienza*) bewußtlos ⟨2⟩ ↑ *irresponsabile* verantwortungslos ⟨3⟩ PSIC unbewußt; **incoscienza** *f* ⟨1⟩ (*stato di* -) Bewußtlosigkeit *f* ⟨2⟩ ↑ *mancanza di responsabilità* Verantwortungslosigkeit *f*

incostante *agg* ⟨inv⟩ schwankend, unbeständig

incredibile *agg* ⟨inv⟩ unglaublich, **incredulità** *f* Unglaublichkeit *f*

incrementare *vt* fördern; **incremento** *m* ⟨1⟩ ↑ *sviluppo* Förderung *f* ⟨2⟩ ↑ *accrescimento* Zuwachs *m*, Zunahme *f*

increscioso *agg* unerfreulich

increspare *vt* (*in gen.*) kräuseln; → *fronte* runzeln

incriminare *vt* beschuldigen, anklagen

incrinare I. *vt* ⟨1⟩ → *vetro* zerbrechen ⟨2⟩ FIG → *amicizia* schädigen, zerbrechen II. *vr* ◇ **-rsi** ⟨1⟩ ← *oggetto* springen ⟨2⟩ FIG ← *amicizia* in die Brüche gehen; **incrinatura** *f* Riß *m*, Sprung *m*

incrociare ⟨3.3.⟩ *irr* I. *vt* ⟨1⟩ → *gambe* kreuzen ⟨2⟩ ↑ *incontrare* begegnen *dat* ⟨3⟩ → *animali* kreuzen II. *vi* NAUT kreuzen; AERO kreisen III. *vr* ◇ **-rsi** ↑ *incrociarsi* sich *dat* begegnen; **incrociatore** *m* Kreuzer *m;* **incrocio** ⟨-ci⟩ *m* Kreuzung *f*

incrostare *vt* (*in gen.*) verkrusten; (*rivestire per ornamento*) inkrustieren

incubatrice *f* ⟨1⟩ (*per neonati*) Brutkasten *m* ⟨2⟩ (*per uova*) Brutapparat *m;* **incubazione** *f* ⟨1⟩ MED Inkubation *f* ⟨2⟩ (*cova*) Brüten *n*

'incubo *m* Alptraum *m*

in'cudine *f* Amboß *m*

inculcare ⟨3.4.⟩ *irr vt* einprägen

incuneare I. *vt* einkeilen **II.** *vi pron* ◇ **-rsi** eindringen

incu'rabile *agg* ⟨inv⟩ unheilbar

incurante *agg* ⟨inv⟩ gleichgültig (*di* gegen), unbekümmert (*di* um)

in'curia *f* Nachlässigkeit *f*

incuriosire ⟨5.2.⟩ *irr* **I.** *vt* neugierig machen **II.** *vr* ◇ **-rsi** neugierig werden

incursione *f* Einfall *m*, Überfall *m*

incurvare I. *vt* biegen **II.** *vr* ◇ **-rsi** sich biegen

incusso *p.pass. di* **incutere**

incustodito *agg* unbewacht

in'curia *f* ⟨Pass. rem.: incussi/incutesti Part.: incusso⟩ *irr vt* einflößen

indaffarato *agg* beschäftigt

indagare ⟨3.5.⟩ *irr vt* erforschen; **indagine** *f* Untersuchung *f*, Nachforschung *f*

indebitare I. *vt* mit Schulden belasten **II.** *vr* ◇ **-rsi** Schulden machen

in'debito *agg* DIR widerrechtlich

indebolimento *m* Schwächung *f*; **indebolire** ⟨5.2.⟩ *irr* **I.** *vt* schwächen **II.** *vi, vr* ◇ **-rsi** *essere* schwach werden

indecente *agg* ⟨inv⟩ unanständig; **indecenza** *f* Unanständigkeit *f*, Schande *f*

indeci'frabile *agg* ⟨inv⟩ 1 ▷ *oggetto, scrittura* unleserlich 2 FIG undurchschaubar

indecisione *f* Unentschlossenheit *f*; **indeciso** *agg* 1 ↑ *incerto, anche* FIG unsicher 2 ↑ *irresoluto* unentschlossen

indecoroso *agg* ungebührlich

indefi'nibile *agg* ⟨inv⟩ (*non definibile*) undefinierbar; ↑ *inesprimibile* unsagbar; **indefinito** *agg* unbestimmt

indegno *agg* 1 (*non meritevole*) unwürdig 2 ↑ *vergognoso* schändlich

inde'lebile *agg* ⟨inv⟩ unauslöschlich

indelicatezza *f* Taktlosigkeit *f*

indemoniato *agg* 1 (*nel significato concreto*) besessen 2 FIG ↑ *agitato* rasend

indenne *agg* ⟨inv⟩ heil, unverletzt

indennità *f* ↑ *risarcimento* Entschädigung *f*, Vergütung *f*; ◇ **- di trasferta** Reisekostenentschädigung *f*; **indennizzare** *vt* entschädigen; **indennizzo** *m* Entschädigung *f*

indero'gabile *agg* ⟨inv⟩ unumgänglich

indeside'rabile *agg* ⟨inv⟩ unerwünscht; **indesiderato** *agg* unerwünscht

indeterminato *agg* unbestimmt

indetto *p.pass. di* **indire**

'India *f* Indien *n*; **indiano(-a** *f*) **I.** *agg* (*dell'India*) indisch; (*dell'America*) Indianer- **II.** *m* (*dell'India*) Inder(in *f*) *m*; (*dell'America*) Indianer(in *f*) *m*

indiavolato *agg* (*in gen.*) besessen; ↑ *vivace* wild

indicare ⟨3.4.⟩ *irr vt* 1 ↑ *mostrare* zeigen auf *acc* 2 ↑ *specificare* angeben 3 ↑ *manifestare* → *buona volontà* zeigen; **indicativo I.** *agg* 1 ▷ *gesto* hinweisend, zeigend 2 ▷ *sintomo* bezeichnend **II.** *m* LING Indikativ *m*; **indica|tore** **(-trice** *f*) **I.** *agg* Anzeige- **II.** *m* 1 (*elenco*) Verzeichnis *n* 2 TEC Anzeiger *m*; ◇ **- di livello del carburante** Benzinstandanzeige *f*; **indicazione** *f* 1 (*in gen.*) Zeigen *n* 2 ↑ *notizia, informazione* Hinweis *m*; ↑ *cenno* Wink *m* 3 MED Indikation *f*

'indice *m* 1 (ANAT *dito*) Zeigefinger *m* 2 (*lancetta*) Zeiger *m* 3 (*alfabetico*) Index *m*, [Inhalts-] Verzeichnis *n* 4 (FIG *indizio*) Zeichen *n* 5 TEC, MAT Index *m* 6 ◇ **- di gradimento**, **- di ascolto** Einschaltquote *f*

indi'cibile *agg* ⟨inv⟩ unsagbar

indietreggiare ⟨3.3.⟩ *irr vi* (*farsi indietro*) zurückweichen; ↑ *retrocedere* zurücktreten

indietro *avv* (*in gen.*) zurück; ◇ **avanti e -** hin und her; ◇ **andare avanti e -** hin und her/auf und ab gehen; ◇ **lasciare - qc** etw unterlassen; ◇ **rimanere -** zurückbleiben; ◇ **essere -** (*col lavoro, con lo studio*) im Rückstand sein; ← *orologio* nachgehen

indifeso *agg* FIG unbeschützt

indifferente *agg* ⟨inv⟩ gleichgültig; **indifferenza** *f* Gleichgültigkeit *f*

in'digeno(-a *f*) **I.** *agg* (*in gen.*) einheimisch; (*in contesto coloniale*) eingeboren **II.** *m* Einheimische(r) *fm*, Eingeborene(r) *fm*

indigente *agg* ⟨inv⟩ arm, bedürftig; **indigenza** *f* absolute Armut

indigestione *f* MED Verdauungsstörung *f*; **indigesto** *agg* unverdaulich, schwerverdaulich

indignare I. *vt* empören **II.** *vi pron* ◇ **-rsi** sich empören, sich aufregen; **indignazione** *f* Empörung *f*, Entrüstung *f*

indimenti'cabile *agg* ⟨inv⟩ unvergeßlich

indipendente *agg* ⟨inv⟩ unabhängig; **indipendenza** *f* Unabhängigkeit *f*, Selbständigkeit *f*

indire ⟨4.5.⟩ *irr vt* → *elezioni* ansetzen

indiretto *agg* indirekt

indirizzare *vt* 1 ↑ *dirigere* lenken; ↑ *mandare* schicken 2 FIG ↑ *istradare* lenken; ↑ *destinare* → *sforzi* verwenden 3 → *lettera* adressieren 4 ◇ **- la parola a qu** das Wort an jd-n richten; **indirizzo** *m* 1 (*in gen.*) Adresse *f*, Anschrift *f* 2 FIG ▷ *teologico, filosofico* Richtung *f*

indisciplina f Disziplinlosigkeit f; **indisciplinato** agg undiszipliniert

indiscreto agg ↑ sconveniente indiskret, taktlos; ↑ importuno aufdringlich; **indiscrezione** f ① (l'essere indiscreto) Indiskretion f, Taktlosigkeit f ② ↑ rivelazione Indiskretion f

indiscusso agg ① (in gen.) unbestritten ② (non discusso) unbesprochen

indispen'sabile I. agg ⟨inv⟩ ↑ necessario unerläßlich II. m Nötigste n, Notwendigste n

indispettire ⟨5.2.⟩ irr I. vt ärgern II. vi, vi pron ◇ -rsi essere sich ärgern

indisporre ⟨4.11.⟩ irr vt verstimmen; **indisposizione** f Unwohlsein n; **indisposto** I. p.pass. di indisporre; II. agg unwohl

indisso'lubile agg ⟨inv⟩ unlösbar

indistintamente avv wahllos; **indistinto** agg ↑ confuso, non netto undeutlich, unklar

indistrut'tibile agg ⟨inv⟩ unzerstörbar

indisturbato agg ungestört

individuale agg ⟨inv⟩ individuell; **Individualità** f Individualität f; **individuare** vt ① (dar forma distinta a) Gestalt geben dat ② ↑ determinare bestimmen, feststellen ③ ↑ scoprire entdecken; **indi'viduo** m Individuum n

indiziare ⟨3.6.⟩ irr vt DIR: ◇ - qu di qc jd-n e-r Sache verdächtigen; **indiziato(-a** f) I. agg DIR verdächtig II. m DIR Verdächtige(r) fm; **indizio** m ↑ segno Zeichen n; DIR Indiz n

in'docile agg ⟨inv⟩ widerspenstig

'indole f Natur f, Wesen n

indolente agg ⟨inv⟩ träge; **indolenza** f Trägheit f

indolenzito agg ← muscolo gefühllos

indolore agg ⟨inv⟩ schmerzlos

indomani m : ◇ l'- am folgenden Tag

indossare vt (mettere indosso) anziehen; (avere indosso) anhaben; **indossa|tore(-trice** f) m Model n

indotto I. p.pass. indurre; II. agg FIS, COMM induziert

indottrinare vt (in gen.) unterweisen; POL indoktrinieren

indovinare vt ↑ scoprire erraten; ↑ intuire ahnen; ↑ immaginare sich denken/vorstellen; **indovinato** (ben riuscito) gelungen; **indovinello** m Rätsel n; **indovino(-a** f) m Wahrsager (in f) m

indubbiamente avv zweifellos; **indubbio** agg sicher

indugiare ⟨3.3.⟩ irr vi zögern; **indu|gio** (-gi) m ↑ esitazione Zögern n; ↑ ritardo Verzug m; ◇ senza - sofort

indulgente agg ⟨inv⟩ nachsichtig; **indulgenza** f ① (in gen.) Nachsicht f ② REL Indulgenz f; **in'dulgere** ⟨Pass. rem.: indulsi/indulgesti Part.: indulto⟩ irr vi Nachsicht haben (a mit)

indumento m Kleidungsstück n

indurire ⟨5.2.⟩ irr I. vt ① (in gen.) härten, erhärten; → corpo abhärten ② (FIG rendere insensibile) hart machen II. vi, vi pron ◇ -rsi essere sich verhärten

indurre ⟨4.4.⟩ irr vt veranlassen (a zu)

industria f ① metallica, siderurgica ecc. Industrie f ② ↑ operosità Betriebsamkeit f; (l' - delle api) Bienenfleiß m; **industriale** I. agg ⟨inv⟩ Industrie- II. m/f Industrielle(r) fm; **industrializzare** vt industrialisieren; **industrializzazione** f Industrialisierung f

industrioso agg emsig, betriebsam

induttivo agg FIS induktiv; **induzione** f FIS Induktion f

inebetito agg benommen, betäubt

inebriare ⟨3.6.⟩ irr I. vt berauschen II. vi pron ◇ -rsi sich berauschen

inecce'pibile agg ⟨inv⟩ tadellos, einwandfrei

inedia f Fasten n

i'nedito agg unveröffentlicht

ineffabile agg ⟨inv⟩ unsäglich, unaussprechlich

inefficace agg ⟨inv⟩ unwirksam; **inefficacia** f Unwirksamkeit f

inefficiente agg ⟨inv⟩ ineffizient, nicht leistungsfähig; **inefficienza** f Ineffizienz f, Unfähigkeit f, Unwirtschaftlichkeit f

ineguale agg ⟨inv⟩ ↑ disuguale ungleich

inelut'tabile agg ⟨inv⟩ unvermeidbar

inequivo'cabile agg ⟨inv⟩ unmißverständlich

inerente agg ⟨inv⟩ ↑ concernente betreffend (a acc)

inerme agg ⟨inv⟩ wehrlos

inerpicarsi ⟨3.4.⟩ irr vr klettern

inerte agg ⟨inv⟩ ① ↑ immobile unbeweglich; ↑ inattivo untätig ② CHIM ▷gas Edel- ③ FIS ▷corpo träge; **inerzia** f ① ↑ inattività Untätigkeit f ② FIS Trägheit f

inesattezza f Ungenauigkeit f

inesatto [1] agg ungenau

inesatto [2] agg (AMM non riscosso) nicht eingezogen

inesau'ribile agg ⟨inv⟩ unerschöpflich

inesistente agg ⟨inv⟩ (che non esiste) inexistent, nicht vorhanden; ↑ insussistente unbegründet, nicht bestehend

ineso'rabile agg ⟨inv⟩ ① ↑ implacabile unerbittlich ② (che è impossibile evitare) unvermeidlich

inesperienza f Unerfahrenheit f; **inesperto** agg unerfahren

inespli'cabile *agg* ⟨inv⟩ unerklärlich

inespri'mibile *agg* ⟨inv⟩ unaussprechlich

inesti'mabile *agg* ⟨inv⟩ unschätzbar

inestri'cabile *agg* ⟨inv⟩ *anche FIG* unlösbar

inettitudine *f* Unfähigkeit *f*; **inetto** *agg* ↑ *incapace* unfähig; (*che non ha attitudine*) ungeeignet (*a* für)

inevi'tabile *agg* ⟨inv⟩ unvermeidlich

inezia *f* Kleinigkeit *f*

infagottare I. *vt* (*contro il freddo*) warm einhüllen/einpacken II. *vr* ◇ -**rsi** ① ◇ -**rsi contro il freddo** sich warm einhüllen/einpacken ② FIG sich unvorteilhaft kleiden

infallibile *agg* ⟨inv⟩ unfehlbar; ↑ *sicuro* sicher

infamante *agg* ⟨inv⟩ schändlich; **infamare** *vt* ↑ *disonorare* verleumden; **infame** *agg* ⟨inv⟩ infam, schändlich; **infamia** *f* Schande *f*, Schmach *f*

infanticida ⟨-i, -e⟩ *m/f* Kindesmörder(in *f*) *m*; **infantile** *agg* ⟨inv⟩ ① (*dei bambini*) kindlich ② ↑ *immaturo* ▷ *comportamento* kindisch; **infanzia** *f* Kindheit *f*

infarinare I. *vt* GASTRON mit Mehl bestäuben; **infarinatura** *f* FIG oberflächliche Kenntnisse

infarto *m* MED Infarkt *m*

infastidire ⟨5.2.⟩ *irr* I. *vt* belästigen II. *vi pron* ◇ -**rsi** sich ärgern

infati'cabile *agg* ⟨inv⟩ unermüdlich

infatti *congiunz* in der Tat, tatsächlich

infatuare I. *vt* begeistern II. *vi pron* ◇ -**rsi** sich begeistern/ereifern (*di/per* für); **infatuazione** *f* Begeisterung *f*; ◇ **avere un'- per qu** für jd-n schwärmen

in'fausto *agg* unglückselig

infecondo *agg* unfruchtbar

infedele *agg* ⟨inv⟩ ① (*non fedele*) untreu ② ↑ *inesatto* ungenau ③ REL ungläubig; **infedeltà** *f* ① (*il non essere fedele*) Untreue *f*, Treulosigkeit *f* ② ↑ *inesattezza* Ungenauigkeit *f*

infelice *agg* ⟨inv⟩ unglücklich; **infelicità** *f* Unglück *n*

inferiore I. *agg* ⟨inv⟩ ① (*più basso*) untere ② ▷ *numero, temperatura* niedriger; ▷ *merce* minderwertig; (*di grado più basso*) niedriger; ◇ -**alla media** unterdurchschnittlich II. *m/f* Untergebene(r) *fm*; **inferiorità** *f* (*in gen.*) Unterlegenheit *f*; (*valore minore*) Minderwertigkeit *f*, ◇ **complesso** *m* **di** - Minderwertigkeitskomplex *m*

infermiera *f* MED Krankenschwester *f*; **infermiere** *m* MED Krankenpfleger *m*; MIL Sanitäter *m*

infermità *f* ▷ *mentale ecc.* Krankheit *m*, Gebrechen *n*; **infermo(-a** *f*) I. *agg* krank, leidend II. *m* Kranke(r) *fm*

infernale *agg* ⟨inv⟩ höllisch; **inferno** *m* Hölle *f*

inferocire ⟨5.2.⟩ *irr* I. *vt* wütend machen II. *vi essere* rasend werden

inferriata *f* Gitter *n*

infervorare I. *vt* anspornen II. *vr* ◇ -**rsi** sich ereifern

infestare *vt* (*in gen.*) heimsuchen, verheeren; → *parassiti* befallen

infettare I. *vt* infizieren II. *vr* ◇ -**rsi** sich infizieren; **infettivo** *agg* ansteckend; **infetto** *agg* infiziert; **infezione** *f* Infektion *f*

infiacchire ⟨5.2.⟩ *irr* I. *vt* schwächen II. *vi, vi pron* ◇ -**rsi** *essere* schwach werden

infiam'mabile *agg* ⟨inv⟩ entzündlich; **infiammare** I. *vt* ① (*in gen.*) entzünden ② FIG entflammen ③ MED entzünden II. *vi pron* ◇ -**rsi** ① MED sich entzünden ② FIG entflammen; **infiamma'torio** *agg* MED Entzündungs-; **infiammazione** *f* MED Entzündung *f*

infiascare ⟨3.4.⟩ *irr vt* in Strohflaschen füllen

infido *agg* treulos, unzuverlässig

infierire ⟨5.2.⟩ *irr vi* grausam vorgehen (*su* gegen)

in'figgere ⟨Pass. rem.: infissi/infiggesti Part.: infisso⟩ *irr* I. *vt* hineinstoßen II. *vi pron* ◇ -**rsi** ① (*in gen.*) eindringen ② (*nella mente*) sich festsetzen

infilare I. *vt* ① → *ago* einfädeln; → *perle* aufreihen; → *chiave* [hinein-]stecken; → *anello* anstecken ② ↑ *indossare* anziehen II. *vr* ◇ -**rsi** (*nel letto ecc.*) schlüpfen (*in* in *acc*)

infiltrarsi *vi pron* infiltrieren; **infiltrazione** *f* Infiltration *f*, Unterwanderung *f*

infilzare *vt* ↑ *infilare* aufspießen

'infimo *agg anche FIG* unterste, niedrigste

infine *avv* schließlich, am Ende

infinità *f* ① (*l'essere infinito*) Unendlichkeit *f* ② (*in quantità*) ◇ **un'- di** eine Unmenge von

infinitesimale *agg* ⟨inv⟩ (*in gen.*) unendlich klein; MAT infinitesimal; **infini'tesimo** *agg* winzig; **infinito** I. *agg* (*in gen.*) unendlich; LING infinitiv II. *m* ① ▷ *spazio, tempo* Unendlichkeit *f*; ◇ **all'-** - (*senza fine*) ins Unendliche ② LING Infinitiv *m*

infinocchiare ⟨3.6.⟩ *irr vt* FAM betrügen

infischiarsi ⟨3.6.⟩ *irr vr*: ◇ **infischiarsene** pfeifen (*di* auf *acc*)

infisso *m* Einfassung *f*

infittire ⟨5.2.⟩ *irr* I. *vt* dichter machen II. *vi, vi pron* ◇ -**rsi** *essere* sich verdichten

infitto *p.pass.* **infiggere**

inflazione *f* COMM Inflation *f*

infles'sibile *agg* ⟨inv⟩ ① (*non flessibile*) nicht

biegsam **2** *FIG* ▷*carattere* unbeugsam; **inflessibilità** *f* **1** (*in gen.*) Starrheit *f*, Steifheit *f* **2** *FIG* Unbeugsamkeit *f*

inflessione *f* TEC Beugung *f*, Krümmung *f*

in'fliggere ⟨Pass. rem.: inflissi/infliggesti Part.: inflitto⟩ *irr vt* auferlegen, verhängen; → *danno* zufügen

influente *agg* ⟨inv⟩ einflußreich; **influenza** *f* **1** (*in gen.*) Einfluß *m* **2** MED Grippe *f*

influenzare *vt* (*esercitare influenza*) beeinflussen

influire ⟨5.2.⟩ *irr vi* einwirken (*su* auf *acc*), beeinflussen; **influsso** *m* Einfluß *m*

infoltire ⟨5.2.⟩ *irr* **I.** *vt* verdichten **II.** *vi essere* sich verdichten

infondato *agg* unbegründet

in'fondere ⟨Pass. rem.: infusi/infondesti Part.: infuso⟩ *irr vt* → *coraggio*: ◇ - **qc in/a qu** jd-m etw einflößen

inforcare ⟨3.4.⟩ *irr vt* **1** (*con la forca*) aufgabeln **2** → *bicicletta* steigen auf *acc*; **2** *cavallo* aufsitzen auf *acc*; → *occhiali* aufsetzen

informale *agg* ⟨inv⟩ (*non ufficiale*) informell

informare I. *vt* (*dar notizia*) informieren **II.** *vi pron* ◇ -**rsi** sich informieren (*su* über *acc*), sich erkundigen (*da* bei); **infor'mati|ca** ⟨-che⟩ *f* Informatik *f*; **infor'mati|co** ⟨-ci⟩ *m* Informatiker (*in f*) *m*

informativo *agg* unterrichtend, informativ; **informa|tore(-'trice** *f*) *m* Informant(-in *f*) *m*; **informazione** *f* Auskunft *f*, Information *f*

informe *agg* ⟨inv⟩ formlos

informicolirsi ⟨5.2.⟩ *irr vr* ← *piede, mani* einschlafen

infor'tunio *m* (*incidente lesivo*) Unfall *m;* ◇ - **sul lavoro** Arbeitsunfall *m*

infossare I. *vt* versenken, vergraben **II.** *vi pron* ◇ -**rsi** → *avvallarsi* sich senken; → *affondarsi* sich eingraben; ← *guance* einfallen; **infossato** *agg* ▷*occhi* tiefliegend; ▷*guance* hohl

in'frangere ⟨Pass. rem.: infransi/infrangesti Part.: infranto⟩ *irr* **I.** *vt FIG* → *legge, codice* verletzen, übertreten; → *trasgredire* brechen **II.** *vi pron* ◇ -**rsi** → *spezzarsi* zerspringen, zerbrechen; **infranto** *agg* **1** → *spezzato* zerbrochen **2** *FIG* ▷*cuore* gebrochen

infrarosso *m* Infrarot *n*

infrastruttura *f* (▷*ospedaliera, dei servizi pubblici*) Infrastruktur *f*; COMM Unterbau *m*

infrazione *f* Verstoß *m* (*a* gegen *acc*), Bruch *m* (*a* gen)

infreddatura *f* leichte Erkältung

infreddolito *agg* fröstelnd, frierend

infruttuoso *agg anche FIG* fruchtlos

infuori *avv* nach außen; ◇ **all'- (***verso l'esterno*) nach außen; ◇ **all'- di** → *eccetto* außer *dat*, mit Ausnahme von *dat*

infusione *f* **1** (*in gen.*) Aufguß *m* **2** (*bevanda*) Kräutertee *m;* → **infuso I.** *p.pass.* infondere; **II.** *agg* (*versato dentro, sopra*) überbrüht, aufgegossen **III.** *m* Aufguß *m;* ◇ - **di camomilla** Kamillentee *m*

Ing. *abbr. di* ingegnere Ing.; **ingabbiatura** *f* ARCHIT Traggerüst *n*

in'gag|gio ⟨-gi⟩ *m* **1** → *assunzione* Engagement *n*, Verpflichtung *f* **2** (*somma*) Gage *f*

ingannare I. *vt* **1** (*in gen.*) täuschen, trügen; → *tradire* betrügen; ◇ **l'apparenza inganna** der Schein trügt **2** *FIG* → *tempo* totschlagen **II.** *vi pron* ◇ -**rsi** sich täuschen; **inganna'tore(-'trice** *f*) *agg* trügerisch; **ingan'nevole** *agg* ⟨inv⟩ trügerisch; **inganno** *m* **1** → *menzogna, frode* Betrug *m;* ◇ **trarre qu in** - jd-n hinters Licht führen **2** → *illusione* Täuschung *f*

ingarbugliare ⟨1.6.⟩ *irr* **I.** *vt anche FIG* verwirren **II.** *vi pron* ◇ -**rsi** *anche FIG* sich verwickeln/ verwirren

ingegnarsi *vr* → *industriarsi* sich bemühen (*a* zu)

ingegnere *mf* Ingenieur(-in *f*) *m;* ◇ - **civile/ navale/elettronico** Bau-/Schiffbau-/Elektroingenieur(-in *f*) *m;* **ingegne'ria** *f* (*studio*) Ingenieurwissenschaft *f;* (*facoltà*) technische Hochschule *f;* ◇ - **genetica** Gentechnik *f*

ingegno *m* **1** (*facoltà intellettiva*) Geist, *m* **2** (*potere intellettivo*) Verstand *m;* **ingegnoso** *agg* **1** → *abile* einfallsreich **2** → *astuto* → *trovata* schlau

ingelosire ⟨5.2.⟩ *irr* **I.** *vt* eifersüchtig machen **II.** *vi, vi pron* ◇ -**rsi** essere eifersüchtig werden (*di* auf *acc*)

ingente *agg* ⟨inv⟩ ▷*somma, danno* ungeheuer, gewaltig

ingenuità *f* **1** (*azione*) Naivität *f* **2** (*parola*) naive Bemerkung; **ingenuo** *agg* naiv

ingerenza *f* Einmischung *f*

ingerire ⟨5.2.⟩ *irr vt* → *barbiturici* einnehmen

ingessare *vt* MED eingipsen; **ingessatura** *f* MED Gipsverband *m*

Inghilterra *f* England *n*

inghiottire ⟨5.2.⟩ *irr vt* **1** → *cibo* [hinunter-] schlucken **2** *FIG* hinunterschlucken, unterdrücken

inghippo *m* **1** → *imbroglio* Betrug *m* **2** → *difficoltà* Problem *m*

ingiallire ⟨5.2.⟩ *irr vi* essere gelb werden

ingigantire ⟨5.2.⟩ *irr* **I.** *vt* **1** (*rendere grande*) stark vergrößern **2** *FIG* aufbauschen **II.** *vi* essere riesengroß werden

inginocchiarsi ⟨3.6.⟩ *irr vr* niederknien

ingiù *avv:* ◇ **all'**- nach unten; ◇ **dall'**- von unten

ingi'ungere ⟨Pass. rem.: ingiunsi/ingiungesti Part.: ingiunto⟩ *irr vt* auferlegen, anordnen; **ingiunto** *p.pass.* **ingiungere; ingiunzione** *f* Befehl *m;* COMM ◇ - **fiscale** Steuerbescheid *m;* COMM ◇ - **di pagamento** Zahlungsbefehl *m*

ingiuria *f* Beleidigung *f;* **ingiurioso** *agg* beleidigend

ingiustizia *f* Ungerechtigkeit *f;* **ingiusto** *agg* ungerecht

inglese I. *agg* ⟨inv⟩ englisch **II.** *m/f* Engländer(in *f*) *m* **III.** *m* LING Englisch *n*

ingolfare I. *vt* AUTO → *motore* überlaufen lassen; *FAM* absaufen lassen **II.** *vi pron* ◇ **-rsi** AUTO ← *motore* überlaufen; *FAM* absaufen

ingombrare *vt* versperren, verstellen; **ingombro** *m* ↑ *ostacolo* Hindernis *n*

ingordo *agg* ① (*di cibi*) gefräßig ② FIG ↑ *bramoso* gierig, süchtig

ingorgarsi ⟨3.5.⟩ *irr vr* AUTO sich stauen; **in-gor|go** ⟨-ghi⟩ *m* AUTO Stauung *f*

ingover'nabile *agg* ⟨inv⟩ nicht regierbar

ingozzare *vt* ↑ *inghiottire* [hinunter]schlucken

ingranag|gio ⟨-gi⟩ *m* ① (*in gen.*) Getriebe *n;* (*di orologio*) Uhrwerk *n* ② FIG Maschinerie *f*, Räderwerk *n;* **ingranare I.** *vi* ① TEC ineinandergreifen ② FIG ← *collaborazione* klappen **II.** *vt* AUTO: ◇ - **la marcia** den Gang einlegen

ingrandimento *m* Vergrößerung *f;* **ingrandire** ⟨5.2.⟩ *irr* **I.** *vt* vergrößern **II.** *vi, vi pron* ◇ **-rsi** *essere* sich vergrößern, größer werden

ingrassare I. *vt* ① (*far diventare grasso*) dick machen ② AGR düngen ③ ↑ *lubrificare* schmieren; ↑ *ungere* einfetten **II.** *vi, vi pron* ◇ **-rsi** *essere* ① (*diventare grasso*) zunehmen, dick werden ② (*FIG diventare ricco*) reich werden

ingrati'tudine *f* Undankbarkeit *f;* **ingrato** *agg* undankbar

ingraziarsi ⟨3.6.⟩ *irr vr:* ◇ - **i genitori** sich bei den Eltern einschmeicheln

ingrediente *m* Zutat *f*

ingresso *m* ① ↑ *entrata* Eingang *m;* ◇ - **principale** Haupteingang *m* ② (*l'entrare*) Eintritt *m* ③ (*facoltà di entrare*) ◇ **biglietto d'**- Eintrittskarte *f;* ◇ - **libero** freier Eintritt ④ INFORM Eingabe *f*

ingrossare I. *vt* dick machen **II.** *vi, vi pron* ◇ **-rsi** *essere* (*diventare grosso*) dick werden; ← *fiume, mare* steigen

ingrosso *avv* COMM: ◇ **all'**- en gros

ingual'cibile *agg* ⟨inv⟩ knitterfrei

ingua'ribile *agg* ⟨inv⟩ unheilbar

'inguine *m* ANAT Leiste *f*

ingurgitare *vt* hinunterschlucken

inibire ⟨5.2.⟩ *irr vt* PSIC hemmen; **inibizione** *f* PSIC Hemmung *f*

iniettare *vt* (*immettere fluidi*) einspritzen, injizieren; **iniettore** *m* TEC Einspritzpumpe *f;* **iniezione** *f* ① MED Spritze *f*, Injektion *f* ② TEC Einspritzung *f;* ◇ **motore a** - Einspritzmotor *m*

inimicarsi ⟨3.4.⟩ *irr vr* sich verfeinden (*con* mit); **inimicizia** *f* Feindschaft *f*

inimi'tabile *agg* ⟨inv⟩ unnachahmlich

inimmagi'nabile *agg* ⟨inv⟩ unvorstellbar

ininterrottamente *avv* ununterbrochen; **ininterrotto** *agg* ununterbrochen

iniquità *f* (*l'essere iniquo*) Ungerechtigkeit *f;* **iniquo** *agg* ① (*non giusto*) ungerecht ② ↑ *malvagio* böse

iniziale I. *agg* ⟨inv⟩ Anfangs- **II.** *f* ① (*di una parola*) Anfangsbuchstabe *f* ② ◇ **iniziali** *f/pl* Monogramm *n*, Initialen *f/pl;* **iniziare** ⟨3.6.⟩ *irr* **I.** *vt* ① (*in gen.*) anfangen (*a + infinito* zu); INFORM starten ② ◇ - **qu a** jd-n einführen in, jd-n einweihen in **II.** *vi pron* *essere* anfangen, beginnen; ◇ **il film è già iniziato** der Film hat schon angefangen

iniziativa *f* Initiative *f;* ◇ - **di difesa strategica** strategische Verteidigungsinitiative *f*, SDI *n;* ◇ **prendere l'**- die Initiative ergreifen

iniziato(-a *f*) *m* ① (*a una religione ecc.*) Eingeweihte(r) *fm* ② (*in un campo specializzato*) Eingeführte(r) *fm*

i'nizio *m* Anfang *m*, Beginn *m;* ◇ **inizi** *m/pl* (*prime manifestazioni*) Anfänge *m/pl;* ◇ **all'**- am Anfang; ◇ **dare** - **a qc** etw beginnen

innaffiare *vedi* **annaffiare**

innalzare I. *vt* ① ↑ *sollevare, alzare* heben ② → *livello* erhöhen; (*voce*) erheben ③ ↑ *errigere* → *monumento* errichten **II.** *vi pron* ◇ **-rsi** sich erheben

innamoramento *m* Verliebtheit *f;* **innamorare I.** *vt* verliebt machen, bezaubern **II.** *vi pron* ◇ **-rsi** ① (*di persona*) sich verlieben (*di* in *acc*) ② (*di cosa*) ↑ *entusiasmarsi* sich begeistern (*di* für *acc*); **innamorato(-a** *f*) **I.** *agg* verliebt **II.** *m* Verliebte(r) *fm*

innanzi I. *avv* ① (*stato in luogo*) vorn[e] ② (*moto a luogo*) vorwärts ③ (*tempo*) früher **II.** *prep* ① ↑ *prima* vor *dat;* ◇ - **tutto** vor allem **III.** *prep* ① (*stato in luogo*) ◇ - **a** vor *dat* ③ (*moto a luogo*) ◇ - **a** vor *acc*

innato *agg* angeboren

innaturale *agg* ⟨inv⟩ unnatürlich

inne'gabile *agg* ⟨inv⟩ nicht zu leugnen, deutlich, klar

innervosire ⟨5.2.⟩ *irr* **I.** *vt* nervös machen **II.** *vr* ◇ **-rsi** nervös werden

innescare ⟨3.4.⟩ *irr vt →* *bomba* scharf machen; **inne|sco** ⟨-schi⟩ *m* [1] (*di arma da fuoco*) Zündvorrichtung *f* [2] FIS Auslöser *f*; **innestare** *vt* [1] FLORA veredeln [2] MED transplantieren [3] TEC → *marcia* einlegen; → *spina* einstecken; **innesto** *m* [1] BIO Veredelung *f*; (*punto d'innesto*) Pfropfstelle *f* [2] MED Transplatation *f* [3] TEC Kupplung *f*; (*spina*) Stecker *f*

inno *m* Hymne *f*

innocente *agg* ⟨inv⟩ unschuldig; **innocenza** *f* Unschuld *f*

in'nocuo *agg* harmlos

innovare *vt* erneuern; **innovativo** *agg* innovativ, Erneuerungs-; **innovazione** *f* [1] (*introduzione di elementi nuovi*) Erneuerung *f*, Innovation *f* [2] ↑ *novità* Neuerung *f*

innume'revole *agg* ⟨inv⟩ unzählig

inoculare *vt* MED impfen

inodoro *agg* geruchlos

inoffensivo *agg* harmlos

inoltrare **I.** *vt* [1] AMM → *petizione, domanda* einreichen [2] ↑ *avviare* befördern **II.** *vi pron* ◇ **-rsi** [1] ↑ *addentrarsi* eindringen (*in* in *acc*) [2] ↑ *avanzare* fortschreiten

inoltre *avv* ↑ *in più* außerdem, dazu; ↑ *per di più* überdies

inondare *vt anche* FIG überschwemmen; **inondazione** *f* Überschwemmung *f*

inoperoso *agg* untätig

inopi'nabile *agg* ⟨inv⟩ unvorstellbar

inopportuno *agg* ▷*domanda* unangebracht; ▷*visitatore* ungelegen

inor'gani|co ⟨-ci, -che⟩ *agg* [1] (*organo senza vita*) unbelebt [2] CHIM anorganisch [3] ↑ *incoerente* uneinheitlich

inorgoglire ⟨5.2.⟩ *irr* **I.** *vt* stolz machen **II.** *vi, vi pron* ◇ **-rsi** *essere* stolz werden

inorridire ⟨5.2.⟩ *irr* **I.** *vt* entsetzen **II.** *vi essere* sich entsetzen

inospitale *agg* ⟨inv⟩ ▷*casa, popolazione* ungastlich; ▷*terreno* unwirtlich

inosservanza *f* Nichtbeachtung *f*; **inosservato** *agg* [1] (*non notato*) unbemerkt [2] (*non rispettato*) ▷*norma* unbeachtet

inossi'dabile *agg* ⟨inv⟩ CHIM rostfrei

inquadrare *vt* [1] (*in gen.*) einordnen [2] FOTO, FILM den Bildausschnitt bestimmen, aufnehmen

inqualificabile *agg* ⟨inv⟩ unqualifizierbar

inquietante *agg* ⟨inv⟩ besorgniserregend, beunruhigend; **inquie|tare** *vt* ↑ *turbare* beunruhigen **II.** *vi pron* ◇ **-rsi** ↑ *preoccuparsi* sich beunruhigen; ↑ *stizzirsi* sich aufregen; **inquieto** *agg*

(*non quieto*) unruhig; ↑ *preoccupato* beunruhigt; **inquie'tudine** *f* Unruhe *f*; ↑ *preoccupazione* Besorgnis *f*, Sorge *f*

inquilino(-a *f)* *m* Mieter(in *f*) *m*

inquinamento *m* Verschmutzung *f*; ◇ **- dell'ambiente** Umweltverschmutzung *f*; ◇ **- atmosferico** Luftverschmutzung *f*; **inquinante** *agg* ⟨inv⟩ umweltgefährdend; ◇ **sostanza - ** Schadstoff *m*; **inquinare** *vt* verschmutzen

inquirente ⟨-i⟩ *m/f* DIR Untersuchungsrichter(in *f*) *m*; **inquisire** ⟨5.2.⟩ *irr vt* untersuchen, ermitteln; **inquisi|tore(-trice** *f)* **I.** *agg* (*in gen.*) Untersuchungs-; ▷*occhio* forschend **II.** *m* DIR Ermittler(in *f*) *m*; **inquisizione** *f* [1] REL Inquisition *f* [2] ↑ *inchiesta* Untersuchung *f*

insabbiamento *m anche* FIG Versandung *f*

insaccato *m* GASTRON: ◇ **gli insaccati** Wurstwaren *f/pl*

insalata *f* GASTRON Salat *m*; **insalatiera** *f* Salatschüssel *f*

in'salubre *agg* ⟨inv⟩ ungesund

insa'nabile *agg* ⟨inv⟩ [1] (*non sanabile*) unheilbar [2] FIG ▷*odio* unversöhnlich

insanguinare *vt* blutig machen

insano *agg* verrückt, wahnsinnig

insaponare *vt* einseifen

insaporire *vt* GASTRON würzen, Geschmack geben

insaputa *f* : ◇ **all'- di** ohne Wissen *gen;* ◇ **a mia/tua/sua -** ohne mein/dein/sein Wissen

insazi'abile *agg* ⟨inv⟩ unersättlich

inscenare *vt* [1] TEATRO inszenieren [2] FIG → *dimostrazione* organisieren

insediamento *m* [1] (*in gen.*) Einsetzung *f* [2] GEO Siedlung *f*

insegna *f* [1] (*in gen.*) Abzeichen *n*, Zeichen *n* [2] (*stemma*) Wappen *n* [3] (*di negozio, di vie, di piazze ecc.*) Schild *n*

insegnamento *m* [1] (*atto*) Unterricht *m* [2] (*professione*) Lehrberuf *m* [3] ↑ *precetto* Lehre *f*; **insegnante** **I.** *agg* ⟨inv⟩ lehrend **II.** *m/f* Lehrer (in *f*) *m*; **insegnare** *vt, vi* unterrichten, lehren; ◇ **- a qu qc** jd-m etw beibringen; ◇ **- qu a fare il muratore** jd-n als Maurer ausbilden

inseguimento *m* Verfolgung[-sjagd] *f*; **inseguire** *irr vt* verfolgen; **insegui|tore(-trice** *f)* *m* Verfolger(-in *f*) *m*

inseminazione *f* Befruchtung *f*; ◇ **- artificiale** künstliche Befruchtung *f*

insenatura *f* GEO Bucht *f*

insensato *agg* unsinnig, unbedacht

insen'sibile *agg* ⟨inv⟩ [1] ▷*persona, nervo* unempfindlich; (*privo di sentimenti*) gefühllos [2] ▷*movimento* unmerklich

insepa'rabile agg ⟨inv⟩ ▷oggetti untrennbar; ▷persone unzertrennlich

inserimento m ① (in gen.) Einfügung f ② FIG Aufnahme f, Eingliederung f; **inserire** ⟨5.2.⟩ irr I. vt ① ↑ introdurre → spina einstecken; → pezzo einfügen; → film einlegen; ↑ includere einbeziehen ② ↑ aggiungere einfügen II. vi pron ◇ -rsi (introdursi) sich einfügen; **inserto** m (MEDIA pubblicazione) Beilage f

inserviente m/f (negli ospedali): ◇ gli -i Dienstpersonal n

inserzione f (nel giornale) Anzeige f, Inserat n

insetticida ⟨-i⟩ m Insektizid n; **insetto** m FAUNA Insekt n

insicurezza f Unsicherheit f; **insicuro** agg unsicher

in'sidia f ① ↑ inganno Hinterlist f ② (pericolo nascosto) Gefahr f; **insidiare** ⟨3.6.⟩ irr vt ① (in gen.) nachstellen dat ② FIG gefährden; **insidioso** agg heimtückisch

insieme I. avv zusammen; ◇ tutti - alle zusammen; ◇ tutto - (in una volta) alles auf einmal; (senza dividere) alles zusammen II. m ① (in gen.) Gesamtheit f, Ganzheit f; ◇ nell'- im großen und ganzen ② MAT Menge f III. prep: ◇ - a [o. con] zusammen mit dat

insigne agg ⟨inv⟩ hervorragend, außerordentlich

insignificante agg ⟨inv⟩ bedeutungslos

insignire irr vt auszeichnen (di/con mit)

insinuazione f FIG Unterstellung f

in'sipido agg ① (privo di sapore) geschmacklos, fade ② ← persona nichtssagend, fade

insistente agg ⟨inv⟩ ① (che insiste) beharrlich ② (che dura a lungo) ← pioggia anhaltend; **insistenza** f ① (l'essere insistente) Eindringlichkeit f; ↑ perseveranza Beharrlichkeit f ② ↑ continuità Anhalten n; **in'sistere** ⟨Pass. rem.: insistei/insistesti Part.: insistito⟩ irr vi dringen (su auf acc); ↑ ripetere immer wieder zurückkehren (su auf acc); ↑ perseverare beharren (in auf dat)

'insito agg verwurzelt

insoddisfacente agg ⟨inv⟩ unbefriedigend; **insoddisfatto** agg unzufrieden; **insoddisfazione** f Unzufriedenheit f

insofferente agg ⟨inv⟩ unduldsam; **insofferenza** f Unduldsamkeit f

insolazione f MED Sonnenstich m

insolente agg ⟨inv⟩ frech, unverschämt; **insolenza** f Frechheit f, Unverschämtheit f

in'solito agg ungewöhnlich

inso'lubile agg ⟨inv⟩ ① CHIM unlöslich ② FIG ▷problema unlösbar; **insoluto** agg ① (non spiegato) ungelöst ② (non pagato) unbezahlt

insomma I. avv ↑ dunque also; ↑ in breve kurz und gut; ↑ in conclusione schließlich II. inter na?, was jetzt?

insonne agg ⟨inv⟩ ▷notte schlaflos; **in'sonnia** f Schlaflosigkeit f

insonnolito agg schläfrig

insonorizzare vt schalldicht machen

insoppor'tabile agg ⟨inv⟩ unerträglich

insorgenza f Auftreten n; **in'sorgere** ⟨Pass. rem.: insorsi/insorgesti Part.: insorso⟩ irr vi essere ① ↑ ribellarsi sich erheben (contro gegen) ② ← malattia auftreten

insormon'tabile agg ⟨inv⟩ unüberwindlich

insorto I. p.pass. insorgere; II. m Aufrührer(in f) m

insospet'tabile agg ⟨inv⟩ über jeden Verdacht erhaben; ↑ impensato unerwartet; **insospettire** ⟨5.2.⟩ irr I. vt den Verdacht erregen II. vi, vi pron ◇ -rsi essere Verdacht schöpfen

insoste'nibile agg ⟨inv⟩ ▷tesi unhaltbar; ▷pena, prova unerträglich

insostitu'ibile agg ⟨inv⟩ unersetzbar

insperato agg unverhofft

inspie'gabile agg ⟨inv⟩ unerklärlich

inspirare vt einatmen; **inspirazione** f Einatmung f

in'stabile agg ⟨inv⟩ ▷equilibrio instabil; ↑ variabile unbeständig; **instabilità** f Instabilität f

installare I. vt ① → persona einsetzen ② (sistemare in un alloggio) unterbringen ③ → apparecchio installieren; → missile stationieren II. vi pron ◇ -rsi ↑ sistemarsi sich einquartieren; **installa|tore(-trice** f) m Installateur(in f) m; **installazione** f (di apparecchio) Installierung f, Anlage f; (di missile) Stationierung f

instan'cabile agg ⟨inv⟩ unermüdlich

instaurare I. vt gründen II. vi pron ◇ -rsi errichtet werden

instradare vt FIG führen

insù avv nach oben, hinauf; ◇ all'- nach oben

insubordinazione f (in gen.) Undiszipliniertheit f; MIL Insubordination f, Befehlsverweigerung f

insuc'cesso m Mißerfolg m

insudiciare ⟨3.3.⟩ irr I. vt beschmutzen II. vr ◇ -rsi sich schmutzig machen

insufficiente agg ⟨inv⟩ (in gen.) ungenügend; **insufficienza** f ① ↑ mancanza Mangel m (di an dat) ② MED ▷cardiaca Schwäche f ③ SCUOLA Ungenügend n

insulare agg ⟨inv⟩ Insel-

insulina f MED Insulin n

insulso agg FIG fade

insultare vt beschimpfen; **insulto** m Beschimpfung f, Beleidigung f

insurrezione f Aufstand m

insussistente agg ⟨inv⟩ (in gen.) nicht bestehend/vorhanden; (privo di fondamento) unbegründet

intaccare ⟨3.4.⟩ irr vt ↑ corrodere, anche FIG angreifen; **intaccatura** f (intaglio) Einschnitt m, Kerbe f

intagliare ⟨3.6.⟩ irr vt schnitzen

intan'gibile agg ⟨inv⟩ [1] (che non si può toccare) unberührbar [2] ↑ inviolabile unantastbar

intanto I. avv (nel frattempo) inzwischen; ↑ però, invece indessen; [2] **per** ~ vorläufig II. congiunz: ◇ ~ **che** während

in'tarsio m Intarsie f, Einlegearbeit f

intasare I. vt [1] → lavandino verstopfen; AUTO ▸ strada verstopfen; → traffico zum Erliegen bringen II. vi pron ◇ -**rsi** ← lavandino sich verstopfen

intascare ⟨3.4.⟩ irr vt einstecken

intatto agg [1] (non toccato) unberührt [2] ↑ intero unbeschädigt

intavolare vt ↑ iniziare einleiten

integrale [1] I. agg ⟨inv⟩ MAT: ◇ **calcolo** ~ Integralrechnung f II. m Integral n

integrale [2] agg ↑ intero vollständig; ◇ **pane** m ~ Vollkornbrot n

integrante agg ⟨inv⟩ integrierend; ◇ **parte** ~ wesentlicher Bestandteil; **integrare** I. vt [1] (rendere completo aggiungendo) ergänzen [2] (una persona in un gruppo) integrieren II. vr ◇ -**rsi** (nella società) sich eingliedern; **integrazione** f [1] ▷razziale ecc. Integration f; ◇ **cassa** ~ Lohnausgleichskasse f entspricht Kurzarbeitergeld [2] (collaborazione) Zusammenarbeit f; **integrità** f [1] (in gen.) Unversehrtheit f [2] FIG ▷morale Integrität f; **'integro** agg [1] ↑ intatto unversehrt; ↑ intero vollständig [2] ▷moralmente rechtschaffen, integer

intelaiatura f (in gen.) Struktur f; (di letto) Gestell n; (di finestra) Rahmen m

intelletto m Intellekt m, Verstand m; **intellettuale** I. agg ⟨inv⟩ intellektuell II. m/f Intellektuelle(r) f m

intelligente agg ⟨inv⟩ intelligent, klug; **intelligenza** f Intelligenz f, Verstand m

intelli'gibile agg ⟨inv⟩ ▷linguaggio verständlich

intem'perie f/pl Unwetter n

intendente m (capo) Verwalter(in f) m; **intendenza** f Amt n

in'tendere ⟨Pass. rem.: intesi/intendesti Part.: inteso⟩ irr I. vt [1] (avere intenzione) vorhaben; ◇ **che cosa intendi fare?** was gedenkst du zu tun?, was willst du tun? [2] ↑ interpretare verstehen, auslegen; ◇ **che cosa intendi per 'amore'?** was verstehst du unter "Liebe"?; ◇ **che cosa intendi dire?** was willst du sagen? II. vr ◇ -**rsi** [1] ↑ conoscere sich auskennen (in mit dat) [2] (andare/essere d'accordo) sich verstehen mit; ◇ **intendersela con qu** (avere una relazione amorosa) mit jd-m ein Verhältnis haben; **intendimento** m [1] ↑ intelligenza Verstand m [2] ↑ proposito Absicht f [3] (facoltà di comprendere) Verständnis n; **intendi'tore(-trice** f) m Kenner(in f) m

intenerire ⟨5.2.⟩ irr I. vt FIG rühren II. vi pron ◇ -**rsi** FIG gerührt sein

intensificare ⟨3.4.⟩ irr I. vt ↑ rafforzare verstärken, intensivieren II. vi pron ◇ -**rsi** intensiver werden, zunehmen; **intensità** f Intensität f, Stärke f; **intensivo** agg intensiv; **intenso** agg ▷luce stark; ▷colore kräftig; ▷affetto intensiv; ▷freddo groß; ▷sguardo eindringlich

intento [1] agg ↑ teso, assorto versunken (a in acc); ◇ **essere** ~ **a fare qc** mit etw beschäftigt sein

intento [2] m ↑ fine Zweck m; ↑ proposito Absicht f

intenzionale agg ⟨inv⟩ absichtlich; **intenzionalmente** avv mit Absicht; **intenzionato** agg gesonnen; ◇ **bene/male** ~ gut-/übelgesinnt; **intenzione** f Absicht f, Vorhaben n; ◇ **avere** ~ **di fare qc** die Absicht haben, etw zu tun

interamente avv ganz, völlig

interazione f Wechselwirkung f

intercalare I. m (di parola, di frase ecc.) Redensart f II. vt ↑ frapporre einschieben, einfügen

interca'pedine f ARCHIT Hohlraum m

intercessione f DIR Fürsprache f

intercettare vt → lettera abfangen; → telefonata abhören; **intercettazione** f ▷telefonica Abhören n; (di lettere) Abfangen n

intercontinentale agg ⟨inv⟩ Interkontinental-

inter'correre ⟨Pass. rem.: intercorsi/intercorresti Part.: intercorso⟩ irr vi essere bestehen; **intercorso** p.pass. intercorrere

interdetto [1]⟨-a f⟩ I. p.pass. interdire; II. agg untersagt, verboten III. m (DIR persona) Entmündigte(r) f m

interdetto [2] agg ↑ sconcertato sprachlos, verblüfft

interdetto [3] m [1] (DIR pena) Verbot n [2] REL Interdikt n

interdire ⟨4.3.⟩ irr vt (in gen.) verbieten, untersagen; DIR entmündigen; **interdizione** f (in gen.) Verbot n, Untersagung f; DIR Entmündigung f

interessamento m Interesse n, Anteilnahme f; **interessante** agg ⟨inv⟩ (in gen.) interessant; ◇ **essere in stato** - schwanger sein; **interessare** I. vt interessieren II. vi interessieren (a acc) III. vi pron: ◇ **-rsi a/di** sich interessieren für; **interesse** m ① (in gen.) Interesse n; ◇ **il proprio** - sein eigener Nutzen ② COMM Zins m ③ ◇ **interessi** m/pl (affari) Interessen pl; ◇ **curare gli -i dello** Stato die Interessen des Staates vertreten

interferenza f ① FIS Interferenz f ② FIG Einmischung f; **interferire** ⟨5.2.⟩ irr vi ① FIS interferieren ② FIG sich einschalten

interfono m Sprechanlage f

interiezione f LING Interjektion f

interiora f/pl ANAT Eingeweide pl

interiore agg ⟨inv⟩ nella parte interna, anche FIG innere, Innen-

interiormente avv innerlich, innen

interlocu|tore(-trice) f) m Gesprächspartner(in f) m

interludio m MUS Zwischenspiel n, Interludium n

intermediario(-a f) m Vermittler(in f) m; **inter'medio** agg dazwischenliegend, Zwischen-

intermezzo m (breve spettacolo) Zwischenspiel n, Intermezzo n

intermi'nabile agg ⟨inv⟩ unendlich

intermittente agg ⟨inv⟩ intermittierend

internamente avv FIG innerlich; **internare** vt ① ↑ rinchiudere internieren ② MED einweisen

internazionale agg ⟨inv⟩ international

interno(-a f) I. agg ① (di dentro) innere, Innen-; ▷mare Binnen-; ▷alunno intern, im Internat wohnend ② FIG ▷emozione innerlich ③ POL Innen- II. m ① (in gen.) Innere n ② FILM Innenaufnahme f ③ TELEC Anschlußnummer f ④ ◇ **ministro degli -i** Innenminister m

intero agg ① (in gen.) ganz; ◇ **latte** - Vollmilch f ② ↑ assoluto ▷fiducia voll, absolut

interpellare vt befragen

interporre ⟨Pass. rem.: interposi/interponesti Part.: interposto⟩ irr I. vt dazwischenlegen II. vi pron ◇ **-rsi** ① (mettersi in mezzo) ← la luna si dazwischenschieben ② ↑ intervenire dazwischentreten; **interposto** p.pass. interporre

interpretare vt ① ↑ spiegare auslegen, interpretieren ② → volontà Ausdruck geben dat ③ TEATRO, MUS spielen, darstellen; **interpretazione** f ① ↑ spiegazione Auslegung f, Interpretation f ② TEATRO Darstellung f ③ MUS Interpretation f; **in'terprete** m/f ① ② ↑ traduttore Dolmetscher(in f) m ③ TEATRO Darsteller(in f) m

interrogare ⟨3.5.⟩ irr vt (in gen.) befragen; DIR verhören, vernehmen; SCUOLA ausfragen; **interrogativo** I. agg (in gen.) fragend; LING Frage- II. m ① ↑ dubbio Frage f ② FIG Rätsel n; **interrogatorio** I. agg forschend II. m DIR Verhör n, Vernehmung f; **interrogazione** f (in gen.) Befragung f; SCUOLA [mündliches] Abfragen n

inter'rompere ⟨Pass. rem.: interrippi/interrompesti Part.: interrotto⟩ irr I. vt unterbrechen II. vi pron ◇ **-rsi** sich unterbrechen; **interrotto** p.pass. interrompere; **interruttore** m ELETTR Schalter m; **interruzione** f ↑ pausa Unterbrechung, f ② - **del viaggio** Fahrtunterbrechung f, (sospensione) Einstellung f; ◇ **della gravidanza** Schwangerschaftsabbruch m

intersecare ⟨3.4.⟩ irr I. vt kreuzen II. vr ◇ **-rsi** sich kreuzen

inter'stizio m ↑ spazio Zwischenraum m

interurbana f TELEC Ferngespräch n; **interurbano** agg Fern-

intervallo m ① (distanza) Abstand m ② (periodo di tempo) Zeitspanne f, Zeitraum m ③ ↑ pausa Pause f

intervenire ⟨5.6.⟩ irr vi e essere ① ↑ partecipare teilnehmen (a an dat), mitmachen (a bei) ② ↑ intromettersi sich einmischen ③ MED ↑ operare einen Eingriff vornehmen; **intervento** m ① ↑ partecipazione Teilnahme f, Beteiligung f ② MED Eingriff m; **intervenuto** p.pass. intervenire

intervista f Interview n; **intervistare** vt interviewen; **intervista|tore(-trice** f) m Interviewer(in f) m

intesa f ↑ accordo Einverständnis n; POL Bündnis n; **inteso** I. p.pass. intendere; II. agg verstanden

in'tessere vt einweben

intestardirsi vi pron sich versteifen (a auf acc)

intestare I. vt ① → libro mit einer Überschrift versehen; → lettera mit Briefkopf versehen ② → casa auf den Namen gen eintragen; **intestazione** f ① (dicitura) Überschrift f ② (COMM registrazione) Eintragung f

intestino [1] agg innere (r, s)

intestino [2] m ANAT Darm m; ◇ **avere problemi con l'** - Verdauungsprobleme n/pl haben

intimare vt ↑ ordinare auffordern, befehlen; **intimazione** f ① ↑ comando Befehl m ② ↑ ingiunzione Aufforderung f

intimidazione f (in gen.) Einschüchterung f; MIL Abschreckung f; **intimidire** ⟨5.2.⟩ irr I. vt einschüchtern II. vi, vi pron ◇ **-rsi** essere eingeschüchtert werden, Angst bekommen

intimità f ① ↑ familiarità Intimität f, Vertrautheit

f ② (*di ambiente*) Gemütlichkeit *f*, Intimität *f*; '**intimo I.** *agg* ① ↑ *interno* innerste *f* ② *FIG* ↑ *profondo* tief ③ ▷*amicizia* eng ④ ▷*ambiente* intim, gemütlich **II.** *m* ① (*dell'animo*) Innerste *n* ② (*persona*) Vertraute(r) *pfm*

intimorire ⟨5.2.⟩ *irr* **I.** *vt* verängstigen **II.** *vi pron* ◇ **-rsi** sich fürchten

in'tingere ⟨Pass. rem.: intinsi/intingesti Part.: intinto⟩ *irr vt* tunken, eintauchen; **in'tingolo** *m* Soße *f*; **intinto** *p.pass.* **intingere**

intirizzire ⟨5.2.⟩ *irr* **I.** *vt* erstarren lassen **II.** *vi, vi pron* ◇ **-rsi** *essere* erstarren

intitolare *vt* → *libro* betiteln; ↑ *dedicare* benennen; → *scritti* widmen

intolle'rabile *agg* ⟨inv⟩ unerträglich

intollerante *agg* ⟨inv⟩ intolerant; **intolleranza** *f* Intoleranz *f*

intonacare ⟨3.4.⟩ *irr vt* verputzen; **in'tona**|**co** ⟨-ci *o.* -chi⟩ *m* Putz *m*

intonare *vt* ① ▸ *canzone* anstimmen; *FIG* ◇ - **un discorso** zu einer Rede ansetzen ② *FIG* ↑ *armonizzare, adattare* ◇ - **la borsa alle/con le scarpe** die Tasche passend zu den Schuhen wählen; **intonazione** *f* ① (*di voce, atto*) Anstimmen *n*; ↑ *effetto* Ansatz *m* ② (*del vestito, dei colori*) Abstimmung *f*, Einklang *m* ③ (*tono della voce*) Ton *m*; *LING* Intonation *f*

intoppo *m* Hindernis *n*

intorno I. *avv* herum **II.** *prep* ① ◇ - **a** ↑ *attorno a* um *acc* herum, um *acc* ② ↑ *riguardo* über *acc* ③ ◇ - **a** ↑ *circa* ungefähr, etwa

intorpidire ⟨5.2.⟩ *irr* **I.** *vt* ① (*in gen.*) gefühllos machen ② *FIG* abstumpfen **II.** *vi essere* gefühllos werden, abstumpfen

intossicare ⟨3.4.⟩ *irr vt* vergiften; **intossicazione** *f* MED Vergiftung *f*

intralciare ⟨3.3.⟩ *irr* **I.** *vt* → *il traffico* hemmen; ◇ - **qu in qc** jd-n bei etw behindern **II.** *vr* ◇ **-rsi** ↑ *ostacolarsi* sich behindern

intransigente *agg* ⟨inv⟩ unnachgiebig

intransitivo *agg* LING intransitiv

intraprendente *agg* ⟨inv⟩ unternehmend; **intra'prendere** ⟨Pass. rem.: intrapresi/intraprendesti Part.: intrapreso⟩ *irr vt* (*in gen.*) unternehmen; → *carriera* einschlagen; → *studi* beginnen; **intrapreso** *p.pass.* **intraprendere**

intrat'tabile *agg* ⟨inv⟩ ▷*persona* unzugänglich

intrattenere ⟨4.17.⟩ *irr* **I.** *vt* unterhalten **II.** *vi pron* ◇ **-rsi** ① (*trattenere parlando*) sich aufhalten (*su* bei) ② ↑ *conversare* sich unterhalten über; **intrattenuto** *p.pass.* **intrattenere**

intravedere ⟨4.13.⟩ *irr vt* ① → *persona* undeutlich sehen ② *FIG* ahnen; **intravisto** *p.pass.* **intravedere**

intrecciare ⟨3.3.⟩ *irr* **I.** *vt* → *capelli* flechten; ↑ *intessere, anche FIG* miteinander verflechten **II.** *vr* ◇ **-rsi** sich verflechten; **intrec**|**cio** ⟨-ci⟩ *m* ① (*l'intrecciare*) Flechten *n* ② (*FIG di un film*) Handlung *f*

in'trepido *agg* unerschrocken

intricare ⟨3.4.⟩ *irr* **I.** *vt* ↑ *complicare* verwickeln **II.** *vi pron* ◇ **-rsi** sich verwickeln; **intrigante** *m/f* Intrigant(in *f*) *m*; **intri**|**go** ⟨-ghi⟩ *m* Intrige *f*

in'trinse|**co** ⟨-ci, -che⟩ *agg* innere

intriso *agg* ↑ *inzuppato* (*di sangue*) getränkt, durchweicht

intristire ⟨5.2.⟩ *irr vi essere* ↑ *deperire* ← *piante* verkümmern

introdotto *p.pass.* **introdurre**; **introdurre** ⟨4.4.⟩ *irr* **I.** *vt* ① → *un oggetto, una chiave* stecken (*in* in *acc*); INFORM eingeben ② (*far entrare*) → *gli amici* eintreten lassen ③ → *vocabolo* einführen ④ (*allo studio ecc.*) einführen in **II.** *vi pron* ◇ **-rsi**: ◇ **introdursi in** eindringen in; **introduzione** *f* ① (*in gen.*) Einführung *f* ② ↑ *prefazione* Einleitung *f*, Vorwort *n* ③ (*in società*) Einführung *f*, Vorstellung *f*

in'troito *m* COMM ↑ *incasso* Einnahme *f*; ↑ *provento* Ertrag *m*

intromettere *p.pass.* **intromettersi**; **intro'mettersi** ⟨Pass. rem.: intromisi/intromettesti Part.: intromesso⟩ *irr vr* sich einmischen (*in* in *acc*)

intruglio *m* (*di liquidi*) Gebräu *n*; (*di cibi*) Gemisch *n*

intrusione *f* Eindringen *n*; **intruso**(**-a** *f*) *m* Eindringling *m*

intuire ⟨5.2.⟩ *irr vt* (*vedere prontamente*) intuitiv erkennen; (*rendersi conto*) ahnen; **in'tuito** *m* ① (*in gen.*) Intuition, *f* ② ↑ *perspicacia* Scharfsinn *m*; **intuizione** *f* ① (*in gen.*) Intuition *f* ② ↑ *presentimento* Vorahnung *f*

inumano *agg* unmenschlich

inumare *vt* begraben

inumidire ⟨5.2.⟩ *irr* **I.** *vt* befeuchten **II.** *vr* ◇ **-rsi** feucht werden

i'nutile *agg* ⟨inv⟩ ① ↑ *senza effetto* nutzlos, zwecklos ② ↑ *vano* zwecklos; **inutilità** *f* Nutzlosigkeit *f*, Zwecklosigkeit *f*; **inutilmente** *avv* vergebens, umsonst

invadente *agg* ⟨inv⟩ aufdringlich; **in'vadere** ⟨Pass. rem.: invasi/invadesti Part.: invaso⟩ *irr vt* MIL → *uno stato* einfallen in *acc*; *FIG* ↑ *diffondersi* sich verbreiten in *dat*; COMM ◇ - **il mercato** den Markt überfluten; **invaditrice** *agg vedi* **invasore**

invaghirsi ⟨5.2.⟩ *irr vr* sich verlieben (*di* in *acc*)

invalidità f ⓵ (in gen.) Ungültigkeit f ⓶ (inatti-tudine al lavoro) Arbeitsunfähigkeit f; **in'valido** (-a f) I. agg ⓵ ↑ infermo invalide, arbeitsunfähig ⓶ (DIR non valido) ungültig II. m Invalide m, Invalidin f

invano avv vergebens, umsonst

invari'abile agg ⟨inv⟩ unveränderlich

invasione f ⓵ (MIL di uno stato) Einfall m, Invasion f ⓶ (FIG diffusione di un prodotto) Verbreitung f; **invaso** p.pass. **in'vadere; inva|sore(-ditrice)** f I. agg eindringend, einfallend II. m Angreifer(-in f) m

invecchiare ⟨3.6⟩ irr II. vi essere ← persona altern; ← vino ablagern; ← moda veralten II. vt → persona alt machen; → vino, cibi ablagern lassen

invece I. avv dagegen, statt dessen II. prep: ◇ - di an Stelle gen, statt gen; ◇ - che statt, anstatt

inveire ⟨5.2.⟩ irr vi: ◇ - contro qc/qu schimpfen über etw/jd-n

inventare vt ⓵ (in gen.) erfinden ⓶ → storia, pericolo erfinden; ◇ - qc di sana pianta sich dat etw aus den Fingern saugen; ◇ - inventarne di tutti i colori die verrücktesten Einfälle haben **inven'tario** m ⓵ (in gen.) Inventar n, Bestand m; COMM → fare l'- den Bestand aufnehmen; ◇ - mi ha fatto l'- dei suoi problemi er hat mir seine Probleme aufgezählt ⓶ ↑ registro Inventar n, Verzeichnis n

inventiva f Erfindungsgabe f

inven|tore(-trice) f) m Erfinder(-in f) m; **invenzione** f Erfindung f

invernale agg ⟨inv⟩ winterlich, Winter-; **inverno** m Winter m; ◇ in -, d'- im Winter

inversione f ⓵ (di tendenze) Umkehrung f, Wende f ⓶ AUTO ◇ - di marcia Wenden n; **inverso** agg umgekehrt, gegenteilig

invertebrato agg wirbellos

invertire ⟨5.2.⟩ irr vt ⓵ → la marcia, la direzione umkehren ⓶ → posto, disposizione umstellen

investigare ⟨3.5.⟩ irr I. vt erforschen, untersuchen II. vi Nachforschungen anstellen; **investiga|tore(-trice)** f) m Detektiv(in f) m; **investigazione** f Untersuchung f, Nachforschung f

investimento m ⓵ AUTO, NAUT Kollision f; (contro pedone) Überfahren n ⓶ COMM Anlage f, Investition f; **investire** ⟨5.1.⟩ irr vt ⓵ AUTO, NAUT auffahren auf acc; → pedone überfahren; FIG ↑ aggredire → domande bestürmen mit ⓶ COMM → denaro investieren, anlegen ⓷ ◇ - qu di ↑ incaricare jd-n mit etwas betrauen; **investitura** f Investitur f

inveterato agg ▷vizio verwurzelt, eingeschliffen

invettiva f Schmähung f, Beschimpfung f

invidia f Neid m; **invidiare** ⟨3.6⟩ irr vt beneiden; **invidioso** agg neidisch (di auf acc)

invin'cibile agg ⟨inv⟩ unbesiegbar, unschlagbar

in'v|io ⟨-ii⟩ m (in gen.) Sendung f; (di persone) Entsendung f

invio'labile agg ⟨inv⟩ (in gen.) unverletzlich; ▷dignità unantastbar

inviperito agg zornig, wütend

invi'sibile agg ⟨inv⟩ unsichtbar

invitare vt ⓵ (in gen.) einladen ⓶ ↑ convocare, sollecitare ersuchen, bitten ⓷ ↑ indurre auffordern; **invitato(-a f)** m Eingeladene(r) fm; **invito** m ⓵ (in gen.) Einladung f ⓶ ↑ convocazione Aufforderung f

invocare ⟨3.4.⟩ irr vt ⓵ → Dio anrufen, anflehen; ◇ - la pace inständig um Frieden bitten ⓶ → legge sich berufen auf acc

invogliare ⟨3.6.⟩ irr vt anregen (a zu dat)

involon'tario agg ▷errore unabsichtlich; ▷gesto unwillkürlich

involtino m GASTRON Roulade f

in'volucro m Hülle f

involuzione f ↑ regresso Rückschritt m

invulne'rabile agg ⟨inv⟩ unverwundbar

inzuppare vt ↑ bagnare durchnässen; → biscotti stippen

io I. pron ich II. m ⟨inv⟩ Ich n

iodio m Jod n; ◇ tintura di - Jodtinktur f

ione m FIS Ion n

Ionio m; ◇ lo - das Ionische Meer

iosa avv: ◇ a - in Hülle und Fülle

iperalimentazione f MED Überernährung f

iperattivo agg hyperaktiv

i'perbole f ⓵ MAT Hyperbel f ⓶ LING Hyperbel f, Übertreibung f

ipertensione f MED erhöhter Blutdruck m

ipnosi f ⟨inv⟩ Hypnose f; **ip'noti|co** ⟨-ci, -che⟩ agg hypnotisch; **ipnotismo** m Hypnotismus m; **ipnotizzare** vt hypnotisieren

ipoca'lori|co ⟨-ci, -che⟩ agg kalorienarm

ipocri'sia f Heuchelei f; **i'pocrita** ⟨-i, -e⟩ I. agg heuchlerisch II. m/f Heuchler(-in f) m

ipofisi f ANAT Hypophyse f, Hirnanhangdrüse f

ipote|ca ⟨-che⟩ f Hypothek f; **ipotecare** ⟨3.4.⟩ irr vt mit einer Hypothek belasten

i'potesi f ⟨inv⟩ Hypothese f, Annahme f; ◇ per - angenommen, daß; **ipo'teti|co** ⟨-ci, -che⟩ agg hypothetisch, angenommen; **ipotizzare** vt vermuten, annehmen

'ippica f Reitsport m; **'ippi|co** ⟨-ci, -che⟩ agg Pferde-, Reit-

ippocastano m FLORA Roßkastanie f

ip'podromo m Pferderennbahn f, Reitbahn f

ippo'potamo m FAUNA Nilpferd n

ira f Wut f, Zorn m; **ira'scibile** agg jähzornig

'iride f ① (arcobaleno) Regenbogen m ② (ANAT dell'occhio) Regenbogenhaut f, Iris f ③ FLORA Iris f; **iridescente** agg ⟨inv⟩ irisierend

Irlanda f Irland n; ◇ **- del Nord** Nordirland n; **irlandese** I. agg ⟨inv⟩ irisch II. m/f Ire m, Irin f

iro'nia f Ironie f; **i'roni|co** ⟨-ci, -che⟩ agg ironisch

iroso agg jähzornig

irradiare ⟨3.6.⟩ irr I. vt → luce, energia ausstrahlen; MED bestrahlen II. vi essere → diffondersi strahlen III. vi pron ◇ -rsi ausstrahlen; **irradiazione** f Ausstrahlung f; MED Bestrahlung f

irraggiun'gibile agg ⟨inv⟩ unerreichbar

irragio'nevole agg ⟨inv⟩ unvernünftig

irrazionale agg ⟨inv⟩ ① (in gen.) → irragionevole irrational, unvernünftig ② (non logico) unlogisch

irreale agg ⟨inv⟩ irreal, unwirklich

irrecupe'rabile agg ⟨inv⟩ unwiederbringlich

irrefre'nabile agg ⟨inv⟩ unaufhaltsam

irrefu'tabile agg ⟨inv⟩ unbestreitbar

irregolare agg ⟨inv⟩ ① (in gen.) unregelmäßig, irregulär ② MIL irregulär ③ DIR → illecito gesetzwidrig ④ LING unregelmäßig; **irregolarità** f ① (in gen.) Unregelmäßigkeit f, Irregularität f ② DIR Gesetzwidrigkeit f; (reato) Vergehen n

irremo'vibile agg ⟨inv⟩ FIG unbeugsam, unerschütterlich

irrepa'rabile agg ⟨inv⟩ ① (in gen.) unersetzbar ② FIG unvermeidlich

irrepe'ribile agg ⟨inv⟩ unauffindbar

irrepren'sibile agg ⟨inv⟩ tadellos, einwandfrei

irrequieto agg unruhig

irresis'tibile agg ⟨inv⟩ unwiderstehlich

irresoluto agg unentschlossen

irrespon'sabile agg ⟨inv⟩ ① (non responsabile di qc) unverantwortlich (di für) ② † incosciente verantwortungslos

irretire ⟨5.2.⟩ irr vt FIG umgarnen

irrever'sibile agg ⟨inv⟩ nicht umkehrbar

irrevo'cabile agg ⟨inv⟩ unwiderruflich

irricono'scibile agg ⟨inv⟩ nicht wiederzuerkennen, unkenntlich

irridu'cibile agg ⟨inv⟩ → irremovibile unbeugsam

irrigare ⟨3.5.⟩ irr vt → innaffiare bewässern; **irrigazione** f ① AGR Bewässerung f ② MED Einlauf f

irrigidire ⟨5.2.⟩ irr I. vt (in gen.) versteifen; FIG verschärfen II. vi pron ◇ -rsi (in gen.) steif werden; FIG beharren (in auf dat)

irrilevante agg ⟨inv⟩ unbedeutend, irrelevant

irrimediabile agg ⟨inv⟩ nicht wiedergutzumachen, unersetzlich

irrisolto agg ungelöst

irrisorio agg ▷prezzo, compenso lächerlich

irri'tabile agg ⟨inv⟩ reizbar; **irritare** I. vt (in gen.) reizen; (mettere di malumore) ärgern II. vi intr † stizzirsi sich ärgern; **irritazione** f ① † stizza Gereiztheit f, Erregung f ② MED Entzündung f

irriverente agg ⟨inv⟩ respektlos

irrobustire ⟨5.2.⟩ irr I. vt stärken II. vi pron ◇ -rsi stark werden

ir'rompere (Pass. rem.: irruppi/irrompesti Part.: irrotto⟩ irr vi eindringen (in in acc), einbrechen (in in acc), **irrutto** p.pass. **irrompere**

irruente agg ⟨inv⟩ FIG heftig, ungestüm; **irruzione** f Einbruch m, Eindringen n

iscritto(-a f) I. p.pass. iscrivere; II. agg eingeschrieben; ◇ **per** - schriftlich III. m Eingeschriebene(r) f m; **is'crivere** (Pass. rem.: iscrissi/iscrivesti Part.: iscritto⟩ irr I. vt einschreiben, anmelden II. vr ◇ -rsi sich einschreiben, sich anmelden; **iscrizione** f ① (epigrafe ecc.) Inschrift f ② (a scuola) Anmeldung f; † registrazione Eintragung f

is'lami|co(-a f) ⟨-ci, -che⟩ I. agg islamisch II. m Moslem m, Muslime f

Islanda f Island n; **islandese** I. agg ⟨inv⟩ isländisch II. m/f Isländer(in f) m

'isola f ① (in gen.) Insel f ② AUTO ◇ **pedonale** verkehrsfreie Zone/Insel f

isolamento m ① (l'isolare) Absonderung f ② † esclusione Isolation f ③ TEC Isolierung f

isolano(-a f) I. agg Insel- II. m Inselbewohner(in f) m

isolante I. agg ⟨inv⟩ Isolier-, isolierend II. m Isoliermittel n; **isolare** I. vt ① → persona isolieren, absondern; → cosa absondern, trennen; → fatto umreißen ② CHIM, POL isolieren II. vr ◇ -rsi sich absondern

isolato ¹(**-a** f) agg (in gen.) abgesondert, isoliert; ▷luogo abgelegen; ▷caso Einzel-, einzeln

isolato ² m Häuserblock m

ispettorato m Überwachungsbehörde f, Aufsichtsamt n; **ispet'tore(-trice** f) m Inspektor (-in f) m, Aufseher(in f) m; **ispezionare** vt (visitare per ispezione) besichtigen; † controllare kontrollieren; **ispezione** f ① † controllo Inspektion f ② (esame accurato di qc) Untersuchung f

'ispido agg anche FIG borstig

ispirare I. vt ① → simpatia, tenerezza einflößen ② † suggerire → fantasia anregen, inspirieren II.

vr: ◇ **-rsi a** sich inspirieren lassen von; **ispirazione** f ① (*in gen.*) Inspiration f ② (*idea improvvisa*) ◇ **mi è venuta l'ispirazione di venire a trovarti** ich hatte die tolle Idee, dich zu besuchen m ③ (*suggerimento*) Rat m

Israele m Israel n; **israeliano(-a** f) **I.** agg israelisch **II.** m Israeli m/f

issare vt (*in gen.*) heben; NAUT hissen

istan'tanea f FOTO Schnappschuß m; **istan'taneo I.** agg ① (*che dura un istante*) Moment- ② ↑ *immediato* sofortig, unmittelbar; **istante** m Augenblick m; ◇ **all'-, sull'-** im Augenblick; (*immediatamente*) auf der Stelle, sofort

istanza f ① (*domanda scritta*) Antrag m ② DIR Instanz f

iste'ria f Hysterie f; **is'teri|co** ⟨-ci, -che⟩ agg hysterisch

istigare ⟨3.5.⟩ irr vt anstiften, verleiten; **istigazione** f Anstiftung f

istintivo agg instinktiv; **istinto** m ① (*in gen.*) Instinkt m ② (*indole*) Wesen n ③ (*impulso*) Trieb m; ◇ **- di conservazione** Selbsterhaltungstrieb m

istituire ⟨5.2.⟩ irr vt ① ↑ *fondare* gründen, einrichten ② ↑ *stabilire* ◇ **- un confronto** einen Vergleich anstellen; **istituto** m (*in gen.*) Institut n; ◇ **- di bellezza** Kosmetikstudio n; ◇ **- tecnico** ≈ Fachhochschule f; **istituzione** f ① ↑ *fondazione* Gründung f, Stiftung f ② (*ente*) Anstalt f ③ (*ordinamenti, norme*) Institution f, Einrichtung f ④ ◇ **istituzioni** f/pl ↑ *fondamenti* Grundlagen f/pl

istmo m Landenge f, Isthmus m

'istrice m FAUNA Stachelschwein n

istrione m FIG Clown m

istruire ⟨5.2.⟩ irr vt ① ↑ *insegnare* unterrichten ② ↑ *informare* belehren, unterrichten ③ DIR → *processo* einleiten; **istruttivo** agg belehrend; **istrut|tore(-trice** f) m Lehrer(-in f) m

istruttoria f DIR Ermittlung f

istruzione f ① (*in gen.*) Bildung f, Unterricht m; (*a scuola*) Schulausbildung f ② (*sapere*) Wissen n ③ ◇ **istruzioni per l'uso** f/pl Gebrauchsanweisung f ④ INFORM ◇ **istruzioni di arresto** f/pl Stopkode m

Italia f Italien n; ◇ **- settentrionale/centrale/meridionale** Nord-/Mittel-/Süditalien n; ◇ **andiamo in -** wir fahren nach Italien; **italiano(-a** f) **I.** agg italienisch **II.** m Italiener(in f) m; ◇ **gli italiani** die Italiener **III.** m LING Italienisch n; ◇ **parlate -?** sprecht ihr Italienisch?; ◇ **come si dice in -?** wie heißt das auf Italie-

nisch?; ◇ **tradotto dall'-** aus dem Italienischen übersetzt

itinerario m ↑ *percorso* Weg m; (*descrizione di percorso*) Reiseroute f

itterizia f MED Gelbsucht f

'itti|co ⟨-ci, -che⟩ agg Fisch-

iuta f (*fibra tessile*) Jute f

I.V.A. f acronimo di **Imposta sul Valore Aggiunto** MWst.

J

J, j f ⟨inv⟩ J, j n

J abbr. di FIS **Joule**, J

jazz m ⟨inv⟩ MUS jazz m

jeans m/pl Jeans pl; **jeans'ria** f Jeansgeschäft n

jeep f ⟨inv⟩ AUTO Jeep m

jersey m ⟨inv⟩ Jersey m

jet-set m ⟨inv⟩ Jet-set m

jockey m ⟨inv⟩ Jockey m

jogging m ⟨inv⟩ Jogging n; ◇ **praticare il -** joggen

jolly m ⟨inv⟩ ① (*nel gioco delle carte*) Joker m ② (*impiegato*) Springer m

joule m ⟨inv⟩ FIS Joule n

judo m ⟨inv⟩ Judo n

juke-box m ⟨inv⟩ Musikbox f

junior m Junior m

juta f vedi **iuta**

K

K, k f ⟨inv⟩ K, k n

karatè m ⟨inv⟩ Karate n

kayak m ⟨inv⟩ Kajak m

kg abbr. di **chilogrammo** kg

kiwi m ⟨inv⟩ FLORA Kiwi f

koala m ⟨inv⟩ FAUNA Koala m

kW abbr. di **chilowatt** kW

kWh abbr. di **chilowattora** kWh

L

L, l f ⟨inv⟩ L, l n
L abbr. di lira L.
l abbr. di litro l
l' vedi **la, lo**
la ¹, **l'** ⟨le⟩ **I.** art (femminile singolare) der, die, das **II.** pron 1 (oggetto) sie; ◇ **la vedo domani** ich sehe sie morgen 2 (forma di cortesia) Sie; ◇ **La prego di ..** Ich bitte Sie..
la ² m ⟨inv⟩ MUS a n, A n
là avv 1 (stato in luogo) dort; ◇ - **sopra/sotto** dort oben/unten; (moto a luogo) dorthin; ◇ **di** - (da quel luogo) von dort; (in quel luogo) nach dort; (dall'altra parte) dort drüben; ◇ **per di** - dort hindurch; ◇ **fin** - bis dorthin 2 ◇ **farsi/spostarsi in** - zur Seite rücken 3 ◇ **più in** - weiter weg; (nel tempo) einige Zeit darauf
labbro m ⟨-a⟩ 1 ANAT Lippe f; ◇ **pendere dalle -a di qu** an jd-s Lippen hängen 2 (i labbri di una ferita) Rand m; **labiale** agg ⟨inv⟩ 1 (concernente le labbra) Lippen- 2 LING labial
labile agg ⟨inv⟩ (psicologicamente debole) labil
labirinto m anche FIG Labyrinth n
laboratorio m 1 (farmaceutico, di analisi) Labor n; ◇ - **linguistico** Sprachlabor n; ◇ - **spaziale** Raumlabor n 2 (artigianale, di sartoria) Werkstatt f
laborioso agg 1 ↑ attivo, industrioso arbeitsam, tätig; ↑ zelante eifrig 2 (indagine, ricerca) schwierig, mühselig
lacca ⟨-cche⟩ f 1 Lack m; (per i capelli) Haarlack m
laccio ⟨-cci⟩ m 1 (corda, nodo scorsoio) Schlinge f 2 (di scarpa) Schnürsenkel m; ◇ - **emostatico** Aderpresse f
lacerante agg ⟨inv⟩ (grido) herzzerreißend; **lacerare** ⟨3.2⟩ **I.** vt 1 anche MED zerreißen 2 FIG quälen **II.** vi pron zerreißen; **lacerazione** f anche MED anche FIG Riß m
laconico ⟨-ci, -che⟩ agg lakonisch
lacrima f (in gen.) Träne f; ◇ **in** - in Tränen aufgelöst; ◇ **piangere -e di gioia** Tränen der Freude vergießen; ◇ **scoppiare in -e** in Tränen ausbrechen; **lacrimare** ⟨3.2⟩ vi weinen; (occhio) tränen; (gocciolare) tropfen; **lacrimogeno I.** agg Tränen- **II.** m Tränengas n; **lacrimoso** agg 1 ▷viso verweint 2 rührend
lacuna f Lücke f
lacustre agg ⟨inv⟩ ▷di laghi See-
ladro ⟨-a⟩ m Dieb(in f) m; ◇ **dare del - a qu** jd-n als Dieb bezichtigen; **la'druncolo** ⟨-a⟩ m (ladro da poco) kleiner Dieb

laggiù avv (stato) dort [o. da] unten; (moto) dort [o. da] hinunter
lagna f (persona fastidiosa) Langweiler(in f) m; **lagnarsi** ⟨6⟩ vi pron klagen (per/di über acc)
lago ⟨-ghi⟩ m See m; ◇ **il - di Garda** der Gardasee; ◇ **il - Maggiore** der Lago Maggiore
lagrima vedi **lacrima**
laguna f Lagune f
lai|co(-a) ⟨-ci, -che⟩ **I.** agg Laien-, weltlich; ◇ **scuola** - konfessionslose Schule f **II.** m Laie m
lama ¹ f Klinge f
lama ² f (palude) Sumpfgebiet n
lama ³ m ⟨inv⟩ FAUNA Lama n
lama ⁴ m ⟨inv⟩ REL Lama m
lambiccare ⟨3.4⟩ irr **I.** vt (distillare) destillieren **II.** vi pron: ◇ **-rsi il cervello** sich dat den Kopf zerbrechen
lambire ⟨5.2⟩ irr vt 1 (leccare) lecken 2 (FIG acque) bespülen; (fuoco) umzüngeln
lamella f Lamelle f
lamentare I. vt beklagen, klagen über acc **II.** vi pron: ◇ **-rsi** klagen (di/per über acc); **lamentela** f Beschwerde f, Klage f; **lamentevole** agg ⟨inv⟩ 1 (voce, pianto) jammernd, klagend 2 (compassionevole) beklagenswert; **lamento** m Klage f
lametta f (in gen.) Klinge f; ◇ - **da barba** Rasierklinge f
lamiera f Blech n
lamina f 1 (d'acciaio, d'argento) Blatt n 2 TEC Lamelle f 3 SPORT ◇ **fare le - agli sci** an den Skiern die Metallkufen/-kanten befestigen; **laminare** ⟨3.2⟩ vt 1 (in generale) walzen; (rivestire di una lamina) mit Lamellen bedecken 2 SPORT die Kufen/Kanten an den Skiern schleifen
laminato ¹ agg (lamè) Lamé m
laminato ² m (metallico, plastico) Walzstück n
lampada f (in gen.) Lampe f; ◇ - **al neon** Neonröhre f; ◇ - **al quarzo** Höhensonne f; ◇ - **tascabile** Taschenlampe f; **lampadario** m Leuchter m; **lampadina** f Glühbirne f
lampante agg ⟨inv⟩ 1 ↑ lucente leuchtend 2 FIG ▷verità einleuchtend
lampeggiare ⟨3.3⟩ irr **I.** vi (luce) blinken; (cielo) blitzen **II.** vi impers blitzen; **lampeggiatore** m AUTO Blinker m
lampione m Laterne f
lampo. m 1 METEO Blitz m 2 ↑ attimo ▷matrimonio, intervista Augenblick m; ◇ **guerra** - Blitzkrieg m 3 (intuizione) Geistesblitz m
lampone m FLORA Himbeere f

lana f ① (*di pecora, di capra*) Wolle f; ◇ **pura -vergine** reine Schurwolle ② ◇ **- d'acciaio** Stahlwolle f; ◇ **- di vetro** Glaswolle f

lancetta f (*di orologio*) Zeiger m

lan|cia ¹ ‹-ce› f (*arma*) Lanze f

lan|cia ² ‹-ce› (*imbarcazione*) Boot n

lanciafiamme m ‹inv› Flammenwerfer m

lanciare ‹3.3› irr **I.** vt ① → *sasso* werfen; *FIG* → *bestemmia* ausstoßen ② → *automobile* in Fahrt bringen ③ *FIG* → *un prodotto* auf den Markt bringen, lancieren **II.** vr ◇ **-rsi** *anche FIG* sich werfen

lanciato agg ① ▷*automobile* in Fahrt ② SPORT fliegend

lancinante agg ‹inv› ▷*dolore* stechend

lan|cio ‹-ci› m ① (*di un sasso*) Wurf m; (*salto*) Sprung m; (*di razzo, di satellite*) Abschuß m ② (- ▷*pubblicitario, di prodotto*) Lancierung f ③ SPORT ◇ **- del disco** Diskuswerfen n; ◇ **- del peso** Kugelstoßen n

lanetta f (*tessuto di cotone e lana*) Halbwolle f

languido agg ① ↑ *fiacco, debole* matt, schwach ② ▷*sguardo* sehnsüchtig; **languire** ‹5.2› irr vi ① (*in carcere*) schmachten; (*perdere di vigore*) schwach werden ② ← *conversazione, discorso etc* stocken; **languore** m ① (*fiacchezza*) Schwäche f ② (*struggimento*) Sehnsucht f ③ ◇ **- di stomaco** leeres Gefühl im Magen

lanifi|cio ‹-ci› m Wollspinnerei f; **lanoso** agg wollig, Woll-

lanterna f ① (*apparecchio*) Laterne f, Leuchte f ② (*di un faro*) Feuer n; (*torre*) Leuchtturm m

la'nugine f Flaum m

lapidare ‹3.2› vt steinigen; **lapidario** agg ① TIP ▷*arte* Steinhauer- ② *FIG* ▷*stile* bündig, lapidar; **lapide** f ① (*di sepolcro*) Grabstein m ② ▷*commemorativa* Gedenkstein m, Gedenktafel f

lapis m ‹inv› (*matita*) Bleistift m

lapsus m Lapsus m; ◇ **- freudiano** Freudsche Fehlleistung f

lardo m GASTRON Speck m

larghezza f ① MAT Breite f ② (*ampiezza*) Weite f ③ (*liberalità, generosità*) Freigebigkeit f, Großzügigkeit f ④ (*abbondanza*) Überfluß m ⑤ (*di idee*) Weitblick m; (*di vedute*) Weitsicht f

lar|go ‹-ghi, -ghe› **I.** agg ① (*in gen.*) breit, weit; ◇ **- tre metri** drei Meter breit; ◇ **- di spalle** breitschultrig [e]rig; *FIG* ◇ **essere di manica -a** großzügig sein; ◇ **stare alla - da qu** sich von jd-m fern halten ② *FIG* ▷*pronuncia, vocale* offen **II.** m ① (*in gen.*) Breite f, Weite f; ◇ **fare** - Platz machen ② ◇ **prendere il** - (*allontanarsi dalla costa*) in See stechen; (*FIG allontanarsi*) sich davonmachen ③ ◇ **Largo Mazzini** der Mazzini-Platz m

larice m FLORA Lärche f

laringe f ANAT Kehlkopf m; **laringite** f MED Kehlkopfentzündung f

larva f ① FAUNA Larve f ② (*FIG spettro, fantasma*) Schatten m

lasagna f GASTRON Lasagne f

lasciapassare m Passierschein m

lasciare ‹3.3› irr **I.** vt ① → *persona, paese ecc.* verlassen ② → *pallone, mano* loslassen ③ (*in eredità*) hinterlassen ④ → *libro, chiavi ecc.* liegenlassen ⑤ ↑ *affidare* überlassen ⑥ ↑ *permettere* lassen; ◇ **lascialo stare!** laß ihn in Ruhe!; ◇ **-rsi andare** sich gehen lassen; ◇ **- correre, - perdere** es sein lassen; ◇ **- a desiderare** zu wünschen übrig lassen **II.** vr ◇ **-rsi** (*separarsi*) auseinandergehen

'lascito m DIR Vermächtnis n

lascivo agg unzüchtig, lasziv

laser m ‹inv› Laser m; **lasertera'pia** f Lasertherapie f

lassativo m MED Abführmittel n

lasso m : ◇ **nel - di tempo** in dieser Zeitspanne

lassù avv (*stato*) dort [o. da] oben; (*moto*) dort [o. da] hinauf

lastra f (*in gen.*) Platte f, Tafel f; ◇ **- di vetro** Fensterscheibe f; ◇ **- fotografica** Fotoplatte f; ◇ **- di ghiaccio** Eisscholle f

lastricare ‹3.4› irr vt ▷*strada* pflastern; **lastricato I.** agg gepflastert **II.** m Pflaster n; **'lastri|co** ‹-ci o. -chi› m ① (*pavimentazione*) Pflaster n ② ◇ **ridursi sul/al** - herunterkommen, auf den Hund kommen

latente agg ‹inv› verborgen, latent

laterale I. agg ‹inv› seitlich, Seiten- **II.** m CALCIO Außenläufer m, Mittelfeldspieler m; **lateralmente** avv seitlich

laterizio m EDIL Ziegel m, Ziegelstein m

latifondo m Großgrundbesitz m

latino I. agg (*della Roma antica*) lateinisch; (*la lingua -a*) die lateinische Sprache **II.** m (**-a** f) (*romano*) Römer(in f) m; (*popolo*) Latiner(in f) m **III.** m LING Latein n, Lateinisch n

latitante m/f Flüchtige(r) fm

lati'tudine f GEO Breite f

lato ¹ agg weit; ◇ **in senso** - im weiteren Sinne

lato ² m anche MAT Seite f; *FIG* ◇ **visto da quel** - von dieser Seite f betrachtet

latrare vi ← *cane* kläffen

latrina f Latrine f, Abtritt m

latta f ① (*lamiera*) Blech n ② (*recipiente*) Kanister m

lat'taio(**-a** f) m Milchmann m, -frau f

lattante m/f Säugling m/f; **latte** m sing ① (*in gen.*) Milch f; ◇ **- in polvere** Milchpulver n; ◇ -

scremato/**pastorizzato** entrahmte/pasteurisierte Milch *f*; ◇ - **magro/intero** Mager-/Vollmilch *f* [2] ◇ - **detergente/solare** Reinigungs-/Sonnenmilch *f*; **'latteo** *agg* [1] ▷*secrezione* Milch- [2] (*dal color del latte*) milchweiß; **latte'ria** *f* Milchgeschäft *n*

'lattice *m* Latex *m*

latticini *mpl* Milchprodukte *npl*

lattina *f* Dose *f*, Büchse *f*

lattu|ga ⟨-ghe⟩ *f* FLORA Lattich *m*, [Kopf-]Salat *m*

'laurea *f* (*conferimento di titolo al termine dell'università*) ≈Staatsexamen *n*; **laureando** (**-a** *f*) *m* Diplomand(in *f*) *m*, Examenskandidat(in *f*) *m*; **laureare I.** *vt* einen akademischen Grad verleihen *dat* **II.** *vi pron* ◇ **-rsi** ≈das Staatsexamen/Diplom machen; **laureato** *agg* [1] ▷*poeta* lorbeergekrönt [2] UNIV ▷*studente* mit Hochschulabschluß

'lauto *agg* reichlich, üppig

lava *f* GEO Lava *f*

la'vabile *agg* ⟨inv⟩ waschbar

lavabo *m* ↑ *lavandino* Waschbecken *n*

lava|ggio ⟨-ggi⟩ *m* (*in gen.*) Waschen *n*, Wäsche *f*; FIG ◇ - **del cervello** Gehirnwäsche *f*

lavagna *f* [1] MIN Schiefer *m* [2] (*di scuola*) Tafel *f*; ◇ - **luminosa** Tageslichtprojektor *m*, Overheadprojektor *m*

lavanda [1] *f* [1] (*dei piedi ecc.*) Waschung *f* [2] MED Spülung *f*; ◇ - **gastrica** Magenspülung *f*

lavanda [2] *f* [1] FLORA Lavendel *m* [2] (*profumo*) Lavendelöl *n*

lavandaio(-a *f*) *f* Wäscher(in *f*) *m*; **lavande'ria** *f* Wäscherei *f*

lavandino *m* Spülbecken *n*

lavapiatti *m/f* ⟨inv⟩ [1] (*persona*) Tellerwäscher (in *f* *m* [2] (*detersivo*) Spülmittel *n*

lavare I. *vt* (*in gen.*) waschen; → *piatti* spülen; → *vetri, finestre* putzen; (*a secco*) [chemisch] reinigen **II.** *vr* ◇ **-rsi** sich waschen; ◇ **-rsi le mani/i capelli** sich *dat* die Hände/die Haare waschen; ◇ **-rsi i denti** sich *dat* die Zähne putzen

lavasecco *f* ⟨inv⟩ [chemische] Reinigung *f*

lavastoviglie *f* ⟨inv⟩ [Geschirr-]Spülmaschine *f*

lavata *f* FIG: ◇ **dare una - di capo** a qu jd-m den Kopf waschen

lavatesta *m* [Haar-]Waschbecken *n*

lavatrice *f* Waschmaschine *f*

lavello *m* Waschbecken *n*

lavorare I. *vi* [1] (*in generale*) arbeiten; ◇ - **di fantasia** träumen, ◇ - **per la gloria** für Gottes Lohn arbeiten; ◇ - **di cervello** geistig arbeiten [2] ← *bar, studio etc* gut gehen **II.** *vt* ◇ *oro, metallo*

bearbeiten; AGR → *terra* bestellen; **lavorativo** *agg* Arbeits-; **lavora|tore**(**-trice** *f*) **I.** *m* Arbeiter(in *f*) *m* **II.** *agg* ▷*classe* Arbeiter-; ▷*persona* arbeitsam; **lavorazione** *f* Bearbeitung *f*, Verarbeitung *f*; ◇ **essere in** - in Arbeit sein; **lavo'r|io** ⟨-ii⟩ *m* Betriebsamkeit *f*; **lavoro** *m* (*in gen.*) Arbeit *f*; ◇ - **nero** Schwarzarbeit *f*; ◇ **sul** - am Arbeitsplatz *m*; ◇ - **a cottimo** Akkordarbeit *f*

lay-out ⟨inv⟩ Layout *n*

lazzaretto *m* Lazarett *n*

lazzarone(**-a** *f*) *m* Schurke *m*, Schuft *m*

le [1] *vedi* **la**

le [2] *pron* [1] (*complemento di termine di lei*) ihr [2] ◇ **Le** (*forma di cortesia: complemento di termine di Lei*) Ihnen

leader *agg* ⟨inv⟩ [1] ▷*politico* Führer *m* [2] ▷*azienda, industria etc* Marktführer *m*; **leadership** *m* ⟨inv⟩ Führung *f*

leale *agg* ⟨inv⟩ aufrichtig, loyal; **lealtà** *f* Aufrichtigkeit *f*, Loyalität *f*

leasing *m* ⟨inv⟩ COMM Leasing *n*

lebbra *f* MED Lepra *f*; **lebbroso**(**-a** *f*) *m* Leprakranke(r) *f* *m*

lecca lecca *m* ⟨inv⟩ Lutscher *m*

leccapiedi *m/f* ⟨inv⟩ FAM Speichellecker(in *f*) *m*

leccare ⟨3.4⟩ *irr vt* [1] ← *francobollo, gelato* lecken; ◇ **-rsi i baffi per qc** sich die Finger nach etw lecken; FIG ◇ - **le ferite** sich die Wunden lecken [2] FIG schmeicheln *dat*; **leccata** *f* Lecken *n*

le|ccio ⟨-cci⟩ *m* FLORA Steineiche *f*

leccornia *f* Leckerbissen *m*

'lecito *agg* erlaubt, gestattet

'ledere ⟨Pass. rem.: lesi/ledesti Part.: leso⟩ *irr vt* [1] → *reputazione, interessi* schädigen; ↑ *offendere* beleidigen [2] MED verletzen

le|ga [1] ⟨-ghe⟩ *f* [1] (*in gen.*) Verband *m*, Liga *f* [2] POL, MIL Bund *m*, Liga *f* [3] (CHIM *di metalli*) Legierung *f*

le|ga [2] ⟨-ghe⟩ *f* (*misura*) Meile *f*

lega|ccio ⟨-cci⟩ *m* Band *n*, Schnürband *n*

legale I. *agg* ⟨inv⟩ [1] gesetzlich, Gesetzes-, legal [2] ◇ **ora** - [Zonen-]Zeit *f* **II.** *m* Rechtsanwalt *m*, Rechtsanwältin *f*; **legalità** *f* Gesetzlichkeit *f*, Legalität *f*; **legalizzare** *vt* [1] → *documento* beglaubigen [2] ↑ *regolarizzare* legalisieren

legame *m* [1] (*in gen.*) Band *n*; FIG ▷*sentimentale* Beziehung *f*; ◇ **-i di amicizia** Freundschaftsbande *npl* [2] (*nesso*) Zusammenhang *m* [3] CHIM Bindung *f*

legamento *m* [1] (*in gen.*) Verbindung *f* [2] ANAT Band *n*

legare ⟨3.5⟩ *irr* **I.** *vt* [1] (*in gen.*) fesseln, binden; → *capelli* zusammenbinden; ◇ **pazzo da** - total verrückt/ausgeflippt ② CHIM legieren ③ *FIG* † *unire* verbinden **II.** *vi* (*associarsi*) sich binden

legatario(-a f) m DIR Vermächtnisnehmer(in f) m

legato m Gesandte(r) fm;REL Legat m

legatura f ① (*il legare*) Bindung f ② (*di libro*) Einband m ③ MUS Ligatur f

legazione f Gesandtschaft f

legge f ① (*in gen.*) Gesetz n; ◇ **a norma di** - laut Gesetz ② (*complesso di leggi*) ◇ **la** - **è uguale per tutti** vor dem Gesetz sind alle gleich; FIG ◇ **dettar** - befehlen ③ (*giurisprudenza*) Recht n, Rechtswissenschaft f ; UNIV Jura ④ (*autorità*) ◇ **in nome della** - im Namen des Gesetzes

leggenda f ① (*narrazione*) Legende f ② (*indice*) Zeichenerklärung f, Legende f; **leggendario** *agg* sagenhaft

'leggere ⟨Pass. rem.: lessi/lesse Part.: letto⟩ *irr vt* lesen

leggerezza f ① (*peso*) Leichtigkeit f ② *FIG* Leichtfertigkeit f, Leichtigkeit f; **leggero** *agg* ① ▷*peso* leicht; ◇ **cibo** - leichte Speisen *fpl*; ◇ **avere il sonno** - einen leichten Schlaf haben ② † *agile, snello* flink, gewandt ③ (*non grave*) ◇ **ferita** -**a** leichte Verletzung ④ † *superficiale* flatterhaft; ◇ **alla** -**a** leichtsinnig ⑤ ◇ **musica** -**a** leichte Musik, U-Musik f

leggiadro *agg* anmutig, reizend

leg|gibile *agg* ⟨inv⟩ ▷*scrittura* leserlich; ▷*libro* lesbar

le|g'gio ⟨-ggii⟩ m Pult n

legionario m (*soldato*) Legionär m; (*della - straniera*) Fremdenlegionär m; **legione** f ▷*romana* Legion f; ◇ - **straniera** Fremdenlegion f

legislativo *agg* gesetzgebend, legislativ; **legislatura** f ① DIR Legislative f ② (*periodo*) Legislaturperiode f; **legislazione** f ① DIR Gesetzgebung f ② (*corpo di leggi*) Gesetze npl, Gesetz n

legittimare ⟨3.10⟩ *vt* ① (*in gen.*) für gesetzmäßig erklären, legitimieren; → *figlio* für ehelich erklären, legitimieren ② † *giustificare* rechtfertigen, entschuldigen; **legittimità** f (*di legge*) Rechtsgültigkeit f, Legitimität f; (*di figlio*) Ehelichkeit f; **le'gittimo** *agg* ① rechtmäßig, legitim; ▷*figlio* ehelich ② *FIG* † *lecito, giusto* berechtigt

legna f Holz n, Brennholz n; **legname** m [Nutz-]Holz n; **legno** m ① Holz n; (*pezzo di* -) [Holz-]Scheit m; ◇ - **compensato** Sperrholz n; **legnoso** *agg* ① ▷*tessuto, pianta* hölzern, holzig, Holz- ② *FIG* hölzern, steif

legume m (FLORA *baccello*) Hülsenfrucht f; ◇ **minestra di** -**i** Gemüsesuppe f

lei *pron* ① (*soggetto*) sie; (*oggetto*) sie; (*con preposizione*) sie/ihr/ihrer ② ◇ **Lei** (*forma di cortesia: soggetto, oggetto*) Sie; (*con preposizione*) Sie/Ihnen/Ihrer; ◇ **dare del** - **a qu** jd-n siezen, jd-n mit Sie anreden

lembo m ① (*di abito, di camicia*) Saum m; (*di strada*) Rand m ② (*striscia sottile*) Streifen m

lemma ⟨-i⟩ m MAT, LING Lemma n

lena f (*in gen.*) Stärke f, Kraft f; ◇ **lavorare di buona** - tüchtig/tapfer arbeiten

lenire ⟨5.2⟩ *irr vt* → *dolore* mildern, lindern

lenitivo *agg* † *sedativo* schmerzstillend

lente f OTTICA, FOTO Linse f; ◇ - **d'ingrandimento** [Vergrößerungs-]Lupe f; ◇ **lenti** *fpl* **a contatto rigide/morbide** harte/weiche Kontaktlinsen *fpl*

lentezza f Langsamkeit f, Trägheit f

lenticchia f FLORA Linse f

len'tiggine f Sommersprosse f

lento I. *agg* ① (*non veloce*) langsam ② (*di lunga durata*) langwierig ③ *▷fune* locker II. m (*ballo*) langsamer Walzer

lenza f Angelschnur f

lenzuolo ⟨-i, -a⟩ m Bettuch n, Bettlaken n

leone(-essa f) m ① FAUNA Löwe m, Löwin f; ◇ - **marino** Seelöwe m; *FIG* ◇ **battersi da** - wie ein Löwe kämpfen; *FIG* ◇ **farsi la parte del** - sich den Löwenanteil genehmigen ② ASTROL Löwe m

leopardo m Leopard m

leporino *agg:* ◇ **labbro** m - Hasenscharte f

lepre f FAUNA Hase m

ler|cio ⟨-ci, -ce⟩ *agg* schmutzig, dreckig

'lesbica f Lesbierin f

lesinare ⟨3.2⟩ **I.** *vt* sparen mit **II.** *vi* sparen (*su* an/mit *dat*)

lesione f ① MED, DIR Verletzung f ② † *offesa, danno* Beleidigung f

lesivo *agg* schädigend

leso I. *p.p.* 'ledere; **II.** *agg* verletzt

lessare *vt* GASTRON kochen, sieden

'lessi|co ⟨-ci⟩ m ① (*vocabolario*) Wörterbuch n ② ▷*familiare* Wortschatz m

lesso I. *agg* gekocht, Koch- **II.** m (*carne* -**a**) Gesottene(s) n, Kochfleisch n

lesto *agg* flink

letale *agg* ⟨inv⟩ tödlich

leta'maio m Misthaufen m; **letame** m Mist m

letar|go ⟨-ghi⟩ m ① MED Lethargie f ② FAUNA Winterschlaf m

letizia f Freude f; (*celeste*) Seligkeit f

lettera f ① (*dell'alfabeto*) Buchstabe m; ◇ - **maiuscola** Großbuchstabe m ② (*senso letterale*) ◇ **alla** - wörtlich ③ (*comunicazione scritta*) Brief m; ◇ - **di raccomandazione** Empfehlungsschreiben *n* 4 ◇ **-e** -*e* *f/pl* (*letteratura*) Literatur *f;* (*studî umanistici*) Philologie *f*

letterale *agg* ⟨inv⟩ ▷*traduzione* wörtlich; **letteralmente** *avv* 1 (*alla lettera*) wörtlich 2 FIG ↑ *testualmente* gänzlich

letterario *agg* literarisch, Literatur-; **letterato** (**-a** *f*) *m* Literat(in *f*) *m;* **letteratura** *f* Literatur *f*

letti|ga ⟨-ghe⟩ *f* (*barella*) Tragbahre *f*

lettino *m* ◇ **- solare** Sonnenbank *f*

letto [1] *p pass* '**leggere**

letto [2] **I.** *m* 1 (*in gen.*) Bett *n;* ◇ andare a - zu Bett gehen; ◇ **- a castello** Etagenbett *n;* ◇ **- matrimoniale** [*o.* **- a due piazze**] Doppelbett *n* 2 (*dei fiumi, dei laghi etc*) Bett *n* **II.** *agg* ◇ **divano -** ausziehbares Sofa *n*

lettorato *m* (*all'università*) Lektorat *n;* **let|tore** (**-trice** *f*) *m* 1 ▷*attento, appassionato* Leser(in *f*) *m* 2 UNIV Lektor(in *f*) *m* 3 INFORM Lesegerät *n* 4 ◇ **- di cassette** Kassettendeck *n;* ◇ **- compact disc** CD Spieler *m*

lettura *f* Lektüre *f*

leuce|mia *f* MED Leukämie *f*

leva [1] *f* 1 (*macchina*) Hebel *m* 2 (*asta per il comando di un dispositivo*) Stange *f;* ◇ **- del cambio** Schalthebel/-knüppel *m* 3 FIG ◇ **far - su qc** sich auf etw *acc* stützen

leva [2] *f* MIL Wehrerfassung *f;* ◇ **chiamare alla -** einberufen

levante *m* 1 (*oriente*) Osten *m* 2 (*vento*) Ostwind *m*

levare I. *vt* 1 ↑ *sollevare, alzare* heben 2 ↑ *togliere* ▷*divieto, multa* aufheben; → *dente* ziehen; → *fame* stillen **II.** *vr* ◇ **-rsi** 1 ↑ *sollevarsi* aufstehen; ← *vento* aufkommen 2 ◇ **levati di mezzo** [*o.* **dai piedi**] ! hau ab !

levata *f* (*del sole*) Aufgang *m;* (*di posta*) Leerung *f*

levatac|cia ⟨-ce⟩ *f* frühzeitiges Aufstehen

levatoio *agg* ▷*ponte* Zug-

levatrice *f* FAM ↑ *ostetrica* Hebamme *f*

levigare ⟨3.5⟩ *irr vt* → *marmo, legno* glätten; (*con abrasivi*) feinschleifen; (*lucidando*) polieren; **levigatrice** *f* Schleifmaschine *f*

levitare ⟨3.2⟩ *vi* schweben

levriero *m* FAUNA Windhund *m*

lezione *f* 1 (*in gen.*) [Unterrichts-]Stunde *f;* (*in un libro*) Lektion *f* 2 (*all'università*) Vorlesung *f* 3 (*FIG insegnamento*) Lehre *f;* ◇ **spero che questo ti serva da -** ich hoffe, daß dir das eine Lehre sein wird 4 (*rimprovero*) Zurechtweisung *f;* FIG ◇ **dare una bella - a qu** jd-m eine Lektion erteilen

lezzo *m* Gestank *m*

li *pron* (*oggetto*) sie; ◇ **- hai incontrati?** hast du sie getroffen?

lì *avv* 1 (*stato in luogo*) dort; ◇ **quel libro -** das Buch dort; (*moto a luogo*) dorthin; ◇ **vai -** geh dorthin; ◇ **di** [*o.* **da**] **-** dorther, von dort; ◇ **per di -** da hindurch; ◇ **- dentro** (*stato*) darin; (*moto*) dorthinein 2 ◇ **di/da - a pochi giorni** einige Tage darauf; ◇ **- per -** gleich 3 ◇ **essere - [-] per fare qc** drauf und dran sein, etw zu tun

'**liana** *f* FLORA Liane *f*

'**libbra** *f* Pfund *n*

libe|ccio ⟨-cci⟩ *m* Südwestwind *m*

li'bellula *f* FAUNA Libelle *f*

liberale I. *agg* ⟨inv⟩ 1 ▷*partito, istituzione* liberal 2 ↑ *generoso* großzügig, liberal **II.** *m/f* POL Liberale(r) *fm*

liberalizzare *vt* liberalisieren

liberamente *avv* (*con libertà*) frei

liberare ⟨3.2⟩ **I.** *vt* 1 → *persona, prigioniero* befreien (*da* von); ↑ *rilasciare* entlassen (*da* aus) 2 ↑ *sciogliere* loslösen 3 (*salvare da danni*) bewahren (*da* vor *dat*) 4 (*COMM pagare*) [komplett] bezahlen **II.** *vr* ◇ **-rsi** 1 (*da impegni*) sich frei machen (*da* von) 2 ↑ *disfarsi* loswerden (*di acc*); **libera|tore** (**-trice** *f*) *m* Befreiungs-, befreiend **II.** *m* Befreier(in *f*) *m;* **liberatorio** *agg* ▷*pianto* befreiend; **liberazione** *f* 1 (*in gen.*) Befreiung *f;* (*rilascio*) Entlassung *f;* (*di prigioniero*) Entlassung *f* 2 FIG Erlösung *f,* Befreiung *f;*

'**libero I.** *agg* 1 (*in generale*) frei 2 (*essere padrone di*) ◇ **essere - di fare quello che si vuole** es steht jd-m frei, das zu machen, was er will 3 (*non soggetto a*) ◇ **- professionista** Freiberufler (in *f*) *m;* ◇ **- scambio** Freihandel *m;* ◇ **mercato -** freier Markt *m* 4 (*non vietato*) ◇ **ingresso -** freier Eintritt *m* 5 (*non occupato*) ◇ **scusi, è - quel posto?** Entschuldigung, ist dieser Platz noch frei? 6 (*traduzione*) frei **II.** *m* CALCIO Libero *m;*

libertà *f* 1 Freiheit *f;* ◇ **- provvisoria** vorläufige Freiheit *f;* ◇ **mettere in -** freilassen 2 ◇ **- di pensiero/opinione/stampa** Gedanken-/Meinungs-/Pressefreiheit *f;* ◇ **- di azione/movimento** Handlungs-/Bewegungsfreiheit *f* 3 ◇ **prendersi delle -** sich Freiheiten herausnehmen

libertino *agg* zügellos, ausschweifend

li'bidine *f* 1 (*voglia smodata di sesso*) Lüsternheit *f,* Geilheit *f* 2 FIG Begierde *f;* **libidinoso** *agg* lüstern, geil

libraio (**-a** *f*) *m* Buchhändler(in *f*) *m*

librarsi ⟨6⟩ *vr* (*tenersi in equilibrio*) das Gleichgewicht halten; (*planare*) gleiten

librario *agg* Buch-, Bücher-

libre'ria *f* 1 (*negozio*) Buchhandlung *f* 2 (*biblioteca*) Bibliothek *f* 3 (*mobile*) Bücherregal *n*

libretto m [1] *(taccuino)* Büchlein n [2] AUT ◇ - **di circolazione** Kraftfahrzeugschein m; ◇ - **universitario** Studienbuch n; ◇ - **di lavoro** Arbeitsbuch n ≈*Sozialkarte;* ◇ - **di risparmio** Sparbuch n; ◇ - **degli assegni** Scheckbuch n [3] MUS Libretto n; **libro** m [4] *(in gen.)* Buch n; ◇ - **di consultazione** Nachschlagewerk n; ◇ - **scolastico** Schulbuch n [2] *(registro)* ◇ - **paga** Lohnliste f

liceale I. agg ⟨inv⟩ Gymnasial-, gymnasial **II.** m/f Gymnasiast(in f) m

licenza f [1] *(permesso)* Erlaubnis f [2] *(autorizzazione, di pesca, caccia)* Schein m [3] MIL Urlaub m; ◇ **andare in** - Urlaub machen [4] SCUOLA ◇ - **elementare/media/liceale** Abschlußprüfung [der Grund-/Mittelschule/des Gymnasiums] f [5] ◇ - **poetica** dichterische Freiheit f

licenziamento m *(da parte del datore)* Entlassung f; *(da parte di lavoratore)* Kündigung f; **licenziare** ⟨3.6⟩ irr **I.** vt entlassen, kündigen dat **II.** vr -**rsi** kündigen

licenzioso agg zügellos

li'ceo m SCUOLA Gymnasium n

lichene m FLORA Flechte f

lido m [1] *(spiaggia, costa)* Strand m [2] *(stabilimento balneare)* Badestrand m

lieto agg froh; ◇ **molto** - *(nella presentazione)* sehr erfreut, angenehm

lieve agg ⟨inv⟩ [1] ▷*leggero* leicht [2] *(di poco conto)* gering, unbedeutend

lievitare ⟨3.2⟩ **I.** vi essere [1] ←*pasta, torta* aufgehen [2] FIG gären **II.** vt säuern; **lievitazione** f *(di pasta)* Aufgehen n; FIG Ansteigen n; **li'evito** m Hefe f; ◇ - **di birra** Bierhefe f; ◇ - **in polvere** Backpulver n

lifting m ⟨inv⟩ Lifting n

li|gio ⟨-gi, -gie o. -ge⟩ agg: ◇ - **a qu** *(fedele a qu)* jd-m treu ergeben

lilla, lillà m ⟨inv⟩ [1] FLORA Flieder m [2] *(colore)* Fliederfarbe f

lima f Feile f

limaccioso agg ↑*fangoso* schlammig

limare vt feilen

limbo m REL Vorhölle f

limitare [1] m Schwelle f

limitare [2] ⟨3.2⟩ **I.** vt einschränken, beschränken **II.** vr ◇ -**rsi** ↑*contenersi* sich einschränken; ◇ -**rsi a** sich beschränken auf acc; **limitativo** agg beschränkend; *(restrittivo)* einschränkend; **limitato** agg ▷*intelligenza, facoltà* begrenzt, beschränkt; **limitazione** f [1] ↑*restrizione* Begrenzung f, Beschränkung f [2] *(limite)* Grenze f; **'limite** m [1] *(delimitazione, confine)* Grenze f; ◇ - **di velocità** Geschwindigkeitsbegrenzung f,

Tempolimit n [2] ◇ - **di età** Altersgrenze f; ◇ **al** - höchstens; ◇ **entro certi** -**i** innerhalb bestimmter Grenzen; **li'mitrofo** agg angrenzend, Grenz-

limonata f Zitronenlimonade f; **limone** m [1] *(albero)* Zitronenbaum m [2] *(frutto)* Zitrone f; ◇ **succo di** - Zitronensaft f

'limpido agg klar

lince f FAUNA Luchs m

linciaggio m Lynchen n; **linciare** ⟨3.3⟩ irr vt lynchen

lindo agg sehr sauber, rein

'linea f [1] *(in gen.)* Linie f; ◇ - **di arrivo** Ziellinie f; ◇ - **di fondo** Grundlinie f; FIG ◇ **a grandi linee** in groben Zügen; FIG ◇ **in** - **di massima** grundsätzlich [2] ELETTR, TELEC Leitung f; ◇ **è caduta la** - [telefonica] die Leitung ist zusammengebrochen; ◇ **essere in** - **con qu** mit jd-m verbunden sein [3] *(nel termometro)* ◇ **avere qualche** -**e di febbre** leichtes Fieber haben [4] *(del corpo)* ◇ **mantenere/conservare una bella** - eine gute Figur halten [5] *(itinerario,tragitto)* ◇ - **aerea/ferroviaria/marittima** Flug-/Eisenbahn-/Schiffahrtslinie f; ◇ - **autobus** - Linienbus m [6] *(FIG norma)* ◇ - **di condotta** Verhalten n; ◇ **seguire una certa** - *(modo di comportarsi)* konsequent bleiben [7] *(limite)* ◇ - **di confine/separazione** Grenzlinie f [8] *(fila)* anche MIL Reihe f; ◇ **essere in prima** - in der ersten Linie stehen [9] *(tracciato)* ◇ **in** - **d'aria** Luftlinie f [10] ◇ - **per uomo/donna** Männer-/Damenreihe f

lineamenti mpl [1] *(del viso)* Gesichtszüge mpl [2] FIG Grundzüge mpl

lineare agg ⟨inv⟩ [1] *(in gen.)* linear, Linear- [2] FIG geradlinig

lineetta f TIP Strich m; *(trattino)* Bindestrich m

linfa f [1] FLORA Saft m [2] MED Lymphe f [3] FIG Nahrung f

lingotto m Barren m

'lingua f [1] ANAT Zunge f; ◇ **aver la** - **lunga** ein loses Mundwerk n haben; ◇ **mordersi la** - sich auf die Zunge beißen; ◇ **non avere peli sulla** - kein Blatt vor den Mund nehmen; ◇ **avere qc sulla punta della** - etw liegt einem auf der Zunge [2] *(GASTRON di animale)* Zunge f [3] *(avente forma di -)* ◇ - **di fuoco** züngelnde Flammen fpl [4] *(idioma)* Sprache f; ◇ **madre** - Muttersprache f; ◇ - **straniera** Fremdsprache f; ◇ - **parlata/scritta** Umgangs-/Schriftsprache f; ◇ **studiare Lingue** Fremdsprachen studieren; **linguaggio** ⟨-ggi⟩ m Sprache f; ◇ - **di programmazione** Programmiersprache f

linguetta f [1] *(di strumento)* Rohrblatt n, Zunge f; *(di scarpa)* Zunge f [2] TEC Feder f, Federkiel m

linguista ⟨-i, -e⟩ *m* LING Sprachforscher(in *f*) *m*, Linguist(in *f*) *m*; **lingu'isti|co** ⟨-ci, -che⟩ *agg* ① (*della lingua*) sprachlich ② (*della linguistica*) sprachwissenschaftlich, linguistisch

lino *m* ① FLORA Flachs *m* ② (*tessuto*) Leinen *n*

liofilizzare *vt* gefriertrocknen

liquefare ⟨4.6⟩ *irr* **I.** *vt* (*render liquido*) verflüssigen, flüssig machen; ↑ *fondere, sciogliere* schmelzen **II.** *vi pron* ◇ **-rsi** schmelzen; **liquefatto** *p.pass.* *di* **liquefare**; **liquefazione** *f* ① (*il rendere liquido*) Verflüssigung *f* ② (*fusione*) Schmelzen *n*

liquidare ⟨3.2⟩ *vt* ① → *conto, eredità* bezahlen, begleichen ② ↑ *svendere* liquidieren, ausverkaufen ③ FIG → *persona* ↑ *liberarsene* beseitigen, liquidieren; ④ ↑ *licenziare* entlassen ④ ↑ *concludere* → *affare* erledigen; **liquidazione** *f* ① Zahlung *f*, Bezahlung *f*; (*somma*) Abfindung *f* ② (*svendita*) Ausverkauf *m*, Auflösung *f*

liquidità *f* ① (*l'essere liquido*) Flüssigsein *n* ② ECON Liquidität *f*

'liquido I. *agg* ① ▷ *colla, sostanza* flüssig ② (FIG *denaro*) liquide, flüssig **II.** *m* ① (*sostanza*) Flüssigkeit *f* ② (*denaro*) flüssige Mittel *npl*

liquirizia *f* ① FLORA Süßholz *n* ② GASTRON Lakritze *f*

liquore *m* Likör *m*

lira ¹ *f* ① (*unità monetaria*) Lira *f*; ◇ **- sterlina** Pfund *n* Sterling ② (*denaro*) ◇ **non avere una -** keinen Pfennig *m* haben

lira ² **I.** *f* MUS Leier *f* **II.** *agg* FAUNA: ◇ **uccello -** Leierschwanz *m*

'lirica *f* ① (*poesia*) Lyrik *f* ② MUS Oper *f*; **'liri|co** ⟨-ci, -che⟩ **I.** *agg* ① (*poesia*) lyrisch ② MUS Oper[n]-

li|sca ⟨-sche⟩ *f* (*di pesce*) Gräte *f*

lisciare ⟨3.3⟩ *irr* **I.** *vt* ① (*in generale*) glätten ② FIG schmeicheln dat **II.** *vr* ◇ **-rsi** sich putzen

li|scio ⟨-sci, -sce⟩ **I.** *agg* ① (*in generale*) glatt; FIG ◇ **passarla -a** mit einem blauen Auge davonkommen; FIG ◇ **è andata -a come l'olio** es ist alles glatt verlaufen ② (*bevanda alcolica*) pur **II.** *m* (*ballo*) Gesellschaftstanz *m*

lisciva, lisciva *f* Lauge *f*

liso *agg* abgenutzt

lista *f* ① (*striscia, di pelle, di legno*) Streifen *m* ② (*elenco*) Liste *f*; **- delle vivande** Speisekarte *f*; ◇ **- d'attesa** Warteliste *f*; ◇ **- elettorale** Wahlliste *f*; ◇ **mettere in -** auf die Liste setzen

listello *m* Leiste *f*

listino *m* (*in generale*) Liste *f*, Verzeichnis *n*; ◇ **al -** zum Listenpreis *m*; ◇ **- di borsa** amtliches Kursblatt *n*; **- dei cambi** Kursblatt *n*; ◇ **[dei] prezzi** Preisliste *f*

Lit. *abbr. di* **Lira italiana** ital. Lira

lita'nia *f* Litanei *f*

lite *f* (*in gen.*) Streit *m*; DIR Rechtsstreit *m*

litigante *m/f* Streitende(r) *fm*; ◇ **tra i due -i il terzo gode** wenn zwei sich streiten, freut sich der Dritte; **litigare** ⟨3.5⟩ *irr* *vi* streiten (*per* um); **litigata** *f* : ◇ **fare una - con** qu sich mit jd-m heftig streiten; **liti|gio** ⟨-gi⟩ *m* Streit *m*; **litigioso** *agg* streitsüchtig

litogra'fia *f* Lithographie *f*

litorale I. *agg* ⟨inv⟩ Küsten-, Ufer-, Strand- **II.** *m* Küste *f*

litro *m* Liter *m*

litur'gia ⟨-gie⟩ *f* Liturgie *f*

liuto *m* MUS Laute *f*

livella *f* EDIL Wasserwaage *f*

livellamento *m* (*di terreno*) Planierung *f*; (*di prezzi*) Ausgleichung *f*; **livellare I.** *vt* ① ↑ *spianare* ebnen ② FIG ausgleichen, angleichen **II.** *vi pron*: ◇ **-rsi ←** *terreno* sich ebnen; **←** *prezzi* sich ausgleichen; **'livello** *m* ① (*in generale*) Höhe *f*, Niveau *n*; (*di liquido*) Spiegel *m*, Stand *m*; ◇ **passaggio a -** Bahnübergang *m* ② (FIG *grado, condizione, importanza*) Niveau *n*; FIG ◇ **ad alto -** auf höherer Ebene, hochentwickelt

'livido I. *agg* bläulich **II.** *m* blauer Fleck

livore *m* Neid *m*

li'vrea *f* Livree *f*

lizza *f* ① (*recinto*) Zaun *m* ② (FIG *lotta, gara*) Streit *m*; ◇ **entrare in -** in den Ring treten

lo, l' l. *art* (*maschile singolare*) der, die, das **II.** *pron* (*oggetto*) ihn, es, sie; ◇ **- sapevo già** ich wußte es/das schon

lobo *m* ① ANAT Lappen *m*; (*dell'orecchio*) Ohrläppchen *n*

locale ¹ **I.** *agg* ① (*specialità, autorità*) örtlich, Orts-, Lokal; ◇ **treno -** Nahverkehrszug *m* ② MED örtlich

locale ² *m* ① (*stanza*) Raum *m* ② (*luogo pubblico*) Lokal *n* ③ (FERR *treno*) Nahverkehrszug *m*

località *f* Ortschaft *f*

localiz'zabile *agg* ⟨inv⟩ lokalisierbar; **localizzare I.** *vt* ① → *epicentro, epidemia* lokalisieren ② ↑ *circoscrivere* begrenzen, beschränken **II.** *vi pron* ◇ **-rsi** beschränkt bleiben

locanda *f* Gasthaus *n*; **locandiere(-a** *f*) *m* Gastwirt(in *f*) *m*

locatario(-a *f*) *m* DIR Mieter(in *f*) *m*; **loca|tore (-trice** *f*) *m* DIR Vermieter(in *f*) *m*; **locazione** *f* (DIR *atto*) Vermietung *f*; (*effetto*) Miete *f*

locomotiva *f* Lokomotive *f*; **locomotore** *m* Elektrolokomotive *f*; **locomotrice** *f* Triebwagen *m*; **locomozione** *f* Fortbewegung *f*; ◇ **mezzo di -** Transportmittel *npl*

locusta f FAUNA Heuschrecke f

locuzione f LING Redewendung f

lodare vt ① ↑ *elogiare* loben ② ↑ *celebrare* preisen, lobpreisen; ◇ **sia lodato Dio!** Gott sei Dank!; **lode** f ① ↑ *elogio* Lob n ② SCUOLA Auszeichnung f; **lo'devole** agg ⟨inv⟩ lobenswert

logaritmo m MAT Logarithmus m

lo|ggia ⟨-gge⟩ f ① ARCHIT Loggia f ② (*luogo di riunione*) Halle f; (- *massonica*) Loge f; **loggione** m (*di teatro*) Galerie f

'logica f Logik f; **logicamente** avv logischerweise; **'logi|co** ⟨-ci, -che⟩ agg logisch; **lo'gistica** f Logistik f

logope'dia f MED Logopädie f

logoramento m ① (*consumo, logorio*) Abnutzung f ② (FIG *affaticamento*) Zermürbung f; **logorante** agg ⟨inv⟩ (*che logora e stanca*) verschleißend; FIG aufreibend; **logorare** ⟨3.2⟩ I. vt ① ↑ *consumare* abnutzen, verschleißen ② FIG aufreiben II. vi pron: **-rsi** ① (*in generale*) sich abnutzen ② FIG sich aufreiben; **logo'rio** m Abnutzung f; **'logoro** agg ① (*in gen.*) verbraucht, abgenutzt ② FIG ▷*forze* verbraucht

lom'baggine f MED Hexenschuß m, Kreuzschmerzen mpl

lombata f GASTRON Lendenstück n; **lombo** m ANAT Lende f

lombri|co ⟨-chi⟩ m FAUNA Regenwurm m

londinese I. agg ⟨inv⟩ Londoner II. m/f Londoner(in f) m; **Londra** f London n

longevo agg langlebig

longilineo agg schlank

longi'tudine f GEO Länge f

lontanamente avv entfernt; ◇ [lei] **non ci pensa neppure** - sie denkt nicht im entferntesten/ Traum daran; **lontananza** f ① (*distanza*) Ferne f ② (*assenza*) Abwesenheit f; **lontano** I. agg ① (*in gen.*) fern; ◇ **da** - von weitem; *auch* FIG ◇ - **da** weit entfernt von ② (*assente*) abwesend, fern ③ ◇ **parente alla** -**a** entfernte(r) Verwandte(r) fm II. avv weitab, entfernt

lontra f FAUNA Otter m

loquace agg ⟨inv⟩ ① (*di parola pronta, chiacchierone*) gesprächig ② (*eloquente*) vielsagend

lordo agg ① ↑ *sporco* schmutzig ② ▷*peso, importo* Brutto-, brutto

loro I. pron pers (*terza persona pl*) ① (*soggetto*) sie ② (*complemento diretto*) sie ③ (*complemento indiretto*) ihnen ④ (*con preposizione*) sie, ihnen, ihrer ⑤ (*forma die cortesia*) L- Sie, Ihnen, Ihrer II. agg poss (*terza persona pl*) ihr, ihre; (*forma di cortesia*) L- Ihr, Ihre III. pron poss ihrer, ihre, ihres; (*forma di cortesia*) L- Ihrer, Ihre, Ihres IV. m Ihre n

lo|sco ⟨-schi, -sche⟩ agg FIG finster, verdächtig

loto m FLORA Lotos m

lotta f ① (*in gen.*) Kampf m; ◇ - **biologica** biologische Schädlingsbekämpfung; ◇ - **contro il cancro** Krebsbekämpfung f ② (*contrasto, disaccordo*) Streit m, Zwist m ③ SPORT ◇ - **greco-romana** Ringen n im griechisch-römischen Stil; **lottare** vi kämpfen, ringen (*per/contro* um/gegen)

lotte'ria f Lotterie f

lottizzare vt parzellieren; **lottizzazione** f Parzellierung f

lotto m ① (*gioco*) Lotto n ② (*parte*) Teil m, Anteil m; ◇ - **di terreno** Parzelle f

lozione f Lotion f

lubrificante I. agg ⟨inv⟩ Schmier- II. m Schmiermittel n; **lubrificare** ⟨3.4⟩ irr vt schmieren

lucchetto m [Vorhänge-]Schloß n

luccicare ⟨3.4⟩ vi glitzern, funkeln

lu|ccio ⟨-cci⟩ m FAUNA Hecht m

'lucciola m ① FAUNA Glühwürmchen n ② FILM, TEATRO Platzanweiser(in f) m

luce f ① (*in gen.*) Licht n; FIG ◇ **venire alla** - das Licht der Welt erblicken; FIG ans Licht kommen; FIG ◇ **fare** - **su qc** Licht in etw *acc* bringen; ◇ **fare qc alla** - **del sole** etw vor aller Augen machen; ◇ **mettere in buona/cattiva luce** - jd-n in ein gutes/schlechtes Licht stellen ② (*splendore*) Glanz m ③ (*faro, fanale*) Scheinwerfer m

lucente agg ⟨inv⟩ leuchtend, strahlend

lucerna f Öllampe f; **lucernario** m Oberlicht n

lu'certola f FAUNA Eidechse f

lucidalabbra m ⟨inv⟩ Lipgloss n

lucidare ⟨3.2⟩ vt (*in gen.*) glänzend machen, polieren; → **scarpe** putzen, wichsen; → **pavimenti** bohnern

lucidatrice f Bohnermaschine f

lucidità f FIG Klarheit f, klarer Verstand m

'lucido [1] agg ① ▷*pavimento, capelli* glänzend, blank ② FIG klar

'lucido [2] m ① (*in generale*) Glanz m ② (*per scarpe*) Schuhcreme f ③ (*disegno*) Pauszeichnung f

lu'cignolo m Docht m

lucro m Gewinn m; **lucroso** agg lohnend

luglio m Juli m; ◇ **in** - im Juli

'lugubre agg ⟨inv⟩ Trauer-

lui pron (*soggetto*) er; (*oggetto*) ihn; (*con preposizione*) ihm/ihn/seiner

luma|ca ⟨-che⟩ f FAUNA Schnecke f

lume m Licht n

luminare m FIG Leuchte f; **luminaria** f Festbeleuchtung f

lumino m (lume ad olio) Lämpchen n; (davanti a tombe) ewiges Licht n, Totenlicht n

luminoso agg ① ▷corpo, stella leuchtend, strahlend ② FIG ↑ evidente einleuchtend; ◇ **idea** -a blendende Idee

luna f ① ASTRON Mond m; ◇ **- nuova/piena** Neumond m/Vollmond m ② FIG ◇ **avere la luna [storta]** schlecht gelaunt sein; **lunare** agg ⟨inv⟩ Mond-; **luna park** m Vergnügungspark m; **lunario** m (in gen.) Kalender m, Almanach m; ◇ **sbarcare il** - sein Leben fristen; **lu'nati|co** ⟨-ci⟩ agg launisch

lunedì m Montag m; ◇ **di** [o. **il**] - montags

lunetta f Lünette f

lun'gaggine f Weitschweifigkeit f, Langatmigkeit f

lunghezza f ① (in gen.) Länge f ② FIS ◇ **d'onda** Wellenlänge f

lun|go ⟨-ghi, -ghe⟩ **I.** agg ① (in generale) lang; ◇ **a** - **andare** auf die Dauer; ◇ **a** - lange; ◇ **mandare qc per le** - e etw in die Länge ziehen ② ▷caffè, brodo verdünnt **II.** m Länge f **III.** prep ① (di tempo) während acc; (per tutto il tempo) hindurch acc ② (di luogo) entlang

lungodegente m/f Pflegefall m

lungolago m Seepromenade f; **lungomare** m Strandpromenade f

lunotto m AUTO Heckscheibe f

luo|go ⟨-ghi⟩ m ① (in generale) Raum m; (delimitato) Platz m ② (località) Ort m, Ortschaft f; ◇ **comune** Gemeinplatz m ③ FIG ◇ **aver** - stattfinden; ◇ **dar** - **a** Anlass geben zu; ◇ **in primo** - erstens [o. zunächst]; ◇ **fuori** - [o. **inopportuna**] unpassend ④ ◇ **- pubblico** Öffentlichkeit f

lupo(-a f) m ① FAUNA Wolf m, Wölfin f; (cane) Schäferhund m ② FIG ◇ **in bocca al** -! Hals und Beinbruch!

'luppolo m FLORA Hopfen m

'lurido agg sehr schmutzig

lusin|ga ⟨-ghe⟩ f Schmeichelei f; **lusingare** ⟨3.5⟩ irr vt ↓ vanità schmeicheln dat; ↑ allettare verlocken, locken; **lusinghiero** agg schmeichlerisch, schmeichelhaft

lussazione f MED Verrenkung f, Luxation f

Lussemburgo m Luxemburg n

lusso m Luxus m; ◇ **di** - luxuriös; **lussuoso** agg luxuriös, Luxus-

lussureggiare ⟨3.3⟩ irr vi wuchern; **lussuria** f Unzucht f

lustrare vt (in generale) putzen, polieren; → pavimento bohnern; → scarpe putzen

lustrascarpe m/f Schuhputzer(in f) m

lustrino m Paillette f

lustro¹ m ① (lucido) Glanz m ② (gloria) Ruhm m

lustro² m (quinquennio) Fünfjahreszeitraum m

lutto Trauer f; ◇ **essere in** - in Trauer sein, Trauer tragen; **luttuoso** agg (motivo di lutto) tödlich; (doloroso) schmerzlich

M

M, m f M, m n

ma I. congiunz ① (avversativo) aber; ◇ **non solo ...** - nicht nur ... sondern auch ② (FAM rafforzativo) ◇ **- anche** aber auch; ◇ **- quando** sogar wenn; ◇ **- !** wer weiß ! **II.** m ⟨inv⟩: ◇ **non ci sono - che tengano** ohne Wenn und Aber

'macabro agg makaber

macaco m ⟨chi⟩ FAUNA Makak[affe] m

macché inter ach was, ach wo

maccherone : ◇ **-i** m/pl Makkaroni pl

macchia¹ f Flecken, Fleck m; ▷solare Fleck m; FIG ◇ **essere senza** - eine weiße Weste haben

macchia² Macchia f, Buschwald m

macchiare ⟨3.6⟩ vt beflecken; FIG ◇ **- l'onore della famiglia** die Ehre der Familie beflecken

macchiato I. p. pass. di **macchiare**; **II.** agg ① fleckig ② ▷caffè - Kaffee mit einem Schuß Milch

'macchina f ① (motrice) Maschine f; (FIG persona che agisce meccanicamente) Roboter m ② (autoveicolo) Wagen m; ◇ **andare in** - mit dem Auto fahren

macchinare ⟨3.2⟩ vt ◇ **un tradimento** anzetteln

macchinario m Maschinen f/pl, Maschinerie f

macchinazione f (intrigo) Machenschaft f

macchinista m ⟨-i, e⟩ ① (di treno) Lokomotivführer(in f) m; (di nave) Maschinist(in f) m ② TEATRO, MEDIA Bühnenmeister(in f) m

macchinoso agg kompliziert

macedonia f Obstsalat m

macellaio m (rivenditore) Metzger(in f) m; (nel mattatoio) Schlachter(in f) m; **macellare** vt schlachten; FIG niedermetzeln; **macelle'ria** f Metzgerei f; **macello** m (mattatoio) Schlachthof m; FIG Blutbad n

mace'rabile agg ⟨inv⟩ zum Einweichen; **macerare** ⟨3.2⟩ **I.** vt einweichen **II.** vr ◇ **-rsi** FIG ▷nel rimorso sich verzehren; **macerazione** f Einweichen n; (FIG mortificazione) [Selbst]Kasteiung f; **macerie** f : ◇ **-e** f/pl Schutt m/sg, Trümmer pl; **'macero I.** agg FIG ▷corpo aufgezehrt **II.** m : ◇ **mandare la carta al** - Papier in den Reißwolf geben

machete m Machete f

ma[c]chiavelliano agg machiavellistisch; **ma[c]chiavellicamente** avv machiavellistisch; **ma[c]chia'vellico** agg ⟨ci, che⟩ skrupellos, machiavellistisch

macigno m Fels m

macilento agg hager, ausgezehrt; **macilenza** f Hagerkeit f

'macina f ① Mühlstein m ② Mühle f; **maci'nabile** agg ⟨inv⟩ mahlbar; **macinare** ⟨3.2⟩ vt mahlen; **macinato I.** p. pass. di **macinare**; **II.** agg gemahlen **III.** m ① Gemahlene n ② Hackfleisch n; **macinatura** f Mahlen n; **macinino** m (per pepe) Mühle f

maciste m Herkules m

maciullare vt → lino brechen; (FIG stritolare) zerquetschen

macro'biotica f ⟨che⟩ Makrobiotik f; **macro'biotico** agg ⟨ci, che⟩ makrobiotisch

macroclima m Makroklima n; **macrocosmo** m Makrokosmos m, Universum n

macroecono'mia f Makroökonomie f

macromo'lecola f Makromolekül n

macro'scopico agg ⟨ci, che⟩ makroskopisch; FIG ◇ **errore** m - grober m Fehler

macrostruttura f Makrostruktur f

madido agg naß; ◇ **- di sudore** schweißgebadet

madonna f REL Heilige f Jungfrau

madornale agg ⟨inv⟩ ungeheuer

madre f ① Mutter f; ◇ **ragazza** f - alleinstehende f Mutter ② (matrice di bolletta) Stammabschnitt m; **madrelingua** f ⟨lingue⟩ Muttersprache f; **madrepatria** f (patria d'origine) Mutterland n

madreperla f Perlmutt n; **madreperlaceo** agg Perlmutt-; **madreperlato** agg ▷smalto schillernd

madrigale m Madrigal n

madrina f [Tauf-]Patin f

maestà f Majestät f

maestosità f Majestät f; **maestoso** agg majestätisch, erhaben

maestra f Lehrerin f

maestrale m Mistral m

maestranza f : ◇ **-e** pl Belegschaft f, Arbeiter m/pl

mae'stria f Meisterschaft f, Können n; **maestro I.** m ① (insegnante) Lehrer(in f) m ② (di musica) Meister(in f) m ③ (compositore o direttore d'orchestra) Maestro m **II.** agg (principale) ▷strada Haupt-

mafia f Mafia f; **mafioso(a** f) **I.** agg Mafia-, mit der Mafia verbunden **II.** m Mitglied n der Mafia

maga f Zauberin f

magagna f Fehler m, Gebrechen n; **magagnare** vt (guastare) verderben

magari I. inter.: ◇ **vorresti vincere il premio?** - **-!** möchtest du den Preis gewinnen? und ob! **II.** congiunz: ◇ **- potessi restare a casa!** ach hätte ich doch daheim bleiben können! **III.** avv: ◇ **- non ci avremmo creduto** wahrscheinlich hätten wir es nicht geglaubt

magazzinaggio m ⟨gi⟩ Einlagerung f; (prezzo) Lagergebühr f; **magazziniere(a** f) m Lagerverwalter(in f) m; **magazzino** m Lager n; (emporio) Kaufhaus n

maggese I. agg ⟨inv⟩ (di maggio) Mai- **II.** m Brache f

maggio m Mai m; ◇ **in - im Mai**; ◇ **il 28 - am 28. Mai**; **maggiolino** m FAUNA Maikäfer m

maggiorana f FLORA Majoran m

maggioranza f Mehrheit f

maggiorare vt → i prezzi erhöhen

maggiordomo m Majordomus m

maggiore I. comp. di grande ① größer ② (più importante) Haupt-, bedeutendste ③ MIL Ober-, Groß- ④ (più vecchio) älter **II.** m/f ① Ältere m/f; ◇ **il - dei due fratelli** der Ältere zweier Brüder ② MIL Major m; **maggiorenne I.** mf Volljährige (r) m/f **II.** agg ⟨inv⟩ volljährig; **maggiormente** avv mehr

ma'gia f ⟨gie⟩ Magie, Zauberei f; FIG Zauber, Reiz m; **'magico** agg ⟨ci, che⟩ Zauber-, magisch; (FIG affascinante) zauberhaft

magistero m ① (della Chiesa) Lehre f ② ◇ **Facoltà** f **di** - Pädagogische f Hochschule

magistrale agg ⟨inv⟩ ① (di istituto) pädagogisch, Lehrer- ② ▷tocco meisterhaft; **magistralmente** avv meisterhaft

magistrato m ① (giudice) Richter(in f) m ② (chi riveste una carica pubblica) Amtsperson f; **magistratura** f ① Justiz f ② (magistrati) Richterstand m

maglia f ① (maglione) Pullover m ② ↑ indumento intimo Unterhemd n ③ ◇ **lavorare a -** stricken ④ SPORT ◇ **- azzurra** blaues Trikot; **maglie'ria** f ① Strickwaren pl ② (negozio) Strickwarengeschäft n ③ (industria piccola) Strickerei f; **maglietta** f Unterhemd, T-Shirt n; **maglificio** m ⟨ci⟩ Strickwarenfabrik f

maglio m Hammer m

magma m ⟨i⟩ Magma n; **mag'matico** agg ⟨ci, che⟩ Lava-, magmatisch

magnanimità f Großmut m; **ma'gnanimo** agg großmütig

magnate m (dell'industria) Magnat m

magnesia f CHIM Magnesia f

magnesio *m* CHIM Magnesium *n*

magnete *m* Magnet *m;* **ma'gnetico** *agg* ⟨ci, che⟩ Magnet-, magnetisch; **magnetismo** *m* Magnetismus *m; FIG* Anziehungskraft *f*

magnetite *f* MINER Magnetit *m*

magnetizzare *vt* magnetisieren; (*FIG affascinare*) anziehen; **magnetizzazione** *f* (*di un ferro*) Magnetisierung *f*

magnificamente *avv* prächtig, herrlich; (*in modo ottimo*) bestens; **magnificare** ⟨3.4⟩ I. *irr vt* preisen, lobpreisen II. *vr* ◇ **-rsi** sich selbst verherrlichen; **magnificazione** *f* (*esaltazione, celebrazione*) Verherrlichung, Lobpreisung *f;* **magnificenza** *f* ① (*titolo*) Herrlichkeit *f* ② (*grandiosità*) Pracht *f;* **ma'gnifico** *agg* ⟨ci, che⟩ (*meraviglioso*) großartig, wunderbar; (*sfarzoso*) prachtvoll, prächtig

magni'tudine *f* (FIS *delle stelle*) Ordnung *f*

mago (a *f*) *m* ⟨ghi, ghe⟩ Zauberer(Zauberin *f*) *m*

magone *m* ① (*ventriglio del pollo*) Magen *m* ② (*accoramento*) Unbehagen *n*

magra *f* ① (*FIG penuria*) ◇ **tempi di** *m/pl* - magere *pl* Zeiten ② *FAM* klägliches *n* Abschneiden; **magrezza** *f* Magerkeit *f;* **magro** *agg* ① (*non contenente grasso*) fettarm ② (*esile*) schlank; *FIG* ▷ *guadagno* mager

mai *avv* ① (*nessuna volta*) niemals, nie, nimmer ② (*no, affatto*) ◇ **volete riappacificarvi ? - !** wollt ihr wieder Frieden schließen ? niemals ! ③ (*qualche volta*) ◇ **hai - visto Londra ?** hast du jemals London gesehen ?

maiale *m* Schwein *n*

ma'iolica *f* ⟨che⟩ Majolika *f*

maionese *f* Mayonnaise *f*

mais *m* ⟨inv⟩ Mais *m*

ma'iuscola *f* Großbuchstabe *m;* **ma'iuscolo** *agg* (*lettera*) Groß-, groß; (*FIG enorme*) riesig

maizena *f* Maisstärkepuder *m*

malaccortezza *f* Unvorsichtigkeit *f;* **malaccorto** *agg* unvorsichtig

malachite *f* MINER Malachit *m*

malacreanza *f* Ungezogenheit, Unhöflichkeit *f*

malafatta *f:* ◇ **-e** *f/pl* Vergehen *n/sg*, Übeltat *f/sg*

malafede *f* Unredlichkeit *f*

mala'gevole *agg* ⟨inv⟩ ▷ *sentiero* beschwerlich

malalingua *f* ⟨lingue⟩ Lästermaul *n*

malamente *avv* schlecht, übel

malandato *agg* heruntergekommen

ma'lanimo *m :* ◇ **di** - ungern

malanno *m* Krankheit *f*

malapena *f :* ◇ **a** - kaum

malaria *f* MED Malaria *f;* **ma'larico** *agg* ⟨ci, che⟩ Malaria

malasorte *f* ⟨malesorti⟩ Unglück *n*

malaticcio *agg* ⟨ci, ce⟩ kränklich

malato(a *f*) I. *agg* krank II. *m* Kranke(r) *m/f;* **malat'tia** *f* Krankheit *f*

malauguratamente *avv* unglücklicherweise; **malaugurato** *agg* (*che porta sventura*) Unglücks-, unheilvoll

malau'gurio *m* böses *n* Omen

malavita *f* ⟨inv⟩ Unterwelt *f*

malavoglia *f* ⟨malevoglie⟩ Mißmut *m;* ◇ **di** - ungern

malavveduto *agg* (*incauto*) unvorsichtig, unüberlegt

malavvezzo *agg* ▷ *ad ascoltare* ungezogen

malcapitato(a *f*) I. *agg* unglückselig II. *m* Unglückselige(r) *m/f*

malconcio *agg* ⟨ci, ce⟩ übel zugerichtet

malcontento I. *agg* (*scontento*) unzufrieden II. *m* Unzufriedenheit *f*

malcostume *m* ⟨mali costumi⟩ Unsitte *f*

malcurato *agg* ungepflegt

maldestro *agg* linkisch, ungeschickt

maldicente I. *agg* ⟨inv⟩ Läster- II. *m/f* Lästerer (Lästerin *f*) *m;* **maldicenza** *f* (*vizio*) Lästersucht *f;* (*chiacchiera*) üble *f* Nachrede

maldisposto *agg* übelgesinnt

male I. *avv* schlecht II. *m* Böse *n;* (*dolore*) Schmerz *m;* **maledettamente** *avv* verflucht; **maledetto**(a *f*) I. *p. pass. di* **maledire**; II. *agg* verdammt III. *m/f FAM* verfluchter *m* Kerl; **maledire** ⟨5.2⟩ *irr vt* verfluchen, verdammen; **maledizione** *f* Fluch *m*

maleducato *agg* ungezogen; **maleducazione** *f* Ungezogenheit *f*

maleficio *m* ⟨ci⟩ (*atto*) Verzauberung, Zauberei *f;* (*effetto*) Zauberei *f;* **ma'lefico** *agg* ⟨ci, che⟩ unheilvoll, schädlich; ◇ **Arti** *f/pl* **-che** Zauberkünste *f/pl*

maleodorante *agg* ⟨inv⟩ übelriechend

ma'lessere *m* Übelkeit *f*, Unwohlsein *n*

malevolenza *f* Mißgunst *f;* **ma'levolo**(a *f*) I. *agg* mißgünstig II. *f* Übelwollende *m/f*

malfamato *agg* verrufen

malfatto I. *p. pass. di* **malfare**; II. *agg* mißgestaltet; **malfat|tore**(**trice** *f*) *m* ⟨tori, trici⟩ Übeltäter(in *f*) *m*

malfermo *agg* unsicher, schwankend

malfidato(a *f*) I. *agg* mißtrauisch II. *m/f* mißtrauische Person; **malfido** *agg* unzuverlässig

malfondato *agg* unsicher

malformato *agg* mißgebildet; **malformazione** *f* Mißbildung *f*

malgoverno *m* Mißwirtschaft *f*

malgrado I. *prep* trotz *gen* II. *congiunz* obwohl, auch wenn; ◇ **mio** - zu meinem Bedauern

malia f Zauberei f; **maliardo** agg ▷sorriso bezaubernd

malignare vi avere klatschen (su über acc); **malignità** f Bosheit, Bosartigkeit f; **maligno(a** f) I. agg (malvagio) boshaft; MED bösartig II. m Bösewicht m

malinco'nia f Melancholie f; **malin'conico** agg ⟨ci, che⟩ melancholisch

malincuore avv: ◇ a - schweren Herzens, widerwillig

malinformato agg schlecht informiert

malintenzionato agg übelgesinnt

malinteso I. agg mißverstanden II. m Mißverständnis n

malizia f (malignità) Bosheit, Arglist f; **maliziosità** f Maliziösität f; **malizioso** agg arglistig

malle'abile agg ⟨inv⟩ formbar; FIG leicht zu überzeugen; **malleabilità** f Formbarkeit f; (FIG di una persona) Gefügigkeit f

mal'leolo m ANAT Knöchel m

malloppo m [1] (involto) Bündel n [2] (refurtiva) Diebesgut n

malmenare vt mißhandeln

malmesso agg schlampig

malnutrito agg schlecht genährt; **malnutrizione** f Unterernährung f

malocchio m böser m Blick

malora f: ◇ andare in - zugrunde gehen; ◇ va in - ! scher' dich zum Teufel !; **malore** m Unwohlsein n

malridotto agg (malconcio) übel zugerichtet

malsano agg ungesund

malsicuro agg unsicher

malta f Mörtel m

maltempo m Unwetter n

maltenuto agg ▷animale ungepflegt

malto m Malz m

maltolto agg (tolto indebitamente) zu Unrecht erworben

maltrattamento m Mißhandlung f; **maltrattare** vt mißhandeln

malumore m schlechte f Laune

malva f FLORA Malve f

malvagio agg ⟨gi, ge⟩ böse; **malvagità** f Bosheit f

malversare vt veruntreuen; **malversazione** f Veruntreuung f

malvestito agg schlecht gekleidet

malvisto agg unbeliebt

malvivente I. agg ⟨inv⟩ Verbrecher- II. m/f Verbrecher(in f) m; **malvivenza** f Unterwelt f

malvolentieri avv ungern; **malvolere** ⟨4.10⟩ irr I. vt: ◇ farsi - da qu sich bei jd-m unbeliebt machen II. m Übelwollen n

mamma f FAM Mama, Mutti f; ◇ - mia ! mein Gott !, um Gottes willen !

mammaluc|co(a f) m ⟨chi, chet⟩ (FIG sciocco) Dummkopf m

mammario agg ANAT Brust-

mammella f ANAT Brust f

mam'mifero I. agg Säuge-, Säugetier- II. m Säugetier n

mammogra'fia f Mammographie f

'mammola f FLORA Veilchen n

mam'mut m ⟨inv⟩ FAUNA Mammut n

'manager m ⟨inv⟩ Manager(in f) m; **manageriale** agg ⟨inv⟩ Manager-

manata f [1] (colpo) Handschlag m [2] (quantità) Handvoll f

mancanza f [1] (penuria) Mangel m (di an dat); ◇ per - di tempo wegen Zeitmangels; ◇ in - di meglio in Ermangelung eines Besseren [2] (errore di comportamento) ◇ commettere una - eine Ungeschicklichkeit begehen; **mancare** ⟨3.4⟩ irr I. vi avere nei signif 6, 7, 8 [1] ▷le forze schwinden [2] (di mezzi) fehlen [3] ▷da un anno abwesend sein, fehlen [4] (morire) sterben [5] (restare) ◇ mancano due giorni ancora es sind noch zwei Tage [6] (trascurare) ◇ non mancherò di ringraziarla ich werde es nicht versäumen, ihr zu danken [7] ▷alla promessa brechen [8] (sbagliare) ◇ ammetto che ho mancato ich gestehe, daß ich einen Fehler begangen habe II. vt ▷colpo verfehlen; **mancato** I. p. pass. di **mancare**; II. agg ▷tentativo Fehl-, verfehlt; **manchevolezza** f Fehltritt m

mancia f ⟨ce⟩ Trinkgeld n

manciata f Handvoll f

mancinismo m Linkshändigkeit f; **mancino(a** f) I. agg ▷braccio link; (FIG cattivo) tückisch, link II. m Linkshänder(in f) m

mandante I. p. pres. di **mandare**; II. m/f Mandant(in f) m; **mandare** ⟨3.7⟩ vt [1] ▷a prendere il pane schicken, ausschicken; → grido ausstoßen [2] (inviare) senden

mandarino m FLORA Mandarine f; (albero) Mandarinenbaum m

mandata f [1] (atto del mandare) Sendung f [2] (alla porta) Umdrehung f; **mandatario(a** f) m Beauftragte(r) m/f; **mandato** m DIR Vorladung f; (di arresto) Haftbefehl m

man'dibola f Unterkiefer m

mandolino m Mandoline f

'mandorla f Mandel f; **'mandorlo** m Mandelbaum m

mandria f Herde f; **mandriano(a** f) m Hirte (Hirtin f) m

maneg'gevole agg ⟨inv⟩ handlich; **manegge-**

volezza f Handlichkeit f; **maneggiare** ⟨3.3⟩ vt ① → *creta* bearbeiten ② (*FIG amministrare*) umgehen mit *dat*; **maneg|gio** m ⟨gi⟩ ① (*della cera*) Handhabung f ② (*del pennello*) Gebrauch n ③ SPORT Manege f

manesco agg ⟨schi, sche⟩ handgreiflich

manetta f ① (*dell'aria*) Hebel m ② ◇ **-e** f/pl Handschellen f/pl

manganellare vt niederknüppeln; **manganellata** f Knüppelhieb m; **manganello** m (*bastone*) Knüppel m

manganese m CHIM Mangan n

mangerec|cio agg ⟨ci, ce⟩ Speise-, eßbar

mange'ria f Unterschlagung f; **man'giabile** agg ⟨inv⟩ eßbar

mangiadischi m ⟨inv⟩ Plattenspieler m; **mangianastri** m ⟨inv⟩ Kassettenrecorder m

mangiare ⟨3.3⟩ I. vt ① → *carne* essen ② (*FIG corrodere*) zerfressen ③ → *il patrimonio* durchbringen, aufzehren ④ → *il cavallo* schlagen II. m (*delle persone*) Essen n; (*degli animali*) Fressen n; **mangiata** f Essen n

mangiatoia f Futterkrippe f

mangia|tore(trice f) m ⟨tori, trici⟩ [guter] Esser m

mangime m Futter n

mango m ⟨ghi⟩ (*frutta*) Mango f; (*albero*) Mangobaum m

ma'nia f ① ▷*suicida* Manie f, Wahn m ② (*dell'ordine*) Manie, Sucht f; **maniacale** agg ⟨inv⟩ manisch; **ma'niaco(a** f) I. agg ⟨ci, che⟩ ① (*dell'ordine*) besessen ② manisch II. m ③ MED manisch Kranke(r) m/f ④ ◇ **essere un - del calcio** auf Fußball versessen sein

'**manica** f ⟨che⟩ ① Ärmel m; ◇ **essere di - larga** nachsichtig sein ② (*FIG gruppo*) Bande f ③ ◇ **la M-** Ärmelkanal m

manicaretto m Leckerbissen m

manichino m Schneiderpuppe f

'**manico** m ⟨ci⟩ (*di ombrello*) Griff m; (*di borsa*) Henkel m; (*di scopa*) Stiel m

manicomio m Irrenhaus n

manicotto m ① Muff m ② TEC Muffe f

manicure f ⟨inv⟩ Maniküre f

maniera f ① Art f, Weise f; ◇ **alla - di** nach Art von *dat*; ◇ **in - che/da** so/derart, daß ② ◇ **-e** f/pl Benehmen n/sg; ◇ **con le buone -e** im guten ③ (*stile*) Stil m; **manierato** agg geziert

manierismo m Manierismus m; **manierista** I. agg ⟨inv⟩ manieristisch II. m/f⟨i, e⟩ Manierist(in) m

manifattura f (*lavorazione*) Herstellung f

manifestante I. *p. pres.* di **manifestare**; II. agg ⟨inv⟩ Demonstrations- III. m/f Demonstrant (in f) m; **manifestare** ⟨3.8⟩ I. vt ① → *opinioni*

äußern II. vi avere demonstrieren III. vr ◇ **-rsi** sich erweisen, sich zeigen; **manifestazione** f ① (*espressione*) Äußerung f ② (*dimostrazione pubblica*) Demonstration f; **manifesto**[1] agg offensichtlich; **manifesto**[2] m ① ▷*pubblicitario* Plakat n ② (*di partito*) Manifest n

maniglia f (*di cassetto*) Griff m; (*di porta*) Klinke f

manipolare ⟨3.10⟩ vt ① → *la creta* bearbeiten ② FIG → *le elezioni* manipulieren, verfälschen; **manipolazione** f ① (*della creta*) Bearbeitung f ② POL Manipulation f; **ma'nipolo** m (*di eroi*) Schar f

maniscalco m ⟨chi⟩ Hufschmied m

manna f REL Manna n

mannaia f Beil n

mano f ① Hand f; FIG ◇ **di prima/seconda -** aus erster/zweiter Hand; ◇ **mettere le - avanti** Vorkehrungen treffen; ◇ **fuori -** abgelegen; ◇ **venire alle -i** sich in die Haare geraten ② (*di vernice*) Schicht f; **mano'dopera** f Arbeitskraft f; (*costo del lavoro*) Arbeitslohn m; **ma'nometro** m Druckmesser m

mano'mettere ⟨Pass. rem.: manomisi/-mise/ -misero Part. manomesso⟩ irr vt → *le prove* verfälschen

ma'nopola f Knopf m

manoscritto m Manuskript n

manovale m Hilfsarbeiter m

manovra f ① ▷*per parcheggiare* Rangieren n ② MIL Manöver n; **mano'vrabile** agg ⟨inv⟩ manövrierfähig, wendig; **manovrare** I. vt ① → *un congegno* betätigen ② FIG lenken, steuern II. vi avere → *le truppe* manövrieren; FIG sich bemühen; **manovra|tore(trice** f) I. agg ⟨tori, trici⟩ Manöver-, Manövrier- II. m Führer(in f) m; FERR Rangierer(in f) m

manrovescio m ⟨sci⟩ Ohrfeige f

mansarda f Mansarde f

mansione f Aufgabe f

mansueto agg zahm; **mansue'tudine** f Sanftheit f

mantello m ① Umhang m; (*FIG di neve*) Decke f ② (*del cavallo*) Deckhaare pl

mantenere ⟨4.17⟩ irr I. vt ① ▷*in vita* erhalten ② → *la famiglia* unterhalten ③ → *le posizioni* behaupten ④ → *la parola* data halten II. vr ◇ **-rsi** ⑤ ◇ **-rsi in forze** sich in Form halten ⑥ ◇ **lavorare per -rsi** für seinen Unterhalt sorgen; **mantenimento** m ① (*della familia*) Unterhalt m ② (*della casa*) Erhaltung f ③ (*di una promessa*) Einhaltung f; **mantenuto** I. *p. pass.* di **mantenere**; II. agg (*conservato*) erhalten III. m ausgehaltene f Person

M

'mantice m ① Blasebalg, Balg m ② (di carrozza) zurückklappbares n Verdeck

manto m (FIG di neve) Decke f

manuale I. agg Hand-, handgemacht II. m Handbuch n; **manua'listico** agg ⟨ci, che⟩ Handbuch-; **manualità** f Handfertigkeit f; **manualmente** avv von Hand

manubrio m ① (della bicicletta) Lenker m ② SPORT Hantel f

manufatto I. agg handgefertigt II. m Handarbeitsartikel m

manutenzione f Wartung, Unterhaltung f

manzo m Rind m

maoismo m Maoismus m; **maoista** I. agg ⟨i, e⟩ maoistisch II. m/f Maoist(in f) m

maomettano(a f) I. agg mohammedanisch II. m Mohammedaner(in f) m

mappa f Landkarte f; **mappamondo** m ① Weltkarte f ② (globo girevole) Globus n

marasma m ⟨i⟩ ① MED Kräfteverfall m, Marasmus m ② FIG Chaos n

maratona f Marathonlauf; **maratoneta** m/f Marathonläufer(in f) m

marca f ⟨che⟩ ↑ del prezzo Schild n; (di fabbrica) Firma f, Marke f

marcare ⟨3.4⟩ irr vt ① → frase markieren ② FIG → un suono hervorheben ③ SPORT → un avversario decken; **marcato** I. p. pass. di **marcare**; II. agg ① markiert ② (accentuato) betont ③ SPORT gedeckt

marchese(a f) m Marchese(Marchesa f) m; (in Francia) Marquis(Marquise f) m

marchiare ⟨3.6⟩ vt kennzeichnen; **marchio** m ① Brandmal, Brandzeichen n ② (di fabbrica) Marke f; ◇ - registrato eingetragenes Warenzeichen

marcia f ⟨ce⟩ ① (dei soldati) Marsch m ② (il camminare) Gehen n ③ (dell' automobile) Gang m; ◇ far - indietro rückwärts fahren; **marciapiede** m Gehsteig m; **marciare** ⟨3.3⟩ vi avere ① → soldati marschieren ② → treno fahren

marcio I. agg ⟨ci⟩ ① ▷frutta verfault; ▷legno morsch; ② (infetto) eiterig II. m ③ (parte marcia) Faule n ④ (parte infetta) eiterige f Stelle; **marcire** ⟨5.2⟩ vi ① (andare a male) verfaulen; FIG ▷nel vizio zugrunde gehen ② (suppurare) eitern

marco m ⟨chi⟩ ▷tedesco Mark f

mare m : ◇ andare al mare ans Meer gehen; ◇ il Mar del Nord die Nordsee; (FIG di gente) Menge f; **ma'rea** f Gezeiten pl; ◇ alta - Flut f; ◇ bassa - Ebbe f; **mareggiata** f Flutwelle f; **maremoto** m Seebeben n

maresciallo m (in Germania) Feldmarschall m; (in Italia) Feldwebel m

maretta f leichter m Seegang

margarina f Margarine f

margherita f FLORA Margerite f

marginale agg ⟨inv⟩ ▷nota Rand-; **'margine** f Rand m

marijuana f ⟨inv⟩ Marihuana n

marina f Marine f; **marinaio** m Seemann m; **marinare** vt ① GASTRON marinieren ② → la scuola schwänzen; **marinaro** agg (del mare) ▷città See-, Seefahrer-; **marinata** f Marinade f; **marino** agg See-, Meer(es)-

marionetta f Marionette f

maritare I. vt verheiraten II. vr heiraten; **marito** m Ehemann m, Mann m

ma'rittimo agg See-, Meer(es)-, maritim

marmaglia f Gesindel n

marmellata f Marmelade f

marmista m/f Steinmetz(in f) m

marmitta f ① Kessel m ② Auspuff m; ◇ - catalitica Katalysator m

marmo m Marmor m

marmocchio m FAM Balg m/n

marmoreo agg Marmor-; **marmorizzare** vt marmorieren

marmotta f FAUNA Murmeltier m; FIG Faulpelz m

marocchino(a f) I. agg marokkanisch II. m Marokkaner(in f) m

maroso m Sturzwelle f

marpione(a f) m (furbacchione) Schlaukopf m

marrone(a f) m ① kastanienbraun II. m FLORA Edelkastanie, Eßkastanie f

marsala m Marsala m

marsigliese I. agg ⟨inv⟩ aus Marseille II. m/f Marseiller(in f) m III. f (inno) Marseillaise f

marsina f Frack m

marsupiale agg ⟨inv⟩ (relativo al marsupio) Beutel-

Marsupiali m/pl Beuteltiere n/pl; **marsupio** m (dei canguri) Beutel m

Marte m ① (dio romano) Mars m ② (pianeta) Mars m

martedì m Dienstag m; ◇ di [o. il] - dienstags, am Dienstag

martellamento m Hämmern n; (FIG di domande) Bombardieren n; **martellare** I. vt hämmern; FIG ▷di domande bombardieren II. vi avere pochen, klopfen; **martellata** f (colpo di martello) Hammerschlag m; **martello** m Hammer m

martingala f (di un cappotto) Rückenspange f

Martini m Martini m

'**martire** *m/f* Märtyrer(in *f*) *m*; **martirio** *m* Martyrium *n*; *FIG* Marter, Qual *f*; **martirizzare** *vt* foltern; *FIG* peinigen

'**martora** *f* FAUNA Marder *m*

martoriare ⟨3.3⟩ *vt FIG* quälen, peinigen

marxiano *agg* marxistisch; **marxista** I. *m/f* Marxist(in *f*) *m* II. *agg* ⟨inv⟩ marxistisch

marzapane *m* Marzipan *n*

marziale *agg* ⟨inv⟩ ▷*legge* Kriegs-

marziano(a *f*) *m* Marsmensch *m*

marzo *m* März *m*; ◇ **in** - im März; ◇ **il 15** - am 15. März

mascalzonata *f* Schurkerei *f*; **mascalzone(a** *f*) *m* Schurke(Schurkin *f*) *m*

mascara *m* ⟨inv⟩ Wimperntusche *f*

mascarpone *m* Mascarpone *m*

mascella *f* ANAT Kiefer *m*; **mascellare** *agg* ⟨inv⟩ Kiefer-

'**maschera** *f* Maske *f*; ◇ **mettersi in** - sich maskieren; *(della bontà)* Deckmantel *m*; ◇ - **subacquea** Tauchermaske ⑤ TEATRO, FILM Platzanweiser(in *f*) *m*; **mascheramento** *m* ① Maskierung *f* ② MIL Tarnung *f*; **mascherare** ⟨3.2⟩ I. *vt* ① maskieren ② → *un'entrata* verdecken; *FIG* → *la rabbia* tarnen, verbergen II. *vr*: ◇ -**rsi** sich verkleiden *(da als nom)*; *FIG* sich aufspielen *(da als nom)*; **mascherata** *f* Maskenzug *m*

maschile *agg* ⟨inv⟩ männlich, Mannes-, Männer-; LING maskulin

maschilismo *m* Männlichkeitswahn *m*; **maschilista** *agg* ⟨i⟩ männerbevorzugend; **maschio** I. *m* ① BIO Männchen *n* ② *FAM* Junge *m* ③ TEC Zapfen *m* II. *agg* männlich

mascolinità *f* Männlichkeit *f*; **mascolino** *agg* männlich

mascotte *f* ⟨inv⟩ Maskottchen *n*

masnadiero *m (brigante di strada)* Straßenräuber *m*

masochismo *m* Masochismus *m*; **masochista** *m/f* Masochist(in *f*) *m*

'**massa** *f* ① *(di terra)* Masse *f* ② *(di errori)* Menge *f* ③ ▷*elettorale* Menge *f* ④ FIS, ELETTR Masse *f*

massacrante I. *p. pres. di* **massacrare**; II. *agg* ⟨inv⟩ zermürbend, aufreibend-; **massacrare** *vt* ① massakrieren ② *(malmenare, di botte)* mißhandeln; **massacro** *m* Massaker *n*

massaggiare ⟨3.3⟩ *vt* massieren; **massaggiatore(trice** *f*) *m* ⟨tori, trici⟩ Masseur(in *f*) *m*; **massaggio** *m* ⟨gi⟩ Massage *f*

massaia *f* Hausfrau *f*

masse'ria *f* Gehöft *n*; **masserizia** ; ◇ -**e** *f/pl* Hausrat *m/sg*

massicciata *f* Schotterung *f*; **massiccio** I.

agg ⟨ci, ce⟩ ▷*oro, legno* massiv; ▷*corporatura* kräftig, massig II. *m* GEO Massiv *n*

massimale I. *agg* ⟨inv⟩ maximal, Höchst- II. *m* Höchstgrenze *f*; **massimalismo** *m* Radikalismus *m*

'**massimo** I. *agg (superl. di grande)* größt, höchst, maximal II. *m* ① *(dei voti)* Höchstmaß *n* ② SPORT Schwergewichtler *m*

mass media *m/pl* Massenmedien *pl*

masso *m* Felsblock *m*

massone *m* Freimaurer *m*

massone'ria *f* Freimaurerei *f*; **mas'sonico** *agg* ⟨ci, che⟩ freimaurerisch, Freimaurer-

mastello *m* Bottich *m*

masticare ⟨3.4⟩ *irr vt* kauen; **masticatorio** *agg (relativo alla masticazione)* Kau-; **masticazione** *f* Kauen *n*

'**mastice** *m (sostanza adesiva)* Kitt *m*; *(resina balsamica)* Mastix *m*

mastino *m* Bluthund *m*, Mastino *m*

masdite *f* MED Brustdrüsenentzündung, Mastitis *f*

masto'dontico *agg* ⟨ci, che⟩ *(enorme, gigantesco)* riesig, kolossal

masturbare *vt vr* masturbieren; **masturbazione** *f* Selbstbefriedigung, Masturbation *f*

matassa *f* Strähne *f*, Strang *m*

mate'matica *f* Mathematik *f*; **mate'matico(a** *f*) I. *agg* ⟨ci, che⟩ mathematisch II. *m* Mathematiker(in *f*) *m*

materassino *m* Luftmatratze *f*; **materasso** *m* Matratze *f*

materia *f* ① ▷*organica* Materie *f* ② ▷*plastica* Stoff *m*, Material *n* ③ Fach *n*; **materiale** I. *agg* ⟨inv⟩ ① materiell, stofflich ② körperlich ③ *(effettivo, reale)* wirklich II. *m* ▷*da costruzione* Material *n*; ▷*scolastico* Unterlagen *f/pl*, Material *n*; **materialismo** *m* FIL Materialismus *m*; **materialista** *m/f* ⟨i, e⟩ ① Materialist(in *f*) *m*; **materia'listico** *agg* ⟨ci, che⟩ materialistisch

materializzare *vt* materialisieren; **materializzazione** *f* Materialisation *f*

materialmente *avv* ① materiell ② tatsächlich, wirklich

maternità *f* ① Mutterschaft *f* ② Entbindungsklinik *f*; **materno** *agg* ① ▷*nonno* mütterlich, mütterlicherseits ② ▷*lingua, terra* Mutter-, Heimat-

matita *f* Bleistift *m*; ◇ - **a pastello** Pastellstift *m*; ◇ - **per gli occhi** Eyeliner, Kajalstift *m*

matriarcato *m* Matriarchat *n*

matrice *f* ① BIO, MAT Matrix *f*; *FIG* Matrix, Grundform *f* ② Abschnitt *m* ③ TEC Matrize *f*

matricida *m/f* Muttermörder(in *f*) *m*; **matricidio** *m* Muttermord *m*

ma'tricola f ① Stammbuch n, Matrikel f ② Matrikel-, Registriernummer f ③ SCUOLA Fuchs m; **matricolare** ⟨3.10⟩ vt (immatricolare) immatrikulieren, einschreiben; **matricolato I.** p. pass. di **matricolare**; **II.** agg (FIG famigerato) ▷briccone durchtrieben

matrigna f Stiefmutter f

matrimoniale agg ⟨inv⟩ ehelich, Ehe-; **matrimonio** m Ehe f; (rito) Trauung f

matrona f Matrone f

mattacchione(a f) m (pazzerellone) Spaßvogel, Scherzkeks m

mattanza f traditionelle Art des Thunfischfangs und -tötens auf Sizilien

matterello m Nudelholz n

mattina f Morgen m; **mattinata** f Vormittag m; **mattiniero** agg: ◇ essere - Frühaufsteher sein; **mattino** m Morgen m

matto¹(**a** f) **I.** agg verrückt, wahnsinnig; FIG ◇ provare un gusto - per gelato wahnsinnige Lust auf Eis haben **II.** m/f Verrückte(r) m/f

matto² agg ⟨inv⟩ ◇ scacco - schachmatt

mattone m Ziegel m; **mattonella** f ① (piastrella) Fliese, Kachel f ② (di biliardo) Bande f

mattutino agg ▷ore Morgen-, morgendlich

maturando(a f) m Abiturient(in f) m

maturare I. vt ① reifen lassen ② FIG → un piano heranreifen lassen **II.** vi, vi pron ③ ← frutta reifen ④ ← ragazzo reif werden ⑤ COMM ← gli interessi fällig werden; **maturazione** f ① (dei frutti) Reifung f ② (di un artista) Reife, Reifezeit f ③ (di un piano) Heranreifen n; **maturità** f ① (di un ragazzo) Reife f ② (diploma, esame) Abitur n; **maturo** agg ① ▷frutta reif ② ▷tempi reif, fällig

matusalemme m FAM Methusalem m

mauso'leo m Mausoleum n

mazurca f (danza) Mazurka f

mazza f ① (bastone) Stock m, Keule f ② (martello) Vorschlaghammer m ③ SPORT Schläger m; **mazzata** f (colpo di mazza) Keulenhieb, Hammerschlag m; FIG [Schicksals-]Schlag m

mazzo m ① (di fiori) Strauß m ② (di carte) Spiel n

me pron (1 pers m/fsg) ① ◇ hanno parlato di - sie haben über mich geredet; ◇ se vuoi puoi venire con - wenn du willst, kannst du mit mir kommen ② ◇ povero -! ach, ich Armer ! ③ ◇ - lo ha raccontato subito sie hat es mir sofort erzählt; ◇ mandate-lo immediatamente ! schickt es mir unverzüglich !

meandro m GEO Mäander m

M.E.C. m acronimo di acr. di **Mercato Comune Europeo**, Gemeinsamer [Europäischer] Markt m

mecca f Mekka n

mec'canica f ① FIS Mechanik f, Mechanismus m ② (di un incidente) Vorgang, Hergang m; **meccanicamente** avv mechanisch; **mec'canico(a** f) **I.** agg ⟨ci, che⟩ mechanisch **II.** m Mechaniker(in f) m

meccanismo m Mechanismus m

meccanizzare vt mechanisieren; **meccanizzato I.** p. pass di **meccanizzare** **II.** agg mechanisiert; **meccanizzazione** f Mechanisierung f

mecenate m/f Mäzen m; **mecenatismo** m Mäzenatentum n

medaglia f Medaille f

me'desimo I. agg ① ◇ siamo della - opinione wir sind derselben Meinung ② ◇ è della - larghezza es hat die gleiche Größe ③ ◇ lui - l'ha detto er selbst hat das gesagt **II.** pron (dimostr.) derselbe, dieselbe, dasselbe

media¹ f Durchschnitt m, Mittel n

media² m/pl Medien pl; **mediamente** avv indirekt; **mediana** f MAT Mediane f; **medianicità** f (di un fenomeno) Übersinnlichkeit f; **me'dianico** agg ⟨ci, che⟩ medial; **medianismo** m Mediale n; **mediano** agg (di mezzo) ▷punto Mittel-

mediante prep prep dat, durch acc, mittels gen

mediare ⟨3.3⟩ vt vermitteln; **mediato I.** p. pass di **mediare**; **II.** agg (indiretto) indirekt, mittelbar; **media|tore(trice** f) m ① Vermittler(in f) m ② (agente di commercio) Makler(in f) m; **mediazione** f Vermittlung f

medicamento m Medikament, Heilmittel n; **medicamentoso** agg medikamentös, Heil-; **medicare** ⟨3.4⟩ **I.** vt (ärztlich) behandeln **II.** vr ◇ -rsi sich behandeln, sich versorgen; **medicato I.** p. pass di **medicare**; **II.** agg Heil-; **medicazione** f (ärztliche) Behandlung f

medicina f ① (scienza) Heilkunde f ② Heilmittel n; **medicinale I.** agg ⟨inv⟩ Heil-, heilkräftig **II.** m (farmaco) Arzneimittel n; **medico(dottoressa** f) ⟨ci, che⟩ **I.** m Arzt m, Ärztin f **II.** agg ① (di medicina) medizinisch ② (del medico) Arzt-, ärztlich

medievale agg ⟨inv⟩ mittelalterlich; **medievalista** m/f Mediävist(in f) m

medio I. agg ① Mittel-, mittlere ② Durchschnitts-, Mittel- ③ (mediocre) mittelmäßig ④ ▷scuola Mittel- **II.** m (dito) Mittelfinger m

mediocre I. agg ⟨inv⟩ mittelmäßig **II.** m/f Mittelmäßige(r) m/f

medioevale vedi **medievale**; **medioevo** m Mittelalter n

meditabondo agg (pensieroso) in Gedanken versunken

meditare ⟨3.2⟩ **I.** vt ① nachsinnen, meditieren über acc; (riflettere) nachdenken über acc ② (progettare) planen **II.** vi avere meditieren; **meditativo** agg meditativ, nachdenklich; **meditazione** f Nachdenken n, Meditation f

mediterraneo agg ▷clima Mittelmeer, mediterran; ◇ il [Mare] **m** M- das Mittelmeer

medium m ⟨inv⟩ Medium n

medusa f FAUNA Qualle f

meeting m ⟨inv⟩ Treffen n

me'gafono m Megaphon n

megaloma'nia f Größenwahn m

mega'lopoli f ⟨inv⟩ Megalopolis, Riesenstadt f

meglio I. avv (comp. di bene) besser; (superlativo) am besten **II.** agg ⟨inv⟩ comp. di buono ① ◇ questa lampada è - dell'altra diese Lampe ist besser als jene ② ◇ sarebbe - tacere adesso es wäre besser, jetzt zu schweigen; ◇ alla - so gut es geht **III.** m/f Beste n; ◇ fare del proprio - sein Bestes/möglichstes tun

mela f Apfel m, **melacotogna** f Quitte f; **melagrana** f ⟨melagrane o⟩ Granatapfel m

melanina f Melanin n

melanoma m MED Melanom n

melanzana f Aubergine f

melassa f Melasse f

melenso agg albern, töricht

melissa f FLORA Melisse f

mel'lifluo agg honigsüß

melma f Schlamm m; **melmoso** agg schlammig

melo m Apfelbaum m

melo'dia f Melodie f; **me'lodico** agg ⟨ci, che⟩ melodisch; **melodioso** agg melodiös

melodramma m ⟨i, e⟩ Melodram, Melodrama n; **melodram'matico** agg ⟨ci, che⟩ melodramatisch

melograno m Granatapfelbaum m

meloma'nia f (amore ecc.essivo per la musica) Musikbesessenheit f

melone m Melone f

membrana f ANAT, BIO Membran f; ◇ - del timpano Trommelfell n; **membratura** f ① (membra umane) Glieder n/pl ② ARCHIT Bauglied n

membro m ⟨membra nel sig. 1, membri in 2, 3, 4⟩ ① ◇ -a f/pl (arto) Körperglied n ② (del Senato) Mitglied n ③ (LING di un periodo) Glied n ④ (ANAT pene) Glied n

memo'rabile agg ⟨inv⟩ denkwürdig

memorandum m ⟨inv⟩ (promemoria) Memorandum n; (libretto di appunti) Notizbuch n

'memore agg ⟨inv⟩ eingedenk (di gen); **memoria** f (processo mentale) Gedächtnis n; (ricordo)

Erinnerung f; INFORM Speicher m; ◇ -e f/pl (opera autobiografica) Erinnerungen, Memoiren pl; ◇ a - auswendig; ◇ degno di - erinnerungswürdig; ◇ perdita della - Gedächtnisschwund; ◇ a - d'uomo seit Menschengedenken; **memoriale** m (raccolta di memorie) Erinnerungen f/pl; **memorialista** m/f (autore di memoriali) Autor (in f) m von Memoiren/Erinnerungen/Biographien; **memorizzare** vt im Gedächtnis behalten, sich einprägen; INFORM speichern; **memorizzazione** f INFORM Speichern n

menadito avv: ◇ sapere fare qc a - etw wie im Schlaf können

menare I. vt ① führen ② → colpi austeilen; (picchiare) schlagen ③ (agitare) → la coda wedeln **II.** vr ◇ -rsi sich prügeln

mendace agg ⟨inv⟩ (bugiardo) lügnerisch, verlogen; **mendacia** f Verlogenheit f

mendicante I. p. pres. di **mendicare**; **II.** agg ⟨inv⟩ bettelnd **III.** m/f Bettler(in f) m; **mendicare** ⟨3.1⟩ **I.** vt betteln um acc **II.** vi avere betteln; **'mendico** agg ⟨ci, che⟩ Bettler

menefreghismo m (noncuranza) Unbekümmertheit, Gleichgültigkeit f; **menefreghista I.** m/f ⟨i, e⟩ gleichgültiger Mensch m **II.** agg gleichgültig

meninge f ANAT Hirnhaut f; **meningite** f Hirnhautentzündung, Meningitis f

menisco m ⟨schi⟩ ANAT Meniskus m

meno I. avv ① devi lavorare di - du solltest weniger arbeiten ② ↑ no ◇ dobbiamo decidere se partire o - wir müssen entscheiden, ob wir fahren sollen oder nicht ③ ◇ gli sono venute - le forze ihm schwanden die Kräfte ④ ◇ Luigi non si è mostrato da - Luigi hat sich nicht als schwächer erwiesen ⑤ ◇ fare a - di qc/qu auf etw/jd-n verzichten **II.** congiunz: ◇ a - che außer wenn **III.** prep außer dat **IV.** agg inv: ◇ abbiamo consumato - corrente wir haben weniger Strom verbraucht **V.** m ⟨inv⟩ ① MAT Minus n ② ◇ il - das Geringste n

Meno m Main m

menomare ⟨3.2⟩ vt (danneggiare) verletzen; (ridurre) schmälern; **menomato(a** f) **I.** p. pass di **menomare**; **II.** agg (persona) behindert **III.** m/f Behinderte(r) m/f; **menomazione** f Behinderung f

menopausa f Menopause f, Wechseljahre n/pl

mensa f ① Tafel f, gedeckter m Tisch ② (nelle università) Mensa f

mensile I. agg monatlich, Monats-; ▷abbonamento Monats- **II.** m ① ↑ periodico Monatsheft n ② ↑ stipendio Monatsgehalt n; **mensilità** f ① (periodicità mensile) monatliche *f* Erscheinungsform ② Monatsgehalt *n;* **mensil-mente** *avv* monatlich

'**mensola** *f* Konsole *f*

menta *f* ① FLORA Minze *f* ② (*caramella*) Pfefferminzbonbon *n*

mentale *agg* Geistes-, geistig; (*calcolo*) Kopf-

mentalità *f* Mentalität *f*

mentalmente *avv* im Kopf

mente *f* ① (*intelletto, intelligenza*) Verstand, Geist *m* ② (*memoria*) Gedächtnis *n;* ◇ tenere a - qc sich etwas merken ③ (*intenzione*) ◇ avere in - qc im Sinn haben

mentire ⟨5.1/5.2⟩ *irr vi avere* lügen; **mentito** I. *p. pass* di **mentire**; II. *agg* gelogen

mento *m* Kinn *n*

mentre *congiunz* (*temporale*) während , indem; (*avversativa*) während

menù *m* ① (*lista*) Speisekarte *f;* (*cibi*) Menü *n* ② INFORM Menü *n*

menzionare *vt* erwähnen; **menzione** *f* Erwähnung *f*

menzogna *f* Lüge *f;* **menzognero** *agg* ▷*persona* lügnerisch; ▷*cosa* erlogen, falsch

Merano *f* Meran *n*

meraviglia *f* ① Verwunderung *f;* ② ↑ *cosa meravigliosa* Wunder *n;* ◇ a - ausgezeichnet; **meravigliare** ⟨3.6⟩ *vt* erstaunen, verwundern; **meraviglioso** *agg* wunderbar

mercante(**essa** *f*) *m* Händler(in *f*) *m;* **mercanteggiare** ⟨3.3⟩ I. *vi avere* handeln, Handel treiben II. *vt* → *il voto* verschachern; **mercantile** I. *agg* ① (*relativo al commercio*) Handels-, kaufmännisch ② (*di, da mercante*) Händler-, Kaufmanns-, Geschäfts- II. *m* ▷*nave* Handelsschiff *n;* **mercan'zia** *f* Ware *f*

mercato *m* ① Markt *m* ② ◇ a buon - billig; ◇ prezzo di - Marktpreis *m* ③ ◇ analisi di - Marktanalyse *f* ④ ◇ M- Comune Europeo Gemeinsame(r) Markt *m*

merce *f* Ware *f*

mercenario I. *agg* bezahlt, Söldner- II. *m* (*soldato*) Söldner(in *f*) *m*

merce'ria *f* Kurzwaren *f/pl*

mercificare ⟨3.10⟩ *irr vt* → *l'arte* kommerzialisieren; **mercificazione** *f* (*dell'arte*) Kommerzialisierung *f*

mercoledì *m* Mittwoch *m;* ◇ di [*o.* il] - am Mittwoch, mittwochs; ◇ - santo Mittwoch der Karwoche; ◇ - delle ceneri Aschermittwoch *m*

mercurio *m* ① CHIM Quecksilber *n* ② ◇ M- ASTRON Merkur *m*

merda *f* FAM ! Scheiße *f*

merenda *f* Zwischenmahlzeit *f,* Snack, Imbiß *m*

meretrice *f* (*prostituta*) Dirne *f*

meridiana *f* Sonnenuhr *f;* ASTRON Mittagslinie *f;* **meridiano** I. *agg* Mittags-, mittäglich II. *m* ASTRON, GEO Meridian *m*

meridionale *agg* ⟨inv⟩ Süd-, südlich; **meridione** *m* Süden *m*

meringa *f* ⟨ghe⟩ Meringe *f,* Baiser *n*

meritare ⟨3.2⟩ I. *vt* ① verdienen ② (*procurare*) einbringen II. *vi avere* (FAM *valere*): ◇ è un libro che merita dies ist ein lohnendes Buch; **meritatamente** *avv* (*secondo il merito*) verdienterweise, zu Recht; **meri'tevole** *agg* ① (*di riconoscenza*) wert, würdig ② (*degno di lode*) verdienstvoll; '**merito** *m* ① Verdienst, Wert *m* ② (*sostanza*) ◇ entrare nel - della questione zum Kern der Sache kommen; ◇ in - a in bezug auf *acc;* **meritorio** *agg* verdienstvoll

merletto *m* Spitze *f*

merlo *m* ① FAUNA Amsel *f* ② ARCH Zinne *f*

merluzzo *m* Dorsch, Kabeljau *m*

'**mescere** *irr vt* eingießen, einschenken

meschinità *f* Engstirnigkeit, Kleinlichkeit *f;* **meschino** *agg* ① ▷*pensiero* kleinlich ② ▷*abitazione* dürftig, ärmlich ③ (*infelice*) unglücklich

mescolanza *f* Mischung *f;* **mescolare** ⟨3.2⟩ *vt* ① mischen ② → *la minestra* umrühren; **mescolata** *f* (*atto del mescolare*) Mischen *n*

mese *m* Monat *m*

messa[1] *f* REL, MUS Messe *f*

messa[2] *f* : ◇ - in moto Inbetriebnahme *f;* ◇ - in opera Ausführung *f;* ◇ in piega Legen *n;* ◇ a punto Einstellung *f*

messaggero(**a** *f*) I. *m* Bote *m,* Botin *f* II. *agg* (*che annuncia*) verkündet; **messag'gio** *m* ⟨gi⟩ Botschaft *f;* (*discorso solenne*) Rede *f*

messale *m* REL Meßbuch *n*

messe *f* ↑ *raccolto* Ernte *f*

Messia *m* REL Messias *m;* **mes'sianico** *agg* ⟨ci, che⟩ messianisch

messicano(**a** *f*) I. *agg* mexikanisch II. *m* Mexikaner(in *f*) *m*

messinscena *f* Inszenierung *f*

messo I. *p. pass. di* **mettere**; II. *agg* (*collocato*) gesetzt

mestiere *m* (*di calzolaio*) Handwerk *n,* Arbeit *f*

mestizia *f* (*tristezza*) Traurigkeit, Wehmut *f*

mesto *agg* (*triste*) traurig, wehmütig

'**mestola** *f* Schöpflöffel *m,* Schöpfkelle *f*

mestruale *agg* ⟨inv⟩ Menstruations-; **mestruazione** *f* Menstruation *f;* **mestruo** *m* Regel, Menstruation *f*

meta *f* (*scopo*) Ziel *n;* ◇ arrivare alla - am Ziel ankommen; ▷*sciistica* Ziel *n*

metà f Hälfte f; ◇ **fermarsi a - percorso** auf halbem Weg anhalten

meta'bolico agg ⟨ci, che⟩ metabolisch

metabolismo m Metabolismus, Stoffwechsel m

metadone m Methadon n

meta'fisica f ⟨che⟩ Metaphysik f; **meta'fisico** agg ⟨ci, che⟩ metaphysisch

metafo'nia f LING Umlaut m

me'tafora f Metapher f; **meta'forico** agg ⟨ci, che⟩ metaphorisch

metalinguag'gio m ⟨gi⟩ Metasprache f; **meta-lin'guistica** f LING Metalinguistik f

me'tallico agg ⟨ci, che⟩ Metall-, metallen; ▷*suono* metallisch; ▷*colore* metallen, metallic

metallizzare vt metallisieren; **metallizzato** I. p. pass. di **metallizzare**; II. agg ▷*colore* metallic; **metallo** m Metall n; **metallur'gia** f ⟨gie⟩ Metallurgie f; **metal'lurgico(a** f) I. agg ⟨ci, che⟩ metallurgisch, Metall- II. m (*operaio*) Metallarbeiter(in f) m

metalmec'canico(a f) I. agg ⟨ci, che⟩ Metall- und Maschinenbau- II. m (*operaio*) Arbeiter (in f) m in der Metall-und Maschinenbauindustrie

meta'morfosi f ⟨inv⟩ Metamorphose, Verwandlung f

metano m Methan n; **metanodotto** m (*conduttura*) Erdgasleitung f

meta'psichica f ⟨che⟩ Parapsychologie, Metapsychik f; **meta'psichico** agg ⟨ci, che⟩ metapsychisch

metastasi f ⟨inv⟩ Metastase f

metatarso m ANAT Mittelfuß m

metatesi f LING Metathese f

me'teora f Meteor m, Sternschnuppe f; **meteo-rite** m/f Meteorit m

meteorolo'gia f ⟨gie⟩ Meteorologie f; **me-teoro'logico** agg ⟨ci, che⟩ meteorologisch; **meteo'rologo(a** f) m ⟨gi, ghe⟩ Meteorologe m, Meteorologin f

metic'cio(a f) m ⟨ci, ce⟩ 1 FAUNA Hybride m/f 2 (*persona*) Mestize m, Mestizin f

meticolosità f Pingeligkeit f; **meticoloso** agg peinlich genau, pingelig

metile m CHIM Methyl n; **metilene** m CHIM Methylen n; **me'tilico** agg ▷*alcol* Methyl-

metodicità f Methodik f; **me'todico(a** f) agg ⟨ci, che⟩ 1 (*ordinato*) methodisch 2 (*abitudinario*) methodisch, systematisch; '**metodo** m (*d'insegnamento*) Methode f; ◇ **studiare con -** systematisch lernen; **metodolo'gia** f ⟨ie⟩ 1 FIL Methodologie f 2 (*metodo*) Methode f; **metodo'logi-co** agg ⟨ci, che⟩ 1 methodologisch 2 methodisch

metonimia f Metonymie f

metraggio m 1 (*misurazione a metri*) Metermessung f 2 FILM ◇ **film a corto -** Kurzfilm m

metratura f 1 (*di una stoffa*) Länge [in Metern] f 2 (*di una stanza*) Größe f

'metrica f Metrik f

'metrico agg ⟨ci, che⟩ 1 Vers-, metrisch 2 MAT ◇ **sistema - decimale** Dezimalsystem n

metro[1] m (*del verso*) Metrum n

metro[2] m 1 (*unità di lunghezza*) Meter m 2 Meterband, Metermaß n; (*FIG criterio di giudizio*) Maßstab m

me'tronomo m Metronom n, Taktmesser m

metronotte m/f ⟨inv⟩ Nachtwächter(in f) m

me'tropoli f ⟨inv⟩ Metropole f; **metropolita** m ⟨i, e⟩ Erzbischof m; **metropolitana** f U-[Intergrund]Bahn f; (*in superficie*) Straßenbahn f; **metropolitano(a** f) I. agg (*della metropoli*) weltstädtisch II. m (*operaio*) Arbeiter(in f) m

'mettere ⟨Pass. rem.: misi/mise/misero Part.: messo⟩ ir I. vt 1 (*collocare in piedi*) stellen; (*collocare in orizzontale*) legen 2 (*posare*) setzen 3 → *un francobollo* aufkleben 4 (*aggiungere*) dazugeben, zufügen 5 (*indossare*) anziehen 6 (*supporre*) ◇ **metti che io abbia ragione** angenommen, ich habe recht II. vr ◇ **-rsi** anziehen

mezza'dria f Halbpacht f; **mezzadro(a** f) m Halbpächter(in f) m

mezza'luna f ⟨mezzelune⟩ 1 Halbmond m 2 (*coltello*) Wiegemesser n

mezzanino m Zwischengeschoß n

mezzano(a f) I. agg (*medio*) ▷*età* mittlere, mittelmäßig II. m (*intermediario*) Vermittler(in f) m; (*ruffiano*) Kuppler(in f) m

mezzanotte f ⟨mezzenotti⟩ Mitternacht f

mezz'aria avv: ◇ **rimanere sospeso a -** auf halber Höhe bleiben

mezzo I. agg 1 Halb-, halb 2 (*medio*) ◇ **donna di mezz'età** eine Frau im mittleren Alter 3 FAM ◇ **è stato un - scandalo** es war ein mittelprächtiger Skandal II. m 1 (*parte centrale*) Mitte f 2 (*di comunicazione*) Mittel n 3 → *di trasporto pubblico* Mittel n III. avv halb, zur Hälfte

mezzofondista m/f (*atleta*) Mittelstreckenläufer(in f) m; **mezzofondo** m Mittelstrecke f

mezzogiorno m 1 Mittag m; (*nell'indicare l'ora*) zwölf Uhr 2 ◇ **il M-** Süden, Mezzogiorno m

mezz'ora f ⟨mezze ore⟩ halbe Stunde f

mezzosangue m/f 1 (*meticcio di prima generazione*) Halbblut n, Mischling m 2 ▷*cavallo* Halbblut n

mezzosoprano m/f ⟨soprani⟩ Mezzosopran(sopranistin f) m

mi¹ *pron* (*pers*) ① ◇ **non - ha capito** er hat mich nicht verstanden; ◇ **cerca di capir-** versuche mich zu verstehen; ◇ **qui - si prende in giro** hier werde ich auf den Arm genommen ② ◇ **- ha raccontato tutto** er hat mir alles erzählt; ◇ **dam- il tuo libro** gib mir dein Buch

mi² *m* ⟨inv⟩ MUS E *n*

miagolare *vi avere* miauen; **miagolata** *f* Miau- en *n;* **miago'lio** *m* Miauen *n; FIG* Gejammer *n*

miasma *m* ⟨i⟩ Miasma *n*, Gestank *m*

mica I. *avv* ① (*rafforzativo della negazione*) ◇ **non è - tardi** es ist ja nicht zu spät ② ↑ *non* ◇ **è la verità,** - **un'invenzione** das ist die Wahrheit und keine Erfindung; ◇ - **male** nicht schlecht ③ ◇ **non ti sarai - offeso ?** ich habe dich doch nicht etwa beleidigt ?

mic'cia *f* ⟨ce⟩ Zündschnur *f*

micidiale *agg* ⟨inv⟩ tödlich, mörderisch; (*molto dannoso*) [äußerst] schädlich

micio(a *f) m* (*FAM gatto domestico*) [Haus-] Katze *f*, [Haus-]Kater *m*

micolo'gia *f* Mykologie, Pilzkunde *f*

mi'crobico *agg* ⟨ci, che⟩ mikrobisch

microbiolo'gia *f* Mikrobiologie *f;* **micro- bio'logico** *agg* ⟨ci, che⟩ mikrobiologisch; **mi- cro'biologo(a** *f) m* ⟨gi, ghe⟩ Mikrobiologe *m*, Mikrobiologin *f*

'**microbo** *m* Mikrobe *f; FIG* Wurm *m*, Null *f*

microcalcolatore *m* Mikrocomputer *m*

microclima *m* Mikroklima, Kleinklima *n*

microcosmo *m* Mikrokosmos *m*

microecono'mia *f* Mikroökonomie, Kleinöko- nomie *f*

microelet'tronica *f* ⟨che⟩ Mikroelektronik *f*

micro'film *m* ① (*sistema di ripresa*) Mikrofilm- aufnahme *f* ② (*bobina di pellicola*) Mikrofilm *m*

mi'crofono *m* Mikrophon *n*

microonda *f* Mikrowelle *f*

microprocessore *m* Mikroprozessor *m*

microrganismo *m* Mikroorganismus *m*

micro'scopico *agg* ⟨ci, che⟩ Mikroskop-, mi- kroskopisch; **microscopio** *m* Mikroskop *n*

microsolco *m* ⟨chi⟩ ① Tonrille *f* ② Schallplat- te *f*

midi I. *agg* ⟨inv⟩ ▷*gonna* Midi- II. *f* ⟨inv⟩ (*gonna midi*) Midirock *m*

midollare *agg* ⟨inv⟩ Knochenmark-, Mark-

midollo *m* ⟨a⟩ ① ANAT [Knochen-]Mark *n* ② FLORA Mark *n*

miele *m* Honig *m*

'**mietere** *vt* → *il grano* mähen; *FIG* → *consensi* ernten

mietitrebbiatrice *f* ⟨ci⟩ Mähdrescher *m*

mietitura *f* Mähen *n*, Ernte *f*

migliaio *m* ⟨a⟩ Tausend *n*

miglio¹ I. *m* ⟨a⟩ (*unità di misura*) Meile *f*

miglio² *m* ⟨migli⟩ FLORA Hirse *f*

miglioramento *m* Verbesserung *f;* **migliorare** I. *vt* bessern, verbessern II. *vi essere, avere* bes- ser werden; **migliore** I. *agg* (*comp di buono*): ◇ **è la - persona che io conosca** sie ist der beste Mensch, den ich kenne; ◇ **il mio lavoro è - del tuo** meine Stelle ist besser als deine II. *m/f* Beste (r) *m/f;* **miglio'ria** *f* Verbesserung *f*

'**mignolo** *m* kleiner *m* Finger; (*del piede*) kleiner Zeh *m*

migrare *vi* ← *persona* wandern, herumziehen; ← *animale* ziehen; **migra|tore(trice** *f*) I. *m/f* Wanderer(Wandrerin*f*) *m* II. *agg* ▷*uccello* Wan- der-, Zug-; **migratorio** *agg* (*di migrazione*) Wander-, Zug-; **migrazione** *f* ① Wanderung *f* ② FAUNA Migration, Wanderung *f*

mila *agg* ⟨inv⟩ ◇ **venticinque-** *m/pl* **pezzi** fünf- undzwanzigtausend Teile

milanese *agg* ⟨inv⟩ mailändisch

miliardario(a *f*) I. *m* Milliardär(in *f*) *m* II. *agg* Milliadärs-, milliardenschwer; **miliardo** *m* Mil- liarde *f*

miliare *agg* ⟨inv⟩ ▷*pietra* Meilen-

milionario(a *f*) *m* Millionär(in *f*) *m*

milione *m* Million *f*

militante I. *agg* (*attivo*): ◇ **membro** *m* **- di un partito** aktives Parteimitglied; (*combattente*) kämpferisch II. *m/f* Kämpfer(in *f*) *m*

militare¹ *vi avere* ▷*nell' esercito* Wehrdienst lei- sten; *FIG* ▷*in un partito* aktiv sein in

militare ² I. *agg* ⟨inv⟩ Militär-, militärisch II. *m* Soldat(in *f*) *m;* **militaresco** *agg* ⟨schi⟩ militä- risch; **militarismo** *m* Militarismus *m;* **milita- rizzare** *vt* (*fortificare*) → *la costa* militärisch befestigen; **militarmente** *avv* militärisch

'**milite** *m* Soldat *m*

milizia *f* : ◇ **-e** *f/pl* Truppen *f/pl;* (*corpo armato speciale*) Miliz *f*

millantare *vt* prahlen; **millanta|tore(trice** *f*) *m* Angeber(in *f*) *m*

mille *agg* ⟨inv⟩ tausend

millenario I. *agg* ① tausendjährig, jahrtausende- alt ② (*ricorrente ogni mille anni*) tausendjährlich II. *m* (*ricorrenza*) Tausendjahrfeier *f;* **millen- nio** *m* Jahrtausend *n*

millepiedi *m* ⟨inv⟩ FAUNA Tausendfüßler *m*

mil'lesimo I. *agg* ⟨inv⟩ tausendste II. *m* (*frazio- ne*) Tausendstel *n*

milligrammo *m* Milligramm *n*

mil'limetro *m* Millimeter *m*

milza *f* ANAT Milz *f*

mimare *vt* → *una scena* mimisch darstellen, mimen

mi'metico *agg* ⟨ci, che⟩ 1 (*dell'imitazione*) mimetisch, Nahmungs- 2 ▷*tuta* Tarn-; **mimetismo** *m* 1 FAUNA Mimese, Mimikry *f* 2 FIG ▷*politico* Assimilierung *f*; **mimetizzare** I. *vt* tarnen II. *vr* ◇ **-rsi** sich tarnen; **mimetizzazione** *f* Tarnung *f*

'**mimica** *f* ⟨che⟩ Mimik *f*; '**mimico** *agg* ⟨ci, che⟩ mimisch; **mimo** *m* 1 (*attore*) Mime *m*, Mimin *f* 2 (*azione teatrale*) Pantomime *f*

mimosa *f* Mimose *f*

mina *f* Mine *f*

minac|cia *f* ⟨ce⟩ Drohung *f*; (FIG danno) Bedrohung, Gefährdung *f*; **minacciare** ⟨3.3⟩ *vt* 1 ▷*di morte* drohen (*di mit dat*) 2 (*mettere in pericolo*) bedrohen 3 ← *la casa* ▷*di cadere* drohen; **minaccioso** *agg* drohend; ▷*sguardo* bedrohlich

minare *vt* verminen; FIG → *la salute* untergraben, unterhöhlen

minatore *m* Bergmann *m*

minatorio *agg* Droh-, drohend

minchione(a *f*) I. *m* Dummkopf *m/f* II. *agg* töricht, dumm

minerale I. *m* Mineral *n*, Erz *n* II. *agg* ⟨inv⟩ ▷*sale* Mineral-, mineralisch III. *f* FAM Mineralwasser *n*; **mineralo'gia** *f* ⟨gie⟩ Mineralogie, Mineralkunde *f*; **minera'logico** *agg* ⟨ci, che⟩ mineralogisch; **minerario** *agg* Bergbau-

minestra *f* Suppe *f*; **minestrone** *m* Minestrone, Gemüsesuppe *f*

mingherlino *agg* schmächtig, zart

mini I. *agg* ⟨inv⟩ ▷*gonna* Mini- II. *f* (*minigonna*) Minirock *m*

miniatura *f* Miniatur *f*; **miniaturista** *m/f* Miniaturmaler(in *f*) *m*

miniera *f* Bergwerk *n*, Mine *f*; (FIG di notizie) Goldgrube, Fundgrube *f*

minigonna *f* Minirock *m*

'**minima** *f* 1 halbe Note 2 Tiefsttemperatur *f*

minimizzare *vt* → *un problema* herunterspielen, bagatellisieren

'**minimo** I. *agg* (*superl. di piccolo, estremamente piccolo*) kleinst, minimal II. *m* 1 (*parte più piccola*) Geringste, Mindeste *n*; (*quantità minima*) Minimum *n* 2 (*del motore*) Leerlauf *m*; ◇ **tenere il motore al** - den Motor leerlaufen lassen

ministeriale *agg* ⟨inv⟩ ministeriell; **ministero** *m* 1 Ministerium *n* 2 (*carica*) Ministeramt, Ministerium *n* 0 (*complesso degli organi costituenti il governo*) Regierung *f* 4 ▷ **Pubblico M-** Staatsanwaltschaft *f*; **ministro** *m* 1 (*delle Finanze*) Minister(in *f*) *m* 2 (*di Dio*) Diener(in *f*) *m*

minoranza *f* Minderheit, Minorität *f*

minorato I. *agg* [körperlich oder geistig] behindert II. *m* (**a** *f*)[geistig oder körperlich] Behinderte(r) *m/f*; **minorazione** *f* (*menomazione*) Behinderung *f*

minore I. *agg* (*comp. di piccolo*) 1 Minder-, geringer, kleiner 2 ◇ **i pittori m/pl -i del XV° sec.** die unbedeutenderen Maler *pl* des 15. Jahrhunderts 3 ◇ **il danno è stato - del previsto** der Schaden war weniger schwer als angenommen 4 (*più giovane*) jünger II. *m/f* (*minorenne*) Minderjährige(r) *m/f*

minorile *agg* ⟨inv⟩ ▷*delinquenza* Jugend-

minorenne I. *agg* minderjährig II. *m/f* Minderjährige(r) *m/f*

minoritario *agg* (*della minoranza*) Minderheits-, Minderheiten-, Minoritäten-

minuetto *m* Menuett *n*

mi'nuscolo I. *agg* ▷*carattere* Klein-, klein; (*piccolissimo*) winzig, sehr klein II. *f* Kleinbuchstabe *m*

minuta *f* Konzept *n*

minutezza *f* (*piccolezza*) Winzigkeit *f*

minuto[1] I. *agg* 1 ▷*corporatura* klein 2 ▷*relazione* ausführlich, genau II. *m* ◇ **comprare/vendere al** - en detail kaufen/verkaufen; ◇ **commercio al** - Einzelhandel *m*

minuto[2] *m* Minute *f*

mi'nuzia *f* (*particolare minimo*) Einzelheit, Kleinigkeit *f*; **minuziosità** *f* peinliche Genauigkeit *f*; **minuzioso** *agg* minuziös

mio/a ⟨miei, mie⟩ I. *agg poss* (*prima persona sing*) mein, meine II. *pron poss* 1 meiner, meine, meines 2 **i -i** meine Familie *f* III. *m* Meine *n*

'**miope** *agg* kurzsichtig; **mio'pia** *f* MED Kurzsichtigkeit *f*

mira *f* 1 (*il mirare*) Zielen *n*; ◇ **prendere la** - zielen 2 † *fine* Ziel *n*

mi'rabile *agg* ⟨inv⟩ bewundernswert, bewunderungswürdig

miracolato I. *p. pass. di* **miracolare**; II. *agg* durch ein Wunder geheilt; **mi'racolo** *m* Wunder *n*; **miracoloso** *agg* Wunder-, wundertätig, wunderbar

mirag|gio *m* ⟨gi⟩ † *allucinazione* Fata Morgana *f*; FIG Blendwerk *n*

mirare *vi avere* zielen (*a auf acc*); FIG ▷*al successo* abzielen (*a auf acc*); **mirato** I. *p. pass. di* **mirare**; II. *agg* (*indirizzato*) ▷*colpo* gezielt

mi'riade *f* (*grande moltitudine*) Unmenge, Myriade *f*

M

mirino m (del fucile) Korn n; (della macchina fotografica) Sucher m

mirra f Myrrhe f

mirtillo m Heidelbeere f; ◇ ~ **rosso** Preiselbeere f

misantro'pia f Menschenscheu, Misanthropie f; **mi'santropo(a** f) m Misanthrop(in f) m, Menschenfeind(in f) m

miscela f Mischung f; **miscelare** vt mischen; **miscela|tore(trice** f) I. m (che miscela) Mischer(in f) m II. m ▷per cocktail Mixer m; **miscelazione** f (miscelatura) Mischung f; **miscellanea** f (mescolanza) Gemisch n; (raccolta di articoli etc) Misszellaneen pl; **miscellaneo** agg Misch-, Sammel-

mischia f ↑ rissa Rauferei f, Getümmel n; **mischiare** ‹3.6› vt (mescolare) mischen, vermischen

misco'noscere irr vt verkennen

miscredente I. agg ‹inv› ungläubig II. m/f Ungläubige(r) m/f

miscuglio m Mischung f, Gemisch n

mise'rabile I. agg ‹inv› erbärmlich II. m/f (persona abbietta e spregevole) Elende(r) m/f; **miseria** f ① Armut f; FAM ◇ **porca** ~ ! Donnerwetter ! Verdammt !; ◇ **piangere** ~ jammern ② (infelicità) Elend, Leid n

misericordia f Mitleid n, Barmherzigkeit f; **misericordioso** agg barmherzig, mitleidig

'misero(a f) I. agg ① (povero) arm ② (insufficiente) elendig, dürftig II. m/f (chi è afflitto da povertà e miseria) Elende(r) m/f

misfatto m Missetat f

misoginia f Misogynie f, Frauenfeindlichkeit f; **mi'sogino** I. agg misogyn II. m Misogyn, Frauenhasser m

missag'gio m ‹gi› FILM, MEDIA Mischen n; **missare** vt mischen, mixen

'missile m Rakete f, Flugkörper m; ◇ ~ **a breve/a lunga gittata** Kurz/Langstreckenrakete f; ◇ ~ **a gittata** [inter]media Mittelstreckenrakete f; **missi'listica** f ‹che› Raketentechnik, -forschung f; **missi'listico** agg ‹ci, che› Raketen-

missionario(a f) m ‹i e› REL Missionar(in f) m; **missione** f ① (della Chiesa) Mission f ② Mission, Sendung f

misteriosità f Geheimnisvolle, Mysteriöse n; **misterioso** agg ① geheimnisvoll, dunkel ② mysteriös; **mistero** m ① REL Mysterium n ② (fatto inspiegabile) Rätsel, Geheimnis n

'mistica f ‹che› Mystik f; **misticismo** m Mystizismus m; **'mistico** agg ‹ci, che› mystisch; **mistificare** ‹3.4› irr vt (falsificare) fälschen, verfälschen; **mistifica|tore(trice** f) m Betrüger

(in f) m; **mistificazione** f Betrug m, Verfälschung f

misto I. agg Misch-, gemischt II. m Mischung f; SPORT Mixed n

mistrà f (liquore d'anice) Mistrà m Anislikör

mistral m ‹inv› (maestrale) Mistral m

mistura f ↑ bevanda sgradevole Gesöff n

misura f ① Maß, Ausmaß n ② (taglia) Größe f ③ (provvedimento) Maßnahme f ④ MUS Takt m; **misu'rabile** agg ‹inv› meßbar, ermeßbar; **misurare** I. vt ① messen, abmessen ② → un vestito anprobieren ③ FIG → parole abwägen ④ → spese einschränken II. vi avere ← due metri messen III. vr ◇ -rsi ▷nelle spese sich einschränken, sich mäßigen; **misurato** I. p. pass. di **misurare**; II. agg ① abgemessen ② (equilibrato) maßvoll, gemäßigt; **misurazione** f Messung, Vermessung f; **misurino** m Meßbecher m, Meßgefäß n

mite agg ‹inv› ▷persona, inverno mild; ▷animale zahm; **mitezza** f (di una persona) Milde f, Sanftmut m; (di un animale) Zahmheit f

miticizzare vt mythisieren; **'mitico** agg ‹ci, che› mythisch

mitigare ‹3.5› I. vt → dolore lindern; → prezzi reduzieren II. vr ◇ -rsi sich beruhigen

mitizzare vt mythisieren; **mito** m Mythos m; **mitolo'gia** f ‹gie› Mythologie f; **mito'logico** agg ‹ci, che› mythisch; **mi'tomane** I. agg ‹inv› mythoman II. m/f Mythomane(in f) m; **mito'mania** f Mythomanie f

mitra m ‹inv› Maschinenpistole f; **mitragliare** ‹3.6› vt unter Maschinengewehrbeschuß nehmen, niedermähen; FIG ◇ ~ **qu di domande** jd-n mit Fragen bestürmen/löchern; **mitraglia|tore** I. agg ‹tori, trici› ▷fucile Maschinen- II. m Maschinengewehrschütze m; **mitragliatrice** f Maschinengewehr n

mitteleuro'peo agg mitteleuropäisch

mittente m/f Absender(in f) m

mne'monico agg ‹ci, che› (della memoria) Gedächtnis-

mo' m ~ ◇ **a** ~ **d'esempio** zum Beispiel

'mobile I. agg ‹inv› ① (che si può muovere) beweglich, mobil ② (che si muove) Fahr-, fahrbar; ◇ **scala** ~ Rolltreppe f II. m Möbelstück n; ◇ **i** m/pl **-i** die pl Möbel III. f ‹inv› (squadra mobile) mobile Einsatztruppe f; **mobilia** f Mobiliar n, Möbel pl; **mobiliare** agg ‹inv› Mobiliar-; **mobiliere(a** f) m (produttore) Möbelhersteller(in f) m; (commerciante) Möbelhändler(in f) m; **mobilificio** m Möbelfabrik f

mobilità f ① Beweglichkeit, Mobilität f ② (volubilità) Unbeständigkeit f

mobilitare ⟨3.2⟩ *vt* mobilisieren; **mobilitazione** *f* Mobilisierung *f*

moca *f* ⟨inv⟩ Mokkamaschine *f*

mocassino *m* Mokassin *m*

moccio *m* [Nasen-]Schleim *m; FAM !* Rotz *m*

moccioso(a *f)* **I.** *agg* schleimig; *FAM* rotzig **II.** *m/f* Baby, Kleinkind *n; FIG* Rotzlöffel, -bengel *m*

'**moccolo** *m* ⟨1⟩ *(di candela)* Kerzenstummel *m* ⟨2⟩ *(FAM bestemmia)* Fluch *m*

moda *f* Mode *f;* ◇ **alla** ~ modisch; ◇ **di** ~ modern

modale *agg* ⟨inv⟩ LING modal, Modal-

modalità *f* Bedingung, Modalität *f;* ◇ **- d'uso, - d'impiego** Bedienungsanleitung, Gebrauchsanweisung *f*

modella *f (di pittore etc)* Modell *f;* (*indossatrice)* Mannequin, Model *n*

model|labile *agg* ⟨inv⟩ modellierbar, formbar; **modellare** ⟨3.2⟩ **I.** *vt* → *creta* modellieren, formen **II.** *vr* ◇ **-si** sich richten *(su* nach *dat)*; **modellato I.** *p. pass. di* **modellare; II.** *agg* ▷*da uno scultore* modelliert; **modellino** *m (di macchina)* Modell *n;* **modellismo** *m* Modellbau *m;* **modellista** *m* ⟨1⟩ *(esemplare perfetto)* Modell *n* ⟨2⟩ *(in fonderia)* Modell, Gußmodell *n* ⟨3⟩ *(prototipo industriale)* Modell *n* ⟨4⟩ Formular *n* ⟨5⟩ *(della sarta)* Schnittmuster *n* **II.** *agg* ⟨inv⟩ ▷*studente* Muster-

modem *m* INFORM Modem *n*

mode'rabile *agg* ⟨inv⟩ zu mäßigen; **moderare** ⟨3.2⟩ **I.** *vt (mitigare, temperare)* → *i termini* mäßigen, zügeln **II.** *vr* ◇ **-rsi** ▷*nel bere* sich mäßigen, sich beherrschen; **moderatezza** *f* Maß *n;* **moderato I.** *p. pass. di* **moderare; II.** *agg* ⟨1⟩ ▷*libertà* gemäßigt; ▷*nel mangiare, bere* maßvoll ⟨2⟩ MUS moderato; **modera|tore(trice) I.** *m* ⟨tori, trici⟩ ⟨1⟩ MEDIA Moderator(in *f*) *m* ⟨2⟩ FIS Moderator *m,* Bremssubstanz *f* **II.** *agg* mäßigend; **moderazione** *f* ⟨1⟩ *(limitazione)* Mäßigung *f* ⟨2⟩ *(sobrietà)* Maß *n*

modernamente *avv* modern; **modernizzare I.** *vt* modernisieren **II.** *vr* ◇ **-rsi** mit der Zeit gehen, modern werden; **moderno** *agg* modern, neu

modestia *f* Bescheidenheit *f;* **modesto** *agg* ⟨1⟩ bescheiden ⟨2⟩ *(limitato)* mittelmäßig, anspruchslos

'**modico** *agg* ⟨ci, che⟩ ▷*prezzi* mäßig, bescheiden

mo'difica *f* ⟨che⟩ Änderung *f;* **modifi'cabile** *agg* ⟨inv⟩ veränderbar; **modificare** ⟨3.4⟩ *vt* ändern, verändern; **modifica|tore(trice** *f)* **I.** *m* ⟨tori, trici⟩ Veränderer, -ändrin *m* **II.** *agg* verändernd, modifizierend; **modificazione** *f (cam-*

biamento) Veränderung *f;* CHIM, BIO Modifikation *f*

modo *m* ⟨1⟩ Weise *f,* Art *f;* ◇ **- di dire** Redensart *f* ⟨2⟩ *(mezzo)* Mittel *n;* ◇ **in-la ogni - auf jeden Fall,** in jedem Fall ⟨3⟩ ◇ **-i** *m/pl* ▷*villani* Benehmen *n/sg* ⟨4⟩ *(occasione)* Gelegenheit *f* ⟨5⟩ *(limite)* Maß *f* ⟨6⟩ LING Modus *m*

modulare[1] ⟨3.2⟩ *vt* modulieren, regeln

modulare[2] *agg* ⟨inv⟩ ARCHIT modular; **modulazione** *f* Modulation *f;* '**modulo** *m* ⟨1⟩ Formular *n,* Vordruck *m* ⟨2⟩ ARCHIT Modul *n*

'**mogano** *m* Mahagoni *n*

mogio *agg* ⟨gi, gie⟩ o ge schlapp, niedergeschlagen

moglie *f* ⟨mogli⟩ Ehefrau, Frau *f*

mo'ina *sf* Liebkosung *f;* ↑ *smanceria* Getue *n*

mola *f* Schleifstein, Mühlstein *m;* **molare**[1] *vt (uno specchio)* schleifen

molare[2] **I.** *agg* ⟨inv⟩ ▷*dente* Backen- **II.** *m (dente molare)* Backenzahn *m*

mole *f (di lavoro)* Umfang *m*

mo'lecola *f* Molekül *n;* **molecolare** *agg* ⟨inv⟩ Molekular-, molekular

molestare ⟨3.2⟩ *vt* belästigen; **molestia** *f* ⟨1⟩ *(fastidio)* Lästigkeit *f* ⟨2⟩ Belästigung, Störung *f;* **molesto** *agg* lästig, störend

molla *f* ⟨1⟩ Feder *f* ⟨2⟩ *(dell'azione)* Antrieb *m,* Zielfeder *f* ⟨3⟩ ◇ **-e** *f/pl* Zange *f/sg; FIG* ◇ **un argomento da prendere con le -e** ein mit Vorsicht/Fingerspitzengefühl zu behandelndes Thema; **mollare I.** *vt* ⟨1⟩ → *la presa* lockern, nachlassen ⟨2⟩ *FAM* → *una sberla* verpassen **II.** *vi avere (cedere)* nachgeben

molle *agg* ⟨inv⟩ *(privo di rigidità, durezza)* Weich-, weich; *(senza forza)* schwach, schwächlich; *(bagnato)* naß, durchnäßt

molleggiamento *m (di un divano)* Federn *n*

molletta *f* [Wäsche-]Klammer *f;* *(per zucchero)* Zange *f*

mollica *f* ⟨che⟩ ⟨1⟩ Krume *f* ⟨2⟩ ◇ **-e** *f/pl* Krümel, Brösel *pl*

mollic|cio *agg* ⟨ci, cie⟩ weich, schwammig

mollusco *m* ⟨schi⟩ Weichtier *n,* Molluske *f; FIG* Schwächling, Weichling *m*

molo *m* Mole *f,* Hafendamm *m*

mol'teplice *agg* ⟨inv⟩ vielfach, mehrfach; **molteplicità** *f* Vielfalt *f,* Vielfältigkeit *f*

moltipli'cabile *agg* ⟨inv⟩ multiplizierbar; **moltiplicare** ⟨3.4⟩ *vt* vervielfachen, vermehren; MAT multiplizieren *(per* mit *dat)*; **moltiplica|tore I.** *agg* ⟨tori, trici⟩ Übersetzungs- **II.** *m* Vervielfältiger *m,* MAT Multiplikator *m;* TEC Übersetzungsgetriebe *n;* **moltiplicazione** *f* Vermehrung *f;* MAT Multiplikation *f*

M

molti'tudine f Menge, Masse f

molto I. avv ① (in grande misura) viel ② (attribuisce un valore superlativo) ▷buono sehr II. agg (indef) ① viel, groß ② (grande) ◇ mi è stato di - aiuto er war mir eine große Hilfe III. pron (indef, chi o ciò che è in grande quantità, misura, numero): ◇ quanti soldi hai ? -i ! Wieviel Geld hast du ? Viel !

momentaneamente avv momentan; **momentaneo** agg ↑passeggero vorübergehend; **momento** m ① Augenblick, Moment m; ◇ da un - all'altro jeden Augenblick; ◇ per il - vorläufig ② (contingenza) Zeitpunkt m; ◇ al - di partire bei der Abfahrt ③ FIS Moment n ④ ◇ dal - che da, weil

'**monaca** f ⟨che⟩ Nonne f; **monacale** agg ⟨inv⟩ klösterlich; **monacare** ⟨3.4⟩ I. irr vt ins Kloster schicken II. vr ◇ -rsi ins Kloster gehen; '**monaco** m ⟨ci⟩ Mönch m

monarca m ⟨chi⟩ Monarch m; **monar'chia** f Monarchie f; **mo'narchico(a** f) I. agg ⟨ci, che⟩ monarchisch, monarchistisch II. m/f Monarchist (in f) m

monastero m Kloster n; **mo'nastico** agg ⟨ci, che⟩ Kloster-, klösterlich

monco(a f) I. agg ⟨chi, che⟩ ▷gamba verstümmelt II. m Verstümmelte(r) m/f, Krüppel m; **moncone** m Stumpf, Stummel m

mondana f Freudenmädchen f; **mondanità** f die bessere Gesellschaft; **mondano** agg ▷ambiente mondän, Gesellschafts-; (frivolo) frivol

mondare vt ① → frutta schälen ② → verdure putzen

mondezzaio m Abfall, Abfallhaufen m

mondiale agg ⟨inv⟩ Welt-

mondo m ① Welt f ② (corpo celeste) Himmelskörper m ③ ◇ - animale Tierwelt f ④ ◇ mettere al - zur Welt bringen; **mondovisione** f Satellitenübertragung f

monegasco(a f) I. agg ⟨schi⟩ sche monegassisch II. m Monegasse m, Monegassin f

monello(a f) m Schlingel m

moneta f ① Münze f ② (valuta) Währung f ③ (denaro spicciolo) Kleingeld n; **monetario** agg Geld-, Währungs-

mongolismo m MED Mongolismus m

'**mongolo(a** f) I. agg mongolisch II. m Mongole f, Mongolin f

mongoloide I. agg ⟨inv⟩ mongoloid II. m/f Mongoloide(r) fm

'**monito** m Mahnung f

'**monitor** m ⟨inv⟩ Monitor m; **monitoraggio** m Videokontrolle, -überwachung f

mo'nocolo m Monokel n

monocolore agg ⟨inv⟩ einfarbig; POL Einparteien-

monocoltura f AGR Monokultur f

monocro'matico agg ⟨ci, che⟩ einfarbig, monochrom; MED farbenblind; **monocromatismo** m (unità di colore) Einfarbigkeit f; MED Farbenblindheit f; **monocro'mia** f Einfarbigkeit f; **monocromo** agg einfarbig, monochrom

monofase agg ⟨inv⟩ ELETTR einphasig, Einphasen-

monoga'mia f Monogamie f; **mono'gamico** agg ⟨ci, che⟩ monogam

monogra'fia f Monographie f; **mono'grafico** agg ⟨ci, che⟩ ▷corso monographisch

monogramma m ⟨i⟩ Monogramm n

monolingue agg ⟨inv⟩ einsprachig

mono'litico I. agg ⟨ci, che⟩ einheitlich, solide

monolocale m ⟨locali⟩ Einzimmerwohnung f

monologare ⟨3.5⟩ irr vi avere (parlare con se stesso) Selbstgespräche führen

mo'nologo m ⟨ghi⟩ Monolog m

monoma'nia f (PSIC fissazione) Monomanie f; **monomaniaco** agg ⟨ci, che⟩ monomanisch

monomero m CHIM Monomer(e) n

monomio m MAT Monom, Mononom n

monomotore I. agg ⟨inv⟩ ▷velivolo einmotorig, Einmotoren- II. m (velivolo monomotore) Einmotorenflugzeug n

monoplano m Eindecker m

mono'pattino m [Tritt]Roller m

monopolio m Monopol n; **monopo'listico** agg ⟨ci, che⟩ (di monopolio) Monopol-, monopolistisch; **monopolizzare** vt COMM monopolisieren; FIG → l'attenzione für sich in Anspruch nehmen; **monopolizza'tore(trice** f) I. m Monopolist(in f) m II. agg monopolistisch

monoposto agg ⟨inv⟩ ▷aereo einsitzig

monosil'labico agg ⟨ci, che⟩ einsilbig; **mono'sillabo** I. agg LING einsilbig II. m einsilbiges Wort

monoteismo m Monotheismus m; **monoteista** m ⟨i, e⟩ Monotheist(in f) m; monotheistisch

monoto'nia f Monotonie f, Eintönigkeit f; '**monotono** agg monoton, eintönig

monsone m Monsun m; **mon'sonico** agg ⟨ci, che⟩ Monsun-

monta f ① Decken n ② SPORT Reiten n

monta'carichi m ⟨inv⟩ Lastenaufzug m

montag'gio m ⟨gi⟩ ① Montage f, Einbau m; ◇ catena di - [Fließ-]Band n ② (di un film) Schnitt m

montagna f Berg m; (zona montuosa) Gebirge n; **montagnoso** agg Berg-, gebirgig

montanaro(a f) I. agg Gebirgs-, Berg- II. m Bergbewohner(in f) m; **montano** agg Gebirgs-, Berg-
montante I. p. pres. di **montare**; II. agg ⟨inv⟩ ansteigend III. m ① (di una porta) Pfosten m ② (SPORT uppercut) Aufwärtshaken m; **montare** I. vi (salire) ▷ sulla sedia steigen II. vt ① (salire) → scale hinaufsteigen ② → scaffale aufstellen, zusammensetzen ③ → panna schlagen; ◇ -si la testa sich aufspielen ④ (← cavallo, fecondare) decken
montatura f ① (degli occhiali) Gestell n ② (di gioiello) Fassung, Einfassung f ③ (FIG di una storia) Übertreibung f
monte m ① Berg m ② (mucchio) Menge f, Haufen m ③ ◇ - dei pegni Pfandhaus n ④ FIG ◇ mandare a - es etwas zunichte machen; ◇ andare a - sich zerschlagen
montone m FAUNA Widder, Schafbock m
montuosità f Gebirgigkeit f; **montuoso** agg Berg-, Gebirgs-
monumentale agg ⟨inv⟩ ① (di monumento) Denkmal ② (grandioso, importante) monumental, großartig; **monumento** m Denkmal n, Monument n
moquette f ⟨inv⟩ Teppichboden m
mora[1] f FLORA Brombeere f; (del gelso) Maulbeere f
mora[2] f DIR Verzug m
morale I. agg ⟨inv⟩ ① moralisch ② ▷ fiacchezza ethisch, sittlich II. f ① FIL Ethik f ② Moral f III. m : ◇ essere giù di - völlig fertig sein, am Boden zerstört sein; **moraleggiare** ⟨3.3⟩ vi avere moralisieren; **moralismo** m Moralismus m; **moralista** m ⟨i, e⟩ Moralist(in f) m; **mora'listico** agg ⟨ci, che⟩ moralisch; **moralità** f Moralität, Sittlichkeit f; **moralizzare** vt moralische Werte beibringen; **moralizzazione** f (della vita pubblica) Annehmen n von moralischen Werten; **moralmente** avv moralisch
moratoria f ① DIR Moratorium n ② Aufschub m, Stundung f
morbidezza f Weiche, Weichheit f; **'morbido** agg weich; FIG zart, sanft
morbillo m MED Masern pl
morbo m Krankheit f; (epidemia) Seuche f
morbosità f (l'essere morboso) Krankhaftigkeit f; **morboso** agg krankhaft
morchia ⟨chie⟩, f Bodensatz m
mordace agg ⟨inv⟩ ▷ cane bissig; FIG ▷ satira beißend, bissig, scharf; **mordacità** f Bissigkeit f; Schärfe f; (FIG maldicenza) Bissigkeit f
mordente I. p. pres. di **'mordere**; II. agg ⟨inv⟩ (che morde) beißend, bissig III. m Beize f FIG Aggressivität f

'mordere vt ① ← cane beißen; (addentare) beißen in acc; ◇ -si le mani sich die Haare raufen; ◇ - la polvere ins Gras beißen ② ↑ corrodere ätzen, beizen ③ ← tenaglie einklemmen
morente I. p. pres. di **morire**; II. agg ⟨inv⟩ sterbend; FIG absterbend, erlöschend
morfema m ⟨i⟩ LING Morphen n
morfina f Morphium n; **morfi'nomane** m/f Morphiumsüchtige(r) m/f
morfolo'gia f LING, BIO Morphologie f; **morfo'logico** agg ⟨ci, che⟩ morphologisch
moribondo(a f) I. agg im Sterben liegend II. m Sterbende(r) fm
mo'ria f Massensterben n
morigeratezza f Sittlichkeit f; **morigerato** agg gesittet, sittlich
morire ⟨5.3⟩ irr vi sterben; FIG ← speranza erlöschen; ◇ - di fame/sete verhungern/verdursten; ◇ fa un caldo da - es ist eine Affenhitze
mormorare ⟨3.2⟩ vi avere murmeln, flüstern; ← acque murmeln, rauschen; ← il vento rauschen, **mormo'rio** m ⟨ii⟩ (di persone) Gemurmel, Geflüster n; (di acqua) Murmeln, Rauschen n; (di vento) Rauschen n
moro(a f) I. agg brünett II. m (africano) Maure m, Maurin f; (persona bruna di capelli e carnagione) Brünette(r) fm
moroso agg säumig
morsa f Schraubstock m; **morsetto** m Klammer, Klemme f
morsicare ⟨3.4⟩ irr vt (addentare) beißen in acc; (mordere) beißen; (insetti) stechen; **morsicatura** f Biß m; (di insetti) Stich m; **morso**[1] I. p. pass. di **'mordere**; II. agg (addentato, roso) angebissen, gebissen, gestochen; **morso**[2] m ① ▷ ad una mela Biß m ② (rimorso) Gewissensbiß m ③ (dolore) Qual f ④ (del cavallo) Gebiß n
mortadella f Mortadella f
mortaio m Mörser m
mortale I. agg ⟨inv⟩ ▷ uomo sterblich; ▷ ferita tödlich; REL ▷ peccato Tod- II. m : ◇ i m/pl -i die Sterblichen; **mortalità** f Sterblichkeit f; **mortalmente** avv tödlich
mortaretto m Böller m, Kanonenschlag m
morte f Tod m; (FIG di una città) Untergang m, Ende n; ◇ è stata una questione di vita o di - es ging um alles oder nichts
mortificare ⟨3.4⟩ irr I. vt ① → persone beschämen, demütigen ② → carne sich kasteien II. vr ◇ -rsi ③ (vergognarsi) beschämt sein ④ (punirsi con penitenze corporali) sich kasteien; **mortificazione** f ① (vergogna) Beschämung f ② (della carne) Kasteiung f
morto(a f) I. p. pass. di **morire**; II. agg ① (che

ha cessato di vivere) tot [2] (*inerte*) ▷ *corpo re-gungslos* III. *m* Tote(r) *fm;* ◇ **essere pallido come un -** totenbleich sein

mortorio *m :* ◇ **è un -** *FIG* es ist todlangweilig

mo'saico *m* ⟨ci, che⟩ Mosaik *n*

mosca *f* ⟨sche⟩ Fliege *f;* ◇ **giocare a - cieca** Blindekuh spielen; ◇ **far saltare la - al naso a qu** jd-n aus der Ruhe bringen

moscardino *m* FAUNA Haselmaus *f*

moscato *m* (*vino*) Muskateller *m*

moscerino *m* kleine Fliege, kleine Mücke *f; FIG* Knirps *m*

mos'chea *f* ⟨moschee⟩ Moschee *f*

moschetto *m* Karabiner *m;* (*arma vecchia*) Muskete *f*

moscio *agg* sci sce schlaff; *FIG* niedergeschlagen

moscone *m* Schmeißfliege *f*

mossa *f* Bewegung *f;* (*gesto*) Geste *f;* (*FIG nel gioco*) Zug *m;* ◇ **non fare una -** sich nicht rühren; **mosso** I. *p. pass. di* **'muovere;** II. *agg* ▷ *mare* bewegt

mostarda *f* Senf *m*

mosto *m* Most *m*

mostra *f* [1] (*esposizione*) Ausstellung *f;* ◇ **far - di qc** etw zur Schau stellen; ◇ **far bella - di sé** gut aussehen [2] (*finta*) ◇ **far - di** so tun als ob

mo'strabile *agg* ⟨inv⟩ vorzeigbar; **mostrare** I. *vt* [1] zeigen, vorzeigen [2] (*rendere manifesto*) → *intenzioni* erkennen lassen, zeigen [3] (*indicare, additare*) zeigen, weisen II. *vr* ◇ **-rsi** ↑ *apparire* sich zeigen, sich erweisen

mostro *m* Ungeheuer *n; FIG* ↑ *persona molto brutta* Scheusal *n;* (*FIG di scienza*) Ausbund *m;* **mostruosità** *f* Ungeheuerlichkeit, Monstrosität *f;* **mostruoso** *agg* abscheulich, ungeheuerlich

motel *m* ⟨inv⟩ Motel *n*

motivare *vt* [1] (*causare*) verursachen [2] (*giustificare*) motivieren, rechtfertigen; **motivato** I. *p. pass. di* **motivare;** II. *agg* [1] (*spiegato*) geklärt [2] (*stimolato*) motiviert; **motivazione** *f* [1] ↑ *causa* Ursache *f* [2] ↑ *giustificazione* Motivation, Rechtfertigung *f;* **motivo** *m* [1] Grund *m,* Motiv *n* [2] MUS Motiv *n*

moto[1] *m* [1] (*movimento*) Bewegung *f* [2] (*atto del camminare*) ◇ **un po' di - fa bene alla salute** ein bißchen Bewegung ist gut für die Gesundheit [3] (*atto, gesto, mossa*) ▷ *involontario* Geste *f* [4] (*tumulto popolare*) Unruhe *f*

moto[2] *f* ⟨inv⟩ (*motocicletta*) Motorrad *n*

motocicletta *f* Motorrad *n;* **motociclismo** *m* Motorradsport *m;* **motociclista** *m/f* ⟨i, e⟩ Motorradfahrer(in *f*) *m;* **motocross** *m* ⟨inv⟩ Moto-

Cross *n;* **moto'nautica** *f* [1] (*sport*) Motorbootsport *m* [2] Motorschiffahrt *f;* **moto'nautico** *agg* ⟨ci, che⟩ Motorboot-

motopescherec|cio *m* ⟨ci, che⟩ [Motor-]Fischkutter *m*

mo|tore I. *agg* ⟨tori, trici⟩ Trieb-, Antriebs- II. *m* [1] (*di una macchina*) Motor *m;* ◇ **a - Motor-,** mit Motor; ◇ **- a combustione** Verbrennungsmotor *m;* ◇ **- a iniezione** Einspritzmotor *m* [2] (*FIG causa, movente*) Triebkraft *f*

motorino *m* [1] Mofa *n* [2] (*di avviamento*) Anlasser *m*

motorizzare I. *vt* → *veicolo* motorisieren II. *vr* ◇ **-rsi** (*FAM acquistare un automezzo*) sich motorisieren; **motorizzazione** *f* Motorisierung *f*

motoscafo *m* Motorboot *n*

motoscuter *m* ⟨inv⟩ Motorroller *m*

motosega *f* Motorsäge *f*

motteg|gio *m* ⟨gi⟩ Spott *m*

motto *m* [1] ↑ *battuta scherzosa* Scherz, Witz *m* [2] ↑ *massima* Motto *n*

mouse *m* ⟨inv⟩ INFORM Maus *f*

movente I. *p. pres. di* **'muovere;** II. *agg* ⟨inv⟩ (*che muove*) bewegend III. *m* (*di un crimine*) Beweggrund *m,* Motiv *n*

movenza *f* (*modo del muoversi*) ▷ *aggraziata* Bewegung *f*

movibile *agg* ⟨inv⟩ bewglich

movimentare *vt* → *una festa* beleben, Leben in etw bringen; **movimentazione** *f* Lagerhaltung *f;* **movimento** *m* [1] Bewegung *f* [2] (*corrente culturale*) Bewegung, Strömung *f* [3] MUS Tempo *n*

moviola *f* Zeitlupe *f*

mozione *f* Antrag *m;* ◇ **- di fiducia** Vertrauensfrage *f;* ◇ **- di sfiducia** Mißtrauensantrag *m*

mozzafiato *agg* ⟨inv⟩ ▷ *scena* atemberaubend

mozzare *vt* ▷ *rami* abschneiden

mozzarella *f* Mozzarella *m*

mozzicone *m* (*di sigaretta*) Kippe *f*

mozzo[1] *agg* (*troncato*) gestutzt

mozzo[2] *m* Schiffsjunge *m*

mozzo[3] *m* MECC Nabe *f*

muc|ca *f* ⟨che⟩ Kuh *f*

muc|chio *m* ⟨chi⟩ (*di stracci, di bugie*) Haufen *m,* Menge *f*

mucil'lagine *f* (*delle piante*) Harz *m*

muco *m* ⟨chi⟩ Schleim *m;* **mucosa** *f* ANAT Schleimhaut *f*

muffa *f* Schimmel *m;* **muffire** ⟨5.2⟩ *irr vi* (*fare la muffa*) schimmeln, verschimmeln; *FIG* verschimmeln, alt werden

muggire ⟨5.2⟩ *irr vi* ← *mucca* muhen; **muggito** *m* Muhen *n*

mughetto *m* FLORA Maiglöckchen *n*

mugnaio(a *f*) *m* Müller(in *f*) *m*

mugolare ⟨3.2⟩ I. *vi avere ← cane* winseln; (*FIG lamentarsi*) heulen II. *vt* (*mormorare, borbottare*) murmeln, vor sich hin murmeln; **mugo'lio** *m* Gewinsel *n*

mulatto(a *f*) *m* Mulatte *m*, Mulattin *f*

muliebre *agg* ⟨inv⟩ Frauen-, weiblich

mulinare *vi avere ← il vento* wirbeln; *FIG ← pensieri, idee* im Kopf herumspuken

mulinello *m* ① ↑ *di acqua, vento* Strudel, Wirbel *m* ② Rolle *f*; NAUT Winde *f*

mulino *m* Mühle *f*; ◇ **- a vento** Windmühle *f*; ◇ **parlare come un - a vento** reden wie ein Wasserfall

mulo(a *f*) *m* Maulesel *m*, Maultier *n*

multa *f* Strafe *f*; **multare** ⟨3.2⟩ *vt* mit einer Geldstrafe belegen

multicolore *agg* ⟨inv⟩ vielfarbig, bunt

multifunzionale *agg* ⟨inv⟩ multifunktional, multifunktionell

multiforme *agg* ⟨inv⟩ vielseitig, mannigfaltig

multinazionale I. *agg* ⟨inv⟩ ▷*azienda* international, multinational II. *f* multinationaler *m* Konzern

multipara I. *f* BIO Mehrfachgebärende *f* II. *agg* mehrfachgebärend

'multiplo I. *m* (MAT *di dieci*) Vielfache *n* II. *agg* (*composto di più parti*) vielfach, multipel

multiproprietà *f* DIR Zeiteigentum *n*

mummia *f* Mumie *f*; **mummificare** ⟨3.4⟩ *irr vt* (*imbalsamare*) mumifizieren

'mungere *vt* melken; *FIG* melken, anpumpen; **mungitura** *f* (*del latte*) Melken *n*

municipale *agg* ⟨inv⟩ Gemeinde-, Stadt-, städtisch; **municipio** *m* Rathaus *n*

munificenza *f* (*larghezza, liberalità*) Großzügigkeit, Freigiebigkeit *f*; **mu'nifico** *agg* ⟨ci, che⟩ (*generoso*) großzügig, freigiebig

munire ⟨5.2⟩ *irr vt* (*fornire*) anstatten (*di* mit *dat*)

munizione *f :* ◇ **-i** *f/pl* Munition *f/sg*

munto I. *p. pass. di* **'mungere**; II. *agg* ▷*mucca* gemolken; *FIG* angepumpt

'muovere ⟨4.12⟩ *irr* I. *vt* ① ↑ *una sedia* bewegen ② → *una domanda* stellen; ▷*dubbi, accuse* erheben ③ ↑ *suscitare* ▷*compassione* erregen II. *vr* ◇ **-rsi** ① (*mettersi in movimento*) ◇ **muoviti da lì !** geh' weg !; ◇ **muovetevi !** beeil' dich ! ② (*adoperarsi, darsi da fare*) sich rühren, sich regen

muraglia *f* Mauer *f*; **murale** *agg* ⟨inv⟩ Wand-, Mauer ; **murare** I. *vt* ARCHIT mauern II. *vr* ◇ **-rsi** ▷*in casa* sich eingraben; **murata** *f* Bord-

wand *f*; **muratore** *m* Maurer *m*; **muratura** *f* ① (*atto del murare*) Mauern *n* ② (*costruzione muraria*) Mauerwerk *n*

murena *f* FAUNA Muräne *f*

muro *m* ⟨i⟩ ① Mauer *f*; (*FIG di nebbia*) Wand *f* ② (*barriera, ostacolo, d' odio*) Mauer *f* ③ ◇ **-a** *f/pl* Stadtmauer *f/sg*

musa *f* Muse *f*

muschio *m* FLORA Moos *n*

muscolare *agg* ⟨inv⟩ Muskel-; **muscolatura** *f* Muskulatur *f*; **'muscolo** *m* ANAT Muskel *m*; *FIG* ◇ **essere tutto -i** muskulös sein; **muscolosità** *f* Muskulösität *f*; **muscoloso** *agg* muskulös

museo *m* Museum *n*

museruola *f* Maulkorb *m*

'musica *f* ⟨che⟩ Musik *f*; ◇ **- da ballo** Tanzmusik *f*; ◇ **-da camera** Kammermusik *f*; **musi'cabile** *agg* ⟨inv⟩ vertonbar; **musicale** *agg* ⟨inv⟩ Musik-, musikalisch; **musicare** ⟨3.4⟩ *irr vt → commedia* vertonen; **musicassetta** *f* [Musik]Kassette *f*; **musi'cista** *m/f* ⟨i, e⟩ Musiker(in *f*) *m*, Komponist(in *f*) *m*; **musico'logia** *f* Musikwissenschaft *f*; **musi'cologo(a** *f*) *m* ⟨gi, ghe⟩ Musikwissenschaftler(in *f*) *m*

muso *m* (*del cane*) Schnauze *f*; *FIG* ◇ **tenere il - a qu** mit jd\m schmollen; **musone(a** *f*) *m* (*persona imbronciata*) Griesgram, [Mies-]Muffel *m*

musulmano(a *f*) I. *agg* moslemisch II. *m* (*islamico*) Moslem *m* Moslime *f*

muta[1] *f* ① FAUNA Häutung *f* ② ▷*subacquea* Taucheranzug *m*

muta[2] *f* (*di cani*) Meute *f*

mu'tabile *agg* ⟨inv⟩ veränderlich; **mutabilità** *f* Veränderlichkeit *f*; **mutamento** *m* (*di indirizzo*) Wechsel *m*; ▷*sociale* Änderung *f*

mutande *f/pl* Unterhose *f/sg*; **mutandine** *f/pl* Unterhöschen *n/sg*

mutare I. *vt → opinione* ändern II. *vi* sich ändern; ◇ **- in meglio** sich verbessern; **mutazione** *f* Wechsel *m*, Änderung *f*; BIO Mutation *f*; **mu'tevole** *agg* ⟨inv⟩ veränderlich; (*volubile*) launisch; **mutevolezza** *f* (*l' essere mutevole*) Veränderlichkeit *f*, Wankelmut *m*

mutilare ⟨3.2⟩ *vt* verstümmeln; *FIG → un discorso* kürzen, verstümmeln; **mutilato(a** *f*) I. *p. pass. di* **mutilare**; II. *agg* verstümmelt III. *m* Verstümmelte(r), Versehrter *m/f*; **mutilazione** *f* Verstümmelung *f*

mutismo *m* MED Stummheit *f*; (*atteggiamento*) Schweigsamkeit *f*

muto(a *f*) I. *agg* ① MED stumm ② ▷*simpatia* still ② LING stumm II. *m* MED Stumme(r) *f\m*

mutua *f* (*ente*) Krankenkasse *f*; (*assicurazione*)

M

Krankenversicherung f; **mutua'listico** agg ⟨ci, che⟩ (relativo alla mutua) ▷assistenza Kassen-; **mutuare** vt FIG entleihen; **mutuato(a** f) m Krankenversicherte(r) m/f

mutuo[1] agg (reciproco) gegenseitig, wechselseitig

mutuo[2] m Darlehen n

N

N, n f ⟨inv⟩ N, n n
N. abbr. di nord N.
nafta f Erdöl n
naftalina f Naphtalin n
naia f FAUNA Kobra f
nailon m ⟨inv⟩ Nylon n
nanna f ling. infantile Heia f, Schlafen n; ◇ **andare a - in** die Heia gehen, heia machen
nano(a f) I. agg Zwerg[en]-, zwerg[en]haft, winzig II. m MED Zwerg[in] m
napoletano(a f) I. agg neapolitanisch II. m Neapolitaner(in f) m
nappa f[1] (di una tenda) Quaste, Troddel f[2] (tipo di pelle) Nappa[leder] n
narcisismo m Narzißmus m; **narcisista** m/f ⟨i, e⟩ Narzißt(in f) m; **narci'sistico** agg ⟨ci, che⟩ narzißtisch
narciso m FLORA Narzisse f
narcosi f ⟨inv⟩ Narkose f; **nar'cotico** m ⟨ci che⟩ Narkotikum n II. agg narkotisch, betäubend; **narcotizzare** vt betäuben, narkotisieren
narice f ANAT Nasenloch n; (di animali) Nüster f
nar'rabile agg ⟨inv⟩ erzählbar; **narrare** vt erzählen; **narrativa** f erzählende Dichtung, Belletristik f; **narrativo** agg Erzähl-, erzählend; **narra|tore(trice)** f) m ⟨tori, trici⟩ Erzähler(in f) m; **narrazione** f Erzählung f
nasale agg ⟨inv⟩ Nasen-, nasal; LING nasal, Nasal-
nascente I. p. pres. di **nascere**; II. agg ⟨inv⟩ entstehend, anbrechend
'nascere ⟨Pass. rem.: nacqui/nacque/nacquero Part.: nato⟩ irr vi[1] ◄ bamino geboren werden[2] ◄ fiume, scaturire entspringen[3] (FIG derivare) entstehen[4] FIG ◄ pianta wachsen, sprießen[5] FIG ◄ dente wachsen; **'nascita** f Geburt f; ↑ inizio Anfang, Beginn m; ↑ origine Entstehung f, Ursprung m

na'scondere ⟨Pass. rem.: nascosi/nascose/nascosero Part. nascosto⟩ irr I. vt[1] (occultare) verstecken[2] (celare alla vista) verbergen[3] (portare nascosto dentro di sé) verheimlichen, verbergen II. vr ◇ **-rsi** (sottrarsi alla vista) sich verstecken, sich verbergen; **nascondiglio** m Versteck n
nascondino m (gioco) Verstecken, Versteckspiel n; **nascosto** I. p. pass. di **nascondere**; II. agg[1] (che non si vede) versteckt[2] (che non si rivela) ▷amore heimlich; ◇ **di** - heimlich
nasello m FAUNA Seehecht m
naso m Nase f; (di uccello) Schnabel m; (di cane, lupo) Schnauze f
nastro m (per i capelli) Band n; ◇ - **adesivo** Klebestreifen m, Klebeband n; ◇ - **magnetico** Magnetband n
natale I. m[1] Weihnachten n[2] ◇ **-i** m/pl Geburt, Herkunft f/sg II. agg inv (della nascita) Geburts-, Heimat- ▷Babbo Weihnachts-; **natalità** f Geburtenziffer f; **natalizio** agg[1] (della nascita) Geburts-[2] (di Natale) Weihnachts-, weihnachtlich
natante I. agg (che nuota) schwimmend II. m Wasserfahrzeug n
'natica f ⟨che⟩ Hinterbacke, Gesäßbacke f
na'tio agg ii ie Geburts-, Heimats-
nativitià f REL Geburt f
nativo(a f) I. agg ↑ originario di stammend (di aus dat), heimatlich, einheimisch II. m Einheimische(r) f/m
nato(a f) I. p. pass. di **nascere**; II. agg geboren III. m : ◇ **i -i** mpl del 1964 der Geburtsjahrgang 1964
natura f[1] Natur f[2] (di un uomo) Wesen n, Natur f[3] ◇ - **morta** Stilleben n; **naturale** agg ⟨inv⟩[1] Natur-[2] (conforme alla natura) natürlich; **naturalezza** f Natürlichkeit f; **naturalismo** m FIL Naturalismus m; **naturalista** m/f ⟨i, e⟩[1] Naturforscher(in f) m[2] FIL Naturalist(in f) m; **natura'listico** agg ⟨ci, che⟩ naturwissenschaftlich, naturalistisch
naturalizzare I. vt ► straniero einbürgern, naturalisieren II. vr ◇ **-rsi** die Staatsangehörigkeit erhalten; FIG sich einbürgern; **naturalizzazione** f Einbürgerung f
naturalmente avv[1] (secondo la propria natura) von Natur aus[2] ↑ ovviamente natürlich
naturismo m Freikörperkultur f; **naturista** I. m/f ⟨i⟩ Anhänger (in f) m der Freikörperkultur II. ↑ naturistico naturalistisch
naufragare ⟨3.5⟩ vi essere, se rif. a persone avere Schiffbruch erleiden; (FIG fallire) scheitern; **naufragio** m ⟨gi⟩ Schiffbruch m; FIG

Scheitern *n*; **'naufrago(a** *f*) *m* ⟨ghi ghe⟩ Schiff-brüchige(r) *fm*

'nausea *f* Übelkeit *f*; FIG Ekel *m*; **nauseabon-do** *agg* ekelhaft

nauseante I. *p. pres. di* **nauseare**; **II.** *agg* ⟨inv⟩ ekelerregend, ekelhaft; **nauseare** *vt avere* (*dare la nausea*) ekeln; (FIG *infastidire, disgustare*) anekeln, anwidern

'nautica *f* ⟨che⟩ Nautik *f*, Schiffahrtskunde *f*; **'nautico I.** ⟨ci, che⟩ *agg* See-, Schiffahrts-, nautisch; ◇ **carta** ~ Seekarte *f*

navale *agg* ⟨inv⟩ Schiffs-; ◇ **guerra f** ~ Seekrieg *m*

navata *f* (ARCHIT *di una Chiesa*) Schiff *n*

nave *f* Schiff *n*; ◇ **- da guerra** Kriegsschiff *n*; ◇ **-spaziale** Raumschiff *n*

navetta *f* ⟨1⟩ (*del telaio*) [Weber-]Schiffchen *n* ⟨2⟩ ▷*spaziale* Raumfähre *f*

navicella *f* ⟨1⟩ (*di aerostato*) Gondel *f*, Korb *m* ⟨2⟩ ▷*spaziale* Raumtransporter *m*

navi'gabile *agg* ⟨inv⟩ schiffbar; **navigabilità** *f* ⟨1⟩ (*di aereo, nave*) Steuerfähigkeit *f* ⟨2⟩ (*di fiumi, canali*) Schiffbarkeit *f*

navigante I. *p. pres. di* **navigare**; **II.** *agg* ⟨inv⟩ Schiffs-, seefahrend **III.** *m/f* ⟨i⟩ (*che o chi naviga*) Seefahrer(in *f*) *m*

navigare ⟨3.5⟩ *vi avere* ⟨1⟩ [zu Wasser] fahren; ◇ **- a remi** rudern; ◇ **- a vela** segeln ⟨2⟩ ◇ **- su un transatlantico** auf/mit einem Überseedampfer fahren; **navigato I.** *p. pass. di* **navigare**; **II.** *agg* (*percorso da navi*) befahren; FIG ▷*uomo* erfahren, lebenserfahren; **navigatore(trice** *f*) **I.** *agg* ⟨tori, trici⟩ Seefahrer-, seefahrend **II.** *m* ⟨1⟩ (*chi naviga*) Seefahrer(in *f*) *m* ⟨2⟩ (*pilota di un aereo*) Navigator(in *f*) *m* ⟨3⟩ (*nel rally*) Beifahrer(in *f*) *m*, Kopilot(in *f*) *m*; **navigazione** *f* ⟨1⟩ Schiffahrt *f* ⟨2⟩ (*scienza di determinare la posizione*) Navigation *f*

naviglio *m* (*canale navigabile*) [Schiffahrts-]Kanal *m*; (*navi*) Flotte *f*

nazifascismo *m* Nazifaschismus *m*

nazionale I. *agg* ⟨inv⟩ (*di nazione*) national, National-, Landes-, Staats- **II.** *f* SPORT Nationalmannschaft *f*; **nazionalismo** *m* Nationalismus *m*; **nazionalista I.** *m/f* ⟨i, e⟩ Nationalist(in *f*) *m* **II.** *agg* nationalistisch; **nazionalità** *f* Staatsangehörigkeit *f*; **nazionalizzare** *vt* verstaatlichen; **nazionalizzazione** *f* Verstaatlichung *f*

nazionalsocialismo *m* Nationalsozialismus *m*, **nazionalsocialista I.** *agg* (*del nazionalsocialismo*) nationalsozialistisch **II.** *m/f* ⟨i, e⟩ Nationalsozialist(in *f*) *m*

nazione *f* ⟨1⟩ Nation *f* ⟨2⟩ (*Stato*) Staat *m*

nazismo *m* ↑ *nazionalsocialismo* Nationalsozialismus, Nazismus *m*; **nazista** *m/f* ⟨i, e⟩ Nationalsozialist(in *f*) *m*

'ndrangheta *f* kalabrische Mafia

ne I. *pron* ⟨1⟩ (*di lui, di lei, di loro*) ◇ **è intelligente e - apprezzo le capacità** er ist intelligent und ich schätze seine Fähigkeiten ⟨2⟩ (*di questo (a),di quello (a), di questi (e), di quelli (e)*) ◇ **che bella frutta ! Compra- un po' !** das ist aber schönes Obst ! Kauf' etwas davon ! ⟨3⟩ (*di ciò*) ◇ **- riparleremo domani** darüber reden wir morgen noch einmal ⟨4⟩ (*da ciò, da questo*) ◇ **- consegue che avete ragione** daraus folgt, daß ihr Recht habt **II.** *avv* ⟨1⟩ (*di lì, di là, di qui, di qua*) ◇ **- adesso me - vado !** ich gehe jetzt [weg] ! ⟨2⟩ (*pleonastico, con valore intensivo*) ◇ **- te - stai sempre sola** du bist immer so allein

né *congiunz:* ◇ **non ho incontrato - Franco - Gianni** ich habe weder Franco noch Gianni getroffen

neanche I. *avv* nicht einmal; ◇ **- per sogno !** nicht einmal im Traum würde ich daran denken ! **II.** *congiunz* (*se pure non*): ◇ **- pagandolo un tesoro farebbe una cosa simile** auch wenn man ihm ein Vermögen dafür zahlen würde, würde er etwas derartiges tun

nebbia *f* Nebel *m*; **nebbioso** *agg* neblig; FIG verworren

nebulizzare *vt* zerstäuben, sprühen; **nebulizzatore** *m* Zerstäuber *m*; **nebulizzazione** *f* Zerstäubung *f*

nebulosa *f* ASTRON Nebel *m*; **nebulosità** *f* Nebelhaftigkeit *f*; (FIG *indeterminatezza di ciò che è vago*) Unklarheit, Nebelhaftigkeit *f*; **nebuloso** *agg* Nebel-, neblig; FIG ▷*concetti* nebulös, nebelhaft, unklar

necessariamente *avv* notgedrungen, notwendigerweise; **necessario I.** *agg* ⟨1⟩ (*contr. di superfluo*) notwendig, nötig ⟨2⟩ (*che serve, occorre*) nötig, erforderlich ⟨3⟩ (FIL *contr. di contingente*) notwendig **II.** *m* Notwendige, Nötige *n*; **necessità** *f* ⟨1⟩ Notwendigkeit *f* ⟨2⟩ (*forza superiore alla volontà dell'uomo*) Not *f* ⟨3⟩ (*povertà*) Elend *n*; **necessitare** ⟨3.10⟩ **I.** *vt* erfordern **II.** *vi* (*aver bisogno*): ◇ **necessita di molte cure** er braucht/benötigt viel Pflege **III.** *vi impers* nötig/ notwendig sein

necrologio *m* ⟨gi⟩ Todesanzeige *f*, Nachruf *m*

ne'cropoli *f* ⟨inv⟩ Nekropolis *f*; (*cimitero*) Friedhof *m*

necroscopico *agg* ⟨ci, che⟩ Leichen-, Toten-

nefando *agg* ruchlos, schändlich

nefasto *agg* Unglücks-, unselig

nefrite *f* Nierenentzündung *f*

N

ne'gabile *agg* ⟨inv⟩ verneinbar, zu leugnen

negare ⟨3.5⟩ *irr vt* ① (*contr. di affermare*) verneinen ② (*contestare*) leugnen, abstreiten ③ (*rifiutare*) verweigern

negativamente *avv* negativ, ablehnend

negatività *f* Negative *n*; **negativo I.** *agg* ① (*contr.di affermativo*) verneinend, ablehnend ② (*contr.di positivo*) negativ **II.** *m* FOTO Negativ *n*

negato I. *p. pass. di* **negare**; **II.** ① (*non concesso*) abgelehnt, verweigert ② ▷*per la chimica* unbegabt; **negazione** *f* ① (*contr. di affermazione*) Verneinung *f* ② (*contrario*) Gegenteil *n* ③ LING Verneinung, Negation *f*

neghittoso *agg* faul, träg

negletto I. *p. pass. di* **negligere**; **II.** *agg* (*trasandato*) vernachlässigt, ungepflegt

negligente *agg* ⟨inv⟩ faul, nachlässig; **negligenza** *f* Nachlässigkeit *f*, Vernachlässigung *f*

ne'gligere ⟨Pass. rem.: neglessi/negligesti/ neglesse Part. negletto⟩ *irr vt* (*trascurare*) vernachlässigen

nego'ziabile *agg* ⟨inv⟩ aushandelbar, handelsfähig; **negoziabilità** *f* Handelsfähigkeit *f*; **negoziante** *m/f* Kaufmann *m* Kauffrau *f*, Händler(in *f*) *m*

negoziare ⟨3.6⟩ *vt* ① (*esercitare il commercio*) handeln ② ▷*pace* verhandeln über *acc;* **negoziato I.** *p. pass. di* **negoziare; II.** *agg* (*fatto oggetto di trattative*) verhandelt, ausgehandelt **III.** *m* COMM, POL Verhandlung *f*

negozio *m* ① (*locale*) Laden *m*, Geschäft *n* ② (*affare, impresa commerciale*) Geschäft *n*

negriere(a *f*) *m* Sklavenhändler(in *f*) *m*; (*FIG sfruttatore*) Ausbeuter(in *f*) *m*

negro(a *f*) **I.** *agg* Schwarz-, schwarz **II.** *m* Schwarze(r) *m/f*

nembo *m* Regenwolke *f*

nemico(a *f*) **I.** *agg* ⟨ci, che⟩ feindlich **II.** *m* Feind (in *f*) *m*

nemmeno I. *avv* nicht einmal **II.** *congiunz* auch nicht

nenia *f* (*canto funebre*) Klagelied *n*, Trauergesang *m*; FIG Geschwätz *n*

neo *m* [Mutter-]Mal *n*; FIG [Schönheits-]Fehler *m*

neoclassicismo *m* Neoklassizismus *m*; **neoclassicista** *m/f* ⟨i e⟩ Neoklassizist(in *f*) *m*; **neo'classico(a** *f*) **I.** *agg* ⟨ci, che⟩ neoklassizistisch **II.** *m* Neoklassizist(in *f*) *m*

neofascismo *m* Neofaschismus *m*; **neofascista** *m/f* ⟨i, e⟩ Neofaschist(in *f*) *m*

ne'ofita *m/f* ⟨i, e⟩ (*chi ha da poco abbracciato una religione*) Neugetaufte(r) *fm*; (*di un partito*) Neuling *m*

neoformazione *f* ① MED Neubildung *f* ② LING Neubildung *f*, Neologismus *m*; **neo'litico** *agg* ⟨ci, che⟩ neolithisch, jungsteinzeitlich

neologismo *m* LING Neologismus *m*

neon *m* CHIM Neon *n*

neonato(a *f*) **I.** *agg* neugeboren **II.** *m* Neugeborene(s) *n*

neopla'sia *f* MED Neoplasma *n*

neoplatonismo *m* Neoplatonismus *m*

neopositivismo *m* Neopositivismus *m*; **neopositivista** *m/f* ⟨i e⟩ Neopositivist(in *f*) *m*

neorealismo *m* LETT, FILM Neorealismus *m*; **neorealista I.** *m/f* ⟨i, e⟩ LETT, FILM Neorealist(in *f*) *m* **II.** *agg* (*neorealistico*) neorealistisch; **neorealistico** *agg* ⟨ci, che⟩ LETT, FILM neorealistisch

neotomismo *m* FIL Neuscholastik *f*; **neotomista I.** *agg* FIL neuscholastisch **II.** *m/f* ⟨i e⟩ Neuscholastiker(in *f*) *m*

neozelandese I. *agg* ⟨inv⟩ neuseeländisch **II.** *m/f* Neuseeländer(in *f*) *m*

nepotismo *m* Nepotismus *m*, Vetternwirtschaft *f*

neppure I. *avv* nicht einmal **II.** *congiunz* ↑ *neanche* auch nicht

nequizia *f* Bosheit *f*

nerastro *agg* (*che tende al nero*) schwärzlich

nerbo *m* Peitsche *f*; FIG Zentrum *n*; (*forza*) Kraft *f*; **nerboruto** *agg* (*muscoloso*) kräftig, stark

neretto *m* TIP ① Halbfettdruck *m* ② (*articolo*) Artikel *m* in Halbfettdruck

nero(a *f*) **I.** *agg* ① (*colore*) schwarz ② (*FIG umore*) schwarz; ▷*periodo* schwer, trübe **II.** *m* ① (*colore*) Schwarz *n* ② ▷*d'America* Schwarze(r) *m*

nervatura *f* ① ANAT Nervensystem *m* ② FLORA Äderung *f* ③ (*di libro*) Bund *m* ④ ARCHIT, TEC Rippe *f*

nervo *m* ANAT Nerv *m*; ◇ avere *-i* -i nervös sein; ◇ dare sui -i a qu jd-m auf die Nerven gehen; **nervosismo** *m* Nervosität *f*; **nervosità** *f* (*eccitabilità dei nervi*) Nervosität *f*; **nervoso I.** *agg* ① ▷*sistema* Nerven- ② (*agitato, irritabile*) nervös ③ ▷*stile* prägnant, markant **II.** *m* FAM Nervosität *f*

'nespola *f* FLORA Mispel *f*

nesso *m* Zusammenhang *m*, Beziehung *f*

nessuno I. *agg* ① (*non uno*) ◇ per nessun motivo lo ametterei um gar keinen Preis würde ich es zugeben ② (*qualcuno*) ◇ hai visto - giornale ? hast du irgendeine Zeitung gesehen? **II.** *pron* ① (*non uno, neanche uno*) ◇ non è arrivato - niemand ist angekommen ② (*qualcuno*) ◇ è venuto - nel frattempo ? ist in der Zwischenzeit [irgend-]jemand angekommen ?

nettare[1] *vt* reinigen, säubern

'nettare[2] *m* Nektar *m*

nettezza *f* ① Sauberkeit *f*; (FIG di stile etc) Klarheit *f* ② ~ urbana Straßenreinigung *f* und Müllabfuhr

netto I. *agg* ① (*pulito*) rein, sauber; FIG klar ② COMM Netto- **II.** *avv*: ◇ **dire qc chiaro e** ~ etw klar und deutlich sagen

netturbino(a *f*) *m* Straßenkehrer(in *f*) *m*

network *m* ⟨inv⟩ Network *n* Verbund privater Fernsehanstalten

neurolo'gia *f* ⟨gie⟩ Neurologie *f*; **neuro'logico** *agg* ⟨ci, che⟩ neurologisch; **neu'rologo(a** *f*) *m* ⟨gi, ghe⟩ Neurologe *m*, Neurologin *f*

neurone *m* ANAT Neuron *n*

neutrale *agg* ⟨inv⟩ neutral; **neutralismo** *m* Neutralismus *m*; **neutralità** *f* Neutralität *f*

neutraliz'zabile *agg inv* (*che si può neutralizzare*) neutralisierbar; **neutralizzare** *vt* neutralisieren, FIG ~ gli sforzi unwirksam machen; **neutralizzazione** *f* Neutralisierung *f*; (FIG annullamento, vanificazione) Unwirksammachung *f*

neutrino *m* FIS Neutrino *m*

neutro *agg* ① ▷*atteggiamento* neutral ② LING sächlich

neutrone *m* FIS Neutron *n*

nevaio *m* Schneefeld *n*; (*accumolo*) Schneewehe *f*; **neve** *f* Schnee *m*; **nevicare** ⟨3.4⟩ *vi impers* schneien; ◇ **nevica da ieri** es schneit seit gestern; **nevicata** *f* Schneefall *m*; **nevischio** *m* Schneegestöber *n*; **nevoso** *agg* ▷*precipitazione* Schnee-; ▷*tempo* schneereich; ▷*monte* schneebedeckt

nevral'gia *f* ⟨gie⟩ Neuralgie *f*; **ne'vralgico** *agg* ⟨ci, che⟩ (*di nevralgia*) neuralgisch

nevraste'nia *f* Neurasthenie *f*; **nevra'stenico** (**a** *f*) **I.** *agg* ⟨ci, che⟩ neurasthenisch **II.** *m* ① (*persona nevrastenica*) Neurastheniker(in *f*) *m* ② (*persona irritabile*) nervöser Mensch

nevrite *f* MED Nervenentzündung, Neuritis *f*

nevrosi *f*⟨inv⟩ Neurose *f*; **ne'vrotico(a** *f*) **I.** *agg* ⟨ci, che⟩ neurotisch **II.** *m* Neurotiker(in *f*) *m*

nibbio *m* FAUNA Gabelweihe *f*

nicchia *f* Nische *f*

nichel *m* CHIM Nickel *n*

nichilismo *m* FIL Nihilismus *m*; **nichilista** *m* ⟨i, e⟩ FIL Nihilist(in *f*) *m*

nicotina *f* Nikotin *n*

nidiata *F* Brut *f*

nidificare ⟨3.4⟩ *irr vi avere* nisten; **nido** *m* ① Nest *n* ② ◇ **a ~ d'ape** wabenförmig

niente I. *pron* ① (*nessuna cosa*) nichts ② (*poca cosa*) ◇ **si arrabbiò per** ~ er regte sich wegen nichts und wieder nichts auf ③ (*qualcosa*) ◇ **c'è ~ di nuovo ?** gibt es nichts Neues ? **II.** *agg* (FAM *nessuno, nessuna*): ◇ **non ho -a intenzione di andarmene** ich habe nicht die geringste Absicht zu gehen **III.** *m* (*nessuna cosa*) Nichts *n*, Kleinigkeit *f*; ◇ **essere un** ~ ein Nichts sein

nientedimeno I. *avv* sogar **II.** *congiunz* (*tuttavia*) nichtsdestoweniger, dennoch

nimbo *m* ① Glanz *m* ② (*aureola*) Nimbus, Heiligenschein *m*

ninfa *f* Nymphe *f*; **ninfale** *agg* ⟨inv⟩ (*di ninfa*) nymphengleich; **nin'fea** *f* Seerose *f*

nin'fomane *f* Nymphomanin *f*; **ninfoma'nia** *f* Nymphomanie *f*

ninnananna *f* Wiegenlied *n*; **ninnare** *vt* → *bambino* [in den Schlaf] wiegen

'ninnolo *m* Spielzeug *n*

nipote *m/f* ① (*di zii*) Neffe *m* Nichte *f*; (*di nonni*) Enkel(in *f*) *m*

nir'vana *f* Nirwana *n*, **nir'vanico** *agg* ⟨ci, che⟩ zum Nirwana gehörig

nitidezza *f* (*di una foto*) Schärfe *f*; **'nitido** *agg* ▷*specchio* klar, rein; ▷*fotografia* scharf

nitrato *m* CHIM Nitrat *n*

'nitrico *agg* ⟨ci, che⟩ CHIM Salpeter-

nitrire ⟨5.2⟩ *irr vi* ← *cavallo* wiehern; **nitrito** *m* (*di cavallo*) Wiehern *n*

nitroglicerina *f* Nitroglyzerin *n*

'niveo *agg* schneeweiß

no I. *avv* ① ◇ **vieni con noi ?** ~, **grazie** kommst du mit uns ? Nein, danke ② ◇ **ti piace, no, la mia nuova macchina ?** dir gefällt mein neues Auto, nicht wahr ? **II.** *m* ⟨inv⟩ Nein *n*; (*risposta negativa*) ◇ **il loro** ~ **non ce lo aspettavamo** mit ihrem Nein haben wir nicht gerechnet

'nobile *agg* ⟨inv⟩ ① ▷*classe* ad[e]lig ② ▷*cuore, animo* edel, vornehm ③ ▷*metallo* Edel-, edel; **nobiliare** *agg* ⟨inv⟩ Adels-

nobilitare ⟨3.10⟩ **I.** *vt* (*insignire di un titolo*) adeln **II.** *vr* ◇ **-rsi** sich erheben; **nobilitazione** *f* (*elevazione spirituale e morale*) Adelung *f*; **nobiltà** *f* Adel *m*; (FIG del portamento) Adel *m*, Vornehmheit *f*

noc|ca *f*⟨che⟩ ANAT Knöchel *m*

nocchiere *m* Steuermann *m*

nocciola *f* Haselnuß *f*; **nocciolina** *f* ▷*americana* Erdnuß *f*; **nocciolo** *m* (*di frutto*) Kern *m*

noce I. *m* (*albero*) [Wal-]Nußbaum *m* **II.** *f* (*frutto*) Walnuß *f*; ◇ ~ **moscata** Muskatnuß *f*; ◇ ~ **del piede** Fußknöchel *m*

nocella *f* ANAT Knöchel *m*

nocività *f* ▷*bevanda* Schädlichkeit *f*; **nocivo** *agg* schädlich

nodale agg ⟨inv⟩ Knoten-; (FIG di fondamentale importanza) Kern-; **nodo** m ① Knoten m; (FIG difficoltà) Schwierigkeit f ② (punto centrale) Kern n; **nodoso** agg knotig; '**nodulo** m MED Knoten m

noi pron (soggetto) wir; (oggetto) uns; (compl. di termine) ◇ **non piace neppure a** - uns gefällt das auch nicht

noia f ① Langeweile f ② (disturbo, impaccio) Belästigung f, Ärger m; ◇ **avere qu/qc a** - jd-n nicht leiden können; ◇ **dare - a qu** jd-n belästigen, jd-m auf die Nerven gehen

noialtri pron (1. pers m/pl) wir [unsrerseits]

noiosità f Langeweile f; **noioso** agg langweilig

noleggiante I. p. pres. di **noleggiare**; II. agg ⟨inv⟩ (che prende o dà a noleggio) vermietend, verleihend III. m/f (di macchine) Verleiher(in f) m; **noleggiare** ⟨3.3⟩ vt ① (dare a noleggio) vermieten ② (prendere a noleggio) mieten; **noleg|gio** m ⟨gi⟩ Miete f; Verleih m

nolente agg ⟨inv⟩ (che non vuole): ◇ **volente o** - **dovrà ubbidire** wohl oder übel [o. nolens volens] wird er gehorchen müssen

nolo m ① Fracht f ② (prezzo dell'affitto) Miete f; ◇ **prendere a** - qc mieten

'**nomade** I. agg ⟨inv⟩ Nomaden-, Wander-, nomadisch II. m/f Nomade m Nomadin f

nome m ① Name m ② LING Nomen, Substantiv n ③ (fama) Ruf, Name m

nomenclatura f ▷chimica Nomenklatur f

no'mignolo m Spitzname m

'**nomina** f (di funzionario) Ernennung f; **nomi'nabile** agg inv nennbar

nominale agg ⟨inv⟩ ① (che riguarda il nome) Namens- ② LING Nominal-, nominal ③ ▷autorità nominell

nominalismo m FIL Nominalismus m; **nomi'nalista** m/f ⟨i, e⟩ FIL Nominalist(in f) m; **nomi'na'listico** agg ⟨ci, che⟩ nominalistisch

nominalmente avv (per nome) dem Namen nach, nominell

nominare ⟨3.2⟩ vt ① (menzionare) erwähnen ② (eleggere) → ufficiale ernennen

nominativo I. agg Namens-, namentlich II. m LING Nominativ m

non avv ① ◇ **ho ragione io,** - **è vero ?** ich habe doch recht, nicht wahr ? ② (pleonastico) ◇ **mancò poco che** - **mi picchiasse** es fehlte nur wenig und er hätte mich geschlagen

nonconformista I. agg nonkonformistisch II. m/f ⟨i, e⟩ Nonkonformist(in f) m

noncurante agg ⟨inv⟩ (indifferente, del pericolo) unbesorgt (di um acc), sorglos (di wegen gen); **noncuranza** f (indifferenza) Vernachlässigung f, Sorglosigkeit f

nondimeno congiunz (tuttavia) nichtsdestoweniger; (nonostante) trotzdem

nonno(a f) m Großvater m, Großmutter f; FAM Opa m, Oma f; ◇ **-i** m/pl Großeltern pl

nonnulla m ⟨inv⟩ Kleinigkeit f

nono(a f) I. agg neunte II. m Neunte(r) fm III. m (frazione) Neuntel n

nonostante I. prep trotz gen II. congiunz (benché) auch wenn, obwohl

nontiscordardimé m ⟨inv⟩ FLORA Vergißmeinnicht n

nord m ① ◇ N- (punto cardinale) Norden m; ◇ **a** - **di** nördlich von dat ② (zona settentrionale di un paese) Norden m; **nordest** m Nordosten m; '**nordico** agg ⟨ci, che⟩ Nord-, nordisch; **nordovest** m Nordwesten m

norma f Norm f; ◇ **a** - **di legge** laut Gesetz

normale agg ⟨inv⟩ normal; **normalità** f Normalität f; **normalizzare** I. vt normalisieren, normen II. vi vr avere (rientrare nella normalità) sich normalisieren; **normalizzazione** f Normalisierung f; (regolamentazione) Normierung f

normalmente avv normalerweise

normativa f ▷stradale Regeln f/pl; **normatività** f normativer Charakter m; **normativo** agg ▷grammatica normativ

norvegese I. agg norwegisch II. m/f Norweger (in f) m

nostal'gia f ⟨gie⟩ (di eventi passati) Nostalgie, Sehnsucht f; (di un immigrato) Heimweh n; **no'stalgico(a** f) I. agg ⟨ci, che⟩ Heimweh-, nostalgisch II. m (del fascismo) Nostalgiker(in f) m

nostrano agg einheimisch; ◇ **salume** - Hausmacherwurst f

nostro/a ⟨nostri, nostre⟩ I. agg poss (prima persona pl) unser, unsere II. pron poss unser[er], unsere, unseres III. m Unsere m

nota f ① ▷distintiva Kennzeichen n ② ▷musicale Note f ③ (appunto scritto) Notiz f; ◇ **degno di** - bemerkenswert ④ (del saggio) Fußnote f

no'tabile agg inv (illustre) bedeutend, angesehen

notaio(a f) m Notar(in f) m

notare vt ① → spese ↑ prendere nota notieren, aufschreiben ② ↑ accorgersi bemerken, merken ③ (contrassegnare) kennzeichnen

notarile agg ⟨inv⟩ Notars-, Notariats-, notariell

notazione f ① ↑ annotazione scritta Anmerkung f ② ↑ considerazione Bemerkung, Anmerkung f

no'tevole agg ⟨inv⟩ beachtlich

no'tifica f ⟨che⟩ Mitteilung f; DIR Zustellung f; **notificare** ⟨3.4⟩ irr vt bekanntgeben; **notificazione** f Bekanntgabe, Benachrichtigung f

notizia f Nachricht f; ◇ -e f/pl die Nachrichten pl; ◇ dare - di qc etw acc melden; ◇ dare - di sé von sich hören lassen; **notiziario** m ▷sportivo Nachrichten pl

noto agg bekannt; **notorietà** f Berühmtheit f; **notorio** agg bekannt; DIR notorisch

nottambulismo m Nachtschwärmerei f; **not'tambulo(a** f**)** I. m Nachtschwärmer(in f) m II. agg ▷persona nachtschwärmerisch

nottata f Nacht f

notte I. Nacht f; ◇ - di - nachts; ◇ - in bianco schlaflose Nacht; **nottetempo** avv nachts

'nottola f FAUNA Abendsegler m

notturno I. agg Nacht-, nächtlich II. m (pezzo per pianoforte) Notturno n

nova f (stella) Nova f

novanta agg ⟨inv⟩ neunzig; **novantenne** I. agg ⟨inv⟩ neunzigjährig II. m/f Neunzigjährige(r) f/m; **novan'tesimo** I. agg neunzigste II. m (frazione) Neunzigstel n; **novantina** f; ◇ una - di etwa neunzig von dat; ◇ essere sulla - an die neunzig [Jahre alt] sein

nove [agg ⟨inv⟩ neun; **novecento** I. agg neunhundert II. m : ◇ il N- das zwanzigste Jahrhundert

novella f (racconto) Novelle f

novellino agg (pivello) jung; FIG frischgebacken

novello agg ▷patate jung

Novembre m November m; ◇ in - im November; ◇ il 9 - am 9. November

novilunio m Neumond m

novità f ①(l'essere nuovo) Neuheit, Novität f② ◇ - letteraria Neuerscheinung f③(fatto recente) Neuigkeit f

noviziato m REL Noviziat n; ↑ tirocinio Probezeit f; **novizio(a** f**)** I. agg unerfahren II. m REL Novize m, Novizin f

nozione f ①(conoscenza elementare) Begriff m ② ◇ -i m/pl Kenntnisse pl; **nozionismo** m Bücherwissen n; **nozio'nistico** agg ⟨ci, che⟩ oberflächlich gelernt

nozze f/pl Hochzeit f/sg; ◇ - d'argento silberne Hochzeit

nube f Wolke f; **nubifragio** m ⟨gi⟩ Wolkenbruch m

'nubile I. agg ⟨inv⟩ ledig II. f unverheiratete Frau

nuca f ⟨che⟩ Genick n

nucleare I. agg ⟨inv⟩ Nuklear-, Kern-, Atom- II. m Kernenergie f

'nucleo m ① FIS, BIO Kern m ②(parte centrale di una cosa) Kern m, Zelle f ③ ▷antidroga Einheit f

nudismo m Nudismus m; **nudista** m/f ⟨i, e⟩ Nudist(in f) m; **nudità** f ⟨inv⟩ Nacktheit f; ◇ le - f/pl Blöße f/sg; **nudo** I. agg nackt, kahl; (FIG schietto) nackt, bloß II. m ARTE Akt m

nulla I. pron (niente) nichts II. m ⟨inv⟩ Nichts n III. avv gar nichts; **nullaosta** m ⟨inv⟩ Genehmigung f; **nullatenente** agg ⟨inv⟩ mittellos

nullità f Nichtigkeit f; (persona) Null f

nullo agg ▷biglietto ungültig, nichtig; SPORT unentschieden

numerale I. agg Zahlen- II. m Zahlwort n

numerare ⟨3.2⟩ vt numerieren; **numerato** I. p. pass. di **numerare**; II. agg ▷posto numeriert; **numeratore(trice** f**)** I. agg ⟨tori, trici⟩ Numerier-, numerierend II. m (MAT di una frazione) Zähler m; **numerazione** f Numerierung f

nu'merico agg ⟨ci, che⟩ ▷calcolo Zahlen-; ▷serie numerisch

'numero m ① Nummer f ② MAT Zahl f ③ ▷romani, arabi Ziffer f ④ ◇ venire in gran - zahlreich erscheinen ⑤(schiera) ◇ uscire dal - dei favoriti aus dem Feld der Favoriten ausbrechen ⑥ ◇ porto il - 39 ich habe Größe 39 ⑦ LING Numerus m; **numeroso** agg zahlreich

nunzio m REL Nuntius m

'nuocere ⟨Pass. rem.: nocqui/nocque/nocquero Part.: nociuto⟩ irr vi avere schaden

nuora f Schwiegertochter f

nuotare vi avere schwimmen; FIG ◇ - nell'oro in Geld schwimmen; **nuotata** f Schwimmen n; **nuotatore(trice** f**)** m ⟨tori, trici⟩ Schwimmer (in f) m Schwimmen n; ◇ - sul dorso Rückenschwimmen

nuovamente avv erneut, von neuem

nuovo I. agg neu; ◇ - fiammmante [funkel-]nagelneu II. f (notizia) Neuigkeit f

nutrice f ⟨i⟩ Amme f

nutriente agg ⟨inv⟩ (che nutre) Nahrungs-, Nähr-, nahrhaft; **nutrimento** m Ernährung f; **nutrire** irr II. vt ①→ bambino ernähren ② FIG ▷mente bereichern ③(provare) → un sentimento nähren II. vr ◇ -rsi sich ernähren, sich nähren; **nutritivo** agg Nahrungs-, nährend; **nutrito** I. p. pass. di **nutrire**; II. agg genährt; **nutrizione** f Ernährung f; (cibo) Nahrung f

'nuvola f Wolke f; **'nuvolo** agg ⟨inv⟩ (nuvoloso) wolkig; **nuvolosità** f Bewölkung f; **nuvoloso** agg wolkig

nuziale agg ⟨inv⟩ ▷festa Hochzeits-, Trau-, Braut-

nylon m ⟨inv⟩ Nylon n

N

O

O, o¹ *f (lettera)* O, o *n*

o² *congiunz* oder; ◇ ~ ... ~ entweder ... oder; ◇ **adesso - mai più** jetzt oder nie

o³ *inter* ⓵ *(rafforzativo)* oh, ach ⓶ *(FAM per chiamare)* heda, he, na

'oasi *f* ⟨inv⟩ Oase *f*

obbligare ⟨3.5⟩ *irr* I. *vt* ⓵ DIR verpflichten *(a zu dat)* ⓶ *(costringere)* zwingen *(a zu dat)* II. *vr* ◇ **-rsi** ⓵ sich verbürgen *(a für acc)* ⓶ *(impegnarsi)* sich verpflichten *(a zu dat)*; **obbligato** I. *p. pass. di* **obbligare**; II. *agg* ⓵ verpflichtet ⓶ ▷*passaggio* vorgeschrieben, festgelegt; **obbligatorietà** *f* Pflicht *f*; **obbligatorio** *agg* ⓵ *(contr. di facoltativo)* Pflicht-, verbindlich ⓶ DIR rechtsverbindlich; **obbligazione** *f* ⓵ *(titolo di credito)* Schuldverschreibung *f* ⓶ DIR Obligation *f*; **'obbligo** *m* ⟨ghi⟩ Verpflichtung *f*

ob'brobrio *m* Schmach *f*, Schande *f*; **obbrobrioso** *agg* schmachvoll, schändlich, FIG abscheulich, scheußlich

obelisco *m* ⟨schi⟩ Obelisk *m*

oberare ⟨3.2⟩ *vt* ▷*di lavoro* überladen, überlasten; **oberato** I. *p. pass. di* **oberare**; II. *agg (di debiti)* verschuldet; *(d'impegni)* überladen, überlastet

obesità *f* Fettsucht, Fettleibigkeit *f*; **obeso** *agg* fettsüchtig

obiettare *vt* einwenden, entgegen

obiettività *f* Objektivität *f*; **obiettivo** I. *agg* objektiv II. *m* ⓵ FOTO Objektiv *n* ⓶ ▷*militare* Ziel *n* ⓷ FIG Ziel *n*, Zielsetzung *f*; **obiet|tore (trice)** *m* ⟨tori, trici⟩ Widersprecher(in *f*) *m*; ◇ **~ di coscienza** Kriegsdienstverweigerer *m*; **obiezione** *f* Einwand *m*

obitorio *m* Leichenschauhaus *n*

oblazione *f* ⓵ Spende *f* ⓶ DIR freiwillige Bezahlung

obl'io *m (totale dimenticanza)* Vergessen *n*

obliquità *f* Schrägheit, Schräge *f*; **obliquo** *agg* ⓵ schräg, schief ⓶ LING abhängig

obliterare ⟨3.10⟩ *vt* ⓵ → *francobolli* entwerten, ungültig machen ⓶ *(FIG far dimenticare)* verwischen, auslöschen; **obliterazione** *f (dei francobolli)* Ungültigmachen *n*

oblò *m* Bullauge *n*

oblungo *agg* ghi ghe länglich

'oboe *m* Oboe *f*; **oboista** *m/f* Oboist(in *f*) *m*

obsolescenza *f* COMM Entwertung *f*

obsoleto *agg* ungebräuchlich, veraltet

oca *f* ⟨oche⟩ Gans *f*

occasionale *agg* ⟨inv⟩ gelegentlich, Gelegenheits-

occasione *f* ⓵ Umstand *m* ⓶ *(oggetto acquistabile ad un prezzo conveniente)* Gelegenheit *f* ⓷ *(di rivincita)* Anlaß *m*

occhiaia *sf* ⓵ *(cavità del cranio)* Augenhöhle *f* ⓶ ◇ **-e** *f/pl* Augenringe *pl*

occhiali *m/pl* Brille *f*; ◇ **~ da sci** Skibrille *f*; ◇ **~ da sole** Sonnenbrille *f*

occhiata *f* Blick *m*; ◇ **dare un'-** auf *acc* etw sehen/aufpassen

occhieggiare ⟨3.3⟩ I. *vt (guardare con desiderio)* liebäugeln mit *dat* II. *vi* avere *(apparire qua e là)* hervorschauen, erscheinen

occhiello *m (asola)* Öse *f*

'oc|chio *m* ⟨chi⟩ ⓵ Auge *n*; ◇ **a ~ nudo** mit bloßem Auge; ◇ **a quattr'-i** unter vier Augen; ◇ **dare all'-** [*o.* **nell'-**] jd-m auffallen ⓶ *(sguardo, vista)* Blick *m*; ◇ **a ~ e croce** schätzungsweise; ◇ **fare l'~ a qc** sein Auge an etw *acc* gewöhnen; ◇ **tenere d'~ qu** jd-m im Auge behalten ⓷ *(senso estetico)* ◇ **anche l'~ vuole la sua parte** auch das Auge will auf seine Kosten kommen ⓶ *attenzione*, FIG ◇ **-!** Achtung !; **occhiolino** *m*: ◇ **fare l'~ a qu** jd-m zuzwinkern

occidentale I. *agg* ⟨inv⟩ westlich, West II. *m/f* Abendländer(in *f*) *m*; **occidente** *m* ⓵ *(ponente)* Westen *m* ⓶ *(civiltà)* Abendland *n*

oc'cipite *m* Hinterkopf *m*

oc'cludere ⟨Pass. rem.: occlusi/occludesti Part.: occluso⟩ *irr vt* verschließen; **occlusione** *f* ⓵ MED Verstopfung *f* ⓶ LING Verschluß *m*

occlusiva *f* LING Verschlußlaut *m*

occlusivo *agg* ⓵ okklusiv ⓶ LING Verschluß-

occluso I. *p. pass. di* **oc'cludere**; II. *agg (ostruito)* verschlossen, verstopft

occorrente I. *p. pres. di* **oc'correre**; II. *agg* ⟨inv⟩ nötig, erforderlich III. *m* Nötige *n*; **occorrenza** *f* Gelegenheit *f*; ◇ **all'-** bei Bedarf; **oc'correre** ⟨Pass. rem.: occorsi/occorse/occorsero Part.: occorso⟩ *irr vi (essere necessario)* brauchen, benötigen

occul'tabile *agg* ⟨inv⟩ verhehlbar, zu verbergen

occultamento *m (di cadavere)* Verbergung *f*, Verstecken *n*; **occultare** *vt* verstecken

occultismo *m* Okkultismus *m*; **occultista** *m/f* Okkultist(in *f*) *m*; **occulto** *agg* ⓵ *(segreto)* heimlich ⓶ ▷*scienze* Geheim-

occu'pabile *agg* ⟨inv⟩ besetzbar, einnehmbar

occupante I. *p. pres. di* **occupare**; II. *agg* ⟨inv⟩ besetzend III. *m/f* Besetzer(in *f*) *m*; **occupare** ⟨3.2⟩ *vt* ⓵ → *posto* besetzen ⓶ → *cattedra di biologia* innehaben ⓷ *(ingombrare)* einnehmen, versperren ⓸ *(impiegare)* → *tempo* verbringen ⓹ *(tenere impegnato)* beschäftigen; **occu-**

pato I. *p pass. di* **occupare; II.** *agg* ▷*posto* besetzt ② *(affaccendato)* beschäftigt ③ arbeitstätig, beschäftigt; **occupa**|**tore(trice)** *(f) m* ⟨-tori, trici⟩ Besetzer(in *f*) *m;* **occupazione** *f* ① *(impiego, lavoro)* Beschäftigung *f* ② *(della case)* Aneigung *f*

oce'anico *agg* ⟨ci, che⟩ ozeanisch; **o'ceano** *m* Ozean *m;* **oceano'grafia** *f* Meereskunde *f;* **oceano'grafico** *agg* ⟨ci, che⟩ meereskundlich; **ocea'nografo(a** *f) m* Meereskundler(in *f*) *m*

ocra *f.* *f* ① *(minerale)* Ocker *m o s* ② *(colore)* Ockergelb *n* **II.** *agg inv* ◇*giallo* ockergelb

oculare *agg* inv; *(dell'occhio)* ▷*testimone* Aug[en]-

oculatezza *f (accortezza)* Vorsicht *f;* **oculato** *agg* vorsichtig

oculista *m/f* ⟨i, e⟩ Augenarzt *m,* Augenärztin *f;* **ocu'listica** *f* ⟨che⟩ Augenheilkunde *f;* **ocu'listico** *agg* ⟨ci, che⟩ Augen-

ode *f* Ude *f*

o'diabile *agg* ⟨inv⟩ hassenswert; **odiare** ⟨3.3⟩ **I.** *vt* hassen **II.** *vr rec* ◇ **-rsi** sich gegenseitig hassen

odierno *agg* heutig

'odio *m* Haß *m;* ◇ **avere in ~ qc/qu** jd-n hassen; **odiosità** *f* ① *(carattere odioso)* Verhaßtheit *f* ② Gehässigkeit *f;* **odioso** *agg* gehässig

odontal'gia *f* MED Zahnweh *n;* **odon'talgico** *agg* ⟨ci che⟩ MED Zahn-, Zahnschmerz-

odontoia'tria *f* MED Zahnheilkunde *f;* **odon'to'iatrico** *agg* ⟨ci, che⟩ MED zahnärztlich

odonto'tecnica *f* Zahntechnik *f;* **odonto'tecnico(a** *f) m.* **I.** *agg* ⟨ci, che⟩ zahntechnisch **II.** *m* Zahntechniker(in *f*) *m,* Dentist(in *f*) *m*

odorare I. *vt (annusare)* riechen *an dat;* FIG → *affare* wittern **II.** *vi* **avere** riechen *(di nach dat); (FIG avere l'aria di essere)* riechen *(di nach dat);* **odorato** *m* Geruchssinn *m;* **odore** *m* ① Geruch *m; (di profumo)* Duft *m;* FIG Witterung, Ahnung *f* ② ◇ **-i** *m/pl* Kräuter *pl;* **odoroso** *agg* duftend

offendere I. *vt* ① *(ferire, urtare)* beleidigen ② → *occhio* verletzen ③ → *libertà* verletzen, verstoßen gegen *acc* **II.** *vr rec* ◇ **-rsi** *(ingiuriarsi a vicenda)* einander beleidigen

offensiva *f* Angriff *m,* Offensive *f;* ▷*operaia* Offensive *f*

offensivo *agg* ① beleidigend ② offensiv, Angriffs-; **offen**|**sore(-ditrice** *f) m* ① *(chi offende)* Beleidiger(in *f*) *m* ② *(chi attacca in guerra)* Angreifer(in *f*) *m*

offerente I. *p. pres. di* **offrire; II.** *agg* ⟨inv⟩ *(che offre)* anbietend **III.** *m/f (in aste)* Bieter(in *f*) *m;* **offerta** *f* ① ▷*speciale* Angebot *n* ② *(dono)*

Spende *f* ③ *(ad un'asta)* Gebot *n;* **offerto I.** *p. pass. di* **offrire; II.** *agg* dargebracht, angeboten

offesa ① Beleidigung *f;* ◇ **- alla pubblica decenza** Erregung *f* öffentlichen Ärgernisses ② *(di un esercito)* Angriff *m;* **offeso(a** *f) I. p. pass. di* **offendere II.** *agg* ① beleidigt ② ▷*braccio* verletzt **III.** *m* Beleidigte(r) *fm*

officiare ⟨3.3⟩ *vi avere* → *Messa* zelebrieren

officina *f* Werkstatt *f*

offrire *irr* **I.** *vt* ① → *birra* anbieten ② *(proporre)* anbieten, vorschlagen **II.** *vr* ◇ **-rsi** *(dichiararsi disposto)* sich anbieten

offuscamento *m* Verdunkelung, Verfinsterung *f;* **offuscare** ⟨3.4⟩ *vt* → *luce* verdunkeln; FIG → *fama* beeinträchtigen, schmälern

of'talmico *agg* ⟨ci, che⟩ ophtalmisch, Augen-; **oftalmolo'gia** *f (oculistica)* Augenheilkunde *f;* **oftal'mologo(a** *f) m* ⟨gi, ghe⟩

oggettivare ⟨3,10⟩ *vt (rendere oggettivo)* vergegenstandlichen; **oggettivazione** *f* Objektivierung *f;* **oggettivismo** *m* FIL Objektivismus *m;* **oggettivista** *m/f* ⟨i, e⟩ FIL Objektivist(in *f*) *m;* **oggetti'vistico** *agg* ⟨ci, che⟩ objektivistisch; **oggettività** *f* Gegenständlichkeit *f,* Objektivität *f;* **oggettivo** *agg* gegenständlich; **oggetto** **I.** *m* ① FIL Objekt *m* ② *(ciò che è percepibile)* Gegenstand *m,* Ding *n,* Sache *f* ③ DIR Gegenstand *m,* Objekt *n* ④ *(argomento)* Thema *n* **II.** *agg inv* ◇*complemento* Objekt-

oggi I. *avv* ① *(attualmente)* heute ② † *-giorno* heuzutage **II.** *m* ⟨inv⟩ Heute *n;* ◇ **- a un anno** heute in einem Jahr; ◇ **- come -** wie es heute steht; **oggigiorno** *avv* heutzutage

ogiva *f (finestra a sesto acuto)* Spitzbogen *m;* **ogivale** *agg* ⟨inv⟩ *(che presenta arco acuto)* spitzbogig, Spitzbogen-

ogni *agg* ⟨inv⟩ ① jeder, jede, jedes; ◇ **-cosa** alles; ◇ **in - luogo** überall; ◇ **- tanto** ab und zu ② *(con valore distributivo)* ◇ **- due giorni/minuti** alle zwei Tage/Minuten; **ogniqualvolta** *congiunz (ogni volta che)* jedesmal, wenn

Ognissanti *m* ⟨inv⟩ REL Allerheiligen *n*

ognuno *pron (ogni persona, tutti)* jeder, jede

oh *inter* ① o, oh ② *(dolore)* ach, o weh ③ *(meraviglia)* oh, oho

ohe *inter (FAM per richiamare l'attenzione altrui, avvertimento minaccioso)* heda, he

ohimè *inter* oje; **olandese I.** *agg* ⟨inv⟩ holländisch, niederländisch **II.** *m/f* Holländer(in *f*) *m*

oleandro *m* FLORA Oleander *m*

oleificio *m* ⟨ci⟩ Ölfabrik *f*

oleodotto *m* Erdölleitung *f*

oleoso *agg* ① ölhaltig, Öl- ② *(che ha le caratteristiche dell'olio)* ölig

O

olfatto *m* Geruchssinn *m*

oliare ⟨3.3⟩ *vt* [ein]ölen; **oliato I.** *p. pass. di* **oliare**; **II.** *agg* **1** (*lubrificato*) eingeölt **2** (*condito con olio*) mit Öl angemacht; **oliatore** *m* MECC Schmierpumpe *f*; **oliera** *f* Ölflasche *f*

oligarca *m* ⟨chi⟩ (*membro di un' oligarchia*) Oligarch *m*; **oligar'chia** *f* Oligarchie *f*; **oli'garchico** *agg* ⟨ci, che⟩ oligarchisch

olim'piaco *agg* ⟨ci, che⟩ olympisch; **olim'piade** *f* Olympiade *f*; **o'limpico** *agg* ⟨ci, che⟩ olympisch; **olim'pionico(a** *f*) **I.** *m* ⟨ci, che⟩ (*vincitore di un' Olimpiade*) Olympiasieger(in *f*) *m*. **II.** *agg* olympisch, Olympia-

'olio *m* Öl *n*; ◇ ~ **d'oliva** Olivenöl; ◇ ~ **di semi** Samenöl

oliva *f* Olive *f*; **olivastro** *agg* olivenfarbig, oliv; **oliveto** *m* Olivenhain *m*; **olivo** *m* Ölbaum, Olivenbaum *m*

olmo *m* Ulme *f*

olocausto *m* Holocaust *m*

ologra'fia *f* FIS Holographie *f*

ologramma *m* ⟨i⟩ FIS Hologramm *n*

oltraggiare ⟨3.3⟩ *vt* **1** (*ingiuriare*) beschimpfen, schmähen **2** (*offendere*) beleidigen; **ol'trag|gio** *m* ⟨gi⟩ **1** (*ingiuria*) Beschimpfung, Schmähung *f* **2** (*offesa*) Beleidigung *f* **3** DIR ◇ ~ **a pubblico ufficiale** Beamtenbeleidigung *f*; **oltraggioso** *agg* beleidigend

oltralpe *avv* jenseits der Alpen

oltranza *f* : ◇ **a** ~ bis aufs äußerste

oltre I. *avv* **1** (*locale*) weiter, weiter fort **2** (*temporale*) länger **II.** *prep* **1** (*di là* (*stato*)) jenseits *gen*; (*di là* (*moto*)) über *acc* **2** (*in aggiunta a*) außer *dat* **3** (*all'infuori di*) außer *dat*; **oltremare** *avv* jenseits des Meeres; **oltremodo** *avv* äußerst, überaus, höchst

oltreo'ceano *avv* jenseits des Ozeans; **oltrepassare** *vt* überschreiten; (*superare*) überholen; *FIG* ◇ ~ **i limiti** zu weit gehen; **oltretomba** *m* ⟨inv⟩ (*aldilà*) Jenseits *n*

omag|gio *m* ⟨gi⟩ **1** (*dono*) Geschenk *n* **2** (*segno di rispetto*) Huldigung *f*, Verehrung *f* **3** ◇ **confezione** frei, Frei-; Werbegeschenk *n* **II.** *agg* ⟨inv⟩ ▷*confezione* frei, Frei-

ombelicale *agg* ⟨inv⟩ Nabel-; **ombelico** *m* ⟨chi⟩ [Bauch-]Nabel *m*

ombra *f* **1** Schatten *m*; (*FIG protezione*) Schutz, Schirm *m* **2** (*fantasma*) Gespenst *n*, Spuk *m*; **ombrare** *vt* **1** (*coprire d'ombra*) beschatten **2** schattieren; **ombrato I.** *p. pass. di* **ombrare**; **II.** *agg* (*offuscato, adombrato*) verdunkelt; **ombratura** *f* Schatten *m*, Schattierung *f*; **ombreg-giare** ⟨3.3⟩ *vt* **1** beschatten **2** schraffieren **3** (*in pittura*) schattieren; **ombreggiato I.** *p.*

pass. di **ombreggiare**; **II.** *agg* (*coperto d' ombra*) beschattet, schattig

ombrello *m* [Regen-]Schirm *m*; **ombrellone** *m* ▷*da giardino, spiaggia* Schirm *m*

ombretto *m* Lidschatten *m*

ombrosità *f* Schatten *m*

ombroso *agg* schattig; (*FIG carattere*) argwöhnisch

ome'lia *f* REL Homilie *f*

omeopa'tia *f* MED Homöopathie *f*; **omeo'patico(a** *f*) **I.** *agg* ⟨ci, che⟩ homöopathisch **II.** *m* Homöopath(in *f*) *m*

'omero *m* ANAT Oberarmknochen *m*

omertà *f* Schweigepflicht *f*

o'mettere ⟨*Pass. rem.*: *misi/mise/misero* Part.: *messo*⟩ *irr vt* → *accento* a uslassen; → *particolare* versäumen, unterlassen

omicida I. *agg* ⟨i, e⟩ **1** (*di, da assassino*) tötend, Mörder- **2** (*che ha dato o dà la morte*) mörderisch, Mord- **II.** *m/f* Mörder(in *f*) *m*; **omicidio** *m* Mord *m*; ◇ ~ **premeditato** vorsätzliche Tötung ◇ ~ **colposo** fahrlässige Tötung

omissione *f* (*di una parola*) Auslassung *f*; (*il non fare*) Unterlassung *f*

omofo'nia *f* LING Gleichlaut *m*; **omo'fonico** *agg* ⟨ci, che⟩ gleichlautend

omogeneità *f* Gleichartigkeit *f*, Homogenität *f*

omogeneizzare *vt* (*rendere omogeneo*) homogenisieren; **omogeneizzato I.** *p. pass. di* **omogeneizzare**; **II.** *agg* homogenisiert; **omogeneizzazione** *f* Homogenisation *f*

omo'geneo *agg* gleichartig

omogra'fia *f* LING gleiche Schreibweise

omologare ⟨3.5⟩ *irr vt* genehmigen; **omologazione** *f* **1** DIR Genehmigung *f* **2** Zulassung *f*

o'mologo *agg ghi che* übereinstimmend

omoni'mia *f* **1** (*di due persone*) Namensgleichheit *f* **2** LING Homonymie *f*; **o'monimo I.** *agg* **1** gleichnamig **2** LING homonym **II.** *m* **1** Namensvetter *m* **2** LING Homonym *n*

omosessuale I. *agg* ⟨inv⟩ ▷*relazione* homosexuell **II.** *m/f* Homosexuelle *fm* **III.** *agg* ⟨inv⟩ ▷*amico* homosexuell; **omosessualità** *f* Homosexualität *f*

omozigosi *f* ⟨inv⟩ BIO Homozygose *f*

omozigote *m* BIO homozygotes Lebewesen

oncia *f* ⟨ce⟩ Unze *f*

oncolo'gia *f* MED Onkologie *f*; **onco'logico** *agg* ⟨ci, che⟩ onkologisch; **on'cologo** *m/f* ⟨gi, ghe⟩ Onkologe *m*, Onkologin *f*

onda *f* **1** (*del mare*) Welle *f* **2** ▷*sonore* Welle *f*; ◇ **mettere in** ~ [*o.* **mandare**] senden, ausstrahlen; ◇ **~e f/pl corte** Kurzwellen *f/pl*; ◇ **~e f/pl lunghe** Langwellen *f/pl*; **ondata** *f* (*col-*

po di mare) Sturzwelle *f;* (*FIG di freddo)* Welle *f*

ondeggiare ⟨3.3⟩ *vi avere* wogen; (*FIG barcollare, essere incerto)* schwanken

ondoso *agg* wogend, Wellen-

ondulare ⟨3.2⟩ *vt* → *capelli* ondulieren, wellen; **ondulato I.** *p. pass. di* **ondulare; II.** *agg* gewellt, wellig; **ondulatorio** *agg* [1] ▷*movimento* wellenartig, wellenförmig [2] FIS undulatorisch, Wellen-

ondulazione *f* [1] (*delle colline)* Wellung *f;* (*dei capelli)* Welle *f* [2] GEO Undulation *f*

'onere *m* DIR Verpflichtung *f;* ▷*fiscale* Belastung *f; FIG* ◇ **assumersi un** - sich eine Last aufbürden; **oneroso** *agg* DIR entgeltlich; (*FIG pesante, molesto)* drückend, beschwerlich

onestà *f* Ehrlichkeit *f;* **onesto** (*a f)* *agg* I. ehrenhaft; (*giusto)* richtig; (*casto)* sittsam, anständig II. *m* (*persona retta)* ehrlicher Mensch

'onice *f* ⟨ci⟩ Onyx *m*

o'nirico *agg* ⟨ci, che⟩ (*di sogno)* Traum-; **onirismo** *m* (*tendenza a sognare)* traumartige Seelentätigkeit

onnipotente I. *agg* ⟨inv⟩ allmächtig, allgewaltig II. *m* (*Dio per anton.)* Allmächtige *m;* **onnipotenza** *f* Allmacht, Allgewalt *f*

onnipresente *agg* ⟨inv⟩ allgegenwärtig

onnisciente *agg* ⟨inv⟩ alles wissend

onniveggente *agg* ⟨inv⟩ allsehend

on'nivoro *agg* (*FAUNA che mangia di tutto)* omnivor

onomasiolo'gia *f* Onomasiologie, Bezeichnungslehre *f*

ono'mastica *f* ⟨che⟩ Onomastik, Namenskunde *f*

ono'mastico *m* ⟨ci⟩ Namenstag *m*

ono'rabile *agg* ⟨inv⟩ (*degno di onore)* ehrbar; **onorabilità** *f* [1] (*l'essere onorabile)* Ehrbarkeit *f* [2] (*buon nome)* Ehre *f*

onorare I. *vt* [1] ehren [2] → *promessa* nachkommen [3] → *cambiare* honorieren II. *vr* ◇ **-rsi** sich beehrt fühlen (*di* durch *acc)*

onorario[1] *agg* ▷*cittadino* Ehren-

onorario[2] *m* Honorar *n*

onorato I. *p. pass. di* **onorare; II.** *agg* [1] (*degno di onore)* ehrbar [2] (*onorevole)* geehrt, angesehen; **onore** *m* [1] (*integrità di costumi)* Ehre *f* [2] (*atto d'omaggio)* ▷*alla memoria* Ehrung *f;* ◇ **fare gli -i di casa** die Gäste empfangen; ◇ **fare - al pranzo** sich das Essen schmecken lassen; **ono'revole I.** *agg* ⟨inv⟩ [1] ▷*famiglia* ehrenwert [2] ▷*impresa* ehrenhaft [3] (*appellativo spettante ai deputati del Parlamento)* Herr/Frau; ◇ **l'- ministro** der Herr/die Frau Minister II. *m/f* Abgeordnete(r), fm; **onorificenza** *f* Ehrung *f*

onta *f* Schande *f*

ontolo'gia *f* ⟨gie⟩ FIL Ontologie *f*

opacità *f* Undurchsichtigkeit, Opazität *f;* (*FIG dell'ingegno)* Trübheit *f;* **opaco** *agg* ⟨chi, che⟩ [1] ▷*vetro* undurchsichtig, opak [2] ▷*metallo* matt

opale *m o f* Opal *m*

'opera *f* [1] (*creazione artistica)* Werk *n* [2] ◇ **mettersi all'-** sich ans Werk machen [3] (*costruzione, di muratura)* Bau *m* [4] MUS Oper *f* [5] (*azione morale)* ◇ **compiere buone -e** gute Taten vollbringen [6] ◇ **il danno non è - nostra** der Schaden ist nicht unser Werk

ope'rabile *agg* ⟨inv⟩ ▷*malato* operierbar

operaio (**a** *f)* I. *m* Arbeiter (in *f)* *m* II. *agg* [1] ▷*classe* Arbeiter- [2] ▷*formiche* Arbeits-

operante I. *p. pass. di* **operare; II.** *agg* ⟨inv⟩ ▷*fase* wirkend, gültig, wirksam

operare ⟨3.2⟩ I. *vt* [1] → *i miracoli* tun [2] MED operieren II. *vi avere* ▷*il bene* handeln, wirken

operativo *agg* [1] (*atto ad operare)* wirkend, gültig [2] (*che ha fini pratici)* ◇ **ricerca f -a** Unternehmensforschung *f*

operato (**a** *f)* I. *p. pass. di* **operare; II.** *agg* ▷*malato* operiert III. *m* Operierte(r) *fm*

opera|tore (**trice** *f)* I. *agg* ⟨tori, trici⟩ (*che opera)* operierend II. *m* [1] MED Operateur (in *f)* *m* [2] MEDIA, FILM Kameramann *m,* Kamerafrau *f* [3] INFORM Bediener (in *f)* *m*

operatorio *agg* MED Operations-, operativ; **operazione** *f* [1] ↑ *realizzazione* Handlung *f* [2] MED Operation *f* [3] MAT Operation *f*

operetta *f* MUS Operette *f;* **operettista** *m/f* ⟨i, e⟩ Operettenkomponist (in *f)* *m*

operosità *f* Fleiß *m;* **operoso** *agg* fleißig

opificio *m* ⟨ci⟩ Werkstätte *f*

opi'nabile *agg* ⟨inv⟩ denkbar

opinione *f* Meinung, Ansicht *f*

'oppio *m* Opium *n*

opponente I. *p. pres. di* **opporre; II.** *agg* ⟨inv⟩ gegnerisch, Gegner-

opporre ⟨4.11⟩ *irr* I. *vt* → *argomenti* entgegenstellen; (*controbattere)* einwenden II. *vr* ◇ **-rsi** (*fare opposizione)* sich widersetzen (*a* dat)

opportunismo *m* Opportunismus *m;* **opportunista** *m/f* ⟨i, e⟩ Opportunist (in *f)* *m;* **opportu'nistico** *agg* ⟨ci, che⟩ (*da, di opportunista)* opportunistisch

opportunità *f* Gelegenheit *f;* **opportuno** *agg* ▷*momento* ▷*parole* gelegen, passend

opposi|tore (**trice** *f)* *m* ⟨tori, trici⟩ Gegner (in *f)* *m;* **opposizione** *f* [1] (*l'opporre)* Widerstand *m* [2] (*rifiuto)* Widerspruch *m* [3] ASTRON Opposition *f* [4] DIR Einspruch *m* [5] POL Opposition *f*

opposto I. *p. pass. di* **opporre; II.** *agg* ① (*contrario*) entgegengesetzt ② ▷*ostacoli* entgegenstehend **III.** *m* Gegenteil *n*

oppressione *f* Unterdrückung *f*; (*FIG sensazione di peso*) Bedrückung *f*; **oppressivo** *agg* ▷*caldo* unterdrückend, bedrückend; **oppresso** (**a** *f*) **I.** *p. pass. di* **op'primere; II.** *agg* ▷*popolo* unterdrückt **III.** *m* Unterdrückte(r) *m/f*; **oppressore** *m* Unterdrücker *m*; **opprimente I.** *p. pres. di* **op'primere; II.** *agg* ⟨inv⟩ (*che opprime*) drückend, bedrückend; (*FIG insopportabile*) lästig, unerträglich; **op'primere** ⟨Pass. rem.: oppressi/oppresse/oppressero Part. oppresso⟩ *vt* ① (*premere, gravare*) drücken ② (*provocare disagio*) lästig fallen

oppugnare *vt FIG* bestreiten

oppure *congiunz* ① (*disgiuntivo, o, invece*) oder ② (*altrimenti*) sonst, anderenfalls

optare *vi avere* sich entscheiden (*per qc für acc*)

'optional *sm* ⟨inv⟩ (*accessorio*) Extra *n*

opulento *agg* ▷*società* reich; *FIG* ▷*stile* üppig, überladen

opulenza *f* (*della società*) Reichtum *m*; (*FIG dello stile*) Üppigkeit *f*

o'puscolo *m* Broschüre *f*, Heft *n*

opzionale *agg* ⟨inv⟩ freigestellt

opzione *f* ① freie Wahl ② ◇ **diritto di** - Bezugsrecht *n*

ora[1] *f* Stunde *f*; (*nelle indicazioni temporali*) Uhr *f*

ora[2] **I.** *avv* (*adesso*) jetzt, nun; ◇ ~ ... ~ einmal ... einmal **II.** *congiunz* ↑ *ma* nun; (*avversativo*) während, aber

o'racolo *m* Orakel *n*; ◇ **ha parlato l'** - der Alleswisser hat gesprochen

'orafo I. *m* Goldschmied *m* **II.** *agg* ▷*arte* Goldschmiedekunst *f*

orale I. *agg* ① (*della bocca*) Mund-, oral ② ▷*tradizione* mündlich **II.** *m* ↑ *esame orale* mündliche Prüfung; **oralmente** *avv* mündlich

orango *m* ⟨ghi⟩ FAUNA Orang-Utan *m*

orario I. *agg* ▷*velocità* Stunden-, stündlich **II.** *m* (*delle lezioni*) Plan *m*; (*dei treni*) Plan *m*; (*degli aerei*) Plan *m*

ora'tore(trice) *m* ⟨tori, trici⟩ Redner(in *f*) *m*; **oratoria** *f* Redekunst *f*; **oratorio**[1] *agg* ① rednerisch, Rede- ② (*retorico, ampolloso*) retorisch; **oratorio**[2] *m* REL, MUS Oratorium *n*; **orazione** *f* Rede *f*; REL Gebet *n*

orbene *congiunz* (*con valore conclusivo o esortativo*) also, nun

'orbita *f* ① ASTRON [Umlauf-]Bahn *f* ② ANAT Augenhöhle *f* ③ FIS Bahn *f*

orchestra *f* Orchester *n*; **orchestrale I.** *agg* ⟨inv⟩ orchestral **II.** *m/f* Orchestermusiker(in *f*) *m*; **orchestrare** *vt* orchestrieren; *FIG* organisieren, vorbereiten

orchi'dea *f* Orchidee *f*

'orcio *m* ⟨ci⟩ Krug *m*

orco(orchessa) *m* ⟨chi⟩ Orkus *m*

orda *f* Horde *f*

ordigno *m* (*meccanismo esplosivo*) Sprengkörper *m*

ordi'nabile *agg* ⟨inv⟩ zu ordnend

ordinale I. *agg* ⟨inv⟩ Ordinal- **II.** *m* MAT Ordinalzahl *f*

ordinamento *m* ▷*scolastico* Ordnung *f*

ordinanza *f* ① (DIR *provvedimento*) Verordnung *f* ② MIL Aufstellung

ordinare ⟨3.2.⟩ **I.** *vt* ① (*mettere in ordine*) ordnen ② (*im Restaurant*) bestellen ③ (*comandare*) befehlen jd-m; INFORM befehlen **II.** *vr vi pron* ◇ **-rsi** sich ordnen, sich einordnen

ordinariamente *avv* (*di solito*) gewöhnlich, üblicherweise

ordinario I. *agg* ① (*contr. di straordinario*) üblich, gewöhnlich ② (*grossolano*) gemein **II.** *m* ⟨inv⟩ (*normalità*) Gewöhnliche *n*, Übliche *n* **III.** *m* ▷*professore* Ordinarius *m*

ordinata *f* Ordinate *f*

ordinativo *agg* ordnend, Ordnungs-

ordinato I. *p. pass. di* **ordinare; II.** *agg* ① ▷*persona* ordentlich ② ▷*vita* geregelt

ordinazione[1] *f* (*di una merce*) Bestellung *f*

ordinazione[2] *f* REL Ordination *f*

'ordine *m* ① (*di una stanza*) Ordnung *f* ② (*successione*) Ordnung, Folge *f* ③ (*classe, dei magistrati*) Kammer *f* ④ BIO Ordnung *f* ⑤ (*comando orale o scritto*) Befehl *m* ⑥ REL Orden *m*

ordire ⟨5.2⟩ *irr vt* anzetteln; (*FIG tramare*) anzetteln; **ordito I.** *p. pass. di* **ordire. II.** *m* Kette *f*, Zettel *m*; (*FIG tramato*) Gewirr, *nt*

orec'chia *f* ⟨orecchie⟩ Ohr *n*; **orec'chiabile** *agg* ⟨inv⟩ ▷*musica* einprägsam

orecchino *m* Ohrring *m*

orec'chio *m* ⟨chi⟩ ① ANAT Ohr *n*; *FIG* ◇ **fare -e da mercante** sich taub stellen ② (*udito*) Gehör, *n*; ◇ **essere debole d'** - schlecht hören ③ (*sensibilità per la musica*) ◇ **non avere** - Gehör, Ohr

orecchioni *m/pl* ◇ **-i** Mumps *f/sg*

o'refice *m/f* Juwelier(in *f*) *m*; **orefice'ria** *f* (*negozio*) Juweliergeschäft *n*; (*laboratorio*) Goldschmiedewerkstatt *f*; (*arte*) Goldschmiedekunst *f*

'orfano(a *f*) **I.** *agg* verwaist **II.** *m* Waise(r) *f/m*; **orfanotrofio** *m* Waisenhaus *n*

'orfico agg ⟨ci, che⟩ **1** (di Orfeo) ▷inni orphisch **2** (che si riferisce all' orfismo) orphisch; **orfismo** m Orphik f, Orphismus m

organetto m **1** kleine Orgel **2** (armonica a bocca) Mundharmonika f

or'ganico I. agg ⟨ci, che⟩ **1** ▷struttura organisch **2** ▷disfunzione organisch; FIG ▷piano planmäßig, Plan- **II.** m (personale impiegato) Personal n

organigramma m ⟨i⟩ Organisationsplan m

organismo m **1** ▷animale Lebewesen n **2** ▷amministrativo Organismus m

organista m/f ⟨i⟩ Organist(in f) m

organizzare I. vt organisieren **II.** vr ◇ -rsi BIO sich organisieren; (FIG disporsi o predisporsi per qc) sich organisieren; **organizzativo** agg (atto ad organizzare) organisatorisch, Organisations-; **organizzato I.** p. pass. di **organizzare**; **II.** agg organisiert; **organizzatore(trice** f) **I.** agg (tori, trici) organisatorisch **II.** m Organisator(in f) m, Gestalter(in f) m; **organizzazione** f **1** (di una festa) Organisation f **2** ▷sindacale Organisation f

'organo m **1** ANAT Organ n **2** MUS Orgel f **3** (del motore) Teil n **4** (dello Stato) Organ n **5** (pubblicazione periodica) Organ, Blatt n

orgasmo m Orgasmus m

orgia f ⟨ge⟩ Orgie f; (FIG di colori, suoni) Fülle f

orgoglio m Stolz m; **orgoglioso** agg stolz

orien'tabile agg ⟨inv⟩ verstellbar, richtbar

orientale I. agg ⟨inv⟩ **1** (che è posto ad oriente) östlich, Ost- **2** (che proviene dall' oriente) orientalisch, morgenländisch **II.** m/f Orientale m Orientalin f

orientamento m Orientierung f; ◇ - professionale Berufsberatung f; **orientare I.** vt (volgere) orientieren; FIG ausrichten **II.** vr ◇ -rsi **1** (FIG indirizzarsi) sich zuwenden (verso dat) **2** (FIG orizzontarsi) sich orientieren

orientativo agg (esame) orientierend, Orientierungs-

oriente m **1** (est) Osten m **2** ◇ Estremo O-Ferner Osten

orifizio m ⟨zi⟩ (di un vaso) Öffnung f; ▷anale Öffnung f

o'rigano m Oregano n

originale I. agg ⟨inv⟩ **1** (delle origini) ursprünglich **2** (autentico) original **3** (con carattere proprio, nuovo) originell **4** ◇ seta cinese - original chinesische Seide **II.** m **1** (contr. di falso) Original n **2** (di una riproduzione artistica) Original n **III.** m/f (persona di comportamento strano) Sonderling m, Original n; **originalità** f **1** (autenti-

cità) Originalität f **2** (singolarità) Eigenartigkeit f

originare ⟨3.10⟩ vt (causare) verursachen, erzeugen

originario agg (nativo) stammend (di aus dat)

o'rigine f **1** (causa) Ursache f, Grund m **2** (provenienza) Herkunft f **3** (del mondo) Ursprung m

origliare ⟨3.3⟩ vt vi avere horchen, lauschen

orina f Harn m, Urin m; **orinale** m Nachttopf m; **orinare** ⟨3.2⟩ vt vi avere Harn lassen, urinieren

orizzontale agg ⟨inv⟩ horizontal, waagerecht; **orizzontalmente** avv horizontal, waagerecht

orizzonte m Horizont m

orlare vt → vestito säumen; **orlatura** f (di un vestito) Säumen n; **orlo** m **1** (del bicchiere) Rand m **2** (di vestito) Saum m

orma f (impronta) [Fuß-]Spur f

or'mai avv **1** (già, adesso) ◇ - è tardi jetzt ist es schon spät **2** (a questo punto) ◇ - è solo questione di tempo, - jetzt ist es nur noch eine Frage der Zeit **3** (a questo punto) ◇ - non abbiamo più speranze nun haben wir keine Hoffnung mehr

ormeggiare ⟨3.3⟩ vt → barca festmachen, vertäuen; **ormeg|gio** m ⟨gi⟩ (atto) Verankerung f; (luogo) Ankerplatz m

ormonale agg ⟨inv⟩ Hormon-; **ormone** m ANAT Hormon n

ornamentale agg ⟨inv⟩ schmückend; **ornamento** m (decorazione) Verzierung f; **ornare I.** vt schmücken, verzieren **II.** vr ◇ -rsi sich schmücken; **ornato I.** p. pass. di **ornare**; **II.** agg verziert; ▷stile ausgeschmückt

ornitolo'gia f ⟨gie⟩ Ornithologie, Vogelkunde f; **orni'tologo** m ⟨gi, ghe⟩ Ornithologe m Ornithologin f

oro m **1** Gold n **2** denaro, FIG ◇ non per tutto l'- del mondo nicht für alles Gold der Welt **3** ◇ -i m/pl Gold n/sg

orolo'ge'ria f (arte) Uhrmacherkunst f; (negozio) Uhrengeschäft n; **orologiaio(a** f) m Uhrmacher (in f) m; **orologio** m ⟨gi⟩ Uhr f; ◇ - digitale Digitaluhr; ◇ - da polso Armbanduhr; ◇ - da tasca Taschenuhr

o'roscopo m Horoskop n

orrendo agg (spaventoso) entsetzlich; (bruttissimo) scheußlich, schrecklich

or'ribile agg ⟨inv⟩ ▷delitto entsetzlich; (FIG pessimo) ▷tempo scheußlich

'orrido agg (sgradevolissimo) grausig

orripilante agg ⟨inv⟩ haarsträubend

orrore m ↑ terrore (della morte) Schreck m

orsacchiotto m Teddybär m

orso(a f) m Bär(in f) m
ortag|gio m ⟨gi⟩ Gemüse n
ortica f ⟨che⟩ Brennessel f
orticaria f MED Nesselsucht f
orticoltura f Gartenbau m
orto m Garten m
ortodos'sia f Orthodoxie, Strenggläubigkeit f;
  ortodosso agg orthodox
ortofo'nia f ① LING Orthophonie f ② MED
  Sprachtherapie f
ortofrut'ticolo agg ▷mercato Obst- und Gemü-
  se-
ortogonale agg ⟨inv⟩ MAT rechtwinklig
ortogra'fia f LING Rechtschreibung f;
  orto'grafico agg ⟨ci, che⟩ orthografisch, Recht-
  schreibe-
ortolano(a f) m ⟨venditore⟩ Gemüsegärtner(in f)
  m
ortope'dia f Orthopädie f; **orto'pedico(a** f) I.
  agg ⟨ci, che⟩ orthopädisch II. m Orthopäde m
  Orthopädin f
orzaiolo m MED Gerstenkorn n
orzo m Gerste f
osannare vt → vincitore zujubeln dat, hochleben
  lassen dat
osare vt vi avere wagen
oscenità f ⟨indecenza⟩ Unanständigkeit f; ⟨FIG
  opera bruttissima⟩ Greuel m; **osceno** agg ⟨in-
  decente⟩ obzön, unanständig
oscillare vi avere ① ⟨dondolare⟩ schwingen,
  schwanken ② ⟨essere indeciso⟩ ▷fra due possibilità unschlüssig; **oscillazione** f ① ⟨di un pen-
  dolo⟩ Schwingung f ② ⟨dei prezzi⟩ Schwankung f
  ③ ⟨tentennamento⟩ Schwanken n
oscuramento m Verdunkelung f; ⟨FIG della
  vista, perdita⟩ Verschleierung f, Trübung f; **oscurare** vt ① ⟨rendere scuro⟩ verdunkeln, verfinstern ② FIG ⟨la gloria di altri⟩ schmälern
oscuro I. agg ⟨buio⟩ dunkel, finster; ⟨FIG
  ▷discorso, enigmatico⟩ geheimnisvoll II. m
  Dunkel n, Finsternis f; ◇ **tenere qu all'- di qc**
  jd-n über etwas im Dunkeln lassen
osé agg ⟨inv⟩ ▷spettacolo gewagt
osmosi f Osmose f
ospedale m Krankenhaus n; **ospedaliero(a** f)
  I. agg Krankenhaus- II. m ⟨dipendente di ospeda-
  le⟩ Krankenpfleger(Krankenschwester) m; **os-
  pedalizzare** vt ⟨ricoverare in ospedale⟩ in
  Krankenhaus einliefern
ospitale agg ⟨inv⟩ ⟨persona⟩ gastfreundlich; **os-
  pitalità** f Gastlichkeit f, Gastfreundschaft f; **ospitare** ⟨3.2⟩ vt ▷a casa propria zu Gast haben;
  ↑ accogliere ← l'ospedale aufnehmen; **'ospite**
  m/f ① ⟨persona che ospita⟩ Gastgeber(in f) m ②

⟨persona ospitata⟩ Gast m; ◇ **- d'onore** Ehrengast m
ospizio m Altersheim n
ossatura f ANAT Knochenbau m; ⟨FIG struttura fondamentale⟩ Kern m
'osseo agg Knochen-
ossequente agg ⟨inv⟩ ehrfurchtsvoll, ehrfürchtig; **ossequiare** ⟨3.3⟩ vt ⟨rendere ossequio⟩
  huldigen; **os'sequio** m Ehrfurcht f; **ossequioso** agg ehrfürchtig
osser'vabile agg ⟨inv⟩ beobachtend, feststellbar
osservante I. p. pres. di **osservare**; II. agg
  ⟨inv⟩ ⟨che osserva i precetti di una religione⟩
  strenggläubig III. m/f REL Strenggläubige(r) fm
osservanza f ⟨della legge⟩ Beachtung f; ⟨epi-
  stola⟩ ◇ **con -** hochachtungsvoll
osservare vt ① ⟨guardare⟩ beobachten ② ⟨ob-
  iettare⟩ bemängeln ③ ⟨rispettare⟩ → la legge befolgen ④ ↑ mantenere → il silenzio einhalten;
  osserva|tore(trice f) I. agg ⟨tori, trici⟩ beob-
  achtend II. m Beobachter(in f) m; **osservatorio** m ASTRON Sternwarte f; **osservazione** f
  ① ⟨il guardare⟩ Beobachtung f; ◇ **essere tenuto
  in -** unter Beobachtung stehen ② ⟨considerazione
  critica⟩ Bemerkung, Betrachtung f ③ ⟨rimprove-
  ro⟩ Tadel m
ossessionare vt quälen; ⟨FIG infastidire in
  modo assillante⟩ bedrängen; **ossessione** f ①
  PSIC Obsession, Zwangsvorstellung f ②
  ↑ preoccupazione persistente Marter, Qual f ③
  ⟨l'essere invasato⟩ Besessenheit f; **ossesso(a**
  f) I. agg besessen II. m Besessene(r) fm
os'sia congiunz ⟨cioè, per meglio dire⟩ oder
  [auch]
ossi'dabile agg ⟨inv⟩ oxydierbar; **ossidante** I.
  p. pres. di **ossidare**; II. agg ⟨inv⟩ oxydierend
  III. m CHIM Oxydationsmittel n; **ossidare**
  ⟨3.5⟩ vt oxydieren; **ossidazione** f CHIM Oxy-
  dation f; **'ossido** m CHIM Oxid n
ossigenare ⟨3.10⟩ vt ① ⟨trattare con ossigeno⟩
  mit Sauerstoff anreichern ② → capelli blond färben, blondieren; **os'sigeno** m CHIM Sauerstoff
  m
ossimoro f ⟨figura retorica⟩ Oxymoron n
osso m ⟨ossa f (umane), ossi m (animali)⟩ ①
  ANAT Knochen m ② ⟨dei caduti⟩ Gebeine pl ③
  ⟨di bestia macellata⟩ Knochen m m; **ossobuco**
  m ⟨buchi⟩ Kalbshaxe f
ossuto agg knochig
ostacolare ⟨3.10⟩ vt behindern, hemmen;
  o'stacolo m Hindernis n
ostag|gio m/f ⟨gi⟩ Geisel f
oste(essa f) m Wirt(in f) m

osteggiare ⟨3.3⟩ *vt* (*avversare*) bekämpfen, sich widersetzen *dat*

ostello *m* : ◇ **- della gioventù** Jugendherberge *f*

ostensorio *m* Monstranz *f*

ostentare *vt* zur Schau tragen; **ostentazione** *f* Schaustellung *f*

oste'ria *f* Wirtshaus *n*, die Gastwirtschaft *f*

o'stetrica *f* Geburtshelferin, Hebamme *f*; **ostetri'cia** *f* ⟨cie⟩ MED Geburtshilfe *f*; **o'stetrico(a** *f*) **I.** *agg* Geburts- **II.** *m* (*medico specializzato*) Geburtshelfer(in *f*)

'ostia *f* REL Hostie *f*; (*per medicinali*) Oblate *f*

'ostico *agg* ▷*materia* schwierig, hart

ostile *agg* ⟨inv⟩ feindlich; **ostilità** *f* Feindseligkeit *f*

ostinarsi ⟨6⟩ *vi pron* ▷*in un'idea* sich versteifen (*in* auf *acc*); **ostinato(a** *f*) **I.** *agg* 1 (*caparbio*) eigensinnig 2 (*tenace*) hartnäckig **II.** *m* Dickkopf *m*; **ostinazione** *f* Hartnäckigkeit *f*

ostracismo *m* Ostrazismus *m*; FIG Verpönung *f*

'ostrica *f* ⟨che⟩ Auster *f*

ostrogoto(a *f*) **I.** *agg* ostgotisch **II.** *m* Ostgote *m*, Ostgotin *f*

ostruire ⟨5.2⟩ *irr vt* verstopfen; **ostruzione** *f* (*di un foro*) Verstopfung *f*; **ostruzionismo** *m* (*dei concorrenti*) Obstruktion *f*, Widerstand *m*; **ostruzionista** *m/f* ⟨i, e⟩ Obstruktionist(in *f*) *m*; **ostruzio'nistico** *agg* ⟨ci, che⟩ Obstruktions-

otorinolaringoiatra *m/f* Hals-Nasen-Ohren-Arzt *m*, Hals-Nasen-Ohren-Ärztin *f*; **otorinolaringoia'tria** *f* MED Hals-Nasen-Ohren-Heilkunde *f*

otre *m* Schlauch *m*

ottagonale *agg* ⟨inv⟩ achteckig; **ot'tagono** *m* MAT Achteck *n*

ottano *m* CHIM Oktan *n*

ottanta *agg* achtzig; **ottantenne I.** *agg* achtzigjährig **II.** *m/f* Achtzigjährige(r) *fm*; **ottan'tesimo I.** *agg* achtzigste **II.** *m* (*frazione*) Achtzigstel *n*; **ottantina** *f* : ◇ **un'-** etwa achtzig; ◇ **essere sull'-** ungefähr achtzig sein

ottavo I. *agg* achte **II.** *m* (*frazione*) Achtel *n*

ottemperare ⟨3.10⟩ *vi avere* nachkommen (*a* dat)

ottenere ⟨4.17⟩ *irr vt* 1 (*conseguire*) erreichen 2 (*ricevere*) bekommen, erhalten 3 (*ricavare mediante lavorazione*) gewinnen; **otte'nibile** *agg* ⟨inv⟩ erhältlich

'ottica *f* FIS Optik *f*; (*FIG punto du vista*) Sicht *f*; **'ottico(a** *f*) **I.** *agg* ⟨ci, che⟩ optisch **II.** *m/f* Optiker(in *f*) *m*

ottimale *agg* ⟨inv⟩ optimal; **ottimamente** *avv* sehr gut

ottimare ⟨3.2⟩ *vt* verbessern

ottimismo *m* Optimismus *m*; **ottimista** *m/f* ⟨i, e⟩ Optimist(in *f*) *m*; **otti'mistico** *agg* ⟨ci, che⟩ optimistisch; **'ottimo** *agg* sehr gut, ausgezeichnet

otto I. *agg* ⟨inv⟩ acht **II.** *m* ⟨inv⟩ (*il numero e il segno*) Acht *f*

Ottobre *m* Oktober; ◇ **in** - im Oktober; ◇ **il 27** - am 27. Oktober

ottocento *agg* ⟨inv⟩ achthundert **II.** *m* : ◇ **l'**- das neunzehnte Jahrhundert

ottone *m* 1 Messing *n* 2 MUS ◇ **-i** *m/pl* Blechinstrumente *pl*

ottuagenario(a *f*) **I.** *agg* achtzigjährig **II.** *m* (**a** *f*) Achtzigjährige(r) *fm*

ot'tundere ⟨Pass. rem.: ottusi/ottundesti Part.: ottuso⟩ *irr vt* FIG → *la mente* abstumpfen

otturamento *m* (*otturazione*) Verstopfung, Verschließung *f*; **otturare** *vt* → *dente* füllen; → *foro* stopfen; **ottura|tore(trice** *f*) **I.** *agg* Verschluß- **II.** *m* (*delle macchine fotografiche*) Verschluß *m*; (*nelle armi*) Schloß *n*; **otturazione** *f* (*di dente, di un'apertura*) Füllung *f*; (*amalgama*) Füllung *f*

ottusità *f* FIG Stumpfheit *f*; **ottuso I.** *p. pass. di* **ot'tundere; II.** *agg* 1 (*lento nel comprendere*) blöde 2 (*FIG privo di chiarezza*) ▷*suono* dumpf, taub 3 MAT ▷*angolo* stumpf

ovaia *f* ANAT Eierstock *m*

ovale I. *agg* ⟨inv⟩ oval **II.** *m* Oval *n*

ovatta *f* Watte *f*; **ovattare** *vt* (*imbottire di ovatta*) wattieren; (*FIG attutire*) → *un rumore* dämpfen

ovazione *f* Huldigung *f*

overdose *f* ⟨inv⟩ Überdosis *f*

ovest *m* 1 (*punto cardinale*) Westen *m*; ◇ **a** - **di** westlich von *dat* 2 (*occidente*) Westen *m*

ovile *m* Schafstall *m*

ovino I. *agg* Schaf- **II.** *m* FAUNA Schaf *n*

ovulazione *f* Eisprung *m*

'ovulo *m* Eizelle *f*

ovvero *congiunz* (*ossia*) oder

ovviare *vi avere* ▷*al disordine* abhelfen (*a* dat)

ovvietà *f* Selbstverständlichkeit *f*

'ovvio *agg* (*evidente*) offensichtlich

oziare ⟨3.3⟩ *vi avere* müßig sein; **'ozio** *m* ⟨ii⟩ 1 (*inattività*) Untätigkeit *f* 2 (*tempo libero*) Muße *f*; **ozioso(a** *f*) **I.** *agg* müßig; (*inoperoso*) untätig; (*pigro*) faul **II.** *m/f* Müßiggänger(in *f*) *m*

ozono *m* Ozon *m/n*; ◇ **buco** *m* **nell'**- Ozonloch *n*

P

P, p f (*lettera*) P, p n

p. *abbr. di* **pagina** S.

pacato *agg* gelassen, ruhig

pacchetto m Päckchen n; **pac|co** m ⟨chi⟩ Paket n

paccottiglia f Ausschußware f

pace f Friede[n] m; ◇ **non darsi** ~ keine Ruhe finden

pace-maker m ⟨inv⟩ MED Herzschrittmacher m

pachiderma m ⟨i⟩ Dickhäuter m

paciere(a f) m Frieden[s]stifter(in f) m

pacificare ⟨3.4⟩ *irr vt* befrieden, versöhnen

pa'cifico I. *agg* ⟨ci, che⟩ friedlich, friedliebend; *FIG* unbestritten II. m friedlicher Mensch

pacifismo m (*atteggiamento*) Pazifismus m, Friedensbewegung f; **pacifista** I. ⟨i, e⟩, m/f Pazifist(in f) m II. *agg* pazifistisch

padella f Pfanne f; (*per infermi*) Schieber m

padiglione m ⟨i⟩ ① (*di fiera*) Halle f ② ANAT Ohrmuschel m

'Padova f Padua n

padre m ① Vater m ② (*sacerdote*) Pater m; **padrenostro** m (*orazione*) Vaterunser n

padrino m ① REL Taufpate m ② Pate m

padronale *agg* ⟨inv⟩ Herren-, herrschaftlich

padrone m ① (*di un negozio*) Besitzer(in f) m Eigentümer(in f) m ② (*datore di lavoro*) Arbeitgeber(in f) m ③ (*assoluto dominatore*) ◇ **credersi - del mondo** den großen Herren spielen

padroneggiare ⟨3.3⟩ I. *vt* (*FIG una materia*) beherrschen II. *vr* ◇ **-rsi** sich beherrschen

paesag|gio m ⟨gi⟩ Landschaft f; (*panorama*) Aussicht f, Landschaftsbild n

paesano(a f) I. *agg* Dorf-, dörflich II. m·Dorfbewohner(in f) m; **paese** m ⟨i⟩ ① (*nazione*) Land n; ◇ **- che vai, usanze che trovi** andere Länder, andere Sitten; ◇ **i - i** m/pl Bassi de pl Niederlande ② (*regione*) Land n ③ (*villaggio*) Dorf n

paesista m/f ⟨i⟩ f Landschaftsmaler(in f) m; **pae'sistico** *agg* ⟨ci, che⟩ (*relativo al paesaggio*) landschaftlich, Landschafts-; (*relativo alla pittura*) landschaftsmalerisch

paffuto *agg* ▷*viso* pausbackig

paga f ⟨ghe⟩ Lohn m

pa'gabile *agg* ⟨inv⟩ zahlbar

pagamento m Bezahlung f; ◇ **- in contanti** Barzahlung f; ◇ **- in natura** Naturalausgleich m

paga'nesimo m Heidentum n; **pagano(a** f) I. *agg* Heiden-, heidnisch II. m Heide m, Heidin f

pagante I. *p. pres. di* **pagare**; II. *agg* ⟨inv⟩ zahlend III. m/f (*persona che paga*) Zahler(in f)

m; **pagare** ⟨3.5⟩ *irr vt* ① (*retribuire*) [be]zahlen ② → *la consumazione* bezahlen; *FIG* teuer bezahlen, büßen müssen für *acc;* **paga|tore(trice** f) I. m ⟨tori, trici⟩ Bezahler(in f) m II. *agg* bezahlend

pagella f Zeugnis n

pag|gio m ⟨gi⟩ Page m

'pagina f Seite f; ◇ **-e** f/pl **gialle** Gelbe Seiten

paginatura f Paginierung f

paglia f Stroh n

pagliaccetto m ① (*per bambini*) Strampelanzug m ② (*per donne*) Hemdhose f

pagliacciata f (*buffonata*) Narrenposse f

pagliac|cio m ⟨ci, ce⟩ Hanswurst m, Spaßmacher(in f) m

pagliaio m Strohhaufen m; **pagliericcio** m Strohsack m

paglierino *agg* ⟨inv⟩ ▷*giallo* strohgelb

paglietta f ① (*cappello per uomo*) Strohhut m ② (*paglia di ferro*) Metallwolle f

pagliuzza f Strohhalm m

pagnotta f Brotlaib m; **pagnottella** f (*panino*) Brötchen n

pago *agg agi;* ◇ **ritenersi - di qc** mit etw zufrieden sein

pagoda f Pagode f

paio m ⟨paia⟩ Paar n; ◇ **un - di** ein Paar von *dat;* *FIG* ◇ **un altro - di maniche** etw ganz anderes sein

paiolo m Kochtopf m

'Pakistan m Pakistan n

pachistano(a f) I. *agg* pakistanisch II. m Pakistaner(in f) m

pala¹ f ① Schaufel f ② (*di remo*) Riemenblatt n ③ (*di elica, mulino*) Flügel m

pala² f ART Tafel f

paladino m Paladin m

palafitta f Pfahlbau m

palata f (*di terra*) Schaufel f

palatale I. *agg* ⟨inv⟩ ① ANAT Gaumen-, palatal ② LING Gaumen- II. f (*consonante*) Palatal, Gaumenlaut m; **palato** m Gaumen m

palazzo m Palast m

palchetto m (*ripiano di scaffale*) Fach n

palco m ⟨chi⟩ Gerüst n; TEATRO Loge f; (*palcoscenico*) Bühne f; **palco'scenico** m ⟨ci⟩ Bühne f

paleoantropolo'gia f Paläanthropologie f

paleogra'fia f Paläographie f

paleo'litico I. *agg* ci che altsteinzeitlich II. m Paläolithikum n, Altsteinzeit f

paleontolo'gia f Paläontologie f; **paleonto'logo(a** f) m ⟨gi, ghe⟩ Paläontologe m, Paläontologin f

paleozoolo'gia f Paläozoologie f

palermitano(a f) I. agg palerm[itan]isch II. m Palermitaner(in f) m

palesare I. vt offenbaren II. vi pron vr ◇ **-rsi** sich offenbaren; **palese** agg ⟨inv⟩ offenbar

Palestina f Palästina n

palestra f Turnhalle f

paletnolo'gia f Paläethnologie f

paletta f (della polizia) Signalscheibe f

paletto m Pflock m

palin'genesi f Palingenese f

palinsesto m Palimpsest m o n

palio m (di Siena) Pferderennen n; ◇ **mettere in - qc** als Preis aussetzen

palissandro m Palisander m

palizzata f Pfahlzaun m

palla f (di neve) Ball m; (sfera da gioco) Ball m; ◇ **-canestro** Basketball m; ◇ **-nuoto** Wasserball m; FIG ◇ **prendere la - al balzo** den Ball beim Rückprall treffen

palladio m CHIM Palladium n

palleggiare ⟨3.3⟩ I. vi avere sich den Ball gegenseitig zuwerfen II. vr rec ◇ **-rsi** FIG sich gegenseitig zuschieben; **palleg'gio** m ⟨gi⟩ gegenseitiges Zuwerfen des Balles

palliativo m Linderungsmittel n; FIG Trostpflaster n

'pallido agg blaß; FIG blaß, bleich

pallina f Kügelchen n

palloncino m Luftballon m; **pallone** m ① Ball m; ◇ **gioco m del -** Fußballspiel n; FIG ◇ **avere la testa come un -** einen schweren Kopf haben ② (d' aria) Ballon m

pallonetto m TENNIS Lob m; CALCIO Ball m mit hoher Flugbahn

pallore m Blässe f

palloso(a f) I. agg FAM langweilig II. m (persona noiosa) Langweiler(in f) m

pal'lottola f ① (di pistola) Kugel f ② (di carta) Kügelchen n

pallottoliere m Rechenbrett n

palma¹ f ANAT Handfläche f

palma² f ① FLORA Palme f ② REL ◇ **la Domenica f delle P-e** Palmsonntag m

pal'mipede I. m Schwimmvogel m II. agg ⟨inv⟩ ▷uccello Schwimm-

palmo m (della mano) Handfläche f

palo m Pfahl m; FIG ◇ **fare da - Schmiere stehen**

palombaro(a f) m Taucher(in f) m

palombo m Glatthai f

pal'pabile agg ⟨inv⟩ tastbar, fühlbar; **palpare** vt betasten; MED palpieren, betasten

'palpebra f [Augen]Lid n

palpitante I. p. pres. di palpitare; II. agg ⟨inv⟩ zuckend; **palpitare** ⟨3.2⟩ vi avere ← cuore pochen, klopfen; **palpitazione** f MED Herzklopfen n; FIG Sorge, Angst f; **'palpito** m Herzschlag m

paltò m Mantel m

palude f Sumpf m; **paludoso** agg sumpfig, Sumpf-; **palustre** agg ⟨inv⟩ Sumpf-

'pampino m Weinblatt n

pana'cea f Wundermittel n, Allheilmittel n

panare vt → pesce panieren

panca f ⟨che⟩ Bank f

pancarrè m Kastenbrot n

pancetta f Bauchspeck m

panchetto m Schemel m

panchina f Parkbank f

pancia f ⟨ce⟩ Bauch m; **panciotto** m Weste f; **panciuto** agg dickbäuchig; ▷vaso bauchig

pancone m (asse di legno) Bohle f

'pancreas m ANAT Bauchspeicheldrüse f; **pancre'atico** agg ⟨ci, che⟩ Pankreas-

panda m ⟨inv⟩ FAUNA Panda m

pande'mia f Pandemie f

pandemonio m Höllenspektakel n

pane m Brot n; ◇ **- integrale** Schrotbrot

pane'girico m ⟨ci⟩ Lobgedicht n, Lobrede f

panette'ria f Bäckerei f; **panettiere(a** f) m Bäcker(in f) m

panettone m (dolce milanese) Panettone m

'panfilo m Jacht f

pangrattato m Semmelmehl n

'panico m ⟨inv⟩ Panik f, ◇ **essere in preda al - in** Panik geraten

paniere m Korb m

panificio m ⟨ci⟩ Bäckerei f

paninaro(a f) m Popper(in f) m; **panino** m Brötchen n, Semmel f; ◇ **- imbottito** belegtes Brötchen; **paninoteca** f Sandwichbar f

panna f Sahne f

pannello m ① Paneel n ② (di comando) Schalttafel f

panno m ① (per la polvere) Tuch n ② ◇ **- i** m/pl (biancheria) Wäsche f/sg; ◇ **mettersi nei -i di qu** sich in jd-s Lage versetzen

pannocchia f Kolben m

pannolino m Windel f

panorama m ⟨i⟩ Aussicht f; **pano'ramica** f (fotografia) Panoramaaufnahme f; ◇ **strada f -** Aussichtsstraße f; **pano'ramico** agg ⟨ci, che⟩ Aussichts-, Panorama-

pantalone I. sm ◇ **-i** m/pl Hose f/sg II. agg ⟨inv⟩ ▷gonna Hosen-

pantano m Sumpf, Morast m; **pantanoso** agg morastig

panteismo *m* Pantheismus *m;* **panteista** *m/f* Pantheist(in *f*) *m;* **pan'teistico** *agg* ⟨ci, che⟩ (*del panteismo*) panteistisch

pantera *f* FAUNA Panther *m*

'pantheon *m* (*di Roma*) Pantheon *n*

pan'tofola *f* Hausschuh *m*

pan'tografo *m* Pantograph *n*

pantomima *f* Pantomime *f;* **panto'mimico** *agg* ⟨ci, che⟩ pantomimisch; **pantomimo** *m* Pantomime *m,* Pantomimin *f*

panzana *f* Flause *f*

paonazzo *agg* ▷*viso* violett

papa *m* ⟨i⟩ Papst *m*

papà *m* Papa *m*

papaia *f* Papayafrucht *f*

papale *agg* ⟨inv⟩ Papst-, päpstlich

papalina *f* Käppchen *n*

paparazzo *m* FAM Pressephotograf *m*

papasso *m* (*prete orientale*) Pope *m;* (*prete ortodosso*) Papas *m*

papato *m* ① (*governo*) Papsttum *n* ② (*dignità*) Papstwürde *f*

pa'pavero *m* Mohn *m*

'papera *f* Gans *f;* (*FIG errore involontario*) Sichversprechen *n*

'papero *m* Gänserich *m*

papesco *agg* (*del Papa*) päpstlich

papiro *m* ① FLORA Papyrus ② ↑ *foglio scritto* Zettel *m;* **papirolo'gia** *f* ⟨gie⟩ Papyrologie *f;* **papi'rologo(a** *f*) *m* ⟨ghi ghe⟩ Papyrologe *m,* Papyrologin *f*

papismo *m* Papsttum *n;* **papista** *m/f* ⟨i, e⟩ Papist(in *f*) *m*

pappa *f* (*FAM minestrina per bambini*) Brei *m*

pappagallesco *agg* ⟨schi⟩ sche FIG ▷*ripsosta* nachplappern

pappagallo *m* Papagei, *m;* FIG Papagallo *m*

pappagorgia *f* ⟨ge⟩ Doppelkinn *n*

pappatoria *f* FAM Fresserei *f*

'paprica *f* (*droga alimentare*) Paprika *m*

par. *abbr.* *di* paragrafo Paragraph *m*

parà *m/f* ⟨inv⟩ Fallschirmjäger(in *f*) *m*

pa'rabola[1] *f* MAT Parabel *f*

pa'rabola[2] *f* REL Gleichnis *n*

para'bolico *agg* ⟨ci, che⟩ MAT Parabel-, parabolisch

parabrezza *m* ⟨inv⟩ Windschutzscheibe *f*

paracadutare *vt* (*medicinali*) mit dem Fallschirm abwerfen; **paracadute** *m* ⟨inv⟩ Fallschirm *m;* **paracadutismo** *m* Fallschirmspringen *n;* **paracadutista** *m/f* ⟨i, e⟩ Fallschirmspringer(in *f*) *m*

paracarro *m* Prellstein, Straßenstein *m*

paradigma *m* ⟨i⟩ LING Paradigma *n*

paradig'matico *agg* ⟨ci, che⟩ paradigmatisch

paradisiaco *agg* ⟨ci, che⟩ FIG ▷*luogo* himmlisch; **paradiso** *m* Paradies *n*

paradossale *agg* ⟨inv⟩ widersinnig; **parados'salità** *f* Widersinnigkeit *f;* **paradosso** *m* Paradox *n*

parafango *m* ⟨ghi⟩ Kotflügel *m*

paraffina *f* Paraffin *n*

parafrasare ⟨3.10⟩ *vt* → *poesia* umschreiben; **pa'rafrasi** *f* ⟨inv⟩ Umschreibung *f;* **para'frastico** *agg* ⟨ci, che⟩ umschreibend

para'fulmine *m* Blitzableiter *m*

paraggio *m* : ◇ -**i** *m/pl* Umgebung *f/sg,* Nähe *f/sg*

parago'nabile *agg* ⟨inv⟩ vergleichbar (*a* mit *dat*); **paragonare** *vt* vergleichen (*con, a* mit *dat*); **paragone** *m* Vergleich *m*

pa'ragrafo *m* (*di un capitolo*) Paragraph *m,* Abschnitt *m*

pa'ralisi *f* ⟨inv⟩ MED Lähmung *f;* FIG Stillstand *m,* Lähmung *f;* **para'litico(a** *f*) *m* ⟨ci, che⟩ Gelähmte(r) *f/m;* **paralizzare** *vt* lähmen; **paralizzato** I. *p. pass. di* **paralizzare;** II. *agg* gelähmt

parallela *f* (*attrezzo ginnico*) Barren *m;* **parallelo** I. *agg* Parallel-, parallel II. *m* ① GEO Breitenkreis, *m* ② (*comparazione*) Vergleich *m*

parallelogramma *m* ⟨i⟩ MAT Parallelogramm *n*

paralume *m* Lampenschirm *m*

para'medico I. *agg* ⟨ci, che⟩ ▷*personale* arztähnlich, nichtärztlich II. *m* Pflegepersonal *n*

pa'rametro *m* Parameter, Maßstab *m*

paranoia *f* PSIC Paranoia *f;* **paranoico** *agg* ⟨ci, che⟩ paranoisch

paranormale *agg* ⟨inv⟩ ▷*fenomeno* paranormal; **paranormalità** *f* Paranormalität *f*

paraocchi *m* ⟨inv⟩ Scheuklappe *f*

parapetto (*di un ponte*) Geländer *n*

parapiglia *m* ⟨inv⟩ Verwirrung *f*

para'psichico *agg* ⟨ci, che⟩ parapsychisch; **parapsicolo'gia** *f* ⟨gie⟩ Parapsychologie *f*

parare I. *vt* ① (*addobbare*) schmücken ② (- → *pugno, scansare*) abwehren II. *vi:* ◇ **dove vuoi andare a - ?** worauf willst du hinaus? III. *vr* ◇ **-rsi** (*proteggersi*) sich schützen (*da* vor *dat*)

parasole *m* ⟨inv⟩ Sonnenschirm *m*

parassita I. *agg* i ▷*organismo* parasitisch, *m;* FIG ▷*ente* schmarotzerhaft II. *m* Parasit *m;* FIG Schmarotzer(in *f*) *m*

parata[1] *f* SPORT Parade *f*

parata[2] *f* ① ① *vedere la mala* - Gefahr wittern ② (*sfoggio*) ◇ **abito da** - Galaanzug ③ (*rivista militare*) ◇ **sfilare in** - paradieren

paratassi f LING Parataxe f

para'tia f (di nave) Schotte f

parato I. p. pass. di **parare**; II. agg (addobbato, ornato) geschmückt III. m : ◇ **carta** f **da -i** Tapete f

paraurti m ⟨inv⟩ (della macchina) Stoßstange f

paravento m spanische Wand

parcella f (di professionista) Rechnung f; ▷catastale Parzelle f

parcheggiare ⟨3.3⟩ vt parken, einparken; **parcheg|gio** m ⟨gi⟩ (spazio) Parkplatz m; (sosta) Parken n

par'chimetro m Parkuhr f

parco1 m ⟨chi⟩ Park m; (spazio per deposito) Lager n

parco2 agg ⟨chi, chie⟩ (frugale) ▷nel bere mäßig, genügsam

parec|chio agg ⟨chi, chie⟩ mehrere, ziemlich viel, etliche; ↑ alquanto ◇ **ha - da fare** er hat ziemlich viel zu tun II. pron ziemlich viel, etliche, mehrere III. avv (rif alla quantità) viel; (rif. alla intensità) sehr; ◇ **aspetto da -** ich warte seit langem

pareg'giabile agg ⟨inv⟩ ausgleichbar; **pareggiare** ⟨3.3⟩ I. vt → terreno ausgleichen; → bilancio ausgleichen II. vi vt avere unentschieden spielen III. vr ◇ **-rsi** sich ausgleichen; **pareggiato** I. p. pass. di **pareggiare**; II. agg [1] ausgeglichen [2] ▷scuola gleichgestellt; **pareg|gio** m ⟨gi⟩ COMM Ausgleich m; SPORT Unentschieden n

parentado m Verwandtschaft f; **parente** m/f Verwandte(r) fm; **parentela** f Verwandtschaft f

pa'rentesi f ⟨inv⟩ [1] (segno grafico) Klammer f; ◇ **- tonda/quadra/graffa** runde/eckige/geschwungene Klammer [2] (FIG intervallo) Zwischenzeit f

paren'tetico agg ⟨ci, che⟩ ▷periodo eingeschoben, eingefügt

parere ⟨Pres. paio/Pass. rem. parvi/Cong. paia Part. parso⟩ irr I. vi (apparire) aussehen, scheinen II. m (opinione) Ansicht f, Meinung f

paresi f MED Parese f

parete f Wand f

pari I. agg ⟨inv⟩ [1] (uguale) gleich [2] (in giochi) unentschieden [3] MAT ▷numero gerade II. avv gleich III. m Gleichgestellte(r) fm

parificare ⟨3.4⟩ irr vt gleichstellen; **parificato** I. p. pass. di **parificare**; II. agg gleichgestellt; ▷scuola ausgeglichen

Parigi f Paris n

pariglia f Paar n; FIG ◇ **rendere la -** Gleiches mit Gleichem vergelten

pari'sillabo agg gleichsilbig

parità f Gleichheit f; SPORT Unentschieden n

paritario agg ▷trattamento Gleich-, gleich-

pari'tetico agg ⟨ci, che⟩ (di parità) ▷commissione paritätisch

parka m ⟨inv⟩ Parka m

parlamentare1 vi avere unterhandeln, verhandeln

parlamentare2 I. agg ⟨inv⟩ Parlaments-, parlamentarisch II. m/f Parlamentsmitglied n; **parlamentarismo** m Parlamentarismus m; **parlamento** m Parlament n

parlante I. p. pres. di **parlare**; II. agg ⟨inv⟩ sprechend, redend

parlantina f FAM Mundwerk n

parlare I. vi avere [1] ▷a voce bassa sprechen [2] (deporre) ◇ **il detenuto ha parlato** der Gefangene hat ausgesagt [3] (intrattenersi) sich unterhalten [4] ▷al popolo reden, eine Rede halten [5] ▷di letteratura sprechen (di über acc) II. vt → italiano sprechen III. vr ◇ **-rsi** miteinander sprechen; **parlata** f ▷toscana Sprechweise f; (dialetto) Dialekt m; **parlato** I. p. pass. di **parlare**; II. agg ▷lingua Umgangs- III. m Umgangssprache f; **parla|tore(trice** f) m ⟨tori, trici⟩ Sprecher(in f) m; **parlatorio** m Sprechzimmmer n

parlottare vi avere tuscheln, flüstern

parmigiano I. agg (di Parma) parmesanisch II. m GASTRON Parmesan[-käse] m

paro'dia f Parodie f

parola f [1] Wort n [2] (facoltà) Sprache f [3] ◇ **-e** f/pl (di rabbia, di gioia) Worte pl; ◇ **non ha avuto una - di ringraziamento** er hat kein Wort des Dankes gefunden; ◇ **non una -, mi raccomando !** kein Wort mehr!; ◇ **ti do la mia -** ich gebe dir mein Wort; **parolac|cia** f ⟨ce⟩ unanständiges Wort, Schimpfwort n

paroliere(a f) m (per signora) Texter(in f) m

par'quet m ⟨inv⟩ Parkett n

parricida m/f ⟨i, e⟩ Vatermörder(in f) m; **parricidio** m Vatermord m

parrocchia f (chiesa) Pfarrkirche f; **parrochiale** agg ⟨inv⟩ Pfarr-; **'parroco** m ⟨ci⟩ REL Pfarrer m

parruc|ca f ⟨che⟩ Perücke f

parrucchiere(a f) m (per signora) Friseur m, Friseuse f

parrucchino m Toupet n

parsimonia f Sparsamkeit f; **parsimonioso** agg sparsam

parte f [1] Teil m [2] (direzione) Gegend, f [0] (lato) Seite f; FIG ◇ **mettersi dalla - di qu** sich auf jd-s Seite stellen [4] (DIR di un contratto) Partei f [5] (di un attore) Rolle f

P

partecipante I. *p. pres. di* **partecipare**; **II.** *agg* ⟨inv⟩ teilnehmend **III.** *m/f* Teilnehmer(in *f*) *m*; **partecipare** ⟨3.10⟩ **I.** *vi avere* ▷*ad una festa* teilnehmen (*a an dat*); ▷*alla natura animale* teilnehmen, Anteil nehmen (*a an dat*) **II.** *vt* (*comunicare*) mitteilen; **partecipazione** *f* ① Teilnahme *f* ② ↑ *collaborazione* Mitwirkung *f* ③ (*di nozze*) Anzeige *f* ④ COMM Anteil *m*, Beteiligung *f*

par'tecipe *agg* ⟨inv⟩ beteiligt an *dat*

parteggiare ⟨3.3⟩ *vi avere* ▷*per i poveri* Partei nehmen

partenza *f* (*per un viaggio*) Abreise *f*; ◇ **essere di - kurz** vor der Abreise stehen; (*di veicolo*) Abfahrt *f*; (*di merci*) Abgang *m*; SPORT Start *m*

particella *f* LING Partikel *n*; FIS Teilchen *n*

participio *m* Partizip *n*

particolare I. *agg* ⟨inv⟩ besonder; (*fuori dal comune*) außergewöhnlich **II.** *m* Besondere *n*

particolareggiare ⟨3.3⟩ *vt* ausführlich schildern; **particolareggiato I.** *p. pass. di* **particolareggiare**; **II.** *agg* (*dettagliato, minuzioso*) ausführlich, genau

particolarismo *m* Begünstigung *f*; **particola'ristico** *agg* ⟨ci, che⟩ parteilich

particolarità *f* Besonderheit *f*

partigiano(a *f*) **I.** *agg* ① (*fazioso*) parteiisch ② (*della resistenza*) Partisanen- **II.** *m* ① (*di partito*) Parteigänger(in *f*) *m* ② (*della resistenza*) Partisan (in *f*) *m*

partire *vi* ▷*per un viaggio* abreisen; ← *treno* abfahren; ← *aereo* abfliegen; ◇ **il motore non -e** der Motor springt nicht an; *FAM* ◇ **è partita la radio** das Radio ist kaputt gegangen

partita *f* ① COMM Partie *f*, Posten *m* ② ▷*con le carte* Spiel *n*; (*di pallavolo, tennis*) Spiel *n* ③ (*di caccia*) Jagdpartie *f*

par'titico *agg* ⟨ci, che⟩ (*di partito*) Partei-

partitivo *agg* LING Partitiv-, partitiv

partito *m* ① Partei *f* ② (*decisione*) Entschluß *m*; ◇ **non saper che - prendere** sich nicht entscheiden können ③ ◇ **trarre - da qc** Nutzen ziehen aus *dat*

parto *m* MED Geburt *f*; **partoriente I.** *p. pres. di* **partorire**; **II.** *agg* ⟨inv⟩ gebärend **III.** *f* Gebärende *f*; **partorire** ⟨5.2⟩ *irr vt* auf die Welt bringen, gebären; *FIG* erzeugen

part time I. *agg* inv. Teilzeit- **II.** *avv* auf Teilzeitbasis **III.** *m* ⟨inv⟩ Teilzeitarbeit *f*

parvenza *f* (*di bontà*) Anschein *m*

parziale *agg* ⟨inv⟩ ① Teil-, teilweise ② (*non obiettivo*) parteiisch; **parzialità** *f* (*contr. di imparzialità*) Parteilichkeit *f*; (*azione*) Bevorzugung *f*

'**pascere I.** *irr vt* ① → *l' erba* fressen ② (*far pascolare*) weiden **II.** *vi avere* weiden **III.** *vr* ◇ **-rsi** (*dello spettacolo*) sich weiden (*di an dat*)

pasciuto I. *p. pass. di* '**pascere**; **II.** *agg* wohlgenährt

pascolare ⟨3.2⟩ **I.** *vt* weiden **II.** *vi avere* weiden; '**pascolo** *m* Weide *f*

Pasqua *f* Ostern *n*; **pasquale** *agg* ⟨inv⟩ Oster-, österlich

pas'sabile *agg* ⟨inv⟩ annehmbar

passag|gio *m* ⟨gi⟩ ① (*di veicoli*) Durchfahrt *f*; (*di truppe*) Durchmarsch *m*; (*di persone*) Durchgang *m*; (*luogo di passaggio*) Durchgang *m*; ◇ - **a livello** Bahnübergang *m*; ◇ - **pedonale** Fußgängerübergang *m* ② Wahl-Passage *f* ③ SPORT Zuspielen *n* ④ ◇ **dare un - a qu** jd- mitnehmen

passante I. *p. pres. di* **passare**; **II.** *agg* ⟨inv⟩ vorübergehend **III.** *m/f* Vorübergehende(r) *fm*, Passant(in *f*) *m*

passaporto *m* Reisepaß *m*

passare I. *vi* ① ← *persone* gehen durch *acc*; ← *veicoli* fahren durch *acc* ② (*visitare brevemente*) vorbeikommen (*da bei dat*) ③ ↑ *muoversi, correre in mezzo* ← *corteo* ▷*tra la folla* eintreten, hereinkommen ④ (*trasferirsi*) ▷*in un altro ufficio* ziehen, umziehen ⑤ ↑ *trascorrere* vergehen, vorübergehen ⑥ ↑ *tramandarsi* übergehen ⑦ ◇ **ormai è passato di moda** das ist inzwischen aus der Mode gekommen ⑧ *FIG* ◇ - **per un genio** als Genie gelten **vt** ① (*attraversare*) überschreiten; (*con un veicolo*) durchfahren ② (*dire a propria volta*) weitersagen ③ ◇ **mi passi l'acqua ?** reichst du mir das Wasser? ④ → *l'esame* bestehen ⑤ ▷*pericolo* überwinden ⑥ ↑ *trascorrere* verbringen ⑦ ▷*pomodori* passieren

passata *f* ① (*di pioggia*) Schauer *m* ② (*di straccio*) Darübergehen *n* ③ (*di vernice*) Darüberstreichen *n* ④ GASTRON Püree *n*

passatempo *m* Zeitvertreib *m*

passato I. *p. pass. di* **passare**; **II.** *agg* ① vergangen; (*precedente*) vergangen, vorig ② ▷*pericolo* überstanden, vorbei **III.** *m* ① Vergangenheit *f* ② ◇ - **m remoto** LING Präteritum *n* ③ *di verdura*, GASTRON Gemüsepüree *n*

passaverdura *m* ⟨inv⟩ Passiergerät *n*

passeggero I. *agg* vorübergehend **II.** *m/f* Passagier(in *f*) *m*

passeggiare ⟨3.3⟩ *vi avere* spazierengehen; **passeggiata** *f* Spaziergang *m*; (*strada*) Spazierweg *m*; **passeggiatrice** *f* (*prostituta di strada*) Straßenmädchen *n*

passeggino *m* Laufstuhl *m*

passeg|gio m ⟨gi⟩ Spazicrgang m

passerella f (di nave, aereo) Gangway f, Laufsteg m

'passero m Spatz m

pas'sibile agg inv: ◇ ~ **di pena** strafbar; ◇ **il prezzo è ~ d'aumento** der Preis kann erhöht werden

passionale agg ⟨inv⟩ leidenschaftlich; **passionalità** f Leidenschaftlichkeit f; **passione** f [1] (di gesù Cristo) Passion f [2] (della gelosia) Leidenschaft f [3] (accesa sensualità) Leidenschaft f

passivante agg ⟨inv⟩ (che rende passivo il verbo) passivisch

passività f (inerzia) Untätigkeit f; **passivo I.** agg passiv **II.** m LING Passiv n; COMM Verlust m; ◇ **-i** m/pl Passiva pl

passo m [1] Schritt m; ◇ **a ~ d'uomo** im Schritt; ◇ **fare due passi** ein Paar Schritte machen; ◇ **a ogni ~** auf Schritt und Tritt; (FIG progresso) Fortschritt m, (andatura) Gang, Schritt m [2] (brano) Stelle f

pasta f [1] ▷frolla Teig m [2] Nudeln f/pl; **pastasciutta** f Nudelspeise f

pastello m (colore) Pastellstift m; (dipinto) Pastell n

pastic|ca ⟨che⟩, f Tablette f

pasticce'ria f [1] (pasticcini) Backwerk, Gebäck n [2] (negozio) Konditorei f

pasticciare ⟨3.3⟩ vt → disegno hudeln, pfuschen

pasticciere(a f) m Feinbäcker(in f) m; **pasticcino** m (piccola pasta dolce) Feingebäck n

pastic|cio m ⟨ci⟩ [1] (lavoro disordinato) Pfuscherei f FAM; ◇ **togliere qu dai -i** jd- aus einer unangenehmen Lage befreien; ◇ **trovarsi nei pasticci** in der Patsche sitzen FAM [2] Pastete f

pastificio m ⟨ci⟩ Teigwarenfabrik f

pastiglia f ▷per la gola Pastille f

pastina f Suppennudeln pl

pasto m Essen, Mahlzeit n; ◇ **saltare il ~** das Essen ausfallen lassen; (cibo) Speise f

pastorale I. agg ⟨inv⟩ [1] Schäfer- [2] (sacerdotale) Pastoral-, pastoral **II.** f REL Pastoralbrief m

pastore(a f) m [1] Hirt(in f) m [2] REL Hirt m [3] (cane) Schäferhund m

pastorizia f Viehzucht f

pastorizzare vt pasteurisieren; **pastorizzazione** f Pasteurisation f

pastosità f Teigigkeit f; **pastoso** agg teigig

pastrano m Mantel m

pastura f [1] (il pascolare) Weide [2] (del pescatore) Futter n; **pasturare** vt weiden

patata f Kartoffel f; ◇ **-e** f/pl fritte Pommes pl frites

pata'trac I. inter krach **II.** m ⟨inv⟩ Krach m

patema m ⟨i⟩ (d'animo) Herzensangst f

patente s [1] (di guida) Führerschein m [2] (licenza) Genehmigung, Lizens f

patentino m provisorischer Führerschein

paternale f Strafpredigt f; **paternalismo** m Paternalismus m; **paternalista** m/f Paternalist (in f) m; **paterna'listico** agg ci che paternalistisch

paternità f Vaterschaft f; (FIG di un'attentato) Urheberschaft f

paterno agg Vater-, väterlich

paternostro m Vaterunser n

pa'tetico agg ⟨ci, che⟩ pathetisch

pa'tibolo m Schafott n

'patina f ▷su rame Edelrost m; ▷sulla lingua Belag m

patire ⟨5.2⟩ irr **I.** vt → ingiustizia erleiden **II.** vi avere (di cuore) leiden (di an dat); **patito(a** f) **I.** p. pass. di patire; **II.** agg mitgenommen, abgezehrt **III.** m (del calcio) Fanatiker(in f)

patolo'gia f ⟨gie⟩ Pathologie f; **pato'logico** agg ⟨ci, che⟩ pathologisch

patria Heimat f

patriarca m ⟨chi⟩ Patriarch m; (della Chiesa russo-ortodossa) Patriarch m

patriarcale agg ⟨inv⟩ ▷familia patriarchalisch

patriarcato m Patriarchat n

patrigno m Stiefvater m

patrimonio m [1] DIR Vermögen n [2] ▷spirituale Gut n

patrio agg ⟨inv⟩ (del padre) väterlich; (della patria) heimatlich, Heimat-

patriota m/f ⟨i, e⟩ Patriot(in f) m; **patri'ottico** agg ⟨ci, che⟩ patriotisch; **patriottismo** m Vaterlandsliebe f

patrocinare vt [1] (DIR difendere) verteidigen [2] (sostenere) stützen, befürworten; **patrocinio** m Beistand m

patronato m Patronat n

patrono(a f) m [1] REL Schutzheilige(r) fm, Beschützer(in f) m

patta f (dei pantaloni) Klappe f

patteggiare ⟨3.3⟩ **I.** vt → la resa verhandeln über acc **II.** vi avere ▷con i nemici verhandeln

pattinag|gio m ⟨gi⟩ (su ghiaccio) Schlittschuhlaufen n; (a rotelle) Rollschuh laufen n; **pattinare** ⟨3.2⟩ vi avere (su ghiaccio) Schlittschuh laufen, n; (su rotelle) Rollschuh laufen n; **pattinatore(trice** f) m (su ghiaccio) Schlittschuhläufer(in f) m; (su rotelle) Rollschuhläufer(in f) m; **'pattino** m (SPORT su ghiaccio) Schlittschuh m; (a rotelle) Rollschuh m

patto m (accordo) Vereinbarung f; ↑ convenzione Bündnis n; ◇ **a nessun ~**

pattuglia f (di ricognizione) Streife f

pattuire ⟨5.2⟩ irr vt → contratto einen Vertrag schließen; → resa vereinbaren; **pattuito I.** p. pass. di pattuire; **II.** agg abgemacht

pattumiera f Mülleimer m

paura f Angst f; ◇ aver - di qc Angst haben vor dat; **pauroso** agg (che fa paura) furchterregend; (FIG straordinario) unbeschreiblich

'pausa f Pause f

'pavido agg ängstlich

pavimentare vt → strada belegen

pavimentazione f Belegung f; **pavimento** m Boden m

pavone m Pfau f

pazientare vi avere Geduld haben

paziente I. agg ⟨inv⟩ geduldig, duldsam **II.** m/f Patient(in f) m

pazienza f Geduld f

pazzesco agg stop verrückt; (FIG incredibile) irrsinnig, unsinnig

paz'zia f (insania) Wahnsinn m; (azione stravagante) Torheit f; FIG ↑ cosa assurda Irrsinn m

pazzo(a f) **I.** agg wahnsinnig **II.** m Wahnsinnige(r) f m; Verrückte(r) f m; **paz'zoide I.** agg inv (strano, stravagante) übergeschnappt **II.** m/f Wirrkopf m

pec|ca sf ⟨che⟩ Mangel m

peccaminoso agg sündhaft; **peccare** ⟨3.4⟩ irr vi ① REL sündigen ② ▷di leggerezza einen Fehler begehen; **peccato** m REL Sünde f; ◇ che -! wie schade !; **pecca|tore(trice** f) m ⟨tori, trici⟩ Sünder(in f) m

pece f Pech f

pechinese I. agg ⟨inv⟩ Pekinger **II.** m/f (di Pechino) Pekinger(in f) m **III.** m Pekinese m

'pecora f FAUNA Schaf n; FIG Lamm n; (persona paurosa) Angsthase m

peco'raggine f Ängstlichkeit f

pecoraio(a f) m Schäfer(in f) m; **pecorella** f① Schäflein, Schäfchen n ② (nuvola) Schäfchen n

peculato m DIR Unterschlagung, Amtsunterschlagung f

peculiare agg ⟨inv⟩ eigentümlich; **peculiarità** f (dell'italiano) Besonderheit f

pecuniario agg ▷danno Geld n

pedag|gio m ⟨gi⟩ Wegegeld n

pedago'gia f ⟨gie⟩ Pädagogik f; **peda'gogico** agg ⟨ci, che⟩ pädagogisch; **pedagogismo** m Schulmeisterei f; **pedagogista** m/f Pädagoge m, Pädagogin f; **pedagogo(a** f) m ⟨ghi ghe⟩ Erzieher(in f) m

peda'labile agg ⟨inv⟩ mit dem Fahrrad befahrbar; **pedalare** vi avere radfahren; **pedalata** f Pedaltritt m; **pedala|tore(trice** f) m Radfahrer

(in f) m; **pedale** m (della bicicletta) Pedal n; (dell'organo) Pedal n

pedana f Fußbrett n

pedante I. agg ⟨inv⟩ pedantisch **II.** m/f Pedant(in f) m; **pedante'ria** f (meticolosità) Pedanterie f; **pedantesco** agg ⟨schi⟩ sche pedantisch

pedata f Fußtritt m

pederasta m ⟨i⟩ Päderast m; **pedera'stia** f Päderatrie f

pedestre agg ⟨inv⟩ gemein, platt

pediatra m/f ⟨i, e⟩ Kinderarzt m, Kinderärztin f; **pedia'tria** f Kinderheilkunde f; **pe'diatrico** agg ci che Kinder-, pädiatrisch

pedicello m (foruncoletto) Blütenstengel m

pediluvio m Fußbad n

pedina f (degli scacchi) Bauer m; FIG ◇ essere una - nelle mani di qu ein willenloses Werkzeug in der Hand eines anderen sein

pedinare vt bespitzeln

pedissequo agg ▷discorso wortgetreu, wortwörtlich

pedonale agg ⟨inv⟩ Fußgänger-; **pedone** m ① Fußgänger(in f) m ② (degli scacchi) Bauer m

pe'duncolo m FLORA Stiel, Stengel m

peggio I. avv (comp. di male) schlimmer, schlechter; ◇ mi sento - ich fühle mich schlechter; ↑ meno ◇ sono - informato di te ich bin schlechter informiert als du **II.** agg inv (peggiore) schlimmer **III.** m/f ⟨inv⟩ Schlimmste n; ◇ alla - schlimmstenfalls

peggioramento m Verschlechterung f; **peggiorare I.** vt verschlechtern **II.** vi avere o essere schlechter werden **III.** m ⟨inv⟩ (peggioramento) Verschlechterung f; **peggiorativo** agg LING pejorativ; **peggiore I.** agg ① (comp. di cattivo) schlimmer, schlechter ② ungünstiger; ◇ nel - dei casi im ungünstigsten Fall **II.** m/f Schlechteste(r) f m

pegno m Pfand n

pelame m (vello animale) Fell n

pelandrone(a f) m Nichtstuer(in f) m

pelare vt (togliere i peli) enthaaren; (spennare) rupfen; (sbucciare) schälen

pelata f① ▷al pollo Rupfen n ② Kahlheit f

pelato I. p. pass. di pelare; **II.** agg kahl **III.** m ① (FAM uomo calvo) Glatzkopf m ② ◇ pomodori -i m/pl geschälte Tomaten

pellac|cia f ⟨cie⟩ ① (pegg. di pelle) schlechte Haut f ② widerstandsfähiger Mensch

pellagra f Pellagra n; **pellagroso** agg pellagrös

pellame m Lederwaren pl

pelle f① Haut f② (buccia) Schale f③ (pellame) Leder n; FIG ◇ avere la - d'oca eine Gänsehaut haben; ◇ **salvare la - a qu** jd-m das Leben retten; ◇ **fare la - a qu** jd-n umbringen

pellegrinag|gio m ⟨gi⟩ (a Roma) Pilgerfahrt f; **pellegrinare** vi avere (andare in pellegrinaggio) pilgern; **pellegrino(a)** I. agg (che viaggia) umherirrend, umherziehend II. m Pilger(in f) m

pellerossa m/f ⟨pellirosse⟩ Rothaut f

pelletteria f ① (industria) Lederwarenfabrik f ② (oggetti) Lederwaren pl ③ (negozio) Lederwarengeschäft n

pellettiere m Lederwarenfabrikant m

pellicano m Pelikan m

pellicc:eria f ① (negozio) Pelzwarenhandlung f ② (laboratorio) Kürschnerei f ③ (quantità di pelliccce confezionate) Pelze pl; **pelliccia** f ⟨-ce⟩ Pelzjacke f; **pelicciaio(a)** f m ① Kürschner(in f) m ② Pelzhändler(in f) m

pellicola f ① (membrana sottile) Haut f ② FOTO, FILM Film m

pellicolare agg ⟨inv⟩ (di pellicola) Film m

pelo m ① Haar n ② (di animale) Fell n, Pelz m ③ (dell' acqua) Wasserspiegel m; ◇ **per un** – um ein Haar; ◇ **lisciare il- a qu** jd-m das Fell über die Ohren ziehen; **pelosità** f (l' essere peloso) Behaartheit f; **peloso** agg ▷mani haarig

peltro m Hartzinn n

peluria f Flaum m

pelvi m ⟨inv⟩ (bacino) Becken n

'pelvico agg ⟨ci, chc⟩ ANAT Becken-

pena f ① (di morte) Strafe f ② (sofferenza) Leid n ③ ◇ **quel disgraziato mi fa** - dieser arme Kerl tut mir leid ④ ◇ **farcela a mala** - es mit Mühe und Not schaffen; **penale** I. agg ⟨inv⟩ Straf-, strafrechtlich II. m DIR Strafe f; **penalista** m/f ⟨i, e⟩ (esperto di di diritto penale) Strafrechtler(in f) m

penalità f ① Strafe f ② Strafpunkt m; **penalizzare** vt Strafpunkte erteilen; **penalizzazione** f Strafpunkt m

penare vi avere ① ▷in carcere leiden ② (faticare) sich abmühen, plagen

pendente I. p. pres. di **'pendere**; II. agg ⟨inv⟩ hängend III. m (ciondolo) Gehänge n; (orecchino) Ohrgehänge pl

pendenza f ① (di una torre) Neigung f; (di una strada) Gefälle n ② DIR Schweben n

'pendere vi avere ① (essere appeso) hängen (da an dat) ② (essere inclinato) schief stehen ③ (FIG incombere) schweben, stehen (su über acc)

pendice f : ◇ **-i** f/pl Abhang, Hang m/sg

pen'dio m ⟨ii⟩ Neigung f, Abhang m

'pendola f Pendeluhr f

pendolare I. agg ⟨inv⟩ Pendel- II. m/f Pendler(in f) m

'pendolo m ① (FIS peso) Pendel n ② (orologio) Pendel n

pene sm Penis m

pene'trabile agg ⟨inv⟩ durchdringbar; **penetrante** I. p. pres. di **penetrare**; II. agg ⟨inv⟩ durchdringend, penetrant; FIG ▷odore scharf; **penetrare** ⟨3.2⟩ I. vi avere e essere dringen, eindringen II. vt dringen durch acc; FIG ergründen; **penetrazione** f Eindringen n; (FIG di nuove idee) Durchdringung f

penicillina f Penizillin n

peninsulare agg ⟨inv⟩ (di penisola) Halbinsel-

pe'nisola f Halbinsel f

penitente I. agg ⟨inv⟩ reuevoll, reuig II. m/f Büßer(in f) m; **penitenza** f ① Reue f ② (punizione) Strafe f ③ REL Buße f ④ Strafe f

penitenziario I. agg Straf-, Gefängnis- II. m Gefängnis n

penna f ① Feder f ② ▷a sfera Kugelschreiber m; **pennarello** m Filzstift m

pennellare vi vt avere pinseln; **pennellata** f (tocco di pennello) Pinselstrich m; FIG Strich, Zug m; **pennello** m Streichbürste f

pennino m Feder f

pennone m ① NAUT Rahe f ② (stendardo) Fahnenstange f

pennuto I. agg (fornito di penne) gefiedert II. m (uccello) Vogel m

penombra f Halbschatten m

penoso agg schmerzlich

pen'sabile agg ⟨inv⟩ denkbar; **pensamento** m (pensata) Denken n; **pensare** I. vi avere ① ▷al domani denken (a an acc) ② (badare a qu/qc) ◇ **pensa ai fatti tuoi** kümmere dich um deine Angelegenheiten II. vt ① denken, überlegen ② ↑ escogitare ausdenken, erfinden ③ (avere intenzione) ◇ **cosa pensi di fare ?** was gedenkst du zu tun?; **pensata** f (trovata) Einfall m, Idee f; **pensa|tore(trice)** f I. agg ⟨tori, trici⟩ Denker- II. m Denker(in f) m; **pensiero** m ① (facoltà di pensare) Denkvermögen, nt ② ▷cattivo Gedanke m ③ (di Aristotele) Lehre f ④ ◇ **stare in** - **per qu** um jd- besorgt sein ⑤ (FAM attenzione, dono) Aufmerksamkeit f; **pensieroso** agg nachdenklich

'pensile agg inv ▷giardino hängend

pensilina f (della stazione) Schutzdach n

pensio'nabile agg ⟨inv⟩ pensionsfähig; **pensionamento** m Pensionierung f

pensionante m/f Gast m

pensionato(a f) I. p. pass. di **pensionare**; II. agg (che riceve una pensione) pensioniert, im

Ruhestand III. *m* Rentner(in *f*) *m*; **pensione** *f* [1] Pension *f*; ◇ **andare in** - in den Ruhestand treten [2] *(albergo)* Pension *f*

pensosità *f* Nachdenklichkeit *f*

penta'edro *m* Pentaeder *n*

pentagonale *agg* ⟨inv⟩ fünfeckig

pen'tagono *m* Pentagon *n*

pentagramma *m* ⟨i⟩ Notenliniensystem *n*

'pentathlon *m* Fünfkampf *m*; **pentatleta** *m/f* Fünfkämpfer(in *f*) *m*

Pentecoste *f* Pfingsten *n*

pentimento *m* Reue *f*; **pentirsi** *vi pron (ravvedersi)* bereuen *acc*; *(cambiare parere)* bereuen *acc*; **pentito(a** *f*) **I.** *p. pass di* **pentirsi**; **II.** *agg* [1] *(ravveduto)* reuevoll [2] *(rammaricato)* reuig **III.** *m (terrorista o criminale che collabora)* Kronzeuge *m*, Kronzeugin *f*

'pentola *f* Topf *m*

pe'nultimo(a *f*) **I.** *agg* vorletzte(r, s) **II.** Vorletzte (r) *fm*

penuria *f* Mangel *n (di an dat)*

penzolare ⟨3.2⟩ *vi* ▷ *dai rami* herabhängen

penzoloni *avv (sospeso)* baumelnd; ◇ **stare con le gambe a** - die Beine baumeln lassen

peonia *f* Pfingstrose *f*

pepare *vt* pfeffern; **pepe** *m* Pfeffer *m*

peperoncino *m* Peperoni *pl*

peperone *m* Paprika *f*

pepita *f (d'oro)* Klumpen *m*

pepsina *f* Pepsin *n*

'peptico *agg* ⟨ci, che⟩ peptisch

per I. *prep* [1] *(moto per luogo)* ◇ **passerò** - **Roma** ich werde durch Rom fahren [2] *(moto a luogo)* nach; ◇ **parto** - **la montagna** ich fahre in die Berge [3] *(stato in luogo)* ◇ **sdraiati** - **terra** auf dem Boden liegen [4] *(tempo continuato)* lang, hindurch; ◇ **ha nevicato** - **tutta la notte** es hat die ganze Nacht [hindurch] geschneit [5] *(tempo determinato)* ◇ **ci rivedremo per Pasqua** wir sehen uns an Ostern [6] *(mezzo)* ◇ **spedire** - **posta** mit der Post schicken [*o. per Post*] [7] *(a vantaggio di)* für acc [8] *(prezzo)* ◇ **l'ho acquistato** - **525 lire** ich habe es für 525 Lire gekauft [9] *(misura, estensione)* ◇ **la strada è bloccata** - **1 chilometro** die Straße ist über die Länge von einem Kilometer gesperrt [10] *(predicativo)* ◇ **hai avuto** - **insegnante Luigi** Luigi war dein Lehrer [11] *(distributivo)* ◇ **uscire uno** - **uno, per favore** ! einer nach dem anderen hinausgehen, bitte [12] *esclamativo* ◇ - **Bacco** ! Donnerwetter ! FAM **II.** *congiunz* [1] *(finale e inf.)* um … zu [2] *(consecutivo e inf.)* um … zu [3] *(causale e inf.)* weil, da, dafür [4] *(concessiva con il cong.)* so, wie, soviel **III.** *(varie locuzioni)* ◇ **stare** - **uscire** im Begriff

sein auszugehen; ◇ - **tempo** frühzeitig; ◇ - **ora** zur Zeit; ◇ - **traverso** quer; ◇ - **di più** um so mehr; ◇ - **il fatto che** … auf Grund der Tatsache, daß …

pera *f* Birne *f*

peraltro *avv* allerdings

perbacco *inter:* ◇ - ! Donnerwetter !

perbene I. *agg* ⟨inv⟩ *(onesto)* anständig **II.** *avv (con cura)* sorgfältig

perbenismo *m (conformismo)* Anständigkeit *f*

percento *m* ⟨inv⟩ Prozent *n*; **percentuale I.** *agg* ⟨inv⟩ prozentual **II.** *f* Prozentsatz *m*

perce'pibile *agg* ⟨inv⟩ wahrnehmbar; **percepire** ⟨5.2⟩ *irr vt* [1] *(con i sensi)* wahrnehmen [2] *(ricevere)* → **compenso** beziehen

percet'tibile *agg* ⟨inv⟩ wahrnehmbar

percezione *f (dei sensi)* Wahrnehmungsvermögen *n*

perché I. *avv* warum, weshalb, weswegen, wieso **II.** *congiunz* [1] *(causale ind. o cong.)* weil, da [2] *(finale cong.)* damit [3] *(consecutivo cong.)* als daß **III.** *m* ⟨inv⟩ Ursache *f*, Grund *m*

perciò *congiunz* deshalb, daher

percorrenza *f* Strecke *f*

per'correre ⟨Pass. rem.: percorsi/percorse/percorsero Part. percorso⟩ *irr vt* → **strada** durchlaufen, durchqueren; **percor'ribile** *agg* ⟨inv⟩ *(strada)* zurücklegbar; **percorso I.** *part. pass. di* **per'correre**; **II.** *m* Strecke *f*

percossa *f* Schlag *m*; **percosso I.** *p. pass di* **per'cuotere**; **II.** *agg* geschlagen; **per'cuotere** ⟨Pass. rem.: percossi/percuotesti Part.: percosso⟩ **I.** *irr vt* schlagen **II.** *vr rec* ◇ -**rsi** einander schlagen

percussione *f* Schlag *m*; MUS ◇ **strumenti** *m/pl* **a** - Schlaginstrumente *pl*

perdente I. *p. pres di* **'perdere**; **II.** *agg* ⟨inv⟩ verlierend **III.** *m/f* Verlierer(in *f*) *m*; **'perdere** ⟨Pass. rem.: persi/perse/persero Part.: perso⟩ **I.** *vt* [1] *(cessare di avere)* verlieren [2] *(smarrire)* verlegen [3] *(sprecare)* ◇ - **tempo** Zeit vergeuden [4] *(lasciare uscire)* verlieren, auslaufen; ◇ - **sangue** Blut verlieren **II.** *vi avere:* ◇ **la faccenda ha perso d'importanza** die Angelegenheit hat an Bedeutung verloren

perdigiorno *m/f* ⟨inv⟩ Taugenichts *m*

perdinci *inter (disappunto impazienza)* Herrgott FAM zum Donnerwetter!

'perdita *f* [1] *(della vita)* Verlust *m* [2] *(di gas)* Leck *n* [3] *(delle forze)* Verlust *m*, Einbuße *f*

perditempo I. *m* ⟨inv⟩ Zeitverlust *m* **II.** *m/f* ⟨inv⟩ *f*) *(persona)* Taugenichts *m*

perdizione *f* Verderben *n*

perdo'nabile *agg* ⟨inv⟩ verzeihlich; **perdona-**

re I. *vt* verzeihen *dat; (scusare)* entschuldigen **II.** *vi avere* verzeihen *dat* **III.** *vr* ◇ **-rsi** sich vergeben; **perdono** *m* Verzeihung *f;* REL Vergebung *f*

perdurare *vi* andauern

perdutamente *avv* wahnsinnig

perduto I. *p. pass. di* **'perdere;** **II.** *agg* ① ↑ *smarrito* verloren ② *(corrotto)* verderbt

peregrinare *vi avere* umherirren; **peregrinazione** *f* Irrfahrt *f;* **peregrino** *agg* (FIG *strano)* ▷*idee* eigenartig

perenne *agg* ⟨inv⟩ ewig; BIO Dauer-

perentorietà *f* Endgültigkeit *f;* **perentorio** *agg* endgültig

perequazione *f* Ausgleich *m*

peretta Klistier *n*

perfettamente *avv* vollkommen, perfekt

perfet'tibile *agg* ⟨inv⟩ vervollkommnungsfähig; **perfettibilità** *f* Vervollkommnungsfähigkeit *f*

perfetto I. *agg* ▷ *silenzio* vollkommen **II.** *m* LING Perfekt *n;* **perfezio'nabile** *agg* ⟨inv⟩ vervollkommnungsfähig; **perfezionamento** *m* Vervollkommnung *f,* Vollendung *f;* **perfezionare** *vt* vervollkommnen; **perfezione** *f* ① Vollkommenheit *f* ② Perfektion *f;* **perfezionismo** *m* Perfektionismus *m;* **perfezionista** *m/f* ⟨i, e⟩ Perfektionist(in *f*) *m*

perfidia *f* Boshaftigkeit *f;* **'perfido** *agg* boshaft, heimtückisch

perfino *avv* sogar

perfo'rabile *agg* ⟨inv⟩ durchbohrbar; **perforare** *vt* durchbohren; *(schede)* lochen; **perforato I.** *p. pass. di* **perforare;** **II.** *agg* durchbohrt; ◇ **scheda -a** Lochkarte *f;* **perfora|tore(trice** *f*) *m* ⟨tori, trici⟩ *(macchina)* Bohrmaschine *f;* **perforazione** *f (del terreno)* Durchbohrung *f;* MED Perforation *f*

pergamena *f* Pergament *n*

'pergola *f* Laube *f*

pericardio *m* ANAT Herzbeutel *m,* Perikardium *n;* **pericardite** *f* MED Perikarditis *f*

pericolante *agg* ⟨inv⟩ einsturzgefährdet

pe'ricolo *m* Gefahr *f;* **pericolosità** *f* Gefährlichkeit *f;* **pericoloso** *agg* gefährlich

perife'ria *f* Stadtrand *m,* Peripherie *f;* **peri'ferico** *agg* ⟨ci, che⟩ Rand-, Vor-, Außen-; FIG ▷*annotazione* nebensächlich

perifrasi *f* ⟨inv⟩ Umschreibung *f;* **peri'frastico** *agg* ⟨ci, che⟩ umschreibend, periphrastisch

perimetrale *agg* ⟨inv⟩ äußere, Außen-; **pe'rimetro** *sm* MAT Umfang *m*

perinatale *agg* ⟨inv⟩ ▷*mortalità* perinatal

periodare ⟨3.10⟩ **I.** *vi avere* Perioden bilden **II.** *m* Periodenbau *m*

periodicamente *avv* periodisch; **periodicità** *f* Periodizität *f;* **pe'riodico I.** *agg* ⟨ci, che⟩ ① periodisch, Zeit- ② MAT periodisch **II.** *m* Zeitschrift *f;* **periodo** *m* ① Periode *f* ② LING, MUS Satzgefüge *n* ③ MAT Periode *f*

periodontite *m* MED Wurzelhautentzündung *f*

peripe'zia *f :* ◇ **-e** *(fortunosa vicenda)* Schicksalsschlag *m*

perire ⟨5.2⟩ *irr vi* ▷*di morte innaturale* sterben, umkommen

periscopio *m* Periskop *n*

peristalsi *f* ANAT Peristaltik *f*

perito¹ I. *part. pass. di* **perire;** **II.** *agg* verstorben

perito²(a *f*) **I.** *agg (esperto in arte o scienza)* erfahren, sachverständig **II.** *m (esperto)* Sachverständige(r) *f/m*

peritoneo *m* ANAT Bauchfell *n;* **peritonite** *f* MED Bauchfellentzündung *f*

perizia *f (abilità)* Gewandtheit *f;* DIR Gutachten *n*

perla *f* Perle *f;* **perlato** *agg* mit Perlen verziert, Perlen-

perlomeno, per lo meno *avv (almeno)* wenigstens

perlopiù *avv (quasi sempre)* meist[ens]

perlustrare *vt* → **la campagna** absuchen; **perlustrazione** *f* Erkundung *f,* Aufklärung *f*

permalosità *f* Empfindlichkeit *f;* **permaloso** (**a** *f*) **I.** *agg* empfindlich **II.** *m (suscettibile)* empfindlicher Mensch

permanente I. *part. pres. di* **permanere;** **II.** *agg (durevole)* dauernd; *(fisso)* ständig **III.** *f* Dauerwelle *f;* **permanenza** *f* ① *(soggiorno)* Aufenthalt *m* ② *(il perdurare, della crisi)* Dauer *f;* **permanere** ⟨4.16⟩ *irr vi* ① *(persistere)* weiterbestehen ② *(rimanere)* bleiben

perme'abile *agg* ⟨inv⟩ durchlässig; **permeabilità** *f* Durchlässigkeit *f*

permeare ⟨3.2⟩ *vt* → *il terreno* durchdringen

permesso I. *part. pass. di* **per'mettere;** **II.** *m* ① Erlaubnis *f;* ◇ **-?** *(formula di cortesia)* Darf ich ?, Gestatten Sie ? ② *(licenza)* Schein *m; (per militari, impiegati)* Urlaubsschein *m;* **per'mettere** ⟨Pass. rem.: permisi/permise/permisero Part.: permesso⟩ *irr vt* ① *(dare facoltà o licenza)* erlauben (*a* [dat]) ② *(prendersi la libertà)* ◇ **mi permetto di contraddirla** ich erlaube mir, Ihnen zu widersprechen

permissivismo *m* Permissivität *f*

permissivo *agg* erlaubend

'permuta *f* DIR Tauschvertrag *m*

permu'tabile *agg* ⟨inv⟩ umtauschbar, austauschbar; **permutare** ⟨3.2⟩ *vt* umtauschen; **permutazione** *f* Umtausch *m*

pernacchia f vulgäres Geräusch mit dem Mund

pernice f Rebhuhn n

pernicioso agg schädlich

perno m MECC Zapfen; (FIG del racconto) Stütze f, Grundlage f

pernottamento m Übernachten n; **pernottare** vi avere ▷da un amico übernachten (da bei dat)

pero m Birnbaum m

però congiunz ① (avversativo) aber, jedoch ② (concessivo) doch, trotzdem, dennoch

perone m ANAT Wadenbein n

perorare ⟨3.2⟩ I. vt → causa vertreten II. vi avere reden, sprechen

perpendicolare I. agg ⟨inv⟩ senkrecht II. f Senkrechte f

perpetrare ⟨3.2⟩ vt → un delitto verüben, begehen

perpetuare vt verewigen

perpetuo agg ewig

perplessità f Bestürztheit f, Ratlosigkeit f; **perplesso** agg betroffen

perquisire ⟨5.2⟩ irr vt durchsuchen, untersuchen; **perquisizione** f Durchsuchung f, Untersuchung f

persecu|tore(trice f) m ⟨tori, trici⟩ Verfolger (in f) m; **persecutorio** agg ▷metodo Verfolgungs-; **persecuzione** f ① Verfolgung f; FIG Qual f ② PSIC ◇ **mania di -** Verfolgungswahn m; **perse'guibile** agg ⟨inv⟩ DIR strafbar; **perseguire** irr vt verfolgen; **perseguitare** ⟨3.10⟩ vt verfolgen; (FIG molestare) belästigen; **perseguitato(a** f) I. p. pass. di perseguitare; II. agg verfolgt III. m ▷politico Verfolgte(r) fm

perseveranza f Beharrlichkeit f; **perseverare** ⟨3.10⟩ vi avere beharren

'**Persia** f Persien n

persiana f (imposta) Fensterladen m

persiano(a f) I. agg persisch II. m Perser(in f) m

persino avv vedi **perfino** sogar

persistente I. p. pres. di **per'sistere**; II. agg ⟨inv⟩ andauernd; **persistenza** f① (durata) Beständigkeit f② (perseveranza) Beharrlichkeit f, Ausdauer f; **per'sistere** irr vi① (durare a lungo) andauern ② (perseverare) beharren

perso p. pass. di '**perdere**; II. agg (smarrito) verloren

persona f Person f; **personag|gio** m ⟨gi⟩ ① (persona ragguardevole) Persönlichkeit f ② (tipo) Person f ③ (di un romanzo) Person f; **personale** I. agg ⟨inv⟩ persönlich II. m (insieme di addetti) Personal n III. f persönliche f

Ausstellung; **personalità** f① Persönlichkeit f ② PSIC Persönlichkeit f

personalizzare vt jd-m/etw eine persönliche Note verleihen

personalmente avv persönlich

personificare ⟨3.4⟩ irr vt personifizieren, vermenschlichen; (simboleggiare) ← presidente → Stato verkörpern; **personificazione** f (dell' avarizia) Personifizierung f

perspicace agg ⟨inv⟩ scharf; **perspicacia** f Scharfsinn m

persuadere ⟨Pass. rem.: persuasi/persuase/persuasero Part. persuaso⟩ I. vt überzeugen; ◇ **- qu di qc** jd-n von etw überzeugen; (FAM andare a genio) gefallen II. vr ◇ **-rsi** sich überzeugen; **persuasione** f Überredung f; **persuasivo** agg überzeugend; **persuasore(persuaditrice** f) m Überzeuger(in f) m

pertanto congiunz deshalb, daher

'**pertica** f⟨che⟩ Stange f; FIG Bohnenstange

pertinace agg ⟨inv⟩ hartnäckig; **pertinacia** f Hartnäckigkeit f

pertinente agg ▷al tema zugehörig dat; **pertinenza** f Zugehörigkeit f

pertosse f Keuchhusten m

pertugio m ⟨gi⟩ Durchschlupf m

perturbamento m Störung f; **perturbare** I. vt turbare, FIG stören; **perturba|tore(trice** f) I. m ⟨tori, trici⟩ Störer(in f) m II. agg verwirrend; **perturbazione** f ▷atmosferica Störung f

per'vadere irr vt FIG ← il terrore → gli animi erfüllen

pervenire ⟨5.6⟩ irr vi kommen, ankommen

perversione f Perversion f; **perversità** f (l' essere perverso) Perversität f; (azione) Niederträchtigkeit f; **perverso** agg (molto malvagio) pervers, verderbt; **pervertimento** m (depravazione) Verderbtheit f; **pervertire** vt verderben; **pervertito(a** f) I. p. pass. di **pervertire**; II. agg pervers III. m Perverse(r) fm

pesante I. p. pres. di **pesare**; II. agg ⟨inv⟩ schwer; FIG ↑ noioso langweilig

pesantezza f Schwere f; (FIG di un discorso) Langweiligkeit f

pesare I. vt wiegen; FIG (i pro e i contro) abwägen II. vi avere o essere (avere un peso) wiegen; essere pesante, anche FIG schwer sein/wiegen III. vr ◇ **-rsi** sich wiegen

pesca[1] f⟨che⟩ Pfirsisch m

pesca[2] f (il pescare) Fischen n; **pescare** ⟨3.4⟩ irr vt ① fischen; (con l'amo) angeln ② (FIG riucire a trovare) aufgabeln ③ → carta ziehen; **pesca|tore(trice** f) m ⟨tori, trici⟩ Fischer(in f) m, Angler(in f) m

pesce m ⟨sci⟩ Fisch m; ASTROL ◇ **-i** m/pl Fische pl; ◇ **- d'aprile** Aprilscherz m; ◇ **- spada** Schwertfisch m; **pescecane** m ⟨i⟩ Hai m; **pescherec|cio** m ⟨ci⟩ Fischerboot n; **pesche'ria** f Fischhandlung f; **peschiera** f Fischteich m; **pesci'vendolo(a** f) m Fischhändler(in f) m

pesco m ⟨schi⟩ Pfirsichbaum m

pescoso agg ▷mare fischreich

pe'sistica f (sollevamento pesi) Gewichtheben n

peso m ① Gewicht n; ◇ **- lordo/netto** Brutto-/Nettogewicht n ② (SPORT attrezzo metallico) Kugel f; (manubrio) Hantel f

pessimismo m Pessimismus m; **pessimista I.** m/f ⟨i, e⟩ Pessimist(in f) m II. agg ⟨inv⟩ pessimistisch; **pessimistico** agg ci che pessimistisch

'pessimo agg (superl. di cattivo) sehr schlecht, sehr schlimm

pestaggio m Prügel f, Schläge f

pestare vt ① → in fiore zertreten ② ▷sale, pepe zerstoßen; (FIG picchiare) prügeln

pesto m Pest f; (FIG calamità) Übel n; (FIG bambino vivace e turboleto) Plagegeist m

pestello m Stößel m

pesticida m ⟨i⟩ (contro parassiti) Schädlingsbekämpfungsmittel n

pe'stifero agg ① Pest- ② ▷esalazioni stinkend, verpestet ③ ▷bambino lästig

pestilenza f ① Pestepedemie f ② (FIG calamità) Verderben, Unheil n ③ (FIG fetore) Gestank n

pesto I. agg zerstoßen II. m GASTRON Soße f mit Basilikum

'petalo m FLORA Blütenblatt n

petardo m Knallfrosch m

petizione f ① Bittschrift f ② DIR Petition f

peto m Wind, Furz m;

petrol'chimica f ⟨che⟩ Petrolchemie f

petroliera f Tankschiff n

petroliere m Erdölarbeiter m

petro'lifero agg Öl-; **petrolio** m CHIM Erdöl n

pettegolare ⟨3.10⟩ vi avere schwatzen, klatschen; **pettegolezzo** m Klatsch m; ◇ **fare -i** klatschen; **pet'tegolo** agg schwatzhaft

pettinare ⟨3.2⟩ I. vt kämmen II. vr ◇ **-rsi** sich kämmen; **pettinatura** f ① (acconciatura) Frisur f ② (della lana) Kämmen n; **'pettine** m Kamm m

pettirosso m FAUNA Rotkehlchen m

petto m Brust f; (seno) Busen m; (degli animali) Brust f; FIG ◇ **prendere di - un problema** ein Problem anpacken; **pettorale** agg ⟨inv⟩ Brust-; **petto'ruto** agg vollbusig; (FIG impettito) steif

petulante agg ⟨inv⟩ aufdringlich

pezza f ① (di lino) Lappen m ② (toppa) Flecken m

pezzato I. agg ▷mantello gescheckt II. m (cavallo pezzato) Schecke m

pezzente m/f Hungerleider(in f) m

pezzo m ① (di pane) Stück n; (frammento) Teil m; FIG ◇ **la casa cade a -i** das Haus ist baufällig; ◇ **essere un - di legno** aus grobem Holz geschnitzt sein ② (del motore) Teil m o n ③ (dell'Eneide) Stück n ④ (spazio/tempo) Zeitlang f, Weile f ⑤ (di cronaca) Artikel m

pezzuola f Läppchen n

piacente I. p. pres. di piacere; II. agg ⟨inv⟩ anmutig, gefällig; **piacere** ⟨4.15⟩ irr I. vi ① ← musica gefallen; ← dolci schmecken ② ◇ **piaccia o non piaccia** ob es dir/ihm gefällt oder nicht II. m ① (della carne) Genuß m; (della letteratura) Genuß m ② ▷viaggio di Vergnügen, nt ③ ◇ **per me è un gran - conoscerla** es ist mir eine große Ehre, Ihre Bekanntschaft zu machen ① ◇ **Luca mi ha fatto molti -i** Luca hat mir schon viele Gefallen getan; ◇ **per - mi aiuti !** hilf mir gefälligst !; **pia'cevole** agg ⟨inv⟩ erfreulich

piaga f ⟨ghe⟩ Wunde f

piagare ⟨3.5⟩ irr vt verwunden, verletzen

piagni'steo m Geheule n

piagnone(a f) m FAM Jammerer m

piagnucolare ⟨3.10⟩ vi avere wimmern, jammern

pialla f Hobel m; **piallare** vt hobeln; **piallatrice** f Hobelmaschine f

piana f Ebene f

pianeggiante agg ⟨inv⟩ eben, flach

piane'rottolo m Treppenabsatz m

pianeta m ASTRON Planet m

piangente I. p. pres. di 'piangere; II. agg ⟨inv⟩ weinend, weinerlich; **'piangere** ⟨Pass. rem.: piansi/pianse/piansero Part.: pianto⟩ irr I. vi weinen; (FIG dispiacersi molto) ◇ **mi piange il cuore** mir blutet das Herz II. vt ① → lacrime weinen ② ↑ lamentare klagen

pianificare ⟨3.4⟩ irr vt planen; **pianificazione** f Planung f

pianista m/f ⟨i, e⟩ Klavierspieler(in f) m

piano[1] I. agg ① eben, flach ② (facile) leicht, mühelos ③ MAT flach II. avv ① (adagio) langsam ② (a bassa voce) leise-

piano[2] m MAT Ebene f (di un edificio) Stock m, Stockwerk m

piano[3] m ① (di una macchina) Entwurf m ② ▷regolatore Plan m ③ ◇ **mandare a monte i -i di qu** jd-s Pläne verwerfen

pianoforte m Klavier n; ◇ - a coda Flügel m

pianta f ① FLORA Pflanze f ② ANAT Fußsohle f ③ Karte f; **piantagione** f Plantage f

pianta f ① Pflanze f; (albero) Baum m ② ANAT [Fuß-]Sohle f ③ (~ grafica) Plan m; (~ topografica) Karte f, Plan m; (~ monografica) Monographie f ④ FIG ◇ rifare un lavoro di sana - eine Arbeit völlig nochmals machen; **piantagione** f Plantage f; **piantare** I. vt ① ↑ seminare → albero planzen, anpflanzen ② ↑ conficcare → palo einschlagen, einrammen; → chiodo einschlagen ③ ◇ - in asso verlassen, im Stich lassen ④ ↑ tenda aufstellen II. vr ◇ -rsi (conficcarsi) sich [fest-]setzen; ◇ piantala! FAM hör damit auf!

pianterreno m Erdgeschoß n

pianto I. pp di piangere; II. m Weinen n; (FIG lamento) Wehklagen n, Leiden n

piantone m ① (vigilante) Wache f; MIL Wachposten m; (in prigione) Wächter(in f) m ② AUTO Lenksäule f

pianura f Ebene f, Flachland n

piastra f ① (lastra) Platte f; ◇ - di registrazione Kassettendeck n; (moneta) Piaster m

piastrella f Fliese f; (smaltata) Kachel f

piastrina f ① ANAT Blutplättchen n ② MIL Erkennungsmarke f

piattaforma f ① Plattform f; (del tram) Trittplattform f ② ↑ programma Grundsatzprogramm n

piattello m ↑ disco Teller m, Scheibe f; ◇ tiro al - Tontaubenschießen n

piatto I. agg(a f) flach, platt; MAT ▷angolo gestreckt II. m ① Teller m; ◇ -fondo Suppenteller m ② ↑ vivanda Gericht n, Speise f ③ ↑ portata Gang m ④ MUS ◇ piatti m/pl Becken n

piazza f Platz m

piazzaforte ⟨piazzeforti⟩ f MIL Festung f; FIG Bollwerk n

piazzale m Esplanade f

piazzamento m Plazierung f; **piazzare** I. vt ① aufstellen; COMM absetzen ② SPORT plazieren II. vr ◇ -rsi ① eine Stelle finden ② FAM sich einrichten; **piazzato** I. pp di piazzare; II. agg aufgestellt; FIG in guter Stellung; SPORT plaziert

piazzista ⟨i, e⟩ mf Handelsvertreter(in f) m

piazzola f Ausweichstelle f; ◇ - di emergenza Notparkplatz m

picaresco agg LITT pikaresch

picca ⟨cche⟩ f ① Pike f ② CARTE ◇ picche f/pl Pik n

piccante agg ① scharf, pikant ② ↑ arguto witzig, geistreich

piccarsi ⟨6⟩ vr ① sich versteifen ② ↑ pretendere sich dat einbilden

picchettaggio ⟨-gi⟩ m Überwachung f

picchetto m ① MIL Trupp m ② (di scioperanti) Streikposten m

picchiare ⟨3.6⟩ I. vt, vi schlagen, prügeln II. vi klopfen, pochen; **picchiata** f ① Schlag m, Stoß m ② AERO Sturzflug m

picchiettare vt klopfen auf acc; **picchiettio** m Klopfen n

picchio m Specht m

piccino (a f) I. agg winzig, klein II. m/f Kleine(r) f m

picciolo m (FLORA della foglia) Blattstengel m; (del fiore) Blumenstengel m

piccionaia f ① Taubenschlag m ② TEATRO oberste Galerie

piccione m Taube f

picco ⟨cchi⟩ m [Berg]spitze f; ◇ andare a - versinken; FIG zugrunde gehen

piccolezza f Kleinheit f; ↑ pochezza Kleinigkeit f; FIG Kleinlichkeit f; **piccolo**(a f) I. agg klein II. m/f Kleine(r) fm; (di animale) Junge(s) n; ◇ nel mio ~ in meinen bescheidenen Verhältnissen; FIG ◇ farsi - klein werden

picconare I. vt mit e-r Spitzhacke aufreißen II. vi mit e-r der Spitzhacke arbeiten; **piccone** m Spitzhacke f; ▷pneumatico Bohrhammer m; **piccozza** f [Kreuz]hacke f

picnic m ⟨inv⟩ Picknick n

pidocchieria f ① Filzigkeit f ② (azione) Knauserei f

pidocchio ⟨-chi⟩ m Laus f; **pidocchioso**(-a f) agg lausig; FIG ↑ avaro geizig

piede m ① Fuß m; FAUNA Pfote f; ◇ andare a piedi zu Fuß gehen; ◇ essere [o. stare] in piedi stehen; FAM ◇ stogliti dai piedi! verschwinde! ② (di sostegno) Fuß m ③ (unità di misura) Fuß m

piedestallo m Sockel m

piedino m ① Füßchen n ② (giornale) Pressenotiz f, Glosse f

piedipiatti m (FAM poliziotto) Bulle m

piega ⟨ghe⟩ f ① Falte f; (ruga) Runzel f ② (FIG svolta) Wendung f; **piegabile** agg faltbar; **piegamento** m Faltung f; SPORT Beuge f; **piegare** ⟨3.5⟩ I. vt ① (rendere curvo) falten; (parti del corpo) beugen; (parti in metallo) biegen; (oggetti pieghevoli) zusammenlegen ② (FIG indurre) zwingen, veranlassen II. vi ↑ voltare ← fiume abbiegen III. vr ↑ -rsi sich biegen; (inclinarsi) sich neigen; (FIG a una situazione) sich beugen; **piegatura** f ① (azione) Faltung f ② (piega) Falte f; SPORT Beuge f; **pieghettare** vt (fare pieghe)

Falten stecken; **pie'ghevole** agg 1 Falt-; ↑ *flessibile* biegsam; ↑ *agile* gelenkig 2 FIG ↑ *remissivo* nachgiebig

Piemonte m Piemont n

piena f 1 Hochwasser n; ↑ *inondazione* Überschwemmung f 2 (FIG *folla*) Menschenmenge f

pienezza f Fülle f; **pieno(a** f) I. agg voll; ▷*giorno* hell; ▷*notte* tief; AUTO ◇ **fare il -** volltanken; (FIG *erfüllt*; ↑ *sazio* voll, satt II. m (*colmo*) Fülle f; (*carico*) volle Ladung

pietà f Mitleid n; (REL *devozione*) Frömmigkeit f; (*misericordia*) Barmherzigkeit f

pietanza f Gericht n; Speise f; ◇ **arrivano le pietanze (per un singolo)** die Speisen kommen, das Gericht kommt

pietismo m 1 Pietismus m 2 (*devozione esagerata*) Frömmelei f; **pietoso(a** f) agg mitleidig; ↑ *misericordioso* barmherzig; (*che desta pietà*) erbärmlich; (FAM *misero*) jämmerlich

pietra f Stein m; ◇ - **preziosa** Edelstein m; **pie'traia** f Steinhaufen m; (*terreno pietroso*) steiniges Gelände; (*cava di pietra*) Steinbruch m; **pietrame** m Gestein n, Gesteinsmasse f; **pietrificare** ⟨pietrifico, pietrifichi⟩ vt versteinern; FIG erstarren lassen

pieve f Pfarrei f; (*complesso di fedeli*) Pfarrgemeinde f

'**piffero** m Pfeife f

pigiama ⟨i⟩ m Schlafanzug m, Pyjama m

pigiare ⟨3.3⟩ vt 1 drücken; → *terreno* stampfen; → *uva* pressen 2 (FIG *insistere*) drängen; **pigiatrice** f (*macchina*) Presse f, Kelter f; (*uva*) Traubenmühle f; **pigiatura** f (*atto*) Drücken n; (*effetto*) Druck m; → *uva* Keltern n

pigione f Miete f; ◇ **dare a -** vermieten; ◇ **prendere a -** mieten; ◇ **stare a - zur (in) Miete wohnen

pigliare ⟨3.6⟩ I. vt 1 nehmen; ◇ - **il cappello** den Hut nehmen 2 (*afferrare*) packen, fassen, ergreifen 3 (*catturare*) → *uccello* fangen 4 (*togliere*) wegnehmen, nehmen 5 → *coraggio* Mut fassen II. ⟨vi⟩ 1 (FAM *ritirare*) holen, abholen ◇ **pigliarsela** sich aufregen

piglio m (*espressione*) Miene f; (*tono*) Ton m

pigmentare ⟨vt⟩ CHIM pigmentieren; **pigmento** m BIO, CHIM Pigment n

pigmeo I. agg 1 pygmäisch, zwergwüchsig 2 (*basso di statura*) Zwerg-, zwerg[en]haft II. m (**a** f) Pygmäe mf *Rasse in Ostafrika*

pigna f 1 Zapfen m 2 ARCHIT zapfenartige Verzierung

pignatta f FAM [Koch-]Topf m

pignoleria f Pedanterie f, Kleinkrämerei f; **pi-**

gnolo I. agg(**a** f) pedantisch II. m/f (*persona pignola*) Pedant m, Kleinkrämer m

pignoramento m Pfändung f; ◇ **dei beni** - dinglicher Arrest; **pignorare** vt pfänden; (*dare in pegno*) verpfänden, in Pfand geben

pigolare ⟨3.2⟩ vi 1 piepen 2 (FIG *piagnucolare*) wimmern, jammern

pigrizia f Faulheit f; (*indolenza*) Trägheit f; ▷*mentale* [Denk-]Faulheit f; **pigro I.** agg(**a** f) faul; ↑ *indolente* träge; (FIG *ottuso*) beschränkt; (*che denota pigrizia*) nachlässig, müde II. m Faule(r) fm; FAM Faulpelz m

P.I.L. m abbr. di **prodotto interno lordo** BIP n / *Bruttoinlandsprodukt*

pila f 1 (*catasta*) Stapel m, Stoß m 2 (*batteria*) Batterie f 3 (*lampada portatile*) Taschenlampe f 4 (*vasca*) Wanne f, Becken n

pilastro m ARCHIT Pfeiler m

pillola f Pille f; (*anticoncezionale*) Empfängnisverhütungspille f; (FIG *amara*) bittere Pille; ◇ **ingoiare la -** die bittere Pille schlucken

pilone m 1 Pfeiler; (*di sostegno*) Stützpfeiler m; (*traliccio*) Mast m 2 (SPORT *nel rugby*) Dränger m

pilota I. mf AERO Pilot(in f) m; NAUT Lotse m; AUTO Fahrer(in f) m II. agg Leit-, Pilot-; AERO ◇ - **automatico** Autopilot m; ◇ - **primo** Chefpilot m; **pilotabile** agg (*manovrabile*) steuerbar; **pilotare** vt AERO fliegen; NAUT lotsen; (FAM *guidare*) führen

piluccare ⟨3.4⟩ vt 1 abzupfen 2 (FIG *estorcere denaro*) Geld abnehmen dat

pimento m Piment m o n

pimpante agg auffallend, grell; ↑ *baldanzoso* keck, dreist

pinacoteca ⟨che⟩ f Pinakothek f, Gemäldegalerie f

pindarico(a f) agg ci pindarisch; ◇ **volo** - pindarischer Flug

pineta f Pinienhain m

ping-pong m ⟨inv⟩ Pingpong n, Tischtennis n

pingue agg 1 fett, dick; ↑ *fertile* fruchtbar 2 (FIG *ricco*) reich

pinguino m FAUNA Pinguin m

pinna f 1 FAUNA [Schwimm-]Flosse f; SPORT Flosse f 2 ANAT Nasenflügel m

pinnacolo m ARCHIT Fiale f; GEO Grat m

pino m Kiefer f; Fichte f; Pinie f; (*legno*) Kiefernholz n; **pinolo** m Pinienkern m

pinta f (*unità di misura*) Pint n

pinza f Zange f; **pinzatura** f Stich m, Biß m; **pinzetta** f Pinzette f; (*per le unghie*) Nagelzange f

pio(a f) agg pii, pie fromm; ↑ *devoto* ehrerbietig;

↑ *sacro* geweiht, heilig; ↑ *religioso* religiös;
◇ **istituto** - religiöses Institut

pioggerella *f* leichter Regen; **pioggia** *f* ⟨gge⟩
Regen *m;* ◇ **- acida** saurer Regen; ◇ **dopo la -
viene il sole** auf Regen folgt Sonnenschein

piolo *m* Pflock *m; (gancio)* Haken *m*

piombare I. *vi* herabfallen, herabstürzen ②
(avventarsi addosso a) sich stürzen auf *acc* ③
→ *disgrazia* treffen ④ *(FAM giungere all'improvviso)* hereinplatzen **II.** *vt (rivestire di piombo)* verbleien; → *dente* plombieren, füllen;
piombatura *f* ① Plombierung *f; (rivestimento
di piombo)* Verbleiung ② → *di dente* Plombe *f,*
[Zahn-]Füllung *f;* **piombifero(a** *f)* *agg* bleihaltig; ◇ **- minerale** Bleierz *n;* **piombino** *m* ①
kleines Bleistück ② *(sigillo)* Plombe *f; (del filo a
piombo)* Senkblei *n;* **piombo** *m* ① CHIM Blei *n*
② *(sigillo)* Plombe *f;* ◇ **a** - senkrecht; ◇ **cadere a**
- senkrecht abstürzen; ◇ **con** - verbleit; ◇ **senza** -
bleifrei

pioniere(a *f)* *m* Pionier(in *f) m;* FIG Bahnbrecher(in *f) m,* Vorkämpfer(in *f) m;* **pionieristico
(a** *f) agg ci* ▷*impresa* bahnbrechend

pioppeto *m* Pappelhain *m;* **pioppo** *m* Pappel *f;
(legno di)* Pappelholz *m*

piovano(a *f) agg* Regen-; ◇ **acqua piovana**
Regenwasser; **piovere** ⟨Pres.: piove, Pass. rem.:
piovve, Part.: piovuto⟩ *vi impers* regnen; ◇ **a
dirotto** gießen; ◇ **- a catinelle** in Strömen gießen; FIG ◇ **- sul bagnato** ein Unglück kommt
selten allein; **piovigginare** *vi impers* nieseln;
piovigginoso *agg* regnerisch, Regen-; **piovosità** *m* ① Neigen zu Regenfällen ② *(quantità di
pioggia)* Regenmenge *f;* **piovoso(a** *f) agg* regnerisch; ◇ **tempo** - Regenwetter *n*

piovra *f* FAUNA [See-]Polyp *m*

piovuto *pp di* **piovere**

pipa *f* Pfeife *f;* FIG ◇ **una - di tabacco** ganz
wenig; **pipare** *vi* Pfeife rauchen; **pipata** *f* Pfeiferauchen *n;* ◇ **fare una** - an der Pfeife ziehen;
pipetta *f* Pfeifchen *n;* CHIM Pipette *f; (graduata)* Meßpipette

pipì *f (linguaggio infantile)* Pipi *n;* FAM ◇ **fare la**
- Pipi machen

pipistrello *m* FAUNA Fledermaus *f*

piramide *f* Pyramide *f;* ◇ **- demografica** Bevölkerungspyramide *f;* ◇ **- sociale** Gesellschaftspyramide *f*

pirata(essa *f)* ⟨i⟩ **I.** *m/f* Pirat(in *f) m,* Seeräuber
(in *f) m* **II.** *agg* Piraten-, Seeräuber-; ◇ **- della
strada** Verkehrsrowdy *m;* ◇ **- del software** Softwarepirat *m;* **pirateggiare** ⟨3.3⟩ *vi* Seeräuberei
treiben; **pirateria** *f* Piraterie *f,* Seeräuberei *f*

Pirenei *m/pl* die Pyrenäen *pl*

pirite *f* MIN Pyrit *m*

piroetta *f* Pirouette *f; (movimento agile)* flinke
Bewegung

pirofila *f* ① feuerfestes Material ② *(tegame)*
feuerfeste Schüssel

piroga ⟨ghe⟩ *f* Pyroge *f,* Einbaum *m*

pirografia *f* Brandmalerei *f; (tecnica)* Holzbrandtechnik *f;* **piromane** *mf* Pyromane *m,* Pyromanin *f*

piroscafo *m* Dampfschiff *n;* ◇ **- da carico**
Frachtdampfer *m*

pirotecnica *f* Feuerwerkerei *f,* Pyrotechnik *f*

pisciare ⟨3.3⟩ *vi* FAM! pinkeln, pissen

piscina *f* Schwimmbad *n;* ◇ **- coperta** Hallenbad
n; ◇ **- scoperta** Freibad *n*

pisello *m* Erbse *f*

pisolare ⟨3.2⟩ *vi* FAM schlummern; **pisolino** *m*
Schläfchen *n,* Nickerchen *n*

pista *f* ① ↑ *traccia* Spur *f* ② *(di animali)* Fährte *f*
③ SPORT Bahn *f,* Piste *f;* AERO Startbahn *f,*
Piste *f;* ◇ **- da ballo** Tanzfläche *f;* ◇ **- ciclabile**
Rad[fahr]weg *m;* ◇ **- magnetica** Magnetstreifen
m; ◇ **- da sci** Skipiste *f;* ◇ **seguire una** - e-e Spur
verfolgen

pistacchio *m* Pistazie *f*

pistillo *m* FLORA Stempel *m,* Pistil *n*

pistola *f* Pistole *f;* ◇ **- a acqua** Wasserpistole *f;*
◇ **puntare la - contro qd** die Pistole gegen jd-n
richten; **pistolero** *m* Revolverheld *m*

pistone *m* Kolben *m*

pitocco(a *f)* ⟨cchi, cche⟩ *m* Bettler(in *f) m*

pitone *m* FAUNA Python *m*

pittografia *f* Bilderschrift *f,* Piktographie *f;* **pittogramma** ⟨i⟩ *m* Piktogramm *n,* Bildsymbol *n*

pit|tore(trice *f) m* Maler(in *f) m;* ↑ *imbianchino*
Anstreicher(in *f) m;* **pittoresco(a** *f) agg* ⟨schi⟩
malerisch, pittoresk; **pittorico(a** *f) agg ⟨ci, che⟩*
Mal-; FIG malerisch; **pittura** *f* Malerei *f,* Malkunst *f; (FAM tinteggiatura)* Anstrich *m;* **pitturare** *vt* malen; *(verniciare)* anstreichen

più I. *avv* ① mehr; ◇ **- del necessario** mehr als
notwendig ② *(di temperatura)* plus; MAT und,
plus ③ *(comparativo)* ◇ **- grande/buono** größer/
besser; *(superlativo)* größte(r, s)/beste(r, s);
(come paragone) ◇ **è il - diligente** er ist der
Fleißigste, er ist am fleißigsten; ◇ **- grande** größer als; ◇ **ha - fortuna di te** er hat mehr Glück
als du; ◇ **non ... -** nicht mehr ④ ◇ **non lo vedo** -
ich sehe ihn nicht mehr; ◇ **non c'è - pane** es ist
kein Brot mehr da ⑤ ◇ **di -** *(maggiormente)*
mehr ⑥ *(inoltre)* noch; ◇ **mi hai dato soldi in** -
du hast mir zuviel Geld gegeben ⑦ ◇ **al - presto**
möglichst bald; ◇ **al - tardi** spätestens **II.** *prep*
plus; ◇ **siamo drei adulti - un bambino** wir sind

drei Erwachsene mit e\m [*o.* plus ein] Kind **III.** *agg* mehr; (*parecchi*) mehrere; ◇ **per parecchi** [*o.* **piú**] **giorni** mehrere Tage lang **IV.** *m* ① ◇ il - das Höchste ② (*la parte maggiore*) das meiste; ◇ **il** - **è fatto** das meiste ist getan ③ ◇ i - (*maggioranza*) Mehrheit *f*

piuccheperfetto *m* LING Plusquamperfekt *n*, Vorvergangenheit *f*

piuma *f* Feder *f*; (*per piumini*) Daune *f*; **piumaggio** ⟨ggi⟩ *m* Federn *f/pl*, Gefieder *n*; **piumino** ① Federbett *n* ② (*per cipria*) Quaste *f* ③ (*per spolverare*) Federwisch *m*, Staubwedel *m*

piumone *m* Steppdecke *f*; (*giacca*) Steppjacke *f*

piumoso(a *f***)** *agg* Feder-, gefiedert; (*soffice*) flaumig, weich

piuttosto *avv* ① (*più volentieri*) lieber ② (*più facilmente*) leichter, eher ③ (*più*) eher ④ (*alquanto*) ziemlich ⑤ (*invece*) anstatt

piva *f* Dudelsack *m*; ◇ **tornare con le pive nel sacco** mit langer Nase abziehen

pivello(a *f***)** *m* Neuling *m*, Anfänger(in *f*) *m*

pizza *f* Pizza *f*; **pizzaiolo** *m* Pizzabäcker *m*; **pizzeria** *f* Pizzeria *f*

pizzicagnolo(a *f***)** *m* Lebensmittelhändler(in *f*) *m*

pizzicare ⟨3.4⟩ **I.** *vt* ① (*stringere*) kneifen ② (*pungere*) stechen in *acc* ③ (*essere piccante*) beißen auf *dat* ④ MUS zupfen ⑤ (*FAM acciuffare*) erwischen **II.** *vi* (*prudere*) jucken; **pizzicato I.** *agg***(a** *f***)** MUS Pizzikato *n*; **pizzico** ⟨chi⟩ *m* ① Kniff *m* ② (*puntura*) Stich *m*, Biß *m* ③ (*pizzico*) Prise *f*; ◇ **un - di sale** eine Prise Salz ④ (*FIG un poco*) ein bißchen, ein wenig; **pizzicotto** *m* Kniff *m*

pizzo *m* ① (*estremita, merletto*) Spitze *f* ② (*barbetta*) Spitzbart *m*

placare ⟨3.4⟩ **I.** *vt* beruhigen; → *neonato* stillen, die Brust geben **II.** *vr* ◇ **-rsi** sich beruhigen

placca ⟨cche⟩ *f* ① Platte *f* ② MED [Zahn]Belag *m* ③ (*targhetta*) Schild *n*; **placcare** ⟨3.4⟩ *vt* ① (*con lamina metallica*) plattieren; ◇ **- in argento** versilbern ② (SPORT *rugby*) fassen

placchetta *f* Plakette *f*

placenta *f* ANAT Mutterkuchen *m*, Plazenta *f*

placidità *f* Ruhe *f*, Stille *f*; **placido(a** *f***)** *agg* ▷ *carattere* ruhig, still

placito *n* Urteil *n*

plafoniera *f* (*lampadario*) [Decken-]Lampe, [Decken-]Leuchte *f*; (*lampada*) Lampenhülle *f*

plagiare ⟨3.3⟩ *vt* ① plagiieren ② → *persona* hörig machen; **plagio** ⟨gi⟩ *m* ① Plagiat *n* ② Hörigmachen *n*

planare *vi* gleiten

planetario(a *f***) I.** *agg* planetar, planetarisch,

Planeten-; ◇ **moto** - Planetenbewegung *f* **II.** *m* Planetarium *n*

planimetria *f* ① Planimetrie *f* ② (*terreni o fabbricati*) Lageplan *m*

plantare *m* Fußstütze *f*

plasma ⟨i⟩ *m* Plasma *n*

plasmare *vt* formen, gestalten

plastica *f* ① MED, ARTE Plastik *f* ② (*materiale sintetico*) Kunststoff *m*; ◇ **contenitore di** - Kunststoffbehälter *m*, Plastikbehälter *m*; **plastico(a** *f***) I.** *agg* plastisch, formbar; (*di plastica*) aus Plastik, Plastik- **II.** *f* Relief *n*; ◇ **esplosivo** - Plastiksprengstoff *m*; **plastificato(a** *f***)** *agg* kunststoffbeschichtet

'**platano** *m* FLORA Platane *f*

platea *f* ① TEATRO Parterre *n* ② (*spettatori*) die Zuschauer, Publikum *n*

plateale *agg* ① ↑ *palese, evidente* offensichtlich ② ▷ *notizia* gemein

'**platino** *m* Platin *n*

pla'tonico(a *f***)** ⟨ci, che⟩ *agg* ① platonisch ② (*spirituale*) platonisch, geistig

plau'sibile *agg* stichhaltig, plausibel; **plausibilità** *f* Plausibilität *f*

'**plauso** *m* ① Beifall *m* ② (*approvazione entusiasta*) begeisterte Zustimmung, Aufnahme

plebaglia *f* PEG Pöbel *m*, Gesindel *n*; **plebe** *f* Pöbel *m*; **plebeo(a** *f***)** *agg* plebejisch; *FIG* gemein; **plebiscito** *m* Volksabstimmung *f*

pleiade *f* Gruppe ausgewählter Personen

ple'nario(a *f***)** *agg* Plenar-, Voll-; ◇ **seduta** - Plenarsitzung *f*; ◇ **assemblea** - Vollversammlung *f*

ple'nilunio *m* Vollmond *m*

pleo'nastico(a *f***)** *agg* ci pleonastisch, überflüssig gehäuft

plettro *m* MUS Plektron *n*

pleurite *f* MED Pleuritis *f*, Brustfellentzündung *f*

P.L.I. *m* abbr. di **Partito Liberale Italiano** *liberale Partei Italiens*

plico ⟨chi⟩ *m* großer Umschlag; ◇ **con - separato** mit gesonderter Post

plotone *m* MIL Zug *m*, Abteilung *f*; ◇ **- d'esecuzione** Exekutionskommando *n*

plum'beo(a *f***)** *agg* ① bleiern ② *FIG* drückend, lastend

plurale I. *agg* Plural-, Mehrzahl-, pluralisch **II.** *m* Plural *m*, Mehrzahl *f*; **pluralità** *f* Mehrheit *f*, Pluralität *f*; (*maggioranza*) Mehrzahl *f*, Mehrzeit *f*

pluri- *pref* Mehr-, mehr-; **plurinazionale** *agg* mehrstaatlich; ◇ **stato** - Mehrvölkerstaat *m*

plusvalore *m* COMM Mehrwert *m*

plutonio m CHIM Plutonium n

pluviale agg Regen-, Pluvial-

pneu'matico(a f) ⟨ci, che⟩ I. agg Luft-, pneumatisch; ◇ **pompa pneumatica** Luftpumpe f II. m Reifen m; ◇ **montare i pneumatici** bereifen

po' avv abbr. di **poco**

poco(a f) ⟨chi, che⟩ I. agg [1] (quantità) wenig [2] ↑ breve wenig, kurz; ◇ **in - tempo** in kurzer Zeit [3] ↑ piccolo klein, gering; ◇ **con poca spesa** mit einer geringen Ausgabe II. avv [1] (quantità) wenig; ◇ **un - ein** wenig, etwas, ein bißchen [2] (per ~ tempo) kurz, nicht lange [3] (locuzione) ◇ **a dir -** mindestens, wenigstens; ◇ **a - a -** allmählich, nach und nach; ◇ **fra -, fra un po'** bald; ◇ **- fa** eben, gerade; ◇ **- prima/dopo** kurz vorher/nachher III. pron wenig; ◇ **pochi, poche** pl wenige; ◇ **di denaro ne ho poco** ich habe wenig Geld IV. m Wenige(s) n, Bißchen n; ◇ **accontentati del poco che hai** begnüge dich mit dem Wenigen, das du hast

podere m AGR Gut n

poderoso(a f) agg kräftig, stark; (potente) mächtig; FIG groß, gewaltig

'podio m Podium n; (tribuna) Tribüne f

podismo m SPORT Gehen n; **podista** m/f Geher(in f) m

poema ⟨i⟩ m Gedicht n, Dichtung f; (- epico) Epos n; ◇ **- cavalleresco** Ritterepos n; **poemetto** m Kurzepos n; ◇ **- didascalico** kurzes Lehrgedicht; **poesia** f [1] Dichtkunst f; (genere letterario) Dichtung f, Poesie f; (complesso di opere) Dichtung f; ◇ **la - romantica** die romantische Dichtung [2] (componimento) Gedicht n; **poeta** (essa f) m Dichter(in f) m; ◇ **- epico** Epiker(in f) m; ◇ **- lirico** Lyriker(in f) m; **poetare** vi dichten, Verse/Gedichte schreiben; **poetica** f Dichtungslehre f; (concezione poetica) Poetik f; **po'etico(a** f) ⟨ci, che⟩ I. agg dichterisch, Dichtungs-

poggiare ⟨3.3⟩ I. vt [1] anlehnen, lehnen [2] (mettere) stellen, legen, setzen; ◇ **poggiò il cappello sul tavolo** er legte den Hut auf den Tisch II. vi [1] lehnen an dat [2] (accostarsi) sich halten an dat [3] (essere sostenuto) sich stürzen auf acc [4] (FIG basarsi) fußen, sich gründen, sich stürzen; **poggiatesta** m ⟨inv⟩ Kopfstütze f

poggio ⟨ggi⟩ m Anhöhe f, Erhebung f; **poggiolo** m Balkon m

poi avv [1] nachher [2] (quindi) dann [3] (più tardi) später [4] (inoltre) außerdem [5] (infine) schließlich

poiché congiun [1] da, weil [2] (LETT temporale) nachdem, als

poker m ⟨inv⟩ Poker n

polacco(a f) ⟨cchi, cche⟩ I. agg polnisch II. m/f (abitante) Pole m, Polin f; (lingua) Polnisch n

polare agg [1] polar, Polar- [2] (antitetico) gegensätzlich; **polarità** f Polarität f; FIG Gegensätzlichkeit f, Polarität f; **polarizzare** vt [1] polarisieren [2] (FIG volgere) wenden, richten; ◇ **-l'attenzione su qc** das Augenmerk auf jd-n richten

polca ⟨che⟩ f MUS Polka f

polemica ⟨che⟩ f Polemik f; (controversia) Auseinandersetzung f; ◇ **entrare in - con qd.** sich mit jd-m in eine Debatte einlassen; **po'lemico** (a f) ⟨ci, che⟩ agg polemisch

polenta f Polenta f (Maisbrei)

polentone m (PEGG) Norditaliener m

poli- pref poly-, Poly-; **poli'clinico** ⟨ci⟩ m Poliklinik f; **po'licromo(a** f) agg polychrom, vielfarbig, bunt; **poliennale** agg mehrjährig; **polifonia** f MUS Polyphonie f, Mehrstimmigkeit f; **polifunzionale** agg Mehrzweck-; **poliga'mia** f Polygamie f, Vielehe f; **poli'glotta** I. m/f Vielsprachige(r) fm II. agg mehrsprachig, polyglott; **po'ligono** m [1] Vieleck n, Polygon n [2] MIL Schießplatz m [3] ASTRON ◇ **- di lancio** Abschußgelände n

polinesiano I. agg(a f) polynesisch II. m Polynesier(in f) m

polinomio m Polynom n

poliomielite f MED Poliomyelitis f, Kinderlähmung f

'polipo m Polyp m

polire ⟨5.2⟩ vt polieren, putzen; (FIG rifinire) feilen

polistirolo m CHIM Polystyrol n

poli'tecnico ⟨ci⟩ I. m SCUOLA Polytechnikum n II. agg(a f) polytechnisch; **politeista** I. m/f Polytheist(in f) m II. agg polytheistisch

politica f Politik f; ◇ **- ambientale** Umweltpolitik f; ◇ **- estera** Außenpolitik f; **politicamente** avv politisch; **politicizzare** vt politisieren; **po'litico(a** f) ⟨ci, che⟩ I. agg politisch; (dello stato) staatlich; ◇ **dottrina politica** Staatstheorie f II. m/f Politiker(in f) m, Staatsmann m; **politologia** f Politologie f, Politikwissenschaft f

poli'zia f Polizei f; (commissariato) Polizeiamt; ◇ **- giudiziaria** Kriminalpolizei f; ◇ **pattuglia della - stradale** Verkehrsstreife f; **poliziesco** (a f) ⟨schi⟩ agg polizeilich, Polizei-; ◇ **indagine -** polizeiliche Nachforschung; **poliziotto(a** f) m Polizist(in f) m, Schutzmann m; ◇ **- privato** Privatdetektiv m

'polizza f Schein m; ◇ **- di pegno** Pfandschein m, Police f; ◇ **- di assicurazione** Versicherungspolice f

pol'laio m Hühnerstall m; **pollame** m Geflügel n; **pollastro** m ① FAUNA junges Huhn, Hühnchen n ② (FIG persona ingenua) Tolpatsch m
pollice m ① Daumen m ② (unità di misura) Zoll m
'**polline** m Blütenstaub m, Pollen m
pollo m ① Huhn n ② FIG Tolpatsch m
polmone m Lunge f; ◇ **respirare a pieni polmoni** tief einatmen; **polmonite** f MED Lungenentzündung f
polo m ① Pol m; ◇ **il - nord** Nordpol m; ◇ **- magnetico** Magnetpol m ② (gioco) Polo n
Po'lonia f Polen n
polpa f Fleisch n, Mark n
polpaccio ⟨cci⟩ m Wade f
polpetta f GASTRON Frikadelle f, Fleischklößchen n; **polpettone** m GASTRON Hackbraten m
polpo m Krake m
polposo(a f) agg fleischig
polsino m Manschette f, Ärmelaufschlag m; **polso** m ① ANAT Handgelenk n ② (pulsazione) Puls m, Pulsschlag m ③ (FIG energia) Energie f, Kraft f; ◇ **di -** energisch, tatkräftig
poltiglia f (composto) Brei m; FAM ◇ **ridurre qd in -** Hackfleisch aus jd-m machen
poltrire ⟨poltrisco⟩ vi faulenzen
poltrona f ① Lehnstuhl m, Sessel m; (TEATRO posto) Parkettplatz m ② (FIG carica) gute Stelle
poltrone I. m Faulenzer(in f) m; FAM Faulpelz m II. agg faul, träg[e]
'**polvere** f Staub m; ◇ **- da sparo** Schießpulver n; ◇ **- di ferro** Eisenstaub m; ◇ **caffè in -** Pulverkaffee m; **polveriera** f Pulvermagazin n, **polverizzare** vt ① pulverisieren, pulvern ② (FIG annientare) vernichten; ↑ **distruggere** zunichte machen; **polverone** m Staubwolke f; **polveroso(a** f) agg staubig, verstaubt; (che solleva molta polvere) viel staub aufwirbelnd
pomata f Salbe f
pomello m (oggetto sferico) Knauf m
Pomerania f Pommern n
pomeridiano(a f) agg Nachmittags-, nachmittäglich; ◇ **ore pomeridiane** Nachmittagsstunden; **pomeriggio** ⟨ggi⟩ m Nachmittag m; ◇ **domani -** morgen nachmittag; ◇ **nel -** am Nachmittag
pomice f Bimsstein m
pomo m Apfel m; ◇ **- d'Adamo** Adamsapfel m; ◇ **- della discordia** Zankapfel m
pomodoro m Tomate f; ↑ **pomodori pelati** geschälte Tomaten
pompa ¹ f ① TEC Pumpe f ② (idrante) [Was-

ser]spritze f ③ (- di benzina) Tankstelle f ④ (colonnina) Zapfsäule f
pompa ² f (ostentazione) Pomp m, Prunk m; (FIG sfarzo) Pracht f
pompare vt pumpen; → **bevande** aufzehren, aufbrauchen
pompelmo m ① (frutto) Pampelmuse f ② (albero) Pampelmusenbaum m
pompetta f kleine [Luft-]Pumpe f; (oliatore) Ölkännchen n
pompiere m Feuerwehrmann m
pomposità f Pomp m, Prunk m; **pomposo(a** f) agg pompös, prunkvoll
ponderare ⟨3.2⟩ vt erwägen, abwägen; ↑ **meditare** überlegen; **ponderatezza** f Besonnenheit f
ponderoso(a f) agg schwer; FIG ↑ **gravoso** mühsam
ponente m ① Westen m ② (vento -) Westwind m
ponte m ① Brücke f; ◇ **- aereo** Luftbrücke f, FIG ◇ **fare il -** ein verlängertes Wochenende machen ② ARCHIT Gerüst n ③ (- della nave) [Schiffs-]Deck n
pontefice m Papst m
pontile m Landungsbrücke f
popolamento m Besiedlung f; (animali, piante) Besetzung f; **popolano(a** f) I. agg Volks- II. m/f Person f aus dem Volk; **popolare** I. agg Volks-; ◇ **musica -** Volksmusik f; (noto) beliebt II. vt besiedeln, bevölkern; (animali, piante) besetzen; (abitare) bewohnen; **popolarità** f Popularität f, Beliebtheit f; **popolazione** f Bevölkerung f; '**popolo** m Volk n; (abitanti) Bevölkerung f, **popoloso(a** f) agg dichtbesiedelt
poppa f ① (di nave/aereo) Heck n ② (di animale) Zitze f; **poppante** I. m/f Säugling m II. agg säugend; **poppare** vt saugen; **poppatoio** m Milchflasche f
populismo m Volkssozialismus m
porcata f FAM Schweinerei f
porcellana f Porzellan n
porcello(a f) m Schweinchen n, Ferkel n; **porcheria** f ① Schweinerei f, Sauerei f ② (PEG cibo) Schweinefraß m; **porchetta** f Spanferkel n; **porcile** m Schweinestall m
porcino(a f) m (fungo) Steinpilz m
porco ⟨ci⟩ I. m Schwein n II. agg FAM verflucht, verdammt; **porcospino** m Stachelschwein n
porgere ⟨Pass. rem.: porsi/porse/porsero, Part.: porto⟩ I. vt **- a mano** geben, reichen II. vi (servire a tavola) bedienen, servieren
pornografia f Pornographie f; **pornografico (a** f) ⟨ci, che⟩ agg pornographisch

poro *m* Pore *f;* ◊ **sprizzare salute da tutti i pori** vor Gesundheit strotzen; **poroso(a** *f)* *agg* porös, löch[e]rig

'**porpora** *f* Purpur *m*

porre ⟨4.11⟩ **I.** *vt* ① setzen; *(orizzontalmente)* legen ② *(stabilire)* festsetzen ③ ◊ **- una domanda** eine Frage stellen; ◊ **- attenzione a** auf etw *akk* achten; ◊ **poniamo che** angenommen, daß **II.** *vr* ① **- a tavola** sich zu Tisch setzen; **→** *a letto* sich ins Bett legen ② *(accingersi)* sich machen an *acc;* ◊ **- al lavoro** sich an die Arbeit machen

porro *m* Lauch *m;* MED Warze *f*

porta *f* ① Tür *f* ② SPORT Tor *n* ③ DIR ◊ **a porte chiuse** unter Ausschluß der Öffentlichkeit ④ *FIG* ◊ **mettere qc alla -** jd-n vor die Tür setzen

portabagagli *m* ① † *facchino* Gepäckträger *m* ② AUTO Kofferraum *m;* **portabandiera I.** *m* ① Fahnenträger(in *f*) *m* ② *(FIG esponente principale)* Hauptvertreter(in *f*) *m* **II.** *agg* führend, leitend; **portacassette** *m* Kassettenständer *m;* **portacenere** *m* Aschenbecher *m;* **portachiavi** *m* Schlüsselring *m;* **portadocumenti** *m* Brieftasche *f;* **porta'erei** *f (nave)* Flugzeugträger *m;* **portafoglio** *m* ① *(portamonete)* Geldtasche *f* ② (POL *carica e funzione di ministro)* Portefeuille *n,* Geschäftsbereich *m* ③ FIN Wertbestand *m*

portafortuna *m* Talisman *m,* Glücksbringer *m*

portafrutta *m* Obstschale *f,* Obstteller *m;* **portagioielli** *m* ⟨inv⟩ Schmuckkasten *m*

portale *m* Portal *n,* Tor *n*

porta'lettere *mf* ⟨inv⟩ Briefträger(in *f*) *m,* Postbote *m,* -botin *f*

portamento *m* Haltung *f; (andatura)* Gang *m; (FIG contegno)* Benehmen *n,* Verhalten *n*

portamonete *m* ⟨inv⟩ Geldbeutel *m,* Portemonnaie *n*

portante *agg* tragend, Trag[e]-; ◊ **armatura -** Traggerüst *n;* **portantina** *f (lettiga)* [Trag-] Bahre *f*

portaombrelli *m* Schirmständer *m;* **portapane** *m* Brotkasten *m;* **portapenne** *m* Federhalter *m; (astuccio)* Federmäppchen *m*

portare I. *vt* ① tragen; ◊ **- un peso** ein Gewicht tragen ② *(recapitare)* bringen; ◊ **- un pacco** ein Paket bringen; *FIG* ◊ **-sfortuna** Unglück bringen ③ *(andare a prendere)* holen; ◊ **- un bichiere d'acqua** ein Glas Wasser holen ④ *(indossare)* tragen ⑤ *(- con sé)* mitnehmen ⑥ *(condurre)* führen; ◊ **- a spasso qc** jd-n spazieren führen ⑦ **→** *nome* tragen; ◊ **- il nome della madre** den Namen der Mutter tragen ⑧ *(FIG indurre, spingere)* treiben, bringen; ◊ **la disperazione l'ha portato al sui-ci-**

dio die Verzweiflung hat ihn zum Selbstmord getrieben ⑨ *(- via)* fortbringen; *(togliere)* wegnehmen ⑩ *(FIG addurre)* erbringen; ◊ **- una prova** einen Beweis erbringen ⑪ *(FIG provare sentimenti)* empfinden **II.** *vi* führen; ◊ **la strada porta in centro città** die Straße führt zur Stadtmitte **III.** *vr* ① *(comportarsi)* sich benehmen, sich verhalten ② ◊ **- via** wegnehmen; **portasciugamano** *m* Handtuchhalter *m;* **portasci** *m* Skiträger *m;* **portasigarette** *m* ⟨inv⟩ Zigarettenetui *n;* **portassegni** *m* Scheckhefthülle *f*

portata *f* ① Gang *m;* ◊ **una - di pesce** ein Fischgericht; *(vivanda)* Gericht *n* ② *(capacità di carico)* Tragfähigkeit *f,* Ladefähigkeit *f* ③ *(strumento di misura)* Meßbereich *m* ④ *(riferito ad acqua)* Wassermenge *f* ⑤ *(FIG importanza)* Tragweite *f* ⑥ ◊ **alla - di tutti** *(prezzo)* erschwinglich; ◊ **a - di mano** bei der Hand, griffbereit; **portatile** *agg* tragbar, Trag[e]-; ◊ **radiolina -** tragbares Radio

portato(a *f) agg* ① *(incline)* hingezogen *(a zu)* ② ↑ *usato* ▷*vestiti* getragen

porta|tore(trice *f) m* Träger(in *f*) *m; (latore)* Überbringer(in *f*) *m; (COMM possessore)* Inhaber(in *f*) *m;* MED Träger(in *f*) *m*

portatovagliolo *m* Serviettenring *m,* Serviettentasche *f;* **portauovo** *m ⟨inv⟩* Eierbecher *m;* **portavivande** *m (carrello)* Servierwagen *m*

portavoce *mf* Wortführer(in *f*) *m;* ◊ **- del governo** Regierungssprecher *m*

portento *m* ① Wunder *n* ② *(persona straordinaria)* Genie *n;* **portentoso(a** *f) agg* außerordentlich, wunderbar; *FIG* hervorragend

porticato *m* Laubengang *m,* Arkaden *pl;* '**portico** ⟨ci⟩ *m* Laubengang *m,* Bogengang *m*

portiera *f* Wagentür *f;* ◊ **- anteriore** Vordertür *f*

portiere(a *f) m (portinaio)* Hauswart(in *f*) *m,* Portier *m,* Portierfrau *f;* ◊ **- d'hotel** Hotelportier *m,* Hotelportierfrau *f; (nel calcio)* Tormann *m,* Torwart *m,* Torfrau *f;* **porti'naia** *f* Hausmeisterin *f; (moglie del portinaio)* Portiersfrau *f;* **porti'naio** *m* Hauswart *m,* Portier *m;* **portine'ria** *f* Portierloge *f*

porto(a *f)* **I.** *pp di* porgere **II.** *m* NAUT Hafen *m; FIG* ◊ **condurre in -** etw zu e-m guten Ende führen

Portogallo *m* : ◊ **il -** Portugal *n;* **portoghese I.** *mf* Portugiese *m,* Portugiesin *f* **II.** *agg* portugiesisch

portone *m* Tor *n; (entrata principale)* Portal *n*

Portorico *m* Puerto Rico *n*

portuale I. *agg* Hafen- **II.** *m (lavoratore -)* Hafenarbeiter(in *f*) *m*

porzione f Teil n o m; (di cibo) Portion f

posa f⟨1⟩ Stellung f, Haltung f; ◇ **assumere una - naturale** e- natürliche Haltung einnehmen ⟨2⟩ (comportamento) Benehmen n, Haltung f ⟨3⟩ (contegno affettato) Pose f ⟨4⟩ (FOTO esposizione) Belichtung f; (ripresa) Zeitaufnahme f; (fotografia) Fotografie f, Foto n, Bild n

posare I. vt (mettere giù) niedersetzen, stellen, ablegen; ◇ - **il bagaglio a terra** das Gepäck auf den Boden stellen; ◇ - **il cappello** den Hut ablegen; (parti del corpo) legen; ◇ - **il capo sul cuscino** den Kopf auf das Kissen legen II. vi ⟨1⟩ (FIG fondarsi) sich stützen, sich gründen auf acc ⟨2⟩ (fare da modello) Modell stehen ⟨3⟩ (darsi delle arie) sich aufspielen ⟨4⟩ (liquidi) sich setzen III. vr ◇ -**rsi** sich legen; sich setzen; (uccelli) sich niederlassen

posata f [Eß]besteck n

posatezza f Bedächtigkeit f; **posato(a** f) agg bedächtig

poèta|toro(trice f) m Leger(in f) m

poscritto m Nachschrift f, Postskript[um] n

posdomani avv übermorgen

positivismo m Positivismus m; **positivo(a** f) agg positiv; (vantaggioso) nützlich, vorteilhaft

posizione f ⟨1⟩ (luogo) Lage f, Stellung f; ◇ **prendere -** Stellung nehmen ⟨2⟩ (disposizione) Lage f, Anordnung f ⟨3⟩ (atteggiamento) Haltung f ⟨4⟩ FIG Lage f; ◇ - **giuridica** Rechtslage f; ◇ - **finanziaria** finanzielle Lage ⟨5⟩ (FIG grado sociale) Stellung f, Rang m, ◇ **far si una -** sich e-e Stellung verschaffen; (FIG convinzione) Anschauung f

posporre irr vt nachstellen, nachsetzen; (differire) verschieben, aufschieben; **posposizione** f Nachstellung f; LING Postposition f

possedere ⟨vedi sedere pos. + cong.⟩ vt besitzen; (FIG conoscere) beherrschen; **possedimento** m Besitz m, Besitztum n; **posseduto (a** f) pp di **possedere**

possente agg mächtig, stark

possessivo(a f) agg LING possessiv, besitzanzeigend; **possesso** m Besitz m, Besitztum n; (FIG padronanza) Beherrschung f; **possessore(posseditrice** f) m Besitzer(in f) m, Inhaber (in f) m

pos'sibile I. agg möglich; (pensabile) denkbar II. m Mögliche(s) n; ◇ **i limiti del - die** Grenzen des Möglichen; **possibilità** f Möglichkeit f; (condizioni economiche) Verhältnisse pl; **possibilmente** avv möglicherweise

possidente mf [Grund-]Besitzer(in f) m

posta f ⟨1⟩ Post f; ◇ **per -** per Post; ◇ - **aerea** Luftpost f; (ufficio postale) Post f, Postamt n; ◇ -

centrale Hauptpostamt n ⟨2⟩ (nei giochi) [Spiel-] Einsatz m; **postagiro** m Postschecküberweisung f; **postale** I. agg Post-, postalisch; ◇ **timbro -** Poststempel n II. m Postauto n; Postschiff n; Postzug m; Postflugzeug n

postazione f (MIL) Aufstellung m; (posizione) Stellung f

post'bellico(a f) ⟨ci, che⟩ agg Nachkriegs-; ◇ **crisi -** Nachkriegskrise f; **postdatare** vordatieren

posteggiare ⟨3.3⟩ vt parken; **posteggia|tore (trice** f) m Parkwächter(in f) m; (chi usufruisce del parcheggio) Parkende(r) fm; **pos'teggio** ⟨ggi⟩ m Parkplatz m

postelegra'fonico(a f) ⟨ci, che⟩ agg Post-, Telegrafen- und Telefon-

posteriore agg (dietro) hintere(r, s), Hinter-; (riferito al tempo) später, nachträglich; **posterità** f Nachwelt f; (discendenza) Nachkommenschaft f, Nachkommen pl

posticcio(a f) ⟨cci, cce⟩ I. agg künstlich, falsch II. m Toupet n

posticipare ⟨3.10⟩ vt aufschieben, verschieben; **posticipato** ⟨a⟩ agg nachträglich; ◇ **pagamento -** nachträgliche Zahlung; **posticipazione** f Verschiebung f, Aufschub m

postilla f Anmerkung f, Aufzeichnung f; (nota di commento) Glosse f; (osservazione) Bemerkung f

postino(a f) m Briefträger(in f) m, Postbote m, -botin f

posto(a f) I. pp di **porre**; II. m ⟨1⟩ Platz m, Stelle f; (al teatro, in treno, allo stadio) Platz m ⟨2⟩ (impiego) Stelle f; (mansione) Stellung f ⟨3⟩ (locale) Lokal n ⟨4⟩ (luogo) Ort m ⟨5⟩ MIL Posten m ⟨6⟩ ◇ **a -** in Ordnung; ◇ **al - di** anstatt gen, anstelle gen; ◇ **sul -** an Ort und Stelle

P

postoperatorio ⟨a⟩ agg MED postoperativ

pos'tribolo m Freudenhaus n, Bordell n

postrivoluzionario ⟨a⟩ agg POL nachrevolutionär

postulare fordern; (riferito a cariche) sich bewerben um acc; FILOS postulieren

'postumo(a f) I. agg postum, nachgeboren; (opere postume) nachgelassene Schriften, Nachlaß m II. (conseguenze) Folgen pl; ◇ **i postumi della guerra** Kriegsfolgen pl

po'tabile agg trinkbar, Trink-; ◇ **acqua non -** kein Trinkwasser

potare vt AGR beschneiden, abschneiden

potassa f Pottasche f

po'tassio m Kalium n

potentato m Staatsmacht f; (sovrano) Potentat m, Herrscher m; **potente** I. agg mächtig; (ener-

gico) stark; ↑ *vigoroso* kräftig **II.** *m* Mächtige(r) *fm; ***potentemente*** *avv* mächtig; *(fortemente)* stark, kräftig; **potenza** *f* ⓵ Macht *f,* Gewalt *f; (forza, potere)* Stärke *f,* Macht *f;* ◇ - **atomica,** - **nucleare** Atomstreitmacht *f* ⓶ *(FIG efficacia)* Vermögen *n;* ◇ - **visiva** Sehvermögen *n* ⓷ ◇ - **sessuale** Potenz *f* ⓸ MAT Potenz *f* ⓹ FIS, TEC Leistung *f*

potenziale I. *agg* potentiell **II.** *m* Potential *n;* **potenzialità** *sf,* Leistungsfähigkeit *f*

potenziamento *m* Steigerung *f,* Verstärkung *f*

potere ⟨4.9⟩ **I.** *vi* können; *(avere il permesso)* dürfen **II.** *vt* können, vermögen; ◇ **ho fatto quello che potevo** ich habe getan, was ich konnte **III.** *vb impers:* ◇ **può darsi [che** *congiun]* es kann sein [, daß] **IV.** *m* ⓵ Können *n* ⓶ *(potenza)* Macht *f* ⓷ *(autorità)* Macht *f;* ◇ **arrivare al** - an die Macht gelangen ⓸ *(dominio)* Gewalt *f;* ◇ - **legislativo** gesetzgebende Gewalt ⓹ FIS, TEC Vermögen *n* ⓺ DIR Befugnis *f,* Macht *f;* **potuto** *pp di* **potere**

poveraccio *m* armer Kerl; **'povero(a** *f***) I.** *agg* ⓵ arm, elend ⓶ *(frugale)* einfach ⓷ *(scarso)* spärlich, karg ⓸ *(sterile: terreno)* unfruchtbar ⓹ *(defunti)* selig; ◇ **i nostri defunti** unsere seligen Verstorbenen **II.** *m/f* ⓵ Arme(r) *fm* ⓶ *(mendicante)* Bettler(in *f)* m; **povertà** *f* Armut *f,* Elend *n*

pozione *f* Heiltrank *m*

pozza *f* Pfütze *f,* Lache *f;* **poz'zanghera** *f* Pfütze *f;* **pozzo** *m* ⓵ Brunnen *m;* ◇ **attingere acqua dal** - Wasser aus dem Brunnen schöpfen; ◇ - **petrolifero** Erdölquelle *f; (scavo nel suolo)* Grube *f* ⓶ *FIG* Überfluß *m*

prag'matica ⟨che⟩ *f* FILOS Pragmatik *f*

pranotera'pia *f* Handauflegen *n*

pranzare *vi* zu Mittag essen; **pranzo** *m* Mittagessen *n;* ◇ - **di nozze** Hochzeitsmahl *n*

prassi *f* ⟨inv⟩ Praxis *f; (procedura abituale)* Gepflogenheit *f*

prateria *f* Steppe *f,* Prärie *f*

'pratica ⟨che⟩ *f* ⓵ Praxis *f,* Praktik *f;* ◇ **in** - *(praticamente)* in der Praxis/Wirklichkeit; ◇ **mettere in** - in die Praxis umsetzen ⓶ ↑ *esperienza* Erfahrung *f;* ↑ *esercizio* Übung *f* ⓷ ↑ *abilità* Fertigkeit *f* ⓸ *(attività)* Handhabung *f,* Verfahren *n* ⓹ *(tirocinio)* Lehre *f* ⓺ DIR Akte *f;* **prati'cabile** *agg* anwendbar, brauchbar; *(realizzabile)* ausführbar; *(che si può percorrere)* gangbar, fahrbar; **praticamente** *avv* praktisch, so gut wie; ◇ **il lavoro è** - **terminato** die Arbeit ist so gut wie beendet; **praticante** *mf* Praktikant(in *f) m;* **praticare** ⟨3.4⟩ *vt* ausüben; SPORT betreiben, treiben; *(frequentare persona)*

verkehren bei; *(luogo)* verkehren in *dat; (eseguire)* machen; **praticità** *f* Praktikabilität *f,* Brauchbarkeit *f;* **'pratico** ⟨ci, che⟩ *agg* ⓵ praktisch ⓶ ↑ *competente* erfahren; ↑ *conoscitore* ◇ **sono** - **di questo luogo** ich kenne mich hier aus

prato *m* Wiese *f; (di giardino)* Rasen *m*

preallarme *m* Voralarm *m*

preambolo *m* Präambel *f*

preannunciare ⟨3.3⟩ *vt* ankündigen; **preavvertimento** *m* Vorankündigung *f;* **preavvisare** *vt* im voraus benachrichtigen, vorankündigen; **preavviso** *m* ⓵ Voranzeige *f* ⓶ *(di un contratto)* Kündigung *f*

prebenda *f* ↑ *guadagno* Gewinn *m*

precarietà *f* Bedenklichkeit *f,* Instabilität *f;* **pre'cario** *agg* ⓵ ↑ *temporaneo* vorläufig; ↑ *malsicuro* prekär, unsicher; ▷ *salute* bedenklich ⓶ ▷ *lavoratori* befristet beschäftigt

precauzione *f* Vorsicht *f; (misura)* Vorsichtsmaßnahme *f*

precedente I. *agg* vorhergehend, vorherig, Vor- **II.** *m* Präzedenzfall *m;* ◇ - *eine* ja ▷ noch nie dagewesen, beispiellos; **precedentemente** *avv* zuvor, vorher; **precedenza** *f* ⓵ Vorrang *m* ⓶ *(nel traffico)* Vorfahrt *f;* ◇ **strada con diritto di** - Vorfahrtsstraße *f;* **precedere** *vt* vorangehen *dat,* vorausgehen *dat;* ◇ - **far** - vorausschicken

precettare *vt* MIL einberufen; *FIG* → *medici* dienstverpflichten; **precetto** *m* ⓵ REL Gebot *n* ⓶ ↑ *regola* Vorschrift *f,* Regel *f*

precet'tore(trice *f) m* Hauslehrer(in *f) m*

precipitare ⟨3.10⟩ **I.** *vt* ⓵ → *zavorra* abwerfen ⓶ *FIG* ↑ *affrettare* → *decisione* überstürzen, übereilen **II.** *vi* mit essere ⓵ *(dall'alto)* hinabstürzen, stürzen ⓶ *FIG* ← *eventi* sich zuspitzen, sich überstürzen ⓷ CHIM sich niederschlagen **III.** *vr* ◇ -**rsi** ↑ *gettarsi* sich stürzen; ◇ - **al lavoro** zur Arbeit stürzen; **precipitatamente** *avv* voreilig, überstürzt; **precipitato** *pp di* **precipitare**; **precipitazione** *f* ⓵ METEO Niederschlag *m* ⓶ *FIG* ◇ **decidere con** - überstürzt/ vorschnell entscheiden; **precipitoso** *agg* ⓵ ▷ *fiume, ragazzo* ungestüm ⓶ *FIG* ▷ *decisione, fuga* unüberlegt, unbedacht

precipizio *m* Absturz *m,* Abgrund *m;* ◇ **a** - steil; *FIG* Hals über Kopf

precipuo *agg* Haupt-, hauptsächlich

precisamente *avv* genau, exakt; **precisare** *vt* präzisieren, genau festlegen; **precisazione** *f* Präzisierung *f,* genaue Beschreibung *f;* **precisione** *f* Präzision *f,* Exaktheit *f;* **preciso** *agg* ⓵ ↑ *esatto* ▷ *orologio, idee* genau; ◇ **sono le otto**

precise es ist Punkt/genau acht [Uhr] ② ↑ *uguale* genau gleich

pre'cludere ⟨precludo, preclusi, precluso⟩ *vt* sperren, versperren; **preclusione** *f* ① Sperre *f* ② (DIR *di un diritto*) Verwehrung *f*

precoce *agg* ▷*frutta, bambino* frühreif; **precocemente** *avv* vorzeitig

precognizione *f* Vorkenntnis *f*

preconcetto I. *agg* ▷*idea* vorgefaßt II. *m* ↑ *pregiudizio* Vorurteil *n*

preconoscere ⟨Pass. rem.: preconobbi/preconobbe/preconobbero⟩ *vt* vorhersehen, im voraus wissen

pre'correre ⟨Pass. rem.: precorsi/precorse/precorsero, Part.: precorso⟩ *irr vt* ⟨*prevenire*⟩ vorwegnehmen, vorauseilen; **precorso** *pp di* **precorrere**

precostituire ⟨5.2⟩ *vt* vorher erstellen/bilden

precotto I. *agg* vorgegart II. *m* Fertiggericht *n*

precristiano *agg* vorchristlich

precursore *m* , **precorritrice** *f* Vorläufer(in *f*) *m*

preda *f* ↑ *bottino* Beute *f*; ◇ **darsi in** - **al dolore** sich dem Schmerz hingeben; ◇ **essere in** - **al grappa** dem Schnaps verfallen sein; **predare** *vt* → *preziosi* rauben, erbeuten; → *città* plündern; **predatore** *agg* räuberisch; ◇ *animale* - Raubtier *n*

predecessore *m/f* Vorgänger(in *f*) *m*

predellino *m* Trittbrett *n*

predestinare *vt* vorherbestimmen; **predestinato** I. *pp di* **preddestinare**; II. *agg* vorherbestimmt; ↑ *ideale* prädestiniert; **predestinazione** *f* Vorherbestimmung *f*; ▷*divina* Vorsehung *f*; **predeterminare** *vt* vorherbestimmen

predetto *pp di* **predire**

'predica ⟨che⟩ *f* Predigt *f*; FIG Moralpredigt *f*, Standpauke *f*; **predicare** ⟨predico, predichi⟩ *vt*, *vi* predigen; FIG → *meriti* preisen

predicato *m* LING Prädikat *n*, Satzaussage *f*

predica|tore(trice) *f* *m* ① Prediger(in *f*) *m* ② FIG Moralapostel *m*

prediletto I. *pp di* **prediligere**; II. *m/f* Liebling *m*; **predilezione** *f* Vorliebe *f*; **prediligere** ⟨prediligo, prediligi, predilessi, prediletto⟩ *vt* bevorzugen, vorziehen

predire *irr vt* → *tempo, sciagura* vorhersagen, voraussagen

predisporre *irr vt* ① (*per l'arrivo, per lo shock*) vorbereiten ② MED empfänglich machen

predisposizione *f* Anlage *f*

predisposto *pp di* **predisporre**

predizione *f* Vorhersage *f*, Voraussage *f*

predominante *agg* vorherrschend; **predomi**-

nare *vi* vorherrschen; ↑ *preponderare* überwiegen; **predo'minio** *m* Vorherrschaft *f*; ↑ *supremazia* Überlegenheit *f*

predone *m* Räuber(in *f*) *m*

prefabbricato *agg* ▷*casa*, elemento Fertig-, vorgefertigt

prefazione *f* Vorwort *n*

preferenza *f* Vorliebe *f*; ◇ **a/di/con** ~ vorzugsweise; **preferenziale** *agg* Vorzugs-, Präferenz-; **preferibile** *agg:* ◇ **questo è il metodo** ~ diese Methode ist vorzuziehen; ◇ **è** - **es ist besser**; **preferire** ⟨preferisco⟩ *vt* vorziehen; ◇ - **il mare alla montgna** lieber ans Meer als in die Berge fahren

prefestivo *agg* ▷*giorno* vor dem Feiertag

prefetto *m* Präfekt(in *f*) *m*; **prefettura** *f* Präfektur *f*

prefiggere ⟨prefiggo, prefiggi, prefissi, prefisso⟩ I. *vt* → *data, scopo* im voraus bestimmen [*o.* festsetzen] II. *vr* ◇ ~rsi sich *dat* vornehmen

prefigurare *vt* symbolisch vorwegnehmen

prefisso *m* ① TELEC Vorwahl *f* ② LING Vorsilbe *f*, Präfix *n*

pregare ⟨prego, preghi⟩ *vt* ① ↑ *chiedere* bitten (*per* um); ◇ **ti prego di aiutarmi** ich bitte dich, mir zu helfen ② ↑ *implorare* → *Dio, santo* beten zu

pregevole *agg* wertvoll, kostbar

preghiera *f* ① (*a Dio*) Gebet *n* ② (*supplica*) Bitte *f*

pregiare *vt* die Ehre haben; ◇ **mi pregio di farle sapere che** ich freue mich, Ihnen mitteilen zu können, daß; **pregiato** *agg* geschätzt; **pregio** *m* ⟨gi⟩ ① ↑ *valore* Wert *m* ② ↑ *stima* Ansehen *n*

pregiudicare ⟨pregiudico, pregiudichi⟩ *vt* ① ↑ *compromettere* → *interessi* beeinträchtigen, schaden *dat* ② DIR präjudizieren; **pregiudicato(a)** *f m* DIR Vorbestrafte(r) *fm*

pregiudizio *m* ① ↑ *preconcetto* Vorurteil *n* ② ↑ *danno* ◇ **recare** - **a qu** jd-m Schaden zufügen

pregnante *agg* FIG ↑ *complesso* bedeutungsvoll

pregno *agg* ① ↑ *gravido* trächtig ② (*saturo*) getränkt (*di* mit)

prego *inter* bitte

pregustare *vt* im voraus genießen, voller Vorfreude sein auf

preis'torico ⟨ci, che⟩ *agg* prähistorisch, vorgeschichtlich

prelato *m* Prälat *m*

prelevamento *m* ① (*di un campione*) Entnahme *f* ② (*di denaro*) Abhebung *f*; **prelevare** *vt* ① ↑ *togliere* entnehmen ② COMM → *denaro* abheben ③ ← *polizia* festnehmen ④ INFORM → *dati* abrufen

P

prelibatezza f Vorzüglichkeit f; **prelibato** agg ▷vino, cibo vorzüglich, ausgezeichnet

prelievo m ① MED Entnahme f ② (di denaro) Abhebung f

preliminare I. agg einleitend, Vor- II. m Einleitung f; ◇ **i - della pace** Friedensvorverhandlungen f/pl

preludere vi ankündigen, hindeuten auf acc; **pre'ludio** m ① MUS Präludium n ② ↑ preannuncio Anzeichen n ③ ↑ prefazione Einleitung f

pre-maman m ⟨inv⟩ Umstandskleid n

prematuro agg vorzeitig; ◇ è - **dire qc** è ist noch zu früh, um etw zu sagen

premeditare vt planen; **premeditazione** f DIR Vorsatz m

'**premere** I. vt ↑ schiacciare drücken; ◇ - **il pedale del freno** auf die Bremse treten II. vi ① drücken (su auf acc) ② FIG ↑ importare am Herzen liegen ③ ↑ gravare lasten auf acc

premessa f ① ↑ presupposto Voraussetzung f ② ↑ introduzione Vorwort n

premesso pp di premettere; **pre'mettere** irr vt vorausschicken

premiare ⟨premio, premi⟩ vt auszeichnen, prämi[i]eren; **premiazione** f Preisverleihung f

preminente agg hervorragend

'**premio** m ① ↑ riconoscimento Preis m, Prämie f ② ↑ vincita Gewinn m, Prämie f ③ FIN ◇ - **di emissione** Ausgabepreis m ④ AMM ↑ indennità Zulage f

premonizione f Weissagung f

premura f ① ↑ urgenza Eile f ② ↑ cura Aufmerksamkeit f; ◇ **darsi** - sich dat Mühe geben; **premuroso** agg aufmerksam

prenatale agg vorgeburtlich, pränatal

'**prendere** ⟨prendo, presi, preso⟩ I. vt ① → oggetto, treno nehmen; ◇ - **in braccio un bambino** ein Kind auf den Arm nehmen; ◇ **quello tipo va preso con le molle** den muß man mit Glacéhandschuhen anfassen ② → stipendio erhalten ③ (sorprendere) ertappen ④ ↑ catturare fangen ⑤ ◇ - **parte a qc** an etw dat teilnehmen II. vi ① ← fiamma brennen ② ← pianta anwachsen ③ ← malta binden ④ ◇ - **a fare qc** etw zu tun beginnen III. vr: ◇ -**rsi a botte** sich raufen; ◇ -**rsi cura di qu/qc** sich um jd-n/etw kümmern; ◇ **prendersela con qu** auf jd-n böse sein

prendisole m ⟨inv⟩ Strandkleid n

prenome m Vorname m

prenotare vt reservieren; → viaggio buchen; **prenotazione** f Reservierung f

preoccupante agg beunruhigend, bedenklich;

preoccupare ⟨3.10⟩ I. vt beunruhigen II. vr ◇ -**rsi** sich sorgen (per um acc); **preoccupazione** f Sorge f

preordinare ⟨3.10⟩ vt ↑ predisporre vorbereiten

preparare I. vt ① vorbereiten ② (da mangiare) zubereiten ③ CHIM präparieren II. vr ◇ -**rsi** ① sich vorbereiten ② ↑ accingersi sich anschicken (a zu) ③ ↑ preannuncio Anzeichen n ③ ↑ prefazione Einleitung f; **preparativi** m/pl Vorbereitungen f/pl; **preparato** m Präparat n; **prepara'torio** agg vorbereitend, Vorbereitungs-; **preparazione** f ① Vorbereitung f ② (di cibi) Zubereitung f

prepensionamento m Vorruhestand m

preponderante agg vorherrschend, überwiegend; **preponderare** ⟨3.10⟩ vt vorherrschen, überwiegen

preporre ⟨4.11⟩ irr vt ① LING voranstellen ② ↑ premettere an die Spitze stellen ③ FIG ↑ preferire vorziehen, bevorzugen; **preposizione** f LING Präposition f, Verhältniswort n; **preposto** pp di preporre

prepotente agg ↑ arrogante anmaßend; **prepotenza** f ↑ arroganza Anmaßung f

pre'puzio m ANAT Vorhaut f

prerogativa f Vorrecht n

presa f ① Griff m; ◇ **lasciare la** - loslassen ② (di colla) Binden ③ ELETTR Steckdose f ④ ↑ pizzico Prise f ⑤ (MIL di città) Einnahme f ⑥ FILM Aufnahme f; ◇ **in - diretta** als Direktübertragung ⑦ ◇ **essere alle prese con** sich herumschlagen mit; ◇ **di facile** - umgänglich ⑧ FIG ◇ - **di posizione** Stellungnahme f

presagio m ⟨gi⟩ ↑ indizio Anzeichen n; **presagire** ⟨5.2⟩ vt ↑ presentire vorahnen, ahnen

'**presbite** agg weitsichtig

presbiteriano agg presbyterianisch; **presbi'terio** m Presbyterium n, Chor m

prescegliere ⟨Pres.: prescelgo/prescelgono, Pass. rem.: prescelsi/prescelse/prescelsero, Cong.: prescelga/prescelgano, Part.: prescelto⟩ vt auswählen, wählen

prescindere vi absehen (da von); ◇ **a - da** abgesehen von

prescritto pp di prescrivere; **pres'crivere** ⟨Pass. rem.: prescrissi/prescrisse/prescrissero, Part.: prescritto⟩ irr vt ① MED verschreiben, verordnen ② ↑ ordinare verordnen; **prescrizione** f ① ↑ regola Vorschrift f ② MED Verordnung f ③ DIR Verjährung f; ◇ **cadere in** - verjähren

preselezione f Vorwahl f

presentare I. vt ① ↑ mostrare → documenti vorzeigen, vorweisen ② ↑ prospettare

→ *vantaggio* aufweisen ③ ↑ *far conoscere* → *amico, novità* vorstellen ④ ↑ *proporre (presentare la candidatura)* sich aufstellen lassen ⑤ ↑ *offrire* → *doni* bieten, anbieten **II.** *vr* ◇ **-rsi** ① ↑ *comparire (alla festa, in tribunale)* erscheinen ② ↑ *farsi conoscere* sich vorstellen ③ ↑ *offrirsi* ← *occasione* sich bieten; **presenta|tore(trice** *f)* *m* MEDIA Moderator(in *f) m;* **presentazione** *f* ① *(di documenti)* Vorzeigen *n;* ◇ **lettera di** - Empfehlungsschreiben *n* ② *(di persone)* Vorstellung *f* ③ TEATRO Vorstellung *f;* FILM Vorführung *f*

presente I. *agg* ① ↑ *partecipante* anwesend; ◇ **aver -** *qc* etw gegenwärtig haben, sich an etw erinnern; ◇ **tener -** *qc* etw berücksichtigen ② ↑ *attuale* ▷*mese, giorno* jetzig ③ ↑ *questo* ▷*caso* diese(r, s) **II.** *m/f* Anwesende(r) *fm* **III.** *m* Gegenwart *f;* LING Präsens *n*

presentimento *m* Vorahnung *f,* Vorgefühl *n;* **presentire** *vt* vorahnen

presenza *f* ① Anwesenheit *f,* Gegenwart *f;* ◇ **- di spirito** Geistesgegenwart *f* ② ↑ *esistenza (di elementi chimici)* Vorhandensein *n* ③ *(apparenza)* Aussehen *n;* **presenziare** ⟨3.6⟩ *vt, vi* → *ceremonia* beiwohnen

pre'sepio *m* , **presepe** *m* Krippe *f*

preservare *vt* bewahren, schützen *(da* vor); **preservativo I.** *agg* schützend **II.** *m* ↑ *profillatico* Präservativ *n,* Kondom *n;* **preservazione** *f* Schutz *m,* Bewahrung *f*

'preside *m/f* SCUOLA Direktor(in *f) m;* SCUOLA Dekan(in *f) m;* **presidente(-essa** *f) m* Präsident(-in *f) m,* Vorsitzende(r) *fm;* ◇ **- del consiglio [dei ministri]** Ministerpräsident *m;* ◇ **- della Repubblica** Staatspräsident *m;* **presidenza** *f* ① *(carica)* Vorsitz *m,* Präsidentenamt *n* ② *(sede)* Präsidium *n;* **presidenziale I.** *agg* präsidial, Präsidial-, Präsidenten- **II.** *f* : ◇ **le -i** Präsidentschaftswahlen *f/pl*

presidiare ⟨3.3⟩ *vt* ① MIL besetzen ② FIG ↑ *tutelare* → *la pace* schützen; **pre'sidio** *m* ① ↑ *guarnigione* Garnison *f* ② ↑ *tutela* Schutz *m* ③ MED ◇ **-i terapeutici** therapeutische Mittel *n/pl*

presi'edere I. *vt* ① → *dibattito* vorsitzen *dat* ② ↑ *dirigere* → *scuola* leiten **II.** *vi (a una scuola)* die Leitung *acc* haben

preso *pp di* **prendere**

pressa *f* TEC Presse *f*

pressante *agg* ↑ *urgente* dringend, eilig

pressappoco *avv* ungefähr

pressare *vt* ① *(premere)* pressen ② *(FIG incitare)* drängen, bedrängen; **pressione** *f* Druck *m,* ◇ **- sanguigna** Blutdruck *m;* ◇ **avere la - alta/ bassa** hohen/niedrigen Blutdruck haben

presso I. *avv* in der Nähe; ◇ **a un di - due metri** ungefähr zwei Meter **II.** *prep* ↑ *vicino a:* ◇ **- Venezia** nahe bei Venedig; ◇ **giungere fin presso le truppe** bis in die Nähe der Truppen gelangen ② ↑ *in casa di* ◇ **vivere presso i nonni** bei den Großeltern wohnen; ◇ **andiamo - di te** gehen wir zu dir; ◇ **impiegato - una ditta** bei e-r Firma angestellt sein; **pressoché** *avv* fast, beinahe

pressurizzare *vt* unter Überdruck setzen

prestabilire ⟨5.2⟩ *vt* → *condizioni* in voraus festlegen; **prestabilito** *pp di* **prestabilire**

prestanome *m/f* ⟨inv⟩ Strohmann *m*

prestante *agg* stattlich, eindrucksvoll

prestare I. *vt* ↑ *ricevere in prestito* leihen, ausleihen; ↑ *dare in prestito* leihen, verleihen; ◇ **- orecchio a qu** jd-m Gehör schenken **II.** *vr* ◇ **-rsi** ① ↑ *offrirsi* sich zur Verfügung stellen ② *(essere adatto)* sich eignen

prestazione *f* Leistung *f;* ◇ **- di servizio** Dienstleistung *f*

prestigio *m* ⟨gi⟩ ① Ansehen *n,* Prestige *n* ② ◇ **giochi di -** Taschenspielerei *f;* **prestigioso** *agg* eindrucksvoll

prestito *m* ① ◇ **dar in** [*o. a*] **-** leihen, borgen; ◇ **prendere in -** sich *dat* leihen ② *(denaro)* Darlehen *n* ③ COMM ◇ **- pubblico** öffentliche Anleihe *f*

presto *avv* ① ↑ *fra poco* bald; ◇ **a -!** bis bald! ② ↑ *rapidamente* schnell, rasch ③ ↑ *in anticipo* zu früh ④ *(di buon'ora)* früh

pre'sumere ⟨presumo, presunsi, presunto⟩ **I.** *vt* ↑ *ritenere* annehmen, vermuten **II.** *vi* sich *dat* anmaßen; ◇ **troppo delle sue capacità** sich zu viel auf seine Fähigkeiten einbilden; **presumibile** *agg* vermutlich

presunto *pp di* **presupporre**

presuntuoso *agg* anmaßend; **presunzione** *f* ① ↑ *superbia* Anmaßung *f* ② ↑ *opinione, a.* DIR Vermutung *f*

presupporre ⟨4.11⟩ *irr vt* ① voraussetzen ② ↑ *immaginare* annehmen

presupposto *pp di* **presupporre**

prêt-à-porter *m* ⟨inv⟩ Konfektionskleidung *f*

prete *m* Priester(in *f) m*

pretendente I. *m/f (al trono)* Anwärter(in *f) m* **II.** *m (corteggiatore)* Freier *m;* **pre'tendere** *irr* **I.** *vt* ① ↑ *richiedere* verlangen, fordern ② ↑ *presumere (di avere ragione)* sich *dat* anmaßen **II.** *vi* ① ↑ *ambire (al trono)* Anspruch erheben *(a ad acc)* ② *(alla mano di una donna)* werben *(u um),* **pretensione** *f* ① ↑ *esigenza* Anspruch *m* ② ↑ *alterigia* Anmaßung *f;* **pretenzioso** *agg* ① ▷*libro* anspruchsvoll; PEG ▷*tono, stile*

P

schwülstig ② ▷*uomo* anmaßend; **pretesa** *f* ①
↑ *richiesta* Anspruch *m* ② ↑ *superbia* Anmaßung
f ③ ◇ **in questa stanza c'è troppa -** dieses
Zimmer ist überladen; **preteso** *pp di* pretendere

pretesto *m* Vorwand *m;* ◇ **è solo un -** das ist
doch nur e-e Ausrede

pretore *m/f* Amtsrichter(in *f*) *m*

pretto *agg* rein

pretura *f* Amtsgericht *n*

prevalente *agg* überwiegend; **prevalenza** *f* ①
↑ *maggioranza* ▷*numerica* Überlegenheit *f* ②
↑ *preponderanza* Übergewicht *n;* **prevalere**
⟨vedi valere pre. + cong.⟩ *vi* vorherrschen, dominieren; **prevalso** *pp di* prevalere

prevaricare ⟨3.4⟩ *vi* ① ↑ *trasgredire* unehren-
haft handeln ② ↑ *abusare del potere* seine Macht
mißbrauchen

prevedere ⟨4.13⟩ *irr vt* ① voraussehen ② ◇ **il
trattato non prevede questa clausola** der Vertrag sieht diese Klausel nicht vor; **prevedibile**
agg voraussehbar; **preveggenza** *f* Voraussicht *f*

prevenire ⟨5.6⟩ *irr vt* ① → *avversario* zuvorkommen *dat* ② ↑ *preavvertire* ankündigen;
↑ *ammonire* warnen ③ ↑ *impedire* verhindern

preventivare *vt* e-n Kostenvoranschlag machen
für

preventivo I. *agg* Vor-, präventiv, Präventiv- **II.**
m (*calcolo*) Kostenvoranschlag *m*

prevenuto *pp di* prevenire voreingenommen

prevenzione *f* ① Vorbeugung *f;* ◇ **- degli infortuni** Unfallverhütung *f* ② (*pregiudizio*) Vorurteil
n ③ DIR Prävention *f;* **previdente** *agg* voraus-
sehend; ↑ *prudente* vorsichtig; **previdenza** *f*
① Voraussicht *f;* ↑ *precauzione* Vorsorge *f* ②
(*ente*) ◇ **- sociale** Fürsorge *f*

'previo *agg* ① ↑ *precedente* vorherig ② ◇ **- pagamento** vorbehaltlich e-r Zahlung

previsione *f* ① Voraussicht *f;* ◇ **superare ogni -
alle** Erwartungen übertreffen ② METEO Vorhersage *f;* **previsto I.** *pp di* prevedere; **II.** *m* Erwartung *f;* ◇ **guadagnare meno del -** weniger als
erwartet verdienen

preziosismo *m* Geziertheit *f*

preziosità *f* Kostbarkeit *f;* **prezioso I.** *agg* ①
↑ *pregiato* kostbar, wertvoll; FIG ◇ **farsi -** sich
rar machen ② ↑ *lezioso* geziert **II.** *m* Wertgegen-
stand *m;* ↑ *gioiello* Geschmeide *n*

prez'zemolo *f* FLORA Petersilie *f*

prezzo *m anche* FIG Preis *m*

P.R.I. *m abbr. di* Partito Repubblicano Italiano
republikanische Partei Italiens

prigione *f* Gefängnis *n;* **prigio'nia** *f* Gefangenschaft *f;* **prigioniero(a** *f*) *m* Gefangene(r) *fm*

prima I. *avv* früher; ◇ **- il dovere e poi il piacere**
zuerst die Arbeit und dann das Vergnügen **II.**
prep: **verrà - di te** er wird vor dir kommen; ◇ **-
di tutto** vor allem; ◇ **- della casa** vor dem Haus
III. *congiuz:* ◇ **- di agire** vor dem Handeln, **-**
bevor man handelt; ◇ **- che sia troppo tardi**
bevor es zu spät ist

pri'mario I. *agg* ① ↑ *precedente* primär, Primär-
② ↑ *principale* wesentlich, Haupt- **II.** *m* MED
Chefarzt *m,* Chefärztin *f*

primate *m* Primas *m*

primatista *m/f* SPORT Rekordhalter(in *f*) *m;*
primato *m* ① Vorrang *m* ② SPORT Rekord *m*

primavera *f* Frühling *m;* **primaverile** *agg*
Frühlings-

primeggiare ⟨3.3⟩ *vi* führen

primitivo *agg* primitiv

pri'mizia *f* ① (*frutta*) Frühobst *n;* (*ortaggio*)
Frühgemüse *n* ② FIG Neuigkeit *f*

primo I. *agg* ① erste(r, s); ◇ **in un - tempo**
zunächst, anfangs ② ↑ *fondamentale* Haupt-;
◇ **in - luogo** an erster Stelle **II.** *m/f* Erste(r) *fm*
III. ◇ **la prima** AUTO erster Gang; SCUOLA,
FERR erste Klasse; FILM, TEATRO Premie-
re *f* **IV.** *avv* erstens; **primogenito** *agg* erstgebo-
ren; **primordiale** *agg* anfänglich, Anfangs-;
↑ *primitivo* primitiv, Ur-

'primula *f* FLORA Primel *f*

principale I. *agg* hauptsächlich, Haupt- **II.** *m*
Hauptsache *f* **III.** *m/f* ↑ *padrone* Chef(in *f*) *m;*
principalmente *avv* vor allem

principato *m* Fürstentum *n;* **principe** *m* (*reale*)
Prinz *m;* (*titolo*) Fürst *m;* ◇ **il - azzurro** der
Märchenprinz; **principessa** *f* (*reale*) Prinzes-
sin *f;* (*titolo*) Fürstin *f*

principiante *m/f* Anfänger(in *f*) *m;* **principia-
re** ⟨3.3⟩ *vt, vi* anfangen, beginnen; **principio** *m*
① ↑ *inizio* Anfang *m;* ◇ **in -** anfänglich ②
↑ *concetto* Prinzip *n*

priore *m* Prior *m*

priorità *f* Priorität *f*

prisma *m* ⟨i⟩ Prisma *n*

privacy *f* ⟨inv⟩ Privatleben *n,* Privatsphäre *f*

privare *vt:* ◇ **- qu di qc** ↑ *togliere* jd-m etw
entziehen; ↑ *negare* jd-m etw vorenthalten

privativa *f* COMM Monopol *n;* **privatizzare**
vt privatisieren; **privato I.** *agg* privat, Privat- **II.**
m/f Privatperson *f*

privazione *f* ① (*di un diritto*) Entzug *m* ②
↑ *sacrificio* Entbehrung *f*

privilegiare ⟨3.3⟩ *vt* begünstigen, privilegieren;
privilegio *m* ⟨gi⟩ Privileg *n*

privo *agg:* ◇ **- di** ohne; ◇ **essere - di mezzi**
mittellos sein

pro I. *prep* für *acc*, zugunsten *gen* II. *m* ⟨inv⟩ ↑ *utilità* Nutzen *m;* ◇ **a vostro** - zu euren Gunsten; ◇ **il** - **e il contro** das Pro und Kontra

pro'babile *agg* wahrscheinlich; **probabilità** *f* Wahrscheinlichkeit *f;* **probabilmente** *avv* wahrscheinlich

probante *agg* überzeugend, beweiskräftig

probità *f* Redlichkeit *f*, Rechtschaffenheit *f*

problema *m* ⟨i⟩ Problem *n;* **problematica** *f* Problematik *f;* ↑ *problema* Problem *m*

probo *agg* rechtschaffen, redlich

proboscide *f* Rüssel *m*

procacciare ⟨3.3⟩ *vt* besorgen, beschaffen; **procaccia|tore(trice** *f*) *m :* ◇ - **di affari** Arbeitsvermittler(in *f*) *m*

pro capite *agg* ⟨inv⟩ pro Kopf

procedere *vi* [1] vorwärtsgehen; (*continuare*) weitergehen [2] *FIG* ↑ *progredire* weitermachen; ↑ *svolgersi* laufen, fortschreiten [3] ↑ *condursi* handeln, verfahren; ↑ *derivare* kommen (*da* von), **procedimento** *m* [1] | *svolgimento* Verlauf *m* [2] ↑ *metodo* Verfahren *n;* **procedura** *f* DIR Verfahren *n; FAM* Prozedur *f*

processare *vt* DIR vor Gericht stellen

processione *f* Prozession *f*

processo *m* Prozeß *m;* ◇ - **di fabbricazione** Produktionsverfahren *n*

processore *m* INFORM Prozessor *m*

procinto *m :* ◇ **in** - **di** im Begriff zu

proclama *m* Aufruf *m;* **proclamare** *vt* [1] → *democrazia* ausrufen, proklamieren [2] ↑ *dichiarare* ◇ - **qu colpevole** jd-n für schuldig erklären; **proclamazione** *f* Ausrufung *f*, Proklamation *f*

procreare *vt* zeugen; **procrea|tore(trice** *f*) *m* Erzeuger(in *f*) *m*

procura *f* [1] DIR Handlungsvollmacht *f* [2] COMM Prokura *f* [3] (- *della Repubblica*) Staatsanwaltschaft *f*

procurare *vt* [1] ↑ *provvedere a* sich kümmern um; ↑ *procacciare* besorgen [2] ↑ *provocare* verursachen, bereiten

procura|tore(trice *f*) *m* DIR Staatsanwalt *m*, Staatsanwältin *f;* (*chi ha la procura*) Bevollmächtigte(r) *fm*

prode *agg* tapfer

prodigalità *f* Verschwendung *f;* **prodigare** ⟨3.5⟩ I. *vt* verschwenden II. *vr* ◇ -**rsi** ↑ *affanarsi* sich aufopfern

prodigio *m* ⟨gi⟩ Wunder *n;* **prodigioso** *agg* wunderbar, Wunder-

'prodigo ⟨ghi, ghe⟩ *agg* verschwenderisch

prodotto I. *pp di* produrre; II. *m* [1] Erzeugnis *n*, Produkt *n;* ◇ - **nazionale lordo** Bruttosozialpro-

dukt *n* [2] (MAT *risultato*) Ergebnis *n*, Produkt *n;* **producibile** *agg* herstellbar; **produrre** ⟨4.4⟩ *vt* [1] → *frutta*, *opere* erzeugen, hervorbringen; ↑ *fabbricare* produzieren, herstellen [2] (*provocare*) verursachen; ◇ - **sulle scene** aufführen; **produttività** *f* Produktivität *f;* **produttivo** *agg* produktiv; ◇ *procedimento* - Produktionsverfahren *n;* **produt|tore(trice** *f*) *m* Hersteller(in *f*) *m*, Erzeuger(in *f*) *m;* FILM Produzent(in *f*) *m;* **produzione** *f* [1] COMM Herstellung *f*, Produktion *f* [2] ↑ *opera* Werk *n* [3] FILM Produktion *f*

pro'emio *m* ↑ *prefazione* Vorwort *n*, Einleitung *f*

Pref. *m abbr. di* professore Prof.

profanare *vt* entweihen; **profanazione** *f* Entweihung *f;* **profano** *agg* [1] ↑ *terreno* profan [2] ↑ *scellerato* frevlerisch

proferire ⟨5.2⟩ *vt* aussprechen; ◇ **non riuscire a** - **parola** kein Wort hervorbringen

professare I. *vt* [1] ↑ *dichiarare* → *gratitudine* bekunden; (*pubblicamente*) sich bekennen zu [2] → *giurisprudenza* ausüben II. *vr* ◇ -**rsi** sich zeigen

professionale *agg* beruflich, Berufs-; **professionalità** *f* Professionalität *f;* **professione** *f* [1] ↑ *mestiere* Beruf *m* [2] ↑ *manifestazione* Bekenntnis *n*, Erklärung *f;* **professionista** *m/f* ⟨i, e⟩ [1] Berufstätige(r) *fm;* ◇ **libero** - Freiberufler(in *f*) *m* [2] SPORT Profi *m*

professore(essa *f*) *m* SCUOLA Lehrer(in *f*) *m;* SCUOLA Professor(in *f*) *m*

profeta(essa *f*) *m* ⟨i⟩ Prophet(in *f*) *m;* **profetizzare** *vt* prophezeien; **profe'zia** *f* Prophezeiung *f*

pro'ficuo *agg* nützlich, gewinnbringend

profilare I. *vt* [1] ↑ *delineare* umreißen [2] ↑ *orlare* → *mantello* verbrämen, besetzen II. *vr* ◇ -**rsi** sich abzeichnen

profilassi *f* ⟨inv⟩ MED Prophylaxe *f*, Krankheitsvorbeugung *f;* **profi'lattico** ⟨ci, che⟩ I. *agg* MED prophylaktisch, vorbeugend II. *m* Kondom *n*

profilo *m* [1] Profil *n* [2] ↑ *ritratto* Charakterisierung *f*, Kurzbeschreibung *f*

profittare *vi* [1] ↑ *avanzare* Fortschritte machen (*in* in *dat*) [2] ↑ *approfittare* Nutzen ziehen (*di* aus *dat*), profitieren (*di* von *dat*); **profitta|tore(trice** *f*) *m :* ◇ - **di guerra** Kriegsgewinnler(in *f*) *m;* **profitto** *m* [1] ↑ *utile* Nutzen *m;* COMM Gewinn *m* [2] ↑ *progresso* Fortschritt *m*

profondamente *avv* tief, zutiefst

pro'fondere ⟨Pass. rem.: profusi/profuse/profusero, Part.: profuso⟩ *irr* I. *vt* verschwenderisch austeilen II. *vr:* ◇ -**rsi** in sich ergehen in *dat*

profondità *f* Tiefe *f;* **profondo** I. *agg* [1] ▷*lago,* *sospiro* tief; ◇ **- 11 metri** 11 Meter tief ② *FIG* ▷*studi* eingehend, gründlich ③ ↑ *totale* ▷*buio* völlig, total **II.** *m* Tiefe *f*

pro forma *agg* pro forma, der Form halber

'profugo ⟨ghi, ghe⟩ *m* Flüchtling *m*

profumare I. *vt* parfümieren **II.** *vi* mit *avere* duften (*di* nach *dat*); **profume'ria** *f*① (*negozio*) Parfümerie *f* ② ◇ **profumerie** *f/pl* (*assortimento*) Parfümeriewaren *f/pl*; **profumo** *m* ① ↑ *odore* Duft *m* ② ↑ *essenza* Parfüm *n*

profusione *f* ① Erguß *m* ② *FIG* Verschwendung *f;* ◇ **a** - in Hülle und Fülle; **profuso** *pp di* **profondere** verschwendet

progeni|tore(trice *f*) *m* : ◇ **i nostri** -**i** unsere Ahnen *m/pl*

progettare *vt* planen; → *ponte* entwerfen; **progetto** *m* ① (*di legge, di una strada*) Entwurf *m* ② ↑ *piano* Plan *m*, Projekt *n;* ◇ - **pilota** Pilotprojekt *n;* ◇ **essere in** - in der Planung sein

prognosi *f* Prognose *f*

programma *m* ⟨i⟩ ① Programm *n;* ◇ - **dell'utente,** - **applicativo** Anwendungsprogramm *n* ② ◇ **non avere** -**i** keine Pläne haben; **programmare** *vt* ① programmieren; *COMM* planen; **programma|tore(trice** *f*) *m COMM* Wirtschaftsplaner(in *f*) *m; INFORM* Programmierer(in *f*) *m;* **programmazione** *f COMM* Wirtschaftsplanung *f; INFORM* Programmierung *f*

progredire ⟨5.2⟩ *vi* vorankommen, fortschreiten; ↑ *migliorare* Fortschritte machen; **progressione** *f* ① ↑ *accrescimento* Zunahme *f*, Progression *f* ② *MAT* Reihe *f* ③ *MUS* Sequenz *f;* **progressivamente** *avv* progressiv, fortlaufend; **progressivo** *agg* progressiv; **progresso** *m* Fortschritt *m;* ◇ **in** - **di tempo** im Laufe der Zeit

proibire ⟨5.2⟩ *vt* ① ↑ *interdire* verbieten ② ↑ *impedire* ← *vento, mare* verhindern, nicht erlauben; **proibitivo** *agg* ① verbietend, verhindernd ② ▷*prezzo* unerschwinglich; ◇ **le condizioni sono** -**e** die Umstände lassen es nicht zu; **proibito** *agg* verboten; **proibizione** *f* ↑ *divieto* Verbot *n*

proiettare *vt* ① ↑ *lanciare* werfen ② *FILM* vorführen ③ *MAT anche FIG* projizieren; **proi'ettile** *m* Geschoß *n*, Projektil *n;* **proiettore** *m* ① *FILM* Projektor *m;* ◇ - **per luce solare** Tageslichtprojektor *m* ② *AUTO* Scheinwerfer *m;* ◇ -**i di profondità** Fernlicht *n;* ◇ -**i di retromarcia** Rücklicht *n;* **proiezione** *f* ① Projektion *f* ② *FILM* Vorführung *f* ③ (*nelle statistiche*) ▷*demografica, elettorale* Hochrechnung *f*

prole *f* Kinder *pl*, Nachkommenschaft *f*

proletariato *m* Proletariat *n;* **prole'tario** *agg* proletarisch, Proletarier-

proliferare ⟨3.10⟩ *vi* sich vermehren; *FIG* ← *moda, usanza* um sich greifen; **prolificità** *f* ↑ *fecondità* Fruchtbarkeit *f;* **pro'lifico** ⟨ci, che⟩ *agg* fruchtbar

prolisso *agg* weitschweifig

'prologo ⟨ghi⟩ *m* Prolog *m*

prolunga *f* ⟨ghe⟩ Verlängerung *f; ELETTR* Verlängerungskabel *n;* **prolungamento** *m* Verlängerung *f;* **prolungare** ⟨3.5⟩ *vt* verlängern

prome'moria *m* ⟨inv⟩ Merkblatt *n*, Denkschrift *f*

promessa *f* Versprechen *n;* ◇ - **di marinaio** leere Versprechung *f;* **promesso(a** *f*) *pp di* **promettere** ◇ **la Terra** -**a** das Gelobte Land *n;* **pro'mettere** ⟨Pass. rem.: promisi/promise/promisero, Part.: promesso⟩ *irr vt, vi* versprechen; ◇ - **a qu di venire** jd-m versprechen, zu kommen; ◇ - **mari e monti** das Blaue vom Himmel versprechen

prominente *agg* vorspringend

promiscuità *f* ① ↑ *mescolanza* Vermischung *f* ② (*dei sessi*) Promiskuität *f;* **pro'miscuo** *agg* ① ▷*scuola* gemischt ② (*sessualmente*) promiskuitiv

promon'torio *m* Vorgebirge *n*

promosso *pp di* **promuovere; promo|tore (trice** *f*) *m* Förderer *m*, Förderin *f*

promozionale *agg COMM* Werbe-, Promotion-; **promozione** *f* ① ▷*professionale* Beförderung *f;* ↑ *scolastico* Versetzung *f;* ↑ *sportivo* Aufstieg *m* ② ↑ *propaganda* Promotion *f* (*di* für)

promulgare ⟨3.5⟩ *vt* ① *DIR* → *legge* erlassen ② (*divulgare*) verkünden

promu'overe ⟨4.12⟩ *irr vt* ① (*sostenere*) fördern ② → *alunno* versetzen; → *impiegato* befördern

pronipote *m/f* ① (*di bisnonni*) Urenkel(in *f*) *m* ② (*di prozii*) Großneffe *m*, Großnichte *f*

pronome *m LING* Pronomen *n*, Fürwort *n*

pronosticare ⟨3.4⟩ *vt* voraussagen, vorhersagen; **pronostico** *m* Vorhersage *f*

prontezza *f* Schnelligkeit *f;* ◇ - **di parola** Schlagfertigkeit *f;* ◇ - **di spirito** Geistesgegenwart *f;* **pronto** *agg* ① ↑ *preparato* fertig, bereit; ◇ - **a partire** zur Abfahrt bereit ② (*rapido*) schnell, flink; ◇ - **soccorso** Erste Hilfe *f* ③ (*al telefono*) ◇ -**!** hallo?

pronuncia *f* ⟨ce⟩ **pro'nunzia** *f* ① *LING* Aussprache *f* ② ↑ *accento* Akzent *m* ③ *DIR* Entscheidung *f;* **pronunziare** ⟨3.6⟩ **I.** *vt* → *vocale* aussprechen **II.** *vr* ◇ -**rsi** sich äußern; **pronunziato I.** *agg* ↑ *rilevato* ausgeprägt **II.** *m DIR* Urteil *n*

propaganda *f* (*con senso negativo*) Propaganda

f; (con senso positivo) Werbung f; **propagan-
dare** vt propagieren; **propagandista** m/f ⟨i, e⟩
Propagandist(in f) m; **propagare** ⟨3.5⟩ I. vt ①
↑ diffondere → notizie verbreiten ② BIO züchten
II. vr ◇ **-rsi** ① ← notizie, luce sich verbreiten ②
BIO sich fortpflanzen

propellente m Treibstoff m

pro'pendere ⟨propendo, propendei o. propesi,
propenso⟩ vi neigen (per zu); ◇ **propende per lei**
sie bevorzugt ihn; **propensione** f ①
↑ inclinazione Neigung f (a zu) ② ↑ disposizione
Anlage f

propiziare ⟨3.6⟩ vt → dei günstig stimmen;
pro'pizio agg ▷momento günstig; ▷giudice
wohlgesinnt

proponimento m Vorsatz m

proporre ⟨4.11⟩ irr I. vt ↑ suggerire vorschlagen;
→ tema stellen; → questione aufwerfen II. vr
◇ proporsi etw tun vornehmen

proporzionale agg proportional; **proporzio-
nalità** f Verhältnismäßigkeit f; **proporzionare**
vt in das richtige Verhältnis setzen; **proporzione** f Proportion f, Verhältnis n; ◇ **le -i dei danni**
das Ausmaß der Schäden pl; ◇ **in - a** im Verhältnis zu

pro'posito m ① ↑ intendimento Absicht f;
↑ proponimento Vorsatz m; ↑ fine Zweck m; ◇ **di
- absichtlich** ② ↑ tema Thema n; ◇ **a [o. in] - di
questo** was das betrifft; ◇ **a - apropos, übrigens**

proposizione f Satz m; ◇ **- relativa** Relativsatz
m

proposta f Vorschlag m; ↑ offerta Angebot n;
proposto pp di proporre

proprietà f ① (qualità) Eigenschaft f ②
↑ possesso Eigentum n ③ ↑ decoro Anstand m;
proprie'tario(a f) m Eigentümer(in f) m, Besit-
zer(in f) m; **proprio I. agg** ① eigen; ◇ **proprio
di lui/lei** sein/ihr ② ↑ tipico besondere(r, s);
◇ **vero e - wirklich II. avv:** ◇ **- adesso** gerade
jetzt; ◇ **è - perfetto** das ist wirklich perfekt

propugnare vt [beherzt] vertreten, verfechten

propulsione f Antrieb m; ◇ **- a getto** Düsenantrieb m; **propulsore** m Triebwerk n

prora f NAUT Bug m

'proroga f ⟨ghe⟩ Aufschub m, Verlängerung f;
prorogare ⟨3.5⟩ vt → appuntamento aufschieben; → scadenza verlängern

pro'rompere ⟨Pass. rem.: proruppi/proruppe/
proruppero, Part.: prorotto⟩ irr vi hervorbrechen,
ausbrechen; **prorotto** pp di prorompere

prosa f Prosa f; **pro'saico** ⟨ci, che⟩ agg FIG
prosaisch; **prosa|tore(trice** f) m Prosaschrift-
steller(in f) m

prosciogliere ⟨vedi sciogliere⟩ vt ① (di un ob-

bligo) befreien, lossprechen ② DIR freisprechen;
prosciolto(a f) pp di **prosciogliere**

prosciugare ⟨3.5⟩ I. vt → pallude trockenlegen
II. vr ◇ **-rsi** ← muro, terreno austrocknen; **prosciutto** m Schinken m; ◇ **- affumicato/crudo/
cotto** geräucherter/roher/gekochter Schinken

proscritto(a f) I. pp di proscrivere; II. m/f Ver-
bannte(r) f/m; **pros'crivere** ⟨Pass. rem.: pro-
scrissi/proscrisse/proscrissero, Part.: proscritto⟩
irr vt verbannen; **proscrizione** f Verbannung
f

proseguimento m Fortsetzung f; **proseguire**
⟨prosegue⟩ I. vt → gli studi fortsetzen II. vi weitermachen; ← strada weiterführen

prosperare ⟨3.2⟩ vi gedeihen, blühen; **prosperità** f
Wohlstand m; **'prospero** agg ▷commercio, salute blühend; ▷tempi günstig; **prosperoso** agg
blühend, gesund

prospettare I. vt ↑ esporre → situazione darlegen; → affare in Aussicht stellen II. vr ◇ **-rsi** sich
darstellen; **prospettiva** f ① Perspektive f ②
(FIG di una promozione) Aussicht f (di auf acc)

prospetto m ① ↑ panorama Aussicht f ②
↑ facciata Fassade f ③ ↑ quadro, tabella Übersicht f ④ ↑ opuscolo Prospekt m

prossimamente avv demnächst; **prossimità** f Nähe f; **'prossimo** agg ① ↑ vicino ◇ **- alla
casa** nahe bei dem Haus; ◇ **è - al esame di
diploma** er steht kurz vor der Diplomprüfung ②
▷mese, anno nächste(r, s), kommend

prostituire ⟨5.2⟩ I. vt prostituieren II. vr ◇ **-rsi**
sich prostituieren; **prostituta** f Prostituierte f;
prostituzione f Prostitution f

prostrare I. vt ① zu Boden werfen ② FIG
↑ fiaccare entkräften II. vr ◇ **-rsi** FIG sich demütigen, sich erniedrigen; **prostrazione** f
↑ avvilimento Erschöpfung f

proteina f Protein n

pro'tendere ⟨Pass. rem.: protesi/protendesti,
Part.: proteso⟩ irr vt → braccia vorstrecken;
protesi f Prothese f

proteso(a f) pp di **protendere**

protesta f Protest m

protestante I. agg protestantisch, evangelisch
II. m/f Protestant(in f) m

protestare I. vi protestieren II. vt → gratitudine,
innocenza beteuern III. vr ◇ **-rsi** ↑ proclamarsi
beteuern, sich erklären

protagonista ⟨i, e⟩ m/f Hauptdarsteller(in f) m,
Protagonist(in f) m

proteggere ⟨Pass. rem.: protessi/proteggesti,
Part.: protetto⟩ vt ① schützen, beschützen ②
INFORM → dati sichern ③ ↑ favorire unterstüt-
zen

P

protettivo agg schützend, Schutz-; **protetto (a** f**) pp di proteggere; protettorato** m Protektorat n; **protet|tore(trice** f**) I.** agg schützend, Schutz-; ◇ **Santo** ~ Schutzheiliger m **II.** m/f Beschützer(in f) m; (di una prostituta) Zuhälter m; **protezione** f ① Schutz m; ◇ **- dati** Datenschutz m ② ↑ favoreggiamento Protektion f, Begünstigung f; **protezionismo** m Protektionismus m

protocollare I. vt protokollieren **II.** agg protokollarisch; **protocollo** m Protokoll n; ◇ **formato** ~ Kanzleiformat n

protone m Proton n

pro'totipo I. agg ⟨inv⟩ prototypisch **II.** m ① Prototyp m ② FIG ◇ **il - dei ladri** ein Dieb, wie er im Buche steht

protrarre ⟨vedi trarre⟩ vt ① ↑ prolungare in die Länge ziehen ② ↑ rinviare verschieben; **protratto** pp di **protrarre**

protuberanza f Vorsprung m

prova f ① ↑ tentativo Probe f; ◇ **mettere qu/qc alla** ~ jd-n/etw auf die Probe stellen; ◇ **a - di bomba** bombensicher; ◇ **banco di** ~ Prüfstand m ② ↑ esame Prüfung f ③ TEATRO, MAT Probe f ④ (di vestito) Anprobe f ⑤ DIR ↑ indizio Beweis m; ◇ **dar - di coraggio** Mut beweisen ⑥ SPORT Wettkampf m; **provare I.** vt ① ↑ sperimentare probieren, versuchen; → un abito anprobieren ② ↑ fare la prova ausprobieren ③ ↑ sentire → disgrazia, dolore leiden, erleiden ④ ↑ cimentare ← sorte auf die Probe stellen ⑤ ↑ dimostrare → legge, innocenza beweisen **II.** vr ◇ **-rsi** versuchen, probieren

provenienza f Herkunft f; **provenire** ⟨5.6⟩ irr vi mit essere ① kommen (da aus dat) ② (derivare) kommen (da von dat)

provento m Ertrag m, Einkommen n

provenuto pp di **provenire**

pro'verbio m Sprichwort n

provetta f Reagenzglas n; ◇ **inseminazione in** ~ Retortenbefruchtung f

provetto agg erfahren

provincia f ⟨ce o. cie⟩ Provinz f; **provinciale** agg Provinz-; PEG provinziell

provino m ① ↑ campione [Waren-]Probe f, Prüfstück n ② FILM Probeaufnahmen pl

provocante agg herausfordernd, provokant; **provocare** ⟨3.4⟩ vt ① ↑ causare hervorrufen, bewirken ② ↑ eccitare herausfordern, provozieren; ◇ **- il riso** zum Lachen reizen; **provoca|tore(trice** f**) I.** agg provokativ, aufreizend **II.** m/f Provokateur m, Aufwiegler(in f) m; **provoca'torio** agg herausfordernd, provokatorisch; **provocazione** f Provokation f, Herausforderung f

provvedere irr **I.** vi (rimediare) Vorsorge treffen (a für); ↑ curare sich kümmern (a um) **II.** vt ↑ procurare beschaffen, besorgen **III.** vr: ◇ **-rsi di qc** sich dat etw besorgen/beschaffen; **provvedimento** m Maßnahme f

provveditorato m Behörde f; **provvedi|tore (trice** f**)** m Verwalter(in f) m

provveduto pp di **provvedere**

provvidenza f Vorsehung f

provvidenziale agg günstig, willkommen; **'provvido** agg ↑ opportuno nützlich, günstig

provvigione f Provision f

provvi'sorio agg provisorisch, vorläufig

provvista f Vorrat m

provvisto pp di **provvedere** versehen (di mit)

prua f NAUT, AERO Bug m

prudente agg vorsichtig, besonnen; **prudenza** f Vorsicht f, Umsicht f

'prudere vi: ◇ **mi sento - le mani** es juckt mich an den Händen

prugna f FLORA Pflaume f

pruno m ① FLORA Dornbusch m ② ↑ spina Dorn m

pruriginoso agg ① juckend ② FIG anregend; **prurito** m Jucken n

P.S. abbr. di **I.** f **Pubblica Sicurezza** Polizei f **II.** m postscriptum PS

P.S.D.I. m abbr. di **Partito Socialista Democratico Italiano** sozialdemokratische Partei Italiens

pseu'donimo m Pseudonym n

P.S.I. m abbr. di **Partito Socialista Italiano** sozialistische Partei Italiens

psica'nalisi f ⟨inv⟩ Psychoanalyse f; **psicanalista** m/f ⟨i, e⟩ Psychoanalytiker(in f) m; **psicanalizzare** vt psychoanalysieren, psychoanalytisch behandeln; **psiche** f ⟨inv⟩ Psyche f; **psichiatra** ⟨i, e⟩ m/f Psychiater(in f) m; **psichia'tria** f Psychiatrie f; **psicofarmaci** m/pl Psychopharmaka n/pl; **psicologia** ⟨gie⟩, f Psychologie f; **psico'logico** ⟨ci, che⟩ agg psychologisch; **psi'cologo(a** f**)** m ⟨gi, ghe⟩ Psychologe m, Psychologin f; **psico'patico** ⟨ci, che⟩ agg psychopathisch; **psicosi** f Psychose f; **psicoso'matico** ⟨ci, che⟩ agg psychosomatisch

P.T. abbr. di **Poste e Telegrafi** Post in Italien

pubblicamente agg öffentlich; **pubblicare** ⟨3.4⟩ vt veröffentlichen, herausgeben, publizieren; **pubblicazione** f (di un libro, di una sentenza) Veröffentlichung f; ◇ **pubblicazioni [matrimoniali]** f/pl Aufgebot n; **pubblicista** ⟨i, e⟩ m/f ① Publizist(in f) m ② DIR Staatsrechtler(in f) m; **pubblicità** f ① Werbung f, Reklame f; ◇ **fare - a qc** für etw werben ② (nei giornali)

Anzeigenteil m; ◇ **piccola** - Kleinanzeige f; **pubblici'tario I.** agg Werbe- **II.** m/f Werbefachmann m, Werbefachfrau f; **pubblicizzare** vt Werbung betreiben für

'**pubblico** ⟨ci, che⟩ **I.** agg [1] ▷locale, ordine öffentlich [2] (della collettività) allgemein, Gemein-; ◇ l'**interesse pubblico** das Gemeinwohl n; ◇ - **ministero** Staatsanwalt m **II.** m Publikum n

pube m Scham f; (osso) Schambein n

pubertà f Pubertät f

'**pudico** ⟨ci, che⟩ agg schamhaft; ↑ casto verschämt; **pudore** m Scham f, Schamgefühl n

puericultura f Säuglingspflege f; **puerile** agg kindlich, Kinder-

pugilato m Boxen n; **pugile** m Boxer(in f) m

Puglia f Apulien n

pugnalare vt erstechen, erdolchen; ◇ - **alle spalle** jd-m in den Rücken fallen; **pugnale** m Dolch m

pugno m [1] Faust f [2] (colpo) Faustschlag m

pulce f Floh m; ◇ **mercato delle pulci** Flohmarkt m

pulcino m Küken n

puledro(a f) m FAUNA Fohlen n

puleggia f ⟨gge⟩ Scheibe f, Rolle f

pulire ⟨5.2⟩ vt reinigen, saubermachen; **pulita** f [flüchtige] Reinigung f; **pulito** agg sauber, rein; **pulitura** f Reinigung f, Säuberung f; **pulizia** f [1] (stato) Sauberkeit f [2] (atto) Putzen n, Reinigung f; ◇ **donna delle** -e Putzfrau f; ◇ **fare le** -e putzen

'**pullman** m ⟨inv⟩ Autobus m, Reisebus m

pul'lover m ⟨inv⟩ Pullover m

pulmino m Kleinbus m

'**pulpito** m Kanzel f; ◇ **montare in** - Moralpredigten halten

pulsante m Knopf m, Druckknopf m

pulsare vi pulsieren, pochen; **pulsazione** f MED Puls[schlag] m

pulsione f PSIC Trieb m

pul'viscolo m Staub m

puma m ⟨inv⟩ FAUNA Puma m

pungente agg stechend; ▷freddo klirrend; ▷risposta bissig; **pungere** ⟨Pass. rem.: punsi/pungesti, Part.: punto⟩ vt stechen; FIG ◇ - **qu sul vivo** jd-n an seiner empfindlichsten Stelle treffen; **pungiglione** m Stachel m

punibile agg DIR strafbar; **punire** ⟨5.2⟩ vt strafen; **punitivo** agg strafend, Straf-; **punizione** f Strafe f

punta ¹ f [1] (estremità) Spitze f [2] GEO ↑ cima Gipfel m [3] (dolore) Stich m [4] (valore massimo) Spitze f, Höchstmaß n; ◇ **technologie di** - Spitzentechnologien f/pl

punta ² f : ◇ **cane da** - Vorsteherhund m

puntare I. vt [1] ↑ appoggiare → piede, gomito stützen (su auf acc) [2] ↑ mirare → arma, dito richten (su auf acc) [3] ↑ giocare wetten (su auf acc), setzen (su auf acc) **II.** vi [1] ↑ avviarsi ansteuern [2] FIG ↑ affidarsi rechnen (su mit)

puntata ¹ f [1] MIL Vorstoß m [2] ↑ scappata Abstecher m

puntata ² f ↑ scommessa Wette f; (somma di denaro) Einsatz m

puntata ³ f (di un film, un romanzo) Folge f, Fortsetzung f

punteggiatura f LING Zeichensetzung f, Interpunktion f

punteggio m ⟨ggi⟩ Wertung f

puntello m Stütze f

punteruolo m Ahle f

puntiglio m Starrsinn m; **puntiglioso** agg eigensinnig, starrsinnig

puntina f : ◇ - **da disegno** Reißzwecke f

puntino m : ◇ **a** - gepunktet; FIG perfekt, prima

punto I. pp di pungere; **II.** m [1] Punkt m; ◇ **due** -**i** Doppelpunkt m; ◇ - **cardinale** Himmelsrichtung f; ◇ - **di vista** FIG Gesichtspunkt m; ◇ - **esclamativo/interrogativo** Ausrufe-/Fragezeichen n; ◇ **di** - **in bianco** plötzlich; ◇ **mettere a** - → macchina überholen; → lente einstellen; FIG in Ordnung bringen [2] ↑ questione Punkt m, Frage f [3] ↑ istante Zeitpunkt m [4] MED Stich m; (nella maglia) Masche f; ◇ - **a croce** Kreuzstich m **III.** avv: ◇ **non ...** - ganz und gar nicht; ◇ **alle otto in** -! Punkt acht [Uhr]!; ◇ **non siamo** - **stanchi** wir sind überhaupt nicht müde; **puntuale** agg pünktlich; **puntualità** f Pünktlichkeit f

puntualizzare vt auf den Punkt bringen

puntura f [1] Stich m [2] (MED iniezione) Spritze f; (prelievo) Punktion f; **punzecchiare** ⟨3.6⟩ vt sticheln

punzone m Stempel m

pupa f Puppe f

pupazzo m [1] Hampelmann m [2] (di peluche) Stofftier n

pupilla f Pupille f

pupillo(a f) m DIR Mündel n

puramente avv rein

purché congiunz (+ congiun) nur wenn

pure I. congiunz [1] ↑ tuttavia trotzdem, dennoch [2] ↑ anche se auch wenn, obwohl [3] ◇ **pur di** nur um **II.** avv [1] ↑ anche auch [2] ◇ **te l'hanno pur detto!** sie haben es dir doch gesagt!

purè m **purea** f GASTRON Püree n

purezza f Reinheit f

purga ⟨ghe⟩ f [1] MED Abführmittel n [2] TEC

Reinigung f ③ POL ↑ *POL* Säuberung f; **pur-gante** m MED Abführmittel n

purga'torio m Fegefeuer n

purificare ⟨3.4⟩ **I.** vt → *vino* reinigen; → *coscienza* läutern **II.** vr ◇ **-rsi** rein werden

purista ⟨i, e⟩ m/f Purist(in f) m

puritano agg puritanisch

puro agg rein; **puro'sangue I.** agg ⟨inv⟩ reinrassig **II.** m/f ⟨inv⟩ Vollblut n

purtroppo avv leider

purulento agg eit[e]rig; **pus** m ⟨inv⟩ Eiter m

pusil'lanime agg kleinmütig, feige; **pusillanimità** f Kleinmut m

'pustola f MED Pustel f

puti'ferio m Krawall m, Krach m

pu'tredine f Verwesung f, Fäulnis f; **putrefare** ⟨4.6⟩ irr vi mit essere faulen; (*cadavere*) verwesen; **putrefatto(a** f) pp di **putrefare**; **putrefazione** f Verwesung f; **putrido**, **'putrido** agg ▷*acqua* faul; ▷*cadavere* verwest; **putridume** m ① Gefaultes n ② FIG Verderbnis f

puttana f Hure f

puzzare vi stinken; **puzzo** m Gestank m

'puzzola f Stinktier n; **puzzolente** agg stinkend

P.za abbr. di **Piazza** Platz m

Q

Q, q f ⟨inv⟩ (*lettera*) Q, q n

qua I. avv ① (*stato in luogo*) ◇ **sono qua** ich bin da/hier ② ◇ **di - non mi muovo** hier gehe ich nicht weg ③ ◇ **guarda in -** schau hierher **II.** prep: ◇ **al di - di** diesseits gen

quaderno m Heft n

qua'drangolo m Viereck n

quadrante m ① MAT Quadrant m ② (*di orologio*) Zifferblatt n

quadrare I. vi essere e avere ① ← *il bilancio* ausgleichen ② ← *la descrizione* stimmen ③ (*FAM FIG convincere*) ← *il ragionamento* passen, gefallen **II.** vt MAT quadrieren; **quadrato**[1] **I.** p. pass. di **quadrare II.** agg ① viereckig ② MAT Quadrat-n ③ (*FIG equilibrato*) vernünftig; **quadrato**[2] m ① MAT Viereck n, Quadrat n ② ◇ **5 al -** 5 zum Quadrat erheben; **quadratura** f MAT Quadratur f

quadretto m ① Bildchen n ② (*FIG scenetta*) ▷*familiare* nette Szene f

quadriennale I. agg ⟨inv⟩ vierjährig **II.** f Vierjahresausstellung f

quadri'latero I. agg vierseitig **II.** m MAT Viereck n

quadrivio m Kreuzung f

quadro[1] **I.** agg (*di forma quadrata*) viereckig, quadratisch

quadro[2] m ① Bild n ② (*di stoffa*) Viereck n ③ (*FIG immagine*) Szene f ④ POL ◇ **-i** m/pl Führungskräfte pl ⑤ (*nelle carte da gioco*) Karo n

qua'drupede I. agg ⟨inv⟩ vierfüßig **II.** m Vierfüßler m

quadruplicare ⟨3.4⟩ irr vt vervierfachen; **'quadruplo I.** agg vierfach **II.** m Vierfache n

quaggiù avv ① ↑ *in questo luogo* (*stato*) hier, da; (*moto*) dahinunter, daherunter ② (*contr. di quassù*, *stato*) hier unten

quaglia f Wachtel f

qualche agg ⟨inv⟩ ① (*più d'uno*) mancher; ◇ **in - modo** irgendwie; ◇ **- volta** manchmal; ◇ **- cosa** irgend etwas ② (*uno qualsiasi*) irgendein, irgendwas

qualcosa pron. ① (*una o più cose*) etwas ② ◇ **c'è - di poco convincente in lui** etwas an ihm ist nicht überzeugend

qualcuno pron ① (*alcuni*) einer, irgendeiner ② (*uno*) ◇ **- ha suonato alla porta** jemand hat an der Tür geklingelt

quale I. agg ⟨inv⟩ ◇ **- gioco preferisci ?** Welches Spiel magst du lieber ?; ◇ **- orrore !** was für ein Schreck ! **II.** pron: ◇ **- dei due scegli ?** welchen von beiden willst du?; ◇ **il libro del - mi hai parlato** das Buch, von dem du mir erzählt hast **III.** avv (*in qualità di*) als

qua'lifica f (*che*) (*di dottore*) Titel m; **qualifi'cabile** agg ⟨inv⟩ qualifizierbar; **qualificante I.** p. pres. di **qualificare**; **II.** agg ⟨inv⟩ (*che qualifica*) qualifizierend; **qualificare** ⟨3.4⟩ **I.** vt ▷*tra i migliori* qualifizieren **II.** vr ◇ **-rsi** ① ▷*come dottore* sich qualifizieren ② ▷*a un concorso* sich qualifizieren ③ SPORT klassifiziert werden

qualificativo agg bezeichnend

qualificato I. p. pass. di **qualificare**; **II.** agg ① (*fornito di qualità*) tauglich, befähigt ② ▷*operaio* angelernt, Fach-; **qualificazione** f ① Qualifizierung f; SPORT Qualifikation f

qualità f ① Eigenschaft f ② (*requisito*) Qualität f, Güte f ③ (*virtù*) Qualität f ④ (*specie*) Sorte f

qualitativo agg qualitativ

qualora congiunz (*con cong.*) wenn, falls

qualsiasi agg ⟨inv⟩ beliebig; ◇ **per loro farei - cosa** für sie würde ich alles machen; ◇ **non è certo una persona -** er/sie ist sicherlich kein gewöhnlicher Mensch

qualunque agg ⟨inv⟩ jeder, irgendein, welcher

auch immer; ◇ **puoi trovarmi a - ora** du kannst mich zu jeder Zeit antreffen; ◇ **l'uomo** m - der Durchschnittsmensch m; **qualunquismo** m Gleichgültigkeit f; **qualunquista** I. m/f ⟨i e⟩ FIG Gleichgültige(r) fm II. agg ⟨qualunquistico⟩ gleichgültig

quando I. congiunz ① (nel tempo in cui) als; (ogni volta che) wenn ② (causale) weil, wenn, da ③ (avversativo) während, doch, aber; ◇ **ha voluto parlare - gli conveniva tacere** er wollte reden, aber er hätte besser geschwiegen ④ (condizionale) wenn, falls II. avv wann; ◇ **da - sei qui ?** seit wann bist du hier ?

quantificare ⟨3.4⟩ irr vt quantifizieren

quantità f ① (di merce, di cibo) Menge f, Quantität f ② (gran numero) Menge f; **quantitativamente** avv quantitativ; **quantitativo** agg ① ▷analisi quantitativ ② LING quantitativ

quantizzare vt FIS quanteln

quanto¹ I. agg ① (interrogativo) ◇ **-e stanze ha il tuo appartamento ?** Wieviele Zimmer hat deine Wohnung ? ② (in corr. con tanto) ◇ **ho tanti amici -i ne hai tu** ich habe ebensoviele Freunde Wie du II. pron: ◇ **prendine -i ne vuoi** nimm' so viele du willst; ◇ **dovrai comprare tanti regali - sono i bambini** sono il muß für jedes der Kinder ein Geschenk kaufen; ◇ **devi dargli gli spetta** du mußt ihm geben, was ihm zusteht

quanto² I. avv ① (interrogativo) ◇ **-i ne abbiamo oggi?** den wievielten haben wir heute ?; ◇ **-i anni hai?** Wie alt bist du ?; ◇ **- costa?** Wieviel kostet es?; ◇ **- hai dormito ?** Wie lange hast du geschlafen ? ② (esclamativo) ◇ **- sei stupido !** Du bist so ein Dummkopf! ③ (valore superlativo) ◇ **verrò - prima** ich komme sobald wie möglich II. congiunz: ◇ **per -** wie [sehr] auch, so [sehr] auch; **quantomeno** avv (almeno) wenigstens, mindestens

quantunque congiunz obwohl

quaranta agg ⟨inv⟩ vierzig; **quarantena** f vierzig Tage pl; **quaran'tesimo** I. agg vierzigste II. m (frazione) Vierzigstel n; **quarantina** f ① ◇ **una - etwa vierzig ② ◇ **essere sulla - um die Vierzig sein

qua'resima f Fastenzeit f; **quaresimale** agg ⟨inv⟩ Fasten-

quarta f ① (classe elementare) vierte f Klasse ② (marcia) vierte(r) Gang m

quartetto m MUS Quartett n

quartiere m ① Stadtviertel n ② MIL ◇ **- m generale** Hauptquartier n

quarto(a) I. agg vierte II. m Vierte(r) fm

quarzo m MIN Quarz m

quasi I. avv ① (pressoché) beinahe, fast; (circa)

ungefähr ② FAM ◇ **- - me ne andrei** am liebsten würde ich jetzt gehen ③ (come se fosse) ◇ **sembra - vero** es scheint wahr zu sein [o. als ob es wahr wäre] ④ (per poco) ◇ **- mi investiva** fast hätte er mich überfahren II. congiunz: ◇ **- che** als ob

quassù avv (stato) hier oben, da oben; (moto) hierherauf, herauf

quatto agg geduckt; ↑ silenzioso leise

quat'tordici agg ⟨inv⟩ vierzehn

quattrino m (moneta) Geld n; ◇ **-i** m/pl Geld n

quattro agg ⟨inv⟩ vier; ◇ **in - e quatt'otto** im Handumdrehen; ◇ **farsi in - per qu** sich für etw akk Arme und Beine ausreisen; **quattrocento** I. agg vierhundert II. m ⟨inv⟩: ◇ **il Q-** das fünfzehnte Jahrhundert

quello I. agg ① jener, der [dort]; ◇ **vedi -a strada laggiù ?** siehst du die Straße da unten ?; ◇ **quell'uomo è molto stanco** der Mann dort ist sehr müde ② (cosa o persona già note) ◇ **-e storie non furono credute da nessuno** diese Geschichten glaubte niemand II. pron ① ◇ **-a è la mia casa** dort ist meines ② ◇ **-i che tardano non entreranno** diejenigen, die zu spät kommen, müssen draußen bleiben

quercia f ⟨ce⟩ Eiche f

querela f DIR Klage f; **querelante** I. p. pres. di **querelare**; II. agg ⟨inv⟩ klagend, Klage- III. m/f Kläger(in) f m; **querelare** vt DIR verklagen; **querelato** I. p. pass. di **querelare**; II. agg verklagt

quesito m Frage f

questionare vi avere besprechen (di akk)

questionario m Fragebogen m

questione f ① Angelegenheit f ② (litigio) Streit m ③ ▷sociale Frage f, Problem n ④ (controversia) Auseinandersetzung f

questo I. dimostr. ① (cosa o persona già menzionata o da menzionare) ◇ **-a storia lo ha colpito** diese Geschichte hat ihn ergriffen; ◇ **-a storia ti piacerà** diese Geschichte wird dir gefallen ② (di tale genere) ◇ **con -o freddo non si resiste** solch eine Kälte kann man nicht aushalten II. pron ① dieser, der da, das; ◇ **-o è mio fratello** das ist mein Bruder ② (persona o cosa già menzionata) ◇ **-o rispose che non lo sapeva** dieser/der da antwortete, daß er es nicht wisse ③ (cosa di cui si parla) ◇ **- non devi farlo** das mußt du nicht machen

questore m Polizeipräsident m

questua f Bettelei f; **questuante** I. p. pres. di **questuare**; II. agg ⟨inv⟩ Bettel III. m/f Bettelmönch m; **questuare** vi avere (chiedere denaro in elemosina) betteln um akk

Q

questura f Polizeipräsidium n
qui avv ① hier; (moto a luogo) hierher, her, dahin, hin ② (in questo momento) ◇ ~ **finisce la storia** da endet die Geschichte ③ ◇ **spostati da ~** geh' mal zur Seite
quiescente agg ⟨inv⟩ Ruhe-, ruhend
quietanza f Quittung f; **quietare** vt beruhigen
quiete f (mancanza di movimento) Ruhe f; ↑ **calma** Stille f; **quieto** agg ruhig
quindi I. avv (in seguito) dann, darauf II. congiunz (perciò) also; (di conseguenza) so
'quindici agg ⟨inv⟩ fünfzehn; **quindicina** f : ◇ **una ~** etwa fünfzehn
quinquennio m Jahrfünft n
quinta f ① (classe scolastica) fünfte Klasse ② ▷**marcia** fünfte(r) Gang m ③ (elemento di scena) Kulisse f
quintale m Doppelzentner m
quintessenza f Quintessenz f
quintetto m Quintett n
quinto(a f) I. agg fünfte II. m/f Fünfte(r) fm III. m (frazione) Fünftel n
quorum m ⟨inv⟩ Quorum n
quota f ① (parte da pagare) Beitrag m ② ↑ **altitudine** Höhe f; ◇ **prendere ~ an** Höhe gewinnen; **quotare** vt den Anteil bestimmen; FIG schätzen; **quotazione** f Quotation f; FIG Wertschätzung f
quotidianamente avv täglich; **quotidianità** f Alltäglichkeit f; **quotidiano** I. agg Tages-, täglich II. m Tageszeitung f
quoziente m ① MAT Quotient m ② ▷**elettorale** Anteil m, Zahl f ③ (di natalità) Zahl f

R

R, r f ⟨inv⟩ (lettera) R, r n
ra'barbaro m Rhabarber m
rabbia f ① (ira, sdegno) Wut f, Zorn m; ◇ **crepare di ~** vor Wut platzen; (stizza) Unmut m ② ▷**canina** Tollwut f; **rabbioso** agg ① ↑ **arrabbiato** wütend, zornig; ↑ **violento** wild, stürmisch ② ▷**cane** tollwütig
rabbonire ⟨5.2⟩ irr vt ↑ **calmare** beschwichtigen, besänftigen
rabbrividire ⟨5.2⟩ irr vi FIG ▷**dalla paura** schaudern, erschaudern
rabdomante m/f Rhabdomant(in f) m; **rabdoman'zia** f (tecnica divinatoria) Rhabdomantie f

raccapezzare vt ① ↑ **riuscire a trovare** → **un po' di voti** zusammenbekommen ② (riuscire a comprendere) herausfinden
raccapricciante agg ⟨inv⟩ (orripilante) schauderhaft; **raccapricciare** ⟨3.3⟩ vi (provare raccapriccio) erschaudern; **raccapriccio** m Schauder m, Grauen n
raccattapalle m/f SPORT Balljunge m
raccattare vt ① aufheben, aufnehmen ② (mettere insieme) → **diecimila lire** zusammenbekommen
racchetta f (da tennis) Schläger m; (da ping-pong) Schläger m; (da neve) Schneereifen m; (da sci) Schistock m
rac'chiudere ⟨Part. pass.: racchiusi/racchiuse/racchiusero⟩ irr vt enthalten; (FIG implicare) bergen
raccoglimento m ▷**spirituale** Andacht f
raccogli|tore(trice f) m ⟨tori, trici⟩ (chi raccoglie) Sammler(in f) m; (di francobolli) Sammler m
raccolta f ① (il raccogliere) Sammeln n; (di francobolli) Sammeln n ② (adunata) Versammlung f ③ AGR Ernte f
raccolto I. p. pass. di **rac'cogliere**; II. agg ① (preso da terra) aufgenommen, gesammelt ② (pensoso) versunken
raccoman'dabile agg ⟨inv⟩ empfehlenswert;
raccomandare I. vt ① → **amico** empfehlen (a dat) ② (consigliare con insistenza) anraten, nahelegen; ◇ **mi raccomando!** ich bitte darum! II. vr ◇ ~-**rsi** (affidarsi) sich verlassen (a auf acc); (implorare protezione) anflehen (a acc); **raccomandata** f ▷**lettera** Einschreiben n; **raccomandazione** f ① (di un amico) Empfehlung f ② (per un concorso) Empfehlung f ③ (esortazione insistente) Ermahnung f
raccomodare ⟨3.10⟩ vt (riparare) instandsetzen, reparieren
raccon'tabile agg ⟨inv⟩ erzählenswert
raccontare vt erzählen; **racconto** m (di un amico) Erzählen n; (storia) Erzählung f
raccorciare ⟨3.3⟩ vt verkürzen
raccordare vt → **strade** anschließen, verbinden; **raccordo** m (congiunzione) Verbindung f; ▷**stradale** Abzweigung f; ▷**ferroviario** Anschlußgleis n
raccostamento m (FIG raffronto) Gegenüberstellung f; **raccostare** vt (accostare di più) heranrücken; FIG gegenüberstellen
ra'chitico(a f) I. agg ⟨ci, che⟩ rachitisch; (FIG poco sviluppato) verkümmert II. m Rachitiker(in f) m; **rachitismo** m MED Rachitis f
racimolare ⟨3.10⟩ vt FIG zusammenbringen

radar m ⟨inv⟩ Radar m/n; **radarista** m/f Radartechniker(in f) m

raddensare vt (rendere denso) verdichten

raddolcire ⟨5.2⟩ irr **I.** vt versüßen; FIG lindern, mildern **II.** vi pron milder werden

raddoppiamento m Verdoppelung f; LING ▷consonantico Reduplikation f; **raddoppiare I.** vt verdoppeln **II.** vi avere (diventare doppio) sich verdoppeln; **raddoppio** m Verdoppelung f

raddrizzare I. vt gerademachen; FIG ↑ correggere berichtigen, verbessern **II.** vr ◇ -rsi (rimettersi diritto) gerade werden, sich wieder aufrichten

radente I. p. pres. di **'radere**; **II.** agg ⟨inv⟩ ▷tiro Streif-, steifend

'radere ⟨Pass. rem.: rasi/rase/rasero Part.: rasero⟩ irr **I.** vt ①▷ barba rasieren ②▷ bosco niederlegen ③ FIG → terra streifen **II.** vr ◇ -rsi sich rasieren

radiale agg ⟨inv⟩ Radial-, radial

radiare ⟨3.3⟩ vt ▷dall'albo streichen

radiatore m (di casa) Radiator m; (dell'auto) Kühler m

radiazione¹ f ▷atomiche Strahlung f

radiazione² f (dall'albo) Streichung f

radicale I. agg ⟨inv⟩ ① (FLORA della radice) Wurzel- ② FIG ↑ totale radikal ③ LING Wurzel- **II.** m/f ① Radikale(r) fm ② LING Wurzel f **III.** m MAT Wurzel f

radicalismo m Radikalismus m

radicalmente avv (dalla radice) radikal, von Grund auf

radicchio m FLORA Zichorie f

radice f① FLORA Wurzel f; ◇ l'idea ha messo - die Idee hat sich festgesetzt; ◇ mettere -i Wurzeln schlagen ② MAT Wurzel f ③ LING Wurzel f

radio¹ m ⟨inv⟩ CHIM Radium n

radio² I. f ⟨inv⟩ Radio n **II.** agg ⟨inv⟩ ▷contatto Radio-, Rundfunk-; **radioabbonato(a** f) m Rundfunkteilnehmer(in f) m; **radioama|tore (trice** f) m ⟨tori, trici⟩ Radioamateur(in f) m; **radioascolta|tore(trice** f) m ⟨tori, trici⟩ Radiohörer(in f) m; **radioattività** f Radioaktivität f; **radioattivo** agg radioaktiv; **radiocollegamento** m Funksprechverbindung f; **radiocomandare** vt → macchina fernsteuern; **radiocomandato** agg ferngesteuert; **radiocomando** m Fernsteuerung f; **radio'cronaca** f ⟨che⟩ Rundfunkbericht m; **radiocronista** m/f Berichterstatter(in f); **radiodiffusione** f ↑ radiotrasmissione Rundfunk m; **radiodramma** m Hörspiel n; **radioe'lettrico** agg ⟨ci, che⟩

Radio-, Funk-; **radiografare** ⟨3.10⟩ vt röntgen; **radiogra'fia** f (lastra) Röntgenaufnahme f; **radio'grafico** agg ⟨ci, che⟩ Röntgen-; **radiolo'gia** f ⟨gie⟩ (scienza) Radiologie f; **radio'logico** agg ⟨ci, che⟩ Röntgen-; **ra'diologo(a** f) m ⟨gi, ghe⟩ Radiologe m, Radiologin f; **radioricevente I.** agg ⟨inv⟩ Empfangs- **II.** f (radioricevitore) Radioempfänger m; **radioricezione** f Rundfunkempfang m; **radiosco'pia** m (esame radiologico) Röntgenuntersuchung f; **radio'scopico** agg ⟨ci, che⟩ röntgenoskopisch; **radiosegnale** m Sendezeichen n

radiosità f (l'essere radioso) Strahlen n, Leuchten n

radioso agg strahlend; FIG ↑ felice strahlend

radiosonda f METEO Funksonde f; **radiostazione** f Rundfunksender m; **radiosveglia** f Radiowecker m; **radiotaxi** m Funktaxi n; **radio'tecnica** f ⟨che⟩ Rundfunktechnik f; **radio'tecnico I.** agg ⟨ci, che⟩ funktechnisch **II.** m Rundfunktechniker(in f) m, **radiote'lefono** m Funktelefon n; **radiotelegra'fia** f Radiotelegraphie f; **radiotele'grafico** agg ⟨ci, che⟩ Funk-; **radiotelegrafista** m/f Funker(in f) m; **radiotelegramma** m ⟨i⟩ ↑ marconigramma Funktelegramm n; **radiotelescopio** m Radioteleskop n; **radiotelevisivo** agg Rundfunk und Fernsehen betreffend; **radiotera'peutico** agg ⟨ci, che⟩ Röntgen-; **radiotera'pia** f Röntgenbehandlung f

radiotra'smettere ⟨Part. pass.: radiotrasmissi/ -trasmise/-trasmisero⟩ irr vt funken; **radiotrasmettitore** m (apparecchio) Radiogerät n, Rundfunksender m; **radiotrasmissione** f Rundfunksendung f, Funkspruch m; **radiotrasmittente I.** p. pres. di **radiotra'smettere**; **II.** agg ⟨inv⟩ Funk-, Rundfunk-, Sende- **III.** f ⟨i⟩ Rundfunksender m

radioutente m/f Rundfunkteilnehmer(in f) m

rado agg ① ▷capelli spärlich ② (non frequente) selten; ◇ di - selten

radunare vt → popolo versammeln; → cose zusammenbringen; **radunata** f (di persone) Versammlung f; **raduno** m (di motociclisti) Treffen n

radura f (di un bosco) Lichtung f

'rafano m FLORA Rettich m

raffa f ⟨inv⟩: ◇ di riffa o di - so oder so

raffaelesco agg ⟨schi, sche⟩ Raffael, raffaelisch

raffazzonare vt zurechtstutzen

raffermo agg ▷pane altbacken

'raffica f ⟨che⟩ (di vento) Bö f, Windstoß m; (di mitra) Garbe f; (FIG di ingiurie) Hagel m

raffigurare vt ① ↑ *rappresentare* darstellen ② ↑ *simboleggiare* symbolisieren; **raffigurazione** f ① (*della Vergine*) Darstellung f ② (*simbolo*) Versinnbildlichung f

raffilare vt → *forbici* wieder schärfen; **raffilatura** f Schleifen n

raffinamento m (*dello zucchero*) Raffinage f; (*FIG del gusto*) Verfeinerung f; **raffinare** vt → *lo zucchero* raffinieren; *FIG* verfeinern; **raffinatezza** f (*finezza*) Feinheit f; **raffinato** I. *p. pass. di* **raffinare**; II. *agg* ▷*zucchero* raffiniert; *anche FIG* fein; **raffina|tore(-trice** f) I. *agg* ⟨tori, trici⟩ (*che raffina*) verfeinernd II. m (*macchina*) Raffineur m; **raffinazione** f (*dello zucchero*) Raffination f; **raffine'ria** f Raffinerie f

rafforzamento m Verstärkung f; (*di un'idea*) Festigung f; **rafforzare** vt → *muro* verstärken; → *un'idea* festigen

rafforzativo agg ① (*che rafforza*) verstärkend ② LING Verstärkungs-

raffreddamento m Kühlung f; ◇ - ad acqua/aria Wasser-/Luftkühlung f; (*FIG di un'amicizia*) Abkühlung f; **raffreddare** vt → *il motore* abkühlen; *FIG* → *l'interesse* abkühlen; **raffreddato** I. *p. pass. di* **raffreddare**; II. (*reso freddo*) abgekühlt; (*che ha preso il raffreddore*) erkältet; **raffreddore** m Erkältung f

raffrontare vt (*paragonare*) gegenüberstellen, vergleichen; **raffronto** m Gegenüberstellung f

'rafia f (*fibra*) Raphiabast m

ragazza f Mädchen n; ↑ *fidanzata* ◇ la mia - arriva domani meine Freundin kommt morgen an; **ragazzata** f Kinderei f; **ragazzo** m Junge m; ↑ *fidanzato* ◇ il mio - arriva domani mein Freund kommt morgen an; ◇ -i m/pl junge Leute pl

raggelare vi *FIG* ▷*alla notizia* erstarren

raggiante I. *p. pres. di* **raggiare**; II. *agg* strahlend; (*FIG gioioso*) glückstrahlend; **raggiare** ⟨3.3⟩ vi avere (*emanare raggi*) strahlen

raggiera f Strahlenkranz m; ◇ a - strahlenförmig, Strahlen-

rag|gio m ⟨gi⟩ ① ◇ -i m/pl solari Sonnenstrahlen pl; ▷*alfa, beta, gamma* Strahl m; ◇ -i m/pl x Röntgenstrahlen pl ② *FIG* ◇ - m di speranza Hoffnungsschimmer m ③ GEOM Strahl m

raggirare vt *FIG* betrügen; **raggiro** m Betrug m

rag'giungere ⟨Part. pass.: raggiunsi/raggiunse/raggiunsero⟩ irr vt erreichen; *FIG* → *la meta* erreichen, schaffen; **raggiun'gibile** agg ⟨inv⟩ erreichbar; **raggiungimento** m (*il raggiungere*) Erreichen n; *FIG* Erreichung f

raggiustare I. vt (*aggiustare di nuovo*) ausbessern, wiederherrichten II. vr rec ◇ -rsi (*riconciliarsi*) sich versöhnen

raggomitolare ⟨3.10⟩ I. vt wieder aufwickeln II. vr (*FIG rannicchiarsi*) sich zusammenkauern

raggranellare vt zusammensparen

raggrinzare irr I. vt → *fronte* runzeln II. vi ← *pelle* knittern

raggrumare I. vt verdichten II. vi klumpen

raggruppamento m ↑ *gruppo* Gruppierung f, Gruppe f; **raggruppare** vt gruppieren

ragguagliare ⟨3.6⟩ vt ① (*paragonare*) vergleichen; ② (*fornire ragguagli*) informieren (*su* über *acc*); **ragguaglio** m ① (*confronto*) Vergleich m ② (*informazione*) Auskunft f, Information f

ragguar'devole agg ⟨inv⟩ beträchtlich

ragionamento m ↑ *riflessione* Überlegung f, Argumentation f; **ragionare** vi avere ① (*usare la ragione*) vernünftig sein/denken ② (*discorrere*) vernünftig reden (*di* über *acc*), argumentieren; **ragionato** I. *p. pass. di* **ragionare**; II. *agg* ▷*discorso* überlegt, durchdacht; **ragione** f ① (*facoltà*) Vernunft f ② (*causa*) Ursache f; (*prova*) Beweis m; ◇ aver - recht haben; ◇ non sentire - sich nicht überzeugen lassen ③ (*diritto*) Recht n

ragione'vole agg ⟨inv⟩ vernünftig; (*equilibrato*) ausgeglichen; **ragionevolezza** f Vernünftigkeit f

ragioniere(-a f) m Buchhalter(in f) m

ragliare ⟨3.6⟩ ⟨avere⟩ vi ← *asino* iahen; **raglio** m Eselsschrei m

ragnatela f Spinnengewebe n; **ragno** m Spinne f

ragù m Ragout n

R.A.I. f acronimo di **Radio Audizioni Italiane** *Italienischer Rundfunk*

rallegramento : ◇ -i ! m/pl Glückwünsche pl; **rallegrare** vt → *serata* aufheitern

rallentamento m ① (*della corsa*) Verlangsamen n ② FILM Zeitlupe f; **rallentare** vt → *ritmo* verlangsamen; *FIG* → *la sorveglianza* einschränken, nachlassen; **rallenta|tore(-trice** f) m ⟨tori, trici⟩ ① (*chi rallenta*) Verlangsamer(in f) m ② FILM Zeitlupe f

ramaiolo m Schöpflöffel m

ramanzina f (*predicozzo*) Strafpredikt f

ramarro m FAUNA Smaragdeidechse f

rame m CHIM Kupfer n

ramificare ⟨3.4⟩ irr vi avere (*produrre rami*) Zweige treiben; **ramificato** I. *p. pass. di* **ramificare**; II. *agg* (*che ha rami*) verzweigt; **ramificazione** f Verzweigung f

ramino *m* (*gioco*) Rommé *n*

rammaricare ⟨3.4⟩ **I.** *vt* betrüben, bedauern **II.** *vr* ◇ **-rsi** (*affliggere*) bedauern *acc*; **ram'marico** *m* ⟨chi⟩ Kummer *m*; (*espressione di rincrescimento*) Bedauern *n*

rammendare *vt* stopfen; **ramendatura** *f* Zurichtung *f*; **rammendo** *m* Stopfen *n*

rammentare *vt* sich erinnern (*a* an *acc*); (*richiamare alla memoria*) sich *dat* ins Gedächtnis zurückrufen

ramollimento *m* (*della cera*) Erweichung *f*; (*del carattere*) Schwächung *f*, Verweichlichung *f*; **rammollire** ⟨5.2⟩ *irr* **I.** *vt* → *cera* erweichen; *FIG* schwächen **II.** *vi* (*anche FIG diventare molle*) weich werden; **rammollito(a** *f*) **I.** *p. pass. di* **rammollire**; **II.** *agg* weich, erweicht **III.** *m* schlaffer Mensch *m*

rammorbidire ⟨5.2⟩ *irr* **I.** *vt* weich machen, erweichen **II.** *vi* weich werden

ramo *m* ① Ast *m* ② (*di un fiume*) Arm *m* ③ (*della linguistica*) Zweig *m*; **ramoscello** *m* Zweiglein *n*

rampa *f* Rampe *f*; ◇ **- di lancio** Abschußrampe *f*

rampante I. *p. pres. di* **rampare**; **II.** *agg* ⟨inv⟩ (*che si arrampica*) auf den Hinterbeinen stehend **III.** *m* (*di una scala*) Stiegenrampe *f*; **rampare** *vi avere* ↑ *arramparcisi* auf den Hinterbeinen stehen

rampicante I. *p. pres. di* **rampicare**; **II.** *agg* ⟨inv⟩ *FLORA* Kletter-, kletternd **III.** *m* (*pianta*) Kletterpflanze *f*

rampichino *m* *FLORA* Kletterpflanze *f*

rampino *m* Haken *m*

rampollo *m* ↑ *discendente diretto* Sprößling *m*

rampone *m* (*fiocina*) Harpune *f*; (*per pali*) Klettereisen *n*

rana *f* Frosch *m*

rancidità *f* Ranzigkeit *f*; **'rancido** *agg* ranzig; **rancidume** *m* ranziger Geruch *m*

rancore *m* Groll *m*

randagio *agg* ⟨gi, ge⟩ ▷*gatto* streunend; ▷*vita* unstet

randellare *vt* prügeln

randello *m* Knüppel *m*

ranetta *vedi* **renetta**

rango *m* ⟨ghi⟩ (*ceto, grado*) Stand *m*, Rang *m*; (*MIL riga*) Reihe *f*; *FIG* ◇ **uscire dai -i** aus der Reihe tanzen

rannicchiarsi ⟨6⟩ *vr* ▷*in un angolo* sich zusammenkauern

rannuvolamento *m* Bewölkung *f*; **rannuvolare** ⟨3.10⟩ *vt* bewölken

ranocchia *f* Froschteich *m*, Sumpf *m*; **ranocchio** *m* Frosch *m*

rantolare ⟨3.2⟩ *vi* (*mandare rantoli*) röcheln; **'rantolo** *m* Röcheln *n*

rapa *f* *FLORA* Rübe *f*

rapace I. *agg* ⟨inv⟩ ▷*animale* Raub-, räuberisch; *FIG* gierig **II.** *m* *FAUNA* Raubvogel *m*; **rapacità** *f* Gier *f*

rapare I. *vt* → *i capelli* kurz scheren **II.** *vr* ◇ **-rsi** (*radersi a zero i capelli*) sich das Haar glattscheren lassen

rapata *f* Kurzscheren *n*

rapidità *f* Schnelligkeit *f*; **'rapido I.** *agg* schnell **II.** *m* *FERR* Fernschnellzug *m*

rapimento *m* Entführung *f*; *FIG* Verzückung *f*, Ekstase *f*; **rapina** *f* ▷*a mano armata* Raub *m*; **rapinare** *vt* → *banca* rauben; → *persona* entführen; **rapina|tore(trice** *f*) *m* ⟨tori, trici⟩ Räuber (in *f*) *m*

rapinoso *agg* ▷*torrente* reißend; **rapire** ⟨5.2⟩ *irr* *vt* (*persone*) entführen; *FIG* entzücken; ◇ **questa musica mi rapisce** diese Musik begeistert mich, **rapi|tore** ⟨trice⟩ *m* ⟨tori, trici⟩ Entführer(in *f*) *m*

rappacificare ⟨3.4⟩ *irr* **I.** *vt* → *due nemici* versöhnen **II.** *vr rec* ◇ **-rsi** (*riconciliarsi*) sich versöhnen; **rappacificazione** *f* (*riconciliazione*) Versöhnung, Aussöhnung *f*

rappezzamento *m* Ausbesserung *f*; **rappezzare** *vt* flicken, ausbessern; **rappezzo** *m* Flicken *n*

rappor'tabile *agg* ⟨inv⟩ vergleichbar; **rapportare** *vt* ① (*confrontare*) vergleichen ② (*riprodurre*) übertragen

rapporto *m* ① (*resoconto*) Bericht *m*; ◇ **fare - ai superiori** dem Vorgesetzten Bericht erstatten ② (*di amicizia, parentela*) Beziehung *f*; ▷*sessuale/intimo* Verkehr *m* ③ ↑ *connessione* Verbindung, Beziehung *f* ④ *MAT* Verhältnis *n*

rap'prendere ⟨Part. pass.: rappresi/rapprese/rappresero Part. rappreso⟩ *irr* **I.** *vt* → *salsa* gerinnen lassen **II.** *vi* gerinnen

rappresaglia *f* ① (*vendette*) Rache *f* ② Repressalie *f*

rappresen'tabile *agg* ⟨inv⟩ darstellbar

rappresentante I. *p. pres. di* **rappresentare**; **II.** *agg* ⟨inv⟩ vertretend **III.** *m/f* ▷*sindacale* Vertreter(in *f*); ▷*di una ditta* Repräsentant, Vertreter(in *f*) *m*; **rappresentanza** *f* Vertretung *f*; ◇ **in - di** in Vertretung *gen*; ▷*nazionale* Vertretung *f*

rappresentare *vt* ① (*raffigurare graficamente*) darstellen, abbilden ② ↑ *simboleggiare* darstellen ③ ↑ *recitare* spielen, aufführen ④ → *minoranze* vertreten

rappresentatività *f* Darstellungsfähigkeit *f*;

R

rappresentativo *agg* ① ▷*immagine* darstellend ② DIR ▷*sistema* repräsentativ; **rappresentazione** *f* ① *(raffigurazione)* Darstellung *f* ② ▷*teatrale* Aufführung *f*

rapso'dia *f* Rhapsodik *f*, Rhapsodie *f*; **ra'psodico** *agg* ⟨ci, che⟩ rapsodisch; **rapsodo** *m* Rhapsode *f*

raramente *avv* selten

rarefare ⟨4.6⟩ *irr vt* → *aria* verdünnen; **rarefazione** *f* *(dell'aria)* Verdünnung *f*

rarità *f* *(di un avvenimento)* Seltenheit *f*; ↑ *oggetto raro* Rarität *f*; **raro** *agg* selten; *(FIG prezioso)* auserlesen

rasare I. *vt* rasieren; → *siepi* scheren, schneiden II. *vr* ◇ -**rsi** sich rasieren

rasatello *m (stoffa)* Satinella *m*

rasato I. *p. pass. di* **rasare**; II. *agg* ▷*maglia* satiniert III. *m* Satin *m*; **rasatura** *f* Rasur *f*

raschiare ⟨3.6⟩ I. *vt* → *muro* schaben II. *vi avere (fare il raschio)* sich räuspern; **raschiata** *f* Abkratzen *n*; **raschiatura** *f* Abschaben, Abkratzen *n*

raschino *m* Schabeisen *n*

raschio *m* Räuspern *n*

rasciugare ⟨3.5⟩ *vt* ↑ *asciugare* trocknen

rasentare *vt* → *riva* streifen; FIG ↑ *avvicinarsi* nahe kommen *dat*

rasente *prep:* ◇ - **a** hart an [*o.* dicht an]

raso I. *p. pass. di* **radere**; II. *agg* ① *(rasato)* rasiert ② *(liscio)* satiniert; ◇ **fare tabula -a** reinen Tisch machen ③ *(pieno, ma non colmo)* ▷*bicchiere* abgestrichen III. *m* ① *(tessuto liscio)* Satin *m*

rasoio *m* Rasiermesser *n*, Rasierapparat *m*

raspare I. *vt* ① → *la gola* reizen, kratzen ② ← *cane* scharren II. *vi avere* ← *spazzola* kratzen; **raspatura** *f* Raspeln *n*

raspo *m* Traubenkamm *m*

rassegna *f* ① MIL Parade *f*; ◇ **passare in** - Parade abnehmen ② *(degli spettacoli)* Revue *f*, Ausstellung *f*; **rassegnazione** *f* Resignation, Ergebung *f*

rasserenamento *m* Aufhellung *f*; FIG Aufheiterung *f*; **rasserenare** I. *vt* aufheitern; FIG aufheitern II. *vi* ← *cielo* sich aufheitern

rassettare I. *vt* ↑ *riordinare* ordnen; ↑ *aggiustare* regeln II. *vr* ◇ -**rsi** sich in Ordnung bringen

rassicurare *vt* beruhigen; **rassicurazione** *f* Beruhigung *f*

rassodamento *m* Straffung *f*, Festigung *f*; **rassodante** I. *p. pres. di* **rassodare**; II. *agg* ⟨inv⟩ ▷*crema* straffend; **rassodare** *vt* → *muscoli* stärken; → *terra* erhärten; FIG festigen

rassomigliante I. *p. pres. di* **rassomigliare**;

II. *agg* ⟨inv⟩ ähnlich *(a dat)*; **rassomiglianza** *f* Ähnlichkeit *f*; **rassomigliare** ⟨3.6⟩ I. *vi* gleichen, ähneln *(a dat)* II. *vr rec* ◇ -**rsi** einander ähnlich sein

rastrellamento *m (operazione del rastrellare)* Harken *n*; *(FIG della polizia)* Razzia *f*; **rastrellare** *vt* harken; *(FIG perlustrare)* absuchen; **rastrellata** *f (operazione)* Harken *n*; *(colpo di rastrello)* Schlag *m* mit der Harke

rastrelliera *f* AGR Ständer *m*; *(per piatti)* Abstellbrett *n*

rastrello *m* Harke *f*

rastremare *vt (restringere verso l'alto)* verjüngen

rastremazione *f (di una colonna)* Verjüngung *f*

rata *f (mensile)* Rate *f*; **rateale** *agg* ⟨inv⟩ Raten-, ratenweise; **rateare** *vt* → *pagamento* in Raten einteilen; **rateazione** *f* Rateneinteilung *f*; **rateizzare** *vt* → *pagamento* in Raten einteilen; **rateizzazione** *f* Ratenfestsetzung *f*

ra'tifica *f* ⟨che⟩ DIR Ratifikation *f*; *(convalida)* Bestätigung, Anerkennung *f*; **ratificare** ⟨3.4⟩ *vt* DIR ratifizieren; ↑ *convalidare* bestätigen, anerkennen; **ratificazione** *f* DIR Ratifikation *f*; *(di una nomina)* Bestätigung *f*

Ratisbona *f* Regensburg *n*

ratto *m* FAUNA Ratte *f*

rattoppare *vt* zusammenflicken; FIG ausbessern; **rattoppo** *m* Flicken *m*; FIG Flicken *n*

rattrappire ⟨5.2⟩ *vt* zusammenziehen

rattristare *vt* ↑ *addolorare* betrüben

rau'cedine *f* Heiserkeit *f*

'rauco *agg* ⟨chi, che⟩ ▷*voce* heiser

ravanello *m* Radieschen *n*

raviolo *m* : ◇ -**i** *m/pl* Ravioli *pl*

ravvedimento *m* Reue *f*

ravviare ⟨3.3⟩ I. *vt* ↑ *rimettere in ordine* ordnen II. *vr* ◇ -**rsi** sich zurechtmachen

ravvicinamento *m* ↑ *accostamento* Annäherung *f*; FIG ↑ *riconciliazione* Aussöhnung *f*; **ravvicinare** *vt* naherücken; ↑ FIG *riconciliare* versöhnen

ravvi'sabile *agg* ⟨inv⟩ erkennbar

ravvisare *vt* erkennen

ravvivare *vt* ↑ *rianimare* wiederbeleben; FIG beleben

rav'volgere ⟨Part. pass.: ravvolsi/ravvolse/ravvolsero Part. ravvolto⟩ *irr* I. *vt* → *lenzuolo* einwickeln II. *vr* ▷*in un mantello* einhüllen; **ravvolgimento** *m* ↑ *tortuosità* Windung *f*, Krümmung *f*

raziocinante I. *p. pres. di* **raziocinare**; II. *agg* ⟨inv⟩ vernünftig; **raziocinare** *vi* vernünftig handeln [*o.* denken]; **razio'cinio** *m* Vernunft *f*

razionale agg ⟨inv⟩ ① (ragionevole) vernünftig; (fondato sulla scienza) rational ② ↑ funzionale rationell, zweckmäßig ③ MAT ▷numero rationale; **razionalismo** m Rationalismus m; **razionalista** m/f Rationalist(in f) m; **razionalistico** agg ⟨ci, che⟩ rationalistisch; **razionalità** f ① (facoltà) Vernünftigkeit f ② (funzionalità) Zweckmäßigkeit f

razionalizzare vt rationalisieren

razionamento m (del cibo) Rationierung f; **razionare** vt rationieren, zuteilen; **razione** f Ration f, Anteil m

razza f ▷nera Rasse f; (specie, qualità) ◇ che - di persona sei ? was für eine Art Mensch bist du?

raz'zia f (saccheggio) Raubzug m

razziale agg ⟨inv⟩ Rassen-, rassisch

razziare ⟨3.6⟩ vt (fare razzia) rauben, plündern

razzismo m Rassismus m; **razzista** m/f ⟨i, e⟩ Rassist(in f) m; **raz'zistico** agg ⟨ci, che⟩ (da/di razzista) rassistisch

razzo m Rakete f; FIG ◇ correre come un - schnell wie eine Rakete laufen

razzolare ⟨3.2⟩ (con avere) vi scharren

re¹ m ⟨inv⟩ ① König m; FIG ◇ stare come un - wie ein König leben ② ↑ il migliore König m

re² m ⟨inv⟩ MUS d n

reagente I. p. pres. di **reagire**; **II.** agg ⟨inv⟩ reagierend, ansprechend **III.** m CHIM Reaktionsmittel n, Reagens n

reagire ⟨5.2⟩ irr vi ▷alle offese reagieren, antworten (a auf acc)

reale¹ **I.** agg ① ▷fatto wirklich ② MAT reell **II.** m (realtà) Wirklichkeit f

reale² agg ⟨inv⟩ ▷palazzo königlich, Königs-; ▷aquila Königs-; **realismo** m Realismus m; FIL Realismus m; ARTE Realismus m; **realista**¹ m/f ⟨i, e⟩ (in arte, filosofia) Realist(in f) m; **realista**¹ m/f ⟨i, e⟩ Royalist(in f) m; **rea'listico** agg ⟨ci, che⟩ realistisch, realistisch

realiz'zabile agg ⟨inv⟩ realisierbar; **realizzare I.** vt ① (attuare) verwirklichen ② → goal schießen ③ (FIG comprendere) erfassen, begreifen ④ (COMM realizzare in moneta) gewinnen, erzielen **II.** vr ◇ -rsi ▷nel lavoro sich verwirklichen; **realizza|tore(trice)** m ⟨tori, trici⟩ derjenige, der etwas verwirklicht; **realizzazione** f ① Verwirklichung f ② TEATRO Inszenierung, f; ▷televisiva Bearbeitung f; **realizzo** m (COMM di titoli) Erlös m; ◇ vendiamo a prezzi di - wir verkaufen zu Schleuderpreisen

realmente avv wirklich

realtà f (il reale) Realität f; (di un fatto) Realität f, Wirklichkeit f

reame m ⟨i⟩ (regno) Reich n

reato m Straftat f

reattanza f ELETTR Reaktanz f

reattività f Reaktionsvermögen n

reattivo I. agg reaktiv; CHIM Reagenz- **I.** m CHIM Reagenz n

reattore m ① (aereo) Düsenflugzeug n ② ▷nucleare Reaktor m

reazionario(a f) **I.** agg reaktionär **II.** m Reaktionär(in f) m

reazione f ① Reaktion f ② POL Reaktion f ③ FIS Reaktion f; ▷nucleare Reaktion f

recalcitrare vedi **ricalcitrare**

recapitare ⟨3.10⟩ vt → lettera zustellen, bestellen; **re'capito** m Adresse f

recare ⟨3.4⟩ irr vt ① → firma tragen, führen ② → danno verursachen

re'cedere irr vi ▷di una posizione zurücktreten

recensione f Rezension f; **recensire** ⟨5.2⟩ irr vt rezensieren, besprechen; **recensore(a** f) m Kritiker(in f) m

recente agg ⟨inv⟩ neu; ◇ di - vor kurzem; **recentemente** avv kürzlich, neulich

recepire ⟨5.2⟩ irr vt (accogliere, far proprio) annehmen

recessione f COMM Rezession f

recessività f (ricettività) Aufnahmefähigkeit f

recessivo agg BIO rezessiv; COMM rückläufig

recesso m : ◇ -i (della giungla) Rückzug m, Rückgang m

recesso m **I.** p. pass. di **re'cedere**; **II.** agg zurückgetreten

recettività (vedi) vedi **ricettività; recettivo** vedi **ricettivo**

recet|tore, trice m ⟨tori, trici⟩ (di radioonde) Empfänger(in f) m; BIO Rezeptor(in f) m

re'cidere ⟨Pass. rem.: recisi/recidesti Part.: reciso⟩ irr vt abschneiden

recidiva f DIR Rückfall m, Wiederholungsfall m; MED Rückfall m; **recidivare** ⟨3.10⟩ vi DIR rückfällig werden; MED einen Rückfall erleiden; **recidivo(a** f) **I.** agg wiederholt **II.** m Rückfällige(r) fm

re'cingere ⟨Pass. rem.: recinsi/recingesti Part.: recinto⟩ irr vt → giardino umschließen

recintare irr vt einfrieden, einzäunen; **recinto I.** p. pass. di **re'cingere**; **II.** agg eingezäunt **III.** m ▷metallico Einfriedung f, Zaun m; **recinzione** f (recinto) Einfriedung f, Einzäunung f

recipiente m ▷per liquidi Gefäß n, Behälter m

reciprocità f Gegenseitigkeit f; **re'ciproco** agg ⟨ci, che⟩ gegenseitig

reciso m **I.** p. pass. di **re'cidere**; **II.** agg (tagliato) ▷ramo abgeschnitten; (FIG categorico) entschieden, fest**re'cidere**

'recita f Aufführung f, Vorstellung f; **recitante** I. p. pres. di **recitare**; II. agg ⟨inv⟩ ▷voce vortragend; **recitare** ⟨3.2⟩ I. vt → poesia vortragen; → parte spielen II. vi avere (fare l' attore) spielen

recitativo agg rezitativisch

recitazione f (di una poesia) Vortrag m; (di un attore) Darstellung f, Spiel n

reclamare I. vi avere sich beschweren II. vt (pretendere) verlangen

réclame f ⟨inv⟩ COMM Reklame f; **reclamizzare** vt werben für acc

reclamo m Beschwerde f

recli'nabile agg ⟨inv⟩ senkbar; **reclinare** vt → capo senken

re'cludere ⟨Pass. rem.: reclusi/recludesti Part.: recluso⟩ irr vt (imprigionare) einsperren; **reclusione** f DIR Gefängnis n; **recluso(a** f) I. p. pass. di **re'cludere**; II. agg eingesperrt III. m Häftling m

'recluta f Rekrut m; **reclutamento** m (nell' esercito) Rekrutierung f; **reclutare** ⟨3.2⟩ vt (nell' esercito) rekrutieren, ausheben; → operai anwerben

re'condito agg verborgen; (FIG misterioso) geheim

record m ⟨inv⟩ SPORT Bestleistung f, Rekord m

recriminare ⟨3.10⟩ vt Gegenklage erheben; **recriminazione** f ① Gegenklage f ② (lagnanza) Beschwerde f, Klage f

recrudescenza f Verschlimmerung f

recto m ⟨inv⟩ (contr. di verso) Avers m

recuperare vedi **ricuperare**

redarguire ⟨5.2⟩ irr vt (rimproverare) tadeln, zurechtweisen

redatto m p. pass. di **re'digere**; II. agg verfaßt; **redat|tore(trice** f) m ⟨tori, trici⟩ Verfasser(in f) m; (di giornale) Redakteur(in f) m; **redazione** f (stesura) Verfassung f; (del giornale) Redaktion f; (sede del redattore) Redaktion f

reddittività f Ertragsfähigkeit f

redditizio agg rentabel

'reddito m ▷professionale Einkommen n, Einkünfte pl

redento I. p. pass. di **re'dimere**; II. agg erlöst; **reden|tore** ⟨trice⟩ f) I. agg erlösend II. m : ◇ il R-Erlöser m; **redenzione** f (dal peccato) Erlösung f

re'digere ⟨Pass. rem.: redassi/redasse/redassero Part.: redatto⟩ irr vt → testo verfassen

re'dimere ⟨Pass. rem.: redensi/redense/redensero Part.: redento⟩ I. vt erlösen II. vr ◇ **-rsi** ▷dal male sich befreien, sich erlösen; **redi'mibile**

agg ⟨inv⟩ erlösbar; **redimibilità** f Erlösbarkeit f

'redine f (briglia) Zügel m; FIG ◇ **lasciare le -i a** qu jd-m die Leitung überlassen

redivivo agg wiedererstanden

'reduce m/f (di guerra) Heimkehrer(in f) m

referendum m ⟨inv⟩ Referendum n, Volksabstimmung f

referente agg ⟨inv⟩ (contr. di deliberante) berichtend

referenza f : ◇ **-e** f/pl Referenz f/sg

referto m Bericht m

refettorio m Speisesaal m

refrattario agg ▷materiale feuerfest; FIG unempfindlich

refrigerare ⟨3.10⟩ vt abkühlen; **refrigerazione** f Kühlung f; **refrigerio** m Erfrischung f

regalare vt schenken

regale agg königlich, Königs-

regalo m Geschenk n

regata f Regatta f

reggente I. agg stellvertretend II. m/f Regent(in f) m; **reggenza** f Stellvertretung f

'reggere ⟨Pass. rem.:ressi/reggesti Part.: retto⟩ irr I. vt ① (tenere) halten; (sostenere) tragen ② (resistere) standhalten dat ③ (dirigere) führen; LING regieren II. vi (resistere) standhalten dat; (durare) halten III. vr ◇ **-rsi** (stare ritto) aufrecht stehen; (FIG dominarsi) sich beherrschen; ◇ **-rsi sulle gambe** sich auf den Beinen halten

reggia f ⟨ge⟩ Königspalast m

reggicalze m ⟨inv⟩ Strumpfhalter m

reggimento m MIL Regiment n

reggiseno m Büstenhalter m

re'gia ⟨gie⟩ f Regie f

regime m POL Regime n; (dieta) Diät f; (regola di vita) Lebensweise f; TEC Betrieb m

regina f Königin f; **regio(a** f) agg ⟨gi, gie⟩ Königs-, königlich

regionale agg regional, Regional-; **regione** f Gegend, Region f

regista m/f ⟨i, e⟩ Regisseur(in f) m

registrare vt eintragen; → canzone aufnehmen; (mettere a punto) einstellen, regulieren; **registratore** m Eintrager, m; (magnetofono) Tonbandgerät n, Kassettenrekorder m; ◇ **- di cassa** Registrierkasse f; **registrazione** f Eintragung f; (incisione) Aufnahme f

registro m Register n

regnare vi herrschen, regieren; **regno** m [König-]Reich n; ▷animale Reich n

'regola f Regel f; ◇ **a - d'arte** kunstgerecht; ◇ **di - in der Regel**; ◇ **in - in Ordnung**; **regolamento** m (complesso di norme) Regelung f; **regola-**

re ⟨3.2⟩ **I.** *agg* ⟨inv⟩ regelmäßig; (*secondo prescrizione*) vorschriftsmäßig **II.** *vt* regeln **III.** *vr* ◇ **-rsi** (*moderarsi*) sich mäßigen; (*comportarsi*) sich benehmen **IV.** *m/f* REL Ordensgeistliche(r) *fm*; **regolazione** *f* (*di meccanismi*) Regelung *f*; ↑ *messa a punto* Einstellung *f*; (*pagamento*) Begleichung *f*; **regolatore** *m* Regler *m*; ◇ **- di temperatura** Temperaturregler *m*

'regolo *m* Lineal *n*; ◇ **- calcolatore** Rechenschieber *m*

regredire ⟨5.2⟩ *irr vi* zurückgehen; **regresso** *m* Rückgang *m*

reimpiego *m* ⟨ghi⟩ Wiederverwendung *f*

reintegrare ⟨3.10⟩ *vt* wiederherstellen; ◇ **- in una carica** jdn wieder in ein Amt einsetzen

relatività *f* Relativität *f*; **relativo(a** *f*) *agg* relativ, bezüglich; LING Relativ-, relativ, (*appartenente*) zugehörig *dat*

relax ⟨inv⟩ Entspannung, Erholung *f*

relazionale *agg* ⟨inv⟩ relational; **relazione** *f* (*rapporto*) Beziehung *f*; (*resoconto*) Bericht *m*; MAT Relation *f*; ◇ **-i** *f/pl* (*conoscenze*) Beziehungen *pl*

relegare ⟨3.5⟩ *irr vt* verbannen

religione *f* Religion *f*; **religioso(a** *f*) **I.** *agg* religiös, Religions-; (*FIG rispettoso*) ehrfürchtig **II.** *m/f* Ordensgeistliche(r) *fm*; ◇ **matrimonio** *m* **- kirchliche** *f* Hochzeit

reliquia *f* Reliquie *f*

relitto *m* Wrack *n*; FIG Wrack *n*

remare *vt* rudern

reminiscenza *f* Erinnerung *f*

remissione *f* Nachlaß *m*, Erlaß *m*

remissivo(a *f*) *agg* nachgiebig

remo *m* Ruder *n*

remoto *agg* (*nel tempo*) vergangen; (*nello spazio*) abgelegen, entlegen

'rendere ⟨Pass. rem.: resi/rese/resero Part.: reso⟩ *irr* **I.** *vt* (*ridare*) zurückgeben; (*produrre*) einbringen, leisten; (*descrivere*) darstellen, beschreiben **II.** *vr* ◇ **-rsi:** ◇ **-rsi utile** sich nützlich machen

rendiconto *m* (*rapporto*) Bericht *m*

rendimento *m* (*utile*) Leistung *f*

'rendita *f* Einkommen *n*; COMM Rente *f*

rene *m* Niere *f*

renitente *agg* ⟨inv⟩ widerspenstig (*a gegen acc*) **II.** *m*: ◇ **- alla leva** Wehrdienstverweiger *m*

renna *f* FAUNA Ren *n*

Reno *m* Rhein *m*

reo(a *f*) *m/f* Schuldige(r) *fm*

reparto *m* Abteilung *f*; ◇ **- cure intensive, - rianimazione** Intensivstation *f*

repellente *agg* ⟨inv⟩ abstoßend

repentaglio *m* : ◇ **mettere a -** aufs Spiel setzen

repentino *agg* sofortig, plötzlich

repe'ribile *agg* ⟨inv⟩ auffindbar

reperto *m* ARCH Fund *m*; DIR Beweisstück *n*; MED Befund *m*

repertorio *m* TEATRO Spielplan *m*; (*elenco*) Verzeichnis *n*

'replica *f* ⟨che⟩ Wiederhohlung *f*; (*risposta*) Erwiderung *f*; (*obiezione*) Widerspruch *m*; **replicare** ⟨3.4⟩ *irr vt* wiederholen; (*rispondere*) erwidern

represso *p. pass. di* **re'primere**; **repressione** *f* Unterdrückung *f*; **re'primere** ⟨Pass. rem.: repressi/represse/repressero Part. represso⟩ *irr vt* unterdrücken, zurückhalten

'reprobo *agg* schlecht, ruchlos

re'pubblica *f* ⟨che⟩ Republik *f*; ◇ **R- Federale Tedesca** Bundesrepublik Deutschland; **repubblicano(a** *f*) **I.** *agg* republikanisch **II.** *m/f* Republikaner(in *f*) *m*

reputare ⟨3.2⟩ *vt* halten für *acc*

reputazione *f* Ruf *m*

requie *f* Ruhe *f*

requisire ⟨5.2⟩ *irr vt* beschlagnahmen

requisito *m* Erfordernis *n*

requisitoria *f* DIR Anklagerede *f*; (*rimprovero*) strenger Verweis *m*

requisizione *f* Beschlagnahmung *f*

resa *f* ⓵ (*l'arrendersi*) Übergabe, Kapitulation *f* ⓶ (*restituzione*) Rückgabe *f*; ◇ **- dei conti** Abrechnung *f*

Resia *f* Reschen *n*

residente *agg* ⟨inv⟩ wohnhaft; **residenza** *f* Wohnsitz *m*; **residenziale** *agg* ⟨inv⟩ Wohn-

residuo I. *agg* Rest-, restlich **II.** *m* Rest *m*; CHIM Rückstand *m*

'resina *f* Harz *n*

resistente *agg* widerstandsfähig (*a gegen acc*); ◇ **- al caldo** wärmebeständig; **resistenza** *f* Widerstand *m*; (*capacità di resistere*) Widerstandsfähigkeit *f*; **re'sistere** ⟨Part.: resistito⟩ *irr vi* standhalten (*a dat*); (*sopportare*) ertragen *acc*

reso(a *f*) *p. pass. di* **'rendere**; **resoconto** *m* Bericht *m*

respingente *m* FERR Puffer *m*; **re'spingere** ⟨Pass. rem.: respinsi/respinse/respinsero Part.: respinto⟩ *irr vt* zurückdrängen, zurückstoßen; (*rifiutare*) ablehnen; (*SCUOLA*) zurückweisen; **respinto** *p. pass. di* **re'spingere**

respirare I. *vi* atmen; *FIG* provare sollievo, aufatmen **II.** *vt* atmen; **respiratorio** *agg* Atmungs-, Atem-; **respirazione** *f* Atmung *f*, Atmen *n;* **respiro** *m* Atem *m; (singolo atto)* Atemzug *m; FIG* ↑ *riposo* Pause, Ruhe *f*

respon'sabile I. *agg* ⟨inv⟩ verantwortlich **II.** *m/f* Verantwortliche(r) *fm ;* **responsabilità** *f* Verantwortung *f;* ◇ **- civile** Haftpflicht; ◇ **- penale** strafrechtliche Verantwortung

responso *m* Antwort *f,* Bescheid *m*

ressa *f* Gedränge *n*

restare *vi* [1] *(avanzare)* übrig bleiben [2] *(rimanere)* bleiben

restaurare *vt* wiederherstellen; *(FIG ristabilire)* wiederherstellen; **restaurazione** *f* POL Wiederherstellung *f,* Restauration *f;* **restauro** *m* Renovierung *f,* Restaurierung *f*

re'stio *agg* ⟨ii, ie⟩ widerwillig; ◇ **essere - ad uscire la sera** er geht abends nur widerwillig aus

restituire ⟨5.2⟩ *irr vt* zurückgeben, zurückerstatten

resto *m* Rest *m;* ◇ **del -** übrigens

re'stringere ⟨Pass. rem.: restrinsi/restrinse/restrinsero⟩ *irr* **I.** *vt* enger machen, verengen; *FIG* beschränken, begrenzen **II.** *vr* ◇ **-rsi ← strada** enger werden, sich verengen; **restrittivo** *agg* einengend; **restrizione** *f* Einschränkung *f*

rete *f* Netz *n;* ◇ **- del letto** Sprungrahmen *m*

reticente *agg* ⟨inv⟩ zurückhaltend, verschwiegen

reticolato *m* Netz *n,* Geflecht *n*

'retina *f* ANAT Netzhaut *f*

re'torico(a *f)* *agg* ⟨ci, che⟩ Rede-, rhetorisch

retribuire ⟨5.2⟩ *irr vt* bezahlen, entlohnen; **retribuzione** *f* Bezahlung *f*

retrivo *agg* rückständig

retro I. *m* ⟨inv⟩ Rückseite *f* **II.** *avv* *(dietro)* zurück, rückwärts

retro'cedere *irr* **I.** *vi* zurückgehen **II.** *vt* zurückstufen

re'trogrado *agg* rückläufig; *FIG* rückständig

retroguardia *f* MIL Nachhut *f*

retromarcia *f* ⟨ce⟩ Rückwärtsgang *m*

retroscena *m* ⟨inv⟩ *FIG* Hintergründe *pl*

retrospettivo *agg* rückblickend

retro'vie *f/pl* MIL Etappe *f/sg*

retrovisore *m* Rückspiegel *m*

retta *f* [1] MAT Gerade *f* [2] *(somma)* Betrag *m*

rettangolare *agg* ⟨inv⟩ rechteckig; **ret'tangolo** *m* Rechteck *n,* Viereck *n*

ret'tifica *f* ⟨che⟩ Verbesserung *f; (di strade)* Begradigung *f;* **rettificare** ⟨3.4⟩ *irr vt* [1] *(migliorare)* verbessern [2] ▷*curva* begradigen

'rettile *m* Kriechtier *n*

rettilineo I. *agg* geradlinig; *FIG* konsequent **II.** *m* Gerade *f*

retti'tudine *f* Rechtschaffenheit *f;* **retto I.** *p. pass. di* **reggere;** **II.** *agg* gerade; *(onesto)* rechtschaffen; *(giusto, esatto)* richtig, korrekt

rettore(trice *f)* *m/f* Rektor(in *f) m*

reumatismo *m* Rheumatismus *m*

reverendo *agg* REL ehrwürdig

rever'sibile *agg* ⟨inv⟩ umkehrbar

revisionare *vt* → *conti* überprüfen; TEC überholen; **revisione** *f* Prüfung *f;* TEC Überholung *f;* **revisore** *m/f* Prüfer(in *f) m*

'revoca *f* ⟨che⟩ Widerruf *m;* **revocare** ⟨3.4⟩ *irr vt* widerrufen

revolver *m* ⟨inv⟩ Revolver *m*

R.F.T. *f* abbr. di acron. di **Re'pubblica Federale Tedesca**

riabilitare ⟨3.10⟩ **I.** *vt* wieder befähigen; *FIG* rehabilitieren **II.** *vr* ◇ **-rsi** sich rehabilitieren; **riabilitazione** *f* Rehabilitation *f*

rialzare I. *vt* *(alzare di nuovo)* wieder aufheben, wieder aufrichten; *(alzare di più)* erhöhen; → *prezzi* steigern, erhöhen **II.** *vi* ← *prezzi* ansteigen; **rialzo** *m* *(dei prezzi)* Steigerung *f,* Erhöhung *f; (sporgenza)* Erhebung *f;* ◇ **essere in - im** Steigen sein

rianimare ⟨3.2⟩ *vt* wiederbeleben; **rianimazione** *f* Wiederbelebung

riaperto *p. pass. di* **riaprire; riaprire I.** *vt* wieder öffnen; ← *negozio* wiedereröffnen **II.** *vr* ◇ **-rsi** sich wieder öffnen, wiederbeginnen

riarmare *vt* wiederbewaffnen; *(modernizzare)* wieder einrichten; **riarmo** *m* Wiederbewaffnung *f*

riassetto *m* *(FIG ordinamento)* Ausgleich *m,* Regelung *f*

rias'sumere ⟨Part. pass.: riassunsi/riassunse/riassunsero⟩ *irr vt* [1] *(riprendere)* wieder übernehmen, wieder antreten; *(impiegare di nuovo)* wiederanstellen [2] *(sintetizzare)* zusammenfassen; **riassunto I.** *p. pass. di* **rias'sumere; II.** *m* Zusammenfassung *f*

riavere ⟨2⟩ *irr* **I.** *vt* *(aver di nuovo)* wieder haben; *(avere indietro)* zurückhaben; *(ricevere indietro)* wiederbekommen **II.** *vr* ◇ **-rsi** sich erholen, wieder zu sich kommen; **riavuto** *p. pass. di* **riavere**

ribadire ⟨5.2⟩ *irr vt FIG* vernieten

ribalta *f* TEATRO Rampe *f; FIG* Vordergrund *m*

ribal'tabile *agg inv* ▷*sedile etc* Klapp-; **ribaltare I.** *vt* aufklappen, hochklappen; *(rovesciare)* umkippen **II.** *vi* kippen **III.** *vr* ◇ **-rsi** kippen

ribassare I. *vt* herabsetzen, vermindern **II.** *vi* sinken, fallen; **ribasso** *m* *(dei prezzi)* Preissenkung *f;* ◇ **essere in - sinken,** fallen; *FIG* an Ansehen verlieren

ri'battere I. vt ① (*battere di nuovo*) wieder schlagen; (*respingere*) zurückweisen ② (*confutare*) widerlegen **II.** vi wieder klopfen (*a* an acc); (*replicare*) erwidern

ribellarsi ⟨6⟩ vr (*negare l'obbedienza*) sich widersetzen (*a* dat)

ribelle I. agg ⟨inv⟩ (*insorto*) aufständisch, rebellisch; (*indocile*) widerspenstig, störrisch **II.** m/f Rebell(in f) m/f; **ribellione** f Aufstand m, Rebellion f

ribes m ⟨inv⟩ Johannisbeere f, Johannisbeerstrauch m

ribollire ⟨5.2⟩ irr vi wieder kochen; (*fermentare*) gären; ◇ **- di rabbia** vor Wut kochen

ribrezzo m Ekel m, Abscheu m

ributtante agg ⟨inv⟩ widerlich

ricadere ⟨4.3⟩ irr vi wieder fallen; ← *vestiti* fallen; (*riversarsi*) treffen acc; **ricaduto I.** p. pass. di **ricadere**; **II.** f MED Rückfall m

ricalcare ⟨3,4⟩ irr vt → *disegni* durchpausen; FIG nachahmen

ricalcitrante agg ⟨inv⟩ FIG widerspenstig

ricamare ⟨3⟩ vt sticken

ricambiare ⟨3.3⟩ irr vt wieder wechseln; (*contraccambiare*) erwidern; **ricambio** m (*cambio*) Austausch m; (*sostituzione*) Ersatz m; ◇ **-i** m/pl Ersatzteile pl

ricamo m Sticken n, Stickerei f

ricapitolare ⟨3.10⟩ vt zusammenfassen

ricattare ⟨3⟩ vt erpressen; **ricattatore(trice** f) m/f ⟨tori, trici⟩ Erpresser(in f) m/f; **ricatto** m Erpressung f

ricavare vt (*estrarre*) gewinnen; (*dedurre*) ziehen, folgern; → *guadagno* gewinnen, herausschlagen; **ricavo** m (*utile*) Erlös, Ertrag m

ricchezza f Reichtum m

ric|cio I. agg ⟨ci, ce⟩ lockig, gelockt **II.** m ⟨ci⟩ Locke f; **'ricciolo** m Locke f; **ricciuto** agg lockig, gelockt

ric|co(a f) **I.** agg reich; (*prezioso*) wertvoll, prächtig **II.** m/f ⟨chi, chet⟩ Reiche(r) fm

ricerca f ⟨che⟩ Suche f; ◇ **- scientifica** Forschung f; ◇ **- di mercato** Marktforschung f; **ricercare** ⟨3.4⟩ irr vt (*cercare di nuovo*) wieder suchen; (*indagare*) forschen nach dat; (*studiare*) forschen; → *parole* auswählen; **ricercato** agg ① (*apprezzato*) begehrt ② (*affettato*) gekünstelt

ricetrasmittente f Sende- und Empfangsapparat m

ricetta Rezept n; (*del medico*) Rezept n; (FIG *rimedio*) Mittel n

ricettare vt hehlen; **ricetta|tore(trice** f) m ⟨tori, trici⟩ Hehler(in f) m

ri'cevere vt bekommen, erhalten; → *ospite* empfangen; MEDIA empfangen; → *persona* vorlassen; **ricevimento** m Empfang m; **ricevitore** m (*del telefono*) Hörer m; (*apparecchio ricevente*) Empfänger m, Empfangsgerät n; **ricevuta** f Quittung f; **ricezione** f MEDIA Empfang m

richiamare I. vt ① (*chiamare di nuovo*) wieder rufen; (*chiamare indietro*) zurückrufen; MIL einberufen ② (*attirare*) locken ③ (*rimproverare*) tadeln **II.** vr ◇ **-rsi** (*riferirsi*) sich berufen (*a* auf acc); **richiamo** m Ruf m; (*rimprovero*) Tadel m; (*allettamento*) Lockung f; (*segno di rinvio*) Hinweis m

ri'chiedere ⟨Pass. rem.: richiesi/richiese/richiesero Part. richiesto⟩ irr vt (*chiedere nuovamente*) wieder verlangen; (*chiedere indietro*) zurückfordern; (*esigere*) verlangen; (*aver bisogno*) benötigen, brauchen; **richiesto I.** p. pass. di **ri'chiedere**; **II.** f (*domanda*) Frage f, Forderung f; (*istanza*) Antrag m; ◇ **a -a** auf Wunsch

riciclaggio m ⟨gi⟩ Rückführung f; (*dei rifiuti*) Abfallverwertung f; **riciclare** vt rückführen, wiederverwerten

'ricino m Rizinus; ◇ **olio m di -** Rizinusöl n

ricognizione f MIL Aufklärung f; DIR Anerkennung f

ricolmo m randvoll

ricompensa f Belohnung f, Lohn m; **ricompensare** vt belohnen

riconciliare ⟨3.3⟩ **I.** vt versöhnen **II.** vr ◇ **-rsi** sich versöhnen; **riconciliazione** f Versöhnung f

riconfermare vt wiederbestätigen

riconoscente agg dankbar, erkenntlich; **riconoscenza** f Dankbarkeit f; **rico'noscere** ⟨Pass. rem.: riconobbi/riconobbe/riconobbero⟩ irr **I.** vt ① → *amico* erkennen ② (*ammettere*) zugeben

rico'noscere ⟨Pass. rem.: riconobbi/riconobbe/riconobbero⟩ irr **I.** vt ① → *amico* erkennen ② (*comprendere*) erkennen ③ (*distinguere*) unterscheiden ④ (*considerare legittimo*) anerkennen ⑤ (*errore*) zugeben, eingestehen **II.** vi bei Bewußtsein sein **III.** vr ◇ **-rsi** ▷ *inadatto* sich erkennen; **ricono'scibile** agg ⟨inv⟩ erkennbar; **riconoscimento** m ① identification, Erkennung f; (*segno distintivo*) Erkennungszeichen n ② (*ammissione, di un errore*) Anerkennung f, Eingeständnis n ③ (*apprezzamento*) Anerkennung f, Würdigung f; (*compenso*) Lohn m, Belohnung f

riconquista f (*recupero*) Wiedereroberung f; **riconquistare** vt → *la fiducia* wiedererlangen, zurückerobern

riconsegna f Rückgabe f; **riconsegnare** vt (*consegnare di nuovo*) zurückgeben

ricopiare ⟨3.3⟩ *vt* eine Reinschrift anfertigen; **ricopiatura** *f* Reinschrift, Kopie *f*

rico'pribile *agg* ⟨inv⟩ bedeckbar; **ricoprire** *irr* I. *vt* ① *(coprire ancora una volta)* wieder bedekken, bedecken; → *il divano* beziehen, → *il divano* beziehen, verkleiden ② *(colmare)* ▷*di doni* überhäufen, überschütten ③ *(assumere)* → *un incarico* bekleiden, innehaben II. *vr* ◇ *-rsi (rivestirsi)* sich bedecken

ricordare I. *vt* ① *(serbare il ricordo)* sich erinnern an *acc* ② *(ricordare a sé o agli altri)* erinnern an *acc* ③ *(menzionare)* erwähnen ④ *(rassomigliare)* jd-m ähnlich sehen II. *vi* sich erinnern *(di an acc)* III. *vr* ◇ *-rsi* sich erinnern *(di an acc)*; **ricordo** *m* Erinnerung *f; (memoria)* Gedächtnis *n*

ricorrente I. *p. pres. di* **ri'correre**; II. *agg* ⟨inv⟩ wiederkehrend; **ricorrenza** *f* ① Wiederkehr *f* ② *(festività)* Gedenktag ③ MED Rückfall *m*; **ri'correre** ⟨Part. pass.: ricorsi/ricorse/ricorsero Part. ricorso⟩ *irr vi* ① ← *feste* sich jähren ② *(ripetersi)* wiederkehren ③ *(rivolgersi)* sich wenden *(a* an *acc)* ④ ▷*ad medicina* greifen *(a* zu *dat)* ⑤ DIR ▷*al tribunale* Berufung/Rekurs einlegen; **ricorso** I. *p. pass. di* **ri'correre**; II. *agg (ripetuto)* wiederkehrend III. *m* ① ▷*a medicina efficaci* Anwendung *f*, Gebrauch *m* ② *(reclamo)* ▷*ai superiori* Beschwerde *f* ③ DIR Berufung *f*

ricostituente I. *p. pres. di* **ricostituire**; II. *agg* ⟨inv⟩ stärkend, Aufbau- III. *m* ↑ *medicina contro il deperimento* Stärkungsmittel *n*

ricostituire ⟨5.2⟩ *irr vt* → *il governo* neu bilden **ricostruire** ⟨5.2⟩ *irr vt* → *casa* wieder aufbauen; *FIG* → *fatti* rekonstruieren; **ricostrut|tore(trice** *f)* ⟨tori, trici⟩ I. *m* Rekonstrukteur(in *f)* II. *agg* ⟨inv⟩ Wiederaufbau-; **ricostruzione** *f* Wiederaufbau *m; (FIG dei fatti)* Rekonstruktion *f*

ricotta *f* Ricotta *m*, Quarkkäse *m*

ricoverare ⟨3.10⟩ *vt* ① *(in ospedale)* einliefern; *(offrire asilo)* unterbringen; **ricoverato(a** *f)* I. *p. pass. di* **ricoverare**; II. *agg (in ospedale)* eingeliefert, aufgenommen; *(in un ospizio)* untergebracht III. *m (paziente ospedalizzato)* Patient *(in* *f) m; (in ospizio)* Insasse *m*; **ri'covero** *m* ① *(entrata in ospedale)* Einlieferung *f* ② *(rifugio)* ◇ **cercare - durante il temporale** während eines Gewitters Schutz/Zuflucht suchen ③ *(di anziani)* Heim *n*

ricreare I. *vt* ① *(creare di nuovo)* wieder erschaffen ② *(portare serenità)* erfreuen ③ erfrischen II. *vr* ◇ *-rsi* sich erholen **ricreativo** *agg* ▷*gioco* entspannend **ricreazione** *f (riposo, svago)* Erholung *f; (di-*

strazione, gioco) Vergnügen *n*, Unterhaltung *f; (a scuola)* Pause *f*

ricucire *vt (cucire di nuovo)* übernähen, neu nähen; **ricucitura** *f (operazione del ricucire)* Naht *f*, Flickstelle *f*

ricupe'rabile *agg* ⟨inv⟩ wiedererlangbar; **ricuperabilità o recuperabilità** *f* Wiedererlangbarkeit *f*; **ricuperare o recuperare** ⟨3.10⟩ ① *(portafoglio rubato)* wiedererlangen; → *dispersi* bergen ② SPORT → *partita* nachholen; **ri'cupero** *m* ① *(del bottino, il riacquistare)* Wiedererlangung *f* ② *(salvataggio)* Bergung *f*

ricusa *f (atto del ricusare)* Ablehnung *f* **ricu'sabile** *agg* ⟨inv⟩ ablehnbar; **ricusare** *vt* ablehnen

ridacchiare ⟨3.6⟩ *irr vi (con avere)* avere kichern **ridanciano** *agg (di persona facile al riso)* lachlustig, fröhlich

ridare ⟨3.7⟩ *irr vt* ① *(dare di nuovo)* wiedergeben ② *(restituire)* zurückgeben

ridente I. *p. pres. di* **'ridere**; II. *agg* ⟨inv⟩ lachend, fröhlich

'ridere ⟨Pass. rem.: risi/rise/risero Part.: riso⟩ *irr vi* ① lachen ② *(farsi beffe)* lachen *(di* über *acc)*, auslachen *acc*

ridestare *irr vt (svegliare di nuovo)* wieder aufwecken; *FIG* → *i sentimenti* wiederaufflammen **ridicolezza** *f (l'essere ridicolo)* Lächerlichkeit *f; (inezia)* Kleinigkeit *f*

ridicolizzare *vt (volgere in ridicolo)* lächerlich machen

ri'dicolo(a *f)* I. *agg* ▷*aspetto* lächerlich II. *m (persona ridicola)* lächerliche Person *f*

ridimensionamento *m (riorganizzazione)* Umstrukturierung *f*; **ridimensionare** *vt* → *un'industria* umstellen, umstrukturieren **ridi'pingere** *irr vt (dipingere di nuovo)* wieder bemalen, neu streichen

ridire ⟨4.5⟩ *irr vt* ① *(dire di nuovo)* wiederholen ② *(riferire cose dette da altri)* wiedergeben ③ *(criticare)* ◇ **non aver nulla da -** nichts einzuwenden haben

ridiventare *vi (diventare di nuovo)* (wieder) werden

ridomandare *vt (domandare di nuovo)* erneut fragen nach, zurückfordern

ridondante *agg* ⟨inv⟩ *(stile)* überladen; **ridondanza** *f (di un discorso)* Überfrachtung *f*

ridosso *m* Schutz *m;* ◇ **essere a - di qc** geschützt sein durch etw

ridotto I. *p. pass. di* **ridurre**; II. *agg* ▷*prezzo* reduziert; ◇ **essere mal -** heruntergekommen **riducente** I. *p. pres. di* **ridurre**; II. *agg* ⟨inv⟩ *(che riduce)* reduzierend

ridu'cibile *agg* ⟨inv⟩ reduzierbar

ridurre ⟨4.4⟩ *irr vt* ① (*far diventare*) bringen, führen (*a zu dat*) ② (*diminuire*) vermindern ③ (*accorciare*) kürzen

riduttivo *agg* ▷*visione* verkürzt

ridut|tore(trice *f*) **I.** (*dispositivo*) Reduktionsmittel *n* **II.** *agg* ▷*agente* Reduktions-; **riduzione** *f* ① (*delle medicine*) Herabsetzung *f*, Reduzierung *f* ② (*adattamento*) Bearbeitung *f*

riecco *avv* (*ecco di nuovo*): ◇ **riecco il sole** ! Die Sonne scheint wieder !; ◇ **rieccoci insieme** ! Da sind wir wieder !

riecheggiamento *m* (FIG *atto del riecheggiare*) Widerhall *m*, Echo *n*; **riecheggiare** ⟨3.3⟩ *vt* FIG ← *un passo di un libro* erinnern an acc

riedizione *f* Neuauflage *f*

rieducare ⟨3.4⟩ *irr vt* (*educare di nuovo*) umschulen, umerziehen; **rieducazione** *f* (*a scopo correttivo*) Umerziehung *f*

rielaborare ⟨3,10⟩ *vt* → *tema* überarbeiten, neu bearbeiten; **rielaborazione** *f* Überarbeitung *f*

rie'mergere *irr vi* (*tornare alla superficie*) wieder auftauchen; **riemersione** *f* (*ritorno in superficie*) Auftauchen *n*

riempimento *m* Füllung *f*; **riempire** *irr* **I.** *vt* ① → *la botte* füllen ② → *modulo* ausfüllen **II.** *vr* ◇ **-rsi** (*mangiare molto*) sich satt essen, sich vollfressen; **riempitivo** *agg* Füll-, füllend

rientrante I. *p. pres. di* **rientrare; II.** *agg* ⟨inv⟩ einspringend

rientranza *f* Einbuchtung *f*, Aussparung *f*

rientrare *vi* ① ▷*a casa* zurückkommen ② (*riguardare*) gehören (*in zu dat*), fallen unter *acc;* **rientrato I.** *p. pass. di* **rientrare; II.** *agg* unterdrückt; **rientro** *m* (*ritorno*) Rückkehr *f*

riepilogare ⟨3.5⟩ *irr vt* zusammenfassen; **rie'pilogo** *m* ⟨ghi⟩ Zusammenfassung *f*

riesame *m* (*nuovo esame*) Überprüfung, Nachprüfung *f*; **riesaminare** ⟨3.10⟩ *vt* (*esaminare di nuovo*) nachprüfen, überprüfen

ri'essere ⟨1⟩ *irr vi* (*essere di nuovo*) wieder sein; ◇ **ci risiamo** ! Da haben wir es wieder !

riesumare ⟨3.2⟩ *vt* → *cadavere* exhumieren; **riesumazione** *f* Exhumierung *f*

rievocare ⟨3.4⟩ *irr vt* → *avvenimento* ins Gedächtnis zurückrufen; **rievocazione** *f* Erinnerung *f*

rifacimento *m* Neufassung *f*; FILM Remake *n*; **rifare** ⟨4.6⟩ *irr* **I.** *vt* ① wieder machen ② → *tetto* erneuern ③ (*imitare*) nachahmen **II.** *vr:* ◇ - **un buon nome** seinen guten Ruf wiederherstellen

rife'ribile *agg* ⟨inv⟩ bezüglich (*a auf acc*)

riferimento *m* (*allusione*) Anspielung *f*; (*rimando, accenno*) Hinweis *m*; ◇ **punto di** - Anhalts-

punkt *m*; ◇ **in/con** - **a** in Bezug auf *acc;* ◇ **far - a qc/qu** sich auf etw beziehen; **riferire** ⟨5.2⟩ *irr* **I.** *irr vt* ① (*riportare*) berichten ② → *gli effetti* ▷*alle cause* in Beziehung bringen (*a zu dat*) **II.** *vi* avere (BUR *presentare una relazione*) Bericht erstatten

rificcare ⟨3.4⟩ *irr* **I.** *vt* (*ficcare di nuovo*) wieder hineinstecken **II.** *vr* ◇ **-rsi** (*ficcarsi di nuovo*) ▷*-rsi in un guaio* sich wieder in eine unangenehme Lage bringen

rifilare *vt* ① (*tagliare a filo*) beschneiden ② FAM → *ceffone* verpassen ③ FAM (*quadro falso*) andrehen

rifinire ⟨5.2⟩ *irr vt* fein bearbeiten, nacharbeiten

rifinitezza *f* (*l'essere rifinito*) Vollendung *f*

rifinito I. *p. pass. di* **rifinire; II.** *agg* (*lavorato*) bearbeitet; **rifinitura** *f* Nacharbeit *f*, letzter Schliff *m*

rifiutare *vt* (*non accettare*) ablehnen; → *l'aiuto* verweigern; **rifiuto** *m* ① (*di un incarico*) Ablehnung *f*; (*risposta negativa*) Absage *f* ② ◇ -**i** *m/pl* (*spazzatura*) Müll *m/sg*

riflessione *f* ① (*del suono*) Reflexion *f* ② (*ponderazione*) Überlegung *f*, Erwägung *f*

riflessività *f* (*l'essere riflessivo*) Grübeln *n*

riflessivo(a *f*) **I.** *agg* ① (*ponderato*) nachdenklich ② LING reflexiv **II.** *m* (*persona ponderata*) Grübler *m*

riflesso¹ *m* ① (*del sole*) Widerschein *m*, Reflex *m*; (FIG *ripercussione*) Widerhall *m*, Auswirkung *f* ② MED ▷*condizionato* Reflex *m*

riflesso² **I.** *p. pass. di* **ri'flettere; II.** *agg* (*rispecchiato*) Spiegel-; (MED *moto*) Reflex- **III.** *m* ① (*di luce*) Rückstrahlung, Reflexion *f*; (*rispecchiamento*) Spiegelung *f*; ◇ **di** - indirekt ② MED Reflex *m*

riflettente I. *p. pres. di* **ri'flettere; II.** *agg* ⟨inv⟩ (*che riflette*) rückstrahlend

ri'flettere ⟨Pass. rem.: riflessi/riflesse/riflessero Part. riflesso⟩ *irr* **I.** *vt* ① → *la luce* reflektieren, zurückwerfen ② (*pensare*) überlegen (*über acc*) **II.** *vi* avere (*meditare*) nachdenken **III.** *vr* ◇ **-rsi** ← *la luce* zurückstrahlen; (FIG *influire*) beeinflussen (*su acc*); FIG sich auswirken (*su auf acc*)

riflettore *m* Reflektor *m*

riflettuto I. *p. pass. di* **ri'flettere; II.** *agg* (*pensato*) reflektiert, bedacht

rifluire ⟨5.2⟩ *irr vi* ① (*tornare a scorrere*) wieder strömen ② (*scorrere indietro*) zurückfließen; **riflusso** *m* ① anche FIG Zurückströmen *n* ② Rückfluß *m*

rifocillare **I.** *vt* → *lo stomaco* laben **II.** *vr* ◇ **-rsi** sich stärken

R

ri'fondere ⟨Pass. rem.: rifusi/rifuse/rifusero Part.: rifuso⟩ *irr vt* ① (*tornare a fondere*) umschmelzen ② (*rimborsare*) ersetzen

riforma *f* ① ▷*scolastica* Reform *f* ② MIL Ausmusterung *f* ③ (*di Lutero*) Reformation *f;* **ri'formabile** *agg* ⟨inv⟩ reformierbar, reformbedürftig; **riformare** *vt* ① (*formare di nuovo*) neu aufstellen ② (*sottoporre a riforma*) reformieren ③ MIL für dienstuntauglich erklären ④ (*una religione*) reformieren; **riformato(a** *f*) I. *p. pass. di* **riformare**; II. *agg* ① (*formato di nuovo*) neu aufgestellt ② reformiert III. *m* Protestant(in *f*) *m* IV. *m* Untaugliche(r) *fm* ; **riforma|tore(trice** *f*) *m* ⟨tori, trici⟩ Reformer(in *f*) *m*; **riformatorio** *m* Besserungsanstalt *f*

rifornimento *m* Versorgung *f;* **rifornire** ⟨5.2⟩ *irr* I. *vt* → *negozio* liefern II. *vr* ◇ -**rsi** (*fornirsi di nuovo*) sich eindecken (*di* mit *dat*); **riforni|tore (trice** *f*) I. *m* ⟨tori, trici⟩ Lieferant(in *f*) *m* II. *agg* Versorgungs-

rifrangenza *f* FIS Brechung *f;* **ri'frangere** ⟨siehe frangere⟩ *vt* FIS brechen; **rifrazione** *f* Brechung *f*

rifuggire *irr vi* ① fliehen, flüchten ② FIG zurückschrecken (*da* vor *dat*); **rifugiato(a** *f*) I. *agg* Flüchtlings- II. *m* POL Flüchtling *m;* **rifugio** *m* ⟨gi⟩ (*riparo*) Schutz *m;* (*luogo*) Zufluchtsort *m;* ◇ - **antiaereo** Luftschutzkeller *m;* ◇ - **alpino** Berghütte *f*

ri'fulgere ⟨vedi fulgere⟩ *irr vi essere/avere* (*FIG brillare*) leuchten, strahlen

rifusione *f* ① (*nuova fusione*) Umschmelzung *f* ② (*dei danni*) Entschädigung *f*

riga *f* ① Linie *f*, Strich *m* ② (*di un quaderno*) Zeile *f*

rigagnolo *m* (*piccolo ruscello*) Bächlein *n*, Rinnsal *n*

rigare ⟨3.5⟩ *irr* I. *vt* ① (*scalfire*) furchen ② (*tracciare linee*) linieren II. *vi avere:* ◇ - **diritto** sich anständig aufführen; **rigato** I. *p. pass. di* **rigare**; II. *agg* ▷ *tessuto* gestreift; ▷ *carta* liniert

rigattiere(a *f*) *m* Trödler(in *f*) *m*

rigatura *f* (*operazione del rigare*) Linierung *f*

rigelo *m* Wiedergefrieren *n*

rigene'rabile *agg* ⟨inv⟩ regenerationsfähig; **rigenerare** ⟨3.10⟩ I. *vt* ① (*generare di nuovo*) regenerieren, wiederherstellen ② BIO regenerieren II. *vi* BIO sich regenerieren; **rigenerativo** *agg* regenerativ; **rigenerato** I. *p. pass. di* **rigenerare**; II. *agg* regeneriert III. *m* (*prodotto rigenerato*) Regenerat *n;* **rigeneratore(trice** *f*) I. *m* Regenerator(in *f*) *m* II. *agg* ⟨inv⟩ Erneuerungs-; **rigenerazione** *f* BIO Regeneration *f;* (*FIG rinascita*) Erneuerung *f*, Wiedergeburt *f*

rigettare I. *vt* ① wieder werfen ② (*FIG gettare indietro*) zurückwerfen; (*non accogliere*) ablehnen ③ (*vomitare*) erbrechen II. *vi avere* (*rifiorire*) hervorbringen; **rigetto** *m* ① (*non accettazione*) Ablehnung *f*, (*FIG rifiuto*) Zurückweisung *f* ② BIO Abstoßung *f*

righello *m* Lineal *n*

rigidezza *f* (*l' essere rigido*) Starrheit *f*, Strenge *f;* FIS Festigkeit *f;* **rigidità** *f* (*del ferro*) Starrheit, Steifheit *f;* (*FIG dei genitori*) Härte, Strenge *f;* (*del clima*) Härte *f;* **'rigido** *agg* starr; FIG ▷ *clima* hart

rigiocare ⟨3.4⟩ *irr vt vi* (*giocare di nuovo*) wieder/neu spielen

rigirare I. *vt* ① noch einmal umdrehen; (*FIG ingannare*) betrügen II. *vi avere* (*andare in giro*) umherlaufen; *FIG* ▷ *sullo stesso argomento* sich drehen III. *vr* ◇ -**rsi** (*rivoltarsi*) sich umdrehen

rigiro *m* (*FIG imbroglio*) Intrige *f*

rigo *m* ⟨ghi⟩ Linie *f*

rigogliosità *f* (*l' essere rigoglioso*) Überfluß *m*, Üppigkeit *f;* **rigoglioso** *agg* (*fiorente*) blühend; (*FIG pieno di energia*) energiestrotzend

rigonfiamento *m* (*gonfiore*) Schwellung *f;* **rigonfio** I. *agg* geschwollen II. *m* (*parte gonfia*) Schwellung *f*

rigore *m* ① Strenge *f;* ◇ **di** - unerläßlich; ◇ **a rigor di termini** buchstäblich ② SPORT ◇ **calcio di** - Elfmeter *m*

rigorismo *m* (*rigorosità ecc.essiva*) Rigorismus *m*

rigorista *m/f* ⟨i, e⟩ ① (*persona severa*) Rigorist (in *f*) *m* ② SPORT Elfmeterschütze *m*

rigorosità *f* (*severità*) Strenge, Rigorosität *f;* **rigoroso** *agg* (*severo*) streng; (*preciso*) genau

riguadagnare *vt* ① (*guadagnare di nuovo*) wiedergewinnen, wiedererlangen ② (*ricuperare*) aufholen

riguardare I. *vt* ① (*guardare di nuovo*) erneut betrachten ② ← *discussione* → *me* angehen, betreffen II. *vr* ◇ -**rsi** (*aver riguardo di sé*) ▷ *dai pericoli* sich vorsehen

riguardo *m* : ◇ **dovrai stare in** - du mußt aufpassen; ◇ **usare -i nei confronti dei superiori** gegenüber den Vorgesetzten Respekt bezeigen

riguardoso *agg* (*rispettoso*) respektvoll, rücksichtsvoll

rigurgitare ⟨3.10⟩ *vt* → *il latte* ausspucken; **ri'gurgito** *m* (*di latte*) Aufwallung *f*

rilanciare ⟨3.3⟩ *vt* ① → *palla* wieder werfen ② → *offerta* überbieten ③ → *moda, canzone* wiedereinführen; **rilancio** *m* ① (*della palla*) Zurückwurf *m* ② (*dell' offerta*) Überbieten *n* ③ (*della moda*) Wiedereinführung *f*

rilasciamento *m* ▷*muscolare* Entspannung, Lockerung *f*

rilassare I. *vt* → *i nervi* entspannen · **II.** *vr* ◇ **-rsi** (*distendersi*) sich entspannen

rilasciare ⟨3.3⟩ **I.** *vt* ① (*lasciare di nuovo*) wieder/erneut lassen ② (*rimettere in libertà*) freilassen ③ AMM → *documenti* ausstellen **II.** *vr rec* ◇ **-rsi** ← *i coniugi* sich wieder trennen; **rilascio** *m* ⟨sci⟩ ① (*dei prigionieri*) Freilassung *f* ② (AMM *concessione*) Ausstellung *f*

rilassamento *m* (*dei nervi*) Entspannung *f*; (FIG *scadimento, della disciplina*) Lockerung *f*;

rilassare I. *vt* → *i nervi* entspannen; FIG → *la disciplina* lockern **II.** *vr* ◇ **-rsi** (*distendersi*) sich entspannen; **rilassatezza** *f* (*rilassamento*) Entspannung, Lockerung *f*

ri'lavare *vt* (*lavare di nuovo*) wieder waschen

rilegare ⟨3.5⟩ *irr vt* → *libro* wieder binden; **rilega|tore(trice** *f*) *m* ⟨tori, trici⟩ Buchbinder(in *f*) *m*; **rilegatura** *f* Binden *n*

ri'leggere ⟨Pass. rem.: rilessi/rilesse/rilessero Part. riletto⟩ *irr vt* wieder lesen

riento *avv*: ◇ **a** ~ langsam, gemächlich

rilettura *f* (*operazione del rileggere*) nochmaliges Lesen *n*

rilevamento *m* (*topografico*) Aufnahme, Vermessung *f*; (*statistico*) Erhebung *f*

rilevante I. *p. pres. di* **rilevare**; **II.** *agg* ⟨inv⟩ relevant; **rilevanza** *f* (*importanza*) Relevanz *f*; **rilevare** *vt* ① wieder abnehmen ② (*mettere in evidenza*) betonen ③ STAT erheben ④ GEO aufnehmen, vermessen; **rilevato I.** *p. pass. di* **rilevare**; **II.** *agg* (*individuato*) bestimmt; **rileva|tore(trice** *f*) *m* ⟨tori, trici⟩ Erheber, Vermesser *m*, Peilgerät *n*; **rilevazione** *f* ① (GEO *del terreno*) Erhebung *f* ② STAT Erhebung, Vermessung *f*

rilievo *m* ① wieder Reich *n* ② ARTE Relief *n* ② GEO Aufnahme *f* ③ (FIG *rilevanza*) Bedeutung *f*; ◇ **dar** ~ **a** qc, **mettere in** ~ qc FIG etw hervorheben ④ (FIG *osservazione*) Bemerkung *f*

rilucente *part presente di vedi* **ri'lucere**; **II.** *agg* ⟨inv⟩ glänzend, schimmernd; **ri'lucere** ⟨Pres.: luco/luci⟩ *irr vi* (*essere lucente*) funkeln, glänzen

riluttante I. *p. pres. di* **riluttare**; **II.** *agg* ⟨inv⟩ (*restio*) widerstrebend (*a* gegenüber *dat*); **riluttanza** *f* Widerwille *m*; **riluttare** *vi avere* sich widersetzen, sich weigern

rima *f* Reim *m*; ◇ **rime** *f/pl* Verse *pl*; ◇ **cantar** qc **in** ~ etw frei heraus sagen

rimandare *vt* ① wieder schicken ② (*restituire*) zurückschicken ② (*differire*) verschieben ④ SCUOLA in die Nachprüfung schicken ⑤ (*far riferimento*) verweisen (*a* auf *acc*)

rimandato(a *f*) **I.** *p. pass. di* **rimandare**; **II.** *agg* (*rinviato*) aufgeschoben **III.** *m* Nachprüfling *m*; **rimando** *m* ① (*rinvio*) Zurückschlagen *n* ② (*riferimento*) Verweis *m*

rimaneggiare ⟨3.3⟩ *vt* ① (*maneggiare di nuovo*) umarbeiten ② umbesetzen

rimanente I. *p. pres. di* **rimanere**; **II.** *agg* ⟨inv⟩ übrig, restlich **III.** *m* Übrige *n*; ◇ **i m/pl -i** (*persone*) Übrigen *pl*; **rimanenza** *f* Rest *m*; ◇ **-e** *f/pl* (*merce residua*) Restposten *pl*

rimanere ⟨4.16⟩ *irr vi* ① (*restare in un luogo*) bleiben ② (*avanzare*) übrigbleiben ③ ◇ ~ **sorpreso** überrascht sein

rimar'chevole *agg* ⟨inv⟩ bemerkenswert

rimare I. *vt* in Reime bringen, reimen **II.** *vi* sich reimen

rimarginare ⟨3.10⟩ **I.** *vt* heilen **II.** *vi e vi pron* ◇ **-rsi** zuheilen, verheilen

rimasuglio *m* Rest *m*

rima|tore(trice *f*) *m* ⟨tori, trici⟩ Verseschmied *m*

rimbalzare *vi essere/avere* abprallen; **rimbalzo** *m* Abprall, Rückprall *m*

rimbambimento *m* Verblödung *f*; **rimbambire** ⟨5.2⟩ *irr vi* (*rincretinire*) verblöden, kindisch werden; **rimbambito I.** *p. pass. di* **rimbambire**; **II.** *agg* blöde, kindisch

rimbeccare ⟨3.4⟩ *irr* **I.** *vt* (*contraddire vivacemente*) anhacken *auf acc* **II.** *vr rec* ◇ **-rsi** FIG aufeinander einschlagen; **rimbec|co** *m* ⟨chi⟩ (*atto del rimbeccare*) Schlagfertigkeit *f*

rimbecillire ⟨5.2⟩ *irr* **I.** *vt* (*rendere imbecille*) verdummen **II.** *vi* (*diventare imbecille*) verblöden; **rimbecillito(a** *f*) **I.** *p. pass. di* **rimbecillire**; **II.** *agg* verdummt, verblödet **III.** *m* Verblödete(r) *fm*

rimboccare ⟨3.4⟩ *irr vt* ▷ *coperta* umschlagen; FIG ◇ **-rsi le maniche** sich die Ärmel hochkrempeln; **rimbocco** *m* (*rimboccatura*) Aufschlag, Einschlag *m*

rimbombante I. *p. pres. di* **rimbombare**; **II.** *agg* ⟨inv⟩ (*risonante*) dröhnend; **rimbombare** *vi essere/avere* hallen, dröhnen; **rimbombo** *m* Dröhnen *n*

rimbor'sabile *agg* ⟨inv⟩ rückzahlbar; **rimborsare** *vt* zurückzahlen; **rimborso** *m* Rückzahlung *f*

rimboscamento *m* (*rimboschimento*) Wiederaufforstung *f*; **rimboscare** ⟨3.4⟩ *irr vt* → *le montagne* wiederaufforsten; **rimboschimento** *m* Aufforstung *f*; **rimboschire** ⟨5.2⟩ *irr* **I.** *vt* aufforsten **II.** *vi* sich wieder bewalden

rimediare ⟨3.3⟩ **I.** *vi avere* (*ovviare*) sorgen (*a* für *acc*) **II.** *vt* (FAM *procurare*) zusammenbringen; **rimedio** m ① (*medicina*) Heilmittel n ② (*riparo, soluzione*) Mittel n; ◇ **porre - a qc** einer Sache Abhilfe schaffen

rimembranza f (*atto del rimembrare*) Erinnerung f

rimescolamento m Mischen n; FIG Verwirrung, Erregung f; **rimescolare** ⟨3.10⟩ vt ① wieder umrühren ② (*mescolare meglio e a lungo*) (gut) mischen

rimessa f ① ▷*in scena* Wiederaufnahme f ② (*per macchine*) Depot, Lager n ③ ▷*al gioco* Abstoß, Rückpaß, Einwurf m

rimesso I. p. pass. di **ri'mettere**; II. agg ① (*messo di nuovo*) wiederhergestellt ② (*perdonato*) erlassen, vergeben; **ri'mettere** ⟨Pass. rem.: rimisi/rimise/rimisero Part.: rimesso⟩ irr I. vt ① → il cappello wieder aufsetzen ② → le radici wider sprießen ③ → palla zurückschlagen ④ ▷al giudizio di altri überlassen, abschieben ⑤ ◇ -rci di tasca propria aus eigener Tasche draufzahlen ⑥ (*vomitare*) erbrechen II. vr sich wieder erholen

rimmel m ⟨inv⟩ Wimperntusche f

rimodernamento m (*rinnovamento*) Erneuerung, Modernisierung f; **rimodernare** vt erneuern, modersieren; **rimodernatura** f (*atto del rimodernare*) Modernisierung, Erneuerung f

rimonta f (*di un atleta*) Aufholen n; **rimontare** I. vt ① (*montare di nuovo*) wieder zusammensetzen ② (*svantaggio*) aufholen, wettmachen II. vi ▷a cavallo wieder besteigen acc

rimorchiare ⟨3.6⟩ vt schleppen, abschleppen; **rimorchiatore** m NAUT Schlepper m; **rimorchio** m (*manovra*) Schleppen n; (*veicolo trainato*) Anhänger m

rimorso m Gewissensbiß m

rimostranza f Einwendung f, Ansichten pl; **rimostrare** I. vt (*mostrare di nuovo*) erneut zeigen II. vi avere seine Ansichten darstellen

rimozione f ① Wegräumen n, Entfernung f ② ▷da un impiego Enthebung, Entlassung f ③ PSIC Verdrängung f

rimpastare vt wieder kneten; (FIG *rimaneggiare*) umbilden, umbesetzen; **rimpasto** m (*operazione del rimpastare*) erneutes Kneten n; (FIG *maneggiamento*) Umbildung, Umbesetzung f

rimpatriare ⟨3.3⟩ I. vi in die Heimat zurückkehren II. vt abschieben; **rimpatriata** f (FAM *di vecchi amici*) (Freundes-)Treffen n; **rimpatrio** m Heimkehr f

rim'piangere ⟨Pass. rem.: rimpiansi/rimpianse/rimpiansero⟩ irr vt beweinen; **rimpianto** I. p. pass. di **rim'piangere**; II. m (schmerzhafte) Erinnerung, Sehnsucht f

rimpiattino m Versteckspiel n

rimpiazzare vt (*sostituire*) ersetzen, vertreten

rimpiccolire ⟨5.2⟩ irr vt verkleinern

rimpinzare I. vt vollstopfen; FIG → il discorso di fandonie überladen II. vr ◇ -rsi (di cibo) sich vollstopfen

rimproverare ⟨3.10⟩ vt vorwerfen, vorhalten; **rim'provero** m Vorwurf m

rimuginare ⟨3.10⟩ vt FIG → un'idea brüten über acc

rimunerare ⟨3.10⟩ vt belohnen; **rimunerativo** agg lohnend; **rimunerazione** f Belohnung f

ri'muovere ⟨4.12⟩ irr vt ① (*spostare di nuovo*) wegnehmen, entfernen ② (*destituire*) absetzen, entheben ③ PSIC verdrängen

ri'nascere ⟨Pass. rem.: rinacqui/rinacque/rinacquero⟩ irr vi ① wiedergeboren werden ② (*ricrescere*) wieder wachsen; (FIG *ridestarsi*) wieder aufleben

rinascimentale agg ⟨inv⟩ (*del Rinascimento*) Renaissance-; **rinascimento** m: ◇ il R- Renaissance f

ri'nascita f (*delle unghie*) Nachwachsen n; (FIG *delle arti*) Wiederaufblühen, Wiederaufleben n

rincalzare vt → pianta stützen; → lenzuola einschlagen; **rincalzo** m ① Stütze f; ◇ di - zusätzlich ② MIL ◇ -i m/pl Hilfstruppen, Unterstützungstruppen pl

rincarare I. vt verteuern, teurer machen II. vi teurer werden, sich verteuern; **rincaro** m Verteuerung, Preiserhöhung f

rincasare vi heimkehren

rin'chiudere ⟨Pass. rem.: rinchiusi/rinchiuse/rinchiusero⟩ irr I. vt (*chiudere dentro*) einschließen II. vr ◇ -rsi ① sich einschließen ② (*chiudersi in se stesso*) sich verschließen; **rinchiuso** I. p. pass. di **rin'chiudere**; II. agg (*chiuso dentro*) eingeschlossen, verschlossen

rincitrullire ⟨5.2⟩ irr I. vt verdummen II. vi (*diventare citrullo*) verdummen, verblöden

rincominciare ⟨3.3⟩ vt (*incominciare di nuovo*) wiederbeginnen, wieder anfangen

rincontrare vt (*incontrare di nuovo*) wieder treffen

rin'correre ⟨Pass. rem.: rincorsi/rincorse/rincorsero Part. rincorso⟩ irr I. vt nachlaufen dat II. vr rec ◇ -rsi (*corrersi dietro l'un l'altro*) fangen (spielen); **rincorsa** f Anlauf m

rin'crescere ⟨Pass. rem.: ricrebbi/ricrebbe/ricrebbero⟩ irr vi impers leid tun; ◇ mi rincresce es tut mir leid; ◇ me ne rincresce ich bedauere es; **rincrescimento** m Bedauern n

rincretinire ⟨5.2⟩ irr vt (*rendere cretino qu*) verblöden

rincrudimento m (degli scontri) Verschärfung f; **rincrudire** ⟨5.2⟩ irr vt FIG verscharfen, härter machen

rinculare vi avere zurückweichen; (di artiglieria) zurückstoßen; **rinculo** m Zurückweichen n; (di artiglieria) Rückstoß m

rincuorare vedi **rincorare**

rinfacciare ⟨3.3⟩ vt vorwerfen

rinfocolare ⟨3.10⟩ vt (attizzare di nuovo il fuoco) wieder anfachen; FIG → le passioni wieder entzünden

rinforzare vt → muscoli stärken, kräftigen; → edificio stützen; **rinforzo** m Verstärkung f; (appoggio) Stütze f; ◇ -i m/pl MIL Verstärkung ning

rinfrancare ⟨3.4⟩ irr vt ermutigen

rinfrescare ⟨3.4⟩ irr I. vt ① abkühlen ② (rinnovare) auffrischen II. vi (tempo) kühl werden III. vr ◇ -rsi sich erfrischen; **rinfresco** m ⟨schi⟩ (festa) Empfang m

rinfusa f . ◇ **alla** = durcheinander

ringhiare ⟨3.3⟩ vi ← cane knurren; FIG anknurren, knurren

ringhiera f Geländer n

ringhio m (del cane) Knurren n

ringhioso agg (che ringhia) knurrend; FIG knurrig

ringiovanimento m Verjüngung f; **ringiovanire** ⟨5.2⟩ irr I. vt jünger machen II. vi jünger werden

ringrandire ⟨5.2⟩ irr I. vt (weiter) vergrößern II. vi sich (weiter) vergrößern

ringraziamento m Dank m; **ringraziare** ⟨3.6⟩ vt danken dat; ◇ - **qu di qc** sich bei jd-m für etw bedanken

rinnegamento m (disconoscimento, ripudio) Verleugnung f; **rinnegare** ⟨3.5⟩ irr vt verleugnen; **rinnegato(a f)** I. p. pass. di **rinnegare** II. agg (disconosciuto) verleugnet III. m Abtrünnige(r) fm

rinno'vabile agg ⟨inv⟩ erneuerbar; **rinnovamento** m Erneuerung f; **rinnovare** vt ① → un edificio renovieren, modernisieren ② → abbonamento erneuern ③ → il guardaroba auffrischen; **rinnova|tore(trice** f) m ⟨tori, trici⟩ Erneuer (in f) m; **rinnovazione** f (rinnovo) Erneuerung f; **rinnovo** m Erneuerung f

rinoceronte m Rhinozeros, Nashorn n

rinomato agg renommiert, bekannt

rino'plastica f Nasenplastik f

rinsaldare vt → un' amicizia verfestigen

rinsanguare vt (FIG rinvigorire) beleben, kräftigen

rinsavire ⟨5.2⟩ irr vi wieder zur Vernunft kommen

rinsecchire ⟨5.2⟩ irr vi ① trocknen ② (diventare magro) abmagern

rintanare vt (ricacciare nella tana) sich verstekken

rintoccare ⟨3.4⟩ irr vi essere/avere ← campana läuten; ← orologio schlagen; **rintoc|co** m ⟨chi⟩ Schlag m

rintontire ⟨5.2⟩ irr vt betäuben, benommen machen

rintrac'ciabile agg ⟨inv⟩ auffindbar; **rintracciare** ⟨3.3⟩ vt ① aufspüren ② ▷ al telefono erreichen

rintronare I. vi essere/avere dröhnen II. vt (assordare) betäuben; (stordire) taub machen

rintuzzare vt FIG → sentimento bändigen

rinunzia f ⟨ce⟩ Verzicht m; **rinunziare** ⟨3.6⟩ vi avere verzichten (a auf acc)

rinvangare ⟨3.5⟩ irr vt → il passato wieder aufwühlen

rinvenimento[1] m (ritrovamento) Wiederauffinden n, Fund m

rinvenimento[2] m Wiederzusichkommen n

re'cupero dei sensi Wiedererlangen n des Bewußtseins

rinvenire[1] ⟨5.6⟩ irr vi (ritrovare) finden, auffinden

rinvenire[2] ⟨5.6⟩ vi (riprendere i sensi) wieder zu sich kommen

rinviare ⟨3.3⟩ vt ① wieder senden ② (rimandare indietro) verweisen ③ (differire) verschieben

rinvigorimento m (rafforzamento) Stärkung f; **rinvigorire** ⟨5.2⟩ irr I. vt stärken II. vi erstarken

rinvio m ⟨ii⟩ ① Rücksendung f ② (rimando) Verweis m ③ (differimento) Verschiebung f ④ (di seduta) Vertagung f

rioccupare ⟨3.10⟩ vt (occupare di nuovo) zurückerobern; **rioccupazione** f (di un luogo) Rückeroberung f

rionale agg ⟨inv⟩ Stadtteil-; **rione** m Stadtteil m

riordinamento m (di una stanza) Aufräumen n; (degli studi) Neuordnung f

riordinare ⟨3.10⟩ vt ① → la stanza aufräumen ② (impartire di nuovo un ordine) wieder ordern ③ → una merce neu bestellen

riorganizzare I. vt reorganisieren II. vr ◇ -rsi sich reorganisieren; **riorganizza|tore(trice** f) m Reorganisator(in f) m; **riorganizzazione** f Reorganisation f

riottosità f Streitsucht, Widerspenstigkeit f; **riottoso** agg (all'ubbidienza) widerspenstig

ripagare ⟨3.5⟩ irr vt ① wieder zahlen ② (ricompensare) vergelten ③ (risarcire) entschädigen

riparare[1] I. vt [1] (*proteggere*) schützen [2] wiedergutmachen [3] (*una macchina*) reparieren II. vi avere (*mettere rimedio*) abhelfen (*a* dat) III. vr ◇ -rsi (*rifugiarsi*) sich unterstellen

riparare[2] vt (*rifugiarsi*) flüchten; **riparato**[1] p. pass. di **riparare**; II. agg (*aggiustato*) repariert; (*protetto*) geschützt; **riparato**[2] p. pass. di **riparare**; II. agg (*che ha riparo, rifugio*) geschützt; **riparatore(trice** f) I. m Instandsetzer(in f) m II. agg Wiedergutmachungs-; **riparazione** f [1] (*di danno*) Wiedergutmachung f; ◇ **esami** di ~ Wiederholungsprüfung, Nachprüfung; (*di guasto, scarpe etc*) Reparatur f [2] (*risarcimento*) Reparation f

riparlare vi (*parlare di nuovo*) erneut sprechen; ◇ **ne riparleremo** ! wir sprechen uns noch !

riparo m [1] (*protezione*) Schutz m [2] (*rimedio*) Mittel n

ripartire[1] vi (*partire di nuovo*) wieder abreisen

ripartire[2] irr vt (*dividere*) teilen; (*distribuire*) verteilen; **ripartizione** f (*suddivisione*) Aufteilung f

ripassare I. vt [1] (*passare di nuovo*) wieder reichen [2] → *la lezione* wiederholen II. vi (*ritornare*) wiederkommen; **ripassata** f ▷*alla lezione* Wiederholung f

ripensamento m (*cambiamento di idea*) Meinungsänderung f; **ripensare** I. vi avere [1] (*pensare di nuovo*) überdenken (*a* acc) [2] (*tornare col pensiero*) nachdenken (*a* über acc) [3] (*cambiare idea*) seine Meinung ändern II. vt (*riconsiderare*) sich zurückrufen

riper|correre ⟨Pass. rem.: ripercorsi/ripercorse/ ripercorsero⟩ irr vt [1] (*percorrere di nuovo*) wieder zurücklegen; FIG ▷*con la mente* durchgehen

riper|cuotere ⟨Pass. rem.: ripercossi/ripercuotesti Part.: ripercosso⟩ irr vt [1] (*percuotere più volte*) erneut klopfen [2] (*riflettere*) zurückwerfen

ripercussione f Rückstoß m; (*di suoni*) Widerhall m; FIG Auswirkung, Folge f

ripescare ⟨3.4⟩ vt [1] wieder fischen [2] (*recuperare*) herausfinden

ripetente I. p. pres. di **ripetere**; II. agg ⟨inv⟩ wiederholend III. m/f ▷*a scuola* Wiederholungsschüler(in f) m; **ripetere** I. vt ▷*un'azione* wiederholen II. vr ◇ -rsi sich wiederholen; **ripeti-bile** agg ⟨inv⟩ wiederholbar; **ripetitività** f Wiederholung f; **ripetitivo** agg (*che si ripete*) sich wiederholend; **ripetizione** f (*di un'azione*) Wiederholung f

ripetutamente avv wiederholt; **ripetuto** I. p. pass. di **ripetere**; II. agg (*numeroso, frequente*) mehrfach, häufig

ripiano m [1] GEO Fläche f [2] (*di mobile*) Fach n

ripic|ca f ⟨che⟩: ◇ **per** - aus Rache

ripidezza f (*l'essere ripido*) Steile, Steilheit f; **ripido** agg steil

ripiegamento m [1] Zusammenfalten n [2] MIL Rückzug m; **ripiegare** ⟨3.5⟩ irr I. vt [1] (*piegre di nuovo*) wieder falten [2] (*piegare più volte*) wieder zusammenlegen II. vi avere MIL nachgeben; (FIG *trovare ripiego*) zurückgreifen (*su* auf acc); **ripiego** m ⟨ghi⟩ (*espediente*) Ausweg m; ◇ **di** - Not-, Behelfs-

ripieno I. agg ▷*vaso* gefüllt (*di* mit dat) II. m GASTRON Füllung f

ripigliare ⟨3.6⟩ vt [1] (*prendere di nuovo*) wieder nehmen [2] (*ricominciare*) wiederaufnehmen

ripiombare vi vt (FIG *piombare di nuovo*): ◇ - **nella miseria** wieder in Armut versinken

ripopolamento m (*di una cittadina*) Wiederbevölkerung f; (*di una riserva*) Wiederbesatz m; **ripopolare** ⟨3.10⟩ vt (*popolare di nuovo*) wiederbevölkern; (*una riserva, un lago*) wieder besetzen

riporre ⟨4.11⟩ irr I. vt [1] wieder legen [2] (*mettere da parte*) ablegen [3] ◇ - **fiducia/speranza in qu** seine Hoffnung auf jd-n setzen II. ◇ -**rsi** [1] ◇ - **a sedere** sich wieder setzen [2] (*nascondersi*) sich verstecken

riportare vt [1] wieder bringen [2] (*portare indietro*) zurückbringen [3] FIG → *una vittoria* davontragen [4] (*riferire, portare in risposta*) wiedergeben [5] MAT übertragen; **riporto** m [1] MAT Übertrag m [2] (*terra*) Aufschüttungsmaterial n

riposante I. p. pres. di **riposare**; II. agg ⟨inv⟩ (*che dà riposo*) erholsam; **riposare**[1] vt (*posare di nuovo*) wieder setzen II. vr ◇ -**rsi** (*posarsi di nuovo*) sich wieder hinlegen; **riposare**[2] I. vi avere (*interrompere un lavoro o una fatica*) ausruhen; (*dormire*) schlafen II. vr → *corpo* ausruhen; **riposato** I. p. pass. di **riposare**[2]; II. agg erholt, ausgeruht; **riposo** m [1] Ruhe f [2] (*sonno*) ◇ **buon** - ! Schlaf' gut ! [3] ◇ **collocare a** - in den Ruhestand versetzen

ripostiglio m Abstellraum m

riposto I. p. pass. di **riporre**; II. agg (*appartato*) abseits; (*nascosto*) verborgen

ri'prendere ⟨Pass. rem.: ripresi/riprese/ripresero Part.: ripreso⟩ irr I. vt [1] wieder nehmen [2] (*prendere indietro*) zurücknehmen [3] (*catturare di nuovo*) wieder fangen [4] (*rimproverare*) tadeln [5] FOTO, FILM aufnehmen II. vi avere ▷*guidare* wieder aufnehmen

ripresa f [1] (*di ostilità, lavori*) Wiederaufnahme f; ◇ **a più -e** (*in diverse volte*) mehrmals [2]

FOTO, FILM Aufnahme *f* ③ SPORT Zweite Halbzeit *f*
ripresentare I. *vt* (*presentare di nuovo*) wieder vorlegen II. *vr* ◊ **-rsi** wieder antreten
ripristinare ⟨3.10⟩ *vt FIG → l'ordine* wiederherstellen; **ri'pristino** *m* (*dell'ordine*) Wiederherstellung *f*
riprodu'cibile *agg* ⟨inv⟩ reproduzierbar; **riprodurre** ⟨Pass. rem.: riprodussi/riprodusse/riprodussero⟩ *irr vt* ① (*produrre di nuovo*) wieder herstellen ② (*eseguire una copia*) reproduzieren; **riproduttivo** *agg* Fortpflanzungs-, reproduktiv; **riprodut|tore(trice** *f*) I. *agg* ⟨tori, trici⟩ ▷*apparato* wiedergebend II. *m* ① Zuchttier *n* ② Tonabnehmer *m*; **riproduzione** *f* ① (*di un fenomeno*) Wiederholung *f*; (*di un quadro*) Reproduktion *f* ② BIO Fortpflanzung *f*
ripro'mettere ⟨Pass. rem.: rimisi/rimise/rimisero Part.: rimesso⟩ *vt* ① (*promettere di nuovo*) erneut versprechen ② (*aspettarsi*) sich versprechen
riproporre ⟨4.11⟩ *irr vt vr* (*proporre di nuovo*) wieder vorschlagen; **riproposta** *f* (*ripetizione di una proposta*) Wiedervorlage *f*
riprova *f* (*conferma*) Bestätigung *f*; ◊ **a - di ...** zum Beweis des ...
riprovare[1] *vt* (*disapprovare*) mißbilligen
riprovare[2] I. *vt* ① (*provare di nuovo*) erneut versuchen ② (*dimostrare ulteriormente*) bestätigen II. *vi vi pron* (*a leggere*) wieder versuchen
riprovazione *f* (*disapprovazione*) Mißbilligung *f*
ripro'vevole *agg* ⟨inv⟩ tadelnswert, verwerflich
ripubblicare ⟨3.4⟩ *irr vt* (*pubblicare di nuovo*) wieder veröffentlichen; **ripubblicazione** *f* Wiederveröffentlichung *f*
ripudiare ⟨3.3⟩ *vt → persona* verstoßen; → *idee* verleugnen, verwerfen; **ripudio** *m* (*dei genitori*) Verstoßen *n*; (*delle idee*) Verwerfen *n*, Verleugnung *f*
ripugnante I. *p. pres. di* **ripugnare**; II. *agg* ⟨inv⟩ widerlich, abstoßend; **ripugnanza** *f* (*per la violenza*) Abneigung *f*; (*schifo*) Ekel, Abscheu *m*; **ripugnare** *vi avere* (*disgustare*) abstoßen; (*essere contrario*) widerstreben
ripulire ⟨5.2⟩ *irr* I. *vt* wieder sauber machen II. *vr* sich herausputzen; (*FIG incivilirsi, ingentilirsi*) sich verfeinern; **ripulita** *f* Säuberung, Reinigung *f*
ripulsione *f* ▷*per la violenza* Abneigung *f*
ripulsivo *agg* abstoßend, widerwillig
ri'pungere *irr vt* (*pungere di nuovo*) wieder stechen
riputare ⟨3.2⟩ *vedi* **reputare**

riputazione *vedi* **reputazione**
riquadro *m* (*spazio quadro*) Viereck *n*
riqualificare ⟨3.4⟩ I. *vt* (*qualificare di nuovo e meglio*) qualifizieren II. *vr* ◊ **-rsi** sich qualifizieren; **riqualificazione** *f* Qualifikation *f*
risacca *f* Widersee *f*
risaia *f* Reisfeld *n*
risaldare *vt* (*saldare di nuovo*) verlöten
risalire ⟨Pres.: salgo/salgono⟩ *irr* I. *vt* wieder hinaufsteigen II. *vi* ① ▷*a cavallo* wieder aufsitzen; ▷*in casa* wieder nach Hause gehen ② ▷*ai tempi passati* zurückgehen (*a auf acc*) ③ (*rincarare*) steigen; **risalita** *f* (*atto del risalire*) Wiederaufstieg *m*
risaltare I. *vt* (*saltare di nuovo*) wieder springen II. *vi avere* (*sporgere*) hervorspringen, hervortreten; (*FIG distinguersi*) auffallen; **risalto** *m* (*sporgenza*) Vorsprung *m*; FIG ◊ **mettere** [*o.* **porre**] **in** - qc hervorheben
ri'sanabile *agg* ⟨inv⟩ sanierbar, heilbar; **risanamento** *m* ▷ *urbanistico* Sanierung *f*; **risanare** I. *vt* (*guarire*) heilen; ARCHIT, COMM sanieren II. *vi* (*recuperare la salute*) wieder gesund werden
risapere ⟨4.8⟩ *irr vt* erfahren; **risaputo** I. *p. pass. di* **risapere**; II. *agg* (*noto*) bekannt
riscaldamento *m* Erwärmung *f*; (*impianto, mezzo*) Heizung *f*; ◊ **- centrale** Zentralheizung *f*; **riscaldare** I. *vt → le mani* wärmen; → *casa* heizen; GASTRON aufwärmen; (*FIG eccitare*) erhitzen II. *vr* ▷*al sole* sich erwärmen
riscat'tabile *agg* ⟨inv⟩ auslösbar; **riscattare** I. *vt* ① → *prigioniero* freikaufen, auslösen ② DIR → *una rendita* ablösen ③ (*FIG redimere*) erlösen, befreien II. *vr* ◊ **-rsi** sich rehabilitieren; **riscatto** *m* ① (*dei prigionieri*) Freikauf *m* ② (*di una rendita*) Ablöse *f* ③ (*prezzo*) Lösegeld *n*
rischiarare I. *vt* (*illuminare*) erhellen; FIG → *la mente* klären II. *vi vi pron* heiter werden
rischiare ⟨3.6⟩ I. *vt* riskieren II. *vi avere* Gefahr laufen; **rischio** *m* Risiko *n*; (*pericolo*) Gefahr *n*; **rischioso** *agg* riskant, gefährlich
risciacquare *vt* ① wieder waschen ② → *i piatti* spülen; **risciacquata** *f* (*dei piatti*) Spülen *n*; **risciacquo** *m* ① (*della lavatrice*) Spülung *f* ② Spülmittel *n*
ri'sciogliere ⟨4.18⟩ *irr vt* (*sciogliere di nuovo*) wieder lösen
riscon'trabile *agg* ⟨inv⟩ feststellbar; **riscontrare** I. *vt* ① (*confrontare*) vergleichen ② (*ver-*

ificare) prüfen; (*rilevare*) feststellen **II.** *vi avere* übereinstimmen; **riscontro** *m* ① (*verifica*) Prüfung, Überprüfung *f* ② (*confronto*) Vergleich *m*

ri'scorrere ⟨Pass. rem.: riscorsi/riscorse/riscorsero Part. riscorso⟩ *irr vt* wieder durchqueren

riscossa *f* (*riconquista*) Wiedereroberung, Rückeroberung *f*

riscossione *f* (*di denaro*) Erhebung *f*; **ri'scuotere** ⟨Pass. rem.: scossi/scotesti Part.: scosso⟩ *irr vt* ① wieder schütteln ② (*ridestare*) aufrütteln ③ (*incassare*) einziehen

risedere ⟨Pres.: risiedo/risiedi/risiede/risiedono, Cong.: risieda/risiedano Imp.: risiedi/risieda/risiedano⟩ *irr vi* (*sedere di nuovo*) wieder setzen

risentimento *m* Groll *m*, Ressentiment *n*

risentire **I.** *vt* ① wieder hören ② → *vantaggio* ziehen ③ (*soffrire*) erleiden **II.** *vi avere* (*della cattiva educazione*) leiden (*di unter dat*); **risentito** *l.* *p. pass. di* **risentire**; **II.** *agg* (*sentito nuovamente*) wiedergehört; (*offeso*) beleidigt, gereizt

riserbare *vt* (*serbare nuovamente*) zurückhalten, reservieren; **riserbato** *vedi* **riservato; riserbo** *m* Zurückhaltung *f*

riserva *f* ① (*provvista*) Vorrat *m*, Reserve *f* ② (*territorio*) Revier, Reservat *n* ③ (*condizione*) Vorbehalt, Zweifel *m*; ◇ **accettare senza** -**e** akzeptieren ohne Vorbehalt / vorbehaltlos ④ (*di una squadra*) Reserve *f*

riservare *vt* ① (*prenotare*) reservieren, vorbestellen ② (*tenere in serbo*) aufbewahren

riservatezza *f* (*riserbo*) Zurückhaltung *f*; **riservato** *agg* ① (*prenotato*) reserviert ② (*confidenziale*) vertraulich ③ (*discreto*) diskret

ri'siedere *vi avere* wohnen; (*FIG consistere*) liegen (*in* in)

risma *f* ⟨*inv*⟩ *spreg.*: ◇ **due individui della stessa** - zwei Typen vom gleichen Schlag

riso[1] *m* ⟨a⟩ ▷*beffardo* Lachen *n*

riso[2] *m* BIO Reis *m*

risolare *vt* → *le scarpe* neu besohlen

risolatura *f* (*delle scarpe*) Neubesohlung *f*

risolino *m* spöttisches Lachen *n*

risollevare *vt* ① (*solevare di nuovo*) wieder hochheben ② (*confortare*) → *lo spirito* wieder aufrichten

risolto **I.** *p. pass. di* **ri'solvere**; **II.** *agg* (*deciso*) gelöst; **riso'lubile** *agg* ⟨*inv*⟩ lösbar

risolutezza *f* Entschiedenheit *f*

risolutivo *agg* ① auflösend ② (*decisivo*) entscheidend

risoluto *l. p. pass. di* **ri'solvere**; **II.** *agg* (*sicuro, deciso*) entschlossen, resolut

risoluzione *f* ① Lösung *f* ② (*decisione*) Beschluß *m*, Resolution *f*

ri'solvere **I.** *vt* ① → *controversia* lösen ② (*decidere*) entscheiden **II.** *vi avere* eine Lösung finden, sich entscheiden; **risol'vibile** *agg* ⟨*inv*⟩ lösbar

risonante **I.** *p. pres. di* **risonare**; **II.** *agg* ⟨*inv*⟩ (*che risuona*) klangvoll, klingend; **risonanza** *f* (*del suono*) Resonanz *f*; (*FIG di un avvenimento*) Echo *n*, Resonanz *f*; **risonare** *irr* **I.** *vt* (*suonare di nuovo*) wieder spielen **II.** *vi essere/avere* ① (*suonare di nuovo*) wieder ertönen ② (*echeggiare*) klangen

ri'sorgere *irr vi* ① (*sorgere di nuovo*) wieder aufstehen ② (*risuscitare*) auferstehen; (*FIG rinascere, rifiorire*) wieder aufleben

risorgimentale *agg* ⟨*inv*⟩ des Risorgimentos; **risorgimento** *m* ① (*della cultura*) Wiederaufleben *n* ② ◇ **il R-** das Risorgimento ③ (*di Cristo*) Wiederauferstehung *f*

risorsa *f* ① (*capacità*) Möglichkeit, Fähigkeit *f*; ◇ **un uomo** *m* **pieno di** -**e** ein begabter Mensch ② ◇ -**e** *f/pl* Mittel, Geldmittel *pl*

risotto *m* GASTRON Risotto *m o n*

risparmiare ⟨3.3⟩ **I.** *vt* → *denaro* sparen; → *fastidi* ersparen, schonen **II.** *vr* ◇ -**rsi** sich schonen; **risparmia|tore(trice)** *f*) *m* ⟨tori, trici⟩ Sparer(in *f*) *m*; **risparmio** *m* (*di denaro*) Ersparnis *f*; (*di luce*) Einsparung *f*

rispecchiare ⟨3.6⟩ *vt vr* ① (*specchiare di nuovo*) wieder spiegeln ② (*riflettere l'immagine*) widerspiegeln

rispet'tabile *agg* ⟨*inv*⟩ ① ehrenwert, ehrenhaft ② (*considerevole*) ansehnlich; **rispettablità** *f* Ehrbarkeit, Ansehnlichkeit *f*; **rispettare** *vt* ① → *la legge* sich halten an *acc* ② → *i genitori* respektieren, achten, ehren ③ → *i diritti altrui* respektieren

rispettivo *agg* betreffend; (*relativo*) jeweilig

rispetto *m* ① (*dei genitori*) Ehrfurcht *f* ② (*delle leggi*) Beachtung, Befolgung *f* ③ (*delle minoranze*) Respektierung *f*, Rücksichtnahme *f* ④ ◇ - **a** in bezug auf *acc*; **rispettoso** *agg* respektvoll

risplendente **I.** *p. pres. di* **ri'splendere**; **II.** *agg* ⟨*inv*⟩ glänzend, leuchtend, stahlend; **ri'splendere** *vi essere/avere* glänzen, strahlen, leuchten

rispondente **I.** *p. pres. di* **ri'spondere**; **II.** *agg* ⟨*inv*⟩ ▷*alla descrizione*: ◇ - **a** entsprechend; **rispondenza** *f* ① ↑ *corrispondenza* Entsprechung *f* ② (*riflesso, ripercussione*) Wirkung *f*; **ri'spondere** ⟨Pass. rem.: risposi/rispose/risposero Part.:risposto⟩ **I.** *vi* ① antworten (*a dat*) ② (*replicare vivacemente*) erwidern, zurückgeben ③ *FIG* ▷*alle mie speranze* entsprechen (*a dat*) ④ ▷*di un'azione* verantworten *acc* ⑤ gehorchen *dat* **II.**

vt antworten; **risposta** *f* Antwort, Erwiderung *f*; (*reazione*) Gegenschlag *m*

rispuntare I. *vi* essere (*spuntare di nuovo*) wieder erscheinen; FIG wiederauftauchen **II.** *vt* wieder beschneiden

rissa *f* Schlägerei, Rauferei *f*; **rissoso** *agg* (*facile alla rissa*) Schläger-, rauflustig

ristabilimento *m* ① (*di un'alleanza*) Wiederherstellung *f* ② (*guarigione*) Wiederherstellung, Gesundung *f*; **ristabilire** ⟨5.2⟩ *irr vt* wiederherstellen

ristagnare *vi* avere ← acqua, sangue sich stauen; COMM stagnieren, stocken; **ristagno** *m* ① (*di liquidi*) Stauung *f* ② (*degli affari*) Stockung, Stagnation *f*

ristampa *f* Nachdruck *m*; **ristampare** *vt* nachdrucken

ristorante *m* Restaurant *n*

ristorare I. *vt* (*riposare*) → il corpo wiederherstellen, stärken **II.** *vr* ◇ -rsi sich erholen

ristora|tore(-trice) *f)* **I.** *agg* ⟨'tori, 'trici⟩ (*che ristora*) Restaurator *m* **II.** *m* (*gestore di ristorante*) Gastwirt(in *f*) *m*; **ristorazione** *f* Restauration, Bewirtung *f*; **ristoro** *m* (*ripresa di energia e vigore*) Stärkung, Erholung *f*

ristrettezza *f* (*di denaro*) Mangel *m* (*di an dat*); ◇ -e *f*/*pl* (*povertà*) beschränkte Verhältnisse *pl*; **ristretto I.** *p. pass. di* re'stringere; **II.** *agg* ① (*racchiuso*) ⊳tra i monti eingeschlossen ② (*angusto*) eng ③ (*limitato*) beschränkt (*a auf acc*)

ristrutturare *vt* neu strukturieren; **ristrutturazione** *f* (*di un'industria*) Neustrukturierung, Umorganisation *f*

risucchiare ⟨3.6⟩ *vt* ① wieder saugen ② (*attirare in un risucchio*) verschlingen; **risucchio** *m* Sog *m*

risultante I. *p. pres. di* risultare; **II.** *agg* ⟨inv⟩ sich ergebend **III.** *f* Ergebnis *n*; **risultanza** *f* (*risultato definitivo*) Ergebnis *n*; **risultare** *vi* ① (*dimostrarsi*) sich ergeben ② (*conseguire*) sich herausstellen; **risultato I.** *p. pass. di* risultare; **II.** *m* Ergebnis *n*

risuonare *vedi* risonare

risurrezione *f* REL Auferstehung *f*; **risuscitare** ⟨3.10⟩ **I.** *vt* erwecken; FIG wiederaufleben lassen **II.** *vi* (*risorgere*) auferstehen

risvegliare ⟨3.6⟩ *vt* (*svegliare*) wieder aufwecken; **risveglio** *m* Erwachen *n*; (FIG dell'industria) Wiederaufblühen, Wiederaufleben *n*

risvolto *m* ① (*della giacca*) Aufschlag *m* ② Kehrseite *f*

ritagliare ⟨3.6⟩ *vt* ① (*tagliare di nuovo*) wieder schneiden ② (*tagliare intorno*) ausschneiden; **ritaglio** *m* (*di giornale*) Ausschnitt *m*

ritardare I. *vi* → posta Verspätung haben; ← orologio nachgehen; ← treno Verspätung haben; ← un amico sich verspäten **II.** *vt* ① verlangsamen ② aufhalten; **ritardatario** *m* Nachzügler *m*; **ritardo** *m* Verspätung *f*; (*di prestazione, pagamento*) Verzug *m*; (*rallentamento, del motore*) Verlangsamung *f*

ritegno *m* Vorbehalt *m*

ritemprare *vt* (FIG rinvigorire) → le forze kräftigen, stärken

ritenere ⟨4.17⟩ *irr* **I.** *vt* ① zurückhalten ② (*giudicare*) halten, denken, schätzen **II.** *vr* ◇ -rsi sich halten für *acc*

ritentare *vt* ① (*cercare di nuovo*) wieder versuchen ② wieder in Versuchung führen

ritenuta *f* (*detrazione*) Einbehaltung *f*

ritenzione *f* MED Verhaltung *f*

ritirare I. *vt* ① (*tirare nuovamente*) → la palla wieder werfen ② (*trarre indietro*) zurückziehen ③ (*farsi consegnare*) einziehen, abholen ④ (FIG disdire) widerrufen **II.** *vr* ◇ -rsi sich zurückziehen ② ← stoffa eingehen, einlaufen ③ ← il mare abfließen; **ritirata** *f* MIL Rückzug *m*; **ritirato I.** *p. pass. di* ritirare; **II.** *agg* ① zurückgezogen ② zurückgezogen/einsam (lebend); **ritiro** *m* ① Rücknahme *f* ② (*del passaporto*) Einziehung *f* ③ (*luogo appartato*) Zufluchtsort *m*

ritmare *vt* (*cadenzare*) rhythmisieren; **'ritmica** *f* ⟨'che⟩ (*arte e scienza*) Rhythmik *f*, Metrik *f*; **ritmicità** *f* (*l'essere ritmico*) Rhythmus *m*; **'ritmico** *agg* ⟨'ci, 'che⟩ rhythmisch; **ritmo** *m* Rhythmus *m*

rito *m* ① ⊳religioso Ritus *m* ② (*usanza*) Brauch *m*; ◇ essere di- üblich sein

ritoccare ⟨3.4⟩ *irr vt* ① wieder berühren ② FIG → disegno überarbeiten; **ritoc|co** *m* ⟨'chi⟩ Überarbeitung, Ausbesserung *f*

ri'togliere ⟨ritolgo/ritogli/ritolgono Pass. rem.: ritolsi/ritogliesti, Part.: ritolto⟩ *irr vt* ① (*togliere di nuovo*) wieder nehmen ② → il maltolto wieder abnehmen

ritornare *vi* ① zurückkehren ② (*ricomparire*) wiederkehren ③ (*ridiventare*) wieder werden

ritornello *m* ① MUS Refrain *m* ② LETT Ritornell *n*

ritorno *m* Rückkehr, Wiederkehr *f*

ritorsione *f* Vergeltung *f*

ritrarre ⟨Pres.: ritraggo/ritraggono, P. rem.: ritrassi/ritrasse/ritrassero Cong.: ritragga/ritraggano⟩ *irr* **I.** *vt* ① (*trarre indietro, via*) zurückziehen ② abbilden **II.** *vr* ◇ -rsi sich zurückziehen

ritrat'tabile *agg* ⟨inv⟩ widerrufbar; **ritrattare** *vt* (*disdire*) widerrufen, zurücknehmen; **ritrattazione** *f* (*atto del ritrattare*) Widerruf *m*; **rit-**

R

rattista *m/f* ⟨i, e⟩ (*chi fa ritratti*) Porträtist(in *f*) *m*; **ritrat'tistica** *f* Porträtkunst *f*

ritratto I. *p. pass. di* **ritrarre**; **II.** *agg* ① (*tirato indietro*) zurückgezogen ② (*rappresentato*) abgebildet **III.** *m* (*di un quadro*) Porträt *n*; *FIG* Darstellung *f*

ritrito *agg* (*FIG ripetuto più volte*) wiederholt

retro'sia *f* Widerspenstigkeit *f*; **ritroso** *agg* widerspenstig, widerwillig

ritrovamento *m* (*rinvenimento*) Fund *m*; **ritrovare I.** *vt* wieder finden **II.** *vr rec* ◇ **-rsi** sich wieder treffen **III.** *vr* ◇ **-rsi** geraten, sich befinden; **ritrovato I.** *p. pass. di* **ritrovare**; **II.** *agg* gefunden, erfunden **III.** *m* Erfindung *f*; **ritrovo** *m* (*il ritrovarsi insieme*) Zusammenkunft *f*, Treffen *n*; (*luogo*) Treffpunkt *m*

ritto *agg* ① (*in piedi*) aufrecht, gerade ② (*levato in alto*) erhoben; ◇ **ho i capelli ritti** mir stehen die Haare zu Berge ③ (*in posizione verticale*) hochkant

rituale I. *agg* ⟨inv⟩ Ritual-; (*abituale*) üblich **II.** *m* Ritual *n*; **ritua'listico** *agg* ⟨ci, che⟩ ritual, rituell; **ritualità** *f* Ritualisierung *f*

rituffare I. *vt* (*tuffare di nuovo*) wieder tauchen **II.** *vr* ◇ **-rsi** wieder eintauchen; *FIG* ▷ *nel lavoro* sich wieder stürzen

riunione *f* (*adunanza*) Versammlung *f*; (*seduta*) Sitzung *f*

riunire ⟨5.2⟩ *irr* **I.** *vt* ① (*rimettere insieme*) wiedervereinigen ② (*riconciliare*) wieder versöhnen **II.** *vr rec* ◇ **-rsi** (*tornare a stare insieme*) sich wiedervereinigen, sich wieder versöhnen; **riunito I.** *p. pass. di* **riunire**; **II.** *agg* wiedervereinigt, vereint

riuscire ⟨5.5⟩ *irr* *vi* ① wieder hinausgehen ② (*avere esito*) gelingen ③ (*aver successo*) Erfolg haben ④ (*raggiungere il fine*) durchkommen, gelingen, können; **riuscita** *f* (*esito*) Erfolg *m*

riva *f* (*del fiume*) Ufer *n*

rivale I. *agg* ⟨inv⟩ (*concorrente*) rivalisierend **II.** *m* Rivale, Konkurrent *m*; **rivaleggiare** ⟨3.3⟩ *vi avere* rivalisieren, wetteifern; **rivalità** *f* Rivalität *f*

rivalsa *f* (*rivincita*) Rache, Vergeltung *f*; ◇ **prendersi una - su qc/qu** sich an jd-m schadlos halten

rivalutare ⟨3.10⟩ *vt* ① wieder schätzen ② *COMM* aufwerten; *FIG* neu bewerten, aufwerten; **rivalutazione** *f* (*della moneta*) Aufwertung *f*; *FIG* Neubewertung *f*

rivangare ⟨3.5⟩ *irr* *vt* *FIG* wieder aufrühren

rivedere ⟨4.13⟩ *irr* *vt* ① wieder sehen ② (*rincontrare*) wieder treffen ③ (*rileggere*) durchsehen ④ (*riesaminare per correggere*) nachsehen, durchgehen, überprüfen

rive'dibile *agg* ⟨inv⟩ *MIL* zurückgestellt

riveduta *f* (*revisione*) Durchsicht *f*

rivelare I. *vt* → *segreto* enthüllen, offenbaren **II.** *vr* ◇ **-rsi** (*mostrarsi*) sich erweisen, sich entpuppen; **rivela'tore(trice** *f*) **I.** *agg* ⟨tori, trici⟩ enthüllend **II.** *m* ① *FIS* Detektor, Sucher *m* ② *FOTO* Entwickler *m*; **rivelazione** *f* Enthüllung *f*; *REL* Offenbarung *f*

ri'vendere *irr* *vt* (*vendere di nuovo*) wieder verkaufen

rivendicare ⟨3.4⟩ *irr* *vt* → *diritto* geltend machen, beanspruchen; (*bene*) fordern, beanspruchen; **rivendicazione** *f* (*di un diritto*) Anspruch *m*, Forderung *f*; **ri'vendita** *f* ① Verkauf *m* ② (*bottega*) Laden *m*; **rivendi'tore(trice** *f*) *m* ⟨tori, trici⟩ Verkäufer(in *f*)

riverberare ⟨3.10⟩ *vt* zurückstrahlen, zurückwerfen; **ri'verbero** *m* (*di luce*) Widerschein *m*; (*di calore*) Rückstrahlung *f*; (*di suono*) Nachhall *m*

riverente I. *p. pres. di* **riverire**; **II.** *agg* ⟨inv⟩ (*ossequioso*) ehrerbietig, ehrfürchtig; **riverenza** *f* ① Ehrfurcht *f* ② (*inchino*) Reverenz, Verbeugung *f*; **riverire** ⟨5.2⟩ *irr* *vt* ① (*rispettare*) seine Hochachtung erweisen *dat* ② (*salutare molto rispettosamente*) ◇ **la riverisco !** Habe die Ehre !

riversare *vt* ① wieder einschütten, wieder eingießen ② (*rovesciare addosso*) verschütten

rivestimento *m* (*di un divano*) Verkleidung *f*; **rivestire I.** *vt* ① wieder anziehen ② (*indossare*) tragen, anziehen ③ (*foderare*) überziehen ④ (*ricoprire una carica*) bekleiden **II.** *vr* ◇ **-rsi** sich wieder anziehen, sich umziehen

riviera *f* ↑ *costa, lido* Küstenstrich *m*; ◇ **la R-italiana** die italienische Riviera

ri'vincere ⟨Pass. rem.: rivinsi/rivinse/rivinsero Part.: rivinto⟩ *irr* ① (*vincere di nuovo*) wieder gewinnen ② (*vincere a propria volta*) wiedergewinnen, zurückgewinnen; **ri'vincita** *f* Revanche *f*

rivista *f* ① (*rassegna*) Parade *f* ② (*periodico illustrato*) Zeitschrift, Illustrierte *f*

ri'vivere ⟨4.14⟩ *irr* **I.** *vi* (*vivere di nuovo*) wieder lebendig werden; *FIG* wieder aufleben **II.** *vt* wieder erleben, erneut durchleben

rivo *m* Bach *m*; (*di lava*) Strom *m*

ri'volgere ⟨Pass. rem.: rivolsi/rivolse/rivolsero Part.: rivolto⟩ *irr* **I.** *vt* ① → *gli occhi* wenden ② *FIG* → *attenzione* richten (*a* auf *acc*) **II.** *vr* ◇ **-rsi** sich wenden (*a* an *acc*); **rivolgimento** *m* ① Umdrehung *f* ② *FIG* Umsturz *m*

rivolta *f* Aufstand *m*

rivoltante I. *p. pres. di* **rivoltare**; **II.** *agg* ⟨inv⟩ (*che disgusta*) abstoßend

rivoltare I. *vt* ① wieder wenden ② (*rovesciare*) umdrehen, umwenden ③ ◇ **rivoltare lo stomaco** den Magen umdrehen II. *vr* ◇ **-rsi** sich wenden
rivoltella *f* Revolver *m*
rivoltoso(a *f*) I. *agg* (*ribelle*) rebellisch II. *m* (*persona ribelle*) Rebell(in *f*) *m*
rivoluzionare *vt* revolutionieren; (*FIG mettere in disordine*) durcheinanderbringen; **rivoluzionario(a** *f*) I. *agg* revolutionär II. *m* Revolutionär (in *f*) *m*; **rivoluzione** *f* Revolution *f*; (*di ruota, pianeta*) Umlauf-(Bahn) *m*; ▷*culturale* Revolution *f*
rizzare *vt* → **una tenda** errichten, aufrichten
R.N.A. *m abbr. di* **acido ribonucleico** RNS, Ribonukleinsäure *f*
roba *f* ① Zeug *n*, Sachen *pl*; *FAM* ◇ **- da matti** tolle Sachen ! ② (*masserizie*) Hausrat *m* ③ (*affare*) Sache, Angelegenheit *f*
robot *m* ⟨inv⟩ Roboter *m*; **robotizzare** *vt* → **un impianto** automatisieren
robustezza *f* (*forza*) Stärke, Robustheit *f*, **robusto** *agg* robust, stark
roc|ca *f* ⟨che⟩ (*fortezza*) Burg *f*
rocchetto *m* Spule *f*
roc|cia *f* ⟨ce⟩ GEO Gestein *n*, Stein *m*; (*masso*) Fels, Felsen *m*; **roccioso** *agg* felsig, steinig
rodag|gio *m* ⟨gi⟩ (*di una macchina*) Einfahren *n*; (*periodo*) Einlaufzeit *f*; *FIG* Eingewöhnungszeit *f*; **rodare** *vt* → **una macchina** einfahren
ro'deo *m* Rodeo *m/n*
'rodere ⟨Pass. rem.: rosi/rodesti Part.: roso⟩ *irr* I. *vt* ① (*rosicchiare*) zernagen, nagen II. *vr* ◇ **-rsi** sich verzehren; **roditore(trice** *f*) I. *agg* ⟨tori, trici⟩ (*che rode*) Nager-, nagend II. *m* FAUNA: ◇ **i m/pl -i** Nager *pl*
rododendro *m* BIO Alpenrose *f*, Rhododendron *m*
rogna *f* ① MED Krätze, Räude *f* ② *FIG* Schererei *f* ③ (*FIG persona*) Plagegeist *m*
rognone *m* (*di animale*) Niere *f*
rogo *m* ⟨ghi⟩ (*di libri*) Scheiterhaufen *m*
rollino *vedi* **rullino**
Roma'nia *f* Rumänien *n*
ro'manico *agg ci, che* romanisch
romanista *m/f* ⟨i, e⟩ Romanist(in *f*) *m*
romano(a *f*) I. *agg* Römer-, römisch II. *m* Römer (in *f*) *m*
romanticismo *m* ① (*sentimentalismo*) Romantik, Sentimentalität *f* ② ART, LETT Romantik *f*; **ro'mantico(a** *f*) *agg* ⟨ci, che⟩ romantisch
romanza *f* Romanze *f*
romanzesco *agg* ⟨schi⟩ sche ① (*straordinario*) phantastisch ② (*cavalleresco*) Ritter-, Helden-
romanziere *m/f* Romanschriftsteller(in *f*) *m*; **ro-**

manzo¹ *agg* romanisch; **romanzo**² *m* Roman *m*; ◇ **- d'appendice** *PEG* Heftchenroman, Groschenroman *m*; *FIG* ◇ **la sua vita è un romanzo** sein Leben ist wie ein Roman
rombare *vi avere* donnern; **rombo**¹ *m* Donner *m*
rombo² *m* MAT Rhombus *m*, Raute *f*
romeno *vedi* **rumeno**
'rompere ⟨Pass. rem.: ruppi/ruppe/ruppero Part.: rotto⟩ *irr* I. *vt* ① → **pane** brechen; *FAM* ◇ **non - !** laß mich in Ruhe !; (*fracassare*) zerbrechen; → **l'orologio** kaputtmachen, zerstören ② (*interrompere*) → **il silenzio** brechen II. *vi avere* ① → **un'amicizia** brechen ② (*scoppiare*) ausbrechen
rompicapo *m* ① (*preoccupazione*) Sorge *f*, Ärger *m* ② (*enigma*) Rätsel *n* ③ (*problema molto difficile*) Problem *n*
rompighiac|cio *m* ⟨ci⟩ NAUT Eisbrecher *n*
rompi'scatole *m/f* ⟨inv⟩ *FAM* Nervensäge *f*
ronda *f* MIL Streife *f*; *FIG* ◇ **fare la - a una donna** einer Frau den Hof machen
'rondine *f* FAUNA Schwalbe *f*
ronzare *vi avere* summen, brummen; *FIG* ◇ **- intorno a una ragazza** ein Mädchen umschwärmen
ronzino *m* Gaul, Klepper *m*
ron'zio *m* ⟨ii⟩ Summen, Gebrumme *n*
rosa I. *f* Rose *f*; ◇ **- dei venti** Windrose *f* II. *agg* ⟨inv⟩ rosa; **rosaio** *m* (*pianta*) Rosenstrauch *m*; (*giardino*) Rosengarten *m*; **rosario** *m* REL Rosenkranz *m*; **rosato** I. *agg* rosig, rosarot II. *m* Rosé *m*; **'roseo** *agg* rosarot, rosig; **rosetta** *f* ① (*diamante*) Diamant *m* (mit Rosettenschliff) ② (*panino*) Brötchen *n* ③ ARCH Rosette *f*
rosicare ⟨3.4⟩ *irr vt* nagen
rosicchiare ⟨3.6⟩ *vt* → **osso** nagen, benagen
rosmarino *m* Rosmarin *m*
roso I. *p. pass. di* **'rodere**; II. *agg* (*corroso*) zerfressen
rosolare ⟨3.2⟩ *vt* GASTRON anbraten, anschwitzen
roso'lia *f* MED Röteln *pl*
rosone *m* Rosette *f*
rospo *m* FAUNA Kröte *f*
rossastro *agg* (*che tende al rosso*) rötlich
rossetto *m* Lippenstift *m*, Rouge *n*
rosso(a *f*) I. *agg* rot II. *m* Rot *n* III. *m* ① (*persona dai capelli rossi*) Rothaarige(r) *fm* ② POL Rote(r) *m/f*; **rossore** *m* Röte *f*
rosticce'ria *f* (*negozio*) Grillstube *f*
rosticce'ria *m* (*becco*) Schnabel *m*
rotaia *f* ① Schiene *f* ② Bahn *f*
rotante I. *p. pres. di* **rotare**; II. *agg* ⟨inv⟩ (*che*

R

ruota) rotierend, Dreh-; **rotare I.** *vi* ⚀ ← *terra* umlaufen ⚁ ← *uccello* kreisen **II.** *vt* → *il braccio* im Kreise schwingen; **rotativo** *agg* ⟨*che ha un moto rotatorio*⟩ Rotations-, Dreh-; **rotazione** *f* ⚀ (*della terra*) Rotation *f* ⚁ MAT Rotation *f* ⚂ AGR Fruchtwechsel *m*

roteare I. *vi avere* kreisen **II.** *vt* im Kreis schwingen; ◇ **- gli occhi** die Augen rollen

rotella *f* Rädchen *n*

rotocalco *m* ⟨chi⟩ (*periodico illustrato*) Illustrierte *f*

rotolare ⟨3.2⟩ **I.** *vt* rollen **II.** *vi* rollen **III.** *vr* ◇ **-rsi** sich wälzen

'**rotolo** *m* Rolle *f*; (*di stoffa*) Ballen *m*; FIG ◇ **andare a -i** zugrunde gehen

rotoloni *avv* (*rotolando*): ◇ **cadere -** kopfüber stürzen

rotonda *f* Rundbau *m*

rotondeggiante I. *p. pres. di* **rotondeggiare**; **II.** *agg* ⟨inv⟩ (*che ha forma rotonda*) rundlich

rotondeggiare ⟨3.3⟩ *vi avere* (*avere forma rotonda*) rundlich werden, rundlich sein

rotondità *f* (*l'essere rotondo*) Rundlichkeit, Rundheit *f*; **rotondo** *agg* rund

rotore *m* Rotor *m*

rotta *f* AERO NAUT Kurs *m*

rottame *m* (*relitto*) Wrack *n*; FIG Wrack *m*

rotto I. *p. pass. di* **rompere**; **II.** *agg* ▷*calzoni* zerrissen; ▷*ossa* gebrochen; ▷*voce* ersticket; ▷*radio* zerstört, kaputt; **rottura** *f* ⚀ (*di un braccio*) Brechen *n* ⚁ (*dei rapporti*) Abbruch *m*

roulotte *f* ⟨inv⟩ Campingwagen, Caravan *m*

rovente *agg* ⟨inv⟩ glühend

'**rovere** *m* Eiche *f*

rovescia *f* ⟨sce⟩: ◇ **alla -** umgekehrt, verkehrt

rove'sciabile *agg* ⟨inv⟩ umkehrbar; **rovesciare** ⟨3.3⟩ **I.** *vt* ⚀ verschütten; FIG → *la colpa* abwälzen ⚁ → *un'abito* wenden; **rovescio I.** *agg* umgekehrt **II.** *m* ⟨i⟩ ⚀ Kehrseite *f* ⚁ (*pioggia*) Schauer *m* ⚂ TENNIS Rückhand *f*

rovina *f* (*crollo*) Verderben *n*, Ruin *m*; ◇ **-e** *f/pl* Ruinen *pl*; FIG Verfall *m*; ◇ **andare in -** verfallen, zugrunde gehen; **rovinare I.** *vi* (*crollare*) einstürzen **II.** *vt* → *la salute* zerstören **III.** *vr* ◇ **-rsi** ← *persona* sich zugrunde richten; **rovinoso** *agg* ⚀ (*impetuoso*) ruinös ⚁ ▷*tempesta* stürmisch, heftig

rovistare *vt* → *i cassetti* durchstöbern

rovo *m* BIO Brombeere *f*

rozzezza *f* (*l'essere rozzo*) Grobheit *f*; **rozzo** *agg* ▷*lana* grob; FIG grob

rubare *vt* stehlen (*a dat*); **rubato I.** *p. pass. di* **rubare**; **II.** *agg* gestohlen

rubinetto *m* Hahn *m*

rubino *m* Rubin *m*

rubrica *f* ⟨che⟩ ⚀ Verzeichis *n* ⚁ MEDIA Rubrik, Spalte *f*; ◇ **- telefonica** Telefonbuch *n*

rude *agg* ⟨inv⟩ roh

'**rudere** *m* : ◇ **-i** *m/pl* Überreste, Ruinen *pl*

rudezza *f* (*del carattere*) Roheit *f*

rudimentale *agg* ⟨inv⟩ rudimentär, primitiv; **rudimento** : ◇ **-i** *m/pl* Grundschatz *m/sg*

ruffiane'ria *f* (*l'essere ruffiano*) Kuppelei *f*; **ruffiano(a** *f*) *m* Kuppler(in *f*) *m*

ruga *f* ⟨ghe⟩ Falte *f*

'**ruggine** *f* Rost *m*

ruggire ⟨5.2⟩ *irr vi* brüllen

rugiada *f* Tau *m*

rugosità *f* (*l'essere rugoso*) Runzeligkeit *f*; **rugoso** *agg* faltig

rullare *vi avere* wirbeln

rullino *m* FOTO Filmrolle *f*

rullo *m* (*di tamburi*) Wirbeln *n*; ▷*compressore* Straßenwalze *f*

rum *m* ⟨inv⟩ Rum *m*

rumeno I. *agg* rumänisch **II.** *m* Rumäne(Rumänin *f*) *m*

ruminare ⟨3.2⟩ *vt* FAUNA wiederkäuen; FIG nachgrübeln über *acc*

rumore *m* Geräusch *n*; (*strepito*) Lärm *m*; **rumoreggiare** ⟨3.3⟩ *vi avere* lärmen; **rumo'rio** *m* (*rumore continuato*) ständiger Lärm *m*; **rumoroso** *agg* geräuschvoll

ruolo *m* ⚀ (*d'udienza*) Liste *f* ⚁ (*dell'esercito*) Stammrolle *f*; AMM Stellenplan *m*; ◇ **personale di -** festangestelltes Personal ⚂ TEATRO Rolle *f*

ruota *f* ⚀ Reifen *m*; ◇ **- anteriore/posteriore** Vorderrad/Hinterrad; ◇ **- di scorta** Ersatzreifen ⚁ Rad *n*; FIG ◇ **fare la - ad una ragazza** ein Mädchen umwerben; **ruotare** *vedi* **rotare**

rupe *f* Fels, Felsen *m*; **rupestre** *agg* ⟨inv⟩ ▷*paesaggio* felsig

rurale *agg* ⟨inv⟩ Land-, ländlich, rural

ruscello *m* Bach *m*

ruspa *f* Schürfkübelbagger *m*

ruspante I. *p. pres. di* **ruspare**; **II.** *agg* ⟨inv⟩ (*che ruspa*) freilaufend

ruspare *vi* ← *i polli* picken, scharren

russare *vi avere* schnarchen

'**Russia** *f* Rußland *n*; **russo(a** *f*) **I.** *agg* russisch **II.** *m/f* ⚀ Russe *m* Russin *f* ⚁ (*lingua*) Russisch *n*

'**rustico I.** *agg* ⟨ci, che⟩ ▷*casa* Land-; (FIG *non socievole e raffinato*) derb, grob **II.** *m* Landhaus *n*

ruttare *vi avere* aufstoßen, rülpsen; **rutto** *m* Aufstoßen *n*, Rülpser *m*

ruvidità f (ruvidezza) Rauheit, Grobheit f; **'ruvi-do** agg rauh

ruzzolare ⟨3.2⟩ vi hinunterrollen; **ruzzolone** m Sturz m; **ruzzoloni** avv rollend, kullernd, purzelnd

S

S, s f ⟨inv⟩ (lettera dell'alfabeto) S, s n

'sabato m Samstag m; ◇ **di -, il** - samstags

sabba m ⟨sabba/sabbati⟩ (riunione di streghe e stregoni) Hexensabbat m

sab'batico agg ⟨ci, che⟩ (di sabato): ◇ **anno** - Sabbatjahr n

sabbia f Sand m; **sabbiare** ⟨3.3⟩ vt (TEC sottoporre a sabbiatura) sandstrahlen; **sabbiatrice** f TEC Sandstrahlgebläse n; **sabbiatura** f [1] TEC Sandstrahlen n [2] MED Sandbad n; **sabbioso** agg (pieno di sabbia) sandig, Sand-

sabotag|gio m ⟨gi⟩ (di una riunione) Sabotage f; **sabotare** ⟨3.2⟩ vt → produzione sabotieren

sac|ca f ⟨che⟩ [1] (borsa, zaino) Sack m, Tasche f [2] (di fiume) Bucht, Einbuchtung f; ◇ **- d'aria** Luftloch n

sac'caride m (CHIM glucide) Kohlenhydrat n

sacca'rifero agg (che contiene zucchero) zuckerhaltig; ▷industria Zucker-; **saccarina** f Saccharin n; **saccarosio** m CHIM Rohrzucker m, Saccharose f

saccente agg ⟨inv⟩ vorlaut, besserwisserisch; **saccente'ria** f Anmaßung, Besserwisserei f

saccheggiare ⟨3.3⟩ irr vt → città ausplündern; FIG → testo sich aneignen, kopieren; **saccheggia|tore(trice)** f) m ⟨tori, trici⟩ (chi saccheggia) Plünderer m, Plünderin f; **saccheg|gio** m ⟨gi⟩ Plünderung f; FIG Plagiat n

sacchetto m Säckchen n, Beutel m; ◇ **- di plastica** [Plastik-]Tüte/Tasche f

sac|co¹ m ⟨chi⟩ [1] (sacca) Sack m; MED Tasche f, Beutel m; ◇ **- a pelo** Schlafsack m [2] (FIG FAM gran quantità) Menge f, Haufen m; ◇ **prendere un - di botte** ganz schön 'was wegstecken müssen

sac|co² m ⟨chi⟩ (saccheggio) Plünderung f

sacerdotale agg ⟨inv⟩ (di, da sacerdote) priesterlich; **sacerdote(essa** f) m (ministro di una religione) Priester(in f) m; **sacerdozio** m (ufficio del sacerdote) Priesterschaft f

sacrale¹ agg inv (cerimonia) heilig, sakral

sacrale² agg ⟨inv⟩ (ANAT dell'osso sacro) Kreuzbein-, sakral

sacralità f (caratteristica di ciò che è sacro) Heiligkeit f

sacramentale agg ⟨inv⟩ sakramental

sacramentare vt → eucarestia [die Sakramente] austeilen

sacramento m (battesimo,cresima, etc.) Sakrament n; FIG ◇ **fare qc con tutti i -i** etw nach allen Regeln der Kunst machen

sacrario m (dei caduti) Gedenkstätte f

sacrato vedi **sagrato**

sacrestano vedi **sagrestano**; **sacre'stia** vedi **sacre'stia**

sacrificale agg ⟨inv⟩ (di sacrificio) Opfer-

sacrificare ⟨3.4⟩ irr I. vt [1] ▷agli Dei opfern, ein Opfer darbringen [2] (celebrare la Messa) die Messe halten [3] (rinunciare a qc) → libertà opfern II. vr ◇ **-rsi** sich opfern; **sacrificio** m ⟨ci⟩ [1] Opfer n [2] (della Messa) Meßopfer n [3] (rinuncia) ◇ **studia a costo di molti -i** er studiert unter vielen Entbehrungen

sacrilegio m ⟨gi⟩ Sakrileg n; **sa'crilego** m ⟨ghi⟩ (che commette sacrilegio) Frevler(in f) m

sacro¹ agg ▷luogo heilig; (consacrato) geweiht; (di chiesa) kirchlich, geistlich

sacro² m ANAT ▷osso Kreuzbein n

'sadico(a f) I. agg ⟨ci, che⟩ sadistisch II. m Sadist (in f) m; **sadismo** m Sadismus m

sadomasochismo m PSIC Sadomasochismus m

saetta f [1] (fulmine) Blitz m [2] (freccia) Pfeil m; **saettare** vt FIG ↑ lanciare → parole zuwerfen

safari m ⟨inv⟩ Safari f

'saffico agg ⟨ci, che⟩ [1] ▷verso sapphisch [2] ▷amore lesbisch; **saffismo** m (omosessualità femminile) Lesbianismus m

saga f ⟨ghe⟩ (racconto tradizionale germanico) Sage f

sagace agg ⟨inv⟩ (accorto, oculato) klug, scharfsinnig; **sagacia** f ⟨cie⟩ (oculatezza) Scharfsinn m

saggezza f Weisheit f

saggiare ⟨3.3⟩ irr vt → l'avversario prüfen

sag|gio¹(a f) I. agg ⟨gi, ge⟩ weise II. m (persona) Weise(r), Gelehrte(r) m

saggio² m [1] (campione indicativo) Probe n [2] (esame critico) Essay n

saggista m/f ⟨i, e⟩ (chi scrive saggi) Essayist(in f) m; **sag'gistica** f ⟨che⟩ Essayistik f; **sag'gistico** agg ⟨ci, che⟩ (che si riferisce ai saggi) essayistisch

Sagittario m ASTR Schütze m

'sagoma f Profil n; (modello) Modell n, Schablone f; (FIG FAM tipo bizzarro) Witzbold m

sagomare ⟨3.2⟩ vt (dare forma) → carrozzeria

formen, schablonieren; **sagomatura** f (operazione del sagomare) Formarbeit f; ↑ sagoma Profil n

sagra f (festa popolare) Fest n; REL Kirchweih f

sagrato m Kirchplatz m

sagrestano(a f) m (custode della sagrestia) Mesner(in f) m; **sagre'stia** f Sakristei f

saio m Kutte f

sala f Saal m; ◇ - **d'aspetto** Wartezimmer n, Wartesaal m; ◇ - **operatoria** Operationssaal m; ◇ - **da pranzo** Eßzimmer n; ◇ - **di montaggio** FILM Schneideraum m; TEC Montagehalle f

salace agg ⟨inv⟩ (lascivo) ▷motti schlüpfrig; **salacità** f ⟨inv⟩ (l' essere salace) Schlüpfrigkeit f

salamandra f FAUNA Salamander m

salame m Salami f

salamoia f Salzlake; ◇ **olive in** - [in Salz] eingelegte Oliven

salare vt salzen

salariale agg ⟨inv⟩ (di salario) Lohn-, Gehalts-

salariare ⟨3.3⟩ vt (retribuire con un salario) bezahlen; **salariato(a** f) m Lohnempfänger(in f) m; **salario** m (retribuzione) Lohn m

salassare vt (praticare un salasso) zur Ader lassen; **salasso** m Aderlaß m

salatino m (biscottino salato) Salzkräcker m

salato agg salzig; (FIG costoso) gesalzen

salatura f (operazione del salare) Salzen n

salciccia vedi **salsiccia**

saldare I. vt ① → parti metalliche schweißen ② → conto begleichen, bezahlen II. vi pron (cicatrizzarsi) verheilen; **saldatore(trice** f) m ⟨tori, trici⟩ ▷operaio Schweißer(in f) m; (utensile) Lötkolben m; **saldatura** f (di parti metalliche) Schweißen n; (punto) Schweißnaht f

saldezza f (l' essere saldo) Festigkeit f

saldo[1] agg (resistente, forte) fest

saldo[2] m (cifra da pagare) Restbetrag m; (merce rimasta invenduta) ◇ -**i di fine stagione** Restposten zum Saisonschluß

sale m Salz n; (FIG FAM senno, giudizio) ◇ **avere poco** - **in zucca** wenig Hirn/Grips haben

'**salice** m FLORA Weide f

'**salico** agg ⟨ci, che⟩ (rif. ai Franchi Salii) salisch

saliente agg ⟨inv⟩ ansteigend, hervorspringend; FIG wichtig, bedeutend

saliera f Salzstreuer m

salina f Saline f

salino agg (di sale) Salz-; (che contiene sale) salzhaltig, salzig

salire ⟨Pres.: salgo/salgono Cong.: salga/salgano Imp.: salga/salgano⟩ irr I. vi (andare verso l' alto) steigen; ▷ con ascensore hinauffahren; ← aereo aufsteigen; ← sole aufgehen; ← strada steigen; ← prezzi steigen; ▷sul tram einsteigen II. vt (- → scale, gradini, allontanamento) hinaufsteigen; (avvicinamento) heraufsteigen

saliscendi m ⟨inv⟩ (alternanza di salite e discese) Auf und Ab n

salito I. p. pass. di **salire**; II. f Aufstieg m; (di strada) Steigung f

saliva f Speichel m; **salivare**[1] agg ⟨inv⟩ ▷ghiandola Speichel-; **salivare**[2] vi avere (produrre saliva) Speichel absondern; FAM sabbern; **salivazione** f ⟨inv⟩ (produzione ed escrezione della saliva) Speichelfluß m

salma f Leiche f

salmastro agg (che contiene sale) Brack-, Salz-

salmo m Psalm m

salmone m Lachs m

salmonella f (BIO batterio) Salmonelle f; **salmonellosi** f ⟨inv⟩ (malattia) Salmonellose f, Salmonellenerkrankung f

salotto m Wohnzimmer n

salpare vi NAUT lichten

salsa f GASTRON Soße f; ◇ - **di pomodoro** Tomatensoße f; ◇ - **tartara** Meerrettichsoße f

sal'sedine f (del mare) Salzgehalt m

salsic|cia f ⟨ce⟩ Wurst f

salsiera f (recipiente per salse) Sauciere f

saltare I. vi ① ▷dalla finestra springen ② ← schegge abspringen ③ (salire, montare) aufspringen II. vt ① (oltrepassare) überspringen; FIG → parole, capitoli überspringen ② (rosolare) rösten, anbraten

saltellare vi avere hüpfen

saltimbanco(a f) m ⟨chi, chet⟩ (acrobata del circo) Seiltänzer(in f) m

salto m ① Sprung m; (ballare un po') ◇ **fare quattro** -**i** das Tanzbein schwingen; SPORT ◇ - **in alto** Hochsprung m ② ◇ **fare un** - **in città** auf einen Sprung in die Stadt fahren

saltuariamente avv (in modo discontinuo) unregelmäßig; **saltuario** agg unregelmäßig

'**salubre** agg ⟨inv⟩ gesund

salume m Wurst f; **salume'ria** f Wurstwarenhandlung f

salutare[1] agg ⟨inv⟩ gesund, heilsam

salutare[2] I. vt → conoscente grüßen; (accogliere con gioia) begrüßen II. vr rec ◇ -**rsi** sich grüßen

salute f Gesundheit f; ◇ **bere alla** - **di qu** auf jd-s Wohl trinken

salutista m/f Gesundheitsapostel m

saluto m Gruß m; ◇ **cordiali** -**i** viele liebe Grüße

salva *f* Salve *f*

sal'vabile *agg* ⟨inv⟩ rettbar

salvacondotto *m* (*permesso scritto*) Passierschein *m*, Genehmigung *f*

salvadanaio *m* Sparbüchse *f*

salvagente *m* ① ⟨*pl* Salvagente, Salvagenti⟩ Rettungsring *m*; (*giubbone*) Schwimmweste ② ⟨inv⟩ (*isola spartitraffico*) Verkehrsinsel *f*

salvaguardare I. *vt* schützen, bewahren; (*interessi*) wahren II. *vr* (*difendersi*) sich schützen (*da* vor *dat*); **salvaguardia** *f* (*tutela*) Schutz *m*, Wahrung *f*

salvare I. *vt* (*trarre da un pericolo*) retten; (*proteggere*) schützen, bewahren II. *vr* ◇ **-rsi** sich retten (*da* vor *dat*); **salvatag|gio** *m* ⟨gi⟩ Rettung *f*; **salvatore(trice** *f*) *m* Retter(in *f*) *m*; ◇ **il** S- der Heiland

salve *inter* hallo

salvezza *f* Rettung *f*

salvia *f* BIO Salbei *m*

salvietta *f* (*invaghiolo di carta*) Papierservietto *f*

salvo I. *agg* gerettet II. *prep* (*eccetto*) außer *dat*; ◇ **- che** es sei denn, daß, außer wenn

samba *f* (*ballo*) Samba *f*

sambuca *f* (*liquore tipico del Lazio*) Sambuca *m*; **sambuco** *m* ⟨chi⟩ Holunder *m*

sanare *vt* (*guarire*) heilen; → *situazione* in Ordnung bringen; → *bilancio* sanieren

sanatoria *f* DIR Gültigkeitserklärung *f*

sanatorio *m* Sanatorium *n*

sancire ⟨5.2⟩ *irr vt* (*imporre d'autorità*) sanktionieren; → *diritto* bekräftigen, beschließen

'sandalo[1] *m* ⟨inv⟩ FLORA Sandelbaum *m*; (*legno*) Sandelholz *n*

'sandalo[2] *m* (*calzatura*) Sandale *f*

sangue *m* ⟨inv⟩ Blut *n*; (FIG *arrabbiarsi*) ◇ **farsi cattivo** - sich ärgern; ◇ **- freddo** Kaltblütigkeit *f*; **sanguemisto** *m* (*meticcio*) Halbblut *n*; **sanguigno** *agg* (*di, del sangue*) Blut-; (*ricco di sangue*) blutreich; (*che ha colore simile al sangue*) blutrot; **sanguinante** I. *p. pres. di* **sanguinare**; II. *agg* ⟨inv⟩ (*che sanguina*) blutend, blutig; **sanguinare** ⟨3.2⟩ *vi avere* bluten; **sanguinario(a** *f*) I. *agg* (*incline a ferire o ad uccidere*) blutrünstig II. *m* blutdürstiger Mensch *m*; **sanguinoso** *agg* ▷*combattimento* blutig; **sanguisuga** *f* ⟨ghe⟩ Blutegel *m*

sanità *f* (*di mente*) Gesundheit *f*; (*di principi*) Heilsamkeit *f*; ◇ **Ministro della** S- Gesundheitsminister *m*; **sanitario** I. *agg* ▷*condizione* Gesundheits- II. *m* Arzt *m*, Ärztin *f*

sano I. *agg* gesund; (*integro*) heil, ganz; (FIG *onesto*) anständig II. *m* (**a** *f*) Gesunde(r) *fm*

'sanscrito *m* ⟨inv⟩ Sanskrit *n*

santificare ⟨3.4⟩ *irr vt* (*dichiarare santo*) heiligsprechen; (*venerare*) heiligen, ehren

santità *f* Heiligkeit *f*

santo ⟨san, sant'⟩ I. *agg* ① ▷*giuramento* heilig ② (*che si riferisce a Dio*) ◇ **la** S-**a Messa** die Heilige Messe ③ (*religioso*) ◇ **anima** - fromme Seele ④ (FAM *rafforz.*) ◇ **tutto il** - **giorno** den lieben langen Tag lang II. *m* ① ◇ S-**a Lucia** Heilige Lucia ② (*onesto*) ◇ **Giorgio è proprio un sant'uomo** Giorgio ist wirklich ein Heiliger ③ (*immagine che rappresenta un Santo*) Heiligenbild *n*

santuario *m* Heiligtum *n*; (*luogo con reliquie*) Wallfahrtsort *m*

sanzionare *vt* ① ↑ *sancire* sanktionieren ② (*punire con sanzioni*) mit Sanktionen belegen; **sanzione** *f* Sanktion *f*

sapere ⟨4.8⟩ *irr* I. *vt* ① → *lingua, mestiere* können ② → *notizia* erfahren ③ (*essere in grado di*) ◇ - *nuotare* schwimmen können II. *vi* (*aver sapore*) schmecken (*di nach dat*); (*aver odore*) riechen (*di nach*) III. *m* ⟨inv⟩ Wissen *n*

sapidità *f* Schmackhaftigkeit, Würze *f*

'sapido *agg* (*saporito*) schmackhaft, würzig

sapiente I. *agg* ⟨inv⟩ (*che possiede vaste conoscenze*) gelehrt, gebildet; (*abile*) geschickt II. *m* (*persona saggia e sapiente*) Weise(r) *fm*; **sapienza** *f* Weisheit *f*

sapone *m* Seife *f*; ◇ - **da bucato** Waschmittel *n*; **saponetta** *f* Seife *f*; **saponificio** *m* ⟨ci⟩ Seifensiederei *f*; **saponoso** *agg* seifenartig

sapore *m* ▷*dolce/amaro* Geschmack *m*

saporire ⟨5.2⟩ *irr vt* würzen; **saporito** I. *p. pass. di* **saporire**; II. *agg* ① (*che ha sapore*) würzig, wohlschmeckend ② (*che ecc.ede nel sale*) versalzen ③ FIG gepfeffert

saputello(a *f*) I. *agg* naseweis II. *m* (*persona giovane petulante*) Naseweis *m*

saputo(a *f*) I. *p. pass. di* **sapere**; II. *agg* ① (*noto*) bekannt ② (*che ostenta cultura*) gelehrt III. *m* (*chi ostenta cultura*) Gelehrte(r) *fm*

saraceno(a *f*) I. *m* Sarazene *m*, Sarazenin *f* II. *agg* sarazenisch

saracinesca *f* ⟨sche⟩ (*serranda*) Rolladen *m*

sarcasmo *m* Sarkasmus *m*; **sar'castico** *agg* ⟨ci, che⟩ sarkastisch

sar'cofago *m* ⟨gi, ghi⟩ Sarkophag *m*

sarcoma *m* ⟨i⟩ (*tumore*) Sarkom *n*

sardella *f* (*sardina*) Sardelle *f*

Sardegna *f* Sardinien *n*

sardina *f* Sardine *f*

sardo(a *f*) I. *agg* sardisch II. *m* Sarde(in *f*) *m*

sar'donico *agg* ⟨ci, che⟩ sardonisch, hämisch

S

sarto(a f) m Schneider(in f) m; **sarto'ria** f Schneiderei f

sasso m Stein m/n

sas'sofono m Saxophon n; **sassofonista** m/f (suonatore di sassofono) Saxophonist(in f) m

sassoso agg steinig

'**satana** m Satan m; **sa'tanico** agg ⟨ci, che⟩ satanisch, teuflisch

sa'tellite n Satellit m; ◇ - **scientifico** Forschungssatellit m; ◇ - **televisivo** Fernsehsatellit m II. agg ⟨inv⟩ Satelliten-

'**satira** f Satire f; **satireggiare** ⟨3.3⟩ I. vt (mettere in satira) verspotten II. vi avere (fare della satira) Satiren schreiben; **sa'tirico** ⟨ci che⟩ agg satirisch

saturare ⟨3.2⟩ I. vt CHIM, ELETTR sättigen II. vi pron (anche FIG riempirsi) sich füllen (di mit dat)

saturnale I. agg ⟨inv⟩ (del Dio Saturno) saturnisch II. : ◇ **S-i** m/pl (antica festa romana) Saturnalien pl

'**saturo** agg 1 CHIM gesättigt, saturiert 2 (anche FIG pieno, traboccante) erfüllt

sauna f (bagno a vapore) Sauna f

savio(a f) I. agg (saggio) weise, klug; (contr. di matto) vernünftig II. m (uomo assennato) Weise(r) fm

savoiardo I. agg savoyisch II. m (biscotto) Löffelbiskuit m/n

sa'ziabile agg ⟨inv⟩ sättigbar, stillbar; **saziare** ⟨3.6⟩ I. vt → fame stillen; (FIG soddisfare completamente) befriedigen, stillen II. vi pron satt werden, sich sättigen (di an dat); FIG müde werden; **sazietà** f Sattheit f; FIG volle f Befriedigung; **sazio** agg (di cibo) satt; (di divertimenti) überdrüssig

sbada'taggine f (disattenzione) Unachtsamkeit f; **sbadato** agg (disattento) unachtsam

sbadigliare ⟨3.6⟩ vi gähnen; **sbadiglio** m Gähnen n

sbafare vt (FAM mangiare avidamente) verschlingen, herunterschlingen; FIG schnorren

sbagliare ⟨3.6⟩ I. vt → mira verfehlen; ◇ - **strada** falsch fahren/gehen; ◇ - **numero** sich verwählen II. vi avere (commettere un errore) einen Fehler begehen; ◇ - a **leggere** fehlerhaft lesen III. vi pron (essere in errore) sich irren; **sbaglio** m (errore) Fehler m; (equivoco) Mißverständnis n

sballare[1] I. vt → **balla** auspacken II. vi (sbagliare per ecc.esso) übertreiben

sballare[2] vt (raccontare fandonie) aufschneiden; ◇ **sballarle grosse** dick auftragen

sballottare vt (agitare in qua e in là) schütteln

sbalordimento m Verblüffung f; **sbalordire**

⟨5.2⟩ irr I. vt (meravigliare) verblüffen, verwirren; (turbare) aus der Fassung bringen II. vi (rimanere stupito) verblüfft sein; **sbalorditivo** agg verblüffend; ▷prezzo unglaublich

sbalzare[1] I. vt (far cadere giù) ← cavallo werfen, abwerfen

sbalzare[2] vt (modellare figure a sbalzo) treiben; **sbalzo**[1] m (spostamento improvviso) Ruck; (FIG di temperatura) Sturz, Sprung m; **sbalzo**[2] m (arte del modellare) Treiben n

sbancare ⟨3.4⟩ irr vt sprengen

sbandare[1] vi NAUT krängen; AUTO schleudern; FIG abgleiten, abweichen

sbandare[2] I. vt (smobilitare un esercito) auflösen, zerstreuen II. vi pron (dividersi): ◇ **la famiglia si è sbandata durante la guerra** sich auflösen, sich zerstreuen

sbandierare vt schwingen; (FIG ostentare) zur Schau tragen, herausstellen

sbando m ⟨inv⟩: ◇ **allo** - führerlos

sbaragliare ⟨3.6⟩ vt → **nemico** niederwerfen, bezwingen; **sbaraglio** m Niederwerfung f; ◇ **mettere allo** - aufs Spiel setzen; ◇ **gettarsi allo** - alles riskieren

sbarazzare I. vt freimachen II. vr ◇ **sbarazzarsi** sich befreien (di von dat)

sbarazzino(a f) m Frechdachs m

sbarcare ⟨3.4⟩ I. irr vt → **passeggeri** ausschiffen; → **merci** löschen, ausladen II. vi essere ▷da **nave** an Land gehen; ▷da **aereo** aussteigen; **sbarco** m ⟨chi⟩ (da nave) Landung, Ausschiffung f; (da aereo) Aussteigen n

sbarra f (di cancello) Stange, Schranke f; (nell'aula giudiziaria) Schranke f; SPORT Reck n; (bilanciere) Hantel f

sbarramento m Sperre, Absperrung f

sbarrare vt 1 (chiudere con sbarre) verrammeln 2 (ostacolare) sperren, versperren 3 → **occhi** aufreißen

'**sbattere** I. vt 1 → **porta** zuschlagen; → **tappeti** klopfen 2 (urtare) stoßen 3 GASTRON schlagen, rühren II. vi avere ← **porta** schlagen III. vi pron (FIG FAM disinteressarsi): ◇ **di questo me ne sbatto !** darauf pfeife ich !; **sbattuto** agg ▷viso müde, abgespannt; (uovo) geschlagen

sbavare I. vi avere 1 ← **bambino** sabbern 2 ← **colore** verlaufen II. vt (sporcare di bava) bespucken III. vr ◇ **-si** (sporcarsi di bava) sich vollspucken; **sbavatura** f (dalla bocca) Spucke f; (delle lumache) Schleim m; (di colore) verlaufene Farbe f

sberla f (schiaffo) Ohrfeige f; **sberleffo** m 1 (sfregio sul viso) Schmiß m 2 (espressione di scherno) Grimasse f

sbiadire ⟨5.2⟩ *irr* I. *vt* (*far perdere di colore*) bleichen II. *vi vi pron* (*scolorire*) verblassen; **sbiadito** I. *p. pass. di* **sbiadire**; II. *agg* ▷*colore* verblaßt, FIG farblos

sbiancare ⟨3.4⟩ *irr* I. *vt* (*far diventare bianco*) bleichen II. *vi* (*impallidire*) bleich werden

sbieco *agg* ⟨inv⟩ (*non diritto*) ▷*muro* schräg, schief; ◇ **guardare qu di -** jd-n schief ansehen

sbigottimento *m* Bestürzung *f*; **sbigottire** ⟨5.2⟩ *irr* I. *vt* bestürzen II. *vi vi pron* (*turbarsi profondamente*) bestürzt sein, verzagen

sbilanciare ⟨3.3⟩ I. *vt* (*far perdere l'equilibrio*) aus dem Gelichgewicht bringen II. *vi avere* (*perdere l'equilibrio*) aus dem Gleichgewicht kommen III. *vi pron* sich übernehmen; **sbilancio** *m* ⟨ci⟩ (*squilibrio*) Ungleichgewicht *n*

sbilenco *agg* ⟨chi, che⟩ (*storto, pendente da una parte*) schief, krumm

sbirciare ⟨3.3⟩ *vt* (*guardare di sfuggita*) verstohlen betrachten/mustern; **sbirciata** *f* flüchtiger Blick *m*

sbirro *m* poliziotto, PEG Bulle *m*

sbloccamento *m* (*anche* FIG *liberazione da un blocco*) Freigabe *f*; **sbloccare** ⟨3.4⟩ *irr* I. *vt* → *meccanismo* lösen, freigeben; FIG → *situazione* lösen II. *vi avere* (*nel biliardo*) befreien; **sbloc|co** *m* ⟨chi⟩ Freigabe *f*; ◇ **- degli affitti** Aufhebung *f* der Mietpreisbindung

sboccare ⟨3.4⟩ I. *irr vi* (*fiume, strada*) münden; (FIG *concludersi*) enden II. *vt* (*fiasco*) abgießen

sboccato *agg* ⟨1⟩ (*di fiasco*) angebrochen ⟨2⟩ (*che non ha freno*) ausgelassen, zügellos

sbocciare ⟨3.3⟩ *vi* ← *fiore* aufblühen; (FIG *nascere*) erblühen, keimen

sboc|co *m* ⟨chi⟩ (*di acque*) Mündung *f*; COMM Absatz *m*; (FIG *uscita*) ◇ **situazione senza -i** auswegslose Situation

sbollire ⟨5.2⟩ *irr vi avere nel sign.1, essere nel sign.2* ⟨1⟩ (*cessare di bollire*) nicht mehr kochen ⟨2⟩ (*placarsi*) sich legen

sbornia *f* FAM Rausch *m*

sborsare *vt* → *denaro* ausgeben

sbottare *vi:* ◇ **- a piangere** in Tränen ausbrechen

sbottonare *vt* → *camicia* aufknöpfen

sbozzare *vt* → *marmo* grob bearbeiten, zuhauen

sbracciato *agg* (*senza maniche*) ärmellos

sbraitare ⟨3.2⟩ *vi* (*gridare*) schreien; ◇ **- contro qu** jd-n anschreien/anbrüllen

sbranare *vt* ← *belva* zerfleischen

sbriciolare ⟨3.2⟩ I. *vt* → *biscotto* zerbröckeln II. *vi pron* (*ridursi in briciole*) bröckeln, zerbröckeln

sbrigare ⟨3.5⟩ *irr* I. *vt* → *lavoro* erledigen II. *vi pron* (*affrettarsi*) sich beeilen; **sbrigativo** *agg* ▷*lavoro* eilig, schnell; (*deciso, risoluto*) entschlossen; (*superficiale*) oberflächlich

sbrigliare ⟨3.6⟩ *vt* die Zügel schießen lassen

sbrindellato I. *p. pass. di* **sbrindellare**; II. *agg* (*lacero*) zerlumpt; **sbrindello** *m* Fetzen *m*

sbrodolamento *m* Kleckern *n*; **sbrodolare** ⟨3.2⟩ I. *vt* → *la tovaglia* kleckern II. *vi pron* sich bekleckern

sbrogliare ⟨3.6⟩ *vt* → *matassa* entwirren; FIG → *problema* klären

sbronza *f* FAM Rausch *m*; **sbronzarsi** ⟨6⟩ *vr* ◇ **-si** sich einen [Rausch] antrinken; **sbronzo** *agg* FAM besoffen

sbucare ⟨3.4⟩ *irr vi essere* ← *animale* herauskommen, hervorkommen; (*apparire improvvisamente*) ◇ **da dove sbuchi ?** woher tauchst du denn auf ?

sbucciare ⟨3.3⟩ *vt* → *mela* schälen; → *braccio* abschürfen

sbudellare I. *vt* (*aprire il ventre di un animale*) ausweiden II. *vr* ◇ **-rsi:** ◇ **-rsi dalle risa** sich totlachen

sbuffare *vi avere* ▷*per il caldo* schnauben, schnaufen; **sbuffo** *m* (*atto dello sbuffare*) Schnauben *n*; (*di vento*) Stoß *m*

sbugiardare *vt* der Lüge überführen

sbullonare *vt* Bolzen entfernen von *dat*

scabbia *f* MED Krätze *f*

scabro *agg* (*ruvido*) rauh; (*brullo*) kahl; ▷*stile* knapp

scabrosità *f* (*ruvidità*) Rauheit *f*; (FIG *difficoltà*) Schwierigkeit *f*; (FIG *di argomenti*) Heikelkeit *f*; **scabroso** *agg* (*ruvido*) rauh; (FIG *difficile*) schwierig; (*delicato*) heikel, kitzlig

scacchiera *f* Schachbrett *n*

scacciare ⟨3.3⟩ *vt* verjagen; FIG → *noia* verscheuchen, vertreiben

scac|co *m* ⟨chi⟩: ◇ **-i** *m/pl* (*gioco*) Schach *n/sg*; (*pezzo del gioco*) Figur *f*; (*mossa*) ◇ **- matto** schachmatt; FIG Niederlage; ◇ **subire uno - e** eine Schlappe einstecken müssen

scadente I. *p. pres. di* **scadere**; II. *agg* ⟨inv⟩ (*di scarso valore*) minderwertig; ▷*in latino* ungenügend

scadenza *f* Fälligkeit *f*; ◇ **a breve -** kurzfristig; ◇ **a lunga -** langfristig; **scadere** ⟨4.3⟩ *irr vi* ⟨1⟩ ← *contratto* fällig sein ⟨2⟩ ← *passaporto* ablaufen ⟨3⟩ (*perdere pregio*) sinken, verfallen

scadimento *m* Verfall, Niedergang *m*; **scaduto** I. *p. pass. di* **scadere**; II. *agg* ▷*merce* verfallen; ▷*contratto* fällig; ▷*medicina* abgelaufen

scafandro *m* Taucheranzug *m*

S

scaffale *m* Regal *n*

scafo *m* NAUT Schiffsrumpf *m*

scagionare I. *vt* (*discolpare*) rechtfertigen **II.** *vr* ◇ **-rsi** (*scolparsi*) sich rechtfertigen

scaglia *f* FAUNA Schuppe *f*

scagliare ⟨3.6⟩ **I.** *vt* (*lanciare*) schleudern, werfen; (*FIG pronunciare con rabbia*) → *insulto* ins Gesicht schleudern **II.** *vr* ◇ **-rsi** sich werfen

scaglionamento *m* Staffelung *f*; **scaglionare** *vt* → *ferie* staffeln; **scaglione**[1] *m* (*di un monte*) Absatz *m*; **scaglione**[2] *m* (*di soldati*) Staffel *f*

scala *f* [1] Treppe *f*; ◇ **- a chiocciola** Wendeltreppe *f*; ◇ **- mobile** Rolltreppe *f* [2] MUS Skala *f* [3] (*di colori, valori*) Skala *f* [4] (*in cartografia*) Maßstab *m*; ◇ **- ridotta** verkleinerter Maßstab [5] COMM ◇ **- mobile** gleitende Lohnskala

scalare *vt* [1] → *montagna* ersteigen, besteigen [2] → *somma* stufenweise herabsetzen [3] → *capelli* stufen; **scalata** *f* (*di una montagna*) Ersteigung, Besteigung *f*; **scala|tore(trice** *f*) *m* ⟨tori, trici⟩ (*alpinista*) Bergsteiger(in *f*) *m*; (*nel ciclismo*) Bergfahrer(in *f*) *m*

scaldabagno *m* Boiler *m*

scaldare I. *vt* → *minestra* erwärmen **II.** *vr* ◇ **-rsi** sich wärmen; *FIG* sich erhitzen; **scaldavivande** *m* Warmhalteplatte *f*, Stövchen *n*

scaletta *f* (*abbozzo*) Entwurf *m*

scalfire ⟨5.2⟩ *irr vt* ritzen

scalinata *f* ↑ *gradinata* [Frei-]Treppe *f*

scalino *m* Stufe *f*

scalmanarsi ⟨6⟩ *vi pron* sich erhitzen; **scalmanato(a** *f*) **I.** *p. pass. di* **scalmanarsi**; **II.** *agg* (*turbolento*) hitzig, unbeherrscht **III.** *m* (*persona turbolenta*) Hitzkopf *m*

scalo *m* (*di una nave*) Anlegestelle *f*; ◇ **fare -** (*in mare*) anlaufen; (*con l'aereo*) anfliegen; ◇ **- merci** (*alla stazione*) Güterbahnhof *m*

scalogna *f* (*sfortuna*) Unglück *n*; **scalognato** *agg* (*sfortunato*) vom Pech verfolgt

scaloppina *f* GASTRON Schnitzel *m*

scalpello *m* (*del medico*) Skalpell *n*; (*dello scultore*) Meißel *m*

scalpicciare ⟨3.3⟩ *vi* avere schlurfen

scalpitare ⟨3.2⟩ *vt* ← *cavallo* stampfen; (*FIG dimostrare impazienza*) unruhig werden

scalpore *m* Aufsehen *n*, Lärm *m*; ◇ **suscitare -** Aufsehen erregen

scaltrezza *f* (*astuzia*) Schlauheit *f*; **scaltro** *agg* (*furbo e malizioso*) schlau, verschlagen

scalzare *vt* [1] → *pianta* die Wurzeln freilegen; [2] *FIG* → *le autorità* unterhöhlen, untergraben; [3] → *collega* verdrängen

scalzo *agg* (*attributivo*) barfüßig; (*predicativo*) barfuß

scambiare ⟨3.3⟩ **I.** *vt* → *una persona* verwechseln; (*permutare*) vertauschen, auswechseln **II.** *vr rec* ◇ **-rsi** → *auguri* tauschen, austauschen; **scam'bievole** *agg* ⟨inv⟩ gegenseitig; **scambio** *m* [1] (*di persona*) Verwechslung *f* [2] (*sostituzione*) Austausch *m*; ◇ **- di prigionieri** Gefangenenaustausch *m* [3] FERR Weiche *f*

scampagnata *f* (*gita in campagna*) Ausflug *m* ins Grüne

scampanare *vi* [1] (*suonare a distesa*) [ausdauernd] läuten [2] (*allargarsi sul fondo*) ← *gonna* [glockenförmig] fallen

scampanato I. *p. pass. di* **scampanare**; **II.** *agg* (*allargato sul fondo*) glockenförmig

scampare I. *vt* (*salvare*) retten (*da* vor *dat*); ◇ **scamparla bella** noch einmal davonkommen **II.** *vi* (*uscire illeso*) entkommen, sich retten; **scampato(a** *f*) **I.** *p. pass. di* **scampare**; **II.** *agg* (*evitato*) vermieden **III.** *m* (*chi è sfuggito a qc*) Überlebende(r) *fm* ; **scampo**[1] *m* (*salvezza*) Rettung *f*; ◇ **non c'è più via di -** es gibt keinen Ausweg mehr

scampo[2] *m* FAUNA Riesengarnele *f*, Kaisergranat *n*

'scampolo *m* (*di stoffa*) Rest *m*

scanalatura *f* (*incavo*) Rille, Nut *f*

scandagliare ⟨3.6⟩ *vt* → *mare* loten; (*FIG tentare di conoscere*) → *intenzione* sondieren, ausloten; **scandaglio** *m* [1] (*strumento*) Lot *n* [2] (*operazione dello scandagliare*) Lotung *f*; (*FIG calcolo*) Sondierung *f*

scandalizzare I. *vt* empören, Anstoß erregen **II.** *vr* ◇ **-rsi** sich empören; **'scandalo** *m* Skandal *m*; ◇ **fare uno -** Krach schlagen; **scandaloso** *agg* skandalös

Scandinavia *f* Skandinavien *n*; **scandinavo** (**a** *f*) **I.** *agg* skandinavisch **II.** *m* Skandinavier(in *f*) *m*

scandire ⟨5.2⟩ *irr vt* → *versi* skandieren; → *parole* deutlich aussprechen

scannare *vt* → *animale* schlachten; (*sgozzare*) niedermetzeln, die Kehle durchschneiden; (*FIG opprimere con tasse*) ← *governo* aussaugen, schröpfen

scanno *m* (*del tribunale*) Sitz *m*

scansafatiche *m/f* ⟨inv⟩ Arbeitsscheue(r) *fm*, Drückeberger(in *f*) *m*

scansare I. *vt* [1] (*spostare qc che intralcia*) wegrücken [2] (*schivare qc*) ausweichen *dat*; (*sfuggire qc*) entgehen *dat*; → *persone* meiden **II.** *vr* ◇ **-rsi** beiseite treten, ausweichen

scan'sia *f* (*scaffale*) Regal *n*

scansione *f* [1] (*del verso*) Skandieren *n* [2] Abtastung *f*

scanso m ◇ **a - di** zur Vermeidung von *dat*

scantinato m Souterrain, Kellergeschoß n

scantonare vi um die Ecke biegen, sich davonmachen

scanzonato agg unbeschwert

scapestrato agg (licenzioso) zügellos

scapigliare ⟨3.6⟩ I. vt → capelli zerzausen II. vi pron vr sich die Haare raufen; **scapigliato** I. p. pass. di **scapigliare**; II. agg zügellos; **scapigliatura** f (movimento letterario) Boheme f

¹**scapito** m Verlust m; (a svantaggio di) ◇ **a - di** zum Nachteil gen, auf Kosten gen

¹**scapola** f Schulterblatt n

¹**scapolo** m Junggeselle m

scappamento m AUTO: ◇ **tubo di -** m Auspuff m

scappare vi entkommen; (fuggire da luogo chiuso) ausbrechen (da aus dat); (andare via in fretta) weglaufen; (FIG sfuggire) ← occasione entgehen

scappata f ⟨1⟩ (visita) ◇ **farc una - da un amico** bei einem Freund vorbeischauen ⟨2⟩ (frase inattesa) ◇ **ha avuto una - geniale** er hatte einen Geistesblitz

scappatella f ▷coniugale Seitensprung m

scappatoia f (espediente per superare una situazione difficile) Ausweg m

scappellotto m (schiaffo) Klaps m

scara'beo m FAUNA Skarabäus m, Pillendreher m

scarabocchiare ⟨3.6⟩ vt (coprire di scarabocchi) bekritzeln; FIG schmieren; **scarabocchio** m (disegno informe) Gekritzel n, Kritzelei f; (FIG nanerottolo) Zwerg m

scarafag|gio ⟨gi⟩ [Küchen-]Schabe f

scara'mantico agg ⟨ci, che⟩ ▷gesto beschwörend; **scaraman'zia** m (scongiuro) Beschwörung f

scaramuc|cia f⟨ce⟩ (schermaglia) Scharmützel n

scaraventare I. vt (scagliare) schleudern, werfen II. vi pron (buttarsi) sich stürzen (da aus dat)

scarcerare ⟨3.2⟩ vt [aus der Haft] entlassen

¹**scarica** f⟨che⟩ (di arma da fuoco) Abschuß m; (pugni) Hagel m; ELETTR Entladung f; **scaricare** ⟨3.4⟩ irr I. vt → merci entladen, ausladen; → arma abfeuern; FIG → coscienza erleichtern ⟨2⟩ FIS entladen II. vr ◇ **-rsi** (deporre il carico) sich entlasten; FIG ▷di una colpa sich entlasten; (distendersi) sich entspannen III. vi pron ← orologio ablaufen; **scarica|tore(trice** f) m ⟨tori, trici⟩ (operaio) Auslader(in f) m; ¹**scarico** I. agg ⟨chi, che⟩ ⟨1⟩ (vuoto) leer ⟨2⟩ ▷orologio abgelaufen II. m (di merci) Entladen n; (di im-

mondizie) Abladen n; (deflusso, espulsione) Leerung, Entleerung f; AUTO ◇ **tubo di -** Auspuffrohr n

scarlattina f Scharlach m

scarlatto agg ⟨inv⟩ scharlachrot

scarmigliare ⟨3.6⟩ I. vt (spettinare) zerzausen II. vi pron vr (spettinarsi) sich die Haare zerzausen

scarno agg hager; (FIG stile) schmucklos, nüchtern; (povero di contenuto) ▷idea dürftig

scarpa f Schuh m

scarpata f (pendio) Böschung f

scarpone m ◇ **- da montagna** Bergschuh m; ◇ **da sci** Skischuh, Skistiefel m

scarseggiare ⟨3.3⟩ vi mangeln (di an dat)

scarsezza f Knappheit f, Mangel m

scarso agg (insufficiente) dürftig; (di poco inferiore) ◇ **un chilo -** ein knappes Kilo

scartabellare vt → schedari überfliegen

scartare I. vt ⟨1⟩ → pacco auspacken ⟨2⟩ → idea verwerfen ⟨3⟩ → carta da gioco ausspielen ⟨4⟩ SPORT ausspielen II. vi ← cavallo zur Seite springen, einen Haken schlagen

scarto m ⟨1⟩ (cosa scartata) Ausschuß m; (carta da gioco) abgeworfene Karte ⟨2⟩ (differenza) Unterschied, Abstand m

scartoffia f (PEG documenti d'ufficio) Papierkram m

scassinare vt → porta aufbrechen; **scassina|tore(trice** f) m ⟨tori, trici⟩ (chi scassina) Einbrecher(in f) m; **scasso** m Einbruch m; DIR ◇ **furto con -** Einbruchsdiebstahl

scatenamento m (della folla) Entfesselung f; **scatenare** I. vt → cane losbinden; (FIG sollevare) → disordini entfesseln II. vi pron (FIG infuriare) ← tempesta losbrechen

¹**scatola** f (di cartone) Schachtel f; FIG FAM ◇ **rompere le scatole a qu** jd-m auf den Wecker gehen; ◇ **togliersi dalla -** verduften

scattare I. vt → fotografia aufnehmen II. vi essere/avere nel sign.1, essere nel sign.2 ⟨1⟩ (← molle, aprirsi improvvisamente) aufschnappen; (chiudersi improvvisamente) zuschnappen ⟨2⟩ (balzare, muoversi repentinamente) auffahren; ◇ **- in piedi** aufspringen; SPORT spurten

scatto m ⟨1⟩ (congegno, nella macchina fotografica) Auslöser m; (in un'arma da fuoco) Abzug m ⟨2⟩ (rumore di un congegno che scatta) Klicken n ⟨3⟩ (movimento improvviso) Ruck m; ◇ **di -** mit einem Ruck; SPORT Spurt m ⟨4⟩ (di stipendio) Erhöhung f

scaturire ⟨5.2⟩ irr vi ← acqua hervorquellen (da aus dat); (FIG derivare) sich ergeben (da aus dat)

scavalcare ⟨3.4⟩ *irr vt →* *staccionata* steigen über *acc; (FIG passare avanti) → persona* überholen

scavare *vt →* *terreno* graben, ausheben; *→ tesoro* ausgraben, heben; **scavato I.** *p. pass. di* **scavare**; **II.** *agg* begraben; *(eroso)* ausgehöhlt; *FIG* ▷*volto* eingefallen; **scavo** *m* (*luogo*) Grube *f; (atto dello scavare)* Graben *n;* ARCH ◇ **-i** *m/pl* Ausgrabungen *pl*

scazzottare *vt* boxen, prügeln; **scazzottata** *f* Boxerei, Prügelei *f*

'**scegliere** ⟨Pres.: scelgo/scelgono Pass. rem.: scelsi/scelse/scelsero, Cong.: scelga/scelgono Imp.: scelga/scelgano⟩ *irr vt → vestito, persona* wählen, aussuchen; *(prendere il meglio)* auslesen, auswählen; *(preferire)* vorziehen

sceic|**co** ⟨chi⟩ Scheich *m*

scelleratezza *f (infamia)* Frevel *m,* gemeine/ ruchlose Tat *f;* **scellerato(a** *f)* **I.** *agg (sciagurato)* ruchlos **II.** *m* Verbrecher(in *f) m*

scellino *m* Schilling *m*

scelto I. *p. pass. di* '**scegliere**; **II.** *agg* ▷*poesie* ausgewählt; ▷*frutta* erlesen, erstklassig

scemare I. *vt → prezzi* herabsetzen **II.** *vi* ▷*di autorità* verlieren; ← *forze* schwinden

scemo(a *f)* **I.** *agg* dumm **II.** *m* Dummkopf *m*

scem|**piaggine** *f (scemenza)* Dummheit *f*

scempio *m (carneficina)* Gemetzel *n; (FIG deturpazione, del paesaggio)* Verunstaltung *f*

scena ⟨f⟩⟨1⟩ *(parte di un atto)* Szene *f* ⟨2⟩ *(palcoscenico)* Bühne *f; (FIG presentarsi)* ◇ entrare in - auf der Bildfläche erscheinen; **scenario** *m* ⟨1⟩ *(di teatro)* Bühnenbild *n* ⟨2⟩ *(paesaggio naturale)* Szenerie, Landschaft *f* ⟨3⟩ *(di film)* Drehbuch *m;* **scenata** *f (litigio violento, piazzata)* Szene *f*

'**scendere** ⟨Pass. rem.: scesi/scese/scesero Part.: sceso⟩ **I.** *vi (andare giù)* heruntergehen; ▷*da veicoli* aussteigen; *FIG* ← *temperatura* abnehmen; ← *prezzi* sinken; ← *sole* sinken, versinken **II.** *vt → scale* hinuntergehen

sceneggiare ⟨3.3⟩ *vt* für die Bühne bearbeiten; **sceneggiato** *m* Fernsehfassung *f;* **sceneggiatore(trice** *f) m* Drehbuchautor(in *f) m*

'**scenico** *agg* ⟨ci, che⟩ Bühnen-, szenisch

scenogra'**fia** *f (arte)* Bühnenmalerei *f; (di uno spettacolo)* Bauten *pl;* **sceno**'**grafico** *agg* ⟨ci, che⟩ Bühnenbild-; **sce**'**nografo(a** *f) m* Bühnenbildner(in *f) m*

scepsi *f* Skepsis *f*

scervellato(a *f)* **I.** *agg* kopflos **II.** *m (privo di giudizio)* kopfloser Mensch *m*

sceso *p. pass. di* '**scendere**

scetticismo *m* Skeptizismus *m;* '**scettico** *agg* ⟨ci, che⟩ skeptisch

scettro *m* Zepter *n*

scheda *f* ▷*bibliografica* Karte *f;* ◇ - **elettorale** Wahlkarte; ◇ - **telefonica** Telefonkarte; **schedare** *vt* auf Karteikarten vermerken; *(registrare)* eintragen; **schedario** *m (raccolta di schede)* Kartei *f,* Karteikasten *m;* **schedato(a** *f)* **I.** *p. pass. di* **schedare**; **II.** *agg* eingetragen, registriert **III.** *m* ▷*dalla polizia* [polizeilich] Registrierte(r) *fm*

schedina *f* ▷*per totip* [Lotto-,Toto-]Schein *m*

scheg|**gia** ⟨ge⟩ Splitter *m;* **scheggiatura** *f (del vetro)* Splitterung, Absplitterung *f*

'**scheletro** *m* Skelett *n*

schema *m* Schema *n;* ◇ - **di legge** Gesetzentwurf *m;* ◇ - **elettrico** Schaltplan *m*

schematicità *f* Schematik *f;* **sche**'**matico** *agg (essenziale)* schematisch; **schematismo** *m (tendenza a schematizzare)* Schematismus *m;* **schematizzare** *vt (semplificare)* schematisieren

scherma *f* ⟨inv⟩ SPORT Fechten *n*

schermaglia *f* FIG Wortgefecht, Rededuell *n*

schermare *vt* abschirmen

schermo *m* ⟨1⟩ *(difesa)* Schutz *m,* Abschirmung *f* ⟨2⟩ FILM Leinwand *f;* MEDIA, INFORM Bildschirm *m;* **schermogra**'**fia** *f* Schirmbildfotographie *f*

schernire ⟨5.2⟩ *irr vt* verspotten, auslachen; '**scherno** *m* Verspottung *f,* Hohn *m;* ◇ **essere lo** - **di tutti** das Gespött aller Leute sein

scherzare *vi* scherzen, Spaß machen; **scherzo** *m* Scherz *m;* ◇ **stare agli** -**i** Spaß vertragen; ◇ **bando agli** -**i** Spaß/Scherz beiseite; ◇ **per** - im Scherz; MUS Scherzo *n;* **scherzoso** *agg* scherzhaft

schiaccianoci *m* ⟨inv⟩ Nußknacker *m*

schiacciare ⟨3.3⟩ *vt → noce* knacken; *→ dito* quetschen; *(FIG annientare)* niederschlagen

schiaffeggiare ⟨3.3⟩ *vt* ohrfeigen; **schiaffo** *m* Ohrfeige *f*

schiamazzare *vi* ← *gallina* gackern; ← *persona* kreischen, schreien

schiantare I. *vt →* *albero* ausreißen, entwurzeln **II.** *vi pron* → *albero* zerbrechen, bersten **III.** *vi (FAM scoppiare):* ◇ - **dalle risa** vor Lachen platzen; **schianto** *m (rumore secco)* Krachen *n*

schiarire ⟨5.2⟩ *irr* **I.** *vt →* *colore* aufhellen **II.** *vi* hell werden **III.** *vr:* ◇ -**rsi la voce** sich räuspern

schiavitù *f* Sklaverei *f;* **schiavo(a** *f) m* Sklave *m,* Sklavin *f*

schiena *f* ANAT Rücken *m;* **schienale** *m* ⟨1⟩ *(spalliera)* Rückenlehne *f* ⟨2⟩ *(di animale macellato)* Rückenstück *n*

schiera f (reparto di soldati) Heer n; (moltitudine ordinata, di angeli) Schar f

schieramento m ① (allineamento) Aufstellung f ② (delle forze politiche) Lager n, Zusammenschluß m; **schierare I.** vt → esercito aufstellen **II.** vr ◇ -rsi (allinearsi) sich aufstellen; (FIG prendere posizione) eintreten

schiettezza f (franchezza) Aufrichtigkeit, Offenheit f; **schietto** agg ▷vino rein; (FIG leale, franco) ehrlich, offen

schifare I. vt (avere in dispregio) verschmähen; (fare schifo) anekeln **II.** vi vr (provare schifo) sich ekeln; **schifo** m Ekel m; ◇ **mi fa - es** ekelt mich an; FAM ! es kotzt mich an; **schifoso** agg ekelhaft, scheußlich

schioccare ⟨3.4⟩ **I.** irr vt → frusta knallen mit dat **II.** vi avere ▷con le dita schnalzen

schiodare vt (privare dei chiodi) die Nägel entfernen

'**schiudere** ⟨Pass. rem.: schiusi/schiuse/schiusero Part.: schiuso⟩ irr **I.** vt (aprire leggermente) → labbra [ein wenig] öffnen **II.** vi pron ← bocciolo aufbrechen, sich öffnen

schiuma f Schaum m; ◇ - **da barba** Rasierschaum m; **schiumare I.** vt (togliere la schiuma) abschäumen **II.** vi avere ← birra schäumen; FIG ◇ - **dalla rabbia** vor Wut schäumen

schiuso p. pass. di '**schiudere**

schivare vt → colpo ausweichen; → persona meiden, ausweichen

schivo agg (restio) abgeneigt (abgeneigt dat); (timido) scheu

schizofre'nia f PSIC Schizophrenie f; **schizo-'frenico** ⟨ci, che⟩ agg schizophren

schizoide I. agg ⟨inv⟩ schizoid **II.** m/f Schizoide (r) fm

schizzare I. vt ↑ emettere, buttar fuori → acqua, sangue bespritzen (di mit dat); (FIG descrivere) skizzieren **II.** vi ← liquido ↑ sprizzare spritzen

schizzinoso agg ↑ schifiltoso heikel

schizzo m ① (di liquido) Spritzer m ② (abbozzo di disegno) Skizze f

sci m ⟨inv⟩ (attrezzo) Ski m; (sport) ◇ **praticare lo sci** skifahren/skilaufen; ◇ - **di fondo** Langlauf m; ◇ - **nautico** Wasserski m

scia f (di imbarcazione) Kielwasser n; (di aereo) Kondensstreifen m; (FIG di profumo) Wolke f

scià m Schah m

'**sciabola** f Säbel m

sciacallo m Schakal; FIG Plünderer m, Plünderin f

sciacquare vt → piatti spülen; **sciacquatura** f (dei piatti) Spülen n; (acqua) Spülwasser n

Sciaffusa f Schaffhausen n

sciagura f Unglück n; **sciagurato** agg ① (sventurato) unglücklich ② (malvagio) ruchlos, gemein

scialacquare vt → denaro vergeuden, verschwenden; **scialacqua|tore(trice** f) m ⟨tori, trici⟩ (di denaro) Verschwender(in f) m

scialare I. vt (dissipare) → risparmi ausgeben, verprassen **II.** vi fare vita lussuosa in Saus und Braus leben

scialbo agg blaß, bleich; (FIG inespressivo) farblos

scialle m Schal m

scialuppa f Rettungsboot n

sciamano m Schamane m

sciame m Schwarm m

sciancato(a f) m Lahme(r), Gehbehinderte(r) fm

sci'are vi skilaufen, skifahren

sciarpa f Schärpe f; (da collo) Schal m, Halstuch n

sciatal'gia f (sciatica) Ischias m

sciatica f ⟨che⟩ Ischias m, Hüftschmerzen pl

scia|tore(trice f) m ⟨tori, trici⟩ Skiläufer(in f) m

sciatte'ria f (trascuratezza) Nachlässigkeit, Schlampigkeit f; **sciatto** agg schlampig, nachlässig

'**scibile** m ▷umano Wissen n

scien'tifico agg ⟨ci, che⟩ wissenschaftlich

scienza f Wissenschaft f; (sapere) Wissen n; **scienziato(a** f) m Wissenschaftler, Forscher(in f) m; (studioso) Gelehrte(r) fm

sci'ita m/f ⟨i, e⟩ Schiit(in f) m

scimitarra f (sciabola dei Persiani) Krummsäbel m

scimmia f Affe m, Äffin f

scimmiesco agg ⟨schi⟩ sche ▷movimenti affenartig; **scimmiottare** vt nachäffen, nachahmen

scimpanzé m ⟨inv⟩ Schimpanse m, Schimpansin f

scimunito(a f) **I.** agg dumm, einfältig **II.** m Dummkopf m

'**scindere** ⟨Pass. rem.: scissi/scindesti Part.: scisso⟩ irr **I.** vt → partito spalten, trennen **II.** vi pron ← società sich spalten

scintilla f Funke m; **scintillare** vi Funken sprühen; (brillare) funkeln, glänzen

scioccante agg ⟨inv⟩ schockierend, erschreckend; **scioccare** ⟨3.4⟩ irr vt schockieren

sciocchezza f Dummheit f; **scioc|co(a** f) **I.** agg ⟨chi, che⟩ dumm **II.** m Dummkopf m

'**sciogliere** ⟨4.18⟩ irr **I.** vt ① → nodo lösen ② → animale losmachen, befreien ③ ↑ liquefare schmelzen ④ → seduta auflösen, aufheben **III.** vr

S

◇ **-rsi** ▷*da un obbligo* sich lösen **III.** *vi pron* (*liquefarsi*) schmelzen

scioglilingua *m* ⟨inv⟩ Zungenbrecher *m*

scioglimento *m* (*il liquefarsi*) Schmelzen *n*; (*FIG smembramento*) Auflösung *f*

scioltezza *f* (*di movimenti*) Gelenkigkeit *f*; ◇ **- di lingua** Zungenfertigkeit *f*; FIG ↑ *disinvoltura* Zwanglosigkeit *f*; **sciolto** I. *p. pass. di* '**sciogliere**; II. *agg* (*disinvolto*) ungezwungen; ▷*versi* frei

scioperante *m/f* Streikende(r) *fm* ; **scioperare** ⟨3.2⟩ *vi* streiken

scioperato(a *f*) I. *agg* (*sfaccendato, pigro*) faul II. *m* Faulpelz *m*

'**sciopero** *m* Streik *m*; ◇ **- di ammonimento** Warnstreik; ◇ **- bianco** Dienst nach Vorschrift; ◇ **- generale** Generalstreik

scio'via *f* ⟨inv⟩ Skilift, Schlepplift *m*

sciovinismo *m* (*nazionalismo ecc.essivo*) Chauvinismus *m*; **sciovinista** *m/f* (*nazionalista*) Chauvinist(in *f*) *m*; **sciovi'nistico** *agg* chauvinistisch

sciroc|co *m* ⟨chi⟩ Schirokko *m*

sciroppo *m* ① (*di frutta e zucchero*) Sirup *m* ② (*medicinale*) Sirup, Saft *m*

scisma *m* REL Schisma *n*; POL Spaltung *f*

scissione *f* Spaltung *f*; ◇ **- dell'atomo** Kernspaltung *f*; **scisso** *p. pass. di* '**scindere**

sciupare I. *vt* ① → *abito* beschädigen; → *vista* verderben ② ← *tempo* vergeuden II. *vi pron* (*ridursi in cattico stato*) kaputtgehen; **sciu'pio** *m* (*di tempo*) Verschwendung *f*; **sciupone(a** *f*) *m* (*sprecone*) Verschwender(in *f*) *m*

scivolare ⟨3.2⟩ *vi essere/avere nel sign.1., essere nel sign.2* ① ← *sul ghiaccio* gleiten, rutschen ② ▷*di mano* ← *pesci* entgleiten, aus den Händen rutschen; **scivolata** *f* (*scivolone*) Ausrutscher *m*; '**scivolo** *m* Rutschbahn *f*; **scivoloso** *agg* rutschig, schlüpfrig

sclerosi *f* ⟨inv⟩ Sklerose *f*; **scle'rotico(a** *f*) I. *agg* (*affetto da sclerosi*) sklerotisch II. *m* an Sklerose Erkrankte(r) *fm*

sclerotizzare I. *vt* (FIG *irrigidire*) → *ideologia* verhärten II. *vi pron* (*subire un processo di sclerosi*) an Sklerose erkranken; (FIG *ideologie*) Verknöcherung *f*

scoccare ⟨3.4⟩ I. *irr vt* ① → *freccia* abschießen ② ← *orologio* → *dodici* schlagen II. *vi* ① ← *ore* schlagen ② ← *scintilla* überspringen ③ ← *trappola* losgehen

scocciare ⟨3.3⟩ I. *vt* FAM nerven II. *vi pron* FAM ① (*seccarsi*) sich ärgern ② (*annoiarsi*) sich langweilen

scodella *f* Schüssel *f*; (*piatto fondo*) Suppenteller, tiefer Teller *m*

scodinzolare ⟨3.10⟩ *vi* mit dem Schwanz wedeln

scogliera *f* Riff *n*; **scoglio** *m* Klippe *f*

sco'iattolo *m* Eichhörnchen *n*

scolare[1] *agg* ▷*età* Schul-

scolare[2] I. *vt* ← *la pasta* abgießen II. *vi* ← *liquidi* abfließen, ablaufen

scolaresca *f* ⟨sche⟩ Schüler *pl*

scolarizzazione *f* (*attuazione dell'obbligo scolastico*) Einschulung *f*; **scolaro(a** *f*) *m* Schüler (in *f*) *m*

sco'lastica *f* ⟨inv⟩ (*complesso di filosofie medioevali*) Scholastik *f*

sco'lastico *agg* ⟨ci, che⟩ ① (*che riguarda la scuola*) Schul- ② (*che risente troppo di schemi*) schulmäßig

scollare[1] *vt* → *vestito* dekolletieren

scollare[2] I. *vt* → *francobollo* ablösen II. *vi pron* (*sconnettersi*) sich ablösen; **scollatura**[1] *f* Dekolleté *n*, Ausschnitt *m*; **scollatura**[2] *f* (*di un francobollo*) Ablösung, Auflösung *f*

scolo *m* (*delle acque*) Abfluß *m*

scolorimento *m* (*di tinta*) Entfärbung *f*; **scolorisco** *irr* I. *vt* entfärben II. *vi vi pron* (*perdere il colore*) ausbleichen, verblassen; (*impallidire*) erbleichen

scolpare *irr* I. *vt* (*liberare da un'accusa*) entschuldigen II. *vr* ◇ **-rsi** (*difendersi da un'accusa*) sich rechtfertigen, sich entschuldigen

scolpire ⟨5.2⟩ *irr vt* → *pietra* hauen, behauen; → *legno* schnitzen; **scolpito** I. *p. pass. di* **scolpire**; II. *agg* bearbeitet

scombinare *vt* (*scomporre*) durcheinanderbringen; (*mandare a monte*) vereiteln

scombussolamento *m* Verwirrung *f*, Durcheinander *n*; **scombussolare** ⟨3.10⟩ *vt* (*causare disordine*) durcheinanderbringen; → *progetto* vereiteln

scommessa *f* (*atto dello scommettere*) Wette *f*; (*somma scommessa*) Einsatz *m*; **scom'mettere** ⟨Pass. rem.: scommisi/scommise/scommisero Part. scommesso⟩ *irr vt* wetten

scomodare ⟨3.2⟩ I. *vt* (*disturbare*) stören, belästigen II. *vr* ◇ **-rsi** (*disturbarsi, incomodarsi*) sich bemühen; **scomodità** *f* Unbequemlichkeit, Beschwerlichkeit *f*; '**scomodo** *agg* unbequem

scompaginare ⟨3.10⟩ I. *vt* (*turbare l'ordine, la struttura di qc*) in Unordnung bringen, stören II. *vi pron* (*scomporsi, disgregarsi*) in Unordnung sein, durcheinander geraten; **scompaginazione** *f* TIP Umbruch *m*

scompagnare vt (spaiare) trennen, aufteilen; **scompagnato** I. p. pass. di **scompagnare**; II. agg (spaiato) getrennt, einzeln

scomparire irr vi verschwinden; (FIG fare poca figura) sich blamieren; **scomparsa** f (atto dello scomparire) Verschwinden n; (morte) Verscheiden n; **scomparso** I. p. pass. di **scomparire**; II. m (a f) ↑ defunto Verschiedene(r) fm

scompartimento m FERR Abteil n

scomparto m Fach n

scompenso m ▷cardiaco Dekompensation f

scompigliare ⟨3.6⟩ vt → cassetto in Unordnung bringen; → capelli zerzausen; → piani durchkreuzen, durcheinanderbringen; **scompiglio** m (confusione) Durcheinander n, Verwirrung f

scompo'nibile agg ⟨inv⟩ zerlegbar; **scomporre** ⟨4.11⟩ irr I. vt (disgregare) zerlegen, auseinandernehmen; MAT zerlegen II. vi pron (mostrare turbamento) die Fassung verlieren; **scomposizione** f (separazione) Zerlegung f

scompostezza f lässigkeit f; **scomposto** I. p. pass. di **scomporre**; II. agg ▷gesto ungehörig, unziemlich; ▷capelli unordentlich, schlampig

sco'munica f ⟨che⟩ Exkommunikation f, Kirchenbann m; **scomunicare** ⟨3.4⟩ irr vt (da un partito) ausschließen, verstoßen; (dalla Chiesa) exkommunizieren

sconcertare I. vt ① (confondere) → piani durcheinanderbringen ② (turbare profondamente) verwirren, bestürzen II. vi pron (rimanere sconcertato) die Fassung verlieren; **sconcertato** I. p. pass. di **sconcertare**; II. agg verwirrt, bestürzt

sconcezza f (l' essere sconcio) Unanständigkeit f; FAM Schweinerei f; **sconcio** ⟨ci, ce⟩ I. agg (osceno) unanständig II. m (cosa sconcia) Unanständigkeit f

sconfessare vt (rinnegare) verleugnen; **sconfessione** f Verleugnung f

sconficcare ⟨3.4⟩ irr vt → chiodi herausziehen

scon'figgere irr vt besiegen, schlagen

sconfinare vi (uscire dal confine) die Grenze überschreiten (in nach dat); (FIG andare fuori tema) abweichen (da von dat); **sconfinato** I. p. pass. di **sconfinare**; II. agg grenzenlos, unendlich

sconfitta f (contr. di vittoria) Niederlage f; **sconfitto** (a f) I. p. pass. di **scon'figgere**; II. m (vinto) Besiegte(r) fm

sconfortare I. p. pres. di **sconfortare**; II. agg ⟨inv⟩ trostlos, unerfreulich; **sconfortare** vt (scoraggiare) entmutigen; **sconforto** m Trostlosigkeit, Mutlosigkeit f

scongelare vt auftauen

scongiurare vt ① (FIG supplicare) beschwören, anflehen ② → pericolo abwenden; **scongiuro** m Beschwörung f

sconnessione f (mancanza di connessione) Zusammenhanglosigkeit f; **sconnesso** I. p. pass. di scon'nettere; II. agg (non connesso) lose; (FIG discorso) zusammenhanglos, unzusammenhängend; **scon'nettere** ⟨Pass rem.: sconnettei/sconnettesti Part.: sconnesso⟩ irr I. vt (separare) trennen II. vi pron (FIG non ragionare) wirres Zeug reden

sconosciuto (a f) I. agg unbekannt II. m Unbekannte(r) fm

sconquassare vt (scuotere con violenza fino a rompere) zertrümmern, zerschlagen; **sconquasso** m Zerstörung f

sconsiderato (a f) I. agg leichtsinnig, unbesonnen II. m leichtsinniger Mensch m

sconsigliare ⟨3.6⟩ vt abraten; ◇ mi ha sconsigliato quel vestito ci hat mir von diesem Kleid abgeraten

sconsolare vt (privare di consolazione) betrüben; **sconsolato** agg (inconsolabile) untröstlich; (afflitto) betrübt, traurig

scon'tabile agg ⟨inv⟩ (che si può scontare) abziehbar, verrechenbar

scontante I. p. pres. di **scontare**; II. agg ⟨inv⟩ abziehend; **scontare** vt ▷da un conto abziehen; → pena verbüßen, abbüßen; → peccato bezahlen, büßen für acc; **scontato** I. p. pass. di **scontare**; II. agg ① (ridotto di prezzo) herabgesetzt ② (previsto) erwartet

scontentare vt (lasciare insoddisfatto) nicht zufriedenstellen; **scontentezza** f Unzufriedenheit f; **scontento** (a f) I. agg unzufrieden II. m Unzufriedene(r) fm

sconto m ① ▷bancario Diskont m ② (del 50%) Skonto n, [Preis-]Nachlaß m

scontrare I. vi pron (imbattersi) stoßen (in auf acc) II. vr rec ◇ -rsi ← macchine zusammenstoßen; (FIG divergere) ← idee nicht übereinstimmen

scontrino m : ◇ - di cassa Kassenzettel, -bon m

scontro m (di auto) Zusammenstoß m; (FIG contrasto) Auseinandersetzung f, Streit m; **scontroso** agg störrisch, widerspenstig; **scontrosità** f Widerspenstigkeit f

sconveniente agg ⟨inv⟩ ① (che manca di decoro) ungebührlich, unpassend ② ▷prezzi unangemessen; **sconvenienza** f (indecenza) Unschicklichkeit f; (contr. di convenienza) Nachteil m

S

sconvolgente I. *p. pres. di* **scon'volgere; II. agg** ⟨inv⟩ beeindruckend, erschütternd; **scon'volgere** ⟨Pass. rem.: sconvolsi/sconvolse/sconvolsero Part.: sconvolto⟩ *irr vt* ⓵ *(scombussolare)* erschüttern, aufwühlen ⓶ *(mettere in disordine)* durcheinanderbringen; **sconvolgimento** *m (scombussolamento)* Erschütterung *f;* **sconvolto** *p. pass. di* **scon'volgere**

scoop *m* ⟨inv⟩ *(colpo giornalistico)* Knüller, Reißer *m*

scoordinamento *m (contr. di coordinamento)* fehlende Koordination *f*

scooter *m* ⟨inv⟩ [Motor-]Roller *m*

scopa *f* Besen *m;* **scopare** *vt* kehren, fegen; *(FAM ! avere rapporti sessuali)* bumsen;

scoperchiare ⟨3.6⟩ *vt* ▷ *pentola* abdecken

scoperta *f* Entdeckung *f;* **scoperto I.** *p. pass. di* **scoprire; II. agg** *(contr. di coperto)* unbedeckt; *FIG* ▷ *assegno* ungedeckt

scopiazzare *vt (copiare male)* schlecht abschreiben

scopo *m (fine)* Ziel *n;* ◇ **a che -?** Wozu ?

scoppiare ⟨3.3⟩ *vi (esplodere)* platzen, bersten, explodieren; *(FIG prorompere)* ◇ **- in pianto, - a piangere** in Tränen ausbrechen; ◇ **- dalle risa, - dal ridere** sich totlachen; **scoppio** *m (di bomba)* Explosion *f;* *(FIG della guerra)* Ausbruch *m;* *FIG* ▷ **a - ritardato** mit Verzögerung

scoprire *vt* **I.** *vt* ⓵ ▷ *una pentola* abdecken, den Deckel abnehmen ⓶ → *verità* entdecken ⓷ → *gambe, braccia* entblößen ⓸ → *intenzioni* enthüllen, offenbaren **II. vr** ◇ **-rsi** ⓵ *(vestirsi leggero)* sich leicht kleiden; *(denudarsi)* sich entblößen ⓶ *(rivelare il proprio pensiero)* sich verraten; **scopri|tore(trice** *f) m* ⟨tori, trici⟩ Entdecker(in *f) m*

scoraggiamento *m (demoralizzazione)* Entmutigung *f;* **scoraggiare** ⟨3.3⟩ **I.** *vt* entmutigen **II. vi pron** ◇ **-rsi** *(perdere il coraggio)* den Mut verlieren; *(perdere la fiducia)* verzagen

scorciatoia *f* Abkürzung *f*

scorcio *m* ⟨ci⟩ ⓵ *(rappresentazione di un oggetto)* [perspektivische] Verkürzung *f* ⓶ *(di secolo)* Spanne *f,* Zeitabschnitt *m*

scordare I. *vt* vergessen **II.** *vi pron* vergessen *(di acc)*

'**scorgere** ⟨Pass. rem.: scorsi/scorse/scorsero Part.: scorto⟩ *irr vt (intravedere)* erblicken, bemerken

scoria *f (residuo minerale)* Schlacke *f;* ◇ **-e** *f/pl* **atomiche** Atomabfälle *pl*

scornare *vt* lächerlich machen; **scorno** *m (profonda umiliazione)* Schmach *f*

scorpacciata *f* FAM Schlemmerei, Schmauserei *f;* ◇ **fare una -** sich den Bauch vollschlagen

scorpione *m* FAUNA Skorpion *m;* ◇ **S-** ASTR Skorpion *m*

scorrazzare *vi (correre in qua e in là)* umherlaufen

'**scorrere** ⟨Pass. rem.: scorsi/scorse/scorsero Part.: scorso⟩ *irr* **I. vi** ⓵ ← *sangue* fließen ⓶ ← *film* laufen ⓷ ← *tempo* vergehen **II. vi** → *giornale* überfliegen

scorrettezza *f (contr. di correttezza)* Fehler *m,* Unkorrektheit *f;* **scorretto** *agg* ▷ *comportamento* unschicklich; ⟨*con errori* fehlerhaft

scor'revole *agg* ⟨inv⟩ ▷ *porta* Schiebe-; ▷ *nastro* Gleit-; *FIG* ▷ *stile* flüssig

scorribanda *f (rapida escursione)* Ausflug *m,* Spritzfahrt *f*

scorso I. *p. pass. di* '**scorrere; II. agg** vergangen; ◇ **lunedì -** am letzten Montag **III.** *m (errore involontario)* Flüchtigkeitsfehler *m*

scorsoio *agg:* ◇ **nodo -** Schlaufe, Schlinge *f*

scorta *f* ⓵ *(di personalità)* Geleit *n;* ◇ **fare la - a qu** jd-n begleiten, jd-m das Geleit geben ⓶ *(provvista)* Vorrat *m;* **scortare** *vt* geleiten

scortese *agg* ⟨inv⟩ unhöflich; **scorte'sia** *f* Unhöflichkeit *f*

scorticare ⟨3.4⟩ *irr vt* → *animale* häuten; → *mano* abschürfen; **scorticatura** *f (atto dello scorticare)* Häutung *f;* *(della pelle)* Abschürfung *f*

scorza *f (di albero)* Rinde *f;* *(di frutto)* Schale *f;* *(di pesce, serpente)* Haut *f;* *(FIG aspetto superficiale)* Oberfläche, Schale *f;* ◇ **avere la - dura** ein dickes Fell haben

scorzonera *f* FLORA Schwarzwurzel *f*

scosceso *agg* steil

scossa *f* ▷ *elettrica* Schlag *m;* *(di terremoto)* Stoß *m*

scosso I. *p. pass. di* '**scuotere; II. agg** *(turbato)* erschüttert, bewegt

scossone *m (brusca scossa improvvisa)* heftiger Ruck/Schlag *m*

scostante I. *p. pass. di* **scostare; II. agg** ⟨inv⟩ ▷ *atteggiamento* abstoßend

scostare I. *vt (allontanare qu o qc)* entfernen, wegrücken; *(evitare)* meiden **II. vr vi pron** ◇ **-rsi** *(allontanarsi da qu o qc)* sich entfernen

scostumatezza *f* Liederlichkeit, Unsittlichkeit *f;* **scostumato(a** *f)* **I. agg** *(dissoluto)* liederlich **I. m** liederlicher Mensch

scotch *m* ⟨inv⟩ ⓵ ▷ *whisky* Scotch *m* ⓶ *(di secolo)* Tesafilm *m*

scottare I. *vt (ustionare)* verbrennen; *(con liquido bollente)* verbrühen; GASTRON aufkochen; *(arrosto)* anbraten **II. vi** *(emettere molto calore)*

← *sole* brennen, glühen **III.** *vr vi pron* ◇ **-rsi** sich verbrennen; **scottatura** *f* Verbrennung *f*

scotto I. *agg* zerkocht **II.** *m* (*conto che si paga all'asta*) Zuschlag *m*; FIG ◇ **pagare lo** - die Zeche bezahlen

scovare *vt* (*fare uscire dal covo*) aufspüren; (FIG *riuscire a trovare*) ausfindig machen, aufstöbern

Scozia *f* Schottland *n*; **scozzese I.** *agg* schottisch **II.** *m/f* Schotte, Schottin *m*

screanzato(a *f*) *I.* *agg* (*maleducato*) ungezogen **II.** *m* Flegel *m*, Rüpel *m*

screditare ⟨3.2⟩ **I.** *vt* diskreditieren, in Verruf bringen **II.** *vi pron* (*agire danneggiandosi*) in Verruf kommen

screpolare ⟨3.2⟩ **I.** *vt* aufspringen lassen, rissig machen **II.** *vr vi pron* ◇ **-rsi** ← *labbra* aufspringen, rissig werden; **screpolatura** *f* (*lo screpolarsi*) Aufspringen *n*, Sprung, Riß *m*

screziare ⟨3.6⟩ *vt* (*macchiare di più colori*) sprenkeln; **screzio** *m* (*dissenso*) Streitigkeit *f*, Zwist *m*

scribacchiare ⟨3.6⟩ *vt* (*scrivere malamente e pigramente*) schmieren; FIG herunterschludern, herunterreißen; **scribacchino(a** *f*) *m* PEG Schreiberling *m*

scricchiolare ⟨3.2⟩ *vi* ← *le ossa* krachen; (*cigolare*) knarren; (FIG *dare segni di crisi*) ◇ **il governo** - die Regierung zeigt Risse; **scricchio'lio** *m* ⟨ii⟩ (*delle ossa*) Krachen *n*; (*cigolio*) Knarren *n*

scrigno *m* Schrein *m*

scriminatura *f* Scheitel *f*

scritta *f* Aufschrift *f*; (*iscrizione*) Inschrift *f*; **scritto I.** *p. pass. di* '**scrivere**; **II.** *agg* ①① geschrieben, schriftlich ②② (*destinato*) vorausbestimmt **III.** *m* Schrift *f*; (*opera*) Werk *n*; **scrittoio** *m* Schreibtisch *m*; **scrit|tore(trice** *f*) *m* Schriftsteller(in *f*) *m*; **scrittura** *f* Schrift *f*; (*contratto di un attore, musicista, etc.*) Engagement *n*

scritturare *vt* TEATRO, FILM engagieren

scriva'nia *f* Schreibtisch *m*; **scrivente I.** *p. pres. di* '**scrivere**; **II.** *m/f* AMM Unterzeichnende(r) *fm*; '**scrivere** ⟨Pass. rem.: scrissi/scrisse/scrissero Part.: scritto⟩ *irr vt* schreiben; (*annotare*) aufzeichnen; → *un romanzo* schreiben, verfassen

scroccone(a *f*) *m* Schmarotzer(in *f*) *m*

scrofa *f* FAUNA Sau *f*

scrollare I. *vt* (*scuotere*) schütteln **II.** *vi pron* (*muoversi con energia*) sich schütteln; **scrollata** *f* Schütteln *n*; ◇ **- di spalle** Achselzucken *n*

scrosciante I. *p. pres. di* **scrosciare**; **II.** *agg*

⟨inv⟩ (*che scroscia*) rauschend, tosend; **scrosciare** ⟨3.3⟩ *vi* ← *pioggia* rauschen; FIG ← *applausi* toben, tosen; ← *risate* schallen; '**scroscio** *m* (*di pioggia*) Rauschen *n*; (FIG *di applausi*) Tosen *n*; (*di risa*) Schallen *n*

scrostare I. *vt* → *l'intonaco* abkratzen **II.** *vi pron* (*perdere la crosta*) abbröckeln

'**scrupolo** *m* Skrupel *m*; ◇ **senza -i** skrupellos; ◇ **un lavoro fatto con** - eine sorgfältig gemachte Arbeit; **scrupoloso** *agg* gewissenhaft

scrutare *vt* beobachten; (*indagare*) erforschen

scrutatore(trice *f*) *m* (*nelle votazioni politiche*) Wahlhelfer(in *f*) *m*

scrutinare *vt* (*contare i voti*) [aus-]zählen; SCUOLA benoten; **scrutinio** *m* (*spoglio dei voti*) [Stimmen-]Auszählung *f*; SCUOLA Benotung *f*

scucire *I.* *vt* auftrennen **II.** *vi pron* (*perdere la cucitura*) sich auftrennen

scude'ria *f* ① (*di cavalli*) Stallung *f*; (*allevamento*) Gestüt *n* ② (*complesso di macchine gareggianti*) Wagenpark *m*

scudetto *m* SPORT Meistertitel *m*

scudo *m* Schild *m*; ◇ **farsi - di qc** sich mit etw *dat* schützen

sculacciare ⟨3.3⟩ *vt* → *i bambini* den Hintern versohlen; **sculacciata** *f* Tracht *f* Prügel *f*

scul|tore(trice *f*) *m* ⟨tori, trici⟩ Bildhauer(in *f*) *m*; **scultura** *f* Bildhauerei *f*; (*opera*) Skulptur, Plastik *f*

scuola *f* ▷*elementare, di sci* Schule *f*; ◇ **- f materna** Kindergarten *m*

'**scuotere** *irr* **I.** *vt* schütteln; (FIG *turbare*) erschüttern **II.** *vi pron* (*scrollarsi, agitarsi*) sich aufraffen; (FIG *commuoversi*) aus der Fassung geraten; **scuotimento** *vedi* **scotimento**

scure *f* Beil *n*, Axt *f*

scurire ⟨5.2⟩ *irr vt* → *colore* nachdunkeln

scuro I. *agg* dunkel **II.** *m* ↑ *oscurità* Dunkelheit *f*; ◇ **rosso** - dunkelrot

scurrile *agg* ⟨inv⟩ skurril

scusa *f* ↑ *pretesto* Ausrede *f*; ↑ *giustificazione* Entschuldigung, Rechtfertigung *f*; ◇ **- !** Entschuldigung !; **scu'sabile** *agg* ⟨inv⟩ (*che si può scusare*) entschuldbar, verzeihlich; **scusante** *f* (*motivo addotto a discolpa*) Entschuldigung *f*; **scusare I.** *vt* (*accettare le scuse*) entschuldigen; (*giustificare*) rechtfertigen **II.** *vr* ◇ **-rsi** (*chiedere scusa*) sich entschuldigen (*di* für *acc*)

sdebitare ⟨3.2⟩ **I.** *vt* (*liberare da debiti*) von Schulden befreien **II.** *vr* ◇ **sdebita-** (*liberarsi da debiti*) sich revanchieren

sdegnato *agg* ① (*indignato*) entrüstet ② (*disprezzato*) verachtet; **sdegno** *m* (*indignazione*)

Entrüstung f; (disprezzo) Verachtung f; **sde-gnosità** f Ungehaltenheit f; (superbia) Hochmut m; **sdegnoso** agg (sprezzante) verächtlich; (altero) hochmütig

sdentato agg zahnlos

sdoganamento m Zollabfertigung f; **sdoga-nare** vt → merce verzollen

sdolcinatezza f (svenevolezza) Ziererei f; **sdolcinato** agg (troppo dolce) versüßt; (FIG svenevole) geziert

sdoppiare ⟨3.3⟩ I. vt (dividere in due) spalten, trennen II. vi pron (dividersi in due) sich spalten

sdraiare ⟨3.3⟩ I. vt (adagiare) hinlegen II. vr ◇ sdraia- (adagiarsi) sich hinlegen; **sdraiato** I. p. pass. di **sdraiare**; II. agg ausgestreckt

sdraio f : ◇ sedia f a - Liegestuhl m

sdrammatizzare vt → avvenimento entdramatisieren

sdrucciolare ⟨3.2⟩ vi (scivolare) ausrutschen; **sdrucciolone** m (caduta) Rutsch, Ausrutscher m

sé pron (3. pers. m e f sing e pl): ◇ **essere pieno di** ~ von sich erfüllt sein

se congiunz (nel caso che, qualora) wenn, falls; (poiché, dal momento che) wenn; (interrogativo) ob

sebbene congiunz obwohl, obgleich

sebo m (della pelle) Talg m

secca f (di sabbia) Untiefe, Sandbank f

seccare ⟨3.4⟩ irr I. vt austrocknen; (FIG importunare) ärgern, belästigen II. vi austrocknen III. vi pron ← piante vertrocknen; (← fiume, prosciugarsi) versiegen; (FIG irritarsi) sich ärgern; **secca|tore(trice** f) m ⟨tori, trici⟩ scocciatore, FAM Nervtöter(in f) m; (chi annoia) Langweiler (in f) m; **seccatura** f (disseccamento) Trocknen n; (FIG fastidio) Plage f; (noia) Langeweile f

secchia f Eimer m

sec|co I. agg ⟨chi, che⟩ ▷panni trocken; ▷terreno dürr, trocken; ▷ fiore verdorrt, vertrocknet; ▷fiume vertrocknet; ▷vino trocken; FAM ↑ molto magro mager; FIG ▷risposta barsch, schroff II. m ↑ asciutto Trockene n

se'cernere ⟨Part.: secreto⟩ irr vt ← ghiandola ausscheiden, absondern

secolare agg ⟨inv⟩ ① jahrhundertealt ② (laico) weltlich; **secolarità** f (durata secolare) Jahrhundert n

secolarizzare vt (sottoporre a secolarizzazione) säkularisieren, verweltlichen; **secolarizza-zione** f Säkularisierung, Verweltlichung f

'secolo m Jahrhundert n

seconda f ⟨inv⟩ ① AUTO zweiter Gang m ② (classe scolastica) zweite Klasse f

secondario agg (marginale) zweitrangig, nebensächlich; ◇ **scuola -a superiore** Oberschule f

secondo[1] (a f) I. agg zweite II. m Zweite(r) fm III. m (unità di tempo) Sekunde f

secondo[2] prep ① (lungo, nella direzione di) in acc; ◇ **sono andato - la direzione sbagliata** ich bin in die falsche Richtung gegangen ② ↑ stando a ◇ ~ **me** meiner Meinung nach ③ (in proporzione a) ◇ **ti giudichiamo - i tuoi meriti** wir beurteilen dich nach deinen Verdiensten

secrezione f Sekretion f, Ausscheidung f

'sedano m Sellerie m

sedativo I. agg (che calma il dolore) schmerzstillend II. m (sedativo) Beruhigungsmittel n, Sedativum n

sede f (luogo di residenza) Sitz m; (edificio) Gebäude n; (ufficio) Büro, Amt n; ◇ **in - di esami** bei den Prüfungen

sedentario(a f) I. agg ▷lavoro Sitz-, sitzend; ▷persona ↑ che non fa moto im Sitzen arbeitend; FAM bewegungsfaul II. m (persona sedentaria) sitzend Arbeitende(r) fm

sedere ⟨Pres.: siedo/siedi/siede/siedono, Cong.: sieda/siedano Imp.: siedi/sieda/siedano⟩ irr I. vi (stare seduto) sitzen; (mettersi a sedere) sich setzen II. vi pron sich setzen, Platz nehmen III. m ① (atto del sedere) Setzen n ② Gesäß n

sedia f Stuhl m; ◇ - **a rotelle** Rollstuhl m

sedicenne I. agg ⟨inv⟩ sechzehnjährig II. m/f (chi ha sedici anni) Sechzehnjährige(r) fm

sedicente agg ⟨inv⟩ angeblich

sedi'cesimo I. agg sechzehnte II. m Sechzehnte (r) fm ; '**sedici** agg ⟨inv⟩ sechzehn

sedimentare vi essere e avere ← sangue sedimentieren; **sedimentario** agg ▷rocce Sedimentär-, Ablagerungs-; **sedimento** m (materiale depositato) Sediment n, Ablagerung f

sedizione f Aufstand m; **sedizioso**(a f) I. agg aufständisch II. m (ribelle) Aufrührer(in f) m

sedotto p. pass. di **sedurre**; **seducente** agg ⟨inv⟩ verführerisch; **sedurre** ⟨4.4⟩ irr vt → una donna verführen; (attrarre, avvincere) ← idea verlocken

seduta f (del Parlamento) Sitzung f; ▷da un dentista Sitzung f

seduto I. p. pass. di **sedere**

sedut|tore(trice f) m ⟨tori, trici⟩ (chi seduce) Verführer(in f) m; **seduzione** f Verführung f

sega f ⟨ghe⟩ Säge f; FAM ! Wichsen n

'segale f FLORA Roggen m

segare ⟨3.5⟩ *irr vt* → *ramo* sägen; (*recidere*) durchschneiden; **segatura** *f* (*atto del segare*) Sägen *n*; (*residuo*) Sägemehl *n*

seg|gio *m* ⟨gi⟩ (*nel parlamento*) Sitz *m*; ◇ ~ **elettorale** Wahllokal *m*

'seggiola *f* Stuhl *m*; **seggiolone** *m* (*per bambini*) Kinderstuhl, Hochstuhl *m*

seggio'via *f* Sessellift *m*

seghe'ria *f* Sägewerk *n*

segmentare *vt* (*dividere in segmenti*) teilen, unterteilen; **segmentazione** *f* (*divisione in segmenti*) Aufteilung *f*; (*suddivisione*) Unterteilung *f*; **segmento** *m* (*parte piccola*) Stück, Teil *n*; MAT Segment *n*

segnalare I. *vt* → *manovra* anzeigen; (*FIG far conoscere*) melden, ankündigen; (*additare*) aufmerksam machen auf *acc* **II.** *vr* ◇ -**rsi** (*distinguersi*) sich auszeichnen; **segnala|tore** *m* ⟨tori trici⟩ Melder(in *f*) *m*; **segnalazione** *f* (*atto del segnalare*) Meldung, Anzeige *f*; **segnale** *m* (*acustico, ottico*) Signal *n*, **segna'letica** *f* ⟨che⟩ ⊳*stradale* Zeichen *n*; **segnalibro** *m* Lesezeichen *n*; **segnare I.** *vt* → *la pagina* kennzeichnen; (*prendere nota di*) aufschreiben; (*indicare*) ← *orologio* anzeigen; (*SPORT nel calcio*) schießen **II.** *vr* ◇ -**rsi** (*farsi il segno della croce*) sich bekreuzigen; **segno** *m* (*indizio*) Zeichen *n*; ◇ **non dare** -**i di vita** kein Lebenszeichen von sich geben; (*impronta, traccia*) Spur *f*; ⊳*alfabetico* Zeichen *n*

segregare ⟨3.5⟩ *irr* **I.** *vt* (*allontanare*) absondern **II.** *vi pron* (*isolarsi*) sich absondern; **segregazione** *f* Absonderung *f*; ◇ ~ **razziale** Rassentrennung *f*

segregazionismo *m* ⊳*politica di* Rassentrennung *f*; **segregazionista** *m/f* ⟨i, e⟩ (*sostenitore del segregazionismo*) Befürworter (in *f*) *m* der Rassentrennung

segretario(a *f*) *m* Sekretär(in *f*) *m*; **segrete'ria** *f* Sekretariat *n*; ◇ ~ **telefonica** Anrufbeantworter *m*

segretezza *f* (*l' essere segreto*) Heimlichkeit *f*; ◇ **con la massima** ~ streng vertraulich; **segreto I.** *agg* Geheim-, geheim **II.** *m* Geheimnis *n*; (*mezzo*) ◇ **conosce il** ~ **della giovinezza** er kennt das Geheimnis der Jugend

seguace *m/f* Anhänger(in *f*) *m*

seguente *agg* ⟨inv⟩ folgend; **seguire** *irr* **I.** *vt* → *guida* folgen *dat*; (*procedere lungo una direzione*) → *la via* folgen *dat*; (*FIG prestare attenzione*) → *lezione* folgen *dat* **II.** *vt vi* (*venire dopo*) nachfolgen *dat*

sequitare ⟨3.2⟩ *vt* → *discorso* fortsetzen, fortführen

seguito *m* ⟨inv⟩ (*persone che seguono*) Gefolge

n; (*seguaci*) Anhängerschaft *f*; (*di una storia*) Fortsetzung *f*; ◇ **di** ~ hintereinander; ◇ **in** ~ nachher, später; ◇ **in** - **a, a** - **di** infolge *gen*

sei *agg* ⟨inv⟩ sechs; **seicento I.** *agg* sechshundert **II.** *m* : ◇ **il S**- das siebzehnte Jahrhundert

selciato *m* Pflaster *n*

selciatura *f* (*operazione del selciare*) Pflasterung *f*

selenio *m* CHIM Selen *n*

selenolo'gia *f* (*studio della luna*) Selenologie *f*, Mondkunde *f*; **sele'nologo, a** *m* ⟨gi, ghe⟩ (*studioso di selenologia*) Selenologe *m*, -login *f*, Mondwissenschaftler(in *f*) *m*

selettività *f* FIS Selektivität, Trennschärfe *f*; **selettivo** *agg* selektiv; **selettore** *m* (*della televisione, radio etc.*) Wähler *m*, Wählanlage *f*; **selezionamento** *m* (*selezione*) Auswahl *f*; **selezionare** *vt* → *bestiame* auswählen; (*cernire*) sortieren; **selezione** *f* (*dei candidati*) Auswahl *f*; ⊳*naturale* Selektion, Auslese *f*; ↑ *scelta* (*di poesie*) Auswahl, Sammlung *f*

sella *f* Sattel *m*; **sellare** *vt* satteln

selva *f* Wald *m*

selvaggina *f* ⟨inv⟩ Wild *n*

selvag|gio (a *f*) ⟨gi, ge⟩ **I.** *agg* wild **II.** *m* Wilde(r) *f m*

sel'vatico *agg* ⟨ci, che⟩ wild

se'maforo *m* Ampel *f*

sé mai *congiunz* (*nel caso che*) sobald

se'mantica *f* Semantik *f*; **se'mantico** *agg* ⟨ci, che⟩ semantisch

semasiolo'gia *f* LING Semasiologie *f*

sembrare I. *vi* (*avere l'aspetto*) scheinen (*a dat*) **II.** *vi imp*: ◇ **sembra che partiranno con noi** es scheint, daß sie mit uns mitkommen werden

seme *m* ① FLORA Samen *m*; (*delle ciliegie*) Kern *m* ② (*delle carte da gioco*) Farbe *f*; (*FIG origine*) Ursprung *m* ③ (*sperma*) Samen *m*, Sperma *n*

seme'iotica *f* (*semiologia*) Semiotik *f*

sementare *vt* (*spargere le sementa*) aussäen

semestre *m* SCUOLA Semester *n*; **semicerchio** *m* Halbkreis *m*; **semicircolare** *agg* ⟨inv⟩ halbkreisförmig

semiconduttore *m* ELETTR Halbleiter *m*

semifinale *f* Halbfinale *n*; **semifinalista** *m/f* Halbfinalist(in *f*) *m*

semi'libero (a *f*) *m* (*detenuto*) Freigänger(in *f*) *m*

'semina *f* (*seminatura*) Saat *f*; **seminare** ⟨3.2⟩ *vt* → *grano* säen; (*FIG diffondere*) → *panico* verbreiten, Hervorrufen

seminario *m* ① *Dull'università* Seminar *n* ② (*per chierici*) Seminar *n*

se'mitico *agg* ⟨ci, che⟩ semitisch

S

semmai I. *congiunz* (*qualora*) falls, wenn je **II.** *avv* (*tutt'al più*) schlimmstenfalls

'**semola** *f* Grieß *m;* (*crusca*) Kleie *f;* **semolino** *m* Grieß *m*

semovente *agg* ⟨inv⟩ selbstbeweglich

'**semplice** *agg* ⟨inv⟩ einfach; (*essenziale*) schlicht; **semplicemente** *avv* einfach; (*soltanto*) bloß, nur; **semplicione(a** *f*) *m* (*ingenuo*) naiver Mensch **semplicità** *f* Einfachheit *f*

semplificare ⟨3.4⟩ *irr vt* (*rendere semplice*) vereinfachen; MAT kürzen; **semplificazione** *f* Vereinfachung *f;* MAT Kürzen *n*

sempre *avv* (*senza interruzione*) immer; **sempre che** *congiunz* (*purché, ammesso che*) vorausgesetzt, daß; **semperverde** *m o f* FLORA Immergrün *n*

'**senape** *f* Senf *m*

senato *m* Senat *m;* **senatore(trice** *f*) *m* Senator(in *f*) *m;* **senatoriale** *agg* ⟨inv⟩ (*di, da senatore*) Senats-

senile *agg* ⟨inv⟩ ▷*malattia* senil, Alters-; **senilità** *f* (*vecchiaia*) Altersschwäche *f;* (*stato mentale*) Senilität *f*

senno *m* (*facoltà di discernere*) Verstand *m*, Vernunft *f*

seno[1] *m* ① (*petto*) Brust *f*, Busen *m* ② (*sinuosità*) Busen *m* ③ GEO Bucht *f* ④ (*dentro*) ◇ **in - alla famiglia** im Schoß[e] der Familie; ◇ **in - all'assemblea** vor der Versammlung

seno[2] *m* MAT Sinus *m*

se no *avv* (*altrimenti*) sonst

senonché *vedi* **sennonché**

sensale *m/f* (*mediatore*) Makler(in *f*) *m*

sensato *agg* vernünftig

sensazionale *agg* ⟨inv⟩ sensationell, aufsehenerregend; **sensazione** *f* ① ▷*fisica* Empfindung, Wahrnehmung *f;* (*impressione*) Gefühl *n* ② (*stupore, sorpresa*) Sensation *f*

sen'sibile *agg* ⟨inv⟩ ① (*percepibile*) wahrnehmbar; (*notevole*) deutlich, erheblich ② † *carattere* empfindlich, sensibel; *FIG* ◇ **- alla bellezza** für Schönheit empfänglich; **sensibilità** *f* Empfindlichkeit *f;* (*rif solo al sentimento*) Empfindsamkeit, Sensibilität *f;* **sensibilizzare** *vt* empfindlich machen; (*FIG rendere cosciente*) sensibilisieren, das Interesse wecken

sensismo *m* FIL Sensualismus *m*

sensitivo I. *agg* (*della sensazione*) Empfindungs-; (*sensibile*) sensibel, empfindlich **II.** *m* (**a** *f*) (*medium*) Sensitive(r) *f* m*

senso *m* ① (*significato*) Sinn *m*, Bedeutung *f* ② (*organo*) Sinn *m* ③ (*sensazione*) Gefühl *n* ④ (*direzione*) ◇ **- vietato** Einfahrt verboten; ◇ **- unico** Einbahnstraße *f*

sensore *m* Sensor *m*

sensoriale *agg* ⟨inv⟩ (*che concerne le attività di senso*) Sinnes-, sensorisch

sensorio[1] *agg* (*dei sensi*) Sinnes-, sinnlich

sensorio[2] *m* ⟨inv⟩ (*complesso delle funzioni sensoriali*) Bewußtsein *n*, Sensorium *m*

sensuale *agg* ⟨inv⟩ sinnlich; **sensualità** *f* Sinnlichkeit *f*

sentenza *f* ① DIR Urteil *n* ② (*massima*) Denkspruch *m*, Maxime *f;* **sentenziare** ⟨3.6⟩ *vt vi* ① DIR urteilen, ein Urteil verhängen ② (*giudicare con scarsa competenza*) große Töne spucken

sentiero *m* Weg *m*

sentimentale *agg* ⟨inv⟩ empfindsam, sentimental; **sentimentalismo** *m* Rührseligkeit *f;* *FAM* Gefühlsduselei *f;* **sentimentalità** *f* Sentimentalität *f;* **sentimento** *m* ① (*di gioia*) Gefühl *n* ② (*della famiglia*) Sinn *m*

sentinella *f* Wache *f*

sentire I. *vt* ① (*percepire con i sensi*) empfinden, wahrnehmen; → *suono* hören; → *odore* riechen; → *levigatezza* spüren; † *assaggiare* probieren; † *ascoltare* → *lezione* zuhören ② → *caldo, freddo* jd-m warm/kalt sein; ◇ **mi sento male** mir geht es schlecht ③ (*provare le conseguenze di qc*) → *fatica* spüren **II.** *vi avere* (*avere odore*) riechen (*di nach dat*); (*aver sapore*) schmecken (*di nach dat*) **III.** *vr* ◇ **-rsi** (*provare una sensazione fisica/psichica*) sich fühlen; ◇ **-rsi a proprio agio** sich wohlfühlen

sentito I. *p. pass. di* **sentire; II.** *agg* ① (*appreso con l'udito*) ◇ **per - dire** vom Hörensagen ② (*sincero*) aufrichtig; (*profondo*) tief[-empfunden]

sentore *m* (*impressione*) Ahnung *f*

senza I. *prep* ohne *acc;* ◇ **senz'altro** ohne weiteres; ◇ **- dubbio** ohne Zweifel, zweifelsohne **II.** *congiunz:* ◇ **senza dire nulla** ohne etwas zu sagen; ◇ **senza che dicesse nulla** ohne daß er etwas sagte; **senzatetto** *m/f* ⟨inv⟩ Obdachlose(r) *f m*

sepa'rabile *agg* ⟨inv⟩ trennbar; **separare I.** *vt* ① † *disgiungere* trennen ② (*distinguere*) scheiden, auseinanderhalten **II.** *vr rec* ◇ **-rsi** (*dividersi*) sich trennen; **separatamente** *avv* getrennt, gesondert, separat; **separativo** *agg* (*atto a separare*) trennend; **separato(a** *f*) **I.** *p. pass. di* **separare; II.** *agg* (*disgiunto*) getrennt **III.** *m* (*coniuge diviso*) getrennt Lebende(r) *f m* ; **separazione** *f* Trennung *f*

sepolcrale *agg* ⟨inv⟩ (*di, da sepolcro*) Grab-; (*FIG triste*) Toten-, Grabes-; **sepolcro** *m* Grab *n;* **sepolto I.** *p. pass. di* **seppellire; II.** *agg* begraben; **sepoltura** *f* (*seppellimento*) Begräbnis n; **seppellire** ⟨5.2⟩ irr **I.** vt → morto begraben; → tesoro vergraben; (FIG dimenticare) → passato begraben, vergessen **II.** vi pron (FIG rinchiudersi): ◇ **-rsi in casa** sich zu Hause vergraben/eingraben; **seppellito I.** p. pass. di **seppellire**; **II.** agg begraben, vergraben

'seppia f Tintenfisch m

seppure congiunz (ammesso pure che) auch wenn, selbst wenn

sequela f (sfilza) Kette, Reihe f

sequenza f (successione) Reihe, Folge, Serie f; FILM Sequenz f

seque'strabile agg ⟨inv⟩ beschlagnahmbar; **sequestrare** vt 1 DIR beschlagnahmen 2 → ostaggio entführen; **sequestrato I.** p. pass. di **sequestrare**; **II.** agg beschlagnahmt; (persona) entführt; **sequestro** m 1 DIR Beschlagnahme f 2 ◇ **- di persona** Entführung f; **sequestra'tore(rice** f) m ⟨tori, trici⟩ (di persone) Entführer(in f) m, Kidnapper(in f) m

sera f Abend m; **serale** agg ⟨inv⟩ Abend-, abendlich; **serata** f Abend m; (festa serale) Abendempfang, Gesellschaftsabend m

serbatoio m (recipiente per liquidi/gas) Behälter m; (della macchina) Tank m

serbo m (preparare, disporre qc): ◇ **mettere/avere in - qc** etw aufbewahren

serenata f Serenade f; ◇ **fare la - a qu** jd-m ein Ständchen bringen

serenità f (FIG di persona, tranquillità, pacatezza) Ruhe, Heiterkeit f; (di giudizio, imparzialità) Sachlichkeit f; **sereno** agg ▷tempo heiter; FIG ruhig, heiter, gelassen; (FIG imparziale) sachlich

sergente m MIL Feldwebel m

'serial m ⟨inv⟩ Fernsehserie f

seriale agg ⟨inv⟩ (ordinato secondo una serie) Reihen-; INFORM, MUS seriell

seriamente avv (con serietà) ernsthaft; (in modo grave) schwer, ernstlich

'serico agg ⟨ci, che⟩ (simile alla seta) seiden, seidig

sericoltore(trice f) m Seidenraupenzüchter(in f) m; **sericoltura** f (bachicoltura) Seidenraupenzucht f

'serie f 1 (di avvenimenti) Folge, Serie, Reihe, Kette f 2 SPORT Liga f; ◇ **squadra di - B** Zweitligist m 3 ◇ **produzione f in -** Serienherstellung f

serietà f (severità) Ernst m; (gravità) Ernst m, Ernstheit, Schwere f

serigra'fia f TIP Siebdruck m

serio agg 1 ernst; (davvero) ◇ **sul -** im Ernst 2 (grave) ernst, ernsthaft

serioso agg (ostentatamente serio) seriös

sermone m Predigt f

serpe f (serpente) Schlange f; (FIG persona perfida) Schlange f

serpeggiante I. p. pres. di **serpeggiare**; **II.** agg ⟨inv⟩ (sinuoso) gewunden, sich schlängelnd; **serpeggiare** ⟨3.3⟩ vi sich schlängeln; (FIG circolare occultamente) ◇ **il malcontento serpeggiò tra gli abitanti** Unmut machte sich unter den Bewohnern breit

serpentario m FAUNA Sekretär m

serpente m Schlange f; ◇ **- a sonagli** Klapperschlange f

serpentina f 1 (strada) Serpentine f 2 CHIM Schlangenrohr n

serra f Gewächshaus n; ◇ **effetto -** Treibhauseffekt m

serra'manico m ⟨inv⟩: ◇ **coltello m a -** Klappmesser n

serranda f Rolladen m; **serrare I.** vt 1 → porta vorschließen 2 (stringere con forza) → pugni [zusammmen-]ballen; → occhi zusammenkneifen 3 → il nemico bedrängen **II.** vr ◇ **serra-** 1 (chiudersi) schließen 2 (stringersi) sich zusammenschließen; **serrata** f Aussperrung f

serratura f (della porta) Schloß n

serva f Magd f; (domestica) Dienstmädchen n

servente I. p. pres. di **servire**; **II.** agg ⟨inv⟩ dienstbar

ser'vibile agg ⟨inv⟩ brauchbar

servigio m ⟨gi⟩ (beneficio senza ricompensa) ▷alla patria Dienst m

servile agg ⟨inv⟩ (di servi) niedrig; (basso, vile) sklavisch, servil; LING ▷verbo Hilfs-; **servilismo** m (cortigianeria) Unterwürfigkeit f

servire I. vt 1 → patria dienen 2 → colazione auftischen **II.** vi essere nel sign. 1 e 2, avere nel sign. 5 e 6 1 (essere utile) dienen (a zu dat) 2 (FAM bisognare, occorrere) ◇ **mi serve una penna** ich brauche einen Füller 3 (lavorare come domestico) dienen 4 SPORT aufschlagen **III.** vi pron 1 (usare, adoperare) ◇ **posso servirmi della tua bicicletta ?** kann ich mir dein Fahrrad leihen/borgen ? 2 (essere cliente abituale) ◇ **mi servo in quel negozio da anni** in diesem Geschäft bin ich seit Jahren Kunde; **servi'tore(trice** f) m ⟨tori, trici⟩ Diener(in f) m; ◇ **- dello Stato** Staatsdiener m; **servitù** f 1 (schiavitù) Sklaverei f 2 (personale di servizio) Dienerschaft f

servi'zievole agg ⟨inv⟩ hilfsbereit

servizio m (lavoro da domestico) ◇ **andare a - da qu** in jd-s Dienste treten 2 (attività lavorativa nel pubblico impiego) ◇ **essere al -** dello

S

Stato im Staatsdienst sein ③ ◇ **- militare** Militärdienst *m* ④ (*FIG favore*) Dienst, Gefallen *m* ⑤ (*di piatti*) Service *n* ⑥ ◇ **-i** *m/pl* (*cucina e apparecchi igienici*) Küche und Badezimmer ⑦ SPORT Aufschlag, Service *m*

servo(a *f*) *m* Diener(in *f*) *m*

servofreno *m* Servobremse *f*; **servosterzo** *m* Servolenkung *f*

'**sesamo** *m* BIO Sesam *m*

sessanta *agg* ⟨inv⟩ sechzig; **sessantenne I.** *agg* ⟨inv⟩ sechzigjährig **II.** *m/f* Sechzigjährige(r) *fm* ; **sessan'tesimo I.** *agg* sechzigste **II.** *m* (*frazione*) Sechzigstel *n*; **sessantina** *f* : ◇ **una - (*serie*) etwa sechzig; ◇ **essere sulla -** auf die Sechzig zugehen

sessantotto I. *agg* ⟨inv⟩ achtundsechzig **II.** *m* ⟨inv⟩ 1968, Achtundsechzig *n*

sessione *f* Tagung *f*; (*serie di sedute*) Sitzungsperiode *f*; ◇ **- di esami** Prüfungsperiode *f*

sessismo *m* Sexismus *m*; **sessista I.** *agg* sexistisch **II.** *m/f* Sexist(in *f*) *m*

sesso *m* BIO Geschlecht *n*; (*attività sessuale*) Sex *m*; **sessuale** *agg* ⟨inv⟩ Geschlechts-, sexual; (*erotico*) sexuell, Sexual-; **sessuato** *agg* (*provvisto di sesso*) mit Geschlechtsorganen versehen; **sessuofo'bia** *f* Geschlechtsangst *f*; **sessuolo'gia** *f* Sexualwissenschaft *f*

sestante *m* (*strumento ottico*) Sextant *m*

sestina *f* (*canzone di sei stanze*) Sestine *f*

sesto I. *agg* sechste **II.** *m/f* Sechste(r) *fm* **III.** *m* (*frazione*) Sechstel *n*

seta *f* Seide *f*

setacciare ⟨3.3⟩ *vt* → *farina* sieben; (*FIG esaminare accuratamente*) durchkämmen; **setaccio** *m* (*rete per setacciare*) Sieb *n*

sete *f* Durst *m*; ◇ **avere -** Durst haben, durstig sein

sete'ria *f* (*setificio*) Seidenfabrik *f*

'**setola** *f* (*dello spazzolino*) Borste *f*

setta *f* Sekte *f*

settanta *agg* ⟨inv⟩ siebzig; **settantenne I.** *agg* ⟨inv⟩ siebzigjährig **II.** *m/f* Siebzigjährige(r) *fm* ; **settantennio** *m* (*spazio di tempo di settant'anni*) siebzig Jahre *pl*; **settan'tesimo I.** *agg* siebzigste **II.** *m* (*frazione*) Siebzigstel *n*; **settantina** *f* : ◇ **una - (*serie*) etwa siebzig; ◇ **essere sulla -** hoch in den Sechzigern sein, etwa siebzig Jahre alt sein

settario *agg* (*di setta*) sektiererisch, Sekten-; **settarismo** *m* (*tendenza allo spirito di setta*) Sektierertum *n*

sette *agg* ⟨inv⟩ sieben; **settecentesco** *agg* ⟨schi⟩ sche (*del settecento*) aus dem achtzehnten Jahrhundert; **settecento I.** *agg* ⟨inv⟩ sieben-

hundert **II.** *m* : ◇ **il S-** das achtzehnte Jahrhundert

settembre *m* September *m*; ◇ **in -** im September; ◇ **il 23 -** am 23. September

settentrionale *agg* ⟨inv⟩ nördlich, Nord-; **settentrione** *m* Norden *m*

settice'mia *f* MED Blutvergiftung *f*, Sepsis *f*

'**settico** *agg* ⟨ci, che⟩ MED septisch

settimana *f* Woche *f*; **settimanale I.** *agg* ⟨inv⟩ Wochen-, wöchentlich **II.** *m* Wochenzeitung, -zeitschrift *f*; **settimanalmente** *avv* wöchentlich

'**settimo I.** *agg* siebte **II.** *m* (*frazione*) Siebtel *n*

setto *m* ANAT Scheidewand *f*

settore *m* ① MAT Sektor *m* ② Gebiet *n*; ◇ **- economico** Wirtschaftssektor *m*; ◇ **il - terziario** der Tertiärsektor, der Dienstleistungssektor; **settoriale** *agg inv* (*che si riferisce ad un settore*) Sektor-; **settorialismo** *m* Verzetteln *n*

severità Strenge *f*; **severo** *agg* streng, hart

sevizia *f/pl* Mißhandlungen *pl*; **seviziare** ⟨3.6⟩ *vt* mißhandeln; (*sessualmente*) mißbrauchen; **sevizia|tore(trice** *f*) *m* ⟨tori, trici⟩ Peiniger(in *f*) *m*

sexy *agg* ⟨inv⟩ sexy

sezionamento *m* (*divisione in sezioni*) Zerlegung *f*; (*di cadaveri*) Obduktion *f*; **sezionare** *vt* zerlegen; (MED *praticare una sezione*) sezieren, obduzieren; **sezione** *f* ① (*separazione di organi per incisione chirurgica*) Sezierung *f* ② MAT Schnitt *m* ③ ◇ **- trasversale** Querschnitt *m* ④ (*di una scuola, ente, etc.*) Abteilung, Sektion *f*

sfaccendare *vi avere* → *casalinga* arbeiten, schaffen, werken; **sfaccendato(a** *f*) I. *agg* beschäftigungslos **II.** *m* (*fannullone*) Müßiggänger (in *f*) *m*

sfaccettare *vt* → *pietre* facettieren; **sfaccettatura** *f* Facettierung *f*

sfacchinare *vi avere* (*fare un lavoro pesante*) schuften; **sfacchinata** *f* (*lavoro faticoso*) Plakkerei, Schufterei *f*

sfaccia'taggine *f* (*impertinenza*) Unverschämtheit, Frechheit *f*; **sfacciato(a** *f*) I. *agg* ① (*maleducato*) frech ② (*vistoso*) grell, schreiend **II.** *m* (*maleducato*) frecher Kerl *m*

sfacelo *m* (*di un corpo*) Verwesung *f*; (*FIG rovina*) Verfall, Zerfall *m*

sfal'dabile *agg* ⟨inv⟩ brüchig; **sfaldare I.** *vt* (*scomporre*) zerbröckeln **II.** *vi pron* (*dividersi in falde*) brüchig werden

sfalsare *vt* (*porre in modo non allineato vert./orizz*) verschieben

sfamare *vt* sättigen

sfare ⟨4.6⟩ *irr vt vi pron* (*disfare*) zerstören

sfarfallare[1] *vi avere (uscire dal bozzolo)* ← *farfalla* ausschlüpfen

sfarfallare[2] *vi avere (volare qua e là come una farfalla)* herumflattern; *(FIG mostrare incostanza)* flatterhaft sein

sfarzo *m* Prunk *m;* **sfarzosità** *f (sontuosità)* Prunkhaftigkeit *f,* Gepränge *n*

sfasamento *m (FIG disorientamento, confusione)* Verwirrung *f;* **sfasare** *vt (FIG disorientare)* verwirren; **sfasato I.** *p. pass. di* **sfasare;** **II.** *agg* ▷*motore* phasenverschoben

sfasciare[1] ⟨3.3⟩ *vt (bambino)* wickeln

sfasciare[2] ⟨3.3⟩ **I.** *vt → porta* zertrümmern **II.** *vi pron (rompersi)* zerbrechen; *FIG* aus dem Leim gehen, auseinandergehen

sfascio *m (sfacelo)* Auflösung *f,* Verfall, Untergang *m*

sfatare *vt → leggenda* aufräumen mit, die Grundlage nehmen

sfaticato(a *f)* *agg (fannullone)* Faulpelz *m,* Müßiggänger(in *f) m*

sfatto I. *p. pass. di* **sfare;** **II.** *(troppo cotto)* verkocht; *(ingrassato, appesantito)* dick geworden, aufgegangen

sfavillare *vi avere (risplendere)* funkeln; **sfavillio** *m* Funkeln *n*

sfavore *m (contrarietà)* Nachteil *m; (a – di)* auf Kosten von dat; **sfavorevole** *agg* ⟨inv⟩ ungünstig

sfebbrare *vi (cessare di avere la febbre)* Fieber verlieren

sfegatarsi ⟨6⟩ *vi pron* sich abmühen

sfegatato I. *p. pass. di* **sfegatare;** **II.** *agg* leidenschaftlich

sfera *f* MAT Kugel *f; (FIG campo, settore)* Gebiet *n; ◇ essere nelle -e alte* in höheren Kreisen verkehren; *◇ - d'influenza* Einflußsphäre *f;* **sfericità** *f* ⟨inv⟩ Kugelform *f;* '**sferico** *agg* ⟨ci, che⟩ kugelförmig

sferrare *vt* [1] → *i cavalli* die Hufeisen abnehmen [2] *FIG → colpo* versetzen **II.** *vi pron* [1] *(perdere i ferri)* ← *cavalli* die Hufeisen verlieren [2] *(avventarsi con impeto)* heranstürzen

sferruzzare *vi avere (lavorare a maglia con i ferri)* stricken

sferza *f (frusta)* Peitsche *f;* **sferzare** *vt (frustare)* peitschen; **sferzata** *f (colpo di sferza)* Peitschenhieb *m; (critica)* beißende Kritik *f*

sfiammare I. *vt (attenuare l'infiammazione)* eine Entzündung beheben **II.** *vi avere (fare molta fiamma bruciando)* aufflammen

sfiatatoio *m* Luftloch *n;* FAUNA Atemloch *n*

sfibrare *vt (FIG ← lavoro, estenuare)* entnerven, aufreiben

sfida *f (nelle gare sportive)* Herausforderung *f; (FIG provocazione)* Herausforderung *f;* **sfidante I.** *p. pres. di* **sfidare;** **II.** *agg* ⟨inv⟩ herausfordernd; **sfidare I.** *vt* [1] *→alla corsa* herausfordern [2] *(FIG affrontare con coraggio, freddo)* trotzen *dat; ◇ sfido io !* das glaube ich gerne ! Aber sicher ! **II.** *vi pron (mandarsi la sfida)* sich herausfordern

sfiducia *f* ⟨cie⟩ Mißtrauen *n*

sfigurare I. *vt → il viso* verunstalten, entstellen **II.** *vi avere (far cattiva figura)* sich blamieren, eine schlechte Figur machen

sfilacciare ⟨3.3⟩ **I.** *vt → tessuto* ausfransen **II.** *vi vi pron* ausfransen; **sfilacciato I.** *p. pass. di* **sfilacciare;** **II.** *agg* ▷*tessuto* ausgefranst

sfilare[1] *vt* [1] *(scarpe)* ausziehen [2] → *orlo di un tessuto* ausfransen **II.** *vi pron* ← *collana* ausfädeln

sfilare[2] *vi essere/avere (procedere in fila)* vorbeimarschieren; *(FIG susseguirsi)* vorbeiziehen; **sfilata** *f* Aufmarsch *m; (di moda)* Modenschau *f*

sfilatino *m (forma allungata di pane)* Stangenbrötchen *n*

sfilato I. *p. pass. di* **sfilare;** **II.** *agg* ▷*tessuto* ausgefranst

sfilatura *f (di una maglia)* Laufmasche *f*

sfilza *f (sequela)* Reihe *f*

sfinge *f* ⟨gi⟩ Sphinx *f*

sfinimento *m* Erschöpfung *f;* **sfinitezza** *f (spossatezza)* Erschöpfung *f*

sfiorare *vt (passare accanto toccando appena)* streifen

sfiorire ⟨5.2⟩ *irr vi (appassire)* verblühen, verwelken

sfittare *vt → appartamento* räumen; *(rimanere sfitto)* leerstehen; **sfitto** *agg (non affittato)* leer, unvermietet

sfizio *m (capriccio)* Laune *f;* **sfizioso** *agg (che soddisfa un capriccio)* eine Laune befriedigend

sfocare ⟨3.2⟩ *vt* → *giacca* das Futter herausschieben; — unscharf; **sfocatura** *f (di un'immagine)* Unschärfe *f*

sfociare ⟨3.3⟩ *vi (sboccare)* münden; *(FIG concludersi)* führen zu dat

sfoderare ⟨3.2⟩ *vt → giacca* das Futter heraustrennen; **sfoderato I.** *p. pass. di* **sfoderare;** **II.** *agg (senza fodera)* ungefüttert

sfogare ⟨3.5⟩ *irr* **I.** *vt* auslassen **II.** *vi (uscire dal chiuso)* ← *gas* entweichen **III.** *vi pron* sich abreagieren *(su an dat); ◇ -si con qu* jd-m sein Herz ausschütten

sfoggiare ⟨3.3⟩ **I.** *vt → macchina* protzen mit dat; → *cultura* zur Schau tragen **II.** *vi avere (fare sfoggio)* prunken *(in mit dat);* **sfoggio** *m :*

◇ **fare - di cultura** seine Bildung herausstellen/ herausstreichen

sfoglia *f* (*lamina*) Folie *f*; GASTRON ◇ **pasta** *f* - Blätterteig *m*

sfogliare ⟨3.6⟩ *vt* → *libro* durchblättern

sfogliata *f* Durchblättern *n*

sfogo *m* ⟨ghi⟩ (*di gas*) Abzug *m*; (*di liquidi*) Abfluß *m*; (MED *eruzione cutanea*) Hautausschlag *m*; FIG Ausbruch *m*

sfolgorare ⟨3.2⟩ *vi avere* leuchten, glänzen; **sfolgorante** I. *p. pres. di* **sfolgorare**; II. *agg* ⟨inv⟩ leuchtend, funkelnd

sfollare I. *vt* (*sgomberare*) räumen II. *vi* zurückziehen; **sfollato(a** *f*) I. *p. pass. di* **sfollare**; II. *agg* geräumt III. *m* Evakuierte(r) *fm*

sfoltimento *m* (*atto dello sfoltire*) Lichten *n*; **sfoltire** ⟨5.2⟩ *irr vt* → *bosco* lichten

sfoltita *f* schneller Schnitt *m*

sfondare I. *vt* → *porta* einschlagen; → *cesto* den Boden ausschlagen; MIL durchbrechen II. *vi* (*riuscire in un' attività, un lavoro*) sich durchsetzen; **sfondato** I. *p. pass. di* **sfondare**; II. *agg* bodenlos; FIG unersättlich

sfondo *m* Hintergrund *m*

sfondone *m* (*grave errore, specie nel parlare*) Schnitzer *m*

sformato *m* GASTRON Auflauf *m*

sfornare *vt* → *pane* aus dem Ofen holen; → *film* herausbringen

sfornire *irr vt* (*di truppe*) entblößen; **sfornito** *agg* (*privo*) beraubt (*di* gen); ▷*negozio* schlecht ausgestattet mit *dat*

sfortuna *f* Unglück *n*; **sfortunatamente** *avv* (*per sfortuna*) unglücklicherweise; **sfortunato** *agg* unglücklich; ◇ **essere - al gioco** beim Spielen kein Glück haben

sforzare I. *vt* → *la voce* anstrengen; (*costringere*) zwingen; → *cassetto* aufbrechen II. *vr* ◇ **-rsi** (*adoperarsi*): ◇ **-rsi di studiare** sich zum Lernen zwingen; **sforzo** *m* Anstrengung *f*; TEC ◇ **macchina** *f* **sotto -** Maschine *f* unter Last

'sfottere *vt* (*farsi gioco di qu*) aufziehen

sfrattare *vt* ▷*da un appartamento* kündigen *dat*; **sfrattato** I. *p. pass. di* **sfrattare**; II. *agg* gekündigt; **sfratto** *m* Kündigung *f*

sfrecciare ⟨3.3⟩ *vi* ← *aerei* vorbeijagen

sfregare ⟨3.5⟩ I. *irr vt* (*strofinare*) reiben II. *vi* (*urtare di striscio*) streifen

sfregiare ⟨3.3⟩ I. *vt* → *viso* verunstalten II. *vi pron* (*prodursi uno sfregio*) sich verunstalten; **sfregio** *m* ⟨gi⟩ Schmiß *m*, Narbe *f*; FIG Schmach *f*

sfrenare I. *vt* → *passioni* entfesseln II. *vi pron* ▷*nel mangiare* sich keine Hemmungen auferlegen

sfrenatezza *f* Zügellosigkeit *f*; **sfrenato** I. *p. pass. di* **sfrenare**; II. *agg* zügellos

sfrontato *agg* unverschämt

sfruttamento *m* (*di un terreno*) Nutzung *f*; (*di una persona*) Ausbeutung *f*; **sfruttare** *vt* ① → *il terreno* auslaugen ② → *persone* ausbeuten, ausnutzen ③ (*mettere a profitto*) → *occasione* ausnutzen; **sfrutta'tore(trice** *f*) *m* ⟨tori, trici⟩ Ausbeuter(in *f*) *m*

sfuggente I. *p. pres. di* **sfuggire**; II. *agg* ⟨inv⟩ (*non chiaro*) unklar; **sfug'gevole** *agg* ⟨inv⟩ (*facile a sfuggire*) flüchtig

sfuggire I. *vt* (*evitare*) meiden II. *vi* ① ▷*agli inseguitori* entkommen, entgehen (*a dat*) ② ◇ **non gli sfugge nulla** ihm entgeht nichts ③ (*dimenticare*) ◇ **mi sfugge di mente il tuo indirizzo** mir ist deine Adresse entfallen; **sfuggita** *f* (*atto dello sfuggire*) Flucht *f*; ◇ **di -** flüchtig

sfumare I. *vt* → *colori* abtönen II. *vi* (← *nebbia, dissolversi*) sich auflösen; FIG ← *speranze* verfliegen, zunichte werden; **sfumato** I. *p. pass. di* **sfumare**; II. *agg* abgetönt; **sfumatura** *f* (*di colore*) Schattierung, Nuancierung *f*; (FIG *di ironia*) Nuance *f*; (*nella voce*) Unterton *m*

sfuocare ⟨3.4⟩ *vedi* **sfocare**

sfuriata *f* Wutausbruch *m*

sfuso *agg* (*sciolto*) zerlassen; (*non confezionato*) offen, lose

sgabello *m* Hocker *m*; ◇ **- da bar** Barhocker *m*

sgabuzzino *m* Abstellraum *m*

sgambetto *m* : ◇ **far lo - a qu** jd-m ein Bein stellen

sganasciare ⟨3.3⟩ I. *vt* (*slogare le ganasce*) die Kinnlade ausrenken II. *vi pron*: ◇ **-rsi dalle risa** sich krummlachen/totlachen

sganciare ⟨3.3⟩ I. *vt* → *rimorchio* loshaken; → *bombe* ausklinken, abwerfen; FAM FIG → *soldi* herausrücken II. *vi pron* (*liberarsi da un gancio*) sich abhängen, sich loslösen; (FIG FAM *liberarsi di qu/qc*) sich freimachen

sgangherare ⟨3.2⟩ *vt* (*sfasciare*) zerschlagen; **sgangherato** I. *p. pass. di* **sgangherare**; II. *agg* ▷*porta* ausgehoben; (FIG *illogico*) zusammenhanglos

sgarba'taggine *f* Unhöflichkeit *f*; **sgarbato** *agg* unhöflich; **sgarbo** *m* Unhöflichkeit *f*

sgargiante *agg* ⟨inv⟩ (*colore*) grell

sgarrare *vt vi* (*commettere errori, inesattezze*) ungenau sein

sgattaiolare ⟨3.10⟩ *vi* (*allontanarsi silenziosamente*) sich davonschleichen

sgelare *vi* (*disgelare*) auftauen

sghembo *agg* (*obliquo*) schräg; (*storto*) schief

sghiacciare ⟨3.3⟩ *vt* → *carne surgelata* auftauen

sghignazzamento *m* höhnisches Gelächter; **sghignazzare** *vi FAM* höhnisch lachen

sghimbescio *agg sci sce* (*storto*, *obliquo*): ◇ a-schief

sghiribizzo *m* Schrulle *f*

sgobbare *vi avere FAM* ← *scolaro* büffeln; **sgobbata** *f* Büffelei *f*; **sgobbone(a** *f*) *m FAM* Streber(in *f*)

sgocciolare ⟨3.2⟩ **I.** *vt* (*vuotare*) bis auf den letzten Tropfen leeren **II.** *vi avere* ← *botte* tröpfeln, abtropfen; **sgoccio'lio** *m* (*sgocciolare continuo*) Tröpfeln *n*

'sgocciolo *m* (*al finire*, *al termine*): ◇ **essere agli** - am Ende sein

sgolarsi ⟨6⟩ *vi pron* (*sfiatarsi*) sich die Lunge aus dem Leib/Hals schreien

sgomb[e]rare ⟨3.2⟩ *vt* räumen; → *tavolo* abräumen; **sgombro**[1] *agg* leer, frei

sgombro[2] *m* FAUNA Makrele *f*

sgomentare I. *vt* (*sbigottire*) erschüttern, bestürzen **II.** *vi pron* (*provare sgomento*) bestürzt sein; **sgomento I.** *agg* erschüttert **II.** *m* Erschütterung, Bestürzung *f*

sgominare ⟨3.2⟩ *vt* (*sconfiggere*) zerschlagen, versprengen

sgonfiare ⟨3.3⟩ **I.** *vt* → *caviglie* abschwellen lassen; → *salvagente* die Luft herauslassen **II.** *vi vi pron* (*perdere il gonfiore*) abschwellen; (*FIG perdere la superbia*) klein werden; **sgonfiato I.** *p. pass. di* **sgonfiare**; **II.** *agg* abgeschwollen; **sgonfio** *agg* (*contr. di gonfio*) luftleer

sgorbio *m* Klecks *m*; (*FIG persona brutta e sgraziata*) Plumpsack *m*

sgorgare ⟨3.5⟩ *irr vi* (← *acqua*, *uscire in abbondanza*) strömen

sgozzare *vt* (*scannare*) ▷*bestia* schlachten

sgra'devole *agg* ⟨inv⟩ unangenehm; **sgradire** ⟨5.2⟩ *irr vt* → *invito* zurückweisen; **sgradito I.** *p. pass. di* **sgradire**; **II.** *agg* (*visita*) unerwünscht; ▷*notizia* unangenehm

sgranare I. *vt* → *piselli* aushülsen; *FAM FIG* ◇ - **gli occhi** die Augen aufreißen **II.** *vi* (*disfarsi*) ← *pietra* zerfallen

sgranchire ⟨5.2⟩ *irr vt* dehnen, strecken; ◇ -**rsi le gambe** sich die Beine vertreten

sgranocchiare ⟨3.6⟩ *vt* → *noccioline* knabbern

sgrassare *vt* → *brodo* entfetten

sgravare I. *vt* (*alleggerire di un peso*) entlasten **II.** *vi pron*: ◇ -**rsi della responsabilità** sich der Verantwortung entledigen; **sgravio** *m* : ◇ - **fiscale** Steuererleichterung *m*

sgraziato *agg* (*privo di grazia*) plump

sgretolamento *m* Zerbröckeln *n*; **sgretolare**

⟨3.2⟩ **I.** *vt* zersplittern, zerbröckeln **II.** *vi pron* (*rompersi in schegge*) zerbröckeln

sgridare *vt* (*rimproverare*) → *bambini* ausschimpfen, schimpfen; **sgridata** *f* Schelte *f*; ◇ **prendersi una** - sich einen Rüffel einhandeln

sgrossare *vt* grob bearbeiten; **sgrossatura** *f* grobe Bearbeitung *f*

sguaiato(a *f*) **I.** *agg* (*indecente*, *maleducato*) lümmelhaft **II.** *m* Lümmel, Flegel *m*

sgualcire ⟨5.2⟩ *irr vt* → *stoffa* zerknittern; → *carta* zerknüllen

sgualdrina *f* ↑ *prostituta* Hure *f*

sguardo *m* Blick *m*

sguarnire ⟨5.2⟩ *irr vt* (*privare di guarnizioni*) entblößen

'sguattero(a *f*) *m* Küchenjunge *m*, Küchenmagd *f*

sguazzare *vi avere* [1] (*agitarsi nell' acqua*) planschen [2] (*trovarsi a proprio agio*) sich wohlfühlen [3] (*FIG avere qc in abbondanza*) ◇ - **nell'oro** im Geld schwimmen

sguinzagliare ⟨3.6⟩ *vt* → *cane* losbinden, loslassen

sgusciare[1] ⟨3.3⟩ **I.** *vt* → *uova* schälen; → *piselli* aushülsen **II.** *vi* ← *uccelli* schlüpfen

sgusciare[2] ⟨3.3⟩ *vi* (*scivolare di mano*) entgleiten

shampoo *m* ⟨inv⟩ Schampoo *n*

shock *m* ⟨inv⟩ Schock *m*

shopping *m* ⟨inv⟩ shopping *n*, Einkaufsbummel *m*

shorts *m/pl* Shorts *pl*

show *m* ⟨inv⟩ Show *f*

si[1] *pron 3. pers. sing. e pl.* [1] (*con vr*) ◇ - **pettina ogni mattina** er kämmt sich jeden Morgen; (*con vi pron*) ◇ - **vergogna della sua condatta** er schämt sich für sein Benehmen [2] (*a sé, con vr apparenti*) ◇ **non** - **è fatto male** er hat sich nicht weh getan [3] (*con tutti i verbi, forma impersonale*) ◇ - **dice che tornerà** man sagt, daß er wiederkehren wird

si[2] *m* ⟨inv⟩ MUS h *n*

si[3] **I.** *avv*: ◇ **hai mangiato bene?** - hat es dir geschmeckt? ja **II.** *congiunz* (*in modo che*): ◇ **fare** - **che tutto vada per il meglio** dafür sorgen, daß alles gut geht **III.** *m* (*assenso*): ◇ **gli sposi si erano già detti il sì** die Brautleute hatten sich schon das Jawort gegeben

sia *congiunz*: ◇ - **di notte che di giorno** sowohl nachts als auch tagsüber

siamese I. *agg* ⟨i⟩ siamesisch **II.** *m/f* ↑ *gemello* siamesischer Zwilling **III.** *m* (*gatto siamese*) Siamkatze *f*

Siberia *f* Sibirien *n*

sibilare ⟨3.2⟩ *vi avere* ← *serpente* zischeln; *FIG*

← *vento* pfeifen; **'sibilo** *m* (*del serpente*) Zischeln *n*; (*FIG del veneto*) Pfeifen *n*

sicario(a *f*) *m* Killer *m*

sicché *congiunz* (*così che*) so daß, so … daß; (*e perciò*) ◊ **non lo trovammo, sicché tornammo a casa** wir fanden ihn nicht, daher/also kehrten wir nach Hause zurück

siccità *f* Dürre *f*

siccome *congiunz* (*poiché*) weil, da

Sicilia *f* Sizilien *n*; **siciliano(a** *f*) I. *agg* sizilianisch II. *m* Sizilianer(in *f*) *m*

sicurezza *f* Sicherheit *f*; ◊ **di** - Sicherheits-; **sicuro** I. *agg* ① (*privo di pericoli, strada*) sicher ② (*certo*) sicher ③ (*abile*) ◊ **è molto** - **nel suo lavoro** bei seiner Arbeit ist er sehr geschickt ④ (*che non desta sospetto*) ◊ **la notizia è** -a die Nachricht ist zuverlässig II. *avv* (*certamente*) sicher; ◊ **di** - sicherlich III. *m* 〈inv〉 Sicherheit *f*

siderur'gia *f* (*branca della metallurgia*) Eisenhüttenwesen *n*; **side'rurgico** I. *agg* 〈ci, che〉 (*della siderurgia*) Eisen-, eisenverarbeitend II. *m* (*operaio dell'industria siderurgica*) Hüttenarbeiter(in *f*) *m*

sidro *m* Obstwein, Most *m*; (*di mele*) Apfelwein, Cidre *m*

'siepe *f* Hecke *f*

'siero *m* ▷*antivipera* Serum *n*; ◊ - **del latte** Molke *f*; **sierolo'gia** *f* Serologie *f*; **sieropositivo(a** *f*) I. *agg* HIV-positiv II. *m* HIV-Infizierte(r), Aidskranke(r) *fm*; **sieroprofilassi** *f* Serumprophylaxe, Serumbehandlung *f*

siesta *f* Mittagsschlaf *m*

si'filide *f* Syphilis *f*

sifone *m* Siphon *m*

sigaretta *f* Zigarette *f*

'sigaro *m* Zigarre *f*

sigillare *vt* (*busta*) versiegeln; **sigillo** *m* Siegel *n*

sigla *f* ① (*di ente*) Kürzel *n* ② ◊ - **musicale** Jingle *m*; **siglare** *vt* signieren

significante I. *p. pres. di* **significare**; II. *agg* bedeutsam III. *m* LING Signifiant *m*, Bezeichnung *f*; **significare** 〈3.4〉 *irr vt* ① ↑ *esprimere* → *pensiero* bedeuten ② ↑ *avere un dato senso* ◊ **cosa significa ?** was soll das heißen ? ③ (*avere importanza*) bedeuten; **significativo** *agg* ▷*gesto* bedeutend; **significato** *m* Bedeutung *f*

signora *f* Frau *f*; ↑ *donna benestante, raffinata* Dame *f*; ◊ - **e e signori!** Meine Damen und Herren !

signore *m* ① ◊ **il signor Rossi** Herr Rossi ② ◊ **il S- Iddio** der Herr *Gott* ③ (*uomo raffinato, benestante*) Herr *m* ④ ◊ **i -i** *m/pl* **verranno serviti subito** die Herrschaften *pl* werden sofort bedient werden

signor'ile *agg* 〈inv〉 (*distinto*) vornehm, herrschaftlich; **signorilità** *f* (*l'essere signorile*) Vornehmheit *f*

signorina *f* Fräulein *n*

signorotto *m* (*piccolo proprietario*) Besitzer (in *f*) *m* eines kleinen Gutes

silente *agg* 〈inv〉 (*silenzioso*) sill

silenziatore *m* (*dei motori/delle armi*) Schalldämpfer *m*

silenzio *m* ① (*mancanza completa di suoni*) Stille *f*; (*astensione dal parlare*) Schweigen *n* ② (*oblio*) ◊ **cadere nel** - in Vergessenheit geraten ③ (*regola religiosa*) Schweigepflicht *f*; **silenzioso** *agg* ▷*persona* schweigsam; (*luogo*) still, ruhig; ▷*passi* leise

silicio *m* Silizium *n*

silicone *m* CHIM Silikon *n*

'sillaba *f* Silbe *f*; **sillabare** 〈3.2〉 *vt* (*compitare*) buchstabieren; **sil'labico** *agg* 〈ci, che〉 (*di sillaba*) Silben-

sillogismo *m* Syllogismus *m*; **sillo'gistica** *f* 〈che〉 Syllogistik *f*; **sillo'gistico** *agg* 〈ci, che〉 syllogistisch

siluramento *m* (*di una nave*) Torpedierung *f*; (*FIG esautoramento*) Absetzung, Ausbootung *f*; **silurante** I. *p. pres. di* **silurare**; II. *agg* 〈inv〉 Torpedo-; **silurare** 〈3.2〉 *vt* torpedieren; (*FIG privare improvvisamente del comando*) → *comandante* ausbooten, absetzen; **'siluro** *m* MIL Torpedo *m*

silvestre *agg* 〈inv〉 ▷*pianta* Wald-

simbiosi *f* BIO Symbiose *f*; (*FIG stretto rapporto tra fatti/persone*) enge Beziehung, Symbiose *f*

simboleggiare 〈3.3〉 *vt* symbolisieren

sim'bolico *agg* 〈ci, che〉 symbolisch; **simbolismo** *m* Symbolik *f*; (*in arte, letteratura*) Symbolismus *m*; **simbolista** I. *m/f* (*seguace del Simbolismo*) Symbolist(in *f*) *m* II. *agg* (*simbolistico*) symbolistisch; **'simbolo** *m* Symbol *n*; (*espressione grafica nelle scienze*) Symbol, Zeichen *n*; **simbo'logia** *f* (*simbolica*) Symbolik *f*

similare *agg* 〈inv〉 (*simile*) ähnlich; **'simile** I. *agg* 〈inv〉 (*somigliante*) ähnlich; (*di questo tipo*) derartig II. *m/f* (*persona della stessa condizione*) Mitmensch *m*; **simili'tudine** *f* (*somiglianza*) Ähnlichkeit *f*; (*figura retorica*) Gleichnis *n*

simme'tria *f* Symmetrie *f*; **sim'metrico** *agg* 〈ci, che〉 symmetrisch

simpa'tetico *agg* 〈ci, che〉 (*che è in perfetto accordo*) im Einklang stehend

simpa'tia *f* Sympatie *f*; **sim'patico(a** *f*) *agg* 〈ci, che〉 sympathisch, nett; **simpatizzante** I. *p. pres. di* **simpatizzare**; II. *agg* 〈inv〉 sympathiesierend; **simpatizzare** *vi* (*con persone*) sich verstehen (*con mit dat*); ◇ - **per il marxismo** mit dem Marxismus sympathisieren

simposio *m* ⓵ (*banchetto*) Bankett *n* ⓶ (*congresso*) Symposium *n*, Tagung *f*

simulacro *m* (*immagine sacra*) Standbild *n*

simulare ⟨3.2⟩ *vt* † *fingere* → *malattia* simulieren; → *amicizia* vortäuschen; (*imitare*) nachahmen; TEC simulieren; **simulatore(trice** *f*) *m* ⟨tori, trici⟩ Heuchler(in *f*) *m*; **simulazione** *f* Vortäuschung *f*; TEC Simulation *f*

simultaneità *f* (*contemporaneità*) Gleichzeitigkeit, Simultaneität *f*; **simultaneo** *agg* gleichzeitig, simultan

sinagoga *f* ⟨ghe⟩ Synagoge *f*

sincerità *f* Aufrichtigkeit, Offenheit *f*; **sincero** *agg* aufrichtig, offen

'**sincope** *f* Synkope *f*

sincro'nia *f* Gleichzeitigkeit *f*; LING Synchronie *f*

sincronizzare *vt* (*mettere in sincronia*) aufeinander abstimmen, synchronisieren

sincronizzatore *m* (*di alternatori*) Synchronmaschine *f*

'**sincrono** *agg* gleichzeitig, synchron

sinda'cabile *agg* (*sono*) kontrollierbar, überprüfbar; **sindacale** *agg* ⟨inv⟩ (*del sindacato*) Gewerkschafts-, gewerkschaftlich; **sindacalista** *m/f* Gewerkschaftler(in *f*) *m*; **sindacato** *m* (*di lavoratori*) Gewerkschaft *f*; (*degli imprenditori*) Unternehmerverband *m*; COMM Aufsichtsrat *m*; '**sindaco** *m/f* ⟨ci⟩ Bürgermeister(in *f*) *m*

'**sindrome** *f* MED Syndrom *n*, Krankheitsbild *n*

siner'gia *f* Zusammenwirken *n*; MED Synergismus *m*

sinfo'nia *f* MUS Sinfonie, Symphonie *f*; **sin'fo-nico** *agg* ⟨ci, che⟩ (*di sinfonia*) sinfonisch, symphonisch

singhiozzare *vi avere* ⓵ (*piangere dirottamente*) schluchzen ⓶ (*avere il singhiozzo*) einen Schluckauf haben; **singhiozzo** *m* Schluchzer *m*; MED Schluckauf *m*; FIG ◇ **a** - sprunghaft

singolare I. *agg* ⟨inv⟩ (*unico, caratteristico*) einzigartig, einmalig II. *m* ⓵ LING Singular *m* ⓶ SPORT Einzel *n*; **singolarità** *f* (*originalità*) Einmaligkeit *f*

'**singolo** I. *agg* (▷*fatti, considerato in sé*) einzeln; (*costituito da un solo elemento*) ▷*camera* Einzel- II. *m* (*individuo*) Einzelne(r) *fm*; SPORT Einzel *n*

sinistra *f* ⓵ (*mano*) Linke *f*; ◇ **a** - (*stato*) links; (*moto*) nach links ⓶ POL Linke *f*

sinistrare *vt* (*danneggiare*) treffen

sinistro I. *agg* link; FIG ▷*rumore* unheimlich;

(*di tempi*) unheilvoll II. *m* (*incidente*) Unfall *m*, Unglück *n*

sino *prep* (*fino*): ◇ **a domani** bis morgen

'**sinodo** *m* REL Synode *f*

sinolo'gia *f* Sinologie *f*; **si'nologo(a** *f*) *m* ⟨gi, ghi, ghe⟩ Sinologe(in *f*) *m*

si'nonimo *m* LING Synonym *n*

sintagma *m* ⟨i⟩ LING Syntagma *n*; **sintag'matico** *agg ci* syntagmatisch

sintassi *f* ⟨inv⟩ LING Syntax, Satzlehre, *f*

'**sintesi** *f* ⟨inv⟩ ⓵ (*esposizione conclusiva*) Synthese, *f*, Zusammenfassung *f* ⓶ CHIM ◇ - **clorofilliana** Photosynthese *f*

sinteticamente *avv* synthetisch; ▷*frase* kurz

sin'tetico *agg* ⟨ci, che⟩ ⓵ ▷*materiale* Chemie-, synthetisch; ◇ **fibre** *fipl* - Chemiefasern *pl* ⓶ ▷*stile* knapp

sintetizzare *vt* (*riassumere*) zusammenfassen

sintetizzatore *m* MUS Synthesizer *m*

sinto'matico *agg* ⟨ci, che⟩ MED symptomatisch, FIG bezeichnend

'**sintomo** *m* MED Symptom *n*; FIG Zeichen, Anzeichen, Symptom *n*

sinto'nia *f* (*tra ricevente e trasmittente*) Abstimmung *f*; (FIG *armonia*) Einklang *m*

sintonizzare *vt* † *radio* einstellen; **sintonizzatore** *m* Tuner *m*; **sintonizzazione** *f* (*della radio*) Einstellung *f*

sinuoso *agg* ▷*corso* gewunden; ▷*strada* kurvenreich

sinusite *f* (*infiammazione del setto nasale*) Nebenhöhlenentzündung *f*

sionismo *m* Zionismus *m*; **sionista** *m/f* Zionist (in *f*) *m*

S.I.P. *f abbr. di* **Società Italiana per l'Esercizio Telefonico** italienische Telefongesellschaft

sipario *m* Vorhang *m*

sirena[1] *f* (*figura mitologica*) Sirene *f*

sirena[2] *f* (*apparecchio per segnale acustico*) Sirene *f*

Siria *f* Syrien *n*; **siriano(a** *f*) I. *agg* syrisch II. *m* Syrer(in *f*) *m*

siringa *f* ⟨ghe⟩ Spritze *f*

sisma *m* (*terremoto*) Erdbeben *n*; '**sismico** *agg* ⟨ci, che⟩ Erdbeben-; **si'smografo** *m* Seismograph, Erdbebenmesser *m*; **si'smologo(a** *f*) *m* ⟨gi, ghe⟩ Seismologe *m*, -login *f*

sistema *m* System *n*; ◇ - **immunitario** Immunsystem *n*; ◇ - **monetario** Währungssystem *n*; ◇ - **elettorale** Wahlsystem *n*; ◇ - **nervoso** Nervensystem *n*; ◇ - **solare** Sonnensystem *n*

sistemare I. *vt* ⓵ (*mettere a posto*) ordnen ⓶ (*risolvere*) lösen ⓷ (*procurare un lavoro, un alloggio*) unterbringen II. *vr* ◇ -**rsi** (*trovare un alloggio, un'occupazione*) unterkommen

sistematicità f (l' essere sistematico) Systematik f; **siste'matico** agg ‹ci, che› systematisch

sistemazione f ⨀ (collocazione, assestamento) Ordnung f ⨁ (risoluzione) Anordnung f ⨂ ▷in un alloggio Unterkunft f; (lavoro) Anstellung f

sito m (luogo) Ort m

situare vt setzen, legen; ◇ **l'albergo è situato nella montagna** das Hotel ist in den Bergen gelegen

situazione f Lage, Situation f

slabbrare vt → tazza am Rand beschädigen; **slabbratura** f (lacerazione agli orli) Beschädigung f [an den Rändern]

slacciare ‹3.3› I. vt ⨀ (sbottonare) aufknöpfen ⨁ (togliere da un laccio) aufschnüren, aufbinden II. vi pron (sciogliersi da un laccio) ← cosa sich aufbinden

slalom m Slalom m; **slalomista** m/f Slalomläufer(in f) m

slanciare ‹3.3› I. vt (lanciare con impeto) werfen, schleudern II. vi pron (anche FIG volgersi con impeto) sich stürzen (su auf acc); **slanciato** agg schlank; **slancio** m ‹ci› Anlauf m; FIG Schwung m; (impulso irrefrenabile) Ansturm m

slargare ‹3.5› irr vt (accrescere in larghezza) erweitern, verbreitern

slargo m ‹ghi› ▷di una strada Verbreiterung f

slavato agg verblaßt; FIG ▷viso ausdruckslos

slavina f Lawine f

sla'vistica f Slawistik f; **slavo(a** f) I. agg slawisch II. m Slawe m, Slawin f

sleale agg ‹inv› unehrlich; ◇ **concorrenza** - unlauterer Wettbewerb; **slealtà** f (contr. di lealtà) Unredlichkeit f; (nel contratto, nella politica) Illoyalität f

slegare ‹3.5› irr I. vt → cane losbinden II. vi pron (sciogliersi da un legame) sich losmachen; **slegato** I. p. pass. di **slegare**; II. agg losgebunden, gelöst

slitta f Schlitten m

slittamento f (scivolata) Rutschen n

slittare vi essere e avere nei sign. 2,3; avere nel sign.1 ⨀ Schlitten fahren ⨁ (scivolare) rutschen ⨂ (FIG ribassare) ← moneta fallen

s.l.m. abbr. di **sul livello del mare** ü.d.M. über dem Meeresspiegel

slogare ‹3.5› irr I. vt → caviglia verrenken II. irr vi pron (riportare una slogatura) sich verrenken, sich ausrenken; **slogatura** f (della caviglia) Verrenkung f

sloggiare ‹3.3› I. vt → inquilino entmieten; → nemico verjagen II. vi ▷da una casa ausziehen; ▷da un luogo weggehen

smacchiare ‹3.6› vt Flecken entfernen; **smac-chiatore** m (sostanza che smacchia) Fleckentferner m

smacco m ‹chi› (umiliazione) Demütigung f

smagliante I. p. pres. di **smagliare**; II. agg leuchtend, strahlend

smagliare ‹3.6› I. vt → maglie auftrennen II. vi pron ← collants Laufmaschen haben; ← pelle Streifen bekommen

smagrire ‹5.2› irr I. vt (rendere magro) abmagern II. vi vi pron (diventare magro) abmagern

smaliziare ‹3.6› I. vt (render piu scaltro) schlau machen II. vi pron (diventare più scaltro) schlau werden; **smaliziato** agg schlau, gewitzt

smaltare vt → padella emaillieren; → vaso glasieren; ◇ **- le unghie** die Nägel lackieren

smaltire ‹5.2› irr vt ⨀ (digerire) verdauen; (FIG tollerare) verwinden ⨁ (vendere completamente) komplett verkaufen ⨂ (rifiuti) entsorgen

smalto m (per ceramica) Glasur f; (per metalli) Email n; (per le unghie) Lack n; (dei denti) Zahnschmelz m

smance'ria f (moine) Getue n

smania f (inquietudine) Erregung f; ◇ **avere la - addosso** aufgeregt sein ⨁ ↑ desiderio Lust f; (di successo) Sucht m; **smaniare** ‹3.3› vi (agitarsi) aufgeregt sein

smantellamento m Abbruch m; MIL Abrüstung f; ◇ **- sociale** Abbau m der Sozialleistungen; **smantellare** vt → città niedereißen, abreißen; → fabbrica abbauen

smarrimento m ⨀ (perdita) Verlust m ⨁ (FIG stato di confusione) Verwirrung f; **smarrire** ‹5.2› irr I. vt → portafoglio verlegen; (perdere) verlieren II. vi pron (perdersi) sich verlaufen; (in macchina) sich verfahren; (FIG turbarsi) verwirrt sein; **smarrito** I. p. pass. di **smarrire**; agg verlegt; ▷sguardo verwirrt, verstört

smascherare ‹3.2› vt (togliere la maschera) die Maske abnehmen; (FIG rivelare la vera natura di persone lazioni) entlarven, demaskieren

smaterializzare vt entmaterialisieren

smembramento m (FIG frazionamento) Aufteilung, Zerstückelung f

smemorare ‹3.2› vi (perdere la memoria) das Gedächtnis verlieren; **smemora'taggine** f Vergeßlichkeit f; **smemorato(a** f) I. p. pass. di **smemorare**; II. agg vergeßlich; (sbadato) gedankenlos, zerstreut III. m (persona sbadata) vergeßlicher Mensch

smentire ‹5.2› irr I. vt (negare) dementieren II. vr ◇ **-rsi** sich widersprechen; **smentita** f (sconfessione) Widerruf m, Dementi n

smeraldo m Smaragd m

smerciare ‹3.3› vt absetzen, verkaufen; **smer-cio** m ‹ci› Absatz, Verkauf m

smerigliare ⟨3.6⟩ vt (strofinare con un abresivo) schleifen, abschleifen

smeriglio m FAUNA Merlin m

'**smettere** ⟨Pass. rem.: smisi/smise/smisero Part.: smesso⟩ irr **I.** vt ① → studi aufhören mit dat; ◇ **smettila!** hör auf ! laß das ! ② (non indossare più) ablegen **II.** irr vi avere (non continuare) aufhören mit dat

smezzare vt (dividere a metà) halbieren

smidollare I. vt (levare le midolla) das Mark herausnehmen **II.** vi (FIG svigorirsi) schwach werden

smilzo agg schmächtig, mager

sminu'ire ⟨5.2⟩ irr vt verringern, verkleinern; (FIG rendere minore) → importanza mindern

sminuzzare vt (ridurre in piccoli pezzi) zerkleinern

smistare vt → pacchi sortieren; SPORT ◇ - il pallone den Ball abgeben; FERR verschieben, rangieren

smisurato agg ▷ amore ↑ immenso grenzenlos, unendlich

smitizzare vt → movimento nüchtern betrachten/ beurteilen

smobilitare ⟨3.10⟩ vt MIL demobilisieren; **smobilitazione** f (operazioni per smobilitare) Demobilisierung f

smodato agg (immoderato) maßlos; **smoderatezza** f (intemperanza) Maßlosigkeit f

smoking m ⟨inv⟩ Smoking m

smonacare ⟨3.4⟩ irr vt aus dem Kloster holen

smon'tabile agg ⟨inv⟩ zerlegbar, abnehmbar

smontaggio m Abmontierung f

smontare I. vt ① → mobile zerlegen ② (far scendere da veicoli) aussteigen lassen ③ (FIG privare di sicurezza, scoraggiare) entmutigen **II.** vi (scendere giù) ▷dalle scala hinuntersteigen; ▷dalla macchina aussteigen; ▷dal cavallo absteigen **III.** vi pron (perdere l'entusiasmo) verzagen, entmutigt werden

smorfia f (di dolore) Grimasse f; (posa) Geziere n; **smorfioso(a** f) **I.** agg zimperlich **II.** zimperlicher Mensch, Zimperliese f

smorto agg ① (pallido) blaß, bleich; (colore) verblaßt ② (▷stile, privo di vivacità) farblos

smorzare vt → fuoco löschen; FIG → entusiasmo dämpfen

smottamento m Erdrutsch m; **smottare** vi (franare) abrutschen

smunto agg (pallido) abgemagert, eingefallen

'**smuovere** ⟨4.12⟩ irr **I.** vt → mobile verrücken; (FIG dissuadere) abbringen **II.** vi pron (spostarsi per cattiva connessione) sich fortbewegen; (FIG cambiare proposito) abrücken

smussare vt → spigolo abkanten; (FIG caratte-

re) die Schärfe nehmen; **smussatura** f Abstumpfung, Abkantung f

snaturare vt (far degenerare la natura di qu) denaturieren, entarten; **snaturato** agg ▷madre unmenschlich, Raben-

snazionalizzare vt COMM privatisieren

snebbiare ⟨3.3⟩ vt den Nebel zerstreuen; (FIG senso) aufklären; → mente frei machen

snellezza f (della figura) Schlankheit f; (sveltezza) Gewandtheit, Behendigkeit f; **snello** agg schlank; (agile, svelto) gewandt, flink, behende; FIG ▷stile flüssig

snervante I. p. pres. di **snervare; II.** agg ⟨inv⟩ entnervend; **snervare** vt (infiacchire) entnerven, aufreiben

snidare vt → animali aufjagen; → persone aufstöbern, [aus dem Versteck] treiben

snob m ⟨inv⟩ Snob m; **snobbare** vt herabblikken auf acc; **snobismo** m Snobismus m; **sno'bistico** agg ⟨ci, che⟩ snobistisch

snocciolare ⟨3.2⟩ vt → albicocca entkernen; (FIG proferire rapidamente) herunterleiern

snodare vt → corda aufknoten; (sciogliere con il movimento) gelenkig machen; **snodo** m (giunzione articolata di due pezzi) Gelenk n

soave agg ⟨inv⟩ mild, zart

sobbalzare vi (fare un balzo) aufspringen; (sussultare) auffahren, hochfahren; **sobbalzo** m (balzo) Sprung m

sobbarcarsi ⟨3.4/6⟩ irr vr → un sacrificio auf sich (akk) nehmen

sobborgo m ⟨ghi⟩ Vorort m

sobillare vt ↑ istigare di nascosto aufhetzen, aufwiegeln

sobrietà f (frugalità) Genügsamkeit f; FIG Nüchternheit f; **sobrio** agg (frugale nel mangiare e nel bere) genügsam, gemäßigt; (FIG alieno da ecc.essi) ▷stile nüchtern, knapp

soc'chiudere ⟨Pass. rem.: socchiusi/socchiuse/ socchiusero⟩ irr vt → porta anlehnen; → occhi halb schließen

soccombente I. p. pass. di **soc'combere; II.** agg (che cede) unterliegend; DIR unterlegen **III.** m/f DIR die unterlegene Partei; **soc'combere** irr vi ▷alla violenza erliegen dat; (FIG morire) sterben, erliegen

soc'correre ⟨Pass. rem.: soccorsi/soccorse/soccorsero Part.: soccorso⟩ irr vt vi (aiutare) helfen dat; **soccoritore(trice** f) m Helfer(in f) m; **soccorso** m Hilfe f; ◇ dare/prestare pronto - Erste Hilfe leisten

socialdemo'cratico agg ⟨ci, che⟩ sozialdemokratisch; **socialdemocra'zia** f Sozialdemokratie f

sociale agg ⟨inv⟩ sozial, gemeinschaftsfähig; (che si riferisce alla società umana) ▷doveri gesellschaftlich, sozial; ▷attività sozial

socialismo m Sozialismus m; **socialista** m/f Sozialist(in f) m

socializzare vt ① COMM verstaatlichen ② → bambini sozialisieren; **socializzazione** f ① (delle proprietà) Verstaatlichung f ② (del bambino) Sozialisierung f

società f ▷civile Gesellschaft f; ▷sportiva Verein, nt; (ambiente mondano) Gesellschaft f; ◇ - **per azioni** Aktiengesellschaft f; FAUNA Gesellschaft f

so'cievole agg ⟨inv⟩ ▷uomo, animale gesellig; **socievolezza** f Geselligkeit f

socio m ⟨ci, cie⟩ (di un'impresa) Teilhaber, Gesellschafter(in f) m; ◇ - **d'affari** Geschäftspartner m; ◇ - **fondatore** Gründungsmitglied n; (del circolo sportivo) Mitglied n

sociolo'gia f Soziologie f; **socio'logico** agg ⟨ci, che⟩ soziologisch; **so'ciologo(a** f) m ⟨gi, ghe⟩ Soziologe(in f) m

soda f ① Soda n ② (acqua gassosa artificiale) Sodawasser n

sodalizio m ▷sportivo Verein m, Gesellschaft f

soddisfacente I. p.pres. di **soddisfare**; II. agg ⟨inv⟩ zufriedenstellend, befriedigend; **soddisfare** irr I. vt befriedigen; → desiderio erfüllen II. vi (appagare) → domanda nachkommen; ▷pubblico zufriedenstellen acc; **soddisfatto** I. p. pass. di **soddisfare**; II. agg zufriedengestellt, befriedigt; **soddisfazione** f Befriedigung, Genugtuung f

sodo I. agg ▷uova hart; ▷muscoli fest, hart II. avv (con forza) stark, kräftig; ◇ **dormire -** tief schlafen III. m fester Boden

sodo'mia f Sodomie f; **sodomita** m Sodomit m

sofà m Sofa n

sofferente I. p. pres. di **soffrire**; II. agg ⟨inv⟩ leidend; ◇ **essere ~ di qc** an etwas dat leiden; **sofferenza** f Leiden n; (dolore) Schmerz m; **sofferto** p. pass. di **soffrire**

soffiare ⟨3.3⟩ I. vt ① → aria blasen; → vetro blasen ② (riferire un segreto) ausplaudern ③ → pedina blasen II. vi avere blasen; (di rabbia) schnauben; **soffiata** f ① (atto del soffiare) Blasen n ② (spiata) Anzeige f

'soffice agg ⟨inv⟩ weich

soffietto m (mantice) Blasebalg m

soffio m (atto del soffiare) Blasen n; (fiato) Hauch m; MED Herzgeräusch n

soffitta f Dachboden m

soffitto m Decke f

soffocamento m Erstickung f; **soffocare** ⟨3.4⟩ irr I. vt ← caldo ersticken II. vi vi pron (non poter respirare) ersticken; **soffocato** I. p. pass. di **soffocare**; II. agg erstickt

soffriggere ⟨Pass. rem.: soffissi/soffriggesti Part.: soffritto⟩ irr vt anbraten

soffrire irr I. vt ① → dolori leiden, ertragen ② (tollerare) dulden II. vi avere (patire fisicamente e moralmente) leiden; ◇ ~ **di mal di testa** unter Kopfweh leiden; **soffritto** m (di cipolla) braune Soße

soffuso I. p. pass. di **soffondere**; II. agg übergossen

sofisma m ⟨i⟩ Trugschluß m

sofista m ⟨i, e⟩ Sophist m; **so'fistica** f ⟨che⟩ Sophistik f

sofisticare ⟨3.4⟩ irr vt verfälschen, fälschen; → vino panschen; **sofisticato** I. p. pass. di **sofisticare**; II. agg verfälscht; **sofisticatore (trice** f) m ⟨tori, trici⟩ Verfälscher(in f); **sofisticazione** f (adulterazione) Verfälschung, Fälschung f

'software m ⟨inv⟩ Software f

soggettività f (l'essere soggettivo) Subjektivität f; **soggettivo** agg subjektiv; LING Subjekt-, subjektiv

soggetto[1] I. agg (a vigilanza) unterworfen (a dat); (predisposto) anfällig (a für acc)

soggetto[2] m ① (argomento) Gegenstand m, Thema n ② FIL Subjekt n ③ LING Subjekt n

soggezione f ① (sottomissione) Unterordnung, f ② (timidezza) Scheu f

sogghignare vi avere grinsen; **sogghigno** m Grinsen n

soggiacere ⟨4.15⟩ irr vi essere/avere ▷sottomettersi unterliegen (a dat)

soggiogare ⟨3.5⟩ irr vt (sottomettere) unterjochen

soggiornare vi avere sich aufhalten; **soggiorno** m ① ▷al mare Aufenthalt m ② (stanza) Wohnzimmer n

soglia f (porta) Schwelle f; (FIG principio) Anfang m; ◇ **essere alla - della vecchiaia** an der Schwelle zum Alter stehen

soglio m (trono) Thron m; (sede di un sovrano) Sitz m

'sogliola f FAUNA Seezunge f

sognante I. p.pres. di **sognare**; II. agg träumend; **sognare** I. vt träumen; (desiderare ardentemente) träumen, schwärmen von dat II. vi avere träumen; **sognatore(trice** f) m ⟨tori, trici⟩ Träumer(in f) m; **sogno** m Traum m

soia f FLORA Soja f

sol m ⟨inv⟩ MUS g n

solaio m (*soffitta*) Dachboden m

solare agg ⟨inv⟩ (*raggio*) Sonnen-; (*FIG evidente*) klar

solarium m ⟨inv⟩ Sonnenterrasse f, Solarium n

solcare ⟨3.4⟩ irr vt → *campo* durchfurchen

solco m ⟨chi⟩ Furche f

soldato(essa f) m Soldat(in f) m

soldo m (*antica moneta europea*) Heller, Groschen, Pfennig m; ◇ **essere senza un ~** keinen roten Heller haben; ◇ **avere tanti -i** viel Geld haben

sole m Sonne f

solenne agg ⟨inv⟩ [1] ▷*Messa* feierlich, festlich [2] ▷*portamento* steif, förmlich; **solennità** f Ernst m, Feierlichkeit f

solerte agg ⟨inv⟩ (*sollecito*) fleißig, sorgsam; **solerzia** f (*sollecitudine*) Fleiß m

solfato m CHIM Sulfat n

solfeggiare ⟨3.3⟩ vt vi → *spartito* solfeggieren; **solfeggio** m Solfeggio n

solfuro m CHIM Sulfid n

solidale agg ⟨inv⟩ einig

solidarietà f Solidarität f

solidificare ⟨3.4⟩ irr I. vt fest werden lassen II. vi vi pron (*diventare solido*) erstarren

solidità f Festigkeit f

'**solido** I. agg FIS fest; MAT fest; *FIG* ▷*edificio* solid(e) II. m (FIS *corpo solido*) Feststoff m; MAT fester m Körper

soliloquio m Selbstgespräch n

solista m/f ⟨i, e⟩ Solist(in f) m

solitamente avv normalerweise, gewöhnlich

solitario I. agg einsam II. m [1] (*gioiello*) Solitär m [2] (*gioco di carte*) Patience f

'**solito** I. agg; ◇ **alla ~a ora** zur üblichen Stunde II. m ⟨inv⟩; ◇ **mangiare il ~** das Übliche essen

solitudine f Einsamkeit f

sollecitare ⟨3.10⟩ vt → *risposta* drängen auf acc; → *fantasia* anregen; **sollecitazione** f : ◇ **lettera f di** ~ Mahnschreiben n

sollecito I. agg (*premuroso*) fürsorglich; (*zelante*) eifrig II. m ↑ *sollecitazione* Aufforderung, Mahnung f; **sollecitudine** f (*alacrità*) Eifer m

solleticamento m Kitzeln n; **solleticare** ⟨3.4⟩ irr vt kitzeln; *FIG* → *appetito* anregen

solle'vabile agg ⟨inv⟩ hebbar; **sollevamento** m Aufheben f; /SPORT ◇ **~ pesi** Gewichtheben n; **sollevare** I. vt [1] aufheben, hochheben; (*FIG porre in una condizione migliore*) heben, erheben; ▷*dalla miseria* befreien [2] → *questione* aufwerfen II. vi pron [1] (*levarsi verso l'alto*) sich erheben [2] (*ribellarsi*) sich erheben

sollievo m Erleichterung f

solo I. agg [1] (*senza compagnia*) allein; (*senza l'aiuto di altri*) ◇ **da ~** allein [2] (*nessun altro che*) ◇ **ingresso riservato ai ~-i iscritti** der Eintritt ist nur den Mitgliedern gestattet II. avv (*soltanto*) nur, bloß, allein; ◇ **non ~ ... ma anche** nicht nur ... sondern auch

solstizio m Sonnenwende f

soltanto avv nur, allein, bloß

so'lubile agg ⟨inv⟩ ▷*sostanza* löslich; **solubilità** f CHIM Löslichkeit f

soluzione f [1] (*di un problema*) Lösung f [2] (CHIM *di sale*) Lösung f

solvente I. agg ⟨inv⟩ [1] CHIM lösend [2] (*debitore*) zahlungsfähig II. m CHIM Lösungsmittel n III. m/f (*persona solvente*) zahlungsfähige Person f

somaro(a f) m Esel(in f)

so'matico agg ⟨ci, che⟩ ▷*tratti* somatisch

somigliante I. p.pres. di **somigliare** II. agg ⟨inv⟩ ähnlich; **somiglianza** f Ähnlichkeit f; **somigliare** ⟨3.6⟩ I. vi essere/avere ähnlich sehen, gleichen (*a dat*) II. vr rec ◇ **-rsi** (*essere simili*) sich ähneln

somma f [1] (*addizione*) Summe f [2] (*di L. 100.000*) Betrag m [3] (*sostanza, del discorso*) Kern m; **sommare** I. vt (*addizionare*) zusammenzählen II. vi essere e avere (*ammontare*) ▷*a un milione* sich belaufen (*a auf acc*)

sommario¹ I. agg [1] (*schematico*) kurz und bündig [2] ▷*procedimento* summarisch

sommario² m (*compendio*) Abriß m

som'mergere ⟨Pass. rem.: sommersi/sommergesti Part.: sommerso⟩ irr vt ← *onde* überschwemmen, überfluten

sommer'gibile I. agg ⟨inv⟩ tauchfähig II. m Unterseeboot n

sommerso I. p. pass. di **som'mergere**; II. agg ⟨inv⟩ überflutet, überschwemmt

sommesso agg [1] demütig, unterwürfig [2] ▷*voce* leise

somministrare vt → *viveri* bieten; → *medicina* verabreichen; **somministrazione** f (*di medicine*) Verabreichung f

sommità f Gipfel m

sommo I. agg (*il più alto di tutti*) höchst; *FIG* ▷*sacerdote* oberst II. m (*apice*) Gipfel m; *FIG* ◇ **essere al ~ della felicità**

sommossa f Aufruhr m

sommozza|tore, trice m ⟨tori, trici⟩ Taucher (in f) m

sonaglio m Schelle f

sonante I. p.pres. di **sonare**; II. agg ⟨inv⟩ tönend, klingend; **sonare** I. vt (→ *arpa*) spielen; → *valzer* spielen; ← *orologio* → *mezzogiorno*

schlagen; → *campanello* klingen **II.** *vi* ← *campanello* klingen

sonata *f* (*di strumento*) Spiel *n*; (*composizione musicale*) Sonate *f*

sonato I. *p. pass. di* **sonare; II.** *agg* geschlagen

sonda *f* Sonde *f*; ◇ ~ **spaziale** Raumsonde *f*

sondag|gio *m* ⟨gi⟩ Sondierung *f*; ◇ ~ **d'opinione** Meinungsumfrage *f*

sondare *vt* sondieren; (*FIG cercare di conoscere*) erkunden, erforschen

sonetto *m* Sonett *n*

sonnambulismo *m* Schlafwandeln *n*; **son'nambulo(a** *f*) *m* Schlafwandler(in *f*) *m*

sonnecchiare ⟨3.6⟩ *vi* (*dormicchiare*) schlummern

son'nifero I. *agg* Schlaf-, einschläfernd **II.** *m* Schlafmittel *n*

sonno *m* Schlaf *m*; ◇ **aver** ~ müde sein; ◇ **prendere** ~ einschlafen

sonnolenza *f* (*torpore*) Verschlafenheit *f*

sonoro I. *agg* ▷*film* Ton-; ▷*voce* klangvoll; LING ▷*consonante* stimmhaft **II.** (*cinema sonoro*) Tonfilm *m*

sontuosità *f* (*fastosità*) Pracht, Prunk *f*; **sontuoso** *agg* prunkvoll, prächtig

sopire ⟨5.2⟩ *irr vt* ▷*rabbia* besänftigen, beschwichtigen

sopore *m* Schlummer *m*

sopo'rifero *agg* schlafbringend

soppesare *vt* wägen; *FIG* ~ *vantaggi e svantaggi* abwägen

soppiantare *vt* verdrängen

soppiatto *avv*; ◇ **di** ~ heimlich

soppor'tabile *agg* ⟨inv⟩ erträglich; **sopportare** *vt* **1** ← *ascensore* → *peso* tragen **2** ← *freddo* ertragen, aushalten **3** (*tollerare cose*) ertragen; (*tollerare persone*) leiden, ausstehen; **sopportazione** *f* (*pazienza*) Geduld *f*

soppressione *f* (*annullamento*) Abschaffung *f*, Aufhebung *f*; (*di un animale*) Beseitigung *f*; **sop'primere** ⟨Pass. rem.: soppressi/soppresse/ soppressero Part.: soppresso⟩ *irr vt* → *legge* abschaffen, aufheben; (*uccidere*) beseitigen

sopra I. *prep* **1** (*stato con contatto*) auf *dat*; (*stato senza contatto*) über *dat*; (*moto*) über, auf *acc* **2** (*al piano superiore*) über *dat*; ◇ **abita sopra la scuola** er/sie wohnt über der Schule **3** (*riguardo a*) über *acc*; ◇ **essere interrogato sopra un argomento** über etwas befragt werden **II.** *avv* (*stato*) oben; (*moto: avvicinamento*) herauf; (*moto: allontanamento*) hinauf, nach oben **III.** *agg inv*: ◇ **la parte** ~ **è rovinata** die obere Seite ist beschädigt **IV.** *m* ⟨inv⟩ (*del vestito*) Oberteil *n*

so'prabito *m* Überzieher *m*

sopracciglio *m* ⟨glia o gli⟩ Augenbraue *f*

sopraccoperta *f* (*del letto*) Tagesdecke *f*; (*del libro*) Schutzumschlag *m*

sopraddetto *agg* obengenannt

sopraffare ⟨4.6⟩ *irr vt* (*superare*) überwältigen; **sopraffat|tore(trice** *f*) *m* ⟨tori, trici⟩ Überwältiger(in *f*) *m*; **sopraffazione** *f* (*sopruso*) Überwältigung *f*

sopraffino *agg* extrafein

soprag'giungere ⟨Pass. rem.: sopraggiunsi/ sopraggiunse/sopraggiunsero, Part.: sopraggiunto⟩ *irr vi* **1** (*arrivare all'improvviso*) plötzlich kommen **2** (*accadere*) geschehen, passieren

soprannaturale *agg* ⟨inv⟩ übernatürlich

sopram'mobile *m* Ziergegenstand *m*, Nippssache *f*

soprannaturale I. *agg* ⟨inv⟩ Übernatürlich **II.** *m* Übernatürliche *n*

soprannome *m* Spitzname *m*; **soprannominare** ⟨3.10⟩ *vt* einen Spitznamen geben *dat*

soprano I. *m/f* ⟨*m*/ *pl* i, *f*/*pl* o⟩ Sopransänger(in *f*) *m* **II.** *m* (*voce*) Sopranstimme *f*

soprappensiero *avv* gedankenverloren

soprassalto *m*: ◇ **di** ~ plötzlich

soprassedere ⟨Pres.: soprassiedo/soprassiedi/ soprassiedono, Cong.: soprassieda/soprassiedano, Imp.: soprassiedi/soprassieda/soprassiedano⟩ *irr vi* avere aufschieben

soprattutto *avv* vor allem

sopravvalutare ⟨3.10⟩ *vt* ~ *nemico* überschätzen; **sopravvalutazione** *f* (*valutazione ecc.essiva*) Überschätzung *f*

sopravvenire ⟨5.6⟩ *irr vi* **1** (*sopraggiungere*) plötzlich kommen **2** (*accadere*) passieren, zustoßen; **sopravvento** *m* **1** Überwind *m*, Luv *f* **2** (*FIG supremazia*) Oberhand *f*

sopravvissuto(a *f*) **I.** *p. pass. di* **soprav'vivere; II.** *agg* überlebend **III.** *m* Überlebende(r) *f m* ; **sopravvivenza** *f* Überleben *n*; **soprav'vivere** ⟨4.14⟩ *irr vi* → *ai figli* überleben (*a acc*); (*FIG vivere nella memoria*) weiterleben

soprintendente *m/f* Leiter(in *f*) *m*

sopruso *m* Mißbrauch *m*

soqquadro *m* Durcheinander *n*; ◇ **mettere a** ~ durcheinanderbringen

sorbetto *m* Sorbett *m/n*

sorbire ⟨5.2⟩ *irr vt* → *bevanda* schlürfen; (*FIG sopportare con rassegnazione persone*) aushalten; (*sopportare con rassegnazione cose*) über sich ergehen lassen

'sordido *agg* (*sporco*) schmutzig

sordità *f* Taubheit *f*

sordo(a *f*) **I.** *agg* MED taub; ▷*rumore* dumpf;

FIG ↑ *indifferente* gleichgültig (*a dat*) **II.** *m* Taube(r) *fm*; **sordomutismo** *m* 'Taubstummheit *f*; **sordomuto, a I.** *agg* taubstumm **II.** *m* Taubstumme(r) *fm*

sorella *f* Schwester *f*; **sorellastra** *f* Halbschwester *f*

sorgente *f* Quelle *f*

'**sorgere** *irr* **I.** *vi* ← *sole* aufgehen; ← *acqua* entspringen; *FIG* ← *difficoltà* entstehen **II.** *m* : ◇ **il - del sole** Sonnenaufgang *m*

sormontare *vt FIG* überwinden

sorpassare *vt* ▷*in altezza* überragen; → *auto* überholen; (*oltrepassare*) übersteigen, FIG; ▷*in prontezza* übertreffen; **sorpassato** **I.** *p. pass. di* **sorpassare**; **II.** *agg* (*inattuale*) überholt, veraltet

sor'prendere ⟨Pass. rem.: sorpreso/sorprendesti Part.: sorpreso⟩ *irr* **I.** *vt* ① (*cogliere in flagrante*) überraschen ② (*stupire*) erstaunen ③ (*prendere ad un tratto*) ← *temporale* überraschen **II.** *vi pron* (*stupirsi*) überrascht sein; **sorpresa** *f* (*improvvisata*) Überraschung *f*; (*stupore*) Erstaunen *n*; (*fatto che cagiona meraviglia*) Verwunderung *f*

sor'reggere ⟨Pass. rem.: sorressi/sorreggesti Part.: sorretto⟩ *irr* **I.** *vt* (*sostenere dal di sotto*) stützen; *FIG* unterstützen **II.** *vr* ◇ -**si** (*reggersi in piedi*) sich aufrecht halten

sorridente I. *p. pres. di* **sor'ridere**; **II.** *agg* ⟨inv⟩ lächelnd; **sorriso** *m* (*di gioia*) Lächeln *n*

sorseggiare ⟨3.3⟩ *vt* → *vino* in kleinen Schlucken trinken

sorso *m* Schluck *m*

sorta *f* : ◇ **ogni - di gente, gente di ogni -** Leute aller Art

sorte *f* Schicksal *n*

sorteggiare ⟨3.3⟩ *vt* → *i vincitori* auslosen; **sor'teg|gio** *m* ⟨2⟩ Auslosung, Verlosung *f*

sortilegio *m* ⟨gi⟩ Zauberei *f*

sortire ⟨5.2⟩ *irr vt* (*ottenere*) erhalten, erreichen; ◇ **non ha sortito l'effetto voluto** es hat nicht das erwünschte Ergebnis erzielt

sortita *f* MIL Ausfall *m*

sorto *p. pass. di* '**sorgere**

sorvegliante *m/f* (*chi sorveglia*) Aufseher(in *f*) *m*; **sorveglianza** *f* 'Überwachung, Aufsicht *f*; **sorvegliare** ⟨3.6⟩ *vt* → *polizia* überwachen

sorvolare **I.** *vt* → *territorio* überfliegen; *FIG* → *particolari* übergehen **II.** *vi avere* (*volare*) fliegen (*su* über *acc*); (*non soffermarsi*) übergehen *acc*

sosia *m/f* ⟨inv⟩ Doppelgänger(in *f*) *m*

so'spendere ⟨Pass. rem.: sospesi/sospendesti/so spesero Part.: sospeso⟩ *irr vt* ① → *un lampadario* aufhängen ② (*FIG interrompere*) unterbrechen ③ ▷*dall' impiego* entheben, suspendieren; **so'spensione** *f* ① (*posizione di chi o ciò che è sospeso*) Aufhängung *f* ② (*FIG interruzione*) Unterbrechung *f* ③ ▷*da una carica* Amtsenthebung *f* ④ AUTO Aufhängung *f* ⑤ CHIM Suspension *f*; **sospeso** **I.** *p. pass. di* **so'spendere**; **II.** *agg* ▷*in aria* aufgehängt; ▷*in alto* erhoben; *FIG* ◇ **avere un conto in** - eine offene Rechnung haben

sospettare **I.** *vt* → *inganno* verdächtigen **II.** *vi avere* vermuten, annehmen; **sospetto**[1] **I.** *agg* verdächtig **II.** *m* (*persona sospetta*) Verdächtige (r) *fm*; **sospetto**[2] *m* (*diffidenza*) Argwohn *m*; (*presentimento*) Ahnung *f*, Verdacht *m*; **sospettoso** *agg* (*diffidente*) argwöhnisch, mißtrauisch

so'spingere ⟨Pass. rem.: sospinsi/sospinse/sospinsero Part. sospinto⟩ *irr vt* (*spingere in avanti*) vorantreiben; *FIG* ◇ - **qu a fare qc** jd-n antreiben/veranlassen, etw *acc* zu tun

sospirare **I.** *vt* → *vacanze* sich sehnen nach *dat* **II.** *vi* seufzen; **sospiro** *m* Seufzer *m*

sosta *f* (*fermata*) Halt *m*; (*pausa*) Ruhepause *f*

sostantivo *m* Substantiv *m*

sostanza *f* ① ▷*liquida, gassosa* Stoff *m* ② *FIG* Wesen *n* ③ (*parte nutritiva*) Nährwert *m* ④ ◇ -**e** *f/pl* (*ricchezze*) Vermögen *n/sg*

sostanzioso *agg* nahrhaft

sostenere ⟨4.17⟩ *irr vt* ① → *peso* tragen ② → *prezzi* halten; (*FIG aiutare, proteggere*) unterstützen ③ ← *cibo* stärken ④ (*affermare con convinzione*) behaupten, versichern; **soste'nibile** *agg* ⟨inv⟩ haltbar, erträglich; **sosteni'tore(trice** *f*) *m* ⟨tori, trici⟩ (*FIG della riforma*) Anhänger (in *f*) *m*

sostentamento *m* (*il necessario per vivere e nutrirsi*) Lebensunterhalt *m*

sostentare **I.** *vt* → *famiglia* unterhalten **II.** *vr* ◇ -**rsi** (*mantenersi in vita*) sich ernähren

sostenuto **I.** *p. pass. di* **sostenere**; **II.** *agg* (*riservato*) zurückhaltend; MUS erhaben

sostitu'ibile *agg* ⟨inv⟩ ersetzbar; **sostituire** ⟨5.2⟩ *irr vt* → *sedia vecchia* auswechseln; ← *supplente* → *professore* ersetzen; **sostituto** (**a** *f*) *m* Vertreter(in *f*) *m*; **sostituzione** *f* (*di una lampadina rotta*) Auswechslung *f*; ◇ **in - di** anstatt *gen*

sottaceto *m/pl* Mixed *pl* Pickles

'**sottana** *f* Rock *m*; REL Talar *m*

sotterfugio *m* ⟨gi⟩ (*scappatoia*) Ausflucht *f*

sotterramento *m* (*di un tesoro*) Vergrabung *f*

sotterraneo **I.** *agg* unterirdisch; (*FIG nascosto*) geheim **II.** *m* Keller *m*

sotterrare *vt* → *semi* vergrabeb; (*seppellire*) begraben

S

sottigliezza f (di un foglio) Feinheit, Dünne f; (FIG d'ingegno) Scharfsinn m; (fpl, sofisticherie) Spitzfindigkeit f

sottile agg ⟨inv⟩ ▷foglio dünn; FIG ▷mente scharf

sottin'tendere ⟨Pass. rem.: sottintesi/sottintendesti Part.: sottinteso⟩ irr vt einbeziehen, einschließen; **sottinteso** I. p. pass. di **sottin'tendere**; II. m Hintergedanke m

sotto I. prep (stato) unter dat; (moto) unter acc; (FIG alla dipendenza di) ◇ avere molti lavoratori - di sé viele Arbeiter unter sich haben II. avv (stato) unten; (moto: avvicinamento) herunter; (moto: allontanamento) hinunter; ◇ qui c'è qc - etw liegt hier darunter; ◇ farsi - an etw acc herangehen

sottobosco m ⟨schi⟩ Unterholz n

sottobraccio avv: ◇ tenere - qu jd-n unter dem Arm halten

sottochiave avv: ◇ tenere - qc etw acc unter Verschluß halten

sottofondo m (musicale) Hintergrund m

sottogruppo m (gruppi minori) Untergruppe f

sottolineare vt → frase unterstreichen; (FIG dare rilievo) betonen; **sottolineatura** f Unterstreichung f; (FIG accentuazione) Betonung, Hervorhebung f

sott'olio agg inv: ◇ sardine - Sardinen in Öl

sottomano avv (a portata di mano): ◇ tenere qc - jd-n bei der Hand halten; (di nascosto) heimlich, versteckt

sottomarino I. agg Untersee-, unterseeisch II. m Unterseeboot n

sottomesso I. p. pass. di **sotto'mettere**; II. agg (remissivo) unterwürfig, demütig; **sotto'mettere** ⟨Pass. rem.: sottomisi/sottomise/sottomisero Part.: sottomesso⟩ I. irr vt → popolazione unterwerfen II. vi pron (ai voleri altrui) sich unterwerfen (a dat); **sottomissione** f ⟨1⟩ (atto del sottomettere) Unterwerfung f ⟨2⟩ (remissività) Demut, Unterwürfigkeit f

sottopassag'gio m ⟨gi⟩ Unterführung f

sottoporre ⟨4.11⟩ irr I. vt ↑ presentare vorlegen, zeigen (a dat). II. vi pron ▷ad un intervento sich unterziehen (a dat); **sottoposto** I. p. pass. di **sottoporre**; II. agg (esposto) ▷ai pericoli ausgesetzt

sottoprodotto m Nebenprodukt n; **sottoproduzione** f Unterproduktion f

sottoproletario m Lumpenproletarier n

sottoscala m ⟨inv⟩ Raum m unter der Treppe

sottoscritto(a f) I. p. pass. di **sotto'scrivere**; II. agg (approvato con una firma) unterzeichnet, unterschrieben III. m Unterzeichnende(r) fm; **sotto'scrivere** ⟨Pass. rem.: sottoscrissi/sottoscrisse/sottoscrissero, Part.: sottoscritto⟩ irr I. vt unterschreiben II. vi avere ↑ aderire zustimmen (a dat); **sottoscrizione** f (atto del sottoscrivere) Unterschreiben n; DIR Zeichnung f

sottosegretariato m Untersekretariat n; **sottosegretario**(a f) m Untersekretär(in f) m

sottosopra avv (alla rovescia) umgekehrt; ◇ mettere - la casa das Haus auf den Kopf stellen

sottospecie f ⟨inv⟩ BIO Subspezies f

sottostante I. part pres. di **sottostare**; II. agg ⟨inv⟩ darunter liegend; **sottostare** irr vi (FIG dipendere) unterstehen dat

sottosuolo m Untergrund m

sottosviluppato agg unterentwickelt; **sottosviluppo** m ▷sociale/economico Unterentwicklung f

sottoterra avv (stato) unter der Erde; (moto) unter die Erde

sottovalutare ⟨3.10⟩ vt unterschätzen

sottovaso m Untersatz m

sottoveste f Unterkleid n

sottovoce avv leise

sottovuoto avv vakuumverpackt

sottrarre ⟨sottraggo/sottraggono, sottrassi/sottrasse/sottrassero, Fut.: sottrarrò Cong.: sottragga/sottraggano⟩ irr I. vt ⟨1⟩ ▷da un pericolo entreißen ⟨2⟩ → documenti entwenden, stehlen ⟨3⟩ MAT abziehen II. vr ◇ sottra- (ad un pericolo) sich entziehen (a dat); **sottrazione** f ⟨1⟩ (furto) Entwendung f ⟨2⟩ MAT Abziehen f

sottufficiale m MIL Unteroffizier m

soverchiare ⟨3.6⟩ I. vt (FIG sopraffare) überwältigen II. vi avere (sovrabbondare) reichlich vorhanden sein

so'vietico I. agg ⟨ci, che⟩ sowjetisch II. m Sowjetrusse m, -russin f

sovraccaricare ⟨3.4⟩ irr vt anche FIG überlasten; **sovrac'carico** I. agg ⟨chi, che⟩ überlastet II. m (peso in ecc.esso) Übergewicht n

sovraffaticare ⟨3.4⟩ irr vt überanspruchen

sovraffollamento m Überfüllung f; **sovraffollato** agg überfüllt

sovranità f ▷popolare Herrschaftsgewalt f

sovrannaturale vedi **soprannaturale**

sovrano(a f) I. agg ▷stato souverän; ↑ di monarca Herrscher- II. m Herrscher(in f) m

sovrappiù vedi **soprappiù**

sovrappo'nibile agg ⟨inv⟩ übereinanderlegbar; **sovrapporre** ⟨4.11⟩ irr I. vt übereinanderlegen II. vi pron (porsi sopra ad un altro) einander überlagern; **sovrapposizione** f Überlagerung f; **sovrapposto** I. p. pass. di **sovrapporre**; agg übereinanderliegend

sovrapproduzione f Überproduktion f
sovrastante I. p.pres. di **sovrastare**; II. agg ⟨inv⟩ höher liegend
sovrastruttura f FIL Überbau m
sovreccitare ⟨3.10⟩ vt (mettere in grande agitazione) überreizen; **sovreccitazione** f Überreiztheit f
sovrumano agg übermenschlich
sovvenzionare vt unterstützen; **sovvenzione** f (sussidio) Zuschuß m
sovversivismo m Umsturzbewegung f; **sovversivo** agg umstürzlerisch; **sovvertire** vt → l'ordine politico umstürzen
spaccare ⟨3.4⟩ irr I. vt → legna spalten; → pietre zertrümmern II. vi pron ← vaso zerbrechen; **spaccato** I. p. pass. di **spaccare**; II. agg ▷vaso zerbrochen III. m Querschnitt m; **spaccatura** f Spaltung f; (fenditura) Spalt m
spacciare ⟨3.3⟩ I. vt ⓵ (vendere) verkaufen; (mettere in circolazione) in Umlauf bringen ⓶ (FAM dichiarare inguaribile) aufgeben II. vr ◇ -rsi (farsi credere) sich ausgeben; **spacciatore(trice** f) m ⟨tori, trici⟩ (di droga) Dealer(in f) m; (di banconote) Vertreiber(in f) m
spac'cio m ⟨ci⟩ ⓵ (di droga) Verkauf m; (di banconote) Vertrieb m ⓶ (bottega) Laden m
spac'co m ⟨chi⟩ (fenditura) Spaltung f; (di gonna) Schlitz m
spada f Schwert n; SPORT Degen m
spadroneggiare ⟨3.3⟩ vi avere (fare da padrone) sich als Herr/Herrin aufspielen
spaesato agg verwirrt
spaghettata f (scorpacciata di spaghetti) Spaghetti-Essen n
spaghetto m/pl GASTRON Spaghetti pl
Spagna f Spanien n; **spagnolo(a** f) I. agg spanisch II. m Spanier(in f) m
spago m ⟨ghi⟩ Schnur f; ◇ **dare - a qu** jd-n zum Reden bringen
spalancare ⟨3.4⟩ irr I. vt → braccia ausbreiten; → gambe spreizen; → porta öffnen II. vi pron (aprirsi del tutto) ← porta aufgehen
spalare vt schippen
spalla f Schulter m; FIG ◇ **alzare le -e** mit den Achseln zucken; ◇ **prendersi qc sulle -e** etw acc auf sich nehmen; ◇ **avere qu sulle -e** für jd-s Unterhalt sorgen müssen; ◇ **vivere a - di qu** auf jd-s Kosten leben
spalliera f (di sedia) Rückenlehne f; SPORT Sprossenwand f
spalmare vt → burro streichen
'**spandere** ⟨Pass. rem.: spandei/spandetti Part.: spanto⟩ irr vt → liquidi ausgießen, verschütten
sparare I. vt → colpo schießen; (tirare) → pugni

versetzen II. vi avere schießen; **sparato** I. p. pass. di **sparare**; II. agg (esploso) abgefeuert; (FIG velocissimo) dahersausend; **spara|tore (trice** f) m ⟨tori, trici⟩ Schütze(in f) m; **sparatoria** f Schießerei f
sparecchiare ⟨3.6⟩ irr vt abdecken
spareg|gio m ⟨gi⟩ Ungleichheit f; SPORT Entscheidungskampf m
'**spargere** ⟨Pass. rem.: sparsi/sparse/sparsero Part.: sparso⟩ I. vt → fiori verstreuen; → lacrime vergießen; → calore ausstrahlen II. vi pron (spargagliarsi) sich zerstreuen; ← voce sich verbreiten; **spargimento** m Verstreuung f; ◇ - di sangue Blutvergießen n
sparire ⟨5.2⟩ irr vi verschwinden; **sparizione** f (di persona) Verschwinden n
sparlare vi avere schlecht reden (di über acc)
sparo m Schuß m
sparpagliare ⟨3.6⟩ vt verstreuen II. vi pron (spargersi in varie parti) sich zerstreuen
sparso I. p. pass. di '**spargere**; II. agg (disposto qua e là) zerstreut
spartire ⟨5.2⟩ irr vt → bottino teilen; **spartito** m (partitura) Partitur f
sparti'traffico m ⟨inv⟩ Mittelstreifen m
spartizione f (del bottino) Teilung, Aufteilung f
sparuto agg (esiguo) spärlich, schwach
sparviero m FAUNA Sperber m
spasimante m/f (IRON innamorato) Anbeter(in f) m; **spasimare** ⟨3.2⟩ vi avere (da/per il dolore) schmachten (da/per vor dat)
'**spasimo** m Krampf m; **spa'smodico** agg ⟨ci, che⟩ (angoscioso) quälend
spassionato agg (imparziale) unbefangen
spasso m ⓵ (divertimento) Spaß m; (persona spassosa) Spaßvogel m ⓶ ◇ **andare a - spazierengehen**; FIG ◇ **essere a -** arbeitslos sein
spassoso agg (che diverte) unterhaltend, amüsant
'**spastico(a** f) I. agg ⟨ci, che⟩ ▷paralisi spastisch II. m Gelähmte(r) fm
'**spatola** f (del pittore) Spachtel f
spauracchio m (spavento) Schrecken m
spaurire ⟨5.2⟩ irr vt (spaventare) erschrecken; **spaurito** I. p. pass. di **spaurire**; II. agg erschreckt
spavalde'ria f Keckheit, Dreistigkeit f; **spavaldo** agg (baldanzoso) überheblich
spaventare I. vt (impaurire) erschrecken II. vi pron (impaurirsi) sich fürchten (di vor dat); **spavento** m Schrecken m, **spaventoso** agg schrecklich
spaziale agg ⟨inv⟩ ▷volo räumlich

spazialità f (di un immagine) Räumlichkeit f
spaziare ⟨3.6⟩ vi avere (FIG vagare con il pensiero) umherschweifen
spazientire ⟨5.2⟩ irr I. vt die Geduld verlieren lassen II. vi vi pron die Geduld verlieren
spazio m 1 ▷pluridimensionale Raum m; ◇ non c'è - per sedere hier ist kein Platz zum Sitzen 2 ▷cosmico Weltraum m 3 (estensione di tempo) ◇ fece tutto nello - di tre giorni er erledigte alles innerhalb von drei Tagen; **spazioso** agg (ampio) räumlich
spazzacamino m Schornsteinfeger m
spazzare vt kehren
spazzatura f (ciò che si spazza) Müll m; **spazzino(a** f) m Straßenkehrer(in f) m
spazzola f Bürste f; **spazzolare** ⟨3.2⟩ vt → cappotto bürsten; **spazzolata** f Abbürsten n; **spazzolino** m Bürstchen n; ◇ - da denti Zahnbürste f
specchiarsi ⟨6⟩ vr ▷allo specchio sich im Spiegel ansehen; ▷nelle vetrine sich spiegeln; **specchiato** I. p. pass. di **specchiare**; II. agg gespiegelt; **specchio** m Spiegel m; **specchietto** m ▷retrovisore Spiegelchen n; ▷da borsetta Handspiegel m
speciale agg ⟨inv⟩ ▷incarico besonder; ↑ scelto speziell, Sonder-; **specialista** m/f ⟨sti ste⟩ ▷in restauri Spezialist(in f) m; MED Facharzt m, -ärztin f; **specialistico** agg ⟨ci, che⟩ (da/di specialista) fachmännisch; **specialità** f 1 Fachgebiet n 2 (cibo tipico) Spezialität f; **specializzare** I. vt spezialisieren II. vr ◇ -rsi ▷in filosofia sich spezialisieren (in auf acc); **specializzato** I. p. pass. di **specializzare**, Fach-; **specializzazione** f (lo specializzare) Spezialisierung f; **specialmente** avv besonders
specie f ⟨inv⟩ 1 (di frutta) Sorte f 2 (genere umano) ◇ la - umana menschliches Geschlecht 3 BIO Spezies
specificare ⟨3.4⟩ irr vt (precisare) genau angeben; **specificatamente** avv im einzelnen
specificità f Spezifität, Besonderheit f
specifico agg ⟨ci, che⟩ 1 (di specie) spezifisch 2 (particolare) ◇ nel caso - im besonderen Fall 3 ▷peso spezifisch
speciosità f⟨inv⟩ (l'essere specioso) Scheinbarkeit f; **specioso** agg (pretestuoso) scheinbar
speculare ⟨3.2⟩ I. vt (indagare con l'intelletto) nachsinnen II. vi avere 1 spekulativ untersuchen 2 spekulieren; **specula|tore(trice** f) I. m ⟨tori, trici⟩ 1 Denker(in f) m 2 Spekulant(in f) m; **speculazione** f 1 (riflessione) Nachdenken n 2 Spekulation f

spedire ⟨5.2⟩ irr vt → lettera senden; → persona schicken; **spedizione** f 1 (di una lettera) Versendung; (di merci) Versand m 2 (esplorazione) Expedition f
'spegnere ⟨4.18⟩ irr I. vt → fuoco löschen; → sigaretta ausmachen; → apparecchio elettrico ausschalten; → luce elettrica abschalten; FIG → rancori auslöschen II. vi pron ← fuoco verlöschen; ← apparecchi elettrici ausgehen; FIG ↑ morire sterben
spelare vt (privare del pelo) rupfen
speleolo'gia f Höhlenkunde f; **spele'ologo(a** f) m ⟨gi, ghe⟩ Höhlenforscher(in f) m
spellare vt → coniglio häuten
spendaccione(a f) m Geldverschwender(in f) m
'spendere ⟨Pass. rem.: spesi/spese/spesero Part.: speso⟩ irr vt ausgeben; FIG → energia verwenden, einsetzen
spennare vt 1 rupfen 2 (FIG far pagare troppo) rupfen
spennellare vt → il muro bepinseln; **spennellata** f Bepinseln n
spensiera'taggine f Sorglosigkeit f; **spensieratezza** f Sorglosigkeit f; **spensierato** agg (tranquillo) unbeschwert
spento I. p. pass. di **'spegnere**; II. agg ▷luce gelöscht; ▷radio ausgeschaltet; ↑ privo di vivacità erloschen
speranza f Hoffnung f; **speranzoso** agg hoffnungsvoll; **sperare** I. vt hoffen (in auf acc) II. vi avere (riporre la speranza) hoffen (in auf acc)
'sperdere irr I. vt (smarrire) zerstreuen II. vi pron (smarrirsi) ▷a piedi sich verlaufen; ▷in macchina sich verfahren; **sperduto** I. p. pass. di **'sperdere**; II. agg (disperso) verirrt; (isolato) einsam, abgelegen
sperequare ⟨3.2⟩ vt ungleichmäßig verteilen; **sperequazione** f Unausgeglichenheit f
spergiurare vt vi avere einen Meineid leisten; **spergiuro**[1](a f) I. agg meineidig II. m Eidbrecher(in f) m; **spergiuro**[2] m (giuramento falso) Meineid m
sperimentale agg ⟨inv⟩ Experimental-, experimentell; **sperimantalismo** m Experimentismus m; **sperimentare** vt → efficacia experimentieren; FIG → sincerità auf die Probe stellen; (FIG conoscere per esperienza) Erfahrungen machen mit dat; **sperimentazione** f Experimentieren n
sperma m ⟨i⟩ Sperma n
spermato'zoo m Samenfädchen n
sperone m (del cavaliere) Sporn m; GEO Ausläufer m

sperperare ⟨3.2⟩ *vt* → *eredità* verschwenden; **'sperpero** *m* Verschwendung *f*

spersonalizzare I. *vt* (*rendere privo di personalità*) entpersönlichen **II.** *vr* ◇ **-rsi** sich entpersönlichen; **spersonalizzazione** *f* Entpersönlichung *f*

spesa *f* (*costo*) Ausgabe *f*; (*cosa comprata*) Einkauf *m*; (*shopping*) Einkauf *m*; ◇ **a proprie -e** auf eigene Kosten

spesare *vt* → *il viaggio* bezahlen

spesato I. *p. pass. di* **spesare**; **II.** *agg* (*rimborsato*) freigehalten

spesso I. *agg* (*fitto*) dicht; (*che ha spessore*) dick **II.** *avv* häufig, oft

spessore *m* Dicke *f*

spettacolare *agg* ↑ großartig

spet'tacolo *m* ↑ *film, concerto* Vorstellung *f*; ▷ *terribile* Anblick *m*; **spettacoloso** *agg* großartig

spettare *vi:* ◇ **la decisione spetta a te** die Entscheidung liegt bei dir

spetta|tore(trice *f*) *m* (*tori, trici*) (*di cinema, televisione, teatro*) Zuschauer(in *f*) *m*; (*di un evento*) Anwesende(r) *fm*

spettinare ⟨3.2⟩ **I.** *vt* zerzausen **II.** *vr* ◇ **-rsi** sein Haar zerzausen

spettro *m* (*fantasma*) Gespenst *n*; FIS Spektrum *n*

spezia *f:* ◇ **-e** *f/pl* Gewürze *pl*

spezzare I. *vt* (*rompere*) brechen; (*frantumare*) zerbrechen; (FIG *interrompere*) unterbrechen **II.** *vr* ◇ **-rsi** sich brechen, brechen

spezzatino *m* GASTRON Gulasch *m* o *n*

spezzettare *vt* zerkleinern

spia *m/f* ⟨1⟩ Spion(in *f*) *m* ⟨2⟩ (*FIG sintomo*) Anzeichen *n* ⟨3⟩ (*fessura*) Guckloch *n*

spiacente I. *p. pres. di* **spiacere**; **II.** *agg* ⟨inv⟩ traurig; ◇ **sono** - es tut mir leid; **spiacere** ⟨4.15⟩ *irr vi* leid tun; ◇ **mi spiace** es tut mir leid; **spia'cevole** *agg* ⟨inv⟩ bedauerlich

spiag|gia *f* ⟨ge⟩ Strand *m*

spianare *vt* ⟨1⟩ → *terreno* ebnen ⟨2⟩ → *edificio* abreißen; **spianata** *f* ⟨1⟩ (*atto dello spianare*) Ebnung, Einebnung *f* ⟨2⟩ (*luogo pianeggiante*) freier Platz

spiano *m:* ◇ **a tutto** - mit Volldampf

spiare *vt* → *nemico* ausspionieren, bespitzeln; **spiata** *f* (*delazione*) Anzeige *f*

spiattellare *vt* (*spifferare*) ausplaudern, weitererzählen

spiazzo *m* offener Platz

spiccare ⟨3.4⟩ *irr* **I.** *vt* → *mandato di cattura* erlassen **II.** *vi avere* (*risaltare*) hervortreten (*su* auf *dat*); **spiccato I.** *p. pass. di* **spiccare**; **II.** *agg* (*marcato*) ausgeprägt

spicchio *m* (*di arancia*) Schnitz *m*; (*di aglio*) Zehe *f*

spicciare ⟨3.3⟩ **I.** *vt* → *faccenda* erledigen **II.** *vi pron* (*sbrigarsi*) sich beeilen; **spicciativo** *agg* ▷ *lavoro* rasch erledigt; ▷ *individuo* kurz angebunden

spiccicare ⟨3.4⟩ *irr* **I.** *vt* ⟨1⟩ → *francobollo* ablösen ⟨2⟩ (*pronunciare chiaramente*) deutlich aussprechen; ◇ **non ha spiccicato una parola** sie hat kein Wort hervorgebracht

spic|cio *agg* (*sollecito*) hurtig, flink

'spicciolo I. *agg* ▷ *denaro* Klein-, klein **II.** ◇ **-i** (*mpl*) Kleingeld *n*ing

spic|co *m* ⟨chi⟩ (*risalto*) Hervorstechen *n*; ◇ **fare** - auffallen

spider *f* ⟨inv⟩ Sportwagen *m*

spiedo *m* Bratspieß *m*

spie'gabile *agg* ⟨inv⟩ erklärbar, erklärlich

spiegamento *m* (*di forze*) Aufstellung *f*, Aufmarsch *m*

spiegare ⟨3.5⟩ *irr* **I.** *vt* → *tovaglia* auseinanderfalten; FIG → *problema* erklären **II.** *vr* ◇ **-rsi** sich erklären **III.** *vr rec* ◇ **-rsi** ▷ *dopo una lite* sich aussprechen; **spiegazione** *f* Erklärung *f*

spiegazzare *vt* (*sgualcire*) zerknittern, zerdrücken

spietato *agg* (*crudele*) erbarmungslos

spifferare ⟨3.2⟩ **I.** *vt* (*FAM spiattellare*) ausplaudern, weitererzählen **II.** *vi avere* ← *vento* ziehen

'spiffero *m* (*di vento*) Luftzug *m*

spiga *f* ⟨ghe⟩ (*di grano*) Ähre *f*

spigliatezza *f* (*disinvoltura*) Unbefangenheit, Zwanglosigkeit *f*; **spigliato** *agg* unbefangen, zwanglos

spignattare *vi avere* FAM: ◇ **- in cucina** in der Küche wirbeln;

'spigolo *m* (*di un tavolo*) Kante *f*; GEOM Kante *f*; FIG ◇ **-i** (*mpl*) Schroffheit *n*ing; **spigoloso** *agg* (*pieno di spigoli*) kantig; (FIG *carattere*) borstig, schroff

spilla *f* (*gioiello*) Anstecknadel, Brosche *f*

spillare I. *vt* → *vino* abstechen; FIG → *denaro* abknöpfen **II.** *vi* ← *vino* träufeln *acc*

spillo *m* ⟨1⟩ [Steck-]Nadel *f* ⟨2⟩ (*di una bomba*) Sicherung *f*

spilorce'ria *f* (*avarizia*) Knauserei *f*; **spilorcio** *agg* ⟨ci, ce⟩ knauserig

spilungone(a *f*) *m* (*persona molto magra e alta*) hochaufgeschossener Mensch

spina *f* ⟨1⟩ (*di rosa*) Dorn *m*; (FIG *tribolazione*) ◇ **avere una** - **nel cuore** einen Stachel im Herzen haben ⟨2⟩ (*di pesce*) Gräte *f* ⟨3⟩ ANAT Wirbelsäule *f* ⟨4⟩ (*di botte*) Anstichhahn, Zapfhahn *m*; ◇ **vino alla** - Wein vom Faß ⟨5⟩ ELETTR Stecker *m*

spinacio *m* ⟨ci⟩ FLORA Spinat *m*

spinale *agg* ⟨inv⟩ (*della spina dorsale*) Rückgrat-

spinare *vt* → *pesce* entgräten

spinato I. *p. pass. di* **spinare**; II. *agg* ① (*fornito di spine*) Stachel-; ◇ *filo* - Stacheldraht ② ▷*tessuto* geköpert, Köper-

spinello *m* FAM Joint *m*

spingere ⟨Pass. rem.: spinsi/spinse/spinsero Part.: spinto⟩ *irr* ① I. *vt* → *macchina* schieben; → *pulsante* drücken; (*FIG indurre*) treiben, antreiben II. *vi avere* (*fare pressione*) drängen III. *vi pron* (*inoltrarsi*) vordringen; FIG gehen

spinoso *agg* (*pieni di spine*) stachelig, dornig; FIG ▷*problema* schwierig, heikel

spinta *f* (*del vento*) Druck *m;* FIG Antrieb *m*

spintarella *f* (*FIG FAM raccomandazione*) Empfehlung *f*

spinterogeno *m* Zündverteiler *m*

spinto I. *p. pass. di* **spingere**; II. *agg* ① (*indotto*) veranlaßt (*a* zu dat) ② (*scabroso*) übertrieben, gewagt

spintone *m* (*accr. di* spinta) heftiger Stoß

spionaggio *m* ⟨gi⟩ ▷*industriale* Spionage *f*

spioncino *m* (*della porta*) Guckloch *n*

spionistico *agg* ⟨ci, che⟩ (*di/da spia*) Spionage-

spiovente I. *p. pres. di* **spiovere**; II. *agg* ⟨inv⟩ ▷*tetto* abfallend

spiovere[1] ⟨Pass. rem.: spiovve⟩ *irr vi impers* (*smettere di piovere*) zu regnen aufhören

spiovere[2] ⟨Pass. rem.: piovve Part.: piovuto⟩ *irr vi* (*ricadere*) herunterlaufen, abfließen

spiraglio *m* (*fessura*) Spalt *m;* FIG ▷*di speranza* Hoffnungsschimmer *m*

spirale I. *agg* ⟨inv⟩ (*fatto a spire*) spiral, Spiral II. *f* ① MAT Spirallinie *f;* (*FIG della violenza*) Spirale *f* ② (*anticoncezionale*) Spirale *f*

spirante[1] I. *p. pres. di* **spirare**[1]; II. *agg* ⟨inv⟩ ▷*consonante* spirantisch III. *f* LING Reibelaut *m*

spirante[2] I. *p. pres. di* **spirare**[2]; II. *agg* ⟨inv⟩ (*morente*) sterbend

spirare[1] I. *vi avere* ← *vent* wehen, blasen II. *vt* → *serenità* ausstrahlen

spirare[2] *vi* (*morire*)sterben, verscheiden

spiritato *agg* (*a*) I. *agg* (*in preda ad agitazione*) ▷*occhi* verstört, besessen II. *m* Besessene(r) *fm*

spiritico *agg* ⟨ci, che⟩ ▷*seduta* spiritistisch; **spiritismo** *m* Spiritismus *m;* **spiritista** *m/f* Spiritist(in *f*) *m*

spirito[1] *m* ① (*contr. di corpo, carne*) Geist *m;* REL ◇ *lo* S- Santo Heiliger Geist ② (*fantasma*) Gespenst *n,* Geist *m* ③ ◇ *fare dello* - Witze reißen; ◇ *perona f di* - humvorvolle *f* Person ④ (*di una legge*) Gehalt *m*

spirito[2] *m* (*alcool*) Alkohol, Spiritus *m*

spirito saggine *f* Witzigkeit *f;* (*battuta*) Witz *m;* **spiritoso**(**a** *f*) I. *agg* (*arguto*) witzig, geistreich II. *m* alberne Person

spirituale *agg* ⟨inv⟩ (*contr. di materiale*) geistig

spiritualismo *m* FIL Spiritualismus *m;* **spiritualista** *m/f* ⟨i⟩ Spiritualist(in *f*) *m;* **spiritualità** *f* Geistigkeit *f;* **spiritualizzare** *vt* vergeistigen; **spiritualmente** *avv* geistig

splendente I. *p. pres. di* **splendere**; II. *agg* ⟨inv⟩ strahlend, leuchtend; **splendere** *irr vi* (*sfavillare*) ← *sole* scheinen; ← *occhi* strahlen

splendido *agg* (*bellissimo*) ▷*donna* wundervoll; ▷*film* außerordentlich

splendore *m* ① (*lucentezza*) Glanz *m* ② (*bellezza*) ◇ **che - di ragazza !** welch prächtiges Mädchen! ③ (*sfarzo*) Prunk, Pomp *m*

spodestare *vt* → *re* entmachten; → *proprietà* enteignen

spogliare ⟨3.6⟩ I. *vt* (*svestire*) ausziehen, entkleiden; (*privare*) ◇ **- qu di qc** jd-n etw *gen* berauben II. *vr* **-rsi** (*svestirsi*) sich ausziehen III. *vi pron* ▷*di ricchezze* sich entäußern (*di gen*); FIG ▷*di pregiudizi* ablegen *acc*

spogliarello *m* Striptease *n*

spogliatoio *m* Umkleideraum *m*

spoglio[1] *agg* ▷*pianta* kahl; (*FIG di pregiudizi*) frei von *dat*

spoglio[2] *m* (*delle schede*) Zählung *f*

spola *f* (*bobina di filo*) Spulengarn *n;* FIG ◇ **fare la** - hin- und herpendeln

spoliazione *f* (*di beni*) Beraubung *f*

spolmonarsi ⟨6⟩ *vi pron* sich die Lunge ausschreien

spolpare *vt* → *osso* entfleischen; FIG ▷*con le tasse* schröpfen, aussaugen

spolverare[1] I. *vt* → *mobili* abstauben II. *vi avere* abstauben

spolverare[2] *vt* → *torta* bestreuen, bestäuben

spolverata *f* Abstauben *n*

spolverata[2] *f* (*di zucchero*) Bestreuen *n*

spolverino *m* Staubtuch *n*

spolverizzare *vt* ① (*ridurre in polvere*) zerstäuben, pulverisieren ② → *torta* bestreuen, bestäuben

sponda *f* ① (*di fiume*) Ufer *n* ② (*del letto*) Rand *m*

sponsor *m* ⟨inv⟩ Sponsor *m;* **sponsorizzare** *vt* sponsern, fördern

spontaneità *f* Natürlichkeit *f;* **spontaneo** *agg* spontan, freiwillig; ▷*offerta* spontan; ▷*vegetazione* wild

spopolamento *m* (*di un territorio*) Entvölkerung f; **spopolare** ⟨3.2⟩ **I.** vt ← epidemia entvölkern **II.** vi avere (aver successo) Erfolg haben **III.** vi pron (diventar meno affollato) sich entvölkern

spora f BIO Spore f

sporadicità f (l'essere sporadico) Seltenheit f; **spo'radico** agg ⟨ci, che⟩ sporadisch, selten

sporcaccione(a f) m (chi è molto sporco) Schmutzfink m; (persona dalla sensualità volgare) Schweinigel m FAM

sporcare ⟨3.4⟩ irr **I.** vt ← il pavimento beschmutzen; FIG ← il nome beflecken, in den Schmutz ziehen **II.** vr vi pron ◇ **-rsi** sich beschmutzen; (FIG macchiare il proprio nome) sich beflecken; (FIG abbassarsi moralmente) sich herablassen

sporcizia f Schmutzigkeit f, Schmutz m; (FIG oscenità) Zote f; **sporco** agg ⟨chi, che⟩ schmutzig; (FIG sconcio) unanständig

sporgente **I.** p. pres. di **'sporgere**; **II.** agg ⟨inv⟩ hervorstehend; **sporgenza** f Vorsprung m; **'sporgere** ⟨Pass. rem.: sporsi/sporse/sporsero Part.: sporto⟩ irr **I.** vt ← mani ▷dal finestino hinausstrecken; ▷verso qc herausstrecken; DIR ◇ - querela Klage erheben **II.** vi (venire in fuori) vorstehen, hervorstehen **III.** vr ◇ **-rsi** (stendersi in avanti) sich vorbeugen, sich hinauslehnen

sport m ⟨inv⟩ Sport m

sporta f (borsa da spesa) Einkaufstasche f

sportellista m/f ⟨i, e⟩ Schalterangestellte(r) fm

sportello m (di treno, auto) Tür f; (di ufficio) Schalter m; ◇ - automatico Geldausgabeautomat m

sportivamente avv fair, sportlich; **sportivo** agg (gara, giornale) Sport-; ▷persona sportlich; (▷abito, pratico, giovanile) Sport-, sportlich

sposa f Braut f; **sposalizio** m Hochzeit, Trauung f; **sposare** **I.** vt (prendere per moglie, marito) heiraten; ← prete verheiraten; FIG ← idea, fede eintreten für acc **II.** vr vr rec ◇ **sposa-** sich verheiraten, heiraten; **sposo** m Bräutigam m

spossamento m Entkräftung, Ermattung f

spossante **I.** p. pres. di **spossare**; **II.** agg ⟨inv⟩ mühsam

spostamento m (di un mobile) Verschiebung f; **spostare** **I.** vt ← mobile rücken; (differire) ← ora verschieben **II.** vr ◇ **-rsi** (trasferirsi): ◇ - dal primo al secondo piano vom ersten in den zweiten Stock ziehen **III.** vi pron ← lancetta vorrücken; **spostato(a** f) **I.** p. pass. di **spostare**; **II.** agg (trasferito, rimosso) verrückt, verschoben **III.** m (persona sbandata, disinserita) gescheiterter Mensch

spot m ⟨inv⟩ Direktstrahler m

spranga f ⟨ghe⟩ Stange f

sprazzo m (spruzzo) Spritzer m; (FIG di gioia) plötzliche Anwandlung

sprecare ⟨3.4⟩ irr **I.** vt → tempo verlieren, vergeuden; → denaro verschwenden **II.** vi pron ▷in lavori banali sich verausgaben; **spreco** m ⟨chi⟩ (dissipazione) Verschwendung f

spre'gevole agg ⟨inv⟩ (degno di disprezzo) verächtlich, verachtenswert

spregiativo **I.** agg (che esprime disprezzo) verächtlich; LING pejorativ **II.** m LING Pejorativum n

spregio m (disprezzo) Geringschätzung, Verachtung f

spregiudicatezza f Vorurteilslosigkeit f; **spregiudicato(a** f) **I.** agg (libero da pregiudizi) vorurteilslos; (senza scrupoli morali) skrupellos **II.** m skrupelloser Mensch

'spremere irr vt → limone auspressen; (FIG affaticarsi per capire qc) ◇ **-rsi il cervello** sein Gehirn anstrengen

spremiagrumi m ⟨inv⟩ Zitruspresse f

spremitura f Pressen n; **spremuta** f (di arancia) Saft m

sprezzante **I.** p. pres. di **sprezzare**; **II.** agg ⟨inv⟩ (sdegnoso) verächtlich, geringschätzig

sprezzare vt (disprezzare) verachten, mißachten

sprezzo m (disprezzo) Verachtung f

sprigionare vt → odore ausströmen

sprizzare **I.** vi ← acqua spritzen, sprühen **II.** vt ← ferita → sangue spritzen; FIG ◇ - salute da tutti i pori vor Gesundheit strotzen

sprizzo m (di acqua) Strahl m

sprofondamento m (lo sprofondare) Einsturz, Einbruch m; **sprofondare** **I.** vi ← nave versinken; ← casa einstürzen; ← suolo einbrechen **II.** vr ◇ **-rsi** ▷in poltrona versinken; FIG ▷nella lettura sich vertiefen

spronare vt ← cavallo die Sporen geben; (FIG incoraggiare) ▷agli studi anspornen; **spronata** f (colpo di sprone) Ansporn, Antrieb m; **sprone** m sperone, Sporn m

sproporzionato agg (senza proporzione) unverhältnismäßig; (esagerato) ▷prezzi übertrieben; **sproporzione** f Mißverhältnis n

spropositato **I.** p. pass. di **spropositare**; **II.** agg (pieno di spropositi) fehlerhaft; (enorme) unverhältnismäßig groß; **spro'posito** m ⟨1⟩ (cosa non saggia) Dummheit f; (inopportunamente) ◇ a - unangebracht ⟨2⟩ (errore di grammatica) Fehler m

sprovvedere ⟨4.13⟩ irr vt (lasciare sprovvisto) nicht versehen mit dat; **sprovveduto** agg ▷pubblico nicht versehen mit dat, ohne, -los;

sprovvisto I. *p. pass. di* **sprovvedere**; II. *agg (privo)* ohne *acc;* ◇ **mi hai preso alla -a** du hast mich überrascht

spruzzare *vt* → *profumo* sprühen; **spruzzata** *f (di profumo)* Sprühen *n;* **spruzzo** *m (d' acqua)* Strahl *m; (di fango)* Spritzer *m*

spudoratezza *f (impudenza)* Schamlosigkeit *f*

spugna *f* Schwamm *m; (arrendersi)* ◇ **gettare la - das** Handtuch werfen; **spugnoso** *agg ▷osso* schwammig, schwammartig

spuma *f* Schaum *m*

spumante I. *p. pres. di* **spumare**; II. *m* Sekt *m*

spumare *vi* avere schäumen

spumeggiante I. *p. pres. di* **spumeggiare**; II. *agg ▷birra* schäumend; FIG ▷*ragazza* sprühend, lebhaft

spumeggiare ⟨3.3⟩ *vi* avere schäumen

spuntare I. *vt* → *coltello* abstumpfen; → *capelli* Spitzen schneiden II. *vi* ↑ *nascere* ← *fiore* sprießen; ← *dente* durchbrechen III. *vi pron (perdere la punta)* abbrechen, die Spitze verlieren

spuntatura *f (taglio della punta)* Beschneiden *n*

spuntino *m* Imbiß *m*

spurgare ⟨3.5⟩ *irr vt* → *ferita* säubern, reinigen; **spurgo** *m* ⟨ghi⟩ Reinigung, Säuberung *f; (materia)* Auswurf *m*

sputacchiera *f* Spucknapf *m*

sputare I. *vt* → *saliva* spucken; FIG ← *vulcano* → *lava* speien II. *vi* ausspucken; ◇ **- in faccia a qu** jd-m ins Gesicht spucken; **sputo** *m (atto dello sputare)* Spucken *n; (saliva)* Speichel *m*

sputtanare I. *vt* FAM tratschen über *akk* II. *vr* ◇ **sputtana-** sich beschmutzen

squadra[1] *f (strumento per disegno)* Winkel *m,* Dreieck *f*

squadra[2] *f (di operai)* Gruppe *f; (di calcio)* Mannschaft *f*

squadrare *vt* ⟨1⟩ → *foglio* viereckig zuschneiden ⟨2⟩ *(osservare)* ◇ **- qu da capo a piedi** jd-n von oben bis unten mustern

squadratura *f (del foglio)* Abvieren *n*

squadriglia *f* Staffel *f*

squagliare ⟨3.6⟩ *vt (sciogliere)* schmelzen

squa'lifica *f* ⟨che⟩ Disqualifizierung *f;* **squalificare** ⟨3.4⟩ *irr* I. *vt ▷da una gara* ausschließen, disqualifizieren II. *vr* ◇ **-rsi** sich als unfähig erweisen

'squallido *agg ▷stanza* düster, elend; FIG ▷*vita* öde; **squallore** *m (di una stanza)* Düsterheit *f; (di un luogo)* Öde *f; (della vita)* Öde *f*

squalo *m* Hai[-Fisch] *m*

squama *f* Schuppe *f*

squarciagola *avv:* ◇ **a - aus** vollem Hals

squarciare ⟨3.3⟩ *vt* → *bende* zerreißen, zerfetzen

squarcio *m* Riß *m*

squartare *vt* → *vitello* ausschlachten

squash *m* ⟨inv⟩ Squash *n*

squattrinato(a *f)* I. *agg (chi non ha quattrini)* mittellos II. *m* Hungerleider(in *f) m*

squilibrare *vt (privare dell' equilibrio)* aus dem Gleichgewicht bringen; *(privare dell' equilibrio psichico)* aus dem seelischen Gleichgewicht bringen; **squilibrato(a** *f)* I. *p. pass. di* **squilibrare**; II. *agg (privo di equilibrio psichico)* unausgeglichen II. *m* MED unzurechnungsfähiger Mensch; **squilibrio** *m (differenza)* Mißverhältnis *n; ▷mentale* Unausgeglichenheit *f*

squillante I. *p. pres. di* **squillare**; II. *agg ▷voce* schallend; ▷*colore* grell; **squillare** *vi* ← *telefono* läuten; **squillo** I. *m (del telefono)* Ton *m* II. *agg inv:* ◇ *ragazza -* Callgirl *n*

squisitezza *f* Köstlichkeit *f;* **squisito** *agg ▷cibo* köstlich; *(raffinato)* fein

squit'tio *m* Gekreische *n;* **squittire** ⟨5.2⟩ *irr vi* ← *pappagallo* kreischen

sradicare ⟨3.4⟩ *irr vt* → *albero* entwurzeln; *(FIG estirpare, distruggere)* ausrotten; **sradicato** I. *p. pass. di* **sradicare**; II. *agg (anche FIG estirpato)* entwurzelt

sragionare *vi* avere unvernünftig denken

sregolatezza *f (di vita)* Regellosigkeit *f,* Ausschweifung *f;* **sregolato** *agg (privo di misura)* maßlos

Sri Lanka *m* Sri Lanka *n*

srotolare ⟨3.2⟩ *vt (contr. di rotolare)* aufrollen

'stabile I. *agg* ⟨inv⟩ *▷tavolo* fest, stabil; FIG beständig II. *m* ⟨1⟩ *(edificio)* Gebäude, Haus *n* ⟨2⟩ *(teatro stabile)* ständiges Theater

stabilimento *m* ⟨1⟩ *▷industriale* Werk *n,* Fabrik *f* ⟨2⟩ *(stabilimento balneare)* Badeanstalt *f*

stabilire ⟨5.2⟩ *irr* I. *vt* ⟨1⟩ → *sede* gründen, errichten ⟨2⟩ → *patti* abschließen, vereinbaren II. *vr* ◇ **-rsi** *(prendere dimora)* sich niederlassen

stabilità *f* Stabilität *f*

stabilito I. *p. pass. di* **stabilire**; II. *agg (disposto, fissato)* bestimmt, festgesetzt

stabilizzare *vt (rendere stabile)* stabilisieren; **stabilizza|tore(trice** *f)* I. *agg* ⟨tori, trici⟩ *(che stabilizza)* stabilisierend II. *m* ELETTR Stabilisator *m;* **stabilizzazione** *f* Stabilisierung *f*

stac'cabile *agg* ⟨inv⟩ lösbar; **staccare** ⟨3.4⟩ *irr* I. *vt* ⟨1⟩ → *francobollo* lösen, loslösen ⟨2⟩ → *assegno* einlösen II. *vi avere (risaltare)* hervortreten, hervorstechen; **staccato** I. *p. pass. di* **staccare**; II. *agg (separato)* getrennt, gesondert III. *m* MUS Stakkato *n*

staccionata *f* Bretterzaun, Lattenzaun *m*

stac|co *m* ⟨chi⟩ (*intervallo*) Abstand *m;* MEDIA Intervall *n*

stadio *m* ① (*campo sportivo*) Stadion *n* ② (*fase*) ◇ **essere al primo - di una malattia** sich im ersten Stadium der Krankheit befinden

staffa *f* (*di sella*) Bügel, Steigbügel *m*

staffetta *f* ① (*messo*) Eilbote *m* ② (*gara di corsa*) Staffel *f*

staffi'locco|co *m* ⟨chi⟩ BIO Staphylokokkus *m*

stagionale *agg* ⟨inv⟩ Saison-

stagionare I. *vt* ▸ *formaggio* lagern II. *vi vi pron* (*maturarsi, invecchiarsi*) reifen, trocknen

stagione *f* ① Jahreszeit *f* ② ▷ *lirica* Saison *f; (dei bagni)* Zeit *f*

stagliare ⟨3.6⟩ I. *vt* (*tagliare grossolanamente*) grob schneiden II. *vi vi pron* (*risaltare*) sich abheben

stagnante I. *p. pres. di* **stagnare**³; II. *agg* ⟨inv⟩ stillstehend

stagnare¹ *vt* ▸ *vaso* verzinnen; ▸ *barca* dichten, abdichten; → *sangue* stillen

stagnare² I. *vt* → *sangue* zum Stillstand bringen II. *vi vi pron* avere (*cessare di fluire*) stillstehen

stagnare³ *vi* avere (*fermarsi formando uno stagno*) sich stauen

stagnazione *f* (*ristagno*) Stagnation *f*

stagno¹ *m* CHIM Zinn *m*

stagno² *m* Teich *m*

stagno³ *agg* dicht

stagnola *f* Stanniol *m*

stalagmite *f* Stalagmit *m*

stalattite *f* Stalaktit *m*

stalinismo *m* Stalinismus *m;* **stalinista** *m/f* Stalinist(in *f*) *m*

stalla *f* Stall *m;* **stalliere** *m* Stallknecht *m;* **stallone** *m* Hengst *m*

stamani *vedi* **stamattina;** **stamattina** *avv* heute morgen

stambec|co *m* ⟨chi⟩ FAUNA Steinbock *m*

stamberga *f* ⟨ghe⟩ elende Hütte

stampa *f* ① (*tecnica*) Druck *m; (immagine stampata)* Druck *m* ② ▷ *periodica* Presse, Zeitung *f;* **stampante** I. *p. pres. di* **stampare;** II. *agg* ⟨inv⟩ druckend III. *f* INFORM Drucker *m*

stampare *vt* ① → *orme* abdrucken ② → *fotografie* drucken; → *libro* drucken; → *disegno* drucken; ▷ *con il computer* drucken

stampatello I. *agg* Druck- II. *m* Blockschrift *f*

stampato I. *p. pass. di* **stampare;** II. *agg* ▷ *libro* gedruckt, veröffentlicht; ▷ *tessuto* bedruckt

stampa|tore(trice *f*) *m* ⟨tori, trici⟩ Drucker(in *f*) *m*

stampatrice *f* Kopierer *m*

stampella *f* Krücke *f*

stampo *m* ▷ *per dolci* Form *f*

stanare *vt* (*snidare*) aufstöbern; (FIG *far uscire qu da un nascondiglio*) herausbringen

stancare ⟨3.4⟩ *irr* I. *vt* (*affaticare fis./psic.*) ermüden II. *vi pron* (*stancarsi fis/psic*) ermüden, müde werden; (*annoiarsi*) ermüden; **stanchezza** *f* Müdigkeit *f;* **stanco** *agg* ⟨chi, che⟩ müde

standard *m* ⟨inv⟩ (*punto di riferimento*): ◇ **attenersi ad uno - comune** sich an gemeinsame Regeln halten; (*modello di prodotto*) Modell, Muster *n*

standardizzare *vt* → *prodotto* standardisieren

stanga *f* ⟨ghe⟩ Stange *f*

stangare ⟨3.5⟩ *vt* ① → *l'uscio* verriegeln ② (*percuotere con la stanga*) mit der Stange schlagen; **stangata** *f* ① (*colpo di stanga*) Schlag mit einer Stange; ② (FIG *spesa superiore al previsto*) Übervorteilung *f*

stanghetta *f* (*degli occhiali*) Bügel *m*

stanotte *avv* heute nacht

stante I. *p. pres. di* **stare;** II. *agg* ⟨inv⟩ stehend III. *prep* (*a causa di*) wegen gen [auch dat]

stan'tio *agg* ▷ *latte* ranzig; FIG ▷ *notizie* überholt, veraltet

stantuffo *m* Kolben *m*

stanza *f* ① Zimmer *n* ② LETT Stanze *f*

stanziamento *m* (*di una somma*) Bereitstellung *f;* **stanziare** ⟨3.6⟩ I. *vt* → *somma* bereitstellen II. *vi* (*dimorare*) sich niederlassen

stappare *vt* → *bottiglia* entkorken

star *m/f* ⟨inv⟩ Star *m*

stare ⟨3.8⟩ *irr vi* ① (*restare, rimanere*) bleiben; ◇ **- in piedi** stehen bleiben ② (*abitare*) ◇ **ora stiamo a Roma** jetzt wohnen wir in Rom ③ (*trovarsi a fare qc*) ◇ **sto aspettando un amico** ich warte gerade auf einen Freund ④ (*essere*) ◇ **le cose stanno così** wen dem so ist ⑤ (*spettare*) ◇ **la scelta sta a te** die Wahl liegt bei dir ⑥ (*essere contenuto*) ◇ **nella bottiglia ci sta un po di vino** in der Flasche ist noch ein bißchen Wein ⑦ (*attenersi*) ◇ **- al regolamento** sich an die Regeln halten

starnazzare *vi* avere ← *gallina* mit den Flügeln Erde aufwerfen; FIG ← *persona* lärmen

starnutire ⟨5.2⟩ *irr vi* niesen; **starnuto** *m* Niesen *n*

stasera *avv* heute abend

stasi *f* (*del sangue*) Stockung *f;* (FIG *del commercio*) Stockung *f*

statale I. *agg* ⟨inv⟩ Staats-, staatlich II. *m/f* (*impiegato*) Staatsbeamter *m,* -beamtin *f;* **statalizzare** *vt* → *proprietà* verstaatlichen; **statalizzazione** *f* (*delle proprietà*) Verstaatlichung *f* '**statica** *f* FIS Statik *f*

staticità *f* statischer Charakter

'**statico** *agg* ⟨ci, che⟩ 1 FIS statisch 2 *FIG* ▷*situazione* statisch

statista *m* ⟨i, e⟩ (*uomo di Stato*) Staatsmann *m*, -frau *f*

sta'tistica *f* ⟨che⟩ Statistik *f*

sta'tistico I. *agg* ⟨ci, che⟩ statistisch II. *m* Statistiker(in *f*) *m*

stato *m* 1 (*condizione*) Lage *f*; (*liquido, gassoso*) Zustand *m* 2 (*aspetto*) Aussehen *n*

statua *f* Standbild *n*, Statue *f*; **statuale** *agg* ⟨inv⟩ staatlich, Staats-; **statuario** *agg* statuarisch, Statuen-

statuire ⟨5.2⟩ *irr vt* (*sancire*) festsetzen, bestimmen

statunitense I. *agg* ⟨inv⟩ der Vereinigten Staaten von Amerika II. *m/f* Nordamerikaner(in *f*) *m*

statura *f* Größe *f*; *FIG* Format *n*

statuto *m* DIR Satzung *f*, Statut *n*

stavolta *avv* (*FAM questa volta*) diesmal, dieses Mal

stazionario *agg* ▷*situazione* unveränderlich

stazione *f* 1 FERR Bahnhof *m* 2 (*fermata*) Haltestelle *f* 3 (*stazione balneare*) Badeort *m* 4 ◇ - **sanitaria** Krankenstation *f*; ◇ - **di servizio** Großtankstelle *f*

stec|ca *f* ⟨che⟩ 1 (*dell'ombrello*) Stab *m*; (*del biliardo*) Billardstock *m*, Queue *n* 2 (*di sigarette*) Stange *f* 3 (*stonatura*) falscher Ton

steccare ⟨3.4⟩ I. *vt* 1 → *giardino* einzäunen 2 → *nota* falsch singen II. *vi avere* falsch singen

steccato *m* Lattenzaun *m*

stecchino *m* (*stuzzicadenti*) Stäbchen *n*

stecchito I. *p. pass. di* **stecchire**; II. *agg* (*molto magro*) dürr, hager; *FIG* ◇ **morto** - mausetot

stele *f* ⟨stele opp. steli⟩ (*lastra funeraria*) Stele *f*

stella *f* 1 (*corpo celeste*) Stern *m* 2 (*del cinema*) Star *m* 3 (*simbolo di classificazione*) ◇ **hotel a quattro** -**e** Vier-Sterne-Hotel 4 FLORA Edelweiss *n* 5 (FAUNA *di mare*) Seestern *m*; **stellare** *agg* ⟨inv⟩ mit Sternen besäen; (*a forma di stella*) stellar, Stern[en]-; **stellato** *agg* Stern [en]-; **stelletta** *f* (*asterisco*) Sternchen *n*

stelo *m* FLORA Stengel, Stiel *m*

stemma *m* ⟨i⟩ Wappen *n*

stemperare ⟨3.2⟩ *vt* 1 (*diluire in un liquido*) verdünnen 2 → *matita* die Spitze abbrechen

stempiarsi ⟨6⟩ *vi pron* kahle Schläfen bekommen

stendardo *m* (*dei reggimenti*) Standarte *f*; (*nelle processioni cattoliche*) Banner *n*

'**stendere** ⟨Pass. rem.: stesi/stendesti Part.: ste-

so⟩ *irr* I. *vt* 1 → *braccia, gambe* ausstrecken 2 → *bucato* aufhängen 3 → *burro* streichen; → *smalto* auftragen 4 → *verbale* aufsetzen, abfassen II. *vr* ◇ **-rsi** (*stendere il corpo*) sich strecken

stendibiancheria *f* Wäscheständer *m*

stenodatti'lografo(a *f*) *m* Stenotypist(in *f*) *m*

stenografare ⟨3.10⟩ *vt* stenographieren; **stenogra'fia** *f* Stenographie *f*; **steno'grafico** *agg* ⟨ci, che⟩ stenographisch; **ste'nografo(a** *f*) *m* Stenograph(in *f*) *m*

stenogramma *m* ⟨i⟩ Stenogramm *n*

stentare *vi avere* 1 ↑ *riuscire a fatica* Mühe haben 2 (*condurre una vita grama*) sich kläglich durchschlagen; **stentato** I. *p. pass. di* **stentare**; II. *agg* 1 ← *compito* mühsam errungen 2 ▷*vita* kümmerlich

stento *m* 1 (*sofferenza da miseria*) ◇ **vivere tra gli -i** in Not und Elend leben 2 (*fatica, difficoltà*) ◇ **sono riuscito a camminare a -** ich konnte nur mit Mühe laufen

steppa *f* Steppe *f*; **stepposo** *agg* steppenartig

sterco *m* ⟨chi⟩ Mist, Kot *m*

stereo I. *agg* ⟨inv⟩ Stereo[-] II. *m* ⟨inv⟩ Stereoanlage *m*; **stereofo'nia** *f* Stereophonie *f*; **stereo'fonico** *agg* ⟨ci, che⟩ stereofonisch

stereotipato *agg* TIP stereotyp; *FIG* ▷*frasi* stereotyp; **stereoti'pia** *f* TIP Stereotypie *f*; **ste'reotipo** I. *agg* (*stereotipato*) stereotyp, Stereotyp- II. *m* PSIC Stereotype *f*

'**sterile** *agg* ⟨inv⟩ unfruchtbar, steril; (*FIG senza effetti*) fruchtlos, unnütz; **sterilità** *f* Unfruchtbarkeit *f*; *FIG* Nutzlosigkeit *f*

sterilizzare *vt* → *gatto* sterilisieren; **sterilizza|tore(trice** *f*) I. *m* ⟨tori, trici⟩ Sterilisierer(in *f*) *m*; (*apparecchio*) Sterilisator *m* II. *agg* ⟨inv⟩ (*che sterilizza*) sterilisierend; **sterilizzazione** *f* Sterilisation *f*

sterminare *vt* → *nemici* ausrotten, vernichten

sterminato *agg* ▷*paese* grenzenlos, unermeßlich

stermina|tore(trice *f*) *m* ⟨tori, trici⟩ Ausrotter (in *f*) *m*

sterminio *m* (*strage*) Vernichtung, Ausrottung *f*

sterno *m* ANAT Brustbein *n*

sterpo *m* (*ramo secco*) dürrer *m* Ast

sterrare *vt* ausheben, abtragen; **sterratore** *m* Erdarbeiter(in *f*) *m*

sterro *m* (*operazione dello sterrare*) Erdaushub *m*

sterzare *vt vi* ▷*a destra* steuern, lenken; **sterzata** *f* Ausweichmanöver *n*; **sterzo** *m* Lenkung *f*

stesso I. *agg* 1 (*medesimo*) ◇ **abbiamo la -a**

età wir sind gleich alt ② *(in persona)* ◇ **Il Presidente ~ mi ha ringraziato** der Präsident selbst hat mir gedankt ③ *(anche, persino)* ◇ **i nemici -i lo stimano** sogar/selbst seine Feinde achten ihn **II.** *pron (medesima)*: ◇ **la casa è la -a di sempre** das ist dasselbe Haus wie immer; *(-a cosa)* dasselbe **III.** ⟨inv⟩ *(la stessa cosa)*: ◇ **se non vieni per me è lo ~** wenn du nicht kommst, ist es mir auch egal

stesura *f (di contratto)* Aufsetzung *f; (di libro)* Ausfertigung *f; (di tesi)* Abfassung *f*

stetoscopia *f* Abhören *n;* **stetoscopio** *m* Stethoskop *n*

stia *f* Hühnerkäfig *m*

stick *m* ⟨inv⟩ Stift *m*

stigma *m* ⟨i⟩ ① FLORA Narbe *f* ② *(segno caratteristico)* Kennzeichen *n*

stigmatizzare *vt* FIG anprangern, brandmarken

stilare *vt* aufsetzen, abfassen

stile *m* ▷*tragico* Stil *m; (di Nietzsche)* Stil *m; (modo abituale di essere)* ◇ **avere un proprio ~** einen eigenen Stil haben; SPORT ◇ **~ libero** Freistil

stilettata *f (colpo di stiletto)* Dolchstoß *m; (FIG dolore acuto e intenso)* Stich *m,* schwerer Schlag

stiletto *m* Stilett *n,* Dolch *m*

stilista *m/f* ⟨i, e⟩ *(di moda)* Stilist(in *f*) *m; (di prodotti industriali)* Designer(in *f*) *m*

stilistica *f* ⟨che⟩ Stilistik *f*

stilizzare *vt (rappresentare nelle linee essenziali)* stilisieren; **stillicidio** *m (FIG di domande)* unablässige *f* Wiederholung

stilografica *f* ⟨che⟩ *(penna)* Füllfederhalter *m;* **stilografico** *agg* ⟨ci, che⟩ Füllfeder-

stima *f* ① *(valutazione del valore)* Achtung *f* ② *(opinione positiva)* Schätzung, Hochachtung *f;* **stimabile** *agg* ⟨inv⟩ *(che è degno di stima)* achtbar, schätzenswert; **stimare I.** *vt* ① → *quadro* schätzen ② → *persona* achten, schätzen **II.** *vr* ◇ **stima-** *(ritenersi)*: ◇ **puoi ~ fortunata** du kannst dich glücklich schätzen; **stima**|**tore(trice** *f*) *m* ⟨tori, trici⟩ *(di quadri)* Schätzer (in *f*) *m*

stimolante I. *p. pres. di* **stimolare; II.** *agg* ⟨inv⟩ anregend **III.** *m (sostanza stimolante)* Reizmittel *n;* **stimolare** ⟨3.2⟩ *vt (incitare, invogliare)* antreiben, anspornen; ← *freddo* → *appetito* anregen; **stimolazione** *f* Anregung, Reizung *f;* **stimolo** *m* ① *(incentivo, incitamento)* Antrieb, Ansporn *m* ② *(della fame)* Reiz *m* ③ ▷*acustico* Reiz *m*

stinco *m* ⟨chi⟩ ANAT Mittelhand *f,* Mittelfuß *m*

stingere ⟨Pass. rem.: stinsi/stingesti Part.: stin-

to⟩ *irr* **I.** *vt (togliere la tinta)* entfärben **II.** *vi pron (perdere la tinta)* verblassen

stipare I. *vt (gremire)* zusammendrängen **II.** *vi pron (accalcarsi)* sich verdichten

stipendiare ⟨3.3⟩ *vt (retribuire con uno stipendio)* besolden; **stipendiato(a** *f*) **I.** *p. pass. di* **stipendiare; II.** *agg (che percepisce uno stipendio)* besoldet **III.** *m (chi percepisce uno stipendio)* Gehaltsempfänger(in *f*) *m;* **stipendio** *m (degli impiegati)* Gehalt *n*

stipite *m (di porta)* Pfosten, Ständer *m*

stipsi *f* (MED *stitichezza*) Verstopfung *f*

stipulante I. *p. pres. di* **stipulare; II.** *agg* abschließend **III.** *m/f* Vertragspartner(in *f*) *m;* **stipulare** ⟨3.2⟩ *vt → un contratto* abschließen; **stipulazione** *f (di un contratto)* Abschließung *f,* Abschluß *m*

stiracchiare ⟨3.6⟩ **I.** *vt → gambe* strecken **II.** *vr* ◇ **-rsi** *(distendere le membra)* sich strecken; **stiracchiato I.** *p. pass. di* **stiracchiare; II.** *agg (sforzato, stentato)* gezwungen, erzwungen

stiramento *m* MED Zerrung *f*

stirare I. *vt → abito* strecken **II.** *vr* ◇ **-rsi** *(distendere tirando)* strecken, dehnen **II.** *vr* ◇ **-rsi** *(distendere le membra intorpidite)* sich strecken, sich recken; **stiratura** *f (dei panni)* Bügeln *n; (MED dei muscoli)* Zerrung *f*

stirpe *f (origine di una famiglia)* Stamm *m,* Geschlecht *n; (discendenti di un defunto)* Nachkommenschaft *f*

stitichezza *f (stipsi)* Verstopfung *f;* **stitico** *agg* ⟨ci, che⟩ verstopft

stiva *f (della nave)* Kielraum *m*

stivale *m* Stiefel *m; (FIG Italia)* ◇ **lo S-** Stiefel

stivare *vt (alloggiare nella stiva)* stauen, verstauen

stizza *f* Ärger *m;* **stizzire** ⟨5.2⟩ *irr* **I.** *vt (far prendere la stizza)* ärgern **II.** *vi vi pron (essere preso dalla stizza)* sich ärgern; **stizzoso** *agg (facile a stizzirsi)* reizbar

stoccafisso *m* Stockfisch *m; (FIG persona magra e secca)* dürrer Mensch

stoccaggio *m* ⟨gi⟩ *(di merci)* Lagerung *f*

Stoccarda *f* Stuttgart *n*

stoccata *f (colpo di stocco)* Degenstoß *m; (FIG allusione pungente)* Seitenhieb *m*

Stoccolma *f* Stockholm *n*

stoffa *f (di lino)* Stoff *m; (FIG attitudine)* ◇ **ha la ~ dello scrittore** er hat die Begabung zum Schriftsteller

stoicismo *m* Stoizismus *m;* **stoico** *agg* ⟨ci, che⟩ stoisch, gelassen

stola *f (dei vescovi)* Stola *f; (di pelliccia)* Pelzstola *f*

stolidità f Dummheit, Torheit f; **'stolido** agg dumm, töricht

stoltezza f (stolidità) Dummheit f, Torheit f; **stolto(a** f) I. agg dumm, töricht II. m (persona stolta) Tor m, Törin f

stoma m ⟨i⟩ FLORA Stoma n

stomacare ⟨3.4⟩ irr vt (dare nausea) anekeln, anwidern

stoma'chevole agg inv (nauseante) ekelerregend, widerlich

'stomaco m ⟨chi⟩ ANAT Magen m; ◇ **dare di** - sich erbrechen; (FIG capacità di tolleranza) ◇ **con questa gente ci vuole uno stomaco!** mit diesen Leuten braucht man gute Nerven

stomatite f MED Mundschleimhautentzündung f

stomatolo'gia f MED Stomatologie f; **stoma'tologo(a** f) m ⟨gi, ghe⟩ MED Stomatologe m, -login f

stonare I. vt → canzone falsch singen II. vi avere. (non armonizzare) falsch klingen, detonieren; **stonato** I. p. pass. di **stonare**; II. agg ▷nota falsch; ▷strumenti verstimmt; **stonatura** f ⟨1⟩ (atto dello stonare) Falschspielen n; (suono stonato) falscher Ton ⟨2⟩ (cosa inopportuna) Mißklang m

stop m ⟨inv⟩ ⟨1⟩ (fanalino di arresto) Haltezeichen n ⟨2⟩ (obbligo di arresto) Stop n

stoppa f Werg n

stoppaccio m Wergpfropf m

stoppia pl Stoppelfeld n

stoppino m (di candela) Docht m; (miccia) Lunte f

'storcere ⟨Pass. rem.: storsi/storcesti Part.: storto⟩ irr I. vt → braccio verbiegen, verkrümmen II. vr ◇ **-rsi** (contorcersi) → caviglia sich verbiegen

stordimento m Betäubung f; **stordire** ⟨5.2⟩ irr I. vt ← boato betäuben; (FIG sbalordire) verblüffen II. vi (rimanere attonito) betäubt sein III. vr ◇ **-rsi** sich betäuben

storia f ⟨1⟩ (di Roma) Geschichte f; (dell'arte, della letteratura) Geschichte f ⟨2⟩ (vicende personali) ◇ **raccontami la - della tua vita** erzähle mir deine Lebensgeschichte ⟨3⟩ (fandonia) ◇ **ma che - è questa?** was ist denn das für eine Geschichte?

storicamente avv geschichtlich, historisch

storicizzare vt → letteratura historisieren

'storico I. agg ⟨ci, che⟩ ⟨1⟩ (della storia) geschichtlich, Geschichts-; (realmente acccaduto/esistito) wahr, geschichtlich ⟨2⟩ (degno di essere ricordato) denkwürdig II. m Geschichtswissenschaftler(in f) m

storiogra'fia f Geschichtsschreibung f; **storio'grafico** agg ⟨ci, che⟩ (della storiografia) historiografisch

storione m FAUNA Stör m

stormire ⟨5.2⟩ irr vi (agitarsi producendo un lieve fruscio) rauschen, rascheln

stormo m ⟨1⟩ (di uccelli) Schar f ⟨2⟩ Geschwader n

stornare vt → pericolo abwenden

stornello m Stornello n

storno m FAUNA Star m

storpiare ⟨3.3⟩ vt (rendere storpio) verunstalten; (FIG pronunciare male) schlecht aussprechen; **storpiatura** f (minorazione degli arti) Verstümmelung f; (FIG errore di pronuncia) schlechte Aussprache; **storpio(a** f) I. agg verunstaltet II. m (deforme nelle braccia/gambe) Krüppel m

storta f ▷alla caviglia Biegung, Krümmung f

storto I. p. pass. di **storcere**; II. agg ▷quadro schief

stortura f Krümmung f, Schiefe f; (FIG errore) Verdrehtheit f

stoviglia f; ◇ **-e** pl Geschirr n/sg

'strabico(a f) I. agg ⟨ci, che⟩ schielend; ◇ **essere** - schielen II. m (persona strabica) Schielende(r) fm; **strabismo** m Schielen n

stracciare ⟨3.3⟩ I. vt (strappare) zerreißen, zerfetzen II. vi pron (lacerarsi) sich zerreißen

stracciatella f ⟨1⟩ (minestra) Einlaufsuppe f ⟨2⟩ (gelato) Milchspeiseeis mit Schokoladenstückchen

strac'cio m ⟨ci⟩ (per pulizie) Scheuerlappen m; (cosa di poco conto) ◇ **non avere uno - di vestito** nicht einmal Lumpen anzuziehen haben; **straccione(a** f) m (pezzente) zerlumpter Mensch, Bettler(in f) m

stracci'vendolo m Lumpensammler(in f) m

strac|co agg ⟨chi, che⟩ (esausto) erschöpft

stracotto I. p. pass. di **stra'cuocere**; II. agg zerkocht; **stra'cuocere** ⟨Pass. rem.: cossi/cocesti Part.: cotto⟩ irr vt → pasta zu lange kochen

strada f ⟨1⟩ ▷per Roma Straße f; ◇ **smarrire la** - (a piedi) sich verlaufen; (in macchina) sich verfahren ⟨2⟩ (condotta) ◇ **essere sulla buona/cattiva** - auf dem richtigen/falschen Weg sein ⟨3⟩ (passaggio, varco) ◇ **farsi** - **nella folla** sich einen Weg durch die Menge bahnen; **stradale** I. agg ⟨inv⟩ Straßen-, Wege- II. f (polizia) Verkehrspolizei f; **stradario** f (di Roma) Straßenverzeichnis n

strafalcione(a f) m ⟨1⟩ (errore grossolano) grober Fehler ⟨2⟩ (FAM chi lavora grossolanamente) Schlamper(in f) m

strafare ⟨4.6⟩ *irr vi avere* (*fare più di quanto occorre*) übertreiben; **strafatto** *p. pass. di* **strafare**

strafottente I. *agg inv* (*arrogante*) unverschämt, frech II. *m/f* Rüpel *m*

strage *f* Blutbad *n*, Gemetzel *n*

stralciare ⟨3.3⟩ *vt* (*togliere da un insieme*) nehmen, herausnehmen; **stralcio** *m* ⟨ci⟩ (*ciò che si stralcia*) Auszug *m;* (*selezione*) Auswahl *f*

stralunare ⟨3.2⟩ *vt:* ◇ - **gli occhi** die Augen verdrehen; **stralunato** I. *p. pass. di* **stralunare;** II. *agg* (*stravolto*) verstört

stramaledire ⟨5.2⟩ *irr vt* (*maledire con veemenza*) aus tiefster Seele verfluchen

stramazzare *vi* (*cadere pesantemente a terra*) stürzen, hinfallen

strambe'ria *f* (*bizzaria, stranezza*) Verschrobenheit *f;* **strambo** *agg* (*strano, bizzarro*) verschroben, sonderbar

stranamente *avv* eigenartig, sonderbar

stranezza *f* (*bizzaria, stramberia*) Seltsamkeit, Sonderbarkeit *f*

strangolamento *m* (*atto dello strangolare*) Erdrosselung *f;* **strangolare** ⟨3.2⟩ *vt* (*strozzare*) erwürgen; **strangola|tore(trice)** *m* (*tori, trici*) Erwürger(in *f*) *m*

straniero(a *f***)** I. *agg* fremd, ausländisch II. *m* Ausländer(in *f*) *m*

stranito *agg* (*smarrito, dal sonno*) verwirrt

strano *agg* (*inconsueto*) ungewohnt; (*bizzaro*) seltsam, sonderbar

straordinarietà *f* (*dell' evento*) Außergewöhnlichkeit *f;* **straordinario** I. *agg* (*fuori dall' ordinario*) außerordentlich, außergewöhnlich, ▷*successo* außergewöhnlich II. *m* (*lavoro fuori orario*) Überstunden *pl*

strapazzare I. *vt* (*maltrattare*) mißhandeln II. *vr* ◇ **-rsi** (*sottoporsi a fatiche ecc.essive*) sich strapazieren; **strapazzo** *m :* ◇ **scrittore** *m* **da -** minderwertiger Schriftsteller

strapiombo *m* ⟨1⟩ (*sporgenza*) Überhang *m* ⟨2⟩ (*luogo scosceso*) Felsvorsprung *m*

strapotente *agg* ⟨inv⟩ (*molto potente*) übermächtig; **strapotenza** *f* Übermacht *f;* **strapotere** *m* Übermacht *f*

strappa'lacrime *agg inv* ▷*film* rührselig

strappare I. *vt* ⟨1⟩ → *fiore* abreißen ⟨2⟩ → *carta* abreißen ⟨3⟩ (*allontanare di forza*) entreißen ⟨4⟩ *FIG* → *promessa* entlocken II. *vi pron* (*lacerarsi, rompersi*) reißen; **strappo** *m* ⟨1⟩ (*lacerazione*) Riß *m;* ⟨2⟩ *muscolare* Riß *m* ⟨2⟩ (*FIG infrazione*) Verstoß *m;* (*eccezione*) ◇ **fare uno - alla regola** eine Ausnahme machen ⟨3⟩ (*passaggio in macchina*) ◇ **dare uno - a qu** jd-n mitnehmen

straripare *vi essere/avere* ← *fiume* aus den Ufern treten

'strascico *m* ⟨chi⟩ (*di abito*) Schleppe *f;* (*FIG consequenza negativa*) Nachspiel *n*

stratagemma *m* ⟨i⟩ List *f*

stratega *vedi* **stratego; strate'gia** *f* (*tattica*) Strategie *f;* **stra'tegico** *agg* ⟨ci, che⟩ strategisch; ▷*trovata* geschickt, gewandt; **stratego** *m* ⟨ghi⟩ (*capo militare*) Stratege, Feldherr *m*

stratificare ⟨3.4⟩ *irr vt* schichten; **stratificazione** *f* Schichtung *f*

stratiforme *agg* ⟨inv⟩ schichtförmig

stratigra'fia *f* (*MED tomografia*) Stratigraphie *f;* **strati'grafico** *agg ci che* stratigrafisch

strato *m* ⟨1⟩ (*di vernice*) Schicht *f;* ◇ **a -i** schichtenweise ⟨2⟩ GEO Schicht *m* ⟨3⟩ METEO Stratus *m* ⟨4⟩ *FIG* ▷*sociale* Schicht, Klasse *f*

stratosfera *f* Stratosphäre *f;* **strato'sferico** *agg ci che* stratosphärisch

strattone *m* (*scossa*) heftiger Ruck; ◇ **dare uno - a qu** an etw *dat* heftig ziehen

stravagante I. *agg inv* (*fuori dal comune*) ungewöhnlich; (*eccentrico, originale*) extravagant *f;* II. *m* (*persona ecc.entrica, originale*) extravagante *f* Person; **stravaganza** *f* Überspanntheit *f*, Extravaganz *f*

stravedere ⟨4.13⟩ *irr vi* (*ammirare in modo ecc.essivo*): ◇ - **per qu** jd-n blind lieben

stra'vincere ⟨Pass. rem.: stravinsi/stravinse/ stravinsero Part.: stravinto⟩ *irr vt* (*vincere di gran lunga*) auf der ganzen Linie siegen

straviziare ⟨3.6⟩ *vi avere* (*fare stravizi*) ausschweifen; **stravizio** *m* Ausschweifung *f*

stra'volgere ⟨Pass. rem.: stravolsi/stravolse/ stravolsero Part.: stravolto⟩ *irr* I. *vt* ⟨1⟩ (*FIG turbare, agitare*) verwirren ⟨2⟩ (*FIG travisare*) verdrehen II. *vr* ◇ **-rsi** (*contorcersi*) sich winden; **stravolto** I. *p. pass. di* **stra'volgere;** II. *agg* ▷*occhi* verdreht

straziante I. *p. pres. di* **straziare;** II. *agg* ▷*immagini* quälend, qualvoll; **straziare** ⟨3.6⟩ *vt* ⟨1⟩ → *le carni* zerfleischen ⟨2⟩ ← *rimorso* quälen, peinigen; **straziato** I. *p. pass. di* **straziare;** II. *agg* (*tormentato, addolorato*) gepeinigt, gequält; **strazio** *m* (*supplizio, tortura*) Qual, Pein *f;* (*FAM noia, seccatura*) Qual, Plage *f*

strega *f* ⟨ghe⟩ Hexe *f;* **stregare** ⟨3.5⟩ *irr vt* (*sottoporre qualcuno a operazioni di stregoneria*) behexen, verhexen; (*FIG ammaliare, sedurre*) bezaubern; **stregone** *m* ↑ *mago* Hexenmeister, Zauberer *m;* (*di tribù*) Medizinmann *m;* **strego-ne'ria** *f* Hexerei *f*

stregua *f :* ◇ **alla - di** nach dem Maß *gen*

stremare *vt* (*indebolire*) erschöpfen, zermürben

stremo m (limite estremo): ◇ **essere allo** - am Ende sein

strenna f (di Natale) Geschenk f

strenuo agg (valoroso) tapfer, mutig

strepitare ⟨3.2⟩ vi avere (fare strepito) lärmen; **strepi'tio** m (strepito continuato) Lärm m; 'strepito m (baccano) Lärm m, Geschrei n

strepitoso agg ▷applausi tosend, lärmend; FIG ▷successo großartig

stress m ⟨inv⟩ Streß m; **stressante** I. p. pres. di **stressare**; II. agg ⟨inv⟩ ▷lavoro Streß-; **stressare** vt stressen; **stressato** I. p. pass. di vedi **stressare**; II. agg gestreßt

stretta f (atto dello stringere) Druck m, Drücken n

strettezza f Enge f; (FIG scarsezza) Knappheit f

strettamente avv ▷riservato streng

stretto[1] I. p. pass. di **stringere**; II. agg ▷via schmal; ▷gonna eng; ▷nodo fest; FIG ▷parente nah(e); ▷amico eng

stretto[2] m (di Messina) Meerenge f

strettoia f (restringimento della strada) Verengung f, Engpaß m; (FIG difficoltà) Verlegenheit f

stria f (di una colonna) Kannelierung f; (della cute) Streifen m

striare vt (segnare di strie) streifen; **striato** agg streifig, gestreift; **striatura** f Streifen n, Streifung f

stricnina f CHIM Strychnin n

stridente I. p. pres. di 'stridere; II. agg ⟨inv⟩ ▷colori grell, schreiend; 'stridere irr vi [1] (emettere un suono acuto) ← porta knarren; ← persona kreischen; ← cicale zirpen [2] (FIG produrre un contrasto sgradevole) in krassem Gegensatz stehen zu dat; **strido** m ⟨strida⟩ (grido, suono acuto) gellender Schrei; **stridore** m Gekreisch n

'stridulo agg zirpend

strigliare ⟨3.6⟩ vt → cavallo striegeln; (FIG criticare aspramente) schelten

strillare I. vi avere (urlare) schreien, brüllen II. vt (dire a voce molto alta) zuschreien; (FAM sgridare) ausschimpfen; **striilo** m Schrei m; **strillone(a** f) m [1] Schreihals m [2] (venditore ambulante di giornali) Zeitungsverkäufer(in f) m

strimpellare vt klimpern auf dat; **strimpella-ta** f Katzenmusik f; **strimpella|tore(trice** f) m ⟨tori, trici⟩ Klimperer m, Klimperin f

stringa f ⟨ghe⟩ (delle scarpe) Schnürsenkel m

stringato agg (conciso) ▷stile knapp, bündig

'stringere ⟨Pass. rem.: strinsi/strinse/strinsero

Part.: stretto⟩ irr I. vt [1] → tenaglie zusammendrücken; → denti zusammenbeißen [2] (comprimere) ← scarpe zuschnüren [3] (FIG riassumere) → discorso zusammenfassen [4] (rendere più celere) beschleunigen II. vi avere. (incalzare) ← tempo drängen III. vr ◇ -rsi [1] (accostarsi) sich zusammendrängen [2] ← vestito eingehen

stringimento m Drücken n

striscia f ⟨sce⟩ [1] (di carta) Streifen m [2] (fumetto) Streifen m [3] ◇ -e (fpl) Zebrastreifen m

strisciante I. p. pres. di **strisciare**; II. agg ⟨inv⟩ kriechend; (FIG che è subdolo) kriecherisch; **strisciare** ⟨3.3⟩ I. vt [1] → piedi schleifen; [2] → macchina streifen II. vi avere ← serpente kriechen; (FIG essere umile) kriechen; **strisci-ata** f Kriechen n; **striscio** m ⟨sci⟩ [1] MED Abstrich m [2] (strisciando, non in peno) ◇ **di** -streifend, Streif-

striscione m (accresc. di striscia) Spruchband n

stritolare ⟨3.2⟩ vt (ridurre in pezzi minuti) zermalmen

strizza f (FAM paura) Angst f

strizzare vt [1] → arancia auspressen; → panni auswringen [2] (ammiccare) ◇ - **l'occhio a qu** jd-m zuzwinkern

strizzata f Auswringen, Auspressen n

strofa vedi **strofe**

strofe f ⟨inv⟩ Strophe f; 'strofico agg ⟨ci, che⟩ strophisch, Strophen-

strofinaccio m (canovaccio) Lappen m

strofinamento m (atto dello strofinare) Reiben, Scheuern n; **strofinare** vt → pavimento scheuern; → mobile abreiben; **strofi'nio** m fortgesetztes Reiben/Scheuern

strombazzare I. vt (far sapere a tutti) ausposaunen

stroncare ⟨3.4⟩ irr vt [1] FIG → ribellione unterdrücken [2] → film, libro verreißen

stroncatura f (di un libro) Veriß m

stronzio m CHIM Strontium n

stronzo(a f) m [1] (pezzo di sterco sodo) Kothaufen; [2] (FAM ! persona spregevole) Arschloch n;

stropicciamento m Reiben n

stropicciare ⟨3.3⟩ vt → occhi reiben; FAM → vestito zerknittern

strozzamento m [1] (strangolamento) Erwürgung f [2] (ostruzione) Einklemmung f; **strozza-re** I. vt [1] (strangolare) erwürgen [2] (ostruire) verengen, einklemmen [3] (prestare denaro a forte usura) durch Wucher ausnehmen II. vi pron (avere il respiro impedito) ersticken III. vr ◇ -rsi (strangolarsi, impiccarsi) sich erwürgen; **stroz-**

zato I. *p. pass. di* **strozzare**; II. *agg* ① (*strangolato*) erwürgt; (*impedito nel respiro*) erstickt ② (*ostruito*) eingeklemmt; **strozzatura** *f* (*di un tubo*) Verengung *f*; (*di una strada*) Engpaß *m*

strozzinaggio *m* (*usura*) Wucher *m*; **strozzino(a** *f*) *m* (*usuraio*) Wucherer *m*, Wucherin *f*

struccare ⟨3.4⟩ *irr* I. *vt* (*togliere il trucco*) abschminken II. *vr* sich abschminken

struggente I. *p. pres. di* '**struggere**; II. *agg* ⟨inv⟩ qualvoll, quälend

'**struggere** ⟨Pass. rem.: strussi/struggesti Part.: strutto⟩ *irr vt* ① (*liquefare col calore*) schmelzen, zerlassen; ② (*FIG causare dolore*) zehren an *dat*; **struggimento** *m* (FIG *sofferenza interiore*) Qual, Pein *f*

strumentale I. *agg* ⟨inv⟩ ① (*di strumento*) instrumental, Instrumental- ② (*FIG fatto per un secondo fine*) zweckdienlich ③ LING Instrumental- II. *m* LING Instrumentalis *m*

strumentalizzare *vt* jd-n/etw als Werkzeug benutzen; **strumentalizzazione** *f* Instrumentierung *f*

strumentazione *f* MUS Instrumentierung *f*; (*di una macchina*) Ausrüstung *f*

strumento *m* (*arnese*) Gerät *n*; (*apparecchio*) Apparat *m*; MUS Instrument *n*; (FIG *mezzo, modo*) Mittel, Werkzeug *n*; ◇ **-i** *m/pl* **ad arco** Streichinstrumente *pl*

strusciare ⟨3.3⟩ I. *vt vi avere* streifen II. *vr* ◇ **-rsi** ◇ *il gatto* ▷*alla porta* sich reiben

strutto I. *p. pass. di* '**struggere**; II. *agg* (*sciolto*) geschmolzen III. *m* (*di maiale*) Schmalz *n*

struttura *f* ① (*di un edificio*) Bau *m*; (*di un romanzo*) Aufbau *m*, Struktur *f* ② CHIM Struktur *f*

strutturale *agg* ⟨inv⟩ strukturell, Struktur-; **strutturalismo** *m* Strukturalismus *m*; **strutturalista** *m/f* ⟨i, e⟩ Strukturalist(in *f*) *m*

strutturare *vt* gliedern, strukturieren; **strutturazione** *f* Strukturierung *f*

struzzo *m* FAUNA Strauß *m*

stuccare¹ ⟨3.4⟩ *irr vt* (*turare con lo stucco*) verkitten; (*decorare*) stuckieren, verstucken

stuccare² ⟨3.4⟩ *irr vt* (*dare la nausea*) anekeln, anwidern; **stucca|tore(trice** *f*) *m* ⟨tori, trici⟩ (*chi esegue lavori di stuccatura*) Stukkateur(in *f*) *m*; **stuccatura** *f* Verkittung, Stuckarbeit *f*

stuc'chevole *agg inv* (*che dà nausea*) ekelig, widerlich; (*che dà tedio*) langweilig

stuc|co¹ *m* ⟨chi⟩ Stuck, Kitt *m*

stuc|co² *m* ⟨chi⟩ (*pieno a sazietà*): ◇ **essere - di qc** jd-s überdrüssig sein

studente(tessa *f*) *m* (*di Università*) Student(in *f*) *m*; (*di scuola*) Schüler, in *m*; **studentesco**

⟨schi sche⟩ *agg* Schüler-, schülerhaft, studentisch, Studenten-

studiare ⟨3.3⟩ I. *vt* ① (*dedicarsi agli studi universitari*) studieren ② (*applicarsi mentalmente*) lernen ③ → **problema** untersuchen, erforschen II. *vr* ◇ **-rsi** (*osservarsi, esaminarsi*) sich beobachten

studio *m* ① (*applicazione mentale*) ◇ **essere dedito allo** - sich dem Studium widmen ② (*progetto, disegno*) Entwurf *m* ③ (*stanza da studio*) Arbeitszimmer *n* ④ (*di un architetto*) Büro *n*

studioso(a *f*) I. *agg* studierend, lernend II. *m* (*di storia*) Gelehrter(in *f*)

stufa *f* ▷*a carbone* Ofen *m*; ▷*elettrica* Heizung *f*

stufare *vt* GASTRON schmoren; (*FAM seccare*) auf die Nerven gehen; **stufato** I. *p. pass. di* **stufare**; II. *agg* (*FAM seccato*) überdrüssig III. *m* GASTRON Schmorbraten *m*; **stufo** *agg* (*FAM infastidito, annoiato*); ◇ **essere - di qc/qu** jd-n satt haben

stunt-man *m* ⟨inv⟩ Stuntman *m*

stuoia *f* Matte *f*

stuolo *m* (*di ammiratori*) Schar, Menge *f*

stupefacente I. *p. pres. di* **stupefare**; II. *agg* ⟨inv⟩ (*sorprendente*) erstaunlich, verblüffend III. *m* Rauschgift *n*; **stupefare** ⟨4.6⟩ *irr* I. *vt* (*meravigliare*) verblüffen II. *vi* *e pron* (*rimanere attonito*) staunen

stupefazione *f* (*sbalordimento*) Erstaunen *n*, Verwunderung *f*

stupendo *agg* (*meraglioso*) herrlich, wunderbar

stupi'daggine *f* (*atto, discorso stupido*) Unsinn *m*; (*inezia*) Kleinigkeit *f*

stupidità *f* (*l' essere stupido*) Dummheit *f*; (*atto, discorso stupido*) Unsinn *m*; '**stupido(a** *f*) I. *agg* (*cretino*) dumm, blöd II. *m* (*persona stupida*) Dummkopf *m*

stupire ⟨5.2⟩ *irr* I. *vt* (*meravigliare*) erstaunen, verwundern II. *vi* *e pron* (*restare attonito*) sich wundern, erstaunt sein; **stupore** *m* (*meraviglia*) Erstaunen *n*

stuprare *vt* vergewaltigen; **stupra|tore** *m* ⟨tori⟩ Vergewaltiger *m*; **stupro** *m* Vergewaltigung *f*

sturare *vt* → **bottiglia** entkorken; → *lavandino* reinigen

sturabottiglie *m* ⟨inv⟩ Korkenzieher *m*

stuzzicadenti *m* ⟨inv⟩ Zahnstocher *m*

stuzzicante I. *p. pres. di* **stuzzicare**; II. *agg* ⟨inv⟩ (*eccitante, stimolante*) anregend, reizend

stuzzicare ⟨3.4⟩ *irr vt* → **denti** stochern in *dat*; (*FIG molestare*) reizen, belästigen

S

su ⟨con articolo determinativo: sul, sullo, sull', sulla, sui, sugli, sulle⟩ **I.** *prep* **1** (*stato con contatto*) auf *dat*; (*stato senza contatto*) über *dat*; (*stato riferito a mezzi di trasporto*) in, auf *dat* **2** (*moto*) in, über *acc*; (*moto rif. a mezzi di trasporto*) in, auf *acc* **3** (*rif. a cosa che cade dall'alto*) auf *acc* **4** (*rif. a cose poste l'una sull'altra*) auf *dat*, *acc* **5** (*argomento*) über *acc*, von *dat* **6** (*circa*) um *acc* **II.** *avv* (*stato*) oben; (*moto: avvicinamento*) herauf; (*moto: allontanamento*) hinauf; ◇ - **le mani** Hände hoch !

suadente *agg* ⟨inv⟩ (*che persuade*) überzeugend; **suadere** ⟨Pass. rem.: suasi/suase/suasero Part.: suaso⟩ *irr vt vi* (*persuadere*) überreden

sub *m/f* ⟨inv⟩ (*subacqueo*) Unterwassersportler(in *f*) *m*; **subacqueo I.** *agg* ▷*pesca* Unterwasser- **II.** *m* Taucher(in *f*) *m*

subaffittare *vt* (*cedere ad altri in subaffitto*) untervermieten; **subaffitto** *m* Untermiete *f*; **subaffittuario(a** *f*) *m* Untermieter(in *f*) *m*

subbuglio *m* (*confusione*) Verwirrung *f*; ◇ **mettere in** - in Aufruhr versetzen

subconscio I. *agg* unterbewußt **II.** *m* ⟨sci⟩ Unterbewußtsein *n*; **subcosciente I.** *agg* ⟨inv⟩ unterbewußt **II.** *m* ⟨inv⟩ PSIC Unterbewußtsein *n*

'**subdolo** *agg* hinterlistig, heimtückisch

subentrare *vi* (*succedere*) nachfolgen (*a dat*)

subequatoriale *agg* ⟨inv⟩ subäquatorial

subire ⟨5.2⟩ *irr vt* → *un affronto* erleiden

subissare *vt* zugrunde richten, zerstören; (*FIG colmare, riempire*) ◇ - **di doni** mit Geschenken überschütten

subitaneo *agg* (*repentino*) plötzlich, unvermutet

'**subito** *avv* (*immediatamente*) sofort, gleich; ◇ - **prima** kurz/unmittelbar zuvor; ◇ - **dopo** kurz/unmittelbar danach

sublimare *vt* **1** (*elevare sul piano spirituale*) preisen, rühmen **2** PSIC sublimieren

sublime *agg* ⟨inv⟩ ▷*poeta* hervorragend

subnormale *agg* ⟨inv⟩ ▷*bambino* zurückgeblieben

subodorare *vt* (*presentire*) wittern, ahnen

subordinare ⟨3.10⟩ *vt* → *la carriera* ▷*alla famiglia* unterordnen (*a dat*)

subordinata *f* Nebensatz *m*

subordinato(a *f*) **I.** *p. pass. di* **subordinare**; **II.** *agg* ▷*lavoro* abhängig, unselbständig; ▷*proposizione* Neben- **III.** *m* (*persona subordinata*) Untergebene(r) *fm* ; **subordinazione** *f* (*dipendenza*) Abhängigkeit *f*

subtropicale *agg* ⟨inv⟩ subtropisch

suburbano *agg* vorstädtisch, Vorstadt(s)-

suburbio *m* (*zona periferica della città*) Vorstadt *f*, Vorort *m*

succedaneo I. *agg* ersetzend, Ersatz- **II.** *m* (*surrogato*) Ersatz *m*

suc'cedere *irr* **I.** *vi* **1** (*prendere il posto di altri*) folgen (*a auf dat*) **2** (*venir dopo nel tempo e nello spazio*) folgen (*a dat*) **3** (*accadere*) vorkommen, geschehen **II.** *vi pron* (*susseguirsi*) aufeinanderfolgen; **successione** *f* **1** ▷*al trono* Nachfolge *f* **2** (*di avvenimenti*) Folge, Aufeinanderfolge *f*

successivamente *avv* **1** (*in ordine sucessivo*) nacheinander **2** (*in seguto*) darauf, nachher; **successivo** *agg* (*consecutivo*) folgend, darauffolgend; **successo** *m* (*esito*) Ausgang *m*, Ergebnis *f*; ◇ - **avere** - Erfolg haben, erfolgreich sein; **successore(succeditrice** *f*) *m* Nachfolger(in *f*) *m*

succhiare ⟨3.6⟩ *vt* → *latte* saugen

suc|co *m* ⟨chi⟩ (*di frutta*) Saft *m*; (*FIG del discorso*) Kern *m*; **succoso** *agg* (*pieno di succo*) saftig; *FIG* ▷*scritto* gehaltvoll

'**succube** *f* ⟨inv⟩ hörig **II.** *m/f* (*del marito*) höriger Mensch

succulento *agg* (*pieno di succo*) saftig; (*gustoso*) ▷*piatto* lecker, köstlich

succursale *f* (*filiale*) Zweigstelle *f*, Filiale *f*

sud *m* (*punto cardinale*) Süd(en) *m*; (*di un Paese*) Süden; ◇ **a - di** südlich von *dat*

sudafricano(a *f*) **I.** *agg* südafrikanisch **II.** *m* Südafrikaner(in *f*) *m*

sudare I. *vi avere* schwitzen **II.** *vt* (*guadagnarsi con fatica*) ◇ - **sette camicie** im Schweiße seines Angesichts sein Geld verdienen; **sudata** *f* **1** (*atto del sudare*) Schwitzen *n* **2** (*faticata*) Mühe *f*; **sudatic|cio** *agg* ⟨ci, ce⟩ ein wenig verschwitzt; **sudato I.** *m* *p. pass. di* **sudare**; **II.** *agg* **1** (*bagnato di sudore*) schweißgebadet **2** ▷*studi* mühsam

suddetto *agg* obengenannt

sudditanza *f* Untertänigkeit *f*; '**suddito(a** *f*) *m* (*di un re*) Untertan(in *f*) *m*

suddi'videre ⟨Pass. rem.: suddivisi/suddivise/suddivisero Part.: suddiviso⟩ *irr vt* (*dividere ulteriormente*) unterteilen; **suddivi'sibile** *agg* ⟨inv⟩ unterteilbar; **suddivisione** *f* Unterteilung *f*

sudice'ria *f* Unsauberkeit *f*; (*insieme di cose sudicie*) Schmutz *m*

'**sudicio I.** *agg* ⟨ci cie/ce⟩ (*lercio*) schmutzig **II.** *m* ⟨inv⟩ (*sudiciume*) Schmutz *m*

sudorazione *f* Schweißabsonderung *f*

sudore *m* Schweiß *m*; ◇ **essere in un bagno di** - Schweiß gebadet sein

sudo'rifero *agg* schweißtreibend

sufficiente *agg* ⟨inv⟩ ① (*contr. di insufficiente*) genügend; (*votazione scolastica*) ausreichend ② ▷*tono* anmaßend; **sufficienza** *f* ① (*l'essere sufficiente*) Hinlänglichkeit *f*; (*votazione scolastica*) Ausreichend *n* ② (*boria*) Überheblichkeit *f*

suffisso *m* LING Suffix *n*

suffissoide *m* LING uneigentliches Suffix

suffragetta *f IRON* Frauenrechtlerin *f*

suffragio *m* ⟨gi⟩ Abstimmung *f*

suffragista *m/f* ⟨i, e⟩ Verfechter (in *f*) *m* des Frauenwahlrechts

suggellare *vt* (*FIG confermare*) besiegeln; **suggello** *m* (*fatto, parola che testimonia, conferma*): ◇ **- di un'amicizia** Besiegelung *f* einer Freundschaft

suggerimento *m* (*atto del suggerire*) Einflüsterung *f*; (*consiglio*) Ratschlag *m*; **suggerire** ⟨5.2⟩ *irr vt* einflüstern; (*far venire in mente*) wachrufen, erwecken; **suggeri|tore(trice** *f*) *m* ⟨tori, trici⟩ Ratgeber(in *f*) *m*, (*di teatro, rivista*) Souffleur *m*, Souffleuse *f*

suggestio'nabile *agg* ⟨inv⟩ beeinflußbar; **suggestionare** *vt* beeinflussen; **suggestionato I. p. pass.** di **suggestionare; II.** *agg* beeinflußt; **suggestione** *f* ① PSIC Suggestion *f* ② (*FIG di un paesaggio*) Zauber, Reiz *m*

suggestività *f* (*l'essere suggestivo*) Zauber, Eindruck *m*; **suggestivo** *agg* DIR ▷*domande* verfänglich; *FIG* eindrucksvoll

'**sughero** *m* Kork *m*; **sugheroso** *agg* korkartig

sugli *vedi* **su**

sugo *m* ⟨ghi⟩ (*delle arance*) Saft *m*; (*dell'arrosto, di pomodoro*) Soße *f*; (*FIG della storia*) Kern *m*; **sugoso** *agg* (*ricco di sugo*) saftig

sui *vedi* **su**

suicida I. *m/f* ⟨i⟩ Selbstmörder(in *f*) *m* **II.** *agg* ⟨inv⟩ selbstmörderisch, Selbstmord-; **suicidarsi** ⟨6⟩ *vr* ◇ **-rsi** sich *acc* umbringen; **suicidio** *m* Selbstmord *m*

suino I. *agg* (*di maiale*) Schwein(e)-, Schweins- **II.** *m* Schwein *n*

sul *vedi* **su**

sulfa'midico I. *agg ci* CHIM Sulfonamid- **II.** *m* Sulfonamid

sulfureo *agg* schwefelhaltig

sulla *vedi* **su**

sulle *vedi* **su**

sullo *vedi* **su**

sultano *m* Sultan *m*

summa *f* ⟨inv⟩ ▷*teologica* Summa *f*; (*raccolta sistematica*) Summa *f*

summit *m* ⟨inv⟩ Gipfeltreffen *n*

sunteggiare ⟨3.3⟩ *vt* (*ridurre in sunto*) zusammenfassen

sunto *m* (*riassunto*) Zusammenfassung *f*

suo/a ⟨suoi, sue⟩ **I.** *agg poss* (*terza persona sing*) (*di lui*) sein, seine; (*di lei*) ihr, ihre; (*forma di cortesia*) ◇ **ho ricevuto la Sua lettera** ich habe Ihren Brief erhalten **II.** *pron poss* ① (*di lui*) seiner, seine, seines; (*di lei*) ihrer, ihre, ihres; (*forma di cortesia*) S- Ihrer, Ihre, Ihres ② **i -i** seine/ihre Familie *f* **III.** *m* Seine *n*, Ihre *n*

'**suocera** *f* Schwiegermutter *f*

'**suocero** *m* Schwiegervater *m*

suola *f* (*delle scarpe*) Sohle *f*; **suolatura** *vedi* **solatura**

suolo *m* Boden *m*, Erde *f*

suonare *vedi* **sonare**

suonato *vedi* **sonato**

suonatore *vedi* **sonatore**

suone'ria *vedi* **sone'ria**

suono *m* ▷*acuto* Schall, Klang *m*; (*del pianoforte*) Klang *m*; (*di una parola*) Laut *m*

suora *f* Nonne *f*

super I. *agg* ⟨inv⟩ ▷*benzina* Super- **II.** *f* ⟨inv⟩ (*benzina super*) Superbenzin *n*

supe'rabile *agg* ⟨inv⟩ überwindbar; **superare** ⟨3.2⟩ *vt* ① (*una macchina*) überholen ② (*anche FIG andare oltre un dato limite*) → *confine* überschreiten; → *esame* bestehen, überstehen ③ (*essere più bravo degli altri*) übertreffen; **superato I. p. pass.** di **superare; II.** *agg* (*non più attuale*) überholt

superbia *f* Stolz, Hochmut *m*; **superbo(a** *f*) **I.** *agg* (*che ha superbia*) stolz, hochmütig; *FIG* ▷*spettacolo* unverwerend, prächtig **II.** *m* Hochmütige(r) *fm*

superdotato(a *f*) **I.** *agg* hochbegabt **II.** *m* Hochbegabte(r) *fm*

superficiale *agg* ⟨inv⟩ oberflächlich; **superficialità** *f* Oberflächlichkeit;

superficie *f* ⟨ci⟩ ① (*del mare*) Oberfläche *f*; (*di uno specchio*) Oberfläche *f*; (*FIG esteriorità*) Äußere *n* ② (*area*) Fläche *f*

superfluo *agg* (*contr. di necessario*) überflüssig

superiora I. *f* (*suora*) Oberin *f* **II.** *agg inv:* ◇ **madre** *f* - Oberin *f* Mutter

superiore I. *agg* ① ▷*labbro* obere, Ober-; ② (*maggiore per numero, quantità, qualità*) höher, größer, besser; (*di grado più alto in una gerarchia*) höher; ▷*scuola* höher; *FIG* ◇ **l' esito è stato - all'attesa** das Ergebnis hat die Erwartungen übertroffen **II.** *m/f* Vorgesetze(r) *fm* ; **superiorità** *f* Überlegenheit *f*

superlativo I. *agg* höchst **II.** *m* LING Superlativ *m*

S

supermercato *m* Supermarkt *m*

superpotenza *f* Großmacht *f*

super'sonico *agg* ⟨ci, che⟩ ▷*aereo* Überschall-

su'perstite I. *agg* ⟨inv⟩ überlebend II. *m/f* Überlebende(r) *fm*

superstizione *f* Aberglaube *m*; **superstizioso(a** *f***)** I. *agg* abergläubisch II. *m* Abergläubige(r) *fm*

superstrada *f* Schnellstraße *f*

supertestimone *m/f* Kronzeuge *m*, Kronzeugin *f*

superuomo *m* ⟨uomini⟩ *(di Nietzsche)* Übermensch *m*

supervisione *f* *(di un film)* künstlerische Leitung; **supervisore** *m/f* Oberleiter(in *f*) *m*, künstlerische(r) Leiter(in *f*)

supino *agg* *(contr. di prono)* auf dem Rücken [liegend]; *(fig, servile, obbediente)* sklavisch

suppel'lettile *f* *(di casa)* Gerät *m*, Gerätschaften *pl*

suppergiù *avv* *FAM* ungefähr

supplementare *agg* ⟨inv⟩ ① ergänzend, zusätzlich, Zusatz- ② *GEOM* ◇ **angolo - Supplementwinkel** *m*; **supplemento** *m* *(aggiunta)* Nachtrag *m*; *(di giornale)* Beilage *f*; *(sovrapprezzo)* Zuschlag *m*

supplente I. *p. pass. di* **supplire**; II. *agg* ⟨inv⟩ Aushilfs-, Ersatz- III. *m/f (di un insegnante, impiegato)* Aushilfslehrer(in *f*) *m*; **supplenza** *f* Aushilfe *f*

suppletivo *agg* ▷*corso* Ergänzungs-, Zusatz-

supplì *m* *GASTRON* gebackene Reiskrokette

'supplica *f* ⟨che⟩ *(atto del supplicare)* Flehen *n*, Bittschrift *f*; **supplicante** I. *p. pres. di* **supplicare**; II. *agg* ⟨inv⟩ flehend, bittend; **supplicare** ⟨3.4⟩ *irr vt* ti *a avere* † *implorare* flehen zu *dat*; **'supplice** *agg* ⟨inv⟩ flehend; **suppli'chevole** *agg* *inv* ▷*sguardo* flehend, bittend

supplire ⟨5.2⟩ *irr* I. *vi avere* ▷*ad una lacuna* ersetzen *(a acc)* III. *vt* → *insegnante* vertreten

supplizio *m* *(della Crocefissione)* Tortur *f*; *(FIG tormento fisico/morale)* Qual, Pein *f*

supporre ⟨4.11⟩ *irr vt (presumere)* annehmen, vermuten

supporto *m (sostegno)* Stütze *f*, Halt *m*

supposizione *f* Annahme, Vermutung *f*

supposta *f (farmaco)* Zäpfchen *n*

suppurare *vi avere/essere* vereitern; **suppurativo** *agg* eiternd, Eiter-; **suppurazione** *f (di una ferita)* Vereiterung *f*

supre'mazia *f (autorità assoluta)* Oberhoheit *f*; **supremo** *agg* *FIG* ▷*potere* oberst

surclassare *vt* → *un avversario* überlegen sein *dat*

surf *m* ⟨inv⟩ *(tavola)* Surfbrett *n*; ◇ **praticare il -** surfen üben

surgelamento *m (di alimentari)* Tiefkühlung *f*; **surgelare** *vt* einfrieren; **surgelato** I. *p. pass. di* **surgelare**; II. *m* : ◇ **-i** *m/pl* tiefgekühlte Lebensmittel

surplus *m* ⟨inv⟩ *(sovrappiù)* Überschuß *m*

surreale *agg* ⟨inv⟩ ▷*dipinto* surreal; **surrealismo** *m* *ART*, *LETT* Surrealismus *m*; **surrealista** I. *m/f* ⟨i, e⟩ Surrealist(in *f*) *m* II. *agg* ⟨inv⟩ *(surrealistico)* surrealistisch; **surrea'listico** *agg* ⟨ci, che⟩ surrealistisch

surriscaldamento *m* *FIS* Überhitzung *f*; **surriscaldare** *vt* → *stanza* überheizen; *FIS* überhitzen; **surriscaldato** I. *p. pass. di* **surriscaldare**; II. *agg* *FIS* überhitzt; **surriscaldatore** *m* Überhitzer *m*

surro'gabile *agg* ⟨inv⟩ ersetzbar; **surrogare** ⟨3.5⟩ *irr vt* ersetzen; **surrogato** I. *p. pass. di* **surrogare**; II. *m* † *succedaneo* Ersatz *m*

suscet'tibile *agg* *inv* † *permaloso* empfindlich; **suscettibilità** *f* Empfindlichkeit *f*

suscettività *f* *FIS* Suszeptibilität *f*

suscitare ⟨3.2⟩ *vt* *FIG* † *destare* verursachen, hervorrufen; **suscita|tore(trice)** *m* ⟨tori, trici⟩ Erreger(in *f*) *m*

susina *f* Pflaume *f*; **susino** *m* Pflaumenbaum *m*

susseguente I. *p. pass. di* **susseguire**; II. *agg* ⟨inv⟩ folgend, nachfolgend

susseguire I. *vt* ti *(venir dopo)* folgen *dat*, folgen auf *acc* II. *vr rec* ◇ **-rsi**: ◇ **il lampo ed il tuono si susseguono** auf den Blitz folgt der Donner

sussidiario I. *agg* ▷*fermata* Hilfs- II. *m (testo scolastico)* Hilfsbuch *n*

sussidio *m* † *aiuto* Hilfe, Unterstützung *f*; *(aiuto in denaro)* Beihilfe, Geldunterstützung *f*

sussiego *m* ⟨ghi⟩ Gravität, Erhabenheit *f*; **sussiegoso** *agg* würdevoll

sussistente I. *p. pres. di* **sus'sistere**; II. *agg* ⟨inv⟩ *(che sussiste)* vorhanden; **sussistenza** *f* ▷*mezzi di* Unterhalt *m*; **sus'sistere** ⟨Part.: sussistito⟩ *irr vi* vorliegen, bestehen

sussultare *vi* ▷*di spavento* zusammenfahren; **sussulto** *m* ① *(di spavento)* Zucken, Zusammenzucken *n* ② *(movimento)* Auffahren *n*; **sussultorio** *agg* ▷*terremoto* sukkussorisch

sussurrare I. *vt (bisbigliare)* flüstern, raunen II. *vi avere* flüstern, raunen; **sussur'rio** *m* Geflüster *n*; **sussurro** *m* Flüstern *n*

sutura *f* *MED* Nähen *n*; **suturare** ⟨3.2⟩ *vt* *MED* nähen

suvvia *inter* los, nur zu, auf

svagare ⟨3.5⟩ *irr vt (distrarre)* ablenken; *(diver-*

tire) aufmuntern, aufheitern; **svagato** I. *p. pass. di* **svagare**; II. *agg* zerstreut; **svago** *m* ⟨ghi⟩ (*ricreazione*) Ausspannung *f*; (*passatempo*) Vergnügen *n*

svaligiare ⟨3.3⟩ *vt* → *un negozio* ausplündern; **svaligia|tore(trice** *f*) *m* ⟨tori, trici⟩ Plünderer *m*, Plünderin *f*

svalutare ⟨3.2⟩ *vt* → *moneta* abwerten; FIG → *l'opera* herabwürdigen; **svalutazione** *f* (*di moneta*) Abwertung *f*; (*dell'opera altrui*) Herabwürdigung *f*

svanire ⟨5.2⟩ *irr vi* ① ← *fumo* verlieren; ← *immagine, sogno* schwinden, verfliegen; (FIG ← *sparire, speranza*) schwinden ② ← *aroma, sapore* verfliegen, verduften; **svanito** I. *p. pass. di* **svanire**; II. *agg* ① (*dileguato*) verschwunden; (FIG *sfumato*) *sogno* verraucht ② (*che ha perso l'aroma*) verflogen

svantaggiato *agg* ▷*concorrente* benachteiligt; **svantag|gio** *m* ⟨gi⟩ ◇ **essere in - rispetto a** *qu* jd-m gegenüber im Nachteil sein; ◇ **lo stress torna a - della salute** Stress schadet der Gesundheit; **svantaggioso** *agg* (*contr. di vantaggioso*) nachteilig, ungünstig

svaporare ⟨3.2⟩ *vi* ← *benzina* verdunsten; **svaporato** I. *p. pass. di* **svaporare**; II. *agg* verdunstet

'**svastica** *f* ⟨che⟩ Hakenkreuz *n*

svedese I. *agg* ⟨inv⟩ schwedisch II. *m/f* Schwede, Schwedin *m*

sveglia *f* ① (*segnale*) Wecken *n* ② (*orologio*) Wecker *m*; **svegliare** ⟨3.6⟩ *vt* aufwecken; FIG aufrütteln, aufmuntern; FIG → *appetito* wecken; **sveglio** *agg* wach; (FIG *attento, pronto*) aufgeweckt

svelare *vt* → *segreto* enthüllen, offenbaren; FIG → *intenzioni* darlegen

'**svellere** ⟨svelsi/svellesti Part.: svelto⟩ *irr vt* → *pianta* ausreißen

sveltezza *f* (*rapidità*) Geschwindigkeit *f*

sveltire ⟨5.2⟩ *irr vt* ① *makroḥen*, gewandt machen ② → *traffico* beschleunigen

svelto[1] *agg* (*rapido*) rasch, schnell, flink; (*vivace*) aufgeweckt, rege; ◇ **fai alla svelta, per favore! mach schnell, bitte !**

svelto[2] *p. pass. di* '**svellere**

svenare I. *vt* die Pulsadern aufschneiden; FIG jd-n bis aufs Blut aussaugen II. *vr* ◇ **-rsi** sich die Adern aufschneiden; FIG in Elend geraten

'**svendere** *vt* → *merce* verschleudern; '**svendita** *f* Schlußverkauf, Ausverkauf *m*

sve'nevole *agg* ⟨*inv* ↑ *smanceroso*⟩ geziert, zimperlich; **svenevolezza** *f* ↑ *sdolcinatezza* Zimperlichkeit *f*

svenimento *m* Ohnmacht *f*; **svenire** ⟨5.6⟩ *irr vi* in Ohnmacht fallen

sventagliare ⟨3.6⟩ I. *vt* (*agitare il ventaglio*) zufächeln II. *vr* ◇ **-rsi** sich zufächeln

sventare *vt* → *congiura* vereiteln, zunichte machen

sventatezza *f* (*sbadataggine*) Leichtsinn *m*; (*atto sbadato*) Leichtsinnigkeit *f*; **sventato** *agg* (*sbadato*) leichtsinnig

'**sventola** *f* ① ↑ *ventola* Wedel *m*; ◇ **orecchie a -** *f/pl*, abstehende Ohren ② (*schiaffo*) Ohrfeige *f*

sventolamento *n* (*di un ventaglio*) Schwenken *n*; **sventolare** ⟨3.2⟩ I. *vt* → *fazzoletto* winken mit *dat* II. *vi* (*muoversi pr il vento*) wehen, flattern III. *vr* ◇ **-rsi** (*farsi vento*) sich fächeln

sventramento *m* Ausweiden, Ausnehmen *n*; **sventrare** *vt* → *animale* ausweiden, ausnehmen; FIG → *edificio* einreißen, niederreißen

sventura *f* ↑ *mala sorte* Mißgeschick *n*; ↑ *disgrazia, sciagura* Unglück *n*; **eventurato** (**a** *f*) I. *agg* (*disgraziato*) unglücklich II. *m* Unglückliche(r) *fm*

sverginare ⟨3.2⟩ *vt* entjungfern

svergognare *vt* beschämen; **svergognato(a** *f*) I. *agg* (*spudorato*) schamlos, unverschämt II. *m* unverschämter Mensch

svernare *vi* *avere* (*passare l'inverno*) überwintern

svestire *irr* I. *vt* ausziehen II. *vr* ◇ **-rsi** sich ausziehen

Svezia *f* Schweden *n*

svezzamento *m* Entwöhnung *f*; **svezzare** *vt* → *bambino* entwöhnen, abstillen

sviare I. *vt* → *discorso* ablenken; FIG ▷*dallo studio* ablenken II. *vr* ◇ **-rsi** sich verwirren; **sviato(a** *f*) I. *p. pass. di* **sviare**; II. *agg* verirrt III. *m* Entgleiste(r) *fm*

svicolare ⟨3.2⟩ *vi essere/avere* um die Ecke biegen

svignare *vi* (*allontanarsi in fretta*) sich davonmachen

svigorire ⟨5.2⟩ *irr vi* (*infiacchire*) entkräften

svilimento *m* (*della cultura*) Abwertung *f*; **svilire** ⟨5.2⟩ *irr vt* (*spregiare*) erniedrigen, herabsetzen

svilup'pabile *agg* ⟨inv⟩ entwickelbar; **sviluppare** I. *vt* ① entwickeln ② → *argomento* ausarbeiten ③ ausbauen ④ FOTO entwickeln II. *vr* ◇ *avere* ← *embrione* sich entwickeln; **sviluppato** I. *p. pass. di* **sviluppare**; II. *agg* ① evoluto, entwickelt ② (*elaborato*) ausgearbeitet; **sviluppo** *m* ① ▷*economico* Entwicklung *f* ② (*di un tema*) Ausarbeitung *f* ③ BIO Entwicklung *f* ④ FOTO Entwicklung *f*

S

svincolare ⟨3.2⟩ I. *vt* ① (*liberare da un vincolo*) befreien, lösen ② → *merce* auslösen, verzollen II. *vr* ◇ **-rsi** (*liberarsi da un vincolo*) sich befreien, sich losmachen; **'svincolo** *m* ① (*delle merci*) Auslösung *f* ② ▷*stradale* Autobahnausfahrt *f*, Autobahnauffahrt *f*

svisare *vt* → *fatti* entstellen, verdrehen; **svista** *f* (*di un errore*) Versehen *n*

svitare *vt* → *vite* lösen, abschrauben; → *lampadina* abschrauben; **svitato** I. *p. pass. di* **svitare**; II. *agg* verschroben, verrückt

'Svizzera *f* Schweiz *f*; **'svizzero, a** I. *agg* schweizerisch II. *m/f* Schweizer(in *f*) *m*

svogliatezza *f* Lustlosigkeit *f*; **svogliato** *agg* unlustig

svolazzare *vi avere* ← *insetto* umherschwirren, umherflattern; *FIG* ← *la mente* schweifen

'svolgere ⟨Pass. rem.: svolsi/svolse/svolsero Part.: svolto⟩ *irr* I. *vt* ① → *rotolo* abrollen, aufrollen; *FIG* → *argomento* ausbreiten, entfalten ② → *attività* entfalten ③ → *piano* aufstellen II. *vr* ◇ **-rsi** *FIG* ▷*da un impaccio* sich befreien; **svolgimento** *m* ① (*di un argomento*) Behandlung, Abhandlung, *f* ② (*di un piano*) Aufstellung *f* ③ (*di un'attività*) Entfaltung *f*

svolta *f* ① Abbiegen *n*; (*FIG mutamento importante*) Wendepunkt *m* ② ↑ *curva* Biegung *f*, Kurve *f*; **svoltare** *vi avere* ▷*a destra/sinistra* abbiegen

svuotamento *m* (*atto dello svuotare*) Entleerung *f*; (*FIG perdita*) Entleerung *f*; **svuotare** *irr vt* → *bottiglia* leeren; *FIG* ↑ *privare di significato* entleeren

T

T, t *m* (*lettera*) T, t *m*

tabaccaio(a *f*) *m* Tabakhändler(in *f*) *m*; **tabacche'ria** *f* Tabakladen *m*; **tabacchiera** *f* Schnupftabaksdose *f*

tabac|co *m* ⟨chi⟩ Tabak *m*; *FLORA* Tabakpflanze *f*

tabagismo *m* Raucherhusten *m*

tabarin *m* Nachtlokal *n*

tabella *f* (*dei prezzi*) Tabelle; Liste *f*; (*di marcia*) Arbeitsplan *m*; **tabellone** *m* Aushängetafel *f*, Plakat *n*

taber'nacolo *m* Tabernakel *n*

tabù I. *m* Tabu *n* II. *agg inv* ▷*argomento* tabu

T.A.C. *f* ⟨inv⟩ acronimo di acron. di **tomografia**

assiale computerizzata, Computertomographie *f*

tac|ca *f* ⟨che⟩ ① Kerbe *f* ② *TIP* Signatur *f* ③ *FIG* ◇ **un uomo di mezza -** ein wertloser Mann

taccagne'ria *f* (*avarizia*) Geiz *m*; **taccagno** *agg* knauserig

taccheggiare ⟨3.3⟩ *vt vi* (*rubare col taccheggio*) Ladendiebstahl begehen; **tacchegg|gio** *m* ⟨gi⟩ Ladendiebstahl *m*; **tacchegg|ia|tore(tri-ce** *f*) *m* ⟨tori, trici⟩ Ladendieb(in *f*) *m*

tacchino *m* Truthahn *m*

tacciare ⟨3.3⟩ *vt* beschuldigen

tac|co *m* ⟨chi⟩ Absatz *m*; *FAM* ◇ **alzare i -i** die Beine in die Hand nehmen

taccuino *m* Notizbuch *n*

tacere ⟨4.15⟩ *irr* I. *vi avere* ▷*per la vergogna* schweigen; ◇ **mettere qu a -** jd-n zum Schweigen bringen; (*non riferire nulla*) ◇ **su questo avvenimento la stampa tace** stillschweigen II. *vt* (*far passare sotto silenzio*) verschweigen

tachicar'dia *f* Tachykardie *f*

ta'chimetro *m* Tachometer *m*

tacitamente *avv* stillschweigend

tacitare ⟨3.2⟩ *vt* → *un creditore* befriedigen

'tacito *agg* (*sottinteso*) stillschweigend

taciturno *agg* schweigsam

tafano *m* *FAUNA* Bremse *f*; *FIG* Schmeißfliege *f*

tafferuglio *m* Tumult *m*

taffetà *m* ⟨inv⟩ Taft *m*

taglia *f* ① (*del vestito*) Größe *f* ② (*ricompensa*) Prämie *f*

tagliaboschi *m* ⟨inv⟩ Holzfäller *m*

tagliacarte *m* ⟨inv⟩ Brieföffner *m*

taglialegna *m/f* ⟨inv⟩ Holzfäller(in *f*) *m*

tagliando *m* Abschnitt *m*

tagliante I. *p. pres. di* **tagliare** II. *agg* ⟨inv⟩ schneidend; **tagliare** ⟨3.6⟩ *vt* ① → *il prosciutto* schneiden; *FAM* ◇ **- la corda** entwischen; *FIG* ◇ **- corto** es kurz machen ② → *la droga* strecken ③ → *le carte* abheben ④ → *un ramo* abschneiden ⑤ → *articolo* streichen ⑥ → *la comunicazione* abschneiden; **tagliata** *f* ▷*ai capelli* Schnitt *m*

tagliatella : ◇ **-e** *f/pl* Bandnudeln *pl*

tagliato I. *part. pass. di* **tagliare**; II. *agg* ① (*accorciato, ridotto*) geschnitten, gestutzt ② (*fatto, formato*) ◇ **un uomo - all'antica** ein Mann vom alten Schlag

tagliaunghie *m* ⟨inv⟩ Nagelknipser *m*

taglieggiare ⟨3.3⟩ *vt* plündern

tagliente I. *p. pres. di* **tagliare**; II. *agg* ⟨inv⟩ *anche FIG* scharf

taglierina *f* Schneidemaschine *f*

taglio *m* ① (*di un abito*) Schnitt *m* ② ▷*al dito*

Schnittwunde f ③ ⟨di seta⟩ Abschnitt m, Stück n ④ l ◇ **colpire di -** mit der Schneide treffen ⑤ ◇ **banconote di piccolo -** kleinere Geldscheine

tagliola f Fangeisen n

tagliuzzare vt schnitzeln

Tailandia f Thailand n

talare f Talar m

talco m ⟨chi⟩ ⟨polvere bianca⟩ Puder m

tale I. agg ⟨inv⟩ ⟨dimostr⟩ ① ⟨di questo genere⟩ derartig ② ⟨questo⟩ ◇ **con -i parole mi ha offeso** mit diesen Worten hat er mich verletzt II. agg ⟨indef, con persona o cosa indeterminata⟩: ◇ **incontrerò la - persona di Roma** ich werde eine Person aus Rom treffen III. pron ⟨dimostr, persona già menzionata⟩: ◇ **quel - ha ritelefonato** dieser Herr/diese Frau hat wieder angerufen IV. pron indef ① ⟨persona indeterminata⟩ ◇ **c'è un - che vuole conoscerti** es gibt jemanden, der dich kennenlernen will ② ⟨persona nota⟩ ◇ **ha ritelefonato quel - di ieri** jener Typ von gestern hat wieder angerufen

talento m : ◇ **un attore di grande -** ein Schauspieler mit großem Talent

talismano m Talisman m

tallio m CHIM Thallium n

tallonare vt jd-m dicht auf den Fersen sein, bedrängen; **tallonata** f ⟨colpo di tallone⟩ Fersenstoß m

talloncino m Abschnitt, Coupon m

tallone m ANAT Ferse f

talmente avv so, derart

talora avv zuweilen, manchmal

talpa f FAUNA Maulwurf m; ⟨FIG persona ottusa⟩ Einfaltspinsel m

taluno I. agg ⟨indef, alcuni, certi⟩: ◇ **-i** m/pl einige, manche pl II. pron ⟨indef⟩ irgendeiner, irgend jemand

talvolta avv manchmal

tamarindo m FLORA Tamarinde f

tambureggiare ⟨3.3⟩ vi avere trommeln; **tamburello** m ① Tamburin n ② Trommelballspiel n; **tamburino** m ⟨di una banda musicale⟩ Tamburin n; **tamburo** m ① Trommel f ② ARCH Trommel f

tamponare vt ① → falla abdichten; MED una ferita tamponieren ② → macchina auffahren; **tampone** m ① MED Wattebausch m ② ⟨per timbri⟩ Stempelkissen n

tana f ⟨di animale⟩ Höhle f; ⟨FIG di malviventi⟩ Versteck n

tanfo m Modergeruch m

tanga f Tanga m

tangente I. agg ⟨inv⟩ MAT tangential II. f ① MAT Tangente f ② Schutzgeld, Schmiergeld n

tangenza f MAT Tangieren n; **tangenziale** I. agg ⟨inv⟩ ⟨di tangente o tangenza⟩ tangential II. f Tangente f

'tangere irr vt ⟨anche FIG toccare⟩ berühren

tan'gibile agg inv ⟨percepibile al tatto⟩ fühlbar; FIG ▷prova greifbar; **tangibilità** f ⟨l'essere tangibile⟩ Greifbarkeit f

tango m ⟨ghi⟩ Tango m

'tanica f ⟨che⟩ ⟨di benzina⟩ Tank m

tannino m CHIM Tannin n

tantallo m CHIM Tantal n

tantino I. agg ⟨indef, dimin. di tanto⟩ etwas II. pron ⟨indef, solo msing⟩ ein bißchen III. avv: ◇ **sono un - stanco** ich bin ein bißchen müde

tanto[1] I. agg ⟨indef, quantità⟩: ◇ **c'erano -e persone** es waren so viele Personen da; ◇ **ci sono -i costumi quanti sono gli attori** es gab so viele Kostüme wie Schauspieler II. pron ⟨indef⟩: ◇ **-i** ① ◇ **-i lo trovano antipatico** so viele finden ihn unsymphatisch ② ◇ **se ti piacciono i libri qui ne troverai -i** wenn dir die Bücher gefallen, dann findest du hier mehr ③ ◇ **costa un - al metro** das kostet soundso viel den Meter III. pron ⟨dimostr⟩: ◇ **a - non seppi rinunciare** auf so vieles konnte ich nicht verzichten

tanto[2] avv so, so sehr; ◇ **non studiare ~ !** lerne nicht so viel !

taoismo m ⟨religione cinese⟩ Taoismus m

tapino(a f) I. agg elend, arm II. m ⟨che o chi è misero, infelice⟩ armer Teufel

tapioca f Tapioka f

tappa f ⟨luogo di sosta⟩ Rastplatz m; ⟨SPORT di un giro ciclistico⟩ Etappe f

tappare I. vt ▷bottiglia verkorken; FIG ◇ **- la bocca a qu** jd-m das Maul stopfen II. vr ▷in casa sich einschließen

tapparella f ⟨serracinesca⟩ Rolladen m

tappeto m ⟨da pavimento⟩ Teppich m; ⟨da tavolo⟩ Tischdecke f; ⟨da muro⟩ Wandteppich m; SPORT Ringmatte f

tappezzare vt tapezieren; **tappezze'ria** f ⟨carta da parati⟩ Tapeten pl; **tappezziere(a** f) m Tapezierer(in f) m

tappo m Korken, Verschluß m; FIG Knirps m

tara[1] f Tara f

tara[2] f Gebrechen n

tarantella f ⟨danza popolare meridionale⟩ Tarantella f

ta'rantola f FAUNA Tarantel f

tarare vt → bilancia eichen; **tarato**[1] I. p. pass. di tarare; II. agg ▷strumento geeicht

tarato[2]**(a** f) I. agg MED gebrechlich, erblich belastet II. m MED Gebrechliche(r) fm

taratura f ⟨di uno strumento⟩ Eichung f

tarchiato agg stämmig

tardare I. vi avere ▷alla festa sich verspäten; (stare molto a venire) zögern II. vt → soccorsi verzögern; **tardi** avv: ◇ siamo andati a dormire - wir sind spät zu Bett gegangen; ◇ far - a scuola zu spät zur Schule kommen; **tardivo** agg ① Spät-, spät ② FIG ▷bambino Spät- ③ ▷rimedio zu spät kommend

tardo agg ▷mattina spät

targa f ⟨ghe⟩ ① (della macchina) Schild, Kennzeichen n ② Plakette f; **targare** ⟨3.5⟩ vt → macchina mit einem Schild versehen

tariffa f ▷ferroviaria Tarif m; **tariffario** I. agg tariflich II. m Tarifliste f

tarlare I. vt zerfressen II. vi wurmstichig werden; **tarlo** m Holzwurm m

tarma f (tignola) Motte f; **tarmicida** m ⟨i⟩ Mottenvertilgungsmittel n

taroc|co m ⟨chi⟩ Tarock m

tarpare vt → ali stutzen; FIG ◇ - le ali a qu jd-m die Flügel stutzen

tarsia f (tecnica decorativa) Intarsie f; (opera) Einlegearbeit f

tarso m ANAT Fußwurzel f

tartagliamento m (balbuzie) Stottern n; **tartagliare** ⟨3.6⟩ vi avere stottern

tar'tarico agg ⟨ci, che⟩ (del tartare) Weinstein-

'tartaro m (del vino) (Wein-)Stein m; (dei denti) (Zahn-)Stein m

tartaruga f ⟨ghe⟩ FAUNA Schildkröte f; FIG Schnecke f

tartassare vt ▷di domande bedrängen; ◇ - qu ad un esame jd-n bei einer Prüfung mit Fragen traktieren

tartina f GASTRON Brotschnitte f

tartufo m FLORA Trüffel f

tasca f ⟨sche⟩ (della giacca) Tasche f; ◇ non mi entra nulla in - ich verdiene nichts dabei; **ta'scabile** I. agg ⟨inv⟩ Taschen- II. m (libro) Taschenbuch n; **taschino** m (di gilè) Täschchen n

tassa f ▷scolastica Gebühr f; ▷postale Gebühr f; **tas'sabile** agg ⟨inv⟩ gebührenpflichtig

tas'sametro m (del taxi) Taxameter m

tassare I. vt → redditi besteuern II. vr ◇ -rsi: ◇ ci siamo tassati per cinquecento lire wir zahlen jeder fünfhundert Lire

tassativo agg ▷ordine ausdrücklich

tassazione f Besteuerung f

tassello m Einsatzstück n

tassì m ⟨inv⟩ Taxi n; **tassista** m/f ⟨i, e⟩ Taxifahrer(in f) m

tasso¹ m FAUNA Dachs m

tasso² m FLORA Eibe f

tasso³ m ① (di natalità) Rate, Ziffer f ② (COMM d'una obbligazione) Zinsrate f ③ (MED di zucchero nel sangue) Gehalt m

tassono'mia f BIO Taxonomie f; **tasso'nomico** agg ⟨ci, che⟩ taxonomisch

tastare vt → polso tasten, fühlen; FIG ◇ - il terreno das Terrain erkunden; **tastata** f (atto del tastare) Tasten n

tastiera f (di strumenti) Tastatur f; (di un computer) Keyboard n; **tastierista** m/f MUS Keyboardspieler(in f) m; **tasto** m ① (atto dl tastare) Tasten n ② (del pianoforte, del computer) Taste f

tastoni avv tastend

'tattica f ⟨che⟩ Taktik f; (prudenza, accortezza) ◇ con loro è bene usare un po' di - bei ihnen sollte man taktisch vorgehen; **tatticismo** m Taktieren n; **'tattico** agg ⟨ci, che⟩ ① (strategico) taktisch ② (prudente) taktisch klug

'tattile agg ⟨inv⟩ (del tatto) taktil; **tattilità** f (facoltà) Tastfähigkeit f; (di uno stimolo) Ertastbarkeit f; **tatto** m (senso) Tastsinn m; FIG Taktgefühl m

tatuaggio m Tätowierung f; **tatuare** I. vt tätowieren II. vr sich tätowieren lassen

taumatur'gia f (compimento di operazione miracolosa) Wundertätigkeit f; **tauma'turgico** agg ⟨ci, che⟩ wundertätig; **taumaturgo(a** f) m ⟨ghi o gi ghe⟩ Wundertäter(in f) m

taurino agg (da toro) Stier-; (FIG pieno di vigore) eines Stieres

tauroma'chia f (corrida) Stierkampf m

tautolo'gia f Tautologie f; **tauto'logico** agg ⟨ci, che⟩ tautologisch

taverna f Taverne f; **taverniere(a** f) m Wirt(in f) m

'tavola f ① (asse) Brett n ② (mobile) Tisch m; ◇ mettere le carte in - die Karten auf den Tisch legen ③ (banco da lavoro) Arbeitstisch m ④ (quadro) Tafelbild n ⑤ (di un libro) Bildtafel f; **tavolata** f (di amici) Tischrunde f; **tavolato** m ① (pavimento di tavole) Täfelung f ② GEO Tafelland n

tavoletta f (di cioccolato) Tafel f

tavoliere m Spieltisch m

'tavolo m (da ping-pong) Platte f; (da cucina) Tisch m; (da stiro) Brett n

tavolozza f (del pittore) Palette f

taxi m ⟨inv⟩ Taxi m

tazza f di tè, Tasse f; **tazzina** f (di caffè) Täschen n

te pron 2 pers m/f sing ① (= tu nei vari complementi) ◇ verremo da - wir kommen zu dir ② (= tu soggetto nelle esclamative) ◇ povero - ! du

Armer ! **3** ◇ **- ne parlerò dopo** ich spreche später mit dir darüber

tè *m* FLORA Teestrauch *m*; *(bevanda)* Tee *m*

teatrale *agg* ⟨inv⟩ Bühnen-; **teatralità** *f* Bühnenmäßigkeit *f*; FIG Theatralik *f*; **teatrante** *m/f* *(attore)* Bühnenschauspieler(in *f*) *m*; **teatrino** *m* *(teatro in miniatura per bambini)* Puppentheater *n*; **teatro** *m* Theater *n*

'**tecnica** *f* ⟨che⟩ Technik *f*; **tecnicamente** *avv* *(secondo la tecnica)* technisch; **tecnicismo** *m* Technizismus *m*, Vorherrschaft des Technischen **tecnicizzare** *vt* *(rendere tecnico)* technisieren; '**tecnico I.** *agg* ⟨ci, che⟩ ▷*nozione* technisch **II.** *m/f* *(del suono)* Techniker(in *f*) *m*

tec'nigrafo *m* MECC Zeichengerät *n*

tec'nocrate *m* Technokrat *m*; **tecnocra'zia** *f* Technokratie *f*

tecnolo'gia *f* ⟨gie⟩ Technologie *f*; **tecno'logico** *agg* ⟨ci, che⟩ technologisch

tedesco(a *f)* **I.** *agg* ⟨schi, sche⟩ deutsch **II.** *m* Deutsche(r) *fm* **III.** *m* Deutsche *n*; ◇ **come si dice in - ?** wie heißt es auf deutsch ?

tediare *vt* *(procurare tedio)* langweilen; **tedio** *m* *(noia)* Langeweile *f*; **tedioso** *agg* *(che procura noia)* langweilig

tegame *m* Pfanne *f*; **tegamino** *m* Pfanne *f*

teglia *f* Backform *f*

'**tegola** *f* Ziegel *m*

teiera *f* Teekanne *f*

tela *f* **1** Tuch *n* **2** *(quadro)* Gemälde *n*; **telaio** *m* **1** *(macchina tessile)* Webstuhl *m* **2** *(della finestra)* Rahmen *m* **3** *(di una macchina)* Fahrgestell *n*

teleabbonato(a *f)* *m* Fernsehteilnehmer(in *f*) *m*

tele'camera *f* Fernsehkamera *f*

telecomandare *vt* fernbedienen; **telecomandato I.** *p. pass. di* **telecomandare; II.** *agg* ferngesteuert; **telecomando** *m* Fernbedienung *f*

telecomunicare ⟨3.4⟩ *irr vi* *vt avere* telekommunizieren; **telecomunicazione** *f* Telekommunikation *f*

tele'cronaca *f* Fernsehbericht *m*; **telecronista** *m/f* ⟨i, e⟩ Fernsehreporter(in *f*) *m*

'**telefax** *m* ⟨inv⟩ Telefax *n*

tele'ferica *f* ⟨che⟩ Drahtseilbahn *f*; **tele'ferico** *agg* ⟨ci, che⟩ Seilbahn-

tele'film *m* Fernsehfilm *m*

telefonare ⟨3.10⟩ **I.** *vt* *(chiamare al telefono)* anrufen; *(parlare al telefono)* telefonieren mit *dat* **II.** *vi avere* telefonieren mit *dat*; **telefonata** *f* Telefongespräch *n*; **telefonicamente** *avv* telefonisch; **tele'fonico** *agg* ⟨ci, che⟩ telefonisch;

telefonista *m/f* ⟨i, e⟩ Telefonist(in *f*) *m*; **te'lefono** *m* Telefon *n*

tele'genico *agg* ⟨ci, che⟩ telegen

telegiornale *m* Fernsehnachrichten *f*

telegrafare ⟨3.10⟩ *vt* *vi avere* telegrafieren; **te'legra'fia** *f* Telegrafie *f*; **telegraficamente** *avv* telegrafisch; **tele'grafico** *agg* ⟨ci, che⟩ telegrafisch; **telegrafista** *m/f* ⟨i, e⟩ Telegrafist(in *f*) *m*; **te'legrafo** *m* Telegraf *m*

telegramma *m* ⟨i⟩ Telegramm *n*

teleguida *f* Fernsteuerung *f*; **teleguidare** *vt* → *missili* fernlenken; **teleguidato I.** *p. pass. di* **teleguidare; II.** *agg* ferngelenkt

tele'matica *f* Mailbox *f*

teleobbiettivo *m* Teleobjektiv *n*

teleolo'gia *f* (FIL *finalismo)* Teleologie *f*; **teleo'logico** *agg* ⟨ci, che⟩ teleologisch

telepa'tia *f* Telepathie *f*; **tele'patico** *agg* ⟨ci, che⟩ telepathisch

tele'quiz *m* ⟨inv⟩ Fernsehquiz *n*

telesco'pia *f* Teleskopie *f*; **tele'scopico** *agg* ⟨ci, che⟩ teleskopisch; **telescopio** *m* Teleskop *n*

telescrivente *f* Fernschreiber *m*

teleselezione *f* Durchwahl *f*

telespetta|tore(trice *f)* *m* Fernsehzuschauer (in *f*) *m*

teletra'smettere ⟨Pass. rem.: telastrasmisi/teletrasmise/teletrasmisero, Part.: teletrasmesso⟩ *irr vt* fernübertragen; **teletrasmissione** *f* Fernübertragung *f*

teleutente *m/f* Fernsehteilnehmer(in *f*) *m*

televideo *m* Videotext *m*

televisione *f* **1** *(FAM ente)* Rundfunk *m* **2** *(sistema di trasmissione)* Fernsehen *n*; *(apparecchio)* Fernseher *m*; **televisivo** *agg* fernseh-; **televisore** *m* Fernseher *m*

telex I. *m* ⟨inv⟩ Telex *n* **II.** *agg* ⟨inv⟩ ▷*servizio* Telex-

tel'lurico *agg* ⟨ci, che⟩ *(della terra)* tellurisch

tellurio *m* CHIM Tellur *n*

telo *m* Tuch *n*

tema *m* ⟨i⟩ Thema *n*; SCUOLA Aufsatz *m*; LING Stamm *m*; MUS Thema *n*

te'matica *f* ⟨che⟩ *(dell'Ariosto)* Thematik *f*; **te'matico** *agg* ⟨ci, che⟩ thematisch

temerarietà *f* *(audacia)* Tollkühnheit *f*; **temerario** *agg* verwegen

temere *irr* **I.** *vt* → *il castigo* fürchten vor *dat* **II.** *vi* **1** *(essere preoccupato)* *(per la salute dei figli)* sich sorgen um *acc* **2** *(aver paura)* sich fürchten vor *dat*; **te'mibile** *agg* ⟨inv⟩ zu befürchtend

'**tempera** *f* Tempera *f*; **temperamatite** *m* ⟨inv⟩ Bleistiftspitzer *m*

temperamento m ↑ carattere ▷allegro Temperament n

temperante agg ⟨inv⟩ ▷nel bere mäßig; **temperanza** f Mäßigkeit, Besonnenheit f; **temperare** ⟨3.2⟩ vt **1** ↑ addolcire, mitigare → severità mäßigen **2** → la matita spitzen; **temperato I.** p. pass. di **temperare**; **II.** agg **1** ▷clima gemäßigt **2** (non ecc.essivo) ▷entusiasmo maßvoll **3** ▷nel bere mäßig

temperatura f ▷atmosferica Temperatur f; (del corpo) Fieber n

temperino m Taschenmesser n

tempesta f Sturm m; FIG ◇ **c'è aria di ~** es herrscht dicke Luft; **tempestare I.** vt **1** → porta (di colpi) traktieren (di mit dat); FIG (di domande) bestürmen (di mit dat) **2** ◇ **- un diadema di rubini** ein Diadem mit Rubinen besetzen **II.** vi imp avere e essere: ◇ **tempesta e grandina da questa mattina** es stürmt und hagelt seit heute morgen

tempestività f Rechtzeitigkeit f; **tempestivo** agg ▷aiuto passend

tempestoso agg sturmbewegt; FIG ▷vita stürmisch

tempia f Schläfe f

tempio m ⟨i⟩ ▷romano Tempel, m

tempismo m Timing n

tempista m/f ⟨i, e⟩ Gelegenheitsnutzer(in)f) m

templare m ⟨i⟩ Templer m

tempo m **1** Zeit f; ◇ **il fluire del ~** Fluß der Zeit **2** (spazio di tempo) Zeit f **3** MUS Tempo n **4** LING Tempus n **5** SPORT Spielzeit, Zeit f **6** METEO Wetter n

temporale[1] **I.** agg ⟨inv⟩ **1** ▷beni zeitlich **2** LING temporal **II.** f LING Temporalsatz m

temporale[2] m Gewitter n; **temporalesco** agg ⟨schi⟩ sche gewittrig

temporaneità f Zeitweiligkeit f; **temporaneo** agg (provvisorio) zeitweilig

temporeggiamento m (il temporeggiare) Zögern n; **temporeggiare** ⟨3.3⟩ vi avere zögern; **temporeggia|tore(trice** f) m Zauderer(in)f) m

tempra f **1** (dell'acciaio) Härten n **2** (di una persona) Wesen n; **temprare I.** vt → vetro härten; FIG → carattere stählen **II.** vr ◇ **-rsi** (con lo sport) sich abhärten

tenace agg ⟨inv⟩ ▷filo zäh; FIG ◇ **memoria f ~** gutes Gedächtnis; **tenacia** f ↑ perseveranza Hartnäckigkeit f

tenaglia sf : ◇ **-e** f/pl Schere, Zange f/sg

tenda f **1** (di finestra) Vorhang m **2** (da campeggio) Zelt n

tendenza f **1** ↑ inclinazione (per il disegno)

Neigung f **2** (di un partito) Richtung f; **tendenziale** agg ⟨inv⟩ tendenziell; **tendenziosità** f (l'essere tendenzioso) Parteilichkeit f; **tendenzioso** agg tendenziös

'tendere ⟨Pass. rem.: tesi/tendesti Part.: teso⟩ irr **I.** vt **1** → filo spannen **2** (porgere) → la mano reichen (a dat) **II.** vi avere **1** ◇ **un bambino che tende alle fantasticherie** ein Kind, das zum Fantasieren neigt **2** ◇ **il tempo tende ad un miglioramento** das Wetter neigt zum besserwerden **3** ◇ **i tuoi capelli tendono al rosso** deine Haare spielen ins Rote

tendina f Gardine f

'tendine m ANAT Sehne f

tendone m (del circo) Zelt n

'tenebra f : ◇ **-e** f/pl Finsternis f/sg; **tenebroso** agg finster

tenente m MIL Oberleutnant m

tenere ⟨4.17⟩ irr **I.** vt **1** → bottiglia (in mano) halten **2** (lasciare) ◇ **- la porta chiusa** die Türe geschlossen lassen **3** (mantenere) ◇ **- la parola data** sein Wort halten **4** ← bottiglia enthalten **5** → la stessa strada halten **II.** vi avere **1** ◇ **i soldati non terranno a lungo** die Soldaten werden nicht lange standhalten **2** ◇ **le viti non tengono** die Schrauben halten nicht; FIG ◇ **le tue scuse non tengono** diese Entschuldigungen sind nicht stichhaltig **3** ◇ **Luigi è uno che tiene all'eleganza** Luigi ist jemand, der Wert auf Eleganz legt **III.** vr ◇ **-rsi 1** ▷alla ringhiera sich halten (a an dat) **2** ▷al regolamento sich halten (a an acc)

tenerezza f FIG (per i propri figli) Zärtlichkeit f; ◇ **-e** f/pl Zärtlichkeiten pl; **'tenero I.** agg weich; FIG ▷sguardo zärtlich **II.** m ⟨inv⟩ **1** Weiche n **2** ◇ **tra i due c'è del ~** zwischen den beiden herrscht Zärtlichkeit

tenia f Bandwurm m

tennis m ⟨inv⟩ Tennis n; **tennista** m/f Tennisspieler(in) m; **ten'nistico** agg ⟨ci, che⟩ Tennis-

tenore m **1** (di vita) Art m **2** MUS Tenor m

tenorile agg ⟨inv⟩ ▷voce tenoral

tensione f **1** (di un filo) Spannung f **2** FIG Spannung f **3** Tension **4** ELETTR Spannung f

ten'tabile agg ⟨inv⟩ versuchbar

tentacolare agg ⟨inv⟩ fangarmartig; FIG sich rasch ausbreitend; **ten'tacolo** m FAUNA Tentakel m

tentare vt **1** (mettere alla prova) → intenzioni erproben **2** (provare) ◇ **è inutile di convincerla** es nützt nichts, sie überzeugen zu wollen; **tentativo** m Versuch m; **tenta|tore(trice** f) **I.** m Versucher(in)f) m **II.** agg verführend; **tenta-**

zione f ① Versuchung f ② (della gola) Verlokkung f

tentennamento m Schütteln n; FIG Zögern n; **tentennante I.** p. pres. di **tentennare**; **II.** agg ⟨inv⟩ wackelnd; FIG zaudernd; **tentennare I.** vi avere wackeln; FIG zaudern **II.** vt → il capo schütteln; **tenten'nio** m (tentennamento continuato) Gewackel n; FIG Zaudern n

tentoni avv tastend; FIG schwammig, unsicher

tenue I. agg ⟨inv⟩ ▷suono fein; ▷colore zart **II.** m ANAT Dünndarm m

tenuta f ① (di un recipiente) Fassungsvermögen n ② ◇ - di strada Straßenlage ③ (di campagna) Landgut n ④ ◇ essere in - da lavoro Arbeitskleidung tragen

teo'cratico agg ⟨ci, che⟩ theokratisch; **teocra'zia** f Theokratie f

teologale agg ⟨inv⟩ theologisch; **teolo'gia** f Theologie f; **teo'logico** agg ⟨ci, che⟩ theologisch; **te'ologo(a** f) m ⟨gi, ghe⟩ Theologe m, Theologin f

teorema m ⟨i⟩ Theorem n

teo'retica f ⟨che⟩ FIL theoretische Philosophie; **teo'retico** agg ⟨ci, che⟩ theoretisch

teo'ria f Theorie f; **teoricamente** avv theoretisch; **te'orico(a** f) **I.** agg ⟨ci, che⟩ theoretisch **II.** m (del Marxismo) Theoretiker(in f) m; **teorizzare** vt theoretisieren

teoso'fia f Theosophie f; **teo'sofico** agg ⟨ci, che⟩ (della teosofia) theosophisch; **te'osofo(a** f) m Theosoph(in f) m

tepore m milde Wärme

teppa f FLORA Mauerpfeffer m

teppismo m Unterwelt f; **teppista** m/f ⟨i, e⟩ Verbrecher(in f) m

tera'peutico agg ⟨ci, che⟩ therapeutisch; **tera'pia** f Therapie f

'**tergere** ⟨Pass. rem.: tersi/tergesti Part.: terso⟩ irr vt (pulire asciugando) wischen

tergicristallo m Scheibenwischer m

tergiversare vi avere (ad una domanda) Ausflüchte suchen

termale agg ⟨inv⟩ Thermal-; **terme** f/pl Thermen pl; '**termico** agg ⟨ci, che⟩ thermisch

'**terminal** m, ⟨inv⟩ Terminal m Endstation f

terminale I. agg ⟨inv⟩ ▷tratto End-; MED ▷malato terminal **II.** m INFORM Terminal n

terminare ⟨3.2⟩ **I.** vt → lavoro beenden **II.** vi ← strada enden

'**termine**[1] m ① (di una regione) Grenze f ② DIR ◇ contratto m a - Termingeschäft n ③ LING ◇ complemento m di - Dativobjekt n ④ MAT ◇ ridurre ai minimi -i auf einen Nenner bringen

'**termine**[2] m ① ▷filosofico, linguistico Ausdruck m ② ◇ moderare i -i den Worten die Schärfe nehmen; **terminolo'gia** f ⟨gie⟩ Terminologie f

termitaio m Termitenbau m

termite f Termite f

termodi'namica f (che) Thermodynamik f; **termodi'namico** agg ⟨ci, che⟩ thermodynaamisch

termoelettricità f Thermoelektrizität f; **termoe'lettrico** agg ⟨ci, che⟩ thermoelektrisch

termolo'gia f FIS Wärmelehre f

ter'mometro m (clinico, metereologico) Thermometer n

termoreattore m MECC Wärmereaktor m

termosifone m Heizkörper m

ter'mostato m ▷a gas, elettrico Thermostat n

terna f Dreizahl f; **terno** m ▷al lotto Volltreffer m

terra f ① (pianeta) Erde f ② (nazione) ◇ vivere in - straniera auf fremdem Boden lehen ③ (terreno) Böden m; FIG ◇ sentirsi mancare la - sotto i piedi den Boden unter den Füßen verlieren ④ (terreno coltivabile) Boden m; **terracotta** f (argilla) Tonerde f; (manufatto) Terrakotta f; **terraferma** f Festland n; **terrapieno** m Erdwall m

terrazza f Terrasse f; **terrazzo** m Balkon m; AGR Terrasse f

terremotato(a f) **I.** agg vom Erdbeben betroffen **II.** m Erdbebenopfer n; **terremoto** m Erdbeben n

terreno[1] **I.** agg ① ▷vita weltlich ② ▷piano ebenerdig

terreno[2] m ▷coltivabile Boden m

terrestre agg ⟨inv⟩ ① (della Terra) terrestrisch ② ▷vita irdisch

ter'ribile agg ⟨inv⟩ schrecklich

terrificare ⟨3.4⟩ irr vt (riempire di spavento) erschrecken

territoriale agg ⟨inv⟩ ▷acque territorial; **territorio** m Territorium n

terrore m ↑ panico Schrecken m; **terrorismo** m Terrorismus m; **terrorista** m/f ⟨i, e⟩ Terrorist (in f) m **II.** agg inv ▷gruppo Terror-; **terro'ristico** agg ⟨ci, che⟩ terroristisch; **terrorizzare** vt terrorisieren

terso I. p. pass. di '**tergere**; **II.** agg ▷cielo klar

terzetto m MUS Terzett n

terziario I. ① GEOL Tertiär n ② COMM Tertiärsektor m **II.** agg ① COMM ▷settore Tertiär-

terzino(a f) m SPORT Verteidiger(in f) m

terzo I. agg dritter, dritte, drittes; ◇ di terz'ordine drittklassig **II.** m ① Drittel n ② ◇ -i m/pl, non

desideriamo l'intromissione di -i wir wünschen keinerlei Einmischung von Dritten ③ *(della lista)* Dritte(r) *fm*

tesa *f (di un cappello)* Krempe *f*

teschio *m* Schädel *m*

tesi *f* ⟨inv⟩ These *f; (di laurea)* Magisterarbeit *f;* MAT These *f*

teso I. *part. pass. di* **'tendere; II.** *agg* ① *(tirato)* ▷*corda* gespannt ② *FIG* ▷*rapporti* gespannt ③ *FIG* ▷*faccia* angespannt ④ ▷*situazione* angespannt

tesore'ria *f* Schatzamt *n;* **tesoriere(a** *f) m/f* Schatzmeister(in *f) m ;* **tesoro** *m* Schatz *m;* ◇ **Ministro** *m* **del T-** Schatzminister *m*

'tessera *f* ① *(di impiegato)* Ausweis *m;* ▷*ferroviaria* Karte *f* ② *(di mosaico)* Mosaikstein *m;* **tesseramento** *m* Einschreibung *f*

'tessere *irr vt* ▷ *canapa* weben; *FIG* → *discorso* ausarbeiten

'tessile I. *agg inv* ▷*industria* Textil- **II.** *m/f Textilarbeiter*(in *f) m* **III.** *m* Textilie *f;* **tessi'tore** **(trice** *f) m* Weber(in *f) m/f;* **tessitura** *f* Weberei *f;* **tessuto** *m* ① *(di stoffa)* Gewebe *n* ② BIO Textur *f*

test *m* ⟨inv⟩ ① PSIC Test *m* ② *(prova)* Test *m*

testa *f* Kopf *m; (FIG vita)* ◇ **giuro sulla - dei miei figli** ich schwöre beim Leben meiner Kinder; ◇ **- e croce** Kopf oder Zahl; *(sede dell'intelletto)* ◇ **ficcarsi in - qc** sich etwas in den Kopf setzen

testamentario *agg* testamentarisch; **testamento** *m* Testament *n;* REL ▷*Antico* Testament *n*

testar'daggine *f (ostinazione)* Sturheit *f;* **testardo(a** *f)* **I.** *agg* stur **II.** *m* Starrkopf *m*

testata *f* ① *(del motore)* Zylinderkopf *m* ② *(giornale)* Kopf *m* ③ *(colpo battuto con la testa)* Kopfstoß *m*

teste *m/f* Zeuge *m,* Zeugin *f*

te'sticolo *m* ANAT Hoden *m*

testimone *m/f* ⟨i⟩ DIR Zeuge *m,* Zeugin *f;* **testimonianza** *f* ① (DIR *atto)* Bezeugung *f; (ciò che viene testimoniato)* Zeugenaussage *f* ② *(prova)* ◇ **dare -** Zeugnis von Weisheit zeugen; **testimoniare** ⟨3.3⟩ **I.** *vt* DIR bezeugen **II.** *vi avere (deporre)* Zeugnis ablegen

testina *f* ▷*magnetica* Kopf *m*

testo *m (di un'articolo)* Text *m;* **testuale** *agg* ⟨inv⟩ ① *(del testo)* Text- ② ▷*citazione* wörtlich

te'stuggine *f* Schildkröte *f*

te'tanico *agg* ⟨ci, che⟩ tetanisch

tetano *m* MED Tetanus *m*

tetraedro *m* MAT Tetraeder *n*

tetro *agg (scuro)* düster; *FIG* ▷*umore* finster

tetto *m* Dach *n; (FIG limite massimo)* Obergrenze *f;* **tettoia** *f* Vordach *n*

tet'tonica *f* ⟨che⟩ GEOL Tektonik *f*

teu'tonico *agg* ⟨ci, che⟩ *(dei Teutoni)* teutonisch

thermos *m* Thermosflasche *f*

'Tevere *m* Tiber *m*

ti *pron seconda pers. sing* ① *(=tu compl oggetto)* ◇ **ieri - ho visto contento** gestern habe ich dich zufrieden gesehen; ◇ **non voglio veder- in questo stato** ich möchte dich nicht in diesem Zustand sehen ② *(= tu compl. di termine)* ◇ **- do un consiglio: lascia stare** ich rate dir: lasse es sein; ◇ **voglio dar- un consiglio: lascia stare** ich möchte dir einen Rat geben: Lasse es sein

tiara *f (del Papa)* Tiara *f*

tibia *f* ANAT Schienbein *n*

tic *m* ⟨inv⟩ *(movimento involontario e brusco)* ▷*nervoso* Tic, Tick *m*

ticchettare *vi avere* ticken; **ticchet'tio** *m* ⟨ii⟩ *(dell'orologio)* Ticken *n*

ticchio *m (FIG capriccio)* ◇ **gli è saltato il - di dipingere** er hatte plötzlich Lust zu malen

ticket *m* ⟨inv⟩ MED Krankenkassenbeitrag *m*

'tiepido *agg* ▷*acqua* lauwarm; *FIG* ▷*amore* lau

tifare *vi avere (per la Roma)* Fan sein von

tifo *m (malattia)* Typhus *m*

tifone *m* Taifun *m*

tifoso(a *f)* **I.** *agg* ① typhusartig ② fanatisch **II.** *m (della Lazio)* Fan *m,* Sportfanatiker(in *f) m*

tiglio *m* FLORA Linde *f*

tigrato *agg* ▷*gatto* getigert; **tigre** *f* FAUNA Tiger *m*

tilde *f* Tilde *f*

timballo *m* Zimbel *f*

timbrare *vt* stempeln; **timbratura** *f (timbro)* Stempeln *n;* **timbro** *m* Stempel *m*

timidezza *f* Schüchternheit *f;* **'timido** *agg* schüchtern

timo *m* FLORA Thymian *m*

timone *m (della nave)* Ruder, Steuerruder *n;* **timoniere** *m* Steuermann *m*

timorato *agg (di Dio)* gottesfürchtig; **timore** *m* ① *(degli esami)* Angst *f* ② *(di Dio)* Furcht, Ehrfurcht *f;* **timoroso** *agg* ① *(degli esami)* ängstlich ② *(di Dio)* ehrfürchtig

'timpano *m* ① MUS Pauke *f* ② ANAT Trommelfell *n*

'tingere ⟨Pass. rem.: tinsi/tingesti Part.: tinto⟩ *irr vt (colorare)* → *vestito, capelli* färben

tinozza *f* Waschtrog *m*

tinta *f (del muro)* Anstrich *m; (dei capelli)* Farbe *f;* **tintarella** *f* Bräune *f*

tinteggiare ⟨3.3⟩ *vt* → *pareti* anstreichen

tintinnare *vi avere e essere* ← *monete* klimpern

tinto I. *part. pass. di* '**tingere**; II. *agg* ▷*di blu* gefärbt

tinto'ria *f* (*lavasecco*) Reinigung *f*; **tintura** *f* ① Färben *n* ② (*colorante*) Färbemittel *n* ③ (*di iodio*) Tinktur *f*

tipicità *f* (*di un vino*) Charaktermerkmal *n*

'**tipico** *agg* ⟨ci, che⟩ typisch

tipo I. *m* ① (*modello, esemplare*) Typ *m* ② (*del teatro popolare*) Typus *m* II. *agg inv*: ◇ **famiglia** - Modellfamilie *f*

tipogra'fia *f* Buchdruck *m*; (*officina*) Druckerei *f*; **tipo'grafico** *agg* ⟨ci, che⟩ typographisch, Druck-; **ti'pografo(a** *f*) *m* Drucker(in *f*) *m*, Schriftsetzer(in *f*) *m*

tipolo'gia *f* Typologie *f*; **tipo'logico** *agg* ⟨ci, che⟩ typologisch

tip tap *m* (*danza*) Steptanz *m*

tirag'gio *m* ⟨gi⟩ (*del camino*) Luftzug *m*

tiranneggia're ⟨3.3⟩ I. *vt* → *moglie* tyrannisieren II. *vi avere* herrisch auftreten; **tiran'nia** *f* (*dispotismo*) Tyrannei *f*; (*atto tirannico*) Tyrannei *f*; **ti'rannico** *agg* ⟨ci, che⟩ (*di, da tiranno*) tyrannisch; **ti'rannide** *f* Gewaltherrschaft *f*; **tiranno** (**a** *f*) *m* Tyrann(in *f*) *m*

tirante I. *p. pres. di* **tirare**; II. *agg* ⟨inv⟩ (*che tira*) Zug- III. *m* ARCH Zuganker *m*; **tirare** I. *vt* ① → *corda* ausziehen ② ← *cassetto* herausziehen ③ → *slitta* ziehen ④ ◇ **tira più in là la sedia** heranziehen II. *vi avere* ① ▷*avanti* weitergehen ② ← *il vento* wehen ③ ← *il vestito* eng sitzen ▷*a imbrogliare* bedacht sei auf *acc* ⑤ (*con il fucile, con l'arco*) schießen III. *vr* ◇ **-rsi**: ◇ **-rsi da parte** beiseite treten; ◇ **-rsi su** sich aufraffen; ◇ **-rsi indietro** sich zurückziehen; **tirata** *f* (*d'orecchi*) Rüge *f*; **tirato** I. *p. pass. di* **tirare**; II. *agg* ① (*teso, allungato*) ▷*tenda* gestrafft, gedehnt ② ▷*riso* angespannt ③ (*avaro*) geizig; **tiratore(trice** *f*) *m* ▷*scelto* Schütze *m*, Schützin *f*; **tiratura** *f* (*di un giornale*) Auflage *f*

tirchio(a *f*) I. *agg* (*avaro*) geizig II. *m* (*avaro*) Geizhals *m*

tiro *m* ① ▷*cavallo da* Zug *m* ② ▷*a segno* Schießen *n* ③ (*FIG colpo, tentativo*) ▷*riuscito* Streich *m*

tirocinante I. *agg* ⟨inv⟩ Probe- II. *m/f* Praktikant (in *f*) *m*; **tirocinio** *m* Lehre *f*

tiroide *f* ANAT Schilddrüse *f*

tirolese I. *agg* Tirol-, tirolisch II. *m/f* Tiroler(in*f*) *m*

tisana *f* (*di camomilla*) Tee, Aufguß *m*

tisi *f* Tuberkulose *f*; **tisico(a** *f*) I. *agg* ⟨ci, che⟩ ① tuberkulös, schwindsüchtig ② schwach, kraftlos II. *m* Tuberkulosekranke(r) *fm*

titolare[1] *m/f* ① (*della cattedra*) Inhaber(in *f*) *m* ② (*del negozio*) Inhaber(in*f*) *m*

titolare[2] ⟨3.2⟩ *vi* ← *giornale* betiteln

titolato(a *f*) I. *p. pass. di* **titolare**; II. *agg* (*che ha un titolo nobiliare*) adlig III. *m* Adlige(r) *fm* ; '**titolo** *m* ① (*di un libro, di un'articolo*) Titel *m* ② (*di professore*) Titel *m* ③ (*di vigliacco*) Schimpfname *m*

titubante I. *p. pres. di* **titubare**; II. *agg* ⟨inv⟩ zaudernd; **titubanza** *f* Unschlüssigkeit *f*, Zögern *n*; **titubare** ⟨3.2⟩ *vi avere* (*mostrarsi indeciso*) zaudern, unschlüssig sein

tizzone *m* [brennendes] Holzscheit *n*

to' *inter* FAM ① (*eccoti, prendi*) → *caramella* da! nimm! ② (*meraviglia*) ◇ **, questa è bella !** Ach das ist aber schön! Oh wie schön!

toc'cabile *agg* ⟨inv⟩ berührbar; *FIG* greifbar

toccante *agg* ⟨inv⟩ (*commovente*) rührend, ergreifend

toccare ⟨3.4⟩ I. *vt* ① → *oggetto* berühren ② (*prendere, manomettere*) ◇ **chi ha toccato i miei libri ?** wer hat meine Bücher angerührt/benutzt? ④ (*giungere a*) ◇ **con la testa tocca il soffitto** er stößt mit dem Kopf an die Decke (an) ⑤ (*commuovere*) rühren ⑥ (*riguardare*) ◇ **è un'accusa che tocca tutti noi** diese Anschuldigung betrifft uns alle II. *vi* ① (*capitare*) ◇ **ti è toccata una grande fortuna** dir ist ein großes Glück widerfahren/zuteil geworden ② (*dovere*) ◇ **gli tocca ubbidire** er muß schweigen, er ist gezwungen zu schweigen ③ (*nel gioco*) an der Reihe sein III. *vr* ◇ **-rsi** sich berühren; **toccata** *f* Berührung *f*; **toccato** I. *p. pass. di* **toccare**; II. *agg* ① SPORT getroffen ② verrückt; **toc'co**[1] *m* ⟨chi⟩ (*di una mano*) Schlag *m*; *FIG* ◇ **un pianista dal - vivace** ein Pianist mit lebendigem Anschlag; **toc'co**[2] *m* ⟨chi⟩ (*di pane*) Stück *n*

toga *f* ⟨ghe⟩ (*degli antichi Romani*) Toga *f*; (*dei magistrati*) Robe *f*

'**togliere** ⟨Pres.: tolgo/tolgono Pass. rem.: tolsi/ tolse/tolsero, Cong.: tolga/tolgano Imp.: tolga/ tolgano Part.: tolto⟩ *irr* I. *vt* ① → *tovaglia* entfernen, abnehmen; → *i guanti* ausziehen ② → *l'onore* nehmen, rauben ③ (*contr. di aggiungere*) abziehen ④ ◇ **- da un impiccio** aus der Patsche helfen II. *vr* ◇ **-rsi** (*levarsi*) (*dai guai*) sich entfernen, sich herausholen

tolle'rabile *agg* ⟨inv⟩ ertragbar, erträglich

tollerante I. *p. pres. di* **tollerare**; II. *agg* ⟨inv⟩ tolerant; **tolleranza** *f* (*sopportazione*) Duldsamkeit *f*; (*contr. di intolleranza*) Toleranz *f*; **tollerare** ⟨3.2⟩ *vt* ① (*sopportare*) ertragen ② (*tutte le religioni*) tolerieren

tolto I. *p. pass. di* '**togliere**; II. *agg* (*levato via*) entfernt, weggenommen

tomaia *f* (*della scarpa*) Oberleder *n*

tomba f Grab, Grabmal n, Gruft f; **tombale** agg ⟨inv⟩ Grab-

tombino m Schachtdeckel m

'**tombola** f Tombola f

tomo m (di un libro) Band m

tomogra'fia f MED Tomographie f

'**tonaca** f ⟨che⟩ (di frate) [Mönchs-] Kutte m; (di monaca) [Ordens-] Tracht f

tonale agg ⟨inv⟩ Ton-; **tonalità** f (di blu) Tönung f

tonante I. p. pres. di **tonare**; II. agg ⟨inv⟩ (FIG che tuona, rimbomba) ▷voce volltönend; **tonare** I. vi avere (FIG parlare a gran voce) dröhnen, losdonnern II. vi impers essere/avere donnern

tondeggiante I. p. pres. di **tondeggiare**; II. agg ⟨inv⟩ rundlich; **tondeggiare** ⟨3.3⟩ vi (essere tondo o quasi) rundlich sein

tondo agg rund

tonfare vi (fare un tonfo) platschen; **tonfo** m Platsch m

'**tonica** m ⟨che⟩ LING akzentuierter Vokal; MUS Tonika f

'**tonico** agg ⟨ci, che⟩ LING betont; MUS tonisch, Tonika-

tonificante I. p. pres. di **tonificare**; II. agg ⟨inv⟩ belebend, kräftigend III. m (cosmetico) Tonikum n; **tonificare** ⟨3.4⟩ irr vt beleben, kräftigen

tonnellag|gio m ⟨gi⟩ NAUT Tonnage f

tonnellata f Tonne f

tonno m FAUNA Thunfisch m

tono m ① MUS Ton m, Tonart f ② LING Ton, Tonfall m, Stimme f ③ ▷muscolare Ton m

tonsilla f ANAT Mandel f; **tonsillare** agg ⟨inv⟩ tonsillar, Mandel-; **tonsillite** f MED Mandelentzündung f

tonto agg dumm, trottelig

top m ⟨inv⟩ ① Top n ② Höhepunkt m

topazio m Topas m

'**topica** f ⟨che⟩ Topik f; '**topico** agg ⟨ci, che⟩ (attinente alla topica) die Topik/Topoi betreffend

topo m FAUNA Maus f; FIG ◇ - m **di biblioteca** Leseratte f

topogra'fia f Topographie f; **topo'grafico** agg ⟨ci, che⟩ topographisch; **to'pografo(a** f) m (studioso di topografia) Topograph(in f) m; **topo'lo'gia** f ① GEO Topologie f ② LING Wortstellung f; **topo'logico** agg ⟨ci, che⟩ topologisch

toponi'mia f (studio dei nomi di luogo) Toponymik f; **to'ponimo** m Ortsname m

topono'mastica f Toponomastik f

toppa f ① Schlüsselloch n ② (pezza) Flecken, Flicken m

torace m ANAT Brustkorb, Thorax m; **to'raci-co** agg ⟨ci, che⟩ Brust-

torba f Torf m

torbidezza f Trübe n, Dunkel m; '**torbido** I. agg ▷liquido trübe; FIG ▷sguardo finster, trübe II. m (situazione poco onesta) Unaufrichtigkeit f

'**torcere** ⟨Pass. rem.: torsi/torcesti Part.: torto⟩ irr I. vt ① → biancheria winden, auswringen ② → filo di ferro krümmen, biegen, winden II. vr ◇ -**rsi** ▷dalle risa sich krümmen

torchiare ⟨3.6⟩ vt → vinacce pressen; FIG ausquetschen; **torchiatura** f Pressung f, Keltern n; **torchio** m Weinpresse f

torcia f ⟨ce⟩ Taschenlampe f

torcicollo m FAM steifer Hals/Nacken

tordo m FAUNA Drossel f

torello m Jungstier m

torero m Torero m

tormenta f Schneesturm m

tormentare I. vt foltern; FIG peinigen, quälen II. vr ◇ -**rsi** sich quälen; **tormento** m (strumento di tortura) Folterinstrument n; FIG Qual f, Leiden n; (persona o cosa che provocano molestia) Quälgeist m; **tormentoso** agg quälend; (pieno di difficoltà) ▷esistenza geplagt

tornaconto m (utile personale) Nutzen m

tornado m Tornado m

tornante m Spitzkehre, Serpentine f

tornare vi ① (in città, da teatro) zurückkehren ② (andare nuovamente) wiederkehren, zurückkommen ③ (ricomparire) ◇ è **tornata l'estate** der Sommer ist wieder da ④ (ridiventare, rifarsi) ◇ è **tornato un uomo onesto** er ist wieder ein ehrenhafter Mann geworden ⑤ (riuscire esatto) ◇ **il conto torna** die Rechnung ist richtig

tornasole m ⟨inv⟩ ▷cartina Lackmus m o n

tor'neo m ① (spettacolo d'armi) Turnier n ② (di tennis) Turnier n, Wettkampf m

tornio m Drehbank f

tornire ⟨5.2⟩ irr vt (lavorare al tornio) drehen, drechseln; **tornito** I. p. pass. di **tornire**; II. agg ① (lavorato al tornio) gedrechselt, gedreht ② FIG ▷braccia wohlgeformt, ansehnlich; **torni-tore(trice** f) m Dreher(in f) m

toro m FAUNA Stier m; ASTROL ◇ essere del - Sternzeichen Stier haben

tor'pedine f Torpedo m; **torpediniera** f Torpedoboot n

torpore m Trägheit f, Abschlaffen n; (FIG pigrizia fisica, intellettuale) Trägheit, Lustlosigkeit f

torre f Turm m

torrefazione f (del caffè) Röstung f; (negozio) Rösterei f

torrente m Sturzbach, Wildbach m; (FIG di la-

crime) Sturzflut, Flut *f*; **torrentizio** *agg* (*di torrente*) Sturzbach-; **torrenziale** *agg inv* ▷*pioggia* strömend, sturzbachartig

torretta *f* (*dei carri armati*) Panzerturm *m*; (*di aereo*) Turm *m*

'**torrido** *agg* ▷*clima* heiß, dürr

torrione *m* [1] (*di un castello*) Turm, Wachtturm *m* [2] (*di una nave*) Gefechtsmast *m*

torrone *m* Nougat *m* o n

torsione *f* [1] (*el ginnasta*) Drehung *f* [2] FIS Verdrehung, Torsion *f*

torso *m* (*di pera*) Strunk *m*, Kerngehäuse *n*

torta *f* Torte *f*, Kuchen *m*; **tortiera** *f* Tortenbackform *f*

torto[1] I. *p. pass. di* **torcere**; II. *agg* (*piegato, curvo*) gedreht, gekrümmt

torto[2] *m* [1] (*commettere un'ingiustizia*) ◇ **fare - a qu** jd-m Unrecht zufügen, jd-n kränken [2] (*essere in errore*) ◇ **avere -** unrecht haben; ◇ **dare - a qu** jd-m unrecht geben

'**tortora** *f* FAUNA Turteltaube *f*

tortuosità *f* (*l'essere tortuoso*) Gekrümmtheit *f*, Windung *f*; (*FIG di un ragionamento*) Gewundenheit *f*; **tortuoso** *agg* ↑ *sinuosa* krumm; FIG ▷*ragionamento* krumm, gewunden

tortura *f* Folter, Tortur *f*; **torturare** I. *vt* foltern II. *vr* ◇ **-rsi** sich quälen

torvo *agg* ▷*occhio* schief, schielend

tosaerba *f* Rasenmäher *m*

tosare *vt* → *pecora* scheren; → *siepe* beschneiden; → *prato* mähen; **tosatura** *f* (*della pecora*) Schur *f*; (*della siepe*) Beschneiden *n*; (*del prato*) Mähen *n*

toscano(a *f*) I. *agg* toskanisch II. *m* Toskaner(in *f*) *m*

tosse *f* Husten *m*; ◇ **- convulsa** Keuchhusten *m*

tossicità *f* (*nocività*) Giftigkeit, Toxität *f*; '**tossico** *agg* 〈ci, che〉 giftig; **tossicodipendente** I. *m*/*f* 〈i〉 Drogenabhängige(r) *fm* II. *agg* 〈inv〉 drogenabhängig; **tossicodipendenza** *f* Drogenabhängigkeit *f*; **tossicologia** *f* Toxikologie *f*; **tossicologo(a** *f*) *m* 〈ghi ghe〉 Toxikologe *m*, Toxikologin *f*; **tossicomane** *m*/*f* 〈i〉 Rauschgiftsüchtige(r) *fm* ; **tossicomania** *f* Rauschgiftsucht *f*

tossina *f* Toxin *n*

tossire 〈5.2〉 *irr vi* husten

tostapane *m* 〈inv〉 Toaster *m*

tostare *vt* [1] → *pane* toasten [2] → *caffè* rösten; **tostatura** *f* Röstung *f*

totale I. *agg* ▷*eclissi* total II. *m* Summe *f*; **totalità** *f* [1] (*interezza*) ◇ **l'essere umano nella sua - der** Mensch als Ganzes [2] ▷*dei casi* Gesamtheit *f*; **totalitario** *agg* [1] ganzheitlich [2] POL ▷*regime* totalitär; **totalitarismo** *m* Totalitarismus *m*; **totalizzante** *agg* 〈inv〉 (*che coinvolge tutto*) gesamtheitlich; **totalizzare** *vt* insgesamt erreichen

totem *m* 〈inv〉 Totem *n*

totocalcio *m* Fußballtoto *n*

tovaglia *f* Tischdecke *f*; **tovagliolo** *m* Serviette *f*

tozzo *agg* ▷*persona* gedrungen, stämmig, pummelig

tra *prep* [1] (*stato*) ◇ **è scomparsa - la folla** sie ist in der Menge verschwunden [2] (*moto attraverso luogo*) ◇ **un raggio di luce passa - le tende** ein Lichtstrahl fällt durch den Vorhang [3] (*in mezzo a due persone/cose*) zwischen *dat*, *acc*; (*in mezzo a più persone/cose*) unter *dat*, *acc* [4] (*quantità*) ◇ **- dieci chilometri c'è una ristorante** nach/in zehn Kilometern kommt ein Restaurant [5] (*temporale*) ◇ **torno - un'ora** ich komme in/nach einer Stunde wieder; ◇ **- poco** bald; ◇ **- breve** gleich [6] (*partitivo*) ◇ **è il miglior ristorante - quelli che conosco** unter den mir bekannten ist es das beste Restaurant

traballare *vi avere* ← *tavolo* wackeln

traboccare 〈3.4〉 *irr vi* (*dalla pentola*) überlaufen; (*FIG di felicità*) überströmen, überfließen

trabocchetto *m* FIG: ◇ **tendere un - a qu** jd-m eine Falle stellen

traccia *f* 〈ce〉 [1] (*di un ladro*) Spur *f*; (*della volpe*) Fährte *f* [2] (*di un disegno*) Entwurf *m*, Skizze *f*

tracciante I. *p. pres. di* **tracciare**; II. *agg* 〈inv〉 (*che traccia*) Spur-; **tracciare** 〈3.3〉 *vt* → *percorso* ziehen, abstecken; (*FIG abbozzare, fare lo schema*) umreißen, vorzeichnen; **tracciato** I. *p. pass. di* **tracciare**; II. *agg* (*delineato*) vorgezeichnet III. *m* [1] (*della rotta*) Kurs *m* [2] Entwurf *m*, Trasse *f*

trachea *f* ANAT Luftröhre *f*

tracolla *f* Umhängetasche *f*

tracollo *m* FIG ▷*finanziario* Zusammenbruch *m*

tracotante *agg* 〈inv〉 überheblich, arrogant; **tracotanza** *f* (*arroganza*) Überheblichkeit, Arroganz *f*

tradimento *m* (*della fiducia*) Verrat *m*; (*del coniuge*) Untreue *f*; ◇ **a -** hinterrücks; **tradire** 〈5.2〉 *irr* I. *vt* [1] → *coniuge* betrügen; → *ideale* verraten [2] FIG ← *memoria* täuschen [3] (*rivelare*) ◇ **il suo discorso tradiva il suo imbarazzo** seine Worte verrieten seine Verlegenheit II. *vr* ◇ **-rsi** sich verraten; **traditore(trice** *f*) I. *m* Verräter(in *f*) *m* II. *agg* verräterisch

tradizionale *agg* 〈inv〉 traditionell, herkömmlich; **tradizione** *f* Tradition *f*

tradotto I. *p. pass. di* **tadurre**; **II.** *agg* übersetzt; **tradurre** ⟨4.4⟩ *irr vt* übersetzen; ◇ **- dal tedesco al francese** aus dem Deutschen ins Französische übersetzen; **tradut|tore(trice** *f*) *m* Übersetzer(in*f*) *m*; **traduzione** *f* Übersetzung *f*

traente I. *p. pres. di* **trarre**; **II.** *agg* ⟨inv⟩ ⟨*che tira, dà impulso*⟩ ziehend, Zug-

trafelato *agg* atemlos, außer Atem

trafficante I. *p. pres. di* **trafficare**; **II.** *agg* ⟨inv⟩ ⟨*che traffica*⟩ Händler- **III.** *m/f* ⟨i⟩ ⟨*di droga*⟩ Dealer(Dealerin *f*) *m*; **trafficare** ⟨3.4⟩ *irr vi* ⟨*commerciare*⟩ handeln (*in* mit *dat*); **traffico** *m* ⟨ci⟩ [1] ▷*stradale* Verkehr *m* [2] ⟨*di stupefacenti*⟩ Drogenhandel *m*

tra'figgere ⟨Pass. rem.: trafissi/trafigessti Part.: trafitto⟩ *irr vt* durchstechen, durchstechen; *FIG* treffen, verletzen

traforare *vt* durchbohren; **traforo** *m* Tunnel *m*

trafugare ⟨3.5⟩ *irr vt* → *quadro* entwenden, stehlen

tragedia *f* Tragödie *f*

traghettare *vt* ← *barca* überqueren; **traghetto** *m* (*l'operazione del traghettare*) Überfahrt *f*, Fähre *f*

tragicità *f* Tragik *f*; **'tragico(a** *f*) **I.** *agg* ⟨ci, che⟩ tragisch **II.** *m* Tragödiendichter(in *f*) *m* **III.** *m* ⟨inv⟩ ⟨*tragicità*⟩ Tragische *n*, Tragik *f*; **tragi'comico** *agg* ⟨ci, che⟩ *FIG* tragikomisch

tragitto *m* (*per Roma*) Fahrt *f*

traguardo *m* : ◇ **tagliare il** - ins Ziel kommen

traiettoria *f* (*di un proiettile*) Flugbahn *f*

trainante I. *p. pres. di* **trainare**; **II.** *agg* ⟨inv⟩ [1] Zug-, Schlepp- [2] *FIG* ▷*settore* Spitzen-, Haupt-; **trainare** *vt* → *veicolo* schleppen, abschleppen; **traino** *m* (*atto del trainare*) Schleppen *n*; (*ciò che viene trainato*) Schleppgut *n*, Fuhre *f*

tralasciare ⟨3.3⟩ *vt* → *studi* unterbrechen; → *parola* auslassen

tralcio *m* Trieb, Schößling *m*

tralic|cio *m* ⟨ci⟩ Netzwerk, Gitterwerk *n*

tram *m* ⟨inv⟩ Straßenbahn *f*

trama *f* (*filo*) Schuß *m*; (*FIG di un film*) Handlung *f*

tramandare *vt* → *ricordo* überliefern

tramare *vt vt*; *FIG* → *inganni* schmieden, anzetteln

trambusto *m* Durcheinander *n*, Rummel *m*, Lärm *m*

tramezzino *m* belegtes Brot

'tramite I. *prep* durch *acc* **II.** *m* : ◇ **fare/agire da** - als Vermittler dienen

tramontana *f* Nordwind *m*

tramontare *vi* ← *sole* untergehen; *FIG* untergehen, vergehen; **tramonto** *m* Untergang *m*

tramortire ⟨5.2⟩ *irr* **I.** *vi* ohnmächtig werden **II.** *vt* jd-m die Besinnung nehmen

trampolino *m* (*nel nuoto*) Sprungbrett *n*; (*nello sci*) Sprungschanze *f*

'trampolo *m* Stelze *f*

tramutare ⟨3.2⟩ **I.** *vt* (*mutare*) verwandeln, umwandeln **II.** *vr vi pron* ◇ **-rsi** sich verwandeln

trancia *f* ⟨ce⟩ [1] (*cesoia*) Schere *f* [2] (*di tonno*) Stück *n*, Scheibe *f*; **tranciare** ⟨3.3⟩ *vt* (*tagliare con la trancia*) zerlegen

tranello *m* (*inganno*) Falle *f*, Hinterhalt *m*

trangugiare ⟨3.3⟩ *vt* schlucken

tranne *prep* abgesehen von *dat*, mit Ausnahme *gen*

tranquillante *m* Beruhigungsmittel *n*; **tranquillità** *f* Ruhe, Stille *f*; **tranquillizzare** *vt* beruhigen; **tranquillo** *agg* (*calmo*) ruhig; (*alieno da impazienza*) gelassen

transa'tlantico I. *agg* ⟨ci, che⟩ transatlantisch, Übersee- **II.** *m* Ozeandampfer *m*

transazione *f* DIR Transaktion *f*

transenna *f* (*parapetto decorato*) Geländer *n*; (*barriera per regolare il traffico*) Schranke *f*

transessuale I. *m/f* Transsexuelle(r) *fm* **II.** *agg* ⟨inv⟩ transsexuell

transetto *m* Querschiff *n*

tran'sigere ⟨Part.: transatto⟩ *irr vi avere* DIR zu einem Vergleich kommen; *FIG* (*con la propria coscienza*) Frieden schließen

transistor *m* ⟨inv⟩ Transistor *m*

transi'tabile *agg* ⟨inv⟩ ▷*strada* befahrbar; **transitabilità** *f* Befahrbarkeit *f*; **transitare** ⟨3.2⟩ *vi* ▷*a piedi* gehen; ▷*con un veicolo* fahren

transitivo *agg* LING transitiv

'transito *m* (*passaggio a piedi*) Durchgang *m*; (*passaggio con veicolo*) Durchfahrt *f*

transitorietà *f* Vorläufigkeit *f*

transitorio *agg* vorübergehend

transizione *f* ▷*periodo di* Übergang *m*

transoce'anico *agg* ⟨ci, che⟩ Übersee-

'trapano *m* (*utensile*) Bohrer *m*

trapassare I. *vt* durchdringen, durchbohren **II.** *vi* ← *proiettile* dringen (durch *acc*); **trapassato I.** *p. pass. di* **trapassare**; **II.** *agg* (*trafitto*) durchbohrt; (*morto*) hinübergegangen, verschieden **III.** *m* [1] LING Plusquamperfekt *n* [2] ◇ **-i** *m/pl* Verschiedene *pl*

trapasso *m* [1] ◇ **-anni** *m/pl* **di** - Übergangsjahre *pl* [2] (*morte*) Verscheiden *n*

trapelare *vi* *FIG* ← *acqua* durchsickern; *FIG* ← *notizia* durchsickern

trapezio *m* MAT Trapez *n*; **trapezista** *m/f* ⟨i,

e⟩ *(acrobata del trapezio)* Trapezkünstler(in *f*) *m*

trapiantare *vt* → **rose** umpflanzen, einpflanzen; MED transplantieren; **trapianto** *m (di una rosa)* Umsetzen, Umpflanzen *n;* MED Transplantation *f*

'trappola *f (per topi)* Falle *f*

trapunta *f* Steppdecke *f*

trarre ⟨Pres.: traggo/traggono Pass. rem.: trassi/trasse/trassero, Cong.: tragga/traggano Imp.: tragga/traggano Part.: tratto⟩ **I.** *vt* ① *(portare, condurre)* bringen, führen ② → **vino** herausziehen ③ → **guadagno** ziehen ④ → **spada** ziehen **II.** *vr* ◇ **-rsi** *(ricavare) (da un imbroglio)* sich herausziehen, davonkommen

trasalire ⟨5.4⟩ *irr vi essere o avere (dallo spavento)* zusammenschrecken

trasandato *agg* nachlässig, ungepflegt

trascendentale *agg* ⟨inv⟩ transzendent, transzendental; *FAM* **non è trascendentale** das ist doch nichts Außergewöhnliches; **trascendente** *agg* ⟨inv⟩ transzendent; **trascendenza** *f* Transzendenz *f;* **tra'scendere** ⟨Pass. rem.: trascesi/trascese/trascesero Part.: trasceso⟩ **I.** *irr vt (oltrepassare)* übersteigen **II.** *vi avere o essere* ▷**nel mangiare** übertreiben

trascinare I. *vt* → **gamba** nachziehen **II.** *vr* ◇ **-rsi** ▷**nel fango** sich dahinschleppen; **trascina|tore(trice)** *f*) **I.** *m (della folla)* Verführer(in *f*) *m* **II.** *agg* ⟨inv⟩ mitreißend

trascolorare *vi* die Farbe wechseln

tra'scorrere ⟨Pass. rem.: trascorsi/trascorse/trascorsero Part.: trascorso⟩ *irr* **I.** *vt* → **ore liete** verbringen, durchleben **II.** *vi* ← *anni* vergehen, verstreichen; **trascorso I.** *p. pass. di* **tra'scorrere**; **II.** *agg (passato)* vergangen

tra'scrivere ⟨Pass. rem.: trascrissi/trascrisse/trascrissero Part.: trascritto⟩ *irr vt (copiare)* abschreiben; DIR eintragen, einschreiben; **trascrizione** *f (atto del trascrivere)* Abschreiben *n;* (DIR *della citazione)* Eintragung *f*

trascu'rabile *agg* ⟨inv⟩ unerheblich; **trascurare I.** *vt* → **gli studi** vernachlässigen **II.** *vi (dimenticare)* versäumen **III.** *vr* ◇ **-rsi** sich vernachlässigen; **trascuratezza** *f* ↑ **sciatteria** Nachlässigkeit *f;* **trascurato I.** *p. pass. di* **trascurare**; **II.** *agg* ① ▷**persona** nachlässig ② *(omesso)* vernachlässigt

trasfe'ribile *agg* ⟨inv⟩ übertragbar; **trasferimento** *m (in città)* Versetzung *f;* **trasferire** ⟨5.2⟩ *irr* **I.** *vt* → *impiegato* versetzen; *FIG* → *diritto* übertragen, überschreiben **II.** *vr* ◇ **-rsi** umziehen; **trasferta** *f* Dienstreise *f;* SPORT ◇ **giocare in** - auswärts spielen

trasfigurare *vt* verändern; **trasfigurazione** *f (del volto)* Veränderung *f*

tra'sfondere ⟨Pass. rem.: trasfusi/trasfuse/trasfusero Part.: trasfuso⟩ *irr vi FIG:* ◇ **le ha trasfuso una grande gioia** seine große Freude ging über sie über

trasfor'mabile *agg* ⟨inv⟩ wandelbar; **trasformare I.** *vt (mutare di forma)* verwandeln **II.** *vr* ◇ **-rsi** *(cambiare)* sich ändern; **trasformatore (trice)** *f) m* Transformator(in *f*) *m*

trasformazionale *agg* ⟨inv⟩ LING Transformations-; **trasformazione** *f* ① *(mutamento di forma)* Verwandlung *f;* (di carattere) Wandlung *f* ② ELETTR Transformation, Umspannung *f;* **trasformista** *m/f* ⟨i, e⟩ *(artista)* Verwandlungskünstler(in *f*) *m*

trasfusionale *agg* ⟨inv⟩ Transfusions-; **trasfusione** *f (di sangue)* Transfusion *f*

trasgredire ⟨5.2⟩ *irr vt avere* übertreten; **trasgressione** *f (di una legge)* Überschreitung, Übertretung *f;* **trasgressore(trasgreditrice** *f) m* Übertreter(in *f*) *m*

traslare *vt* → *salma* umbetten; **traslato I.** *agg (metaforico)* übertragen **II.** *m* übertragener Ausdruck

traslocare ⟨3.4⟩ **I.** *vt* versetzen **II.** *vr vi pron* umziehen; **trasloco** *m* ⟨chi⟩ *(dei mobili)* Umzug *m*

tra'smettere ⟨Pass. rem.: trasmsi/trasmise/trasmisero Part.: trasmesso⟩ *irr vt* ① → *usanza* übermitteln, weitergeben ② → *notizia (in televisione)* senden; **trasmetti|tore(trice** *f) m* **I.** Überträger(in *f*) *m* **II.** *agg* Übertragungs- **III.** *m* ▷*apparecchio* Übertragungsgerät *n;* **trasmissione** *f* ① *(di usanze)* Weitergabe, Übermittlung *f* ② *(di notizie alla radio)* Übertragung *f* ③ *(di una macchina)* Übertragung *f;* **trasmittente I.** *agg* ⟨inv⟩ übertragend **II.** *f* Sender *m*, Sendestation *f*

trasognare *vi avere (sognare ad occhi aperti)* vor sich hinträumen, tagträumen; **trasognato I.** *p. pass. di* **trasognare**; **II.** *agg (distratto)* verträumt

trasparente *agg (contr. di opaco)* ▷*vetro* transparent, durchsichtig; ▷*camicetta* durchscheinend; **trasparenza** *f* Transparenz *f;* **trasparire** ⟨5.2⟩ *irr vi (apparire attraverso un corpo)* durchscheinen; *FIG* ◇ **non lascia - nulla delle sue intenzioni** er läßt nichts von seinen Absichten durchblicken

traspirare *vi* schwitzen, transpirieren; **traspirazione** *f* ▷*cutanea* Transpiration *f*

traspor'tabile *agg* ⟨inv⟩ transportabel; **trasportare** *vt* ① → *merce* befördern, transportieren; *FIG* ◇ **il romanzo ci trasporta nel Medioevo** der Roman versetzt uns ins Mittelalter; **trasporto** *m* ⓵ *(di merci)* Transport *m* ⓶ *(insieme dei mezzi di trasporto)* ◇ - **pubblico** öffentlicher Verkehr ⓷ *FIG* ◇ **con** ~ mit Rührung, in einem zärtlichen Anflug

trasposizione *f* Umstellung *f*

trastullare I. *vt* → *bambino* spielen mit *dat* **II.** *vr* ◇ **-rsi** sich unterhalten, sich die Zeit vertreiben; **trastullo** *m (passatempo)* Zeitvertreib *m*, Spiel *n*

trasudare I. *vi avere nel sign 1* ⓵ *(mandare fuori come sudore)* schwitzen ⓶ *(filtrare lentamente)* durchsickern, ausschwitzen **II.** *vt* → *umidità* absondern; **trasudazione** *f (di una roccia)* Durchsickern *n*

trasversale *agg* ⟨inv⟩ Quer-, transversal

tratta *f* ⓵ *(cambiale)* Tratte *f* ⓶ ◇ - **delle bianche** Mädchenhandel *m*

trat'tabile *agg* ⟨inv⟩ ⓵ *(che si può trattare)* behandelbar, verhandelbar ⓶ *FIG* ▷*persona* zugänglich, umgänglich

trattamento *m* ⓵ *(di riguardo)* Behandlung *f* ⓶ *(di un albergo)* Versorgung *f*, Service *m* ⓷ ▷*termico* Behandlung *f*; **trattare I.** *vt* ⓵ → *problema* behandeln; → *affare* erledigen → *piante* behandeln **II.** *vi avere* ▷*di politica* sich unterhalten *(di über acc)* **III.** *vr impers* ◇ **-rsi:** ◇ **si tratta di ciò** es handelt sich darum; **trattativa** *f :* ◇ **-e** *f/pl (dei due Stati)* Verhandlungen *pl*; **trattato** *m* ⓵ *(di anatomia)* Abhandlung *f* ⓶ *(di pace)* Vertrag *f*; **trattazione** *f* Abhandlung *f*

tratteggiare ⟨3.3⟩ *vt (tracciare linee brevi e molto vicine)* schraffieren; **tratteggio** *m (di un disegno)* Schraffierung, Schraffur *f*

trattenere ⟨4.17⟩ *irr* **I.** *vt* ⓵ *(tenere occupato)* zurückhalten ⓶ → *pianto* zurückhalten, unterdrücken **II.** *vr* ◇ **-rsi** *(astenersi)* sich beherrschen, sich zurückhalten; **trattenimento** *m (festa)* Veranstaltung *f*; **trattenuta** *f (dello stipendio)* Abzug *m*

trattino *m (lineetta che unisce o divide due parole)* Bindestrich *m*

tratto *m* ⓵ *(di penna)* Strich *m* ⓶ *(di mare)* Stück *n*, Strich *m* ⓷ ◇ **i -i** *m/pl* **del volto** die Gesichtszüge *pl*

trattore *m* Traktor *m*

trattо'ria *f* Trattoria *f*, Wirtshaus *'n*

trauma *m* ⟨i⟩ MED, PSIC Trauma *n;* **trau'matico** *agg* ⟨ci, che⟩ traumatisch; **traumatizzare** *vt* ein Trauma auslösen; *FIG* erschüttern; **traumatizzato(a** *f)* **I.** *p. pass. di* **traumatizzare;** **II.** *agg* traumatisiert; *FIG* erschüttert **III.** *m anche FIG* Traumatisierte(r) *fm*

travagliare ⟨3.6⟩ **I.** *vt (provocare sofferenza fisica o spirituale)* quälen **II.** *vi avere (affaticarsi)* sich abmühen; **travaglio** *m* ⓵ *(del dubbio)* Qual *f* ⓶ *(del parto)* Wehen *pl*

trava'sabile *agg* ⟨inv⟩ umfüllbar; **travasare** *vt* umfüllen; **travaso** *m (del vino)* Umfüllen *n*

trave *f* Balken, Träger *m*

traversa *f* ⓵ *(di binario)* Übergang *m* ⓶ SPORT Latte *f* ⓷ *(via traversa)* Querstraße *f*; **traversare** → *strada* überqueren; **traversata** *f (di Londra)* Durchquerung *f*; *(dell' Atlantico)* Überquerung *f*

traver'sia *f :* ◇ **-e** *f/pl* Widrigkeiten *pl*

traversina *f (di binario)* Schwelle *f*

traverso I. *agg* quer, Quer- **II.** *m* Quere *f*; ◇ **la mela mi è andata di** ~ ich habe den Apfel in den falschen Hals bekommen

travestimento *m* Verkleidung *f*; **travestire** *irr* **I.** *vt* verkleiden, verwandeln **II.** *vr* ◇ **-rsi** ▷*a Carnevale* sich verkleiden; *FIG* ◇ **è un lupo che si traveste da agnello** er ist ein Wolf im Schafspelz; **travestito I.** *p. pass. di* **travestire;** **II.** *agg* verkleidet **III.** *m* Transvestit *m*

traviare ⟨3.3⟩ *vt FIG* → *giovani* verführen

travisamento *m (dei fatti)* Verdrehung *f*; **travisare** *vt FIG* → *storia* verdrehen

travolgente I. *p. pres. di* **travolgere;** **II.** *agg* ⟨inv⟩ ▷*bellezza* überwältigend; **tra'volgere** ⟨Pass. rem.: travolsi/travolse/travolsero Part.: travolto⟩ *irr* *vt* ⓵ ← *valanga* mitreißen ⓶ *FIG* ◇ **lasciarsi -ere dalla passione** sich von der Leidenschaft hinreißen lassen

trazione *f* ⓵ *(traino)* Zug *m*, Ziehen *n* ⓶ ▷*meccanica* Antrieb *m* ⓷ MED Traktion *f*

tre *agg* ⟨inv⟩ drei

trebbiare ⟨3.3⟩ *vt* → *il grano* dreschen; **treb'biatrice** *f* Dreschmaschine *f*

trec|cia *f* ⟨ce⟩ Zopf *m;* ⓶ *(di paglia)* Geflecht *n*

trecentesco *agg* ⟨schi⟩ sche *(del Trecento)* aus dem 14. Jahrhundert [stammend]; **trecento I.** *agg* ⟨inv⟩ dreihundert **II.** *m* ◇ **il T-** das vierzehnte Jahrhundert

tredi'cesima *f* dreizehntes Monatsgehalt

'tredici *agg* ⟨inv⟩ dreizehn

tregua *f* ⓵ DIR Waffenstillstand *m* ⓶ ▷*politica* Kampfpause *f*; *FIG* ◇ **lavorare senza un attimo di** ~ ohne Pause arbeiten

tremante I. *p. pres. di* **tremare;** **II.** *agg* ⟨inv⟩ zitternd; **tremare** *vi avere* ▷*dal freddo, dalla paura* zittern

tremendo *agg* ▷*odio* schrecklich; *(estremamente difficile)* ▷*situazione difficile* fürchterlich

trementina *f* Terpentin *n*

'tremito *m* Zittern *n;* **tremolante I.** *p. pres. di*

tremolare; II. *agg* ⟨inv⟩ zitternd; **tremolare** ⟨3.2⟩ *vi avere* ← *le foglie* zittern; ← *le stelle* flimmern, flackern; ← *la voce* beben, zittern; **tremore** *m* Beben *n*; *(FIG agitazione)* Erregung *f*

treno *m* Zug *m*; ◇ - **rapido** Fernschnellzug *m*; ◇ - **espresso** Schnellzug *m*; ◇ - **locale** Nahverkehrszug *m*; ◇ - **diretto** Eilzug *m*; ◇ - **merci** Güterzug *m*; ◇ - **viaggiatori** Reisezug *m*

trenta I. *agg* ⟨inv⟩ dreißig II. *m* SCUOLA sehr gut; **trentennale** I. *agg* ⟨inv⟩ ① *(di trent'anni)* dreißigjährig ② ▷*accordo* dreißigjährlich, alle dreißig Jahre II. *m (ricorrenza)* dreißigster Jahrestag; **trentenne** I. *agg* dreißigjährig II. *m/f* Dreißigjährige(r) *fm* ; **tren'tesimo(a** *f)* I. *agg* dreißigste II. *m* Dreißigste *fm* ; *(frazione)* Dreißigstel *n;* **trentina** *f* : ◇ **una** - ungefähr dreißig; ◇ **essere sulla** - um die dreißig sein

trepidante I. *p. pres. di* **trepidare**; II. *agg* ⟨inv⟩ ängstlich; **trepidare** ⟨3.2⟩ *vi avere* ▷*nell'attesa* bangen; '**trepido** *agg* ängstlich, bangend

treppiede *m (della macchina fotografica)* Stativ *n*

tresca *f* ⟨sche⟩ FIG Intrige *f*, Machenschaften *pl*; *(relazione amorosa illecita)* Verhältnis *n*

'**trespolo** *m (degli uccelli)* Stange *f*

triade *f (insieme di tre cose o persone)* Triade, Dreiheit *f*

triangolare I. *agg* ⟨inv⟩ dreieckig II. *m* (SPORT *di atletica leggera)* Dreikampf *m*; **tri'angolo** *m* ① MAT Dreieck *n* ② *(di stoffa)* Windel *f* ③ *(industriale)* Dreieck *n* ④ MUS Triangel *f*

tribale *agg* ⟨inv⟩ Stamm-

tribolazione *f* Qual *f*

tribù *f* Stamm *m*

tribuna *f* ① *(dello stadio)* Tribüne *f* ② *(della basilica)* Presbyterium *n*

tribunale *m (organo giudiziario)* Gericht *n*

tributare *vt* ▷*onori* erweisen; **tributario** *agg* ① *(relativo ai tributi)* steuerlich ② GEO Zufluß *m; (tassa)* Steuer *f; (FIG di sangue)* Opfer *n*

tricheco *m* ⟨chi⟩ FAUNA Walroß *n*

tri'cipite I. *agg inv (che ha tre teste)* ▷*mostro* dreiköpfig II. *m* ⟨i⟩ *(muscolo)* Trizeps *m*

triciclo *m* Dreirad *n*

tricolore I. *agg inv* ▷*bandiera* dreifarbig II. *m* Trikolore *f*

triennale I. *agg* ⟨inv⟩ ① *(di tre anni)* dreijährig ② *(accordo)* dreijährlich II. *f* Triennale *f*; **triennio** *m* drei Jahre

trifoglio *m* FLORA Klee *m*

tri'gemino I. *agg* ① *▷parto* Drillinge ② *▷nervo* Trigeminus- II. *m (nervo trigemino)* Trigeminus *m*

triglia *f* FAUNA Seebarbe *f*

trigonome'tria *f* MAT Trigonometrie *f*

trillare *vi avere* ← *il campanello* klingeln; **trillo** *m (del campanello)* Klingeln *n*

trilo'gia *f* ▷*dantesca* Trilogie *f*

trimestrale *agg* ⟨inv⟩ vierteljährlich; **trimestre** *m* Trimester *n*

trina *f* Spitze *f*

trin'cea *f* MIL (Schützen-) Graben *m;* **trinceramento** *m* (*m*) Verschanzung *f;* **trincerare** ⟨3.2⟩ *vt* → *campo* verschanzen

trinciare ⟨3.3⟩ *vt* → *tabacco* zerschneiden, schneiden; **trinciato** I. *p. pass. di* **trinciare**; II. *agg (tagliuzzato)* zerschnitten

trinità *f* REL Dreifaltigkeit *f;* **trinitario** *agg* trinitarisch

trinomio *m* MAT Trinom *n*

trio *m* ⟨ii⟩ ▷*musicale* Trio *n*

trionfale *agg* ⟨inv⟩ ▷*arco* Triumph-; ▷*tournée* triumphal; **trionfante** I. *p. pres. di* **trionfare**; II. *agg* ⟨inv⟩ triumphierend; **trionfare** *vi avere (sugli avversari)* triumphieren; **trionfo** *m* Triumph *m*

trip *m* ⟨inv⟩ Trip *m*

tripartire *irr vt (dividere in tre parti)* dreiteilen; **tripar'titico** *agg* ⟨ci, che⟩ POL Dreiparteien-; **tripartizione** *f* Dreiteilung *f*

triplicare ⟨3.4⟩ *irr vt* verdreifachen; '**triplice** *agg inv* dreifach; ▷*intesa* Tripel-; '**triplo** *agg* Drei-

trippa *f* Kutteln *pl*

tripudio *m (della folla)* Jubel *m; (FIG di colori)* Pracht *f*

tris *m* ⟨inv⟩ *(di re)* Drilling *m*

triste *agg* ⟨inv⟩ traurig; **tristezza** *f* Traurigkeit *f*

tritacarne *m* ⟨inv⟩ Fleischwolf *m*

tritare *vt* → *carne* zerkleinern; **trito** *agg (tritato)* gehackt; *FIG* ▷*argomento* banal

'**trittico** *m* ⟨ci⟩ ARTE Tryptichon *n*

triturare ⟨3.2⟩ *vt* zermahlen, zermalmen; **triturazione** *f* Mahlen, Zermalmen *n*

trivella *f* Bohrer *m;* **trivellare** *vt* → *terreno* bohren

triviale *agg* ⟨inv⟩ trivial; **trivialità** *f (scurrilità)* Trivialität *f*

tro'feo *m* ① *(della vittoria)* Trophäe *f*, Preis *m* ② *(di caccia)* Trophäe *f*

'**trofico** *agg* ⟨ci⟩ *(del trofismo)* trophisch

trofismo *m* MED Ernährung *f*

troglodita *m/f* ⟨i, e⟩ *(uomo primitivo)* Höhlenmensch *m; FIG* roher Mensch; **troglo'ditico** *agg* ⟨ci, che⟩ Höhlen-; *FIG* grob

troia *f* FAUNA Sau *f; (FAM ! prostituta)* Hure *f;*

tromba f ① (strumento musicale) Trompete f ② (delle scale) Schacht m ③ (turbine di vento) Windhose f ④ (ANAT di eustachio) Trompete f; **trombone** m Posaune f

trombosi f ⟨inv⟩ MED Thrombose f

troncamento m ① (brusca rottura) Abbruch m, Abschneiden n; (FIG di un rapporto) Abbruch m ② LING Apokope f; **troncare** ⟨3.4⟩ irr vt ① → ramo abschlagen; (FIG interrompere) abbrechen, unterbrechen ② LING → parola apokopieren; **troncato** I. p. pass. di **troncare**; II. agg (spezzato) abgeschlagen, abgebrochen; **tronco**¹ I. agg ⟨chi, che⟩ ① (mozzo) abgebrochen ② LING abgeschnitten ③ (FIG interrotto) abgebrochen, unterbrochen

tronco² m ① FLORA Stamm m ② ANAT Rumpf m ③ (MAT di un cono) Stumpf m

troneggiare ⟨3.3⟩ vi avere auf dem Thron sitzen; (FIG sovrastare) emporragen (sopra über acc)

tronfio agg (indef) ↑ borioso eingebildet

trono m (del re) Thron m; ◊ salire al - den Thron besteigen

tropicale agg ⟨inv⟩ tropisch; **tropico** m ⟨ci, che⟩ ASTRON Wendekreis m; GEO Tropen pl

tropismo m BIO Tropismus m

troppo I. agg (indef): ◊ ci sono -e inesattezze es gibt zu viele Ungenauigkeiten; ◊ fa - freddo es ist zu kalt II. pron (indef): ◊ -i m/pl (persone/cose in ecc.esso) Zuviele pl III. avv: ◊ oggi ho lavorato - heute habe ich zuviel gearbeitet

trota f FAUNA Forelle f

trottare vi avere ← cavallo traben; **trottata** f (del cavallo) Trab m; **trotterellare** vi avere ← cavallo im leichten Trab laufen; ← bambino trippeln; **trotto** m Trab m

'trottola f Kreisel m

trovare I. vt ① → persona/cosa smarrita finden ② (scoprire) → colpevle finden ③ (giudicare) ◊ trovo che ti sei comportato bene ich finde, daß du dich gut verhalten hast II. vr rec ◊ -rsi (incontrarsi) sich treffen; **trovarobe** m/f ⟨inv⟩ Requisiteur(in f) m; **trovata** f gute f Idee; **trovatello(a** f) m (figlio di ignoti) Findelkind n; **trovatore** m (poeta provenzale) Troubadour m

truccare ⟨3.4⟩ irr I. vt ① → motore frisieren ② → attrice schminken II. vr ◊ -rsi sich schminken; **trucca|tore(trice** f) m Maskenbildner(in f) m; **truc|co** m ⟨chi⟩ ① (del mago) Trick m ② (dell'estetista) Make-up n

truce agg ⟨inv⟩ (feroce) wild

trucidare ⟨3.3⟩ vt niedermetzeln

'truciolo m (di legno) Span m

truculento agg finster, wild

truffa f DIR Betrug m; (frode) Betrug, Schwindel m; **truffare** vt betrügen; **truffa|tore(trice** f) m ⟨tori trci⟩ Betrüger(in f) m

truppa f ▷mercenaria Truppe f; (FIG di figli) Schar f

tu I. pron (seconda pers sing m/f) du II. m : ◊ dare del - a qu jd-n duzen

tuba f ① (cappello) Zylinder m ② MUS Tuba f ③ ANAT Tube f

tubare vi avere ← colombi gurren; FIG turteln; **tubatura** f (dell'acqua) Leitung f; **tubazione** f Leitung f

tubercolare agg ⟨inv⟩ tuberkulös; **tubercolosi** f ⟨inv⟩ Tuberkulose f; **tubercoloso(a** f) I. agg tuberkulös II. m Tuberkulosekranke(r) fm

tubetto m (di dentifricio) Tube f

tubo m ① (d'acciaio) Rohr n; (di scarico) Abfluß m, Auspuff m; (di scappamento) Auspuff m ② ANAT ◊ - digerente Verdauungstrakt m; **tubolare** agg ⟨inv⟩ röhrenförmig

tuffare I. vt → capo eintauchen II. vr ◊ -rsi ▷in mare tauchen, springen; FIG (nella mischia) sich stürzen; **tuffa|tore(trice** f) m Taucher(in f) m; **tuffo** m SPORT Tauchen n

tugurio m Baracke f

tulipano m FLORA Tulpe f

tulle m Tüll m

tumefare ⟨4.6⟩ irr vt (produrre tumefazione) schwellen, anschwellen; **tumefatto** I. p. pass. di **tumefare**; II. agg (colpito da tumefazione) geschwollen; **tumefazione** f Schwellung f

'tumido agg (gonfio, grosso) ▷ventre gebläht

tumorale agg ⟨inv⟩ Tumor-, Geschwulst-; **tumore** m MED Tumor m

tumulto m Tumult m; (FIG di pensieri) Aufruhr m; **tumultuoso** agg ▷manifestazione tumultartig; ▷fiume stürmisch

tundra f Tundra f

tuner m ⟨inv⟩ Tuner m

tunica f ⟨che⟩ (degli antichi) Tunika f

tuo/a (tuoi, tue) I. agg poss (seconda persona sing) dein, deine II. pron poss ① deiner, deine, deines ② i -i deine Familie f III. m Deine m

tuono m Donner m

tuorlo m Eigelb n, Dotter m

tu'racciolo m Korken m

turare vt → bottiglia verkorken; FIG ◊ - la bocca a qu jd-m das Maul stopfen

turbamento m (dell'ordine pubblico) Störung f

turbante m Turban m

turbare vt ① → cerimonia stören ② → l'ordine pubblico stören

turbina f ▷a gas Turbine f; **turbinare** vi avere wirbeln; **'turbine** m (di neve, sabbia) Sturm m;

(*FIG di pensieri*) Sturm, Aufruhr *m;* **turbinoso**
agg Wirbel-, wild

turbo *m/f* (*autoveicolo con motore turbo*) Turbo
m; **turbocompressore** *m* MECC Turbokompressor *m*

turbolento *agg* ▷*ragazzo* unruhig; **turbolen-**
za *f* (1) (*l' essere turbolento*) unruhiges Wesen (2)
METEO Turbulenz *f*

turbomotore *m* Turbinenmotor *m*

turchese I. *f* Türkis *n* II. *agg* ⟨inv⟩ türkis III. *m*
⟨inv⟩ (*colore azzurro pallido*) Türkis *n*

turchino *agg* tiefblau

turco(a) *f*) I. *agg* ⟨chi, che⟩ türkisch II. *m* Türke *m,*
Türkin *f*

'**turgido** *agg* gebläht, voll; ▷*stile* geschwollen

turismo *m* Tourismus *m;* ◇ **fare del –** als Tourist
reisen; **turista** *m/f* ⟨i, e⟩ Tourist(in *f*) *m;* **tu'ri-**
stico *agg* ⟨ci, che⟩ touristisch

turno *m* (*di lavoro*) Schicht *f;* ◇ **essere di –** Dienst
haben

turpe *agg* ⟨inv⟩ schändlich, unanständig; **turpi-**
loquio *m* Zotenreißen *n*

tuta *f* (*da ginnastica*) Anzug *m;* (*da lavoro*) Overall *m*

tutela *f* DIR (1) (*di minore*) Vormundschaft *f* (2)
(*dell' ordine pubblico*) Schutz *m;* **tutelare**¹ *vt*
→ *interessi* wahren; **tutelare**² *agg* ⟨inv⟩ (*che sta
a difesa, salvaguardia*) Schutz-; **tu|tore(triue**
f) *m* Schützer(in *f*) *m;* DIR Vormund *m*

tutta'via *congiunz* dennoch, trotzdem

tutto I. *indef* (1) (*intero*) ◇ **-a la città è distrutta**
die ganze Stadt ist zerstört (2) (*molto*) ◇ **era –**
allegro er war ganz froh II. *pron* (*indef*):
◇ **raccontami –** erzähle mir alles; ◇ **erano -i**
assenti sie waren alle nicht da III. *avv* (*completa-*
mente): ◇ **è – l'opposto di sua madre** er ist ganz
das Gegenteil von seiner Mutter IV. *m* ⟨inv⟩:
◇ **tentare il – per –** es vollständig versuchen;
tuttofare *agg* ⟨inv⟩ ▷*domestica* Mädchen für
alles

tuttora *avv* immer noch

'**tzigano** *vedi* **zigano**

U

U, u *f* ⟨inv⟩ (*lettera*) U, u *n*

ub'bia *f* (*timore infondato*): ◇ **avere la testa**
piena di –e den Kopf voller Hirngespinste haben

ubbidiente I. *p. pres. di* **ubbidire;** II. *agg* ⟨inv⟩

(*contr. di disubbidiente*) gehorsam; **ubbidien-**
za *f* Gehorsam *m,* Folgsamkeit *f;* **ubbidire** ⟨5.2⟩
irr I. *vi* (*ai genitori*) gehorchen (*a dat*); (*alla
legge*) befolgen *acc;* ← *aereo* reagieren auf *acc*
II. *irr vt* → *genitori* gehorchen *dat*

ubertà *f* Fruchtbarkeit *f*

ubiquità *f* Allgegenwart *f*

ubriacamento *m* ↑ *ubriacatura* Trunkenheit *f;*
ubriacare ⟨3.4⟩ *irr* I. *vt* betrunken machen;
(*FIG stordire*) blind machen, betäuben II. *vr*
◇ **-rsi** sich betrinken; **ubriacatura** *f* ↑ *sbornia*
Rausch *m;* **ubriachezza** *f* Rausch *m,* Betrun-
kenheit *f;* **ubriaco** I. *agg* ⟨chi, che⟩ betrunken
II. *m/f* Betrunkene *fm* ; (*FIG esaltato*) ◇ **– di**
amore trunken vor Liebe

uccelliera *f* Vogelkäfig, Vogelbauer *m;* **uccel-**
lo *m* (1) Vogel; ◇ **-i** *m/pl* Vögel *pl* (2) (*FAM !*
pene) Schwanz *m*

uc'cidere ⟨Pass. rem.: uccisi/uccise/uccisero
Part.: ucciso⟩ *irr* I. *vt* ↑ *ammazzare* töten, umbringen II. *vr* ◇ **-rsi** (*suicidarsi*) sich umbringen

uccio *Suffix* (*dim. di agg. e subst.*): ◇ **un affaruc-**
cio niente male ein gar nicht mal so schlechtes
Geschäft

uccisione *f* Totschlag *m,* Ermordung *f;* **ucciso**
I. *p. pass. di* **uc'cidere;** II. *agg* getötet; **ucci-**
sore(assassina *f*) *m* Mörder(in *f*) *m*

u'craino *agg* (*dell' Ucraina*) ukrainisch

u'dibile *agg* ⟨inv⟩ hörbar; **udibilità** *f* ↑ *l' essere
udibile* Hörbarkeit, Vernehmbarkeit *f*

udienza *f* (1) ↑ *ascolto* Gehör *n* (2) (*incontro con
autorità*) Audienz *f;* DIR Verhandlung *f*

udire ⟨Pres.: odo/odi/ode/odono Cong.: oda/oda-
no Imp.: odi/oda/odano⟩ *irr vt* (1) (*sentire*) hören
(2) (*venir a sapere*) hören, erfahren; **uditivo** *agg*
(*dell' udito*) Gehör-, Hör-; **udito** *m* (*senso*) Ge-
hör *n;* **udi|tore(trice** *f*) I. *agg* ⟨tori, trici⟩ hö-
rend II. *m* Hörer(in *f*) *m;* **uditorio** *m* Zuhörerschaft *f*

uff *inter* boh ! uff ! Mann!

ufficiale¹ *agg* ▷*bollettino* amtlich, offiziell;
▷*fidanzamento* offiziell

ufficiale² *m/f* ▷*sanitario* Beamte(r) *m,* Beamtin
f; MIL Offizier *m;* **ufficialità** *f* (*dell' annuncio*)
Amtlichkeit *f;* (*della visita*) offizieller Charakter

ufficializzare *vt* → *nomina* bekanntgeben

ufficio *m* ⟨ci⟩ (1) (*posto di lavoro*) Büro *n* (2)
(*dovere*) Pflicht, Aufgabe *f;* ↑ *carica* Amt *n;* ◇ **–**
di collocamento Arbeitsvermittlungsstelle *f;* ◇ **–**
del personale Personalabteilung *f*

ufficioso *agg* (*non ufficiale*) ▷*notizia* halbamt-
lich, offiziös

ufo *m* ⟨inv⟩ (*oggetto volante non identificato*) Ufo *n*

ug|gia *f* ⟨ge⟩ (*noia*) Langeweile *f*

U

uggiolare ⟨3.2⟩ *vi* ← *cane* winseln, jaulen
uggioso *agg* (*noioso*) langweilig
'**ugola** *f* ANAT Gaumenzäpfchen *n;* FAM Kehle *f*
ugonotto(**a** *f*) I. *agg* hugenottisch II. *m* Hugenotte *m*, Hugenottin *f*
uguagliamento *m* ↑ *livellamento* Gleichmachung *f;* **uguaglianza** *f* (*contr. di diversità*) Gleichheit *f;* (*di diritti*) Gleichberechtigung *f;* **uguagliare** ⟨3.6⟩ I. *vt* (*rendere uguale*) gleichmachen; (*considerare uguale*) gleichstellen II. *vi* (*essere uguale*) ebenbürtig sein, gleichkommmen III. *vr:* ◇ **-rsi a/con qu** (*porsi sullo stesso piano*) sich gleichstellen; **uguale** I. *agg* ▷*forma* gleich; ▷*legge* gleich II. *m/f* (*dello stesso grado*) Gleichberechtigte(r) *fm*, Gleichgestellte(r) *fm ;* **ugualmente** *avv* (*in ugual modo*) gleich
uh *inter* oh, uh
uhm *inter* äh, ähem, mhm
'**ulcera** *f* ▷*gastrica* Geschwür *n;* **ulcerare** ⟨3.2⟩ I. *vt* → *pelle* ein Geschwür bilden II. *vi* (*degenerare in un'ulcera*) schwären, zum Geschwür werden; **ulcerazione** *f* (*formazione di un'ulcera*) Geschwürbildung *f;* **ulceroso** I. *agg* (*di ulcera*) Geschwür- II. *m* (*affetto da ulcera*) Geschwürkranke(r) *fm*
ulteriore *agg* ▷*spiegazioni* weiter, sonstig; **ulteriormente** *avv* ① (*ancor più*) weiter ② (*in seguito*) in Folge, später
ultimamente *avv* (*di recente*) letztens, kürzlich, neulich; **ultimare** ⟨3.2⟩ *vt* (*condurre a fine*) vollenden
ultimatum *m* ⟨inv⟩ DIR Ultimatum *n*
'**ultimo** I. *agg* ▷*libro* letzt; ▷*notizia* neueste(r, s), jüngste(r, s); ◇ **all'ultima moda** nach der neuesten/letzten Mode II. *m* (*dell'elenco*) Letzte(r) *fm ;* ◇ **all'-** zuletzt
ultrà *m/f* ⟨inv⟩ (*membro di gruppi estremisti*) Extremist(in *f*) *m*; (*tifoso fanatico di calcio*) Fanatiker(in *f*) *m*
ultracorto *agg* (*molto corto*) extrem kurz; (*onde hertziane*) Ultrakurz-
ultramicro'scopico *agg* ⟨ci, che⟩ (*visibile solo con l'ultramicroscopio*) ultramikroskopisch; **ultramicroscopio** *m* Ultramikroskop *n*
ultramoderno *agg* (*quanto di più moderno*) ultramodern, hypermodern
ultra'rapido *agg* (*molto rapido*) extrem schnell; FOTO hochempfindlich
ultrarosso I. *agg* infrarot II. (*infrarosso*) Infrarot *n*
ultrasen'sibile *agg* inv (*molto sensibile*) hochempfindlich
ultrasinistra *f* (*estrema sinistra*) Linksextreme(r) *fm*

ultra'sonico *agg* ⟨ci, che⟩ ▷*onde* Ultraschall-; **ultrasuono** *m* Ultraschall *m*
ultraterreno *agg* ▷*mondo* überirdisch
ultravioletto I. (*radiazione magnetica*) Ultraviolett *n* II. *agg* ▷*raggi* ultraviolett
ululare ⟨3.2⟩ *vi* ← *cane* heulen; **ululato** *m* (*del cane, lupo*) Heulen, Geheul *n*
umanamente *avv* (*dal punto di vista dell' uomo*) nach menschlichem Ermessen
uma'nesimo *m* ① Humanismus *m* ② (*interesse per studi filologici o classici*) Humanismus *m;* **umanista** *m/f* Humanist(in *f*) *m*
umanità *f* (*natura umana*) Menschlichkeit *f;* (*genere umano*) Menschheit *f;* FIG Menschlichkeit, Humanität *f;* **umanitario** *agg* menschenfreundlich, humanitär; **umanitarismo** *m* ↑ *filantropia* Menschenliebe, humanitäre Gesinnung *f*
umanizzare *vt* vermenschlichen, zivilisieren; **umano** I. *agg* ▷*organismo* menschlich; ▷*parole* menschlich II. *m* ⟨inv⟩ : ◇ **l'- e il divino** das Menschliche und das Göttliche; **umanoide** *m* (*robot*) Humanoid *m*
umazione *f* (*seppellimento*) Beerdigung *f*
umbro(**a** *f*) I. *agg* umbrisch II. Umbrer(in *f*) *m*
umettare *vt* (*umidificare in superficie*) anfeuchten
umidificatore *m* Befeuchter *m;* **umidità** *f* (*contr. di aridità*) Feuchtigkeit *f;* '**umido** *agg* ▷*terreno* feucht
'**umile** *agg* ⟨inv⟩ ▷*persona* bescheiden, demütig; ▷*casa* anspruchslos
umiliante I. *p. pres. di* **umiliare**; II. *agg* ⟨inv⟩ (*vergognoso e imbarazzante*) demütigend; **umiliare** ⟨3.3⟩ I. *vt* → *l'orgoglio* unterdrücken; ↑ *mortificare* beschämen, demütigen II. *vr* ◇ **-rsi** sich demütigen, sich erniedrigen; **umiliazione** *f* (*mortificazione*) Demütigung *f*
umiltà *f* ① (*modestia*) Bescheidenheit *f* ② (*povertà*) Armut *f*
umore[1] *m* Saft *m*
umore[2] *m* (*umorismo*) Humor *m*, Stimmung *f;* ◇ **essere di - nero** schwarzen Humor haben; **umorismo** *m* Humor *m;* ◇ **fare dell'- ** witzig sein; **umorista** *m/f* Humorist(in *f*) *m;* **umo'ristico** *agg* ⟨ci, che⟩ ▷*battuta* humoristisch, witzig
un *forma tronca di* **uno**; I. *agg:* ◇ **- solo biglietto** eine einzige Fahrkarte II. *art vedi* **uno**
u'nanime *agg* inv ▷*verdetto* einstimmig; **unanimemente** *avv* (*all'unanimità*) einstimmig, einhellig; **unanimità** *f* Einstimmigkeit *f;* ◇ **all'-** einstimmig
uncinare *vt* ① (*modellare a uncino*) (hakenför-

mig) krümmen ② → *preda* mit einem Haken fassen; **uncinato I.** *p. pass. di* **uncinare; II.** *agg* ▷*amo* hakenförmig

uncinetto *m* (*per lavori a maglia*) Häkelnadel *f*

uncino *m* Haken *m*

undicenne *agg* elfjährig; **undi'cesimo** *agg* elfte(r, s); **'undici** *agg* ⟨inv⟩ elf

un'garico *agg* (*ungherese*) ungarisch

'ungere ⟨Pass. rem.: unsi/ungesti Part.: unto⟩ *irr* **I.** *vt* → *tegame* einfetten; → *ruota* schmieren **II.** *vr* ◇ **-rsi** (*con la crema*) sich eincremen

ungherese I. *agg* ungarisch **II.** *m/f* Ungar(in *f*) *m*; **Unghe'ria** *f* Ungarn *n*

unghia *f* Fingernagel *m*; *FIG* ◇ **mettere le -e addosso a qu** jd-n in seine Finger bekommen; **unghiata** *f* (*graffio*) Kratzer *m*

unguento *m* (*pomata*) Salbe *f*; (*balsamo*) Creme *f*, Balsam *m*

unicamente *avv* (*solamente*) einzig, ausschließlich

unicameralismo *m* (*sistema parlamentare*) Einkammersystem *m*

unicellulare *agg* ⟨inv⟩ (*di una sola cellula*) einzellig **II.** *m* Einzeller *m*

unicità *f* (*di un evento*) Einmaligkeit *f*

'unico I. *agg* ⟨ci, che⟩ ▷*figlio* einzig; (*incomparabile*) einzigartig, einmalig **II.** *m* : ◇ **sei l'- a pensarlo** du bist der Einzige, der daran gedacht hat

unicorno *m* Einhorn *n*

'unicum *m* ⟨inv⟩ Unikum *n*

unidirezionale *agg* ⟨inv⟩ (TEC *ad una sola direzione*) einsinnig

unificare ⟨3.4⟩ *irr* **I.** *vt* (*unire*) vereinigen; (*fondere in un'unità*) einigen, verschmelzen; (*standardizzare*) normen **II.** *vr* ◇ **-rsi** sich vereinen, sich vereinigen; **unificazione** *f* (*unione*) Vereinigung *f*; (*fusione*) Verschmelzung *f*; (*standardizzazione*) Normierung *f*

uniforme¹ *agg* (*uguale*) gleichmäßig; (*FIG monotono*) einförmig

uniforme² *f* ▷*militare* Uniform *f*; **uniformità** *f* ↑ *monotonia, omogeneità* (*di paesaggio, di stile*) Gleichmäßigkeit, Einförmigkeit *f*; ↑ *concordanza* (*di opinioni*) Einstimmigkeit *f*

unilaterale *agg* ⟨inv⟩ FIG ▷*visione* einseitig; ▷*rapporti* unilateral

uninominale *agg* ⟨inv⟩ POL Einmann-

unione *f* ① ↑ *connessione* Verbindung *f*; (*di persone*) Vereinigung *f*; ▷*sindacale* Verband *m*, Union *f*, Verein *m*; *FIG* (*concordia*) Eintracht *f*

u'niparo *agg* BIO nur ein Junges werfend

unire ⟨5.2⟩ *irr* **I.** *vt* ① → *parti* zusammenfügen; → *capitali* zusammenführen ② (*affratellare*) ver-

einen, einen; ← *autostrada* anschließen **II.** *vr* ◇ **-rsi** ↑ *far causa comune* sich vereinigen; ◇ **-rsi con qu** (*mettersi in società*) sich zusammenschließen

unisessuale *agg* ⟨inv⟩ BIO eingeschlechtlich

uni'sex *agg* *inv* ▷*abbigliamento* uniform, für Mann und Frau gleich

u'nisono I. *agg* ▷*canto* unison; (*FIG conforme*) übereinstimmend **II.** *m* MUS: ◇ **all'**- im Einklang, unisono

unità *f* ① (*contr. di molteplicità*) Einheit *f*; ◇ **- della Germania** die deutsche Einheit ② ↑ *omogeneità* (*di lingue*) Einheitlichkeit *f* ③ ↑ *convergenza* (*di interessi*) Übereinstimmung *f* ④ (*di misura*) Maßeinheit, Einheit *f* ⑤ MAT Einer *m* ⑥ COMM ▷*monetaria* Einheit *f*

unitarietà *f* (*l'essere unitario*) Einheitlichkeit *f*; **unitario I.** *agg* ① ▷*complesso* einheitlich ② ↑ *per unità* ▷*prezzo* einheitlich, Einheits-

unito I. *p. pass. di* **unire; II.** *agg* ① (*solidale*) ▷*famiglia* vereint, geeint ② (*di colore*) uni

universale *agg* ⟨inv⟩ ① (*dell'universo*) Welt-, Universal-; (*generale*) allgemein, universal ② (*polifunzionale*) ▷*attrezzo* Allzweck-, Universal-; **universalismo** *m* ↑ *cosmopolitismo* Universalismus *m*; **universalista** *m/f* Universalist(in *f*) *m*; **universalità** *f* ① ↑ *totalità* Gesamtheit *f* ② (*cosmopolitismo*) Universalität *f*; **universalizzare I.** *vt* (*rendere universale*) verallgemeinern **II.** *vi pron* ◇ **-rsi** (*diffondersi al massimo*) sich überall verbreiten

università *f* Universität, Hochschule *f*; **universitario(a)** **I.** *agg* Universitäts-, Hochschul-, universitär **II.** *m* Student(in *f*) *m*

universo *m* (*cosmo*) Universum *n*; (*terra*) Welt *f*

univocità *f* Eindeutigkeit *f*; **u'nivoco** ⟨ci, che⟩ *agg* (*che ha un solo nome*) einnamig; (*che ha un solo significato*) eindeutig

uno I. *agg* ⟨inv⟩ eins **II.** *m* (*primo numero naturale*) Eins *f* **III.** *art* ein, eine, ein **IV.** *pron* (*un tale*) eine(r, s) **V.** *agg* (*ciascuno, tutti*) eine(r, s)

unticcio *agg* (*sgradevolmente unto*) fettig, schmierig

unto¹ I. *p. pass. di* **'ungere; II.** *agg* (*sporco di grasso*) fettig, schmierig; (*lubrificato*) geschmiert, geölt

unto² *m* (*sostanza grassa*) Fett *n*, Schmiere *f*; **untume** *m* (*unto*) Fett *m*

untuosamente *avv* (*con ipocrisia*) schmierig

untuosità *f* (*unto*) Fett *n*; (*FIG ipocrisia*) Scheinheiligkeit *f*; **untuoso** *agg* fettig; (*FIG ipocrita*) scheinheilig, schmierig; **unzione** *f* ① (*con unguenti, pomate*) Einfetten, Eincremen *n* ② REL ◇ **estrema** - Letzte Ölung

U

uomo *m* ⟨uomini⟩ (*essere umano*) Mensch *m*; (*maschio*) Mann *m*

uopo *m* : ◇ **all'**- wenn nötig, nötigenfalls

uovo *m* ⟨uova⟩ Ei *n*; ◇ **meglio un - oggi che una gallina domani** besser ein Spatz in der Hand als eine Taube auf dem Dach; ◇ **- di Pasqua** Osterei; ◇ **- sodo** hartes Ei

uragano *m* Hurrikan *m*; *FIG* ◇ **- di fischi** Pfeifkonzert *n*; ◇ **- di applausi** Beifallssturm *m*

ura'nifero *agg* (*di uranio*) uranhaltig; **uranio** *m* CHIM Uran *n*

urbanista *m/f* (*studioso di urbanistica*) Städteplaner(in *f*) *m*; **urba'nistica** *f* Urbanistik *f*, Städtebau *m*; **urba'nistico** *agg* ⟨ci, che⟩ (*dell'urbanistica*) städtebaulich; **urbano** *agg* ↑ *cittadino* städtisch, urban; (*FIG civile, cortese*) gebildet, urban

urbe *f* (*per anton. Roma*): ◇ **l'**- Rom *n*

uretra *f* ANAT Harnröhre *f*

urgente I. *p. pres. di* **'urgere**; II. *agg* ⟨inv⟩ dringend; **urgenza** *f* Dringlichkeit *f*; ◇ **in caso d'**- notfalls; **'urgere** *irr vi* (*essere necessario al più presto*) ← *intervento* drängen, dringend notwendig sein

urina *vedi* **orina**

urlare I. *vi* ← *animale* brüllen, heulen; (*alzare la voce, sbraitare*) brüllen, schreien II. *vt* → *insulti* zurufen, schreien; **urlo** ⟨urla⟩, *m* (*di persona*) Schrei *m*; ◇ **-i** (*di animale*) Schrei *m/sg*, Heulen, Gebrüll, Brüllen *n/sg*

urna *f* ▷*elettorale, per ceneri* Urne *f*

urrà *inter* (*evviva*) hurra

urtante I. *p.pres. di* **urtare**; II. *agg* (*FIG antipatico*) anstößig; **urtare** I. *vt* → *passanti* stoßen, anstoßen; (*FIG irritare*) verletzen II. *vi*: ◇ **- contro un muro** gegen eine Mauer prallen/fahren III. *vr rec* ◇ **-rsi: le due macchine si sono scontrate** die zwei Autos sind zusammengestoßen; **urto** *m* (*di veicoli*) Zusammenprall, Zusammenstoß *m*; *FIG* ◇ **sono in - con lui per questioni di denaro** ich habe mich mit ihm wegen Geldfragen überworfen

usanza *f* (*consuetudine*) Brauch *m*, Gewohnheit, Sitte *f*

usare I. *vt* (*adoperare*) gebrauchen; (*servirsi*) sich bedienen *gen*; → *modi* gebrauchen II. *vi* (*essere di moda*) modern sein; (*avere l'abitudine*) gewohnt sein; **usato** I. *p. pass. di* **usare**; II. *agg* ▷*macchina* gebraucht III. *m* Brauch *m*, Gewohnte *n*

usciere(a *f*) *m* Amtsdiener(in *f*) *m*; **uscio** ⟨usci⟩, *m* Tür *f*

uscire ⟨5.5⟩ *irr vi essere* **1** ↑ *andare fuori* ← *persona* hinausgehen (*da* aus *dat*); ← *macchina* herausfahren (*da* aus *dat*) **2** (*da un* *gruppo*) ausscheiden, austreten **3** ← *liquidi* austreten **4** (*di strada*) abkommen **5** ← *libro* herauskommen **6** (*di prigione*) entlassen werden;

uscita *f* **1** Ausgang *m*; (*in autostrada*) Ausfahrt *f*; (*di una casa, di un edificio*) Ausgang *m*; ◇ **- di sicurezza** Notausgang *m* **2** (*pubblicazione*) Veröffentlichung *f* **3** LING Endung *f*

usignolo *m* Nachtigall *f*

uso *m* **1** (*utilizzazione*) Gebrauch *m*; ◇ **lingua d'**- allgemeiner Sprachgebrauch, umgangssprachlich; ↑ *consumo* Verbrauch *m*; ◇ **a - di qu** für jd-s Gebrauch **2** (*usanza*) Brauch *m*, Sitte *f*

ustione *f* MED Verbrennung *f*

usuale *agg* ⟨inv⟩ (*solito*) üblich; (*consueto*) gewöhnlich, alltäglich

usufrutto *m* Nutznießung *f*

usura *f* **1** (*interesse ecc.essivo*) Wucher *m* **2** (*logoramento*) Abnutzung *f*, Verschleiß *m*; **usu-raio(a** *f*) *m* Wucherer(in *f*) *m*

usurpare *vt* → *bene* an sich *acc* reißen; (*godere indegnamente*) → *fama* anmaßen; **usurpatore** (**trice** *f*) *m* ⟨tori, trici⟩ Usurpator(in *f*) *m*

u'tensile *m* Werkzeug *n*; ◇ **-i da cucina** Küchengeräte *n/pl*

utente *m/f* Benutzer(in *f*) *m*; (*abbonato alla TV*) Teilnehmer(in *f*) *m*; (*di gas, elettricità*) Abnehmer(in *f*) *m*; ◇ **- della strada** Verkehrsteilnehmer (in *f*) *m*

'utero *m* ANAT Gebärmutter *f*

'utile I. *agg* ⟨inv⟩ (*che serve*) nützlich II. *m* (*utilità*) Nützliche *n*, Nutzen *m*; (*vantaggio*) Vorteil *m*; (*COMM profitto*) Ertrag, Gewinn *m*; **utilità** *f* (*utile*) Nützlichkeit *f*; (*vantaggio*) Nutzen, Vorteil *m*

utilitaria *f* (*automobile economica*) Kleinwagen *m*; **utilitario** I. *agg* (*utilitaristico*) utilitär II. *m* (*calcolatore*) Utilitarist *m*

utilitarismo *m* (*interesse, vantaggio*) Utilitarismus *m*; **utilitarista** *m/f* (*calcolatore, interessato*) Utilitarist(in *f*) *m*

utiliz'zabile *agg* nutzbar; **utilizzabilità** *f* Nutzbarkeit *f*; **utilizzare** *vt* (*impiegare*) verwenden; (*sfruttare*) verwerten; **utilizza|tore(trice** *f*) *m* ⟨tori, trici⟩ Benutzer(in *f*) *m*; **utilizzazione** *f* (*delle risorse*) Verwertung, Nutzung *f*

utilizzo *m* (*di fondi*) Verwendung *f*

uto'pia *f* (*cosa irrealizzabile*) Utopie *f*; **uto'pistico** *agg* ⟨ci, che⟩ (*illusorio*) utopisch

uva *f* Weintrauben *pl*; ◇ **- passa** Rosinen *pl*; ◇ **- da tavola** Tafeltrauben *n/sg*

uxoricida *m/f* (*chi commette uxoricidio*) Gattenmörder(in *f*) *m*

uxoricidio *m* (*omicidio contro il coniuge*) Gattenmord *m*

V

V, v f ⟨inv⟩ (*lettera*) V, v *n*
vacante *agg* ▷*impiego* frei, offen
vacanza f ↑ *villeggiatura* Urlaub *m*, Ferien *pl*; ◇ **essere in** - im Urlaub sein; (*periodo in cui le scuole sono chiuse*) ◇ -**e** *f/pl* **natalizie** Weihnachtsferien *pl*; **vacanziere(a** *f*) *m/f* ↑ *villeggiante* Urlauber(in *f*)
vacare ⟨3.4⟩ *irr vi essere* (*essere/rimanere privo*) frei sein, offenstehen
vac|ca f ⟨che⟩ FAUNA Kuh *f*
vaccata f (*FAM ! porcheria*) Sauerei *f*
vaccinare I. *vt* (*immunizzare*) impfen **II.** *vr* ◇ -**rsi** sich impfen; *FIG* ◇ - **contro le delusioni** sich gegen Enttäuschungen wappnen; **vaccinazione** f ↑ *immunizzazione* Impfung *f*; ◇ - **antinfluenzale** Grippe[schutz]impfung *f*; **vaccino I.** *m* (MED *prodotto immunizzante*) Impfstoff *m* **II.** *agg* ⟨inv⟩ (*di vacca*) Kuh-
vacillamento *m* (*il barcollare, di persona*) Schwanken, Wanken *n*; (*di dente*) Wackeln *n*; (*di fiamma*) Flackern *n*; **vacillare** *vi* ↑ *barcollare* schwanken, wackeln; (*FIG essere insicuro*) wanken, schwanken
vacuità f ↑ *vuotezza* Leere *f*; (*FIG fatuità*) Eitelkeit, Leere *f*; **vacuo I.** *agg* (*FIG privo di idee/ significato*) leer **II.** *m* (*vuoto*) Vakuum *n*
vademecum *m* ⟨inv⟩ (*manualetto*) Taschen [hand]buch *n*
vagabondo(a *f*) **I.** *m* (*giramondo*) Vagabund(in *f*) *m*; *FIG* ↑ *persona fannullona* Faulenzer *m* **II.** *agg* Vagabunden-, Landstreicher-, Wander-; (*FIG fannullone*) faul, herumstrolchend
vagare ⟨3.5⟩ (*irr*) *vi* (*errare*) herumstreifen, umherziehen; *FIG* ◇ - **la fantasia** die Phantasie schweifen lassen
vagheggiare ⟨3.3⟩ *vt* ①(*contemplare*) mit Wohlgefallen betrachten, liebevoll/zärtlich betrachten ②*FIG* → *la gioia, il successo* herbeisehnen
vaghezza f ↑ *indeterminatezza* Unbestimmtheit, Unklarheit *f*
vagina f ANAT Scheide *f*; **vaginale** *agg* ⟨inv⟩ (*della vagina*) Scheiden-
vagire ⟨5.2⟩ *irr vi* ← *neonati* weinen, wimmern; **vagito** *m* (*di neonato*) Weinen, Wimmern *n*
vaglia *m* ⟨inv⟩ (*titolo di credito*) Anweisung *f*; ◇ - **postale** Postanweisung *f*
vagliare ⟨3.6⟩ *vt* (*esaminare a fondo*) abwägen, prüfen; **vaglio** *m* (*esame minuzioso*) genaue Prüfung; (*valutare con cura*) ◇ **passare al** - einer genauen Prüfung unterziehen

vago *agg ghi ghe* (*che vaga*) Wander-; (*FIG impreciso, astratto*) vage, unbestimmt, unklar
vagone *m* (*veicolo ferroviario*) Wagen *m*; ◇ - **letto/ristorante** Schlaf/Speisewagen *m*
vaiolo *m* MED Pocken *pl*
valanga f ⟨ghe⟩ ① ↑ *slavina* Lawine *f* ② (*FIG enorme quantità*) Flut *f*
valchiria f Walküre *f*
valente I. *part. pres. di valere*; **II.** *agg* ▷*medico* tüchtig, geschickt; (*fornito di doti*) talentiert
valenza f ① ↑ *valore* Wert *m* ② CHIM (*di un atomo/elemento*) Valenz *f* ③ LING Valenz *f*
valere ⟨Pres.: valgo/valgono Pass. rem.: valsi/ valesti Fut.: varrò/varrai, Cond.: varrei/varresti Part.: valso⟩ *irr* **I.** *vi* ①(*essere abile, capace*) taugen, tüchtig sein ②(*avere effetto*) ◇ **il biglietto** - **solo oggi** die Karte gilt nur heute ③(*esser utile*) ◇ **a che** - **disperarsi** ? was hilft es zu verzweifeln? Verzweifeln nützt nichts! **II.** *vt* ① → **un milione** wert sein ②(*corrispondere*) entsprechen *dat* **III.** *vr* ◇ -**rsi** (*servirsi di qu/qc*) sich bedienen *gen*
valeriana f (FOLRA *pianta medicinale*) Baldrian *m*
va'levole *agg* ⟨inv⟩ ①▷*biglietto* gültig ②(*efficace*) ◇ **prestare un** - **aiuto** ein wirksame Unterstützung leisten
valigia f (*bagaglio a mano*) Koffer *m*
vallata f ↑ *valle* Tal *n*, Talebene *f*
valore *m* ① ↑ *bravura* Wert *m* ② (*coraggio*) Bedeutung *f* ③ ◇ -**i** *mpl* (*oggetti preziosi*) Wertgegenstände *pl*; **valorizzare** *vt* (*accrescere il valore*) aufwerten
valoroso *agg* ↑ *coraggioso* tapfer
valpolicella *m* ⟨inv⟩ (*vino rosso del Veronese*) Valpolicella *m*
valuta f (*moneta circolante*) Währung *f*; **valu'tabile** *agg inv* (*che si può valutare*) schätzbar, einschätzbar; **valutare** ⟨3.2⟩ *vt* → *casa* schätzen; **valutazione** f Schätzung *f*
'valvola f MECC (*di scarico*) Ventil *n*; *FIG* ◇ **il calcio è la sua** - **di sfogo** Fußball ist sein Ventil zum Dampfablassen; MED ◇ - **cardiaca** Herzklappe *f*
valzer *m* ⟨inv⟩ Walzer *m*
vampata f (*flusso di calore violento*): ◇ **le fiamme emisero una** - **improvvisa** die Flammen loderten plötzlich heftig auf
vampirismo *m* Vampirismus *m*; **vampiro, a** *m* (*spettro*) Vampir(in *f*) *m*; (*FIG strozzino*) Ausbeuter(in *f*) *m*
vanagloria f Eitelkeit *f*; **vanagloriarsi** ⟨6⟩ *irr vr* ↑ *vantarsi* sich aufspielen, eitel sein; **vanaglorioso** *agg* (*borioso*) eitel

V

van'dalico *agg* ⟨ci, che⟩ (*degno di un vandalo*) vandalisch; **vandalo** *m* (*persona incolta/incivile*) Vandale *m*

vaneggiare ⟨3.3⟩ *vi* ↑ *sragionare* phantasieren

vanesio *agg* ↑ *vanitoso* eitel, aufgeblasen

vanga *f* ⟨ghe⟩ AGR Spaten *m;* **vangare** *irr vt* → *terra* umgraben, umstechen

vangelo *m* (*di Marco*) Evangelium *n;* FIG Evangelium *n*

vanificare ⟨3.4⟩ *irr vt* (*rendere inutile*) vereiteln

vaniglia *f* FLORA Vanille *f*

vaniloquio *m* leeres Gerede

vanità *f* ⟨1⟩ ▷*femminile* Eitelkeit *f* ⟨2⟩ ↑ *vacuità* Leere, Eitelkeit *f;* **vanitoso** *agg* eitel

vano I. *agg* ⟨1⟩ ▷*promessa* leer *f* ⟨2⟩ (*inefficace*) erfolglos II. *m* ↑ *stanza* Raum *m;* ↑ *apertura* Öffnung *f*

vantaggio *m* ⟨gi⟩ ⟨1⟩ (*agevolazione*) Vorteil *m* ⟨2⟩ (SPORT *distacco*) ◊ **un ~ di due punti** ein Vorsprung von zwei Punkten ⟨3⟩ (*profitto*) ◊ **trarre ~ da qu** aus etw *dat* Nutzen ziehen; **vantaggioso** *agg* vorteilhaft

vantare I. *vt* → *merito* rühmen II. *vr* ◊ **~rsi** (*esser fiero*) prahlen (*di mit dat*); **vante'ria** *f* Angeberei *f;* **vanto** *m* ↑ *esaltazione* Ruhm, Vorzug *m*

'vanvera *f* : ◊ **parlare a ~** darauflos reden

vaporare ⟨3.2⟩ *vi essere/avere* (*diffondersi come vapore*) dampfen, verdunsten; **vapore** *m* ⟨1⟩ (CHIM *di iodio*) Dampf *m* ⟨2⟩ (*di acqua*) Dampf *m;* ◊ **cuocere al ~** dämpfen; **vaporetto** *m* (kleines) Dampfschiff *n;* **vaporiera** *f* Dampflok *f;* **vaporizzare** I. *vt* ↑ *nebulizzare* zerstäuben II. *vi essere* verdunsten

varare *vt* ⟨1⟩ NAUT ↑ *inaugurare* vom Stapel lassen; (FIG *presentare al pubblico*) herausgeben ⟨2⟩ DIR ↑ *approvare* verabschieden

var'cabile *agg* ⟨inv⟩ passierbar; **varcare** ⟨3.4⟩ *vt* Überschreiten, passieren; **varco** *m* ⟨chi⟩ (*passaggio*) Übergang *m;* ◊ **aprirsi un ~** sich einen Weg bahnen

va'riabile I. *agg inv* ⟨1⟩ ▷*tempo* veränderlich, unbeständig ⟨2⟩ MAT variabel II. *f* MAT Variable *f;* **variabilità** *f* (*instabilità*) Veränderlichkeit *f;* (*del tempo*) Unbeständigkeit *f*

variante I. *p. pres. di* **variare**; II. *f* (*di un progetto*) Variante *f*

variare *irr* I. *vt* (*mutare*) ändern; → *colore* wechseln, variieren II. *vi essere rif.a persona; avere rif. a cosa* ⟨1⟩ (*subire variazioni*) sich verändern, wechseln ⟨2⟩ (*essere diverso*) ◊ **la moda -a da paese a paese** die Mode ist in jedem Land verschieden; **variato** I. *p. pass. di* **variare**; II. *agg* (*diverso*) verschieden; (*vario*) abwechslungs-

reich; **variazione** *f* ⟨1⟩ ↑ *mutamento* Änderung, Veränderung *f* ⟨2⟩ (MUS *modificazione melodica*) Variation *f*

varice *f* MED Krampfader *f*

varicella *f* MED Windpocken *pl*

varicoso *agg* MED: ◊ **vena ~** Krampfadern

variegato *agg* ▷*marmo* gestreift, marmoriert

varietà *f* ⟨1⟩ ↑ *molteplicità* Vielfalt *f* ⟨2⟩ (*differenza tra persone/cose*) Unterschiedlichkeit *f* ⟨3⟩ ↑ *tipo* ◊ **quella ~ di rosso mi piace** dieser Rotton gefällt mir

varietà[2] *m* ⟨inv⟩ ↑ *spettacolo* Varieté *m*

vario *agg* ⟨1⟩ (*contr. di monotono*) abwechslungsreich ⟨2⟩ ↑ *diverso* verschieden ⟨3⟩ ↑ *numeroso* verschieden, mehrere ⟨4⟩ ↑ *mutevole* wechselnd; **variopinto** *agg* ↑ *multicolore* bunt

varo *m* ⟨1⟩ (NAUT *di nave*) Stapellauf *m* ⟨2⟩ (FIG *di leggi*) Verabschiedung *f*

vasaio(a *f)* *m* Töpfer(in *f) m*

vasca *f* ⟨sche⟩ ⟨1⟩ (*nel bagno*) Badewanne *f;* (*dei pesci*) Becken *n* ⟨2⟩ ↑ *piscina* Becken *n*

vascello *m* NAUT Schiff *n*

vascolare *agg* ⟨inv⟩ ANAT ▷*sistema* vaskulär, Gefäß-

vasecto'mia *f* MED Vasektomie *f*

vaselina *f* Vaseline *f*

vasellame *m* ⟨inv⟩ (*insieme di piatti, tazze, etc.*) Geschirr *n*

vaso *m* ⟨1⟩ (*di vetro, porcellana*) Gefäß *n;* (*orinale*) ◊ **~ da notte** Nachtgeschirr *n* ⟨2⟩ (ANAT *condotto del sangue*) ◊ **~ sanguigno** Blutgefäß *n;* **vasocostrittore** I. *m* gefäßverengendes Mittel II. *agg* ▷*farmaco* gefäßverengend; **vasocostrizione** *f* MED Gefäßverengung *f;* **vasodilatatore** I. *m* MED gefäßerweiterndes Mittel II. *agg* ▷*farmaco* gefäßerweiternd; **vasodilatazione** *f* MED Gefäßerweiterung *f*

vassoio *m* (*grande piatto*) (*da bicchieri*) Tablett *n*

vastità *f* ⟨inv⟩ (*di una terra*) Weite *f;* **vasto** *agg* (*esteso*) weit, groß

vaticano I. *agg* vatikanisch II. *m* : ◊ **il V~** *m* der Vatikan

ve *pron* (*2. pers m/fpl*): ◊ **~ ne parlerò** ich werde mit euch darüber reden; ◊ **desidero parlar-ne** ich möchte mit euch darüber reden

vecchiaia *f* Alter *n;* **vecchio(a** *f)* I. *agg* alt; (FIG *superato, d' altri tempi*) alt, veraltet; (*usato, logoro*) ◊ **il vestito è ormai ~** die Kleidung ist mittlerweile abgetragen II. *m/f* (*persona anziana*) Alte(r) *fm* ; **vecchiume** *m* altes Zeug

vece *f* ⟨1⟩ (*sostituire*) ◊ **fare le -i di qu** jd-n vertreten ⟨2⟩ (*al posto di*) ◊ **in ~ di** anstelle von gen

vedere ⟨4.13⟩ *irr* I. *vt* ① *(percepire con gli occhi)* sehen ② *(leggere)* ansehen ③ *(incontrare)* treffen ④ *(FIG considerare)* ◇ **vediamo un po'** ! schau'n wir mal ! seh'n wir mal ! II. *vr* ◇ **-rsi** ① *(percepire la propria immagine)* sich ansehen ② *(ritenersi)* ◇ **-rsi intelligente** sich für klug halten ③ *(incontrarsi)* sich treffen, sich sehen

vedetta *f* ① MIL Ausguck *m* ② *(sentinella)* Wachposten, Wachtposten *m* ③ *(nave da guerra)* Wachboot *n*

'**vedova** I. *f* Witwe *f* II. *agg* verwitwet; **vedovanza** *f* Witwenschaft *f*; '**vedovo** I. *m* Witwer *m* II. *agg* verwitwet

veduta *f* ① *(panorama)* Aussicht *f* ② *(rappresentazione pittorica)* Ansicht *f*

veemente *agg* ⟨inv⟩ heftig; **veemenza** *f* ↑ *impetuosità* Vehemenz *f*

vegetale I. *agg* ⟨inv⟩ pflanzlich II. *m* Pflanze *f*

vegetare ⟨3.2⟩ *vi (crescere/vivere delle piante)* wachsen, gedeihen; *(FIG condurre un'esistenza piatta)* dahinvegetieren; **vegetariano(a)** I. *agg* ▷*dieta* vegetarisch II. *m* Vegetarier(in *f*) *m*; **vegetativo** *agg* pflanzlich, vegetativ; **vegetazione** *f* ① *(nascita/crescita delle piante)* Wachsen, Wachstum *n* ② *(insieme dei vegetali)* Vegetation *f*

'**vegeto** *agg (che cresce bene)* üppig; *(FIG sano)* ◇ **rimase vivo e - per cento anni** er erlebte hundert Jahre bei bester Gesundheit

veggente I. *p. pres. di vedere*; II. *m/f (profeta)* Prophet(in *f*) *m*

veglia *f* ① *(sorveglianza)* ◇ **fare la - ad un malato** bei einem Kranken wachen, Krankenwache halten ② ◇ **- danzante** Tanzabend *f*; **vegliare** ⟨3.6⟩ *irr* I. *vi* ◇ **-sui libri** wachbleiben; *(stare vigile)* wachen II. *vt (assistere)* wachen bei *dat*

veglione *m (festa in maschera)* Maskenball *m*

veicolare[1] *agg inv:* ◇ **circolazione** *f* - Fahrzeugverkehr *m*

veicolare[2] ⟨3.10⟩ *vt* → *malattia* übertragen

ve'icolo *m* ① ▷*stradale* Fahrzeug *n* ② *(di malattie, idee)* Träger *m*

vela *f* Segel *n*; SPORT Segelsport *m*, Segeln *n*

velame *m* ↑ *velo* Schleier *m*; *(FIG apparenza)* Schleier *m*

velare[1] I. *vt* → *capo* verschleiern II. *vi (offuscarsi)* sich verschleiern, sich trüben III. *vr* ◇ **-rsi** *(coprirsi con un velo)* sich verschleiern

velare[2] *agg* ⟨inv⟩ LING velar; **velato** I. *p. pass. di velare*; II. *agg* ▷*capo* verschleiert

veleggiare ⟨3.3⟩ *vi* ① *(navigare a vela)* segeln ② ← *alianti* segeln, segelfliegen

vele'nifero *agg (producente veleno)* Gift-; **veleno** *m (sostanza tossica letale)* Gift *n*; FIG ◇ **sputare -** Gift und Galle spucken; **velenosità** *f* Giftigkeit *f*; *(FIG astiosità)* Boshaftigkeit *f*; **velenoso** *agg* ↑ *tossico* giftig; FIG ↑ *astioso* giftig, boshaft

veliero *m* ↑ *nave* Segelschiff *n*

velina *f (carta per copie)* Durchschlag *m*

ve'livolo *m* Flugzeug *n*

velleità *f* ↑ *aspirazione* Anwandlung *f*; **velleitario** *agg* ↑ *impossibile a realizzarsi* (zu) hochgesteckt

vello *m (manto di lana)* Fell *n*; *(pelame degli animali)* Pelz *m*

vellutare *vt* samtig machen; **velluto** *m* Samt *m*; FIG ◇ **giocare sul -** auf Sicherheit spielen

velo *m* Schleier *m*; *(FIG di polvere)* dünne Schicht

veloce *agg (contr. di lento)* schnell; **velocista** *m/f* ⟨i, e⟩ SPORT Sprinter(in *f*) *m*; **velocità** *f (di una macchina)* Geschwindigkeit *f*; ◇ **a grande -** mit hoher Geschwindigkeit

ve'lodromo *m* ↑ *pista ciclistica* Radrennbahn *f*

vena *f* ANAT Ader *f* ① *(GEO filone minerario)* Ader *f*; FIG ◇ **avere una - poetica/musicale** eine poetische/musikalische Ader haben; ◇ **essere/non essere in -** in Stimmung sein/nicht in Stimmung sein

venale *agg* ① *(commerciabile)* verkäuflich ② ↑ *avido* käuflich; **venalità** *f* ↑ *avidità* Käuflichkeit *f*

venato *agg* ▷*legno* gemasert; ▷*minerale* geädert

venatorio *agg (attinente alla caccia)* Jagd-

venatura *f (della pietra)* Äderung *f*; *(del legno)* Maserung *f*

vendemmia *f* Lese *f*; **vendemmiare** ⟨3.3⟩ I. *vt* lesen II. *vi* avere Weinlese halten

vendere *irr* I. *vt* ① → *frutta* verkaufen; *(FIG difendersi fino all'ultimo)* ◇ **- cara la pelle** seine Haut so teuer wie möglich verkaufen ② *(FIG tradire)* → *gli amici* verkaufen ③ *(FIG mentire)* ◇ **- fumo** vorgaukeln II. *vr* ◇ **-rsi** *(lasciarsi corrompere)* sich verkaufen

vendetta *f* Rache *f*

ven'dibile *agg* ⟨inv⟩ verkäuflich

vendi'cabile *agg* ⟨inv⟩ rächbar; **vendicare** ⟨3.4⟩ *irr* I. *vt* → *torto* rächen II. *vr (compiere la propria vendetta)* sich rächen; **vendicativo** *agg (che si vendica)* rachsüchtig; **vendicatore (trice** *f***)** I. *m* Rächer(in *f*) *m* II. *agg* Rache-, rächend

'**vendita** *f* Verkauf *m*; ◇ **la casa è in - das Haus** steht zum Verkauf; ↑ *smercio* Absatz *m*; **venditore (trice** *f***)** I. *m* Verkäufer(in *f*) *m* II. *agg (che*

vende) Verkaufs-; **venduto I.** *p. pass. di* '**vendere**; **II.** *agg* verkauft; *FIG* ↑ *corrotto* gekauft, bestochen

ve'nefico *agg* ⟨ci, che⟩ ↑ *tossico* giftig

vene'rabile *agg* ⟨inv⟩ bewundernswert, verehrungswürdig; **venerabilità** *f* Ehrwürdigkeit *f*; **venerando** *agg* (*degno di venerazione*) ehrwürdig; **venerare** ⟨3.2⟩ *vt* → *divinità* verehren; **venerazione** *f* (*grande reverenza*) Verehrung *f*

venerdì *m* Freitag *m*; ◇ **di/il** - freitags

'**venere** *f* ⟨1⟩ (*divinità*) Venus *f*; (*donna bellissima*) Schönheit *f* ⟨2⟩ (ASTRON *pianeta*) Venus *f*

ve'nereo *agg* ▷*malattia* Geschlechts-

'**veneto** *agg* (*delle tre Venezie*) venezianisch, venetisch

veneziana *f* ⟨1⟩ Venezianerin *f* ⟨2⟩ (*persiana avvolgibile*) Jalousette *f*

veneziano I. *agg* (*di Venezia*) venezianisch **II.** *m* (*uomo di Venezia*) Venezianer *m*

venezuelano *agg* venezuelisch

venia *f* (*perdono*): ◇ **chiedo** - ich bitte um Verzeihung/Vergebung; **veniale** *agg* ⟨inv⟩ ▷*peccato* verzeihlich

venire ⟨5.6⟩ *irr* **I.** *vi essere* ⟨1⟩ (*giungere*) kommen ⟨2⟩ (*provenire*) ◇ - **da destra** von rechts kommen; (FIG *essere originario di*) ◇ - **da Roma** aus Rom kommen ⟨3⟩ (*sopraggiungere*) ← *temporale* aufkommen ⟨4⟩ (*riuscire*) ◇ **com'è venuta la foto ?** wie ist das Foto geworden ? ⟨5⟩ (*staccarsi*) ◇ **il chiodo non viene via** der Nagel geht nicht heraus **II.** *m* (*atto dello spostarsi*): ◇ **andare e** - Kommen *n* und Gehen

venoso *agg* (*della vena*) venös

ventaglio *m* Fächer *m*; (FIG *di proposte*) Palette *f*

ventata *f* Windstoß *m*

ventennale I. *agg* ⟨inv⟩ (*che dura da vent' anni*) zwanzigjährig **II.** *m* (*ricorrenza*) zwanzigster *m* Jahrestag; **ventenne I.** *agg* (*che/chi ha vent' anni*) zwanzigjährig **II.** *m/f* (*persona che ha vent' anni*) Zwanzigjährige *fm* ; **ventennio** *m* (*venti anni*) zwanzig *pl* Jahre; **ven'tesimo(a** *f*) **I.** *agg* zwanzigste **II.** *m* ⟨1⟩ Zwanzigste(r) *fm* ⟨2⟩ (*frazione*) Zwanzigstel *n*

ventilare ⟨3.2⟩ *vt* ⟨1⟩ → *grano* schwingen ⟨2⟩ → *stanza* lüften; **ventilato I.** *p. pass. di* **ventilare**; **II.** *agg* (*rinfrescato dal vento*) gelüftet; **ventila|tore** *m* ⟨tori⟩ ⟨1⟩ (*apparecchio per ventilazione*) Ventilator *m* ⟨2⟩ (*aeratore nella parete*) Entlüfter *m*; **ventilazione** *f* Lüftung *f*

ventina *f* (*complesso di venti circa*): ◇ **una** - etwa zwanzig

ventiquattrore *f* (*valigia*) kleiner [Übernachtungs-]Koffer

vento *m* ⟨1⟩ (*di tramontana*) Wind *m; FIG* ◇ **qual buon** - **ti porta ?** was hat dich denn hergeführt ?; ◇ **parlare al** - in den Wind sprechen ⟨2⟩ (*aria*) ◇ **farsi** - sich Luft zufächeln

ventola *f* (*arnese da camino*) Feuerwedel *m*

ventosa *f* ⟨1⟩ (*coppetta elastica*) Saugnapf *m* ⟨2⟩ FAUNA Saugorgan *n*

ventosità *f* (*di una zona*) Windigkeit *f*

ventoso *agg* ▷*giornata* windig

ventre *m* (*addome*) Bauch *m*

ventricolare *agg* ⟨inv⟩ (*di ventricolo*) Herzkammer-, ventrikolar

ven'tricolo *m* (*del cuore*) Kammer *f*

ven'triloquio *m* Bauchreden *n*; **ven'triloquo(a** *f*) *m* Bauchredner(in *f*) *m*

ventura *f* Schicksal, Los *n*; **venturo** *agg* (*che verrà*) kommend

venuto I. *p. pass. di* **venire**; **II.** *m* (*chi è giunto*, Ankömmling) *m*

vera *f* (*anello nuziale*) Ehering *m*

verace *agg* ⟨inv⟩ (*vero*) wahrhaftig; (*genuino*) echt; **veracità** *f* Wahrhaftigkeit *f*

veramente *avv* ⟨1⟩ (*realmente*) wirklich ⟨2⟩ (*però*) allerdings

veranda *f* (*terrazzo coperto*) Veranda *f*

verbale I. *agg* ▷*nota* mündlich; (LING *di verbo*) verbal **II.** *m* (*documento*) Protokoll *n*; ◇ **mettere a** - zu Protokoll nehmen; **verbalizzare** *vt* zu Protokoll nehmen

verbalmente *avv* (*a voce*) mündlich

'**verbena** *f* FLORA Eisenkraut *n*

verbo *m* ⟨1⟩ ↑ *parola* Wort *n* ⟨2⟩ LING Verb *n*

verboso *agg* ▷*oratore* wortreich, redselig

verdastro *agg* (*di un verde sporco*) grünlich **II.** *m* (*colore*) grünlicher Farbton

verde I. *agg* ⟨inv⟩ grün **II.** *m* ⟨1⟩ (*colore*) Grün *n; FIG* ◇ **essere al** - blank/pleite sein ⟨2⟩ (*vegetazione*) Grüne *n*; **verdeggiante I.** *p. pres. di* **verdeggiare**; **II.** *agg* (*che verdeggia*) grünend; **verdeggiare** ⟨3.3⟩ *vt* ← *campagna* grünen; **verderame** *m* (*patina*) Grünspan *m*

verdetto *m* DIR ↑ *sentenza* Urteilsspruch *m*; (FIG *giudizio*) Urteilen *n*

verdicchio *m vino marchigiano*

verdura *f* : ◇ **-e** *f/pl* Gemüse *n/sg*

verecondia *f* ↑ *pudicizia* Schamhaftigkeit *f*; **verecondo** *agg* (*pudico*) schamhaft, sittsam

verga *f* ⟨ghe⟩ ⟨1⟩ (*bacchetta*) Stab *m* ⟨2⟩ (*pene*) Rute *f*; **vergare** ⟨3.5⟩ ⟨irr⟩ *vt* ⟨1⟩ → *tessuti, carte* streifen ⟨2⟩ → *lettera* schreiben; **vergata** *f* (*colpo di verga*) Rutenhieb, Stockhieb *m*; **vergatura** *f* (*di tessuto, carta*) Streifen *m*

verginale *agg* ⟨inv⟩ jungfräulich; '**vergine I.** *f* ⟨1⟩ (*donna illibata*) Jungfrau *f* ⟨2⟩ (*segno zodiaca-*

le) Jungfrau *f* **II.** *agg* ⟨inv⟩ *(illibata)* jungfräulich; *(FIG puro, integro)* ◇ **lana** *f* ~ reine Wolle; **verginità** *f* ① *(illibatezza)* Jungfräulichkeit *f* ②; *(FIG integrità morale)* guter Ruf

vergogna *f* ① *soggezione* Scham *f* ② *(disonore)* ◇ **coprirsi di** ~ sich mit Schande bedecken; **vergognarsi** ⟨6⟩ *vr* ① *(provare vergogna)* sich schämen ② *(avere timore)* sich scheuen; **vergognoso** *agg (timido)* scheu, schüchtern; *(che causa vergogna)* schändlich, schmählich

veridicità *f (l'essere veridico)* Wahrhaftigkeit *f*; **ve'ridico** *agg* ⟨ci, che⟩ *(sincero)* aufrichtig

ve'rifica *f* ⟨che⟩ *(accertamento)* Prüfung, Nachprüfung *f*; ◇ - **dei conti** Buchprüfung *f*; **verificare** ⟨3.4⟩ *irr vt* ↑ *constatare* → *l'esistenza* prüfen; → *ipotesi* überprüfen, nachweisen; **verificatore(trice)** *f)* *m (chi verifica)* Prüfer(in *f)* *m*; **verificazione** *f* ↑ *verifica* Nachprüfung, Prüfung *f*

verismo *m (corrente estetica)* Verismus *m*; **ve'rista** *m/f (seguace del Verismo)* Verist(in *f)* *m*, **ve'ristico** *agg* ⟨ci, che⟩ *(dei veristi)* veristisch

verità *f* Wahrheit *f*; ◇ **in** ~ in Wahrheit, tatsächlich; **veritiero** *agg (conforme a verità)* wahrheitsgetreu

verme *m* FAUNA Wurm *m*; *(FIG essere spregevole)* Wurm *m*; **ver'mifugo** *m* ⟨ghi⟩ MED Wurmmittel *n*

vermiglio **I.** *agg (colore)* tiefrot **II.** *m* Zinnoberrot, Tiefrot *n*

verminoso *agg (brulicante di vermi)* wurmig

vermut *m* ⟨inv⟩ *(vino)* Wermut *m*

ver'nacolo *m (dialetto)* Mundart *f*

vernice *f* ▷*protettiva* Lack *m*; **verniciare** ⟨3.3⟩ *vt* → *porta* lackieren; **verniciatura** *f (di una porta)* Lackieren *n*; *(strato di vernice)* Lack *m*

vero **I.** *agg (reale)* *(autentico)* wahr; *FIG* ▷*affetto* wahr, tief **II.** *m (verità)* Wahre *n*; *(realtà)* Wirklichkeit *f*; ◇ - **e proprio** wirklich; ◇ **a onor del** ~ in Wirklichkeit; **verosimiglianza** *f* Wahrscheinlichkeit *f*; **vero'simile** *agg* wahrscheinlich

verro *m (maiale maschio)* Eber *m*

verruca *f* ⟨che⟩ MED *escrescenza)* Warze *f*

versamento *m* ① *(di acqua)* Gießen *n* ② *(MED travaso)* Erguß *m* ③ *(COMM di denaro)* Einzahlung *f*

versante[1] *f.p.pres.di* **versare**; **II.** *agg* ⟨inv⟩ *(che versa)* schüttend **III.** *m (GEO declivio)* Hang *m*

versante[2] *m/f (chi versa denaro)* Einzahler *m*

versare[1] *vt* → *acqua* gießen; → *lacrime* vergießen; ↑ *rovesciare* verschütten **II.** *vi pron (spandersi)* ← *farina* überfließen; *(rovesciarsi)* ← *sale* sich ergießen

versare[2] *vi (trovarsi)*: ◇ - **in fin di vita** dem Tode nahe sein

ver'satile *agg* ▷*ingegno* vielseitig; **versatilità** *f* ↑ *adattabilità* Vielseitigkeit *f*

versato **I.** *p. pass. di* **versare**; **II.** *agg* ↑ *dotato* gewandt, erfahren

verseggiare ⟨3.3⟩ *vt (scrivere in versi)* in Verse bringen; **versetto** *m* ① *dim. di* **verso** ② *(della Bibbia)* Vers *m*

versificare ⟨3.4⟩ *irr* **I.** *vt* in Verse fassen **II.** *vi* Verse schmieden; **versificatore(trice)** *f)* *m* Dichter(in *f)* *m*

versione *f* ① *(traduzione)* Version *f*; *(narrazione)* Version *f* ② ▷*teatrale* Fassung *f* ③ ▷*recente* Version *f*

verso **I.** *m* ① *(di poesia)* Vers *m* ② *(di animale)* Laut *m* ③ *(parte)* Sinn *m* **II.** *prep* ① *(in direzione di)* nach *dat*, gegen *acc*; *(nei pressi di)* gegen *acc* ② ▷*agosto* gegen *acc* ③ *(nei riguardi di)* ◇ **profare affetto** - **qu** jd-m gegenüber Zuneigung empfinden

'vertebra *f* MED Wirbel *m*; **vertebrale** *agg* ⟨inv⟩ Wirbel-; ◇ **colonna** *f* - Wirbelsäule *f*; **vertebrati** *m/pl (tipo di animali)* Wirbeltiere *pl*

vertenza *f* ↑ *controversia* ▷*sindacale* Streit *m*

'vertere *irr vi (avere per argomento)* betreffen *(su acc)*

verticale **I.** *agg* ⟨inv⟩ senkrecht **II.** *f* ① MAT Senkrechte *f* ② SPORT Handstand *m*

'vertice *m* ① *(sommità)* Gipfel *m*; ◇ **conferenza al** - Gipfeltreffen *n* ② MAT Scheitel *m*

ver'tigine *f* MED Schwindel *m*; **vertiginoso** *agg (di vertigine)* schwindelnd; ▷*altezza* schwindelerregend; *(FIG incredibile)* rasend, schwindelerregend

verve *f* ⟨inv⟩ *(brio)* Schwung *m*, Lebhaftigkeit *f*

vescica *f* ⟨che⟩ ANAT Blase *f*; **vescicola** *f* Bläschen *n*

'vescovo *m* Bischof *m*

vespa *f* ① *(insetto)* Wespe *f* ② *(motoscooter)* Vespa *f*; **vespaio** *m (nido di vespe)* Wespennest *n*; *FIG* ◇ **suscitare un** ~ in ein Wespennest stechen

vespro *m* (REL *ufficio serale)* Vesper *f*

vessare *vt* ↑ *tartassare* quälen, schinden; **vessatorio** *agg (che impone vessazioni)* quälend, bedrückend; **vessazione** *f* ↑ *molestia* Quälerei *f*

vessillo *m (bandiera)* Fahne *f*, Banner *n*

vestaglia *f* Morgenrock *m*

vestale *f (sacerdotessa di Vesta)* Vestalin *f*; *(FIG custode fedele)* strenge Hüterin

veste *f (abito)* Kleid *n*; *(FIG autorità)* ◇ **in** - **di sindaco** in seiner Eigenschaft als Bürgermeister; **vestiario** *m* Bekleidung, Garderobe *f*

V

vestibolare *agg* ⟨inv⟩ (*del vestibolo*) Vestibular-; **ve'stibolo** *m* ① (*ingresso*) Vorhalle *f*, Vestibulum *n* ② ANAT Vorhof *m*

vestigio *m* ⟨gia⟩ Spur *f*

vestire I. *vt* (*coprire con le vesti*) anziehen II. *vi* sich kleiden (*di in acc*) III. *vr* ◇ **-rsi** sich anziehen, sich ankleiden; **vestito** I. *agg* bekleidet, angezogen II. *m* (*da donna*) Kleid *n*; (*da uomo*) Anzug *m*; ◇ **essere - di bianco** in Weiß gekleidet sein

Vesuvio *m* Vesuv *m*

veterano(a *f*) *m* (*reduce*) Veteran *m*; (*FIG esperto*) Altmeister(in *f*) *m*

veterinaria *f* ↑ *zooiatria* Tierheilkunde *f*; **veterinario(a** *f*) I. *agg* (*zoiatrico*) tierärztlich II. *m* (*medico*) Tierarzt *m*, Tierärztin *f*

veto *m* ↑ *divieto* Verbot *n*

vetraio(a *f*) *m* ① (*operaio*) Glasarbeiter(in *f*) *m* ② (*venditore*) Glashändler(in *f*) *m*; **vetrata** *f* Glaswand *f*; **vetrato** *agg* ▷*porta* Glas-; **vetre'ria** *f* (*stabilimento*) Glasbläserei, Glashütte *f*; (*oggetti di vetro*) Glaswaren *pl*; **vetrina** *f* ① (*di negozio*) Schaufenster *n* ② (*armadio*) Vitrine *f*; **vetrinista** *m/f* Schaufensterdekorateur(in *f*) *m*

vetrino *m* ▷*per microscopio* Objektglas, Präparatenglas *n*

vetriolo *m* Sulfat *n*

vetro *m* (*dei bicchieri*) Glas *n*, [Fenster-]Scheibe *f*; (*degli occhiali*) Glas *n*; (*FIG essere molto delicato*) ◇ **essere di -** zerbrechlich wie Glas sein; **vetroso** *agg* (*come il vetro*) glasig

vetta *f* ↑ *cima* (*del colle*) Gipfel *m*

vettore *m* (MAT *segmento orientato*) Vektor *m*; ◇ **razzo -** Trägerrakete *f*

vettovaglie *f/pl* (*provviste*) Lebensmittelvorräte *pl*

vettura *f* ① (*carrozza con cavalli*) Droschke *f* ② (*autovettura*) [Kraft-]Wagen *m*; **vetturino** *m* (*cocchiere*) Kutscher(in *f*) *m*

vezzeggiare ⟨3.3⟩ *vt* ↑ *adulare* hätscheln, verhätscheln; **vezzeggiativo** I. *agg* ▷*aggettivo* Kose- II. *m* LING Verkleinerungsform *f*

vezzo *m* ① (*abitudine*) Gewohnheit *f* ② (*atto affettuoso*) Liebkosung, Schmeichelei *f*; (*smancerie*) Getue *n*; **vezzosità** *f* ↑ *leggiadria* Anmut *f*, Liebreiz *m*; **vezzoso** *agg* (*leggiadro*) anmutig, reizend

vi I. *pron* ① (*2. pers. m/fpl, compl. oggetto*) euch; (*compl. di termine*) euch ② (*in ciò*) es II. *avv* (*qui*); ◇ **Roma è bella. - vivrei per sempre** Rom ist schön. Ich würde für immer dort wohnen bleiben.; (*per questo/quel luogo*) dort durch/vorbei, hier durch/vorbei; ◇ **non vi passano mai a quest'ora** um diese Zeit sind sie noch nie hier vorbei gekommen

via[1] I. *f* ① Straße *f*; FIG Mittel *n*, Weg, Ausweg *m* ② ASTRON ◇ **- Lattea** Milchstraße *f* ③ ANAT ◇ **-e** *f/pl* **respiratorie** Atemwege *pl* ④ (*a causa di*) wegen *gen*

via[2] I. *avv* ① (*allontanamento*) weg, fort; ◇ **se ne è andato** - er ist weggegangen ② ◇ **e così -** und so weiter/fort ③ (*di volta in volta*) nach und nach II. *inter* auf !, nun !, los!; (*in gara*) ◇ **pronti, - !** fertig, los !

vi'abile *agg* *inv* (*percorribile da veicoli*) befahrbar; **viabilità** *f* Befahrbarkeit *f*

via crucis *f* Leidensweg *m*; FIG Leidensweg *m*

viadotto *m* ↑ *ponte* Viadukt *n*, Überführung *f*

viaggiare ⟨3.3⟩ I. *vi avere* ◇ ▷*all' estero* reisen; ← *auto* fahren; ← *merce* ↑ *essere trasportato* reisen II. *vt* → *mondo* bereisen; **viaggiatore(trice** *f*) I. *agg* reisend II. *m/f* Reisende(r) *fm* ; **viag|gio** *m* ⟨gi⟩ ① (*percorso*) Fahrt *f*; ◇ **mettersi in -** abfahren ② (*gita*) Reise *f*

viale *m* (*via alberata*) Allee *f*

viandante *m/f* Wanderer(in *f*) *m*

'viatico *m* ⟨ci⟩ REL Sterbesakrament *n*

via'vai *m* (*andirivieni*) Hin und Her, Kommen und Gehen

vibrare I. *vt* → *lancia* werfen II. *vi* (*essere in vibrazione*) schwingen; (*FIG fremere dalla gelosia*) ◇ **- dalla gelosia** vor Eifersucht beben; **vi'bratile** *agg* ⟨inv⟩ (*di movimenti ondulatori*) schwingend; **vibrato** I. *part. passato* di **vibrare**; II. *agg* (*scagliato*) geworfen, geschleudert III. (MUS *effetto sonoro*) Vibrato *n*; **vibratore** *m* (*trasformatore di corrente*) Wechselrichter *m*; **vibrazione** *f* (*oscillazione*) Vibration, Schwingung *f*

vibrione *m* BIO Vibrio *m*

vicariato *m* Vikariat *n*; **vicario** I. *m* ① (*supplente*) Stellvertreter *m* ② REL Vikar *m* II. *agg* (*che fa le veci*) stellvertretend

vice *m/f* ↑ *che fa le veci di* Stellvertreter(in *f*) *m*; **vicedirettore(trice** *f*) *m*

vicenda *f* (*serie di avvenimenti*) Wechsel *m*, Abfolge *f*; (*fatto*) Ereignis *n*

viceversa *avv* (*all' inverso*) umgekehrt; ◇ **- viaggio da Roma a Firenze e -** ich reise von Rom nach Florenz und zurück

vichingo(a *f*) I. *agg* *ghi ghe* (*popolazione germanica*) wikingisch II. *m* (*appartenente alle genti vichinghe*) Wikinger(in *f*) *m*

vicinanza *f* Nähe *f*; **vicinato** Nachbarschaft *f*; **vicino, a** I. *agg* (*prossimo*) nahe; ▷*parente* nahe; ↑ *imminente* bevorstehende, nahe II. *m* (*di casa*) Nachbar(in *f*) *m* III. *avv* (*accanto*) neben [an]; ◇ **resta - a me** er bleibt neben mir

vicissi'tudine *f* Wechselfälle *pl*

'vicolo *m* Gasse *f;* FIG ◇ **trovarsi in un - cieco** in einer Sackgasse stecken

video I. *m* ⟨inv⟩ Bildschirm *m* II. *agg* ⟨inv⟩ (*televisivo*) Video-; **videocassetta** *f* Videokassette *f;* **video'clip** *m* ⟨inv⟩ Videoclip *m;* **videogame** *m* Videospiel *n;* **videogioco** *m* ⟨chi⟩ Videospiel *n;* **videoregistratore** *m* Videorecorder *m;* **videoregistrazione** *f* Videoaufzeichnung *f;* **videotape** *m* Videoband *n;* **videoteca** *f* ⟨che⟩ Videothek *f;* **videoterminale** *m* Bildschirmterminal *m*

Vienna *f* Wien *n*

vietare *vt* → *l'accesso* verbieten (*a dat*); **vietato** I. *p. pass. di* **vietare:** ◇ **- fumare** Rauchen verboten II. *agg* verboten, untersagt

vigente I. *p. pres. di* **vigere;** II. ▷*norma* geltend, gültig; **'vigere** *irr vt* (*essere in vigore*) in Kraft sein, gelten

vigilante I. *p. pres. di* **vigilare;** II. *agg* wachsam; **vigilanza** *f* Aufsicht *f;* **vigilare** ⟨3.2⟩ I. *vi* † *badare attentamente* aufpassen auf, achtgeben auf *acc* II. *vt* (*sorvegliare*) überwachen, beaufsichtigen; **vigile(essa** *f*) I. *agg* ⟨inv⟩ (*che vigila*) wachsam II. Stadtpolizist(in *f*) *m*

vigilia *f* Vorabend *m* eines Festes

vigliacche'ria *f* † *codardia* Feigheit *f;* **vigliac'|-co(ca** *f*) I. *agg* ⟨chi, che⟩ feige II. *m* Feigling *m*

vigna *f* Weinberg *m;* **vigneto** *m* Weinberg *m*

vignetta *f* (*disegno satirico*) Karikatur *f;* **vignettista** *m/f* Karikaturist(in *f*) *m*

vigore *m* (*forza*) Stärke, Kraft *f;* (FIG *vivacità*) Kraft *f;* (DIR *avere efficacia*) ◇ **essere in -** gültig sein, gelten; **vigorosità** *f* (*l'essere vigoroso*) Stärke, Kraft *f;* **vigoroso** *agg* † *energico* kraftvoll, stark

vile I. *agg* [1] ▷*sentimenti* schändlich [2] (*codardo*) feige II. *m/f* Feigling *m*

vili'pendere *irr vt* † *offendere* schmähen, verhöhnen; **vilipendio** *m* (*disprezzo*) Verachtung, Schmähung *f;* **vilipeso** I. *p. pass. di* **vili'pendere;** II. *agg* verachtet, geschmäht

villa *f* ▷*al mare* Villa *f*

villag|gio *m* ⟨gi⟩ † *paese* Dorf *n*

villanata *f* (*atto, gesto da villano*) Flegelei, Rüpelei *f;* **villa'nia** *f* [1] † *maleducazione* Ungezogenheit *f* [2] (*sgarbo*) Flegelei *f;* **villano(a** *f*) I. (*contadino*) Bauer *m,* Bäuerin *f;* (FIG *persona rozza*) Grobian *m* II. *agg* (*rozzo*) grob, ungezogen

villeggiante I. *p. pres. di* **villeggiare;** II. *m/f* (*chi è o va in villeggiatura*) Urlauber(in *f*) *m;* **villeggiare** ⟨3.3⟩ *vi* (*al mare*) den Urlaub verbringen; **villeggiatura** *f* Ferien *pl,* Urlaub *m*

villetta *dim. di* **villa** kleine *f* Villa; **villino** *m* † *villetta* kleine *f* [vornehme] Villa

villo *m* ANAT Zotte *f*

villosità *f* Behaarung *f*

villoso *agg* (*peloso*) behaart

viltà *f* Feigheit *f*

'vimine *m* (*giunco*): ◇ **mobili di -i** *m/pl* Korbmöbel *pl*

vinaio(a *f*) *m* Weinhändler(in *f*) *m;* **vinario** *agg* ▷*produzione* Wein-

vina'vil *m* Polyvinylacetatklebstoff

vincente I. *p. pres. di* **vincere;** II. *agg* (*che/chi vince*) siegreich; **'vincere** ⟨Pass. rem.: vinsi/ vinse/vinsero Part.: vinto⟩ *irr* I. *vt* → *nemico* besiegen; → *gara* siegen; → *cattedra* erlangen; FIG → *difficoltà* überstehen, überwinden II. *vi* siegen III. *vr* ◇ **-rsi** (*controllarsi*) sich beherrschen; **vin'cibile** *agg* ⟨inv⟩ besiegbar; **vincita** *f* [1] (*al poker*) Gewinn *m* [2] (*di denaro*) Gewinn *m;* **vinci'|tore(trice** *f*) I. *m* Sieger(in *f*) *m,* Gewinner(in *f*) *m* II. *agg* siegreich

vincolante I. *p. pres. di* **vincolare;** II. *agg* ⟨inv⟩ verbindlich; **vincolare** ⟨3.10⟩ *vt* (*obbligare*) verpflichten (*a zu dat*); **vincolativo** *agg* ▷*norma* bindend; **vincolato** I. *p. pass. di* **vincolare;** II. *agg* ▷*deposito* angelegt; **vincolo** *m* [1] (*limitazione della mobilità*) Fessel *f* [2] (*obbligo*) Verpflichtung *f*

vinello *m* (*vino leggero*) Halbwein *m;* **vi'nicolo** *agg* † *enologico* Weinbau-

vinificare ⟨3.4⟩ *irr vt* den Wein bereiten

vinile *m* CHIM Vinylradikal *n;* **vi'nilico** *agg* ⟨ci, che⟩ (*di vinile*) Vinyl-

vino *m* Wein *m;* FIG ◇ **dire pane al pane e - al -** das Kind beim rechten Namen nennen; **vinoso** *agg* (*riguardante il vino*) Wein-; **vinsanto** *m* (*vino aromatico*) ein süßer Weißwein

vinto I. *p. pass. di* **'vincere;** II. *agg* (*sconfitto*) besiegt

viola[1] I. *f* FLORA Veilchen *n* II. *m* ⟨inv⟩ (*colore*) Violett *n* III. *agg* ⟨inv⟩ (*colore*) violett

viola[2] *f* MUS Viola *f*

violaceo I. *agg* (*tendente al viola*) veilchenblau, violett II. *m* (*colore*) Violett *n*

violare *vt* → *legge* übertreten; → *giuramento* brechen; → *sepocro* schänden; **violazione** *f* [1] (*della legge*) Verletzung *f* [2] ◇ **- di domicilio** Hausfriedensbruch *m*

violentare *vt* [1] → *coscienza* verletzen [2] → *donna* vergewaltigen

violento(a *f*) I. *agg* (*aggressivo*) gewalttätig; ▷*rivolta* heftig; FIG ▷*urto* heftig II. *m* Gewalttäter(in *f*) *m;* **violenza** *f* Gewalt *f;* (*azione*) Gewalttat, Gewalttätigkeit *f*

violetta *f* FLORA Veilchen *n;* **violetto** I. *m* (*colore*) Violett *n* II. *agg* violett

violinista *m/f* Geiger(in *f*) *m;* **violi'nistico** *agg* ‹ci, che› Geigen-; **violino** *m* Geige *f*
violoncellista *m/f* Cellist(in *f*) *m;* **violoncello** *m* Cello *n*
'**viottola** *f* (*via stretta di campagna*) Feldweg *m*
'**vipera** *f* FAUNA Viper *f;* (*FIG persona velenosa*) Schlange *f*
virag|gio *m* ‹gi› (NAUT AERO *virata*) Wendung *f*
virago *f* ‹viragini› Mannweib *n*
virale *agg* ‹inv› virös, Virus-
virare I. *vt* NAUT wenden II. *vi* (NAUT *invertire la rotta*) wenden; **virata** *f* NAUT AERO Wenden *n*
'**virgola** *f* ① Komma *n* ② (MAT *in un numero decimale*) Komma *n;* **virgolette** *f/pl* (*segno grafico*) Anführungszeichen *n/sg*
virgulto *m* (*germoglio*) Schößling, Sproß *m;* (*FIG discendente*) Sprößling *m*
virile *agg* ‹inv› ▷*aspetto* männlich; **virilità** *f* Männlichkeit *f*
virolo'gia *f* Virologie *f*
virtù *f* ▷*naturale* Tugend *f;* ↑*pregio* Gabe *f;* ◇ **per - di** durch *acc*
virtuale *agg* ‹inv› (*potenziale*) potentiell, möglich; **virtualità** *f* Möglichkeit *f*
virtuosismo *m* Virtuosität *f;* **virtuosità** *f* ① (*onestà*) Tugendhaftigkeit *f* ② (*di artista*) Virtuosität *f;* **virtuoso(a** *f*) I. *agg* ① (*onesto*) tugendhaft ② (*abile*) virtuos II. *m* ① (*persona onesta*) tugendhafter *m* Mensch ② (*persona abile*) Virtuose *m*, Virtuosin *f*
virulento *agg* ▷*infezione* virulent
virus *m* ‹inv› (*agente infettivo*) Virus *n*
visagista *m/f* Gesichtskosmetiker(in *f*) *m*
vis à vis *avv* (*di fronte*) gegenüber
viscerale *agg* ‹inv› Eingeweide-, viszeral; (*FIG irrazionale*) leidenschaftlich, innig; '**viscere** I. *m* ANAT Eingeweide *pl* II. *f/pl* (*di animale*) Tiereingeweide *pl;* (*FIG della terra*) Innere, Herz *n/sg*
vischio *m* FLORA Mistel *f;* **vischiosità** *f* Klebrigkeit *f,* **vischioso** *agg* (*colloso*) klebrig
viscidità *f* Schlüpfrigkeit *f;* '**viscido** *agg* schlüpfrig; (*FIG insinuante*) schleimig, kriecherisch
'**viscidum** *m* schlüpfriges Zeug
visconte(essa *f*) *m* (*titolo nobiliare*) Vizegraf *m*, Vizegräfin *f*
viscosa *f* Viskose *f;* **viscoso** *agg* (*contr. di fluido*) klebrig
visetto *m dim. di viso* Gesichtchen *n;* (*viso grazioso*) nettes Gesicht
vi'sibile *agg* ‹inv› sichtbar
visibilio *m :* ◇ **andare in -** in Entzücken geraten
visibilità *f* Sichtbarkeit *f*
visiera *f* (*dell' elmo*) Visier *n;* (*di berretto*) Schirm *m*

visionare *vt* → *film* ansehen
visionario(a *f*) *m* ↑*allucinato* Geisterseher(in *f*) *m;* (*FIG utopista*) Träumer(in *f*) *m*, Schwärmer(in *f*) *m;* **visione** *f* ① (*di un film*) Vorführung, Aufführung *f* ② ↑*idea* Anschauung *f* ③ ↑*apparizione* Erscheinung *f*
'**visita** *f* ① (*di cortesia*) Besuch *m* ② ▷*medica* Untersuchung *m;* **visitare** ‹3.2› *vt* ① → *amica* besuchen ② ← *medico* → *paziente* untersuchen; **visitatore(trice** *f*) *m* (*di museo*) Besucher(in *f*) *m*
visivo *agg* (*della vista*) Seh-, visuell
viso *m* Gesicht *m;* (*FIG faccia a faccia*) ◇ **a - a -** von Angesicht zu Angesicht; ◇ **fare il - duro** ein ernstes Gesicht machen
visone *m* FAUNA Nerz *m*
vispo *agg* ↑*brioso* munter, lebhaft
vissuto I. *p. pass. di* '**vivere**; II. *agg* (*con molte esperienze*) erfahren
vista *f* ① (*senso*) Sehkraft *f* ② ↑*panorama* Aussicht *f*, Ausblick *m*
vistare *vt* AMM mit einem Visum versehen; **visto** I. *p. pass. di* **vedere**; II. *m* (*firma di approvazione*) Visum *n*, Sichtvermerk *m*
vistosità *f* Auffälligkeit *f;* **vistoso** *agg* (*appariscente*) auffällig
visuale I. *agg* ‹inv› (*della vista*) Seh-, Sicht-, visuell II. *f* (*panorama*) Aussicht, Sicht *f;* **visualizzare** *vt* sichtbar machen, veranschaulichen; **visualizzazione** *f* Sichtbarmachung, Veranschaulichung *f*
vita[1] *f* (*contr. di morte*) Leben *f;* FIG ◇ **questa radio ha - breve** dieses Radio wird nicht lange halten
vita[2] *f* Taille *f*
vitale *agg* ‹inv› Lebens-, vital; FIG ◇ **questione f - Lebensfrage *f;* **vitalità** *f* Lebenskraft, Vitalität *f;* **vitalizio** I. *agg* ▷*rendita* auf Lebenszeit II. *m* ↑*rendita* Rente *f* auf Lebenszeit
vitamina *f* Vitamin *n;* **vita'minico** *agg* ‹ci, che› Vitamin-, vitaminreich
vite *f* ① FLORA Weinrebe *f* ② Schraube *f*
vitella *f* ① (*vitello femmina*) Kalbe *f* ② (*carne*) Kalbfleisch *n;* **vitello** *m* ① Kalb *n* ② (*pelle*) Kalbsleder *n;* **vitellone** *m* ① Jungochse *m* ② (*carne*) Jungochsenfleisch *n*
vitic|cio *m* ‹ci› FLORA Ranke *f*
viticol|tore(trice *f*) *m* Weinbauer(Winzerin *f*) *m;* **viticoltura** *f* Weinbau *m*
vitreo *agg* (*di vetro*) gläsern, Glas-; (*simile al vetro*) glasartig, glasig
'**vittima** *m/f* (*della strada*) Opfer *n;* (*della violenza*) Opfer *n;* **vittimismo** *m* Neigung *f* das Opferlamm zu spielen

vitto *m* ▷*nutriente* Kost *f*; ◇ **- e alloggio** Kost und Logis

vittoria *f* (*della gara*) Sieg *f*; FIG ◇ *cantar* - Viktoria rufen; **vittorioso** *agg* siegreich, siegend

vituperare *vt* (*offendere*) beschimpfen; **vituperio** *m* Beschimpfung *f*

viuzza *f* (*via stretta*) Gäßchen *n*

viva *inter*: ◇ **- la regina !** es lebe die Königin!

vivace *agg* ⟨inv⟩ ↑ *esuberante* lebhaft, munter; ▷*colore* kräftig, grell

vivacizzare *vt* → *serata* auflockern, beleben

vivaio *m* 1 (*per pesci*) Teich *m* 2 AGR Pflanzschule, Baumschule *f*

vivamente *avv* lebhaft, heftig

vivanda *f* Speise *f*

vivente I. *p. pres. di* '**vivere**; II. *agg* ⟨inv⟩ lebend, Lebe-; '**vivere** ⟨4.14⟩ *irr* I. *vi essere* 1 (*esistere*) leben 2 (*risiedere*) wohnen II. *vt* 1 (*trascorrere*) verbringen, zubringen 2 → *esperienza* erleben III. *m* ⟨inv⟩ ↑ *modo di vita* Lebensweise *f*

'**viveri** *m/pl* (*vettovaglie*) Lebensmittel *pl*

'**vivido** *agg* ▷*di colore* lebhaft, lebendig

vivificare ⟨3.4⟩ *irr vt* (*rendere vivo*) beleben, erfrischen; (FIG *rendere vivace*) beleben, lebendig gestalten; **vivificatore(trice)** *f*) *m* Beleber (in *f*) *m*

vi'viparo *agg* FAUNA lebendgebärend

vivisezione *f* Vivisektion *f*; (FIG *analisi precisa*) eingehende Untersuchung

vivo(**a** *f*) I. *agg* 1 (*vivente*) lebend 2 (*vivace*) lebhaft II. *m* Lebendige(r) *fm*

viziare ⟨3.6⟩ I. *vt* → *bambino* verwöhnen, verziehen II. *vi* (*contrarre vizi*) sich verderben, sich beschädigen; **viziato** I. *p. pass. di* **viziare**; II. *agg* verwöhnt, verzogen; **vizio** *m* 1 (*di mentire*) Untugend *f*; (*del fumo*) Laster *n* 2 ▷*cardiaco* Herzfehler *m*; **viziosità** *f* Lasterhaftigkeit *f*; **vizioso** *agg* lasterhaft

vocabolario *m* Wörterbuch *n*; **vo'cabolo** *m* Wort *n*

vocale I. *agg* ⟨inv⟩ 1 (*della voce*) Stimm-, gesprochen 2 (*di canto*) vokal, Vokal- II. *f* Vokal *m*; **vo'calico** *agg* ⟨ci, che⟩ (*di vocale*) vokalisch, Vokal-; **vocalismo** *m* Vokalismus *m*

vocativo I. *m* LING Vokativ *n* II. *agg* ▷*caso* Vokativ-

vocazione *f* (*dei religiosi*) Berufung *f*; FIG Neigung *f*

voce *f* 1 (*suono*) Stimme *f*; (*di uno strumento*) Klang *f* 2 (*di un elenco*) Position *f* 3 LING Wort *n*, Stichwort *n*

vociare ⟨3.3⟩ I. *vi* (*sbraitare*) laut reden, schreien II. *m* (*rumoreggiare*) Geschrei, Gekreisch *n*

vociferare *vt* (*insinuare*) munkeln

voga *f* ⟨ghe⟩ NAUT Rudern *n*; **vogare** ⟨3.5⟩ *irr vi* rudern; **vogata** *f* Rudern *n*, Ruderschlag *m*; **vogatore(trice)** *f*) *m* Ruderer(in *f*) *m*

voglia *f* 1 (*volontà*) Lust *f*, Wille *m* 2 (*desiderio*) Lust *f*; ◇ **aver - di un dolce** Lust auf ein Stück Kuchen haben 3 (*macchia*) Leberfleck *m*, Muttermal *n*

voi *pron* (2. *pers. pl*, *soggetto*) ihr; (*oggetto*) euch; (*con preposizione*) euch *acc/dat*; (*forma di cortesia*, *soggetto*) Sie; (*oggetto*) Sie; (*con preposizione*) Ihr *dat*, Sie *acc*; **voialtri** *pron* (2. *pers. pl*): ◇ **mentre noi studiamo, - siete in vacanza** während wir studieren, seid ihr im Urlaub

volano *m* Federballspiel *n*

volante[1] I. *p. pres. di* **volare**; II. *agg* fliegend, Flug- III. *f* (*polizia*) Überfallkommando *n*

volante[2] *m* (*degli autoveicoli*) Steuer, Lenkrad *n*

volantinag|gio *m* ⟨gi⟩ Flugblattaktion *f*; **volantino** *m* Flugblatt *n*

volare *vi essere/avere* ← *uccello* fliegen; ← *aereo* fliegen; FIG ↑ *correre* fliegen, eilen; FIG ← *tempo* fliegen, rasen; **volata** *f* ↑ *volo* Flug *m*; (FIG *corsa*) Fliegen *n*; **vo'latile** I. *agg inv* 1 ▷*animale* fliegend 2 CHIM flüchtig, volatil II. *m* ↑ *uccello* Vogel *m*

volente I. *p. pres. di* **volere**; II. *agg* ⟨inv⟩ wollend, willig

volenteroso *agg* willig, eifrig

volentieri *avv* gern

volere ⟨4.10⟩ *irr* I. *vt* 1 (*desiderare*) wollen, mögen, wünschen 2 (*ordinare*) wollen, verlangen 3 (*permettere*) erlauben *dat* 4 (*costare*) ◇ **quanto vuole per queste scarpe ?** wieviel wollen Sie für diese Schuhe? II. *vr* ◇ **-rsi**: ◇ **bene/male** sich gern haben, sich nicht mögen III. *m* ↑ *volontà* Wille *m*

volgare I. *agg* ⟨inv⟩ ▷*lingua* vulgär, Volks-; FIG ▷*persona* gemein II. *m* Vulgärsprache *f*; **volgarità** *f* ↑ *trivialità* Vulgarität *f*; (*di atti, parole*) Gemeinheit, Rohheit *f*

volgarizzare *vt* 1 (*tradurre*) in die Vulgärsprache übertragen 2 → *scienza* gemeinverständlich darstellen,; **volgarizzatore(trice)** *f*) *m* 1 (*traduttore*) Übersetzer(in *f*) *m* 2 Popularisator(in *f*) *m*; **volgarizzazione** *f* 1 (*traduzione*) Übersetzung *f* 2 (*divulgazione*) Popularisierung *f*

volgarmente *avv* 1 (*scurrilmente*) gewöhnlich, trivial 2 (*nella lingua volgare*) vulgär

'**volgere** ⟨Pass. rem.: volsi/volse/volsero Part.: volto⟩ *irr* I. *vt* 1 (*desiderare*) wollen, mögen, wünschen ... ← *lu strada* biegen, abbiegen 2 ◇ **al termine** dem Ende entgegen gehen, zugehen auf *acc* 3 (*tendere*) ◇ **il colore**

volge al rosso die Farbe geht ins Rote **III.** vr ◇ **-rsi** (*rivolgersi verso qu/qc*) sich *dat* zuwenden

volgo m ⟨ghi⟩ Volk n

voliera f Vogelhaus n

volitivo I. agg willensstark **II.** m willensstarker Mensch

volo m ① (*degli uccelli*) Fliegen n; (*degli aerei*) Flug m; ◇ - **charter** Charterflug ② (*salto, caduta*) Sprung m; ◇ **fare un - dalle scale** von der Treppe springen

volontà f Wille m; ◇ a - nach Belieben; **volontariamente** avv freiwillig; **volontario(a** f) **I.** agg freiwillig **II.** m/f Freiwillige(r) fm

volpe f FAUNA Fuchs m; **volpino I.** agg (*di, da volpe*) Fuchs- **II.** m (*cane*) Spitz m

volt m ⟨inv⟩ FIS Volt n

volta[1] f ① ↑ *curva* (*della strada*) Biegung, Abbiegung f ② (*turno*) Reihe f, Mal n ③ (*circostanza*) ◇ **ti ricordi quella -?** erinnerst du dich, damals…?

volta[2] f ARCH ▷ *a cupola* Gewölbe n

voltaggio m ⟨gi⟩ ELETTR Spannung f

vol'tametro m Voltameter n

voltare I. vt → *occhi* drehen, wenden, richten; → *spalle* kehren; → *angolo* biegen um acc **II.** vi avere (*cambiare direzione*): ◇ **la via volta a sinistra** der Weg biegt nach links ab **III.** vr ◇ **-rsi** ↑ *girarsi* sich drehen, sich wenden

volta'stomaco m ⟨chi⟩ (*nausea*) Übelkeit f; FIG ◇ **mi dai il -** mir dreht sich der Magen um

volteggiare ⟨3.3⟩ vi ① kreisen ② (SPORT *nell' equitazione*) voltigieren; (*nella ginnastica*) einen Überschlag machen; **volteggio** ⟨gi⟩ ① (*volo*) Wende f ② (SPORT *in equitazione*) Voltige f; (*nella ginnastica*) Überschlag m

volto[1] **I.** p. pass. di *volgere*; **II.** agg ↑ *rivolto* gewandt, gedreht

volto[2] m ↑ *viso* Gesicht n; FIG Äußere, Aussehen n

voltura f DIR Überschreibung f

vo'lubile agg ⟨inv⟩ unbeständig, wechselhaft; **volubilità** f Unbeständigkeit f, Wechselhaftigkeit f

volume m ① (*di solido*) Menge, Masse f; (*di suono*) Lautstärke f ② (*libro*) Band m; **voluminosità** f Umfang m, Größe f; **voluminoso** agg ↑ *ingombrante* umfangreich, groß

voluta f ARCH Volute f

voluto I. p. pass. di *volere*; **II.** agg gewollt, gewünscht

voluttà f Wollust f

voluttuario agg (*superfluo*) Genuß-, Luxus-

voluttuosità f Sinnlichkeit f; **voluttuoso** agg ↑ *sensuale* sinnlich, genießerisch

'vomere m (*dell'aratro*) Pflugschar f

vomitare ⟨3.2⟩ **I.** vi avere (*per il mal d'auto*) brechen, sich erbrechen **II.** vt (*per il mal d'auto*) brechen; (*espellere violentemente*) → *lava* auswerfen; FIG → *ingiurie* ausstoßen; **vomi'tevole** agg inv (*repellente*) abstoßend, widerwärtig; **'vomito** m Brechen, Erbrechen n

'vongola f Venusmuschel f

vorace agg ⟨inv⟩ ↑ *ingordo* gefräßig; **voracità** f Gefräßigkeit f

vo'ragine f (*del terreno*) Abgrund, Schlund m

vorticare ⟨3.4⟩ vi avere ① (*girare vorticosamente*) wirbeln; **'vortice** m ↑ *gorgo* Wirbel m; (FIG *di passioni*) Strudel m

vostro/a ⟨vostri, vostre⟩ **I.** agg poss (*seconda persona pl*) euer, eure **II.** pron poss eurer, eure, eures **III.** m Eure n

votante m/f Abstimmende(r) fm ; **votare I.** vt → *partito* wählen; → *legge* abstimmen über acc **II.** vi avere stimmen, seine Stimme abgeben für acc **III.** vr ◇ **-rsi** (*obbligarsi con un voto*) sich etw dat verschreiben; ▷ *a Dio* sich weihen; **votazione** f (*del Parlamento*) Abstimmung f; SCUOLA Note f; POL ◇ **votazioni** f/pl Wahlen pl

votivo agg votiv, Votiv-

voto m ① POL Abstimmung f; SCUOLA Zensur, Note f ② REL Gelübde, Gelöbnis n

vul'canico agg ⟨ci, che⟩ vulkanisch; **vulcano** m Vulkan m

vulne'rabile agg ⟨inv⟩ verletzbar, verwundbar

vulva f ANAT Scham, Vulva f

vuotare I. vt → *bottiglia* leeren, ausleeren **II.** vi si leeren, sich entleeren; **vuoto I.** agg ▷ *bottiglia* leer; ▷ *teatro* unbesetzt; FIG ▷ *parole* leer **II.** m ① (*contr. di pieno*) Leere f; (*d'aria*) Leere f; (FIG *di memoria*) Leere f ② (*recipiente*) Leergut n

W

W, w f ⟨inv⟩ (*lettera dell'alfabeto*) W, w n

wafer m ⟨inv⟩ (*cialda*) Waffel f

wagon-lit m ⟨inv⟩ (*vagone letto*) Schlafwagen m; **wagon-restaurant** ⟨inv⟩, m (*vagone ristorante*) Speisewagen m

walkie-talkie m ⟨inv⟩ (*trasmittenti portatili*) tragbares Sprechfunkgerät, Walkie-talkie n

warrant m ⟨inv⟩ (COMM *rlota di pegno*) Garantie f

walkman ® m ⟨inv⟩ (*mangiacassette portatile*) Walkman m

watt m ⟨inv⟩ ELETTR Watt n

week-end m ⟨inv⟩ (*fine settimana*) Wochenende n

whisky m ⟨inv⟩ Whisky m

windsurf m ⟨inv⟩ ① (*attività*) Windsurfen n ② (*imbracazione*) Surfbrett n

X

X, x f ⟨inv⟩ (*lettera dell'alfabeto*) X, x *n*; ◇ **raggi x** Röntgenstrahlen *m/pl*

xeno *m* CHIM Xenon *n*

xenofobia f ↑ *esterofobia* Ausländerfeindlichkeit f, Fremdenfeindlichkeit f; **xenofobo(a** f) *m/f* ↑ *esterofobo* Ausländerfeind(in f) *m*, Fremdenfeind(in f) *m*

xerocopiare *vt* xerokopieren

xilofono *m* (*strumento musicale*) Xylophon *n*; **xilofonista** *m e f* Xylophonspieler(in f) *m*

X-terapia f MED Strahlenbehandlung f

Y

Y, y f ⟨inv⟩ (*lettera dell'alfabeto*) Y, y *n*

yacht *m* ⟨inv⟩ (*panfilo*) Yacht f

yiddisch I. *m* ⟨inv⟩ (*lingua e cultura ebree*) Jidisch, Jiddische *n* **II.** agg (*proprio della cultura ebrea*) jidisch

yoga I. *m* ⟨inv⟩ ⓵ (*filosofia indiana*) Joga, Yoga *n* ⓶ (*tecnica di respirazione*) Jogatechnik, Yogatechnik f **II.** agg (*dello yoga*) Joga-, Yoga-

yogurt *m* ⟨inv⟩ Joghurt, Yoghurt *m o n*

yo-yo *m* ⟨inv⟩ (*giocattolo*) JoJo, Yo Yo *n*

yucca f ⟨inv⟩ FLORA Yucca[palme] f

Z

z, Z f ⟨inv⟩ (*lettera dell'alfabeto*) z, Z *n*

zabaione *m* (*crema spumosa*) Eierlikör *m*

zaffata f (*tanfo*) übler Geruch

zafferano *m* (*spezie*) Safran *m*

zaffiro *m* (*MIN varietà di corindone*) Saphir *m*

zaino *m* (*sacco da montagna*) Rucksack *m*; **zairiano I.** agg a, i (*dello Zaire*) aus Zaire **II.** *m* (**a** f) (*abitante*) Zairer(in f) *m*

zampa f (*di cane/gatto*) Pfote; (*di fiera*) Pranke f, Tatze f; ◇ **a quattro zampe** auf allen vieren; **zampettare** *vi* (*muoversi velocemente*) ← *mosca, ragno* zappeln

zampillante I. agg inv ↑ *sgorgente* hervorspritzend, hervorquellend **II.** *part.* presente di **zampillare**; **zampillare** *vi* ← *fontana* hervorsprit-

zen; **zampillo** *m* (*spruzzo di una fontana*) Strahl *m*

zampino *m* dim di **zampa** (*fig immischiarsi*): ◇ **mettere lo - in …** die Nase stecken in …

zanna f (*dente di elefante*) Stoßzahn *m;* (*FIG minacciare*) ◇ **mostrare le -e a qu** jd-m die Zähne zeigen

zanzara f [Stech-]Mücke f; (*FIG persona*) Plagegeist *m*; **zanzariera** f Moskitonetz *n*

zappa f AGR Hacke f; (*FIG andare contro il proprio interesse*) ◇ **darsi la - sui piedi** sich ins eigene Fleisch schneiden; **zappare** *vt* → *terra* hacken; → *giardino* umgraben; **zappatore(-trice** f) *m* (*chi zappa la terra*) Hacker(in f) *m;* **zappatrice** f (*macchina agricola*) Hackmaschine f

zar(zarina f) *m* Zar(in f) *m;* **zarista** agg inv (*che concerne lo zar*) zaristisch

zattera f Floß *n*

zavorra f (*anche FIG nelle navi, cosa ingombrante*) Ballast *m*

'zazzera f (*capigliatura incolta*) Mähne f

zebra f ⓵ FAUNA Zebra *n* ⓶ (*FAM zebratura stradale*) ◇ **zebre** pl Zebrastreifen *m/sg;* **zebrato** agg ↑ *striato, tigrato* zebraartig; **zebratura** f ⓵ (*striatura delle zebre*) Schwarzweißstreifen *m/pl* ⓶ (*passaggio pedonale*) Zebrastreifen *m*

zebú *m* ⟨inv⟩ FAUNA Zebu *m o n*

zec|ca [1] f ⟨-che⟩ Zecke f

zec|ca [2] f ⟨-che⟩ (*officina di monete*) Münzprägestelle f, FIG ↑ *nuovissimo* ◇ **nuovo di -** funkelnagelneu

zecchino *m* (*ducato d'oro del XVI sec.*) Dukate f

zefiro *m* (*vento di ponente*) Westwind *m*

zelante I. agg ↑ *diligente* eifrig, sorgfältig **II.** *m/f* (*persona diligente*) Eiferer(in f) *m;* **zelo** *m* ↑ *diligenza* Eifer *m*

zen *m* ⟨inv⟩ (*setta religiosa*) Zen *m*

zenit *m* (*contr. di nadir*) Zenit *m*

zenzero *m* (FLORA *spezie*) Ingwer *m*

zeppa f ⓵ Keil *m* ⓶ (TIP *listello di piombo*) Leiste f

zeppo(a f) agg (*gremito*): ◇ **- di** sehr voll [*o.* überfüllt] von; ◇ **essere - di** wimmeln von

zerbino *m* ↑ *stoino* Fußmatte f, Fußabtreter *m*

zero I. *m* ⓵ (*numero*) Null f ⓶ FIS grado della temperatura, Null f, null Grad; ◇ **essere sotto -** unter Null [*o.* dem Nullpunkt] sein **II.** agg inv: ◇ **abbiamo fatto - goals** wir haben kein/null Tore geschossen; ◇ **- a -** Null zu Null

zeta f (*lettera dell'alfabeto*) Z *n*; ◇ **dall'a alla** (*dal principio alla fine*) von A bis Z

'zia f Tante f

zibaldone m ① (*mescolanza di cose/persone*) Sammelsurium n ② (*LETT raccolta di memorie/riflessioni*) Miszellaneen pl

zibellino m FAUNA Zobel m; (*veste*) Zobel [pelz] m

zibibbo m (*varietà di uva*) Weinrebensorte; (*uva secca*) Zibebe f

zigano(a f) I. m (**a** f) (*zingaro*) Zigeuner(in f) m II. agg Zigeuner-; ◇ **musica** -a Zigeunermusik f

zigomo m ANAT Jochbogen m

zigote m (*cellula*) Zygote f

zig'zag m ⟨inv⟩ (*tortuosità di linee*) Zickzack m; **zigzagare** ⟨zigzago, zogzaghi, zigzaga⟩ vi: ◇ **andare a zigzag** im Zickzack laufen/gehen/fahren

zimbello m ① (*uccello da richiamo*) Lockvogel m ② (*oggetto di burle*) Gespött n, Zielscheibe f des Spotts

zincare irr vt (*ricoprire di zinco*) verzinken; **zincato** I. (*part. passato di*) vedi **zincare** II. agg (*ricoperto di zinco*) verzinkt; **zinco** m CHIM Zink n

zingaro(a f) m Zigeuner(in f) m

'zio m ⟨zii⟩ Onkel m

zip f ⟨inv⟩ (*chiusura lampo*) Reißverschluß m

zircone m MIN Zirkon m

zitella f † *donna nubile* Jungfer f; **zitellone** m (*uomo scapolo*) [alter] Junggeselle m

zittire irr vt † *far tacere* soufflieren, zuflüstern

zitto I. agg (*silenzioso, muto*) still II. inter: ◇ -! Ruhe!

zizzania f fig † *discordia* Zwietracht f; ◇ **spargere** - Zwietracht säen

'zoccolo m ① (*calzatura*) Holzschuh m ② (*unghia del cavallo*) Huf m ③ (*piedistallo di edificio*) Sockel m ④ ELETTR Fassung f; (*della lampada*) Sockel

zodiacale agg inv (*attinente allo Zodiaco*) Tierkreis-; **zodiaco** m ⟨ci⟩ Tierkreis m; ◇ **i segni dello** - Tierkreiszeichen n

zolfanello m (*fiammifero di legno*) Schwefelholz n; **zolfo** m CHIM Schwefel m

zolla f ① (*di terra*) Scholle f ② (*di zucchero*) Würfel m; **zolletta** f (*dim. di zolla*) Würfelchen n

zombie m ⟨inv⟩ (*cadavere rianimato*) Zombie m

zona f ① (*d'ombra*) Streifen m ② (*territorio*) Zone f, Gebiet n; **zonale** agg inv (*attinente ad una zona*) Zonen-, Bezirks-

zonzo agg (*solo nella loc. adverbiale*): ◇ **andare a** - bummeln, [herum]schlendern

zoo m ⟨inv⟩ (*FAM giardino zoologico*) Zoo m, Tiergarten m; **zoofilia** f (*amore per gli animali*)

Tierliebe f; **zoofilo** I. agg (*che ama gli animali*) tierliebend II. m (**a** f) (*chi ama gli animali*) Tierfreund(in f) m, Tierliebhaber(in f) m; **zoofobia** f (*paura degli animali*) Tierscheuheit f; **zoologia** f ⟨gie⟩ (*scienza che studia gli animali*) Tierkunde f, Zoologie f; **zoologico** agg ci, che (*riguardante la zoologia*) zoologisch; **zoologo(a** f) m ⟨gi, ghe⟩ Zoologe, m, Zoologin, f

zoom m (*FOT obiettivo*) Objektiv n

zootecnia f Viehzucht f, Tierzucht f

zoppicare ⟨3.4⟩ irr vi humpeln, hinken; (*FIG essere moralmente debole*) schwach sein; **zoppiconi** avv † *zoppicando* humpelnd, hinkend; **zoppo(a** f) agg ① † *claudicante* hinkend; ▷*mobile* lahm, hinkend ② † *trabicante* wack[e]lig

zotico I. agg † *rozzo* grob II. m/f (*persona rozza*) Lümmel m

zucca f ⟨cche⟩ (*BOT pianta*) Kürbis m; (*frutto*) Kürbisfrucht f; (*FIG non essere intelligente*) ◇ **essere una** - ein Hohlkopf sein

zuccata f † *testata* Kopfstoß m

zuccherare vt → *caffè* zuckern; **zuccherato** I. part. passato di **zuccherare**; II. agg (*con lo zucchero*) gezuckert; ◇ **acqua** -a Zuckerwasser; *FIG* ▷*maniere* fein; **zuccheriera** f Zuckerdose f; **zuccherificio** m ⟨ci⟩ Zuckerfabrik f; **zuccherino** agg Zucker..., zuckerhaltig; (*dolce*) süß; **zucchero** m Zucker m; ◇ - **a velo** Puderzucker m; ◇ - **candito** Kandis[zucker] m; ◇ - **d'uva** Traubenzucker m; *FIG* ◇ **Ramona è uno** - Ramona ist sehr süß; **zuccheroso(a** f) agg (*contenente zucchero*) zuckersüß

zucchina f, **zucchino** m dim. di zucca, FLORA Zuchini f

zuccone I. m ① (*FAM testa grossa*) dicker Kopf ② (*FAM persona caparbia*) Dickkopf m, Dickschädel m II. agg ▷*scolaro* begriffsstutzig

zuffa f (*combattimento*) Rauferei f

zufolare I. vi (*suonare lo zufolo*) flöten II. vt pfeifen; **zufolo** m (*strumento a fiato*) Hirtenflöte f

zulù I. m/f (*membro di una tribù sudafricana*) Zulu m/f, Zulukaffer(in f) m FAM! II. (*FIG persona incivile*) Flegel m

zumare vt (*CIN, FOTO riprendere con lo zoom*) zoomen; **zumata** f (*ripresa con lo zoom*) Zoomen n

zuppa f † *minestra* Suppe f; **zuppiera** f (*recipiente*) Suppenschüssel f

zuppo agg ▷*di pioggia/sudore* naß

zuzzurellone(a f) m (*FAM ragazzo giocherellone*) Kindskopf m

Coniugazione dei principali verbi italiani regolari e irregolari

Qui di seguito vengono date le coniugazioni complete dei verbi **essere** e **avere** e dei verbi modello **comprare**, **credere**, **partire**. Degli altri verbi vengono riportate solo quelle forme che si discostano dalla coniugazione modello. Le vocali sottolineate sono quelle che portano l'accento tonico, quando questo non cade, come di solito, sulla penultima sillaba.

1. essere

gerundio essendo; *participio passato* stato; *imperativo* sii; sia; siamo; siete; siano

indicativo presente	sono; sei; è; siamo; siete; sono
passato prossimo	sono stato; sei stato; è stato; siamo stati; siete stati; sono stati
imperfetto	ero; eri; era; eravamo; eravate; erano
trapassato prossimo	ero stato; eri stato; era stato; eravamo stati; eravate stati; erano stati
passato remoto	fui; fosti; fu; fummo; foste; furono
trapassato remoto	fui stato; fosti stato; fu stato; fummo stati; foste stati; furono stati
futuro	sarò; sarai; sarà; saremo; sarete; saranno
futuro anteriore	sarò stato; sarai stato; sarà stato; saremo stati; sarete stati; saranno stati
congiuntivo presente	sia; sia; sia; siamo; siate; siano
passato	sia stato; sia stato; sia stato; siamo stati; siate stati; siano stati
imperfetto	fossi; fossi; fosse; fossimo; foste; fossero
trapassato	fossi stato; fossi stato; fosse stato; fossimo stati; foste stati; fossero stati
condizionale presente	sarei; saresti; sarebbe; saremmo; sareste; sarebbero
passato	sarei stato; saresti stato; sarebbe stato; saremmo stati; sareste stati; sarebbero stati

2. avere

gerundio avendo; *participio passato* avuto; *imperativo* abbi; abbia; abbiamo; abbiate; abbiano

indicativo presente	ho; hai; ha; abbiamo; avete; hanno
passato prossimo	ho avuto; hai avuto; ha avuto; abbiamo avuto; avete avuto; hanno avuto
imperfetto	avevo; avevi; aveva; avevamo; avevate; avevano
trapassato prossimo	avevo avuto; avevi avuto; aveva avuto; avevamo avuto; avevate avuto; avevano avuto
passato remoto	ebbi; avesti; ebbe; avemmo; aveste; ebbero
trapassato remoto	ebbi avuto; avesti avuto; ebbe avuto; avemmo avuto; aveste avuto; ebbero avuto
futuro	avrò; avrai; avrà; avremo; avrete; avranno
futuro anteriore	avrò avuto; avrai avuto; avrà avuto; avremo avuto; avrete avuto; avranno avuto
congiuntivo presente	abbia; abbia; abbia; abbiamo; abbiate; abbiano
passato	abbia avuto; abbia avuto; abbia avuto; abbiamo avuto; abbiate avuto; abbiano avuto
imperfetto	avessi; avessi; avesse; avessimo; aveste; avessero
trapassato	avessi avuto; avessi avuto; avesse avuto; avessimo avuto; aveste avuto; avessero avuto
condizionale presente	avrei; avresti; avrebbe; avremmo; avreste, avrebbero
passato	avrei avuto; avresti avuto; avrebbe avuto; avremmo avuto; avreste avuto; avrebbero avuto

3.1.-are comprare

gerundio comprando; *participio passato* comprato; *imperativo* compra; compri; compriamo; comprate; comprino

indicativo presente	compro; compri; compra; compriamo; comprate; comprano

imperfetto	compravo; compravi; comprava; compravamo; compravate; compravano
futuro	comprerò; comprerai; comprerà; compreremo; comprerete; compreranno
passato remoto	comprai; comprasti; comprò; comprammo; compraste; comprarono
congiuntivo *presente*	compri; compri; compri; compriamo; compriate; comprino
imperfetto	comprassi; comprassi; comprasse; comprassimo; compraste; comprassero
condizionale *presente*	comprerei; compreresti; comprerebbe; compreremmo; comprereste; comprerebbero

3.2.-are abitare

imperativo abita; abiti; abitiamo; abitate; abitino
indicativo *presente*   abito; abiti; abita; abitiamo; abitate; abitano
congiuntivo *presente*   abiti; abiti; abiti; abitiamo; abitiate; abitino

3.3.-are mangiare

imperativo mangia; mangi; mangiamo; mangiate; mangino
indicativo *presente*   mangio; mangi; mangia; mangiamo; mangiate; mangiano
futuro   mangerò; mangerai; mangerà; mangeremo; mangerete; mangeranno
congiuntivo *presente*   mangi; mangi; mangi; mangiamo; mangiate; mangino
condizionale *presente*   mangerei; mangeresti; mangerebbe; mangeremmo; mangereste; mangerebbero

3.4.-are cercare

imperativo cerca; cerchi; cerchiamo; cercate; cerchino
indicativo *presente*   cerco; cerchi; cerca; cerchiamo; cercate; cercano
futuro   cercherò; cercherai; cercherà; cercheremo; cercherete; cercheranno
congiuntivo *presente*   cerchi; cerchi; cerchi; cerchiamo; cerchiate; cerchino
condizionale *presente*   cercherei; cercheresti; cercherebbe; cercheremmo; cerchereste; cercherebbero

3.5.-are pagare

imperativo paga; paghi; paghiamo; pagate; paghino
indicativo *presente*   pago; paghi; paga; paghiamo; pagate; pagano
futuro   pagherò; pagherai; pagherà; pagheremo; pagherete; pagheranno
congiuntivo *presente*   paghi; paghi; paghi; paghiamo; paghiate; paghino
condizionale *presente*   pagherei; pagheresti; pagherebbe; pagheremmo; paghereste; pagherebbero

3.6.-are pigliare

imperativo piglia; pigli; pigliamo; pigliate; piglino
indicativo *presente*   piglio; pigli; piglia; pigliamo; pigliate; pigliano
congiuntivo *presente*   pigli; pigli; pigli; pigliamo; pigliate; piglino

3.7.-are dare

imperativo dai/da'; dia; diamo; date; diano;
indicativo *presente*   do; dai; dà; diamo; date; danno
passato remoto   diedi/detti; desti; diede/dette; demmo; deste; diedero/dettero
futuro   darò; darai; darà; daremo; darete; daranno
congiuntivo *presente*   dia; dia; dia; diamo; diate; diano
imperfetto   dessi; dessi; desse; dessimo; deste; dessero
condizionale *presente*   darei; daresti; darebbe; daremmo; dareste; darebbero

3.8.-are stare

imperativo stai/sta'; stia; stiamo; state; stiano
indicativo *presente*   sto; stai; sta; stiamo; state; stanno

passato remoto	stetti; stesti; stette; stemmo; steste; stettero
futuro	starò; starai; starà; staremo; starete; staranno
congiuntivo presente	stia; stia; stia; stiamo; stiate; stiano
imperfetto	stessi; stessi; stesse; stessimo; steste; stessero
condizionale presente	starei; staresti; starebbe; staremmo; stareste; starebbero

3.9.-are andare

imperativo	vai/va'; vada; andiamo; andate; vadano
indicativo presente	vado; vai; va; andiamo; andate; vanno
futuro	andrò; andrai; andrà; andremo; andrete; andranno
congiuntivo presente	vada; vada; vada; andiamo; andiate; vadano
condizionale presente	andrei; andresti; andrebbe; andremmo; andreste; andrebbero

3.10.-are collaborare

imperativo	collabora; collabori; collaboriamo; collaborate; collaborino
indicativo presente	collaboro; collabori; collabora; collaboriamo; collaborate; collaborano
congiuntivo presente	collabori; collabori; collabori; collaboriamo; collaboriate; collaborino

4.1.-ere credere

gerundio credendo; *participio passato* creduto; *imperativo* credi; creda; crediamo; credete; credano
indicativo presente	credo; credi; crede; crediamo; credete; credono
imperfetto	credevo; credevi; credeva; credevamo; credevate; credevano
passato remoto	credetti/credei; credesti; credette/credé; credemmo; credeste; credettero/crederono
futuro	crederò; crederai; crederà; crederemo; crederete; crederanno
congiuntivo presente	creda; creda; creda; crediamo; crediate; credano
imperfetto	credessi; credessi; credesse; credessimo; credeste; credessero
condizionale presente	crederei; crederesti; crederebbe; crederemmo; credereste; crederebbero

4.2.-ere bere

gerundio bevendo; *participio passato* bevuto; *imperativo* bevi; beva; beviamo, bevete; bevano
indicativo presente	bevo; bevi; beve; beviamo; bevete; bevono
imperfetto	bevevo; bevevi; beveva; bevevamo; bevevate; bevevano
passato remoto	bevvi; bevesti; bevve; bevemmo; beveste; bevvero
futuro	berrò; berrai; berrà; berremo; berrete; berranno
congiuntivo presente	beva; beva; beva; beviamo; beviate; bevano
imperfetto	bevessi; bevessi; bevesse; bevessimo; beveste; bevessero
condizionale presente	berrei; berresti; berrebbe; berremmo; berreste; berrebbero

4.3.-ere cadere

indicativo

passato remoto	caddi; cadesti; cadde; cademmo; cadeste; caddero
futuro	cadrò; cadrai; cadrà; cadremo; cadrete; cadranno
condizionale presente	cadrei; cadresti; cadrebbe; cadremmo; cadreste; cadrebbero

4.4.-ere ridurre

gerundio riducendo; *participio passato* ridotto; *imperativo* riduci; riduca; riduciamo; riducete; riducano
indicativo presente	riduco; riduci; riduce; riduciamo; riducete; riducono
imperfetto	riducevo; riducevi; riduceva; riducevamo; riducevate; riducevano
passato remoto	ridussi; riducesti; ridusse; riducemmo; riduceste; ridussero
congiuntivo presente	riduca; riduca; riduca; riduciamo; riduciate; riducano
imperfetto	riducessi; riducessi; riducesse; riducessimo; riduceste; riducessero

4.5.-ere dire

gerundio dicendo; **participio** passato detto; **imperativo** di'; dica; diciamo; dite; dicano

indicativo presente	dico; dici; dice; diciamo; dite; dicono
imperfetto	dicevo; dicevi; diceva; dicevamo; dicevate; dicevano
passato remoto	dissi; dicesti; disse; dicemmo; diceste; dissero
congiuntivo presente	dica; dica; dica; diciamo; diciate; dicano
imperfetto	dicessi; dicessi; dicesse; dicessimo; diceste; dicessero

4.6.-ere fare

gerundio facendo; **participio** passato fatto; **imperativo** fai/fa'; faccia; facciamo; fate; facciano

indicativo presente	faccio; fai; fa; facciamo; fate; fanno
imperfetto	facevo; facevi; faceva; facevamo; facevate; facevano
passato remoto	feci; facesti; fece; facemmo; faceste; fecero
congiuntivo presente	faccia; faccia; faccia; facciamo; facciate; facciano
imperfetto	facessi; facessi; facesse; facessimo; faceste; facessero

4.7.-ere dovere

imperativo –; –; –; –; –; –

indicativo presente	devo/debbo; devi; deve; dobbiamo; dovete; devono/debbono
passato remoto	dovei/dovetti; dovesti; dovè/dovette; dovemmo; doveste; doverono/dovettero
futuro	dovrò; dovrai; dovrà; dovremo; dovrete; dovranno
congiuntivo presente	deva/debba; deva/debba; deva/debba; dobbiamo; dobbiate; devano/debbano
condizionale presente	dovrei; dovresti; dovrebbe; dovremmo; dovreste; dovrebbero

4.8.-ere sapere

imperativo sappi; sappia; sappiamo; sappiate; sappiano

indicativo presente	so; sai; sa; sappiamo; sapete; sanno
passato remoto	seppi; sapesti; seppe; sapemmo; sapeste; seppero
futuro	saprò; saprai; saprà; sapremo; saprete; sapranno
congiuntivo presente	sappia; sappia; sappia; sappiamo; sappiate; sappiano
condizionale presente	saprei; sapresti; saprebbe; sapremmo; sapreste; saprebbero

4.9.-ere potere

imperativo –; –; –; –; –; –

indicativo presente	posso; puoi; può; possiamo; potete; possono
passato remoto	potei/potetti; potesti; potè/potette; potemmo; poteste; poterono/potettero
futuro	potrò; potrai; potrà; potremo; potreste; potranno
congiuntivo presente	possa; possa; possa; possiamo; possiate; possano
condizionale presente	potrei; potresti; potrebbe; potremmo; potreste; potrebbero

4.10.-ere volere

imperativo vuoi; voglia; vogliamo; vogliate; vogliano

indicativo presente	voglio; vuoi; vuole; vogliamo; volete; vogliono
passato remoto	volli; volesti; volle; volemmo; voleste; vollero
futuro	vorrò; vorrai; vorrà; vorremo; vorrete; vorranno
congiuntivo presente	voglia; voglia; voglia; vogliamo; vogliate; vogliano
condizionale presente	vorrei; vorresti; vorrebbe; vorremmo; vorreste; vorrebbero

4.11.-ere porre

gerundio ponendo; **participio** passato posto; **imperativo** poni; ponga; poniamo; ponete; pongano

indicativo presente	pongo; poni; pone; poniamo; ponete; pongono
passato remoto	posi; ponesti; pose; ponemmo; poneste; posero
congiuntivo presente	ponga; ponga; ponga; poniamo; poniate; pongano
imperfetto	ponessi; ponessi; ponesse; ponessimo; poneste, ponessero

4.12.-ere muovere

participio passato	mosso; *imperativo* muovi; muova; m(u)oviamo; m(u)ovete; muovano
indicativo presente	muovo; muovi; muove; m(u)oviamo; m(u)ovete; muovono
imperfetto	m(u)ovevo; m(u)ovevi; m(u)oveva; m(u)ovevamo; m(u)ovevate; m(u)ovevano
passato remoto	mossi; m(u)ovesti; mosse; m(u)ovemmo; m(u)oveste; mossero
futuro	m(u)overò; m(u)overai; m(u)overà; m(u)overemo; m(u)overete; m(u)overanno
congiuntivo presente	muova; muova; muova; m(u)oviamo; m(u)oviate; muovano
imperfetto	m(u)ovessi; m(u)ovessi; m(u)ovesse; m(u)ovessimo; m(u)oveste; m(u)ovessero
condizionale presente	m(u)overei; m(u)overesti; m(u)overebbe; m(u)overemmo; m(u)overeste; m(u)overebbero

4.13.-ere vedere

participio passato	visto/veduto
indicativo	
passato remoto	vidi; vedesti; vide; vedemmo; vedeste; videro
futuro	vedrò; vedrai; vedrà; vedremo; vedrete; vedranno
condizionale presente	vedrei; vedresti; vedrebbe; vedremmo; vedreste; vedrebbero

4.14.-ere vivere

participio passato	vissuto
indicativo	
passato remoto	vissi; vivesti; visse; vivemmo; viveste; vissero
futuro	vivrò; vivrai; vivrà; vivremo; vivrete; vivranno
condizionale presente	vivrei; vivresti; vivrebbe; vivremmo; vivreste; vivrebbero

4.15.-ere piacere

participio passato	piaciuto; *imperativo* piaci; piaccia; piacciamo; piacete; piacciano
indicativo presente	piaccio; piaci; piace; piacciamo; piacete; piacciono
passato remoto	piacqui; piacesti; piacque; piacemmo; piaceste; piacquero
congiuntivo presente	piaccia; piaccia; piaccia; piacciamo; piacciate; piacciano

4.16.-ere rimanere

participio passato	rimasto; *imperativo* rimani; rimanga; rimaniamo; rimanete; rimangano
indicativo presente	rimango; rimani; rimane; rimaniamo; rimanete; rimangono
passato remoto	rimasi; rimanesti; rimase; rimanemmo; rimaneste; rimasero
futuro	rimarrò; rimarrai; rimarrà; rimarremo; rimarrete; rimarranno
congiuntivo presente	rimanga; rimanga; rimanga; rimaniamo; rimaniate; rimangano
condizionale presente	rimarrei; rimarresti; rimarrebbe; rimarremmo; rimarreste; rimarrebbero

4.17.-ere tenere

imperativo	tieni; tenga; teniamo; tenete; tengano
indicativo presente	tengo; tieni; tiene; teniamo; tenete; tengono
passato remoto	tenni; tenesti; tenne; tenemmo; teneste; tennero
futuro	terrò; terrai; terrà; terremo; terrete; terranno
congiuntivo presente	tenga; tenga; tenga; teniamo; teniate; tengano
condizionale presente	terrei; terresti; terrebbe; terremmo; terreste; terrebbero

4.18.-ere spegnere

participio passato	spento; *imperativo* spegni; spenga; spegniamo; spegnete; spengano
indicativo presente	spengo; spegni; spegne; spegniamo; spegnete; spengono
passato remoto	spensi; spegnesti; spense; spegnemmo; spegneste; spensero
congiuntivo presente	spenga; spenga; spenga; spegniamo; spegniate; spengano

5.1.-ire partire

gerundio partendo; **participio** passato partito; **imperativo** parti; parta; partiamo; partite; partano

indicativo presente	parto; parti; parte; partiamo; partite; partano
imperfetto	partivo; partivi; partiva; partivamo; partivate; partivano
passato remoto	partii; partisti; partì; partimmo; partiste; partirono
futuro	partirò; partirai; partirà; partiremo; partirete; partiranno
congiuntivo presente	parta; parta; parta; partiamo; partiate; partano
imperfetto	partissi; partissi; partisse; partissimo; partiste; partissero
condizionale presente	partirei; partiresti; partirebbe; partiremmo; partireste; partirebbero

5.2.-ire finire

imperativo finisci; finisca; finiamo; finite; finiscano

indicativo presente	finisco; finisci; finisce; finiamo; finite; finiscono
congiuntivo presente	finisca; finisca; finisca; finiamo; finiate; finiscano

5.3.-ire morire

participio passato morto; **imperativo** muori; muoia; moriamo; morite; muoiano

indicativo presente	muoio; muori; muore; moriamo; morite; muoiono
futuro	mor(i)rò; mor(i)rai; mor(i)rà; mor(i)remo; mor(i)rete; mor(i)ranno
congiuntivo presente	muoia; muoia; muoia; moriamo; moriate; muoiano
condizionale presente	mor(i)rei; mor(i)resti; mor(i)rebbe; mor(i)remmo; mor(i)reste; mor(i)rebbero

5.4.-ire salire

imperativo sali; salga; saliamo; salite; salgano

indicativo presente	salgo; sali; sale; saliamo; salite; salgono
congiuntivo presente	salga; salga; salga; saliamo; saliate; salgano

5.5.-ire uscire

imperativo esci; esca; usciamo; uscite; escano

indicativo presente	esco; esci; esce; usciamo; uscite; escono
congiuntivo presente	esca; esca; esca; usciamo; usciate; escano

5.6.-ire venire

imperativo vieni; venga; veniamo; venite; vengano

indicativo presente	vengo; vieni; viene; veniamo; venite; vengono
passato remoto	venni; venisti; venne; venimmo; veniste; vennero
futuro	verrò; verrai; verrà; verremo; verrete; verranno
congiuntivo presente	venga; venga; venga; veniamo; veniate; vengano
condizionale presente	verrei; verresti; verrebbe; verremmo; verreste; verrebbero

6. sbrigarsi

gerundio sbrigandosi; **participio** passato sbrigato; **imperativo** sbrigati; si sbrighi; sbrighiamoci; sbrigatevi; si sbrighino

indicativo presente	mi sbrigo; ti sbrighi; si sbriga; ci sbrighiamo; vi sbrigate; si sbrigano
imperfetto	mi sbrigavo; ti sbrigavi; si sbrigava; ci sbrigavamo; vi sbrigavate; si sbrigavano
passato remoto	mi sbrigai; ti sbrigasti; si sbrigò; ci sbrigammo; vi sbrigaste; si sbrigarono
futuro	mi sbrigherò; ti sbrigherai; si sbrigherà; ci sbrigheremo; vi sbrigherete; si sbrigheranno
congiuntivo presente	mi sbrighi; ti sbrighi; si sbrighi; ci sbrighiamo; vi sbrighiate; si sbrighino
imperfetto	mi sbrigassi; ti sbrigassi; si sbrigasse; ci sbrigassimo; vi sbrigaste; si sbrigassero
condizionale presente	mi sbrigherei; ti sbrigheresti; si sbrigherebbe; ci sbrigheremmo; vi sbrighereste; si sbrigherebbero

Finito di stampare il 12 settembre 1995
dalle Industrie per le Arti Grafiche Garzanti-Verga s.r.l.
Cernusco s/N (MI)